Anonymus

Das bayerische Vaterland

Anonymus

Das bayerische Vaterland

ISBN/EAN: 9783742890535

Hergestellt in Europa, USA, Kanada, Australien, Japan

Cover: Foto ©ninafisch / pixelio.de

Manufactured and distributed by brebook publishing software (www.brebook.com)

Anonymus

Das bayerische Vaterland

Das „Bayr. Vaterland" erscheint täglich mit Ausnahme der Sonn- und hohen Festtage. Preis des Blattes: Vierteljährig 54 kr., ganzjährig 3 fl. 36 kr. Das einzelne Blatt 1 kr.

Das Bayrische Vaterland.

Alle Postexpeditionen und Postboten des In- und Auslandes nehmen Bestellungen an. Inserate werden die dreispaltige Petitzeile oder deren Raum zu 3 kr. berechnet.

Redaktion: Burggasse 14. Herausgegeben von Dr. jur. J. Sigl. Expedition: Kaufingerbazar 5.

Jesus. Nr. 1 Samstag 1. Januar 1870

Morgen, als am Neujahrsfest erscheint kein Blatt.

Zum neuen Jahr.

Die Glocke schlägt; mit ihrem letzten Klang,
Der zitternd stirbt in kalter Winternacht,
Hat seiner Trübsal endlos schweren Gang
Der Zeiten jüngster Sohn, — dies Jahr vollbracht.
Von keiner Thräne ist ein Aug umflort,
Wir seh'n es scheiden, aber ohne Klage,
Nicht eine Zunge spricht ein freundlich Wort
Zum Scheidegruß dem letzten seiner Tage.
Fahr' hin, fahr' hin, mit deiner Noth und Schmach,
Du trüber Gast! — Das rufen wir ihm nach.

Des jungen Jahres erster Morgen tagt,
Und ahnungsvoll erschließt sich jede Brust
Zu neuem Hoffen, das noch ungesagt
Tief innen schläft und träumt fast unbewußt.
Geheimnißvoll tritt es an uns heran,
Ein heilig Räthsel für ein Meer von Fragen,
Das keines Menschen Weisheit lösen kann;
Die Zukunft selbst will uns die Lösung sagen.
Wie sie auch sei: wir sind in Gottes Hand,
Die schütze treu das Volk und Vaterland.

Untröstlich ist's, wohin das Auge schweift,
Kein freundlich Bild, das ihm entgegenlacht,
Kein blühend Saatfeld, das zur Ernte reift,
Wohin es schaut, — ach, überall ist's Nacht!
Europa stöhnt ob seiner Bürden Wucht,
Die Freiheit stirbt in den unwürd'gen Banden,
Und das zertret'ne Recht der Schwachen flucht
Es seinen Henkern nicht in allen Landen!
Untröstlicher wird keine Zeit erdacht
Als dieser Flüchtling aller Welt gebracht.

Glück auf denn, Volk, so bieder, wahr und treu,
Glück auf, du liebes theures Vaterland!
Füll' sich des Segens Füllhorn dir auf's Neu'
Und lächle dir das Glück im Festgewand.
Was du geduldet, was du bang und schwer
In tausend trüben Stunden hast ertragen —
Daß es dir traurig nimmer wiederkehr',
Daß du verzweifelnd nimmer brauchst zu klagen!
Der Himmel lächle dir in ew'gem Blau
Und fest wie er sei deines Glückes Bau!

In Treue fest strahl' unsers Volkes Ehr',
Und keines Fremden räub'risch freche Hand
Wag' sich an uns und unsre Berge mehr;
Frei sei das Volk und frei das Vaterland!
Und froh und reich, daß wie in alter Zeit
Als Bayern wir uns wieder glücklich preisen,
Und, stolz auf die geliebte Heimat, weit
Jedweden Wunsch nach Fremdem von uns weisen.
So rufen wir — wär' jeder Wunsch so wahr! —
Euch Allen zu: ein fröhliches Neujahr!

In elfter Stunde!*)

Morgen wird im ganzen Lande die Entscheidungsschlacht geschlagen werden.

Mit höchster Spannung, mit banger Besorgniß blickt das Land auf die Entscheidung der Wahlmänner, sieht es den Namen derjenigen Männer entgegen, in deren Hände Bayerns Zukunft, des Vaterlandes Schicksal, des bayrischen Volkes Wohl und Wehe gelegt sein wird. Sind Fehler gemacht worden am 16. November — noch ist es Zeit, sie zu verbessern; in Eure Hände, Wahlmänner, ist es gegeben, Euerm Verständniß der Lage wie Eurer Sorge für des ganzen Volkes Wohl und Beste ist es überlassen, die besten Männer, die fähigsten Köpfe, die treuesten Patrioten morgen als die Vertreter des Volkes aus der Urne hervorgehen zu lassen.

Wahlmänner, Bayern! Im festen Glauben und Vertrauen, daß Ihr es redlich meint und ehrlich und gut mit dem ganzen Volke, daß Ihr fest sein werdet und treu, fest wie Stahl und die ewigen Felsen unserer Berge, treu wie Gold, daß Ihr ohne Scheu und Furcht und weibische Rücksicht nur das wahre Wohl des Volkes im Auge behalten werdet, in diesem Glauben und Vertrauen hat Euch das Volk gewählt. Werdet Ihr wanken? Werdet Ihr das in Euch gesetzte Vertrauen täuschen? Werdet Ihr, von gleißender Rede und falschen Zungen verführt, hinter den von Eurer Treue und Festigkeit gehegten Erwartungen zurückbleiben? Nein, niemals! denn Männer seid Ihr, bayrische Patrioten!

Blickt um Euch, Ihr Männer, blickt vor Euch! Eine

*) Aus der confiscirten und wieder freigegebenen Nr. 201.

Rotte von Volksverführern und Hochverräthern, von Feinden der Kirche und des Vaterlandes, von kleinen Tyrannen und von großen Tyrannen, von eidbrüchigen Landsleuten und ehrgeizigen Stellenjägern, von Feinden und Verräthern des Volkes, will unser Recht und unsere [illegible] den Fremden verkaufen, und den Fremden [illegible] zu [illegible] machen. Sie wollen uns und unser Land den Preußen ausliefern. Der König selbst, lügen sie, sei ihren Bestrebungen hold und günstig und arglistig hoffen sie Euch damit zu betrügen. Der König! Sie, denen keine Autorität gilt, berufen sich auf den angeblichen Willen des Königs! Wollen wir denn nicht auch für uns das Vaterland retten. [illegible] Zahlte denn der König unsere Steuern, trüge der König unsere Lasten, müßte er sich todtschießen lassen für diese Preußen? Nein, Ihr Männer, wir sind es, das Volk ist's, das die Lasten trägt, des Volkes Söhne würden von den Preußen für preußische Zwecke in den Tod gehetzt und für sich kämpft das Volk, [illegible] wenn es gegen die Verpreußer ankämpft. Laßt die Fortschrittler lügen und frech selbst den Namen des Königs mißbrauchend, den König zu Einem der Ihrigen lügen: denkt an Euch, denkt an das Volk, denkt an das Vaterland. Mit oder ohne König: in keinem Falle wollen wir preußisch werden!

Wollt Ihr, Männer, Erwählte des Volkes, dessen Recht Ihr schützen sollt, wollt Ihr, daß Bayern den Bayern gehöre? Wollt Ihr, daß Bayern verschont bleibe von all dem Unglück, unter dessen Wucht unsere Brüder im Norden, die unglücklichen Hannoveraner und Hessen und Sachsen erliegen? Verschont bleibe von den heillosen Institutionen des volks- und freiheitsfeindlichen Junkerstaates Preußen? Wollt Ihr, daß wir, daß Bayern frei sei und bleibe, daß kein herzloser fremder Tyrann in unserm Lande herrsche und über uns und unser Volk seine Geißel schwinge? Wollt Ihr, daß Einer Herr sei im Lande, aber nicht der Preuße, sondern ein Sproß der Wittelsbacher, die uns so viel Großes und Gutes gethan? Wollt Ihr das? Es wählt keinen Bettelpreußen, wählt treue Bayern, wählt patriotische Männer!

Wollt Ihr, daß Eure Lasten weniger, daß die Steuern kleiner werden, daß wir gute Gesetze haben, statt schlechter, Gesetze, die auf volksthümlicher Grundlage beruhend, den Bedürfnissen des Volkes, nicht den Träumen von Thoren entsprechen? Wollt Ihr, daß es wieder gut werde und wohnlich werde im Vaterland? Daß Friede und Freiheit walte im Land? Daß der Vater seine Söhne sich zur Freude und zum Stolz heranzieht, nicht für die Kaserne, nicht zum Futter für Kanonen, nicht zum lebendigen Material, mit dem ehrgeizige Eroberer sich Länder stehlen und den friedlichen Nachbar bekriegen können? Wollt Ihr das? Dann wählt keinen Fortschrittler, weder einen ganzen, noch einen mittelparteilichen halben, sondern wählt treue, feste, ehrliche Bayern, wählt Euresgleichen!

Und wollt Ihr die Freiheit? Die Freiheit des Staates wie im Staate, die Freiheit für Alle wie für den Einzelnen, die Freiheit auch für die Kirche, dann, Männer, dürft Ihr wieder keinen Fortschrittler und keinen Mittelparteimann wählen, denn die sind Feinde der Freiheit, außer der für sich, sondern Ihr müßt Patrioten wählen, Katholiken, Männer, die selbst Freunde der Freiheit sind!

Man wird Euch arg genug zusetzen; man wird Euch mit Preußen drohen, mit Revolution, mit Gewalt; man wird Euch sagen: die Preußen kommen oder die Fortschritter zünden Euch die Fackel der Revolution im Lande an, wenn sie in der Minderheit bleiben. Laßt sie drohen und toben. Die Preußen werden es hübsch bleiben lassen, uns ins Land zu fallen, denn für die ist auch ein Kraut gewachsen, und was die Revolution betrifft, die die geschlagenen Bettelpreußen machen wollen, nun dafür läßt sich auch sorgen. Glaubt ihren Drohungen und Prahlereien nicht, und wenn sie gar mit Krieg drohen: — den Krieg werden wir bloß dann haben, wenn es den Bettelpreußen nachgeht; denn daß sich weder Franzosen noch Oesterreicher den Eintritt Bayerns in den Nordbund gefallen ließen, das könnte sogar einem Fortschrittler einleuchten, wenn er bei Verstand ist.

Nun wählt! Das Volk, das Vaterland sieht auf Euch und erwartet mit banger Sorge, welche Männer Ihr ihm zu Vertretern wählen werdet. Wählt, aber wählt Freunde des Volkes, des Vaterlandes, Ritter des Rechtes und der Freiheit!

Wählt wie das bayrische Volk von den Männern seines Vertrauens erwartet!

Mit Gott für König und Vaterland!

Deutschland.

München, den 31. Dezember.

— Die Düsseldorfer Bildergalleriefrage, welche durch Art. 13 des Friedensvertrages mit Preußen erst zur „Frage" geworden ist, ist neuerdings wieder aufgetaucht, da, so lange Hohenlohe an der Spitze der Geschäfte steht, für die Entscheidung dieser Frage eine günstige Zeit ist, mag Preußen meinen. Unsere Regierung hat denn auch, wie die Kölner Zeitung erfährt, in aller Stille — denn außer Hohenloh und Collegen braucht ja Niemand darum zu wissen, wie die Geschichte ausgetragen wird! — Den Berlinern die drei Appellgerichte bezeichnet, welche über das Schicksal der mehrere Millionen werthen Bilder entscheiden sollen, und Vorschläge (Hohenloheschel) über das Verfahren dabei nach Berlin gelangen lassen; die preußische Regierung werde mit Vorbestimmung (!) und Erledigung der Angelegenheit nicht zögern; sagt die Kölnerin, denn wer weiß wie lange das ganze Ministerium Hohenlohe noch zusammenhält. Daß wir also die Bilder in Kürze verlieren werden, können wir ziemlich gewiß sein. Verdanken wir's nur einstweilen erst auf Hohenlohe! Wenn auch Bayern wieder etliche Millionen an Preußen verliert und München die wegbleibenden Fremden schwer vermissen wird, so können wir uns doch mit dem erhebenden Bewußtsein trösten, daß wieder Etliche wer weiß zu welch großen preußischen Orden kommen werden! Und das ist ja ein recht schöner Trost!

— An den Kirchenwahlen haben sich von 22,624 Wahlberechtigten, wovon allerdings die der Dompfarrei abzuziehen sind, nur 4192, mithin 18½ Prozent betheiligt. Und doch wurden die Fortschrittler geschlagen! Man ersieht daraus, wie stark die Juden bei den vorangegangenen Wahlen vertreten waren und wie schwach und winzig die wahlfähige Knopfschlitzlpartei ohne die Juden ist.

— Von München über Berlin (!) läßt sich die Wiener N. Fr. Presse den Blödsinn telegraphiren, der König (!) wolle, bei einem zu erwartenden demonstrativen Vorgehen der „Ultramontanen" gegen unsern geliebten Minister, ein im Hinblick auf die liberal (?) ausgefallenen Gemeindewahlen zu einer zweiten Kammerauflösung schreiten! Es liegt in einem konstitutionellen Staate gar nichts daran, ob der König eine zweite Kammerauflösung will oder nicht will; die Hauptsache ist, ob sich ein Minister zu dem bedenklichen Wagstück einer dritten Neuwahl findet. Das jetzige bayrische Ministerium wird gewiß nicht auf die kolossale Idee verfallen, sich zu einer dritten, noch gründlicheren Niederlage freiwillig zu verhelfen; es würden die letzten Dinge ärger werden als die ersten. Zu einer solchen Tollkühnheit sind unsere Minister doch zu gescheidt, aber die Wiener Blätter meinen, von München dürften sie die wahnwitzigsten Dinge schreiben, es werde ihnen alles geglaubt und in Bayern halte man sogar das Unmögliche für möglich.

— Der Redakteur des Algäuer Volkszeitung, Dr. Schneider, ist wirklich von Hrn. Bischof Heinrich in seine Diöcese zurückberufen worden, melden die Blätter übereinstimmend. Wir wollen erst abwarten, was die „freisinnigen liberalen" Blätter zu dieser unqualifizirbaren Maßregelung sagen, die sich würdig an die bereits bekannten Passauereien anreiht. Das „Kopfweh" muß sich zu einem besorgnißerregendem Grade gesteigert haben.

In Regensburg und anderen Orten wird das hiesige Organ der preußischen Regierung, die Süddeutsche Presse, auf die Straßen geworfen, da das Blatt Niemand, der es kennt, lesen mag. Die Lumpensammler können der preußischen Regierung nur dankbar sein, wenn sie durch Massenverbrauch von Papier ihrem Geschäfte aufhilft. Es fehlt glücklicherweise im Lande nicht an Lumpen für die Südd. Presse und andere liberale Papiere, die im Himmel, auf Erden und unter der Erde die Aufmerksamkeit auf sich ziehen.

In Straubing bei Attenkofer ist eine Broschüre: „Politischer Syllabus, enthaltend zehn wohlformulirte Wünsche und Anträge des niederbayrischen Landvolkes an die Kammer der Abgeordneten und den Reichsrath gerichtet." Das Schriftchen ist sehr wohlgemeint und lesenswerth; ob aber die Vorschläge für Einführung des Milizsystems so leicht durchzuführen seien, möchten wir stark bezweifeln.

Die Passauer Zeitung erklärt, Bischof Heinrich allein sei ein wahrer Nachfolger der Apostel und es sei unmöglich, ein Katholik zu sein, wenn man ihm entgegentrete. „Wer Euch antastet, predigt das edle protestantische Blatt, tastet mich an". — Jetzt wissen wir's. Die wahren Katholiken sind diejenigen Protstanten, welche innigstes Wohlgefallen in Bischof Heinrich haben und ihm Lobreden ausgemachte [illegible] sind! Es scheint, daß das Passauer „Kopfweh" kontagiös ist und daß auch die Passauer Zeitung ihren Theil weggekommen hat, weshalb sie furchtbar auf das „Vaterland" schimpft.

Die Kempter Zeitung, eine bekannte schöne Gegend, erhofft das Heil der Welt von der Aufhebung des Cölibats der Geistlichen, dessen es sich in einem [illegible] Leitartikel annimmt. Gewiß ein höchst zeitgemäßes Thema für „liberale" Zeitungen! Der Artikel ist so schön, daß er von einem unserer Herren Mitarbeiter eine gediegene Rüffelung erwartet. „Rom hat kein Erbarmen, kein Herz, ruft das barmherzige Blatt; auf Priester, erhebe dich Volk zur Selbsthilfe!" Wie man das nur anzufangen hätte!

In Kirchenmorrbach (Pfalz) ist am 20. zur großen Freude der lieben Jugend das Schulhaus eingefallen. Für die kalte Jahreszeit kein schlechter Einfall von dem Schulhaus!

Die Festung Ulm, heißt es neuerdings, soll zu einem großartigen Waffenplatz umgeschaffen werden, was natürlich nicht wenige Millionen kosten würde. Wenn es geschähe, so wäre das nur wieder eine jener Liebdienereien gegen Preußen, die uns schon Geld genug gekostet und die schlechtesten Früchte gebracht haben. Uns geht Niemand an, wozu also die kostspielige Festungsbauerei, die uns schließlich doch nicht sonderlich viel nützen würde, wenn die Franzosen von links und die Oesterreicher von rechts kämen.

Hessen. Aus Hanau wird wieder eine gemüthliche Säbelheiterkeit von preußischen Kriegshelden vermeldet, die damit endete, daß der Ruhe stiften wollende Wirth einen kleinen Schmiß in den Kopf bekam, ungefähr von der Länge eines halben Schuh's und nicht ganz so tief als ein Straßengraben; er hatte aber gerade genug davon. Jetzt wollen aber die frechen Hanauer gar wissen, warum denn die preußischen Engel so lange Käsmesser tragen sollen, da sie alle Augenblick damit zuhauen. Die Preußen werden die Antwort wahrscheinlich nächstens den neugierigen Fragern ins Gesicht oder an die Köpfe schreiben.

Von Darmstadt und anderen Orten, 26. d., werden neue Erderschütterungen gemeldet. (Die Stadt Santa Maura auf den jonischen Inseln wurde am 23. durch ein Erdbeben vollständig zerstört.)

Oesterreich. In Wien glaubt die „liberale" Regierung noch immer das Vaterland durch Verhaftung von Arbeitern retten zu können, die sich an der bekannten Demonstration vor dem Reichsrathe betheiligt haben. Es hat sich, beiläufig bemerkt, die nicht uninteressante Thatsache herausgestellt, daß die verhafteten Arbeiterführer meist Ausländer und diese größtentheils Preußen waren.

In Wien sollen sich die Preußen von Neujahr an ein neues Blatt erscheinen lassen, die „Neue Tagespresse", als ob sie noch nicht genug — verständige Blätter dort hätten, die den Werth preußischer Silberthaler zu würdigen wissen.

In Preußen soll nächstens ein neues Preßgesetz in Vorlage kommen, nach welchem die Kautionen der Zeitungen wegfallen und der Polizei die Befugniß der vorläufigen Beschlagnahme entzogen werden soll, mit welch letzterer eine gewisse Polizei bekanntlich den umfänglichsten und schmählichsten Mißbrauch treiben kann. Die preußische Regierungsweisheit und die edlen Junker des Zollernstaates werden aber schon zu sorgen wissen, daß derartige vernünftige Bestimmungen als „zu liberal" rechtzeitig aus dem Gesetzentwurfe verschwinden und die „Machtbefugnisse" einer brutalen Polizei nicht verkürzt werden. Wirkliche Preßfreiheit im Preußenstaat — na, das ist ja gar nicht denkbar!

Ausland.

Italien. In Neapel, schreibt uns ein Freund des „Vaterland", gab zur Zeit der Concilseröffnung in Rom der italienische Kronprinz Humbert großartige Festlichkeiten, wahrscheinlich um die Neapolitaner zu entschädigen dafür, daß sie, die ehemaligen Bewohner der Residenzstadt, wegen des „einigen" Italiens jetzt zu Bewohnern einer Provincialstadt gesunken sind. Die Eisenbahnen mußten billige Fahrkarten geben, um die Reisenden, vielleicht die Römerpilger, zu ködern. Der Himmel gab sein „Mitleid" dadurch zu erkennen, daß er schöne Wolkengüsse niedersendete auf die im Festschmucke prangende Seestadt. Das kronprinzliche Paar aber spendete reichliche Gaben; zwölf Fischer erhielten Barken, die vollständig für ihr Gewerbe ausgerüstet waren; zwölf Gondolier's erhielten niedliche Gondeln, und zwölf Fiakerführer wurden vollständig gekleidet. Dafür wurde an sie und andere Beschenkte blos das Ansinnen gestellt, bei den Auffahrten Lebehoch! zu rufen. Allein die Geschenke wurden angenommen, vom Hochrufen aber war keine Rede. „Franz hätte uns mehr gegeben", sagten die armen Leute! Die Festlichkeit ist vollständig mißglückt, denn es herrscht in Neapel eine allgemeine Unzufriedenheit, die sich dadurch zu erkennen gab, daß der Kronprinz überall mit vollkommener Stille empfangen wurde. Dagegen benützten die revolutionären Elemente die Gelegenheit, um großartige Versammlungen in Scene zu setzen, so daß die Polizei Mühe hatte, sie auseinanderzujagen. So hat es der italienische Hof verstanden, die Herzen der Annexirten zu gewinnen. Das war die Stimmung in Neapel. Ueber die Volksstimmung im Allgemeinen werde ich Ihnen später berichten.

In Neapel hat dem aufgelösten Gegenconcil der „Freidenker" neben andern Ehrenmännern gleichen Schlages, z. B. Uhlich, auch der abgestandene Essigapostel Hans Ronge beigewohnt. Von Neapel weg sollen die beiden großen Geister nach München kommen, wo man nächstens unter der Protektion des Knorrblättldeputatus eine förmliche „freireligiöse Gemeinde" gründen will. Es ist nicht zu zweifeln, daß sich das Münchener Lumpenthum auch zahlreich dabei betheiligen wird, besonders wenn fleißig zechfreie „Gottesdienste" mit freireligiösen Schneidersimpeleien und viel Cigarren gehalten werden.

Liberales.
(Aus dem Gerichtssaal.)

Der Spekulationsgeist des berühmten jüdischen Ehrenmannes Rexburger hatte sich sofort nach dem Auftauchen des jüdischen Schwindels mit der wahnsinnigen Nonne Barbara Ubryk dieses dankbaren Stoffes bemächtigt, um denselben durch gleichgesinnte Geister zu einem „Roman" verarbeiten zu lassen. Der findige Jude fand dazu alsbald einen passenden Literaten in der Person eines gewissen „Rhode", „Dr." von der Universität Feldmoching wahrscheinlich, der um seine Lügen pikanter zu machen, zwei Journalisten Zandrowitsch und Siglowski in den „Roman" brachten, natürlich um sie darin eine schmähliche Rolle spielen zu lassen. Unsern Kollegen vom „Volksboten", Karl Zander, fand sich durch die niederträchtigen Verleumdungen über den „Zandrowski" (zu deutsch: Sohn Zanders) des Romans veranlaßt, gegen besagten Rhode eine Injurienklage anzustrengen. (Wir selbst hätten dazu auch Grund gehabt, fanden es aber nicht der Mühe werth, dem obskuren Skribler einen Ehrenkränkungsprozeß an den Hals zu hängen.) Die Sache kam am Dienstag vor dem Stadtgericht zur Verhandlung, allein der „Dr." Rhode, welcher vorgefordert war, redete sich aus, er sei nicht der Verfasser des „Romans", sondern Mitarbeiter der Südd. Presse; der wahre Rhode sei gegenwärtig in London, schwur der Verleger des Romans, ein gewisser „Buchhändler" Wagner. Der Londoner Rhode habe übrigens zwar den Namen zu dem „Roman" hergegeben, wisse aber nichts von dem Inhalt. (!!) Der „Roman" sei von Mehreren verfaßt, zum Theil von einem gewissen Literaten Buchner, den er (der Buchhändler) aber nicht näher kenne. (!!) Er konnte auch nicht ausfindig gemacht werden. Da der Verfasser des Romans" nicht konstatirt, beziehungsweise nicht ausfindig gemacht werden konnte, so mußte die Klage gegen Rhode erfolglos bleiben und wird Hr. K. Zander nunmehr gegen den Verleger des so dummen, als verlogenen „Romans", den gewissen Wagner, vorgehen. Daß die Angaben des „Romans" sowohl atroce Ehrenkränkungen als infame Lügen und Verleumdungen seien, wurden durch ein Zeugniß des päpstlichen Kriegsministers General Kanzler Hrn. K. Zander konstatirt. Der Prozeß gab wieder ein beredtes Zeugniß, was für ein heilloses Gesindel sich in München unter dem Sammelnamen „Literaten" herumtreibt und von gewissen „Liberalen" beschäftigt wird und Brod erhält. (Wir werden vielleicht in einer der nächsten Nummern eine Schilderung solcher literarischer Ehrenmänner versuchen.)

Dienstes-Nachrichten.

Verliehen: Die kath. Pfarrei Jachenhausen, B.-A. Hemau, dem M. Weiß, Pfarrer in Kemnath bei Fuhrn, B.-A. Neunburg v. W., das Benefizium zu St. Johann in Landsberg, dem K. Lindner Pfarrer in Harzhausen, B.-A. Schrobenhausen, die k. Pfarrei Kreuth, B.-A. Miesbach, dem J. Hiebl, Coadjutor u. Pfarrvicar in Tegernsee, die Pfarrei Mörsach, B.-A., Feuchtwangen, dem J. Heuberger Hausgeistlicher an der Polizeianstalt Rebdorf, und die Pfarrei Stirn, B.-A. Weissenburg, dem J. Bauer, Pfarrer in Bettbrunn, B.-A. Heilbronn.

Verantwortlicher Redakteur: Dr. J. Sigl.

Druck von [illegible] Sigl in München, [illegible]

Das „Bayr. Vaterland" erscheint täglich mit Ausnahme der Sonn- und hohen Festtage. Preis des Blattes: Vierteljährig 54 kr., ganzjährig 3 fl. 36 kr. Das einzelne Blatt 1 kr.

Das Bayrische Vaterland.

Alle Postexpeditionen und Postboten des In- und Auslandes nehmen Bestellungen an. Inserate werden die dreispaltige Petitzeile oder deren Raum zu 3 kr. berechnet.

Redaktion: Burggasse 14. Herausgegeben von Dr. jur. J. Sigl. Expedition: Kaufingerbazar 5.

Titus. Nr. 2 Dienstag, 4. Januar 1870.

Bestellungen auf das „Bayr. Vaterland"

wolle man bei der nächsten Postexpedition oder den Postboten unverweilt machen. Preis halbjährig 1 fl. 48 kr. vierteljährig 54 kr.

Wer ist revolutionär?*)

(Ein Beitrag zur Geschichte der Juden.)

R. Von der Donau. Zu unserm letzten Artikel „ein ernstes Wort" Nr. 115 möchte der gräßliche Mord des österreichischen Kriegsministers Grafen von Latour einen trefflichen Beleg abgeben**). Mit Schauder gedenkt Jeder des 6. Oktobers 1848, an welchem Tage Graf Latour vom Wiener Pöbel ermordet und am Laternenpfahl aufgehängt wurde. Die zur gerichtlichen Leichenuntersuchung beigezogenen Aerzte erklärten, daß Latour „in engster Bedeutung des Wortes zu Tode gemartert worden sei". Und diese von einem aufgehetzten blutgierigen Pöbel verübte Gräuelthat nannte der Jude Kuranda einen Akt der „Volksjustiz" und schrieb mit einem Cynismus, den man nur bei Juden treffen kann, in seiner „Ostdeutschen Post" vom 7. Oktober 1848: „Einer der jungen Herren fragte mich spitz: was man denn mit Latour wolle? Am Laternenpfahl kann er jetzt die entsetzliche Antwort lesen. Das Volk verlangte eine Sühne . . . 100 Arme hoben sich mit Mordwerkzeugen, 100 Arme sanken nieder, Latour fiel hundertfach durchbohrt zu Boden. Ein Volk hatte gräßlich Gericht gehalten". Kuranda nennt diesen Mord „Volksjustiz und Volksgericht" und Dr. Berger betitelte ihn gar als „edelmüthige großartige Erhebung der Wiener" und verfaßte eine Dankadresse an die Wiener, „welche sich durch Bekämpfung der Reaktion, der verrätherischen Minister und der freiheitsmörderischen Camarilla um das Vaterland verdient gemacht haben" — und es ist kaum glaublich! dieser nämliche Dr. Berger ist jetzt ein Mitglied des kirchenmörderischen Doktoren- oder „Bürger"-Ministeriums in Oesterreich!!

Wie die ganze Wiener Revolution ein Werk der „Judenbuben" war, so sind auch die wahren Mörder Latour's einzig und allein — Juden. Zehn verkommene Subjekte aus Israel waren bei diesem Morde theils mehr, theils weniger engagirt: Tausenau, Chaises, Goldmark, Deutsch, Löwenstein, Habrowsky, Buchsheim, Jellinek, Falke und Fischhof.

Tausenau — nach den Akten ein „wüster und liederlicher Mensch", ein „verächtlicher Mensch, der für Geld Krawalle mache" — dieser Jude — Tausenau forderte in öffentlichen Versammlungen vor einer ungeheueren Volksmenge — sie zählte bis zu 10,000 Köpfe — zum Morde Latour's auf, indem er ihn und Bach, Jelacic, Windischgrätz und Radetzky als „Feinde des Volkes" bezeichnete und seine Rede mit dem Rufe schloß: „Die Hunde müssen alle hängen!" Bei einer Versammlung am 30. September nannte er den Grafen Latour einen „Verräther an der Sache des Volkes und der Freiheit" und brüllte: „Fluch diesen Aristokraten — nieder mit diesen Aristokraten!" und in einer seiner letzten öffentlichen Reden zischelte er dem Pöbel die Worte zu: „Und eines schönen Morgens wird nicht nur Latour, es werden auch noch andere Herrschaften todt — mausetodt — ja mausetodt sein!!"

Das Blatt „Constitution" wirft am 4. Oktober dem Volke vor, wie es den Kriegsminister noch frei durch die Gassen Wiens herumgehen lassen könne und der „Studentenkurier" vom selben Tage ruft offen zur Ermordung der Aristokratie auf: — beide Blätter wurden von Juden redigirt, der „Kurier" vom Juden Oskar Falke.

Am verhängnißvollen Tage, 6. Oktober, waren die es beiden Juden Tausenau und Chaises, welche bei der Aula den Proletariern zuriefen, Latour aufzuhängen, und fort stürzte zum Kriegsgebäude der blutgierige Pöbel, welcher überdies von den Juden bezahlt war und von studentenartig gekleideten Juden unablässig gehetzt wurde. Und hier beim Kriegsgebäude war es der Jude Goldmark, welcher dem Pöbel die Anwesenheit des Ministers denunzirte, indem er der Versicherung des Inspektors: „Latour sei nicht mehr im Kriegsgebäude" widersprechend dem Haufen zurief: „glaubt ihm nicht, er ist noch da!"

Der Mord mit all seinen Scheußlichkeiten geschah — und mit Bravogeschrei und allgemeinem Jubel wurden die Mörder empfangen — von den Juden Tausenau, Chaises, Goldmark, Fenneberg, Violand und Fischhof; einstimmig riefen sie: „ihr Wunsch sei erfüllt." 2 Tage darauf, am 8. Oktober, hielt Tausenau eine geheime Sitzung der Demokraten und allda verlangte er weitere 12 Köpfe — sein Mordverlangen mit den Worten motivirend: „nur keine Halbheiten. hängen wir sie nicht, so hängen sie uns!"

Der Jude Tausenau und die Uebrigen entzogen sich der Verhaftung durch die Flucht. In der zweiten Hälfte Oktobers verließ Tausenau mit einer bedeutenden Baarschaft Wien, flüchtete, von Pulsky mit Paß und Geld versehen, nach Breslau, um dort die Revolution zu arrangiren; im März 1849 begab sich dieser „wüste und liederliche" Jude nach Paris, und statt seiner und der andern am Morde Latours betheiligten Judenbuben mußten Wangler, Brambosch und Jurkowich am Galgen baumeln. „Die Werkzeuge haben ihre übrigens ganz gerechte Strafe erlitten, die eigentlichen Urheber haben sich ihrem verdienten Loose entzogen" (Hist.-pol. Blätter 51, 527.)

---

*) Aus der confiscirten und wieder freigegebenen Nr. 123.

**) Wir haben diese Notiz nach einem Artikel der „Histor.-polit. Blätter" Bd. 51, S. 513—527 bearbeitet; der Artikel in den Histor.-polit. Blättern basirt auf den in der kaiserl. Staatsdruckerei i. J. 1850 erschienenen „officiellen Aktenstücken".

Ist der Herr Abgeordnete Julius, „auf den München stolz sein kann“, und sein Schmierblatt vielleicht zu einer Antwort geneigt auf die Frage: „wer ist revolutionär?“ „Im Interesse des Gemeinwohles und der reinen Wahrheit“ (R. N. 198) möge der „große“ Mann sein Maul aufthun — wir lauschen!!

Deutschland.

München, den 3. Januar.

Aufsehen erregt ein Aufruf der Königin-Mutter, daß die Frauen und Jungfrauen Bayerns auf's Neue sich an dem Verein für verwundete Krieger betheiligen mögen, da, obwohl jetzt Bayern sich des Friedens erfreue, „der blutige Streit auf's Neue entbrennen könne.“ J. Maj. könnte ihren Einfluß wohl noch in anderer Weise geltend machen, daß wir vor dem Kriege verschont bleiben; wir brauchten dazu nichts als — ein anderes Ministerium.

— Hr. Burchtorff hat zum Neujahr einen Michel erster Klasse geschenkt gekriegt. Wir gratuliren ihm einstweilen und werden die entsprechende Festmusik dazu baldmöglichst veranstalten. Die 10 Konfiskationen, mit denen er das „Vaterland“ seit neun Monaten erfreut hat und die alle ohne Grund und deshalb erfolglos, außer für unsern Geldbeutel, geblieben sind, hätten noch mehr verdient als einen Michel ins Knopfloch, eine Ehre, die er heuer mit dem Deutschkatholiken Herman Schmidt theilt. (Zu unserer großen Betrübniß sind wir heuer wieder von den unzähligen Ordensverleihern Europas vergessen worden; dafür aber hat das „Vaterland“ wieder etliche hundert Abonnenten mehr erhalten.)

— Appellrath Eisenhart ist zum Cabinetssecretär und Ministerialrath ernannt. Diese Ernennung, schreibt Knorrblätil, erregt in ultramontanen Kreisen „große Bestürzung.“ Das weniger, wohl aber Verwunderung über die rasche Carriere des neuen Cabinetssecretärs und einige Neugierde, was etwa der Landtag zu dem starken Verbrauch dieser eigenthümlichen Sorte von „Staatsdienern“ sagen wird, die das Land bereits ein kolossales Geld kosten. „Bestürzt“ zu sein haben die „ultramontanen Kreise“ keinen Grund, denn unter den bekannten Verhältnissen kann es sie sehr kalt lassen, ob Peter oder Paul kgl. Kabinetssecretär ist.

— Von den auf heute einberufenen Landtagsmitgliedern ist bereits eine große Zahl eingetroffen. Für die von der patriotischen Partei ist ein neues Clublokal im Bambergerhof gemiethet.

— Im Laufe des vergangenen Jahres ist das Vaterland durch nachfolgende Geschenke der göttlichen Vorsehung und königlichen Gnade beglückt worden: 3 Generale, 3 Generallieutenants, 7 Generalmajore, 5 Obersten, 5 Oberstlieutenants, 14 Majore, 9 Hauptleute und Rittmeister, 10 Oberlieutenants, 18 Unterlieutenants und 55 Junker. Wir sind über diese namhaften und theueren Geschenke um so mehr erfreut als sich dadurch die Aussichten auf ausgiebige Prügel wieder außerordentlich vermehrt haben. Außerdem ist das Glück des Vaterlandes durch einen bedeutenden Zuwachs von hohen und niedern Militärbeamten ungewöhnlich vermehrt worden, was uns einige Hoffnungen mehr gibt, daß beim nächsten Ausmarsch wieder als hübsch durcheinander und drunter und drüber gehen wird und daß inzwischen die Herren Militärbeamten noch mehr freie Stunden als bisher haben, was ihrer Gesundheit zweifelsohne wohl zu statten kommen wird. Leider wird unsere Freude dadurch etwas getrübt, daß die Pensionisten einen Zugang von 5 Generalen, 3 Obersten ꝛc. ꝛc. erhalten haben. Was hätten die großartigen Schlachten und Treffen — verlieren und einstweilen „zurückgebliebene“ Bauernbuben schinden und schikaniren können!

— Das kgl. Kriegsministerium hat jedem Infanteriebataillon als Neujahrsgeschenk ein jährliches Aversum von 160 fl. und jedem Jägerbataillon 200 fl. zum Verschießen bewilligt. Dieses sehr zeitbemäße Schußgeld im Verein mit den neuen Generalsernennungen und dem Aufruf der Königin-Mutter sollen wahrscheinlich die Glocken sein, mit denen das neue Jahr eingeläutet wird, und des Prinzen Hohenlohe staatsweise Politik spielt den Brummbaß dazu.

Aus Oberbayern. In Taufkirchen, — ein ominöser Name — wurde ein fortschrittlicher Ehrenmann zum Gemeinbevollmächtigten gewählt, der bei der Beeidigung auf die Frage nach einem Crucifix meinte: Wir brauchen keinen Herrgott! Nöthigenfalls, meinte er, könnte eines der Ausschußmitglieder die Stelle des Herrgotts versehen!! Ein netter Fortschrittler, der zweifelsohne nächstens zum Ehrenmitglied des Knorrianums ernannt wird, denn da braucht man auch keinen Herrgott.

Aus St. Johannesrain wird gemeldet, daß die Preußen, welche sich der getaufte Jude und Baron Eichthal als Beamte verschrieben hat, ihren Einfluß auf die armen Leute, die dem getauften Juden als arbeitende Sklaven dienen müssen, so wohl ausbeuteten, daß lauter „Liberale“ zu Gemeindebevollmächtigten gewählt wurden, zum größten Zorne der besitzenden Bauern. Glücklicherweise ist das Haberfeldtreiben sehr unzeitgemäß verboten worden, sonst wüßten in gewissen Gegenden manche Bauern, wem sie zu treiben hätten.

In Straßn findet Sonntag den 9. Jan. eine Wanderversammlung des bayrisch-patriotischen Bauernvereins Grünbach statt, wozu alle Mitglieder von Nah und Fern eingeladen sind.

* Aus Oberfranken. (Liberales.) Auch aus der schönen oberfränkischen Gegend, wo der Fortschritt sehr schnell läuft, weil er ja hoher Protektion sich erfreut, läßt sich dem „Vaterland“ manches „Schäußliche“ berichten. Sollte da Mitte Dezember in einem abgelegenen „obskuren Winkel“ in der Behausung eines früheren Gemeindevorstehers eine Gemeindewahl abgehalten und ein „Bürgermeister“ gewählt werden. Wohl hätte man eher glauben sollen, daß die Katzen mit den Tauben flögen, als daß der alte Vorsteher als neugebackener Bürgermeister aus der Glücksurne hervorgehen werde. Waren ihm doch Dinge zur Last gelegt, die eher etwas Anderes als einen Orden verdienen. Hatte er doch schon 9 Jahre lang mit der Gemeinde Blindekuh gespielt, in die Rechnungen Beträge einsetzen lassen, über welche selbst die Unterzeichner auf geschickte Weise in Unkenntniß erhalten wurden und waren deshalb die meisten Wähler mit solcher Amtsführung unzufrieden . . . Allein der Fortschritt als neuer Gott hilft gewaltig, wo der alte Gott abgeschafft ist. Wahrscheinlich sind diesem — Ehrenmanne obige und noch andere Vorwürfe mit Unrecht gemacht worden, da er von einigen Leuten seiner Art eifrigst in Schutz genommen wurde und auch beim Hrn. Wahlkommissär Gunst genoß, der, gewiß aus purer Menschenfreundlichkeit seinem Schreiber, dem noch zwei Bettelpreußen assistirten, Gelegenheit verschaffte, um den Wählern wider ihren Willen die Zettel mit den langen Namen auszufüllen, während einstweilen ein Bauer das Wahlprotokoll schwerfällig führen mußte. Die Vorarbeiten waren ganz gut gemacht, kein fortschrittlicher Wähler war in der Liste vergessen, und kein patriotischer aufgenommen, der nicht zu wählen gehabt hätte. Darüber könnte jener Ehrenmann, der bei der Rückkehr als Reiter aus lauter Freude sich statt auf das Pferd in die Kutsche setzte, einen Eid ablegen. Die Wähler hatten freie Zeche, was an der Stubenthüre geschrieben stand. Merkwürdiger Weise hielten etliche Tage nach der Wahl die unzufriedenen Wähler Berathung, wie sie den aufgedrungenen Bürgermeister wieder los werden könnten!

Nicht zu übergehen dürfte sein, daß nicht lange Zeit vorher in dem erwähnten, zum Wahllokale bestimmten Hause dieses tapferen Vorstehers ein Hr. Commissär nicht wußte, wo er seine Papiere sicher vor Schmutz ablegen sollte; diesmal hat ihm der Braten doch geschmeckt. Gewiß ein Zeichen von Fortschritt! Wenn der so fortgeht, dann dürfte bei der nächsten Wahl eine noch genußreicheres Mahl in Aussicht stehen, für das dann der „grauße" Herr mit der Kutsche für eine passende musikalische Unterhaltung Sorge tragen könnte!

Aus dem Forchheimischen wird dem „Vaterland" geschrieben: Unser Artikel über die Plassenburger Sträflinge und deren Zutheilung in sieben Wahlbezirke, um möglichst viele Wahlmänner fertig zu bringen, hat, wie voraussichtlich, Sensation gemacht und ein großer Theil der deutschen Presse hat davon Notiz genommen. Unser Artikel war ganz richtig gefaßt, wenn er auch theilweise unrichtig aufgefaßt wurde. Die amtliche Berichtigung ist nun erschienen und betont, daß die Sträflinge die Plassenburg nicht verlassen hätten, um aktiv bei der Wahl sich zu betheiligen. Das haben wir auch nicht behauptet, sondern blos die Zutheilnng derselben in sieben Wahlbezirke. Dies aber ist geschehen und ist ungesetzlich; denn die Ergänzung der Seelenzahl von 2000 soll „mit möglichster Beachtung der Grenzen der politischen Gemeinde" geschehen: daher gehörten die Sträflinge zur Gemeinde Ködnitz eben so wie die Soldaten einer Kaserne zu dem betreffenden Stadtdistrikte. Daß die „Bayrische Landeszeitung" kein Evangelium, noch unfehlbar ist, weiß man schon lange, deshalb wird auch nicht sie, sondern die Abgeordnetenkammer zu entscheiden haben, ob die Nobelgarde des Herrn v. Schauß und Consorten in sieben Wahlbezirke zu vertheilen gewesen und die Kronacher Wahl giltig sei. — Bei dieser Gelegenheit wollen wir aber mit Vergnügen konstatiren, daß nach zuverläßigen Erkundigungen Herr Bezirksamtmann Landgraf, im Allgemeinen als sehr ehrenwerther und rechtlicher Beamter gilt, der keiner absichtlich ungesetzlichen Handlung fähig ist. Es sind uns bei dieser Gelegenheit von einem andern Herrn Bezirksamtmann in der Nachbarschaft viel interessantere Details mitgetheilt worden, wie man katholische Pfarrdörfer auseinanderriß und die Bewohner in protestantische Wahlorte schickte, damit sie untergingen. Doch davon später, da aber diese Prachtwahl in Kronach noch manche Ungesetzlichkeiten zu Tage kommen dürften. Dies aber ist eben der Fluch des Hörmann'schen Systems, daß durch den notorischen Terrorismus, der auf die Beamten geübt wurde, diese mit ihrem Eide, ihrem Charakter, ihrer rechtlichen Ueberzeugung und ihrer Existenzfrage in die fatalste Lage kamen nnd daher solche diplomatisch-bureaukratische Mißgeburten, wie die Plassenburger Wahleintheilung zu Tage kamen.

In Münnerstadt wurde der Augustinerprior und Professor am dortigen Gymnasium, P. Wester, dieser Stelle entsetzt, weil er während des Unterrichts das entsetzliche Verbrechen begangen, zwischen den Schweinen des Epikur und gewissen Liberalen eine Aehnlichkeit zu finden. Wir finden auch eine; den P. Wester aber machte diese Entdeckung unfähig, den Jungen Latein, Griechisch und Religion beizubringen. Was zum königlich bayrischen Fortschritt gehört.

Oesterreich. Der Kaiser hat die aufständischen Dalmatiner begnadigt, melden die Blätter, — diejenigen, setzen wir erklärend hinzu, welche sich unterworfen haben. Die Andern würde der Kaiser auch gern begnadigen, sie verlangen aber keine Gnade, sondern ihr Recht. Die Begnadigten werden wahrscheinlich auch blos für die Dauer des Winters begnadigt bleiben wollen, weil sie, vom Meer abgeschnitten, sonst verhungern müßten. Daß die Dinge an der Donau verzweifelt ernsthaft stehen müssen, darauf weist unter Anderm die Armee hin, welche die Türkei trotz ihrer ewigen Geldnoth an der Grenze aufgestellt hat.

Ausland.

Schweiz. In Luzern soll der böse Dämon Bayerns, Richard Wagner der Musikant, lebensgefährlich erkrankt sein. Es würde vielen Leuten, die es wohl meinen mit dem Vaterland und dem König auch, ein großer Stein vom Herzen fallen, wenn Gott diesen Mann unter seinen heiligen Engel versetzen wollte.

In Spanien hat der Kultusminister Gorilla in einer Rede erklärt, die Regierung werde sich der Republik in die Arme werfen, wenn sich nicht bald ein passender König ermitteln lassen. Einen König oder eine Republik — unter Umständen ist da manchmal die Wahl nicht gar schwer.

Literarisches.

In Augsburg, Kranzfelders Buchhandlung, ist ein vortreffliches Werlchen erschienen, das wir unsern Lesern, namentlich den geistlichen Herren empfehlen möchten. Es führt den Titel Disticha galeata von Antijanus, — behelmte Distichen; der Verfasser hätte sie auch geharnischte nennen können, denn sie tragen nicht blos den Helm zum Schutz, sondern auch — Haar auf den Zähnen und scharfe Waffen manchealei zum Trutz. Wäre der geistreichste katholische Dichter der Gegenwart, Johannes Schrott, nicht so dem Idyllischen zugewandt und so harmlos und — polirt möchten wir fast sagen; wir hätten sich auf ihn gerathen. so geistvoll, so edel in der Form, so dichterisch schön sind diese prächtigen Dichichen. Aber Schrott übersetzt gelegentlich den Balde, aber er polemisirt nicht, er ist eine friedliche Natur, und diese Verse sind so boshaft, so bissig, so unbarmherzig! Die Distichen sind durchgehend gegen den großen Döllinger und den kleinen Janus und den literarischen Schweif beider gerichtet und nehmen beide ganz unchristlich mit. Wir wollen nur ein paar Pröbchen anführen.

*

„Alles Betrug? Wahrhaftiger Gott, Vorsehung, wo warst du?"
Heide nicht blos bist du, Janus du bist Atheist.

*

Jeder nun kann ganz frech vom Papst nach Janus panen,
Schon auswendig gelernt hat ihn der Judencommis.

*

Unfehlbar, o gewaltiger Wahn, gern möchte der Papst sein?
Infallibel sind nur wir, die den Janus gemacht!

*

Zuckend die Brauen erhob sich ein Staatsweltweiser aus Froschham:
„Janus hat viel von mir — leider nnr nicht Consequenz.
Wie ganz anders wär' er, wär' ich hauptsächlichster Autor,
Wissenschaft wär' er von A, eiserne Logik bis Z.
Wie Gallilei einst gab der noch stehenden Erde Bewegung,
So ich der heutigen Welt Wissenschaft, Leben, Impuls."

*

Ei wie er schnuffelt und keist und möcht' ingrimmig doch beißen;
Näher besah ich ihn und merkte sein falsches Gebiß.

(Prof. Frohschammer trägt falsche Zähne.)

Vornehm lächelte Hohn auch der moskowitische Pope
Pichler Alexis, sein Mund grinste vom Ohre zum Ohr.
„Wo vom Betruge die Red' ist, bin ich ein Kenner. Doch hier nicht
Leistet' ich Dienst, und zwei Gründe schon hielten mich ab.
Erstens verfaßt' ich allein, als drei, ein viel dickeres Buch schon,
Zweitens gefällt mir auch Theilung nicht des Honorars."

Unfehlbar allein ist die Kirche, wo man an den Czarpapst
Nicht Peterspfenninge zahlt, sondern er Rubel an uns.
(Pichler.)

(Pichlers) Tauschantrag an Dr. Ranunculus (Frohschammer).
„Mein bartlos pergamentenes Kinn von ewiger Jugend
Geb ich dir, wird mir dein archimandritischer Bart".

Wäre das Papstthum stark und drohte der Welt ein Caraffa,
Erntet ihr einigen Dank, aber dann schwieget ihr klug.

Janus Döllinger-Huber können mit dem Antijanus jedenfalls zufrieden sein, denn beide haben — ihren Theil!

Nürnberg. Hopfenmarkt. Prima-Qualitäten Auswahl zu 88- 92 fl., Prima-Ausstich 100 fl., Gebirgshopfen 85 fl., feine Hollerbauer 115 fl., ausgesuchte Polen bis 92 und 95 fl. Umsatz nicht 40 Ballen.

Münchener Hopfenmarkt.

1) Ober- u. Niederb. Gewächs: Mittelgattungen: Gesammt-Vorrath 6807 Pfd., Verkauf 1961 Pfd., Preis 125 fl. — kr. der Zentner; Wolnzacher- u. Auer-Markt-Gut: Gesammtvorrath 7538 Pfd., Verkauf 317 Pfd., Preis — fl. — kr. der Ztr. 2) Mittelfränkisches Gewächs: Mittel-Qualitäten: Vorrath 559 Pfd., Verkauf — Pfd., Preis — fl. — kr. der Ztr., Vorzügliche Qualitäten aus Spalter Umgegend nebst Kindinger- u. Heideckerhopfen: Vorrath 23319 Pfd., Verkauf 6384 Pfd., Preis 327 fl. 40 kr. bis 200 fl. — kr. der Ztr., Spalter Stadtgut, u. Weingarten-, Rohbacher- und Stirner Gut Vorrath 648 Pfd., Verkauf — Pfd., Preis — fl. — kr. der Ztr. 3) Ausländisch Gut: Saazer Stadt, dann Herrschafts- und Kreisgut Vorrath 1447 Pfd. Verkauf 639 Pfd., reis 300 fl. — kr. bis — fl. — kr. der Ztr.

Münchener Schranne vom 31. Dezember.

Getreidsorten	Verkauft Schffl.	Höchster fl.	kr.	Mittel- fl.	kr.	Nied.-Preis fl.	kr.	Gest. fl.	kr.	Gef. fl.	kr.
Weizen . .	1864	19	56	18	29	16	38	—	—	—	7
Korn . . .	940	12	1	11	37	11	7	—	11	—	—
Gerste . . .	2604	14	40	13	44	12	40	—	5	—	—

Auswärtige Schrannen.

Landshut, 31. Dez. Weizen 15 fl. 49 kr., gest. — fl. 6 kr. Korn 11 fl. 45 kr., gest. - fl. 14 kr. Gerste 11 fl. 31 kr., gest. — fl. 16 kr. Haber 6 fl. 34 kr., gef. — fl. 33 kr.

Verantwortlicher Redakteur: Dr. I. Sigl.

Druck von Dr. Vogl in München, Holzgasse 1.

Das „Bayr. Vaterland" erscheint täglich mit Ausnahme der Sonn- und hohen Festtage. Preis des Blattes: Vierteljährig 54 kr., ganzjährig 3 fl. 36 kr. Das einzelne Blatt 1 kr.

Das Bayrische Vaterland.

Alle Postexpeditionen und Postboten des In- und Auslandes nehmen Bestellungen an. Inserate werden die dreispaltige Petitzeile oder deren Raum zu 3 kr. berechnet.

Redaktion: Burggasse 14. Herausgegeben von Dr. jur. J. Sigl. Expedition: Kuffinbazar 5.

Telesphorus. Nr. 3 Mittwoch 5. Januar 1870.

Bestellungen auf das „Bayr. Vaterland"

wolle man bei der nächsten Postexpedition oder den Postboten unverweilt machen. Preis halbjährig 1 fl. 48 kr. vierteljährig 54 kr.

Unsere Kammer.

Wieder sind unsere Abgeordneten, die Vertrauensmänner des bayrischen Volkes zusammengetreten, des Landes Wohl und Beste zu berathen, den Wünschen und berechtigten Erwartungen und Forderungen des Volkes zu entsprechen und ihnen Geltung zu verschaffen. Diesmal sind es die Unsern, das heißt die Männer des Volkes, welches vor Allem Anspruch hat, das bayrische Volk genannt zu werden, — die Patrioten, welche die entschiedene Majorität in der Kammer besitzen.

Leider haben wir nicht die große Majorität, welche ohne Weiters aufräumen könnte mit dem Augiasstall, den Fortschritt und Bureaukratie seit einem Jahrzent in Bayern angehäuft, — welche aufräumen könnte mit — wir wollen nur von Einem reden — dem preußischen Militärgesetze, das in gleicher Weise die Lasten des Volkes vermehrt, als es die Tüchtigkeit unserer braven Armee beeinträchtigt und geschädigt hat.

Aber die Majorität, welche die patriotische Partei in der Kammer besitzt, genügt, um zum Mindesten den Staatskarren nicht noch weiter in den Morast zu führen, wie es eine ehr- und gewissenlose, aber mächtige Clique von Volks- und Landesverräthern wollte; sie genügt, um die Lasten des Volkes wenigstens nicht noch größer werden zu lassen, wie es die Fortschreiter, die Troßknechte des Preußenthums, haben wollten, sondern sie zu verringern; sie genügt, um dem wilden Pferde des Fortschritts, das lieber heute als morgen in den Nordbund hinüberspringen möchte, da es ja dort besseren Haber zu finden hofft, das Springen zu vertreiben und es zu zwingen, sich hübsch manierlich zu verhalten; sie genügt, um dem fortschrittlichen Schwindel mit Gesetzen und Einrichtungen, die blos für gewissenlose und geldgierige Advokaten gut sind, aber nicht für das Volk, Einhalt zu thun und die Dinge wieder thunlichst auf besseren Stand zu bringen.

Erwarten wir uns zunächst nichts Außerordentliches und Ungewöhnliches; verlangen wir nicht, daß man alles über's Knie abbreche; das geht einmal nicht so rasch. Aber erwarten wir, daß die neue Kammer so ehrlich und redlich, als eifrig und entschieden allezeit das Wohl und Interesse des Volkes wahre, dem Rechte wieder Geltung verschaffe, die wahre Ehre des Landes hochhalte, die verlorne bessere Zeit nach Kräften wieder zu bringen suche und vor Allem einstehe für das Wohl des Vaterlandes, so insbesondere für die Freiheit und das Recht Aller.

Die Kammer wird sich zunächst mit materiellen Dingen zu beschäftigen haben, — mit dem Budget, und da wird die Kammer, aus dem Volke hervorgegangen, nicht vergessen, was sie dem Volke schuldig ist, was das Volk namentlich auch in dieser Hinsicht von ihr erwartet und mit Recht erwartet, und daß das bayrische Volk unter dem Regiment des Fortschritts ein fast armes Volk geworden ist, das nur mit größten Anstrengungen vor dem Untergange gerettet werden kann, dem es der schwindelhafte Fortschritt in den letzten Jahren nahe gebracht hat.

Die Abgeordneten der patriotischen Partei sind wahre Ehrenmänner, sie wollen Freunde des Volkes sein, nicht seine Tyrannen wie die Liberalen, und eben deshalb wird keiner seiner Aufgabe und seinen Versprechungen untreu werden wollen.

Wir erwarten nicht das Unmögliche, aber das Mögliche erwarten wir alles von dem Eifer und der Pflichttreue unserer Abgeordneten.

Und damit begrüßen wir sie aus vollem Herzen und wünschen ihnen Heil und ihren edlen Bestrebungen den besten Erfolg. Möge ihnen Alles wohl, zum Besten des Vaterlandes gerathen und Einheit und Eintracht, ohne die nichts Großes und nichts Gutes zu Stande kommt, ihnen niemals fehlen. Der Himmel aber gebe ihren ernsten, schwierigen und folgenschweren Berathungen seinen Segen, dann wird Vieles wieder gut werden, was der Fortschritt schlecht gemacht hat.

Jüdisches XI.*)

Die Judenseuche scheint auch in der freien Schweiz bedeutende Ausdehnungen gewonnen zu haben und dem Christenvolk nicht wenig unbequem, schädlich und nachtheilig geworden zu sein. Einen wahren Schmerzensschrei läßt darüber der „Einsiedler Anzeiger", ein Organ für amtliche Erlasse, erschallen. So schreibt das Blatt [illegible] 16. Oktober: — „Schwyz". „Großer, noch nie da[illegible] Ausverkauf!" So tönt es durch die Residenz- und Marchblätter Schlag auf Schlag. Das ist jedenfalls etwas Nagelneues in diesen Bergen und der Köder scheint anzuziehen. Einige israelitische Kaufleute haben sich, gestützt auf den eidgenössischen Judenartikel, in Schwyz und in der March temporär niedergelassen, um die lieben Gojen**) mit spottwohlfeilen Waaren aus ihrem wohlassortirten Lager zu versehen. Welche Fürsorge, welcher Edelsinn! Nach allen Richtungen fliegen Detailverzeichnisse der auszuverkaufenden Artikel und ihrer Spottpreise. Findet ein Waarenartikel schnellen Absatz, sofort wird ein anderer Transport verschrieben, und das nennt man Ausverkauf, der nie aufhört. Das ist die erste Blüthe dieses fruchtbringenden Juden-

---

*) Aus der confiscirten und wieder freigegebenen Nr. 123.

) Gojen, Heiden bedeutet in der Judensprache soviel wie Christen artikels und wenns so fortfährt, so sind wir bald in der Lage, denjenigen Herren, die diesen Artikel so eifrig befürworteten, eine Dankadresse zusenden zu lassen. Das Schweizervolk hat zwar den Judenparagraphen mit Mehrheit sanktionirt einerseits aus Unkenntniß der Tragweite desselben, anderseits aus Friedensliebe. Eines bleibt fest; drehe man diesen Artikel wie man will, er ist eine **schreiende Ungerechtigkeit gegen die eigenen Bürger. Während diese alle Staats- und Gemeindekosten, die sich von Jahr zu Jahr steigern, mittragen helfen, Steuer auf Steuer bezahlen, ihre Söhne mit großen Opfern als Vaterlandsvertheidiger ausrüsten und einreihen lassen, ziehen diese Kinder Israels herum, wie Heuschrecken, lassen sich gegen eine winzige Gebühr nach Belieben nieder, füllen ihre Beutel und packen wieder auf, um andere Landestheile mit ihrem segensreichen Wirken zu beglücken. Und sind denn diese Waaren so äußerst billig und solid? Keineswegs. Wenn auch einzelne Artikel durch ihren niedrigen Preis in die Augen springen, so prüfe man die Waare genau, und man wird den Grund dieser Spottwohlfeilheit bald herausbringen und die Wahrheit des Sprichwortes: „was nichts kostet ist auch nicht viel werth“, wird sich hier namentlich bewähren. Dieser gefährlichen Freizügigkeit muß so wie so die Spitze gebrochen werden, sei es durch größere Belastung des Ausverkaufs, der eine Lüge, ein Schwindelgeschäft ist, oder durch eine Erwerbsteuer für solche Krämer, die sich nur temporär niederlassen und keine Vermögensteuer entrichten, wenn man nicht eine ehrenhafte Klasse der gewerbtreibenden Bürger dem Ruine entgegenführen will. Es ist voraussichtlich, daß diese „Profitchen“ namentlich unter den Juden ansteckend sind, so zwar, daß wir von dieser Landplage nicht sobald befreit werden, wenn die Blindheit der Käufer anhält gegenüber diesem ostensiblen Schwindelgeschäfte; denn bereits sollen sich Wiener Juden in Dorfbach, einem entlegenen Theil des Schwyzerfleckens niedergelassen haben, nicht in der Absicht, dort ihr Vermögen redlich zu versteuern, sondern das Vermögen anderer zu kontrolliren und zu profitiren; daher caveant consules!

Jud bleibt Jud — unter jedem Himmelsstrich!

Deutschland.

München, den 4. Januar.

(Landtag.) Die Kammer tritt heute zum ersten Mal zusammen. Ihr Alterspräsident wird Hr. Stadtpfarrer Schmid, ihre Jugendsecretäre werden die Herren Buchhändler Bucher und Kaufmann Rongarz von Gemünd sein, alle drei patriotisch. Eine ihrer ersten Beschäftigungen wird die Prüfung der Wahlen sein. Es versteht sich von selbst, daß die Münchener Wahl beanstandet wird. Zweifelsohne müssen die Wahlen in den Stadtbezirken 8, 23 und 35 für nichtig erklärt werden; aber auch in vielen andern Bezirken werden die Urwahlen beanstandet werden müssen. **Bei der Wichtigkeit der Sache und da die Zeit drängt, ersuchen wir unsere verehrten Parteigenossen von hier, alles Zweckdienliche zur Beanstandung und resp. Umstoßung der Urwahlen in den bezüglichen Urwahlbezirken der Kammer bekannt zu geben und ihre Reklamationen unverweilt einzureichen.**

Die Redaktion ist mit Vergnügen bereit, den Herren Urwählern und resp. Reklamanten hierin mit Rath und Beihilfe an die Hand zu gehen und sind wir zu diesem Zwecke täglich von 10 bis 11 Uhr in der Expedition und von 3–4 Uhr im Redaktionsbureau (Burggasse 14) zur Verfügung der Herren Reklamanten. Wir bemerken, daß, wenn eine Reklamation Erfolg haben soll, durchaus keine Zeit mehr zu verlieren ist.

— Der hiesige „Landbote“, eines der gediegensten fortschrittlichen Organe zur Versimpelung des liberalen Lesepöbels, hat vor dem Quartal gar heiligmäßig geschwindelt, wie sehr er „für unsere heilige Religion“ einstehen wolle und wie ihm die gar mächtig an dem edlen Landbotenherzen liege. Zur Illustration dieses heuchlerischen Versprechens, gemacht um etliche Gimpel zu fangen, brachte seine letzte Nummer einen gar erbaulichen Schmähartikel über Rom — Alles schnappt und beißt jetzt gegen Rom und meint, darin bestehe hauptsächlich das „liberal“ sein! — in welchem folgende Diatribe gegen das Papstthum 2c. vorkam: „... In einer anderen Kirche, schreibt der Bote, wird ein sogenanntes wunderthätiges Christusbild den Gläubigen gezeigt, was diese mit einer Inbrunst küssen, die eines besseren Gegenstandes würdig wäre — und die mich aufgeklärten Landboten mächtig verdreußt. Was sich der Landbote wohl als „besseren Gegenstand“ denn ein Christusbild denken mag? — „Das Papstthum, fährt er fort, hat seine Aufgabe nie begriffen — was der protestantische Bote natürlich am besten beurtheilen kann! — Stärkung der eigenen Macht zur Niederdrückung aller freien Regung, lügt der Bote, war ihm von jeher lieber als die Begründung des Menschenglücks. Ja, das Papstthum hat an der Menschheit viel gesündigt, sein Wahlspruch war nicht die christliche Liebe, sondern Haß und Unduldsamkeit, nicht Licht und Wahrheit, sondern Verfinsterung und Aberglauben. Deshalb wird und muß das Papstthum zerfallen. Das wünscht wenigstens der Landbote, der, wenn er was gelernt hätte und nur einen Schein von der Geschichte hätte, nicht so dumm in den Tag hinein schwätzen würde, sondern zugeben müßte, daß das gerade Gegentheil von dem wahr ist, als er da sagte, und daß das Papstthum es ist, welches Europa schon mehr als einmal vor der Barbarei gerettet hat. Aber die Wahrheit sagen und etwas gelernt haben, das wäre ja nicht „liberal“; lügen und nichts wissen, darin besteht der ächte Liberalismus — der Gasse, den der Landbote mit derselben Virtuosität wie Knorrblättl kultivirt und predigt. — In derselben Nummer bringt dieses Blatt noch den weiteren Blödsinn zu Markte, daß „in einigen Tagen in der Kammer die Geister wie — Feuer und Wasser aufeinander prallen (!!) werden“. Ein deutscher Schuljunge, der den Unsinn niederschriebe, daß „Feuer und Wasser aneinanderpralle“, bekäme mit Recht ein gutes Dutzend Tatzen; der „intelligente“ und „gebildete“ liberale Landbote aber darf das sagen, bei ihm ist's hohe fortschrittliche Weisheit, was den Schuljungen Tatzen eintrüge. „München strahlt, sagt er ein paar Zeilen später, im Lichte der Aufklärung und seinen Bürgern schlägt hoch die Brust für Menschenrecht und Menschenwürde“. — „Schön; wenn sich aber der Landbote ein bischen für die Geheimnisse der deutschen Sprache begeistern könnte, so könnte das „im Lichte der Aufklärung strahlende München“ schwerlich viel dagegen haben und der bekannte „Stolz Münchens“ und Knorrblättldeputatus könnte mit noch mehr „gehobenem Bewußtsein“ ganz München sammt den Gelehrten des Landboten in der Kammer vertreten — wollen. Wollen, sagen wir

Denn ach wie lange wird er deputätig sein
Und stille seiner Deputätigkeit sich freun?
Nur einmal wird er in der Kammer glänzen,
Der Julius, und dann darf er sie — schwänzen
Und Rache sinnen an dem heim'schen Herde:
Das ist das Loos des Schönen auf der Erde!

Man schreibt uns von München *): Nicht umsonst ist die riesige Geduld der „gemüthlichen“ Bayern landbekannt und sehr bezeichnend ist für uns der Ausdruck jenes Münchener

Schwagers: „Hoaß muaß i wern“! Daß dies noch immer zutreffe, zeigt sich gerade jetzt wieder; denn unser geliebtes, hohes Ministerium beliebt schon seit geraumer Zeit uns auf eine ganz gewaltige Geduldprobe zu stellen. Bis jetzt hat das Volk diese Probe noch fest bestanden; ob es aber nicht doch einmal „hoaß“ werden könnte?! Wer weiß es! Bunt ist für manches Auge angenehm, zu bunt ist — zu bunt. Bis jetzt hätte Mancher vielleicht glauben können, den Herren Ministern sei es eben um ihre Ministerstühle und was drum und dran hängt zu thun, und sie seien gescheidt genug, die wüthenden Rothen und Bettelpreußen für ihre Zwecke zu gebrauchen und auszubeuten, indem sie dieselben durch ihren Scheinliberalismus ködern. Aber nichts davon. Jetzt sieht es aus, als ob das Ministerium sich eine Ehre daraus mache, dem Fortschritt zu dienen, statt sich dienen zu lassen. Kaum haben Fröbel-, Abend- und andere derartige Zeitungen — selbstverständlich ist auch Knorrblättl eiligst nachgeritten — verlauten lassen, es könne „zweckdienlich“ sein, die Wahlkreise anders einzutheilen, so wurde auch schon offiziös in der „Allgemeinen 2c.“ verkündet, daß die Regierung, „nicht bloß von ihrem verfassungsmäßigen Rechte Gebrauch machend“, sondern auch ihre Pflicht (!!) erfüllend, sich „entschlossen“ habe, „theilweise“ die Wahlbezirke abzuändern, nämlich solche Bezirke die weiß aus bayrisch sind und bayrisch gewählt haben! Diesmal haben die Offiziösen ausnahmsweise nicht gelogen, denn wir haben seit zwei Tagen die Bescheerung vor Augen! Alle billigen Wünsche des Fortschritts und nicht wenige unbillige sich allerliberaligst erfüllt werden. Fortschrittliches Herz, was verlangst du noch mehr? Aber kennen die Herren Minister die schöne Parabel vom Bogen nicht, der bricht, wenn er zu straff gespannt ist? Wissen sie aus der Naturgeschichte oder eigener Erfahrung, daß selbst der Wurm sich krümmt, wenn man ihn tritt? Oder daß der Löwe, wenn er gereizt wird, furchtbar werden kann? Hat nicht selbst der „gemüthlichste“ Philister Augenblicke, wo er „hoaß“ wird und dann schlimme Geschichten anfängt? „Tritt mich nit, ich leid's sein nit!“ ruft ein bayerischer Herzog von ehern Bilde unter den Arkaden uns zu. Man erinnere sich gefälligst an jene tapferen Vendeer, die während der ersten französischen Revolution sich gegen die Konventsmänner und Thronumstürzer in Paris für ihren Glauben, ihren König und ihr Vaterland zusammenschaarten und auf ihre Fahne schrieben: Aide toi et ciel t'aidera! (Hilf dir selbst und Gott wird dir helfen) und vergleiche die Lage Jener mit der der bayrischen Patrioten, aller treuen Bayern! Vor dem hätte man dem Ministerium allenfalls noch bedeuten können: Bieg' oder brich! jetzt gibts nur noch ein Losungswort, und das brauchen wir nicht zu sagen, denn allen guten Bayern schwebt es auf den Lippen! (Diese unsere Erwartungen sind glänzend erfüllt worden. Der Bogen ist gebrochen. Das bayrische Volk hat seiner Würde und seiner Vaterlandsliebe entsprechend und treu gewählt. Die Regierung, das heißt das gegenwärtige Ministerium hat eine Niederlage erlitten, wie sie kaum erhört worden in einem konstitutionellen Staate und zwei Minister, die am meisten gehaßt waren, sind vor dem Volkszorne bereits hinweggeweht worden; die andern folgen ihnen nach, wie wir mit Recht erwarten. D. Red.)

— Heute Nachmittag 3½ Uhr soll die Verhandlung über die sechs Klagen stattfinden, welche Schauß für seinen Freund und würdigen Mitdeputatus Julius Knorr von wegen des bekannten „Sendschreibens“ gegen den Redakteur des „Vaterland“ angestrengt hat. Seine jüngere Schäußlichkeit wird bei dieser Gelegenheit eine Vorstellung in der höheren fortschrittlich jüdischen Zungen-Akrobatik geben, wird unter einem fortgesetzten Raketenregen von Schimpfreden die Spitze fortschrittlicher Tugend und sittlicher Ernsthaftigkeit erklettern und von diesem erhabenen Standpunkte aus mit der einen Hand ein Dutzend Fixsterne zu einer würdigen Strahlenkrone für den Knorrblättldeputatus erhaschen, mit der andern einige dichtgelagerte Wolkengeschichten destillirter Fortschritts-Jauche als stinkende Sündfluth auf das „Vaterland“ herabschütten, worauf er, etliche besonders gelungene liberale Purzelbäume schlagend, wieder auf der Erde erscheinen und die Verurtheilung des Dr. Sigl zu 7000 Jahr Rosenberg, verschärft mit mindestens jährlich 500 Fasttagen, beantragen wird. Wir hoffen, daß die Vorstellung des 2c. Schauß ohne Hinderniß und zur vollkommenen Zufriedenheit des jüdischen Auditoriums stattfinden wird und bleiben ihm für sothane mühevolle Kunststücke sonderheitlich in Gnaden gewogen.

— Wie die „Abendzeitung“ von hier erfährt, soll der Landtag diesmal gar mit einer Thronrede eröffnet werden — was wir uns vorläufig stark zu bezweifeln erlauben — und soll in derselben die Vorlage eines Wahlgesetzes auf Grund des direkten Wahlrechts — verheißen werden, wenn — ja wenn! — die Vorschläge der Minister Annahme finden. Bei wem Annahme finden? Die Abendzeitung sollte doch keinen solchen Schwindel treiben, denn wie man sich fortschrittlicher Seits zu den direkten Wahlen gestellt hat, das wissen wir, und wie die hohe königliche davon denkt, ist auch kein Geheimniß. Beide wollen in Wirklichkeit nichts weniger als direkte Wahlen, denn das wäre erst recht ihr Tod.

— Ueber die Metamorphosirung der Preußen, welche an den süddeutschen Höfen bisher als Gesandte des Herrn von Preußen umgingen, in Gesandte des norddeutschen Bundes, erfährt man, daß dieselben „auch“ Gesandte besagten Bundes sein sollen, wie etwa „Dr. Ranunculus“ oder Julius Deputatus „auch“ Katholiken sind. Erst kommt also bei diesen Gesandtschaftspreußen der Preuß, dann nochmal der Preuß und zum Drittenmal der Preuß, hierauf kommt eine Zeitlang ein Gedanke von einem Preußen und ganz Zuletzt kommt der Bundespreuß zum Vorschein, was also eine höchst verwickelte Geschichte gibt. Das Kurze und Lange davon ist: Der Preuß bleibt Preuß, trägt aber bei feierlichen Gelegenheiten einen schwarzweiß karrirten Bundesmantel. Für uns ist das Alles „Wurscht“ sozusagen.

— Der Jude Henle und der Advokat Kühlmann, alle beide edle — Charaktere, laden, um „mehrfachen Anforderungen“ zu genügen, um eine milde Beisteuer zur Deckung der Agitationskosten gelegentlich der Gemeindewahlen ein. Die Preußen sollten doch nicht so schmutzig sein, sondern aus Erkenntlichkeit für die treu und eifrig geleisteten Dienste der Bettelpreußen noch ein Bischen was springen lassen, damit sich die Leute nicht durch solche Betteleien zu blamiren brauchen. Und du, o Julius, haben denn die Landtagswahlen deinen Geldsack gar so sehr in Anspruch genommen, daß es dich auf die paar Gulden ankömmt, oder ist gar zu — kostspielig „agitirt“ worden?

— Die wichtigste politische Neuigkeit, die heute aus Bayern verlautet, ist, daß die Vorbereitungen zur Aufführung der neuesten Wagnerei an unserer Hofbühne bereits so weit gediehen sind, daß die Rollen vertheilt und die Dekorationsmaler bereits in eifriger Thätigkeit sind. Das einzige „Eifrige“, was von Münchener Thätigkeiten zu melden ist und zweifelsohne von entscheidendem Einfluß auf die Weltgeschichte und das Schicksal Bayerns sein wird.

Mag rings die Erde zittern, bänglich beben,
Mag eine Welt in blut'gem Kampfe ringen:
Was kümmert's uns? Nicht Jedem ist's gegeben,
Sorglich nach solchem Tand zu seh'n: — wir singen!

— Der ehemalige Vorstand des Gemeindekollegiums, Hofbuchdrucker Wolf ist gestern verschieden und die alte

*) Konfiscirt! Aus der konfiscirten Nr. 173 vom 21 Okt.

Landesbase, die ihn schon über 6000 fl. gekostet hat, folgt ihm bald nach.

In **Miesbach** hat sich ein patriotischer Bauernverein gebildet, der bereits 138 Mitglieder zählt.

Im **Kulmbacher Gebiet** haben 23 Gemeinden, welche erst vor Kurzem zu Bürgermeistereien zusammengeschweißt worden, natürlich „freiwillig“, dieselben schon so gründlich satt bekommen, daß nach verfügter Auflösung der Bürgermeistereien jede Gemeinde wieder ihren eigenen Bürgermeister (Vorstand) bekommt. Wir haben redlich vor dieser modernen bureaukratischen Einrichtung gewarnt; der Widerwille, der sich allenthalben vor ihr kundgibt, bestätigt, daß wir Recht gehabt. Es wird aber schon noch besser kommen.

Von der Saale hellem Strande schreibt man dies dem „Vaterlande“: Liebes „Vaterland“! Du bringst immer zur Aufklärung und zuweilen zur Ergötzung und Erheiterung deiner Leser Jüdisches aus allen 12 Stämmen Israels. Warum nicht auch von Unsleben? So oft ich in jüngster Zeit im „Vaterland“ das „Jüdische“ durchflog, erwartete ich immer von Unsleben zu hören, aber vergebens. Au waih geschrien! Vorgestern wurde ein ganzes Rudel Hebräer aus Unsleben vor dem Landgericht Neustadt an der Saale wegen gröblicher Mißhandlunng eines kath. Pfarrers und wegen Vergehens der öffentlichen Ruhestörung verhandelt und — schreie mer noch emol au waih, aber kräftig! — das ganze Rudel von jüdischen Ehrenmännern wurde verurtheilt, zum Theil in die höchste Strafe von 42 Tagen Arrest, denn es gibt halt doch noch Richter in Bayern. Der Pfarrer war deshalb von den Juden mißhandelt worden, weil er sich „erfrechte“, auf deren schreiende Schmähreden zum Stillschweigen zu mahnen! Die andere Judengeschichte, die in Steinach spielt, ist augenblicklich etwas in's Stocken gerathen, weil die Auwaihschreier gerne husen (?) möchten, aus Furcht, zuletzt selber in die Grube zu fallen. Zu gönnen wär's den Stinkadores. An einem anderen Orte hatte ein Jude die Frechheit, als Kinder einen Geistlichen mit dem Gruße: Gelobt sei Jesus Christus! begrüßten, davor auszuspucken, was seine jüdischen Ohren wohl noch werden büßen müssen, und in Neustadt a. S. wurde von etlichen Juden dem Pfarrer, den Schulschwestern und mehreren, den Juden mißliebigen Beamten eine Katzenmusik gebracht. Auch von Münnerstadt her verbreiten sich sonderbare Gerüchte, diesmal aber nicht von Beschnittenen, aber, was auf dasselbe hinausläuft, denn sie sind Geschwisterkind, — von Fortschrittlern, die das dortige Kloster fertig machen und die Studienanstalt von Münnerstadt nach Neustadt a. S. verlegt wissen wollen, — — wenn nämlich nichts dazwischen kommt.

Ausland.

In **Frankreich** will der Kaiser jetzt „ganz liberal“ werden, wenigstens hat er es in einem Briefe an den Advokaten Ollivier, seinen künftigen Minister versprochen. Das will sagen: ist's ihm Ernst, so will er die Dinge fortan gehen lassen, wie's Gott gefällt. Daß Napoleon in seinen alten Tagen noch anfängt „liberal“ zu werden, ist nicht schön von dem Manne, den wir bei allen seinen Untugenden und Fehlern bisher immer für den ersten Staatsmann Europas gehalten haben. Die Revolutionäre können sich freuen, denn wenn Cäsar „liberal“ wird, muß ihre Zeit bald kommen. Mit Cäsar steht es schlecht.

In **Paris** ist endlich ein Ministerium Ollivier gebildet. Minister des Auswärtigen wurde ein Hr. Daru, ein homo novus, eine unbekannte Größe auf diesem Gebiete. General Le Boeuf blieb Kriegsminister. Wie lange das Ministerium zusammenhalten wird, läßt sich noch nicht bestimmen; lange kann es nicht dauern.

Italien. In Rom wird der Kaiser von Oesterreich beim Concil erwartet. Die Kaiserin befindet sich bereits längere Zeit dort, worüber die Wiener Judenjournale vor Zorn fast außer Rand und Band sind. Was werden sie erst zur Kaiserreise sagen!

☛ **Landtag.** Einweisungskommission gebildet: Fünf Patrioten, darunter Lukas und Dr. Schüttinger, und ein Liberaler (Adl).

Verantwortlicher Redakteur: Dr. J. Sigl.

Druck von M. Vogl in München, Roiengasse 10.

Das „Bayr. Vaterland" erscheint täglich mit Ausnahme der Sonn- und hohen Festtage. Preis des Blattes: Vierteljährig 54 kr., ganzjährig 3 fl. 36 kr. Das einzelne Blatt 1 kr.

Das Bayrische Vaterland.

Alle Postexpeditionen und Postboten des In- und Auslandes nehmen Bestellungen an. Inserate werden die dreispaltige Petitzeile oder deren Raum zu 3 kr. berechnet.

Redaktion: Burggasse 14. Herausgegeben von Dr. jur. J. Sigl. Expedition: Kuffinibazar 5

Heil. 3 Könige. Nr. 4 Donnerstag 6. Januar 1870

☛ Morgen, als am Feste der Erscheinung des Herrn erscheint kein Blatt. ☚

Woran stehen wir?

Eine Neujahrsbetrachtung.

An der Schwelle des neuen Jahres, das wir eben begonnen haben, stehen wir nicht ahnungsfreudig vor einem Zeitabschnitte, der, wir fürchten es, keine heitern Loose für uns im Rückhalte hat. Untröstlich ist es allerwärts und mit schwarzen düsteren Wolken ist uns der Himmel bedeckt, daß kaum ein freundlicher Stern uns leuchtet.

Geben wir uns keinen Illusionen hin. Wir stehen in einer Zeit, die eine überraschende Aehnlichkeit mit jenen Zeitperioden hat, die dem 30jährigen Kriege voll Greuel und Verwüstung und die der ersten französischen Revolution vorangegangen. Nicht besser, sondern noch viel untröstlicher sind die Verhältnisse, in denen wir leben. Die Wissenden sind sich deß mit geheimem Grauen bewußt, die Thoren haben keine Ahnung von der furchtbaren Sündfluth, die über uns hereinbrechen und durch die das alte verfaulende Europa wiedergeboren werden oder zu Grunde gehen muß.

Das moderne Europa ist dem Tode nahe; die Agonie des Todes hat es bereits ergriffen und der Socialismus wird es begraben, wenn es in seiner wahnsinnigen Verblendung die Heilkraft des Christenthums von sich stößt. Der Socialismus ist heute die furchtbare Macht, vor der den Millionen Soldaten Europas die Bayonnette machtlos aus den Händen fallen; der Socialismus wird der russische Winter des modernen Cäsarismus sein.

Vollständige Zerstörung, Vernichtung alles dessen, was man seither als die Grundlage jeder gesellschaftlichen Ordnung anzusehen gewohnt war, der Religion, der Familie, des Eigenthums, des Staatsbegriffs, das ist das mehr oder minder klar ausgesprochene Ziel des Socialismus, den der Liberalismus gezeugt und großgezogen und zur Geißel der Völker und Staaten gemacht hat. In diesen Grundlagen sieht er die Quelle und Pflanzstätte alles Uebels und auf ihren Trümmern, um die ein Meer von Blut und Elend fließen müßte, verspricht er einen Neubau der menschlichen Gesellschaft. Ohne Gott und Religion, frei von dem „altväterischen" Glauben an eine Vergeltung und ein künftiges Leben, um nichts mehr zu fürchten als die größere Gewalt und nichts mehr zu hoffen und anzustreben als irdische Glückseligkeit, scheut er sich nicht, die alten Formen zu zerschlagen, in thörichtem Wahne eine bessere, eine vollkommenere Zukunft sich träumend. Der alte Gott soll abgesetzt und ein neuer, der Mensch, das Thierische im Menschen auf den Thron gesetzt werden, soll Satan zur Herrschaft kommen.

Und wie hat es dazu kommen können? Fürsten und Völker haben gleichmäßig das Ihrige dazu gethan: die Fürsten, indem sie ihr göttliches Recht mißbrauchten und verriethen, die Völker, indem sie Idealen nachjagten, die die Lüge erdacht und der Wahn geboren hat. Die Fürsten verzichteten auf ihr Recht von Gottes Gnaden, um es aus den Händen von Menschen zu nehmen, und nun müßten sie Despoten sein oder der Spielball ehrgeiziger Lügner und Verräther.

Die menschliche Gesellschaft hat sich, den modernen Ideen Rechnung tragend oder huldigend, in zwei Lager gespalten: hier steht die christliche Gesellschaft der Gläubigen, deren höchstes Gesetz das Gesetz Gottes ist, dort die säcularisirte, heidnisch gewordene bürgerliche Gesellschaft, deren Häupter kein höheres Gesetz über sich erkennen und die mit Phrasen und schönen Worten die Menge des Volkes auf's Unverschämteste belügen und — ausbeuten. Die bürgerliche Gesellschaft, sobald sie aufgehört, christlich zu sein, hat durch ihre Häupter Gott und sein Gesetz entthront, hat die Kirche und Religion zur Magd des Staates, zur dienenden Sklavin der heidnischen Staatsallmacht überall da gemacht, wo die christlichen Elemente nicht zum Vollbewußtsein der Gefahr gekommen oder wo sie von der übermächtigen Gewalt terrorisirt werden konnten. Und daß es überall so werde, das ist das offene Ziel dieser heidnisch gewordenen Gesellschaft der „Bildung" und „Intelligenz".

Dazu benützte und benützt die „Intelligenz" das arme Volk. Nachdem sie die Macht in die Hände bekommen, verstand sie durch Lug und Trug die Unterwerfung Aller unter ihren Willen, unter den Willen der „Intelligenz" durchzusetzen, indem sie Allen vorspiegelte: Seht, wie frei ihr seid! Ihr seid es, die regieren, denn Ihr habt uns gewählt, wir vollstrecken blos Euern Willen! — Und das Volk glaubte es und hielt diese „freie" Regierung nicht für zu theuer bezahlt; es ließ sich ausbeuten und auspressen um der geträumten Freiheit willen, aber das Volk war nicht frei, es schmachtete in den unwürdigsten Fesseln der Knechtschaft und Tyrannei der „Intelligenz" und ob diese ihm auch die Fesseln mit Flitter und nichtigem Tand behing: das Volk blieb tyrannisirt.

Und so kam es, daß von den „Intelligenzen" der bürgerlichen Gesellschaft schließlich alle Freiheiten, selbst die Freiheit zu leben, aufgesaugt waren und daß den Völkern einmal die Augen aufgingen, wie sie nur belogen, ausgebeutet und mißbraucht wurden, und nun erhebt der Socialismus das Haupt und stürmt gegen die Vollwerke, welche die liberale „Intelligenz“ sich zum Schutze aufgeführt hat; nun will die glaubenslose radikale Demagogie der Straße an die Reihe kommen und herrschen und alles nach ihrem Sinne einrichten, vor Allem aber Vermögen konfisciren und später — Köpfe abschlagen und vor Allem für sich selbst — gut leben.

Man hat „die Bestie entfesselt“, indem man der Menge Glauben, Religion und zuletzt selbst ihren Gott nahm und ihr nichts dafür gab, als einige „Aufklärung“, einen Anstrich von Kultur und ein ungemein ausgeprägtes — Selbstbewußtsein ohne natürliche und vernünftige Grundlage. Man wollte keine Regierung mehr, die beichtet, nun ist man daran, sich dem Pöbel beugen zu müssen, der auch nicht beichtet, der aber eines Tages lange Hände und Arme und viele Gewandtheit, Köpfe abzuschlagen, haben wird.

Dahin wird es kommen. Klagen sich aber die Fürsten und die Besitzenden, klage sich die reich und üppig und damit folgerichtig auch „liberal“ gewordene bürgerliche Gesellschaft dann nicht an, wenn es so kommt. Die Fürsten, welche keinen Begriff von ihren Pflichten hatten, haben die Krone nicht verdient; nur ihr göttliches Recht hat sie in ihrem Besitze geschützt, von dem aber haben sie nichts wissen wollen, und die Reichen machten das Geld zu ihrem Gott und beteten nur sich und ihre „Intelligenz“ an; nun mögen sie sich retten vor der heranstürmenden socialistischen Sündfluth!

Das ist unsere Lage und so düster, gewaltsam und blutig wird die Zukunft Europas sein, wenn Europa nicht mehr die Kraft hat, sich aus sich selbst heraus zu erneuern, und nicht den Willen, wieder zum Christenthum zurückzukehren, das allein es noch retten könnte vor der drohenden socialistischen Barbarei, wie im grauen Mittelalter das römische Papstthum durch Bildung der christlich europäischen Staatenrepublick das Abendland vor der Barbarei gerettet hat. Das Christenthum! Die Armen und Bedrückten, denen socialistische Verführer die Köpfe verdrehen, wollen mit Recht eine Reform der Staatsökonomie und der Regierungen; will das jeder aufrichtige, klar blickende vernünftige Katholik nicht auch? Hat die Kirche je aufgehört eine solche vernünftige und gerechte Reform zu verlangen? Predigt sie nicht täglich gegen die markverzehrenden, völkeraussaugenden Plagen des Luxus wie des Wuchers und herzloser Ausbeutung der Armen? Verwirft sie nicht täglich die wahnsinnige rasende Jagd nach Reichthümern und Genüssen, eine Hauptquelle des gegenwärtigen Elends, die Ansammlung ungeheuer Kapitalien in den Händen Weniger, die herzlose Rücksichtslosigkeit der Reichen, das freole Spiel mit der Kraft, dem Eigenthum und Leben des Nächsten? Wer hat sich je wie die Kirche der Armen und Verlassenen angenommen? Wer hat deren Recht eifriger und energischer in der alten und der neuen Welt vertheidigt als sie? Ist nicht die Kirche es gewesen, die zuerst die Ketten der Sklaven gebrochen? Und wann hat sie je aufgehört das Gleiche zu thun?

Wenn die moderne „Aufklärung“ ihren blinden Haß gegen Kirche und Christenthum ließe, dann würde die Hauptgefahr Europas, der Socialismus, bald beseitigt sein; ohne das Christenthum aber werden selbst die blutigsten Revolutionen und die furchtbarsten Mordwaffen, werden Ströme von Blut das drohende Gespenst der socialen Frage und allgemeinen Umwälzungen Europas nicht bannen, nicht beseitigen können. Aber zum Christenthum zurückzukehren, dazu ist die moderne bürgerliche Gesellschaft zu „aufgeklärt“; sie will lieber mit Skorpionen gezüchtigt sein, bis sie der ewigen Wahrheit die Ehre gibt.

Deutschland.

München, den 5. Januar.

Hr. Hörmann, die abgetakelte Fortschrittsexzellenz, soll jetzt schlaflose Nächte mit Geistererscheinungen haben. Seine „ministerielle Wirksamkeit“, die wir so oft bewundert und so selten gelobt, liegt ihm schwer auf dem Herzen und die patriotische Kammermajorität noch schwerer im Magen und der Abfall des Durchleuchtigen umdüstert ahnungsvoll seine edle „außerordentliche“ Seele und nächtlicher Weile erscheinen ihm als schreckhafte Gespenster seine Wahlkreiseintheilung und sein dazugehöriger Rundschreibebrief und die Schatten „ultrakirchlicher Demagogen“, die Rechenschaft fordern von seiner geplagten Seele. Je näher der Tag kam, da er die von Angesicht zu Angesicht sehen sollte, die er zu stranguliren dachte, desto ekliger wird ihm. Zwar wollte er seinen Gegnern stehen wie ein Mann und grob sein über alle Massen, aber mählig wurd' es ihm gruseliger und wurde die edle Denkerstirn ihm trüber und bewölkter und jetzt — 's ist zu viel für eines Mannes Brust! Die Freude auf die Kammerkämpfe ist ihm gründlich vergangen und die Tage sind da, von denen er sich sagen muß, sie gefallen mir nicht.

Kollega Gresser, der Genosse seines Ruhmes und seines — Unglücks, ist gar zusammengeknickt wie ein altes Taschenmesser, würden wir sagen, wenn der Vergleich des edelsten Sohnes von Pfreimd würdig wäre. Er spielt den Einsiedler und führt ein beschauliches Leben, um sich die Grillen zu vertreiben, die ihm die Jesuiten in den Kopf gesetzt. Die Jesuiten! Wäre Hr. Gresser noch länger Excellenz geblieben, wer weiß, ob ihm ein böses Schicksal nicht eine Art — Jesuitenwahnsinn angezaubert hätte! Diese Jesuiten sind zu Allem fähig, mag er denken, und es wundert mich nur, daß sie sich mit der Entmachtung der stolzen Kriegsfregatte „Gresser“ begnügt und sie nicht gleich ganz in den Orkus spedirt haben. — Es wird ihnen wohl nicht der Mühe werth gewesen sein!

Seine hochfürstliche Durchlaucht dagegen rüstet sich zu einem neuen Feldzug. Ein geistvoller und „gewaschener“ Staatsmann wie er ist, der nur das Unglück der Propheten hat, vom Vaterland als solcher nicht anerkannt zu werden, sieht Prinz Hohenlohe der neuen Kammer mit einem Herzen entgegen, in dem ein ganzer Frühling von Hoffnungen blüht. Wie sollt' es auch einem Mann wie ihm nicht gelingen, diese Patrioten, die von Staatskunst und diplomatischen Finessen nichts verstehen, nicht doch noch herumzukriegen, besonders wenn sein Civiladjutant Völderndorf wieder so klug und verschlagen operirt wie das letzte Mal! Und wenn er erst gar mit einer Rede vor die Kammer tritt, ein Demosthenes an Eloquenz, wie sollten da diese Patrioten Stand halten können? Nehmt Euch in Acht, Patrioten, vor dem Honig seiner Rede, vor den Tiefen seiner Weisheit, vor den Fallstricken und Fußangeln seiner diplomatischen Begabung!

Und daß wir seiner nicht vergessen, des Odysseus Schlör! Arges hat er erduldet im Herzen und Vieles erlitten, aber der rasende See hat ihn barmherzig verschont; während Hörmann und Gresser von den Wogen hinweggeschwemmt wurden, ist er allein an seinem Posten geblieben, er, gegen den sich der Zorn dieser — Patrioten fast am meisten aufgebäumt und der sie in ihren Gefühlen am tiefsten verletzt hat. Und er hofft noch länger zu bleiben und eine Netze zu spinnen und — Fliegen zu fangen, die sich ihnen unvorsichtig nahen, denn er ist ein Meister der Kunst, voll Schlauheit und Witz und feinster Finessen.

Ob sie sich nicht doch verrechnen, die klugen Herren?

(Landtag.) Gestern Vormittag wurden die Mitglieder der Einweisungskommission (zur Prüfung der Wahlen ꝛc.) ausgeloost und „auch diesmal war das Loos den Schwarzen günstig“, sagt das gewiß anständige Knorrblättl und Organ eines Abgeordneten! Es wurden nämlich herausgeloost die Patrioten v. Miller, Höchstetter Hasenmeier, Dr. Karl Barth und Lukas, und der „Liberale“ Abt (Pfälzer) — „unter allgemeiner Heiterkeit“, bemerkt das benannte wackere Organ. Ob es den Fortschreitern wirklich so gar heiter zu Muthe gewesen, nachdem ihnen mit dieser Schicksalsstreich die letzte Möglichkeit benommen worden, wenigstens Einen der Ihrigen in das Directorium der Kammer zu bringen? Die Herren hatten sich schon Hoffnung gemacht, daß durch fortschrittliche Beanstandung der Kempter Wahl die Parteien wieder 74 gegen 74 bei der Präsidentenwahl einander gegenüberstehen würden!

— Gestern Nachmittag also war richtig die Verhandlung gegen den Redakteur des „Vaterlandes, welche Julius Deputatus wegen des „Sendschreibens“ angestrengt hatte. Unsere Erwartung, daß Schauß 7000 Jahr Rosenberg als Strafe für die lädirte „Ehre“ Seiner knorrigen Deputätigkeit beantragen werde, wurde aber insoferne getäuscht, als er blos die höchste Strafe, welche das Stadtgericht überhaupt aussprechen kann, — 42 Tage Arrest — beantragte, die noch durch 100 fl. Geldstrafe versüßt werden sollte. Der H. Stadtrichter, Frhr. von Leonrod, hatte gegen diesen fortschrittlichen Wunsch und Antrag nichts einzuwenden und dekretirte demzufolge: 42 Tage Arrest, 100 fl. Geldstrafe, Tragung sämmtlicher Kosten. Kgl. Stadtrichter Leonrod. Punktum. Ist aber nur vorläufig Punktum, denn da sogar bei der bayrischen Justiz der dumme Grundsatz beachtet wird: „Eines Mannes Rede ist keine Rede, man muß sie hören alle Beede“, der Beklagte aber weder selbst erschien, noch sein Vertheidiger, den er erst Abend vorher sprechen konnte, da dieser Prozeß wirklich zu schön ist und zu gute Gelegenheiten bietet, den Julius Deputatus in seiner ganzen Größe erscheinen und bewundern zu lassen, so bedauern wir ganz außerordentlich, daß es bei dem guten Willen des Herrn Schauß, jetzt die Sache auf sich beruhen zu lassen, nicht bleibt, sondern daß die eigentliche Verhandlung erst stattfindet. Bei dieser wird der Beklagte und sein Vertheidiger erscheinen, welche beide die thörichte Anschauung hatten, ein Termin von 5 Tagen, den Hr. v. Leonrod nicht verlängern wollte, sei denn doch zu kurz für einen solchen Proceß, zu kurz sogar für die Sichtung des überreichen Materials, aus dem des Knorren Ruhm und ganze Größe erwiesen werden soll, und demzufolge einfach — weggeblieben sind.

Von der Rhön wird dem „Vaterland“ geschrieben: Ich habe schweigen und das „Vaterland“ nicht mehr bemühen wollen; aber die große Niederträchtigkeit der bekannten Münnerstädter Grubenmänner im Fuchspelz nöthigt mich, die Feder noch einmal zu spitzen. Die „N. Würzb. Ztg.“ brachte ein Telegramm, angeblich aus Münnerstadt (?) das die Suspension des P. Fr. Wesler meldete und zugleich den löwengrublich tiefgefühlten Rath ertheilte: „Alle Augustiner wollten oder möchten, wenn ihrem Oberen vom Studiert, eine große Pietät noch immer in seinem Herzen! Daß die Urbanität bei den jetzigen Studenten in Münnerstadt, die nicht einmal den gewöhnlichsten Anstand gegen ihre eigenen Professoren beobachten, nicht groß sei, bedurfte keines Beweises; davon kann Jeder sich überzeugen, der nach Münnerstadt kommt und diese Bürschchen sieht. Früher war die äußere Schaale etwas rauh, aber der Kern gut — jetzt taugt Kern und Schaale nichts mehr. Denn solche Sachen, wie sie jetzt sub protectione nominis vorkommen, waren in Münnerstadt selbst 48 und 49 unmöglich. Und ich muß wieder fragen, wer ist daran schuld? Und doch — noch mehr liberalen Anstrich sollen und müssen die Studenten bekommen, darum soll die Anstalt nach Neustadt! Ohne den ehrenwerthen Bürgern von Neustadt zu nahe treten zu wollen, — was ist und wo liegt denn Neustadt? Neustadt ist ein schönes Städtchen, — ja wohl, sehr schön! — Neustadt ist ein lebhaftes Städtchen — ja wohl, sehr lebhaft! — Neustadt ist ein Beamten- und Judenstädtchen — ja wohl, sehr jüdisch! — Neustadt ist ein liberales Städtchen — ja wohl, sehr liberal mit ehrenwerthen Ausnahmen. — Die Urbanität und Liberalität dieses Städtchens haben in jüngster Zeit viel von sich reden gemacht, z. B. die Katzenmusik, die dem Abgeordneten Baron v. Fuchs, Bezirksgerichtsrath Kiliani, dem Herrn Pfarrer und den armen Schulschwestern von Juden, Schreiberlein und sonstigem liberalen Pöbel gebracht wurde. Was will man da mehr? Einer Unthat resp. liberalen Heldenthat gar nicht zu erwähnen, welche die Thürklinken patriotischer Häuser mit — anschmierte! Neustadt, wo eine liberal bureaukratisch jüdische Clique alles gesunde frische Leben aufzehrt und eine gewisse Blasirtheit sich breit macht? O arme Löwengrubler! Habt gemeint wie Löwen zu brüllen, ist aber ein Eselsgeschrei daraus geworden. Guten Morgen, Herr Stoffel! Wann sehen wir uns wieder?

Aus Kurhessen ist dem Kurfürsten Wilhelm „dem Standhaften“ von einer Anzahl treuer Anhänger als Zeichen ihrer Anhänglichkeit zum Neujahrsfeste ein silberner Tafelaufsatz, ein prächtiges Kunstwerk (des Silberarbeiters Kampert) nach Böhmen geschickt worden.

Oesterreich. Aus Wien wird als — jedenfalls bemerkenswerthe Thatsache gemeldet, daß die dort verhafteten Arbeiterführer, insbesondere der (geflüchtete) Hartung, nicht blos Ausländer und zwar meist Preußen waren, sondern auch mit dem preußischen Agitationsnetze und dem Berliner Preßbureau in engster Verbindung standen. Daran erkennen wir — Bismarks Finger!

In Wien ist die Ministerkrise noch immer ungelöst. Die Minister haben sich in eine fünfköpfige Majorität und in eine dreiköpfige Minorität getrennt, die einstweilen wie Hund und Katze zu einander stehen. Abgethan soll die ministrirende Freimaurerklique werden, wenn der Reichsrath Farbe bekannt haben wird.

Preußen. Die fromme Kreuzzeitung wünscht den Bundesfürsten zum neuen Jahr unter andern Tugenden die der Geduld und Selbstverläugnung. Die können's brauchen.

Ausland.

Minister wird! Prinz Hohenloh hätte vielleicht die Freude erlebt, daß das ehrenwerthe Mitglied des Madrider Rebellenregiments nicht der einzige Minister geblieben wäre, der an seiner genialen Conciliumsdepesche innigstes Wohlgefallen hatte und ihm einen Brief voll anerkennender Hochachtung schrieb! Aber die guten Einfälle — fremder Mächte und die anerkennenden Zeugnisse der gescheidten Leute kommen für unsern Durchleuchtigen meist zu spät, was man durchleuchtig hohenloheisches Pech heißt.

Italien. Rom Als der hl. Vater durch den Kriegsminister die Glückwünsche seiner tapfern Armee empfing, sagte er: „Ich danke Ihnen, sowie dem ganzen Heere für die mir dargebrachten Wünsche. Ich weiß, sie kommen von Herzen, denn Alle, das ganze Heer dient mir freiwillig. Alle sind brav, und dadurch wird die Zahl der kleinen Armee bedeutend erhöht. Man sagt zwar, der Papst brauche keine kriegerischen Schaaren, weil unser Herr Jesus Christus, ebenso der hl. Petrus keine solchen gehabt habe. Diese Ansicht ist jedoch nicht richtig, denn unser Herr Jesus Christus, wie er es selbst in jener Nacht im Garten zu Petrus sagte, hatte sobald er wollte die Legionen der Engel seines Vaters zu seiner Vertheidigung bereit und das Wort des hl. Petrus vernichtete den Ananias und die Saphira, die ihn belogen hatten. Mir aber stehen weder die himmlischen Legionen zur Verfügung, noch hat mein Wort die Kraft des Wortes des hl. Petrus; darum muß ich mich der Mittel bedienen, deren sich andere weltliche Regenten bedienen. Ich freue mich, die Gelegenheit zu haben, Euch Allen den apostolischen Segen ertheilen zu können. Derselbe aber gilt nicht allein Euch, Soldaten, sondern auch allen Euren Verwandten, sowie auch allen denjenigen, die zur Herstellung und Erhaltung des Heeres beitrugen. Mein Segen aber wird Euch heute für den Frieden und den Krieg ertheilt, obschon wir hoffen, daß der Höchste jede Kriegsnoth von dieser Stadt abhalten und die Reue, die ein großer Heerführer (Viktor Emanuel) über das, was er gegen uns gethan, empfindet, kräftiger und stärker werde, damit sie dauernd sei und bleibe".

In **Rumänien** fängt man auch wieder Stänkereien an, begnügt sich aber einstweilen sich zusammenzurotten und drüben in der Türkei Schweine zu stehlen. Die Türken nehmen es aber ernsthaft und stellen eine Armee von 10000 Mann an der Grenze auf, deren Ernährung wahrscheinlich dem himmlischen Vater überlassen bleibt. (Beiläufig bemerken wir, daß der edle Rumänenfürst und Hohenzollernjüngling Karl dem dienstwilligen katholischen Garnisonspfarrer Kaiser, der auf Befehl von Berlin, aber gegen die klaren Bestimmungen seiner Kirche den Prinzen mit einer Protestantin eingesegnet und dafür von seinem Bischof mit Recht suspendirt worden ist, eine Pension ausgesetzt hat, die vermuthlich aus den Erträgnissen des türkischen Schweinediebstahls bezahlt werden soll. Sie sind unerhört nobel, diese Preußen!)

In **Rußland** soll am 19. Febr. (3. März) 1870, dem Tage, an welchem für die Bauern die letzte Frist zur Zahlung der ihnen auferlegten Ablösungsgelder abläuft, eine Revolution ausbrechen. Die Bauern, welche das Geld nicht aufbringen können, werden ihres Besitzthums verlustig erklärt und nach dem Kaukasus übersiedelt. Da ihre Zahl sehr groß ist, so hält man diesen Termin für eine Erhebung vorzüglich geeignet. Die polnischen Unabhängigkeitsbestrebungen spielen in dem Plane eine große Rolle.

Egypten. Der Vicekönig ist von seinen Lehensherrn dem Sultan aufgefordert worden, seine sämmtliche Panzerfregatten an die Türkei auszuliefern. Mag aber nicht.

Wien, 3. Jan. Bei der heutigen Ziehung der Kreditloose fiel der Haupttreffer mit 200,000 fl. auf Ser. 3902 Nr. 13, die nächsten Treffer mit 40,000 auf Ser. 1332 Nr. 85 und mit 20,000 auf Ser. 45 Nr. 12. Weitere gezogene Serien sind: 432, 476, 1139, 1300, 1480, 1491, 2175, 2405, 2784, 3212, 3348, 3504, 4108.

Börsennachrichten.

Frankfurt a. M., 4. Jan. Schlußcurse: 1882er Amerikaner $91^{7}/_{8}$, österr. Bankactien 718; dito Creditactien $259^{1}/_{2}$; Bayer. Ostb.-Actien $122^{3}/_{4}$; Oesterr. Loose v. 1860 $82^{1}/_{4}$; dito v. 1864 114; 5proc. österr. engl. Metall. —; 5 proc. National —; 5 proc. bayer. Anl. 101, dito $4^{1}/_{2}$ proc. Anl. —; dito 4 proc. Pr.-Anl. 106; dito 4 proc. Grundrente $86^{1}/_{2}$; Elisabeth-Prior. 1. Em. —; Napoleons 9. 28. Münchener Anleihe —; steuerfreie Met. v. 1866 —; österr. franz. Staatsbahn $398^{1}/_{2}$; bad. Präm.-Anl. 105; Münchener Handelsbank —.

Verantwortlicher Redakteur: Dr. J. Sigl.

Druck von M. Vogt in München, Rosengasse 10.

Das Bayrische

Vaterland.

Das „Bayr. Vaterland" erscheint täglich mit Ausnahme der Sonn- und hohen Festtage. Preis des Blattes: Vierteljährig 54 kr., ganzjährig 3 fl. 36 kr. Das einzelne Blatt 1 kr.

Alle Postexpeditionen und Postboten des In- und Auslandes nehmen Bestellungen an. Inserate werden die dreispaltige Petitzeile oder deren Raum zu 3 kr. berechnet.

Redaktion: Burggasse 14. | Herausgegeben von Dr. jur. J. Sigl. | Expedition: Kufflmbazar 5.

Marcellinus. | Nr. 5. | Samstag 8 Januar 1870

Bestellungen auf das „Bayr. Vaterland"

wolle man bei der nächsten Postexpedition oder den Postboten anderweitig machen. Preis halbjährig 1 fl. 48 kr. vierteljährig 54 kr

Von Papst und Papstthum.

Eine protestantische Lektion für die „katholischen" Theilnehmer an dem „Vorpostengefecht gegen Rom" in Neuburg a. D. und anderwärts.

In Ihrem geschätzten Leiborgan, o verehrtester und ob seines schönen Gesanges sehr bekannter oberer Donaumann, einem Blatte, das im Himmel, auf Erden und besonders unter der Erde verdientes Aufsehen erregt, lieben Sie es, den fortgeschrittenen liberalen Kindsköpfen, so sich unter die Zahl ihrer Gläubigen rechnen, den Papst als einen Despoten hinzustellen, der noch fürchterlicher sei als Napoleon I., und das Papstthum suchen Sie mit solchem Eifer zu maltrâtiren, daß es einen Stein erbarmen möchte.

Das, o Meister der Feder, hat uns mächlich verdrossen, wasmaßen die Lügen, die Sie auftischen und für bare Wahrheit ausgeben, gar zu dick und unfläthig geworden sind, und wir beschlossen bei uns, Ihnen, o Verehrtester, ob so heillosen Sinnens den Fidelbogen um die Ohren zu streichen; allein wir bedachten, daß damit weder Ihnen viel genützt sei, denn Sie gehören zu den strahlendsten Fackeln schwäbischer „Aufklärung" und sind ja ein zu „gebildeter Katholik", noch auch Ihren Gläubigen, denn sie schwören nicht höher als auf Sie, was von ungewöhnlicher Vernirtheit und unheilbarer Gehirnverjandung zeigt. Also bei Ihnen wie bei diesen ist nichts zu bessern — für jetzt; da wir aber es nicht für unmöglich halten, daß der Eine oder andere von diesen doch zuweilen sich einiger lucida intervalla erfreuen möchte, in welchen der gesunde Menschenverstand bei ihm Audienz gibt, so haben wir in Nachfolgendem einige Sätze und Urtheile von Protestanten zusammengestellt, die wir ihnen sich hinter die Ohren zu schreiben dringendst empfehlen. Es soll auch gewissen anderen sogenannten „Katholiken", denen der Fortschritt nicht allen Verstand benommen, nicht verwehrt sein, von diesen protestantischen Urtheilen Notiz zu nehmen und davon beliebigen Gebrauch zu machen.

„Wenn alle christlichen Kaiser, Könige, Fürsten und Rittersstämme, sagt der Protestant Herder, ihre Verdienste herzeigen sollten, durch welche sie ehemals zur Herrschaft der Völker gelangten, so darf der Papst sie alle mit dem heiligen Kreuze segnen und sagen: Ohne mich wäret ihr nicht, was ihr seid, geworden."

Der Philosoph und Lehrer des Königs Max II., der Protestant Schelling sagt: „Ich halte vom Papstthum, daß ohne dasselbe das Christenthum von der Erde schon längst verschwunden wäre."

„Daß in dem allgemeinen Rausche", sagt ein Protestant in der Neujahrsnummer der Berliner Revue von 1865, „welcher die Herrlichkeit der Starken, der Klugen, der Egoisten anbetete, der entwaffnete Papst allein und zuerst es wagte, den Schaden aufzudecken, an dem die heutige Gesellschaft krankt, das ist die weltgeschichtliche Bedeutung der Encyclika vom 8. December."

„Der Mann, sagt dieselbe protestantische „Berliner Revue" von 1865 (2. Heft), — der Mann, der schon so oft unter den Thränen der Verzweiflung und dem Hohngelächter des Zweifels zu Grabe geleitet worden und der noch immer zum Schluß den Thron der Weltherrschaft zu Rom besteigt, der Mann, den eine natürliche Attraktion aus dem Jammer des Halbtodes nach Rom zieht, wo er den Neid und die Bosheit der Feinde überwindet, — das ist wohl der Marius der Chronisten, aber es ist auch der Papst und der katholische Priester, der uns in jeglichem Jahrhundert das Bild des duldenden Helden auffrischt."

Der protestantische Geschichtsforscher Böhmer schreibt: „Nur die Macht der Kirche allein kann in den uns drohenden Stürmen Recht und Freiheit sichern. Alle diejenigen, die den religionslosen Staat anstreben und deshalb alles Religiöse und Kirchliche mit Füßen treten, dabei aber immer von Freiheit und Fortschritt faseln, verdienen nichts Besseres als daß die eiserne Hand einer Militärherrschaft die von ihnen zerbrochenen Stücke des Hirtenstabes in Gestalt einer Knute über ihrem Rücken schwinge. Und so wird es kommen .... Dabei bleibe ich. Der militärische Despotismus, dieser Krebsschaden unserer Zeit, konnte nicht entstehen, so lang das Papstthum oberhirtlich waltete und in die weltlichen Dinge eingriff; und er wird bei uns in demselben Grade steigen in welchem die kirchlichen Gewalten und Ordnungen an Einfluß verlieren.

„Ich kann Ihnen gestehen, heißt es in einer protestantischen Schrift („Zeitgemäße Winke für alle Christusgläubigen." Erfurt 1869.) — daß ich Angesichts der furchtbaren Gefahren, die dem Christenthum in unsern Ländern drohen und bei der niederdrückenden Wahrnehmung der entsetzlichen Zerfahrenheit, Zerrissenheit und Ohnmacht auf unserm eigenen Gebiet, keinen größeren und überhaupt keinen wahren Trost empfinde, als wenn ich meine Blicke auf Rom und seine Kirche werfe. Wenn uns Rom das Christenthum nicht rettet, seufzt der ehrenwerthe Protestant dann — ich kann nicht anders — fürchte ich, wir verlieren es binnen weniger als 50 Jahren. Täusche sich, wer Lust hat, ich kann mich keinen Illusionen hingeben.

Und der protestantische Engländer und weiland Gesandtschaftssekretär in Konstantinopel, David Urquhardt, ein ausgezeichneter Schriftsteller, schreibt: „Wenn die katholische Welt gesinnt wäre, wie der Papst, so würde sein Werk vollendet oder vielmehr, es wäre nicht nöthig, daß man es unternähme. Aber leider ist es nicht so. Des Papstes Schwierigkeiten liegen in seiner eigenen Heerde, die unfähig (?) ist, dem Gedanken zu folgen und den Muth zu begreiien, welcher bei so vielen Gelegenheiten entwickelt worden ist von dem größten Papst, der jemals auf dem Throne des hl. Petrus gesessen hat, Pius IX."

„Einer, heißt es in dem Rundschreiben der protestantischen Basler Missionsgesellschaft vom 25. Jan. 1860, — Einer ist es vor Allem, der bei dem Wogen des Wassers auf politischem und socialem Gebiete fest seine Stellung behauptet: es ist der Papst. Gewiß trägt er in den gegenwärtigen Tagen nicht nur päpstliche Leiden, er trägt auch mit an dem Leiden Christi. Es stünde, im rechten Sinne aufgefaßt, auch andern Christenmenschen wohl an, mit seinem Satz in der Encyklika van 1864 zu erklären, es sei ein Irrthum zu sagen, er müsse mit dem Fortschritt, mit dem Liberalismus und mit der modernen Kultur sich aussöhnen."

Also Protestanten. „Katholischer" Fortschritt an der Donau und du, sein Meister und Haupt! Wenn ihr euch noch schämen könnt, so müßt ihr noch roth erscheinen auf dem Paradebette — dem Zeugniß gegenüber, das diese ehrlichen Protestanten der Wahrheit geben, während ihr „Katholiken" die Wahrheit fälscht, um Papst und Kirche schmähen zu können. Ihr fühlt es nicht, wie tief wir dich und deinen unverbesserlichen wie deinen verführten unschuldigen Anhang bedauern.

Deutschland.

München, den 7. Januar.

Von der bekannten Ehrenhaftigkeit, Noblesse und Wahrheitsliebe der liberalen Brüder im Fortschritt konnten wir billig erwarten, daß die, wenn auch blos provisorische Verurtheilung des „Vaterland" ihnen Anlaß zu einer neuen Darlegung ihrer edlen Eigenschaften und Tugenden, insbesondere ihrer Hauptforce: recht unverschämt zu lügen bieten werde. Wir wollen für heute blos einer Hauptlüge Erwähnung thun. Auf der ganzen Linie der Fortschrittspapiere wird mit einer Frechheit sonder Gleichen behauptet, Schauß habe ein Schreiben des Hrn. Benefiziaten Reindl von Ingolstadt vorgelegt, in welchem sich derselbe als Verfasser der inkriminirten Artikel bekenne, oder wie andere sagen, aus dem seine Auterschaft unwidersprechlich hervorgehe. Diese so freche als perfide Lüge, an der der Advokat und Deputirte Schauß mindestens Mitschuldiger ist, hat den Zweck, erstens den genannten hochw. Herrn dem liberalen Pöbel als Mitarbeiter des „Vaterland" zu denunciren, und dann, das Publikum glauben zu machen, bei der Redaktion des „Vaterland" werde das Redaktionsgeheimniß nicht bewahrt, werden Mitarbeiter und Committenten verrathen. Zu diesem und zu keinem andern Zwecke wurde ein nichtssagendes Schreiben des hochw. Herrn von Ingolstadt im Gerichtssaale producirt, zu diesem und keinem andern Zwecke wurde das Schreiben verlesen bis auf das Datum, das weggelassen wurde, — (wie z. B. auch bei Verlesung des „Sendschreibens" die Stellen weggelassen wurden, die für den Knorren am unangenehmsten hätten sein müssen!) — zu diesem und zu keinem andern Zwecke wurde die bewußte Lüge ins Publikum geschleudert, um so zwei Fliegen auf einen Schlag zu treffen. So wollen denn, was auf dem Stadtgericht versäumt worden, wir constatiren: Der Brief, welchen der Advokat Schauß vorlegte, ist ein gestohlener Brief, er war gar nicht an den Redakteur oder die Redaktion des „Vaterland" gerichtet, Hr. Benef. Reindl konnte sich also auch nicht als Verfasser von Artikeln des Vaterland bekennen, noch konnte dies, wie die Zeitungen logen, „unwidersprechlich aus dem Schreiben hervorgehen", denn dasselbe trägt das Datum 26. Juli 1868, ist also aus einer Zeit, zu der das „Vaterland" noch gar nicht bestanden hat. Dasselbe ist uns auch niemals zu Gesicht gekommen. So frech lügt man heute in den Blättern, so sagt man sogar im Gerichtssaale das Gegentheil von Wahrheit, so scheut man sich sogar nicht gestohlene Briefe zu produziren, um der Lüge wenigstens einen Schein von Wahrheit zu geben, und thut das alles, um aufs Neue lügen zu können. Wahrhaftig, wir begreifen den Schmerz des Italieners Leopardi, wenn er klagt, daß „wir in einem rechten Bubenjahrhundert leben."

— Die Fraktionen der Kammer der Abgeordneten haben sich nunmehr gebildet und ist das Parteiverhältniß folgendes: Zur patriotischen Partei gehören 80: Aschenauer, Karl Barth, Bayer, Benz, Bichler, Brand, Brückl, Bucher, Bürger, Diepolder, Eder, Alois Frank, Joseph Frank, Frhr. v. Freyberg, Freytag, Frhr. v. Fuchs, Graf von Fugger Blumenthal, Gerauer, Grabner, Grell, Gschwender, Gürster, Bezirksgerichtsrath Frhr. v. Hafenbrädl, Gutsbesitzer Frhr. v. Hafenbrädl, Hafenmair, Hauck, Heinle, Hennig, Hilgenreiner, Höchstetter, Hofmann, Hoffstetter, Huttler, Jörg, Kräher, Kurz, Lauerer, Leiseder, Lerzer, Lindner, Lucas, Mahr, Maier, Mayer, v. Meixner, v. Miller, Neumaier, Ostermann, v Ow, Pfahler, Ponschab, Radspieler, Röckl, Ronkarz, Ruland, Rußwurm, Schieferer, Schleich, Anton Schmid, Franz Xaver Schmid, Schmidbauer, Schmidkonz, Schüttinger, Graf von Seinsheim-Grünbach, Senestrey, Sepp, Söllner, Stahl, Triller, Weber, Weimer, Ministerialrath Weis, Müller Engelbert Weiß, Pfarrer Rudolph Weiß, Welzhofer, Westermayer, Wiesnet, Winderl, Zill, Frhr. v. Zu Rhein; zur Fortschrittspartei 63: Adler, Adt, Alwens, Bätz, Marq. Barth, Berger, Brandenburg, Britzelmeier, Crämer, Croissant, Dingler, Dürrschmidt, Eckart, Fischer, Fleischmann, Föckerer, Frankenburger, Frickhinger, Fries, Gärtner, Gelbert, Golsen, Grieninger, Herz, Hocheder, Hutschenreuther, Jakob, Jordan, Kastner — Knorr, Fabrikbesitzer Gg. Kolb, Kraus, Kraußold, Kühlmann, Lampert, Langguth, Levi, Leyrer, Loß, Louis, Macowizca, Marquardsen, Oertel, Ritter, Rothhaas, Schauß, Appellgerichtsrath K. Schmidt, Bez.-Ger.-Rath W. Schmidt, Schmiedl, Sellner, Seybold, Sittig, Sörgel, Frhr. v. Stauffenberg, Stockbauer, Strauß, Thomaß, Tillmann, Trendel, Umbscheiden, Völk, Wand; 11 Abgeordnete haben sich bis jetzt keiner dieser Parteien angeschlossen, nämlich: Ebel, Gerstner, Hohenadel, v. Hörmann, Privatmann Gg. Friedrich Kolb, v. Schlör, Sick, Stenglein, Jos. Wagner, Theod. Wagner, Weigand.

— Die Postzeitung hört von Gerüchten, nach welchen unsere liebenswürdige Eisenbahnexcellenz, dem Drange seines guten Herzens folgend, beabsichtigte, die Patrioten von seinem Anblick zu befreien, der, wir müssen es gestehen, sich allerdings nicht mit den mäßigsten Anforderungen der Aesthetik verträgt, so prächtig sich auch sein Portrait in einem Schlachtgemälde aus der Hussitenzeit hervorheben würde. Hr. Schlör soll Oberstgewaltiger der fahrenden und reitenden Posten (an Stelle Brück's!) werden, sagen die Einen; er beabsichtigt wieder Ostbahndirektor zu werden, als welcher er sich mehr Geld machen kann denn als Minister, behaupten Andere, und Einige wollen gar wissen, er gedenke um die Stelle eines Chefs der türkischen Eisenbahnen einzukommen. Wir wissen nicht, ob die Türken ihn so sehr für Ihresgleichen halten, freuen uns aber, wenn sie mehr Vertrauen zu ihm haben als wir, weil wir ihn so vielleicht doch los werden. Für uns ist das die Hauptsache.

— „Zum Besten der freiwilligen Armenpflege" war gestern in der — kgl. Akademie der Künste eine niederträchtige Karrikatur von dem hl. Peter Arbuez, gemalt von Kaulbach (!) ausgestellt, durch welche die bekannte Geschichtslüge über diesen Heiligen, auf Leinwand gemalt, zum Gaudium des liberalen Pöbels vor Augen geführt war. Wir können uns billig über eine Infamie hinwegsetzen, die das innigste Wohlgefallen Knorrblätts hatte, können uns aber nicht versagen, unser tiefstes Mißfallen über einen Künstler wie Kaulbach auszusprechen, der nicht blos seine Kunst, die ihm Gott gegeben, zur melkenden Kuh für sich macht, sondern auch zu den gemeinsten Zwecken, zur gemalten Verleumdung eines Heiligen der kath. Kirche und zur Verfimpelung der Menge mißbraucht. Für einen solchen Mißbrauch der hohen herrlichen Kunst haben wir nur unsere aufrichtige Verachtung; wir finden sie aber begreiflich bei einem Manne, der nicht blos so schmachvolle Bilder malt, sondern seine Kunst sogar zu den gemeinsten bildlichen Darstellungen geschlechtlicher Art mißbraucht und sich damit, daß er herabgekommenen Subjekten ein augenblickliches Vergnügen gewährt, Tausende von Gulden macht. Das ist eine Entwürdigung der Kunst, die eines so großen Meisters nicht würdig ist und deren er sich schämen sollte.

— Die letzte Magistratssitzung gab durch einen Zwischenfall Anlaß, den Herren Juden und Fortschreitern des Magistrats einigermaßen den Standpunkt klar zu machen. Etliche von ihnen waren sehr unwirsch, daß der Hr. Bürgermeister v. Steinsdorf die einzelnen Referate über Gemeindeangelegenheiten im Interesse der Sache und des Wohles der Gemeinde und nicht nach dem Willen der neu gewählten Magistratsfortschreiter vertheilt hatte. Auf ihre Reklamationen hin setzte ihnen Hr. v. Steinsdorf auseinander, wie er ganz recht gethan, daß er nicht, wie die Fortschreiter wünschten, dem Mehlhändler Krieger das Referat über die Schranne, dem Lederhändler Reim das über die Viehmärkte und Fleischbänke und dem prakt. Arzt Dr. Zechmeister das über das Krankenhaus nnd die Gebäranstalt ertheilt, weil er gemeint habe, die Referate sollen immer Leuten übertragen werden, die dabei nicht persönlich betheiligt seien. Das war aber den Fortschreitern gar nicht recht, so wenig als die Weigerung des Bürgermeisters, den Herren die Tagesordnungen für die nächsten Tage immer etliche Tage vorher bekannt zu geben, damit die Herrren sich dafür im ehrwürdigen Knorrianum erst ihre Befehle und Verordnungen für die Abstimmungen einholen könnten. Nichts destoweniger wird der Herr Bürgermeister trotz der Schreierei der Fortschreiter bei dem bleiben, was das Beste und Richtigste ist und sich nicht einmal durch die wüthigen Schimpfartikel des edlen Knorrblättls davon abwendig machen lassen. Der Knorrblättldeputatus und Gemeindebevollmächtigte Julius beabsichtigt, sich deßhalb auf den Kopf zu stellen und wenn möglich dem Bürgermeister bei guter Gelegenheit durch sein „Organ" eine Katzenmusik zu bringen.

— Kaum ist die Kammer zusammengetreten, so sammeln sich schon in Schaaren diejenigen, die davon ihren Profit ziehen wollen. Fast alle patriotischen Abgeordneten werden von Supplikanten um Stellen in den verschiedenen Bureaux bestürmt; da ist den Leutchen keiner der Unsern „schwarz" genug, daß er ihn nicht mit Bitten um Empfehlung zu diesem oder jenem Posten anginge. Wir wollen nur einen Fall erwähnen, müßten aber viel mehr, auch aus eigener Erfahrung, denn der Redacteur des „Vaterland" gilt jetzt — sehr mit Unrecht — als ein halber Gott Vater an Einfluß und Allmächtigkeit. Ein gewisser Herr, Staatsbeamter, für den der herausgepözelte Oberpözlmann Pözl eine eigene Stelle schaffen ließ, um demselben, außer den 5 fl. Diäten als Bediensteten der Kammer, auch noch einen Staatsgehalt zu verschaffen, setzt eben alle Hebel in Bewegung, um auch für diese Session, neben seinem Staatsgehalt, die 5 fl. Diäten aus der Kasse der Kammer zu erhalten. Dabei genirt den Hrn. Staatsbeamten gar nicht, daß er jetzt einen einträglichen Dienst bei dem ultramontanen Kammerpräsidenten erbettelt, während er bei der Wahlagitation dahier mit seinem langen Namen immer unter den Aufrufen der unabhängig liberalen „Reidigen" figurirte, die den Ultramontanen Untergang und Vernichtung ohne Gnade und Barmherzigkeit geschworen hatten. Das heißt man „liberale Charaktere!"

— Die hohe königliche hat die überaus dankenswerthe Einrichtung getroffen, daß Realinvaliden und Halbinvaliden, so lange sie vom präsenten Dienste befreit sind, kein Wehrgeld zu zahlen brauchen. Das hätte gerade noch gefehlt, daß man die Wehrgeldbettelei auch noch auf die beurlaubten Invaliden ausgedehnt hätte, die bei ihrer riesenmäßigen Pension von 4 oder 7 kr. täglich ohnehin vor Uebermuth und Ueppigkeit nicht wissen, was sie anfangen sollen.

— Pfälzer Blätter wollen wissen, zum Nachfolger des hochverdienten und gelehrten verstorbenen Bischofs Nicolaus von Speier sei kein Geringerer als der Kanonikus Engler ausersehen und von einer „hohen Dame" und dem neuen Kabinetssecretär Eisenhart dringend empfohlen. Daß sich dieser Hr. Engler, ein Hoftheologe vom reinsten Wasser, aber ohne Theologie, auf das Sichempfehlenlassen vortrefflich versteht, wissen wir; auch ist er ein Spezialintimus von Döllinger und dem Apostaten Pichler, ist auch in den Augen mehrerer katholischer und protestantischer Weibsleute ein bedeutendes Kirchenlicht. Daß aber in jetziger Zeit der Weg zu Bischofsstühlen über Unterröcke und Schnürleiber gehen soll, wäre zwar unter den bekannten Verhältnissen in Bayern, wo Alles möglich ist, sogar ein Hohenlohe als Minister, nicht unmöglich; glücklicherweise hat aber da auch Rom ein paar Worte mitzureden. Das wird nicht geschehen, denn Rom und wir haben an einem Heinrich genug.

— Wie die Abgeordneten Dr. Jörg und Dr. K. Barth, so brachte auch der demokratische Abgeordnete Kolb einen Antrag auf Abänderung des Landtagswahlgesetzes, bezw. Einführung des allgemeinen direkten Wahlrechts mit geheimer Abstimmung, gesetzlicher Feststellung und Verkleinerung der Wahlbezirke für nur je einen Abgeordneten, Aufhebung des Instituts der Ersatzmänner und Abkürzung der Wahlperioden ein.

Von der Rhön wird dem „Vaterland" geschrieben: „Ich habe dem „Vaterland geschrieben, daß ich gerne ruhen möchte, daß aber die N. Würzb. Ztg. mich herausfordert, zu reden und ihr zu antworten. Soeben bekomme ich dieses Blatt mit einem Inhalt voll Schande und Schmach, das sich aber trotzdem für „regierungsfähig" hält, von freundlicher Hand zugestellt, denn ich selbst würde mich vor meinen Leuten schämen, diesen schmählichen Papierfetzen zu halten. Wahrhaft schmerzlich berührte es mich, was dieses Blatt in einem Artikel d. d. Münnerstadt 1. Jan. bringt, denn dieser Artikel enthält eine Gemeinheit und Niederträchtigkeit gegen den langjährigen, katholischen und königstreuen Prior und Professor P. Wester, daß es gar nicht zum Aussprechen ist; Alle, die ich sprach und hörte, sind auf's Tiefste entrüstet darüber. Das schmähliche Blatt citirt angebliche Schüler von ihm, die er „mißhandelt" haben soll. Auch ich war ein Schüler von ihm von der 1. Lateinklasse an und auch in der 3. und 4. Gymnasialklasse; aber ich gestehe, daß ich vor keinem Professor solchen Respekt gehabt, wie vor P. Wester. Seine Religionsstunden waren die schönsten und ergreifendsten meines Lebens.

P. Wesler ist immer eine Säule der Anstalt gewesen, zu meiner Zeit und jetzt; er und P. Schenberger haben in diesen schlimmen Zeitläuften noch immer nach Kräften Zucht und Ordnung erhalten. P. Wesler ist ein Mann voll Verdienst, das weit über die Rhön hinaus freudig anerkannt wird. Ich sage es noch einmal: es ist ein tief schmerzliches Gefühl, wenn Kinder gegen ihre Eltern, wenn Schüler gegen ihre Lehrer, wenn Zöglinge gegen ihre Erzieher sich erheben wollen und das horazische „monitoribus asper“ spielen wollen, wenn man gar gegen einen so tüchtigen und verdienstvollen Mann auftritt, dem Hunderte und Tausende zu innigstem Dank verpflichtet sind. Das zu thun, scheint **ein** Mensch fähig zu sein, der in Münnerstadt wohnt und wenn ich nicht irre, Fallstaff oder Hallstoffel genannt wird, ein Mensch, dem Niemand seine Ehre, viel weniger seine Seligkeit zur Vertheidigung anvertrauen möchte, denn bei ihm ist Alles möglich, aber auch Alles verloren, und nur **er** konnte zu so niedrigem Streiche das Zeug haben. Freilich mag sich P. Wesler über seine Verleumdungen trösten, denn das ganze Volk unserer Gegend trägt ihn auf den Händen und nimmt innigsten Antheil an dem verfolgten und schwer gekränkten und verleumdeten Manne.

Im Unterfranken sind fast **sämmtliche** neue Bürgermeistereien, vor denen das „Vaterland“ so viel gewarnt hat, auf Antrag der Gemeinden wieder aufgelöst worden. Die Leute haben an **dem** Glück bald genug bekommen.

Würtemberg. In **Waldsee** waren kürzlich die schwäbischen Preußen zu einer „Landesversammlung“ beieinander. Es waren netto 300 Stück, was darauf hindeutet, daß bei den gescheidten Würtembergern die Preußenseuche in rapider Abnahme sein muß. Diese 300 Preußen erklärten übrigens, daß die nationale Einigung mit Norddeutschland nöthig sei zur Sicherung der Zusammengehörigkeit und zur Gesundheit im Innern, daß sie mit dem preußischen Wehrgesetz völlig einverstanden seien, da blos **andere** davon getroffen werden, und daß es Pflicht der Regierung sei, unzweideutig Stellung gegen alle undeutschen, nämlich **nicht** bettelpreußischen Bestrebungen zu nehmen, d. h. die Patrioten und preußenfeindlichen Demokraten Würtembergs ehebaldigst in Ketten zu legen oder ihnen mindestens doch den Mund zu versiegeln. Die Regierung wird sich natürlich ungeheuer beeilen, den 300 tapfern Schwaben unverweilt zu Willen zu sein.

In Leipzig ist ein Redaktionsmitglied des „Volksstaat“ auf **Requisition Preußens** in seiner Wohnung verhaftet und nach Berlin transportirt worden.

Preußen. In **Berlin** haben zwei Karrikaturen des **kaiserlichen Paares** von Frankreich, die in einem öffentlichen Vergnügungslokal ausgestellt waren, Anlaß zu einer „lebhaften“ diplomatischen Unterhaltung des französischen Gesandten mit den Berliner Machthabern gegeben, in Folge welcher der Berliner Burchtorff Veranlassung nimmt, sich aus der hohen Politik zurückzuziehen, nämlich seine Entlassung zu nehmen. Es ist dies ein kleines, ein ganz kleines Zeichen, wie zart die Beziehungen zwischen Berlin und Paris sein müssen!

Ausland.

Um dem Räuberunwesen in Ungarn zu steuern, hatte die ungarische Regierung eine eigene unter den Befehl des Grafen Raday gestellte Commission entsendet. Diese hat namentlich im Bezirke von Szegedin mit den Räubern ordentlich aufgeräumt. An 350 Räuber und Hehler fielen in ihre Hände und harren jetzt der Gerichtsverhandlung in Pesth; die Reihe eröffnen zwei siebzehnjährige Raubmörder; doch sind auch Männer dabei, welche 30—40 Raubmorde begangen haben. Aufreißen der Eisenbahnschienen, Anhalten des Zuges und Beraubung desselben, Ausrauben der Post, Lädeneinbrüche und Pferdediebstähle sind die gewöhnlichsten Verbrechen, über die jetzt in 8—9 Processen abgeurtheilt wird. — Im nördlichen Theile des Zempliner Comitats sind ernste agrarische Unruhen ausgebrochen.

England. Unter der ärmeren Bevölkerung Manchesters, einer der reichsten Städte der Welt, ist der Hungertyphus ausgebrochen.

Wien, 3. Jan. Außer den bereits gemeldeten Haupttreffern der **Kreditloose** haben noch gewonnen: Ser. 45 Nr. 85, Ser. 2784 Nr. 30 je 5000 fl.; Ser. 45 Nr 44, Ser. 4108 Nr. 92 je 3000 fl.; Ser. 2405 Nr. 28, Ser. 3348 Nr. 39, Ser. 3504 Nr. 46 je 1500 fl.; Ser. 2175 Nr. 69, Ser. 2784 Nr. 61, Ser. 4108 Nr. 51 — je 1000 fl.

Briefkasten.

Aus Regensburg: „Habe mich herzlich gefreut, daß Sie wieder **verurtheilt** worden sind, und wünsche nur, in diesem Jahre diese Freude recht oft zu haben.“ — Danke verbindlichst für den christlichen Wunsch! Muß aber doch auch dabei sein. — F—m. Bemühen Sie sich nicht zu viel, denn es könnte alles umsonst sein. Jedenfalls werde ich die Zusammenstellung nur **benützen** können.

Geldsorten, Frankfurt, 5. Januar.

	Angebr.	Zu haben.		Angebr.	Zu haben.
Pistolen . . .	9.48	—	Engl. Sovereigns	11.53	11.57
Imperiales, russ.	9.48	9.50	Dollars i. Gold	2.27	2.28
Holl. 10 fl.-St.	9.54	9.56	Preußisch. Friedrichsd'or . .	9.57	9.58
Dukaten vollgw.	5.36.	5.38	Preuß. Kassasch.	1.45	1.45¼
Napoleonsd'or .	9.27½	9.28½			

Börsennachrichten.

Frankfurt a. M., 5. Jan. Schlußcurse: 1882er Amerikaner 92. österr. Bankactien 718; dito Creditactien 259; Bayer. Ostb.-Actien 123; Oesterr. Loose v. 1860 82; dito v. 1864 114½; 5proc. österr. engl. Metall. —; 5 proc. National —; 5 proc. bayer. Anl. 101. dito 4½ proc. Anl. —; dito 4 proc. Pr.-Anl. 106; dito 4 proc. Grundrente 86½; Elisabeth-Prior. 1. Em. —; Napoleons 9.28. Münchener Anleihe —; steuerfreie Met. v. 1866 — ; österr. franz. Staatsbahn 398¾; bad. Präm.-Anl. 105; Münchener Handelsbank —.

Verantwortlicher Redakteur: Dr. J. Sigl.

Druck von M. Vogt in München, Rosengasse 10.

Das Bayrische

Vaterland.

Das „Bayr. Vaterland" erscheint täglich mit Ausnahme der Sonn- und hohen Festtage. Preis des Blattes: Vierteljährig 54 kr., ganzjährig 3 fl. 36 kr. Das einzelne Blatt 1 kr.

Alle Postexpeditionen und Postboten des In- und Auslandes nehmen Bestellungen an. Inserate werden die dreispaltige Petitzeile oder deren Raum zu 3 kr. berechnet.

Redaktion: Burggasse 14. | Herausgegeben von Dr. jur. J. Sigl. | Expedition: Kuffinibazar 5.

Marcellinus. | Nr. 6. | Sonntag, 9. Januar 1870.

Bestellungen auf das „Bayr. Vaterland"

wolle man bei der nächsten Postexpedition oder den Postboten unverweilt machen. Preis halbjährig 1 fl. 48 kr. vierteljährig 54 kr.

Presse und Preßlakaien.

In Staaten, welche schlecht regiert sind oder die sich in einem Uebergangsstadium befinden oder in denen eine Partei oder Clique herrscht, welche sich nicht auf den Willen des Volkes stützen kann und die eben darum zu verschiedenen Mitteln und Mittelchen ihre Zuflucht nehmen muß, um sich in der Herrschaft zu erhalten, machen sich verschiedene Gattungen von Ungeziefer breit, das, von Oben gehätschelt und großgezogen oder doch begünstigt, immer ein Zeichen innerer Krankheit und Fäulniß ist und diese innere Fäulniß und Krankheit auf stets weitere Kreise fortpflanzt und so den ganzen Staatskörper vergiftet. In solchen Zeiten und Staaten blüht insbesondere der Waizen für eine Gattung von Journalisten oder Zeitungsschreibern, die den Ausschuß ihrer Zunft bilden. Männer von Bildung und Charakter sind es nicht, die da obenauf zu kommen vermögen in Zeiten solcher Corruption; es sind Leute, die weder ihre Bildung, wenn von solcher die Rede sein kann, noch ihr Charakter, wenn sie je einen besaßen, hindern, sich dem gerade herrschenden System zu beugen und zu accomodiren, so rechte Landsknechtnaturen, die jedem dienen, der sie bezahlt, die für Jeden und für Alles schreiben, wie es gerade gewünscht wird und die sich nicht die mindeste Skrupel machen, heute das zu loben, was sie gestern getadelt und heruntergerissen und morgen wieder loben werden, wenn es so befohlen wird, katilinarischen Existenzen, die keinen moralischen und politischen Charakter zu verlieren haben, sondern nur Geld verdienen wollen, — heute von Diesem, morgen von Jenem.

Wir nennen diese Landsknechte der Literatur, die ihre Feder an Jeden verlaufen, der sie bezahlt, gemeinhin: Offiziöse, Preßhusaren, Banditen der Presse, journalistisches „Federvieh."

Es ist nicht nöthig, daß sich diese Herren gerade an die Landesregierung verkauft haben; einige von ihnen dienen für schnöden Sündenlohn, für Judasgeld auch fremden Regierungen, andere Geld- und Börsenmännern, politischen oder finanziellen Gesellschaften oder auch Privatpersonen, je nachdem man sie bezahlt: aber sie dienen, sie haben sich verkauft, sie vertreten nicht ihre Ueberzeugung, denn sie haben keine, sondern den Willen Anderer, die Zwecke Anderer. Sie sind die Eunuchen der Presse, die besitzlosen Ritter vom Federkiel, die, wie weiland die Landsknechte, sich Jedem verschreiben, der sie gut bezahlt.

Lukas in seinem genialen Buche: „Die Presse, ein Stück moderner Versimpelung", das wir nicht oft und dringend genug empfehlen können, gerade weil die Zeitungen fast ohne Ausnahme es nach Kräften todtzuschweigen gesucht haben, weil es der Presse überhaupt so entschieden auf die Hühneraugen tritt, entwirft von dieser Sorte von Menschenkindern eine wirklich reizende Schilderung, die man im Buche selbst nachlesen muß.

Unsere „liberale" bayrische Regierung hat bei Zeiten eingesehen, welcher Nutzen ihr durch Ankauf eines Rudels gesinnungsloser Literaten erwachsen müsse, wenn dieselben gehörig verwendet würden. So schuf sie ihr Preßbureau, in welchem die Leute für die geeigneten Zwecke abgerichtet und auf den Mann, resp. auf das Publikum dressirt wurden. Zeitungen, welche die Offenbarungen aus diesem Preßbureau der Regierung sofort und mit Vergnügen aufnahmen, fanden sich bald, natürlich „liberale" Zeitungen, die einerseits die „liberale" Regierung durch Aufnahme des offiziösen Schmarrens, der ihnen täglich unentgeltlich oder gegen eine lächerliche Vergütung aus dem Ministerium zugesendet wurde, „stützen" mußten, anderseits für diese — Liebenswürdigkeit gegen die „liberale" Regierung durch Zuweisung amtlicher Inserate ꝛc., wohl auch durch klingenden Dank reichlich für die Mühe des Abdrucks ministeriell-preßhusarischer Offenbarungen „entschädigt" wurden.

Neben diesem Preßbureau der Regierung bestanden noch zwei andere, eines der hiesigen preußischen Preßagentur, die sich ein Heidengeld für „Arbeiten" im Sinne Preußens kosten läßt, und dann des ehrwürdigen Knorrianums, durch das eine Unmasse fortschrittlich-preußischer Lügen und journalistischer Lumpereien an alle gesinnungsverwandten Blätter in ganz Bayern versendet wurde und wird und zwar in gut organisirter Weise. Die „liberalen" Blätter halten dabei immer musterhaft zusammen, citiren einander, drucken einander die Lügen, Erfindungen und Perfidien eifrigst nach u. s. w., kurz sie thun, daß man die treffliche Organisation der Partei mit Händen greifen kann.

Sie unterscheiden sich dadurch wesentlich von den Blättern unserer Partei, die einander nach Kräften zu ignoriren und todtzuschweigen suchen, nur damit sie dadurch, daß sie auf einen Artikel ꝛc. eines Nachbarblattes aufmerksam machen, selbst keinen Abonnenten verlieren und das Nachbarblatt ihn gewinne*), — gerade wie sich unsere Partei in puncto Presse dadurch von der liberalen oder Fortschrittspartei unterscheidet, daß die liberale Partei wirklich Großartiges für ihre Presse leistet, während uns von unserer Partei nur ein Fall bekannt ist, daß die Partei als solche ein Blatt finanziell unterstützt habe, wohl aber sind uns Fälle bekannt, daß man Blätter der eigenen Partei nach Kräften zu unterdrücken und zu verdächtigen gesucht hat, blos weil sie diesem oder jenem nicht

* Wir könnten mehr als ein katholisch-patriotisches Blatt nennen, das nicht einmal die bezahlte Abonnementseinladung z. B. des „Bayr. Vaterland" aufgenommen hat!

zu Gesicht gestanden. Wir wollen keine Beispiele nennen. Der Grund dieser merkwürdigen und beklagenswerthen Erscheinung liegt einerseits in dem Mangel einer Organisation der Presse unserer Partei, andererseits in dem Umstande, daß Redakteur und Herausgeber einer Zeitung meist verschiedene Personen sind, aber auch in dem beklagenswerthem Mangel fast jeder Parteidisciplin.

Doch das wollen wir nur andeuten; wenden wir uns wieder zu den Preßbureaux.

Es ist schwer durch den Morast der offiziösen und Regierungspresse aller Länder hindurchzuwaten, ohne dabei zu ersticken, wenn man ihn gründlich kennen lernen will, und ohne sich zu beschmutzen. Je mehr man diese Preßverhältnisse und die Korruption der meisten offiziösen Federmänner kennen lernt, desto größerer Ingrimm erfaßt Einen, desto tieferer Eckel über solche Verkommenheit übermannt Einen. Das Publikum kennt diese Verhältnisse nicht, es hat meist nicht die entfernteste Ahnung davon, sonst müßte es gleichfalls von unendlichem Eckel befallen werden. Es ist eine fortgesetzte Prostitution, eine H—wirthschaft des Geistes, eine Verachtung des zeitungslesenden Publikums wie der freiwilligen Sklaven, die sich der Regierung hingeworfen haben, daß wir sie kaum glauben und wo wir sie sehen, kaum begreifen können.

Die Regierungen haben sich in den Preßbureaux eine Art Lupanar aufgestellt, in denen statt Dirnen Literaten und Schriftsteller unter den Augen der Regierung, von ihr beaufsichtigt, inspicirt und kommandirt ihr „Geschäft" treiben, gewissermassen von Amtswegen treiben, dafür bezahlt werden und für Geld die Wahrheit fälschen, lügen und verleumden, daß es nicht zum glauben ist. Daß ist eben das Abstoßende, daß dieses „Geschäft" unter der Autorität oder doch der Oberhoheit der Regierungen betrieben wird, daß die Lügen, die täglich in die Welt geschickt werden, unter den Augen und auf den Namen der Regierungen hinausgeschickt werden und daß die blutigen Kreuzer, welche der Arme dem Staate als Steuer spendet, vielleicht dazu verwendet werden, ihn offiziös zu belügen und zu betrügen und — auszubeuten für Zwecke, die ihm fremd, ja schädlich sein mögen, für die er aber trotzdem schweres Geld bezahlen muß. Das ist in hohem Grade unehrlich, aber kann denn der moderne „liberale" Staat auf der Grundlage der Ehrlichkeit und Mannesehre bestehen? Er, der durch und durch eine Lüge ist, der von der Lüge lebt und dessen Werke nur ausnahmsweise nicht Glieder an einer endlosen Kette von Lügen sind? Es ist traurig, daß dem so ist, aber es ist so. (Schluß folgt.)

Deutschland.

München, den 8. Januar.

— Einem natürlich höchst zwingendem Bedürfnisse abzuhelfen, hat sich hier ein „Verein für prunklose Beerdigung" gebildet, der den berühmten journalistischen Beinlstierer und Lokalnotizenhamster Knorrblättls, den „Journalisten" Gugl, zum ersten Anführer und einen „Staatsbuchhalter" so und so — wir wissen nicht, was das für ein merkwürdiges Wesen ist: ein Staatsbuchhalter, denn das Staatshandbuch schweigt hartnäckig darüber — zum zweiten haben soll. Der „Verein", — selbstverständlich steckt wieder der Hans in allen Gassen, unser hochverehrter Julius Deputatus dahinter, der, nach dem Ausspruch des Advokaten H. — „überall dabei ist, wo Dr— aufgewühlt wird" — will sich mit dem Eingraben beschäftigen und später den „christlichen Plunder" wie Kreuze und dgl. von den Särgen seiner Mitglieder ferne halten, dafür aber die „Zeichen der Mitgliedschaft" anbringen, wahrscheinlich als Empfehlbrief bei St. Petrus oder dem Höllenpförtner, und die Trauerkleidung bei den armen Bediensteten des Todten abschaffen, die sie von den Hinterbliebenen meist geschenkt zu bekommen pflegten. Die ganze Geschichte läuft wieder auf einen kirchenfeindlichen Schwindel und beinebens auf eine Verkürzung armer Dienstboten und — Schaffung gut bezahlter Stellen für die „Gründer" hinaus. Er „findet in allen Kreisen Anklang", nämlich in allen, wo Knorrblättl als Evangelium und der Deputatus als — Prophet gilt, erwartet aber noch immer die ersten zahlenden „Vereinsmitglieder". Diese Gugelei ist sogar den Münchenern zu dumm.

☞ Schauß der Junge, von der Plassenburger Gnaden und Erbarmung Deputatus von Kronach, Judenritter I. Klasse und Feind des Vaterlands, des papiernen nämlich, ist für, uns leider unbekannte Verdienste ums geliebte Vaterland vom Herrn von Preußen mit einem Stück rothen Kukuksordens ausgezeichnet worden. Bravo! Wir müssen gestehen, Geber und Empfänger sind einander vollkommen würdig. Wir begreifen nur nicht, warum sich der Schauß genirt und den Orden hinweggeräumt hat, damit „Niemand davon erfahre" und erst später um allergnädigste Bewilligung zum Tragen nachsuchen will. Ist es, o edelster Judenritter Schauß, unter Umständen eine Schande und Schmach, plötzlich mit einem preußischen Orden behaftet zu werden? — Jetzt wird aber für den Knorren doch auch bald was herausspringen von den Preußen?!

— Die Abendzeitung hat dieser Tage einen langmächtikel zur Rühmung und Vertheidigung des Hrn. Schlör aus München gebracht, in welchem dieser unter Anderm auch von dem Vorwurfe gesäubert wurde, daß er das Briefgeheimniß verletze. Dieser Vorwurf ist ihm aber eigentlich nie gemacht worden, er hätte sich auch nicht zu vertheidigen brauchen, ohne die Leute erst recht auf solche bumme Gedanken zu bringen. Beiläufig bemerken wie, daß Hr. Schlör mit seinem Leib-Falken auf seinem Bureau fünf Tage an dem Artikel gearbeitet hat. Merkwürdiger Weise aber scheint er trotzdem keine sonderliche Bedeutung für die Weltgeschichte zu haben.

— Aus dem Berichte Knorrblättls ersehen wir, daß wir vorläufig auch dazu verurtheilt sein sollen, das Urtheil auf unsere Kosten im Knorrblättl drucken zu lassen. Das freut uns sehr, daß der dicke Knorr auch den kleinen Profit von diesem Inserat nicht verschmäht, sondern sogar bei Gericht beantragt, ihm den Profit gnädigst zuwenden zu wollen. Der arme Mann! Und doch kann er sich umsonst gefreut haben auf den Profit.

— Der hiesige sozial-demokratische Arbeiterverein, der früher in Hrn. Neff sein sichtbares Oberhaupt verehrte, ist in voller Auflösung begriffen und soll zur Zeit kaum mehr 150 Mitglieder zählen. Der Grund dürfte einerseits in dem Auftreten des hiesigen Vorstands, andererseits in dem Streit der beiden Gegenkönige der Arbeiter, Schweitzer und Mende, liegen, die einander mit Acht und Bann belegen und der verschiedenartigsten liberalen Tugenden wie Verrath, Betrug, Diebstahl ꝛc. ꝛc. beschuldigen. So ist der Verein aus dem Leim gegangen. Wenn nur die Arbeiter erst einsehen, daß mit Geschwätz und Schwindel ihnen nicht geholfen werden kann, dann kann ihnen geholfen werden. Früher nicht.

— Was wir vor ein paar Tagen betreffs der Gesandtschaftspreußen in Süddeutschland, die sich mit Neujahr in „Bundesgesandte" umwandeln sollten, gesagt, daß der Preuß dabei die Hauptsache und der Bund höchstens das Mantelstück sei, bestätigt nun der geheime Hausoffiziöse der hiesigen Preußen, welcher gleichzeitig auch als Privatfedermädchen des Durchleuchtigen fungirt: sie bleiben und sind Preußen die „Bundespreußen", sind nach wie vor preußische

Gesandte, denen auch (!) die Vertretung des „Bundes“ übertragen ist, wofür dann wir z. B. unsern Gesandten in Berlin zugleich oder „auch“ als Gesandten beim „Bund“ — maskiren dürfen! Eine ungeheuer wichtige Hof- und Staatsaktion!

In **Würzburg** ist der Hauptmann Reiser, bekannt aus der Geschichte mit dem Studenten Schenk-Geyern, pensionirt worden — bei bester Gesundheit, bei voller geistiger und körperlicher Arbeitskraft. Wir wissen nicht, welchen Eindruck diese Pensionirung in militärischen Kreisen macht: auf uns machte sie den denkbar schlechtesten Eindruck. Wir denken nämlich so: entweder war der Hauptmann bei jener lächerlich gewordenen Geschichte schuldig, dann hätte man ihn ohne Pension zur Strafe kassiren sollen; oder er war unschuldig, warum pensionirt man ihn dann? Laufen denn noch immer nicht genug offizierliche Militärpensionisten herum, die noch 10, 20, 30 Jahre hatten Dienst genug thun können, die aber wegen verletzter Eitelkeit, weil ein Kamerad ihnen vorgezogen wurde, oder wegen Hühneraugen am unrechten Platze, oder wegen Schulden u. s. w., u. s. w., mitunter auch weil man sie nicht brauchen konnte, in Pension gingen und jetzt viele Jahre hindurch für's liebe Nichtsthun und wegen keines andern Verdienstes als weil sie einmal blau oder grün angezogen und silberne oder goldene Borten am Kragen trugen, von den saueren Steuergulden des arbeitsamen Volkes ernährt und bezahlt werden müssen, — haben wir deren noch nicht genug und sind wir mit den 22 oder 25 Millionen Kriegsbudget noch nicht genug belastet? Da soll das Donnerwetter, nämlich die neue Kammer in diese Wirthschaft fahren und streichen, streichen, streichen, damit wir von der Masse solcher Nichtsthuer und sich vornehm dünkender Müssiggänger ein wenig befreit werden. Wir haben genug an den nothwendigen Steuern und Lasten zu tragen und können das unnütz ausgegebene Geld füglich sparen. Wer von diesen arbeits- und dienstfähig ist, soll weiter dienen; umsonst zahlt man Niemand.

Oesterreich. In der österreichischen innern Politik ist, auch für das Auge eines oberflächlichen Beobachters wahrnehmbar, ein Umschlag der öffentlichen Stimmung grell zum Vorschein gekommen. Das Bürgerministerium ist diskreditirt, das Ansehen des Reichskanzlers im Sinken, der Fortschritt der föderalistischen Ideen unaufhaltbar. Die kaiserlich königlichen österreichischen Völkerschaften sind mit ihrer „liberalen“ Regierung sicher nur deshalb unzufrieden, um sie so lange zu ärgern bis sie zu den „überwundenen Standpunkt“ gehört. Es ist das eine merkwürdige Erscheinung, um so auffallender, als man das Lob des „liberalen Bürgerministeriums“ bisher mit allen Posaunen in die Welt hinaus geblasen und die „neue liberale Aera“ als eine noch nicht dagewesene Zeit des Glückes und des Segens für die österreichischen Völker gepriesen hatte.

— Die Wiener „Presse“, offiziös bis an die Stirne und natürlich durchaus Judenjournal, thut in einem mächtigen Leitartikel den Mund zu der überraschenden Offenbarung auf, daß „jede Bedrohung der Juden in der Moldau und Walachei nicht nur eine Sünde gegen den Geist der Zeit (sprich: Zeitungsgeist!) bedeute, sondern eine sehr ernsthafte Gefährdung des — Weltfriedens“. Es ist doch gut, daß wir in Bayern noch so „zurückgeblieben“ sind, daß ein geprügelter Judenjüngling noch keine „Gefährdung des Weltfriedens bedeutet“, sonst stünde es um den „Weltfrieden“ — schlecht. Minister Beust bekennt sich (wie gewisse bayrische Juristen?) zu dieser großartigen Anschauung, denn nicht blos die österreichischen, sondern auch die moldowalachischen Kinder Israels und Nachkommen Judas Iskarioths und ähnlicher jüdischer Edelleute sind ihm die liebsten Schooßkinder, dem Beust, die er gegen die prügellustigen Rumänen ꝛc. auf's Eifrigste mit seiner — Feder schützt, denn es ist ja nicht der pars posterior des Nathan, Meier, Hirsch, Schnackeles und Kneipeles „gefährdet“, wenn dessen Besitzer ordentlich gehauen wird, sondern der Weltfriede! Der Weltfriede ist der jüdische Hintertheil, wenn er nicht gegen christliche Prügel verassekurirt ist!

Kulturbildliches.

In **Olsbrücken**, einem protestantischen, also höchst „gebildeten“ Orte der Pfalz, der auch mit etlichen Juden beglückt ist, wurde in der Neujahrsnacht ein Gendarm auf die scheußlichste, auf wahrhaft bestialische Weise erschlagen. Junge und alte Buben vergnügten sich, das Neujahr anzuschießen, was, weil es verboten ist, der pflichteifrige Wächter des Gesetzes — Philipp Gebhard hieß er — nicht dulden wollte. Als er einen Burschen, der eben gefeuert, aufschreiben wollte, ergriff ihn dieser mit der einen Hand am Halse und schlug ihm mit dem Gewehr in der andern den Schädel ein. Als der tödtlich Getroffene von seinem Kameraden, den die Bestien hindern wollten, ihm beizustehen, mit Mühe in ein Zimmer gebracht worden, in dem sich mehrere kleine Kinder befanden und sich bald auch Neugierige einfanden, schoßen die Burschen von der Straße aus ins Zimmer, daß das ganze Fensterkreuz zertrümmert wurde und Glasscherben und Blei nur so herumflogen. Es war ein Wunder, daß trotzdem Niemand beschädigt wurde. Der arme Gendarm ist gestorben, elf der Burschen sind verhaftet. Ist das nicht eine überaus „gebildete“ und „liberale“ Heldenthat?

Briefkranzen.

Von Dornheim, Station Markt Einersheim, 6. Jan. wird uns geschrieben: Bereits am 22. Dez. habe ich für das laufende Quartal auf das „Bayr. Vaterland“ abonnirt, aber bis dato — 6. Jan. — ist mir noch keine einzige Nummer zugekommen, obgleich ich durch die Bahnexpedition Markt Einersheim bereits zweimal reklamiren ließ. Andere Blätter erhielt ich ganz prompt. Hoffentlich werden Sie im Interesse Ihres Blattes gegen solchen absichtlichen oder unabsichtlichen Schlendrian entschieden auftreten.“ — Gleiche Klagen sind uns bereits von mehreren Orten zugekommen, so namentlich auch aus der Rheinpfalz (Landau). Wir wollen allerdings nicht vergessen, daß bei Beginn eines Quartals die kgl. Post mit Arbeiten vollständig überhäuft ist, allein derartige Vorkommnisse sind nur durch die uns bekannte Thatsache erklärlich, daß be einzelnen „liberalen“ Expeditoren das „Vaterland“ gründlich verhaßt ist. An uns oder dem Hauptpostamt München liegt die Schuld nicht. Wir ersuchen unsere HH. Abonnenten, jede auffallende Unregelmäßigkeiten in der Zustellung des Blattes uns sofort bekannt zu geben, daß säumigen Postbediensteten durch die Postämter Beine gemacht werden; das wollen wir schon besorgen. Trifft eine Nummer des „Vaterland“ einmal nicht ein, so wolle man einfach einen Zettel des Inhalts: „Die Nr. so und soviel des „Bayr. Vaterland“ ist mir nicht zugekommen und wird dieselbe hiemit reklamirt. (Name) — an die nächste Poststation abgeben, worauf die fehlende Nummer von uns unverweilt zugeschickt wird. Briefe wegen einzelner fehlender Nummern an uns zu schreiben, ist überflüßig, die kurze Reklamation genügt.

Auswärtige Schrannen.

Landshut, 7. Jan. Waizen 14 fl. 52 kr., gef. — fl. 57 kr. Korn 11 fl. 32 kr., gef. - fl. 13 kr. Gerste 11 fl. 31 kr., gest. — fl. — kr. Haber 6 fl. 56 kr., gest. — fl. 22 kr.

An den „Ritter" Schauß,
da er zu dem preußischen Vogelorden kam.

Was? einen Orden gab man dir, o Schauß? —
Wär's nicht von Preußen, wär' es Schmach und Graus.
Doch von den Preußen, edles Judenkind,
Hast du den Orden ordentlich verdient. Muh!

*

Wir gratuliren, noster Deputate,
Zu dieser großen Preußengnade.
O bitte für uns arme Galgenstricke
Auch um etliche Stücke!

Die Plassenburger.

*

Dem Judensohn und Fortschrittsmann
Hängt Preußen einen Orden an? —
Das freut uns Juden alle sehr,
Denn wir sind alle Fortschrittler
Und jeder Fortschritts-Judenmann
Von Preußen Orden kriegen kann. Hurrah!

Die Juden in Bayern.

*

Mein Schauß ist ein gescheidter Herr,
Dem ging's schon lang im Leib umher,
Daß Gnaden ihm der Preuß verlieh',
Das merkt' ich längst, ich weises Vieh!
Denn erstlich kauft' er mich zum Reiten,
That so zum Ritter sich bereiten,
Auch ward er alle Tage stölzer
Und schaute keck auf alle Welt sehr,
Auch that er oft mit sich parliren
Und lächelnd auf die Brust spektiren
Und kühnlich dann im Sattel sitzen
Und in die Seit' die Fäuste stützen.
Item hängt' er in meinem Stall
Den Wilhelm auf wie überall
Und lobt' ihn mir zu jeder Zeit,
Wie er so tapfer, weis', gescheidt
Und that sich so durch solches Preisen
Längst würdig großer Gunst erweisen.
Nun hat er ihn und stolz wie nie
Auf meinen Ritter bin ich Vieh.

„Ritter" Schauß's Leibroß.

*

Preis ihm, der dir geschenkt den Orden,
Und seiner gütig milden Hand;
Daß du ein „Ritter" jetzt geworden,
Hast du verdient am „Vaterland."

*

Gefährlich ist's den Leu zu wecken,
Da er leicht Einen beißen kann,
Jedoch der Schrecklichste der Schrecken
Ist „Ritter" Schauß als Ordensmann.

*

Sonst pflegte man vor dir sich zu bekreuzen,
Nun bist du selbst bekreuzt
Und ward auf dich beim Neujahrs-Sterneschneuzen
Ein Stern herabgeschneuzt.

*

Ultramontaner Lindwurmtödter,
Preußisch bekreuzter Schwerenöther
Und neugebackner „Ritter" Schauß:
„De Ehr' is grauß"!

Verantwortlicher Redakteur: Dr. J. Sigl.

Druck von M. Vogt in München, Rosengasse 10.

Das Bayrische
Vaterland.

Das „Bayr. Vaterland“ erscheint täglich mit Ausnahme der Sonn- und hohen Festtage. Preis des Blattes: Vierteljährig 54 kr., ganzjährig 3 fl. 36 kr. Das einzelne Blatt 1 kr.

Alle Postexpeditionen und Postboten des In- und Auslandes nehmen Bestellungen an. Inserate werden die dreispaltige Petitzeile oder deren Raum zu 3 kr. berechnet.

Redaktion: Burggasse 14. Herausgegeben von Dr. jur. J. Sigl. Expedition: Kaufingerbazar 5.

[illegible] Nr. 7. Dienstag, 11. Januar 1870.

Presse und Preßlakaien.
(Schluß.)

Jede Regierung hat eine Bande von Falschmünzern zu ihrer Verfügung, die sie bezahlt und die für das Geld, das ihnen die Regierung hinwirft, „öffentliche Meinung“, „Stimmung“, „Volksstimmung“ machen müssen. Auf diese so weit es eben geht „gemachte“ sogenannte öffentliche Meinung berufen sich dann die Minister, wenn sie dem Volke oder den Kammern oder gegnerischen Blättern gegenüber ins Gedränge kommen. Auch den Fürsten, den Landesherren gegenüber, falls sich ja einer um mehr als die Civilliste bekümmert und ab und zu ein wenig von Regierungsgeschäften und den geliebten Unterthanen hören will — eine Mühe, die sich die gekrönten „Hirten der Völker“ meist herzlich selten machen — pflegen sich die Minister auf diese papierne, von journalistischen Staatsdienstboten und Regierungsliteraten fabricirte und mit den Steuerpfennigen der theuern Unterthanen bezahlte „öffentliche Meinung“ oder „Stimmung“ zu berufen. Das geht auch meistens, denn in der Regel lesen die Fürsten meist keine Zeitungen als Theater-, Jagd- und ähnliche Fachjournale und sogar von den offiziösen nur die Stellen, welche ein höherer Privatdienstbote ihnen vorsorglich roth oder blau angestrichen hat, also solche Stellen, welche ihnen die, von den Ministern bestellte und bezahlte „Volksmeinung“ berichten. Das Regieren macht sich dabei trotzdem ungeheuer prächtig und auf die Vertilgung der verschiedenen Civillisten übt das meist auch keinen nachtheiligen Einfluß.

Die öffentlichen Meinungsmacher der Minister haben aber auch die Aufgabe, die europäischen Völkerschaften nach Kräften über die Thaten, Absichten und Ziele der Fürsten und Minister nach Kräften anzulügen, was ihnen ausnehmend gut zu gelingen pflegt und worin eigentlich ihre Hauptaufgabe besteht. Es ist wirklich großartig, was in dem Punkt in Europa alljährlich offiziös zusammengelogen wird. Unser Durchleuchtiger verrechnet für die offiziöse Presse jährlich 20,000 fl. und wohl noch ein oder zweimal so viel gibt er dafür aus und man kann sich demnach denken, was für eine so kolossale Summe jährlich gelogen werden kann. Das „Vaterland“ macht jährlich ein dickmächtiges Buch aus und kostet so ungefähr 10—12000 fl. jährlich; wenn nun alles was darin steht erlogen wäre, so gäbe das jährlich einen dicken Band Lügen. Nun gibt aber die Regierung jährlich mindestens das Dreifache, vielleicht das Fünf- oder Sechsfache dessen, was das „Vaterland“ kostet, für ihre Offiziösen aus, die fast ausschließlich Lügen in die Zeitungen hinausschreiben, Jeder täglich zugleich an mehrere Zeitungen; nun denke man sich den Berg von Lügen, der da jährlich offiziös zusammengeschrieben werden kann! Die Preußen verwenden jährlich 600000 Thaler und seit sie dem König von Hannover und dem Kurfürsten von Hessen ihr Vermögen aberworben, gar 1,100,000 Thaler meist für die Presse, für die preußische und außerpreußische, und die Oesterreicher auch so an 500,000 fl.; nun stelle man sich den Berg von Lügen vor, der da zur Täuschung und „Aufklärung“ der Völker jährlich offiziös fertig gebracht wird!

Denn auch in „Aufklärung“ der Völker müssen die offiziösen Staatsdienstboten „machen“. Leider geht's oft nicht recht nach Wunsch, denn

Als das größte Uebel zeigt sich,
Daß die Bauern gar nichts lesen;
Das ist Schuld an allem Unfug
Und am Bauernkrieg gewesen.

Die Bauern lesen meist gar nichts Offiziöses, deshalb mangelt es ihnen so stark an „Aufklärung“; während die „gebildeten“ Stadtleute und die ländlichen „Intelligenzen“ um so aufgeklärter werden, je mehr sie sich mit der offiziösen Lektüre, die ihnen durch die liberalen Zeitungen so überreich geboten wird, befassen. Das ist ein sehr beklagenswerther Uebelstand, daß die bockbeinigen Bauern aller Länder so wenig Sinn und Verständniß gegen die offiziösen Aufklärungsversuche zeigen und so im Dunkeln über die weisen Absichten und Maßnahmen ihrer verschiedenen Regierungen bleiben, und deshalb sie mißkennen und nicht heiß genug lieben. Könnte unser Durchleuchtiger z. B. jeden Bauern verhalten, nur liberale Blätter zu lesen, so würde es im Lande bald besser ausschauen, wäre jeder Bauer zweifelsohne mit ungeheurer Hochachtung und Verehrung der Weisheit Sr. Durchlaucht erfüllt und wäre diesen „ultrakirchlichen Demagogen“, die das edle Herz des Durchleuchtigen und das noch edlere Hörmanns schon so oft mit wohlgemeintem Zorne und mancherlei Bitternissen erfüllt, bald das Handwerk gelegt und würde sein preiswürdiges Regiment zweifelsohne fortdauern bis an das Ende der Dinge, nämlich bis wir ganz preußisch sind, was dann schwerlich noch lange anstehen könnte.

Hr. Hörmann, der immer Alles am rechten Fleck anzupacken wußte und der so gescheidt war, daß, wenn es ihm als Minister einmal eingefallen wäre, eine Dummheit zu machen, er gewiß eine ungewöhnliche, eine außerordentliche Dummheit fertig gebracht hätte, Hr. Hörmann hat bei der „Organisirung“ der offiziösen Presse das Pferd auch nicht von hinten aufgezäumt, sondern es ist ihm gelungen, ein so gelungenes „Corps der Rache“ zusammenzubringen, daß es sich mit Ehren sogar neben der preußischen Lumpenarmee von Preßhusaren hätte zeigen können und, wenn er noch länger seine fruchtreiche ministerielle Thätigkeit hätte fortsetzen können, es dieser mit der Zeit sogar noch hätte zuvorthun können. Die verflossene

Excellenz hatte hierin ein eigenes Glück und einen ungemein glücklichen Griff, womit sie immer den rechten Mann zu finden und herauszugreifen wußte.

Auch Prinz Hohenlohe hat in dieser Richtung seiner ministeriellen Thätigkeit nicht ganz ohne Geschick gearbeitet und sich einen eigenen kleinen Stab von journalistischen Privatdienstboten und literarischen „Mädchen für Alles“, namentlich aber für offiziöse Lügen und Stänkereien beigelegt, die eine nicht ganz erfolglose Thätigkeit entfalteten.

Diese mit der hörmanischen literarischen Prügelgarde von Preßbanditen und Ehrabschneidern bildeten zusammen einen Glanzpunkt des durchleuchtigen „Systems“, dem gegenüber sogar die so geniale, als mannhafte That der berühmten Conciliumsdepesche und der unvergleichlich geistreiche Rundschreibebrief des glatten Staatsmannes Hörmann verschwinden müssen.

Wir wären jetzt daran die hervorragendsten Offiziere und Mitglieder dieses herrlichen Corps nach Name, Art und Stand aufmarschieren zu lassen und vorzuführen, lassen es aber, um die kostbare Zeit des Hrn. v. Leonrod nicht allzusehr in Anspruch zu nehmen, hübsch bleiben und begnügen uns mit einer sehr oberflächlichen Schilderung.

Es sind alles mehr oder weniger — katilinarische Existenzen, verdorbene Studenten, geistige Wickelkinder, Proletarier der Feder, die aus der „Intelligenz“ Profession und — Geld zu machen suchten. Wer es heute zu sonst gar nichts mehr im Leben bringt, wird „Literat“, denn sich das zu nennen braucht Einer herzlich wenig gelernt zu haben; der Abhub von diesem Literatenthum ist aber noch immer gut genug zum Regierungsjournalisten, zum journalistischen Staatsdienstboten, der meist nicht viel mehr als eine Schreibmaschine zu sein braucht, der man alles Mögliche diktiren kann und die alles Mögliche getreulich nachschreibt. Verunglückte Genies, die zwei Jahre auf einer lateinischen Schulbank gesessen und in ihren Flegeljahren das Blättl eines Provinzialstädtchens mit wässerigen Gedichten geziert, erstickte Studenten, Komödianten ohne Glück und mit viel Einbildung, die dazu der Himmel in seinem Zorn und zu Literaten die Pfeifchen des „unverständigen“ Publikums gemacht, schulmeisterliche Universalgenies, entlaufene Offiziere, verunglückte Beamte, hochstudierte Ladenschwengel, auch Buchbinder- und Glasergesellen gelegentlich ꝛc. ꝛc. das sind ungefähr die Elemente, aus denen sich die gewöhnliche „Journalistik“ oder Zeitungsschreiberzunft letzten Ranges rekrutirt. Die „Eingeweihten“ wissen, ob und durch wie viel Stück von jeder dieser Sorten auch unsere bayrische offiziöse Presse vertreten ist, und wir wissen es auch, sagen es aber nicht.

„Das sind die gewöhnlichen „Kräfte“, mit denen die Regierung so lange „öffentliche Meinung“ und „Aufklärung“ zu „machen“ gesucht hat, das sind die Götter der liberalen Provinzblätter und ihrer „intelligenten“ Leser, das die „Stützen“, durch die sich das „System“ seit so viel Monaten noch zu halten suchte! Allerdings setzt die Regierung zuweilen auch noch andere Federn in Bewegung, und nicht am seltensten die z. B. des Hrn. Stenglein und anderer besonders strahlender Leuchten am politischen und bureaukratischen Himmel: aber von diesen reden wir nicht, die bilden die Ausnahme, die dienen der Regierung nicht um Sold und Beförderung, dazu sind sie ja viel zu nobel und ehrenwerth, die thun es nur aus wahrer Ueberzeugung und Liebe zur Sache, denn kein Charakter, kein Mann, kein Mann von eigener Ueberzeugung gibt sich dazu her, seine Ueberzeugung für Geld an den Meistbietenden zu verkaufen, an Jeden, der ihn bezahlt und gut bezahlt, und jede Meinung und Sache mit seiner Feder vertreten, wenn er nur dafür bezahlt wird. Das thun blos liberale Staatsdienstboten und Preßlakaien, die so gemein wie Brombeeren und so billig wie Haselnüsse sind!

Deutschland.

München, den 10. Januar.

(Landtag.) Der Einweisungsausschuß hat die Münchener und Günzburger Wahl beanstandet. Daß man die Bamberger und Passauer Wahl prinzipiell nicht beanstandet hat, wissen wir uns nicht zu erklären, es fehlt uns auch bei der trappistenmäßigen Verschlossenheit der Mitglieder des patriotischen Clubs jeder Anhaltspunkt dafür. Im Plenum der Kammer dürfte wohl erst morgen über die Wahlbeanstandungen beschlossen werden, die zunächst keinen andern Erfolg haben, als daß bei der beanstandeten Präsidentenwahl die betreffenden Abgeordneten nicht mitwählen dürfen. Da die Kammer vor der Präsidentenwahl nicht eigentlich in Thätigkeit treten kann, so wäre sonach nur über die Thätigkeit im Club zu berichten; darüber wissen wir aber so wenig, als die Correspondenten der Abendzeitung, denn die Herren bedecken ihre Berathungen mit dem undurchdringlichen Schleier des Geheimnisses, durch den nur zuweilen auf scholastischem Wege etwas in die Oeffentlichkeit sickert. Wir wissen nur so viel, daß, was in Abendzeitung, im Knorrblättl ꝛc. über die Clubvorgänge, z. B. über die künftige Stellung zu Hohenlohe gedruckt steht, um mit dem Staatsanwalt Rothenfelder zu sprechen, „erstunken und erlogen“ ist. Des Durchleuchtigen ist in den Clubbesprechungen noch mit keiner Silbe gedacht worden, ohne daß er aber deshalb zu besorgen braucht, daß er seinen Theil nicht etwa noch rechtzeitig bekomme. Wir machen einstweilen unsere Beobachtungen, bevor wir uns ein Urtheil über Dinge bilden, die noch immer früh genug zur Sprache kommen, und hoffen, daß man mit Infallibilitätserklärungen nicht freigebiger sein wird, als die deutschen Bischöfe beim Concil.

☞ Die Beanstandung der Münchener Wahlen wird nicht, wie Viele glauben, die Folge haben, daß wieder neu gewählt werden muß; es werden nur in den Wahlbezirken neue Urwahlen vorgenommen, aus denen begründete Wahlreklamationen einlaufen. Bis jetzt sind — und wir wundern uns sehr darüber — nur 3 Urwahlbezirke zu beanstanden, da es die Herren, welche sich an die Spitze der hiesigen Wahlbewegung gestellt, versäumt zu haben scheinen, das reiche Material zur Beanstandung mehrerer Urwahlen in Vorlage zu bringen. Im Interesse der Hauptstadt, welche nimmermehr durch Leute wie Knorr und Thomaß vertreten sein darf, im Interesse des Rechtes und eines wahren Ausdrucks der öffentlichen Meinung Münchens liegt es nun, daß das vorhandene Material zur Beanstandung der Wahlen möglichst vieler Urwahlbezirke der Kammer zur Kenntniß gebracht werde, denn in je mehr Urwahlbezirken neu gewählt werden muß, desto größer werden die Aussichten, daß solche Menschen nicht wieder in die Kammer kommen. Bringen also möglichst viele Urwähler ꝛc. ihre Reklamationen und Beschwerden an die Kammer! Wir sind mit Vergnügen bereit dazu einem Jeden bereitwilligst an die Hand zu gehen.

— Von den 1868 in Bayern abgeurtheilten 270347 Gesetzesübertretungen treffen auf Oberbayern 60,146, die Pfalz 46,658, Niederbayern 34,0?4, Unterfranken 33,370, Mittelfranken 28,685, Schwaben 25,191, Oberfranken 24,129 und die Oberpfalz 18074. Oberbayern kommt nur wegen der „liberalen“ Hauptstadt, die, wie Knorrblättl sagt, „durchaus dem Fortschritt gehört“, so schlecht weg.

Von München schreibt man dem „Vaterland“: Jetzt kommts auf, warum in Giesing die Kirchenwahlen so fortschrittlich ausgefallen sind! Den Fabrikarbeitern, die aller Wahrscheinlichkeit nach kommandirt waren, wurden bereits verschlossene, resp. zusammengelegte Wahlzettel eingehändigt, welche sie, ohne sie ansehen zu dürfen, abzugeben hatten. Es hätte sich kein Fabrikarbeiter getraut, seinen Zettel anzusehen, denn sie waren gar strenge beobachtet und überwacht. Die Fortschrittler aber wären im Stande dies auch zu berichtigen; sie berichtigen dem Teufel das Ohr weg, wenn's ihnen paßt. Die Arbeiter sind übrigens — nachträglich! — über das liberale Manöver sehr entrüstet und wollen unter solchen Umständen ein andermal gar nicht mehr wählen. (Bei den Landtags-Urwahlen wollten die Patrioten die Schlauern sein und stellten den allmächtigen Hrn. Kester als ihren Wahlmann-Kandidaten auf und richtig: seine Arbeiter wählten ihn alle. Bei der Abgeordnetenwahl war aber Hr. Kester wieder der Schlauere und wählte als Kandidat der Patrioten durchaus preußisch-fortschrittlich aufgelegte Ehrenmänner. Wo jetzt da die größere Schlauheit war?!)

Kempten. Der Redacteur des kath. „Algäuer Volksblatt", Dr. Schneider, erklärt, wie wir seinem uns eben zugekommenen Blatte entnehmen, daß er nicht nach Passau zurückgerufen sei. Es ist demnach durch Verbreitung jener Nachricht in einer ganzen Reihe von Blättern, denen auch wir sie entnommen, bezw. durch die daraus gezogenen Schlüsse diesmal dem Hrn. Bischof Heinrich Unrecht geschehen, wofür wir nichts können. Indem wir aber jener Nachricht bis auf die Quelle gehen, kommen wir zu dem interessantem Ergebniß, daß die Nachricht einzig von der Kempter Zeitung zu dem Zwecke verbreitet worden ist, um die Algäuer abzuhalten, auf ein Blatt zu abonniren, das in nächster Zeit seinen Redacteur verlieren werde. Das ist doch ein höchst infames, aber überaus „liberales" Kunststück nach der Melodie: Der Zweck heiligt das Mittel.

Von Neustadt a. S. wird dem „Vaterland" geschrieben: Nulla dies sine linea, zu deutsch: Wenn Du einmal angefangen hast zu verleumden, setz' es fort und höre nicht auf; es bleibt immer was hängen. So meint Hr. Memminger, der die Redaction der N. Würzb. Zeitung aufgegeben hat, um das bisher wenigstens nicht allzu gemein redigirte „Würzb. Journal" auch in seiner Weise zu kultiviren und es nicht blos den Lehrern, sondern auch den Juden und sonstigen Liberalen mundgerecht und anziehend zu machen. So erschien gleich in Nr. 3 vom 4. Jan. ein Artikel „aus Münnerstadt" gegen Hrn. P. Bernard, den ich persönlich kenne, der ein jovialer Mann und, wenn auch etwas frischen Temperaments, doch von Herzen gut und in der ganzen Gegend als ein wahrer Ehrenmann gekannt und geachtet ist. Auch bei seinen früheren Zöglingen und ihren Eltern war er so beliebt als geachtet. Warum aber nun diesen gemeinen Artikel im Journal? Warum diesen Mann als einen „Tyrannen voll Tobsucht und — Säuferwahnsinn" (!!) hinstellen? Wozu diese schmachvollen Schmähungen und Verleumdungen? Nun, es scheint, gewisse Herren (?) glauben, daß, nachdem sie mit dem Prior des Klosters fertig geworden, sie nun auch den Vorstand des Seminars nicht ruhen lassen dürften, um es ihm und jedem Priester des Klosters zu verleiden, eine Präfektur im Seminar zu übernehmen und sowie die Studienanstalt, so auch das Erziehungsinstitut der Augustiner zu Grunde zu richten. Aber das scheint nicht blos: es ist die offen ausgesprochene Absicht des Schmähartikels gegen Hrn. P. Bernard, weil er einem Zögling, zwar nicht „einen Haarbüschel", aber doch sechs oder gar sieben Haare extirpirte. Ein schreckbares Verbrechen, um so mehr, als der Zögling durch die sechs oder sieben verlorenen Haare, die unmöglich mehr nachwachsen können, zweifelsohne Zeit Lebens ein Krüppel sein wird! Und wie schön sich die sieben Haare zu einem prächtigen Schmähartikel, zu einer gediegenen Verleumdung flechten lassen, und wie schön sich da der wahrhaftige Würzburger Liberalismus in diesem haarigen Verleumdungskranze zeigen kann! Einer, der froh ist, daß ihn Gott nicht zum Präfekt gemacht.

Vom Rhein wird dem „Vaterland" geschrieben: Es wundert uns schon Vieles nicht mehr, was jetzt in Bayern, wo die Zukunftsmusik kultivirt wird, geschieht. Eins aber ist uns doch aufgefallen, daß der Rongeaner oder Deutschkatholik Herman Schmid — den Michelsorden erhalten hat? o nein! unter dem jetzigen liberalen Regiment ist ja das ganz in der Ordnung! — aber daß er den Verdienstorden vom heiligen Michael an seine mannesmuthige Brust hängen mag, das wundert uns. Muß ihm denn nicht sein Glaube oder vielmehr sein Unglaube sowohl das Zeichen des Kreuzes, als auch insbesondere den heil. Michael recht sehr verleiden? Nun, sein Liberalismus, seine Charakterfestigkeit, seine Philosophie wird sich vielleicht über dieses Unglück hinwegsetzen; aber was würden der Churfürst und Erzbischof Joseph Clemens von Köln, der 1093 diesen Orden gestiftet und der hochselige König Ludwig I., der ihn erneuert hat, sagen, wenn sie das Kreuz dieses Ordens, der zu Ehren des hl. Erzengels Michael ist gestiftet worden, auf der Brust eines Mannes sähen, dem Christus zum Gelächter, dem Kreuz und St. Michael zum Spotte sind, der sich durch Bekenntniß des rongeschen Essighausevangeliums vom Christenthume völlig losgesagt hat?! Bei solchen Erscheinungen hört doch alles auf und scheint es beinahe, als wolle man mit Ehrenzeichen, die an das Erhabenste im Christenthum erinnern, seinen Spott treiben, wenn man Kreuz und Christus verwirft, aber sich doch bekreuzen läßt. Was wir erst von dem Minister sagen sollen, der einen solchen Kandidaten zur Ordensverleihung vorschlagen konnte, das lassen wir im Interesse des „Vaterlandes" besser ungesagt; man muß den Teufel nicht an die Wand malen noch reizen, sonst — kommt er!

In **Baden** hat der Kriegsminister wie unser Schauß für treu den Preußen geleistete Dienste als Neujahrstrinkgeld gleichfalls einen mächtigen Berliner Orden erhalten.

Darmstadt hat, seit dem es unter preußischer Oberhoheit ist, 6 pensionirte und 2 aktive Generallieutenants, 8 pens. und keinen aktiven Generalmajor, 21 pens. und 6 aktive Obersten, 11 pens. und 4 aktive Oberstlieutenants, 23 pens. und 18 akt. Majors. Die vielen hohen Offiziere wurden alle pensionirt, d. h. beseitigt, weil sie nicht genug preußisch gesinnt waren. Wie würde erst unser Kriegsbudget durch unfreiwillige Pensionirungen beschwert werden, wenn wir noch mehr unter die Pickelhaube und in die Gewalt des allerobersten preußischen Kriegsherrn kämen und es da mancher an Gesinnungstüchtigkeit fehlen ließen!

Aus dem Darmstädtischen wird dem „Vaterland" geschrieben: Der Prozeß Metz-Fendt ist sicher auch den Lesern des „Vaterland" noch im Gedächtniß. Es galt für den Angeklagten Fendt, einen Menschen moralisch hinzurichten, der so lange Führer der hessischen Fortschrittspartei gewesen, der unendliches Unheil über das Land gebracht und dem durch diesen Skandalproceß endlich das Genick gebrochen worden. Aber noch mehr! Nicht blos er, sondern die ganze fortschrittliche Tartüfferie, der ganze „nationale" Schwindel ist in diesem Menschen, einem Hauptmatador dieser fluchwürdigen schamlosen Partei öffentlich durch jenen berühmten Prozeß demaskirt worden. Auch bei Ihnen in Bayern gibt es solche Tartüffe (o ja!), denen das Fell über die Ohren gezogen werden sollte, damit das edle bayrische Volk sich voll Verachtung von dem Schwindel einer Partei wegwende, die solche Subjekte als Führer dulden und — verherrlichen konnte, damit dem Volke endlich die Augen aufgehen über das ehrlos niederträchtige Spiel, das verworfene Kreaturen so lange mit seinem Wohl und Glücke zu spielen wagten, damit es sehe und selbst die Gefahr abwende, die ihm von solcher Seite über den Kopf zu wachsen droht. Wir können es nur dankbar anerkennen, daß dieser Prozeß zum allgemeinen Nutz und Frommen nach den stenographischen Aufzeichnungen bei der Verhandlung endlich in den Buchhandel gekommen und so durch ganz Deutschland hin, wo die „national-liberale“ Seuche noch grassirt, allgemeine Verbreitung finden kann.

Oesterreich. In Wien hat sich, 400 Mann stark, ein „deutscher Verein“ konstituirt und den bekannten Schützenfestpräsidenten Dr. Kopp zu seinem Obmann gewählt. Weß Geistes Kind diese Wiener „Deutschen“, oder „deutschen“ Wiener sind, geht gleich aus der Rede hervor, welche Dr. Kopp bei Uebernahme seiner Obmannschaft hielt. Der Obmann schwärmt als „Deutscher“ natürlich für den „Anschluß an Deutschland“, nur will er sich nicht „gewaltsam anschließen“. Die Art und Weise des Anschlusses, sagte er, könne gegenwärtig kaum besprochen werden, denn sobald man über das nebelhaft Gebild der Gefühle und Wünsche hinausgehe, so führe das gleich zu Consequenzen; die „wir hinnehmen können, wenn sie kommen, die aber herbeizuführen wir nichts thun dürfen“. Richtig! Für diese „Deutschen“ existirt nur eine Möglichkeit des Anschlußes an „Deutschland“: das Aufgehen im Preußen, das der brave Oesterreicher „hinnehmen kann, wenn es kommt“, das er aber gnädigerweise nicht selbst herbeiführen will. Mit andern Worten heißt das: Wenn die Preußen kommen, uns zu unterjochen, nun, dann lassen wir uns halt unterjochen! Wirklich recht heldenhaft und patriotisch! Dieses liberale „deutsche“ und Judengesindel gleicht dem „deutschen“ und jüdischen Gesindel in Prag, das 1866 die verlorne Schlacht von Königgrätz mit Champagner feierte, auf ein Haar und zeigt nebenbei den regierenden Herren, daß auf Patriotismus, auf opferwillige Vaterlandsliebe bei den Liberalen niemals zu rechnen ist. Der arme Kaiser von Oesterreich wird das noch früh genug erfahren und manch anderer hohe Herr — auch. Aber dann wird's halt zu spät sein.

In Wien hat das gesammte Minister seine Entlassung eingereicht, muß aber bis zur Auffindung eines neuen noch fortministern.

Ausland.

In Rumänien befürchtet das Ministerium, daß das Land wie Oesterreich an der Judenseuche zu Grunde gehen werde. 1849 befanden sich dort 11,056 Judenfamilien, ein Jude auf 27 Rumänen, jetzt sind 400000 Juden im Lande, einer auf 5 Rumänen!! Angesichts dessen fürchtet die Kammer mit Recht eine Gefahr für die Existenz Rumäniens und verlangt energische Abhilfe.

Kulturbildliches.

Das gestrige Knorrblättl des Abgeordneten Knorr, dessen Würde (!) „beleidigt“ wird, wenn man ihm wegen der Impertinenzen seines Blattes den Text liest, also dieses höchst preis-, lob- und ehrwürdige Organ eines „Abgeordneten“ zur „Bildung“ des Volkes enthält folgende zwei bedeutsame und interessante Inserate: „Ein junges hübsches Mädchen, 18 Jahre alt, sucht bei einem Herrn ein Darlehen von 8 fl.“ — Was das Inserat sagen will, das brauchen wir wohl nicht zu sagen! Ein zweites Inserat, in derselben Nummer lautet: „1884. Ein ordentliches Mädchen wird zu einem einzelnen Herrn gesucht, desgleichen auch Privatmädchen, können auch dort schlafen.“ — Auch das Inserat bedarf keiner Auslegung. Wir sehen, Sultan Knorr und sein Organ bilden ihre Leute und das „Organ“ versteht sich trefflich auf's „Kuppeln!!“ Aber sagen darf man's nicht, das ist bei 42 Tagen Arrest verboten!

Münchener Hopfenmarkt.

1) Ober- u. Niederb. Gewächs: Mittelgattungen: Gesammt-Vorrath: 4207 Pfd., Verkauf — Pfd., Preis — fl. — kr. der Zentner; Wolnzacher- u. Auer-Markt-Gut: Gesammtvorrath 7721 Pfd., Verkauf 221 Pfd., Preis 160 fl. — kr. der Ztr. 2) Mittelfränkisches Gewächs Mittel-Qualitäten: Vorrath 459 Pfd., Verkauf 306 Pfd., Preis 260 fl. — kr. der Ztr., Vorzügliche Qualitäten aus Spalter Umgegend nebst [illegible] u. [illegible]: Vorrath 17668 Pfd., Verkauf 1670 Pfd., Preis 2[illegible] fl. 8 kr. bis 197 fl. 41 kr. der Ztr., Spalter Stadtgut, u. Weingarten-, Kalbacher- und Gürner Gut Vorrath 1494 Pfd., Verkauf 656 Pfd., Preis 260 fl. — kr. der Ztr. 3) Ausländisches Gut Saazer Stadt, dann Herrschafts- und Kreisgut Vorrath 808 Pfd. Verkauf — Pfd., Preis — fl. — kr. bis — fl. — kr. der Ztr.

Münchener Schranne vom 5. Januar.

Getreidesorten	Verkauft Schffl.	Höchster fl.	kr.	Mittel- fl.	kr.	Nied.-Preis fl.	kr.	Gefl. fl.	kr.	Gef. fl.	kr.
Weizen . . .	2954	19	52	18	18	16	14	—	—	—	17
Korn . . .	1236	11	46	11	21	10	46	—	—	—	16
Gerste . . .	2068	14	23	12	33	11	55	—	—	—	11

Verantwortlicher Redakteur: Dr. J. Sigl.

Druck von Dr. Sigl in München, Rosengasse 10.

Das Bayrische

Vaterland.

Das „Bayr. Vaterland“ erscheint täglich mit Ausnahme der Sonn- und hohen Festtage. Preis des Blattes: Vierteljährig 54 kr., ganzjährig 3 fl. 36 kr. Das einzelne Blatt 1 kr.

Alle Postexpeditionen und Postboten des In- und Auslandes nehmen Bestellungen an. Inserate werden die dreispaltige Petitzeile oder deren Raum zu 8 kr. berechnet.

Redaktion: Burggasse 14. Herausgegeben von Dr. jur. J. Sigl. Expedition: Kuffinibazar 5.

Hyginus. Nr. 8. Mittwoch, 12 Januar 1870.

Bestellungen auf das „Bayr. Vaterland“

wolle man bei der nächsten Postexpedition oder den Postboten anderweitig machen. Preis halbjährig 1 fl. 48 kr. vierteljährig 54 kr.

Bischof Heinrich.

Vom Rhein. Bei aller Ehrfurcht, welche wir als Katholiken vor der bischöflichen Würde hegen müssen, kann uns das seitherige Benehmen des hochw. Hr. Bischofs von Passau nur betrüben und aufs Tiefste indigniren. Selbst wir, die wir den bayrischen Verhältnissen ferne stehen, wissen ganz wohl, was die vaterlandsverrätherische und kirchenfeindliche Partei der Liberalen im Schilde führt: Unterjochung des edlen bayrischen Volksstammes unter die Knute der Kassuben, der Reußen, Wenden und Slaven in Norddeutschland, Vernichtung aller Freiheiten des Volkes zu Gunsten einer vaterlandslosen Clique, Unterdrückung der katholischen Kirche, unter welcher sich bis jetzt das bayrische Volk mindestens ebenso glücklich fühlte, wie das norddeutsche Proletariat unter dem süßlich-seichten „protestantisirenden“ Antichristenthum, — das ist's was die Liberalen wollen und anstreben. Seit mehr denn 18 Jahren arbeitet man in Bayern an der Erreichung dieses Zieles des Liberalismus. Und nun, nachdem das Maß des Schlechten übervoll ist, erhebt sich das katholische, das gläubig katholische Volk zum Kampfe gegen seine Verräther und Peiniger. Müßte da nicht wenigstens ein Bischof, der schon lange seine Bayern kennen sollte, die Kämpfe der patriotischen Partei mit seinem Segen begleiten und den herrlichen Resultaten dieser Kämpfe freudig zustimmen!

Statt dessen aber gibt sich dieser unglückselige hochwürdige Herr den Anschein, als ob er die Bestrebungen, die zum Ruin Bayerns und zur Untergrabung der Kirche in Bayern abzielen, begünstige; er tritt in Widerspruch mit dem ausgesprochenen Willen aller treuen Katholiken und erntet dafür — gewiß sehr schmeichelhaft für einen Nachfolger der Apostel; — den Beifall der gottlosen Juden- und Freimaurerpresse aller Länder! Das Herz blutet uns, solches aussprechen zu müssen, allein wir müssen es aussprechen: entweder handelt seither Bischof Heinrich unbewußt und unter dem Einfluße seines berühmt gewordenen „Kopfwehs“: dann ist es tief zu beklagen, daß er so wenig Einsicht hat; oder aber er weiß, mit wem er kämpft, dann wäre es besser, die Passauer Diöcese hätte eher keinen Oberhirten als einen solchen.

Haben aber die patriotischen und gutgesinnten Katholiken dieser unglücklichen Diöcese gar kein Mittel, um ihren Bischof auf sein Benehmen aufmerksam zu machen? Können sie nicht, mit aller dem Bischof zukommenden Ehrfurcht vor Bischof Heinrich hintreten und eine andere, mehr den Anschauungen und Ueberzeugungen des ganzen bayrischen Volkes entsprechende Handlungsweise im Interesse des Volkes und Vaterlandes, im Interesse ihrer Kirche von ihm verlangen? Können sie nicht, wenn etwa da abgewiesen, sich an den Vater der Christenheit, an den Papst, an das Koncilium in Rom wenden, damit das schwere Aergerniß, das der katholischen Welt durch die Passauer Diöcese gegeben wird, das Aergerniß: einen Bischof zu sehen, der sich zum Mindesten den Anschein gibt, als begünstige er die Bestrebungen der Liberalen, der Juden und Freimaurer und als suche er den berechtigten Kampf der Katholiken gegen diese schlechten Bestrebungen zu hindern, — endlich aufgehoben und beseitigt werde?!

Möglicherweise rechtfertigt der Herr Bischof seine Stellung zu den patriotischen Bestrebungen mit der beschwornen Treue, die er dem König schuldig ist: ganz recht! Allein er hat wahrhaftig nicht dem Landesverrath, der Aussaugung des Volkes, dem norddeutschen Korporalstaat, der den guten Bayern aufgeknebelt werden soll, Treue geschworen, er hat nicht Treue geschworen dem — hoffentlich bald hochseligen — Ministerium Hohenlohe, sondern vor Allem hat er Treue geschworen den Rechten seiner Kirche, welche durch eben dieses Ministerium im Bunde mit dem Fortschritt gekränkt und geraubt werden sollen. Seinem König den Eid zu brechen, muthet ihm Niemand zu; allein das muß jeder Katholik verlangen, daß ein Bischof ebenso große Einsicht hat, wie dieselbe auch von allen treuen Katholiken in unsern Tagen verlangt wird, und wenn er sie sich nicht aneignen will, dann trete er seinen Bischofsstuhl einem Andern ab, — episcopatum ejus accipiat Alter!

Wozu Gesetze?

schreibt man dem „Vaterland“ aus Altbayern, wenn sie durch eine willkürliche Auslegung oder durch eine Vollzugsinstruktion der k. Regierung umgangen oder ganz oder theilweise wieder aufgehoben werden, wie es bei dem Gesetze vom Jahre 1852 über die Distriktsrathswahlen der Fall ist? Art. 4 dieses Gesetzes sagt ausdrücklich: „Gehört ein Grundbesitz, von welchem die höchste Grundsteuer im Distrikte entrichtet wird, einem Minderjährigen, einer inländischen Stiftung oder Corporation, so sind deren gesetzliche Vertreter zur Theilnahme an dem Distriktsrathe oder zur Stellung eines Bevollmächtigten berechtigt.“

Offenbar hatten hier die gesetzgebenden Faktoren die Pfarr-, Kirchen- und sonstige Stiftungen und auch die kirchlichen Corporationen im Auge und sind somit nach dem klaren Wortlaute des Gesetzes auch jene Oekonomiepfarreien zur Theilnahme an dem Distriktsrathe berechtiget, welche die Nutznießer einer Pfarr- oder Vertreter einer Kirchenstiftung sind, von deren Grundbesitz die höchste Grundsteuer im Distrikte geleistet wird. Seit dem Erscheinen fraglichen Gesetzes wurden denn auch, um hier einen speziellen Fall zu erwähnen, im Distrikte Ingolstadt drei Pfarrer als Vertreter ihres höchst besteuerten Pfarrwiddums und ein vierter als Vertreter seiner Pfarrkirchenstiftung mit entsprechendem Grundbesitze zur Theilnahme am Distriktsrathe gezogen. Heuer aber wurden dieselben weder geladen noch beigezogen, sonach die bisherige 18jährige Praxis plötzlich umgangen und außer Acht gelassen. Beruht dieses Verfahren vielleicht auf einer Eigenmächtigkeit des betreffenden k. Beamten? Keineswegs! Denn mehrere, vielleicht alle Bezirksämter in Bayern verfuhren heuer, wie das k. Bezirksamt Ingolstadt. Ich fürchte, das „Bayr. Vaterland" trägt die Hauptschuld hievon durch jene Artikel über die Distrikts- und Landrathswahlen, in welchen ein Landwirth von der Donau seine bäuerlichen Mitbürger dar auf aufmerksam machte, daß sie nur ächt patriotisch und katholisch gesinnte Bauern und zugleich auch einige Pfarrer zu Distriktsräthen wählen sollten, weil diese nach dem neuen Armengesetz auch das Distrikts-Armenwesen zu besorgen hätten.

Dieses Signal des „Vaterland" scheint bei dem jetzt in Bayern herrschenden Regimente die Befürchtung rege gemacht zu haben, es möchten die Distriktsraths- und folglich auch die Landraths-Wahlen ebenso bayrisch und volksthümlich ausfallen, wie die bereits vollendeten Landtagswahlen. Indessen sagt ein altes Sprichwort: „wo die Noth am größten ist, da ist die Hilfe am Nächsten." Und wirklich erschien plötzlich in den Höhen des bureaukratischen Himmels ein Engel oder Erzengel, und der Engel sagte: „Fürchtet euch nicht! Ich bringe euch eine freudige und beruhigende Kunde! So eben fand ich unter dem Aktenstaube meines Bureau's die Vollzugsinstruktion zu dem Distriktsrathswahlgesetz vom 28. Mai 1852 dd. 10. Juni 1852. Nach dieser Instruktion wird das den Pfarrer und kirchlichen Stiftungen durch Art. 4 des Gesetzes zustehende Recht der Theilnahme am Distriktsrathe wieder genommen; was das Gesetz gewährleistet das entzieht hintennach die Instruktion." —

Und siehe! die Furcht schwand! Der rettende Engel aber erhielt einen Michel erster Klasse!

Deutschland.

München, den 11. Januar.

(Landtag.) Gestern wurde denn im Plenum über die Wahlbeanstandungen berathen und kam es dabei bereits zu einem hitzigen Vorpostengefecht, bei dem sich die Herren vom Fortschritt (Völk, Fischer, Hertz, Schauß, der der Sitzung ohne seinen rothen preußischen Gockelorden beiwohnte und den Gockel selbst vorstellte) wieder in ihrer ganzen — Liebenswürdigkeit zeigten. An Dr Schüttinger scheinen die Herren bereits ihren Mann gefunden zu haben, gegen den sich auch zunächst ihre ersten Wuthausbrüche richteten, der aber den Herren mit sehr gangbarer Münze heimzahlte und ihnen auch noch eine Strecke auf den Heimweg leuchtete. Knorrblättl, bei dem sich heute sehr bedenkliche Wuthsymptome zeigen, meint, er habe sich „in höchst eigenthümlicher Weise ausgezeichnet"; thut aber gar nichts, wenn das schmutzige Organ des hinausspedirten Julius ein wenig böse ist, ja nicht einmal, wenn es sehr böse ist. In seinem Schmerz thut man Manches, was mitleidige Seelen entschuldigen können. Was wir vorausgesagt, daß des Knorren Deputätigkeit nur eine Sitzung dauern werde und er dann schwänzen könne, so lange er wolle, ist eingetroffen: sämmtliche Münchener Gewählte sind mit 82 gegen 47 Stimmen beanstandet worden; sogar Hörmann und Schlör stimmten für die Beanstandung, so arg hatte es der Fortschritt in München getrieben! Nur ein Häuflein von 47 wollte nicht einmal an den Münchener Wahlen Fehler und Mängel entdecken! Da die Kammer bei der Fragestellung über die Giltigkeit der Münchener Wahlen sich nicht nach dem Kopfe des Schauß richten wollte, so verließ der kleine Trotzkopf zornig den Saal und etliche besonders begeisterte Fortschreiter folgten ihm, obwohl Völk ihn kräftig am Rockzipfel packte. Knorrblättl räsonnirt, daß die bösen Ultramontanen die brave liberale Minorität in einer Weise majorisiren, welche in den Annalen unsers bayrischen parlamentarischen Lebens geradezu unerhört ist," denn — es ist schon seit der vorigen Kammer nicht mehr vorgekommen! Als nämlich die Fortschreiter der Mai-Kammer die Schweinfurter Wahl beanstandeten, mußte Dr. Ruland sofort das Haus verlassen; damals war's Recht, denn die Fortschreiter verlangten es. Diesmal verlangten die „Ultramontanen" dasselbe von den beanstandeten Münchener Abgeordneten; da aber ist's eine „unerhörte Majorisirung", sagt Knorrblättl. Ja, verehrtes Knorrblättl, was dem Einen recht ist, muß dem Andern billig sein, und die Majorität bedeutet zumeist das, daß die Minorität sich ihr zu fügen hat und das ist gar nichts „Unerhörtes". Besonders ärgert sich das „Organ" des hinausgestimmten Knorren, daß „die wohldisciplinirte schwarze Schaar" — so erfrecht sich das „Organ" auch heute noch die gegnerische Partei zu nennen! — „Mann für Mann" im Sinne der Partei zu stimmen, was auch wieder ganz „unerhört" und für das „Organ" sehr verwunderlich ist. — Einen kleinen Zwischenfall können wir nicht unerwähnt lassen. Der Fortschreiter Hertz wollte plötzlich „soeben" einen Brief aus Forchheim erhalten haben, — dessen erlogener Inhalt aber schon vor 2 oder 3 Tagen in der Abendzeitung gestanden! — wonach der Abg. Pfarrer Mahr in Bamberg wie Julius Knorr, Thomaß ꝛc. gleichfalls sich selbst die Stimme gegeben habe, was Schauß mit freudigem „Ah"! begrüßte. Nun aber erhob sich der „schwarze Mahr" und zwar ohne daß er „so eben" einen Brief „aus Forchheim" erhalten, und vermeldete dem fortschrittlichen Hertzen, daß dem eigentlich nicht so sei, massen er erstlich in Bamberg gar nicht zu wählen hatte, sondern in Forchheim, das in einem ganz andern Wahlkreis liege, und zweitens wie aus den Wahlakten zu ersehen, sich nicht gewählt habe, diese Behauptung also zwar sehr liberalig, aber durchaus erlogen sei. Hertz war damit abgefertigt und der Fortschritt etwas blamirt, der Schauß aber hielt sich jetzt stille und machte ein sehr langes Gesicht. Das waren die Ergebnisse des ersten Straußes der neuen Kammer.

— Adv. Schauß, der von Preußen für seine exorbitanten Verdienste befreuzte Fortschrittsadvokat, versucht in der „Abendzeitung" den Briefdiebstahl, der in unserm letzten Prozeß eine Rolle spielte und den sich besagter Ehrenmann auszubeuten nicht schämte, auch noch zu vertheidigen! Der Brief ist einer hiesigen Redaction in Abwesenheit des Redacteurs einfach gestohlen worden; wie ihn Schauß in seine Hände brachte, das zu erklären ist er schuldig geblieben; er will ihn „zugesendet" erhalten haben, wir sind aber so frei, ihm das nicht zu glauben. Weil nun in jenen gestohlenen, aus der Redaktion eines Münchener Collegen gestohlenen Briefe das Zeichen K von der Donau vorkam, gewisse Artikel im „Vaterland" aber auch K von der Donau gezeichnet sind, so — will Schauß vor etwa 8 Tagen „durch ganz verlässige Personen und ohne daß er sich die geringste Mühe (?) gab", erfahren haben, daß der Verfasser der K von der Donau gezeichneten

Artikel im „Vaterland" — Hr. Benef. Reindl in Ingolstadt sei!! Wunderbare Logik! Wir bewundern die Spürkraft der orientalischen Nase Schauß des Jungen! Daß aber Schauß bei der Gerichtsverhandlung sich den Schein zu geben suchte, jenes Schreiben sei an die Redaktion des „Vaterland" gerichtet gewesen, daß er, um diesen Schein aufrecht zu halten, das Datum des Briefes (26. Juli 1868) verschwieg, daß er auf die Frage des Richters, ob der Brief an das „Vaterland" gerichtet gewesen, log: er wisse das nicht: darüber möchten wir von Schauß eine Erklärung und Rechtfertigung. Wer indeß der Verfasser der ll von der Donau-Artikel im „Vaterland" auch ist, so viel ist gewiß, daß seine Artikel ebenso jedesmal ungeheuern Zorn und Ingrimm dem Fortschritt erregten, wie sie den vielen Tausenden von Katholiken und Patrioten, die das „Vaterland" lesen, jedesmal die größte Freude und Genugthuung hervorriefen und daß speziell sein „Sendschreiben an Julius Knorr", das in vielen Tausend Exemplaren durch ganz Bayern verbreitet ist, diesem den letzten Rest gegeben hat. Es bedarf nur noch wenig, um diesen Menschen für München vollends abzuthun und dies erachtet das „Vaterland" für seine Aufgabe und Pflicht, der es trotz allen Verurtheilungen nicht untreu werden wird.

— Zu der Geschichte mit dem gestohlenen Brief meldet heute die Redaction des „Bayr. Kurier", daß sie eine Untersuchung auf Grund des Art. 137 des Strafgesetzes veranlassen werde, um herauszubringen, wie der Mo. Schauß zu dem Briefe gekommen. — Wenn gestern die „Neuesten" bemerkten, der Brief sei „durch die absonderliche Sorgfalt eines Vertreters der ultramontanen Presse" dem Schauß zu Handen gekommen, so ist dies eben nur wieder eine, bei liberalen Blättern nicht ungewöhnliche infame Verdächtigung, welche das Knorrblättl in seiner ganzen — Ehrwürdigkeit zeichnet.

— Nach einer neuen Ministerkombination soll Hr. v. Lutz definitiv den Kultus, Dr. Weis die Justiz, Braun den Handel übernehmen, Schlör als Ratte das Schiff verlassen und türkischer Ostbahndirecktor werden, der Minister des Innern aus der patriotischen Partei genommen werden und Hohenlohe — bleiben. So lange dieser bleibt, sind wir und ist sicher das ganze Land nicht mit einem Ministerium einverstanden und wenn es aus lauter Erzengeln bestände. Warum? Das weiß Prinz Hohenlohe, der Minister um jeden Preis, so gut wie wir. Wir wollen und müssen volle Klarheit haben, Klarheit auch über mögliche noch weitere Verträge mit Preußen. Unser Mißtrauen in dem Punkte wächst mit der verzweifelten Zähigkeit, mit der sich der Prinz an sein Portefeuille anklammert.

— Ein frränkisches Blatt hat die gewiß interessante Entdeckung gemacht, der neue k. Kabinetssekretär habe durch seine Artikel in der — Gartenlaube die Gunst des Königs und seine Stelle erhalten! So? Wir müssen gestehen, daß dies wirklich eine vorzügliche Qualifikation für eine so hohe und einflußreiche Stellung wäre!

Aus München will die Abendzeitung in Erfahrung gebracht haben, daß „in Folge der jüngsten Vorgänge" die beiden Bürgermeister von München, Hr. v. Steinsdorf und v. Widder ihre Stellen „vollständig" (?!) niederzulegen beabsichtigen sollen. Frommer fortschrittlicher Wunsch und Wahrheit? Wir haben vor einem halben Jahre von der edlen Absicht der hiesigen Fortschreiter berichtet, den rothen Landtags-Fischer von Augsburg in München als ersten Bürgermeister einzuschmuggeln. Damals scheint man es nicht beachtet zu haben, jetzt aber, wo Dank der Geschicklichkeit der guten Münchener der Fortschritt im Magistrat und im Gemeindekollegium Herr ist, wird's geschehen, was man damals beabsichtigte, weil es leicht geschehen kann. Dann aber gratuliren wir unserseits den kurzsichtigen Stadtbürgern zu dieser vortrefflichen Acquisition! Der lange Konzipient Berchtold meint, weil seine Fortschrittlichkeit noch größer als sein Bart ist, so werde dann wohl wenigstens die Stelle des zweiten Bürgermeisters herausspringen, auf die übrigens auch der rühmlichst bekannte Herr Schrott spekulirt. Es lebe der Fortschritt, besonders wenn er mit so unglaublicher — Uneigennützigkeit gepaart ist!

Von Bayreuth hat der gewesene Abgeordnete Feustel als „Großmeister der Freimaurerloge zur Sonne" in Bayreuth ein Rundschreiben an die „Brüder Maurer" erlassen, durch das er den „ehrwürdigen Brüdern" empfiehlt, dem Concil alle Aufmerksamkeit zuzuwenden und sowohl in den Logen als einzeln, je nach der verschiedenen Lebensstellung gegen dasselben zu wirken. Schön! Sonst hat Hr. Feustel weiter keine Schmerzen? Die Freimaurer sind ja eine „ganz harmlose Gesellschaft zur Wohlthätigkeit", da sieht man's wieder!

Augsburg, 9. Januar. Der hiesige Arbeiterführer Tauscher hatte auf gestern eine große Volksversammlung im „Stiftsgarten" ausgeschrieben, die sehr zahlreich, großentheils von jungen Leuten, besucht war. Nach der Tagesordnung war zuerst von den Zerwürfnissen die Rede, die in jüngster Zeit im eigenen Hause des Arbeiter-Vereines vorkamen. Tauscher erklärt gleich Anfangs seiner Rede, trotz der Zersplitterung der Organisation seien die sozialdemokratischen Arbeiter einig, dem Kapital, der Bourgeoisie, den Uebergriffen der Regierungen entgegenzutreten. Hierauf setzte Redner auseinander, daß jetzt zu den drei bestehenden eine vierte Fraktion hinzugefügt werden müsse, die das reine Evangelium Lassalle's halten werde. Dr. Schweitzer habe wirklich das Blutgeld der Arbeiter zum Chaisenfahren, zu Diners in den ersten Hotels gebraucht; Mende habe sich unter den Rock der Gräfin Hatzfeldt versteckt; die Ehrlichen von Eisenach sind nur eine Sekte, und so soll denn am 23. und 24. Januar ein Kongreß der Reformatoren in Augsburg stattfinden, die nach Lassalle's Prinzipien einen neuen Verein für ganz Deutschland gründen werden, der keinen Intriguanten, keinen Strohmann eines Weibes an der Spitze hat, sondern einen Arbeiter, der weiß, wo man das Brod verdient. Das andere auf der Tagesordnung stehende Thema „die Verfolgungen der Arbeiterpartei durch die österreichische Regierung" gab wieder eine recht schöne Gelegenheit, dem gepreßten Herzen Luft zu machen. Die Interessen der Arbeiter, sagt Tauscher, sind solidarisch; wenn ein Glied leidet, leiden Alle. Nach der Schlacht bei Königsgrätz schien sich in Oesterreich eine freiere Richtung geltend zu machen. Dem Bürgerministerium jubelte ganz Deutschland zu. Bittere Täuschung. Freiheit dem Geldsacke, aber keine für den Proletarier. Die Bürgervereine dürfen ungeschmälert das Versammlungsrecht ausüben, nicht so die Arbeiter. 40,000 Wiener Arbeiter zogen vor das Ständehaus, um direktes Wahlrecht ꝛc. zu verlangen. Es wurde eine Deputation gewählt. Der Minister Graf Taaffe sanktionirte den Schritt der Arbeiter. Ein paar Tage darnach werden die Führer der Arbeiter Nachts aus dem Bette geholt, um als Landesverräther vor ein k. k. Landesgericht gestellt zu werden. Nun werden einzelne romanhafte Berichte von Arbeiterblättern über die Verhaftungen der Arbeiter verlesen. Tauscher fährt fort: Wen die Götter verderben wollen, den schlagen sie mit Blindheit. Die Arbeiterbewegung wird sich vollziehen entweder friedlich oder durch Revolution. Wir sehen jetzt unsere Brüder als Märtyrer im Gefängnisse sitzen; es kann auch noch das Schaffot kommen, allein gerade das Blut ist der Same, der Frucht für die kommenden Generationen bringt. A. Z.

Baden. Karlsruhe, 9. Jan. Die Zusammenkunft süddeutscher National-Liberaler war u. a. von den badischen Ministern, welche Abgeordnete sind, den Fürsten Hohenlohe-

Langenburg und Löwenstein, 20 Würtembergern, 7 Hessen besucht. Es wurde die Aufstellung eines provisorischen Neuner-Ausschusses beschlossen, um gegenseitige Fühlung zu erhalten und Nöthiges vorzukehren, namentlich auch bezüglich der Presse. Den Ausschuß bilden: Lamey, Bluntschli, Kiefer, Hölder, Römer, Müller, Metz, Bamberger, Dernburg. Vorort ist zunächst Karlsruhe. Bei dem am Nachmittag stattgehabten Festmahl herrschte eine sehr gehobene Stimmung und fand der badische Standpunkt begeisterte Anerkennung. (!) Die Bayern hatten ihre Abwesenheit mit der Eröffnung des Landtages entschuldigt.

Aus Hessen-Darmstadt wird dem „Vaterland" geschrieben: Unsere National-Liberalen, Jünger des großen Ehrenmannes Metz in Darmstadt, machten am 3. Januar recht lange Gesichter, denn mit dem Hinüberrutschen auf die linke Mainseite, nach Süddeutschland ist's vor der Hand — nichts! Aber auch alle wahren Freunde des deutschen Vaterlandes unter uns blicken mit großer Freude auf das herrliche, patriotische, bayrische Volk. Es war eine wirklich große, es war eine herrliche deutsche Mannesthat, die in Bayern geschehen ist, daß das Volk selbst sich aufgerafft hat und seinen Drängern und Peinigern, den „liberalen" sogenannten Gebildeten, den Geldprotzen und Juden eine „Volksvertretung", die eher eine Volkszertretung war, unmöglich gemacht hat. Wenn in andern Ländern, die auch unter den Errungenschaften des Jahres 1866 seufzen, eine solche Kammer wie die gegenwärtige bayrische vom Volke geschickt worden wäre, vielleicht hätte man oben einigen Trost und einige erleichternde Hoffnung gefunden. Aber in Bayern muß wahrscheinlich erst den Betreffenden laut in's Ohr geschrien werden: **Das Volk will euch nicht mehr!** .... Und nun gar dieser Frauen- und Jungfrauenbund „zur Pflege der Verwundeten"! Ist schön, recht schön, aber — uns regt er zu — eigenthümlichen Gefühlen und Gedanken an!....Wir denken, unter dem patriotischen Volke von Bayern gibt's eben so wie bei uns unter den wahren Patrioten noch Leute genug, die freilich nicht die Ersten auf den Bogen Papier, aber sicher die Ersten und die Besten auf dem Schlachtfelde unter den Kugeln, wie in den Spitälern unter der Wuth der Seuchen sind .... und ohne daß sie davon viel Wesens machen und in den Zeitungen gerühmt zu werden verlangen! .....

Preußen. Die nationale Weserzeitung hält das Verbleiben Hohenlohes nur unter zwei Bedingungen möglich: entweder das Land „auf Befehl des Königs" national, d. h. im preußischen Sinne, oder nach seiner eigenen Meinung wie bisher zu regieren; das ließe er aber besser bleiben, meint das Blatt, und wir meinen's mit ihm.

Ausland.

Frankreich. Der „Gaulois" schreibt: Erzherzog Albrecht ist gestern in Paris angekommen und wurde auf dem Bahnhofe vom Fürsten Metternich empfangen. Man versichert, der Erzherzog sei Ueberbringer eines kaiserlichen Handschreibens an den Kaiser Napoleon.

Italien. Florenz, 8. Jan. Das neue Jahr beginnt mit großen financiellen Verlegenheiten, mit Schwierigkeiten aller Art für das neue Ministerium. Von allen Seiten treffen Hiobsposten ein; die Mahlsteuer wird neue Ruhestörungen veranlassen, welche bei der Stimmung, die seit geraumer Zeit die Halbinsel beherrscht, leicht einen bedrohlichen Charakter annehmen könnte. Ueberallhin sendet man Truppenabtheilungen, um die Behörden bei ihrem Exequatur zu unterstützen. Die Müller der Lombardei stellten am Schlusse des verflossenen Jahres ihre Geschäfte ein, um der verhaßten Steuer zu entgehen; andere suchen ihre Mühlen in industrielle Etablissements umzuwandeln, die von Seiten des Staates nicht also besteuert werden können. Die Ereignisse werden ernst, die Verstimmung ist allgemein.

Ein Brief aus Ancona meldet der „France", daß der Gemeinderath dieser Stadt angewiesen worden ist, die Vorkehrungen für eine Begegnung zwischen dem Kaiser von Oesterreich und dem König Victor Emanuel zu treffen. Diese Begegnung würde am 28. Januar stattfinden.

Spanien. In Alicante, Valencia, Huescar und Alcoy sind bei den Wahlen für die Ayuntamientos Unruhen ausgebrochen. Die Republikaner rühren sich wieder gewaltig. — Die Krisis dauert fort. Die Cortes werden Montags ihre Sitzungen wieder aufnehmen. Die Anhänger Montpensiers beabsichtigen, dessen Sohn als Thronkandidaten aufzustellen.

Briefkasten.

H. W. Schon. Lukas: „die Presse &c. 2. Aufl." kostet einen Gulden. — W. Wir geben und nehmen keine Tauschexemplare und haben die Blätter abonnirt.

Dienstes-Nachrichten.

Erledigt: Die kath. Pfarrei Feldheim. k. B.-A. Mach, R.-E. 667 fl.; die k. Spitalpfarrei in Straubing, R.-E. 610 fl.; die kath. Pfarrei Weißenbrunn, B.-A. Heilsbronn. R.-E. 753 fl.

Marktpreise in München.

1 Pfd. Mastochsenfleisch 18 kr. — pf., Kuhfleisch 17 kr. — pf., Kalbfleisch 14 kr. — pf., Schaffleisch 12 kr., rohes Schweinfleisch 20 kr. 1 Pfd. Schweinfett 29 kr. eine rohe Zunge 1 fl. 12 kr., dito geräuch. 1 fl. 30 kr. ein Zentner rohes Unschlitt 23 fl. 30 kr. ein Pfd. gegoss. Lichter 24 kr., gez. feine Lichter 23 kr., ditto ordinäre 22 kr., Seife das Pfd. 16 kr.

Das Pfd. Karpfen 23—25 kr., Hechten 30—36 kr., Huchen 48— — fl. 54 kr., Rutten 42—46 kr., Forellen 1 fl. 12 kr. bis 1 fl. 24 kr. Kalfische 1 fl. 24 kr., Barben 18—20 kr., Alten 16—18 kr., Waller 42—46 kr., Brachsen 12—16 kr., Renken 24—30 kr., Birschlinge 18 —22 kr., Bachfische 7—9 kr., Krebse das Viertel 100 36—54 kr., Frösche, das Wiedel 9—15 kr. — 1 Zentner Heu 1 fl. 30 kr., 1 Ztr. Grummet 1 fl. 42 kr. Waizenstroh — fl. — kr. Roggenstroh 1 fl. — kr. Haberstroh — fl. — kr. Eine Klafter Buchenholz 15 fl. 48 kr. Birkenholz 13 fl. 36 kr. Föhrenholz 10 fl. — kr. Fichtenholz 9 fl. 46 kr. Das Pfd. Schmalz höchster Preis 36 kr. Das Pfd. frische Körbchenbutter, höchster Preis 34 kr. 5 Stück frische Eier 8 kr. Die Maß gute Milch 5 kr. 1 Pfd. Leinöl 18 kr. 1 Pfd. Repsöl 16 kr.

Börsennachrichten.

Frankfurt a. M., 10. Jan. Schlußcurse: 1882er Amerikaner 92, österr. Bankactien 715; dito Creditactien $258\frac{3}{8}$; Bayer. Ostb.-Actien $122\frac{1}{2}$; Oesterr. Loose v. 1860 $82\frac{1}{4}$; dito v. 1864 $113\frac{1}{2}$; 5proc. österr. engl. Metall. —; 5 proc. National —; 5 proc. bayer. Anl. 101, dito $4\frac{1}{2}$ proc. Anl. —; dito 4 proc. Pr.-Anl. $106\frac{1}{4}$; dito 4 proc. Grundrente $86\frac{1}{2}$; Elisabeth-Prior. 1. Em. 75; Napoleons 9. 27. Münchener Anleihe —; steuerfreie Met. v. 1860 —; österr. franz. Staatsbahn $300\frac{1}{4}$; bad. Präm.-Anl 105; Münchener Handelsbank —.

Verantwortlicher Redakteur: Dr. [illegible]. Sigl.

Druck von W. Vogt in München, Rosengasse 10.

Das Bayrische

Vaterland.

Das „Bayr. Vaterland“ erscheint täglich mit Ausnahme der Sonn- und hohen Festtage. Preis des Blattes: Vierteljährig 54 kr., ganzjährig 3 fl. 36 kr. Das einzelne Blatt 1 kr.

Alle Postexpeditionen und Postboten des In- und Auslandes nehmen Bestellungen an. Inserate werden die dreispaltige Petitzeile oder deren Raum zu 3 kr. berechnet.

Redaktion: Burggasse 14. Herausgegeben von Dr. jur. J. Sigl. Expedition: Kustirnbazar 5.

Ernestus. Nr. 9 Donnerstag, 13. Januar 1870.

Bestellungen auf das „Bayr. Vaterland“
wolle man bei der nächsten Postexpedition oder den Postboten unverweilt machen. Preis halbjährig 1 fl. 48 kr. vierteljährig 54 kr.

Prinz Hohenloh for ewer!

Hohenloh für immer und alle Zeit! Das scheint trotz alledem der oberste Grundsatz der gegenwärtigen königlich bayrischen Staatsweisheit zu sein.

Allem Anschein nach fängt im Schooße des Ministeriums das bekannte „sauve qui peut!“ (rette sich wer kann!) vor dem gänzlichen Schiffbruche auf die Tagesordnung gestellt zu sein. Hörmann und Gresser sind gegangen — worden, Schlör, der, wenn man ihn mit einer Ratte vergleichen dürfte, jedenfalls die schlaueste Ratte des ministeriellen Staatsschiffes ist, will sogar unter die Türken gehen, wo aber ein Ministerverantwortlichkeitsgesetz kraftlos ist.

Nur Prinz Hohenlohe hat sich in den Kopf gesetzt, unter allen Umständen zu bleiben, mag er sich nun auf die Patrioten oder auf die Bettelpreußen stützen müssen. Pure Vaterlandsliebe, natürlich! Wenn ihm mehrere seiner minder vornehmen Kollegen entlaufen, so hielte er sich Manns genug, zu seinen bisherigen beiden Ministerien, des Aeußern und des kgl. Hauses, die er so meisterhaft verwaltet, noch etliche andere zu verwalten, nur damit das „Ministerium Hohenlohe“ nicht gänzlich aus dem Leim geht.

Und warum nicht? Ein genialer Kopf, wie er ist, wär' ihm ja das ein Leichtes. Für seinen bisherige Thätigkeit wäre der Unterschied ein sehr geringer, da er in seiner bisherigen Stellung nie seine Stellung als Grandseigneur vergaß und immer hübsch Andere für sich die grobe Arbeit thun ließ. Seine eminente Begabung würde sogar für sämmtliches Ministerien ausreichen und Seine Durchlaucht erschiene dann als absoluter Beherrscher des Staates, alle Zweige des Staatswesens in sich vereinigend und jeden einzelnen durch einen oder zwei seiner Sekretäre verwalten lassend.

Das würde sich trefflich machen, einmal weil Alles hübsch von „einheitlichem Geist“ beherscht und regiert wäre, dann weil das Land so und so viele Ministergehalte ersparte, da der Fürst in angeborner Noblesse des Edelmannes Alles mehr aus Liebhaberei, denn für das Bischen Gehalt besorgt. und drittens, weil in allen Dingen das Verfahren außerordentlich gekürzt würde. Allerdings die Vertheidigung seiner Regierung könnte der Fürst vor der Kammer nicht wohl übernehmen, da das Herablesen von so und so viel Reden ihm allzuviel Mühe machen würde, dafür aber, zur Vertretung vor den Kammern, ließen sich wohl Rede- oder Schwätz-Adjutanten ausfindig machen. Die Sanktion der Krone für diese innere Ordnung der Dinge bleibt freilich zweifelhaft; allein — qui vivra verra! Prinz Hohenlohe ist ein zu geistvoller Redner, um der Krone die Vortheile dieser Vereinfachung der Verwaltung nicht plausibel machen zu können. Das preußische Muster Bismark läßt sich ja auch vertreten, wenn er Kopfweh oder seine „Nerven“ hat; warum sollte das einem gebornen Fürsten nicht erlaubt sein?

Bayern ließe sich auf diesem Wege prächtig reformiren und Alles würde zu beiderseitigem Vortheil ausschlagen. Geruhte Prinz Hohenlohe im Amte zu verbleiben, so würden sich sowohl seine politischen Kenntnisse als seine Erfahrungen jedenfalls für kommende Zeitungen beträchtlich erweitern und Krone und Land hätten später die Genugthuung, mit der Zeit die Früchte zu ernten, die seither nicht zur vollen Reife gelangen konnten. Der patriotische Partei, unter deren Aegide das geschähe, bliebe das Verdienst, die politischen Erfahrungen und zweifellosen Erfolge des Prinzen mit der Zeit auf die Höhe seiner staatsmännischen Einsicht gebracht zu haben und dann mit gleichem Vertrauen zu beiden hinaufblicken zu können. So würden selbst bei den Rigorosesten die Klagen über den angeblichen Mangel der staatsmännischen Befähigung durch deren großartige Erfolge verstummen müssen und die persönlichen Verdienste, die man von Sr. Durchlaucht seit 1866 vermuthet, hätten Gelegenheit sich auf breitester Grundlage ins Unendliche zu entfalten.

Auch der Fortschritt könnte mit dieser Einrichtung sich begnügen, denn ihm bliebe ein Mann erhalten, auf den er immer die größten Stücke gehalten, während gleichzeitig die Patrioten stolz darauf sein könnten, diesen werthvollen Mann aus dem Feuerofen glühender Vaterlandsliebe à la Bismark heraus und zu sich herübergezogen zu haben.

Also: Prinz Hohenlohe für immer! Solchen Gründen des augenscheinlichsten Vortheils gegenüber müssen die kaltsinnigen und begriffsstützigen Bedenken obskurer Winkelbewohner verschwinden. Nur in Hohenloh ist Heil für Bayern zu erwarten! Hohenloh for ewer!

Jüdisches XII.

Drunten an der Donau ist ein Land, Rumänien geheißen, dessen Bewohner sich unsäglichen Glückes erfreuen würden, denn sie haben zwar keinen Hohenlohe zum Minister, dafür aber einen Hohenzoller zum Fürsten, die aber trotzdem sehr unzufrieden sind, denn es gibt nichts Vollkommenes unter der Sonne, hat schon König Salomo gesagt.

Was den Rumänen so viel Schmerzen macht und ihr onstiges Glück wesentlich beeinträchtigt, das sind die Juden.

Die Juden sind von Jahr zu Jahr für Europa von immer höherer Bedeutung, ja eine Lebensfrage für die christlichen Völker geworden. Begünstigt von ihrem ungeheuern Reichthum und dem — mit ihrem Gelde gemachten — sogenannten „Geist der Zeit“, haben sie seit 1849 ihr ganzes Bestreben dahin gerichtet, völlig gleiche

Rechte mit den europäischen Urvölkern zu erlangen. Die europäischen Völker mußten es sich von ihren „liberalen“ Kammern seit 1849 gefallen lassen, diese Eindringlinge, diese fremden unverdaulichen Elemente, eines nach dem andern als gleichberechtigt sich aufgedrungen zu sehen, um von ihnen nach und nach ausgezogen und zu Sklaven ihres Kapitals gemacht zu werden.

Kein Volk der Erde ist so habsüchtig, selbstsüchtig, stolz und dünkelhaft als das Judenvolk. Schon der Prophet Isaias, selbst ein Jude, sagt (Kap. 59) von den Juden: „Euere Hände sind mit Blut befleckt und eure Finger mit Untugend, eure Lippen reden Falsches und eure Zunge richtet Unrechtes. Es ist Niemand unter euch, der von Gerechtigkeit oder nach Treue rechtet . . . Sie wirken Spinneweb, das taugt nicht zu Kleider und ihr Gewirke taugt nicht zur Decke, denn in ihren Händen ist Frevel. Ihre Füße laufen zum Bösen, ihr Weg ist eitel Verderben und Schaden. Sie kennen den Weg des Friedens nicht und ist kein Recht in ihren Gängen; sie sind verkehrt auf ihren Straßen, wer darauf geht, der hat niemals Frieden“. Das trifft auch heute noch zu.

Man sollte glauben, auf dieses kompetente Urtheil des jüdischen Propheten über die Juden wäre man mit der Verleihung der Gleichberechtigung an sie und ihrer Emanzipation weniger voreilig gewesen; allein der Liberalismus sieht nicht auf das, was zum Wohl der Völker ist, sondern was in seine Schablone paßt, und so emanzipirte man da und dort die Juden und verlieh ihnen damit das Recht und die Macht, sich über alles Volk zu erheben, das Volk auszubeuten, das Volk sich zum Sklaven zu machen. Beseelt von hoffährtigstem Wahne bilden sich die Juden bereits ein, sogar noch die Herrschaft über die Welt an sich zu reißen, und man muß gestehen, sie sind auf dem besten Wege dazu, die Völker, die sie mitleidig als ihre Gäste aufgenommen, sich zu unterwerfen und zur Grundlage ihrer Weltherrschaft zu machen.

Insbesondere suchen sie sich dazu die Mittel zu verschaffen durch ihren unglaublichen Wucher. Diese Anlage der Juden zum Wucher tritt überall, am meisten aber in Oesterreich hervor, wo die arme arbeitende Klasse z. B. der Wiener Bevölkerung kaum so viel erwerben kann, um sich Brod zu verschaffen, während überall Ueberfluß ist und die Millionen, um welche die Juden das arme Volk ausgebeutet und betrogen haben, kaum zu zählen sind. Doch davon ein andermal.

Die Ertheilung gleicher staatsbürgerlicher Rechte mit den Christen an die Fremdlinge, die Juden, ist nach unserer Ansicht eine schreiende Ungerechtigkeit gegen die christlichen Einwohner. Diese und ihre Vorfahren haben mühevoll die Staaten gegründet, haben sie mit ihrem Vermögen, ihrem Blute und Leben gegen innere und äußere Feinde vertheidigt, — und nun sollte eine Race sittlich und geistig verderbter Fremdlinge, die wohl den Staat zu benützen, aber nie ihm zu nützen Lust tragen, den christlichen Ureinwohnern gleichgestellt werden! Die

Zwölf jüdische Familien vermehrten sich im Alterthume in dem kurzen Zeitraum von 430 Jahren auf 600,000 Mann zu Fuß, ohne die Weiber und Kinder und eine Menge gemeinen Volkes. Zu welch ungeheurer Höhe in 50 Jahren die Zahl der Juden in Europa gestiegen sein muß, haben wir schon in früheren Artikeln gezeigt.

In hervorragendem Grade hat Rumänien unter der Judenseuche zu leiden; dies geht aus der Kammersitzung am 30. December hervor. Der Abg. Cobrescu führte aus, daß die Judenseuche die Existenz des Landes bedrohe. Es handle sich um einn förmliche Invasiohn (Einfall ins Land) eines Volkes, das jetzt Rumänien zu seiner Heimat erkoren zu haben scheine. Es handle sich offenbar — und die Organe des Judenthums sprechen es offen genug aus — um die Gründung eines israelitischen Staates. Während auf 240 Franzosen, auf 728 Engländer, auf 33 Oesterreicher ein Nube treffe, seien in Rumänien seit 1849 die Juden dermassen angeschwärmt, daß auf 5 Rumänen schon ein Jude trifft, (der von der Arbeit und dem Schweiß der 5 Christen leben will!). Angesichts solcher Verhältnisse müsse jeder Rumäne um seine Nationalität und den von seinen Vätern ererbten Boden besorgt sein.

Nach längeren Auseinandersetzungen über die Gemeingefährlichkeit der Juden gelangte er zu dem Antrage, den Juden keine Pachtungen und keine Schenken auf dem Flachlande zu gestatten, sowie nicht zuzugeben, daß die Juden sich Immobilien erwerben. *) Den massenhaften Einfall der Juden könne man zum Theil dadurch abhalten, daß man den Juden unter keiner Bedingung Gleichberechtigung mit den Rumänen zugesteht.

Der Minister erwiederte darauf, daß das Haupt-Organ des Judenthums, die Alliance Israelite in Paris eine Macht sei, die durch das viele ihr zu Gebote stehende Geld den Einfluß und die Bedeutung einer europäischen Großmacht habe. Die Regierung könne nichts thun, aber der Kammer stehe das Recht zu, da einzugreifen, um sich die Juden vom Halse zu halten und zu schaffen, die wie ein „wandernder Ameisenhaufen“ ins Land einzubringen suchen. — Den unchristlichsten aber praktischsten Vorschlag machte ein Abgeordneter, der alle Juden in der Donau ertränkt wissen wollte.

Den Rumäniern geht's also mit der Judenseuche nicht besser als uns Deutschen, die wir aber wegen unserer Bildung und unsers großen Christenthums die Juden weder in die Donau, noch in die Isar werfen, wo sie am tiefsten sind, noch verbrennen, wie die grausamen Münchener von 1285, sondern durch Liebe, Geduld und Gefälligkeiten aller Art uns zu Freunden zu machen suchen.

Deutschland.

München, den 13. Januar.

so wirksam gewesen wären, als sie ohne Zweifel gewollt haben. Manchmal aber, scheint uns, ist das Wirken ziemlich weit hinter dem Wollen zurückgeblieben. Der Rückblick auf die bisherige Thätigkeit des Reichsrathes, meinte Hr. v. Thüngen, sei ein „befriedigender“. Für uns nicht ganz, denn uns fällt immer das Thüngensche Referat über die Zollvereins-Erneuerung, die daran gehängte Debatte und die darauffolgende Abstimmung ein, und wir können leider nicht sagen, daß wir davon „befriedigt“ gewesen seien. Wären die Reichsräthe damals so fest geblieben, als sie wollten, dann stünde es jetzt wahrscheinlich besser mit uns. Der hohe Herr meinte, „nur weise Mäßigung, nur Demuth im Siege könne die gegenwärtigen Uebelstände im Lande heben und den Frieden zurückführen und das müsse das einzige Programm des hohen Hauses werden, sein Standpunkt müsse der der Versöhnlichkeit sein. — Versöhnlich? Gegen wen? Gegen diese Fortschreiter? Ah, das meinen wir wieder gar nicht, da uns nur zu gut bekannt ist, wie weit wir bisher mit dieser Waschlappenpolitik der Versöhnlichkeit, des Vermittelns, des Nachgebens, der Um- und Rücksichten gekommen sind. Mit solchen Gegnern, wie sie uns gegenüber stehen, gibt es keine Versöhnung, denn sie wollen keine und wir sind mit der bisherigen waschlappigen „Politik der Versöhnlichkeit“ immer die Angeführten gewesen. Will sich Hr. v. Thüngen auf's Versöhnen verlegen, so ist das seine Sache und er mag sehen, wie weit er damit kommt. Wir thun nicht mehr mit. Im Uebrigen meinen wir, daß weder Herr von Thüngen, noch der Reichsrath unsern Abgeordneten, den Vertretern des bayerischen Volkes, Verhaltsbefehle oder auch nur großväterliche Rathschläge, wie etwa die der „weisen Mäßigung“ und der „Demuth im Siege“ zu geben in der Lage sein kann, da die Unseren schon selbst wissen, was sie zu thun und zu lassen haben. Den Reichsrath kann Hr. v. Thüngen nicht gemeint haben, da er „Demuth im Siege“ anempfahl, denn, so viel wir wissen, ist die erste Kammer an unserm Siege, an dem Siege des Volkes, völlig unschuldig. Das glaubten wir Hrn. v. Thüngen und den Reichsräthen gegenüber sagen zu sollen; wenn wir auch von unsern Lesern noch nicht oder jedenfalls nicht recht verstanden werden können: hier in München gibt es Leute, die heute schon verstehen, was wir zu sagen hatten.

(Landtag.) Die Kammer hat gestern in geheimer Sitzung auch die Günzburger Wahlen beanstandet. Die Sitzung war so geheim, daß Knorrblättl die ausführlichsten Berichte bringen kann. Heute um 10 Uhr wird die Kammer zur Wahl ihres Direktoriums schreiten.

☞ Die hiesigen Fortschreiter und Bettelpreußen wollen, weil die bekannten Münchener Sieben von der Kammer beanstandet worden und bei den nächsten Debatten nicht mitthun dürfen, es mit dem Terrorismus versuchen und nächsten Freitag eine fortschrittliche Volksversammlung, eine fortschrittliche Lüge war. Die Präsidentenstelle ist noch gar nicht erledigt.

— Die Pfälzer Blätter verwehren sich energisch, daß der Diöcese Speier ein Mann wie der Canonikus Enzler als Bischof aufoktroirt werde. Da aber dieser mit dem Hofsekretär Hölzl und dem Kabinetssecretär Eisenhart eine allmächtige Hof-Dreifaltigkeit bildet und Enzler sich überdies der Protektion einer hohen Dame erfreut, der er bereits sein Canonicat zu verdanken hat, und da Hr. Enzler ein rechter Bischof nach dem Herzen gewisser pferde- und redekundiger liberaler Hofleute wäre, so wissen wir die Besorgnisse der Pfälzer Katholiken vollkommen zu würdigen. Wir hoffen indeß, daß Hrn. Enzler mit der Zeit die Lust Bischof zu werden noch vergehen wird, nachdem sich so schöne Aussichten auf den — Stiftsprobst von St. Cajetan für ihn eröffnen, was man ohne Rom und Papst werden kann.

Würtemberg. „Kaum haben die schwäbischen Preußenfreunde in Waldsee decretirt, daß die deutsche Partei in Schwaben die vorübergehenden Lasten des Militarismus nicht scheue und mit dem Kriegsdienstgesetz ganz einverstanden sei, auch die Regierung unzweideutige Stellung gegen undeutsche Bestrebungen nehmen müsse, so tagt die Volkspartei in Stuttgart und erklärt, daß das Kriegsdienstgesetz gar nichts tauge, und ein Adressensturm dagegen organisirt werden müsse. Sofort fanden auch Berathungen zwischen den Abgeordneten der Volkspartei und des großdeutschen Clubs statt, da beide Fraktionen in dieser Richtung einig gehen. Dieselben stehen also in diesem Cardinalpunkte der „deutschen“, sprich preußischen Partei gegenüber, und sind wohl ihre Bestrebungen jene „undeutschen Bestrebungen, gegen welche die Regierung unzweideutige Stellung einzunehmen aufgefordert wird. Da sieht man wieder, wie wohlfeil Schlagwörter sind! Herr Hölder, der Führer der „Deutschen“, erklärt sich für „deutsch;“ was ihm zuwiderläuft, ist daher undeutsch; kann etwas klarer, logischer sein? Er erklärt sich für Stechschritt und Sandsack in die Tornister der armen Soldaten; wer daher dagegen ist, ist „undeutsch“, „liebelt mit dem Auslande“ u. s. w. Er will den Eintritt in den Norddeutschen Bund, also ist das „deutsch“, wer's nicht will, dem gegenüber soll die Regierung unzweideutig „Stellung nehmen“. Das ist bettelpreußische Logik, welcher der Sandsack allerdings schon aus dem Grunde unentbehrlich ist, damit es ihr nicht an dem Material fehlt, welches sie den Leuten in die Augen zu streuen gewillt ist. — Man spricht davon, Freese wolle die Redaction der „Demokratischen Correspondenz“ niederlegen. Auch wir würden das bedauern; Freese ist in vielen Punkten unser entschiedener Gegner, aber ein Kämpfer gegen die Verpreußung Deutschlands ist er wie wenige, und das ist eben die große Frage, neben welcher alle anderen verschwinden sollten. Es heißt heute: Hie Welf, hie Waibling! Verzeihe es Gott Denen, die in der Hoffnung, Deutschland wie eine reife Artischocke verspeisen zu können, das blutige

am 8. niedergesetzte Neuner-Ausschuß seine Thätigkeit damit beginnen, die bayrischen Gesinnungsgenossen zum Beitritt einzuladen. Der Liebe Müh' wird da wahrscheinlich nicht vergebens sein.

Der Karlsruher Bettelpreußenversammlung in „gehobener Stimmung" wohnte außer etlichen badischen Ministern auch der berüchtigte Advokat Metz, ehebrecherischen Andenkens, bei. Die Anwesenheit „unsers" Metz soll über die edle Versammlung einen besonders „sittlich-ernsten" Glanz verbreitet haben. Der gewählte Ausschuß hat „insbesondere die Tagespresse in den Bereich seiner Aufmerksamkeit und Thätigkeit zu ziehen;" das Geld dazu geben die Preußen her.

Oesterreich. Aus Wien wird gemeldet, daß die von Paris gekommene Nachricht von Uebersendung eines kaiserl. Handschreibens an Napoleon durch den Erzherzog Albrecht „unbegründet" sei, daß aber der Bruder des Kaisers, Erzherzog Karl Ludwig, nach Berlin geschickt worden sei, um „eine vollständige Aussöhnung mit dem preußischen Hofe herbeizuführen." Weil die Revolution an die Thore beider pocht?

Aus Böhmen kommt die äußerst auffallende Meldung, daß die Festungen Königsgrätz, Josephstadt und Theresienstadt ausgiebig verproviantirt und verstärkt, daß die Urlauber der böhmischen Regimenter eingezogen und diese selbst durch deutsche und ungarische Regimenter ersetzt werden sollen. „Man will sich von den Ereignissen nicht überraschen lassen".

Preußen. Zu Berlin, von wo nicht alles, aber das meiste Gute kommt, hat sich ein Verein zur Gründung einer „Hochschule für die Wissenschaft des Judenthums" gebildet, die eine Anstalt „für ganz Deutschland" sein soll. Die „Hauptwissenschaft des Judenthums", alle Länder und Völker auszusäckeln, ist wahrscheinlich noch nicht genug in ein System gebracht und verbreitet. Item soll eine eigene „Zeitung für jüdische Interessen" gegründet werden, vermuthlich weil den Juden noch nicht genügt, daß fast alle Zeitungen, insbesondere die großen, den „Interessen des Judenthums" aufs Eifrigste dienen, sogar so scharfe Demokraten, wie der Nürnb. Anzeiger.

Ausland.

Frankreich. Das neue Ministerium hat folgendes Programm für seine auswärtige Politik aufgestellt: Erhaltung des europäischen Friedens, bestes Einvernehmen Frankreichs mit allen Mächten, besondere Pflege der guten Beziehungen zu England und Oesterreich, Aufrechthaltung der europäischen Verträge, Erhaltung des Status quo und Erfüllung der civilisatorischen Aufgabe im Orient. — Als Programm läßt sich das immerhin recht gut hören. Napoleon scheint aber, wenn das Programm erfüllt wird, auf die Rolle der Vorsehung Europa's verzichtet zu haben. Die „Vorsehung" darf auch nicht so alt werden.

Spanien. Neues Ministerium: neue Lumpen, immer Rebellen, aber noch immer kein neuer König. Der zum Fortschritt bekehrte Republikaner Rivero hat das Ministerium des Innern erhalten.

Aus Egypten wird gemeldet, daß der Vizekönig die verlangte Auslieferung der Panzerschiffe und Waffen angezeigt und die Verzögerung der Auslieferung mit der Verzögerung des Einlaufs der — Rechnungen entschuldigt habe, die also der Sultan wahrscheinlich zahlen soll. Mit der „Anzeige" der Auslieferung sind aber die Panzerschiffe noch lange nicht ausgeliefert.

Briefkanzen.

S. Tz. Das Kindlein ist todt und wir haben nicht Zeit, es wieder lebendig zu machen. Adressat, dessen Sorge dasselbe in den letzten vier Monaten unterstellt war, kann nichts dafür, P.-B. ist der muthwillige Mörder, den müssen Sie anklagen.

Nachtrag.

☞ Bei der heutigen Wahl des Direktoriums wurde Hr. Dr. Weis als I. Präsident, Hr. Graf Seinsheim-Grünbach als II. Präsident gewählt, als I. Sekretär Hr. Dr. Jörg.

Verantwortlicher Redakteur: Dr. J. Sigl.

Druck von M. Vogt in München, Rosengasse 10.

Das Bayrische

Vaterland.

Das „Bayr. Vaterland“ erscheint täglich mit Ausnahme der Sonn- und hohen Festtage. Preis des Blattes: Vierteljährig 54 kr., ganzjährig 3 fl. 36 kr. Das einzelne Blatt 1 kr.

Alle Postexpeditionen und Postboten des In- und Auslandes nehmen Bestellungen an. Inserate werden die dreispaltige Petitzeile oder deren Raum zu 3 kr. berechnet.

Redaktion: [illegible] 14. Herausgegeben von Dr. jur. J. Sigl. Expedition: Ruffinibazar 5.

[illegible] Nr. 10. Freitag, 14. Januar 1870

Liberales aus Augsburg!

Handelt von Hrn. Fischer und ist ein — Kulturbild.

Von der Donau. Das Muster eines Fortschritts-Bürgermeisters, der röthliche Herr Fischer von Augsburg, hat bei der Uebergabe der Landwehrfahne Worte gesprochen, die eines fortschrittlichen Bürgermeisters ganz würdig sind.

Glückliches Augsburg! Die Perle der Städte, die den Fortschritt kultiviren und an der Spitze ungewöhnlicher „Aufklärung“ und „Civilisation“ marschiren, — Du bist geborgen, dein Bürgermeister wird deine Fahne „treu halten“, wird dieses Zeichen der Treue gegen unsern obersten Kriegsherrn, dieses Symbol der Selbstständigkeit der Krone Bayerns „hochhalten“ und schützen gegen den Feind, welcher annexandrisch die geübte Hand nach Krone und Land ausstrecken wollte. Merkt Euch das, ihr Herren Preußen da drüben über'm Main: Hr. Fischer ist da!

Aber Hr. Fischer, hatten Sie blos wieder ein Bedürfniß, von Euer Herrlichkeit reden zu machen, oder glauben Sie wirklich an die Existenz solch „roher fanatischer Schaaren“, von denen Sie redeten und gegen die die Sie mit der neuen Bürgerwehr dermaleinst die „Civilisation“ vertheidigen wollen, wobei natürlich Sie Kommandant sein werden? Civilisation! Welch gediegenes Schlagwort im Munde eines fortschrittlichen Bürgermeisters! Wer bedroht denn Ihre Civilisation? — „Rohe fanatisirte Schaaren“ sagen Sie, Hr. Fischer. Ah! Rücken denn wirklich schon die Garibaldianer und die Christus und Gott leugnenden Jakobiner-Intelligenzen des 19. Jahrhunderts in gewaltigem „Fortschritt“ gegen die Civilisation vor? Und wenn — wo, auf welcher Seite werden diese würdigen Söhne des Jahrhunderts ihre Bundesgenossen suchen und finden? Diese Frage beantworten Sie uns, werther Hr. Fischer!

Oder meinen Sie vielleicht diese nicht, wenn Sie von „rohen fanatisirten Schaaren“ sprechen? Zählen die städtischen Intelligenzen, die edlen Liberalen, welche in Pfaffenhofen, in Ingolstadt rc. in dunkler Nacht ihre Mordwaffen gegen die Wohnungen Wehrloser richten, etwa nicht zu Ihren „rohen fanatisirten Schaaren?“ Ach nein, die sind ja Ihre „Vertreter der Civilisation“ und Sie, Hr. Fischer, verstehen unter dieser „rohen fanatisirten Schaar“ Ihre eigenen Mitbürger, die Sie, weil sie weder Ihnen, dem großen Fischer, noch dem größern Völk, die Stimme geben wollten, „Verräther und Feinde der Civilisation“ schelten; — es sind die Patrioten!

Sehen Sie, Hr. Fischer, damit haben Sie sich selbst etwas „fanatisirt“ gezeigt, damit haben Sie eine große Taktlosigkeit, eine Effronterie sich zu Schulden kommen lassen, denn Sie haben damit die Majorität des bayrischen Volkes, Sie haben damit die Majorität einer Körperschaft beleidigt, deren Mitglied Sie sind, und die das ist, was Sie „rohe, fanatisirte Schaar“ zu nennen sich erkühnen.

Ihre Rede, Hr. Fischer, ist nicht blos eine taktlose Beleidigung der Majorität des bayrischen Volkes und seiner Vertreter, sie ist auch der Ausdruck einer lächerlichen Arroganz und tiefgründigen Hasses gegen Alle, die nicht mit Ihnen in ein Horn stoßen, die patriotischer, vernünftiger und ehrlicher als Sie sind, die von Ihrem und Ihrer Genossen schwindelhaften sogenannten Fortschritt nichts wissen wollen. Von Ihresgleichen ist man das zwar gewohnt, aber in Ihrer Stellung als Bürgermeister sollten Sie sich solcher Dinge billig schämen, die wir nicht einmal bei den letzten Federhelden der Presse Ihrer Partei dulden würden.

„Es will scheinen, sagten Sie, Hr. Fischer, in dieser merkwürdigen Rede, — merkwürdig, weil sie bezeichnend für Ihre Partei ist, — „es will scheinen, den Städten sei wieder die Aufgabe gestellt, Freiheit und Bildung zu vertheidigen.“ Daß Sie, Hr. Fischer, unter diesen Städten nur die fortschrittlichen verstehen, das brauchen wir kaum zu sagen und Sie werden es auch nicht abläugnen. Aber gehen Sie uns doch mit Ihren fortschrittlichen Städtern! Was die unter Freiheit und Bildung verstehen, das konnte man bei den Wahlen sehen, greifen — und Mancher konnte es auch fühlen. Sind das auch Vorfechter der Freiheit und Vertreter Ihrer Bildung, die ihren ehrlichen politischen Gegnern Nachts in die Fenster schießen? die die Gewählten ihrer Gegner mit Katzenmusiken und Steinen traktiren? Oder ist etwa das beim Fortschritt ein unwiderlegbares Zeichen von Bildung und Sinn für Freiheit?

O ihr braven, „gebildeten“ und „freisinnigen“ Fortschreiter, und besonders Ihr, Ihr modern liberalen Stadtvögte! Ihr laßt Euch bepechfackeln, laßt Euch in glitzernden Transparenten „Kämpfer für Freiheit und Recht“ nennen und — legt Allen Eure liberalen Fesseln an! Fortschritt und -- Freiheit, das sind Dinge, die vertragen sich so wenig wie Feuer und Wasser, ihre Vereinigung ist eine gedruckte oder gesprochene — Lüge!

Wenn der Tag kommt, da es gegen die „rohen fanatisirten Schaaren“ losgehen soll, dann wollen Sie die blauweiße Fahne wieder hervorholen. Sagten Sie nicht so, Hr. Fischer? Ah, Hr. Fischer, dann werden Sie nicht unter der bayrischen Fahne kämpfen!

Noch ein Wort, Hr. Fischer! Besonders, sagten Sie zu den Landwehrmännern, werden wir die Fahne wieder hervorholen, um siegreich gegen die „rohen fanatisirten Schaaren“ zu kämpfen, „wenn der, dem zu Ehren Sie oft den Fahnen gefolgt sind, da steht, wo Recht und Wahrheit ist". Auf welcher nach Ihrem Vorgeben Recht und Wahrheit steht, das wissen wir. Was werden Sie aber dann thun, wenn etwa der, dem zu Ehren die Bürger Augsburgs so oft den Fahnen gefolgt sind, da steht, wo wo — natürlich nach Ihrer Auffassung, Hr. Fischer! — Recht und Wahrheit nicht ist? Die Antwort darauf würde Ihnen nicht schwer sein, allein die wäre gefährlich für Sie. Wir verlangen darum keine Antwort von Ihnen, allein seien Sie nicht gar zu hitzig, das Blau der Fahnen abzuwaschen und dafür Schwarz aufzupinseln, denn schwarzweiß wäre nicht das Symbol bayrischer Treue!

Guten Morgen, Hr. Fischer!

Zweite Erklärung.

Das Ingolstädter Tagblatt Nr. 6 bringt nach 8 Tagen auf meine Erklärung im „Bayr. Vaterland" Nr. 230 folgende Erwiederung:

„Der in Nr. 230 des „Vaterlandes" von H. J. Reindl, Benefiziaten dahier, an mich ergangenen Aufforderung bin ich nicht gewillt, nachzukommen, bin aber gerne bereit, derselben geeigneten Orts Folge zu leisten. Mit Inseraten im obigem Blatte, welches in jüngster Zeit die liberale Partei dahier, worunter auch ich mich zähle, so sehr im Schmutze herumzog und auf alle mögliche Art und Weise zu beleidigen suchte, will ich durchaus nichts zu thun haben.

Fellermeyer,
Wund und Hebarzt.

Hierauf diene als Antwort: Da mich, Hr. Fellermeyer, die Stellung der „liberalen Partei, worunter Sie sich zählen", Nichts angeht, so habe ich mich nur auf jenen Theil Ihrer Erwiderung zu beziehen, welcher besagt, daß Sie meiner im „Vaterland" Nr. 230 gestellten „Aufforderung nicht gewillt sind nachzukommen", wohl aber sich bereit erklären derselben „geeigneten Orts Folge zu leisten."

Gegenüber diesem Theil Ihrer Erklärung bestehe ich auf meinem ersten Ansuchen:

„Hr. Fellermayer! Ihre Aeußerung 5 Tage vor dem Erscheinen des Inserates im „Nürnb. Anzeiger" berechtigt und verpflichtet mich, Sie um eine öffentliche Erklärung darüber anzugehen, ob Sie als mich behandelnder Arzt in meinem Benehmen gegen das mich pflegende weibliche Hauspersonal vielleicht irgend Etwas bemerkt haben, was gegen meine priesterliche Ehre verstoße."

Da Sie aber keine öffentliche Erklärung zu geben „gewillt" sind, so wollen Sie dieselbe „geeigneten Orts" abgeben, dort, wo Sie den „geeigneten Ort" erkennen: auch hiezu entbinde ich Sie des Amtsgeheimnisses.

Ingolstadt, 12. Januar 1870.

Joh. Nep. Reindl,
II. Emeriten-Benefiziat.

Erklärung.

Nr. 6 des Ingolstädter Tagblattes enthält ein annonymes Inserat, dessen Wortlaut anstandsgemäß nie nachgesprochen werden kann, und welches die im Nürnb. Anz. Nr. 358 erhobene Verleumdung festhält.

Unterfertigte haben darum bereits das Gesetz angerufen.

Ingolstadt, den 12. Jänner 1870.

Johann Nep. Reindl,
II. Emeriten-Benefiziat.
Joh. Bap. Knidl,
Krankenhausbenefiziat.
Anton Oberndorfer,
freiresignirter Pfarrer und
I. Emeriten Benefiziat.

Deutschland.

München, den 13. Januar.

(Landtag.) Bei der gestern vorgenommenen Präsidentenwahl wurde Hr. Dr. Weis zum I. Präsident, Hr. Graf Seinsheim-Grünbach zum II. Präsident gewählt, beide erhielten 78 Stimmen (141 Abstimmende). Zum I. Sekretär wurde Hr. Dr. Jörg mit 79, zum II. Sekr. Frhr. v. Ow mit 78 Stimmen gewählt. Die andern Präsidentschaftskandidaten brachten es — Marquard Barth auf 55, Edel gar auf 7 Stimmen.

— Der hiesige „Landbote", ein überaus edles Blatt, das fast so eifrig wie das Knorrblätl in scharfem Fortschritt und gutgemeinter Versimpelung des lieben Publikums arbeitet, aber auch noch um etliche Grade dümmer ist als dieses, bringt einen Leitartikel mit der einladendsten Ueberschrift: „Nieder mit den Pfaffen:" Mit dem Inhalt des Artikels geben wir uns nicht ab; wir haben das Blatt wegen sehr bedenklicher Symptome der Tollwuth in die Veterinärstraße geschickt, damit man dort das etwa Geeignete verfüge. Konfiscirt ist das Blatt natürlich nicht worden, denn Hr. v. Burchtorff, welcher liberal ist, hat an dem „Landboten", welcher auch liberal ist, nichts Verfängliches gefunden, was gleichfalls liberal ist. Im Uebrigen sollte es uns gar nicht wundern, wenn höheren Orts der Befehl „herabgeschlossen" worden wäre, das Blatt nicht zu konfisciren, damit die heilsame Lehre, die „Pfaffen" thunlichst todtzuschlagen, möglichste Verbreitung finde.

So ist man liberalig
Im liberalen Staat
Und meinet Wunder, wie man
Liberal gehandelt hat.
So kriegt man einen Michel
Ist mächtig öftimirt,
Und ist man erst bemichelt,
Wer weiß was noch passirt!

— Die Abendzeitung hat in ihrer ungewöhnlichen fortschrittlichen Weisheit die glorwürdige Entdeckung gemacht, daß die Kammer, weil sie nicht die Gesammtwahl in Bayern wegen der Wahlkreiseintheilung für ungiltig erklärt und einen darauf abzielenden Antrag einzelner Volksparteiler einfach zu den Akten gelegt hat, implicite die Gesetzlichkeit der letzten Wahlkreiseintheilung durch Hrn. Hörmann anerkannt habe. Das weniger, und Hr. Hörmann wird's wohl noch früh genug erfahren, daß dem durchaus nicht so ist. Die Kammer hat einfach die vollendete, wenn auch ungesetzliche Thatsache als ein Uebel, das sie nicht ändern konnte, hingenommen, ohne sich aber des Rechtes zu begeben, den Urheber derselben seiner Zeit zur Rechenschaft zu ziehen. So haben wir die „Thatsache" der uns 1866 von Preußen abgestohlenen Landeskinder und Millionen und der aufgezwungenen Verträge hingenommen, weil wir eben mußten, allein damit haben wir weder die Verträge anerkannt, noch uns des Rechtes begeben, uns unsere Brüder und Millionen wieder zu holen, wenn wir dazu die Macht und Gelegenheit haben, und so müssen wir den Prinzen Hohenlohe uns als Minister gefallen lassen, ohne daß wir darum nöthig haben, seine Unersetzlichkeit und Unvergleichlichkeit „anzuerkennen." Im Gegentheil!

— Schuß der Junge, die neuangezündete magistratische Fortschrittsfackel, hat bereits als Magistrats-Schauß nicht übel debutirt. Drunten am Gries sind viel arme und minder bemittelte Leute, die bisher die gnädige Erlaubnis hatten, am wüsten Isarufer, wo ohnehin nichts Geschicktes wächst, nicht einmal ein fortschrittlicher Distelkopf, Wäsche aufhängen zu dürfen, und dafür dem Magistrat einen jährlichen Tribut von 2 fl. 30 kr. zu entrichten hatten. Das that aber den Schaußen stark verdreußen, als er hörte, daß es noch Leute gebe, die von Juden und Fortschritt noch nicht ganz ausgezogen seien, und sofort beantragte er, daß die armen Wäscher der Gülden 22 jährlich für die Benützung etlicher Quadratruthen Isarwüste zum Wäscheaufhängen an den armen Magistratus zu entrichten haben sollen, was auch beschlossen ward. Allerdings haben die am Gries patriotisch gewählt, wodurch sie eigentlich verdienten, daß man ihnen den Platz ganz nähme und in die Isar würfe. Vielleicht wird das von irgend einem Juden des Magistrats oder Gemeindekollegiums noch nachträglich verlangt und hat's der Schauß blos vergessen.

— Die Neuest. Nachr. bringen jeden Tag ausführlichen Berichte über die geheimen Kammersitzungen. Wir können nicht recht begreifen, was geheime Sitzungen für einen Sinn haben sollen, wenn ein Mitglied der Fortschrittspartei regelmäßig darüber die längsten und dazu erlogensten Berichte bringt und ein anderes sie drucken läßt. Wenn das angeht, so sollte das auch den Patrioten erlaubt sein; ist das eine oder beides der Fall, so lasse man lieber die „geheime" Sitzung ganz weg. Es wäre gewiß im Interesse der Betheiligten, daß das Publikum auch andere Berichte über die Kammer hätte als die erlogenen und entstellten des Knorrblättl.

— Morgen Freitag Nachmittag wird vor dem Stadtgericht die Ehrenkränkungsklage des „Volksboten", Hrn. L. Zander, gegen den Verfasser des berühmten Neuburgerschen Nationalwerkes: „Barbara Ubryk" verhandelt. Die Verhandlung verspricht sehr interessant zu werden, da einige besonders großartige Münchener Geistererscheinungen dabei vorkommen sollen.

— Die gestern erwähnte Fortschrittsversammlung zur Einleitung eines geeigneten Terrorismus gegen die patriotischen Abgeordneten findet schon heute Abend in der Westendhalle statt. Drei der größten und bedeutendsten Männer Münchens, nämlich das Knorrblättl-Bechioni, der Blumenmacher Billing und der schöne Joseph, der viel Verstand und einen Affenkasten besitzt, laden dazu „im Auftrag des engeren Ausschusses des Wahlvereins der Fortschrittspartei ein." (Nach diesen drei Namen ist zu schließen, daß dieser „engere Ausschuß" eine höchst preiswürdige Gesellschaft sein muß.) Wir meinen aber der Liebe Müh' wird sehr umsonst sein und zwar ohne daß wir die Bauern zu rufen brauchen.

Von der Strogn wird dem „Vaterland" geschrieben: Obwohl die Witterung nicht ganz günstig war, war doch die auf Sonntag den 9. Jänner angesagte Versammlung der Mitglieder des bayr. patriotischen Bauernvereins Grünbach sehr besucht. Aus den Reden, die in Strogn gehalten wurden, führe ich nur zwei an, weil sie von einer Seite kamen, wo man gewöhnlich nur Dummheit zu hören hoffen darf, — das heißt nach dem, was die Liberalen uns täglich vorleiern. — Zwei schlichte Männer aus dem Volke schilderten und zwar der Erste die Treue der preußischen Politik, der Zweite die Lügen des Fortschrittes, in so überraschender Weise, daß der Schreiber dieser Zeilen die Ueberzeugung gewann, daß das Volk eine denkfaule Masse nicht sei. Wohlan, Männer! die ihr ein Herz habt für's Volk, bildet es durch gute Vorträge über Religion, Politik und Landwirthschaft, die schönsten Früchte werden der Lohn Eures Eifers sein. Bald wird das Volk Wahrheit und Schwindel auseinander scheiden und wie hier, so werden politische Schwindler, welche das Volk so oft hintergangen haben, auch anderswo sprechen müssen:

„Bin ich vergessen,
Der ich gesessen
Im Rath der — Weisen!"

Das „Straubinger „Tagblatt bemerkt zu der Geschichte mit dem gestohlenen Brief, mit dem sich Adv. Schauß so sehr — hervorgethan hat, sehr richtig Folgendes: „Dieser Vorfall liefert wieder den traurigen Beweis, wie weit es der „Fortschritt" in unserm Lande gebracht hat: denn bevor dieses edle Gewächs in Bayern erblühte, hätte sich der gemeinste Mann geschämt, ein Briefgeheimniß zur Denunciation zu gebrauchen; denn Denuncianten waren von jeher ein Gegenstand der Verachtung. Wenn nun aber freilich in der neuen Aera Rechtsgelehrte sich nicht schämen, vor den Gerichtsbänken aus gestohlenen Briefen Beweise zu führen, so darf man sich nicht wundern, wenn das Volk über die Rechtspflege in Bayern bedenklicher wird." — In ähnlichem Sinne der Entrüstung und Verachtung haben sich — und das wollen wir konstatiren — alle Blätter von Ehre über diese neueste schmachvolle Heldenthat ausgesprochen.

Aus Oberhessen wird dem „Vaterland" geschrieben: So eben sind die nordbündischen Steuerzettel vertheilt worden. O quæ mutatio rerum! mag man ausrufen, wenn man die Steuerzettel vor 1866 mit der jetzigen Klassensteuer vergleicht. Welch ein erhebendes Gefühl, jetzt klassifizirt zu werden zum Besten einer Million überflüssiger Zündnadeln! Ehedem schimpften die Liberalen über den Zehent; er mußte abgelöst werden. Gut. Nun aber zahlt der einigermassen vermögende Landmann seine Tilgungsrenten für den „abgelösten" Zehent; dann zahlt er seine Grundsteuer; ist er nebenbei noch Wirth ꝛc., dann zahlt er Trank- und Gewerbsteuer, und dann besteuert man auch nochmals sein Einkommen durch die Klassensteuer. Zehnten also über Zehnten, nur daß sie an den unersättlichen Staat bezahlt werden müssen. Ach hätten wir noch den alten Zehent und hätten wir die neuen Zehnten nicht, wie wohl wäre uns! Nebenbei wird unsere hessische Armee-Division immer mehr decimirt, will sagen, das Offizierskorps wird immer mehr durch Pensionirungen gelichtet und mit gefügigeren Kräften ausgeziert. Schon haben Stimmen in unserer Kammer einen Nothschrei über die fortgesetzten Pensionirungen höherer und niederer Offiziere erhoben: das Kriegsministerium, eigentlich ein Oberst, der die ihm von Berlin zugeschickten Befehle zu vollziehen hat, gab auf diesen Nothschrei zur Antwort: man könne noch nicht sagen, ob man mit der schönen Pensionssumme auskomme; komme aber der norddeutsche Militärkommissär nicht aus, so werde er die erhöhten Forderungen — vertreten! Das heißt: Wenn du, Kammer, das Geld für etwa noch folgende Pensionen nicht verwilligst, dann werde ich dir den Befehl von Berlin vorzeigen und dich fragen: willst du oder willst du nicht? Euphemistisch heißt man dies Winken mit dem Zaunpfahl „vertreten." Dabei schwärmen Nationalliberale, Advokaten, Juden und Rongeaner noch immer für diese theure (nord-) „deutsche Einheit" — und der arme Mann muß sie zahlen!

Ausland.

Frankreich. In Paris hat der Prinz Peter Bonaparte den Journalisten Viktor Noir erschossen. Der bekannte Rochefort, der größte Flegel in ganz Frankreich, hatte den Prinzen durch einen seiner literarischen Handlanger in seinem Blatte „herunterreißen" lassen. Der Prinz beklagte sich darüber in einem Briefe an Rochefort. Nun kam Noir mit einem andern gleichgesinnten Kameraden in die Wohnung des Prinzen, um ihn Namens des Redakteurs zum Duell zu fordern (!!). Bei ihrem Eintritt in den Salon des Prinzen fragte sie dieser: ob sie die von Rochefort geschickten Handlanger seien? Ein heftiger Schlag Noir's in das Gesicht des Prinzen war die Antwort und sein Begleiter riß einen Revolver aus der Tasche!!! Diesem gewaltsamen Angriff gegenüber ergriff der Prinz eine Pistole aus seiner Waffensammlung und schoß sich, seines Lebens wehrend, den frechen Burschen nieder. So erzählt der Constitutionel den Vorfall. Der Prozeß ist eingeleitet, der Prinz hat sich freiwillig zur Verhaftung gestellt. — Die Frechheit dieser Pariser „liberalen“ Buben von der Presse übertrifft sogar noch die der Preßbanditen in Bayern; kommt aber einmal Einer an den Unrechten, dann entsteht großes Geschrei und Geheul in ganz Israel. Es gibt aber Leute, die sich nicht Alles gefallen lassen wollen und deshalb auf Alles vorbereitet sind.

Von Frankreich wird gemeldet, der neue Minister Ollivier wünsche die Erhaltung des Status quo in der römischen Frage. Die französischen Truppen sollen in Rom bleiben, so lange Italien auf Rom nicht Verzicht geleistet hat.

Aus Spanien wird berichtet, der Oberrebelle Prim gehe mit Staatsstreichsgelüsten um. Die Republikaner sollten in Masse verhaftet und Prim zum König ausgerufen werden.

Schönfärbiges.

Wenn das Verdienst auch von mancher Seite unbelohnt bleiben mag, sagt die „Südd. Post, so hat doch Se. zollerische Majestät das des hiesigen Anwalts und Abgeordneten v. Schauß anerkannt, indem sie diesen Mann mit einem preußischen Orden zierte. Hr. v. Schauß muß wirklich sehr viel und tüchtig für den Cäsarismus und für die preußischen Pläne gearbeitet haben, weil er einer Gnade für würdig gehalten wurde, welche der Borussenkönig selbst dermassen hochschätzt, daß er bekanntlich Thränen vergoß, als er einen russischen Orden erhielt. Wäre Hr. v. Schauß wahrhaft liberal, so hätte er einen Orden, noch dazu einen zoller'schen, nie nehmen dürfen.

Kulturbildliches.

In Berlin ist wieder eine gräßliche Unthat verübt worden. Sonntag Vormittag wurden im Mühlengraben die Leiche eines siebenjährigen Mädchens gefunden, welches sammt einem dreijährigen Schwesterchens die widernatürliche Mutter, eine Hausdienersfrau, getödtet hatte. Auch die kleinere Leiche ist in einem Graben gefunden worden.

Geldsorten, Frankfurt, 10. Januar.

	Angebr.	Zu haben.		Angebr.	Zu haben.
Pistolen . . .	9.48	—	Engl.-Sovereigns	11.53	11.57
Imperiales, russ.	9.48	9.50	Dollars i. Gold	2.27	2.28
Holl. 10 fl.-St.	9.54	9.56	Preußisch. Friedrichsd'or . .	9.57	9.58
Dukaten vollgw.	5.36.	5.38	Preuß. Kassensch.	1.45	1.45½
Napoleonsd'or .	9.27½	9.28½			

Verantwortlicher Redakteur: Dr. J. Sigl.

Druck von J. Vogl in München, Rosengasse 10.

Das Bayrische

Vaterland.

Das „Bayr. Vaterland“ erscheint täglich mit Ausnahme der Sonn- und hohen Festtage. Preis des Blattes: Vierteljährig 54 kr., ganzjährig 3 fl. 36 kr. Das einzelne Blatt 1 kr.

Alle Postexpeditionen und Postboten des In- und Auslandes nehmen Bestellungen an. Inserate werden die dreispaltige Petitzeile oder deren Raum zu 3 kr. berechnet.

Redaktion: Burggasse 14. | Herausgegeben von Dr. jur. J. Sigl. | Expedition: Ruffinibazar 5.

Maurus. | Nr. 11. | Samstag, 13. Januar 1870.

Den Lumpen zum Trutz!

R von der Donau. Hurrah, hussah! das ganze wilde Gejaid ist erwacht und die losen Gesellen vollführen ein Gebelfer, daß es eine Lust ist, dem Getreib und Gejohle zuzuhören. Sie pirschen den „R von der Donau“. Erhetzen sie ihn, dann mag ihm der Himmel gnädig sein. Hirschfänger und Knicker sind zu Dutzenden erhoben, auch Treiberprügel bekamen Arbeit.

Doch das thut nichts zur Sache. Wenn kleine Köter mich umbellen, so mag ich ihnen nicht wehren; wenn ein Rudel blöckender Haidschnucken mich „anfaucht und anbläst, und gegen mich hornig mit den Vorderfüßen trommelt“,[1]) so gönn' ich ihnen dieses Vergnügen, und wenn gar Schweine, die eben im Schlamme sich gewälzt, an mir grunzend vorüberrennen und ihren Schmutz auf mich schleudern, so zürne ich weder dem Schmutz noch den Schweinen.

Höret meinen festen Entschluß!

Nach wie vor werde ich über den Rücken der journalistischen Brandstifter meine Geisel schwingen: ihre Gemeinheiten zu brandmarken, ihnen die Heuchlermaske vom Gesichte zu reißen und sie der Verachtung jedes sittlichen Menschen zu überliefern, werde ich eifrigst bestrebt sein. Ich theile nämlich die Ansicht des Dr. Sepp, daß es „öffentliche Organe gebe, die nicht blos dem Papiere nach von Lumpen herrühren.“[2])

Nach wie vor werde ich den antichristlichen Liberalismus und den religionslosen Fortschritt befehden; denn des großen Görres kurzes Wort: „ewiger Krieg allen Spitzbuben!“ habe ich zum meinigen gemacht,[3]) und Friedrich Schlossers Grundsatz: „nie ein Verzeihen der schlechten Sache, nie eine Zärtelei mit der Unsittlichkeit, Taktlosigkeit und Niederträchtigkeit“[4]) ist auch der meinige.

Nach wie vor kündige ich den „starken“ Geistern unserer Tage d. i. den Freimaurern, Religionsspöttern und Atheisten unversöhnlichen Krieg an. Wie Lessing ekelt auch mir davor, daß „ein jeder Lumpenhund ein Atheist sein will.“[5])

Nach wie vor werde ich den Katholicismus vertheidigen und für meine Kirche und deren Rechte mit all meinen Kräften eintreten. Mit Görres[*]) bin ich der Ueberzeugung, daß nur der „die Eintracht bricht, welcher mit List und Gewalt oder mit beiden zugleich gegen wohlbegründete Rechte und Freiheiten vorschreitet, keineswegs aber der Andere, welcher die Angegriffenen vertheidigt und die Ungebühr abwehrt.“

So wird man mich nach wie vor auf dem Kampfplatze finden und wo der Kampf am heißesten entbrannt ist, dort kann man mich treffen.

Und nun „drauf und dran, daß die Funken stieben!“ singt Jul. Otto in seinem „Kriegerchor.“ Wen nach einem journalistischen Gange gelüstet, den heiße ich willkommen. Meine Fuchtel ist aus guten Riemen geflochten, die so Gott will, noch gar manche Fortschrittshaut blutig hauen soll.

[1]) Görres, polit. Schrift. Bd. 6, S. 38.

[2]) Dr. Sepp, Denkschrift S. 36.

[3]) Görres, polit. Schrift. Bd. 1, S. 14.

[4]) Bei Beda Weber, Charakterbilder S. 59.

[5]) Lessing in seinem Lustspiel „Der Freigeist“ 2. Akt, 5. Scene.

[*]) Athanasius, Vorrede S. 12.

Deutschland.

München, den 14. Januar.

— Die Versammlung der hiesigen Bettelpreußen hat also gestern in der Westendhalle, dem für gediegene Fortschrittler nicht unbekannten Lokal, stattgefunden. Eröffnet wurde sie von Major domus des Knorrblättls und des daranhängenden Julius. Das Vechioni vertheidigte die edlen Seelen Thomaß, Knorr und Kastner, welche sich als die Allerwürdigsten von ganz München und den angrenzenden Grafschaften erkannten und darum sich selbst zu Abgeordneten wählten, weil sie sonst nicht hineingekommen wären in die Kammer. Sie haben nach der Meinung des Vechioni und etlicher anderer Fortschrittsgrößen „ganz recht“ gethan, während einigen Ultramontanen, um sie herabzusetzen und zu blamiren, fortschrittlicher Seits nachgelogen wurden, daß sie sich auch selbst gewählt hätten. Das Vechioni ging in seiner Raserei der Begeisterung, Liebe und Verehrung für seinen dicken kleinen Telemach Julius so weit, zu erklären, dieses noble fortschrittliche Kleeblatt verdiene sogar den Dank der Versammlung, und forderte auf, ihnen diesen Dank auszusprechen. Der Versammlung waren denn richtig bereits so sehr alle Begriffe von Ehre, Selbstachtung und Scham abhanden gekommen, daß sie auf den Schwindel des Vechioni einging. Pfui! In gleichem Sinne sprach Kastner und Kühlmann und zuletzt kam Hertz, der auch noch eine Rede hielt und zwar eine Schimpfrede auf die „schwarze Schaar“, wie er die patriotische Kammermajorität nannte, und seine fortschrittlichen Pappenheimer damit tröstete, daß ja die „Herrschaft der schwarzen Schaar“ doch nicht lange dauern könne. Kühlmann bedauerte noch, daß der letzte Schwindel mit der Adresse um Erhaltung des Ministeriums so völlig nutzlos gewesen und daß gar noch die „bessern zwei“ Minister entlassen wurden. Ja, das ist gewiß recht betrübt, denn es sind wirklich ein paar gute gewesen die zwei. Zum Schluß brachte das Vecchioni, wahrscheinlich auf Bitten seines Julius — der, das wollen wir notiren, die eiserne Stirne hatte, auch dieser Versammlung beizuwohnen und das unflätige Schimpfen des Hertz sehr wohlgefällig aufnahm, ein Hoch auf die sämmtlichen Fortschreiter der Kammer aus, in das die höchst ehrenwerthe Versammlnng, weil es ja verschiedene Geschmäcker gibt, mit bereits sehr bierigen Stimmen nnd lebhaftem Gebrüll einstimmte. Man will sich vorläufig noch mit einer Adresse an die Kammer begnügen, von der wir hoffen, daß sie einen passenden Ort für das Papier der edlen Biergesellschaft wird ausfindig zu machen wissen.

— Aus München wird an auswärtige Blätter telegraphirt: „Minister Schlör wird Direktor der türkischen Bahnen durch Vermittlung des Hrn. v. Hirsch mit 120000 Francs Gehalt.“ — Es ist doch gut, wenn man bei den Juden in Gnaden und Ansehen steht; man kann unter Umständen ein gutes Geschäft machen. Wir fürchten aber, es gibt Juden, welche sehr unglücklich sein würden, wenn Hr. Schlör unter die Türken geht, denn es ist nicht gewiß, ob wir wieder einen so guten Handelsminister bekommen werden, der so trefflich für die — Handelsinteressen zu sorgen versteht.

— Offiziös wird gemeldet, der Würzburger Hauptmann Reiser sei nicht wegen der Schenkaffaire, sondern wegen „körperlicher „Felddienstuntauglichkeit“ pensionirt worden. Man macht aber jetzt keine Felddienste?!

— Hr. Regierungspräsident von Oberbayern Frhr. v. Zu-Rhein ist gestern Abend 5 Uhr nach kurzer Krankheit an der Gesichtsrose gestorben. Wir beklagen den unerwarteten Tod dieses trefflichen Mannes als einen unersetzlichen Verlust für den Kreis Oberbayern wie für die Krone, die in dieser bösen Zeit wenig so treue, ehrliche und ergebene Freunde hat wie Hr. v. Zu-Rhein. Der Staatsrath Dr. v. Ringelmann ist gestern Abends gestorben.

— Der hiesige Gugelverein für „prunklose Beerdigung“ schickt uns eine sogenannte „Berichtigung“ zu und „beansprucht“, wir sollen dieselbe aufnehmen. Wir sind jedoch so frei, dieselbe nicht aufzunehmen, und zwar deshalb, weil darin keine Thatsache berichtigt wird, sondern höchstens unser Urtheil über besagte Begräbniß-Gugelmannschaft und dessen muthmaßliche Absichten und Erfolge. Leute vom Schlage der Gugelmänner und Narrenanbeter gründen keine Vereine, die nicht die Absicht hätten, der Kirche und Religion gelegentlich ein Bein zu stellen, oder Ohrfeigen zu verabreichen. Hätte der journalistische Beinlstierer und Ober-Gugelmann einen Gelehrten gefragt, so würde ihm derselbe wahrscheinlich auch den Standpunkt dahin klar gemacht haben, daß die uns zugeschickte Scriptur keine Berichtigung im Sinne des Gesetzes ist und also schon deshalb von uns zurückgewiesen werden muß. Ueberdies enthält die „Berichtigung“ außer Anderm die offenbare Unwahrheit, daß „zahlreiche vollkommen rechtgläubige, zum Theil der ultramontanen Partei angehörende Katholiken“ (!!) sich unter den „konstituirenden Mitgliedern“ des Vereins befinden. Das müßten schöne Katholiken sein, die sich mit dergleichen Dingen befassen wollten! Dem rc. Gugl steht es frei, uns wegen Nichteinverleibung seiner „Berichtigung“ im „Vaterland“ zu verklagen; das kgl. Stadtgericht weiß unsere Adresse.

In Augsburg soll am 23. und 24. ein „großer allgemeiner deutscher Kongreß social-demokratisch gesinnter Arbeiter“ stattfinden, zu welchem Delegirte aus allen Theilen Deutschlands „erwartet“ werden. Die Einberufer hoffen, wie der, bisher gut schweitzerische redigirte, jetzt aber, da er auf Befehl Schweitzers eingehen sollte, von ihm abgefallene „Proletarier“ verkundet, eine „Vereinigung aller „guten“ Lassalleaner und Socialdemokraten zu Stande zu bringen und eine „Wiedergeburt der Idee Lassalles“ herzustellen. An der Spitze stehen die großen Männer und Schriftsetzer Reff und Tauscher, die bisher mit dem Arbeiterpropheten Schweitzer durch Dick und Dünn gingen. Das „Programm“ der neuen Vereinigung spielt als zehnten Stich folgende Trumph-Aß aus: „Allmälige Expropriation (Beseitigung) des großen Grundeigenthums durch — Ablösung von Staatswegen (!!) und — — gleichmässige Vertheilung der Ländereien“, wobei aber die Volksparteiler prinzipiell ausgeschlossen sein sollen, dieweil sie nicht preußisch genug sind. Sehr hübsch ausgedacht! Wir hoffen, daß, wenn es dann zum „Vertheilen“ kommt, für die braven Männer Reff und Tauscher ja ein recht großes Stück „Grundeigenthum“ abfallen werde, welches sie dann schleunigst an die Juden verklopfen können. Was in den Köpfen dieser Herren doch für großartige „Ideen“ spucken, so großartig, daß wir „Zurückgebliebene“ sie gar nicht zu fassen vermögen!

In Würzburg ist der dortige Landwehr-Kreiskommandant, Generalmajor v. Klinger, der mehr als 50 Jahre in der Landwehr diente und für seine Verdienste um dieselbe zwei bayrische Orden und den Adel erhielt und überdies den größten Theil seines Vermögens der Landwehr zum Opfer brachte, durch die erfolgte Auflösung der Landwehr völlig existenzlos geworden. Der Stadtmagistrat will nun den Greis als — Pfründner im Armenhause unterbringen, damit er nicht verhungern muß!! So lohnt das Vaterland halbhundertjährige Treue, Arbeit und Aufopferung, — mit dem Armenhause.

Baden. Der Redakteur des „Badischen Beobachters“, Hr. Berberich, hat in drei Prozessen von der Strafkammer in Karlsruhe in Summa 25 Wochen Festung Rastatt zugetheilt erhalten. Alles dieß wegen „Aufreizung zu Haß und Verachtung gegen die Regierung“, wegen „Gefährdung der öffentlichen Ruhe und Ordnung und Ehrenkränkung des Hrn. Staatsministers“ und wegen „Gefährdung der öffentlichen Ruhe und Ordnung und Aufreizung zu Haß und Verachtung, insbesondere des Bezirksamts Heidelberg.“

In Preußen müssen alle protestantischen Geistlichen dem Könige, wollen sie ihre Stelle behalten, folgenden merkwürdigen Schwur leisten: „Ich verspreche und schwöre vor Gott und auf sein Evangelium, daß ich immerdar treu und gehorsam sein werde meinem gnädigsten Könige, Sr. Maj. dem König von Preußen, meinem mächtigen Landesherrn und meinem höchsten Bischof. (!) Alle meine Handlungen werden dem Interesse, welches ich für S. Maj. hege, untergeordnet sein. Ich werde die kgl. Maj. mit meinem Blute und mit meinem Leben vertheidigen durch meine Worte und durch meine Handlungen. Durch mein unterwürfiges Benehmen werde ich das gute Beispiel predigen. Ich werde denunciren zu rechter Zeit, Alles was ich nur diesen Gefühlen Entgegenstrebendes vernehmen könnte . . . . . Wenn ich irgendwie fehlen sollte, ungeachtet meiner besten Absichten, und wenn meine Vorgesetzten mich davon benachrichtigen, so werde ich mich bessern, mit Gottes Gnade. Ich werde mich durchaus nach diesen heiligen Versprechungen richten, mit der Unterwürfigkeit, welche einem aufrichtigen und ehrlichen Diener der Kirche ziemt, so wahr als Gott meinen Leib und meine Seele schützt. Amen.“ — Ein Eid, ganz des „Staates der Intelligenz“ und des „christlichen Vorbildes“ würdig! Was würden aber unsere Bettelpreußen donnern, wenn irgend eine ultramontane Regierung den Geistlichen einen solchen Eid abforderte?

Berlin, 11. Jan. Graf Bismark hat bekanntlich auch seine Stellung als preußischer Ministerpräsident wieder angetreten. Nach der „Nat. Ztg.“ wird er die Geschäfte jedoch aufgeben, welche bisher, wie z. B. die oberste Leitung der Staatsarchive, mit jener Stellung verbunden waren, aber eben so gut von jedem Minister besorgt werden können. Die „Magd. Ztg.“ bemerkt klagend, weder Preußen noch der Bund habe einen konstitutionellen Gewinn von den eingetretenen Veränderungen, eine Bemerkung, die wir zu bestreiten keinen Grund haben.

In **Berlin** hält gegenwärtig in den Versammlungen der „freien Gemeinde“ deren „Sprecher“, Hr. **Schäfer**, einen „Cyklus von Vorträgen aus dem Gebiete der philosophischen Ethik vom Standpunkt der neuesten wissenschaftlichen Forschungen“, wozu „Freunde tieferen Denkens“ durch ein Berliner **Judenjournal** eifrig eingeladen werden. Schwindel! Ein Theil unserer Leser kennt diesen sauberen Hrn. Schäfer bereits aus der „freireligiösen Predigt; er ist ein äußerst „gebildeter“ Schneider und seine Weisheit ist Schneiderweisheit, die unverdaulich ist für vernünftige Leute.

Die **Berliner** Arbeiter scheinen die gleichen Gelüste und Pläne zu haben wie die Augsburger. In einer letzten Arbeiterversammlung, welcher Hr. v. Schweitzer selbst präsidirte, faßte man eine Reihe von Resolutionen in denen man sich für Abschaffung der stehenden Heere aussprach, das neue Gewerbegesetz mit Freuden begrüßte, weil es die Kapitalmacht noch **vergrößere**, die Noth des Arbeiters dagegen **erhöhe**, aber eben deswegen „die **ersehnte Katastrophe schneller herbeiführe**;“ das Grundeigenthum, dekretirte man, müsse **gemeinsames** Eigenthum werden u. s. f. Schweitzer schloß die Versammlung, indem er die Hoffnung aussprach, daß „bald die Arbeiter**bataillone vereint** sein würden unter der **einen** Fahne, der rothen, und daß die Zeit kommen werde, da die rothe Fahne von der Zinne der Tuillerien und der Hauptstadt Europas herabwehen werde.“ — Kühne Hoffnungen, die Angesichts der 6 Millionen europäischer Hinterlader fast wie **Wahnsinn** erscheinen!

In **Preußen** ist **wiederholt** falsches preußisches **Papiergeld** zu 5 und 10 Thaler zum Vorschein gekommen und muß irgendwo eine Papiergeldfabrik im Betrieb sein. Wonach man sich mit den preußischen **Papierfetzen** richten möge!

Hamburg, 11. Januar. Der „H. C.“ berichtet von einem Säbelexceß, wie folgt: In der Nacht von Sonntag auf Montag gegen 4 Uhr übten zwei Soldaten vom schlesischen Grenadierregiment Nr. 11 in einer Wirthschaft in der Bergstraße arge Excesse aus, als der Wirth von ihnen Zahlung für die gemachte Zeche verlangte. Auf das Geschrei des mißhandelten Wirthes, den sie zu erstechen drohten, eilten Civilpersonen und Polizeiwächter herbei, und nur mit großer Mühe gelang es den Letzteren den Tumultanten die Waffen zu entreißen und sie selber zu überwältigen, so daß sie nach hartem Kampfe der Garnisonswache am Millernthore gebunden überliefert wurden. Laut später eingegangenen Anzeigen haben dieselben bereits um 2 Uhr zwei Personen im Breitengang mißhandelt und um 3½ Uhr in einer Wirthschaft im Schulgang ein Mädchen durch einen Säbelhieb am Kopfe erheblich verwundet, so daß dasselbe von dem Polizei-Wundarzt verbunden werden mußte.

Ausland.

Frankreich. Die französischen und deutschen Blätter beschäftigen sich, jedes in seiner Art, mit dem Schuß, durch welchen der „Journalist“ Noir*) getödtet worden ist. Nach dem Briefe des Prinzen Peter Bonaparte, welchen die Zeitungen veröffentlichen, ist derselbe mehr als ein Edelmann, er ist ein edler Mann, der nur durch die Frechheit gezwungen, welche einige literarische Gassenbuben wie Rochefort ꝛc. sich gegen seine **Familie**, gegen Frau und Kind, und endlich gegen ihn selbst sich erlaubt, nach der bei den Cavalieren üblichen Weise den Urheber Rochefort zur Rechenschaft zu ziehen sich entschloß. Der Prinz hatte bisher als ein stiller Privatmann gelebt, der sich nicht um Politik kümmerte; er ist bereits ein Fünfziger sein Vater war Prinz Lucian, der Bruder des ersten Napoleon.

— Das Blatt „Marseillaise“, Organ Rocheforts, bringt über die Tödtung des Noir folgenden Bericht, den wir abdrucken, einerseits um zu zeigen, was diese frechen Bursche und revolutionären Kumpane Rocheforts gegen die Dynastie für eine Sprache führen, anderseits damit man sehe, wie im „despotisch regierten“ Frankreich die Blätter schreiben dürfen. Das Blatt schreibt: „Mord, begangen durch den Prinzen Peter Napoleon Bonaparte an dem Bürger Victor Noir. Mordversuch, begangen durch den Prinzen Peter Napoleon Bonaparte an dem Bürger Ulrich v. Fonvielle. Ich hatte die Schwäche zu glauben, daß ein Bonaparte etwas anderes sein könne als ein Mörder! Ich hatte gewagt, mir einzubilden, daß ein loyales Duell in dieser Familie möglich wäre, wo der Mord und der Hinterhalt Tradition und Brauch sind. Mein Mitarbeiter Paschal Grousset hat meinen Irrthum getheilt und heute beweinen wir unsern armen und lieben Freund Victor Noir, den der Bandit Napoleon Bonaparte ermordet hat. Seit 18 Jahren befindet sich Frankreich in den blutbefleckten Händen dieser Gurgelabschneider, welche, nicht damit zufrieden die Republikaner in den Straßen niederzukartätschen, sie in schmutzige Fallen locken, um sie zu erwürgen. Französisches Volk, findest du nicht daß es jetzt genug ist. Henri Rochefort.“ — „Das Gesicht des zur Schau ausgestellten Leichnams, berichten die liberalen Blätter wohlgefällig, zeigt noch einen herausfordernden Ausdruck“. Der Getödtete war ein Jude, und heißt Viktor Salomon; das erklärt seine brutale Frechheit, die er mit seinem Leben büßen mußte. Was uns betrifft, so glauben wir, daß der Prinz als Christ Unrecht that, wenn er den Burschen **niederschoß**, aber kein Prinz, kein Cavalier, ja wir glauben Niemand hätte auf einen Faustschlag ins Gesicht von einem **frechen** Judenbuben anders gehandelt, als daß er zur nächstbesten Waffe gegriffen hätte. Vollständig in seinem Rechte aber wäre er gewesen, wenn er den **Buben** erst durch seine Bedienten hätte durchpeitschen und dann zum Fenster oder zur Thüre hinaus hätte werfen lassen. So mindestens hätte gewiß Jeder gehandelt. Der unglückliche Vorfall zeigt übrigens wieder, was unter Umständen ein frecher Jude zu wagen im Stande ist, sogar gegen die Höchstgestellten der Gesellschaft. Waren denn 1848 nicht auch **Juden** die grausamen Mörder des unglücklichen Kriegsministers Grafen Latour in Wien und haben sie nicht damals selbst „Höheren“ nämlich der kaiserlichen Familie, **öffentlich** mit dem gleichen Schicksale gedroht?! Der Jude, der erst 23 Jahre alt war, ist todt, aber er hat seinen Tod selbst verschuldet.

Paris, 11. Januar. Der „Gaulois“ meldet, Graf Darû, Minister des Aeußern, erklärte gelegentlich einer Unterredung mit dem Kaiser, die vorausgegangene deutsche Politik Frankreichs **nicht acceptiren zu können**, Frankreich müsse, sobald es sich um den Prager Friedensvertrag handelt, dessen moralische und materielle Ausführung erstreben.

— 13. Januar. Bis halb 7 Abends ereignete sich nichts Bemerkenswerthes. Um diese Zeit jedoch erschienen einige Banden auf den Boulevards und sangen die Marseillaise. Die Stadtsergeanten wollten sie zerstreuen. Vor dem Theater Varietes wurden Steine gegen die Sicherheits-

*) Besagter „Journalist“ ist seines Zeichens ein Uhrmachergeselle, ist aber, weil er nicht arbeiten mag, unter die Literaten gegangen, natürlich unter die fortschrittlichen, die radikalen. Er ist als Flegel fast so groß wie Rochefort, als Raufbold aber größer und in ganz Paris gefürchtet.

organe geschleudert, von welchen zwei durch Steinwürfe, zwei durch Stiletstiche verwundet wurden. Ein Friedens-Offizier wurde gleichfalls durch einen Steinwurf verwundet. Es wurden daselbst vier Verhaftungen vorgenommen. Um 9 Uhr erschienen die Ruhestörer im Faubourg St. Antoine. Hier trafen sofort mehrere Ladenbesitzer mit Stöcken bewaffnet auf die Straße und erklärten, daß sie selbst die Ruhe mit Gewalt erhalten werden, worauf sich die Ruhestörer zerstreuten. Um 10 Uhr fanden Ansammlungen in Carrefour des Boulevard Montmartre, hauptsächlich aus jungen Leuten und Kindern bestehend, statt, welche die Marseillaise sangen, die von den bei den benachbarten Cafés sitzenden Leuten mit Auspfeifen beantwortet wurde. Die Stadtsergeanten stellten alsbald den Verkehr wieder her. Um Mitternacht war vollständige Ruhe wiedergekehrt. Es erschien nur eine kleine Anzahl von Truppen in den Straßen, aber es waren ernste Maßregeln getroffen, um nöthigenfalls die Aufrechthaltung der Ordnung zu sichern. Mehrere Abtheilungen Cavallerie waren aus den benachbarten Garnisonen in Paris eingetroffen.

Italien. Ein italienisches, in Mailand erscheinendes Blatt stellt den Besuch Victor Emanuels in Wien für den Frühling in Aussicht.

Rußland. Aus Warschau gehen der A. A. Ztg. Nachrichten zu, die für die Polen niederschlagend lauten. Schon seit einigen Wochen war das Gerücht verbreitet, daß es in der Absicht des Monarchen oder der Regierung liege, eine allgemeine und vollständige Amnestie für alle Theilnehmer an der Revolution vom Jahre 1863 zu erlassen, es sei nun, daß dieselben emigrirt seien, oder eine harte Strafe im Innern Rußlands oder gar in Sibirien abbüßen. Daß für zahlreiche polnische Familien die Sache von außerordentlicher Bedeutung war, liegt auf der Hand. Nach einer Mittheilung des „Golos“ ist diese Angelegenheit nun auch von einem Minister-Comite ganz kürzlich in allseitige Erwägung gezogen, und die Frage vorgelegt worden: „ob der Erlaß einer vollständigen Amnestie für sämmtliche Theilnehmer an dem polnischen Aufstand von 1863, die zugleich für die im Ausland lebenden Emigranten die Erlaubniß zur Rückkehr in die Heimath in sich schließe, beim Kaiser zu befürworten sei?“ Nach der Mittheilung des „Golos“ soll sich jedoch das Ministercomite nach langen und heftigen Debatten dahin geeinigt haben: den Antrag als unangemessen und nicht zeitgemäß abzulehnen. Daß unter den Polen über diesen Beschluß große Niedergeschlagenheit herrscht begreift sich, und man ist nicht abgeneigt, denselben mit den jüngsten Umtrieben Bakunins und seiner Partei in Verbindung zu bringen.

Kulturbildliches.

Letzte Nacht wurde im englischen Garten ein Gauner festgenommen, der seit einiger Zeit in einer der kleinen hölzernen „Trinkhallen“ regelmäßig sein Nachtquartier zu nehmen pflegte. — In derselben Nacht wurde in der Abtrittgrube eines hiesigen Kaffeehauses die Leiche eines ermordeten neugebornen Knäbleins gefunden.

Verantwortlicher Redakteur: Dr. J. Sigl.

Druck von M. Vogt in München, Rosengasse 10.

Das Bayrische

Das „Bayr. Vaterland“ erscheint täglich mit Ausnahme der Sonn- und hohen Festtage. Preis des Blattes: Vierteljährig 54 kr., ganzjährig 3 fl. 36 kr. Das einzelne Blatt 1 kr.

Alle Postexpeditionen und Postboten des In- und Auslandes nehmen Bestellungen an. Inserate werden die dreispaltige Petitzeile oder deren Raum zu 3 kr. berechnet.

Redaktion: Burggasse 14. — Herausgegeben von Dr. jur. J. Sigl. — Expedition: Kuffinibazar 5.

Marcellus. — Nr. 12. — Sonntag, 16. Januar 1870.

Bestellungen auf das „Bayr. Vaterland“

wolle man bei der nächsten Postexpedition oder den Postboten machen. Preis halbjährig 1 fl. 48 kr. vierteljährig 54 kr.

Jubel in Israel über den gefundenen R von der Donau.

R von der Donau. „Das Froschgeschlecht koaxt aus den Wässern“[1]: so gemahnt mich das Getöne, welches aus den verschiedenen Blättern seit Wochen mir zu Ohren schallt — die gute „Abendzeitung“ voran, die lieben Kleinen hintendrein.

Da habe ich seit drei Viertel Jahren eine hübsche Anzahl von Artikeln geschrieben; beharrlich schwieg die ganze Presse. Nun wird ein Brief eines gewissen Benefiziaten Reindl von Ingolstadt gestohlen, der einem Berichte der Abendzeitung zufolge „im Jahre 1868 und auch früher“ ein Correspondent des „Bayer. Kurier“ gewesen sein soll. Flugs wird er mit dem „R von der Donau des Bayr. Vaterland“ identificirt, und über die vermeintliche Entdeckung eines Pfaffen jubilirt. Der Mordgeselle Schweizer in Schillers „Räubern“ schreit dem elenden Franz Moor in die Ohren: „He du, es gibt einen Vater zu morden“: auf der ganzen Fortschrittslinie schreit Aehnliches ein Redakteur dem andern zu: „He du! es gibt einen Pfaffen zu ruiniren“; und wie von der Tarantel gestochen, beginnt alsbald in sämmtlichen Redaktionslokalen ein toller Tanz gegen den „R von der Donau“. Die „Abendzeitung“ orakelt als alte Hexe von Endor, die „Kempterin“ hanswurstelt, die „Passauerin“ schlägt ein Rad, die „Neuesten“ machen Purzelbäume: — denn groß ist die Freude in Israel über einen gestohlenen Brief, und Diebstähle bilden, wie Figura zeigt, eine Species liberaler Heldenthaten.

Mit diesen Lieben muß ich mich heute auf einen kleinen Wortwechsel einlassen.

Die Abendzeitung (Nr. 8) wirft den Artikeln des „Vaterland“ gezeichnet mit R. von der Donau „große Entstellung der Wahrheit“ vor. Diesen Vorwurf müßte die Abendzeitung beweisen, wenn sie nur ein Fünklein von Anstand besäße. Allerdings könnte ich mich über diesen Vorwurf hinwegsetzen, weil ihn die „Abendzeitung“ erhebt, die nach der Frankfurter Zeitung das „größte Klatschblatt ist, dem die Entstellung zur zweiten Natur geworden“, die bei Gelegenheit der Zollparlamentswahlen derart log und verleumdete, daß sie von der „Postzeitung“ den Vorwurf der Verleumdung ruhig einstecken mußte, und die seit der Krakauer Klosteraffaire Gefahr lief, in ihren Lügen zu ersticken. Was somit „Lügenhaftigkeit“ betrifft, so ist diese eine traute Genossin der liberalen „Abendzeitung.“ Ich gebe ihr diesen Vorwurf zurück und mit Norfolk in Shakespeares Richard II. rufe ich ihr zu:

„Durch deinen falschen Hals
Bis tief hinunter in dein Herz: Du lügst!“

Die „Neuesten“ gelüstet nach Lüftung des Schleiers, der trotz des gestohlenen Briefes noch immer über dem R. von der Donau ausgebreitet liegt. Gut; wenn die „Ehrenwerthen“ dieses Blattes um jeden Preis zu wissen verlangen, wer ihnen das Fell so unbarmherzig gegerbt hat, dann brauchen sie blos in der Redaktion des „Vaterland“ nach dem „sehr fatalen Manuscript“ des Sendschreibens zu fahnden. Bis dahin müssen sie ihr brennend heißes Verlangen, den boshaften Verfasser im Käfig zu sehen, vertagen. Gestohlene Briefe des Benefiziaten Reindl kann ein hochherziger Jude wohl zu solchem Zwecke mißbrauchen, aber sie leisten gegen den R. des „Bayr. Vaterland“ auch nicht den geringsten Dienst, obwohl jeder Unbefangene die jüdisch-liberale Verwerthung dieses Diebstahls für ein fortschrittliches — Heldenstück erachten muß. Also, ihr Ehrenwerthen, miethet euch für das Jahr 1870 einen Briefmarder; Werkzeuge zu allen möglichen Schurkereien scheint es in Bayern zu geben[2]).

Den Titel „ultramontaner Hauptsudler“ ertheilt mir in Gnaden die „Passauer“ Zeitung (Nr. 6), und sie glaubt damit etwas Großes gesagt und meine Artikel abgethan zu haben. Sie widerlegen — ei, damit befassen sich die liberalen Blätter nicht! Man kann sie nicht knacken ohne zu bluten, denn sie sind eine gar stachlige Nuß. Schimpfen: ja das hilft und ist — liberal. Ein Blatt, welches den Koth auf der Gasse umarmt und ihn an's gleichgeartete Herz drückt, ein solches Blatt muß ich recht schön bitten, mir nie ein Wort des Lobes zu spenden und mich nur zu schimpfen. Antwort erfolgt keine; denn ich habe, wie Friedrich Schlosser sagt, „keine Lust, in jede Traufe hinabzusteigen; schon der Athem aus dieser Region verpestet“[3]).

Wo es gilt, Eselstritte zu versetzen, da fehlt sicher

---

[1]) Görres, Athanasius, Vorrede S. 15.

[2]) Wir bedauern fast ein wenig die Redaktion des „Bayr. Kurier“, daß sie gegen diese liberale Großthat nörgerisch auftrat. Heldenthaten sind und bleiben straflos, z. B. Verhöhnung der katholischen Kirche, Beschimpfung des Papstes, als Oberhaupt der katholischen Kirche und Souverän, Beschimpfung der patriotischen Kammer als „ultramontane Landverderber“ (N. N. 1), der Reichsrathskammer (Wülfert), des Klerus (als Stand — Kempter Ztg.), des Bauernstandes (Wülfert), des höchstseligen Königs Ludwig I. (Jude Hänle und Gätschenberger), Verletzung des Amtsgeheimnisses (Regensburg), Briefdiebstahl (gegen Benefiziat Reindl rc.; hier scheinen die Artikel des Str.-G.-B. 124, 125, 126, 132, 337 und 339 nicht zu existiren. Vgl. Preßgesetz Art. 20, 22, 26.

[3]) Beda Weber, Charakterbilder S. 98.

die „Kempterin“ nicht. Herr Alfeld hat den Schmerz über die ihm von mir gewidmeten Artikel [1]) bis zur Stunde noch nicht verwunden. Drum heult er vor Wonne und „Pasquill, Trivialität, infames Preßprodukt“ ꝛc. diese Zärtlichkeiten fliegen nur an den Kopf. Armer Junge, wie dauerst du mich ob dieser schwachen Aeußerung deines knabenhaften Zornes! Mir scheint die „Kempterin“ gar sehr im Niedergange begriffen zu sein; denn seit ihr aus dem Preßbureau nimmer das gewöhnliche Futter (Disteln) zukömmt, läßt sie gleich dem Horazischen asellus (Eselein) die Ohren hängen, und bald wird sie den tragi komischen Anblick der klapperdürren Rosinante Don Quixotes uns gewähren. Einen nicht üblen Rath hätte ich für Redakteure à la Alfeld, Molendo ꝛc., der boshafte Platen [2]) gibt ihn dem Dichterling Immermann:

„Verstumme, schneide lieber dir die Zunge weg,
Die längst zum Aergernisst dient Vernünftigen!
An deiner Rechten haue dir den Daumen ab
Mit sammt dem Fingerpaare, das die Feder führt:
An Geist ein Krüppel, werde bald es körperlich!“

Ihr würdigen Ritter vom „Gänsekiel“, die ihr elende Fortschrittsmähren zu Schanden reitet! meint ihr vielleicht, es befremde mich, daß ihr über mich zetert und wettert? Im Gegentheil, ich hab' es längst erwartet. Geprügelte Hunde heulen jederzeit; denn das liegt in der Natur des Hundes und in der Natur des Geprügeltwerdens. Und je mehr die Bestie heult, um so lustiger werde ich drauf lospeitschen, bis sie im Heulen zerberste. Wir wollen das Feld euch „Stänkern und Zänkern“ nicht allein überlassen; ja wir werden sogar gegen eure „Narrheiten und Schlechtigkeiten, die wie Polypen eine aus der andern erwachsen“ [3]), stets kampfgerüstet dastehen.

Meine Proskription.

Das Ingolstädter Tagblatt Nr. 262 vom 6. November v. J. enthält folgendes Inserat:

„Eingesandt.“

Bei den herrannahenden Wahlen wird jeder ehrliche Mann vor dem Züngeln einer bekannten, schwarzen langen Brillenschlange gewarnt, genannt Todtredner von G . . . .

Nutzanwendung.

„Wem immer sie sich zischend naht:
„Enns uf de Kopp!“

Dieses Inserat bekundet ein virtuoses Talent, welches in möglichst wenigen Worten möglichst viele und wichtige Artikel des bayrischen Strafcodex zu übertreten verstanden hat. Denn es ist hier verletzt:

1) Str.-Gs.-B. Art. 57 und Gesetz gegen Mißbrauch der Presse Titl II. Art. 11, in welchem „öffentliche Aufforderung zu einem Verbrechen, auch wenn der Erfolg (noch) nicht eingetreten ist“, mit Gefängnißstrafe von einem Monat bis ein Jahr und Geldstrafe von 25 bis 1000 fl. bedroht ist.

Ich bin aber als „Schlange“ und darum als gemeingefährlich proscribirt; und von diesem Gesichtspunkt der Gemeingefährlichkeit aus fordert das Tagblatt jeden auf, der auf mich als eine Schlange stoßt, mit den Worten:

„Wem immer sie sich zischend naht:
„Eens uf de Kopp!“

Diese öffentliche Aufforderung ist gewiß eine Aufforderung zum Verbrechen im Sinne der allegirten Gesetzesartikel und zwar in qualifizirter Weise.

2.) ist durch das Inserat verletzt: St.-Gs. Art. 151, welcher sagt: „Wer Gewalt androht, um von Ausübung des Wahlrechtes abzuhalten, wird von 2 Monaten bis 3 Jahren Gefängniß bestraft“.

Das „Eingesandt“ verbindet aber die sub 1. gezeichnete öffentliche Mordaufforderung mit den „herannahenden Wahlen“, wodurch ich mich von der Ausübung meines Wahlrechtes abgeschreckt sehen mußte.

3.) ist verletzt Str. Gs. Art. 258 und Preßges. Titl II. Art. 28, in welchen Artikeln „Verleumdung“ mit Gefängniß von 2 Monaten bis 3 Jahren und mit einer Geldstrafe bis 600 fl. bedroht ist.

Denn ich bin als (gemeingefährliche) „Schlange“ erklärt und von mir ist ausdrücklich gesagt, „daß jeder ehrliche Mann vor meinem Züngeln gewarnt wird“. Raffinirter könnte meine Ehrloserklärung gewiß nicht ausgesprochen werden. Eine Ehrloserklärung setzt ferner eine ehrlos machende That voraus, insinuirt eine solche, was eben die durch das citirte Str. Gs. bedrohte Verleumdung ist.

Doch das genannte Tagblatt läßt es bei diesem Inserat nicht bewenden und rückt in Nr. 298 unterm 18. Dezember v. J. sogar in einem politischen Artikel gegen mich aufs Neue an und verletzt·

4) das Strafgesetz noch einmal, und zwar den Art. 151 des Str. Ges. auch in jenem Theil, welcher besagt: „wer zur Rache wegen Ausübung des Wahlrechtes auffordert ꝛc.“ der politische Artikel an der Spitze des Blattes in Nr. 298 bezeichnet mich als Geistlichen und beschimpft mich innerhalb weniger Zeilen viermal mit dem Schmähwort „schwarze Brillenschlange“ und erklärt die im Inserat insinuirte Verleumdung dahin, daß ich „durch meine Wahlumtriebe so recht reptilienartig mein Unwesen getrieben habe.“ Er hetzt somit auf's Neue die noch nicht eingeschlummerte Wuth des liberalen Volkstheiles gegen mich. Daß er als Ort des Inserateinsenders Gaimersheim angibt, kann um so weniger als Widerruf erachtet werden als er aus dem Context und der genannten Beschimpfung die Sehnsucht erkennen läßt, es möge dem Inserateinsender sein Attentat noch gelingen! Höchstens die Furcht vor der Strafandrohung des Gesetzes konnte ihn veranlaßt haben, das Reat von Ingolstadt abzuwälzen. Somit erscheint mir ein Aufruf an die Volksrache wegen meines am 12. Mai v. J. ausgeübten Wahlrechtes und eine neue Verletzung des Str.-Ges. Art. 151 vorzuliegen.

Dieser vier Vergehen hat sich das „Ingolst. Tagblatt“ gegen einen wohlbesteuerten Staatsbürger und öffentlichen Kirchenbeamten erlaubt.

Zu unserer Beruhigung läuft die Verjährung noch bis zum 6. Mai, eventuell 18. Juni, und die Vollzugsvorschrift vom 17. März 1850 zu Art. 5 und 49 sagt: Die Polizeibehörden sollen schleunigst, sobald sie von einem in ihrem Bezirke begangene Preßverbrechen oder Vergehen Kenntniß erhalten, an den betreffenden Staatsanwalt die geeignete Mittheilung machen“ — diese Vollzugsvorschrift hält ihr wachendes Auge noch auf die Missethat geheftet. Auch das Einführungsgesetz Art. 31 vertröstet mich auf den geheiligten Wahrspruch der Geschwornen.

Gaimersheim, 13. Januar 1870.

Dominikus Gröbl,
Benefiziat.

Deutschland.

München, den 15. Januar.

Den Italienern ist die „Einheit“ theuer zu stehen gekommen, obgleich man ihnen von der „Einigung“ alles

---

[1]) Vgl. „Bayr. Vaterland“ Nr. 191 und 203.
[2]) Platen, der „romant. Oedipus“ 5. Akt.
[3]) Görres, polit. Schrift. Bd. 3, S. 200.

denkbare Glück prophezeit hatte. Als die sieben Regierungen Italiens, welche jährlich 573 Millionen „verschlungen“ hatten, depossedirt waren: wie billig mußte jetzt alles werden! Nun aber kommt die große Enthüllung und die gibt sogar eine unermeßliche „national“-müthige Größe, der berühmte Mann Gottes und der Pickelhaube, Treitschke, der nach der Meinung der „Nationalen“ an Weisheit gleich nach Bismarck rangirt. Der sagt in seiner neuesten Schrift („Historische und politische Aufsätze“) also: „In Italien hing Jedermann an dem Wahne, dem auch wir Deutsche vor dem Kriege (von 60) alle huldigten, daß die Kleinstaaterei kostspielig sei.“ Das, die allgemeine Meinung von der „Kostspielligkeit der Kleinstaaten“, erklärt sogar ein eminenter Bettelpreuße als einen Schwindel, als Lug und Trug, als „Wahn“ wie er sagt. Schön; da kann die Welt auf keinen Fall mehr lang stehen, wenn ein solcher Saulus zu Verstand kommt; Knorrblättl nebst Anhang wird aber darum doch nicht gescheidter. Treitschke beweist dies auch: „kleine Staaten, sagt er, regieren wohlfeiler, weil sie — nichts leisten.“ Richtig! Das werden die Italiener begreifen und Italien kann sich da beruhigen — mit dem Trost, etwas „geleistet“ zu haben. Schon beim Tode Covour hatte es bereits 3000 Millionen Schulden „geleistet“ und dazu ein Defizit von 500 Millionen. Heute „leistet“ es die Zinsen für 8000 Millionen Schulden. Ist das nicht eine großartige Leistung? Freilich wird das Volk dabei ein wenig ausgezogen, ist das Land ein wenig sehr herabgekommen, wurden beinebens um viele hundert Millidnen Kirchengüter an Juden ꝛc. verschleudert. Thut nichts! Italien „leistet Großes“, — die Zinsen von 8000 Millionen Schulden. Und wir? Bis zum Jahre 1848 haben wir wenig oder nichts geleistet, dafür brauchten wir blos jährlich 40 Millionen für den Staat aufzubringen und hatten blos die Lumperei von kaum 100 Millionen Schulden. Wir wollten uns nicht länger lumpen und darum ansehen lassen; wir wurden auf einmal liberal, namentlich in den sechziger Jahren, und wollten stracks etwas „leisten“. Heute zahlen wir zwar jährlich 89 Millionen an den Staat und haben an 500 Millionen Schulden, dafür sind aber auch unsere „Leistungen“ großartig und kaum je dagewesen, namentlich — 1866! Ah, das träufelt wie Balsam auf unsere Steuer zahlenden Gemüther und erregt uns hohe Befriedigung, daß wir zwar in Form Rechtens ausgezogen werden, theils von den Juden, theils vom liberalen Staat, dafür aber die 1866er und andere rühmliche „Leistungen“ aufzuweisen haben, auf die wir stolz sein können, wir königlich bayrischen — „Leister!“ Bum!

Landtag. Die Kammer wählte gestern und vorgestern ihre Ausschüsse. Die Patrioten wollten nobel sein und sich nicht etwa nachsagen lassen, daß in den Ausschüssen nur eine Stimme, die der Patrioten, zum Ausdruck gekommen sei und beschlossen deshalb, für die Ausschüsse auch 2—3 andere Leute als Parteigenossen ihre Stimme zu geben. So wurden in den I. (Justiz)-Ausschuß gewählt: Umbscheiden mit 129, Dr. M. Barth 118, Dr. Krätzer 79, Dr. Kurz 79, Dr. Gürster 79, Dr. Schüttinger 79, Grabner 78, Dr. Winderl 78, Wilh. Schmidt von Bayreuth 72 Stimmen. Völl, Frankenburger, Dingler, Hertz, Aimens, Appell.-R. Schmidt, Edel, Hohenadel (der nur 6 St. erhielt), die Kandidaten der Fortschrittspartei fielen nicht ohne Glanz durch. In den II. (Finanz)-Ausschuß wurden gewählt: Stauffenberg mit 120, Kolb (Demokrat) mit 83, Dr. Diepolder 79, Lukas, 79, Schmidkonz 78, Dr. Freytag 78, Dr. Wisnet 77, Greil 77, Graf Fugger-Blumenthal mit 79 Stimmen; also nur ein Fortschreiter. Die Kandidaten der Fortschrittspartei Langguth, Schauß, Makowizka, Gg. Kolb, Frickinger, Adler, Kraußold und Lewi fielen sämmtlich durch.

— Knorrblättl fragt heute naiv wie ein Kind, aber ein unartiges, ob der Alterspräsident in seiner Rede mit den Worten: „Ich kann einem Manne keine Achtung zollen, wenn er wie eine Wetterfahne nach jedem nächsten besten Winde sich richtet“ den Dr. Weis, M. Schleich oder Bucher gemeint habe. Nein, geehrtes Knorrblättl; aber wenn er bestimmte Personen im Auge hatte, so können es nur solche Helden sein wie Dein Deputatus „in ruhender Aktivität“, Dein vielgeliebter Julius.

— Die Allg. Ztg. erfährt durch ihren offiziösen Hofrath, der König wolle Montag den. 17. in Person den Landtag im Thronsaale der Residenz eröffnen. Wir glaubens aber noch lange nicht.

Aus Oberhessen wird dem „Vaterland“ geschrieben: In Darmstadt sitzt Hr. Metz, vulgo Aaron Metz, dem in dem nun gedruckt vorliegenden Bericht [1]) über die Gerichtsverhandlung am 6. und 7. Aug. eine so kolossale — Ehrensäule errichtet worden, noch immer in der Kammer. Trotzdem und obschon in diesem famosen Processe der Metz in seiner ganzen Größe und Würdigkeit als Ehrenmann und — Ehemann ins rechte Licht gestellt worden ist — Fendt, der Beklagte, wies dem Metzen nach, daß er ein Ehe- und Ehrenwortbrüchlein begangen! — trotzdem und obschon Metz als „Charakter“ und Mensch schmählich in die Brüche gegangen [2]), sehen wir doch, daß derselbe, freilich nicht mehr so keck wie vordem, sein Mäulchen in der Kammer aufthut. Mittlerweile versuchen etliche Schönfärber den Metzen schön zu färben, indem sie sagen, sie glauben nicht, was zum Nachtheil des Metzen gerichtlich erwiesen worden — nach dem Vorgange jenes pfiffigen Mannes, der vor Gericht, als ihm 20 Zeugen der That entgegentraten, kühn den Einwurf machte: Ich kann mehr als 50 Zeugen stellen, die nichts gesehen haben! — Dieser Metz nun sitzt immer noch in der Kammer, umgeben vom Nimbus des entschlafenen Nationalvereins, Metz, das Entzücken und die Wonne seiner rheinhessischen Wähler, der Abgott aller National-Liberalen, der entlarvte „Sittlich-Ernste und -Entrüstete“, der Entdecker einer schmählichen „Jesuitenmoral“, der thätige Anwalt und Beglücker von Rödelheim. Was wir für herrliche Größen auf der Grenzmark zwischen Nord und Süd haben! Schade, daß er kein Janus ist, das eine Gesicht gegen Norden voll süßen Hoffnungsschimmer verklärt, das andere gegen Süden gerichtet, halb voll Aerger, wenn er nach Bayern, halb voll Lust, wenn er nach Baden blickt. Aber Spaß bei Seite: wollen Sie ihn haben, so senden wir ihnen den Metzen nach Bayern (o danken sehr; haben selbst genug dergleichen Ehrenmänner!), denn dort könnte er möglicherweise noch was werden, vielleicht so etwas wie Ministerialrath im durchleuchtigen Ministerium, wenigstens dem Titel nach. Es brauchen ja die Hochmögenden in Bayern Hilfe in ihrer schweren Noth, die ihnen das patriotische Volk bereitet. — Oder hat man bei Ihnen selbst schon Metzen genug? (Ei ja sehr!) Immerhin würde er ein hervorragender Berufener in Bayern sein, denn er hat „nationalen“ Beruf mehr

---

[1]) Der Prozeß „Metz-Fendt.“ Ein Beitrag zur Zeitgeschichte.

[2]) Wir sammeln gegenwärtig Material gegen ein paar ähnliche Ehrenmänner, die in München und Bayern in letzterer Zeit viel genannt worden und fürchten sehr, daß es eine nicht minder illustre Metzengeschichte absetzen wird. Man kennt gegen uns „Ultramontane“ keine Rücksicht, kein Maß und Ziel: gut! So müssen auch wir die Rücksichten fahren lassen, um uns dadurch zu schützen, daß wir die Gegner zeichnen. Führt man drüben einen Vernichtungskampf gegen die Person der Gegner, so haben wir uns wahrlich nicht zu scheuen und wir wollen sehn, auf welcher Seite mehr Gefallene zu finden sein werden.

als nöthig ist und ist zugleich in jedem Berufe — ausgezeichnet!

Oesterreich. Die letzten aufständischen Dalmatiner sollen sich „unter dem Ausdruck tiefster Rene“ unterworfen haben, da sie, nachdem ihnen die Zufuhr von Lebensmitteln von der Meeresseite her abgeschnitten war, unfehlbar hätten verhungern müssen. Es soll ihnen allen gnädige Amnestie ertheilt werden. Wir hoffen, daß die kaiserlichen Generale, welche sich und die Armee für die Weltgeschichte ausreichend blamirt haben, a u ch amnestirt werden.

Prag, 13. Januar. Fürst Carlos Auersperg ist nach Wien abgereist. Ein bestimmt auftretendes Gerücht bezeichnet ihn als Ministerpäsidenten, Beust als Gesandten in Paris (?!), Andrassy als Reichskanzler (?!).

Ausland.

Frankreich. Der Hexenkessel brodelt gewaltig in Paris. Die Meldungen lauten sehr düster. Diese Massen, die sich wild gährend und tobend erheben, die nur noch mühsam von Rochefort und Delescluze abgehalten werden, ihre Brust den tödtenden Geschossen preiszugeben, die jetzt einem Vulkan gleich erumpirend die erträglichere Gegenwart ignoriren, um gegen eine zwanzigjährige Vergangenheit zu demonstriren, gleichen vorausgehenden Schatten düsterer Ereignisse. Wir beklagen dies aufrichtig; aber man muß die Thatsachen nehmen, wie sie sich bieten, und nach den letzten Straßenscenen, die eine in Paris seit Jahren nicht dagewesene Aufregung bekunden, ist selbstverständlich, daß das neue Cabinet alle Segel der Reform, des Fortschritts, der wahrhaft demokratischen Entwicklung aufspannen muß, um nicht mehr das frühere Kaiserreich, sondern, wo möglich seinen gereinigten Schatten zu erhalten. Ob es aber etwas nutzen wird?!

P a r i s, 13. Jänner. Die Polizeikommissäre erhielten gestern bestimmte Weisungen, Geduld anzuwenden und nur für den Fall absoluter Nothwendigkeit zur Gewalt zu schreiten. In den Champs-Elysees hat die Cavallerie keinerlei Angriff gemacht, da sich die Menge über Aufforderung zurückzog. Einige lärmende Ansammlungen fanden Abends auf den Boulevards und in Belleville statt. Ueberall unterstützten Bürger kräftigst die Behörde. Auf dem Boulevard Montmartre wurden einige bewaffnete Individuen von den Bürgern selbst verhaftet. Heute herrscht vollständige Ruhe.

In **Rom** ist der kürzlich nach Frankreich zurückgereiste Erzbischof von Besancon, Kardinal Mathieu, den die Liberalen das Koncil aus Zorn über die „Ultramontanen“ verlassen ließen, um beim Kaiser dagegen zu protestiren und nie wieder nach Rom zurückzukehren, am 4. wieder eingetroffen, nachdem der Zweck seiner Heimreise — 43 Diakonen auszuweihen und seinem sterbenden Bruder, den Admiral Mathieu, die Augen zuzudrücken — erreicht ist.

Spanien. Nach einem Madrider Briefe der Times thut die republikanische Partei ihr Möglichstes um aus den augenblicklich der monarchischen Partei ungünstigen Verhältnissen Nutzen zu ziehen. Im Sprechsaale des Congreßgebäudes habe Castelar sich beikommen lassen, Prim über das Mißgeschick mit seinen beiden Candidaten aufzuziehen und zu fragen, ob er jetzt, wo weder an den Herzog von Genua noch an Dom Fernando mehr zu denken sei, die Ueberzeugung gewonnen habe, daß nichts übrig bleibe, als die Republik; darauf habe dann Prim in seiner trockenen sarkastischen Weise geantwortet, der Verlust jener zwei mache ihm wenig Sorgen, denn er habe noch sieben Könige im Rückhalt. Die Namen der Sieben habe er nicht genannt; allein auch ohne das sei den Republikanern für den Augenblick der Muth etwas gesunken. Der Berichterstatter macht die Zahl 7 in folgender Weise voll: 1. König Interregnum, 2. König Montpensier, 3. König Alfonso, 4. König Serrano, 5. König Prim, 6. König Rivero, 7. König Republik.

Dienstes-Nachrichten.

V e r l i e h e n: Die kath. Pfarrei Scheuring, B.-A. Landsberg, dem Kasp. W o l f, Pfarrer in Spatzenhausen, B.-A. Weilheim; Oetting, B.-A. Ingolstadt, dem Frühmeßbenef. Jak. R i t t e r in Volburg; die Frühmeßbenef. Volburg dem Fr. Jos. R i s t l b e c k, Pf. in Oetting (Pfründetausch.) Die k. Pf. Lohndorf, B.-A. Bamberg I. dem Adam H u m a n n, Pf. in Pinzberg, B.-A. Forchheim; Schlammersdorf, B.-A. Eschenbach, dem J. Rep. Beutlhauser, Verw. derselben.

Liberales.

(Aus dem Gerichtssaal.)

Gestern stand der „Verfasser“ des berühmten Neuburgerschen „deutschen Nationalwerkes“ B a r b a r a U b r y k, ein gewisser Literat August Buchner vor dem Stadtgericht, angeklagt, den Redakteur des Volksboten, Hrn. K. Zander, im 9. Heft dadurch ehrengekränkt zu haben, daß er ihm (unter den Namen Zandrowitsch) schlechte Streiche und Desertion aus der päpstlichen Armee l ü g e n h a f t vorwarf. Ein Zeugniß des päpstlichen Kriegsminister bezeugte aber Hrn. Zander, daß derselbe mit ausgezeichneter Conduite gedient habe, niemals bestraft worden sei und nur aus Familienrücksichten die Armee verlassen habe. Dr. Gotthelf, der Vertheidiger des Geklagten, suchte ihn dadurch rein zu waschen, daß das Ganze ein Roman sei. In der Form des Romans dürfte man also nach j ü d i s c h e r Ansicht ungestraft lügen und verleumden! Es sei ja auch in ähnlichen Fällen nie geklagt worden. Darauf erwiedert Herr v. A u e r, Vertreter des Klägers, sehr richtig, daß da wohl der Angegriffene die Klage unterlassen habe, weil er **bei unsern jetzigen Justizzuständen ein Resultat der Klage nicht hoffen konnte. Das Urtheil lautete: 30 Tage Arrest, 100 fl. Geldstrafe für Buchner.** Der Landtagsabgeordnete Bez.-Ger.-Rath H e r z, der mit Julius Knorr gekommen war, äußerte gegen Auer; er verderbe ihnen den ganzen Spaß, da sie Dr. Schüttinger erwartet hätten. Hr. v. Auer ließ den wackeren Juristen, der Gerichtsverhandlungen für einen „Spaß“ ansieht, nicht unbedeutend abfahren, indem er sagte: „Ich bedaure, wenn Jemand des Spaßes halber in den Gerichtssaal geht, so etwas thue i ch nie.“ Wir wissen nicht, ob sich einer der Herren Abgeordneten nach dieser derben Abfertigung auch g e s ch ä m t hat.

(Ein großes Vaterland.) Ein Nordamerikaner beschrieb in seinem Enthusiasmus die Grenzen seines Vaterlandes in folgender Art: „Die Vereinigten Staaten Nord-Amerikas grenzen gegen Osten an das atlantische Meer, gegen Norden an das Nordlicht, gegen Westen an die untergehende Sonne und gegen Süden an den jüngsten Tag.

Verantwortlicher Redakteur: Dr. J. Sigl.

Druck von M. Vogt in München, Rosengasse 10.

Das Bayrische

Vaterland.

Das „Bayr. Vaterland" erscheint täglich mit Ausnahme der Sonn- und hohen Festtage. Preis des Blattes: Viertel-jährig 54 kr., ganzjährig 3 fl. 36 kr. Das einzelne Blatt 1 kr.

Alle Postexpeditionen und Postboten des In- und Auslandes nehmen Bestellungen an. Inserate werden die dreispaltige Petitzeile oder deren Raum zu 3 kr. berechnet.

Redaktion: Burggasse 14. Herausgegeben von Dr. jur. J. Sigl. Expedition: Künstlerbazar

Anton. Nr. 13. Dienstag, 18. Januar 1870.

Bestellungen auf das „Bayr. Vaterland"

wolle man bei der nächsten Postexpedition oder den Postboten machen. Preis halbjährig 1 fl. 48 kr. vierteljährig 54 kr.

*Fort mit Hohenlohe und Anhang!

Von der Isar. Noch immer lebt unser Ministerium! Es scheint in der That „das neunfache Leben einer Katze" zu haben, wie das Volk eine besondere Zähigkeit bildlich auszudrücken pflegt. Aber dennoch muß es sterben, sterben ohne Gnade und Pardon. Es hat dem bayrischen Volke zu wehe gethan, es hat dem Volke zu große Lasten aufgebürdet und dabei seine Ehre, seine Selbstständigkeit und Freiheit zu wenig gewahrt, es hat vor Allem eine Schuld auf sich geladen, die sonderbarer Weise bisher zu wenig hervorgehoben wurde, die aber in ihrem innersten Grunde die höchste Gefahr für Bayerns Existenz birgt.

Freilich sollten wir unter den bekannten Umständen Bedenken tragen, diese Schuld zu nennen und öffentlich zu erörtern. Allein es muß einmal geschehen — im Interesse des Königs und im Interesse des Volkes. Wenn wir, abgesehen von all den Erzählungen und Gerüchten, nur Thatsachen ins Auge fassen, wie sie uns seit dem Bestehen der katholisch-patriotischen Partei in den wichtigsten Regierungsmaßregeln entgegentraten, so ist es jedenfalls gewiß, daß es dem Ministerium Hohenlohe, ob mit oder ohne Hörmann, ob mit oder ohne Eisenhart und Zettler von Eschenbach, — begegnet ist, den König mit Mißtrauen gegen die Patrioten zu erfüllen, den König dahin zu führen, daß er die Bestrebungen der Patrioten als gefährlich für den Thron wie für die Selbstständigkeit des Landes betrachten und glauben sollte, daß Männer, die im Jahre 1848 die [illegible] Republikaner waren und die seither ihren Mantel nach jedem politischen Winde gedreht haben, bessere Stützen des Thrones seien, als die unveränderten ächten Bayern, die im Jahre 1848 und 49 mit den gleichen Grundsätzen den Thron vor dem Sturze bewahrten wie 1869.

Wie es unverzeihlich ist, wenn Jemand, ob absichtlich oder unabsichtlich, zwischen Kindern und Eltern Mißtrauen und Mißverständnisse sät, so erachten wir es auch für eine schwere Schuld des Ministeriums, daß es trotz drei schweren Wahlniederlagen noch immer in den alten Geleisen, in dem alten Treiben fortfährt. Es ist rein unmöglich, daß das Ministerium auf andere Weise sich hält, als durch die Verdächtigungen gegen die Patrioten, die unter seiner Autorität und Firma fortgesetzt betrieben werden — nach Unten und nach Oben. Was Wunder nun, daß, wenn Jemand immer schwarz gemalt wird und nie Gelegenheit finden kann, seine wirkliche Farbe aufzuweisen, endlich geglaubt wird, er sei wirklich durch und durch schwarz!

Noch eine andere Thatsache spricht für unsere Ansicht. Hätte das Ministerium wirklich keine Furcht vor einer Berührung zwischen dem König und seinem treuen Volke, so hätte es ja nur für die langersehnte und langversprochene Rundreise des Königs etwas thun dürfen.

Aber selbst wenn von alle dem nichts richtig wäre, — das Rundschreiben Hörmanns, das die übrigen Minister nicht sofort desavouirten, sondern erst nach dem schrecklichen Fiasko vom 16. und 25. Nov. zu desavouiren schienen, dieses Rundschreiben ist ein himmelschreiender Beweis dafür, daß das Ministerium Hohenlohe wie ein Keil ist zwischen Thron und Volk und daß es eben darum entfernt werden muß.

Diese Schuld kann dieses unselige und — wir fürchten es sehr — für Bayern verhängnißvolle Ministerium Hohenlohe nimmer gutmachen und sühnen kann es sie in etwas nur durch sein schleuniges freiwilliges oder unfreiwilliges Abtreten. Die Bahn zwischen dem Throne und dem bayrischen Volke, das unvergleichlich und unerreichbar in seiner Treue gegen Wittelsbach ist, — sonst hätte es sich längst Rath geschafft, — diese Bahn muß wieder frei werden. Dem König muß die Möglichkeit verschafft werden, sein gutes, treues herrliches Volk kennen zu lernen, wie es ist, nicht wie schwärmerische Novellenphantasie, wie giftige Parteileidenschaft und treuloser Verrath es ihm schildern. Nie, nie mag das Volk durch die gegenwärtigen Männer der Regierung, durch einen Hohenlohe zumal, dem die Wenigsten ein treues bayrisches Herz zutrauen, eine gerechte Beurtheilung vor dem Throne erwarten, da es sich keines einzigen Falles entsinnen kann, der es aufforderte ihnen zu vertrauen. Das Volk hat aber ein Recht, mit Gerechtigkeit beurtheilt zu werden, ein Recht, das ihm ohne große Gefahren für Thron und Land nimmermehr darf vorenthalten werden.

Darum wünschen, darum erwarten, darum fordern wir, daß alle guten Bayern, daß die ganze katholisch-patriotische Presse, daß insbesondere die 80 Männer, die wir zu unsern Vertretern gewählt, unabläßig und so lange in den Ruf: Fort mit dem Ministerium Hohenlohe! einstimmen, bis uns unser Recht wird, bis die Bahn wieder frei gemacht und kein Hohenlohe mehr eine Wand sein kann zwischen König und Volk. Das walte Gott!

Die Distriktsrathswahlen.

Von der Ilm. Also das aktive und passive Wahlrecht bei den genannten Wahlen hat man heuer den Vertretern kirchlicher Stiftungen und Pfründen entzogen, auch wenn sie die in Art. 4 und 5 vorgeschriebenen Eigenschaften haben.

Die jüngst im „Vaterland" Nr. 8 ausgesprochene Ansicht, als ob eine Instruktion zu einem „Gesetze" so beschaffen sein könnte, daß jene letzteres aufhebe, theile ich nicht, obschon nicht geleugnet werden will, daß Gesetz und Instruktion unrichtig interpretirt und mißverstanden werden können. Ich habe die feste Ueberzeugung, daß, wenn alle bei den heurigen Distriktsrathswahlen übergangenen Vertreter der Stiftungen und Pfründen, die zu den 50 höchstbesteuerten Grundbesitzern ihres Distriktes gehören, bei der k. Regierung oder beim z. Z. versammelten Landtage ihre deßfallsigen Beschwerden vorbringen, das ihnen nach dem Gesetze vom 28. Mai 1852 eklatant zustehende Recht zur Theilnahme am Distriktsrathe auch fernerhin gewahrt bleiben wird, und daß die, ohne diese Theilnahme heuer geschehenen Wahlen als ungesetzlich annullirt werden müssen.

Im fraglichen Gesetze sind nemlich verschiedene Subjekte bezeichnet, und zwar solche, welche die politische Gemeinde vertreten und demnach jene Eigenschaften besitzen müssen, welche zur Uebernahme eines Gemeinde-Amtes erforderlich sind, (Art. 5 und 7); ferner sind im Gesetze als aktiv und passiv wahlberechtiget beim Distriktsrathe vorgetragen Rechtssubjekte, die vermöge ihrer Stellung ein Gemeindeamt, folglich eine Gemeinde-Vertretung nicht übernehmen können, nemlich das Staats-Aerar, wo dieses bei den Distriktsumlagen betheiligt erscheint (Art. 2), dann die Vertreter einer inländischen Stiftung, Corporation mit der höchsten Grundsteuer im Distrikte, wie z. B. Kloster Scheyern, endlich die Vertreter von Pfründen und Kirchenstiftungen, welche zu den 50 höchstbesteuerten Grundbesitzern des Distriktes gehören (Art. 5). Letztere drei Rechtssubjekte bilden eine eigene Spezies der gesetzlich festgestellten Berechtigung zur Vertretung des großen Grundbesitzes oder des Staats-Aerars beim Distriktsrathe, und kann bei der Frage um deren Berechtigung zur Wahl und zum Eintritt in den Distriktsrath (Artikel 7 Absatz 2) durchaus nicht in Anwendung gebracht werden. Die Rechtsfrage ist ja durch die vorhergehenden Gesetzes-Artikel klar entschieden. Der in Art. 7 bemerkte Ausschluß von der Wahl und dem Eintritte in den Distriktsrath bezieht sich demnach nur auf gewisse Defekte, welche sowohl von der Vertretung der Gemeinde als solcher, als auch von deren Vertretung beim Distriktsrathe, sowie auch von der Vertretung des Großgrundbesitzes bei diesem ausschließen. Solche Defekte sind: Verbrechen oder Vergehen des Diebstahls, der Unterschlagung, der Hehlerei oder der Fälschung, des Betruges, der Mangel des Indigenates &c. Diese Defekte und nichts anderes hat Absatz 2 Art. 7 im Auge, wenn er zugleich auf die nach Art. 3, 4 und 5 gesetzlich Wahlberechtigten hinweist. Will Art. 7 anders interpretirt werden, so wird das ganze Gesetz illusorisch. Geschieht es aber gleichwohl, dann sollen die Betheiligten sich ungesäumt an den jetzt versammelten Landtag wenden, und die Aufhebung der betreffenden Instruktion beantragen.

Ich schließe mit dem dringendsten Wunsche, es möchten sämmtliche Distriktsräthe Bayerns nur wahrhaft patriotisch und katholisch-gesinnte Männer in den Landrath wählen, welche nur die allernothwendigsten Kreisausgaben bewilligen, damit die Kreis-Umlagen eher weniger als mehr werden, Männer, die nicht bloß das Interesse des Großgrundbesitzes, der Großindustrie oder des Großkapitals vertreten, sondern auch das der Arbeiter, des Kleingewerbes und der Kleinbegüterten und der Armen. Im Interesse der Letzteren wäre es sicher gelegen, wenn die Landräthe die Wiedereinführung der Bier-, Brod- und Fleischtaxe bei den betreffenden Kreisregierungen beantragen würden. An dieser Bewilligung der freien Taxe kleben die Schweißtropfen von Tausenden von Arbeitern und die Thränen von armen Familien, die nach Zehntausenden zählen, während hiedurch nur die betreffenden einzelnen Geschäftsleute sich bereichern zum Nachtheile ganzer Classen der Landesbevölkerung. Hätten alle Landräthe des Königreichs in fraglicher Angelegenheit der hohen k. Regierung gegenüber sich so ablehnend ausgesprochen, wie es der Landrath von Mittelfranken i. J. 1868 gethan, dann wäre sicher das ganze Land von diesem, das Lebensmark der ärmeren und arbeitenden Classe verzehrenden Aussaugesystem verschont geblieben, und hätten sie sich den Dank von Millionen bayrischen Staatsbürgern verdient. Nachdem die Probe bisher so schlecht ausfiel, so mögen die neuen Landräthe unter Beiseitesetzung aller persönlichen Interessen die Wiedereinführung der obigen Taxen beantragen, ohne jedoch hiebei den betreffenden Geschäftsleuten zustehende Mannsnahrung unberücksichtiget zu lassen.

Deutschland.

München, den 17. Januar.

Landtag. In den 3. Ausschuß (innere Verwaltung) wurden gewählt: Gschwendtner, A. v. Hafenbrädl, v. Meixner, v. Freyberg, Dr. Pfahler, Gg. Mayer, Bucher, Hutschenreuther. Die beiden Letztern sind Fortschrittler. In den 4. Ausschuß: Wand, Dr. A. Schmid, Dr. Ruland, X. v. Hafenbrädl, Radspieler, Fr. X. Mayer, Eder, Lampert, Seybold.

— Die heutige Thronrede soll sehr lang — Stenglein ist ein Mitverfasser! — und sehr versöhnlich sein. Sie soll in Abrede stellen, daß noch weitere geheime Verträge mit Preußen existiren, die unbedingte Selbstständigkeit Bayerns betonen und nach Innen eine Politik der Versöhnung (!!) versprechen. Dann aber, wenn ernstlich eine Versöhnung gewollt wird, müssen vor Allem Hohenlohe und Schlör geopfert werden; so lange die im Amte sind, werden alle Versöhnungsversuche fehlschlagen müssen.

— In ihren Nachrichten über den Landtag, bezw. die patriotische Partei und deren Thätigkeit bekunden die liberalen Blätter eine wahrhaft unglaubliche Verlogenheit. Insbesondere die Abendzeitung thut sich außerordentlich leicht und ungenirt. Wir wollen ein Paar aus dem Haufen von Lügen herausgreifen, die die Patrioten über sich ergehen lassen mußten. Die „Neuesten" stellten den Abg. Dr. K. Barth als Kandidaten zum Kammersecretariat auf, während von Anfang an Niemand als Hr. v. Ow in Aussicht genommen war. Etliche Blätter machen sich über Bucher her, dem sie falsches Zählen &c. &c. vorwarfen; ist nicht ein Wort davon wahr. Die Abendzeitung &c. legt Dr. Schüttinger den Unsinn in den Mund: Das Dunkel der Münchener Wahlen ist der rothe Faden, der sich durch die ganze Debatte zieht &c., läßt aber weg, daß Stengleins eben vorhergegangene Rede von diesem „Dunkel" gehandelt und daß sich Dr. Schüttingers Wortspiel darauf bezog und als solches sehr wohl verständlich war. Andere liberale Blätter, welche bei ihren eigenen Leuten die Selbstwahl als etwas „Denkenswerthes" und als eine besondere Heldenthat erkannten und ansahen, werfen einigen Patrioten bei einer Ausschußwahl Selbstwahl vor, weil sie, obwohl Einer von ihnen abwesend, 79 Stimmen erhielten. Diese Stimmenzahl kam dadurch heraus, daß Kolb die H. H. Dr. Schüttinger, Dr. Krätzer und Dr. Kurz wählte. Wenn die Liberalen Jemand Selbstwahl bei den Ausschußwahlen vorwerfen wollen, so müssen sie dies dem Fortschreiter Brandenburg thun, der sich in den 3. Ausschuß zu wählen versuchte, vom Präsidenten Weis aber attrapirt wurde, worauf sein Wahlzettel versiegelt zu den

Akten gelegt, sein fortschrittliches Benehmen aber von den Fortschreitern als ein — „Versehen“ (!) zu entschuldigen gesucht wurde. Das ist nur Einiges, die Lügen der Liberalen aber sind zahllos.

— In Folge der infamen Verdächtigungen und Schmähungen fortschrittlicher Blätter (sieh z. B. Augsburg) wird die patriotische Partei, ihrer schlecht gewürdigten Noblesse und Rücksichtsnahme entsagend, in keinen der beiden noch ausstehenden Ausschüsse mehr einen Fortschrittler wählen. Und das ist ganz billig und gerecht, da die Unseren fähige Kräfte genug haben, um der Fortschrittler ganz entbehren zu können.

— Die N. Bamberger Zeitung schreibt: Gewisse Herren Liberale machen es sich zur Aufgabe, die Schmähartikel, welche fortschrittliche Schandblätter von Zeit zu Zeit gegen den Abgeordneten Dr. Schüttinger liefern, geschäftig zu kolportiren und, freilich mit scheinheiliger Miene jede Solidarität mit diesen Schmähungen ablehnend, doch so viel ihnen möglich, für deren Weiterverbreitung zu sorgen. Mögen sich diese Herren gesagt sein lassen, daß wir aus den erwähnten Schmähungen mit Vergnügen ersehen, wie der genannte, von der großen Mehrheit der hiesigen Bürgerschaft hoch verehrte Herr Abgeordnete fortfährt, seinen „intelligenten“ Gegnern Schmerzen zu bereiten und deren Kniffe bloszustellen. Wir sind gewiß, daß er, unähnlich bekannten Wacklern, die von jeher von ihm eingehaltene politische Richtung männlich und konsequent auch ferner verfolgen werde und wünschen nur, er möge sich überzeugt halten, daß die erbärmlichen Angriffe, denen er neuerlich ausgesetzt ist, ihm in der Hochachtung seiner Wähler so wenig schaden, wie dieses bei den früheren gegen ihn gemachten Schmähungen der Fall war.

— Zu dem Tode des edlen Frhrn. v. Zu-Rhein weist die Pfälzer Zeitung auf die Mißhandlungen hin, die derselbe, bei der Fortschrittspartei in Ungnade, sich von den „Neuesten“ gefallen lassen mußte, und drückt den Wunsch aus, „daß der für unser Land und unsere Zustände wahrhaft beschämende Einfluß eines so armseligen Blättchens wie die „Neuesten Nachrichten“ hoffentlich nun ein Ende haben werden.“ Wir hoffen auch, daß die Zeiten der Mitregentschaft Knorrblättls vorüber sind.

— Wie wir vernehmen ist der Verleger des „Volksboten“, Hr. Dr. E. Zander, neuerdings gefährlich erkrankt und gestern Morgen mit den hl. Sterbsakramenten versehen worden. Heute soll etwas Besserung eingetreten sein.

— Gestern Nachmittags wurde der verlebte Regierungspräsident Frhr. v. Zu-Rhein vom Regierungsgebäude aus beerdigt. Mehrere Minister, eine große Anzahl hoher Beamten, das Direktorium der Kammer und die patriotische Partei vollzählig ꝛc. geleiteten den edlen Todten auf dem letzten Wege. Die Aristokratie war durch eine große Anzahl Pferde vertreten, die an Wagen gespannt waren.

— Das Augsburger „Anzeigeblatt“ fördert die Niederträchtigkeit zu Tage, die patriotische Kammermajorität habe ursprünglich den Dr. K. Barth zum zweiten Kammersecretär wählen wollen, da aber dieser die Regie- und Kasseverwaltung zu besorgen habe, so seien Zweifel aufgetaucht, ihm die Uebernahme dieser Geschäftssparte zuzumuthen. Diese Infamie des fortschrittlichen Blattes verdiente in einer Weise gezüchtigt zu werden, die unfehlbar die kostbare Zeit des Hrn. v. Leonrod wieder in Anspruch nehmen würde. Die Wahl liberaler Ausschußmitglieder durch die Patrioten motivirt das Blatt in seiner wüthigen Verbissenheit damit, daß die Patrioten es wünschenswerth erachtet hätten, daß „in den Ausschüssen nur Mitglieder sitzen, die gehörig lesen und schreiben können und da die patriotische Fraktion eine hinreichende Anzahl solcher Mitglieder kaum habe, so habe sie zu den Liberalen ihre Zuflucht nehmen müssen.“ — Wenn noch dem die fortschrittlichen Skribenten des „Anzeigeblattes“ noch Anspruch erheben, als Männer, als Männer von Ehre angesehen zu werden, dann können wir uns keine klare Vorstellung machen, was die Fortschrittler unter Buben, unter gemeinen Buben verstehen.

— „Die gegenwärtige Krisis in Bayern“ ist eine bei Bucher in Passau soeben erschienene Brochüre betitelt, welche uns ein ungewöhnliches Interesse bietet. Indem wir heute blos darauf aufmerksam machen, werden wir nicht versäumen, uns eingehender damit zu befassen.

Von Münnerstadt werden wir um Aufnahme folgender Erklärung ersucht: Auf die Angriffe gewisser Zeitungsblätter gegen unseren Klosteroberen, P. Friedrich Wester, fühlten sich wohlmeinde Männer, weiland Schüler des hiesigen Gymnasiums, gedrungen, in anderen Blättern, besonders im „Vaterland“ gegentheilige Stimmen verlauten zu lassen. Wir danken sehr für die bewährte Anhänglichkeit, bitten aber, vor weiteren Erörterungen Umgang nehmen zu wollen. Münnerstadt, den 12. Januar 1870. Der Augustinerkonvent. P. Gregorius Kempf, Subprior.

In Würzburg ist das Würzb. Journal, ein Blatt à la Knorrblättl, — konfiscirt worden. Wunderbar! Woher bläst der Wind?

Vom Rhein wird dem „Vaterland“ geschrieben. Des Tabacks Leiden und Freuden! Vor zwei Jahren, als der Tabak für das „steuerfähigste Objekt“ in Berlin erklärt wurde, haben die Liberalen und Juden — sie gehen immer Hand in Hand — die darob sehr erzürnten Tabaksbauern zu beschwichtigen gewußt. Sie sagten ihnen mit honigsüßem Munde: Die Steuer ist blos ein Vorschuß, welchen ihr macht, denn ihr bekommt später, wenn ihr die Steuer bezahlt, für euren Tabak um so mehr Geld. So log der Fortschritt den armen Bauern vor, und nun — haben sie in ihrer Noth das Nachsehen! Denn jetzt wird plötzlich mit eiserner Strenge die Steuer eingetrieben, während das „steuerfähigste Objekt“, der Tabak, noch an den Stangen (!) hängt und einen so niedrigen Preis hat, daß den armen Leuten angst und bange wird. Der Zentner, der sonst 20—25 fl. galt, gilt jetzt 12, 13, höchstens 14 fl. Kein Wunder, daß die Juden so sehr für den Nordbund schwärmen, denn diese Nordbunds-Glückseligkeit wirft ihnen die reifen Birnen in den Schooß. Während früher in vielen Gemeinden die Tabaksbauern ihre Zinsen zahlen, ihre Rechnungen an die Handwerker und Werkleute berichtigen konnten, nimmt ihnen jetzt die Tabakssteuer den schönsten Theil des Ertrags vorne weg und treibt sie noch bedeutend mehr in die „rettenden Arme“ der Kinder Israels, so daß man mit aller Sicherheit voraussagen kann, daß nach einer kurzen Reihe von Jahren die kleinern Tabaksbauern, die seither ihr Auskommen haben und in ihren Einnahmen und Ausgaben das Gleichgewicht halten konnten, ruinirt sind. Dazu kommt noch die frühere Steuer, die Abgabe der jungen Männer auf den nimmersatten Korporalstaat und die Aussaugung durch die Juden durch alle „gesetzlichen“ Mittel. Will man denn mit allem Vorbedacht das arme Volk, das seither treu an seiner Kirche und an seiner Obrigkeit gehangen hat, zur Verzweiflung bringen und zu allem Aufruhr fähig machen? So kann es nicht lange mehr fortgehen — zumal da sich alle Verheißungen der beschnittenen und unbeschnittenen liberaler Volksbeglücker als satanische Lügen erwiesen haben.

Sachsen. Aus dem Erzgebirge kommt traurige Botschaft. Es vollzieht sich dort eine industrielle Revolution, welche die schlimmsten Wirkungen für den kleinen Mann hat. Die Handweberei wird durch das Fabriksystem, die Kleinproduktion durch die moderne Großindustrie, die nur dem Großkapital möglich ist, verdrängt. Die Handweber nagen schon jetzt am Hungertuch, die Kleinfabrikanten machen zu Dutzenden Bankerott. Es bedürfte der durchgreifendsten Maßregeln, um zu verhindern, daß durch diese industrielle Revolution Hunderttausende ökonomisch und physisch zu Grunde gehen. Aber wer soll helfen, wo man alles Geld für die Soldaten verbraucht?

Preußen hat im vergangenen Jahre 50 Meilen Eisenbahnen gebaut. Das kleine Würtemberg mit 354 Quadratmeilen und 1,748000 Einwohnern hat 37 Meilen Schienenwege eröffnet, das „gewaltige“ Königreich Preußen mit 6400 Quadratmeilen und 23,580000 Einwohnern brachte es noch nicht einmal auf das Anderthalbfache des winzigen Würtemberg, während das „bankerotte Oesterreich“ ungerechnet 0 Vicinal- oder Lokalbahnen, mit 124 Meilen erscheint, dem Dritthalbfachen von Preußen. Der Staat des Militarismus und der Annexionen hat eben andere „Bedürfnisse“ als Eisenbahnen und andere Zwecke als Beförderung des Volkswohles und des Volksreichthums. Er macht die Völker arm und nimmt ihnen den letzten Pfennig, um noch ein paar Pickelhauben oder Hinterlader anzuschaffen!

In Berlin wird der Besuch des Erzherzogs Karl Ludwig wirklich und zwar „mit hoher Befriedigung“ erwartet. Der Besuch ist bereits offiziell angezeigt.

Ausland.

Schweiz. Die sehr „liberale“ Stadt Genf hat aus lauter Liberalismus und Toleranz der Leiche des Kardinals Reisach sogar den Durchgang verboten, so daß man genöthigt war, einen Umweg zu machen. Es genügt, diese Thatsache zu konstatiren, um den Liberalismus und die Toleranz dieser liberalen Helden zu kennzeichnen!

Frankreich. (Paris.) Die Blätter „Marseillaise“ und „Rappel“ haben bereits Subscriptionen zu einem Denkmal (!) für den Juden Victor Noir eröffnet, der ein Opfer seiner jüdischen Frechheit geworden ist. Die Subscribenten werden jedenfalls des Juden würdig sein. Die revolutionären Blätter blamiren sich, indem sie das Porträt dieses Menschen bringen, wahrscheinlich um öffentlich zu zeigen, wie tief die Begriffe von Ehre und Anstand bei den französischen Revolutionären gesunken sind, die solche Leute als Martyrer verherrlichen können. Unsere Victor Noirs lassen sich nicht von Prinzen noch von sonst wem todtschießen, sondern sammeln sich Kapitalien und werden dann zuweilen sogar konservativ, wenn sie alt und fett geworden sind; manchmal werden sie zwar bedenhettelt, aber bedenkmalt werden sie nie; dazu sind wir doch zu — zurückgeblieben.

Auswärtige Schrannen.

Landshut, 14. Jan Waizen 14 fl. 47 kr., gef. — fl 5 kr. Korn 11 fl. 19 kr., gef. - fl 13 kr. Gerste 11 fl. 22 kr., gef. — fl. 9 kr. Haber 6 fl. 58 kr., gest. — fl. 2 kr.

Münchener Schranne vom 15. Januar.

Getreidsorten	Verkauft Schffl.	Höchster fl.	kr.	Mittel- fl.	kr.	Nied.-Preis fl.	kr.	Gest. fl.	kr.	Gef. fl.	kr.
Weizen . .	2367	19	17	17	51	15	59	—	—	—	21
Korn . . .	1847	11	38	11	7	10	40	—	—	-	14
Gerste . . .	3244	14	15	13	34	12	27	—	—	1	—

Münchener Hopfenmarkt.

1) Ober- u. Niederb. Gewächs: Mittelgattungen: Gesammt-Vorrath: 4856 Pfd., Verkauf 914 Pfd., Preis 117 fl. 48 kr. - der Zentner; Wolnzacher- u. Auer-Markt-Gut: Gesammtvorrath 7100 Pfd., Verkauf 1158 Pfd., Preis 180 fl. — kr. der Ztr. 2) Mittelfränkisches Gewächs Mittel-Qualitäten: Vorrath 130 Pfd., Verkauf 130 Pfd., Preis 140 fl. — kr. der Ztr., Vorzügliche Qualitäten aus Spalter Umgegend nebst Kindinger- u. Heidecker-hopfen: Vorrath 16264 Pfd., Verkauf 16264 Pfd., Preis 190 fl. 18 kr. bis 175 fl. 30 kr. der Ztr., Spalter Stadtgut, u. Weingarten-, Mosbacher- und Stirner Gut Vorrath 1809 Pfd., Verkauf 1809 Pfd., Preis 231 fl. 36 kr. der Ztr. 3) Ausländisch Gut Saazer Stadt, dann Herrschafts- und Kreisgut Vorrath 1149 Pfd. Verkauf 341 Pfd., Preis 300 fl. — kr. bis — fl. — kr. der Ztr.

Brieftruhen.

Reklamationen von Schölkr. Nr. 8, Bamb. Nr. 11, Saal. Nr. 8. Abgeliefert.

Verantwortlicher Redakteur: Dr. A. Sigl

Druck von M. Vogt in München, Rosengasse 10.

Das Bayrische

Vaterland.

Das „Bayr. Vaterland" erscheint täglich mit Ausnahme der Sonn- und hohen Festtage. Preis des Blattes: Vierteljährig 54 kr., ganzjährig 3 fl. 36 kr. Das einzelne Blatt 1 kr.

Alle Postexpeditionen und Postboten des In- und Auslandes nehmen Bestellungen an. Inserate werden die dreispaltige Petitzeile oder deren Raum zu 3 kr. berechnet.

Redaktion: Burggasse 14. Herausgegeben von Dr. jur. J.B.Sigl. Expedition: Ruffinibazar 5

Remeginus. Nr. 14. Mittwoch 19 Januar 1870

Thronrede

Seiner Majestät des Königs

bei Eröffnung des Landtages am 17. Januar 1870.

Meine Herren Reichsräthe und Abgeordneten!

Es gereicht Mir zu hoher Befriedigung, die Kammern des Landtages wieder um Mich versammelt zu sehen, und mit Freude entbiete Ich Ihnen meinen königlichen Gruß. — Die Schwierigkeiten, welche sich der Constituirung der für den 21. September des vergangenen Jahres einberufenen Kammer der Abgeordneten entgegengestellt haben, waren der Anlaß zur Auflösung derselben und zur Anordnung von Neuwahlen. — Der Wiederstreit entgegenstehender Meinungen hat in der letzten Zeit einen Grad ungewöhnlicher Heftigkeit erreicht. In Folge dessen haben sich vielfach irrthümliche und beunruhigende Vorstellungen verbreitet. Im Vertrauen auf Ihrer Aller Vaterlandsliebe und Einsicht gebe Ich Mich der Hoffnung hin, daß das Vorbild maßvoller Haltung, welches Sie dem Lande geben werden, wesentlich zu seiner Beruhigung beitragen wird. — Ich weiß, daß manche Gemüther die Sorge erfüllt, es sei die wohlberechtigte Selbstständigkeit Bayerns bedroht. Diese Befürchtung ist unbegründet. Alle Verträge, welche Ich mit Preußen und dem Norddeutschen Bunde geschlossen habe, sind dem Lande bekannt. Treu dem Allianzvertrage, für welchen Ich Mein Königliches Wort verpfändet habe, werde Ich mit Meinem mächtigen Bundesgenossen für die Ehre Deutschlands und damit für die Ehre Bayerns einstehen, wenn es unsere Pflicht gebietet. — So sehr Ich die Wiederherstellung einer nationalen Verbindung der deutschen Staaten wünsche und hoffe, so werde ich doch nur in eine solche Gestaltung Deutschlands willigen, welche die Selbstständigkeit Bayerns nicht gefährdet. — Indem ich der Krone und dem Lande die freie Selbstständigkeit wahre, erfülle Ich eine Pflicht nicht allein gegen Bayern, sondern auch gegen Deutschland. Nur wenn die deutschen Stämme sich nicht selbst aufgeben, sichern sie die Möglichkeit einer gedeihlichen Entwickelung Gesammt Deutschlands auf dem Boden des Rechtes. — Ich hege die zuversichtliche Erwartung, daß Sie Mein Bestreben, an dem Wohle Meines Volkes im Geiste der neuen Gesetzgebung fortzubauen, kräftig unterstützen werden.

Die Aufgaben, welche Sie erwarten, sind wichtig. — Unter ihnen tritt die Regelung des Staatshaushaltes für die X. Finanz-Periode vor Allem hervor. — Meine Regierung war sorgfältig bemüht, bei Feststellung des Voranschlages der Staatsausgaben mit all' derjenigen Sparsamkeit zu Werke zu gehen, welche die pflichtmäßige Rücksicht auf die berechtigten Interessen des Landes als zulässig erscheinen ließ. — Gleichwohl war es, insbesondere bei dem Wegfall jener außerordentlichen Deckungsmittel, welche für die IX. Finanz-Periode zu Gebote standen, nicht möglich, das Budget ohne erhöhte Inanspruchnahme der Steuerkräfte des Landes aufzustellen. — Sie werden den Voranschlag der Ausgaben und Einnahmen, welcher mit dem Entwurfe des Finanzgesetzes an Sie gelangen wird, eingehender Prüfung unterstellen. Ich darf zu Ihrer Opferwilligkeit das Vertrauen hegen, daß Sie für die Bedürfnisse des Landes die erforderlichen Mittel rechtzeitig zur Verfügung stellen werden. — Auch die Rechnungs-Nachweisungen für die Jahre 1866/67 und 1868 werden zu Ihrer Einsicht und Prüfung gelangen. — Noch andere Vorlagen von Bedeutung werden erfolgen. — Beseelt von dem Wunsche, daß die Wahlen zum Landtage einen getreuen Ausdruck der im Volke lebenden Ueberzeugung bieten, habe Ich Meine Regierung beauftragt, Ihnen den Entwurf eines Wahlgesetzes auf der Grundlage des direkten Wahlrechtes vorzulegen. — Der Entwurf einer neuen Strafprozeß-Ordnung soll die Möglichkeit gewähren, die auf diesem Gebiete bestehenden gesetzlichen Bestimmungen in ein harmonisches Ganzes zusammenzufassen, in welchem zugleich die durch die neueren Erfahrungen veranlaßten Verbesserungen ihre Verwirklichung finden werden, und mit welchem das bereits bisher durch neue Gesetzbücher bekundete Streben, die Strafrechtspflege des Landes nach allen Richtungen zu heben und wirksamer zu machen, eine neuerliche Förderung erhalten wird. — Die mit der Einführung des Civil-Prozeß-Gesetzes im Zusammenhange stehende Advokaten-Ordnung, sowie eine neue Regelung der Tax- und Stempel-Gesetzgebung werden Ihrer Berathung unterstellt werden. Neben anderen Gesetzentwürfen wird auch ein solcher über die Organisation der Bürgerwehr in Vorlage kommen, bestimmt, die verdienstlichen Leistungen, welche die Bürgerschaft Meines Landes unter der bisherigen Gesetzgebung mit anerkennenswerther Hingebung der Erhaltung der öffentlichen Ruhe und Ordnung gewidmet hat, auch für die Zukunft zu sichern. — Ein Feld ausgedehnter Thätigkeit ist Ihnen hienach eröffnet.

Gehen Sie nunmehr an die Ihnen gestellte Aufgabe und lösen Sie dieselbe in einträchtigem Zusammenwirken mit bewährter Treue gegen Ihren König und mit gewissenhafter Würdigung der Bedürfnisse des Landes. — Durchdrungen von warmer Liebe für Mein treues Volk werde Ich mit Gottes allmächtigem Beistande Bayerns Wohl nach allen Kräften zu fördern trachten und Mein höchster Lohn soll das Glück Meines theuren Landes sein.

Diese Thronrede, von Sr. Maj. dem König selbst vorgelesen und von den Ministern (beziehungsweise Hrn. Stenglein) als der Ausdruck der bayr. Politik verfaßt, hat in ihrem ersten Theile einigen Beifall erregt, in allem Uebrigen aber den ungünstigsten Eindruck gemacht. Wäre die Rede einzig das Werk des Königs, was aber in konstitutionellen Staaten nicht vorkommt, so würden wir uns wahrscheinlich hüten, mit unserm Urtheil öffentlich hervorzutreten; da sie aber das Werk der Minister ist, sind wir so gut wie die Kammer verpflichtet, unserer Meinung darüber Ausdruck zu geben.

Wir können darüber füglich hinweggehen, daß die Minister der patriotischen Partei — denn für die Fortschrittler ist das ohnehin nicht gesagt — empfehlen, das „Vorbild maßvoller Haltung" zu geben und so zur „Beruhigung" des Landes beizutragen. Immer von uns „maßvolle Haltung" zu verlangen, ist eine Sache, die sich schon zu oft wiederholt hat und immer, so oft man auf unserer Seite aufs Aeußerste „maßvoll" und nachgiebig gewesen, uns die schlechtesten Früchte getragen hat. Es ist keine Zeit mehr zu „maßvoller" Nachgiebigkeit.

Wir acceptiren mit Vergnügen und halten daran fest, daß keine weiteren Verträge mit Preußen existiren. Wir dürfen nicht erwarten und annehmen, daß der König selbst es Hohenlohe nachmache, der die Existenz längst abgeschlossener Verträge — ignorirt und uns glauben zu machen gesucht hat, daß das Gegentheil von dem der Fall sei, was wirklich der Fall war.

Was das „treue" Halten der Allianzverträge betrifft, so ist das eine Sache, worüber in letzter Reihe das — Schicksal entscheidet. Wir glauben nicht, daß Bayern unter allen Umständen das Schutz- und Trutzbündniß halten wird, da Fälle möglich sind, da es zu halten eine Unmöglichkeit wäre und das ganze Land gegen sich hätte. Für die „Ehre Deutschlands" einzustehen ist allerdings unsere Pflicht, aber erst dann, wenn wieder ein Deutschland existirt; heute ist Deutschland nur mehr ein geographischer Begriff.

Fest halten wir an dem, daß der König nur in eine solche Gestaltung Deutschlands willigen will, welche die Selbstständigkeit Bayerns nicht gefährdet. Das entspricht ganz dem Programm der patriotischen Partei und damit den Wünschen des Volkes. Fest halten wir demgemäß auch an dem königlichen Worte, der Krone und dem Lande die freie Selbstbestimmung zu wahren. Diese Willensäußerung Sr. Majestät begrüßen wir mit hoher Genugthung und Freude.

Sollen aber diese, die äußere Politik betreffende Sätze uns auch mit Vertrauen erfüllen, so muß eine unerläßliche Bedingung erst erfüllt werden: die Entfernung Hohenlohes, die Beseitigung seines Einflusses, die Unschädlichmachung seines Anhangs. So lange ein Hohenlohe an der Spitze des auswärtigen Amtes steht, können wir uns nur mit den schwersten Besorgnissen und Befürchtungen tragen. Erst mit der Beseitigung des Ministeriums Hohenlohe blüht lebenskräftig unsere Hoffnung und unser Vertrauen auf.

Entschieden nicht können wir die „sichere Erwartung" der Thronrede bezüglich der innern Politik, insbesondere des „Fortbau's der neuen Gesetzgebung im bisherigen Geiste" und der „kräftigen Unterstützung" der Kammer mit Freude begrüßen. Eine der wichtigsten Aufgaben unserer Kammer ist: den „Geist der neuen Gesetzgebung" zu bannen, mit demselben gründlich aufzuräumen und die neuen Gesetze — es sind damit vorzugsweise die Socialgesetze gemeint — so zuzurichten und zu modifiziren, daß sie nicht der „grauen Theorie" des Fortschritts und des modernen Liberalismus, sondern den Bedürfnissen, den berechtigten Erwartungen und dem Bewußtsein des Volkes entsprechen. Der „Geist der neuen Gesetzgebung" ist nach unserer Ansicht ein entschieden volksfeindlicher, ist der Art, daß wir entschieden mit ihm brechen müssen, wenn nicht das ganze Volk durch diesen „Geist" zu Grunde gehen soll. Die Erwartung einer „Unterstützung" dieses „Geistes" ist also frucht- und erfolglos, denn die Kammer wird sicherlich alles Andere im Auge haben als eine derartige „Unterstützung", weil die Kammer für das Volk und seine berechtigten Erwartungen und Forderungen da ist und nicht für die Verwirklichung der Ideen einiger liberaler Theoretiker, die vom Volk so wenig wissen wollen, als dieses von ihnen.

Nicht minder entschieden müssen wir uns gegen jede weitere Steuererhöhung aussprechen; die wird hoffentlich die Kammer niemals bewilligen, am allerwenigsten so lange ein Hohenlohe an der Spitze der Geschäfte steht. Ein Appell an die „Opferwilligkeit" des Volkes, wird unter den bekannten Umständen niemals Anklang im Herzen des Volkes finden, um so weniger als das Volk keineswegs klar ist, zu welchen Zwecken, wozu denn eigentlich die Steuern erhöht werden sollen. Die patriotische Kammer wird nicht das Odium auf sich nehmen wollen, durch Bewilligung einer erhöhten Steuer sofort in Konflikt mit dem Volke zu kommen. Die Patrioten werden mit außerordentlicher Einigkeit gegen jede weitere Belastung stimmen und sprechen; in eine Steuererhöhung willigen wäre der Ruin der patriotischen Partei.

Mit hoher Befriedigung begrüßen wir die Ankündigung eines Wahlgesetzes auf der Grundlage des (allgemeinen?) direkten Wahlrechts, sowie eines Gesetzes, durch das die Tax- und Stempelgesetzgebung aufs „Neue" geregelt werden soll.

Einen günstigen Eindruck macht der Schluß der Rede, von dem wir sehnlichst hoffen möchten, daß er keine bloße Redensart sein möge. —

Die ministerielle Rede zählt eine große Anzahl schöner Versprechungen und einschmeichelnder Redewendungen; eben deshalb war ihr Eindruck nicht der Art, daß er das Wohlgefallen der Minister erregen konnte. Versprechungen und schöne Worte haben ihren Kurs, wenn man Vertrauen haben muß, daß sie auch erfüllt werden. Wir wissen aber keinen Grund, — nicht einen! — oder Anlaß, der uns zu diesem Vertrauen zwingen könnte! Vertrauen läßt sich so wenig als die Liebe erzwingen!

Für heute nur so viel. Fassen wir die ganze Thronrede möglichst kurz zusammen, so ist der Inhalt der: Preußisch sollt Ihr freilich (noch?) nicht werden, dafür aber sollen die Verträge gehalten werden, die uns an Preußen ketten. Wahrscheinlich zur Belohnung dafür, sollen wir fortan noch mehr, noch erhöhte Steuern zahlen dürfen. Im Uebrigen aber, was Gesetze, insbesondere die Socialgesetze betrifft, soll im Innern auch fortan nach fortschrittlichem Recept fortgewirthschaftet werden. — Das klingt freilich wenig tröstlich für uns und gibt noch weniger Anlaß, darüber „befriedigt" oder gar erfreut zu werden. Die Kammer aber wird in der Adreßdebatte den Herren Ministern ihren Willen und ihre Ueberzeugungen schon zu erkennen geben.

Im Uebrigen glauben wir, daß insbesondere nach den Betheuerungen der Thronrede bezüglich der äußern Politik die Stellung Hohenlohes geradezu unmöglich ist und daß wir und das bayrische Volk und seine Vertreter heute mehr als je auf der Entfernung Hohenlohes bestehen müssen. Wir halten es zudem undenkbar, daß ein Mann von Charakter einer solchen auswärtigen Politik gegenüber, wie sie die Thronrede zu inauguriren scheint, noch länger in einer Stellung beharren könne, deren Programm in keiner Weise mit einer solchen Politik übereinstimmt. Hohenlohe muß nach dem unter allen Umständen gehen; je eher er geht, desto besser für uns und — für ihn auch!

Deutschland.

München, den 18. Januar.

Der **Landtag** fährt heute in der Wahl der Ausschüsse fort. Wie bemerkt soll nicht **ein** Fortschrittler mehr gewählt werden; man hat es satt, die besten Absichten in der niederträchtigsten Weise ausgebeutet und geschmäht zu sehen. Zur Charakterisirung dieser Fortschrittler soll noch angeführt werden, daß dieselben **niemals** weder einem „Ultramontanen“, noch dem Demokraten Kolb eine Stimme gegeben haben. Das soll wahrscheinlich „Festigkeit“ bedeuten, deutet aber viel eher auf etwas ganz anderes, was man sonst an Männern, zumal an Männern, die das **Wohl und Beste des Landes** zu berathen haben, nicht zu loben pflegt.

— Das Konsortium für Erbauung einer **Pferdebahn** in München hat dem Magistrat angezeigt, daß es von der Ausführung des Unternehmens einstweilen abstehen werde, da die vom Magistrat gestellten Bedingungen nicht angenommen werden können. Es befindet sich hier eine Clique, welche jede neue Idee, sobald sie ihrer ansichtig wird, sofort todtzubeißen sucht, besonders wenn sie etwas schwärzlich schillert. Dieser liberalen Clique ist auch die projektirte Pferdeeisenbahn zum Opfer gefallen.

— Eine gestrige Arbeiterversammlung endete unter namhaften gegenseitigen Beschimpfungen schließlich mit einer gewaltigen Prügelei benebst polizeilicher Auflösung. Köpfe und Reden waren sehr roth.

Von **Rosenheim** wird dem „Vaterland“ geschrieben: Die Wahlen sind nun glücklich vorüber, den Schluß hievon bildete auch hier die Kirchenrathswahl, bei welcher es wieder sehr liberal zuging. Wie bei den vorhergehenden Landtagswahlen, so führte auch hier der Expeditor Löhlein, der zwar Protestant ist, aber doch durch seine Agitationen sich so außerordentlich beliebt (?) zu machen wußte und fast mehr Politik als sein Geschäft betreibt, wieder das große Wort und die Hauptdirektion. Die Arbeiter und Taglöhner der Bahn mußten sich, so eifrig nahm er sich um die gute Sache an, ihre Wahlzettel in dem Arbeitslokal holen, und man wußte es so einzurichten, daß sogar Protestanten und Buben **unter** einem Alter, wo man hinter den Ohren trocken zu sein pflegt, das Ihrige thun konnten, um den liberalen Sieg zu erringen. Gleich Löhlein verdient auch der als Wahlkommissär anwesende Regierungsrath den Dank des Vaterlandes in besonderem Grade, weil er Bürger, die schon lange an der Reihe waren, ihre Zettel abzugeben, zurückwies, da die Herrn von der Eisenbahn zuerst bedient werden mußten. Gegen die Wahl wurde wohl, wie wir hörten, **Protest** eingelegt, da nachgewiesenermaßen nur durch zur Wahl Unberechtigte dieses Resultat erzielt wurde, allein eine hohe Regierung wird hoffentlich die angegebenen Gründe nicht anerkennen, das würde die Liberalen sonst sehr verdrießen. Herrn Löhlein möchten wir aber übrigens ersuchen, seine Nase nicht überall, namentlich nicht in Gemeinde-Angelegenheiten hineinzustecken; sonst möchten wir uns veranlaßt sehen, dem „Vaterland“ noch **vor** seinem Absterben einige Beiträge zu seiner Lebensgeschichte und Charakteristik zur Verfügung zu stellen, die seine Bescheidenheit in große Verlegenheit setzen könnten.

Aus der Pfalz*) erhält das „Vaterland“ das folgende klassische Schriftstück eines sehr fortschrittlichen protestantischen Schulverwesers, der sich durch seinen Eifer wie seine Intelligenz bei den Wahlen ausgezeichnet und eine mächtige Fortschrittsfackel — sein will. Es lautet: N. d. 11. Jan. 1870. Wohllöbliches Bürgermeisteramt! Ich ersuche Sie (das Bürgermeisteramt!) mit der höflichsten Bittte mir doch gefälligst meine Anweisung pro 1870 meines Gehaltes aussertigen zu wollen und Sie (sic!) mir gefälligst **überschicken**. Der gütigen Gewährung seiner Bitte entgegensehend verharrt N. N.“ — Ja, es fehlt bei Manchem doch stark an der Schulbildung, „gebildet“ aber nennt er sich doch und an Fortschrittlichkeit hindert ihn das gar nicht.

In **Baden** ist der Kammer ein Militärstrafgesetzbuch vorgelegt worden, dessen **erster** Artikel sehr einladend also lautet: „Die wegen militärischer Verbrechen verwirkte Todesstrafe ist durch Erschießen öffentlich zu vollstrecken.“ Ein recht liebenswürdiger und des badischen Musterstaates der „Intelligenz“ &c. überaus würdiger Eingang, der sicher nur den besten Eindruck machen kann. Weiterhin ist von Arreststrafen die Rede, die in einem einsamen dunklen Gemach, ja während dreier Tage ohne Lagerstätte und bei Wasser und Brod zu erstehen sind und eine liebliche Ahnung der Mittel und Künste erwecken, durch die ein Militärstaat die Körper und Geister seiner Angehörigen zu biegen und nöthigenfalls zu **brechen** weiß. Da könnte doch einmal selbst den vernageltsten Köpfen ein Licht aufgehen, was von diesen preußischen Militärstaatsseligkeiten zu halten ist, die uns unsere Bettelpreußen anzupreisen nicht müde werden.

Hessen. In **Darmstadt** hat sich „auf Anregung und unter thätiger Mitwirkung der Princessin **Alice** ein „Frauenverein“ für Krankenpflege, bezw. zur Heranbildung von Krankenpflegerinen gebildet, der das entschiedene Wohlgefallen der jüdischen und christlichen Aerzte hat und die — Barmherzigen Schwestern ersetzen will. Daß die Princeß Alice an der Spitze steht, ist besonders bezeichnend; diese hohe Dame macht stark in Fortschritt und Aufklärung und war seinerzeit die eifrigste Schülerin des Affenprofessors Vogt, dessen Affenwahnsinn sich ihrer entschiedenen Protektion erfreute; sie versäumte keinen seiner Vorträge in Darmstadt. Ihre „Freisinnigkeit“ hat sie auch dadurch bekundet, daß sie ein von **gläubigen** Protestanten zu Unterricht und Erziehung armer Blödsinniger ins Leben gerufenes Unternehmen mit großem Geschick diesen aus den Händen zu winden und in **freisinnige** Hände zu spielen wußte. Es ist nicht immer gut, wenn sich die Weibien um Dinge annehmen, die sie nichts angehen, nicht einmal wenn sie Prinzessinen sind.

Oesterreich. In **Wien** hat der Kaiser die Entlassung der Minister Graf Taafe, Berger und Potocki angenommen, so daß also die Haupthähne, Giskra voran, wieder obenauf sind. Dann werden die Orgien, die der Liberalismus in nächster Zeit in Oesterreich aufführen wird, noch ärger, denn bisher. Armer Kaiser!

Preußen. In **Berlin** ist man in hohen Kreisen während der letzten Tage in Folge der fortschrittlich revolutionären Pariser Schwindeleien Rocheforts und seines katilinarischen Anhangs in nicht geringen Aengsten gewesen. Man soll sich aber bei Hof weniger vor einer Pariser Revolution — gegen die Napoleon schon gesorgt hat — und ihrer **Wirkung** auf **Deutschland** gefürchtet haben, als davor, daß das neue liberal-konstitutionelle Regiment in Paris den Moment heraufbeschworen habe, der zur **Ableitung** einen **Krieg nothwendig** mache. Und da hat man am Ende sogar die richtigste Ansicht. Deshalb wolle Bismark und sein König nach „neuen Allianzen“ suchen und diese „selbst mit den größten Opfern erkaufen“, denn „nur durch kriegerische Verwicklungen glaube er zur Durchführung seiner weiteren deutschen Annexionspläne gelangen.“ Aber wenn sich **keine** Alliirten für das allzeit treulose Preußen fänden?!

— In einem Steckbrief, welchen eine preußische Behörde gegen einen, wegen „ruhestörenden Lärmens in Anklagestand versetzten“ Tischlergesellen eben im „Staatsanzeiger“ erläßt, steht unter der Rubrik „besondere Kenn-

*) Sehr liebenswürdig. Freundliches Offert sehr angenehm und willkommen!

zeichen": Spricht sehr hochdeutsch, war in Amerika. Wir hoffen, daß der Scharfsinn der Berliner Polizei nach dieser gelungenen Beschreibung besagten Tischlergesellen ausfindig machen wird.

Ausland.

In **Dalmatien** haben die Oesterreicher nach einem vorläufigen Abschluß vom 5. Okt. bis 30. Nov. an Todten 12 Offiziere, 72 Soldaten, an Verwundete 14 Offiziere, 224 Soldaten, an Vermißter 1 Offizier, 48 Soldaten und an Geld circa 8 Millionen verloren. Das Heer bestand aus nur 13130 Mann und 374 Offizieren.

Frankreich. Die Pariser Hitzköpfe geruhen jetzt auch auf den Marschall Canrobert, den Kommandanten von Paris, sehr wüthend zu sein, weil er, am Begräbnißtage des frechen Judenjünglings Noir gefragt, was er im Falle eines Aufruhrs thun würde, sehr geruhsam erwiderte: „Erst müsse auch er eine Leiche haben; sobald ihm aber ein Mann getödtet sei, dann ran! 40,000 Mann auf die Straßen, nöthigenfalls blos zwei Regimenter mit Chassepots und Paris soll in fünf Minuten beruhigt sein". — Diese Aeußerung des resoluten Generals hat die Herren Revolutionäre sehr verschnupft, thut aber nichts. Jedenfalls würden sie in Canrobert ihren Mann finden.

Italien. Rom. In der Allokution des hl. Vaters vom 9. Januar findet sich folgende Stelle, welche ganz den heldenmüthigen und entschlossenen Charakter des großen Papstes kennzeichnet: „Sogenannte kluge Leute möchten, daß man gewisse Fragen schone nnd nicht gegen die Ideen der Zeit gehe. Ich aber erkläre, daß man die Wahrheit sagen muß, um die Freiheit zu gründen, daß man sich niemals fürchten muß, die Wahrheit laut zu verkünden und den Irrthum zu verurtheilen. Ich will frei sein wie die Wahrheit. Um die Dinge dieser Erde kümmere ich mich nicht; ich besorge die Angelegenheiten der Kirche, des heil. Stuhles und der gesammten christlichen Gesellschaft."

Rußland. Gegen die Ueberhandnahme der Juden hat die Regierung einen Ukas erlassen, durch den die Juden bis zum 31. Lebensjahr dienen müssen, während die Christen nur bis zum 23. Jahre zum Militärdienst gezogen werden. Wer weiß, daß die dortigen Juden im 18., spätestens 23. Jahre schon verheirathet und bei Erreichung des 30. Jahres schon mit zahlreichen, 5—6 Kindern zählenden Familien gesegnet sind, kann sich eine Vorstellung von dem panischen Schrecken machen, den dieser Ukas der gescheidten Russen bei den Juden hervorbrachte. Die jungen Juden werden in strenger Haft gehalten, nach der Hauptstadt des Kreises geführt und von da nach dem Kaukasus zur Ableistung ihrer Militärpflicht transportirt. Da aber die russische Regierung zuweilen sehr milde sein kann, so sollen nach dem Ukas alle Juden, die sich taufen lassen, vom Militärdienst ganz frei sein. Da wird die russische Kirche ein schönes Gesindel von pulverscheuen Juden in ihren Schooß bekommen, wenn die es nicht vorziehen, sich davonzu machen nnd das übrige Europa mit ihrer schätzbaren Gegenwart zu beglücken..

Marktpreise in München.

1 Pfd. Mastochsenfleisch 16 kr. — pf., Kuhfleisch 17 kr. — pf., Kalbfleisch 14 kr. — pf., Schaffleisch 12 kr., rohes Schweinefleisch 20 kr. 1 Pfd. Schweinfett 29 kr. eine rohe Zunge 1 fl. 12 kr., ditto geräuch. 1 fl. 30 kr. ein Zentner rohes Unschlitt 23 fl. — kr. ein Pfd. gegoss. Lichter 24 kr., gez. feine Lichter 28 kr., ditto ordinäre 22 kr., Seife das Pfd. 16 kr.

Das Pfd. Karpfen 23—24 kr., Hechten 30—36 kr., Huchen 48— — fl. 54 kr., Rutten 42—46 kr., Forellen 1 fl. 12 kr. bis 1 fl. 24 kr. Salfische 1 fl. 24 kr., Barben 18—20 kr., Alten 16—18 kr., Waller 42—45 kr., Brachsen 14—18 kr., Renken 24—30 kr., Birschlinge 18—20 kr., Bachfische 7—9 kr., Krebse das Viertel 100 36—54 kr., Frösche, das Viertel 9—15 kr. — 1 Zentner Heu 1 fl. 30 kr., 1 Ztr. Grummet 1 fl. 36 kr. Waizenstroh — fl. — kr. Roggenstroh — fl. — kr. Haberstroh — fl. — kr. Eine Klafter Buchenholz 15 fl. 48 kr. Birkenholz 14 fl. — kr. Föhrenholz 9 fl. 48 kr. Fichtenholz 9 fl. 48 kr. Das Pfd. Schmalz höchster Preis 34 kr. Das Pfd. frische Körbchenbutter, höchster Preis 34 kr. 5 Stück frische Eier 8 kr. Die Maß gute Milch 5 kr. 1 Pfd. Leinöl 16 kr. 1 Pfd. Repsöl 18 kr.

Börsennachrichten.

Frankfurt a. M., 15. Jan. **Schlußcurse:** 1882er Amerikaner 97⅛. österr. Bankactien 710; dito Creditactien 249½; Bayer. Ostb.-Actien 122⅞; Oesterr. Loose v. 1860 80⅞; dito v. 1864 118; 5 proc. österr. engl. Metall. 65¼; 5 proc. National 55¼; 5 proc. bayer. Anl. 101. dito 4½ proc. Anl. 91⅞; dito 4 proc. Pr.-Anl. 106¾; dito 4proc. Grundrente 86⅞; Elisabeth-Prior. I. Em. 75⅞; Napoleons 9.27½. Münchener Anleihe 100⅞; steuerfreie Mrt. v. 1866 —; österr. franz. Staatsbahn 380⅞; bad. Präm.-Anl. 105⅞; Münchener Handelsbank —.

Geldsorten, Frankfurt, 15. Januar.

	Anzubr.	Zu haben.		Anzubr.	Zu haben.
Pistolen . . .	9.47	9.49	Engl. Sovereigns	11.53	11.57
Imperiales, russ.	9.48	9.50	Dollars i. Gold	2.27	2.28
Holl. 10 fl.-St.	9.54	9.56	Preußisch. Friedrichsd'or . .	9.57	9.58
Dukaten vollgw.	5.37.	5.39	Preuß. Kassasch.	1.45	1.45¼
Napoleonsd'or .	9.26½	9.27½			

Bei den Ziehungen der Kölner Dombaulotterie vom 13. — 15. wurden nachstehende Haupttreffer gezogen: Der Hauptgewinn von 25,000 Thlr. fiel auf Nr. 298,975, 10,000 Thlr. fielen auf Nr. 140,120, 5000 Thlr. auf Nr. 82,247, 2000 Thlr. auf Nr. 148,292, 1000 Thlr. auf Nr. 98,380, 155,711 und 337,110, 500 Thlr. auf 8141, 62,340, 177,230, 241,143, 242,779, 279,620, 306,767 und 344,802.

Verantwortlicher Redakteur: Dr. J. Sigl.

Druck von M. Vogt in München, Rosengasse 10.

Das „Bayr. Vaterland" erscheint täglich mit Ausnahme der Sonn- und hohen Festtage. Preis des Blattes: Vierteljährig 54 kr., ganzjährig 3 fl. 36 kr. Das einzelne Blatt 1 kr.

Das Bayrische Vaterland.

Alle Postexpeditionen und Postboten des In- und Auslandes nehmen Bestellungen an. Inserate werden die dreispaltige Petitzeile oder deren Raum zu 3 kr. berechnet.

Redaktion: Burggasse 14. | Herausgegeben von Dr. jur. J. Sigl. | Expedition: Kustinibazar 5.

Kanat. | Nr. 13. | Donnerstag, 20. Januar 1870.

Nieder mit — wem eigentlich?

Die katholisch-patriotische „Partei" in Bayern hat endlich einen erfolgreichen Sieg errungen. Warum? Weil ihr der Fortschritt und dessen hohe und gemeine Verbündeten dazu verholfen haben. Die bodenlose Unverschämtheit und Dreistigkeit der Fortschrittler, ihre Verrätherei, die von ihnen ausgegangene und von ihnen vertheidigte Belastung und Ueberbürdung des Volkes rc. — das hat für sie schnell den Tag der Vergeltung herbeigeführt. Alle früheren Berufungen, alle Bureaukratenkünste und Polizeikniffe, alle Maßregelungen, Versetzungen, Pensionirungen pflichttreuer Beamten, alle bis jetzt erlassenen [illegible] Gesetze zur Knechtung des Volkes haben ge[illegible] Gegentheil von dem bewirkt, was die Urheber [illegible]: sie haben dem bayrischen Volke endlich [illegible] geöffnet, jenem edlen Kerne des Volkes, [illegible]sächlich im Schweiße des Angesichtes für das täg[illegible] arbeitet, der seine Blutkreuzer zu den Steuern [illegible] seine Söhne in die Kasernen und auf die Schlacht[illegible] — für seinen König, nicht aber für die [illegible] für fremde Zwecke.

[illegible] finden es begreiflich, wenn der Fortschritt jetzt [illegible] tobt und in seiner Wuth alles Maß überspringt, [illegible] kennen diese Herren Fortschreiter. Ist ihnen ja [illegible] da am meisten auf die Finger geklopft worden, wo [illegible] eigentliche Macht hätten entfalten können — in der Kammer, in der Vertretung des Volkes. Selbst der verzweifelte Rettungsversuch jenes Ministers, den die rächende Vergeltung bereits von dem Stuhle der Macht gestürzt, — die Wahlkreiseintheilung Hörmanns, der letzte Strohhalm für den sinkenden Fortschritt, hat ihnen nichts mehr geholfen: sie sind nur um so eklatanter geschlagen worden und zu Schanden worden.

Wenn sonst Jemand dumme oder schlechte Streiche macht und deren unangenehme Folgen endlich büßen muß, so muß er schon weit in der Verkommenheit „fortgeschritten" sein, wenn er gegen die öffentliche Gerechtigkeit, die ihn strafen mußte, aufbraust und ihr Verderben schwört. Selbst Verbrecher in den Zuchthäusern, wenn sie nur einigermassen noch einen Rest von Vernunft und gesundem Sinn sich gewahrt haben, erkennen meistens, daß an ihrem Verderben sie selber Schuld sind. Was aber sollen wir von jener Sorte von Fortschrittlern vom Schlage des „Landboten" denken und sagen, welche in ihrer ohnmächtigen Wuth über die hundertfache Wahlniederlage jetzt das Feldgeschrei erheben: Nieder mit den Pfaffen? Solche brutal-bübische, allen Gesetzen hohnsprechende Aufforderung zu Gewaltthaten verdient wie sich gebührt zurückgewiesen und gezüchtigt zu werden und nicht blos an der katholisch-patriotischen Presse wäre es, diese Züchtigung zu unternehmen, sondern die Aufgabe und Pflicht der bestellten Wächter des Gesetzes wäre es gewesen, dem beleidigten Gesetz eine Sühne zu verschaffen. Diese aber haben geschwiegen und schweigen noch heute, gleich als gälten die Strafgesetze einzig für die Ultramontanen und hätten die Liberalen einen Freibrief, Jegliches thun zu dürfen, ohne das Gesetz fürchten zu müssen.

Ist das nicht auch ein Beitrag zur Charakterisirung unserer Rechtszustände?!

Aber warum denn gerade nieder mit den „Pfaffen?" Paßte dieses Nieder mit — nicht gar viel besser auf eine gewisse andere Sorte von Menschen? Zum Beispiel auf jene Menschen, welche nach dem einst so glücklichen Bayern „berufen" oder geschmuggelt wurden und die Bayern vielleicht ihren Dank damit abtragen, es zu verkaufen und zu verrathen, nachdem man, nicht immer vergeblich, es zu ruiniren gesucht hat? Warum soll denn das bayrische Volk gerade seine „Pfaffen", d. h. seine Priester, die in Zeiten der Noth und Bedrängniß immer treu zum Volke standen, die mit dem Volke kämpften und stritten, duldeten und Verfolgung litten, niedermachen? Wo ist denn das Unheil, das der katholische Klerus über Bayern gebracht hat? Wo sind denn die „vaterlandslosen" Priester, die das Vaterland Bayern je verrathen haben? Wo die Schäden, die der Klerus dem Lande oder Volke zugefügt? Treibt der Klerus Groß-Industrie, die die Armen aussaugt, um das allmächtige Kapital noch mehr zu vergrößern? „Macht" er in Papieren? Verkauft er die Papiere hoch, um sie dann sinken zu lassen und seinen Gewinn zu nehmen auf Kosten der Andern? Streckt er seine Hand aus nach dem Gut und Vermögen des Nächsten, die schlechte Zeit, die Stockung der Geschäfte rc. benützend, es an sich zu bringen? Lebt er vom Schweiße seiner Schuldner? Läßt er Wechsel erneuern und bei jeder Erneuerung hinaufschrauben? Wirft er sein Geld an — weg? Oder ist nicht gerade in den Zeiten der Noth der Klerus erst recht mitten im Volke, während der großmaulige Fortschrittsmann sich verkriecht und seinen Daumen fest auf den Geldsack legt, wenn er einen hat? — Seht, das Alles thun Juden und Fortschreiter, aber man ruft nicht: Nieder mit den Juden! Nieder mit den Liberalen!

Es ist empörend zu sehen, wie jetzt nach dem denkwürdigen Wahlkampfe, in dem das Volk für seinen Herd, für seine Habe, für sein Recht, für sein Glück, für seine und seines Königs Freiheit und Selbstständigkeit für seine Religion und seinen Gott gekämpft, ein hergelaufener Jedermann den Mund aufsperrt und — mitten in einem katholischen Lande und unter einem katholischen Volke zu schreien sich erkühnt: Nieder mit den Pfaffen!

Es ist empörend dies sehen zu müssen und es ist nicht erquickend für den rechtlichen Mann zu sehen, daß dies ungerügt, ungeahndet, straflos unter den Augen der Obrigkeit geschieht und geschehen darf! Hat etwa Hr. Burchtorff seine Augen durch die fleißige und strenge Lektüre des „Vaterland“ sich so gründlich verdorben, daß er über seinen Splittern solch gewaltige Balken nicht mehr sieht? Hr. Burchtorff! Oder ist den Liberalen in der That Alles erlaubt? — Wo bliebe aber da der ausgebildete Sinn für Recht und Gerechtigkeit des Hrn. Burchtorff!

Wir sind empört und Tausende sind es mit uns und wenn wir in unserer gerechten Entrüstung Angesichts solcher Keckheit, die Liberale sich erlauben dürfen, rufen würden: Nieder mit diesen Burschen, diesen Aufreizern, diesen Volksverführern! — die hl. Hermandad würde es uns sicher sehr übel nehmen, aber unsere zornige Entrüstung wäre trotzdem eine gerechte. Das thun wir aber nicht; nicht nieder, sondern auf den Pranger mit ihnen, rufen wir, an den publizistischen Pranger, wo wir ihnen die Heuchlerlarve vom Gesicht reißen wollen.

Denn noch Ein's! Diese Leute, die die „Pfaffen“ niedermachen wollen, nennen sich die „treuesten Freunde des Königs“! Und was das Wunderbarste ist, es gibt fromme unerfahrene Seelen, die das glauben!

Die guten Leute, die nicht wissen, daß es der Grundsatz jeder Revolution gewesen: Der letzte König gehängt mit den Gedärmen des letzten „Pfaffen“! Was? Der nächste beste Vagabund, der gegen gute Bezahlung sich dem Fortschritt verschreibt, der nächste beste Hohlkopf, ohne Grundsätze, ohne Gott, ohne Religion, der dem großen Haufen nachläuft, der nächste beste Ritter vom Federkiel, der nichts hat als den Federkiel und diesen Jedem verkauft, der ihn zahlt, — die sollen die wahren Freunde der Könige sein, die sollen die Stützen der Throne, die Hoffnung der Kronenträger sein? Ach, welche Verhöhnung des gesunden Menschenverstandes!

Deutschland.

München, den 18. Januar.

Landtag. In den IV. Ausschuß wurde in 2. Skrutinien noch gewählt: Hr. Pf. Hafenmayer; in den V. (Beschwerde)-Ausschuß: Louis, Senestrey, Aschenauer, Zu-Rhein Hauck, v. Fuchs, Rud. Weiß, L. Jill, Al. Frank.

— Allen Anzeichen nach scheint die in Karlsruhe angestrebte Vereinigung der süddeutschen National-Liberalen nicht zu Stande zu kommen. Die Nationalliberalen sehen jetzt recht gut ein, daß die überwiegende Mehrzahl der bayrischen Bevölkerung — und nicht lediglich die Ultramontanen — gegen jede Art von Verpreußung entschiedenen Widerwillen fühlt und ist daher die nationalliberale Partei jetzt gezwungen, einer Discutirung der nationalen Frage aus dem Wege zu gehen. Der in Nürnberg erscheinende nationalliberale „Fränkische Kurier“ läßt sich in dieser Angelegenheit aus München schreiben. „Die bayrische Fortschrittspartei hat zu einer Versammlung süddeutscher Nationalliberaler die Einladung nicht erhalten, würde aber auch aus naheliegenden Gründen, wie wir annehmen dürfen, auch einer solchen Einladung nicht Folge geleistet haben, wenn sie dieselbe erhalten hätte“. Es ist natürlich, daß das jetzige zu erwartende Verhalten der bayrischen Nationalliberalen in den preußischen annexionslustigen Kreisen sehr übel vermerkt wird und sieht sich ja auch bereits die Berliner „Nationalzeitung“ veranlaßt den bayrischen Fortschrittlern unter Vorrückung aller möglichen Schreckgespenster die Leviten zu lesen.

— Dem Ministerium Hohenlohe, schreibt die Frkf. Ztg. wird es bei der entschiedenen Haltung der Patrioten schwül und soll deshalb, wie norddeutschen Blättern berichtet wird, eine neue Ministerkrisis ausgebrochen sein. In Wahrheit ist die Ministerkrisis nie beseitigt gewesen, sondern ihr Austrag nur vertagt worden. Die bevorstehende Adreßdebatte die voraussichtlich mit einem Mißtrauensvotum endigt, wird ihren Verlauf beschleunigen. Das bayrische Ministerium kann sich nicht darauf beschränken, solch ein Votum einfach zu den Acten zu nehmen, denn es weiß, daß der Adresse, sollte es der darin ausgesprochenen Mahnung keine Folge geben, die Steuerverweigerung folgen wird. Daß die Patrioten hiezu entschlossen sind, scheint unzweifelhaft. Auch der versöhnliche Ton der Thronrede wird daran schwerlich etwas ändern.

— Die „Berliner Kreuzzeitung“ nimmt sehr wohlgefällig von der Mäßigkeitsrede des Hrn. v. Thüngen Notiz und will den bayerischen Patrioten angelegentlich ins Gewissen reden, dem Hrn. Baron ja hierin zu folgen. Möge die Kammer der Abgeordneten, sagt sie, solche Worte beherzigen, sie kann es wahrlich brauchen. Die Partei der Patrioten, welche in den Wahlen den Sieg errungen, kennt bis jetzt nichts von der Demuth, mit der zu nützen ihr (von Thüngen) empfohlen wird. Sie tritt auf mit dem diktatorischen: So wollen wir es und so muß es geschehen, denn wir sind die Majorität.“ — Und darin hätten die Patrioten, mag auch die „Kreuzzeitung“ das Maul schief ziehen, sehr Recht und wir wünschten, sie möchten immer streng daran festhalten. Weise Mäßigung — die lassen wir uns gefallen und wir brauchen auch gar nicht zu besorgen, daß den Patrioten unter der Führung des Hrn. Dr. Weis etwa einmal das Rößlein durchgeht; was aber die von Hrn. v. Thüngen und der Kreuzzeitung gepredigte Demuth betrifft, so werden die es an Demuth gegen Gott schwerlich fehlen lassen; die Bettelpreußen aber sollen an ihnen nie eine demüthige Miene zu sehen kriegen; das wäre sehr wenig am Platz und Gott sei Dank, die Patrioten haben's nicht nöthig!

— Nachdem das fortschrittliche Gemeindekollegium seine Thätigkeit sehr passend damit begonnen, daß es den Beschluß des vorigen Kollegiums umstieß, weil der von diesem als „Schulrath“ gewählte Lehrer Ingerle es an genügender Fortschrittlichkeit fehlen zu lassen verdächtig war, will man jetzt die Stelle eines Schulraths mit einem fast noch einmal so hohen Gehalte (1600 — 2000 fl.) ausstaffiren und die Stelle in der ganzen civilisirten Welt zur Bewerbung ausschreiben. Wir zweifeln nicht, daß irgendwo ein passender Hansdampf von Fortschreiter ausfindig zu machen sein wird, der den Jungen der hiesigen Fortschrittshäupter „zeitgemäße Aufklärung“ einzubläuen versteht. Schön ist's aber von den Herren doch nicht, daß sie mit diesem Ausschreiben implicite erklären, daß dazu in ganz München keiner gescheidt genug ist.

— "Wir freuen uns, melden zu können, daß Herr Dr. E. Zander bereits wieder außer aller Gefahr ist.

— In Bayern erscheinen nicht weniger als 420 Zeitungen und Zeitschriften, weshalb der Fortschritt und die Intelligenz so ungeheuer ins Kraut geschossen sind.

Denn Intelligenz befördernd
Ist das viele Zeitungslesen,
Namentlich wenn man Kafe trinkt
Und dazu raucht Havanesen.
Thut man dies in einem Kreise
Von Kafe-Intelligenzen,
Wird man stracks auf diese Weise
Aufgekläret ohne Grenzen,
Und das Schönst' ist, was gar sehr frommt,
Daß man dazu wie im Schlaf kommt.

Aus Darmstadt wird dem „Vaterland“ geschrieben: Zum Staunen aller einsichtsvollen Männer, nimmt Metz, der berühmteste aller Ehe- und Ehrenmännern, noch immer seinen Sitz in der zweiten Kammer ein. Man erwartete freilich von vielen Seiten, er werde, nachdem er im Prozeß „Metz-Fendt“ eine so eklatante Niederlage erlitten und ihm in unpartheiischer Weise die — Schwachheit eines Ehebruchs vor seinen eigenen Augen gerichtlich nachgewiesen worden ist, schon jede ehrenhafte Gesellschaft, besonders aber die hohe Ständeversammlung meiden; aber man täuschte sich, denn Metz ist ein Fortschreiter. Ob ihm in der zweiten Instanz, die er angerufen, noch ein Strohhalm geboten war, an welchem er sich zu halten vermag, bezweifelt man billig; Letzteres wäre auch nur dann möglich, wenn es Metz in seiner advokatischen Gewandheit gelingen würde, die gegen ihn aufgetretenen Zeugen des falschen Zeugnisses zu beschuldigen, ein Manöver, das er gewiß versuchen würde, wenn er nur — könnte. — Trotz aller tausend Nöthen, in denen das glorreiche Haupt der Hessen-Darmstädter Fortschreiter und Juden sich befindet, sitzt er aber noch immer in der zweiten Kammer —!!! Ich wollte nur einmal das Halloh sehen, welches die fortschrittlichen Mücken anstimmen würden, wenn ein „Patriot“ oder „Ultramontaner“, der das Unglück hätte, so tief zu fallen, wie Metz fiel, und demnach in der auserlesensten Versammlung eines Landes (sollte es wenigstens sein!) seinen Sitz zu behalten!! Allein — Metz war für manche Leute schon ein sehr brauchbarer Sturmbock gegen Jesuiten, Bischöfe, Seminare und Klöster und hat sich bei manchen Leuten im Darmstädtischen zu viel Verdienste deshalb erworben; darum läßt man ihn noch sitzen. Vielleicht kann man ihn später noch einmal brauchen, wenn die katholische Moral soll besudelt werden, denn — lügen und verleumden kann er wie kein Zweiter!

Oesterreich. Wien, 16. Januar. Die „Neue Freie Presse“ meldet, die Neubildung des Ministeriums werde unmittelbar nach der Adreßdebatte im Abgeordnetenhause vor sich gehen. Der Austritt der Polen, Slovenen und Tyroler aus dem Reichsrathe steht jetzt fest, ebenso daß Herbst-Giskra über Böhmen, Mähren, Tyrol, Krain und Galizien, eventuell auch über Wien den Kriegszustand zu proclamiren entschlossen sind!!!

In Wien sind unter der neuen Aera des allerheiligsten Liberalismus unzählige Vereine aufgeschossen, welche für die Versimpelung der Wiener Menschheit wirklich Erstaunliches leisten. In einer der letzten Sitzungen des „Vereins zur Wahrung der Volksrechte“ erklärte ein Redner, durch die Einstellung des Processes der Barbara Ubryk sei die kais. kgl. liberale Verfassung lächerlich gemacht worden, wobei er unbändig über die Klöster schimpfte und log. Was das bischen Bildung betreffe, die sie verbreiten, so diene dieselbe nur als Mittel zu schlechten Zwecken. Alle Klöster in Oesterreich müßten aufgehoben werden. Ein anderer Redner will das Beten abgeschafft wissen, oder es „billiger besorgen (!)“ lassen. Ein Dritter ist gleichfalls für Ausreutung der Klöster und ein vierter, ein Jude, ist ebenfalls für Abschaffung des Betens. — In einer andern Versammlung wurde der Syllabus eine Verleugnung und Verhöhnung des menschlichen Geistes, ein Rückschleudern der Menschheit in die abscheulichste Barbarei und deren Beraubung ihrer heiligsten Rechte genannt, und den großen hl. Benedikt nannte Einer der liberalen Buben einen „verlotterten Jungen!“ Alles unter den Augen der hohen Polizei. Wahrlich, die „Bildung“ und „Aufklärung“ im heutigen Oesterreich hat bereits eine schauerliche Höhe erstiegen!

— Dem Minister Giskra ist kürzlich wieder eine große Ehre zu Theil geworden, indem er zum Ehren-Juden der Gemeinde Boskowitz, einer bei uns Zurückgebliebenen freilich unbekannten k. k. Seestadt, ernannt wurde. Dr. Giskra, sagt der officielle Bericht, war über dieses Zeichen der Anerkennung sehr erfreut und versicherte die Deputation seiner regen Theilnahme an der Förderung der jüdischen Angelegenheiten, gleichviel in welcher Eigenschaft er dies zu bethätigen in die Lage kommen sollte“. Es ist auch gar nicht zu bezweifeln, daß Giskra die Angelegenheiten der Juden angelegentlichst fördern werde, denn erstens ist das sehr liberal und zweitens sind die Juden zuweilen so dankbar!

In Prag ist eine Petition in Umlauf gesetzt worden, welche eine Umtaufung sämmtlicher Gassen will, die Klosterbezeichnungen tragen. Die Juden, die sonst vom Taufen nichts wissen wollen, verlangen diese Taufe bei Vermeidung ihres Zornes. Hoffentlich wird die ehrwürdige Münchener Judenschaft auch bald mit ähnlichen Wünschen hervortreten, denn die vielen christlichen Straßennamen sind eine wahre — Herausforderung an die Juden.

Preußen. Die verunglückte Klosterhetze des „liberalen“ Berlin und der gesammten liberalen Presse auch in Preußen hat einen unerwarteten Erfolg darin gehabt, daß von katholischer Seite, (Westphalen) aus in „Anregung“ gebracht wird, daß in Preußen alle geheimen Gesellschaften und Orden verboten werden sollen. „Die Klöster, sagt das Westph. K.-Bl., bestehen in Preußen verfassungsmäßig zu Recht. Dagegen besteht in Preußen ein Orden, der unter dem Namen der Freimaurer unter unbekannten Obern steht und allgemein (und mit Recht!) beschuldigt wird, in geheimnißvoller Weise gegen unsere durch die Verfassung geschützte Religion zu agitiren“ — der aber, fügen wir hinzu, dem annexionslustigen Preußen zur Zeit die besten Dienste leistet.

In Westpreußen möchten einige protestantische Geistliche gern wieder Feiertage einführen, wodurch sie aber in den Verdacht einer „katholisirenden“ Gesinnung kommen. Solche Erscheinungen sind nichts anderes, als wieder einzelne Vorläufer und Vorboten einer allgemeinen Rückkehr der Völker zum alten katholischen Glauben. Die ganze Reformation, d. h. die Protestantisirung Deutschlands, beruhte auf der Gewalt oder auf der selbstsüchtigen Ausführung des Grundsatzes: „Der Landesfürst ist der Landesbischof.“ Wie steht es aber mit diesem „Landesbischof“, wenn er als Landesfürst ein echter Freimaurer oder sonst ein recht „christliches Vorbild“ ist, oder wenn er, was in verschiedenen deutschen Vaterländern auch schon vorgekommen ist, gleich gar keine Religion hat?!

Ausland.

Frankreich. Prinz Peter Bonaparte hat bei der ersten Vernehmung eine ächt französische Antwort gegeben. Als ihn der Untersuchungsrichter, Präsident d'Oms, fragte, wie es gekommen sei, daß er auf Noir geschossen, während doch dessen Begleiter ihm (den Prinzen) eine Pistole entgegenhielt, erwiederte der Prinz: Weil ich früher die erlittene Beschimpfung (den Schlag ins Gesicht, den ihm der Jude versetzte) fühlte, als ich die Gefahr sah.“ — Der Absender der beiden Flegel, von denen Einer früher gestorben als er seinem Alter nach zu sterben brauchte, der Redakteur Grousset ist gleichfalls verhaftet worden. Alles was bis jetzt über den Fall bekannt, weist darauf hin, daß nicht der Prinz der Schuldige, sondern die beiden Burschen, die ihn mit Pistole und Stockdegen in seiner eigenen Wohnung überfallen hatten. Da aber der Getödtete ein Jude ist, so wollen die Zeitungen, welche meist in den Händen der Juden sind, es nicht leiden, daß man den Buben anders als ein „Opfer der Tyrannei der Bonaparte“ nenne. Wir lieben die bonapartischen Prinzen nicht sehr, aber in dem gleichen Falle glauben wir, wäre Einer, der uns so behandelt, nicht sonderlich besser weggekommen, als der freche Jude Noir und das bayrische Strafgesetzbuch hätte dagegen sehr wenig einzuwenden gehabt. Das wäre das Wahre, wenn man nicht einmal in seiner Privatwohnung vor Beleidigungen von Judenbengeln sicher wäre und wenn man sich dagegen gar nicht wehren dürfte!

— In den offiziellen Blättern wird gemeldet, es werden gegen den Prinzen Bonaparte nur die Anklage wegen unabsichtlichen Todtschlags erhoben werden, da an der Wange des Prinzen allerdings die Spur eines geführten Schlages wahrzunehmen gewesen und erwiesen sei, daß Noirs Begleiter mit Waffen versehen war. — Die **Kammer** hat Olliviers Antrag, Rochefort wegen des impertinenten Artikels in der Marseillaise, der zu den Waffen zu ergreifen aufforderte, gerichtlich zu verfolgen, mit 227 gegen 34 Stim. angenommen. Der Pöbel beantwortete diesen Beschluß mit Tumult am Abend und den in Paris jetzt wieder oft gehörten Rufen nach der Republik, wurde aber von der Polizei bald zerstreut. In Republiken würden freilich Subjekte wie Rochefort straflos sein und thun dürfen, was sie wollten.

Italien. Die Müller haben der hohen Steuer wegen mit dem neuen Jahr ihre Mühlen geschlossen und die Ruhe wäre gewiß mehrfach gestört worden, wenn die Regierung in ihrer Angst nicht überall Truppenverstärkungen hingeschickt hätte. Dennoch ist es zu Aviano, in der Provinz von Udine, zu ernsten Auftritten gekommen. Am Abend des 2. d. fand dort eine Demonstration gegen die Mahlsteuer statt, und im Tumult wurden zwei Carabinieri verwundet. Es wurde sogleich ein Polizeibeamter hingeschickt und die Carabinieri verdoppelt; doch sind die Anstifter dieser Vorgänge bis jetzt den Nachforschungen der Behörden entgangen. Seit der gewaltsamen Einführung dieser verhaßten Steuer, deren eigentlicher Vater der Minister Sella ist, ist nun bereits so viel Blut geflossen, daß die Regierung sich niemals von dem Vorwurf reinwaschen kann, das Mehl, das Brod des Landes mit Blut gemischt zu haben. Aber nicht blos grausam, sondern auch dumm ist dieses Mahlsteuergesetz. Die Commission, welche gegenwärtig dazu ernannt worden ist, die berüchtigten Contatori (die Maschinen mit denen das gemahlene Korn gemessen werden soll) zu untersuchen und unter den vier vorgelegten Modellen das beste auszusuchen, entschied sich für das aus einer Turiner Fabrik gelieferte. Aber unterdessen hatte man schon 21 Tausend Contatori nach dem französischen Modell, das Stück zu 28 Francs bestellt! Und da wird mit Gewalt die Steuer eingetrieben, um dafür diese Maschinen anzuschaffen, die nicht einmal ihrem Zweck entsprechen! Es hat sich jetzt herausgestellt, daß von der Steuer das Getreide trotz des Schadens, der der Bevölkerung daraus erwachsen, nicht einmal soviel eingekommen ist, als ihre Einführung gekostet hat. Nun fügt Sella noch neue Kosten hinzu, indem er die Truppen in Bewegung setzt! Und das nennt man regieren! — Das arme Italien lernt auch die ganze Unzulänglichkeit und Verlogenheit des centralistischen Systems recht gründlich kennen. Das Parlament wird das Land im Jahr 1870 nicht weniger als 775,000 Francs kosten. Und was nützt es dem Lande! Wo hätte es seine Rechte geschützt, wo die Unthaten verhindert, die zuletzt bis zu Dolch und Gift ausarteten? Es hält Reden, gibt sich mit Nebensachen ab und sieht ruhig zu, wenn die Regierung die Gesetze frech mit Füßen tritt, oder wenn ein achtbarer Mann, der Major Lobbia, ein Abgeordneter, sogar inmitten der Hauptstadt von Mörderhand angefallen, und um die Nichtswürdigkeit zu krönen, darauf wegen Simulation verurtheilt wird.

Als vor etlichen Tagen auf dem Hoftheater der „Barbier von Sevilla“ aufgeführt wurde, machte Hr. Bausewein der den Basilio spielte, den „Witz“: „er müsse sich ein Licht nehmen, denn beim Dr. Bertolo (des Stückes) sei es ebenso finster wie beim Dr. **Sigl**.“ Wir geben Hrn. Bausewein unbeschränkte Freiheit, über den Dr. Sigl jeden beliebigen Witz zu machen, unter der einzigen Bedingung, daß sie besser seien als **dieser**, der eigentlich gar kein Witz ist. Auf freundliches Ersuchen, wollen wir ihm sogar Lichter zur Disposition stellen; wir werden dadurch kaum in Verlegenheit kommen, denn so viel Witz, als Hr. Bausewein glücklich machen könnte, glauben wir nöthigenfalls in unsern Hühneraugen zu haben.

☛ In der heutigen I. Sitzung haben die Abgeordneten eine **Adresse** an den König beschlossen.

Verantwortlicher Redakteur: Dr. J. Sigl.

Eingesandt.

Nr. 7 des „Bayrischen Vaterland“ v. 11. Januar enthält einen Artikel von Neustadt a. S., worin das „Würzburger Journal“ wegen Angriffe auf Herrn P. Bernard, unsern Stationar, zurückgewiesen und unser Herr vertheidigt wird. Es freut uns dies kräftige Eintreten des „Bayr. Vaterland“ für unsern seit 3 Jahren bei uns thätigen und in beiden Ortschaften beliebten Stationar Hr. P. Bernard. Indem wir dem „Bayr. Vaterland“ unsern innigsten Dank hiemit aussprechen, unterzeichnen mit Hochachtung: (49.)

Althausen, den 16. Januar 1870.
Im Namen der Gemeinde.
Heim, Bürgermeister.

Brunn, den 16. Januar 1870.
Im Namen der Gemeinde.
Schneider, Bürgermeister.

Erklärung.

Auf die Verunglimpfung des Hrn. P. Bernard im Würzburg. Journal, erlaubt sich die Gemeinde und der Verein von Burglauer zu repliciren, daß Herr P. **Bernard** hierorts nicht als „Tyrann“, sondern als ein sehr leutseliger Geistlicher und großer Volksfreund bekannt ist. Seine Aushilfsthätigkeit ist in der ganzen Gegend bekannt; Er ist überall und bei Allen beliebt. Burglauer, 17. Jan. 1870.

Im Namen der Gemeinde:
Then, Bürgermeister. (50)
Im Namen des Lesevereins:
Michael Reininger.

Erklärung.

Zu gleichen Dankeserstattung fühlt sich der kath. Leseverein „Althausen-Brunn“, dessen Stifter und eifriges Mitglied Herr P. Bernard ist, veranlaßt. Hoch das „Bayr. Vaterland“! Namens der Vorstandschaft:

Simon May,
(51) Vereinssekretär.

Druck von W. Vogt in München, Rosengasse 10.

Das Bayrische

Vaterland.

Das „Bayr. Vaterland“ erscheint täglich mit Ausnahme der Sonn- und hohen Festtage. Preis des Blattes: Vierteljährig 54 kr., ganzjährig 3 fl. 36 kr. Das einzelne Blatt 1 kr.

Alle Postexpeditionen und Postboten des In- und Auslandes nehmen Bestellungen an. Inserate werden die dreispaltige Petitzeile oder deren Raum zu 3 kr. berechnet.

Redaktion: Burggasse 14. Herausgegeben von Dr. jur. J. Sigl. Expedition: Ruffinibazar 5.

Agnes. Nr. 16. Freitag, 21. Januar 1870.

Bestellungen auf das „Bayr. Vaterland“

wolle man bei der nächsten Postexpedition oder den Postboten machen. Preis halbjährig 1 fl. 48 kr. vierteljährig 54 kr.

Eine europäische Krankheit

sind die Ministerkrisen, welche in den letzten Wochen alle Zeitungsleser im Athem gehalten haben. In Spanien, Frankreich, Italien, Oesterreich, Bayern und — England — überall war man mit Ministerkrisen heimgesucht und Preußen hat eine solche erst vor Kurzem zur Entscheidung gebracht.

Sehen wir uns diese Ministerkrisen, wie man heute die staatlichen Krankheiten zu benamsen pflegt, näher an, so finden wir, daß in denselben fast überall das demokratische Element, wenn wir es so nennen dürfen, mehr und mehr die Oberhand gewinnt auf Kosten des monarchischen und finden wir ferner, das diese Krankheiten mehr oder weniger das Produkt, das ist die Folge der Korruption sind, welche in den bisher leitenden Kreisen Platz gegriffen hat. In Spanien und Italien hat sich eine herrschsüchtige und gewissenlose Bande der obersten Macht bemächtigt, die sie zu ihrem Vortheil ausbeutet; wie das in Bayern ist, das wissen wir; Niemand wird uns sagen können, daß das bisherige Regiment ein volksthümliches gewesen ist oder daß das Volk daraus seinen Nutzen gezogen hat; in Frankreich liegen der dritte und der vierte Stand, d. h. die „intelligente“ Bourgeoisie und die Arbeiter einander in den Haaren, die dort wie fast überall einen ausgeprägt revolutionären Charakter haben; in Oesterreich hat eben der scham- und rücksichtsloseste Liberalismus den Sieg über die mehr gemäßigten Elemente davongetragen und schickt sich an, über die widerhaarigen und sich dem Wiener Liberalismus nicht unbedingt fügen wollenden Elemente den Belagerungszustand in der Hälfte des Kaiserreichs zu verhängen und in England ist das „liberale“ Ministerium im hitzigsten Kampfe mit der geheimen Gesellschaft der Fenier in England und Irland, jener geheimen Gesellschaft, die wir das bewaffnete Freimaurerthum nennen können, und den Arbeitern, die nach Brod und Erlösung aus den Banden des unbarmherzigen Kapitals schreien. In Preußen rüsten und sammeln sich die Arbeiter, um in Kurzem dasselbe zu thun, was das liberale Wiener Ministerium eben jetzt mit Schrecken erfüllt, während der Bestand der Regierung noch von einem Augenzwickern Bismarcks abhängt.

Fast überall in diesen Ländern trägt der moderne Konstitutionalismus und redselige Parlamentarismus an diesen Erscheinungen, insbesondere an den fast permanenten Ministerkrisen mit die Schuld oder trägt gar die Hauptschuld. Der Parlamentarismus, das Pallodium der Liberalen, spricht jede Regierung todt oder schwächt doch ihre Macht, mag sie nun eine gute oder schlechte sein, und schafft so eine Unsicherheit, die niemals zum Wohle der Völker ausschlagen kann. Aber neben diesem Vorzuge des Parlamentarismus, nichtsnutzigen oder unbeliebten Regierungen jeder Zeit am Zeuge flicken und ihnen thunlichst die Hände binden zu können, hat sich derselbe doch längst als ungenügend für die wahren Bedürfnisse der Völker erwiesen.

Er kann den socialen Interessen nirgends genügen, so lange die Kammern blos aus „Intelligenzen“ bestehen und man diese nur in den Kreisen der Beamten, des reichen Bürgerthums, der großen Industrie finden zu können glaubt, — nirgends, wo gerade der größte und gedrückteste Theil des Volkes vom Wahlrecht entweder ganz ausgeschlossen ist oder ihm dasselbe so verkümmert und beschränkt ist, daß die Kammern niemals der wahre Ausdruck der Volksmeinung sein können, sondern höchstens der Meinung der Reichen, der Besitzenden, der „Gebildeten“, die immer „liberal“ sind und Sonderinteressen haben, welche selten mit den Interessen und Bedürfnissen des eigentlichen wahren Volkes übereinstimmen. Das sehen wir z. B. eben wieder in Oesterreich, wo man eine unvergleichliche Bourgeoiskammer beisammen hat, wie wir nicht zu unserer Freude bei unserer vorigen Kammer Gleiches erleben mußten.

So wenig der „liberale“ Parlamentarismus den socialen Interessen genügt, so wenig kann er nicht selten den nationalen und den Interessen der Ordnung, den Bedürfnissen der konservativen Volkselemente genügen, gar nicht zu gedenken der religiösen Bedürfnisse und Interessen, die zu mißachten und zu mißhandeln der Kammerliberalismus nicht selten als seine Hauptaufgabe anzusehen scheint. Wir brauchen da nur wieder auf Oesterreich, auf Spanien, auf Italien und — auf noch bekanntere Länder hinzuweisen.

Das Universalmittel, das man im liberalen Parlamentarismus gegen alle politischen und socialen Krankheiten vielfach zu sehen pflegt, ist in Wahrheit nicht viel mehr als ein politischer Universalschwindel. Es gibt kein politisches Universalmittel, wenigstens nicht auf der Grundlage des Liberalismus, der an sich eine Lüge ist, so wenig es eine Arznei geben kann, die für alle Krankheiten und Schäden hilft.

Nivelliren, alles gleich machen, das will der Liberalismus. Eine volle Gleichheit ist aber nur dann kein Unsinn, wenn man es einmal dahin gebracht hat, alle Menschen gleich zu machen, gleich an Tugend, gleich an Sitte und Art, gleich an Interessen und Bildung. Das ist aber ein Ding der Unmöglichkeit und bis dahin wird die Wahrheit nicht umzustoßen sein, daß sich Eines nicht für Alle schickt.

Will man aber, was der Liberalismus überall thut, wo er die Macht hat, alles nach der liberalen Schablone zuschneiden, so muß dies nothwendig Tausende und Millionen Unzufriedene machen, die nur so lange der herrschenden Macht sich beugen, als diese ausreicht, sie niederzudrücken, und die bei nächster Gelegenheit das drückende Joch abzuschütteln suchen. So wogen die streitenden Interessen der Machthaber und der Beherrschten hin und her, bis es diesen gelingt, obenauf zu kommen und nun sich Geltung zu verschaffen, und so wechseln wir auf der Bühne fort und fort die Personen, in denen die jeweiligen herrschenden Meinungen und Strebungen ihren Ausdruck suchen. Ob aber dabei die Wohlfahrt der Völker, die Wohlfahrt besonders des misera contribuens plebs, d. h. des armen arbeitenden und steuerzahlenden Volkes, am besten fährt, ist eine Frage, die wir gar nicht zu beantworten brauchen. Die eigene Erfahrung gibt darauf Antwort.

Deutschland.

München, den 19. Januar.

Landtag. In der gestrigen ersten Sitzung der Abgeordneten wurde das Budget für die nächsten zwei Jahre übergeben, das die Kleinigkeit von 93 **Millionen Gulden** beträgt! Nach der Meinung des Hrn. Finanzministers sollen wir also gegen bisher gleich um fünf Millionen Ausgaben „fortschreiten“, nachdem wir schon in den letzten zwei Jahren einen Sprung von 59 auf 88 Millionen gemacht haben! Das ist ohne Zweifel gut gemeint, aber solcher Fortschritt gefällt uns gar nicht, weder uns, noch unsern patriotischen Abgeordneten, noch dem Volke und wir fürchten sehr, d. h. wir und das Volk erwarten es bestimmt, daß die Kammer dem Herrn Minister nicht blos die 5 Millionen Mehr, sondern noch etliche Millionen außerdem unbarmherzig und ohne Rücksicht auf unsere geliebten preußischen Bundesgenossen abstreichen werde. Da hört die bayrische Gemüthlichkeit wirklich auf und mit allem Rechte. Nach dieser überaus erfreulichen Begrüßung übergab der Finanzminister noch die Rechnungsnachweisung für 1867,68 und einen Gesetzentwurf über provisorische Forterhebung der Steuern für 1870. Der Kriegsminister v. Prankh zog auch ein paar Gesetzentwürfe aus der Tasche, durch die er einmal die Kleinigkeit von 2,792,000 fl. für die von 1866 noch vorhandenen überzähligen offizierlichen Kriegshelden, für Militärbauten u. s. w. und dann noch die Lumperei von 3,665,000 fl. für Fortsetzung und Vollendung der Neubewaffnung der Infanterie verlangt. Macht zusammen 6,457,000 fl. an **außerordentlichen Militärbedürfnissen!!!** Sodann wurde die Niedersetzung einer Adreßkommission beschlossen, worauf sich die öffentliche Sitzung in eine geheime zur Wahl des 6. Ausschußes verwandelte.

— In den 6. Ausschuß wurden gewählt: Dr. Karl Barth, Rußwurm, Ponschab, Schleich, Ostermann, Henning, Ronkarz, Bichler, Hofmann Karl.

— Die Kammer der Reichsräthe hat gleichfalls eine Adreßkommission gewählt, bestehend aus den beiden Präsidenten v. Stauffenberg und v. Thüngen, den beiden Sekretären v. Niethhammer und Graf Lerchenfeld und den Reichsräthen v. Harleß, v. Aretin und v. Bomhard. Referent der Kommission ist Hr. v. Harleß.

— Die „Postzeitung“, welche sich wahrscheinlich die Mahnung der Kreuzztg. und des Hrn. v. Thüngen zur „Mäßigung“ zu Herzen genommen hat, meint: „die Steuererhöhung soll 30 Prozent betragen: wenn jedoch der Kriegsminister mit seinem Budget heruntergehen werde, so dürfte auch da eine Verständigung zu erzielen sein.“ Wir meinen das viel weniger; die Kammer kann unmöglich mit einer Steuerhöhung ihre Thätigkeit beginnen oder abschließen, das gestattet das Volk nicht, das sich eine Erleichterung von ihr erwartet, keine Mehrung der Lasten. Soll eine „Verständigung“ ermöglicht werden, so kann es niemals die Kammer sein, welche nachgibt, sondern nur die Regierung. Das ist unsere Ansicht, die freilich nicht sehr „gemäßigt“ ausschaut, die wir aber trotzdem zu vertheidigen wissen werden.

Aus Oberfranken wird dem „Vaterland“ geschrieben: „In Forchheim wurde vom 6. — 16. l. M. eine Volksmission von den drei Hochw. H. Patres aus der Gesellschaft Jesu! Leiprecht, Pottgeißer und Kohlschreiber von Regensburg unter äußerst zahlreicher Theilnahme der Gläubigen abgehalten. Von Nah und weiter Ferne strömten die Gläubigen herbei, um das Wort Gottes aus dem Munde der Hochw. H. Missionäre zu hören. Täglich hielten die Patres drei Predigten, die so stark besucht waren, daß die geräumige Kirche die Zuhörer kaum fassen konnte. Alles war begeistert für die Missionäre, welche durch ihre, nach Inhalt und Form ausgezeichneten Kanzelvorträge dem Volk den wahren Weg zum Heile zeigten. Nach Beendigung der Schlußpredigt der Mission am 16. Nachmittag, welcher auch Hochw. Herr Domprobst Fellner und Hochw. Herr Generalvikar Dr. Thumann beiwohnten, hielt Ersterer eine rührende Ansprache an die dichtgedrängte Volksmenge sprach über die Worte Jesu: „Der Friede sei mit euch, meinen Frieden gebe ich euch, wie ihn die Welt nicht geben kann“, ermahnte die Gläubigen, den Frieden des Herzens, den sie in dieser heiligen Mission wieder gewonnen, nicht mehr durch die Sünde zu verlieren, öfters eingedenk zu sein des Wortes, das vom Kreuze her ertönt: „Rette deine Seele“. Zuletzt ertheilte der Hochwürdige Hr. Domprobst Fellner im Auftrage Sr. Excellenz der Hochw. Hrn. Erzbischofes den päpstlichen Segen und die hohe Feier schloß mit einem feierlichen Tedeum. Möchten die hl. Früchte, die diese Mission in der alten gut katholischen Stadt Forchheim getragen, von langer Dauer sein.

Aus dem Bambergschen wird dem „Vaterland“ geschrieben: In Nr. 226 des „Vaterland“ heißt es, daß nun die Postboten auch an Sonntagen ihren Windermarsch machen sollen. Es fragt sich nun, ob eine solche Anordnung wirklich bereits existirt oder doch geplant wird und wenn, — auf wessen Anregung dies geschieht? Von vielen Christen, wenn auch nur Auch-Katholiken, kann dies nicht (?) geschehen sein; wohl aber möchte ich glauben, daß eher Juden und deren Freunde dieses „Bedürfniß“ angeregt haben, denn schon sehr oft hörte ich die edle Judenschaft darüber klagen, daß sie so gar lang ihre Geschäftsbriefe erwarten müßten, weil die Post nicht auch am Sonntag gehe. Es sollten diese ärgerlichen Hebräer doch einmal den Antrag stellen, daß für die Sonntage Juden als Postboten aufgestellt werden, da wäre dem „Uebel“ gleich abgeholfen. Kein Viehmarkt, kein Jahrmarkt, keine Versteigerung, keine Gemeindeversammlung darf an vielen Orten an Judenfeiertagen oder am Sabbat abgehalten werden; die armen Postboten aber, die freilich blos „Goim“ sind, die sollen auch an Sonn- und Feiertagen und immer und immer laufen wie der „ewige Jude“ selbst. Soll sich da nicht ganz Bayern und insbesondere ganz Israel über unsere trefflichen Postanstalten und -Einrichtungen freuen?

Aus Unterfranken hat das „Vaterland“ schon wiederholt Klageepisteln über den Lehrer N. in O—feld erhalten, dem der Papst und die Unfehlbarkeit nicht recht sind und der, wenn der Pfarrer davon predige, seinen Schülern sagen will, sie sollten das nicht glauben u. s. w. Wir möchten das „aufgeklärte Schulmeisterlein“ ersuchen, nicht über Dinge zu schmähen, von denen er nichts versteht, und namentlich mit seinen Lügen über den Papst an sich zu halten, sonst könnte es sein, daß ihm das nächste Mal von uns das Gewissen ordentlich erforscht wird, aber öffentlich!

Von der **Rhön** wird dem „Vaterland“ geschrieben: Wie mir ein guter Freund schreibt und wie ich auch der Rhön- und Saalpost (auch eine schöne Gegend!) entnehme, war es nicht die Gesellschaft zum Löwen in Münnerstadt, von der die berüchtigten Artikel gegen das Kloster und die Studienanstalt ausgegangen, sondern diese Artikel stammten aus Würzburg und zwar aus der Feder von zwei Herrchen, von denen der Eine ein Interesse wegen Münnerstadt, der Andere wegen Neustadt hat. Die Wissenden kennen sich aus, die Namen sind auch bekannt. Es freut mich, durch diese Berichtigung der Löwengesellschaft eine gewisse Satisfaktion zu geben. Es gibt in Bayern ein Sprichwort: Omnis Franco nobilis. Seien denn auch wir nobel, wie in der Vertheidigung, so im Vergeben. Ich habe nicht angegriffen. Hat es scharfe Hiebe gegeben, so haben Münnerstadt, die Anstalt, das Kloster, denen ich allen dreien zu Dank verpflichtet bin, mir die Feder gespitzt. Der Kampf soll für uns nun zu Ende sein und ich biete gerne die Hand zum Frieden. Friede soll sein! Warum mag man denn nicht mehr gern nach Münnerstadt? Weil dort Zwiespalt herrscht; hie Löwengrube, dort Fuchsbau. Fort damit und werde man wieder einig. Der Krieg soll nicht Zweck, sondern ein Mittel zum Frieden sein. Suchen wir den Frieden und die — Wahrheit, Wahrheit allezeit und überall, Wahrheit vor Allem. Das gebe Gott!

Pfalz. Der hochw. Bischof v. Weis hat kurz vor seinem Tode all seinen Schuldnern, Geistlichen wie Laien, denen er in bedrängten Umständen mit Darlehen ausgeholfen, selbst mit Beträgen bis zu 1000 fl., die Schuldbriefe durch die Post zerrissen zugesendet. Einer Wittwe wurde so eine Schuld von 500 fl. nachgelassen.

Sachsen. Gotha. Gestern wurde der erst vor einem halben Jahre zu dieser Stelle beförderte Kreisgerichtsrath Keil, Mitglied des gothaischen Landtags, auf Anordnung der Oberstaatsanwaltschaft in Haft genommen. Keil hatte wegen häufiger Geschäftsverhinderung des Oberbeamten die Leitung des Justizamts Tenneberg besorgt und in diesem Interimistikum dem Vernehmen nach eine nicht unbeträchtliche dem Depositum anvertraut gewesene Summe unterschlagen! Ein liberaler Bruder vom Streit also!

Oesterreich. Wien. Der Kaiser hat dem Vernehmen nach der siegreichen Mehrheit des Ministeriums die bestimmteste Erwartung ausgesprochen, daß sie auf dem allerdings unverrückbar gegebenen Boden der Verfassung Mittel und Wege aufsuchen und finden werde, die noch fernstehenden Elemente zur Mitwirkung an dem Verfassungswerk heranzuziehen, so daß also — beim Lichte betrachtet — der Mehrheit die Aufgabe zufallen würde, das Programm der Minderheit zur Geltung zu bringen.

In Reichenberg ist am 17. Nachts der Redakteur und „Social-Demokrat" aus Wien, Andreas Scheu, verhaftet worden. In Folge dessen fand eine massenhafte Zusammenrottung von Arbeitern vor dem Gefängnisse zur Befreiung des Inhaftirten statt. Die Ruhe wurde durch die Sicherheitsorgane hergestellt. Vorsichtsmaßregeln sind getroffen.

In Krakau ist dem Konvent der Karmeliterinen ein Statthaltereibefehl zugestellt worden, der die Frauen auffordert, die zur Unterbringung der an totaler Sinnesverwirrung leidenden Barbara Ubryk im Spitale erforderlichen Kosten zu entrichten. Und warum das? Die Kette von Ungerechtigkeiten, Verfolgungen und Barbareien gegen die armen Frauen endet sehr würdig noch mit einer kaiserlich königlich liberalen Beutelschneiderei.

Preußen. Der jetzt preußische, früher hannoversche Justiz-Minister Leonhardt hat mit einem „schmeichelhaften" Handschreiben des Herrn von Preußen den Kronorden I. Kl. zum Neujahrspräsent erhalten. Wenn dieser Hr. Leonhardt dem Herrn von Preußen mit der gleichen Treue dient wie dem König von Hannover, dann scheint uns der Orden wie das „schmeichelhafte" Handschreiben etwas verfrüht zu sein. Es ist merkwürdig, wie es in der Welt oft zugeht. Dieser Hr. Leonhardt dient in bekannter Ministertreue seinem Herrn, ertheilt ihm so guten Rath, daß sein König Thron und Land verliert, geht nach Berlin, wird Minister und dient mit größter Treue denen, die seinem König Thron und Land geraubt, während der König von Hannover in die Fremde zieht und das Brod der Verbannung ißt. Ja, so treu diente dieses Muster eines Ministers den Preußen, daß er diesen mit Vergnügen die Hand bietet, seinem früheren König sogar noch sein Privatvermögen wegzunehmen. Wenn es keine Freimaurer gäbe, so könnten wir uns das nicht erklären, daß Fürsten Krone und Land verlieren, ihre „treuen" Diener aber, die Minister, von den glücklichen Landräubern mit Gnaden überhäuft werden. Wir wären nur begierig, wie es in einem solchen Fall unserm vortrefflichen Hohenloh ginge, und ob, wenn sein König das Schicksal des Hannoveraners hätte, Prinz Hohenlohe sich gesundheitsgefährlich alteriren würde. Versteht sich! Denn

Hohenloh, der edle Ritter,
Ist in Treuen unergründlich
Und loyal bis an die Knöchel
Sterbensmuthig ist er stündlich.
Weh den Feinden seines Königs,
Kämen sie mit frevlen Sinnen, —
Ah, wie würde sie durchleuchtig
Unser Hohenloh bedienen!

— Die „Nordd. Allg. Zeitung" bricht heute die Gelegenheit vom Zaune, um über die Entwaffnungsfrage zu sprechen. Wiewohl nun diese Angelegenheit schon seit Längerem die Gemüther nicht mehr erhitzt, so wollen wir doch die ziemlich unverblümten Bemerkungen des Organes des Grafen Bismarck hier anführen. Dies Blatt schreibt nun an einer Stelle, welche das Sanctuarium für offiziöse Eingebungen ist: „Entwaffnung ist für den norddeutschen Bund Aufhebung der allgemeinen Wehrpflicht, und dies ist eine Unmöglichkeit. Daß jede Bestrebung, die auf Lockerung der Einheit und auf Minderung der Wehrfähigkeit des norddeutschen Bundes gerichtet ist, in den Organen der französischen Kriegspartei ihr Echo findet, ist stets als selbstverständlich vorauszusehen. Die Forderung der Entwaffnung ist das Lieblingsthema der Gegner Preußens im In- und Auslande in den partikularistischen welfischen Organen, ebenso wie in der bekannten (?) Hietzinger „Moskauer Zeitung." Hier sei noch erwähnt, daß König Wilhelm letzthin nicht weniger als elf russischen Officieren den Adlerorden verlieh. So wird das Band zwischen Preußen und Rußland eifrig durch Ordensbänder befestigt.

Koblenz, 17. Januar. Verflossene Nacht gegen halb 2 Uhr verspürte man hier ein starkes Erdbeben. Dasselbe bewegte sich in der Richtung von Norden nach Süden und war von einem donnerähnlichen Getöse begleitet. — In Auch (Gers-Departement) hat in der Nacht vom 16. ein Erdbeben stattgefunden. Die ganze Stadt wurde aus ihrem Schlafe aufgeweckt. Die Betten erzitterten, die Mauern wankten u. dgl. mehr; ein Unfall ereignete sich jedoch nicht.

Ausland.

Belgien. Das Brüsseler Strafgericht verhandelte in den letzten Tagen über einen neunjährigen Knaben, der beschuldigt war, seiner Mutter nach dem Leben gestrebt zu haben. Der jugendliche Verbrecher heißt Max Serkeyn und ist der Sohn einer Bäckerin. Die Einzelheiten des Thatbestandes eröffnen eine traurige Einsicht in das Wesen dieses Knaben, und was seine Mutter über ihn aussagt, ist nur geeignet, das Gemälde noch zu verdüstern. Während der Untersuchungshaft wollte er sich umbringen. Er wurde zu 9 Jahren Einschließung verurtheilt.

Frankreich. Paris, 18. Januar. Gestern Abend fand keine ernstliche Ruhestörung statt. Gegen 6 Uhr postirte sich eine Bande von etwa 400 Personen unterhalb des Palastes Bourbon und ließ die Rufe „Hoch Rochefort"! Hoch die Republik!" hören. Stadtsergeanten zerstreuten jedoch dieselbe; sie zogen dann vor die Bureau's der Marseillaise und wiederholten diese Rufe. Eine andere Gruppe von 200 Personen durchlief die Rue de St.-Denis unter aufrührerischen Rufen. Gegen 11 Uhr durchzog eine Bande, größtentheils Kinder, die Vorstadt Montmartre, die „Marseillaise" singend und „Hoch Rochefort" rufend. Sie wurde mit Stockschlägen durch die Ladenbesitzer und Vorübergehenden auseinander gejagt. Um Mitternacht durchritten Kavalleriepatrouillen die Boulevards im Schritt, und Abtheilungen von Stadtsergeanten zerstreuten die Zusammenrottungen.

— Ein Pariser Korrespondent der Südd. Pr., der sicher kein Ultramontaner oder Napoleonsanbeter ist, konstatirt, daß die vernünftigeren Leute in Paris „immer mehr zur Auffassung hinneigen", daß der Bericht des Begleiters des von Prinz Bonaparte erschossenen Judenbengels Noir „an innerer Unwahrscheinlichkeit leide", zu deutsch: erlogen sei. Ganz nach unserer Meinung fragt der Correspondent: „Wo ist das Land der Welt, in dem eine solche Beschimpfung des regierenden Fürstenhauses würde geduldet werden, wie sich Rochefort täglich erlaubt? Nirgends!" Er schildert weiter den jüdischen Uhrmachergesellen und revolutionären „Journalisten" Noir als einen „talentlosen, ungebildeten und unbedeutenden Menschen, der kaum orthographisch schreiben konnte", und Rochefort als einen Mann „von einigem Geist, aber noch weit mehr Dünkel und Arroganz und bodenloser Unwissenheit". Wir haben diesen Schilderungen und Anschauungen nichts hinzuzufügen, als daß wir mit unserer ersten Anschauung von diesem neuesten Pariser Judenschwindel, der aber einen schlimmen Ausgang genommen, wieder einmal Recht gehabt.

Kulturbildliches.

Der französische Deputirte Raspail, ein Haupt der franz. Revolutionäre und dicker Freund des berüchtigten Rochefort, welcher seit dem Tode des Judenjungen Noir der größte Flegel von ganz Frankreich ist, wurde kürzlich zum Ehren-Präsidenten der „Freidenker" von Lyon (bei uns heißt man sie „Freireligiöse") ernannt. In dem Dankschreiben, das er dafür an die frei-, nemlich gar nichts denkenden Lyoner Chinesen richtete, heißt es: „Ich nehme diesen Titel mit Begeisterung an; aber gestatten Sie mir, daran eine Bedingung zu knüpfen: daß nämlich alle Mitglieder dieser Gesellschaft sich angelegen sein lassen, das Beispiel des freien Denkens zu geben, indem sie zum Losungswort wählen: Ohne Priester auf die Welt kommen, ohne Priester heirathen, ohne Priester sterben." Daß es Leute gibt, welche gar oft ohne Priester heirathen, ist eine bekannte Sache, und diese Leute pflegen in der That sehr „frei zu denken"; was aber das „ohne Priester auf die Welt kommen und sterben" betrifft, so können wir darin nichts ersehen, was einen besonderen Vorzug gibt, denn das thun die Schweine auch, ohne daß sie bei einer Freidenker-Gesellschaft als ordentliche Mitglieder eingeschrieben sind.

Dienstes-Nachrichten.

Erledigt: Die k. Pfarrei Döhringen, B.-A. Illertissen, R.-E. 1413 fl.

Briefkasten.

Reklamationen von Burgebrach 3 Nr. 11, Herrheim Nr. 230 und 2 eingelaufen und besorgt. — Frz. Befinden leidlich besser.

Verantwortlicher Redakteur: Dr. J. Sigl.

Geldsorten, Frankfurt, 18. Januar.

	Anzubr.	Zu haben.
Pistolen	9.47	949
Imperiales, ruff.	9.48	8.50
Holl. 10 fl.-St.	9.54	0.56
Dukaten vollgw.	5 35	5.37
Napoleonsd'or	9.26½	9.27½
Engl. Sovereigns	11.53	11.57
Dollars i. Gold	2.26½	2.27½
Preuß. Friedrichsd'or	9.57	8.58
Preuß. Kassasch.	1.44	1.15¼

Druck von Dr. Vogl in München, Rosengasse 10.

Das Bayrische

Vaterland.

Das „Bayr. Vaterland“ erscheint täglich mit Ausnahme der Sonn- und hohen Festtage. Preis des Blattes: Vierteljährig 54 kr., ganzjährig 3 fl. 36 kr. Das einzelne Blatt 1 kr.

Alle Postexpeditionen und Postboten des In- und Auslandes nehmen Bestellungen an. Inserate werden die dreispaltige Petitzeile oder deren Raum zu 3 kr. berechnet.

Redaktion: Burggasse 14. Herausgegeben von Dr. jur. J. Sigl. Expedition: Kaffeebazar 5.

Vincentius. Nr. 17. Samstag, 22. Januar 1870.

Eine ehrliche preußische Kundgebung.

Der alte Rundschauer der Kreuzzeitung, Appellgerichtspräsident v. Gerlach in Magdeburg, verlangt in seiner neusten Schrift „Deutschland um Neujahr 1870“ zur Errettung aus der Misere der Gegenwart, eine vollständige Umkehr von den Wegen, die 1866 betreten wurden, ein völliges Aufgeben der nivellirungssüchtigen und unitarischen Bestrebungen, einen entschiedenen Bruch mit den auf die Vergewaltigung der übrigen deutschen Staaten hindrängenden Parteien und ein Zurückziehen Preußens auf sich selbst.

Es versteht sich von selbst, daß der greise v. Gerlach auch rücksichtslos über die innere preußische Politik den Stab bricht und aus den Compromißversuchen der Regierung mit der tonangebenden Partei die schlimmsten Gefahren erwachsen sieht. Ein vollständiger Greuel ist ihm der Anlauf zu der Neugestaltung der evangelischen Kirche aus den politischen Wahlen heraus. In dieser Beziehung bemerkt er: „Aus sich selbst — so hatte Friedrich Wilhelm IV. gesagt: — hat die Kirche sich zu gestalten. Und der Artikel 15 der Verfassungs-Urkunde spricht aus: „Die evangelische und die römisch-katholische Kirche ordnet und verwaltet ihre Angelegenheiten selbstständig.

Dieses „Selbst“ schließt fremdartige Ingredienzen aus; zugleich schließt es aber dasjenige ein, was zum Wesen und Charakter der Persönlichkeit der Corporation gehört, von deren Selbst die Rede ist. Es ist also die bestehende Verfassung der Kirche ein wesentliches Glied ihres Selbst, und die Garantie der Selbstständigkeit der Kirche ist die Garantie ihrer bestehenden Verfassung. So ist jener Artikel der Verfassungsurkunde angewendet worden auf die römisch-katholische Kirche.

Preußen hat ihre Verfassung, kraft deren sie vom Papst und von Bischöfen regiert wird, anerkannt und principielle Eingriffe darein sich nicht erlaubt. Daraus ist zum Heile Preußens eine im Ganzen gerechte und wohlwollende Behandlung der römisch-katholischen Kirche von Seiten der preußischen Regierung hervorgegangen, eine Behandlung, die auch von solchen Katholiken dankbar anerkannt wird, die nicht übereinstimmen mit der deutschen Politik Preußens seit 1866, und die einen — Preußen ehrenden — Gegensatz bildet zu dem bösen Zwiste zwischen der katholischen Kirche und der österreichischen Regierung, welchen der dortige kirchenfeindliche Radicalismus hervorgerufen hat.

Niemand ist, soviel bekannt, noch auf den Einfall gekommen, daß das Selbst der römisch-katholischen Kirche in der Summe ihrer Köpfe bestehe und durch Urwahlen nach diesem Princip seinen Willen ausdrücken könne oder gar müsse. Auf dieselbe gerechte Behandlung hat auch die evangelische Kirche Anspruch. . . .

Dieses garantirte Selbst schließt aber zu Gunsten beider Kirchen jedes Dreinreden unserer weltlichen Parlamente in römisch-katholische und evangelische Kirchensachen, besonders also auch in die innere Verfassung dieser Kirchen schlechthin aus. Es wäre die äußerste Verletzung der Freiheit jeder der beiden Kirchen, wenn Parlamentshäuser, die durcheinander aus Gliedern der andern Kirche, aus Juden und mannichfachen Sectiren bestehen können, auf Umgestaltung oder gar Neugestaltung ihrer Verfassung dringen dürften“. Darum steht auch der Verfasser ganz auf Seiten der getreuen Lutheraner in Hessen und Hannover, deren Besorgnisse er für vollständig begründet hält, und schließt mit dem Rufe: Summa: „Bleiben wir Preußen! Bleiben wir Christen! und rüsten wir uns zum frischen und fröhlichen Kampfe für die höchsten Güter unseres Vaterlandes und unserer Kirche.“ Der alte Rundschauer der Kreuzzeitung sagt ferner, indem er davon spricht, daß der Prager Friedens-Vertrag Deutschland gespalten habe: Jetzt also steht Europa nicht mehr auf dem — Napoleon so verhaßten — Boden der Verträge von 1815, sondern, wie seit 1866 die dreiste Phrase lautet, auf dem „Boden der Erfolge und der Thatsachen“, auf demselben Boden, auf dem der erste Napoleon stand und recht fest zu stehen wähnte, als er den einen Fuß in Moskau und den andern in Spanien hatte.

Aber dieser Boden ist, wie sich damals zeigte und jetzt wieder zeigt, bröcklich wie die Thatsachen selbst. Kein Wunder, daß er wankt und wackelt. Nur Wahrheit, Gerechtigkeit und Treue gewähren einen festen Boden für den Frieden. Sie sind von Ewigkeit und bleiben in Ewigkeit.

Das südliche Deutschland, mit Ausschluß des hinausgewiesenen Oesterreichs, etwa ein Viertheil (mit Einschluß Oesterreichs beinahe die Hälfte) des ganzen Deutschlands — flattirt in vierthalb, wieder unter sich vereinzelten, Staaten. Halt suchend und nicht findend, hin und her zwischen den Großstaaten Preußen, Oesterreich und Frankreich; und zerklüftet wiederum ist jeder dieser vierthalb Staaten in sich durch Parteien, welche, die einen in Oesterreich oder Frankreich, die andern in Preußen, ihre Stütze suchen und noch andere nach der Schweiz hinüber blicken und auf Republik und völligen Umsturz sinnen. E. Z.

Deutschland.

München, den 20. Januar.

— Das k. Stadtgericht benachrichtigt heute den Redakteur des „Vaterland“, daß er schon wieder zu einer Verurtheilung vorgeladen sei und zwar auf Mittwoch den 26. Januar Nachmittag 4 Uhr. Unser vielgeliebter Julius und Knorrblättldeputatus außer Dienst ist nämlich schon wieder in der Nr. 6 des „Vaterland“ grausamlich an seiner „Ehre“ gekränket worden, wasmaßen dort gesagt ist, daß diese edle Seele, nämlich unser hochverehrter Julius Deputatus, nach dem Ausspruche des Advokaten H. „überall dabei sei, wo Dr— aufgewühlt werde". Das that diesen unglaublichen Ehrenmann sehr verdreußen und er klagte es seinem Freund, dem Schaußen, und der klagte — uns, zum siebenten Male bereits. Wir hoffen, daß es dem Schaußen gelingen wird, zu beweisen und klärlich darzuthuen, daß der brave dicke Julius nicht überall dabei, wo Dr— aufgewühlt wird. Diese ungeheure neue „Beleidigung" wird, was wir nicht vergessen wollen zu sagen, von dem Schaußen auf 42 Tage Arrest und 150 fl. südd. Währung taxirt, wozu diesen Sigl neuerdings zu verdonnern er das kgl. Stadtgericht inständig und „mit schuldiger Verehrung" bittet. Wir sind begierig, ob der Schauß mit seinem preußischen Piepvogelorden zur Verhandlung kommt, damit er uns und dem Publikum noch mehr Respekt einflöße, als wir ohnehin schon vor diesem edlen Freund Julii Deputati haben.

— Die Südd. Presse nennt die Thronrede den „reinsten Ausdruck des Geistes jener Mittelpartei, deren Weisheit in der machtlosen Neutralisation der Gegensätze besteht", und bezweifelt, ob die Räthe der Krone damit für sich und ihre Politik einen neuen festen Boden geschaffen haben. Die Südd. Presse hat da einmal sehr Recht; die Thronrede ist nicht kalt und nicht warm, nicht gehauen und nicht gestochen; das einzige Greifbare und Gewisse darin, das ist die — Steuererhöhung und die hätten wir lieber hergeschenkt. Daß keine weiteren Verträge mit Preußen existiren, wäre zwar erfreulich zu hören, wenn —' wir keinen Hohenloh weiter mehr hätten. Der aber schließt in 24 Stunden ein Dutzend Verträge, wenn es sein muß. Kurz und gut: es ist nichts mit der Thronrede, wenigstens nichts Erfreuliches, und das wird die Kammer hohem Ministerio hoffentlich des Breitern auseinandersetzen.

In Hessen steigert sich die Energie der Katholiken mit jedem Tage. Noch im Laufe dieses Monats wird eine große Katholikenversammlung für Rheinhessen zu Bingen abgehalten werden. Bald wird das ganze Mainzer Bisthum mit Lokal-Preßkomites und katholischen Kasinos bedeckt sein. Während die Katholiken in Baden (und in Bayern!) im Anfange der Katholikenhetze auf der ganzen Linie fast führerlos waren, ihre Reihen erst mitten in der Schlacht formiren mußten und zum Theil noch heute vereinzelt operiren, werden dagegen die hessischen Katholiken als eine gut geschulte und wohlgerüstete Armee unter erfahrenen und muthigen Führern, die ihre Bataillone kennen, dem über kurz oder lang auch über sie hereinbrechenden Feinde siegesmuthig entgegengehen. Glück auf!

Die Frankfurter Zeitung kann nur selten vergessen, daß sie auch ein Judenjornal ist. Deshalb feiert sie den alten Revolutionsmann und ehrwürdigen Bruder im Schurzfell, den Deputirten Raspail, der eben in Paris gestorben ist, als Märtyrer und großen Mann und beweint ihn mit tausend Thränen. Mein Gott, die edle Seele hat ja auch für die Pläne der Freimaurer und die Zwecke der Revolutionsjuden so unendlich viel gethan, daß er wohl etliche Kübel voll Judenzähren werth ist.

Oesterreich. In Reichenberg erneuerten sich am 19. die Krawalle. Das Militär war genöthigt zu feuern, wobei 1 Mann getödtet wurde. Aus der Festung Josephstadt wurden 3 Bataillone requirirt. Die Nacht ist ruhig verlaufen. Heute Vormittags erneuerten Arbeiter die Zusammenrottungen und erhielten besonders starke Zuzüge vom Lande. Da die städtischen Sicherheitsorgane und die Gendarmerie zur Räumung und Absperrung der Straßen nicht mehr ausreichten, so rückte Militär aus. Bei der hierauf erfolgten Räumung des Hauptplatzes wurde durch die zufällige Entladung eines Gewehres ein Arbeiter getödtet. Es wurden mehrere Arretirungen vorgenommen. Die Aufregung dauert fort, Militärverstärkung wird erwartet.

Hannover. Der König von Hannover, zur Zeit von den Preußen aus seinem Lande vertrieben, erläßt in der „Deutschen Volkszeitung" die Erklärung: „König Georg hat nie daran gedacht und denkt nie daran, mit Preußen zu verhandeln; er hält vielmehr fest an seinem Rechte und der festen Zuversicht, daß dieses Recht auch zum Siege gelangen werde. Träte er auch nur wegen eines Titelchens mit Preußen in Verhandlungen, so würde er sich dieses Rechtes begeben und König Georg begibt sich nie des Rechtes, am wenigsten eines ihm unbestreitbar zur Seite stehenden. Dies weiß auch jeder Hannoveraner." Diese entschiedene Erklärung ist durch die preußischen Lügen veranlaßt, als wolle der König nachgeben und sich von Preußen abfinden lassen.

Aus Preußen kommt uns die wohlthuende Nachricht zu, daß Graf Bismark den preußischen Kriegsfahrzeugen, die in den ostasiatischen Gewässern kreuzen', die gemessenene Weisung ertheilt hat, gegen die dortigen Seeräuber nichts feindliches zu unternehmen — Gewiß sehr consequent, namentlich in Anbetracht, daß vor etlicher Zeit die Landräuber in Italien und der Flibustier und Räuberchef Garibaldi, der gewaltigste Unsinnskrämer aller Freimaurer, engste Verbündete Preußens waren, um Oesterreich in's Herz zu stoßen, Bruderstämme zu annektiren (auf deutsch wider Willen der Besitzer wegnehmen) und legitime Fürsten zu depossediren, d. h. um ihr Besitzthum zu bringen. Hätte man also gegen die chinesischen und japanesischen Annexirer zur See Strafmaßregeln ergriffen, so hätten diese ganz Recht gehabt zu sagen: Medice cura te ipsum d. h. Kehrt erst vor eurer Thür!

Das Kreisgericht Stendal erläßt wieder einen General-Steckbrief gegen 117 militärscheue unterthänige Preußen, die wegen unbefugten Verlassens der königlich preußischen Lande, um nicht in die Kaserne zu müssen, den Zorn des Gerichtes auf sich gezogen. Jeder kriegte dafür 50 Thaler Geldbuße, event. 1 Monat Gefängniß publicirt, aber haben muß man sie erst. Wir schenken alle einlaufenden Strafthaler dem Herrn Schauß, jüngsten preußischen Piepvogelritter. Der kann's für seinen „Süddeutschen Telegrapen" brauchen, ein äußerst witziges und geistreiches Blatt, das es in den zwei letzten Jahren seines Bestehens bereits auf 243 Post-Abonnenten gebracht und dem Schaußen ein entsetzliches Geld kostet. Er verdient aber dafür am „Vaterland" nicht wenig Batzen.

Die Kölner „Volkszeitung" scheint, da sie von der Frankf. Ztg. in einem wüthigen Artikel als „Jesuitenorgan" denuncirt und der liberale Kölner Pöbel gegen sie aufgehetzt wird, von ihrer liberalisirenden Richtung mit Neujahr zurückgekommen und wieder entschiedener katholisch geworden zu sein. Das soll uns sehr freuen. Das Blatt ist uns seit Neujahr nicht mehr zu Gesicht gekommen.

In Aachen fand kürzlich eine social-demokratische Arbeiterversammlung statt, bei der sich, unsers Wissens zum ersten Male, auch Mitglieder der christlich-socialen Partei als Redner betheiligten. So Kaplan Kronenberg, der den Ausführungen der social-demokratischen Vorredner in so ferne zustimmte, als er zugab, daß die Noth der Arbeiter — von der man in Bayern glücklicherweise aus eigener Erfahrung noch keinen rechten Begriff hat — wirklich vorhanden sei, daß die Arbeiter ein Recht hätten auf humane Behandlung von Seiten der Arbeitgeber, daß wirklich für die Arbeiter etwas geschehen müsse. Aber er stellte den Social-Demokraten gegenüber entschieden in Abrede, daß es für die Arbeiter nothwendig sei, dem social-demokratischen Arbeiterverein beizutreten, um sich ein besseres Loos zu verschaffen, und bewies vielmehr, wie das für sie gefährlich und verderblich sei, dadurch, daß er die revolutionären Bestrebungen der Social-Demokraten darlegte. Das wurde auch anerkannt und schlug durch. Der Redacteur der „Christlich-socialen Blätter", Hr. Schings, häufte in seiner Rede die Beweise für die antichristlichen Gesinnungen der social-demokratischen Partei aus fast all ihren Organen derart, daß sich ein entschiedener Unwillen der Versammlung gegen dieselbe kundthat. Ein dritter Redner bewies den Gegnern, daß die Arbeiterfrage nur vom christlichen Standpunkt aus einer befriedigenden Lösung entgegengeführt werden könne. Die social-demokratischen Redner konnten da nichts ausrichten.

Ausland.

Die Dalmatiner haben sich bis auf wenige „unterworfen"; aber es scheint diese Unterwerfung von sehr zweifelhaftem Werthe zu sein, denn nach den Erklärungen der Regierung vor dem Abgeordnetenhause ist ihnen nicht blos volle Amnestie, selbst für gemeine Verbrechen, gewährt, sondern auch bei Durchführung des Landwehrgesetzes — wegen der der Aufstand eigentlich ausgebrochen ist — „die ausgedehnteste Berücksichtigung ihrer Eigenthümlichkeiten" zugesagt und sind ihnen sogar Subsistenzmittel aus den Regierungsvorräthen versprochen und ihre Waffen gelassen, resp. zurückgegeben worden. Die „Schonung der Eigenthümlichkeiten" finden wir zwar höchst billig und gerecht, aber wenn die liberalen Wiener Doktrinäre sich dazu verstanden haben, dann muß es mit der „Unterwerfung" durch die österreichischen Waffen gar nicht so weit her sein.

Frankreich. Aus Paris wird der „Sächsischen Zeitung" über den saubern Kumpan des Juden Noir bei Prinz Bonaparte geschrieben, daß derselbe — von Fonvielle nennt sich dieser tapfere Republikaner — bei jenem Vorfall eine komische und klägliche Rolle zugleich gespielt habe. Seine Unentschlossenheit und Feigheit dabei habe bei den Parisern einen sehr schlechten Eindruck gemacht. Wenn man sich vergegenwärtigt, daß dieser Herr, den Revolver in der Hand, seinen Freund niederschießen läßt, ohne auch nur den Versuch zu machen, dessen Tod zu rächen; wenn man sich vergegenwärtigt, wie er sich vor Angst hinter einen Sessel verkriecht, dann entflieht und seine Kugelschachtel dabei verliert, so läßt sich erkennen, daß die Feigheit in dem Augenblicke seiner so vollständig sich bemächtigt hatte, daß er an einen Widerstand gar nicht mehr dachte. Der Widerwille gegen diesen Theaterhelden ist noch dadurch gewachsen, daß derselbe sich sogar seiner schleunigen Flucht rühmte. Dieser Mangel an Muth hat ihn bei seinen Genossen verächtlich gemacht, denn die Feigheit ist in Frankreich nicht geeignet, Jemand populär zu machen." — Diese revolutionären Federhelden und Maulaufreißer sind ungeheuer tapfer mit Worten; das arme Volk, der ungebildete Arbeiter mag sich von ihnen verführen und auf ihr Geheiß todtschießen lassen, sie aber müssen ihr kostbares Leben für den — Galgen oder das Zuchthaus aufbewahren, dessen Kandidaten sie meist zu sein pflegen. Sie sind sich gleich in aller Herren Ländern.

In Paris ist der Deputirte Raspail an einer Lungenentzündung gestorben, ein Hauptmitglied der revolutionären Verschwörung, der kürzlich den Lyoner „Freidenkern" den Rath gab, ohne Priester auf die Welt zu kommen, zu heirathen und zu sterben, also zu leben wie ein blinder Heide. Die Probe, ohne Priester zu sterben, hat der Mann auffallend bald nach diesem weisen (!) Ausspruche machen können.

Paris, 19. Januar. Traupmann wurde heute Schlag 7 Uhr Morgens im Beisein einer ungeheuern Menschenmenge hingerichtet. Er erstieg die Stufen des Schaffots lebhaften und festen Schrittes.

— Die „Liberte" dementirt die Gerüchte über eine enge Allianz zwischen Frankreich, Oesterreich, Bayern und Holland. Wie sollte Saulus Bayern unter diese Propheten kommen?

In Creuzot haben 10,000 Arbeiter die Arbeit eingestellt.

Italien. In Rom wurde letzten Sonntag ein päpstlicher Zuave auf dem Platze vor der Rotunda während der Predigt von einem römischen Frauenzimmer meuchlings erdolcht!

In Italien ist der Jammer über die Finanznoth, insbesondere über die Unmassen von schlechtem Papiergeld, von dem die Halbinsel überschwemmt ist, allgemein. Die Leute seufzen nach dem alten Golde, Silber und Kupfer, welches damals, als Italien noch nicht „geeinigt" war, wenn auch in tausendfacher Weise geprägt, auf der Halbinsel zu finden war. Die Banken weigern sich, das von ihnen herausgegebene Papiergeld gegen Staatspapiere umzutauschen, so daß sich Jeder der in Mißkredit gefallene Scheine zu entäußern sucht und Niemand dieselben annehmen will. Am übelsten sind wieder die ärmeren und arbeitenden Massen daran, die zudem zusehen müssen, wie die Kapitalisten sich von dem Ertrage ihres Schweißes ungerechter Weise bereichern, wie denn allemal bei politischen Umwälzungen die Armen und Arbeitenden verlieren, die Reichen aber dieselben für sich auszubeuten wissen.

In Rom hat der hl. Vater durch den rückkehrenden Kardinal Mathieu ein eigenhändiges Schreiben des Kaisers von Frankreich erhalten, in welchem ihn der Kaiser beglückwünschte und um Ertheilung des apostolischen Segens bat. Der Papst hat Napoleon auch eigenhändig geantwortet.

In Neapel hat die Prinzessin Margaretha dem Herkommen gemäß sich kürzlich nach der Kapelle des hl. Januarius begeben, um dem Himmel für ihre glückliche Niederkunft zu danken. Darüber sind die Liberalen aller Länder sehr ungehalten, daß eine italienische Prinzessin noch fromm zu sein und an Gott und Himmel zu denken wagt, wollen in ihren Zeitungen glauben machen, das habe geradezu einen „lächerlichen" Eindruck gemacht, und versichern, „diese Dienstbarkeit des alten Aberglaubens werde die gegenwärtige Dynastie sicher nicht beliebt machen." — Ja, wenn die Prinzessin weder an Gott, noch Heilige glaubte und darnach lebte, das würde sie freilich eher „beliebt" machen — bei den Liberalen, aber nicht beim christlichen Volke!

Rußland. Nach aus Kleinrußland eingegangenen Nachrichten, und namentlich aus den Gouvernements Pultowa, Tschernigow und Jekaterinoslaw, sind auch dort weite Verzweigungen der sozialistischen Verschwörung entdeckt und in Folge dessen zahlreiche Verhaftungen vorgenommen worden. Es gibt nämlich unter den Kleinrussen eine ziemlich starke Partei, in der die Traditionen des freien Kosakenthums sich lebendig erhalten haben und die an der Hoffnung der Befreiung von der russischen Herrschaft unerschütterlich festhält.

Kulturbildliches.

In einer sehr fortschrittlichen und „gebildeten" bayrischen Stadt an der Donau hat ein protestantischer Lehrer, wie uns berichtet wird, folgenden Geniestreich gemacht. Zwei Büblein mußten über Mittag in der Schule bleiben, weil sie irgend etwas angefangen. Im Zimmer eingeschlossen, gebrauchten sie nach langem Schreien um Erlösung einen im Zimmer stehenden leeren Krug zu einem Zwecke, für den der Krug eigentlich nicht bestimmt war. Der Herr Lehrer kam aber dahinter und als am andern Tage der Eine von Beiden, eines angesehenen Bürgers Sohn, zur Schule kam — der Andere, dem Unheil schwante, blieb klüglich weg, wurde er vom sehr humanen und sehr liberalen Hrn. Lehrer gezwungen, den ganzen Inhalt des Kruges auszutrinken. Nach solchem Schwedentrunk liegt das arme Büblein jetzt freilich auf den Tod darnieder. Also geschehen im 19. Jahrhundert in einer fortschrittlichen Stadt an der Donau, da man die Schullehrer zu Engeln und die fortschrittlichen zu Erzengeln erhöhet hat.

— Es thut uns leid, melden zu müssen, daß Hoffänger Hr. Bausewein für seine kürzlich auf offener Scene über den „finstern“ Dr. Sigl gemachten „Witz“ von Hrn. v. Perfall um 10 fl. gestraft worden ist. Gerechte Götter! Der Witz war ja keine 10 kr. werth und wäre sogar von der Stadtfraubas als zu schlecht zurückgewiesen worden.

Wir rathen Hrn. Bausewein, sich die Strafe von jenen Notizenhamstern ersetzen zu lassen, die den „Witz“ an so und so viele „liberale“ Zeitungen, Abendzeitung u. s. w. meldeten und sich damit viel Geld verdienten.

O Bausewein, o Bausewein!
Laß künftig solche Witze sein,
Denn zehen Gulden sind kein Spaß!
Vertrink' sie lieber in braunem Naß,
Dann, guter Bausewein, hast du was.

Verantwortlicher Redakteur: Dr. J. Sigl.

Fortschritts-Literatur!

Soeben ist erschienen und durch alle Buchhandlungen zu beziehen:

Der Preßproceß „Metz-Fendt“

Ein Beitrag zur Zeitgeschichte.

Stenographischer und aktenmäßiger Bericht über die Verhandlungen vor dem Großherzoglichen Bezirks-Strafgericht Darmstadt am 6. und 7. August, nebst der Urtheilsverkündung vom 14. August 1869.

Der Obige, seinerzeit in ganz Deutschland das größte Aufsehen erregende Prozeß „Metz-Fendt“ erscheint hier zum Erstenmale in ausführlicher vollständiger Bearbeitung. Obwohl in fast allen Blättern besprochen, ließ die große Fülle des Materials eine eingehenede Behandlunz nicht zu. Hier ist nun für nur wenige Kreuzer, dieser so höchst interessante Prozeß des — durch eigene Reklammacherei so bekannt gewordenen — hessischen Fortschrittsführers August Metz — zu haben. Wir erlauben uns alle Männer von Ehre und Charakter auf dieselbe angelegentlichst aufmerksam zu machen, denn nirgends wird ihm so leicht ein so klares Bild von diesen Herren Fortschrittlern geboten. Im Interesse der guten Sache sollte diese Brochüre in vielen Tausenden von Exemplaren verbreitet werden, damit das Volk seine wahren Freunde näher kennen lerne und nicht sich von solchen „edlen“ Männern des Fortschritts dem Untergange entgegen führen lasse. — 30(ff)

In der Expedition des „Bayr. Vaterland“ ist zu haben:

Die Fürsorge der Kirche für die Fabrikarbeiter.

Bischöfliches Referat für die Konferenz der hochw. Bischöfe Deutschlands zu Fulda im Sept. 1869.
(Separatabdruck aus den „Christlich-socialen Blättern.“)

Preis 2 kr. 26)

Im Verlag bei Bucher in Passau ist erschienen und durch alle Buchhandlungen (in München bei Lentner) zu beziehen:

Die gegenwärtige Krisis in Bayern.

Preis 9 kr.

Eine Herrschaft wünscht ein Landhaus gegen ein Stadthaus zu vertauschen. Näheres sagt die Exp.

Einem hochwürdigen katholischen Klerus, katholischen Kirchenverwaltungen, hochwürdigen Klöstern, Seminarien, und Erziehungs-Instituten erlaube mir mein Geschäft zur sorgfältigsten Ausführung von

Altarbildern, religiösen Darstellungen aller Art, Gemälden für Kirchenfahnen,

sowie insbesondere zur vollendeten Herstellung von (1)ff.

Kreuzwegen jeder Größe

nach den berühmtesten Originalen, bestens zu empfehlen. Musterstationen in vier verschiedenen Größen sind stets mit entsprechender Einrahmung vorräthig und werden bereitwilligst zur Ansicht verschickt.

Preise:

Größe	Centim. hoch	Centim. breit	ohne Rahme fl.	mit Rahme und Aufsätzen fl.
I.	130	72	630.	820.
II.	87	56	420.	600.
III.	68	48	214.	330.
IV.	46	32	100.	140.

= 9 bayrische Zoll = 22 Centimetres =

Außer diesen vier Größenverhältnissen wird jeder dießbezügliche Wunsch bestens berücksichtigt. Zahlreiche schriftliche Anerkennungen hoher geistlicher Stellen und Behörden, welche auf Verlangen bereitwilligst zur Einsichtnahme mitgetheilt werden, dürften den verehrten Bestellern sichere Garantie bieten, daß nur wirklich Gutes und Preiswürdiges geliefert wird.

Ratenzahlungen werden nach vorher getroffenem Uebereinkommen gerne bewilligt. Zu geneigten Aufträgen empfiehlt sich

Die kgl. b. Hofkunsthandlung

von Hermann Manz in München.

Druck von W. Vogt in München, Rosengasse 10.

Das „Bayr. Vaterland“ erscheint täglich mit Ausnahme der Sonn- und hohen Festtage. Preis des Blattes: Vierteljährig 54 kr., ganzjährig 3 fl. 36 kr. Das einzelne Blatt 1 kr.

Das Bayrische Vaterland.

Alle Postexpeditionen und Postboten des In- und Auslandes nehmen Bestellungen an. Inserate werden die dreispaltige Petitzeile oder deren Raum zu 3 kr. berechnet.

Redaktion: Burggasse 14. Herausgegeben von Dr. jur. J. Sigl. Expedition: [illegible] 5.

Maria Vermählung. Nr. 18. Sonntag, 23. Januar 1870.

Bestellungen auf das „Bayr. Vaterland“ wolle man bei der nächsten Postexpedition oder den Postboten machen. Preis halbjährig 1 fl. 48 kr. vierteljährig 54 kr.

Die patriotische Presse.

Wir hatten Gelegenheit, die Ansichten eines nicht unbedeutenden Mitglieds der patriotischen Partei über die Bedeutung der patriotischen Presse, in specie des „Volksboten“ und des „B. Vaterland“ zu vernehmen, die uns einigermassen überrascht haben. Wir wissen nicht wie die Leser insbesondere der genannten beiden Blätter über deren Wirksamkeit, namentlich bei den letzten Wahlen denken, sind auch keineswegs so unbescheiden, zu glauben, beide Blätter trügen allein die Schuld, daß die letzten Wahlen den bekannten Erfolg hatten; allein die Ansicht glauben wir ohne Unbescheidenheit aussprechen zu dürfen, daß sie, insbesondere der „Volksbote“, doch wohl Einiges zum Sieg der guten bayrischen Sache beigetragen haben und daß es einigermassen voreilig wäre zu sagen, daß die patriotische Partei „sie nicht brauche“, eine Aeußerung, die am Besten durch gewisse Thatsachen widerlegt würde, welche den Freunden des „Volksboten“ wie des „Vaterland“ nicht unbekannt sind. Wir glauben nicht, daß man innerhalb der patriotischen Partei jetzt, nachdem der Sieg wenigstens für den Augenblick errungen ist, die patriotische Presse als den Mohren betrachten könne, der „seine Schuldigkeit gethan hat“, besonders da man ihrer vielleicht in sehr naher Zeit wieder sehr bedürftig sein könnte. Wir für unsern Theil beanspruchen in keiner Weise, etwa mit besondern Belobigungen beehrt und überrascht zu werden, wir würden uns sogar nichts daraus machen, wenn man uns die Rolle des erwähnten Mohren zuweisen würde, da wir jedenfalls das Bewußtsein haben, unsere Pflicht und Schuldigkeit nach besten Kräften, zuweilen bis zur Erschöpfung gethan zu haben, was zum Theil durch einen Zugang von über 700 Abonnenten allein bei der Post und in diesem Monat und von fast 2000 in den letzten Monaten anerkannt zu sein scheint; allein wir glauben doch der patriotischen Presse schuldig zu sein, ihr einige Ansprüche auf das Verdienst, die gute Sache redlich unterstützt und gefördert zu haben, entschieden zu wahren. Die Wahlen in Kempten z. B., um nur Eines anzuführen, wären ohne das ebenso tüchtige und wackere, als entschiedene „Algäuer Volksblatt“ niemals in dieser Weise zu Stande gekommen, wodurch sich Hr. Bucher wie Dr. Schneider unbestreitbare Verdienste um die patriotische Sache erworben haben. Wenn also da und dort Einer sich erheben sollte, welcher jetzt nach geschehener Sache in unerklärlicher Verblendung der patriotischen Presse entbehren zu können glaubt — auf Dank und Anerkennung kann die patriotische Presse dem Herkommen gemäß ohnehin nie rechnen und rechnet auch nicht darauf —, so schiene uns dies nicht blos ein vollständiges Mißkennen der wirklichen Sachlage, sondern auch eine Unklugheit zu sein, die man sich auf fortschrittlicher Seite niemals zu Schulden kommen ließe und die, hätte die patriotische Presse nicht jeder Zeit die Sache im Auge, sicherlich sich rächen könnte. Es ist eine ganz philiströse Ansicht, daß die Wirksamkeit der Presse, selbst der patriotischen heue noch unterschätzt werden dürfte, und daß die Presse, wir meinen wieder die patriotische, nichts anderes sei als die dienende Magd von dem nächsten Besten, der vielleicht gerade durch die Presse erst entdeckt und an seinen Platz gestellt worden ist. Die Presse bedarf solcher neu entdeckten Sterne nicht, aber sie sowohl wie die Parteien bedürfen der Presse und bedürfen sie um so mehr, je mehr die Parteien in täglichem Kampfe um ihre Existenz streiten müssen, und wer das mißkennt, könnte gar leicht in die Lage kommen, daß ihm all sein Licht unversehens abhanden kommt. Die charaktervolle Presse dient nicht, sie ist aber auch nicht geneigt, sich das Mindeste zu vergeben, am wenigsten denen gegenüber, die ihre Arbeit, Mühe und tägliche Last vielleicht gar nicht zu würdigen wissen. Was uns betrifft, so sind wir dazu am Allerwenigsten geneigt, da wir gewohnt sind, lediglich unserer eigenen Ueberzeugung folgend unsern eigenen Weg zu gehen, einzig das Wohl des Volkes im Auge habend und anstrebend, frei und unabhängig nach allen Seiten hin und bereit, in Verfolgung unserer mühsam errungenen Grundsätze, unserer freien Ueberzeugung und unsers ehrlichen und redlichen Strebens Alles über uns ergehen zu lassen. Wir fürchten gar nichts als den Vorwurf, unsere Pflicht nicht allezeit und nach allen Kräften erfüllt zu haben; alles Andere ertragen wir leicht und gerne.

Jüdisches XIII.

(Eine Reminiscenz.)

Vom Rhein. Bei einem Münchener Buchhändler, Namens Gummi — ob elasticum oder hebraicum haben wir noch nicht herausbringen können — erscheint ein Büchlein mit dem Titel: „Gemälde aus dem Nonnenleben oder enthüllte Geheimnisse aus den Papieren der aufgehobenen bayrischen Klöster.“ Wir wollen nicht auf das Büchlein eingehen, lesen es auch nicht, denn es enthält zuversichtlich nur wieder alte und neue Lügen auf die Klöster in „romantischem“ Gewand. (Wahrscheinlich ist das Ganze alte verlogene Waare, literarischer Schund, etwas aufgeputzt und aufgedonnert, — ein knoblauchduftiger milder Beitrag zu noch größerer Versimpelung des lieben „gebildeten“ Publikums, um den langweiligen und gelangweilten moralischen Pöbel mit verlogenen Nonnengeschichten zu amüsiren.) — Wie der Herr, so's Gescherr! sagt man bei uns am Mittelrhein wie das Publikum, so die Lektüre und umgekehrt. Für die Münchener „Intelligenzen“ soll das übrigens kein Kompliment sein.

Da fällt uns aber gerade ein, daß die aufgehobenen Nonnenklöster in Bayern zu einer gewissen Zeit wirklich in besonderer Beziehung mit — Juden standen, nämlich gerade zu der Zeit ihrer Aufhebung. Damals, zu des Voltairianers Montgelas, des damaligen Hohenlohe von Bayern, gesegneten (!) Zeiten, hob man in Bayern wie auch anderwärts auf Geheiß des allmächtigen Freimaurerthums die Stifter und Klöster auf*), weil man, wie jetzt, das Geld brauchte und gut preußisch „das Geld nahm, wo man es fand“, d. h. stahl und raubte, wo man es erwischen konnte. Daß bei diesem höchst liberalen Thun und „staatsmännischen“ Treiben Haus Israel nicht leer ausging, versteht sich von selbst.

Also zog man im katholischen Bayern zur Zeit dieser Aufhebung mit Spießen und Stangen vor die Klöster: der Hr. Landrichter mit seinem Schreiber, etliche Schandarmen, hie und da auch ein „kunstsinniger“ Civilkommissarius und — Juden; die zogen immer mit. Dann nahm man ein Inventar der Schätze und Werthgegenstände auf, die man sich „anzupreußen“ gedachte. Während der Hr. Landrichter und seine befederten oder Spieße tragenden Adjutanten und Schutzengel sich bei einem guten Trunk gütlich thaten und sich zu weiteren Heldenthaten vorbereiteten, schlichen die Juden in den Räumen des Klosters und der Klosterkirche umher, beschnüffelten die Kostbarkeiten der Altäre und Sakristeien und taxirten einstweilen — nicht zu ihrem Nachtheile — die vorhandenen Werthgegenstände. Inzwischen hatten Landrichter und begleitendes Grünzeug sich gestärkt und mit gottlosen und rohen Späßen die ohnehin schon halb zu Tod geängstigten Religiosen verhöhnt und nun ging's ans „Besitzergreifen“, nämlich ans Anneriren. Die Sakristei kam zuerst an die Reihe: Die hl. Gefäße, die Monstranzen, die kostbaren Goldstoffe und Stickereien, die Reliquienkästen, kurz alle einem katholischen Herzen heiligen Gegenstände kamen, wie einst unser Heiland, unter die Hände der Juden. Dann drang die unheilige Rotte mit dem jüdischen Gefolge in die Kirche; dieses riß das Heiligthum auf, vergriff sich selbst am Allerheiligsten, nur damit ihm die kostbaren hl. Gefäße nicht entkamen; was nicht von Gold und Silber oder edlem Gestein war, streute man auf den Boden und trampelte drauf mit den Füßen herum.

Dann wurden die hl. Gefäße ꝛc. fortgeschleppt, ein Spottgeld dafür gezahlt, auf dem Vorplatz der Kirche ein Feuer angemacht, die Gold- und Silberborten geschmolzen. Die werthloseren Gewänder zogen die Juden selbst an und ein Gelage veranstaltend, bei dem sie aus den entheiligten Kelchen und Ciborien sich zutranken, tanzten sie in diesen Kirchengewändern um das Feuer. Daß das Volk nicht über diese Schänder seines Heiligsten herfalle, mußten die Schandarmen Sorge tragen, die eben nur thaten, was ihnen befohlen war. Polizei und bewaffnete Macht war also schon damals mehr für die Juden und gegen das Volk da, statt daß sie das Volk gegen die Juden schützen sollte.

Nicht an einem, sondern an vielen Orten wurde so geführt und — gefeiert. Das den Klöstern geraubte Gut die Aufhebung der Klöster von dem Judenvolke aus- und Geld floß zum kleinsten Theil in die Staatskassen, vieles behielten die Kommissäre für sich, das meiste aber fand seinen Weg in die Taschen der Juden, die auf diese Weise Betriebskapital genug bekamen, um damit nach und nach auch den Wohlstand des christlichen Volkes „aufzuheben“.

So folgte dem Verbrechen der Beraubung der Klöster das Verbrechen der „gesetzlichen“ Ausziehung und Beraubung des früher so wohlhabenden Volkes. Zuerst wurde von dem habgierigen Judenvolke und der ihm schon damals verbündeten liberalen Bureaukratie die Kirche beraubt, womit die Juden die Mittel in die Hand bekamen, um nun das christliche Volk mit Handel, Wandel und Verkehr zu beglücken, und den alten Wohlstand dieses Volkes in die Sklaverei der Christen unter dem Geldsack der Juden zu verkehren, woran halb Europa Theil nimmt. Nun Und was wird die Folge von diesem doppeltem Verbrechen sein?! Mihi vindicta, spricht der Herr; ich werde meine beraubte Kirche und mein geknechtetes Volk rächen. Früher oder später — aber kommen wird die Rache des Herrn.

---

*) Es fällt uns eben wieder ein interessantes, zu jetziger Zeit doppelt interessantes Buch in die Hand: „Ein Mönchsleben aus der zweiten Hälfte des 18. Jahrhunderts. Dargestellt von P. Magnus Sattler, O. S. B.“, das in Form eines (wahren) Tagebuches ein höchst anziehendes Bild von dem Leben und Thun hinter den Klostermauern jener Zeit und von den unglaublichen Barbareien des damaligen Liberalismus gegen die Klöster gibt. D. Red.

Deutschland.

München, den 21. Januar.

Landtag. Zum Präsidenten der Adreß-Ausschußkommission wurden Dr. Karl Barth, zu deren Sekretär Dr. Schüttinger und zu ihrem Berichterstatter Dr. Jörg gewählt.

— Der Generalpräsident der französischen Vincentiusvereine befindet sich seit dem 19. hier, um mit den Hauptausschüssen unserer Vincentiusvereine Konferenzen über Vereinsangelegenheiten zu halten.

— Der Domkapitular Dr. Eberhard von Regensburg, der berühmte ehemalige Münchner Hofprediger, liegt dem Erblinden nahe in der Rothmundschen Augenheilanstalt. Die Gefahr für sein Leben ist seit zwei Tagen beseitigt und es ist einige Hoffnung, auch die völlige Erblindung noch abzuwenden.

— Stiftsprobst Döllinger hat endlich mit seiner Namensunterschrift in der Ag. Ztg. sich gegen das Dogma der Unfehlbarkeit des Papstes erklärt. Zweifelsohne wird das Koncil jetzt nichts Eiligeres zu thun haben, als auf die Worte Döllingers und das Papier der Allg. Zeitung hin von ihrem „unzeitgemäßen“ Beginnen schleunigst abzulassen. Wenigstens erwartet sich das sachverständige Knorrblättl in Folge besonderer Erleuchtung von dieser (papiernen) „That“ Döllingers eine „große Wirkung in der ganzen gebildeten katholischen Welt“, denn es sei „hohe Zeit gewesen, daß aus der Mitte des deutschen Klerus selbst (Pichler, Frohschammer und ähnliche „katholische“ Größen rechnet Knorrblättl wahrscheinlich gar nicht mehr zum Klerus!) Protest gegen eine Theorie erhoben wurde, die einen fehlbaren Menschen zum Gotte (!!) stempeln möchte“. So dumm redet das Vecchioni manchmal daher! Wir ersehen indeß beiläufig daraus, daß die „Proteste“ so bedeutender Fortschrittslichter und katholischer Laien-Größen, wie die Gelehrten der „Neuesten“, der Kempterin ꝛc. ꝛc. sicherlich sind, nichts gefruchtet zu haben scheinen, da es „hohe Zeit“ war, daß Döllinger sich der Sache annahm und mitprotestirte. Im Uebrigen hofft löbliches Knorrblättl, daß „Niemand mehr zweifeln werde, daß das kirchliche Rom sich mitten im Verfall befinde“, was ungeheuer erquicklich für die bedrängten armen Knorrblättlseelen wäre, wenn es nur wahr wäre. — Aber leider stand das kirchliche Rom kaum jemals in größerer Blüthe und Macht als eben in diesen unsern Tagen.

Von der obern Donau wird dem „Vaterland“ geschrieben: Ich übersende dem „Vaterland“ ein Exemplar des Günz- und Mindelboten, welcher zugleich Amtsblatt für das Bez.-Amt Günzburg ist, wo Hr. Braun mächtig und wundervoll regiert, und der von Hrn. Bretzelmayer, dem edlen Mann und verkannten Deputatus, in Gesellschaft seines gleichgesinnten Freundes, Assessor Hegele, mit entsprechendem Geiste redigirt wird. Ich schicke das Blatt, um schwarz auf weiß zu zeigen, wie es der schamlose Fortschritt treibt. Da fordert ein katholisch getaufter Wirth, (wenigstens wissen wir's nicht anders), seine katholischen Mitbürger, denn in Günzburg werden kaum 10 Protestanten sein, zur Verachtung des Kirchengebotes auf, indem er sie „auf Freitag den 14. Januar“ zu einer „Rauchfleischpartie“ einlädt. (Der Edle heißt Jos. Springer und ist Pächter zu den 3 Königen, aber nicht der heiligen drei.) Nun vielleicht haben die liberalen Juben von Ichenhausen auch mitgethan und bei Schweinernem „mit Sauerkraut und Erbsen“ den „herrlichen Wahlsieg“ vom 25. Nov. gefeiert, wo ein alttestamentlicher Fortschrittsmann, Nathan mit Namen, die glorreiche Selbstwahl des Bretzelmayer und Sick den Günzburger Weibsen mit den Worten ankündigte: „Fraula, wir haba's g'wonna!“ Wackere Wahlmänner dies, die mit jüdischen Ehrenmännern vom Schlage Nathans Arm in Arm gehen! (Was die Rauchfleischpartie am Freitag betrifft, so ist dies wieder ein so freches fortschrittliches Stück, daß unsere bereits erworbene Hochachtung vor der bewußten Kollektion von auserlesenen Ehrenmännern des 19. Jahrhunderts nun schon bald keine Grenzen mehr kennt. Diese Leute bleiben sich wie die Juden, die ihre dicksten Freunde sind, unter allen Himmelsstrichen gleich. Seine ermittirte Deputätigkeit, Julius der Vielgeliebte, kann stolz seiu auf die Günzburger Fortschritts und Judenfreunde; sie sind unsers Deputätigen völlig würdig.)

Ausland.

Frankreich. Die Familie Noir fordert als Schadenersatz für den dummen Jungen, welchen Prinz Bonaparte seiner Flegelei halber niedergeschossen hat, die Kleinigkeit von einer Million. Daß die Juden doch bei Allem ein Geschäft machen! — Rochefort ist auf heute (Samstag) vor das Zuchtpolizeigericht vorgeladen, um seine Beurtheilung entgegenzunehmen.

In **Creuzot** dauert die Arbeitseinstellung fort. Um die Arbeiter zu bekehren, sind — Soldaten nach Creuzot geschickt worden. Hinterlader haben eine wunderbare Ueberzeugungskraft, meinen die betroffenenen Fabrikkönige; so überzeuge man die Arbeiter durch Hinterlader, daß sie es als ihre Aufgabe betrachten sollen, Sklaven des Kapitals und des unbarmherzigen Liberalismus zu sein! Manchmal aber wollen sie sich doch nicht recht überzeugen lassen.

Italien. In Florenz hat das Ministerium, wahrscheinlich in Folge von Ueberfluß an Geldmangel, alle Geldunterstützungen an die politisch kompromittirten römischen Emigranten, denen auf die Weise das politische „Martyrium“ arg verbittert wird.

In **Spanien** fühlen die regierenden Rebellenhäupter ein menschliches Rühren, daß das glücklich zusammengestohlene und geborgte Geld längst zu Ende sei. Sie wollen deshalb schleunig neuerdings die Kleinigkeit von 720 Millionen aufnehmen, — in Anweisungen auf den „Staatsschatz“, der aber nirgends existirt. Weiters wollen sie eine Anzahl Bergwerke und Domänen an geldbesitzende Söhne Abrahams verklopfen; um noch etliche Batzen zu bekommen, sollen den Staatsgläubigern fünf Prozent ihrer Renten und den Beamten 10 Prozent ihrer Gehälter und Pensionen abgezogen werden. Liederliche Finanzwirthschaft!

Verantwortlicher Redakteur: Dr. J. Sigl.

Einladung

zur Submission für den Druck der Verhandlungen der Kammer der Abgeordneten.

Die Verhandlungen der Kammer der Abgeordneten sollen auch während des gegenwärtigen Landtages in Groß-Quart, in doppelspaltigen Columnen zu 64 Zeilen Höhe und einer mit Einrechnung des Mittelspaltes auf 112 Garmond n für beide Spalten sich belaufenden Breite gedruckt werden.

Die Besitzer von Buchdruckereien in München und den umliegenden Städten werden daher eingeladen, ihre Preisbestimmungen spätestens bis

Donnerstag, den 27. Januar 1870 Früh 9 Uhr

in schriftlichen Submissionen beim Kammersekretariate in Einlauf zu bringen.

Dabei wird bemerkt:

a) Der Preis ist nach einer Auflage von 1500 Exemplaren zu bemessen und der Betrag für jedes weitere 100 eigens anzusetzen;

b) die Correktur und Revision des Satzes bleibt der Druckerei überlassen;

c) für Tabellenarbeiten, welche größere Mühe beim Satze erfordern, wird besondere Vergütung geleistet. Es ist daher bei den Submissionen anzugeben, welche Vergütung hiefür in Anspruch genommen wird;

d) Die ganze Auflage ist, wenn die Arbeit nicht mehr als 4 Druckbogen umfaßt, innerhalb 36 Stunden vom Augenblicke der an die Druckerei bewerkstelligten Ablieferung des Schlußmanuskriptes jeder Sitzung unter einer im Vertrage festzusetzenden Conventionalstrafe portofrei in das Expeditionslokal der Kammer der Abgeordneten abzuliefern.

Bei größerem Umfange der Arbeit wird für die Ablieferung der zweiten Hälfte der Auflage ein weiterer Termin von 12 Stunden gestattet.

e) Die Buchdruckerei hat die einzelnen Nummern ohne weitere Entschädigung kompletirt und gefalzt einzuliefern;

f) das zu verwendende Druckpapier wird der Druckerei portofrei überliefert.

Die submittirenden Druckereibesitzer werden eingeladen, sich zur genannten Stunde beim unterfertigten Kammer-Sekretariate einzufinden, und der Eröffnung der Submissionen anzuwohnen.

München, den 20. Januar 1870.

Sekretariat der Kammer der Abgeordneten.

Freiherr von Ow.

Einladung (53)

zur Submission für Maschinen-Druckpapier.

Das unterzeichnete Sekretariat der Kammer der Abgeordneten ladet hiemit Diejenigen, welche das zum Drucke der Verhandlungen der Kammer der Abgeordneten in Groß-Quart nöthige Maschinen-Druckpapier zu liefern Lust haben, ein, Musterbogen nebst Beifügen des Preises in schriftlichen Submissionen spätestens bis

Donnerstag, den 27. Januar 1870 Vormittags 10 Uhr

bei dem unterfertigten Sekretariate einzureichen und zur genannten Stunde der Eröffnung der Submission daselbst anzuwohnen.

München, den 20. Januar 1870.

Sekretariat der Kammer der Abgeordneten.

Freiherr von Ow.

Druck von W. Vogt in München, Rosengasse 10.

Das Bayrische

Vaterland.

Das „Bayr. Vaterland“ erscheint täglich mit Ausnahme der Sonn- und hohen Festtage. Preis des Blattes: Vierteljährig 54 kr., ganzjährig 3 fl. 36 kr. Das einzelne Blatt 1 kr.

Alle Postexpeditionen und Postboten des In- und Auslandes nehmen Bestellungen an. Inserate werden die dreispaltige Petitzeile oder deren Raum zu 3 kr. berechnet.

Redaktion Burggasse 14. Herausgegeben von Dr. jur. J. Sigl. Expedition: Kaufingerbazar 5.

Pauli Bekehrung. Nr. 19. Dienstag, 25. Januar 1870.

Bestellungen auf das „Bayr. Vaterland“

wolle man bei der nächsten Postexpedition oder den Postboten machen. Preis halbjährig 1 fl. 48 kr. vierteljährig 54 kr.

Knorrige Landtagslügen.

Knorrblättl ist immer schön, am schönsten aber wenn es rast, und es lügt immer, am meisten aber über „diese Schwarzen“, denn Knorrblättl ist ein liberales Blatt und das Organ der Knorrleute und Jeder, jeder davon ist ein ehrenwerther Mann, sagt Antonius. — Sieben von diesen Ehrenwerthen aber sind die Pforten des Himmelreichs verschlossen worden von „diesen Schwarzen“, daher der ungeheure Schmerz, der Zorn, die Raserei, die tägliche Verlogenheit des „Organs“, denn so was kränkt einen Biedermann sehr, sehr!

Und Knorrblättl leistet als „Organ“ fast Uebermenschliches und in Lügen leistet es gar das Zehnfache eines gewöhnlichen Mitglieds der weiland hörmannischen Nobelgarde von offiziösen Federmädchen. Der Artikel, den das edle „Organ“ gestern zur Welt brachte, und in dem es sich und den Seinen so viel Komplimente sagte und „diesen Schwarzen“ so viel Lügen und Schmähungen an den Kopf warf, war in dieser Richtung wirklich unübertrefflich; der jüngste preußische Weppvogelritter Schauß der Junge selbst hätte nichts Geistvolleres schreiben können. Sagt da Knorrblättl, die Directorialwahlen der Kammer hätten im Lande „mancherlei Bemerkungen und vielfaches Erstaunen“ hervorgerufen, weil — die „so bedeutende“ fortschrittliche Minorität weder bei den Directorial-, noch bei den Ausschußwahlen „einigermaßen entsprechend berücksichtigt“ worden sei. Dieses „Land“, wo man darüber „erstaunt“ war, steht noch auf keiner Karte verzeichnet und liegt wahrscheinlich irgendwo um den Südpol herum oder im — mare mordax, im ätzenden Lügenmeere, das Knorrblättl seit 1866 sich zusammengelogen hat und in dem es nun täglich lustig herumschwimmt. Erstaunen soll's erregt haben, daß die imposante Majorität der Patrioten sich das Directorium aus ihrer Mitte und nicht etwa gar den „Stolz Münchens“, den vielgeliebten Julius zum Präsidenten wählte? Und Bemerkungen“ soll's auch hervorgerufen haben? Ja, in der Fürstenfeldergasse, im Knorrianum „bei den „Affen“, denen der „opferwillige“ Bierfieder und Politikus Joseph einen „Kasten“ gebaut hat, da mag's freilich „mancherlei Bemerkungen“ abgesetzt haben, aber für den Gang der Weltgeschichte sind sie hoffentlich ohne Bedeutung.

Von der „Schwäche“, sich Fortschreiter zu Häuptern zu erküren, gesteht Knorrblättl mit Zähneknirschen, blieb die patriotische Partei frei, und wir meinen, im umgekehrten Falle, wenn die Fortschreiter die Majorität gehabt hätten, wären sie auch kaum so „schwach“ gewesen, sich „Schwarze“ herauszusuchen, um sie auf die Stühle der Macht und Ehre zu setzen. Aber, sagt Knorrblättl, die Arbeitsposten hätten diese Schwarzen doch den Rothen, resp. Fortschreitern überlassen mögen. Drüben wäre man, da man nicht das Ganze haben konnte, immerhin noch zufrieden gewesen, wenn man da die Hälfte dieser „Arbeitsposten“ bekommen hätte, man hätte da immer noch ein gehöriges Durcheinander fertig bringen können; aber da ließen diese Schwarzen auch nur immer blos 2—3 Posten ab und im Finanzausschuß gar blos zwei, und fragten bei der Wahl der bevorzugten 2 oder 3 Fortschreiter nicht einmal, ob sie den andern Fortschreitern genehm seien; das wäre ihnen „der Ehre und Rücksichtsnahme zu viel“ gewesen!

Unerhört! Schrecklich! Aber siehst du, liebes „Organ“, das kommt davon her, wenn man die Majorität hat, denn die Majorität hat zunächst die Bedeutung, daß die Minorität von ihr überstimmt wird und daß die Majorität thut, was ihr, nicht was die Minorität das Beste und Passendste scheint. Hätten die Herren vom Fortschritt nur einen Mann mehr gehabt als „diese Schwarzen“, so wär's den Letztern wahrscheinlich noch schlechter gegangen als es Euch gegangen ist. Nun sind Einige von Euch doch in die Ausschüsse gekommen, aber nicht etwa ihrer schönen Augen halber, sondern weil sich die Unsern etwas von ihrer Arbeitskraft versprochen und weil die Unsern die „ultramontane“ und durchaus „zurückgebliebene“ Idee im Kopfe haben, daß ein Ausschuß blos zum Arbeiten, die Kammer aber gar das Wohl des Vaterlandes zu berathen da sei, und nicht um einander Komplimente zu machen oder gar, um gewisse Fortschrittsgötter zu beweihräuchern. Daß die patriotische Majorität zu den eigenen Leuten, den Patrioten, mehr Vertrauen hat als zu gewissen abgestandenen Fortschrittsgrößen, ist zwar höchst wunderbar und durchaus nicht zu erklären; man muß aber liberal sein und dies auf Rechnung der bekannten „ultramontanen Vornirtheit“ und „verwahrlosten Zurückgebliebenheit“ schreiben, aber nicht gleich Böses davon denken, wie ihr thut. (Schluß folgt.)

Deutschland.

München, den 24. Januar.

§— (Jüdisches.) Löbliches Gemeindekollegium hat sich kürzlich, wie bereits bemerkt, die Frage: wer soll Schulrath werden, daß er uns Juden und Fortschrittsleuten gefällt? herzhaft zu Gemüthe gezogen. Der Jude und Advokat Aub war in der „angenehmen Lage“, dem Kollegium anzeigen zu können, daß es ihm, dem Juden &c., ein „besonderes Vergnügen“ gemacht habe, daß der Magistrat gleicher (?) Ansicht mit den Juden &c. des Kollegiums sei. Weiters wollte er glauben machen, daß besagtes Kollegium dadurch, daß es den Lehrer Ingerle, den der vorige

Magistrat als Schulrath gewählt, als solchen verwarf, „ganz objektiv“ gehandelt habe. Ein anderes Kollegiallicht, Dr. Erhard, erklärte auf eine bezügliche Frage, es wäre **„unpolitisch und unklug, wenn man schon jetzt bestimmen wolle, welcher Confession der künftige Schulrath anzugehören habe.“** Das heißt doch wohl nichts anderes als: uns Fortschreitern ist es sozusagen „Wurscht“, ob der oberste Leiter des Unterrichts unserer Kinder Christ, Jude, Türke oder Heide ist, wenn es ihm nur nicht an der gehörigen Fortschrittlichkeit in Allem mangelt. — Der Jude **Aub** erklärte dann noch, ob der künftige Schulrath ein Bayer, Preuße, Sachse oder wer weiß was sei, darauf komme es gar nicht an, wenn er nur ein Deutscher und der rechte Mann sei. Ist das eine Phrasenmacherei und Deutschthümeligkeit bei diesen Herren. Der „rechte Mann“ übrigens, der bereits „in Aussicht genommen“ sein soll, soll weder ein Preuße &c., noch überhaupt ein „Deutscher“ sein“, sondern ein fortschrittlicher **Jude**, der gegenwärtig Nürnberg mit seiner schätzbaren Gegenwart beglückt und von wo uns bereits für die Münchener Handelsschule ein „rechter Mann“ nämlich der Jude Brentano verschrieben worden ist. Der Schulrath Fortschrittler und Jud auch noch — na, das wird den katholischen Münchenern nun doch ein bischen zu fortschrittlich vorkommen! Aber

Haben nicht die Herren Juden
Unsre Häuser, Wiesen, Felder
Und dazu die allerschönsten
Hypothek- und andere Gelder?
Haben sie nicht Alles, was in
Bessern Tagen wir besaßen?
Haben sie von alle dem mehr
Als Erinn'rung uns gelassen?
Sind sie nicht die wahren Kön'ge
Von Europas schönen Landen?
Sind nicht wir die wahren Sklaven
In der Juden goldnen Banden?
Also soll'n sie auch beherschen
— Und gehorch' du, Volk, du stilles! —
Deiner Kinder zarte Seelen,
Denn der ganze Fortschritt will es!

— Die oberbayrischen Postboten haben eine Eingabe um Verbesserung ihrer Verhältnisse an die Abgeordneten gerichtet, welche Dr. Huttler vertreten wird. Im Interesse der vielgeplagten Postboten wäre es, wenn alle Postboten in den verschiedenen Kreisen sich dieser Petition anschließen würden, die dann um so mehr Aussicht auf Erfolg hätte und sicher energische Vertretung finden wird.

Aus Oberbayern wird dem „Vaterland“ mit Bezug auf den Artikel in Nr. 13 die Frage aufgeworfen, wie es denn möglich sein soll, daß die Landräthe bei den Regierungen die Wiedereinführung der Bier-, Brod- und Fleischtare beantragen sollen, da die meisten Landräthe Bräuer, Metzger und Bäcker sind? Ja, wo das der Fall ist, da ist freilich „Hopfen und Malz verloren“, wie man zu sagen pflegt. Aber eben deswegen sollte man bei der Wahl der Landräthe vorsichtig sein, resp. hätte man vorsichtig sein sollen. Das Volk sollte, so oft es wählt, immer zuerst an sich und an das, was ihm nützlich und heilsam ist, denken, weil immer das Volk es ist, welches das Bad auszutrinken hat, wenn es nicht vorsichtig gewählt hat.

Hessen. Aus Darmstadt wird dem „Vaterland“ geschrieben: Das „Bayr. Vaterland“ brachte neulich eine Notiz, daß die Princeß Alice, Hoheit, den Affenprofessor Vogt anhörte, als derselbe seinen Zuhörern in Darmstadt in seinen Affenvorlesungen nachwies, daß sie alle von einem Uraffen abstammen. Nun aber wird, so oft Prinzeß Alice guter Hoffnung ist, in allen katholischen wie protestantischen Kirchen um eine glückliche Niederkunft Ihrer kgl. Hoheit gebetet und ebenso nach erfolgter Niederkunft Te Deum gesungen und Gott gedankt. Wozu das? Wenn wir, wie Vogt sagt und seine hohen und höchsten Zuhörer — durch ihre fleißige Anwesenheit scheinen sie es zu beweisen — glauben, von Affen abstammen, so ist es nicht nothwendig, für die Nachkommen jenes Uraffen zu beten oder gar nach ihrer Geburt Gott zu danken, da nur wieder ein Affennachkömmling mehr auf der Welt ist. Entweder Vogt hat Recht, dann lassen wir das Beten und das Te Deum für den glücklich zur Welt gekommenen jungen Affensohn, oder er hat nicht Recht und seine Lehre ist Blasphemie, dann lassen es um Gottes Willen die hohen Herrschaften, sich zu Mitschuldigen solcher Blasphemien zu machen, denn die geliebten Unterthanen pflegen manchmal weiter als von 11 Uhr bis Mittag zu denken, und Einige haben zuweilen gar Kenntniß von der Logik. (Diese Darmstädter Idee ist so übel nicht und ist sehr — „bildungsfähig“. Uns scheint es gar nicht am Platze, daß hohe Herrschaften sich auch nur den Anschein geben, als kokettirten sie mit den „Errungenschaften“ der „modernen Wissenschaft“. Man muß dem Teufel nicht schmeicheln, denn der versteht selten einen Spaß.)

Oesterreich. (Reichkanzlerisches.) Graf Beust, den seiner Zeit die Historisch-politischen Blätter den größten diplomatischen Pechvogel nannten, mußte, wie die Zeitungen gemeldet, während seiner Orientreise in Jaffa, da er von Meerwasser ganz durchnäßt war, so lange einen Franziskanerhabit anziehen, bis seine diplomatische Montur wieder ausgetrocknet war. Bei dieser Gelegenheit soll der Herr Graf einen „Witz“ zum Besten gegeben und gesagt haben: Da sehe man, daß die Mönche doch zu etwas gut seien! Wirklich großartiger Witz, daß die Mönche gut genug sind, durchnäßten Diplomaten trockene Mönchshabite zu leihen, damit deren zarter Leichnam nicht Schaden nehme! Die Mönche scheinen uns aber doch noch zu ganz andern Dingen gut zu sein, und wenn uns die Zeit überzeugt haben wird, daß es die Krone aller kaiserlich königlich österreichischen dummen Streiche war, ein politisches und diplomatisches Chamäleon an die Spitze eines Staates wie Oesterreich zu stellen, den man erst lange Zeit durchaus studirt haben muß, um über ihn nur reden zu können, geschweige denn ihn zu regieren, — dann wird man wohl auch in Oesterreich wieder erfahren, wozu die Mönche gut sind und ob sie ihre Aufgabe nicht gescheidter erfüllen, als ein Mann, der einem Volke, das ihn gar nicht mag, mit Gewaltmaßregeln die anderwärts schon längst ausgepeitschten liberalen und jüdischen „Errungenschaften“ als da sind: religionslose Schule, kirchenfeindliche „liberale“ Gesetze u. s. w. aufzuhängen sich die größte Mühe gibt. Dieses unglückliche Oesterreich, durch des falschen Liberalismus und seine „Läusekrankheit“, die Juden, zu seinem jetzigen offenkundigen Elend herabgekommen, wird schwerlich durch den lendenlahmen, phrasenhaften und thatenarmen Liberalismus, wie er in Beust verkörpert ist, wieder auf die Beine gebracht werden können; dazu gehören andere Leute als liberale Schönredner und diplomatische Wortmacher! Und von Bayern gelten diese Worte auch fast ein wenig.

In Oesterreich haben die Preußen seit 1868 noch nicht aufgehört, zu wühlen und zu „arbeiten“, gerade wie bei uns. Die „Sächsische Zeitung“ gibt darüber nach der Wiener „Presse“ recht erbauliche Aufschlüsse. Noch vor 4—5 Monaten erging an die in Oesterreich sich herumtreibenden Preßagenten die Instruktion, insbesondere die Stellung Beust's zu unterminiren und auf jede Weise gegen ihn zu arbeiten. Es sei, heißt es da, keine Mühe zu sparen, um sowohl die Nationalitätenhetze im Allgemeinen zu unterhalten, als insbesondere auch jeden

Zwiespalt, der zwischen Ungarn und Oesterreich entstehen könnte (!), mit Zärtlichkeit zu pflegen. Ueber Bismark dürften aber die Preßhusaren, um den Schein zu retten, ganz nach Gefallen und Bequemlichkeit losziehen, doch sollten sie dabei keine Gelegenheit versäumen Bismark vorzuwerfen, daß er, gleichviel mit welchen Mitteln, (um die Mittel sind die Preußen niemals verlegen!) darauf ausgehe, Deutschland zu einigen. Nur Eines sei vor Allem zu verhüten: daß der Gedanke einer wahrhaften Intimität Oesterreichs mit Frankreich Wurzel fasse, dagegen sei unter dem Vorwand deutsch-nationaler oder anderweitiger Beweggründe so viel Staub als möglich aufzuwirbeln und Bismark immer als der Träger des Gedankens der deutschen Einigung darzustellen, Beust aber als derjenige, der die Veruneinigung und den Zwiespalt der Völker Oesterreichs fördere. — Die Idee dieser Preußen ist gar nicht so übel und um sie mit gehörigem Erfolg predigen zu können, sind einerseits die österreichischen Judenjournale schlecht, vaterlandslos und käuflich genug, andererseits aber ist dem König von Hannover und dem Kurfürsten von Hessen hinlänglich genug Geld weggannexirt worden, von dem so die Preußen den allerbesten Gebrauch machen! Jedenfalls geht daraus hervor, daß die schönen „Ideen“ der Usedomschen Stoß-ins-Herz-Depesche noch immer die leitenden in Berlin sind.

In **Preußen** tauchen die im vorigen Jahr vom Zollparlament abgeworfenen Steuerprojekte schon wieder auf, wie aus der Antwort hervorgeht, mit der der Handelsminister eine Deputation aus Memel erfreut hat. Ihrem Gesuche (um eine Eisenbahn) könne erst dann stattgegeben werden, wenn die Tabak- und Petroleumsteuer bewilligt sei, gegen welche ihre ostpreußischen Abgeordneten mit den Süddeutschen gestimmt haben. So erweicht man preußische Herzen zur Bewilligung lästiger Steuern. Was indeß die Petroleum- und Tabaksteuer mit ostpreußischen Eisenbahnen zu thun haben sollen, ist uns nicht recht ersichtlich, wenn nicht etwa gar von dem guten süddeutschen Gelde, das man uns abpreußt, preußische Bahnen gebaut werden sollen. Das können wir ja viel besser selbst thun.

— Bismarcks „Norddeutsche Allgemeine“ (Preßdirne) ist sehr ärgerlich über des Herrn v. Gerlach famose Flugschrift: „Deutschland im Jahre 1870“ und bricht in klägliches Heulen aus, daß der urkonservative „Rundschauer“ der Kreuzzeitung sich gar nicht mit den „Thatsachen von 1866“ versöhnen wolle und eine Politik treibe, die „nur Zustimmung finde bei den geschwornen Feinden des preußischen Staates“, nämlich, setzen wir erklärend hinzu, bei allen ehrlichen Leuten. Hr. v. Gerlach ist entschieden ein ehrlicher Mann und treibt als solcher eine Politik der Ehrlichkeit; kein Wunder also, daß die Bismärker wüthend über den Mann sind. Ehrlich und preußisch — das stimmt freilich nicht zusammen, das haßt sich, das verträgt sich nicht. Daher der offiziöse Zorn der Nordd. Allgemeinen, die sich damit tröstet, daß Hr. v. Gerlach „allein und vereinsamt“ sei. Was? In ganz Preußen wäre nur ein ehrlicher Mann? Wie offenherzig dieser Offiziöse in seinem blinden Zorne ist!

In Berlin tritt Anfangs Februar eine Versammlung von „Vertrauensmännern“ der Nationalliberalen zusammen, um eine Erweiterung der Organisation dieser löblichen Partei, welche einen Julius Knorr und ähnliche schöne Seelen zu Mitgliedern hat, zu berathen. Diese querköpfigen und bockbeinigen Bauern aus den „obskuren Winkeln“ Süddeutschlands wollen halt gar nicht darauf anbeißen und die versprochenen Nordbundsseligkeiten mit Wehrgesetz und Pickelhauben halt gar nicht recht liebgewinnen. Sie sollen also mehr bearbeitet werden, und über das Wie? will man in Berlin berathen. Wir wünschen gute Verrichtung und — Geduld; die preußische Dressur der Bauern wird viel Mühe und Zeit kosten!

In Berlin soll nach einer Correspondenz der Allg. Ztg. die bayrische Thronrede „nicht wenig Befremden und Aerger“ erregt haben. Nach demselben Blatte soll man dort an eine „Politik der Enthaltsamkeit“ und nicht an „große Aktionen“ denken. Sind die süddeutschen Trauben noch immer zu sauer?

Ausland.

In **Rumänien** hat die Regierung den dankenswerthen Einfall gehabt, allen Behörden die strenge Durchführung der Gesetze gegen die Ueberhandnahme der Juden energisch anzubefehlen, worüber in den nächsten Tagen großes Geheul in der jüdischen Presse aller Länder erhoben wird.

Frankreich. Aus Paris wird gemeldet, daß nachdem man jetzt ganz „liberal“ werden will, Ledru-Rollin und ähnliche Hauptgötter der Revolution nach Frankreich zurückkehren wollen. Gewiß nicht zu ihrem Vergnügen und um in Frankreich die Hände in den Schooß zu legen. L. Rollin soll in Paris von den revolutionären Untergöttern nebst Troß bei der Rückkehr „festlich empfangen“ werden und dann gleich die „Familie Noir“ in ihrem Schadenersatzproceß gegen Prinz Peter Bonaparte vertreten. Uns gemahnten diese und viele Nachrichten aus Frankreich, daß dort etwas sehr faul sein muß, da sich so zahlreich die Raben versammeln.

Paris. Rochefort ist wegen des impertinenten Artikels gegen die kaiserl. Familie in contumatiam zu 6 Monat Gefängniß und 3000 Francs Geldbuße, der Redakteur der „Marseillaise,“ Grousset, zu 6 Monat und 2000 Francs verurtheilt worden.

In Creuzot soll der Hauptanstifter der Arbeitseinstellung ein Agent der revolutionär-social-demokratischen internationalen Arbeiterverbindung sein. Man „hofft“, daß die Arbeiten wieder aufgenommen werden. Ja sicher! Denn so gut werden die Arbeiter nicht bezahlt, daß sie sich viel ersparen könnten, um ein paar Wochen ohne Arbeit nothdürftig leben zu können; und in Creuzot haben 10,000 Mann die Arbeit eingestellt, was in einer Woche einem Lohnausfall von mindestens 100,000 Francs gleichkommt. Die HH. Fabrikkönige mit ihren Millionen können schon länger aushalten.

England. In Sheffild wurden bei einem Arbeitertumult 30 Häuser zerstört, die Ruhe aber „durch scharfes Einhauen der Polizei“ wieder hergestellt

---

Laut einer Bekanntmachung der k. Staatsschuldentilgungs-Commission befinden sich von den Obligationen der bayer. 4proc. Prämienanleihe vom Jahre 1866, zufolge gemachter Wahrnehmungen fünf gefälschte mit Serien Nr. 379 Obligation Nr. 18911, Ser. Nr. 802 Oblig. Nr. 40071, Ser. Nr. 1216 Oblig. Nr. 60785, Ser. Nr. 1883 Oblig. Nr. 94110, Ser. Nr. 3149 Oblig. Nr. 157425 versehene Stücke im Umlaufe. Die Besitzer der mit obigen Nummern versehenen Prämienscheine werden daher aufgefordert, dieselben ungesäumt der k. Staatsschuldentilgungs-Hauptkasse in München behufs des Umtausches oder der Vergütung des Geldwerthes sowie aller Auslagen einzuliefern.

— Die nach Verlauf von 10 Jahren heuer herkömmlich wieder stattfindende „Passion“, in Oberammergau wird aufgeführt werden: Am 22. und 29. Mai, 6., 12., 19., 25. Juni, 3., 10., 17., 24., 31. Juli, 7., 14., 21., 28. August, 8., 11., 18., 25., 29. September. Sollte an einem der bezeichneten Tage der Raum für Zuschauer nicht ausreichen, so wird die Vorstellung am folgenden Tage wiederholt.

Dienstes-Nachrichten.

Verliehen: Das Hofbenefizium Blutenberg dem B. Meißner im Lauterbach.

Erledigt: Die k. Pf. Pinzberg B.-A. Forchheim, R.-E. 800 fl.; Tödtenried, B.-A. Aichach, R.-E. 1874 fl.; Haselbach, B.-A. Aichach, R.-E. 650 fl.

Münchener Schranne vom 22. Januar.

Getreidsorten	Verkauft Schffl.	Höchster fl.	Höchster kr.	Mittel- fl.	Mittel- kr.	Nied.-Preis fl.	Nied.-Preis kr.	Gest. fl.	Gest. kr.	Gef. fl.	Gef. kr.
Weizen . .	2237	19	55	18	19	16	29	—	28	—	—
Korn . . .	1277	11	38	11	9	10	42	—	2	—	—
Gerste . .	2714	14	1	13	29	12	16	—	—	—	5

Auswärtige Schrannen.

Landshut, 21. Jan. Waizen 15 fl. 25 kr., gest. — fl. 38 kr. Korn 11 fl. 28 kr., gest. — fl. 9 kr. Gerste 11 fl. 5 kr., gef. — fl. 14 kr. Haber 7 fl. 15 kr., gest. — fl. 17 kr.

Briefkranzen.

Aus Neuburg a. D. erhalten wir die kurze Notiz: „Er hat viel gekratzt, es muß Ihn sehr gebissen haben. Aber schön hell und licht wird's im Hofgarten; da läßt sich des Lebens Unsinn grüßen im Schatten kühler Denkungsart." Wir glauben zu verstehen und von Neuburg hoffen wir das Gleiche. Gruß!

Münchener Hopfenmarkt.

1) Ober- u. Niederb. Gewächs: Mittelgattungen: Gesammt-Vorrath: 4856 Pfd., Verkauf 914 Pfd., Preis 117 fl. 43 kr. der Zentner; Wolnzacher- u. Auer-Markt-Gut: Gesammtvorrath 7100 Pfd., Verkauf 1158 Pfd., Preis 180 fl. – kr. der Ztr. 2) Mittelfränkisches Gewächs Mittel-Qualitäten: Vorrath 130 Pfd., Verkauf 130 Pfd., Preis 140 fl. — kr. der Ztr. Vorzügliche Qualitäten aus Spalter Umgegend nebst Kindinger- u. Heidecker-Hopfen: Vorrath 16264 Pfd., Verkauf 16264 Pfd., Preis 190 fl. 18 kr. bis 175 fl. 30 kr. der Ztr., Spalter Stadtgut, u. Weingartner-, Mosbacher- und Stirner Gut Vorrath 1809 Pfd., Verkauf 1809 Pfd., Preis 281 fl. 36 kr. der Ztr. 3) Ausländisch Gut Saazer Stadt, dann Herrschafts- und Kreisgut Vorrath 1149 Pfd Verkauf 341 Pfd, Preis 300 fl. — kr. bis — fl. — kr. der Ztr.

Verantwortlicher Redakteur: Dr. J. Sigl.

Einladung zum Abonnement

Vom 1. Februar 1870 erscheint in München unter der Redaktion des unterfertigten Eigenthümers die Fortsetzung des mit dem alten Jahre entschlafenen „Münchener Wochenblattes für das katholische Volk" unter dem neuen Titel:

Wochenblatt für die bayerischen Patrioten.

Der Kampf der in gegenwärtiger Zeit von der Gegenpartei sowohl auf dem politischen als religiösem Gebiete mit allen nur möglichen erlaubten und unerlaubten Waffen gekämpft wird, erfordert von unserer Seite ein entschiedenes und thatkräftiges Vorgehen. In diesem Kampfe gegen Lug und Trug, gegen Heuchelei, Bestechung, Verleumdung und wie die spitzigen Giftpfeile der Gegenpartei alle heißen, ist es von größter Wichtigkeit, daß kein Theil der patriotischen Presse vernachläßigt werden darf. Im Gegentheil, dieselbe muß den Kampf mit dem hinterlistigen und religionslosen Gegner auf das Allerentschiedenste aufnehmen, denselben entlarven und vernichten. Aus diesem Grunde hat der unterzeichnete Redakteur es übernommen, das Wochenblatt unter oben benanntem Titel wieder aufzunehmen in der guten Hoffnung, daß alle seine bisherigen Freunde sich des Wochenblattes annehmen und zu dessen größtmöglichster Verbreitung im Interresse der guten Sache die Hand reichen werden. — Die Redaktion hat sich die Aufgabe gestellt, eine Rundschau zu geben über Alles, was sich in der verflossenen Woche in unserem Vaterlande Bayern und in Bezug auf die allgemeine Weltlage Neues ereignet hat, ebenso wird sie kurz und bündig auf kirchlicher und sittlicher Grundlage alle innere Angelegenheiten besprechen, welche dem nun zusammengetretenen Landtage vorgelegt werden und in allen Beziehungen im vernünftigen und wahren Sinne die brennendsten Fragen beleuchten. — Neben dem Gebiete der Politik wird auch jenes der Gewerbe und der Landwirthschaft in gleicher Weise Berücksichtigung finden. Allwöchentlich werden nicht bloß die Getreidepreise der bedeutendsten Schrannen, sondern ausführliche Berichte über die Bewegungen des allgemeinen Getreidemarktes und der Märkte für andere landwirthschaftliche Produkte, als: Oele, Wolle, Fette und Käse u. s. w. geboten werden, Die wichtigsten Erscheinungen überhaupt auf landwirthschaftlichem und industriellem Gebiete werden ihre Besprechungen finden. Allen denen, welchen es nicht gegönnt ist, täglich die verschieden Blätter über politische, soziale und volkswirthschaftliche Fragen zu benützen, soll damit eine Uebersicht in kurzer, volksthümlicher Sprache zur Belehrung und Unterhaltung gegeben werden.

Das „Wochenblatt für bayerische Patrioten" erscheint jeden Montag. Der Preis desselben ist so nieder gestellt, daß Jedermann dasselbe zu halten im Stande ist. In München und nächster Umgebung abonnirt man um 1 fl. jährlich 30 kr. halbjährig und 15 kr. vierteljährig in der Expedition des Volksboten, Filserbräugäßchen Eck der Weinstraße. — Auswärts kostet dasselbe mit portofreier Postversendung jährlich 1 fl. 15 kr. halbjährig 38 kr. vierteljährig 19 kr. Auswärts nehmen alle Postanstalten und Postboten die Bestellungen an. Für die beiden Monate Februar und März ist der Abonnementspreis für München 10 kr. für auswärts 12 kr. Indem die unterzeichnete Redaktion zu recht zahlreichem Abonnement höflichst einladet, ersucht dieselbe das Abonnement sofort zu bewerkstelligen, damit Jedermann die am 1. Februar erscheinende Nummer rechtzeitig erhält.

Karl Zander,
verantwortlicher Redakteur und Eigenthümer.

(54)

Druck von W. Vogt in München, Rosengasse 10.

Das Bayrische

Vaterland.

Das „Bayr. Vaterland“ erscheint täglich mit Ausnahme der Sonn- und hohen Festtage. Preis des Blattes: Vierteljährig 54 kr., ganzjährig 3 fl. 36 kr. Das einzelne Blatt 1 kr.

Alle Postexpeditionen und Postboten des In- und Auslandes nehmen Bestellungen an. Inserate werden die dreispaltige Petitzeile oder deren Raum zu 3 kr. berechnet.

Redaktion Burggasse 14. Herausgegeben von Dr. jur. J. Sigl. Expedition: Ruffinibazar 5

Polykarpus.. Nr. 20. Mittwoch 26. Januar 1870

Knorrige Landtagslügen.

(Fortsetzung.)

Daß die Patrioten in den Finanzausschuß blos zwei Herren gewählt, die nicht zu ihnen gehören, Stauffenberg und Kolb, welch Letzterer sogar das Referat über die Martialsachen erhalten wird, liegt dem löblichen Knorrblättl besonders schwer im Magen; es meint, dies könne „vielleicht“ geschehen sein, weil zu einem Minoritätsgutachten drei nöthig sind, ein Fortschreiter aber (Stauffenberg) kein solches Gutachten abgeben kann. Wir meinen, daß Knorrblättl diesmal ausnahmsweise „vielleicht“ wirklich nicht auf dem Holzwege ist. Der Finanzausschuß ist zunächst der wichtigste Ausschuß, denn er hat vorläufig festzustellen, was den verschiedenen Excellenzen, insbesondere der vom Martialfach, Hrn. v. Pranckh, abgestrichen werden und wie den ministeriellen Gelüsten nach Steuererhöhung und dgl. unbarmherzig ein Riegel vorgeschoben werden soll. Daß da, wo es sich um's Streichen handelt, keine Fortschreiter in den Ausschuß gehören, sondern herzhafte Patrioten, die sich mehr um das Wohl und die Wünsche des Volkes, als um die Gunst dieses oder jenes Ministers und um liberale Steckenreiterei kümmern, könnte bei einiger Anstrengung der simpelste Simpel begreifen, löblichem Knorrblättl will aber das nicht einleuchten. Die Hauptaufgabe des Finanzausschußes ist rücksichtslose Entschiedenheit im Streichen, Streichen, Streichen, die oberste Tugend eines Fortschreiters aber ist das Bewilligen, wenn damit fortschrittliche oder „nationale“ Zwecke, nämlich Pickelhaubenzwecke erreicht werden. Ergo!

Im weiteren Verlaufe seines Artikels sagt Knorrblättl, daß die Herren Fortschreiter die „hohe Gnade“ (der Ablassung etlicher Ausschuß-Posten) „nicht recht zu würdigen verstanden“, eine eigene Kandidatenliste aufstellten und darnach wählten. Es ist dies nicht das erste Mal, daß die Herrn Fortschreiter etwas gar nicht, oder nicht recht „verstanden“; es kommt das bei ihnen öfters vor, wahrscheinlich in Folge der „schlechten Schulbildung“ in Bayern. Leider scheinen die Patrioten für diesen fortschrittlichen Mangel an Verstand oder Verständniß keinen rechten Sinn gehabt oder ihn nicht recht zu Herzen genommen zu haben, vielleicht fanden sie es gar nicht der Mühe werth, von der — Charakterfestigkeit der Fortschreiter auch nur sonderliche Notiz zu nehmen, außer um darüber zu lachen. Ihre Kandidaten gingen durch und von den Fortschreitern die, welche die Patrioten eben haben wollten, und das war die Hauptsache. Die fortschrittlichen Windungen und — Charakterfestigkeiten bei den Ausschußwahlen konnten den Patrioten nur einige Heiterkeit erregen; nöthigenfalls aber hätten sie sogar ohne Fortschreiter fertig werden können, da wunderbarer Weise einige Patrioten doch eine ziemliche Vertrautheit mit der Kunst des Lesens und Schreibens besitzen sollen.

Der Fortschrittspartei, fährt Knorrblättl in seinem Galgenhumor zu lügen fort, wäre „lediglich ein großer Gefallen geschehen“, wenn die Patrioten gar keinen Fortschreiter in die Ausschüße gewählt hätten. O sicher! Denn „diese Schwarzen“, meint nämlich Knorrblättl, etwas sehr naseweis, könnten ohne fortschrittliche „Intelligenzen“ gar nicht auskommen und müßten sich ganz unzweifelhaft ganz ungeheuer blamiren. Knorrblättl hat Recht, wenn es wahr ist, daß die Fortschreiter alle Intelligenz, alles Wissen und alle Erfahrung in Pacht genommen haben, so daß für andere Leute durch den großen fortschrittlichen Consum rein nichts mehr übrig geblieben ist. Und da freute sich Knorrblättl herzinniglich; sollte auch das Vaterland einigen einigen Schaden erleiden, wo nicht gar zu Grunde gehen: thut nichts, wenn sich nur die Patrioten blamiren. Ja wenn! Knorrblättl glaubt es und 20000 „intelligente“ Fortschrittsleute in- und außerhalb München glauben es auch und das genügt vorläufig. Lassen wir ihnen die Freud', sie dauert ohnedies nicht lang!

Die sämmtlichen Ausschüße — so hat Knorrblättl ingrimmig zusammengerechnet — zählen 54 Mitglieder, davon sind nur 9 Fortschreiter, 1 Demokrat und 44 „Ultramontane“. „Ein recht hübsches Zahlenverhältniß!“ knirrscht das „Organ.“ Gewiß, zumal wenn man sich ein wenig der früheren Leistungen der nun so trocken gelegten Fortschreiter erinnert. Was aber, nach der Meinung des „Organs“ dem Ganzen die Krone aufsetzt, ist, daß elf Geistliche in den Ausschüßen sitzen; da werde es, höhnt das edle Blatt, den Ausschußsitzungen an geistlichem Trost und Beistand nicht fehlen. Nun, wir glauben, etlichen Trostes wären die 9 Fortschreiter in und die außer den Ausschüßen gar wohl bedürftig, und auch einigen wenn auch erzultramontanen „Beistand“ könnte wohl mancher brauchen, da man das Vechioni nicht wohl in die Sitzungen mitschleppen kann und das vorherige Aufschreiben doch nur in bereits vorhergesehenen Fällen von Nutzen und Vortheil ist. (Schluß folgt.)

Liberales aus Baden.

Vom Rhein. Die badische zweite Kammer hat in wenigen Tagen ein sogenanntes „Gesetz“ fertig gebracht, dessen eigentlicher Urheber ein zum ersten Minister beförderter ehemaliger — Professor, aber kein Gelehrter, ist. Dieses „Gesetz“, d. h. diese liberal dekretirte Gewaltmaßregel **beraubt die katholische Kirche in Baden all ihrer Stiftungen!** Wir sagen mit Recht: sie beraubt die

Kirche; denn es ist einerlei, ob man der Kirche die ihr gemachten und ihr zu eigen gehörenden Stiftungen einfach wegnimmt oder ob man sie ihr noch unter der Aufsicht einer solchen Staatsverwaltung wie die badische „liberale" — wer weiß auf wie lange? — beläßt. Die Stiftungen für Schulzwecke, die Armenfonds und Hospitalstiftungen, die von den ehemaligen katholischen Stiftern zu Handen der betreffenden katholischen Kirchenverwaltungen im gesegneten Lande Baden gemacht worden sind, werden, ohne daß man sich auch nur die Mühe eines sachlichen Beweises dafür nimmt, einfach für weltlich erklärt und demnach kurzweg den Kirchenverwaltungen abgenommen; dagegen stehen die zur Feier des Gottesdienstes und zur Besoldung der Priester und Kirchendiener gemachten Stiftungen unter Mitaufsicht des Staates.

Welch eine Erquickung für die Fortschrittler und Judenseelen am Rhein, im Nordbund, im Lande Bayern und Schwaben und Oesterreich, — welch ein hoch und höchst gegebenes schönes Beispiel für alle Gauner, Straßenräuber, Strauch- und gewöhnliche Diebe! Wenn wir das Unglück hätten, in der badischen Kammer zu sitzen, so würden wir bei nächster Gelegenheit den Antrag einbringen, man möge doch, um konsequent zu sein, auch den armen Schluckern, die wegen einer, oft mit Mühe gestohlenen Kleinigkeit in Bruchsal oder sonstwo brummen müssen, recht bald die Freiheit wieder geben oder wenigstens den „Verwaltungsgerichtshof" entscheiden lassen, ob all diese armen Teufel nicht auch das Eigenthum Anderer für „herrenloses" Gut erklärt und es darum einfach an sich genommen haben. Warum diese kleinen Diebe einsperren, nachdem die großen — Herren das fünfte Gebot aus dem im badischen Reich geltenden Katechismus gestrichen haben?!

Wir wollen nicht auf das „Gesetz" selbst eingehen, das eben einfach Eigenthum, das dem Staat nicht gehört, der Kirche, der es vermacht ist und gehört, wegnimmt, um es dem Staate zu geben; wir fragen nur, wer sind denn diejenigen, welche dort in Karlsruhe dies — mit allem Unrecht so genannte „Gesetz" machten? Es sind etliche Minister, ehedem obskure Menschen, unter ihnen, damit ja das „aufgeklärte" 19. Jahrhundert nicht fehle, auch ein Jude als Staatsseckelmeister, erhoben von einer kleinen, aber durchaus unverschämten Partei, die ein Volk von wenigstens 900000 Katholiken auf's Widerwärtigste tyrannisirt und in seinen heiligsten Gefühlen kränkt und beleidigt: — es sind Kammerhelden von derselben Partei, die nur auf künstliche Weise sich in ihren Kammersitzen zu erhalten vermögen und sich aus Leibeskräften gegen ein direktes Wahlrecht wehren, durch welches sie alle von ihren angemaßten Sitzen hinweggefegt würden. Und eine solche Clique führt jetzt mit maßloser Unverschämtheit, die nur ihr eigen ist, einen, wie sie meint, „vernichtenden" Streich gegen die katholische Kirche im Lande Baden, um sie macht- und hilflos zu machen.

Und woher haben denn diese Menschen auf einmal das Recht bekommen, der Kirche, die viel älter ist als das Großherzogthum Baden, ihr Eigenthum wegzunehmen und es dem Staate zu geben, das heißt: zum Nutzen und Gebrauch einer Partei, welche dem Volk niemals eine Last erleichtert, sondern die das Volk seit Jahren mit immer neuen Steuern quält? Vom Volke? Gott bewahre! Und könnte ein Volk Gesetze machen, welche den letzten Willen Verstorbener umstoßen, ohne in Wahrheit ein Volk von Spitzbuben zu werden?

Wir sagen mit Recht: die Kirche ist älter als das Großherzogthum Baden und die Kirche hat ihre Stiftungen mit mehr Recht als der Staat Baden seine „katholischen Bestandtheile", Baden-Baden ausgenommen. Denn als man im Jahre 1803 auch die Kirche zum ersten Male beraubte, da wurden von etlichen deutschen Höfen den H — und Maitressen der französischen Großen und auch diesen selbst große Präsente gemacht, damit man noch einen Fetzen katholischen Landes und Kirchengutes mehr bekommen möge. Französischen H— verdankt so mancher stolze Staat manch schönes Stück Land, manch reiche gestohlene Stiftung!

Aber noch Eines möchten wir erwähnen — um der Armen willen, deren gütigste Mutter die Kirche zu allen Zeiten gewesen ist. Wenn jetzt der Kirche ihre Armenstiftungen, ihre Schul- und Spitalfonds genommen werden: wer im Lande Baden getraut sich mehr eine Stiftung oder ein Testament oder irgend eine Gabe für Arme zu machen? Nicht genug, daß man durch den „modernen" Staat das Volk aussaugt — seit 20 Jahren haben sich die Abgaben z. B. in Baden um das Vierfache gemehrt! — daß man den beschnittenen und unbeschnittenen Juden zu Lieb und zu Gefallen Gesetze macht, um das Volk „gesetzlich" zu schinden und ausziehen zu können: nein! jetzt soll es auch noch unmöglich gemacht werden, daß mitleidige Christen den Armen helfen! Man will wahrscheinlich die vielen Katholiken Badens behandeln wie weiland — Kaspar Hauser*) und doch ungehenkt herumlaufen;

Deutschland.

München, den 25. Januar.

— Knorrblättl ärgert sich heute noch eigens nachdrücklich über diese Schwarzen im Allgemeinen und den Dr. Weis im Besonderen, dessen Wahl ein „Unikum" in der Geschichte des Parlamentarismus sei, wie nämlich Knorrblättl in seiner Einfalt meint, denn er sei ein abhängiger Ministerialbeamter und durch die Wahl sei er jetzt unabhängiger Kammerpräsident geworden und so sei sein Vorgesetzter, der Justizminister, durch dieses „Manöver" seinem eigenen Hilfsarbeiter subordinirt und der Gefahr eines Ordnungsrufes von Letzterem ausgesetzt. Das ist ja ganz erschrecklich, was das wieder für ein Zustand ist und wie sich Knorrblättl des Hrn. v. Lutz annimmt, der aber, hoffen wir, nicht so hitzig ist, daß ihn einmal ein Kammerpräsident zur Ordnung rufen müßte. Knorrblättl vergißt dabei, daß der Urpözlmann Pözl nichts weniger als etwas Unabhängiges und doch Kammerpräsident war, ohne daß deßhalb ein Fortschrittskindlein die Fraisen gekriegt hätte. Aber der war liberal und da war's in der Ordnung, wie es bei Edel noch vor etlichen Monaten war und z. B. bei Kastner noch heute in der Ordnung wäre, wenn ihm durch die Wahl zum Präsidenten sein Minister „gewissermaßen subordinirt" würde. Leider wird dieses „Unikum" auch dann kein Ende nehmen, wenn Dr. Weis selbst Minister geworden sein wird, denn die patriotische Partei hat Juristen genug, aus denen sich Kammerpräsidenten schnitzeln ließen. Bei dieser Gelegenheit haben wir vom Knorrblattl auch noch gehört, daß Bayern das Land der Experimente bleiben wolle. Fortschrittliches Experimentirlandl wenn es bliebe, da hätte Knorrblättl nichts dagegen; aber daß man es auch einmal mit „diesen Schwarzen" versuchen will, das liegt dem „Organ" des Julius und ähnlichen Größen schwer auf der Seele. Fürchtet es etwa gar — Konkurrenz?

— Die Abg. Frankenburger und Genossen sollen nach der „Abendzeitung" bereits einen Antrag über Abänderung des bayrischen Preßgesetzes ausgearbeitet haben. Dieselben verlangen ein Gesetz, durch welches die Kolportage der Preßerzeugnisse freigegeben, die Befugniß der Polizei zu

*) Neueren Forschungen zufolge, ist es fast eine ausgemachte Sache, daß dieser Unglückliche ein Sprößling des badischen Fürstenhauses war, den man auf die bekannte Weise um sein Erbe zu bringen wußte. Es ist dies eine Anspielung, die unsere Leser in Baden sehr wohl verstehen werden. D. Red.

provisorischen Konfiskationen, mit Ausnahme unzüchtiger Preßerzeugnisse, aufgehoben und Konfiskationen nur mehr auf Grund richterlichen Endurtheils zulässig sein sollen. Endlich soll der Zwang für den Verleger und Drucker zur Benennung des Verfassers beseitigt, das Berichtigungswesen, auch für Privatpersonen gesetzlich genau fixirt und die Entziehung des Postdebits für unzulässig erklärt werde. Wir sind mit fast Allem einverstanden, allein Eines müssen wir noch hinzufügen: es müssen vor allen Dingen Richter aufgestellt werden, die nicht mit zweierlei Maß messen, die keine Furcht und keine Rücksicht kennen. Sonst geben wir für das schönste Preßgesetz, selbst für absolute Preßfreiheit keinen Groschen; ohne solche Richter wäre das Gesetz das Papier nicht werth, worauf es gedruckt ist.

— Der edle „Landbote“ erzählt heute eine Geschichte von einem österreichischen General, dem Grafen Attems, der Johanniterritter ist und von seinem Ordensobern nach Rom kommandirt worden sei, um dort während des Februars Ordensdienste beim Papst zu machen. Das gibt dem Boten „Anlaß zu ernster Betrachtung“, obwohl eigentlich weder der General, noch der Orden ihn das Mindeste angeht. Der Orden, sagt er, fordert unbedingten Gehorsam von seinen Gliedern; der Kaiser und die Armee auch. Können nun da, fragt er naseweis, nicht Fälle eintreten, wo der Gehorsam gegen den Orden mit dem Staatsbürgereid in Widerspruch kommt? Welcher Eid ist dann bindend? Liegt hierin nicht eine Gefahr für den Staat? — Das weniger; aber das versteht der Landbote nicht; der Johanniterorden verlangt so wenig als die Kirche, daß ein Mitglied seinen wirklichen Christenpflichten gegen den Staat untreu werde. Aber wie ist es denn mit dem Freimaurerorden? Verlangt nicht der unter allen Umständen unbedingten Gehorsam von seinen Mitgliedern? Und wie dann, wenn der durchaus revolutionäre und auf den allgemeinen Umsturz bedachte Freimaurerorden etwas verlangt, was durchaus nicht blos gegen die Gesetze der Religion, sondern auch die Staatsgesetze ist? Und das kommt zuweilen, ja recht oft vor. Liegt hierin nicht viel eher eine Gefahr für den Staat? — Ja, das sind Feimaurer, bei denen macht's nichts, wird der edle Landbot sagen; aber wenn ein katholischer General beim Papste Wachdienste thut, da ist gleich die Existenz ganzer Staaten auf dem Spiel! O scheinheilige Heuchelei!

— Stauffenberg, Herz und Genossen wollen der Kammer nächstens einen Antrag auf Abschaffung der Todesstrafe einbringen, da ihnen gerade nichts Gescheidteres einfällt und Stauffenberg gewiß wieder eine „große Rede“ einstudirt hat. Einverstanden übrigens, aber unter der Bedingung, daß die Herren Mörder den Anfang machen und das Morden einstellen. Dazu aber sind die Aussichten sehr gering. Ungeheuer wie Traupmann rc. sind nur durch das Fallbeil zu belehren.

Aus Forchheim wird dem „Vaterland“ geschrieben: Wie Sie schon früher meldeten, war eine Jesuitenmission hier für die Zeit vom 6. bis 16. Januar in Aussicht genommen, wozu die Erlaubniß der k. Regierung, resp. des Ministeriums rechtzeitig eintraf, obwohl das k. Bezirksamt seine weisen Bedenken wegen der politischen (!!) Aufregung und der Magistrat wegen der um diese Zeit gewöhnlich herrschenden — Kälte zum Ausdruck brachte. Die Jesuitenmission ist jetzt unter sehr großer Theilnahme der Stadt- und Landbevölkerung abgehalten worden, die Ruhe in Forchheim wurde nicht gestört und die Kälte hat keinem Theilnehmer geschadet; im Gegentheil sind die friedliebenden Forchheimer noch ruhiger und ist die Liebe und Begeisterung der Katholiken noch wärmer für ihre Kirche geworden. Forchheim ist bis auf einige Taglöhner „liberal“, hat ehemals der Prophet der „liberalen“ Partei Forchheims verkündet; die letzte Mission in Forchheim hat wieder einmal die Warnung erneuert: „Hütet euch vor den falschen Propheten“, und hat gezeigt: Forchheim und seine Umgebung ist ächt kirchlich gesinnt und deßhalb gut patriotisch mit Ausnahme einiger „genialer“ Bureaukraten, einiger Windfahnen, einiger nichtsnutziger Buben und einiger, die früher lateinisch lernen sollten, aber die rechten Professoren nicht finden konnten und deßhalb der „freien“ Wissenschaft huldigten, die sich aber nach ihrer Meinung als „deutsche“ Wissenschaft mit der göttlichen Offenbarungslehre nicht vereinbaren läßt. — Noch kann ich Ihnen mittheilen, daß durch die gediegenen Kanzelvorträge der hochwürdigen Herren Patres Jesuiten Leiprecht, Pottgeißer und Kohlschreiber in vielen umliegenden Pfarrgemeinden der Wunsch nach Missionen durch Jesuiten entstanden ist, dem nach und nach an mehreren Orten nachgekommen wird. Den Anfang macht Kirchenehrenbach. Bereits hat der dortige hochw. hochgeachtete Herr Pfarrer Waas den dringenden Bitten seiner lieben Pfarrkinder um Abhaltung einer Jesuitenmission entsprochen und die nöthigen Schritte gethan, damit dieselbe in der Zeit vom 13. bis 23. Februar dort abgehalten werden könne. — Ihr liberalen Herren von der Presse! Euere Nachrichten über „Jesuiten und „Jesuitenmoral“ sind alle erlogen und was ihr in euren Schmierküchen auskocht, glaubt kein Vernünftiger.“ Wir lassen euch euere Intelligenz; plagt euch nicht weiter, laßt uns unseren katholischen Glauben. Doch nein! — krächzt zu — je mehr desto besser.

S. **Aus Unterfranken**[*]) wird dem „Vaterland“ geschrieben: In der 45. Sitzung (vom 11. Jan. d. J) des preußischen Abgeordnetenhauses erklärte der Abg. Miquel, eine nationalliberale Hauptgröße von ehedem, die nicht ruhte und nicht rastete, bis sein — Vaterland würden wir sagen, wenn so ein „Nationaler“ ein Vaterland hätte, bis Hannover preußisch wurde — rund heraus: „Ich kam nach Preußen in dem Glauben, daß die Beschwerden gegen die preußischen Verwaltungen selbst von meinen politischen Freunden übertrieben seien; aber durch beglaubigte Thatsachen bin ich von meinem Glauben, daß in der preußischen Verwaltung das Recht als die höchste entscheidende Macht gelte, — belehrt“! Vor ihm sprach der Abg. Lasker in derselben Sitzung die bemerkenswerthen Worte: „Man braucht nur einen Blick in das Leben zu werfen, um in Preußen auf Hunderte von Beispielen schrankenloser Polizeiwillkür zu stoßen.... Ich sehe, wie die ganze Bevölkerung unter dem Drucke der Polizeiwillkür schmachtet, ohne die geringste Waffe gegen sie in den Händen zu haben . . . Das zu ertragen ist wahrlich nicht das Zeichen eines gesetzlichen, sondern eines sklavischen Sinnes“. Kostbare Geständnisse über den preußischen Polizeistaat, zumal da sie aus dem Munde dieser Herren Preußen selbst kommen! Und was sagen unsere Preußenanbeter dazu? Nichts. Sie ignoriren es, sie schweigen es todt, sie dürfen ja das bayrische Volk, dem Sehnsucht nach Preußen erweckt werden soll, nicht wissen lassen, wie die Preußen selbst über ihre staatlichen Verhältnisse denken. Das würde wie ein niederschlagendes Pulver oder ein kalter Regensturz auf die erhitzten Köpfe wirken und bei der Kälte könnte die Preußensehnsucht am Ende gar einfrieren.

In **Oesterreich** soll statt der gegangenen Minister jetzt gar der Abg. Kaiserfeld, das Haupt der Linken, Minister werden, ein Mensch, der schon einmal gedroht hat, „deutsch“, nämlich preußisch zu werden, wenn man den Liberalen nicht den Willen thue. Armes Oesterreich, armer Kaiser!

In **Reichenberg** sind die Arbeiterunruhen durch die Verhaftung des Socialdemokraten Scheu, — dem

---

[*]) Freundlich willkommen allezeit! D. Red.

Namen nach ein Jude! – – veranlaßt worden. Der Bursche hatte in nichtbewilligten Arbeiterversammlungen freche Reden gegen göttliche und menschliche Ordnung losgelassen. Was that nun die Obrigkeit? Um Ruhe zu bekommen vor den Arbeitermassen, verurtheilte sie ihn dem Namen nach zu vierwöchentlichem Arrest und — setzte ihn auf freien Fuß! Der Jud wird sich wahrscheinlich hüten, sich vier lange Wochen einsperren zu lassen; das ist blos ein Vorrecht ehrlicher Leute und ultramontaner Redakteure — natürlich blos in Oesterreich!

☛ **Preußen.** In Berlin war dieser Tage im 2. Berliner Wahlkreis eine große Völkerversammlung von Jüngern Jakobys, also „Intelligenz“, viele „Papiere“ und kein Taufzeugniß, sondern einen Beschneidungsschein besitzenden „Demokraten“ und von social-demokratischen Anhängern des Arbeiterführers Schweitzer. Der bekannte Obergott demokratisirender Juden, der „ehrwürdige“ Johann Jakoby, erschien selbst und hielt eine lang mächtige und „gediegene“ Rede; es ist alles „gediegen“, was Juden in Versammlungen sprechen, wenigstens nach dem Zeugniß ihrer Zeitungen. Die socialdemokratischen Arbeiter mit ihrem Präsidenten Schweitzer trugen einen glänzenden Sieg davon; das anwesende knoblauchduftige und „Intelligenz“ besitzende „demokratische“ Geldprotzenthum wagte sich kaum zu mucksen und ging, nach der N. Fr. Presse, mit dem Gedanken im Herzen: Lieber den Soldaten und Polizisten Bismarks, also der brutalsten Säbelherrschaft des Borussenthums, als der Garde des Hrn. v. Schweitzer, das ist den Arbeitern, in die Hände fallen. (Tout comme chez nous! Auch bei uns schwärmen blos Juden, Intelligenzen und Geldsäcke für den Bismark und die Pickelhaube.) Nach demselben Blatte ist der „Eindruck der Versammlung ein sehr niederschlagender gewesen.“ Das ist wörtlich zu nehmen und wahrscheinlich hat der Berliner Berichterstatter des Wiener Judenblattes seine gute Tracht Prügel von den Arbeitern erhalten, welche schrien: „**Heraus mit den Juden!**“ und dieselben, als sie sie „heraus“ hatten, weidlich durchprügelten und davon jagten. **Bravo!** Es kommt den Arbeitern kein Heil von den Juden!

Ausland.

Frankreich. In Paris feierten die Rocheforts und das übrige revolutionäre Gesindel den Jahrestag der Hinrichtung des Königs Ludwig XVI. von Frankreich (21. Jan. 1794) durch ein festliches Banket, bei dem viel Wein, Schnaps und „Begeisterung“ konsumirt wurden. Das Organ des Rochefort, die „Marseillaise“ redete die schändlichen Mörder König Ludwigs also an: „Väter! Ihr habt wohl gehandelt. Das Gewissen (!) der Menschheit ist auf Eurer Seite. Nach 80 Jahren stimmen wir mit Euch. Und wenn wir die Abschaffung des Schaffots auszusprechen hätten, so würden wir die **Beibehaltung des Schaffots noch für die königlichen Racen allein verlangen.**“ Liberale, sind diese Hyänen nicht Fleisch von euerm Fleische? Vergleiche übrigens den Münchener Artikel.

Italien. In Mailand, Triest und anderwärts wurden eine große Zahl Mazzinisten verhaftet. Minister Lanza läßt den Garibaldi auf Caprera strengstens überwachen.

Hopfenmarkt.

Nürnberg, 20. Dez. Dem heutigen Donnerstagsmarkte waren circa 50 Ballen zugeführt. Das Geschäft beschränkte sich auf mehrere Käufe für Export zu niedrigen Preisen, während durch auswärtige Händler auch Prima-Qualitäten in Frage kamen; von Ersteren sind Abschlüsse zu 45 bis 55 fl., von Letzteren je nach Qualität zu 70, 75–80 fl. bekannt. Etliche Ballen feine Schwetzinger erzielten 85, ein Pöbsichen Auestich Prima 90 bis 91 fl. Die Stimmung blieb bei fortdauernd weichender Preisrichtung eine flaue. Umsatz bis jetzt 70—80 Ballen.

Münchener Hopfenmarkt.

1) Ober- u Niederb. Gewächs: Mittelgattungen: Gesammt-Vorrath: 4090 Pfd., Verkauf 487 Pfd., Preis 120 fl. — kr. der Zentner; Wolnzacher- u Auer-Markt-Gut: Gesammtvorrath 5942 Pfd., Verkauf — Pfd., Preis — fl. — kr. der Ztr. 2) Mittelfränkisches Gewächs Mittel-Qualitäten: Vorrath — Pfd., Verkauf — Pfd., Preis — fl. — kr. der Ztr., Vorzügliche Qualitäten aus Spalter Umgegend nebst Kindinger- u. Heideckerhopfen: Vorrath 13734 Pfd., Verkauf 192 Pfd., Preis 191 fl. 57 kr. bis 170 fl. — kr. der Ztr., Spalter Stadtgut, n. Weingarten-, Mosbacher- und Stirner Gut Vorrath 1294 Pfd., Verkauf 480 Pfd., Preis 260 fl. — kr. der Ztr. 3) Ausländisch Gut Saazer Stadt, dann Herrschafts- und Kreisgut Vorrath — Pfd. Verkauf — Pfd, Preis — fl. — kr. bis — fl. — kr. der Ztr.

Verantwortlicher Redakteur: Dr. J. Sigl.

Druck von M. Vogt in München, Rosengasse 10.

Das Bayrische

Vaterland.

Das „Bayr. Vaterland“ erscheint täglich mit Ausnahme der Sonn- und hohen Festtage. Preis des Blattes: Vierteljährig 54 kr., ganzjährig 3 fl. 36 kr. Das einzelne Blatt 1 kr.

Alle Postexpeditionen und Postboten des In- und Auslandes nehmen Bestellungen an. Inserate werden die dreispaltige Petitzeile oder deren Raum zu 3 kr. berechnet.

Redaktion Burggasse 14. | Herausgegeben von Dr. jur. J. Sigl. | Expedition: Russlinbazar 5.

Joh. Chrysost. | Nr. 21. | Donnerstag 27 Januar 1870

Knorrige Landtagslügen.

(Schluß.)

Absonderlich schmerzhaft ist es für das Knurrblättl und es knurrt gar anmuthig darüber, daß innerhalb der hochgelobten Fortschrittspartei Männer genug vorhanden gewesen wären, welche seit Jahren nicht blos in der Kammer, sondern auch in den Ausschüssen gearbeitet haben — fragt mar nicht wie? wir wissen's ohnedies! — daß aber trotzdem „diese Schwarzen“ zu „Neulingen“ gegriffen haben, wozu sie doch gar nicht „genöthigt“ gewesen, und daß hiebei wohl „andere Rücksichten“ zu Grunde gelegen haben müssen. Wie gescheidt Knurrblättl ist! Freilich waren's „andere Rücksichten“, als die auf die „langjährige“ fortschrittliche Kammerherrlichkeit, welche für diese Schwarzen maßgebend waren, z. B. die dumme Rücksicht auf die von diesen „Langjährigen“ zu Stande gebrachten fortschrittlichen Segnungen, die überaus verwerfliche Rücksicht auf das wahre Wohl, die Wünsche und Bedürfnisse des Volkes, die ganz niederträchtige Rücksicht auf die ganz unabweisbare Nothwendigkeit, daß es „anders werden“ muß und daß es „anders“ nur dadurch werden wird, wenn der fortschrittliche Augiasstall einmal gründlich ausgeräumt wird. Dazu aber kann man keine Fortschreiter brauchen.

Daß Knurrblättl den Patrioten immer aufmutzen will, daß sie „Neulinge“ seien, ist eigentlich herzlich dumm vom Knurrblättl, denn seine Götter, der große Marquard, der erleuchtete Völk, der intelligente Höckerer rc. sind ja auch einmal jung und „Neulinge“ gewesen und haben es doch so herrlich weit, zu solcher Größe und Berühmtheit gebracht. „Neuling“ zu sein das ist ein Fehler, der mit jedem Tage kleiner wird, und möglicher Weise könnten die 44 „Schwarzen“ der Ausschüsse zusammen doch so gescheidt sein als die 9 Fortschreiter und dann gleicht sich's ja ohnehin aus und ist die Parität wieder gewahrt.

Bildet sich Knurrblättl aber gar ein, die 4 fortschrittlichen Ausschußgrößen seien etwa darum gewählt worden, daß die schwarzen „Neulinge“ von ihnen profitiren könnten, so befindet sich das werthe „Organ“ damit gründlich auf dem Holzweg, denn erstlich sind die 5 andern Fortschreiter überhaupt nie in einer Kammer gewesen und doch gewählt worden, zweitens hätten die 4 „langjährigen“ Fortschreiter kaum für alle Ausschüsse ausgereicht, wenn man sie mitten entzwei gesäbelt und jeder Ausschuß sich selbst mit einem Stück Fortschreiter begnügt hätte, drittens hätten die „Schwarzen“ unter den Ihrigen Leute genug gehabt, die in parlamentarischen Dingen nichts weniger als heurige Haasen sind, sondern schon eine schöne Reihe von Jahren in der Kammer thätig waren. Also, löbliches Knurrblättl, knurren magst du, aber das sollst du dir ja nicht einbilden, daß ohne die Fortschreiter überhaupt nicht zum Auskommen sei. Die „Schwarzen“ bilden sich's auch nicht ein.

Warum man denn den Völk nicht in den 1. (Justiz-) Ausschuß gewählt habe? fragt Knurrblättl knurrig; da stecke gewiß der Dr. Weis dahinter! — Nein, geehrtes „Organ“, das weniger. Wäre Völk ein ebenso großer Jurist als er ein großer Phrasenheld und unermüdlicher — Redner ist, dann hätte es vielleicht sein können. Aber leider happert es bei dem großen Joseph aus — Augsburg in dem Artikel einigermassen, woran vermuthlich nur wieder die „schlechte Schulbildung“ Schuld sein wird, die dieser fortschrittlichen Größe seinerzeit einen juristischen Dreier zugezogen hat.

In der „Geschichte“ steht allerdings — und darin hat das Knurrblättl einmal Recht — nichts zu lesen, was die Ultramontanen im Finanzausschuß leisten werden, weil die Geschichte die dumme Gewohnheit hat, blos von geschehenen Dingen und nicht auch von zukünftigen zu sprechen. Dagegen steht um so ausführlicher in der „Geschichte“, was die Fortschreiter auf dem Gebiete der Finanz geleistet; ihre Leistungen sind so ins Gewicht fallend, daß das ganze bayrische Volk sie kaum noch zu tragen weiß.

Aus den Ausschuß- und Direktorialwahlen, sagt das „Organ“, könne man schon ersehen, was das Land von diesen Volksvertretern zu erwarten hat, so bald sie nur einmal das Heft ganz in Händen haben. Nun, dann wünschen wir, daß das recht bald geschehen möge, denn mit den bisherigen Leistungen dieser „Schwarzen“ sind wir und ist das Land vollkommen zufrieden. Knurrblättls und der Fortschreiter Schmerz aber braucht uns nicht zu kümmern.

Die Communalschule.

Immer zahlreicher werden die Stimmen, welche den Communalschulschwindel als das ansehen und bezeichnen, was er ist, und so dem wahnsinnigen Treiben der Freimaurer und „Liberalen“, ihrer Nachbeter, das Brandmal der Verwerfung aufdrücken. Wenn selbst ein Mensch, wie das bekannte Mitglied des bekannten Wiener Doctorenministeriums, Dr. Hasner, im österreichischen Herrenhause erklären mußte, daß „das konfessionelle Moment in der Volksschule Beachtung verdiene und daß die Rücksichtslosigkeit in Bezug auf die Konfession in der Volksschule ein pädagogisch-didaktisch unrichtiges Prinzip sei“, wenn der protestantische Superintendent im österreichischen, der protestantische Oberkonsistorialpräsident v. Harleß im bayrischen Herrenhause und der gegenwärtige protestantische preußische Kultusminister sich in ähnlicher Weise über die konfessionslose Communalschule aussprachen und die Katholiken, wir meinen die ehrlichen überzeugungstreuen Katholiken aller Länder einstimmig den Communalschul-Wahnsinn verwerfen, so sollte man doch billig mit größerem Ernste eine so weittragende und wichtige Frage behandeln, als dies von „liberaler“ Seite zu geschehen pflegt, und sollte nicht ohne ernsteste Prüfung sich für eine Einrichtung aussprechen, die selbst von protestantischen Autoritäten wie Hrn. v. Harleß entschieden verworfen wird. Es sind nicht die Katholiken und nicht die Protestanten, welche die konfessionslose Kommunalschule begehren, sondern es sind die, welche gar keinen Glauben haben, gar keiner Konfession mit Treue und Ueberzeugung angehören, es sind in erster Linie Freimaurer, „Freireligiöse“ und Taufschein-Christen. Die religiösen Schwimmer sind es mit ihren verschwommenen und verworrenen Begriffen, die bornirten, oberflächlichen Köpfe, die Nichts- oder Halbwisser, die einseitigen, eingebildeten, von sich und ihrem vermeintlichen Wissen eingenommenen urtheilslosen, aber vorurtheilsvollen — „Liberalen“, deren Gott der Bauch, deren Himmel die Erde und deren drittes Wort „Wissenschaft“, „Bildung“ und „Aufklärung“ sind, hohle Schlagworte, mit denen man heute viel um sich wirft, aber nichts beweist: die schwärmen für die Communalschule.

Auf der 1869er Gnadauer Frühjahrsversammlung bei Magdeburg hielt Konsistorialrath Bieck eine Konferenzrede, worin derselbe die Frage: „ob wir zu besorgen hätten, daß die Forderung der konfessionslosen Communalschulen bei uns in Deutschland Fuß fasse?“ — bejahte. „Wenn nichts dagegen geschieht, sagte er, wird in nicht langer Zeit die Majorität des Landes für die konfessionslose Schule sein. Denn die liberale Partei entwickelt eine große Thätigkeit.“ Und groß ist ja der ihr gedankenlos und ohne eigenes Urtheil nachplappernde und nachlaufende geistige Pöbel in den sogenannten „höheren“ wie in den niederen Ständen. Wie aber dieser Forderung von konfessionslosen Schulen zu begegnen sei, darüber äußerte sich Hr. Konsistorialrath Bieck folgendermaßen: „Die Presse ist jetzt wirklich eine Macht . . Es ist gegen diese Schulen aufzutreten in Schriften und Unterredungen. Wer Beruf dazu hat und populär sein kann, be schreibe.“ — In diesem Sinne ist ein kürzlich erschienenes Schriftchen über die Communalschulen*) abgefaßt, das wir unsern Lesern als wirksam und zweckentsprechend hiemit bestens empfehlen wollen. Man wird bald genug wieder fest auf dem Kampfplatz sein müssen!

Deutschland.

München, den 26. Januar.

— (Jüdisches.) Der hiesige Schuster Stöhr hat im bildenden Umgang mit gelehrten Juden und aufgeklärten, nämlich knorrmenschlichen Christen in Erfahrung gebracht, daß ein gewisser J. J. J. Döllinger ein großer Mann sei, da er mit einem sicheren Hrn. Huber ein Buch gegen das Papstthum geschrieben — der Schuster hat den Namen Janus gehört, gelesen aber hat er's natürlich nicht — und in diesen Tagen gar mit einem Artikel durch die berühmten Augsburger Allgemeine Dame die Welt wieder beträchtlich über Papst und Papstthum erleuchtet hat. Große Männer muß man ehren, dachte sich der Schuster, und die Juden, seine Freunde, die den Janus auch nicht gelesen, aber schon öfter von dem „gelehrten Döllinger“ gehört, bestärkten den Schuster in seiner Ansicht. Da aber der durch des Knorrblättls und etlicher hundert Fortschreiter Gnaden Magistratsrath war, so fiel ihm plötzlich ein, zu beantragen, dem „großen Döllinger“ für seine Verdienste um den Janus und den glorreichen Artikel in der Allgemeinen Schaußens rothen Piepvogelorden? — nein! — das Ehrenbürgerrecht von München zu verleihen! Der lange Billing, den glaubhaften Nachrichten zufolge sogar den Artikel Döllingers in dem vom Knorrblättl gebrachten Auszug gelesen und dem er sehr gut gefallen hat, Thomaß, dessen fünfhundertstöckige Weisheit so groß war, daß sie in der Kammer gar nicht untergebracht werden konnte, und mehrere hervorragende Magistrats-Juden und Fortschreiter unterstützten diese „zeitgemäße“ Schusteridee aufs Lebhafteste, so sehr auch die beiden Bürgermeister und vier jedenfalls „zurückgebliebene“ Magistratsräthe strampelten und sich dagegen wehrten. So kam es, daß Döllinger wegen eines „zeitgemäßen“ Artikels in einem Freimaurerjournal Ehrenbürger von München ist worden!

O großer Dollingerius,
Daß man dich so blamiren muß!
Vom Fortschritt auf den Stuhl gesetzt,
Du von der Juden Gnaden jetzt,
Ein Bürger Neu-Jerusalems,
Mitbürger von dem Ritter Schauß?
— De Ehr' is grauß!

— Mit welchen Lappalien sich der neue fortschrittliche Magistrat beschäftigt, davon ein Beispiel. Ein Mitglied desselben beantragte, der Magistrat solle das „Eierspecken“ auf offener Straße verbieten. (Dieses Eierspecken gehört zu den freien Künsten der lieben Schuljugend und besteht darin, daß zwei Eier mit den Spitzen aneinander gestoßen werden; wessen Ei den Stoß aushält, der hat gewonnen.) Ueber das Für und Wider stritten sich nun die weisen Herren herum, wobei Seine fünfhundertstöckige Weisheit, Herr Thomaß, die interessante Entdeckung zum Besten gab, daß man auch in Hausfluren und geheimen Schlupfwinkeln „specken“ könne. Wirklich großartig! Aber in „geheimen Schlupfwinkeln“ kann man noch ganz andere Dinge thun als „specken“, nicht wahr, Hr. Thomaß? Wir werden Ihnen vielleicht bei guter Gelegenheit darüber eine sehr interessante Vorlesung halten und es ist dabei gar nichts erdichtet, sondern alles die lautere Wahrheit, — ein Stück Münchener Romantik mit vorläufig zwei Ausgängen, aber blos einem Eingang, gar lustig zu hören. Das Stück spielt theils in, theils außer der Stadt.

— Ueber das Concil und die Unfehlbarkeit des hl. Vaters haben wir von verschiedenen Seiten Zuschriften erhalten. Die einen sprechen sich für, andere gegen die Unfehlbarkeit aus. Wir haben keine der, zum Theil sehr gründlichen und gediegenen Artikel pro oder contra aufgenommen und werden keinen aufnehmen, bevor nicht die Kirche, welche durch das Concil repräsentirt ist, gesprochen hat. Um ein für allemal unsern Standpunkt zu den brennenden kirchlichen Fragen zu präcisiren, erklären wir, daß wir einfach den eines entschiedenen Katholiken einnehmen. Für uns ist die Sache außerordentlich einfach. Wir glauben nämlich, daß, dem Versprechen Christi gemäß, der heil. Geist bei der Kirche ist und zwar bis zum Ende der Welt, denn wir glauben an die Bibel; ist der hl. Geist bei der Kirche, so ist er auch beim Concil, durch das die Kirche dargestellt wird; ist der hl. Geist beim Concil, so kann dasselbe nicht irren und müssen wir als gute Katholiken einfach Alles annehmen, was das Concil beschließt. Beschließt

---

*) Der vollständige Titel lautet: „Sollen wir für die Communalschule stimmen?“ Ein Beitrag zur religiösen Aufklärung. Beantwortung einer brennenden Frage der Gegenwart. Würzburg. Leo Wörl's Verlag. (Preis 6 kr. In Partien von 50 Exemplaren kommt das Exemplar gar blos auf 8 kr. zu stehen.)

es die Unfehlbarkeit, gut, so werden wir an die Unfehlbarkeit glauben, denn die Kirche, bei der Christus und der hl. Geist ist, kann nicht irren; spricht es sich gegen die Unfehlbarkeit aus; gut! Auch dann hat der hl. Geist durch die Kirche gesprochen. Im Uebrigen aber glauben wir, daß weder Concil noch Unfehlbarkeit ein Gegenstand für die Aburtheilung durch die Zeitungen sein darf, sondern einzig vor das Forum der Kirche, d. i. der in Rom versammelten Bischöfe gehört.

Aus dem Ingolstädter Land wird dem „Vaterland" geschrieben: Gestern feierte Gerolfing ein katholisch-patrotisches Fest, wie es seit Menschengedenken dahier noch keins gesehen hat. Ganz Gerolfing war festlich gekleidet und auf den Beinen, das Gasthaus mit Kränzen und Fahnen geschmückt. Der Bauernverein vom Markte Gaimersheim mit den Mitgliedern und katholischen Patrioten des Oberlandes zog unter vorangetragener blau-weißer Fahne und unter den Klängen der gutbesetzten und prächtig spielenden Gaimersheimer Musik dahier ein, nachdem unsere Musik und Fahne die angekommenen Gäste vor dem Dorfe bereits begrüßt und sich zum Festzuge mit ihnen vereinigt hatten. Der damit entzündete Funke der Festfreude loderte aber immer in helle Flammen der Begeisterung auf, so oft beredte Zungen Sinn und Bedeutung des Festes an das Herz legten. Die erste Ansprache des Hrn. Pfarrers Jeßler von Eitensheim brachte die rechte Wärme in die Versammlung; die Wirkung seiner Rede, welche zeigte, daß die Katholken, wie sie seit dreihundert Jahren allein deutsch waren, so auch jetzt allein bayrisch sind, machte ersichtlich, daß er mit seinem Appell an den Katholizismus und an die Liebe zur katholischen Kirche nicht blos den wahren Boden des Festes, sondern auch die eigentliche Herzensangelegenheit der Versammlung bezeichnet hatte. Ebenso durchschlagend zeigte dann Herr Pfarrer Helmbucher von Gaimersheim den Abgrund, der die Schlechtigkeit des Liberalismus und die Selbstständigkeit des katholischen Bayerthums unversöhnlich trennt und auseinanderhält. Der Bauer Lechmaier aus Gerolfing, ein dichterisches Naturtalent, trug im katholisch-patriotischen Geist, des Festes selbstverfaßte Gedichte vor, welche öfter einen explodirenden Beifallssturm hervorriefen. Die Krone setzte dem Feste der Präses des kath. Gesellenvereins und Benefiziat Reindl aus Ingolstadt auf, durch eine ausgezeichnete Rede und besonders durch Hervorhebung des Gedankens, daß von dem Gaimersheimer Bauernverein aus der in der Festung Ingolstadt verschanzte Fortschritt belagert und erstürmt werden müsse. Daß bei einem so großartigen Feste auch auf den hl. Vater und das Konzil, auf unsern König, die patriotische Landtags-Majorität und unsern Abgeordneten Ponschab toastirt wurde, braucht wohl nicht als Neuigkeit erwähnt zu werden. Musik und Gesang von ächt patriotischen Liedern würzten fortlaufend den den Festjubel des Tages, welcher seinen Gipfel erreichte, als Nachts 7 Uhr unter den vereinigten Harmonien der Gaimersheimer and Gerolfinger Musik und unter Vortragung der hellbeleuchteten Bayernfahne der Festzug durch die wogende Strasse zur Heimkehr sich wieder in Bewegung setzte. Der Mann des Tages wie des Festes ist aber der Gründer des Bauernvereins, Herr Pfarrer Heimbucher von Gaimersheim, dem hiemit öffentlich gedankt sein soll. Das Fest selbst machte auf jeden Anwesenden den Eindruck, daß Bayern zu einem zweiten Tyrol sich auswachsen dürfte, das für seinen Katholizismus und seine Selbstständigkeit den letzten Athemzug und Blutstropfen einsetzen und wenn es sein muß, wie einst Tyrol gegen die freimaurerischen Bayern gethan hat, so es selbst jetzt gegen die freimaurerischen Preußen gleichfalls, sogar mit Weibern und Kindern, auf den Kampfplatz treten wird. Das Fest war kein Bier- und Tarrokfest, sondern ein Fest im idealen Sinn: ein wahrhaft katholisch-patriotisches Fest.

In **Graz** hat sich am Schluß des vorigen Jahres um einem dringenden Bedürfnisse abzuhelfen auch ein „freireligiöser" Verein gebildet und zwar unter der Protektion eines freigeisterhaften Literaten Zimmermann. Weß Geistes Kind diese freireligiöse Bierhausgesellschaft im Allgemeinen und dieser Herr Zimmermann im Besondern ist, geht aus dem Dictum hervor, mit dem derselbe sich kürzlich die anerkennende Hochachtung aller liberalen Blätter erworben hat. „Was scheeren uns, sagte er — man bewundre die würdige Ausdrucksweise! — die Sakramente der christlichen Kirche, für uns existiren nur die Sakramente der — freien Wissenschaft". — Schön! Das freireligiöse „Concil", das sich kürzlich unter der Assistenz der großen Männer Ronge, Ulrich und Zimmermann in Neapel unsterblich — blamirt hat, hätte sich den Dank des „Vaterland" verdienen können, wenn es die Zahl und den Inhalt der „Sakramente" der „freien Wissenschaft" festgesetzt und puplicirt hätte.

Preußen. Berlin, 24. Januar. Erzherzog Karl Ludwig ist gestern Abends um halb 9 Uhr hier eingetroffen und wurde auf dem Bahnhofe vom Kronprinzen, den anderen königlichen Prinzen, der österreichischen Gesandtschaft, dem Stadtkommandanten und dem Polizei Präsidenten empfangen. Außerdem war auf dem Bahnhofe eine Ehrenwache des Kaiser-Franz-Grenadier-Regiments aufgestellt. Der Erzherzog, welcher im königlichen Schlosse abstieg, stattete heute Vormittags dem Könige einen Besuch ab.

Ausland.

Frankreich. In Paris ist also Rochefort wegen seiner Impertinenzen gegen die Dynastie zu 6 Monaten verurtheilt worden. Die „demokratischen" Juden der Frankf. Ztg. ersehen, so vernarrt sind sie in ihren Liebling Rochefort, in dieser Verurtheilung eine — Niederlage der Regierung. Warum? Darum! Wir möchten nun wissen, was die Frankf. Ztg. dann in der Freisprechung des Rochefort ersehen hätte. Wahrscheinlich auch eine Niederlage. So kann man es diesen Leuten niemals recht machen.

— Am Freitag den 21. Januar wohnten der Kaiser, die Kaiserin und der kaiserliche Prinz dem Requiem bei, welches in der Schloßkirche der Tuilerien für den unglücklichen König Ludwig XVI. von Frankreich aus Anlaß des Jahrestages seiner Hinrichtung gehalten wurde. Der Gottesdienst fand unter dem größtmöglichen Pomp statt, eine sehr große Anzahl Geistlicher assistirte am Altare und am königlich ausgestatteten Katafalke.

— Nach dem „Memor. diplom." ist es zwischen den beiden katholischen Großmächten für den Fall der Erledigung des heiligen Stuhles durch den Tod Pius IX. zu einer Verständigung gekommen.

Creuzot, 24. Jan. Gestern waren 82 Proc. der Arbeiter zurückgekehrt, die übrigen folgen am Montag. Der „Figaro" erwähnt des Gerüchts: zwei Zeugen hätten Fonvielle sagen hören, daß Peter Bonaparte von Noir eine tüchtige Ohrfeige erhalten.

In **Italien** ist man bekanntlich auch mit dem liberalen Institut der Schwurgerichte beglückt, die indeß eine merkwürdige Wirkung zu haben scheinen. Das Geschwornengericht ist eine Einrichtung, für welche wir vielleicht nach einem Jahrhundert reif gewesen wären, die uns aber einstweilen zum Primate (ersten Rang) der Verbrechen verholfen hat, wie uns die „Times" höhnisch vorwirft. Obgleich die Geschwornen dem Aerar eine ungeheure Summe kosten, muß man doch sagen, daß der Galgen oder die Todesstrafe nur mehr für die Armen bestehen. Wer heutzutage Geld hat oder der Secte (nämlich der edlen

Gesellschaft der Freimaurer oder Carbonari) angehört, ist sicher, einen Wahrspruch auf „Nichtschuldig“ zu erhalten, so schwer und so erwiesen sonst das begangene Verbrechen sein mag.“ So schreibt die Mailänder „Perseveranza“ über die Geschwornengerichte in — Italien. Bei einem Volke von Liberalen und Spitzbuben werden die Liberalen und Spitzbuben immer schuldlos gesprochen werden, denn das Haupterforderniß eines rechten Geschwornen soll nicht der Besitz eines gehörigen Geldsackes, sondern der Nachweis des Besitzes eines religiös gebildeten Gewissens sein, daß aber pflegt Spitzbuben und „Liberalen“ von vulgärem Schlage in der Regel zu fehlen.

Spanien. Madrid, 24. Januar. Die Cortes berathen den Antrag auf Ausschließung der Bourbonen vom spanischen Throne. Echegaray erwiderte dem Deputirten Castellar; und sagt, die Revolution habe nur die Monarchie von Gottes Gnaden abgeschafft und ladet die Majorität ein, den republikanischen Fallen zu mißtrauen. Echegaray fügt hinzu, die Regierung habe keinen Candidaten, aber vor einer Restauration der enthronten Bourbonen würde Spanien in Strömen von Blut schwimmen. Prim wiederholt, daß weder Königin Isabella, noch Prinz Alphonso zurückkehren werden. Er ruft aus: Niemals, niemals, niemals! Die Minister haben keinen Kandidaten, ausgenommen Topete, welcher der Kandidatur Montpensier's fortwährend treu ist. Prim appellirt an die Versöhnlichkeit und wiederholt, daß er den Eingebungen der Majorität folgen werde. Die Cortes verwerfen schließlich den Antrag mit 150 gegen 37 Stimmen.

Aus Spanien kommen trübselige Nachrichten. Die schöne Halbinsel ist der Schauplatz der Verwüstung, des Jammers und Elendes ohne Grenzen. Vergeblich erwarten die Gläubiger die Auszahlung ihrer Coupons v. 30. Juni, vergeblich verlangen verabschiedete Diener ihre ausgesetzten Pensionen; das Heer erhält keinen Sold, die Beamten keinen Gehalt, der Staatsschatz ist erschöpft. Die Industriellen schließen ihre Etablissements; die Furcht und das Mißtrauen lähmt jede Unternehmung. Lange können diese Zustände nicht mehr dauern, jede Stunde kann und muß eine neue Umwälzung bringen, die der Gewaltherrschaft ein baldiges Ende zu bereiten droht.

Dienstes-Nachrichten.

Erledigt: Die kath. Pfarrei Rölach, B.-A. Donauwörth, R.-E. 640 fl.; das Dallhofer'sche Beneficium in Deggendorf mit 499 fl.; die k. Pfarrei Konnersreuth, B.-A. Tirschenreuth, R.-E. 833 fl.; die k. Pfarrei Waldthurn, B.-A. Vohenstrauß, R.-E. 834 fl.

Marktpreise in München.

1 Pfd. Mastochsenfleisch 18 kr. — pf., Kuhfleisch 17 kr. — pf., Kalbfleisch 14 kr. — pf., Schaffleisch 12 kr., rohes Schweinefleisch 20 kr. 1 Pfd. Schweinfett 29 kr. eine rohe Zunge 1 fl. 12 kr., dito geräuch. 1 fl. 30 kr. ein Zentner rohes Unschlitt 23 fl. 30 kr. ein Pfd. gegoss. Lichter 21 kr., gez. feine Lichter 20 kr., ditto ordinäre 22 kr., Seife das Pfd. 16 kr.

Das Pfd. Karpfen 22—24 kr., Hechten 30—36 kr., Huchen 48— — fl. 54 kr., Rutten 42—46 kr., Forellen 1 fl. 12 kr. bis 1 fl. 24 kr. Aalfische 1 fl. 24 kr., Barben 18—20 kr., Alten 16—18 kr., Waller 42—46 kr., Brazen 14—18 kr., Renken 24—27 kr., Hirschlinge 18—22 kr., Bachfische 7—9 kr., Krebse das Viertel 100 36—54 kr., Frösche, das Viertel 9—15 kr. — 1 Zentner Heu 1 fl. 21 kr., 1 Ztr. Grummet 1 fl. 30 kr. Waizenstroh — fl. — kr. Roggenstroh 1 fl. — kr. Haberstroh — fl. — kr. Eine Klafter Buchenholz 15 fl. 48 kr. Birkenholz 14 fl. — kr. Föhrenholz 9 fl. 48 kr. Fichtenholz 9 fl. 48 kr. Das Pfd. Schmalz höchster Preis 34 kr. Das Pfd. frische Kübelbutter, höchster Preis 34 kr. 5 Stück frische Eier 8 kr. Die Maß gute Milch 5 kr. 1 Pfd. Leinöl 16 kr. 1 Pfd. Repsöl 18 kr.

Verantwortlicher Redakteur: Dr. J. Sigl.

Druck von W. Vogl in München, Rosengasse 10.

Das Bayrische

Vaterland.

Das „Bayr. Vaterland" erscheint täglich mit Ausnahme der Sonn- und hohen Festtage. Preis des Blattes: Vierteljährig 54 kr., ganzjährig 3 fl. 36 kr. Das einzelne Blatt 1 kr.

Alle Postexpeditionen und Postboten des In- und Auslandes nehmen Bestellungen an. Inserate werden die dreispaltige Petitzeile oder deren Raum zu 3 kr. berechnet.

Redaktion Burggasse 14. Herausgegeben von Dr. jur. J. Sigl. Expedition: Ruffinibazar 5.

Karl der Große. Nr. 22. Freitag 28 Jannar 1870

Bestellungen auf das „Bayr. Vaterland"

für das Quartal zu 54 kr. (für die beiden Monate Februar und März zu 36 kr.) können bei allen Postanstalten und Postboten noch immer gemacht werden.

Selbstmord!

Vom Main. Mit keinem andern Ausdrucke können wir das seither beobachtete Betragen Döllingers bezeichnen. Höchstens könnten wir mit Virgil sagen; O quam mutatus ab illo, — o wie ganz anders ist der jetzige Döllinger als derjenige war, den vor 20 Jahren noch das katholische Deutschland hoch verehrte!

Was den gelehrten Döllinger antrieb, jetzt eine Rolle zu spielen, die ihm, wie dem Bischof von Passau, blos die Sympathien der Fortschrittler sichert, ist uns nicht wohl bekannt, läßt sich aber doch zum Theile daraus mit Sicherheit annehmen, daß er nach seiner Reise nach Rom als „mutatus" zurückkam. Etwa weil er dort manches gesehen, was ihm Aergerniß erregt hätte? Nein; sonst hätte er es längst ausgekramt, — sondern eben darum, weil er ein deutscher Gelehrter ist, die höchst empfindlich sind, wenn sie eine Rechnung ohne den Wirth gemacht haben!

Wir übergehen alle seitherigen, nur zu bekannten feindlichen Agitationen Döllingers gegen Rom und erwägen nur die Thatsache: Döllinger in der Allgemeinen Zeitung, — einem Blatte, das bis jetzt keinem noch so frivolen Juden in seiner Verbissenheit gegen den apostolischen Stuhl aus dem Weg gegangen ist. Der Name eines Lehrers katholischer Priester im Bunde mit einem Blatte voll Gift gegen katholische Institutionen: — das gibt — zu denken!

Einerseits ist es traurig, daß die gerühmte Selbstständigkeit katholischer Forscher solch elenden Bankerott gemacht hat, einen Mann in den Reihen der Feinde der Kirche zu sehen, der für sich und seinen Anhang der Kirche gegenüber unberechtigte Freiheit in Anspruch genommen hat; allein andererseits hat es, Gottlob für die katholische Kirche gar keine bedeutende Gefahr, wenn eine Größe wie Döllinger auch ausfällt: Die katholische Kirche hat nämlich in diesen „Größen" noch nicht einmal ihre Macht, sondern sie enthaltet ihre Macht in andern Dingen: nämlich in den Tugenden, in den übernatürlichen Tugenden, die in der Kirche ebenso vom Höchsten, wie vom Niedrigsten geübt werden! Diese Kraft der christlichen Tugenden stärkt stets die Kirche, und läßt sie selbst den Fall eines Döllinger verschmerzen, der nur einem Menschen schadet, nämlich — sich selber. Er begeht eben an sich gewissermaßen einen Selbstmord: er steigt herab an der hohen Stufe, auf welche ihn einst seine Wissenschaft gestellt hat, und hört auf ein katholischer Gelehrter zu sein. Er mag noch so sehr am Hofe gelten, von Hohenlohe und Genossen gehätschelt werden, von den Juden und Liberalen auf den Schild gehoben sein, für uns Katholiken existirt er nicht mehr, als um ihn zu bemitleiben, zu beklagen.

Allein keineswegs befindet sich Rom im Verfalle durch den Abfall Döllingers, sondern dieser Abfall stärkt wieder die rechten katholischen Gelehrten und zeigt ihnen, daß sie erst tugendhaft sein müssen, ehe sie zu gescheidt werden, sonst geht's ihnen, wie es schon Vielen gegangen ist: sie nehmen ein unrühmlich Ende. Wenn Döllinger wüßte, wie viel Gutes er bei denen stiftete, denen er jetzt Handlanger ist, und wie viel Gutes er jetzt erst in der katholischen Kirche stiftet, dann würde ihm angst werden, er würde seine Verbissenheit gegen Rom aufgeben und demüthig werden, dann wäre er wieder ein katholischer Gelehrter — eher nicht!

Liberales vom Kochelsee.

Vom Kochelsee. 25. Januar. Aus unserm „obskurem" Winkel kommt selten etwas in die Oeffentlichkeit. Sehr wichtige Begebenheiten mitunter werden mit völligem Stillschweigen übergangen. So z. B. haben wir nirgends etwas gelesen, wie es im vergangenen Sommer bei uns mit der Impfung gegangen. Eine Untersuchung um die andere und doch ist nichts davon über die Grenzen des Winkels hinausgedrungen. Am 23. Juni ward die Impfung vorgenommen und am 26. Juni hat man ein Mädchen begraben, welches bei der Impfung gewesen. Am 8. Juli ward ein Knabe in den Schooß der Erde gebettet, den man am 23. Juni frisch und gesund zur Impfung getragen. Alle geimpften Kinder sind krank und elend geworden. Es soll weiter herum mit derselbigen Impfung nicht sauber gewesen sein. Sie sehen, was wir vertragen können, und wie wenig uns daran liegt, daß auch auswärts bekannt werde, was bei uns vorgeht.

Nun aber können wir nicht länger schweigen, weil Alles aufgeboten wird, unsern Frieden und unsere Einigkeit zu stören. Wenn wir uns dabei ein Bischen loben müßten, so wollen Sie uns dieß nicht übel nehmen, war ja selbst ein St. Paulus hie und da genöthigt, also zu thun! Wir wollen dabei schon auch unsere Fehler bekennen. Einen Hauptfehler haben wir begangen, daß wir den Bauern-Verein bei uns aufgenommen haben. Bei der Urwahl in Murnau haben wir dann mitgeholfen, den Fortschritt aus dem Sattel zu heben und die bezirksamtlichen Hoffnungen zu nichte zu machen. Seitdem sind wir bei Fortschritt und Bureaukratie völlig schwarz angeschrieben. Die eben geschilderte Impfung mit ihren Folgen — das war nur ein Bettel; man konnte ja einen Bader vor Gericht ziehen, weil er dem letztverstorbenen Kinde ein Hitzpulver gegeben. Aber den Pfarrer muß man „unschädlich" machen, sonst impft er der Gemeinde sein

Gegengift ein, welches den Fortschritt paralysirt. Denken Sie sich, schon dreizehn Jahre haust er da so ganz „ultramontan" und nun kultivirt er auch noch den Bauernverein über die Grenzen des Winkels hinaus! Hat sich der schlaue Bezirksamtmann den Wahlbezirk Murnau so schön zusammengezirkelt und dann macht ihm die Wahl so viel Scheim, daß er es nicht mehr aushalten kann, sondern die Hälfte der Wahlzettel von einem fortschrittlichen Schulgehilfen ablesen läßt, der schon vorher, weil ja die Wahl in so weit geheim sein sollte, an der Thüre stand, jedem eintretenden Wähler seinen Zettel abnahm, ihn las und dann erst in die Hände des Herrn Commissärs übergab.

Soll nun nicht Alles aufgeboten werden, diesem ultramontanen Pfarrer, der die Leute so verhetzt und dem Fortschritt manchen Prügel in den Weg legt, das verderbliche Handwerk zu legen? Am 22. November v. J. ward ihm der Untersuchungsrichter ins Haus gesendet, mit dem Auftrage, über eine am 8. August gehaltene — Predigt zu inquiriren. (!) Das corpus delicti sollte nöthigenfalls mit Gewalt herausgeholt werden. Es sollte unter Andern gepredigt worden sein, daß die Gefährdung der Religion und Moralität von oben geduldet werde und sogar den Studenten in Regensburg verboten worden sei, den Rosenkranz zu beten. — Sehen Sie, wie schweigsam wir sind! Man hat von dieser Untersuchung kaum im Dorfe etwas erfahren; zwei Monate sind seitdem vergangen.

Am 22. Januar gings aufs Neue los. Diesmal werden so und so viel Gemeindemitglieder ausgesucht und über die Predigt am 8. August 1869 eidlich vernommen. Sollte ja der Bauernverein nicht auf Schlehdorf beschränkt bleiben, sondern hatte es gewagt am 9. Januar eine Wanderversammlung in Ohlstadt zu halten und war im Begriffe ein Gleiches am 30. Januar in Eschenloh zu unternehmen. Da kommt das k. Bezirksamt in Garmisch und diktirt große Geldbuße ob des Frevels in Ohlstadt und der Untersuchungsrichter kommt nach Schlehdorf um den Leuten die Predigt vom 8. August (!!) in's Gedächtniß zu rufen. Aber das geschieht ja Alles zum Wohle der Gemeinden und des Vaterlandes! Das verderbliche Wirken eines Pfarrers soll und muß gehindert werden. Ein Paar Kinder zu Tode impfen, ja das wäre nicht der Rede werth, da kräht kein Hahn darnach; aber **Religion und Vaterlandsliebe einimpfen wollen, um die Jungen und die Alten vor dem Verderben des Fortschritts zu bewahren: Das ist ein Verbrechen unter der „neuen Aera" in Bayern!** Man reitet ein halbes Jahr auf ein Paar Sätzen herum, die ein auswärtiger Fortschreiter aus einer Predigt denunzirt hat, um den Pfarrer verdächtig zu machen und Zwietracht und Mißtrauen gegen ihn zu erregen. Die Gendarmen müssen in den Häusern über die Predigten herumfragen. — Vaterland, sage es laut, damit es alle Welt höre, und auch die Herren in der Prannersgasse erfahren, wie der Fortschritt das Wohl des Landes kultivirt.

Deutschland.

München, den 27. Januar.

Landtag. Die Adreßdebatte wird nächsten Samstag in der Kammer beginnen.

— Rohober Excellenz hat Pech. In wiederholten Inseraten im Knurrblättl, das allen Schmutz aufnimmt, hatte Gf. Holnstein, Oberststallmeister, ohne augenfällige Gründe erklärt, Gf. Friedrich Holnstein gebe sich als Graf und seinen Bruder aus, sei aber weder das Eine noch das Andere. Die Inserate waren sehr verletzend gehalten und ließen Alles zwischen den Zeilen lesen. Heute nun erklärt der Angegriffene, Gf. Friedr. v. Holnstein, Gutsbesitzer in Kolbermoor, mit Namensunterschrift in den N. Nachrichten, den Verfasser jener Annoncen als einen gemeinen und charakterlosen Verleumder und erklärt weiter, daß er sich niemals als dessen Bruder ausgegeben habe noch ausgeben möchte und daß er bedaure, sich in der Lage zu befinden, ihn als Vetter begrüßen zu müssen. — Das alles ist sehr verständlich und macht die so ruhig und würdig gehaltene, als mannhafte und bestimmte Erklärung des Angegriffenen ungeheures Aufsehen. Die Folge wird wahrscheinlich wieder ein Duell sein, vor dem sich der k. Stallmeister, der schon einen sehr nahen Verwandten im Duell getödtet hat und zum allgemeinen Skandal dennoch eine sehr einflußreiche Stellung am Hofe einnimmt, kaum scheuen wird. Ob er aber nach diesem neuesten Skandal noch länger eine der höchsten Stellungen im Lande wird behaupten dürfen, muß ein Anderer entscheiden.

— Der Redacteur des „Vaterland" hatte gestern Gelegenheit, auf dem Stadtgerichte von wegen des klagenden Knorren abermals eine Verurtheilung entgegenzunehmen. Gelegentlich eines Artikels über die „prunklose Beerdigungs-Gugelei" geschah auch Sr. Deputätigkeit des Knorren Erwähnung; es war gesagt, da „stecke der vielgeliebte Knorr wieder dahinter, der nach dem Ausspruche des Advokaten H. überall dabei ist, wo Dr— aufgewühlt wird." Die knorrigen Ehren sollten da empfindlich gekränkt sein. Unsere Erwartung, daß Schauß beweisen werde, daß sein würdiger Bruder im Fortschritt nicht überall dabei sei, wo Dr— aufgewühlt wird, wurde aber nicht erfüllt; es handelte sich blos darum, ob durch diesen Satz des Knorren „Ehre" lädirt sei. Herr v. Leonrod, der Stadtrichter, denkt sich dessen „Ehre" wahrscheinlich mit einer Epidermis von Spinnenweb und von überaus zarter Constitution, weshalb er sie „gekränkt" hielt. Diesmal erhielten wir zu den 100 fl., die uns das letzte Mal schon zudiktirt wurden, noch 10 fl. hinzu, dagegen wurden von den 42 Tagen Bleikammer in der Gruftgasse 12 Tage als bei der Kleemannischen Judenaffaire verbüßt abgezogen, so daß wir von wegen des unermeßlichen Ehrenmannes und Knurrblättldeputatus eine Gesammtstrafe von 110 fl. südd. Währ. und 30 Tagen Gruftgasse zu verbüßen hätten, wenn nicht das k. Bezirksgericht ins Mittel tritt. Eines kleines Zwischenfalls bei der gestrigen Verhandlung, der wieder recht bezeichnend für diese Edelleute vom Fortschritt ist und der die Geschichte mit dem gestohlenen Brief noch übertrifft, wollen wir morgen gedenken. Daß uns auch diese neue Verurtheilung nicht abhalten hat, den Deputatus zu bekämpfen allewege, versteht sich von selbst, und haben wir gestern bereits dem k. Stadtrichter erklärt, daß wir dies für unsere journalistischen Pflicht halten, die zu erfüllen uns nichts abhalten kann. Der schädliche Einfluß, die gefährliche Macht dieses Menschen muß gebrochen, muß vernichtet werden und das soll zunächst unsere Aufgabe sein.

— Die Abendzeitung liest dem Justizminister auch den Text, daß er jetzt dem unabhängigen Kammerpräsidenten Dr. Weis, der doch ein von ihm abhängiger Ministerialbeamter sei, „gewissermaßen" subordinirt (untergeordnet) sei. Diesen „anormalen Zustand" habe aber Hr. v. Lutz selbst heraufbeschworen, indem er „trotz aller Mahnungen und Warnungen" den Dr. Weis nicht rechtzeitig beseitigt oder abgesetzt habe, da er doch für seine Stelle „wegen seiner demonstrativen politischen Haltung nicht paßte." Wie offen die HH. Liberalen mit ihren despotischen Gelüsten sind! Kein „untergeordneter" Beamter soll mehr eine eigene Ueberzeugung haben dürfen wenn dieselbe nicht fortschrittlich ist; eigene Ueberzeugungen, die nicht fortschrittlich sind, sind „demonstrativ" und kann nur Beseitigung oder Absetzung helfen. Was aber das Land zu solcher überaus staatsweisen „liberalen“ Theorie sagt? Das Land, aus dessen Beutel die Abgesetzten und Beseitigten für's liebe Nichtsthun doch bezahlt werden müßten? Wir wollen uns diese höchst liberalen Anschauungen ankreiden — für den Fall, daß etwa einmal ein nicht fortschrittliches Ministerium den weisen Rath der „Abendzeitung“ befolgen und alle fortschrittlichen Beamten beseitigen sollte. Was dem Einen recht ist, müßte eben da dem Andern billig sein, d. h. wenn die Anschauung der Abendzeitung, daß patriotische Beamten beseitigt werden müßten, die rechte ist, so wäre auch die Anschauung billig, daß bei umgekehrten Verhältnissen die fortschrittlichen Beamten beseitigt werden müßten. Wir haben diese „Anschauungen“ nicht, aber die „liberale“ Abendzeitung hat sie und das wollten wir einfach — konstatiren.

Vom Kahlgrunde wird dem „Vaterland“ geschrieben: Die Gemeinde- und Kirchenwahlen sind vorüber und wenn wir Rundschau halten über das Resultat derselben, so finden wir auf der ganzen Linie einen glänzenden Sieg der Patrioten. Die bei weitem meisten Gemeinden des Kahlgrundes sind ihrem Motto, das sie am 16. Nov. vor. J. bei den Landtagswahlen aufgestellt: „nur keine Bettelpreußen“! auch bei den Gemeindewahlen treu geblieben und haben entschiedene Patrioten, gesinnungstüchtige Männer als ihre Vertreter gewählt. Patriotisch fielen aus im ganzen Bezirksamt Alzenau die Gemeindewahlen in den Gemeinden: Albstadt, Dörnsteinbach, Erlenbach, Großkahl, Großwelzheim, Gunzenbach, Geiselbach, Hemsbach, Hörstein, Hofstetten, Hohl, Huckelheim, Kälberau, Kleinkahl, Krombach, Michelbach, Mensengesäß, Mömbris, Omersbach, Schneppenbach, Steinbach, Wasserlos. Fortschrittlich sind die Gemeindewahl in Alzenau, Dettingen, Schönborn, Schellkrippen, Königshofen, Blankenbach, Western und Kahl a./M.; letztere ist schon angefochten und wird sicher bei den bestehenden Klagegründen umgestoßen und eine Neuwahl vorgenommen. Die Mittel nun, welche die Gegenpartei anwandte, um sich Anhänger zu verschaffen, grenzen an's Unglaubliche und Komische. Viel Geld für Spirituosa und Stomachalia*) wurde umsonst ausgegeben; ja in einem benachbarten Orte eilte eine Lehrersfrau mit Frl. Tochter während der Wahl, als die Schaar der Getreuen an der Wahlurne nicht ausreichte, mit schnellheilenden Tropfen zum Bette eines Kranken, und — o Wunder! — was mehrere Männer durch ihr Zureden nicht zu Stande brachten, nämlich dem zu Bette Liegenden zur Wahlurne zu bewegen, das brachte die Frau Lehrerin mit ihren Schnelltropfen zu Stande; wer könnte auch solchen Tropfen widerstehen! Der kranke Wähler sprang aus dem Bette, eilte zur Wahlurne, aber trotz aller Tropfen blieb die „liberale“ Partei in der Minorität! So ist für 6 Jahre den Bettelpreußen ein starker Riegel vorgeschoben, für 6 Jahre ihre sichere Hoffnung auf Gemeindeämter vernichtet; darob aber auch so großer Ingrimm im fortschrittlichen Lager; deßwegen wurden auch am Abend des Wahltages auf den Straßen nach böswilliger Bubenart Patrioten mit Steinen und Knütteln angefallen und Fenster eingeschlagen. So geschehen zu G. im Kahlgrunde gegen Ende des Jahres 1869.“ Aehnliche Scandale führte der Fortschritt auch bei seinem Gemeindewahlsiege noch anderwärts im Kahlgrunde auf! —

Landau, 21. Jan. Das Zuchtpolizeigericht hat heute den katholischen Pfarrer Anton Eschenfelder von Eschbach der Majestätsbeleidigung, sowie der Beleidigung der kgl. Staatsregierung und der Kammer der Abgeordneten für überführt erklärt, und in das Minimum der gesetzlichen Strafe von 1 Jahr, auf einer Festung zu erstehen, sowie in die Kosten verurtheilt!!!

Aus Hessen wird dem „Vaterland“ geschrieben: Wie die Tabaksteuer ein entsetzliches Unrecht, besonders gegen die ärmere Klasse der Tabaksproduzenten ist, möge man aus der Mühe, welche die Cultur des Tabaks erfordert, bemessen. Schon im Beginn März wird der Tabaksamen gesäet, nachdem er mit viel Arbeit sortirt, d. h. der schlechte von dem guten Samen geschieden ist. Dann müssen die Beete von Zeit zu Zeit mit Sand bestreut, stets mit aller Vorsicht gejätet werden, und diese Sorgfalt muß fast täglich angewendet sein und dauert bis gegen Mitte Mai oder Anfang Juni. Der Acker, auf welchem das „steuerfähigste aller Objekte“, wie die geldgierigen Preußen den Tabak nennen, bestellt wird, erheischt schon lange vor dem Setzen der Pflanzen eine ganz besondere mehrmalige Bearbeitung mit Pflug und Egge und eine ausgiebige Düngung. Das Aussetzen der Pflanzen von dem Beete auf den Acker ist eine der allerbeschwerlichsten Arbeiten, bei denen die Ackersleute sich meistens die Kniee blutig rutschen. Sodann wird nochmal nachgesehen, welche Pflanzen von den Würmern abgenagt sind, und ist dieß Alles geschehen, dann muß der arme Bauer noch siebenmale auf dem Acker das „steuerfähigste“ Objekt bearbeiten, bis es zum Einsammeln kommt. Wenn ihn nun Fröste oder Hagel oder starke Regengüsse verschont haben, so wird er endlich im September eingesammelt und die gesammelten Blätter an Schnüre angenäht: eine Arbeit, bei welcher die Finger der Arbeiter theils erlahmen, theils von Blut tröpfeln. Endlich wird er aufgehängt und wenn er dann zum Verkauf kommt, nochmals bearbeitet, so daß man sagen kann, wenigstens 20—24mal müssen verschiedene Arbeiten geschehen, bis endlich der Jud oder der Spekulant so glücklich ist, den Preis herabzudrücken und jetzt der Steuerexekutor kommt, um das Beste wegzunehmen. Dieses Steuergeld ist demnach wahres Blutgeld. Wir wünschten nur, der „durchleuchtige“ Hohenlohe und „Odysseus“ Schlör hätten einmal einen Morgen Tabak auf den Knieen rutschend setzen müssen, dann würden sie gegen die Tabaksteuer in Berlin gestimmt haben, selbst wenn ihnen das Vögelchen (der Kukuk) entflogen wäre!

Ausland.

Frankreich. Von Paris, 25. Januar, wird dem „Vaterland“ geschrieben: Henri Rochefort ist außer sich. Das Urtheil der 6. Kammer, welche ihn nur zu 6 Monat Haft und 3000 Frcs. Geldstrafe verurtheilte, ohne ihm seine bürgerlichen Rechte zu nehmen, hat seinen ganzen Zorn hervorgerufen; Paris ist ruhig geblieben, nicht die geringste Manifestation hat ob der Verurtheilung des Deputirten des ersten Wahlkreises stattgefunden. Dessen Anhänger kommen eben nach und nach auch zur Einsicht über die Unbedeutendheit des Herrn Rochefort. Ist derselbe nun bitter entrüstet, daß seine Freunde, die Voyous, den 22. Januar nicht wieder zu einem kleinen Emeute-Versuch benützten, so trifft ihn der milde Richterspruch und der Spott, dem er überall begegnet, noch härter. Vergebens hatte er gehofft, das Tribunal würde ihm durch Zuerkennung des höchsten Strafmasses, Verlust der bürgerlichen Rechte rc., ein Piedestal schaffen, aber nichts von alledem ist in Erfüllung gegangen. Sowohl der öffentliche Ankläger, als der Richter haben ihre Milde bewiesen und während Samstag früh Rochefort in seiner Marseillaise auf sehr einfältige Weise glauben machen wollte, daß er 5 Jahre lang auf feuchtem Stroh schlafen müsse, wenn man nicht vorzöge ihn zu vergiften (!), wurde er höchst milde behandelt, um wahrscheinlich beim Erscheinen des neuen Preßgesetzes ganz amnestirt zu werden. Das wird der Gnadenstoß sein!

*) Zu Deutsch: zum Trinken und Essen.

Rochefort fühlt das sehr gut, aber wie er eben kein Diplomat, kein feiner Politiker ist, so kann er seinen Aerger nicht verbergen und macht demselben täglich früh in einem schlecht geschriebenen Artikel Luft. Aber trotzdem wird es Rochefort wohl schwerlich auf diese Weise gelingen, „ein großer Mann“ zu werden.

— An der gestrigen Börse herrschte eine ziemliche Baisse, die Rente fiel um 40 Cent. Ursache hievon waren verschiedene falsche Gerüchte, welche zirkulirten und auch geglaubt wurden. So hieß es, der Kaiser sei wieder sehr leidend geworden, das Ministerium befinde sich wegen Meinungsverschiedenheiten in voller Auflösung. Beide Nachrichten entbehren jeder Begründung. — Mehrere Blätter, sagt „La Patrie“, kommen neuerdings mit der Nachricht einer bevorstehenden Armeereduction. Wir können versichern, daß weder ein ähnlicher Antrag im Ministerium zur Sprache kam, noch überhaupt jetzt vorbereitet wird.

Türkei. In **Konstantinopel** hat der Sultan jetzt nicht blos die Panzerschiffe des Vicekönigs, die er verlangte, erhalten, sondern auch die Rechnungen dazu, die er **nicht** verlangte. Sie betragen die Kleinigkeit von 12 Millionen Pfund Sterling oder 124 Millionen Gulden, ein hübsches Taschengeld, selbst für einen Sultan, d. h. wenn man es hat, nicht wenn man es **hergeben** soll.

— Felix **Pyat**, wegen Preßvergehen verurtheilt, hat sich vor der über ihn verhängten Strafe ins Ausland geflüchtet. Sehr gut; das Maul aufreißen, das können diese radikalen Helden, aber die **Folgen** davon tragen — ach, das wäre ja nicht liberal! **Männer** pflegen auch für die **Folgen** ihrer Reden und Thaten einzustehen, **Liberale** —, machen sich aus dem Staube.

Dienstes-Nachrichten.

Verliehen: Die kath. Pfarrei Leuchtenberg, B.-A. Vohenstrauß, dem G. **Trotzner**, Koop. in Pleistein, B.-A. gl. Namens; die k. Pfarrei Berabhausen, B.-A. Hemau, dem J. **Pürzer**, Expositus in Trisbach, B.-A. Dingolfing.

Briefkasten.

Reklamationen von Ingolstadt Nr. 18, Iggelheim Nr. 15, Waldmohr Nr. 14. Besorgt. Aus **Reisbach** wird geklagt: Bis zum 6. Jan. kein Vaterland erhalten. Reklamiren Sie die Nr. — **Landau** (Pfalz). „Vor länger als 14 Tagen bestellte ich bei hiesiger Post das Bayr. Vaterland, bin aber bis jetzt (23. Jan) **noch nicht in den Besitz desselben gekommen**. Thun Sie doch die nöthigen Schritte in München rc. **Geschehen!** — **Darmstadt**. Wird so weit möglich geschehen. Reisbg. Nicht erhalten.

Börsennachrichten.

Frankfurt a. M., 26 Jan. Schlußcurse: 1882er Amerikaner 92; österr. Bankactien 700; dito Creditactien $250^{3}/_{4}$; Bayer. Ostb.-Actien $150^{1}/_{2}$; Oesterr. Loose v. 1860 $81^{1}/_{4}$; dito v. 1864 114; 5 proc. österr. engl. Metall. — —; 5proc. National — . —; 5 proc. bayer. Anl. $101^{3}/_{4}$, dito $4^{1}/_{2}$ proc. Anl. $81^{5}/_{8}$; dito 4 proc. Pr.-Anl. 107; dito 4proc. Grundrente $86^{3}/_{4}$; Elisabeth-Prior. 1. Em. $77^{1}/_{4}$; Napoleons 9.28. Münchener Anleihe $100^{3}/_{4}$; steuerfreie Met. v. 1866 — ; österr. franz. Staatsbahn 340; bad. Präm.-Anl $105^{3}/_{4}$; Münchener Handelsbank —.

Verantwortlicher Redakteur: Dr. J. Sigl.

Druck von M. Vogl in München, Rosengasse 10.

Das Bayrische
Vaterland.

Das „Bayr. Vaterland“ erscheint täglich mit Ausnahme der Sonn- und hohen Festtage. Preis des Blattes: Vierteljährig 54 kr., ganzjährig 3 fl. 36 kr. Das einzelne Blatt 1 kr.

Alle Postexpeditionen und Postboten des In- und Auslandes nehmen Bestellungen an. Inserate werden die dreispaltige Petitzeile oder deren Raum zu 3 kr. berechnet.

Redaktion Burggasse 14. Herausgegeben von Dr. jur. J. Sigl. Expedition: Ruffinibazar 5.

Franz Sales. Nr. 23. Samstag, 29. Januar 1870.

Bestellungen auf das „Bayr. Vaterland“ für das Quartal zu 54 kr. (für die beiden Monate Februar und März zu 36 kr.) können bei allen Postanstalten und Postboten noch immer gemacht werden.

Nochmals die katholisch-patriotische Presse.

Vom Rhein. So sehr uns die seitherigen glänzenden Erfolge der patriotischen Partei in Bayern erfreut haben, eben weil wir von dem Siege dieser Partei eine heilsame Rückwirkung auf das übrige Deutschland, besonders auch auf die Katholiken in Baden und Würtemberg und vor Allem in Preußen hoffen, ebenso sehr und noch viel mehr schmerzt es uns, aus einem Artikel des „Vaterland“ ersehen zu müssen, daß es heute noch Leute in der patriotischen Partei gibt, welche die der gemeinsamen Sache des bayrischen Volkes geleisteten Dienste der katholisch-patriotischen Blätter in Bayern so gering anzuschlagen scheinen, daß sie ihrer ganz entbehren zu können — meinen.

Wir meinen vor allen Dingen, es sei eben im Augenblick gar keine Zeit zu — vielleicht sehr wohlfeilen — Kritiken, sondern es sei vor Allem geboten, gerade jetzt recht fest zusammenzuhalten. Warum? Weil der Fortschritt bei seiner kompakten Organisation des Parteiwesens und seiner Presse nur auf den Augenblick lauert, wo es ihm gelinge in die patriotische Partei eine Bresche zu legen und dann — sie wieder herabzudrücken zu einer Minorität in der Kammer und dann im Lande selbst.

Es macht auch gewiß auf das bayrische Volk einen höchst peinlichen Eindruck, wenn es sehen muß, wie kleinliche Dinge oder Sonstiges, was kaum der Rede werth ist, alsbald gerade unter den Patrioten Mißstimmung und gegenseitige schiefe Beurtheilung verursacht. All diese Dinge nützen nur dem Fortschritt und den Juden. Mag vielleicht auch Manchem die Haltung oder der Ton eines Blattes seiner Partei nicht recht behagen, mag er mit Recht oder Unrecht dieses oder jenes daran auszusetzen haben, nun dann versuche er entweder seinen Einfluß geltend zu machen, oder — und das wird das Gescheidteste sein — er bedenke, daß nicht alle Menschen einen Kopf haben, sondern daß gerade in der Mannigfaltigkeit des Angriffs gegen die schlechten Erscheinungen der Zeit und in der Vielfältigkeit der publicistischen Erscheinung auf katholischem Boden allen verschiedenen Anforderungen der Leser der katholischen Presse am Besten Rechnung getragen wird.

Uns fällt bei dieser Gelegenheit ein Wort des hochw. Herrn Bischofs von Mainz ein, das Schreiber dieß selbst gehört hat. „Die Presse“, sagte er, „ist in unsern Tagen eine Macht und es schadet uns nur, wenn wir die Macht der Presse ignoriren.“ Und bei einer andern Gelegenheit äußerte er sein Mißfallen über das ewige Kritisiren katholischer Preßerzeugnisse von Seite mancher — überkluger Katholiken, wodurch für die Sache gar nichts gewonnen, sondern nur die Macht der schlechten Fortschrittspresse gehoben und immer mehr befestigt werde.

Wir wünschten, der oder die betreffenden Herren Kritiker möchten etliche Zeit bei uns am Rhein gelebt haben, wo man außer dem trefflichen „Mainzer Journal“, das bis jetzt noch nicht in die Schichten des eigentlichen Volkes gedrungen ist, kein katholisches Blatt besaß. Selbst die besten Katholiken auf dem Lande mußten sich theils farblose, theils fortschrittliche Blättchen halten. Erst seit einigen Monaten entstanden recht gut gehaltene katholische Blätter, mit großen Opfern von Seiten der Katholiken gegründet. Wenn man also in München ohne große Opfer[1]) zwei tüchtige Blätter, wie „Vaterland“[2]) und „Volksbote“ besitzt, so möge man doch Gott danken, daß gegen die Macht „Snorrblättls“ und seiner Trabanten eine katholische Macht der Presse sich entfalten kann, die, stets angefeindet und verfolgt von den Gegnern, welche auch die patriotischen Abgeordneten bekämpfen müssen, wenn sie anders ihrem Mandat treu bleiben wollen, der Sache der Patrioten ebenso große Dienste leistet, wie seither die fortschrittliche Presse dem Fortschritt geleistet hat.

Ein schlagendes Beispiel zu unserer Behauptung, daß die katholische Presse sozusagen die vorbereitende und unterstützende Macht einer guten Volksvertretung naturnothwendig ist, bieten uns die Verhältnisse in Oesterreich. Dort ist die Presse, nicht nur die größeren Zei-

[1]) Wir nehmen hier einmal Anlaß, von dem unsinnigen Gerede Notiz zu nehmen, das „Vaterland“ sei von den bayrischen Bischöfen und den geistlichen Herren gegründet und bezahlt. Der bayr. Episkopat mit Einschluß des hochw. Hrn. Bischofs v. Passau ist an der Gründung und dem Fortbestehen des „Vaterland“ so unschuldig, als wir an der Zerstörung Jerusalems; die geistlichen Herren aber sind nur insoferne Mitschuldige an dem Bestehen des „Vaterlandes“, als viele derselben darauf abonnirt sein mögen. Die „Opfer“, welche die bayr. Katholiken oder Patrioten auf den Altar des „Vaterlandes“ gelegt haben, betragen — wir sind sehr aufrichtig — summa summarum 28 fl. 45 kr. (sage acht und zwanzig Gulden) südd. Währung, nämlich einmal 5 und dann wieder „zum Christkindl“ 2 fl. von einem durchaus nicht mit Glücksgütern gesegneten Kaplan, 20 fl. durch denselben von einem uns unbekannten Herrn und 1 Thl. von einem Hrn. Benefiziaten. Die Art des Gebens war uns aber mehr werth, als die glänzendsten Opfer. Das ist alles, was wir je von Katholiken oder Patrioten „geopfert“ bekamen, dafür sind wir aber auch nach allen Seiten hin unabhängig und frei. D. Red.

[2]) Was das „Vaterland“ betrifft, respektiren wir die Ansicht des sehr verehrten Hrn. Einsenders. D. Red.

tungen, sondern auch fast alle Volksblätter, in den Händen der Juden und Liberalen. Die Folge davon ist, daß auch die Volksvertretung eine jüdisch-liberale ist. Erst in neuerer Zeit hat man dort, zu spät belehrt durch ein Unheil, das man dort am ehesten noch hätte vermeiden können, den Versuch gemacht, katholische Vereine und als deren Stütze eine katholische Presse zu gründen, und erst dann, wenn das österreichische Volk durch eine gute Presse belehrt wird, wenn die katholische Presse erst recht den politischen und socialen Schwindel der Juden und Freimaurer überall blosgelegt hat, dann erst ist zu hoffen, daß auch eine ordentliche Volksvertretung dort zu Stande kommt. Die katholische Presse ignoriren, sie hofmeistern, ihr Verhaltungsbefehle geben, sie also lahm legen, heißt sich selbst der Waffe berauben, die wirklich trifft, und sich in die Luft und später auch aus der Kammer hinaus in die Luft setzen.

Wenn wir einen Wunsch aussprechen sollen, so wäre es der, daß auch in München neben den beiden Blättern „Vaterland“ und „Volksbote“ durch die patriotische Partei noch außerdem ein großes, die alte Augsburgerin überbietendes Blatt gegründet würde, welches ein Gegengewicht gegen die größeren Fortschrittsblätter im Lande Bayern bilden könnte. Denn die Presse ist eine Macht, und wenn die Katholiken nicht die Macht und den Einfluß der katholischen Presse unterstützen und heben, dann haben sie das Nachsehen und der Fortschritt streicht hintennach den Profit ein und lacht uns aus, denn wer den Schaden hat, braucht für den Spott nicht zu sorgen. Das, meinen wir, hätte man seit 1848 schon genugsam erfahren.

Also, seien Sie einig drüben in Bayern, alle die unter der gemeinsamen Fahne des Katholicismus und Patriotismus kämpfen, sonst ist alle Mühe vergebens gewesen!

Entwurf der Adresse der Kammer der Reichsräthe auf die Thronrede.

Auf Euerer Majestät Ruf zusammengetreten, erwidert die treugehorsamste Kammer der Reichsräthe den Gruß Königlicher Huld mit der allerehrfurchtsvollsten Versicherung unwandelbarer Anhänglichkeit und Hingebung.

Durch die standhafte Ausdauer der Euerer Königlichen Majestät treuergebenen Mehrheit des bayrischen Volkes sind jene Schwierigkeiten der Constituirung der Kammer der Abgeordneten beseitigt, welche als Anlaß der im Herbste v. Js. erfolgten Auflösung derselben bezeichnet wurden.

Mit Euerer Majestät beklagen auch wir den ausgebrochenen Widerstreit entgegengesetzter Meinungen, dessen ungewöhnliche Heftigkeit durch die erneuten Wahlkämpfe und die damit zusammenhängenden Hergänge nur gesteigert wurde.

Entsprechend der tiefgefühlten Treue gegen Euere Majestät und der festen Anhänglichkeit an das Land und dessen selbstständige Entwicklung hat sich in der Majorität des Volkes ein durch die Parteistellung des Ministeriums noch gesteigertes Mißtrauen gebildet, dessen Ausdruck der Erfolg der Wahlen ist.

Wohl sind die erhabenen Worte Euerer Majestät geeignet, die erregten Gemüther zu beruhigen. Allein ein wirkliches Vertrauen wird nur dann zurückkehren, wenn es Euerer Majestät gelingt, Männer als Räthe der Krone zu finden, welche den entsprechenden Willen mit der Festigkeit des Handelns vereinen, und die in gleicher Weise das Vertrauen Euerer Majestät, wie das des Landes besitzen.

Wir freuen uns der entschiedenen Worte, mit welchen Euere Majestät den festen Entschluß zu erkennen geben, neben treuer Erfüllung der Allianzverträge die Selbstständigkeit Bayerns wahren zu wollen. Durchdrungen von der Wahrheit des Ausspruchs, daß die Möglichkeit einer gedeihlichen Entwicklung Deutschlands nur auf dem Boden des Rechts und in dem Maße stattfinden könne, als die deutschen Stämme sich nicht selbst aufgeben, und getragen von gleicher Liebe für das gesammte, wie das engere Vaterland werden sich in der Stunde der Gefahr die treuen bayrischen Männer um Euere Majestät schaaren, in gleicher Weise zur Vertheidigung der Ehre und der Integrität Deutschlands wie zur Bewahrung der Rechte und der Würde der Krone Euerer Majestät entschlossen.

Was zur Förderung des Volkswohles im Geiste der neueren Gesetzgebung wahrhaft dient, wird von uns, wie bisher, so auch ferner als Aufgabe uns zuständiger pflichtgetreuer Mitwirkung gewissenhaft in das Auge gefaßt werden.

In diesem Sinne werden wir uns auch jenen Obliegenheiten unterziehen, welche mit der Regelung des Staatshaushaltes für die X. Finanzperiode, als mit der Feststellung des Budgets und der Prüfung der Rechnungsnachweise gegeben sind, und welche eben so sehr der Erfüllung des Staatszweckes, als der Erleichterung der Lasten des Volkes gelten müssen. In letzter Beziehung müssen wir schon jetzt wagen, Euere Majestät auf das Bedenkliche einer Steuererhöhung zu einer Zeit aufmerksam zu machen, in welcher der in den politischen Verhältnissen wurzelnde Mangel an Vertrauen mit schwerem Druck sowohl auf der Landwirthschaft als auf den Gewerben lastet.

Der Vorlage eines neuen Wahlgesetzes sehen wir mit dem Wunsche entgegen, daß dasselbe geeignet sein möge, ebenso sehr wider Parteiterrorismus als gegen willkürliche Beamten-Beeinflussung heilsame Schranken aufzurichten.

Was zum weiteren Ausbau der Strafrechtspflege dient, begrüßen wir als Befriedigung eines anerkannt vorhandenen Bedürfnisses.

Ebenso geben wir uns der Hoffnung hin, daß die zur Ausführung des Civilprozeß-Gesetzes nöthige Advokaten-Ordnung, sowie die neue Regelung der Tax- und Stempel-Gesetzgebung dazu dienen werde, nicht nur manche noch vorhandene Mißstände ohne Ueberstürzung zu heben, sondern auch das baldige Inslebentreten der neuen Civilprozeßordnung zu sichern und zu fördern.

Wenn auch der Wunsch berechtigt gewesen wäre, den bisherigen Bestand der Bürgerwehr bis zu deren Neuordnung erhalten zu sehen, so nehmen wir doch das in Aussicht gestellte Gesetz über Organisation der Bürgerwehr zugleich als eine Anerkennung dessen hin, was dieses Institut bisher für Erhaltung der öffentlichen Ruhe und Ordnung geleistet hat.

Zu den tiefempfundenen Worten, in welchen Euere Majestät Ihrer Liebe zu Allerhöchst Ihrem treuen Volke, und dem Entschluß, nach allen Kräften Bayerns Wohl zu fördern, so erhebenden Ausdruck verleihen, wolle Gott den Segen des Vollbringens und des lohnendsten Erfolges schenken!

Uns aber möge verliehen sein, die uns gestellte Aufgabe, in Treue gegen unsern Herrn und König und in sorgfältiger Würdigung der Bedürfnisse des Landes mit günstigstem Erfolge glücklich zu lösen.

(gez.) Harleß, Referent.

Deutschland.

München, den 28. Januar.

Die Süddeutsche Presse widmet heute dem großen Döllinger einen großen Belobigungsartikel auf der ersten Seite und auf der letzten hört sie, daß er die ihm von den hiesigen Juden und Fortschreitern des Magistrats zugemuthete — „Ehre" abgelehnt habe. Der Wahn war kurz, daß Döllinger sich sonderlich geschmeichelt fühlen werde, Mitbürger der hiesigen Knorren, Schäufe, Henle, Gockele und ähnlicher getaufter und ungetaufter Ehrenmänner und Lokalgrößen zu werden, die Reue aber, sich unnütz blamirt zu haben, wird um so länger sein.

O Döllinger, du großer,
Was hast du angefangen,
Daß all' die braven Leute
So auf den Leim gegangen!
Sie haben sich alle blamoren
Die Rothen und Fortschreiter,
Die Heiden, Juden, Christen
Und — blamiren sich noch weiter.
Absonderlich der Schuster
Blamirte sich am meisten,
Drum merk' dir, du Fortschrittsmuster:
Bleib' künftig bei deinen Leisten!

Aus Unterfranken wird dem „Vaterland" geschrieben: An einem Ort in meiner Nähe wurde den Kindern in der Schule deutsche Sprachlehre in einer Weise beizubringen gesucht, die für die katholischen Leser des „Vaterland" nicht uninteressant sein wird. Der Lehrer suchte den Kindern einfache und zusammengesetzte Wörter begreiflich zu machen und ließ sie schreiben „Sakrament" — dies sei ein einfaches Wort, „Himmels-—" dies sei ein zusammengesetztes. (!) Es ist gewiß weit gekommen und zeigt entweder von großer Geistesarmuth eines Lehrers, wenn er keine andern Wörter als Beispiele finden kann als solche Fluchworte, oder es muß dies ein recht ungläubiger und gegen die Kirche verbissener Schulmeister sein, der die Kinder Flüche lehrt und schreiben läßt. Ich gebe dem „Vaterland" dieses Muster eines „katholischen" Pädagogen bekannt, damit jeder Katholik sich seine Gedanken über die „moderne" Schulmeisterei machen kann. Was würde aus unsern Kindern werden, wenn die Communalschule eingeführt und mehr solche Prachtexemplare moderner Lehrer angestellt werden sollten?! Da möchte man es doch begreiflich finden, warum so manche Schullehrer schreien: „Die Pfaffen müssen aus der Schule hinaus!" Solche Leute wie dieser Lehrer wollen weder Geistliche als Inspektoren, noch überhaupt eine Aufsicht, die Leute aber und ihre Kinder sollen ihrer Geistestyrannei untergeordnet werden. Und das nennt man dann Freiheit!

Oesterreich. Wien, 27. Januar. Abgeordnetenhaus. Die tyrolischen Abgeordneten Giovanelli, Greuter, Jäger, Planer, Wieser, Brader haben ihre Mandate für den Reichsrath niedergelegt, weil sie gestern vom Berichterstatter Tinti beleidigt worden seien, ohne bei dem Präsidium Schutz zu finden.

In Wien ist die Ministerkrise noch in der Schwebe, d. h. der Kaiser hat sich die Herren noch nicht herausgesucht, die in Zukunft die Katholiken malträtiren, Klosterfrauen schikaniren und Oesterreich nach Kräften ruiniren sollen. Die Kempter Zeitung macht den Kaiser aufmerksam, daß, wenn er den Oberfreimaurer Giskra wegthue, dies den Zerfall Oesterreichs bedeute, was gerade so gescheidt ist, als wenn Einer sagte, wenn der König den Hohenlohe einmal davonschicke, so werde Bayern ehestens zu Grunde gehen.

In Rudolstadt ist kürzlich der Landtag aufgelöst worden, weil er sich weigerte, die verlangte Steuererhöhung von 40 Procent zu bewilligen. Bei der Neuwahl bekam die Regierung ganze 3 Mann, die für's Bewilligen sind, alle andern sind entschieden für's Verwerfen.

In Preußen hätte man bald ein neues milderes Preßgesetz — in Vorlage gebracht, wenn sich nicht Bismark noch rechtzeitig erinnert hätte, daß er der „vorläufigen Konfiskationen" nicht entbehren kann.

Berlin, 26. Jänner. Die „Provinzial-Correspondenz" sagt: Der Besuch des Erzherzogs Carl Ludwig, welcher in der herzlichsten Weise mit dem königlichen Hause verkehrt, ist eine neue Bürgschaft für die freundlichen Beziehungen zwischen den beiden Höfen und Staaten. Die Arbeitseinstellung in Waldenburg ist nach amtlichen Mittheilungen als beendigt anzusehen. Die Arbeiter sind theils in der vorigen Woche, theils Montag sämmtlich zur Arbeit zurückgekehrt.

Ausland.

In Spanien ist bei den eben stattfindenden Wahlen der Herzog von Montpensier, der gar gern König werden möchte, in Oviedo und Aviles als Kandidat aufgetreten und überall — durchgefallen. Man hält diese Niederlage „bedeutungsvoll", was von großer politischer Weisheit zeigt.

Kulturbildliches.

In Berlin hat sich ein 15 jähriger Gymnasiast in Folge der großen Bildung und Aufklärung, die in Berlin im Schwunge ist, dieser Tage in einem Gasthof vergiftet, in Stralsund haben sich kürzlich zwei Realschüler — Gläubiger und Schuldner — auf Terzerolen duellirt, nachdem die Buben zuvor sich hatten amerikanisch duelliren wollen. Als drittes Stück reihen wir an, daß vor nicht langer Zeit in Regensburg 5 Gymnasialschüler wegen — syphilitischer Krankheiten dimittirt werden mußten. Saubere Früchte der zunehmenden „Bildung"!

Knorriges.

Seine knorrige Deputätigkeit in ruhender Aktivität beschäftigt sich, da durch die bekannten „Manöver" der „Schwarzen" die ausgezeichnete Arbeitskraft dieses hervorragenden Koryphäen der Fortschrittspartei für die Kammer brach liegen muß, die Orte zu frequentiren, wo die gebildete Welt zusammenströmt. Es thut ihm wohl, bei seinem Volke zu sein und durch seine Leutseligkeit, seine schalkhafte Liebenswürdigkeit und den Zauber seiner äußern Erscheinung die Herzen zu erfreuen und zu gewinnen, wie er es liebt, Geld unter die Wirthe und damit unter das geliebte Volk von München zu bringen und so der Industrie und dem Münchener Gewerbsfleiß aufzuhelfen. Dabei hat der brave Mann eine besondere Freude, auch ärmeren Leuten ein kleines Vergnügen zu machen, die sich schon dadurch geschmeichelt fühlen müssen, wenn sie mit dem „Stolz Münchens" an einem Tische sitzen und aus einer Flasche trinken dürften, wie man dies letzten Mittwoch auf der Hünnschen Redoute im Odeon recht lebhaft bemerken konnte. Unsere fleißigen Hausgeister berichten uns über die abendliche Thätigkeit des Hrn. Julius Knorr wie folgt:

Samstag, den 8. Jan. Redoute in der Westendhalle. Julius Knorr mit Genossen anwesend. Sehr animirt.

Mittwoch, den 12. Jan. Redoute im Odeon. Julius Knorr, K. Föckerer mit Genossen getroffen.

Samstag, den 15. Jan. Redoute in der Westendhalle. Julius Knorr mit Genossen anwesend. Große Heiterkeit.

Montag, den 17. Jan. Kuhschweif in der **Centralhalle**. **Julius Knorr** sehr ermüdet und **schlafend** gefunden.

Mittwoch, den 19. Jan. Redoute im **Odeon**. **Julius Knorr** anwesend im Kranze **edler** Damen. Animirte Stimmung.

Samstag, den 22. Jan. Kuhschweif in **Hermanns** Salon. Julius Knorr, die „Neuesten“ studirend, noch nach Mitternacht gefunden.

Mittwoch, den 26. Jan. Redoute im **Odeon**. **Julius Knorr** und drei Damen anwesend; eine ein Maschinenmädchen aus der Schurich'schen Druckerei.

(Wird fortgesetzt.)

Wir ersehen daraus, wie sehr sich dieser wahre Volksmann angelegen sein läßt, seine verdiente Popularität zu erhalten und noch mehr dazu zu gewinnen, sein vieles Geld nützlich zum Wohle der Menschheit anzuwenden und überall Gutes zu spenden und Glückliche zu machen, bis daß ihm auf diesem Felde seiner Wohlthätigkeit ermüdet die Augen zufallen, und wie Unrecht „diese Schwarzen“ gethan haben, den so ausgezeichneten Mann böswillig einer Thätigkeit ferne zu halten, die dem Vaterland nur zum Nutzen gereichen könnte.

Im **Marionetten-Theater** wird am kommenden Sonntag das in weitem Kreise bereits bekannte Märchen: „Der verzauberte Frosch“ als Operette zum Erstenmale über die Bretter gehen, während für den Lichtmeßtag „Die Walpurgisnacht“ und für Sonntag den 6. Februar die äußerst drollige Parodie „Staberl als Freischütz“, worin die prachtvoll ausgestattete Wolfsschlucht ihre Wirkung nicht verfehlen dürfte, zur Aufführung bestimmt ist. Wie wir vernehmen, haben bereits hohe Persönlichkeiten ihren Besuch anmelden lassen.

Verantwortlicher Redakteur: Dr. J. Sigl.

Druck von M. Vogt in München, Rosengasse 10.

II. Jahrgang. Auflage: 4300.

Das Bayrische
Vaterland.

Das „Bayr. Vaterland“ erscheint täglich mit Ausnahme der Sonn- und hohen Festtage. Preis des Blattes: Vierteljährig 54 kr., ganzjährig 3 fl. 36 kr. Das einzelne Blatt 1 kr.

Alle Postexpeditionen und Postboten des In- und Auslandes nehmen Bestellungen an. Inserate werden die dreispaltige Petitzeile oder deren Raum zu 3 kr. berechnet.

Redaktion Burggasse 14. Herausgegeben von Dr. jur. J. Sigl. Expedition: Ruffinibazar 5

Martina. Nr. 24. Sonntag, 30 Januar 1870.

Bestellungen auf das „Bayr. Vaterland“
für das Quartal zu 54 kr. (für die beiden Monate Februar und März zu 36 kr.) können bei allen Postanstalten und Postboten noch immer gemacht werden.

Zachæus, festinans descende!

Zachäus Hohenloh, eilends steig' herab von deinem Ministerstuhl! Nach diesem Thema bearbeitete gestern der Reichsrath unsern Durchleuchtigen sehr unbarmherzig, aber überaus gerecht; das muß man sagen. Herunter mit Dir, herunter, herunter! — so rief's aus dem Munde fast Aller, und nicht einmal Hr. v. Döllinger, der den Advokatus diaboli spielte, ja sogar Graf Bothmer nicht, das von Hohenloh und den Preußen jüngst entdeckte Feldherrngenie, welches daher wie billig das nächste Mal unsere Truppen anführen soll, Graf Bothmer, der über Runkelrüben und Hinterlader, Preßgesetzen und Kindererziehung mit stets gleicher Meisterschaft spricht und sich gestern selbst übertraf, denn er sprach in einem Athem über durchleuchtig hohenloheische „Politik“ und Kindererziehung der Zukunft: — auch er konnte den politisirenden Prinzen, welcher seit drei Jahren die Ehre hat, bayrischer Minister und Obersteuermann des Staatsschiffes zu sein, nicht vor einer grandiosen Niederlage retten.

Und welche Rolle, die uns unwillkührlich unser Beileid erregte, spielte der Prinz! Sein Völderndorff hat es sicher nicht fehlen lassen, ihm die schönste Rede aufzuschreiben und vielleicht hat sogar sein edler Freund und Berather, der geistvolle Taufkirchen, etliche „Ideen“ eigens aus Rom geschickt, die der Durchleuchtige unter Umständen hätte schönstens verwenden können; aber leider kamen entweder die Umstände nicht, oder Hohenlohe wußte sich nicht in sie hineinzufinden — kurz, der wackere Prinz hat einen sehr bösen Tag gehabt und wenn das Lorbeeren sein sollten, was er als Redner geerntet, dann Gnade Gott den Eseln, die das Zeug zu fressen hätten, das würde ihnen sehr übel bekommen. Prinz Hohenlohe ist nämlich nicht blos kein Staatsmann, kein Politikus, er ist eben so wenig ein Redner; es geht ihm mit seinen Reden, wie mit seiner Politik: es kommt nicht viel dabei heraus und was zum Vorschein kommt, ist meistens gar nicht der Rede werth. Und so war's auch gestern. Das Auditorium wußte nicht, sollte es den edlen Prinzen, der sich redlich mit seiner „Rede abstrampelte, mehr bedauern oder belächeln und that daher abwechseln beides, am meisten bei den wunderbar gut gegebenen Stellen: man wolle ihn blos deshalb stürzen, weil er so fest an den Verträgen festhalte“ und „kein bayrischer Minister habe je so viel geleistet, als er — Hohenlohe! — geleistet habe.“ Das war aber auch wirklich Heiterkeit erregend, außer man dachte bei Letzterem an die — Preßhusaren, für die der Prinz allerdings Schönes geleistet, und bei Ersterem an — gar nichts!

Nun, es wird wohl nicht mehr oft vorkommen, daß der Durchleuchtige sich und Andere mit seinen „Reden“ plagen muß. Zachäus Hohenlohe wird sich zwar mit dem Herabsteigen nicht sonderlich beeilen wollen, aber — herabsteigen wird er, sonst holt man ihn herab.

Die Reichsräthe — das muß wahr sein — haben das Ihrige gethan, um das Ministerium gründlich aus dem Sattel zu heben, insbesondere die Herrn v. Thüngen, v. Harleß und v. Bomhard. Himmlische Götter! Was hieben diese drei Protestanten und Jeder ein tüchtiger Redner auf den gequälten und abgehetzten Durchleuchtigen ein, wie gerbten die dem gesammten hohen königlichen Ministerio das Fell, wenn es statt der Uniform ein solches trüge, wie machten die die gesammte gegenwärtige unermeßliche königlich bayrische Staatsweisheit herunter, daß es zum Erbarmen war! Das sind Ritter von echtem Stahl, Ritter des Wortes, des Muthes, der That, schneidige Kämpen für das beleidigte Recht, das gehetzte Volk, die mißhandelte Gerechtigkeit, an denen sich die Unsern ein Exempel nehmen können. Wir sind sonst kein besonders hitziger Freund und Verehrer der hohen Aristokratie im Allgemeinen und der Herren Reichsräthe im Besonderen, aber gestern mußte man sagen: Ihr hohen Herren, in Eurem Lager ist Bayerland!

Was aber nun? Die Abgeordneten werden hoffentlich hinter den entschiedenen, treu bayrischen Reichsräthen, deren herrliches Votum, deren von edelstem Geist getragenen Rede das Volk mit Jubel begrüßen wird, nicht zurückbleiben. Das gleiche entschiedene Mißtrauensvotum muß dem Ministerium aus der Volkskammer entgegenschallen, beide müssen zusammenwirken und wir hoffen, daß die Männer, welche das Volk als Vertreter seiner Wünsche, Ueberzeugungen und seines — Zornes in die Kammer geschickt hat, niemals weder an Entschiedenheit, noch an Muth, noch an Treue der Ueberzeugung zurückstehen, sondern ihnen möglichst noch darin den Vorrang abzulaufen suchen. Oder nicht? Will hierin die Volkskammer, Politik und diplomatische Finessen treiben wollend, hinter den tapferen Reichsräthen zurückbleiben? Das hoffen, das erwarten, das glauben wir nicht, denn beider Kammern Parole und Schlachtruf muß sein:

Fort mit Hohenlohe, fort mit diesem Ministerium!

Das Ministerium vor den Reichsräthen.

Gestern begann und endete die Adreßdebatte in der Kammer der Reichsräthe. Eine ausgiebigere, eine entschiedenere, eine vollständigere Niederlage hat das Ministerium niemals erhalten, als in dieser kurzen, aber — so hoffen wir — entscheidenden Schlacht in dieser hohen Kammer.

Die Mitglieder derselben hatten sich der Wichtigkeit des Gegenstandes entsprechend, sehr zahlreich eingefunden. Die Prinzen des k. Hauses waren sämmtlich erschienen. Nachdem Referent v. Harleß den Adreßentwurf (s. d. gestrige Nr.) verlesen, ergriff Herzog Karl Theodor das Wort und verlas eine Rede, wie sie Pözl nicht anders hätte verfassen können. Deutschland, nationale Verbindung der deutschen Länder, Wahrung der damit vereinbarlichen Selbstständigkeit derselben, Versöhnung und Verständigung — das waren die Schlagworte der Rede, mit der S. kgl. Hoheit nicht sehr glücklich debütirte.

Frhr. v. Gutenberg, der hohenlohische Reichsrath, sprach in ähnlichem Sinne Auch er predigte „Versöhnlichkeit“ — mit nicht bessern Erfolg.

Graf Bothmer, der überall dabei ist und über alles spricht, sprach in gleichem Sinne, dann noch über „möglichste Entfesselung“ der Arbeitskraft“ — und bessere Schulbildung!

Nun hätte Fürst Hohenlohe selbst gern eine Rede als Cicero pro domo für's Ministerium gehalten, wenn er ein Cicero gewesen wäre. Der Adreßentwurf, das sah er selbst sogar ein, enthalte nicht blos ein Mißtrauensvotum, sondern einen positiven Tadel höchstseines durchleuchtigen Ministerums und resp. seiner (sogenannten) Politik. Bitter beklagte er sich, daß ihn, (obwohl er ein Minister ist und sogar ein durchleuchtiger ist, wie man selten einen trifft!) der Ausschuß nicht zu seinen Vorbereitungen eingeladen haben und jetzt so öffentlich die Schale des Zornes der hohen Herren über sein durchleuchtiges Haupt ausgegossen werde.

Nun kam der 2. Präsident, Frhr. v. Thüngen. Gerechter Himmel! wie ging es da dem Durchleuchtigen schlecht! Ob das Mißtrauensvotum, begann er, blos die Spitze des Ministeriums, oder alle Mitglieder desselben treffen soll, das hänge davon ab, ob dasselbe wenigstens in der Hauptfrage ein solidarisches sei (d. h. ob Einer für Alle und Alle für Einen die Zeche bezahlen wollen) oder nicht. Das Mißtrauen gegen die Minister sei nicht deshalb entstanden, weil sie sich einer Partei angeschlossen, sondern weil durch ihr Verfahren das Parteitreiben gestärkt wurde. Keine persönlichen Vorwürfe liegen in der Adresse; die wollen blos aussprechen, daß in Zukunft guter Wille und Festigkeit des Handels vereint sein müsse und daß die Minister in gleicher Weise das Vertrauen des Königs und des Landes besitzen müssen. Redner begründet nun weiter eingehend das Mißtrauensvotum. Die ganze Vergangenheit Hohenlohes spreche gegen ihn; immer habe er zu Preußen hingeneigt; seine Reden 1850, 1863, 1866 bezeugen dies. Aber nicht blos seine Vergangenheit, auch seine ministerielle Geschäftsführung bezeugen es, so namentlich sein Verhalten im Zollparlament, dann seine Stellung zu den Parteien im Lande. Früher haben drei Parteien bestanden; die Mittelpartei, welche die Partei des Ministeriums war, ist im Laufe der Zeit untergegangen und verschwunden. Nun hätte er sich der patriotischen Partei zuwenden müssen als der Partei, deren Programm einem bayrischen Minister am meisten hätte entsprechen sollen; allein nun sei er zur Fortschrittspartei übergelaufen, welche den Eintritt in den Nordbund will und anstrebt. Wenn das Volk ersehe, daß der Minister dem Programm, welches am meisten die Selbstständigkeit Bayerns betont, feindlich ist, dann muß Mißtrauen entstehen. Wenn nun ein Minister nicht mehr die Majorität des Landes für sich hat, dann kann er nicht länger mehr im Amte bleiben. Auch er (Redner) wünsche eine enge Verbindung der deutschen Staaten, aber auf einer richtigen Grundlage, durch die uns eine feste und sichere Stellung geschaffen werde. Jeder Schritt, den Hohenlohe, selbst auf der besten Grundlage, thun würde, müßte sofort das Mißtrauen des Volkes erregen. Das jetzige Ministerium steht zwischen zwei Parteien, deren eine ihm mißtraut, während die andere es nur bis auf Weiteres dulden will. Ein solches Ministerium kann nichts Ersprießliches im Lande leisten. Man verlange Versöhnung, Eintracht; allein dazu muß erst beseitigt werden, was der Versöhnung entgegensteht. Wohl würden sich auch einem anderr Ministerium viele Schwierigkeiten bieten, allein es würde doch mehr Ersprießliches leisten können, als ein Ministerium, dem die eine Partei mißtraut, während die andere es blos duldet. Er (Redner) gehe schwer daran, ein solches Mißtrauensvotum auszusprechen, aber er wisse nicht, wie weit die Solidarität des Ministeriums gehe. Der Grund zum Mißtrauen liegt aber darin, daß die Selbstständigkeit Bayerns von diesem Ministerium nicht so gewahrt worden ist, als es gewünscht werden muß.

Nochmals versuchte Hohenlohe eine Vertheidigung, aber zu Stegreifreden gegen solche Wucht von Tadel und Beschuldigungen hilft kein Völderndorff. Er will „erstaunt“ sein, daß die hohen Herren erst jetzt von Mißtrauen gegen ihn befallen seien, nachdem er nun doch schon seit 3 Jahren in Bayern wirthschafte, (eben darum!) ohne daß er ein (sehr verdientes) Mißtrauensvotum erhalten habe. (So kurz ist des Durchleuchtigen Gedächtniß!) Seine Rede im Zollparlament, wo er gesagt habe, er verdanke seine Wahl (von den Preußen) dem (preußischen) Vertrauen, welches seine Bestrebungen außerhalb des Zollparlaments ihm erweckt hätte, werden wohl gemeint sein, wenn man von seiner zollparlamentarischen Thätigkeit rede. (Ja aber auch das Abstimmen!) Aber so sei er halt schon seit 20 Jahren gewesen, aber da habe man ihn halt nicht tadeln wollen, weil man damit — keinen Anklang gefunden hätte. (Oder weil „man“ es vielleicht nicht der Mühe werth fand?) Dann fuhr er fort, er wolle das nicht und das wolle er auch nicht, z. B. sich in Untersuchungen einlassen, ob das oder das vor 1866 nicht doch gescheidter gewesen wäre. Er habe schon vor 1866 den Warner vorgestellt, aber da habe man ihm halt nicht geglaubt, (wahrscheinlich weil man die Höhe seiner Weisheit und seines Wissens noch nicht recht kannte!) und dann gleich nach 1866, wo die Lage trostlos gewesen und wo er wieder was Gescheidtes, nämlich eine Verbindung mit Norddeutschland, angerathen, da habe man ihm wieder nicht geglaubt, noch ihm gefolgt, und da sei er auf einmal 1867 gar Minister geworden, aber da sei's schon zu spät gewesen (und jetzt glaubt man ihm wieder nicht, der unglückselige Cassandra Hohenloh!) Das sei ein Fehler der bayrischen Politik, meint Hohenlohe, daß man immer blos zuwarten wolle, er habe aber handeln wollen, und nun verbreitet er sich über seine großartigen Handlungen und Thaten, um den Südbund zu hintertreiben, und schließt mit edlem Selbstbewußtsein: er (Hohenloh) habe mehr geleistet, als je ein bayrischer Minister geleistet habe. (Allgemeines Schütteln des Kopfes und noch allgemeineres Gelächter.)

Die Minister Pfretzschner und Schlör nehmen sich der bezweifelten Solidarität des Ministeriums und des angegriffenen Hohenlohe an und letzterer versichert, ein Ministerium wie Hr. v. Thüngen es wolle, sei ein „Parteiministerium.“ (Als was denn aber Hr. Schlör das Ministerium ansehen mag, wie er und die Bettelpreußen es wollen?) Hr. v. Thüngen antwortet der advokatischen Excellenz sofort und gibt dabei eine Beleuchtung der Wahlkreiseintheilung und die bekannten Rundschrift Hörmanns, bezüglich welcher Hohenlohe erklärt, er (Hohenlohe) allein habe davon Kenntniß gehabt, aber nicht opponirt, weil der Hörmannsche Brief die Parteien zwar drastisch, aber treffend charakterisirte, besonders die patriotische Partei. (So!)

Hr. v. Bomhard nimmt zunächst die Species Weisheit auf's Korn, die Bothmer zu Markt gebracht. Die Adresse, führt er aus, sei die einzige und beste Gelegenheit dem König zu sagen, daß man Mißtrauen gegen seine Räthe hege. Auch er sei für die Einheit Deutschlands, aber auf der Grundlage souveräner und föderativer Vereinigung. Aber der Eintritt in den Nordbund sei nicht möglich; denn dieser Bund beruht auf einer fluchwürdigen That und wer sich demselben anschließe, nehme Theil an dieser That. Redner gibt eine drastische, aber sehr richtige Schilderung der Nordbundsseligkeiten; er glaubt, daß eine Einigung Deutschlands nimmermehr segenbringend sei, wenn dieselbe nur durch den Eintritt in den Nordbund erkauft werden könne. Zur Einigung Deutschlands gehören andere Elemente als die jetzt vorhandenen. Bayern sei stark genug um entschieden vorzugehen und solle seine Freunde anderswo suchen. (Sehr richtig!)

Hr. v. Haubenschmied sucht in der Adresse einen neuen Beitrag zur Verschärfung des Parteihasses und will vergeblich (!) den Grund des unversöhnlichen Hasses gegen das Ministerium gesucht haben.

Hr. v. Harleß, dessen prächtige Rede wir am Liebsten wörtlich geben möchten, vertheidigt die Adresse. Er habe sich niemals gewundert, wenn die angegriffene patriotische Partei zuweilen auch das Maß überschritten habe; die Angriffe der Gegner haben sie eben dazu geführt. Er selbst habe immer die Einheit Deutschlands hochgehalten; wenn Preußen weniger partikularistisch wäre, dann wäre auch in Deutschland weniger von Partikularismus die Rede. Zeigen Sie, rief er den Ministern zu, den Boden, auf dem eine Versöhnung möglich ist, und ich bin der Erste, der ihn betreten wird. Und nun führte er aus dem ganzen Thun des Ministeriums aus, daß eben darin kein Boden für eine Versöhnung liege. — Damit schloß die Generaldebatte. Bericht über die Specialdebatte folgt.

Das Ergebniß der Abstimmung welches wir gestern in einem kleinen Theil der Auflage mittheilen konnten, war, daß sämmtliche Prinzen des kgl. Hauses mit Ausnahme des Herzogs Karl Theodor (der dafür von den Fortschreitern als eine „Intelligenz“ erklärt werden wird!) für die Adresse und resp. das Mißtrauensvotum gegen das Ministerium stimmten; nur Karl Theodor, Fürst Fugger, Graf Fugger, Pappenheim, Maldeghem, Holnstein (!!), Bothmer, Pranckh (!), Guttenberg, — Döllinger (!!) und — — Fürst Hohenlohe (!!!) stimmten gegen das Mißtrauensvotum.

Deutschland.

München, den 29. Januar.

Der Entwurf der Adresse auf die Adresse auf die königliche Thronrede der Kammer der Abgeordneten lautet:

„I. Dem Rufe Euerer Königlichen Majestät folgend, nähert sich die allerunterthänigst treugehorsamste Kammer der Abgeordneten den Stufen des Thrones, beseelt von dem Eifer, treu und gewissenhaft die Bedürfnisse des Landes zu erwägen, und, soviel an ihr ist, dem bayrischen Volke den inneren Frieden wieder zu geben, dessen Trübung E. Maj. mit uns beklagen. II. E. Maj. Königliches Wort: „Alle Verträge, welche Ich mit Preußen und dem Norddeutschen Bunde geschlossen, sind dem Lande bekannt“ — legt den Grund zur Beruhigung der durch ein schweres Schicksal erschütterten Gemüther. Nie wird eine Lockung zum Vertragsbruch bei unserm Volke Eingang finden. III. Aber wir leben in einer Zeit, die zu entscheidenden Krisen führt und wo von europäischen Rechtszuständen kaum mehr die Rede sein kann. Die Verträge mit Preußen sind erfahrungsgemäß der Deutung fähig und die möglichen Deutungen tragen die Beängstigung im Volke. Daraus entspringt unwillkürlich das Verlangen nach einem Leiter unserer auswärtigen Angelegenheiten, dem das Vertrauen des Landes entgegengetragen würde. IV. Wir stehen ein wie Ein Mann für die Integrität der deutschen Grenzen und auch die Hoffnung ist in uns nicht erloschen daß eine nationale Verbindung auf der Basis des gleichen Rechts der deutschen Stämme dereinst sich verwirklichen werde. In den erhabenen Worten E. K. M. finden wir das eigene Programm unserer ebenso deutsch als bayrisch-patriotischen Hoffnung wieder. V. Im Innern werden wir keiner besonnenen Reform unsere getreue Mitwirkung versagen. Nachdem aber durch eine Reihe neuer Gesetze dem Land erhöhte Leistungen zugewachsen sind, so sehnt sich das Volk, zugleich Wege der Reform eingeschlagen zu sehen, welche zu annähernder Entlastung der Staatsausgaben zu führen geeignet wären. VI. Von neuen Gesetzen erwarten wir, daß ihr Geist nicht den Gefühlen und Anschauungen des Volkes entgegen sei. Daran ist das Schulgesetz gescheitert, nicht an einer Scheu vor vermehrten Kosten für Schule und Lehrer. VI. Den unmittelbarsten Einfluß auf die Stimmung im Lande übt der Geist, welcher sich in der Ausführung der Gesetze und in der Verwaltung kundgibt. Das bayrische Volk, monarchisch von Natur, kann und wird nicht verstehen, daß die Machtmittel des Staats einer Partei dienstbar sein könnten. Das bayrische Volk ist konstitutionell von Geburt, aber es will keine Partei-Regierung. VIII. Um so mehr anerkennen wir mit dem allerunterthänigsten Danke den hochherzigen Entschluß E. Maj., durch ein neues Wahlgesetz auf der Grundlage des direkten Wahlrechts notorische Mißbräuche abzuschneiden und der im Volke lebenden Ueberzeugung zu einem getreuen Ausdruck zu verhelfen. IX. Gott der Allmächtige segne E. Maj. für die warme Liebe, deren E. Maj. treues Volk immerdar versichert ist und die wir an unserm Theil zu verdienen nach bestem Wissen und Gewissen bestrebt sein werden.

Landtag. Bei Schluß der Redaktion haben Dr. Jörg, Hohenlohe und Dr. Sepp in der Adreßdebatte gesprochen.

— Die „Abendzeitung“ weiß „sicherem Vernehmen nach“ zu vermelden, daß S. Maj. der König den Fürsten Hohenlohe und Gemahlin auf dem letzten Hofball dermaßen „ausgezeichnet“ habe, daß dies beweise, wie der Fürst das vollste Vertrauen des Königs besitzt. Schade, daß Se. Durchleuchtigkeit sich nicht des Gleichen von den beiden übrigen Faktoren eines konstitutionellen Staates, nämlich der ersten und zweiten Kammer, rühmen kann und daß ihm nach so bewandten Umständen das königliche Vertrauen eigentlich nicht mehr sonderlich viel nützen würde. Wir bewundern übrigens die Abendzeitung, welche ein königliches Lächeln für gleichbedeutend mit dem kgl. Vertrauen hält.

— Wie man mit königlichen Sachen umgeht! Vorgestern wurde in einem hiesigen Gasthause von einem bekannten Bürger ganz offen erzählt, daß vor ein paar Tagen eine Versteigerung war von 40,000 Patrontaschen, — Tausenden von Pistolen-Pelzflecken, wie sie über die Pistolen-Halfter gelegt werden und wovon das Paar 5 fl. kostete, um 24 kr. wegging, — Tausenden von Helmschildchen, als ob man sie seinerzeit nicht könnte umschmelzen lassen, — Tausenden von Säbeln, Säbelkuppeln und Bajonettscheiden, in welchen noch nie ein Bajonett gesteckt hat, — und noch anderen Dingen immer in Massen zu Tausend, z. B. auch Säbelgriffe, obwohl es im Fall der Noth wahrscheinlich wenig verschlagen würde, ob der Griff ein wenig mehr oder weniger „ordonnanzmäßig“ ist. Bei dieser Versteigerung waren neben diesem Bürger besonders sehr viele auswärtige, d. h. ausländische Händler zugegen, natürlich der Hauptsache nach Kinder Israels. Als man im Jahre 1813 die Mobilgarde errichtete, hat man den Gemeinen nicht einmal Säbel an die Seite geben können, nur die Unteroffiziere haben Säbel bekommen, die Gmeinen aber erhielten blos ihren Schießprügel; damals wäre man froh gewesen, wenn man im Zeughause so altes Zeug in Vorrath gehabt hätte. — Aber nun muß alles zu Spottpreisen fort um Neues anzuschaffen, was man militärische Oekonomie und neudrarisches Sparsystem nennt!

Von der Isar wird dem „Vaterland“ geschrieben: Hr. Döllinger, der Münchener — Janus, der sich beim Oremus nicht umzukehren braucht, weil er als Janus zwei Gesichter hat, Hr. Janus ist gerade noch in seinem Monate, dem Januar, durch den Schuster Stöhr zu Ehren gekommen: Hr. Janus ist Ehrenspieß-Bürger einer Stadt bei Schwabing geworden! Und warum gerade Spießbürger? Darum weil Janus mit dem Papste eine Lanze gebrochen und für die Infallibilität des Liberalismus eine Lanze eingelegt hat. O Herr Schuster, wie wird der Zwirn und Knieriem von Eifersucht geplagt werden, wenn sie von deiner „Graußheit“ hören, in der du nicht mehr blos über Leuten mit zwei Füssen, sondern auch über göttlichen Halbolympiern mit zwei Gesichtern stehest, dich „grauß“ über das Sprüchlein hinwegsetzend: ne sutor ultra crepidam. Wie reimt sich Stör und Janus zusammen? Ich erkläre mir das durch den beiderseitigen Dualismus, nach dem Janus Einen Kopf und zwei Gesichter hat, so daß er vor- und rückwärts blicken kann. Der Knorpelfisch, oder Stöhr seinerseits zeigt seinen Dualismus zwar nicht im Gesicht, dafür aber im Maul. Das Maul des Stöhr nämlich ist allerdings ein Maul, aber doch wieder kein Maul, sondern ein Rüssel, der sich einziehen und ausdehnen läßt. So reimt sich Janus und Stör zusammen. Wenn ich aber Janus mit den zwei Gesichtern wäre, ich würde für diese Ehre danken und aus allen zwei Gesichtern die Flammenworte aussprühen: „Geht mir aus den Gesichtern! Was bin ich in meinen alten Tagen ein armer Pechvogel geworden, daß mich Juden, Fortschreiter und Pechmänner Neu-Jerusalems zur „Ehre“ für Ihresgleichen ausgeben dürfen!“

Vom Ingolstädter Land werden wir um nachstehende Korrektur ersucht: Der Beneficiat aus Ingolstadt, welcher im Vaterland Nr. 21 durch eine ausgezeichnete Rede und durch die Parole, daß vom Gaimersheimer Bauernverein aus der in der Festung Ingolstadt verschanzte Fortschritt bestürmt und erstürmt werden müsse, dem Feste in Gerolfing die Krone aufgesetzt hat, ist und heißt nicht Reindl, sondern Ruidl. Uebrigens wird es für den Bauernverein immer ein Ereigniß sein, wenn dessen Freund und Collega Herr Beneficial Reindl, der in Stadt und Umgebung gefeierte Redner, den Verein mit einer seiner zündenden Reden beglücken könnte.

In Würtemberg ist die Agitation gegen das preußische Wehrgesetz, welches die Minister dem Lande wie die unsern uns aufgehalst haben, in vollem Gange. In allen Theilen des Landes werden Versammlungen abgehalten. Eine Adresse wird aller Orten gegen das Wehrgesetz verbreitet, die zwar allgemeine Wehrpflicht mit militärischer Jugenderziehung verlangt, dafür aber auf kurzer Präsenz besteht. Es ist nicht wunderbar, daß die ruhigen und überzeugenden Gründe der Adresse die allgemeinste Zustimmung finden.

In Baden ist der tapfere Redakteur des Bad. Beobachters, Hr. Berberich, dieser standhafte Kämpfer für Freiheit und Recht, wegen „Ehrenkränkung“, begangen an dem edlen Hrn. Bruder vom bekannten Julius, dem Fortschrittsbürgermeister Strohmayer von Konstanz, zu 6 Wochen Arrest verurtheilt worden. Da in Baden und andern liberalen Bezirksämtern heutzutage jeder dumme Junge, wenn man ihn beim Namen nennt, wegen „Ehrenkränkung“ klagen kann und die Richter meist ungeheuer liberal sind, so ist es in Baden eine kitzliche Sache, namentlich für ultramontane Redakteure, so einen beim Namen zu nennen. 'S ist ein merkwürdiges Land dieses — Baden!

Aus Baden bringt die „Postzeitung“ als Neuigkeit, daß einer ihrer Artikel über Reorganisation des Heeres von demokratischen badischen Blättern „beifällig“ besprochen worden sei. Findet denn die „Postzeitung“ darin etwas Besonderes, wenn man ihre gediegenen Artikel „beifällig bespricht“? Wir nicht!

Preußen. Aus Berlin erhalten wir auf dem Zeitungswege die erfreuliche Nachricht, daß das Zollparlament nach Ostern zu einer kurzen Sitzung zusammentreten werde, da die Herren Preußen wieder einiges Gelusten nach etwas süddeutschem Gelde hätten. Wir hoffen aber, daß sich die Preußen mit dem Einsammeln nicht allzusehr anzustrengen brauchen.

Ausland.

Schweiz. Liberales aus der „freien Schweiz“! Der Kantonsrath von Zürich hat ein Fabrikgesetz beschlossen, nach dem die Arbeiter an Werktagen 12, an Sonn- und Festtagen aber nur — 10 Stunden arbeiten sollen!! Im Kanton Zug ist's den Liberalen viel zu konservativ, weshalb sie tüchtig gegen die „Jesuitisirten“ und das — Concil schimpfen. Daß der Bischof von St. Gallen in Rom „seine Gaben im Dienste des Syllabus verwendet, und wie sämmtliche Bischöfe der Schweiz auf Seite der Jesuiten steht“, macht den Liberalen bittere Qual und unsagbaren Schmerz. „Leider ist kein Wessenberg mehr da!“ klagen sie zum Erbarmen. Dafür aber sind Liberale und — Polizei da, die den Katholiken das Leben sauer genug machen. — In Genf dringt ein freimaurerischer Professor, um einem zwingenden liberalen Bedürfniß Rechnung zu tragen, entschieden auf Abschaffung der Klöster von Bundes wegen, und zwar, „weil sie allen verfassungsmäßigen bürgerlichen Rechten widersprechen und ein Staat im Staate seien“, meint nämlich der edle Freimaurer. — Die Kantonsregierung von Aargau ging noch weiter und hat den „Zwang“, die Kinder taufen und (protestantisch) konfirmiren zu lassen, abgeschafft und das Begräbnißwesen als Polizeisache erklärt! — Aus Baar (Kant. Zug) sind die Jesuiten ausgewiesen worden. So „liberal“ geht's in der „freien Schweiz“ zu!!

Verantwortlicher Redakteur: [illegible]

Druck von W. Vogl in München, Rosengasse 10.

II. Jahrgang.

Das Bayrische Vaterland.

Auflage: 4300.

Das „Bayr. Vaterland“ erscheint täglich mit Ausnahme der Sonn- und hohen Festtage. Preis des Blattes: Vierteljährig 54 kr., ganzjährig 3 fl. 36 kr. Das einzelne Blatt 1 kr.

Alle Postexpeditionen und Postboten des In- und Auslandes nehmen Bestellungen an. Inserate werden die dreispaltige Petitzeile oder deren Raum zu 3 kr. berechnet.

Redaktion Burggasse 14. Herausgegeben von Dr. jur. J. Sigl. Expedition: Ruffinibazar 5

Justinus. Nr. 25. Dienstag, 1. Februar 1870.

Bestellungen auf das „Bayr. Vaterland“ für das Quartal zu 54 kr. (für die beiden Monate Februar und März zu 36 kr.) können bei allen Postanstalten und Postboten noch immer gemacht werden.

Das Ministerium vor den Abgeordneten.

(Erster Tag.)

Die „Postzeitung“ beginnt ihren Artikel zu der Adreßdebatte in der ersten Kammer mit dem pathetischen Rufe: „Es lebe der König!“ Wir wissen nicht, in wie ferne dieser Loyalitätsausbruch der „Postzeitung“ am Platze gewesen sein soll, halten aber dafür, daß die gegenwärtige Temperatur nicht dazu angethan ist, mit den Gluthen der Postzeitung in richtigem Verhältniß zu bleiben. Wir sind katholische Patrioten, als solche wissen wir, daß es unsere Pflicht ist, den König zu ehren, allein wir leben in einem Jahrhundert, in welchem auch das Volk einige Ansprüche hat, sogar Königen gegenüber. Das bayrische Volk zumal ist in dieser Richtung zu noch größeren Ansprüchen berechtigt als irgend ein anderes. Angesichts der herrlichen Haltung der Reichsräthe gegenüber einem Ministerium, das das Volk längst von sich gewiesen hat, hätten wir, wenn denn überhaupt was gerufen werden soll, viel mehr Grund zu rufen: Es lebe das Volk, Glück auf dem Volke!

Dieses vorausgeschickt beginnen wir unsern Bericht über die Adreßdebatte im Abgeordnetenhause.

Dr. Jörg als Referent leitete die Debatte mit dem Hinweis auf den feierlichen Moment ein, in dem die Thronrede von den Vertretern des Volkes beantwortet werden soll. Diese Antwort sei, dem kgl. Wunsche entsprechend, so maßvoll als möglich gehalten worden, aber doch so, daß darin gesagt sei, was das Herz der Majorität des bayr. Volkes bewegt. Ganz Europa sehe jetzt auf Bayern.

Fürst Hohenlohe sucht darnach seine sogenannte Politik zu vertheidigen nicht mit bessern Erfolg als bei den Reichsräthen. Sie lasse sich, versicherte er, in zwei Worten ausdrücken: „Erhaltung der Zusammengehörigkeit des Südens mit dem Norden und Aufrechthaltung der Selbstständigkeit Bayerns — Dinge die der Fürst schon hundertmal gesagt hat. Im Uebrigen ist der Fürst „stolz“ darauf, den Zollvertrag erhalten zu haben. Er „beklage“ zwar die dem Volke aufgelegten Lasten, aber sie können nicht vermindert werden (?) wegen der Pflichten „die uns die Allianzverträge und das Gesammtinteresse Deutschlands auflegen.“ Es gebe eine Pflege der Selbstständigkeit Bayerns, die sich mit den Pflichten gegen das deutsche Gesammtvaterland nicht verträgt (Bravo von den Fortschreitern) und die mit den Pflichten eines bayrischen Ministers nicht vereinbar sei. (So?) Zum Schluß versichert er, nichts gethan zu haben, wodurch er Mißtrauen verdient habe. (Allgemeines Schütteln des und Heiterkeit.)

Dr. Jörg bemerkt dem hohen Herrn, er werde schon noch rechtzeitig die Gründe kennen lernen, warum man ihm mißtraue.

Dr. Sepp verbreitet sich in einer langen geistreichen Rede über die meisten der bekannten Uebelstände Bayerns, über ältere und neuere bayrische und deutsche Geschichte, aus der er nachweist, wie Preußen immer die Schwächung Deutschlands angestrebt habe. Die Rede läßt sich nur ganz oder gar nicht wiedergeben. Drastisch schildert er namentlich die Verhältnisse der ländlichen Gutsbesitzer in Bayern.

Dr. Schleich unterzieht die Thronrede einer sehr eingehenden Kritik. Trotz ihrer Versicherungen bestehen die Besorgnisse im Volke noch fort. Auf die Bündnisse mit Preußen übergehend, schildert er deren Gefahren und Folgen: Das Defizit, das Militärbudget, die Steuererhöhung, die Gefährdung der Selbstständigkeit Bayerns. Sie gaben als „Trutzbündniß“ Preußen das Recht zu „kontrollirendem Einfluß.“ Auf der Grundlage von 1866 lasse sich Deutschland nicht mehr so gestalten, daß die Selbstständigkeit der einzelnen Staaten nicht gefährdet wäre. Die aber wollen die Patrioten gewahrt wissen. Erst wenn Preußen der Politik der Gewalt entsage, könne man sich ihm nähern. Von freier Selbstbestimmung könne nicht die Rede sein, wenn wir einen preußischen Inspektionsgeneral im Lande und die Daumenschrauben der Zollvereinsverträge haben. Redner schildert weiter die Verdienste Oesterreichs um den europäischen Frieden 2c. und bedauert, daß Hohenlohe in der Thronrede gar nichts über unsere Stellung zu dem mächtigen und wichtigen Oesterreich gesagt hat. Weiters charakterisirt er die gegenwärtige Burraukratenwirthschaft im Lande und schließt mit dem Rufe: Wir wollen keine Tendenzregierung, wir wollen Freiheit und Gerechtigkeit für Alle und Jeden. (Bravo rechts.)

Dr. Kurz unterzieht das bekannte Hörmannsche Wahlausschreiben einer geradezu vernichtenden Kritik. Niemand im Lande glaube an den „Unsinn“ von den „ultrakirchlichen Demagogen“, und „ungeziemend und lügenhaft“ ist die Behauptung Hörmanns, daß die patriotische Partei das Ansehen der Krone und der Gesetze untergrabe. Das thut einzig die Fortschrittspartei, die durch ihr Programm des Eintritts in den Nordbund nichts anderes als eine Mediatisirung Süddeutschlands will. Auf die Wahlkreiseintheilung übergehend, behandelt er diese nicht barmherziger. Weiter als uns die Verträge zwingen, dürfe man nicht mehr geben, jeder weitere Schritt führe zur Vernichtung unserer Existenz. Zum Schluß verwahrt sich Redner gegen die (bei den Reichsräthen) gemachte Aeußerung Hohenlohes, er habe sich in Berlin geschämt, mit den Patrioten zu stimmen. Diese Beleidigung weise er entschieden zurück; er glaube nicht, daß sich Hohenlohe der bayr.

Patrioten zu schämen gehabt hätte. (Anhaltendes Bravo rechts.)

Hörmann sucht seine Wahlkreiseintheilung unter unglaublichen Schimpfen auf die Patrioten, die patriotische Presse 2c. zu vertheidigen. Da Lukas und Andere Patrioten ihn gründlich widerlegen werden, so würden wir uns später wiederholen müssen.

Und nun kam Völk, der sich nach und nach in noch größern Zorn hineinredete, als schon bei seiner „Rede", d. h. eine Sammlung von Schnurren, Anekdoten, Rabulistereien und advokatische Finissen in ihm kochten.

Den besonderen Ingrimm des Dr. Völk hat das „Algäuer Volksblatt" erregt, das ihm im Algäu zu einen so schönen Durchfall verholfen, indem es das Leben und Treiben derer vom Fortschritt, ihre Verdienste um Civilehe, Bordellhäuser 2c. 2c. schilderte. Und dieses Blatt, rief Völk voll ungeheurer sittlicher Entrüstung, ist von einem Geistlichen redigirt, den ein ultramontaner Abgeordneter, Hr. Bucher, eigens nach dem Algäu geschickt habe. Da sehe man diese unbotmäßigen Geistlichen, welche so brave Leute wie die Fortschreiter verleumden, und Unzufriedenheit gegen die Obrigkeit und deren Ansehen verbreiten. Wollte Gott, rief der brave Mann Gottes und des Friedens, — wollte Gott, daß die Diener des Friedens für den Frieden arbeiteten (d. h. die Hände hübsch in den Schooß legten, damit die Herren Fortschreiter thun könnten was sie wollten!) Der größte katholische Gelehrte Deutschlands, vielleicht Europas, Prof. Döllinger, (Gelächter) hat sich gegen diese „excentrische Richtung" ausgesprochen, welche die Geister beschränken will, (was doch ein Privilegium der liberalen Blätter ist) und sich im Lande breit macht. Gegen diese Richtung sind wir Fortschreiter (in den Worten, in der That aber hassen wir alle Schwarzen wie den Teufel!) Hat das Ministerium nicht Recht, wenn es auch gegen diese Richtung ist, wenn es diese ultrakirchlichen Demagogen bekämpft wissen will? (Oh! oh! das Ministerium hat immer Recht, wenn es gegen „diese Schwarzen" geht!) Ich frage Sie, wäre es nicht möglich, daß diese Elemente selbst einmal unbotmäßig würden, die sich Euch (Schwarzen) jetzt so gefügig zeigen? (Sorgen Sie sich nicht, Hr. Völk!) Ich habe an dieser Stelle einmal gesagt, daß der Bischof von Passau noch einmal seine liebe Noth haben werde mit den Geistlichen, wie er sie erzogen hat; nun hat er seine liebe Noth. So geht es, wenn man sich den Verstand umnebeln und umdunkeln läßt. Früher hat man da drüben gesagt, die Stimmen müsse man wägen, nicht zählen; jetzt sagt man: wo die Mehrheit ist, da muß auch die Weisheit sein. Sie haben jetzt die Mehrheit, daß Sie auch die Weisheit haben, das müssen Sie erst beweisen, ruft Völk mit Pathos und Selbstgefühl, da er weiß, daß der Fortschritt alle Weisheit besitzt. Wir Fortschreiter haben immer darnach hingearbeitet, daß die Wissenschaft nicht unter dem Jesuitismus erstickt werde, denn das Land kann nur eine Zukunft haben, wenn es eine freiheitliche Entwicklung der Kirche (!) gibt, (nach den Rezepten des Hrn. Völk natürlich.) Man sagt da drüben, es sei ein Gefühl des Mißtrauens im Volke, das ist aber nicht wahr. (ei! ei!) Wir haben so die Hälfte des Volkes auf unserer Seite, aber dieses Volk fühlt, daß Fürst Hohenlohe ein ganz vortrefflicher Minister des Auswärtigen ist. (Schallendes Gelächter im Saal und auf den Galerien über diese Völker, welche das fühlen.") Gestern hat im andern Hause Einer (Bomhard) die Verträge mit Preußen verflucht, aber der saß gerade damals im Rathe der Krone, als diese Verträge geschlossen wurden. (Begreift Völk denn noch immer nicht, daß jene Verträge uns und den Ministern damals aufgezwungen worden sind?) Baron Pfordten aber hatte gute Gründe die Verträge zu schließen (ja wohl! die Daumschraube der Preußen, wenn nicht andere Rücksichten, die bei Freimaurern zuweilen sehr ins Gewicht fallen!) und er hat sie nicht leichtsinnig geschlossen. Und jetzt will man sie so leicht brechen! (?) Was nutzt denn das? Was nützt es denn Rache sinnen gegen Preußen? (Die Antwort wird wohl die Zukunft geben!) Völk kommt nun auf die Zusammensetzung des gegenwärtigen Bayern zu sprechen und gibt zu bedenken, daß dieselbe wohl ebenso viel Rechte und Souveränitäten verletzt habe als der Preuße. Es war aber nothwendig (!), mit diesen Souveränitäten aufzuräumen. (Wenn ja, wozu dann dieser Vorwurf, Hr. Völk? Und wenn Sie so gern mit Souveränitäten „aufräumen", was soll man dann von Eurer gerühmten Königstreue denken, Ihr Fortschreiter?) Die Depossedirung des Fürsten Fugger-Babenhausen freute den damals so wenig als die Depossedirung des Königs von Hannover diesen, denn die Maus hat auch Schmerz, wenn ihr die Haut abgezogen wird wie der Elephant. Bayern, sagte Dr. Sepp, habe einst vom adriatischen Meer bis zur Nordsee gereicht. Wenn das wieder geschieht, dann werde ich mich in Blauweiß kleiden und werde selbst, so schwer es mich ankommt, auf Deutschland verzichten. Dr. Sepp hat seine Sehnsucht nach der Reichsverfassung von 1848 ausgedrückt. Preußen hat ja aber 1866 den deutschen Gedanken von damals wieder aufgenommen (Leider ist das Gegentheil von dem wahr, was Völk da sagt.) Warum sträubt man sich aber gegen Preußen? Nun bricht Völk in eine Lobrede auf Preußen aus, weil es immer „germanisire", was ihm ein Anrecht zum Anneziren gebe, meint Völk. Bei Oesterreich aber ist das Gegentheil der Fall. Sehen Sie hinüber über den Rhein, wo sind die ehemals deutschen Provinzen? Sind sie auch durch die Schuld Preußens verloren gegangen? (Ja, größtentheils durch den Verrath Preußens.) Was in den letzten 10—12 Jahren mit Mühe nachgeholt worden, um Bayern erst zu einem Kulturstaat (!!) zu erheben, das soll jetzt wieder abgebröckelt werden (von wem denn?); das wird aber unsere Selbstachtung nicht erhöhen, sondern es wird das Gefühl wach rufen, daß Bayern ein kranker Mann ist. (Heiterkeit.) Was soll denn mit einer schroffen Parteiregierung aus Bayern werden? Es wird ein Zustand entstehen, der alles mehr sein wird als der der Beruhigung, (versichert Völk; wär's aber eine fortschrittliche Parteiregierung wie bisher, und thäten die „Ultramontanen" Alles, was diese wünscht, ja, dann wär's freilich was anders und wäre lauter Friede und Liebe im Land.) Was wollen Sie denn? ruft er warnend; nicht der ganze Adel, nicht die Geistlichkeit, wie Döllinger bezeugt, auch nicht alle Bauern sind auf Ihrer Seite, denn in 4—5 Provinzen sind sie auf unserer Seite. Man kann nicht regieren gegen eine Mehrheit (?! die „Mehrheit" der sogenannten „Intelligenzen"!), die beinahe alle Städte auf ihrer Seite hat. — Und nun kommt Völk ins Drohen hinein und droht mit — Revolution und Abfall von Bayern, natürlich unbeschadet der felsenfesten fortschrittlichen Königstreue. Sie da drüben könnten, rief er, durch die Natur der Verhältnisse gezwungen werden. Das bayrische Land besteht aus verschiedenen Provinzen und Stämmen und nur dadurch, daß man allen Rücksichten zuwendet, (natürlich außer den „ultramontanen", die darf „man" treten, so viel „man" will!) kann man sie für die Zukunft erhalten. Die erste Parteiregierung (falls sie nicht fortschrittlich ist!) ist der Nagel zum Sarge des jetzigen Bayern. (!!! Der Mann ist wirklich sehr offenherzig und sagt nur, was wir von diesen Fortschreitern uns nicht anders erwarten können.) Das Mißtrauensvotum, hat Völk entdeckt, soll dem Fürsten Hohenlohe gegeben werden, weil man eben glaubt, daß er die Verträge nicht brechen werde. Nur dadurch, daß man Verstand genug hat, sich in die Verhältnisse zu finden, (was eben die Fortschreiter nicht thun) und dem „nationalen“ Gedanken (sich baldmöglichst von Preußen auffressen zu lassen!) Rechnung zu tragen, wird Bayern für die Zukunft gesichert werden. Ehe die deutsche Nation (nämlich die höchst ehrenwerthe Fortschrittspartei) sich ihren Staat entreißen läßt (den sie aber noch gar nicht hat), wird sie die einzelnen partikularistischen Gebilde zerbrechen. — Das war deutlich und sehr verständlich, und wenn die Bettelpreußen so großen Muth hätten, als sie ein großes Maul haben, so könnte die Geschichte sehr gefährlich werden. Im bayrischen Gesetzbuch rechnet man übrigens das, womit Völk droht, unter das Kapitel vom Hoch- Landesverrath.

Nun erhob sich Lucas zu einer, durch Völk provocirten Stegreifrede, in der er eine seltene Schlagfertigkeit und Geistesgegenwart zeigte und bewies, daß auch die „Schwarzen“ Leute haben, denen ein Völk nichts weniger als imponiren kann. Die Expektorationen Völks, begann er, könnte fast die Illusion erwecken, als ob wir uns in der Westendhalle befänden. Er wolle aber nicht kannegießern und keinem Elephanten die Haut abziehen wie Völk, nicht einmal einer Maus. Diese Bilder haben sich dem Dr. Völk wohl in Folge einer natürlichen Ideenassociation aufgedrängt, weil er noch immer die „Schindluder“ im Kopfe habe, über welche er so eben eine Vorlesung gehalten. Er sei leider nicht vorbereitet, aber über die Wahlkreiseintheilung, die Hörmann so eben hereingezogen, könne er immer reden. Hr. Hörmann will also blos nach seiner „Ueberzeugung“ gehandelt haben! Gut; es gibt aber gar kuriose „Ueberzeugungen“, z. B. daß Eigenthum Diebstahl sei. Hörmann will, daß jeder Minister gewisse Gesichtspunkte habe, nach denen er lenkt und regiert. Gut; aber bei Ausführung eines Gesetzes, da haben nicht Gesichtspunkte zu gelten, sondern nur die Gerechtigkeit. Hörmann soll nur einmal sich erinnern, wie die Gerechtigkeit dargestellt wird — nicht nach Gesichtspunkten aussehend, sondern mit verbundenen Augen wird sie dargestellt. Ein konstitutioneller Minister — und das sollte Hörmann doch wissen — muß sich vor Allem an das Gesetz und das Recht halten, nicht nach seinen zufälligen persönlichen Ueberzeugungen. Hr. Hörmann kann wohl die „Ueberzeugung“ haben, daß die Majorität da drüben sitzen müsse, wo der Fortschritt sitzt, das durfte ihn aber nicht bestimmen, es gegen das Gesetz so einzurichten, daß sie drüben sitzen mußte, denn der Zweck heiligt das Mittel nicht, auch bei Ministern nicht. Redner weist nun aus der bekannten eigenen Broschüre Hörmanns nach, was damit für ein arger Schwindel getrieben worden, wie die Broschüre die Stärke der patriotischen Partei aus den Wahlmännerstimmen feststellen wollte und wie sie die Stimmenzersplitterung gar nicht in Betracht gezogen habe. Bei uns, sagte er, zersplittert man die Stimmen nicht selten aus richtigen Gründen, die Liberalen aber thun das niemals, die fürchten die Stimmenzersplitterung so sehr, daß sie sich gleich selbst wählen. (Schallendes Gelächter im Hause.) Redner wehrt nun unbarmherzig und in schlagendster Weise die kuriosen Widersprüche der Broschüre nach, die Hörmann zu seiner Vertheidigung geschrieben. Daß Hörmann sich so viel einbildete, wie er so „offen“ seine Anschauungen darlegt, sei eine zweifelhafte Sache. Man kann im Zweifel sein, was besser war, daß Julius Cäsar seine Pläne verheimlichte oder daß Catilina seine Pläne offen, mit unverschämter Offenheit (effrons) herausgesagt habe. Hr. Hörmann will immer einen Unterschied unter den patriotischen Blättern machen und in der patriotischen Partei selbst immer verschiedene „Schattirungen“ finden. Das scheint mir ein alter Witz zu sein nach dem Grundsatze: Divide et impera (theile und dann herrsche über die Getheilten.) Man hat heute immer die Zeitungen da herein gebracht und hat daraus zeigen wollen, daß die patriotischen Blätter am meisten über die Schnur hauen und „extrem“ seien; das ist aber nicht wahr. Die Liberalen gehen da viel weiter als die patriotischen. (Fortschrittliche Rufe: Beweis!) Beweise wollen Sie? Gerade bin ich dran das zu beweisen, wenn Sie wollen lese ich Ihnen eine Stunde lang lauter Beweise vor. Ich will es nicht thun, aber einige Beweise sollen Sie doch hören. Nun führt Redner aus der Kempter Ztg. an, daß sie den Reg.-Präsidenten Zu-Rhein mit einem Esel verglichen und als Gegensatz, daß das Straub. Tagblatt vor das Schwurgericht gestellt wurde, weil es eine zudem verlogene staatsanwaltschaftliche Berichtigung „taktlos“ genannt, und ein anderes starkes Beispiel aus dem Fränk. Kurier.[1]) Wo ist in patriotischen Blättern von Beamten, fuhr er fort, Aehnliches gesagt worden, wie da von Geistlichen und Patrioten gesagt ist? Die Citaten-Geschosse Völks sind nicht geeignet, uns niederzubombardiren, da können wir auch aufwarten. Völk ist reich an dergleichen Citaten, er hat immer dergleichen bei sich, denn es ist notorisch, daß er in seinen Reden nie etwas vorbringt, was nicht schon in einer Zeitung gestanden hat. Hörmann will ein großer Freund der freien Presse sein. Gut, aber er erinnere sich doch, daß eine ganze Schwefelbande von Literaten aufgestellt und von der Regierung bezahlt ist, um die Patrioten zu kränken, zu beschimpfen, ja selbst im Interesse des Auslandes zu arbeiten. Prof. Marquardsen, der heute bei der Fortschrittspartei ist, hat in einer Broschüre selbst von einem preußischen Preßbureau geschrieben, das sich zur Aufgabe macht, die patriotische Presse niederzuarbeiten, und damals haben die Reptilienfonds noch gar nicht bestanden! Seitdem haben sich die Bataillons der Preßhusaren ungeheuer vermehrt, und alle fallen über die patriotischen Blätter her und schimpfen und schmähen sie auf's Unverschämteste. Da ist kein Wunder, daß auch hie und da Einer von der patriotischen Presse vielleicht zu weit gegangen ist, und allenfalls einen „Sauhieb“[2]) gemacht hat. Redner beleuchtet nun die Hörmanische Art, die Beamten zu „belehren“ und seine „Sympathien für die Preßfreiheit“, wofür er anführt, daß unter seinem Regiment die Konfiskationen von patriotischen Zeitungen fast nicht aufhörten und daß kürzlich gegen ein einziges Blatt (das „Vaterland“) 21 Untersuchungen auf einmal eingestellt werden mußten. Solche Dinge, sagt er, mußten auf uns die entgegengesetzte Wirkung hervorbringen als Sympathien. Als weitere Illustration zur gegenwärtigen beliebten Preßwirthschaft von oben führt er ein Exempel an, daß das Straub. Tagblatt verurtheilt wurde, weil es ein paar Worte in einer amtlichen Berichtigung gesperrt druckte! Hörmann rede immer von „Extremen“; wenn nur diese nicht wären, dann hätte er nichts gegen die Patrioten. Man spricht immer von „Extremen“, aber man sagt uns nie, wer sind diese Extreme? So sind diese Klagen und Anschuldigungen immer allgemein zu verstehen, sie sind wie ein Bild, das uns überall anschaut. Man sage uns, wer gemeint ist, und wir werden antworten,

[1]) Wenn die Herren Abgeordneten für solche Dinge Beispiele und Beweise wollen, so empfehlen wir ihnen das äußerst reichhaltige „Liberale Schimpflexikon“ von R von der Donau, welches vor etlichen Wochen im „Vaterland“ erschienen ist und in nächster Zeit, bedeutend vermehrt und umgearbeitet als Broschüre erscheinen wird. Das „Schimpflexikon“ bietet für solche Dinge eine unerschöpfliche Fundgrube von Beweisen für liberale Niederträchtigkeit und königlich bayrische — Gerechtigkeit!

[2]) „Sauhieb“ bedeutet auf der Mensur einen Hieb mit Schläger oder Säbel, der zwar gegen die Regeln der Fechtkunst ist, durch den aber der Gegner „ausgeschmiert“, d. h. tüchtig abgeführt wird.

aber so meint man mit den „Extremen“ immer alle. Ich will jetzt aufhören, weil ich sehe, daß da drüben viele froh wären, wenn ich aufhörte, um zu zeigen, daß wir nicht unversöhnlich sind. Redner weist aber zum Schluß noch die Kannegießereien und Anekdotenkrämerei Völks zurück, die nicht zur Adreßdebatte passen und von dessen Anekdoten sich schon manche als erlogen gezeigt haben, z. B. der Untersuchungsochse der Westendhalle. Weiters geißelt Redner den unwürdigen Schwindel, der mit der Schwandorfer Rede des Bischofs von Regensburg aufgeführt worden und die auch Völk wieder hereingezogen, weil ja darüber zu viel in den Zeitungen gestanden hat. Dort hat es sich einzig um ein Privatgespräch gehandelt, das zudem völlig verdreht und entstellt worden ist, wie die Schwurgerichtsverhandlung bewiesen hat. Es sei nicht nobel, noch parlamentarisch, noch gerecht, hier Privatgespräche aufzutischen und Abwesende, die sich nicht vertheidigen können, anzugreifen. Auch den hochw. Bischof von Passau hat Völk hereingebracht und bedauert, daß er so viel Noth mit seinem Klerus habe. Ich bin aber nicht ganz klar, ob der Bischof mit seinem Klerus oder der Klerus mit seinem Bischof das größere Kreuz hat. (Minuten anhaltende Gelächter.) Wenn Völk sich einmal blauweiß kleiden will, so müßte das ein äußerst überraschender Anblick sein und ich wünschte recht sehr, daß die Zeit einmal käme, Völk blauweiß herumlaufen zu sehen, ich wünsche das so sehr, wie daß ich ihm durch meine Rede recht viel Vergnügen gemacht habe.

Damit schloß der erste Tag. Die Rede des Herrn Abg. Lukas hatte überall den besten Eindruck gemacht, außer bei den Fortschreitern, die auf ihn eine besondere Wuth zu haben scheinen, und durch Stampfen, Kratzen, Scharren, Zischen und zuweilen durch ein des hohen Hauses nicht sehr würdiges Gejohle und Geheul Lukas zu unterbrechen, in Verlegenheit zu setzen oder zum Schweigen zu bringen suchten, was ihnen aber durchaus nicht gelang.

Deutschland.

München, den 31. Januar.

Der Abg. Lukas hat gemeint, die Fortschreiter verwechseln den Ständesaal mit der Westendhalle, weil sie hier gerade so schöne Reden hielten wie in der Westendhalle. Wir haben die Bemerkung gemacht, daß dieser Vergleich auch noch in anderer Weise stichhaltig sei. Zum Beispiel sind die Galerien mit den schönsten Judennasen und -Physiognomien geziert, welche sich mit einer hübschen Anzahl gediegener bärtiger und unbärtiger Fortschreiter als liberale Claque zusammengethan haben, wie im Theater zum Beklatschen der Komödianten. Wir wissen noch nicht genau, steht diese Klatsch- und Spektakelbrigade unter dem Kommando des Konzipienten Berchtold oder des Adv Hagen, welcher jeden „ultramontanen“ Redner als „bös“ ansieht und der vermöge seines unermeßlichen Liberalismus dazu schon im Stande wäre, besonders wenn es nichts kostet; denn vom Zahlen wollen die Liberalen nichts wissen, das sollen immer die Preußen, die „Reptilien-“ und andere Fonds thun. Diese fortschrittliche Klatsch- und Spektakelbrigade treibt ihr Wesen höchst ungenirt, scheint aber trefflich organisirt zu sein, auf den gegebenen Wink jeden Fortschreiter mit Jubel und Beifall schon zu empfangen und deren Phrasen und Witze, deren sich sogar Hr. Bausewein schämen würde, heftig zu beklatschen, dagegen „unbeliebte Mitglieder“, nämlich schwarze mit Gebrumm, Zischen, Kratzen 2c. 2c. zu begrüßen und während ihrer Rede so viel Lärm und Skandal zu machen, daß sie in Verwirrung kommen oder aufhören sollten, gerade wie's eine rechte Claque macht. Einstweilen wollen wir das notiren, wir werden aber die edle Bande besonders auf's Korn nehmen und ihre „Leistungen“ zu preisen wissen. Wir bemerken, daß der verbannte Knurrblättldeputatus nicht bei besagter Gesellschaft ist, da er von der Journalistentribüne aus sich immer die Bank betrachtet und wehmüthig blöde auf die Freunde herabgrinst. Der Deputatus meint nämlich, weil er ein Journal hat, so sei er auch Journalist, deshalb geht er auf die Tribüne und macht sich so breit darauf, als ein Julius Knorr immer im Stande ist. —

— Das Ministerium vor den Reichsräthen. (Schluß.) Einer Aeußerung des Hrn. v. Harleß müssen wir noch Erwähnung thun. Gott sei Dank, bemerkte er u. A., daß das Blut von 1866 nicht auf unsere Häupter fällt. Daß ich für den neuen Zollvertrag stimmte, geschah, weil ich von Bayern einen immensen Schaden abwenden wollte, der gesunde Appetit, den Preußen immer auf Bayern hat, war auch darin zu spüren. Eine bemerkenswerthe Aeußerung machte er bezüglich des Schulgesetzes. Darin habe er Alles vermißt, was staatsmännische Weisheit und Vorsicht ist. Es war in demselben keine Spur von Kenntniß dessen, was auf dem ganzen Kontinent vorgeht. —

Bei der Spezialdebatte tadelte Döllinger, daß die Adresse von einer treu ergebenen Mehrheit des bayr. Volkes spreche; das sei ja eine Anklage gegen den andern Theil des Volkes, der nicht zur Mehrheit gehöre, daß er nicht treu sei. Es gebe wohl beim Fortschritt eine Anzahl solcher, bei denen das Gefühl der dynastischen Treue durch die Ereignisse der letzten Jahre erschüttert sei, allein das solle man nicht aussprechen vor dem Ausland, vor Deutschland, vor dem König (doch gerade vor dem König!) und vor Bayern und müsse nur Erbitterung hervorrufen. (Rücksichtsmeierei!)

Die weitere Debatte war von minderer Bedeutung und es fehlt uns an Raum, weiter darauf einzugehen.

— Die Kempter Zeitung, ein bekanntes „anständiges“ Blatt, macht ihren Lesern weis, daß bis Ostern eine neue Steuer zum Unterhalt des Landtages ausgeschrieben werden müsse. Wäre die Kammer fortschrittlich, so hätte sie auch dagegen nichts, nun ist aber die Lüge so plump, daß sie blos von der maßlosen Wuth des liberalen Blattes, aber nicht von seinem Witze zeigt.

Münchener Schranne vom 29. Januar.

Getreidsorten	Verkauft Schffl.	Höchster fl.	kr.	Mittel fl.	kr.	Nied. Preis fl.	kr.	Gest. fl.	kr.	Gef. fl.	kr.
Weizen . . .	2408	19	25	17	46	15	53	—	—	—	38
Korn . . .	1269	11	40	11	28	10	42	—	9	—	—
Gerste . . .	2672	13	50	13	10	12	4	—	—	—	19

Münchener Hopfenmarkt.

1) Ober- u. Niederb. Gewächs: Mittelgattungen: Gesammt-Vorrath: 3861 Pfd., Verkauf 423 Pfd., Preis 117 fl. 30 kr. der Zentner; Wolnzacher- u. Auer-Markt-Gut: Gesammtvorrath 6105 Pfd., Verkauf — Pfd., Preis — fl. — kr. der Ztr. 2) Mittelfränkisches Gewächs Mittel-Qualitäten: Vorrath — Pfd., Verkauf — Pfd., Preis — fl. — kr. der Ztr., Vorzügliche Qualitäten aus Spalter Umgegend nebst Kindinger- u. Heideckerhopfen: Vorrath 13571 Pfd., Verkauf 3807 Pfd., Preis 141 fl. 32 kr. bis 161 fl. 50 kr. der Ztr., Spalter Stadtgut, u. Weingarten-, Mosbacher- und Stirner Gut Vorrath 814 Pfd., Verkauf 321 Pfd., Preis 280 fl. — kr. der Ztr. 3) Ausländisch Gut Saazer Stadt, dann Herrschafts- und Kreisgut Vorrath 808 Pfd. Verkauf — Pfd., Preis — fl. — kr. bis — fl. — kr. der Ztr.

Verantwortlicher Redakteur: Dr. J. Sigl.

Druck von M. Vogl in München, Rosengasse 10.

II. Jahrgang. **Das Bayrische** Auflage: 4400.

Vaterland.

Das „Bayr. Vaterland" erscheint täglich mit Ausnahme der Sonn- und hohen Festtage. Preis des Blattes: Vierteljährig 54 kr., ganzjährig 3 fl. 36 kr. Das einzelne Blatt 1 kr.

Alle Postexpeditionen und Postboten des In- und Auslandes nehmen Bestellungen an. Inserate werden die dreispaltige Petitzeile oder deren Raum zu 3 kr. berechnet.

Redaktion Burggasse 14. Herausgegeben von Dr. jur. J. Sigl. Expedition: Ruffinibazar 5

Maria Lichtmeß. Nr. 26. Mittwoch, 2. Februar 1870.

Morgen als am Feste Maria Lichtmeß erscheint kein Blatt.

Das Ministerium vor den Abgeordneten.

(Zweiter Tag.)

Präsident Dr. Weis eröffnet die Sitzung mit der Erklärung an die Galerien, daß, wenn wieder derlei Dinge vorkommen sollten wie das letzte Mal, er energisch genug sein werde, nach Art. 59 der Geschäftsordnung die Galerien mit Gewalt räumen zu lassen. Die Unruhe ꝛc. war, wie auch Präsident bemerkte, aus jenem Theile des Zuhörerraums gekommen, wo sich Personen aus den „gebildeten Ständen" (z. B. Ministerialrath Huller, Adv. und fiskirter Abg. Kühlmann und ein gewisser Golbrig) befanden. Desgleichen ersuchte Präsident die Abgeordneten — es ging die Fortschreiter an — auch ihrerseits die Würde und den Ernst des Hauses aufrecht zu erhalten. Die Sitzung verlief denn auch ohne Störung.

Zunächst nun sprach Ministerialrath Völderndorf über die süddeutsche Festungskommission, gab aber nichts Neues noch Merkwürdiges zum Besten.

Prof. Greil (Passau) hält die Hoffnung einiger, aus der Kammer heraus werde sich eine neue kräftige Mittelpartei bilden, für unmöglich, wohl aber hält er es für möglich, daß man die patriotische Partei besser kennen und würdigen lerne. Dieselbe habe nie Gelegenheit gehabt, öffentlich ihre Gesinnung kund zu thun, nie, ein offizielles Programm aufzustellen. Kenne man erst das, so werde man aufhören, sie eine „vaterlandslose" Partei zu nennen. Daß einzelne Ausschreitungen der patriotischen Presse vorgekommen, dafür könne man nicht die ganze Partei verantwortlich machen. Redner beleuchtet nun zum Gegensatz die gegnerische Presse, die vielfach in Zusammenhang mit der Regierung gestanden. Unsere Preßpolizei sei immer nur gegen die Blätter der patriotischen Partei aufgetreten; von den andern Blättern habe sie kaum Notiz genommen. Redner verweist auf die Ausschreitungen der französischen Presse von 1715 bis 1790, wo die Presse geradeso wie jetzt bei uns gegen die Geistlichkeit verfahren sei, und auf die Früchte dieser Presse, die blutige Saat, die durch sie über ganz Europa ausgestreut worden, und fürchtet die gleichen Folgen im 19. Jahrhundert. 100,000 Soldaten, alle Schutzwehren werden wie früher nichts dagegen helfen. Redner verbreitet sich weiter über die bestehende Rechtsungleichheit vor den Gerichten, über die Verfolgungen wegen Kritisirung von Gesetzen, vom Schulgesetz und seinen Vätern, den Freimaurern, und äußert, wie es Gesetze und Verordnungen geben könne, die man nicht befolgen dürfe, weil sie gegen den göttlichen Willen sind. Er weist dazu auf die früher in England in Religionsfragen erlassenen Gesetze hin. Solcher Götzendienst wie damals dürfe in Bayern nicht eingeführt werden, das wäre der Despotismus des Gewissens. Wir haben ohne allen Zweifel eine Parteiregierung. Die gegenwärtige Regierung hat sich losgesagt von denen die die Freunde der Regierung sind, die es wenigstens bei regelmäßigen Verhältnissen sein sollten, und hat sich denen angeschlossen, die nichts sehnlicher wünschen als den Eintritt in den Nordbund. Wie kann denn, fragt man, bei den gegenwärtigen Gegensätzen regiert werden? Die Antwort darauf ist nicht schwer. Wir wünschen kein Parteiregiment, sondern eine Regierung, die sich die Verfassung, das Recht, die christliche Moral zur Grundlage genommen hat. Eine solche Regierung ist keine Parteiregierung, sondern eine Regierung des Landes, des Volkes, und wird jeder Partei gerecht zu werden bestrebt sein. Das aber habe ich bei der jetzigen Regierung alles nicht gefunden. Eine solche Regierung wird nicht ein Wahlschreiben ergehen lassen wie Hr. v. Hörmann. Wenn es sich um Wahlen handelt, da handelt es sich darum, daß man erfahre, was das Volk will, nicht daß man künstlich die ministerielle Ansicht aus dem Volke herausarbeite; das heißt nicht den Volkswillen zum Ausdruck kommen lassen, wenn man die Wahlkreise so eintheilt wie das letzte Mal, daß eine Partei siegen muß. Es muß bei Wahlen eine Agitation geben, aber eine gesunde Agitation. Nun verliest Redner Stellen aus der infamen Flugschrift eines gewissen Güttinger, eines bekannten Preßhusaren, welche vom Fortschritt massenhaft unter das Volk verbreitet worden und deren Inhalt eine fortgesetzte Lüge und Verleumdung ist. Haben Sie, fuhr er fort, je etwas Aehnliches von unserer Partei gesehen, etwas was einen ganzen Stand wie diese Flugschrift den Klerus in den tiefsten Schmutz herabzieht? Redner erinnert weiter an die offiziellen Wahlmanöver im Mai mit der Schwandorfer Rede, im November mit der Lüge über Dr. Pfahler, Dinge, deren Unwahrheit längst nachgewiesen worden ist. Wieder auf die Politik übergehend, erklärt er jedes Anlehnen an Preußen als eine Unmöglichkeit für uns. In einen Palast eintreten — ruft er, ein früher gebrauchtes Bild wiederaufnehmend — dessen Mauern mit Blut, mit Bruderblut gekittet sind, darauf kann ich mich nicht einlassen. Bruderblut ist kein fester Kitt und man muß befürchten, daß er zusammenstürzt, wenn er auch mit noch so viel Pickelhauben und Zündnadeln gestützt wird, und daß dessen Zusammensturz uns mit seinen Trümmern bedeckt. Ich will weder mich an den Nordbund anlehnen, noch in denselben eintreten. Was wir haben, das wollen wir und behalten wir, wie es recht und billig ist. Fürst Hohenlohe hat die Selbstständigkeit Bayerns gewahrt —

in seinem Programm. Wenn uns, wie er gesagt hat, die Allianzverträge verhindern, daß wir in unserm Militärwesen Veränderungen eintreten lassen und sparen und wenn der Fürst das nicht etwa übereilt gesagt hat, sondern das wirklich seine Anschauung von der Bedeutung des Bündnisses mit Preußen ist, dann sind wir bereits nicht mehr selbstständig, dann haben wir das Vasallenthum bereits angetreten. Im Volke ist ein instinktsmäßiges Mißtrauen gegen den Fürsten Hohenlohe. Es gibt viele Leute auf dem Lande, welche sich fragen: wo hat denn der Fürst seinen Besitz, seine Güter? — Ein solcher Mann, denkt das Volk, der seinen Besitz außer Bayern hat, hat nicht das gehörige Interesse für Bayern. So denkt das Volk ... Sie sehen aus dem Gesagten, daß ich ein Bayer bin, daß ich Recht, daß ich Sitte, daß ich Bayerns Wohl will. Das hat mich bestimmt zu sprechen wie ich sprach. Ich habe für die Sache gesprochen, nur im Interesse der Sache des Vaterlandes habe ich's gesagt.

Hohenlohe sucht darauf wieder zu entgegnen, bringt aber nichts hervor, als daß er keine Güter in Preußen habe. [1])

Justizminister v. Lutz vertheidigt sich gegen den Vorwurf des Mangels an Rechtsgleichheit in Bayern. Ich — Hr. v. Lutz betonte immer das ich und mich, was vielleicht nicht ohne Bedeutung war — ich habe nie einen Federstrich gethan, wonach die Staatsanwälte zu Gunsten der Liberalen und zu Ungunsten der Patrioten sich in Bewegung setzen sollten. Was mich betrifft, sind die Gerichte stets unbehelligt geblieben. Er läßt durchblicken, daß der vom Volksbotenproceß bekannte Dr. Schneider disciplinarisch bestraft worden und daß der Staatsanwal Wülfert, dessen Auftreten gegen die Reichsräthe der Minister „zum mindesten taktlos" nennt und von dem er weiter sagt, daß selbst von dem von ihm erweisbar Gesagten noch weit mehr übrig bleibe als derjenige sagen darf, der einen politischen Streit taktvoll zu führen beansprucht, das Gleiche erfahren. Von politischen Maßregelungen wolle er aber nichts wissen, keine Regierung habe je damit Glück gehabt.

Stockbauer von Passau protestirt, daß die Anschauungen von Bischöfen (wie in der Schulfrage) je eine Norm für Magistrate seien. (Ja, fortschrittliche Magistrate pflegen sich um Bischöfe freilich nichts zu bekümmern, außer wenn sie eine „Richtung" verfolgen wie der Bischof von Passau. Um den kümmern sie sich, denn der, glauben sie, sei Fleisch von ihrem Fleisch.)

Bucher weist zurück, daß man immer Zeitungsartikel herein bringe und sich mit Zeitungspolemik befasse. Das möge am Platze sein, wenn die Kammer nichts Gescheidteres zu thun habe. Das Alg. Volksblatt, das Hrn. Völk — dem durchgefallenen Algäuer und zweiten Augsburger Abgeordneten, wie ihn Lukas sehr malitiös, aber sehr richtig nannte — gar so viele Schmerzen mache, sei allernicht zur Unterstützung seiner Kandidatur gegründet worden. Er (Bucher) verwahre sich aber gegen die Verantwortlichkeit für Artikel, die in den Blättern stehen, deren Verleger er ist, ein für allemal. Es mögen in patriotischen Blättern Bemerkungen und Artikel vorgekommen sein, die nicht zu billigen sind, aber wir haben uns im Wahlkampf befunden, wo man die Worte nicht so sehr auf die Wagschale legen konnte. Wenn man der Presse Ausschreitungen zum Vorwurf machen will, dann sollte man (gegen Völk gewendet) der Presse hier mit gutem Beispiel vorangehen und nicht selbst Dinge sagen und Ausdrücke gebrauchen, welche der Presse ein Recht geben, das Gleiche zu thun. Redner wendet sich nun gegen Hörmann und seine Angriffe auf die katholische Presse. Den Redakteuren derselben, meint Hörmann, fehle es an der nöthigen Bildung, auf der patriotischen Seite sei die Weisheit nicht. [2]) Die Unwahrheit dessen beweisen unbestreitbare Thatsachen; in der patriotischen Presse sind Männer genug, die sich mit ihrem Bildungsgang mit jedem Anderen messen können. [3]) Gehen patriotische Blätter über eine berechtigte Opposition hinaus, dann haben Sie Ihre Staatsanwälte und Schwurgerichte. Die patriotische Presse, sagt Hörmann, sucht das Ansehen des Königs und Thrones zu erschüttern und zu untergraben. Das ist nicht wahr, das thun ganz andere als die patriotischen Blätter. Man versteht auf gewisser Seite nicht selten unter Ansehen des Thrones das Ansehen der Minister, um sich damit, mit dem Throne zu decken. Wissen Sie, was Frhr. v. Lerchenfeld gesagt hat, als v. d. Pfordten sagte, der Glanz der Krone darf nicht verdunkelt werden, d. h. der Minister darf nicht gehen? — Die Krone bleibt, aber die Minister können gehen, sagte er. Hörmann will ein Freund der Preßfreiheit sein. Sein Erlaß vom 9. Juli 1868 über die Presse strotzt allerdings von Freisinnigkeit und wurde von der patriotischen Presse mit Freude begrüßt. Aber gleich nach dem Erlaß ging das Confisciren an! Man konfiscirt drauf los ohne Aufhören; die Donauzeitung wurde 8mal hinter einander konfiscirt, ich selbst bin 3mal vor dem Schwurgericht gestanden und — freigesprochen worden. [4]) Solchen Vorgängen gegenüber ist es Hörmann nicht erlaubt, sich einen Freund der Presse zu nennen. Man hat aber noch mehr gethan, was man im 19. Jahrhundert nur mehr in — Rußland für möglich halten sollte, was durchaus russisch ist. Präsident Hohe hat, da ihm die Donauzeitung einmal nicht gefallen, seinen Bannfluch gegen sie geschleudert, hat sich nicht vor geschäftlicher Verfolgung, vor socialem Krieg gegen deren Verleger gescheut, er hat in einem Ausschreiben demselben sogar alle amtlichen Inserate entzogen. Das ist ein Angriff auf die Preßfreiheit, die nicht geduldet werden kann. Das ist ein Aufoctroiren der liberalen Blätter, die man leicht durch Zuweisung der Inserate zu

---

[1]) Das ist richtig. Prinz Hohenlohe hat in Preußen noch weniger als in Bayern als sein Eigen; seine ganze Habe in Bayern soll jährlich circa 800 fl. Rente abwerfen, viel zu wenig zum Leben, besonders wenn man fürstlich leben will. Dagegen bezieht er, wie wir hören, von seinem Bruder in Preußen nach den Einen drei, nach Andern fünftausend Thaler als Apanage, da sein Bruder, der Herzog v. Ratibor, die Güter übernommen hat. Wohl aber soll die Frau Fürstin, eine russische Fürstin Wittgenstein, bedeutende Güter in Polen besitzen. Die fürstlichen Güter und Schlösser des Fürsten Hohenlohe befinden sich mehr im Monde, als in diesem irdischen Jammerthal. ...

[2]) Die Weisheit und Bildung ist bekanntlich nur bei den liberalen Zeitungsschreibern, die meistens zwei oder gar drei lateinische Schulen hinter sich haben wie manche Preßhusaren oder z. B. der gegenwärtige Redakteur des „Landboten", welcher durch dreijähriges Studium der Geheimnisse der lateinischen Grammatik und 10jähriges Abschreiben bei einem Regensburger Advokaten sich die nöthige „Bildung" für einen Redakteur des liberalen „Landboten" angeeignet hat und jetzt über König und Kaiser, besonders aber über Bischöfe und Katholizismus zu Gerichte sitzt. D. Red.

[3]) Das ist zu bescheiden. Wir kennen „liberale" Redakteure genug, die niemals ein Gymnasium von innen gesehen, einige, die es mit Noth dahin gebracht, ein paar Universitätskollegien zu „belegen", aber nicht einen, der irgend ein Fach absolvirt hätte. S. den Artikel „Presse und Preßlakaien" im „Vaterland." D. Red.

[4]) Das „Vaterland" wurde in drei Vierteljahren zehn Mal, sage zehn Mal konfiszirt und einige dreißig Untersuchungen von Hochverrath herab bis zur „Amtsehrenbeleidigung" eines Lieutenants wurden eingeleitet. Sämmtliche Nummern mußten durch Gerichtsbeschluß wieder freigegeben und die Untersuchungen eingestellt werden. Wenn das ein „Freund der Preßfreiheit" thut, dann möchten wir wissen, was ein Feind derselben thun soll. D. Red.

ergebenen Regierungsblättern machen konnte, die nimmermehr gestattet werden darf.

Hörmann, der jetzt kam, hielt eine langmächtige Rede und zwar eine Lobrede auf sich selbst, da er noch Minister war. Die wollten wir uns einsulzen und in der nächsten Nummer gesulzt mit Paprika vorsetzen.

Dr. Gerstner, der nach ihm kam, scheint ein merkwürdiger Heiliger zu sein, wie aus seiner Rede hervorgeht. Als „liberaler Demokrat“ mußte er natürlich gegen Papstthum, Jesuitismus und Katholicismus losziehen. Nach seiner Meinung stehen dem „nationalen Gedanken“, nämlich der „Einigung Deutschlands“, der Partikularismus und der Kosmopolitismus entgegen, der „mit dem päpstlichen Regiment liebäugelt“. Vielleicht, meinte dieser „Demokrat“, würde sich der Kosmopolitismus mit der „Einigung“ befreunden, wenn der päpstliche Stuhl in Berlin aufgerichtet wäre. (Große Heiterkeit auf den Bänken der „Schwarzen“.) Wenn man einmal den Absolutismus will, dann will dieser eigenthümliche Demokrat lieber einen deutschen als einen päpstlichen Absolutismus, denn der Uebel größtes ist eine jesuitisirte Politik. So sieht der Mann überall das jesuitische Gespenst! Es gab eine Zeit, versicherte er, 's ist aber nicht wahr, wo man Steuern und Abgaben nicht scheute, wenn sie in den Säckel der Kirche floßen. (Wann denn, o Gehrtester?) Wenn man da drüben Freiheit will, warum beschimpft man denn ein freisinniges Schulgesetz? Weiters findet der Demokrat in den neuen Gesetzen keine Mehrbelastung des Volkes. Das Schulgesetz ist ihm noch „viel zu wenig freisinnig“; die ganze liberale und intelligente (?!) Bevölkerung sei dafür gewesen, man habe aber bei jenem Schulgesetze der Kirche noch viel zu viel Einfluß gelassen. Wer den „Geist der Zeit“ (des „Liberalismus“!) nicht erfaßt, hat nicht das Recht zu regieren, (womit er bewiesen zu haben glaubt, daß die „Ultramontanen“ niemals zur Regierung kommen sollen!) Es wird eine Zeit kommen, wo die Schule von der Kirche erlöst ist (ah so!), von der „politischen Herrschaft“ der Kirche, verbessert er sich. Ohne Scheidung von Staat und Kirche, ohne „Erlösung“ (!) der Schule von der kirchlichen Machtvollkommenheit kann Deutschland kein Heil kommen; dann erst werden wir zur rechten „nationalen Entwicklung“ kommen. (Ja, und wie wir uns „national entwickeln“ werden!) Geistiger Fortschritt ist nur möglich durch freisinnige Erziehung und freie Entwicklung der Geister (die sich am „freiesten“ entwickeln, wenn aller christlicher „Plunder“ beseitigt ist!) Dabei will er aber doch durchaus keine Entchristlichung der Schule oder eine Verbannung der Religion aus dem Herzen des Volkes, wenigstens sagt er das. Die katholische Kirche, lehrte er, könne nur durch ihre Scheidung vom Staat (der dann leichter heidnisch gemacht werden kann!) „gerettet“ werden, denn die weltliche Herrschaft ersticke die Religion in den Herzen. Wer heute noch eine konfessionelle Politik treibt, der ist ein Feind der Nation. (!!!) Jetzt sei er zwar noch ein Prediger in der Wüste und auf die Zukunft angewiesen, aber er werde schon noch Recht bekommen, (wenn nämlich die Welt genugsam versimpelt sein wird, um zur Aufnahme solcher durchaus heidnischer Ideen fähig zu sein.) —

Damit schloß die Debatte des zweiten Tages.

Was soll das bedeuten?

Durch den Hofmarschall des Königs wurden sämmtliche Reichsräthe, welche gegen das Mißtrauensvotum gestimmt, zur Hoftafel geladen und nicht Einer von denen, welche wie die Prinzen des kgl. Hauses pflichttreu für das Mißtrauensvotum stimmten.

Hat der Hr. Hofmarschall, als er die Liste der Einzuladenden entwarf die Bedeutung dieser — Demonstration, wir können es nicht anders nennen, bedacht und überlegt? Hofmarschälle, wenn sie treue Diener und verständige Männer sind, sollten alles bedenken und überlegen, besonders in Zeiten, wo ein falscher Griff verhängnißvoll werden kann.

Den Münchenern brauchen wir nicht zu sagen, welchen Eindruck, welchen, zumal für einen königstreuen Freund des Vaterlandes niederschlagenden Eindruck dieser Fehlgriff des Hofmarschallamtes gemacht, da man, gewiß mit Unrecht, etwas anderes dahinter sucht als einen Fehlgriff des Marschalls.

Mit Unrecht, sagen wir; denn Sr. Majestät dem Könige selbst, der eben so herzlich zu seinem Volke gesprochen, könnte es unmöglich einfallen, sich in solchen Gegensatz zu der Majorität seines Volkes zu setzen, die durch die Nichteingeladenen so glänzend und würdig vertreten war.

Es schleicht ein böser Geist durch Bayern, der durch jenen unglückseligen Fehler eines Hofbediensteten neue Kraft und Hoffnung geschöpft hat. Man geht soweit, bereits von einer neuen Kammerauflösung zu sprechen, wenn die Patrioten nicht nachgeben wollen. Was? Wegen dieses einzigen Hohenlohe soll das Land nochmals den Stürmen eines Wahlkampfes ausgesetzt werden, — Stürmen, die das lecke Schifflein dieses Ministeriums vollständig zerschellen werden? Unmöglich! Nur kindischer Trotz, nur der Wahnsinn könnte Angesichts der bekannten Thatsachen, Angesichts des stillen Volkszornes einen so unseligen Versuch machen.

Aber man rechnet vielleicht — auf die Preußen! Man hofft vielleicht, daß es da und dort zu Unruhen kommen werde, die eine schöne Gelegenheit böten, die Preußen als „Retter“ ins Land zu rufen.

Landesverräther! Feinde Bayerns und seines Volkes! So weit wolltet ihr in euerer bettelpreußischen Wuth gegen „diese Schwarzen“ gehen?

Aber wißt ihr denn auch, was ihr thätet? — Ihr brecht den Frieden Europas, ihr stürzt uns und Europa in Blut und unsägliches Elend.

Sobald ein Preuße die Grenzen Bayerns überschreitet, setzen sich 600000 Franzosen und 400000 Oesterreicher in Bewegung, den Preußen wieder hinauszuwerfen.

Das bayrische Volk wird also nicht ohne Schutz sein gegen eure und der Preußen Pläne. Aber wie ihr dabei, wie die Krone dabei fährt, das überlegt euch wohl. Die Krone muß auch euch heilig sein, wie sie es uns ist; Haus Wittelsbach darf nicht untergehen, weil ihr Verräther sein wolltet, weil ihr den Frieden, den europäischen Frieden brechen wolltet, da ihr besiegt seid.

Ueberlegt es euch, daß, wenn ihr den Feind ins Land rufen wolltet, wir berechtigt wären, den Schutz des Auslandes nicht zurückzuweisen.

Bayern muß den Bayern gehören, der Preuße hat kein Recht darauf, und Jeder muß uns als Freund willkommen sein, der Bayern den Bayern erhält.

Deutschland.

München, den 1. Februar.

Löbliches Knurrblättl bestrebt sich angelegentlichst, einerseits die Reden patriotischer Abgeordneter thunlichst todtzuschweigen oder zu verdrehen, anderseits die Redner lächerlich zu machen. Insbesondere ist es Hr. Lukas, der den ganzen Grimm dieses schmählichen „Organs“ erregt hat, dem es zwar Zungenfertigkeit und Wortfülle zu-, dagegen Gedankenreichthum abspricht und ihn noch damit dem liberalen Pöbel zu denunciren sucht, daß er im „Tone des „Volksboten“ und „Vaterland“ gesprochen habe. Was das „Vaterland“ betrifft, so wäre es stolz auf diese Zusammenstellung mit dem geistreichsten katholischen Schriftsteller Bayerns; was aber Knurrblättl betrifft, das sich von Hrn. Lukas „manch heitere Episode für das Publikum“ hofft, so denken wir, daß einigen Fortschrittsleuten eine solche Hoffnung schon nach der ersten Rede Lukas' vergangen ist und daß nach den nächsten den Meisten die „Heiterkeit“ vergangen sein wird. Im Uebrigen betrachten wir die Kammer als etwas ganz anderes denn einen Ort und eine Gelegenheit „heiter“ zu werden. Weiters meint Knurrblättl, nach den Reden von Greil und Bucher hätten die Ultramontanen Ursache zu rufen: Gott bewahre mich vor meinen Freunden! Wenn Knurrblättl das wirklich glauben sollte, dann bemitleiden wir es wegen dieses sehr unzeitgemäßen Aberglaubens, und wenn es beiden Herren „in die Augen fallende Unfähigkeit“ vorwerfen will, so ist das eine öffentliche — Quittung für richtig empfangenen Aerger. Daß Hr. Hörmann die Zentnergewichte, welche beide auf ihn geschleudert, (unser Bericht, der leider äußerst kurz gehalten sein muß e, gibt ein schwaches Bild davon), wie „Schneeflocken abgeschüttelt,“ ist eine Meinung vom Knurrblättl, das auf Infallibilität keineswegs einigen Anspruch machen kann. Wir denken, Hrn. Hörmann werden die Beulen noch lange schmerzen, die er am gestrigen Kampfe davon getragen.

Ausland.

In Rom ist der Großherzog Leopold von Toskana gestorben.

Aus Neapel etwas „Partikularistisches“. 120 süditalienische Abgeordneten mit Mancini an der Spitze wollen die italienische Regierung von Florenz nach Rom oder Neapel verlegt wissen und haben dazu sich als permentes „Parlament“ zusammengethan. Viele Garibaldianer wollen sich ihnen zur Verfügung stellen, Garibaldi selbst wird erwartet. Die Sache muß ernsthaft aussehen, da die Regierung Caprera mit Kriegsschiffen bewachen läßt.

Dienstes-Nachrichten.

Verliehen: Die kath. Pfarrei Wartenberg, B.-A. Erding, dem Vikar K. Leder, in Hallbergmoos, B.-A. Freising; Hohenthan, B.-A. Rottenburg, dem Th. Lehner, Pf. in Köfting; die k. Pfarrei Andermannsdorf, B.-A. Rottenburg, dem M. Schatz, Pfarrer in Peising, B.-A. Ingolstadt.

Erledigt: Die k. Pfarrei Schorndorf, B.-A. Cham, R.-E. 710 fl.; Kemnath, bei Fuhrn, B.-A. Neunburg v. W., R.-E. 1255 fl.

Verantwortlicher Redakteur: Dr. J. Sigl.

Druck von M. Vogt in München, Rosengasse 10.

II. Jahrgang. | Das Bayrische **Vaterland.** | Auflage: 4400.

Das „Bayr. Vaterland“ erscheint täglich mit Ausnahme der Sonn- und hohen Festtage. Preis des Blattes: Vierteljährig 54 kr., ganzjährig 3 fl. 36 kr. Das einzelne Blatt 1 kr.

Alle Postexpeditionen und Postboten des In- und Auslandes nehmen Bestellungen an. Inserate werden die dreispaltige Petitzeile oder deren Raum zu 3 kr. berechnet.

Redaktion Burggasse 14. | Herausgegeben von Dr. jur. J. Sigl. | Expedition: Kuffinibazar 5

Andreas. | Nr. 27. | Freitag, 4. Februar 1870.

Verfassungswunder.

Der König hat die Deputation der Reichsräthe, die ihm die Adresse mit dem Mißtrauensvotum gegen Hohenlohe und sein Ministerium überbringen sollte, nicht empfangen und den Prinzen Luitpold und Adalbert wegen ihres Votums gegen das Ministerium einen Verweis ertheilt. Prinz Otto hat sich schriftlich bei ihm entschuldigt. —

Art. 27 Titel VII. Der Verfassungs-Urkunde lautet: „Kein Mitglied der Ständeversammlung kann für die Stimme, welche es in seiner Kammer geführt hat, anders als in Folge der Geschäftsordnung durch die Versammlung selbst zur Rede gestellt werden.“

Wir möchten Angesichts des Obigen dem Berather des Königs, dem ehemaligen Kavallerie-Lieutenant Graf Holnstein doch einiges Studium der Verfassung empfehlen, und dem Prinzen Hohenloh möchten wir unmaßgeblichst zu bedenken geben, daß in konstitutionellen Staaten die Minister für die Handlungen des Staatsoberhauptes verantwortlich zu sein pflegen.

Stellenweise glaubt man nämlich, daß Bayern ein konstitutioneller Staat sei, dessen König Ludwig II. und nicht Ludwig XIV. heißt.

Sollte König Ludwig II. denn keinen einzigen ehrlichen und treuen Mann um sich haben, der ihm offen und ehrlich die Wahrheit sagt?

Dann hoffen wir, daß die Stände des unglücklichen Vaterlandes um so fester und entschiedener ihre Pflicht thun und ebenso das Recht des Volkes, wie das Interesse des Königthums zu wahren wissen werden.

Das Ministerium vor den Abgeordneten.

(Dritter Tag.)

Die Debatte des dritten Tages eröffnete der große Mann Gottes und Ochsenwirth Karolus Föckerer von Vilshofen.

Und was er sprach war Schwefel
Und was er sagt' — war Blech.

Unter Anderm kamen dabei die berühmten 119 gut- und blutigen Angedenkens vor. Item Hr. Karolus selbst, der, weil ihn in Niederbayern kein Mensch mehr zum Deputatus machen wollte, ins gebildete Mittelfranken ging, wo man so gebildet ist, daß man sogar mit einem Föckerer vorlieb nimmt. Der alte Karl will aber nicht leidenschaftlich sein und erzählt daher einiges aus seiner glorreichen Lebensgeschichte, aus der hervorgehen soll, daß der gescheidte Karl und Ochsenwirth blos von wegen des Beichtstuhls und der Kanzel und weil die Bauern so viel Seelenmessen stiften, so schmählich durchgefallen sei, wofür wir dem guten Mann noch nachträglich unser innigstes Beileid ausdrücken und nächstens einige Eimer mitleidige Thränen weinen. Weiters erzählte der brave Mann dem hohen Hause, daß in den bedeutenderen Orten Niederbayerns öffentlich keine anderen Zeitungen aufliegen als die Donauzeitung, der Volksbote und in neuerer Zeit das Vaterland.[1]) In neuerer Zeit tragen viele Herren das „Vaterland“ in den Rocktaschen in die Häuser und dort werden die nöthigen Erklärungen dazu gegeben, auf die aber der gute Mann nicht eingehen kann. Weiters vermeldete er, daß die Macht des katholischen Clerus eine unendliche sei in katholischen Gegenden und daß gewisse Herren im Algäu das erfahren haben, (was wir mit großem Vergnügen aus dem Munde dieses Mannes hören.) Zum Schluß sprach der größte Mann Vilshofens, das ihn aber trotzdem nicht zum Abgeordneten haben wollte, auch über Politik, aber nicht so weise als der Durchleuchtige darüber zu reden pflegt.

Nun kam der rothe Benjamin Stauffenberg, der gleich mit der Thüre der „deutschen“ Frage ins Haus fiel und höchst — preußisch über die Verträge sprach. Vom Präsidenten und Referenten unterbrochen, fiel er urplötzlich über das „Vaterland“ und zwar das papierne her. Dieses „infame“ Blatt, wie man das „Vaterland“ früher im Ministerium für hörmannische Rundschriften und preßpolizeiliche Burchtorffereien zu benamsen pflegte — wir wissen nicht, wie es jetzt damit gehalten wird — und das Stauffenberg „eines der hervorragendsten Blätter der patriotischen Partei“ nennt, hat seine Galle erregt und ihm die Milch der frommen Denkungsart unheilbar vergiftet, insbesondere der Artikel vom 30. Januar, welcher von Sr. Durchleuchtigkeit handelt und wo es wörtlich heißt: „Hohenlohe wird sich zwar mit dem Herabsteigen nicht sonderlich beeilen, aber herabsteigen muß er vom Ministerstuhl, sonst holt man ihn herunter“. Diese Stelle brachte sein fortschrittliches Blut in Wallung und er warf der patriotischen Partei vor, sie strebe — die Revolution an (weil dieser Satz im „Vaterland“ steht!!!) und er rief zornentbrannt, ich verlange eine ehrliche Antwort: Desavouiren Sie dieses Blatt? Einige Stimmen auf der Rechten (sieh den Artikel in Nr. 18) riefen: Ja, Dr. Schleich mit Nachdruck: Ja, aber nur diesen Ausdruck! Stauffenberg ist darüber mit „herzlicher Freude erfüllt“, daß „diese Aeußerung von den Patrioten selbst mißbilligt worden“, und Knurrblättl bestätigt ihm

---

[1]) Das zeigt, daß die Niederbayern, unsere Land-Leute, Leute von Witz und Geist sind, sonst würden sie das Vaterland gar nicht verstehen, denn das Vaterland ist ein Blatt, bei dem nicht selten das Wichtigste zwischen den Zeilen steckt, z. B. na, — lassen's wir lieber ungesagt, man findet es schon heraus. D. Red.

heute, daß dies der „erfreulichste Augenblick der bisherigen Debatte gewesen sei"[2]), wofür wir dem löblichen „Organ" hiemit unsern verbindlichsten Dank sagen; über gleichgiltige Dinge ist man gleichgiltig, über wichtige freut oder ärgert man sich.[3]) Redner fährt fort über die Verträge zu sprechen, in Bezug auf welche er nicht glauben will, daß es den Patrioten so sonderlich ernst sei, sie zu halten. Er fürchtet eine vollständige Zersplitterung Deutschlands (ist bereits da! es gibt kein Deutschland mehr, seitdem Deutsch-Oesterreich hinausgeworfen, Limburg und Luxemburg aus Deutschland „entlassen" sind!) oder einen centralisirenden Einheitsstaat. Ohne Gewalt mit bloßen Reden könne die deutsche Frage nicht gelöst werden; wir können uns nicht thatlos vom Strome der Verhältnisse treiben lassen. Auf die inneren Fragen übergehend, findet Stauffenberg den Grund der bekannten, dem Fortschritt so unangenehmen „Erscheinungen" einzig darin, daß „der geistliche Stand als solcher in die Agitation eintrat", (d. h. den Fortschreitern nicht feige das Feld unbestritten überließ.) Durch die Geistlichen ist der Friede im Land gestört worden.[4]) Und dabei muß die Religion Schaden leiden, (was den Stauffenberg in tiefinnerster Seele betrübet!). Redner zieht ein Mitglied der Reichsräthe wegen einer anderswo gethanen Aeußerung in die Debatte, wofür er vom Präsidenten unterbrochen wird, und schließt, daß das Land finanziell dann (von Geld und Besitz!) erleichtert werde, wenn an der Vollendung der Gesetzgebung weiter gearbeitet werde.

Nun kam „Ritter" Schauß, aber ohne seinen preußischen Bozelorden. Er meint, das Mißtrauensvotum gegen das Ministerium sei auch eines gegen die Herren Fortschreiter, womit der Mann nicht ganz Unrecht haben mag. Er spricht für die Herren Minister, absonderlich für Hohenlohe, und den Bischof von Passau, wozu wir dem Letzteren aufrichtig gratuliren! Wenn Leute wie Schauß zu Lobrednern eines Bischofs werden, dann muß es wahrhaftig schlecht stehen mit dem Bischof. Hrn. Lukas wirft er die Beleidigung an den Kopf, er sei nicht werth, dem Passauer Liebling der Schauß und Konf. „die Schuhriemen aufzulösen" und wird dafür — merkwürdiger Weise! — nicht zur Ordnung gerufen! — Dr. Sepp empfiehlt dem Schauß, nur so fortzufahren, für den König von Preußen zu arbeiten und wird dafür auf dessen Verlangen zur Ordnung gerufen. — Lukas gratulirt dem Bischof zur Vertheidigung durch Schauß, worin der zartfühlige Schauß gleich wieder einen „persönlichen Angriff" sieht und auch gegen Lukas einen Ordnungsruf will, aber nicht bekommt. Lukas (fortfahrend): Was das von Schauß gerügte Wort „ministerielles Stimmvieh der Städte" betreffe, so sei das Stimmvieh eine liberale Erfindung (was aber der liberale Schauß nicht zu wissen braucht!) und wenn die Herren Liberalen die Bauern „Stimmvieh" nennen, so sei er so frei, die Städter ebenso zu betiteln.

Wo alles auf die „Schwarzen" schimpft, da konnte natürlich der Fortschreiter Herz nicht zurückbleiben, weshalb er redlich und nach Kräften auf die „Schwarzen" schimpfte und gegen den Justizminister loszog.

Justizminister v. Lutz weist die Angriffe des Herz wegen angeblicher Maßregelung[5]) von Richterbeamten als völlig unbegründet zurück. Bezüglich seiner Aeußerung über den Wülfert, entspreche es seinem Geschmacke, sein Benehmen taktlos zu finden und er nehme dieselbe Freiheit der Meinung über Geschmackssachen in Anspruch wie jeder Andere.

Appellrath Dr. Krätzer will zur Sache sprechen. Wenn es in diesem Tone fortgehe, dann komme man zu keinem Resultate. Man sagt, nur Agitationen haben die Wahl gemacht. Aber die Fortschrittspartei wird trotz aller Agitationen in Altbayern so wenig Erfolge erringen, wie die patriotische in der Pfalz, weil eben die Stimme des Volkes gegen sie ist. Die Agitationen allein machen es eben nicht aus. Das Volk ist unzufrieden mit den socialen Gesetzen. Wohin kommen wir damit! klagt es. Hier müssen Gesetzesänderungen eintreten, und die Mehrzahl des Hauses wird meinen Erfahrungen nach dieser Richtung hin nicht wiedersprechen. Ich freue mich, daß die Möglichkeit der Verehelichung erleichtert worden ist, aber wenn die Leute, die nach ihrem Charakter und ihrem Vorleben gar nie zur Hoffnung berechtigen, daß sie eine Familie ordentlich ernähren werden, den andern, den ordentlichen gleichgestellt sein sollen, so finde ich das nicht in der Ordnung und Klagen des Volkes darüber berechtigt. Dagegen wäre ein Mittel zur Abhilfe, daß man das Einspruchsrecht gegen solche Verehelichungen erneuere. Dieser Einspruch müßte aber nicht der Gemeinde allein überlassen werden. Die Kosten für die Armee 2c. 2c. sind auch gegen früher bedeutend gewachsen, und so liegen noch viele andere Klagen vor. Können Sie sich da wundern, daß das Volk unzufrieden ist? Das Volk weiß auch zu rechnen, jeder Bauer weiß recht gut, wie viel sein Sohn sich verdienen könnte, wenn er nicht in die Kaserne müßte. Redner beleuchtet nun eingehender das Militär- und Gewerbegesetz. Wenn man da glaubt, sagte er, wir Patrioten wollten diese Gesetze abschaffen, um dann auf die Zustände in den 40ger Jahren zurückzugreifen, der würde sich sehr irren; aber wir wollen bei diesen Gesetzen zeitgemäße Veränderungen eintreten lassen.

---

[2]) Sehr schmeichelhaft für uns, daß es für die Herren Fortschreiter schon der „erfreulichste Moment der ganzen bisherigen Debatte" ist, wenn einige Herren der patriotischen Partei der Kammer nur für einen einzigen Ausdruck, nur für eine Stelle des „Vaterland" die Verantwortlichkeit ablehnten. Wir würden sie erst jubeln, wenn die Partei gleich das ganze Vaterland desavouirte! Wir finden es übrigens ganz in der Ordnung, daß die patriotische Kammermajorität die Verantwortlichkeit für Artikel ablehnt, für welche nicht sie verantwortlich ist, sondern wir und welche nicht sie schreibt, sondern wir, und auf deren Genesis sie keinen Einfluß hat. Wir haben bereits ein halbes Dutzend Mal erklärt, daß wir frei und unabhängig nach allen Seiten hin sind, und daß wir nicht das mindeste Bedürfniß fühlen, uns unsere Artikel von irgend Jemand korrigiren oder censuriren zu lassen. Die ganze Partei für das verantwortlich machen wollen, was im freien und unabhängigen „Vaterland" steht, wäre einfach lächerlich. Wir schreiben nach unserer und unserer Mitarbeiter Ueberzeugung, nicht wie uns diktirt wird wir waren und schrieben und wirkten im patriotischen Sinne, d. h. im Sinne des bayrischen Volkes längst, ehe es noch eine patriotische Partei im Lande gab, und so gedenken wir es auch ferner zu halten. Daß wir das Richtige getroffen haben und treffen, dafür gibt es keinen besseren Zeugen als die täglich wachsende Zahl unserer Leser. Zum Offiziösen, das heißt zur literarischen Maschine haben wir niemals Anlage gehabt. D. Red.

[3]) Der halboffiziöse Reporter der „Postzeitung" gibt den Zwischenfall kurz so, als habe Stauffenberg gesagt: „M. H., mißbilligen Sie die Sprache eines solchen Blattes, so desavouiren Sie dieses Blatt. (Lauter und fast einstimmiger Ruf von Seite der patriotischen Partei.)" — So der Halboffiziöse der „Postzeitung." Wir bemerken dazu einfach, daß dies eine Entstellung des Sachverhalts ist, die wir von dem Reporter allerdings erklärlich finden.

[4]) Du hast mir das Wasser getrübt, sagte der fromme Wolf zu dem boshaften reißenden Lamme!

[5]) Maßregelungen! Da sind die Liberalen viel eher bei der Hand. So z. B. um nur Eines anzuführen, hat der ungeheuer fortschrittliche Advokat Hagen zwei seiner Konzipienten, von denen Einer noch dazu umsonst bei ihm arbeitete, einfach entlassen als sie sich bei der Agitation um Freigabe der Advokatur betheiligten! Das scheint uns doch auch eine Maßregelung zu sein!

Es ist behauptet worden, von patriotischer Seite sei das Ansehen des Thrones und der Gesetze erschüttert und untergraben worden; das muß ich entschieden zurückweisen. Wir gehen von der Ansicht aus, daß man der Obrigkeit und den Gesetzen gehorchen muß. Wir müssen uns gegen solche unbegründete Angriffe entschieden verwahren. Sind die Revolutionen je von der klerikalen Partei gemacht worden. Die sind von der andern Partei gemacht worden, die andern Parteien haben die Throne gestürzt, Leute Ihrer Ansicht sind es, nicht uns Gleichgesinnte, nicht Priester, welche Revolutionen gemacht haben. Man bemängelt unsere deutschen Gesinnungen. Meine Herren, wir unterscheiden genau zwischen Deutschland und Großpreußen. Wenn Deutschland besteht, wenn ein Bund gleichberechtigter Staaten ermöglicht ist, dann sind wir bei der Hand; wenn aber von Preußen die Rede ist, von Eintritt in den Nordbund, da thun wir nicht mit; Großpreußen ist nicht Deutschland. Welche Aussichten hätten wir auch bei einem Eintritt in den Nordbund? Noch größere Soldatenmassen zu unterhalten. Glauben Sie, der preußische Staat wird uns 5 Millionen zu Lieb seine ganze Organisation ändern? Ein großer Staat ändert nicht die Grundbedingungen seiner Existenz. Ich will bei der politischen und bürgerlichen Freiheit, die wir haben, nichts wissen vom Eintritt in den Nordbund, wo wir sie nicht mehr haben würden. Man spricht immer von Priesterherrschaft, Jesuitismus, Ultramontanismus; wenn wir ans Ruder kommen, sagt man, sei Bayern ruinirt. Was soll denn dieses Gespenst des Ultramontanismus sein? Es ist jene Richtung, welche die Herrschaft der Kirche auch auf dem weltlichen Gebiet anstrebt. Keiner aber ist unter uns, der nicht dem Kaiser geben will, was des Kaisers ist. Man weiß bei uns die Grenzen der priesterlichen Gewalt sehr zu respektiren. Allerdings auf Schule und Ehe, da hat die Kirche ihre bestimmten unantastbaren Rechte. Man hat Anstoß an den Worten des Vorredners (Greil) genommen, daß man Gott mehr gehorchen müsse als den Menschen; das steht aber, glaube ich, auch in der hl. Schrift. Wir werden aber, wenn uns dem göttlichen Gebot widerstreitende Gesetze oktroirt werden, nicht Revolution machen nach neuer Methode, nein unsere Aufgabe wird dann sein, Märtyrer*) für unsere katholische Ueberzeugung zu werden. Bis jetzt sind mir aber noch keine solchen Gesetze bekannt. Man will eine Schule im Sinne der Aufklärung; wir kennen das, das heißt, man will die Kirche daraus entfernen, den Religionsunterricht auf ein paar Stunden wöchentlich beschränken. Davon aber wollen wir nichts wissen. Die Schule hat auch eine Aufgabe für die Ewigkeit, darum können wir nicht wollen, daß man das Wichtigste und Heiligste daraus verbannt, sondern daß das Religiöse die ganze Schule durchdringt. Ich will Ihnen gern zugestehen, daß Sie Schulen in Ihrem Sinne gründen, aber wir verlangen das gleiche Recht auch für uns, wir wollen gleiches Recht für Alle, sogar für die Jesuiten. Wir wollen nicht blos die Freiheit des Unglaubens, sondern auch des Glaubens. Wir lassen Ihnen gerne die Freiheit des Unterrichts auf den Universitäten, aber wir wollen nicht, daß man Religion und religiösen Sinn ganz daraus verdränge, immer mehr daraus verdränge. Wir willen nicht, daß künftig noch ein Referent sagen und darnach handeln könne: „Der Mann ist ultramontan; so lange ich Referent bin, wird der nichts." †) Solches wünschen und wollen wir nicht. Man hat auch von Trennung der Staaten gesprochen; ich würde sie vielleicht mit Freuden begrüßen, wenn mich nicht mein Gewissen abhielte, es zu wünschen.

Es sprachen noch Kolb und Frankenburger, worüber morgen.

*) Märtyrer! Das ist es ja, worauf man unten und oben immer sündigt, daß die Ultramontanen alles erdulden und keine Revolution machen, und deshalb thut man uns auch Alles. Wir machen ja keine Revolution! Würde man den Herren bedeuten, daß auch ultramontane Geduld eine Grenze haben kann, dann wären sie wahrscheinlich weit weniger verwegen und herausfordernd. Diese ewigen Betheuerungen aber machen sie nur immer kühner und — tollkühner! D. Red.

Deutschland.

München, den 3. Februar.

Die an der Spitze des Blattes gemeldete Thatsache hielten wir am Dienstag, als sie uns von verschiedenen Seiten mitgetheilt wurde, für unmöglich, denn etwas Aehnliches ist, seit Bayern ein konstitutioneller Staat zu sein glaubt, bei uns noch nicht vorgekommen. Was die Nachricht auf die Bürgerschaft, auf alle ruhigen und verständigen Leute für einen Eindruck gemacht hat, läßt sich denken; die Staatsanwälte und Gerichte hätten ein Jahr Arbeit, wenn ihnen alles gestern Gesagte zu Ohren käme. Man ist in München zwar an sehr vieles gewöhnt, da man täglich die wunderbarsten Dinge sieht und davon hört; nichts desto weniger ist der Kern der königlich gesinnten Bürgerschaft tiefbetrübt und hoch erregt; selbst entschiedene Liberale, welche den ganzen Ernst der Lage Bayerns erkennen, sind bedenklich und scheu geworden. Fassen wir das Urtheil Aller zusammen, so lautet es: So kann und darf es nicht fortgehen, wenn Bayern nicht unrettbar zu Grunde gehen soll.

Ausland.

In Rom hat der Papst die Adresse der mehr als 400 Bischöfe für die Unfehlbarkeit so wenig entgegengenommen als die Adresse von 137 Bischöfen gegen die Unfehlbarkeit. Der Papst will die Freiheit des Conzils nach allen Seiten gewahrt wissen.

In Rußland ist eine neue Verschwörung entdeckt worden und zwar eine Bauernverschwörung. Die russischen Bauern sagen: Unser Czar und die Großfürsten sind unfähig zur Regierung (was in der Geschichte schon öfter vorgekommen ist!), unsere Herren leeren uns die Taschen; es bleibt nur das Eine zu unserer Rettung übrig, daß wir unsere Herren erwürgen wie Hunde ohne Gnade und Barmherzigkeit. — Ein wenig barbarisch zwar und sehr unchristlich das, aber es könnte wohl zum Ziele führen.

Wien, 1. Februar. Bei der heutigen Serienziehung der 500 fl.-Lose von 1860 wurden die nachstehenden Serien gezogen: 149, 296, 477, 481, 825, 1270, 1488, 1953, 2383, 2602, 2936, 3792, 3877, 4068, 4282, 4672, 4738, 4840, 4906, 5524, 5812, 6129, 6153, 6208, 6441, 6497, 6617, 6635, 6655, 6822, 7600, 8337, 8346, 8724, 9556, 9923, 10,249, 10,252, 10,494, 11,387, 11,660, 12,064, 12,300, 12,404, 12,486, 12,668, 13,199, 13,269, 13,594, 13,837, 13,859, 14,368, 14,484, 14,697, 16,098, 16,628, 17,308, 18,489, 18,783, 18,813, 18,960, 19,373, 19,800, 19,815, 19,939.

Kulturbildliches.

Ein seltener Zug von Ehrlichkeit wird aus Frankreich gemeldet. Auf dem Felde wurde ein Topf mit kostbaren Medaillen mit dem Bildnisse des Julius Cäsar gefunden. Der redliche Finder behielt nicht ein einziges Stück von dem kostbaren Schatze für sich, eine Ehrlichkeit, die in diesen bösen Zeitläuften jedes christliche Herz namhaft erfreuen muß. Leider war der ehrliche Finder kein Mensch, sondern ein Schwein!

†) Ist Dr. Jörg passirt!

Verantwortlicher Redakteur: Dr. J. Sigl.

An die Leser des „Bayrischen Vaterland!“

Auf der letzten Generalversammlung der katholischen Vereine in Düsseldorf bildete die Unterstützung der Armee, welche zur Vertheidigung des hl. Vaters bestimmt ist, einen der Hauptgegenstände der Berathung.

Es wurde die überaus große Wichtigkeit und Nothwendigkeit jener kleinen Armee unter den gegenwärtigen Umständen hervorgehoben, und daß es eine Ehrensache aller Katholiken sei, für dieselbe aufs Beste zu sorgen. Diese Anschauung hat auch bei allen Katholiken Europas, denen das Wohl des hl. Vaters am Herzen liegt, Platz gegriffen. Alle haben den Wunsch, nach Kräften dem hl. Vater zu helfen, und da es nur Wenigen vergönnt ist, diese Dienste persönlich in Rom zu leisten, so wollen sie sich es doch nicht nehmen lassen, wenigstens für die materielle Unterstützung der päpstlichen Armee zu sorgen.

Diese Unterstützung soll nun in doppelter Weise erfolgen: einmal dadurch, daß wir dem Kriegsminister des hl. Vaters einen Theil der gesammelten Gelder zur Verfügung stellen; dann dadurch, daß wir speziell für unsere deutschen Brüder in der Armee des hl. Vaters sorgen.

Für diese ist nämlich neuerlich ein Militär-Casino gegründet worden, wie ihre Kameraden aller anderen Nationalitäten längst schon solche von ihren Landsleuten erhalten haben. Diese Casino's sind ein wahres Bedürfniß für die in der Fremde sich ganz verlassen fühlenden Soldaten des hl. Vaters. Das deutsche Casino wird unsern Landsleuten eine zweite Heimath. Hier finden sie in geräumigen, wohlerleuchteten Lokalitäten die angenehmste Erholung nach den Strapazen des oft harten Dienstes. · Hier finden sie deutsche Kost, lauter Landsleute und Zeitungen aus der Heimath. Hier finden sie eine liebevolle Pflege, wenn sie reconvalescent noch solcher bedürfen. Hier ist mit einem Worte für ihr geistiges und leibliches Wohl auf's Beste gesorgt. An der Spitze des Casino's steht der deutsche Jesuiten-Pater Pachtler, der sich mit der größten Aufopferung dieser so wichtigen Sache widmet.

Selbstverständlich verursacht aber eine solche Anstalt, die täglich für circa 800—1000 Mann genügen soll, sehr bedeutende Kosten, und das hiesige katholische Casino hat daher, nachdem sich der Vorstand desselben persönlich von dem wohlthuenden Einfluße dieses Militär-Casino's überzeugt hat, beschlossen, einen jährlichen Beitrag bis zu 4000 Frcs. in soweit die Mittel hinzu reichen und die Summe nicht die Hälfte der überhaupt einlaufenden Beiträge überschreitet, diesem Militär-Casino zuzuwenden.

Ein hervorragendes Mitglied der Generalversammlung zu Düsseldorf machte die ganz richtige Bemerkung, daß die Sammlungen für die päpstliche Armee mangelhaft organisirt seien, indem es zwar nicht an Gebern fehle, wohl aber an Solchen, welche sich die Mühe geben, von den Gebern das Geld in Empfang zu nehmen. Diese Bemerkung gilt im vollsten Sinne auch für unser Vaterlaud Bayern, wo sich bis jetzt nur eine verhältnißmäßig geringe Anzahl von Katholiken an der Sammlung betheiligte und vielleicht im Eifer für die wichtige Sache sich überbürdete, während die große Zahl derer, welche recht gern ihr mäßiges Schärflein geben, wenn man sich die Mühe gibt, es bei ihnen abzuholen, außer aller Mitwirkung blieb.

Die Folge davon war, daß das Resultat der Sammlungen, wenn auch momentan bedeutend, doch nicht nachhaltig sein konnte.

Nun lehrt aber die Erfahrung, daß gerade die Kreuzersammlungen die größten Summen einbringen, und es handelt sich also darum, Männer zu finden, welche sich die Mühe geben, zu sammeln, es handelt sich um die rechte Organisation.

Wir richten daher an die Leser des „Bayerischen Vaterland“ die dringende Bitte, die Sammlungen für die Armee des hl. Vaters in nachstehender Weise befürworten und ins Leben rufen zu wollen.

Das Amt des Einsammelns müßten eifrige Katholiken übernehmen, so daß diese bei je zehn ihrer Bekannten sich die Erlaubniß erwirken, allmonatlich einen beliebigen Betrag — mindestens einen Groschen — holen zu dürfen.

Zur Erleichterung dieser Arbeit haben wir eigens gedruckte Formulare anfertigen lassen. Sollte dieser Vorschlag geneigte Aufnahme finden, so bieten wir, diese Formulare bei uns bestellen und monatlich oder mindestens jedes Quartal mit den gesammelten Beiträgen unter der Adresse: Katholisches Casino in München, Odeonsplatz, einsenden zu wollen. Die Nummer des Formulars wolle unausgesetzt bleiben.

Die Sammlung nach diesem Plane wurde in unserem Casino bereits mit einem unerwarteten Erfolg begonnen. Möge dieselbe auch in weiteren Kreisen Eingang finden, nachdem das Casino die allerhöchste Bewilligung erhalten hat, für die Armee des hl. Vaters zu sammeln. Schwere Verantwortung würde uns treffen, wenn durch unsere Unthätigkeit und Gleichgültigkeit die Gefährdung des hl. Vaters und der Verlust des Kirchenstaates, das Gemeingut der katholischen Kirche ist, möglich würde.

Möchten wir darum mit Gottes Hilfe frisch an's Werk gehen und nicht die Mühe scheuen, die mit diesen Dekaden-Sammlungen verbunden ist. Gott wird es tausendfach lohnen.

Wenn alle jene Katholiken, die bereits so große materielle Opfer für die päpstliche Armee gebracht haben, auch noch dieses Verdienst hinzufügen, mit Einsammeln von Beiträgen zu beginnen, wenn diese Sammlungen allenthalben in Gang gesetzt werden, dann wird unser gut katholisches Bayern zeigen, daß es in Bezug auf Opferwilligkeit allen übrigen Ländern gewachsen ist.

München, im Januar 1870.

Der Ausschuß des katholischen Casino's.

Ludwig Graf v. Arco-Zinneberg, Dr. v. Papius,

II. Jahrgang. | Auflage: 4300.

Das Bayrische Vaterland.

Das „Bayr. Vaterland“ erscheint täglich mit Ausnahme der Sonn- und hohen Festtage. Preis des Blattes: Vierteljährig 54 kr., ganzjährig 3 fl. 36 kr. Das einzelne Blatt 1 kr.

Alle Postexpeditionen und Postboten des In- und Auslandes nehmen Bestellungen an. Inserate werden die dreispaltige Petitzeile oder deren Raum zu 3 kr. berechnet.

Redaktion Burggasse 14. | Herausgegeben von Dr. jur. J. Sigl. | Expedition: Kaufinkbazar 6

Agatha. | Nr. 28. | Samstag, 3. Februar 1870.

Bestellungen auf das „Bayr. Vaterland“ für das Quartal zu 54 kr. (für die beiden Monate Februar und März zu 36 kr.) können bei allen Postanstalten und Postboten noch immer gemacht werden.

Vom Hofe.

☛ Seine Maj. der König haben geruht, in weiterer Folge der Abstimmung für das Mißtrauensvotum gegen das Ministerium Hohenlohe den Prinzen Luitpold, Feldzeugmeister der Armee, und dessen Söhne die Prinzen Ludwig und Leopold vom Hofe zu verbannen. Dem Prinzen Adalbert wurde durch den preußischen Gutsbesitzer und Generaladjutanten v. d. Tann das allerhöchste Mißfallen ausgedrückt und soll ihm bedeutet worden sein, wenn er mit der jetzigen Regierungsweise nicht zufrieden sei, so möge er nach Spanien gehen.

Wir können uns füglich jeder Bemerkung über diese Vorgänge enthalten, da sich Jeder selbst darüber ein Urtheil bilden mag. Welches Ende die Dinge nehmen werden, vermögen wir nicht abzusehen. Das Land sieht mit wachsender Verwunderung nach der Residenz; was da geschieht, ist unerhört in unserm konstitutionellen Leben. Die Hoffnungen, welche die kgl. Thronrede auf „Friede und Versöhnung“ erregt, sind durch diese Vorgänge verschwunden, die Spannung und Aufregung allgemein und fieberhaft. Nur der Fortschritt jubelt.

Gott schütze das Vaterland und erbarme sich des Volkes!

Zur Adresse der Abgeordneten.

Aus Franken. Bei Durchlesung des Adreßentwurfes der Abgeordneten muß jeder Patriot sich unangenehm berührt fühlen, daß über die landverderbliche angesonnene Steuererhöhung ganz still hinweggegangen, und auf die Steuerlast überhaupt, unter welcher das Land schmachtet, nur schwach in Abs. V. hingedeutet wird.

Ich bin nun überzeugt, daß kein patriotisches Mitglied der Kammer es für möglich halten wird, mitten im Frieden dem Lande neue Lasten aufzubürden, um überflüssige Bauten herzustellen, die Anzahl der Beamten abermals zu vermehren, und einem bis in's Unnatürliche angeschwollenem Militärwesen noch vermehrte Mittel zu bewilligen, anstatt einem solchen mehrere ausgiebige Aderlässe zu appliciren. Um so mehr aber wäre es am Platze gewesen, energisch dies in der Adresse zu betonen, die allerdings ein Muster von Artigkeit ist, dagegen aber auch die Wünsche der Patrioten, mithin der überwiegenden Mehrheit des Volkes, so wenig und so verblümt als möglich betont.

Gerade dieß vorsichtige Umgehen der angesonnene Steuererhöhung erinnert mich an einen Vorfall in der churfürstlichen sächsischen Geschichte, den ich vor einigen Tagen las, und den ich für interessant genug erachte, um denselben den Lesern des „Vaterland“ mitzutheilen. Ich glaube, daß diese sächsischen Räthe ihrem Herrn besser dienten, indem sie ihm offen die Wahrheit sagten und sich vor einem freien deutschen, wenn auch nicht besonders mundenden Worte nicht scheuten, und daß das Vorgehen dieser Herren, welche sich nicht nur für churfürstliche Beamte, sondern auch als Räthe und Diener des Volkes ansahen, einen starken Contrast bilden gegen die — schüchternen Aeußerungen unserer Abgesandten des Volkes.

Der oben erwähnte Vorfall ereignete sich im Anfange der Regierung Joh. Georg I. Churfürsten von Sachsen. (1611—1636.)

Bereits im 6. Jahre von Joh. Georgs Regierung reichten die bisherigen Einkünfte nicht mehr hin, die Hof- und Staatsbedürfnisse zu decken und die Herren Kammerräthe, Dr. David Döring an der Spitze, machten Vorschläge zu ihrer Vermehrung, welche von dem Geheimen Raths- und Steuer-Collegio nicht zum Besten aufgenommen wurden. Diese Vorschläge bestanden unter Anderm in Einführung eines Mahlgroschens und Vorkaufs an der Wolle. Ich theile das Bedenken in unserer jetzigen Sprachweise mit; es ist zu staunen, wie viel gesündere Finanzpolitik und offenere Staatsweisheit sich in demselben ausspricht, wie auch diese Räthe noch der Ansicht sind, die jeder gute Haushalter haben muß, nämlich die Ausgaben nach den Einnahmen zu richten. Doch lassen wir die Räthe selbst sprechen. Das Schriftstück lautet:

„Bedenken wegen des Mahlgroschens und Vorkaufs an der Wolle. Euer Kurf. Gnaden Verordnung zu Folge, haben wir die in dero Namen uns gemachte Proposition angehört und daraus ersehen, daß nachdem E. Kurfstl. Gn. Rent-Kammer in große Beschwerung gekommen, indem die gewöhnlichen Kammergefälle zur Bestreitung des Hofstaats und Tilgung der gemachten Schulden kaum mehr zureichten, wir Mittel finden sollten, wie dero Einkünfte um Etwas jährlich, wo nicht erblich doch aufs Wenigste bis man füglich wiederum zu einem Landtage käme, könnten erhöhet werden.

Nachdem wir den Unrath in obbesagter Rentkammer sehr ungerne vernommen, wollten wir vom Grund unsers Herzen wünschen, Mittel zur Erleichterung zu finden. Finden aber in höchster Wahrheit nicht, wie da zu helfen, zumal zu einem Landtage sobald nicht zu gelangen ist, man auch mit dem Borgen, welches doch auch für sich ein schädlich Mittel ist, weder in- noch außerhalb des Landes mehr fortkommen kann. Wenn wir nun zu Nichts rathen wollen, wodurch die Armuth allgemein werde, auch nicht mehr Thränen als baar Geld von den armen Leuten in die Kammer gesammelt und dadurch anstatt des Segens Gottes Straf und Ungnade verursacht werde, so wissen wir kein Mittel, wodurch

E. Kurfl. Gn. Absicht erreicht werden möchte. Somit wissen wir nichts Anderes zu rathen, denn daß Sie Ihre Sachen mit Gott anfangen, den Haushalt auf das Genaueste einziehen, und in dem und anderem treuem guten Rath folgen. Wie dann auch nicht zu zweifeln, seine göttliche Allmacht werde mit dero Gnadensegen auf den Fall wieder zu uns kehren, E. Kurfl. Gn. Einkommen segnen, vermehren und helfen, damit dieselben nicht allein zu den nothwendigen Ausgaben zureichen, sondern auch Etwas erspart werden möge, um der Schulden Last abzutragen, zumal weil solch Einkommen so ansehnlich hoch und groß, daß Keiner Dero Vorfahren ab anno 56 bis hieher jemals dergleichen gehabt. So wissen E. Kurfl. Gn. was Sparsamkeit in dergleichen Fällen thut, sowie auch, daß weil doch die Einkommen sich nach den Ausgaben richten, diese nach jenen angestellet und geregelt werden müssen.

E. Kurfl. Gnaden haben uns zwei Vorschläge mittheilen lassen, um ein höheres Einkommen zu erzielen, nämlich, daß von jedem Schäffel Getreide, so in E. Kurfl. Gnaden Landen gemahlen wird, ein Groschen gegeben und dann gewissen Personen an der Wolle, der Vorkauf dergestalt verschrieben werden solle, daß sie dagegen von jedem Steine ein Gewisses reichen müßten. Wann wir aber die Sachen mit Fleiß überdenken, finden wir, daß E. Kurfl. Gn. solches 1. den Ständen nicht zumuthen können, 2. daß es wider Dero Revers laufet, 3. daß eine Ungleichheit hiebei obwaltet, sintemalen allhier der Arme dem Reichen gleich geben muß, wie dann 4. es unbillig, wenn ein armer Mann, der viele kleine Kinder hat, das was er ißt und worin er ohne dem die Metze Getreide muß versteuern und einen Groschen vom Schäffel erlegen sollte, 5. wäre zu besorgen, daß viel Meineid dadurch verursacht werden würde, 6. möchte man auch mit solchem Mittel mehr Thränen denn Geld in die Kammer bringen 2c., auch würde es gegen unsere Pflicht sein, dergleichen zu rathen und weil wir darnach schuldig sind, E. Kurfl. Gn. Schaden zu wehren, so sehen wir nicht, wie wir es gegen Dieselben oder auch gegen Gott im Himmel verantworten könnten, wenn wir das billigen sollten, wodurch von E. Kurfl. Gn. die Affektion der Unterthanen abgewendet würde, da doch kein ander Mittel, der Schulden gänzlich ledig zu werden, als derselben freiwillige Hilfe zu finden 2c. Dresden den 5. Januar 1615. Bernhard von Pöllnitz, Caspar v. Schönberg, Christoph v. Loß, Joachim v. Loß, Sigmund v. Berbißdorf, Wilhelm v. Rabiel, Rudolph Vitzthumb, David Lother, Christoph Felgenhauer.

Diese Auflagen unterblieben in Folge dessen. —

Derlei Gesinnungen wären auch unsern Beamten zu wünschen. aber freilich damals waren die Beamten des Volkes wegen da, während heute das Volk einer zahllosen, übermüthigen Bureaukratie wegen da zu sein scheint, um von derselben ausgepreßt und von Schlör und Wülfert dazu noch beschimpft zu werden. Gott besser's.

Das Ministerium vor den Abgeordneten.

(Dritter Tag.)

Kolb meint, die Kammer solle vor Allem ein neues Wahlgesetz fertig bringen, dann die dringendsten Gesetze erledigen und dann nach Hause gehen; das sei ihre Aufgabe. Wir leben in einer Zeit, die vielfach an den Zeitraum vor dem 30 jährigen Kriege erinnert, so haßerfüllt stehen sich die Parteien gegenüber. Nur eine Entwicklung auf dem Boden der Freiheit kann uns helfen. Redner ist entschieden gegen die Militärausgaben und Schuldenvermehrung mitten im Frieden. Man hat viel von Agitation gesprochen, aber gegen das Wehrgesetz bedarf es wahrhaftig keiner Agitation, die Mißstimmung im Volke dagegen ist zu natürlich. Eine Abhilfe gegen diese Klagen ist aber bei diesem Wehrgesetz nicht möglich. Eine Einigung Deutschlands wollen wir alle, aber nur eine Einigung auf dem Boden der Freiheit, um größere Vortheile zu haben, nicht größere Nachtheile. Redner gibt nun eine treffende Schilderung der „Freiheit“ und des Scheinparlamentarismus im Nordbund. Die hohenlohesche Erklärung über die Bedeutung der Allianzverträge für uns, daß wir unsere Militärausgaben nicht vermindern können, hat ihn tief erregt. Es kann Fälle geben, daß wir froh wären, nicht in Verbindung mit Preußen zu sein, z. B. im Falle eines rein dynastischen Krieges, wegen Rumäniens 2c. Wer schützt denn uns? Ich könnte, sagte er, auf eine Reihe kleiner Staaten hinweisen, kleiner als Bayern, die sich selbst schützen. Die Besorgniß und Furcht vor dem Krieg ist es, die uns für die Allianz empfänglich macht. In Preußen gebraucht man zwar große Worte, aber die Preisgebung von Luxemburg, wodurch das ganze linke Rheinufer blosgelegt wird, widerspricht den großen Worten. Der Eintritt in den Nordbund wäre aber nichts als das Signal zum Ausbruch des Krieges, er würde den Krieg unmittelbar herbeiführen, und denken Sie dann an unsere Lage zwischen zwei Großmächten. Arkolay hatte Recht, daß uns Preußen nicht schützen kann. Aber man wird Süddeutschland zurückerobern, sagt man, wenn man im Norden fertig ist. Wir hätten also im günstigsten Falle zwei Kriege statt einen in Aussicht. Wenn nun aber der „Spaziergang nach Paris“ ein wenig gestört würde? Ich male das Bild nicht weiter aus. — Deutschland muß wiederhergestellt werden, dafür bin ich auch, aber auf dem Wege der Freiheit. Auf die socialen Gesetze übergehend, meinte er, daß diese noch nicht genug entwickelt seien. Das Schulgesetz sei eine Halbheit gewesen. Beseitigen wir, fuhr er fort, alle Polizeigesetze aus der Reaktionszeit, geben wir dem Volke die Sicherheit, daß ihm wenigstens keine neuen Lasten aufgelegt werden, befreien wir das Volk von dem Militärgesetz, gehen wir — nicht plötzlich — sondern nach und nach zum Milizsystem über. In dem Augenblick, wo der Cäsarismus in Frankreich zusammenstürzt, können wir dem Cäsarismus nicht neue Hoffnungen machen, ihm nicht neue Stützen geben. Ich hoffe auf seinen Zusammensturz auch in Preußen und dann können wir uns vielleicht doch mit dem preußischen Volke verständigen.

Nun kam der Nürnberger Jude, Adv. Frankenburger, ein Nationalliberaler vom reinsten Wasser. Das Programm des bayrischen Volkes, belehrte der die Kammer, könne kein anderes sein als unausgesetzt zu arbeiten an der „Einigung Deutschlands“, (nämlich an der Auffressung durch Preußen.) Die Verfassung des norddeutschen Bundes sei sehr frei und sei selbst republikanischen (!!) Einrichtungen im Innern nicht entgegen. Wenn wir nicht bald in den Nordbund eintreten, dann bekommen wir den Einheitsstaat und wir werden dann die Schuld tragen. Weiters gibt der gescheidte Mann den Patrioten Vorschriften über das Regieren. Aber die Ultramontanen seien gar nicht regierungsfähig, sie seien sogar staatsgefährlich, denn schon zwei Redner von ihnen hätten geäußert, man müsse Gott mehr gehorchen als den Menschen und man dürfe den weltlichen Gesetzen, die mit den göttlichen in Widerspruch sind, nicht gehorchen. Wer das sage, der könne nicht in Bayern sein, der soll auswandern (damit dann die Juden allein Herr wären!) Ob man einem weltlichen Gesetz gehorchen dürfe, das werde für die Ultramontanen schließlich in Rom geprüft, also stünde Bayern unter der Oberherrschaft Roms, wenn die Ultramontanen zur Regierung kämen, und doch sagten diese Ultramontanen, sie wollten die Selbstständigkeit Bayerns bewahren!! [1]) während sie unter der Herrschaft Roms stehen.

Nach solchen Grundsätzen der Ultramontanen geht alles auseinander und ihre Partei schließlich auch und schon deshalb müsse er die Ultramontanen bitten, nicht nach der Regierung zu trachten, die das „Unglück des Vaterlands“ wäre, und darauf zu verzichten, da sie sie doch nicht lange haben könnten.

Vierter Tag.

Bei Beginn der Sitzung gab Hohenlohe, anschließend an die Frage Kolb's über den Stand der Frage des Eintritts in den Nordbund, die Erklärung ab, die preußische Regierung stelle uns anheim, ob, wann und unter welchen Bedingungen (!) wir eintreten wollen und werde unsern Vorschlägen entgegenkommen“. Hohenlohe meint aber, Bayern solle da nicht „einseitig“ eintreten, sondern gleich mit ganz Süddeutschland kommen, was aber „große Arbeit erfordere“ und nur „langsam“ geschehen könne, (wie die Scheidung des Durchleuchtigen von seinem Portefeuille, mit der es entsetzlich „langsam“ vorwärts geht und die verzweifelt „große Arbeit erfordert“.) Auf gewisse Angriffe auf seine Person will der Prinz weniger aus Bescheidenheit („nur die Lumpen sind bescheiden“, sagt Göthe), als aus Stolz („stolz lieb' ich den Spanier“, entgegnet Schiller) nicht antworten, was eben für den Durchleuchtigen seine Schwierigkeiten hat; das Redenhalten ist überhaupt seine Sache nicht.

Nach einer Ansprache Sörgels redete „der schwarze Mahr“ in einer Weise, die Völk, den Schaußen, Hohenlohe und noch einige große Männer halb zur Verzweiflung brachte und den Schaußen so in Harnisch brachte, daß er etliche Male sich „persönlich angegriffen“ erklärte, sogar als ihm gesagt wurde, daß er ein schönes G'wandl anhabe — Schauß war befrackt, aber nicht bepiepvogalt — und rief: Hr. Präsident, jetzt hat er mich schon wieder persönlich angegriffen![2]) Hr. Mahr hat ausreichend viel Haare auf den Zähnen, um es nöthigenfalls mit einem ganzen Bataillon Fortschreiter aufzunehmen. Wir werden die Rede nach den stenographischen Aufzeichnungen morgen bringen.

Fischer that sich des Hohenlohe und der gesammten hohen königlichen erbarmen und insbrünstig sie der Schonung und Gnade des hohen Hauses empfehlen. Die Adresse sei gegen den Anstand, welche die Kammer der um Versöhnung „flehenden“ Krone (vergleiche den gestrigen Leitartikel!) schulde und für die Verträge könne ja Hohenlohe nichts.

„Dies Kind, kein Engel ist so rein,
Laßt's eurer Hulden empfohlen sein!“

War Motto und Inhalt der Fischerschen Rede.

Frickinger, Burgermeister aus Nördlingen, hielt eine Lobrede auf den großen Brater und die Socialgesetze, schimpfte zur Ausgleichung auf den Bezirksamtmann Girisch und sprach im weiteren Verlaufe über gewitterschwangere Wolken, Konkubinate, asiatische Horden und Völkerwanderungen und versicherte die „Schwarzen“, so lange sie sich nicht in corpore von ihrer ganzen Presse lossagten, so lange werde es keinen Frieden geben[3]). Es scheint aber, daß die „Schwarzen“ sich doch noch paar Tage besinnen wollen, bis sie dem wohlgemeinten Rathe des wackeren Mannes folgen, was wieder ein Zeichen ist, daß mit diesen Leuten rein nicht zum Auskommen ist.

Dr. Huttler, ein trefflicher Redner, mahnte zu Frieden und Versöhnung. Es gebe bei allen Gegensätzen gewisse Punkte, bei denen man einig sein könne. In der deutschen Frage betont er die Selbstständigkeit Bayerns. Man spreche immer von Gefahren, die von Rom drohen sollen, daß Bayern eine „römische Provinz“ werden solle: das sind Gespenster; Bayern darf nie einer auswärtigen Macht unterworfen werden, auch der römischen nicht. Das Ideal von Kaiser und Reich ist ein Traum, eine Chimäre; übrigens würde er sich auch vor einer protestantischen Dynastie nicht fürchten. (Wir schon.) Wenn Preußen das schwarz-roth goldene Banner entfalte und in Frankfurt ein deutsches Parlament zusammenrufe, dann werde die Zeit des deutschen Frühlings (mit jungen Pickelhauben als Knospen und Zündnadeln als sprossenden Gräsern!) gekommen sein. Einstweilen aber kann sich auch Dr. Huttler nicht überzeugen, daß dieser Nordbund in ein großes mächtiges Deutschland sich auswachsen werde, (ein Unglück, das nicht wenigen den bravsten Leuten begegnet.) Er sieht immer nur ein großes Preußen, schon weil er sich keine Form denken kann, wie Oesterreich in ein solches preußische Deutschland einzufügen wäre, Oesterreich aber in irgend einer Form bei einem großen mächtigen Deutschland dabei sein müßte, es wäre denn, daß Oesterreich zerschlagen und seine deutschen Provinzen mit Ketten an dieses Deutschland geschmiedet würden. Selbst einen Bundesstaat kann sich Redner ohne Oesterreich nicht denken, weil sonst das Verhältniß zwischen Nord und Süd zu ungleich wäre; das könne nur durch den Hinzutritt Oesterreichs ausgeglichen werden. Ein einiges großes Deutschland sei nur möglich auf freiheitlich föderativer Grundlage. Wir wollen die Verträge unverbrüchlich halten.[4]) Aber das werden Sie nicht läugnen können, daß es möglich und denkbar ist. daß die Verträge so gedeutet werden können, daß unsere Selbstständigkeit dadurch gefährdet ist. (Ja sehr!) Müßten wir diese Auslegungen nicht entschieden zurückweisen? Und das ist geschehen, man deutet sie so, daß Bayerns Selbstständigkeit auch im Frieden gefährdet ist; erst kürzlich haben die militärischen Blätter in Berlin sie so gedeutet, (und auch die Herren Oberpreußen werden sie sicher also deuten, sobald sie nur die Macht haben, ihrer Deutung Nachdruck zu verschaffen!) Dr. Huttler ist mißtrauisch gegen Hohenlohe, will aber an seiner persönlichen Ehrenhaftigkeit durchaus nicht zweifeln.[5]) Redner entwickelt nun,

---

[1]) Wir meinen unserseits, dieser Hr. Frankenburger würde gut thun, sich erst ein wenig über das Wesen des Katholicismus, von dem er als Jude rein nichts versteht, zu unterrichten, bevor er solch ungeheuerliche Weisheit zum Besten gibt, die bei Katholiken nur Heiterkeit erregen kann. D. Red.

[2]) Hr. Lehrer' das soll a Loam sein! sagt man in der Oberpfalz.

[3]) Wenn du, sagten die Wölfe in ihrer Friedensunterhandlung zum Schäfer, die wachsamen Hunde mit ihrem scharfen Gebiß abschaffst, dann wollen wir gute Freunde sein, eher nicht.

[4]) Wenn Dr. Huttler das will, so ist das seine Sache und haben wir nicht das Mindeste dagegen; die Geschmäcker sind eben verschieden. Wir unserseits wollen sie sobald als möglich los werden diese uns aufgezwungenen Verträge. Wir haben sie weder geschlossen noch genehmigt und vermögen durchaus nicht einzusehen, warum wir freiwillig die Knechte Preußens sein sollen, sobald wir frei sein können. Etwa wegen der schönen Augen der Herren Preußen? Oder gar von wegen des „nationalen Gedankens“? Der „nationale Gedanke“ ohne Nation und ohne Deutschland ist der schönste „nationale“ Schwindel und bedeutet nichts anderes, als uns freiwillig von den Preußen bei guter Gelegenheit auffressen zu lassen. Dazu aber haben wir und etliche tausend oder hunderttausend Bayern nicht die mindeste Lust. Uebrigens ist das unsere Meinung und lassen wir uns dafür „desavouiren“. D. Red.

[5]) Die „Postzeitung“ in ihrer unvergleichlich taktvollen Politik erklärt den Fürsten, den beide Kammern eben auf Leben und Tod bekämpfen, heute als „vollendeten Gentleman,

warum er dennoch kein Vertrauen zu ihm habe: Weil wir jetzt in einer Zeit leben, wo Gewalt vor Recht geht, und weil uns Verstand und Gefühl sagen, Hohenlohe ist nicht der Mann für diese Zeit, und weil er eine Parteistellung einnimmt. Redner setzt weiter auseinander, daß nur auf der Grundlage wahrer volksmäßiger Freiheit sich Großes erreichen lasse und daß das Ministerium gegen dieses Prinzip gesündigt habe. Dazu aber sollen sich jetzt Alle die Hände reichen und Friede machen, um wahrhaft für die Interessen des Volkes wirken zu können.

Zum Schluß sprachen noch X. v. Hasenbrädl über den Bauernverein und die bekannte Auertacher Dorfgeschichte und Dr Pfahler hielt eine fulminante Philippika gleich gegen das ganze Ministerium, an dem er fast nicht ein gutes Haar ließ.

Deutschland.

München, den 4. Februar

Es geht ein Gerücht, dem Durchleuchtigen sei's gestern endlich zu viel geworden und er habe seine Entlassung gegeben. Wir glauben es nicht. Ein Mensch, der um des Vaterlandes willen und den Preußen zur Freude, schon so vieles ausgestanden, erduldet, ertragen und über sich hat ergehen lassen, der sich Dinge sagen lassen mußte, die geradezu unerhört, aber sehr richtig und gerecht waren, der das Vaterland, das deutsche nämlich, über Alles und sein Ministerportefeuille wie sich selbst liebt wie Hohenlohe, ein solcher Held seiner „Pflicht“ hat ein allzu zähes Leben und hört nicht auf zu hoffen, so lange noch ein Preuße in Berlin und ein v. d. Tann und Gf. Holnstein am Münchener Hofe ist. Der angebornen Farbe der Entschließung läßt Durchlaucht nicht allzu leicht des Gedankens Bläße ankränkeln, daß es eines schönen Tages doch noch schief gehen könnte. Die Patrioten sind ja zu geduldige Leute, machen keine Revolten, wen also soll der Prinz zu scheuen haben?! Kein Hohenlohe for ever, d. h., bis ihn die wirklichen Preußen ablösen, das ist der Inbegriff und Kern der gegenwärtig königlich bayrischen Staatsweisheit, die durch den Prinzen Hohenlohe und den ehemaligen Kavalerielieutenant Holnstein so würdig vorgestellt wird. Hohenlohe for ever, Hohenlohe immerdar, wenigstens bis die Preußen Oesterreicher oder Franzosen da sind!

---

als den er sich stets gezeigt habe“. Aber ist denn dann der Sturm gegen ihn nicht eine Lächerlichkeit und die ganze lange Debatte rein für die Katze? Erst erklärt man ihn als Muster eines Ehrenmannes, dann — bekämpft man ihn und gibt ihm das entschiedenste Mißtrauensvotum! Eine solche „Politik“ zu begreifen, dazu reicht der gewöhnliche Menschenverstand nicht aus. D. Red.

S. Maj. der König hat an den Präsidenten der Reichsräthe betreffs der Nichtannahme der Adresse der hohen Kammer ein sehr ungnädiges Handschreiben erlassen, welches die Angriffe der hohen Herren auf das Ministerium als „jeder thatsächlich oder gesetzlich greifbaren Begründung“ entbehrend bezeichnet und damit die Nichtannahme begründet. „Uebrigens, schließt dasselbe, werde Ich deshalb nicht ermüden, dem Lande die durch das Uebermaß der Parteibewegung gestörte Ruhe wieder zu geben.“ Uns kommt dieser Schlußsatz ziemlich räthselhaft vor. Knurrblättl verspricht sich und resp. dem Handschreiben den „freudigsten und tiefsten Eindruck im Lande.“ An Tiefe wird es dem Eindruck allerdings nicht fehlen, daß aber dadurch, wie dasselbe Blatt behauptet, ein „schwerer Alp von den Gemüthern genommen sei“, wagen wir ein wenig zu bezweifeln, wenn nicht Knurrblättl ausschließlich fortschrittliche „Gemüther“ im Sinne hat.

— Die patriotische Partei der Kammer hat in ihrer gestrigen Clubsitzung beschlossen, die Lage der Volksschullehrer und die Mittel zu ihrer Verbesserung eingehend in Erwägung zu ziehen und hat zu diesem Zwecke eine Commission von 10 Mitgliedern gewählt, welche sofort die entsprechenden Vorarbeiten und Untersuchungen aufzunehmen hat.

Oesterreich. In Wien hat der Kaiser den Dr. Hasner zum Ministerpräsidenten, den General Wagner zum Landesvertheidigungsminister, Dr. Banhans zum Ackerbau-, Dr. Stremayr zum Cultus- und Unterrichtsminister ernannt, Giskra, Herbst, Brestel und Plener bleiben was sie sind — Sr. apost. Maj. allergetreueste Regierungsfreimaurer und Todtengräber Oesterreichs.

Preußen. Die Herren Preußen, welche zugleich Minister sind, verstehen das „Regieren“ fast noch besser als die unsern. Wurde da der Minister des Innern wegen Nichtbestätigung eines Bürgermeisters interpellirt. Der hohe Herr entgegnet, darauf zu antworten sei „mit der ihm von dem Gesetze übertragene Befugniß unvereinbar.“ Das gab dann eine „erregte Debatte.“ Gleich darauf unterzog ein Abgeordneter das Verfahren eines preußischen Regierungspräsidenten einer scharfen Kritik. Gleich war aber der eben abgekanzelte Minister bei der Hecke, indem er kurz heraussagte, so was gehe einen preußischen Abgeordnetenn nichts an. — Das ist ein musterhafter Minister, den hätte sich Hr. Hörmann zum Exempel und Vorbild sein lassen sollen. — Derselbe Minister hat jede theatralische Aufführung zu Gunsten der armen Waldenburger Bergarbeiter verboten; es soll ihnen aber erlaubt sein, überall in Preußen ungehindert zu verhungern.

Verantwortlicher Redakteur: Dr. J. Sigl.

Druck von M. Vogt in München, Rosengasse 10.

II. Jahrgang. Auflage: 4500.

Das Bayrische Vaterland.

Das „Bayr. Vaterland" erscheint täglich mit Ausnahme der Sonn- und hohen Festtage. Preis des Blattes: Vierteljährig 54 kr., ganzjährig 3 fl. 36 kr. Das einzelne Blatt 1 kr.

Alle Postexpeditionen und Postboten des In- und Auslandes nehmen Bestellungen an. Inserate werden die dreispaltige Petitzeile oder deren Raum zu 3 kr. berechnet.

Redaktion Burggasse 14. Herausgegeben von Dr. jur. J. Sigl. Expedition: Ruffinibazar 5.

Dorothea. Nr. 29. Sonntag, 6. Februar 1870.

Bestellungen auf das „Bayr. Vaterland" für das Quartal zu 54 kr. (für die beiden Monate Februar und März zu 36 kr.) können bei allen Postanstalten und Postboten noch immer gemacht werden.

Das Ministerium vor den Abgeordneten.

(Fortsetzung.)

Die Rede des Herrn Abgeordneten Mahr lautete also: Meine Herren! Ich beabsichtigte nicht, mich an der Debatte bezüglich der Abfassung einer Adresse an Se. Maj. den König zu betheiligen. Was sollte ich denn auch besonders Neues vorbringen? Etwa einige geheime Beichtstuhlgeschichten, wie Hr. Fäderer, der ja dieselben ganz genau kennt, weil er immer darin fitzt, oder das Phantasma der Verlegung des päpstlichen Stuhles von Rom nach Berlin oder gar nach München, oder eine Vorlesung über die klerikale Haltung geistlicher Mitglieder dieses Hauses gegenüber dem Bischof v. Passau, wie Dr. v. Schauß in seiner Eigenschaft als geistlicher Repetitor oder soll ich Ihnen eine Darstellung der Gefühle eines Nationalvereinlers mit demokratischen Expectorationen à la Frankenburger geben. Oder sollte ich es vielleicht gewagt haben, bezüglich der infamen Artikel über Papst, Episkopat und Kirche in den „Neuesten Nachrichten" oder „Augsburger Anzeigeblatt" und Complicen eine Desavouirungs-Apostrophe an Sie zu richten, wie gestern der Hr. v. Stauffenberg an uns? Es hätte nur noch gefehlt, daß dieser hochwohlgeborne Herr auf eigene Faust hier eine Abstimmung nach Namen vorgenommen hätte, ich würde ihm mit einem entschiedenen „Nein" geantwortet haben. Wir desavouiren Ausdrücke, aber wir desavouiren nicht Blätter, die in einer Zeit wie die jetzige, bei einer solchen Strömung noch den Muth haben, gegenüber den Verleumdungen und Verdächtigungen Ihrer Presse furchtlos die Wahrheit zu sagen. Desavouiren Sie erst Ihre Presse, und dann stellen Sie an uns das Ansuchen, unsere Presse zu desavouiren. Wir werden die Ausdrücke desavouiren, die Presse selbst, die Blätter desavouiren wir nicht, denn wir brauchen sie zur Abwehr. Ich habe vorher gesagt, ich hätte mich nicht berufen gefühlt, hier aufzutreten, eben nachdem wir so viel von jener Seite gehört und sozusagen hinuntergeschluckt haben, so haben wir uns doch nicht berufen gefühlt, einen Antrag auf Schluß der Debatte zu stellen, wie da drüben beliebt wurde. Wir wollen keinen Schluß der Debatte, sprechen Sie sich doch aus meine H., wir sind da, um noch viel mehr von Ihnen zu hören. Wir sind darauf gefaßt, und jemehr Sie sich aussprechen, desto mehr wird das bayrische Volk wissen, was es davon zu halten hat. Aber ich bin wiederholt provozirt worden, in diesem Saale und lediglich deshalb werden Sie mir erlauben, daß ich mit einigen Erörterungen Sie noch behellige.

Hr. Dr. Völk hat in einem sehr voluminösen Zeitungs-Aktenfaszikel Ihnen eine Reihe geistlicher Verbrecher vorgeführt als abschreckende Exempel jener „im Finstern schleichenden, demagogischen schwarzen Rotte", die „Tag und Nacht auf Nichts sinnt als auf den Umsturz des Thrones und der ganzen bestehenden staatlichen und gesetzlichen Ordnung." Die betreffenden Herren sind nicht da. (Dr. Völk: Einer doch!) Ich komme noch darauf zurück, Hr. Dr.! Sie sitzen meist in Nummer Sicher und darum ist auch Hr. Dr. Völk so sicher, daß sie ihm Nichts erwidern, sich nicht vertheidigen können. Sie sind nicht so glücklich wie allenfalls Hr. v. Hörmann, der die auf ihn geworfenen Anschuldigungen „wie Schneeflocken abgeschüttelt" hat, (wie die Neuesten sagen.) Wir wissen nun ganz genau, daß an der famosen Wahlkreiszerreissung und an der notorischen Verfolgung der patriotischen Presse Hr. v. Hörmann so unschuldig ist, wie ein neugebornes Kind. Es ist wahrlich unbegreiflich, ich will nicht sagen, unverantwortlich, daß das k. b. Staatsministerium einen solchen vollständig „unparteiischen" Beamten, eine solch ministerielle Perle, wie wir sie ja suchen, so mir nichts dir nichts aus seiner Mitte scheiden lassen konnte. Hrn. Dr. Völk aber rathe ich, in dieser Taktik gegen die Abwesenden fortzufahren. Es ist zwar gestern dies in diesem Hause scharf kritisirt worden, aber es ist immer weniger dabei Gefahr, als die Anwesenden anzufahren, wie Hrn. Dr. Bucher, weil sich's diese ja doch nicht gefallen lassen. So nur im Vorübergehen mit einer an Verachtung grenzenden non chalance hat Dr. Völk einen jener Gesellen aus dem „schwarzen Landsturm", der „in München sich breit zu machen wagt" und bezüglich dessen in der Westendhalle Hr. Herz eine Appellation an die Gallerienoble richtete, um dafür zu sorgen, daß er sich nicht zu breit machte, — einen jener Gesellen hat Dr. Völk erwähnt als den „Verbrecher", der „es gewagt habe, S. Durchl. den Fürsten Hohenlohe zu beleidigen" und dadurch mit dem Strafgesetze in Konflikt zu kommen und verurtheilt zu werden, und „doch noch Sitz und Stimme in diesem Hause habe". Ich gestehe, daß es vor einigen Monaten noch sehr zweifelhaft war, ob ich auf der Festung Rosenberg — denn ich bin der schwarze Geselle — oder in diesem Saale einen Sitz erhalten solle, und ich bin vollständig nach den notorischen Sympathien des Dr. Völk und Genossen überzeugt, daß mir das Erste vergönnt gewesen wäre. Ich kann sie aber versichern, daß ich zu Gunsten des Sitzes in meinem Pfarrhofe gerne auf beide Sitze verzichtet hätte. Aber da wir nun einmal da sind, so müssen wir auch, wenn wir angegriffen werden, uns vertheidigen, das werden Sie uns erlauben. Nun ist meine Ueberzeugung, daß, wenn die sämmtlichen, aus diesem umfangreichen Zeitungaktenfaszikel herausgelesenen Verbrecher, lauter

Staatsanwälte à la Wülfert gewesen wären, sie wahrscheinlich aus Collegialität etwas glimpflicher behandelt worden wären und auch vielleicht nicht hinter Schloß und Riegel, sondern auch auf freiem Fuße sich befänden. (Sensation, Widerspruch links.) Möglich! möglich, sage ich! Aber, meine Herren, das liegt eben in dem zweierlei Maaß und Gewicht, das in Bayern in neuerer Zeit gehandhabt wird. Hr. College Herz hat gestern gesagt, das seien Anschuldigungen, die in die Welt hinausgeschleudert werden, aber ohne Beweise. Ich habe in meiner Gerichtsverhandlung dem Hrn. Staatsanwalt damals Beweise geliefert und dort können sich die Herren erkundigen, denn es ist aktenmäßig. Ja, meine Herren, es gab eine Zeit, wo man die Urtheile der bayr. Gerichtshöfe, von den untern Instanzen und vor Allem aber die des Cassationshofes mit wahrer Ehrfurcht ansah. Sie galten, möcht ich sagen, als politisches Evangelium in Bayern, und weit über dessen Grenzen hinaus in Deutschland. Aber in neuerer Zeit ist allerdings die politische Parteiströmung so hoch gegangen, daß sie selbst bis in die öffentlichen Sitzungssäle gedrungen ist und die Gerichtshöfe zu überfluthen droht. Es sind Thatsachen, ich habe sie bewiesen. Ich bin froh, daß ich in einem Lokale spreche, wo keine Gendarmen sind, die mich anzeigen, (Heiterkeit) denn das versichere ich Sie zur Beruhigung des Hrn. Dr. Völk und Genossen, daß Justiz und Verwaltung, Staatsanwälte, Landrichter, Stadtkommissäre, Polizisten und Gendarmen an mir ehrlich und redlich ihre Schuldigkeit gethan haben, sowohl unter dem Ministerium Reigersberg, als unter dem Ministerium Hohenlohe-Hörmann. (Sensation, Unruhe.) Ich komme jetzt zu dem Falle, weßwegen ich in diesem hohen Hause vom Herrn Dr. Völk speziell denunzirt worden bin. Forchheim — die Herren erinnern sich vielleicht und kennen diese Stadt aus den Ketten, mit denen man patriotische Bürger, ansäßige verheirathete Bürger, nachdem man sie Nachts aus den Armen ihrer Familien und aus ihrem Bette gerissen und gefesselt hatte, durch zwei Städte unter dem Hohne der Liberalen und Juden durchgeführt hat, — ich erinnere deswegen daran, um zu zeigen, daß nicht blos hier solche liberale und jüdische Elemente die patriotischen Redner mit Hohnlachen empfangen, sondern auch patriotische Bürger verhöhnt haben — Forchheim ist die Stadt, in welcher der Premier-Minister des Königreichs Bayern, Se. Durchlaucht Fürst von Hohenlohe zum Zollparlaments-Abgeordneten gewählt wurde.

Meine Herren! Ich habe Se. Durchlaucht nicht zunächst vorgeschlagen. Eine „dunkle Mähre" (Unruhe) passen Sie nur auf! — eine dunkle Mähre, nein! eine unverbürgte Mähre — um das Wort des Hrn. Dr. Schauß zu gebrauchen, als er gestern auf erhöhtem Standpunkte in tadelloser Toilette — (Große Unruhe, Oho! links. Schauß schreit: Hr. Präsident, jetzt greift er mich schon wieder persönlich an. Präsident sucht zu beruhigen) — die Mähre erzählte: (Unruhe, Schauß fährt abermals, Präsident mahnt zur Ruhe und will keine Beleidigung dulden. Bravo links. Präsident: „Ich will Ihren Beifall nicht, wenn ich meine Schuldigkeit thue." Allgemeines Durcheinander.) Mahr fortfahrend: Ich bitte, Hr. Schauß, zeigen Sie mich nicht immer beim Präsidenten an! Also eine unverbürgte Mähre — die damals in Forchheim ging, war's, daß nämlich der Vorschlag Sr. Durchlaucht zunächst von Augsburg ausgegangen ist, weil man, glaube ich, in keinem andern Orte in Bayern hoffen konnte, ihn durchzusetzen. (Große Bewegung) und daß die Belohnung hiefür die künftige erste Bürgermeisterstelle in München sein werde. (Große Bewegung, Ordnungsruf des Präsidenten.) Ich muß sagen, daß es eine unverbürgte Mähre war, wie uns eine solche Hr. Dr. Schauß gestern bezüglich der Reichsräthe erzählt hat. (Steigende Unruhe.) Was von der einen Seite recht ist, muß von der andern billig genannt werden. Ich habe, wie gesagt, Se. Durchlaucht nicht vorgeschlagen, ich habe ihn aber, nachdem er vorgeschlagen war, vertreten und warm vertreten und es ist mir auch wieder dafür warm gemacht worden. Ich habe ausdrücklich gesagt, wir wollen das Aeußerste thun, was ein konservativer Beamter und Geistlicher thun kann, um mit der k. Staatsregierung in Frieden zu leben, wir wollen ungenirt — nicht mäckeln — ganz ungenirt ein offenes Vertrauen Seiner Durchlaucht entgegen bringen, wir wollen, habe ich ausdrücklich betont, von der politischen Vergangenheit Seiner Durchlaucht ganz abgesehen, z. B. daß er in Preußen geboren und erzogen wurde und dort seine Studien gemacht und seine Anstellung (als Referendar) erhalten hat u. s. w., sondern wir wollen hoffen und wünschen, daß derselbe nach den Kundgebungen, die jetzt massenhaft aus dem Volk herausgedrungen und bis zum Throne gedrungen sind, auch wisse, was das bayr. Volk will, und daß er dessen Interessen wahren werde. Ich habe damals ausdrücklich gesagt, wir erwarten und wünschen, daß er ein Mann des Vaterlandes, ein Mann des Gesetzes, ein Mann des Volkes sei und unter dem Vaterlande habe ich das Königreich Bayern verstanden und nicht den Großstaat Preußen; unter Wahrung des Gesetzes haben wir nicht verstanden jede auch nur denkbare Ueberschreitung der Competenz, und für das Volk haben wir verlangt, daß eine Beseitigung der indirekten Besteuerung, eine Erleichterung des Volkes eintreten müsse; das verlange das bayr. Volk und mit dem festen Vertrauen, daß das Alles geschehen würde, haben wir ganz unbedingt unsere Zustimmung zu seiner Wahl gegeben, und was geschah? Die erste Nachricht, die wir von München erhielten, war, daß Se. Durchlaucht in der Wahl nur eine Zustimmung zu der Handhabung seiner bisherigen Politik ersehe. Die Folge davon war, daß, als Se. Durchlaucht nach Berlin kam und ins volle preußische Fahrwasser kam, der Fürst nicht zunächst die Nothstände des bayr. Volkes und seine furchtbare Besteuerung berücksichtigte, sondern die Gloire des preußischen Adlers. Ja, es ist so, meine Herren, daß gerade in dem wichtigsten Punkte der Abstimmung, Se. Durchlaucht und sein College Schlör nicht zu finden gewesen oder ganz entgegengesetzt — preußischer als die Stockpreußen gestimmt haben, wie in der Petroleumsfrage. Meine Herren! Glauben Sie sicher, daß die Vorwürfe gegen mich nun massenhaft kamen, aber eine Lüge, eine tendenziöse Lüge ist es, daß ich Se. Durchlaucht von der Kanzel herab oder in Wahlversammlungen angegriffen habe. Ich habe ihn nie genannt, nie erwähnt, nie eine Anspielung auf ihn gemacht. Ich kann zur rechten Zeit schweigen, aber auch sprechen! Wenn ich aber in einem provocirten Zwiegespräch einen unwirschen Ausdruck gebrauchte und dieser dann von der Gendarmerie, die erst beauftragt war, herauszubringen, ob ich ihn gemacht habe, denunzirt und dann in 3 Instanzen verurtheilt wurde, so habe ich gebüßt, und brauche mir von der Gegenseite in diesem Saale keine Vorwürfe machen zu lassen. Meine Herren! Wenn Sie da drüben wegen jeder Aeußerung, die Sie in Famlien- oder Freundes-Kreisen gemacht haben, — jeder politischen Aeußerung — von der Gendarmerie der Staatsanwaltschaft denuncirt worden wären, dann möchte ich sehen, wie viele noch auf jenen Bänken sitzen würden und berechtigt wären, mir den Stein des Vorwurfs ins Angesicht zu schleudern. Sie sagten: man solle die Würde des Hauses wahren! Hat denn Hr. Dr. Völk im Interesse der Würde des Hauses diesen Skandal mit den Geistlichen hervorgerufen und mich dadurch provocirt, daß dieser zweite Skandal auch vorkommen muß? Ich hätte in der ganzen Debatte den Mund nicht aufgemacht, wenn Dr. Völk nicht in seinem — ich weiß nicht wie ich sagen soll — in seinem Uebermuth, möchte ich sagen, immerfort so auf dem geistlichen Stande herumreiten würde. Hr. Herz hat gestern seinen Stand vertheidigt, ich verdenke es ihm nicht, er hat Recht gehabt. Warum aber wollen Sie es mir verdenken, wenn auch ich so frei bin, von diesem öffentlichen Platze aus meine Leute zu vertheidigen? Ich weiß, daß zuweilen sehr ehrenwerthe Charaktere auf den Festungen sitzen, (Bewegung, Lärm links) das kann sehr leicht sein, daß man wegen eines übereilten Wortes verurtheilt werden kann, wollen Sie nicht den Kopf schütteln, es ist so! Warum diese Vorwürfe? Der Hr. Abg. v. Schauß hat gestern dem Hrn. Abg. Lucas Unwissenschaftlichkeit vorgeworfen gegenüber dem Hrn. Bischof von Passau. Wie würde es ihm gefallen, wenn ich sagen würde, daß er im Jahre 1852 im Staats Examen durchgefallen und deshalb seine Wissenschaftlichkeit keinen Pfennig werth sei. (Lärm links. Schauß hebt wieder den Finger auf: Hr. Präsident, jetzt hat er mich schon wieder angegriffen! Präsident mahnt dringend zur Unterlassung persönlicher Angriffe.) Ja, es sind merkwürdige Wandlungen mit manchen Herren eingegangen. Man hat mir erzählt, daß ein gewisser Herr von einen Balkon herab für das Herzogthum Schwaben schwärmte, daß dieser Herr von allerhöchster Seite benachrichtigt wurde, daß er wegen seine dämagogischen Umtriebe nie Hoffnung habe, im Staatsdienste angestellt zu werden und daß dieser Herr geäußert habe, er preise die Schweizer glücklich, weil sie so schöne Schulhäuser haben und zwar deshalb, weil sie keine Fürsten zu füttern und den Prinzen keine Häuser zu bauen haben und doch wagt es dieser Herr einem ganzen konservativen Stande den Vorwurf demagogischer Umtriebe zu machen. Doch meine Herren, ich will schweigen.[1] Ich will nur noch Eines sagen: Warum hat uns denn das bayrische Volk hieher geschickt? Es hat uns deswegen hieher geschickt, damit wir auf unsern Eid hin, unsere ganze Kraft einsetzen, daß es gelinge, nämlich einmal Se. Maj. dem König die Wahrheit zu sagen, daß sie ihm bekannt werde. Wir sind hieher geschickt, um unsere ganze Kraft einzusetzen, daß die Selbstständigkeit Bayerns gewahrt werde, wir sind deshalb hieher geschickt, um zwar gemeinsam zu berathen, aber wenn solche prinzipielle Angriffe erfolgen, sie mit aller Entschiedenheit zurückzuweisen. Es ist vor Kurzem in der Berliner Ständeversammlung die Aeußerung gemacht worden, der Nordbund müsse vorwärts schreiten, wenn er nicht zerfallen soll und mit ihm ganz Preußen. Aber wohin soll er denn vorwärts schreiten? Wo soll denn der schwindsüchtige Militärkranke wieder neues Blut bekommen, wenn er es nicht zunächst aus Bayern bekommt? Wodurch soll er sich erstarken, als durch die Südstaaten? Sie haben gestern ein ganz offenes Glaubensbekenntniß gemacht. Wir wissen, die Fahne, die schwarzweiße, die da drüben zurückgehalten wurde, flattert wieder frei, Sie sind unbedingt für den Eintritt in den Nordbund und sehen darin einzig Glück und Heil für Bayern. Ich bin zwar durchaus nicht der Ansicht, wie der Hr. Vorredner, daß die Braut Germania heimgeführt werden wird zu herrlichen Flitterwochen. Man hat sie in eine Militärkeuche eingesperrt, um ihr das Blut abzuzapfen, ein trauriger Brautstand! Aber ich sage, da solche offene Bekenntnisse gemacht worden sind, und da entschieden nachgewiesen ist, daß Fürst Hohenlohe oder vielmehr das gegenwärtige Ministerium Hohenlohe der Ansicht ist, daß eine Neigung des Nordbunds zum Fortschritt bestehe, daß ich es für meine Pflicht halte, mit aller Kraft einzustehen, daß ein solches auf eine Partei gestelltes Ministerium falle. Wir wollen kein Parteiministerium in Bayern, wir wollen ein unparteiisches Ministerium auf breitester Grundlage des Gesetzes, wir wollen, daß dieses Ministerium mit starker Hand wieder das Ruder des Staatsschiffs führe. Wir wollen, daß dieses Ministerium auch seine ganze Kraft daransetze, das schleichende Gift der Verpreußung endlich aus den Gliedern des bayrischen Staatskörpers hinauszutreiben. Das Königreich Bayern, das bayrische Volk verlangt ein bayrisches Ministerium, welches Bayern wieder bayrisch regiert. Das ist meine Ansicht.

[1]) Dieser Herr ist nämlich der Hr. Völk in hocheigener Person. Und solche Leute vertheidigen jetzt das Ministerium!

Fünfter Tag.

Justizminister v. Lutz nimmt den in der Rede des Dr. Pfahler scharf mitgenommenen Bezirksgerichtsdirektor von Deggendorf in Schutz. Die Vertheidigung des Hrn. Ministers hinkte aber einigermaßen daran, daß ihm eben nur wieder die Berichte seiner Beamten vorlagen, welche sich als die bittersten Feinde des Dr. Pfahler erwiesen haben. Es ist kaum anzunehmen, daß die sich selbst sonderlich schwarz gemalt haben werden.

Crämer v. Doos setzt den Fortschreitern lebhaft auseinander, welche ungeheure Gefahren für Fortschritt, König und Vaterland entstehen würden, wann die Fortschreiter die von den Ultramontanen zur Versöhnung angebotene Hand annehmen würden. Krieg muß sein, da lasse sich am Leichtesten Schädel einschlagen und Gurgeln abschneiden.

Dr. Edel hielt eine Predigt über das Thema, daß man Gott mehr gehorchen müsse als den Menschen und eine Lobrede auf die Schönheiten und Tugenden der neuen Socialgesetze, die „gewiß auf christlichen Prinzipien beruhen“ (und wie!) und der prot. Pfarrer Lampert führte dann der Kammer die Nothwendigkeit eines „freisinnigen“ Schulgesetzes zu Gemüth.

Dr. Westermayer will in einer unermeßlich langen Rede weder sich, noch die Geistlichkeit aus der Schule verdrängen lassen. Die Geistlichen wollen auf ihren bisherigen Standpunkt beharren, im Uebrigen aber durchaus keine Politik des Rückschritts verfolgen; sie wissen manche gute Gesetze der Neuzeit zu schätzen, werden aber bei manchen Abänderungen versuchen. Die katholische Geistlichkeit habe das Ministerium nicht angegriffen, sie sei von der Regierung angegriffen worden; alle Katholiken seien durch die Conziliumsdepesche Hohenlohes tief verletzt worden. Der Hr. Doktor legte sich eine artige Versöhnungsmeierei an, von der aus er einerseits dem Ministerium die Hand reichen will, anderseits aber auf die Presse und ihre „Ausschreitungen“ losdonnerte.

Soll denn gar keine Versöhnung mehr möglich sein? fuhr Redner fort. Vor 20 Jahren ist man auch aufgeregt sich gegenübergestanden, aber doch hat man sich wieder finden können. Freilich wenn Sie (zu den Fortschreitern) immer allein das Monopol der Weisheit haben wollen und wir gar nichts als die Dummheit, dann wird es schwer halten. Aber es gibt auch bei uns Kapacitäten .... Ueber den Satz, welchen die Fortschreiter nicht begreifen wollten, und der mehreren den höchsten Ingrimm erregte, daß man Gott mehr gehorchen müsse als den Menschen, las er ihnen eine Stelle vom Fürstbischof Diepenbrock vor, von der sie aber auch nur mäßig erbaut zu sein schienen. Der Haß gegen die Ultramontanen und Patrioten, meint Redner, stamme daher, daß die liberalen Zeitungsschreiber die Sätze des Syllabus, namentlich den 77., falsch ausgelegt haben, (was den Herren nicht selten geschieht, wenn sie sich auf's theologische Gebiet verirren, auf dem sie noch weniger zu Hause sind als auf dem politischen). Bayern, sage man soll eine römische Provinz werden. Ja aber warum denn gerade das kleine Bayern. Das Papstthum strebt allerdings die Weltherrschaft an, aber nur vom katholischen, religiösen Standpunkt. Die beiden Parteien hätten gewiß einen gemeinsamen Boden, von dem aus sich an der Versöhnung arbeiten ließe. Die Geistlichen sind seit Jahren in den Koth getreten worden und haben sich's gefallen lassen; wenn sie endlich aus ihrer Ruhe und ihrem Frieden herausgetreten sind, dann handelt es sich gewiß nicht um Lapalien. Der Liberalismus hat vollständig mit dem Christenthum gebrochen, ist vollständig fertig mit ihm. Das hat die sociale Partei auch gethan und das hat sie von ihm gelernt; sie geht aber darüber noch hinaus und glaubt auch an die Unfehlbarkeit des Liberalismus und an die Unangreifbarkeit des Eigenthums nicht mehr. Nur in Verwerfung des Christenthums sind beide Parteien einig. Nun aber kann eine Zeit kommen, wo wir vor den Socialisten enger zusammenrücken, nicht wir zu Ihnen, sondern Sie zu uns. Wenn die Lawine in Bewegung kommt und sich gegen Sie wälzt, dann wird das Unglück uns einigen, wenn die guten Tage uns nicht einigen konnten. Die sociale Partei sieht mit Haß auf Sie wie auf uns, aber auch die Arbeiter werden sich überzeugen, daß ohne die Prinzipien des Christenthums keine Lösung der socialen Frage möglich ist.

Hohenlohe erklärt sich „bereit, die Hand der Versöhnung anzunehmen", (ja, das glauben wir wohl, aber mit ihm gibt es keine Versöhnung, so lange er am Ruder ist!), macht aber die Bedingung, daß man die Handlungen der Staatsregierung „vorurtheilsfrei", nämlich so wie er will, beurtheile. Daß er sich in die Conciliumsgeschichte eingemischt (und sich dabei, wie Dr. Pfahler gesagt, blamirt hat), das sei blos vom Standpunkt der „reinen Pflichterfüllung" geschehen, (den ihm Döllinger ausgedeutscht hat. Er (Hoh.) habe die Geschichte aufgeschlagen, was auch Föderer schon im Eisenbahnwagen gethan hat, und da habe er gefunden, daß sich schon einmal ein bayrischer Minister beim Concil von Trient auch dreingemischt und sich viel um die — Aufhebung des Cölibats angenommen habe. Aus der heutigen Allg. Ztg. ersehe man wieder aus dem Pichlerischen Conciliumsartikel, daß er Recht gehabt und daß ein Conflikt zwischen Staat und Kirche drohe. — Leider scheint die famose Depesche des Durchleuchtigen nicht den rechten Erfolg gehabt zu haben und sich das Concil nicht das Mindeste um die bayrische Durchlaucht zu kümmern!

Hörmann, zum vierten Mal zum Wort gelassen, verbreitet sich zum vierten Mal über die Agitationen, die schon lange vor 1869 bestanden haben. Die Regierung sei angegriffen worden, sie habe deshalb mit Recht Anordnungen gegen dieselbe getroffen. Die Sammlungen bei Schulkindern sind ihm auch wieder gar recht und daß die Regierung sie verbot, damit habe sie vielen Eltern einen Gefallen gethan. Auch vom pädagogischen Standpunkt sei das Verbot gerechtfertigt, weil die Ungleichheit der Stände und Verhältnisse den Kindern klar werde, was einen tiefen Eindruck im kindlichen Gemüth zurücklasse. Nun nimmt Hörmann Anlaß, eine kleine Lobrede auf sich selbst zu halten, was wie die Selbstwahl bei den Liberalen Mode zu werden scheint. Er sei nicht blos, wie Westermayer gesagt, ein talentvoller und geschickter Mensch, sondern er besitze auch in hervorragendem Grade Sinn für Gesetzlichkeit, Pflichttreue, Offenheit und Ehrlichkeit; diese Eigenschaften habe er alle, (und doch ist der Mann abgesetzt worden! O tempora, o mores!) Er habe den gemäßigten Theil der Ultramontanen beleibe nicht kränken wollen, sondern blos die „Extremen" habe er im Auge gehabt, die in jeder politischen Partei immer eine hervorragende Stellung einnehmen. Es habe ihn ungeheuer gefreut, daß gestern die extreme Presse mißbilligt[1]) worden sei, ebenso aber habe es ihn tief schmerzlich berührt, daß gestern ein Redner (Mahr) erklärt, daß die patriotische Partei solche Blätter nothwendig brauche. Wozu denn braucht man dann solche extreme Blätter? Mein Vertrauen in die patriotische Partei war vorgestern gestiegen, jetzt aber ist es wieder tief gesunken, nachdem gesagt worden, Sie brauchten diese Presse. Wenn sie versöhnlich sein wollen, wenn Sie einträchtig zum Wohl des Vaterlandes wirken wollen, dann müssen sie sich ganz lossagen von dieser extremen Presse[2]).

Deutschland.

München, den 5. Februar.

☛ Fürst Hohenlohe soll seine Entlassung wirklich eingereicht haben und als sein Nachfolger unser Gesandter in Berlin, Bergler v. Perglas, in „Aussicht" genommen sein. — Herzog Karl Theodor, welcher statt des Verweises eine Belobung für seine „staatsmännische" Abstimmung in der Adreßdebatte erhalten haben soll, verlegt sich auf's „Vermitteln" und soll erklärt haben, so lange die Prinzen aus dem Luitpoldischen Hause vom Hofe verbannt seien, könne auch er nicht mehr an den Hof kommen. — Einem seit gestern hier circulirenden und stark geglaubtem Gerüchte zufolge soll der Kammerpräsident, Ministerialrath Dr. Weis, pensionirt worden sein. Wir erwähnen das Gerücht als ein Zeichen, welch' — falsche Schritte man möglich hält. Wir können unmöglich an eine solche herausfordernde Thorheit glauben.

— Der Armeebefehl ist endlich erschienen und enthält sehr erbauliche Beförderungen und Pensionirungen höherer Offizierlichkeiten, die wieder ein schmähliches Geld kosten werden. Geld! was thut das?

Ja, hätt' man's net, so thät' mans' net,
Wir thun's halt, weil wir's ham,
Und ham wir kein's, so macht man ein's,
Auf das geht's uns net zam. Ju!

— Herr Konzipient Berchthold ersucht uns zu konstatiren, daß er Oberfeldherr der fortschrittlichen Claque am Samstag nicht gewesen sein könne, weil er im Hause nicht anwesend, sondern mit einer Vertheidigung auf dem Schwurgericht beschäftigt war.

---

[1]) Blos ein Ausdruck, Hr. Hörmann, der aber allerdings von 17 Mitgliedern der patriotischen Partei! Wir wollen dies ausdrücklich konstatiren, vielleicht nehmen ein paar Blätter unserer Partei davon Notiz und berichtigen ihre unrichtigen Angaben.

[2]) Vortrefflich! Patriotische Blätter, bei denen man einschläft, wenn man sie eine halbe Stunde liest, oder stets in Glacehandschuhen geschrieben werden und deshalb keinen Einfluß haben, die wären diesem schlauen Hrn. Hörmann freilich lieber als solche, die zuweilen mit Keulen drein schlagen und manch theures fortschrittliches Haupt dabei treffen, die aber in der ehrlich offenen Sprache des Volkes geschrieben sind und deshalb auch verstanden werden. Ah, wie fein und schlau diese Herren Liberalen sind.

Verantwortlicher Redakteur: Dr. J. Sigl.

C. O. 8.

Druck von M. Vogt in München, Rosengasse 10.

II. Jahrgang. | Auflage: 4700.

Das „Bayr. Vaterland“ erscheint täglich mit Ausnahme der Sonn- und hohen Festtage. Preis des Blattes: Vierteljährig 54 kr., ganzjährig 3 fl. 36 kr. Das einzelne Blatt 1 kr.

Das Bayrische Vaterland.

Alle Postexpeditionen und Postboten des In- und Auslandes nehmen Bestellungen an. Inserate werden die dreispaltige Petitzeile oder deren Raum zu 3 kr. berechnet.

Redaktion Burggasse 14. | Herausgegeben von Dr. jur. J. Sigl. | Expedition: Ruffinibazar 5.

Johann. | Nr. 30. | Dienstag, 8. Februar 1870.

Bestellungen auf das „Bayr. Vaterland“ für das Quartal zu 54 kr. (für die beiden Monate Februar und März zu 36 kr.) können bei allen Postanstalten und Postboten noch immer gemacht werden.

Das Ministerium vor den Abgeordneten.

(Fortsetzung.)

Dr. Winderl spricht ausführlich über die Verhältnisse in Niederbayern, wo berechtigtes Mißtrauen das Volk veranlaßt habe, sich um Führer umzusehen, daß es wieder zu seinem guten alten Rechte kommen könne. Mit dem Agitiren allein ist es nicht gethan, sonst wären Fœderer und Völk in ihren angestammten Wahlkreisen gewählt worden, während sie durchgefallen sind. Die Geistlichen sind lediglich der Stimme des Volkes gefolgt. Im weiteren Verlauf seiner Rede spricht er sich sehr unvortheilhaft über die „Wucherpflanze der Staatsanwaltschaft“ aus, die beschnitten werden müsse. Das Volk wolle auch keine neuen Steuern mehr, es kann sie nicht mehr tragen und es würde dadurch nur noch unzufriedener werden, aber es erwartet sich Einrichtungen, durch die die Mißstände beseitigt und der Wohlstand wieder zurückgeführt werde. Dann werde auch das Vertrauen wiederkehren. Gerechtigkeit will das Volk und nur Gerechtigkeit, dann werde es auch wieder vertrauen können.

Damit schloß die allgemeine Debatte.

Sechster Tag.

Die Herren Minister und die Gentlemen vom Fortschritt haben nicht selten während der bisherigen Debatten zu merken gegeben und auch der Verfasser des allerhöchsten Verweises an die Reichsräthe, — der preußische Gesandte v. Werthern, wie gelogen wird — ließ es durchblicken, daß ja die Feinde des verkannten Staatsretters Hohenloh ihr Mißtrauen gegen ihn bisher nicht eigentlich begründet hätten, so daß man eigentlich nicht recht wisse, weshalb denn der große Mann und Politiker so heftig verfolgt werde. Allen derartigen Wünschen, scheint uns, ist durch die Rede des Hrn. Dr. Jörg ausgiebig Rechnung getragen, so daß in dieser Richtung nicht wohl mehr etwas zu wünschen übrig geblieben sein dürfte. [1])

Dr. Jörg kann dem unglücklichen Prinzen keine großen Staatsaktionen vorwerfen, bei denen er gegen das Interesse Bayerns gehandelt habe; (derselbe hat sich überhaupt niemals mit großen Dingen abgegeben und machte in der Hinsicht nur bei seinem Civiladjutanten eine Ausnahme.) Da der Fürst eigentlich so viel wie nichts gethan und im Bewußtsein dessen gefragt, ob man in Ermanglung von was Anderem seine Gesinnung prüfen wolle, so werde ihm hiemit mit Ja geantwortet. Redner will nicht zweifeln, daß der Prinz sein gegebenes Wort halten werde; aber welches? Er habe eben schon so viele Worte gegeben, daß man da einigermaßen in Verwirrung sei, zumal da einige sich nicht unmerklich widersprechen. Auf der Sonnenhöhe seiner Verpreußungspolitik stehe der Fürst in seinem gegebenen Worte vom 8. Okt. 1867, durch das er alles Mögliche, Post, Telegraphen, Civilproceß rc. der „Beaufsichtigung von Bundes wegen“ unterstellt wissen wollte. In all diesen wichtigen Staatsinteressen gedachte der Prinz das Selbstbestimmungsrecht der Krone und das Behandlungsrecht der Volksvertretung zu schmälern, denn was wäre davon noch übrig geblieben, wenn es seinem durchleuchtigen Kopfe nachgegangen wäre? Frankenburger habe neulich gesagt, Bayern könnte als Mitglied des Nordbunds immerhin im Innern noch sich ganz republikanische Einrichtungen geben; allein wenn dem so wäre, dann möchte er fragen, ob es nicht besser wäre gewisse Ausgaben gleich ganz zu streichen. [2]) (Große Bewegung.) Gleichwohl aber habe der Prinz in jener Oktobererklärung von Wahrung des Selbstbestimmungsrechtes des Landes, von der Integrität und Souveränität der Krone gesprochen. Wie reimt sich aber das zusammen? (Das reimt sich eben nicht zusammen!) Ob das nicht ein Spiel in Worten mit den wichtigsten Landesinteressen sei? Die Thronrede habe die patriotische Partei befriedigt (?), die Samstagserklärung des Prinzen habe aber ihr Mißtrauen neuerdings erregt. Hätte er (Redner) nach der Samstagserklärung Hohenlohes die Adresse verfaßt, so hätte er geschrieben: Die Verträge sind der Deutungen fähig, wir wollen einen Minister des Auswärtigen, der nicht auch der Deutungen fähig ist. Nun kam Redner auf die bekannte Aeußerung Hohenlohes im

---

[1]) Von patriotischer Seite war uns eine Abschrift dieser Rede zugesagt, wir konnten sie aber gestern nicht erhalten, da sie erst von der Abendzeitung abgedruckt werden muß und wir sie ja aus der nachdrucken können. Wir sind aber so hitzig, daß wir darauf nicht warten wollen, sondern sie auszugsweise schon heute geben.

[2]) Wir z. B. meinen, daß diese Frage allerdings entschieden aufgeworfen wurde und aufgeworfen werden mußte. Wären wir einmal des Glückes theilhaftig, alle Nordbundsseligkeiten genießen zu können, dann hätte Bayern sich gleich zweier Könige zu erfreuen, des angestammten alten, nämlich alten im Verhältniß zum neuen, und des erst erworbenen neuen, nämlich des preußischen Bundeskönigs. Zwei Könige für ein Land, zumal in den betrübten traurigen Zeiten sind offenbar zu viel, werden dann manche der geliebten Unterthanen denken, insbesondere wenn der Eine nichts mehr zu sagen hat und der Andere alles allein besorgt, sogar das Regieren. Und da könnte es nun allerdings kommen, daß, da wir den Preußen nicht mehr vom Halse brächten, „gewisse Ausgaben“ zu streichen beantragt würde. Ob der Antrag gestrichen würde, das können wir freilich nicht sagen; aber das Meiste würde wahrscheinlich gestrichen, da die Preußen alles Geld auf Soldaten brauchen.

Zollparlament, wo er in seiner Wahl zum Vicepräsidenten eine (preußische) Anerkennung für seine Thätigkeit außer dem Zollparlamente sah. Die bayrischen Abgeordneten seien damals wie mit kaltem Wasser begossen auf ihren Sitzen gewesen. Redner setzte nun die unlösbaren Widersprüche z. B. zwischen den Verhandlungen des Fürsten mit der patriotischen Partei beim aufgelösten Landtage und seiner Abstimmung für das Schulgesetz, das sein Abgesandter eine Landeskalamität nennen mußte und seiner Zustimmung zum hörmannischen Rundschreiben auseinander. Als er heute in das Ständehaus ging, habe man ihm ins Ohr geflüstert: es gehe das Gerücht, in Bezug auf Hohenlohe seien dem König die Hände gebunden, den dürfe er nicht entlassen.*) (Große und allgemeine Bewegung.) Der Fürst, schloß Redner könne sich überall aufhalten und sich in mehreren Staaten zu Hause fühlen, wir aber sind an die Scholle gebunden und haben nur einen König und nur ein Vaterland zu verlieren.

Hierauf gab Fischer die Erklärung ab, die Fortschreiter „stützen" deshalb den Prinzen mit größter Begeisterung, weil sie ihn für einen ehrlichen Mann halten (und weil sie bekanntlich selbst alle ehrliche Leute sind), und dann hätte Prinz Hohenlohe wieder Verschiedenes aufgeschrieben vor sich gehabt, wenn er es für den vorliegenden Fall hätte brauchen können. Es paßte aber leider so wenig als Hohenlohe, wie wir meinen, zum bayrischen Minister des Auswärtigen. Er stand auf, redete von Verschiedenem, worauf er sich setzte und die Spezialdebatte begann.

Bei der Specialdebatte brachte Völk eine Modifikation zum ersten Satz der Adresse ein und brachte in langmächtiger „Rede" unter anderm Schnack und Anekdoten die vor, daß es sich eigentlich um einen Kampf der „klerikaldemagogischen Partei" und dem modernen Staate, der durch den Fortschritt repräsentirt sei, handle. Er schimpft dabei wieder etliches auf den Bischof von Regensburg wegen seiner angeblichen Schwandorfer Rede. Diese Aeußerung brachte ihm eine entschiedene Zurechtweisung von Lukas ein, der ihm ein klassisches Citat, das Wort Lessing's, an den Kopf warf: „er (Völk) hänge Anderen seine Krätze an, um sich daran reiben zu können". (Großes fortschrittliches Gebrumm.) — Stockbauer (Passau) sprach eingehend über Betschwestern u. dgl., wobei er sich nicht wenig auszeichnete. Um 2 Uhr schloß die Debatte.

Deutschland.

München, den 7. Februar.

Die in München wohnhaften Herren Bettelpreußen, getaufte und beschnittene, gedenken in den allernächsten Tagen den Durchleuchtigen gründlich zu retten. Es soll zu diesem Behufe an einem der ehrwürdigen Plätze, wo sonst abendlich der edle Zögling des noch viel edleren Knarrblättl-Napoleons von den Galerien herab sein Angesicht leuchten läßt vor Freude unter den Menschenkindern zu sein, eine „große Volksversammlung" gehalten werden, d. h. der gewöhnliche liberale Bierhauspöbel, die Herren Juden- und Schusterjünglinge, die bekannten „Ritter" bekannter „Damen" und ähnliche Völkerschaften, die zusammen den Münchener „Fortschritt" darstellen, werden da Abends zusammenkommen und bei schlechten Bier Politik machen, bezw. den Durchleuchtigen „retten." Es werden dabei etliche scharfe Reden gegen „diese Schwarzen" verübt werden, bis die Leute gehörig angesimpelt, angetrunken und angefeuert sind, um allen möglichen Blödsinn anzufangen und zu beschließen. Da nun wird „aus der Mitte des Volkes" wie voraus verabredet der Ruf fallen: „Nach der Residenz!", was dann „jubelnd begrüßt" wird. Das „Volk von München", nämlich der obengezeichnete liberale Pöbel setzt sich darauf hin „in Bewegung" und die „unabsehbare Menge intelligenter und liberaler Bürger", der „Kern der Bevölkerung", wird Knurrblättl andern Tages melden —, zog vor die Residenz, — es soll sogar ein Fackelzug „improvisirt" werden — und brachte „dem geliebten König, der den schwarzen Versuchungen so mannhaft Widerstand geleistet, ein begeistertes „Hoch". So wird's im Knurrblättl stehen und — Hohenlohe wird gerettet sein. Hohenlohe for ever!

So rettet man das Vaterland
Und Hohenloh beim Bier
Vor dieser Schwarzen Unverstand
Und römischer Begier.
So schützen wir mit Königstreu
Und braunem Bier die Kron',
So lang sie uns den Willen thut,
Sonst — spielen wir Fortschreiter wieder einmal ein
bischen 48! Juhe! Heida!

— In nächster Zeit soll hier ein Zusammentritt der „süddeutschen Fraktion" des Zollparlaments stattfinden. Dieselbe war schon nach Schluß des letzten Zollparlaments geplant und ist nur aus nichtprinzipiellen Gründen damals unterblieben. Die bayrischen Mitglieder befinden sich bis auf Medor und Zu-Rhein sämmtlich in München.

Von der Paar wird dem „Vaterland" geschrieben: Wieder ein „liberales" Stückchen gegen einen Geistlichen. Am 23. Januar, Nachts 7½ und 9½ Uhr feuerten einige Helden des Fortschritts drei Schüsse gegen den Pfarrhof in Manching ab, wodurch aber leider blos (!) drei Fensterscheiben zertrümmert wurden. Wie überall so gibt es auch in Manching einige Fortschrittler, denen die energische Thätigkeit des Hrn. Pfarrers Benzinger ein Dorn im Auge ist; würde er ihrem Treiben still zusehen, dann hätte er keinerlei Anfeindung und Unbild zu erfahren. Gewiß ist es nicht bedeutungslos, daß in Manching die drei schlechtesten Blätter gelesen werden, nämlich die „Abendzeitung", die „Neuesten" und der „Nürnberger Anzeiger". Dazu kommt noch die verderbliche Nähe Ingoldstadt's, das wegen seiner liberalen Gesinnung sich eines bedeutenden Rufes erfreut. Wie Hr. Pfarrer Benzinger, so hat auch dessen Nachbar, Hr. Pfarrer Greiner von Oberstimm unter dem Hasse so mancher Fortschrittsseele zu leiden. Einige gefällige Pfarrkinder denunzirten ihn wegen einer Predigt, und bei den Landtagswahlen sah er sich verschiedenen lügnerischen Angriffen in der „Abendzeitung" ausgesetzt. **Welcher Geistliche immer es wagt, die Glaubenslosigkeit des Liberalismus zu beleuchten, die unsittlichen Grundsätze zu entlarven und dem schlechten Treiben der Liberalen, durch das ganze Gemeinden auf viele Jahre zu Grunde gerichtet werden, sich muthig entgegenzuwerfen, der ist der Gemeinheit und Rohheit eines jeden liberalen Buben preisgegeben.** Die Liberalisirenden, d. h. die mit der Welt und ihren laxen Grundsätzen liebäugelnden und die leise auftretenden „Herren Geistlichen" — es gibt deren leider, wie es einen Frohschammer unter den Geistlichen, einen Heinrich gar unter den Bischöfen gibt — werden hingegen unters Gesicht von den Liberalen mit Süßmäulchen gespeist und mit Sammtpfötchen gestrichen; wenden sie aber den Rücken, so lacht man

---

*) Das haben wir uns schon oft genug sagen lassen müssen, aber auch, er bleibe Minister, erstens weil er ein Fürst sei und dann weil Hr. v. d. Tann, der als Adjutant des Königs viel thätiger ist, denn als General 1866, ihn täglich als eine „Nothwendigkeit" erkläre. Gf. Holnstein, dem der Fürst sein Ministerportefeuille zu verdanken haben soll, sei, so sagt man, in neuerer Zeit nicht mehr so gut auf den Prinzen zu sprechen. Das wundert uns sehr, da wir ihn immer als einen sehr rosselundigen Kenner der Politik und Verehrer insbesondere der hohenloheschen gehalten haben.

ihrer und spottet ihrer und verachtet sie. Mögen sie sich noch so liberal geberden: — sie bleiben in den Augen der Welt immer nur „Pfaffen!"

S. F. **Aus Franken.** Beiseitelassen jeder schlecht vergoltenen Noblesse gegenüber der Fortschrittspartei ist nach meinem Dafürhalten von nun an nicht blos recht und billig, sondern in hohem Grade rathsam für die Patrioten. Wie die Herren dieser Partei in der Kammer sich bei den Ausschußwahlen benommen haben, ist schon vielfach beleuchtet und mißbilligt worden; was sie in den Debatten leisten, das sehen wir, freilich nicht zu unserm Erstaunen, täglich in den Blättern. Wie weit die Partei in ihren Grundsätzen gekommen ist, wie tief sie von ihrer traumhaften „sittlich-ernsten" Höhe gefallen ist, das zeigen außer diesen merkwürdigen Adreßdebatten am Schlagendsten ihre Haupthähne, welche kürzlich in der Westendhalle die gelungenen Versuche machten, sich unsterblich zu — machen. O Westendhalle, was du noch alles erzählen könntest! Einer jener Schwätzer war für seinen würdigen „Freund", den bekannten Julius (Ex-)Deputatus, ruhmreichen Andenkens, so in Hitze gerathen, daß er, was freilich die Fortschrittspartei schon lange praktisch glaubt, nun öffentlich vor aller Welt zugestand, daß der Grundsatz, der Zweck heiligt das Mittel, von nun an Grundsatz der Fortschrittspartei sei. Denn er sprach, wenn auch nicht „gelassen", das große Wort aus: „Sie wissen, daß drei unserer Abgeordneten, durch die Macht der Verhältnisse gezwungen, sich selbst die Stimme gegeben haben." O edles Vecchioni, was hast du gethan oder vielmehr, was haben wir dir gethan, daß du uns hier öffentlich so blamirst! mag vielleicht mancher Fortschrittsmann, dem das Denken nicht ganz außer Gewohnheit gekommen und der sich vielleicht gar in freien Stunden vor sich selbst schämt, da gedacht haben. Die „Macht der Verhältnisse" also brauchen Einen blos „zu zwingen", daß ihm Alles erlaubt ist? Ist das nicht ganz genau jener Satz, den die Liberalen den Jesuiten fälschlich zuschreiben und selbst praktisch üben, der Satz, daß der Zweck das Mittel heilige? Die „Macht der Verhältnisse" bestand damals darin, daß ein beklagenswerther Stimmenmangel eingerissen war. Der Zweck der Herrn war, um jeden Preis in die Kammer zu kommen, Selbstwahl das einzige Mittel dazu. Wir wissen, daß sie ohne Scham und Scheu dieses Mittel gewählt und so das Mittel schofler und zugleich lächerlicher Selbstwahl durch den Zweck: in die Kammer zu kommen, sich „heiligen" ließen. Also, den Jesuiten machen sie und zwar lügenhaft und mit Unrecht das zum Vorwurf, was sie selbst thun und hinterdrein gar noch als eine „rettende That" loben und herausstreichen, die ein „Hoch" verdiente. Läßt sich ein schmählicheres Herabkommen einer Partei, eine größere politische Charakterlosigkeit denken? Und vor einer solchen Partei, die das gar noch in der Ordnung findet und billigt und anpreisen läßt, soll man Respekt haben und gar noch „nobel" sein gegen sie? Wenn die Schrift „dem Narren nach seiner Narrheit" antworten läßt, so kann man solchen Leuten gegenüber sich nicht anders benehmen, als — sie verdienen!

In **Oberfranken** circulirt ein Aufruf an die Protestanten Bayerns, den König zu bitten, den protestantischen Oberkonsistorialpräsidenten v. Harleß wegen seiner Rede und Abstimmung gegen dieses Ministerium baldmöglichst abzusetzen. Was aber die Liberalen alle Tage liberaler werden, das ist wirklich großartig. Ginge es ihnen nach, so dürfte bald kein Nachtwächter mehr aufgestellt werden, dessen Liberalismus nicht ganz „reinlich und zweifelsohne" ist und alle in ultramontanen Geruche stehenden müßten schleunigst abgesetzt werden; nur so kann das Vaterland noch gerettet werden.

* **Aus dem Nordbund.** Es gibt nichts Neues unter der Sonne, aber was jetzt bei Ihnen in Bayern vorgeht, das ist seit den schönsten Zeiten vor 1866 in Preußen nicht mehr vorgekommen. Die tapfere Reichsrathskammer gibt mit imposanter Majorität dem jetzigen Ministerium einen recht fühlbaren Tritt in Form eines Mißtrauensvotums; die Abgeordnetenkammer thut das Gleiche, und nun sollte der Grundsatz gelten: major et sanior pars, d. h. der größere und vernünftigere, weil patriotische und nicht bettelpreußische Theil würde .... erreichen, daß denn auch die Minister endlich den Laufpaß bekämen. Statt dessen, wir trauen unsern Augen kaum, lesen wir, daß die Minister und das nicht mißtrauende, sondern vertrauensselige Dutzend*) zur Tafel gezogen worden sind, wir scheuen uns zu sagen, von wem? Ist es denn wirklich ein unveräußerliches Annex der Zukunftsmusik in Bayern, daß man in den Zwischenpausen — immer auf die überraschendsten Dinge verfällt (sagen wir, der Verfasser gebraucht einen anderen Ausdruck)? Das bayrische Volk könnte eines Tages den Geschmack an solcher Zukunftsmusik verlieren und sich sehr ernsthaft mit der Gegenwart befassen. Jene Herren, welche doch die Geschichte der neuesten Zeit kennen sollten, sollen bedenken, daß man das Feuer nicht blasen soll, die Spree und ganz Preußen hätten vielleicht nicht Wasser genug, es wieder zu löschen. Dieses gute königstreue patriotische Volk von Bayern hat sich benommen wie ein Mann; wer möchte es wie ein Kind behandeln? Es ist nicht Parteischwindlern nachgelaufen, wie ein anderes Volk; es hat noch nicht die Ketten geküßt und besubelt, die um dasselbe geschlungen werden sollten. Es ist darum werth, daß man es nach seinem Werthe behandle .... Werden sich seine Minister weigern es zu thun? Seine Minister, sagen wir; denn ihm, dem Volke, sind sie verantwortlich, das Volk bezahlt sie, Diener des Volkes sind sie. Die Zeiten sind vorbei, daß die Minister blos den Fürsten verantwortlich sind und sich blos als Diener der Fürsten betrachten können ..... Mit Spannung sieht ganz Europa der Entwicklung der Dinge in Bayern zu, denn dort wird über Krieg und Frieden Europas entschieden; ein Fehlgriff weiter und ganz Europa kann in Brand stehen. Welch ungeheure Verantwortlichkeit also ruht auf jenen Schultern, die sich bisher so wenig bewährt haben, und mit welcher Besorgniß blicken wir auf Ihren jugendlichen König und seinen Hof, ob sich nicht ein Liborio Romano findet, der ihn die Rolle Franz II. spielen läßt ..... Die Liborio Romanos sind nicht ausgestorben und das Jahr 66 hat gezeigt, daß es deren auch in Deutschland gibt.

Schäußliches.

Das ehrenwerthe „Mitglied der sehr edlen Fortschrittspartei, „Ritter" Schauß, ist bekanntlich mit einem preußischen Piepvogelorden begnadet worden und hat sich nicht geschämt, denselben anzunehmen. Es ist ein rother und zwar vierter Klasse. Als wir dies vor etlicher Zeit zu melden die Ehre hatten und den Schaußen dabei in wunderschönen Versen besangen, da wußten wir nicht, für welch ungewöhnliche Verdienste um das Land der Pickelhauben er bepiepvogelt und zum Ritter gemacht worden; jetzt wissen wir's, wenigstens soweit „Ritter" Schauß es zu bekennen für gut fand. Hr. Schauß hat nämlich in einer allerunterthänigsten treugehorsamsten Eingabe vom 11. Jan., — Hr. Schauß, sagen Sie's dem Präsidenten! — an Seine Maj. den König allerunterthänigst treugehorsamst ersterbend um Erlaubniß zum Tragen besagten preußischen — Zeichens gebeten, denn der Schauß bildet sich drauf was ein, und hat zugleich allerunterthänigst treugehorsamst gebet-

*) Worunter zwei Minister

elt, es möchten ihm doch allergnädigst die Tax- und Stempelkosten geschenkt werden. Warum nicht? Der Schauß braucht eben sein Geld für sein „Leiborgan“ — alle großen Staats- und Judenmänner haben Leiborgane —, den „Südd. Telegraphen“, denn der hat blos 243 Abonnenten, und eine Zeitung, wenn sie auch langweilig ist, wie der „Telegraph“, kostet heidenmäßig viel Geld und am „Vaterland“ hat sich der Schauß, der das Geldschneiden nicht versteht, erst etliche hundert Gulden verdient. Also der Schauß will sein Vogelthier nicht blos im Kasten haben, sondern auch auf der edlen Mannesbrust tragen, damit alle Welt sehe, daß er, der Schauß, Gnade gefunden in den Augen der Preußen und ein „Ritter“ ist, und damit Pfarrer Mahr und die andern „schwarzen Gesellen“ in der Kammer endlich einmal Respekt vor ihm kriegen und ihn nicht immer „persönlich“ angreifen, denn ganz Preußen steht hinter Schaußen, dem Vogelritter. Um aber wieder auf den Strumpf, nämlich auf besagte allerunterthänigst treugehorsamst ersterbende Eingabe Schaußens zu kommen, so ist zu bemerken, daß in derlei allerunterthänigsten rc. Gesuchen angegeben werden muß, für waserlei Verdienste einer sich einen Orden zugezogen hat. Der Schauß that seit 1863 „in allen gegebenen Fällen, in welchen das bayrische Staats- und Privatrecht in Frage kommt“, der kgl. preuß. Gesandtschaft als Rechtskonsulent „assistiren“. Wir wissen also jetzt auch, wem wir unsere zwei Monate Rosenberg wegen „Beleidigung“ Sr. Allmächtigkeit des „Herrn“ von Preußen zu verdanken haben, — dem Schaußen; er hat den Gesandschaftspreußen „assistirt“, indem er ihnen unsere Artikel denuncirte, auf die sich das betreffende bayrische „Recht“ etwa anwenden ließ, und so eifrig war er dabei, daß wir noch auf der Festung wegen diverser Lädirungen von Preußenehren scharf inquiriret und peinlich befragt wurden. Also noch nachträglich unsern tiefgefühlten Dank, o Schauß, benebst entsprechender Hochachtung, o Rechtsconsulent der Preußen! Es freut uns über die Maßen, daß auch wir einiges beigetragen haben, daß jetzt auf einer der edelsten Männerbrüste der verdiente Orden strahlt, und wir bedauern nur, daß es blos ein preußischer, und gar blos der rothe Hahnenorden vierter Klasse ist, der unzahlbar ist, wie der Sand am Meer.

Münchener Schranne vom 5. Februar.

Getreidsorten	Verkauft Schff.	Höchster fl.	kr.	Mittel- fl.	kr.	Nied.-Preis fl.	kr.	Gest. fl.	kr.	Gef. fl.	kr.
Weizen . .	2240	19	38	18	1	16	43	—	15	—	—
Korn . . .	1005	12	7	11	44	11	20	—	26	—	—
Gerste . . .	2018	14	32	13	36	12	50	—	26	—	—

Verantwortlicher Redakteur: Dr. J. Sigl.

Druck von Dr. Vogl in München, Rosengasse 10.

II. Jahrgang. | Das Bayrische | Auflage: 4700.

Vaterland.

Das „Bayr. Vaterland“ erscheint täglich mit Ausnahme der Sonn- und hohen Festtage. Preis des Blattes: Vierteljährig 54 kr., ganzjährig 3 fl. 36 kr. Das einzelne Blatt 1 kr.

Alle Postexpeditionen und Postboten des In- und Auslandes nehmen Bestellungen an. Inserate werden die dreispaltige Petitzeile oder deren Raum zu 3 kr. berechnet.

Redaktion Burggasse 14. | Herausgegeben von Dr. jur. J. Sigl. | Expedition: Kuffinibazar 8.

Apolonia. | Nr. 31. | Mittwoch, 9. Februar 1870.

Das Ministerium vor den Abgeordneten.

(Siebenter Tag)

Die Debatte eröffnete Bez.-Rath Schmitt mit dem Wunsche, daß der Friede in Bayern sich bald wieder finden möge, weshalb er sich für die fortschrittliche Adresse ausspricht, und damit man an seiner Friedensliebe ja nicht zweifeln könne, dazu auch noch verlangt, daß Hr. v. Harleß wegen seiner Abstimmung schleunigst abgesetzt werde!! (Man sollte so was nicht glauben, aber es ist echtfärbig liberal. Die Leute wollen den Frieden, gewiß; aber sie verstehen darunter, daß sie wieder die unbeschränkten Herren seien und daß alle Andern, namentlich die Schwarzen, sich unbedingt der „höheren Weisheit“ 2c. der Herren Liberalen zu beugen und zu unterwerfen haben. Diesen „Frieden“ wollen sie damit einläuten, daß sie alle Beamten, die nicht auf ihrer Seite stehen, maßregeln und absetzen, als ob sie die Sieger wären und als ob ein solches Verlangen nicht gegen den klaren Wortlaut der Verfassung wäre. Was Verfassung! Der Zweck ist den Liberalen Gesetz und Verfassung, König und Vaterland!)

Dr. Schleich hält den Fortschreitern vor, daß sie nichts von dem, was die Patrioten dem Fürsten Hohenloh zum Vorwurf gemacht haben, widerlegen könnten. Sie hätten zwar den Patrioten vorgeworfen, sie hätten den Bauern mit dem Fegfeuer gedroht (Föckerer brachte den Guano vor!), er wisse nichts davon, das aber wisse er, daß er ihnen gesagt, wenn die Preußen siegen, kommen wir gewiß nicht in den Himmel. (Heiterkeit.) Unsere Stimme wird gehört im Lande und wir sagen, daß ein System, welches jeden Staat an den Bankerott bringt, aufgegeben werden muß. Wenn wir unser Budget nicht mehr selbstständig festsetzen dürfen, dann sind wir schon mediatisirt. Redner fürchtet Rom nicht, nicht einmal vor der Civiltà cattolica (eine sogen. Jesuitenzeitung), aber vor den Preußen fürchte er sich. Redner macht sich über die Verträge, die man halten werde, wenn man kann. Es könne aber Fälle geben, wo man es nicht kann

Das Volk, setzte Frankenburger den staunenden Zuhörern auseinander, habe keinen Grund, mit den Socialgesetzen unzufrieden zu sein. (O ganz gewiß nicht, wenn man nämlich das „Volk“ des Hrn. Frankenburger und Israels darunter versteht!) Man solle nur dem Volke sagen, daß man die neuen Gesetze gar nicht anders und besser (für die Juden und Advokaten) machen könnte und daß das Volk vor diesen Gesetzen zurückzuschrecken keinen Grund habe (im Gegentheil, wenn man nämlich das Volk der Juden meint.) Auch das Wehrgesetz biete keinen Grund zur Beunruhigung (d. h. wenn man damit nichts zu thun hat), denn es enthält die allgemeine Wehrpflicht (auf dem Papier, aber nicht in Wirklichkeit.) Der Jude von Nürnberg ging sogar noch weiter und entdeckt, daß das neue Wehrgesetz sogar noch eine — Errungenschaft sei, weil Jeder gleichmäßig [1]) verpflichtet sei für das Vaterland zu kämpfen. Neben dem Sohne des reichen Bauern stehe jetzt der Sohn des armen Bauern [2]). Nun kam aber die großartigste und überraschendste Entdeckung zum Vorschein, die der Fortschritt noch je gemacht. An den Mißerfolgen von 1866, belehrte uns der Jude, sei nicht das Feldherrntalent v. d. Tanns Schuld, sondern der entmuthigende Unwille der Soldaten, daß sie, die Armen für die Reichen kämpfen müßten! Das Haus nahm diesen neuen Gesichtspunkt von 1866 mit gebührender Heiterkeit auf. Ueber die Gerichte zu klagen, sei auch nicht recht, fuhr er fort; alle Klagen über die kgl. bayrische Justiz seien unbegründet, und gegen Hohenlohe habe man auch keinen Grund zum Mißtrauen, denn Dr. Jörg habe ja selbst zugegeben, daß ihm keine einzige Handlung zum Vorwurf gemacht werden könne.

Dr. Jörg belehrte den Mann sofort, daß er nicht von Handlungen, sondern von großen Staatsaktionen gesprochen habe, — von denen Hohenloh

Die kindlich reine Seele
Frei bewahrt von Schuld und Fehle.

---

[1]) Wir müssen dazu eine Note machen. Wenn es wirklich wahr wäre, daß Jeder gleichmäßig Schießprügel und Tornister tragen und sich „im Kriegsfall“ für den Preußenkönig todtschießen lassen muß, wenn er nämlich mag und nicht lieber Reißaus nimmt, wenn dies wahr wäre, so könnten wir darin wahrlich keine Errungenschaften ersehen. Ist das Unglück nicht größer, wenn ein ganzes Volk, als wenn nur Einige davon elend daran sind? Fr. meint, das sei gar noch ein Fortschritt, eine „Errungenschaft“, wenn Alle unglücklich und elend daran sind!! Daß übrigens die allgemeine Wehrpflicht nicht viel mehr als eine Redensart ist, mit der man nur noch Wenigen Sand in die Augen werfen kann, ist nicht zu leugnen. Wenn Einer blos ein Jahr, der Andere aber drei und vier Jahr Soldat sein muß und wenn die „gebildeten“, geschniegelten, entnervten Stadtknirbse, die früher nicht selten dadurch der Menschheit nützten, daß man sie zwang, sich einen Ersatzmann zu stellen, jetzt viel leichter frei werden, so kann doch nicht im Ernste von allgemeiner Wehrpflicht die Rede sein. Das glaubt ja der „zurückgebliebenste“ Waldler nicht mehr.

[2]) Ja, an den Bauern gehts allemal aus. Die haben neben der Freude, die höchsten Steuern zahlen zu dürfen, auch noch fast ausschließlich die „Ehre“ des Waffentragens. Gott sei Dank, dazu sind sie den Stadtröllern doch noch immer gut genug!

Zwischen gewöhnlichen Handlungen und Staatsaktionen aber, meine er, sei einigermassen ein Unterschied. Im Uebrigen brauche sich Redner über ungenaue Berichte der patriotischen Presse nicht zu beklagen, wenigstens nicht im Vergleich zu den Neuesten Nachrichten, die in dem Artikel das Unmögliche leisten.

Bucher vertheidigt sich gegen den Vorwurf Föckerers, er habe aus finanziellen Gründen die Tendenz der Donauzeitung geändert und weist nach, daß er seine Ideen weder in politischer noch kirchlicher Hinsicht gegen früher gewechselt habe. Finanzielle Motive lehnt er ab unter Hinweis auf die Verfolgungen und materiellen Schädigungen in Folge der Tendenzänderung. Im Uebrigen müsse er seine Verwunderung ausdrücken, daß sich Föckerer Niederbayerns so sehr annehme, nachdem es ihn so entschieden von sich gestoßen habe. Der Bischof von Passau sei gewiß sein Freund nicht, aber er werde ihn zu vertheidigen wissen, wenn er nochmals von jener Seite, wo man sich jetzt als seinen Freund ausgibt, angegriffen werde. Was Niederbayern wolle, sei eine Aenderung der Gesetze, besonders des Notariatsgesetzes, des Wehrgesetzes, keine Steuererhöhung, kein weiteres Zugeständniß an Preußen, Achtung der Religion und Geistlichkeit.

Kriegsminister v. Prankh nimmt die Soldaten von 1866 in Schutz; sie haben alle brav und tüchtig gekämpft. Er sucht das Wehrgesetz zu vertheidigen, das den Schlüssel zum Milizsystem in sich enthalte: man brauche ihm nur das geforderte Geld nicht zu bewilligen. Das Wehrgesetz sei durch die Verträge nicht direkt bedingt, auch die kostspielige neue Heeresorganisation, die aber nothwendig sei (?), wenn Bayern selbstständig und geachtet sein und eine Bedeutung haben wolle.[*])

Greil gibt eine sehr gelehrte und eingehende Auseinandersetzung über verschiedene Dinge, die die Fortschreiter aus Mangel an Geschichtskenntnissen mit Unrecht den Katholiken zum Vorwurf machten, als z. B. über Inquisition, Canossa, Verbrennung auf dem Scheiterhaufen und ähnliche Schreckgespenster der Fortschreiter. In Deutschland seien die Scheiterhaufen gar von den „freisinnigen" Protestanten und zwar von Luther selbst eingeführt worden. Schließlich gab er auch noch eine kurzgefaßte Geschichte der Betschwestern, welche Stockbauer in die Debatte eingeführt hat.

Herz, ein bedeutendes Licht im Fortschritt, will, als er über die Kirche schimpfte, jetzt nachdem er von Greil gehörig abgewandelt worden, eine bestimmte Kirche nicht gemeint, sondern blos von Kirchen überhaupt gesprochen haben. (Vermuthlich hält aber der Herr die Patrioten nicht für so dumm, daß sie dieser geistvollen Anrede ein grösseres Gewicht beilegen, als sie verdient.)

Nun eröffnete Föckerer eine ungemein reichhaltige Schwefelquelle. Der von den „zurückgebliebenen" niederbayrischen Bauern verschmähte und deshalb von den „intelligenten" Weissenburger Männern der Zeit wieder zu Ehren gebrachte Liebling des Fortschritts, stellte sich auf den Scheffel und ließ sein Licht leuchten über die Finsternussen der Ultramontanen, so daß man sah, wie dick zum Schneiden sie ist. Zuerst machte er eine „Schwenkung" und zwar eine vom „Thema" weg, und sein Rößlein trug ihn alsbald weiter, immer weiter. Er will sich durch „Handbewegungen nicht erschüttern lassen", sich gehörig auszuschleimen. Plötzlich wird er der Donauzeitung und ihres Verlegers ansichtig, die „mit dem Volksboten und Vaterland überall in Niederbayern aufliege" und der er zumeist seinen schmählichen Durchfall zu verdanken hat und die ihm „bittere Schmerzen" wegen ihrer Ausdrucksweise gemacht hat, denn der rothe Ochsenwirth von Vilshofen ist ein sehr höflicher Patron, den so unhöfliche Zeitungen „in tiefster Seele empören, wenn sie gegen ihn und nicht gegen die „Pfaffen" losgeheu; da wär's freilich was anders. Weiters erzählt er, daß er lange nach dem Bucherschen Programm von 1862 gesucht, es aber nicht gefunden habe, wahrscheinlich werde Bucher es als unbequem weggeräumt haben. Er sei „häufig verletzt vom Gebahren des Hrn. Bucher und seiner Zeitung." Es sei, fuhr er fort, keine Schande für einen Mann, seine Anschauungen (ja „Anschauungen"!) zu wechseln und weiters versicherte er, daß er (Föckerer) mit Betschwestern wenig in Berührung komme und sie nur vom Sehen kenne, was für die Kammer uud die Weltgeschichte von unermeßlicher Bedeutung und Tragweite war. Warum denn Bucher seine Donauzeitung nicht benützt habe, um die über den frommen Bischof Heinrich umlaufenden Gerüchte zu dementiren? (Darum, Hr. Föckerer, weil die Donauzeitung wahrscheinlich Wichtigeres zu thun hat, als mit dem Klatsch der alten Weiber von Vilshofen sich zu befassen!) Nun lobte sich der beredsame Karl auch ein wenig, denn wenn sich ein Hörmann Weihrauch streut, da kann ein Föckerer nicht mit Kartoffelkraut zufrieden sein. Er, versicherte er, sei immer bei den braven Männern gewesen, die niemals in eine Steuererhöhung gewilligt haben (aber dafür Gesetze gemacht haben, die das Land halb zu Grunde richteten und das Budget auf eine unnatürliche Höhe hinaufschraubten, mochte eine nachfolgende Kammer sehen, wie sie auskommen könnte.) Er will auch die Leute nicht preußisch machen, sondern „deutsch", (aber mit einer mächtigen Pickelhaube); im Uebrigen sei das Volk gesund, denn es gebe noch viele Leute, die es mit ihm (Föck.) halten, und bei denen er noch immer im Ansehen sei. Auch sei er nicht mehr jung; gegen den Klerus wolle er nichts mehr sagen, außer gegen Dr. Pfahler, der habe gegen die Nächstenliebe gefehlt. Dann kam er auf Baron Hafenbrädl, dessen Namen er unter dem Gejohl des Galleriepöbels immer Hafenbradl aussprach. Der Baron und der Präsident ersuchen ihn um richtige Aussprache des Namens, der nicht da sei, daß F. schlechte Witze mache, und der Präsident droht, die Gallerien räumen zu lassen. Was er gesagt habe, schloß er, sei alles wahr und er habe es gesagt, damit man nicht sagen könne, der Föckerer habe nichts mehr sagen können und sei stumm geworden.

Wiesnet fordert Föckerer auf, in welcher Versammlung — wie er gesagt — niederbayrische Abgeordnete gesagt, daß der Zollverein gelöst werden müsse, und Dr. Krätzer verlangt Namen solcher Abgeordneter. Föckerer weiß keinen zu nennen, endlich nennt er den ehemaligen Abgeordneten Winkelhofer. Bucher, Dr. Pfahler und Baron Hafenbrädl erklären, sie halten es unter ihrer Würde, auf die Ausfälle und Invektiven Föckerers zu antworten.

Kraussold (prot. Pfarrer) erklärt, das Volk, welches hinter ihm und den andern Fortschreitern steht, werde mit dieser Adresse nicht beruhigt, der Friede nicht hergestellt. Die Franken und die Protestanten (alle?) glauben, die Patrioten wollten Rache für 1866 nehmen, und der erste Schritt dazu sei die Entfernung Hohenlohes, daß sie alles so jesuitisch ummodeln wollen, daß Bayern eine römische Provinz werde, sie fürchten für die neuen Gesetze und das mache ihnen alles eine „quälende Beängstigung der Gemüther". Redner wüthet zum Schluß noch etliches über den „schändlichen" Artikel des Giornale di Roma, der auch schon die

[*]) Nothwendig! Der Hr. Kriegsminister wird doch nicht glauben, daß wir das Kraut sonderlich fett machen werden, ob wir nun viel oder wenig Soldaten haben? Für Bayern, so lange es der Alliirte Preußens ist, ist es völlig gleichgiltig in Rücksicht auf seine Bedeutung nach Außen, ob wir 20 oder 200000 Mann haben; für unser Inneres wäre Ersteres entschieden vorzuziehen. Mit einer großen Armee mehren wir nur die Aussichten zum Siege der Preußen und damit zu unserm Untergang. D. Red.

Augsburger Allgemeine Dame und löbliches Knorrblättl mit haarsträubendem Entsetzen erfüllt hat, und fordert von der patriotischen Partei eine Erklärung, daß sie davon nichts wissen wolle, daß sie die Verträge richtig halten, und auch die Mittel sie zu halten bewilligen wolle und daß sie an den neuen Gesetzen keine Verbesserung vornehmen wolle, die gegen den „Geist" derselben wären. Sonst hatte Kraussold vorläufig keine Schmerzen[4]). Leider thaten ihm die Patrioten nicht den Willen, auch die 17 nicht, welche kürzlich bezüglich des „Vaterland" gleich bei der Hand waren, den Wünschen Stauffenbergs zu entsprechen.

Dr. Westermeier machte sich und uns das Vergnügen, die „sittlich-ernste" Hitze wegen des „schändlichen" Artikels ein wenig unerwartet mit eiskaltem Wasser zu dämpfen, indem er den kleinen Artikel, eine einfache Notiz vorlas. Derselbe gibt einfach einen Artikel der „Postzeitung" wieder, in welchem für gewisse Fälle von möglicher Steuerverweigerung die Rede war, während Knurrblättl und Gen. gelogen hatten, der Artikel fordere auf, kein Bedenken zu haben, bis zur Steuerverweigerung vorzugehen. Der bezügliche Artikel der „Allgemeinen" ist tendenziös erlogen zu dem Zwecke, in der gegenwärtigen Lage die patriotische Partei vor Thron und Land zu ruiniren und kein vernünftiger Mensch kann aus dem italienischen Blatte herausbringen, was die Allg. herausgebracht hat. — Große fortschrittliche Blamage. Auffälliger Weise findet Schauß darin keine persönliche Beleidigung.

Völk vertheidigt seinen Modifikationsantrag, d. h. die fortschrittliche Adresse unter mächtigem Schimpfen auf — Rom und Papst. Er entwirft ein wahres Schaudergemälde von den erschrecklichen Folgen der Unfehlbarkeitserklärung des Papstes, immer Citate aus den letzten Schriften Döllingers vorbringend. Unter großer Unruhe nennt er den erwähnten „schändlichen" Artikel wenigstens eine „Prophezeiung" Schließlich redete er sich in so großen Zorn hinein, daß er sogar erklärte, seit 1866 sei Bayern noch viel selbstständiger als früher und da er darum laut ausgelacht wurde, drehte er plötzlich den Spieß um und erklärte, mit der Selbstständigkeit der Patrioten sei's nicht weit her, denn sie lachten ja, wenn von ihr die Rede sei! (Schauderhaft! Noch lauteres Gelächter). Den Geistlichen die Freiheit wie in Nordamerika wünschend, wo kein Geistlicher Abgeordneter sein könne, hört er endlich auf.

Dr. Jörg ergreift das Wort zu einer Reihe von Berichtigungen, namentlich zu Völk'schen Aufstellungen und Verdrehungen und wird von diesem wiederholt in einer Weise unterbrochen, deren richtige Bezeichnung von uns sehr „unparlamentarisch" ausfallen würde, und in Folge wovon Völk vom Präsidenten einen energischen Ordnungsruf erhält. Es war ein höchst stürmischer Auftritt, wie denn die Fortschreiter die ganze Rede Jörgs mit Zischen, Lärmen, Gejohl und Lachen alle Augenblicke unterbrachen. Dr. Jörg bemerkte dem schreienden Völk, der einen Höllenspektakel voll „sittlicher Entrüstung" aufgeschlagen, daß Jörg eines Gerichtes Erwähnung gethan, das er oft zu Hause (durch ein Mißverständniß hieß es im gestrigen Bericht: beim Eintritt vor dem Ständehause) gehört, daß nämlich der König Hohenlohe nicht entlassen könne, weil ihm die Hände gebunden seien, — sehr richtig, er und noch Einer im Hause habe noch lange nicht das Beispiel nachgeahmt, das Völk täglich diesem Hause gibt, worüber dieser „königstreue" Bettelpreuß einen neuen Wuthanfall bekam. Ich, fuhr Jörg fort, habe dessen Erwähnung gethan, was sich das Volk sagt und dazu habe ich so gut ein Recht wie irgend ein Anderer. Nun kam er auf die Döllingerschen Citate, mit denen Völk wieder so gelehrt gethan. „Es ist", rief Dr. Jörg, „ein entsetzliches Unglück für diesen Mann und ein persönliches für mich, daß er in solcher Weise (und von solchen Leuten!) in die Debatte hereingezogen wird. Döllinger war für mich eine Autorität; er ist es nicht mehr, seitdem er einer maßlosen, einer geradezu krankhaften Leidenschaft verfallen ist, die ihm die Ruhe des Verstandes raubt, daß er nicht mehr im Stande ist, in dogmatischen Fragen einen Satz zu formuliren, wie ein Theologe muß. (Bravo von weitaus der Majorität der Patrioten, von dem wir fast glauben, daß es die Münchner Ehrenbürger-Schustereien aufwiegte.) Seitdem Döllinger in seiner maßlosen Leidenschaft Wege eingeschlagen hat, von denen ich nicht glaube, daß sie dem Priester des Herrn ziemen, erlaubt mir der Schmerz nicht mehr zu lesen, was von ihm herkommt. (Oho der Fortschreiter.) Aber doch habe ich von ihm gelesen, daß er dem Magistrat von München erklärte, daß es sich bei der Infallibilität des Papstes um eine innere kirchliche Angelegenheit handle, und in diesem Sinne, glaube ich, sollten Sie sie auch auffassen. (Lautes Bravo rechts.) Hätte Jörg jetzt die Adresse zu verfassen, so würde er bei dem Passus von der Störung des Friedens einsetzen: „angefangen haben die andern" (die Fortschreiter). Der Friede war längst gestört schon damals, als es noch keinen Volksboten und keine Donauzeitung und ein Vaterland schon gar nicht gab, wohl aber einen „Gradaus" u. dgl. Wir stellen uns auf das Volk, auf das aufgeklärte Volk, denn es ist über seine wahren Bedürfnisse und die Lage des ganzen Landes aufgeklärt; darauf stützen wir uns. Wäre das Volk nicht aufgeklärt, dann ginge es noch heute am Leitseil des Liberalismus wie seit 20 Jahren und wir 80 säßen nicht hier. (Bravo rechts.) Art. 1. des fortschrittlichen Adreßentwurfs wird verworfen, des patriotischen angenommen. Schlör hat sich anständiger Weise der Abstimmung enthalten.

Deutschland.

München, den 8. Februar.

Es ist was Schönes um die Klarheit, weil man weiß, woran man ist. Die Berliner Kreuzzeitung, ein hochoffiziöses Journal, belehrt uns, die Zeiten des Rheinbundes, (an die bis jetzt noch gar Niemand gedacht), seien ein- für allemal dahin und Bayern stehe es laut Prager Frieden nicht mehr frei, auszuwählen, in welchen Fällen es mit Preußen gehen wolle, in welchen nicht. Für Bayerns Existenz ist außer (dem preuß.) Deutschland kein Raum mehr vorhanden! Meint das edle Junkerblatt. Es liegt in der Natur der Preußen, protzig zu sein und Wind zu machen; wenn sie aber meinen, uns schon so völlig im Sacke zu haben, so könnten sie sich doch ein wenig irren, denn ewig wird Hohenloh ja doch nicht immer Minister sein. Was die Verträge betrifft, so „hält man sie, so lang man kann", sagt Dr. Schleich, z. B. bis die Franzosen in Schwabing, und die Oesterreicher in Sendling sind. Dann hört sich das Halten ohnedies auf und vielleicht wäre dann selbst Hohenloh nicht mehr zu halten.

— (Fortschrittliche Kriecherei). Das Hauptorgan der Fortschreiter, die „Abendzeitung" schreibt wörtlich: „Das Volk sieht mit Stolz auf seinen Monarchen, der sich in der aufgeregten Zeit die Ruhe und Objektivität gewahrt hat, welche zur Prüfung der Sachlage nothwendig ist, und da es diese Sachlage gewahr wird, blickt es mit Vertrauen und Beruhigung der Zukunft entgegen." — Eine wahr-

---

[4]) A propos, Hr. Kraussold! Wenn sie nächstens wieder ein Bedürfniß fühlen sollten, mit ihrem Kollegen Nachts an unserer Expedition zu horchen, so wollen sie das doch anmelden, damit ihnen ein Stuhl vor das Haus gesetzt wird. Es ist doch bequemer. D. Red.

haft hündische Speichelleckerei! Das bayrische Volk sieht keineswegs mit Vertrauen und Beruhigung, wohl aber mit ängstlicher Besorgniß und — — in die Zukunft. Solche Artikel in bayrischen und Wiener Blättern werden eigens in usum delphini gemacht, d. h. um sie dem König als Stimmen der Presse und Zeichen der Volksmeinung vorzulegen und die Wahrheit von ihm ferne zu halten.

Preußen. Berlin. Bismarks Norddeutsche und der Junker „Kreuzzeitung" erheben drohend den Finger gegen die bayr. Patrioten und suchen zu beweisen, daß die Verträge mit Bayern ein Werk preußischer — Uneigennützigkeit und Hingebung seien und eigentlich blos zum Vortheil Bayerns gemacht seien. So? Aber warum lassen sie uns denn nicht frei, die Preußen, wenn wir blind und bockbeinig unsern „Vortheil" nicht erkennen wollen.

Ausland.

Dänemark trägt sich stark mit kriegerischen Gedanken. Es vervollkommnet und vervollständigt auf's Eifrigste sein Kriegsmaterial, namentlich befaßt es sich viel mit Anlegung von Torpedos an den Seeküsten, mit denen gleich ganze Schiffe in die Luft gesprengt und vernichtet werden können. Alle Buchten, Häfen und Inseln werden durch Torpedos gesichert und sind dafür circa 5 Mill. Thl. bewilligt.

In **Spanien** wird ein Staatsstreich zu Gunsten Montpensiers befürchtet. Wenn der Herzog Geld genug auftreibt, um den General Prim zu „gewinnen", so wäre der Versuch gar nicht unmöglich.

Italien. Rom. Die Veröffentlichung des (lateinischen) Reglements des Concils in der Allg. Ztg. hat die römische Polizei veranlaßt, auf den Correspondenten dieses Blattes zu fahnden. Der Polizeiminister Msgn Randi brachte bald heraus, daß die Allgemeine drei Correspondenten habe! 1) Hrn. *, 2) einen Attaché der preußischen Gesandtschaft und 3) einen Theologen im Hause des Kardinals Hohenlohe (Dr. Pichler?). Daß Papst und Concil von einem Hohenlohe verrathen werden, ist freilich nicht wunderbar?

Amerika. Der Senat der Vereinigten Staaten hat das Gesetz, welches zur weiteren Ausgabe von 45 Mill. Dollars (100 Mill. fl.) Papiergeld ermächtigt, angenommen. Eine kurze Notiz, die in den Zeitungen kaum beachtet werden wird. In europäischen Staaten pflegt man sehr wegwerfend von Staaten zu sprechen, die viel Papiergeld haben, und wenn einer gleich auf einmal 100 Mill. davon ausgäbe, so fallen alle Geldsäcke Europas in die Fraisen. Die Geldverhältnisse Nordamerikas sind aber bekanntlich ungeheuer glänzend — in den Zeitungen; die Hist.-pol. Blätter dagegen singen ein anderes Lied.

Kulturbildliches.

Der sehr fortschrittliche Redakteur der überaus fortschrittlichen „A. Abendzeitung", Hr. Sp., hat das schöne angenehme Wetter der jetzigen Jahreszeit für passend gefunden, einen kleinen Ausflug in die Welt zu machen. Er vergaß, seine Adresse zurückzulassen, dafür nahm er aber die Frau seines besten Freundes mit sich, die ihrerseits wieder ihre 3 oder 4 Kinderchen vergaß, dagegen für die zu erwartenden Reisekosten circa 2000 fl. aus der Kasse ihres geliebten Ehegesponsen den Ausflug mitmachen ließ. Der Unglückliche weint weniger dem geliebten Wesen als der theueren Begleitung nach. Wir sind über dieser fortschrittlichen Romantik nicht sehr verwundert, wohl aber wundern wir uns, daß kein einziges fortschrittliches Blatt von diesem Fortschritt ins Blaue hinein noch ein Sterbenswörtlein zu erzählen wußte. Ja, wenn es ein Ultramontaner gewesen wäre!

Briefkasten.

Reklamationen von Neulauterbach Nr. 26 (3), Röhrenbach Nr. 26, Mittelbergbach Nr. 26 (2), Hornb. (Pf.) Nr. 21 (4) und 26 abgesandt; die Schuld liegt nicht an der Exped. des Vaterland.

Münchener Hopfenmarkt.

1) Ober- u. Niederb. Gewächs: Mittelgattungen: Gesammt-Vorrath: 4668 Pfd., Verkauf 1206 Pfd., Preis 105 fl. 49 kr. der Zentner; Wolnzacher- u. Auer-Markt-Gut: Gesammtvorrath 6106 Pfd., Verkauf 1283 Pfd., Preis 155 fl. — kr. der Ztr. 2) Mittelfränkisches Gewächs. Mittel-Qualitäten: Vorrath — Pfd., Verkauf — Pfd., Preis — fl. — kr. der Ztr., Vorzügliche Qualitäten aus Spalter Umgegend nebst Kindinger- u. Heideckerhopfen: Vorrath 13536 Pfd., Verkauf 3889 Pfd., Preis 166 fl. 16 kr. bis 166 fl. 19 kr. der Ztr., Spalter Stadtgut, u. Weingartner-, Roßbacher- und Stirner Gut Vorrath 663 Pfd., Verkauf 363 Pfd., Preis 229 fl. — kr. der Ztr. 3) Ausländisch Gut: Saazer Stadt, dann Herrschafts- und Kreisgut Vorrath 808 Pfd. Verkauf 299 Pfd., Preis 280 fl. — kr. bis — fl. — kr. der Ztr.

Verantwortlicher Redakteur: Dr. J. Sigl.

Druck von M. Vogt in München, Rosengasse 10.

II. Jahrgang. Das Bayrische Auflage: 4700.

Vaterland.

Das „Bayr. Vaterland“ erscheint täglich mit Ausnahme der Sonn- und hohen Festtage. Preis des Blattes: Vierteljährig 54 kr., ganzjährig 3 fl. 36 kr. Das einzelne Blatt 1 kr.

Alle Postexpeditionen und Postboten des In- und Auslandes nehmen Bestellungen an. Inserate werden die dreispaltige Petitzeile oder deren Raum zu 3 kr. berechnet.

Redaktion Burggasse 14. Herausgegeben von Dr. jur. J. Sigl. Expedition: Kuffinibazar 5.

Wilhelm. Nr. 32. Donnerstag, 10. Februar 1870.

Das Ministerium und die Adresse der Reichsräthe.

Von der Isar. Ist die Antwort auf eine Thronrede und die Ueberreichung derselben eine bloße Courtoisie und Ceremonie und hängt darum die Annahme derselben vom reinen und berechtigten Belieben des Königs ab, oder ist das ganze ein Regierungsakt? — Das ist die Grundfrage, die mir bei dem traurigen Zwist zwischen König und Reichsrath noch viel zu wenig erörtert scheint. Möge das „Vaterland“ eine grundsätzliche Besprechung gestatten!

Offenbar hängt der Charakter einer Antworts-Adresse und ihrer Annahme oder Ablehnung von dem Charakter der Thronrede selbst ab. Wäre eine Thronrede ein einfacher Akt der Huld und königlichen Herablassung für die Stände des Reiches, eine einfache Begrüßung derselben, wobei von Regierungsdingen gar keine Rede wäre, oder mit andern Worten, würde die Thronrede vom Könige selbst ohne Wissen und Einmischung der verantwortlichen Minister gemacht, oder von seinem Ceremonienmeister gemacht, dann allerdings hinge die Annahme oder Ablehnung einer Adresse rein vom Belieben des Königs ab, und kein Mensch hätte ein Recht, darüber auch nur ein Wort zu verlieren.

Allein die Thronrede ist von jeher einer der wichtigsten Regierungsakte, sie wird gemacht von den verantwortlichen Ministern, ihr Regierungssystem wird darin ausgesprochen und der König als Haupt und Repräsentant des Staates trägt sie vor, der constitutionelle König trägt da seinen verantwortlichen Ministern Regierungsmaximen mit dem in der Sache liegenden Willen vor, die Antwort des Volkes durch seine Vertreter zu vernehmen und sich über die Stimmung des Volkes zu vergewissern.

Wie nun darüber, ob eine Thronrede gehalten werden und wie sie lauten solle, ein Oberstceremonienmeister gar nichts zu sagen und dabei gar nichts zu thun hat, sondern das alles in der Hand der verantwortlichen Minister liegt, und diese, je nachdem das so oder so geschieht, ihr Verbleiben im Amte, wenn sie Ehrenmänner sind, davon abhängig machen müssen — so ist offenbar nach aller Vernunft und Rechtsconclusion die Annahme oder Nichtannahme der Adresse von den Ständen des Reiches in einem konstitutionellen Staate ein Staatsakt, für den unter allen Verhältnissen die Minister verantwortlich sind. Ob Seine Majestät eine Deputation empfangen will, das ist Sache ihres Beliebens, ihrer Laune oder Klugheit, kurz ihrer freien Entscheidung; aber für die Zurückweisung der Adresse überhaupt machen wir die Minister verantwortlich. Es ist beschworne Pflicht der Minister, alle Staatsaktionen zu contrasigniren oder wenn sie das nicht wollen, zurückzutreten. Ein Ceremonienmeister kann wohl über den Empfang von Deputationen verständigen, aber nicht über Abweisung einer Adresse.

Wenn nun diese Auffassung von dem Charakter der Nichtannahme der Adresse richtig ist, daß sie nämlich eine Staatshandlung involvirt, dann haben die Minister eine schwere Pflichtverletzung sich zu Schulden kommen lassen, dann haben sie den König durch ihre Person nicht geschützt, wie es ihre Pflicht, dann haben sie das Königthum blosgestellt und ihr Funktion an einen Ceremonienmeister abgetreten und dann ist es Pflicht der Patrioten, das Ministerium über dieses sein Verhalten zu Rede zu stellen.

Daß aber diese Auffassung die richtige sei, bezeugen wenigstens alle nicht feigliberalen Blätter.

Das Ministerium vor den Abgeordneten.

(Achter Tag.)

Die Berathung über den zweiten Satz der Adresse ist Gegenstand der Tagesordnung. Dr. Jörg weist die Zumuthung Hohenlohes zurück, daß die Patrioten die Verträge nicht halten wollten (so lange sie sie halten können!) und betont, daß nie und nimmer von der patriotischen Partei die Schmach eines Bundes mit einer fremden Macht ausgehen werde. [1]) — Dr. Ruland will auch die Verträge nicht brechen; ein ehrlicher Mann halte sein gegebenes Wort und wenn er noch so geschädigt werde. [2]) —

[1]) Wir begreifen diese ewigen Versicherungen von Vertragstreue nicht. Sie kommen uns wie eine Einladung an die Preußen vor, uns doch gefälligst einmal in die Tasche zu stecken; wir wollen uns gewiß nicht wehren, blos schreien ein wenig, und den Gendarmen wollen wir schon gleich gar nicht rufen; das wäre ja eine „fremde Einmischung“, während das Einstecken eine „rein innere deutsche Angelegenheit“ ist. Die Preußen werden sich schön in die Faust lachen, wenn sie alle Daumen lang von uns hören, „nie und nimmermehr“ wollen wir die Gendarmen rufen, ob sie uns nun durchprügeln oder ausrauben oder gleich ganz abthun. Das wäre ja eine Todsünde gegen den heiligen „nationalen Gedanken!“ Wir sind ganz anderer Ansicht und uns ist Jeder ein Freund, der uns hilft, wenn uns dieses nordische Raubgesindel an den Kragen will. Da hört sich für uns die „deutsche Bruderschaft auf.

[2]) Würde Hr. Doktor, wenn er in einer schwachen Stunde seine Seele dem Teufel verschrieben hätte, sein „gegebenes Wort“ auch dem Teufel halten?

Croissant meint, mit der Adresse fordere man den Thron zum Vertragsbruch auf und zwar „mit einer bewunderungswürdigen dialektischen Spitzfindigkeit, die einem Jünger Loyolas Ehre machen würde.“

Nun hielt es „Ritter“ Schauß an der Zeit, „Hiebe“ auszutheilen, die er seit einer Viertelstunde bereits mit seiner bleistiftbewaffneten Ritterfaust dem Abg. Lukas figürlich ertheilte. Die schäußlichen „Hiebe“ sollten darin bestehen, daß er einen Satz aus dem Zollparlamentsprogramm von Lukas citirte, welcher lautet: „Preußen ist die umgekehrte deutsche Geschichte, es muß wieder seine rechte Stellung bekommen, sei es durch innern oder äußern Anstoß.“ Daraus schloß Schauß, Lukas sinne Verrath.

Der hauen wollte, wurde gehauen, denn Lukas erhob sich und verkündete dem Schaußen folgendes Evangelium:

Meine Herren! Nach der Rede des Hrn. von Schauß ist mir ein Stein vom Herzen gefallen, der mir vor seiner Rede darauf gelegen war. Vor ungefähr einer Viertelstunde saß Hr. v. Schauß da an der Seite des Hrn. von Stauffenberg. Er faßte mich ins Auge und machte eine solche Handbewegung (Redner macht die Handbewegung nach, mit welcher Hiebe ausgetheilt werden). Diese Handbewegung verstand ich und machte mich auf einen Hieb von Schauß gefaßt. Aber wenn er keine anderen Hiebe auszutheilen hat, als er jetzt versucht, meine Herren, dann begreifen Sie, daß mir ein Stein vom Herzen gefallen ist. Hr. Schauß hat also, um zu beweisen, daß ich mit schwerem Verrath im Herzen hier sitze, eine Stelle aus meinem Programm anläßlich der Zollparlamentswahlen vorgelesen. Darin heißt es, daß Preußen die umgekehrte deutsche Geschichte ist. Das behaupte ich noch und behaupte es jetzt. Und als Hauptgravamen wird angeführt, daß ich gesagt habe, man müsse der deutschen Geschichte ihre natürliche Stellung wieder geben, gleichviel ob durch innern oder äußern Anstoß. Nun, meine Herren, darin soll Vaterlandsverrath liegen! Haben Sie nicht gehört, daß vor einigen Tagen ein Redner (Kolb) gesagt hat, eben jetzt sehe man das großartige Schauspiel, daß drüben in Frankreich der Centralismus und Cäsarismus zusammenbricht, und Angesichts dieses Schauspiels ginge auch uns die Morgenröthe der Hoffnung auf, daß auch der andere in Deutschland zusammenbrechen werde? Bricht der Cäsarismus drüben in Frankreich aus unserm Anlaß zusammen? Und glauben Sie, wenn er heute zusammenbräche, ohne daß wir den Anstoß dazu gegeben hätten, das würde nicht Folgen bei uns haben? Und wäre das nicht ein äußerer Anstoß? Heißt es etwa auf Verrath, auf Vertragsbruch denken, wenn man solche Gedanken im Kopf hat? Und wäre nicht auch ein innerer Anlaß denkbar, welcher der deutschen Geschichte eine andere Wendung gäbe? Es dürften sich nur unten an der Spree zwei Augen schließen, dann würde die ganze deutsche Geschichte eine andere Wendung bekommen. Dagegen muß ich protestiren, daß in solchen Worten ein Anlaß gefunden werde, mir den Vorwurf zuzuschleudern, als dächte ich die Verträge zu brechen. Nein, meine Herren, wir werden uns nicht verbinden mit dem Auslande, wir sind es nicht gewesen, die Kossuth und und Klapka die Hand gereicht haben, wir werden es niemals sein, die einen Feldzugsplan entwerfen für Garibaldi, wir auf dieser Seite des Hauses werden es nimmermehr sein, die Italien bei der Hand nehmen und sagen: Hier ist das Herz von Deutschland, hier stoß' hinein! (Große Bewegung) Meine Herren, das sind Ihre Verbündeten gewesen, (Unruhe, Lärm) und ich verwahre mich dagegen, daß man aus solchen Worten, die erst gedeutet und gedreht werden müssen, herausbringt, daß ich nicht Wort zu halten wisse. Meine Herren, ich bin ein Mann, der einen eben so hohen und festen Anspruch auf Ehrenhaftigkeit macht als Hr. Schauß (Schauß fährt auf, streckt den Finger in die Höhe und schreit: Herr Präsident!) und wenn er keine andern Hiebe geben kann als diese, so halte ich es für parlamentarisch, eine solche Handbewegung zu unterlassen. (Lautes Bravo!)

Auf diese gewaltige und sehr verdiente Zurechtweisung, während welcher Schauß wie ein abgeregneter Maikäfer — Hr. Schauß, sagen sie's dem Präsidenten, vielleicht ist's nicht „parlamentarisch!“ — dagesessen, entschuldigte sich Schauß, sehr demüthig geworden, er habe ja das nicht so böse gemeint, er habe die Handbewegung ja ganz „kordial“ gemeint!!! Vermuthlich meint der Schauß, es sei gar noch „kordial“ von ihm, wenn er Einem Prügel in Aussicht stehen möchte!

Stauffenberg will eine Erklärung darüber, in wie ferne auf fortschrittlicher Seite der Freund der Herren Revolutionäre Kossuth und Klapka sein soll.

Lukas. Meine Herren, die Erklärung die ich geben kann, ist kurz. Klapka und Kossuth waren die Verbündeten Preußens und ich habe bisher annehmen zu dürfen geglaubt, daß auf dieser Seite dort Freunde Preußens sitzen. Das ist meine Erklärung.

Damit war ein Zwischenfall, der einem so schwarzen Ultramontanen wie Lukas für die Abfertigung des Schaußen, den nicht einmal die Juden alle mögen, sondern nur der Knorr und ähnliche wackere Leute, — Hr. Schauß, gedulden Sie sich, Sie sind ja nicht „persönlich“ angegriffen! den ersten Beifall von den Galerien eintrug, worauf er aber nicht sehr stolz ist, beendigt. Schauß setzte sich und machte ein sehr betrübtes Gesicht. Es hat den Anschein, als ob ihm die Lust, mit diesen Schwarzen anzubinden, die so viel Haare auf den Zähnen haben, bald vergehen wird, da es nicht immer angenehm ist, so ecklig zugedeckt zu werden, wie Lukas ihn zudeckte.[5])

Der zweite Satz wurde gleichfalls angenommen.

Zu Satz 3 und 4 betonte Dr. Jörg die gefährliche Lage, in der über Nacht eine Entscheidung kommen kann. Da ist es nun allerdings am Platze, sich zu fragen, wie haben wir die Verträge zu verstehen? Wenn wir an der Spitze der Regierung einen Mann haben, auf den sich das Land verlassen und sein Vertrauen setzen kann, dann brauchen wir keine Besorgnisse zu haben. Auch der Zollvertrag ist einer Deutung fähig; wir müssen immer Competenzüberschreitungen Preußens fürchten. Der Allianzvertrag ist einer Deutung fähig bezüglich der Militärorganisation und des casus föderis (d. h. der Frage, wann der „Kriegsfall“ gegeben ist, der uns zur Heerfolge verpflichtet.) Die Militärischen Blätter, das Organ der Kriegspartei am preußischen Hofe, sprechen aus, daß wir unter allen Verhältnissen mit Preußen gehen müssen und bedauern, daß ein bayrisches Selbstbewußtsein auch nach 1866 noch bestehe. Im Kriegsfalle sagen sie, höre die bayrische Armee auf, eine selbstständige separate Armee zu sein[4]), höre auf,

---

5) Bei dieser Gelegenheit berichtigen wir die falsche Angabe etlicher Blätter, Hr. Mahr habe gesagt, Ritter Schauß sei zweimal im Examen durchgefallen. Schauß ist blos anderthalbmal durchgefallen, denn als er sich in Erlangen zum zweitenmal examiniren ließ und seinen Pudel an juristischen Kenntnissen in sehr rühmlicher Weise übertraf, da erwarb ihm sein schönes Aeußere die schwankende und sehr verhängnißvolle Stimme eines Professors, ohne welche er freilich auch das zweite Mal durchgefallen wäre. Wir ersehen daraus, wie überaus berechtigt „Ritter“ Schauß ist, Andern Mangel an Wissenschaftlichkeit vorzuwerfen.

4) Es können demnach auch die bayrischen Regimenter und Bataillone unter die preußischen vertheilt werden? Natürlich würde man die bayrischen zumeist als Kanonenfutter verwenden und immer da voranschicken und abschlachten lassen, wo sich die Herren Preußen schonen und erhalten müssen.

dem König von Bayern zu gehören und hat auf jede Selbstständigkeit zu verzichten[5]). Die Blätter fahren fort: „Ein militärisches Bündniß oder Abkommen Bayerns mit einem andern Staate sei nach diesem Vertrag unmöglich, selbst militärische Vereinbarungen der süddeutschen Staaten unter sich seien ohne Zustimmung Preußens unmöglich und ohne rechtliche Geltung. Mit dem Moment einer Kriegserklärung Preußens tritt der Verzicht des Königs von Bayern auf sein Heer ein.“ [6]) Also die Milit. Blätter in Berlin. Und da sagt Völk, rief Dr. Jörg, Bayern sei seit 1866 noch selbstständiger als zuvor!! (Völk brummelt zornig in sich hinein und schlägt mit Fäusten um sich.) Hohenlohe hat gesagt, die Consequenz des Vertrags hindere uns Ersparungen in der Armee oder eine andere Organisation derselben zu machen als Preußen beliebt. Die Militärischen Blätter sagen das Gleiche. Hohenlohe wollte zwar zu merken geben, daß die Frage, wann der Kriegsfall gegeben sei (casus föderis), uns vorbehalten sei. Aber die Frage ist, ob dieser hohenloheschen Erklärung auch in Berlin zugestimmt werde. Das ist leider nicht so, denn die neueste Nummer der offiziösen „Kreuzzeitung“ sagt mit dürren Worten: „Die Ansicht, daß Bayern den casus föderis prüfen kann, ist entschieden zu verneinen. Wenn Preußen irgend einen Krieg anfängt, ist Bayern unter allen Umständen gehalten, da mitzumachen. Dr. Jörg hat dem nichts mehr hinzuzufügen.[7])

Nun rückte der oberste Feldhauptmann der Fortschreiter, Bismarquard Barth persönlich ins Feld und hielt eine sechsthalb Ellen lange Rede.

Deutschland.

München, den 9. Februar.

☞ J. kgl. Hoheiten Prinz Luitpold und dessen Söhne die Prinzen Ludwig und Leopold haben anläßlich des Verweises und der Verbannung vom Hofe, womit sie für ihre eid- und pflichtmäßige Abstimmung im Reichsrathe bestraft wurden, Sr. Maj. dem Könige ein Memorandum übergeben lassen und gleichzeitig ihre sämmtlichen Würden und Stellen in der Armee &c. niedergelegt. Prinz Luitpold ist Feldzeugmeister, Ludwig Oberst und Leopold Rittmeister in der Armee. — Herzog Carl Theodor in Bayern soll den Dank, der ihm für seine Abstimmung ertheilt worden sein soll, unter Hinweis auf seinen Eid, seine Pflicht und seine Ueberzeugung entschieden abgelehnt und seine Solidarität mit den gemaßregelten Prinzen des kgl. Hauses erklärt haben.

— Der preußische Gesandte v. Werthern hat in den letzten Tagen täglich zweimal die Residenz besucht und mit dem Prinzen Hohenlohe täglich 2—3 Besprechungen gehabt, — melden die Zeitungen.

— Alle Bettelpreußen im Land, so weit sie protestantisch sind, unterschreiben jetzt allerunterthänigst treugehorsamste Adresse an den König, daß er den obersten Geistlichen der Protestanten, Hrn. v. Harleß, für seine Abstimmung im Reichsrath allergnädigst absetzen möge, und grobe Briefe an Harleß selbst, daß er sich quiesciren lasse. Liberale Freiheit der Meinung und Ueberzeugung! Solch fanatischer Blödsinn kommt bei den „zurückgebliebensten Ultramontanen“ nicht vor. Keinem Einzigen fällt es ein, etwa Döllinger wegen seiner Abstimmung zur Rechenschaft zu ziehen.

Vom Kochelsee wird dem „Vaterland“ geschrieben: Auch ich bin ein Patriot und gebe keinem an Patriotismus das Mindeste nach. Die Kämpfe der Patrioten in Bayern waren und sind nicht wenige, und noch bringt jeder Tag eine neue Kalamität über unser Bayerland. Nicht leicht hat mich aber etwas so tief verletzt wie das Desavouiren des „Vaterland“ in der Kammer Seitens der patriotischen Partei.[8]) Das war ein starkes Zugeständniß, das man dem Fortschritt gemacht hat. (Ob man das im Sinne hatte?! D. Red.) So was hätte man nicht für möglich halten sollen; mich hat es völlig muthlos gemacht. Guten Morgen, Herr Fortschritt! man huldigt dir bis zum Fuße selbst des hl. Vaters! Diesem soll man das Prädikat heilig streichen und es lieber dem Fortschritt beilegen. Man ist bei dem besten Willen und bei aller Opferwilligkeit nicht mehr im Stande, seinem Vaterland einen Dienst zu leisten, weder im engern, noch im weitern Kreise. Streckt die Waffen, ihr Kämpfer für Gott, König und Vaterland! Fort mit euerm rauhen Bayernwort! Filzschuhe schafft euch an und feine Handschuhe, und fein leise tretet auf, und wenn euch gerade eine Lust ankommt, euch am Fortschritt zu reiben, dann haltet euch an den Spruch: „Wasch' mir den Pelz, aber mach' ihn nicht naß!“ Euer Evangelium ziehet hervor und beachte daraus, was auch der Fortschritt anerkennt: Wenn er euch auf der einen Seite beohrfeigt, so reicht ihm auch die andere dar, und wenn er euch Bayern nehmen will, so gebt ihm auch noch Tirol dazu, und wenn er euch zwingen will in den Nordbund einzutreten, dann geht lieber weiter mit ihm und bietet euch zu Hannoveranern an! Helfen thut es euch doch nichts; denn auf der einen Seite werdet ihr gemaßregelt, auf der andern desavouirt. Ihr dürft höchstens noch denken: Misereo populi (mich dauert das Volk), aber sagen dürft ihr es nicht mehr.

In Pfaffenhausen ist der dortige Lehrer, Hr. Joseph Hindelang gestorben, ein Mann, ausgezeichnet als Lehrer und Christ, wie als Patriot. Die patriotische Sache verliert in ihm eine starke Stütze und einen beredten Vertheidiger in Schwaben. Friede seiner Asche!

— Aus der Pfalz wird dem „Vaterland“ geschrieben:

Die Bayern sind dazu gerade gut genug, um sich für die geliebten norddeutschen Brüder mit Gott für König (Wilhelm) und Vaterland (Preußen) todtschießen zu lassen. D. Red.

[5]) Eine schöne Auffassung! Unsere Armee würde also lediglich eine Maschine der Preußen sein, mit der sie anfangen können was sie wollen. Wenn es den Preußen einfiele, Bayern als Provinz oder wie ein erobertes Land zu betrachten, so könnte unsere Armee nichts dagegen thun, denn vielleicht liegt sie gerade in Ostpreußen oder ist in Regimenter aufgelöst unter die preußische Armee vertheilt oder sie ist gar bereits unter den Kugelspritzen der Franzosen und Oesterreicher vernichtet. D. Red.

[6]) Was fehlt denn da noch an der vollständigen Mediatisirung Bayerns? Nichts, als daß uns der König ohne Heer auch noch genommen würde. Sie begnügen sich aber mit der Armee, den König aber lassen sie uns großmüthigst. D. Red.

[7]) Wir auch nicht. Wir wissen nunmehr, wie wir daran sind. Wenn sich also ein preußischer Matrose oder Konsul in China oder bei den Kaffern wie ein Flegel benimmt und dafür beohrfeigt oder gar abgethan wird, so muß da Preußen einen Krieg anfangen, um Genugthuung für das geprügelte preußische Menschenkind zu verlangen, und wir müssen mitthun und gegen Chinesen und Kaffern mit Krieg führen und Geld ausgeben — laut Vertrag! Die Kreuzzeitung lehrt es!!!

[8]) Nicht doch! Es waren wahlgezählt nur 17; die Partei in der Kammer zählt aber 80. Vielleicht kommen aber die fehlenden 63 noch nach, wenn es Hr. v. Stauffenberg haben will. D. Red.

Es hat die Fortschrittler in der Kammer gewaltig erbost, daß von Seiten einiger patriotischer Kammer-Mitglieder während der Adreßdebatte die Unparteilichkeit der Richter bei speciellen Fällen stark angezweifelt wurde. Für die einmal nicht mehr zu leugnende Thatsache, daß durch ganz Bayern bei allen patriotisch gesinnten Zeitungslesern die Meinung sich geltend machte und auch offen ausgesprochen wurde, es herrsche in der Beurtheilung der conservativen und liberalen Blätter ein doppeltes Maß in Bayern, hat man Thatsachen verlangt,*) die obigen Zweifel an der Unparteilichkeit der Gerichte rechtfertigen. Sie sind von einigen Abgeordneten gebracht worden; die schreiendste Thatsache dürfte aber doch das anerkannt größte Schmutzblatt in Bayern sein, gegen das der Erzbischof von München selbst sich veranlaßt sah, den Schutz der Gerichte anzurufen: — die „Neuesten Nachrichten" in München. Was uns in der Pfalz betrifft, so glauben wir natürlich ganz steif an die Unparteilichkeit unserer pfälzischen Gerichte, wenn wir auch folgende zwei Fälle nicht so recht auseinander halten und gleich bringen können. Im Jahre 1866 wurde nämlich gegen den Redakteur des liberalen protest. Kirchenblattes „Union", Hrn. Pfarrer Maurer in Bergzabern, auf Antrag des bischöflichen Ordinariats eine gerichtliche Untersuchung eingeleitet. Derselbe hatte nämlich in seinem Blatte die katholische Geistlichkeit der Pfalz und besonders der Umgegend von Edenkoben, Deidesheim, Haßloch und Homburg, der „Aufreizung" und „Aufhetzung der blinden Volksmenge gegen ihre protestantischen Mitbürger zu unerhörten blutigen Anschlägen" — zu Raub und Mord gegen dieselben — angeklagt. In Nr. 1 und Nr. 6 seines Blattes vom Jahr 1867 verstärkte Pfarrer Maurer sogar noch diese furchtbare Anklage durch die Behauptung, er habe den Beweis erbracht. Nichts desto weniger wurde durch die Rathskammer in Landau die Untersuchung gegen Pfarrer Maurer niedergeschlagen. Der kath. Pfarrer Eschenfelder von Eschbach wurde vor einigen Tagen dagegen vor dem Zuchtpolizeigericht in Landau zu einem Jahr Festung und in die Kosten verurtheilt. Was hatte er begangen? Er hatte in einer Predigt gesagt: „Wenn Gott eine Gemeinde strafen will, gibt er ihr einen schlechten Bürgermeister und einen lüderlichen Pfarrer, und wenn Gott ein Land strafen will, gibt er ihm ein Kind zum König, wie es in der Schrift heißt." Einige Wenige in der Gemeinde Eschbach, fast alle einer Familienverwandtschaft angehörend, fanden daran Anstoß, denuncirten den Pfarrer und er wird als der Majestätsbeleidigung überführt verurtheilt!! Das gewöhnliche Volk kennt natürlich nicht so genau die Gesetzesparagraphen, nach welchen beide Fälle so total verschieden auseinander gehalten und vom Gericht in Landau entschieden wurden. Man darf es ihm deshalb nicht so sehr verargen und als Bosheit auslegen, wenn es da und dort ein wenig Zweifel hegt an der Unparteilichkeit der Richter.

*) Mit Thatsachen können die Nummern 117—119 des „Vaterland" dienen. Hr. Burchtorff hat gleich die erste konfiscirt, das Appellgericht sie aber, da sie nur Wahrheiten und Thatsachen enthielt, wieder freigegeben. D. Red.

Verantwortlicher Redakteur: Dr. J. Sigl.

Auf die von Seite des Vereines vom hl. Vinzenz von Paul vor mehreren Wochen an die Bewohner Münchens gerichtete Bitte um getragene Kleider, Leib- und Bettwäsche für die Armen, sind denselben verschiedene derlei Geschenke zugekommen, und es konnte damit mancher dringenden Noth abgeholfen werden.

Indem wir den Wohlthätern im Namen der Armen den wärmsten Dank aussprechen, können wir Angesichts der großen Noth bei so vielen Armen bei dieser strengen Kälte nicht unterlassen, unsere Bitte zu erneuern, mit dem Wunsche Ausdruck zu geben: es möchten doch noch recht Viele aus christlicher Barmherzigkeit und Nächstenliebe dem edlen Beispiele folgend, dasjenige an Kleider und Wäsche, was sie nicht mehr brauchen oder entbehren können, hervorzuholen und den nothleidenden Armen zuzuwenden.

Wenn wir uns dabei an die Worte unseres göttlichen Meisters erinnern und demgemäß glauben: „Was ihr dem Geringsten thut rc." so wird unser Entschluß schnell gefaßt sein.

Zur Empfangnahme derlei Geschenke sind ermächtigt die Herren:

Schlossermeister Peter Vogel in der St. Josephspitalgasse und

Joh. Nep. Streckfuß in der Fürstenfeldergasse Nr. 7.

München, den 6. Febr. 1870.

Die
St. Vinzentius-Vereins-Conferenzen
St. Peter.

Druck von M. Vogl in München, Rosengasse 10.

II. Jahrgang.

Das Bayrische Vaterland.

Auflage: 4700.

Das „Bayr. Vaterland“ erscheint täglich mit Ausnahme der Sonn- und hohen Festtage. Preis des Blattes: Vierteljährig 54 kr., ganzjährig 3 fl. 36 kr. Das einzelne Blatt 1 kr.

Alle Postexpeditionen und Postboten des In- und Auslandes nehmen Bestellungen an. Inserate werden die dreispaltige Petitzeile oder deren Raum zu 3 kr. berechnet.

Redaktion Burggasse 14. Herausgegeben von Dr. jur. J. Sigl. Expedition: Russinibazar 5.

Euphrosine. Nr. 33. Freitag, 11. Februar 1870.

Herr Völk!

Aus der Passauer-Diöcese wird dem „Vaterland“ geschrieben: Der kleine Augsburger Gerngroß, Herr Advokat Völk, hat sich der neuconstituirten Kammer der Abgeordneten diesmal als Propheten vorgestellt. „Dem Bischof von Passau,“ sprach er mit wichtiger Stimme, „habe ich vor Jahren schon gesagt, daß er mit seinem Klerus die liebe Noth bekommen werde: nun, sehen Sie meine Herren, wie gut ich prophezeit habe, er hat bereits seine liebe Noth!“ Er sprachs und freute sich sichtlich des großen Wortes, das er gesprochen und des Beifalls, den er dafür von der Gallerie noble geerntet. Aber Herr Völk, was berechtigt Sie, den Klerus der Diöcese Passau in solcher Weise vor den Vertretern des ganzen Landes zu verdächtigen! Sagen Sie, was hat er Böses gethan? Können Sie ihm nachweisen, daß er im Großen und Ganzen seine Pflicht nicht erfülle? Oder wissen Sie, daß er gegen seinen Bischof es an Liebe, Ehrfurcht und Opferwilligkeit fehlen lasse und ihm Grund zu gerechten Klagen gebe? Nennen Sie eine Diöcese, deren Klerus in dieser Beziehung den diesseitigen übertrifft! Wohl mag Ihnen vielleicht nicht bekannt sein, welch rührende Beweise der Liebe und Verehrung der Passauer-Diöcesanklerus bei Gelegenheit der Jubelfeier 25 jähriger Amtsführung seines Bischofs an den Tag gelegt, und wie damals mancher arme Coadjutor sich einen Thaler zu leihen genommen hat, um ihn zur Festgabe beizusteuern. Das können Sie vielleicht nicht wissen, wohl aber muß Ihnen dies ganz gut bekannt sein, daß der Passauer Diöcesanklerus seinem Herrn Bischof zur Ausführung seiner großartigen Seminarien bedeutende Summen gespendet hat; denn Sie selbst waren es ja, der daraus Veranlassung genommen hat, dem Bischof Heinrich, gegen den Sie und Ihre Gesinnungsgenossen jetzt so viel Ehrfurcht und Mitleid — heucheln, vor einigen Jahren vor dem ganzen Lande die gröbsten Invectiven und schwersten Beschuldigungen zuzuschleudern! Ebenso muß es noch frisch in Ihrer Erinnerung sein, daß damals der Klerus der Diöcese Passau sich für seinen von Ihnen so tief geschmähten Bischof wie Ein Mann erhob und in öffentlichen Erklärungen Ihre Beschuldigungen zurückwies [1])! Sehen Sie, Herr Völk, solch eclatante Beweise der Hingebung und Opferwilligkeit hat der Passauer-Klerus für seinen Bischof an den Tag gelegt, und nun kommen Sie mit der Behauptung, der Bischof von Passau habe mit seinem Klerus nur die liebe Noth! Auf welche Beweise, Herr Advokat, können Sie diese Ihre Behauptung gründen? Haben Sie etwa aus dem Munde des Herrn Bischofs Heinrich eine Klage über seinen Klerus vernommen? Können Sie Thatsachen anführen, aus denen ersichtlich ist, daß der Herr Bischof von Passau mit seinem Klerus wirklich die „liebe Noth“ habe? Wenn Sie solche kennen, geben Sie dieselben an, wir möchten Sie erfahren! So lange Sie, Hr. Völk, dieses nicht thun und für Ihre Behauptung keine Beweise bringen, so lange wird man Sie für einen unbesonnenen — Redner halten.

[1]) Bischof Heinrich hätte nun die schönste Gelegenheit, diesen edlen Akt seines Klerus dadurch zu vergelten, daß er diesen durch eine öffentliche Kundgebung gegen die Völk'schen Beschuldigungen gleichfalls in Schutz nehme. Und wahrlich, es ist keine Unbescheidenheit, wenn man dies von ihm erwartet. Väterlich gesinnte Bischöfe haben das noch immer gethan.

Das Ministerium vor den Abgeordneten.

(Fortsetzung.)

M. Barths sechsthalb Ellen lange Rede enthielt außer einer begeisterten Lobrede auf den Durchleuchtigen und dessen große und mannhafte Thaten seit Erschaffung der Welt bis auf unsere Tage, bezw. seit 1849, bis zum 8. Februar 70. Item that Barth die allerneueste Häutung seiner Partei, nämlich der sehr ehrenwerthen Gesellschaft der Bettelpreußen männiglich kund und zu wissen, die darin besteht, daß sie um den Eintritt in den Nordbund so eigentlich nicht mehr betteln wollen, aber die Erlaubniß der Preußen zum Eintritt auch nicht zurückweisen wollen und daß sie eine „Revision“ der kgl. preuß. Bundesverfassung „verlangen“ würden [2]).

Dr. Edel will von einem Eintritt in den Nordbund „entschieden nichts“ wissen, von Hohenlohe will er aber darum doch nicht lassen. Er will dagegen eine „Vereinbarung“ mit dem Nordbund, dann deutsche Einigung mit Fortschritt und Freiheit und „vertraut“ im Uebrigen auf Hohenlohe's Weisheit.

(Neunter Tag.)

Das Debattiren fängt an langweilig zu werden. Es ist Alles schon gesagt worden, weshalb man kein Vertrauen zu Hohenlohe hat auf der einen und wie groß das Vertrauen auf der andern Seite ist. Alles weitere Debattiren ist eine bloße Wiederholung des Gesagten und führt zu nichts, denn belehren läßt sich ja doch Keiner. Das Mini-

[2]) Es steht auch gar nicht zu bezweifeln, daß Bismark nichts Eiligeres zu thun haben wird, als den süddeutschen Bettelpreußen sofort den Willen zu thun und den Nordbund nach den Vorschriften M. Barths abzuändern.

sterium bleibt wie angeschmiedet auf dem Platze und läßt die Herren reden und Hohenlohe scheint's denkt nicht daran vom Platze zu weichen; er verläßt sich auf Bismark und v. d. Tann. Stellenweise im Lande denkt man sich und sagt man auch: Wir haben ja noch Regimenter. Als ob sich die Milch frommer patriotischer Denkungsart je bis zu dem Grade erhitzen könnte, daß man Hinterlader und Regimenter sie abzukühlen brauchte!

Also es kommt nichts heraus mit dem Reden; dem Prinzen Hohenloh scheinen die bittersten Auslassungen gegen ihn sozusagen „Wurscht" zu sein, wenigstens kommt es uns so vor, da wir sonst nicht begreifen können, wie er so lange Spießruthen laufen und auf sich herumtrommeln lassen mag, statt daß er der Geschichte einmal Adieu sagt, den Staub von den durchleuchtigen Sohlen schüttelt und dahin geht, wohin ihn sein biederes Herze zieht, ins Land der Pickelhauben. Also lasse man's, meinen wir, den Tauben zu predigen und einander Felstrümmer von Redensarten an den Kopf zu werfen, lasse man das Reden, wir haben wahrlich genug Reden verschluckt und wissen längst, wo so? und wann? und die andern können's auch wissen; ermanne man sich zu einem frischen kräftigen Mißtrauensvotum und lasse man das Uebrige tapfer an sich herankommen. Wir haben uns getäuscht, als wir meinten, Hohenlohe werde mit Reden und Sündenregistern von seinem Ministerstuhle „herabgeholt" werden, der Mann ist von Eisen; nun vielleicht erreicht ein, durch die vorausgegangenen Reden genugsam gesalzenes und gepfeffertes Mißtrauensvotum eher den Zweck. Wenn nicht, dann stehen der Kammer noch genug Mittel zu Gebote, um durchzusetzen, was das Volk von ihr erwartet und verlangt. Hohenlohe wird fallen, weil er fallen muß; da helfen alle „Regimenter" nicht dagegen, selbst nicht wenn man sich etliche preußische ausborgte. Minister, die sich nur auf Bajonette stützen konnten, sind niemals als Minister gestorben. Die Völker wußten mit dergleichen Leuten noch immer fertig zu werden, und wir hoffen zu Gott, daß der Teufel noch nicht so viel Gewalt über Bayern haben wird, daß nicht auch wir mit unserm Hohenlohe fertig werden könnten — früher oder später, je früher desto besser.

Wir fahren in unserem Berichte fort. Frickinger interpellirte das Ministerium über die Eisenbahnunfälle auf der Strecke Augsburg—Donauwörth. Schlör erklärte sie mit der plötzlich eingetretenen Kälte („unvorhergesehene Naturereignisse!") Gegen ein hiesiges Blatt (Volksbote) sei wegen eines Berichtes darüber Untersuchung eingeleitet.

Graf Seinsheim spricht von dem Mißtrauen, das seit dem Prager Frieden in Deutschland bestehe. Mit Gewalt wie Preußen geübt, lasse sich kein Vertrauen herstellen. Gegen wen bedürfen wir denn Schutz? Nicht gegen Oesterreich, noch gegen Frankreich, die lassen uns in Frieden, da wir ihnen ja nicht gefährlich sind. Hohenlohe habe und verdiene kein Vertrauen, das Volk kennt seine Neigung zu Preußen und fürchtet sie. Der Eintritt in den Nordbund, den die Fortschrittspartei mit Hohenlohe wolle, werde den Einheitsstaat herbeiführen, von dem die Patrioten nichts wissen wollen. (Bravo rechts.) Dr. Karl Barth widerlegt die Aufstellungen seines Bruders Marquard und bekämpft in Preußen den Cäsarismus und Militarismus und in Hohenlohe deren Beförderer.

Pf. Hafenmeier vertheidigt gleichfalls die Adresse, Hohenadel legt sich für die allerunterthänigste Modifikation der „Mittelpartei" ein, Seybold droht den Patrioten mit Kapitalskündigungen (als ob die es dann nicht gerade so machen könnten!) wenn sie den Fortschreitern nicht das Feld räumen und arbeitet sich in einen unendlichen Preußen- und Vertrauensdusel hinein, worin Stenglein in einer Rede, unermeßlich an Länge und unergründlich an Weisheit, fortfährt, durchleuchtiges Vertrauen athmet und ausdünstet und damit einen solchen Dunst durch das Haus verbreitet, daß die halbe Kammer davonläuft oder einschläft. Die Vertrauensduselei des Stenglein ärgert Jörg und er schlägt ihn damit nieder, daß er eine kleine Geschichte erzählt, die vor 3 Jahren spielt. Damals erklärte ein Mitglied der Fraktion Langlois, als Hohenlohe Minister werden sollte: Um Gotteswillen nur den nicht, der ist ja preußisch vom Kopf bis zum Fuß. Ein anderer Abgeordneter sagte, man solle mit dem Urtheil über Hohenlohe noch zuwarten, bis man sehe, wie er's treibe. Der „andere" war Jörg, der erste aber — Stenglein! (Allgemeine Heiterkeit.) Er (Jörg) habe jetzt 3 Jahre zugewartet und er müsse sagen, daß Stenglein damals wirklich Recht hatte. Nachdem noch Stauffenberg sich eine Zeit lang für die fortschrittliche Adresse abgemüht und Essenszeit längst vorüber war, hörte man das Debattiren auf, um heute damit wieder anzufangen.

☛ **Die Kammer hat heute das Mißtrauensvotum gegen das Ministerium Hohenlohe mit 77 Stimmen angenommen.**

Deutschland.

München, den 10. Februar.

— Den 21 Canones, welche die „Allgemeine" dieser Tage lateinisch und dann in einer herzlich schlechten und falschen Uebersetzung veröffentlicht hat — es liegt im liberalen Interesse, die Lehren der Kirche falsch darzustellen, man kann sie dann leichter verhöhnen und angreifen — ist bereits die Ehre widerfahren, von unserm Kammerfortschritt angegriffen und heruntergemacht zu werden. Hrn. Völk ist dabei das Menschliche widerfahren, daß er sich mit seiner Uebersetzung*) nicht unbeträchtlich blamirt hat, was bei dem gediegenen Fortschreiter übrigens öfter vorkommt. Insbesondere ist es der Canon 20, der den fortschrittlichen Grimm erregte und worüber die modernen Heiden fast in die Fraisen fallen. Er handelt von den Beziehungen zwischen Staat und Kirche und lautet also:

Wer da sagt, daß im staatlichen Gesetze oder in der öffentlichen Meinung die erste und oberste Gewissensregel (suprema conscientiae norma) für die öffentlichen und gesellschaftlichen Handlungen liege; oder auch, wer da sagt, daß auf solche (öffentliche — staatliche — und gesellschaftliche) Handlungen von vorneherein Urtheilssprüche der Kirche, sofern sie sich über erlaubt oder unerlaubt ausspricht, keine Anwendung finden; oder auch, wer da sagt, es könne durch ein staatliches Gesetz ein Ding, das nach göttlichem oder kirchlichem Gesetz verboten ist, zu einem moralisch erlaubten (es heißt nicht: staatlich erlaubten!) werden: wer immer dergleichen sagt, der sei im Banne" (d. h. der schließt sich aus der Gemeinschaft der katholischen Kirche aus).

Was darin Schreckliches oder Staatsgefährliches liegen soll, begreifen wir nicht; es ist das eine alte, in der hl. Schrift begründete und zu allen Zeiten geübte und anerkannte Lehre der Kirche, und wer ihr eben nicht nachkommen will, der erklärt eben damit, daß er der katholischen Kirchengemeinschaft nicht angehört. Wenn Hrn. Völk das nicht einleuchtet, so ist das seine Sache; die katholische Kirche

---

*) Hr. Völk übersetzt anathema sit mit: Der sei verflucht oder verdammt, während es heißt: Der sei im Banne, der ist ausgeschlossen aus der katholischen Kirchengemeinschaft. Die nächste beste Kerzelweibergesellschaft darf Mitglieder, die ihren Statuten nicht nachkommen, ausschließen, der Kirche aber soll das nicht erlaubt sein, die soll die schofelsten Subjekte, die weder an Gott noch Teufel glauben, aus ihrer Gemeinschaft nicht ausschließen dürfen!!!

aber hat nicht den mindesten Grund, von ihrer uralten Lehre deshalb abzugehen, weil sie Hr. Völk nicht kapirt oder weil sie ihm nicht zusagt, und wir glauben, daß man in Rom nicht gar zu unvernünftig handelt, wenn man sich um ihn und Seinesgleichen nicht das Mindeste kümmert; das lohnte sich wahrhaftig nicht der Mühe!

— Schon seit Donnerstag erscheint täglich eine ziemlich zahlreiche Rotte im Hoftheater, um beim Erscheinen Se. Maj. des Königs sofort in einen Beifallssturm auszubrechen. Bisher ist leider die Rotte umsonst erschienen und Se. Maj. der schmeichelhafte Beifall erspart worden.

— Die Agitation gegen den Oberkonsistorialpräsidenten und Reichsrath v. Harleß, diesen unerschrockenen und charaktervollen Kämpfer für seine Ueberzeugung und das Wohl unsers Vaterlandes, geht von dem Oberkonsistorialrath Kraussold in Bayreuth aus. Will der Mann etwa an seine Stelle kommen? Dem jüngern Kraussold, welcher Abgeordneter ist, soll die Stelle des Oberpfarrers in Augsburg zugedacht sein, welche der verstorbene Hr. v. Bomhard begleitete.

— In auswärtigen Blättern steht zu lesen, daß die Patrioten nächstens den König absetzen und den Prinzen Luitpold zum König oder Regenten machen wollen. Diese Dummheiten werden von München aus besorgt, um sie dem König dann vorzulesen und nach Kräften gegen die Patrioten und den Prinzen Luitpold einzunehmen und zu erbittern. Luitpold wäre übrigens, meinen wir, ein vortrefflicher König; wir sehen aber nicht ein, wie man es anfangen sollte, ihn zum König machen zu können, da der gegenwärtige nicht todt und sein Bruder noch am Leben ist.

— Die liberalen Blätter haben kürzlich gemeldet, der Kardinal Caterini habe dem Hrn. Erzbischof von München aufgetragen, seinen Theologen den Besuch der Vorlesungen Döllingers insgesammt zu verbieten. Nun aber wird aus sicherer Quelle aus Rom telegraphirt, daß dem Hrn. Erzbischof davon nicht ein Sterbenswörtchen bekannt ist. So lügen die Liberalen!

1013. Amtliche Berichtigung. Das „Vaterland" enthält in Nr. 23 die Nachricht, daß vor nicht langer Zeit in Regensburg 5 Gymnasialschüler wegen — syphilitischer Krankheiten dimittirt werden mußten. Diese Nachricht ist vollständig unwahr. Regensburg den 31. Jan. 1870. K. Studienrectorat. Erl. Genehmigt unter Couvert zurück. München den 5. Febr. 1870. K. Staatsministerium des Innern für Kirchen- und Schulangelegenheiten. v. Lutz.

Von der Würm wird dem „Vaterland" geschrieben: Die Adresse unserer Abgeordneten habe ich gelesen und die bisherigen Debatten habe ich auch gelesen, aber was ich suchte, habe ich weder dort noch da gefunden. Ich habe gemeint, diese Kammer sei in der Voraussetzung gewählt worden, daß sie die Steuerlast des Volkes so viel als möglich zu erleichtern suchen werde, aber bis jetzt las ich die schönsten Reden von Patrioten gegen das Ministerium, gegen Hohenlohe und Hörmann — von Gresser und Schlör hört man gar nichts mehr — aber von einer Betonung gerade der Steuerfrage ist mir weder aus der Adresse noch aus den Debatten das Mindeste bekannt. Wie kommt das? Seiner Zeit war doch das ein beliebtes Thema in den patriotischen Programmen der Kandidaten und gerade unsere Kandidaten haben die Steuerfrage gar sehr betont. Die Geldwirthschaft der Fortschrittler, ihre Rücksichtslosigkeit gegen die Steuerkräfte des Landes waren nicht die geringsten Gründe, daß viele der patriotischen Partei sich zuwandten und diese die Majorität erlangte. Und nun dieses Schweigen und nun hält man es kaum der Mühe werth, darüber nur ein Wort zu sagen? Nur ein Einziger hat ein paar Mal einen Anlauf genommen, auch der Geldfrage Erwähnung zu thun, die Andern haben bis jetzt noch immer geschrieben. Ich muß sagen, ich und meine Leute wünschten gar sehr, daß gerade die Steuerfrage, die Entlastung des belasteten Volkes sehr kräftig betont würde; meine Bauern verstehen wenig Spaß und wollen nicht umsonst patriotisch gewählt haben. (Wir hoffen, daß auch das noch daran kommen wird, denn in Geldsachen hört die Gemüthlichkeit auf, sagt Hansemann. D. Red.)

Von der Paar wird dem „Vaterland" geschrieben: Das Ministerium wankt nicht. Es scheint also noch nicht völlig erstürmt zu sein. War das Breschejchießen noch zu wenig? Nun wohlan zu neuem Sturm! Auf den Trümmern des Ministeriums Hohenlohe muß die blauweiße Fahne aufgepflanzt werden Angesichts des ganzen Landes. Nicht die Kammer, das Ministerium muß aufgelöst werden; Bayern muß frei werden von Hohenlohe und Bismark, Bismarks und der Preußen Macht über Bayern muß gebrochen, nicht das Land, sondern Hohenlohe muß geopfert werden. Das erwartet das Land mit fieberhafter Spannung von seinen Abgeordneten; keiner darf uns zurückkehren, bis nicht Hohenlohe gestürzt und die Sache des Vaterlandes, Bayerns Sache zum Siege gelangt ist. Nur keine Compromisse, keine Versöhnungsduselei, so lange ein Hohenlohe an der Spitze steht! Wir lesen es gar nicht gern, daß man dem Ministerium „die Hand bieten will", daß so viel von „Versöhnung" die Rede ist, während die Macht des Fortschritts noch in üppiger Blüthe steht. Die Fortschrittler sind konsequenter! sie betrachten die Patrioten als ihre Feinde und behandeln sie darnach. Es gibt keine Versöhnung in einem Kampfe um Prinzipien, zwischen Bayern und Preußen, zwischen diesem Fortschritt und der Kirche, so wenig als es eine Versöhnung zwischen Gott und Satan gibt. Eine Versöhnung ist nur möglich, wenn man sein Prinzip opfert; die Fortschreiter thun es nicht: — sollen die Unseren es thun? Da sei Gott vor! Ehre den Männern, die sich treu bleiben und die halten, was sie uns versprochen haben.

Von der Donau wird dem „Vaterland" geschrieben: Wohin werden wir in Bayern noch kommen! Es möchte Einem das Herz bluten, wenn man bedenkt, daß unser König gerade den rechten Zeitpunkt zu übersehen scheint, wo es ihm möglich wäre, sich, das Vaterland, ja ganz Deutschland zu retten. Soll denn die Geschichte Bayerns immer eine Geschichte verfehlter Gelegenheiten sein? Des Königs muthiges Vorgehen nach dem Sinne der Patrioten würde einen mächtigen Rückschlag nicht blos auf Würtemberg und Baden, nicht blos auf die norddeutschen Länder, sondern auch auf die österreichischen, ja auf ganz Deutschland zur Folge haben. Ich habe noch etwas auf dem Herzen. Ich bin ganz einverstanden mit dem „Vaterland", insbesondere in letzterer Zeit wieder mit den Noten zu den Kammerdebatten. Seine Bemerkungen z. B. zu Stauffenbergs Rede waren ganz am Platze, auch bezüglich der Patrioten. Lasse sich das „Vaterland" das „Desavouiren" nicht verdrießen! Das „Vaterland" hat zuerst die Bezeichnung für unsere Partei als die „katholisch-patriotische" gebracht, und wird, so hoffe ich, auch in Zukunft getreu dieser Parole arbeiten. Es hat bisher nicht eine Partei vertreten, sondern das Recht, die Freiheit, die Sache des Königs, wie des Vaterlandes und Volkes. Deßhalb wird das Volk immer auf der Seite des „Vaterland" stehen, mag man es auch zehnmal desavouiren, denn das Volk weiß, daß es bisher immer treu zu ihm gehalten hat, und hofft mit Grund, daß es auch in Zukunft immer seinen offenen, ehrlichen und geraden Weg gehen wird, ein zuweilen nicht sehr feiner Vorkämpfer für sein Recht und sein Hoffen, aber ein tapferer und rücksichtsloser Vorkämpfer. Wenn unsere Feinde mit Kartätschen und Zwölfpfündern auf uns feuern, da können wir nicht mit Schlüsselbüchsen und Schneeballen ins Feuer gehen, das wäre thöricht. Feuern die mit Kanonen auf uns, da müssen wir mit Kugelspritzen dreinschießen. Nur keine Rücksichten und unnöthige Zartheiten, die sind unsern Feinden gegenüber nicht mehr am Platze. Das „Vaterland“ ist zuweilen grob und nicht selten schlägt es mit Keulen drein, aber unsere Feinde tragen auch keine Seidenhandschuhe und sprechen auch nicht die Sprache der — Münchener Salonmenschen. Immer man d'ruf! sagte der alte Blücher; wohlgebügelte Schlafhauben gewinnen selten eine Schlacht, Sturmhauben muß man aufsetzen, wenn man kämpfen und siegen will. Nichts für ungut! Ich meine es aufrichtig mit dem Vaterland, dem papiernen und dem andern.

Oesterreich. In Prag ist dieser Tage die Zeitung „Politik“ aus dem sehr triftigen Grunde konfiscirt worden, weil sie gewagt hatte, eine Reihe Betrügereien und Unterschlagungen von Juden aufzudecken. Ganz mit Recht, denn in Oesterreich sind die Juden heilig und unverletzlich und wehe dem, der einen kaiserlich königlichen Hof- und Reichsjuden scheel ansieht.

In Klagenfurt ist ein Schullehrer wegen verschiedener Verbrechen der Nothzucht, der Schändung ꝛc. an Schulmädchen unter 14 Jahren zu 10 Jahren schweren Kerkers verurtheilt worden. Die liberalen Blätter rechnen dies zu den „Sünden der frühern Schulaufsicht.“ Prächtig! Also die geistlichen Inspektoren sind Schuld, daß der Lehrer ein Schurke war? Am Ende haben sie gar auch den Untergang von Ninive verschuldet!

Preußen. In Berlin will sich der Herr von Preußen zum „Kaiser von Norddeutschland“ ausrufen lassen; die Nationalliberalen haben auch nichts dagegen, machen aber die Bedingung, daß zuvor Baden und ganz Hessen in den Nordbund aufgenommen sein müssen. Der englische Gesandte ist einstweilen von seiner Regierung beauftragt worden, Bismark über diese Pläne zu unterpelliren.

Ausland.

Paris, 8. Februar. Neuestes! Anläßlich der Verhaftung Rocheforts, um die ihm wegen Preßvergehen zudiktirte Strafe abzusitzen, wurden von den rabiatesten seiner Anhänger Barricaden gebaut; am Eingange der Pariser Straße der Vorstadt Belleville wurden 15 Barricadenvertheidiger verhaftet, Polizeioffizier Lombard erhielt auf der linken Seite einen Stich mit einem an einen Stock angehefteten Bajonnette. Weiter hinauf in der Pariser Straße wurde ein Stadtsergeant durch eine Revolverkugel in die Brust getroffen. Um Mitternacht plünderten Aufrührer die Waffenfabrik Lefaucheux in der Lafayette-Straße, nahmen 40 Gewehre und 300 Revolver weg. Zahlreiche Verhaftungen fanden statt. Der erste Transport mit 200 Gefangenen ist im Präfecturgebäude eingetroffen. Die Barricaden werden von der Polizei und den Truppen bewacht. — Die Gesammtzahl der Verhaftungen beträgt 150 Personen. Flourens wurde nicht verhaftet; er und Bologne verhinderten die Ermordung des bei der Versammlung anwesenden Polizeikommissärs. Seitens der Erbauer der Barricaden wurde kein Widerstand geleistet. Heute herrscht überall Ruhe.

Lokales.

Heute gegen 6 Uhr Morgens brach im Hause des Herrn Reichenbach (Firma Lorch & Krempelhuber) Feuer aus, das in Kürze zwei andere Häuser ergriff. Leider sind bei dem Brande zwei Menschenleben zu beklagen. Eine herabstürzende Dachrinne erschlug einen Feuerwehrmann (Schlosser Müller jun.,) auf der Stelle, 4 andere wurden mehr oder minder schwer verletzt; einer von ihnen ist den Verletzungen erlegen. Das Feuer ist bei Schluß der Redaktion noch nicht gelöscht.

Verantwortlicher Redakteur: Dr. J. Sigl.

Druck von J. [illegible] Vogl in München. Rosengasse 10.

II. Jahrgang. Das Bayrische Auflage: 4700.

Vaterland.

Das „Bayr. Vaterland“ erscheint täglich mit Ausnahme der Sonn- und hohen Festtage. Preis des Blattes: Vierteljährig 54 kr., ganzjährig 3 fl. 36 kr. Das einzelne Blatt 1 kr.

Alle Postexpeditionen und Postboten des In- und Auslandes nehmen Bestellungen an. Inserate werden die dreispaltige Petitzeile oder deren Raum zu 3 kr. berechnet.

Redaktion Burggasse 14. Herausgegeben von Dr. jur. J. Sigl. Expedition: Kustinibazar 5.

Eularia. Nr. 34. Samstag, 12. Februar 1870.

Dieses „infame Vaterland“

muß den Herren Bettelpreußen und den „noblen“ Leuten von der Partei der Neidigen doch recht schwer im Magen liegen! Es vergeht kaum ein Tag, ohne daß das Haus, so hoch es ist, von Schimpfen auf die ultramontane Presse im Allgemeinen, das „Vaterland“ aber allemal noch besonders wiederhallt. Gestern war es wieder Hr. Stenglein, das sichtbare Oberhaupt der unsichtbaren mittelparteilichen Partei neidiger Staatsmänner und verkannter Genies, der sich über dieses niederträchtige Blatt hermachte und es mit dem „Volksboten“ und der „Donauzeitung“ förmlich vernichtete, wenn man Einen durch bloßes Schmähen und falsche Behauptungen vernichten könnte; vorgestern that es Sörgel oder Föckerer oder der blonde Benjamin Stauffenberg und heute wird wahrscheinlich Völk oder eine andere nationale Größe (in der Einbildung) das Gleiche thun. Aber Gott sei Dank, wir leben und erfreuen uns einer passablen Gesundheit.

Wir machen es wie das Muster eines Ministers nach dem Herzen des Fortschritts, Hr. Hörmann: wir „schütteln wie Schneeflocken“ die liberalen Donnerkeile ab und schleudern sie auf sie selbst zurück.

Ein paar Bemerkungen müssen wir uns aber erlauben. Was wollen denn die Herren Fortschreiter mit ihrem systematischen Schmähen? Blos sich ausschleimen und vor ganz Europa einen Schmerzensruf erschallen lassen, weil wir ihnen auf die Hühneraugen getreten? Oder haben sie andere Pläne?

Wenn man fortgesetzt und methodisch gegen ein Blatt anstürmt, so mißt man demselben eine gewisse Bedeutung bei, so fürchtet man dessen Einfluß, so ersieht man in ihm einen Gegner, welcher der Sache oder Partei gefährlich ist, die man selbst vertheidigt. Wenn wir fast täglich z. B. das Knorrblättl angreifen, so geschieht es wahrhaftig nicht, weil uns das sonderlich Freude macht, sondern weil wir seinen entsittlichenden und schädlichen Einfluß brechen wollen, und wenn die Fortschreiter gegen das „Vaterland“ donnern, so geschieht es wohl deshalb, weil sie sich von diesem Blatt für ihre Partei nichts Gutes ersehen. Sie suchen deshalb das Blatt zu vernichten, wenigstens zu diskreditiren und das glauben sie, nach ächter liberaler Gepflogenheit am besten durch Schimpfen, Schmähen und Lügen zu erreichen. Insoferne sind also all die wüthigen Angriffe der Feinde ebenso viele Complimente für uns, ebenso viele Empfehlungen des „Vaterland“. Denn was den Fortschreitern unangenehm ist, muß den Patrioten zum Vortheil sein, sonst wäre es ja den Fortschreitern gleichgiltig.

Allein Hr. Stenglein hat behauptet, daß die ultramontanen Blätter, voran das „Vaterland“ „nur schmähen, verleumden und persönlich angreifen“. Das ist einfach nicht wahr, und das wird ihm und seinen Freunden noch bewiesen werden. Aber er hat sich auf unsere Verurtheilungen berufen. Gut! Ist aber durch unsere Verurtheilung bewiesen worden, daß der König von Preußen einer der edelsten Fürsten oder der Jude Kleemann kein „frecher Jude“ ist, wie wir ihn nannten, oder daß Julius Knorr ein Heiliger oder mindestens ein tadelloser Ehrenmann ist? Keineswegs; die Verurtheilung (bei Knorr blos in erster Instanz) konstatirt einfach, daß der und der gebrauchte Ausdruck nach der Anschauung des Richters an sich „ehrenkränkend“ oder „beleidigend“ sei, aber nicht, daß die Bezeichnung nicht berechtigt und verdient war. Wenn wir heute einen liberalen Ehrenmann, der notorisch im Ehebruche lebt und sich eine Mätresse hält, einen Ehebrecher nennen, so werden wir unfehlbar verurtheilt, denn die Bezeichnung Ehebrecher ist an sich eine Injurie; damit aber ist durchaus nicht gesagt, konstatirt oder bewiesen, daß der Mann kein Ehebrecher ist. Also die Berufung auf Verurtheilungen von Ehrenkränkungsklagen zieht nicht und jeder Jurist weiß, was von solchen Verurtheilungen zu halten ist.

Was die Behauptungen Stengleins betrifft, die ultramontane Presse habe „geschmäht“, die liberale aber nicht und die ultramontanen Blätter haben die „Presse vergiftet“, so werden wir ihm in 2—3 Tagen den Beweis für das Gegentheil erbracht haben. In 2—3 Tagen wird das „Liberale Schimpflexikon von R von der Donau, von dem wir bereits einige Proben im „Vaterland“ gebracht, vollständig umgearbeitet, vermehrt und verbessert als drei Druckbogen starke Brochüre erscheinen. Der Herr Abgeordnete Lukas hatte die Freundlichkeit uns dazu ein Vorwort zu schreiben, und wir hoffen, daß unsere Freunde uns oder vielmehr Hrn. R von der Donau danken, unsere Feinde aber noch mehr erzürnt sein werden. Das Schimpfen werden diese zwar nicht aufgeben, aber für jede „Ausschreitung“ von „schwarzer“ Seite weist das „Schimpflexikon“ hundert Gemeinheiten von liberaler Seite nach — und — sie bereichern unsere Sammlung.

Das Ministerium vor den Abgeordneten.

(Zehnter Tag.)

Nachdem man nun lange genug über die auswärtige Politik debattirte, wurde gestern der Antrag auf Schluß derselben zum großen Aerger der Fortschrittler angenommen. Nach dem Schlußwort des Referenten erklärte Hohenlohe, er werde fortfahren mit seiner bisherigen „Politik“, denn sie gefällt ihm und er ist ganz zufrieden mit sich. Der Adreßentwurf der patriotischen Partei wurde sodann mit 77 gegen 62 Stimmen angenommen. Bräckl und Lukas wollten für den ursprünglich in die Adresse gesetzten Zusatz „erfahrungsgemäß“ stimmen und erklärten für jedes noch so scharfe Mißtrauensvotum zu stimmen. Schüttinger war abwesend. — Nun begann die Berathung über Satz 5—7 der Adresse. Fischer setzt mit vielen Worten auseinander, daß die Annahme dieser Sätze mit ihrer „Verdächtigung“ der neuen Gesetze neues Mißtrauen und neue Beunruhigung im Volke nach sich ziehen werde. (Aber daran ist ja nicht die Adresse, sondern sind die Gesetze Schuld?!)

Mit der „jetzt in Rom herrschenden Partei“, ist Herr Fischer gar nicht zufrieden, denn die übt, behauptet er — als Liberaler braucht er's ja nicht zu beweisen — einen Einfluß auf die patriotische Partei aus; Rom nimmt sich das Recht, versichert er, Einfluß auf die Regierungen zu haben, Könige abzusetzen (lautes Gelächter rechts). Ja wohl, m. H., lesen Sie nur Döllinger.[1] Der hat diesen römischen Gelüsten eine Grenze gezogen und es war Zeit dazu. Es besteht eine große Gefahr, fährt er fort, daß durch das Vorgehen der Majorität in dem zwischen Staat und Kirche ausgebrochenen Kampfe der Kirche, wie sie sich dermalen in Rom gestaltet und wie sie als feindliche Macht dem Staate gegenübertritt (bildet sich nämlich Fischer ein oder will diesen Bären blos Anderen aufbinden), Dienste geleistet werden.[2] Sie nennen das Ministerium eine Parteiregierung, aber das was Sie jetzt Partei heißen ist das Oberhaupt des Staates. (Heftiger Widerspruch rechts. Der Präsident rügt diese verlogene Aeußerung und bemerkt, es ist nicht gut in solcher Weise die ohnedies aufgeregten Gemüther noch mehr in dieser Sache aufzuregen.) Sich gegen eine, selbstverständlich wieder völlig verdrehte Aeußerung Luka's gewendet — daß ein Minister sich die alte Göttin der Gerechtigkeit gegenwärtig halten solle, die mit verbundenen Augen dargestellt wird, hatte Lukas gesagt, Fischer aber brachte heraus, daß ein Minister keine Zielpunkte haben dürfe und mit verbundenen Augen regieren müsse — warnt er drohend auf dem betretenen Weg weiter zu gehen, es werde sonst die Reue kommen (die übrigens Hrn. Fischer nichts anginge!) und räth, doch den Satz der Adresse zu verwerfen, in welchem der Vorwurf erhoben werde, daß wir bisher eine Parteiregierung gehabt haben; das gebiete ihnen die Klugheit. Die Patrioten sollen durch ihre Resignation (Verzichtleistung) beweisen, daß sie Patrioten sind, das könne ihnen einst sehr angenehm sein.

(Wir begreifen nicht, daß diese — und — Redensarten von den Patrioten so ruhig angehört werden konnten und daß keiner der nachfolgenden patriotischen Redner dem — Fortschreiter bedeutete, er könne seine Weisheit und seine überflüssigen Rathschläge für sich behalten, da die Patrioten schon selbst wüßten, was sie zu thun hätten. Dr. Huttler gewann es über sich, auf die übermüthigen und drohenden Aeußerungen Fischer's, die uns wenigstens empört haben, schon zum zweiten Male eine Versöhnungspredigt zu halten.)

Lukas berichtigte seine Aeußerungen, die Fischer verdreht hatte, um daraus eine kleinliche Waffe gegen die „Ultramontanen“ zu haben.

Baron X. Hafenbrädl sprach wieder in endloser Rede über Deggendorfer Stadt- und Bauernvereinsgeschichten ꝛc. und verlor sich so in Kleinlichkeiten, daß der Präsident ihn ersuchen mußte, zur Sache zu sprechen. Wenn nur die beiderseitigen Sprecher sich die Untugend abgewöhnen könnten, immer von sich und ihren persönlichen Angelegenheiten zu sprechen, die alle Welt bereits genugsam zu wissen glaubt und die alle Welt langweilen, der Sache aber nichts nutzen.

Stenglein schimpfte auf Vaterland, Volksbote und Donauzeitung. Im Gegensatz zu diesen „gemeinen und die ganze Presse vergiftenden Blättern“ ließ er dann die liberalen Blätter im bluhrieselweißen Gewand der Unschuld mit einer strahlenden Glorie erscheinen.

Dr. Huttler spricht über Ultramontanismus, den wirklichen und den, der blos als vulgäres Schlagwort existirt, über Freiheit der Kirche und des Unterrichts, über sociale Frage und den Militarismus, der das Mark der Völker verzehrt und die ganze Politik in seinen Banden hält und dem vor Allem die Axt an die Wurzel gelegt werden müsse. Im Uebrigen predigt er Versöhnung und Politik des Rechtes, leider aber werden sich diejenigen, die's anging, nicht belehren wollen.

Greil beginnt seinen Vortrag damit, daß er den Föckerer gründlich Lügen straft. Föckerer hatte nämlich kürzlich behauptet, der ehem. Abgeordnete Winkelhofer habe gesagt, der Zollvertrag müsse gelöst werden. In einem Briefe an Greil erklärt Winkelhofer, das sei eine ehrlose Lüge und Verleumdung. Er wendet sich gegen Döllinger, den die Fortschrittler in die Debatte gezogen und der kirchliche Fragen nicht zu entscheiden hat. Es sei unrichtig, daß die liberale Presse, wie Stenglein behauptet, sich blos auf Räsonnements beschränke; sie gefalle sich im Gegentheil gar sehr in Beschimpfungen, persönlichen Invectiven und Angriffen auf ganze Stände. Auf Seite der Patrioten seien Ausschreitungen strenge gerügt worden, Ausschreitungen der Liberalen aber haben taube Ohren gefunden, und das ist es, was die Gemüther erregt und mit Mißtrauen erfüllt hat. Redner kommt auf das Wehrgesetz, sein Vergleich mit dem frühern Conscriptionswesen fällt sehr zu Ungunsten des letzteren aus. Er tadelt scharf die vielen neuen Ernennungen und Beförderungen von Generalen und Oberoffizieren; wir haben 36 aktive, 27 pensionirte Generale und 2 extra statum, und nun sind wieder 5—6 neue gemacht worden. Was fangen wir an, wenn wir ein halbes Hundert Generale haben, die man nicht brauchen kann? Da soll zu sparen angefangen werden, denn wir müssen sparen und die Lasten des Volkes dürfen nicht fort und fort gesteigert werden.

Föckerer ist tief beleidigt und gekränkt durch den verlesenen Brief, will sich aber „beherrschen“, denn er ist schon alt und „der Mann da drüben“ (Greil) ist ein Geistlicher[3]. Er verspricht Beweise zu bringen gegen diese „grenzenlose und maßlose beleidigende Anschuldigung“. (Wir erwarten, daß Föckerer das bleiben lassen wird; 's ist gar nicht nöthig, nachdem Hr. Winkelhofer die fragliche Behauptung auf Manneswort als eine „ehrlose Lüge“

---

[1]) Fischer denkt sich wahrscheinlich: lüge nur fleißig drauf los, o Fischer, jeder liberale Simpel glaubt dir's auf's Wort und deren Zahl ist Legion und jeder ist eine „Intelligenz“, denn er ist ja — liberal. Uns dauert nur der arme Döllinger, daß er seit neuester Zeit zu jeder liberalen Bölise Gevatter stehen soll und jeder kannegießernde Hansdampf und Bierhauspolitiker sich auf den Döllinger beruft. Das hat dieser Mann doch nicht verdient, diese Strafe ist zu hart für einen solchen Mann!)

[2]) Lächerlich! Was hat denn Rom und die Kirche damit zu thun, daß unsere Bauern das Wehrgesetz und die Preußen zum Henker wünschen und lieber weniger als mehr zahlen möchten? Und was hat denn das Concil mit Hohenlohe zu thun, als daß es ihm eine Gelegenheit verschaffte, sich zu blamiren, wie Dr. Pfahler meinte? Und was kümmert es den Papst, daß wir das Notarialsgesetz ꝛc. abgeschafft wissen wollen? So wenig als Hrn. Fischer die Logik und der gesunde Hausverstand unserer Bauern kümmert.

[3]) Am Ende hätte der tapfere Karl, wenn er jünger wäre, sein kostbares Leben sonst gar durch ein Duell auf's Spiel gesetzt? O Föckerer! Ja wenn nur das Herschießen nicht wäre, das Hinschießen wär' schon recht!

erklärt hat. Der muß es am besten wissen, was er selbst gesagt hat und sein Wort gilt jedenfalls mehr als der Tratsch von 100 alten Weibern in Vilshofen.)

Burger (von Zeil) vertheidigt den Klerus gegen den ewigen Vorwurf des Agitirens. Es bedürfte keiner Agitation; die neuen Gesetze, besonders das Wehrgesetz ist es, worüber das Landvolk mit Recht klagt. Die Aufhebung der Wuchergesetze, die schon so viele Opfer gekostet hat, das Notariatsgesetz, das eine neue Mehrbelastung des Volkes ist und das das Vertrauen im Volk tief geschädigt hat, das Hypothekenwesen — das sind Gründe genug, daß das Landvolk zu Unzufriedenheit und Mißtrauen kommen mußte und Sie haben durch Ihr Benehmen hier noch mehr dazu beigetragen. (Das war ein wahres Wort zur rechten Zeit!) Durch Ihre Schmähungen auf die Geistlichen haben Sie nur uns und der patriotischen Sache genützt. Das Landvolk hängt mit Treue an dem König. Sie sollten seine Treue nicht antasten. Das Volk verlangt und sehnt sich nach Reformen in der Gesetzgebung, welche wenigstens annähernd zur Entlastung führen. (Bravo rechts.)

Schmitt will eine Lobrede auf die Preußen halten, wird vom Präsidenten unterbrochen, da er dies bei Satz 3 hätte thun sollen, streitet sich eine Weile mit dem Präsidenten herum und will um jeden Preis seine Lobrede anbringen. Präsident läßt ihn wieder beginnen: als er sich aber ins vorige Jahrhundert verlor, erklärt Präsident, „nun sei seine Geduld zu Ende". Nach weiterem Hin- und Herstreiten des rechthaberischen Fortschrittlers „verzichtet" er aufs Wort, „da ihn doch Niemand hören zu wollen scheine". — Damit schloß die Debatte.

Deutschland.

München, den 11. Februar.

Um die ermüdende Adreßdebatte abzukürzen, — es sollen noch 36 Redner eingeschrieben sein! — dürfte wohl schon heute ein Schlußantrag eingebracht werden. Es ist kaum zu bestreiten, daß dies ein guter Gedanke ist. 'S ist Alles schon gesagt worden, was etwa noch gesagt würde.

Vom Heimgarten wird dem „Vaterland" geschrieben: Da der Name v. Hörmann zur Zeit eine so „schneeflockige" Rolle spielt und Einem täglich in allen Zeitungen unter die Augen kommt, so wollen wir auch etwas Rühmenswerthes von diesem Namen in Erinnerung bringen. Der vormalige Staatsrath von Hörmann ist in der letzten Zeit, aus Anlaß des Ministers und jetzigen Staatsraths gleichen Namens, öfters in nicht rühmlicher Weise erwähnt worden. Eine Scene, bei welcher er die Hauptperson gewesen, ist meinem Gedächtnisse eingeprägt geblieben und hat ihm bei mir ein ehrendes Andenken bewahrt. Es sind seitdem bald dreißig Jahre vergangen. Hr. v. Hörmann kam, als damaliger Präsident des Appellationsgerichtes, öfters in das Clerikal-Seminar in Freysing. Er träumte also noch nicht von den „ultrakirchlichen Demagogen", gegen welche der Minister von Hörmann das in Bayern bisher unbekannte Institut der Staats-Denunzianten organisirte. Ihm zu Ehren ward dann auch ein Abschied im Clericalseminär gefeiert, als ihn das Vertrauen seines Königs zum Präsidenten der Regierung von Oberbayern berief. Ein Alumnus hatte bei dieser Gelegenheit ein Gedicht verfaßt, wenn ich nicht irre, nach der Melodie des Walhallaliedes. Darin war der wunderbare Bau der Kirche besungen und angedeutet, daß der Gefeierte auch berufen sei, zur Förderung und Erhaltung dieses Baues beizutragen. Da legte der schon greise Herr v. Hörmann seine Hand auf die Brust und sprach mit erhabener Stimme: „Meine Herren! seit dreißig Jahren habe ich für diesen Bau gekämpft, und seien Sie versichert, so lange ein Tropfen Blut in meinen Adern wallt, werde ich diesen Bau vertheidigen". — Das war ein erhebender Moment für die „jungen Schwarzen", einen hohen Herrn also reden zu hören! Ich kann dessen nur mit Rührung gedenken. Mancher von den damaligen Verehrern des Herrn Präsidenten hat aber bereits erfahren, welche Anschauung der vormalige Minister v. Hörmann von der Kirche und ihren Dienern hat; denn er titulirt sie „ultrakirchliche Demagogen", welche das Ansehen des Thrones und die Autorität der Gesetze untergraben und hat gegen sie eine Bande von Denunzianten aufgerufen und organisirt. Zur Einführung eines solchen Instituts, wie das der Staats-Denunzianten, meine ich, wäre der vormalige Staatsrath v. Hörmann zu ehrlich gewesen. Tempora mutantur! Der kleine Windfried! Ich sah ihn noch mit seinem Hofmeister durch die Alleen um Amberg wandeln! Damals freilich blieben die Flocken noch auf seinem faltigen Mantel liegen. Jetzt schüttelt er die Wahlkreiseintheilung und was daran hangt, und was darauf geworfen wird, wie „Schneeflocken" von sich und freut sich, daß das Institut der Staats-Denunzianten ihm seinen Ursprung verdankt. Wenn der Haushofmeister noch lebte, würde er auch unter den „ultrakirchlichen Demagogen" zählen? Und der Herr Papa?

Was kümmern denn die Väter uns
Mit ihrem alten Wahn?
Die kannten noch den Fortschritt nicht
Und seine neue Bahn.
Nicht Kirch' und Pfaffen braucht es mehr —
Das wäre Spott und Hohn!
Ein hübsches Denunzianten-Heer
Schützt Vaterland und Thron!

Aus Oberbayern wird dem „Vaterland" geschrieben: Nach den Worten des Hrn. v. Hörmann „leidet unter der Sprache seiner gegnerischen Presse die Moral des Landes." Nun das muß wahr sein! Wäre es daher nicht am Platze, nun gleich die gesammte patriotische Presse zu desavouiren, zumal da man nun einmal Lust bekam zum Desavouiren resp. desavouiren lassen? Hr. v. Stauffenberg dürfte bei diesem Geschäfte „mit Freude" unter die Arme greifen. Indeß zur billigen Ausgleichung dürften auf Seite der Patrioten einige Fragen an die Gegenpartei nicht schaden, wie etwa: Desavouiren Sie, meine „moralisch gesunden Herren" die Sprache z. B. der „Neuesten Nachrichten", jenes Schandblattes, dem Lüge und Verleumdung zur Nothwendigkeit, dem Scham- und Sittenlosigkeit zur zweiten Natur geworden? Desavouiren Sie die Sprache ähnlicher Blätter, wie eines „Landboten", welcher, ein Schandmal für die Hauptstadt, an Gemeinheit siech liegt, der (unter den Augen der Behörden) offen zum Hasse und zur Revolte gegen einen ganzen geistlichen Stand aufreizen kann? Desavouiren Sie meine Vieledlen eine Kempter Zeitung, einen Niederb. Kurier und viele andere Blätter Ihrer Partei, in denen Männer (?) aus Ihrer Mitte sich tagtäglich heiser schreien in einer Sprache, die jeglicher Scham, jeden Funkens von Ehrgefühl, von Redlichkeit, jeder Spur von Achtung für Glaube und Sitte, für Recht und Gerechtigkeit baar ist? Auf welcher Seite ist Moral? Welche Parteipresse ist es, unter deren Sprache die „Moral des Landes leidet"? Man macht von einzelnen, zufällig nicht auf die Goldwage gelegten, Ausdrücken in der patriotischen Presse die ungerechtesten Schlüsse auf die ganze Partei: würde man dies umgekehrt thun, so müßten uns die Anhänger und Begünstiger der „moralisch gesunden" liberalen Presse als die ehr- und schamloseste Klasse von Menschen erscheinen, die einzig und systematisch nur auf Revolution, Verrath an Volk und Land, Entsittlichung und Verwilderung der Gesellschaft hinarbeitet!

Aus Mittelfranken schreibt die Frkf. Ztg.: Wir haben jetzt leider hinreichend Gelegenheit, eine der Segnungen Preußens in nächster Nähe kennen zu lernen. In unserer Gegend findet nämlich ein durchaus nicht unbedeutender Tabaksbau statt; selbstverständlich gehört jedoch das hier gewonnene Kraut nicht zur feinsten Sorte und verträgt kaum die uns durch das Zollparlament bescherrte Tabaksteuer. Da in der letzteren Zeit ohnedies der Verkehr in rohem Tabak stockte, so konnten unsere Landleute für ihre Pflanze keinen Absatz finden; die Tabaksteuer muß aber entrichtet werden, und da viele der Steuerpflichtigen beim besten Willen das hierzu nöthige Geld nicht in den vor einigen Wochen anberaumten Terminen aufbringen können, so ruft das Zollamt die Hülfe der Gerichte an, es muß auf dem Wege der Execution die Betreibung der Steuer erfolgen.

Aus Eichstätt wird dem „Vaterland“ geschrieben: Ein liberales Waschweib (W) hinterbringt dem „Nürnberger Anzeiger“ die erschreckende Neuigkeit, daß für unsere Stadt eine Jesuitenmission in Aussicht stehe. Nun, wir freuen uns, mag sich auch der „Nürnb. Anz.“ und seine edle Sippe darob grün und blau ärgern. Fast glauben wir, daß Gottfried und das alte Waschweib den einen oder andern Vortrag brauchen könnte, etwa über die schädlichen Folgen der Trunkenheit und einer andern sehr „fortschrittlichen“ Tugend (!). Dr. Lommel hat uns nämlich auf diese zwei Kardinaltugenden an Gottfried aufmerksam gemacht. Also, Hr. Meyer? Was den Wunsch betrifft, daß die Jesuiten mit Scholl zusammentreffen möchten, so theilen wir ihn von Herzen. Einen zweiten Tag wie der zu Kulmbach und eine zweite noch größere Blamage stellen wir diesem Herrn in Aussicht. Wie Pastor Dr. Lichtenstein den frivolen Schwätzer unbarmherzig abhäutete, ebenso wird er von den Jesuiten geschunden werden. Doch wir wissen nur zu gut, daß Scholl einem Jesuiten nicht unter die Augen tritt. Einem Jesuiten hält die ganze Meyersche und Schulmeister- u. Judenclique mit all „ihrer Gescheidtheit“ nicht Stand. Oder können wir wirklich auf dieses Vergnügen hoffen? Scholl wird ersucht, dann gleich den Gottfried mitzubringen, daß er in seinem „Anzeiger“ den Triumph besinge, und unser Waschweib hält schon einen Korb bereit, um die errungenen Lorbeerkränze zu sammeln!

Ausland.

In Frankreich zieht sich der Kaiser immer mehr in den Hintergrund zurück, so daß man meinen sollte, er gehe damit um, sich nächstens pensioniren zu lassen und das Geschäft Anderen zu übergeben. Das „parlamentarische Ministerium“ arbeitet unterdeß rüstig fort und bekundet den Gegnern der Ordnung gegenüber eine Energie und Strenge, die von „liberalen“ Ministern weit leichter ausgeübt werden kann als von einer konservativen Regierung, welche um geringerer Dinge willen verketzert und verdammt wird. Die revolutionären Feinde der Regierung haben sich genugsam blamirt, als daß sie noch viel zu fürchten wären. Bedeutsam ist, daß Leute wie der alte Guizot sich wieder um die öffentlichen Geschäfte annehmen und wieder in den Staatsdienst treten. Ob es dem Ministerium gelingen wird, aller Hindernisse Herr zu werden, ist freilich eine andere Frage.

Lokales.

Von München schreibt man uns: In den „Neuesten“ befand sich dieser Tage ein Eingesandt, in welchem das Münchener Publikum mit der „erfreulichen“ Nachricht überrascht wird, daß demnächst im Aktientheater eine „Privatgesellschaft“, nicht die Direktion, sondern eine Gesellschaft edler Judenjünglinge u. dgl. einen großen öffentlichen Maskenball zu arrangiren gedenke und zwar mit der Devise: „Hie schwarz, hie weiß oder Progression und Reaktion.“ Daß es einer gewissen Anzahl von Herren Juden, jener Eindringlinge, welche seit kaum 20 Jahren in den christlichen Staaten als Bürger gleichberechtigt sind, die diese Gleichberechtigung dahin benutzten, daß sie jetzt unsere Herren sind und von unserm Schweiße leben, gestattet sein soll, die christliche Religion und ihre Diener in der gemeinsten Weise zu besudeln und in den Koth zu ziehen, muß Jeden, der noch ein wenig Achtung vor sich und das Herz am rechten Flecke hat, tief betrüben. Daß es den Juden erlaubt ist, uns finanziell zu schlachten, das verdanken wir den neuen Gesetzen; daß sich aber diese Menschen auch noch in die Gefühle unsers Herzens drängen, das sollte man in einem christlichen Staate nicht geschehen lassen. Ein christlicher Bewohner Münchens.

Verantwortlicher Redakteur: Dr. J. Sigl.

Druck von M. Vogt in München, Rosengasse 10.

II. Jahrgang. | Das Bayrische | Auflage: 4700.

Vaterland.

Das „Bayr. Vaterland“ erscheint täglich mit Ausnahme der Sonn- und hohen Festtage. Preis des Blattes: Vierteljährig 54 kr., ganzjährig 3 fl. 36 kr. Das einzelne Blatt 1 kr.

Alle Postexpeditionen und Postboten des In- und Auslandes nehmen Bestellungen an. Inserate werden die dreispaltige Petitzeile oder deren Raum zu 3 kr. berechnet.

Redaktion Burggasse 14. | Herausgegeben von Dr. jur. J. Sigl. | Expedition: Kuffinibazar .

Benignus. | Nr. 35b. | Sonntag, 13. Februar 1870.

Randglossen zu Professor Sörgel's Jungfernrede. I.

R **von der Donau.** Salvus sis Domine, Ihre Rede war vortrefflich! Als Ihr Professorengesicht von der Rednerbühne herableuchtete, fühlte sich die ganze Kammer mit Einem Schlage auf klassischem Boden und Griechenlands ewig blauer Himmel wölbte sich über den Häuptern. Also vermögen blos Professoren zu reden: Die würzigen Hügel des Hymettos und der Wiener Congreß, „am Verlust Luxemburgs, die Schuld tragend“; die qualmenden Scheiterhaufen Spaniens, der Blutgeruch in der katholischen Kirche und Tacitus, die „Centrifugalität der deutschen Stämme dokumentirend“; der österreichische Konkordatsgeist, in den Köpfen unserer Patrioten spuckend, die bösen Jesuiten mit ihren „menschenfeindlichen“ Tendenzen und die lieben Freimaurer mit ihrem Humanitätsschwindel; römischer Syllabus, französische Chassepots und die bayerisch-patriotische Presse, Schulgesetz und unaufgeklärtes Landvolk und der französische Kommissär, schließlich der „große deutsche Baum“, wovon Bayern ein „Zweig“ und die Stadt Hof ein „Aestlein“ und der dortige Professor Sörgel ein „winziges Blättlein“, flüsternd im liberalen Windhauch: — das und noch mehr umfaßte Ihre gediegene Rede, unwiderlegbar die Universalität Ihres Geistes bekundend.

Zwei Punkte hätten Sie jedoch nicht berühren oder, nachdem Sie es gethan, beweisen sollen. Sie haben frischweg behauptet:

1) „blos vom Schimpfen, Verleumden und Hetzen leben, das findet man nur in der ultramontanen Presse“,

2) „wenn man solchen Abscheu vor dem Blute habe, so möge man sich einmal in der Kirche umschauen; es sei dort unendlich viel Blut vergossen worden durch die Inquisition.“

Um nicht in den Verdacht zu kommen, als hätten wir Ihre geflügelten Worte gefälscht, so diene Ihnen, daß wir sie den „Neuesten“ und dem „Regensb. Tagblatt“ (Nr. 30) entnommen haben — gewiß zwei saubere Blätter Ihrer Richtung und Partei.

Einer Ihrer Kollegen, der Erfinder der klassischen Affenmenschtheorie, Karl Vogt, hat von seinem Freunde Robert Blum gesagt: „Jedes Wort von ihm muß ohne Beweis wahr sein.“ Wollen Sie vielleicht dieß trotzige Wort auch auf Ihre Behauptungen angewendet wissen?! Wir lassen es nicht gelten, ja, wir sagen Ihnen ins Gesicht, daß Ihre Behauptungen unwahr seien und Sie sich geirrt haben. Irren kann jeder Mensch, sogar ein bayrischer Professor und seit der Schuster Stöhr, „den Sie vielleicht kennen“, sich gegen die Unfehlbarkeit des Papstes ausgesprochen und dem armen Döllinger vor aller Welt sein Pechsiegel aufgedrückt hat, lassen wir uns auch Ihre Unfehlbarkeit nicht gefallen. Uebrigens konnten Sie auch leicht irren, Herr Professor; denn das Studium der Klassiker gestattet Ihnen nicht gleich Ihrem Kollegen Völk Zeitungsartikeln aufzuspeichern und in die Preßkloaken Ihrer Partei hinabzusteigen. Jeder begreift das. Cicero und die „Neuesten“, Tacitus und der „Fränk. Kurier“, Livius und die „Kempter Zeitung“ oder gar Homer und der „bayrische Landbote“ wären ein zu großer Gegensatz, so riesengroß wie der „Münchener Armenvater“ Julius Knorr und der heilige Vincenz von Paul oder wie Dr. Völk und der Kanonist Raymund von Pennafort oder gar wie Innocenz III. und Professor Marquardsen von Erlangen. Sie kennen Ihre Presse nicht, und haben dem „Ritter“ Schauß und dem Apotheker Frickhinger getreulich nachgeplaudert, was diese Edlen vorgeplaudert — und Nachplaudern ist jederzeit ein arger Fehler.

Unter der ultramontanen Presse verstehen Sie und die Ihrigen zumeist das „Bayrische Vaterland“. Doch das „Vaterland“ getröstet sich des liberalen Hasses und erinnert sich bei der allgemeinen Anfeindung dessen, was Möhler einmal gesagt hat: „Was am meisten angefeindet wird, kann wohl nur Wahrheit sein, denn die Welt verträgt Alles, nur nicht die Wahrheit und das Recht; und wo am Lautesten gebrüllt wird, da kann das Unrecht nicht groß sein!“ [1])

Sie behaupten: Die ultramontane Presse lebt blos vom Schimpfen, Hetzen und Verleumden; den Beweis bleiben Sie natürlich schuldig. Wir behaupten: Die liberale Presse lebt blos vom Schimpfen, Hetzen und Verleumden, und um nicht in Ihren Fehler zu verfallen, beweisen wir sofort unsere Behauptung.

Vorerst, das schicken wir voraus, sollen die liberalen Herren Zeitungsschreiber sich selbst gegenseitig kritisiren, um die Wahrheit des schönen Versleins Brunners ans Licht zu stellen:

„Ihr großen Fortschrittsgeister,
Ihr kritisirt für wahr nicht schlecht;
Ihr nennt einander Lumpen,
Und jeder von Euch hat Recht“

Die Frankfurter Zeitung (Nr. 278), ein den Katholiken durchweg feindlich gesinntes Blatt, sagt von der fortschrittlichen Presse, daß „sie im Schimpfen über die Ultramontanen Unglaubliches leiste“, und über die „Neuesten“, welche der „Nürnberger Anzeiger“ ganz treffend „Münchener Kümmelblatt“ nennt, fällt sie das Urtheil, daß „sie völlig geistlos redigirt nur vom Nachschwätzen banaler Schlagwörter über die Ultramontanen leben.“ Der „Nürnberger Anzeiger“ brandmarkt den Liberalismus

[1]) Beda Weber, Characterbilder. S. 16.

als „verkommen, erbärmlich und gemein, ohne Rechtsgefühl, Scham und Ehre“ und ebenso schamlos findet er die Fortschrittspresse; denn nach ihm besitzt die „Kempter Zeitung“ „eine eigenthümliche Frechheit bei Vertretung einer schlechten Sache“ und er nennt sie eine „Fortschrittsh—“ und eine „kgl. preußische Hofh—“ (R. A. 35, 299, 334.) Daß die „Abendzeitung“ das „größte Klatschblatt sei, dem die Entstellung zur zweiten Natur geworden“, hat die Frankfurter Zeitung vor Jahren schon ausgesprochen, und die demokratische „Pfälzer Zeitung“ (Nr. 28) nennt sie ebenfalls „ein gewöhnliches Klatsch- und Hetzblatt, das der aufgelösten offiziösen Schwefelbande eine gastliche Stätte gewährt.“ Die vier Kardinaltugenden des „Fränk. Kurier“ heißen nach dem Nürnb. Anz. (Nr. 328): Leichtfertigkeit, Bornirtheit, Schlechtigkeit und Unverschämtheit; und sein Hauptgeschäft ist „Erfinden und Fälschen, Lügen und Verleumden“, wofür der „Fränkische Kurier“ mit gutgeprägter Münze heimzahlt und ihm wuthschnaubend entgegenschreit: „Kerl, Maulheld, verächtlicher Schreier, Schwätzer und Verleumder“ (F. K. 301, 305, 316.)

Das Ministerium vor den Abgeordneten.

(Aus der gestrigen Nummer wiederholen wir, daß Fischer einen neuen Angriff auf die patriotische Partei damit machte, daß er sie bezichtigte, mit Rom, welches das Recht beanspruche, Einfluß auf die Regierungen zu haben und Könige abzusetzen, in Verbindung zu stehen und daß sie das Ministerium als eine Parteiregierung bekämpfen, daß aber das was sie Partei nennen, der — König sei. (Widerspruch rechts.) Lukas entgegnete ihm, auf die Fortschreiter passe der Ausspruch Heines: „Wir wollen

Den König absolut,
Wenn er uns den Willen thut.“

X. v. Hafenbrädl sprach über Bauernverein, Stenglein schimpfte auf Vaterland, Donauzeitung und Volksbote. Dr. Huttler sprach sehr liberal über Ultramontanismus (wofür er in der heutigen Sitzung von Dr. Ruland desavouirt wurde) und predigte Versöhnung, Greil wies nach, daß eine Behauptung Föckerers in Bezug auf den ehem. Abg. Winkelhofer nicht wahr sei (wegen Wiedergabe des von ihm gebrauchten Ausdrucks dürfte das „Vaterland“ gestern konfiszirt worden sein) und tadelte die Anschaffung der vielen unnützen Generale, Föckerer ist ungeheuer entrüstet, will sich aber beherrschen, da der Angreifer ein Priester sei, sonst hätte sich der alte Mensch vielleicht gar mit Greil duellirt, Burger (v. Zeil) vertheidigt den Klerus gegen den ewigen Vorwurf des Agitirens. Es bedürfte keiner Agitation; die neuen Gesetze, besonders das Wehrgesetz ist es, worüber das Landvolk mit Recht klagt. Die Aufhebung der Wuchergesetze, die schon so viele Opfer gekostet hat, das Notariatsgesetz, das eine neue Mehrbelastung des Volkes ist und das das Vertrauen im Volk tief geschädigt hat, das Hypothekenwesen — das sind Gründe genug, daß das Landvolk zu Unzufriedenheit und Mißtrauen kommen mußte und Sie haben durch Ihr Benehmen hier noch mehr dazu beigetragen. (Das war ein wahres Wort zur rechten Zeit!) Durch Ihre Schmähungen auf die Geistlichen haben Sie nur uns und der patriotischen Sache genützt. Das Landvolk hängt mit Treue an dem König. Sie sollten seine Treue nicht antasten. Das Volk verlangt und sehnt sich nach Reformen in der Gesetzgebung, welche wenigstens annähernd zur Entlastung führen. (Bravo rechts.)

Schmitt will eine Lobrede auf die Preußen halten, wird aber, als nicht zur Sache gehörig, vom Präsidenten unterbrochen.)

(Elfter Tag.)

Die Sitzung eröffnet der prot. Pfarrer Kraussold mit einer unermeßlich langen Rede, die von der Erschaffung der Welt bis auf unsere Tage reichte und sich zumeist über die Gegend des Schulgesetzes verbreitete. Der „freie Geist“ desselben schwebte über den Wassern der Kraussold'schen Rede, daß sie nicht einfroren.

Dr. Jörg, der nach Aussehen, Thun, Dialektik und — ausgesuchter Bosheit gegen die Liberalen zweifelsohne wo nicht ein Jesuit, doch wie Hr. v. Harleß ein „Affiliirter“ dieses „gefährlichen“ Ordens ist, hatte, während die Wasser der Kraussold'schen Rede auf die hohe Kammer herabträufelten, geruhsam unter seinem Referenten-„Regenschirm“ gestanden und nachgesonnen, wie er den Redner vor ihm mit ein paar Worten zum Fall brächte. Und sieh da! Rom verläßt keinen Jesuiten! Sehr unschuldig begann er eine kurze Erwiederung damit, daß er sagte, ja, der Schule soll man geben, aber nichts daneben, die Beamten, die man hat, soll man ordentlich bezahlen, aber nicht immer neue schaffen, wie das Schulgesetz wieder wollte. Und nun zog er ein grünes Heft unter der Bank hervor und sagte: Sehen Sie, meine Herren, daß über unsern Schulstreit die Anschauungen unter den Liberalen sehr verschieden sind. Da habe ich ein Heft des Leipziger „Grenzboten“ v. 10. Dez. 1809, eine sehr liberale Zeitschrift, und da lese ich in einem Münchener Briefe über den Schulstreit des vergangenen Jahres in Bayern Folgendes und ich will es auch Ihnen vorlesen. — In wenigen Sätzen war da gesagt, daß das Wahre und der Kern jener Streitereien sei, daß einzig die Lehrer mit ihrer sozialen Stellung unzufrieden sind und eine bessere Bezahlung möchten. Das „Bedürfniß eines Schulgesetzes“ in Bayern bestehe lediglich in dem Bedürfnisse der Lehrer und das habe man als „Fehler der Schulorganisation“ ausgegeben. Es sei nachgewiesen, daß unsere bayrischen Schulen den Vergleich mit den preußischen durchaus nicht zu scheuen haben und wenig zu wünschen übrig lassen. Die „Schulfrage“ in Bayern wäre durch eine bloße Gehaltsaufbesserung der Lehrer zu vertagen gewesen, die gewollte „Reorganisation“ bestehe in der Beseitigung der Geistlichkeit, in der „Beschränkung des klerikalen Einflußes“, wie der Kunstausdruck lautet, durch weltliche Schuldirektoren. Diese Seite und Bedeutung der „Schulfrage“ machte sie den Liberalen angenehm und sie nahmen sich der Lehrer deshalb an, weil sie den Liberalen bei den Wahlen ganz unentbehrlich waren, um den Einfluß der Geistlichen bei den Bauern zu parolysiren (zu vernichten).“ — Sehen Sie, m. H., sagte Dr. Jörg, während die Fortschreiter sehr lange Gesichter machten, mit der unschuldigsten Miene von der Welt, sehen Sie, das ist auch eine Anschauung über unsere Schulfrage und zwar eine liberale.

Sprach's und es lachte das Herz in der Brust dem schwarzen Gesellen;
Traurig saß der andere da, mit länglichem Antlitz,
Wußte kein Wort zu sagen und gedachte zu sterben. —

Dekan Weis vertheidigte den Bischof von Augsburg und Reichsrath v. Harleß aus ihrem Referat über die Schulfrage.

Nun kam Lehrer Strauß von Altdorf und deklamirte über eine halbe Stunde lang unter fast unausgesetztem Gelächter der Kammer eine kostbarliche Redeübung über die Schulfrage.

Dr. Ruland sprach über die patriotische Partei und die Prinzipien, die sie vereinigen, und begründete deren berechtigtes Mißtrauen gegen die Regierung aus deren

Handlungen, und **Marquardsen** legte sich für den Geist der neuen Gesetze ein.

Inzwischen war vom Abg. **Hauck** ein Antrag auf Schluß der Debatte eingebracht worden, was aber den Fortschreitern namentlich dem **Schauß**, gar nicht recht war. Gestern schon, jammerten sie, seien sie mit einem Schlußantrag „überrascht" worden und jetzt werden sie wieder überrascht.

Gschwendner: Der Schluß der Debatte ist im Interesse des Landes und dieses Hauses. Wo komme man hin mit diesen Debatten? Ich hätte nichts dagegen, wenn wir um unser eigenes Geld da säßen, aber wir sitzen auf Kosten des Landes da. Da muß ich Sie dringend bitten, doch einmal ein Ende zu machen.

Lukas: Die Presse Ihrer Partei schreit, daß die Debatten sich ins Unendliche ziehen und schiebt uns die Schuld zu; die Kempt. Ztg. sagt sogar, es müsse auf Ostern für den Landtag eine neue Steuer ausgeschrieben werden. M. H., **wir** wollen keine neue Steuer und deßhalb haben wir den Schluß beantragt.

Präsident konstatirt, daß bisher 34 Fortschreiter und 27 Patrioten gesprochen und noch 25 Redner vorgemerkt seien.

Man einigt sich, dem Pfälzer **Louis** noch das Wort zu geben, der nun Stunden lang eine Unmasse Schwefelwasser kübelweis über die Kammer gießt in Form einer vertrauensduseligen Lobrede auf die Minister im Allgemeinen und Jeden im Besonderen.

Damit schloß die Debatte. Heute sprechen noch der Referent und die Minister, wenn sie wollen. ¶

☛ **Die Adresse mit dem Mißtrauensvotum ist soeben mit 78 gegen 62 Stimmen angenommen worden. Wiedmer, Schüttinger und Jordan krank. Schlör enthielt sich der Abstimmung.**

Deutschland.

München, den 12. Februar.

☛ **Das Dutzend wäre voll!** Das „Vaterland" ist gestern zweimal hintereinander konfiszirt worden und zwar unter Anrufung der Art. 127 und 257. Nach der ersten Konfiskation veranstalteten wir sofort eine zweite Auflage mit Weglassung aller etwa gefährlichen Stellen; auch die fand keine Gnade. Warum? und wo sol das wissen die Götter, nicht wir.

Vom Haimgarten wird dem „Vaterland" geschrieben

Zum Drittenmale konfiszirt!!

Confiszirt.

Vom Lech schreibt man dem „Vaterland": Wie klappt denn das? Auf der einen Seite wird für die „Schule" so ungeheuer geschw–ärmt; auf der andern Seite ist ein Schulzeugniß für Heirathslustige vollkommen überflüßig. Und erst gar ein Religionszeugniß! „Wir können glaub'n, was wir woll'n", sagt der Notar von „Menkingen" zu Brautleuten, und der muß wohl wissen was er sagt; er ist ja ein Studirter und Rechtsgelehrter dazu.

Vom Main wird dem „Vaterland" geschrieben: Die Adresse der bayrischen Kammer ist natürlich noch nicht durchberathen und debattirt. Allein wenn nicht noch sehr bedeutende Amendements gestellt werden*), so wird sie nicht das sein, was man von ihr erwartet: sie wird nicht das ganze Ministerium unmöglich machen. Die Adresse mußte unserer unmaßgeblichen Ansicht nach den hohen Olymp stürmen, um so mehr als die einzelnen Himmlischen sich gar zu gern über den Wolken erhalten und dort oben gemacht hätten, was Sie gewollt; höchstens in die Kammer herab — ein anderes Gesicht hätten leuchten lassen, als das sie über den Wolken (im Cabinet) aufgesetzt. Die Patrioten wollen eben ganz andere Männer — Keinen Hohenlohe, keinen Schlör u. s. w., keinen von allen jetzigen Olympiern. Natürlich ist ein solches Verlassen der Sitze eine sauere Geschichte und gibt saure Gesichter: aber sie habens am bayrischen Volk verdient, hundertfach verdient, darum fort mit — **Allen**. — Will der Fortschritt Spektakel machen, nun so gibt's doch schon Fäuste genug, um ihn zu bändigen. München, Augsburg, Nürnberg und die Pfalz ist nicht — **Bayern**!

* Von Landau in der Pfalz wird dem „Vaterland"

---

*) „Läßt alle Hoffnung!"

geschrieben: Zum Capitel der Unparteilichkeit der Richter! Wenn der Bericht über die Zuchtpolizeigerichts-Verhandlung gegen den kathol. Pfarrer Eschenfelder von Eschbach am 21. Januar zu Landau in der noch bayrischen Pfalz (trotz des starken Zuges nach Norden, und trotz dem, daß die weitaus größte Zahl der patriotisch gesinnten Pfälzer in der bayrischen Kammer nicht einen einzigen Vertreter hat) wenn der Bericht wahr ist und genau die Worte des die Staatsbehörde vertretenden Staatsprocurator-Substituten Lellbach wiedergibt: so hat derselbe zur Begründung der gegen den katholischen Pfarrer Eschenfelder erhobenen Klage und Strafwürdigkeit nach dem „Pfälz. Kur.“ Nr. 24 folgende Auslassung gegen Papst und Kirche sich erlaubt: „.. die verbitterte Opposition, welche der gesammte mit den Grundsätzen des Vatikans gehende katholische Clerus gegen die fortschreitende Civilisation, gegen die Errungenschaften der Wissenschaft und alle Grundsätze unseres modernen Staatslebens mache, und welche insbesondere auch von einem Theile unseres bayrischen Clerus gegen die k. Staatsregierung ..... geführt worden sei, finde in dem Beschuldigten einen eifrigen Anhänger“. — Man lese diesen Satz noch einmal und überlege wohl, was und wie viel in demselben enthalten ist. Wir registriren ihn blos, weil er von einem die königl. Staatsbehörde vertretenden Richter, Herrn Staatsprocurator-Substituten Lellbach, bei einer so schwer in's Gewicht fallenden Vertretung und Eigenschaft öffentlich und feierlich ausgesprochen wurde. Wir enthalten uns jeder Bemerkung, weil wir nicht wissen, wie weit die Competenz des die Staatsbehörde vertretenden Richters geht, und ob es ihm wirklich erlaubt sei, eine so schwere, durch Nichts erwiesene Beschuldigung gegen die den Grundsätzen des Vatikans, d. h. der katholischen Kirche und ihres Oberhauptes huldigenden Priester, auszusprechen. So viel geht aber unzweifelhaft aus diesem einzigen Satze hervor, daß Hr. Lellbach in Landau als Vertreter der Staatsbehörde sich ein Wort erlaubt hat, wie es ein entschiedener Parteimann auf dem kirchlichen Gebiete und Gegner der „Grundsätze des Vatikans“ kaum anders hätte sagen können. Man sage nicht, unter diesem Ausdrucke sei weder „Papst noch Kirche“ gemeint; denn mit demselben Rechte, mit welchem die Denunzianten des Pfarrers Eschenfelder das Citat aus der hl. Schrift deuteten, und welches das Gericht ihm als Majestätsbeleidigung anrechnete, sind auch wir befugt, den obigen Ausdruck uns auszulegen, und richtig zu verstehen. Und wir Katholiken sollen da an die Unparteilichkeit der Richter glauben, die ein solches Urtheil, oder vielmehr eine solche apodiktische Verurtheilung der „Grundsätze des Vatikans“, d. h. der römischen, vom Papste als dem sichtbaren Oberhaupte regierten, katholischen Kirche aussprechen?! Das wird uns schwer fallen, aber wir müssen es, denn sowohl vom Ministertische wie von der Fortschrittspartei ist diese Unparteilichkeit als ein Faktum behauptet worden, also muß es damit seine Richtigkeit haben.

Aus Eichstätt wird dem „Vaterland“ geschrieben: Ein liberales Waschweib (W) hinterbringt dem „Nürnberger Anzeiger“ die erschreckende Neuigkeit, daß für unsere Stadt eine Jesuitenmission in Aussicht stehe. Nun, wir freuen uns, mag sich auch der „Nürnb. Anz.“ und seine edle Sippe darob grün und blau ärgern. Fast glauben wir, daß Gottfried und das alte Waschweib den einen oder andern Vortrag brauchen könnte, etwa über die schädlichen Folgen der Trunkenheit und einer andern sehr „fortschrittlichen“ Tugend (!). Dr. Lommel hat uns nämlich auf diese zwei Kardinaltugenden an Gottfried aufmerksam gemacht. Also, Hr. Meyer? Was den Wunsch betrifft, daß die Jesuiten mit Scholl zusammentreffen möchten, so theilen wir ihn von Herzen. Einen zweiten Tag wie der zu Kulmbach und eine zweite noch größere Blamage stellen wir diesem Herrn in Aussicht. Wie Pastor Dr. Lichtenstein den frivolen Schwätzer unbarmherzig abhäutete, ebenso wird er von den Jesuiten geschunden werden. Doch wir wissen nur zu gut, daß Scholl einem Jesuiten nicht unter die Augen tritt. Einem Jesuiten hält die ganze Meyersche und Schulmeister- u. Judenclique mit all „ihrer Gescheidtheit“ nicht Stand. Oder können wir wirklich auf dieses Vergnügen hoffen? Scholl wird ersucht, dann gleich den Gottfried mitzubringen, daß er in seinem „Anzeiger“ den Triumph besinge, und unser Waschweib hält schon einen Korb bereit, um die errungenen Lorbeerkränze zu sammeln!

Dienstes-Nachrichten.

Erledigt: Die kath. Pfarrei Heimbuchenthal, B.-A. Aschaffenburg, R.-E. 1451 fl.; die k. Pf. Spatenhausen, B.-A. Weilheim, R.-E. 786 fl.; die kath. Pfarrei Zell am Ebersberg, B.-A. Haßfurt, R.-E. 688 fl.; die kath. Pfarrei Wiggensbach, B.-A. Kempten, R.-E. 639 fl.

Verantwortlicher Redakteur: Dr. J. Sigl.

Druck von M. Vogt in München, Rosengasse 10.

II. Jahrgang. | Das Bayrische **Vaterland.** | Auflage: 4700.

Das „Bayr. Vaterland" erscheint täglich mit Ausnahme der Sonn- und hohen Festtage. Preis des Blattes: Vierteljährig 54 kr., ganzjährig 3 fl. 36 kr. Das einzelne Blatt 1 kr.

Alle Postexpeditionen und Postboten des In- und Auslandes nehmen Bestellungen an. Inserate werden die dreispaltige Petitzeile oder deren Raum zu 3 kr. berechnet.

Redaktion Burggasse 14. | Herausgegeben von Dr. jur. J. Sigl. | Expedition: Ruffinibazar 5.

Castulus. | Nr. 36 | Dienstag, 15. Februar 1870.

Randglossen zu Professor Sörgel's Jungfernrede. II.

Das sind lustige Kumpane, nicht wahr, Hr. Professor? Sie schimpfen einander wie Pariser Fischweiber, und das Ergötzlichste an der Sache ist, daß — Jeder Recht hat. Darf es da noch Wunder nehmen, wenn derlei Blätter, die sich gegenseitig mit solch ausgesuchten Rohheiten bedienen, sich auch als Ställe gebrauchen lassen, wohin alle Schweine Bayerns ihren Unflath tragen und alldort ablagern dürfen? — Unflath gegen die Katholiken und die katholische Kirche, gegen die Geistlichen und Patrioten!!

Und nun einige Exempel aus jüngster Zeit! Mit Ihrem ungewöhnlichen Professoren-Scharfsinn entdecken Sie sofort, daß Ihre Presse es ist, die da schimpft und hetzt und verleumdet.

Ist es nicht eine Infamie, wenn die liberalen Blätter sich nimmer scheuen, den König auf ihren gemeinen Parteistandpunkt herabzureißen, und die Majestät in Uebereinstimmung mit ihren antisocialen und antichristlichen Bestrebungen darzustellen? Ist es nicht eine Infamie, wenn die liberalen Blätter den Prinzen Luitpold als conspirirend gegen den königlichen Thron denunziren, und wenn sie die Urheberschaft gewisser Wiener Artikel gegen den König in diese Kreise verlegen wollen? Ist es nicht eine Infamie, wenn die liberalen Blätter die verdientesten Männer Bayerns, die ein ganzes ehrenvolles Leben dem Staate geweiht haben, zu intriguanten Stellenjägern stempeln? wenn sie gegen den Reichsrath Harleß einen künstlichen Adressensturm hervorrufen und mit vollendeter Niedertracht dessen Absetzung verlangen, weil ihm sein Eid höher steht als die verächtliche Gunst der Liberalen? wenn das „Bayreuther Tagblatt" von Harleß behauptet, „er habe nie im Sinne gehabt, die Aufgabe der protestantischen Kirche zu erfüllen" und seine Berufung sei für Bayern ein Unheil gewesen?

Herr Professor! nehmen Sie die Abendzeitung, die Neuesten, Kempter Zeitung, Regensburger Tagblatt (Nr. 32, 33, 34 ff.) zur Hand und Sie müssen ausrufen: „Beim Styx! unsere Parteiblätter sind ja ganz gräuliche Harpyen, die Alles besudeln!"

Hören Sie weiter! Ihre Partei hat das Privatgespräch eines Bischofs erst verunstaltet, dann zu einem Wahlmanöver benützt, durch die Presse in alle vier Winde getragen und diesen Kirchenfürsten zu einem Hochverräther gestempelt. Männer Ihrer Partei haben zwei Patrioten beim König denunzirt und Ihre Blätter hatten nichts Eiligeres zu thun, als sie sofort als Lügner zu brandmarken und sogar als Spitzbuben zu beschimpfen: die Opfer dieses Banditenstreichs heißen Dr. Pfahler und Baron Hafenbrädl. Die „Kempt. Zeitung" nennt die patriotischen Wähler des Algäu's — „Gelichter", die Patrioten — eine „erbärmliche vaterlandslose Rotte", die Geistlichen — „schwarze Hirtenhunde und Kläffer", die Katholiken — „Ochsen und Rindvieh" und die katholische Religion — „Dämon des religiösen Wahnes". (K. Z. 50, 250, 271, 280.) „Die Patrioten spielen Adreßkomödie und treiben ultramontanen Humbug und mit dem Volke schmachvollen Schwindel", so schreibt das „Regensburger Tagblatt", (Nr. 39); den Abgeordneten Pfarrer Mahr als „rohen Wirthshauspolitiker und verbissenen schwarzen Gesellen" zu beschimpfen, von der „Donau-Zeitung" zu sagen, sie sei eine „verschlagene Todtengräberin der Vernunft" und schreibe einen „Schweinetreiberstyl", das wagt die Passauer Zeitung" (Nr. 35 und 36). Dr. Jörg wird als Kohlblattlaus beschimpft, Prof. Greil als Lümmel, Dr. Sepp als amerikanischer Tapir und deutscher Reichskakadu, Dr. Schüttinger als Brüllaffe ꝛc.; die Geistlichen heißen „Hunde, Kröten, Maulwürfe, Nachteulen, Raben, Schlangen" und die Patrioten „Stockfische und Tropfen, Esel und Ochsen" (Grog 16, N. T. 39. N. A. 357, N. K. 277 ꝛc. ꝛc.).

„Ist dieß, um mit Radowitz zu reden, nicht ein Gebräu von Plattheit und Büberei, wie es die übelste der rothen Journalistik nicht schlimmer aufzuweisen hat?[1])" Herr Professor! Da stecken sie Ihre Nase tief hinein, und der Gestank der Lüge und Verleumdung und gemeinster Schimpferei wird Sie zu Boden schlagen, und sollten Ihre Geruchsnerven so dick sein wie ein Schiffstau. Sie müssen ausrufen: „Beim Styx! ich vermuthe, daß die arge Zauberin Circe unsere Redakteure täglich auf einige Stunden in Schweine verwandle"! Sie begreifen auch, daß der Abgeordnete Mahr sagen konnte: „Wir brauchen unsere Presse zur Abwehr!" Ja, wir brauchen sie zur Abwehr der Gemeinheit und Niedertracht, welche täglich von den liberalen Redakteuren gegen uns verübt wird!

Das Ministerium vor den Abgeordneten.

Wir wollen, so sehr es uns drängt mit der Adreßdebatte zu Ende zu kommen, aus der vorletzten Sitzung noch Einiges nachtragen.

Der Altdorfer Schullehrer Strauß, einer von den Haupthähnen des rühmlichst bekannten bayr. Lehrervereins, deklamirte also über das Schulgesetz. Und wie! Seine Deklamationen wären uns, hätte der Redner nicht alles gethan, daß sie blos komisch wirkten, wie eine fortgesetzte Insulte ins Gesicht der patriotischen Partei, namentlich ihrer

---

[1]) Radowitz, Neue Gespräche über Staat und Kirche. S. 257.

geistlichen Mitglieder vorgekommen. Insbesondere wüthete der Mann gegen Hrn. v. Harleß. Es scheint bei den Liberalen überhaupt Mode geworden zu sein, gegen diesen Mann, der nicht blos eine Intelligenz, sondern auch ein Charakter ist, ein Mann voll Ueberzeugungstreue und Muth seiner Ueberzeugung auch rücksichtslos Ausdruck zu geben, zu wüthen. Hr. v. Harleß müsse ein — Freimaurer sein, diese überraschende Entdeckung machte die Spürkraft des Hrn. Strauß, und zwar deshalb ein Freimaurer, weil ihm die geheimen Pläne dieser Sippschaft so — bekannt sind!! Einen solchen Schluß konnte nur ein liberaler Schullehrer machen. Die Volksmasse, hatte er weiter entdeckt, verstehe nicht „selbstständig[1]) zu denken und zu urtheilen", denn es fehle ihr an der (liberalen!) Schulbildung, es komme davon, weil die Jugend zu viel glauben und zu wenig denken lerne.[2]) Daß der Gresser'sche Schulgesetzentwurf ein „schwarzes Blatt" und nicht ein — Unikum in der Geschichte des Schulwesens sei, versichert wenigstens der Altdorfer Schulmonarch Strauß, und daß die „Agitation" gegen dieses jämmerliche Machwerk neubayrischer Schulweisheit mit „schlechten Mitteln", die „jeder Begründung entbehren", betrieben worden sei, versichert er gleichfalls, wird aber leider von dem ungläubigen Präsidenten zur Ordnung gerufen. Er muß ein vortrefflicher — Liberaler sein, der Hr. Lehrer, und glauben, daß die Völker blos — wegen der Regierungen da sind, denn er erklärte, wenn es der Regierung beliebe, die Leitung der Schule in andere Hände zu legen, so müsse man „sich fügen." Gegen solche Predigt hätte selbst Hr. Hörmann nichts einzuwenden. Daß der vortreffliche Mann versicherte, er sei „kein Prophet", war eigentlich sehr überflüßig, denn auf diesen Gedanken wäre kein Sterblicher jemals gekommen; nichts desto weniger prophezeite er, alle Ihre Bemühungen (er meinte „diese Schwarzen"), die Welt um Jahrhunderte zurückzuversetzen und den Lauf der Zeit aufzuhalten, werden vergeblich sein[3]). Ein geflügeltes Wort gefiel uns besonders bei Strauß, die „von der Athmosphäre des Glaubens benebelte Schule"[4]). Die Geistlichen, setzte er weiter auseinander, „wollen blos gehorsame Diener der Kirche erziehen, keine denkenden Menschen". (Daraus könnten wir ja mit demselben Rechte, wie Hr. Strauß aus der Bekanntschaft des Hrn. v. Harleß mit den Plänen und Absichten der Freimaurer schloß, er müsse ein Freimaurer sein, unserseits schließen, der prophetische Schullehrer von Altdorf müsse ein — Geistlicher sein, weil er deren Pläne und Absichten so genau kennt?! D. Red.)

Zum Schluß prophezeite er weiter, wenn wir nicht bald ein neues Schulgesetz bekommen, dann werde „kein wissenschaftlich gebildeter Mann mehr Schulmeister werden wollen", (was unsers Wissens auch bisher nicht der Fall war, mit rühmlichen Ausnahmen natürlich, z. B. Hr. Strauß!) und die „Anforderungen der Zeit" und der „Zeitgeist" werden schon bewirken, daß ein Schulgesetz „ohne Bibelsprüche und Katechismus" angenommen wird, wie er es bescheiden „erwartet und verlangt".

Das war ungefähr der Hauptinhalt des Strauß'schen Walzers — pardon! nein — der Strauß'schen Redeübung wollten wir sagen, die in Musik gesetzt, sich nicht übel ausnehmen müßte. Im Interesse der „hohen Herrn", wie Strauß die Abgeordneten und somit sich selbst betitelte, und bezw. einer ihnen gesunden Heiterkeit wäre es, daß der Mann öfters so gelungene Deklamationen zum Besten gäbe. Wir waren sehr erbaut davon.

Aus der vertrauensduseligen Lobrede des Pfälzers Louis auf eine hohe königliche Staatsregierung wollen wir blos hervorheben, daß er ihr empfahl, gegen die Pfälzer „ultramontanen Bergprediger" von ihrem Rechte Gebrauch zu machen", das heißt wohl, die Herren Staatsanwälte mehr in Bewegung zu setzen, und daß er an Hrn. Schlör eine „geniale Idee" entdeckt hat. Hr. Schlör und die Mitwelt werden dem wackeren Pfälzer hoffentlich dafür dankbar sein, denn außer ihm wäre Niemand auf diese „geniale" Entdeckung verfallen.

(Zwölfter Tag.)

Dr. Jörg in seiner Schlußäußerung verwahrte sich gegen die perfide Unterstellung, als wolle er zum Kampf gegen das Bürgerthum aufrufen. Das Mißtrauensvotum gelte nicht dem ganzen Ministerium (leider nicht und wir beklagen es sehr!), sondern blos dem Fürsten Hohenlohe. Er vertheidigt dann noch den Ausdruck der Adresse, das bayrische Volk ist „konstitutionell von Geburt". Minister Pfretzschner versichert, er und seine Collegen seien immer von dem einen Motiv geleitet gewesen, von der Absicht, das Beste des Landes zu fördern, (was von patriotischer Seite mit sehr gläubiger Miene aufgenommen wurde.) — Fischer will „aus Versöhnlichkeit" den 7. Satz, (welcher sagt, wir wollen keine Parteiregierung, weggulassen, predigt aber tauben Ohren und verhärteten Herzen. Auch Makowiczka und Stauffenberg hatten noch Verschiedenes auf dem Herzen und suchten die gepreßte Brust thunlichst durch eine Rede zu erleichtern.

Das Ergebniß der Abstimmung war: 78 für, 62 gegen die Adresse.

Folgte die Berathung des Gesetzentwurfes über die provisorische Steuererhebung im 1. Quartal dieses Jahres, dann die vorläufige Auszahlung der in der vorigen Finanzperiode gewährten Theuerungszulagen in dieser Frist und die Gewährung von 150,000 fl. zur Durchführung der Civilprozeßordnung. Der Finanzminister erklärte, daß auch die gesetzlich bestimmten Unterstützungen der Kriegsveteranen in dem Gesetz inbegriffen seien. Kolb ist nur bedingungsweise für die Auszahlung der Theurungszulagen bis zur Höhe von 1000 fl. — Sellner will für den Civilprozeß nichts geben, da er überhaupt gegen ihn ist. Lukas will die 20,000 fl. für Unterstützung solcher, welche die Prüfungen für Gerichtsvollzieherstellen mitmachen wollen, nicht geben. Nicht die Höhe der Summe, sondern das Prinzip ist es, das ihn zur Verweigerung bestimme. Warum sollen Schreiber ꝛc. unterstützt werden, da Juristen, Theologen, Techniker auch nicht vom Staate unterstützt werden, wenn sie ihre Prüfungen zu machen haben. Die die Prüfungen bestehen, können das verwendete Geld verschmerzen, die durchfallen, waren einer Unterstützung nicht werth. Wenn wir

---

[1]) Bei den Liberalen, das glauben wir, fehlt es zuweilen stark an „selbstständigem Urtheil". Wenigstens haben wir bei den Wahlen derartiges bemerkt und bemerken noch täglich, wie die Herren Liberalen höchst unselbstständig und ohne jedes eigene Urtheil nachplaudern, was ihnen Andere vorgeplaudert haben.

[2]) Richtig! Je weniger also die Kinder „glauben" lernen, desto schulgebildeter und selbstständig urtheilend werden sie, und wenn Einer dann gar nichts mehr glaubt, der ist der Gescheidteste und Gebildetste und ihm gebührt vor Allen die Palme „selbstständigen Urtheils"! Das ist offenbar ein verstecktes Kompliment für unsern höchst gebildeten Knurrblättlknorr.

[3]) Von Hrn. Strauß wird Hr. Lukas auch bald zu sagen haben, daß er, wie der zweite Abgeordnete von Augsburg, Hr. Völk, nichts sage, was nicht schon in einer Zeitung gestanden. All' die von Strauß vorgebrachten Phrasen sind schon hundertemal in liberalen Zeitungen gestanden.

[4]) Das muß seine Richtigkeit haben, denn wir kennen Liberale mehr als einen, Leute, die sogar schon Bärte und Weiber haben, und fast immer „benebelt" herumlaufen. Das kommt also von der „Athmospähre des Glaubens", sagt uns Hr. Strauß. Man kann doch nie auslernen! D. Red.

alle Unterstützungsbedürftigen von Staatswegen unterstützen sollen, dann wäre es nothwendig, das ganze Volk auf Staatskosten zu ernähren, denn wenige sind, die einer Unterstützung nicht bedürftig sind. Weber spricht entschieden gegen das ganze Institut der Gerichtsvollzieher, das dem Lande nur wieder eine Menge neuer Kosten mache. — Der Gesetzentwurf wird fast einstimmig angenommen und wir zahlen also im 1. Vierteljahr nur „provisorisch" Steuer, aber zahlen müssen wir's.

Die Münchener Wahlen kommen nun zur Berathung. Die Wahlmänner Sallinger im 58. und Mann im 34. Wahlbezirk werden kassirt und für sie je ein neuer Wahlmann gewählt. Die Wahl im 8. Bezirk (Thal) wird aber für giltig erklärt — gegen den Willen der Fortschrittler, die sie kassirt haben wollten. Die Münchener Abgeordnetenwahl ist kassirt und findet in den ebenbezeichneten Bezirken eine neue Urwahl und in Folge dessen eine neue Abgeordnetenwahl statt.

Deutschland.

München, den 15. Februar.

Die Abdztg., in Hofgeheimnisse eingeweiht, wie sie einmal ist, hat erfahren, es sei „sehr unwahrscheinlich", daß der König die Deputation der Abgeordneten, die ihm die Adresse übergeben soll, empfangen werde. Die Landesbase dagegen hört das Gegentheil. Welche von beiden Klatschschwestern Recht hat, wissen wir nicht, ist uns auch sehr gleichgiltig. Mit oder ohne Deputation weiß der König so gut wie das Land, wie viel es in den beiden Kammern geschlagen hat, d. h. wie er mit diesen „bornirten Ultramontanen" und diesen „einigen verknöcherten Aristokraten" daran ist. (Diese Ausdrücke sind vom Knurrblättl, das dafür nicht konfiscirt worden ist, Hr. v. Burchtorff!) Wenn aber die uralte Landesbase die Bêtise begeht zu sagen, darüber daß der König die Deputation annehme „herrsche in patriotischen Kreisen nicht allerwege jene freudige Zuversicht, welche das Bewußtsein eine gute Sache vor dem Thron zu vertreten einflößen müßte", so lügt das langweilige Organ des Hrn. Stenglein. In patriotischen Kreisen ist man, gleichviel ob die Deputation angenommen oder abgelehnt wird, kühl bis ans Herz hinan in dem Bewußtsein, bisher nur die Sache des Rechtes und des Vaterlandes und damit auch die Sache des Königs vertreten zu haben. Die Patrioten lieben das Vaterland und ehren den König, allein sie drängen sich nicht vor seinen Thron; zu den Heucheleien und Speichelleckerkunststücken der „königstreuen" Liberalen haben sie weder Anlage noch Lust — die Patrioten, wie wir sie uns denken, dafür gibt es aber auch keinen einzigen Judas unter ihnen. Das möge sich das offiziöse Blatt gesagt sein lassen und gefälligst merken.

☞ **Und die dreizehnte hätten wir auch!** Das „Vaterland" ist auch am Samstag unversehens konfiscirt worden und zwar, wie es scheint, wegen eines Correspondenzartikels, der dem Vater des Abg. Hörmann christliche Gesinnung vorwirft und einen Vergleich zwischen Vater und Sohn zieht. Wir und eine Anzahl Juristen und Abgeordnete haben uns nicht träumen lassen, daß der Artikel irgend etwas Verfängliches an sich habe, weshalb wir ihn in jeder der konfiscirten Nummern zum Abdruck brachten. Allein der Mensch denkt und Hr. v. Burchtorff konfiscirt, was man zusammen Polizei heißt. Von der konfiscirten Nr. 35 ließen wir gleichfalls eine zweite Auflage machen, die unsern H. H. Abonnenten wenn auch verspätet zugegangen ist. Binnen 24 Stunden drei Konfiscationen des einzigen „Vaterland" — nun, die „neue Aera" läßt sich gut an! Wir sehen indeß dem Untersuchungsrichter mit vollkommener Seelenruhe entgegen.

— Auswärtige Blätter hören nicht auf zu vermelden, daß die Patrioten den König absetzen und den Prinzen Ludwig zum König machen wollen. Glauben denn die Blätter, daß die Patrioten wirklich davon überzeugt seien, Ludwig III. verstände das Regieren besser als Ludwig II? Oder meinen sie, daß die bayrischen Patrioten von den europäischen Liberalen auch bereits gelernt haben, die Könige wie Handschuhe zu wechseln? Man sollte nicht glauben, daß man „diese Schwarzen" so „bildungsfähig" halten könnte!

Bureaukratisches! Aus Oberbayern wird uns geschrieben: Am 14. Aug. 1868 erfolgte nach langen Bemühungen eine Entschließung der k. Regierung, in welcher entschieden wurde, daß das k. Forst-Aerar mit seinen in den betr. Gemeinden liegenden Besitzungen zu den Gemeinde-Umlagen zu konkurriren habe, mit dem Auftrage, das k. Rentamt Weilheim habe sofort die Liquidationen einzufordern. Dieß geschah nicht; den Gemeinden aber lag daran, liquidiren zu können. Hiezu bedurften sie aber die Kataster-Auszüge vom k. Rentamt und dieselben erhielten sie endlich nach mehrmaligem Ansuchen am 5/8. November 1869. Die vorschriftsmäßig hergestellten Liquidationen wurden am 13. Dez. 1869 an das k. Bezirks-Amt zur Bestätigung eingesendet und — dort ruhen sie noch, ohne daß seitdem hierüber eine Silbe verlautete. Es handelt sich dabei um eine Summe von 344 fl. —

Baden. Die liberale Schule! Am 1. d. kam der Geistliche eines Orts im Amtsbezirk Engen in die Schule, Willens dort den Religionsunterricht zu ertheilen. Er traf bereits die modernen „Schulvorstände", den Bürgermeister, einen Ortsschulrath und den Lehrer. Gleich bei seinem Eintritt stellte sich ihm der allmächtige Hr. Bürgermeister in den Weg mit den Worten: „Hr. Pfarrverweser, ich muß Ihnen eröffnen, daß wir von heute an den Religionsunterricht dem Hrn. Lehrer übertragen und Sie abgesetzt haben." Auf die Entgegnung, wer denn einen Bürgermeister zu einem derartigen Beschluß berechtige, donnerte ihm der Dorfkönig zu: „Ich als Ortsoberschulrathspräsident (!!) habe das Recht Sie abzusetzen, denn Sie sind der größte Lügner und Verläumder, der schlechteste Mensch auf der Welt." — Das wiederholte er in Gegenwart der Kinder 5—6 mal. Das sind ja treffliche Früchte der modernen Schuleinrichtung — in Baden!

Preußen. In Berlin geruht Hrn. Bismarks Norddt. Allgemeines Federmädchen ungeheuer wüthend auf das „Bayr. Vaterland" zu sein und zwar deshalb, weil das „Vaterland" über die Verträge mit Dr. Jörg nicht gleicher Ansicht ist und Jeden als Freund begrüßen möchte, der uns gegen das nordische Raubgesindel im entscheidenden Augenblick schützt. Thut uns ungeheuer leid dieser offiziös preußische Zorn, aber ein paar Millionen Bayern, glauben wir, sind ganz unserer Ansicht.

Daß wir die Räuber gar nicht mögen,
Absonderlich die Preußen nicht,
Das ist uns „im Geblüt" gelegen,
Ihr guten Herrn, und schadet nicht.
Ein braver Patriot mag keinen Preußen,
Die sind geliebt von Juden nur und — Schläußen.

Ausland.

Ungarn. Der katholische Klerus der Fünfkirchner und Raaber Diöcese hat den sehr unzeitgemäßen Beschluß gefaßt, „alle jene Blätter ohne Parteiunterschied, welche den katholischen Glauben und die Kirche zum Gegenstand des niedrigsten Spottes und der Verleumdung machen, weder materiell noch geistig zu unterstützen". Wir nennen diesen Beschluß „unzeitgemäß", da es doch gewiß zeitgemäß und des Beifalls der Liberalen sicher sind würdig gewesen wäre, zu beschließen, daß jeder Geistliche sich auf 2 oder 3 „liberale“ Blätter zu abonniren, event. ihnen eine entsprechende Subvention als Prämie zu zahlen habe, damit sie sich täglich öfter sagen lassen können, daß sie „dumme Pfaffen“ und dergleichen seien. Wie soll da der „Friede“ gefördert werden, wenn diese „Pfaffen“ den liberalen Zeitungsschreibern so rücksichtslos an den Geldbeutel greifen, und sie so in ihren „heiligsten Interessen“ beeinträchtigen? Ist das nicht ein ganz ungebührlicher und unleidlicher Angriff auf die Liberalen, durch den der „religiöse und bürgerliche Friede“ ernsthaft „gefährdet“ wird.

Postmonitur.

Hersheim ist ein Ort in der P,alz der für die Expedition des „Vaterland“ von besonderer Bedeutung ist, weil sie von dort die meisten Reklamationen erhält. Es vergeht kaum eine Woche, ohne daß von dort eine oder einige Reklamationen um dort nicht eingetroffene Nummern des „Vaterland“ einlaufen. Jetzt sind wir daran, daß uns wie dem Kammerpräsidenten Weis die „Geduld zu Ende geht“, und daß wir die betreffende Posterpedition ernstlich ersuchen müssen, dahin zu wirken, daß solche Reklamationen unterbleiben können, d. h. den verehrlichen Abonnenten zu ihren Nummern zu verhelfen und zwar regelmäßig. Heute sind wieder 2 Ex. Nr. 30 nicht eingetroffen. Weiters sind reklamirt von Rülzheim 1 Nr. 30, das „wiederum nicht eingetroffen ist“, Fernbach je 2 Ex. Nr. 28 und 30, von Landau (Pfalz) Nr. 26, 27 und 30, die um ein Ex. zu wenig eingetroffen sind, von Frankenthal Nr. 30 — die Expedition klagt, daß dort „am Sonntag und Montag überhaupt keine Zeitungspakete von München eintreffen“. Ein netter Zustand! — von Friesenheim bei Ludwigshafen Nr. 26. Der Hr. Reklamant hat um Neujahr abonnirt, aber erst Mitte Januar ein Dutzend Nummern auf einmal erhalten!! Was ist das für eine Postwirthschaft in dieser fortschrittlichen Pfalz und kann das k. Hauptpostamt da nicht Ordnung machen? — Die reklamirte Nr. 26 ist übrigens vergriffen und kann nicht mehr nachgeliefert werden.

Münchener Schranne vom 12. Februar.

Getreidsorten	Verkauft Schffl.	Höchster fl.	kr.	Mittel- fl.	kr.	Nied.-Preis fl.	kr.	Gest. fl.	kr.	Gef. fl.	kr.
Weizen . .	2000	19	24	17	57	16	4	—	—	—	4
Korn . . .	1340	12	18	11	52	11	28	—	8	—	—
Gerste . . .	2492	13	57	13	22	12	24	—	—	—	14

Münchener Hopfenmarkt.

1) Ober- u. Niederb. Gewächs: Mittelgattungen: Gesammt-Vorrath: 3602 Pfd., Verkauf 147 Pfd., Preis 140 fl. -- kr. der Zentner; Wolnzacher- u. Auer-Markt-Gut: Gesammtvorrath 4822 Pfd., Verkauf — Pfd., Preis — fl. — kr. der Ztr. 2) Mittelfränkisches Gewächs Mittel-Qualitäten: Vorrath — Pfd., Verkauf — Pfd., Preis — fl. — kr. der Ztr., Vorzügliche Qualitäten aus Spalter Umgegend nebst Kindinger- u. Heideckerhopfen: Vorrath 13345 Pfd., Verkauf 4607 Pfd., Preis 160 fl. 40 kr. bis 163 fl. 48 kr. der Ztr., Spalter Stadtgut, n. Weingarten-, Mosbacher- und Stirner Gut Vorrath — Pfd., Verkauf — Pfd., Preis — fl. — kr. der Ztr. 3) Ausländisch Gut Saazer Stadt, dann Herrschafts- und Kreisgut Vorrath 509 Pfd. Verkauf — Pfd., Preis — fl. — kr. bis — fl. — kr. der Ztr.

Verantwortlicher Redakteur: Dr. J. Sigl.

Druck von M. Vogt in München, Rosengasse 10.

II. Jahrgang. | Das Bayrische | Auflage: 4700.

Vaterland.

Das „Bayr. Vaterland" erscheint täglich mit Ausnahme der Sonn- und hohen Festtage. Preis des Blattes: Vierteljährig 54 kr., ganzjährig 3 fl. 36 kr. Das einzelne Blatt 1 kr.

Alle Postexpeditionen und Postboten des In- und Auslandes nehmen Bestellungen an. Inserate werden die dreispaltige Petitzeile oder deren Raum zu 3 kr. berechnet.

Redaktion Burggasse 14. | Herausgegeben von Dr. jur. J. Sigl. | Expedition: Kustermbazar 5.

Inlande. | Nr. 37. | Mittwoch, 16. Februar 1870.

Bestellungen auf das „Bayr. Vaterland" für das Quartal zu 54 kr. (für die beiden Monate Februar und März zu 36 kr.) können bei allen Postanstalten und Postboten noch immer gemacht werden.

Randglossen zu Professor Sörgel's Jungfernrede. III.

K von der Donau. Für die liberalen Redakteure und Verleger haben wir einigermaßen einen Entschuldigungsgrund. Erstickte Studenten, davongejagte Schulmeister, abgedankte Theaterhanswurste, sogar Schuster- und Schneidergesellen, denen Ahle und Nadel zu schwer wird: — daraus rekrutirt sich zumeist das liberale Schreibervolk, so daß sich Niemand über den Ausspruch Dr. Wuttke's zu verwundern braucht, wenn er sagt: „Unter den Zeitungsschreibern gibt es einen starken Haufen von ausgemachten Buben und Halunken." Diese liberalen Redakteure sind meist nicht einmal ihrer Muttersprache mächtig, und haben in der Regel weder einen „Zumpt" noch einen „Buttmann" gesehen, geschweige denn daß sie von Ihnen, Herr Professor, in das Heiligthum der Klassiker eingeführt oder in den Hain der Musen geleitet worden wären; der frische Lebensquell platonischer Philosophie und Staatsweisheit, von Ihrem Zauberstabe geweckt, hat ihnen nie gesprudelt. Bildungsmangel an allen Ecken und Enden! Daß aber Doktoren der Rechtsgelehrsamkeit ebenso schimpfen und hetzen und verleumden: das ist es, worüber Jedermann sich entsetzt, denn hier fehlt der sittliche Lebensernst. Auch von diesen wollen wir Ihnen einige Muster vorführen.

In der Kammer sitzt ein gewisser Herz, Bezirksgerichtsrath aus Nürnberg. Diesem liberalen Ehrenmann kommt es auf das eine oder andere Schimpf- und Hetzwort nicht an. „Verrätherbastarde, die den Thron umstürzen" und „Gesellen des schwarzen Landsturmes": — gibt es einen frecheren Schimpf über die Patrioten? Ein anderer, der Advokat Kühlmann heißt die Katholiken und Patrioten — „Unkraut und Pilze" und der famose Völfert schimpft die Reichsrathskammer ein „gemeinschädliches Institut", die Geistlichen — „schwarze Leithämmel" und das katholische Landvolk — ein „faules, rohes, verwildertes Bauernthum." Hätte sich ein Patriot derartiges zu Schulden kommen lassen oder hätte Einer derselben die liberale Kammerminorität etwa als „rothe Verrätherbande" beschimpft, dann wüßten wir doch, warum Völk, Schauß und die Andern sich so ungeberdig benehmen! ¹)

Wo mit Knüppeln dreingeschlagen wird, fehlt Krämer niemals, ist er ja nach des Juden Frankenburger Ausspruch der „Mann der lebendigen Aktion." Darum wirft der gebildete Guanofabrikant den Katholiken und Demokraten Titel an den Kopf, wie sie zur „lebendigen Aktion" passen, nämlich „schwarze Brut und Kerle", „Lumpen und Schurken", „Schufte und elende Buben." Ja, Herr Krämer! „Aerger und Zorn kann bei Unterrichts- und Bildungsmangel sich bis zur Sprechweise des Gemüsemarktes verirren", schrieb über Sie der „Nürnb. Anz." (1868, 29. Juli.)

Nach der ledernen Wochenschrift der Fortschrittspartei (Nr. 6) trifft Fischer von Augsburg in seinen Reden den „ächt staatsmännischen Ton." Nun die Welt kennt den „staatsmännischen Ton" Fischers bereits zur Genüge aus seinem Augsburger Giftnickelblatt. War das vielleicht auch „staatsmännischer Ton", welchen dieser „liberale" Katholik am 8. Oktober v. J. anschlug, als er in öffentlicher Versammlung den heiligen Vater einen „alten Bettler mit dem Klingbeutel" schimpfte, als er die offenbare Unwahrheit zum Besten gab: „Der Papst lasse seine eigenen Landeskinder niederschießen", und als er seine hochbürgermeisterlichen Lippen mit dem elenden Gassenwitz besudeln machte: „er sehe lieber die Bavaria von hinten als die lachenden Gesichter der Väter vom Concil"? (N. N. 285.) Und Niemand hatte für diesen „staatsmännischen Ton" den ein simpler Mensch für — was anders hält (Herr Burchtorff erlaubt den rechten Ausdruck nicht! D. Red.) Niemand hatte hiefür ein Pfui, im Gegentheil es ertönte Bravogebrüll, so daß man Angesichts solcher Begebnisse fast mit Schopenhauer sagen möchte: „Die deutsche Nation ist die dümmste von allen."

Der Schwabenherzog Dr. Völk erachtet es als seine einzige Aufgabe, nach Pfaffenskandalen zu schnuppern, und es ist ihm richtig geglückt, unter den 9000 Geistlichen Bayerns ganze sieben zu entdecken, die wegen Amtsehrenbeleidigung verurtheilt wurden. Und er öffnet seinen mächtigen Zeitungsfaszikel und kramt aus und poltert und schreit und schimpft und haranguirt als befände er sich nicht in der Ständeversammlung, sondern unter Fischweibern, mindestens in seiner gewohnten Bierhausgesellschaft. Mit geballten Fäusten und grimmigem Gesichte tobt er gegen den Klerus an. Haben die Geistlichen sich deshalb eines Waisenknaben von Mittelstetten, Namens Joseph Völk, erbarmt, daß er großgezogen neben einem Knorr und Vecchioni zum wüthenden Pfaffenfresser sich ausbilde? Insbesonders hat seine ganze Galle Bischof Senestrey erregt. Nun erzählt eine „unverbürgte Mähre", daß Dr. Völk das „Fürstenfüttern" einmal für eine Last angesehen und verkündet habe. Will er etwa diese Scharte dadurch auswetzen, daß er einem katholischen Bischof die eigenen früheren Gefühle andichtet

¹) Der „Saujagden und Schwarzwildjagden" des pfälzischen Abgeordneten Tillmann mögen wir ebenso wenig gedenken als der — genialen Einfälle eines Jöckerer, der sich so weit vergißt, daß er in öffentlicher Kammersitzung den Namen eines Abgeordneten verunstaltet, was bei seinen Gesinnungsgenossen und dem Galleriepöbel „Heiterkeit" hervorrief: davon wenden wir uns ab mit einem ungeheuchelten Pfui!

und zwar bereits zum *sechsten* Male?! Man setzt einen zum zweiten Male aufgewärmten Brei höchstens noch der Katze vor, aber die Liberalen, Völks traute Genossen, lassen sich, um mit Lessing [1]) zu reden, „einen beschnuffelten und beleckten Brei fünf- und sechsmal in den Mund schmieren," wenn er nur *gegen* einen Pfaffen eingerührt und eingekocht ist. Wir können nur das klassische Citat wiederholen, welches *Lukas*, dieser muthige und schlagfertige Redner dem „blauweißen" und „königstreuen" Advokaten mit fürchterlichem Sarkasmus entgegenhielt: Sie hängen Andern Ihre Krätze an, um sich dran zu reiben. —

Herr Professor! wie wird Ihnen Angesichts dieser Schimpfereien und dieser Hetze?! Müssen sie nicht ausrufen: Unter meinen Parteigenossen befinden sich *wirklich* einige allzu schreiselige *Thersites* und Leute, denen Witz und Anmuth der Rede so fern liegt, wie dem einäugigen Bewohner Siciliens, welchen der „göttliche Dulder" *Odysseus* geblendet hat? —

Unsere Behauptung, die wir bündig bewiesen zu haben glauben, findet überdies noch ihre Bestätigung durch das Wort der Pfälzer Zeitung Nr. 34: „*Lug* und *Trug* gehören zu den Waffen der Fortschrittspartei". Wie es „in einem hohlen Baume und seinem Mulme von Fledermäusen und Wespen, von Brummkäfern und Hamstern, von Ratten und Mäusen, von Blindschleichen und Eidechsen und anderem edlen Gewürm wimmelt, und wie sie alle durcheinanderfliegen, rennen und kriechen, alles benagend und besudelnd und einen gewaltigen Spektakel vollführend [2])": so Herr Professor, Ihre *Presse*.

Ihren *ersten* Angriff haben wir abgeschlagen, und Ihnen den Schild, welchen Sie uns entgegengehalten haben, zertrümmert; es war eben nicht der Schild des *Talamoniers* mit sieben Stierhäuten!

Schauen wir uns nun Ihre *zweite* Behauptung an, nämlich „*das unendlich viele Blut in der katholischen Kirche*".

(Schluß folgt.)

Deutschland.

München, den 15. Februar.

Unsere geringe Freude über die bisherigen Leistungen der Kammer der Abgeordneten wird durch die Ergebnisse der Untersuchung und resp. Abstimmung über die Münchener Wahlen entsprechend erhöht. Es kreißeten die Berge und sieh da — ein lächerliches Mäuslein kam zum Vorschein: ganze zwei — sage zwei Wahlmänner wurden beanstandet, für die nun *neue* gewählt werden, damit die *Abgeordnetenwahl* dann zu dem gleichen Resultate gelange! Wir wollen — um nicht wieder „extrem" genannt zu werden, woran uns indeß wenig gelegen wäre — weniger die Kammer, als das patriotische Wahlkomité von München für dieses Ergebniß verantwortlich machen, das nach dem vorangegangenen Geschrei über die Münchener Wahlen nur einen ungemein — trübseligen Eindruck machen kann. Das hohe Directorium, welches die hiesigen Wahlen „machte", ließ es, das geben wir zu, *vor* den Wahlen nicht an Eifer fehlen; *nach* den Wahlen scheint es die Hände in den Schoos gelegt zu haben, statt Material zur Beanstandung einer Menge von Urwahlen zu sammeln und seiner Zeit der Kammer vorzulegen. Und an reichem Material hätte es wahrhaftig nicht gefehlt! Die Einweisungskomission fand aber so viel wie nichts und nun haben wir die Bescherung, die uns in ihren Folgen, wir wollen es wenigstens hoffen, insoferne zur Witzigung sein wird, daß wir das nächste Mal Männer an die Spitze des Wahlkomites stellen, die nicht blos Eifer haben und mehr oder weniger packende oder langweilige Reden halten, sondern sondern die auch das für ihr Amt nöthige *Geschick* besitzen. Wir sind mit den Fehlgriffen und der nach den Wahlen eingetretenen Lässigkeit des hiesigen Wahlkomites so wenig zufrieden, wie mit der, nach unserer Ansicht unzeitigen Noblesse der patriotischen Partei in der Kammer. Beides zusammen kann nun die Foge haben, daß der patriotischen Partei die bisher besessene Majorität *verpudelt wird* und daß sich beide Parteien in der Kammer eine Zeit lang wieder 74 zu 74 gegenüberstehen. Die Fortschreiter wollen nämlich ihrerseits die Kempter *Wahlen* anfechten und die Folge wird sein, daß 6 Mitglieder der patriotischen Partei, darunter Dr. *Jörg* und Dr. K. *Barth*, suspendirt sein und 74 Patrioten 74 Fortschreitern ꝛc. gegenüberstehen werden!! Da darf dann nur wieder bei einer wichtigen Abstimmung Dr. Schüttinger sehr unzeitig krank werden und wir werden trotz unserer unzweifelhaften Majorität niedergestimmt. Das hat es genützt!! Angesichts dieser bedenklichen Sachlage glauben wir, die Patrioten in jenen Wahlkreisen, in welchen zu Gunsten der Fortschreiter *Unregelmässigkeiten* irgend welcher Art bei den Wahlen vorgefallen sind, dringend auffordern zu müssen, irgendwie begründete oder begründbare Reklamationen so schleunig als möglich einzuschicken, damit den Fortschreitern das Gleiche geschehe wie den Kempter Abgeordneten und wir nicht das unleidliche Schauspiel erleben, daß vielleicht bei den wichtigsten Abstimmungen die Patrioten *niedergestimmt* werden. Die *größte* Eile thut noth; wir haben es mit Gegnern zu thun, die Alles versuchen werden, uns die Majorität wenn auch nur für einige Zeit zu entwinden und sie künstlich auf ihre Seite hinüberzuziehen.

☞ Prinz Hohenlohe hat sein Entlassungsgesuch dringend erneuert. Es ist dies die erste politische Handlung Sr. Durchlaucht, die unsere unbedingte Zustimmung und unsern wärmsten Dank findet.

(Vom Landtag.) Der hochberühmte Vertreter von Juden, Knorren und ähnlichen Ehrenmännern in Klagen gegen „ultramontane" Redakteure, die in ihren Mußestunden sich mit „Thronumstürzen" und ähnlichen freien Künsten befassen, Hrn. Schauß meinen wir, hat bei der Adreßdebatte auf das Wort „verzichtet." Die Großmuth war aber gar nicht zu groß, denn durch einen wunderbaren Zufall hatte es sich gefügt, daß auf den Schaußen Hr. *Lukas* gekommen wäre. Da mochte es Schauß allerdings in der Ordnung gefunden haben, der unlieben und gefährlichen Nachbarschaft aus dem Wege zu gehen, denn *immer* blos von dem Nämlichen so zugedeckt zu werden, ist am Ende doch nicht so sehr angenehm. Am letzten Tage, wo die Debatte bereits geschlossen und keine Lukas'sche Nachrede zu befürchten war, da fühlte Schauß plötzlich das Bedürfniß nach einer „faktischen Berichtigung." Und was berichtigte der Schauß? Er erzählte Verschiedenes, lobte das Ministerium, und ärgerte sich, „daß ein Münchener Lokalblatt" (!!) den „hochberühmten Redner" Völk einen *Kaspreußen* genannt habe. Schließlich verkündete er mit Bewußtsein: Ich liebe meinen König! — Wir hoffen, daß sich der König durch die knoblauchduftige „Liebe" des jüngeren Schaußen ungeheuer geschmeichelt fühlen wird. — Hr. Völk schimpfte dann noch Etliches über die civilta cattolica, weil sie den Prinzen Hohenlohe einen Minister für einen Schilling genannt habe. Das ist ja aber ein Compliment für den Prinzen, denn es gibt zuweilen Minister, die keinen Schuß Pulver, viel weniger einen Schilling werth sind. Auf das Dr. Völk'sche Geschimpf erhob sich Hr. *Mahr* und sagte:

---

[1]) Lessing, Nothgedrungene Beiträge, 2. Brief gegen Pastor Göze.

[2]) Görres, polit. Schriften VI, 157.

„Hr. Dr. Völk hat in gewohnter Manier bei seinem Schlußwort als letzten Trumpf eine Zeitung hervorgezogen, um zu beweisen, wie die „Ultramontanen“ sich in bayerische Angelegenheiten mischen, und welche Ausdrücke sie gebrauchen. Fortwährend gehen Anschuldigungen und persönliche Invektiven (Angriffe) von jener (fortschrittlichen) Seite aus. Im Namen der ganzen katholisch-konservativen und patriotischen Presse protestire ich gegen dieses fortgesetzte Gebahren von jener Seite. Wenn auch im Einzelnen Fehler begangen werden mögen, so werden solche da drüben zehnfach mehr gemacht. Ich habe gestern wiederholte Anspielungen und Vorwürfe über die katholische Presse und kath. Institutionen wie Knabenseminare, welche unter der Protektion der Bischöfe stehen, hören müssen, und da der Hr. Völk über einzelne Ausdrücke der civilta cattolica sich beschwerte, so will ich, da denn doch von Knabenseminarien die Rede ist, durch einen speziellen Fall zeigen, wie zart unsere Gegner diese Sache erfassen. Ich lese ihm zu diesem Zwecke den Anfang eines in der in Bergzabern erscheinenden „Union“ enthaltenen Gedichtes „Knabenseminarien“ vor, welcher also lautet:

Wie einst Herodes Mörderbanden
Im Judenlande ausgesandt,
So senden jetzt die Pfaffen Kuppler
Und Kinderhäscher durch das Land.
Sie sollen sie vom Schooß der Mutter
Verlocken in das Sündennest,
Wo Gaunerwitz die jungen Seelen
Zum Gottesdienst dressiren läßt.

So, Hr. Völk, da haben Sie einen Gegenbeweis! sagte Mahr lächelnd und setzte sich. Hr. Völk aber blühte auf vor Freude wie eine Mairose und — war sehr schön.

— Der Hr. Abgeordnete Lukas hielt gestern im katholischen Casino einen geistvollen Vortrag über die Presse. Die Presse ist ein Gegenstand, mit dem gerade Hr. Lukas in ungewöhnlich hohem Grade [illegible] hat dies in seinem geistreichen Buche über die Presse*) ausreichend bewiesen, ein Buch, dessen Wahrheiten und Aufschlüsse so unbequem und schlagend waren, daß die liberale Presse die wunderbarste Selbstverleugnung so weit trieb, daß sie über die ihr darin ertheilten Hiebe nicht einmal aufheulte, um ja nicht die öffentliche Aufmerksamkeit auf das gefährliche Buch zu lenken! Der gestrige Vortrag war gewissermassen eine Fortsetzung des Buches und beschäftigte sich zumeist mit der geliebten liberalen bayrischen Presse, die er in ihrer ganzen Erbärmlichkeit porträtähnlich zeichnete, wie sie durch ihre formlose Rohheit und sittliche Gemeinheit, durch ihren verbissenen Gottes- und Religionshaß, durch ihre charakterlose Käuflichkeit und Verkommenheit wie durch die ehr- und gewissenloseste Verlogenheit einerseits eine tiefgründige Schmach, anderseits in höchstem Grade verderblich für den Staat und die Gesellschaft ist und wie sie in Allem und Jedem unendlich tief unter der katholisch-patriotischen Presse steht. Hr. Lukas zeigte und bewies dies in einer Reihe der schlagendsten Beispiele, wobei er sich unter Anderm auf das „Liberale Schimpflexikon“ von R von der Donau bezog, welches im Umfange von fast vier Druckbogen vollständig umgearbeitet, erweitert und verbessert morgen in der Expedition des „Bayr. Vaterland“ erscheinen wird, — ein historisches Denkmal der Schmach und Verkommenheit einer Partei, die bei uns bisher die herrschende gewesen, ein niederschmetterndes Zeugniß der Preßverwilderung und Korruption, Gemeinheit und Rohheit im liberalen Lager, wie nicht leicht ein Land Aehnliches aufzuweisen hat. Der Vortrag des geistreichen Schriftstellers und Redners erntete reichen Beifall und den allgemeinen Wunsch, daß es ihm gefallen möge, das Casino recht bald wieder mit einem ähnlichen Vortrage zu erfreuen. Hr. Lukas hat bereits in fast allen hiesigen Kasinos und Vereinen gesprochen und sich überall die vollkommenste Anerkennung und Bewunderung seines reichen Geistes und seltenen Rednertalents zu gewinnen gewußt und man streitet sich jetzt mit Recht um die paar Abendstunden, die ihm seine Arbeiten als Abgeordneter und Ausschußmitglied leider nur selten zu seiner Verfügung lassen.

*) Die Presse, ein Stück moderner Versimpelung. Regensburg, Pustet. 2. Aufl.

— Bis zu welchem Grade die Rohheit und Gemeinheit unserer „gebildeten“ Stadtvölkerschaften bereits gestiegen ist, davon ein Beispiel. Als vor etlichen Tagen die Kammersitzung eben geschlossen war und die Abgeordneten nach Hause gingen, da schrie einer der städtischen Kulturlümmel, welche dann immer Spalier bilden und die Patrioten mit höhnischen und herausfordernden Mienen, mit rohem Gelächter zc. zu erfreuen pflegen: „Seht, dort kommt das Rindvieh von Deggendorf!“ (Dr. Pfahler.) — Hr. Mahr, welcher dem Burschen zunächst war, stellte den nobel gekleideten Menschen sofort zur Rede, ob er sich eines so gemeinen Benehmens nicht schäme. Zu den Umstehenden gewendet, sagte er: M. H., ich konstatire hier die Gemeinheit und Niederträchtigkeit, welche auch die Abgeordneten des Volkes nicht schont und sie auf die roheste Weise beleidigt.“ — Das scheint dem „gebildeten“ Publikum der Gallerie noble imponirt zu haben, denn die Leute verhalten sich bis jetzt verhältnißmäßig anständig. Von Seite des Präsidiums ist übrigens anläßlich dieses Vorfalls Verfügung getroffen, daß die Militärposten und Bediensteten des Ständehauses Jeden sofort zu arretiren haben, der sich wieder eine Insulte gegen Abgeordnete beigehen läßt.

— Knurrblättl heutiges läßt sich zur Abwechslung wieder „von einem geachteten Geistlichen aus Niederbayern“ ein Skandälchen, natürlich wieder über einen Geistlichen [illegible] soll. Daß dergleichen Dinge viel häufiger von Lehrern gemeldet werden, daran ist aber doch der Cölibat nicht schuld, Knurrblättl verehrliches! und noch weniger an dem scandalösen Leben gewisser verheiratheter Fortschrittler, die sich Mätressen halten und nebenbei auch noch die Weiber ihrer Freunde verführen und von denen wir Ihnen gar rührende Exempel von Beispielen vorführen können, falls sie es wünschen, o Edelster der Knorren!

— Die sehr geehrten Herren Liberalen beklagen sich bereits, daß durch den Schluß der Adreßdebatte den Liberalen „das Wort vom Munde abgeschnitten worden sei.“ Ja, haben sich denn die Liberalen, von denen nicht weniger als 34 „Redner“ aufgetreten sind, also jeder Zweite sich als Cicero gezeigt, noch nicht genug ausgeschleimt? Von den 80 Patrioten haben nur 27 geredet, während nach dem gleichen Verhältniß mit den Liberalen 44 zu reden gehabt hätten. Da kann man doch viel eher sagen, die Patrioten haben durch ihre Schlußanträge sich selbst, als den Fortschrittlern das Wort abgeschnitten. Das Reg. Tgbl. meint, „Langweiligkeit sei überhaupt Eigenschaft der römischen (!) Partei.“ Vielleicht! Wenn jeder Fortschrittler ein Völk, Föderer, Strauß oder auch nur ein Stockbauer wäre, dann würden wir nicht anstehen, die Fortschrittler eine sehr kurzweilige Gesellschaft zu nennen.

Ausland.

Frankreich. In Paris will man ein Komplott gegen das Leben des Kaisers entdeckt haben.

Eine größere Einsendung über Belebung der Burggasse und Tieferlegung des Altenhofs haben wir zurücklegen müssen.

Nachdem wir aber jetzt die nöthigen „Weisungen aus Rom“ erhalten haben, werden wir uns nächstens damit beschäftigen können.

Marktpreise in München.

1 Pfd. Mastochsenfleisch 18 kr. — pf., Kuhfleisch 17 kr. — pf., Kalbfleisch 15 kr. — pf., Schaffleisch 12 kr., rohes Schweinfleisch 20 kr. 1 Pfd. Schweinfett 29 kr. eine rohe Zunge 1 fl. 12 kr., ditto geräuch. 1 fl. 30 kr. ein Zentner rohes Unschlitt 28 fl. — kr. ein Pfd. gegoss. Lichter 24 kr., gez. feine Lichter 23 kr., ditto ordinäre 22 kr., Seife das Pfd. 16 kr.

Das Pfd. Karpfen 22—24 kr., Hechten 30—36 kr., Huchen 48— — fl. 54 kr., Aalen 42—46 kr., Forellen 1 fl. 12 kr. bis 1 fl. 24 kr. Waffische 1 fl. 24 kr., Barben 18—20 kr., Alten 16—18 kr., Waller 42—46 kr., Brachsen 14—18 kr., Renken 24—30 kr., Pirschlinge 18—22 kr., Backfische 7—9 kr., Krebse das Viertel 100 36—54 kr., Frösche, das Wiedel 9—15 kr. — 1 Zentner Heu 1 fl. 30 kr., 1 Ztr. Grummet 1 fl. 36 kr. Weizenstroh — fl. — kr. Roggenstroh 1 fl. — kr. Haberstroh — fl. — kr. Eine Klafter Buchenholz 16 fl. — kr. Birkenholz 14 fl. — kr. Föhrenholz 10 fl. — kr. Fichtenholz 10 fl. — kr. Das Pfd. Schmalz höchster Preis 34 kr. Das Pfd. frische Kübelschmalbutter, höchster Preis 34 kr. 5 Stück frische Eier 6 kr. Die Maß gute Milch 5 kr. 1 Pfd. Leinöl 16 kr. 1 Pfd. Repsöl 18 kr.

Börsennachrichten.

Frankfurt a. M., 14. Febr. Schlußkurse: 1882er Amerikaner 92 österr. Bankactien 697; dito Creditactien 253⅛; Bayer. Ostb.-Actien 120½; Oesterr. Loose v. 1860 76⅝; dito v. 1864 118⅛; 5proc. österr. engl. Metall. — —; 5proc. National — —; 5 proc. bayer. Anl. 101 dito 4½ proc. Anl. 91⅝; dito 4proc. Pr.-Anl. 106¼; dito 4proc. Grundrente 86⅛; Elisabeth-Prior. 1. Em. 78; Napoleons 9.25½. Münchener Anleihe 100⅛; steuerfreie Obl. v. 1866 — ; österr. franz. Staatsbahn 362; bad. Präm.-Anl. 106; Münchener Handelsbank —.

Verantwortlicher Redakteur: Dr. J. Sigl.

Im Verlage von G. J. Manz in Regensburg ist erschienen und durch alle Buchhandlungen (durch Hermann Manz in München, Briennerstraße Nr. 8) zu beziehen:

Juan de Avila, geistliche Briefe.

Zum Erstenmale aus dem span. Original übersetzt von Dr. F. J. Schermer. 1r Bd. gr. 8. 2 fl. 42 kr.

(85)

Der heiligen Hildegardis

Neun Chöre der seligen Geister.

Aus dem Scivias.

Im Urtext mit den Varianten der Wiesbadener Handschriften, nebst Uebersetzung, Erläuterung, und einer Einleitung über die Sehergabe der Heiligen. Von J. Ph. Schmelzeis. gr. 8. 36 kr.

B. Holzhauser's

Erklärung der Offenbarung des heil. Johannes.

Herausgeg. in einer deutschen Uebersetzung zur Beherzigung für Alle, denen ihr eigenes und der Menschheit Wohl am Herzen liegt von S. Buchfelner. Aufs Neue durchgesehen und verbessert von einem katholischen Geistlichen. 2. Aufl. gr. 8. 48 kr.

Bekanntmachung.

Die Wiederbesetzung der Predigerstelle an der heil. Geistpfarrkirche in München betreffend.

Die Predigerstelle an nebengenannter Kirche, auf welche dem unterfertigten Stadtmagistrat das Präsentationsrecht zusteht, ist erledigt.

Die Einnahmen des jeweiligen Predigers bestehen aus seiner jährlichen Remuneration von 100 fl. aus dem Kirchenfonde selbst, dann dem Reinertrage des an genannter Kirche gestifteten Reicher'schen Benefiziums mit dem fassionsmäßigen Ertrage von etwas über 600 fl. jährlich, welches Benefizium dem Prediger auf die Dauer dieser seiner Funktion übertragen wird.

Gesuche hierum sind innerhalb 3 Wochen mit den vorschriftsmäßigen Zeugnissen belegt, hieorts einzureichen.

Am 8. Februar 1870.

Magistrat der k. Haupt- und Residenzstadt München.

Vom (90)

kgl. Landgerichte Landau.

Buchinger gegen Baumann, p. pat. et alim.

Dem J. Baumann, Strickerssohn und Bäckergesellen von Landau wird bekannt gegeben, daß A. Buchinger, Häuslerstochter von Rabenstein dahier wegen Vaterschaft und Kindsnahrung eine Klage eingereicht hat, und daß zum Vergleichsversuche, eventuell zur Verhandlung der Sache im mündlichen Verhöre Termin auf

Montag, den 14. März, Vormittags 11 Uhr

ansteht, wozu Baumann bei Vermeidung der Verurtheilung in die Kosten zu erscheinen hat.

Zugleich wird Baumann aufgefordert, bis zu obigem Termine einen Schriften-Empfänger am hiesigen Gerichtssitze zu benennen, widrigenfalls künftige Dekrete lediglich zu den Akten signirt und für richtig zugestellt erachtet würden.

Landau, 10. Febr. 1870.

Kgl. Landgericht Landau.
Oppert.

Der

Prozeß „Metz - Fendt“

ist von nun an in der Buchhandlung von Herm. Manz (Briennerstraße Nr. 8) und in der Expedition des Bayr. Vaterland zu haben.

Für einen Herrn (87)

sind zwei ineinandergehende Zimmer mit eigenem Eingang vom 1. März an zu vermiethen. Zu sehen von 8 bis 10 Uhr Vormittags und von 2 bis 3 Uhr Nachmittags. Burggasse 16/3.

Druck von M. Vogt in München, Rosengasse 10.

II. Jahrgang.

Das Bayrische

Vaterland.

Auflage: 4700.

Das „Bayr. Vaterland“ erscheint täglich mit Ausnahme der Sonn- und hohen Festtage. Preis des Blattes: Vierteljährig 54 kr., ganzjährig 3 fl. 36 kr. Das einzelne Blatt 1 kr.

Alle Postexpeditionen und Postboten des In- und Auslandes nehmen Bestellungen an. Inserate werden die dreispaltige Petitzeile oder deren Raum zu 3 kr. berechnet.

Redaktion Burggasse 14. Herausgegeben von Dr. jur. J. Sigl. Expedition [illegible]bazar 5.

Donatus. Nr. 38. Donnerstag, 17 Februar 1870.

Bestellungen auf das „Bayr. Vaterland“
für das Quartal zu 54 kr. (für die beiden Monate Februar und März zu 36 kr.) können bei allen Postanstalten und Postboten noch immer gemacht werden.

Des Juden Frankenburger Rede
in der Adreßdebatte.

Aus dem Isengau. „Wenn mir der Himmel einige Gabe der Rede und einiges Talent verliehen hätte, so würde ich ihn bitten, daß er lieber diesen Mund und dieses Leben schließe, ehe ich sie mißbrauche gegen die Wahrheit und meines Vaterlandes Wohl.“ — Also sagte der wackere Dr. J. v. Rudhart 1852 in der Kammer. [1])

Von der Aeußerung dieses ehrlichen Mannes ausgehend, wollen wir Ihre Aeußerungen ein wenig betrachten. Nach Ihrer Ansicht wäre also in der Adresse als „erste und angestrengteste Arbeit Bayerns“ zu bezeichnen gewesen, die „Einigung Deutschlands“ herbeizuführen. Was bilden Sie sich ein, Hr. Dr.! Zwei Redner, die vor Ihnen sprachen, haben Ihnen dargethan, daß der Nordbund eine Organisation habe, welche die Einigung Bayerns mit ihm zur Unmöglichkeit mache, und wir alle wissen, daß sie Recht hatten und daß eine solche Vereinigung unmöglich zum Wohle unsers Vaterlandes ausschlagen könnte. Warum haben Sie denn jene Redner nicht widerlegt? Warum brachten Sie nicht Gegengründe, durch welche die Gründe jener abgeschwächt und niedergeschlagen wurden? Sie machten dazu nicht einmal einen Versuch und Sie haben Recht gethan, denn das Unmögliche hätten alle advokatischen Kniffe und Finessen nicht möglich machen können. Sie wußten das und sprachen ihre luftigen Phrasen und Schlagwörter auf die Gasse hinaus, ob sich dort Einer davon fangen lasse.

Hr. Doctor! Etwas Anderes ist ein Redner, der vorübergehend die Menge blenden und bestechen kann, und etwas Anderes ist ein Politiker, der mit Thatsachen rechnen muß. Sie sind kein Politiker. Oder halten Sie sich im Ernste für den „regierungsfähigen“ Mann, der es versteht, das Lamm zu seinem Wohle mit dem Wolf, die Taube zu ihrem Schutz mit dem Geier zu vereinigen? Uns sehen Sie nicht darnach aus.

Nach Ihren Worten wäre es ferner eine Thatsache, daß auf Grund der Ereignisse von 1866 ein Gebäude aufgeführt worden, in dem sich 30 Millionen „deutsche Brüder“ zusammengefunden. Das Bild mit dem Haus für 30 Mill. Inwohnern ist zwar etwas kühn, allein wir wollen es hingehen lassen. Aber, Hr. Doctor, einige Millionen „Brüder“ sind 1866 gewaltsam in Ihr „Gebäude“ gepreßt worden und fühlen sich ungefähr so wohl und behaglich darin, als Sie sich etwa in einem Zuchthause fühlen würden. Glauben Sie, daß dieselben bei guter Gelegenheit sich nicht wieder davon machen wollten, wäre es auch daß sie eine ganze Wand beschädigen oder niederreißen müßten? Ob, Hr. Doctor! es gibt noch Leute genug, die die Freiheit lieben, die Zwang und Tyrannei hassen, die es vorziehen, freie Männer zu sein statt willenlose Sklaven. Lassen Sie heute dem edlen Volke von Hannover die Wahl zwischen ihrem alten kleinen Hause und dem großen neuen Zuchthause, in das sie Bismark gesperrt, und Sie dürfen gar nicht zweifeln, daß sie jubelnd wieder in ihr altes Haus einziehen und das neue Haus, das Ihnen so wohlgebaut und prächtig vorkommt, bereitwilligst und mit größter Freude — Ihnen und Ihresgleichen zur Wohnung überlassen würden!

[1]) S. Polit. Glaubensbekenntniß S. 95.

„Die Verfassung des norddeutschen Bundes, sagen Sie weiter, verbietet uns nicht, uns Einrichtungen zu geben, die unsern Verhältnissen entsprechen, verbietet sogar republikanische Einrichtungen nicht“. Was die „republikanischen Einrichtungen“ betrifft, so glauben Sie, Hr. Doktor, sicher selbst am wenigsten daran. Dafür lassen Sie nur — Bismark sorgen, der könnte Ihnen und Allen republikanische Träumereien gründlich versalzen. Aber was gehen uns denn die Einrichtungen des Nordbunds und die er „ermöglicht“ an, wenn wir auch ohne Nordbund uns geben können, was uns frommt? Wir sind aber, dächten wir, durch diesen Nordbund schon zu genug Einrichtungen gekommen, die uns weder angenehm, noch willkommen, noch heilsam waren. Wie denken Sie z. B. über die Salzsteuer? Was halten Sie von der Tabaksteuer? Wie gefällt Ihnen die Lage unserer Salinenarbeiter und das „denaturalisirte“ Salz, an dem gelegentlich unser Vieh krepirt? Alle diese „Einrichtungen“ und noch etliche dazu verdanken wir den Preußen und wir müssen sagen, wir haben sie uns so wenig freiwillig gegeben als sie unserer Vernunft, unsern Arbeitern, unsern Interessen und sogar unserm Vieh entsprechen.

Gegen das verhaßte Wehrgesetz, eine andere „Einrichtung, die wir uns wieder nicht selbst gegeben, sondern mit den Verträgen von den Preußen aufgezwungen bekamen, haben Sie in und außerhalb der Kammer schon genug Schmerzensschreie vernehmen können. Der Wilde wird gemeiniglich mit dem Köcher auf dem Rücken gemalt, in Folge dieser Wehrgesetze wird man bald jeden gebildeten Europäer mit der Flinte auf der Schulter malen müssen.

Wenn Sie ohne gefärbte Gläser unbefangen nach dem Nordbund blicken wollen, Herr Docktor, so werden Sie dort eine Menge Einrichtungen finden, die sich das Volk gewiß nicht selbst gegeben hat, die ihm eine drückende Last und die Quelle des Verderbens sind. Wenn die Sachsen und Hannoveraner und die Preußen selbst die Freiheit und Macht hätten sich Einrichtungen zu geben, wie sie wollen, dann, glauben wir, wird die erste Einrichtung die sein, daß sie den Nordbund zerschlagen, den Sie, Herr Doctor, uns anpreisen.

„Das ausgeschlossene Deutsch-Oesterreich, hoffen Sie, werde sich bald abtrennen und allein zu uns kommen“. Wie ginge das ohne Verrath des Volkes, ohne Vernichtung Oesterreichs? Hoffen Sie, Herr Doctor, daß die Deutsch-Oesterreicher ihren Kaiser und ihr Vaterland verrathen werden, um Bismark sich zu Füßen zu werfen? Hoffen Sie das und scheuen Sie sich nicht das zu sagen, so müssen Sie ja auch uns gestatten, daß wir die Zerschlagung des preußischen Raubstaates, die Vernichtung des Nordbundes und damit die Freiheit des deutschen Vaterlandes mit Freuden begrüßen, denn was dem Einen Recht ist, muß dem Andern billig sein, und wir sehen nicht ein, warum Preußen mehr Rücksichten und Sympathien verdienen sollte als Oesterreich, das Deutschland so oft vor dem Untergang gerettet hat.

Eine besonders kräftige Unwahrheit in Ihrer Rede ist die: die Gegner, d. h. die patriotische Partei wolle eine römische Herrschaft. Das behaupten Sie und Ihr würdiger Freund, der rühmlichst bekannte Hr. Schauß hilft Ihnen dabei und vergrößert Ihre Unwahrheit noch mit der seinigen, daß „der wahre Grund des Mißtrauens gegen Hohenlohe der sei, weil „er der Durchführung der ultramontanen Doktrin hinderlich sei, wonach ein Regent über den König gestellt werden soll.“

Das sind ein paar derbe Unwahrheiten, deren sich ein ernster Mann wie Sie, deren sich sogar eine Persönlichkeit, die noch unter Ihnen steht, wie Schauß, schämen sollte. Wenn Sie, Hr. Doktor, diese Neuigkeit bei einer Bauernversammlung ausgekramt hätten, das „ungebildete und zurückgebliebene Landvolk hätte Sie ausgelacht; in den Städten und unter den Juden mag es freilich Leute geben, die gescheidter sind als die Bauern und die Ihnen den Unsinn glauben, die Bauern aber glauben es Ihnen nicht. Wir haben andere Gründe, Hohenlohe zu mißtrauen, triftigere, tiefer liegende. Haben wir nicht schon auf den lateinischen Schulbänken den klassischen Spruch kennen gelernt: „Traue Dem nicht — mißtraue Dem, welcher ein anderes Land mehr begünstigt als sein Vaterland!“ In der Schule hat uns der Satz als ein Muster klassischer Weisheit gegolten und noch heute halten wir daran fest.

Und nun noch Eines. Ihre Gegenpartei, also die Patrioten halten Sie, Hr. Doktor, für „regierungsunfähig“. Da kennen Sie die bayerische Geschichte nicht und leider haben wir bei Ihrem Alter wenig Hoffnung, daß Sie, was Sie in der Jugend nicht gelernt, jetzt noch nachholen werden. Oder wie, Hr. Doktor, war unser Vaterland Bayern nicht lange ein selbstständiger, wenn auch viel kleinerer Staat als jetzt gewesen und wurde er nicht lange, ehe es eine Fortschrittspartei gab, katholisch-patriotisch regiert und war es nicht über ein Jahrtausend ohne Juden und Fortschrittler so gut und glücklich regiert, daß es an Wohlstand, Reichthum und Ansehen keinem Lande in Deutschland, ja kaum in Europa nachstand und nie das mindeste Verlangen zeigte, sich für immer an eine Großmacht „anzulehnen“ oder gar in einer solchen aufzugehen?

Sehen Sie, Hr. Doktor, das widerlegen Sie uns, wenn Sie uns belehren wollen, sonst werden wir immer urbayrische Partikularisten bleiben, deren Wahlspruch heute wie gestern und vor einem Jahrhundert ist:

Lieber bayrisch sterben, als preußisch verderben!

Deutschland.

München, den 16. Februar

Prinz Hohenlohe hat sein Entlassungsgesuch am 14. eingereicht. Es soll in ungewöhnlicher Form abgefaßt sein und nur die wenigen, aber treffenden Worte der Schrift enthalten: „Nunc dimitte servum tuum in pace, quia oculi mei viderunt gloriam — meam. Hohenloh.“ — Kurz aber geistreich, wie denn der Hr. Fürst als Privatmann ein sehr geistreicher Gesellschafter ist. Zu deutsch heißt das etwa:

Nun lasse du mich wandeln,
O König, nach Berlin,
Hier gibt's nichts mehr zu handeln
Für mich, drum will ich zieh'n.
In der Adreßdebatte
Da hört' ich meinen Ruhm,
Da riß man mich herunter
Vor allem Publikum,
Da las man mir Leviten,
Herrgott in deinem Reich',
Satt hab' ich's, ich muß [illegible]
Fort will ich und das gleich!

Wir bitten den Himmel, daß er das Herz des Königs — für so inständiges Flehen erweichen und er ihn ziehen lassen möge, je weiter desto besser. Wenn der Mantel fällt, muß auch der Herzog nach, sagt Verrina, d. h. hat man den Gresser und Hörmann gehen lassen, kann man den Durchleuchtigen doch wohl nicht unbarmherzig zurückhalten. Das wäre ja gegen alle Grundsätze der berühmten königlich bayrischen Gerechtigkeit!

— Mirakl! Knurrblättl ist gestern konfiszirt worden und zwar von Hrn. v. Burchtorff! Wir haben es gedruckt gelesen. Wenn jetzt da die Welt nicht bald untergeht, dann ist Hr. v. Burchtorff unschuldig daran! — Die bayrische Presse hat in den letzten Tagen überhaupt Unglück gehabt. Außer der dreimaligen Konfiskation, womit in 24 Stunden das „Vaterland“ heimgesucht wurde, ein Unglück, das beträchtlich kleiner ist, als wenn Hohenlohe wieder vom Minister zum Reichsrath degradirt würde, wurde also auch Knurrblättl konfiszirt, was schon ein größeres Malhör — für alle Schusterbuben, Stubenmädeln und Marktweiber ist. In Würzburg geschah dem „Fränk. Volksblatt“ wegen Abdruck eines Artikels aus dem „Vaterland“ (Vom Hofe) dasselbe. Item wurden in Nürnberg der „Anzeiger“ wegen des Artikels: Ein Prachtstück von einem Pfaffen, in Kempten die „Kempter Zeitung“ wegen Störung des Religionsfriedens im Zusammenfluß mit dem Vergehen staatsgefährlicher Aeußerungen (gegen die Geistlichen), und das „Algäuer Volksblatt“ wegen Beleidigung der hohen königlichen und Amtsehrenbeleidigung, und in Augsburg — 's ist unglaublich zu hören! — die fromme Postzeitung gleichfalls wegen Beleidigung der hohen königlichen vor's Schwurgericht verwiesen. Wenn jetzt einem die königlich bayrische Gerechtigkeit noch nicht einleuchtet, der muß das „Liberale Schimpflexikon“ lesen. — Soeben schreibt man uns von Zweibrücken, daß am 14. der Redakteur der „Rheinpfalz“, Hr. Buchhändler Kleberger, der Beleidigung des Durchleuchtigen von den Geschworenen schuldig befunden, zu 8 Tagen Gefängniß verdonnert worden ist. Die Gerechtigkeit wird immer sichtbarer.

— Der hiesige österreichische Gesandte Graf Ingelheim soll abberufen und an seine Stelle Graf Taafe, der eben beseitigte (nominelle) Ministerpräsident, Gesandter werden. Wenn das wahr ist, so glauben wir dieser Ernennung eine größere Bedeutung beimessen zu sollen, denn Graf Taafe ist der persönliche Freund und Vertraute des Kaisers. Ueber die diplomatische Thätigkeit des Grafen Ingelheim haben wir nie etwas hören können, was einer Thätigkeit ähnlich sähe.

— Der gestrigen Reichsrathssitzung wohnte Prinz Hohenlohe nicht mehr am Ministertisch, sondern an seinem Platz unter den Reichsräthen bei.

— Seit einiger Zeit läuft hier ein gewisser C. Möler, ein höherer Militärpreuße, herum. Derselbe wird von

Bismarck öfters zur „Direction" von Blättern oder geheimen Sendungen verwendet und steht mit dem k. pr. Oberspitzel Siebert und dem oberoffiziösen bismärkischen Federmann August Braß, dem Redakteur der Norddeutschen allgemeinen Verpreußungszeitung in fortwährender „Anlehnung" und „Fühlung". Hier hat er in demselben Sinne zu „wirken". Auch als Proselytenmacher und Werbeoffizier für die alleinseligmachende kgl. preußische Pickelhaube ist er hier thätig, und läßt sich in öffentlichen Lokalen als politisch-prophetische Hexe von Endor vernehmen: „Bayern wird doch noch preußisch!" Patriotische Bayern sind aber vorläufig noch nicht geneigt, dieser Prophezeihung zu glauben, wenn sie auch insgesammt überzeugt sind, daß dem „Herrn" von Preußen die „nationale" Verpreußung der Staaten diesseits der sicheren Mainlinie nicht minder am Herzen wie uns im Magen liegt. Beiläufig meinen wir, daß es gar nicht unmöglich wäre, daß dieser Apostel der Pickelhaube einmal an den Unrechten käme und ihm die Belehrung, daß wir nicht preußisch werden wollen, nachdrucksamst von hinten beigebracht werden könnte. Was sich der Herr gesagt sein lassen mag!

Von Augsburg wird dem „Vaterland" geschrieben: Der hiesige „Bürgerverein", in dem ein Drittel Schreier, ein Drittel Statisten und ein Drittel Judenmänner und-Jünglinge sind — einer vom letztern Drittel, ein Paraplui-macher-Itzig hielt einmal eine Rede über das — Schulgesetz, hatte aber das Unglück, daß es ihm mit seiner Rede ging, wie Hrn. Greßer mit seinem Schulgesetz: Beide fielen nämlich damit durch und blamirten sich nicht wenig, der Itzig und der Greßer — ist für Augsburg von großer Bedeutung; er repräsentirt so eigentlich das Stadtregiment, von ihm geht alles aus. Am Schönsten trieb man es aber bei den Gemeindewahlen; die rothe Vereinsspitze hat das Programm dazu gemacht und die Statisten und Juden führten es aus. Haus Israel zeigte sich „nobel" und gab Sr. Viceallmächtigkeit dem rothen Fischer ein Diner um das andere, eine Abendunterhaltung um die andere. Der Zufall fügte es, daß Augsburg die rechten Männer in Israel entdeckte und zu Magistratsräthen und Gemeindebevollmächtigten machte. Augsburg ist überhaupt mit recht netten und trefflichen Stadtvätern gesegnet worden: Kaufleuten, die felsenfest stehen und die untadeligsten Bilanzen ziehen, jungen Talenten mit ungemein viel Verstand und großer Rednergabe, was die ganze Wirthschaft zum Prinzen Karl eidlich erhärten kann, geistreichen Gelegenheitsrednern, die jedes Wirthshaus ob ihrer ungewöhnlichen Weisheit auf's Tiefste verehrt. In solcher Gesellschaft ist es für jeden honetten Mann Freude und Genuß, das Wohl der Stadt zu berathen und Hr. Fischer ist glücklich mit diesen würde- und geistvollen, diesen charakterfesten und beredten Stadtvätern, die alle so glücklich sind, für die Höhe seiner Weisheit das richtige Augenmaß zu haben, und zu denen sich jede Gemeinde gratuliren könnte. Die Katholiken in Augsburg wissen nicht selten mit außerordentlicher Gewandtheit den Thatsachen Rechnung zu tragen und befinden sich zuweilen ganz auf der Höhe der Zeit und Intelligenz. So z. B. äußerte Einer von diesen, eine besondere Fackel zeitgemäßer Aufklärung, einmal, wenn es doch nur einmal Heuschrecken auf diese Frohnleichnamsprocession herabregnete, ein äußerst fortschrittlicher und liberaler Wunsch. Ein Andrer hat sich einerseits um die Vermehrung der Bevölkerung und die künftige Stärke der Streitkräfte Bayerns ungewöhnliche Verdienste erworben, die alle Anerkennung verdienen, Verdienste, welche denn auch wie billig von allen Liberalen nach Verdienst taxirt werden. Und wie gut sich all die wackeren Leute mit dem Dreispitz auf dem Kopf ausnehmen! Daß wir zu diesem höchst erfreulichen Resultat der Gemeindewahlen gelangten, haben wir größtentheils den braven Juden zu danken, die sich für eine „gute" Wahl redlich Mühe kosten ließen. Leider hafteten selbst einigen Liberalen noch gewisse sehr unzeitgemäße Vorurtheile an und mancher brave Judenmann hatte unbillig viel darunter zu leiden, da nicht einmal noch alle Liberalen ein richtiges Verständniß für die Segnungen haben, die uns theils von den Herren Juden bereits gekommen sind, theils uns noch erwarten. Diese mitunter noch sehr zurückgebliebenen Liberalen machten unserm allgemein verehrten Bürgermeister Fischer außerordentlich viel Verdruß und ganz unzurechnungsfähige Leute warfen ihm gar Taktlosigkeiten vor, die dieser kluge und „staatsmännische" Mann höchstens in einem Zustand von Geistesabwesenheit begehen könnte. Allerdings ist Fischer nicht der einzige, dem das Verdienst zukommt: auch ein Völk, ein Kaufmann Keller und ein gewisser wohlriechender Kammerdiener haben getreulich mitgeholfen, weshalb auch die Gemeindewahlen zu einem so höchst erfreulichen Ergebniß gebracht worden sind. Das muß wahr sein und Ehre dem Ehre gebührt. Wir hoffen, dem „Vaterland" von Zeit zu Zeit von den überraschenden und großartigen Thaten dieser wackeren Herren noch öfter berichten zu können, (was uns immer sehr angenehm sein wird! D. R.)

!! Von der badisch-preußischen Grenze wird dem „Vaterland" geschrieben: Wanke nicht, mein „Vaterland"! Stehe fest und laß dich weder durch innere noch durch äußere Feinde entmuthigen. Wir müssen drüben und — hüben die Augen offen halten; die Liberalen sind überall dieselben. Was sie in unserm Musterlande bereits zu Stande gebracht, das streben sie bei euch an: Vernichtung des Katholizismus und an dessen Stelle das Freimaurerthum. Bei uns sind es abgefallene Priester wie Beck und Fickler, beiläufig bemerkt sehr eifrige Correspondenten der A. Allg. Zeitung, welche Handlangerdienste leisten bei euch Wölfe im Schafspelz. Maßloser Ehrgeiz (und weibische Eitelkeit!) umdunkelt ihre Augen, so daß der babylonische Thurmbau in Neu-Byzanz bald eine Scheidung der Geister nach sich ziehen wird. Wir sind und werden offen verpreußt, ihr versteckt; ihr wie wir verdanken Preußen die Landesmutter. (Wohl das einzige Gute das wir beide von Preußen haben!) Wir stehen bis an den Mund im Wasser, ihr erst bis um die Mitte (oder noch weiter hinauf?). Wir haben permanenten Kirchenstreit und keinen Bischof, ihr habt einen Heinrich von Passau, einen Döllinger, einen Frohschammer. Wir haben Kommunalschulen, Civilehe, geistliche Staatsexamen, leere Stiftungsklassen, aber volle Kasernen, eine jubelnde Ständekammer, aber ein trauerndes Volk, „angenehme" Geistliche in Menge, dafür aber Juden als Minister, liberale Preßfreiheit, d. h. Preßfreiheit für die Liberalen, und ein patriotisches Rastatt, rutschende Eisenbahnen und — rutschende „Systeme". Und ihr? . . . . ! Herz, was verlangst du noch mehr! Wenn es doch nur nicht immer die eigenen Leute wären, die selbst mit dem Teufel liebäugeln, gegen die wir zu kämpfen haben! Wann und wo thun die Liberalen gegen ihre Leute, was manchmal die Unseren thun? — Wanke nicht, mein Vaterland, und laß dir den Humor nicht verderben und den Muth nicht nehmen; auch in Baden hast du viele Freunde.*)

Preußen. In Berlin hat der Herr von Preußen und Sultan von Norddeutschland in spe den Reichstag in höchst eigener Person und zwar ganz preußlich gleich mit der Ankündigung eines — Strafgesetzbuches eröffnet. Weiteres sagte er, daß die Anbahnung einer Verständigung über eine „nationale" Verbindung mit den Südstaaten der Gegenstand seiner „unausgesetzten Aufmerksamkeit" sei. Glauben es gerne, daß die Preußen sich gern mit uns

---

*) Freundlichen Gruß und Dank. Bitte öfters etwas aus Baden hören zu lassen, S.

„national verbinden", d. h. uns preußisch auffressen möchten! Weiters versicherte er, daß die Verträge, welche den Norden mit dem Süden bereits verbinden, der „Sicherheit (!!) und Wohlfahrt (!!) des gemeinsamen deutschen Vaterlandes (!!) die zuverlässigsten Bürgschaften gewähre". Vergleiche Arcolay und die verschiedenen deutschen Staats-Budgets! Weiters erklärte er, daß die süddeutschen Allirten, worunter auch wir gehören, in diese Bürgschaft sonderliches Vertrauen habe — in Berlin wird man das wohl besser wissen, wir haben davon noch nichts bemerkt — und daß dann ihrerseits die Preußen auch „vertrauen" — was uns sehr voreilig scheint. Dieses großartige Vertrauen komme „vom Gefühl der nationalen Zusammengehörigkeit, denen die Verträge ihr Dasein verdanken". Richtig! Hr. v. d. Pfordten hat die Verträge im Zusammengehörigkeitsdusel geschlossen und wir halten sie im „nationalen" Begeisterungsrausch! Der Katzenjammer wird dann nicht ausbleiben. Wir möchten nur wissen, ob die bewußten 30 Millionen etwa auch „im Gefühl der nationalen Zusammengehörigkeit" nach Berlin gewandert sind. „Das Wort der deutschen Fürsten, die Gemeinsamkeit der höchsten vaterländischen Interessen, sagte er weiter, verleihen unsern Beziehungen zu Süddeutschland eine von der wechselnden Woge politischer Leidenschaften unabhängige Festigkeit." — Bis zur ersten Schlacht, fügen wir hinzu, welche die Preußen wenn Gott will verlieren; wir danken für eine preußische Prügel-Gemeinsamkeit! Weiters „thut es seinem Herzen wohl", daß sein „aufrichtiges Bestreben, den Wünschen der Völker und den Bedürfnissen der Civilisation durch Bemeidung eines Krieges zu entsprechen, „Gottes Beistand" gehabt habe. Der gute Gott ist gewissermassen auch königlich preußischer Allirter und muß überall seinen „Beistand" leihen, sogar wenn bayr. Millionen, hannöversche Rosse und kurhessische Krautköpfe der „göttlichen Mission Preußens", so viel zu „erwerben", und „national anzugliedern" als möglich, verfallen. Die ganze Rede hat ein rosenfarbenes Aussehen und thut sehr friedsam, was als ein sicheres Zeichen gelten kann, daß den Herren Preußen nicht allzu wohl ist.

Verantwortlicher Redakteur: Dr. J. Sigl.

Danksagung.

Für die liebevolle Theilnahme, welche sich bei der Beerdigung und dem Trauergottesdienste von den Verwandten, Freunden und Bekannten unserer innigstgeliebten Gattin und Mutter,

Frau Barbara Rehm, (95)

Privatiers- und ehem. Schuhmachermeistersgattin,

in sehr ehrender Weise kund gab, sprechen wir hiemit unsern tiefgefühltesten Dank aus.

München, den 14. Februar 1870.

Korbinian Rehm, als Gatte.
Maria Rehm, als Tochter.

Warum vom Mitterteicher-Bahnhof so lange keine Antwort. K. St.

Druck von M. Vogl in München, Rosengasse 10.

II. Jahrgang. Auflage: 4700.

Das Bayrische

Vaterland.

Das „Bayr. Vaterland" erscheint täglich mit Ausnahme der Sonn- und hohen Festtage. Preis des Blattes: Vierteljährig 54 kr., ganzjährig 3 fl. 36 kr. Das einzelne Blatt 1 kr.

Alle Postexpeditionen und Postboten des In- und Auslandes nehmen Bestellungen an. Inserate werden die dreispaltige Petitzeile oder deren Raum zu 3 kr. berechnet.

Redaktion Burggasse 14. Herausgegeben von Dr. jur. J. Sigl. Expedition: Kuffstallbazar 5

Engelbert. Nr. 39. Freitag, 18. Februar 1870.

Randglossen zu Professor Sörgel's Jungfernrede. IV.

(Die Inquisition.)

R von der Donau. Nachdem Sie gleich einem zweiten Odysseus auf dem Gewässer Ihrer Rede herumgefahren, von Chäronea nach Wien, von Sparta nach Berlin, von Rom nach Hof, von Paris nach Krähwinkel und auch die ultima Thule berührt hatten, landeten Sie glücklich an der Pyrenäischen Halbinsel, und o Jammer, o Graus! es loderten eben die rothzüngelnden Flammen „qualmender Scheiterhaufen" zum Himmel empor, und Arbues-Kaulbach, von Julius Knorr, Bechioni und „mönchischen Spitzbubenköpfen" (N. N. 7) unterstützt, bezeichnete die Opfer, welche lebendig gebraten werden sollten, und deren Todesröcheln Ihr weiches liberales Herz so jämmerlich durchschnitt, daß es in einem krampfhaften Aufschrei allen fühlenden Menschen und dem „denkenden" Galleriepöbel Münchens verkündete: „In der katholischen Kirche ist unendlich viel Blut vergossen worden durch die Inquisition."

Erlauben Sie uns, Herr Professor, eine Frage: Aus welcher Scharteken schöpfen Sie denn Ihre historische Weisheit? Sie scheinen Ihren klassisch geschulten Kopf mit dem abscheulichen Wust und Kram eines Rotteck, Brockhaus oder gar der „Abendzeitung" und „Kempter Zeitung" vollgestopft zu haben. Die „Kempter Zeitung", in der Weltgeschichte zu Hause wie in einem Souffleurkasten, machte nämlich die Entdeckung (N. 43. Beil.), daß „die Inquisition ein Glaubensgericht und das teuflische Werk Innozens III. war, das Spanien 2 Millionen seiner besten Kinder kostete"; und nach der „Abendzeitung" (Nr. 125 Beil.) war „Arbues einer der blutigsten Inquisitoren und Torquemada ein Ungeheuer."

„Die historische Wahrheit sollte ebenso heilig sein wie die Religion", sagt Kaiser Napoleon in der Vorrede zu Cäsars Leben. Haben Sie dieses Axiom bedacht als Sie Ihre traurigen Geschichtskenntnisse vor aller Welt auskramten? als Sie Ihre historische Unwissenheit zum Hetzmittel gegen die katholische Kirche und gegen die Katholiken gebrauchten? Wenn Sie nicht wissen, was die Inquisition ist, gut, dann hören Sie! Die Inquisition war ein Staatsinstitut. Nicht als Diener der Kirche, sondern als Staatsbeamte erschienen die Inquisitoren; Bestallung sammt Weisungen erhielten sie vom Fürsten. „Irre ich nicht, schreibt der protestantische Geschichtsforscher Ranke, so ergibt sich, daß die Inquisition ein königlicher Gerichtshof war; die Inquisitoren waren königliche Beamte." Alzog faßt sein Urtheil kurz in die Worte: „Die spanische Inquisition erscheint als ein rein politisches Staatsinstitut", und treffend bemerkt die gediegene Schrift „Bayern und die neue Aera" (S. 33): „Die spanische Inquisition war eine Staatsanstalt, um die königliche Macht auf Kosten des Adels und Klerus und der Städte zu erhöhen, und der Gerichtshof war zunächst gegründet, um die Juden und Mauren zu überwachen und die Wiederkehr von Ereignissen zu hindern, wie im 7. und 8. Jahrhundert die Verschwörung der zahlreichen Hebräer war, die im Bunde mit den Mauren die christliche Herrschaft in Spanien gestürzt hatten."

Ein Staatsinstitut also war die Inquisition, Herr Professor! somit könnte es die katholische Kirche nicht im Mindesten berühren, wenn auch wirklich zwei Millionen der „besten Kinder Spaniens" hingerichtet worden wären, wie die Geschichtskundige „Kempterin" faselt und träumt. Uebrigens ist die Zahl „2 Millionen" die unverschämteste Lüge, welche je über die Inquisition zu Tage gefördert wurde; sogar Llorente, dieser fürchterliche Feind und abscheuliche Calumniant der Inquisition, gibt die Zahl der Hingerichteten in einem Zeitraume von 330 Jahren nur auf 30000 an, sohin 90 auf das Jahr. Aber auch diese Zahl ist zu hoch gegriffen, was Dr. Hefele in seinem herrlichen Werke „Der Kardinal Ximenes" schlagend nachgewiesen hat, da Llorente gerade im Zahlenangeben ganz ungenau ist, und viele seiner Posten entschieden unrichtig sind. Ferner ist zu bedenken, daß die Hingerichteten nicht blos Ketzer waren, wie dem Publikum vorgesimpelt wird, sondern Kirchenräuber, Gotteslästerer, Wucherer, Mörder, Aufrührer, Sodomiten, Polygamen &c., kurz alle Verbrechen, die zugleich gegen die ethischen Grundlagen des Staates verstießen, wurden vor diesen Gerichtshof gezogen Diesen Auswurf der Menschheit mag die geschichtskundige „Kempter Zeitung" immerhin zu den „besten Landeskindern" zählen, — es ist dieß „liberale" Geschmackssache.

Weiters soll das „Ungeheuer" Torquemada 6000 Todesurtheile gefällt haben. Nun, wenn es keine Lüge wäre, welches Ungeheuer ist dann der protestantische Criminalist Carpzow, der 20,000 Todesurtheile fällte, und der Hexenrichter Balthasar Voß in Fulda, der sich rühmte, daß er 700 blos „Zauberer und Hexen" habe verbrennen lassen? Auch Luther und der „sanfte" Melanchthon, ebenso Calvin und Beza haben die Todesstrafe gegen die Häretiker nicht blos ausführlich und bündig gerechtfertigt, sondern auch an Vielen mit furchtbarer Consequenz vollziehen lassen. Doch davon scheinen Sie nichts zu wissen; Ihr professorliches Riechorgan wittert blos in der katholischen Kirche so „unendlich viel Blut", an den Blutlachen des protestantischen Deutschland und England stolpern Sie ganz gemüthlich vorbei. Hat nicht Luther zum allgemeinen Niedermetzeln der aufständischen Bauern aufgefordert? Und wer zählt die Tausende und aber Tausende von Hexen und Zauberern welche von den Juristen dem Feuertode überantwortet wurden? „Mehr als in Spanien Ketzer wurden in Deutschland Zauberer und Hexen verbrannt; und Hexenprocesse waren nirgends zahlreicher als in protestantischen Ländern, zum Beweise, daß der Aberglaube durch die sogenannte „Glaubensfreiheit“ nur dicker und brutaler geworden war“: also schreibt eine historische Celebrität, der Protestant Adolf Menzel: In der kleinen protestantischen Reichsstadt Nördlingen wurden in 3 Jahren 32 Hexen verbrannt, in der Stadt Rottweil im 16. Jahrhundert 42 und im 17. Jahrhundert 71 Hexen und Zauberer hingerichtet, in Offenburg im Breisgau wurden innerhalb 4 Jahren 60 Personen wegen Zauberei und in Lindheim wurde in Folge einer Hexenuntersuchung innerhalb 3 Jahren der achtzehnte Theil der Bevölkerung des Ortes verbrannt!! Der Wahnsinn ging soweit, daß sogar Kinder von 8 bis 12 Jahren wegen „Hexerei und Zauberei“ gefoltert und hingerichtet wurden. Und der Erste, welcher sich gegen die Hexenprozesse und Hexenverbrennungen mit aller Kraft in Wort und Schrift erklärte, war der Jesuit Friedrich Spee (1627) und mit ihm gleichzeitig ein anderer Ordensgenosse, der Jesuit Adam Tanner (1632).

Deutschland.

München, den 17. Februar.

(Vom Landtag.) In der gestrigen Sitzung der Kammer der Abgeordneten wurde über die Günzburger Wahlen berathen. Dr. Jörg als Referent beantragte, die Jettinger und Bachhagler Urwahl nicht zu beanstanden, dagegen die Wahl der Abg. Bretzelmeier und Sick, weil sie sich selbst gewählt wie die bekannten Münchener, für ungiltig zu erklären, Dr. K. Barth dagegen beantragt, auch die Jettinger Urwahl zu vernichten, weil der Wahlkommissär statt eines zwei Präklusivtermine gesetzt hatte. Hierüber entspann sich nun eine längere Debatte, da das Gesetz über solche Termine nichts bestimmt, auf Grund von bloßen Instructionen, wie sie Stenglein will, aber schon einmal eine Wahl, die Neumarkter, kassirt werden mußte. Jetzt war man wieder aufs rechte Kapitel gekommen und Dr. Westermayer ergriff gleich die Gelegenheit, einen Vergleich zwischen dem Reigersberg'schen und Hörmann'schen Regiment, so weit von Einwirkungen auf die Wahlen die Rede ist, zu ziehen. Das bewog Hörmann die von ihm bezüglich der Wahlen an seine Beamten erlassene Direktive zu verlesen, die „ganz korrekt“ sei. Er schwor, wie schon früher etliche Male, hoch und theuer, kein anderer Regierungserlaß als dieser existire. Westermayers ungläubige Miene veranlaßte Hrn. Pfretzschner vorzuspringen und mitzuschwören bei Allah und dem Propheten, beim großen Geist über den Wassern, insbesondere aber bei der bekannten Ehrlichkeit und Wahrheitsliebe der Minister aller Länder und Zeiten: Hörmann habe Recht, die Regierung hat nichts weiter als jenes Schreiben über die Wahlen erlassen. Nun erhob sich Westermayer wieder, drückte seine große Befriedigung über das hartnäckige Leugnen und Verschwören beider Herren aus, dessen der es war und dessen, der es noch ist, aber wahrscheinlich nicht mehr lang, Minister nämlich, und — zog dann unversehens doch noch ein geschriebenes Schreiben des Herrn Hörmann an die Regierungspräsidenten aus der Tasche, worin zu lesen steht, daß „die Bezirksamtmänner angehalten werden sollen, bei der Bildung der Urwahlbezirke dafür zu sorgen, daß bei den Wahlen keine extreme Partei die Oberhand bekomme, sondern die Mittelpartei, und daß gegen jene Amtmänner, die dieser Weisung offenbar entgegenhandeln, entsprechend vorgegangen werden soll.

Alles war nun in unheimlicher Stille gespannt, was nun Hörmann sagen würde; die etlichen Minuten erweckten unwillkürlich ein Gefühl, als ob Jemand ein Todesurtheil zu vernehmen hätte oder hingerichtet werden sollte. Hörmann mußte gestehen, daß das Aktenstück ächt sei und daß also er und sein Kollege — sieh Art. 126 und 127!! Große Bewegung, Rufe des Erstaunens und der Ueberraschung rechts. — Der Erfolg der Berathung war, daß K. Barths Antrag angenommen wurde. Der Reklamation wegen der Wahl in Bachhagel wurde eine Folge nicht gegeben. Die Günzburger Wahl ist demnach kassirt.

— Seine Maj. der König haben nicht geruht, die Adreßdeputation der Kammer der Abgeordneten zu empfangen, doch hat der König wenigstens die Adresse angenommen.

— S. Maj. der König hat, wie man uns versichert und wie wir gestern in einem Theile der Auflage noch melden konnten, in richtiger Erwägung der Verhältnisse und der Ergebnisse der Adreßdebatte dem Fürsten Hohenlohe die nachgesuchte und wohlverdiente Entlassung endlich zu gewähren geruht. Wir hoffen, daß sich das bestätigen wird und wünschen dem Fürsten, daß er recht lange und gesund nun auf den erworbenen Lorbeeren ausruhen und sich wieder in der stillen Zurückgezogenheit gefallen möge, aus der er nie hätte hervortreten sollen. Das Vaterland blickt mit Wohlgefallen und dankbar auf die erste und einzige rühmenswerthe That des Fürsten, die nämlich, daß er seine Entlassung genommen hat, und damit seine Freude vollständig sei, wünscht es nur, daß noch zwei oder drei Kollegen seinem löblichen Beispiele baldmöglichst folgen mögen. Vivat sequens! (Entlassung bestätigt sich.)

— Die Abendzeitung und andere fortschrittliche Blätter melden wohlgefällig, der König habe dieser Tage dem Fürsten Hohenlohe einen eigenhändigen Brief geschrieben, demselben zu seiner Rede am 5. Februar gratulirt, seine Uebereinstimmung damit erklärt und ihn wiederholt seines unverbrüchlichen Vertrauens versichert. Was soll das heißen? Bedenken denn diese Blätter nicht, welchen Eindruck es bei ihrer Partei machen würde, wenn sie das Gleiche etwa in Bezug auf Dr. Jörg meldeten und daß demnach auch die Patrioten sich ihre Gedanken über solche Dinge machen werden? Wir haben zwar derartige — Taktlosigkeiten der liberalen Presse schon wiederholt entschieden getadelt und möchten die Herren Liberalen doch ersuchen, sich gefälligst zu Gemüthe zu führen, daß Bayern einen konstitutionellen König hat und daß das Volk, bezw. die liberalen Redakteure nicht weniger konstitutionell sein und jedenfalls den König aus dem Streit der Parteien lassen sollten. Wir wenigstens halten es so.

— Der k. Oberst-Kämmerer Graf Pocci hatte das Unglück, unversehens mit dem großen Kreuz des preußischen rothen Adlerordens behaftet zu werden. Wir bedauern den wackeren Mann aufrichtig, aber gegen den Tod und den preußischen Piepvogelorden ist eben kein Kraut gewachsen. Hoffentlich wird sich Se. Excellenz von diesem Schicksalsschlage baldigst erholen und derselbe keine nachtheiligen Folgen hinterlassen.

— Wiener Blätter lassen sich von hier telegraphiren, der König sei tief verstimmt, gedenke nach Beendigung der Krise eine Reise anzutreten und für die Dauer derselben den Prinzen Otto zum Regenten zu bestellen. Wenn es wahr ist, so zweifeln wir nicht, daß die besten Glückwünsche des Volkes S. Maj. auch auf die Reise begleiten werden.

— Im „Volksboten“ schreibt ein Patriot aus dem Frankenwald in einem Artikel über ein anderes patriotisches Blatt u. A.: „Wir beklagen im Interesse . . . . der guten Sache, daß zwischen gutgesinnten und ehrenwerthen Blättern solche Gehässigkeiten, Eifersüchteleien und Reibungen möglich sind. Uns gegenseitig selbst benörgeln, benagen, begeifern, — das fehlt noch, um den Hohn unserer schadenfrohen Gegner gerecht zu machen." — Ein sehr wahres Wort und ein Vorwurf, der liberalen Blättern niemals zu machen ist. Es gibt bei uns so viele, die so viel Tadel für die eigenen Leute verbrauchen, daß ihnen für die Gegner gar nichts mehr übrig bleibt, — deren Patriotismus hauptsächlich in zweck- und rücksichtslosem Schimpfen und Kritisiren der eigenen Blätter besteht, die alles besser verstehen und besser machen zu können — meinen, aber immer den Beweis dafür schuldig bleiben. Mancher patriotische Redakteur, der täglich Freiheit und Haut zu Markt tragen muß, kann ein Lied davon singen, wie mancher unserer Partei die Aufgabe und Bedeutung der patriotischen Presse auffaßt und was gewisse „patriotische" Blätter betrifft, — o du grundgütiger Himmel, was ließen sich da erbauliche Geschichten erzählen! Wir wollen aber nicht davon reden, denn wir kennen unsere Pappenheimer zu gut, als daß wir an eine Besserung jemals glauben könnten.

Von der Isen wird dem „Vaterland" geschrieben: Das Landvolk ist eine „bildungsunfähige", „faule" Masse, hat ein Jurist in Bayern vom hohen Olymp herab der Welt verkündet. Wir hätten sehr gewünscht, daß jener „Wohlweise", der wahrscheinlich das Landvolk so wenig kennt, als der Schreiber dieser die „Dickbäuche" Oceaniens, der Versammlung des bayrisch-patriotischen Bauernvereins in Dorfen angewohnt hätte, wo in lautloser Stille Bürger und Bauern den Vorträgen lauschten, die dort über's Concil, über die gegenwärtigen Arbeiterverhältnisse, über Bienenzucht &c. gehalten wurden. Die Mitgliederzahl ist im beständigen Wachsen und es ist gegründete Hoffnung, daß bald der ganze Isengau der Fahne folgen wird: „Für Gott, König und Vaterland!"

Aus dem Ingolstädter Lande wird dem „Vaterland" geschrieben: Heute (13. Febr.) war Wanderversammlungsfest des Gaimersheimer Bauernvereins in Gaimersheim selber. Die Lawine der katholisch-patriotischen Sache ist im Wachsen. Das katholische Gerolfing war die Seele und der Glanzpunkt des Festes; ihm ist es zu verdanken, daß die Feier dahier sogar die vorige in Gerolfing übertraf. Nächsten Dank verdienen die Herren Pfarrer von Hitzhofen, und Böhmfeld, welche dem Verein einen großen neuen Zuwachs in ihren trefflichen Bauern gebracht haben. Der von München herzugereiste Abgeordnete Hr. Ponschab und sein katholisches Casino erfreuten uns gleichfalls durch ihre Ankunft und „Stadt- und Land-Ehre" fand sich glücklich um ihren Vertrauensmann gruppirt! Unlieb vermißt wurde Hauptbegründer und eine der Säulen des katholischen Casino, Hr. Stadtprediger Herb, ebenso Hr Pfarrer K. Thumann von Unsernherrn, der die Liberalen in den Wahlschlachten zu Gaimersheim (12. Mai) und Gerolfing (16. Nov.) so fürchterlich zudeckte. Geistliche und weltliche Redner haben so gesprochen, daß die Bauern allerwärts äußerten: „So was haben wir noch nie gehört; jetzt wissen wir, wie wir daran sind." Der Gedankengang der Redner war bayrisch-patriotisch und katholisch, darum erhielten auch König Ludwig II., Pius IX., die Kammerreferenten Dr. Harleß und Dr. Jörg ihren stürmischen Ehrentoast. Betrübend war bei dem Feste nur, daß beim Vorüberzug der blauweißen Fahne einige Häuser Spottfahnen ausgehängt hatten. Es will auch ein Bandit des Ingolstädter Tagblatts, welcher nach neuester Wendung (Nr. 19) nicht blos Gaimersheim, sondern sogar den ganzen Himmelsstrich von Gaimersheim bis Germersheim als fortschrittlicher Herkules von den patriotischen „Brillenschlangen" und „Todtrednern" zu befreien sucht, — bemerkt worden sein. Keinenfalls hatte er für dieses Mal seinen Versteck nicht verlassen. Doch die Lawine der katholisch-patriotischen Sache rollt fort und wächst. Das Losungswort des Ingolstädter Oberlandes heißt und bleibt: Ponschab-Heimbucher!

Aus Oberhessen wird dem „Vaterland" geschrieben: In Friedberg in der Wetterau ist soeben ein 7jähriges Mädchen für beliebiges Entree zu sehen. Dasselbe ist ein sog. Mikrokephale (Kleinkopf). Sein Gehirn ist demnach verhältnißmäßig klein. Das ehemalige Friedberger-„Intelligenz"-Blatt, jetzt Oberhessischer Anzeiger macht sein Publikum mit dieser, allerdings sehr seltenen Erscheinung bekannt. Dagegen läßt sich nun nichts einwenden, es ist sogar sehr zu loben. Nun fügt aber dieses Blättchen bei: Ob sich hier, wie behauptet wird, ein auffallender Beleg zu Darwins (des Erfinders des „Ur-Affen") Theorie, (nämlich ein Rückfall in die alte Race) konstatiren läßt, überlassen wir dem urtheilsfähigen Friedberger Publikum". Das finden wir nun nicht zu loben; denn man braucht blos dieses „urtheilsfähige" Friedberger Publikum zu kennen, um einzusehen, welches Versimpelungsgeschäft diese obskuren Winkelblätter treiben. Das Publikum eines kleinen Landstädtchens soll entscheiden, ob Darwins Theorie in einem solchen einzelnstehenden Fall konstatirt wird?!! Das ist doch wahrlich zu — liberal, nämlich zu dumm! Als ob das sonst sehr ehrenwerthe Friedberger Publikum von Krämern, Schneidern und Schustern, Leute, die ihr Lebtag nichts von Darwin oder seiner Theorie gehört, darüber ein Urtheil abzugeben nur im Stande wäre! O übermäßiger Blödsinn, den der Fortschritt zu Tage bringt! Selbst wenn alle Friedberger, Männlein und Weiblein, sammt dem Redakteur des genannten Blattes insgesammt Spatzenköpfe hätten, wäre halt Darwins Theorie noch immer nicht bewiesen, da es auch sonst noch Leute und gescheidte Leute gibt, die diese physiologischen Schwindeleien durchschauen. — Dasselbe gescheidte Blättchen nennt Ihren Döllinger einen „großen Kirchenlehrer". Man braucht eben nur gegen Rom zu gehen, dann steigt der Kurs auf der Zeitungsbörse und Leute, die sich ihr Leben lang nicht um Kirche und Wissenschaft bekümmert, liegen dann gleich vor der neuentdeckten „wissenschaftlichen Größe" auf dem Bauch. Ob sich Döllinger durch solche Huldigungen sehr geschmeichelt fühlen wird?! Wir bezweifeln es.

Vom Rhein erhalten wir über die letzten Konfiskationen des „Vaterland" eine Zuschrift, die, so gerne wir sie aufnähmen, und so sehr sie ganz nach unserem und unser Leser Herzen geschrieben ist, wir aufzunehmen nicht wagen dürfen. Wir sind der Ansicht, daß man die Polizei- und sonstigen Götter nicht freventlich versuchen dürfe und daß Angesichts der Stürme, die uns alle erwarten, wir am Redaktionstisch nothwendiger als in — Rosenberg sind. An Muth fehlt es uns gewiß nicht, aber

Bedenk', o Mensch, ein Burchtorff lebt,
Der nicht den kleinsten Spaß versteht,
Vor dem Knurrblättl selbst erbebt,
Seitdem ein and'res Lüftchen weht.
Weh' denen, die mit argem Frevel
Betrübt die Seele dieses Mann's!
Da hilft kein Bitten, kein Geschwefel —
Er konfisciret, denn — er kann's!
Das „Vaterland" — gar leicht, ach! konfiszirt sich,
Doch kostet das sogleich der Gulden vierzig!

Oesterreich. Das Wiener Freimaurerministerium beabsichtigt im Verein mit gleichgesinnten Regierungen dem Koncil Schwierigkeiten zu machen und die Verkündigung des neuesten Syllabus der 21 Canones zu verhindern. Den Leuten sieht das freilich gleich, aber es scheint nicht sehr, daß man sich in Rom in Sachen des Glaubens und der

Religion um die Wünsche der Herren Freimaurer sonderlich bekümmern wird.

In der Kölner Zeitung veröffentlicht ein Prof. J. J. Overbeck eine Epistel, aus der die erfreuliche Thatsache hervorgeht, daß zur Russifizirung der christlichen Kirche in Deutschland von Petersburg aus höchst auffallende Anstrengungen gemacht und diese von „gebildeten“ Katholiken eifrigst unterstützt werden. In Petersburg ist dazu sogar eine eigene Kommission niedergesetzt worden, welche „der zu restaurirenden abendländisch-katholischen Kirche die Hand leihen soll, um die päpstlichen Neuerungen im Glauben und in der Praxis zu beseitigen und mit der morgenländischen (russischen) Schwester, verbunden in Glaubens- und Kirchengemeinschaft, die alte Eintracht wiederherzustellen.“ Zunächst soll die „Revision der Messe“ in Angriff genommen, dann „Nationalkirchen“ gegründet werden, die sich von Rom losgesagt haben. An der Spitze des ganzen Planes steht der Metropolit von Petersburg, (dem Döllinger seinen Dr. Pichler gleichsam als Adjutanten und Mitarbeiter geschickt hat!) Nach diesem Plane soll also an die Stelle der Unfehlbarkeit des Papstes die des Czaren treten, der überhaupt an die Stelle des Papstes zu treten hätte, an die Stelle des katholischen Dogmas ohne Gendarmen die griechisch-russische Orthodoxie mit Popen, Knuten und Kosaken, um die unfehlbaren russischen Dogmen, die schon existiren und die der Czar etwa noch zu verkünden für gut findet, nöthigenfalls mit Gewalt aufrecht zu erhalten. Der Briefschreiber rühmt dem Plane nach, daß „Janus fast ganz auf dem Standpunkt desselben stehe.“ Janus-Döllinger und seine Nachbeter mögen sich freuen, daß sie in Petersburg Gnade gefunden und sie in der russischen Synode einen so wackeren Bundesgenossen erhalten, der wieder „ganz auf ihrem Standpunkt steht.“ Dieser Mann hat aber doch ein vielseitiges und entschiedenes Pech!

Ausland.

Frankreich. Wenn man der „Liberte“ glauben dürfte, so wäre der neue „Auswärtige“ Frankreichs, Graf Daru, mit Preußen „auf gespanntem Fuße.“ Wir halten nichts von diesen Windbeuteleien des napoleonischen Frankreichs; der alte Mann, der gegenwärtig noch immer die Geschicke Frankreichs zu lenken — glaubt, mag allerdings „auf gespanntem Fuße“ mit Preußen sein; 's ist aber ein Podagrafuß! Ja wenn Napoleon noch der alte wäre, dann hätte so was eine Bedeutung; der Napoleon von 1869 und 1870 soll eher ans Grab als an gespannte Füße und an die — Ungeduld des ritterlichen französischen Volkes denken, das seine Regiererei mit wachsendem Unmuth verfolgt.

In Paris ist der Erzherzog Albrecht eingetroffen, nachdem er seit einigen Wochen alle wichtigen Plätze, Häfen und Festungen Frankreichs besichtigt hat. Der Kaiser hat ihm sofort bei seiner Ankunft einen Besuch abgestattet.

Italien. Mailand. Eine Proklamation der Republikaner lautet: „Bürger! Wir hatten Vertrauen zur Monarchie; sie hat uns bei Custozza und Lissa entehrt, bei Mentana verrathen — uns beraubt mit der Einkommensteuer und den Regien, — zu Grunde gerichtet im Handel, ausgehungert mit der Mahlsteuer. Es ist Zeit, daß dem ein Ende gemacht werde. Italien gehört keinem Könige, es gehört dem italienischen Volke. Das Heer ist italienisches Volk, es wird mit uns sein. Paris schlägt sich; Italien verlasse es im Kampfe nicht — Mailand, die Stadt der großen Initiativen — stelle sich an die Spitze der italienischen Bewegung. Die Schwesterstädte sind bereit, ihr zu folgen. Mailänder erhebt euch! Die Zehntausend, welche die Asche Cattaneos geleiteten, sollen nicht nur rufen: „Es lebe die Republik!“ sie sollen dieselbe machen. Und wir werden sie machen. Haltet euch bereit. Es lebe die Republik! Das republikanische Comité. 3. Sektion.“ Auf einem andern Plakate war zu lesen: „Privatdepeschen, welche heute Abends aus Paris eingelangt sind, melden, daß die Stunde der Tyrannen geschlagen hat und daß die Republikaner das Signal zur Erlösung der Völker gegeben haben. In dieser Stunde wird auf den Barrikaden gekämpft. An uns Italienern ist es, dem Signal der Franzosen zu folgen! Mailand darf keiner andern italienischen Stadt nachstehen! Zu den Waffen also, auf die Barrikaden, von welchen allein aus wir die Freiheit erobern können. Es lebe die Republik!“

Dienstes-Nachrichten.

Verliehen: Die k. Pfarrei Viechtach dem Leo Samberger, Coop. in Laberweinting, B.-A. Mallersdorf, Romstein, B.-A. Homburg, dem Wilh. Schmulder, Pfarrverweser in Kirchenarnbach, desi. B.-A.; Waalhaupten, B.-A. Kaufbeuren, dem Bened. Wagner, Benef.-Vikar a. d. Kobel bei Augsburg.

Das Kreiskomité des landwirthschaftlichen Vereins für Oberbayern veranstaltet bei Gelegenheit des ersten Fasten-Viehmarktes zu München am 2. März d. Js. einen Zuchtbullen-Markt, wobei für die besten der zu Markte gebrachten Zuchtstiere der Allgäuer-, Montafouner-, Miesbacher-, Pinzgauer-, Ansbacher-, Triesdorfer, Schwyzer- und Berner-Race, welche nicht unter 1 Jahr und nicht über 2 Jahre alt sind, Preise und zwar 1 zu 33 fl., 3 zu je 20 fl., 3 zu je 15 fl., 9 zu je 10 fl., durch ein aus Mitgliedern des landwirthschaftlichen Vereins zusammengesetztes Preisgericht endgiltig und ohne Zulassung irgend einer Berufung oder Beschwerde zuerkannt werden, ferner am gleichen Tage den Beschäler-Markt, wobei für die besseren Hengste Geldprämien im Betrage von 120, 90, 80, 70, 60, 50 und 30 fl. von dem Preisgerichte vertheilt werden, dessen Vorsitz ein Aufsichtsoffizier der k. Landgestütsverwaltung übernehmen wird.

Börsennachrichten.

Frankfurt a. M., 16. Febr. Schlußkurse: 1882er Amerikaner $92\frac{3}{8}$; österr. Bankactien 692; dito Creditactien 254; Bayer. Ostb.-Actien $120\frac{1}{2}$; Oesterr. Loose v. 1860 $79\frac{7}{8}$; dito v. 1864 $118\frac{3}{8}$; 5proc. österr. engl. Metall. — —; 5proc. National — —; 5 proc. bayer. Anl. $101\frac{1}{4}$; dito 4 proc. Anl. 91; dito 4 proc. Pr.-Anl. $106\frac{7}{8}$; dito 4 proc. Grundrente $86\frac{1}{2}$; Elisabeth-Prior. 1. Em. $75\frac{1}{2}$; Napoleons 9. 29. Münchener Anleihe $100\frac{3}{4}$; steuerfreie Met. v. 1866 —; österr. franz. Staatsbahn 364; bad. Präm.-Anl. $105\frac{1}{2}$; Münchener Handelsbank —.

Verantwortlicher Redakteur: Dr. J. Sigl.

Druck von M. Vogl in München, Rosengasse 10.

II. Jahrgang. Das Bayrische Auflage: 4700.

Vaterland.

Das „Bayr. Vaterland" erscheint täglich mit Ausnahme der Sonn- und hohen Festtage. Preis des Blattes: Vierteljährig 54 kr., ganzjährig 3 fl. 36 kr. Das einzelne Blatt 1 kr.

Alle Postexpeditionen und Postboten des In- und Auslandes nehmen Bestellungen an. Inserate werden die dreispaltige Petitzeile oder deren Raum zu 3 kr. berechnet.

Redaktion Burggasse 14. Herausgegeben von Dr. jur. J. Sigl. Expedition: Ruffinibazar 5

Susanna. Nr. 40. Samstag, 19. Februar 1870.

Randglossen zu Professor Sörgel's Jungfernrede. V.

(Die Inquisition. Schluß.)

R von der Donau. Schauen wir nach England hinüber, so finden wir, daß während der Regierung der protestantischen Königin Elisabeth die Katholiken „gefoltert, gehenkt, lebend abgeschnitten, lebendig aufgeschlitzt, gevierttheilt und gesotten wurden", wie Dr. Newman an hunderten von Beispielen nachweist; und diese blutige Verfolgung währte 100 Jahre.

„Dieß sind die Thaten, dieß die Scenen, gegen welche sich die Protestanten die Ohren verstopfen. Ja man sollte denken, mit solchen Skandalen vor der eigenen Thüre fänden es die Protestanten am Gerathensten, die Geschichte aus dem Spiele zu lassen und sich mit der Verfolgungsfrage gar nicht abzugeben" (Dr. Newman S. 196.)

Mit dem Blute in der katholischen Kirche hat es somit gute Wege, Herr Professor! Ehe Sie jedoch wieder dergleichen Behauptungen aufstellen, ziehen Sie erst ein ordentliches Handbuch der Geschichte zu Rathe; Griesingers Geschichte der Päpste, Corvins Pfaffenspiegel, Hubers lateranische Kreuzspinne und ähnliche Ausgeburten wahnwitziger Thorheit und thörichten Wahnwitzes überlassen Sie gefälligst Ihrem Kollegen Julius Knorr und dem Publikum der „Neuesten"; sie sind ja eigens geschrieben zur vollständigen Versimpelung „liberaler" Philister.

Wir glauben auch das Unwahre Ihrer zweiten Behauptung nachgewiesen zu haben. Uebrigens bewundern wir Ihre Enthaltsamkeit, daß Sie nach dem spanischen Autodafé nicht alsogleich nach London gesegelt und retour über Paris gereist sind, um hier in aller Eile einige Hunderttausend Hugenotten von den Katholiken spießen zu lassen, und dort in London unter das Parlamentsgebäude Pulverminen zu legen, welche von den Jesuiten Garnet, Gerard und Greenway losgebrannt werden. Vielleicht war Ihnen das kurze und treffende Wort Dr. Schöppners bekannt: „erwiesenermaßen hat die Kirche an dem Hugenottenmord so wenig Antheil als an der Pulververschwörung in England." [1])

[1]) Vgl. Dr. Hefele, „Cardinal Ximenes"; Dr. Alzog, Kirchengeschichte, S. 699; 822; 834; Kirchenlexikon, Bd. II. S. 48 ff; Bd. V. S. 154 ff; Ranke, Fürsten und Völker I. Th.; Dr. Schöppner, Charakterbilder, Bd. III.; Dr. Newmann, Vorträge über die Stellung der Katholiken in England.

O ihr großen Fortschrittsgeister, wie für euch doch gar keine historischen Forschungen bestehen! Längst und aktenmäßig widerlegte Lügen werden immer aufs Neue hervorgesucht und jederzeit mit Glück und zur Belustigung eines rohen Pöbels gegen die Kirche verwerthet. Auf allen Linien und von jedem Standpunkt aus, heiße er nun Politik oder Geschichte, Literatur ꝛc. bekämpft der Liberalismus seinen Todfeind — den Katholizismus.

Mit teuflischer Freude gesteht dies die jüdische „Wiener Presse" in folgenden grinsenden Worten: „Die alten Heidengötter, welche das Kind in der Krippe zu Bethlehem von ihren Thronen gestürzt und verbannt hat, regen sich und heben das Haupt. Sie fordern die Herrschaft zurück und rütteln mit gewaltiger Geisterfaust an dem Felsen, den die Pforten der Hölle nicht überwältigen sollen; sie kämpfen aus der Tiefe herauf und ihr Schlachtruf hallt durch die Wissenschaft der Poesie und Kunst unserer Tage". — Kann es noch deutlicher gesagt werden, daß der Kampf der katholischen Kirche gilt und daß der Haß des Liberalismus sich gegen den Katholicismus wendet?

Auch Sie scheinen die katholische Kirche zu hassen, Herr Professor! da Sie nicht einmal auf öffentlicher Tribüne sich enthalten konnten, das fleckenlose Kleid der katholischen Kirche mit dem Schmutze der Gehässigkeit und Unwissenheit zu bewerfen. Unseres Erachtens hätten Sie gut gethan, wenn Sie in Hof geblieben wären, und Ihren Jungen die Feinheiten der lateinischen und griechischen Sprache beigebracht und den haarscharfen Unterschied zwischen et, ac und atque erklärt hätten, was Ihnen gewiß besser gelingt als Kammerreden über die katholische Presse und die spanische Inquisition.

Sicher dürfen wir nach so ernstem, Ihnen langweiligen Diskurs unseren Artikel mit einem harmlosen Scherz abschließen. Julius Otto hat uns in einem seiner „Quartette" mit einem Originalprofessor beschenkt, der in den Schönheiten der Partikeln „dumtaxat, utpote" schwelgt: Darin besteht sein Wissen und darin findet er auch Erquickung und seinen Himmel. Die komische Wirkung dieses Quartettes könnte nur gewinnen und müßte eine hochkomische werden, wenn das auserlesene Kammerquartett Schauß und Föderer, Völk und Knorr Ihnen selbes als „Abendständchen" bringen würde. Das Gedicht lautet also:

„Frühlingslandschaft".

Es liegt ein langer Magister
Im Wald auf der Mittagsruh,
Ihn decken Buche und Rüster
Mit schattigen Zweigen zu.

Im Frühlingsparadiese
Liegt lang er hingestreckt,
Und nimmt sich eine Prise
So oft ihn ein Zephyr neckt.

Und neben ihm liegt im Grase
Ein Buch gebunden in Schwein,
Tief steckt er die lange Nase
Ins dicke Buch hinein.

Er ruft: Du Klang der Sphären,
Dumtaxat, utpote,
Du rührest mich zu Zähren,
Du heilest all mein Weh.

In dir steigt mir hernieder,
Fürtreffliches Latein!
Der ganze Himmel wieder
In meiner Magisterpein."

So wühlt er mit langer Nasen
Im dicken Buch ohne Ruh:
In seiner Nähe grasen —
Zwei Ochsen und eine Kuh!

— — —

Deutschland.

München, den 18. Februar.

(**Vom Landtag.**) In der gestrigen Sitzung befaßte sich die Kammer der Abgeordneten mit verschiedenen Anträgen und Eingaben. Die Eingabe um direkte Landtagswahlen, um Gehaltsaufbesserung des Rentamtshilfspersonals in Oberfranken und Niederbayern und der Rentamtsoberschreiber in Unterfranken, der Kanzleifunktionäre der Regierungen von Mittel-, Ober- und Unterfranken, des stabilen Kanzleipersonals sämmtlicher Regierungen, der Kanzlisten bei den Appellgerichten d. Rh., der Appellgerichtsboten und Rathsdiener, der Gerichtsboten und Gerichtsdiener von Mittelfranken, Niederbayern und der Oberpfalz, der Rentamtsschreiber der Ober- und Rheinpfalz, von 14 franz. Sprachlehrern an Gymnasien (um Gleichstellung mit den übrigen Fachlehrern in Gehalt und Titel), von 24 Seminarlehrern (um Verleihung pragmatischer Rechte und Gleichstellung mit den Studienlehrern), der Hilfslehrer an den Präparandenschulen, dann der Postboten von Oberbayern und Schwaben, ferners der Antrag um Vorlage eines Gesetzes über Abschaffung der Todesstrafe, und der Antrag auf Revision des Preßgesetzes u. s. w., wurde sämmtlich den betreffenden Fachausschüssen zugewiesen. Gegenüber all diesen Bitten ꝛc. um Gehaltsaufbesserung sollte es uns nicht wundern, wenn einmal das ganze bayrische Volk mit einer Monstrepetition um Gehaltsaufbesserung an die Kammer käme. Es wäre dessen sehr bedürftig.

— Staatsrath v. Daxenberger soll den König gebeten haben, ihn fernerer Dienstleistungen im auswärtigen Ministerium zu entheben. Will „Karl Fernau" nur mehr Gedichte schreiben?

— In den nächsten Tagen soll die zweite Hälfte eines Armeebefehls und darnach ein doppelter erscheinen, durch den wieder eine schwere Menge Offiziere befördert werden sollen. Hat sich etwa während der Faschingszeit Mangel an offizierlichen Tänzern gezeigt oder steht am Ende gar ein Krieg vor der Thür? Wozu man unter den jetzigen Verhältnissen noch mehr Offiziere brauchen soll, die meist nichts zu thun als schön zu sein haben, leuchtet unserm „beschränkten Unterthanenverstand" nicht ein. Jedenfalls denkt man nicht entfernt daran, daß gespart werden muß.

— Ein paar katholische Blätter wollen wissen, die bekannten infamen „Briefe aus Rom" der Allg. Ztg., welche, wie der Volksbote sagt, „gegen das Koncil Gift und Galle speien", seien von dem bekannten Dr. Pichler, welcher sich zur Zeit in Neapel aufhält. Wir hielten Dr. Pichler allerdings fähig, diese Infamien zu schreiben, allein die Schreibart jener Briefe ist eine solche, daß kein Kenner Pichler'scher Schriften dieser Annahme zustimmen kann. Die Briefe sind viel zu fein, geistreich, gehobelt und bei alledem perfid, als daß Dr. Pichlers klobige und geistlose Schreibweise damit irgend eine Verwandtschaft haben könnte. Den Willen Ähnliches zu schreiben mag er haben, das bestreiten wir nicht, allein ihm fehlen die Kräfte, ihm fehlt der Geist dieser Briefe.

— Wiener Blätter lassen sich von hier telegraphiren, daß man (wer „man"?) dahier festhalte, daß der bayrische Gesandte in Berlin, Baron Perglas, Nachfolger Hohenlohes werde. Der König habe seine Gesinnungen zu Gunsten der altbayrischen (!) Partei geändert und alle nationalliberalen Elemente dürften aus dem Ministerium entfernt werden. — Gute Botschaft, möchten wir sagen, die nur einen Fehler hat, daß wir nicht dran glauben können. Wäre dem so und würde in Folge dessen die Stellung des Hofes zu den Parteien wieder eine naturgemäße werden, dann möchten wir sehen, wie die „Eichen der Ueberzeugung" wieder Kehrtum machten und „patriotisch" wieperlen. Da übrigens in Bayern Alles möglich ist, wie wir schon so oft miterlebt, so könnte allerdings auch das, was die Wiener Blätter melden, ins Gebiet der bayrischen Möglichkeiten gehören.

— Vor ein paar Tagen hatten wir eine Kulturlümmelei hiesiger fortschrittlicher Völkerschaften gegen einen Abgeordneten zu melden, heute sind wir schon wieder in der Lage, den „Bildungsstand" intelligenter Knorrleute „konstatiren" zu müssen, wie Hr. Pfarrer Mahr sagt. Kam da vorgestern der Hr. Abg. Lukas eben aus der Kammer und schlug seinen gewöhnlichen Weg nach seiner Wohnung ein. Nicht weit vom Ständehaus erwartete ihn bereits eine Rotte bärtiger und unbärtiger Buben, Knurrblättlverehrer und ähnliche Ehrwürdigkeiten des Fortschritts. Als Hr. Lukas herankam, öffnete sich der Haufen, bildete eine Gasse, umringte den Abgeordneten, verhöhnte und insultirte ihn. Hr. Lukas verlor aber dem fortschrittlichen Gesindel gegenüber, das zweifelsohne bestellt und bezahlt war, keineswegs den Muth und verbat sich solche Gemeinheit. Das freche Volk antwortete aber darauf mit neuen Impertinenzen, mit Spott- und Schmähworten und Bedrohungen und ließ erst dann von ihm ab, als sich Leute näherten, worauf sie den Hrn. Abgeordneten mit Gejohl und Geheul bis zum Gebäude der Staatsschuldentilgungskasse verfolgten, wo der dort stehende Militärposten das feige Gesindel wahrscheinlich vor weitern Insulten zurückschreckte. Und das geschah mitten in München am hellen Mittage von „gebildeten" und „intelligenten" Fortschrittlern!! Es wird ja bald so weit kommen, daß jeder patriotische Abgeordnete seinen Knochenbrecher oder Revolver mitnehmen oder einen Gendarmen hinter sich hergehen lassen muß, wenn er in die Sitzung oder auf die Straße geht. Sind das nicht heitere Zustände und recht erbauliche Früchte der „Aufklärung" und „politischen Reife", welche durch Knurrblättl und ähnliche „Organe" des Fortschritts vermittelt werden, die aber nicht „desavouirt" werden?!

Passau kann, wenn irgend eine liberale Simpelei in der Mode ist, natürlich nicht zurückbleiben. Die neueste Passauerei ist eine Mißtrauensadresse gegen Hrn. v. Harleß. Ein Mann von Charakter, Muth und Ueberzeugungstreue ist den Liberalen immer ein Greuel, zumal wenn der Mann Protestant ist. Gleichwie in Griechenland alle Ochsen vor einem guten Gedanken zitterten, seitdem Pythagoras deren einmal eine Hekatombe — 100 Stück — aus Freude über eine große mathematische Entdeckung den Göttern geschlachtet, so zittern bei uns alle Liberalen vor der That eines ehrlichen Mannes, vor dem quälenden Gedanken, daß es trotz alledem und alledem noch immer ehrliche Leute gibt!

Von Weißenburg wird dem „Vaterland" eine ausgesuchte liberale Heldenthat berichtet. In Ellingen, wo bekanntlich der Fortschritt bei den Gemeindewahlen unterlag und nur Patrioten, lauter wackere Ehrenmänner: 1 Bürgermeister, 6 Magistratsräthe und 18 Gemeindebevollmächtigte zu Vertretern der Stadt gewählt wurden, hat der Fortschritt in seiner Wuth eine „Bekanntmachung“ folgenden Inhaltes ans Licht gebracht: „Es wird hiemit bekannt gemacht, daß bei Gelegenheit des nächsten Viehmarktes auch 6 schwarze Ochsen, 1 Scheck und 18 Stiere zum Verkauf angeboten werden“. Ein „Ultramontaner“ hat diese „Bekanntmachung“ sicherlich nicht geschrieben. Die Männer, welche damit beschimpft werden sollten, lassen sich aber durch derlei bubenhaften Spott und Schimpf nicht irre machen, nach bestem Wissen — und hierin stehen sie keinem der Fortschrittler nach — und Gewissen — und darin gehen sie allen Fortschrittlern vor — zum Besten der Gemeinde zu wirken.

Aus Bayreuth erklärt uns Hr. Konsistorialrath Dr. Kraussold, es sei eine „Erfindung“, daß der bekannte Agitationsschwindel gegen Hrn. v. Harleß von ihm ausgehe. Wer ist denn dann die Bayreuther protestantische Kirchenfackel, die den Brand entzündet hat? Denn von Bayreuth ging Alles aus und daß Hr. Dr. Kraussold ebenso gern an Harleß' Stelle Präsident des Oberkonsistoriums wäre, wie sein trefflicher Hr. Sohn Oberpfarrer in Augsburg ist eine Thatsache, die wir mit einer schönen Anzahl Thatsächelchen verbrämen könnten.

Vom Main wird dem „Vaterland“ geschrieben: In Freiburg im Breisgau ward vor nicht langer Zeit ein gewisser Treitschke als Professor angestellt. Gleich bei seinem ersten Auftreten erklärte dieser Mann, daß er „seine Natur als geborner Preuße auch in Baden nicht verleugnen könne.“ Wer sollte ihm auch eine solche Selbstverleugnung zumuthen? Anderenfalls wäre er ja gar nicht berufen worden. Sein Standpunkt war also kein anderer, als der, treu dem hohen Selbstgefühl als Preuße, den dummen Süddeutschen in Baden die neue Lehre zu verkünden: „Ohne Preußen kein Heil mehr in Deutschland“, was zu deutsch heißt: Alles muß preußisch werden! Ist es für die vielen Liberalen in Bayern, zumal für die in der Kammer, nicht erwägenswerth, wie sie ihren Schwur: Treue dem König, und der Verfassung, mit dieser neuen Lehre vereinigen können, der auch sie anhängen? Wenn man auch nur mit einigem Gewissen behaftet ist, so muß das eine wohlaufzuwerfende Frage sein; wenn man damit verschont ist, dann freilich bedarf es des Nachdenkens nicht. Im zweiten Bande seiner soeben erschienenen „historischen und politischen Aufsätze“ hat Treitschke ein höchst liberales Traumgesicht, eine Vision, die ihm sein armes, geplagtes Bettelpreußengehirn vorzaubert. In diesem visionären Zustande findet der große Mann im Königreich Bayern „eine lebensunfähige Mißbildung, recht eigentlich einen Zwerg mit dem Wasserkopf!“ Der Mann, der „seine preußische Natur nicht verleugnen kann“, gibt damit seinen liberalen Freunden und bettelpreußischen Collegen den verständlichsten Wink, den letzten Rest von bayrischer Treue, der dem Einen oder Andern etwa noch geblieben sein mag, nun vollends abzustreifen und dieser „lebensunfähigen politischen Mißgeburt“ ehebaldigst ein Ende zu machen und den abgeschlachteten Kadaver im Berliner Nationalmuseum unter- und in Sicherheit zu bringen. Hr. Treitschke gilt den süddeutschen National-Liberalen recht eigentlich als Prophet der Pickelhaube; werden sie sich auf diese starke Probe seines „nationalen“ Preußenbewußtseins von ihm abwenden und ihn auch „desavouiren?“ Wir sehen, wie der norddeutsche „Riese“ mit Hannover, Kurhessen, Nassau ꝛc. sich noch lange nicht genug „abgerundet“ glaubt, sondern bereits den süddeutschen „Zwerg mit dem Wasserkopf“ als ein sehr naheliegendes und passendes Objekt für seine Freßsucht ansieht, um sich noch mehr „abzurunden.“ Deshalb hält er bereits durch seinen Treitschke Monologe, wann dem „lebensunfähigem Zwerg mit dem Wasserkopf“ das Genick gebrochen werden soll. Was hindert mich, fragt er, dem armen Burschen den Garaus zu machen? Kann ja so nicht leben und nicht sterben und ich erweise ihm am Ende sogar noch eine Wohlthat, wenn ich ihn abthue! Der Bursche hat zudem einiges Vermögen, das mir wohl thäte; zu fürchten brauche ich mich nicht, denn, Jotte doch! habe ich nicht 'ne Million Zündnadeln? — Treitschke sagt das in mehr geschliffener Sprache; er fragt: „Wird uns nicht dereinst das Gebot nationaler Selbsterhaltung zwingen, Bayern zu zerschlagen, das Haus Wittelsbach auf sein Alpenland zu beschränken und das Würtemberger Land mit dem Hohenzollerschen zu verbinden?“ — Die reinste „Schinderhannes-Politik“, aber sehr liberal, sehr „national-liberal!“ Der Räuber ist durch das „Gebot der Selbsterhaltung gezwungen“, dem friedlichen Hofbesitzer ins Haus zu brechen, ihm Geld und Gut und Lebensmittel wegzunehmen, damit ja sein eigenes kostbares Leben erhalten bleibe! So Treitschke, das Orakel der süddeutschen Bettelpreußen. Ob unsere Liberalen ihn „desavouiren“ werden? Ob Graf Holnstein auch das seinem Herrn und Könige sagen wird, daß diese braven Liberalen bereits davon sprechen, „Haus Wittelsbach und sein Alpenland zu beschränken“ und König Ludwig etwa zum Burggrafen von Hohenschwangau mit steuerfreiem Fischereirecht am Starnbergersee zu machen? Ich zweifle sehr! (Wir auch! D. Red.)

Oesterreich. In Innsbruck hat am 16. die General-Versammlung der kath Vereine Tirols begonnen. Geistliche und Bauern waren schaarenweise herbeigeströmt. Die „gebildeten“ Städte waren aber gar nicht vertreten. (Wie wäre das auch nur denkbar? Katholisch zu sein, zu denken und zu handeln, das gehört ja weder zur „Aufklärung“, noch zur „Bildung“ der Stadtbewohner!)

Ausland.

Frankreich. Paris. Die Nachricht liberaler Blätter, daß Frankreich, Oesterreich, und — Bayern sich geeinigt hätten, dem Concil wegen der Unfehlbarkeitsfrage Prügel in den Weg zu werfen (s. d. gestr. Nr.), wird von der „Patrie“ offiziös dementirt.

Börsennachrichten.

Frankfurt a. M., 17. Febr. Schlußcurse: 1882er Amerikaner $93^{1}/_{4}$ österr. Bankactien 693; dito Creditactien 253; Bayer. Ostb.-Actien $120^{1}/_{8}$; Oesterr. Loose v. 1860 $79^{7}/_{8}$; dito v. 1864 $118^{1}/_{2}$; 5proc. österr. engl. Metall. — —; 5proc. National — —; 5 proc. bayer. Anl. $101^{1}/_{4}$ dito 4 proc. Anl. 91; dito 4 proc. Pr.-Anl. $106^{3}/_{4}$; dito 4 proc. Grundrente $86^{1}/_{2}$; Elisabeth-Prior. I. Em. $75^{1}/_{2}$; Napoleons 9.29. Münchener Anleihe $100^{3}/_{4}$; steuerfreie Met. v. 1866 —; österr. franz. Staatsbahn 864; bad Prämien-Anl. $105^{1}/_{2}$; Münchener Handelsbank —.

Verantwortlicher Redakteur: Dr. J. Sigl.

Soeben ist erschienen und durch die Expedition des „Vaterland“ zu beziehen:

Liberales Schimpflexikon,

enthaltend ein ganzes Tausend „fortschrittlicher“ Schmähworte gegen Alles, was katholisch ist, und darum auch gegen die patriotischen Bayern und das bayerische Landvolk.

Zusammengestellt
von
R von der Donau.
Mit einem Vorwort von
Joseph Lukas,
Zollparlaments- und bayr. Landtags-Abgeordneten.

Preis 12 kr., nach auswärts bei freier Versendung 15 kr.

Für die herannahende hl. Fastenzeit erlaubt sich Unterzeichneter, einem hochwürdigen kathol. Clerus und Kirchenverwaltungen seine direkt auf Leinwand gemalte

Kreuzweg = Stationen

nach den berühmtesten Compositionen mit sehr schönen kirchlichen Rahmen und Aufsätzen versehen unter nachfolgenden Größen und Preisen bestens zu empfehlen:

		Zoll Höhe,	Zoll Breite (Bildergröße)	mit Rahmen	ohne Rahmen
I.	Größe	53	39	620 fl.,	450 fl.
II.	„	43	32	470 „	350 „
III.	„	36	26	330 „	230 „
IV.	„	28	22	230 „	160 „
V.	„	23	16	170 „	120 „
VI.	„	18	11	149 „	90 „

Ebenso auch Kreuzwege für kleinere Kirchen und Kapellen zu 70 und 100 fl., Altare, Oelbergs- und sonstige Heiligenbilder, Heilige Gräber, Figuren, geschnitzt und in Massa, sehr schön gefaßt und vergoldet zu billigst berechneten Preisen.

Alle diese obenerwähnten Gegenstände sind vorräthig und werden auf Verlangen Probestationen und Zeichnungen gefälligst zugestellt, sowie nach vorhergegangenem Uebereinkommen jede beliebige Ratenzahlung angenommen.

Anerkennungen von hochw. bischöflichen Ordinariaten und anderen höheren Stellen stehen bereitwilligst zu Diensten.

Geneigten Aufträgen entgegensehend, empfiehlt sich hochachtungsvollst

G. Krombach,
53(f) Maler in München, Müllerstraße Nr. 48/0.

Die Preise sind in süddeutscher Währung und die Größen nach dem bayr. Maße berechnet.

Im Verlage von G. J. Manz in Regensburg ist erschienen und durch alle Buchhandlungen (durch Hermann Manz in München, Briennerstraße Nr. 8) zu beziehen:

Dr. Fr. X. Himmelstein,
Vorbereitungsunterricht zum Empfang
der heil. Sakramente
der Buße, des Altars und der Firmung.
8. 1 fl. 21 kr. (97)

Im Verlage der J. J. Lentner'schen Buchhandlung in München ist erschienen und durch alle Buchhandlungen zu beziehen:

Das
Passionsspiel
zu
Oberammergau.
Von
L. Clarus.
Zweite, umgearbeitete Auflage.
Mit der Ansicht von Oberammergau in Stahlstich.
gr. 8. 164 Seiten. 36 kr.

Den vielen Besuchern der diesjährigen Aufführungen wird es daher erwünscht sein, als Vorbereitung auf und als Erinnerung an dieselben in einem wohlfeilen Handbüchlein Alles zusammen zu finden, was einem aufmerksamen Zuschauer an dem Passionsspiele zu wissen und zu behalten angenehm sein mag. (96)

Altes Zinngeschirr,

Schüsseln, Teller, Flaschen per Pfund 30 kr., zu 33 kr. Zinkabfälle und alte Rinnen, Dachzink pr. Ztr. 7 fl. sowie altes Kupfer, Messing, Komposition, Neusilber, Eisen, Blei rc. rc. kaufe ich fortwährend in größern und kleinern Partien zu den besten Preisen.

Kaspar Krapp,
Gelbgießer, 73—77 (e)
Nr. 7 Kreuzgasse Nr. 7
gegenüber der Kreuzkirche.

Hiemit erlaube ich mir mein Lager in

Matratzen, Kanapee- und Sesselfedern,

weiße und gelbe Meubelnägel, Porzellannägel, alle Sorten von **Gurt- und Tapeziererleisten** &c., bestens anzuempfehlen.

Achtungsvollst 94(ff)
Benedict Gautsch,
81 (ff) 23 Dienersgasse 23.

Geldsorten, Frankfurt, 8. Februar.

	Angebot.	Zu haben.
Pistolen . . . , . .	9.46	9.48
Imperiales, russ. . . .	9.48	9.50
Holl. 10 fl. St. . . .	9.54	9.56
Dukaten vollgw. . .	5.36	5.38
Napoleonsd'or	9.27½	9.28½
Engl. Sovereigns . .	11.53	11.57
Dollars i. Gold . . .	2.27	2.28
Preuß. Friedrichsd'or .	9.57	9.58½
Preuß. Kassasch.	1.45	1.45

Druck von M. Vogt in München, Rosengasse 10.

II. Jahrgang. | Das Bayrische | Auflage: 4700.

Das „Bayr. Vaterland“ erscheint täglich mit Ausnahme der Sonn- und hohen Festtage. Preis des Blattes: Vierteljährig 54 kr., ganzjährig 3 fl. 36 kr. Das einzelne Blatt 1 kr.

Vaterland.

Alle Postexpeditionen und Postboten des In- und Auslandes nehmen Bestellungen an. Inserate werden die dreispaltige Petitzeile oder deren Raum zu 3 kr. berechnet.

Redaktion Burggasse 14. | Herausgegeben von Dr. jur. J. Sigl. | Expedition: Ruffinibazar 5

Eucharius. | Nr. 41. | Sonntag, 20. Februar 1870.

Bestellungen auf das „Bayr. Vaterland“ für das Quartal zu 54 kr. (für die beiden Monate Februar und März zu 36 kr.) können bei allen Postanstalten und Postboten noch immer gemacht werden.

Was beliebt noch, Herr Preuß?

Die Berliner Offiziösen sind über die letzte Thronrede Sr. Allmächtigkeit des „Herrn“ von Preußen, wegen welcher die ganze Redaktion hochlöblichen Knurrblättls vor Freuden in Ohnmacht und dann in die Hände des Hrn. v. Burchtorff gefallen ist, höchlich entzückt. Man hört bis zu uns nach Bayern herauf den Säbel von Sadowa rasseln und ganze Batterien „im Gefühle nationaler Zusammengehörigkeit“ sich in Bewegung setzen. „Onkel Spener“, ein Blatt dessen Redakteur in seiner Freizeit im preußischen Ministerium Hausknechtsdienste zu verrichten scheint, schimpft bei dieser passenden Gelegenheit ganz unerhört auf unsere patriotische Kammermajorität, der er „Vaterlandsverrath“, „verstandloses Gebahren“ (ganz richtig, denn es ist weder fortschrittlerisch noch preußisch, was allein Anspruch auf „Verstand“ und höhere „Intelligenz“ machen kann!), „Vornirtheit“ und ähnliche schöne Eigenschaften an den Kopf wirft. Doch damit ist der offiziöse Hausknecht noch lange nicht fertig: er legt ein entschiedenes Veto gegen die Entlassung Hohenlohes ein und erklärt daß die Thronrede des Königs aller Pickelhauben dem König von Bayern es vollends unmöglich mache, das Staatsruder den Patrioten anzuvertrauen!!

Das geht denn doch über das erlaubte Maß königlich preußischer Unverschämtheit weit hinaus, die Sprache dieses Hausknechts der Regierung. Diese Preußen haben die Frechheit, ihrem König ein Recht zu vindiciren, auch in unsere inneren Verhältnisse einzugreifen und unserm König vorzuschreiben, wen er zum Minister nehmen darf, wen nicht? Was? In Berlin soll unser König erst anfragen müssen, ob die Herren auch ihre allergnädigste Zustimmung geben zu dem, was er in Uebereinstimmung mit seinem Volke zu thun oder zu lassen für gut findet? Von Berlin soll das freie Volk der Bayern, soll sein noch unabhängiger König Befehle empfangen, Weisungen, wie sie sich die Regierung des Landes einrichten sollen, wie die Männer beschaffen sein sollen, welche nicht sie, sondern welche diese Berliner an der Spitze der bayrischen Regierung wünschen?! Nein!

Nein, sagen wir; daß dem nicht so sei, daß dem niemals so werde, das will das bayrische Volk, das will jeder ehrliche Bayer; dafür haben wir gewählt und Ministerium und Fortschritt niedergestimmt, dafür haben wir gekämpft und werden wir kämpfen bis zum letzten Augenblicke, denn es gilt nicht blos die Ehre der Krone, die gewissen Leuten gleichgiltiger geworden zu sein scheint, es gilt auch die Ehre des Landes, die Ehre des Volkes, die wir uns von diesen windigen Berlinern nicht antasten lassen wollen, — und es gilt nebenher noch eine Reihe anderer Dinge, worüber die Adreßdebatte sich weitläufig verbreitet hat.

Wir wollen Herr in unserm Hause sein und bleiben, und wer uns in unserm Hause inkommodiren will, den setzen wir vor die Thüre. So ist es Brauch bei uns und den Herren Berlinern gegenüber machen wir wahrlich keine Ausnahme. Wir sind mit Hohenlohe fertig geworden und mit den andern Preußen werden wir's hoffentlich auch; es bedarf nur einigen Muthes und guten Willens: Freunde haben wir genug, die sorglich wachen und nicht zugeben werden, daß uns ein Haar auf dem Haupte gekrümmt oder noch eine Scholle bayrisch Land gestohlen werden. Wir halten die Verträge, bis wir gezwungen sind, sie nicht mehr zu halten, und wir sind dazu gezwungen, wenn der Preuße handelt, wie der Offiziöse schreibt. Da hört für uns die „deutsche Brüderschaft“ und das „Gefühl nationaler Zusammengehörigkeit“, das uns 40000 Brüder und 30 Millionen gekostet hat, auf und der wird unser Bruder sein, der uns von unsern Tyrannen, der uns von den preußischen Vampyren befreit, — — nicht der Tyrann, nicht der Landfeind, kurz nicht der Preuße!

„Wir wollen es Bayern nicht wünschen, schließt der Offiziöse seine brutale Auslassung, — von den Leuten à la Jörg auch nur ein paar Monate regiert zu werden; denn diese Leute würden ohnmächtige (!!) und erfolglose (!!) Zettelungen mit Frankreich oder Oesterreich versuchen, die Unabhängigkeit Bayerns da und dort gefährdet erklären, genug, sie würden die europäische Friedensstimmung trüben und die innere Lage Bayerns gewaltig erschweren. Nach den loyalen (!) und echt deutschen (!!) Worten des norddeutschen Bundes-Oberhaupts aber das Ruder ergreifen zu wollen, wäre von der sogenannten Patrioten-Partei Bayerns geradezu eine Unverschämtheit.“

Diese freche, anmassende und herausfordernde Sprache des Leibjournals des Preußenkönigs könnten wir lächerlich finden, wenn sie nicht zeigte, wie tiefgründig die bornirteste Großmachtsprotzigkeit in diesen preußischen Köpfen sitzen muß. Wir sollen die Friedensstörer sein, wenn wir dem übermüthigen Preußen die Faust unter die hochgetragene Nase halten, wenn wir eine volksthümliche Regierung im Lande haben wollen, nach unserm Herzen, nicht nach des Preußen Sinn und Verlangen und jede unberechtigte Einmischung des Preußen in unsere Angelegenheiten uns energisch verbitten! Vortrefflich — gelogen nämlich!

Mögen diese Berliner, selbst die Leibjournalisten des Preußenkönigs über uns denken und schreiben wie sie wollen; uns schüchtern sie wahrhaftig nicht ein und käme es dazu, daß wir für die Freiheit und Existenz des Vaterlandes uns schlagen müßten, so werden wir den letzten Mann und den letzten Gulden daran zu setzen wissen — und wir werden nicht ohne Freunde sein! Lassen sich die Herren Berliner das gefälligst gesagt sein!

Der Hr. Erzbischof von München-Freising

hat Angesichts der gegenwärtigen Kundgebungen in Deutschland gegen das allgemeine Koncil nachfolgende Erklärung erlassen:

„Bei den vielen und vielfach theils falschen, theils wahren Nachrichten, welche öffentliche Blätter sowohl über das Wirken des allgemeinen Concils als auch über die Gesinnungen der einzelnen Bischöfe verbreiten, und bei den zahlreichen Adressen und Zuschriften, durch welche man von mehreren Seiten bemüht ist, auf die Entscheidungen der Bischöfe einen drängenden Einfluß zu üben, fühlen wir uns ein für alle Mal zu nachstehender Erklärung veranlaßt:

daß wir solche öffentliche Demonstrationen und Kundgebungen nur mit großem Schmerze betrachten können, weil dadurch nicht nur die vom Anfange des Concils an künstlich hervorgerufene Aufregung gesteigert wird, sondern auch zahlreiche Gläubige in ihrem Gewissen beängstiget werden;

daß wir ferner solchen Demonstrationen nichts entgegensetzen werden als Schweigen, und daß wir Keinem ein Recht einräumen, aus diesem unseren Schweigen Schlüsse auf unsere Aeußerungen und Gesinnungen, sei es nach der einen oder der andern Seite hin, zu ziehen;

daß wir endlich wünschen und ermahnen, die Gläubigen wollen ihre Theilnahme an den Entscheidungen des Concils vor Allem dadurch beweisen, daß sie denselben mit katholischem Vertrauen auf den Beistand des heil. Geistes entgegensehen und nicht müde werden, mit uns zu beten, auf daß aus unseren Berathungen und Entschließungen dauernde Früchte des Heiles und des Friedens erwachsen."

Mit dieser öffentlichen Kundgebung verbindet die oberhirtliche Stelle den Wunsch, daß derselben die weiteste Verbreitung gegeben werden wolle.

Deutschland.

München, den 19. Februar.

☛ Seit einigen Tagen befindet sich der bekannte Dönniges wieder hier, der allemal dabei ist, wenn in Bayern ein Hexenkessel geschürt wird. Was diesmal wieder los ist, wissen wir nicht, wir ahnen es aber, denn — Dönniges ist da. — Wie wir vernehmen, soll Hr. Hörmann, der in die Ecke gestellte Minister, zum Regierungspräsidenten von Oberbayern gemacht werden! Wahrscheinlich um aller Welt den Beweis zu liefern, daß in Bayern wirklich Alles möglich ist!!

— Montag, den 21. findet im 34. und 58. Urwahlbezirk die Wahl je eines Wahlmannes statt. Die neue Abgeordnetenwahl ist sodann Donnerstag den 24. Februar. Der arme Julius kann's gar nicht mehr erwarten, bis er wieder deputätig wird. Die Kammer freut sich schon auf die heitere Figur, die er als Deputatus darstellen wird, und wie schön er sich ausnehmen muß, wenn er sein langweiliges Gesicht in dem Saale leuchten läßt, nachdem er bisher immer blos von den Galerien mit wehmüthig blödem Lächeln auf die „Freunde" herabschmachten konnte. Sein Pechioni hat ihm bereits versprochen, gegen „anständige Bezahlung" ihm die nöthigen „Reden" zu fabriciren, die er dann mit lieblichem Augenzwinkern und mit anmuthig hängender Unterlippe in der Kammer herabgurgeln wird. Für eine entsprechende Anzahl von Kammerweibchen, die dann des Deputati deputätige Thätigkeit zum Heil des Vaterlandes aller Welt rühmen und anpreisen werden, wird jederzeit hinlänglich gesorgt sein.

— Ein obskurer brandenburgischer Versifex, Namens Scherenberg hat kürzlich ein Gedicht gegen das Koncil und die 21 Canones verfertigt, in welchem die Verse vorkommen:

Geschleudert ward von Petri Stuhle
Das strenge Anathema sit.

Alle liberalen Blätter, voran die Augsb. Allgemeine Dame haben das Gedicht, weil es gegen die katholische Kirche ist, sofort nachgedruckt, was wir nicht auffallend finden. Daß der obskure Scribler Scherenberg die Geheimnisse der griechischen Prosodie so wenig kennt, daß er Anathêma skandirt, ist uns nicht auffällig; auffälliger ist uns, daß die Gelehrten der Allg. Ztg. diesen kolossalen Bock nicht merkten. Oder hebt der Haß gegen Rom sogar über die Gesetze des Metrums hinweg?

Vom Rhein wird dem „Vaterland" geschrieben: So viel wir wissen, gehören zur Zukunftsmusik starke Dissonanzen. Diese Dissonanzen und Disharmonien scheint das Land der Zukunftsmusik, Bayern, nun auch in die Politik übertragen zu wollen, und es ist merkwürdig, was wir da schon Seltsames erlebt haben. Im Reichsrath stimmten und donnerten gegen den Fortschritt und die Verpreußungsideen drei Protestanten, drei Männer, welche noch ein Herz für das mißachtete Recht und für die Forderungen des bayerischen Volkes sich bewahrt haben. Gegen die Volksstimmung, gegen die allgemeine Ueberzeugung seiner Mitbrüder trat auf — ein katholischer Priester, — Döllinger! In allen konstitutionellen Staaten pflegt man der allgemeinen Stimmung des Volkes mehr oder minder Rechnung zu tragen; in Bayern .... (auch mehr oder minder!*) D. Red.) Anderswo gehen die Minister von selbst, wenn sie kein Vertrauen mehr bei der Mehrheit des Volkes besitzen; in Bayern ..... (bleiben sie fest auf dem Platze, denn sie besitzen bekanntlich das Vertrauen des Volkes in ungewöhnlichem Grade, zumal des fortschrittlichen!* D. Red.) Anderswo wird wenigstens die Presse, welche die Ansichten und Wünsche und Forderungen der Mehrheit vertritt, gehört; in Bayern .... (zuweilen auch, manchmal aber wird sie konfiscirt, und dann hört sie doch die Polizei. *) D. Red.) Wenn wir und das „Vaterland" Alles sagen wollten, was wir von dem seit 14 Tagen Vorgefallenen als reine und echt deutsche Wahrheit zu sagen hätten, dann ... (würde wahrscheinlich das ganze „Vaterland" mehrmals konfiscirt werden.*) D. Red.) Aber doch müssen wir das sagen, das bayrische Volk ... (halten wir für) kein Spielzeug, mit welchem man machen kann, was man will. Noch sind wir ....*) Gegen die, welche uns in all unsern gerechten Gefühlen verletzen, brauchen wir keine Schonung und keine Rücksicht zu kennen und kennen sie nicht. Wir halten uns für keine Waare, die man behandeln kann wie man will, die man sogar auch unter dem Preise losschlägt. Die uns unter ein Säbelregiment zu bringen meinen, haben bei uns keinen Platz, die mögen dahin gehen, wo die kalte Nordluft die Geister abkühlt ...*)

Aus dem Nordbund wird dem „Vaterland" geschrieben: Wenn die Geschichte im Grund genommen nicht eine gar so ernste Seite hätte, so könnte man über die Geisterseherei und Gespensterfurcht der bayrischen Fortschrittspartei wirklich lachen. Oder ist es nicht eine thörichte Gespensterfurcht, wenn man den Patrioten einmal ums andere Mal die Phrase ins Gesicht schleudert, sie empfangen ihre Befehle von Rom? Es muß um die Sache der Fortschreiter in Bayern verdammt schlecht stehen, wenn sie bis über die Alpen nach Italien, sogar bis Rom einen Luftsprung machen

---

*) Hr. v. Burchtorff zu Lieb müssen wir Censurstriche machen und die gestrichenen Stellen mit ungefährlicherem Inhalt ausfüllen. D. Red.

müßen, um gegen die Patrioten in Bayern sich Waffen zu holen und ihnen Eins zu versetzen. Als ob die Patrioten Rom brauchten, um zu wissen, wo sie der Schuh drückt und wer und was daran Schuld ist! Das wissen sie schon selbst und weil sie es wissen, brauchen sie auch römischen Rath oder gar römische Befehle nicht, um gegen das Uebel und die Ursache des Uebels — den Schwindel-Fortschritt vorzugehen. Um die Fortschreiter auf die Finger zu klopfen, brauchen sie nicht Bannbullen und Syllabus, dazu reichen der einfache gesunde Menschenverstand und etliche — Stöcklein aus der nächsten besten königlich bayrischen Waldungen. Was der Fortschritt in Bayern Unheil gestiftet hat, unten und — oben, das sieht Jeder der nicht blind ist und das kgl. Institut der Rentämter aus eigener Erfahrung kennt. Hohenlohe bleibt (nein! der ist gegangen — worden! D. R.), Schlör bleibt (aber hoffentlich nicht mehr lange! D. R.), das ganze Ministerium bleibt (?), Staatsanwälte neuer Façon und hörmannische Weisung:

wie man soll die „Pfaffen“ greifen
und auf „Demagogen“ streifen,
zu gewinnen hohe Gunst,

bleiben auch und die Polizeiwirthschaft der neuen liberalen Aera bleibt auch, und so lange diese Faktoren im königlich bayrischen „Musterstaat“ bleiben, wird es den bayrischen Patrioten nie an Stoff zu Klagen und Kämpfen fehlen; dazu brauchen sie weder Rom, noch „Weisungen“ von Rom. Diese „Weisungen von Rom“ sind nicht als ein lächerlicher Wauwau, womit man liberale Kinder und solche, die es werden wollen, schrecken kann, aber nicht ernste Männer, — ein Wauwau, dem Kopf der Fortschrittler entstiegen, als sie all ihre Pfeile verschossen und sie nun in Verlegenheit waren, wie sie sich der Angriffe der Patrioten erwehren sollten. Wer hätte geglaubt, daß die bayrischen Fortschrittler die man überall als aufgeklärte klare Köpfe ausgegeben, am hellen Tage solche Gespenster sähen und selbst in der Kammer an Geistererscheinungen glaubten?! Ich möchte wissen, welchen Lärm die Fortschrittler aufschlagen würden, wenn die Patrioten ihnen den Vorwurf gemacht hätten, sie empfangen ihre „Weisungen“ von Berlin und den Freimaurerlogen. Und das wären sicherlich weit weniger Gespenster, als die „Weisungen von Rom“, sondern mitunter sehr greifbare Wirklichkeiten. Jedenfalls wären die „Befehle“ Roms keine Armee-, Rekruten- und Steuerbefehle, mit denen die „Weisungen“ von Berlin, die man gar nicht ableugnet, in sehr naher Verwandtschaft stehen. Also keine Gespenster citiren, ihr Herren! Den bayrischen Katholiken sitzen ganz andere Dinge auf dem Nacken und bringen ihre jungen Leute zur Verzweiflung und ihre Geldbeutel zu unheilbarer Schwindsucht.

Ausland.

In **Paris** hat sich gegen die revolutionären Spektakelmacher Rocheforts „eine Gesellschaft der vereinigten Knüppel“ gebildet. Jedes Mitglied trägt einen Stock oder Knüppel, den es bei Pöbelexzessen gegen die Köpfe der Herren Revolutionäre schlägt. (Wäre auch für München zum Schutze patriotischer Abgeordneter gegen fortschrittliche Kulturlümmelei angezeigt!) Der Schaden der der Stadt Paris aus den Zerstörungen bei den letzten Emeuten erwachsen ist, beträgt 2 Millionen.

Italien. Aus Rom hat der beim Koncil anwesende Hr. Bischof von Mainz, Frhr. v. Ketteler gegen Dr. Döllinger im „Katholik“ eine scharfe Erklärung erlassen, in welcher er sich entschieden gegen jede Uebereinstimmung mit ihm verwahrt. Es habe eine Zeit gegeben, wo auch er ein dankbarer Schüler Döllingers war und ihn aufrichtig verehrte, aber seit dem Erscheinen des „Janus“ sei er in tiefem Gegensatz zu seinen Anschauungen. Dieses Buch (Janus) sei nicht nur gegen die Unfehlbarkeit des Papstes, sondern gegen den Primat selbst, diese große göttliche Institution in der Kirche, der wir den Sieg der Kirche über alle Gegner durch alle Jahrhunderte verdanken, gerichtet; es ist zugleich ein Gewebe zahlloser Entstellungen der Thatsachen der Geschichte. Alle neueren Aeußerungen Döllingers seien im Sinne dieses Buches. Noch jetzt hängen viele alte Schüler Döllingers an ihm und „überwinden nur mit großem Widerstreben das Gefühl alter Pietät und sagen sich los von ihrem alten Lehrer. Heute dagegen nennen sich auch offene Apostaten wie Pichler und Konsorten Schüler Döllingers. Woher mag das wohl kommen, daß Männer so verschiedener Richtung aus der Schule Döllingers hervorgegangen sind? Der Grund ist offenbar. Die unselige Richtung, welche Döllinger jetzt befolgt, ist nicht die Richtung jenes Mannes, auf den Hunderte von Schülern aus alter Zeit auch heute noch mit Dankbarkeit, aber auch mit tiefem Schmerze hinblicken“. Der Hr. Bischof lehnt nun „auf's Entschiedenste selbst den Schein“ ab, als ob er im Wesen mit Döllinger einverstanden sei und schließt: Ich bin nur mit dem Döllinger einverstanden, der einst seine Schüler in seinen Vorlesungen mit Liebe und Begeisterung gegen die Kirche und den apostolischen Stuhl erfüllte; **ich habe aber nichts mit dem Döllinger zu thun, den jetzt die Feinde der Kirche und des apostolischen Stuhles mit Ehren überhäufen“.**

In Italien will die „liberale“ Regierung an allen Universitäten die theologische Fakultät unterdrücken, beziehungsweise aufheben Ganz im Sinne der Freimaurer und ungeheuer „liberal“. Man will die Theologen hindern, das Auge der Freigeister anderer Fakultäten zu beleidigen. Als Garibaldi in Neapel einzog, war eine seiner ersten Handlungen, daß er die theologische Fakultät unterdrückte, und schon 1862 wollte der Unterrichtsminister Matteucci gleich den ganzen theologischen Unterricht in Italien „abschaffen“ und so das Priesterthum auf den Aussterbeetat setzen. Von Räubern im Großen wie Garibaldi 2c. wundert es uns nun freilich nicht, wenn er ein abgesagter Feind der Theologie ist, welche lehrt, daß man nicht stehlen soll, aber daß man die Theologie, welche die Mutter aller Wissenschaft ist, aus den Universitäten wie die Geistlichen aus der Schule hinauswerfen will, ist ein Zeichen der „liberalen“ Zeit und — wundert uns auch nicht! Wie lange aber ein „liberaler“ Staat ohne Theologie und Geistliche regiert werden kann — nun, das hat man erfahren und wird es noch öfter erfahren!

In **Rom** soll kürzlich der Bischof Stroßmayr wegen einer „liberalen“ Rede Nachts angefallen und ausgeraubt worden sein und liberale Blätter wußten sofort, das sei von den Jesuiten ausgegangen. Der „ausgeraubte“ 2c. Bischof erklärt, daß das ganze Attentat auf ihn nichts als eine müßige Erfindung und Lüge ist. Die „liberalen“ Blätter werden sich aber trotzdem sehr enthalten, von dieser Erklärung die mindeste Notiz zu nehmen.

Schäußliches.

Der neugebackene königlich preußische „Ritter“ des Piepvogelordens letzter Klasse, Schauß der Junge, hat, wie wir kürzlich zu melden das sonderliche Vergnügen hatten, um die Erlaubniß nachgesucht, besagtes — Zeichen tragen zu dürfen und dabei allerunterthänigst treugehorsamst gebettelt, daß ihm die Taxen in Gnaden nachgelassen werden möchten, — so gering schätzt Schauß das preußische — Zeichen, daß er nicht einmal die Taxen dafür bezahlen will! Das finden wir nun sehr natürlich, daß der Schauß die Kosten zu vermeiden sucht, denn erstlich kostet ihn sein „Südd. Telegraph“ mit seinen 243 Abonnenten „heidenmäßig“ viel Geld, zweitens geht die Praxis schlecht und reicht das, was er sich am „Vaterland" verdient, nicht einmal aus, um das vierbeinige Vieh zu füttern, das sich der Schauß angeschafft hat, um darauf als „Ritter" zu reiten — 's ist eine gemeine Mähre, fast so gemein als der Ritter — Don Quixotte in den Leihbibliotheken, drittens ist das preußische — Zeichen wirklich das Geld nicht werth, das die Taxen dafür betragen würden. Deshalb verlegte sich der kgl. preußische Gockelordens-„Ritter" auf's Betteln. Unter so bewandten Verhältnissen also finden wir, zumal von ihm die Bettelei erklärlich, minder erklärlich finden wir aber, daß besagter Schauß in der Selbstverleugnung so weit ging, daß er sogar höchsten Orts das Angebot machte, er wolle sogar auf die Ausschreibung der Merkwürdigkeit, daß ihm ein preußisches — Zeichen angehängt worden, verzichten, wenn er nur nichts bezahlen dürfe. Leider war Durchlaucht Hohenlohe hartherzig und hatte mehr den leeren Geldbeutel des Landes, als den des Schaußen im Auge und schlug unterm 31. Jan. dem Schaußen die allerunterthänigste treugehorsamste Bitte entschieden ab. Das loben wir mit Recht an Fürst Hohenlohe, der als vollkommener Kavalier jeder Schmutzerei fremd ist. Wir wissen nun nicht, ob Schauß das Geld bezahlt und sich dann das preußische Zeichen anhängen darf oder nicht. Jedenfalls wird weder das Eine noch das Andere auf die Weltgeschichte sonderlichen Einfluß üben.

Kulturbildliches.

Der Redakteur des „Chemnitzer Tagblattes", ein „geborner Katholik", wie er sich nennt, erklärte diese Tage seinen Austritt aus der Kirche, „der nur dem Namen nach anzugehören, ihm die Menschenwürde und selbst der Anstand fernerhin verbieten". Wir rathen dem überspannten Burschen, ein Türke zu werden, da darf er Weiber nehmen, so viel sein Geldbeutel erlaubt, vielleicht verträgt sich das mehr mit seiner „Menschenwürde", oder er soll sich in einer freireligiösen Bierhauskirche einschreiben lassen, dieser „Anstand" liebende „geborne Katholik". O Gott, wie groß ist dein Thiergarten! — In Ungarn ist schon wieder ein Abgeordneter, Rakoczy von der äußersten Linken, wegen Betrug und Wechselfälschung vor das Kriminalgericht gestellt worden. Wenn man die äußerste Linke unserer Kammer, die Völk ꝛc. anschaut, so sollte man meinen, daß da lauter halbe Heilige seien; in Ungarn scheint man aber an der „Heiligkeit" nicht so viel Geschmack zu finden wie Völk und Föckerer. — Knurrblättl heutiges bringt ein Inserat, durch welches „ein junger Norddeutscher" bei einer „jungen Wittwe" eine Wohnung sucht. Bemerkungen dazu sind zollfrei. aber überflüssig. Knurrblättl als Kupplerin ein reizender Gedanke, aber sehr gemein, denn das kommt alle Tage vor.

Verantwortlicher Redakteur: Dr. J. Sigl.

Jesus! Maria! Joseph! Anton!

Todes- † Anzeige.

Gott dem Allmächtigen, dem Herrn über Leben und Tod, hat es in seinem unerforschlichen Rathschlusse gefallen, seinen treuen Diener, unsern innigstgeliebten Bruder, Onkel und Großonkel,

den hochwürdigen wohlgebornen Herrn

Anton Sintzel,

Kapitel-Kammerer, königl. Distrikts-Schulinspektor und seit 25 Jahren Stadtpfarrer zu Pressath in der Oberpfalz,

am 10. d. Mts. um 11 Uhr Nachts nach langer Kränklichkeit, gestärkt durch die heiligen Sterbsakramente, in dem Alter von 68 Jahren zu Sich in die Ewigkeit abzurufen.

Er war ein unermüdlicher eifriger Seelsorger, ein wahrer Kinderfreund und ein wahrer Vater der Armen und Leidenden. Sein Andenken wird im Segen bleiben.

Indem wir diese für uns höchst schmerzliche Trauernachricht unsern Verwandten Freunden und Bekannten mittheilen, bitten wir inständigst für den Verstorbenen und für uns um das Gebet. (99)

München, den 17. Februar 1870.

Die tieftrauernd Hinterbliebenen.

Die Trauergottesdienste werden am Dienstag, den 22. in der St. Peterskirche und am Mittwoch den 23. in der Herzogspitalkirche Vormittags um 10 Uhr gehalten, wozu wir freundlichst einladen.

Marionetten-Theater
im Gasthaus zur neuen Welt.
Sonntag, den 20. Februar.
's letzti Sennerin.
Alpenscene mit Gesängen.
Hierauf:
Casperl unter den Wilden,
Drama.
Diesem folgt:
Drei Jahrl'n nach'm letzt'n Fensterln.
Anfang halb 4 Uhr.

Für einen Herrn (87)
sind zwei ineinandergehende Zimmer mit eigenem Eingang vom 1. März an zu vermiethen. Zu sehen von 8 bis 10 Uhr Vormittags und von 2 bis 3 Uhr Nachmittags. Burggasse 16/3.

Ein kleines möblirtes Zimmer ist
ist sogleich um 4 fl. zu vermiethen. Amalienstraße 54/0. (100)

Druck von M. Vogl in München, Rosengasse 10.

II. Jahrgang. | Das Bayrische **Vaterland.** | Auflage: 4700.

Das „Bayr. Vaterland" erscheint täglich mit Ausnahme der Sonn- und hohen Festtage. Preis des Blattes: Vierteljährig 54 kr., ganzjährig 3 fl. 36 kr. Das einzelne Blatt 1 kr.

Alle Postexpeditionen und Postboten des In- und Auslandes nehmen Bestellungen an. Inserate werden die dreispaltige Petitzeile oder deren Raum zu 3 kr. berechnet.

Redaktion Burggasse 14. | Herausgegeben von Dr. jur. J. Sigl. | Expedition: Kuffinikmar 5

Petri Stuhlf. | Nr. 42. | Dienstag, 22. Februar 1870.

Ueber die Aufbesserung des Schullehrer-Einkommens.

schreibt dem „Vaterland" ein Oekonom von der Donau daß er den Entschluß der patriotischen Kammer-Mitglieder, die finanzielle Lage der bayrischen Schullehrer zu verbessern, nur unter gewissen Bedingungen billigen können. Werden diese Bedingungen nicht berücksichtigt, dann kann von einer derartigen Aufbesserung durchaus keine Rede sein.

Für's Erste, wenn man Etwas geben will, muß man zuvor Etwas haben. Nun aber hat die gegenwärtige patriotische Kammermehrheit von der vorigen fortschrittlichen Kammer nicht nur eine leere Kasse, sondern sogar 8 Mill. Defizit überkommen. Um bezüglich der Aufbesserung des Gehaltes der Schullehrer berathen und etwas thun zu können, muß zuvor das neue nach preußischem Muster vom vorigen Landtag eingeführte Wehrgesetz aufgehoben oder nach unsern bayrischen Volks- und Landesverhältnissen abgeändert und die Präsenzzeit der Mannschaft auf das kürzeste Maß beschränkt werden, dann muß ferner dafür gesorgt werden, daß die Zahl der pensionirten Generäle, Obersten, Majore und Offiziere in Bayern, wo auf ein Regiment $3\,^1/_5$ Generale, 3 Obersten und $2\,^1/_3$ Oberstlieutenants treffen (ohne die Pensionirungen im laufenden Jahre) geringer und nicht immer größer werde; dann müssen, um es kurz zu sagen, beim Militär-Etat zuvor 8 bis 10 Millionen gestrichen werden. Die enormen Kosten, welche die neue Militär-Gerichtsbarkeit verursacht, sind nicht weniger drückend, und war diese nach dem Urtheile Vieler nicht durch die Nothwendigkeit geboten. Ohne Beseitigung, bezw. Abänderung des Wehrgesetzes und ohne die hiedurch erzielten Ersparungen beim Militär ist eine Aufbesserung der Schuldienste einfach nicht möglich.

Aber auch im Falle dieser Ersparungen und der Möglichkeit fraglicher Aufbesserung möchte ich noch eine Bedingung erfüllt wissen, nämlich die, daß die aufzubessernden Schullehrer gläubige Katholiken oder gläubige Protestanten und sonach Männer seien, welchen katholische wie protestantische Aeltern ihre Kinder ohne Bedenken zur Erziehung und zum Unterrichte anvertrauen können. Schullehrern, welche die bayrische Lehrerzeitung als ihren Katechismus und die Augsburger Abendzeitung als ihr Evangelium und einen Diesterweg als ihr Vorbild betrachten, kann und darf ein gläubig katholisches und ein gläubig protestantisches Volk keine Aufbesserung von seinem Gelde gewähren, und ein anderes hat weder der Staat, noch der Landtag; höchstens wäre ich dafür, ein Reisegeld an die fraglichen Lehrer auszubezahlen, damit sie kostenfrei nach jenem Preußen auswandern könnten, für welches die ganze und große „liberale" Schaar derselben bei den Zollparlaments-, wie auch in den beiden letzten Landtagswahlen im Bunde mit allen Fortschrittlern und zum Aergernisse des ganzen katholisch-patriotisch gesinnten Volkes so thätig waren.

Dieses läßt diese fortschrittlichen Schullehrer recht gerne in Frieden nach Preußen oder auch nach Amerika ziehen. Ihr Abgang kann recht wohl ersetzt werden. Man gebe nur den nach der Staatsverfassung in Bayern anerkannten Religionsgesellschaften das Recht, ihre Lehrer selber zu bilden, zu berufen und anzustellen. Auf die bessern Schulstellen wird das Volk die confessionell verläßigsten und patriotisch gesinnten Lehrer berufen und die schlechteren Schuldienste überträgt man Schulbrüdern und solchen Personen, welche es nicht unter ihrer Würde finden, nach beendigtem Schulunterrichte einige ökonomische Arbeiten zu verrichten und durch ihr praktisches Beispiel zum Fortschritte in der Landwirthschaft beizutragen. [1])

Glauben etwa unsere patriotischen Landtagsabgeordneten, sie werden die vorhin bezeichnete Klasse fortschrittlicher, preußisch und kirchenfeindlich gesinnter Lehrer für sich und für die Sache des katholisch und patriotisch gesinnten Volkes gewinnen, wenn sie auf deren bessere finanzielle Stellung hinwirken? Es mag vielleicht sein, aber soweit ich, ein schlichter einfacher Landmann diese Sorte von Lehrern kenne, werden sich die Herren Abgeordneten voraussichtlich bitter täuschen. Man lese Nr. 1. der bayr. Lehrerzeitung vom 3. Januar 1867, die ich zufällig (!) statt der bestellten katholischen Schulzeitung zugestellt erhielt. Männer, die solchen Grundsätzen huldigen, können sich mit der Kirche, mit Glauben, Religion, Patriotismus und wahrer Volksfreiheit unmöglich zurecht finden oder dauernd versöhnen. Der oben genannte Katechismus dieser Herren empfiehlt allen Lehrern angelegentlichst die Verbreitung der Schrift: „Die Schulneuerung in Bayern und ihre Vortheile", worin der Adel und die Geistlichkeit unter Lüge und Verleumdung der Verachtung des Volkes preisgegeben wird; diese Klasse von Lehrern hält sich nicht ebenbürtig den geistlichen Stand, dessen Glieder sie „Schwarze, vaterlandslos, Römlinge, Pharisäer nennt. Ja soweit geht die Leibzeitung dieser

[1]) Mein früherer Schullehrer z. B. hielt ein paar Kühe und war täglich einige Stunden im Webestuhl. Seine Schüler lernten von ihm das Nothwendige in den Schulfächern und vor Allem Frömmigkeit. Einer seiner Schüler wollte mehr lernen; sein Vater ließ ihn deßhalb ein paar Schulen studieren und nahm ihn dann heim. An Vielwisserei war uns dieser allerdings dadurch voraus, aber jetzt sitzt er, der ehemalige reiche, stolze und „liberal" gewordene Müller und Oekonom im — Armenhaus der Gemeinde sammt Weib und Kind, wie aber mit unsern 6 Schuljahren müssen ihn und diese ernähren.

Männer, daß sie das ehrwürdige Oberhaupt der katholischen Kirche Pius IX. den „Türken" in Italien nennt. Gebt diesen Leuten die Stellung und das Einkommen eines Amts-Assessors oder eines Hauptmannes, macht sie zu Dorfkönigen draußen in den einzelnen Gemeinden, — sie werden unzufrieden sein, sie werden keine Kontrole dulden, sie werden aber auch die Religion, den kirchlichen Glauben und dadurch die Sittlichkeit untergraben. Ich sehe nicht ein, warum das Steuer zahlende Volk um solcher Leute willen, neue Bürden auf sich nehmen soll.

Uebrigens aber allen Respekt vor jenen Schulmännern in Bayern, welche solchen Grundsätzen nicht huldigen, sondern in treuer Anhänglichkeit an ihre Confession die Schule als einen Garten Gottes betrachten, der nur in aufrichtigem Zusammenwirken des Lehrers mit der Kirche bebaut und gepflegt werden soll, und welche von dem Grundsatze geleitet werden, daß die Schule für das Volk und nicht dieses für die Schule da sei. Dieser ehrenwerthen Klasse von Lehrern vergönnt Jedermann eine besserere finanzielle Grundlage; diese werden aber auch mit Geringerem zufrieden sein und keine neue Belastung der Gemeinden wünschen, wenn nicht ihr Bedarf durch anderweitige Sparsamkeit im Staatshaushalt gedeckt wird. Ich sage: im Staatshaushalte, denn eine Aufbesserung der Lehrergehalte durch die betreffenden Gemeinden, resp. durch Gemeinde-Umlagen — halte ich für eine offenbare Ungerechtigkeit, weil gegen den Grundsatz „der Gleichheit in der Besteuerung oder Belastung".

Deutschland.

München, den 21. Februar.

Die Entlassung Hohenlohes bildet für die ganze auswärtige und bayrische Presse den Gegenstand des höchsten Interesses. Aus dem Umstande, daß die Entlassung noch nicht offiziell bekannt gemacht ist, schöpfen die Einen Befürchtungen, die Preußen und Bettelpreußen fangen aufs Neue zu hoffen an. Es ist aber das herkömmlich, daß die Minister, außer wenn sie in Ungnade gefallen, die Geschäfte bis zur Ernennung ihres Nachfolgers fortführen. Indeß in Bayern ist Alles möglich; wenn ein Hörmann, der eben erst vor dem ganzen Lande der bewußten und absichtlichen Unwahrheit überführt worden, trotz alledem seiner Ernennung zum Regierungspräsidenten von Oberbayern entgegensieht, wenn der eben ernannte Kabinetssecretär wieder abgethan wird, um einem — — Dönniges, — einem Dönniges! — Platz zu machen, dann allerdings kann ein Hohenlohe nach dem dreimaligen Verdikt des ganzen Landes, nach der übereinstimmenden Verurtheilung seiner Politik wie von allen ehrlichen Bayern, so von der patriotischen Majorität beider Kammern, auch fernerhin als Minister nicht unmöglich sein. Unsere Leser verstehen, daß wir hier nicht Alles sagen können, daß uns die Hand und Zunge gebunden sind, zu sagen, was man in Frankreich und Amerika sagen dürfte, und eben darum müssen wir bitten, in der gestrigen Nummer den Artikel vom Rhein recht aufmerksam durchzulesen und sich die gestrichenen Stellen nach Belieben zu ergänzen; Jeder wird das Richtige treffen. Es wäre traurig für den, der sein Vaterland liebt, sehen zu müssen, wie es Gefahr läuft, unterzugehen, wie es dem entschiedenen Willen des Volkes und seiner Vertreter nicht möglich werden kann, zur Geltung zu kommen und wie Vaterland und Kammer in fruchtlosem Kampfe sich müht, das nahende Verderben abzuwenden. Es wäre traurig und zum Weinen ein ganzes edles Volk zu sehen, wie es Alles gethan hat, sich zu retten und freizumachen, und wie Alles vergeblich gewesen. Soll es denn wirklich keine Hoffnung mehr geben für uns, sollen wir denn unserm Schicksal mit gebundenen Händen überliefert werden?! Soll denn selbst der Himmel sich abwenden wollen von Volk und Vaterland?! . . . . .

— Die Neue freie Presse enthält heute einen höchst lesenswerthen Leitartikel über unsern Hof und den königl. bayrischen Konstitualismus. Wir dürfen denselben leider nicht zum Abdruck bringen.

— Der Hr. Kriegsminister v. Pranckh hat, wahrscheinlich in der Meinung daß „nur Lumpen bescheiden sind", die Kleinigkeit von 6½, sage sechseinhalb Millionen außerordentliche Leistungen des Landes für Sr. Maj. Armee ꝛc. verlangt. Der Vorwurf zu großer Bescheidenheit trifft S. Excellenz da wahrlich nicht! Von diesen Millionen sollen 552 „überflüßige", meist kriegsbedauerliche Offiziere ernährt und dafür bezahlt werden, daß sie auch in Zukunft „für König und Vaterland" — spazieren gehen, während sie etwas viel Gescheidteres thun könnten, z. B. arbeiten, was allerdings nicht immer ein offizierliches Laster ist. Wir halten bis auf ein paar hundert überhaupt alle Offiziere für überflüssig, da, wenn in Bayern expreß täglich etliche tausend Säbel spazieren geführt werden müssen, dies auch durch gemeine Soldaten, nöthigenfalls durch Packträger besorgt werden könnte, die bei weitem nicht so viel kosten. Item sollen von den siebenthalb Millionen wieder an 100000 neue Hinterlader angefertigt werden, da die Armee erst vor zwei Jahren mit neuen Hinterladern, die freilich nichts nutz sind, versehen wurden und seit 10 Jahren ein anderes neues Gewehr, das Podewilsgewehr für vieles Geld eingeführt worden ist. Daraus ergibt sich die Nothwendigkeit, daß wir jetzt schon wieder ein ganz neues Gewehr einführen, damit man es in 2 oder 3 Jahren als altes Eisen verkaufe. Wir halten das in jedem Falle für überflüssig, denn erstens würden wir wieder so und so viel Geld zum Fenster hinauswerfen müssen, zweitens aber ist es ganz gleichgiltig, ob wir an der Seite der Preußen mit den alten oder mit neuen Hinterladern geprügelt werden — und geprügelt werden wir mit den Preußen, daran ist kein Zweifel! — und drittens hat es den Anschein, daß die neuen Hinterlader gerade fertig werden, wenn der Krieg — aus ist und wir sammt den Preußen gerade genugsam gehauen sind. Soll man lieber das Geld zusammenhalten, d. h. wenn man es einmal hat, damit wir nicht wieder neue Schulden machen müssen, wenn wir nach dem nächsten Kriege an die Franzosen und Oesterreicher 30 oder 50 Millionen Kriegskosten zahlen müssen, denn die werden schwerlich die Preußen und ihre allzeit getreuen Bundesgenossen umsonst gehauen haben wollen.

— Hr. Prof. Sepp hat die staunende Mitwelt mit einer Brochüre gegen Rom und Koncil erfreut, welche alle Liberalen und Freimaurer mit Entzücken erfüllt hat und beinebens unser früheres Urtheil über ihn bestättigt. Die Brochüre ist ein Skandal und unter den jetzigen Verhältnissen ein Unglück für die katholische Sache und für — ihn. Der Hr. Professor war so — naiv, die Brochüre noch eigens in der Nuntiatur abzugeben. Inhalt und Sprache derselben lassen Alles weit hinter sich, was Döllinger, Pichler und und Frohschammer je geleistet haben. Ein auswärtiges protestantisches Blatt nennt sie einen „gelungenen Anlauf zum — Deutsch-Katholicismus" und damit ist genug gesagt. Prof. Sepp liebt immer seinen eigenen Weg oder Abweg zu gehen, das weiß man; allein daß gerade er jemals auf solche Wege kommen werde, das hätte man doch nicht für möglich halten sollen.

— Die Kölner Zeitung deutet in einer offiziösen Berliner Correspondenz über die Thronrede an, daß „mit dem Wegfalle des Garantiebündnisses auch die Voraussetzungen in Frage gestellt wurden, unter welchen Preußen gewissen territorialen Vortheilen Bayern gegenüber entsagt hat." Mit andern Worten heißt das: Preußen will unter Umständen die Annexionen auch über den Main fortsetzen! Glücklicherweise haben da auch andere noch mitzureden!

Von der Isar wird dem „Vaterland“ geschrieben: „Jeder kleine Körper verkümmert, wenn er sich nicht an einen größeren anlehnt“, sagte der sehr fortschrittliche Bezirksgerichtsrath Herz in der Adreßdebatte, womit er darthun wollte, daß wir preußisch werden sollen, damit nicht auch wir „verkümmern“. Wir „zurückgebliebenen“ Landbewohner haben zu dieser fortschrittlichen Weisheit lachen müssen, denn die Erfahrung lehrt uns gerade das Gegentheil. Ein kleiner Baum, der sich an einen großen „anlehnt“, wird nichts, denn der große entzieht ihm Saft und Kraft und der kleine geht trotz allem „Anlehnen“ zu Grunde. Von einer selbstständigen freien Entwicklung kann da gar nicht die Rede sein, der große erstickt ihn in erdrückender Umarmung. Das Sprüchwort von den großen und kleinen Fischen — grandibus exigui sunt escae, der große Hecht frißt den kleinen Weißling — sagt, daß im Gegentheil die kleinen sich vor den großen in Acht nehmen sollen, sonst werden sie gefressen. Was Wahrheit ist, darüber muß dieser gescheidte Hr. Fortschrittler eine kuriose Ansicht haben, da er den oft citirten Ausspruch Wülferts über unser wackeres Landvolk für Wahrheit hält und sich freute, daß der Mann den (traurigen) Muth hatte — eigentlich sollte ich ein ganz anderes Wort gebrauchen — die „Wahrheit“ auszusprechen, d. h. das Landvolk zu beschimpfen, welches bei Hitze und Kälte und oft schmaler Kost arbeiten muß, um die Steuern, von denen diese Herren bezahlt werden, zu erschwingen. Der wahre Volksfreund freut sich nicht über das Unrecht, aber er freut sich über die Wahrheit.

In Würtemberg nimmt die Agitation gegen das preußische Wehrgesetz immer größeren Umfang an. Allem Anschein nach wird sie den Kriegsminister aus dem Sattel heben. (In Bayern, wo der Kriegsminister ähnliche „Agitation“ gegen das verhaßte Gesetz nicht zu fürchten hat, macht man munter fort, dessen Segnungen noch angenehmer zu machen, als sie ohnedies schon sind, und heute neue Hinterlader und Patrontaschen, morgen neue Generale und Oberoffiziere und übermorgen neue Säbel „einzuführen.“ Das liebe Volk wird's schon zahlen!)

Preußen. Berlin. Zu dem Passus der preußischen Thronrede, daß „das Wort der deutschen Fürsten den preußischen Beziehungen zu Süddeutschland eine so große Festigkeit geben,“ hat das „Bayrische Vaterland“ vom 17. die Note gemacht: „Bis zur ersten Schlacht, welche die Preußen wenn Gott will verlieren; wir danken für eine preußische Prügelgemeinschaft“. Diese Note erfüllt das Herz der bismärkische Nordd. Allgemeine Dame mit Schaudern und Entsetzen. Thut uns wirklich Leid, aber wir meinen in der That, daß die „Festigkeit“ nicht viel länger anhalten wird als bis zur ersten verlorenen Schlacht der Preußen.

In Köln hat der Erzbischof wie die Bischöfe von Mainz und Paderborn gleichfalls eine Erklärung gegen Döllinger erlassen.

Von der Breslauer Universität hat Hr. v. Döllinger kürzlich eine „Zustimmungsadresse“ bekommen. Wir wissen freilich nicht, ob sich auch der ehemalige Commis B., der nach seinem Uebergang ins Lager der Protestantenvereine sofort — Professor der Philosophie wurde und der einmal in einem Streit mit dem Kardinal Diepenbrock diesem nach Judenart sein freches: Quod licet Jovi, non licet bovi an den Kopf schleuderte, oder ob die drei Vollblutjuden der Universität sich unter den Unterzeichnern befinden, allein daß Breslau eine heitere Gegend ist, wo z. B. katholische Lehrer katholischer Schulen von jüngeren Judenbengeln, welche die Schule besuchen, gezwungen werden, am „Schabbes“ keine schriftlichen Arbeiten machen zu lassen, das wissen wir, kommt uns aber nicht sehr heiter vor!

In Oldenburg hat der Minister Rössing erklärt, es „könne sein, daß der Staat in die Lage geriethe, die Anforderungen des Bundes und der eigenen Existenz nicht mehr befriedigen zu können. Man müsse daher an den Fall denken, daß die Selbstständigkeit des Landes in Frage gestellt werde.“ Also einer nach dem andern von diesen armen Mitgliedern des Nordbunds, aber gefressen werden sie alle. Das Merkwürdige dabei ist nur, daß die guten Landesväter, wie eben der von Oldenburg, immer daran denken, daß nur ihnen ein hübsches Stück Geld zum Leben bleibt und sie deshalb fleißig zwischen Kron- und Staatsgütern „ausscheiden“ lassen. Die Civillisten hören eben auf, wenn ein Land preußisch wird, und das ist eine Einrichtung, die nicht ganz zu verwerfen ist, besonders wenn man dem betreffenden Landesvater sonst nicht nachzuweinen hat.

Ausland.

In Italien werden neuerdings 500 Millionen Schulden gemacht, man weiß nur nicht, wer dem bankerotten Staate das Geld gibt? — In Neapel haben zwei Bankiers, der eine einen Bankerott von 8, der andere von 30—40 Millionen gemacht. Beide sind verhaftet, das gestohlene Geld werden sie aber rechtzeitig in Sicherheit gebracht haben.

Italien. Der am 1. Februar erschienene neue officielle Katalog der Bischöfe, die augenblicklich in Rom weilen, bringt folgende statistische Angaben: Es befinden sich hier 49 Kardinäle, 10 Patriarchen, 4 Primaten, 105 Diözesan-Erzbischöfe, 22 Erzbischöfe i. p., 424 Diöcesan-Bischöfe, 98 Bischöfe i. p., 6 Aebte ohne Diöcese, 18 General-Aebte mit der Mitra, 27 Ordens-Generale und General-Vikare, 1 (russischer) Prälat; 21 sind vom armenischen Ritus, 1 vom bulgarischen, 10 vom chaldäischen, 1 vom koptischen, 3 vom griechischen, 704 vom lateinischen, 4 vom maronitischen, 10 vom melchitischen, 2 vom rumänischen, 1 vom ruthenischen, 7 vom syrischen Ritus. Die Gesammtzahl der Konzilsväter beträgt demnach 764. Nach den Nationen vertheilen sie sich, wie folgt: Oesterreich-Ungarn 48, Belgien 6, Frankreich 84, Deutschland 19, Großbritanien 35, Griechenland 5, Italien 276, Holland 4, Portugal 2, Rußland 1, Spanien 41, Schweiz 8, europäische Türkei 12, Asien 83 (davon allein 49 aus Kleinasien), Afrika 14, Amerika 113 (davon 48 in den Vereinigten Staaten, 16 in Britisch-Amerika und 10 in Mexiko), Oceanien 13. Der 80jährige Bischof von Tarbes ist das siebente Mitglied des Konzils, das seit der Eröffnung gestorben; die sechs anderen sind die Kardinäle Reisach und Pentini, die Bischöfe von Premislia (Galizien), von Foggia, von Panama in Neu-Granada und von Vera-Cruz.

Kulturbildliches.

In Ungarn haben wiederholt Abgeordnete der Linken (Fortschrittspartei) wegen Bigamie und gemeinen Betrug in Anklagestand versetzt werden müssen. Zu diesen „Gebildeten“ und „Aufgeklärten“ aus Ungarn kommt jetzt auch ein freier Schweizer, ein Gerichtspräsident Dähler, der so frei war, etwas Brandstiftung zu begehen und dafür in Bern zu achtzehn Monaten Zuchthaus verurtheilt wurde. Zu den liberalen und ungarischen Ehrenmännern könnten wir nächstens versucht sein, ein paar Gegenstücke in Münchener Berühmtheiten vorzuführen, welche bei Tag in Fortschritt, bei Nacht aber in Konkubinat machen. Wunderbarer Weise hat unsere Polizei, die Alles weiß, davon nicht die mindeste Spur, ja sogar der gestrenge Hr. Alexander v. Burchtorff hat keine Idee davon, nur deren Ehegesponsinen, wir und die — Hebammen wissen davon.

um der Sache willen ein Verfahren, das nicht blos ich allein mißbillige, sich nicht auch zum Muster zu nehmen und Gleiches mit Gleichem zu vergelten. Sie wird nach wie vor ihre Pflicht thun, wird sich aber nicht wieder den — Dank (!) derjenigen verdienen, die jetzt vom hohen Rosse auf sie herabsehen zu können wähnen. Die Herren haben reichlich Wasser auf die Mühlen fortschrittlicher Blätter geliefert; möge das ihr wohlverdienter Lohn sein!

Schäußliches.

Schauß der Junge, „Ritter“ und Advokat allda, kann nicht kapiren, woher wir denn wissen können, daß er einen allerunterthänigst treugehorsamsten Bettelbrief um Nachlaß der Taxen für die Anhängung des preußischen — Zeichens bei Durchlaucht Hohenlohe eingereicht und damit allergroßartigst abgefahren ist. In Ermangelung eines

maßlos schäußliche Advokatenrechnungen zahlen: die Frucht davon ist für die Andern, die uns nicht einmal zu danken brauchen. Doch das ist der Weltlauf und gehört zu den besonderen Privilegien der Zeitungsschreiber. D. Red.

Präsidenten, bei dem er uns hätte verklagen können, hat er eine gehorsamst ergebenste Denunciation wegen Bruch des Amtsgeheimnisses — denunciren ist eine liberale Haupttugend — eingereicht. Wir müssen dem „edlen“ Schaußen doch rathen, gefälligst das Maul zu halten, wenn ihm eine derartige „Ehre“ oder ein Malhör passirt, und es nicht gleich an die große Glocke des Knorrianums zu hängen, von wo dergleichen in jedem Kaffehaus erzählt wird, und dann vor die Gerichte zu laufen und Himmel und Hölle wegen Bruchs des Amtsgeheimnisses in Bewegung zu setzen. Oder ist denn das Verklagen dem Schaußen schon zur zweiten Natur geworden? Wir werden dem Herren gelegentlich noch ganz andere Dinge öffentlich erzählen, denn wenn man fortschrittlicher Seits gegen uns eine ganze Armee von Spionen, Denuncianten und — handfesten Kulturlümmeln besoldet, so sehen wir nicht ein, warum nicht auch wir unsere kleinen Geister haben sollen, die uns von dem Thun und Treiben unserer guten Freunde vom Fortschritt auf dem Laufenden halten.

Verantwortlicher Redakteur: Dr. J. Sigl

† Jesus † Maria † Joseph!

Todes- † Anzeige.

Dem Herrn über Leben und Tod hat es gefallen, unsere theuere Tante und Schwägerin,

Frau Johanna Haslauer,

Spänglermeisterswittwe und Hausbesitzerin,

versehen mit den heiligen Sterbsakramenten, Sonntag den 20. Februar Abends 7 Uhr, im 68. Lebensjahre zu sich zu rufen.

Indem wir diese Trauerkunde allen Verwandten und Bekannten zur Kenntniß bringen, empfehlen wir die geliebte Dahingeschiedene der frommen Fürbitte, uns aber stiller Theilnahme.

München, den 21. Februar 1870.

Cäcilia Haslauer,
Schwägerin,
im Namen sämmtlicher Verwandten.

(102)

Die Beerdigung findet Mittwoch den 23. Februar Nachmittags 3½ Uhr vom Leichenhause des südlichen (alten) Gottesackers, der Gottesdienst Freitag, den 25. Februar Vormittags 10 Uhr in der St. Peterspfarrkirche statt.

Sie hatten begonnen zu stürmen das
Haus, Hurrah!
Sie stürmten ein Veilchen, da ließen
sie aus, Herr Je!
Sie streckten die Waffen und wurden
gar fein:
Es müssen ja alle auf einmal nicht sein:
Ach ne!
Sie wollten nichts wissen vom Hohen-
loh, Hurrah!
Und als er gegangen, da war'n sie
schon froh, Herr Je!
Die Andern bleiben und lachen vereint;
Es war ja nicht so böse gemeint!
Ach ne!

Ein hiesiger Jude

wünscht von dem „Sigl“ einen Wechsel zu bekommen und würde „sich 50 fl. kosten“ lassen. Ich ersuche den wackeren Judenmann — wie viel Perzent nimmt er? — sich zu mir zu bemühen, da kann er's billiger haben und ich gebe ihm gleich die Perzente dazu.

Sigl.

II. Jahrgang. | Auflage: 4700.

Das „Bayr. Vaterland“ erscheint täglich mit Ausnahme der Sonn- und hohen Festtage. Preis des Blattes: Vierteljährig 54 kr., ganzjährig 3 fl. 36 kr. Das einzelne Blatt 1 kr.

Das Bayrische Vaterland.

Alle Postexpeditionen und Postboten des In- und Auslandes nehmen Bestellungen an. Inserate werden die dreispaltige Petitzeile oder deren Raum zu 3 kr. berechnet.

Redaktion Burggasse 14. | Herausgegeben von Dr. jur. J. Sigl. | Expedition: Kuffinibazar 5

Mathias. | Nr. 44. | Donnerstag, 24. Februar 1870.

Bestellungen auf das „Bayr. Vaterland“ für das Quartal zu 54 kr. (für den Monat März zu 18 kr.) können bei allen Postanstalten und Postboten noch immer gemacht werden.

Vierzehn Procent ohne Schulbildung liefert die Pfalz!!

*Aus der Pfalz. Diese Thatsache ist unsern liberalen Pfälzern bei ihrer hohen „Aufklärung“ sehr unliebsam ins Gebein gefahren und hat sie ecklig gezwickt. Sie möchten die Sache gern todtschweigen, nach löblichem liberalen Brauch, aber — es geht nicht! Deshalb suchen sie die Sache in Zweifel zu ziehen, allein das — geht auch nicht. Man sagt jetzt, der Grund liege in der großen Armuth so vieler Gemeinden; aber die Erfahrung zeigt, daß die Kinder der Armen, zumal auf dem Lande, meistens die fleißigsten und besten Schüler sind. Die kgl. Kreisregierung meinte, es trage daran die nachlässige Bestrafung der Schulversäumnisse die Schuld; aber man stelle einmal die ganze Polizeimannschaft z. B. von Kaiserslautern auf, täglich die Schaaren der jungen Fortschrittler einzufangen und in die Schule zu bringen: ob das etwas nutzt?

Man geht so um die Sache herum, wie die Katze um den heißen Brei, man sucht nach den Ursachen da, wo sie nicht zu finden sind und greift nach Mitteln, welche das Uebel nur zu verschlimmern geeignet sind.

Ja, es ist wahr: Die Ergebnisse unserer Schulbildung stehen vielfach in keinem Verhältnisse zu den großen Opfern, welche die Pfalz für ihre Schulen bringt.*) Man will aber trotzdem nicht einsehen, daß die Erfolge der Schule abhängen von dem Zusammenwirken der Kirche, des Lehrers und der Familie. Die Regierung behandelt die Schule als ihr Monopol. Die Kirche so wenig als die Familie hat bei Anstellung eines Lehrers mitzusprechen. Ein protestantisch fortschrittlicher Gemeinderath wählt unter sämmtlichen Bewerbern vielleicht den schlechtesten zum katholischen Schullehrer, wenn er nur auch fortschrittlich ist; alle Proteste der Kirche und Familie dagegen sind fruchtlos.

Katholische Eltern sind häufig gezwungen ihre Kinder in protestantische Schulen zu schicken; hier müssen sie die ihrer Religion so gehäßigen Lehrbücher, z. B. Zahns biblische Geschichte, die protestantische Schulausgabe von Häfters *c.* *c.* anschaffen. Welche Freude müssen katholische Eltern haben, ihre Kinder einer Schule anzuvertrauen, worin das religiöse Gefühl ihrer Kinder täglich verhöhnt und verspottet wird?

In der Pfarrei O. wurden in den letzten 50 Jahren 4 katholische Schulen aufgehoben, obgleich sich die Seelenzahl der Katholiken in dieser Zeit verdoppelte. Nun ist es merkwürdig, daß sämmtliche von der Militärbehörde als mangelhaft unterrichtet Bezeichnete aus dieser Pfarrei, protestantische Schulen besucht haben. Nichts desto weniger fährt die kgl. Regierung fort, wie jüngst in Annweiler, katholische Kinder gewaltsam in protestantische Schulen zu zwingen!

Beim Militär ist man gleich bei der Hand mit Pensionirung; untaugliche Schullehrer aber pflegt man in der Regel bis an ihren Tod „wirken“ zu lassen, daß Gott erbarm! Ist da auch Einer in sittlicher Beziehung anrüchig, hat auch Einer in religiöser Beziehung durch Wort und That gezeigt, daß er als Christ so wenig taugt wie als Lehrer, ist ihm auch das Wirthshaus lieber als seine Schule und sind seine „Leistungen“ noch so gering: die gewissenhaftesten Eltern müssen einem solchen Menschen ihre Kinder anvertrauen, all' ihre Klagschriften und Petitionen sind gewöhnlich umsonst und man würdigt sie häufig gar keiner Antwort!

Fast überall sind die Schullehrer zugleich Gemeindeschreiber und da in der Pfalz die Bürgermeister auf dem Lande oft des Lesens und des Schreibens unkundig sind, so sind faktisch die Lehrer Bürgermeister und wer kann ihnen da auf amtlichem Wege beikommen?

Gar nicht zu reden von der Zeit, die auf diese Weise dem Unterricht und der Schule entzogen wird. So kennen wir einen Schullehrer, der zugleich Gemeindeschreiber, Postexpeditor und Oekonom ist. Seine Frau hat dazu auch noch eine Eisenhandlung, nicht er, denn das wäre „ungesetzlich“; er besorgt nur — die Geschäfte! Eine Stunde von dem besorgt ein anderer Schullehrer die Gemeindeschreiberei und Postexpedition und ist nebenher noch an 5, sage fünf Jagden der Umgegend betheiligt. Wie viel Zeit mögen und können diese Leute wohl noch der Schule widmen?! Welche Lust können sie noch an ihrem eigentlichen Beruf haben?!

Dazu kommt die systematische Demoralisation sehr vieler Schullehrer durch den Liberalismus, durch die falschen Vorspiegelungen und unmöglichen Hoffnungen, die er ihnen erweckte. Auf diesem Wege sind viele Lehrer eingebildet, unzufrieden, völlig demoralisirt worden und um fast alle Achtung in ihren Gemeinden gekommen. Wie sollen sie da noch eine fruchtbare Thätigkeit in ihren Gemeinden entwickeln?!

Soll es mit unsern Volksschulen besser werden, sollen die Resultate derselben den schweren Opfern entsprechen, die das Volk der Schule bringt, dann berücksichtige und

*) Die Pfalz wendet für die Schule jährlich 496916 fl. auf, 190000 fl. mehr als Niederbayern, 48000 fl. mehr als Oberbayern sammt der Residenz, 234000 fl. mehr als Oberpfalz, und doch hat die Rheinpfalz weitaus die schlechtesten Resultate der Schulbildung erzielt! Woher kommt das? Wenn die Sprache der Zahlen immer richtig wäre, so müßten diese Verhältnißzahlen sagen: Je mehr Geld für die Staatsschulen aufgewendet wird, desto schlechtere und kläglichere Resultate erzielt man damit. D. Red.

achte man die natürlichen Rechte der Kirche und Familie, dann sorge man für **Schulen, denen die Kirche und Familie ihre Kinder ohne Sorgen in religiöser und moralischer Hinsicht anvertrauen kann.**

Liberales aus Würzburg.

*Würzburg, 20. Februar. Vom Juliusspital, dieser grundkatholischen Stiftung, hört man von den dortigen Pfründnern eine neue Art von Klagen — nebst den alten wegen mangelhafter Verpflegung. Man beabsichtigt nämlich, den Pfründnern nicht mehr zu erlauben, daß sie sich ein kirchliches Begräbniß, wiewohl auf eigene Kosten, besorgen und macht den etwaigen Verwandten schon seit einem halben Jahre Schwierigkeiten, wenn sie solches ihren verstorbenen Eltern oder Großeltern bereiten wollen. So verlangte Hofrath Dr. Kölliker (Kalvinist), als in voriger Woche ein Sohn seinen verstorbenen Vater begraben lassen wollte, vorerst einen oberpflegamtlichen Ausweis und als ihm dieser überschickt wurde, auch damit noch nicht zufrieden, persönliches Erscheinen dieses Sohnes und Bitte desselben um Herausgabe der Leiche seines Vaters. (!) Erst darauf hatte der Herr Hofrath die Gnade, die Beerdigung des am vorigen Donnerstage Verstorbenen auf nächsten Dienstag, also den fünften Tag nach dem Ableben des Pfründners, zu genehmigen, jedoch mit dem Bemerken, daß sich in Zukunft bei derartigen Fällen allzeit die treffenden Verwandten persönlich bei ihm anzumelden hätten, da sonst die Pfründner der Anatomie gehörten.

Mit dieser nagelneuen Anordnung wären also die Angehörigen eines verstorbenen Pfründners nicht blos zum Mindesten belästigt, sondern es wäre auch den Pfründnern, wenn sie hochbetagt und von fernher zwar keine Verwandten zur Seite, wohl aber das Geld für die Leichenkosten geschickt erhalten oder sich erspart hätten, das Recht benommen, sich menschlich begraben zu lassen.

Nach diesen Beweisen ächter Humanität erlauben wir uns einige bescheidene Fragen:

1) Hat nicht der Stifter dieses Spitals, Fürstbischof Julius, seinen Spitalpfründnern ein kirchliches Leichenbegängniß gestiftet, bezahlt und dabei angeordnet, daß alle Pfründner ihre verstorbenen Mitbrüder oder Schwestern zu Grabe geleiten sollen? 2) Wurden nicht auch thatsächlich die Leichen der Pfründner vom Jahre 1579 bis 1856, also volle dritthalbhundert Jahre kirchlich und feierlich begraben? 3) War es Recht, daß man bei Verlegung des Spitalkirchhofs außerhalb der Stadt aus diesem Grunde oder bei dieser Gelegenheit den Pfründnern das gestiftete Begräbniß nahm und sie einfach der Anatomie übergab, wenn nicht von den Verwandten auf eigene Kosten, oder von dem hinterlegten Ersparniß des Verstorbenen ein solches besorgt wurde? 4) Wozu erlaubt man, daß die Pfründner nach Belieben ihren Wein und sogar ihr Brod und Fleisch bei Tisch in Geld ablösen, wenn sie nicht einmal für ihr Begräbniß sparen dürfen? 5) Ist es nicht ein schreiendes Unrecht, wenn man den Pfründnern auch dieses Recht, auf eigene Kosten sich beerdigen zu lassen, nimmt und kann da von Erlaubniß des kgl. Oberpflegamtes und von Gnade des Hrn. Hofrathes Dr. Kölliker die Rede sein, wo es Recht und Pflicht wäre, dem Willen des Stifters gemäß, auf Kosten des Spitales ein kirchliches Begräbniß zu verschaffen?

Wie sich aber der zur Wahrung solcher Rechte verpflichtete Vertreter zur Sache verhält — das sei für jetzt nicht näher beregt*).

---

*) Der Michel will eben seine Ruhe haben! D. E.

Deutschland.

München, den 23. Februar.

☞ **Und die fünfzehnte hätten wir gleichfalls!** Alexis v. Burchtorff hat sie gestern ohne sonderliche Kraftanstrengung am „Vaterland" verübt, die fünfte Konfiskation seit einer Woche! Diesmal sollen wir nach den citirten Art. 122, 126 und 127 einmal die ganze hohe königliche, dann noch eigens ein paar Mitglieder derselben, weiters die „bewaffnete Macht" und wer weiß was noch beleidigt haben und schließlich soll uns gar noch eine Majestätsbeleidigung mitunterlaufen sein!! In diesen betrübten Zeitläuften wär's zwar nicht unmöglich, daß auch uns eine solche unversehens entwischte; wenn aber gestern im „Vaterland" eine Majestätsbeleidigung enthalten gewesen sein soll, dann möchten wir wissen, wie man das benamst, womit sich in allen öffentlichen Lokalen halb München beschäftigt! Wir fürchten sehr, daß Hr. Alexis v. Burchtorff mit diesem Citat (Art. 122) sich diesmal bedeutend vergriffen hat, und sehen einstweilen dem Untersuchungsrichter mit der Ruhe des Philosophen und der Erwartung baldigster Erlösung der inhaftirten Nr. 43 und ihrer Schwestern entgegen. Für unsere HH. Abonnenten haben wir — da die brave Polizei auf der Post leider Alles erwischt hat — mit Hinweglassung einiger Stellen, von denen wir weitschichtig vermutheten, daß sie Sr. Nachsicht dem milden Alexis v. Burchtorff möglicher Weise nicht ganz zu Gesicht gestanden haben könnten, sofort eine zweite Auflage veranstaltet, die ihnen dann ungehindert zuging, die aber von wegen der Lücken wirklich verfanglich ist, da sich vermuthlich Jeder denken und ausmalen wird, was etwa früher an den Platz zu lesen gewesen sein mag. Wir fürchten sehr, daß die Gedanken viel schlimmer ausfallen als das geschriebene Wort, und daran trägt Hr. Alexis v. Burchtorff die Schuld. Im Uebrigen können wir diesem gestrengen Herrn die aufrichtige Versicherung geben, daß uns zwar seine Konfiskationen bald ein wenig zu dick werden, daß er aber keineswegs Gefahr läuft, unsere Feder zu ermüden oder abzustumpfen. Im Gegentheil wird uns durch diese fortgesetzten polizeilichen Burchtorffereien die „Milch der frommen Denkungsart" immer mehr versauert und läuft bald gar Gefahr, „in gährend Drachengift verwandelt zu werden." Das hat dann Seine Gestrengen der sehr mächtige Hr. Oberst der hl. Hermandad von München auf dem Gewissen!

— Der Entwurf des Finanzgesetzes für die X. Finanzperiode 1870 und 1871 ist veröffentlicht worden. Die sämmtlichen Ausgaben für den laufenden Dienst sind auf die jährliche Durchschnittssumme von 33,046,245 fl. für die Verwaltung und 60,029,714 fl. für den Staatsaufwand, in Summe auf 93,075,959 fl. festgesetzt!! An direkten Steuern sollen für jedes Jahr erhoben werden: an Grundsteuer 3 9/10 Simpla, an Haussteuer 9 Simpla der Areal- und 3 Simpla der Miethsteuer, die Gewerbsteuer mit einem Zuschlag von 4/10 und die Einkommensteuer mit einem Zuschlag von 9/20. Das Steuer-Soll beträgt 13,863,434 fl., die Erhöhung gegen die bisherigen Steuern 3,419,674 fl. und zwar bei der Grundsteuer 2,215,068 fl., bei der Haussteuer: a) Arealsteuer 106,400 fl., b) Miethsteuer: 212,562 fl., bei der Gewerbesteuer 521,332 fl., bei der Kapitalrentensteuer 243,632 fl. und bei der Einkommensteuer 120,680 fl. — **Vierthalb Millionen Steuererhöhung** bei diesen traurigen und betrübten Zeiten und dazu auch noch Hohenlohe — Hohenlohe for ever! — und Genossen, dann einen Kriegsminister der das Geld sozusagen zum Fenster hinauswirft und Fortsetzung der Preußereien und Verpreußung mit Zukunftsmusikbegleitung — na, das gibt's doch nicht! Da müssen die hohen Herren, welche zur Zeit „regieren", komfisciren ꝛc., sich schon eine andere Kammer beistellen, die ihnen so was bewilligt. Wenn wir ein Abgeordneter wären, so würden wir fürchten, daß nach einer solchen Leistung unsere Wähler uns bei der Heimkehr die Augen auskratzten.

— Nach dem Nürnb. Correspondenten ist die Meldung liberaler Blätter, Fürst Hohenlohe bleibe, allerdings in so fern wahr, als der König in einem Privatgespräch Aeußerungen gethan, die seine „Neigung" den Fürsten zu halten bekundeten (und die der Betreffende — Dr Förster — unverzüglich in die Redaktion der „Neuesten" hinterbrachte!) Hohenlohe scheine aber keine Lust zum Bleiben zu haben — und die Kammer, setzen wir hinzu, keine Lust sich ihn gefallen zu lassen. An den bayrischen Gesandten in Wien, Grafen Bray, ist die officielle Anfrage gerichtet worden, ob er Hohenlohes Nachfolger werden möge, bis jetzt aber noch keine Antwort eingetroffen. *)

— Die Ernennung des Grafen Taafe zum neuen österreichischen Gesandten in München soll jeden Tag zu erwarten sein. Daraus daß der Kaiser seinen vertrautesten Jugendfreund, der aus Liebe zur Dynastie und zu seinem Kaiser Minister wurde, nur damit die Dynastie von dem Bürgerministerium nicht ganz verrathen werden könne und der Kaiser doch einen wahren Freund unter so viel Freimaurern und „Bürgerministern" habe, — als Gesandten von sich weg nach München schickt, dürfte zu schließen sein, daß wichtigere Dinge auf diplomatischem Gebiete zu erwarten sein dürften. Gewissen Andeutungen zufolge dürften einige fremde Gesandte zu einer gemeinschaftlichen Vorstellung an unserm Hofe demnächst Veranlassung nehmen.

— Nach der „Landesbase" soll Dönniges nicht zum Kabinetschef, sondern zum Gesandten in Florenz ernannt werden. Wir müssen gestehen, für die höchst ehrenwerthe Gesellschaft des Florentiner Hofes wäre Hr. Dönniges wirklich eine ganz entsprechende Persönlichkeit; ob dieselbe aber der Würde des bayrischen Staates entspricht, wird — bei Hof entschieden werden. Wenn Dönniges, dieser ehemalige preußische Schulmeister, als bayrischer Gesandter möglich ist, dann könnte auch Hr. v. d. Pfordten als Nachfolger Hohenlohes nicht unmöglich sein. Indeß — in Bayern ist Alles möglich, außer — sieh mehrere Artikel des Strafgesetzbuches.

— Prof. Pözl soll nicht unbedenklich erkrankt sein. Wir wünschen dem Ur- und Oberpözlmann, daß er 100 Jahre alt werde, aber wenn er stürbe, wär' der Schade nicht so groß.

— Die Abendzeitung faselt, bei den Wahlen im 34. und 58. Urwahlbezirk seien „die Ultramontanen in ihrem numerischen Verhältniß (gegen die letzte Wahl) bedeutend herabgekommen und haben trotz aller Anstrengungen doch um 40 Prozent Wähler weniger ins Treffen gebracht als das letzte Mal." Daraus schließt das ehrenwerthe Organ für liberale Philister, daß es „den Ultramontanen nie mehr gelingen werde, so viele Wähler ins Feld zu führen wie im Herbst." Dieser Schluß mag allerdings

parteilichen Pözlmann wollte man nicht aufkommen lassen und deswegen wählten die Patrioten überhaupt mit. An dem Ergebniß der Münchener Wahl ist nichts mehr gut oder schlecht zu machen, weshalb bei der Abgeordnetenwahl genau so viel Patrioten mitwählen werden, als nöthig ist, daß die Fortschrittler ohne Kompromiß mit der Mittelpartei die Majorität haben und ihre Leute durchsetzen. Lieber ist den Patrioten ein Fortschrittler, der den Muth hat es zu sagen, daß er Einer ist, und wär' es auch nur ein Knorr oder Thomaß, als so eine klebrige mittelparteiliche Mollaske, von der man nicht weiß, ob sie Fisch oder Fleisch ist. Einen Patrioten können die Unsern nicht mehr durchbringen, einen Mittelparteilichen aber wollen sie nicht und perhorresciren sie; deshalb werden sie den Fortschreitern zu einem leichten und unbestrittenen Siege über die Pözlmänner verhelfen.

In Fürth hat der demokratische Volksverein die Resolution gefaßt, daß es „im Interesse der Volkspartei liege, sich von einer Betheiligung an der Agitation, wie sie von der Fortschrittspartei aus politischen Gründen gegen Harleß betrieben wird, mit Abscheu abzuwenden." — Das ist vernünftig und korrekt. Ueberhaupt mehren sich die Stimmen ꝛc. im protestantischen Lager, welche für Hrn. v. Harleß Partei nehmen, mit jedem Tage. Es ist möglich, daß ein anständiger Protestant die Adresse gegen diesen Mann von Charakter und Ueberzeugung unterschrieben hat, aber es ist gewiß, daß sie alle Lumpen protestantischer Confession unterschrieben. Es gehört die ganze politische und moralische Verkommenheit eines vom „Fortschritt" „benebelten" — wie Hr. Strauß sagen würde — Subjekts dazu, um den Schwindel zu unterstützen und mitzumachen. Ein Mann von Charakter, gleichviel welcher Konfession und politischer Richtung, muß sich mit Eckel von diesem gemeinem Treiben eines demoralisirten Pöbel wegwenden. Wo ist je einem Katholiken eingefallen, gegen Döllinger wegen seiner Abstimmung im Reichsrath eine ähnliche Hetze in Scene zu setzen? Und doch hätten die Katholiken ungleich mehr Grund, auf Döllinger erzürnt zu sein, als die Protestanten auf Harleß. Oder hält der Fortschritt es für ein unveräußerliches Annexum des Protestantismus, keinen Charakter und keine Ueberzeugung zu haben? Wir nicht.

Köln. Ein Erlaß des Hrn. Erzbischofs Melchers verurtheilt entschieden die Zustimmungsadressen an Döllinger und verwahrt sich gegen die Annahme, als werde mit denselben den Ansichten der deutschen Bischöfe entsprochen. Die Erklärung Döllingers in der Allg. Ztg. enthalte Behauptungen, mit denen kein Bischof einverstanden sein könne. Durch derartige Behauptungen werde nur die Nothwendigkeit einer dogmatischen Entscheidung über die Koncilsfragen herbeigeführt.

Ausland.

Italien. In Rom ist der Münchener Universitätsprofessor Dr. Friedrich, in dem man den Verfasser der berüchtigten „römischen Briefe" der Allgemeinen vermuthen zu dürfen glaubte, ausgewiesen worden. Nach unserer Ansicht von Dr. Friedrich hat die römische Polizei damit einen Fehlgriff gethan. Wir halten diesen Gelehrten, so weit wir ihn kennen, dazu für viel zu nobel und ehrlich. Die Allg. Ztg. erklärt auch, von ihm ihres Wissens niemals eine Zeile bekommen zu haben.

— Liberale Blätter nennen Döllinger, Dr. Pichler, in neuerer Zeit auch den eben ausgewiesenen Dr. Friedrich und jetzt gar auch Prof. Sepp (in Folge seiner Brochüre, die wir in der konfiscirten Nr. 42 näher gezeichnet) „große und ausgezeichnete Kirchenlehrer." Die Heil. Augustinus, Hieronymus rc. werden hoffentlich über die neue Collegenschaft sehr erfreut und erbaut sein.

Briefkasten.

Reklamationen von Bodenmais Nr. 34, Hausdert dgl. Bergebruch (sämmtliche Ex. Nr. 37). — „Ist denn die Zeitungsredaktion Schuld, daß allwöchentlich reklamirt werden muß, oder fehlt es anderswo!" fragt die Exped. Ja, es fehlt „anderswo!" D. Red. — Reimlingen 2 Ex. Nr. 36 besorgt. — Tuchh. J. R—l u. K. G. Of—r, Tr. besorgt. — Die Nr. 26—29, dann 41 sind vergriffen, Nr. 34 konfiszirt. — M. D—n, Eichstädt. — J. B. Gall, Kr. — K. D—r, Schp. 4 Ex. — G Hzl., Rgbg. 3. — A. Z—r, Ingst. — Oberzell—ch. 3. — Sch—l, Egbg besorgt.

Marktpreise in München.

1 Pfd. Mastochsenfleisch 16 kr. — pf., Kuhfleisch 17 kr. — pf., Kalbfleisch 16 kr. — pf., Schaffleisch 12 kr., rohes Schweinefleisch 20 kr. 1 Pfd. Schweinfett 29 kr. eine rohe Zunge 1 fl. 12 kr., ditto geräuch. 1 fl. 30 kr. ein Zentner rohes Unschlitt 23 fl. — kr. ein Pfd. gegoss. Lichter 24 kr., gez. feine Lichter 23 kr., ditto ordinäre 22 kr., Seife das Pfd. 16 kr.

Das Pfd. Karpfen 22—24 kr., Hechten 30—36 kr., Huchen 48— — fl. 54 kr., Rutten 42—46 kr., Forellen 1 fl. 12 kr. bis 1 fl. 24 kr. Waller 1 fl. 24 kr., Barben 18—20 kr., Aitern 16—18 kr., Waller 42—46 kr., Brachsen 14—18 kr., Renken 24—30 kr., Pirschlinge 18 —22 kr., Bachfische 7—9 kr., Krebse das Viertel 100 36—54 kr., Frösche, das Viertel 9—15 kr. — 1 Zentner Heu 1 fl. 30 kr., 1 Ztr. Grummet 1 fl. 30 kr. Waizenstroh — fl. — kr. Roggenstroh 1 fl. — kr. Haberstroh — fl. 45 kr. Eine Klafter Buchenholz 15 fl. 48 kr. Birkenholz 14 fl. — kr. Föhrenholz 10 fl. — kr. Fichtenholz 9 fl. 48 kr. Das Pfd. Schmalz höchster Preis 34 kr. Das Pfd. frische Körbchenbutter, höchster Preis 34 kr. 5 Stück frische Eier 8 kr. Die Maß gute Milch 5 kr. 1 Pfd Lebzelt 16 kr. 1 Pfd. Repsöl 18 kr.

Verantwortlicher Redakteur: Dr. J. Sigl.

Druck von M. Vogt in München, Rosengasse 10.

II. Jahrgang. | Das Bayrische **Vaterland.** | Auflage: 4700.

Das „Bayr. Vaterland" erscheint täglich mit Ausnahme der Sonn- und hohen Festtage. Preis des Blattes: Vierteljährig 54 kr., ganzjährig 3 fl. 35 kr. Das einzelne Blatt 1 kr.

Alle Postexpeditionen und Postboten des In- und Auslandes nehmen Bestellungen an. Inserate werden die dreispaltige Petitzeile oder deren Raum zu 3 kr. berechnet.

Redaktion: Burggasse 14. | Herausgegeben von Dr. jur. J. Sigl. | Expedition: Ruffinibazar 5

Alexander. | Nr. 45. | Freitag, 25. Februar 1870.

Preußen und die „im Finstern schleichende Partei."

— g — **Von der Donau.** Die Herren von Hammer und Kelle arbeiten zwar immer für die Ausbreitung des Lichtes, aber sie selbst können das Tageslicht heute noch nicht ertragen. La durée de notre existence dépend de la conservation rigoureuse de nos secrets, sprach Bruder Defrenne i. J. 1840 bei einer Logeneröffnung, zu deutsch: Wenn die Welt weiß, was wir sind und treiben, dann ist es aus mit unserer Herrlichkeit. Aber sonderbarer Weise bildet die Freimaurerei allein nach einem allgemeinen europäischen Consens das „Rühr' mich nicht an!" in der der öffentlichen Meinung und — Presse. Alles wird besprochen, bemalt und — besudelt, nur an den Freimaurern allein kann nichts hängen bleiben. Das läßt sich nur erklären aus einem gewaltigen Einfluß, den jene im Finstern schleichenden Rotten fast auf die ganze europäische Presse ausüben.

Es gibt aber doch Augenblicke im politischen und religiösen Leben, wo jenes Ungeziefer seine Fühlhörner etwas weiter als gewöhnlich herauszustrecken wagt, und solche Augenblicke scheinen jetzt wieder gekommen zu sein. So soll neulich, wie die Zeitungen melden, von Bayreuth an die Brüder vom Schurzfell die Parole ergangen sein, „dem gegenwärtigen Concilium die größte Aufmerksamkeit zuzuwenden." Fast ebenso merkwürdig ist es aber, daß jüngst die fortschrittlichen süddeutschen Kammermitglieder zu Karlsruhe — in der Freimaurerloge getagt oder vielmehr genachtet haben. Bettelpreußen und Freimaurer, o süße Sympathien schöner Seelen! Wer führt euch zusammen?

[illegible] als gegen die Freimaurer in allen civilisirten Ländern, die Türkei nicht ausgenommen, strenge Verbote erlassen wurden, waren zwei Regierungen besonders gnädig gegen diese lichtscheue Kaste, nämlich die englische und — die preußische. Die Enthüllungen des Ex-Freimaurers Haugwitz hatten die Regierungen von Frankreich, Oesterreich und Rußland vorsichtig gemacht und zu gesetzlichem Einschreiten bewogen. Aber im eigenen Lande wurde Haugwitz nicht gehört, sondern König Fr. Wilhelm III. bewährte den Logen seine Gunst indem er schrieb; „Die Maurerei kann auf meinen Schutz rechnen, so lang sie sich in den Grenzen bewegt, die sie sich selbst gesteckt hat!" Ja in einem seiner Schutzbriefe erklärt er höchst naiv: „Ich bin, wie bekannt in die sogenannten Geheimnisse der Freimaurerei nicht eingeweiht, deren Zwecke und Mittel sind mir gleich unbekannt." Freilich erfahren wir nachträglich, daß der Vater des Rostocker Professors Glöden freimaurerische Documente in Händen hatte, aus welchen ersichtlich war, daß Preußen nur immer die Freimaurerei benützen wollte, um sein politisches Uebergewicht über Deutschland zu befestigen. In der Noth bot jener den Preußen die Papiere um 10,000 Thaler an, wogegen dieser — echt preußisch — nur 5000 geben wollten. Als dieses Anerbieten ohne Erfolg erneuert worden war, nahmen 2 Gendarmen in Form einer Haussuchung die betreffenden Papiere an sich. Glöden processirte, aber wahrscheinlich vergebens[1]).

In neuester Zeit scheint das Freimaurerthum wie ein ungezogenes Kind seinen eigenen Kopf aufgesetzt zu haben. Denn i. J. 1864 fand sich der König von Preußen veranlaßt, gegen die Aufnahme solcher Männer zu sprechen, welche die Regierungsmaßregeln bekämpften. Unter solchen Umständen meinte er, müßten die Logen in Preußen geschlossen werden! (Oh, oh!!) Auch vor den Wahlen redete der König noch voll des Vertrauens zu den Logen, aber — sie scheinen ihn nicht recht verstanden zu haben, wie ein Blick auf die gegenwärtige preußische Kammer zeigt. Jetzt erhebt die Logenpartei darin kühner als je ihr Haupt unter ihrem Führer Dr. Gneist. Sie möchte im systematischen Anschluß an die künstlich gemachten Spektakel von Krakau und Moabit einen Sturm gegen die Klöster und das katholische Element überhaupt auf weitester Linie in Scene setzen, — ohne sich dabei um das Wohlgefallen der Regierung zu kümmern. Gneist scheint vergessen zu haben, was er im Berliner Stadtrath über die Schleiermacherfeier geäußert hat: „Die Streitfrage liegt nicht überall klar, wie ja überhaupt für kirchliche Streitfragen schon ein übernatürliches Verständniß gehört." Ja Hr. Dr. Gneist muß sich sogar vom Oberbürgermeister Graf Contzen in Aachen nachweisen lassen, daß er einst in der Judenfrage und jetzt in der Klosterhetze „zweierlei Maß und Gewicht" anzuwenden beliebt habe.

Doch was kümmert sich heutzutage ein großer Geist um Inconsequenzen, wenn sie zum beliebten Zweck passen? Die Logen haben sich nämlich von Frankreich aus wiederholt sagen lassen: „Wir hatten bereits das Volk vom Priester losgerissen, daß beide nur noch am Altare eine Gemeinschaftlichkeit hatten, die auch schon ruinirt wurde. Die barmherzigen Schwestern aber, (vgl. Magistrat von München) die wir bei unsern Humanitätszwecken fleißig gefördert hatten, bauten erst durch Krankenpflege, dann durch Rettungsanstalten der Kinder und durch Schulen wieder die Brücke zwischen Welt und Kirche. Sehet euch besser vor als unser „Großer Orient" in Paris! Der versucht's jetzt mit Gründung von Krankenpflegerinen, die lediglich von ihm abhängen und als Logenschwestern wenigstens die erklärten

[1]) Neut, la franc. maçonnerie &c. p. 86.

Freidenker am Sterbebette behüten, daß sie nicht zuletzt immer wieder dem Priester zufallen."

Wem fällt da nicht der „internationale" Verein für Verwundete und andere verwandte Vereine bei, die oft arglos befördert und begünstigt werden?! Das Katholische genirt allenthalben und wird unermüdl.ch bekämpft von einer — im Finstern schleichenden Partei. Aber die preußischen Katholiken lassen sich nicht ins Bockshorn jagen. Sie stellen der Klosterstürmerei eine Petition an den Landtag gegen die Freimaurer gegenüber, daß die Logen unter dasselbe Gesetz gestellt werden sollen wie die Klöster. Ist das nicht liberal, ist das nicht recht und billig? Die privilegirte Stellung und Geheimthuerei der Logen sind eine Ungeheuerlichkeit in unserer Zeit der Oeffentlichkeit und der Gleichheit vor dem Gesetze! So reden die Berliner Katholiken!

Und nun möchten wir fragen: Wie steht es denn in Bayern mit den Freimaurern i. J. 1870, nachdem bereits vor 18 Jahren in 7 Logen *) 417 Mitglieder „arbeiteten" und dem Gesetze zum Hohne im Finstern herumzuschleichen beliebten?

Deutschland.

München, den 24. Februar.

— Der noch ausstehende, aber zu erwartende neue Armeebefehl soll wieder eine Unmasse von Pensionirungen vom Hauptmann abwärts bringen, allein ein halbes Hundert Hauptleute der Infanterie. Das wäre Alles recht und am besten wäre es, wenn man gleich das ganze Offizierskorps pensionirte, von dem man in Friedenszeiten ja doch nicht recht weiß, warum und wozu es eigentlich da und dem arbeitenden Volke auf der Schüssel ist. Allein an die Stelle der Pensionisten werden neue befördert und so hat das Volk dann doppelte Kosten zu tragen. Wir dürfen indeß darüber nicht schreiben, denn zweimal ist das „Vaterland" schon wegen „offizierlicher Dinge" konfiszirt worden und der Hr. Kriegsminister kümmert sich doch nicht um das, was man von ihm und seiner merkwürdigen Verwaltung sagt. Ja, uns möchte fast scheinen, als ob er es darauf angelegt habe, das heillose preuß. Wehrgesetz auf diese Weise sozusagen ad absurdum zu führen.

— Konsistorialraths Dr. Kraussold's arme Seele kann nicht ruhen, daß wir seine überaus noble „Erklärung" im Interesse der guten Meinung, die man von der Bildung und Wohlanständigkeit eines Konsistorialrathes immerhin haben soll, nicht wörtlich aufgenommen und da die Allg. Zeitg. aus derselben Erwägung ihr ihre Spalten verschlossen zu haben scheint, so theilt er sie jetzt der ganzen Welt als Inserat mit. Wir sind höchlich erstaunt, daß besagter Herr jede Theilnahme an der unwürdigen und gemeinen Hetze gegen Hrn. v. Harleß wenn auch nachträglich in Abrede stellt und bedauern nur, daß so viele ihn sogar für den Urheber derselben gehalten haben; wir selbst sind so unglücklich, die schätzbare Bekanntschaft mit diesem würdigen Herren bis zur Stunde entbehren zu müssen, haben sogar von seiner Existenz bis zu jener Benachrichtigung nicht die mindeste Ahnung gehabt, wofür aber nächste Ostern Absolution zu erhalten wir große Hoffnung haben.

— Der „Volksbote" weist in seiner gestrigen Nummer darauf hin, daß, wenn das Annexiren der Preußen so fort ginge und eines schönen Tages gar auch Bayern dran käme, dies für die Dynastie sehr fatal werden könnte. Die Dynastie Wittelsbach ist nämlich nicht wie andere Dynastien mit sogenannten „Krongütern" behaftet, die gegebenen Falls als Privateigenthum „ausgeschieden" werden könnten, wie eben wieder in Oldenburg, Rudolstadt rc. König Max I. ist bekanntlich so unermüdlich im Schuldenmachen gewesen, daß schließlich die Stände, die sie immer zahlen sollten, widerhaarig wurden und da wurden nun vertragsmäßig die Krongüter zu Staatsgütern gemacht, worauf die königliche allerhöchste Schuldenlast getilgt wurde. So würde, wenn annexirt würde, die Dynastie ohne solches Privatgut sein, was eine sehr zuwidere Geschichte wäre. Der Fall kann indeß nicht eintreten, da einerseits die Preußen, anderseits die königstreuen Fortschrittler die „treuesten Stützen des Thrones" sind, wie die Geschichte bei so vielen Gelegenheiten schon bewiesen hat. Wie also der „Volksbote" auf so etwas zu sprechen kommen kann, ist uns rein unbegreiflich.

— Die kath. „Rheinpfalz" schreibt über das „Liberale Schimpflexikon" von R von der Donau: Wer um den Stand der „modernen Gesittung und Bildung" sich interessirt, möge dieses Schriftchen (es ist aber eine fast 4 Druckbogen (57 Seiten) starke Schrift!) nicht übersehen. Der Herausgeber desselben hat sich die unangenehme Mühe gegeben, mit wenig Ausnahmen blos aus der Zeit von August 1869 bis Januar 1870 aus den „liberalen" Blättern die gegen uns gebrauchten Schmähungen mit Angabe des Blattes und der Nummer aktenmäßig zusammenzutragen. Das so entstandene Schimpfwörterbuch soll den doppelten Zweck erfüllen: 1) einen Beitrag liefern zur Charakteristik der zeitgenössischen Presse und 2) eine Illustration sein zur kgl. bayr. Rechtsgleichheit. Zu diesem Zwecke hat der Verfasser auch jedesmal am Schlusse eines Abschnittes die betreffenden nicht zur Anwendung gelangten Gesetzesbestimmungen angeführt, was seinem Schriftchen noch höheren Werth verleiht und es zu einem sehr brauchbaren Beitrag für die Culturgeschichte der Gegenwart macht. Am besten bedacht mit Schimpfnamen sind natürlich die Geistlichen. Die Schmähungen gegen diesen Stand im Allgemeinen nehmen etwa 6 Seiten ein. Dazu kommen aber noch besondere Ausdrücke für den Papst, die Bischöfe, die Klöster, und namentlich für die Jesuiten, ferner für das Concil, den Katholicismus und dessen Bekenner. Sehr reich ist auch der Schimpfwörterschatz bezüglich der ganzen patriotischen Partei, des Adels, der Reichsräthe, der Abgeordneten und namentlich auch des Bauernstandes ..... Möge darum auch in unserer Pfalz das „Liberale Schimpflexikon" diejenige Beachtung finden, welche es als Vertheidigungsschrift der guten Sache und als kulturgeschichtlicher Beitrag so sehr verdient. (Einem Theil unserer Leser ist das „Schimpflexikon" schon oberflächlich bekannt, da die ersten Anfänge dazu im Nov. und Dec. v. J. im „Vaterland" abgedruckt waren. Der außerordentliche Beifall, den jene wenigen kurzen Artikel fanden, hat uns veranlaßt, den sehr verehrten Hrn. Verfasser zu bitten, dieselben umzuarbeiten, zu erweitern und der äußerst mühevollen und sorgfältigen Arbeit die Form einer Brochüre geben zu wollen, in welcher Form sie als das neueste Produkt seiner so geistreichen als unermüdet fleißigen Feder vor einigen Tagen erschienen ist. Wir haben den Preis so unverhältnißmäßig niedrig gesetzt, um eine Massenverbreitung dieser ungemein reichhaltigen und gediegenen Vertheidigungsschrift der katholisch-patriotischen Sache und Presse zu ermöglichen. D. Red.)

☞ Die gestrige Nummer des „Vaterland" ist nicht konfiscirt worden! Namhafte Gelehrte sind mit der Untersuchung dieser auffallenden Erscheinung beschäftig. Alexis v. Burchtorff befindet sich übrigens den Umständen gemäß wohl.

---

*) Preußen war uns damals natürlich weit voraus indem es 148 Logen und 12130 „Schleichende" besaß! Am nächsten kam ihm Sachsen und Hannover.

— Knurrblättl verehrliches hat heute die „große Freude mittheilen zu können“, daß die hiesigen „Liberalen“ vom verschämten und unverschämten Fortschritt sich „geeinigt“ und in Folge dieses merkwürdigen Ereignisses, das für den Gang der Weltgeschichte sicher nicht ohne Bedeutung sein wird, folgende auserlesene Kapazitäten Münchens zu Abgeordneten-Kandidaten aufgestellt haben: Dürrschmidt Appellrath, Hocheder, Salinenadministrator, Kastner, Stadtrichter und freiwilliger Civilpfarrer, ein Mann von bedeutenden Gewichte, Julius Knorr, ein geistreicher Mensch, aber eine schöne Seele, Besitzer des rühmlichst bekannten Knurrblättls, K. Thomaß, fünfhundertstöckiger Hausbesitzer, sonst nichts, Kühlmann, Advokat, Besitzer einer starken Stimme, und Wülfert, den man nicht näher zu bezeichnen braucht; hat sich in den letzten Tagen um deputätig zu werden ganz zu Pickelhaube und Bismark „bekehrt“. Wirklich eine höchst ehrenwerthe und illustre Gesellschaft. — Als Ersatzmänner wurde von den vereinigten Bettelpreußen und Völkmännern aufgestellt: Konzipient Berchtold, Blumenmacher (d. h. seine weißen Sklavinen machen sie) Billing, Prof. Carriere, (welcher glaubhaften Nachrichten zufolge noch vor 40 Jahren an Gott und Christus geglaubt haben soll), Sigm. Jenle, Haus- und Hofjude des Herzogs Max, der sich zuweilen schon „geschämt hat, ein Bayer zu sein“), J. L. Kohn, ein gewöhnlicher Jude, Rath Schamberger und Regierungsrath Graf Rambaldi, dem wir einen besseren Geschmack zugetraut hätten. Auch eine nette Gesellschaft, die der vorigen schon der Juden halber ganz würdig ist. Uns ist es übrigens gleichgültig, wen die hiesigen Bettelpreußen in die Kammer schicken; die Herren helfen dem sterbenskranken Fortschritt auch nicht mehr auf die Beine, will uns scheinen. — „München bleibt der liberalen Sache erhalten“, jubelt Knurrblättl; ja, bis zur nächsten Wahl im Herbst. „Die intelligente Bevölkerung Münchens protestirt durch die Wiederwahl laut gegen das Treiben der Ultramontanen“. — Na, protestiren Sie nur gefälligst drauf los, verehrteste Knurrblättl- und Kafehausintelligenzen!*)

Von Weißenburg wird dem „Vaterland“ geschrieben: Einige Nummern unsers Fortschritt verkündenden und darum auch „Intelligenz und Bildung“ bringenden Weißenburger Wochenblatts — leider hat ein großer Theil der alten und neuen Welt bisher von diesem Veilchen der fortschrittlich bayrischen Journalistik keine Ahnung gehabt! — muß ich dem „Vaterland“ mittheilen. Die Gedichte, mit denen ein auf dem deutschen Parnaß und in der Cotta'ischen Ruhmesversicherungsanstalt auf Gegenseitigkeit noch unbekannter Poet in dem Wochenblatt die Leser erfreuen — möchte, sind so über die Maßen geistreich (!), daß man sie im Interesse der an Hartleibigkeit leidenden Menschheit billig in weiteren Kreisen verbreiten sollte. Diese „zahmen Xenien“ mit ihren flüßigen, weil äußerst wasserhaltigen Versen, dieses Lob auf „von Döllinger“ müssen den Verfasser ermuntern, auf dem Dromedar, den er als seinen Pegasus reitet, im sanftem Trab munter fortzutrotten; ein Sitz auf dem deutschen Parnaß kann ihm dann nicht entgehen. Und welche Freude, welche Gefühle edelsten Stolzes mochten das Herz eines Föckerer oder Herzens Herz bewegt haben, da sie sich in dem Weißenburger Amtsblatt sogar behexametert fanden?! . . . . Denke ich an das Resultat der Wahl in Weißenburg, so finde ich, daß Hr. Völk ganz Recht hatte in dem, was er über die Kempter Wahl sagte; nur im Namen hat er sich geirrt, er hätte Weißenburger Wahl sagen sollen! Da fielen die Wahlen zu Gunsten des Fortschritts nur durch die weise, so ganz und gar nur zum Wohl des Landes geschehene Wahlkreiszusammenschneiderei aus. Die 4 „liberalen“ Abgeordneten konnten nur durchgesetzt werden, weil auch der Wahlbezirk Gunzenhausen zu Eichstädt und Beilngries zu Weissenburg geschlagen wurde. Dadurch kam es, daß jetzt die Patrioten Mittelfrankens in der Kammer nicht vertreten ist, was nach der übereinstimmenden Ansicht aller Liberalen offenbar „nur zum Wohle des Landes“ sein kann! Nur 16 patriotische Stimmen haben den Patrioten zur Erlangung des Sieges gefehlt und dieser durch weise höhere Fügung geschaffene Mangel von 16 Stimmen hat die erfreuliche Folge, daß wenigstens 50000 Patrioten in der Kammer nicht vertreten sind. Zwei Abgeordnete mindestens hätten die Patrioten trotz alle dem doch durchsetzen können, wenn nicht — doch das sind geschehene Dinge, die nicht mehr zu ändern sind. Ne nous en parlons plus; wem nicht zu rathen ist, dem ist nicht zu helfen und wem jetzt noch keine Gasflamme der Erleuchtung aufgegangen ist, dem geht überhaupt keine mehr auf, und er kommt niemals zur Einsicht, daß die Förster zwar von Außen grau, von Innern aber strichweise schwarzweiß sind, woran natürlich Hr. Pfretzschner so unschuldig ist wie am Einfall der Mauern von Jericho.

Sachsen. Aus Koburg kommt die wichtige Nachricht, daß die bekannte Hoheit, nämlich der heldenmüthige Herzog Ernst, nächstens eine „Vergnügungsreise“ nach Amerika antreten will. Wahrscheinlich fehlt es ihm an passender Beschäftigung in seinem Lande, dessen „Regierung“ bezw. Aussaugung ihm die Preußen besorgen. Wir glauben nicht, daß sich viele Koburger Deutsche etwas anthun würden, wenn der geliebte Landesvater den Rückweg nicht mehr fände, oder irgendwo in Amerika abhanden käme.

Preußen. Die Nordd. Allgemeine Verpreußungszeitung des Hrn. Bismarck ist wieder gar sehr entsetzet über den Artikel des „Bayrischen Vaterland“ mit dem Titel: „Was beliebt noch, Hr. Preuß?“ — während die „Sächsische Zeitung“ ihn mit Genugthuung als eine bayrische Antwort auf eine unverschämte preußische Anmaßung abdruckt. Insbesondere erregt die Stelle den Ingrimm des bismarkschen Organs, daß wir die Herren Preußen als Landfeinde und Vampyre betrachten, aber nicht als gute deutsche Brüder und daß wir in dem Kampfe um die Selbstständigkeit unseres Vaterlandes den letzten Mann und den letzten Gulden dransetzen wollten und nicht ohne Freunde sein würden. Für ein rechtes Preußengemüth, dem die 10 Gebote, insbesondere des 5. und 10. ein rechter Greuel sind, muß eine solche Sprache sehr unangenehm klingen, schadet aber nichts!

— Die Berliner „Kreuzzeitung“ hat einmal einen sehr vernünftigen Gedanken, wenn sie schreibt: Es wird zu viel, es wird wirklich zu viel mit dem Parlamentarismus . . Wie die Sachen jetzt betrieben werden, fürchten wir, daß der so sehr ins Breite ausgesponnene Parlamentarismus die völlige Apathie (Theilnahmslosigkeit) des Publikums zur Folge haben wird.“ — Geht uns auch so, liebe Kreuzzeitung, geht uns auch so!

Der Reden sind genug gewechselt,
Wir müssen endlich Thaten seh'n;
Wenn man nur immer Phrasen drechselt,
Möcht' Einem die Geduld vergeh'n!

In Rheinpreußen soll nächstens ein neues „liberalkatholisches“ Blatt, der „Rheinische Merkur“ erscheinen, als Organ „liberaler Katholiken.“ Die „liberalen“ Katholiken sind schon die rechten Türken, deren oberster Grundsatz immer der ist: „Wesch' mir den Pelz, aber mach' hn nicht naß“! Der Redakteur des neuen Blattes ist

---

*) Bildung, Aufklärung und Intelligenz,
Ham bles Knurrblättlleut', das ist was Schön's.
Aber die Schwarzen, die Pfaffen san dumm! —
'S ist gar nit zum glaub'n, o lieb's Publikum!
Die G'scheidten san wir und der G'scheidtst ist der Knorr,
Er hat's halt, der Juli, und kann nichts davor!
Zum Schönsein und G'scheidtsein ham wir 's Priv'legium,
Drum sama Fortschreiter, — die andern san dumm! Muh!

jener Fridolin Hofmann, welcher bisher die „Kölnische Volkszeitung" so „liberal" redigirt hat, daß es sogar den gebildeten preußischen Katholiken zu bunt wurde und das Blatt auf einmal über 1200 Abonnenten verlor. „Katholisch und „liberal" — liberal im vulgären Sinne — verträgt sich eben nicht mit einander und ist eine Mißgeburt allezeit. Beiläufig bemerken wir, daß das hiesige Fröbelblatt den „Rheinischen Merkur" in einem ganzen Leitartikel auf's Wärmste empfohlen hat! Wenn ein Julius Fröbel ein „katholisches" Blatt empfiehlt, dann muß es gewiß — untadelig katholisch sein!!

Ausland.

Schweiz. Liberales! Die „liberale Schweizer Presse ist, wie alle Liberale, höchst schlecht auf das Concil zu sprechen, insbesondere auf die Schweizer Bischöfe, die demselben beiwohnen. Daß der Bischof von Basel, Mgr. Eugen Lachat, auf ihr Andringen zurückgerufen werden soll, haben wir schon gestern gemeldet. Ihren höchsten Zorn aber hat der Bischof Mermillod von Genf erregt, der „in seinen Predigten zu Rom sich päpstlicher als der Papst geberde, mit den exaltirtesten Jesuiten Hand in Hand gehe und den Papst als eine förmliche Gottheit (!!) proklamire", sagen nämlich die Liberalen. Nun „bereite sich manches vor, was auf Sturm", d. h. auf eine ausgiebige Priester- und Katholikenhetze deute. Einstweilen werden die Jesuiten und ihre Bücher zerfleischt", glücklicherweise blos in den Zeitungen und den „bischöflichen Manövern gegenüber" wird von der „ganzen liberalen Presse" die Forderung (!) gestellt, daß das Priesterseminar in Basel aufgehoben werde. Vermuthlich sollen den Theologen dann auf den verschiedenen Freimaurer-Universitäten Deutschlands die nöthigen Kenntnisse beigebracht werden. In Basel und Schaffhausen soll inzwischen von den Faschingsjägern „Konell gespielt" werden und „höh'rn Orts" begegnen bereits eingelaufenen Reklamationen der katholischen Kirchenbehörde „kaum kompetenter Geneigtheit", d. h. sie werden einfach lächelnd zu den Akten gelegt.

Kulturbildliches.

In Berlin ist dieser Tage ein Ungeheuer von Weib entdeckt worden. Dasselbe, die Ehefrau eines Eisenbahnarbeiters, hatte ein 8jähriges Mädchen bei sich. Die Mitbewohner des Hauses hatten schon immer das arme Kind fürchterlich schreien hören — in Folge Mißhandlungen der Mutter. Tagelang mußte das unglückliche Geschöpf bei der größten Kälte eingeschlossen in dem ungeheizten Zimmer bleiben, in einer Bettlade ohne Bett liegend. Den Tag über erhielt es ein Stücklein trockenes Brod. Die Nachbarn hörten das Kind winseln und vor Kälte und Hunger schreien. Die Polizei kam endlich dahinter und fand das arme abgemagerte Kind mit erfrornen schon ganz schwarzen Händchen und Beinchen. Sie müssen ihm abgenommen werden! Was ist dagegen die zudem erlogene Geschichte der Barbara Ubryk! Wir ersuchen Knurrblättl um einige „sittliche Entrüstung" über diese Frucht der „Bildung" und „aufgeklärten Humanität" des fortgeschrittenen Jahrhunderts.

Verantwortlicher Redakteur: Dr. J. Sigl.

II. Jahrgang. Auflage: 4700.

Das Bayrische Vaterland.

Das „Bayr. Vaterland“ erscheint täglich mit Ausnahme der Sonn- und hohen Festtage. Preis des Blattes: Vierteljährig 54 kr., ganzjährig 3 fl. 36 kr. Das einzelne Blatt 1 kr.

Alle Postexpeditionen und Postboten des In- und Auslandes nehmen Bestellungen an. Inserate werden die dreispaltige Petitzeile oder deren Raum zu 3 kr. berechnet.

Redaktion: Burggasse 14. Herausgegeben von Dr. jur. J. Sigl. Expedition: Ruffinibazar 5

Walburga. Nr. 46. Samstag, 26. Februar 1870.

Bestellungen auf das „Bayr. Vaterland“ für das Quartal zu 54 kr. (für den Monat März zu 18 kr.) können bei allen Postanstalten und Postboten noch immer gemacht werden.

Münchener der alten Zeit.

Das Ergebniß der gestrigen Münchener Wahl ist, wie vorauszusehen war, durchaus bettelpreußisch. Wie Bechioni und die Preußen wollten, so thaten die Bettelpreußen. Es ist das die natürliche Folge der zunehmenden „Aufklärung“ und „Intelligenz.“

Früher war es nicht so. Früher waren die Bürger von München durchaus bayrisch gesinnt. Sie liebten ihre Fürsten und noch mehr das Vaterland Bayern; damals waren alle ehrenfeste Katholiken und deshalb gute Bayern; nicht ein Jude hatte damals mitzureden, weder in Sachen des Landes, noch der Stadt. Bayern gehörte eben damals noch den Bayern.

Die Geschichte hat uns reiche und merkwürdige Beweise der bayrischen Treue und Vaterlandsliebe der alten Münchener aufbewahrt. Wir wollen nur einen erwähnen, ein hoch interessantes Aktenstück aus dem Ende des vorigen Jahrhunderts, um den Unterschied zu zeigen zwischen damals und jetzt.

Die Freimaurer hatten gegen Ende des vorigen Jahrhunderts große Macht und Bedeutung in Bayern erlangt. Das ganze Land war in den Händen der Freimaurer, weil sie die wichtigsten Stellen und Aemter hatten, weil insbesondere der Hof völlig in ihren Händen war. Ebenso war es in Oesterreich, wo die Freimaurer gleichfalls die Regierung führten. Die bayrischen Freimaurer gingen damals mit dem Plane um, Bayern an Oesterreich zu verrathen und auszuliefern; ihre Macht wäre dadurch vermehrt, ihre Zwecke wären um einen großen Schritt der Erfüllung näher gebracht worden. Der Verrath Bayerns an den benachbarten Freimaurerstaat sollte durch ein Tauschprojekt ausgeführt, Bayern gegen österreichisch

„Wer immer nur das mindeste Gefühl von Vaterlandsliebe heget, kann unmöglich ohne Schmerz jene Gerüchte hören, die sich jetzt in Betreff der Vertauschung Bayerns öffentlich verbreiten.

Es ist zwar wahr, daß man einer Zeitungsnachricht, die noch obendrein durch die offenbare Unrechtmäßigkeit der Sache alle Wahrscheinlichkeit verliert, keinen Glauben beimessen soll, zumal, da die bekannte Vaterlandsliebe unseres dermal regierenden Landesfürsten, sein einziger Wunsch, uns zu beglücken, da seine Großmuth und Billigkeit uns über alle dergleichen Besorgnisse hinwegsetzt, und wir nicht glauben können, daß unser theuerster Karl Theodor jemals zugebe, daß das Band wechselseitiger alter Liebe, welche Wittelsbach an Bayern und Bayern an Wittelsbach bindet, das Band, so durch vergossenes Fürsten- und Unterthanenblut geheiliget ist, jemals zerrissen und fremden Vortheilen aufgeopfert werden soll, daß ein ehemaliges Königreich, dessen Ruhm zu erhalten höchstdero Edle große Ahnen Jahrhunderte hindurch wachten, sorgten, kämpften, bluteten, nun zu der jüngsten Provinz eines mächtigen Nachbars herabsinken soll, daß wir den Schweiß unserer Väter, ihr erworbenes Recht und Eigenthum und unsere Freiheit, die wir bisher unter der milden Regierung unserer gebornen Landesväter und Beschützer genossen, auf einmal verlieren sollten. Wir können nicht glauben, daß Karl Theodor will, daß die Thränen seiner theuersten Unterthanen über solchen Jammer fließen, daß der Bayer sein Dasein verwünsche und der Vater nebst den Seinigen schon jetzt das Elend seiner Enkel bedauere.

Nein! wir hoffen, daß er seine getreuen Bayern nicht mit Fremden verwechsle, und die durch tausend Jahre beinahe rühmlichst fortdauernde Folge unserer Fürsten aus unserm Stamme Wittelsbach nicht unterbreche. Wir können aber auch als getreue Unterthanen nicht gleichgiltig ansehen, daß der Ruhm unseres gnädigsten Landesfürsten durch solche Verläumdung übelgesinnter Menschen des fälschesten Urtheils blosgestellt und gekränkt werde.

Wollten Höchstdieselben nur eine gnädigste Aeußerung zu geben geruhen, so wären alle Gemüther vollends be-

vermehren, welche wir durch den Eifer für das Wohl des Vaterlandes erhalten.

Für welches wir unausgesetzt mit allgeziemend schuldiger Hochachtung verharren . . . ."

So sprachen 1785 die Bürger von München!

Deutschland.

München, den 25. Februar.

— General Sprunner schmückt die „Allgemeine" mit einer Erklärung über die Autorschaft eines Artikels in demselben Blatte, die an Servilismus und Byzantinismus das Uebermenschliche leistet. Wenn Hr. Sprunner meint, jeder „intelligente, wahrhaft patriotisch gesinnte Bürger begrüße die Handlungsweise des Königs (daß er weder die Deputation noch die Adresse der Reichsräthe angenommen und diesen, wie der Pfälzer Kurier so zart, als wahrhaft liberal und konstitutionell rühmt, einen „königlichen Fußtritt" versetzt habe!) mit Stolz und Freude", so kann doch der Herr solche Weisheit nur aus dem Knurrblättl und verwandten Blättern geschöpft haben und da hätte er wahrlich besser gethan, mit solcher serviler Weisheit hinter dem Berge zu halten, die den freien Mann, den ehrlichen Bayer, den Nicht-Hofschranzen nur anekeln und empören kann. Wenn König Ludwig das Unglück hätte, nur Leute von solcher Gesinnung um sich zu haben, wenn nur Knechte seiner Gunst und seines Beliebens seine Rathgeber wären, die nicht unterscheiden wollen zwischen dem Zeitalter Ludwig XIV. und Ludwig II., zwischen Despotismus und Konstitutionalismus, zwischen asiatischen und europäischen Verhältnissen; wenn das wäre, sagen wir, dann dürften wir uns über vieles nicht wundern, dann dürften wir das Schlimmste erst zu erwarten haben, denn Könige, die blos Knechte zu Rathgebern hatten, waren immer am schlechtesten berathen, aber Fürsten mit Männern als Rathgebern, — die sind die besten Regenten geworden. Pfui! in welch speichelleckendem Säkulum leben wir!

Sr. Maj. ewiger Minister, Prinz Hohenloh der Unersetzliche, gibt nächsten Samstag Abends ein großes Trinkgelage, auf Nobel Bankett geheißen, das einen höchst officiellen Charakter haben soll, da nicht einmal Sr. hochfürstlichen Unbezwingbarkeit geheimes Federmädchen mittrinken darf. Ob die Geschichte was bedeutet und etwa das letzte Liebesmahl sein soll, zu dem der Prinz seine Leute wie eine Henne ihre Jungen unter ihre Flügel versammelt, haben wir zwar eine weise Frau gefragt, aber nichts Gescheidtes erfahren; vielen Leuten ist es sogar gleichgiltig, ob Bayern mit oder ohne Hohenloh zum Teufel geht, wenn es denn doch einmal dahin gehen soll!!

— Die „Postzeitung" meint anläßlich der Konfiskationen des „Vaterland", „es scheine überhaupt von Oben herab ein scharfer Wind gegen die patriotische Presse zu wehen." Es wird wohl so sein. Hr. v. Lutz hat bekanntlich kürzlich einen Erlaß an die Oberstaatsanwälte von Oberbayern und Schwaben „herabgeschlossen", daß man gegen „Ausschreitungen" der Presse nach beiden Seiten hin ein scharfes Augenmerk haben soll. Hr. v. Bibra und Se. Gestrengen Hr. Alexis v. Burchtorff, dessen hohes Namensfest wir heute feiern, scheinen aber blos beim „Vaterland" solche „Ausschreitungen" bemerken zu können, während z. B. der saubere „Landbote" rufen darf: Nieder mit den Pfaffen! und das Organ des rothen Fischer, das Augsb. Giftnickelblatt in seiner Nr. vom 20. Febr. unter Anderm über die Abgeordneten Lukas und Hoffmann die sehr anständigen und gar nicht beleidigenden Verse bringen darf:

Wir verfolgen unsern Zweck,
Fühlen wohl uns selbst im —

Was reimt sich gleich darauf? Man heißt das königlich bayrische Rechtsgleichheit! Vergleiche unten den Art. aus dem Algäu.

— Hr. Prof. Sepp muthet uns zu, das jüngste Kind einer sehr schwachen Stunde von ihm, nämlich die gewiß „ohne Ueberlegung und Vorbedacht" verübte Brochüre: „Kirchliche Reformentwürfe" gar noch zu vertheidigen und den Skandal noch skandalöser zu machen! Wir bedauern, daß sich Hr. Professor mit dieser Zumuthung ebenso an die unrechte Adresse gewendet, als er mit seiner Brochüre die Gemüther der Katholiken beleidigt und empört und nur den Beifall und „Dank" der Liberalen und Freimaurer gewonnen hat. Wir können an unserm Urtheil, daß seine Schrift ein Skandal und zugleich ein Unglück für die katholische Sache wie für ihn selbst ist, nichts ändern. Selbst die protestantische „Sächsische Zeitung" sieht in dieser Brochüre Sepp's einen „gelungenen Anlauf zum Deutsch-Katholicismus" — das härteste, ein wahrhaft vernichtendes Urtheil für den Katholiken Sepp, weil ein protestantisches Blatt es fällt. Hr. Prof. Sepp, der immer eigene Wege zu gehen liebt, hat mit dieser Brochüre einen Irrweg eingeschlagen, der nicht zum Heile, sondern konsequent verfolgt zum Abfall von der einen und untheilbaren katholischen Kirche führen muß. Wir müssen das tief bedauern, aber ändern oder gar entschuldigen können wir die unglückselige und unüberlegte That des gelehrten Mannes nicht. Wir nehmen übrigens Akt davon, daß uns Hr. Prof. Sepp erklärt, er habe mit seiner Brochüre die Haltung der deutschen Bischöfe moralisch (!) unterstützen wollen, daß er aber nichts gemein haben mag mit jenem Janhagel, welcher prinzipiell gegen Kirche und Koncil sich ereifere und weiters, daß er den hervorragenden deutschen Kirchenfürsten in Rom von seiner Schrift Mittheilung gemacht und selbst vor den Vätern des Koncils sich stellen und über Alles verantworten werde." Nichts desto weniger sind wir der Ansicht, daß Dr. Sepp auf solchen Wegen doch nicht wieder zu seiner Professur kommen werde.

Von Oberbayern wird dem „Vaterland" geschrieben Die „Postzeitung" hat in mehreren Artikeln sich wiederholt entschieden für volle Preßfreiheit ausgesprochen; sie erwartet sich alles Heil davon und verlangt, daß die ganze patriotische Presse dafür einstehen solle. Wir sind nicht ganz mit ihr einverstanden. Auch wir wünschen die Preßfreiheit und haben, nach alle dem, was gerade wir Widriges erfahren, allen Grund, sie zu wünschen. Aber wir sind nicht für absolute Preßfreiheit; jede Freiheit bedarf gewisser rechtlicher und moralischer Schranken, sonst artet sie unter Umständen in Zügellosigkeit aus, in Anarchie und Barbarei. Jede Freiheit muß ihre Schranken haben in dem Rechte Anderer. Schrankenlose Freiheit ist das Faustrecht, ist die Proklamation des bismarkischen Satzes: Macht geht vor Recht, ist der sociale Krieg. Die Presse soll niemals das Ackerfeld für die Bosheit verdorbener Menschen sein dürfen, darf niemals das Recht haben, die Religion zu verhöhnen, die Sitte zu beleidigen, die Moral beohrfeigen zu dürfen. Auch die Presse muß ihren Richter haben. Schaffe uns die „Postzeitung" eine neue bessere Welt, eine Welt der Ideale, und wir werden für die unumschränkteste Preßfreiheit sein; gebe sie uns tüchtige Richter und einige kleine Modifikationen der bestehenden Bestimmungen, und wir sind auch mit dem bisherigen Preßgesetz zufrieden. So lange aber die Dinge und Menschen sind, wie sie sind, halten wir sowohl das gegenwärtige freie, als ein künftiges freieres Preßgesetz für ungenügend und für ein Mittel zu jeglicher Schikane. Den Einen ist Alles erlaubt, den Andern wird das Kleinste zum Verbrechen angerechnet, vom Uebel aber ist Beides.

Von der Isar wird dem „Vaterland" geschrieben: Vor mehr als dreißig Jahren hat es der Hr. Hofrath

Söltl gewagt, „ein Geschichtswerk“ über Deutschland in den Druck zu geben. Kaum waren ein paar Bogen im Publikum, als sich Dr. Döllinger über das schmähliche Machwerk Söltls hermachte und durch seine Kritik desselben das Forterscheinen des „Werkes“ unmöglich machte. Söltl war damals Gymnasialprofessor Ehedem Theolog, dann Philolog, dann Doktor, nun großer Professor gar und noch größerer Historiker, auch Dichter u. s. w. suchte Söltl historisch nachzuweisen, daß das Christenthum in Deuschland verbreitet wurde, ohne daß nur ein Bischen Papthum dabei zu thun gehabt habe. So etwas zu „beweisen“, wäre aber bedeutenderen Historikern nicht möglich gewesen. In noch hellerem Lichte ließ der Philolog Söltl seine Kenntnisse strahlen. Um nämlich den Stolz auch jener „Pfaffen“ „historisch und philologisch zugleich zu beweisen“, erklärte er das Wort Klerus und fand vermöge seiner scharfen „Forschungen“, die Geistlichkeit habe sich damals „aus Anmaßung“ Klerus, d. h. die Auserwählten genannt, um schon durch den Namen festzustellen, daß alle andern Menschenkinder Nicht-Auserwählte seien. Der große Kenner des Griechischen und ehemalige Theologe rief durch seine originelle Ableitung des Wortes Klerus dem Zorn Döllingers, des damaligen Döllinger hervor, der den gelehrten (!) Professor in einer Brochüre unter Anderm belehrte, daß, wenn der letzte Schüler der dritten Vorbereitungsklasse nicht besser griechisch verstände als der Hr. Professor wirklich verstehe, er wegen Unfähigkeit entlassen würde. So nahm sich der damalige Döllinger der Kirche und der Verdienste des Papstthums um die Christianisirung Deutschlands an gegenüber jenem Söltl, der, wie sein „neuestes“ Werk zeigt, heute noch der alte ist. Und heute! Heute treffen sich beide als Gesinnungsgenossen! Döllinger, wache auf!

In **Jettingen** ist die neue Urwahl auf Samstag den 16. Februar festfesetzt. Alle guten Bayern hoffen, daß die patriotischen Wähler von Jettingen, Ried und Freihalden ohne Ausnahme ihre Pflicht thun werden, denn wie das letzte Mal kann es von einer Stimme abhängen, ob der Wahlkreis 3 Patrioten oder 3 Bettelpreußen in die Kammer schicken wird. Wir brauchen also nicht daran zu erinnern, welch schwere Verantwortung auf jedem einzelnen Urwähler liegt.

r. **Aus dem Algäu** wird dem „Vaterland“ geschrieben: Warum wohl der Nürnb. Anz. (Nr. 49) unser Kempter Papier so oft eine „berüchtigte preußische Hofh—“ nennt? Die Richtigkeit dieser Bezeichnung ist nicht zu verkennen, zumal man mit Grund vermuthet, daß es mit preußischen Thalern gefüttert werde. Sein „intelligenter“ Preußenschwindel wäre damit am einfachsten und natürlichsten erklärt, obwohl auch der große Geschichtsunkenntniß, womit der liebe Gott den edlen Redakteur gesegnet hat, als Erklärungsgrund gelten könnte. Völlig geistlos redigirt und stets auf der Höhe sich haltend, daß es von einem Schnetzer, Stadler, Rist ꝛc. leicht verstanden werden kann, nimmt sich dieses Blatt doch die Freiheit, die Adressen der beiden Kammern zu kritisiren und gibt dem Adreßentwurf des Dr. Jörg das Prädikat — „schülerhaft.“ Allerdings solche Genies, welche erst die Bretter so die Welt bedeuten beherrschen und dann eine ganze Provinz mit Licht und Aufklärung versorgen, wachsen nicht über Nacht wie die Pilze. Manches Jahrhundert hat gar kein Genie aufzuweisen, manches nur Eines — daß das 7. Dezennium des 19. Jahrhunderts neben Föckerer, Knorr Völk noch einen Alfeld besitzt, ist eben eine besondere Gnade Gottes. Große Geister bezeigen sich stets gnädig, aber nie roh und ungezogen Wir können daher nachfolgenden Erguß mit der Alfeld'schen Geistesgröße nicht zusammenreimen: „auch der Gutmüthigste weiß jetzt, daß die Gegner (d. i. die patriotische Kammermehrheit) unversöhnlich sind und daß das wegwerfendste Wort zur Bezeichnung dieser Sorte von Patriotismus im Grunde noch eine Schmeichelei wäre.“ (Nr. 38). Ebenso wenig harmoniren mit der eleganten Bildung und Feinheit des Hrn. Alfeld die fratzenhaften Briefe des „Buckler Fallnetum“ (Fugger-Blumenthal), die äußerst sinnlosen „Börüchtigungen des Zwückauer“, die „harthörigen“ Kammerpräsidenten, die höchst läppischen Speisezettel als „Mahrinirte Sauhiebe mit Lukaszetteln. Milchbrei für die Donnerkinder in Winderln, Trutzfilet mit Konzilssalat“ ꝛc. Oder sind das Algäuer Witze? oder Ueberbleibsel vom Theaterleben?! Alfeld verkündet doch so bombastisch, daß er für „geistige Freiheit“ kämpfe (Nr. 37); er wird aber leicht begreifen, daß er mit solchem Unsinn nur die Versimpelung der Leute befördert.

Preußen. In Berlin wollen die Freimaurer des Reichstags auch die Todesstrafe abgeschafft wissen, was für die Herren Spitzbuben eine sehr angenehme Sache wäre.

Ausland.

In **Italien** gibt es schon wieder eine Ministerkrise, da die neuen Minister gegen die Opposition, den Staatsbankerott, den König Ehrenmann u. s. w. keine durchgreifenden Mittel ausfindig machen können.

Kulturbildliches.

Aus England wird ein Skandal ersten Ranges vermeldet, der einen Einblick in die sittlichen Zustände dieses Landes thun läßt. Eine Lady Mordaunt ist wegen dreifachen Ehebruchs angeklagt, begangen mit zwei Mitgliedern höchsten Ranges und einer nur in England „diskutirbaren“ Person. Um diesem liederlichen Weibsbild aus der Schlinge zu helfen, und zugleich eine von ihrem Manne gewollte Scheidung unmöglich zu machen, will man den schäußlichen Versuch Schaußens bei dem etwas anrüchigen „Ehrenmann“ Thorinsky wiederholen und die Dame wahnsinnig erklären lassen. Die Dame hatte nämlich so viele Gewissensbisse, daß sie ihr Verbrechen ihrem Manne entdeckte und da schließt nun ihr Vertheidiger, sie müsse wahnsinnig sein, denn bei gesunden Sinnen wäre eine solche Selbstanklage undenkbar!! Der Mann muß entweder sehr unschuldig oder selbst ohne Gewissen sein, da er nicht an Gewissensbisse glaubt, die Einen sogar zu einer „wahnsinnigen“ Selbstanklage oder zur Verzweiflung bringen können. Oder ist es etwa auch in England nicht „liberal,“ ein Gewissen zu haben und ehrlich einen begangenen Fehltritt zu gestehen?

Dienstes-Nachrichten.

Erledigt: Die k. Pfarrei Freihalden, B.-A. Günzburg, R.-E. 944 fl.; die k. Pfarrei Ellbach, k. B.-A. Miesbach, R.-E. 358 fl.; die k. Pfarrei Deising, B.-A. Ingolstadt, R.-E. 1089 fl.; die k. Pfarrei Gotteszell, B.-A. Viechtach, R.-E. 465 fl.; die k. Pfarrei Volkmannsdorf, B.-A. Freising, R.-E. 675 fl.

Briefkranzen.

W* Sofort schicken. Name!

Verantwortlicher Redakteur: Dr. J. Sigl.

Erklärung.

Vier Herren von Murnau, welche bei der Urwahl daselbst Mitglieder des Wahlausschusses gewesen, haben in Nr. 8 des Weilheimer Wochenblattes vom 20. Februar eine Erklärung gegeben, worin sie auf einen Artikel vom Kochelsee in Nr. 22 des „Vaterland“ Bezug nehmend, auf „Manneswort“ dort ausgesprochene „Unrichtigkeiten“ berichtigen wollen. Da wir wenig Hoffnung haben, mit unserer Gegenerklärung im Weilheimer Wochenblatt Eingang zu finden, ersuchen wir das „Vaterland“ um Aufnahme derselben. Wir erklären:

1) Daß Hr. Hilfslehrer Mayr der Mittelsmann zwischen den Wählern und dem k. Herrn Commissär gewesen, also alle Wahlzettel — auch dann, als die Wähler in Zwischenpausen nur mehr einzeln erschienen — aus ihren Händen in jene des Herrn Commissärs geliefert hat, haben die Herren nicht widersprochen. Aber wozu das? Des Gedränges halber, sagen sie, und „um Irrungen im Nummeriren zu verhindern!“ — Nun wird aber, denken wir, der Herr Commissär kaum in Abrede stellen wollen, daß er jedesmal, wenn er über die fortlaufende Nummer in Zweifel war, den vorhergehenden Wahlzettel wieder umkehrte und dessen Nummer besichtigte. — Demnach hat der Mittelsmann das Nummeriren erleichtert! — Nicht gelesen hat Hr. Mayr die Wahlzettel? Bei Leibe nicht! Dazu hatte er ja nicht Zeit! — Das mögen die Herren Anderen, als Ausschußmitgliedern weiß machen, die im engen Wahllokale bei ihnen gewesen. Oder glauben sie etwa mit ihrem vierstimmigen „Manneswort“ imponiren zu können? — Wie ist denn Hr. Mayr, fragen wir, im Voraus zur Kenntniß des Wahlresultates gekommen? Es waren Zweifel laut geworden, ob wohl die Wahl mit **einem** Scrutinium durchgehen oder ein zweites nothwendig werde. Der Mittelsmann glaubte dies verneinen zu müssen und erklärte die Wahl für — entschieden. Auf die Frage des Pfarrers von Schlehdorf, was ihn zu dieser Meinung veranlaße, war die Antwort: „Es sind ja eine Stunde lang lauter gegenparteiliche Wahlzettel abgegeben worden“. Wir fragen die Herren, ob dieß nicht „reine Wahrheit“ ist? Ohne diesen Ausspruch des Herrn Mittelsmannes wäre die Stimmung für sie schon vor Beginn des Scrutiniums kaum eine so unerfreuliche (peinliche) gewesen; ein paar Stunden wäre ihnen noch die Hoffnung und wir wären im Zweifel geblieben. Es kamen auch öfters verständliche Andeutungen vor, daß der und der **auch** so gewählt habe.

2) Pfarrer Heindl hat die Wahlzettel nicht gelesen, obgleich er den einen und andern sehen mußte, wenn der Herr Commissär ihn wieder umkehrte, und darum wollte er auch jener Versicherung anfänglich wenig Glauben beimessen, da unter den zuerst abgelesenen 160 Wahlzetteln nur wenige patriotische sich befanden. Dann freilich erwies sich, daß der Mittelsmann recht gesehen oder geurtheilt hatte; denn es kamen nur noch einzelne fortschrittliche Wahlzettel zum Vorschein.

3) Pfarrer Stadler verließ das Wahllokal nicht „um einen Wähler den Wahlzettel aufzubrängen“, sondern um einen schwerhörigen, unbehilflichen Mann seiner Pfarrei anzuweisen, wo er seinen Zettel schreiben lassen könne. Herr Stanninger hat das Wahllokal mehrmals verlassen.

4) Es war erst ungefähr 3 Uhr, als Hr. Commissär sein „Geschäft“ an Herrn Mayr abtrat, und noch etwa die Hälfte der Wahlzettel abzulesen. — „Erschöpfung“ soll die Ursache gewesen sein? — Nun, dann haben wir uns geirrt; wir haben es dem Mißmuthe über die patriotische Strömung zugeschrieben; denn der Hr. Commissär gab sich jetzt nicht etwa der Ruhe hin, sondern **stand** noch zwei Stunden neben dem Ausschußmitgliede, welches das Verzeichniß der Wahlstimmen führte, und zählte mit großer Attention — die Stimmen. Wie sauer es dem Herrn Lehrer geworden, ein paar Hundert patriotische Wahlzettel abzulesen, war deutlich genug zu erkennen. Zur „Objektivetät“ des Herrn Commissärs konstatiren wir noch, daß er auch die Fertigung des Wahlprotokolls einem Ausschußmitgliede überließ. Als die Wahl beendet war durften nur die Zahlen in das Protokoll eingesetzt werden. — Das ist die Minoritäts-Erklärung „hinsichtlich des Vorganges bei der Wahl der Wahlmänner in Murnau.“ **Die patriotischen Wahlausschußmitglieder Heindl,** Pfarrer von Schlehdorf, **Stadler,** Pfarrer von Uffing, **Corbinian Berger,** damals Gemeinde-Vorsteher von Schlehdorf.

II. Jahrgang. Auflage: 4700.

Das Bayrische Vaterland.

Das „Bayr. Vaterland“ erscheint täglich mit Ausnahme der Sonn- und hohen Festtage. Preis des Blattes: Vierteljährig 54 kr., ganzjährig 3 fl. 36 kr. Das einzelne Blatt 1 kr.

Alle Postexpeditionen und Postboten des In- und Auslandes nehmen Bestellungen an. Inserate werden die dreispaltige Petitzeile oder deren Raum zu 3 kr. berechnet.

Redaktion: Burggasse 14. Herausgegeben von Dr. jur. J. Sigl. Expedition: Kaufinderbazar 5

Victor. Nr. 47. Sonntag, 27. Februar 1870.

Bayern und der Nordbund.

Während der Adreßdebatten konnte man hie und da, selbst aus dem weisen Munde Sr. Ewigkeit des Prinzen Hohenloh, ganz abgesehen von diversen Juden und Fortschrittsmännern hören, daß 1866 Preußen an Bayern eigentlich den Großmüthigen gespielt habe, denn Preußen habe ja Bayern zerstückeln können, wenn sich nicht Bayern an das „erfahrungsmäßig“ (!) großmüthige Herz Preußens (weg-) geworfen hätte. So sprachen erst S. Ewigkeit, dann verschiedene Kammer-Fortschrittsapostel und schließlich beteten es die liberaligen Blätter nach.

Wir stimmen damit nicht ganz überein. Man soll, meinen wir, den Teufel nicht immer an die Wand malen, man soll nicht Geister heraufbeschwören, die man vielleicht eines schönen Tages nicht mehr bannen kann. Mit diesem Jahr 1866 müßten nothwendig auch diejenigen erscheinen, die es verschuldet haben, daß Bayern in ein unseliges Geschick hineingezwungen worden, wie die blutigen Opfer jenes Jahres, an das kein Freund des Vaterlandes ohne Zorn und Ingrimm zurückdenken kann.

Die blutigen Opfer des Jahres 66! Wer ist denn Schuld, daß sie gefallen? Schuld, daß sie fruchtlos gefallen und daß kein Segen aus ihrem Blute ersprießen konnte? Wer ist denn Schuld, daß die tapfere und kampfesmuthige bayrische Armee erst nicht marschiren und dann niemals in voller Stärke dem Feind, dem Preußen entgegengestellt werden konnte? Wer hat es an der nöthigen Energie mangeln und hat jede Gelegenheit vorübergehen lassen, die Preußen zu fassen, zu schlagen und so eine Entscheidung zu Gunsten des Rechtes und des Vaterlandes herbeizuführen? Trägt der tapfere bayrische Soldat die Schuld oder tragen sie die Generale, die Führer? Nach dem Prozeß Zander, meinen wir, hätte gewissen Herren ein für alle Mal die Lust vergehen sollen, auf jenes entsetzliche und unbegreifliche Kampfspiel und seine unseligen Folgen für Bayern hinzuweisen.

Damals brannte das bayrische Volk von Begier, den nordischen Raubvogel in seine Grenzen zurückgewiesen zu sehen, die Krieger im Felde hatten den heißen Drang, sich mit dem Landfeind, dem verhaßten Preußen zu messen, ihn niederzuschlagen und machtlos und ungefährlich zu machen, damit einmal Ruhe würde im Vaterland und Jeder ungestört und unbedroht seinen Kohl bauen könne. Aber — aber! — Wir wollen nicht alte Wunden aufreißen, an denen jetzt noch jedes wahrhaft deutsche Herz blutet, wir wollen nicht erinnern an das unselige Werk, daß dem Freimaurer v. d. Pfordten jetzt vielleicht auf der Seele lasten mag, — nicht erinnern an das Jahr 66 und das Unheil, das es gebracht, nicht an eine Kriegführung, wie keine ähnliche in der Kriegsgeschichte aller Zeiten und Völker zu treffen; aber dagegen müssen wir protestiren, daß man die unglückseligen Folgen des Jahres 66 in der bayrischen Kammer preist und sie gar noch als ein Glück für das Land hinzustellen sich erlaubt. Haben wir nicht 40,000 Brüder und 30 Millionen Gulden an diese „großmüthigen“ Preußen verloren? Hat dieses selbe großmüthige Preußen uns nicht Verträge aufgezwungen, unter denen der Wohlstand und das Glück unseres Vaterlandes sich verblutet? Das soll Großmuth sein, daß unser Geld nach Preußen geht, Preußen uns dagegen seine Nordlichter, Juden und Freimaurer, leichte Waare, Ausschußwaare, seine Kriegsobersten, Werthern und — Befehle zum Ausführen schickt? Das ist eine sonderbare Großmuth, aber rühmen und preisen können wir sie nicht. Dazu fehlt uns einerseits die olympische Erleuchtung, anderseits die preußische Bezahlung, durch welche diese „Erleuchtung“ befördert wird.

Also weder an das Glück des Jahres 66, noch an die preußische Großmuth können wir glauben. Die Preußen haben 1866 an Bayern gethan, was sie konnten und was Andere für sie thun konnten. Hätten sie mehr thun und noch „großmüthiger“ sein können, so hätten sie es gewiß an Beiden nicht fehlen lassen. Sie durften aber nicht weiter gehen; die „bleiche Rücksicht“ auf das Ausland hielt sie ab, noch „großmüthiger“ gegen uns zu sein und Bayern bis an die Donau oder gleich ganz zu nehmen. Und dafür sollen wir den „großmüthigen“ Preußen gar noch dankbar sein?! Sonderbare Schwärmer!

Dunkle Bilder aus dem Juliusspitale in Würzburg. I.

Fräulein Augusta Pfretzschner.

*□ Fräulein Augusta Pretzschner ist die Tochter eines verlebten k. b. Hauptmanns, Schwester des derzeitigen Herrn k. b. Staatsministers der Finanzen Adolph von Pfretzschner, Schwägerin des Herrn k. b. Hofraths, Dr. Joseph von Held, Professors der Rechte an der Universität Würzburg, und ursprünglich heimatberechtigt in München.

Durch wohlberechnete Erwerbung des Heimathrechtes zu Würzburg von Seite der bei ihrem Herrn Schwiegersohne lebenden Frau Hauptmannswittwe Pfretzschner wurde auch Fräulein Augusta des gleichen Rechtes theilhaft und wurde dadurch derselben die Möglichkeit der Aufnahme in e[illegible] Pfründe des Juliusspitals im Falle gänzlicher Ar[illegible] und Verlassenheit und geistiger oder körperlicher [illegible] oder auch hohen Alters geboten.

Zur großen Verwunderung der [illegible] übergab Herr Hofrath Dr. v. Held, diese [illegible] lantropischen Einigungen, im Herbste 185[illegible] nerin Augusta zur Cur der Irrenabtheilung des Julius-spitals und hatte zu noch größerem Staunen aller Bekannten der sehr intelligenten, gebildeten, körperlich gesunden und jugendlichen Curistin die Freude, dieselbe als julius-spitälische unheilbare Armen- und Irrenpfründnerin zu Pfingsten 1860 aufgenommen zu sehen.

Die nunmehrige unheilbare (!!) Irrenpfründnerin Fräulein Augusta Pfretzschner hatte nun freilich nicht die ihr ordnungsgemäß zuerkannte Zelle im gemeinsamen Saale der weiblichen unheilbaren Irrenpfründner inne, sondern ein Separatzimmer I. Cl. in der Abtheilung der in Behandlung stehenden Curisten. Und wie sehr war diese Ausnahme von der Regel dem aus dem Hofrath v. Held'schen Familienkreise entfernten Mädchen zu gönnen, welches übrigens niemals in denselben sich zurückgesehnt haben soll! Denn in dem gemeinsamen Saale, einem wahrem Trauerbilde menschlichen Elends, sind nur Unheilbare, Tobsüchtige, Blödsinnige eingeschlossen; Fräulein Auguste aber ging, wie jede Gesunde, so oft es ihr beliebte, ohne Begleitung täglich zu Besuchen aus und zeigte sich so wenig wie Hr. Hofrath v. Held, jemals blöd- oder irrsinnig.

Das entschiedene Auftreten — wie man wissen will — des derzeitigen Irren-Oberarztes Herrn Hofraths Dr. Rinecker dem k. Oberpflegamte gegenüber, brach endlich die Acht der armen Fräulein Augusta, die am 12. Januar 1870 nach Schwäbisch-Gemünd in eine Pensionsanstalt übersiedelte.

So genoß die Schwester eines hochbesoldeten, unverehelichten kgl. b. Staatsministers, die Schwägerin eines mit Glücksgütern gesegneten kgl. b. Hofrathes und Rechtslehrers fast zehn Jahre hindurch die Wohlthat der spitälischen Pfründe, verdrängte irgend eine hilfsbedürftige, in einem elenden Armenhause schmachtende, der Gemeinde zur Last fallende Blödsinnige aus ihrem Rechte und aß das Armenbrod! —

(Hätten wir diese Mittheilungen nicht von einer Seite, die uns jeden Zweifels an deren Wahrhaftigkeit überhebt, so hätten wir diese Thatsache für unmöglich und unglaublich halten müssen. Was? Darf man so mit Staatsgeldern, mit dem Gute der Armen umgehen? Darf man ungestraft so den Armen und Elenden entziehen, was ihnen gehört und nicht den Reichen und Vermöglichen? Hat der unverheirathete Staatsminister Pfretzschner von seinen 12,000 fl. nicht ein paar hundert Gulden erübrigen können, um seine leibliche Schwester zu ernähren? Ah! das ist stark! Nach unserm Begriff von Recht sollte man die reichen und hochgestellten Verwandten dieses Fräuleins zum vollen Ersatz dessen zwingen, was seit 10 Jahren auf diese Weise den wirklich Armen entzogen worden ist, ganz abgesehen von dem Unrecht, das diesen durch ihre Verdrängung geschehen ist und das nicht mehr gut gemacht werden kann. D. Red.)

Deutschland.

München, den 26. Februar.

*Das „Augsb. Pastoral-Blatt" bringt in Nr. 8. vom 19. Febr. „Klagen aus dem Klerus über die Haltung der Augsb. Postzeitung in Sachen des Concils." Die sind uns aus der Seele geschrieben. Verhehlt die Postzeitung doch fast bei keiner Gelegenheit ihre Uebereinstimmung mit den Aufstellungen des Hrn. v. Döllinger, und mit einer gewissen Genugthuung registrirt sie die verschiedenen Zustimmungen zu denselben! Das hat uns längst betrübt und geärgert. Es ist uns erhebend und ermuthigend, wie andere Blätter diese Frage behandeln, während das „Organ des Klerus und der Theologen" überall seine Befriedigung über die Kämpfe und Angriffe gegen die Infallibilität durchblicken läßt. Was soll uns denn euere Weisheit und Wissenschaft, wenn sie nur dazu angewendet wird, die Pietät gegen den heil. Stuhl und das Vertrauen auf die Leitung der Kirche durch den heil. Geist zu untergraben? Irdische Weisheit hat die Kirche nicht gebaut und sie siegreich durch alle Jahrhunderte bis auf den heutigen Tag bewahrt. Wäre sie nur auf menschliche Kräfte und Vorsicht angewiesen gewesen, dann wäre längst auch keine Spur ihres ehemaligen Bestandes mehr vorhanden. — Nun kommt es einem fast vor, als ob das, was vom Anfange an eine Prärogative des Oberhaupts der katholischen Kirche gewesen, auf den „Senior der deutschen Theologen" (Döllinger) übertragen werden sollte. Eine theologische oder historische Celebrität um die andere streitet sich um den Ruhm, den febronianischen Kohl des Hrn. v. Döllinger fett zu machen. Das ist eine betrübende, tiefschmerzliche Erscheinung! Leute, bei denen wir gewohnt waren, das in „verba magistri jurare" anzuwenden, sehen wir in das Horn des „Janus" blasen! Da könnte man irre werden, wenn uns nicht die Geschichte aller Zeiten bewiese, daß Wissenschaft ohne Glauben und Demuth auf gefährliche Wege leitet, und daß jede Wissenschaft im Sande verläuft, wenn sie sich hartnäckig mit den Prinzipien der Kirche in Widerspruch setzt. Darum lassen wir uns nicht täuschen durch die glänzenden Irrlichter, welche jetzt wie Sternschnuppen über den Himmel der „deutschen Wissenschaft" fahren, und wenn man uns alle Tage wieder ein paar Namen nennt, die im Zeichen des „Janus" erscheinen. — Wir halten unsern Blick auf die Kirche gerichtet, jene Kirche, an der sich seit 1800 Jahren erwiesen: „Die Pforten der Hölle werden sie nicht überwältigen."

— (Judengeschichten.) Magistratus wohlweiser fortschrittlicher hat gestern sein Licht in der städtischen Schulrathsfrage abermals leuchten lassen. Als künftiger Schulrath nach dem Herzen des Fortschritts ist also nicht ein Münchener würdig und „befähigt genug" befunden worden. Ist keiner der hiesigen Lehrer den Juden und Fortschrittern rabiat genug oder gebildet genug, daß man nach einem Fremden greifen mußte? Soll dies mehr ein Kompliment oder eine Beleidigung für die hiesigen Lehrer sein? Ingerle, der noch gewählt worden, da der Magistrat noch „in den finsteren Banden vaterlandsloser Römlinge" ꝛc. war, wollte man nicht mehr und Sollereder war wahrscheinlich die Lust vergangen, von den gelehrten (!) Juden, Advokaten ꝛc., die wir als unsere Stadtväter zu verehren haben, sich ins Zeug pfuschen zu lassen und er trat von der Bewerbung zurück. Keiner von beiden hatte sich hinreichend als Pfaffenfresser a la Strauß und Kons. erwiesen, daß er allen Fortschreitern und Juden hätte „entsprechend" scheinen können. Man verschrieb sich also einen Auswärtigen in der Person eines Marschall, der durch seine Mitgliedschaft des Centralausschusses des bayrischen Lehrervereins ja wohl das Zeug haben wird, es den Münchener „Pfaffen", die etwa in die Schule noch etwas hineinreden wollen, gehörig zu stecken! Die patriotische Partei der Kammer hatte es wirklich recht nothwendig, an Aufbesserung der Gehalte der Lehrer von solchem Schlage zu denken, von denen das zahlende patriotische Volk doch nur wieder des Teufels Dank haben würde!

— Die „Donauzeitung" schreibt: „Das hiesige „Vaterland" scheint todt gemacht werden zu wollen. Diese ewigen Konfiskationen müssen ein Blatt ruiniren.[1]) Man braucht nicht mit allem einverstanden zu sein, was das „Vaterland" bringt, aber mit solchen Attentaten auf die

---

[1]) Den Schaden, der uns durch die 15 Konfiskationen in zehn Monaten erwachsen ist, haben wir allerdings auf mindestens 5—600 fl. anzuschlagen. D. R.

Preßfreiheit kann man auch nicht einverstanden sein. Hr. v. Schauß, welcher sich immer so viel mit dem „Vaterland" zu schaffen macht *), soll schon wieder eine neue Klage gegen dasselbe anhängig gemacht haben. Das **Schimpflexikon** der Herren Liberalen, welches kürzlich in der Expedition des „Vaterland" herausgekommen ist, soll diesen schwer im Magen liegen. Es enthüllt einen fürchterlichen Wust von fortschrittlicher Gemeinheit! Selbst die ersten Blätter der Liberalen, die Augsb. Abendzeitung, die Landeszeitung und sogar die Allg. Ztg. haben sich von dieser Epidemie nicht frei erhalten können. Erstere zwei figuriren vielmehr sehr häufig in dem Schimpflexikon, was sich Hr. Stenglein, der Chef-Redakteur der Landeszeitung, hinter die Ohren schreiben darf. ꝛc. ꝛc.

— Der sehr liberale bayerische Lehrerverein hat eine Petition um Verbesserung der materiellen Lage der Schullehrer an die Kammer gerichtet. Das ist gut, wird aber nichts nützen. Die fortschrittlichen Herren Lehrer haben ihr gutes Theil dazu beigetragen, daß wir jetzt ein Defizit von 6 Millionen haben und wäre es ihnen nachgegangen, dann hätten wir noch mehr Fortschreiter in der Kammer und in Folge dessen noch mehr Steuern und Defizit. Und jetzt die Herren für eine solche Wirksamkeit auch noch aufbessern? Thut uns leid, aber wir haben kein Geld und 6 Millionen Defizit! Sorgen Sie, würden wir den Herren sagen, nach Ihren Kräften für eine Kammer, die das preußische Wehrgesetz abschaffen und in Folge dessen das Militärbudget heruntersetzen kann, dann werden Sie die Frucht ihrer Mühe in einer Gehaltsaufbesserung der würdigen Bedürftigen ersehen. Jetzt aber haben wir keinen Kreuzer überflüssiges Geld. Beiläufig bemerken wir, daß die (projektirte, hoffentlich projektirt gewesene) Gehaltsaufbesserung der Lehrer auf 500 fl. die Kleinigkeit von mehr als **anderthalb Millionen** beanspruchen würde. Ein hübsches Taschengeld — aus den Taschen des armen Volkes!

— Der durch Ernennung des Hrn. Dönniges zum Gesandten in Florenz erledigte Gesandtschaftsposten in der Schweiz bleibt vorerst unbesetzt. Es hat eben seine Schwierigkeit, eine zweite Persönlichkeit wie Dönniges in der civilisirten Welt ausfindig zu machen, die so in jeder Beziehung ausgezeichnet wäre.

— Das Befinden des Hrn. Prof. Pözl hat sich wieder gebessert und ist Hoffnung vorhanden, daß er bald seine fruchtbare Thätigkeit als Rechtslehrer wieder wird aufnehmen könnnen.

Von der obern Altmühl wird dem „Vaterland" geschrieben: Während am 21. d. in Alesheim zwei Elemente wütheten, Luft und Feuer, gerieth in Ellingen ein drittes in Aufruhr, das dortige Fortschrittselement. Die Niederlagen bei den Gemeindewahlen that dem Fortschritt weh, er kann sie immer nicht vergessen und der Gedanke daran macht ihn zuweilen ganz toll. Einen solchen Anfall von Tollwuth hatte er am genannten Tage. Als die Feuerspritze nach Alesheim abgefahren werden sollte, wollten plötzlich mehrere Feuerwehrmänner die neue Spritze haben, die einem früheren Beschluß gemäß nur in der Stadt gebraucht werden soll. Der Baurath verweigerte also diese Spritze und verwies sie auf die andere, nun aber brach der Fortschritt in Wuth aus. Es wurde geschrien, geschimpft, gedroht und schließlich auch Gewalt angewendet, der herbeigeeilte Bürgermeister insultirt und mißhandelt und — die Spritze entführt. Die Wuth scheint aber nach dem Brande noch fortgedauert zu haben, wie ein Artikel im Ansb. Morgenblatt v. 23 zeigt. Der Vorfall wird dort gänzlich entstellt und wie es scheint hauptsächlich deshalb erzählt, um dem katholischen Kasino und resp. dessen geistlichen Mitgliedern einige Hiebe zu versetzen (Vor der bürgerlichen Obrigkeit haben die Fortschreiter niemals sonderlichen Respekt, selbst nicht wenn sie fortschrittlich ist. Wie muß aber ein schwarz angesäuselter Bürgermeister das sanfte Gemüthe eines Feuer- und Fortschrittsmannes empören, wenn er sich dem souveränen Willen der Spritzenmänner widersetzt!

Da werden Weiber zu Hyänen
Und treiben mit Entsetzen Scherz! ꝛc.)

Vom Rhein wird dem „Vaterland" geschrieben: Was? höre ich recht? Hr. Hörmann soll Präsident von Oberbayern werden? Das wäre doch stark, das wäre eine schöne Bescheerung für Oberbayern, dieser Mann, der sich eben erst gefallen lassen mußte, von einem Priester . . . (fortschrittlicher Wahrhaftigkeit! D. Red.) überführt zu werden. Kann denn der Mann überhaupt noch in der Kammer sein, nach einem solchen Vorfall? Nein! Seit jenem Tage, da Pfarrer Dr. Westermayer in solcher Weise seine — Wahrhaftigkeit beleuchtete, muß Hr. Hörmann schon in seinem Intresse wünschen, nicht mehr auf den Leuchter, geschweige denn auf einen Präsidentenstuhl erhoben zu werden. Hr. Hörmann wird, wie es sich von einem Manne von Charakter, der er ohne Zweifel ist, nicht anders erwarten läßt, bei guter Gelegenheit sich aus dem öffentlichen Leben wieder ganz zurückziehen und sich nur mit sich und der Erinnerung an seine — Thaten und an jenen Tag beschäftigen. Deß bin ich überzeugt; denn wie mag er sich in der Kammer nach einem solchen Auftritte noch heimisch fühlen? Wie mag er noch leuchten wollen, nachdem er selbst so brillant beleuchtet worden? Gewiß, Hr. Hörmann wartet nur eine passende Gelegenheit ab zu gehen, aber gehen wird er . . . . (Und Niemand wird ihm nachweinen! D R.)

Aus Württemberg ertönt gleichfalls das schöne Lied von Steuererhöhung! Seit 1866 sind die Steuern bereits um 10 Prozent erhöht worden und jetzt will die Regierung schon wieder bei mehreren „Steuerquellen" Erhöhung von 15 bis 30 Prozent.

Doch quillt er kaum der Steuerquell,
Die Schwaben steuern nicht so schnell.
Und für die Preußen? — Jotte doch!
Der Schwabe ruft, das fehlte noch!

Ins Prosaische übersetzt heißt die Antwort der Kammer auf die Forderung der Regierung: Ich mag nicht! und das ist eine Antwort, die jeder Minister versteht, selbst ein „ewiger."

Preußen. In Berlin will Bismark den ganzen neuen Strafgesetzentwurf zurückziehen, wenn die Freimaurer die Abschaffung des Köpfens durchsetzen würden. Das Köpfen ist ein unentbehrliches Kultur- und Bildungsmittel in Preußen.

Ausland.

Frankreich. Paris. Der Kaiser hat dem Erzherzog Albrecht das Großkreuz der Ehrenlegion verliehen. Nach dem Memorial Diplomatique (Organ des österreichischen Gesandten) soll nach den Osterfeiertagen die oftangekündete Zusammenkunft des Kaisers von Oesterreich mit Victor Emanuel stattfinden. Der Kaiser, meinen wir, könnte sich für seine Zusammenkünfte auch eine bessere Gesellschaft suchen.

Eine Säule des „ewigen" Ministeriums.

Eine wahre Geschichte.

* Es war einmal ein Schulmeister in Hinterpommern, im

*) Und sich dafür heillose Advokatenrechnungen zahlen läßt, die sogar die gewiß nicht „ultramontanen" Richter „exorbitant" finden!

Lande der zoller'schen Herrlichkeit. Obschon nun die dortigen Eingebornen, da sie von Haus aus schon intelligent sind, nicht sonderlich viel von einem Schulmeister verlangen, hat ihnen der doch nicht gelangt und sie haben ihm den Laufpaß gegeben, worauf er dem undankbaren Vaterland gleich den Rücken gekehrt hat. Da war nun im Süden ein Land, wo Milch und Honig floß und sich jeder satt essen und trinken konnte und es war dort sehr gut sein. Das hat man das Probierlandl geheißen, weil man dort immer alles Mögliche probirt hat und sogar viel Unmögliches, nur nichts Gescheidtes. Und ganz besonders die Fremden hat man dort gerne gehabt, weil man die eigenen Leut halt für gar dumm hielt. Das hat nun der preußische Schulmeister einmal gelesen gehabt und seine guten Freunde im Schurzfell, die er dort hatte, haben ihm auch geschrieben und da hat er sich gedacht: Da gehst hin! Da gibt's Knödl und Nud'ln und Bier vollauf und das wird dir gut thun auf die Hungerleiderei in Hinterpommern. Ein Fremder bist auch und ein Preuß noch dazu, da kann's dir gar nicht fehlen, da fressen sie im Probirlandl einen ganz besonderen Narren an dir. Probiren kost' nichts, also „auf nach Valencia!" Kommt also da der Schulmeister auf einmal ins Probirlandl und sagt, er sei ein Schulmeister aus Hinterpommern in Preußen, und da sei er jetzt. Und da hat man ihn richtig gleich in ein schönes Haus geführt und hat ihm ein Bett und vor Allem zu essen gegeben, was gut und theuer war, denn es hungerte ihn sehr, und hat ihm sonst alle Ehre angethan. Und darauf hat man ihn zum Professor historiae gemacht und er hat da ein schönes Gehalt und gut zu essen gehabt. Wie aber der Fürst vom Probierlandl gehört hat, daß so ein großer Gelehrter im Lande sei, da hat er ihn gleich zu seinem Privatbüchereimeister gemacht und da hat er noch viel mehr und besser zu essen gekriegt. Das ist nun der Schulmeister aus Hinterpommern lang geblieben und hat sich dabei gut gestanden und alle Hofschranzen und Speichellecker und Lakaien haben große Ehrfurcht vor ihm gehabt. (Forts. folgt.)

Dienstes-Nachrichten.

Verliehen: D. k. Pf. Limbach, B.-A. Günzburg, dem Fr. X. Stieglbauer, Pf. in Unterthürheim, B.-A. Wertingen; Schönau, B.-A. Pirmasens, dem L. Brockschläger, Pfarrverw. in Oberndorf, B.-A. Kirchheimbolanden; Unterleinleiter, B.-A. Ebermannstadt, dem F. Reubel, Benef. in Kupferberg, B.-A. Stadtsteinach; Hammelburg, gl. B.-A., dem V. Koch, Verw. dors.; Pfarrweisach, B.-A. Ebern, dem K. Thoman, Verw.; Otterskirchen, B.-A. Vilshofen, dem A. Fisch, Pf. in Breitenberg, B.-A. Wegscheid; Kemnathen, B.-A Hemau, dem A. Rixner, Exp. in Albertshausen, B.-A. Neumarkt.

Das Marionetten-Theater

hat für die drei Faschingstage ein sehr gewähltes Repertoire, und glauben wir namentlich auf die für Montag bestimmte Parodie „Der Freischütz, oder: Staberl in der Wolfsschlucht" aufmerksam machen zu müssen. Eine besondere pikante Dareingabe mag das Tableau bilden, welches den Schäfflertanz vorstellt. Die liebe Jugend wird seine Freude dran haben und die Alten auch. Wir empfehlen den Jungen und den Alten, die sich für die Faschingstage eine Freude machen wollen, das Marionettentheater und die lustigen Schwänke dieser Staberliade.

Preußen. In Hamm (Westphalen) ist vergangenen Donnerstag etwas Seltenes passirt. Ein 62jähriger Greis ließ sich an dem Tage Morgens trauen, Nachmittags hatte er Kindstaufe und Abends starb er.

Briefkasten.

K—r, Sp. 12. — Kl., Fr. 12. — H—r, Kgsh. — J. R., N. b. Frsg. — Fr. G., Hsz. — Chr. Ostdt. — Gg. W. Gslh. — Jr. F—b, Rsh. besorgt. — M. Fl—r, E. — S. Hgl., Rgsb. 3. — R—, Igst. 6. — Kr. Bchh. Igst. 4 und 12.

Frankfurt a. M., 23. Febr. Schlußcurse: 1882er Amerikaner 94 5/8; österr. Bankactien 693; dito Creditactien 256 1/4; Bayer. Ostb.-Actien 120 3/8; Oesterr. Loose v. 1860 78 3/4; dito v. 1864 116 1/8; 5proc. österr. engl. Metall. — —; 5 proc. National — —; 5 proc. bayer. Anl. 101 dito 4 1/2 proc. Anl. 91 3/4; dito 4 proc. Pr.-Anl. 106 3/4; dito 4proc. Grundrente 86 3/4; Elisabeth-Prior. 1. Em. 75 1/8; Napoleons 9. 29. Münchener Anleihe 100 3/4; steuerfreie Met. v. 1866 — ; österr. franz. Staatsbahn 860 1/2; bad. Präm.-Anl. 105 1/8; Münchener Handelsbank —.

Verantwortlicher Redakteur: Dr. J. Sigl.

Druck von M. Vogt in München, Rosengasse 10.

II. Jahrgang. Auflage: 4700.

Das Bayrische

Vaterland.

Das „Bayr. Vaterland“ erscheint täglich mit Ausnahme der Sonn- und hohen Festtage. Preis des Blattes: Vierteljährig 54 kr., ganzjährig 3 fl. 36 kr. Das einzelne Blatt 1 kr.

Alle Postexpeditionen und Postboten des In- und Auslandes nehmen Bestellungen an. Inserate werden die dreispaltige Petitzeile oder deren Raum zu 3 kr. berechnet.

Redaktion: Burggasse 14. Herausgegeben von Dr. jur. J. Sigl. Expedition: Kufflerbazar 5

Fastnacht. Nr. 48. Dienstag, 1. März 1870.

Bestellungen auf das „Bayr. Vaterland“ für das Quartal zu 54 kr. (für den Monat März zu 18 kr.) können bei allen Postanstalten und Postboten noch immer gemacht werden.

Randglossen zur Rede des Lehrers Strauß in der Kammer I.

H. Wahrlich eine famose, eine ganz gescheidte Rede war es, Herr Strauß, die Sie den Abgeordneten zum Besten gegeben, und hätten Sie nicht selbst betont, daß Sie und Ihre Herrn Collegen „der Bildung noch sehr bedürftig“ seien, wir hätten uns im ersten Augenblick gar zu dem Gedanken hinreißen lassen, ein ganz bedeutendes Licht fortschrittlicher „Intelligenz“ vor uns zu sehen. Gleichwohl, Herr Strauß, gilt auch von Ihnen das Sprichwörtlein, das Sie gewiß schon oft den lieben Kleinen mit dem Baculus vordemonstrirt haben: „Nichts Vollkommenes unter der Sonne!“ und wir müssen es wagen, Sie auf einige Mängel, sinnstörende Worte und — fortschrittliche Redensarten in Ihrer Rede aufmerksam zu machen. Als ein Mann, der gierig nach Wissenschaft lechzt und von dem „Zephyrhauche der Wissenschaft“ durchdrungen zu werden wünscht, müssen Sie sogar danken, wenn Sie auf Fehler aufmerksam gemacht werden, welche schon gegen die ersten Anfangsgründe aller Wissenschaft, gegen das gesunde Denken gerichtet waren.

Also, Herr Strauß, gestatten Sie, daß wir einige Sätze Ihrer begeisterten Schulrede heraus greifen, vor Allem den Satz, wo Sie von der „viel zu niedrigen Bildung“ Ihres Standes sprechen Wir bekennen uns zu der zweifelsohne letzerischen Ansicht, daß Sie damit sich selbst, ihre Herren Collegen und dem gesammten Fortschritt, zu dem allbekanntermassen Sie schon seit Jahren gehören, kein sonderliches Compliment gemacht haben. Denken Sie, Verehrtester, zurück an die Wahlen des vergangenen Jahres, an das damalige Geschrei der ganzen Fortschrittspresse, nach welchem „nur auf liberaler Seite die Intelligenz zu finden“ gewesen wäre, während im Lager der Patrioten eine schauerliche ägyptische Finsterniß, eine grauenhafte Bornirtheit, ein ungeheurer Verdummungsprozeß anzutreffen gewesen wäre. Und wer waren damals die Hauptfuhrer, die größten Agitatoren, die hitzigsten Kampfhähne unter den Mannen des Fortschritts? Was waren Ihre Collegen, Hr. Lehrer! Dagegen läßt sich nicht streiten, das ist durch hundert Thatsachen bewiesen, das könnten Ihnen jetzt noch vielleicht manche Lehrer an den Malen auf ihrem Rücken zeigen, die sie als „Märtyrer“ des Fortschritts von patriotischen Bauernfäusten davongetragen haben.

Ihre Collegen standen damals an der Spitze der „Intelligenz“, der „Bildung“, der „Civilisation“, — was sollen wir aber nun von Ihrem Ausspruche, geehrtester Hr. Strauß, halten, wenn Sie behaupten, Ihr Stand „sei der Bildung, was gleichbedeutend ist mit Intelligenz, noch sehr bedürftig?“ Wir können uns nur zweierlei denken: Entweder Ihr Ausspruch ist unwahr, und dann haben Sie ohne die geringste Kenntniß Ihres Standes unüberlegt über denselben ein Urtheil gefällt, das Jeden Ihrer Standesgenossen tief empören muß; denn das können wir, da Sie ein deutscher Schulmeister sind, nicht annehmen, daß Sie einem Sokrates gleich sähen, der trotz des Reichthums seiner Kenntnisse in Demuth sagte: Ich weiß, daß ich nichts weiß; — nein, von Demuth konnten wir in Ihrer Rede überhaupt keine Spur finden, diese Tugend ist aus dem Wörterbuch des Fortschrittes, zumal des Schulmeisterfortschritts gestrichen. Oder aber das naive Geständniß, welches Sie gemacht, ist wahr, Sie und Ihre Herrn „Amtsgenossen“ sind wirklich nicht die leuchtenden Fackeln der Intelligenz, für die man Sie bisher gehalten, sondern nur einstweilen schwach flimmernde Lämplein am Firmament des Fortschritts, dann Herr Strauß, welch entsetzliche Consequenzen thun sich auf! Welch jammervolle Aussage für den Fortschritt haben Sie verübt! Wie mochten Sie so aufrichtig sein, bei Öffnung des Sackes die ganze Katze herausspringen zu lassen? So also entpuppt sich Ihre Partei?

Hätten Sie einmal vom „Hauch der Wissenschaft“, nur vom Hauch sich durchdringen lassen, so könnten wir Ihnen den horazischen Vers deklamiren: Parturiunt montes — aber, Herr Strauß, wir wollen es Ihnen deutsch sagen, was ein römischer Dichter einst gesungen: Die Berge lagen in Geburtswehen und siehe was sie gebaren, war ein lächerlich Mäuslein! Mit dem Geschrei, mit dem eckelhaften Geheul Ihrer Presse von „Intelligenz“ scheint es nun den nämlichen Ausgang nehmen zu wollen. Man hat die Schullehrer zuerst als die größten Lichter, als die wissenschaftlichsten gebildetsten Köpfe ausposaunt, die am Ende höher emporragten als die Cedern Libanons, glänzender seien als die Strahlen der Sonne, überwältigender als eine Alles zermalmende Gebirgslawine, — und jetzt schmilzt ihre Gewalt, ihr Glanz, ihre Bildung auf Nichts zusammen, ihre Intelligenz steht nach Ihrer eigenen Aussage wenig oder gar nichts über dem — Gefrierpunkt.

Wenn das wahr ist, was Sie der Kammer gegenüber gesagt, sieht es mit dem Fortschritt traurig aus. Wenn derartiges am grünen Holze geschieht, was läßt sich dann vom dürren erwarten? Unter diesem dürren Holze verstehen wir aber nicht die Dutzend Stöcke, womit Sie den lieben Kleinen die Weisheit einzuprägen suchten und die einst Hr. Distriktsschulinspektor Wagner am hellen Tage aus Ihrer Schule entfernen ließ, um die Kinder von den Torturen schulmeisterlicher Inquisition zu erlösen, nein unter diesem dürren Holze verstehen wir das liberale Bürgerthum, das nach Aussage Ihrer Presse von „Intelligenz und Bildung“ strotzt.“ Wer hat diesen Philistern die „Intelligenz“ eingegossen? Ei Sie, Hr. Professor der Kinderschule und

Ihre Collegen! Wir kennen das bürgerliche Leben auch ein wenig, wir wissen recht gut, daß auch das Bürgerkind, einmal aus der Schule entlassen, wenig Geschmack mehr an den Büchern findet, daß meistens und besonders in liberalen Bürgershäusern die gesammte Fortbildung besteht in Romanen, welche von Lügen strotzen, die das Herz vergiften, welche die Geschichte verdrehen, welche den Geist auf eine ganz falsche Fährte leiten und Haß gegen Gott und jeden positiven Glauben in der Seele entzünden. Wie steht es also mit der gepriesenen „Intelligenz" Ihres Bürgerthums? Sie konnten ihnen die wahre Bildung nicht beibringen, weil Sie ja selbst, wie Sie behaupten, Mangel daran besitzen; Ihre „Amtsgenossen" konnten es ebensowenig, weil viele derselben Ihnen an Kenntnissen noch nachstehen. Ein Streben, sich selbst fortzubilden, selbst in der Intelligenz Fortschritte zu machen, ist bei den „liberalen" Stadtbürgern durchaus nicht vorhanden, der ganze stolze Bau, von dem Ihre Presse gefabelt, war also nichts als ein leeres Luftgebilde, welches bei näherer Betrachtung in Nichts zerfließt, war ein Traum, in welchem sich Ihre Partei von dem „Lichte der Intelligenz" umflossen sah, der aber jetzt durch Ihre Worte, Hr. Lehrer, verschwinden muß.

Wenn Ihre eigene Partei noch einigen Menschenverstand besitzt, so muß sie einsehen, daß Sie keinen Lorbeer von ihr verdient haben, denn Sie haben ihr keine Dienste geleistet, Sie haben dem Fortschritt vielmehr die Maske der angeschwindelten Bildung, womit er sein wahres Wesen verdeckte, heruntergerissen, und die patriotische Partei kann Ihnen aber nur dankbar sein für Ihr Geständniß; denn sie sieht jetzt, daß sie Recht hatte, wenn sie vom Fortschritt und seiner Presse das Urtheil fällte:

Viel Geschrei und wenig Wolle!

Deutschland.

München, den 28. Februar.

Landtag. In der Samstagsitzung der Kammer der Abg. konstatirte das Präsidium aus den Wahlzetteln, daß das fortschrittlich ausgesprengte Gerücht, die Abg. Mahr und Lothar Weber hätten sich selbst gewählt, eine fortschrittliche Lüge ist. Der erste Gegenstand der Berathung war eine versuchte Reklamation gegen die Brucker Wahl. Referent Dr. Jörg beantragt, dieselbe als unbegründet und in jeder Weise bedeutungslos zu verwerfen, was nach einigen unwesentlichen Debatten von der Kammer geschieht. — Der Referent des 6. Ausschusses Pf. Außwurm erstattet Bericht über geprüfte Ausschußanträge. Den betr. Fachausschüssen zugewiesen wurden: Der Antrag Stauffenbergs um eine umfangreiche Revision des Vereinsgesetzes, die Vorstellung der Lehrer um materielle Aufbesserung ihrer Lage (!!), die der Kissinger Salinenarbeiter, vertreten von dem Abg. Baier, um Aufbesserung ihrer Bezüge; (das Ministerium will aber nichts davon wissen.) Das Gesuch der mittellosen Gemeinde Münchenerau, daß der ihr zugemuthete Schulhausbau entweder ganz unterbleibe oder auf eine spätere Zeit verschoben werde, wurde, von Dr. Jörg und Greil kräftigst unterstützt, empfehlend ans Ministerium hinübergegeben.

— Die Neuwahl in Jettingen ist, wie von den braven Schwaben gar nicht anders zu erwarten war, durchaus patriotisch ausgefallen. Wie die Dinge nun liegen, ist die Majorität bei der Abgeordnetenwahl in Günzburg auf Seite der Patrioten und kann es gar nicht fehlen, daß die drei Gewählten alle drei Patrioten sein werden, wenn von unserer Seite nicht eine außergewöhnliche Dummheit gemacht wird. Dazu nun sind alle Aussichten vorhanden. Es gibt unter den Patrioten Leute, welche für jede Gelegenheit, für jedes Amt, für jede Würde einen Aristokraten auf Lager haben. Jung oder alt, dumm oder gescheidt — ein Aristokrat muß es sein und wir glauben, wenn etwa diese Leute irgendwo dem göttlichen Eumäos einen patriotischen Nachfolger zu geben hätten, so würden sie gewiß an erster Stelle wieder einen adeligen Herrn in Vorschlag bringen. So trägt sich nun Einer da draußen in Schwaben mit dem ungeheuerlichen Gedanken, in Günzburg den jungen Freiherrn von Thüngen, den Sohn des Reichsraths, nicht dessen Bruder Reinhard, der ein vortrefflicher Mann wäre, als Kandidaten aufzustellen. Nun ist aber notorisch und sein eigener Vater sagt es Jedem, der es hören will, daß sein junger Herr Sohn nichts weniger als ein Patriot, sondern ein Erzpreuße sei! Aber, zum Wetter, ihr Herren, glaubt dem Vater, der seinen Sohn besser kennen muß, als Ihr und der ihn gewiß nicht als schwarzweiß ausgäbe, wenn er blauweiß wäre! Und muß es den immer ein Aristokrat sein, findet Ihr denn in ganz Schwaben keinen tüchtigen Bauern zum Volksvertreter? Wollt Ihr Eure aristokratischen Steckenpferde reiten, so thut es lieber zu Hause, so Euch's das Zipperlein erlaubt, und schlagt den Günzburgern einen Mann aus ihrer Mitte, einen Mann aus dem Volke vor, der ihre Interessen besser kennt und zu vertreten weiß, als der schönste und jüngste Baron im Königreich. Laßt Euere aristokratischen Schnurren, auch die schwäbischen Bauern greifen viel lieber zu Ihresgleichen als zu Reichsbaronen, die sie nicht kennen, und sie haben Recht!

— Morgen sollen auf königliche Unkosten 1400 Arme ausgespeist werden. Sehr löblich; aber die Ausführung und die Zuthaten sind so ungeschickt und unpraktisch als möglich. Die Armen werden durch die Polizei, durch die Bezirks-Kommissäre der 14 Bezirke eingeladen, die Distriktsvorsteher sollen sie „ausfindig" machen u. s. w. Schließlich ist damit den Armen damit doch keine Wohlthat geschehen nnd werden viele Worte umsonst gewesen sein. Es kann vorkommen, daß der Vater sich Mittags auf kgl. Kosten satt essen kann, während Weib und Kind hungern müssen. Die kgl. Spende hätte den Armen auf viel einfacherem Wege zukommen können, wenn man es dem Geber gesagt hätte, und wäre mehr damit gefruchtet gewesen. So aber wird sich die Polizei schwerlich populär machen!

— Hr. Prof. Sepp ist für seine skandalose Brochüre nicht blos mit dem „Dank" des sehr edlen geheimen Lokalblattes „Landbote" beehrt worden, sondern auch das „Witzblatt" Grog, welches mit dem ebenerwähnten an Bildung und liberaler Wahlanständigkeit auf ziemlich gleicher Stufe steht, ist gegen den Hrn. Professor voll der Anerkennung und des Lobes. Hr. Sepp braucht sich nachdem nicht mehr zu erkundigen, was die ehrlichen Katholiken sagen: wen die Liberalen loben, der ist gerichtet.

— Das Bankett der „Auswärtigen" hat richtig am Samstag und Sonntag früh stattgefunden und Seine Ewigkeit Prinz Hohenlohe verherrlichte es durch Hochdero Gegenwart. Bei den Meisten soll der Jubel bis in den Morgen hinein gedauert haben, was ganz in der Ordnung ist, denn die Zeit läßt sich wirklich außerordentlich lustig an.

—(Judengeschichten.) Magistratus hochlöblicher hat sich durch verschiedene seiner Sprecher in der Frage des städtischen Schulraths dahin ausgespochen, daß derselbe aus „Zweckmäßigkeitsgründen" zwar jetzt noch katholisch sein, daß aber dies keineswegs bindend oder maßgebend sein soll. Hr. Schrott „bedauert", daß überhaupt in solchen Angelegenheiten noch konfessionelle Rücksichten genommen werden und legte sogar Verwahrung ein, daß das konfessionelle Prinzip auch für die Zukunft aufgestellt werde. Natürlich! Ob Heide, Christ, ob Hottentot, wir glauben all an einen

Gott! hat's früher bei den Liberalen geheißen; jetzt ist auf die Konfession auch kein Werth mehr zu legen, denn jetzt glaubt man vermöge der fortgeschrittenen „Bildung“ meist an gar nichts mehr, und dieser „Thatsache“ muß doch auch der Münchener Magistrat „Rechnung tragen“!

— Von dem k. Stadtgerichte wurde am 26. die Klage des Bürgermeisters von Kronach, Hrn. Mertel, gegen den Redakteur des „Volksboten“, Hrn. K. Zander, wegen Ehrenkränkung durch die Presse verhandelt. Der betreffende Artikel, wie der Vertheidiger des Angeklagten, Dr. v. Auer, während der Verhandlung mitgetheilt, von Hrn. Pfarrer Zucker in Neufahrn bei Kronach verfaßt. Das Stadtgericht hat Hrn. Zander der Ehrenkränkung für schuldig erkannt und ihn — inkl. der durch Erkenntniß vom 27. Dez. v. Js. ausgesprochenen 21 Tage Gefängniß und 100 fl. Geldstrafe — zu 24 Tagen Gefängniß, 120 fl. Geldstrafe, Tragung der Kosten und Veröffentlichung des Erkenntnisses verurtheilt.

Aus Würzburg wird dem „Vaterland“ gemeldet, daß dort sich eine kleine, aber bezeichnende geistige Revolution in aller Stille zu vollziehen scheint. Ein Anzeichen ist, daß der sehr liberale Bürgermeister Zürn aus dem liberalen Bürgerverein ausgetreten ist. Da sich die bürgermeisterlichen Sonnenblumen gewöhnlich nach dem Stand des leitenden Tagesgestirns zu richten pflegen, so ist das allerdings nicht ohne! Der patriotische Bürgerverein, zu dem die besonneneren Bürger zählen, blüht immer mehr auf. So kann auch vielleicht für Würzburg trotz der Juden wieder eine bessere Zeit kommen. Gegen Hrn v Harleß haben die Liberalen natürlich auch eine Adresse zusammengeschwindelt; allein der wackere Pastor Funk antwortete darauf mit einer Vertrauensadresse für Hrn. v. Harleß, die zahlreiche Unterschriften erhielt. (Die Zustimmungsadressen &c. &c. an den tapferen Reichsrath, die ihm aus den besseren Elementen in Protestantismus kommen, mehren sich mit jedem Tage. Es scheint gegen die liberale Schwindel-Hetze bereits eine gesunde Reaktion eingetreten zu sein.)

Preußen. In Berlin stellte beim Reichstag der nationalliberale Jude Lasker den höchst nothwendigen und dringenden Antrag, den badischen Bettelpreußen, bezw. der badischen Regierung den norddeutschen Dank für ihre „echtdeutsche Haltung“ auszusprechen. Das seien doch „deutsche“ Männer und „echtdeutsche Bürger“, sagte der kleine Jude bei Motivirung seines Antrags, die sich trotz der vielfachen ihnen von Preußen bereiteten Leiden und Drangsale sich dennoch immer zu Preußen „hingezogen“ fühlen. Die Pudel, hätte der Jude hinzufügen können, welche trotz aller Prügel von ihren Herren dennoch in hündischer Treue und pudelhafter Ergebenheit nicht wanken, werden von den badischen Bettelpreußen sogar noch übertroffen! Dem edlen Grafen Bismark scheint es aber mit dem „Dank“ bedeutend weniger zu pressiren, er nennt den Antrag einen Fehler und meint sogar, er würde einen direkten Antrag Badens auf Anschluß an den Nordbund „unter den gegenwärtigen Umständen ablehnen“! Wir werden auf die interessante Debatte, bei der verschiedene höhere Preußen wie Fischweiber auf das „Vaterland“ schimpften, zurückkommen.

Ausland.

Frankreich. Paris. Die „Liberté“ schreibt, daß Erzherzog Albrecht täglich dem Kaiser von Oesterreich schreibt und daß er sehr entzückt von dem ihm zu Theil gewordenen Empfang sei und nicht genug Worte des Lobes für die Haltung der französischen Armee finden könne. — Die Beziehungen zwischen Graf Daru und Graf Stakelberg sollen von ganz besonders freundschaftlicher Art sein und erzählt man sich, daß trotz der Weigerung der russischen Regierung, dem von den Tuilerien-Kabinet gemachten Vorschlag einer Entwaffnung beizustimmen, doch ein vollständiges Einverständniß über alle europäischen Fragen zwischen Paris und St. Petersburg existire.

Lokalfortschrittliches.

Handelt von Fortschritt, Seelnonnen, Todtensärgen und Hrn. Billing.

Es kommt zwar nicht häufig vor, schreibt dem „Vaterland“ ein ehrenfester Bewohner von Knurrblättlhausen, — daß ich mich um die öffentlichen Magistratssitzungen kümmere; denn abgesehen von den meist sehr interesselosen und langweiligen Gegenständen ist der Verlauf fast jeder Sitzung des neuen Wohlfahrtsausschusses der kgl. Residenzstadt so unerquicklich ob der ununterbrochenen Hetzjagd auf den, in der Sorge um München grau und müde gewordenen Hrn. Bürgermeister v. Steinsdorf, daß man nicht so leicht wieder ein Brechpulver in Form eines magistratischen Sitzungsberichtes verschluckt. Gestern wurde mir indeß ganz gegen meinen Willen ins Ohr geraunt, daß Hr. Billing in väterlicher Fürsorge für gewisse lebende und für alle todten Münchener Kinder — natürlich um einem „längst gefühlten Bedürfnisse abzuhelfeu“ — den Antrag gestellt habe: „Die Seelnonnen seien zu beauftragen, die Todtensärge künftig nur mehr aus dem Sargmagazin der „vereinigten Schreiner“ zu entnehmen, daß ferner der Transport der Särge nur mehr in besonderen geschlossenen Wägen zu bewerkstelligen und daß schließlich den „vereinigten Schreinern“ die Anfertigung „genau vorschriftsmäßiger“ Särge „einzuschärfen“ sein soll, widrigenfalls sie von der Lieferung von Todtenhäuschen ausgeschlossen würden“. — Nun, Hr. Stadtvater Billing, wenn wir auch ganz damit einverstanden sind, daß die Särge nach „gesetzlicher“ Vorschrift angefertigt werden sollen — denn im „Rechtsstaate“ Bayern muß alles „gesetzlich“ nach Paragraphen geschehen! — so möchten wir doch fragen, welche Jury denn dann über die „Vorschriftsmäßigkeit“ besagter Särge zu entschriben haben soll? Vielleicht ein Blumenfabrikant wie Sie, der ja davon etwas verstehen muß, weil er hie und da Todtenkränze zu gaglmannschaftlich „prunklosen“ Beerdigungen liefert, oder ein paar fortschrittliche Schreiner — 's sind auch wieder Juden darunter —, welche auch auf Grund angeblicher „Ungesetzlichkeit“ gern etliche Kollegen aus dem Gremium der Todtensargfabrikanten hinauswerfen möchten, um selbst deren Plätze einzunehmen? Was dann das verlangte Futeral für die Särge, vielmehr Ihre gewünschten geschlossenen Transportwägen für leere Särge anlangt, so finden wir dieselben zum Mindesten überflüßig. Wird ein leerer Sarg offen zur Stätte des Todes gebracht, so verstößt das nicht gegen sanitätspolizeiliche Vorschriften, es müßte denn das Holz dadurch, daß es die Gestalt eines Sarges annimmt, ein tödtliches Miasma aufnehmen; aber auch gegen Anstand und Sittlichkeit verstößt es nicht, wenn nicht etwa das bekannte Zartgefühl de „Sittlich-Ernsten“ hierin etwas Verletzendes findet. Mich wundert nur, daß Hr. Billing nicht zugleich auch den Antrag gestellt hat, den Seelnonnen sei „gemessener Auftrag“ zu geben, die Kindersärglein in einer Weise zu maskiren, daß den wahren Inhalt ihrer sanften Last zu errathen eine pure Unmöglichkeit würde! Zu diesem Zwecke wären vielleicht die Zweidrittel-Klafter langen Schachteln der Blumenmacherinen zu empfehlen! Was hat auch der Tod im Reiche der lebenslustigen Fortschreiter zu thun, besonders während des heitern

Karnevals?! Hinaus mit dem Wütherich! Und läßt er sich nicht abtreiben, so hängt ihm doch eine Maske vor, daß er sich in der lustigen Gesellschaft nicht zu geniren braucht und daß man selbst bei Spiel und Tanz und fröhlichen Gelagen nicht gestört wird! So viel für heute, Hr. **Billing!**

Briefkasten.

R—r, Wlh. (Von Brief mir nichts bekannt.) Kr., Frkth.

Münchener Schranne vom 26. Februar.

Getreidsorten	Verkauft Schfl.	Höchster fl.	Höchster kr.	Mittel- fl.	Mittel- kr.	Nied.-Preis fl.	Nied.-Preis kr.	Gest. fl.	Gest. kr.	Gef. fl.	Gef. kr.
Weizen . . .	2076	19	48	18	19	16	30	—	12	—	—
Korn	1280	12	7	11	46	11	16	—	—	—	1
Gerste . . .	1946	13	34	12	56	11	41	—	—	—	12

Verantwortlicher Redakteur: Dr. J. Sigl.

Druck von M. Vogt in München, Rosengasse 10.

II. Jahrgang. | Das Bayrische **Vaterland.** | Auflage: 4800.

Das „Bayr. Vaterland“ erscheint täglich mit Ausnahme der Sonn- und hohen Festtage. Preis des Blattes: Vierteljährig 54 kr., ganzjährig 3 fl. 36 kr. Das einzelne Blatt 1 kr.

Alle Postexpeditionen und Postboten des In- und Auslandes nehmen Bestellungen an. Inserate werden die dreispaltige Petitzeile oder deren Raum zu 3 kr. berechnet.

Redaktion: Burggasse 14. | Herausgegeben von Dr. jur. J. Sigl. | Expedition: Kaffinibazar 5

Aschermittwoch. | Nr. 49. | Mittwoch, 2. März 1870.

Randglossen zur Rede des Lehrers Strauß in der Kammer II.

H. Aber, geehrter Herr Lehrer, wir sind noch nicht am Ende, wir haben Sie noch auf einen Fehler aufmerksam zu machen, der Sie zu unserm Leidwesen dem Gespötte der ganzen Welt preisgeben könnte und dieser Fehler ist Ihr sehnsüchtiges Verlangen nach dem „Hauch der Wissenschaft.“ Wir müssen Ihnen hier mit der Frage begegnen, die der „Weise von Nazareth“, den die Christen noch ihren Heiland nennen, den Söhnen des Zebedäus vorhielt: „Wißt ihr aber auch, wornach ihr verlangt?“ Verstehen Sie unter Wissenschaft das, was die Definition derselben ergibt, so müßen Sie Philosophie, Theologie, Jurisprudenz, Medizin, Astronomie und dergleichen studiren.

Aber, Herr Professor des ABC, was machen Sie da für Forderungen? Sind diese Wissenschaften nothwendig für Ihre Zöglinge? Wollen Sie es vielleicht dahin bringen, daß ihre kleinen Musensöhne mit 8 Jahren über Hegel'sche und Kant'sche Philosophie disputiren? Wollen Sie, daß die kaum dem Wickelkissen entwachsenen Kinder theologische Conciliumsartikel à la Döllinger verfassen? Wollen Sie, daß Ihre geliebten Pflegbefohlenen den Aerzten den Rang ablaufen und als ABC Schützen Recepte schreiben? — Wollten Sie solche Wünsche hegen, so müßte man billig Ihren Verstand bedauern, denn er wäre Ihnen verloren gegangen, ohne Hoffnung, daß Sie ihn je wieder finden würden.

Aber nein, so weit versteigen sich Ihre liberalen Wünsche nicht! Sie haben wahrscheinlich sich nur nicht recht auszudrücken gewußt, und haben das Wissenschaft genannt, was nicht Wissenschaft ist, sondern was man mit dem Namen Kenntnisse bezeichnet. Wie schon aus der Denkschrift der bayrischen „liberalen“ Schullehrer, aus jener berüchtigten Denkschrift hervorgeht, in der alle Logik, alle Gerechtigkeit und Billigkeit vermißt wird, so wollen die Lehrer auch die Humaniora betreiben, und darin sich Sprachenkenntnisse erwerben. Das, Herr Strauß, sind nun allerdings Kenntnisse, aber keine Wissenschaft, so wenig Wissenschaft, daß einmal ein ganz gescheidter, sehr gelehrter Mann gesagt hat: „Ein Sprachenmensch — ein hohler Kopf“. Durch das bloße Sprachenstudium werden die Lehrer vielleicht noch ein wenig eingebildeter, noch ein wenig dünkelhafter werden, aber der „Hauch der Wissenschaft“ wird sie dadurch nicht umwehen, geschweige daß er sie durchdringt.

Aber auch hier läßt sich die Frage aufwerfen: Ist die Sprachenkenntniß, überhaupt das Studium der Humaniora für einen Volksschullehrer nothwendig oder nicht? Als Sie in der Kammer der Abgeordneten auftraten, um Ihren Schmerzensschrei für Ihren theuren Stand in allen Gauen des bayrischen Vaterlandes ertönen zu lassen, mußten Sie sich doch auch selbst fragen: Wofür rede ich? Erhebe ich meine Stimme als Cicero pro domo, damit das Land uns gebe, was uns unbedingt gehört, wenn wir unsern Beruf gut ausfüllen sollen, oder verlange ich von den Abgeordneten einen Luxusartikel, der nur unser Ansehen vermehren, gleichsam einen Nimbus um unser professorliches Haupt bilden soll? — Herr Lehrer, haben Sie sich diese Frage gestellt? Und wenn, zu welchem Resultate sind Sie gekommen?

Sehen Sie, mein Bester, Sie mußten nothwendig bei Ihrem Verlangen den Nutzen der Volksschule im Auge haben, hätten ihn wenigstens im Auge haben sollen. Hat aber diese Sprachenkenntniß für die Schule einen Nutzen? Nicht den geringsten, weder für die Schüler, noch für ihren Meister. Das wollen wir Ihnen haarklein beweisen, geehrtester Hr. Strauß. Wenn Sie auch den guten Willen besitzen würden, Ihre Kleinen an Ihren Kenntnissen partizipiren zu lassen, was richten Sie damit aus? Die meisten Kinder auf dem Land und in der Stadt müssen sich beim Austritte aus der Schule einem Geschäfte zuwenden, müssen Schuster, Schneider, Schlosser u. dgl. werden; werden ihnen die Anfangsgründe der Sprache vielleicht behilflich sein zur besseren Erlernung ihres Geschäftes? Keineswegs, in ihren späteren Jahren würden diese Leute die ganze Zeit, die sie mit Erlernung solcher Kenntnisse zugebracht, als eine verlorne Zeit ihres Lebens betrachten. Außerdem müssen Sie selbst zugeben, daß unsere Schulen bereits jetzt schon an jener Krankheit leiden, welche die Römer einst mit dem richtigen Ausdrucke bezeichneten: In omnibus aliquid et in toto nihil, zu deutsch, Hr. Strauß: In jedem Fach etwas und im Ganzen — nichts. Die Kinder besonders in Städten werden vollgepfropft mit Kenntnissen aller Art, die sie entweder noch gar nicht verstehen, weil es nach der Ansicht jedes vernünftigen Menschen Kenntnisse gibt, die man sich erst im reiferen Alter aneignen kann, oder die ihnen für das Leben keinen Nutzen bringen, die sich in der Theorie recht gut ausnehmen, aber in der Praxis keinen Heller werth sind, und praktisch, Hr. Professor, müssen wir eben sein: eine Theorie ohne Praxis ist nach unserer Ueberzeugung ein Unsinn und dieses Haschen nach Theorien, die sich nicht ins Leben einführen lassen oder keinen Werth für das Leben haben, ist auch die Krankheit unserer Zeit, unserer ganzen jetzigen Gesellschaft, die immer für Ideen, für Theorien schwärmt, welche, wenn man einmal daran geht, sie einzuführen, sich als unhaltbar zeigen, die Köpfe verwirren und den ganzen Organismus des staatlichen Lebens zu Grunde richten.

Die Bildner des Volkes müssen aber nicht blos darauf bedacht sein, die Schüler mit Kenntnissen zu bereichern, die für sie einen bleibenden Werth haben, es ist für sie auch Gewissenssache, für das leibliche Wohl der Kinder zu sorgen. Nun aber werden Ihnen, Gescheidtester der Strausse, alle Aerzte, auch die fortschrittlichen sagen, daß es für den Verstand der Kinder vom Uebel ist, sie in den frühesten Jugendjahren schon mit Kenntnissen vollzustopfen. Eine Zeit lang wird die Saite sich hinaufspannen lassen, aber unversehens wird sie entzweispringen, das Kind wird die Lust und Liebe zum Lernen verlieren und der Geist wird erschlaffen, um nie mehr seine volle Frische und Thätigkeit wieder zu erlangen.

Also sehen Sie, Herr Lehrer, das Studium der humaniora von Seite Ihres Standes hat für Ihre Schüler nicht den geringsten Nutzen. Sollten sich auch etliche finden, die nach Ablauf der Schulzeit sich höhere Kenntnisse verschaffen wollen, so ist ihnen wahrlich die Gelegenheit hiezu nicht abgeschnitten; sie haben die humanistischen und Realgymnasien, in denen sie Alles lernen können, was ihnen für den späteren Beruf nützlich ist, und zwar um so besser lernen können, je genauer sie die Grundanfänge alles Wissens, das Abc und was drum und dran hängt, sich eingeprägt haben. Mein Gott, Herr Strauß, wie mochten Sie doch in der Kammer solche Dinge reden, in denen Sie so wenig Erfahrung besitzen! Fragen Sie doch, mein Bester, die Professoren an den Lateinschulen, an Gymnasien und Gewerbschulen, in welchem Gegenstand die Schüler am meisten zu wünschen übrig ließen, und man wird Ihnen antworten: In der deutschen Sprache und in der Geographie. Und das sind doch Fächer, die Ihnen ganz besonders am Herzen liegen sollen. Sie kommen uns da vor wie ein thörichter Landmann, der ohnehin so viel Felder besitzt, daß er sie gar nicht bebauen kann, sondern die Hälfte oder wenigstens einen Theil öde liegen lassen muß, und doch die ganz eigene Passion besitzt, immer noch mehr Felder anzukaufen. Die Volksschule hatte bisher schon genug zu leisten. Man soll diese Gegenstände, welche bisher gefordert wurden, mit allem Eifer und pädagogischer Klugheit den Kindern einprägen, dann hat die Volksschule zur Genüge ihre Pflicht gethan, der Lehrer hat beigetragen nicht zur verderblichen Vielwisserei, sondern zur Weckung des Geistes und Veredlung des Herzens und der Schüler nimmt wirklich aus der Schule Kenntnisse mit, die ihm im Leben von Werth sein werden.

Aber dieses Studium der humaniora ist nicht blos unnütz für den Schüler, sondern auch für die Schullehrer selbst. Etwas, was man nicht verwerthen kann, ist unpraktisch, ist zum mindesten unnütz, also auch Ihr Studium der humaniora, von welchem Ihre Zöglinge in der Schule nicht den geringsten Nutzen ziehen. Es ist ein Luxusartikel, der so viele Zeit in den Vorbereitungsjahren für das Schulfach in Anspruch nehmen würde, daß sie ihr eigentliches Geschäft, welches einst ihre Hauptaufgabe bilden soll, an den Nagel hängen müßten. So viel wir wissen, sind die Gegenstände, welche jetzt an den Schullehrerseminarien betrieben werden, 19 an der Zahl oder gar noch mehr. Nun befinden sich aber unter Ihren werthen Collegen Viele, welche diese Kenntnisse sich nur zur Noth aneignen, Viele, deren Geist nicht einem duftenden Blumenstrauße gleich ist wie der Ihrige, in dem eine Blume sich schöner und wohlriechender entfaltet als die andere. Wollen Sie nun, o trefflicher Pädagoge, in ein Erdreich, welches so wenig fruchtbringend ist, daß selbst gewöhnliche Blumen kaum darin gedeihen, auch noch Blumen von edler Art pflanzen? Nein, o Freund, das würde vergebliche Mühe sein, diese Blumen würden nie zur Blüthe kommen, und würden auch den gewöhnlichen Blumen das letzte bischen Saft entziehen, der Geistesgarten Ihrer Standesgenossen müßte herbes Mitleid erregen; denn er würde uns kahle Stengel zeigen, die keine Blüthen, am allerwenigsten aber Früchte bringen.

So ist es demnach wahr, Herr Strauß, daß Sie wie die Söhne des Zebedäus nicht wußten, nicht überlegten, was Sie verlangten. Eine eigentlich wissenschaftliche Bildung für Ihren Stand verlangen, war lächerlich und müßte Sie in den Augen der ganzen gebildeten Welt compromittiren; das Studium der humaniora fordern, war das Verlangen nach einem Luxusartikel, der nicht das Beste der Schule bezweckt. Fordern Sie also, Verehrtester, in Zukunft vom Lande Bayern nicht mehr, als zur Hebung der Volksschule zweckdienlich ist, sonst müßten wir ganz im Gegensatze zu Ihrer poetischen Sprache vom „Hauch der Wissenschaft" Ihnen das ganz prosaische Sprüchlein zurufen: Ne sutor ultra crepidam — zu deutsch:

Schuster bleib' bei deinem Leist!

Deutschland.

München, den 1. März.

Ein biederer Schwabe sendet uns eine Abschrift aus seinem Kollegienheft von 1837, die wir unsern Lesern als einen Beitrag, wie sich oft die Ansichten auch bei den Gelehrten ändern, mittheilen. 1837 lehrte Döllinger in seinem Hörsaal: „Es muß in der Kirche ein Tribunal geben, das in Streitigkeiten entscheidet, ein solches Tribunal ist ein allgemeines Concil oder der Papst; Concilien kommen aber nur selten zu Stande, also muß es der Papst sein, der mit Autorität entscheiden kann. Indeß lassen wir uns nicht in den Streit ein, ob die dogmatischen Entscheidungen der Päpste infallibel seien; einige behaupten, der Papst sei infallibel wenn er ex cathedra spreche; die andern sagen, daß auch die Zustimmung der ganzen Kirche hinzukommen müsse. Indeß ist so viel gewiß, daß die Dekrete der Päpste in Glaubenssachen nie einen Widerspruch fanden; denn sie waren immer in ihrem Geiste abgefaßt. Die Entscheidungen der Päpste in Glaubenszweifeln haben ihre volle Autorität; keine Privatperson darf sich einer solchen Entscheidung widersetzen, und da sich nie ein Fall der Widersetzung ereignete, so haben wir keine Präzedentien, faktisch waren die Päpste also wohl infallibel. Uebrigens ist der Streit zwischen den Vertheidigern und den Bekämpfern der päpstlichen Unfehlbarkeit erst aus den letzten 3 Jahrhunderten; früher dachte man an so etwas gar nicht, der Streit ist sehr unfruchtbar". So lehrte Döllinger im speciellen Theil des canonischen Rechtes, von den Rechten des Papstes, Ziff. 5. — Wie himmelweit verschieden von dem sind die jetzigen Aufstellungen Döllingers!

— In Wien soll es der Ueberredungsgabe des Herrn Pfretzschner Exc. gelungen sein, den dortigen bayrischen Gesandten, Grafen Bray zu bewegen, das auswärtige Ministerium zu übernehmen. Die Nachricht ist offiziös, darum muß sie noch mit Vorsicht aufgenommen werden.

— Die Abg. Hafenmaier, Gf. Fugger-Blumenthal, Bichler, Hauck und Rußwurm haben bereits einen ausführlichen Antrag zur Verbesserung der materiellen Lage der Lehrer bei der Kammer eingereicht. Das nöthige Geld dazu soll, so dekretiren sie, aus „Centralfonds" geleistet und im Budget eingestellt werden. Wenn nur die Herren auch gleich dekretirt hätten, daß das Geld den Centralfonds zum Dach hereinfliegen soll. Mit einem Defizit von 6½ Millionen sollte man, dächten wir, weniger splendid mit der Gewährung von kolossalen Summen sein, die man nicht hat und die das arme geplagte Volk nicht erschwingen kann. Decke man wenigstens erst das Defizit, statt daß man daran denkt, die Volkslasten mit Ausgaben zu erhöhen, für die man nicht einmal einen Dank haben wird. Das Volk will weniger Lasten statt mehr und der meist fortschrittliche Schullehrer wegen will es schon gar nicht mehr belastet sein. Oder glauben die Herren, damit werde man die Schullehrer gewinnen oder gar patriotisch machen? Der Gewinn wäre wahrlich das Geld nicht werth und sollten derlei Manöver billig den Fortschrittlern überlassen bleiben.

— Liberale Philister erzählten sich gestern allen Ernstes — denn es ist nichts so dumm, daß es ein Liberaler nicht glaubte — von einem Duell (!), das am Sonntag hier zwischen den Abg. Föckerer und — — Lukas ausgepaukt worden sein soll! Es gereichte den Philistern zu hoher Befriedigung, daß Lukas eine Kugel in die Hüfte bekommen habe!! Wir bedauern, diese „Befriedigung" damit stören zu müssen, daß wir versichern können, Hr. Lukas befindet sich so wohl, als man sich mit den endlosen Ziffern des Staatsbauetats im Kopfe befinden kann und gibt Herrn Föckerer die Erlaubniß, wenn ihm die Tapferkeit zu Gehirn steigt, sich mit einem Laternenpfahl zu duelliren; der spürt nichts.

— (Judengeschichten.) Magistratus wohlweiser will sich aufs Sparen verlegen und fängt gleich recht gut an — mit dem Kleinen oder vielmehr mit Kleinlichkeiten. Das arme Franziskanerkloster am Lehel hatte sich bisher von Magistratus gnädigem eines jährlichen „Zuschusses" von 200 fl. zu erfreuen; die sollen ihm jetzt laut Antrag gestrichen werden; das Heil der Stadt hängt davon ab! Diese 200 fl. waren aber nicht etwa ein frommer Beitrag des Magistratus, damit das Kloster um die ihm so nothwendige Erleuchtung bete, sondern sie waren ein theilweiser Rückersatz des Malzaufschlages für das Bier, das das Kloster eimerweise an die Armen verabreicht. Bedenkt man, daß die armen Mönche täglich nicht 50 oder 100, sondern 500 Arme speisen, die sonst dem Magistrat zur Last fielen, so weiß man nicht, wie man einen solchen Sparversuch am Treffendsten bezeichnen soll. Wenn nun für diese Liebenswürdigkeit das Kloster seine Armen dem Magistrat schickte! Schikane ist das natürlich nicht, dazu sind unsere Stadtväter bekanntlich viel zu — nobel.

— Die „Südd. Presse" des Hrn. Fröbel läßt heute abermals einen begeisterten Artikel zur Empfehlung des liberal-katholischen (!) „Rhein. Merkur" los. An einer Postzeitung, meint Hr. Fröbel, haben die „liberalen" Katholiken noch nicht genug. Sonderbarer Schwärmer!

— Von dem 2. Hrn. Kammerpräsidenten Frhn. von Thüngen erhalten wir eine Berichtigung, die wir morgen bringen werden. Schon heute möge bemerkt sein, daß was wir meldeten, den Gegenstand sehr eifriger Besprechungen von Abgeordneten der patriotischen Partei bildete und unsere Ansicht von der Opportunität der Wahl des Hrn. v. Thüngen keineswegs vereinzelt steht. Wir sind auch heute noch nicht der Ansicht, daß Tischgemeinschaft im Bayr. Hof schon eine Anwartschaft zum Abgeordneten gebe und meinen, daß die zweite Kammer zunächst für's Volk gehören soll.

— Die Herren Offiziösen, scheint es, trauen dem Landfrieden nicht und suchen sich wie die Ratten von dem sinkenden Schifflein des „Systems" zu retten. Der zweite Redakteur der offiziösen „Hofmännischen Correspondenz", Hr. Rothlauf, früher Redakteur des alten, dann des neuen bayrischen Kurier, befindet sich nämlich unter den Kandidaten für — nun? für eine — Gerichtsvollzieherstelle und ist im Begriff, die Prüfung dafür mitzumachen! Es sollen sich überhaupt recht nette Leute unter den künftigen Gerichtsvollziehern befinden, für die der Landtag eben 20,000 fl. bewilligt hat, damit sie in aller Bequemlichkeit ihre Prüfung machen können!

Vom Lande wird dem „Vaterland" geschrieben: Die „Pfaffenhetze", welche die Proestanten nun auch gegen einen ihrer Geistlichen und zwar gleich gegen den obersten und höchsten ihrer Geistlichen in Scene gesetzt haben, ist gewiß von Niemand zu billigen; auf mich wirkt sie geradezu empörend. Sie zeigt, daß den „gebildeten" und „aufgeklärten" Protestanten — ich nehme diese im Gegensatz zu den gläubigen Protestanten. — jeder Begriff von Autorität abhanden gekommen sein muß; sie läßt aber auch einen Blick auf die Folgen werfen, wenn in einer Kirche kein Autoritätsglaube mehr ist und der letzte Schwätzer und thörichte Schreier in allem mitzureden das "Recht" hat, auch in den Dingen, worüber ihm jedes Verständniß fehlt. Die politische Seite dieser Hetze ist geradezu eckelhaft. Was ist das für eine Partei, die nicht gestattet, daß ein Mann eine eigene Ansicht oder Ueberzeugung habe und dieselbe auch ausspreche?! Ist auf katholisch patriotischer Seite je ähnliches gehört worden? Hat man gegen Döllinger z. B. ein politisches Haberfeldtreiben wie gegen Harleß eingeleitet, weil er bei der nämlichen Gelegenheit ganz gegen den Sinn und die Ueberzeugung des katholisch-patriotischen Volkes stimmte? Und doch sind wir die „Intoleranten", die „keine freie Meinung aufkommen lassen", lügen die Liberalen. Und wer sind denn sie? Heuchler! Ihr Wesen, das ganze Wesen des Liberalismus ist Lüge und Heuchelei, aber nicht die Freiheit. (Wir müssen dazu eine sehr „unzeitgemäße" Bemerkung machen. Wir könnten fast versucht sein, in diesem Haberfeldtreiben gegen Hrn. v. Harleß die — Rache des Schicksals zu sehen für das harte Wort, das er als Präsident des Protestantentages zu Ansbach ausgesprochen. Das stolze protestantische Wort: „antworte dem Narren (womit der Papst gemeint war!) nach seiner Narrheit"! rächt sich jetzt, indem ihm selbst, dem Sprecher dieses Wortes, umgekehrt die Narren nach ihrer Narrheit antworten.)

In Memmelsdorf befindet sich ein St. Josephs-Verein, der dreien von den dortigen vier Gastwirthen schwer auf der Seele liegt. Zweimal haben sie den Verein bereits beim Generalvikariate und einmal bei der Regierung verklagt, daß derselbe sein Lokal beim 4. Wirth habe, und verlangt, daß dem Vereine befohlen werde, ein „Privatlokal" zu beziehen und das Bier „abwechselnd" von den verschiedenen Wirthschaften zu nehmen. Das war sowohl der geistlichen als weltlichen Stelle denn doch zu liberal und die Wirthe wurden natürlich abgewiesen. Der Verein wäre übrigens den Wirthen sehr dankbar, wenn sie ihm zu einem „Privatlokal" verhelfen wollten; er verspricht dagegen das Bier bei dem Wirth zu nehmen, der das beste hat.

Ausland.

Frankreich. Memorial dipl. ein gewöhnlich sehr gut unterrichtetes Blatt, will wissen, daß bei vielen der neuerdings Verhafteten Papiere sehr compromittirenden Inhalts gefunden wurden, welche auf eine ungemein weit verzweigte Verschwörung, die das Königreich Italien, Oesterreich und Ungarn umfaßt, Bezug haben sollen. Noch mehr, die erst vor kurzer Zeit stattgehabte Grève in Creuzot sei mit jener von Wien und Pesth zusammenhängend und sollen von dort aus ziemliche Summen den französischen Grevisten zur Verfügung gestellt worden sein.

In **Lyon** ist der Erzbischof und Primas von Gallien, Kardinal Bonald im Alter von 83 Jahren gestorben. Er war stark „ultramontan" und hat einmal wegen „unerlaubter Verbreitung" der Encyklika von seinem Gerichtshof, dem Staatsrath, einen „Verweis" erhalten. Nichts desto weniger glaubte der Kardinal nach wie vor, daß man Gott mehr gehorchen müsse als den Menschen und handelte sogar darnach.

In neuerer Zeit habe ich wieder zum Oefteren das schätzbare Vergnügen, von talentvollen Zöglingen Knurrblättls angesprungen und sehr liberal angewedelt zu werden. Die guten Leute scheinen freundliche Zwiesprach mit mir, zum Mindesten eine Antwort zu wünschen — oder zu suchen. Ich finde, darauf wieder einmal in geneigte Erinnerung zu bringen, daß ich nicht mit allen Leuten zu reden aufgelegt bin, daß ich aber, wenn es nöthig und verlangt ist, auf jede Frage eine entsprechende Antwort nicht schuldig bleiben werde. Sollte dieselbe bei dem Einen oder Andern einen unangenehmen und nicht erwarteten Eindruck hinterlassen, so ist das die Schuld des Fragers. Im Uebrigen weiß ich, daß man „in der Gesellschaft von Hunden Flohbissen ausgesetzt ist“, kümmere mich aber nicht sonderlich, weder um die Hunde, noch um die Flohbisse.

Den 1. März 1870.

Dr. Sigl.

Kulturbildliches.

In England spielt der Prinz von Wales, Erbe der Krone, in dem Ehebruchsprozeß Merdaunt gegenwärtig eine sehr liberale Rolle. Es wurde durch den Prozeß konstatirt, daß Lady Mordaunt, die Gattin des Parlamentsmitglieds M., mit dem Prinzen in fortgesetztem Ehebruch gelebt, mit ihm in Londoner Wirthshäusern übernachtet u. s. w. Außerdem trieb diese edle Dame das horizontale Gewerbe noch mit mehreren andern Mitgliedern der höchsten Aristokratie. Es scheint, daß auch in England etwas Ehebruch und sehr viel Liederlichkeit ein unveräußerliches Anexum des Liberalismus ist. Besonders erfreulich aber ist es, daß sehr viele europäische Prinzen unablässig und eifrig bestrebt sind, die monarchischen Gesinnungen bei den lieben Unterthanen vollständig zu ruiniren. Bon! Forsan et hoc meminisse juvabit, wir meinen, es wird Alles seinen Grund und seine Wirkung haben. Das Lumpenthum, Liederlichkeit und Unfähigkeit am Fuße der Throne: welch bessere Verbündete kann sich die Revolution und der Republikanismus wünschen.

Briefkasten.

B. v. Gth., E. — K. v. B., M. — v. Bchr., Bbg. — K. K—r, Rdf. — J. Rhr -r., Whm. — L. B. W., Ritsch, St. — J. R., Bgh. — Pf. G., Ofstdt. 4. — J. M—b, Bsn. 12. — Benef. R., J, 6. — Kf. d. L. P. Rbg. — R. Obm. Hlzk. — K. Pf. L., Sch. (Würtembg.) 5. —

Münchener Hopfenmarkt.

1) Ober- u. Niederb. Gewächs: Mittelgattungen: Gesammt-Vorrath: 3318 Pfd., Verkauf 249 Pfd., Preis 132 fl. 32 kr. der Zentner. Wolnzacher- u. Auer-Markt-Gut: Gesammtvorrath 4975 Pfd., Verkauf 762 Pfd., Preis 163 fl. 23 kr. der Ztr. 2) Mittelfränkisches Gewächs Mittel-Qualitäten: Vorrath — Pfd., Verkauf — Pfd., Preis — fl. — kr. der Ztr., Vorzügliche Qualitäten aus Spalter Umgegend nebst Kindinger- u. Heideckerhopfen: Vorrath 7037 Pfd., Verkauf 568 Pfd., Preis 173 fl. 57 kr. bis — fl. — kr. der Ztr., Spalter Stadtgut, u. Weingarten-, Mosbacher- und Stirner Gut Vorrath 485 Pfd., Verkauf 485 Pfd., Preis 200 fl. — kr. der Ztr.) Ausländisch Gut Saazer Stadt, dann Herrschafts- ;und Kreisgut Vorrath 330 Pfd. Verkauf — Pfd., Preis — fl. — kr. bis — fl. — kr. der Ztr.

Verantwortlicher Redakteur: Dr. J. Sigl.

Druck von M. Vogl in München, Rosengasse 10.

II. Jahrgang. | Auflage: 1800.

Das Bayrische

Vaterland.

Das „Bayr. Vaterland“ erscheint täglich mit Ausnahme der Sonn- und hohen Festtage. Preis des Blattes: Vierteljährig 54 kr., ganzjährig 3 fl. 36 kr. Das einzelne Blatt 1 kr.

Alle Postexpeditionen und Postboten des In- und Auslandes nehmen Bestellungen an. Inserate werden die dreispaltige Petitzeile oder deren Raum zu 3 kr. berechnet.

Redaktion: Burggasse 14. | Herausgegeben von Dr. jur. J. Sigl. | Expedition: Ruffinibazar 5

Kunigunde. | Nr. 50. | Donnerstag, 3. März 1870.

Sr. Majestät ewiger Minister,

Prinz Hohenloh hat in der „Allgemeinen“ einen seltenen Ritter gefunden. Daß diese „Schwarzen“ Sr. Ewigkeit so unbarmherzig zusetzen und sich gar nicht einmal mit den Trutzliedern begnügen wollen, so sie in der Kammer gesungen, thut ihrem alten Herzen ohnmaßen weh und sie weint dem Verfolgten eine recht salzige Zähre des Beileids und der Sympathie einer fühlenden Alteweiberseele. Ihr ist bänglich ums Herz, daß er gehen soll, sie fürchtet einen „jähen Sturz“ und kann ahnungsvoll in die nächste Zukunft „nur trüben Blickes schauen“, ach ja! Die bekannten „gefärbten Gläser“ und die herben Schicksalsschläge haben der Alten vor der Zeit den „Blick getrübt“ und so ists ja kein Wunder, daß die „Allgemeine“ Madame von Augsburg am hellen Tage schwarz sieht!

Nur ein Mittel weiß sie, oder vielmehr ihr Correspondent „von der Isar“: Die Erhaltung Hohenlohes im Amt! Himmlische Götter, was das für eine Chineserei ist, mit der sich die weise Frau vom Lech vor dem gesunden Menschenverstand und allen Regeln einer christlichen Logik blamirt! Was? Ein Hohenloh soll Bayern „retten“? Ja, wenn das mit — tiefsinnigen Programmen, Preßhusaren, Konziliumsdepeschen und Faschingsbanketten ginge, dann könnte Bayern wohl „gerettet“ werden, aber weniger für uns, als für die Pickelhaube; das scheint uns aber ein namhafter Unterschied zu sein.

„Das Rad, orakelt der politische Chinese „von der Isar“ und man glaubt dabei vernehmlich preußische Thaler rappeln zu hören, — „das Rad welches verblendete Mächte, (damit meint er nach löblichem liberalen Brauch und Herkommen die Patrioten!) auf die schiefe Bahn und in Bewegung gesetzt, wird nicht dadurch aufgehalten und in ein richtiges Geleis gebracht, daß man in seine Speichen greift; es würde den, der sich ihm entgegenstemmte, sammt dem der auf ihm fährt, zerschellen.“

„Das Rad und der auf ihm fährt“, velocipeterhafte Idee! Kultur, die alle Welt beleckt, hat auch auf China sich erstreckt und der Chinese, da, das sehen wir, zeigt sich besonders fortbildungsfähig, da er bereits das Velociped in die königliche bayrische Politik eingeführt hat. Laufen lassen — das Velociped und den Velolipeter! — darin besteht also deine ganze Staatsweisheit, o weisester der offiziösen Chinesen? Dieser Ausspruch deiner wahrhaft gigantischen — Philisterhaftigkeit könnte uns fast bis zu Thränen rühren, so — naiv ist sie. Uebrigens glänzt der Gedanke, daß die „verblendeten Mächte“ (die Patrioten) die Schuld an den bekannten Großthaten der bayerischen Politik seit 1866 tragen, durch Neuheit und Originalität.

„Ein Staatsmann, fährt er fort, von der inneren (!!) Bedeutung (!) wie Hohenlohe und ein Minister von der gesellschaftlichen Stellung wie er, kann nicht durch äußere Mittel in seinem Wirkungskreis erhalten werden, er kann nicht widerwillig seines Amtes walten. Man muß ihn ganz haben wie er ist oder man muß ihn ziehen lassen.“

Nun das wollen wir ja, da wir ihn „nicht ganz“ haben können, weil Preußen zu viel von ihm beansprucht.

In seiner excessiven Begeisterung für die „innere Bedeutung“ Sr. Ewigkeit macht der Chinese die überraschende Entdeckung, daß selbst den Patrioten seine Fortführung der Geschäfte „gar nicht so unangenehm wäre“. Erstaunlich! Also ist das gepfefferte Mißtrauensvotum blos Komödie gewesen? Ja wenn der velocipedirende Chinese die „in den geachtetsten Organen zu Gunsten des Fürsten laut gewordenen Stimmen“ als den Ausdruck der Volksmeinung hinnimmt, wenn er aus den Fackeleien der „Postzeitung“ für den „Gentleman Hohenlohe“ Kapital gegen die Patrioten schlagen darf, dann war alles bloße Komödie und schwört kein Patriot höher als auf Sr. Ewigkeit staatsmännisches Genie. In Wirklichkeit ist's freilich ein Bischen anders, aber das braucht einen Chinesen nicht zu kümmern, der gründlich auf dem Holzweg ist, wenn er sogar den Führern (welchen?) der Patrioten eine zärtliche Schwachheit für die schönen Augen Sr. Durchlaucht zumuthet, wenn sie nur der Knabe sein könnten, der „den Käfer (Hohenlohe) am Faden hält“.

Ein reizendes chinesisches Bild: Prinz Hohenlohe in der Rolle als summender Maikäfer mit dem der Knabe (patriotische Partei) Späßchen treibt!

Prinz Hohenlohe, versichert der Erfinder dieses interessanten Stimmungsbildes, steht in den Augen der „verständigsten“ Patrioten „jetzt noch höher als vordem“; aber das genügt ihm nicht, ihm „ist es Bedürfniß, das imponirende Uebergewicht über die ganze Masse zu besitzen.“ — Da beklagen wir S. Ewigkeit aufrichtig, denn diesem „Bedürfniß“ zu genügen, scheint uns, ist dem Prinzen weder bis jetzt gelungen, noch hat er die mindeste Aussicht, daß es ihm je gelänge. Wir wenigstens wüßten Niemand, der sich durch das „imponirende Uebergewicht“ Sr. Durchlaucht je sonderlich bedrückt gefühlt hätte oder der dergleichen je befürchten zu müssen glaubte. Der Grund dieser bedauerlichen Erscheinung dürfte vielleicht in den Verwüstungen zu suchen sein, welche „diese verstockten Burggaßldemagogen“ in den „verwahrlosten Köpfen“ der bekannten Winkelbewohner angerichtet haben. Anders weiß man sich das nicht wohl zu erklären.

„Der Verlust dieses Ministers, schließt sein Lobredner, ist für den König, für Bayern, für Deutschland (und, setzen wir hinzu, für die alte und neue Welt, für das Sonnensystem, für die Milchstraße und sämmtliche Fixsterne!) ein tiefschmerzlicher, ein vielleicht unersetzlicher. Aber dennoch ist sein Rücktritt für ihn unabwendbar."

Armes Vaterland, unglücklicher Erdball, bejammernswerthe Fixsterne!

Von Concil und Unfehlbarkeit.

Von der Loisach. Ein katholisches Blatt darf in unsern Tagen auch schon vom Glauben reden Der politische und theologische „Fortschritt" hat sich dieser Frage bemächtigt und sie unter die Massen, sozusagen auf die Gasse geworfen. Der „Senior der deutschen Theologen" hat den Trumph ausgegeben, und theologische Fakultäten, Akademien und gelehrte Professoren haben mitgethan. Auch Schuster und Schneider und andere kompetente Theologen haben sich berufen gefühlt, an dieser wichtigen Frage wenigstens durch Adressen und Ehrenbezeugungen an die gelehrten Herren sich zu betheiligen.

Man thut, als ob von den fünf Welttheilen wenigstens ein Fünftel zu Grunde gingen, wenn die Unfehlbarkeit deklarirt würde. Man prophezeit eine kirchliche „Revolution", eine „furchtbare Kalamität", welche über die katholische Kirche dann hereinbrechen würde, falls der hl. Geist das Concilium antreiben sollte, die Unfehlbarkeit des Papstes zum Glaubenssatze zu erheben. Die Rechte und Jurisdiktion der Bischöfe, die Freiheit des Einzelnen und der Völker, die Kronen der Könige und Fürsten: — Alles steht auf dem Spiele. Man thut als ob der Kirche, der menschlichen Gesellschaft und dem ganzen Erdkreise kaum jemals eine größere Gefahr gedroht hätte, als von einem allenfallsigen Beschlusse des Conciliums —, daß der Papst in Sachen des Glaubens und der Sitte nicht irren könne; denn das und nicht anderes hat man unter Unfehlbarkeit des Papstes zu verstehen.

Ich bin nur ein Bischen was von einem Theologen, aber mir kommt es vor, als wenn viel überflüßiger und mitunter lächerlicher Schwindel getrieben würde. Da machen sie ein Wesen und Getöse mit ihrer „Wissenschaft und Gelehrsamkeit" — der einfach gläubige Christ aber sieht getrost auf Rom und das Concil. „In Spiritu sancto congregati" — im heiligen Geiste sind sie versammelt, die Väter des Concils. Es ist für den gläubigen Katholiken nicht denkbar, daß es einen Irrthum als Glaubenssatz erhebe, den Gläubigen etwas zu glauben vorstelle, was für die Kirche und die Menschheit in irgend einer Weise nachtheilig sein könnte. Die Befürchtung aussprechen: das Concilium könnte etwas sanktioniren, die Gläubigen zu etwas im Gewissen verpflichten, ihnen etwas zu glauben bei Verlust der Seligkeit aufbürden, was ein Irrthum, eine Lüge und zum Heile hinderlich wäre — das thut kein gläubiger, kein katholischer Christ. Um so weniger sollte man es von gelehrten Professoren der Theologie erwarten. Man sollte meinen, wenn derlei Befürchtungen unter dem Volke auftauchten, oder vom „Fortschritt" und den Feinden der Kirche verbreitet würden, wären es sie, die Männer der Gottesgelehrtheit, die Männer der theologischen Wissenschaft, die solch eitle Befürchtungen aufzuklären und zu zerstreuen bemüht wären. Und nun ruft Einer dem Andern zu: „Unwiderleglich hast du dargethan, daß die Welt wenigstens in neun und neunzig Trümmer geht, wenn das Concil einen deiner Behauptung widersprechenden Beschluß fassen sollte".

Wahrlich, da möchte man sagen: „Warum seid ihr so furchtsam, ihr Kleingläubigen!" Da haben unsere einfachen Bauern viel vor Euch voraus, ihr Herren „Senioren" und Junioren der Theologie, ihr gelehrten Männer der Wissenschaft, die ihr so viel Staub aufwirbelt und euch so viel Angst vor dem Concile macht! — Sie denken und glauben: „Es ist ja der Meister noch da! Hat Er denn umsonst gesagt: Ich bin bei Euch bis an's Ende der Welt?" Hat Er nicht bis heute sein Wort gehalten? Ihr könnt alle miteinander keinen Irrthum nachweisen, den ein Papst oder ein Concil je gelehrt hat. Gehört denn zu euerer Theologie, zu euerer Wissenschaft nicht auch der Glaube? Ihr stöbert Bibliotheken durch, und seid von A bis Z in der Geschichte der Kirche bewandert und ihr könnt Sorge vor „Ausschreitungen", „Uebergriffen" und „Irrthümern" des Concils" haben? — Die haben wir nicht, wir einfachen Bauern und Katholiken. Wenn dieses Concilium etwas beschließt, was euere Befürchtungen rechtfertigt, dann ist der Ausspruch des göttlichen Meisters: „Auf diesen Felsen will Ich meine Kirche bauen", zu nichte geworden. Das Freimaurerthum kann sich freuen, an seinem Ziele angelangt zu sein; denn auf den Trümmern der kathol. Kirche kann es seine Tempel erbauen. Aber ihr seid ja schuldlos daran, ihr Herren mit der großen Gelehrsamkeit; denn ihr habt euer Bestes gethan! ihr habt euern Janus in's Feld geführt und viel anders schneidiges Zeug! Wir sagen es euch aber frei und freudig heraus: **Wir glauben daß der liebe Gott noch die Welt regiert und — die Kirche auch.**

Deutschland.

München, den 2. März.

Wie wir aus sicherer Quelle vernehmen, hat Graf Bray nun definitiv angenommen. Er ist von guter bayrischer Gesinnung, ein gewandter Staatsmann und man kann dem König und dem Land zu seiner Wahl gratuliren und mit Recht hoffen, daß er Bayern glücklich aus der gegenwärtigen Krisis hinausführen werde. Er besitze große diplomatische Kenntnisse, sei verlässig und gewissenhaft und es lasse sich erwarten, daß er die bayrischen Sympathien verstehe und denselben auch eine gehörige Würdigung angedeihen lasse. Graf Bray ist ein geborner Niederbayer und Besitzer der Güter Irlbach und Steinburg. Sollte etwa Hr Pfretzschner Exc., der eigens zu ihm nach Wien reisen mußte, sich einbilden, daß Graf Bray am Ende gar seiner Ueberzeugungskunst nachgegeben habe, so glauben wir sagen zu können, daß Hr. v. Pretzschner ganz unschuldig an dieser Ersetzung des Prinzen Hohenlohe ist. Er hatte einen eigenhändigen Brief des Königs dem Grafen zu bringen. Man fängt in Europa sich derart zu gruppiren an, daß der neue Minister und der neue österreichische Gesandte in München uns wie Signale einer neuen Politik von entscheidender Bedeutung vorkommen.

— Von Freiherrn v. Thüngen erhalten wir folgende Berichtigung: „Hr. Redacteur! In Ihrem Blatte Nr. 48 vom 1. März ist ein Urtheil über die politischen Gesinnungen meines Sohnes mit dem Zusatze enthalten, daß ich, sein Vater, bereit sei, Jedem der es hören wolle zu sagen, er sei nichts weniger als ein Patriot, sondern ein Erzpreuße. Ich erkläre, daß diese Ausführung, so weit sie die politischen Gesinnungen meines Sohnes sowie die Aeußerungen betrifft, die ich bereit sein soll, über dieselben zu machen, gänzlich unbegründet ist. Ich weiß im Gegentheil, daß mein Sohn mit den Grundprinzipien der patriotischen Partei vollkommen übereinstimmt und habe bei mehrfachen in jüngster Zeit an mich gestellten Anfragen nicht nur Gelegenheit gehabt, mich darüber auszusprechen, sondern auch mich dafür zu verbürgen. Hochachtungsvoll unterzeichnet. München 1. März

1870. Frhr. v. Thüngen, 2. Präsident der Kammer der Reichsräthe.

— Die hiesigen Ober- und Untergötter des Fortschritts versammeln sich heute zu einem „Fastendiner" im Bayr. Hof, zu dem Prinz Hohenlohe feierlichst eingeladen ist. Sie wollen dem Prinzen ein Abschiedsmahl geben und ihn tüchtig belobreden, anräuchern und feiern, da ihm solchen Liebesdienst sonst Niemand erwiese.

— Magistratus hochweiser will nächsten Freitag auf Antrag des Dr. Winterhalter beschließen und dekretiren, daß die Abendmusik an den Vorabenden der Sonn- und Festtage, welche seit Jahrhunderten auf dem Petersthurme gemacht wurde, abzuschaffen sei. Das Wohl der Stadt und die an Wagnermusik gewöhnten Ohren des Fortschritts erheischen es; der Fortschritt will sich lieber zum Tanz aufspielen lassen, als christliche Choralmusik anhören.

— Der Lederhändler Steinersche Bayrische Kurier — wir wählen diese Prädicirung als entsprechende Entschädigung für das „Dr. Siglsche Vaterland" — will uns heute, wie es scheint, Mangel an Vorsicht vorwerfen wegen unsers freventlichen Urtheils über Hrn. v. Thüngen jun. Wir hoffen, daß die beiden Organe der kgl. bayr. Aristokratie, die Postzeitung und der Lederhändler &c. &c. jederzeit so viel Vorsicht und Einsicht besitzen, daß sie sich nicht späten Täuschungen aussetzen, halten es aber unserseits mit denen, die nicht gerne die Katze im Sack laufen wollen.

Von der Isar wird dem „Vaterland" geschrieben: Das muß ich sagen, die Doktoren haben jetzt eine wahre Gnadenzeit, sich zu blamiren. Dr. Döllinger, Dr. Pichler, Dr. Sepp . . . wie glücklich doktern und wunderdoktern sie an der Kirche und am Reich herum! Nun kommt gar noch der Doktor-General Spruner der „Intelligente" per eminentiam, der ein so großer Gelehrter ist, daß er die Kunst besitzt, gleich drei urbayrische „mißleitete" Provinzen auf einmal zu verachten, vielleicht weil er 1866 diese drei Provinzen über ihn den Kopf hat schütteln sehen. Dieser Doctor camarillae will nun auch Geschichten in Bayern „machen" und zwar so schöne bayrische Geschichten, als seine allerhöchsten Orts für Gymnasien empfohlene bayerische Geschichte ist. Diese Sprunersche bayrische Geschichte, freilich vom Jahr 1853 datirt, schließt mit den Worten: „Und so mag Bayern denn, im festen Vertrauen auf die weise Fürsorge seines Königs und dessen erprobte Rathgeber und vor Allem auf den Schutz, der unser Vaterland noch nie verließ, der dunkelverhüllten Zukunft einig, glaubensstark und kampfbereit entgegentreten." So Hr. Spruner 1853. Im J. 1870 dagegen besteht die Sprunersche Einigkeit im Zerreißen Bayerns, die Glaubensstärke in der Desavouirung der drei alten katholischen Provinzen Bayerns, die Kampfbereitschaft im „liberalen" Zufüßenwerfen der Bayern vor den Preußen. Nur charaktervoll und konsequent, o liberaler Hr. Dr. Spruner!

In Hessen-Darmstadt ist dem Director des Kriegsministeriums, Obersten Hornseif, von Berlin aus ein vierteljähriger „Urlaub" (wahrscheinlich zu einer Badereise in dieser warmen Jahreszeit! judiktirt worden. Diese Gnade hat er sich dadurch zugezogen, weil er nicht länger mehr die Hand reichen wollte, mißliebige Offiziere des hessischen Armeekorps zu pensioniren, wie die Preußen bisher in ausgedehntestem Maße gethan haben. Das Kriegsministerium soll sogar ganz aufgelöst und als Intendantur Preußen unterstellt werden. (Was man zusammen nordbündige Souveränität heißt!)

Baden. In die regierenden Bettelpreußen ist nach der derben Abfertigung, welche Bismark in seiner letzten Rede (wir kommen morgen darauf) den PT. Bettelpreußen oder Nationalliberalen angedeihen ließ, große Bewegung gekommen. Die Vermuthung Bismarks, hinter dem Antrage des Juden Lasker bezüglich des Eintritts Badens in den Nordbund stecke wohl die badische Regierung selbst, hat bei den badischen Regierungsmännern große Angst erregt und sie lassen jetzt auf's Heftigste abläugnen, daß sie je so was nur im Sinne gehabt hätten. Bei Leibe nicht!

Es quält sie sehr und beißt sie ins Herz
Des Bismark zornig Gehudel,
Doch bleiben sie treu dem Preußen mit
Der berühmten Treue der Pudel.
O Pudeltreue, wie schön bist du
Und von „nationaler" Bedeutung!
Du leckst die Hand, die dich karbatscht,
Und lobst dich dafür in der Zeitung.

Preußen. In Berlin trägt man sich noch immer mit dem Gedanken einer norddeutschen Kaiserkrone. Die Hexenküche, in der sie zusammengeleimt werden soll, ist schon ziemlich eingerichtet.

Köln. Das neue Organ Döllingers und der „liberal-intelligenten Katholiken", der „Rheinische Merkur", fängt recht gut an. Der bekannte Berichterstatter „aus Bayern", welcher früher in der Köln. Volkszeitung sein Wesen trieb und nicht weniger durch seine Unkenntniß thatsächlicher Verhältnisse als durch seine offenbaren Lügen über Bayern geglänzt hat, schreibt jetzt im Zeichen des Merkur. Seine Merkurialsalbe gleich in der Probenummer über Bayern ist seiner ganz würdig. Daß ihm die bayrischen Patrioten in der Seele zuwider sind, insbesondere die „extremen", thut uns kaum sonderlichen Eintrag, und daß er darüber schimpft, zieht unserm Herzen hoffentlich keine Blasen. Interessant ist, daß nur der Bischof v. Passau, Döllinger u. Dr. Huttler wegen seiner Versöhnungsmeiereien Gnade bei ihm gefunden haben, alle andern zweibeinigen Geschöpfe Bayerns aber mit Ausnahme der liberalen in die merkurische Hölle verdammt werden; zu tiefst in seiner Hölle hat er dem „infernalen" Vaterland einen Platz angewiesen, allwo es braten möge, bis die Preußen mit ihrem „Rhein. Merkur" kommen.

Ausland.

Frankreich. In Paris, so wird behauptet, soll die Anwesenheit des Erzherzogs Albrecht nach vollendeter Inspektion aller französischen Streitkräfte, Festungen und militärischen Einrichtungen den Zweck der Unterzeichnung eines Schutz- und Trutzbündnisses Oesterreichs mit Frankreich haben.

Dienstes-Nachrichten.

Verliehen: D. k. Pf. Pfaffenhofen, B.-A. Neuulm dem H. M. Zimmerer, Pf. in Balderschwang, B.-A. Sonthofen, d. k. Pf. Schwifting, B.-A. Landsberg, dem M. Schiflholz, Pf. in Unterrieden, B.-A. Mindelheim, d. k. Pf. St. Walburg in Eichstädt, dem F. X. Herb, Prediger bei der Stadtpf. St. Moriz in Ingolstadt, d. k. Pf. Kemnath, B.-A. gl. N., dem S. Schrembs, Pf. in Hemau, B.-A. gl. N., d. k. Pfarrkuratie Burg, B.-A. Krumbach, dem derzeitigen Verw. derselben, A. Frieß, zu übertragen, d. k. Pf. L. Miller in Deisenhausen, B.-A. Krumbach, die Pf. Oberwiesenbach dem M. Kohler, Pf. in Christertshofen, B.-A. Illertissen.

Briefkasten.

Stammbach Nr. 47, Kaiserbl. 46.

Marktpreise in München.

1 Pfd. Mastochsenfleisch 18 kr. — pf., Kuhfleisch 17 kr. — pf., Kalbfleisch 15 kr. — pf., Schaffleisch 12 kr., rohes Schweinfleisch 20 kr

1 Pfd. Schweinfett 29 kr. eine rohe Zunge 1 fl. 12 kr., dito geräuch. 1 fl. 30 kr. ein Zentner rohes Unschlitt 23 fl. — kr. ein Pfd. gegoss. Lichter 24 kr., gez. feine Lichter 23 kr., ditto ordinäre 22 kr., Seife das Pfd. 16 kr.

Das Pfd. Karpfen 22—24 kr., Hechten 30—36 kr., Huchen 48— — fl. 54 kr., Nullen 42—46 kr., Forellen 1 fl. 12 kr. bis 1 fl. 24 kr. Kalfische 1 fl. 24 kr., Barben 18—20 kr., Allen 16—18 kr., Waller 42—46 kr., Brazen 14—18 kr., Renghen 24—30 kr., Birschlinge 18 —22 kr., Bachfische 7—9 kr., Krebse das Viertel 100 36—54 kr., Frösche, das Viedel 9—15 kr. — 1 Zentner Heu 1 fl. 36 kr., 1 Ztr. Grummet 1 fl. 42 kr. Waizenstroh — fl. — kr. Roggenstroh 1 fl. — kr. Haberstroh — fl. 45 kr. Eine Klafter Buchenholz 15 fl. 18 kr. Birkenholz 13 fl. 36 kr. Föhrenholz 9 fl. 48 kr. Fichtenholz 9 fl. 48 kr. Das Pfd. Schmalz höchster Preis 34 kr. Das Pfd. frische Körbchenbutter, höchster Preis 34 kr. 4 Stück frische Eier 8 kr. Die Maß gute Milch 5 kr. 1 Pfd Leinöl 16 kr. 1 Pfd. Repsöl 18 kr.

Verantwortlicher Redakteur: Dr. J. Sigl.

Druck von M. Vogt in München, Rosengasse 10.

II. Jahrgang.

Auflage: 4800.

Das Bayrische

Vaterland.

Das „Bayr. Vaterland" erscheint täglich mit Ausnahme der Sonn- und hohen Festtage. Preis des Blattes: Vierteljährig 54 kr., ganzjährig 3 fl. 36 kr. Das einzelne Blatt 1 kr.

Alle Postexpeditionen und Postboten des In- und Auslandes nehmen Bestellungen an. Inserate werden die dreispaltige Petitzeile oder deren Raum zu 3 kr. berechnet.

Redaktion: Burggasse 14. Herausgegeben von Dr. jur. J. Sigl. Expedition: Ruffinibazar 5

Casimir. Nr. 51. Freitag, 4. März 1870.

Randglossen zur Rede des Lehrers Strauß in der Kammer III.

Wir kommen nun zum dritten Punkt, Herr Professor zukünftiger Wissenschaften, zu dem Satze in welchem Sie die „Unterdrückung" Ihres Standes von Seite des Clerus beklagen. Als Sie dieses Lied anstimmten, da mag es wohl auf Seite Ihrer Parteigenossen manches freudiglächelnde Antlitz gegeben haben, da mochten Sie wohl auch wieder im rechten Fahrwasser sein, denn giftige Reden gegen den Clerus müssen Sie ja in der Uebung haben von Ihrem Bezirkslehrerverein her, dessen erste Tugend ja im Haß gegen alles „Clerikale" besteht. Wenn Ihre Ansicht, Hr. Strauß, und die Ansicht des „intelligenten" Fortschritts richtig ist, dann sind die „Pfaffen" nicht blos an der „Unterdrückung" Ihres Standes, sondern auch daran schuld, daß die Frösche keine Schwänze und die gewaltig großen Strauße der afrikanischen Sandwüste so wenig Hirn besitzen; ja wenn Preußen uns einmal gefressen und die guten Bayern zu Heloten gemacht hat, die, wenn auch mit hungrigem Magen und Thränen in den Augen, nach der Pfeife des Preußenkönigs tanzen müssen, dann werden auch die „Pfaffen" schuld seien an dem Bruderkrieg von 1866, — schuld sein, daß uns die Preußen gefressen und unsern Geldbeutel genommen haben! Aber betrachten wir die Sache etwas ernsthafter, untersuchen wir, ob Ihre Behauptung von Unterdrückung Ihres Geschlechtes, des sehr edlen Geschlechtes der fortschrittlichen Schulmeister, auf Wahrheit beruhe.

Wenn von Unterdrückung die Rede ist, so muß dieselbe durch eine physische oder moralische Gewalt hervorgerufen sein. Die physische Gewalt muß aber hier gänzlich aus dem Spiele gelassen werden; denn der Clerus hat über keine physische Macht zu verfügen, es stehen ihm keine Soldaten, keine Gerichte, keine Gendarmen zur Seite; im Gegentheil, diese Diener der öffentlichen Sicherheit standen in letzter Zeit im Dienste anderer Personen, denen es darum zu thun war, Geistliche, die öffentlich das Treiben des Fortschritts verdammten, zu denunziren und auf die Anklagebank zu bringen. Diese „anderen" Personen, Herr Strauß, werden Sie wohl kennen! Sehen wir also ab von physischer Gewalt, so kann es nur eine moralische Macht sein, die Ihren Stand „niederhält". Worin besteht aber diese moralische Macht?

Wir wollen versuchen, eine auch für Sie verständliche Definition zu geben. Eine moralische Macht ist eine Person oder Gesellschaft, welche durch besondere Eigenschaften einen Menschen imponirt und ihn dadurch in seinem ganzen Handeln beeinflußt. Diese besonderen Eigenschaften können sich nun beziehen auf die Würde, womit eine solche Person bekleidet ist, also auf die Autorität, oder auf den persönlichen Charakter, oder auf den Einfluß, den diese Person auf unser Wohl und Wehe ausüben kann. Es thut uns nun herzlich leid, daß wir diese Punkte näher berühren müssen; denn sie bieten uns ein nicht gar schönes Bild von Religiösität, Gehorsam und Charakter in Ihrer Kaste, der Kaste der „liberalen" Schulmeister, aber Sie haben durch Ihre Anklage uns provozirt, wir sind jetzt gekommen, uns zu vertheidigen.

Ein jeder Stand hat seinen Vorgesetzten, angefangen vom Bettler bis hinauf zum König; denn auch der König hat seinen Vorgesetzten, nämlich die Verfassung, die er beschworen. Diese Vorgesetzten haben die Pflicht, alle Ausschreitungen ihrer Untergebenen zu verhindern, weil sonst die schöne Harmonie gestört würde, welche die Glieder der menschlichen Gesellschaft unter einander verbindet. Das weiß jedes kleine Kind, aber Sie, Herr Strauß, scheinen es nicht zu wissen, Sie nennen die Thätigkeit Ihrer Vorgesetzten „Unterdrückung", Sie stempeln mit einem wahren Zetergeschrei der Verzweiflung Ihre Vorgesetzten zu lauter Beamten der spanischen Inquisition, welche ihre Wollust darin finden, Ihre unschuldigen „Amtsgenossen" zu quälen und zu peinigen. Aber Herr Strauß, sind Sie selbst schon „unterdrückt" worden? Wir glauben nicht; denn ein Mann, der seine Pflicht erfüllt, wird stets in Achtung stehen, und Sie erfreuen sich ja auch der Achtung, sonst hätte man Sie nicht nach München geschickt. Ihre Collegen werden Ihnen also das schmerzliche Klagelied von Unterdrückung vorgeheult haben und darnach haben Sie Ihr Urtheil gefällt. Aber wie uns scheint, waren Sie kein unparteiischer Richter, sonst hätten Sie von dem Spruche Notiz nehmen müssen: Audiatur et altera pars, man muß beide Theile hören. Sind Sie gewiß, Herr Strauß, daß Ihre Collegen nie ihre Klagen über Maßregelung und Bedrückung übertrieben haben!

In Strafanstalten wenn Sie die Runde machen würden, so würde jeder Gefangene seine Unschuld betheuern und einen Andern als Urheber bezeichnen. In gewissem Grade scheint uns das auch bei Ihren Collegen der Fall zu sein, Sie sind immer die Unschuldigen, der Geistliche ist jedesmal der Urheber des Unheils, wenigstens nach ihrer Aussage, und woher kommt diese sonderbare Erscheinung? Wir wollen es Ihnen sagen: Ihre „Amtsgenossen" wollen überhaupt keinen Vorgesetzten mehr haben, wollen ex lex, frei von jeder Einschränkung sein, sie kennen keinen Gehorsam mehr gegen die Autorität, welche unbedingt nothwendig ist, wenn die menschliche Gesellschaft nicht in Trümmer gehen soll; und eben weil sie den Gehorsam als eine Last betrachten, die des Menschen „unwürdig" ist, so hassen sie auch ihre Vorgesetzten als Unterdrücker. Sehen Sie Herr Strauß, wenn die Schullehrer einmal wieder religiös werden, wenn sie den Gehorsam wieder auffassen als Tugend und nicht als Last, dann werden sie auch den Clerus wieder mit andern Augen ansehen, werden in ihm nicht Peiniger und Unterdrücker, sondern Beschützer und Freunde des Schullehrerstandes finden: Aber Ihre Rede in der Kammer, Herr Lehrer, hat klar gezeigt, daß Ihr Stand unendlich weit von der Religiösität abgekommen ist.

Mit diesem Worte „Unterdrückung“ haben Sie auch eine andere Wunde blos gelegt, die Ihr Stand an sich trägt, und die betrifft die Charakterstärke und den Muth. Haben Sie denn, Sie poetische Natur, den Schiller noch nicht gelesen? Der sagt einmal:

Der Mensch ist frei geschaffen, ist frei,
Und wär' er in Ketten geboren!

Ein Mann von Charakter läßt sich nie unterdrücken, legt sich nicht auf den Bauch in tiefster Demuth und Unterwürfigkeit, während es in seinem Herzen kocht vor Wuth und Ingrimm. Er wird sich eher das Leben nehmen lassen, wird lieber sein Brod vor den Thüren der Reichen betteln, als sich Sklavenketten anlegen lassen. Kriecherei und zuckersüße Freundlichkeit vor dem Gesichte des Vorgesetzten und giftige Reden und Wuthausbrüche hinter seinem Rücken, das Herr Strauß nennen wir Falschheit, das nennen wir einen gemeinen Charakter, ein solcher sclavischer Geist ist nicht werth, in civilisirten Ländern zu wohnen. Treten Sie auf, wenn Sie Thatsachen vorbringen können, durch die Ihr Stand unterdrückt worden ist, die Regierung wird Sie beschützen, aber in allgemeinen Behauptungen sich ergehen ohne Begründung, das kann jeder Schneidergeselle, dazu hätte man einen Herr Strauß nicht nöthig gehabt.

Wir sind vorläufig am Ende, Werthester, vorläufig sagen wir; denn wir hätten noch mehr auf dem Herzen, wollen es aber versparen, bis eine günstige Gelegenheit Ihnen gestattet, in der Kammer wieder Gift und Galle gegen den Clerus auszuspeien. Nur Eines rathen wir Ihnen: Bevor Sie wieder auftreten, verschaffen Sie sich sich etwas mehr Bildung, eine etwas größere Geschichtskenntniß, sonst müßte die ganze gebildete Welt übereinstimmen mit dem Worte, welches Professor Lassaulx Ihrem Stande in's Gesicht schleuderte:

Ein Schullehrer ist und bleibt ein Halbgebildeter!

Deutschland.

München, den 3. März.

Wieder hat ein bayrischer Gelehrter gesprochen, schreibt die Amb. Volksz., wieder in der entblätterten Schönen, der „Allg. Ztg.“, die, nachdem sie allen Zwecken gedient, jetzt eingestandenermassen ihren „letzten Versuch“ macht! General v. Spruner, durch seinen historischen Atlas rühmlichst bekannt, hat einen zu bedeutenden Namen, wenn auch nicht als Soldat, da er in dem einzigen Kriege, den er erlebte, „wegen gänzlichen Mangels an Routine in der Truppenführung“, sich nur das Commando über die Verwundeten erbat, — als daß man so geradezu seine Trümpfe stillschweigend hinwegnehmen könnte. Wenn der General von durch „alle möglichen Vorspiegelungen mißleiteten Bauern“ spricht, wissen wir nicht, was wir hier mehr bewundern sollen, die Dreistigkeit: das bayrische Volk in seinem jahrelangen Ringen um die heiligsten Rechte von Thron und Vaterland so zu insultiren, oder die bekannte Kurzsichtigkeit des Hrn. Generals, der die Tragweite der patriotischen Bewegung, die in wahrhaft deutschem Sinne sich weit über die Grenzen Bayerns hinaus, selbst im Norden, schon deutlich zeigt, auf die drei alten Provinzen beschränkt glaubt! In wie weit des Hrn. Generals Ausspruch hoffähig ist, können wir nicht beurtheilen, obwohl wir uns erinnern, daß beim höchstseligen Könige gewisse Persönlichkeiten „nicht präsentabel“ gefunden wurden und daher möglichst für den internen Verkehr benützt wurden. Der Hr. General, dessen Werth wir vollständig anerkennen, scheint uns in seinem Eifer zu kampfesmuthig gegen die Bayern vorgegangen zu sein; wir würden ihm rathen, in diesem Kriege zwischen Bayern und Preußen wieder mehr das Gewicht auf seine Eigenschaft als Doctor zu legen, wie dazumal!

— Zum Referenten über die Anträge auf Verbesserung der materiellen Lage der Volksschullehrer wurde der Abgeordnete geistlicher Rath Schmid von Traunstein gewählt, zum Referenten über die Anträge auf Abänderung der Vereinsgesetze und des Preßedikts der Abgeordnete Landrichter Eder von Burglengenfeld und zum Referenten über den Antrag auf Abänderung der Geschäftsordnung des Landtages der Abgeordnete Hafenmair von Memmingen.

— Abg. Frhr. v. Stauffenberg hat das Referat über die Rechnungsnachweisungen der Verkehrsanstalten vollendet und der Finanzausschuß der Kammer tritt morgen darüber in Berathung.

— Die gestern mitgetheilte Berichtigung des Freiherrn v. Thüngen gereicht uns zu hoher Befriedigung. Einmal ist durch das öffentliches Zeugniß des Vaters die Stellung des Sohnes und vielleicht künftigen Abgeordneten zum Programm der patriotischen Partei bestimmt und klar gezeichnet, so daß kein Zweifel mehr darüber obwalten kann, dann aber, und das ist für uns die Hauptsache, haben wir in der Erklärung nun ein öffentliches Dokument mit dem Programm des Abgeordnetenkandidaten, auf das hinweisen zu können, für alle Fälle zweckdienlich und ersprießlich sein wird. In dieser Zeit der Wandlungen und Schwachheit sollte überhaupt keiner ohne bestimmtes und öffentliches gegebenes Programm zum Abgeordneten gewählt werden, weil das ein nicht zu verachtendes Präservativ gegen mögliche Schwankungen ist und gegebenen Falls die besten Dienste thut. Dies nun ist durch jene Berichtigung vollkommen erreicht worden und wir fühlen uns deswegen dem Hrn. Baron zu großem Dank verpflichtet.

— Die Pfälzer Ztg. schreibt gegenüber den Weihrauchwolken, in welche die „Allg. Ztg.“ den Fürsten Hohenlohe durch ihre neuesten Artikel hüllte und wodurch sie seinen Rücktritt als den Anfang des Endes von Bayern hinstellte, Folgendes: „Nun man sage uns doch einmal, was Fürst Hohenlohe eigentlich gethan hat. Kann man denn bestreiten, daß er mit Allem, was er begonnen, Fiasko gemacht! Bezeichne man doch einen Fall, eine That, die bewiesen hätte, daß er auch nur ein mittelmäßiger Staatsmann wäre. Von der naiven Sendung des Grafen Tauffkirchen nach Wien bis zu seiner Rede im Zollparlamente und seiner famosen Depesche nach den Maiwahlen hat er stets nur den Humoristen Stoff geliefert, niemals aber irgend eine besonders politische Begabung bewiesen. Seine neueste That ist die Ernennung des Hrn. v. Dönniges zum bayerischen Gesandten in Florenz. Des Herrn v. Dönniges! Von den Antecedentien dieses Mannes und so manchen persönlichen Dingen, die ihn in jedem anderm Lande für eine diplomatische Stellung unmöglich gemacht hätten, abgesehen, ist Hr. v. Dönniges, der geborne Preuße, auch ein Preuße geblieben und man kann daher annehmen, daß er überall, wenn nicht für, doch auch nicht gegen preußische Interessen wirken wird. Und einem solchen Mann, der für Bayern kein Herz haben kann, überträgt man einen so wichtigen Gesandtschaftsposten, wie der in Florenz und dies in einer Zeit, in welcher es sich um Sein oder Nichsein unseres Staates handelt! Und wer anders ist hiefür verantwortlich als der Fürst Hohenlohe?"

Von der Isar. Wer das liberale Schimpflexikon, welches die Redaktion des Vaterlandes veröffentlicht hat, liest, kommt zur Einsicht, woher es komme, daß die Bewohner der Städte und Märkte und vielfach auch viele höhere und niedere Beamte sich in eine bedauernswerthe geistige Richtung hineinlesen, denn ihr Evangelium sind jene Blätter, die diesem Lexikon das Dasein in die traurige Berühmtheit gegeben haben. Daher liegt Alles daran, diesen verderblichen Blättern den Boden zu entziehen. Wie? das lernen wir von unsern Gegnern. In dieser Gegend kam ein Jude in ein Gasthaus, wo gute Blätter auflagen, sogleich stellte der vaterlandslose Fremdling das freche Ansinnen, daß der Gastgeber andere Blätter wähle. Der Schreiber dieser Zeilen war Zeuge des Zwiegespräches. In derselben Stadt nun machte er die Erfahrung, daß der Ortspfarrer und die Ortsgeistlichen ein Gasthaus frequentiren, wo außer der Augsburger Abendzeitung noch der Nürnberger Kurier, die Passauerin, der niederbayrische Kurier und als fünftes noch die Neuesten aus München aufliegen, ohne daß die Hochw. Herren sich daran stoßen. Um das zu vertragen, muß man doch einen Straußenmagen haben. Schließlich sei nur bemerkt, daß die meisten Wirthe jener Stadt bereits Fortschrittsblätter halten und lesen. Daher wäre es nach unserer unmaßgeblichen Meinung angezeigt, wenn allerwärts die Geistlichen von den Söhnen des Hauses Israel lernten, wie man dem Verderben der schlechten Presse entgegenwirke.

Vom Rhein wird dem „Vaterland" geschrieben: Die „christlich-sozialen Blätter" erregen bereits die Aufmerksamkeit und Eifersucht des Berliner Sozialdemokraten." Freilich die gründliche Blamage, welche sich sozialdemokratische Sendlinge von dem Redakteur J. Schings in Aachen geholt haben, juckt diese Herren gewaltig und der „Sozialdemokrat" macht sich mit seinem Secirmesser an den „christlichen Arbeiterkatechismus", dann die „christlich-sozialen Blätter" in ihrer 1. Nummer des heurigen Jahrganges gebracht. Die Kritik beginnt mit dem Geständnisse: „Die katholisch-klerikale Partei, insbesondere die Geistlichkeit zeigt immer deutlicher das Bestreben, in die Arbeiterbewegung einzugreifen." Wer darum die soziale Frage vom christlichen Standpunkt aus, d. i. überhaupt gelöst haben will, der wird auch wissen, welche Pflichten er in Bezug auf die Verbreitung der christlich-sozialen Blätter, des einzigen Organes dieser Partei hat. Hier gilt es mehr denn anderswo: eine Partei ist so viel werth als sie ihr Organ unterstützt. An uns christlichen Sozialisten ist es, das Organ durch eifrige Unterstützung zu heben und es in der bei den Gegnern bereits errungenen Achtung zu erhalten und zu festigen.

S. **Von der badisch-preußischen Grenze** wird dem „Vaterland" geschrieben: Der vergessene Görres sagt irgendwo: Da ist aus dem Kessel, in den man das alte zerstückte Deutschland, um es wieder jung zu finden, hinein geworfen, das junge mit einer mäßigen Zahl von Gliedmassen versehen, wieder aufgetaucht. Aber auch diese Zahl, ist politisch betrachtet, nur eine Fiktive und reducirt sich in letzter Instanz auf die Dreizahl. Was nämlich ins Gewicht fällt ist erstens das österreichische Kaiserthum, das sich mit dem bedeutendsten Gliede, dem Haupte ihm eingegeben. Die andere Macht von Gewicht ist die preußische, die den Contrepunkt gegen jene bildend, auf die Warte zwischen Frankreich und Rußland gestellt erscheint. Endlich kommt die dritte Masse, die kleineren Fürsten in sich befassend, die, wollen sie politisch ein Gewicht in die Wagschaale legen, nothwendig unter Bayern näher geeinigt bleiben müssen. Nun aber ist nach der Einheit die Dreiheit die fügsamste Zahl, die sich am leichtesten wieder in sich zu einer Einheit zusammenschließt. Sollte das erste dieser Glieder Mißbrauch von seiner Gewalt gegen das dritte zu machen die Versuchung verspüren, so wird das zweite, mit dem Bedrohten verbunden, dem Angreifenden gewachsen sein, während wenn die Macht, die jetzt schützend gewirkt, selbst angriffsweise verfahren wollte, die Anderen solchem Beginnen Schranken setzen würden. Zwei gegen eins werden also immer eine Mehrheit bilden und die Sache zur Entscheidung bringen. Da also 3 Punkte immer in einer Ebene stehen, so werden wir wenigstens die Schattenkaiser der letzten Zeit keineswegs vermissen, weil der Schwerpunkt in unserer Mitte fortbesteht". — Sollten diese gewiß staatsmännischen Worte derzeit in Bayern keinen Anklang finden? Verba movent exempla trahunt. Was hat das verpreußte Baden, das die Kaiserkrone in Berlin auf dem „Tische des Herrn", verehrt nach Außen und Innen geschaffen? Nach Außen nichts und nach Innen noch viel weniger. Keine Freiheit, kein Volksglück. Keine direkten Wahlen, keine freie Gemeindeordnung, keine Steuererleichterung, keinen religiösen Frieden, überal Groll gegenüber dem Cäsaropapismus, dem Militarismus und Bubokratismus.

Preußen. In der Berliner „Zukunft" Nr. 46 ist wörtlich folgende Traueranzeige zu lesen: „Am 19. ds. M. starb zu Kutzen in Ostpreußen mein Vater, der ehemalige Dorfschullehrer Adolf Sack. Er hatte eben das 68. Lebensjahr überschritten. 35 Jahre hatte er als Lehrer gearbeitet. Er ist endlich den schwersten Leiden, den langsam überwältigenden Folgen einer Jahrespension von 51 Thlr., welche er seit 5 Jahren erhielt und die für ihn, die Gattin und fünf unerwachsene Kinder ausreichen sollte, erlegen — dem Hunger-Typhus. Berlin, Greifswalderstr. Nr. 9c. Eduard Sack."

Ausland.

Rußland. Aus Dünaburg wird geschrieben, daß zu Ende der verflossenen Woche ein Unglücksfall auf der Petersburg-Warschauer Bahn stattgefunden hat. Ein Güterzug stieß mit einem gemischten Zuge zusammen, welcher Arrestanten und unter den Gütern auch einige Fäßer mit Spiritus transportirte. Die Fäßer wurden zertrümmert. Die Arrestanten konnten der Versuchung nicht wiederstehen, sie betranken sich an Spiritus von 90 Grad, und die Folge davon war, daß neun auf der Stelle todt blieben.

Eine Säule des „ewigen" Ministeriums.

Eine wahre Geschichte.

(Fortsetzung.)

Der Schulmeister aus Hinterpommern ist mit dem vielen Essen immer fetter und dicker geworden und ist von Tag zu Tag an Ehren und Einfluß höher gestiegen, hat sich auch schöne Kleider kaufen können und so ist ihm der Kamm immer mehr geschwollen. Zuletzt hat er von dem Fürsten, wie das im Probirlandl bei hervorragenden — Personen so gebräuchlich ist, unversehens ein „Herr von" geschenkt gekriegt, was eine erschrecklich große Ehr' war, und dazu einen großmächtigen Brief, der aus dem Felle gewisser vierbeiniger Unterthanen des Fürsten im Probierlandl angefertigt war, und darauf war zu lesen, wie und warum der preußische Schulmeister sein „Herr von" geschenkt bekommen hat, nämlich von wegen seiner unglaublichen Verdienste um Gott, König und Vaterland. Nun hat's aber der Mann nicht länger mehr ausgehalten, er hat sich Urlaub genommen und gieng auf die Brautfahrt. Da kam er nun nach Berlin, was die Hauptstadt ist von dem Land, das man früher des heil. römischen Reichts Erz-Streusandbüchse geheißen und wie die Pickelhaube geboren und zu Hause ist. Da war ein mächtig großer Haufe von Juden und die haben gewaltig viel Geld gehabt, aber halt keinen rechten Respekt vor den Leuten, weil's immer geheißen hat: 'S ist halt a Jud!" Das hat sie aber verdroßen und sie haben drum gesucht, durch Heirathen unter die Christen hinein, und so zu Ehr' und Namen zu kommen. Und da haben auch richtig viele Christenjünglinge angebissen, denn die Juden haben viel Geld gehabt. Wie das der preußische Schulmeister aus Hinterpommern gehört hat, da hat er sich gleich an einen reichen Schmul gemacht, der ein schön's Schickselche gehabt hat. Und richtig ist die Geschichte bald fertig geworden, das Schikselche hat das Taufwasser und den Schulmeister zugleich gekriegt und beide sind nachher wieder ins Probierlandl zurück, denn der Schulmeister hat schon wieder Hunger gehabt. Viel Aufsehen hat die Geschichte schon gemacht. Sagt der Itzig zum Mauses: „Gott gerechter? was sagscht de? Worüm hat gegeben der Schmul das Schikselche dem verfluchten Goi? Sein je nischt aach schöne Leut, reiche Leut unsere Leut? Sagt der Mauses: Ußer: Worüm? Dorüm! Werd er schon gewißt hoben worüm! Is doch aach eigentlich Aner von unsere Leut; se haben erst sein'm Tade geben das verfl — Wasser! Worüm? No des wascht de schon! Und de Ehr is grauß! Wahrhaftig, is er nich e Mann e berühmter? Und sei Frau hat kai Gütergemeinschaft mit em; kriegt se nicht jährlich 6000 blanke Gülden, wann er werd bald Ambassadör?" — Und richtig, der Mauses hat Recht gehabt, denn der Schulmeister ist wirklich bald Ambassadör geworden in dem Land, wo's das schöne Rindvieh gibt. (Forts. folgt.)

Börsen-Nachrichten.

München, 1. März. Bei der heute vollzogenen Verloosung des bayrischen 4proz. Prämienanlehens wurden folgende Serien gezogen: 80, 90, 207, 306, 424, 465, 484, 567, 701, 785, 914, 1076, 1168, 1254, 1295, 1370, 1468, 1574, 1636, 1660, 1795, 1852, 2059, 2124, 2164, 2345, 2437, 2438, 2460, 2461, 2482, 2506, 2570, 2601, 2614, 2654, 2668, 2726, 2735, 3006, 3026, 3036, 3117, 3136. Es wurde bei dieser Verloosung bekannt gegeben, daß sich zufolge gemachter Wahrnehmen von den Obligationen des Prämienanlehens noch vier gefälschte (es waren deren sechs) in Umlauf befinden, und zwar die Obligationen: 379 18,911, 802 40,071, 1883 94,119, 3149 175,425. Die Besitzer der mit diesen Nummern versehenen Prämienscheine werden wiederholt aufgefordert, dieselben ungesäumt der kgl. Staatsschuldentilgungs-Hauptkasse in München behufs des Umtausches einzuliefern, weil außerdem die Besitzer derselben sich der Gefahr aussetzen, weder die Bezahlung der im Wege der Verloosung auf die bezeichneten Nummern allenfalls entfallenden Prämien, noch die treffende Kapitalsvergütung zu erhalten.

Karlsruhe, 28. Februar. In der heutigen Serienziehung der badischen 35 fl.-Loose wurden die folgenden 70 Serien gezogen: 78, 101, 112, 335, 438, 449, 480, 685, 897, 1011, 1222, 1225, 1245, 1264, 1448, 1556, 1789, 1804, 1816, 1858, 2251, 2279, 2397, 2459, 2686, 2811, 2850, 3228, 3283, 3323, 3385, 3398, 3756, 3762, 4372, 4447, 4496, 4514, 4809, 5152, 5173, 5350, 5565, 5681, 5723, 5766, 5885, 6078, 6146, 6658, 6790, 6858, 6907, 6928, 6938, 6977, 7000, 7038, 7084, 7155, 7199, 7245, 7417, 7453, 7574, 7594, 7598, 7614, 7682, 7707.

Wien, 1. März. (1864er Prämienscheine.) Bei der heute vorgenommenen 29. Verloosung wurden nachstehende 9 Serien gezogen und zwar: 41, 509, 803, 1284, 1748, 2562, 2574, 3544 und 3950. Der Haupttreffer mit 200,000 fl. fiel auf Serie 3950, Gewinn-Nummer 71; 50,000 fl. auf S. 2562, Nr. 14; 15,000 fl. auf Ser. 3950 Nr. 29; 10,000 fl. auf S. 3544 Nr. 89; ferner gewinnen je 5000 fl.: S. 509 Nr. 61 und S. 1748 Nr. 19; je 2000 fl. S. 1284 Nr. 83, S. 2574 Nr. 30 und Nr. 58; je 1000 fl. S. 41 Nr. 86, S. 803 Nr. 21 und Nr. 86; S. 1284 Nr. 100; S. 2562 Nr. 95 und Ser. 3544 Nr. 14; je 500 fl.: S. 41 Nr. 28, 58 und 90; S. 509 Nr. 31 und 98; S. 803 Nr. 72 und 76; S. 1284 Nr. 84; S. 1748 Nr. 8; S. 2562 Nr. 84; S. 2574 Nr. 45 und 72; S. 3950 Nr. 6, 68 und 92; je 400 fl.: S. 41 Nr. 8 und 63; S. 509 Nr. 2, 52, 60 und 62; S. 803 Nr. 29 und 68; S. 1284 Nr. 71 und 89; S. 1748 Nr. 9 und 56; S. 2562 Nr. 29, 62, 81 und 86; S. 2574 Nr. 5, 50, 56, 70 und 79; S. 3544 Nr. 9, 24, 33, 37, 63, 68, 81 und 88; und endlich S. 3950 Nr. 51.

Frankfurt a. M., 2. März. Schlußcurse: 1882er Amerikaner 95⅞; österr. Bankactien 698; dito Creditactien 264¼; Bayer. Ostb.-Actien 120½; Oesterr. Loose v. 1860 79; dito v. 1864 117; 5proc. österr. engl. Metall. — —; 5 proc. National — —; 5 proc. bayer. Anl. 101 dito 4½ proc. Anl. 91⅝; dito 4 proc. Pr.-Anl. 107; dito 4proc. Grundrente 86⅝; Elisabeth-Prior. I. Em. 75½; Napoleons 9. 30. Münchener Anlehen 100⅞; [illegible] Met. v. 1866 — —; österr. franz. Staatsbahn 361; bad. Präm.-Anl. 105½; Münchener Hypothekbank —.

Verantwortlicher Redakteur: Dr. J. Sigl.

Druck von M. Vogt in München, Rosengasse 10.

II. Jahrgang. | Das Bayrische | Auflage: 1800.

Vaterland.

Das „Bayr. Vaterland“ erscheint täglich mit Ausnahme der Sonn- und hohen Festtage. Preis des Blattes: Vierteljährig 54 kr., ganzjährig 3 fl. 36 kr. Das einzelne Blatt 1 kr.

Alle Postexpeditionen und Postboten des In- und Auslandes nehmen Bestellungen an. Inserate werden die dreispaltige Petitzeile oder deren Raum zu 3 kr. berechnet.

Redaktion: Burggasse 14. | Herausgegeben von Dr. jur. J. Sigl. | Expedition: Kaffinthager 5 Friedrich.

Nr. 52. | Samstag, 5. März 1870.

Bestellungen auf das „Bayr. Vaterland“ für das Quartal zu 54 kr. (für den Monat März zu 18 kr.) können bei allen Postanstalten und Postboten noch immer gemacht werden.

Hr. v. Harleß.

*Vom Obermain. Auf eine vor einigen Tagen im Feuilleton des Nürnb. Correspondenten eingesandte Ovation an den Hrn. Präsidenten v. Harleß, bestehend in der horazischen Strophe Integer vitæ scelerisque purus x., wodurch ihm linderndes Oel auf die Wunden der Mißtrauensadressen gegossen werden sollte, schreibt der Hr. Präsident in Nr. 101 des „Correspondenten“ eine Danksagung mit der Ueberschrift: „A. v. Harleß dem getreuen Horatius.“ Diese Danksagung enthält die harmlosen zwei ersten Strophen der horazischen Ode ad Augustum Caesarem, worin, wie jeder Gymnasiast weiß, die Zerstörungen der Tiber in Rom und deren Ueberschwemmung geschildert und mit der deukalionischen Fluth in Beziehung gebracht werden, damit wird unter Augustus ein besseres Zeitalter herbeigewünscht.

Da nun beide Strophen geradezu als Antwort, Dank oder überhaupt als Gegenadresse auf die Zueignung gar keinen Sinn haben, indem die letztere eine Schmeichelei und die erstere eine Naturschilderung ist, was etwa zusammenpaßt wie Friedrich und Konstantinopel oder wie Balsam und Donnerwetter, so hat der Hr. Präsident v. Harleß für gut befunden, uns dadurch die von ihm im Auge gehabte Beziehung deutlich zu machen, daß er die Worte, welche ihm gerade in diesen zwei Strophen wichtig schienen, mit gesperrter Schrift drucken und mit Fragezeichen versehen ließ.

Diese Worte nun heißen: Grave ne rediret seculum Pyrrhæ, nova monstra questæ, omne cum Proteus pecus egit altos visere montes, — zu Deutsch: Damit nicht die Zeit der Pyrrha wiederkehre, wo Abentheuer zu beklagen waren, als Proteus alles Vieh auf die hohen Berge trieb (um es vor den reißenden Wogen der Fluth zu retten.) In der ersten Strophe, beginnend mit Jam satis terris x. wird vom Dichter ausgesprochen, daß Pater, nämlich Jupiter, — dem aber Hr. Präsident v. Harleß ein Fragezeichen anhängt, welches in der Ode natürlich nicht steht, — nun genug Land und Volk mit seinen Donnerkeilen geschreckt habe. Da nun Hrn. v. Harleß der horazische Pater nicht der rechte ist, wohl aber sonst ein „donnernder Vater“, der „mit gerötheter Hand hohe Burgen zerschlägt und Land und Stadt schreckt“, wie die Strophe besagt, und er das Wirken dieses Vaters mit „neuen Abentheuern“ und mit „Vieh, das auf die hohen Berge getrieben wird“ in Verbindung bringt und zwar absichtlich, weil er die Worte gesperrt drucken ließ, so ist wohl auch dem Nichtlateiner klar, daß der „Pater“, welcher dem Präsidenten Einer ist, der „Land und Leute mit Donnerkeilen schreckt“, der Papst ist, daß die „neuen Ungeheuerlichkeiten (nova monstra) die etwaigen Dekrete des Concils und daß das Vieh, welches auf die Berge des ewigen Rom getrieben wird, die hochwürdigsten Bischöfe sind!!

Wahrlich der gute Horaz hatte beim Niederschreiben dieser Strophen, obwohl er bekanntlich Augenblicke hatte, wo er ein ordinärer Speichellecker war, nicht daran gedacht, daß einer seiner Epigonen seine Muse so verhunzen könnte! Es ist weit gekommen, wenn man die alten Klassiker, aus denen unsere Söhne edle Weisen, hohen Sinn, blühende Sprache lernen sollen, zu gemeinen Dienstmägden unedler Leidenschaften herabwürdigt; noch unheimlicher aber wird diese Erscheinung, wenn damit der erste Mann einer christlichen Religionsgesellschaft groß thut und seinen Namen einem Wechselbalg vorsetzt, der, ein Urbild aller Jamusse, ein weit böseres als das der Tartüffes, nach einer Seite hin den Janhagel zu beschwichtigen und nach der andern zu die tiefsten Empfindungen und heiligsten Gefühle von 3 Millionen Mitbürgern lächerlich zu machen sucht!

Wer mag bei solchem widerwärtigem Gebahren noch an die Versöhnung der Parteien denken, wer mag noch hoffen, daß, wenn das Gemeinde-Haupt mit solchem Beispiele vorangeht, die Gemeindeglieder billiger denken werden? Mit dieser horazischen Parodie und mit seiner Aeußerung auf der Ansbacher Synode, daß der Papst ein Narr und das Concilium eine Komödie sei, mit der sich ein protestantischen Pastor nicht befassen könne, hat sich Hr. Präsident v. Harleß weit hinaus aus den Grenzen des Protestantismus gesetzt, er hat sich ganz auf das Territorium der vulgären Denkweise gestellt. Weder wir, noch ein billig denkender Protestant, dem es dem Prinzip nach nur eine Abwehr, nicht nur einen Angriff zu thun sein kann, beneiden ihn um diesen Platz.

Wenn nun den Patrioten in Bayern zugemuthet wird, ihre Presse zu desavouiren, so muthen wir im Gegentheil den Liberalen zu, solche Ausschreitungen, auch wenn sie Hr. von Harleß sich in der Presse erlaubt, gleichfalls zu desavouiren. Es können uns wohl die kleinen Leute, die vom Preßschmutz leben, nicht sehr in Harnisch jagen, denn wer kann gegen den — Instinkt? Naturam expellas furca, tamen usque redibit [1]) Wenn aber Harlesse unser Heiligthum antasten, so tritt der Fall der Nothwehr ein, die in jedem Staate erlaubt ist und worüber zwar Juristen Bücher schreiben, die Staatsanwälte aber nicht.

Als Hr. v. Stauffenberg in der Kammer sich wunderte, warum die Katholiken in Bayern die Keulenschläge des Hrn. v. Harleß in Ansbach ruhig hinnehmen,

---

[1]) Zu deutsch etwa: Kratze einen Liberalen am Fell, es kommt immer die „gebildete“ Bestie zum Vorschein. D. Red.

da war weder Rede noch Antwort.*) Um so mehr ist es aber jetzt Zeit, nicht zu bedauern, nicht zu beklagen, sondern Recht zu fordern für unser beleidigtes Heiligthum, für unsere verletzten Interessen, für unser gekränktes Oberhaupt. Ob Hr. v. Harleß oder Nürnb. Anzeiger — die Sache ist ganz gleich, die Person aber darf in einem Rechtsstaat nicht in Rechnung kommen, um so weniger als die Herren Liberalen, wenn sie am Ruder sind, mit unsern Bischöfen wenig Federlesens machen würden.

Uebrigens danken wir Hrn. v. Harleß trotz alledem noch aus zwei Gründen. Erstens hat derselbe durch die Ansbacher Worte und die horazische falsche Schildkrötensuppe uns ein Schiebfensterchen seines Innern gerade so weit aufgemacht, daß wir auf die übrigen edlen protestantischen Gesinnungen des hohen Herrn richtige Schlüße ziehen können und daß wir, falls derselbe wieder etwa in der Schulfrage, wo Katholiken mit edlen Protestanten ohnehin gehen müssen, ein mit uns harmonirendes Votum abgibt, diesen Expektorationen den richtigen Werth beimessen; denn das sind nur so katholisirende Crantheme, der gute negative Kern ist unversehrt und die protestantische Brust mit neunfachem Erz gegen die katholische Anschauung gepanzert. Zweitens aber danken wir ihm, daß wir die zwei Endstrophen derselben Ode, die der hohe Herr schwerlich gelesen hat, anzuführen in die Lage gekommen sind, und die wir sicherlich mit mehr Recht und ohne dem guten Horaz den mindesten Zwang anthun zu müssen, auf unsern geliebten Pius XI. anwenden können. Sie lauten:

Serus in cœlum redeas diuque
Lætus intersis populo Quirini,
Neve te nostris vitiis iniquum
Ocior aura
Tollat. Hic magnos potius triumphos,
Hic ames dici Pater atque Princeps,
Neu sinas Medos equitare inultos
Te duce Caesar!

Jeder Kaplan bei uns kann das übersetzen, braucht kein Fragezeichen dazu zu machen, auch braucht's keiner gesperrten Schrift. Es ist ein klarer unverfänglicher Sinn. Sollte übrigens Hr. Präsident v. Harleß das equitare fernerhin belieben, so insinuire ich ihm ergebenst, daß er das so lange ich noch schreiben kann, nicht inultus thun wird. Magnus mihi Harless, sed major veritas!

Die Günzburger Wahl

ist, Dank den wackeren patriotischen Männern des Günzburger Wahlkreises, ganz patriotisch ausgefallen. Es wurden zu Abgeordneten gewählt die Herren: Pfarrer Bach v. Ziemetshausen, Vorsteher Prestele v. Thanhausen und Kornhändler Kastner v. Burgau. Dadurch beträgt nunmehr die patriotische Majorität der Kammer 83 Männer gegen 71 Fortschreiter und „Wilde". Nachdem die Herrn Bettelpreußen über die Münchener Wahl, wo nur einige Patrioten eben noch mitwählten, um zu wählen, da in keinem Falle die zu wählenden zwei Wahlmänner mehr einen Ausschlag geben konnten, so viel Lärm geschlagen und darin einen Triumph der Sache der Bettelpreußen vorschwindelten, was nicht auf hundert Meilen Wegs der Fall ist, sind wir begierig, wie sich die Herren zu den Günzburger Wahlen stellen werden, wo es wirklich auf das Volk ankam, ob die gute bayrische oder die schlechte preußische Sache den Sieg erlangen sollte. Im November siegten die Preußen und Fortschrittler, gestern sind die Bayern wieder obenauf gekommen. Macht euch jetzt einen Vers darauf, edle Herren vom Fortschritt! Wenn Hr. v. Thüngen etwa durch Vermittlung des „Vaterland", des einzigen Blattes, das sich gegen seine Wahl gestemmt, während so viele brave und gemäßigte Blätter und Herren sich für ihn einlegten, durchgefallen sein sollten, so thut uns das wirklich sehr leid, um so mehr als sein Hr. Vater ein so schönes Programm für ihn aufgestellt und es ihn gewiß gefreut haben würde, wenn er durch seine Wahl das blaue aristokratische Element der zweiten Kammer hätte vermehren können. Aber wir meinen, es ist doch besser so. Wozu einen so vornehmen Herren zu etwas bemühen, was wir am Ende selbst auch fertig bringen können!

*) In der Kammer! Das „Vaterland" hat in mehr als einem Artikel den katholischen Standpunkt gewahrt — auch Hrn. v. Harleß gegenüber und die Beleidigung desselben energisch zurückgewiesen. D. Red.

Deutschland.

München, den 4. März.

Die „Abendzeitung" macht ihren gläubigen Lesern den Schwindel von einer „Uneinigkeit in der patriotischen Partei" vor. Diese Uneinigkeit, sagt sie, gehe schon aus dem Verhalten der patriotischen Presse in Bezug auf die zu erwartende Besetzung des Ministeriums des Aeußern hervor. Während die „Postzeitung" sich entschieden für Frhrn. v. Thüngen ausspreche, wollen andere davon nichts wissen und zumal das „Vaterland" mache gelegentlich der Zettinger Wahl gar bereits Front gegen „seine Verbündeten vom Adelsstande." Schon jetzt herrsche ein gewisses Mißtrauen der Niederbayern und Oberpfälzer gegen die Schwaben u. s. w. Im Kopfe der „Abendzeitung", setzen wir hinzu, in dem zuweilen noch ganz andere Dinge herrschen! Wir gestatten den großen Geistern der „Abendzeitung" von Mißtrauen und Uneinigkeit der Patrioten unter sich zu träumen, was ihnen Vergnügen macht; daß aber ihre Träume sich verwirklichen werden, dazu ist bis jetzt nicht die mindeste Aussicht. Nichts deutet darauf hin, daß im patriotischen Lager die Feinde mit ihrem Wunsche, Zwietracht und Mißtrauen zu säen, empfänglichen Boden finden könnten. In allen Hauptfragen und den Gegnern gegenüber bilden die Patrioten stets eine geschlossene Schlachtreihe; in minder wichtigen Dingen dagegen ist der freieste Spielraum der Privatmeinungen in keiner Weise beschränkt. Man hindert sogar die „Postzeitung" nicht, ihrer Faiblesse für ein Ministerium Thüngen nachzuhängen, da man weiß, daß die zarten Neigungen der „Postzeitung" für mögliche und unmögliche Kandidaten in der Regel nicht von maßgebender Bedeutung, sondern rein individuelle Liebhabereien sind, die weder sonderlich schaden noch auch immer bemerklich nützen. Für die Eintracht des patriotischen Lagers hat und kann dieses oder jenes patriotische Blatt keine Bedeutung haben, da im patriotischen Klub die Zeitungen weder redigirt noch censirt werden und da unsers Wissens der Klub sich auch nicht von den Zeitungen bestimmen läßt. Was speciell das „Vaterland", bezw. seine Stellung zur Günzburger Wahl betrifft, so war in dem angezogenen Artikel einfach der Ansicht des Redakteurs und einer Anzahl seiner politischen Freunde Ausdruck gegeben; der Ausgang der Wahl hat gezeigt, daß die wackeren Patrioten von Günzburg ihre Ansicht getheilt haben. Gegen die Herren aus dem Adelsstande, welche die Abendzeitung „unsere Verbündeten" nennt, im Allgemeinen Front zu machen, ist uns nicht eingefallen; wir haben blos getadelt, daß Einzelne adelige Herren gegenüber dem wackeren Bauernstand allzusehr zu begünstigen scheinen. Dem Fortschritt gegenüber wollen wir uns die Adeligen als „Verbündete" recht gerne gefallen lassen. Es steht der „Abendzeitung“ frei, den „Beginn des Zersetzungsprocesses“ der patriotischen Partei so freudig zu begrüßen als ihr gut dünkt; die patriotische Partei wird dafür zu sorgen wissen, daß die Herren Liberalen mit solchen Begrüßungen die Rechnung ohne den Wirth machen. Ebenso steht es der „Abendzeitung“ frei, mit der alten und abgeschmackten Bêtise des Hinweises auf Frohnden und Zehnten in den Augen denkender Leute sich noch öfter zu blamiren; Jeder hat das Recht, sich so oft und so gut zu blamiren als er kann, und dieses Recht soll auch der „Abendzeitung“ ungeschmälert bleiben.

— Die „vereinigten“ hiesigen Bettelpreußen, Fortschrittler und Völkmänner haben am Aschermittwoch die Fastenzeit nicht besser beginnen zu können vermeint, als mit — Essen und Trinken. Sie haben deshalb festgegessen und noch fester getrunken und zwar zu Ruhm, Ehr' und Preis des Durchleuchtigen.

Der Julius war auch dabei
Bei der großen Morithaterei,

welche S. Ewigkeit höchst eigenfüßig besuchte und verherrlichte. Geschwätzt wurde auch wie bei jeder öffentlichen Fresserei, wo nicht das Essen allein Zweck ist, sondern auch das Reden halten. Marqu. Barth sprach über das Koncil und brachte „um einem tiefgefühlten Bedürfniß (!) unserer (bettelpreußischen) Herzen Ausdruck zu geben“ ein Hoch auf Bismark — nein, auf den — König aus, in welches die Versammlung „begeistert einfiel.“ Das Reden scheint demnach ziemlich spät begonnen zu haben, da die Herren bereits „begeistert“ waren. Dann kam Ruhwandl, der sich über die Münchener Wahlen „freute“ und nicht blos auf den Julius, sondern gleich auf alle sieben „stolz“ war. Wülfert ist gleich auf ganz München stolz und zwar wegen seiner „politischen Haltung“, in der es „hell dastehe, welche Nacht (!) sich auch über seine Umgebung gelagert habe.“ Dieser Hr. Wülfert kann es noch immer nicht lassen, auf die Bayern zu sticheln. Benjamin Stauffenberg hat „fast“ Aschermittwochsgedanken, da ihm der Champagner nicht recht schmeckte und die „jüngsten Vorgänge“ auch nicht. Schließlich stieg ihm aber doch der Wein etwas zu Kopfe, daß er sich einbildete, in einer „belagerten Stadt“ zu leben, aus der er dann verschiedene Ausfälle auf „hierarchische Herrschgelüste“ machte und auf die Weise einen „freudigen Osterstag“ erlebte, der ihn so freute, daß er gleich alle Bettelpreußen im gesammten Deutschland leben ließ. Civilpfarrer Kastner ließ gleich nach den Bettelpreußen den Prinzen Hohenlohe auch noch leben, weil er sich „das allgemeine Vertrauen aller Liberalen“ (nämlich aller Bettelpreußen) in Bayern und Deutschland erworben“. Der Trinkspruch auf den König hatte „begeisterten“, der auf Hohenlohe bereits „begeistertsten“ Widerhall“ gefunden, weil man inzwischen wieder sehr viel mehr Wein verkonsumirt hatte, und gefiel Hohenlohe so sehr, daß er zum Dank „Deutschland“, worunter wir uns Preußen vorzustellen haben, leben ließ; Deuschland über Alles, auch über die „Sonderinteressen“ der Gegner“ (Erhaltung des Vaterlands, des Königthums, der Freiheit und Selbstständigkeit?) rief er, auch begeistert und erhielt „stürmischen Beifall.“ Spätere Redner ließen die „nationale Windsbraut“, das „abgetretene“ Ministerium Hohenlohe-Hörmann (!! Bravo!), die deutschen Frauen einschließlich der Knorrdamen, die verschiedenen liberalen Knurrblättl des Landes, von der man würdige (!) Vertreter da sehe, Hrn. Greßer, die sämmtlichen Münchener Bettelpreußen und zuletzt auch noch die Hoffnung des deutschen Vaterlands (auf die Republik) leben. Die erworbenen Räusche wurden erst Tags darauf ausgeschlafen.

In Augsburg ist der Redakteur der „Abendzeitung“ wegen Vergehens der Beleidigung der Reichsrathskammer, 6 Vergehen der Beleidigung von Mitgliedern der Reichsrathskammer und 6 Vergehen der Beleidigung von Mitgliedern der kgl. Familie auf Mittwoch d. 23. März vor das Schwurgericht verwiesen. Sollte wirklich stellenweise ein anderer Wind gehen? Wir empfehlen den Herren Geschworenen das Studium des „Liberalen Schimpflexikon von R von der Donau“; es ist sehr instruktiv für sie.

Preußen. Bismarks Nordd. Allgemeine Verpreußungszeitung spricht sich über das Verhältniß der Zollvereinsverträge zu den Allianzverträgen sehr zeitgemäß (!) dahin aus, die militärische Verpflichtung, überhaupt die Waffengemeinschaft der Süddeutschen mit dem Nordbund sei die gar nicht wegzudenkende Ergänzung zu der Kassengemeinschaft des Zollvereins. Ein rührendes Geständniß! Der Zollvertrag gilt also so lange als wir uns gefallen lassen, uns militärisch von den Preußen ins Schlepptau nehmen zu lassen; wollen wir das nicht mehr, kündigt uns Preußen den Zollvertrag, worauf allen liberalen Philistern das Herz in die Hosen und der Kopf anbetend vor den Preußen in den Staub fällt. Das hätten uns die Preußen gleich sagen sollen. Das Schönste dabei ist, daß wir für das Glück, mit den Preußen alliirt zu sein und dazu das preußische Wehrgesetz bekommen zu haben, von den Preußen durch den Zollvertrag noch jämmerlich geschraubt und ausgezogen zu werden. Und das hat nicht einmal Hr. Schlör gemerkt, so schlau er ist, sonst hätte er uns ja als Patriot ohne Gleichen auf diese Zwickmühle aufmerksam gemacht!

Köln. Der Hr. Erzbischof hat sämmtliche Geistlichen gleichfalls angewiesen, in Sachen des Konciliums sich sowohl jeder Agitation als besonders der Sammlung und Unterzeichnung von Adressen zu enthalten.

Vom guten Fridolin und dem bösen Dietrich,

oder

Die gerächte Knurrblättlehre.

Eine schauderhafte Geschichte.

Gestern spielte vor dem k. Bezirksgericht l. J. der letzte Akt eines Dramas, welches seit Monaten in München, so weit es auf Knurrblättl schwört und den ganz unzweifelhaften Ehrenmann Julius Knorr als einen Propheten verehrt, in Athem gehalten. Das gute Prinzip, vertreten durch Julius, den guten Fridolin, und Schauß den Jungen, Besitzer des „Südd. Telegraphen, einer schönen Nase und eines preußischen — Zeichens, und das böse Prinzip, dargestellt durch den bösen Dietrich und Redakteur des „Vaterland“, Dr, Sigl und R von der Donau, geheimnißvolles Mitglied der geheimen Vehme, sind seit Monaten in heißem Kampfe gelegen und es kostete viele scheußliche Klagen und Gerichtsverhandlungen und noch mehr bayrische Gulden, bis nach 5monatlichem Kriege das „gute Prinzip“ den verdienten Triumpf mit Jubel und Siegesgeschrei feiern konnte und Knurrblättls „Ehre“ gerächt ist. Jetzt hat man ihn fest den Sigl für 30 Tage, 116 blanke Gulden muß er für Reparirung von des Deputati lädirten Ehren zahlen — ein schlagender Beweis, wie arg er sie lädirt und ruinirt hat — und wer jetzt noch zweifelt, daß Knurrblättl ein tadelloses Papier und Julius Knorr ein anständiger Mensch ist, der verdient ausgepeitscht und mit glühenden Zangen gezwickt zu werden. Großer Jubel herrscht darum in Israel und im Fortschritt, denn das zu beweisen war ein schweres Stück Arbeit und nur ein Mann von den Geistesgaben und ausgebreiteten juristischen Kenntnissen wie der Abgeordnete für Plassenburg und Umgebung, der königlich preußische Piepvogelritter Schauß der Junge konnte so was zu Wege bringen.

Damit alle Welt sehe, was für ein Ungeheuer und „unverbesserlich“ grausamer Attentäter auf Knurrblättlehren dieser Dr. Sigl sei, müßten wir zum abschreckenden Beispiel für alle, die es auch werden wollen, die Unsumme seiner

Verbrechen und Attentate auf besagten Ehrenmann und „Stolz Münchens" nach den sechs verschiedenen Klageschriften des edlen Ritters Schauß des Jungen zusammenstellen und zu Nutz und Frommen der Mit- und Nachwelt ans Licht ziehen; allein das würde unsere Leser allzusehr langweilen. Wir citiren deshalb blos die betreffenden Nummern des „Vaterland"; es sind folgende: Nr. 113, 114, 122, 125, 127, 129, 142, 149, 158, 165, 166 vom Jahre 1869 und Nr. 6 von 1870. Fast die sämmtlichen bezüglichen Artikel sind in dem bekannten „Sendschreiben an Julius Knorr von R von der Donau", welches in vielen tausend Exemplaren zu Ruhm und Ehre des Knorren durch ganz Bayern verbreitet ist. Da kann man alles schön zusammengestellt finden und zwar so schön, drastisch und treffend, daß es dem bekümmerten Herzen des Knorren eine sechsfache Klage gegen das „Vaterland" auspreßte.

Vertheidiger des Beklagten war der Hr. Landtagsabgeordnete Dr. **Karl Barth**, für den Knorren plädirte sein würdiger Freund und Genoß, der rühmlichst bekannte „Ritter" Schauß. Nach Verlesung der betreffenden Aktenstücke, Artikel und des „Sendschreibens" erhielt der Hr. Vertheidiger, Dr. K. Barth das Wort. Er ging dabei von der Annahme aus, daß im Sinne des Gesetzes allerdings Ehrenkränkungen vorliegen (wie denn jeder notorische Lump, wenn man ihn bei Namen nennt, nach dem Gesetzgeberzeit mit Erfolg auf Ehrenkränkung klagen kann, mit demselben Erfolg wie der tadellose Ehrenmann Knorr!), sprach aber seine Ueberzeugung dahin aus, daß der Kampf, den das „Vaterland" gegen die destruktive Tendenz der Neuesten Nachrichten aufnahm und bis zur Stunde führte, einzig durch die N. Nachr. selbst veranlaßt und provocirt worden und daß das „Vaterland" recht gethan, wenn es einmal diesen Kampf aufgenommen und gesagt hat, was endlich gesagt werden mußte. Von dieser Ueberzeugung ausgehend, plädirte er auf Strafmilderuug. — Forts. folgt. (Wir werden morgen die Rede des Hrn. Dr. Barth ausführlicher bringen.)

Briefkasten.

J. W., Ndls. 2 — G. Pf., P—g. — Gl., G—ch, 33—40. — Exp. N—au 2. — K., M—ch und H. 6 — Sch., Fl. 2 — Radolfzell. — Ph. W., O. — B., Rg. 6. — Wg., O. — M. Pf. 3. — S. R—r. — W. Pf. 5. — Hft., R. — B. v. R. 1. — K. Z—r. 2. — H. Pf. 3. — Br—r., Kl. 4. —

Verantwortlicher Redakteur: Dr. J. Sigl.

Geldsorten, Frankfurt, 2. März.

	Angebr.	Zu haben.
Pistolen	9.46	9.48
Imperiales, russ. . .	9.49	9.50
Holl. 10 fl.-St. . .	9.54	9.56
Dukaten vollgw. . .	5.36	5.38
Napoleonsd'or . . .	9.29	9.30
Engl. Sovereigns . .	11.53	11.57
Dollars i. Gold . .	2.27	2.28
Preuß. Friedrichsd'or .	9.58	9.59
Preuß. Kassasch. . .	1.44⅞	1.45⅛

Druck von M. Vogt in München, Rosengasse 10

II. Jahrgang. | Das Bayrische | Auflage: 1800.

Vaterland.

Das „Bayr. Vaterland“ erscheint täglich mit Ausnahme der Sonn- und hohen Festtage. Preis des Blattes: Vierteljährig 54 kr., ganzjährig 3 fl. 36 kr. Das einzelne Blatt 1 kr.

Alle Postexpeditionen und Postboten des In- und Auslandes nehmen Bestellungen an. Inserate werden die dreispaltige Petitzeile oder deren Raum zu 3 kr. berechnet.

Redaktion: Burggasse 14. | Herausgegeben von Dr. jur. J. Sigl. | Expedition: Ruffinibazar 5

Collmanns. | Nr. 53. | Sonntag, 6. März 1870.

Militärisches. I.

(Hrn. v. Pranckh in tiefster Verehrung und der Kammer zu fleißigem Studium gewidmet.)

Als wir uns vor ein paar Wochen beigehen ließen, einiges zu sagen von den mannhaften Anstrengungen des Hrn. v. Pranckh, die Steuergulden des lieben Volkes auf anständige Weise zum Wohl des Vaterlandes und für die Propretät unsers herrlichen Kriegsheeres zu ver—wenden, ist das „Vaterland“ richtig und ganz nach Verdienst konfiscirt worden und gestern wurden wir darum von dem Hrn. Untersuchungsrichter peinlich verhört und scharf torquiret. Wir gehen deshalb heute mit Zittern und Zagen, wie wir es gewohnt sind, daran, uns weiter über das Noli me tangere, zu Deutsch: „Rühr' mich nicht an“ der hohen königlichen Staatsregierung zu verbreiten und Dinge zu sagen, die für Hrn. v. Pranckh vielleicht nicht gar angenehm zu hören sein mögen, die aber nichts desto weniger gesagt werden müssen, damit man einerseits sehe, wie bei uns militärverwaltet wird, und damit man anderseits wisse, wo das Messer eingesetzt werden muß, um manchen fressenden Schaden zum wirklichen Wohle des Landes und zu Nutz und Frommen des Volkes und seines Geldbeutels auszuschneiden.

O Hr. Alexis v. Burchtorff, geruhen Sie uns in Gnaden anzuhören und nicht zu konfisciren, wir können Alles beweisen, was wir sagen und sagen Alles, weil wir es einmal sagen müssen, denn es naht die Zeit, daß die exorbitanten Forderungen unsers Kriegsministeriums in der Kammer zur Berathung kommen und sich für diese eine Gelegenheit und die Pflicht ergibt, unbarmherzig zu streichen, was nicht unbedingt nöthig ist, sollte darüber das Vaterland auch in die neue Betrübniß gerathen, in Hrn. v. Pranckh Exc. einen neuen Zweig des geliebten Ministeriums Hohenlohe fallen zu sehen.

Auch unsere Leser, vermuthen wir, werden sich interessiren, etwas Näheres über ein Institut zu erfahren, das so enorme Kosten verschlingt, wobei uns der Leiter desselben immer versichert, daß, was er nicht immer sehr bescheiden verlangt, das „unumgänglich Nothwendigste“ sei und daß der kleinste Abstrich die Existenz der Armee in Frage stelle, — ein Unglück, das nur ein Volk recht zu würdigen weiß, welches keinen Begriff von dem unermeßlichen Nutzen von Hinterladern und Roß und Reisigen, von den Vortheilen eines tapfern Offizierskorps, ja nicht einmal von den Schönheiten einer wohlexekutirten Parademusik an schönen Sommerfeiertagen hat, ganz abgesehen von Zeitläuften wie 1866, wo sich der Nutzen so mancher theuerren Armee so glänzend und unwiderlegbar erwiesen hat.

Also unser theuerer Hr. Kriegsminister verlangt für seine Legionen diesmal jährlich die Kleinigkeit von 15,700000 fl. ordentliche und 6,457000 außerordentliche Bewilligung und behält sich dabei noch vor, bei jeder passenden Gelegenheit sich noch mit einer Zuschlagsforderung zu präsentiren. Für heuer und das nächste Jahr also will er 22,157000 fl., was für beide Jahre das hübsche Taschengeld von 44,314000 fl. ausmacht.

Gegenüber solchen Anforderungen kann man wirklich nichts sagen, denn Erstaunen, Schrecken u. Alexis v. Burchtorff verschließen Manchem den Mund, der allerlei vorwitzige Gedanken und Fragen auf dem Herzen und auf der Zunge hätte. Erholen wir uns aber ein wenig von unserm Erstaunen, nehmen wir das Militärhandbuch von 1869, blättern wir darin ein wenig herum und halten wir uns gleich die Hauptzusammenstellung des ordentlichen Militäretats für 18⁶⁹/₇₀ gegenwärtig.

Mit seinem „beschränktem Unterthanenverstand“ könnte da nun mancher „bornirte Winkelbewohner“ dieses und jenes sehr überflüssig finden; allein da ist gleich Hr. v. Pranckh Exc. mit seiner Erklärung da, wie das und das „unumgänglich nothwendig“ sei und daß andernfalls die „Existenz der Armee in Frage stehe“. Nun, der muß es ja wissen und so glauben wir unbedingt z. B. an die hohe Nützlichkeit und „unumgängliche Nothwendigkeit“ der Verausgabung der Seite 291, Beil. 59 aufgeführten 100 fl. für Reparatur der Sporren der kgl. Leibgarde der Hartschiere zu Fuß. Wenn Hr. v. Pranckh Exc. es behauptete, würden wir nöthigenfalls sogar die „Existenz der Armee gefährdet“ halten, falls das Geld für die Reparatur der Sporren der Hartschiere zu Fuß gestrichen worden wäre. Wer weiß, wie die Existenz der Armee mit den Sporren der Hartschiere zusammenhängt; wir wissen es nicht, aber — wir glauben es, wenn es sein muß und man es von guten Unterthanen und Staatsbürgern verlangt.

Ebenso wenig kapiren wir z. B., wie man Leute befördern kann, von denen man nicht weiß, ob sie für die Stelle, zu der sie befördert worden, auch geeignet sind. Wir, die wir freilich nur über einen „beschränkten Unterthanenverstand“ verfügen, dächten, man könnte z. B. einen Obersten, den man zum Brigadegegeneral befördern will, provisorisch erst ein oder zwei Jahre eine Brigade kommandiren lassen, um zu sehen, ob er sich denn auch zum General und Brigadeommandanten, eignet. Eignet er sich nicht, so bleibt er eben Oberst; es kann eben einer ein ganz tüchtiger Oberst, aber ein sehr mittelmäßiger oder schlechter Brigadegeneral sein Man könnte ihn vielleicht auch wirklich zum General machen, aber dabei verordnen — so meinen nämlich wir —, daß ein Neuavancirter, der wegen Unfähigkeit pensionirt wird, die sich bald zeigen muß, dann die Pension nicht des neuen, sondern seines vorigen Grades erhält. Ersterer Einrichtung würden wir aber in unserer „Beschränktheit" weitaus den Vorzug geben, letztere nur für den Fall annehmen, daß „berechtigte — Standeseigenthümlichkeit" gar zu viel Schwierigkeiten machte.

Auf solche Gedanken kommt man unwillkürlich, wenn man sieht, daß die beim letzten Armeebefehl pensionirten Generale erst vor 2—3 Jahren befördert worden waren.

Deutschland.

München, den 5. März.

— Graf Bray ist von Wien bereits eingetroffen und vom Könige in langer Audienz empfangen worden. Die Entlassung des Durchleuchtigen steht noch heute zu erwarten. Die Hähne, die ihm nachkrähen, ziehen sich kaum eine Heiserkeit zu! Sein Civiladjutant Völdernborff soll die „interimistische" Leitung der Gesandtschaft in Wien bekommen, was wir schon aus — persönlichen Gründen bezweifeln. Würde es wahr, so würde dieser neueste Fall nur wieder eklatant zeigen, daß das „liberale" Ministerium Hohenlohe doch zu etwas gut war — zum Carrieremachen!

— Das Befinden des Hrn. Abg. Dr. Schüttinger, welcher bekanntlich gegen Ende der Adreßdebatte leider sehr unzeitig erkrankt ist, hat sich bald bedeutend verschlimmert und auch jetzt sind noch nicht alle Besorgnisse beseitigt, daß eine so bedeutende Kraft vielleicht für lange der Kammer entzogen bleiben muß.

— Mehrere Blätter, natürlich „anständige" liberale lassen ihre Wuth gegen den Redakteur des „Vaterland" dadurch aus, daß sie ihn jetzt „überall hinauswerfen" lassen — in ihren Blättern nämlich; wer es am Redakteur des „Vaterland" selbst versuchen wollte, würde gut thun, vorher die Härte seines Schädels einer sorgfältigen Prüfung unterziehen zu lassen, denn wir sind bei der notorischen Brutalität des Münchener Gassenliberalismus auf Alles gefaßt, — auf Alles, und ein paar besonders gebildete Kulturlümmel könnten uns das seit gestern aus sehr unangenehmer Erfahrung bezeugen. — Minder grausame Redakteure lassen zum Mindesten „allgemeine Entrüstung über das berüchtigte Individuum herrschen", im Schimon'schen Lokal „allgemein: hinaus mit ihm!" rufen und „allgemeines Hohngelächter über diesen anrüchigen Herrn" erschallen. Es ist leider ein wenig anders, als die Herren schreiben; richtig ist nur, daß wir allerdings am Faschingsdienstag Mittag in jenem Lokal von einigen betrunkenen liberalen Menschenkindern mit Halloh begrüßt und amüsirt wurden. Wir waren leider nicht in der Laune, uns sonderlich um das Gebrüll besoffener Fortschrittlinge zu kümmern, so wenig wir uns um das verliebte Miauen unserer Hauskatze zu kümmern pflegen. Damit man aber gleich merke, wo hinaus jene liberale Redakteure wollen, fügen sie dem Artikel den wohlgemeinten Seufzer an: „Würde man es nur überall mit seinem Blatte ebenso (hinaus mit ihm!) machen, dann würde dessen ultramontane Sudelküche bald geschlossen sein." Ah so! Die Aussichten dazu sind leider sehr gering.

In Hof erklärt der berühmte Professor Sörgel, den Lesern des „Vaterland" bekannt aus der gründlichen Abfertigung durch K von der Donau, er setze der Presse der Volkspartei verachtendes Schweigen entgegen. Damit, meint der Nürnb. Anzeiger, habe der Mann jedenfalls den besten Theil erwählt, denn Schweigen ist Gold; und was der Hr. Professor redet, setzen wir hinzu, scheint uns zuweilen veritables Blech zu sein. Jedenfalls kann die Welt das „verachtende Schweigen" des Hofer Magisters leichter verschmerzen, als seine — Reden!

Aus der Pfalz wird dem „Vaterland" geschrieben: Das „Liberale Schimpflexikon von K von der Donau" muß ich dem Pfarrarchiv für alle künftigen Zeiten einverleiben, damit alle nachfolgenden Pfarrer nach Jahrhunderten noch dieses merkwürdige Denkmal der Gesittung, Bildung und Aufklärung der Fortschrittler des 19. Jahrhunderts besitzen und sich in bösen Zeiten damit trösten können, daß es doch im 19. Jahrhundert am Liederlichsten in dem einst so gepriesenen Bayern zugegangen und daß dieses Jahrhundert der „Aufklärung", in Wahrheit aber der Verblendung und geistigen und sittlichen Verkommenheit den glänzendsten Beweis für die Unzerstörbarkeit des katholischen Gedankens liefern mußte. Viele Pfarrer haben Pfarrgedenkbücher angelegt, in welche sie alles, was für Kirche, Schule, Gemeinde und Staat Wichtiges betrifft, eintragen. Wollten dieselben aber alles das aufzeichnen, was täglich seit Jahr und Tag in Bayern gegen die katholische Kirche und gegen den Bestand des bayrischen Staates geschieht, so müßten sie alle seelsorglichen Verrichtungen bei Seite setzen und Tag und Nacht an dem Pfarrgedenkbuch schreiben. Um alle dem enthoben zu sein, dient am besten zur Kennzeichnung unserer furchtbar elenden Zeit das „Liberale Schimpflexikon, welches in keinem bayrischen Pfarrhofe fehlen sollte, weil die spätesten Amtsnachfolger noch daraus Nutzen und zugleich frischen Muth schöpfen werden. Wie mag Hr. Föckerer von Vilshofen und manch anderer Fortschreiter der Kammer staunen, wenn er liest oder hört, daß die kath. Pfarrer das, was das „Bayr. Vaterland" liefert, für würdig erachten, es für die spätesten Zeiten zu bewahren und sogar in Pfarrarchiven niederzulegen! Ja, das werden viele thun; der Fortschritt, wie er jetzt in Bayern sein Wesen treibt, muß der Verachtung auch künftiger Jahrhunderte überliefert werden, weil die jetzige bayrische Generation allein ihn nicht gebührend verachten kann. Nicht verstohlen oder heimlich übergeben die Pfarrer das „Bayr. Vaterland" den Bauern zum Lesen, wie Föckerer sagt, sondern ganz öffentlich und lassen dasselbe sogar noch circuliren und was das Aergste ist: die Bauern lesen dasselbe sogar in der fortschrittlich und aufgeklärt sein wollenden Pfalz sehr gern und stimmen Allem bei, was das „Vaterland" schreibt und zwar deshalb, weil es stets das Wahre trifft. Nur liberal verfimpelte und abgehauste Pfälzer Manschettenbauern sind nicht gut auf dasselbe zu sprechen, weil es eben auch diesen die Wahrheit sagt, weil es das vertheidigt, was ihnen ein Greul ist, weil es das zu schützen bestrebt ist, was sie stürzen möchten, um dann im Trüben fischen zu können.

Oesterreich. In Böhmen scheint die Stimmung täglich düsterer werden zu wollen. Seit drei Jahren ohne Vertretung, ohne Regierungsantheil und Einfluß, gehöhnt von der übermüthigen jüdisch-liberalen Hauptstadtpresse, gezwickt und gefoltert in allen Gefühlen, die einer Nation heilig sind, stumme Zuschauer von liberalen Schauspielen, von denen man selbst in Wien sich bereits mit übersättigter Verachtung abwendet, so stehen die Böhmen ungebrochen, loyal und kalten Blutes, gestützt auf ihr natürliches und auf ihr historisches Recht, voll Hoffnung auf eine bessere Zukunft wenigstens. Wir müssen mit den Böhmen sympathisiren, denn ihre Lage ist lange auch die der katholisch-patriotischen Partei in Bayern gewesen und ist sie im Grunde noch. Wir haben selbst die Böhmen so gut kennen gelernt, um sie unendlich hoch über das jämmerliche und liederliche Gesindel der „Deutschen" (Juden, Bureaukraten und Krämer) in Prag zu setzen, die die Niederlage ihrer österreichischen Armee bei Königgrätz in ihrem Casino mit Champagner feierten, wofür ihnen die patriotischen Böhmen mit Recht die Fenster eingeworfen haben.

Zwischen **Preußen** und **Rußland** soll nach der englischen Pall-Mall-Gazette ein Bündniß bereits abgeschlossen sein und die Theilung Oesterreichs zum Zwecke haben. Böhmen und die deutsch-österreichischen Provinzen nimmt sich Preußen, das übrige will sich Rußland stehlen. Es fragt sich jetzt nur noch, was Oesterreich und das übrige Europa zu diesen preußisch-russischen Diebesplänen sagt und wie lange Europa noch braucht, bis ihm die Geduld ausgeht und es diesen diesen diebischen Raubstaat Preußen einmal tüchtig zu paaren treibt.

Ausland.

Spanien. In Madrid sind blos 40,000 Arbeiter und ebenso viele Familien brodlos und am Verhungern! Sie verlangen nun von den Kortes „Mittel um die Söhne der Arbeit dem sicheren Tode zu entreißen und das Land vor ernsten Kämpfen zu bewahren." — Die vornehmen liberalen Lumpen gewannen Würden, Aemter und Vermögen durch die Revolution und Vertreibung der Königin, die armen Arbeiter die tröstliche Aussicht, mit Gewißheit verhungern zu können!! Liberale Blätter rühmen von dem neuen Spanien auch noch, daß, während vor der Revolution kaum ein paar tausend Protestanten in Spanien waren, deren Zahl nun bereits auf 10—12000 gewachsen ist und daß immer neue Gemeinden im Entstehen begriffen sind. Das ist auch ein Erfolg der Revolution?

Vom guten Fridolin und dem bösen Dietrich,

oder

Die gerächte Knurrblättlehre.

Eine schauderhafte Geschichte.

(Fortsetzung.)

Daß objektiv nach dem Gesetze eine Ehrenkränkung des Knorren vorliege, gab der Vertheidiger Dr. K. Barth zu, allein er müsse bestreiten, führte er aus, daß die ausgesprochene Strafe auch nur annähernd im Verhältniß mit der Uebertretung sei. Eine Reihe von Gründen für Herabsetzung der ausgesprochenen Strafe liege vor, jede Nummer der N. Nachr. sei ein Milderungsgrund für den Beklagten. Aber nur einige wolle er vorbringen. Aus allem, was die Verhandlung und die Vorlesungen ergaben, geht hervor, daß es Dr. Sigl viel mehr darum zu thun war, das Blatt, die N. Nachr. selbst zu bekämpfen, als um deren Verleger und um dessen Ehre zu kränken. Das bei der Kritik des Blattes der Verleger gleichfalls in Mitleidenschaft gezogen wurde, das hätte allerdings vermieden werden sollen.*) Dafür muß nun freilich gebüßt werden. Aber ebenso läßt sich nicht verkennen, daß die ganze Haltung und das ganze Treiben der N. Nachrichten ein großer überwältigender Milderungsgrund für den ist, welcher dieses Treiben nach Verdienst gegeißelt hat; dieses Blatt besitzt nicht eine Qualität, die nicht zugleich ein Milderungsgrund für ihn wäre. Der Hr. Beklagte mag in seinem berechtigten Kampfe gegen die destruktiven Tendenzen dieses Blattes zuweilen über die Grenzen hinausgegangen sein, aber er hat ein an sich löbliches Unternehmen mit diesem Kampfe gewagt, begonnen und durchgeführt. Eine große Autorität, der verewigte Freiherr v. Lerchenfeld steht ihm hiezur Seite, welcher sagte, dieses Blatt könne man gar nicht nennen, ohne sich zu beschmutzen. Dr Sigl wollte die durchaus schlechte Richtung, die entsittlichenden Tendenzen und die ganze destruktive Wirksamkeit dieses Blattes einmal vor aller Welt aufdecken, sie angreifen und bekämpfen und ich glaube sagen zu müssen, daß die Momente, die im Blatte selbst lagen, den Kampf aufzunehmen und die die nämlichen sind, welche die entsittlichende Tendenz und das ganze niedrige Treiben der „Neuesten" am meisten bekunden, ebenso viele Entschuldigungs- und Milderungsgründe für Dr. S. sind. Die Neuesten Nachrichten haben einen beständigen Kampf gegen alles Katholische, gegen Kirche und Klerus geführt, sie haben die Diener der Kirche Schwarze, Pfaffen, Römlinge„ Feinde der Menschheit und Freiheit, Landesverräther u. s w. genannt, sie haben Papst, Bischöfe und Kirche mit allen erdenklichen Schmähungen überhäuft. Deren Spitze war immer am meisten gegen Rom und den Papst, das verehrungswürdige, das allen Katholiken theure Haupt der Kirche gerichtet; die Absichten Roms sind schlecht, es gehorcht nur mehr der Leidenschaft und dadurch wird es gefährlich — das war es, was dieses Blatt von Rom und Papst zu sagen hatte! Was gegen Rom war, konnte einer wohlwollenden Empfehlung in diesem Blatte gewiß sein, weil es gegen Rom gerichtet war; so hat es das Makkot'sche Schmachbild gelobt und empfohlen, so empfahl es als „pikante Lektüre" Brochüren, die schon durch Bild und Titel den höchsten Zorn und Ekel der Katholiken erregen mußten. Selbst den päpstlichen Nuntius konnte dieses Blatt nicht einmal in Ruhe lassen und schmähte ihm nach, daß er von deutschen Verhältnissen keine Ahnung habe. Nicht besser ging es den Bischöfen, die es „blinde Nachbeter" jenes Rom (der N. Nachrichten) nennt, den Klöstern, und allen kirchlichen Institutionen. Es braucht, so schien es, nur etwas kirchlich zu sein und mit der katholischen Religion in Verbindung zu stehen, um sofort dem Haß und der Verfolgung der N. Nachrichten zu verfallen. Was aber, so frage ich, würde geschehen, wenn man es ebenso mit dem obersten weltlichen Regenten eines Staates machte, wie es dieses Blatt dem Haupte der Christenheit gemacht hat? Würde das auch so ungerügt und straflos hingehen, wie die Schmähungen und Beleidigungen des Papstes stets diesem Blatt hingegangen sind? Nimmermehr, glaube ich. Und darf man es dem Beklagten verargen, daß er für den hl. Vater, der sonst nirgends Schutz finden konnte, auch bei denen nicht, die ihn hätten schützen sollen, eingetreten ist gegen die fortgesetzten Angriffe und Beleidigungen von diesem Blatte? Ich glaube, er hat Recht gethan, und ich fürchte, es wird eine Zeit kommen, daß man es ebenso wird den weltlichen Fürsten machen, wie man es bisher den wehrlosen geistlichen Fürsten gemacht hat; denn das wird die natürliche Folge des jetzigen Treibens gegen die Kirche sein, daß man dann vor der weltlichen Autorität nicht stehen bleiben wird. (Schluß folgt.)

*) Schadet aber gar nicht viel, wenn beim Herunterputzen Knurrblättls einige Mörtelstücke dem Knorren an den geistvollen Kopf geflogen sind. Wenn den Schöpfer das Geschöpf ehrt, so muß nothwendig auch ein solches Geschöpf wie Knurrblättl verehrliches seine Schöpfer und Meister — wie heißt? — ehren!

Börsen-Nachrichten.

Bei der am 1. März vorgenommenen Nummernziehung der österreichischen Loose von 1839 fiel der Haupttreffer mit 220,000 fl. auf Nr. 74,268; weiter gewinnen an größeren Treffern 50,000 fl. Nr. 81,317; 25,000 fl. Nr. 73,321; 15,000 fl. Nr. 4179; 10,000 fl. Nr. 15,377; 8000 fl. Nr. 86,169; 6000 fl. Nr. 30,450; je 5000 fl. Nr. 50,460, 80,586, 38,365; je 3000 fl. Nr. 42,012, 75,196, 87,924; je 2500 fl. Nr. 1116, 42,108, 66,838,

113,350; je 2000 fl. Nr. 32,120, 50,377, 71,487, 100,465; je 1500 fl. Nr. 6804, 30,452, 56,818, 60,881, 67,229, 73,129, 74,269, 93,614; je 1200 fl. Nr. 43,007, 45,180, 53,082, 63,326, 74,276, 91,669, 99,883, 113,346; je 1100 fl. Nr. 10,671, 13,388, 23,550, 53,205, 55,347, 62,063, 86,172, 86,827, 88,483, 105,378; je 1000 fl. Nr. 4072, 20,444, 33,568, 41,411, 56,577, 83,799, 89,294, 97,844, 98,396, 104,695, 106,720.

Briefkasten.

R. Pf. 10. — Wir ersuchen, nicht mittels Postnachnahme zu bestellen, was die Sendung übermäßig vertheuert, sondern den Betrag in Briefmarken oder Papier gleich bei der Bestellung beizulegen. K. D. i. Sch. 10. — P. Abg. 48.

Verantwortlicher Redakteur: Dr. J. Sigl.

Druck von M. Vogt in München, Rosengasse 10

II. Jahrgang. Das Bayrische Auflage: 1800.

Vaterland.

Das „Bayr. Vaterland" erscheint täglich mit Ausnahme der Sonn- und hohen Festtage. Preis des Blattes: Vierteljährig 54 kr., ganzjährig 3 fl. 36 kr. Das einzelne Blatt 1 kr.

Alle Postexpeditionen und Postboten des In- und Auslandes nehmen Bestellungen an. Inserate werden die dreispaltige Petitzeile oder deren Raum zu 3 kr. berechnet.

Redaktion: Burggasse 14. Herausgegeben von Dr. jur. J. Sigl. Expedition: Ruffinibazar 5

Johann. Nr. 54. Dienstag, 8. März 1870.

Bestellungen auf das „Bayr. Vaterland"
für das Quartal zu 54 kr. (für den Monat März zu 18 kr.) können bei allen Postanstalten und Postboten noch immer gemacht werden.

Die Armee des hl. Vaters.

Von dem Hochwürdigsten Hrn. Bischof von Mainz, Emanuel von Ketteler, erhalten wir Nachfolgendes zur Veröffentlichung:

„Dem deutschen Herzen ist es bei dem Aufenthalte in Rom immer ein Schmerz, daß die Deutschen unter denen, welche den Heiligen Vater und Rom für die katholische Welt gegen die Angriffe seiner Feinde schützen, nur einen kleinen Theil ausmachen, während andere Nationen hieran den größten Antheil haben. Ich kann die päpstlichen Truppen bei großen Festlichkeiten nicht vorbei marschieren sehen, ohne daß mir das Herz über das kleine Häufchen der Deutschen unter so vielen Franzosen, Holländern, Belgiern, Canadiern x. x. blutete. Und doch war einst die deutsche Nation zum ersten Wächter der Kirche bestellt und doch ist auch heute noch die Hälfte Deutschlands katholisch und doch ist auch jetzt der deutsche Soldat der beste Soldat und doch würde auch heute das deutsche Schwert so gute Dienste thun, wenn es einmal darauf ankäme, den Mittelpunkt der katholischen Kirche, den Heiligen Vater, die zahllosen Heiligthümer Roms, all die vielen Anstalten, welche hier für die ganze katholische Welt bestehen, gegen räuberische Angriffe zu vertheidigen.

In den letzten Jahren schien sich das Verhältniß etwas bessern zu wollen, indem eine größere Anzahl Deutscher in die päpstliche Armee eingetreten war. Aber es wurde damals bei den Anwerbungen deutscher Soldaten leider nicht mit der hinreichenden Umsicht verfahren. Während man nämlich bei den Anwerbungen in anderen Ländern, z. B. in Belgien und Holland sich nicht damit begnügte, blos das negative Zeugniß, daß nichts Nachtheiliges bekannt sei, zu fordern, sondern vielmehr ein positives Zeugniß über ein durchaus gutes Betragen, von einer Persönlichkeit ausgestellt, welche besonderen Glauben verdiente, zur Bedingung der Aufnahme machte, hat man diese Vorsicht bei den Anwerbungen deutscher Soldaten unterlassen und ohne solche positive Zeugnisse, von glaubwürdigen Personen, welche den Anzuwerbenden genau kannten, namentlich von dem eigenen Pfarrer ausgestellt, Alle angenommen, von denen man gerade nichts Schlechtes wußte. Dadurch ist es nun geschehen, daß neben sehr braven jungen Leuten, die aus Liebe zu der großen Sache, welche der Heilige Vater vertritt, nach Rom gingen, eine Menge unzuverlässiger Leute zur Schande Deutschlands und der päpstlichen Armee sich anwerben ließen. Diese sind es fast ausschließlich, deren sich im vorigen Jahre so viele deutsche Zeitungen annahmen, wenn dieselben die ungerechtesten Klagen nach Hause schrieben, oder wegen ihres schmählichen Betragens sich militärische Strafe zuzogen, oder endlich gar als Deserteure eingefangen und milder wie in irgend einer andern Armee der Welt in militärischer Haft behandelt wurden. Mir selbst haben brave deutsche Soldaten mit Schmerz erzählt, wie wehe es ihnen gethan, mit solchen Subjekten zusammen zu dienen. Das waren die traurigen Folgen der unüberlegten Anwerbungen.

Jetzt ist Gott sei Dank die päpstliche Armee von diesen Elementen gesäubert, und was an deutschen Truppen noch in derselben ist, macht unserm Vaterlande Ehre. Man weiß auch hier in den militärischen Kreisen wohl zu unterscheiden zwischen diesen guten Elementen und jenen, welche aus unreinen Motiven in den verflossenen Jahren sich anwerben ließen, und anerkennt den hohen Werth eines braven deutschen Soldaten.

Aus demselben Grunde wünscht man auch, daß der durch jene Ausscheidung entstandene Ausfall an deutschen Truppen wieder aus Deutschland ersetzt werden möge. Es würde nicht schwer halten, aus andern Ländern die päpstliche Armee vollständig zu recrutiren; man würde es aber vorziehen, daß Deutschland den Theil der päpstlichen Armee lieferte, welcher ihm der Zahl seiner katholischen Einwohner nach gebührt, weil man, wie gesagt, die Vorzüge des deutschen Soldaten wohl zu würdigen weiß, um so mehr, da auch bei den letzten glorreichen Gefechten die deutschen Soldaten ihren alten Ruf bewährt haben. Darin treffen also die hiesigen Wünsche mit unsern Wünschen und gewiß mit den Wünschen aller braven Katholiken Deutschlands zusammen, daß nämlich deutscher Muth und deutsche Ausdauer hier nicht fehle, wenn es einmal wieder zu blutigen Kämpfen kommen sollte. Unzweifelhaft fehlt es in Deutschland nicht an katholischen Jünglingen, welche es als ein hohes Lebensglück ansehen würden, in der päpstlichen Armee eine Zeit lang zu dienen, und welche die Eigenschaften eines guten Soldaten und die eines treuen, sittenreinen und frommen Christen miteinander verbinden. Im Ganzen ist es doch nur eine überaus kleine Anzahl junger Leute, im Vergleiche zu den 20 Millionen deutscher Katholiken, welche nöthig ist, um die unserm Vaterland gebührende Zahl in der päpstlichen Armee auszufüllen. Das kleine Holland hat hier etwa 2000 seiner besten Söhne; es würde genügen, wenn das große Deutschland immer 3000 brave, tüchtige deutsche Jünglinge zu dem päpstlichen Heere stellte. Es fehlt in Deutschland an geeigneten Jünglingen nicht; dagegen sind die Verhältnisse schwieriger wie in andern Ländern. Einmal bestehen gegen Anwerbung in den verschiedenen Ländern Gesetze, welche natürlich weder offen noch versteckt übertreten werden dürfen. Ferner ist die allgemeine Dienstpflicht, welche gerade die Lebensjahre in Anspruch nimmt, in denen man vor Allem einen solchen Beruf verfolgen würde, ein großes Hinderniß. Endlich herrscht in Deutschland eine große Unklarheit darüber, ob man hier noch deutsche Soldaten wünscht, welches Bedürfniß vorhanden ist, und ob dieselben hier Verhältnisse finden, die ihrer würdig sind, bei denen sie an Leib und Seele nicht Schaden leiden.

Zu dieser Aufklärung veröffentliche ich dieses Schreiben und bitte alle Geistlichen und Laien, welche in ihrer Stellung mit geeigneten Persönlichkeiten zusammen treffen, ihnen davon Kenntniß zu geben.

Dabei müssen folgende Gesichtspunkte maßgebend sein: Erstens muß Alles vermieden werden, was nach den Gesetzen auch nur den Schein einer unerlaubten Werbung hat. Ueber den Begriff der verbotenen Werbung entscheidet der Wortlaut der betreffenden Landesgesetze. Es ist also nothwendig, sich hierüber genaue Kenntniß zu verschaffen. In der Regel kann eine Mittheilung, wie sie hier in's Auge gefaßt wird, die nämlich sich nur auf einzelne Fälle beschränkt, nur an solche Personen ergeht, welche gesetzlich durchaus frei sind, und die nichts von einem planmäßigen Werben an sich hat, nicht als eine verbotene Werbung im gesetzlichen Sinne angesehen werden.

Zweitens sollen von jetzt an nur solche Personen aufgenommen werden, welche von ihren Pfarrern oder von andern glaubwürdigen Personen ein positives Zeugniß darüber mitbringen, daß sie sich in jeder Hinsicht brav und tadellos betragen haben und die Eigenschaften eines sittenreinen, guten katholischen Christen mit denen eines tüchtigen Soldaten vereinigen.

Drittens wird gefordert, daß sie entweder einen Auswanderungspaß oder eine Erlaubniß der betreffenden Regierung, in päpstliche Kriegsdienste zu treten, beibringen.

Das sind die Bedingungen, unter welchen allein der Eintritt in das päpstliche Heer gestattet wird. Es erhellt daraus zur Genüge, wie weit man von jeder ungesetzlichen Agitation entfernt ist. Auf der andern Seite kann uns aber auch nichts abhalten, von der Freiheit, die wir besitzen, in vollem Umfange Gebrauch zu machen, und dafür zu wirken, daß Deutschland in der päpstlichen Armee gebührend vertreten sei und nicht fehle, wenn es noch einmal darauf ankommen sollte, die größte und die gerechteste Sache, die es je gegeben hat, mit dem Schwerte zu vertheidigen.

Es erübrigt nur noch beizufügen, daß alle Soldaten, die ich bisher gesprochen und deren schon viele zu mir kamen, mir versichert haben, daß sie bezüglich ihrer Verpflegung durchaus zufrieden seien. Außerdem ist durch die Gründung des hiesigen deutschen Militärkasinos Alles geschehen, um brave Jünglinge vor den sittlichen und religiösen Gefahren des militärischen Lebens zu bewahren.

† Wilhelm Emanuel,
Freiherr von Ketteler,
Bischof von Mainz.

Deutschland.

München, den 7. März.

Bezüglich der Ernennung des Grafen Bray zum Nachfolger Hohenlohes schreibt ein Offiziöser in mehreren Blättern von Schwierigkeiten, die sich durch die von dem Hrn. Grafen gestellten Bedingungen ergeben haben sollen. Wenn von Bedingungen die Rede ist, so, denken wir, würden sich dieselben wohl einerseits auf die bekannten Verhältnisse innerhalb der kgl. Familie, anderseits auf die Purifizirung des Ministeriums beziehen. Daß eine Aussöhnung der kgl. Familienglieder zu den Unmöglichkeiten zählen sollte, glauben wir nicht; wir halten es aber wahrscheinlich, daß der Graf auf die Beseitigung von ein paar Mitgliedern des Ministeriums zunächst um so eher verzichten kann, als nach unserer Meinung deren Sturz die sichere Folge der Budgetdebatte sein wird. Die kurze Galgenfrist von ein paar Monaten mag also den Herren immerhin gegönnt werden, da man inzwischen mit mehr Muße um Ersatz für sie sich umsehen mag. Prinz Hohenloh hat übrigens bereits vom Staatsrath und diplomatischen Corps sich verabschiedet und soll in richtiger Würdigung seiner Leistungen als Minister sogar auf jede Pension verzichtet haben. Obwohl wir dies natürlich, billig und gerecht finden, können wir doch nicht umhin, dem Prinzen Namens der Steuerzahler unsern Dank für diese nicht gewöhnliche Uneigennützigkeit auszusprechen. Non omnis princeps nobilis!

— Von Herrn Präsidenten Reichsrath v. Harleß erhalten wir nachfolgende Zuschrift: Hochgeehrter Hr. Doctor! Der ergebenst Unterzeichnete ersucht Sie um Aufnahme nachstehender Berichtigung in das von Ihnen redigirte Blatt. In Nr. 52 des „Bayr. Vaterland" haben horazische Verse, mit welchen ich einem Einsender eines horazischen Trostes im „Korrespondenten v. u. f. Deutschland" antwortete, eine mir unbegreifliche Mißdeutung erfahren. Jener Einsender hatte in einer Anmerkung die mir widerfahrene Ueberschwemmung mit Mißtrauensadressen einem „Schneefall" verglichen. Darauf bezieht sich in der Antwort das mit gesperrter Schrift gedruckte nivis. Die weitere Deutung der Verse ist der Redaction des „Korrespondenten v. u. f. Deutschland" bekannt. Was der Papst und das Koncil für eine Beziehung zu diesen Mißtrauensadressen haben sollen, wird sich nun Jedermann selbst beantworten können. München d. 5. März 1870. A. v. Harleß.

— Wie man sagt, soll der Ex-Abgeordnete Kraus von hier an die Kammer, obwohl er keinen Augenblick in derselben beschäftigt und noch nicht einmal eingeführt war, das schriftliche Ersuchen um Ausbezahlung von Diäten vom 2. Jan. bis Ende Februar gestellt haben, da er nicht in München, sondern (angeblich) in Neuhausen wohne. Wir halten diese — Manier, sich auf Kosten der Steuerzahler Geld für nichts und wieder nichts zu machen, doch sogar von einem Münchener Fortschrittler undenkbar und wünschten das öffentlich berichtigt, da man es öffentlich erzählt.

In Eichstädt ist der hochw. Hr. Dompropst Graf Guiot du Ponteil, früher Hofprediger dahier, gestorben. Der Verewigte war ein durch seine Herzensgüte ausgezeichneter Mann und hatte nicht einen Fehler des Adels, aber alle seine Tugenden.

Oesterreich. In Tirol haben an mehreren Orten die Weiber die Schulfrage kurzer Hand dadurch zu lösen versucht, daß sie die neuen Schulbücher mit dem vom Wiener Freimaurerministerium „zeitgemäß revidirten" Text den Kindern wegnahmen und verbrannten und die k. k. Unterfreimaurer, welche als Schulinspektoren Schulprüfungen vornehmen wollten, mit Dreschflegeln und Mistgabeln vertrieben. Darüber ist nun auch den Wiener Oberfreimaurern einige Erleuchtung gekommen und sie haben es dem Landespräsidenten „anheimgestellt", ob sie Schulvisitationen vornehmen lassen wollten oder nicht. Wir begreifen das, da wir eine sehr hohe Idee von dem Werthe eines k. k. Freimaurers für Volksschulen haben und den dem k. k. Vaterland zugehenden Schaden, wenn etwa einmal Einer niedergemistgabelt würde, sehr wohl zu würdigen wüßten.

Ausland.

Frankreich. Von Paris 3. März wird dem „Vaterland" geschrieben: Entgegen den vielfach verbreiteten Nachrichten von einer Entwaffnung Frankreichs versichern die maßgebenden Kreise, daß, trotz aller Friedensliebe, von welcher die Regierung beseelt ist, insbesondere Angesichts der letzten Rede des Grafen Bismark kein Grund vorhanden sei, eine Armeereduction vorzunehmen. Im Gegentheile herrscht in sonst gut unterrichteten Kreisen die Ansicht, die europäische Situation biete durchaus keine Sicherheit der Art, daß die französische Regierung an eine solche Maßregel denken könne. — Der Kaiser hat beinah täglich eine längere Unterredung mit dem Erzherzog Albrecht und sah man beide in den letzten Tagen ganz allein mehr als eine Stunde auf der Terasse im Tuileriengarten in eifriger Unterhaltung spazieren gehen. — Das linke Centrum will wissen, daß Graf Bismark dem österreichischen Gesandten in Berlin, Graf Wimpffen, sein Erstaunen über die Ostentation ausgedrückt, mit welcher der Erzherzog Albrecht die militärischen Etablissements Frankreichs besucht. Es scheint, soll der preußische Premier gesagt haben, Erzherzog Albrecht will die militärische Stärke Frankreichs genau kennen lernen, um darnach allenfallsige Resultate berechnen zu können. — Der Minister des Auswärtigen hat Herrn Grammont von Wien hieher berufen und wird dies mit der Anwesenheit des Erzherzogs Albrecht von Oesterreich in Verbindung gebracht.

In Spanien herrscht zur Zeit „gelinde Anarchie“, sowohl im Ministerrath, als in der Kammer und Verwaltung, kurz überall. Die materielle Noth steigt, die Steuern gehen schlecht oder gar nicht ein, der Kredit liegt darnieder, die Zahlungen des Staates sind suspendirt, Ackerbau und Industrie existiren nur noch dem Namen nach, der Handel ist gelähmt, unter den besitzlosen Klassen steigt das Elend von Tag zu Tag. Heitere Zustände!

Vom guten Fridolin und dem bösen Dietrich,

oder

Die gerächte Knurrblättlehre.

Eine schauderhafte Geschichte.

(Forts.) Gegen ein Gebahren, fuhr Dr. Barth fort, wie sich die Neuesten Nachrichten gegen die kirchliche Autorität ungestraft erlaubten, war es hohe Zeit einmal aufzutreten. Ein anderes Mittel gab es unter den bekannten Verhältnissen nicht, als die Presse. Es ist ein wahres Verdienst des Beklagten, daß er diesen Kampf begonnen und durchgeführt hat. Daß er dadurch in die Lage gekommen ist, den Kläger nach dem geschriebenen Gesetze zu beleidigen und vor diesem straffällig zu werden, das muß bei dem Strafausmaaße wesentlich in die Wagschale fallen. Wenn dieses Blatt so die Kirche und ihre Diener, ja die Religion selbst angegriffen, wenn es diejenigen eine „vaterlandslose Partei“ zu nennen sich erkühnte, die noch eine religiöse Ueberzeugung haben, wenn es Alles in den Koth trat, was den Katholiken heilig und ehrwürdig ist, da war es Pflicht des Katholiken, mit katholischem Mannesmuthe und aller Entschiedenheit für das einzutreten, was dieses Blatt fortgesetzt beleidigte und in den Staub zog, und mit aller Entschiedenheit zu vertheidigen, was es angriff. Und wenn der Beklagte dadurch zu weit ging, daß er die Person des Klägers nicht außer dem Kampfe gegen sein Blatt hielt, so steht ihm da mehr als ein Entschuldigungsgrund zur Seite.

Aber nicht blos gegen die religiöse und kirchliche Autorität hat dieses Blatt viel gesündigt, auch die weltliche Autorität hat es angegriffen und ist gegen sie fast in gleicher Weise verfahren. Ich erinnere nur, wie es die patriotischen Abgeordneten verfolgt und zu besudeln versucht hat, ich erinnere nur z. B. an jene schmachvollen angeblichen Originalportraits ihrer Wähler, von denen es sich zu sagen erlaubte, daß sie getreu den Standpunkt der gegenwärtigen Kammermajorität repräsentiren. Sie waren ihm nur der Gegenstand zur Verhöhnung und Verspottung, sie sollten ebenso verspottet und dem Haß und der Verachtung des Pöbels preisgegeben werden wie Religion und Glaube, wie Sitte und Klerus von ihm verhöhnt und verspottet und dem Hasse des Pöbels preisgegeben wurden. Nehmen Sie dazu die mehr als zweideutigen Inserate und ich frage Sie: war das nicht ein Unfug, ein Unfug im höchsten Grade, dem nur durch die Presse gesteuert werden konnte? Und hat der Hr. Beklagte Unrecht gethan, daß er diesen Unfug dem schärfsten Tadel unterzog? Strafen Sie ihn auf rechte Weise, daß er die Person nicht von der schlechten Sache getrennt hat, aber entschuldigen Sie ihn, daß er es gethan hat. Ich glaube mit fester Ueberzeugung erwarten zu dürfen, daß die Richter ihn hier mit größter Milde beurtheilen werden.

„Ritter“ Schauß drückte in seiner Replik seine Verwunderung und Befriedigung aus, daß ihm selbst, wie er erwartet, „der Wollkopf“ nicht mehr „gewaschen“ worden sei und bedankt sich für die Milde, die Dr. Barth gegen ihn habe walten lassen. Er will von keinen Milderungsgründen wissen; es sei dem Beklagten nicht um die Neuesten Nachrichten, sondern immer nur um den Knorren zu thun gewesen. Das sei ganz unwahr, daß das Knurrblättl „entsittlichend“ wirke; Hr. v. Lerchenfeld sei selbst einer der eifrigsten Mitarbeiter der Neuesten gewesen, (was wir entschieden nicht zu glauben uns erlauben müssen. Es ist gut, daß Hr. v. Lerchenfeld todt ist, denn er kann dem Schaußen nicht mehr widersprechen. Beiläufig die Frage: Ist es bei der Redaction Knurrblättls Sitte und redactioneller Brauch, wirkliche oder angebliche Mitarbeiter, wenn sie todt sind und sich nicht mehr wehren können, der öffentlichen Verachtung zu denunciren oder sich durch deren Namen einen freilich höchst nöthigen Nimbus zu verschaffen? Anständige und ultramontane Redactionen pflegen solchen Brauch nicht zu haben.)

(Schluß folgt.)

Judengeschichten.

M. Guggenheimer, Aner von unsere Leut, hat letzten Schabbes an mächtig graußen Ball gehabt. Gott über die Welt, was is da gewesen zu sehen grauße Pracht und güldenes und silbernes Geschirr und schöne Klader von unsere Leut, und die Schickselich, soll'n sie leben tausend Jahr, sag' der Mauses, kannste gar nicht haben genug Augen zu sehen die Schönhait und Herrlichkait von de Schickselich! Is e gewesen nobelig der Guggenheimer, hat er geloden aach Goim, zu zeigen, was er is für a reicher Jüd, a graußer Jüd und was er hat erworben viel Geld von de dummen Goim. Und de Goim ham aach gesprungen und getanzt und san viel lustig gewesen unter unsere Leut, obgleich se Fasten gehabt haben de Goim. San ihrer gewesen alles an 70 Köpf, was sich haben lassen was afspielen und de Hr. v. Burchtorff — sag' der Mauses, is e prächtiger Mann der Hr. v. Burchtorff, hot Alles erlabt, is e liberaler Herr, der mit'm Zeitgeist geht und mit de Afklärung. Soll er aach leben, der Hr. v. Burchtorff! — Haste Recht, Itzig, is e braver Mann! Aber schrei net so, sonst kummt de Geschicht am End in das verflurte Vaterland von dem Sigl und des bracht's net, verstehste?

Dienstes-Nachrichten.

Erledigt: Raitenbuch (Rottenbuch) B.-A. Schongau, R.-E. 800 fl.; Wenigmünchen, B.-A. Bruck, R.-E. 710 fl.; Mettenbach, B.-A. Landshut, R.-E. 1067 fl.; Peikam,

B.-A. Kelheim, R.-E. 637 fl.; Kötzting, B.-A. gl. Nam., R.-E. 1017 fl.; Tückelhausen, B.-A. Ochsenfurt, R.-E. 648 fl.; Wollbach, B.-A. Neustadt a. d. S., R.-E. 611 fl.; Unterthürheim, B.-A. Wertingen, R.-E. 590 fl.; Unteregg, B.-A. Mindelheim, R.-E. 1175 fl.; Steinach, B.-A. Kissingen, R.-E. 839 fl.

Briefkranzen.

K., Rauheim — F., H. b. Bercht. — M. D. Gred. 6. — B.-B. Mgsb. 4 — D. H., B-6. — L., W. 3 — K. Z. G. —

Münchener Schranne vom 5. März.

Getreidsorten	Verkauft Schffl.	Höchster fl.	kr.	Mittel- fl.	kr.	Rich.-Preis fl.	kr.	Gest. fl.	kr.	Gef. fl.	kr.
Weizen . .	2076	18	49	18	42	16	52	—	23	—	—
Korn . . .	1280	12	12	11	52	11	22	—	6	—	—
Gerste . . .	1946	13	56	13	4	12	13	—	8	—	—

Verantwortlicher Redakteur: Dr. J. Sigl.

C. O. 8.

Danksagung. (120)

Für die so liebevolle Theilnahme und so zahlreicher Beiwohnung bei den Trauergottesdiensten für unsern innigstgeliebten Bruder, Schwager, Onkel und Großonkel, den hochwürdigen Herrn

Anton Sinzel,

Prodekan und Stadtpfarrer zu Pressath in der Oberpfalz,

sagen wir aus gerührtestem Herzen schuldigsten Dank und reichlichstes Vergelt's Gott und bitten wiederholt für den Verstorbenen und für uns inständigst um das Gebet, mit der dankbaren Versicherung auch unseres täglichen Gebetes.

München, 25. Februar 1870.

Die tieftrauernd Hinterbliebenen.

Im Verlage von G. J. Manz in Regensburg ist erschienen und durch alle Buchhandlungen (durch **Hermann Manz in München, Briennerstraße Nr. 8**) zu beziehen: (119)

J. Caret, d. G. J.,

Christus, der zweite Adam,

das Sühnopfer für den Ungehorsam des ersten Adam und für die Sünden seiner Nachkommen. Zwanzig Conferenzen. Nach dem französ. Originale frei bearb. von **H. Scheid.** gr. 8. 2 fl. 42 kr.

Der Inhalt dieses bisher in Deutschland fast noch unbekannten Werkes ist schon in seinem Titel hinlänglich angedeutet.

Dogmatische Genauigkeit und Tiefe, geistreiche Auffassung und Durchdringung des Stoffes, großartige und überraschende Ideen, eine überwältigende Beredsamkeit, reiche und mannigfaltige Nutzanwendungen machen diese Conferenzen zu einem der gediegensten und werthvollsten Werke, die wir über das Leiden des Heilandes besitzen.

Vorzugsweise eignet es sich daher zu **Fastenpredigten** und zu einem **Betrachtungsbuch für die Fastenzeit.** Für den Prediger ist es eine Fundgrube des schätzbarsten Materials. Wegen der genau eingehaltenen Ordnung in der Anlage der einzelnen Conferenzen, welche durch die vorausgeschickten Synopsen veranschaulicht wird, läßt sich das Buch auch mit Leichtigkeit so gebrauchen, daß es für jeden Tag der Fastenzeit eine vollständige Betrachtung bietet.

Ich erlaube mir mein best assortirtes Lager von ordinären und feinen

Tischmessern

und

Gabeln,

dann

Eisen- und Messingpfannen, gußeisen-emaillirten Kochgeschirren &c. und allen andern

Kücheneinrichtungs-Gegenständen

bestens anzuempfehlen.

Achtungsvollst 94(ff)

Benedict Gautsch,

81(ff) 23 Dienersgasse 23.

Ein solides Frauenzimmer, gesetzten Alters, in allen häuslichen Arbeiten, Kochen und in der Oekonomie gut bewandert, sucht eine Stelle bei einem Herrn Geistlichen, oder sonst einem einzelnen Herrn. Kann längere Dienstzeit nachweisen. D. U. (114—15b)

2 sehr schöne Schlafstellen mit eigenem Eingang, schöner Aussicht, sind wöchentlich zu 36 kr. sogleich zu vermiethen. Theresienstraße 78/2 rückwärts. (104—106b)

Ein schönes Haus

an der Eisenbahnstation Planegg gelegen, besonders für eine Herrschaft geeignet, ist sogleich zu verkaufen. D. U. 108—10(b)

Ein hübsch meublirtes Zimmer ist an einen soliden Herrn sogleich zu vermiethen. D. U. (108)

Druck von M. Vogl in München, Rosengasse 10

II. Jahrgang. Auflage: 1800.

Das Bayrische Vaterland.

Das „Bayr. Vaterland“ erscheint täglich mit Ausnahme der Sonn- und hohen Festtage. Preis des Blattes: Vierteljährig 54 kr., ganzjährig 3 fl. 36 kr. Das einzelne Blatt 1 kr.

Alle Postexpeditionen und Postboten des In- und Auslandes nehmen Bestellungen an. Inserate werden die dreispaltige Petitzeile oder deren Raum zu 3 kr. berechnet.

Redaktion: Burggasse 14. Herausgegeben von Dr. jur. J. Sigl. Expedition: Kaffinibazar 5

Franziska. Nr. 55. Mittwoch, 9. März 1870.

Versöhnung!

Vom Rhein. Versöhnung ist ein schönes Wort, ein sehr schönes Wort. In der bayrischen Kammer ist es in den letzten Wochen bis zur Ermüdung oft in den Mund genommen worden, allein uns scheint, in der bayrischen Kammer ist der Ruf nach der Versöhnung ein unzeitiger und unfruchtbarer.

Man versöhnt sich gerne mit einem Manne, der das begangene Unrecht einsieht und den Willen hat, es gut zu machen. Ist das von den Fortschrittlern zu sagen? Nichts berechtigt zu der Hoffnung, daß sie je die zu Frieden und Versöhnung gebotene Hand annehmen und ehrlichen Frieden machen werden. An ihnen wäre es gewesen, den Patrioten entgegenzukommen, sie aber überließen dies den Patrioten und als diese die Hand boten, da waren es die Fortschrittler, welche sie zurückstießen und erklärten: Es gibt keinen Frieden mit Euch! (Crämer.)

Seit 20 Jahren herrscht jetzt der Fortschritt in Bayern und was hat er aus dem Lande gemacht? An den Rand des Unterganges brachte er es. Er hat die „Böotier“, wie er, die Preußen nachäffend, die treuen, kernigen patriotischen Bürger und Bauern schimpfte, beherrscht und tyrannisirt, er hat von den Universitäten aus das Gift des norddeutschen Aufkläricht verbreitet und damit den ganzen jüngern Beamtennachwuchs vergiftet und die „Träger der Bildung“ in Grund und Boden hinein verderbt, er hat in Kirche und Staat — überall sein Machtgebot zur Geltung zu bringen gewußt, er hat aus Fremden und Einheimischen, aus Juden und Neuheiden sich seine Prätorianerlegionen gebildet, um damit das gute treue bayrische Volk zu knechten und aus seiner eigenen Haut zu treiben und jetzt versteht er die Versöhnung so, daß man ihn in seiner angemaßten Herrschaft belasse, ja ihm noch neue Macht dazu gebe, das Volk zu knebeln und im Zaum zu halten!

Können die Patrioten das dulden und zugeben? Können und dürfen sie auf solcher Basis Frieden schließen?

Die zwanzig Jahre erlittenen Unheils und die sichere Aussicht auf noch mehr Unheil ermuthigen nicht, es abermals mit diesem Fortschritt zu wagen, viel eher fordern sie auf, ihn aufs Aeußerste zu bekämpfen. Der Fortschritt hat nach den bisherigen Proben seiner Regierungsfähigkeit das Recht auf Existenz in Bayern verwirkt, und so wenig das Feuer mit Wasser sich versöhnen kann, so wenig ist eine Versöhnung mit dem Fortschritt auf der von ihm gewollten Grundlage der Fortdauer seiner Oberherrschaft denkbar und möglich. Wenn sich heute die patriotische Partei, das ist das bayrische Volk, mit dem Fortschritt versöhnen würde, so schlüge sie sich selbst ins Angesicht und noch mehr: sie würde sich selbst aufgeben.

Das fühlt denn auch der Fortschritt; darum wehren sich er und die mit ihm verbundenen bekannten Faktoren aus allen Kräften, darum verschmäht er kein Mittel, sich in der Herrschaft zu erhalten. Er und seine Verbündeten kämpfen einen Kampf der Verzweiflung, denn es handelt sich um ihre Existenz. Sie können nur aufs Haupt geschlagen und als Partei vernichtet werden; Friede und Versöhnung mit ihnen sind uns aber nicht denkbar, weil sie dazu sich selbst aufgeben müßten und weil die patriotische Partei ihrerseits niemals eine Fortdauer der Herrschaft des Fortschritts zugeben kann, ohne sich selbst aufzugeben. Von Versöhnung mögen gutmüthige Leute sprechen, welche die Parteien und ihre Lebensbedingungen nicht kennen, aber nicht Männer, die ein offenes Auge für die wahre Lage und die thatsächlichen Verhältnisse haben.

Ueber die zahllosen Gesuche um Gehalts-Aufbesserung,

welche z. Z. beim Landtage vorliegen, schreibt dem „Vaterland“ ein Landwirth aus Altbayern:

Gegenüber all diesen zahllosen Bitten wäre es kein Wunder, wenn auch die Bauern, Taglöhner, Gewerbsleute und Arbeiter, die gemeinen Soldaten ꝛc. ꝛc. um Aufbesserung ihres Einkommens oder Gehaltes bei der Kammer sich melden würden. — Ich meine, die Kammer soll bei diesen Gesuchen vorsichtig und mit stetem Hinblicke auf die Steuerzahler zu Werke gehen. Ich denke hiebei an unsere Dienstboten. Früher hatte mein Knecht 40 bis 50 fl., jetzt zahle ich 80 fl.,*) vor 30 Jahren erhielt eine Dirn (Oberstallmagd) 24 bis 25 fl. und etliche Ellen Tuch, jetzt zahlt man 40 bis 50 fl. Lohn und darüber. Gleichwohl aber ersparten sich diese Leute beim früheren geringeren Lohn mehr, als jetzt beim hohen. Warum? Früher waren die Dienstboten sparsam und genügsam, jetzt sind sie großentheils genußsüchtig und verschwenderisch. In dieser Hinsicht zeichnen sich besonders unsere, mit 16 Jahren der Feiertagsschule entlaufenen Buben und Mädeln aus. Ich leugne nicht, daß fragliche Bittsteller sich hart hausen und mit Familiensorgen zu kämpfen haben; aber das ist auch bei uns Landleuten, bei den kleingewerbtreibenden Bürgern und bei den Arbeitern in den Fabriken der Fall; und das sind eben auch Menschen, die Mangel und Hunger und das Familien-Elend so gut fühlen, wie die königlich Angestellten. Letztere bekommen am Ende doch eine, wenn auch schmale Pension, wer aber gibt dem Landmanne etwas, wenn er durch Unglück im Viehstande verarmt oder durch eine plötzliche Kapitalskündung auf die Gant getrieben wird; — wer dem Arbeiter, dessen Arbeitskraft ein liberaler Fabrik-

*) In Niederbayern 100—130 fl.! D. R.

besitzer oder fortschrittlicher herzloser Großindustrieller bis auf's Mark ausgenützt hat, und den dieser edle Volksfreund (!) dann von sich wirft, wie eine ausgepreßte Citrone? Mancher der erwähnten Bittsteller könnte sich vielleicht selber recht gut aufbessern, wenn er Genügsamkeit mit Sparsamkeit verbinden und den Mantel nach dem Winde hängen würde. Die nicht königlich Angestellten müssen es eben auch thun.

Uebrigens kann ich dennoch dem Landtage Mittel angeben, durch welche ohne neue Steuern den genannten Gesuchen thunlichst genügt werden kann. Für's Erste fange man bei den bestbesoldeten und bei den höheren Beamten zu sparen an, indem man Männer bei vollster Tüchtigkeit und Freudigkeit in ihrem Berufe, wie den General-Direktor Freiherrn v. Brück &c. &c. nicht pensionirt, und diese wohl zu verhindernden Pensionen in allen Sparten des Staats-Dienstes dem gering besoldeten niederen Personal zuwendet. Hiedurch würden sich für dieses Tausende jährlich zur Aufbesserung ergeben. Wozu denn ferner gar so viele Räthe mit hohen Besoldungen, wenn am Ende denn doch die meisten und in das Gemeinde- und Volksleben auf's Tiefste eingreifenden Gegenstände nicht gemeinsam und collegial berathen, sondern vom betreffenden Referenten allein unter seiner Verantwortlichkeit verbeschieden werden, was ich jedoch immer für einen gefährlichen Mißstand halte.

Eine zweite Quelle der berührten Gehalts-Aufbesserungen bildet füglich die Verminderung der Zahl der Beamten im Allgemeinen und des bezeichneten Personales selber. Obschon in den Grundsteuerkatastern die auf unsern Grundstücken ruhenden Lasten, Bodenzinse, Gilten &c. nicht mehr vorgetragen werden, was jeder Grundbesitzer bejammert und worin der Landtag Abhilfe verschaffen sollte, so sind dennoch auf den kgl. Rentämtern halbe Dutzende von Schreibern; — obgleich durch die neue Gemeindeordnung die jetzigen Bürgermeister zur Fertigung von Schreibereien verbunden sind, welche früher die k. Bezirksämter besorgten, so zählen diese doch das alte Personal; — obschon ferner die Notare das, was sonst bei den Landgerichten geschah, jetzt Alles, ja noch mehr bereinigen, so befinden sich dennoch bei den jetzigen Landgerichten ebenso viele Assessoren und Schreiber, wie früher; aus einem Postbotenbezirke, der seinen Mann nährt, macht man zwei, damit jeder darbe &c. &c. Man schaffe also die unnützen Vielschreibereien &c. ab, dann braucht man weniger Personal und dieses kann man dann besser besolden. Nur ein paar Beispiele. Wenn eine Sammlung zum Baue einer Kirche vom Ministerium genehmigt ist, dann geht die Sache — zuerst an die k. Regierung, dann an die Bezirksämter, von da an die Pfarrer — und zugleich an die Ordinariate, von da an die Dekane und Pfarrer. Wie einfach wäre der Gang — vom Ministerium an die Ordinariate! — Wozu die Belästigung der Beamten bei der Regierung und den Bezirksämtern? Ich stiftete jüngst einen Jahrtag zur Pfarrkirche. Ich glaubte, die Sache ginge einfach an das bischöfliche Ordinariat, und es wäre nach der von diesem verfügten Genehmigung höchstens bei der Kirchenrechnung eine Abschrift dieser Urkunde beizulegen. Aber fehlgeschossen! Das Stiftungsprotokoll muß zuerst zum k. Bezirksamt, dann zur Regierung, von da zum Ordinariate, dieses schickt die Sache wieder dahin zurück, von da kommen zwei Bestätigungs-Urkunden, eine an die Kirchenverwaltung, die andere an das Pfarramt, an das k. Bezirksamt und diese schreibt dann diese zwei Urkunden wieder ab, und gibt sie endlich heraus! — Würde in diesen Dingen, dann in unserm Kuratel-, in unserm Bau- und Rechnungs-Revisionwesen immer nach den Grundsätzen natürlicher Einfachheit und also des gesunden Menschenverstandes verfahren, würde insbesondere jenes unnütze Tabellenwesen abbestellt werden, dann glaube ich sicher würden in jedem Regierungsbezirke eine Unzahl von Beamten und Bediensteten erspart und abgeschafft werden können und könnte man so die Uebrigbleibenden aufbessern. Würden dazu die Regierungskommissäre bei der Visitation der äußern Aemter die Tüchtigkeit der Amtsvorstände nicht nach der Höhe der Expeditionsnummern, sondern darnach beurtheilen, daß bei wenig solchen Nummern dennoch Alles in Ordnung und der Verwaltungsbeamte ein liebevoller und Allen zugänglicher Beamter sei, dann würde sonder Zweifel aller manchmal selbst gesuchten Vielschreiberei vorgebeugt und eine ersprießliche Ersparung erzielt werden, die dann wieder dem Amtspersonal zu Gute kommen könnte.

Deutschland.

München, den 8. März

Landtag. In der gestrigen Sitzung der Kammer der Abgeordneten legte der Minister des Innern den Gesetzentwurf über die neue Bürgerwehr vor, den er sich stark zu empfehlen angelegen sein ließ. Sörgel interpellirte sodann das Kultusministerium, ob an unsern Studienanstalten eine Reform des Unterrichtswesens eintreten und ob besonders die bisherige Einrichtung, wonach der Geschichtsunterricht konfessionell getrennt und vielfach dem Religionslehrer übertragen ist, fortdauern soll. Hr. v. Lutz antwortete in „befriedigender" Weise. Eine längere Diskussion veranlaßte die Art des Abschlußes des vorjährigen Eisenbahnanlehens zu 18 Millionen, das zu 9 Prozent an 4 fremde Bankhäuser gegeben wurde, während das Geld doch viel besser und billiger im eigenen Lande hätte aufgebracht werden können. Darüber entspann sich eine lange und erregte Debatte, in der diese bayrische Finanzkunst von Lukas energisch gerügt und mitgenommen wurde. Fischer, der Finanzminister, Kolb, Dr. Huttler, Greil und der unvermeidliche Schauß betheiligten sich an der Diskussion, die schließlich sehr heftig und wie gewöhnlich von den Herren von links wieder auf das persönliche Gebiet hinübergespielt wurde. (So wartete Fischer sehr höflich mit Holzklötzen und dem Holzmarkt auf, „auf dem Lukas besser zu Hause sei als auf dem Goldmarkt," worauf Lukas entgegnete, wenn vom Markt einmal die Rede sein müsse, so hätte Fischer billig auf den Strohmarkt gehört, denn auf Stroh verstehe er sich, besonders auf leeres Stroh. Die Fortschrittler können ihren tiefgründigen Zorn, daß sie in der Minorität sind, durchaus nicht verbeißen.) Sodann wurde eine gegen die letzte Münchener Wahl eingelaufene Reklamation ohne Debatte verworfen und die Münchener Wahl als legitim erklärt.

— ☞ Wie wir vernehmen, hat Graf Bray sich bereit erklärt, das Ministerium des Aeußern zu übernehmen.

— Ueber den jungen Frhn. v. Thüngen, welchen einige Herren in Günzburg als Kandidaten zum Landtag aufgestellt haben, schreibt die N. Würzb. Zeitung: „Karl Frhr. v. Thüngen hat sich, insbesondere seit seiner Verehelichung mit der Freiin v. Hahn, stets auf das Entschiedenste gegen die patriotischen Prinzipien ausgesprochen, und sich durch eine der nationalen (preußischen!) Partei entgegenkommende Haltung von jeder Solidarität mit den Prinzipien seines Vaters losgesagt. Wenn daher nicht etwa der Aufenthalt in München oder sonst etwas einen Umschwung hervorgerufen haben sollte, so müßten wir annehmen, daß zwischen Karl und Reinhard v. Thüngen eine Namensverwechslung vorliege." — Wir führen dieses Urtheil eines „nationalen" Blattes an, weil es merkwürdig mit dem des Vaterland übereinstimmt. Den Herren Wahlmännern von Günzburg können wir die bestimmte Versicherung geben, daß die patriotische

Partei fast ausnahmslos damit übereinstimmt, daß sie den *sicheren* Mann dem zweifelhaften vorgezogen haben und daß die entschiedene Opposition des „Vaterland" gegen den Letzteren *keineswegs bedauert* wird. Die wackeren Schwaben haben nicht nöthig, sich Vertreter aus *anderen* Kreisen zu holen, da sie selbst an würdigen Männern und tüchtigen Vertretern ihrer Interessen durchaus keinen Mangel haben. Soweit unsere Erkundigungen reichen, ist das übereinstimmende Urtheil dies, daß man ihnen und der patriotischen Partei zu jedem der drei Abgeordneten zu gratuliren hat, mögen auch die Gegner, voran die „Abendzeitung" in ihrem Zorn über die eigene Niederlage sich in noch so heftigen Schmähungen ergehen.

Von der Isar wird dem „Vaterland" geschrieben: Aus den „rückläufigen" Provinzen möchte ein schon 1866 „mißleiteter" und „rückwärts" concentrirter Winkelbewohner sein Erstaunen aussprechen, wenn er die Anforderungen des Kriegsministers liest. Wie ist nur denn? Die Schullehrer, diese größtentheils liberalen Zierden des Landes, thun zuerst den Patrioten alles erdenkliche — Liebe und Gute an, beschimpfen und lästern sie nach Herzenslust und Leibeskräften, dann kommen sie und wollen — eine Aufbesserung! Noch besser als die Kollegen des Schulmeisters Strauß mit'm „Hauch der Wissenschaft" gefällt uns der Herr Kriegsminister, am Ende gar ein guter Freund des famosen Feldhauptmanns Sprunner, der aber meines Wissens noch nichts im Feld behauptet hat. Erst schimpft und schmäht uns einer der ersten Militärs, der gar noch *Privatbediensteter* des *Königs* ist, dann — kostet die Freundlichkeit und ausnehmende Höflichkeit so und so viel Millionen. *Dreißig* Millionen, Hr. Doctor-General Spruner — mich wundert nur, daß Sie für Ihre unsterblichen Verdienste noch kein Hr. *von* Spruner sind; verdient hätten Sie's! — 30 Millionen kostete uns Bayern anno dazumal, als Sie so meisterhaft und kühnlich Hr. v. d. Tann „rückwärts concentriren" halfen, und die armen „mißleiteten" Bauernsöhne *selbst Sie* selbst „rückläufig" machten; soll es für die Zukunft schon 22 Millionen werth sein, wenn den Mißleitern Nahestehende in junkerlicher Herablassung uns blos *schimpfen*? Gerade die Herren Generale und Feldhauptleute sollten sich hüten, anderen Leuten „Mißleitung" an den Kopf zu werfen und von diesen wieder Sie, Hr. Spruner am *allermeisten*, denn in Ihrer Haut, scheint mir, steckt *mehr als ein* v. d. Tann. J. J. 1866 hat dieses „mißleitete" bayrische Volk, auf das Sie von Ihrer Höhe — mitleidig herabsehen zu dürfen meinen, manche kennen gelernt, die sich trefflich auf das „Mißleiten" verstanden; aber glauben Sie, Verehrtester der in Bayern importirten Preußen, glauben Sie, daß das bayrische Volk ein größeres Vertrauen zu denen hat, die es *wirklich* mißleitet, oder zu denen, von denen es *angeblich*, wie nämlich Sie zu behaupten den Muth haben, mißleitet sein soll? Das *Lerngeld* kostete 30 Millionen; diese sind bezahlt; den Schimpf von Seiten des hohen Militärs nehmen wir als Douceur, d. h. als Adjutanten-Süßigkeit hin, gezahlt aber wird *nichts* dafür, und sollten Sie sich, o Weisester der Heerführer, etwa *noch* einmal angeregt fühlen, über „mißleitete Provinzen" zu schmähen, dann verlassen Sie sich darauf, daß wir Ihnen den Dank dafür nicht schuldig bleiben werden.

— Der Nürnberger Correspondent schreibt heute über den Ausfall der *Günzburger* Wahl: „Es ist nach dem unmöglich, den Organen der patriotischen Partei zu widersprechen, wenn sie den Satz aufstellen, daß *ohne* den von oben in's Werk gesetzten *Druck* die Mehrheit auf *ihrer* Seite noch namhaft *bedeutender* ausgefallen sein würde, und daß daher *nicht* mehr davon die Rede sein könne, als ob die Kammer und die Bevölkerung, aus welcher dieselbe hervorgegangen, in zwei ungefähr gleiche Hälften getheilt sei. Diese Schlußfolgerung gerechtfertigt zu haben, das ist das Einzige, was der Minister v. Hörmann durch seine Wahlmanipulationen zu Wege gebracht hat. Ist er nicht ein großer Staatsmann?" — Und ob er groß ist!

Aus der westlichen Oberpfalz wird dem „Vaterland" geschrieben: Da die öffentlichen Kundgebungen, durch welche ein hoffärtiges Professorenthum seine Uebereinstimmung mit den kirchenfeindlichen Bestrebungen des Münchener „Ober-Janus" erklärt, sich täglich mehren, so dürfte es an der Zeit sein, daß endlich auch der Seelsorgs-Klerus sich rühre und gegen solchen Scandal entschieden Protest erhebe. Er ist das seiner eigenen Ehre und dem christlichen Volke schuldig. Denn es läßt sich nicht leugnen, daß gar viele Schwache durch die Scheingründe einer falschen Wissenschaft geblendet und in ihrem Glauben verwirrt werden. Wir machen darum den Vorschlag, der kirchlich gesinnte Theil des Klerus — und der ist sicher der weitaus größte — soll eine öffentliche Erklärung abgeben, in welcher nachfolgende Punkte enthalten sein dürften: 1) Ausdruck des *festesten Vertrauens* auf das allgemeine Concil und der Unterwerfung unter seine Beschlüsse; 2) *Protest* gegen die *Verleumdungen*, welche namentlich in der Allgemeinen Zeitung fortwährend über die Kirchenversammlung ausgestreut werden; 3) *entschiedenes Lossagen* von *Döllinger* und seinem Anhang; 4) *Lossagen* von den Grundsätzen der sogenannten „freien deutschen Wissenschaft", von der man jetzt thatsächliche *Beweise* hat, wohin sie führt — vgl. Pichler, Frohschammer, Huber 2c. Wir übergeben diese Punkte der Beachtung des bayr. kath. Klerus. (Anm. d. Red. Wir würden diesen Vorschlag entschieden *befürworten*, wenn nicht inzwischen die bekannten Abmahnungen der Bischöfe von München, Köln 2c. gegen *jede* Demonstration für oder gegen das Concil erfolgt wären. Daß wir uns den Beschlüssen des Concils unterwerfen, scheint uns eine unfragliche Sache zu sein. Ein Lossagen von Döllinger und den Grundsätzen der „freien deutschen Wissenschaft" könnte ohnehin nur denjenigen nahe gelegt werden, die sich früher als deren Anhänger bekannt haben, und dürfte einfach durch die Definition des Dogmas seine Erledigung finden.)

Ausland.

Frankreich. Von *Paris* 3. März wird dem „Vaterland" geschrieben: Die Gesandten Oesterreichs und Rußlands haben beinahe täglich längere Unterredungen mit dem Grafen Daru und findet auch ein sehr eifriger Briefwechsel zwischen Letzterem und den Cabineten von Florenz, Wien, London und Petersburg statt; ein Special-Kourier ist gestern nach der russischen Hauptstadt abgegangen, wohin er einen vom Minister des Auswärtigen eigenhändig geschriebenen Brief überbringt. — Erzherzog *Albrecht* verläßt Montag Paris, um sich nach Rouen, Cherbourg, Brest zu begeben, um die Marine-Etablissements zu besuchen. Nach etwa vierzehntägigem Aufenthalt an diesen Orten wird der Erzherzog nochmals nach Paris zurückkehren.

In **England** ist der rühmlichst bekannte Prinz von Wales, der Thronfolger von England, bekanntlich auch eine schöne Gegend, in Folge der Ergebnisse des Mordauntschen Ehebruchsprocesses, bei dem er betheiligt war — beim Ehebruch aktiv, beim Proceß passiv — im Theater von seinen geliebten künftigen Unterthanen *ausgepfiffen* worden. Der saubere Prinz mußte sich mit Hinterlassung seiner Gemahlin vor dem pfeifenden und schreienden Volke flüchten; ob er sich aber auch geschämt hat, halten wir bei seinem Charakter für sehr fraglich. (Vielleicht schickt der Schauß diesem besonderen Ehrenmann unsern Artikel mit der allerunterthänigst treugehorsamst ersterbenden Bitte, uns einen neuen Injurienproceß dafür anhängen zu dürfen.)

Vom guten Fridolin und dem bösen Dietrich,

oder

Die gerächte Knarrblättlehre.

Eine schauderhafte Geschichte.

(Schluß.)

Dr. Barth wies in seiner Schlußäußerung wiederholt auf die Qualität der N. N. und ihr Verhältniß zu dem Knorren hin und schloß, daß wir uns in einer Zeit befinden, in welcher die Gemüther aufs Höchste erregt und gespannt sind, und daß in einer solchen Zeit Dinge in die Welt zu schleudern, wie die „Neuesten" täglich thun, von höchstem Nachtheil und Verderben sein muß. Von anderer Seite hätte dagegen etwas geschehen müssen, es ist aber nichts geschehen; daß der Beklagte gegen eine solche gefährliche und destruktive Gattung von Preßerzeugniß aufgetreten ist, kann ihm nur zum Verdienst angerechnet werden. Im wahren Lichte, im Reflex dessen, was in den Neuest. Nachr. enthalten ist und was nach meiner eigenen Ueberzeugung, über alle Grenzen dessen, was geduldet werden darf, hinausgeht, muß die Schuld des Beklagten gesehen und darnach muß es auf das Mildeste beurtheilt werden.

Nachdem der Beklagte noch auf einzelne Punkte der Klage eingegangen und einige Aufstellungen und Behauptungen des Schaußen zurechtgesetzt hatte, verkündete der Gerichtshof das Urtheil: Verwerfung der Berufung und Verurtheilung in die Kosten. Das Urtheil der ersten Instanz sprach bekanntlich die höchste zuläßige Strafe von 42 Tagen Arrest und 110 fl. Geldbuße aus, wobei jedoch die 12 Tage, wegen des „frechen Juden" zudiktirt, in Abzug kommen, da dieses Urtheil zur Zeit der Klagestellung des Knorren noch nicht rechtskräftig war.

Der Redakteur des „Vaterland" wird also wieder die Ehre haben, während eines Monats bei Hrn. Stadtrichter v. Leonrod zu Gast zu sein und von den Zinnen des kgl. Stadtgerichtsgebäudes, Gruftgasse 1, die Schönheiten der gegenüberliegenden Hausdächer und die Höhe des Petersthurmes bewundern zu können, wobei er noch tiefsinnige Studien über dieses Muster eines fortschrittlichen Ehrenmannes, den Knorren, machen und zu Papier bringen kann. Daß diese neue Verurtheilung ihm bezüglich des Knorren sehr viel andere Meinungen beigebracht, als ihm „Sendschreiben" und so und so viel Nummern des „Vaterland" beigebracht, ist eine gar nicht aufzuwerfende Frage; Jedermann muß jetzt vollkommen überzeugt sein, daß Se. Erhabenheit Julius Deputatus ein ebenso großer und untadeliger Ehrenmann ist wie der Abgeordnete für die Plassenburg und Umgegend, Schauß der Junge, sein Ritter und Retter.

☛ Der König hat unterm gestrigen das Entlassungsgesuch des Fürsten Hohenlohe bewilligt und Herrn Graf Bray zu seinem Nachfolger ernannt.

Kulturbildliches.

In Paris hat dieser Tage ein Arbeiter, Namens Fraise, seine Frau wegen Eifersucht getödtet und in schrecklicher Weise verstümmelt und in Stücke zerschnitten. Dann ging er hin und erhängte sich. — In einer bayrischen Garnisonsstadt verführte ein Hr. Oberlieutenant Baron B., wahrscheinlich Mangels gehöriger Beschäftigung, die Frau seines Kameraden Rittmeister Gf. W. Der beleidigte Gatte kam aber dahinter und die Folge war ein Duell, in dem der Verführer tödtlich verwundet wurde. Das Duelliren wegen solcher, bei gebildeten, aufgeklärten und intelligenten Städtern täglich vorkommenden Ehebruchsgeschichten ist selbst eine dumme Geschichte; die Alten machten es in solchen Fällen viel einfacher, sie nahmen einen Knüppel und schlugen beide todt, ihn und sie. Der Hr. Rittmeister hätte es auch so machen können, statt auch noch sein Leben wegen der Nichtsnutzigkeit Anderer dran zu wagen und, wie es vor wenigen Monaten hier in einem gleichen Falle geschehen ist, selbst erschossen zu werden, während der Beleidiger leer ausging!

Verantwortlicher Redakteur: Dr. J. Sigl.

Druck von M. Vogt in München, Rosengasse 10

II. Jahrgang. **Das Bayrische Vaterland.** Auflage: 4800.

Das „Bayr. Vaterland" erscheint täglich mit Ausnahme der Sonn- und hohen Festtage. Preis des Blattes: Vierteljährig 54 kr., ganzjährig 3 fl. 36kr. Das einzelne Blatt 1 kr.

Alle Postexpeditionen und Postboten des In- und Auslandes nehmen Bestellungen an. Inserate werden die dreispaltige Petitzeile oder deren Raum zu 3 kr. berechnet.

Redaktion: Burggasse 14. Herausgegeben von Dr. jur. J. Sigl. Expedition: Kaffinibazar 5

40 Märtyrer. Nr. 58. Donnerstag, 10. März 1870.

Militärisches. II.

Wenn das Wohl des Vaterlandes von einer möglichst großen Zahl von Generalen, Obersten und Feldhauptleuten abhängt, dann muß Bayern eine der glücklichsten Landschaften des weiland heiligen römischen Reichs deutscher Nation sein, denn in diesem Artikel ist Bayern wirklich über die Massen gesegnet. Diese tapferen und kriegskundigen Herren schützen das Vaterland mit mächtiger Hand gegen die Franzosen, die uns freilich nicht angreifen, stehen wie die Mauern an der Seite der Preußen als deren getreue Alliirte und leisten mit Gott für König und Vaterland sonst noch allerhand ersprießliche Dienste, die aufzuzählen zu weitschweifig wäre. Mancher wie Hr. Sprunner setzt gelegentlich die gediegensten Artikel in die Augsburger Allgemeine über das dankbare Thema, wie halt die Altbayern noch gar so dumm („mißleitet"!) und die Preußen so erstaunlich gescheidt sind, und so dient jeder in Ehren und in der Furcht Gottes dem König und bezieht für diese anstrengende Arbeit jährlich seine 3, 4, 6, ja 12 Tausend Gulden Gage.

Wir haben es aber für jetzt nicht mit der annoch streitbaren Kriegsmacht zu thun, sondern wir wollen von denjenigen reden, welche in sothanem königlichen Dienste bereits kampfunfähig geworden sind und nunmehr dem Vaterland dienen und zwar dadurch, daß sie dem Hrn. Finanzminister die eingeheimsten Steuergulden wieder unter die Leute bringen helfen. Zu diesem edlen Zwecke sind ihnen für jedes Jahr 1,432500 fl. zugewiesen, an denen sie ihre Kräfte probiren können. Der Hr. Kriegsminister v. Prankh „behält sich vor", gelegentlich noch sehr bedeutende Summen „nachzuverlangen", welche in Form von Pensionen mit freigebigster Hand wie man sagt unter die Subalternen gestreut werden sollen, damit auch die ihr Pfund nicht unnütz vergraben, sondern gleichfalls wieder Steuergulden unter die Völker bringen, damit sie der Hr. v. Pfretzschner nachher wieder einsammeln kann.

So weist denn das Militär-Handbuch für 1869 eine stattliche Liste von Summen und Namen solcher auf, welche auf diese Weise sich noch ums Vaterland verdient zu machen Gelegenheit nehmen. Indem wir nachstehend diese anmuthige Liste veröffentlichen, bemerken wir, daß darin die im Laufe des Jahres 1869 vorgefallenen Pensionirungen noch nicht inbegriffen sind.

Diese Pensionsliste begreift

47 Generale, zu denen in Folge des jüngsten so zeit- als sachgemäßen Armeebefehls noch weitere 8 kommen, thut in Summe . . . . 55.
(Der älteste pensionirte Generallieutenant wurde 1848, der älteste pens. Generalmajor wurde 1830 pensionirt!)

55 Obersten, wozu in Folge des neuen Armeebefehls weitere 6 kommen, thut . . . . 61.
Der älteste wurde 1848 pensionirt.

29 Oberstlieutenants, wozu durch den jüngsten Armeebefehl 7 andere kommen, ... 36.

122 Majors . . . . 122.
Die ältesten pensionirten beziehen ihre Pension seit 1824, 33, 35, 40 u. s. w.

308* Hauptleute und Rittmeister mit Pensionisten bis zum Jahr 1818 zurück, zwei aus den 20er, 12 aus den 30er, 73 aus den 40er Jahren . 308 (429)

60 Ober- und 57 Unterlieutenants,

10	Stabsärzte,	der älteste	pensionirt	1847,
19	Regimentsärzte,	„	„	1833,
11	Bataillonsärzte,	„	„	1832,
2	Unterärzte,	„	„	1851,
11	Oberkriegskommissäre,	„	„	1841,
12	Kriegskommissäre,	„	„	1842,
34	Regimentsquartiermeister,	„	„	1828,
8	Bataillons-	„	„	1848,
13	Unterquartiermeister,	„	„	1848,
2	General-Auditore,	„	„	1859,
3	Ober-Auditore,			
5	Stabs-Auditore,			
8	Regiments-Auditore,			
1	Bataillons-Auditor,			
3	Apotheker,			
5	Veterinärärzte,	der älteste	pensionirt	1841.

Es ist dies eine staatliche Liste und gewiß sehr geeignet, die misera contribuens plebs, die lieben Steuerzahler in eine sehr gehobene Stimmung zu versetzen.

Wir nahmen nun wiederholt das Militärhandbuch von 1869, das man billig jedem Civilisten unzugänglich machen oder verbieten sollte, da ihn die Militaria nichts angehen, zur Hand, um zu sehen, wie lange die jüngst pensionirten Generale und Stabsoffiziere in ihren letzten Chargen gedient, da böswillige Menschen — und es gibt deren leider sehr viele und recht boshafte dazu! — die ganz ungerechtfertigte und höchst strafwürdige und verleumderische Vermuthung ausgesprochen hatten, unsere Zustände in dieser Hinsicht glichen gar sehr den großherzoglich hessischen, während sie wie bekannt ganz unvergleichlich sind, — diese Männer seien noch ganz rüstig, seien gegen ihren Wunsch pensionirt worden,

*) Im Laufe des vergangenen Jahres konnte deren Zahl wieder glücklich auf 429 erhöht werden, eine Zahl, daß man damit zwei Armeen mit Hauptleuten und Rittmeistern versehen und ausrüsten könnte. D. Red.

seien erst vor wenigen Jahren befördert und sogar mit Orden behaftet worden, es müßten also besondere Motive und fremde Wünsche die Beseitigung dieser Männer (wenigstens zum Theil) herbeigeführt haben, ungefähr so wie in Hessen, nur versteckter.

Das ist eine offenbare Verleumdung unsers ausgezeichneten Hrn. Kriegsministers, von dem wir weder wissen, daß er ein Freimaurer, noch daß er ein Vetter von Liborio Romano Exc., sondern von dem wir noch immer gehört haben, daß er ein guter Bayer ist und von dem wir weit eher glaubten, daß er auf eine feine Weise das heillose Wehrgesetz ad absurdum führen, als daß er die Bavaria durch Listen und Ränke unter die Haube bringen wollte, nämlich unter die Pickelhaube. Nichts desto weniger machten wir in dem Militärhandbuch die nicht ganz uninteressante Entdeckung, daß die eben pensionirten Generale erst vor verhältnißmäßig kurzer Zeit zu ihren Stellen befördert wurden: Schedel 1862, Ribaupierre 1865 (wurde bei der jetzigen Pensionirung als General-Lieutenant charakterisirt, also wohl wegen besonderer Verdienste pensionirt!), Hebberling 1866, Steinsdorf 1866, Straub 1867.

Von den eben pensionirten 6 Obersten waren 4 im Jahre 1866, zwei erst 1868 zu ihrer Stelle avancirt; von den 7 Oberstlieutenants Einer 1863, Einer 1865, drei 1866 und zwei 1869 zu dieser Stelle befördert worden!!

Abfertigung eines Fortschrittshäuptlings.

In der Kammersitzung am Montag hat also der Hr. Abg. Lukas den rothen Fischer von Augsburg gerade so bedient, bezw. heimgeschickt, wie in der Abreßdebatte den Schauß en. Der Hergang war dieser. Auf der Tagesordnung stand das Referat Diepolders über den Bericht des vormaligen Staatsschuldentilgungskommissärs Pözl. Hr. Lukas kritisirte und zerzauste, wie bemerkt, in längerer Rede das vorjährige 18 Millionenanlehen für Eisenbahnen. Schon während seiner ganzen Rede gab der Fortschritt leuchtende Zeichen seiner bekannten „Bildung". Die Herren gestikulirten, lachten, höhnten, brummten — kurz führten sich recht „liberal" und fortschrittlich auf. Besonders der edle Benjamin Stauffenberg leistete in Gestikulationen 2c. 2c. das — Mögliche, da er als Baron besser als andere weiß, was Lebensart ist. Im Saal anwesende Norddeutsche sprachen später ihre staunende Verwunderung über eine solche Aufführung unserer „anständigen" Fortschrittsprinzipale aus, die ja alle Welt kennt, aber nicht alle Welt bewundert. Nach Lukas und gegen ihn sprachen der Finanzminister und Kolb, beide ganz sachlich und anständig, sogar Schauß führte sich nicht mehr ganz so auf wie er sich früher aufzuführen pflegte. Zum Schluß kam Fischer; der aber schlug einen Ton an, den wir blos — massiv nennen wollen. Alles wunderte sich über die Geduld des Präsidenten, der diese Sprache, wie sie unerhört wäre in jeder andern parlamentarischen Versammlung, mit der Ruhe des Philosophen anzuhören über sich brachte. Nun kam Lukas noch einmal zum Worte und setzte auf die groben Klötze Fischers ganz nach Verdienst die entsprechenden Keile, welche Verkeilung denn auch im Hause ihre Wirkung nicht verfehlte. Zu Nutz und Frommen und aus besonderer Werthschätzung des Hrn. Fischer, den es gewiß freuen wird, wenn sich auch das ganze Vaterland so lange mit ihm beschäftigt, lassen wir hiemit die verdiente Abfertigung dieses sehr verehrten Herrn mit Vergnügen folgen.

Herr Lukas sprach: Meine Herren! Gestatten Sie, daß ich einige Worte zu dem hinzufüge, was der Hr. Abg. Fischer zu Ihnen gesprochen hat. Ich finde es sehr liebenswürdig vom Hrn. Fischer, daß er mir die Befähigung absprach, in finanziellen Fragen ein Wort mitzureden. Vielleicht ist das Wort „absprach" nicht ganz genau gewählt gewesen, aber er hat meine Befähigung in einer Weise in Zweifel gezogen, in Betreff derer ich es Ihnen überlassen muß, ob sie dieselbe für parlamentarisch halten oder nicht. Wenn der Hr. Abgeordnete Fischer den Ton, den er heute mir und dem Hrn Referenten gegenüber angeschlagen hat, für parlamentarisch hält, so bin ich bereit, ihm auch gegen diese Waffe Stand zu halten; ich selbst aber möchte niemals der Erste sein, der in solcher Manier in diesem Hause auftritt. Meine Herren! Der Hr. Fischer hat gesagt, es könne möglicher Weise auf die künftigen Finanzoperationen Bayerns von Einfluß sein, daß ich, der ich heute so und so zu Ihnen gesprochen habe, im Finanzausschusse der bayr. Kammer sitze. Er hat deutlich das Bedauern durchblicken lassen, daß ich dort sitze. Es ist freilich sehr zu bedauern, daß nicht der Hr. Fischer an meiner Stelle dortsitzt. Das, Bauer! wäre freilich etwas ganz anderes!

Gleichwohl, meine Herren! Wenn er dort säße der Hr. Fischer, so würde das auf die künftigen Finanzoperationen Bayerns gerade so viel Einfluß haben, als es hat, daß ich dort Sitz und Stimme habe.

Meine Herren! Der Hr. Abgeordnete Fischer hat sich herausgenommen, meine finanzielle Qualifikation hier in Zweifel zu ziehen. Dadurch habe ich das Recht bekommen, auch die seinige zu taxiren. Ich, meine Herren, behaupte, durch meine vorige Rede gerade so viel Finanzkenntnisse bewiesen zu haben, als der Hr. Fischer durch die seinige. Wenn nun der Hr. Fischer ein Recht hat, mir Noten zu geben, so muß auch ich ihn einmal qualifiziren dürfen, und er mag sich darauf verlassen, daß er bei mir um kein Haar besser wegkömmt, als er mich angelassen hat. Meine Herren! Der Hr. Fischer hat mich auf ein Gebiet geführt, von dem er glaubt, daß ich mich dort besser auskenne, als auf dem Geldmarkt, nämlich auf den Holzmarkt! Ich begreife nicht, warum Hr. Fischer nicht lieber ein anderes Gebiet gewählt hat, wo er ohne Zweifel besser daheim wäre, nämlich den Heu- und Strohmarkt! Der Hr. Fischer ist doch ohne Zweifel schon oft dabei gewesen, wo leeres Stroh ausgedroschen worden ist! — Sehen Sie, meine Herren! das ist das Echo auf den Ruf des Herrn Fischer!!

Wir müssen sagen, die Abfertigung war mehr als verdient. Wenn Knurrblättl verehrliches in seiner Einfalt heute schreibt, die gestrige Sitzung habe wieder einen Beweis geliefert von der „Heftigkeit der bestehenden Gegensätze", so ist das ein widerlicher Euphemisnus Angesichts der . . . . Noblesse und feinen Artigkeit (sagen wir Hrn. Burchtorff zu Lieb), welche die Liberalen jederzeit uns und den Unsern gegenüber entwickeln, ohne bis jetzt ein einziges Mal provocirt worden zu sein. Hr. Spruner hat in seiner famosen echtfärbig byzantinischen Erklärung in der „Allgemeinen" die „weise Mäßigung der liberalen Partei" gerühmt. Nun, Hr. Fischer hat vorgestern den authentischen Kommentar zu dieser „weisen Mäßigung" geliefert und wir müssen sagen, er war sehr — gelungen!

Deutschland.

München, den 9. März

Die Herren vom Fortschritt haben sich für die patriotische Partei jetzt eine allerliebste Falle zurecht gerichtet: den Stauffenbergschen Antrag auf Abschaffung der Todesstrafe. Die Frage der Todesstrafe hat schon einen Justizminister, Bomhard, das Leben gekostet, nun hoffen sie das Gleiche auch bei Lutz, der ihnen gründlich verhaßt ist. Der soll jetzt auch hinausgebissen werden. Bei dieser schönen Gelegenheit hoffen sie nun auch die patriotische Partei herauszulocken, sich um Hrn. v. Lutz anzunehmen, wozu sie beiläufig gar keinen Grund haben. Hr. v. Lutz war den Patrioten gegenüber weder kalt, noch warm, sondern lauwarm. Er ist ein Mitschuldiger des gesprengten Ministeriums deswegen, weil er seinen Kollegen, da sie Uebles thaten, nicht entgegengetreten ist. Er selbst mag guten Willen gehabt haben, das geben wir gerne zu, allein er hat seinem Wollen nie Ausdruck gegeben. Wir halten ihn zwar noch für das beste Mitglied dieses, nun in seinen Grundsäulen erschütterten und zerbröckelten Ministeriums; das will aber nicht viel sagen, denn das ganze Ministerium haben wir nie höher taxiren können, als es werth war. Jedenfalls hat die patriotische Partei nicht sonderlichen Grund, sich für einen Minister zu erhitzen, der Alles ruhig geschehen ließ, was wir ums Leben nicht loben könnten und der insbesondere gewisse Staatsanwälte mit größter Seelenruhe schalten und walten ließ, daß dem Geduldigsten die Geduld ausgehen mußte. Wenn Hr. v. Lutz seinen früheren Collegen Hohenlohe, Hörmann und Gresser nachfolgt, so werden wir zwar das Geld für den neuen Pensionisten beklagen, ihn selbst aber können wir unbeweint ziehen lassen. Daß mit Hrn. v. Lutz die Purifizirung des Ministeriums noch nicht abgeschlossen ist, versteht sich von selbst: Hr. Schlör ist noch da, und Hr. Pfretzschner wirft auch noch seinen Schatten auf eine bessere Zukunft. Wir haben Hrn. Schlör während der Ministerkrisis ruhig walten lassen; wir wußten sehr gut, warum wir es thaten: man brauchte die Hilfe dieses Mannes, um Hohenlohe zu beseitigen! Hr. Schlör hat dazu kräftig mitgeholfen; mochte er doch hoffen, wenn dieser Edelstein des Ministeriums geopfert würde, werde er selbst noch möglich bleiben. Nein, Hr. Minister, wir halten Sie nicht für möglich in dem neuen Ministerium! Aus dem Schweigen Ihrer Gegner dürften Sie nicht hoffen, daß sie versöhnt seien, mit Ihnen versöhnt und zufrieden seien. Ihre entschiedenen und unversöhnlichen Gegner, nicht Ihrer Person, die sie übrigens auch nicht lieben, sondern Ihres Systems, warteten nur, bis mit Ihrer thätigen Beihilfe Fürst Hohenlohe beseitigt sei, um dann Ihre ganze Kraft gegen Sie selbst verwenden zu können, gegen Sie, den sie unter Umständen für den Gefährlichsten halten, weil Sie von dem ganzen gesprengten Ministerium der Schlaueste und Gescheidteste waren. Der Erste also, Hr. Minister, der von den Trümmern des Ministeriums Hohenlohe den Anderen nachfolgen muß, der sind Sie, Hr. v. Schlör, und Ihnen werden wir noch viel weniger nachweinen als allen ihren Collegen zusammengenommen. Daß Hr. Pfretzschner das böse Schicksal besänftigen wird, glauben wir nach den Ergebnissen der 14. Sitzung nun und nimmermehr. Er wird sich entschließen müssen, nächstens einiges staatsräthliche otium cum dignitate zu genießen, und was Hrn. v. Prankh Exc. betrifft, so glauben wir nicht, daß er die Militärbudgetdebatte als Excellenz überleben wird. Das viele Streichen wird für sein Herz zu viel sein. Alles Folgen und Nachwehen des endlichen Sturzes von Hohenlohe! „Solidarisch" waren alle miteinander; sie müssen es auch im Unglück sein und schön „solidarisch" zusammen gehen.

— Die Neue Bamberger Zeitung schreibt in einem Bericht über unsern Knurrblättlprozeß u. A. Folgendes: „. . . Die Verhandlung machte einen sehr wohlthuenden Eindruck in Folge der klaren, ebenso ruhigen als entschiedenen Vertheidigungsrede des genialen Vorkämpfers der patriotischen Partei. Hr. Schauß, der in neuerer Zeit etwas „bezähmte Widerspenstige"*), suchte zwar die Wucht der Rede dadurch abzuschwächen, daß er fortwährend lachte, theils gegen den Gerichtshof, theils gegen den Zuhörerraum gewendet. Allein dies unnoble Gebahren machte gerade den entgegengesetzten Eindruck, die aufgeblähte schäußliche Froschnatur stach nur um so unvortheilhafter gegen den bescheidenen Mann des Geistes ab. Die moralische Vernichtung war nach mehr als zweistündiger Verlesung der betreffenden Artikel, namentlich zweier des „K von der Donau" (Billet doux und Sendschreiben) wieder ganz auf Seite des Hrn. Knorr! Gott! Wenn man das Viertel einer solchen Fülle von Beschuldigungen einem Patrioten vorhalten könnte, wie solche das „Bayr. Vaterland" den „Neuest. N." und ihrem Verleger nachgewiesen, was würde da die Fortschrittspresse sagen! Trotzdem äußerten einige Subjekte von unzweifelhaftem Aeußern im Zuhörerraum: „Der Sigl ist doch ein gemeiner Kerl", (weil er dies veröffentlichte). Auf die entgegengehaltene Frage: Warum? Kennen Sie ihn? — hieß es: „Nein, aber er wie der Barth gehören auch zu den Pfaffen*) und die solle man alle an den vier Enden aufhängen". Das sind die Resultate der Bildungsschule der Neuesten Nachrichten! Zuletzt fand noch ein interessanter Discours zwischen Dr. Sigl und dem Präsidenten des Gerichtshofes über Beseitigung irriger Auffassungen bezüglich einer projektirten Büste Knorrs aus terra cotta und der „Knorrdamen" statt. (Dr. Sigl setzte auseinander, für eine Büste Knorrs sei das Material, aus dem man sonst Ziegelsteine (terra cocta, sc. cotta) macht, das entsprechendste, passendste und würdigste Material.) Die Berufung des Dr. Sigl wurde wie voraussichtlich verworfen; jedoch wurde der Standpunkt wieder geklärt und dies war ja der einzige Zweck der Berufung. Sollen wir schließlich das Resultat des Gesammteindrucks der Verhandlung geben, so sagen wir: Knorr wurde dadurch unsterblich blamirt, Dr. Sigl hat für sein Blatt wieder reussirt, Dr. Barth hat trefflich plädirt, Schauß ward trotz unartigen Lachens ziemlich deprimirt und die ganze Fortschrittspartei in ihrem Kammerkollegen Knorr glänzend glänzend lakirt; für Jeden aus ihr einen solchen Sieg und die Partei ist — ruinirt.

— (Magistratisches.) In Folge der weisen Anregung, welche Hr. Thomaß betreffs des Verbots des sogenannten Eierspeckens gegeben hat, ist der Marktinspektor angewiesen worden, schulpflichtige Fortschrittlinge und Ultramontane, so sie beim Eierspecken attrapirt werden, alsbald vom Gemüsemarkt fortzuweisen, auf daß Stadt, Fortschritt und Magistrat davon keinen Schaden empfahe.

Aus Würzburg hat das „Vaterland" vor mehr als 8 Tagen einen rührenden Beitrag zur Beantwortung der Frage, wie man jetzt in Bayern wirthschaftet, gebracht: Die Geschichte von der Schwester unsers ausgezeichneten Hrn. Finanzministers, Frl. Augusta Pfretzschner. Es ist dies ein ziemlicher Scandal, daß die gesunde Schwester eines bayrischen Ministers in eine Irrenanstalt gethan wird und während 10 Jahren einer kurberechtigten armen Person wider Recht und Ordnung und wider ihren eigenen Willen den dieser gebührenden Platz entzieht. Wir haben bis zur Stunde noch keine Berichtigung der von uns gemeldeten Thatsachen enthalten, auch nirgends eine Entschuldigung oder etwas dergleichen gelesen und werden deshalb so oft auf Frl. Auguste Pfretzschner, die Schwester unsers reichen Finanzministers und Schwägerin des reichen Professors Held, welche während 10 Jahren einer armen Person genommen hat, was ihr gehört, zurückkommen, bis unsere Mittheilung widersprochen oder das den Armen Genommene ersetzt ist. Beiläufig möchten wir auch fragen, ob es denn blos für ultramontane Geistliche und Redakteure Staatsanwälte gibt?

In Franken macht sich eine sehr gesunde Reaktion gegen

---

*) Lukas und Mahr haben den „eleganten" Ritter etwas gar zu unbarmherzig verarbeitet. D. Red.

*) Wurde zu dem eben im Saale anwesenden Abgeordneten Mahr gesprochen.

den fortschrittlichen Adreßschwindel gegen Harleß geltend. Aus allen Gegenden kommen nun Adressen und Zustimmungserklärungen für Harleß. Der ruhigere und vernünftigere Theil der Protestanten ist über den Schwindel des großen liberalen Haufens erwacht und will eben nun auch zu Wort kommen.

Ausland.

Polen. Durch kaiserlichen Ukas ist der alleinige Gebrauch der russischen Sprache beim katholischen Gottesdienst im gesammten Reiche des Czaren für obligatorisch erklärt worden, d. h. es darf nur mehr die russische Sprache gebraucht werden. Ebenso dürfen die Zöglinge der Schulen sich nur mehr der kaiserlich russischen Sprache bedienen. Item dürfen Verliebte, Ehegatten und Eltern und Kinder in Polen nur mehr russisch miteinander reden; nur die Hunde dürfen noch polnisch bellen und die Vögel polnisch pfeifen, da die zwangsweise Einführung von russischem Gebell und Gepfeif sich als „unburchführbar" erwiesen hat.

Briefkasten.

G. H., E. 2. — H in H. bitte ich mit freundlichem Gruße um Zusendung seiner Adresse. — J. M. W., Oberg. — Dem., B. Pf. — J. G., Kr. — N. St. Rbg., Pf. J. H., S.

Marktpreise in München.

1 Pfd. Mastochsenfleisch 18 kr. — pf., Kuhfleisch 17 kr. — pf., Kalbfleisch 15 kr. — pf., Schaffleisch 12 kr., rohes Schweinfleisch 20 kr 1 Pfd. Schweinfett 29 kr. eine rohe Zunge 1 fl. 12 kr., dito geräucht. 1 fl. 30 kr. ein Zentner rohes Unschlitt 23 fl. — kr. ein Pfd. gegoss. Lichter 24 kr., gez. feine Lichter 23 kr., ditto ordinäre 22 kr., Seife das Pfd. 16 kr.

Das Pfd. Karpfen 22—24 kr., Hechten 30—36 kr., Huchen 48— — fl. 54 kr., Rutten 42—46 kr., Forellen 1 fl. 12 kr. bis 1 fl. 24 kr. Waller 1 fl. 24 kr., Barben 18—20 kr., Alten 16—18 kr., Waller 42—46 kr., Bratzen 14—18 kr., Renken 24—30 kr., Birschlinge 18 —22 kr., Bachfische 7—9 kr., Krebse das Viertel 100 36—54 kr., Frösche, das Mandel 9—15 kr. — 1 Zentner Heu 1 fl. 36 kr., 1 Ztr. Grummet 1 fl. 42 kr. Waizenstroh — fl. — kr. Roggenstroh 1 fl. — kr. Haberstroh — fl. 48 kr. Eine Klafter Buchenholz 16 fl. — kr. Birkenholz 14 fl. 12 kr. Föhrenholz 10 fl. 12 kr. Fichtenholz 10 fl. 12 kr. Das Pfd. Schmalz höchster Preis 34 kr. Das Pfd. frische Körbchenbutter, höchster Preis 34 kr. 6 Stück frische Eier 8 kr. Die Maß gute Milch 5 kr. 1 Pfd Leinöl 16 kr. 1 Pfd. Repsöl 18 kr.

Münchener Hopfenmarkt.

1) Ober- u. Niederb. Gewächs: Mittelgattungen: Gesammt-Vorrath: 3080 Pfd., Verkauf 353 Pfd., Preis 89 fl. 14 kr. der Zentner. Wolnzacher- u. Auer-Markt Gut: Gesammtvorrath 4213 Pfd., Verkauf 1418 Pfd., Preis 143 fl. 14 kr. der Ztr. 2) Mittelfränkisches Gewächs Mittel-Qualitäten: Vorrath — Pfd., Verkauf — Pfd., Preis — fl. — kr. der Ztr., Vorzügliche Qualitäten aus Spalter Umgegend nebst Kindinger- u. Heidecker-hopfen: Vorrath 8552 Pfd., Verkauf 1154 Pfd., Preis 166 fl. 2 kr. bis — fl. — kr. der Ztr., Spalter Stadtgut, u. Weingarten-, Mosbacher- und Stirner Gut Vorrath — Pfd., Verkauf — Pfd., Preis — fl. — kr. der Ztr.) Ausländisch Gut Saazer Stadt, dann Herrschafts- und Kreisgut Vorrath 373 Pfd. Verkauf 373 Pfd., Preis 225 fl. — kr. bis — fl. — kr. der Ztr.

Verantwortlicher Redakteur: Dr. J. Sigl.

Eingesandt.

Vor kurzer Zeit hat Hr. Bleamerlmacher, Magistratsrath und Leichenacker-Verwalter Billing beim löblichen Magistrat den Antrag gestellt, daß alle Särge von den vereinigten Münchener Tischlermeistern genommen werden sollen. Herr Billing hat sich auch deßhalb veranlaßt gesehen, Abends selbst in eigener Persönlichkeit unter Dunkel und tiefst mich nicht zu den Seelnonnen zu gehen, ihnen zu sagen, daß er Magistratsrath Billing sei und sie beauftrage, die Särge vom genannten Institut zu nehmen.

Hr. Billing wird deßhalb aufgefordert, zu sagen, ob ihm das Recht zusteht, gegenüber der hohen Regierung, welche eine Gewerbefreiheit geschaffen hat, solche Gewerbsbeeinträchtigungen zu machen und ob Hr. Billing den Sarg für Jemanden zahlt, oder ob ihn nicht jeder Eigenthümer selbst zahlen muß und ob nicht jeder mit Patent berechtigt ist, ein Sarg-Magazin zu errichten, ebenso gut wie einen Bleamerl-Laden. (122)

Druck von M. Vogt in München, Rosengasse 10.

II. Jahrgang. Das Bayrische Auflage: 4800.

Vaterland.

Das „Bayr. Vaterland" erscheint täglich mit Ausnahme der Sonn- und hohen Festtage. Preis des Blattes: Vierteljährig 54 kr., ganzjährig 3 fl. 36 kr. Das einzelne Blatt 1 kr.

Alle Postexpeditionen und Postboten des In- und Auslandes nehmen Bestellungen an. Inserate werden die dreispaltige Petitzeile oder deren Raum zu 3 kr. berechnet.

Redaktion: Burggasse 14. Herausgegeben von Dr. jur. J. Sigl. Expedition: Kaufinalbazar

Rosina. Nr. 57. Freitag, 11. März 1870.

Fromme preußische Wünsche?!

Die abweisende Antwort, welche der große Bismark vor etlichen Tagen, als der kleine Parlamentsjude Lasker etliche Reiser herbeischleppte zur Fahrt der norddeutschen Lokomotive über den Main, den „Nationalen" und annexionswüthigen Bettelpreußen diesseits und jenseits der Linie gab, hat bei diesen eine starke Verstimmung und tiefe Unbehaglichkeit zur Folge gehabt. Von „Vater Bismark" nehmen sie zwar die applicirten und wohlverdienten Fußtritte mit Andacht und großer Ergebenheit hin, denn das ist eben Sache gut dressirter Pudel, die Hand, die sie schlägt, zu lecken, nachdem sie geschlagen; aber unter sich selbst sind die Herren einander in die Haare gerathen. Den bayrischen Bettelpreußen geben sie schuld, daß sie zu wenig Eifer und Geschick entwickelt und dadurch die „Isolirung" Bayerns herbeigeführt haben, und den badischen werfen sie zu große Hitzigkeit vor, daß sie früher in den Nordbund springen wollten, ehe Vater Bismark das Zeichen zum Eintritt gegeben. Wie die Geschichte ausgehen wird, wissen wir nicht, doch gibt uns das schöne Sprüchwort: Pack schlägt sich x. einigen Trost über den ferneren Verlauf des Streites.

Wenn indeß Bismark, das zu täppische und zuthunliche Gebahren der badischen Nordbundslüstlinge tadelnd und zurückweisend, die schier naive Antwort gibt, daß „die Preußen, in welcher Form es auch sei, dahin streben, sich mit den süddeutschen Staaten in voller Freiwilligkeit, ohne Drohung und Druck zu einigen, um die intimsten gemeinsamen Einrichtungen herbeizuführen", so wissen wir beiläufig, was wir davon zu halten haben. Groß war die Diana der Epheser und tief ist das Weltmeer; aber das Meer der Worte unserer geliebten Muttersprache ist auch groß und tief genug, um darin mit Bequemlichkeit nach Worten fischen zu können.

„Intimste gemeinsame Einrichtungen"! Was er damit wohl meinen mag? Wir haben schon allerlei „intime gemeinsame Einrichtungen" von den braven Preußen bekommen, z. B. die Salzsteuer, die Tabaksteuer rc., wodurch uns die Preußen alljährlich so und so viele Hunderttausende von Gulden sehr „intim" aus der Tasche nehmen und die uns „gemeinsam" zu machen die Preußen bei Leibe nicht „Drohungen und Druck" angewendet haben; wir haben im preußischen Wehrgesetz, das wir auch ohne „Druck und Drohungen" ganz unversehens überkommen haben, eine weitere sehr „intime gemeinsame Einrichtung", ebenso in den Verträgen, durch die wir mit den Preußen ganz unglaublich „intim" geworden sind; eine Zeit lang hat's sogar einmal geschienen, als ob wir sogar eine „gemeinsame" Regierung mit den Preußen hätten. Aber gefallen haben uns all diese „intimen" Sachen sehr wenig, und doch will uns Bismark bei guter Gelegenheit „ohne Druck und Drohung" noch etliche derartige „Einrichtungen", durch die uns noch mehr Geld abgepreußt, bezw. für die „nationale Sache", nämlich für die Erweiterung der Pickelhaube rc. abgenommen werden soll, anhängen? Ah, das ist doch gar zu „intim"!

Hat er etwa wieder ein halbes oder gleich ein ganzes Dutzend neue Steuern auf Lager? Reichen unsere theueren Legionen noch nicht aus, daß die Preußen das nächste Mal keine Prügel kriegen, und sollen wir noch etliche Regimenter und ein paar Dutzend Generale mehr aufstellen, etliche tausend Rekruten mehr ausheben? Bitte, geniren Sie sich nur nicht, Excellenz, unsere Bettelpreußen sind beim Bewilligen gleich bei der Hand und bewilligen Ihnen noch Einiges drein, wenn es Ihnen nur etwas nützte, denn sie haben leider nicht die Majorität

Es wäre ein wirklich herzerhebender Gedanke, wenn die Preußen meinten, wir seien ihnen noch nicht „intim" genug und müßten, um unsere „Intimität" recht schlagend und unzweifelhaft zu beweisen, noch etliche Steuern mehr zahlen, noch etliche tausend Rekruten mehr in unser herrliches, aber sehr theueres Kriegsheer einstellen und in die militärische Zwangsjacke pressen, mit dem Schweiße des Volkes füttern und etwa nach dem geliebten preußischen Exercierreglement kujoniren lassen! Die Sehnsucht, auf die Weise unsere „Intimität" zu beweisen, dürfte beim Volke freilich nicht gar groß sein, allein, wenn es die Herren Preußen und theueren Alliirten haben wollen, wenn es für „Deutschland", nämlich für die Pickelhaube gilt, ja dann mit Vergnügen und es soll uns noch eine besondere Ehre sein, es thun zu dürfen, und wir wollen uns den schönen Grundsatz angewöhnen: Treu den Preußen bis zum Bettelsack! O ja, ganz gewiß! Die Herren Preußen dürfen blos befehlen!

Und in „voller Freiwilligkeit", meint der edle Preuße, sollen wir so „intim" werden! Ja, wir thun alles höchst „freiwillig", so lang wir nicht anders können und die Franzosen nicht marschfertig sind. Ist es einmal an dem, dann wollen wir in unserer „Freiwilligkeit" auch nicht nachlassen, sondern uns „in voller Freiwilligkeit" für die Pickelhaube und den edlen Preußenkönig „vertragsmäßig" todtschießen lassen, nämlich wenn wir bis dahin noch dumm genug dazu sind und nicht lieber den Theil der „göttlichen Mission Preußens", von den Franzosen die hundertfach verdienten Prügel endlich einmal wegzubekommen, den Preußen allein überlassen wollen.

Sehen wir uns aber ernsthaft an, was der große Bismark mit all diesen schönen und wohlklingenden und anscheinend harmlosen Worten vom bayrischen Volke verlangt.

Vom Volke verlangt er den gemeinsten und unverhülltesten

Verrath, und zwar wünscht er dies vom bayrischen Volke, welches mehr als einmal bereits mit seinem Blute unauslöschlich in die Geschichte es eingeschrieben hat, daß es nie einer fremden Macht, sei es in, sei es außer Deutschland seine Selbstständigkeit zum Opfer bringen werde. Er verlangt diesen Verrath nicht mit nackten Worten, nein, so gescheidt ist Bismark schon: er will, wenn es sein soll, ein ganzes Menschenalter „warten“, dann ist's ihm auch noch recht; er verlangt keinen Verrath mit dürren Worten, aber das, was er fordert, ist Verrath, wenn das Volk thun würde, was er fordert. Bayern soll sich „einigen“ mit Preußen, als ob es nicht längst zu viel und zu seinem bitteren Schaden mit ihm geeinigt wäre! Bayern soll sich „in den intimsten Einrichtungen mit Preußen einigen“. Das soll und kann doch wohl nicht heißen, Preußen wolle die Einrichtungen, welche Bayern hat, annehmen, denn Preußen „läßt sich nicht majorisiren“; also soll Bayern die preußischen Einrichtungen annehmen, das annehmen, was jetzt schon die Steuerkraft des Nordbundes ruinirt. So dumm sind aber die Bayern weder in den „zurückgebliebensten obskuren Winkeln“, noch in den röthesten und fortschrittlichsten Bezirken, daß sie sich im Ernst und bei klarem Bewußtsein dazu verstehen könnten Behalte Bismark seinen guten Rath und seine frommen Wünsche in Zukunft schön bei sich: wir wollen nichts wissen davon und — parva sorte contenti — wollen wir sein und bleiben was wir sind: Bayern. Wenn Bismark das Bedürfniß hat, „intim“ zu sein, so muß er sich schon andere Leute heraussuchen, die sich mit ihm und seinen Intimitäten abgeben mögen: wir danken für die Ehr', Herr Preuß!

Blüthen der neuen Sozialgesetze.

Vom Oberland wird dem „Vaterland“ ein köstlicher Beitrag zu den Segnungen unsers neuen Ansäßigmachungs- und Verehelichungsgesetzes gemeldet, den wir den HH. Abgeordneten zu geneigtem Studium empfehlen. Vor dreiunddreißig Jahren kam der Krämer S. von E. auf die Gant und zog nach München. Niemand hat seitdem mehr von ihm gehört. Im vergangenen Frühjahr ließ plötzlich das Stadtgericht München von der Gemeinde E. ein Leumundszeugniß für einen Sohn Joseph des Krämers S, von dessen Existenz die Gemeinde bis dahin keine Ahnung hatte, requiriren. Der Joseph befand sich in Untersuchung. Es wurde ihm nun bezeugt, daß von der ganzen Gemeinde Niemand die Ehre habe ihn zu kennen, daß die Gemeinde auch nicht das schätzbare Glück habe, die Wiege seiner Geburt gewesen zu sein und daß, wenn der Joseph je den Ort E. gesehen haben sollte, die Gemeinde daran unschuldig sei und nicht das mindeste Wissen habe. Dies wurde gemeindeamtlich dem Joseph bezeugt und zur mehreren Glaubwürdigkeit das Zeugniß auch noch kräftigst gewappelt. Ein halbes Jahr später — Kirchweih 1869 — mußte auf Grund seines, resp. des Heimathsrechtes seiner muthmaßlichen Eltern in Sie stehe in München in keinem Arbeitsverhältniß, sondern lebe mit ihrem Eheherrn im Familienverband und habe so zwar einen Mann, aber weder Hilfe noch Vermögen, leide aber dafür an einer Krankheit des Magens, so daß ihre Zurücksendung in ihre Heimath E. nach ärztlichem Ausspruche nicht thunlich sei. Die Dauer des Krankheitszustandes könne nicht bestimmt werden, wohl aber habe die Gemeinde nach dem wunderschönen fortschrittlichen Gesetze vom 29. April 1869 die Verpflegungskosten für dickbesagte Rosa S. zu ersetzen, welche sich auf die Kleinigkeit von 48 kr. für jeden Verpflegungstag berechnen Actum München den 20. Febr. im Jahre nach Erfindung der neuen Socialgesetze 1870. — Der Hr. Einsender meint, die Glossen zu dieser neuen Ordnung könnten wir uns selbst machen. Wären sie nicht überflüssig?

Deutschland.

München, den 10. März.

Landtag. In der gestrigen Sitzung der Kammer der Abgeordneten wurden die 7 Münchener Abgeordneten eingeführt und beeidigt. Thomaß sah sehr feiertäglich und gewaschen und Knorr sehr würdevoll aus, wobei er nicht vergaß, seiner interessanten Visage durch anmuthiges Hängen der Unterlippe und geistreiches Geschau noch eine besondere Zierde zu verleihen. Beide waren sehr schön. Stauffenberg referirte sodann über die Rechnungsnachweise über den Betrieb der Verkehrsanstalten für 1866/67. Die Post hatte durchschnittlich jedes Jahr der 8. Finanzperiode 3,239000 fl. Roheinnahme, 2,504000 Ausgabe, die Telegraphenanstalt 62426 fl. rein (Länge der Linien 450, der Leitung 1280 Meilen), die Eisenbahnen 21,012210 fl. Roheinn., 12,086157 fl. Ausgabe, 8,926053 fl. Rein-Einn.; der Ludwigsdonaumainkanal hatte das übliche Defizit, 112464 fl. — Lukas spricht sich dafür aus, daß bei der Post das arbeitende Personal vermehrt, das inspizirende dagegen vermindert werden soll; das Verhältniß des arbeitenden Personals zum inspicirenden sei wie das in der griechischen Armee, in der es auch mehr Offiziere als Mannschaften gebe; er beklagt namentlich, daß Postassistenten oft 10 Jahre auf eine Anstellung warten müssen. Allerdings soll auch bei der Post gespart werden, aber nicht unten, sondern oben. Im Uebrigen handle es sich bei den Postanstalten nicht so fast um Rentabilität, als um Sicherheit und Pràcision. Schlör meint aber, daß die Postassistenten noch besser daran seien, als andere Aspiranten, denn sie bekommen schon nach 3 Jahren 400 fl. (müssen aber für 1200 fl. arbeiten, Hr. Schlör!) Beim Kapitel Eisenbahnen fragt Mahr, ob es wahr sei, daß für ungarisches Getreide ein Specialtarif da sei und so die einheimischen Producenten geschädigt werden? Schlör muß das zugeben; das sei — wegen der Rentabilität der Bahn! (Richtig, daß die Eisenbahnen mehr tragen, müssen sich die Bauern ruiniren lassen. Allerneueste Staatsweisheit!) Lukas nennt

— Fürst Hohenlohe ist durch ein „schmeichelhaftes Handschreiben" des Königs wie üblich zum außerordentlichen Staatsrath, wie er bisher ein außerordentlicher Minister gewesen, und zum Kapitular des Hubertusordens ernannt worden. Das ist nichts besonderes, denn auch Bismark hat zu den 30 Millionen noch den Hubertusorden als Dreingabe gekriegt. Uebrigens hat Prof. Sepp dem Fürsten schon in Berlin aus „neueren, eigens von ihm entdeckten Quellen" nachgewiesen, daß immer Einer aus der Familie der Hohenloher den Hubertusorden mindestens ebensogut beanspruchen könne wie Bismark. Er hat nun den Orden und wir sind ihn Gott sei Dank! los. Der Fürst hat, wie bemerkt, in richtiger und gerechter Würdigung seiner Leistungen als Minister auf jede Pension „großmüthigst" verzichtet.

— Der „Volksbote" will in Erfahrung gebracht haben, daß das jüngste Kind einer schwachen Stunde des Herrn Prof. Sepp, die bekannte Brochüre, die er sicher ohne Ueberlegung und Vorbedacht in der aufwallenden Hitze eines Seppschen Einfalls verübt hat, auf den Index kommen soll. Wir würden das höchlich bedauern, wenn diesem Seitensprung, der sicher nicht so übel gemeint war, als er ausgefallen ist, in Rom eine Bedeutung beigemessen würde, die er nicht hat. Die Katholiken haben die Brochüre als ein skandaloses Kuriosum betrachtet, die Fortschreiter aber lesen keine Brochüren, Seppsche schon gar nicht, dafür ist durch seinen wunderbaren Stil und den ebenso gelehrten als konfusen Inhalt bestens gesorgt. Das wird man hoffentlich auch in Rom berücksichtigen.

— Unserer Mittheilung in Nr. 54 über den fortschrittlichen Ex-Abgeordneten Kraus, daß derselbe bei der Kammer um Auszahlung von Diäten für die Zeit vom 2. Jan. bis 13. Febr. (nicht Ende Febr.) nachgesucht habe, fügten wir bei, eine solche Manier sich auf Kosten der Steuerzahler Geld für nichts und wieder nichts — denn Hr. Kraus war nie als Abgeordneter in der Kammer noch hatte er irgend etwas zu thun — zu machen, halten wir denn doch selbst von einem Münchener Fortschrittler für undenkbar. Was wir für undenkbar hielten, ist aber Thatsache und wirklich ist sein Gesuch im Einlaufsjournal der Kammer unter Nr. 31/187 vorgetragen. Da hört denn doch Verschiedenes auf! Halten denn diese Fortschrittler Kammer und Land und selbst die Würde eines Abgeordneten für eine Melkkuh, um blos daraus Nutzen und Geld für sich zu ziehen? Pfui! Uns empört selbst von einem Fortschrittler eine solche . . . Handlungsweise, die dadurch nicht an innerem Werth verliert, daß Hr. Kraus auch noch Reisediäten für die „Reise" von Neuhausen, wo er sich angeblich domicilirt, nach München, während Neuhausen an München angebaut ist, verrechnete. Glauben jetzt die Münchener noch nicht, daß es diesen Fortschrittlern nur um das Wohl des Volkes und nicht um den eigenen Vortheil, um die Füllung ihres Geldbeutels zu thun ist? Dann verdienen sie wahrhaftig vom Knurrblättl gelobt zu werden.

— Eine Wahlreklamation aus Forchheim (Gräfenberg) behauptete, es seien die Wähler bestochen worden. Auf Veranlassung der Abgeordneten für Forchheim hat das Kammerpräsidium die Sache an das Justizministerium hinübergegeben und wird nun in Folge der eingeleiteten Kriminaluntersuchung der fortschrittliche Schwindel aufgedeckt werden.

— Der „Nürnberger Anzeiger", welcher den Stadtpfarrer Blank von Freising: „Musterpfaffe, Prachtexemplar eines Pfaffen, Prachtstück ersten Kalibers von einem Pfaffen" u. dgl. genannt, ist soeben freigesprochen worden! Solche Schimpfworte sind also nach liberal mittelfränkischer Anschauung nicht mehr beleidigend; ruft aber ein Ultramontaner einen liberalen Buben — bei Namen, so erhält er unfehlbar so und so viele Tage oder Wochen Arrest zudictirt. Bayrische Rechtsgleichheit! Das „Liberale Schimpflexikon" sagt (S. 25) über die Schmähungen der Geistlichen u. A.: „Graut dir, katholisches Volk, nicht vor einer Presse, die für deine Geistlichen keine andern Waffen hat als Waffen von Schlamm und Unrath? Graut dir nicht vor einer Presse, die in so schimpflicher Weise den Klerus schmäht? Was die „Historisch-politischen Blätter" von der Wiener Judenpresse schreiben, gilt in demselben Maße von der bayrischen: „Die Ehre der Geistlichen ist einer gewissenlosen Bande preisgegeben". Ja, wir sind bereits so weit, daß die Geistlichen als vogelfreie Opfer den Liberalen vorgeworfen sind. Deshalb durfte auch Föckerer den rohen Wunsch aussprechen: Alle Pfaffen in ganz Bayern müssen in Einem Jahre todtgeschlagen sein!! . . . . Das ist denn doch ein verächtlicher und zugleich ein entsetzlicher und blutiger Liberalismus! Und in diesem ihrem diabolischen Treiben gegen den Klerus wird die liberale Presse von Seite der Gesetzeswächter nicht im Mindesten behelligt. Wozu steht denn im Strafgesetzbuch der Art. 118? (*) Oder gilt der Klerus nicht als „Stand der bürgerlichen Gesellschaft"? Oder hat er keine „Standesehre"? Oder wünscht man sogar, daß er der „Verachtung und dem Hasse" direkt preisgegeben werde? Ferner wozu besitzt denn Bayern ein Konkordat und wozu in diesem Konkordat den Art. 14, welcher den Geistlichen Schutz zusichert gegen Herabwürdigung und Verächtlichmachung"? Etwa blos dazu, auf daß die einzelnen Bestimmungen desselben in so flagranter Weise übertreten werden können? Ueberdies besagt § 20 des Religions Edikts, daß die „zur Feier des Gottesdienstes und zum Religionsunterrichte bestellten Personen die Rechte und Achtung öffentlicher Beamten genießen". Man gewähre endlich einmal dem Klerus den im Gesetze feierlich garantirten Schutz, wenn man sich nicht in Einem fort der schreiendsten Rechtsverletzungen schuldig machen will!" — Also das „Schimpflexikon"! Indeß das ausgesprochene Ziel des Liberalismus ist Vernichtung der katholischen Kirche, und dahin wird kräftig gearbeitet, wenn man ihre Diener und Stützen, die kath. Geistlichen ungestraft beleidigen, schmähen, beschimpfen und verleumden läßt. So werden sie faktisch für außer dem Gesetze stehend, d. h. für vogelfrei erklärt und jeder liberale Bube darf an ihnen seinen Witz üben und seine Kunst probiren. Wir haben denn auch wohl gehört, daß „Pfaffen" wegen Liberaler, aber niemals, daß Liberale wegen eines „Pfaffen" gestraft und eingesperrt worden, also muß ja wohl gegen die „Pfaffen" Alles erlaubt sein!

Der zu Ingolstadt verstorbene Benefiziat Hr. Jakob Halber, ehemals Pfarrer in Zuchering, hinterließ sein ganzes Vermögen, bestehend in 1500 fl. dem Armen-, dem Schul- und dem Krankenfond, einem jeden 500 fl. Der Pfarrkirche zur Lieben Frau überwies er ein Meßgewand im Werthe von 300 fl. Ehre und Dank dem edlen Priester und Wohlthäter!

Oesterreich. In Tirol fühlt der kais. kgl. Wiener Liberalismus gleichfalls das „Bedürfniß" die Schullehrergehalte aufzubessern, aber nicht auf Staats-, sondern auf Gemeindekosten, wahrscheinlich damit den armen Landgemeinden die liberalen Segnungen noch fühlbarer gemacht werden. Kaum können im Land Tirol die Leute noch die direkten Steuern, die mit jedem Jahr erwachsen, erschwingen, und jetzt sollen sie schon wieder zu neuen großen Leistungen herangezogen werden für die Schulmeister, welche der Liberalismus braucht und die darum der Liberalismus hätschelt auf Kosten des zahlenden Volkes, damit sie noch mehr für den braven Liberalismus ins Zeug gehen. Das Volk aber kann nicht mehr zahlen und für Kurzwaaren-

(*) Blos für das „Vaterland"?! D. R.

und Kleinhändler des Liberalismus schon gar nicht. Ein armes Volk, wie das Landvolk, wie das Volk der Berge Tirols, das ohnehin von der Last der Abgaben völlig erdrückt wird, doch noch drängen, mehr zu leisten als es kann, das heißt zeigen, daß man vom Regieren nichts versteht, und es drängen, für diejenigen mehr zu leisten, die es fast ausnahmslos als seine Gegner erkannt hat, das heißt: es darauf ablegen, die berechtigte Unzufriedenheit und Erbitterung im Volke auf's Höchste zu treiben, bis es endlich trotz alledem zum Bruche kommt. Krieg oder Revolution! — Diese Alternative kann man ohnehin schon oft genug hören beim Volke in — Tirol! Bezüglich der famosen Schulvisitation durch kaiserlich königliche Unter-Freimaurer haben sich bereits die Gemeinden des Oberinnthales verabredet, die schulinspicirenden Freimaurer zurückzuweisen und sich dabei allenfalls gegenseitig zu Hilfe zu kommen.

Ausland.

In Frankreich werden die Soldaten aus der Klasse 1804, die sich gegenwärtig in Urlaub befinden, in die Cadres der Reserve eingereiht. (Weil man bald eine tüchtige Reserve nöthig zu haben glaubt?) — Der Minister des Aeußern hat den franz. Gesandten in Wien, Herzog Grammont, nach Paris berufen, wie man wissen will, wegen des Abschlusses einer französisch-österreichischen Allianz.

Italien. Aus Rom erhält der Pariser „Monde" ein Telegramm, wonach der Papst am 7. die Vertheilung des Schemas befohlen habe, das die Definition der Unfehlbarkeit vorschlägt. Gegenbemerkungen können bis zum 17. März vorgebracht werden.

In Rumänien soll es schlimm aussehen; die Allg. Ztg. spricht sogar schon von einer Sendung des vielbekannten und gewandten Hrn. Friedländer, Kabinetsrath des noch mehr bekannten, aber weniger gewandten Hohenzollernjünglings Karl, nach Berlin, um dort Vorstellungen über die „bedenkliche Lage der jungen Dynastie" und Hohenzollerei unter den Rumänen zu machen. Vorläufig dürfte aber die Schreckensbotschaft wohl nur auf neue Sendungen von preußischen Thalern aus irgend einem Reptilien- oder Revolutionsfond abzielen. Es wäre ja ganz erschrecklich, wenn die „göttliche Mission Preußens" in Rumänien ein so baldiges und — schmähliches Ende nähme!

Dienstes-Nachrichten.

Erledigt: Die k. Pfarrei Christertshofen, B.-A. Illertissen mit 788 fl.; die k. Pfarrei Balderschwang, B.-A. Sonthofen mit 484 fl.

Briefkasten.

L. B., R. — J. G., L. — J. Th., Fr. — R., K. 48 und 17. besorgt. — Postnachnahme empfiehlt sich nur bei größeren Sendungen; auf Kreuzbandsendungen wird überdies keine Postnachnahme angenommen. Briefmarken, und bei größeren Bestellungen Papier oder Postanweisung. Nur bei der Expedition des „Vaterland" oder Paul Zipperer, Buchh. kann direkt bestellt werden. — Von Kühingen wird uns über unregelmäßiges Eintreffen des Vaterland geklagt und daß man der dortigen Poststationen überhaupt nicht sonderlich traut.

Verantwortlicher Redakteur: Dr. J. Sigl.

Druck von M. Vogl in München, Rosengasse 10

II. Jahrgang. Das Bayrische Auflage: 4800.

Vaterland.

Das „Bayr. Vaterland“ erscheint täglich mit Ausnahme der Sonn- und hohen Festtage. Preis des Blattes: Vierteljährig 54 kr., ganzjährig 3 fl. 36 kr. Das einzelne Blatt 1 kr.

Alle Postexpeditionen und Postboten des In- und Auslandes nehmen Bestellungen an. Inserate werden die dreispaltige Petitzeile oder deren Raum zu 3 kr. berechnet.

Redaktion: Burggasse 14. Herausgegeben von Dr. jur. J. Sigl. Expedition: Ruffinibazar 5

Gregor. Nr. 58. Samstag, 12. März 1870.

Dr. Huttler und die Kaiseridee.

(Katholicismus und Patriotismus XIII.)

D **Vom Lande.** Am 3. Febr. war der denkwürdige Tag, daß der Oberredacteur der „anständigen“ ultramontanen Tagespresse, mit der „sich diskutiren läßt“, vor den Erwählten des Landes den Mund geöffnet und uns kostenfrei vor das Panorama seiner politischen Weltanschauung geführt hat. Von brennendem Wissensdurst getrieben, fielen wir sofort über den Eigenbericht des Hrn. Dr. Huttler her und schauten, was der Mann unserer Sehnsucht von der Höhe der „deutschen Frage“ herab uns offenbaren würde.

Aber welche Enttäuschung erfuhren wir! „Das Ideal von Kaiser und Reich, heißt es da (Postzeitung Nr. 30), ist ein schöner Traum, eine Chimäre“, — dann: „wenn ein protestantischer Hohenzoller ein Parlament nach Frankfurt zusammenruft und in der freien Reichsstadt die Krone des Reiches trägt, dann glaube ich den Frühling Deutschlands gekommen zu sehen, aber (auch) das sind Träume!“ — Und weiter sagt er: „Bei einem einigen großen Deutschland müßte auch Oesterreich sein in irgend welcher Form; aber Oesterreich müßte dann zerschlagen und zertrümmert werden. . . . Auch den deutschen Bundesstaat kann ich mir ohne Oesterreich nicht denken. Der Bestand Oesterreichs ist für die Freiheit Deutschlands unbedingt nothwendig. Wie Oesterreich zerschlagen wird, rücken die todtfeindlichen Gegensätze des Slavismus und Romanismus uns auf den Leib, so daß der Athem der Freiheit uns gewiß ausgeht.“

Weiters prophezeite er: „Ich kann mir eine Gestaltung eines großen einigen Deutschlands nur auf freiheitlicher und wahrhaft föderativer Grundlage denken, und ich bin lebhaft überzeugt, daß der Tag kommen wird, wo wir dieses große Ziel, diese Sehnsucht unserer Herzen hüben und drüben auch noch erreichen werden . . . . Oesterreich hat seine Mission in Deutschland verabsäumt, Preußen hat sie theilweise erfüllt . . . . . es hätte eine innere Berechtigung, in dieser Mission vorwärts zu schreiten, aber ohne Oesterreich kann ich mir keinen Bundesstaat denken“ . . . . und gleich Anfangs hat es geheißen: „Das Ideal von Kaiser und Reich ist mir, wenigstens vorerst, ein schöner Traum, eine Chimäre!“ — Also Dr. Huttler in der Adreßdebatte.

Hören Sie, Hr. Doctor, unsere Ansicht! Nach Ihnen ist die Idee des Kaiserthums ein „Traum“, eine „Chimäre“, aber doch auch nur „vorerst“, ist also unter Umständen kein Traum und keine Chimäre. Diese Antwort ist gewiß keine Lösung, sondern eine unheilbare Verwicklung des Problems. Warum geben Sie denn keine Definition von der Kaiseridee? Nehmen sie die unsrige entgegen und lassen wir die Katze nicht immer um den heißen Brei herumgehen.

Die Kaiseridee ist eine Kulturidee, sie ist ein Institut der katholischen Menschheit, sie ist die das Papstthum beschützende Staatsmacht. Dieses kaiserliche Institut der Menschheit ist keimhaft wenigstens immer im Christenthum, d. h. im Katholicismus gegeben und die katholische Kirche ist es, welche zum besseren Wohle der Menschheit dieses Institut festhält, wenn sie es hat, und sucht, wenn sie es nicht hat. Am unglücklichsten ist die christliche Welt, wenn das Papstthum dieses Institut nicht hat; sogar Schiller beklagt die „kaiserlose, die schreckliche Zeit“. Diese Kaiseridee ist immer ein Weltbedürfniß und darum liegt der „Traum“ und die „Chimäre“ nie in der Idee, sondern höchstens im Kopfe der — Träumenden.

Sie hoffen ferner, Hr. Doctor, als „Ziel der Sehnsucht unserer Herzen hüben und drüben“ ein einiges föderatives Deutschland, mit Preußen an der Spitze, welches „seinen deutschen Beruf theilweise erfüllt hat und (zu dessen weiterer Erfüllung) innere Berechtigung hat“ — wie nämlich Sie meinen — und träumen sich als Hauptstadt dieses preußisch „föderativen“ Deutschlands die weiland freie Reichsstadt Frankfurt.

Aber, Verehrtester! wissen Sie denn nicht, daß Preußen die Frucht einer dreihundertjährigen religiösen und bürgerlichen Revolution ist, daß in Preußen nichts die Natur und Alles die Gewalt geschaffen hat, daß Preußen als europäisches Unkraut gegenüber dem päpstlich katholischen Europa emporgewuchert ist und somit als Staat der rohen Gewalt nicht blos zur kaiserlichen Kulturidee, sondern auch zu jedem föderativen Rechtsstaat in vernichtendem Widerspruch steht? Es handelt sich hier nicht um die protestantische Dynastie Hohenzollern, sondern um das aus dem Protestantismus herausgewachsene Großpreußen. Mit Recht, Hr. Doctor, desavouiren Sie sich gleich selbst, indem Sie auch den „Frühling“ der Residenzstadt Frankfurt einen „Traum“ nennen. Ja, Herr Doctor, dieser von und aus Preußen kommende „Frühling“ ist und bleibt ein Traum, so gut die „freie Reichsstadt“ Frankfurt und allenfalls auch Memmingen ein Traum geworden ist!

Es gereicht übrigens Ihrem gesunden Sinne zur Ehre, daß Ihnen mit Ihrem preußischen Kaiserthume Oesterreich wie ein Rachegeist immer auf dem Nacken sitzt; unbegreiflich ist es aber, wie Sie ein „zertrümmertes“ Oesterreich auch ein Oesterreich nennen und wie Sie unter Oesterreich, das unter preußische Hegemonie kommen soll, Deutsch-Oesterreich und Gesammt-Oesterreich ineinandergemengt sich denken können. (Schluß folgt.)

Hr. v. Harleß noch einmal!

Vom Obermain. Daß Hr. Präsident v. Harleß das „Vaterland“ mit einer „Berichtigung“ beehren werde, lag ganz außer meinem Ideenkreise. Um so mehr war ich überrascht, in Nr. 54 des „Vaterland“ den Hrn. Präsidenten in einer Lage zu finden, die für den Katholiken eine nicht voraussehbare Genugthuung gewährt. Denn die Erwiderung des hohen Herrn ist ein Eingeständniß meiner richtigen Auffassung des v. Harleß'schen Gedankengangs.

Die Klage, die ich führte wegen Verletzung katholischer Interessen, besteht noch in vollster Kraft, indem der Herr Präsident es nicht versuchte, meine Erklärung der mißbrauchten horazischen Verse als unmöglich oder ungerecht zu bezeichnen, was doch ganz leicht gewesen wäre, wenn den erwähnten Versen nur ein und zwar der horazische Sinn unterläge.

Gerne will ich anerkennen, daß die Ursache des gesperrten „Nivis“ vom Hrn. Präsidenten mit dem „Schneefall der Mißtrauensadressen“ in Beziehung stehe, denn ich muß sagen, daß mir gerade das „Nivis“ in der Interpretation hinderlich war, weil ich eben nicht wissen konnte, daß darüber „der getreue Horaz“ und Hr. v. Harleß sich bereits verständigt hatten. Aber daß der Hr. Präsident uns nicht mit der authentischen Auslegung der andern mit größerer und weit reichlicher mit gesperrter Schrift gedruckten Hälfte der zwei Strophen beglückt, sondern verlangt, daß wir, um darüber andere Gedanken zu bekommen, als wir sie hatten und noch haben, mit der Redaction des „Correspondenten v. u. f. Deutschland“ ins Benehmen treten sollen, ist doch etwas — zu viel verlangt. Ich hatte ja kein Wort davon gesagt, daß, wie die v. Harleß'sche Erwiderung bemerkt, „Papst und Concil eine Beziehung auf diese Mißtrauensadressen haben sollen“, bestimmt nicht, sondern ich habe gesagt und sage noch, Papst, Bischöfe und überhaupt das Concil seien in den mißbrauchten horazischen Versen unwürdig angegriffen, und daß das nicht wahr sei, das zu dokumentiren, darüber hat sich Hr. Präsident v. Harleß nicht gemacht, und es wird daher der hohe Herr uns nicht zumuthen, daß wir uns mit der kurzen Bemerkung zufrieden geben sollen, „diese Mißdeutung sei ihm unbegreiflich.“

Es leben in Bayern viele hundert Philologen von Fach und diese werden mir unbezweifelt zugeben, daß, wenn man eine Adressen-„Ueberschwemmung“ mit horazischen Versen hätte schildern wollen, man nicht zur ersten und zweiten Strophe der II. Ode ad Cæsarem Augustum hätte greifen müssen, sondern zur dritten und vierten: Piscium et summa ꝛc. und Vidimus flavum Tiberim &c. Allein der „Pater tonans et terrens“ und das „omne pecus“ und die „alti montes“ waren zu reizend, zu appetitlich, und dieser Versuchung unterlag der sonst in der That auch von uns hochverehrte Hr. Präsident. Nun, — lassen wir das! wir sind eben Alle schwache Menschen. Ich erlaube mir, mich vom Hrn. Präsidenten v. Harleß hiemit freundlich zu verabschieden, denn ich weiß recht gut, daß es unbillig, vielleicht auch höchst unzweckmäßig wäre, an den ersten Geistlichen der Landeskirchen solose Stilübungen zu versuchen, und ich gebe Hrn. v. Harleß die wiederholte Versicherung, daß ich mir alle Mühe geben werde, an künftigen Citaten aus Horaz oder sonst einem Dichter, mögen sie kommen von wem sie wollen, wenn sie verborgenen Sinn haben sollten, meinen Scharfsinn zu üben, zum etwaigen Gaudium spektirender Philologen und zur Hervorzauberung etlicher langen Gesichter.*)

---

*) Wozu dem hochverehrten Hrn. Einsender das „Vaterland“ mit Vergnügen zur Disposition stehen soll! D. Red.

Deutschland.

München, den 11. März

Das Fränkische „Volksblatt“ schreibt: Der Redakteur des Bayr. Vaterland, Dr. Sigl behauptete jüngst, die Polizei, welche die durch die Munifizenz unsers Königs zu speisenden Armen auszuwählen hatte, habe hiebei viele Fehlgriffe gemacht und mit Uebergehen von Würdigeren oft sehr Unwürdige geladen. Daraus machen nun verschiedene liberale Blätter, die gegen die wehrlose Kirche fortwährend sehr tapfer sind, während sie noch Oben auf kriechende Weise schmeicheln, eine „Kritik der erhabenen Handlung Sr. Maj. des Königs“! Daß Dr. Sigl unlängst von einer Schaar Betrunkener insultirt wurde, erzählen diese „anständigen“ Blätter mit großer Schadenfreude und meinen, die Abonnenten des „Vaterland“ sollen es den Betrunkenen nachmachen und nichts mehr von Dr. Sigl wissen wollen, d. h. lieber liberale Blätter lesen. Sonst nichts? frägt das „Volksblatt“ ironisch. Wir haben das noble Benehmen jener liberalen Kulturlümmel mit dem Satze — wir glauben nicht unrichtig — tarirt, daß man sich „in der Gesellschaft von Hunden Flohbissen aussetzt“, die uns aber nicht im Mindesten kümmern. Wir lassen eben Jedem das Recht, ein Flegel zu sein, wenn das seinem Geschmacke zusagt.

— Das „Fränkische Volksblatt“ ist in den Besitz des Hrn. Abg. J. Bucher übergegangen und wird vom 1. April ab auch eine neue Redaction erhalten. Hr. Bucher verspricht an der Spitze seines neuen Blattes — er besitzt außer diesem bereits die Donauzeitung und das im vorigen Jahr gegründete Algäuer Volksblatt — „seine ganze Kraft einzusetzen, den patriotischen Franken das zu bieten, was sie mit Recht erwarten dürfen. Die neue Redaction werde die Fahne der patriotischen Partei hochhalten und sich bemühen, das Blatt als wahres Volksblatt in der Sprache und im Interesse des Volkes zu schreiben.“ Wir wünschen besten Erfolg!

— Knurrblättl knorriges vom 10. erzählt seinen gläubigen Schusterbuben und Marktweibern, daß in der letzten Abgeordnetensitzung die Selbstüberschätzung der HH. Lukas und Mahr recht auffällig ans Licht getreten sei, da sie glaubten, über Dinge mitreden zu können, wovon ihnen nicht einmal die Elementarbegriffe klar sind.“ Wir finden es nicht der Mühe werth, dem Knurrblättl nachzuweisen, daß es wieder einmal recht bübisch, unverschämt und anmaßend daher geplauscht hat; wenn aber die Knorrleute nur über das mitreden dürften, wovon ihnen die „Elementarbegriffe klar“ sind, so dürften sie Jahraus Jahrein nur über Bier, Weiber, Hunde und Schwindel mitreden.

— Der kürzlich in Dublin verstorbene Wollstoffhändler Egam hat in seinem Testamente 2½ Millionen Gulden nebst einem Besitzthum, welches jährlich 20,000 fl. abwirft, dem kath. Erzbischof Cullen vermacht, daß derselbe das Geld an die Armen Irlands vertheile. Warum liest man denn von Fortschrittlern nichts Derartiges? Ueberall voran und an der Spitze sind diese Herren, in Bezug auf Vermächtnisse zu guten Zwecken stets — Nachzügler, resp. gar nicht zu finden. Sie brauchen ja ihr Geld zu Orgien und Narrenfesten, zu Aschermittwochs-Diners, für „emanzipirte Damen mit genußreichen Abenden“, für Kinder der „Liebe“ und sonstige vom Knurrblättl gepriesene Errungenschaften. Dafür pflegen aber auch gewöhnlich den „Liberalen“ nicht Waisen und dankbare Arme, sondern geprellte Gläubiger nachzuweinen.

Das Augsburger Giftnickelblatt, Organ des Abg. Fischer, jammert ganz erbärmlich, daß die Bauern keine fortschrittlichen Zeitungen lesen dürfen (?) (wer verbietet es ihnen denn, als die eigene Erfahrung, daß sie recht nichtsnutzige und verlogene Papiere sind?), damit sie „aufgeklärt“ würden, und ruft mit einem kläglichen Seufzer: „Armes Volk! dessen Propheten Volksbote und Vaterland sind!“ — Dem Fortschritt wär's freilich lieber, wenn das ruhig und vernünftig denkende Landvolk den Giftnickel, den Knorren, den Fischer und Schaußen ꝛc. als Propheten ansähe, aber so „zurückgeblieben“ sind die Bauern noch lange nicht.

Von Regensburg wird dem „Vaterland“ geschrieben: Mit innerer Befriedigung registrirt unser geistreiches und feingebildetes „Tagblatt“ alle liberalen Heldenstücke gegen die katholische Kirche, so die jüngsten Narrheiten des Wiener Gesangvereines, die in Verspottung der Prozessionen und des römischen Concils bestanden. „Apotheke des Simplizius zur Unfehlbarkeit mit dem Jesumider Doktor Schmecks“ war einer der geistvollen (!) Einfälle dieser liberalen Schalksnarren. Dieser Gesangsverein muß wackere Mitglieder zählen, ganz gewiß etliche Reformjuden, liberale Zeitungsklecker à la Reithmaier, von der Wissenschaft „angehauchte“ Schulmeister à la Strauß, Heilkünstler mit Latwergbüchsen und Klystierspritzen und ähnliche Kraftgenies. Uebrigens wurden allerorts die katholische Kirche, kirchliche Institutionen, katholische Priester und verhaßte Persönlichkeiten karrikirt und von den Intelligenten zur Zielscheibe ihrer bübischen Witzeleien gemacht. Hier stolzirte ein frecher Bube in der Tracht eines Kardinals, dort hatte ein schmutziger Bartkratzer sich in einen Domherrn oder in einen barmherzigen Bruder verkleidet; im Kapuzinerkostüm hielt Dr. Fentsch die Narrenpredigt der Münchener „Liedertafel“, ein Zug von „Betbrüdern und Betschwestern und Kerzelweibern“ ahmte spottend eine Prozession nach und die Bier- und Kaffeehaus-Intelligenzen Kemptens erlustigten sich an der Verhöhnung mehrerer Geistlichen in Ordenstracht — „Glatzen“ nennt sie der witzige Lampenputzer Alfeld (Nr. 52). Die geistreichen „Faschingsnarren“! Der Esel frißt Disteln und das Schwein wälzt sich im Kothe; just so die „intelligenten“ Liberalen des 19. Jahrhunderts, welche sich selig fühlen in der Verspottung der Kirche und ihrer Institute. Religionshaß und Gotteshaß ist ja ein Grundzug unserer Zeit, und jeder liberale Junge glaubt ein großer Geist zu sein, weil er es dem frechen Juden Heine abgeguckt hat, wie man als boshafter Affe — Gott und die Kirche angrinsen muß. Doch das Geschrei und Getrappel hyperboreischer Affen, wodurch die erhabene Ruhe der Kirche gestört werden soll, verhallt und rauscht vorüber mitsammt den — Affen!

Baden. In Freiburg hat ein Theil der weltlichen liberalen Professoren eine Zustimmungsadresse an Döllinger abgehen lassen; die Theologen hielten sich aber ferne.

!!! **Vom badischen Heuberge** schreibt man dem „Vaterland“: Unser Jolly übertrifft den bayrischen Hörmann in der Wahlkreisgeometrie. Wir Katholiken bilden ⅔ der Bevölkerung, die Protestanten ⅓ Jolly hat es umgekehrt. Die Katholiken haben nur ein Drittel der Abgeordneten. Unser Bezirk mit 34,000 Einwohner wählt 1 Abgeordneten, Freiberg mit 20,000 Einwohner aber drei!! u. s. w. Als Steuerzahler und Kanonenfutter sind wir Landmenschen schon recht — aber es fehlt uns die Intelligenz. Das hat der glorreiche Feldzug von anno Babylon klar bewiesen — da ist die Intelligenz der Städter zu Hause geblieben und uns Landsoldaten haben die „Staubwollen“ zum Rückzug genöthigt. Die bismarkischen Ohrfeigen jagen unsern Verstand noch lange nicht nach Großriederfeld, wo die „deutsche Intelligenz“ — kam, sah und siegte!

Oesterreich. In Wien haben die Zeitungssetzer seit 2 Wochen die Arbeit eingestellt, da die reichen Zeitungseigenthümer und Druckerkönige ihren berechtigten Forderungen nicht nachgeben wollten, bis auf zwei oder drei. Die Zeitungen haben sich nun vereinigt und lassen ihrer 10 oder 12 den kargen Inhalt, den sie noch bringen, gemeinsam herstellen und — redigiren, so daß man täglich in 10—12 Wiener Zeitungen das Nämliche liest. Die großen Zeitungen wollen durchaus nicht nachgeben, denn erstens sind ihre Besitzer reiche Leute, oft Millionäre, zweitens sind die Setzer arme Teufel, die wenn sie nichts verdienen, auch nicht leben können, da sie nichts zum Zusetzen haben, drittens hilft die Regierung zu den Geldprotzen und nicht zu den armen Arbeitern, und hat vorläufig sämmtliche in den niederösterreichischen Regimentern eingereihten Setzer und Drucker urlaubsweise an die Geldprotzen und Zeitungskönige ausgeliehen. Das ist gewiß recht väterlich von den kais. königl. Regierungsfreimaurern, in solcher Weise den Großkapitalisten und Zeitungsjuden gegen die armen Arbeiter zu helfen, die bei der anstrengendsten Arbeit sich kaum so viel verdienen, um davon leben, geschweige sich einen Nothpfenning zurücklegen zu können.

Preußen. Berlin. Das am 14. April zusammentretende Zollparlament soll blos die Kaffeesteuer von 5 auf 6 Thl. per Ztr. zu bewilligen haben. In Wahrheit aber dürfte der Hauptzweck der sein, den bayrischen „Partikularisten“ für die Vertreibung des geliebten Durchleuchtigen den Kopf zu waschen und beinebens zu zeigen, daß halt trotz alledem doch der Preuße Herr im Lande ist, weil der König von Bayern den Landtag vertagen muß, wenn es dem Preußen einfällt, das Zollparlament einzuberufen.

Ausland.

Aus Ungarn bringt die Allg. Ztg. einen langen Klagebrief, aus dem hervorgeht, daß es mit dem Einfluße Deaks, des Führers der ungarischen liberalen Pözlmänner, bedeutend abwärts gegangen sein muß und daß „sehr Viele sich seinem direkten unmittelbaren Einfluß entziehen“. Doch tröstet sich der Briefschreiber, daß er doch „noch immer unbegrenzte Popularität genieße, der einflußreichste Mann sei und daß keine Regierung, die er nicht unterstütze, sich 8 Tage halten könne“. Und doch seine Partei so vollständig „zerfahren“? Und doch „so Viele mehr dem Ministerium als Deak anhängend“? Der alte Herr scheint sich und seine Bedeutung wirklich überlebt zu haben.

Frankreich, das heißt Minister Darü will für das Concil einen außerordentlichen Gesandten ernennen, der an dessen Berathungen Theil nehmen und wenn möglich die Unfehlbarkeitserklärung verhindern soll. Es läßt sich vermuthen, meint ein Pariser Offiziosus, daß die übrigen Mächte diesem Beispiel folgen und der Papst auf die Idee der Unfehlbarkeit verzichten wird. — Wirklich? Ja wenn der Papst ein französischer Offiziosus oder gar ein Freimaurer wäre, dann brauchte die Unfehlbarkeit den (meist unterweltlichen) „Mächten“ kein sonderliches Kopfweh zu machen! 'S ist nur Schade, daß Hohenlohe nichts mehr zu sagen hat, der wäre schon gleich wieder mit einer Conciliumsdepesche bei der Hand.

☞ In **Paris** hat der Finanzminister die **Beschlagnahme aller das türkische Eisenbahnanlehen** betreffenden Cirkulare verordnet! Der französische Finanzminister will die Franzosen vor dem Angeschwindeltwerden bewahren.

Egypten. Der Vizekönig hat für die Festivitäten bei Eröffnung des Suezkanals die Kleinigkeit von 50 Millionen aufgewendet. Da sein neugeschaffenes farbiges Parlament dazu ein böses Gesicht machte, so ist der „Konstitutionalismus“ in Egypten einstweilen wieder vom Speisezettel gestrichen worden. In Europa ist man nicht so ehrlich; da läßt man stellenweise die Parlamente reden und thut was man will!

Türkisches!! In einer Menge von Zeitungen wird in mächtigen und Außerordentliches versprechenden Inseraten eingeladen, sein gutes Geld für Erbauung von Eisenbahnen weit hinten in der Türkei herzugeben. Die Türken geben's nobel: sie verschreiben Einem, denn das Papier ist geduldig, gleich 400 Francs, er soll aber aber blos 180 Francs hergeben dürfen. Das ist schon ein böses Zeichen; schlechte Wirthschafter, die von vornherein nichts mehr zahlen wollen, machen es auch so. Und für diese 180 Francs versprechen die Türken, weil halt das Papier gar so geduldig ist, erstens einen möglichen Gewinn von 600000 Francs und noch obendrein 12 Francs Zinsen jährlich, wenn man nichts gewinnt, also 7 Prozent. Das ist verlockend und Mancher wird sich fangen lassen, von den versprochenen hohen Zinsen und dem hohen Gewinn, den Einer machen könnte, geblendet. Aber wer bürgt ihm dafür, daß er die versprochenen Zinsen, den möglichen Gewinn oder auch nur das weggegebene Kapital wieder bekommt? Die türkische Regierung! Richtig, die türkische Regierung, die selbst nichts als Schulden hat und die überhaupt blos von der Hand in den Mund und von heute auf morgen lebt! Ein Versprechen der türkischen Regierung, Geld zu zahlen, ist gerade so viel werth als ein Versprechen der Preußen, uns nicht zu verschlucken, wenn sie gute Gelegenheit dazu hätten, oder ein Versprechen von einem Juden, uns nicht über die Ohren zu hauen, wenn er's thun kann. Zwingen kann man die Türken nicht, Zinsen und Kapital zu zahlen, denn sie haben kein Geld, und wer sollte sie denn zwingen? Einen Proceß gegen die Türken möchte selbst der Schauß nicht annehmen, der Alles annimmt, wenn ihm überhaupt Einer einen Proceß anvertrauen mag, ohne daß er eigens von dem Schaußen schön darum angebettelt worden ist. Rothschild und andere pfiffige jüdische Bank-Dynastien wollen nichts wissen von den Türken; es sind alles kleine Leute, die sich damit befassen. Die Londoner und Pariser Börse, die europäischen Hauptbörsen haben dieses neue türkische Anlehen gar nicht zur Zeichnung kommen lassen, d. h., sie haben ihm einfach die Thüre gewiesen, und die Aktien der Anglobank in Wien, welche dieses Anlehen an den Mann bringen soll, sind, als sie dieses Anlehen auf den Markt brachte, ganz kolossal gefallen. Also nicht anführen lassen! Wenn sich die Türken Eisenbahnen bauen wollen, so sollen sie's mit eigenem Gelde thun, wenn sie eins hätten. Es geht immer schließlich nur wieder an uns selbst, an Gewerbe- und Landwirthschaftstreibenden aus, wenn so und so viele Millionen aus dem Land gehen, die aller Aussicht nach für immer verloren sein werden. Ganz das Gleiche gilt von dem neuen spanischen Anlehen, das 12 Prozent Zins tragen soll und auf das zu subscribiren ein hiesiger Jude und „Bankier", Nathan Reitlinger geheißen, durch Knurrblättl einlädt.

Kulturbildliches.

In den Straf- und Polizeianstalten Bayerns betrug 1862/63 die tägliche Durchschnittszahl ihrer Bevölkerung 4654 Köpfe, 1863/64 stieg sie bereits auf 4929, 1864/65 auf 5387, 1865/66 auf 5789, 1866/67 auf 6634 und 1868 auf 7067 Köpfe. Die Bevölkerung in den Strafanstalten hat demnach in den letzten fünf Jahren um 52 Prozent zugenommen, — ein sehr erfreuliches Resultat! Diese 7067 Herren und Damen kosteten 1868 den Staat die Kleinigkeit von 784343 fl. 24 kr., welche die ordentlichen Leute bezahlen mußten. Das Jahr 1869 verspricht sich noch weit besser anzulassen, denn der tägliche Stand der Sträflinge betrug bereits in den ersten fünf Monaten 6391 Köpfe. Wir entnehmen aus diesen interessanten Zahlen, daß der Fortschritt ja recht wacker im Blühen und Gedeihen ist, und sich von der zunehmenden „Bildung" und „Aufklärung" das Beste hoffen läßt!

Briefkasten.

M. S, M. — St., K. 2 — A. A.', R. R. — R. Igst. 7. — G. Pf. 9 (4 von uns gesch. und dedic.) — D. F. K., L. 8. — R. Rg. 25 '— B. S. 10 (Gruß!) — R. W. 5. — H. B. — Del. W. 20. ;— R—l, J. 15. — W. H., P. 3 — K. P., E. (erhalten und L. übergeben; „Hinterlage f. Archiv" abg.) — J. H. H., 2 — K. H., A. 4. — A. H., R. — ,K., W. — ;P. E., St. (Ue). — R. W. Pf. 30 und 5. — J. S., A. — P. St. 10. — H. W., W. 20.

Verantwortlicher Redakteur: Dr. J. Sigl.

Erklärung.

Auf Andringen mehrerer Wahlmänner meines Wahlbezirkes gegenüber einem Artikel der Oberfränk. Ztg. und Bayr. Anz. (bezüglich eines Vorfalles vor dem Ständehause), worin ich als Narr bezeichnet wurde, der ins Narrenhaus, aber nicht ins Ständehaus gehöre und mir bedeutet wird, ich dürfe noch froh sein, daß die liberalen Münchener mit uns geistlichen Abgeordneten nicht noch handgreiflicher verführen, diene Folgendes zur Aufklärung: Als vor einigen Wochen nach Schluß der Kammersitzung die Abgeordneten nach Hause gingen, schrie eines der liberalen Mitglieder der Gallerie noble, welche gewöhnlich Spaliere bildeten und die Patrioten mit höhnischen herausfordernden Mienen und Gelächter zu erfreuen pflegten: „Seht dort kommt das Rindvieh von Deggendorf" (Dr. Pfahler). Ich wandte mich rasch zu dem nobel gekleideten Menschen und dessen Umgebung, stellte sie wegen ihres gemeinen Benehmens zur Rede und sagte laut zu den Umstehenden: „Meine Herren, ich konstatire hier öffentlich die Gemeinheit und Niederträchtigkeit, welche auch die Abgeordneten des Volkes nicht schont und sie auf die roheste Weise beleidigt", worauf die Herren unter Murren sich zurückzogen. In Folge dieses Vorfalles wurde von Seite des Präsidiums Verfügung getroffen, daß die Militärposten und Bediensteten des Ständehauses sofort bei ähnlichen Insulten der Abgeordneten energisch einzuschreiten haben. Dies der Thatbestand. Der fragliche Artikel jenes Blattes enthält also lediglich Lüge, Schmähung und Verläumdung. Ich bemerke übrigens, daß ich schon oft liberalen Redaktionen gegenüber, wie auch hier, ähnliche Ehrenkränkungsklagen hätte anstrengen können, wie sie Graf Luxburg, Knorr und Genossen durch Herrn v. Schauß und Kollegen gegen die Redaktionen des Volksboten, Vaterland ꝛc. mit Erfolg angestrengt hat. Allein da ich grundsätzlich für volle Sprech- und Preßfreiheit bin, so habe ich noch Niemanden wegen solcher Ehrenkränkungen verklagt und werde auch Niemanden verklagen, bin aber bekanntlich selbst schon oft von liberalen Advokaten und andern Tageshelden denunzirt und verklagt worden, wenn ich ihnen die Meinung sagte. Dies wissen auch die betreffenden Redaktionen in und außerhalb Bayreuth und eben dadurch ist auch ihr und ihrer Rechtsbeistände Benehmen in den Augen jedes Unparteiischen — gerichtet.

München, 9. März 1870.

Franz Joseph Mahr.

II. Jahrgang. | Das Bayrische | Auflage: 4800.

Vaterland.

Das „Bayr. Vaterland" erscheint täglich mit Ausnahme der Sonn- und hohen Festtage. Preis des Blattes: Vierteljährig 54 kr., ganzjährig 3 fl. 3 kr. Das einzelne Blatt 1 kr.

Alle Postexpeditionen und Postboten des In- und Auslandes nehmen Bestellungen an. Inserate werden die dreispaltige Petitzeile oder deren Raum zu 3 kr. berechnet.

Redaktion: Burggasse 14. | Herausgegeben von Dr. jur. J. Sigl. | Expedition: Ruffinibazar 5

Nicephorus. | Nr. 59. | Sonntag, 3. März 1870.

Dr. Huttler und die Kaiseridee.

(Katholicismus und Patriotismus XIII.)

(Schluß.)

Wir haben die Kaiseridee als die das Papstthum beschützende Staatsmacht bezeichnet Um aber beschützen zu können, muß diese Staatsmacht als Bollwerk gegen jene Weltgegend stehen, von wo aus dem Papstthum und damit dem Katholicismus die Hauptgefahr droht.

Darum ruhte die christliche Kaiseridee gegen die heidnischen Perser und nordischen Völker auf Byzanz, schon ausgeprägter gegen die heidnischen Sachsen auf dem Erstlings Deutschland des Frankenstammes, gegen die heidnischen Slaven auf dem späteren Deutschland und gegen die Türken auf der österreichischen Hausmacht und liegt jetzt gegen die slavisch-schismatischen Russen für den großen künftigen Weltkampf abermals auf der österreichisch-ungarischen Hausmacht, in einem neuen Völkerreich, welches vor Allem Polen und nicht blos Bayern, sondern ganz Süddeutschland in sein Bereich und sein System zu ziehen hat, in einem Reich, welches die Zielpunkte seines Wachsthums und Strebens allein in Rom und Konstantinopel zu suchen haben wird.

Dieses Völkerreich der Zukunft, welches aus der Weltgeschichte so nothwendig hervorwächst wie der Ast aus dem Stamm und das Blatt aus dem Ast, dieses Reich, in welchem auch unser katholisches Bayern jene orientalische Kulturmission mit zu erfüllen haben wird, nannten wir bisher das (künftige) „Donaureich."

Die Freimaurerherrschaft in Oesterreich ist wohl der letzte und gefährlichste Angriff auf das Papstthum, aber dieser letzte Angriff endet mit der Niederlage — nicht des Papstthums, auch nicht Oesterreichs, sondern der Freimaurerei selbst. Unser Meister in politischem Denken, Dr. Jörg, hofft zwar in seinen „Historisch-politischen Blättern" (B. 65, 1.) von und für Oesterreich nichts. Ihn tröstet nichts als das Concil, aber uns tröstet zugleich, daß das Concil vor Allem den Patienten Oesterreich zu heilen hat und heilen wird. —

Also der föderative deutsche Kulturstaat und zugleich der kaiserliche Kulturstaat liegt nicht blos nach einem deutschen, sondern sogar nach einem europäischen Weltbedürfniß auf der österreichischen Hausmacht, auf Gesammt-Oesterreich, liegt darauf vor wie nach Königgrätz. Residenz- und Hauptstadt dieses neuen Kulturstaates ist nicht Frankfurt, sondern ist und bleibt Wien.

Je später Preußen die natürliche Hauptstadt des alten Siebzigmillionen Reiches anerkennt, um so eher muß es Polen thun. Oesterreich hat sich vor Allem um die Weichsel, nicht um den Rhein zu kümmern. Das alte geographische Deutschland bleibt ewig begraben; Erbe seiner Kulturidee, die fortlebt, bleibt das katholische deutsch-slavisch-ungarische Oesterreich. — Großpreußen ist ein untergehendes Meteor. —

Darum, Hr. Dr. Huttler, lassen Sie Ihren Traum von dem geographischen Deutschland fahren, welches immer in ein Großpreußen zerrinnen würde und zukunftslos ist. Lassen Sie fahren Ihre unmöglichen, weil unausführbaren Verträge mit diesem Preußen! Halten Sie vor der Hand mit der Vor- und Umsicht des Dr. Jörg (Hist.-pol. Bl. 64, 8) fest an Bayern als „dem kleinen Deutschland, auf das Europa schaut" und lassen Sie ab, sich ferner in ein Labyrinth von unheilbaren Widersprüchen zu verirren, und wollen Sie sich dazu gefälligst folgende 5 Sätze aufzeichnen und recht oft vor Augen halten:

1) Die Kaiseridee ist die das Papstthum beschützende Staatsmacht;

2) als Kulturidee schließt sie ein protestantisch-revolutionäres Staatswesen aus;

3) die Kaisermacht ist in der Gegend zu suchen, wo das Bollwerk gegen den Hauptfeind des Papstthums, das ist des Katholicismus zu liegen hat;

4) der Hauptfeind des Papstthums ist dermalen das schismatische Rußland und das einzig mögliche Bollwerk dagegen ist die österreichische Hausmacht;

5) Residenzstadt des katholischen Völkerreichs der Zukunft ist nicht Frankfurt, sondern Wien.

Ich will nichts sagen von dem erschöpften Geldbeutel der Bauern durch ihre Söhne Soldaten, durch Wehrgeld, durch die den letzten Blutstropfen aussaugenden Juden. — Stelle ich mich aber auf den Standpunkt der patriotischen Partei, so dürften unsere patriotischen Abgeordneten, die uns doch wenigstens vor weiterer Belästigung bewahren zu wollen versprachen, bei ihren Wählern mit solchem Vorgehen in dieser Sache sicher keinen Dank verdienen. Denn diese wissen nur zu gut, daß die meisten Lehrer ins liberale preußische Horn geblasen, daß an sie geheimnißvolle Mappen mit Preußenköder für bayrische — Intelligenzen geschickt wurden, natürlich mit Beilage, daß diese liberalen Herren zuerst nach der Wahl den Patrioten die Kapitalien kündeten. Sie wissen ferner, daß durch keine Gehaltsaufbesserung, wenn sie auch größer wäre als vorgeschlagen ist, diese Urliberalen auf den rechten Standpunkt im Staat und in der Kirche zurückgeführt würden oder daß der

Hungertuchs-Nothschrei aufhören würde; sie wissen auch, daß der Prozentsatz der Konscribirten *ohne* Schulbildung *nicht* verringert würde, denn verlacht werden von denselben die Worte:

Von der Stirne heiß
Rinnen muß der *Schweiß* —

und daß nach der Aeußerung eines liberalen Lehrers dieser wohllöbliche Stand eine Gehaltsaufbesserung, von den *Patrioten* bewilligt, — so weit geht die Verbleudung und der Haß dieser Leute! — **gar nicht einmal annehmen würde!**

Ist also, so frage ich, diese Gehaltsaufbesserung der Lehrer — geschehe sie nun aus *Staats-* oder *Gemeinde*mitteln, es bleibt sich gleich, denn es geht aus *einem* Sack! — eine so **brennende** Frage? Ist sie **nothwendig** oder **zeitgemäß** bei unserer *jetzigen* Lage, bei unserer *finanziellen und politischen* Noth?

Ich beantworte sie mit gutem Gewissen *kurz* und *entschieden* mit: **Nein!**

Die Gehaltsaufbesserung der Schullehrer.

B **Vom Untermain.** In einer für unser geliebtes Vaterland so unheilschwangeren Zeit, in der uns fast jedes Morgengrauen die Alternative: *Sein* oder *Nichtsein* vor die Augen hält, in der unser schwerbelastetes Staatsschiff nicht den geringsten Balast mehr verträgt, — in einer solchen Zeit die *Aufbesserung* der Schullehrer in *erster Linie* berathen, dieselbe als das Drängendste und Nothwendigste für das Gesammtwohl erachten: Das begreife, wer *kann*!

Ist vielleicht endlich das *Mitleid* wachgerufen, um einem seit einem Jahrzehnt nach Brod schreienden oder am Hungertuch nagenden Stande das Maul zu stopfen? Nun so will ich den Schullehrerstischkasten aufziehen und vor Aller Augen zeigen, daß nicht *Nichts* oder kleine Brodstückchen, sondern sehr oft *Kuchen* darin zu finden sind, um — die Nothwendigkeit einer raschen Aufbesserung grell zu beleuchten!

Da bin ich und halte Umschau. Mein Auge reicht in mehr als 20 Schulhäuser der Umgegend, aber

Erfolglos spürt es im Schulhausbau,
Wie weit ich auch spähe und blicke
Und das Auge, das suchende, schicke —
Es findet kein Fetzchen vom Hungertuch,
War Alles *erfunden* und Lug und Trug!
Wer sollt' auch am Hungertuch nagen,
Wenn besseres füllet den Magen!

Wirklich, dieses vom bayrischen Lehrerstand seit langer Zeit so scharf angeregte Hungertuch existirt bei uns gar nicht und müßte erst von *Preußen* bezogen werden, wo man es nicht nur Ellen-, sondern Stückweise haben kann. Zieht es darum die meisten Lehrer „nach Norden", um *die* Glückseligkeit zu erhaschen, die ihnen bei uns abgeht?!

In *allen* Schuldörfern meiner Gegend stehen die Lehrer als wohlhabende und im Verhältniß zu vielen Landleuten sogar als *reiche* Leute da; ein Vermögen von 6, 10, auch 15000 fl. ist gerade nichts Seltenes. Da mache nun Einer den Tausenden von ärmeren Bauern klar, daß ihr Schullehrer jetzt schnell aufgebessert werden müsse!

„Was können wir dazu, sagt der Bauer, daß der Schulmeister schon in frühester Jugend heirathet und bereits einen reichlichen Kindersegen besitzt, wenn der *Beamte* noch lange nicht ans Heirathen denken kann? Daß er seine Söhne mit großem Kostenaufwand *studieren* läßt, — und das ist meistens der Fall —, daß Frau und Tochter wie Pfauen in schillernden Farben einherstolziren? Und ihre Gespanne und ihre oft jüdischen Geldgeschäfte!! Haben nicht viele von ihnen in neuester Zeit unsere Noth benützt und die Gemeindeschreibergebühren aufs *Doppelte* und *Dreifache* hinaufgeschraubt? Und jetzt noch Geldaufbesserung in *dieser* Zeit?!"

Ihr *Beamten*, sperrt *eure* Kleiderkästen auf und vergleicht eure Anzüge mit denen eines modernen Schullehrers, der manchmal sogar im Sommer einen Pelz trägt, — wahrscheinlich als pädagogisches Mittel die Kinder einzuschüchtern! — Der Vergleich wird *nicht* zu euern Gunsten ausfallen! Dazu die goldenen Ketten, goldenen Ringe, goldene Uhren, goldene Brillen —

Mein Liebchen, was willst du noch mehr!

Aber der *Minimumgehalt* von 350 fl. sagt man, ist zu gering angesetzt!

In den allerseltensten Fällen ist dieser Minimumgehalt *wahr*. Ich habe den Schematismus zur Hand; hierin finde ich, daß die *Naturalbezüge* an Buchenscheitholz angesetzt sind zu 4, 6, 7 und 8 fl., während der Marktpreis durchschnittlich 12 fl. beträgt; die Kornbezüge sind in Ansatz gebracht zu 7, 9 und 10 fl., der *wahre* Durchschnittswerth aber ist 15 fl. Diese Naturalbezüge sind bei fast allen Schulstellen bis zu 10 Klaftern Holz und 12 Schäff. Korn. Wo bleibt da der Minimalgehalt von 350 fl.?

Halte ich aber diesen *Minimalgehalt* fest. Was wird da dem Lehrer für jede *zu haltende* Schulstunde bezahlt? — Antwort 21 kr.

Und dem durchs *Staatsexamen* gegangenen *Gerichtsschreiber*, der ein Dutzend Studienjahre und 6—8 nichtbezahlte Praktikantenjahre auf dem Rücken hat? — Antwort 14 kr.

Und dem k. *Landgerichtsassessor*, der mit ganz anderen Vorstudien oft ein Sechstel eines zweiten Menschenalters erleben mußte, bis er sich seinen Posten errang? — Antwort 23 kr.

Verwendet nun der Lehrer die 5 Stunden im Sommer und die 2—3 im Winter, die er für *sein* „Amt" weniger hat als der Beamte, auf Gemeindeschreiberei, Oekonomie, Privatunterricht ꝛc. — wer steht *dann* auf der *niedrigsten* Gehaltsstufe? Da mache Einer dem Volke klar, die Lehrer müßten jetzt aufgebessert werden!

Aber *opportun* wird diese Gehaltsaufbesserung jetzt sein?

Deutschland.

München, den 12. März.

* **Aus dem Wahlbezirk Kelheim-Rottenburg** wird dem „Vaterland" geschrieben: Der neueste Kirchenreformator Prof. Dr. Sepp unterzeichnet sich in der Anrede an die „ehrwürdigen Väter" des vatikanischen Koncils, welche seiner bekannten Brochüre vorgedruckt ist, auch als „Mitglied des deutschen (!!) Zollparlaments und der bayrischen Volkskammer." Das ist *auffallend* und man frägt sich unwillkürlich: wozu das? Soll hiemit etwa halb und halb gesagt werden wollen, daß der Hr. Re- oder besser Deformator auch die *kirchliche* Gesinnung seiner Wähler vertritt? Und wenn nicht, wozu denn hier die Prahlerei — anders kann man es nicht ansehen — mit dem *früher* erhaltenen Volksvertrauen? Dem *gegenüber* müssen *seine Wähler erklären*: Hr. Prof. Dr. Sepp ist von uns **nicht** zum *vatikanischen Koncil*, sondern **einzig** und **allein** zum *Zollparlament* und zur *bayrischen Volkskammer* als Abgeordneter gewählt, weil wir in ihn das Vertrauen setzten, daß er ein durchaus bayrisches Herz habe, in seinem bayrischen Patriotismus niemals wanken und für die Interessen unsers engeren Vaterlandes im *Sinne* des *bayrischen Volkes* männlichst einstehen werde. Sollte es ihm aber einmal einfallen, auf dem *politischen* Gebiete *ähnliche* Sprünge

wie auf dem kirchlichen zu machen, dann mag er von uns das feierlichste Mißtrauensvotum nebst der ernstlichsten Aufforderung zur Niederlegung seines Mandats gewärtigen.“ — Damit stimmen gewiß die meisten Wähler Dr. Sepp's überein, und wird die Zahl der Ausnahmen, wenn es solche gibt, jedenfalls äußerst gering sein.

— Auswärtige Blätter berichten den Unsinn, der König habe von den vom Hof verbannten Prinzen Luitpold, Ludwig und Leopold für ihre Wiederzulassung eine Abbitte verlangt. Abitte wofür? Daß die Prinzen ihre Pflicht gethan?

— Einer Polemik der Postzeitung mit der Abendzeitung entnehmen wir, daß der in Günzburg von den Herren Dr. Huttler und Baron v. Freiberg aufgestellte Kandidat Frh. K. v. Thüngen deshalb nicht gewählt worden sei, weil er den Wahlmännern nicht genehm war und sie einen Mitbürger aus ihrem Wahlkreis haben wollten. Da wir den Herren Wahlmännern dringend das Gleiche vorgeschlagen, so freuen wir uns herzlich über die Uebereinstimmung der beiderseitigen Ansichten. An einer andern Stelle versichert die Postzeitung, daß sie nicht verantwortlich sei für den Inhalt des „Vaterland“. Wir können das mit gutem Gewissen bestätigen, wie wir ihr bestätigen können, daß das „Vaterland“ „offenbar unzufrieden mit ihr“ sei. Wir glauben, daß das „Vaterland“ da durchaus nicht allein steht, so wenig die Postzeitung allein steht, wenn sie „nicht in Allem unserer Ansicht ist“. In dubiis libertas, in necessariis unitas wird aber, so hoffen wir, für die Postzeitung so gut wie für uns oberster Grundsatz bleiben.

— Nach einer Notiz des „Bayr. K.“ hätte der Abg. Bucher seinen Austritt aus dem Klub der patr. Partei erklärt, was aber, setzen wir hinzu, nichts weniger als gleichbedeutend mit dem Austritt aus der Partei ist; der Klub ist nicht die Partei.

Aus Baden*) richtet man ans „Vaterland“ die Anfrage, ob die Bayern aus ihren überzähligen „Intelligenzen“ nicht irgend eine zur Besetzung des verwaisten erzbischöflichen Stuhles verwenden lassen könnten, vielleicht jene, um die man sich am Namenstage so sehr bemüht hat und welche auch von 134 badischen „Intelligenzen“ beintelligenzt worden ist. Den guten Heinrich möchten wir dem bösen Dietrich nicht wünschen wie jener Postillon, der, als ihn ein preußischer Major Angesichts der Stadt Riedlingen fragte: „Nu, Jutester, seid Ihr doch ooch jerne preußisch, ja?“ — zur Antwort gab: „Sell schon! Aber dena Maleſiz-Riedlingern do inna thätemer's au gönna!“ —

In **Nassau** werden „die Schätze des Landes gehoben“, wie der offizielle Ausdruck für den Verkauf der sämmtlichen Domänen des Landes lautet. Dies geschieht mit großer Hast und Eile, wahrscheinlich damit die Preußen damit fertig werden, ehe ihnen das Land wieder abgenommen wird. Das Geld haben und behalten sie.

Preußen. Die ministerielle Provinzialkorrespondenz lobt an dem gegangenen Minister Hohenlohe, daß er bestrebt gewesen sei, ein enges nationales Band zwischen den Südstaaten und dem Nordbund herzustellen, und sieht in dem neuen Minister v. Bray eine neue „sichere Bürgschaft“(!), daß die bayrische Regierung entschlossen sei, in der bisherigen „nationalen“ (preußischen!) Richtung ihrer Politik gegen den Nordbund fortzufahren. (So? In Bayern hofft man das nicht, erwartet man vielmehr das Gegentheil)

In Berlin hat Bismark beim Parlament die Todesstrafe damit zu mildern gesucht, daß er den Tod „die Pforte zum Leben“ nannte. Damit sagt er, daß der Massentodtschlag von 1866 eigentlich eine Wohlthat für die Getödteten war, denn er war ihnen „die Pforte zum Leben.“ Der Bruderkrieg von 1866 erscheint damit gar noch im Glorienschein wahrhafter Verklärung. Der Mord war massenhaft, aber was hinderte die Erschlagenen, massenhaft „die Pforte zum Leben“ zu überschreiten?

*) Bitte um genaue Angabe Ihrer Adresse. D. R.

Ausland.

Italien. Rom. Am letzten Sonnabend Morgens war der Papst nach Monte Mario gefahren und hatte den Wagen verlassen. Als er zu Fuß ging, begegnete er zwei Bischöfen, von denen der eine sich auf einen Stock stützte. Als der hl. Vater an sie herankam, sagte er: Kommen Sie, meine Brüder, gehen wir zusammen. Die Bischöfe begleiteten ihn. Der, welcher den Stock in der Hand hatte, sagte zum Papst: Darf ich Ihnen, heiliger Vater, meinen Stock anbieten, um sich darauf zu stützen? Nein! Nein! erwiederte der Papst. Sie sehen, ich gehe ohne Stock bei meinem Alter, und dennoch sagen einmal die Zeitungen, ich sei krank, ein andermal ich sei auf dem Todtenbette, oft lassen sie mich sogar gestorben sein; wenn man mich nun mit dem Stocke gehen sähe, so würden sie sagen, ich sei schon begraben.

— Die Formel, mit welcher vom Koncil die Unfehlbarkeit erklärt werden soll, lautet nach der Kölner Ztg.: „.... Daher lehren wir mit Zustimmung des heiligen Konzils und definiren es als ein Dogma des Glaubens, daß kraft des göttlichen Beistandes der römische Papst, von dem in der Person des heiligen Petrus gleichfalls von unserm Herrn Jesu Christo gesagt ist: „Ich habe für dich gebetet u. s. w.“, nicht irren könne, wenn er als höchster Lehrer aller Christen auftretend mit seiner Autorität definirt, was in Sachen des Glaubens und der Moral von der ganzen Kirche zu halten sei, und daß diese Prärogative der Irrthumslosigkeit oder Unfehlbarkeit des römischen Papstes sich auf denselben Bereich erstrecke, welchen die Unfehlbarkeit der Kirche umfaßt. Wenn aber Jemand, was Gott abwenden möge, dieser unserer Definition zu widersprechen sich anmaßen sollte, so wisse er, daß er von der Wahrheit des Glaubens abfällt.“

Italien. „Vermehrung“ der Einnahmen von 1862 bis 69 (durch neue Steuern und Erhöhung der bestehenden, also durch fortschreitende Volksaussaugung!) um 47 Prozent, d. h. die Unterthanen mußten bis 1869 um 47 Prozent mehr zahlen als vor 1862! Defizit für 1870: 181 Millionen!!! Daher Einführung der niederträchtigsten aller Steuern, der Mehlsteuer und neue Erhöhung der übrigen Steuern um 75 Millionen. Bravo! Das Volk ist zwar völlig ausgesäckelt und verhungert zum Theil, dafür ist aber Italien — einig!!

England. In London wird gegenwärtig Butter aus Themseschlamm fabricirt, der „an Geschmack und Geruch dem ordentlichen Butter gleichkommt“ (?) und wahrscheinlich auch sehr gesund sein wird! Der Münchener Jude, der bis vor einem Jahr „Butter“ aus Pferdehufen, Knochenabfällen und Urin machte, den dann Frhr. v Liebig als echten und gerechten Butter erklärte, ist also noch übertroffen!

Eine Säule des „ewigen“ Ministeriums.

Eine wahre Geschichte.

(Fortsetzung.)

Wie der preußische Schulmeister aus Hinterpommern einmal Ambassadör gewesen ist, da hat man gemeint, jetzt könnt's ihm gar nicht mehr fehlen. Aber da ist ihm halt doch eine böse Geschichte passirt. Da ist nämlich das Schickselche, was er sich aus Berlin geholt gehabt hat, die jetzige Frau Ambassadörin im Land mit'm schönen Rindvieh, mit der Zeit zu Kindern gekommen und hat ihm wieder ein junges Schickselche geschenkt, roth von Haaren und schön von Angesicht. Das hat zugenommen wie an Alter so an Eigenschaften, besonders an Eigenschaften. Wie sie aber so sam man sagt in die Flegeljahre gekommen ist, da hat's auf einmal eine absonderliche Geschichte gegeben. Da ist nämlich unversehens ein Berliner Jud gekommen und der hat sich gleich heftig zum Schikiele hingezogen gefühlt und das Schikiele zu ihm und im Handumkehren haben sie einander ewige Treue geschworen gehabt, er auf jüdisch, sie auf christlich germanisch. Aber die Ewigkeit hat halt gar nicht lang gedauert, denn die Ambassadörstochter ist eine von denjenigen gewesen, die man auf deutsch Emanzipirte heißt und hat sich aus der Treu und aus e i n e m Mannsbild gar nicht viel gemacht, sondern sie ist dem ganzen Geschlecht der Sterblichen in Liebe zugethan gewesen, besonders dem „starken", und so hat sie damals gerade wieder einen jungen Türken auf der Fährte gehabt. Wie aber das der Jud gehört, da war's aus bei ihm und er hat gethan, was alle beleidigten Ehemänner, aber nicht alle beohrfeigten Juden thun Da ist nun ein schönes Stiergefecht losgegangen, und der Jud hat einen Denkzettel kriegt, der ist zugleich ein Reisepaß in Abrahams Schooß gewesen. So ist die Geschicht' auseinander gegangen. Der Jud ist males gewesen, der Türk hat Reißaus genommen, die Ambassadörstochter hat sich aber wieder nichts draus gemacht und hat ihr zweites großes Herz und ihre Nächstenliebe wieder einem A n d e r n zugewendet. Aber die Geschichte hat eine gewaltige Sauerei abgesetzt, wie sie lautmährig geworden ist, dergestalt, daß dem preußischen Schulmeister und probierlandlerischen Ambassadör gar nimmer recht wohl zu Muth gew:sen ist. Er ist im Land so stark in Mißkredit gekommen, daß er sich nimmer hat sehen lassen dürfen und so hat er halt Urlaub genommen und ist sammt seiner Bagaich abgereist.

(Fortsetzung folgt.)

Kulturbildliches.

Das in der Maximiliansstraße Nr. 1 errichtete Detailgeschäft des k g l. b a y r. und k a i s. r u s s. Hofphotographen A l b e r t ist auf dem besten Wege eine Anstalt zum Kultus der „gesunden Sinnlichkeit" zu werden. Zum großen Gaudium aller Jener nämlich, die an lüsternen Nacktheiten und geschlechtlichen Obscönitäten, bezw. Schweinereien, ih:e besondere E r q u i c k u n g finden, sind seit 8 Tagen an der Eingangsthüre zum Geschäftslokal farbenbeklerte Bilder angebracht, die in diesem Genre höchst Anerkennenswerthes leisten. Daß den daneben hängenden Porträts von Schauspielerinen noch nicht die Schamröthe ins Gesicht gestiegen ist, können wir uns nur daraus erklären, daß sie dazu nicht Zeit haben, weil sie sich und die schönen Bilder neben sich den ganzen Tag über von getauften und beschnittenen Kulturträgern b e w u n d e r n lassen müssen. Wir wissen leider, daß in unserer „aufgeklärten" Zeit der Handel mit solchen „zeitgemäßen Kunstdarstellungen" ein blühender ist, allein daß man vor aller Augen dem Gesetze in dieser Weise Hohn sprechen darf und daß dieses gar unter der Firma eines kgl. bayr. und kais. russ. H o f photographen geschieht, das ist uns neu und können wir uns nur dadurch erklären, daß S. Gestrengen Hr. Alexis Burchtorff — n i c h t s d a v o n w e i ß. Die kleinen Leute steckt man ein, die großen H o f photographen aber thun es ungenirt!

Dienstes-Nachrichten.

V e r l i e h e n: D. k. Pf. Michelfeld, B.-A. Eschenbach, dem J. G r o h, Pf. in Autenhausen.

E r l e d i g t: D. k. Pf. U n t e r r i e b e n, B.-A. Mindelheim, R.-E. 668 fl.; B a c h h a g e l, B.-A. Dillingen, R.-E. 1301 fl.

Briefkasten.

Besorgt: P. L., Kr. — P. K., F. 5 — J. M., Kr. — M. G., W—feld — M. E., K. 2 — R. Pf. B. 10 — S. Z., L. — P. W. 20 — R. Th. B. 15. — K. H., Breslau. — K. Nauheim (Bitte genaue Adresse) — M. J., M. — P. R., W. 20. — K. B. — Pf. B., H. — J. P., Ldsh. — D. Sch., K. — R. v. B. 4. — P. M., D.

Verantwortlicher Redakteur: Dr. J. Sigl.

Druck von M. Vogt in München, Rosengasse 10

II. Jahrgang. | Das Bayrische | Auflage: 4800.

Vaterland.

Das „Bayr. Vaterland" erscheint täglich mit Ausnahme der Sonn- und hohen Festtage. Preis des Blattes: Vierteljährig 54 kr., ganzjährig 3 fl. 36 kr. Das einzelne Blatt 1 kr.

Alle Postexpeditionen und Postboten des In- und Auslandes nehmen Bestellungen an. Inserate werden die dreispaltige Petitzeile oder deren Raum zu 3 kr. berechnet.

Redaktion: Burggasse 14. | Herausgegeben von Dr. jur. J. Sigl. | Expedition: Kuffinibazar 5

Longinus. | Nr. [illegible] | Dienstag, 15. März 1870.

Bestellungen auf das „Bayr. Vaterland" für das Quartal zu 54 kr. (für den Monat März zu 18 kr.) können bei allen Postanstalten und Postboten noch immer gemacht werden.

Militärisches. III.

Seitdem Nr. I. und II. erschienen sind, haben wir etliche Zuschriften erhalten, die Sr. martialischen Excellenz Hrn. v. Pranckh sicherlich viel Freude machten, wenn — Hr. v. Burchtorff nicht wäre, die bärtige Polizei-Atropos, die uns immer den Faden da abschneidet, wo er am feinsten kommt. Wir werden aber die uns gewordenen Mittheilungen so ausführlich als möglich verwerthen, und bitten um Fortsetzung; wir wollen thunlichst gründlich zu Werke gehen.

Wir sind bei den Obersten, Oberstlieutenants und Generalen stehen geblieben, welche Hr. v. Pranckh in seinem unerforschlichen und unserm „beschränkten Unterthanenverstand" schon ganz unbegreiflichen Rathschlusse unerwartet und unversehen in das bessere Jenseits des Pensionsstandes hinüberbefördert hat, wo es keine Reisemärsche, keine Armeebefehle und nicht einmal Paraden mehr gibt. Was wir in Nr. I gesagt, daß, wenn man Einen befördern will, man zuerst probiren soll, ob er denn auch für die Stelle taugt, und taugt er nicht, man ihn nicht befördern, sondern in seiner frühern Stellung, die er ausfüllte, belassen, aber nicht pensioniren soll, weil der Staat die Leute für's Arbeiten, nicht für's Faulenzen und Spazierengeben bezahlen soll; dies tritt Einem so recht lebhaft Angesichts solcher Pensionirungen vor die Seele. Ja, glaubt denn Hr. v. Pranckh, wir haben die sauern Steuergulden wirklich nur dazu bezahlt, daß er nach Herzenslust drauflospensioniren kann? Oder meint er, diese Kammer werde ebenso wie die frühere zu allem Ja sagen, was er zu thun für gut findet oder für „unumgänglich nothwendig" erklärt? Wir haben Hrn. v. Pranckh immer für einen ehrlichen Mann gehalten, aber, das müssen wir sagen, Manches, ja sehr Vieles was wir in den letzten Monaten von ihm gehört, können wir uns heute noch nicht reimen.

Auf eine besonders saftige Frucht der Verwirrung und Kopflosigkeit des Jahres 66 müssen wir noch aufmerksam machen: Die 259 „überzähligen" Offiziere, d. h. die Offiziere, die „anno Babylon" angestellt wurden, die der Staat auf der Schüssel hat und mit denen man rein nichts anzufangen weiß. Sie sind „überzählig" und leben vom Spazierengehen und den Hunderttausenden, die ihnen das dankbare Vaterland seit bereits vier Jahren für die Gnade zahlt, daß sie sich 1866 ein Lieutenants- rc.-Patent geben ließen. Sie arbeiten nicht, sie spinnen nicht, sie tragen nicht einmal eine Uniform, sie sind bei weitem nicht so schön wie die Lilien des Feldes, und dennoch ernährt sie der himmlische Vater von den sauer ersparten Steuerpfennigen des arbeitenden und spinnenden Volkes. Man sollte freilich meinen, diese Herren hätten sich längst um ein anderes Brod und eine andere Stellung umgesehen und verschmähten es, da sie arbeiten können, dem Volke für nichts und wieder nichts zur Last zu sein; allein wir kennen nur Einen, der auf so unverdienten Dank des Vaterlandes verzichtet hat und wieder zu seinen Studien zurückgekehrt ist.

Es ist, nach unserer Ansicht wenigstens, himmelschreiend, daß das Land die Folgen der 1866 grassirenden Anstellungswuth tragen soll. Es muß dazumal im Kriegsministerium wirklich eine wahre Manie oder eine Kopflosigkeit und Verwirrung sonder Gleichen geherrscht haben. War es doch zu der Zeit, als die bayrische Armee bereits hinter der Donau in einer so auserlesenen und furchtbaren Position concentrirt, bezw. in Sicherheit gebracht war, daß den Preußen alle Lust verging, noch weiter mit dem gefürchteten und genialen v. d. Tann anzubinden, zu der Zeit also, da sowohl die Nichteinmischung Frankreichs gewiß, als auch der Friede gesichert war: war es doch damals, daß plötzlich noch ein immenser Armeebefehl, zum Aerger und Verdruß der Offiziere selbst, daher kam, in welchem u. A. allein bei der Infanterie 122, sage hundertzweiundzwanzig Hauptleute und 107 Oberlieutenants gemacht wurden!! Da war denn gewiß kein Bedürfniß nach noch mehr Offizieren da, nachdem die bisherigen schon nichts ausgerichtet und der Friede so viel als geschlossen war. Aber man schien eben damals den Kopf derart verloren zu haben, daß man nicht einmal im Stande war, die Zeitverhältnisse aufzufassen wie sie waren, zumal da die Entfernung zwischen Berg und München gewiß nicht der Art war, daß ein Armeebefehl 4 Wochen zur Erledigung gebraucht hätte.

Noch einen Fall, der ein glänzendes Zeugniß für die damalige Konfusion im Kriegsministerium oder für die — Raschheit des Geschäftsganges gibt, führen wir an: daß Soldaten noch lange nach einem der unzähligen verlorenen Treffen von 1866 zu Offizieren befördert wurden, während man doch hätte wissen sollen, daß sie längst todt oder gefangen waren!

Höheren Orts scheint man in neuerer Zeit allerdings zur Einsicht gekommen zu sein, daß die Geschichte mit den „Ueberzähligen" im Grunde ein rechter Skandal ist. Man will sie also in die Armee einrangiren. Aber wie! Um die „Ueberzähligen" unterzubringen, sollen die älteren Offiziere, die noch gerne fortdienten, die nichts weniger als dienstuntauglich rc. sind, die vielleicht mit Familie versehen sind, geopfert werden, damit dann die Beförderungen baldigst von Neuem beginnen können! Es ist nämlich ein offenkundiges Geheimniß, daß bei der jetzigen Militärverwaltung das Bestreben vorherrschend und maßgebend zu sein scheint, die Chargen mit möglichst jungen Männern zu besetzen; anders wären ja auch gewisse Beförderungen aus der jüngsten Zeit, wo namentlich wieder ein v. d. Tann eine hervorragende Rolle gespielt, nicht wohl zu erklären, die Beförderungen sowohl als die Beseitigungen!! So zählen die ältesten Ober- und Unterlieutenants in der Infanterie z. B. noch nicht einmal 4 Dienstjahre in ihrer betreffenden Charge, und so ist es auch bei den andern Waffengattungen. Es ist nach diesem das Vorgeben der Offiziösen, durch zahlreiche Pensionirungen und dafür erfolgende Einrangirungen „Ueberzähliger" könnten 20000 fl. erspart werden, nichts als reiner Schwindel und wird sich auch sehr bald als solcher erweisen.

Unsere ganze Armeeverwaltung liegt nach dem Urtheile vieler Offiziere im Argen und es könnten gar leicht bedeutende Ersparungen sowohl in der Oekonomie der Armeeverwaltung, als im Bauwesen und vielem anderen vorgenommen werden; es braucht nur an maßgebender Stelle der gute Wille und das nöthige Verständniß da zu sein. Hoffentlich versucht aber unsere Partei ernstlich, wir sagen ernstlich, dieses Danaidenfaß etwas zu stopfen, so wenig verheißend auch nach dem, was sie bis jetzt gethan hat oder thun konnte und nach den Ergebnissen der bisherigen Leitung, wir müssen es ehrlich und offen sagen, uns die Aussichten dazu zu sein scheinen.

Deutschland.

München, den 14. März.

Die Organe der Fortschrittspartei kündigen bereits eine höchst „zeitgemäße" Interpellation an, mit der sie demnächst den neuen Minister erfreuen wollen. Eigentlich haben es die Herren Fortschreiter dabei weniger aufs Erfreuen abgesehen, als darauf, dem Grafen Bray gleich einen ordentlichen Prügel zwischen die Füße zu werfen. Sie glauben, der verflossene Durchleuchtige habe sich mit seiner glorreichen Konziliumsdepesche, zu der ihn Janus-Döllinger verführte, genugsam — Hr. v. Burchtorff wie sagt man auf parlamentarisch statt sich zu blamiren? richtig — sich genugsam — kompromittirt und möchten nun, daß da der neue Minister hinter Hohenlohe nicht zurückbleibe, sondern gleich bei Beginn seiner amtlichen Thätigkeit sich auch kräftigst — kompromittire. Sie wollen ihn also in der Kammer „interpelliren", d. h. zur Rede stellen, was er vom Koncilium halte und wie er sich dazu zu stellen gedenke? Gewiß eine höchst zeitgemäße und nothwendige Frage! Sie fragen ihn nicht, was er für eine Politik einzuschlagen gedenke, was ihnen der hohe Herr auch schwerlich auf die Nase binden würde, sondern was er vom Concil halte, das ist jetzt das Allerwichtigste für das Königreich Bayern! Die Herren Juden und Protestanten der Kammer und die „fortschrittlichen" Katholiken, die alle miteinander nach der Versicherung Hohenlohes beim Aschermittwochsessen „ebenso gute Katholiken sind" wie die Ultramontanen rechts, diese Herren sind ungeheuer interessirt dabei, was etwa in Rom für ein neues Dogma beschlossen wird. Als ob ihnen das nicht völlig gleich sein könnte, denn die meisten von ihnen glauben weder an alte noch an neue Dogmen und überlassen das den „Schwarzen"! Aber das Koncil ist eine zu gute Gelegenheit, den Grafen Bray auf's Eis zu führen und ihn je nach seiner Antwort den Ultramontanen als Liberalen oder den Liberalen als Ultramontanen denunciren zu können? Ob der Hr. Graf den Herren antworten wird? Wahrscheinlich! Hätten aber wir ihm für seine Antwort einen Vorschlag zu machen, so würden wir ihm sagen: Excellenz, antworten Sie den Leuten etwa so: M. H., Sie fragen mich, wie ich mich zum Koncil zu stellen gedenke? Gut, Sie sollen es wissen! Ich bin Katholik und stelle mich zum Koncil genau so, wie sich ein ehrlicher Katholik zum Koncil, welches die Kirche ist, zu stellen hat. Im Uebrigen kenne ich die bayrische Verfassung so gut wie Jeder von Ihnen und werde Sie so gut zu halten wissen, wie nicht Jeder von Ihnen. Guten Morgen, meine Herren!" Das würden wir ihm vorschlagen.

Landtag. Der Finanzausschuß der K. der Abgeordneten beantragt statt des verlangten Kredits von 3,665000 für Werdersche Hinterlader nur 2,400000 fl. für 60000 Gewehre und von den weiter verlangten 2,791000 fl. für Festungen, Garnisonsbauten und Ausrüstungsgegenstände nur 52,000 fl. für Abänderung an Armatur-Lederwerk zu bewilligen. Mit diesem ersten Abstrich von vier Millionen am Kriegsbudget sind wir vollkommen einverstanden und wünschen nur, daß noch etliche gleich hohe Abstriche nachfolgen mögen. Denn wir müssen sparen, sparen, sparen!

— Ob für die Dauer des Zollparlaments die Kammern vertagt werden, bezweifelt die Pfälzer Zeitung. Wenn auch die Plenarsitzungen ausfallen, so könnten doch die Ausschüsse fortarbeiten. Das wird schwerlich gehen, weil sehr viele hervorragende Ausschußmitglieder zugleich Zollparlamentsabgeordnete sind. Etwas anderes wäre es, wenn die Unsrigen garnicht nach Berlin gingen; die Kaffeezoll-Erhöhung, die ohnehin nicht durchgehen wird, das geben schon die nordischen Bundesweibchen nicht zu, ist wahrlich das Reisegeld nicht werth und wie die bayrischen Patrioten von den annexionswüthigen Preußen und „Nationalen" wegen ihres undeutschen Gebahrens heruntergekanzelt werden, das können sie auch aus den Zeitungen lesen.

— Ueber das Konzil äußert sich Dr. Clos in Nr. 10 des trefflichen Augsb. Pastoralblattes wie uns scheint ganz richtig also: „Nach dem, was sich bisher vor unsern Augen abgespielt hat, können wir unsere Ansicht über die Lage in folgendem Satze zusammenfassen: Die Periode des Teufels — Janusperiode — ist vorbei; die Periode der Menschen — Jesuitenfurcht, beleidigter Ehrgeiz, Rücksichten für Pilatus und Herodes und für die Kaste der Schrift- und Preßgelehrten nebst Anhang — läuft sichtlich ab; die Periode des heil. Geistes kann beginnen". Quod Deus bene vertat!

— Knurrblättl knorriges verlegt sich heute aufs Prophezeien, was ihm sonderlich gut ansteht. Es prophezeit, daß „von der jetzigen schwindelnden Höhe der Sturz des Papstthums unausbleiblich sein werde". Schrecklich! Wenn nur das Papstthum doch nur noch die Deputätigkeit des Knorren überdauerte!

Von der Isar wird dem „Vaterland" geschrieben: Ein ganz gescheidter Junge des „Süddeutschen Telegraphen" macht über den angeblich jesuitischen Grundsatz „der Zweck heiligt das Mittel" einige schäußlich-pikante Glossen. Ihm liegen die Wahlschreiben, womit Dr. Westermaier den urliberalen Hörmann etwas gelinde niederdonnerte, als unverdauter Brocken im Magen. „Es sind entwendete Dokumente" heult er. Ei! erst kürzlich wurde aus der Redaktion des „Bayr. Kurier" ein Brief gestohlen; diesen gestohlenen Brief hat ein gewisser „Ritter" Schauß bei einer Gerichtsverhandlung mißbraucht, um einen kathol. Priester (Benefiziat Reindl) der Wuth des liberal-frechen Pöbels preiszugeben; auf die Frage des Richters, ob dieser gestohlene Brief an das „Bayr. Vaterland" adressirt sei, gebrauchte dieser nämliche Schauß die Ausflucht — Lüge können wir nicht sagen, weil nur Buben lügen, — Schauß aber ein Mann und „Ritter" ist — „das wisse er nicht" und doch trägt der gestohlene Brief das Datum 26. Juli 1868. In Folge dieser liberalen Heldenthat hielt sich jeder abgefeimte Bube Bayerns berufen, diesem Priester einen Eselstritt zu versetzen und seine Ehre zu besudeln; notorische Ehebrecher, Schwindler und Betrüger warfen ihren Schmutz auf sein Priesterkleid: all dies war eine Wirkung des Briefdiebstahls und des durch und durch unsittlichen und gesetzwidrigen Gebrauches, den „Ritter" Schauß von diesem Diebstahl machte. Uns gilt ein Minister und ein Priester, ja ein Bettler und ein Minister gleich viel vor dem Gesetze, wir taxiren die Ehre eines Ministers nicht höher als die des geringsten Unterthanen. Die Liberalen, so scheint es, die sich auf die angebliche liberale „Gleichheit Aller vor dem Gesetze" so viel einbilden, machen es nicht so. Wo demnach die elenden, modernen „Jesuiten", deren Grundsatz heißt, „der Zweck heiligt das Mittel", zu suchen und auch zu finden sind, möchte für den „Süddeutschen Telegraphen" leicht zu erschnüffeln sein, auch wenn man eine ganz zerfetzte Nase mit sich herumträgt.

(Jener gestohlene Brief, von dem dieser überaus edle „Ritter" Schauß einen so schmachvollen aber überaus „liberalen" Gebrauch gemacht hat, spielte auch bei der Verhandlung am 3. März in so fern eine Rolle, als der Beklagte dem Schaußen entschieden unter die ritterliche Nase rieb, daß der Brief, wo nicht von dem Schaußen selbst gestohlen, doch auf seine Veranlassung, wenigstens mit seinem Wissen gestohlen, jedenfalls aber gestohlen sei, daß der Brief in diesen Prozeß gar nicht herein gehöre, weil er an den „Bayr. Kurier" adressirt gewesen und aus einer Zeit sei, da das „Bayr. Vaterland" noch gar nicht bestand, und daß es eine eigenmächtige, lächerliche und unsinnige Aufstellung wäre, daraus, daß jener Brief das Zeichen „R von der Donau" trug, den Schluß zu ziehen, jener R von der Donau des „Bayr. Kurier" müsse der R von der Donau des „Vaterland" sein; er (Beklagter) müsse sich gegen eine so unberechtigte und willkürliche Aufstellung entschieden verwahren, aus der Identität der Correspondenzzeichen im „Vaterland" und in einem andern Blatte auf die Identität der Person der Correspondenten zu schließen. „Ritter" Schauß entgegnete auf diesen unzweideutigen Vorwurf der Theilnahme an einem Diebstahl, „er werde darauf am Schluße seiner „Rede" antworten." Wer aber nicht antwortete, sondern weislich schwieg, das war — Schauß!! Hatte Schauß nichts zu sagen oder schämte er sich die Wahrheit zu sagen? (Wir wissen es nicht. D. Red.)

In **Haching**, einer bekannten Seestadt in der Nähe von Knurrblättlhausen, hat bekanntlich bei den Maiwahlen ein bauerlicher Sohn Hachings in aufwallender patriotischer Hitze einem Fortschrittler einen Finger abgebissen, was einerseits für die Stärke seines Patriotismus, anderseits für die Festigkeit seiner Zähne zeugt. Die Sache ist, wie uns gemeldet wird, friedlich dadurch beigelegt worden, daß der bissige Patriot der ihm gesetzten Bedingung entsprechend im November fortschrittlich wählte, wogegen die Fortschrittler die bereits angestrengte Klage zurückzogen. Der Hachinger Fortschritt konnte aber trotz dieser Eroberung nicht völlig zum Durchbruch und Siege kommen, aber dem zähnefesten Bajuwaren war damit ein kostspieliger Prozeß erspart.

In **Landshut** scheint das liberale Versimpelungsgeschäft in ziemlicher Blüthe zu stehen. Wir ersehen dies, einmal aus der Thatsache, daß auf dem dortigen Theater die Moritha von dem großen Scheusal Traupmann aufgeführt wird, und dann, daß der fortschrittliche und sehr „aufgeklärte" und „gebildete" Kurier von Niederbayern für das „morgigte (sic!) Sensationsdrama" begeisterte Reklame macht und die Hoffnung ausspricht, daß „dessen morgigte Vorstellung sehr besetzt werden wird." Wir sehen, das Deutsch des „liberalen" Kurier von Niederbayern ist seiner „Bültung" vollkommen ebenbürtig!

In **Würzburg** ist der Redacteur des demokratischen Würzb. Journal wegen Majestätsbeleidigung (oh!) und Kränkung der Amtsehre des Hrn. Schlör vor das Schwurgericht verwiesen, (um von demselben freigesprochen zu werden!)

In **Bamberg** ist Hr. Pfarrer Trunk wegen „Majestätsbeleidigung" in Anklagestand versetzt.

In **Würtemberg** ist der Kampf des Volkes gegen das preußische Wehrgesetz bereits aus den Volksversammlungen in die Kammer getragen. 47 Abgeordnete, Großdeutsche und Demokraten, haben den Antrag gestellt, die Regierung aufzufordern, die Präsenzzeit der Soldaten herabzusetzen, und dem die Erklärung beizugeben, daß die Kammer nicht im Stande sei, die Ausgaben für's Militär in der bisherigen Höhe zu bewilligen. Die Annahme dieses Antrags ist, da bereits die Antragsteller um zwei Stimmen über die Majorität der Kammer haben, gesichert. (Hand in Hand mit dieser Bewegung geht die Agitation gegen das preußische Wehrgesetz auch in Bayern, namentlich in der Pfalz und in Franken. Patrioten und Demokraten gehen in dieser brennenden Frage miteinander. Der geschäftsleitende Ausschuß der (demokratischen) Volkspartei hat von Fürth aus eine Flugschrift erlassen, in der „ein tiefer Schnitt in das Pensionswesen, die Herstellung einer möglichst kurzen Präsenzzeit, militärische Vorbildung der Jugend" als der Anfang zur Befreiung von der drückenden Militärlast bezeichnet worden. Auch in Altbayern beginnt man zu erwachen, selbst in München, das wie Knurrblättl sagt, sich mit Haut und Haaren den Bettelpreußen verschrieben haben soll, möchten viele von der, das Mark des Volkes aussaugenden Soldaterei je eher je lieber befreit sein. Nachdem man bettelpreußisch gewählt hat, möchte man, da Vielen allmälig die Augen aufgehen, von der Last des Militarismus patriotisch befreit sein!)

Baden. Die badischen Fortschrittler und Freimaurer wollen gleichfalls die Todesstrafe abgeschafft wissen. Die zunehmende Hebung der Kultur und Bildung mache ein so schreckliches Zwangsmittel überflüßig und was dergleichen liberale Schlagwörter mehr sind. Daß die zunehmende Bildung und Kultur die scheußlichsten Ungeheuer von Menschen erzeugt, ignoriren die Herren ganz. Die Todesstrafe kann nicht eher abgeschafft werden, bis nicht die HH. Mörder damit den Anfang machen; so lange es aber noch menschliche Ungeheuer gibt, ist das Köpfen ganz am Platze. Was soll das Zuchthaus für ein „humaner" Ersatz für die Todesstrafe sein? Als wir zu Rosenberg uns 2 Monate aufhalten mußten, weil wir den Preußen die Wahrheit sagten, da wurden wir mit den dort aufbewahrten Herren Mördern und schweren Verbrechern völlig gleich behandelt und wir müssen gestehen, wenn man keinen andern Lebenszweck hätte als auf Kosten der ordentlichen und arbeitsamen Leute bei freier Wohnung rc. um 32 kr. täglich nicht gar schlecht zu leben, so kann man sich lebenslängliches Zuchthaus gar wohl gefallen lassen, auch wenn man kein Mörder ist. Nicht alle, ja viele Tausende von arbeitsamen Menschen haben es bei weitem nicht so gut wie die Herren Mörder und Verbrecher in unsern „humanen" Zuchthäusern und dann gibt es auch noch Amnestien! Die Abschaffung der Todesstrafe ist nur wieder etwas für die Herren Spitzbuben und zwar auf Kosten der ehrlichen Leute, die für die Herren Spitzbuben die Zeche bezahlen müssen.

Hessen. In Darmstadt hat sich eine große Zahl beamteter und bürgerlicher „Intelligenzen" von einem bayrischen Lehrerssohn aus der Gegend von Aschaffenburg, Namens May, einem Schwindler Prima-Qualität, schmählich anführen lassen. Der raffinirte Gauner lockte den „Intelligenzen" über 7000 fl. auf die „nobelste" und feinste Weise aus der Tasche, wofür er ihnen Aktien eines „Bergwerks Höhenrain" auf einem der Mondgebirge anhing. Die „aufgeklärten" und „gebildeten" Stadtvölker merkten nicht eher etwas, bis die Polizei den Vogel aushob. „Kultur und Bildung" haben sich da wieder in schönster Beleuchtung gezeigt.

Oesterreich. Wien. Türkisches! Um die Wiener

Zeitungen „mit wenigen Ausnahmen“ für das neue türkische Schwindel-Anlehen, welches jetzt auch in einer Menge bayrischer Blätter in Seiten laugen Inseraten und Reklamen angepriesen wird, günstig zu stimmen, d. h. zu bestechen, daß sie dem lieben Publikum die Wahrheit verschweigen und dafür tüchtige Bären aufbinden, ist nicht weniger als eine halbe Million an „Gratifikationen“ verausgabt worden!! (Unsere „liberale“ bayrische Polizei, die hinter jedem Holzhacker und jedem Waschermädel, das seinen Karren „unbewacht“ auf der Gasse stehen läßt, mit strengen Strafen her ist, hat vor lauter Geschäftigkeit ganz vergessen, daß das Spielen in ausländischen Lotterien — und das türkische Anlehen ist eine Lotterie! — gesetzlich verboten ist und daß es also auch gesetzlich verboten ist, zum Spielen einzuladen.*) Wie kommt das, o Alexis v. Burchtorff?)

Preußen. In Herford ist der der „extremen“ kirchlichen Richtung huldigende kath. Pfarrer Dr. Liemke zu Blotho deshalb, weil er einem Waisenknaben, der auf Kosten der Stadt bei nichtsnutzigen Leuten untergebracht war, heimlich ein Unterkommen in dem Asyl für kathol. Kinder zu Böhle verschafft hat, zu einjähriger Gefängnißhaft verurtheilt worden!!

Aus Osnabrück eine kleine Säbelheiterkeit. Einem betrunkenen Mitglied des „herrlichen Kriegsheers“ entfuhr das Schlachtschwert und verbarg sich in dem Leib eines Civilisten. Das Schwert wurde glücklich wieder entdeckt und in Sicherheit gebracht, aber die Lunge des Civilisten war entzwei.

Ausland.

In **Spanien** hat die überaus väterliche Freimaurerregierung das Auswendiglernen der Verfassungsurkunde zu einem Gegenstand des Zwangsunterrichtes in allen Volksschulen gemacht, was den 6—12jährigen spanischen Büblein und Mägdlein sonderlichen Nutzen und Gewinn zuwege bringen wird! Im „gebildeten“ Bayern, wo man auch eine Verfassung hat, die zeitweilig sogar beobachtet wird, besonders gegen Bischöfe, Ultramontane und sonstige Kinder Gottes, sollte man da billig nicht zurückbleiben und etwa ausgewählte Leitartikel und Inserate, besonders Inserate des Knurrblättl den Kindern zum Auswendiglernen aufgeben. Das bildet seine Leute!

Die Türkenloose!

Die jüdischen Unternehmer dieses großartigsten Schwindels, seit Hr. Mirès vom Schauplatz des Schwindels abgetreten ist, lassen sich, wie bereits oben angedeutet ist, ein riesiges Geld kosten, um die Zeitungen zu bestechen. Allein in Wien ist zu diesem Zweck eine halbe Million verwendet worden. Was dann die Pariser und Londoner Zeitungen gekostet haben mögen! Auch wir haben eine kleine Erfahrung gemacht. Man war wahrscheinlich nicht gefaßt, daß das „Vaterland“ sich auch um Börsen- und Geldangelegenheiten bekümmere und so dem offenbaren Türkenschwindel Opposition machen werde; nachdem es aber geschehen, nachdem wir die tausende unserer Leser eindringlich gewarnt, sich von Juden und Türken mit diesen nichtsnutzigen Loosen anführen zu lassen, wurde man läufig. Heute haben wir bereits den zweiten Brief erhalten, in dem uns die vortheilhaftesten Anerbietungen und Geldversprechungen gemacht werden, wenn das „Vaterland“ nur bezahlte Reklame- und Empfehlartikel, selbst unter dem Strich, aufnähme. Ist aber nicht, meine Herren Juden! Das „Vaterland“ läßt sich nicht bestechen, weder durch Seiten lange theuere Inserate, noch durch reich bezahlte Reklameartikel, noch durch andere Offerte. Das Interesse seiner Leser liegt ihm näher als das Interesse der Juden und Türken. Das türkische Anlehen ist ein Schwindel. Nur ein Schwindler, nur ein bankerotter Staat, der entschlossen ist, nichts mehr zu zahlen, macht ein Anlehen von 356 Millionen — so viel beträgt das projektirte Anlehen — und verschreibt und verzinst dafür 792 Millionen. Die „Garantie“ der türkischen Regierung, die nichts als unendliche Schulden hat, ist nichts, gar nichts. Wer steht denn dafür, daß die türkische Regierung überhaupt in zwei Jahren noch besteht? Es ist unmöglich, daß die türkischen Bahnen, wenn sie von dem erschwindelten Gelde überhaupt gebaut würden und das Geld nicht etwa auf einen ziemlich wahrscheinlichen Krieg in diesem Sommer oder Herbst verwendet wird, mit so theuer erkauftem Kapital wirthschaften können, ohne Bankerott machen zu müssen; es ist unmöglich, daß ein Geschäft ein reeles sein kann, das, um 45 fl. zu bekommen, freiwillig 100 fl. verschreibt, wie es bei den Türkenloosen ist (180 und 400) Ein solcher „Geschäftsmann“ muß entweder sicher zu Grunde gehen, wie die türkische Eisenbahngesellschaft, und dann bekommen die Gläubiger von Kapital und Zinsen nichts, oder er hat im Voraus die Absicht, etwaige vertrauensduselige Gläubiger blos anzuschwindeln und überhaupt nichts mehr wieder zu zahlen, und dann bekommen die Gläubiger auch nichts. Also, liebe Leser des „Vaterland“, laßt euch durch die schönen Versprechungen nicht anführen! Es würde bei den Versprechungen bleiben, euer Geld aber, habt Ihr es einmal weggegeben, bekommt Ihr nie wieder zu sehen und Zinsen ein oder zwei Jahre, dann hören sie auch auf!

*) Die Expedition des „Vaterland“ ist erst vor ein paar Monaten wegen eines Inserats über die Wollmarktslotterie in Kirchheim a. T. (Würtemberg) empfindlich gestraft worden. Macht das etwa einen Unterschied, daß bei den Türken der Einsatz 180 Fr., in Kirchheim aber blos 30 kr. ist?

Jüdisches.

Ein paar hiesige Juden-„Bankiers“, der Jud Landauer und der Jud Wertheimer bringen durch Knurrblättl knorriges fast täglich eben solche Anzeigen wie der Jud Nathan Reitlinger. Wertheimer preist Rumänische Anlehens-Papiere an, die gerade so viel werth sind wie türkische und spanische; er will sie geben streng nach'm Tageskorsch, Gott wie haißt Tageskorsch? Kann man se nit haben in Berlin viel billiger, weil se seind nix werth, die Papierches? Jud Landauer verkaaft die Rumänier aach streng nach'm Tageskorsch, kaaft sie aber wieder zurück „mit ganz wenig Verlust“, sagt er der Jüd, so etliche Perzentche, weil mer was muß hab'n zum Handeln, weil mer muß machen an Geschäft, an klains, mit de dummen Goim! — Und die „dummen Goim“ laufen hin und geben ihr gutes Geld für schlechtes Papier weg!

Münchener Schranne vom 12. März.

	Verkauft	Höchster		Mittel-		Nied.-Preis		Gest.		Gef.	
Getreidsorten	Schffl.	fl.	kr.	fl.	kr.	fl.	kr.	fl.	kr.	fl.	kr.
Weizen . .	2590	20	12	18	58	16	55	—	16	—	—
Korn . . .	1249	12	14	11	54	11	22	—	2	—	—
Gerste . . .	2159	13	31	12	58	12	3	—	—	—	6

Verantwortlicher Redakteur: Dr. J. Sigl.

Druck von M. Vogt in München, Rosengasse 10

II. Jahrgang. | Das Bayrische | Auflage: 4800.

Vaterland.

Das „Bayr. Vaterland" erscheint täglich mit Ausnahme der Sonn- und hohen Festtage. Preis des Blattes: Vierteljährig 54 kr., ganzjährig 3 fl. 36 kr. Das einzelne Blatt 1 kr.

Alle Postexpeditionen und Postboten des In- und Auslandes nehmen Bestellungen an. Inserate werden die dreispaltige Petitzeile oder deren Raum zu 3 kr. berechnet.

Redaktion: Burggasse 14. | Herausgegeben von Dr. jur. J. Sigl. | Expedition: Maffeibazar 3

Heribert. | Nr. 61. | Mittwoch, 16. März 1870.

Das allgemeine Concil und die Presse I.

* Wenn wir heute wiederholt in der Lage sind, uns mit dem Concil zu beschäftigen, so müssen wir wiederholt und vor Allem uns dagegen verwahren, als wollten wir irgendwie den eventuellen Beschlüssen des Concils vorgreifen oder als wollten wir für uns einen Standpunkt einnehmen, der den eventuellen Concilsbeschlüssen entgegen wäre. Diesen unsern Standpunkt haben wir bereits dahin präcisirt, daß wir in dem versammelten Concil mit dem Papste die katholische Kirche erblicken, daß wir an die stete Gegenwart des hl. Geistes bei ihr glauben und daß wir, was auch das Concil, d. h. die Kirche, in Sachen des Glaubens und der Moral beschließen möge, für wahr annehmen, glauben und daran festhalten werden, wie es katholische Pflicht ist.

Da indeß die gesammte liberale Presse sich in lieblichster Abwechslung mit dem Concil beschäftigt und da manche liberale Organe an der Hand von Thatsachen, welche, sei es mit Recht oder Unrecht, Gemeingut der Presse geworden sind, mit einem sichtlichen Behagen die Haltung der deutschen, österreichischen und theilweise der französischen Prälaten diskutirent, so möge man es uns nicht verargen, wenn auch wir unsere Anschauungen über die Lage der Dinge offen darlegen.

Wir haben, gestützt auf das 1800 jährige, glorreiche, unwandelbare Bestehen der Kirche, gestützt auf die Verheißung des Sohnes Gottes, daß er bei ihr sein werde bis ans Ende, nicht die mindeste Befürchtung, daß die sogenannten „liberal-katholischen" Ideen auf dem allgemeinen Concil nur einigermaßen Berücksichtigung, geschweige denn irgend eine Geltung erlangen. Mögen auch jetzt bedeutende Meinungsverschiedenheiten hervortreten, mag auch die liberale, d. h. die kirchenfeindliche Presse die angeblich opponirenden Prälaten mit einem gewissen süßen Vertrauen betrachten: wir wissen zu gut, daß der gewaltigen Majorität der Bischöfe gegenüber diese sogenannte Opposition keine Geltung erlangen, geschweige durchdringen wird.

Indeß verhehlen wir uns nicht: Der Schritt der österreichischen und eines Theils der deutschen Bischöfe hat uns deutsche Katholiken gar nicht befriedigt. Abgesehen davon, daß derselbe der uns bekannten Geschäftsordnung des Concils nicht conform gewesen, so hat dieses Auftreten einiger Prälaten der ganzen liberalen Presse in Sachen des Concils einen Stoff unterbreitet, den dieselbe nach allen Seiten hin verarbeitet hat. Wurden ja doch jene Bischöfe, welche das bekannte, vom Papst ebenso wie die Gegenadresse zurückgewiesene Schriftstück unterzeichneten, von der ganzen liberalen Presse als „unerschrockene Kämpfer gegen die römischen Anmaßungen" (!), (um andere liebenswürdige und schmeichelhafte Wendungen zu übergehen), gepriesen! Ist es ja schon so weit gekommen, daß man der „Allg. Ztg." von Rom telegraphirte: Die deutschen Bischöfe gäben sich den Anschein, als billigten sie das (allgemein verurtheilte und nur von der Sorte abgestandener Katholiken, wie sie sich in München, Köln &c. breit macht, bejubelte) Auftreten des in dogmaticis nichts weniger als allgemeine Autorität besitzenden Stiftspropstes Döllinger. Und wenn auch der eine oder andere der deutschen Bischöfe den Dr. Döllinger in Bezug auf seine im „Janus" aufgestellten Behauptungen öffentlich desavouirte, so wird dennoch von der liberalen Presse aus all diesem nicht trostreichen Material ganz gewaltiges Kapital geschlagen.

Die Absurdität dieser Presse, welche eben die deutschen und österreichischen Bischöfe herausstrich, geht so weit, daß sie an der Majorität der übrigen in Rom versammelten Bischöfe eine größere oder geringere Ignoranz in theologischen Dingen behauptet — nach dem Grundsatz, daß durch recht tiefe Schatten das Licht nur um so mehr hervortrete.

Daß alle diese Dinge und unerwarteten Vorgänge die Herzen der ehrlichen deutschen Katholiken tief betrüben mußten, ist gewiß. Hätte eine Meinungsverschiedenheit in Bezug auf dogmatische Fragen sich geltend gemacht, so konnte man von Seite der dissentirenden Bischöfe dieselbe in der Weise zur Geltung bringen, wie dies in der Geschäftsordnung des Concils vorgeschrieben ist. Die Kirche in Deutschland blutet seit Beginn dieses Jahrhunderts noch immer an zu vielen Wunden und hat noch viel zu viel mit sich selbst zu schaffen, als daß deren Vertreter eine besondere exceptionelle Stellung einnehmen könnten.

Wir deuten hier nur an, daß der Kirche in Deutschland theilweise die Macht fehlt, selbstständig für die Entfaltung ihrer Lehre zu sorgen. In Bayern z. B. hat man ja zum Princip erhoben, daß der Staat, also der im jeweiligen Kultusminister verkörperte Fortschritt, die Professoren der Theologie ernenne und jedes Institut unterdrücken könne, welches nach den Normen der Kirche eingerichtet werden soll; die Speirer Seminarfrage gibt dazu einen glänzenden Beleg. Welche schiefen Auswüchse haben schon manche theologischen Fakultäten hervorgebracht, Staatsanstalten, die keineswegs schon der Intention ihrer Gründer nach dem Geiste der Kirche entsprechen. Und in welcher Weise haben die nämlichen Staatsgewalten, welche an stiftungsgemäß katholische Universitäten Charlatane des ungläubigen Blödsinns unter dem Namen der Wissenschaft berufen, ihre Hände in kirchlichen Angelegenheiten im Spiele gerade in Deutschland? Gewiß, den deutschen Bischöfen ist gerade jetzt in unserer Zeit eine große Aufgabe gegeben; an ihnen ist es, zu sehen, wie zu Hause auf jede Weise die Kirche geschädigt wird, und nicht zu hören auf die Stimmen etlicher „liberaler" Katholiken.

Dunkle Bilder aus dem Juliusspitale in Würzburg. I.

(Nachtrag zu Nr. 47.)

Spital-Rechnung
für
Fräulein Auguste Pfretzschner und deren hohe Anverwandten.

Zeitangabe	Capital fl.	Capital kr.	Zinsen und Zinseszinsen fl.	Zinsen und Zinseszinsen kr.	Kostgeldsumme fl.	Kostgeldsumme kr.	Summa am Ende des Jahres fl.	Summa am Ende des Jahres kr.
Von Pfingst. (27. Mai) 1860 bis dahin 1861	—	—	—	—	365	—	365	—
1861—1862	365	—	14	36	365	—	744	36
1862—1863	744	36	29	46⅛	365	—	1139	22⅛
1863—1864	1130	22⅛	45	33⅜	365	—	1540	56
1864—1865	1549	56	61	59	365	—	1976	55
1865—1866	1976	55	79	2¼	365	—	2420	57
1866—1867	2420	57¼	96	50¼	365	—	2882	47⅛
1867—1868	2882	47⅛	115	18¾	365	—	3363	6¼
*1868—1869	3363	6¼	134	31¼	Vom 27. Mai b. 1. Aug. 1868: 65 fl. Von da bis 27. Mai 1869: 450 „ Zusammen 515 „	—	4012	87½
Vom 27. Mai 1860 bis zum Tage des Austritts 12. Januar 1870 .	4012	37½	93	96	348	30	4440	43⅛
Summa der 10jährigen Verpflegungskosten nebst Zinsen:							4449	43⅛

NB. Vom 27. Mai 1860 bis zum 1. August 1868 wurde für den Tag 1 fl. verrechnet. Von da an wurde vom kgl. Oberpflegamte für Inhaber eines Separatzimmers 1 fl. 30 kr. verlangt, weil die Zeiten theurer wurden und das Spital sparen muß. — Auch muß bemerkt werden, daß in den Wintermonaten für jeweiliges Einheizen 12 kr. und für Verabreichung von geistigen Getränken und außergewöhnlichen Speisen noch besondere Vergütungen zu leisten waren (laut statistischen Bericht des k. Oberpflegamtes vom Jahre 1868), welche nicht in Ansatz gebracht werden konnten, was die Hausverwaltung des Spitals genauer besorgen mag. — Vorstehende Zeche von fast fünfthalbtausend Gulden will daher nicht Anspruch „auf genaueste Berechnung“ machen, sondern soll nur die beiläufige Angabe des spitälischen Guthabens sein.

Deutschland.

München, den 15. März.

Der Austritt des Hrn. Bucher aus dem patriotischen Klub hat hüben und drüben sehr viel Staub aufgewirbelt; Abendzeitung, Knurrblättl knorriges und ähnliche „Organe“ des Fortschritts träumen bereits von Sprengung der patriotischen Partei. Aber sie träumen nur; mit der patriotischen Sache und Partei hat der Austritt des Hrn. Bucher aus dem Klub nichts zu thun. Wir finden übrigens diesen Schritt sehr erklärlich. Hr. Bucher besitzt drei Blätter und für jedes derselben hat er einen Redacteur, der mit seiner Person für deren Inhalt verantwortlich ist. Einige Herren des Klub aber wollen Hrn. Bucher dafür verantwortlich machen, was seine Redacteure in Passau, Kempten und Würzburg schreiben; Hr. Bucher sollte ihnen gewissermaßen Rechenschaft geben für jeden Satz, der diesen Herren nicht gefiel; ja man hat ihm, so hören wir, sogar angesonnen, daß er sich wegen eines Artikels der „Donauzeitung“ gegen die Aufbesserung der Lehrer vertheidige, nachdem der Klub — etwas voreilig, weil ohne verfügbare Mittel — deren Aufbesserung beschlossen hat! Eine solche Auffassung des Klubverhältnisses mußte Hr. Bucher unerträglich finden und da seinen vielfachen Protesten eine Folge nicht gegeben wurde, erklärte er seinen Austritt aus dem Klub. Wir müssen gestehen, diese Herren, welche bei jeder Gelegenheit das große Wort führen und bei jedem Anlaß klein handeln, haben eine eigenthümliche Auffassung von der freien unabhängigen Presse ihrer Partei, die es durch Jahre lange mühselige Arbeit es möglich machte, daß sie für die Kammer möglich geworden sind! Sie geben sich den Anschein als meinten sie, die Redacteure der patriotischen Blätter müßten jetzt, nachdem es einen patriotischen Klub gibt, ihre Freiheit und ihre Ueberzeugung aufgeben und sich dafür Parole und Vorschriften für ihre Haltung und ihr Denken erst aus dem Klub erholen! Was den Herren nicht paßt, das desavouiren sie gelegentlich und steht gar Einer vom Klub im Verdacht, dahinter zu stecken, dann mag er sich auf die schönsten Vorkommnisse gefaßt machen. Wir unserseits verwahren uns schönstens gegen ein solches Verhältniß und eine solche der Presse zugemuthete Stellung zum Klub; wir sowohl als unsere Mitarbeiter lassen uns unsere Freiheit, unser Recht eigener Ueberzeugung und das Recht, dieser unserer Ueberzeugung auch Ausdruck zu geben niemals nehmen; wir sind ältern Datums als der patriotische Klub und haben längst für die patriotische Partei und Sache nicht ohne Erfolg gewirkt, ehe es einen patriotischen Klub gab. Wir wahren uns sogar das Recht, auch dem Klub gegenüber unsere Meinung offen, ehrlich und unumwunden zu sagen jederzeit und haben dazu bereits seit einigen Tagen den Anfang gemacht. Gerade jenen Herren, welche in ihrem Organ, der „Postzeitung“ sich so eifrig für Preßfreiheit einlegten, steht es am allerwenigsten an, gegen die eigenen Leute, die täglich, nicht blos bildlich gesprochen, ihre Haut zu Markte tragen und Freiheit und Vermögen für die patriotische Sache einsetzen, keine Preßfreiheit dulden zu wollen. Oder sollen die patriotischen Redacteure blos arbeiten, opfern und dulden dürfen, um gegebenen Falles noch Vorwürfe zu bekommen oder gelegentlich gar desavouirt zu werden? Wir danken für eine solche Preßfreiheit! Wir, die Leute von der Presse, glauben so gut der Sache des Volkes und Vaterlandes zu dienen wie irgend Einer und vielleicht mehr als Mancher, aber uns meistern, uns hudeln, uns desavouiren zu lassen, weil diese oder jene von unsern Ansichten Diesem oder Jenem nicht gefällt, dazu glauben wir uns nicht verpflichtet halten zu sollen. So viel zur Wahrung des Standpunktes der — auch dem Klub gegenüber — freien Presse!

☞ Der Finanzausschuß hat, wie gemeldet, dem Antrag Stauffenbergs, die Berathung der vortrefflichen Anträge Kolbs auf gründliche Reform der Armee bis zur allgemeinen Budgetberathung zu verschieben, entsprochen (!!!) und ein adeliges Mitglied der patriotischen

Partei hat den Kriegsminister bei all seinen Forderungen unterstützt!!!! Der Fortschritt jubelt, denn er hofft in der Zwischenzeit gewisse Patrioten, mit denen sich eher diskutiren läßt", zum Wanken und Abfall zu bringen.

— Wir haben uns wiederholt wie mehrere unserer H. Correspondenten über den „Verein zur Pflege von im Felde verwundeten und erkrankten Soldaten" geäußert, der auch in Bayern einen Ableger finden soll und zu dem in einer Anzahl von Blättern von meist protestantischen Damen eingeladen wird Abgesehen davon, daß dieser „Verein" von den meisten dieser Damen nur wieder als ein Mittel zur Befriedigung der Eitelkeit und weiblicher G'schaftlhuberei angesehen wird, von vielen wohl auch als ein Mittel zur Wohldienerei und Speichelleckerei nach Oben, scheint dieser Verein, zu dem nur wieder das opferwillige katholische Volk das nöthige Geld hergeben soll, auch noch den edlen Zweck zu haben, die Barmherzigen Schwestern von dem Krankenlager der armen Soldaten zu verdrängen und ihnen dafür weltliche „Jungfrauen im Alter von 20 bis 25 Jahren" hinzustellen, die für das bezahlt werden, was die Barmherzigen Schwestern um Gottes Lohn und aus christlicher Liebe thun. Wer sich näher davon unterrichten will, der lese das betreffende Inserat in Nr. 60 der Südd. Presse, wo derlei Jungfrauen zur Abrichtung „gesucht" werden. Die ganze Geschichte läuft wieder auf einen süßlich protestantischen und freimaurerisch-humanitären Einfall hinaus, dessen Vater nur wieder der liebe Haß gegen das Katholische erquickt mit sentimentaler Weichlichkeit frömmelnder Protestantinen ist. Daß dazu hochachtenswerthe Persönlichkeiten mißbraucht wurden, können wir bedauern, aber nicht ändern. Wir haben unsere ausgezeichneten Engel der Kranken, die Barmherzigen, die noch immer Wunder der christlichen Liebe und selbstlosen christlichen Opfermuthes gethan haben.

— Ueber das „Liberale Schimpflexikon" schreibt die „Rheinpfalz" Nr 60: „Wer dieses Lexikon nicht gelesen, kann sich unmöglich einen Begriff von der bodenlosen Versunkenheit der heutigen fortschrittlich-liberalen Wirthschaft in Bayern machen. Mit dem tiefsten Eckel wird man beim Lesen dieser Schimpfwörtersammlung erfüllt, weil diese Schmähungen gegen Alles, was heilig sein muß, auf die niederste Weise gerichtet sind. Und dennoch wollen die Männer, welche sich solcher Kampfweise bedienen, zu den „Intelligenten, Aufgeklärten und Fortgeschrittenen" gehören! Die Nachwelt wird sich einen sonderbaren Begriff von der Intelligenz des 19. Jahrhunderts machen, wenn ihr dieses Schimpf-Lexikon der „Intelligenten" in die Hände fällt. Schreiber dieses hat aus historischen Gründen dafür gesorgt, daß späteren Geschlechtern dieses culturgeschichtliche Quellenschriftchen erhalten bleibe, damit dieselben in trüben Zeiten sich mit dem Gedanken trösten, schlechter als im 19. Jahrhundert sei es mit Bildung und Gerechtigkeit doch nie bestellt gewesen. Doch der Gegenwart thut es besonders Noth, ihre eigenen Zustände kennen zu lernen. Man kaufe sich darum dieses Schimpf-Lexikon, und man wird vor allen fortschrittlichen Anwandlungen bewahrt bleiben."

Von der Ilm wird dem „Vaterland" geschrieben: Der „Bayr. Kurier" dürfte ein besonderes Interesse für die gering dotirten Pfarreien des Königreiches haben, indem er in Nr. 68 berichtet, daß hiefür früher aus Staatsmitteln 144,532 fl. nothwendig waren, in Folge der vom Cultusministerium angeordneten berüchtigten Revision der Pfarrfassionen aber der Bedarf aus Staatsmitteln sich um 22,243 fl. gemindert habe. Warum nun bekümmert sich denn derselbe Bayr. Kurier nicht auch um Ersparung beim Militär, wenn ihm doch die Ersparungen beim Klerus so viel Wohlgefallen erregen? Warum sagt er kein Wort, daß man da die großen Gehalte und Pensionen vermindern und den Herren in Doppeltuch den Brodkorb gleichfalls ein wenig (sehr viel!) höher hängen soll, wenn das beim Klerus so billig und gerecht gewesen sein soll? Oder ist blos gegen die „Pfaffen" Alles erlaubt und sollen die offizierlichen Herren gegen die große Scheere der Finanzausschüsser gefeit sein?

SF. **Aus Franken** wird dem „Vaterland" geschrieben: Also Zachäus Hohenlohe ist, wenn auch nicht eiligst, „herabgestiegen", ohne daß man ihn „holen" mußte. Aber Hr. Zachäus Schlör, wie ist's denn mit Ihnen? Wollen Sie nicht auch bald gefälligst herabsteigen? Ihr Genie, Ihr großer Geist — beides ist zu groß für ein so kleines Land, das voll „Schlamm und Unrath" steckt und in welchem „schmutzige Fluthen" vollauf vorhanden sind. Ein viel größeres und reinlicheres (?) Land streckte Ihnen, so stand's in den Blättern zu lesen, seine Arme als seinem Retter entgegen, zarte Frauenhände winkten Ihnen, gereizt von Ihrer schönen Gestalt vielleicht, mit einem Wort: Die Türkei will nicht blos unsere Millionen, sondern auch Sie. Die Millionen behalten wir, aber wenn es dem Rathschluß des Himmels gefallen sollte, Sie, Hr. v. Schlör, als Opfer aus unsern Händen zu fordern, so werden wir als gute Christen sagen: Herr, Dein Wille geschehe! Beeilen Sie sich etwa deshalb nicht mit dem Herabsteigen, weil Sie fürchten, Sie könnten ausgleiten, fallen und Schaden nehmen? Fürchten Sie nichts, Hr. v. Schlör, denn so viel man bis jetzt bemerkt hat, müssen Sie sehr starke Knochen und Nerven haben, daß es Ihnen unmöglich viel thun kann, und vergessen Sie nicht, daß, wenn Sie fallen, Sie in „Schlamm und Unrath und schmutzige Fluthen" fallen; Sie schütteln und trocknen sich und klopfen Ihren Frack aus als wäre nichts geschehen, Ihr theueres Leben aber oder Ihre wohlgefügten Beine werden nicht Schaden nehmen. Also Hr. v. Schlör, folgen Sie dem guten Beispiel, mit dem Ihnen Fürst Hohenlohe vorangegangen ist und folgen Sie ihm baldigst nach, daß wir die Geduld nicht verlieren und das „Vaterland" nicht noch einmal „desavouirt" werden muß, ehe Sie gegangen sind.

Aus Mittelfranken wird dem „Vaterland" geschrieben: Die N. Bamberger Ztg. hat das Richtige getroffen, wenn sie sich über den Prozeß Knorr gegen Dr. Sigl dahin aussprach, daß das Resultat desselben die moralische Vernichtung nicht des Beklagten Dr. Sigl, sondern des Klägers Knorr war und daß Knorr sich dabei nur unsterblich blamirt habe. Wir unterschreiben jedes Wort, was die N. Bamb. Ztg. über diesen Prozeß sagte. Knorr ist und bleibt moralisch vernichtet und das danken wir dem „Vaterland" und seinem famosen R von der Donau". An den muthigen Redakteur des „Vaterland" und seinen unerschrockenen und getreuen Mitarbeiter „R von der Donau" stellen wir die Bitte, im Kampf gegen die schlechte Presse und den glaubenslosen Fortschritt nicht zu ermüden und nicht den Muth und die Geduld zu verlieren. Aus dem grenzenlosen Hasse, womit beide von den Liberalen verfolgt und der blinden Wuth, womit sie von „gebildeten" Helden beschimpft werden, — das „Liberale Schimpflexikon" S. 47 und 55 gibt davon Zeugniß! — kann Jeder entnehmen, wie die journalistische Wirksamkeit dieser beiden Kämpen tief ins liberalfaule Fleisch einschneidet. Mögen die Herren Fortschrittler noch so schreien und schimpfen und lästern über das „Vaterland", dessen Redakteur und Mitarbeiter, — es schadet Nichts; denn „feige Hunde sind mit dem Maul stets am freiesten" sagt Shakespeare. (Nur aus Rücksicht auf „R v. d. D." und den hochgeehrten Hrn. Einsender, der die Aufnahme ausdrücklich wünscht, konnten wir diesen schmeichelhaften Zeilen Aufnahme gewähren. Möge sie für ihn, den Vielverfolgten, eine kleine Genugthuung sein! D. Red.)

In der Pfalz nimmt wie in Würtemberg die Agitation gegen das Wehrgesetz und den uns aufgezwungenen Militarismus immer größeren Umfang an. Der Abg. Kolb will mit seinem bezüglichen Antrag in der Kammer in gleicher Weise gegen den heillosen Militarismus wirken. Er will, daß beim Militärbudget für den Unterhalt der Truppen nur so weit Geldmittel bewilligt werden, als erforderlich ist für eine Präsenz — bei Infanterie, Jägern [1]), Sanitätstruppen und nicht berittene Artillerie von höchstens 6 Monaten im ersten, 6 Wochen Wiederholungskurs im zweiten und 14 Tagen im dritten Jahr [2]); bei der reitenden Artillerie und dem Genie eine Präsenz von im Ganzen 12 Monaten, bei der Kavallerie unter Verminderung der Anzahl derselben um die Hälfte [3]) eine solche von zwei Jahren, dafür aber für sie eine Aufbesserung der Löhnung als (theilweise!) Vergütung für die längere Dienstpflicht. Ebenso will er die Kredite für Militärchargen auf das Maß des unentbehrlichsten Bedürfnisses beschränken. Endlich aber verlangt er ein die Staatskasse gegen fernere Ueberbürdung sicherndes Avancements- und Pensionirungsgesetz. — Gut! Man muß den Herren Offizieren ꝛc. einmal zeigen, daß man es mit den Ersparungen ernst meint, weil gespart werden muß, und daß es namentlich für die Legion von Lieutenants und Oberlieutenants demnach rathsam wäre, sich bei Zeiten um einen andern Verdienst umzusehen, denn für's Avanciren sollen die Aussichten herzlich schlecht werden.

Von der badischen Grenze wird dem „Vaterland" geschrieben: In ein paar Wochen schließt das erste Decennium der „neuen Aera" in Baden. Wir lassen es dahin gestellt, ob ihm noch ein zweites folgen wird; wir haben an diesem schon genug. Das Konkordat hat diese „neue Aera" glücklich beseitigt, dafür haben wir den Kirchenstreit in vollen Flammen, Unfrieden und Parteiung im Lande. Die Schule ist „befreit" worden, d. h. aus der Aufsicht des Klerus gab man sie unter die Fuchtel der liberalen Bureaukratie Die Kirche ist vom Staate „getrennt" worden, wer aber eine Pfründe will, muß sich erst von den großherz. badischen Freimaurern examiniren und prüfen lassen, ob er die nöthige Befähigung dazu hat. Dem Klerus ist die Führung der Civilstandsregister abgenommen, die er jetzt für sich führt, und der bürgerlichen Gewalt auf Kosten der Steuerzahler überantwortet worden, denn wir haben die Civilehe bekommen und für die brauchte man „Civilpfarrer". Die Stiftungen sind in neuester Zeit „umgewandelt" und der Mühewaltung der Pfarrer entzogen worden, die leeren Kassen aber ließ man ihnen. Wir haben „vollkommene Preßfreiheit" — für die Liberalen, für die ultramontanen Redacteure aber haben wir ständig freies Quartier — auf der Festung Rastatt. Jeder darf ungestraft Gott und Heilige lästern, denn das ist ein unveräußerliches Annexum der liberalen Preßfreiheit; wer aber einen Beamten oder Bürgermeister scheel ansieht, wird eingesperrt. Die Bureaukratie herrscht, die liberale Bourgoisie, ihr Schooßkind, darf thun was sie mag, dafür werden die Schwarzen beherrscht, gehudelt und despotisirt. Es gilt kein Recht mehr im Lande außer für die Liberalen; wer nicht liberal ist, ist eine rechtlose Sache, mit der man thun kann was man will. Das heißt man: Die liberale neue Aera in Baden! (Und ist es bei uns in Bayern sehr viel anders? D. R.)

Preußen. Nach der dem N. Reichstag vorgelegten Statistik der Postverwaltung gingen 1869 von Nord- nach Süddeutschland 118332 Stück Waarenprobensendungen, dagegen von Süd- nach Norddeutschland nur 74754 Stück. In Postanweisungen gingen allein aus Bayern nach dem Nordbund 113945 Stück im Betrag von 3,444000 fl., umgekehrt aber aus dem Nordbund nur 76622 Stück im Betrag von 2,294000 fl. nach Bayern. Sendungen mit deklarirten Werthen gingen von Süd- nach Norddeutschland für 162 Millionen Gulden, von Nord- nach Süddeutschland aber nur für 145 Mill. Gulden. Und was folgt aus diesen trockenen Ziffern? — Daß wir uns gar nicht zu ängstigen brauchen, daß Preußen, welches aus Süddeutschland jährlich so viele Millionen Gulden bezieht, wofür es norddeutsche Fabrikwaare dahin abliefert, sich sonderlich beeilen würde, gegebenenfalls den Zollvertrag zu kündigen, denn es hat ein ungleich größeres Interesse an seiner Erhaltung um jeden Preis als Süddeutschland, mit dem diesen preußischen Windbeuteln und Maulaufreißern der beste Markt für ihren Trödel verloren ginge. Nicht wir hätten uns von den Preußen die Bedingungen vorschreiben lassen sollen, sondern die Preußen von uns, denn wir hatten das Heft in Händen und waren thöricht genug, es aus der Hand zu geben!

Frankreich. Graf Montalembert ist gestorben!

Judengeschichten.

Aaner von unsere Leut is gekummen gegangen zu gehen, zu machen a Geschäftches a klains und is e gekummen zu em Lehrer, was is gewesen a Handelsmann am Inn. Wie er is gekummen hinein zum Lehrer mit seine korze Waaren und lange Waaren de Itzig — waih geschrien, was sieht de Itzig! Hot er da gesehen, sag der Mauses, was er hot gesehen? — Das „Vaterland" hot er gesehen, das verflukte, von dem Sigl, was is kaaner von unsere Leut. Is e gewesen fast males de Itzigleben, wie er hot gesehen das Blatt das verflukte. Wie er is wieder gekummen zu sich, hot er gemocht dem Lehrer Vorstellungen, hot em gesogt, wie er is a so a g'scheidter Mann, an intelligenter Mann und wie er mog lesen so a Blatt a schwarz, an ultramontans! Soll er lesen de Abendzeitung, de Neuesten, den Anzeiger, korz an liberaales Blatt, was is geschrieben wie von unsre Leut, was mocht in Bildung und Humanität und Afklärung. Was hot er draf gesogt der Schulmaister? waih geschrien, grob is e gewesen! Hot er gesogt zu dem Itzig: Pack dich, Jüd! Mir ist das „Vaterland" die liebste Zeitung, hot er gesagt, und wenn es ihm wär nicht recht, soll er ihm nimmer kummen ins Haus, wollt' er kafen seine Waar wo anders! Was sogste, Mauses? — Was werd' ich sog'n doderzu? Werd mer mochen schlechte Massematten, wann werd gelesen das Blatt überoll im Land. Werd mer gehen zum Stootsanwolt, werd mehr sehn, ob sich nicht loßt mochen an Geschäft. — Du Mauses! — Nu? — Will der was sogn. — Was willste mer sogn? — Mochen mer'n males den Sigl! — Hm!

Briefkanzen.

G. P., Gr. — F. K., Sp. 12. — B. Kl., Pr. Wiener-Neustadt 3. — J. Z., M., — R. B. — Wien — L.W. Linz. — A. L. W. 4. — R. erhalten und besorgt. — B. v. G., E. 20. — A. B., B. 6. — A. St., G.

Verantwortlicher Redakteur: Dr. J. Sigl.

[1]) Könnte man die unnützen Jägerbataillone nicht lieber ganz eingehen lassen oder wenigstens auf die Hälfte reduciren und die Mannschaften wieder als Schützen in die Regimenter eintheilen? Es würde durch Aufhebung der Jägerbataillone wirklich „heidenmäßig viel Geld" erspart. D. Red.

[2]) Die 14 Tage im 3. Jahr werden hoffentlich unfehlbar auch noch gestrichen. Der mögliche Nutzen ist nicht im Verhältniß zum Geld- und Zeitaufwand für Staat und Mannschaften, den sie erfordern. D. Red.

[3]) Womit wir vollkommen einverstanden sind. Etwas leichte Reiterei für den Vorpostendienst, die schwere aber ganz abgeschafft — so werden Millionen erspart und das Vaterland erleidet keinen Nachtheil. D. Red.

Druck von M. Vogt in München, Rosengasse 10.

II. Jahrgang. Auflage: 4800.

Das Bayrische Vaterland.

Das „Bayr. Vaterland“ erscheint täglich mit Ausnahme der Sonn- und hohen Festtage. Preis des Blattes: Vierteljährig 54 kr., ganzjährig 3 fl. 36 kr. Das einzelne Blatt 1 kr.

Alle Postexpeditionen und Postboten des In- und Auslandes nehmen Bestellungen an. Inserate werden die dreispaltige Petitzeile oder deren Raum zu 3 kr. berechnet.

Redaktion: Burggasse 14. Herausgegeben von Dr. jur. J. Sigl. Expedition: Kustrinbazar 5

Gertraud. Nr. 61. Donnerstag, 17. März 1870.

Militärisches. IV.

Aus dem Wahlbezirk Pfaffenhofen. Das Volk fängt an, über die 55 pensionirten Generale, über die 61 Obersten, über 122 Majore, über die 429 Hauptleute und Rittmeister ꝛc. — kurz über 950 Militärpensionisten sehr hinterdenklich zu werden. Es weiß, daß kaum zwei Zehntel davon im Kriege dienstuntauglich geworden sind; es sieht aller Orten, daß eine große Menge Pensionisten die strapazirlichsten Jäger, die unermüdlichsten Fußgänger, die gewandtesten Reiter und vielfach sehr siegreiche Liebhaber sind. Ist es da ein Wunder, wenn es frägt: „Ja, warum sind denn solche Männer pensionirt? Warum leben sie, die doch noch arbeiten könnten, ganz zwecklos auf Kosten des Landes, auf unsere Kosten?“

Wenn nun das Volk leicht erfahren kann, daß gar oft Pensionirungen eintreten aus rein persönlichen Rücksichten, etwa um einen Platz frei zu machen[1]) oder weil der Eine oder der andere sich übergangen und darum an seiner offizierlichen Ehre verletzt glaubt — Schreiber dies könnte dazu die schönsten Exempel von Beispielen namhaft machen —; wenn so das zahlende Volk sehen muß, wie es für all diese persönliche Selbstsucht und verletzte Eitelkeit oder wie man dies bei solchen Pensionisten auf „Parlamentarisch“ heißt — ohne Gnade und Pardon den Beutel immer weiter öffnen und stets die Zeche bezahlen soll: braucht es dann noch „Agitationen“, daß das Volk solche Männer zu Vertretern seiner Interessen im Landtage wählte, welche Liebe zum Volke, Muth und Energie genug zu besitzen mit Manneswort versicherten,[2]) diesen volksverderblichen Krebsschäden ohne Rücksicht auf Personen und Verhältnisse entgegenzutreten?

Betrachtet das Volk dann weiter die übergroße Zahl der Dienst thuenden Offiziere, namentlich der höheren[3]), verfolgt es den fortwährenden, ihm wie Spielerei vorkommenden, aber immer äußerst kostspieligen Wechsel militärischer Einrichtungen und „Organisationen“, so muß es einmal daraus den Schluß ziehen, daß dabei nicht ein über das Maß des Erlaubten und Herkömmlichen hinausgehender Verstand und Blick in die Zukunft angewendet wurde, weil nichts von diesen wechselnden Einrichtungen und „Organisationen“ ꝛc. Bestand hat. Nicht minder kann aber auch das Volk auf den Gedanken kommen, daß ja bei alle dem von einer Rücksicht auf das Volk, das alles das bezahlen muß, so gar keine Rede ist, weil fortwährend Hunderttausende von Gulden für unwesentliche Dinge, ohne welche das Vaterland möglicher Weise doch auch nicht zu Grunde gegangen wäre, ausgegeben werden.

Sieht dazu endlich das Volk, wie seine besten Kräfte in den Garnisonen und Kasernen überlang dressirt und darum nutzlos vergeudet werden — und das bezeugen alle heimkehrenden Soldaten, daß sie bei minderer Grobheit der Korporäle ꝛc. ꝛc. und bei größerer Lehrgewandtheit der Unterrichtenden überhaupt um das Dreifache schneller fertig werden könnten —; müssen die Eltern leider so oft erfahren, daß abgesehen von den andern materiellen Verlusten auch noch und namentlich im letzten Jahre des Garnisonslebens die Sittlichkeit ihrer Söhne zu Grunde geht, so ist denn doch ihre Forderung, daß einmal mit einem so heillosen Militärsystem gebrochen werde, klar, vernünftig und vollkommen berechtigt.

Daß dem so werde, daß der erdrückende Alp dieses unseligen Militarismus endlich von dem Volk abgewälzt werde, darum hat das Volk neue Abgeordnete gewählt und vertraut fest, daß keiner, auch nicht Einer diese seine berechtigten und vernünftigen Forderungen fallen lassen werde, sondern daß Jeder treu zum Volke stehen und treu bei seinem gegebenen Manneswort bleiben werde.

Das patriotische bayrische Volk hält darum neue Adressen gegen das herrschende Militärsystem zunächst für überflüssig, weil seine Vertreter ohnedies verpflichtet sind, zu thun, was die Adressen verlangen könnten, und weil seine Vertreter in der Kammer wohl wissen, daß sich keiner mehr unter dem Volke sehen lassen dürfte, der ihm je sein gegebenes Wort gebrochen hätte.

[1]) Eine Gepflogenheit, die namentlich bei den letzten Armeebefehlen eine große Rolle spielte, worüber uns ein Hr. v. d. Tann u. s. w. treffliche Aufschlüsse geben könnte. Es scheint, als müßte bei Allem, was dem lieben Volke eine besondere Freude macht, ein v. d. Tann dabei sein! Die Herren v. d. Tann sind aber auch in Bayern zahlreich wie der Sand am Meer, wenn auch nicht jeder ein so berühmter General und Feldmarschall ist wie der von anno Babylon. Ueberall trifft man einen v. d. Tann, sie sind sozusagen die Schutzengel Bayerns. D. Red.

[2]) Das scheint wohl den Abg. Hrn. Grafen Fugger-Blumenthal auch anzugehen?! D. R.

[3]) Die 529 „Ueberzähligen“ nicht zu vergessen! D. R.

Das allgemeine Concil und die Presse II.

Wir behaupten nicht zu viel, wenn wir sagen, daß gerade die moderne Staatsgewalt, selbst in katholischen Ländern, fast nur einen schädlichen Einfluß auf die Entwicklung des kirchlichen Geistes geübt hat und immer mehr übt. Der Kirche ist fast aller Einfluß auf den höheren Unterricht entwunden; die Lehrstühle an den Universitäten sind meistentheils mit antikirchlichen Männern besetzt und die sogenannte „freie Wissenschaft" treibt auf denselben, abgesehen von einigen Resultaten in der Naturwissenschaft, ihren Humbug. Und diese „freie Wissenschaft" mit ihrem heutigen Dünkel scheint auch an so manchen theologischen Fakultäten nicht spurlos vorübergegangen zu sein, wenigstens vindiciren sich manche theologische „Größen" eine Autorität, wie sie dem gelehrtesten Theologen noch nie in der Kirche zuerkannt worden ist.

Und diese „moderne" Staatsgewalt! Was ist sie? Sie ist, wollen wir recht wahr sein, eigentlich nur eine Magd der Lage, der Tagesmeinung, eine allzeit willige Dienerin des Liberalismus, wenn ihr auch noch da und dort ein Fetzen von Wohlwollen für katholische Interessen umgehängt sein mag.

Wir möchten an dieser Stelle gerne ein Wörtchen von Oesterreich reden. Allein es ekelt uns an, der kirchlichen Verhältnisse der Länder unter dem Scepter Sr. k. k. apostolischen (!) Majestät nur zu erwähnen: sie sind nur betrübend und verurtheilen auf's Entschiedenste die Ansicht, daß unter gewissen Verhältnissen unter der jetzigen Staatswirthschaft für die Kirche einiges Ersprießliche erreichbar wäre.

Allein, und das ist ja nicht zu leugnen, in wie viel innere Verhältnisse der Kirche greift nicht diese, prinzipiell der Kirche feindliche Staatsgewalt ein, zumal wenn der Landesfürst zufällig den katholischen Glauben bekennt! Muß nicht in Oesterreich der nämliche Kaiser, der dem hl. Vater die Personen für erledigte Bischofsstühle designirt, auch zugleich die kirchenfeindlichsten Gesetze sanktioniren, die ihm von der Freimaurerloge und den allmächtigen Juden unterbreitet werden? Man hat vorläufig den Bischöfen nur ihre Titel und Güter belassen!

Sind also die Zustände der Kirche in Deutschland nur einigermaßen befriedigend? Ist sie nicht auf der einen Seite von der Staatsgewalt dem Anschein nach beschützt, auf der andern aber in ihrem innersten Heiligthum, nämlich in der Bewahrung ihrer Mitglieder vor falschen Grundsätzen gehemmt, ja geradezu gehindert? Werden nicht die entschieden kirchlich gesinnten Katholiken überall zurückgedrängt, während man anstandshalber den Bischöfen noch nicht zu nahe kommt und dazu gelegenere Zeiten abpaßt?

Uns, die wir recht wohl mit der Mehrzahl der gebildeten und der Kirche treu ergebenen Katholiken diese Zustände kennen, mußte deshalb der Schritt der österreichischen und deutschen Bischöfe auffallend und beinahe bedenklich vorkommen. Denn haben sie sich nicht des Beifalls der gesammten liberalen Kreise erfreut? Selbst Judenblätter brachten die Namen der opponirenden Bischöfe und zeichneten manche Namen aus, wahrscheinlich weil sie selbst das nicht von ihnen vermuthet hatten! Dieselbe Presse schenkte den Bischöfen ihren Beifall, welche seither nichts Eifriger zu thun hatte, als allen Schmutz aufzuwühlen und mit demselben in ungerechtester Weise die katholische Kirche zu bewerfen!

Wir legen indeß mit allen treuen Katholiken diesem Schritt der deutschen und österreichischen Bischöfe keine wesentliche Bedeutung bei. Wurden auch in manchen Städten „liberale" Katholiken zusammengetrommelt, um dem Hauptrompeter gegen das Concil, Dr. Döllinger, Zustimmungsadressen zu votiren, machten manche Glieder theologischer Fakultäten sich in dieser Hinsicht unsterblich — machen: auch diese Stimmen sind verstummt, ohne daß das Concil ihretwegen einen Schritt weiter nach rechts oder links gethan hätte; all diese Elemente haben in der Kirche gar kein Gewicht und sind der Kirche eher eine Last, als ein Gewinn.

Deutschland.

München, den 16. März.

* Wir werden um Aufnahme nachfolgender Ansprache „an die katholisch-patriotische Partei in Bayern" ersucht: „Der „Volksfreund" brachte in Nr. 41 vom 20. Februar d. J. eine Aufforderung aus Bayern an uns Katholiken in Oesterreich, uns zu rühren, und zwar in so beachtenswerthen Worten, daß nur zu wünschen ist, die beginnende Rührigkeit der Katholiken Oesterreichs möge hierin einen neuen Antrieb erblicken, sich vermöge des Vereinsrechtes mehr und mehr zu sammeln und die hl. Pflicht recht eindringlich zu erkennen, nicht nur ein katholisches Leben im Stillen zu üben, sondern auch durch Benützung des Wahlrechtes zu bethätigen. Dank, aufrichtigen Dank daher dieser Stimme aus Bayern, welche uns deutlich beweist, daß es für die gemeinsamen Interessen der Katholiken keine Grenzpfähle gibt, daß die Wunden, welche uns in einem Lande geschlagen werden, allgemeine Wunden sind, daß erwachtes Bewußtsein, wo es sich immer zeigt, überall mit Freuden begrüßt wird, und daß gemeinsames Vorgehen allein uns zu retten vermag. Das muthige Auftreten der Patrioten unseres Nachbarlandes, welches wir mit wachsamem Auge namentlich während der letzten Wahlperiode verfolgten, hat uns zum großen Theile aufgerüttelt, es hat in Oberösterreich eine Organisation über das ganze Land, gleich jener in Bayern hervorgerufen, es hat vermocht, in Wien, St. Pölten, Wiener Neustadt Männer an die Spitze katholisch-politischer Casino zu stellen, um unsere Rechte zu vertheidigen und den falschen antichristlichen Liberalismus seines trügerischen Flitters zu berauben. Hiezu benöthigen wir noch ferner des ausharrenden Beispieles unserer Kampfbrüder in Bayern, denn Euer Sieg hat bei uns die Feinde des Rechts und der Gerechtigkeit fester aneinander geschlossen, um uns einen gleichen Triumph zu vereiteln, und obwohl wir weit stärker sind als unsere Gegner ahnen, so werden wir doch nicht sobald einen Sieg davon tragen, denn unsere Unterlassungssünden sind groß und erst durch den Kampf müssen wir beweisen, daß wir das Versäumte gut zu machen ernstlich bestrebt sind. Aber aushalten wollen wir und dann wird uns auch der Segen Gottes nicht entgehen, wie er den Patrioten Bayerns geworden, und den wir ihnen auch ferner in vollem Maße wünschen. Haltet aus! Laßt Euch durch noch entgegentretende Hindernisse nicht einschüchtern, das seiner Kirche und seinem Königshause treue Volk verläßt der Herr der Kirche und der Herr der Könige und der Völker nicht, und wird unter Euch Männer hervorrufen, die an der Spitze der Patrioten den Sieg sichern werden. Wir in Oesterreich werden nicht ermangeln, nach Bayerns Beispiel und Aufforderung im Kern des Volkes, in dem echt katholischen Bauernstande katholische Casino's in's Leben zu rufen, und wenn wir uns dann im Geiste überallhin die Hände reichen, so werden wir auch das moderne Heidenthum zu Schanden machen und Europa die Civilisation des Christenthums erhalten."

Landtag. In der gestrigen Sitzung der Kammer der Abgeordneten wurden die neuen Abgeordneten für Günzburg, Pfarrer Bach und Hr. Kastner, eingeführt und beeidigt. In der folgenden Debatte wurden die Anträge Stauffenbergs und Greils bezüglich der Bestimmungen des Polizeistrafgesetzes über Sammlungen und Dr. Schleichs über Art. 103 und 116 desselben Gesetzes verworfen. Die Debatte war nicht von allgemeinem Interesse, wir werden aber Einiges nachtragen.

— Während in Würtemberg die Kammer mit Händen und Füßen das preußische Wehrgesetz und den kostspieligen Militarismus loszubringen sucht, hat die bayrische Kammer, haben Mitglieder der patriotischen, sage der patriotischen Partei in ihrem Finanzausschusse mit 5 gegen 4 Stimmen sich für Vertagung dieser wichtigen Sache ausgesprochen, ja ein gräfliches Mitglied der Partei, — wir dürfen ihn schon nennen, da die liberalen Blätter damit nicht hinterm Berge halten! — Graf Fugger-Blumenthal hat sich in allen Punkten auf Seite des unersättlich verlangenden Kriegsministers gestellt und gegen die Patrioten gestimmt. Das ist doch wahrhaftig ein Skandal! Hat man den Herrn etwa dazu in die Kammer gewählt, daß er für den Kriegsminister, statt für's Volk spreche? Daß er dessen unerträgliche Lasten noch vermehre, statt vermindere? Und Angesichts solcher Dinge will man, daß die patriotische Presse in Demuth schweige und ja nicht zu kritisiren anfange, statt daß sie gewissen Klub-Mitgliedern nachdrucksamst zu Gehör rede, was das Volk von ihnen verlangt und erwartet! Die 4 Patrioten, welche dem Stauffenberg'schen Antrag auf Verschiebung, d. h. Verschleppung der Militärfrage zustimmten, sind die H. H. Schmidtkonz, Diepolder, Gf. Fugger und natürlich Dr. Freitag! Fest geblieben sind nur die H. H. Lukas, Greil und Wiesnet und der Referent Kolb, welcher auf's Höchste und ganz mit Recht entrüstet war, daß die Patrioten — die Patrioten! — ihn im Stich gelassen und daß gar noch Einer (Fugger) für die maßlosen Forderungen des Ministers sich einlegte. Soll da wirklich die patriotische Presse nichts sagen dürfen, wenn die Männer des „Friedens", der „Vermittlung", der „Versöhnung", die Transaktions- und Kompromißmänner solche Geschichten anfangen?! — Die Herren mögen sehr böse sein und uns bei guter Gelegenheit wieder „dekavouiren", aber die Wahrheit sollen sie doch von uns zu hören kriegen und wie es scheint, werden wir da gar nicht „allein" sein, Hr. Dr. Huttler!

— Unter dem Titel: „Die Unwahrheiten der Römischen Briefe vom Concil in der Allg. Ztg." ist von dem hochw. Hrn. Bischof von Mainz, Freiherr v. Ketteler, soeben eine 1½ Bogen starke Brochüre erschienen, die wir unsern Lesern avisiren.

— Die Augsburger „Postzeitung" lehnt in ihrer heutigen Nummer Bezeichnung die „katholisch patriotische Partei" für patriotische Partei, welch erstere ein der Dinge unkundiger Oesterreicher in einer Zuschrift an die „Postzeitung" gewagt hatte, höflich ab; sie will „für das Recht jeder Confession einstehen"! Die „Postzeitung" hat Recht; wenn dieser gute Oesterreicher mit der „katholisch patriotischen Partei" in Bayern verhandeln will, hätte er sich allerdings nicht an die „Postzeitung" wenden sollen. Beiläufig wollen wir bemerken, daß die uns die richtigste scheinende Bezeichnung: „katholisch-patriotische Partei" von uns, vom „Vaterland" ausgegangen ist und von allen Seiten mit Jubel begrüßt wurde. In der katholischen Presse des Auslandes wird diese Bezeichnung jetzt auch allgemein angewendet. Siehe oben unter München.

In **Heretshausen**, B.-A. Aichach, ist am 19. ds. Bauernvereinsversammlung.

In **Kolbermoor** ist am 9. ds. die Preßtorffabrik abgebrannt. Die Eigenthümer, die über das Unglück, das die ohnehin schon baufällige Barake getroffen, natürlich tief betrübt sind, werden die „Fabrik" schwerlich mehr aufbauen wollen, da wie bekannt Preßtorf und Braunkohle weitaus das schlechteste und dabei theuerste Fahrmaterial sind und die Konkurrenz mit dem Stich-Torf nicht entfernt aushalten können.

Aus dem **Kelheim-Rottenburger** Wahlbezirk wird dem „Vaterland" geschrieben: Die Landshuter Zeitung meldete jüngst, daß Dr. Sepp's berüchtigte Brochüre in der ersten Auflage bereits vergriffen (?) sei und derselbe an einer zweiten, offenbar verbesserten, wenigstens mit kirchlichen Reformentwürfen vermehrten arbeite. Sollte es ihm etwa darnach einfallen, die „Nachfolge Christi" von Thomas v. Kempis nach der Richtung, wie sie in seiner unübertrefflichen Brochüre S. 160 bezeichnet ist, umarbeiten zu wollen, weil ja nach der hl. Schrift dieses Büchlein dem gläubigen Katholiken bisher als das erste galt, so dürfte Hr. Reformator Sepp sich doch gefälligst erinnern, daß schon Adam und Eva eine derartige Umarbeitung besorgt haben und Lucifer, der Engel des bekannten Lichtes, im Bunde mit seinen Getreuen es an neuen, nicht minder vortrefflichen Auflagen nicht fehlen läßt.

Der **Amberger** „Volkszeitung" sind dieser Tage zwei im vorigen Jahr konfiscirte Nummern wieder zurückgegeben — worden. Bis man herausbrachte, daß ihr Inhalt unschuldiger Natur sei, hatte man ein halbes Jahr gebraucht. „Wenn man bei den Konfiscationen des „Bayr. Vaterland", meint die „Volkszeitung", es ebenso machte, so würde für dasselbe ein eigener Untersuchungsrichter nöthig sein." Es scheint fast!

Vom **Main** wird dem „Vaterland" geschrieben: Was will denn ein Theil unserer Patrioten mit der Aufbesserung der Schullehrer? Wollen sie wirklich einen alten Mantel flicken, dessen schadhaftes und abgenütztes Tuch keinen Stich mehr hält? Sicher sind 90 Prozent der Lehrer Anhänger des Fortschritts, und dessen darf Jeder sich versichert halten, daß diese Lehrer jegliche Aufbesserung von Seite der Patrioten nur als eine feige Abschlagszahlung verhöhnen und als Lockspeise verdächtigen werden, um bei einer weitern Wahl ihrer Hilfe und Stimme habhaft zu werden. Uebrigens haben die „fortschrittlichen" Lehrer ganz den Dünkel und die Bedürfnisse von Universitätsprofessoren. Leider liegt dieser Dünkel im Institut selbst; er ist aber auch das Gift, welches dasselbe auflöst. Lasse man daher der Zersetzung ihren Lauf und verhindere man die Auflösung des durchaus liberalen Schulmeisterinstituts nicht durch eine Gehaltsaufbesserung. Von den Abgeordneten der katholisch-patriotischen Partei erwarten wir, daß sie der Kirche wieder das Recht verschaffen, konfessionelle Schulen errichten zu dürfen; an den neu errichteten Kirchenschulen werden dann die katholischen Schullehrer ehrenvolle Verwendung und reichlichen Unterhalt finden.

In **Würzburg** wurde die Arbeitseinstellung der Bäckergesellen dadurch beendigt, daß die Kasernen geöffnet und die des Brodbackens kundigen Soldaten herausgelassen, die feiernden Gesellen aber aus der Stadt verwiesen wurden. Ein sehr einfaches Mittel, besonders wenn die Leute so anerkennenswerthen Gehorsam gegen die hohe Polizei haben!

In **Baden** hat gelegentlich einer Kammerdebatte der Ministerpräsident Freydorf den Namen „Bettelpreuße" als einen Ehrennamen für die badischen „Nationalen" erklärt. Die Geschmäcker sind halt verschieden!

Oesterreich. In Wien ist eine neue Ministerkrise in Anzug. Der Finanzminister Brestl, welcher gegen den türkischen Eisenbahnschwindel ist, und Beust sind einander deshalb in die Haare gerathen. Beust ist nämlich dafür und hat in Konstantinopel bereits bezügliche Versprechungen gemacht. Wahrscheinlich wird er sich wieder gehörig haben abschmieren lassen von den Türken!

Preußen. Berlin. Bismarks Nordd. Allgemeine Verpreußungszeitung ist schon wieder von schauderndem Entsetzen über das „Bayr. Vaterland" erfaßt und zwar wegen der Nr. vom 11., wo die Hoffnung ausgedrückt war, daß wir den Theil der „göttlichen Mission Preußens", von den Franzosen einmal die wohlverdienten Prügel zu bekommen, lieber den Preußen allein zur Erfüllung überlassen werden. Die allgemeine Verpreußungszeitung sieht darin schon wieder eine Allianz mit den Rothhosen, was in ihren Augen natürlich ein entsetzliches Verbrechen gegen die Pickelhaube ist. Und die Allianz mit den Rothhemden?

Bedenke doch, o August Braß,
Was für ein Blödsinn ist es, daß
Du bitter immer tadelst an
Den Andern, was du selbst gethan!
Du thatest an der Welschen Seiten
Kühn gegen deutsche Brüder streiten,
Und mit den Franzen warest du
Schon handeleins, o du Filou! —
Du solltest doch, statt Mores uns zu lehren,
Erst sauber deine eigene Thüre kehren!
Gehab' dich wohl, Herr August Braß,
Und merk dir das!

Ausland.

Italien. Der alte Garibaldi hat, nachdem er durch seine Proklamationen und Briefe nur dem Bedürfniß des Lachens genügen kann, versucht, durch einen Roman wieder zu einiger Popularität zu gelangen, die dem eitlen Menschen so nothwendig ist wie das tägliche Brod. Dieser Roman enthält ungeheuerliche Dinge und garibaldianische Prahlhansereien. Nicht blos die „klerikale Sekte", nämlich die Kirche ist dem alten Revolutionsmann gründlich verhaßt, auch mit Mazzini und seinen Anhängern, die wenigstens das vor ihm voraus haben, daß sie klüger sind als er, hat er sich überworfen. Von Mazzini sagt er — und uns scheint sehr richtig —: „Durch Anmaßung irre geleitet und ohne Fähigkeit zum Befehlen, duldet er weder die Leitung Anderer (z. B. des Schlaukopfs Garibaldi!), noch nimmt er deren Rathschläge an und ohne sich als absoluter Chef hinzustellen, ist er der verkörperte Absolutismus für einen Republikaner keine sonderlich empfehlende Eigenschaft!) ich möchte sagen ein zweiter „Unfehlbarer". — Ueber die Mazzinisten beklagt er sich nicht weniger und nennt sie geradezu „eine Kaste von Doktrinären, eingehüllt in den Mantel einer exklusiven Arroganz, welche nur sich selbst vergöttern und für rein erklären". — Diese Schilderung der Mazzinisten paßt so wunderbar auf unsere Liberalen, als hätte sie Garibaldi abphotographirt!

Judengeschichten.

In Wien steht eben ein jüdischer Student, Moriz Schochet, vor Gericht, der mit Hilfe seiner Eltern einen Kurgast Namens S. Hecht mit Blausäure vergiftet und einer Baarschaft von 6—10000 fl. beraubt hat.

Der Türkenschwindel,

vor dem wir unsere Leser eindringlichst gewarnt, wird, wie wir jetzt sehen, auch von auswärtigen Blättern verurtheilt. Die „Frankf. Zeitung" warnt ausdrücklich davor, der „Oesterr. Oekonomist" warnt in den schroffsten Worten vor einer Betheiligung an diesem Anlehen, „welches jeder soliden Grundlage entbehre." Das „W. Vaterland" nennt es wie wir einen offenbaren Schwindel; „der böse Geist dieses türkischen Lotterieschwindels, sagt es, wird nicht nur an den europäischen Börsen seine Verheerungen anrichten, sondern auch Minister und Diplomaten (Beust?) ganz kurios mitnehmen. Wir warnen das leichtgläubige Volk, auf welches der ganze Schwindel abgesehen ist, kategorisch davor." England, Frankreich und Ungarn haben die Auflage dieses Anlehens verboten, nur Oesterreich (Beust!) gestattet sie. — Während so ein Theil der auswärtigen Presse, nämlich der nichtbestochene Theil, dem „leichtgläubigen Volk, auf welches der ganze Schwindel abgesehen ist", reinen Wein einschenkt und wie wir den kolossalen offenbaren Betrugsversuch pflichtgemäß aufdeckt, muntert die hiesige und bayrische Presse in langen Reklameartikeln und Seiten langen theuern Inseraten das arme der Sache unkundige Volk auf, sich von Juden und Türken anführen zu lassen; kaum daß eine Stimme schüchtern und hinterdrein zu sagen wagt, das Schwindelgeschäft „dürfte" am Ende „doch nicht ganz zu empfehlen sein!" Ja, wenn die Kuh aus dem Stall ist! Wir haben unsere schönen Erfahrungen gemacht und sind hinter merkwürdige Dinge gekommen, die später vielleicht nicht ohne Werth sind, aber wir haben das Interesse unserer Leser und des Volkes höher angeschlagen, als unsern Vortheil. Und so werden wir's immer thun, wie es unsere journalistische Pflicht ist: wir warnen, wo wir müssen, und nennen Schwindel, was Schwindel ist, um so viel auf uns ankommt, unsere Leser vor Schaden und Nachtheil zu bewahren.

Marktpreise in München.

1 Pfd. Mastochsenfleisch 16 kr. — pf., Kuhfleisch 17 kr. — pf., Kalbfleisch 15 kr. — pf., Schaffleisch 12 kr., rohes Schweinefleisch 20 kr. 1 Pfd. Schweinefett 29 kr. eine rohe Zunge 1 fl. 12 kr., dito geräuch. 1 fl. 30 kr. ein Zentner rohes Unschlitt 23 fl. — kr. ein Pfd. gegoss. Lichter 24 kr., gez. feine Lichter 23 kr., ditto ordinäre 22 kr., Seife das Pfd. 16 kr.

Das Pfd. Karpfen 22—24 kr., Hechten 30—36 kr., Huchen 48— — fl. 54 kr., Rutten 42—46 kr., Forellen 1 fl. 12 kr. bis 1 fl. 24 kr. Waller 1 fl. 24 kr., Barben 18—20 kr., Alten 16—18 kr., Waller 42—46 kr., Brachsen 14—18 kr., Renghen 24—30 kr., Pirschlinge 18 —22 kr., Bachfische 7—9 kr., Krebse das Viertel 100 36—54 kr., Frösche, das Wirbel 9—15 kr. — 1 Zentner Heu 1 fl. 36 kr., 1 Ztr. Grummet 1 fl. 45 kr. Waizenstroh — fl. — kr. Roggenstroh 1 fl. — kr. Haberstroh — fl. 48 kr. Eine Klafter Buchenholz 16 fl. — kr. Birkenholz 14 fl. 21 kr. Föhrenholz 10 fl. 36 kr. Fichtenholz 10 fl.

Verantwortlicher Redakteur: Dr. J. Sigl.

Druck von M. Vogt in München, Rosengasse 10.

II. Jahrgang. Das Bayrische Auflage: 1800.

Das „Bayr. Vaterland“ erscheint täglich mit Ausnahme der Sonn- und hohen Festtage. Preis des Blattes: Vierteljährig 54 kr., ganzjährig 3 fl. 36 kr. Das einzelne Blatt 1 kr.

Alle Postexpeditionen und Postboten des In- und Auslandes nehmen Bestellungen an. Inserate werden die dreispaltige Petitzeile oder deren Raum zu 3 kr. berechnet.

Redaktion: Burggasse 14. Herausgegeben von Dr. jur. J. Sigl. Expedition: „Ruffinibazar 5

Narcissus. Nr. 63. Freitag, 18. März 1870.

Bestellungen auf das „Bayr. Vaterland“

für das Quartal zu 54 kr. (für den Monat März zu 18 kr.) können bei allen Postanstalten und Postboten noch immer gemacht werden.

Der brave Gottfried und die bösen Jesuiten.

R. v. d. Donau. Aus Regensburg erhält der Nürnb. Anzeiger die liebreizendsten Notizen über die Jesuiten; je frecher und gemeiner nach Form und Inhalt, um so willkommener sind sie dem wackeren Kämpen für „Religions- und Gewissensfreiheit“ (!!). Früher empfahl er als liberal-demokratisches Mittelchen gegen die Jesuiten das „Rausschmeißen“, ein Bischen höflicher geworden verlangt er jetzt blos das „Ausweisen“ (Nr. 47). Die Katholiken Regensburgs sollen sich diese beiden Rezepte merken, wenn die dortigen „freireligiösen“ Conzipienten und Straßenbummler sich wiederholt den Gottesleugner Scholl verschreiben: dem mögen sie auf diese Weise geschwinde Beine machen!

Wir haben uns schon oft gefragt, warum wohl der „radikale“ Schulmeister und seine „jüdischen“ Skribifaxe die Jesuiten und Priester so lästerlich beschimpfen und so infernalisch hassen?

Er, der Schelm und Spitzbube fürchtet die Gerechtigkeit und das Gesetz, Richter und Gericht, weil er damit in unliebsamen Conflikt gerathen kann: — der Sünder und Gottlose fürchtet die ewige Gerechtigkeit und Wahrheit und die Prediger derselben, und deshalb haßt er sie, und der „Anzeiger“ fürchtet — die Jesuiten und Priester!

Im Aerger daß die Jesuiten noch immer leben, und daß man sie leben läßt, poltert der „Nürnberger“ in ächt pöbelhaftem Ton, der jedem „liberal-gebildeten“ Gassenjungen als Muster empfohlen werden kann wie folgt: „antichristliche Apostel — jesuitisches Unkraut — infamer Orden und Jesuitenpest — Auswuchs listigen Pfaffenregiments; die Jesuiten säen eine giftige Saat und Sitten- und Glaubensverderbniß.“ (Nr. 25 und 66).

Ganz richtig, edler Streiter Gottfried! Wer den Nürnb. Anz. für einen „Prediger der Wahrheit“ hält, der muß die Jesuiten für „antichristliche Apostel“ ausgeben; wem der Anzeiger und dessen knoblauchduftende Skribler für „Musterkatholiken“ gelten, dem muß der Jesuitenorden als ein „infamer Orden“ erscheinen; wer das Nürnb. Stinkkraut für ein duftendes Veilchen oder gar für eine blendend weiße Lilie anschaut, der muß die Jesuiten für „Unkraut“ halten; wer den Anzeiger für einen grünenden und blühenden Zweig am Baume des Volkslebens hinnimmt, der muß im Jesuitenorden einen „Auswuchs“ erblicken, und wer da glaubt, daß die „Ritter und Troßbuben“ des Anzeigers bei ihrem notorischen Gotteshaß und mit ihren Schmutz- und Skandalgeschichten Religiösität und Sittlichkeit befördern, der muß die Predigten der Jesuiten für „sitten- und glaubensverderblich“ erklären.

Doch derlei Infamien treffen nicht den Jesuitenorden, sondern fallen auf die verleumderischen Schmäher zurück. Dadurch daß ein loser Bube seine Taschen mit Koth füllt und mit seinem Unflath lustig auf Andere losbombardirt, dadurch zeigt er nur, daß ihn fremder Glanz blende, und um ihn zu dunkeln, wirft er neidisch seinen Schmutz drauf. Von unseren jesuitenfresserischen Journalen „Nürnberger Anz., Neueste, Landeszeitung, Niederb. Kurier, Reg. Tagblatt“ rc. rc. kann kein halbwegs anständiger Mensch an seiner Ehre verletzt werden, viel weniger ein Orden, dem selbst Voltaire, D'Alembert, Lalande rc. ihre Achtung und Bewunderung nicht versagen konnten.

Das Edle und Erhabene — seien es Personen oder Institute — muß man erst in den Koth herabziehen, während der Koth selbst Jahr aus Jahr ein auf der Gasse liegt.

Das allgemeine Concil und die Presse III.

(Schluß.)

Die Adresse der Bischöfe, sagten wir, hat keine Bedeutung für die Erledigung der Frage selbst, um derentwillen sich die liberale Presse erhitzt und Lanzen bricht zu Gunsten der Dissentirenden. Denn das Concil ist kein Parlament, keine konstituirende Versammlung, keine kirchliche Ständekammer in dem Sinne, in welchem in unsern konstitutionellen Staaten Volksvertretungen bestehen. Die Bischöfe sind auf dem Concil vom Papst berufen, nicht von ihren Diöcesanen gesendet. Darum hätten alle Adressen, pro und contra, die an einzelne Bischöfe gerichtet sind, gar keine, auch nicht die mindeste Bedeutung. Sie wären ein Schlag ins Wasser.

Und eben weil die Bischöfe berufen sind, so haben sie auch nicht eine Initiative in dem Sinn, als ob sie zu entscheiden hätten, welche Dinge besprochen werden sollen und welche nicht. Verfehlt war deshalb die Adresse schon in dieser Hinsicht; die Dissentirenden hätten einfach sich gedulden sollen, bis eine entsprechende Vorlage an sie ergangen wäre. Hat ja doch der hl. Stuhl dafür hinreichend Sorge getragen, daß alle bedeutenden Vorlagen, auch die, welche nicht vorher von den Theologen vorbereitet worden sind, in dem Plenum des Concils zur Debatte gelangen konnten!

Mögen nun auch gegentheilige Erklärungen hie und da erlassen worden sein und noch erlassen werden: betrübend ist immerhin für jedes katholische Herz in Deutschland das Bewußtsein, daß einige Zeit die Namen einiger seiner Bischöfe mit einer gewissen Befriedigung in den Spalten der schlechten Presse geglänzt haben, von den schlechten liberalen Elementen beweihräuchert worden sind, während man jene deutschen Bischöfe, welche doch, wie die Bischöfe von Paderborn, von Regensburg, von Brixen, lauter durchgebildete Theologen, das besondere Vertrauen der Majorität der Väter des Concils besitzen und in die dogmatische Commission gewählt wurden, gar nicht nannte, überhaupt blos mit einer Minorität Parade machte. Wir hätten gewünscht, alle deutschen Bischöfe auf derjenigen Seite zu sehen, welche sich dem traditionellen Lehrbegriff über die Unfehlbarkeit des Oberhauptes der Kirche conformirt hat und nicht lediglich Opportunitätsgründe leugnet, sondern sich auf die konstante kirchliche Ueberlieferung bezieht.

Irgend eine Rücksichtsnahme auf die liberalen Wünsche, die auch manchen, sonst gut gesinnten Katholiken sind eingeimpft worden, verbietet sich in der Kirche von selbst, denn in der Kirche und also auch auf dem Concil soll nur untersucht werden, was altüberlieferte katholische Lehre ist, und soll, wenn nothwendig, erklärt werden, was dieser altüberlieferten Lehre widerspricht. Theologische Publicistik und sonstige, dem heutigen Parlamentarismus und der Presse verwandte Dinge waren nie und werden nie statthaft werden auf einem Concil.

Viel korrekter und dem Sinn der Kirche entsprechender finden wir das Handeln der Majorität der Väter des Concils. In der Haltung derselben finden wir aber auch nur lediglich den Trost und die Zuversicht, daß **Alles nach dem Geiste Gottes auf dem Concil entschieden wird.** Diese Majorität der Väter erwartet mit aller Ruhe die Diskussion über die schwebende Frage, in wie weit das Oberhaupt der Kirche unfehlbar sei. Sie präoccupirt nicht, und beschäftigt sich jetzt lediglich mit Prüfung der kirchlichen Lehre. Es wäre für die Kirche am ersprießlichsten gewesen, wenn die Dissidenten das Gleiche gethan hätten; die liberale Presse hätte nicht Stoff gehabt, großes Aergerniß zu verursachen, und viele Bischöfe hätten sich die Mühe erspart, öffentlich auftreten zu müssen, um zu desavouiren und den Schein von sich abzuwälzen, als seien sie mit sehr verdächtigen Elementen einer Gesinnung.

Deutschland.

München, den 16. März

Der Austritt Buchers aus dem Klub beschäftigt vielfach die Presse. Die Allg. Ztg. meint, der Verleger von 3 Blättern sei ein so werthvolles Mitglied einer Partei, daß der Klub Grund hätte, ihn wieder zu gewinnen. Das meinen wir ungefähr auch, nur müßten dann die gewissen Herren, von denen sich einige im Finanzausschuß wieder so ausgezeichnet haben, vor Allem das unnütze Kritisiren und Nergeln lassen. Das B. Volksblatt will dagegen in Erfahrung gebracht haben, daß das patriotische Volk sich über den Austritt ärgere. Das ist ein wenig schnell gegangen; wenn aber das „patriotische Volk" des B. V. die näheren Umstände wüßte, so würde es sich nicht mehr ärgern. „Persönliche Gereiztheit oder Verdrossenheit" wirft das B. V. Hrn. Bucher vor; — sehr mit Unrecht, denn Hr. B. hat einfach ein Recht der freien Presse gewahrt, als einige Herren des Klubs sich als oberste Censurbehörde der Presse auszuspielen gedachten. Die „Einigkeit der Partei" leidet übrigens dadurch nicht Schaden, denn man kann sehr patriotisch sein und stimmen, ohne deshalb jeden Abend mit Dr. Huttl.. Bamberger Hof-Bier trinken zu müssen. Die gewiß maßvolle Landshuter Ztg. bemerkt sehr richtig: „Hrn. B. für den Inhalt seiner Blätter verantwortlich zu machen, können auch wir nicht gutheißen; es ist thatsächlich, daß Hr. B. wohl seine Blätter verlegt, aber sie nicht redigirt und schreibt. Kommandiren aber läßt sich eine anständige Redaction nicht". Noch schärfer und verständlicher spricht sich die Pfälzer Ztg über den Klub aus, wenn sie sagt: „Die patriotische Fraktion vernachlässigt geradezu ihre Presse, statt Fühlung mit ihr zu erhalten und hiedurch Mittheilungen zu unterstützen. Wenn sich diese Vernachlässigung nur nicht rächt." — Davon könnten wir ein gar erbauliches Lied singen. Die hiesigen Redacteure und Mitarbeiter patriotischer Blätter haben in unvordenklichen Zeiten, bei der aufgelösten und dieser Kammer, Versuche gemacht, „Fühlung" mit dem Klub zu erhalten; allein diese Versuche und die Besuche haben sie nun aufgegeben. Sie sind meistentheils darauf beschränkt, ihre Nachrichten über die patriotische Partei via Scholastika oder aus den andern Blättern zu beziehen — von wegen des Klubgeheimnisses! Wenn ein oder der andere Abgeordnete von gegnerischer Seite gar zu hart mitgenommen wird, dann muß er sehen, wie er sich persönlich der Angriffe erwehren mag, vom Klub aus als solchem geschieht nicht das Mindeste. Die einzige positive „Mittheilung", die quasi offiziell an die hiesigen Redactionen gemacht worden ist, betraf den Klubbeschluß über die Aufbesserung der Schullehrer! Das ist Alles; wir sind alle über Vorgänge, Ziele, Pläne rc. des Klubs offiziell völlig im Dunkeln, dagegen werden wir alle fleißig kritisirt und getadelt, wenn wir etwas sagen, was den „gemäßigten" Stimmführern nicht gefällt. Offiziell also weiß die patriotische Presse gar nichts, wohl aber pflegt sie auf Umwegen, namentlich via Scholastika ziemlich gut über die Klubvorgänge unterrichtet zu sein, und wir speziell sind so mit unserm Urtheil nahezu fertig. Wenn die Kammer wieder aufgelöst wird, wird auch, wie das letzte Mal, die Presse wieder zu Gnaden kommen; bis dahin braucht man die Presse vorläufig nicht mehr, wie sogar schon einmal mit dürren Worten gesagt worden ist. Die Presse ist nun ihrerseits größtentheils so frei, wieder ihren eigenen Weg zu gehen, die Existenz des Klubs, der für sie nicht da sein will, zu ignoriren und lediglich die patriotische Sache und Partei im Volke und deren Interesse im Auge zu haben — ganz wie sie früher that, ehe es noch einen Klub und „Führer" gab.

☛ Der Finanzausschuß hat seinen letzten Beschluß, die Militärfrage ins Ungewisse zu vertagen, mit allen gegen zwei Stimmen — Stauffenberg und — — **Freitag (!!!)** reformirt. **Bravo,** Freitag!

— **(Militärisches.)** Bayern hat mit Ausnahme Frankreichs und des Nordbundes verhältnißmäßig die größte Soldatenmenge von allen europäischen und außereuropäischen Staaten. Es hat einen Friedensstand von (einschließlich der Offiziere und Ersatzmannschaften) 49,949 Mann bei einer Bevölkerung von 4,824421 Einwohnern, also einen Soldaten auf 96 Einwohner. Im Frieden! Belgien und Würtemberg haben 1 auf 125, Italien auf 132, Oesterreich auf 137, Rußland auf 185, Spanien auf 193, Türkei auf 206, Holland auf 407, Mexiko auf 517, Nordamerika auf 765, England und Ostindien auf 978, in den vereinigten Königreichen 1 Soldat auf 2363 Einwohner! Zu König Ludwigs I. Zeiten betrug das Militärbudget 6 Millionen, jetzt 15 Millionen Ordinarium und $6\frac{1}{2}$, resp. $7\frac{1}{2}$ Mill. Extraordinarium.

— Die meisten Blätter brachten dieser Tage Auszüge aus dem Gesetzentwurf über die neue Bürgerwehr. Wir haben das bis jetzt unterlassen, werden aber darauf zurückkommen, um dieses Gesetz, welches die neue Bürgerwehr einfach zu einem Organ der Polizei, zur Polizeimannschaft im großen Styl herabwürdigen würde, zu bekämpfen.

— Die Baubeamten sind auch unter den Unzähligen, die vom Landtag aufgebessert werden wollen. Der Bayr. Kurier meint, es wäre gewiß höchst billig, daß man sie aufbesserte, da sie blos 8—1600 fl. haben; der Hr.

Abg. **Lukas** ist aber nicht ganz derselben Ansicht und beantragt in seinem Referat über das Staatsbauwesen, daß man gleich gar alle 91 Baubeamten streiche, bezw. abschaffe. Wir sind leider vollkommen damit einverstanden, denn was die können, das bringen unsere bürgerlichen Baumeister auch zuwege und vielleicht gar noch besser. Das ganze Staatsbauwesen ist werth, daß man darüber — zur Tagesordnung übergehe.

— Die „Weserzeitung" will wissen, die „Bayerische Landesbase" sei an den österreichischen Reichskanzler **Beust** verkauft und werde vom 1. April an von Dr. Volpi redigirt Wenn Beust das Bedürfniß hat, meinen wir, sich in Bayern ein Blatt zu kaufen, so würde er sich wohl ein solches heraussuchen, das gelesen wird und deshalb Einfluß und Bedeutung hat, vorausgesetzt nämlich, daß ein solches Blatt zu kaufen ist Für die „Landesbase" wäre jeder Kreuzer hinausgeworfen.

Das **Straubinger** Tagblatt, ein sehr wackeres patriotisches Blatt, schreibt über die Aufbesserung der Schullehrer (aus den Säckeln der Bauern!): „Vom Lande. Es geht derzeit wieder ein großes Geschrei durch das Land: „Der Lehrerstand steckt tief im Elend, es muß ihm geholfen werden!" Gesetzt nun und als wahr angenommen, daß dieses Elend wirklich da ist, so möchte man fragen: wie kommt es denn, daß sich der mit so großem Elend behaftete Lehrerstand großentheils und fortwährend eben wieder aus diesem Stande rekrutirt? Wie kann ein Vater, welcher im Lehrerstand so viel Elend ausstehen muß, es mit seinem Gewissen vereinbaren, wenn er einen seiner Söhne oder gar mehrere derselben doch wieder diesem mit „Elend" überhäuften Stande bestimmt — vielleicht gar Zwang hiezu anwendet? Wie kann es ein Lehrerssohn mit seiner Vernunft in Einklang bringen, wenn er für sein Leben lang sich einem Stande widmet, dessen bitteres Elend er im Hause seines Vaters von Kindheit an vom Grund aus kennen gelernt hat? Es gibt Leute, welche um die Verhältnisse der Lehrerfamilien auf dem Lande auch etwas wissen, und welche eben deshalb über vorstehende Punkte um einigen Aufschluß ersuchen. Sollte ein solcher nicht erfolgen, so würden besorgte Leute sich gezwungen sehen, das Geschrei über Lehrerelend für unsauberen Schwindel zu halten."

In **Windsheim** ist von dem Bezirksgericht der Abg. Bezirksamtmann **Hauck** wegen Ehrenkränkung der Herren Fischer, Völk und Stenglein in 2. Instanz zu 75 fl. Geldbuße verurtheilt worden. Er nannte am Wirthstische seiner Heimath diese ausgezeichneten Ehrenmänner **„gemeine Lügner und Verleumder, jeder Schand und Lüge bar."** Mußte denn der Hr. Abgeordnete das sagen?

In **Augsburg** werden nächste Woche 4 Redakteure vor dem Schwurgericht stehen, die zusammen mit 23 „Preßvergehen behaftet sind, nämlich der Redakteur der Abendzeitung mit 13, des Algäuer Volksblattes mit 6, der Kempter Zeitung mit 3 und der Postzeitung mit einem. Voraussichtlich werden alle vier freigesprochen werden.

In **Zweibrücken** wurde Herr Pfarrer Eschenfelder von Eschbach in seiner Berufungssache von dem Gerichtshofe von der Klage wegen Beleidigung der Regierung und der vorigen Kammer freigesprochen, dagegen wegen Majestätsbeleidigung zu 1 Jahr Festung verurtheilt!! Er hatte in einer Predigt die bekannte Stelle der Schrift: „Unglücklich das Land, dessen König ein Kind ist" citirt. Wir meinen eher, die Denuncianten machten sich einer Majestätsbeleidigung schuldig, die diese Stelle gerade auf Bayern bezogen, wo der König doch längst über die Kinderjahre hinaus ist, während König Salomon aller Wahrscheinlichkeit nach von Bayern noch gar keine Kenntniß gehabt hat und in jenem Satze eine allgemeine Wahrheit aussprach, die jeder vernünftige Mensch nicht blos in Bayern anerkennen muß. Wie leicht man übrigens heutzutage eine Majestätsbeleidigung begehen kann, zeigt der Fall des Hrn. Pfarrers **Trunk** von Baunach, der wegen nicht weniger als 17 sogenannter Majestätsbeleidigungen angeklagt ist; wir selbst sind erst wegen 4 oder 5 in Untersuchung gewesen. Wer die Geschichte kennt, weiß, daß in Rom das Majestätsbeleidigen aufkam, als Ungeheuer und Schwachköpfe wie Tiberius, Nero &c. auf den Thron kamen, früher, unter Augustus, wußte man nichts davon. Die römischen Tyrannen und kaiserlichen Kindsköpfe sind gegangen, das schöne Institut der Majestätsbeleidigungen aber ist geblieben bis auf den heutigen Tag.

Oesterreich. Das Oberlandesgericht hat den Rekurs des Staatsanwalts wegen der Barbara **Ubryk** verworfen und jedes gerichtliche Verfahren gegen die Oberin wegen Mangel eines Thatbestandes definitiv eingestellt. Und die Lügen der Liberalen?!

Preußen. Im Berliner „Reichstag" scheint man mitunter recht niedliche Manieren und Gepflogenheiten zu haben. Als in der Sitzung vom 12. d. der Abg. Mende in seiner Rede fortwährend durch Lärm, höhnisches Lachen &c. unterbrochen wurde, schloß er mit folgender Ansprache: „Es scheint, daß dieses Haus nicht nur in zwei Theile sich theilt, welche bekannt sind als Aristokratie und Demokratie, sondern daß Fürst Lichnowski Recht hatte, wenn er behauptete, es gebe in jedem Hause und also auch hier noch eine Bubokratie, welche gewöhnlich lacht, wenn sie geohrfeigt wird." Nachdem der Lärm, der sich darüber erhoben, sich gelegt, erklärte der Präsident, „er halte diese Aeußerung der Ordnung des Hauses nicht entsprechend." (Daß die Aeußerung „der Ordnung des Hauses nicht entsprach", schließt natürlich nicht aus, daß sie ganz richtig ist. So ließ sich in Wien kürzlich ein Liberaler, Namens Baron **Weichs**, beigehen, die kath. Kirche eine „alte runzliche Schwiegermutter" zu nennen. Ein wackerer ländlicher Abgeordneter, Namens **Huemer**, erhob sich sofort und nannte dies eine Büberei. Sofort vom Präsidenten zur Ordnung gerufen, erklärte der tapfere Bauer: „Ja, Hr. Präsident, in der Ordnung mag's freilich nicht sein, was ich gesagt habe, aber wahr ist's!" Und der Mann hatte Recht.)

In Ostpreußen sind im Bezirk Pillkallen 800, in Gumbinen gar 4000 Klagen wegen Nothstandsdarlehen eingereicht!

In **Mecklenburg** sollte im 4. Wahlkreis eine Nachwahl zum Reichstag sein. Fast Niemand wählte; von einem Wahlorte wurde folgende bezeichnende Erklärung für die Unterlassung von dem Wahlkommissarius eingesandt. „Die Wähler behaupten, heißt es, daß ihre Lage seit der ersten Reichstagswahl durch unerschwingliche Salzpreise, Vertheuerung des Branntweins und Kaffees, Erhöhung des Schulgeldes und allgemeine Wehrpflicht ihrer sonst im Verdienst und Lohn gestandenen Söhne so sehr verschlimmert sei, daß sie nur durch Auswanderung, nicht aber durch den Reichstag Hilfe finden würden Um nun nicht für sich allein ein Wahlprotokoll abhalten zu müssen, zu welchem die Assistenten überdies fehlten, hat Unterzeichneter ebenfalls für diesmal auf sein Wahlrecht verzichtet". — Wie es scheint, wird es durch den von der Pickelhaube ausstrahlenden Segen überall noch dahin kommen, daß der Deutsche in seinem Vaterland glücklich ist, — wenn er auswandert!

Ausland.

Frankreich. Vor dem Gerichtshofe in Tours beginnt in den nächsten Tagen der Prozeß gegen den Prinzen Peter Bonaparte wegen Todtschlags, begangen an dem Judenjüngling Noir und wegen Todtschlagsversuch an dessen würdigen Genossen. Aus der Anklageakte entnehmen wir, daß durch drei Zeugen erwiesen ist, daß sich letzterer gerühmt, daß der Judenbube den Prinzen beohrfeigt habe.

— Nach einem Pariser Blatte soll der Kriegsminister Le-Boeuf seine Entlassung eingereicht haben und an seine Stelle General Trochü oder Marschall Mac-Mahon kommen. Die Ernennung des Letzteren würde eine entschieden kriegerische Bedeutung haben.

Börsen-Nachrichten.

München, 15. März. Heute Vormittags wurde die 39. Verloosung der 4prozentigen Grundrenten-Ablösungs-Schuldbriefe vorgenommen. Nachdem bekannt gegeben war, daß nach der Gesammtmasse der bisher emittirten Grundrenten-Ablösungs-Schuldbriefe an der gegenwärtigen Verloosung per 200,000 fl. 118 Hauptserien jede zu 1000 Nummern und im Betrage zu einer Million Gulden Theil zu nehmen haben, und daß daher zur Kompletirung der zur Heimzahlung bestimmten Summe zwanzig Züge (à 10,000 fl. auf Einen Zug) sowohl bei den Hauptserien als auch bei den End-Nummern erforderlich seien, erfolgte die Ziehung folgender Hauptserien und End-Nummern: 1) Hauptserie 92 (Nr. 91,001 bis 92,000) End-Nr. 37. 2) Hauptserie 87 (Nr. 86,001 bis 87,000), End-Nr. 07. 3) Hauptserie 47, End-Nr. 47. 4) Hauptſ. 61, End-Nr. 39. 5) Hauptſ. 111, End-Nr. 96. 6) Hauptſ. 35, End-Nr. 68. 7) Hauptſ. 48, End-Nr. 91. 8) Hauptſ. 67, End-Nr. 83. 9) Hauptſ. 43, End-Nr. 67. 10) Hauptſ. 111, End-Nr. 24. 11) Hauptſ. 43, End-Nr. 16. 12) Hauptſ. 88, End-Nr. 16. 13) Hauptſ. 63, End-Nr. 10. 14) Hauptſ. 25, End-Nr. 66. 15) Hauptſ. 110, End-Nr. 94. 16) Hauptſ. 49, End-Nr. 31. 17) Hauptſ. 12, End-Nr. 92. 18) Hauptſ. 4, End-Nr. 20. 19) Hauptſ. 36, End-Nr. 99. 20) Hauptſ. 34, End-Nr. 12. Die verloosten Schuldbriefe werden vom 1. Juli 1870 anfangend außer Verzinsung gesetzt; mit deren Heimzahlung wird sogleich begonnen und hiebei der laufende Zins bis zum Schlusse des Erhebungsmonats, in keinem Falle aber weiter als bis 30. Juni l. Js. vergütet.

Im Marionettentheater

hat die auf hohen und allgemeinen Wunsch abermals wiederholte köstliche Parodie: „Isarblech vulgo Rheingold“ am letzten Sonntag wie vorauszusehen war wieder gewaltige Zugkraft geübt, so daß sie nächsten Sonntag nochmals wiederholt werden muß. Das lachlustige heitere Volk wird sich also noch einmal mit all' den schönen Sachen, insbesondere dem famosen Terzett der Isarlöchter mit ihrem „Wigal, wogala, waia, Ringala ꝛc.“ sattsam amusiren, — leider nicht mehr lang, da am 24. April die „Saison“ schließt und für die neue, wie wir zu unserem Bedauern hören müssen, sich so große Schwierigkeiten ergeben, daß wenig Aussichten auf eine Wiedereröffnung dieses kleinen reizenden Kunsttempels gegeben sind.

Verantwortlicher Redakteur: Dr. F. Stal.

Druck von M. Vogt in München, Rosengasse 10

II. Jahrgang.

Das Bayrische Vaterland.

Auflage: 5100.

Das „Bayr. Vaterland" erscheint täglich mit Ausnahme der Sonn- und hohen Festtage. Preis des Blattes: Vierteljährig 54 kr., ganzjährig 3 fl. 36 kr. Das einzelne Blatt 1 kr.

Alle Postexpeditionen und Postboten des In- und Auslandes nehmen Bestellungen an. Inserate werden die dreispaltige Petitzeile oder deren Raum zu 3 kr. berechnet.

Redaktion: Burggasse 14. | Herausgegeben von Dr. jur. J. Sigl. | Expedition: Ruffinibazar 5

Joseph. | Nr. 64. | Samstag, 19. März 1870.

☞ **Morgen, als am Feste des heil. Joseph erscheint kein Blatt. Die nächste Nummer erscheint am Montag wie gewöhnlich.**

Abonnements-Einladung.

Am 1. April beginnt das 2. Quartal und damit ein neues Abonnement auf das **„Bayr. Vaterland"**.

Der ungeahnte Aufschwung und die für die wenigen Monate seines Bestehens beispiellose Verbreitung des **„Bayr. Vaterland"** durch alle Provinzen Bayerns und darüber hinaus, die große Zahl **treuer Freunde** und **eifriger Mitarbeiter**, der Zorn und die unablässigen, bis ins Kleinliche gehenden Verfolgungen unserer Gegner: Alles zeigt und beweist uns, daß das **„Bayr. Vaterland"** den **rechten Weg** eingeschlagen hat und nur furchtlos, tapfer und unentwegt darauf fortzuwandeln braucht, um nicht nur die alten Freunde zu erhalten, sondern noch recht viel neue dazu zu gewinnen. Daran, an unserm Muthe und unserer furchtlosen Entschiedenheit soll's denn auch nicht fehlen. Wir und unsere treuen Mitarbeiter bleiben der Fahne treu, die wir einmal aufgepflanzt, und werden sie zu vertheidigen wissen gegen **alle** Feinde und zu jeder Zeit; wir bleiben treu der gerechten und heiligen Sache des **Volkes** und unsers theuren **Vaterlandes**, der Sache des **Rechtes** und der **Freiheit**, der Sache der **katholischen Kirche.** Patriotisch **und** katholisch, mit dem Volk und durch das Volk, zu dem wir gehören, für das Wohl und Beste des **Volkes**, für **Freiheit** und **Recht** kämpfend, **ehrlich und fest** allezeit: so werden wir stets in der vordersten Linie unsern Platz behaupten.

Wir zweifeln nicht, daß von unsern bisherigen Freunden und Lesern jeder dem **„Bayr. Vaterland"** treu bleiben und ihm noch neue Freunde gewinnen wird, und laden hiemit geziemendst zum **Abonnement** auf das zweite Quartal ein. Die bevorstehenden **Budgetdebatten**, die weit mehr als die bisherigen Landtagsverhandlungen von Interesse sein werden, sind wichtig genug, daß sich Jeder darum zu bekümmern hat; denn bei ihnen muß sich noch Mancher und Manches erst bewähren, sie müssen volle Klarheit in die Lage bringen und zeigen, ob die vom Volk gewählten Vertreter den **ganzen Umfang** ihrer Aufgabe begriffen und **entschlossen** sind, ihr gerecht zu werden. Daß das **„Bayr. Vaterland"** auch da am Platze sein und seiner Aufgabe: ein ehrlicher, entschiedener und rücksichtsloser **Anwalt der Rechte und Wünsche des Volkes** zu sein, vollkommen entsprechen wird, das werden wir zu beweisen Gelegenheit haben.

Der **Preis** des Blattes ist wie bisher vierteljährig 54 kr. durch ganz Bayern. Bestellungen nehmen alle Postexpeditionen und Postboten an.

Inserate sind bei der bereits erreichten hohen Auflage (4800), die noch täglich im Zunehmen begriffen ist, von bestem Erfolg und werden zu 3 kr. die dreispaltige Petitzeile berechnet.

Die Redaktion und Expedition des „Bayr. Vaterland".

Jüdisches.

Neue Folge. I.

Das Wehrgesetz und die Juden.

Der Abgeordnete Frankenburger, bekanntlich „Einer von unsere Leut", hat am 7. Tage der Adreßdebatte einen feierlichen Sabbatsermon gehalten, worinen er erklärte, daß „das Wehrgesetz keinen Grund zur Beunruhigung biete, sondern eine Errungenschaft sei, weil Jeder gleichmäßig verpflichtet sei, für's Vaterland zu kämpfen."

Was die „Errungenschaft" betrifft, die wir mit diesem ausgezeichneten „preußischen Muster" gemacht haben sollen, so brauchen wir kaum zu sagen, daß das bayrische Volk darüber etwas anders denkt, als der wackere Nürnberger Sprößling eines der 12 Stämme Israels; wenigstens scheint uns die Agitation, welche sich durch ganz Würtemberg und den größten Theil Bayerns bereits gegen das Wehrgesetz erhoben hat, darauf hinzudeuten, daß das Volk darin weit weniger eine „Errungenschaft", als eine drückende Last, die es gerne wieder los wäre, ersieht. Von seinem Standpunkte, vom Standpunkte des Juden mag indeß Hr. Frankenburger nicht Unrecht haben, wenn die Juden das Wehrgesetz ebenso wie die Socialgesetze als eine „Errungenschaft" betrachten, die für sie „keinen Grund zur Beunruhigung bietet."

Die Herren Juden, unsere geliebten „gleichberechtigten" Mitbürger, mögen sich etwa denken: „Gott wie haißt? Sollten uns beunruhigen die Socialgesetze? Haben wir nicht gewonnen viel Geld damit und gemacht große Massematen? Ist uns nicht halb Bayern geworden zinsbar damit und die andere Hälfte dienstbar? Soll uns wieder beunruhigen das Wehrgesetz! Gott über die Welt! Wir lassen die Andern kämpfen für's Vaterland, wir handeln für's Vaterland — kurze Waaren, lange Waaren, gute Papierches türkische, rumänische, spanische! Wer kauft Türken?"

Die Juden handeln für's Vaterland, aber fechten thun sie nicht — trotz Wehrgesetz und „allgemeiner" Wehrpflicht. Es mag wohl Ausnahmen geben, es mag wohl vorkommen, daß in diesem oder jenem Staat der Hauptmann von Kapharnaum einen Kollegen bei der Garde hat, der vielleicht — was ist heute nicht alles möglich! — wegen unmäßiger Tapferkeit sogar wie Hr. v. Schauß zu einem Orden gekommen ist: allein das sind eben glänzende Ausnahmen von der schmutzigen Regel, und dafür wollen wir ein paar Fälle anführen.

In einem Orte Frankens, der über 100 Juden zählt, sind seit 10 Jahren 13 junge Juden oder Judenjungen militärpflichtig gewesen. Von diesen 13 orientalischen „Bayern“ sind Soldat geworden — keiner! Alle untauglich, alle untauglich, auch da es galt die glorreiche „Errungenschaft“ der allgemeinen Wehrpflicht — den Goims zu überlassen!

In einem andern Orte sind in den letzten 10 Jahren nur 3 junge Juden militärpflichtig gewesen. Von diesen hat einer tapfer das Hasenpanier ergriffen und hat seinen theueren Leichnam glücklich von der Militärpflicht nach Amerika gerettet; der andere hat — einen Schaden gehabt und es wurde ihm bezeugt, daß er „zu schwach sei vor's hellblaue Tuch und vor es Pulver und Geschiß“ und der Dritte ist geworden „heuer“ ganz närrisch, so daß er auch nicht könnt' werden Soldat vor es Vaterland!

An einem dritten Orte sind in demselben Zeitraum ebenfalls 3 Judenknaben ins Alter der Militärpflicht getreten. Hievon ist Einer item nach Amerika durchgebrannt, der Zweite ist „untauglich“ und der Dritte hat „heuer“ schon so viel „von die Docter gekriegt“, und hat darum hoffentlich auch keinen Grund zur „Beunruhigung“ wegen der allgemeinen Wehrpflicht.

Also Summa Summarum 19 Judenknaben in einem Pfarrsprengel in den letzten 10 Jahren militärpflichtig; von diesen kein einziger Soldat, alle durchgebrannt oder „untauglich“. „Unsere Leut“ haben wirklich „keinen Grund zur Beunruhigung“; hoch die allgemeine Wehrpflicht!

Für diejenigen Judenknaben aber, welche das Wasser fürchten und deshalb im Lande bleiben und sich nähren „redlich“ (!), namentlich für die intelligenten Stadtjuden hat die neue bayrische Judenära in dem famosen Wehrgesetz durch das famose Institut der einjährigen Freiwilligen und die besonders wohlthätige Bestimmung gesorgt, daß der Besuch einer Handelsschule zur einjährigen Freiwilligkeit berechtige. Jetzt werden die Judenknaben, wenn sie nicht anders können, „einjährig“, wofür dann irgend ein „zurückgebliebener und verwahrloster“ Bauernsohn die Ehre hat, für den gebügelten und gestriegelten Juden Zwei- und Dreijähriger in der Kaserne zu werden. Keine Hexerei, sondern alles — Gesetz!

Es ist aber doch eine recht ernste Seite an der Sache, denn wir vermuthen aus mehr als einem Grunde, daß dieselben Dinge wie in jenem fränkischen Pfarrsprengel auch wohl anderwärts vorkommen, ja die Regel sein mögen. Da nun wirft sich die Alternative auf:

Entweder ist die ganze jüdische Race nichts nutz für's Militär, weil sie von Alters her körperlich und geistig verlottert und verkommen ist, eine gens prava et exasperans, wie König David seine lieben Unterthanen, die Juden von damals bereits nannte: — dann sollte man aber den jüdischen Krischern Tag für Tag zurufen: „Ihr schweigt, Euch kann man ja gar nicht zu Soldaten brauchen!“

Oder die Juden treiben Trug, List und Verstellung aus Furcht vor dem Soldatenstande, und dann muß man ihnen sagen: „Was redet Ihr von Vaterlandsliebe, die Ihr zu feige seid, es zu vertheidigen!“

Es wäre eine nicht uninteressante Aufgabe für die Presse, da zusammenzuarbeiten und zu konstatiren: 1) Wie viele Juden sind in den letzten Jahren militärpflichtig gewesen? 2) Wie viel haben wirklich gedient? 3) Wie viele haben sich Ersatzleute gestellt? 4) Wie viele haben sich untauglich erklären lassen? 5) Wie viele sind schon vorher durchgebrannt?*)— Dazu könnte jedesmal das Verhältniß in Zahlen und Prozenten zwischen Juden und Christen angegeben werden.

Vielleicht könnte man es bis zur nächsten Aushebung im Frühjahr schon dahin bringen, daß dann doch Einige „Grund zur Beunruhigung wegen der allgemeinen Wehrpflicht hätten!!

Deutschland.

München, den 18. März

„Mitgefangen — mitgehangen!“ sagt das Sprichwort — so schreibt man dem „Vaterland“ von der Würm —, so richtig und wahr und dem im Volke lebenden Rechtsbewußtsein entsprechend, daß dieses Sprichwort nicht nur im gewöhnlichen bürgerlichen Leben seine Macht übt, sondern auch im Rechtsleben Geltung und Ausdruck gefunden hat. In allen Verletzungen des öffentlichen Rechts werden die Mitschuldigen mit zur Strafe gezogen. Soll nun dieses kernige Sprichwort da seine Kraft verlieren, wenn es sich um Minister handelt? Soll jetzt bei ihnen eine Ausnahme gemacht werden, weil man sie Excellenz zu tituliren hat? Keineswegs soll das sein! Das goldene Sprichwort kennt keine Ausnahme. Warum soll ich allein „hangen“? könnte Hohenlohe fragen, — und ich! — und ich! könnten Hörmann und Greßer dreinfallen; warum sollen die laufen, und sie sind doch nicht besser als wir? — Sie hätten Recht! Die Wahlkreiseintheilung, durch welche dem öffentlichen Rechtsbewußtsein des Volkes eine so schwere Wunde geschlagen worden, schwerer, als daß sie viele Jahre wieder heilen könnten, ist nicht das Werk eines Ministers, Hörmanns: es ist das Werk des „solidarischen“ Ministeriums: so müssen alle dafür büssen! Wenn Hohenlohe das Mißtrauen des patriotischen Volkes sich redlich verdient hat: verdienen darum die Genossen seines Thuns großes Vertrauen? Wenn Hörmann und Greßer der Volksunwille von ihren Sitzen hinweggefegt hat: sollen die Genossen ihres Thuns, die andern „Solidarischen“ auf ihren Sitzen bleiben dürfen? Was der Eine gethan und ausgeführt, das haben die Andern auch gethan, denn sie billigten es, sie widersetzten sich nicht. Qui tacet cum loqui tenetur, consentire videtur — wer schweigt, da er reden sollte, stimmt bei. Und insbesondere mahnen und fordern wir, vor Allen Hrn. Schlör nicht zu schonen, der gleichsam der Mentor Hohenlohes gewesen. Hohenlohe ist gefallen — und das „Vaterland“ hat sich nicht am wenigsten an seinem Sturz bemüht — und der war besser als Schlör; soll Hr. Schlör den Sturz seines Telemach lange überleben dürfen? Nein! wenn der Mantel fällt, muß der Herzog nach!

— (Militärisches.) Die „Abendzeitung“, Hauptorgan der Fortschrittspartei, findet jetzt sogar, daß der Militarismus mit all seinen Lasten etwas Gutes und Löbliches habe. „Bedenken wir, flüstert das Blatt mit Salbung und verdrehten Augen, — bedenken wir, daß unser gegenwärtiges Wehrsystem uns die Wahrscheinlichkeit (!) gibt, daß die darauf verwendeten Summen wenigstens nicht verschwendet sind! Bedenken wir dagegen, daß eine Kostenverminderung (für die Armee) in ihren letzten Consequenzen — Zerrüttung der Armee bedeutet und unsern Staat nach leichtem Siege dem Sieger mit allen ersparten Schätzen (!) überliefert, so wird uns auch dieser Punkt nicht im Zweifel lassen, vor welchem System der Wohlstand (!) zu retten

---

*) Als der italienische Krieg i. J. 1859 neue Aushebungen nothwendig machte, rannten die rekrutirungspflichtigen Juden in Galizien zu Tausenden davon und überließen es den Christen, als Helden zu fallen!

Canones de civitate liberales.

Durch eine sonderbare Verkettung der Verhältnisse, vielleicht schon in Folge einer höchst beklagenswerthen Indiscretion, sind wir zu der Abschrift eines merkwürdigen Aktenstückes gelangt, nämlich zu einer Reihe von Sätzen, welche der demnächst zu berufenden Landesversammlung der Liberalen zur Begutachtung und bezw. Sanktionirung vorgelegt werden sollen. Das Aktenstück, für dessen Aechtheit wir garantiren können, enthält 21 Sätze und lautet also:

Canon 1) So Einer sagt: „Die Selbstwahl der Abgeordneten sei eine unmoralische Erfindung der „Neuliberalen“ — der sei verflucht!

Canon 2) So Einer sagt: „Nicht die „Schwarzen“ sondern die Freimaurer seien die eigentliche im Finstern schleichende Partei“ — der sei verflucht!

Canon 3) So Einer sagt: „Die vom Ministerium Hörmann in's Leben gerufene Mittelpartei pfeife bereits auf dem letzten Loch“ — der sei verflucht!

Canon 4) So Einer sagt: „Der den Jesuiten fälschlich unterschobene Grundsatz „der Zweck heiligt das Mittel“ habe seine Anhänger lediglich in der Fortschrittspartei“ — der sei verflucht!

Canon 5) So Einer sagt: „Herr Dr. Völk habe noch nie Etwas gesagt, was nicht schon vorher in einer Zeitung gestanden“ — der sei verflucht!

Canon 6) So Einer sagt: „Exminister Hörmann habe sich durch seine ministerielle Wahrheitsliebe in den Annalen der bayerischen Geschichte kein bleibendes Denkmal gesetzt“ — der sei verflucht!

Canon 7) So Einer sagt: „Das Organ des schönen Julius sei ein Beförderungsmittel für die höhere Schweinshuberei“ — der sei verflucht!

Canon 8) So Einer sagt: „Es sei schäußlich, wenn Einer vor Gericht einen gestohlenen Brief vorlesen dürfe“ — der sei verflucht!

Canon 9) So Einer sagt: „Es seien zwar nicht alle Liberalen Lumpen, aber sicherlich ein jeder Lump ein Liberaler“ — der sei verflucht!

Canon 10) So Einer sagt: „Christus der Herr habe nicht Herrn Dr. Döllinger, wohl aber seiner Kirche den hl. Geist verheißen“ — der sei verflucht!

Canon 11) So Einer sagt: „Die mit Preußen abgeschlossenen Verträge, in denen einige beschränkte Köpfe sogar eine „Wohlthat“ für Bayern erblicken wollen, seien ein Attentat auf die Selbstständigkeit Bayerns“ — der sei verflucht!

Canon 12) So Einer sagt: „Die Theologen der „Neuesten Nachrichten“ verstünden von der Theologie so viel wie Herr Föckerer von der Geschichte“ — der sei verflucht!

Canon 13) So Einer sagt: „Der Minister v. Pranckh habe unzählige Millionen zur Durchführung des preußischen Militarismus zwar gefordert, werde aber von der patriotischen Kammermehrheit kaum eine „Trommelhaut erhalten“ — der sei verflucht!

Canon 14) So Einer sagt: „Schlör sei um kein Haar besser als Hohenlohe und Hörmann“ — der sei verflucht!

Canon 15) So Einer sagt: „Die Lehre von der neubayerischen Rechtsgleichheit verdiene keinen dogmatischen Glauben“ — der sei verflucht!

Canon 16) So Einer sagt: „Der Mittelpartei sei es allein zu verdanken, daß die Fröschʼ keine Schwänzʼ haben“ — der sei verflucht!

Canon 17) So Einer sagt: „Hohenlohe sei lediglich deßhalb von seinem Posten so lange nicht abgetreten, damit Herr Dr. Jörg ihn noch länger „beobachten könnte“ — der sei verflucht!

Canon 18) So Einer sagt: „Unsere Bettelpreußen, die das theuere Vaterland an den brudermörderischen Raubstaat im Norden stündlich auszuliefern bereit sind, seien schofle Vaterlandsverräther“ — der sei verflucht!

Canon 19) So Einer sagt: „Die „Neuesten Nachrichten“ aus dem Gebiete der Schweinerei seien ein Ausbund von Verkommenheit und Gemeinheit“ — der sei verflucht!

Canon 20) So Einer sagt: „Die preußische Politik von Blut und Eisen soll lieber heutʼ als morgen der Teufel holen“ — der sei verflucht!

Canon 21) So Einer sagt: „In Bayern sei — Dank den vereinten Anstrengungen des Ministeriums und unserer ehrenwerthen Fortschrittler — jetzt Alles möglich“ — der sei verflucht in Ewigkeit!

Schäußliches!

Offiziell! Se. Liebenswürdigkeit Schauß der Junge hat endlich die heißersehnte Erlaubniß erhalten, das ihm vom „Herrn“ von Preußen verliehene preußische — Zeichen 4. Klasse anhängen und herumtragen zu dürfen! Der allerunterthänigst treugehorsamst ersterbende Bettelbrief um allergnädigste Erlassung der Kosten für besagtes preußisches — Zeichen hat leider keinen Erfolg gehabt.

Ach du edler Vogelritter,
Das ist aber wirklich bitter,
Daß du 'ne so große Zechen
Für das Bischen Blech mußt blechen!

Börsen-Nachrichten.

München, 16. März. Bei der heutigen Verloosung des Neuen Allgemeinen Anlehens von 1857 zu 4½ % wurden gezogen: Kapitalsgattung Lit. A zu 1000 fl.: Hauptserie 5 Endnummer 50 8—76 4—15 1—21 2—26. Kapitals-Gattung Lit. B zu 500 fl.: Hauptser. 2 End.-Nr. 49, 45; 8—88, 13; 5—05, 84; 6—21, 90; 1—91, 85; 4—12, 22; 7—8, 94; 3—76, 40. Kapitals-Gattung Lit. C zu 100 fl.: Hauptser. 6 End-Nr. 60, 09; 11—69, 63; 10—62, 48; 1—79, 17; 23—54, 69; 4—29, 38; 5—03, 56; 20—48, 46; 2—09, 92; 16—46, 28; 21—84, 28; 13—38, 57; 7—56, 27; 24—30, 34; 15—39, 52; 3—29, 82; 19—00, 28; 17—22, 97; 8—60, 78; 9—49, 54; 12—92, 7; 18—31, 22; 14—10, 53; 22—99, 13.

Briefkanzen.

R. erhalten und bes. — A. H, R. — Dr. K. 2 — B. und Sch. 5 und 12 — J. H., St. 2. — J. R., B. (E.) — F. G., O. 3. — J. H., H. — Dr. M. 2 (Gruß! Warum so schweigsam?) — Frl. R. B., B. — D., Sch. 8. — E. H., A. — H. v. E. 10. — J. G. — R. T. 12 — G. 20. — R. B. — M., Mainz 1. — Kraiburg 51 und 52 ist nicht reklamirt worden; geht heute ab. — Pf. A. B. O. Erhalten. — An d. E. Kneubühler'sche Buchh., Willisau, Schw.: Das B. Vaterland nimmt keine infamen Inserate für „intelligente“ Schweinehunde auf; da müssen Sie sich an die N. Nachr. oder sonst ein „liberales“ Blatt wenden.

Verantwortlicher Redakteur: Dr. J. Sigl.

Für die herannahende hl. Fastenzeit erlaubt sich Unterzeichneter, einem hochwürdigen kathol. Clerus und Kirchenverwaltungen seine direkt auf Leinwand gemalte

Kreuzweg-Stationen

nach den berühmtesten Compositionen mit sehr schönen kirchlichen Rahmen und Aufsätzen versehen unter nachfolgenden Größen und Preisen bestens zu empfehlen:

	Zoll Höhe,	Zoll Breite	mit Rahmen	ohne Rahmen
I. Bildergröße	53	39	620 fl.,	450 fl.
II. „	43	32	470 „	350 „
III. „	36	26	330 „	230 „
IV. „	28	22	230 „	160 „
V. „	23	16	170 „	120 „
VI. „	18	11	149 „	90 „

Ebenso auch Kreuzwege für kleinere Kirchen und Kapellen zu 70 und 100 fl., Altars, Oelberg- und sonstige Heiligenbilder, Heilige Gräber, Figuren, geschnitzt und in Massa, sehr schön gefaßt und vergoldet zu billigst berechneten Preisen.

Alle diese obenerwähnten Gegenstände sind vorräthig und werden auf Verlangen Probestationen und Zeichnungen gefälligst zugestellt, sowie nach vorhergegangenem Uebereinkommen jede beliebige Ratenzahlung angenommen.

Anerkennungen von hochw. bischöflichen Ordinariaten und anderen höheren Stellen stehen bereitwilligst zu Diensten.

Geneigten Aufträgen entgegensehend, empfiehlt sich hochachtungsvollst

G. Krombach,

52(ff) **Maler in München,** Müllerstrasse Nr. 48,0.

☛ Die Preise sind in süddeutscher Währung und die Größen nach dem bayr. Maße berechnet.

Einladung zum Abonnement
Mainzer Journal.

(Katholisch-Conservativ).

Verantwortlicher Redacteur: Dr. J. Sansen.

Bestellungen auf das zweite Quartal des Mainzer Journals für 1870 bitten wir rechtzeitig zu machen.

Unser Haupt- oder Morgenblatt liefert die leitenden Artikel und Originalcorrespondenzen, sowie alle bis elf Uhr Vormittags einlaufenden telegraphischen Depeschen; die Beilage oder das Abendblatt einen vollständigen Tagesbericht mit allen bis vier Uhr Nachmittags eintreffenden Neuigkeiten.

Die Rheinischen Blätter werden unserem Abendblatte als Beilage beigegeben, sie bilden jährlich zwei starke Quartbände und liefern an Material wenigstens so viel als zehn Bände des gewöhnlichen Romanformates. Wir geben jährlich drei bis vier größerere Originalromane bewährter, deutscher und ausländischer Dichter, die sich bis jetzt überall eines ungetheilten Beifalles zu erfreuen hatten; außerdem Literaturberichte, Bilder aus der Länder- und Völkerkunde, Denkwürdigkeiten zur Geschichte der Gegenwart und eine sehr reichhaltige Sammlung von vermischten Nachrichten.

Das Mainzer Journal mit seiner Beilage, dem Abendblatt, ist in einer starken Auflage über ganz Deutschland verbreitet, in Mainz selbst, im ganzen Großherzogthum Hessen, in Baden, am Niederrhein, in Kurhessen, Nassau und Rheinbayern gehört es zu den gelesensten Blättern. Es empfiehlt sich deßhalb zu Anzeigen aller Art, die auf diesem Wege nicht blos eine locale, sondern allgemeine Verbreitung finden.

Das Mainzer Journal erscheint in Groß-Folio-Format und wird das einen Bogen starke Hauptblatt täglich mit Ausnahme der Sonntage und der höchsten Feiertage, um zwölf Uhr Vormittags, das Abendblatt mit Rheinischen Blättern, um fünf Uhr Nachmittags ausgegeben. Bestellungen nehmen alle Postämter und Buchhandlungen an. Der Preis des ganzen Blattes ist hier in Mainz vierteljährig 2 fl.; auswärts mit dem üblichen Postaufschlage. Inserate aller Art werden aufgenommen und wird die vierspaltige Petitzeile oder deren Raum sehr billig, mit 3 kr. berechnet. Bloße Lokalanzeigen liefern wir noch billiger und bitten wir die Interessenten, sich deßhalb mit der Expedition zu benehmen.

Bestellungen auf das Mainzer Journal (auch für einzelne Monate) nehmen alle Postämter jederzeit entgegen.

Die Expedition des Mainzer Journals.

Hugo Schulze,
in
Nürnberg

liefert „Parquetfußböden" vom einfachsten Dessin an bis zu dem feinsten Salonfußbod[en] fix und fertig [in ge]legten Zustande und steht mit Zeichnungen und Preisen gern zu Diensten.

133—34(a)

Marionetten-Theater
Gasthaus zur neuen Welt.

Samstag, 19. März.

Der verzauberte Frosch.

Operette.

Hierauf:

Hansel und Grethel,

oder:

Der Menschenfresser.

Dramatisches Märchen.

Sonntag, 20. März.

Isarblech vulgo Rheingold.

Große lokale Opern-Parodie mit Musik und Gesang, nebst einem Vorspiele, betitelt:

Ein Selbstmord-Projekt.

Anfang ½4 Uhr.

Ein solides Frauenzimmer, gesetzten Alters, in allen häuslichen Arbeiten, Kochen und in der Oekonomie gut bewandert, sucht eine Stelle bei einem Herrn Geistlichen, oder sonst einem einzelnen Herrn. Kann längere Dienstzeit nachweisen. D. U. (126—27b).

Eine Lehrerin gibt französischen oder Musikunterricht gegen Frühstück und Abendtisch. D. U. (130)

Geldsorten, Frankfurt, 15. März.

	Angebr.	Zu haben.
Pistolen	9.47	9.49
Imperiales, ruff. . .	9.48	9.50
Holl. 10 fl.-St. . .	9.54	9.56
Dukaten vollgw. . .	5.36	5.38
Napoleond'or . . .	9.30	9.31
Engl. Sovereigns . .	11.53	11.57
Dollars i. Gold . .	2.27½	2.28½
Preuß. Friedrichsd'or .	9.58	9.59
Preuß. Kassasch. . .	1.44¾	1.45¼

Druck von R. Vogt in München, Rosengasse 10

II. Jahrgang. Auflage: 5100

Das Bayrische Vaterland.

Das „Bayr. Vaterland“ erscheint täglich mit Ausnahme der Sonn- und hohen Festtage. Preis des Blattes: Vierteljährig 54 kr., ganzjährig 3 fl. 36 kr. Das einzelne Blatt 1 kr.

Alle Postexpeditionen und Postboten des In- und Auslandes nehmen Bestellungen an. Inserate werden die dreispaltige Petitzeile oder deren Raum zu 5 kr. berechnet.

Redaktion: Burggasse 14. Herausgegeben von Dr. jur. J. Sigl. Expedition: Ruffinibazar 5

Katharina. Nr. 65. Dienstag, 22. März 1870.

Nur keine Halbheiten!

Aus dem Nordbund. Das wackere bayrische Volk, auf das so viele Freunde der Freiheit bei uns im „glückseligen“ Nordbunde, seit Monaten mit Bewunderung, mit Dank und Hoffnung blicken, hat ehrlich und redlich seine Schuldigkeit gethan wie ein Mann. Es hat gegen den gemeinsamen Feind und seine unersättlichen immer weiter greifenden Gelüste einen starken Damm aufgeworfen, so viel an ihm lag, —: die patriotische Majorität in der Kammer. Allein gewisse Vorkommnisse der jüngsten Zeit lassen uns, wenn wir sie recht deuten, fast befürchten — wollte Gott, daß unsere Befürchtung allen Grundes entbehre! — der Damm zeige jetzt schon einige — Mauslöcher, hineingewühlt von weiß Gott welchen Rücksichten, die wir eben unter dem Bilde der Mäuse bezeichnen wollen.

Ein solches Mausloch ist die ewig wiederkehrende Rücksicht auf den Frieden um den Preis der Aufopferung „einiger Wünsche“, die das patriotische Volk zum Kampf gegen das Ministerium und das bestehende „System“ in Bayern getrieben haben. **Nur nichts aufopfern!!** Der Fortschritt ist hier in diesem Falle wie der Herr Teufel selber beschaffen: gibt man dem Teufel einen Finger, dann hat er gleich die ganze Hand. Und was will denn der Fortschritt dagegen „aufopfern“? Das Opfern ist seine Sache nicht, das überläßt er immer den Andern! Mit dem Fortschritt gibt es keinen Frieden außer um den Preis der Selbstvernichtung; er hält keinen Vertrag und will immer mehr.

Ein anderes Mausloch scheint besonders die Rücksicht auf die Stimmung am Hofe zu sein. Die bayrischen Patrioten brauchen sich wahrhaftig keiner Vergangenheit zu schämen, in der sie den nothwendigen Respekt gegen die Krone hintangesetzt hätten; ebenso wenig brauchen sie aber zurückzuschrecken, auf entschiedenen und berechtigten Wünschen eines Volkes zu beharren, das es am besten mit seinem König und dem Vaterlande meint. Die Abgeordneten sind, auch wenn sie bei pflichtmäßiger Festigkeit etwa eine Ungnade zu fürchten hätten, nicht gewählt worden, um bei Hof schön zu stehen und sich großer Gnaden würdig zu machen, sondern sie sind gewählt worden, um die Interessen und das Recht des Volkes zu vertreten, also nicht um als Steuerbewilligungsmaschinen und chinesische Pagoden, die immer mit dem Kopfe nicken, zu fungiren. Sie sollen ächte Söhne Bayerns sein und sich ganz des Volkes würdig zeigen. Das verlangt, das kann das Volk von ihnen verlangen.

Ein drittes Mausloch durch den patriotischen Damm scheint ein gewisser Grad von Mangel an Entschlossenheit zu sein. Man scheint sich vielfach zu scheuen, den Stier bei den Hörnern zu packen und gerade auf das Ziel loszugehen. So wird „der angebornen Farbe der Entschließung“ nur zu oft „des Gedankens Bläße angekränkelt“, ob man nicht doch zu weit gehe, ob man nicht nach dieser oder jener Seite hin verletze und zu tief einschneide u. s. w. Mit Philosophiren und Diplomatisiren kommt aber nie etwas Ordentliches zu Stande. Handeln muß man, denn jetzt ist die Zeit zum Handeln, nicht zum Philosophiren; die Diplomaten haben noch immer verhunzt, was die Männer der That gemacht hatten.

Mögen auch Fäden gesponnen werden von Berlin nach München und wieder in München selbst, mögen entartete Bayern, speichelleckende Hofschranzen und feile Knechtsnaturen, die sich vom Fett des Landes mästen, noch so viele Truggewebe spinnen: die in Allem einige patriotische Partei der Kammer hat Schwerter genug, um Knoten zu durchhauen und Fäden zu durchschneiden. Fehlt aber die Einmüthigkeit, fehlt männliche Entschiedenheit zu rechter Zeit, dann geht Vieles und vielleicht Alles wieder verloren, was das wackere bayrische Volk so gut gemacht hat!

Ueber die Gehaltsaufbesserung der Lehrer

lassen wir, um gerecht nach beiden Seiten zu sein, in dem nachfolgenden Artikel auch eine Gegenstimme zu Wort kommen. Wir nehmen mit Vergnügen von dieser „Abwehr und Rechtfertigung“, wie der verehrte Hr. Einsender seinen Artikel bezeichnet, Akt, da man immer beide Theile hören soll.

Vom Chiemgau wird dem „Vaterland“ geschrieben: „Die Gehaltsaufbesserung der Schullehrer“ hat in der Presse, namentlich im „Bayr. Vaterland“, bereits mehrere Stimmen wach gerufen, welche sich, Angesichts der jetzigen Lage, sowie in Erwägung der finanziellen und politischen Noth, und insbesondere auch in Anbetracht der offenkundigen liberalen Gesinnungen eines großen Theiles der bayrischen Lehrerschaft — geradezu gegen diese Aufbesserung aussprechen.

Wenn auch diese Anschauungen viel Wahres enthalten, und im Allgemeinen nicht widerlegt werden können; wenn die Wortführer der bayrischen Lehrerschaft, in und außer der Kammer, gleichwohl selber die Schuld tragen, daß nun der ganze Stand durch die patriotische Presse an den Pranger gestellt wird: [1]) so fehlt es diesen Stimmen

---

[1]) Nicht doch! Dagegen müssen wir uns entschieden verwahren. Das haben weder wir noch unsere HH. Correspondenten gewollt oder beabsichtigt. Nicht den Stand, sondern die Sache haben wir im Auge, und nichts weniger als den vielen wackern Lehrern, die wir kennen, wollten wir weh thun,

doch auch nicht an Uebertreibungen und Entstellungen, welche sehr dazu geeignet sind, alle, also auch jenen großen Theil der bayrischen Lehrer, die den Anschauungen ihrer derzeitigen Wortführer ferne stehen, um die Achtung des Volkes zu bringen. [2])

So scheint der Correspondent „vom Untermain“ in Nr. 59 des „Bayr. Vaterland“, die Verhältnisse der dortigen Lehrer bei seiner Umschau gewiß mit einem guten Frauenhofer betrachtet zu haben. Wir wüßten wenigstens in unserm Chiemgau keine so wohlhabenden und reichen Lehrer zu finden, welche ein Vermögen von 6, 10 und 15000 fl. besitzen; wohl aber solche, welche einer Aufbesserung bedürftig und würdig wären. [3])

Wir kennen in mehr als 20 Schulhäusern unserer Gegend keine Lehrersfrauen oder Töchter, die „wie Pfauen in schillernden Farben einherstolziren.“ Von „Gespannen und jüdischen Geldgeschäften“ ist bei Lehrern unserer Gegend keine Rede — kein Gedanke. Wozu also solche Uebertreibungen? Ferner wurde schon mehrmals, und auch von dem vorgenannten Correspondenten die Behauptung aufgestellt: „Die Lehrer hätten in neuester Zeit die Noth des Volkes benützt, und die Gemeindeschreibergebühren auf's Doppelte und Dreifache hinaufgeschraubt.“ Dieser Vorwurf zeigt entweder von gänzlicher Unkenntniß der Sache, oder von böswilliger Gehäßigkeit gegen den Lehrerstand.

Durch die Gerichtsorganisation und die neue Gesetzgebung sind, wie allbekannt, die Arbeiten bei den Gemeinden nicht nur ums Doppelte oder Dreifache, sondern wohl „ums Zehnfache“ hinaufgeschraubt worden. Ist dieses etwa die Schuld der Lehrer? und ist nicht auch der Arbeiter seines Lohnes werth? oder ist es denn ein gar so angenehmes und lohnendes Geschäft, wenn der Lehrer, — will er nicht seinen Beruf vernachlässigen — alle seine Freistunden, seine Vakanz- und Feiertage, sowie auch sein Augenlicht und seine Gesundheit ꝛc. ꝛc. für einen Gehalt von 40—50 fl. der Gemeinde opfert! Ist es nicht gerade umgekehrt für die meisten Gemeinden ein Opfer, welches die Lehrer durch Besorgung der Gemeindeschreiberei ihnen bringen, da ja den Lehrern ein Zwang hiezu nicht mehr auferlegt werden kann? Oder würden etwa die Gemeinden durch Aufstellung eigener Gemeindeschreiber besser und billiger bedient? — nun dann versuche man es oder man gönne dem Arbeiter auch seinen verdienten Lohn.

Wir fügen daran folgende Zeilen:

Von der Donau wird uns geschrieben: „Wohl mehr als die Hälfte der Schullehrer des hiesigen Distrikts sind gute Patrioten, und manche derselben, unter denen auch ich mich befinde, lesen schon seit langer Zeit das „Bayr. Vaterland“. — Nun erschien in Nr. 59 des bezeichneten Blattes ein Artikel, „vom Untermain“ welcher mit Unwahrheiten gespickt ist und von den grassesten Uebertreibungen strotzt. Wahrlich, solch ein mit Leichtfertigkeit und Oberflächlichkeit hingeworfener Brief, welcher noch dazu in größter Verbissenheit gegen alle (?) meine Standesgenossen ohne Ausnahme (?) gerichtet ist, kann nur zu dem Zwecke verfaßt worden sein, auch noch die vielen Herzen patriotisch gesinnter, biederer Lehrer zu verletzen und zu kränken. [4]) Ich glaube nicht zu irren, wenn ich annehme, daß Sie an der Wahrheit des fraglichen Artikels ebenso sehr im Zweifel sein müssen, als ich Unwahrheiten und größtmöglichste Uebertreibungen in demselben anzunehmen mit Grund berechtigt bin. Mit aller Verehrung u. ꝛc.

In einem weiteren (anonymen) Briefe aus München wird uns darum „Partellichkeit“, „Geringschätzung des Lehrerstandes“ und „auffallender Haß gegen denselben“ zum Vorwurfe gemacht, und wird uns gerathen, den Gegenstand der Gehaltserhöhung der Lehrer fallen zu lassen u. s. w.

Wir legen diesem leidenschaftlichen Erguß weiter keine Bedeutung bei; wir können es nicht hindern, wenn man uns falsche Motive unterlegt.

Deutschland.

München, den 21. März.

Die Pfälzer Zeitung ist erstaunt, daß der Finanzausschuß seinen frühern Beschluß, die Militärfrage auf die lange Bank zu schieben, wieder aufgehoben und sich nachträglich für sofortige Berathung entschieden habe; sie will nicht hoffen, daß dies in Folge der Pression, welche patriotische Blätter versucht haben, geschehen sei. In einem andern, ihr aus München zugeschickten Artikel, wird namentlich Klage über das „Vaterland“ geführt, weil es sich über die patriotischen Abgeordneten, die für die Verschleppung der Militärfrage stimmten, „so überhebend und maßlos“ ausgesprochen habe. Ist das wirklich „überhebend“, wenn man eine Abstimmung rügt, die entschieden gegen die Wünsche und das Interesse des Volkes ist? Denen, die gerügt worden, mag es allerdings so vorkommen. Es scheint sogar Leute zu geben, welche in dem Mandat eines Abgeordneten der patriotischen Partei zugleich ein Privilegium ersehen, von der patriotischen Presse nur gelobt werden zu dürfen. Der Ansicht sind wir nicht. So gut ein Minister sich eine Kritik gefallen lassen muß, so gut darf auch ein Abgeordneter kritisirt und bezw. getadelt werden, wenn Tadel und Kritik gerecht und verdient sind. Wenn aber die Pfälzer Zeitung in der Annahme der Kolbischen Vorschläge auf eine gründliche Umwandlung unserer militärischen Verhältnisse „den größten und verhängnißvollsten Fehler der patriotischen Partei“ und eine „Desorganisation der Armee“ sehen zu sollen glaubt, so ist das eine Anschauung, die nur noch von den — Bettelpreußen und ihren Organen getheilt wird. Es fällt Niemanden von den Patrioten ein, die Armee zu „desorganisiren“, aber sie billiger und dem Bedürfniß angemessener machen, das wollen wir, und wenn auch darüber mehrere hohe und niedere Offiziere und deren Freunde in großen Zorn gerathen sollten. Es ist besser, daß der Militarismus abgethan und begraben wird, als daß das ganze Volk durch ihn zu Grunde geht. Meint die Pf. Ztg., damit daß die Patrioten dem militärischen Zopf und Dünkel Fehde ankündigen, lassen sie sich „von den Demokraten auf's Eis führen“, so scheint uns dies eine sehr abergläubische Furcht zu sein, der nachgebend wir nur den Preußen und Bettelpreußen in die Hände arbeiten würden, welche am liebsten ein noch stärkeres Heer auf Kosten des arbeitenden Volkes haben wollten und alles für nichts als — den König von Preußen und die Blut und Eisen-Politik! Wir werden darüber

---

sondern nur der Schwindel ꝛc. ihrer fortschrittlichen Collegen sollte gezeichnet und gerügt werden. D. Red.

[2]) Auch das wollen wir nicht und verwahren uns dagegen Gerade diesem sehr ehrenwerthen Theil der bayr. Lehrer die Achtung des Volkes zu erhalten, kämpften wir gegen ihren Gegenpart, die eingebildeten fortschrittlichen Schulmeister an. Dem wackeren Lehrer wird niemals das Volk die auf seinen Werth gegründete Achtung entziehen. D. Red.

[3]) Das geben wir gerne zu und diesen soll und wird auch geholfen werden. Es handelt sich nur, den gehörigen Modus dafür ausfindig zu machen, daß der Bedürftige und Würdige die ihm zukommende Hilfe finde. Der Hr. Corresp. „vom Untermain“ hat übrigens blos von den Verhältnissen in seiner Gegend gesprochen. D. Red.

[4]) Diese Absicht ist unserm Hrn. Corr. „vom Untermain“ ganz gewiß ferne gelegen! D. R.

noch mehr zu sagen haben; für heute zum Trost der Pf. Ztg. nur so viel, daß wir in dem Milizsystem keineswegs unser Ideal erblicken

Landtag. Die letzte Sitzung der Kammer der Abgeordneten wurde mit der Beeidigung des dritten Abgeordneten für Günzburg, Hrn. Prestele, eröffnet, dann mit 4 Gesetzesvorlagen verherrlicht, nämlich einer neuen Advokatenordnung, einer Vorlage betreffs der Gerichtsvollzieher, einer neuen Strafprozeßordnung und einer Vorlage über einige civilrechtliche Bestimmungen wegen der Uebernahme fremder Verbindlichkeiten. Der Hr. Minister v. Lutz ließ sichs angelegen sein, alle diese Vorlagen bestens zu empfehlen. Kamen die Petitionen um direkte Landtagswahlen. X. v. Hafenbrädl verwundert sich, warum die Regierung noch keinen bezüglichen Gesetzentwurf vorgelegt habe. Minister Braun verspricht baldigste Vorlage (in 6 oder 8 Jahren?), worauf über die Petitionen „zur Tagesordnung übergegangen", d. h. nicht weiter davon geredet wurde. Dann kam die Bitte der geprüften Maurer- und Zimmermeister. (S. die letzte Nummer.) Ostermann nimmt sich sehr darum an, Schlör ist aber dagegen und meint sehr richtig, daß man auch bei geprüften Meistern nicht sicher sei, ob ihnen nicht die Häuser gleichfalls einfallen, (wie dies besonders den kgl. Baumeistern gar nicht selten zu passiren pflegt!) Urtheil: Die Bitte wird verworfen. Dagegen wurde die Petition der Spalter um eine Vicinalbahn nach Georgensgemünd mit einer schönen Empfehlung an Hrn. Schlör hinübergegeben, der schon in den nächsten Tagen (nach Pfingsten?) eine Gesetzvorlage bringen will. Hierauf wurden etliche Beschwerden und Anträge abgewiesen und resp. den betreffenden Fachausschüssen hinübergegeben.

— Die Südd. Post warnt gelegentlich der Militärfrage die **Patrioten**, sich für alle Zukunft beim Volk, dem sie Freiheit und Erleichterung versprochen, sich unmöglich zu machen. „Wir rufen, sagt sie, den Herren zu, sich wohl zu überlegen, warum sie gewählt wurden und was das Volk von ihnen erwartet; überhören sie diesen Ruf, dann möge das Volk aber auch nicht säumen, sofort die Treulosen zu richten." — Dahin, hoffen wir, daß das Volk „Treulose zu richten" hat, wird es doch nicht kommen; wenigstens wird es vorher nicht an Warnungen fehlen. Wir wären sehr gespannt, wie die Wähler der Abgeordneten Graf Fugger und Dr. Freitag deren — merkwürdiges Verhalten in der Militärfrage aufgenommen und ob sie damit einverstanden sind, daß man die Lösung dieser Frage auf die lange Bank schiebe, bezw. allen Forderungen des Kriegsministers, weil man auch einmal Offizier gewesen und Unangenehmes zu befürchten hätte, zustimme. Was den Hrn. Abg. Schmidkonz betrifft, so sind wir heute in der angenehmen Lage, dessen erste Abstimmung durch einen Irrthum in der Fragestellung, nachdem er der erste Abstimmende war, zu entschuldigen; er hat den Irrthum in der zweiten, durchaus festen und patriotischen Abstimmung sofort gut gemacht; irren aber kann Jeder.

— Aus einer schönen Anzahl von Städten sind bereits

— Der „Volksbote" bringt einen rührenden Beitrag zur Raschheit des königlich bayrischen Geschäftsganges. Vor 8 Tagen wurde ein ehem. Korporal und nachmaliger Maschinenschlosser Gelbert von Hrn. Schlör mit der Ernennung zum k. b. Lokomotivführer überrascht, d. h. er sollte es werden. Wie aber das M. Abendblatt bezeugt, kann der Mann des ihm zugedachten Glückes nicht mehr theilhaftig werden, massen derselbe schon im vorigen Jahr zu seinen Vätern versammelt worden und im M. A. als todt verbucht worden ist. Wer nur jetzt dem Staat die Anstellungstaxen bezahlt! Die Notiz ist zu kostbar, als daß sie nicht eines Dementi's werth wäre.

— In einem gegen das „Vaterland", insbesondere gegen den Artikel „aus der westlichen Oberpfalz" in Nr. 55 polemisirenden Artikel spricht die „Abendzeitung" die Hoffnung aus, die Majorität des bayrischen Seelsorgsklerus werde sich ohne Zweifel der liberalisirenden Richtung Döllingers und seiner Schüler und Freunde gegen das Concil anschließen. Wenn ein Mitglied des bayrischen Seelsorgsklerus es der Mühe werth finden sollte, dagegen, wie bereits in unserer Nr. 55 u. a. a. O. geschehen ist, weitern Protest zu erheben, so stellen wir dazu unser Blatt mit Vergnügen zur Disposition. Welche Stellung wir selbst zu jener Richtung einnehmen, glauben wir bereits zur Genüge gezeigt zu haben; was aber den deutschen Episkopat betrifft, der angeblich damit sympathisiren soll, so wissen wir das Gegentheil und werden Andere dies in naher Zeit von Rom aus in der unzweideutigsten Weise gleichfalls vernehmen.

Hessen. Aus Darmstadt wird dem „Vaterland" geschrieben: (**Ein entlarvter Fortschreiter!**) So eben bringt uns die Darmstädter Zeitung die Kunde, daß der Oberstaatsanwalt die Appellation des Staatsanwalts im berüchtigten Prozeß **Metz-Fendt** nicht verfolgt habe, weshalb das erstrichterliche Urtheil rechtskräftig bestehen bleibe. Metz, das Hauptorgan der bettelpreußischen Darmhessen und Fortschreiter, steht also durch rechtskräftigen richterlichen Spruch in vollem fortschrittlichen Glanze eines Ehrenwort- und Ehebrechers vor den Augen seiner „nationalen" Verehrer uud der übrigen Mitwelt da. Auch die Darmstädter Schönfärber, sowie seine sonstigen Freunde und Gesinnungsgenossen konnten trotz aller Anstrengungen diesen prächtigen fortschrittlichen Mohren und Ehrenmann nicht mehr weiß waschen: Der „nationale" Obergötze Metz ist und bleibt gerichtet, gerichtet als Ehrenwortbrecher, gerichtet als Ehebrecher, gerichtet in seiner politischen und bürgerlichen Stellung als ein fortschrittlicher — — Ehrenmann! Und dieser Mensch untersteht sich in einer gesetzgebenden Versammlung gegen die Moral der katholischen Kirche aufzutreten, die den Ehebruch als eine doppelte Sünde: gegen die Keuschheit und gegen die Gerechtigkeit brandmarkt, welche den Ehrenwortbruch nicht minder verwirft und verdammt! Solche Bursche wagen die Moral der Kirche zu bekriteln und zu verdächtigen! — Jetzt, nachdem die Organe der weltlichen Gerechtigkeit ihr letztes Wort gesprochen, dürfen wir behaupten

nicht eines solchen Vertreters zu schämen haben? Und wenn nicht, dann wird es eben mit Recht von ihnen heißen: Gleich und gleich gesellt sich gern!

Briefkranzen.

C. M., L. (D.) — G. Kl., H. (Rh.) — L. Sch., W. — J. W., A. (A) — Qu. D., B. —

Münchener Schranne vom 18. März.

Getreidsorten	Verkauft Schäffl.	Höchster fl.	kr.	Mittel- fl.	kr.	Nied.-Preis fl.	kr.	Gest. fl.	kr.	Gef. fl.	kr.
Weizen . . .	2580	20	26	19	8	17	35	—	10	—	—
Korn . . .	1249	12	15	12	—	11	34	—	6	—	—
Gerste . . .	2159	13	46	13	6	11	55	—	8	—	—

Verantwortlicher Redakteur: [illegible] Sigl

In der Spermann'schen Verlagshandlung in Oberhausen ist erschienen und bei Unterzeichnetem zu haben:

Die Klöster der heil. kath. Kirche.

Mit hoher geistlicher Genehmigung.

Ein Buch für das christliche Volk von L. E. Dr. Brockhoff, Priester der Erzdiözese Köln.

Erscheint in 20 Lieferungen à 21 kr.

Als Gratisbeilage (d. h. unentgeltlich) die wichtigsten religiösen Orden in Farbendruck. Bei einer Nachzahlung von 10 kr. zum 10. Heft ein kleines Weihwasserbecken (Behälter von Porzellan und die Figuren der heil. Familie aus Meerschaum). Beim Schlußheft gegen Nachzahlung von 1 fl. 24 kr. ein Kruzifix von Ebenholz (Figur von Silber) für die Abonnenten.

Ferner:

Leben, Wirken und Leiden Sr. Heiligkeit des Papstkönigs Pius IX. (135)

Erscheint in 18—20 Lieferungen.

Farbendruckbilder in Format des Werkes zum 1., 4., 8., 16. und letztem Hefte, nebst Portrait des heil. Vaters in Stahlstich und einem prächtigen Gold und Farbendruck-Titel zu dem ganzen Werke unentgeltlich. Zum Schlußhefte ein großes prachtvoll ausgeführtes Kunstblatt in Oelfarbendruck:

Der Einzug des hl. Vaters in St. Peter

gegen Nachzahlung von 15 Sgr. oder 54 kr.

Ein bedeutender Theil des durch die Herausgabe dieser Werke entstehenden Reingewinnes ist als Peterspfennig bestimmt und sind laut Quittungen des Hochw. Erzb. General-Vikariates zu Köln bereits 200 Thaler eingesandt.

Zum zahlreichen Abonnement ladet hochachtungsvollst ein

Joh. Wiesböck, Buchhändler,
Niederlage Thal 48/1 in München.

Todes- † Anzeige. (136)

Gott dem Allmächtigen hat es gefallen, den

Hochwürdigen Herrn

P. Othmar Schmid,

Benediktiner-Ordenspriester des Stiftes St. Bonifaz, Cooperator und Katechet daselbst, früher Präfekt im k. Erziehungsinstitut für Studirende,

nach einer Krankheit von 3 Monaten, gestärkt durch die heiligen Sterbsakramente, in seinem 41. Lebensjahre heute Vormittags 10 Uhr in die Ewigkeit abzurufen.

Indem wir diese Trauerkunde den Freunden des Seligen und unseres Hauses mittheilen, empfehlen wir denselben dem frommen Andenken.

München, den 18. März 1870.

P. Bonifaz v. Haneberg,
Abt von St. Bonifaz,
mit dem Convente.

Der Gottesdienst findet Dienstag den 22. März Vormittags 8 Uhr in der Basilika statt.

Särge

von jeder Größe, Nasenquetscher, gewölbt lakirte, geäste, eichenpolirt, von 2—7 Fuß sind immer zu haben. Da seit 4 Jahren die Magazine bestehen und während dieser Zeit sich dieselben die größte Zufriedenheit des Publikums erworben, empfehlen sich dieselben bestens bei promptester Bedienung.

Magazine: { **Amalienstraße Nr. 76/0.**
{ **Gabelsbergerstr. Nr. 42.**

140—143(a)

Ich erlaube mir mein best assortirtes Lager von

ordinären und feinen

Tischmessern

und

Gabeln,

dann

Eisen- und Messingpfannen,

gußeisern-emaillirten Kochgeschirren &c.

und allen andern

Kücheneinrichtungs-Gegenständen

bestens anzuempfehlen.

Achtungsvollst 94(ff)

Benedict Gautsch,

81(ff) 23 Dienersgasse 23.

Ein Vesperbild,

für Altarblatt einer Landkirche sehr geeignet, um annehmbaren Preis zu verkaufen. D. U. (113)

Eine kleine Wohnung von 2 tapezirten Zimmern, Küche, Keller &c. ist auf Georgi zu vermiethen. Amalienstraße Nr. 54/0. (123)

Floßstraße Nr. 1a parterre links ist eine hergerichtete Wohnung von 3 Zimmern, Küche, Keller und allen Bequemlichkeiten auf das Ziel Georgi zu vermiethen. (144)

Johann Herzog,

Schmiedgeselle von Kulmbach, wird wegen Erbschaft ersucht, seinen Aufenthaltsort seiner Schwester **Babette Hermann in Kulmbach** schleunigst anzuzeigen. 137—39(a)

Eine Lehrerin gibt französischen oder Musikunterricht gegen Frühstück und Abendtisch. D. U. (130)

Druck von M. Vogt in München, Rosengasse 10

II. Jahrgang. Das Bayrische Auflage: 5100.

Vaterland.

Das „Bayr. Vaterland“ erscheint täglich mit Ausnahme der Sonn- und hohen Festtage. Preis des Blattes: Vierteljährig 54 kr., ganzjährig 3 fl. 36 kr. Das einzelne Blatt 1 kr.

Alle Postexpeditionen und Postboten des In- und Auslandes nehmen Bestellungen an. Inserate werden die dreispaltige Petitzeile oder deren Raum zu 3 kr. berechnet.

Redaktion: Burggasse 14. Herausgegeben von Dr. jur. J. Sigl. Expedition: Kuffinibazar 5

Mittefasten. Nr. 66. Mittwoch, 23. März 1870.

Abonnements = Einladung.

Zu dem am 1. April beginnenden neuen Quartal laden wir zu rechtzeitigem und recht zahlreichem Abonnement auf das „Bayr. Vaterland“ ein. Die Haltung des Blattes bleibt unverändert dieselbe. Der Zugang von mehr als 1100 neuen Abonnenten im vergangenen Quartal allein auf der Post läßt uns auf recht zahlreiche Neubestellungen hoffen. Der Preis ist wie bisher 54 kr. per Quartal. Inserate versprechen bei der bereits erreichten Auflage von 5100 den besten Erfolg. Alle Postexpeditionen und Postboten (in München die Expedition) nehmen Bestellungen an.

Die Redaktion und Expedition des „Bayr. Vaterland.“

Der Bauernstand — die Hauptstütze des Staates.

Angesichts einer drohenden Steuererhöhung, die, wie wir unten sehen, nur wieder vorzugsweise den Landwirthschaft treibenden Theil des Volkes treffen und belasten würde, ist es Aufgabe der Presse wie der Abgeordneten, sich mit aller Entschiedenheit gegen eine neue Mehrbelastung der Bauern zu stemmen, die, wie der unten folgende Brief aus der Oberpfalz zeigt, davon nicht das Mindeste wissen wollen und kaum im Stande sind, die bisherigen Lasten zu tragen. Der Bauernstand, die Hauptstütze des Staates, darf nicht noch mehr ruinirt werden, ihm muß aufgeholfen werden durch Entlastung, nicht durch neue Belastung, durch gute, seinen Bedürfnissen und Wünschen entsprechende Gesetze und Einrichtungen, sonst geht er unfehlbar zu Grunde, sonst bekommen wir zu dem städtischen Proletariat, das allen Regierungen schon die schwersten Sorgen macht, auch noch ein ländliches, und ist einmal der Bauer ruinirt, dann ist es auch der Staat.

Kein Stand im Lande, so schrieben wir vor wenigen Monaten im katholischen **„Münchener Wochenblatt“**, — kein Stand im Land hat unter den bekannten heutigen Verhältnissen eine größere Bedeutung und Wichtigkeit als der Bauernstand. Die großen Herren aller Länder haben den Bauern bisher meist als eine Art Lastthier für Alles, als den modernen Heloten betrachtet, der die Arbeit für Alle thun mußte, und die kleinen Herrn, welche Schnurrbärte und gestickte Krägen tragen oder noch zu tragen hoffen, die nennen unsere Bauern wie der Fortschrittsmann Herr Crämer von Doos, der den Schwarzen die Schädel einschlägt, eine „zurückgebliebene, faule, verkommene Masse voll Unwissenheit und Knechtsinn.“ Die Bauern haben sich das gemerkt und haben bei den letzten Wahlen und verschiedenen andern Anlässen ganz richtig darauf geantwortet. Sie halten es mit einem alten bayerischen Herzoge, dessen Wahlspruch war: „Tritt mich nit, ich leid's fein nit!“ — sie wollen sich auch nicht mehr auf den Köpfen herumtreten lassen, sondern, wenn getreten werden muß, lieber selbst treten, als getreten werden, denn nur Gottes Geduld reicht ewig.

Die Bauern fühlen und merken es, daß in fast allen Dingen im Staate der Schwerpunkt im Bauernstande liegt; braucht der König Soldaten: an die Bauern wendet er sich; haben die Minister schlecht gewirthschaftet und sind neue Steuern nöthig: den Bauern werden sie zunächst aufgebürdet; sind neue Wahlen vor der Thür, da thut auch das übermüthige Herrenvolk, das sonst die „dummen Bauern“ verächtlich über die Achsel ansah, den Bauern schön, denn ihre Stimmen wiegen da jede so schwer wie die des hochgebornen Grafen und des reichen Fabrikkönigs und die Bauern haben die meisten Stimmen im Lande und Manchem wären die „Zurückgebliebenen“ gescheidt genug, wenn sie ihm ihre Stimme gäben!

Der Bauernstand, sagen wir, hat eine Wichtigkeit und Bedeutung wie keiner, zumal jetzt. Auf den Bauernstand ist die Kraft und Gesundheit der Staaten vorzüglich gegründet; wenn dieser Stand geschädigt würde und zu Grunde ginge, dann wären auch die Staaten in ihrer Kraft gebrochen und gingen zu Grunde, und wo er blühte, da blühten auch die Staaten. Das zeigt die Geschichte aller Staaten, die mächtig und glücklich waren, so lange es einen kräftigen, tüchtigen, wohlhabenden Bauernstand gab, einen Bauernstand, in dem Religiösität und Pietät gegen Gott wie Liebe zu Fürst und Vaterland festgegründet und gewurzelt ist. Darum müßte es überall die erste Sorge der Gesetzgeber sein, gerade für die Interessen des Bauernstandes am ernstesten und gewissenhaftesten durch gute Gesetze, die ihm völlig freie Hand lassen, zu sorgen. Das beste Bauerngesetz, das noch keines der unzähligen neuen übertroffen hat, war das uralte deutsche Bauernrecht, dessen Uebereinstimmung mit den Bedürfnissen und der Gefühlsweise des Landvolkes sich in der Kraft und Gemüthlichkeit kund gibt, die aus den alten Weisthümern und Hofrechten hervorleuchtet, das die Freiheit des alten Bauernthums regelte, aber nicht einschränkte und nicht mit bureaukratischen Formeln erstickte.

Man hat jetzt den Bauern das alte Gute genommen und ihnen nichts Besseres dafür gegeben: man hat z. B. den alten Hofverband gelöst und dadurch der Zersplitterung des Bodens und der allgemeinen Verarmung auf dem Lande Thür und Thor geöffnet. Man hat die Bauern wechselfähig gemacht, um diese Verarmung zu beschleunigen und durch Vernichtung des wohlhabenden freien Bauernthums ein billiges Proletariat für die Fabrikherren heranzuziehen. Man hat durch die überstürzende Lösung der alten Verhältnisse den Sitten des biedern Bauernvolkes eine tödtliche Wunde geschlagen; sie schwinden allmählig dahin, selbst aus dem Gedächtnisse, und neue, aber nicht bessere Sitten, Leichtsinn, Luxus treten an ihre Stelle. Das aber ist, zumal da es genug beschnittene und unbeschnittene Juden gibt, der sicherste Weg zur Verarmung des Bauernthums. Der erste Unfall bringt jetzt die Bauern in Geldnoth und zu Hypotheken, in deren Verzinsung er die Früchte seiner Arbeit umsetzen muß; ein zweiter oder dritter Unfall treibt ihn mit Weib und Kind und dem Reste seiner Habe in die Fremde. So fällt das Grundeigenthum nach und nach an die hartherzigen Machthaber der Neuzeit, an die Kapitalisten in den Städten oder gar an die Juden. Da muß geholfen werden und zwar bald, sonst gibt es keine Hilfe mehr für das untergehende Bauernthum, für die sinkende Hauptstütze des Staates.

Wird der eben versammelte Landtag die Hand bieten wollen zur Rettung der Bauern? Wir hoffen es sehr.

Eine Stimme aus dem Bauernstande

als „Gesinnungsausdruck der nördlichen Oberpfalz“ läßt sich also vernehmen: „Liebes Vaterland! Wir Landleute in der nördlichen Oberpfalz sind überzeugt, daß du es gut mit uns meinst und auch unsere Interessen kräftigst zu vertreten eifrig bestrebt bist. Deswegen verüble nicht, wenn ich dir die Stimmung und die Wünsche der Bevölkerung der nördlichen Oberpfalz bekannt gebe[1]), wie ich selbe in mehreren patriotischen Wanderversammlungen der hiesigen Gegend, namentlich in der in Fuchsmühl, welcher circa 400 kernfeste Bauern in dem sinnig dekorirten Saale der Schloßgebäulichkeiten des Hrn. Baron Zeller anwohnten, kennen gelernt habe.

Es wurden da mehrere patriotische Vorträge gehalten und alle mit Begeisterung von der Versammlung aufgenommen; man war ganz einig darüber, daß unser jetzt beliebtes Militärsystem ein ganz anderes werden muß, denn durch dasselbe wird uns das Mark bis auf den letzten Tropfen aus den Beinen gezogen und wir werden dadurch dem allgemeinen Ruin spornstracks zugeführt. Wir erwarten deshalb von unsern Abgeordneten Abhülfe und zwar so bald als möglich; wir geben uns der sichersten Hoffnung hin, daß sie dem jetzigen kostspieligen Militärwesen scharf zu Leibe gehen und das Militärbudget mit scharfem Messer unbarmherzig beschneiden werden.

Wir können uns von der Nützlichkeit und Nothwendigkeit dieses Militärwesens, wie es gegenwärtig besteht, gar nicht überzeugen; an einen Krieg können wir durchaus nicht glauben, weil wir von Frankreich und von Oesterreich dermal nichts zu fürchten haben, und Preußen, so lange ein Prager Frieden[2]) zu Recht besteht, uns nicht verschlingen kann, so gerne Preußen uns schon im Magen hätte.

Wozu also diese so kostspieligen Militäreinrichtungen, an denen wir verbluten müssen? Will Preußen einen annexionslustigen Krieg, so mag ihn Preußen allein führen. Wir haben überhaupt vom Kriegführen im Jahre 1866 einen eigenen Begriff bekommen, der sich bei uns so leicht nicht mehr verwischt. Wir haben damals mit eigenen Augen gesehen, wie man nutz- und zwecklos die armen sprochenen Nutzen für uns nicht zu entdecken; sie haben sich alle mehr oder weniger für unsere Verhältnisse und für unsern Geldbeutel höchst nachtheilig und drückend erwiesen. Man mag sie loben und preisen, wie man nur immer will, wenn man selbst darunter nicht zu leiden hat; aber unsere Abgeordneten werden sich wohl besinnen, zu diesen schon bestehenden Gesetzen, die wir am liebsten wieder los wären, noch neue Gesetze einführen zu helfen, die für uns und unsern Geldbeutel vielleicht noch nachtheiliger und drückender wären.

Auch die Aufbesserung der Lehrer hat nach unserer Ansicht gar keine große Eile, denn, wie nachgerechnet worden ist, sollen die Lehrer im Jahre fast keine hundert Tage Schule halten, die andere Zeit haben sie ganz für sich. Für diese Zeit der Arbeit meinen wir wären sie wirklich gut genug bezahlt. Wenige Lehrer verdienen auch eine Aufbesserung; will man aber einmal aufbessern, so bessere man das Verdienst auf. Das könnte am besten durch Gewährung von Gratifikationen an würdige Lehrer geschehen; diese Gratifikationen verstärke man nach Verdienst und Alter, entziehe sie aber, wenn der Lehrer aufhört, seine Schuldigkeit zu thun. Dies wäre ein Sporn für die Lehrer und käme nur würdigen zu gut.

Kurz und gut: wie wir meinen, darf ordentlich aufgeräumt und muß nach allen Seiten hin gespart werden, wenn unser schönes Bayerlandl nicht gänzlich verarmen soll. Daß es dazu nicht kommen möge, das gebe Gott!

Deutschland.

München,, den 22. März

(Finanzielles.) Die sämmtlichen direkten Steuern ertragen in Bayern rein 9,965679 fl. Die ordentlichen und außerordentlichen Forderungen belaufen sich auf mehr als das Drittel der sämmtlichen Staatseinnahmen. Dazu kommen 16,620347 fl. für die Verzinsung der Staatsschuld und 3,150089 fl. für den Hof. Militär, Staatsschuld und Hof erfordern über 68 Procent der reinen Staatseinnahmen, so daß für alle übrigen Bedürfnisse des Staates nur mehr 17,947257 fl., also nur 31$\frac{1}{2}$ Prozent übrig bleiben!!! Dazu kommt das Defizit, das uns in lieblicher Aussicht steht, und die 30 und einige Prozent Steuererhöhung, wenn die Kammer das Militärbudget nicht unbarmherzig beschneidet. Auf's Neue gepumpt sollen werden 7$\frac{1}{2}$ Millionen. — Die Grundsteuer erträgt zwei Drittel sämmtlicher directen Steuern, nämlich 6,686300 fl., eine Höhe, die im Verein mit der ausländischen, namentlich ungarischen, durch die Bahnen so außerordentlich begünstigten Konkurrenz der Getreideproducenten, mit der Höhe des Zinsfußes und andern Verhältnissen für die landwirthschaftliche Oekonomie durchaus nicht zu erschwingen ist. Von einer Mehrbelastung der Landwirthschaft kann also, wenn man sie nicht geradezu ruiniren will, nicht die Rede sein. Kaum minder schlecht daran

wurden, die wir aber größtentheils unter täglichem Lob und Preis auf die Pickelhaube in Rosenberg zubrachten; wegen 3 Beleidigungen der preußischen Regierung im Allgemeinen und des großen Bismark im Besondern, den wir mit demselben Ehrenmann verglichen und resp. noch unter ihn stellten, wurden wir freigesprochen. Morgen wird es ein Jahr, daß in Folge dieses freudiges Ereignisses das Probeblatt des „Bayr. Vaterland" erschien. Wir waren das erste und wie wir hoffen, das letzte Opfer der durchleuchtig hohenloheschen Schlauheit, welches dieser Preußen halber mit dem Schwurgericht zu thun hatte; heute würden wir dieser Preußen wegen nicht mehr verurtheilt.

— Prof. Sepp soll im N. B. B. seinen Wählern erklärt haben, mit seinen (Sepp'schen) Auseinandersetzungen in der bekannten Brochüre über die Unfehlbarkeitsfrage seien kaum 10 Mitglieder des patriotischen Klub nicht einverstanden. Das ist ein Schreibfehler, bezw. eine Metathese des gelehrten Herrn; es muß nämlich heißen, daß „mit seinen Auseinandersetzungen nicht 10 Mitglieder des Klubs einverstanden seien", und das hat auch seine völlige Richtigkeit. Uns hat Hr. Prof. wieder mit einem Schreibebrief erfreut, auf den wir ihm wohl gut vaterländisch antworten sollten, wenn wir nur Raum hätten. Wir geben nicht gerne die Hoffnung auf, von Hrn. Prof. Sepp doch noch eines Tages zu lesen: Laudabiliter se subjecit — er hat sich dem weiseren Urtheil Roms wie ein guter Katholik unterworfen.

— Der Nürnberger „Anzeiger" belehrt in seiner Nr. 78 die europäischen Völkerschaften, wie Deutschland einig und frei werden könne. Der „Anzeiger" hat ein sehr einfaches Mittel, das heißt:

„Einig wird es nur, wenn frei,
Und frei nur ohne Fürsten"!

Die europäischen Völker haben indeß von Frankreich, Italien, Spanien, von 1848 ꝛc. so viel gelernt, daß die „Freiheit", welche die Herren Liberalen, Fortschrittler und Demokraten 48er Façon zu bieten wissen, nicht werth ist, daß man auch nur dem Leibroß eines Fürsten ein Schwanzhaar krümme. Wir wenigstens danken bestens für eine solche Species von Freiheit; uns ist die monarchische Regierungsform, wenn sie auch stellenweise viel zu wünschen übrig läßt, doch noch hundertmal lieber als die liberale Pöbelherrschaft des Fortschritts und der Freimaurer — eben nach den schönen Erfahrungen in den oben erwähnten Jahrgängen und Rentämtern.

— Die Augsburger „Abendzeitung" hat etwas „Tröstliches für deutsche Ohren" entdeckt, daß die französischen Chassepots nothwendig Metallpatronen brauchen und daß deren Kautschuckpfropfen im Winter hart werden und „dadurch eine Armee der Vernichtung (?) aussetzen." Also wäre es dann ja „untröstlich", wenn die Chassepots im Winter nicht hart würden? Nun, dem Mangel kann abgeholfen werden, da leider noch drei Jahreszeiten übrig bleiben, in denen sich unter Umständen zur Noth Krieg führen ließe. Was dann, liebe Abendzeitung, was dann? das wir mit Vergnügen aufmerksam machen. Fort mit dem neuen Wehrgesetz! Das ruft dieses Schriftchen mit uns den Kammern zu.

Würzburg. Es verlautet noch nicht das Mindeste, daß Hr. Staatsminister v. Pfretzschner und der reiche Hr. Prof. Held den durch ihre Schwester und resp. Schwägerin, Frl. Augusta Pfretzschner, dem Julius-Spital erwachsenen Schaden von 4449 fl. zu ersetzen beabsichtigen; dagegen soll von den „dunklen Bildern aus dem Juliusspital" bereits ein neues nicht uninteressantes „Bild" ans „Vaterland" nach München abgegangen sein.

— Hr. Präs. v. Zu-Rhein liegt hoffnungslos darnieder.

In **Würtemberg** hat die Landesadresse gegen das preußische Wehrgesetz nahezu 150000 Unterschriften erhalten. Die Landesversammlung, welche von 4—500 Delegirten aus 60 Wahlkreisen des Landes besucht war, sprach sich allgemein gegen jede Gewährung von Mitteln für das „landverderbliche" preußische Wehrgesetz und für möglichst rasche Vorlegung eines neuen Kriegsdienstgesetzes, gegründet auf wahrhaft allgemeine Dienstpflicht, militärische Jugendvorbereitung und kurze Präsenz aus und begrüßte mit Freuden das übereinstimmende und gleichzeitige Vorgehen der bayrischen Nachbarn gegen den uns durch Preußen aufgedrängten Militarismus.

Aus **Baden** ist der Großherzog auf 3 Tage nach Berlin gereist, um dem großen Wilhelm zum Geburtstag seine allerunterthänigste Aufwartung zu machen. Die Badenser sähen es gerne, wenn ihn der gute Wilhelm ganz bei sich behielte.

Oesterreich. Wiener Blätter sind bereits so weit „fortgeschritten", daß sie den Papst nur mehr „Herr Pius IX." nennen!

Koburg. Herzog Ernst, Hoheit! der noch immer da ist, vertreibt sich die regierungsfreie Zeit, deren er täglich 24 Stunden hat, mit Vorlesen. Am 14. hujus hat er in höchstseinem Offizierskasino einen „längeren Vortrag" über die Seeschlacht von Lissa gehalten, in dem er der Tapferkeit und Tüchtigkeit der österreichischen Marine höchstseine Anerkennung auszudrücken geruhte, worüber sich dieselbe zweifelsohne sehr geschmeichelt fühlen wird. Die nächste Vorlesung von Höchstihm handelt von den Wallfischen des Oceans, deren Bekanntschaft Herzog Ernst, Hoheit demnächst zu machen zu geruhen gedenken soll. Wir hoffen, daß sich die Bestien dadurch gleichfalls sehr geschmeichelt fühlen werden.

In **Preußen** hat die grassirende Umgehung der Militärpflicht durch unerlaubte Auswanderung den Kriegsminister und den Minister des Innern zu einem Cirkular an die Oberprovinzialbehörden veranlaßt, durch welches geeignete Nachforschungen über die Davongelaufenen angestellt und Listen der deshalb Bestraften angelegt werden sollen. Wir hoffen, daß dadurch den betreffenden jungen Preußen die fehlende Tapferkeit und heldenmüthige Gesinnung beigebracht werden wird.

Judengeschichten.

In Wien ist eben der Jude Moriz Schochet, Mediciner, wegen Meuchelmord durch Gift (Cyankali) an seinem Freund Hecht, den er nachdem er ihn getödtet auch noch beraubte, zu 18 Jahren, seine Eltern wegen Beihilfe, Abraham zu 3 und Golde Schochet zu 1 Jahr schweren Kerkers verurtheilt worden. Der gemeine Meuchelmörder hatte die Stirne, für sich gar noch ein Recht auf Gnade zu beanspruchen. Der Proceß gab wieder ein schauerliches Bild von der moralischen Verkommenheit des „liberalen" Wien und insbesondere von dem dortigen Treiben des Judenvolkes.

„Die Klöster der katholischen Kirche"

ist ein Lieferungswerk betitelt, welches in einer Zeit, wo so viel über die Klöster, diese Pflanzstätten der Kultur, der Künste und Wissenschaften gelogen wird, nur als ein ebenso zeitgemäßes, als verdienstliches Unternehmen begrüßt werden kann. Die meisten Katholiken sind unbekannt mit der stillen, aber segensvollen Arbeit der Klöster, ihrer reichen Geschichte, ihren Kämpfen und Verfolgungen, ihrem glorreichen Wirken seit den Anfängen des Christenthums bis auf unsere Tage; nur wenig ist von ihrer rastlosen, segensreichen Thätigkeit der großen Menge offenbar. Das vorliegende Werk — erschienen in der Ad. Sparmann'schen Buchhandlung und hier zu beziehen durch die Buchhandlung von J. Wiesböck, Thal 48 — gibt in reicher Ausstattung eine populäre Geschichte aller Orden, die in zahlreichen Farbendruckbildern in ihrer Tracht ꝛc. dem Leser vorgeführt werden; viele Prachtkunstblätter geben die Ansicht berühmter Klöster. Das löbliche Unternehmen empfehlen wir dem katholischen Wohlwollen zu weitester Verbreitung. Im demselben Verlag ist ein herrlich ausgestattetes Lieferungswerk: Das Leben Pius IX. erschienen, das nicht minder empfehlenswerth ist.

Briefkasten.

B. G., B. 7. (zu 101) — J. K., F. — R. v. T. 10 — St. St., R. — Pf. R. 20 — M. H., P. 5. — J. M., W. B. (nichts beigelegen!). — A. S. IV. Erhalten. Dank! — Neustadt a./S. Vom „Vaterland" 1870 sind nur zwei vollständige Ex. vorhanden, das der Redaction und das der Expedition. Die meisten Nr. des Quartals sind vergriffen oder konfiscirt; es kann Ihrem Wunsche also nicht entsprochen werden.

Verantwortlicher Redakteur: Dr. J. Sigl.

Druck von M. Vogl in München, Rosengasse 10

II. Jahrgang. Auflage: 5100

Das Bayrische Vaterland.

Das „Bayr. Vaterland" erscheint täglich mit Ausnahme der Sonn- und hohen Festtage. Preis des Blattes: Vierteljährig 54 kr., ganzjährig 3 fl. 36 kr. Das einzelne Blatt 1 kr.

Alle Postexpeditionen und Postboten des In- und Auslandes nehmen Bestellungen an. Inserate werden die dreispaltige Petitzeile oder deren Raum zu 3 kr. berechnet.

Redaktion: Burggasse 14. Herausgegeben von Dr. jur. J. Sigl. Expedition: Kuffinibazar 5

Gabriel. Nr. 67. Donnerstag, 24. März 1870.

Abonnements-Einladung.

Zu dem am 1. April beginnenden neuen Quartal laden wir zu rechtzeitigem und recht zahlreichen Abonnement auf das „Bayr. Vaterland" ein. Die Haltung des Blattes bleibt unverändert dieselbe. Der Zugang von mehr als 1100 neuen Abonnenten im vergangenen Quartal allein auf der Post läßt uns auf recht zahlreiche Neubestellungen hoffen. Der Preis ist wie bisher 54 kr. per Quartal. Inserate versprechen bei der bereits erreichten Auflage von 5100 den besten Erfolg. Alle Postexpeditionen und Postboten (in München die Expedition) nehmen Bestellungen an.

Die Redaktion und Expedition des „Bayr. Vaterland."

Der Türkenschwindel und die Juden-„Bankiers."

Wir haben, als hier und in Bayern der Schwindel mit den Türkenloosen durch eine Anzahl Juden-„Bankiers" und dgl. mit ungeheuern Inseraten und Reklame-Artikeln in Scene gesetzt werden sollte, unser redliches Theil gethan, diesen Schwindel nach besten Kräften zu durchkreuzen und zu vereiteln und das Volk, das von solchen Dingen meist nichts oder nicht viel versteht, vor Schaden und Nachtheil zu wahren. Wir wissen nicht, wie viel unsere Bemühungen dazu beigetragen haben, daß der Schwindel hier ein schmähliches Fiasko machte; eins aber wissen wir, daß die theuer bezahlten Reklameartikel für den Schwindel, welche durch einen sicheren Hrn. D. an die Zeitungen vermittelt wurden und die aufzunehmen man auch uns — eingeladen, verstummten, außer in einem Blatte. Wir haben damit ein schönes Material zu allenfallsigem Gebrauch gewonnen!

Allein damit soll die Sache noch nicht zu Ende sein. Jetzt gilt es die Füchse, wir meinen die Juden-„Bankiers", die uns fangen und aussäckeln wollten, im eigenen Bau zu fangen. Es haben sich genug übertölpeln lassen, solche Türkenloose zu subscribiren: gut, **annullire man die Subscription, lasse den Juden ihr Papier und behalte man sein gutes Geld!**

Wir müssen dazu zur Sache zurückkehren; es ist noch Manchem zu helfen.

Zweifelsohne ist dieses schwindelhafte von dem Juden Hirsch ausgehackte türkische Anlehen eine der frechsten Provokationen der öffentlichen Meinung, eines der schamlosesten Attentate auf die Moral. Die französische Regierung, bestrebt das französische Volk überall und in Allem zu schützen, hat aus diesem Grunde und aus Rücksicht, daß sie sich zum Mitschuldigen eines schmachvollen Schwindels machen würde, nirgends die Subscription auf dieses Schwindelunternehmen gestattet, und sie hat Recht gethan und wir loben sie darum. Dasselbe hat die ungarische Regierung gethan, die doch das nächste Interesse an dem Zustandekommen der türkischen Bahnen hätte. Sie kommen eben nicht zu Stande und das weiß sie. Minister Brestel wollte dasselbe thun, aber Beust, der Biedermann Beust hinderte ihn daran und er hatte gewiß seine guten Gründe.

Und warum ist dieses Anlehen ein Schwindel? — Weil dem projektirten Unternehmen des Baues türkischer Bahnen jede solide Basis, jede Bedingung wirthschaftlichen Gedeihens fehlt. Der „Oesterr. Oekonomist" hat dies schlagend nachgewiesen.

Aber das Anlehen hat ja die Garantie der türkischen Regierung?! — Was will das besagen, die Regierung eines in der Auflösung begriffenen Reiches, von dem Niemand weiß, ob es noch dieses Jahr oder das nächste Jahr überdauert? Diese gute türkische Regierung, die ihren eigenen Beamten und Soldaten regelmäßig den Sold schuldig bleibt und um die Zinsen ihrer eigenen Schulden zahlen zu können, regelmäßig ein neues Anlehen machen muß, die garantirt die Rückzahlung eines Kapitals von fast 800 Millionen und die Zinsen davon, wovon sie selbst blos nominell 356, effektiv gar blos 281 Millionen empfängt? Das ist ja eine bare Lächerlichkeit!

Aber die Unternehmer der projektirten Bahnen?! — Die Unternehmer selbst bieten nicht die mindeste Garantie. Wer sind sie? Wie heißen sie? Nirgends sind sie genannt. Man weiß nur, daß ein gewisser „Bankier" Hirsch das Anlehen „unternommen" hat, aber Niemand weiß, wer die Rückzahlung, die Verzinsung und den Bau der Bahnen unternimmt. Diese unbekannten Herren Unternehmer versprechen nicht einmal eine Sicherstellung des entliehenen Kapitals. Wann und wie die Bahnen gebaut, ob sie überhaupt gebaut werden, ob Zinsen und Kapital rechtzeitig, ob sie überhaupt zurückgezahlt werden, dafür übernehmen sie nicht die kleinste Verantwortung, das können die glücklichen Aktionäre mit der türkischen Regierung abmachen, die selbst nichts hat als Schulden. Die Unternehmer haben an dem Bau der Eisenbahnen auch gar kein Interesse, denn da sie ihre „Provision" vorher einstreichen, so ist es ihnen ganz gleichgiltig, ob die Bahnen vollendet, ob sie überhaupt nur angefangen werden; sie gelten ihnen gerade so viel wie die Bahnen auf den Südsee-Inseln oder Bahnen nach dem Monde, für die sie mit derselben Bereitwilligkeit die Obligationen ausgeben würden, falls auf deren Abnahme zu rechnen wäre, wenn nur für sie brav „Provisionen" herauskommen.

Somit handelt es sich bei dem ganzen „Geschäfte" der jüdischen Entrepreneurs ja nicht um den Bau türkischer Bahnen oder irgendwelcher Bahnen überhaupt, sondern alleiniger Zweck derselben ist: **fünfthalbhundert Millionen** aus den Taschen leichtgläubiger Subscribenten herauszulocken, um davon 50—60 Millionen geriebener Unternehmer hineinzuprakticiren. Was aus den noch verbleibenden Millionen und deren gutmüthigen Subscribenten selbst wird, darum kümmern sich die „Unternehmer" ganz und gar nicht; mit dem Einstreichen der Provision ist das „Geschäft“ abgemacht; alles Uebrige geht sie gar nichts an.

So qualifizirt sich dieses türkische Bahngeschäft nicht mehr als ein zwar leichtfertiger, aber im guten Glauben unternommener Schwindel, sondern als ein wissentlicher, sorgsam verbreiteter und planmäßig ins Werk gesetzter Betrug, als eines der frechsten Attentate unsers modernen Industrie-Ritterthums en gros, von dem wir hier u. A. in den Personen der beiden Juden Mendel und Neuburger ein paar Prachtexemplare kennen gelernt haben.

(Schluß folgt.)

Deutschland.

München,, den 23. März.

Auf das Verbot des hochw. Hrn. Bischofs von Regensburg an seine Theologen, ferner die Vorlesungen Döllingers zu besuchen, — was einem Befehl, das Studium der Theologie an der hiesigen Universität fortzusetzen gleich kommt — soll, so steht in Wiener Blättern, Hr. v. Lutz „beabsichtigen“, die Erklärung abzugeben, daß in Bayern kein Geistlicher mehr als Pfarrer angestellt werden könne, welcher nicht den legalen Nachweis über den Besuch einer Landesuniversität beizubringen vermag. — So hitzig ist unser gegenwärtiger Kulturminister nicht, daß er mit einem derartigen Verlangen, das in keiner Weise gesetzlich zu begründen wäre, sich blamiren möchte, um von den Liberalen dafür freundlich angelächelt zu werden. Das geht auch den Staat nicht das allermindeste an, wo sich bei uns ein Geistlicher seine Theologie geholt, auf dem Lyceum oder auf der Universität, wenn er nur eine hat. Uebrigens wäre ein derartig despotisches Verlangen nicht ganz neu: Kaiser Joseph II., ein großer Liberaler vor dem Herrn, hat dasselbe erzwingen wollen, hat aber bei der Gelegenheit eine Krone verloren sammt dem dazugehörigen Lande, Belgien!

— Der Hr. Abg. Lukas hat sein höchst mühsames Referat über das Staatsbauwesen vollendet und zu demselben den Antrag gestellt, es mögen die geeigneten Vorkehrungen getroffen werden, daß alle Staatsstraßen als solche aufgegeben, in Distriktsstraßen verwandelt und die Distrikte nach Maßgabe der die Distrikte durchziehenden kunstmäßig gebauten und nach Distrikts-Etat neuzubauenden Straßen in dem von dem jeweiligen Finanzgesetze festgesetzten Betrage aus den Centralfonds des Staates entschädigt werden. Dieser Antrag wurde mit 6 gegen 3 Stimmen angenommen. Der weitere Antrag, es mögen die geeigneten Einleitungen getroffen werden, daß die allerhöchste Verordnung vom 13. Nov. 1857 aufgehoben und eine Reorganisation des gesammten Staatsbauwesens verfügt werde, in der Weise, daß eine bedeutende Verminderung des Baupersonals und seine freiheitliche Abänderung der organisatorischen Bestimmungen einzutreten habe, wurde mit 8 gegen 1 Stimme angenommen. Wir werden auf das Referat zurückkommen.

— Bankier Feustel und Polizeioffiziant Schnitzlein wurden, ersterer von dem Vergehen der Erpressung, letzterer der Beihilfe, freigesprochen. Es handelte sich um einen Wechsel, der dem Feustel nicht „gut“ schien. Noch vor dem Verfalltage überfiel er mit Schnitzlein die unbetheiligte Frau und die Base des Agenten Schultheß, die von dem Wechsel gar nichts wußten, im Gasthof und setzte sich mit Gewalt, Drohungen rc. in den Besitz von sogar noch 50 fl. über dem Werth des Wechsels. Vom Gericht sind beide allerdings freigesprochen; die öffentliche Meinung aber hat sich aus der Verhandlung ein ziemlich abweichendes Urtheil gebildet, das für beide nichts weniger als schmeichelhaft ist. Jedenfalls wird Niemand, der nicht muß und sich noch anders retten kann, mit einem „Geschäftsmann“ wie Feustel, in geschäftliche Verbindung treten wollen, an dessen Freimaurer-„Humanität“ ein Schuldner nur mit Zittern und Beben denken kann. Die Geschichte ist eine höchst schmutzige Geldgeschichte; kein Wucherjude könnte sie besser aufführen.

Vom **Chiemsee** wird dem „Vaterland“ geschrieben: Unser rühmlichst bekannter fortschrittlicher Viehdoctor, der schon bei den Landtagswahlen sich arg ausgezeichnet und in seiner Art „gewirkt“ hat und der von wegen seiner hohen Stellung auf gewöhnliche Staatsbürger nur mit gebührender Verachtung herabschaut, — dieser geht jetzt, damit er hinter seinem gleichgesinnten noch höher gestellten Herrn nicht zurückbleiben muß, zu denjenigen Bauern, die zu Distriktsräthen gewählt worden sind, fleißig walfahrten, um so zu erbitten, daß ihm aus Distriktsmitteln von wegen seiner hohen Stellung und seiner übermenschlichen Arbeitslast so ungefähr 100 fl. jährlich bewilligt werden, weil er sonst mit seiner Familie nicht „standesgemäß“ leben könne. Und auf das „standesgemäß“ hält er viel der hochgeehrte Herr Viehdoktor; denn wenn der Hr. Notar oder sonst eine gewichtige Person irgendwohin eine Partie macht und auf der Bahn erster Klasse fährt, da muß er auch eine Partie machen und auch erster Klasse fahren, damit der Respekt bei den Bauern kein Loch kriegt und so doch auf „noble“ Manier das Geld der Steuerzahler wieder unter die Leute gebracht wird. Eigentlich kann der Hr. Doktor, wie er sich bescheidentlich benamsen läßt, mit seinem Gelde thun, was er will; aber wenn dieser „noble“ Fortschrittler der Distrikts-Gemeinde zur Last fällt und verlangt, daß die Bürger und Bauern, mit denen ein Wort zu reden er sich nie so weit vergißt, ihm seinen Gehalt erhöhen sollen, damit er noch „nobler“ fortschritteln kann, dann ist's eigentlich ein anderer Kasus! Fortschreiten dürfte er schon, dagegen hätte man nichts, aber aus dem Distrikt sollte er halt „fortschreiten“, dann wärs recht und zu dem Fortschritt würden wir ihm und uns Glück wünschen, denn eine Last hätten wir weniger, und er brauchte sich nicht mehr zu ärgern über den Schuhmacher, der sich erfrechte, ein Haus neben das seine hinzubauen und so seiner hohen Stellung zu nahe zu kommen.

In **Schweinfurt** ist Hr. Pfarrer Trunk von Baunach wegen verschiedener Majestätsbeleidigungen und Beleidigungen der Königin-Mutter zu 1½ Jahren Festung verurtheilt worden. Die Denunzianten können zufrieden sein. Wenn aber jede Majestätsbeleidigung vor Gericht käme und bestraft würde, so reichte Rosenberg für all diese „Sträflinge“ lange nicht aus.

In **Augsburg** ist der wegen des furchtbaren Verbrechens einer „Beleidigung“ der hohen königlichen, Abtheilung für Hörmannische Wahlkreisgeometrie, angeklagte Redakteur der Postzeitung, Hr. Birle, vom Schwurgericht wie nicht anders zu erwarten war, freigesprochen worden.

In **Würtemberg** soll gleich das ganze Ministerium (wegen der Sturmpetition gegen das Kriegsgesetz) seine Entlassung eingereicht haben, was von Herrn Varnbüler und Gen. gewiß kein schlechter Einfall ist, der unserm Schlör z. B. niemals kommt.

Sachsen. Von Altenburg ist der Herzog zur unterthänigsten Gratulation zu Wilhelms Geburtstag allergnädigst nach Berlin kommandirt worden. Deshalb ist aber der Herzog von Altenburg „nicht weniger souverän!“

In **Tirol** sind jetzt schon an mehreren Orten die Weiber ins Mittel getreten gegen die schulinspicirenden Freimaurer. So wieder in Haid, wo die entrüsteten Weiber in die Schule stürzten, dem neuen Inspektor die Kinder wegnahmen und ihm dafür „das Maul anhängten." Der ward nicht mehr geseh'n. Vielleicht bringen die Weiber auch die Wiener Herren zu Verstand.

Preußen. (Militärisches.) In Hamm hat dieser Tage ein Musketier, Namens Link, durch Selbstmord seinem Leben ein Ende gemacht. Link gehörte zu jenen Rekruten, welche es dem Exerziermeister in Nichts recht zu machen verstehen. Man griff deshalb zu den beliebten Dressurmitteln ,und packte in den Tornister des begriffsstützigen Link eine Tracht Backsteine, welche er vier Wochen hindurch auf den Exerzierplatz zu schleppen hatte. Der Unteroffizier schritt sodann zur Anwendung handgreiflicher Mittel und applicirte dem Rekruten Rippenstöße, daß sich der Unglückliche vor Schmerz krümmte. Ins Gesicht spucken, Zupfen an den Ohren, Maulschellen kräftigster Art lösten einander in reizender Abwechslung ab und zuletzt, als Alles dies noch nicht verfangen wollte, regnete es Püffe, Hiebe und Fußtritte. Endlich riß auch dem gutmüthigen Link der Geduldfaden und er jagte sich eines schönen Morgens im Angesichte seiner Kameraden auf dem Exerzierplatze eine Kugel durch den Kopf. Vor zwei Tagen wurde derselbe ohne Sang und Klang, ohne die üblichen militärischen Salutschüsse zu Grabe getragen: dem Selbstmörder glaubte man auch die letzte Rücksicht vorenthalten zu müssen. So erzählt ein preußisches Blatt, die „Berliner Volkszeitung."

Ausland.

Frankreich. Paris. Ein Brief des Kaisers an Ollivier erklärt, jetzt sei es zeitgemäß, alle Reformen anzunehmen, welche die konstitutionelle Regierung erheischt, um den ungemäßigten Wünschen nach Veränderungen ein Ende zu machen, welche sich gewisser Geister bemächtigten, und verlangt einen Senatsbeschluß, welcher die gesetzgebende Gewalt zwischen beiden Kammern theilt. — Und hofft der Kaiser, die „gewissen Geister" mit Zugeständnissen beruhigen zu können?

Italien. Rom. S. Heiligkeit der Papst erhielt am 13. die telegraphische Trauernachricht vom Tode Montalemberts, als er eben den allgemeinen Audienzsaal betrat. Tiefergriffen davon und mit dem Ausdrucke unendlicher Liebe und Wehmuth begann er seine Anrede mit folgenden Worten: „Es hat Gott gefallen, heute Früh einen Mann abzuberufen, welcher der Kirche lange Jahre hindurch treue Dienste geleistet hat und welcher durch sein großes Talent und seinen Eifer für die Sache Gottes sich die Anerkennung des hl. Stuhles in nicht gewöhnlichem Maße erworben hatte. Seit einigen Jahren war dieser ausgezeichnete Sohn unserer Kirche leider, leider von den Ideen des — was man so nennt — liberalen Katholicismus hingerissen worden, das heißt: so halb liberal, halb katholisch. Seine letzte Schrift, ich habe sie vor wenigen Tagen mit eigenen Augen gelesen, hat mich sehr betrübt, sie war recht bedauerlich. Beten wir zu Gott, daß er sich seiner Seele erbarmen möge"! — Welch erhabene und liebevolle Grabrede auf den großen Montalembert, den alle Katholiken so sehr bewundert, geehrt und geliebt haben, die dem Todten selbst die Schwachheit seines letzten unseligen Briefes zu verzeihen bereit sind!

— In Bologna, Cesena und Forli, Städte, die im „befreiten" Italien liegen, haben die liberalen Gemeinderäthe den Religionsunterricht in den Schulen abgeschafft und angeordnet, daß an dessen Stelle der Unterricht über die „Rechte und Pflichten" der Bürger" treten soll! Alles von wegen der „Gewissensfreiheit", die arg beeinträchtigt wäre, wenn die Büblein und Mägblein die 10 Gebote Gottes und die 7 Todsünden in der Schule lernen müßten. Die „Rechte und Pflichten" der kgl. italienischen Bürger sind übrigens bald gelernt; die Rechte bestehen hauptsächlich in der „Ehre des Waffentragens", nämlich im Soldatwerden-müssen, und die Pflichten im Maul halten und Steuer zahlen.

In **Spanien** will man jetzt, da kein passender Kindskopf von Prinz in ganz Europa aufzutreiben ist, den uralten Espartero zum König machen; vorläufig ist er nach Madrid eingeladen worden.

England. In Irland wird jetzt von den Engländern eifrigst „beruhigt". Wer nicht im Sinne der englischen Regierung oder gar gegen sie schreibt und spricht, wird konfiscirt und eingesperrt. Das haben die Engländer sicher von dem bekannten „System" im Königreich Hörmanien gelernt.

Etzliche Fragen einiger „Zurückgebliebener" an die fortschrittlichen Kulturförster allhier.

Unter einer hübschen Anzahl „Zurückgebliebener" und bei etlichen tausend „Intelligenzen" geht seit geraumer Zeit die wundersame Sage — sie muß sogar Ihnen bereits 'zu Ohren gekommen sein, Hr. Schrott! — daß in der St. Anneschule am Lehel die Lehrerin der 1. Abtheilung, Frl. J. v. Schmeidel, welche sich Höchst-Ihrer gnädigen Protektion erfreut, ein siebenjähriges Kind mit einer Strafe belegte, so einzig in ihrer Art, daß, wäre seinem unvernünftigen Geschöpfe so etwas passirt, zweifelsohne der Thierschutzverein sich darum annehmen müßte. Besagte gewiß sehr gebildete Lehrerin Johanna v. Schmeidel soll nämlich — so meldet die Sage — das arme Kind mittelst einer Schnur an der Zunge angebunden, das andere Ende der Schnur am Schlüssel des Katheders befestigt und so das unglückliche Geschöpf eine geraume Zeit haben stehen lassen, so daß die Kleine mit stark geschwollener Zunge heimkam.

Die Sage meldet weiter, was wir natürlich nicht glauben, daß Sie, Hr. Schrott, besagter Lehrerin versprochen, daß Sie schon dafür sorgen werden, daß von der fatalen Geschichte in die „Neuesten" nichts kommen werde und daß Sie weiter sorgen werden, daß „nichts herauskomme", aber bei Ihrer bekannten über jeden Zweifel erhabenen Unparteilichkeit und sonstigen edlen Eigenschaften glauben wir das natürlich nicht. Wir können indeß nicht umhin, anzunehmen, daß an der Geschichte mit dem Kinde und der Lehrerin doch etwas sein müsse, da diese ganz neuerfundene „Strafe" wirklich nicht außer dem Bereich der anerkennenswerthen Genialität besagter Dame wäre, so sehr sie auch ihrer bekannten Herzensgüte und Liebenswürdigkeit gegen Kinder und Eltern widerspräche, und deshalb erlauben wir uns an die fortschrittlichen Kulturförster allda durch das „Vaterland" nachfolgende Fragen zu stellen', deren bestimmte und bündige Beantwortung wir baldigst erwarten.

1) Warum ist über den Fall nicht eingehende Untersuchung angeordnet?

2) Seit wann sind protokollarische Erklärungen „anonyme Briefe"? (So sagte nämlich Hr. Schrott in einer der letzten Magistratssitzungen; so viel wir wissen, soll der Vater des mißhandelten Kindes vor der Schulkommission Klage gestellt haben.)

3) Warum werden die Kinder der betreffenden Schule nicht vernommen?

4) Warum hat Frl. v. Schmeidel den Schulkindern Stillschweigen über das Vorkommniß auferlegt?

5) Warum nehmen die sonst so scandalsüchtigen Fortschrittsblätter von diesem Vorkommniß keine Notiz?

6) Wie konnte sich das Gerücht verbreiten, daß Herr Magistratsrath Schrott der Lehrerin die Zusage gemacht habe, so weit er Sorge tragen könne, werde nichts in die Blätter kommen?

7) Seit wann geben rechtskundige Magistratsräthe in

öffentlicher Sitzung Gutachten ab über Dinge, die der Cognition des Anatomen unterstehen?

8) Wie und warum konnte sich die Sage verbreiten, daß die liebenswürdige Lehrerin trotz ihrer „Unschuld“ so unendlich viel Thränen bei und nach ihrer Vernehmung geweint?

9) Welche Folgen der Untersuchung hätte es gehabt, wenn sich das fragliche Gerücht über eine andere Abtheilung der betreffenden Schule oder vielleicht gar über eine Klosterschule verbreitet hätte, nachdem doch die famose Untersuchung gegen die Frauen Servitinen wegen des Vaterunsers in der Schulgesetzfrage möglich gewesen?

10) Warum sind nicht die übrigen Lehrerinen der St. Anna-Schule dadurch vor unlieben Verdächtigungen bewahrt worden, daß der Name ihrer Collegin und der Abtheilung, die sie als Lehrerin beglückt, genannt wurde?

11) Will man vielleicht die ganze Affaire einschlafen lassen?

12) Wird sich in diesem Falle nicht endlich doch der Thierschutzverein um die Sache anzunehmen haben, wenn Menschen sonst keinen Schutz finden können?

13) Wird diese Lehrerin ferner an der St. Anna-Schule möglich sein?

14) Wie lange wird überhaupt der gegenwärtige Schulkommandant Münchens seine Dictatur in der bisherigen höchst anerkennenswerthen (!) Weise noch fortsetzen?

Indem man diese Fragen öffentlich stellt, sieht man auch gründlicher Aufklärung in der Oeffentlichkeit entgegen und würde sich freuen, wenn die unliebe Geschichte sich als erfunden nachweisen ließe. Todtgeschwiegen aber soll sie niemals werden.

Einige „zurückgebliebene“ Münchener, welche Kinder haben und sich im Interesse derselben für derlei Dinge stark interessiren.

Kulturbildliches.

In Haidhausen wurde vorgestern Abend ein für eine Zeit, die so sehr „auf der Höhe der Bildung“ steht wie die unsere, — entsetzliches Verbrechen verübt. Der Nationalmuseumsdiener Seb. Nefzger goß seiner schlafenden Ehefrau, Mutter zweier Kinder, um sie zu ermorden, siedendes Blei in das Ohr! Auf das herzzerreißende Schmerzensgeschrei der Armen suchte er sie erst zu erdrosseln, dann unter der Bettdecke zu ersticken. Sie entkam ihm aber und rettete sich bei den Hausbewohnern. Als Beweggrund zu dieser unmenschlichen Unthat gab der Elende bei seiner Verhaftung eine angeblich bedrohliche Aeußerung seiner Frau über ihn an!! Knurrblättl kann stolz auf solche Fortschritte der von ihm täglich gepredigten (Knurrblättl-)„Bildung“ sein.

Marktpreise in München.

1 Pfd. Mastochsenfleisch 18 kr. — pf., Kuhfleisch 17 kr. — pf., Kalbfleisch 15 kr. — pf., Schaffleisch 12 kr., rohes Schweinfleisch 20 kr 1 Pfd. Schweinfett 29 kr. eine rohe Zunge 1 fl. 12 kr., dito geräuch. 1 fl. 30 kr. ein Zentner rohes Unschlitt 23 fl. — kr. ein Pfd. gegoss. Lichter 24 kr., gez. feine Lichter 23 kr., ditto ordinäre 22 kr., Seife das Pfd. 16 kr.

Das Pfd. Karpfen 22—24 kr., Hechten 30—36 kr., Huchen 48— — fl. 54 kr., Nutten 42—46 kr., Forellen 1 fl. 12 kr. bis 1 fl. 24 kr. Aalfische 1 fl. 24 kr., Barben 18—20 kr., Alten 16—18 kr., Waller 42—46 kr., Brazen 14—18 kr., Renghen 24—30 kr., Hirschlinge 18 —22 kr., Bachfische 7—9 kr., Krebse das Viertel 100 36—54 kr., Frösche, das Miedel 9—15 kr. — 1 Zentner Heu 1 fl. 36 kr., 1 Ztr. Grummet 1 fl. 45 kr. Waizenstroh — fl. 45 kr. Roggenstroh 1 fl. — kr. Haberstroh — fl. 45 kr. Eine Klafter Buchenholz 15 fl. 48 kr. Birkenholz 14 fl. 30 kr. Föhrenholz 10 fl. 48 kr. Fichtenholz 10 fl. 42 kr. Das Pfd. Schmalz höchster Preis 34 kr. Das Pfd. frische Kördchenbutter, höchster Preis 34 kr. 6 Stück frische Eier 8 kr. Die Maß gute Milch 5 kr. 1 Pfd Leinöl 16 kr. 1 Pfd. Repsöl 18 kr.

Münchener Hopfenmarkt.

1) Ober- u. Niederb. Gewächs: Mittelgattungen: Gesammt Vorrath: 5360 Pfd., Verkauf 2007 Pfd., Preis 91 fl. 11 kr. der Zentner. Wolnzacher- u. Auer-Markt-Gut: Gesammtvorrath 2626 Pfd., Verkauf 156 Pfd., Preis 120 fl. — kr. der Ztr. 2) Mittelfränkisches Gewächs Mittel-Qualitäten: Vorrath 450 Pfd., Verkauf — Pfd., Preis — fl. — kr. der Ztr., Vorzügliche Qualitäten aus Spalter Umgegend nebst Kindinger- u. Heideckerhopfen: Vorrath 3921 Pfd., Verkauf 544 Pfd., Preis 170 fl. 35 kr. bis — fl. — kr. der Ztr., Spalter Stadtgut, u. Weingarten-, Mosbacher- und Stirner Gut Vorrath 859 Pfd., Verkauf 859 Pfd., Preis 175 fl. — kr. der Ztr. 3) Ausländisch Gut Saazer Stadt, dann Herrschafts- und Kreisgut Vorrath — Pfd. Verkauf — Pfd., Preis — fl. — kr. bis — fl. — kr. der Ztr.

Verantwortlicher Redakteur: Dr. J. Sigl.

Druck von M. Vogl in München, Rosengasse 10

II. Jahrgang. Auflage: 5100.

Das Bayrische

Vaterland.

„Bayr. Vaterland“ erscheint täglich mit Ausnahme der Sonn- und hohen Festtage. Preis des Blattes: Vierteljährig 54 kr., ganzjährig 3 fl. 36 kr. Das einzelne Blatt 1 kr.

Alle Postexpeditionen und Postboten des In- und Auslandes nehmen Bestellungen an. Inserate werden die dreispaltige Petitzeile oder deren Raum zu 3 kr. berechnet.

Redaktion: Burggasse 14. Herausgegeben von Dr. jur. J. Sigl. Expedition: Ruffinibazar 5

Maria Verkündigung. Nr. 68. Freitag, 25. März 1870.

Morgen, als am Feste Maria Verkündigung erscheint kein Blatt, dafür heute eine Beilage. 

Abonnements = Einladung.

Zu dem am 1. April beginnenden neuen Quartal laden wir zu rechtzeitigem und recht zahlreichen Abonnement auf das „Bayr. Vaterland“ ein. Die Haltung des Blattes bleibt unverändert dieselbe. Der Zugang von mehr als 1100 neuen Abonnenten im vergangenen Quartal allein auf der Post läßt uns auf recht zahlreiche Neubestellungen hoffen. Der Preis ist wie bisher 54 kr. per Quartal. Inserate versprechen bei der bereits erreichten Auflage von 5100 den besten Erfolg. Alle Postexpeditionen und Postboten (in München die Expedition) nehmen Bestellungen an.

Die Redaktion und Expedition des „Bayr. Vaterland.“

Der Türkenschwindel und die Juden-„Bankiers.“

(Schluß.)

Dieses moderne Industrie-Ritterthum, von dem uns namentlich die edlen Söhne Israels wahre Prachtexemplare liefern, ist eine ärgere Pest als das Raubritterthum des Mittelalters, dessen Zerrbild es ist. Hier wie dort Ritter und Barone; dort die gebornen und ahnenstolzen, hier die gemachten und die heruntergekommenen; beide aber dasselbe „Geschäft“ betreibend: Rauben und Beute machen, aber mit verschiedenen Mitteln arbeitend und von ganz verschiedenem Charakter.

Von seinem guten, nur leider „verkannten Recht“ überzeugt, plündert der Sattel-Ritter des Mittelalters die vorüberziehenden Kaufleute und erhebt seinen „Zoll“; der Industrie-Ritter der Gegenwart weiß, daß er betrügt, und spekulirt auf die Taschen Aller, auch der Mittellosen. Der Raubritter der frühern Jahrhunderte verließ sich auf sein Roß, seinen Arm und sein Schwert; er übte Gewalt, trug aber auch ehrlich seine eigene Haut zu Markte, Kampf und Gefahr mit seinen Reisigen theilend, — niedergeworfen und besiegt auch bereit, am verdienten Galgen zu enden. Sicher dagegen spinnt der heutige Industrieritter seine Fäden. In seinem diebs- und feuersichern Comptoir heckt er seine Feldzugspläne aus; von da aus sendet er die Schaaren seiner Agenten und Galopins als industrielle Generalstäbler, unterstützt durch die — Leichtfertigkeit von Staatsmännern, welche ihre weniger honorable, als honorirte (bezahlte) Connivenz mit den Börsenbaronen unter der Maske uneigennützigen Interesses für „befreundete“, das ist zahlende Regierungen verbergen; gefördert und gepriesen von einer schamlosen, jedem Geldsacke dienstwilligen, feilen Presse, die sich gar keine Mühe gibt zu verbergen, daß sie bezahlt ist, und wie eine feile Dirne das Erröthen verlernt hat.

In den Irrgängen strafrechtlicher Interpretationen wohl bewandert, weiß der moderne Industrieritter sehr wohl, wie weit er gehen darf, um gewisse, mit Zuchthaus drohende Gesetzesparagraphen zu vermeiden oder vielmehr zu umgehen. Er stirbt nie am Galgen wie sein tapferer mittelalterliche Vorfahre; geht es einmal schief, so brennt er durch wie Mendel und Neuburger, die großen jüdischen — Ehrenmänner, von den Verwünschungen und Flüchen der um ihren ehrlichen und sauer verdienten Erwerb Betrogenen verfolgt, aber nicht belästigt. So präsentirt sich der moderne Industrie- und Börsen-Ritter, und so sind sie alle, die Mirès, die Pereires, die Hirsch (von Wien), die Kirchmayer (von Krakau) und die lange Reihe ihrer Consorten: dem ritterlichen Räuberthum des Mittelalters ist das geadelte Gaunerthum der Neuzeit gefolgt!

Gibt es nun aber gar keine Mittel, diese Banden von Juden und Gaunern der Börse, welche ganz Europa mit ihren Netzen umspinnen, welche Verderbniß und Sittenlosigkeit bis in das Herz des Bürgerthums tragen, zu züchtigen? Keine Mittel, sie empfindlich zu treffen?

Das Gesetz! — Das Gesetz? Ist es nicht ohnmächtig gegen sie? Wissen sie nicht, ihm ein Schlippchen zu schlagen und im schlimmsten Falle rechtzeitig durchzubrennen?

Die öffentliche Verurtheilung! — Gegen die öffentliche Meinung sind sie gefeit, gegen Mißachtung und Verwünschungen sind sie gepanzert. Weist ihnen die Absicht betrügerischer Operationen daten- und ziffermäßig nach: sie schweigen! Nennt sie Gauner, verkappte Spitzbuben, Halunken: — sie schütteln sich, es ist ihnen gleichgiltig! Regalirt sie mit moralischen Ohrfeigen und Fußtritten: — sie lächeln. Nur Eines dürft Ihr von ihnen aus nicht thun: ihre aufgelegten Obligationen dürft ihr nicht zurückweisen, die Subscription auf ihre Anlehen dürft ihr nicht verweigern! Das ist die einzige Stelle, wo sie sterblich sind, das greift ihnen ans Herz!

Und gerade an dieser Stelle haben wir es heute noch in der Hand, ihnen entgegenzutreten, sie tödtlich zu verwunden.

Es ist erlogen, daß die türkischen Schwindelaktien bereits alle an den Mann gebracht sind; die Subscription ist mißlungen. Nehme man weiter keine Aktien mehr, weise man auch die bereits gezeichneten zurück, wozu man Angesichts des offenbaren Betrugs ein Recht hat: — und die jüdischen Füchse sind im eigenen Bau gefangen. Die Schwindelaktien bleiben in ihren Portefeuilles, die zum Brandschatzen ausersehenen Bevölkerungen aber bleiben vor Nachtheilen und Verlusten bewahrt.

Die Subscribenten haben ein Recht, wir wiederholen es, Angesichts dieser Verhältnisse, Angesichts des unverschämtesten Schwindels und Betrugs, zu dessen Opfern man sie machen wollte, ihre Subscriptionen auf die Türkenloose zu annulliren, d. h. zurückzunehmen, und die bereits gezahlten Beträge zurückzuverlangen, und sie werden es thun, Alle, wenn ihnen das Interesse ihres Geldbeutels, der gebrandschatzt werden soll, höher steht, als das Interesse der Juden, die ihn brandschatzen wollen.

Es wäre Pflicht der Presse gewesen, es wäre noch heute Pflicht der Presse, die Leute auf den Schwindel aufmerksam zu machen und vor dem Betrug, den etliche Juden bei ihnen versuchten, eindringlichst zu warnen und so mitzuhelfen, die Coalition der jüdischen Haupt- und Untergauner zu sprengen. Daß es nicht geschehen, daß nur ein paar Blätter leise Bedenken über das Unternehmen zu äußern wagten, die übrigen aber es vorzogen, lieber die ellenlangen, theuer bezahlten Inserate und Reklameartikel aufzunehmen, das ist auch ein Zeichen der Zeit, das wir im Interesse des armen betrogenen Volkes zwar beklagen, aber nicht ändern können.

Zur Aufbesserung der Schullehrer und Landpostboten.

Nachdem wir in Nr. 65 Stimmen für die Aufbesserung der Lehrer das Wort gegeben, lassen wir heute wieder eine Gegenstimme zum Wort kommen.

Von der **fränkischen Saale** wird dem „Vaterland" geschrieben: „Steuererhöhung oder keine?" Das ist gegenwärtig die Alternative, welche das Volk in fieberhafter Spannung hält. Man hegt die Erwartung, daß die patriotische Kammermajorität um keinen Preis in die Erhöhung der Steuern willigen werde, also auch nicht in eine Aufbesserung der Schullehrergehalte. Wir brauchen keinen preußischen Militäretat, unter dessen ferneren Druck das Land seinem Ruin entgegengehen würde. Ebenso ist aber auch eine Lehrergehalts-Aufbesserung nicht nothwendig, ja unter den gegenwärtigen Finanzverhältnissen geradezu unthunlich; sie wäre auch gar nicht im Sinne der Wähler unserer Kammermajorität.

Ich kann sie unter den bekannten Verhältnissen auch nicht opportun finden. „Wie"? so hört man allgemein fragen — „die Gehalte der erklärten Feinde der Patrioten sollen vor Allem und in erster Linie aufgebessert werden? Wie viele patriotische Abgeordnete säßen denn jetzt in der Kammer, wenn die bekannten antipatriotischen Bemühungen der meisten Lehrer nicht fehlgeschlagen wären? Zudem ist es Thatsache, daß gerade die Schullehrer *) noch in der letzten Zeit die gegenwärtige patriotische Kammermajorität mit Beiwörtern wie: „schwarze Kammer — Pfaffenkammer — obskure Kammer" u. dgl. belegten und ihre Freude offen an den Tag legten, wenn in den liberalen Blättern weidlich über die patriotische Kammer losgezogen wurde. Und zum Danke hiefür soll jetzt dieselbe geschmähte patriotische Kammer die Gehalte der Schullehrer aufbessern, damit so viele von ihnen ihren Luxus noch höher treiben und das Volk dadurch noch mehr ärgern können?"

Es sieht diesen „liberalen" Lehrern ganz gleich, wenn sie jetzt, wo es sich um eine Aufbesserung ihrer Gehalte handelt, plötzlich eine Zeit lang kriechen, um dann bei einer andern Gelegenheit wieder die bekannten Gehässigkeiten gegen die Patrioten in Scene zu setzen und in gewohnter Weise wieder Gift und Galle gegen sie zu speien! Die Aufbesserung der Schullehrergehalte ist darum im bayrischen Volke in seiner immensen Majorität durchaus odios geworden und es hat im bayrischen Volke geradezu einen Sturm der Indignation hervorgerufen, daß man bei der gegenwärtigen Finanzlage des Landes und den ohnehin schon über alles Maß angestrengten Steuerkräften des Volkes die Aufbesserung der Gehalte der Schullehrer, die dem größten Theile nach entschieden antipatriotisch und antichristlich sind und in ihrem Privatleben nicht selten den schreiendsten Luxus zur Schau tragen, in gegenwärtiger Zeit in Angriff nehmen wollte.

Wenn darum der Gesammtwille des größten Theiles des bayrischen Volkes entschieden gegen die Aufbesserung der Lehrergehalte ist, so dürfte eine andere Klasse von Bediensteten der schon seit lange in Aussicht gestellten Unterstützung in hohem Grade bedürftig sein: wir meinen die **Landpostboten**, welche bei ihrem schweren und hartem Dienste kaum im Stande sind, mit ihrem kärglichen Gehalt ihre Existenz zu fristen. Die Landpostboten sind es nämlich, welche bei Sturm und Wetter fast täglich die schwersten Märsche machen müssen, welche ihre Gesundheit in ihrem anstrengendsten Dienst über kurz oder lang zum Opfer bringen und die zumeist in den kläglichsten Verhältnissen ihr Leben fristen müssen.

Und wenn schon jetzt der kärgliche Gehalt der Landpostboten, — so lange sie nämlich noch rennen und laufen können — so äußerst gering und unzulänglich ist, welch eine trostlose Aussicht in die Zukunft eröffnet sich dem Landpostboten, wenn derselbe nach jahrelangem Rennen in seinem schweren Berufe seine Gesundheit ruinirt hat und nun auf einige wenige Gulden Sustentationsbeitrag angewiesen ist?!

Hier thut Hilfe Noth, und es wäre nur ein Akt der Gerechtigkeit, wenn die Landpostboten in ihrem Gehalt aufgebessert würden; es wäre ein Akt der Menschlichkeit, den das ganze Land wie alle Menschenfreunde nur mit Freude begrüßen werden. Möchte es doch in dieser Hinsicht nicht immer bei frommen Wünschen und getäuschten Erwartungen von Seite der vielgeplagten Landpostboten von Jahr zu Jahr sein Bewenden haben! Die patriotische Kammermajorität würde sich hiedurch nicht blos den Dank der Postboten, sondern aller Menschenfreunde, ja des ganzen Landes verdienen, denn eine Aufbesserung der Landpostboten wäre gewiß im Sinne ihrer Wähler.

Nicht aber eine, bei dem dazu erforderlichen großen Kostenaufwande von vielen Hunderttausenden das Land noch mehr drückende und unter dem Volke odios gewordene Aufbesserung der Gehalte der Schullehrer, welche im Gegentheile bei der überwiegenden Mehrheit des Volkes nur Unwillen und Unzufriedenheit erregen würde.

Die brave und charakterfeste Haltung der patriotischen Kammermajorität berechtigt zu der Erwartung, daß sie nicht eine Aufbesserung dekretiren werde, welche unter den gegenwärtigen Verhältnissen unthunlich erscheint und niemals weniger opportun war, als gerade jetzt.

Ebenso hegt man die Erwartung, daß die brave patriotische Kammermajorität nicht ermüden wird, mit derselben Ausdauer und demselben Muthe wie bisher, einig, eine festgeschlossene Phalanx, eine Partei zu bekämpfen, die unter dem unwürdigen, weil erlogenen Aushängschilde des Liberalismus unser theures bayrisches Vaterland nur unter die preußische Pickelhaube und damit unter die preußische Steuerschraube bringen möchte.

Für die stets unzufriedenen und preußenfreundlichen „liberalen" Schullehrer gibt es nach unserer Ansicht nur eine, aber eine Radikalkur, durch welche sie von ihrer Unzufriedenheit sicher geheilt würden, nämlich ein zweijähriger Aufenthalt in ihrem Eldorado, etwa im preußischen Hinterpommern; wo wie bekannt, die pommerschen Gänsebrüste wie einst die Wachteln in der Wüste vom Himmel fallen. Das würde sie sicher kuriren!

*) Natürlich nicht alle! D. R.

Deutschland.

München,, den 24. März.

— In der heutigen Sitzung der K. d. Abg. soll über einen Antrag berathen werden, wonach die Errichtung von öffentlichen sogen. Lagerhäusern erlaubt werden soll. Der Antrag ist von dem Abgeordneten der hiesigen Hypothek- und Wechselbank, Dr. Adler „und Genossen" eingebracht; die „Genossen" aber sind der jüdische Kaufmann Levi aus der Pfalz, der hochgelehrte Hr. Professor Makowiczka von Erlangen und der nicht viel weniger gelehrte, aber noch berühmtere Advokat v. Schauß, der uns gewogen ist in Gnaden allezeit! Daß der gelahrte Universitätsprofessor und der Pfälzer Levi nicht wußten, daß die Errichtung solcher Lagerhäuser, um welche sie petitioniren, ohnehin längst gestattet ist, ist zwar ein wenig blamabel, der fortschrittlichen „Intelligenz" thut jedoch so was keinen Eintrag; daß aber der Advokat und Jurist Schauß das nicht wußte, thut unserm gewaltigen Respekt vor seinem juristischen Wissen, das durch seinen anderthalbmaligen Durchfall doch so glänzend erwiesen ist, namhaften Eintrag. Hr. v. Schauß, Hochwohlgeboren, hat sich damit eine Blöße gegeben, die er mit dem ganzen Diplom seines Ordens vom bekannten preußischen Federvieh kaum zudecken kann. Das Referat über diesen famosen Antrag, welches der rechtskundige Bürgermeister und bürgerliche Bankier Grieninger von Uffenheim angefertigt hat, scheint uns theils ein Auszug aus dem Konservationslexikon, theils ein gelungenes Testimonium p—ublicum zu sein, das sich die Herren da selbst ausgestellt und das sowohl dem erlaubten Maße fortschrittlicher „Intelligenz", als der Würde und Bedeutung des Gegenstandes wie der Betheiligten völlig entsprechend ist und uns aus Gründen wünschen ließe, daß ein Patriot dessen Verfasser wäre!! Weil Lagerhäuser so und so gut sind, sagt es in der Mitte, so beantragen und empfehlen wir, ich Referent, der Schauß und die andern, deren schleunigste Einführung; nachdem aber, sagt es dann zum Schluß, wir so eben von zwei Ministern in Erfahrung gebracht, daß sie eigentlich gesetzlich schon eingeführt sind, wir uns somit bl—osgestellt haben, so ziehen wir halt den Antrag wieder zurück und verbleiben der hohen Kammer ergebenste fortschrittliche Intelligenzen, ich, der Schauß und die Uebrigen. Solche „Anträge" stellen die Fortschrittler, solche Referate machen sie dazu und so vertrödelt man Zeit und Geld, weil jeder Antrag autographirt, dann so und so oft gedruckt und in Ausschuß und Kammer berathen werden muß, und in den Zeitungen sagt man dann, daß die Patrioten nichts verstehen und nichts wissen und sich bei jeder Gelegenheit blamiren! Zeigt uns doch, ihr Herren vom Fortschritt, von einem Patrioten ein annähernd ähnliches Muster(!)-referat wie das von euerm rechtskundigen Bankier da! — Und zur Vorbereitung dieses Antrags und dieses Referats haben die Herren noch lange Berathungen mit diesem hiesigen liberalen Handelsstande gepflogen!

—* In dem Prozeß der „Postzeitung" soll der Vertheidiger unsers angeklagten Kollegen, der k. Advokat von Auer, nach dem Bericht der „Abendzeitung" die Aeußerung gemacht haben: „Eine Verurtheilung der jedenfalls gemäßigten Postzeitung könne nur den Beifall der Ultrakirchlichen erwerben." Wir hätten nicht geglaubt, daß Hr. v. Auer uns, nachdem wir von dem ehemaligen Minister Hörmann öffentlich der ersten Reihe der „Ultrakirchlichen" eingereiht wurden, für so „liberal" halten könnte und es ist uns geradezu unerfindlich, auf welchem Wege er denn zu einer eben so überraschenden, als wichtigen Entdeckung gekommen sein mag, wenn sie nicht das ureigene Verdienst der „Abendzeitung" ist. Wir wünschen Hrn. v. Auer noch mehr derartige interessante Entdeckungen, die jederzeit vollen Anspruch auf unsere besondere Werthschätzung haben werden, und empfehlen uns einstweilen zu geneigter Berücksichtigung.

Die „**Landshuter** Ztg." schreibt über das „**Liberale Schimpflexikon**", welches sie als „einen recht glücklichen Griff" bezeichnet, „der daher von der liberalen Presse todtzuschweigen gesucht wird", also: „Von dem „Liberalen Schimpflexikon" ist nunmehr die zweite Auflage erschienen. Die „Ldsh. Ztg." hat schon wiederholt auf diese Denksäule der Bildung und des Anstands der liberalen Presse aufmerksam gemacht. Im ganzen liberalen Lager und in der ganzen liberalen Presse insbesondere ertönt ein fortwährendes Gezeter, daß die patriotischen und katholischen Blätter alles Maß überschritten, gemein und roh seien u. s. w. Die katholische Presse muß es sein, die da schimpft und poltert, lästert und schmäht, während die liberale Presse sich so urban, gebildet und anständig beträgt, daß es kaum zu glauben ist. Etwas Firniß, bestehend in einer gespreizten Sprache und liberalem Scheine, ja das haben die liberalen Blätter. Sonst aber wühlt ein großer Theil von ihnen Schmutz in Hülle und Fülle auf und schleudert ihn gegen die Gegner. Wer es nicht glaubt, der lese die Blumenlese des „Liberalen Schimpflexikons", das genau citirt. Es ist erstaunlich, dort beglaubigt zu sehen, was die liberale Presse in dieser Beziehung schon geleistet hat."

In **Niederbayern** cirkuliren fast überall Adressen gegen den leidigen Hausirhandel, mit dem uns das neue „freie" Gewerbegesetz beglückt hat. Und das ist ganz recht, wenn man dagegen protestirt. Der Hausirhandel wird meist von Juden und solchen Leuten, die nicht viel werth sind, betrieben; die führen die Bauern an und den ansäßigen Gewerbtreibenden nehmen sie Verdienst und Brod weg. Nur zu; die Kammer muß da helfen.

Von der **großen Vils** wird uns über das Gesetz vom 29. April 1869, durch das das metrische Maß und Gewicht eingeführt werden soll, geklagt. Man fürchtet nicht mit Unrecht, daß diese Neuerung große Verwirrung und Kosten verursachen werde und erwartet von der Kammer noch eine Aenderung.

In **Augsburg** ist der Redacteur der „Kempter Zeitung", der wegen diverser Beleidigungen des Clerus, Angriffe auf Einrichtungen der Kirche rc. angeklagt war, gleichfalls freigesprochen worden. Die „Pfaffenhetze" kann also wieder flott fortgesetzt werden; die Kempter Zeitung und der ihr alles nachbetende Augsburger Giftnickel, das rothe Organ des bekannten rothen Hrn. Fischer, haben dazu bereits wieder einen passabeln Anfang gemacht, indem sie den (geistlichen) Redacteur des „A. Vlksbl." den „in Weihen gebeizten (!) Redakteur", einen Algäuer Pfarrer „den Pfaffen K." nennen, ihm in Bezug auf eine amtliche Verrichtung „Flegelei" vorwerfen rc., fragen, was „denn der Segen eines solchen Pfaffen nützen könne?" — und ihr Bedauern aussprechen, daß er in der Kirche nicht geprügelt worden Wir sehen, „Bildung" und „Aufklärung" machen ja recht erfreuliche Fortschritte!

Aus **Würtemberg***) wird dem „Vaterland" geschrieben: In unserer Zeit der allgemeinen Charakterlosigkeit und mattherzigen Fuchsschwänzerei thun Blätter wie das „Bayr. Vaterland" doppelt noth, und ich freue mich, der Redaction

---

*) Wir nehmen heute Umgang von der uns festgestellten Regel, unser Blatt niemals zu Reklamen für uns herzugeben; es handelt sich in dem Nachfolgenden weniger um unsere Person — denn wir vertreten mit unserem Namen den täglich sich erweiternden Kreis unserer HH. Mitarbeiter —, als um die Sache, die durch uns und für vertreten wird. Wir übertragen die dem „Vaterland" gespendete Anerkennung auf unsere Mitarbeiter und besonders auf die von unserem Blatt vertretene Sache und freuen uns, daß man im benachbarten Würtemberg eben so denkt, wie in den meisten Gegenden Bayerns. D. Red.

desselben bezüglich des Politischen wie des Religiösen meine ganz besondere Hochachtung und unbedingte Anerkennung auszusprechen. Ich wünsche ihr von Herzen Glück und darf sie versichern, daß mir in dieser Gegend, wo doch auch einige Exemplare des „Bayr. Vaterland“ und zwar mit Aufmerksamkeit gelesen werden, noch nicht Eine Stimme bekannt geworden ist, die sich nicht über dessen Haltung bis in's Einzelne mit höchster Anerkennung ausgesprochen hätte. Namentlich hat es mich und meine Freunde in dieser Gegend auch nicht wenig gefreut, daß das „Vaterland“ in Sachen des Concils den für einen Katholiken so überaus einfachen und allein richtigen Standpunkt von Anfang an gleich ganz richtig herausgefunden und seither stets ohne alles Schwanken festgehalten hat, ein Verdienst, das ich um so höher anschlagen möchte, als gewisse Münchener Professoren, die man lange Zeit fast als Säulen der Kirche hätte verehren mögen, durch ihr unbegreifliches und unqualifizirbares Auftreten dem katholischen Volke über die Grenzen Bayerns hinaus unendliches Aergerniß gegeben haben und diese leicht ohne das korrekte Verhalten eines Theiles der entschieden katholischen Presse die Köpfe noch mehr hätten verwirren können. Wenn doch nur auch die katholische Presse unseres Landes, das „Deutsche Volksblatt“ und das ihm anhängende Stuttgarter „Katholische Sonntagsblatt“ den fünfzigsten Theil von dem leistete, was das „Bayr. Vaterland“ leistet! Aber da fehlt unendlich viel; das „Deutsche Volksblatt“ ist nicht nur in religiösen Dingen farblos und ungenügend, wie die A. Postzeitung, sondern eigentlich wühlerisch, hypergallikanisch. Sein Standpunkt ist der eines vollkommenen Parteiblattes in kirchlichen Dingen, und das seit Jahren. Hat es doch in letzter Zeit die für ein katholisches Blatt unerhörte Frechheit gehabt, in einer Correspondenz aus Rom sogar von „Dogmenfabrikations-Commission“ zu faseln, als ob sein Publikum aus lauter Freimaurern bestände und nicht aus Katholiken, und der Eigenthümer und oberste Leiter des des Blattes nicht selbst katholischer Geistlicher und päpstlicher Kammerherr wäre! Für diese gänzliche Verleugnung aller Pietät gegen den hl. Stuhl und das Concil verdiente dieser päpstliche Kammerherr, daß ihm eine kräftige moralische Ohrfeige öffentlich applicirt würde. Leider ist bei uns die Gründung eines anderen Blattes, so nothwendig es wäre, durch allerlei Umstände nicht wenig erschwert, dessen ungeachtet hoffen wir, daß in nicht fernerer Zeit der Plan zur Ausführung kommen wird.*)

* In Stuttgart hat Minister Varnbüler in der Kammer erklärt, daß er, solange er Minister sei, an den Verträgen mit Preußen nicht rütteln lassen und nicht zugeben werde, daß die Würtemberger bei Vertheidigung deutschen Gebiets nicht mit den übrigen deutschen Heeren gehen. — (Auch dann, wenn die Preußen unversehens in Würtemberg einfallen und die Oesterreicher und Franzosen kommen, sie hinauszuwerfen? Ah, da wird man eben zu sorgen haben, daß Varnbüler nicht mehr Minister ist!) Schott erklärt, Varnbüler habe die Kammer getäuscht, als es sich um Bewilligung der Verträge handelte; hätte die Kammer die preußische Auffassung gekannt, so würde sie sicher nicht zugestimmt haben; sie kann daher jederzeit wieder die Giltigkeit der Verträge prüfen, d. h. sie verwerfen, (womit wir vollkommen einverstanden sind. Man hält die von den Preußen aufgezwungenen, vom Volke nicht genehmigten Verträge mit Preußen genau so lang, bis man sie bricht, d. h. bis man gezwungen ist, sie nicht mehr zu halten. Die Preußen sollen ihre Händel, die uns nichts angehen, allein ausfechten, und wenn sie dabei etwas Prügel bekommen, desto besser! Ein übermächtiges und darum übermüthiges Preußen ist eine beständige Gefahr für unsere Existenz u. den Frieden Europas; so benehme man Preußen die Uebermacht und es wird dieser Raubstaat dem europäischen Frieden nicht mehr gefährlich sein; das ist eine Forderung der Gerechtigkeit, wie der Völker, welche einmal Ruhe und festen Frieden haben wollen, der täglich gefährdet ist von den frechen Beutegelüsten dieses nordischen Raubstaates.)

Oesterreich. In Wien scheint das Doctorenministerium völlig aus dem Leim zu gehen. Jetzt hat auch der rühmlichst bekannte Doctor für Innerlichkeiten, Giskra, seine Entlassung nachgesucht, die er zweifelsohne auch erhalten wird. Der Mensch hat sich bereits genugsam blamirt, so daß jetzt ein anderer sein Glück versuchen mag. Es stellt sich nachgerade heraus, daß auch in Oesterreich, wo der Liberalismus für seine Regierungskunst den freiesten Spielraum hatte, derselbe sich als absolut regierungsunfähig erwiesen hat. — Die Wahlreform (Einführung allgemeiner direkter Wahlen) ist für diese Session definitiv vertagt worden, was ganz in der Ordnung ist, denn die Gewährung allgemeiner direkter Wahlen käme einem Selbstmord des regierenden Liberalismus gleich, und Niemand schneidet sich gerne ohne Noth den Hals ab. (Nach einem Pesther Blatte soll gleich das ganze liberale Ministerium nächstens zum Teufel gejagt werden und in das neue „Nationalitäten-Ministerium“ sollen unter Anderen Graf Taafe als Präsident, Belcredi für's Innere, Dr. Jäger (Tiroler) für den Kultus und der Jude Fischhof als Sprechminister berufen werden, worüber die von Berlin bezahlten Preßsöldlinge in Wien in ein entsetzliches Geheul ausbrechen, weil Oesterreich niemals zur Ruhe und innern Erstarkung durch den Ausgleich mit den verschiedenen Völkern des Kaisers gelangen darf, wenn die preußischen Pläne gelingen sollen. Die Neue Freie Presse, welche sich den Berlinern wie dem Ministerium Giskra mit Haut und Haaren verkauft hat, ist über ein solches Ausgleichs-Ministerium natürlich besonders empört und sucht in einem gewaltigen Leitartikel zu beweisen, wie hoch das bankerotte Doctorenministerium über diesem neuen, das doch allen Völkern gerecht werden sollte, stehe. Natürlich!)

— Die k. k. liberale Schwindelwirthschaft ist stark im Niedergang begriffen und die Ratten fangen bereits an, das Schiff des neuen freien Ministeriums zu verlassen. So die „Neue Freie (Juden)-Presse.“ Dieses edle, d. h. niederträchtige Judenjournal zu noch größerer Versimpelung der „gebildeten“ Simpel hat sich schon oft genug im Einzelnen verkauft und dabei gute „Geschäfte“ gemacht; jetzt hat sich das Blatt im Ganzen verkauft und hofft dabei ein sehr gutes „Geschäft“ zu machen. Das Ministerium geht unaufhaltsam seiner Auflösung entgegen; da muß sich sein Organ, die N. Fr. Presse, die sich der Firma Giskra & Comp. und den Preußen mit Haut und Haaren verschrieben, bei Zeiten salviren. Mit dem jetzigen „System“, das so gründlich Fiasko gemacht, geht's nicht mehr, die Kräfte, das heißt die Abonnenten lassen nach, und deshalb verkaufen die pfiffigen Juden Etienne und Friedländer, die Eigenthümer der N. Fr. Presse, das Blatt an eine „Aktiengesellschaft“ von Bankjuden rc. Die „liberalen“ Völkerschaften Oesterreichs und der angrenzenden Rentämter sollen also auf Aktien versimpelt und eventuell für Bankjuden ausgesäckelt werden!

Preußen. Militärisches. Die Zahl der pensionirten Offiziere ist in Preußen heuer glücklich wieder um 215 gewachsen und beträgt jetzt 4583, das ist 39 Prozent der Zahl der aktiven Offiziere. Preußen ist zur Zeit im glücklichen Besitz von 211 aktiven und 373 pensionirten Generalen, so daß auf 718 Mann des stehenden Heeres ein pensionirter General kommt, was den Preußen ein ungemein erhebendes Gefühl verursachen muß. Die Zahl der pensionirten Stabsoffiziere beträgt 2868, das ist weit mehr als das Doppelte der aktiven Stabsoffiziere.

*) Sehr freundlichen Dank. Antwort durch Abwesenheit des Hrn. Gr. verzögert.

Schon auf 93 Mann des stehenden Heeres trifft ein pensionirter Stabsoffizier. Nicht einbegriffen in diese Zahl sind die pens. Offiziere, die bereits eine anderwärtige Versorgung im Civildienst erhalten, d. h. den Civilisten die fetteren Posten weggeschnappt haben. Die Pensionen dafür betragen die Kleinigkeit von 3,891225 Thl., d. h. nahezu so viel, als im „Staate der Intelligenz“ für öffentlichen Unterricht, Kunst und Wissenschaft, Volksschulen, Gymnasien, Universitäten ꝛc. aufgewendet werden. Seit dem letzten Jahre ist diese artige Summe wieder um 273375 Thl. gewachsen, wogegen sich die Summe für niedere Militärpensionisten von 1,850735 Thl. auf 1,761000 Thl. verringert hat. Beinah' wie bei uns!

Berlin. Daß die Arbeiterblätter sehr gut deutsch zu reden pflegen, ist eine bekannte Sache. Wir wollen hier eine Probe aus dem „Socialdemokrat“ anführen. Hr. v. Schweitzer, der bekannte Arbeiterführer, war von dem Berliner Judenjournal „Volkszeitung“ „Agent der Regierung“ genannt worden. Ein Arbeiter war so frei, den Redakteur Steinitz auf der Straße abzufassen und von ihm kategorisch eine Zurücknahme der Lüge zu verlangen, worüber natürlich ein groß Geschrei unter den Journal-Juden sich erhob. Der „Socialdemokrat“ erwidert darauf: „Was soll man thun, wenn ein Blatt eine solche Behauptung ohne allen Beweis aufstellt? Was soll man mit diesen Preßjuden anfangen? Soll man sie ruhig lügen lassen? Nein! Wenn die bisherige Gemeinheit und Lüge in Berliner Blättern fortdauern, wenn man z. B. noch fürder die Arbeiter beständig als Gesindel und Janhagel traktirt, so wird jedenfalls den Herrn von der Presse klar gemacht werden, was sie Tausenden von ehrlichen Arbeitern und einer großen social-politischen Partei schuldig sind. Wenn die Herren nicht wissen, was Anstand und Ordnung ist, so werden sie nöthigenfalls durch Ohrfeigen belehrt werden“. — Wir glauben, diese Sprache kann man zur Noth verstehen ohne wehrfähigen Intelligenz.

— (Bureaukratisches!) Wenn im gelobten Preußen ein Schullehrer um allergnädigste Bewilligung einer Regierungsunterstützung zum Ankauf von ein paar Stiefeln nachsucht, so macht das bezügliche Schreiben folgenden Weg: Der Lehrer stilisirt das Gesuch unterthänigst treugehorsamst an die Regierung und übergibt es persönlich dem Schulvorstand. Das Gesuch geht von diesem an den auswärts wohnenden Bürgermeister — Porto 2 Silbergroschen; von diesem an den Schulpfleger — Porto 2 Sgr.; von dem an den Landrath — Porto 2 Sgr., vom Landrath endlich an die Regierung. — Porto 2 Sgr. Mit dem Bescheid der Regierung gehen die Akten wieder zurück an den Landrath — Porto 2 Sgr., von dem an den Schulpfleger, — Porto 2 Sgr., von diesem an den Bürgermeister, — Porto 2 Sgr., von dem an den Schulvorstand — Porto 2 Sgr., von diesem an den bitternden Lehrer zurück. Ergebniß: 16 Sgr. ausgegebenes Porto; die Bitte ist abgeschlagen, da man im „Staate der Intelligenz“ auch ohne Schullehrer schon von Haus intelligent ist und jeden Groschen für Kriegsrosse, Kanonen, Soldaten und Pickelhauben braucht!

— Die Volksvertretung des hohen nordischen „Bundes“-(Käfigs!) wird nächstens die Ehre haben, den Militäretat um 25, resp. 30 Thl. pro Mann „erhöhen“ zu dürfen; das soll sich als „unabwendbare Nothwendigkeit“ herausgestellt haben. Item ist man auf dem Wege der angebornen Berliner Intelligenz zu der erfreulichen Entdeckung gelangt, daß für eine „geordnete Geschäftsführung im Bunde“ ein „Betriebsfond“ — Verlagskapital hieß man das in Bayern, da man es noch nicht verbraucht hatte — von etlichen Millionen „nothwendig“ sei, welche die geliebten Bundesvölker aufzubringen haben. Desgleichen bedürfen speciell die preußischen Finanzen einer kleinen Nachhilfe von etwa 10 Millionen Thalern, damit die bewährte Ordnung derselben, die sich aber seit anno 66 gar nicht mehr recht „bewährt“, erhalten bleibe. Alles in Allem wird es so zu einer Steigerung der „Leistung“ von circa 15 Millionen im ganzen Bunde kommen, macht per Kopf 15 Sgr., per Familie 2 Thl. 15 Sgr. jährliche Steuer mehr, was man zu Deutsch „hohe nordische Bundesglückseligkeit“ heißt. Guten Appetit!

In **Rudolstadt** will auch der Landtag über die vorgeschlagene 40prozentige Steuererhöhung gar nicht einmal debattiren, sondern lieber Schulden machen, daß sie dann die Preußen zahlen müssen, weil „man ja doch einmal preußisch werden müsse“! Die Leute, die bis 1866 gar keine Steuern hatten, jetzt aber trotz der Steuern auch noch ein Defizit von 200,000 fl., sind ganz verzweifelt. Die Preußen drohen mit Exekution, wenn die Steuererhöhung nicht bewilligt werde! Deshalb ist aber Rudolstadt doch „nicht weniger souverän“!!!

Aus **Hannover** wird dem „Vaterland“ geschrieben: Die „Auflösung der hannoverischen Legion“ gibt den preußischen Blättern wieder Stoff zu einigem Selbsttrost und zur Erregung der ganz unbegründeten Hoffnung, daß endlich S. Maj. der König von Hannover sich den Preußen „nähern“ oder gar auf Land und Krone verzichten wolle. Dem ist jedoch nicht so. Es ist bekannt, daß S. Maj. eine Anzahl treuer Hannoveraner, welche aus Widerwillen gegen das preußische Militärsystem und aus Anhänglichkeit an ihren rechtmäßigen Herrn sich nach Frankreich begeben hatten, auf's Großmüthigste unterstützt hat. Nachdem aber die Preußen durch schmählichen Vertragsbruch ihn selbst seines Privatvermögens beraubt, nachdem alle Kapitalien, die innerhalb des preußischen Machtgebietes der Kasse Sr. Maj. geschuldet wurden, selbst Aktien von industriellen Unternehmungen ꝛc. von den Preußen mit Beschlag belegt worden, war S. Maj. König Georg V. außer Stand, seiner bisherigen Großmuth gegen seine Unterthanen ferner genügen zu können, und gezwungen, derselben einen seines Charakters würdigen Abschluß zu geben. Jeder dieser Hannoveraner, der bisher von ihm unterstützt worden ist, erhält 400 Francs und dazu Reisegeld, um an einem beliebigen Orte sich einen Erwerb zu gründen. S. Maj. denkt nicht daran, auf sein Recht den Preußen gegenüber zu verzichten; der zerbröckelnde Nordbund läßt die nahe Zeit seines Zusammensturzes ziemlich sicher bestimmen; die Sehnsucht der Hannoveraner wie aller Stämme des Nordens nach Freiheit und Erlösung von dem preußischen Joch ist in stetem Wachsen und die drohenden Wolken, die sich gegen den preußischen Raubstaat immer dichter zusammenziehen, lassen ein Unwetter vorhersehen, vor dessen Ausbruch sich der seiner Krone beraubte König viel weniger zu fürchten braucht, als diejenigen, die ihm geraubt haben.

Brieffranzen.

M. H., Send — (L.) — Pf. Kl., O. (Pf.) 5. — St., G. (Sch) — S., E. (Baden). — M. S., K. i. W. — A. Pf., A. — K. Fr., B. — J. P., Gzbg. — L. M., Pr. 4. — Postanweisung von F. in W—k erhalten, aber ohne Brief. — J. M', R. (R.) — J. Fr., F. 4. — J. S., W. — J. L, R. (Sch) 2. — R. v. T. 10. Pf. F. 2. — R. T. 5. — T., D. (W.) 4. — P. H. L. — R. R.. A. 5. — W. R. L. 20. — Das von K. St. bestellte Exemplar des Lib. Schimpfler. ist wieder zurückgekommen, da die kgl. Post nicht weiß, wo Reimlingen liegt. Die Exp. des Vaterland weiß es auch nicht und ersucht (wie immer) um Angabe der nächsten Poststation; vielleicht kann dann die kgl. Post eher ausfindig machen, in welcher Landschaft Reimlingen liegt. — R., H. (B.) — Bgm. Dh. (Tr.) 2. — G., B—g. (R.)

Verantwortlicher Redakteur: Dr. J. Sigl.

Bei dem am 1. April beginnenden neuen Quartal laden wir zum Abonnement auf die

Sächsische Zeitung

146(b)

deutsch-föderatives Organ

ergebenst ein.

Die „Sächsische Zeitung" wird ihre seitherige Tendenz und den eingenommenen politischen Standpunkt auch in Zukunft mit gleicher Entschiedenheit vertreten und in gewohnter unparteiischer Weise täglich eine erschöpfende Umschau aller wichtigen Ereignisse ihren Lesern bieten.

Ist die staatliche Gleichberechtigung aller deutschen Volksstämme allein nur im Stande, die geistige und materielle Wohlfahrt des deutschen Volkes zu retten und zu heben, so wird es unsere Aufgabe sein, im Sinne des Föderalismus die Rechte und die Selbständigkeit derselben fort und fort mit aller Rückhaltslosigkeit zu vertheidigen. Kein vergrößertes Preußen, ein geeintes freies Deutschland! Unter diesem Wahlspruch wird die „Sächsische Zeitung" ein Vereinigungspunkt aller Derer bleiben, welche entschiedene Gegner der national-liberalen, der alles nivellirenden borussistischen Bestrebungen sind.

Nächst den politischen Fragen und der Berücksichtigung von Handel und Industrie wird das Blatt, wie immer, alle nur nennenswerthen Vorgänge nach besten Quellen in rascher Weise zur Kenntniß seiner Leser bringen und ein reichhaltiges Feuilleton besonders der Unterhaltung gewidmet sein.

Mit Ausnahme Sonntags erscheint die „Sächsische Zeitung" täglich Nachmittags. — Alle Postexpeditionen nehmen Bestellungen an, nur wolle man dieselben rechtzeitig aufgeben, da später die bereits erschienenen Nummern nicht immer nachzuliefern sind. — **Abonnementspreis:** vierteljährlich 1 Thlr. (in Preußen 1 Thlr. 10 Sgr., in Oesterreich 2 fl.)

Inserate, die Spaltzeile 1 Ngr., haben in der „Sächsischen Zeitung", bei deren großer Verbreitung, den wirksamsten Erfolg.

Leipzig im März 1870.

Expedition der Sächsischen Zeitung.

Hugo Schulze,

in

Nürnberg

liefert **„Parquetfußböden"** vom einfachsten Dessin an bis zu dem feinsten Salonfußboden in fix und fertig gelegten Zustande und steht mit Zeichnungen und Preisen gern zu Diensten. 133—34(b)

Für die herannahende hl. Fastenzeit erlaubt sich Unterzeichneter, einem hochwürdigen kathol. **Klerus** und **Kirchenverwaltungen** seine direkt auf Leinwand gemalte

Kreuzweg-Stationen

nach den berühmtesten Compositionen mit sehr schönen kirchlichen Rahmen und Aufsätzen versehen unter nachfolgenden Größen und Preisen bestens zu empfehlen:

		Zoll Höhe,	Zoll Breite	mit Rahmen	ohne Rahmen
I.	Bildergröße	53	30	020 fl.,	450 fl.
II.	„	43	32	470 „	350 „
III.	„	36	26	330 „	230 „
IV.	„	28	22	230 „	160 „
V.	„	23	16	170 „	120 „
VI.	„	18	11	149 „	90 „

Ebenso auch **Kreuzwege für kleinere Kirchen und Kapellen** zu 70 und 100 fl., **Altars, Oelberg-** und sonstige **Heiligenbilder, Heilige Gräber, Figuren,** geschnitzt und in Massa, sehr schön gefaßt und vergoldet zu billigst berechneten Preisen.

Alle diese obenerwähnten Gegenstände sind vorräthig und werden auf Verlangen Probestationen und Zeichnungen gefälligst zugestellt, sowie nach vorhergegangenem Uebereinkommen jede beliebige Ratenzahlung angenommen.

Anerkennungen von hochw. bischöflichen Ordinariaten und anderen höheren Stellen stehen bereitwilligst zu Diensten.

Geneigten Aufträgen entgegensehend, empfiehlt sich hochachtungsvollst

G. Krombach,

52(ff) **Maler in München,** Müllerstraße Nr. 48/0.

☞ Die Preise sind in süddeutscher Währung und die Größen nach dem bayr. Maße berechnet.

Marionetten-Theater
im Gasthause zur „Neuen Welt."
Freitag, 25. März.
's letzti Fensterln.
Alpenscene mit Gesängen.
Hierauf:
Casperl unter den Wilden.
Ein kulturhistorisches Drama.
Diesem folgt:
Drei Jahrl'n nach'm letzt'n Fensterln.
Alpenscene mit Gesängen.
Anfang ¾4 Uhr.

Johann Herzog,
Schmiedgeselle von Kulmbach, wird wegen Erbschaft ersucht, seinen Aufenthaltsort seiner Schwester **Babette Hermann in Kulmbach** schleunigst anzuzeigen. 137—39(b)

Eine ruhige pünktlich zahlende Familie sucht eine kleine Wohnung **von 2—3** Zimmern nebst Küche bis **Georgi zu miethen. Gefällige Adressen unter** M. K. sind in der Exped. dieses Bl. zu hinterlegen. (150)

Ein meublirtes Zimmer
ist um 4 fl. 30 kr. zu vermiethen. Amalienstr. 54/o. (149)

Ein kgl. Pensionist sucht gegen freie Parterrewohnung eine Hausmeisterstelle zu übernehmen. D. U. (147)

Eine Lehrerin gibt französischen oder Musikunterricht gegen Frühstück und Abendtisch. D. U. (130)

Ein Dienstbothen-Koffer ist um 2 fl. zu verkaufen. D. U. (146)

Zu einem Schneider wird ein Lehrjunge gesucht. D. U. (152)

Druck von M. Vogl in München, Rosengasse 10

II. Jahrgang.

Das Bayrische

Vaterland.

Auflage: 5100.

„Das „Bayr. Vaterland“ erscheint täglich mit Ausnahme der Sonn- und hohen Festtage. Preis des Blattes: Vierteljährig 54 kr., ganzjährig 3 fl. 36 kr. Das einzelne Blatt 1 kr.

Alle Postexpeditionen und Postboten des In- und Auslandes nehmen Bestellungen an. Inserate werden die dreispaltige Petitzeile oder deren Raum zu 3 kr. berechnet.

Redaktion: Burggasse 14. Herausgegeben von Dr. jur. J. Sigl. Expedition: Ruffinibazar 5

Rupertus. Nr. 69. Sonntag, 27. März 1870.

Abonnements-Einladung.

Am 1. April beginnt das 2. Quartal und damit ein neues Abonnement auf das „Bayr. Vaterland“.

Der ungeahnte Aufschwung und die für die wenigen Monate seines Bestehens beispiellose Verbreitung des „Bayr. Vaterland“ durch alle Provinzen Bayerns und darüber hinaus, die große Zahl treuer Freunde und eifriger Mitarbeiter, der Zorn und die unablässigen, bis ins Kleinliche gehenden Verfolgungen unserer Gegner: Alles zeigt und beweist uns, daß das „Bayr. Vaterland“ den rechten Weg eingeschlagen hat und nur furchtlos, tapfer und unentwegt darauf fortzuwandeln braucht, um nicht nur die alten Freunde zu erhalten, sondern noch recht viel neue dazu zu gewinnen. Daran, an unserm Muthe und unserer furchtlosen Entschiedenheit soll's denn auch nicht fehlen. Wir und unsere treuen Mitarbeiter bleiben der Fahne treu, die wir einmal aufgepflanzt, und werden sie zu vertheidigen wissen gegen alle Feinde und zu jeder Zeit; wir bleiben treu der gerechten und heiligen Sache des Volkes und unsers theuren Vaterlandes, der Sache des Rechtes und der Freiheit, der Sache der katholischen Kirche. Patriotisch und katholisch, mit dem Volk und durch das Volk, zu dem wir gehören, für das Wohl und Beste des Volkes, für Freiheit und Recht kämpfend, ehrlich und fest allezeit: so werden wir stets in der vordersten Linie unsern Platz behaupten.

Wir zweifeln nicht, daß von unsern bisherigen Freunden und Lesern jeder dem „Bayr. Vaterland“ treu bleiben und ihm noch neue Freunde gewinnen wird, und laden hiemit geziemendst zum Abonnement auf das zweite Quartal ein. Die bevorstehenden Budgetdebatten, die weit mehr als die bisherigen Landtagsverhandlungen von Interesse sein werden, sind wichtig genug, daß sich Jeder darum zu bekümmern hat; denn bei ihnen muß sich noch Mancher und Manches erst bewähren, sie müssen volle Klarheit in die Lage bringen und zeigen, ob die vom Volk gewählten Vertreter den ganzen Umfang ihrer Aufgabe begriffen und entschlossen sind, ihr gerecht zu werden. Daß das „Bayr. Vaterland“ auch da am Platze sein und seiner Aufgabe: ein ehrlicher, entschiedener und rücksichtsloser Anwalt der Rechte und Wünsche des Volkes zu sein, vollkommen entsprechen wird, das werden wir zu beweisen Gelegenheit haben.

Der **Preis** des Blattes ist wie bisher vierteljährig 54 kr. durch ganz Bayern Bestellungen nehmen alle Postexpeditionen und Postboten an.

Inserate sind bei der bereits erreichten hohen Auflage (5100), die noch täglich im Zunehmen begriffen ist, von bestem Erfolg und werden zu 3 kr. die dreispaltige Petitzeile berechnet.

☛ **Wir ersuchen die Bestellungen unverweilt zu machen, damit vollständige Exemplare geliefert werden können.**

Die Redaktion und Expedition des „Bayr. Vaterland“.

Stoff zum Desavouiren. I.

(Dem Edlen von Stauffenberg gewidmet.)

Motto: „Wir haben Krieg für Krieg und Blut für Blut,
Zwang wider Zwang.“
Schakespeare, König Johann. Akt I. Sc. I.

K. Von der Donau. Desavouiren Sie dieses Blatt? schnauzte der Edle von Stauffenberg in der Adreßdebatte die Patrioten gar grimmiglich an. Der sonst liebenswürdige (!) Freiherr affektirte eine hochgradige Entrüstung über den attentäterischen Ausdruck „herabholen“, welchen das „Vaterland“ gegen Hohenlohe zu gebrauchen sich beigehen ließ, und geberdete sich darob wie gewisse Weibsen, von denen Fielding sagt, daß „sie gleich bereit seien, ein durchdringliches Geschrei zu erheben, Mord, Feuer, Ehebruch und dergleichen zu rufen, was aber bei ihnen nicht mehr zu bedeuten habe, als wenn eine andere etwa die Tonskala ut, re, mi, fa, sol singe.“ Daß der edle Freiherr eine „sittliche“ Entrüstung über die Bestialitäten der „liberalen“ Presse und die erschreckende Rohheit so mancher fortschrittlicher Größe schon einmal an den Tag gelegt habe, davon ist uns Nichts bekannt geworden; nur beim „Vaterland“ thut er kitzlich wie Jungfer Zimpferlieschen und Prinzeß Marzipan.

Für den Fall nun, daß dem Edlen von Stauffenberg nach einer abermaligen Apostrophe gelüstete, geben wir den Patrioten einiges Material an die Hand, glauben jedoch, daß Stauffenberg besser thut, Schakespeares Verse zu bedenken:

„Heizt nicht den Ofen euerm Feind so glühend,
Daß er euch selbst versengt.“
(K. Heinr. VII, Akt I. Sc. 1.)

Wir nehmen Revanche und führen dem Herrn Baron ein Dutzend seiner Journale vor, damit er daran seinen Witz erprobe, sich darüber entrüste und im Desavouiren übe. Hoffentlich wird es uns erlaubt sein, dem apostrophirenden Freiherrn „den Eimer faulen Wassers, in welchem er das „Vaterland“ ersäufen wollte, tropfenweise auf den entblößten Schädel fallen zu lassen“ wie Lessing seiner Zeit an Pastor Göze gethan. (2. Brief.)

Nun desavouiren Sie frisch drauf los, o Edler von Stauffenberg!

1. Das in „jungfräulicher“ Schönheit prangende Organ des „gerächten“ Biedermanns Knorr — die „Neuesten“ nur anzuführen genügt, da jede Nummer derselben ein

Karren voll Gemeinheiten gegen die Katholiken ist, und sie in solch tollem Wahnsinn gegen die Patrioten rasen, daß „all unsere Hippokratie ganze Plantagen Nießwurz erschöpfen müßten, wenn sie durch ein heilsames Dekokt dem Unwesen abhelfen wollten.“ (Schiller, Vorrede zu „Räuber“.) Gleich allen Theilnehmern an der wüthenden Verschwörung gegen das Christenthum, suchen sie dasselbe, um mit Görres zu reden, „in einer Fluth dummer Gedanken zu ersäufen und die Kirche in künstlicher Unterminirung mit Hexenpulver und Bärlappsamen in die Luft zu sprengen; sie geberden sich wie ein Hammel, der mit dem Munde bläst und speichelt, mit den Füssen trommelt und schwindlicht sich im Kreise dreht, weil der Wurm sich in seinen Gehirnkammern angesaugt.“ (Görres, polit. Schriften V. 266.)

Die Belege für die vorstehenden Behauptungen finden Sie, Edler von Stauffenberg in unserm verruchten „Sendschreiben“ an Ihren Collegen Knorr; dort können Sie die elegantesten Schimpfworte für die Patrioten und Katholiken gesammelt finden als: Vaterlandsfeindliche Betrüger, Judasse, Landverderber, Landesverräther, Unkraut, Ungeziefer rc. rc. rc.

Wir sehen Sie erröthen und Ihr Auge in Zornesgluth funkeln über diese „liberale“ Sprache; Ihr adelig Blut wallt auf und Ihr Rechts- und Sittlichkeitsgefühl verlangt Sühne für diesen Frevel und Ruthenhiebe für derlei B—iedermännereien. Desavouiren Sie aber auch die „Neuesten“, ihre destruktiven Tendenzen und ihre Sprache, die nach Bordellen und Schnapsboutiquen riecht? — Armer Freiherr! wir sehen Sie in Verlegenheit gerathen! Ist ja das Geschick Ihrer Partei so eng mit diesem Schmutzblatt verkettet, daß selbe sogar den Verleger dieses Blattes in die Kammer wählen mußte, und daß Sie nun das unschätzbare Glück genießen, diese liberale Heldengröße als Kollegen begrüßen zu dürfen! Ein Blatt, welches dem katholischen Bayernvolke nur Haß und Verachtung gegen die durch die Verfassung geschützte Kirche und kirchlichen Institutionen einimpft, den sittlichen Ruin des Volkes herbeiführt, der Freimaurerei die Wege ebnet und das Land Bayern in den preußischen Molochsrachen werfen möchte: — ein solches Blatt, in seinem Wirken für Kirche und Staat gleich verderblich, ist der Fortschrittspartei unumgänglich nothwendig!! Darum Herr Stauffenberg können Sie die „Neuesten“ auch nicht desavouiren; wie Sie sich diesen Ehrenmann Knorr gefallen lassen müssen, so auch sein „ehrenwerthes“ Blatt, — trotz vereinzelter Rufe aus Ihrer Mitte:

„Unser Herr und Meister!
Meine Noth ist groß;
Die ich rief die Geister,
Werd' ich nicht mehr los!“

2. In Augsburg erscheint ein „Anzeiger“, welcher der erhabenen Bestimmung geweiht ist, die „staatsmännischen“ Gedanken und Ideen des Hrn. Fischer zu verschleißen. Die gebildete Mitwelt hatte schon oft das süße Vergnügen, den „staatsmännischen“ Ton des Augsburger Bürgermeisters bewundernd anzustaunen, so zu Immenstadt (Juli 1868), wo „den in der Wolle Gefärbten“ das Kapuzinerglöcklein ärgerte und er recht artige Bemerkungen über die Kapuzinerkutten zum Besten gab; in der Westendhalle (8. Okt. 1869), wo ihn der „Hintere der Bavaria“ entzückte und unlängst in der Kammer, allwo er an Hrn. Lukas „staatsmännische“ Holzklötze verschachern wollte, aber als Tauschmittel „Heu und Stroh“ in unliebsamen Empfang nehmen mußte.

Sein detto staatsmännisches „Anzeigeblatt“ (vulgo Giftnickel) hat unterm 5. Februar l. J. den Bürgern Augsburgs und den Katholiken der Diözese verkündet, daß ihr Bischof ein „Fadenhalter“ und ihr Domprobst ein „Generalvieh“ („Generalvi:“) sei, und bei den vorjährigen Wahlen mußte es die katholischen Geistlichen nicht anders zu bezeichnen, denn als „hochwürdige Ignoranten (d. h. Dummköpfe), die den Kampfplatz frei halten zu ihren hochverrätherischen Umtrieben und jesuitischen Schlechtigkeiten.“ — Guten Morgen, Herr Fischer! Sie sprechen einen ächt „staatsmännischen“ Ton. „Hochverräther“?! „Jesuitische Schlechtigkeiten“?! Ei, wo sind denn die Beweise? Freilich wenn Fischer sich als eine „Stütze des bayrischen Thrones“ betrachtet, dann muß sich der Klerus mit der angelogenen Rolle eines „Hochverräthers“ begnügen; neben und mit Fischer kann der katholische Klerus nicht Wache halten am Throne der Wittelsbacher! Warum? Das zu sagen erlaubt uns Hr. v. Burchtorff nicht: eine polizeiliche Kreuzspinne würde sofort diese Nummer mit ihren Fäden umspinnen und in die finstere Behausung der Weinstraße hinaufhaspeln! Uebrigens ist das Bild „Fischer als Paladie und getreuer Eckart des bayrischen Thrones“ ein ergötzliches Rührstück für alle zahnluckigen Fortschrittsdamen Bayerns.

Und Sie, Edler von Stauffenberg, schämen Sie sich nicht der „staatsmännischen“ Sprache Ihres Freundes und seines „Organs“? Haben sie kein Wort der Mißbilligung für die jedenfalls „staatsmännischen“ Ausdrücke „Hochverräther, hochwürdige Ignoranten (Dummköpfe), Generalvieh“? — Sie lächeln so schelmisch und denken wohl bei sich: Ei, gerade solcher „staatsmännischer“ Geister und Blätter kann unsere „liberale“ Partei nicht entrathen!

Deutschland.

München, den 26. März.

Preußische Blätter wissen zu berichten, daß die Könige von Würtemberg und Bayern den Forderungen ihrer Kammern auf Herabsetzung des Militärbudgets, der Präsenzzeit rc. „energischen Widerstand“ entgegensetzen würden. Was den Ersteren betrifft, so scheinen die preußischen Blätter Recht zu haben, da König Karl statt der drei entlassenen Minister drei Erzpreußen an ihre Stellen rief und die widerhaarige Kammer kurzweg vertagte. Das Würtemberger Volk wird diesen unerwarteten Streich wie einen Schlag ins Angesicht empfinden, den es sicher nicht mit Ergebung in sein Schicksal hinnehmen, sondern mit Energie zu paralysiren wissen wird. Der Preußen Thun schreckt Männer nicht, die sich ihrer Pflicht und ihres Zieles klar bewußt sind, die ebenso fest für ihres Königs freie Unabhängigkeit, wie für des Volkes Willen und Wohlfahrt einzutreten entschlossen sind. Wir sehen der weiteren Entwicklung der Dinge im Nachbarland mit Ruhe und Vertrauen entgegen; unsere Sympathien sind ganz auf Seite des befreundeten Volkes und seiner Führer. Was aber Bayern betrifft, so wollen wir uns eines ähnlichen Vorgehens der Preußenpartei nicht versehen; käme es aber so, so muß diese Partei uns bereit finden und aus diesem Grunde müssen wir die patriotische Majorität bitten und auffordern, für alle Fälle zu sorgen und keinen Schritt weiter zu gehen, nicht einen Heller zu bewilligen, **bis die Regierung das Gesetz über direkte Wahlen zum Landtag vorgelegt und dieses Gesetz angenommen ist.** Wir sagen es im vollen Bewußtsein der Verantwortlichkeit unserer Partei, daß, wenn sich die Majorität überrumpeln läßt und auch nur die Berathung über das Militärbudget beginnt, bei der sie sofort in Opposition zu den Forderungen des Kriegsministers treten muß, wir Gefahr laufen, im möglichen Falle einer Kammerauflösung in der nächsten Kammer die Majorität nicht mehr zu haben. Das bedenke man wohl, und darnach handle man sofort. Man hätte nicht so leicht und vertrauensselig über die Petitionen um direkte Landtagswahlen hinweggehen sollen! Jetzt aber darf kein einziger Fehler mehr gemacht werden.

Landtag. In der Donnerstagssitzung interpellirte Bucher das Ministerium, wann denn einmal eine neue Apothekerordnung eingeführt werden soll. Minister Braun erklärt, es sei bereits eine im Anzug, müsse aber erst noch genau „berathen“ werden. Abg. Lukas erstattet nun Vortrag über das Staatsbauwesen. Er ist für das Prinzip der Umwandlung der Staatsstraßen in Distriktsstraßen, dessen Durchführung wenn auch schwer, doch nicht unmöglich sei. Der moderne Staat, bemerkte er ironisch, der ja Alles kann, kann auch das durchführen. Er brauche blos ein Gesetz zu machen und dann habe das als Recht zu gelten. Der Staat hat der Kirche schon ein mehr als 1000jähriges Recht abgesprochen, was nun im modernen Staate Recht sein muß, da er es ja durch ein „Gesetz“ gethan; wer dem „Recht“ des modernen Staates widerspricht, fuhr er mit seinen bittern Sarkasmen fort, der ist dann ein Rebell. Man hat die Realrechte, die einen Werth von 100 Millionen hatten, ohne Entschädigung aufgehoben und das muß jetzt auch Recht sein und wer dagegen spricht, der ist nach der Lehre des modernen Staates im Unrecht. Der Staat könnte nach der modernen Theorie die Waldungen sämmtlicher Privatleute für sein Eigenthum erklären, sämmtliche Waldungen wären dann Staatswaldungen und wer sich dagegen sträuben wollte, der wäre wieder ein Rebell. So kann der moderne Staat Alles. Referent führt seine Anschauung über die Staatsstraßen die größten Nationalökonomen wie Schäffle und den berühmten Kulturhistoriker Riehl an, dessen Schriften „ein wahres Urkundebuch der socialen Politik“ sind, und bleibt fest bei seinem, vom Ausschuß bereits mit 6 resp. 8 Stimmen angenommenen Antrag. Der gescheidte Stenglein ist natürlich gegen alles, was Lukas vorgebracht, während Greil ihm zustimmt und den allmächtigen Staat nach der modernen Auffassung eine Allversorgungsanstalt nennt. Es wäre die größte Ungerechtigkeit, den gegenwärtigen Zustand noch fortbestehen zu lassen. Es gäbe Staatsstraßen, 30, 50 Stunden lang, die gar nicht mehr befahren werden, für deren Unterhaltung der Staat aber doch die größten Summen geben müsse, während er für starkbefahrene Distriktsstraßen wie z. B. von Kötzting nach Viechtach nichts thue. Eine solche Ungerechtigkeit dürfe nicht länger fortbestehen. Föckerer, ein Hauptnationalökonom, der in neuerer Zeit auch Nationalökonomie im Eisenbahnwagen studiert zu haben scheint, ist selbstverständlich der entgegengesetzten Meinung. Schlör sieht in dem Lukas'schen Antrag ein „drohendes Chaos.“ Was soll dann der Staat mit den 1145 Wegmachern anfangen? (Hat denn der Staat keine andere Aufgabe als eine Versorgungsanstalt für Wegmacher zu sein, Hr. Schlör?) Gerstner begreift nicht, warum denn die Patrioten auf einmal den Rechtsstaat betonen, von dem sie doch sonst nichts wissen wollen. Dr. Schleich protestirt gegen diese Annahme und macht Gerstner begreiflich, daß ein gewaltiger Unterschied zwischen „Rechtsstaat“ und „moderner Staat“ sei. Referent Lukas vertheidigt seinen Antrag mit allem Eifer und mit großem Aufwand von Beredsamkeit. Beim Kapitel Landbauetat will Lukas Reorganisation des gesammten Staatsbauwesens und Verminderung des Baupersonals. Hocheder hält dies zu weit gehend und will namentlich Staats-Aufsicht bei Communal- und Stiftungsbauten. Stauffenberg will schon wieder höhere Gehalte und zwar für die Baubeamten und Bauassistenten. Auch Schlör nimmt sich der Baubeamten an und will sie nicht „beleidigen“ lassen. Nach 5stündiger Debatte werden die von Lukas gestellten und vom Ausschuß angenommenen Anträge auf die Umwandlung der Staatsstraßen und die Neuorganisation des Baubeamtenwesens — — verworfen!! Lukas verlangt namentliche Abstimmung, da ihm die Majorität nicht sicher genug schien; sein Verlangen wird von Dr. Greil und noch ein paar Patrioten unterstützt! Wir werden — heute fehlt es uns an Raum — auf die merkwürdigen Beweise, welche die patriotische Partei bei jeder Gelegenheit für ihre Solidarität gibt, zurückkommen. Es braucht nur von Lukas, Greil und solchen „Extremen“ irgend ein Antrag gestellt zu werden und sie können jedesmal sicher sein, daß sie von ihrer eigenen Partei unter dem wohlgefälligen Halloh der Fortschreiter im Stiche gelassen werden! Gehört das vielleicht auch zu den wohlthätigen Früchten des Klub—regiments?!

— Das Verurtheilen derer, so dem einen oder andern Fortschrittsmann weh gethan, geht recht gemüthlich vorwärts. So ist dieser Tage hier der prakt. Arzt Dr. Chr. Schmid in eine Geldstrafe von 50 fl. verurtheilt worden, weil er in einer geschlossenen Versammlung, nämlich im Lokal des hiesigen „Volksvereines“, die Herren Fortschrittler, unter denen er besonders den bekannten rothen Fischer von Augsburg namhaft machte, „niederträchtige Bursche“ und die nicht weniger bekannte und sehr moralische Hörmann'sche — Wahlkreiseintheilung „unmoralisch“ genannt hatte. Fischers „Amtsehre“ und die Moralität der Wahlkreisgeometrie sind also Gott sei Dank! „gerächt.“

Entnehmt daraus die weise Lehr:
Die Fortschrittsmänner kränkt nicht mehr!
Denn wisset, daß empfindlich sehr
Die Haut von einem Fortschrittler.
Und daß gar Mancher brummt zur Frist,
Der nicht bedacht, wie Sünd' es ist,
Zu kränken einen Fortschrittsmann,
Dieweilen er leicht — beißen kann.

In **Augsburg** ist, nachdem Postzeitung, Abendzeitung und selbst die Kempter Zeitung freigesprochen worden, der Redakteur des patriotischen „Algäuer Volksblattes“, Hr. Dr. L. Schneider, wegen eines in der Pfälzer Zeitung unbeanstandet gebliebenen und von ihm nachgedruckten Artikels (es war darin die Stelle der Schrift angeführt: Wen Gott verderben will, den schlägt er mit Blindheit) der Majestätsbeleidigung schuldig gesprochen und zu 9 Monaten Festung verurtheilt worden!! Wir sagen nichts weiter und — erwarten die Berichte über die Verhandlung. Das ist für Hrn. Dr. Schneider der Lohn dafür, daß er das Algäu für die patriotische Sache und Partei erobert hat, denn ohne das Alg. Vlksbl. säßen statt der 6 Patrioten aus dem Algäu 6 Preußen in der Kammer, — das ist der Lohn für ihn: 9 Monate Festung!! Es scheint, verurtheilt zu werden wird in Bayern bald nur mehr ein Privileg der „extremen Ultramontanen“ sein!

In **Oberhausen**, B.-A. Illertissen, hat sich der Lehrer Dobel im Uhrhäuschen des Thurmes aufgehängt!

Aus **Bamberg** ist eine Adresse gegen das preußische Wehr- und das bureaukratische Bürgerwehrqual-Gesetz mit 805 Unterschriften nach München abgegangen; eine zweite Sendung folgt nach. (Aus der Pfalz, aus Franken und andern Gegenden Bayerns kommen jetzt täglich zahlreiche Adressen gegen beide Gesetze. Der fortschrittliche Augsburger Magistrat hat eine Adresse gegen das Bürgerwehrgesetz abgelehnt, weil es ohnehin nicht durchgehen werde, d. h. wohl, weil man mit der ultramontanen Kammer nichts zu thun haben mag.)

Aus **Mittelfranken** wird dem „Vaterland“ geschrieben: Was doch der Konzipient Feigel von Ansbach, der den „edlen Gottfried“ des „Nürnb. Anz.“ in höchst genialer (!) Weise vertheidigte und ihm auch hübsch zu einer Freisprechung verhalf, für ein schlaues Menschenkind ist! Das Wort „Pfaff“, sagt dieser große Jurist, ist kein

Schimpf, denn in früherer Zeit habe man jeden Geistlichen Pfaff genannt, in jetziger Zeit verbinde man allerdings eine gewisse Nebenbedeutung damit. — Der berühmte Bürgermeister von Saardam singt (in der Oper): „Ich bin klug und weise!“ und Hr. Feigel kann zu Hause gleiches von sich singen. Auch das Wort Spitzbube war ehemals ein Ehrenname. Sollte es uns somit einmal beifallen, den ehemaligen Schulmeister und jetzigen Redakteur des Nürnb. Anzeiger, den braven Gottfried einen Spitzbuben zu benamsen, dann mag er mit seinem klugen Hrn. Feigel rechten; „früher war es ein Ehrenname, wenn man auch in jetziger Zeit eine gewisse Nebenbedeutung damit verbindet.“ — Hr. Feigel ist „klug und weise!“ Es gibt doch allerlei spaßige Käutze! So hat unlängst ein österreichischer Gerichtshof das Schimpfwort „Schweinehund“ für keine Beleidigung erklärt; warum soll ein bayerischer Jurist das Wort „Pfaff“ für einen Schimpf ansehen! Ob aber Hr. Feigel uns den Spitzbuben durchschlüpfen *) ließe. Ob er nicht Zeter und Mordio schreien würde wie sein Münchener Collega Schauß? — Nur konsequent, Hr. Konzipient, denn Sie sind „klug und weise“!

Die „Pfaffen“ mag man höhnen, schmähen,
Denn das ist heute „liberal“,
Doch einen Liberalen kränken, —
Ja, lieber Freund, probier's einmal!
Das kostet gleich der Gulden hundert
Und dreißig Tage Stadtgericht
Nebst andern Kösten ohne Ende,
Denn billig thut man so was nicht.
Drum sei gelobet alle Zeit,
Du bayrische Gerechtigkeit! — (D. Red.)

In **Würzburg** fängt die Militärverwaltung bereits zu „sparen“ an, aber wie es da nicht selten zu geschehen pflegt, scheint man da das Pferd wieder beim Schweif aufzäumen zu wollen. Statt nämlich da mit dem Sparen anzufangen, wo Tausende unnütz hinausgeworfen werden, hat man die armen Kranken im Militärlazareth als passendsten Gegenstand ausersehen, um daran militärische Ersparungskünste zu probiren. Man will ihnen nämlich ihren Lazareth- und Festungs-Geistlichen nehmen! Daß doch diese „liberalen“ Herren immer das religiöse Gebiet für ihre Experimente am passendsten finden! Einen Geistlichen brauchen die Kranken natürlich viel weniger als einen Lieutenant; ein Lieutenant aber wenn abgestrichen würde, dann wäre möglicherweise gleich die „Existenz der Armee gefährdet“! D. Red.

Die **„Sächsische Zeitung“** ist in unserm Inseratentheil ein paar Mal annoncirt gewesen. Dieses treffliche Blatt, tapfer und muthig gegen das Alles verschlingende Preußen unter den schwierigsten Verhältnissen ankämpfend und für ein freies föderativ geeinigtes Deutschland streitend, ist in Mitteldeutschland der entschiedenste und gefürchtetste Gegner der bettelpreußischen Bestrebungen und darum von den Preußen nachdrücklich gehaßt. Es ist dazu das beste und interessanteste norddeutsche Blatt, das wir kennen und wir erfüllen nur eine patriotische Pflicht, wenn wir diesen wackeren Kämpfer und Mitstreiter gegen Preußen unsern Lesern beim Quartalswechsel bestens empfehlen.

Preußen. Nach den Amtsblättern der letzten 3 Monate sind wegen unerlaubter Auswanderung, um sich der Militärpflicht zu entziehen, bestraft worden: 1) vom Kreisgericht Flatow 195, 2) vom K.-G. Löbau 130, 3) vom K.-G. Strasburg 325, 4) vom K.-G. Marienwerder 68, 5) vom K.-G. Konitz 58, 6) vom K.-G. Schwetz 156, 7) vom K.-G. Tuchel 73, 8) vom K.-G. Danzig 93, 9) vom Stadt-G. Königsberg 105, thut zusammen 1203 militärpflichtige Männer, die alle nicht unter die Pickelhaube kommen wollten, obwohl sie jeborne Preußen sind!

In Gollnow, (wie aus dem Nachfolgendem hervorgeht, liegt diese berühmte Seestadt im Lande der Pickelhauben), wurde vom Militär am 18. eine förmliche Schlacht mit Kommando rc. gegen die Civilisten geliefert. Die Soldaten, von ihrem Obern befehligt, hieben mit ihren Schlachtschwertern rücksichtslos auf die Köpfe der Civilisten, deren viele auf diese Weise übel zugerichtet wurden; Einer ist am Sterben, 5 andere Bürger sind schwer verwundet. Der Kommandant wollte sogar „dreinschießen“ lassen. Es sind das ungemein erquickliche und anheimelnde Zustände in diesem gelobten Preußen!

Kulturbildliches.

In Berlin wurde am 22. der 74. Geburtstag des „Herrn“ von Preußen auch mit Gedichten gefeiert, mit Gedichten, wie das da, gedruckt in der kgl. geheimen Hofbuchdruckerei, von dem wir ein paar Verse anführen, um zu zeigen, bis zu welchem Unsinn und zu welcher — Niedertracht sich sklavischer Preußengeist erschwingen kann! Der „Dichter“ — nie ward die Dichtkunst schmählicher mißbraucht! — heult den an, —

Dessen strahlendes Haupt die Krone umrauscht (sic!),
Dessen geflügeltem Worte das Weltall (!) lauscht . . . .
. . . Königslocken umschimmert Kometenglanz (!)
Und die Sterne erblassen nach flüchtigem Tanz (!)
. . . Dir zu Füßen mit liebreich dankendem Sinn
Stürzt Germania, die hehre, wonnevoll (!) hin,
Der du in Milde
Zähmtest die wilde (!)
Und sie bedecktest mit ehernem Schilde!

Und zum Schluß:

Lauschend die Pulse (!) der Völker stocken!

Wir ersehen aus diesen Proben, der „Dichter“ solcher Verse hat viel mehr Anlagen zu einem Pudel, den man prügeln darf so viel man will und der doch immer der in hündischer Ergebenheit winselnde Pudel bleibt, als zum Dichten. Die Pickelhaube despotisirt nicht blos die Völker, sie demoralisirt sie auch! Der Kerl verdiente entweder ausgehauen oder zum bayerischen Ehren-Liberalen ernannt zu werden!

Amerikanisches!

☞ Wer aus dem geehrten Publikum Gelüsten hat, sich zur Abwechslung amerikanisch schröpfen, beziehungsweise anführen zu lassen, dem ist dazu die günstigste Gelegenheit geboten; er braucht nur auf das in den liberalen und Judenblättern ausgeschriebene „Oregon- und California-Eisenbahn-Anlehen zu subskribiren, durch das den gescheidten Europäern, da die geriebenen Amerikaner dazu nichts hergeben, wieder fast ein halbes Hundert Millionen aus den Taschen gegaunert werden sollen. So viel für heute!

Dienstes-Nachrichten.

Verliehen: Die k. Pfarrei Weilsaurach, B.-A. Heilsbronn, dem Th. Albrecht, Pfarr. in Lutzmannstein, B.-A. Velburg; das Inkuratbenef. Loisling, B.-A. Cham, dem Fr. X. Klein, Com. in Pempling, B.-A. gl. Nam.

Verantwortlicher Redakteur: Dr. v. Sigl

*) Wir zweifeln sehr!

Druck von M. Vogt in München, Rosengasse 10

II. Jahrgang. Das Bayrische **Vaterland.** Auflage: 5100.

Das „Bayr. Vaterland“ erscheint täglich mit Ausnahme der Sonn- und hohen Festtage. Preis des Blattes: Vierteljährig 54 kr., ganzjährig 3 fl. 35 kr. Das einzelne Blatt 1 kr.

Alle Postexpeditionen und Postboten des In- und Auslandes nehmen Bestellungen an. Inserate werden die dreispaltige Petitzeile oder deren Raum zu 3 kr. berechnet.

Redaktion: Burggasse 14. Herausgegeben von Dr. jur. J. Sigl. Expedition: Russinibazar 5

Ludolph. Nr. 70. Dienstag, 29. März 1870.

Abonnements-Einladung.

Zu dem am 1. April beginnenden neuen Quartal laden wir zu rechtzeitigem und recht zahlreichen Abonnement auf das „Bayr. Vaterland“ ein. Die Haltung des Blattes bleibt unverändert dieselbe. Der Zugang von mehr als 1100 neuen Abonnenten im vergangenen Quartal allein auf der Post läßt uns auf recht zahlreiche Neubestellungen hoffen. Der Preis ist wie bisher 54 kr. per Quartal. Inserate versprechen bei der bereits erreichten Auflage von 5100 den besten Erfolg. Alle Postexpeditionen und Postboten (in München die Expedition) nehmen Bestellungen an.

Die Redaktion und Expedition des „Bayr. Vaterland“.

Eine Abfertigung.

Das Blatt des Julius Knorr brachte in Nr. 84 folgenden köstlichen Beitrag zur Charakteristik des heuchlerischen Fortschritts, den wir unsern Lesern zur — Erheiterung und um sich ein richtiges Bild von der Wahrheitsliebe dieser edlen Seelen zu machen, nicht vorenthalten dürfen. Knurrblätll schreibt: „Der Volksbote findet es merkwürdig, daß gerade neuestens wieder so viele Patrioten wegen Majestätsbeleidigungen processirt werden. Das ist freilich merkwürdig (höhnt Knurrblätll), daß bei uns in Bayern Alles so verkehrt zugeht, daß die loyalen Gemüther der Patrioten für ihre Gefühle der Liebe und Ergebenheit so häufig Ausdrücke wählen, die für einen gewöhnlichen Verstand gerade das Entgegengesetzte bedeuten und darum nothwendig falsch verstanden werden müssen. Die „patriotische“ Presse, „Volksbote“ und „Vaterland“ obenan, erweisen ihre Anhänglichkeit an den König auf eine wirklich wunderbare Weise. Selbst die schönsten Züge eines menschenfreundlichen Herzens, wie solche unser König unausgesetzt an den Tag legt — Hunderte und Tausende von Armen könnten davon erzählen — werden der Gegenstand einer hämischen Kritik. (Wo denn?) Man horcht an den Thüren (?), man steckt sich hinter jeden Stiefelputzer (?), um etwas aufzuspüren, was man dann in der entstellendsten Weise zu Nutz und Frommen der „patriotischen“ Gefühle verwenden kann (?!). Draußen am Lande dann nehmen einige Herren Pfarrer und Kapläne diese „edle Seelennahrung“ zu sich und ihr „patriotischer“ Mund fließt schließlich in bajuwarischer Urwüchsigkeit nicht blos beim Bierkrug und Tarok, sondern selbst von den Kanzeln herab von Dem über, was das Herz erfüllt — Alles natürlich zur Hebung der Liebe und Treue gegen den Thron. (!!) Sie sind freilich die minder Schuldigen, denn es findet eine planmäßige Verdrehung der Dinge und eine so fortwährende Hetze statt, daß sie in einen wahren Taumel gerathen müssen — aber, da man ihnen doch nicht das Urtheilsvermögen, ohne sie nicht tiefstens zu beleidigen, ganz absprechen darf, so müssen sie wohl oder übel für ihre „patriotischen Ausbrüche“ einstehen. (Folgen nun Schmähungen und Verhöhnungen des Klerus.) Man erzählt aus dem Mittelalter, fährt dann Knurrblätll fort, daß hie und da Brunnen-Vergiftungen vorkamen, die man den Juden zuschrieb und daß das Volk nicht selten an solchen Verbrechern selbst Justiz zu üben pflegte. Heut zu Tage wird die öffentliche Meinung durch eine nicht mehr charakterisirbare Presse vergiftet — und die Gefahr, die von hier aus für die Ruhe und Wohlfahrt des Staatslebens entsteht, ist unermeßlich groß. Es wäre Zeit, daß das Volk an diesen Giftmischern, die blos „um guter Geschäfte“ wegen ihr Unwesen treiben, auch eine Art von Justiz übte, nämlich mit Verachtung von der faulen Kost sich abkehrte, die man ihm aufzutischen sucht.“

Also dieses sehr ehrenwerthe Organ des Fortschritts, welches damit in einer seltsamen Anwandlung von Begriffsverwirrung dem „Volksboten“ und dem „Vaterland“ den Sündenspiegel vorhält, der nur, und namentlich im letzteren Theil auf die edlen Herren der Fortschrittspresse paßt. So schön, so treffend und wahr wie hier sind diese wackeren Leute vom Fortschritt, diese wirklichen Vergifter des Brunnens der öffentlichen Meinung und des öffentlichen Gewissens, diese Meuchelmörder des besseren Volksbewußtseins nur noch im — „Sendschreiben an Julius Knorr“ und im „Liberalen Schimpflexikon“ mit aktenmäßigen Daten und Belegen geschildert! Es ist nicht neu, es ist ein altes Kunststück der Herren Liberalen, die eigenen Fehler den Gegnern anzudichten oder wie Lessing sagt „den eigenen Schmutz dem Gegner anzuhängen, um sich daran reiben zu können“. Man lese das Schimpflexikon, das auf 57 Seiten tausendfache Beweise dafür liefert! Unehrlichkeit und charakterlose Verlogenheit wirft diesen speichelleckenden Machtanbetern, diesen bayrischen Liberalen selbst die N. Fr. Presse vor und die Frankf. Ztg. stimmt ihr bei, indem sie bei ihnen von „Firniß des Lasters“ spricht, der die innere Nichtswürdigkeit verdecken soll. Was? Diese Leute wollen uns, wollen die patriotische Presse als eine „Gefahr für die Ruhe und Wohlfahrt des Staates“ denunciren? Uns katholische Patrioten, die zu allen Zeiten und in allen Ländern gegen diejenigen gestanden, welche die unversöhnlichen Feinde der Ruhe und Ordnung gewesen, welche unablässig bemüht sind, die Throne zu stürzen, die wir zu halten suchen? Ihr Heuchler!

Wer wagt uns revolutionärer Tendenzen und Gelüste zu beschuldigen? Leute, die 1848 und 49 auf allen Barrikaden gestanden, die wegen Hochverrath verurtheilt schon den Strick um den Hals hatten, die vor dem rächenden Gesetze ins Ausland und nach Amerika geflüchtet und dort von den jetzt so geschmähten „Pfaffen“ vor dem Hungertode gerettet wurden, Leute, die im Jahre des Umsturzes 1848 schon die Paläste der bayrischen Prinzen unter sich vertheilt und „im Blute der Fürstenknechte bis an die Knöchel waten“ wollten, — solche Leute zeihen uns revolutionärer Gelüste, denunciren uns als Feinde des Staates, wollen den Pöbel gegen uns aufstacheln und hetzen, wie ihnen ja das 1848 so oft gelungen gegen die verhaßten Ultramontanen! Solche Leute, ohne Religion, ohne Prinzip, ohne Grundsätze und ohne Charakter, geberden sich als die „wahren Freunde der Könige“, als die „festesten Stützen der Throne“, verleumden dagegen Klerus und Katholiken als Feinde der Könige, als Thronumstürzer, als „unermeßlich große Gefahr für die Ruhe und Ordnung“!

Was sagt denn die neueste Geschichte zu diesen Lügen und Verleumdungen? Wo waren immer und zu jeder Zeit die Revolutionäre? Wer hat 1848 die Fürsten entthront und wer hat für sie gekämpft und geblutet? Wer hat 1848 gegen die Könige deklamirt und gewüthet? — Dieselben, die heute gegen Klerus und Katholiken deklamiren und lügen! Wer stürzte Franz II. vom Thron? wer die Herzoge von Toskana und Modena? Wer die Königin Isabella? Wer Kaiser Ferdinand? Wer vertrieb 1866 die deutschen Fürsten? Wer brachte Ludwig XVI. und seine Familie unter die Guillotine und Hunderttausende königstreuer Aristokraten, Priester und Bürger? Waren es die Katholiken und Patrioten oder waren es die Liberalen?

Königen, Großen und Mächtigen schmeicheln und ihren Speichel lecken, das können wir allerdings nicht. Wir brauchen aber auch eine Loyalität nicht zu heucheln, die wir immer durch Thaten, nicht durch leere Worte bewiesen haben und die wir in den ernsten Tagen, die unausbleiblich näher und näher kommen, durch neue Thaten beweisen und wenn es sein muß, mit unserm Blute besiegeln werden, wenn diejenigen, welche heute in schönen Heuchelreden loyal sind und den Staub von den Stiefeln der Könige lecken, nicht mehr zu sehen sein werden, wenigstens nicht in den Reihen der Freunde der Fürsten. Heute schmeichelt und thut ihr euern Königen schön, ihr Liberalen, so lange sie nach eurem Willen thun, und morgen baut ihr wieder Barrikaden und verjagt eure Könige, wenn ihr's gelegen findet und nennt, wie der große Görres sagt „eure Niederträchtigkeit Treue und die Treue Anderer Aufruhr.“ Mögen Andere von euern Lügen sich täuschen lassen, — uns täuscht ihr nicht!

Deutschland.

München, den 28. März

Der Münchener Magistrat hat wie so viele andere gleichfalls eine Adresse an die Kammer der Abgeordneten erlassen. Wir finden es interessant, daß so viele fortschrittliche Stadtmagistrate, wenn ihnen und ihrer Partei das Wasser an den Hals geht, sich sogar an eine so durchaus „schwarze“ Kammer wenden. Daß man sich übrigens gegen dieses großartigste Produkt einer wilden Ehe von Bureaukratismus und Polizei, die neue Bürgerwehr, mit Händen und Füßen sträubt, finden wir ganz in der Ordnung. Wenn nach diesem Gesetze der ruhige Stadtbürger, der seine Militärdienstzeit meist abgedient hat, nicht blos zum polizeilichen Sicherheitsdienste innerhalb seines Burgfriedens, sondern im „Bedürfnißfall“ im ganzen Land, zum Arrestantentransport, zur Streife auf Verbrecher und Vagabunden, zu Militärtransporten, u. dgl. sich verwenden lassen soll, wenn er dabei gleich der Gendarmerie sogar sich belöhnen lassen soll, so finden wir's begreiflich, daß dies Einem wider den Mann geht. Wozu haben wir denn so viel Soldaten, so viel Gendarmerie und Polizei, wenn der Bürger ihren Dienst thun soll. Kennt denn die Bureaukratie und der herrschende Liberalismus gar keine andere Bestimmung mehr für den Staatsbürger als Soldat sein und wieder Soldat sein und aushilfsweise auch noch Gendarmerie und Polizei sein? Da möchte es doch bald in Bayern heißen: Glücklich derjenige Mann, der mit Weib und Kind auswandern kann! Eine solche Einrichtung, wie diese projektirte Bürgerqual, hat man nicht einmal in Preußen, wo man doch auch seine Leute gehörig zu — behandeln weiß, hat man nirgends auf Gottes Erdboden. Wem schon die alte Landwehr zu viel war, der kann mit dieser Bürgerwehr schon gar nicht auskommen. Also fort damit!

Landtag. Die K. d. Abg. hat in ihrer Samstagssitzung den Antrag Freytags auf Aufhebung des Art. 6 des Gemeindegesetzes, d. h. des Zwangsrechts der Regierung bei Bildung von Bürgermeistereien gegen widerstrebende Gemeinden angenommen, den noch weiter gehenden Antrag Dr. A. Schmidts, nach welchem nicht blos die Bildung von Bürgermeistereien, sondern auch der Austritt aus einer solchen von dem Beschluß nicht des Gemeindekollegiums, sondern der Gemeindeversammlung abhängig sein sollte, mit 70 gegen 69 Stimmen verworfen. (Welche Patrioten haben da gefehlt?) X. v Hafenbrädl, Ponschab, Hauck, Lukas, Dr. Ruland, Dr. Pfahler sprachen für, Edel, Hörmann, Crämer, Minister Braun und der unvermeidliche Höcketer gegen die Aufhebung. Der Gesetzentwurf über Forterhebung der Steuern mit dem Wunsche (!): die Regierung möge mit Beförderungen in der Armee, mit Besetzung hoher Civil- und Militärstellen, sowie mit allen der Budgetberathung vorgreifenden Verwaltungsmaßregeln zurückhalten, bis verfassungsmäßig über die Höhe der zur Verfügung zu stellenden Geldmittel entschieden sein werde, wurde angenommen. Der weitere Bericht kann wegen Raummangel erst morgen folgen. Wir hoffen, die Regierung wird ein Einsehen haben und diesem sehr frommen Wunsche geneigte Berücksichtigung angedeihen lassen; sicher sind wir deß nicht.

— Knurrblättl gestriges kramte wieder einige Knurrblättltheologie aus; wie die ausschaut, das weiß man. Nach der Dogmatik, welche das Bechioni auf der berühmten Universität Feldmoching an der Eisenbahn studirte, that dasselbe folgenden unfehlbaren Ausspruch: „Liberaler Canon XX. Nicht Döllinger ist ein Revolutionär, sondern ein Konservativer in des Wortes bester Bedeutung*); er ist kein Häretiker, sondern ein besserer Freund und Kenner der Kirche als die jesuitischen Neukatholiken und der Artikelschreiber des geistlichen Amtsblatts (Münch. Pastoralblatt). Wer's nicht glaubt, der sei verflucht bis 1000 Jahre nach der Ewigkeit!“ Bum!

O großer Döllingerius,
Wie so was Einen freuen muß!

— Hr. Bankier Dr. Wild hat, wie die Abdz. Ztg. meldet, Allen, die durch sein Bankhaus auf das türkische Eisenbahnanlehen subscribiren ließen, die betreffenden Einzahlungen unaufgefordert zurückgestellt. Bravo! rufen wir dem ehrlichen Manne zu, dem das Interesse seiner Kundschaft höher steht, als der eigene Vortheil und der sich eine Pflicht daraus macht, die Leute vor dem gewissen Schaden zu warnen und zu sichern, wenn auch ihm selbst dadurch ein namhafter Gewinn entgeht. Wir werden mit großer Gewissenhaftigkeit verzeichnen, wenn etwa einer der hiesigen Bank-Juden es dem Bankhaus Dr. Wild nachmacht!

Von der Isar wird dem „Vaterland“ geschrieben: Wenn die „liberale“ Abendzeitung hofft, daß die Majorität des bayrischen Seelsorgsklerus der liberalisirenden Richtung Janus-Döllingers gegen das Concil sich anschließe, so mag sie das thun, aber ihrem kecken vermessenen Hoffen entspricht die Wirklichkeit in keiner Weise; es wäre verletzend für den Klerus, wenn ihn von dieser Seite noch etwas verletzen könnte. Der Seelsorgsklerus meiner Gegend

---

*) Also hat konservativ doch eine gute Bedeutung? Freut uns sehr, o G'scheidtester!

— und ich glaube sagen zu können, daß ich ihn so gut wie mich kenne — weist eine solche Zumuthung mit aller Entschiedenheit zurück. Der bayrische Seelsorgsklerus wird in seiner glänzenden Majorität nicht auf Seite des Döllinger von heute stehen, so sehr er den frühern Döllinger hochschätzen muß, sondern seine Stellung ist gegen Döllinger auf Seite der römisch-katholischen Kirche. Der Seelsorgsklerus ist intelligent und unterrichtet genug, um zu wissen, wo Irrthum und wo die Wahrheit ist, wo Finsterniß und wo das Licht ist. Nicht Hrn. v. Döllinger, sondern seiner Kirche hat Christus, ihr Stifter, den heiligen Geist gegeben. Der Seelsorgsklerus erkennt darum nur eine Autorität in Sachen der Religion, die größte, welche es unter der Sonne gibt, die Autorität der hl. Kirche und ihres ruhmreichen Oberhauptes Pius IX., und dieß auf Grund seines Wissens, auf Grund seines katholischen Denkens, Fühlens und Wollens. Dies zur Notiz für die „Abendzeitung“, die sich erkühnt hat, selbst die Gläubigkeit des bayrischen Seelsorgsklerus anzutasten und in Frage zu stellen. Ein katholischer Pfarrer.

Von der **Traun** wird dem „Vaterland“ nach der beiläufigen Anregung in Nr. 65 auf den Angriff der „Abendzeitung“ geschrieben (wir haben bereits sechs solcher Proteste in Händen): „Da man nach der „Abendzeitung“ geneigt scheint, das Schweigen des Seelsorgsklerus als eine Zustimmung zum Döllinger-Skandal zu deuten, so möchte es an der Zeit sein, dieses arg mißdeutete Schweigen zu brechen und offen zu erklären, daß von einer solchen „Stimmung“ im Seelsorgsklerus der ganzen hiesigen Gegend auch nicht die Spur vorhanden ist. Es sitzen mit dem Schreiber dieses noch fünf Priester am Tische, die alle einst Verehrer des Hrn. v. Döllinger waren, die aber alle das neueste Auftreten des Hrn. Stiftspropstes zum mindesten unbegreiflich finden, die ihn als eine traurig gefallene Größe beklagen und die nicht begreifen, wie man es für möglich halten könne, auf Seite des heutigen Döllinger stehen und gleichwohl noch katholisch sein zu wollen. Nein, — gerade die Haltung des Hrn. v. Döllinger hat nicht am wenigsten dazu beigetragen, unsere Achtung vor der gepriesenen „deutschen“ und „freien“, wie überhaupt aller rein menschlichen „Wissenschaft“ in Sachen der Religion gründlich zu ernüchtern; denn wenn ein Mann wie Döllinger auf seiner wissenschaftlichen Höhe auf einmal mit seinem Janus-Kopfe eine solche Schwenkung in's Gegentheil machen kann, daß der jetzige Schriftsteller Döllinger durch den früheren Schritt für Schritt und Punkt um Punkt widerlegt werden kann: — was ist denn auf die Objektivität oder gar auf die Unfehlbarkeit solcher Wissenschaft zu geben? Dem Volke thut was anderes noth und das weiß der Seelsorgsklerus besser: nicht solche hohe „Wissenschaft“, sondern demüthiger und lebendiger Glaube, getragen von der göttlichen Auktorität, die in den Nachfolgern der Apostel ruht, bessert ein Volk, und das, meint der Seelsorgsklerus, ist die Hauptsache.

Der **Niederbayrische** „Kurier“ ärgert sich, daß die bayrischen Bischöfe so hohe Gehalte beziehen und nennt die Bischofsgehalte „schwarzes Militärbudget.“ Der grüne Lateinschüler, welcher als Redacteur des „Kurier“ amtirt, thäte gut, die Geschichte zur Hand zu nehmen; da findet er, daß die Gehalte der bayrischen Kirchenfürsten noch nicht die Zinseszinsen von dem ausmachen, was der Staat vor 70 Jahren der Kirche — abgepreußt hat. Unwissende Lateinschüler sollten keine Zeitungen schreiben dürfen, es geschieht aber.

In **Vilsbiburg**, Babenhausen, Roggenburg, Weißenhorn und Zusmarshausen werden am 1. April neue Telegraphen-Stationen errichtet.

Aus dem **Ingolstädter Land** wird dem „Vaterland“ geschrieben: Das Gewitter entladet sich bereits über unsern Bauernverein. In gelinder Verzweiflung können wir Tag und Nacht nicht mehr schlafen, denn unsern Vereinsvorständen Mathäus Heindl und Isidor Schmid, zugleich Bürgermeister und Beigeordneter im Markte Gaimersheim, drohen 10,000 Jahre „Rosenberg“. So will es der § 4 des Vereinsgesetzes, welchen einige Fortschrittler Gaimersheims in ihrem liberalen Zorne gegen die Festversammlungen der Bauern anrufen, da die Niederlage bei den Gemeinde- und Landtagswahlen einigermassen gerächt werden muß. Die Vereinsvorsteher hatten zwar zu den Wanderversammlungen in Gerolfing und Gaimersheim die Genehmigung der Distriktspolizei sich erholt; aber sie sind, was schrecklich zu hören ist, mit Musik am Vereinsorte angekommen und haben, was noch schrecklicher ist, sogar die bayrische Fahne mitgetragen, selbst Häuser waren damit geschmückt. Darin witterten die Feinnasigen viele „staatsgefährliche“ Verbrechen, zu deren Feststellung der Untersuchungsrichter von Aichach hieher geplagt wurde. Ob die von den gebildeten (!!) Fortschrittlern ausgehängten Spottfahnen als Unterhosen, Unterröcke, alte Fetzen, schwarze Fähnlein 2c. auch Gegenstand der Untersuchung waren, wissen wir nicht; sollte ein Uebersehen mitunterlaufen sein, dann wird das Fehlende sicher nachgeholt werden.

Was aber das „Ingolstädter Tagblatt“ zumeist schmerzt, ist dies, daß die beiden Geistlichen von Gaimersheim als die „Verführer“ der Bauern und Verschulder dieses Attentates auf „Vater“ Bismark noch nicht in eisernen Ketten liegen. Freilich sagt Aristoteles, daß „die Handlung von ihrem Zweck charakterisirt werde“, (actus specificatur ab objectis) und daß darum der Gang zur öffentlich gestatteten Wanderversammlung auch schon als öffentlicher Aufzug gestattet sei; eine Begleitungsmusik hiezu kann die Ortspolizei erlauben und die bayerische Fahne kann ohnehin jeder Bayer, so oft er will, tragen und aushängen. Aber der liberale Schulmeister Groß von Gaimersheim hält zwar schöne „Wahlreden“, liest die „Abendzeitung“ vor und erklärt sie seinen „denkenden“ Freunden, aber den Aristoteles kennt er nicht; und so sind die Fortschrittler sogar im Irrthum befangen, die Juristen hätten auch nicht Philosophie gehört und studirt. — Da der Untersuchungsrichter zur Erforschung dieser „patriotischen“ Unthat einmal nach Gaimersheim berufen war, so hätte er gleich die Untersuchung eines liberalen Hauptspaßes damit verbinden können. Am Aschermittwoch wurde nämlich eine Spottprozession abgehalten, bei der ein Spottpriester mit Weihwasser und Rauchfaß fungirte, Zunftfahnen, bayrische und Spottfahnen, wildes Gejohl und Geheul sich vereinigten, um die gottesdienstlichen Funktionen, die patriotischen Feste und die beiden Geistlichen des Marktes zugleich zum Gegenstand „öffentlicher“ Verhöhnung zu machen. Ob hiezu eine Lokal- und Distriktspolizei Erlaubniß erholt worden war? Ei, zu solchen „öffentlichen“ Aufzügen ist sie nicht nöthig, weil dieser Mumenschanz blos ein „liberaler“ Hauptspaß und eine Verspottung der Kirche und des Priesterthums war!! Untersuchungen, öffentliche Verhöhnungen, Gefängniß: — das gebühet den Patrioten und Pfaffen. Und vielleicht ist der Augenblick auch nimmer ferne, in welchem der Schlangentödter des „Ingolst. Tagblattes“ den Geistlichen und Patrioten „Eens uf de Kapp!“ geben darf. „Oeffentlich“ aufgefordert hat er hiezu — und zwar ohne polizeiliche Erlaubniß, und ohne bis heute eine Untersuchung riskirt zu haben. Gibt es Untersuchungsrichter und Staatsanwälte wirklich blos für die Patrioten und Geistlichen?

Der **Nürnberger** Anzeiger geruht das Concil einen „jesuitischen Schwindel“ zu nennen; das „Algäuer Volksblatt“ ist wegen Kritik der Wahlkreiseintheilung verurtheilt worden.

Die „**Sächsische Zeitung**“ ist in unserm Inseratentheil ein paar Mal annoncirt gewesen. Dieses treffliche Blatt, tapfer und muthig gegen das Alles verschlingende Preußen unter den schwierigsten Verhältnissen ankämpfend und für ein freies föderativ geeinigtes Deutschland streitend, ist in Mitteldeutschland der entschiedenste und gefürchtetste Gegner der bettelpreußischen Bestrebungen und darum von den Preußen nachdrücklich gehaßt. Es ist dazu das beste und interessanteste norddeutsche Blatt, das wir kennen und wir erfüllen nur eine patriotische Pflicht, wenn wir diesen wackeren Kämpfer und Mitstreiter gegen Preußen unsern Lesern beim Quartalswechsel bestens empfehlen.

— **Aus Baden** wird dem „Vaterland" geschrieben: „Unsere liberalen „deutschen" Garibaldianer mit ihren „Staubwolken"-Generälen und Stoß-ins-Herz-Depeschen haben den kühnen Muth uns „Ultramontanen" nachzusagen, wir liebäugeln mit Frankreich und wollen das preußische „Vaterland" verrathen. Wir „Ultramontanen" wollen diesen Usedomen und Bismarken doch einmal den Standpunkt klar machen. Es ist die Noth, die als unsere Bundesgenossin steht; wir müssen nämlich miteinander leben und uns vertragen, weil es sich um unser Dasein handelt. Nachdem ihr Liberalen stets am Redefluß gelitten und soporöse Zustände mit Delirien auch häufig überfallen und auch „wir Schwarze" leider zwischendurch lange Schläfe geschnarcht, haben die Dinge in der Welt sich sehr mißliebig zu uns gestellt. Ein lucidum intervallum hat uns die kritische Lage sehen lassen, in der wir unseren starken, vollwüchsigen, europäischen Brüdern gegenüber uns befinden. Uns im Westen sind nämlich die Franzosen zu einem runden stammhaften mächtigen Volke erwachsen, welches nicht wie wir, die gemachten Erfahrungen in abwechselnden Anwandlungen von Verstand und Unverstand vergeudet, sondern durch den Lauf der Zeiten sie immer in einer Kette zusammengefaßt hat. Dieses Volk sieht sich jetzt berufen, in der Mitte der Geschichte zu stehen. Auf unserm Boden, dem alten Boden des deutschen Reichs, vom Mittelmeer aus längs den Alpen und dem Rhein bis wieder zum Meere hin, hat es seine Wehren in einer höchst verständigen Weise uns gegenüber aufgebaut. Eines fehlte noch, diesem Wehrsystem ein in gleicher Weise bewehrtes Centrum hinzuzufügen, um es vollends unangreifbar für uns zu machen. **Paris**, die Königin Frankreichs, hat sich ein Panzerhemd anlegen lassen und steht jetzt in ihrer Mauerkrone als die Königin, als die Centralburg in Mitte so vieler Waffenplätze! Stoßt euch dran die Köpfe ein, ihr, die ihr immer blos von einem Spaziergang nach Paris redet! Geht doch mit euern Prahlereien, wie: „Die Franzmänner sollen nur kommen oder wir holen sie in Paris" u. dgl. Was? Prügel holt ihr euch in Paris und blutige Köpfe, wenn ihr auszieht mit Heeresmacht, geführt von all den 66er Generalen! Die Franzosen werden ein Netz von Eisen, Mauern und Kanonen um euch ziehen, und wer „gedemüthigt" und „bezwungen" wird, das werden schwerlich die „Franzmänner" sein, von denen ihr hinter euern Laden- und Schreibtischen so wegwerfend und thöricht daherschwatzt. Und wenn sie zu uns kämen die Rothhosen und uns selbst aufsuchten, was werden sie finden in dem zerschlagenen und zerrissenen Deutschland? — Partheien sonder Zahl, Unterdrücker „von Rechtswegen" und Unterdrückte de jure, Patriotismus und „nationale" Bruderschaft, der der wahre Patriotismus mit dem Bewußtsein gegenübersteht, daß Unrecht, vom **Bruder** geübt, am Tiefsten schmerzt und ergrimmt, — das werden sie finden die Franzosen! Ja, Gott sei's geklagt! es wird und muß der Tag der Abrechnung kommen, aber nicht unsere Schuld ist es, wenn er kommt und wenn ihr das Urtheil des Richters zu beklagen habt. Wir wollen keinen Krieg und suchen keinen: aber ehe wir uns zu euern Knechten, zu Basallen und Knechten Preußens machen lassen, werden wir in Baden unser Hausrecht zu wahren wissen, wenn es sein muß auch mit den Franzosen, denn wir können nicht einsehen, warum wir den „deutschen Gedanken" gerade so auffassen müßten, daß wir uns ohne Widerstand von den Preußen fressen lassen sollen, zumal da die Preußen 1866 sich gar kein Gewissen daraus machten, sich mit Italienern und Franzosen zu verbünden, um uns und andere deutsche Brüder niederzuschlagen.

Oesterreich. Wien. Die Abgeordneten haben dem 50,000 fl. „Dispositionsfond" bewilligt, der 1871 auf 80,000 erhöht werden soll. Die ungarische Regierung hat dazu 120000 fl. Rechnet man dazu den „gemeinsamen" Dispositionsfond Beust's, so belaufen sich die Summen, welche für die Offiziösen und für die Bestechung der Presse alljährlich aufgewendet werden, in Deutsch-Oesterreich auf 400000, in Ungarn auf 270000 fl.! Was läßt sich für 670,000 fl. nicht alles offiziös und offiziell zusammenlügen! Trotzdem wird sich aber das liberale kais. kgl. Freimaurerregiment nicht mehr auf den Beinen erhalten können.

Ausland.

Frankreich. In Tours wird gegenwärtig der Prozeß des Prinzen Peter Bonaparte verhandelt, worüber die großen Blätter ellenlange Berichte bringen. Bis jetzt ist durch mehrere Zeugen konstatirt, daß der Prinz von dem Judenbuben Noir wirklich geohrfeigt worden ist, und daß er auf die Ohrfeige hin den Burschen niederschoß, statt ihn von seinen Bedienten zum Hause hinausprügeln zu lassen. Der Prinz wird wahrscheinlich freigesprochen werden; wir meinen, auch ein bayerischer Schwurgerichtshof würde ein Mitglied der k. Familie, das, in seiner Wohnung von einem erwachsenen Gassenjungen überfallen und mit Ohrfeigen traktirt, den Impertinenten niedergeschossen hätte, unfehlbar freisprechen. In seinem Hause braucht man sich nicht beleidigen zu lassen, am allerwenigsten in einer Weise, wie dieser freche Jude gethan, zumal wenn man ein Prinz ist. Wir billigen damit die Tödtung keineswegs, aber wir können sie entschuldigen. Diese Herren Journalisten von der revolutionären Presse, welche als Zeugen in dem Prozeß auftreten, benehmen sich wie ausgemachte Flegel. So antwortete z. B. Einer, Grousset, auf die Frage, ob er mit dem Prinzen verwandt sei, also: „Wie kann ich das wissen, da seine Großmutter (Lätitia) so viele Liebhaber hatte?" Ist das nicht eine freche Infamie sondergleichen? Ein anderer Zeuge, Rochefort, nannte den Prinzen eine „abscheuliche Kanaille." Ein Dritter, Fonvielle, erklärte, wie ein anderer Zeuge von ihm aussagt, „gegen einen Gegner ist jedes Mittel erlaubt, am meisten die Verleumdung"! Und solche schmähliche Bursche führen jetzt in Frankreich das große Wort und versetzen das ganze Land in Unruhe und Aufregung. Man sieht, in Frankreich geben sich die Liberalen nicht mehr voll Heuchelei als „Freunde der Dynastie" und „Stützen des Thrones" aus, wie z. B. in Bayern zur Zeit noch geschieht, bis — die Zeit zum Handeln da ist.

In Paris wird der Gesandte am Wiener Hofe, der Herzog Grammont zu einer Konferenz mit Minister Daru erwartet, der mit allen Hauptvertretern Frankreichs im Auslande persönlich konferiren will. (Vgl. das morgige Blatt.)

In Creuzot sind abermals Arbeiter-Unruhen ausgebrochen und deswegen Truppen dahin geschickt worden. Viele Arbeiter sind verhaftet. Die neue Bewegung, an deren Spitze wieder der Arbeiterkönig Assy steht, hat einen ganz politischen Charakter.

Kulturbildliches.

In Oesterreich nehmen wie bei uns Fortschritt, Bildung und Aufklärung außerordentlich zu, wie aus nachfolgenden Ziffern klärlich zu ersehen ist. Im Strafhause des Wiener Landesgerichtes befanden sich im Jahre 1856—3650 Verbrecher in Haft. Seitdem ist deren Zahl mit dem zunehmenden Fortschritt höchst erfreulich gewachsen, nämlich 1860 auf 4576, 1861 auf 4296, 1862 auf 5889, 1863 auf 8568, 1864 auf 7173, 1865 auf 7751, 1866 (gesunken) auf 6915, 1867 auf 7892, 1868 auf 7617, 1869 auf 8032. In zehn Jahren hat sich also der Fortschritt und damit der Verbrecher nahezu verdoppelt. Die Wiener Doctoren fürchten, daß aus der Ueberfüllung der Gefängnisse Epidemien entstehen könnten und Verlangen, daß dem schleunigst und umfassend vorgebaut werde. Ja, das kostbare Leben der Herren Spitzbuben muß vor allem gesichert und erhalten werden!

Dienstes-Nachrichten.

Verliehen: Das Inkuratbenef. Loifling, B.-A. Cham, dem Fr. X. Klein, Com. in Pempling, B.-A. gl. Nam.

Erledigt: Die k. Pfarrel Pressat, B.-A. Eschenbach, R.-E. 1986 fl.

Börsen-Nachrichten.

Mailänder 10 Frankenloose von 1866. Ziehung am 16. März. Hauptpreise: Serie 6241 Nr. 83 Fr. 50,000. S. 4371 Nr. 78 Fr. 1000. S. 4371 Nr. 72 Fr. 500. S. 1154 Nr. 62, S. 4193 Nr. 79, S. 4371 Nr. 20, 34, S. 6241 Nr. 95 je Fr. 100.

Münchener Schranne vom 26. März.

Getreidsorten	Verkauft Schffl.	Höchster fl.	kr.	Mittel- fl.	kr.	Nied.-Preis fl.	kr.	Gest. fl.	kr.	Gef. fl.	kr.
Weizen . .	2438	20	20	19	1	17	33	—	—	—	7
Korn . . .	1353	12	13	11	51	11	18	—	—	—	9
Gerste . . .	1590	13	17	12	48	12	2	—	—	—	18

Verantwortlicher Redakteur: Dr. J. Sigl.

Urtheil.

Das k. Stadtgericht München l./J. Abtheilung für Strafsachen

erkennt in der Sache gegen den Redakteur Joh. Bapt. Sigl dahier wegen Ehrenkränkung zu Recht: 1. Joh. Bapt. Sigl, Dr. jur. und Herausgeber der Zeitung — „Das bayr. Vaterland" — ist schuldig dreier durch die Presse verübter Uebertretungen der Ehrenkränkung an dem Verleger Julius Knorr dahier, und wird deshalb in eine Gesammtarreststrafe von 42 Tagen und in eine Geldbuße von 100 fl., sowie in die sämmtlichen Kosten des Verfahrens und Vollzuges verurtheilt. 2. Zugleich wird die unentgeltliche Aufnahme des vollständigen Urtheils in das nächstfolgende Blatt der Zeitung — „Das bayr. Vaterland" — angeordnet.

Gründe: 1. In Nr. 114 des Bayr. Vaterland vom 13. August v. J. wird in einer erdichteten Buchhändlers-Anzeige von Hamburg in Berlin eine Darstellung — „Barbara Ubryk, nackt auf verfaultem Stroh" — von Schmierhuber, und eine weitere: „eine Composition in terra cacta — Julius Knorr und Napoleon Becchioni — auf einem Ballen Maculatur der Neuesten Nachrichten in Umarmung stehend" — den Abnehmern des Werkes Barbara Ubryk von Attila Schwefelhuber zugesichert. Das Ganze ist eine höchst triviale Verhöhnung des Klägers, dessen Bild hier in Menschenkoth feilgeboten wird.

2. In Nr. 129 des Bayr. Vaterland vom 31. August v. J. wird in dem Artikel mit der Ueberschrift: „Billet doux an Julius Deputatus, K. von der Donau" — bezüglich eines Artikels über den katholischen Clerus gesagt: „Bei der Lesung des Artikels kam uns der Gedanke, wie es sich wohl ausnehmen müßte, wenn ein ungezogener Schusterbube einem Cavalier Vorlesungen über Takt und Anstand halten, oder wenn eine sog. Knorrdame eine würdevolle Matrone über Sitte und Sittlichkeit?! belehren würde." — „O Julius! obgleich bayr. Abgeordneter, obgleich der Stolz Münchens und die Wonne aller Fortschrittsdamen, — zu einem Sittenprediger qualificirst Du Dich ebenso, wie ein Bock zu einem Gärtner!" — In diesem Satze ist der Kläger, an den der Artikel überhaupt gerichtet und der gleichsam als der Verfasser des kritisirten Aufsatzes betrachtet ist, zuerst mit einem ungezogenen Schusterbuben, der Takt und Anstand nicht kenne, verglichen; dann ist sein Name gebraucht, um unsittliche Dirnen mit dem neuen Worte „Knorrdamen" zu bezeichnen und er selbst spöttisch auch hier wieder „der Stolz Münchens" genannt, als ein „unsittlicher Mensch" hingestellt. — Ferner wird er der drolligste Hanswurst genannt, und in boshafter Weise von ihm erzählt, daß er nicht einmal correkt deutsch schreiben könne. — Endlich wird ihm der Grundsatz: „frech muß man sein, nur Lumpen sind bescheiden", imputirt, und als zukünftiger Abgeordneter wird er mit den Worten lächerlich gemacht: „Der Abgeordnete Julius wird für uns eine heitere Figur, denn wenn Julius je einmal zu reden anhebt, dann nehmen sogar die Vierfüßler im Galopp Reißaus."

3. In einem Sendschreiben an Julius Knorr von R. von der Donau, welches als Separatabdruck aus dem Bayr. Vaterland insbesondere den Nummern: 158, 165, 166 vom 5., 13. und 11. Oktober v. J. und ff. erschien, ist dem Kläger gedroht, ihn in seiner ganzen Nacktheit vor der gebildeten und sittlichen Welt darzustellen, so daß ihm ehrenwerthe Männer bedenklich in die Augen schauen werden. Es wird ihm vorgeworfen, daß sein Redakteur mit seiner Einwilligung und seinem Gutheißen der Lüge und Verleumdung diene, seine und des Letzteren Art zu schreiben und zu disputiren, eine unsittliche genannt; beide werden Buben geschimpft, und seine Annahme eines Mandats zum Abgeordneten leicht kenntlich als Frechheit bezeichnet. Es wird dem Kläger mit Rücksicht auf seine Eigenschaft als Verleger der „Neuesten Nachrichten" Lüge und niederträchtige Verleumdung vorgeworfen und vorgehalten, daß er in eine gewisse Klasse von Journalisten gehöre, welche bezeichnend — „preiswürdige Schwefelbande und Gesindel" genannt werden. Es wird ferner dem Kläger „Tölpelhaftigkeit, Verleumdung, Anmaßung, kolossalste Frechheit" vorgeworfen, und ihm mit Bezug auf seine Handlungsweise als Verleger Verachtung entgegengesetzt. — In der Fortsetzung jenes Sendschreibens wird eine Wiederwahl des Klägers als Abgeordneter als eine Schande für München bezeichnet, und schließlich die Aufgabe der Darstellung seiner Person als Landtags-Abgeordneter und Verleger der „Neuesten Nachrichten" als eine moralische Pfütze, in die hinein gepatscht werden müße, genannt. —

Wegen aller dieser Stellen hat Julius Knorr durch den dazu bevollmächtigten k. Rechtsanwalt v. Schauß gegen Dr. Joh. Bapt. Sigl rechtzeitig Klage wegen Ehrenkränkung und Antrag auf dessen Bestrafung und Veröffentlichung des Urtheils im bayr. Vaterlande gestellt.

So wenig es zweifelhaft ist, daß der Beklagte, welcher in die heutige Sitzung geladen, aber nicht erschienen ist, als Redakteur der hier erscheinenden Zeitung „Das bayr. Vaterland" für alle obigen Stellen der Klage verantwortlich ist, ebensowenig kann daran gezweifelt werden, daß alle diese hervorgehobenen Stellen aus dem bayr. Vaterlande und dem Sendschreiben an Julius Knorr für diesen Ehrenkränkungen und zwar großentheils sehr namhafte Beleidigungen und Beschimpfungen enthalten, und daß die Absicht bestanden habe, den Kläger dadurch nicht nur selbst zu beleidigen und zu beschimpfen, sondern insbesondere auch ihn mit Rücksicht auf die damals in der nächsten Zukunft gelegen gewesenen Landtagswahlen in der Achtung seiner Mitbürger möglichst herabzusetzen. — Wenn der Beklagte in einer schriftlichen Verantwortung vor dem Untersuchungsrichter erklärt, daß diese Angriffe nur dem Verleger der „Neuesten Nachrichten" und nicht dem Julius Knorr als Privatperson gelten sollten, welche er als eine zu gleichgiltige und unbedeutende Persönlichkeit erachte, als daß er im Ernste mit seiner Person sich hätte befassen mögen, so ist diese Erklärung, abgesehen davon, daß sie eine Beleidigung durch die Äußerung äußerster Geringschätzung den früheren hinzufügt, theils unwahr, indem die obenangeführten Stellen mehrmals nur auf die Persönlichkeit des Klägers und seine Eigenschaften Bezug haben, theils unrichtig, weil eine Trennung der Person des Klägers in sich mit Bezug auf ihm zugefügte Schmähungen unmöglich ist, wozu kömmt, daß es nicht zu begreifen ist, wie sich Beklagter berechtigt finden könnte, den Kampf gegen ein feindliches Parteiblatt mit derlei grassen Verhöhnungen und Beschimpfungen der Person seines Verlegers zu führen und fortzusetzen.

Es concurriren somit, da die in dem Sendschreiben enthaltenen Injurien als ein Real zusammen zu fassen sind, drei der Zeit der Verübung nach getrennte Uebertretungen der Ehrenkränkung. Da nun unter diesen die durch das Sendschreiben verübte als die bedeutendste zu erachten ist, zu welcher die übrigen als Straferschwerungsgrund hinzutreten, und da erstere Handlung im Oktober v. J., also zu einer Zeit verübt wurde, zu welcher das Urtheil vom 3. Sept. v. J. in Folge der Zurücknahme der dagegen eingelegten Berufung rechtskräftig war, so liegt in der Hauptsache ein Rückfallsreat vor und erscheint die Hereinziehung des früheren Urtheils zur Festsetzung der Gesammtstrafe unzulässig. — Als straferschwerend sind außerdem die Fälle und die Bedeutung der Injurien, die lange Fortsetzung und Bosheit der Absicht, sowie der Umstand, daß die Presse zu ihrer Verbreitung benutzt wurde, endlich die früheren Bestrafungen des Beklagten zu berücksichtigen, während der Beklagte es unterließ, Gründe, welche die Strafbarkeit mindern oder auf die Höhe der Geldstrafe zu seinen Gunsten von Einfluß sein könnten, vorzubringen. — Die Bekanntmachung des Urtheils wurde von dem Kläger beantragt und ist im Hinblick auf den nach Art. 3, Ziffer 8 des Einf. Ges. für alle durch die Presse verübten strafbaren Handlungen anzuwendenden Art. 48 des Preß. Ges. zu verfügen. Die Verurtheilung in der Hauptsache hat die Verurtheilung in die Kosten zur Folge. — Also geurtheilt in Anwendung der verf. Art. 261 262, 264, 266 St.-G.-B., 48 Preß.-Ges., 62, 71 Einf.-G. und verkündet in öffentlicher Sitzung zu München, den 4. Jänner 1870.

Leonrod. Ziegler.

Urtheil.

Das kgl. Stadtgericht München l. d. J. Abth. für Strafsachen

erkennt in der Klagssache des Julius Knorr, Verleger der Neuesten Nachrichten dahier gegen Joh. Bapt. Sigl, Dr. jur. und Redakteur des Bayer. Vaterlandes zu Recht: 1. Joh. Bapt. Sigl, Dr. jur. und Redakteur von hier, ist schuldig einer durch die Presse verübten Uebertretung der Ehrenkränkung an dem Verleger Julius Knorr dahier in realem Zusammenflusse mit drei weiteren am 4. Jänner 1870 abgeurtheilten dergleichen Uebertretungen an demselben Kläger, und wird deshalb unter Einrechnung der am 3. September v. Js. wegen zweier durch die Presse verübter Ehrenkränkungen an Michael Klermann und Franz Streit in eine Gesammtstrafe von ein hundert zehn Gulden Geldbuße und von zweiundvierzig Tagen Arrest, wovon jedoch zwölf Tage als erstanden erklärt werden, sowie in sämmtliche Kosten des Verfahrens und Strafvollzugs verurtheilt. 2. Zugleich wird die unentgeltliche Aufnahme des Urtheils in das nächstfolgende Blatt der Zeitung — das „Bayer. Vaterland" — angeordnet.

Gründe. Das vom Beklagten redigirte und herausgegebene Bayer. Vaterland enthält in Nr. 6 vom 9. Jänner d. Js. einen Artikel, in welchem der kürzlich dahier gegründete Verein für prunklose Beerdigungen und der als hochverehrter Julius Deputatus bezeichnete und damit inhaltlich früherer Artikel deutlich gekennzeichnete Verleger Julius Knorr dahier lächerlich gemacht und von diesem in verächtlicher Weise gesagt ist, daß er „überall dabei ist, wo Dreck aufgewühlt wird." — Der Verleger Julius Knorr hat deshalb am 12. d. M. Klage wegen Ehrenkränkung und Strafantrag gegen den Redakteur Dr. Jur. Sigl gestellt, und kann es mit Rücksicht auf die früheren Fälle und die Fassung des Artikels keinem Zweifel unterliegen, daß hier abermals eine Ehrenkränkung des Klägers beabsichtigt war, und gegeben ist. — Bezüglich der Strafausmessung ist aber zu berücksichtigen, daß der Beklagte durch das dießgerichtliche Urtheil vom 4. Jänner d. J. wegen dreier Uebertretungen der Ehrenkränkung an dem Kläger in eine Arreststrafe von 42 Tagen und in eine Geldbuße von 100 Gulden verurtheilt worden ist, welches Urtheil zur Zeit der Verübung der heute zur Aburtheilung gebrachten That noch nicht rechtskräftig war, und in Folge des vom Beklagten eingelegten Rechtsmittels der Berufung auch noch nicht rechtskräftig ist. Es haben somit die Bestimmungen des Art. 84 und 85 des St.-G.-B. in Anwendung zu kommen, und wird unter Annahme des Vorhandenseins der in letzterem Artikel statuirten Voraussetzung an der früher ausgesprochenen Gesammtstrafe die Geldbuße um weitere 10 Gulden erhöht. — Da nun nach den angezogenen Gesetzesstellen das frühere Urtheil vom 4. Jänner d. J., insoweit es nicht lediglich die Schuldfrage betrifft, in das gegenwärtige Urtheil zweifellos hereinzuziehen, und neuerdings unter Berücksichtigung aller Umstände eine Gesammtstrafe auszusprechen ist, kann auch die Berechtigung zur neuerlichen Untersuchung der Frage nicht versagt sein, ob an der auszusprechenden Gesammtstrafe nicht etwa ein Theil als verbüßt zu betrachten sei. In dieser Richtung kömmt nun zu bemerken, daß das dießgerichtliche Urtheil gegen den Beklagten wegen Ehrenkränkung an Michael Klermann und Frz. Streit in Forchheim, wodurch derselbe in eine Gesammtstrafe von 12 Tagen verurtheilt wurde, am 3. Sept. v. J. erlassen, vom Beklagten aber mit Berufung angefochten, diese aber am 27. Nov. v. J. zurückgezogen, und vom 4. bis 16. Dezember v. Js. jene Strafe verbüßt wurde. Wenn nun auch eine ausdrückliche Gesetzesbestimmung über die Frage, ob bei Zurücknahme eines Rechtsmittels durch den Beschuldigten der Zeitpunkt der Rechtskraft des Urtheils auf den Tag der Erlassung des Urtheils zurückzuziehen oder vom Tage der Zurücknahme des Rechtsmittels zu berechnen sei, im Strafgesetzbuche nicht gegeben ist, so kann doch daraus, daß in Art. 23 Abs. 2 d. St.-G.-B. bezüglich der Zurücknahme des Rechtsmittels durch den Staatsanwalt als Ausnahme das Gegentheil bestimmt ist, sowie nach Analogie des Art. 26 des Polizei-Strafgesetzbuches — (Edel Commtr. S. 146) die für den Beschuldigten günstigere Auslegung genommen werden, daß die Rechtskraft eines durch ein Rechtsmittel angegriffenen Urtheils erst von dem Tage der Zurücknahme dieses Rechtsmittel beginnt. — Somit sind die am 4. ds. Mts. zur Aburtheilung gelangten Uebertretungen der Ehrenkränkung, welche im Oktober, dann am 13. und 31. August v. J. begangen wurden, als zu einer Zeit verübt zu betrachten, zu welcher das Urtheil gegen den Beklagten vom 3. Sept. v. J. die Rechtskraft noch nicht beschritten hatte, und ist nach den Bestimmungen des Art. 81 des St.-G.-B. auch dies letztere Urtheil beim Strafausspruche mit in Berechnung zu ziehen, und an der Gesammtstrafe die verbüßte Strafzeit in Abrechnung zu bringen. Die Bekanntmachung des Urtheils wurde vom Kläger beantragt und ist im Hinblick auf den nach Art. 3 Ziff. 8 des Einf.-Ges. für alle durch die Presse verübten strafbaren Handlungen anzuwendenden Art. 48 des Preß-Ges. zu verfügen. Die Verurtheilung in der Hauptsache hat die Verurtheilung in alle Kosten zur Folge. Also geurtheilt in Anwendung der Verf.-Art. 261, 262, 264, 266, 84, 85, 86 St.-G.-B., 48 Preß-Ges., 62, 74 und 3 Ziff. 8 Einf.-Ges. und verkündet in öffentlicher Sitzung zu München 26. Januar 1870.

Leonrod. Ziegler.

Druck von M. Vogl in München, Rosengasse 10

II. Jahrgang. | Auflage: 5100.

Das Bayrische Vaterland.

Das „Bayr. Vaterland" erscheint täglich mit Ausnahme der Sonn- und hohen Festtage. Preis des Blattes: Vierteljährig 54 kr., ganzjährig 3 fl. 36 kr. Das einzelne Blatt 1 kr.

Alle Postexpeditionen und Postboten des In- und Auslandes nehmen Bestellungen an. Inserate werden die dreispaltige Petitzeile oder deren Raum zu 3 kr. berechnet.

Redaktion: Burggasse 14. Herausgegeben von Dr. jur. J. Sigl. Expedition: Ruffinibazar 5

Angelika. Nr. 71. Mittwoch, 30. März 1870.

Abonnements-Einladung.

Zu dem am 1. April beginnenden neuen Quartal laden wir zu rechtzeitigem und recht zahlreichem Abonnement auf das „Bayr. Vaterland" ein. Die Haltung des Blattes bleibt unverändert dieselbe. Der Zugang von mehr als 1100 neuen Abonnenten im vergangenen Quartal allein auf der Post läßt uns auf recht zahlreiche Neubestellungen hoffen. Der Preis ist wie bisher 54 kr. per Quartal. Inserate versprechen bei der bereits erreichten Auflage von 5100 den besten Erfolg. Alle Postexpeditionen und Postboten (in München die Expedition) nehmen Bestellungen an.

Die Redaktion und Expedition des „Bayr. Vaterland."

* Die Dinge in Würtemberg und die Verträge.

v.—d— Die antipreußische Bewegung im Lande der Schwaben hat eine Höhe erreicht, die auf natürlichem Wege kaum anders enden kann als mit dem Rücktritt des Gesammt-Ministeriums. Die jetzt versuchte Vertagung dieser Nothwendigkeit ist selbstverständlich keine Lösung der brennenden Frage; die Art, wie man sie versucht, wird die Spannung nur auf's Aeußerste treiben und den Gang der Dinge beschleunigen.

Wie es scheint wurde im Ministerrath, wohl nicht ohne preußische — Anregung, beschlossen, die Stellung zu behaupten und den letzten Thaler und den letzten Mann auf das Spiel zu setzen. Hr. v. Varnbüler, der ritterliche Leiter der auswärtigen Angelegenheiten, Besitzer der bekannten Milchstraße und anderer Territorien, erklärte laut Bericht der Allg. Ztg.: „So lange Ich hier stehe, darf nicht an dem Schutz- und Trutzbündniß, das Ich und Hr. v. d. Pfordten in Nikolsburg im Geheimen mit Graf Bismark abgeschlossen haben, gerüttelt werden." — Fürwahr ein tapferes Wort! Wie unser leider gegangener Hohenlohe setzt sich auch dieser Ritter ohne Furcht und Tadel auf's hohe Roß der Deutschthümeligkeit, die man früher sehr selten bei ihm bemerken konnte, und versichert wie Hohenlohe mit der berühmt gewordenen Fastendiner-Phrase: „Deutschland über Alles" ins Schwäbische übersetzt: „wo deutscher, das ist königlich preußischer Boden angegriffen wird, da werden Wir, wir schwäbischen Preußen, den Preußen unsere Legionen ausleihen!" — Gut gebrüllt, schwäbischer Löwe! Fürchte dich nicht mehr, deutscher Michel, nachdem der hohe Olymp des Auswärtigen am Nesenbach Dir seine schwäbischen Legionen verheißen!

Indeß über die Möglichkeit und Ausführbarkeit solch tapferer und energischer Verheißungen schweigt aus naheliegenden Gründen diese Rittergeschichte und begnügte sich, wie es scheint, mit dem momentanen Effekt beim betäubten Auditorium. Wir haben gelebt und (die Preußen) geliebt und sind die längste Zeit Minister — gewesen, möchte wohl die treffendste Deutung solch heroischer Anwandlungen sein.

Daß solche gewaltige Aeußerungen unwillkürlich auf das betonte Dokument, durch das uns die Allianz mit den geliebten Preußen verbürgt ist, zurückführen, liegt nahe, weil eben die Tragweite der bezeichneten geheimen Abmachungen nach Innen sowohl in Bayern, als in Würtemberg zu verschiedenen halsbrecherischen Maßnahmen geführt hat. In der Hoffnung auf ein unter der gemeinsamen Pickelhaube „geeinigtes Deutschland" wurden bekanntlich alle möglichen — kühnen Griffe gemacht, welche beide Staaten nach vor der Verwirklichung dieses an und für sich recht schönen — Gedankens so ziemlich an den Abgrund des geschäftlichen und finanziellen Bankerotts führten, und diesen glorreichen Leistungen gilt die Opposition in beiden Ländern.

Darüber ob die geheimen Abmachungen von Nikolsburg nöthig waren, werden abweichende Ansichten erlaubt sein. Die Situation war damals, Dank manchen ministeriellen Mißgriffen, eine allgemein sehr gespannte, nicht allein für Würtemberg und Bayern, sondern ebenso sehr für Frankreich und Oesterreich, überhaupt für Europa. Deshalb war die Situation für gar Niemand kritischer als für die preußische Armee, die, obwohl siegreich, in Böhmen ein- und abgeschlossen war. Nichts wäre daher natürlicher gewesen, als sich den Bewegungen seiner natürlichen Alliirten und Schutzmächte anzuschließen und in guter und böser Zeit auszuharren, anstatt abtrünnig zu werden und sich von Hrn. v. Bismark täuschen zu lassen, dem es wohl noch weit weniger gut zu Muthe war als unsern kleinen Ministern. Für Würtemberg zumal war dieses Entgegenkommen ganz und gar überflüßig, da dort die russische Gesandtschaft dieses Geschäft sicherlich weit günstiger für Würtemberg abgewickelt hätte, als Hr. v. Varnbüler. Und für Bayern wäre es anständiger, ehrenhafter und klüger gewesen, womöglich die ganze süddeutsche Armee auf die Donaulinie zwischen Ulm und Ingolstadt zurückzuziehen und, wie die Oesterreicher vor Wien, Stellung zu behalten, das heißt seinen natürlichen und vertragsmäßigen Alliirten nicht im Stiche zu lassen.

Ob die Preußen eine Schlacht vor Wien angenommen und gewonnen hätten, war mehr als zweifelhaft, weil Italien durch Frankreich zum Stillstand bewogen worden wäre und die siegreiche kaiserliche Südarmee mit der Nordarmee vereinigt einen Vernichtungskampf an der Donau anzunehmen in der Lage war. Außerdem wäre Frankreich, wenn es auch nicht vollständig gerüstet war, nicht als ruhiger Zuschauer zu Hause geblieben, sondern würde die Preußen bei Würzburg in die Flanke gefaßt und aufgerollt haben. Die Zeche, welche wir zu zahlen hatten, wäre keinenfalls größer geworden, als sie wirklich wurde, weil ein allgemeines Vorrücken gegen Preußen die nächste Folge dieser strategischen Machtstellung gewesen wäre. Was man schlimmsten Falls an Frankreich zu entrichten gehabt hätte — und wir zweifeln daran, daß wir etwas an Frankreich verloren hätten —, wäre in anderer Weise gewonnen worden, z. B. durch eine Theilung des lebensunfähigen, an Preußen längst verschriebenen Baden; die europäische Lage und die europäischen Finanzen hätten nur gewinnen können mit der Niederlage des preußischen Militarismus, der so wie so früher oder später gebrochen werden muß, wenn in Europa Friede einkehren soll.

Hieraus wird klar und deutlich, daß uns die Verträge von Nikolsburg in eine ganz falsche Stellung versetzt haben, und ferner geht aus der geographischen Lage hervor, daß diese Verträge niemals gehalten werden können, wenn man nicht annehmen will, daß Frankreich und Oesterreich Preußen gegenüber die Waffen strecken werden.

Instinktmäßig hat dies die süddeutsche Bevölkerung gefühlt und hat sich mit vollem Recht als Opposition gegen die ganz und gar hohle Politik seit 1866 bemerkbar und geltend gemacht, in Bayern wie in Würtemberg. Es wird somit wohl nichts anderes übrig bleiben, als daß nicht blos Hohenlohe, sondern auch Hr. v. Varnbüler mit den preußischen Allianzverträgen in der Tasche das Weite suchen und stolz auf ihren Schwanengesang „Deutschland über Alles“ auf ihren Lorbeeren ausruhen. Größer kann ja die Verwirrung doch nimmer werden als in Folge ihrer überaus weisen Politik. Wir wünschen beiden wohl zu leben und in Gottes Namen Deutschland seinem Schicksal überlassen zu wollen!

Deutschland.

München, den 29. März

Heute beginnt die Kammer den ersten Ansturm gegen das Militärbudget. Im Verlauf dieser Debatte muß es sich zeigen, wer treu und fest zum Volke steht und wer fremde Interessen und andere Rücksichten höher stellt als die einzig maßgebende Rücksicht auf des Wohl, auf die gerechten Forderungen, auf die billige Entlastung des Volkes. Bayern muß aufhören, ein Heerlager zu sein, für das seine besten Kräfte, sein Gut und Wohlstand vergeudet werden, ein Heerlager nicht zum Schutze des Vaterlandes, sondern im Vasallendienste des preußischen Raubstaates, des Brudermörders vom Jahre 1866, der Deutschland zerrissen und zerschlagen und zerfleischt hat — in schmählicher Habsucht, in dämonischem Ehrgeiz. Heute muß die Kammer auf's Neue dem volkverderbenden Borussenthum in Bayern einen Damm entgegensetzen und erklären, daß das bayrische Volk nicht ferner gewillt ist, seine besten Söhne in die Kasernen zu stecken, seine besten Kräfte für den Moloch des Militarismus zu opfern — dieser Preußen wegen, unserer alliirten Todfeinde wegen. — Brechend werden muß durch diese Debatte die Kette, weche Bayern macht- und willenlos an ein System fesseln, das die Völker verdammen, die Freunde der Freiheit verfluchen, — das System des preußischen Militarismus. Der Ruf nach Freiheit und Erlösung von diesem Joch, das uns der Preuße aufgelegt, muß auch in unserer Kammer zu Recht und Geltung gelangen. Wir sowohl wie das ganze Land erwarten, daß Jeder von unsern Abgeordneten seine Pflicht thun wird, mag auch ein ganzer Ministerstuhl darüber leer werden. Wer in diesem Kampfe von seinem Posten wiche, der hätte sich sein Urtheil selbst gesprochen.

Landtag. Zur Samstagssitzung der K. d. Abg. können wir noch Einiges nachtragen. Ponschab konstatirte, daß der Zwang zur Bildung von Bürgermeistereien nur Mißtrauen erregt habe, Hafenbrädl, daß besonders der Geldpunkt die Gemeinden mit Besorgniß erfülle, Hauck, daß die Gemeinden in denselben eine Beeinträchtigung ihrer innersten Angelegenheiten, nämlich der eigenen Vermögensverwaltung ersehen. Lukas geht auf den specifisch bureaukratischen Charakter derselben ein, den er mit der Aeußerung Hörmanns kennzeichnete: „wenn das Institut der Bürgermeistereien einmal durchgeführt sei, dann sind die Wahlen unser“, — eine Aeußerung, die der Held des 14. Febr, Hr. Hörmann, selbstverständlich ableugnet, was immer das Bequemste und Billigste ist, und in einen Lobhymnus ausbricht, wozu ein Hörmann von seinem Standpunkt freilich allen Grund hat. Er vergißt dabei nur die Kleinigkeit, daß das Volk nicht der Bureaukraten wegen da ist. Dr. Ruland erblickt mit Recht in dem Widerstand gegen die Bürgermeistereien den Kampf gegen die überwuchernde Polizeigewalt des Staates; dieses Institut bringt dem Landmann nur Zeitverlust und beschwerliche Gänge. Dr. Pfahler donnert gegen die zunehmende Menge der Spitzbuben, weil man die Gendarmen zu viel zur Kontrolirung der Predigten und patriotischen Versammlungen verwende. Die Bildung von Bürgermeistereien soll ganz der freien Selbstbestimmung der Gemeinden überlassen werden. Der niederbayrische Abgeordnete für Weissenburg hat in irgend einem Eisenbahnwaggon die merkwürdige Entdeckung gemacht: wenn der Bauer nicht muß, rührt er weder Hand, noch Fuß. Ponschab hält gleichfalls auf dem Lande eine verstärkte Orts- und Hauspolizei nothwendig, die nur dann geübt werden könne, wenn der Vorsteher selbst im Orte sei. Das Resultat der Abstimmung ist mitgetheilt.

Von der **Mangfall** wird dem „Vaterland“ geschrieben: Abgesehen davon, daß der landwirthschaftliche Verein stark in Fortschritt macht, scheinen einige seiner Mitglieder in neuer Zeit sich auch noch auf — was anders zu verwerfen, was wir Schwindel zu nennen uns gewiß nicht beigehen lassen. So hielt am 13. hujus bei einer Bezirksversammlung des genannten Vereins zu Aibling ein Gutsbesitzer einen Vortrag über Erbsenbau und zeigte bei der schönen Gelegenheit in Gläsern (!) „selbstgezogene“ Erbsen her, so schön, wie man sie nie gesehen und fast so groß wie Haselnüsse. Ein Bäuerlein, dem die Erzielung solcher Erbsen nicht ohne Hexerei möglich scheinen mochte, wollte sich von der Sache überzeugen, erlaubte sich ein Glas zu nehmen und etliche Erbsen herauszuthun, aber Mirakel! als er sie drückte, kam — Wasser zum Vorschein, wahrscheinlich auch „selbstgezogenes“! Der neue Erbsenbaureformator — er hat einen sehr pfäffischen Namen und ist in der Nähe von Westerham zu Hause — hatte nämlich die Erbsen geschwellt, wozu gar keine Hexerei nöthig ist. Kann ein Liberaler noch weiter gehen, als in einer Gesellschaft, in der sich gebildete Oekonomen befinden, die von der Landwirthschaft mehr verstehen, als dieser Erbsenbaureformator, mit einem solchen Schwindel aufzutreten? Glaubt man der Landwirthschaft damit aufhelfen zu können? Es ist wirklich kolossal, was man heutzutage den „Zurückgebliebenen“ vormachen zu dürfen glaubt. Wenn diese Preußen in Bayern — der Wassererbsenzüchter in Aibling ist auch ein Preuße — noch eine Weile so fortmachen, wie sie angefangen haben, dann wird das Wort „Preuß“ bald unter die Ehrentitel kommen, die einem richtigen Patrioten unter Umständen zu Zuchthaus und Festung verhelfen können. (Muffig genug ist der Name „Preuß“ ohnehin schon!)

Von der **Festung Ingolstadt** wird dem „Vaterland“ geschrieben: (Militärisches!) Möchte doch jener Hr. Landtagsabgeordneter, welcher die nach Millionen zählenden Forderungen für das bayrische, unter preußischer Kriegsoberherrlichkeit stehende — Militär zu prüfen hat, es nicht unterlassen, der Festung Ingolstadt besondere Aufmerksamkeit zu schenken! Millionen wurden in den dreißiger Jahren 2c. zu diesem Werke verwendet — und seit den letzten 3 Jahren und auch gegenwärtig verthut man noch weitere Hunderttausende, wenn nicht Millionen zur Herstellung von Festungsvorwerken! Nachdem Sebastopol und Gaeta, diese als unüberwindlich geltenden Festungen, gefallen sind, — wer wird da noch zweifeln, daß auch die

Festung Ingolstadt sammt den fertigen und noch im Baue begriffenen Vorwerken fallen werde? Wozu dann aber Hunderttausende als todtes Capital in die Erde vergraben und unnütz verbauen!?

Einzelne allerdings bereichern sich hiedurch, aber das arme Land muß das Ganze zahlen. Auch prüfen hiebei betheiligte Accordanten nicht, ob das Geld, das sie einnahmen, von Patrioten oder Liberalen herrühre, aber der Fall ist Thatsache, daß Fuhrleute, die bei den letzten Wahlen nach katholischen und patriotischen Anschauungen wählten, nicht aber liberal, wie obige Herren, von diesen keinen Verdienst mehr bekamen, bis sie sich überzeugten, daß von diesen arbeitsamen und nüchternen Fuhrleuten überhaupt Keiner liberal oder roth wäre.

Eine gleiche Aufmerksamkeit verdienen die enormen Summen, welche vom k. Militär-Aerar für Bauplätze zu neuen Militär-Gebäuden und für den neuen Exercierplatz verwendet wurden, an welchem ehedem die fruchtbarsten Getreidfelder blühten. Auch wäre es sehr interessant, zu erfahren, welche Ersparungen im Militär Etat dadurch gemacht werden, daß eigene Militär-Bäckereien eingerichtet sind und Kaffee, Zucker rc. in Regie bezogen werden, eine Einrichtung, durch die den Kaufleuten der Stadt ein sehr empfindlicher Nachtheil zugeht. Jedenfalls glaube ich, daß fragliche Ersparungen nicht so bedeutend sind, als der Nutzen, welcher der kaufmännischen Bürgerschaft entgeht, die denn doch alle Schrecknisse und Gefahren einer Festungsstadt zu tragen hat und die gewiß die Rücksicht verdiente durch solche Regieführung und Concurrenz in ihrem Nahrungszweige nicht benachtheiligt zu werden. Es wäre dringendst zu wünschen, daß diese Concurrenz allmählig wieder beseitigt, und dieser Wunsch an geeigneter Stelle zur Berücksichtigung bestens empfohlen würde. Erspart wird am Ende am Militäretat doch nichts oder nicht viel, die Bürger aber erleiden einen beträchtlichen Entgang in ihrem Geschäftsbetriebe.

Aus Franken wird dem „Vaterland" geschrieben: Jetzt soll also wieder eine neue Gymnasialordnung fabricirt werden! Es wird Einem wahrhaft übel, wenn man an die vielen Studienordnungen und Verordnungen denkt. Es geht hier gerade so wie bei den deutschen Schulen. In den dreißger Jahren wurde für die deutschen Schulen Zeichnungsunterricht angeordnet. Da kam ein alter Lehrer zu seinem Inspektor und bat, er möge für ihn um Dispensation einkommen. Der Inspektor sagte: Das veranlaßt unnütze Schreibereien und kann uns einen Verweis zuziehen. Machen Sie Ihren Kindern nur beliebige Striche vor; in einigen Jahren wird das Ding von selbst wieder aufhören. — Und so geschah es auch. Wie viele Verordnungen sind über das Gymnasialwesen schon ergangen! Und was haben sie genützt? Ist dadurch auch das Mindeste besser geworden? Bei den Jesuiten ist es anders; bei ihnen ist das Lehrfach in den Händen gründlich durchgebildeter Professoren. Bis Einer Rector wird, muß er sämmtliche Klassen mehrmals docendo durchlaufen haben. In Folge dessen kennt er aber genau, was in jeder Klasse gelehrt werden kann und muß. Wenn ein Jesuitenrector Visitation hält, so geschieht es mit aller Gründlichkeit und mit Erzielung eines wirklichen Resultats. In Bayern ist es anders. Was kommen und kamen da für Visitatoren. Einem gaben einmal die Schüler ein griechisches Buch verkehrt in die Hand und er behielt es so! Ein anderer sagte vor allen Schülern zu einem blühenden Studenten: Mens sanus (!) in corpore sano. Kömmt so ein Visitator das erste Mal an eine Anstalt, da wird alles als gering befunden; beim zweiten, dritten rc. Mal geht es immer besser, obwohl nichts besser geworden ist und die Anstalt sich nicht im Mindesten gehoben hat. Dem Visitator aber kömmt es so vor, weil er sein Steckenpferd reitet. Das kriegen Professoren und Schüler bald los und — üben sich drauf ein. Bei den Jesuiten haben Juristen im Lehrfach keine Stimme; sie können höchstens als Protokollführer und Aktenträger dienen. In Bayern dagegen liegt das Schulfach ganz in den Händen der Juristen und die Folge davon sind: Verordnungen auf Verordnungen, wenn sie auch noch so verkehrt sind. Ohne Gesetz- und Verordnungsmacherei wäre der Jurist ja kein Jurist! Daher wird es in Bayern im Schulwesen nie zu was Ordentlichem kommen, selbst wenn auch sogen. Fachmänner zur Berathung gezogen werden. Wir haben eben keine Professoren mehr, wir haben nur noch lateinische und griechische Sprachlehrer. Früher gab es Professoren, durchgebildete Männer, nicht einseitige Schulmeister; die wußten, daß die Sprachen nur Mittel der Bildung sind, die wußten die Wichtigkeit der Sprachen zu schätzen als Mittel zum Studium der Wissenschaften. Wie werden aber oft von einseitigen, geistig ausgetrockneten Sprachlehrern und Schulmeistern die armen Schüler mißhandelt! Wie müßte, wenn die Jugend nicht eine unverwüstliche Natur hätte, die Studentenwelt unter dem Scepter der heutigen Schulmeister aussehen! Was jetzt auf den Gymnasien in 4 Jahren geleistet wird, das könnten Professoren ganz gut in 3 Jahren leisten. Professoren, tüchtige Lehrer brauchen die Gymnasien, nicht Ordnungen und Verordnungen, durch welche meist blos das Alte auf den Kopf gestellt und das Neue verordnet wird. Nicht die Köpfe muß man mit dem oft unnützesten Plunder vollstopfen, sondern bilden muß man die jungen Leute, den Geist muß man lebendig rufen, statt ihn zu verkrüppeln und wenn es geht zu tödten. Das ist die beste Gymnasial-Ordnung, allein leider fehlt dazu die Hauptsache: die Professoren fehlen!

Würtemberg. Stuttgart. Das neue Ministerium gibt bereits klein bei, verspricht Verminderung des Rekrutenbedarfs, niederstes zulässiges Maß der Präsenzzeit und sonstige Erleichterung, sogar die beschränkte Wiedereinführung der Stellvertretung will es „in Erwägung ziehen." Die Regierung will einerseits die Selbstständigkeit Würtembergs wahren, anderseits ist es „Willens", Aufreizungen zum Vertragsbruch entgegenzutreten. Wie?

Die **würtembergischen** Mitglieder des Centralkomités der Generalversammlung der katholischen Vereine Deutschlands erlassen eine Erklärung, in der sie ihre Zustimmung zu der Resolution der 20. Generalversammlung über das Concil wiederholen. „Jeder gute Katholik, heißt es in dieser Erklärung, muß dieser Resolution mit Freude zustimmen, da sie nur entstammte der unverbrüchlichen Treue und Anhänglichkeit an unsere heilige Kirche, der Liebe zu unserm hl Vater und dem katholischen Glauben an die Unfehlbarkeit des kirchlichen Lehramtes. Um so mehr mußte es zum Aergerniß gereichen und das Gemüth eines guten Katholiken mit tiefem Schmerz erfüllen, wenn nicht nur kirchenfeindliche Blätter in gehäßiger, entstellender Weise gegen das Concil losstürmen, sondern auch Männer der Wissenschaft in beklagenswerther Ueberschätzung ihrer Gelehrsamkeit sich nicht scheuen, der Agitation sich anzuschliessen und für die Beschlüsse des Concils lediglich ihre Anschauungsweise als Norm geltend zu machen. Solchen Bestrebungen gegenüber darf man nicht schweigen, und so halten auch wir uns verpflichtet, unsere volle Zustimmung zu obiger Erklärung der Generalversammlung sowie unsern tiefen Schmerz über die Verblendung gerade solcher Männer, die berufen und befähigt wären, der Kirche zur Zierde und Stütze zu dienen, hier öffentlich auszusprechen."

Preußen. In Berlin bereitet sich der „Herr" von Preußen und den angrenzenden Garnisonsstädten vor, „Kaiser von Norddeutschland" zu werden; einstweilen hat er sich, da ihm „Bundespräsident" zu wenig war, zum „Bundesoberhaupt“ ernennen lassen. Sein Großwessir Bismark begnügt sich bescheiben mit seinem bisherigen Titel und Gehalt.

* Von **Berlin** wird dem „Vaterland“ geschrieben: Die Dinge in Süddeutschland und besonders in Würtemberg beschäftigen hier alle Welt; die Auffassungen sind aber verschieden. Während die Einen in dem Ministerwechsel zu Stuttgart einen Sieg der bismarkschen Politik ersehen, vermuthen Andere darin eine Niederlage. (?) Die preußische Diplomatie hat es in letzterer Zeit nicht an Anstrengungen fehlen lassen, in München und Stuttgart klar zu machen, daß man eine Desorganisation der Armeen (aber die will man ja gar nicht? D. R.) in Berlin als ein Angriff auf die Verträge und als eine direkte Lockerung derselben auffassen müsse, (das können die Berliner halten wie sie wollen. D. R.) und daß Preußen sich gezwungen sähe, sie zu kündigen. (Ah, welch ein Unglück!) Man ist hier nicht völlig überzeugt, daß es Hrn. v. Varnbüler mit dem Ministerwechsel Ernst gewesen und daß er damit nicht ein bloßes Manöver versucht hat, sich des Kriegsministers Wagner zu entledigen, wohl wissend, daß Herr v. Sukow sowohl als die beiden anderen neuen Minister die Dinge nur noch rascher zur Entwicklung treiben würden, aber nicht zu einer Entwicklung im preußischen Sinne. Man will wissen, daß er seine Beziehungen zu den Großdeutschen nicht nur nicht aufgegeben, sondern eifriger als zuvor pflegt. (?) Sein Auftreten im Zollparlament ist noch zu frisch im Gedächtniß, als daß man nicht ohne ernste Besorgnisse die weitere Entwicklung der Dinge in Bayern und Würtemberg verfolgte. Es konnte hier kein Geheimniß bleiben, daß in jüngster Zeit zwischen München und Stuttgart ein lebhafter Meinungsaustausch stattgefunden hat, von dem man mit Grund vermuthet, daß er eine Conformität (Gleichmäßigkeit) der Anschauungen der beiderseitigen Regierungen betreffs des casus foederis zur Folge gehabt habe. An die Begeisterung des Hrn. v. Varnbüler für die Verträge kann man sich nicht recht zu glauben entschließen. Noch mehr beengt ist man aber von den Nachrichten aus Paris über die Auffassung der Verträge und der deutschen Verhältnisse, mit welchen Minister Daru durchaus nicht zurückhält und welche Hrn. v. Varnbüler schwerlich unbekannt sein kann. Von der bayerischen Kammer noch das Mindeste für Preußen zu hoffen, hat man hier nach den Hiobsposten aus München aufgegeben und man begnügt sich damit, auf die patriotische Partei wüthend zu sein und sie an schließlich den Ausschlag gebender Stelle nach Kräften zu verdächtigen; aber auch an einen Erfolg von dieser Seite scheint man nicht mehr sehr fest zu glauben. Die Stimmung in den hohen Kreisen zu Berlin ist nach den trotz des meist gemachten Festjubels augenblicklich nicht weniger als festlich und man spricht nicht ohne ernste Besorgnisse von der weiteren Entwicklung, welche die Dinge in Süddeutschland möglicherweise nehmen könnten.

Ausland.

Frankreich. In Paris scheint man dem Landfrieden so wenig zu trauen als — anderswo. Als dieser Tage der Deputirte Keratry eine Herabsetzung des Militärkontingents und der Dienstzeit, dann verschiedene Ersparnisse im Militärwesen ꝛc. und namentlich die Aufhebung der kais. Garde beantragte, so wurde ihm vom Kriegsminister Leboeuf (der inzwischen zum Marschall ernannt worden) eine geharnischte Antwort zu Theil und der Antrag wurde mit Glanz — verworfen. Damit war der kurze Traum der Abrüstung verschwunden. Der Erklärung des Ministers: Frankreich müsse gerüstet sein, um allen Fällen ruhig entgegensehen zu können, — wird eine große Bedeutung beigelegt, nachdem er ausdrücklich erklärt, von Politik zu reden sei er nicht ermächtigt.

Tours. Prinz Peter Bonaparte ist freigesprochen. Die Geschwornen nahmen an, daß er im Stande der Nothwehr gehandelt, als er den Einen der beiden Bursche, die in seine Wohnung eingedrungen und von denen der Eine ihn ohrfeigte, der Andere mit dem Revolver auf ihn anlegte, niederschoß. Kein Schwurgericht hätte anders geurtheilt. Dagegen muß der Prinz als „Entschädigung“ für den edlen Judenknaben V. Noir, den er vor der Zeit in Abrahams Schooß befördert, für „diesen Löwen an Stärke und Lamm an Güte“, diesen „Abgott der literarischen Kreise“ (der revolutionären Partei!), dieses „große und liebe Kind“, diesen „armen Knaben aus dem Volk, der durch den Wahrspruch der Demokratie die Unsterblichkeit des Martyrers errungen, während dem Ungeheuer, seinem Mörder, die Unsterblichkeit der Infamie zu Theil wurde“ — es sind das die Worte des Advokaten der Judengesellschaft Noir, Laurier heißt er, — für diesen edlen Juden also muß der Prinz statt der verlangten 100000 blos 25000 Francs Entschädigung zahlen. Viel zu theuer! Kaiser Titus verkaufte nach der Zerstörung Jerusalems 30 Stück Juden um einen Silberling. — Die Revolutionäre aller Länder sind selbstverständlich über diesen Spruch der Geschwornen wüthend und prophezeien, das werde den Kaiser die Krone kosten. Wie heißt? Krone? Ja, wenn es keine Kanonen gäbe in Paris, für welche die sehr noble Schwefelbande der revolutionären Presse, die in Tours debütirte, ein vortreffliches Futter wären! Welch heilloses Gesindel müssen die rothen Zeitungsschreiber von Paris sein, wenn dieser arbeitsscheue jüdische Blumenmachergeselle Noir ihr „Abgott“ war!

Aus **Italien** kommen wieder recht heitere Nachrichten. In mehreren Städten hat es handgreifliche republikanische Demonstrationen abgesetzt, die mehrere Menschenleben kosteten. In Mailand, Pavia, Parma, Modena und Bologna gab es am 23. und 24. ernste Unruhen; man suchte sogar Kasernen zu erstürmen und Blut floß auf beiden Seiten. Selbst in Florenz mußte am 24. die gesammte Garnison die ganze Nacht unter den Waffen sein. Nur zu!

Kirchenreformatorisches.

Liberale Blätter vom kaiserlich königlichen und vom bayerischen Ritus lassen sich die „Reform der Kirche“ seit einigen Tagen sehr angelegen sein. Wir begegnen in einem dieser Journale bereits den Grundzügen dieser „Kirchen-Reform“, die sich der Hauptsache nach auf folgende 4 Punkte zurückführen läßt: Erstlich Einführung einer Verfassung mit Parlamentarismus und voller Redefreiheit, — eine höchst zeitgemäße Idee, nachdem sich der Parlamentarismus im politischen Leben bereits völlig abgenützt und die Beine abgelaufen hat; und „volle Redefreiheit“ mit Stenographen und Berichterstattern, damit ja keines der unsterblichen Worte der neuen Kirchenreformatoren der Mit- und Nachwelt verloren gehe! Item Antheil des Klerus und der Laien bei der Bischofswahl, vom Volke gewählte Pfarrer. Auch Letzteres ist wieder höchst zeitgemäß und hat sich bei den Protestanten außerordentlich bewährt, das Institut der selbstgewählten und natürlich auch wieder selbst abgesetzten und selbstverjagten Pastoren. Bei den Wahlen der Bischöfe durch allgemeine Abstimmung von Knurrblättlkatholiken müßten ja wahre Musterbischöfe zum Vorschein kommen, an denen Julius der Gerächte und sein Napoleon gewiß innigstes Wohlgefallen hätte, z. B. Prof. Frohschammer, wenn der nach dem Entwurf nicht bereits für etwas Höheres bestimmt wäre. Drittens Aufhebung des Cölibats. Das ist für die Knurrblättlkatholiken die Hauptsache und für die Reformatoren aus — Neigung, denen das Cölibat „als der Vernunft und Schrift,“ nämlich dem modernen Normalmenschen zuwiderlaufend,“ auch. Viertens, damit doch Einige anbeißen sollen: Regulirung einzelner schlecht dotirter Pfarreien. Für die bisherigen „ultramontanen“ Pfarrer war die schlechteste Pfarrei noch viel zu gut, die neuen Reformpfarrer aber müßten schleunig aufgebessert werden. Zum neuen Papst dieser so genannten „reformirten Nationalkirche“ soll denn der „gelehrte Döllinger“, Prof. Frohschammer soll zu seinem Alter ego und „Kirchenrath“ Pichler zum dirigirenden Minister der neuen „konstitutionellen Kirche“ gemacht werden, „weil diese Häupter der liberalen Katholiken vom römischen Jesuitismus ohnehin anathematisirt würden.“

So sind die Rollen ausgetheilt
Und alles wohl bestellt,
So wird die kranke Zeit geheilt
Und jung die alte Welt. Juhe, Heida!

„Vorläufig — so lehren die Blätter — müssen die Regierungen mit entschiedenem Mißtrauen die Klerikalseminare beobachten, in denen bisher noch künstlich der deutsche Geist (!) in römische Stiefel eingeschnürt und zum Haße gegen den Fortschritt dressirt wird“ und weiters „muß die Kirchenverfassung nach den Forderungen der Vernunft und des Christenthums (!) verändert werden.“ — „Auf also ihr Brüder! schließt der Aufruf, und verbündet Euch mit acht christlichen Laien (à la Völk, Julius Knorr, Vecchioni, Fischer, Föckerer ꝛc.), damit uns die Freiheit des Gewissens, der Vernunft und des Forschens gewahrt bleibe!“ — Sonst haben diese liberalen Katholiken wirklich gar keine Schmerzen?

Briefkasten.

M. H., Bl. (D.)— M., Pf. (Pfalz) — L. A. P., Agbs. — L. K., L. besorgt. — Es wird wiederholt, daß ein einzelnes Exemplar gegen Postnachnahme ohne unverhältnißmäßige Kosten nicht geschickt werden kann. Also beliebe man Marken beizulegen!!

Verantwortlicher Redakteur: Dr. J. Sigl.

Antiquaria

zu ermäßigten Preisen, vorräthig bei

C. v. Lama, Antiquar in Dillingen a.|D.

(Bayern.)

Alzog, Universalgeschichte 5. Afl. Hlbfrbd. 4 fl. 24 kr.
Buchmann, Symbolik 2. verb. Afl. geb. 1 fl. 36 kr.
Canisius, P. s. J., summa doctrinae Edit. Nov. 4 vol. c. Appendix Hlbfrbd. 6 fl. 48 kr.
Cochem, Leben Jesu, 2 Bd. br. m. Anhang 2. fl. 24 kr.
— — dass. v. Kleyboldt 2. Afl. br. neu 2 fl. 24 kr.
— — dass. v. Parvilliers 6. Afl. 2 Bd. geb. 3 fl. 36 kr.
— — dass. v. Sintzel 3. Afl. in 4° br. 3 fl.
Deharbe, Katechismus f. Kinder 2 Bd. br. 2 fl. 12 kr.
Dieringer, Dogmatik 3. Aufl. geb. 2 fl. 48 kr.
Faber, Alles für Jesus br. neu 36 kr.
Fluck, kathol. Liturgik 2 Bd. geb. 5 fl. 48 kr.
Fricker, Moraltheologie geb. 1 fl. 48 kr.
Gratz, Schauplatz 2. Afl. geb. 2 fl. 24 kr.
Haid's Christenlehren 7 Bd. Hlbfrbd. 5 fl. 24 kr.
Hergenröther, Erklärung d. Deharbe'schen Katechismus 3 Bd. br. 3 fl. 36 kr.
Huguet, Andacht zur allerf. Jungfrau 2 Bd. geb. 1 fl. 30 kr.
Hungari, kathol. Anekdotenschatz 7 Bd. 7 fl.
— — Festglöcklein 6 Bd. br. 8 fl.
Klee, Dr. H., kathol. Dogmatik 4. Afl. 4 fl. 36 kr.
Königsdorfer, Christenlehren 2 Bd. geb. 1 fl. 12 kr.
— — Gesch. d. Klosters zu hl. Kreuz in Donauwörth 4 Bd. geb. 4 fl.
Kotte, Gleichnisse und Sinnbilder 2 Bd. geb. 4 fl.
Krautheimer's Unterweisungen 3. Afl. 3 Bd. geb. 2 fl. 36 kr.
Kreuser, d. hl. Meßopfer, 2. Afl., 2 fl.
Lautenschlager, Gesch. d. christl. Kirche, 3 Bd., geb. 1 fl. 30 kr.
Lueg, Realconcordanz, 2. Afl., br., neu 5 fl.
Lueft, Dr. Liturgik, 2 Bd., geb. 4 fl. 24 kr.
Maret, d. allgemeine Concilium, 2 Bd. 4 fl. 30 kr.
Martin, Theophilus, 2. Afl., geb. 1 fl. 36 kr.
— — d. Wissenschaft v. d. göttl. Dingen, 2. Afl., geb. 1 fl. 36 kr.
Mayl, Erklärung d. hl. Schrift, 13 Bd. m. Reg., Hlbfrbd. 12 fl.
— — dasselbe Ppbde. 11 fl.
Möhler, Dr. J. A., Symbolik, 3. Afl., geb. 3 fl.
— — dass. 6. Afl., br. 3 fl. 30 kr. — 7 Afl., br. 4 fl. 40 kr.
Montalembert Graf, d. Mönche d. Abendlandes, 5 Bd. br. neu 11 fl.
Nicolas, d. allerf. Jungfrau Maria, deutsch, von Reiching, 3 Bd., eleg. geb. 4 fl. 48 kr.
Ott, Legende d. Hl., compl., 4°, br. 5 fl.
Permaneder, Kirchenrecht, geb. 2 fl. 48 kr.
Predigten, — Bibliothek d. kathol. Kanzelberedsamkeit v. Dr. Räß und Dr. Weiß, 12 Bd. und neue Folge 6 Bd., 7 fl. 48 kr.
Bühler, Beispielspredigten, 4 Bd. br. 1 fl. 30 kr.
Renne's, große Catechesen eines Dorfpfarrers, 19 Bd. compl., geb. 15 fl.
Kazner, (Franzisc.) sämmtl. Predigten 6 Bd., geb. 3 fl.
Fuhlrott's Predigten, 2 Bd. 1 fl. 48 kr.
Granada's sämmtl. Predigten, 5 Bd. geb. 7 fl. 48 kr.
Hasen, 1000 Predigtentwürfe br. 2 fl.
Hauber's Predigerlexikon, 5 Bd. 3 fl. 36 kr.
Hungari's Musterpredigten, 20 Bd. 18 fl.
Canisius Homilien 5 Bd., geb. 5 fl.
Klaus Predigten, 4 Jahrg., geb. 8 fl.
Lacordaire, Kanzelvorträge, 4 Bd. 5 fl.
Liedl Sonntagspredigten, nach Deharbe geordnet, 4 Jahrg. eleg. geb. 5 fl.
Massillon sämmtl. Predigten, 15 Bd., geb. 17 fl.
Schönberger's sämmtl. Predigten, 8 Bd. 6 fl.
Sturmlerner's Sonntagspredigten 12 Bd. 4 fl.
Westermayer, Zeitpredigten, 2 Bd. 3 fl. 48 kr.
Realencyclopädie, d. Erziehungs- und Unterrichtswesen nach kathol. Prinzipien herausg. v. Rolfus und Pfister, 4 Bd. br. 12 fl. 48 kr.
Richter's Kirchenrecht, geb. 1 fl. 36 kr.
Rodriguez, Uebungen, 3. Afl., 3 Bd. 4 fl. 30 kr.
Schloßer, Kirche in ihren Liedern, 2. Afl., 3. Bd. 4 fl.
Seelsorger, d. von Zarbl, 7 Jahrg. in 14 Bd., eleg. br. 12 fl.
Stadel, Lebensbilder der Heiligen, 2 Bd. geb. 4 fl. 48 kr.
Supp, Casuistik 2 Thlr., geb. 3 fl.
Vogel, Legende der Heiligen 2 Bd. 4° 3 fl. 24 kr.
— — dieselbe in 4 Bd. 8° geb. 4 fl. 30 kr.
Walter's Kirchenrecht 10. Afl. 2 fl. 48 kr. — 11. Afl. 3 fl. 24 kr.
Willmer's Lehrbuch d. Religion, 2 Afl., 4 Bd. 6 fl.
Zwickenpflug's Christenlehren 13 Bd. m. Reg. geb. 6 fl.
Stumpf, Denkwürdige Bayern, geb. 2 fl.
Sonntagsfreude, 4 Jahrg. br. 4 fl.
Göthe's Gedichte, 2 Bd. geb. 36 kr.
Spiller, Grundriß d. Physik geb. neu 3 fl. 36 kr.
Lindemann, Literatur geb. 2 fl.
Menzel, W. Literaturgeschichte 3 Bd. geb. 6 fl.

Cathaloge über mein **antiquarisches** Bücherlager stehen auf Verlangen in jeder Anzahl **gratis** und **franco** zu Diensten.

C. von Lama, Antiquar.

Im Verlag der **Kranzfelder'schen Buchhandlung in Augsburg** ist so eben erschienen und durch alle Buchhandlungen zu beziehen:

Die Martyrer

der protestantischen Intoleranz im Vergleich zu den Opfern der spanischen Inquisition,

von der Nothwehr abgedrungene

historische Sittenbilder,

dem Herrn Direktor v. Kaulbach gewidmet.

brosch. 28 Seiten. Preis 12 kr. oder 4 Sgr.

! Lehrjung !

In einer praktisch eingerichteten Zinngießerei wird ein Lehrjunge gesucht. Derselbe kann unter günstigen Umständen Geschäfts-Nachfolger werden. Am liebsten ein Zinngießers-, Mechanikers- oder Graveurssohn. Das Näh. in der Exp. 154—59(a)

Druck von M. Vogt in München, Rosengasse 10

II. Jahrgang. | Das Bayrische | Auflage: 5100.

Vaterland.

Das „Bayr. Vaterland" erscheint täglich mit Ausnahme der Sonn- und hohen Festtage. Preis des Blattes: Vierteljährig 54 kr., ganzjährig 3 fl. 36 kr. Das einzelne Blatt 1 kr.

Alle Postexpeditionen und Postboten des In- und Auslandes nehmen Bestellungen an. Inserate werden die dreispaltige Petitzeile oder deren Raum zu 3 kr. berechnet.

Redaktion: Burggasse 14. | Herausgegeben von Dr. jur. J. Sigl. | Expedition: Ruffinibazar 5

Balbina. | Nr. 72. | Donnerstag, 31. März 1870.

Abonnements-Einladung.

Zu dem am 1. April beginnenden neuen Quartal laden wir zu rechtzeitigem und recht zahlreichen Abonnement auf das „Bayr. Vaterland" ein. Die Haltung des Blattes bleibt unverändert dieselbe. Der Zugang von mehr als 1100 neuen Abonnenten im vergangenen Quartal allein auf der Post läßt uns auf recht zahlreiche Neubestellungen hoffen. Der Preis ist wie bisher 54 kr. per Quartal. Inserate versprechen bei der bereits erreichten Auflage von 5100 den besten Erfolg. Alle Postexpeditionen und Postboten (in München die Expedition) nehmen Bestellungen an.

Die Redaktion und Expedition des „Bayr. Vaterland."

Militärisches. V.

Bevor wir heute den Faden unserer militärischen Betrachtungen wieder aufnehmen, finden wir es für zweckdienlich, unsere Stellung einerseits zu dem von der einen Seite gepredigten alleinseligmachenden Milizsystem, anderseits zu dem von der andern Seite protegirten militärischen Hyper-Conservatismus, der von einem fehlenden Uniformsknopf das Heil des Vaterlandes gefährdet sieht, kurz zu präcisiren.

Was das Milizsystem betrifft, so mag das in der Schweiz z. B., wo die liebe Jugend schon von Kindsbeinen an zum künftigen Vaterlandsretter dressirt und zugehobelt wird, sein Gutes haben, wie in allen republikanisch eingerichteten Grafschaften und Landgerichten, welche nicht zu fürchten brauchen, mit preußischen und andern Kriegshelden unliebsam zusammenzuwachsen. In einem wohlregierten monarchischen Staat wie z. B. Bayern, das, wie der durchlauchtigste Fürst Hohenlohe zum Oeftern versichert hat, von mächtigen Feinden sehr bedenklich bedroht ist, absonderlich von den Preußen, was er aber nicht sagte, da muß man eine reguläre Armee haben, wie andere christliche Völkerschaften, da wären die Milizen für die Katz' so zu sagen.

Wir haben kein Interesse daran, daß in den Milizen Krischer- und Freischärler-Kompagnien präparirt werden. Es ist uns auch durchaus nicht darum zu thun, daß jeder Mensch einen königlichen Schießprügel in seinem Hause hat und unter Umständen Mord und Todtschlag noch leichter ausgeführt werde als durch „lange im Griffe feststehende Messer", die uns zu dem Zwecke vollkommen ausreichend scheinen. Das Milizsystem setzt eine sogenannte militärische Erziehung der Jugend voraus, d. h. zwangsweisen Turnunterricht in allen Landschulen u. s. w., und so was ist unserm Herzen ein Gräuel!

Wir wollen die bayrische Armee nicht zerstört wissen; aber wir wollen sie auch nicht so sehr anschwellen lassen, daß sie uns zu Grunde richtet. Wir wollen und erwarten, daß man die Forderungen des Kriegsministers so weit beschneide, als es das finanzielle Interesse des Landes gebieterisch verlangt — weiter soll man nicht gehen. Wir wollen wirklich und ernsthaft die Selbstständigkeit Bayerns; man kann aber nicht wissen, wann, ob nicht schon in nächster Zeit wir eine starke Armee brauchen. Wir können uns nicht in Turnerjoppen stecken und als Milizen herumbummeln, während ganz Europa Panzerhemden trägt und bis an die Zähne sich waffnet. „Halt!" soll man kommandiren, aber nicht „aufgelöst!" Sparen wollen wir, aber nicht zerstören; die Militärlast vermindern wollen wir, damit die Steuern nicht erhöht werden müssen, aber die Armee lassen wir nicht in der Weise anrühren, daß sie desorganisirt und zerstört würde, wo wir sie so nothwendig brauchen. Wir wollen, daß unsere Armee der Stellung und Bedeutung Bayerns würdig und entsprechend erhalten werde, aber billiger, viel billiger muß sie werden. Und das kann leicht geschehen, ohne daß man deshalb die Armeen zu ruiniren braucht.

In diese unzeitgemäße Schwärmerei für das Milizsystem, der man sich da und dort hinzugeben geneigt scheint, können wir nicht einstimmen, wenn auch die demokratische Partei für Milizen ist. Die katholisch-patriotische Partei geht mit der demokratischen Partei, so lange das unsern konservativen katholisch-patriotischen Interessen entspricht und nicht direct gegen sie ist; allein uns von den Demokraten ins Schlepptau nehmen zu lassen, das fällt uns nicht ein, entfernt nicht ein, am allerwenigsten werden wir das auf Kosten unserer Prinzipien und Interessen. Wir sind Bayern, wir sind konservative Bayern, wir sind katholische Bayern; mit unsern Traditionen brechen wir nicht, auch nicht um den Preis der Freundschaft der Demokraten. Daß Hr. Kolb mit den Anschauungen unserer Partei in der Militärfrage in den meisten Punkten übereinstimmt, freut uns konstatiren zu können; deswegen ist aber Hr. Kolb noch lange nicht das inspirirende, leitende Haupt unserer Partei. Das wäre ein schönes Armuthszeugniß für uns, wenn wir uns unsere Häupter, den spiritus rector der Partei von andern Parteien holen und ausleihen müßten. An Führern haben wir durchaus keinen Mangel!

Dies vorausgeschickt — wir hoffen daß es Niemand verdriessen wird — können wir nun zum eigentlichen Gegenstand der Tagesordnung übergehen.

Da die Berathungen über die Militaria bevorstehen und die Extraordinaria des Hrn. v. Pranth, dieses trefflichen Mannes, dessen Wahlspruch zu sein scheint: leben und leben lassen und der so eifrig dafür sorgt, daß das überflüßige (!) Geld des „rohen und verschwenderischen Bauernthums" ordentlich unter die Leute kommt, — von der Kammer gar schon jetzt einer wohlwollenden Betrachtung unterzogen werden sollen, so möchten wir vorläufig bezüglich der militärischen Neubauten und des Bauwesens überhaupt auf etwas aufmerksam machen, was wir niemals recht verstehen konnten. Nämlich!

Vor einigen Jahren wurde in einer bayrischen Stadt eine neue Kaserne gebaut und wie üblich mit einer Menge wunderschöner Thürmchen, Zinnen und dergleichen Firlefanz geziert, was alles natürlich viel Geld kostete und auch weiter keinen Zweck hatte. Der Bau währte Jahr und Tag. Zur Beaufsichtigung dieses, höchst merkwürdiger Weise an bürgerliche Maurermeister verakkordirten Baues war eigens vom Sitze des Divisionskommando's ein Genieoffizier kommandirt worden. Angenommen, daß dies nöthig und nicht anders einzurichten war, so wird nun Jedermann weiter denken: dieser Offizier, anstatt am Orte der betreffenden Geniedirektion Dienste zu thun, leistete dieselben eben am Orte, wo der Bau aufgeführt wurde, und that damit, was seines Amtes ist und wofür er Jahr aus Jahr ein seine Gage bezieht.

Der höher organisirte Verstand des hochpreislichen Kriegsministeriums dachte aber anders; das war viel humaner und zahlte dem Genieoffizier, obwohl man voraus wußte, daß der Bau über Jahr und Tag währen würde, neben seiner Gage auch noch schwere tägliche Diäten. Da der Hr. Offizier zudem noch ledig war, so kann man gewiß nicht sagen, daß ihm durch Veränderung seines Aufenthaltes die geringsten Kosten erwuchsen und daß die klimatische Veränderung ihm sonderliche Auslagen verursachte, ist wohl auch nicht anzunehmen. Und das ist nicht etwa eine Ausnahme, sondern das ist Regel; jeder Genieoffizier bezieht von dem Moment an, wo er zur Leitung oder Beaufsichtigung eines Baues oder einer Reparatur kommandirt ist, neben seiner Gage noch schwere Diäten, — ein sehr löblicher Brauch, der sicher das Gute bewirkt, daß es nie an „nothwendigen" Bauten und Reparaturen mangelt und daß dieselben nicht überstürzt werden!

Auch dieses Corps weist einen Ueberfluß von Offizieren auf und wenn schon die Formation in ein Regiment überflüssig ist, so gibt die Schaffung eines Genie-Corps-Commando's den deutlichsten Beweis, wie man jede Gelegenheit zu benützen weiß, möglichst die Zahl der Offiziere zu vermehren. (F. f.)

Deutschland.

München, den 30. März.

Landtag. In der gestrigen Sitzung der K. d. Abg. legte der Finanzminister einen Gesetzentwurf über Taxen und Stempelgebühren vor. Sodann begann die Berathung über die außerordentlichen Militärbedürfnisse. Crämer beantragt Vertagung der Berathung, was von der patr. Majorität abgelehnt wird. Referent Kolb leitete die allgemeine Diskussion ein. Mit den großen Ausgaben für's Militär dürfe es nicht länger so fortgehen, wenn das Land nicht finanziell ruinirt werden soll. Nicht die Militärmacht eines Staates sei im gegebenen Fall entscheidend, sondern das Vorhandensein finanzieller Mittel im Bedarfsfall. Die Forderungen des Militärbudgets genehmigen heiße andere Postulate des Staatshaushalts, namentlich die auf Gehaltsaufbesserung verweigern. Gehe Bayern auf dem bisherigen Weg fort, so werde es finanziell ruinirt sein, ehe es noch zum Kriege kommt, es würde aber auch moralisch ruinirt sein, denn es schwände das Interesse an der Erhaltung des Staates und auf solche Weise würde das Land für die Annexion reif gemacht. (Sehr richtig!) Er will daß überall gespart werde, wo überhaupt gespart werden kann, ausgiebig aber kann nur am Militärbudget gespart werden. Diese Ueberzeugung sei auch im Volk und hunderte von Adressen geben dafür Zeugniß. Das Pflichtgefühl gebiete das zu sagen, so peinlich es auch dem Kriegsminister gegenüber zu sagen sei. Die Hauptsache ist die Wohlfahrt des Landes, nicht die Heeresorganisation; um wirklich die Volksinteressen zu fördern, würde er gerne 10 Heeresorganisationen opfern, möge man auch noch so laute Schmerzensschreie ausstoßen, denn mit Mißständen muß einmal gründlich aufgeräumt werden. Mit 12—13 Millionen könne man doch wohl auch eine ordentliche Armee unterhalten. Ob das eine Bagatelle sei? Wenn man das glaube, dann wisse man nicht, wie viel Mühe und Schweiß es den Mann aus dem Volke kostet, nur einen Gulden zu verdienen. (Bravo rechts.) Im Verhältniß zu Oesterreich, dessen Militärbudget sich auf 78 Millionen belaufe, sollte Bayern für seine Armee nicht mehr als 10 Mill. ausgeben. Redner thut nun dar, daß durch eine 6monatliche Präsenz der Infanterie, Verminderung der Kavalerie, durch minder zahlreiche Besetzung der höheren Chargen, Vereinfachung der Verwaltung, Verminderung der Pensionirungen entsprechend gespart werden könne. Geschehe dies nicht, so ist es unmöglich, daß wir ohne neue Schulden und ohne Steuererhöhung auskommen. Die Reform des Heerwesens sei auch eine Frage der Kultur, an ihr hänge die Entwicklung der Volksfreiheit und Volkswohlfahrt; möge Bayern hier vorangehen; Deutschland, ja Europa werde ihm Dank wissen. (Bravo rechts.)

Graf Fugger spricht sich gleichfalls für's Sparen aus, aber die Bewaffnung und technische Ausbildung der Armee dürfe dadurch nicht Schaden leiden; er hält aber 6 Monate Präsenz bei der Infanterie für zu wenig und will überhaupt nicht so rauh eingreifen wie Kolb. Weigand und Stenglein heben die Vorzüge unsers Wehrgesetzes bis 87000 Meilen über die Wolken. Sonderbare Schwärmer! Lukas nimmt sich energisch der Einsteher an und tadelt namentlich, daß die ihre vollen 6 Jahre dienen sollen; auch will er die Urlaubszeit des Militärs geregelt wissen, damit der Urlaub nicht immer blos von der Gnade des Herrn Feldwebels oder Hauptmanns abhänge. Stauffenberg will die unnöthigen Wachdienste beseitigen (was von einem Fortschrittler sehr vernünftig und lobenswerth ist), will aber eine tüchtige Armee und kein Milizsystem. (Vor ein paar Jahren hatte er aber doch eine kleine Schwachheit für Milizen!) Dr. Schleich freut sich, daß endlich die Zeit gekommen, wo man dem an der Finanzkraft des Landes zehrenden Militarismus ordentlich zu Leibe gehen und zeigen könne, daß Bayern trotz der geschlossenen Verträge noch selbstständig über seinen Haushalt verfügt. Heute Fortsetzung der Debatte. Wir möchten wünschen, daß die Patrioten sich wenig auf's Reden einlassen und das den Fortschrittlern überlassen; sonst springt die Debatte wieder vom Hundertsten auf's Tausendste. Die Hauptsache ist fest bleiben und tapfer nein sagen; alles andere ist Nebensache, wenn nicht gar vom Uebel.

— Im „Bayr. Kurier" macht ein Lehrer folgenden Gehaltsaufbesserungsvorschlag: „Ein Anfangsgehalt von jährlich 400 fl für einen definitiven Lehrer und Alterszulagen von 50 bis 200 fl. in Quinquennien (Zeitabschnitten von 5 Jahren) vom 15. Jahr der ersten Verwendung als Hilfslehrer an gerechnet, entspricht den Verhältnissen, wäre nicht mehr als billig, befriedigt die Lehrer und hilft dem in Wahrheit (?) unter ihnen herrschenden Nothstand gründlich ab." — Das glauben wir auch, daß ein eventueller Gehalt (mit den Alterszulagen) von 800 bis 1400 fl. die Lehrer „befriedigen" würde, ob aber das „den Verhältnissen entspricht", glauben wir weniger. Wir möchten den „Kurier" nur bitten, uns die Mittel für die von ihm vorgeschlagene Aufbesserung wenigstens andeutungsweise namhaft zu machen.

Aus **Neuburg** a. D. wird dem „Vaterland" eine nicht uninteressante Geschichte erzählt, wie man dort den — Fortschritt kultivirt. „Daß es Pflicht jeder Gemeindeverwaltung sei, schreibt man uns, das Gemeinde-Vermögen zu schonen, werde wohl Niemand bestreiten können.

Daß vom 1. Jan. 1867 bis 1. Juli 1869, also in dritthalb Jahren im Neuburger „Tagblatt", damals „kohlschwarz"' ganze zwei kurze Inserate des dortigen wohlweisen Stadtmagistrats zu lesen waren, wurde allgemein von dem Gesichtspunkte aus angesehen, daß der brave Magistrat das Gemeindevermögen schonen und nicht unnütz oder gar zur Bereicherung eines kohlschwarzen Blattes vergeuden wollte, da ja zum Inseriren das „Wochenblatt", welches als eigenes Amts- und Anzeigeblatt wöchentlich 3mal erscheint, vollkommen genügt. Nun aber ereignete es sich, daß am 1. Juli 1869 das schwarze „Tagblatt" urplötzlich ins Eigenthum des fortschrittlichen „Bürgervereins" allda überging und bei der schönen Gelegenheit sich in hochrothe Farbe kleidete. Seit dieser Zeit erscheinen sämmtliche magistratische Inserate, welche im eigenen Amts- und Anzeigeblatt zu lesen sind, gleichzeitig und sehr häufig noch früher im „Tagblatt" als im Amtsblatt. Wenn nun unser vielgeliebter Hr. Bürgermeister Sing damit das farblose Wochenblatt — unnöthig machen und dafür die Abonnenten des „Tagblatt" vermehren will, so ist das ein höchst geistvolles und unsers genialen Hrn. Bürgermeisters ganz würdiges fortschrittlich-liberales Unternehmen. Nun werden aber diese Inserate nicht blos gedruckt, sondern sie müssen auch bezahlt werden und zwar von der Gemeindekasse. Das Geld dafür fließt in den Säckel des Bürgervereins und damit in den Privatsäckel des Hrn. Sing selbst. In der kurzen Zeit vom 1. Juli bis 31. December 1869 machte das ein erkleckliches Sümmchen von nahe an 150 fl. aus. Viele Bürger nun sind über die Geschichte ungehalten und wollen darin eine nie dagewesene empfindliche und unnöthige Belastung der Gemeindekasse sehen, Andere aber halten die so überaus edel angelegte Natur des Hrn. Bürgermeisters Sing dazu nicht für fähig, weil er als Vorstand und Mitglied des Bürgervereins und damit als Miteigenthümer des Tagblatt diese Summe als eine sich selbst zugewendete Unterstützung aus Gemeindemitteln annehmen müßte und zwar für eine Sache, die bei ihrem Entstehen das Oeffnen aller Berge, Wohlstand und Bürgerglück, namentlich aber das Verschlingen aller Patrioten verhieß und nur ein ganz kleines lächerliches armes Mäuschen hervorkommen ließ. Das Neuburger hochrothe Aktienblattl liebt ja die Oeffentlichkeit über Alles und so wollen wir hoffen, daß Don Eugenio Kinkelin, der für den Bürgerverein als Redakteur zu unterzeichnen sich herbeigelassen, in der Lage sein wird, öffentlich die Erklärung abgeben zu können, daß er die fraglichen 140—150 fl. nicht blos nicht erhalten, sondern auch, daß er nie beauftragt war, fragliche Inserate auf Kosten der Gemeindekasse zum Besten des Bürgervereins zu verrechnen und nie zu der Erwartung berechtigt war, daß diese Gelder ihm vom Rathsdiener überbracht werden.

Aus **Würtemberg** wird dem „Vaterland" geschrieben: Ein neuer Aufzug in der preußischen Tragi-Komödie, die bei uns seit 4 Jahren aufgeführt wird! Die Kammer ist vertagt, die beiden Hauptparteien derselben, die großdeutsche und die Volkspartei, erlassen glühende Aufrufe an das Land, die überall mächtigen Widerhall finden, die erregten Wellen des Volkszornes schlagen empört gegen das Schifflein des Ministeriums Varnbüler, in Stuttgart aber ist Herr von Suckow Kriegsminister, bei dessen Namensnennung sich das Herz jedes ächten Würtembergers umwendet, so verhaßt ist dieser Name. Das soll die Antwort auf die Adresse von 150,000 guten Würtembergern gegen das preußische Wehrgesetz sein? So behandelt man ein Volk, das mit allen Fibern seines treuen Herzens am Vaterlande hängt? Ich fürchte, das muß zu bösen Häusern führen, denn Jeder empfindet diese „Lösung" einer brennenden Frage wahrhaftig wie einen Schlag ins Gesicht, Jeder, der nicht ein Bettelpreuße ist. Von Varnbüler ist es ein Streich der Verzweiflung, den er sich nicht überlegt hat, ein letzter gewagter Versuch, sich im Amt zu erhalten, der unmöglich die von ihm erwartete Folge haben kann; dazu kenne ich die Würtemberger zu gut. Will er es auch mit einem hörmannischen Regiment versuchen, daß er Hrn. v. Scheuerlen, der dazu wohl das Zeug hätte, zum Minister machte? Das ertragen die Würtemberger nicht. Es geht ein böser Wind in Stuttgart, aber die muthige Kammer läßt sich nicht umblasen, denn das Volk steht hinter ihr.

Die Würtemberger Bettelpreußen sagen es gerade heraus, die Großdeutschen seien um ihren Sieg betrogen worden; der Ministerwechsel sei ein Schachzug Bismarks, um die Politik des Grafen Bray matt zu legen. Die „Deutsch-Freisinnigen" begrüßen bereits mit Begeisterung das Herankommen eines (hörmannischen) „strammen Regiments"; von der preußischen Zündnadel hoffen sie Emporhebung aus der Tiefe, in die sie von den Großdeutschen und Demokraten geworfen worden. Wir sind begierig wie lang das neue „Ministerium der Energie" in Würtemberg es treiben wird: die Würtemberger Demokraten lassen sich schwerlich so viel gefallen als die bayrischen „Ultramontanen" und eines schönen Tages könnten ganz unversehens Preußen und Franzosen im Lande sein.

In **Baden**, wo bekanntlich angenehme Leute, nämlich die Freimaurer das Regiment führen, geht es bekanntlich auch höchst „liberal" zu; die Untersuchungen, Anklagen, Verurtheilungen gegen Katholiken nehmen kein Ende. Der Redacteur des Bad. Beobachters sitzt fast mehr auf der Festung und vor Gericht, als in der Redactionsstube. Die Geistlichen sind fast in derselben angenehmen Lage wie bei uns; Verurtheilungen folgen auf Verurtheilungen; aber von Majestätsbeleidigungen hört man weniger, und doch sind die Badenser mit ihrem Großherzog nichts weniger als zufrieden. Vielleicht denken sie — halt, wir müssen erst einen Staatsanwalt fragen, ob wir's sagen dürfen, denn wir haben mit Baden ein kräftiges Schutz- und Trutzbündniß in Preßsachen. In diesen Tagen stand wieder der katholische Pfarrer Hummel von Durlach vor Gericht und ist natürlich verdonnert worden zu 2 Monaten Festung, denn er beleidigte die Staatsregierung, die in Ehrensachen eine so zarte Haut wie Julius der Gerächte, aber kein so kluges Gesicht hat. Er beleidigte sie in einer Predigt, worin er den höchst wackeren Leuten, von denen regiert zu werden Baden das Glück hat, die Wahrheit sagte, indem er eine Stelle nicht aus der Bibel, aber aus dem „Bayr. Vaterland" citirte des Inhalts: „Man spricht so viel von freier Kirche im freien Staat, ja die Kirche ist frei, aber — vogelfrei." Das verdroß die Regierung, denn sie hielt sich in ihrer Bescheidenheit beleidigt. Der Ausgang des Stückes waren 2 Monate Rastatt. Die Regierung ist gerächt. *)

In **Oesterreich** scheinen die liberal-konstitutionellen Gesinnungen bei den Offizieren nicht so stark zu sein, wie die Liberalen wünschen möchten. Als Studenten, die als Freiwillige dienten, sich weigerten, einem ihren liberalen Ansichten von „Gewissensfreiheit" widerstrebenden Befehle

---

*) Merk' dir daraus, o lieber Christ,
Daß so was selten rathsam ist!
Willst Einem du die Wahrheit sagen,
So mußt du erst — ihn selber fragen
Und suchen in dem Polizei-
Gesetzbuch, ob erlaubt es sei;
Und hast du da dich umgeseh'n,
Dann gehe hin und laß' es — geh'n,
Denn Rastatt und das Stadtgericht
Sind keine guten Oerter nicht.
Glaub' dieser Offenbarung,
Wir wissen's aus Erfahrung.

zu gehorchen und sich auf die Staatsgrundgesetze und ihre Würde als Staatsbürger beriefen, da wurde ihnen von den Offizieren sofort klar gemacht: „Hier gibts nur Regimentsbefehle, hier kenne ich keine Staatsgrundgesetze. Sie sind Soldaten, aber keine Staatsbürger, und hier haben Sie zu gehorchen.“

In **Koburg** spielt Hoheit zur Abwechslung wieder Theater. Haben die Wallfische sich umsonst gefreut!

In **Westphalen** hat die 12. Provinzialsynode gegen Mischehen die Ausschließung von der Theilnahme an kirchlichen Wahlrechten, an Gemeinde- und Ehrenrechten, von der kirchlichen Aussegnung der Wöchnerinen, vom Rechte der Taufpathenschaft und des hl. Abendmahles x. x. beschlossen. Diese Strafen werden streng gegen alle Eheleute verhängt, welche eine katholische Kindererziehung versprechen. Wenn jetzt eine katholische Behörde so etwas beschlossen hätte — diesen Lärm!!

Ausland.

Frankreich. In Tours wurde Prinz Bonaparte bei seinem Austritt aus dem Gerichtssaal vom Volke mit Jubel begrüßt und ins Hotel seiner Gemahlin begleitet.

In **Italien** hat man Anzeichen von einer ausgebreiteten republikanischen Verschwörung. Garibaldianer, Deserteure, Studenten und Gesindel waren bei den Putschen am 23—25. die Hauptpersonen. In vielen Städten kam es zu ernsten Kämpfen. Die Stadt Bologna war von einer 2000 Mann starken Bande bedroht.

Dienstes-Nachrichten.

Verliehen: D. k. Pf. Jachenhausen, B.-A. Henau, dem Andr. Eckel, Pf. in Röttenbach, B.-A. Roding; d. Forster'sche Inkuratbenef. in Wolnzach dem A. Rösch, Pf. in Plaibach, B.-A. Kötzting.

Briefkasten.

J. Sch., F. — St. in Reimlingen. (Die Exped. bringt damit gleich der kgl. Post zur gefälligen Kenntniß, daß Reimlingen zum Postgebiet Nördlingen gehört). — Altötting 4. — A. H., K. — H., D. S. (Ob.) 2 — J, H., Ob. (R.) — Ch. B., W. (K.) — J. U., K. (E.) — Dr. S., Basel. — R., Pf. St. 2. — Dr. W. Wien. — M. A. (Str.) — B., P. 46 u. 10. — J. M., Kl. (R.) — J. A., G. 3. — B., D. (E.) — A., Pf. W. x. x. Bitte mit der Masse des vorliegenden Stoffes zu entschuldigen. Eins nach dem andern, das Dringendste zuvor. — Dr. —r In sieben Tagen, wenn ich wieder Herr über meine Zeit bin. Jetzt ist es unmöglich. — Neubg. In sieben Tagen! — M * Desgleichen. — „Kormos“. Ja, aber bald. S.

Münchener Hopfenmarkt.

1) Ober- u. Niederb. Gewächs: Mittelgattungen: Gesammt-Vorrath: 4079 Pfd, Verkauf 1126 Pfd., Preis 100 fl. — kr. der Zentner. Wolnzacher- u. Auer-Markt-Gut: Gesammtvorrath 2470 Pfd., Verkauf 1567 Pfd., Preis 140 fl. 16 kr. der Ztr. 2) Mittelfränkisches Gewächs Mittel-Qualitäten: Vorrath 460 Pfd., Verkauf — Pfd., Preis — fl. — kr. der Ztr., Vorzügliche Qualitäten aus Spalter Umgegend nebst Kindinger- u. Heidecker-hopfen: Vorrath 2078 Pfd., Verkauf — Pfd., Preis — fl. — kr. bis — fl. — kr. der Ztr., Spalter Stadtgut, u. Weingarten-, Mosbacher- und Stirner Gut Vorrath 893 Pfd., Verkauf 893 Pfd., Preis 189 fl. 42 kr. der Ztr. 3) Ausländisch Gut Saazer Stadt, dann Herrschafts- und Kreisgut Vorrath — Pfd. Verkauf — Pfd., Preis -- fl. — kr. bis — fl. — kr. der Ztr.

Marktpreise in München.

1 Pfd. Mastochsenfleisch 16 kr. — pf., Kuhfleisch 17 kr. -- pf., Kalbfleisch 15 kr. — pf., Schaffleisch 12 kr., rohes Schweinfleisch 20 kr. 1 Pfd. Schweinfett 29 kr. eine rohe Zunge 1 fl. 12 kr., ditto geräuch. 1 fl. 30 kr. ein Zentner rohes Unschlitt 23 fl. — kr. ein Pfd. gegoss. Lichter 24 kr., gez. feine Lichter 23 kr., ditto ordinäre 22 kr., Seife das Pfd. 16 kr.

Das Pfd. Karpfen 22—24 kr., Hechten 30—36 kr., Huchen 48— — fl. 54 kr., Rutten 42—46 kr., Forellen 1 fl. 12 kr. bis 1 fl. 24 kr. Nackfische 1 fl. 24 kr., Barben 18—20 kr., Alten 16—18 kr., Waller 42—46 kr., Brazen 14—16 kr., Renghen 24—30 kr., Hirschlinge 18 —22 kr., Bachfische 7—9 kr., Krebse das Viertel 100 36—54 kr., Frösche, das Viedel 9—15 kr. — 1 Zentner Heu 1 fl. 36 kr., 1 Ztr. Grummet 1 fl. 51 kr. Waizenstroh — fl. 45 kr. Roggenstroh 1 fl. — kr. Haberstroh — fl. — kr. Eine Klafter Buchenholz 16 fl. — kr. Birkenholz 14 fl. 30 kr. Föhrenholz 11 fl. — kr. Fichtenholz 11 fl. — kr. Das Pfd. Schmalz höchster Preis 34 kr. Das Pfd. frische Körbchenbutter, höchster Preis 34 kr. 6 Stück frische Eier 8 kr. Die Maß gute Milch 5 kr. 1 Pfd Leinöl 16 kr. 1 Pfd. Repsöl 18 kr.

Verantwortlicher Redakteur: Dr. J. Sigl.

Geldsorten, Frankfurt, 28. März.

	Angebr.	Zu haben.
Pistolen	9.47	9.49
Imperiales, ruff. . . .	9.48	9.50
Holl. 10 fl.-St. . . .	9.54	9.56
Dukaten vollgw. . . .	5.36	5.38
Napoleonsd'or	9.30	9.31
Engl. Sovereigns . . .	11.53	11.57
Dollars i. Gold . . .	2.27½	2.28½
Preuß. Friedrichsd'or .	9.58	9.59
Preuß. Kassaich. . . .	1.44½	1.45½

Druck von M. Vogt in München, Rosengasse 14

II. Jahrgang. Auflage: 5100.

Das Bayrische Vaterland.

„Das „Bayr. Vaterland“ erscheint täglich mit Ausnahme der Sonn- und hohen Festtage. Preis des Blattes: Vierteljährig 54 kr., ganzjährig 3 fl. 36 kr. Das einzelne Blatt 1 kr.

Alle Posterpeditionen und Postboten des In- und Auslandes nehmen Bestellungen an. Inserate werden die dreispaltige Petitzeile oder deren Raum zu 3 kr. berechnet.

Redaktion: Burggasse 14. Herausgegeben von Dr. jur. J. Sigl. Expedition: Ruffinibazar 5

Hugo. Nr. 73. Freitag, 1. April 1870.

Abonnements-Einladung.

Zu dem am 1. April beginnenden neuen Quartal laden wir zu rechtzeitigem und recht zahlreichen Abonnement auf das „Bayr. Vaterland“ ein. Die Haltung des Blattes bleibt unverändert dieselbe. Der Zugang von mehr als 1100 neuen Abonnenten im vergangenen Quartal allein auf der Post läßt uns auf recht zahlreiche Neubestellungen hoffen. Der Preis ist wie bisher 54 kr. per Quartal. Inserate versprechen bei der bereits erreichten Auflage von 5100 den besten Erfolg. Alle Posterpeditionen und Postboten (in München die Expedition) nehmen Bestellungen an.

Die Redaktion und Expedition des „Bayr. Vaterland.“

Militärisches. VI.

Dieses Genie-Korps-Kommando ist folgendermassen zusammengesetzt:

1 General; ohne diesen geht's natürlich niemals;

1 Major, 2 Adjutanten, 2 Revisoren (Hauptmann und Oberlieutenant), 1 Divisionskommando-Sekretär, 1 Kanzlei-Sekretär, 1 Kriegs-Kommissär und 5 sage fünf Quartiermeister*), 1 Rechnungspraktikant und 1 Bureau Ordonnanz. Für diese Offiziere sind 11 Pferde normirt. Fragt man sich nun, was wird wohl diesem großartigen „Korps-Kommando“ untergeben sein, so gibt das Militärhandbuch Seite 43 die Antwort, allwo es heißt:

„Unter dem Genie-Korps-Kommando stehen:

1) der Genie-Stab, nämlich die Genie-Berathungskommission, (welche laut Beil. LIX. p. 250 aus 1 Oberst und 4 Hauptleuten besteht!),

2) und die 4 Genie-Direktionen unmittelbar;

3) die 4 Lokal-Geniedirektionen, jedoch nur mit Bezugnahme auf das Militärbauwesen und da nur mittelbar durch die Festungs-Gouvernements;

4) das Genie-Regiment mit 10 Kompagnien.“

Also für ein Regiment und einige Direktionen ein eigenes Korps-Kommando!!

Die Genie-Direktion München zählt 2 Majore, 3 Hauptleute, 6 Ober- und 1 Unterlieutenant, also zusammen 12 Offiziere; die Genie-Direktion Augsburg 1 Major, 2 Hauptleute, 1 Ober- und 1 Unterlieutenant; die Genie-Direktion Nürnberg 1 Oberstlieutenant, 1 Hauptmann, 3 Ober- und 2 Unterlieutenants; die Genie-Direktion Würzburg 1 Oberstlieutenant, 1 Hauptmann, 3 Oberlieutenants.

Die Lokal-Genie-Direktionen

Germersheim:	1 Oberstl.,		1 Hauptm.,		4 Ober-,		1 Unterl.	
Ingolstadt:	1	„	4	„	2	„	3	„
Ulm:	1	„	2	„	1	„	2	„
Landau:	—	„	3	„	—	„	1	„

Nach Seite 256 zählt dieses Genie-Korps außer dem unvermeidlichen General 4 Obersten, 6 Oberstlieutenants, 7 Majore, 36 Hauptleute, 40 Ober- und 27 Unterlieutenants. Bemerkungen hiezu sind überflüßig, so lange solche Zahlen sprechen!

Kommen wir aber wieder zu unserm vorigen Thema zurück. Es ist gewiß dringend nöthig, daß wie die Civil-, so auch die zur Vorlage gebrachten Militär-Neubauten von der Kammer auf's Genaueste geprüft werden, denn viele Bauten, welche gegenwärtig theils vollendet, theils noch in der Ausführung begriffen sind, waren durchaus nicht nothwendig.

Was speciell die jetzt wieder vom Kriegsministerium vorgeschlagenen Neubauten rc. rc. betrifft, so soll sich darunter ein Postulat befinden, „zur Erweiterung der Lokale für das General-Kommando Würzburg“. Wenn dem so ist, so läßt sich da mit Grund entgegenhalten, daß dies kaum nothwendig sein dürfte, denn diese „Organisation“ und Eintheilung ist nichts Neues. Bereits 1815 hatten wir 2 General-Kommandos in München und Würzburg, welche 1822 aufgehoben, 1848 wieder eingeführt, 1855 wieder aufgehoben und am 1. Februar 1869 wiederum eingeführt wurden. Im Jahre 1849 war der verstorbene Fürst Taxis General-Kommandant in Würzburg; wo dieser Platz hatte, dächten wir, sollte der berühmte v. Hartmann sich auch begnügen können, es müßte denn sein, daß dieser große und tapfere Feldhauptmann besondere Räume braucht, um seine erbeuteten Trophäen und gesammelten Lorbeeren von 1866 schön geordnet aufbewahren zu können.

Oder sollten vielleicht die sonst genügenden Räume nicht mehr zureichen von wegen der neugeschaffenen und sonst unbekannten ad latus? Im Jahre 1849 besorgte Fürst Taxis die Geschäfte seines Amtes selbst und erfreute sich keines Gehilfen in der Person eines „ad latus“, wie die jetzigen beiden Generalkommandanten deren besitzen und zwar Hr. v. d. Tann den General-Lieutenant Steinle, von Hartmann den charakterisirten General-Lieutenant Hagens.

Was haben diese Herren wohl für eine Beschäftigung? Wenn sie die Geschäfte des General-Kommandos besorgen, zu was sind dann die General-Kommandanten selbst

---

*) Ad vocem Quartiermeister! Diese Species von Militärbeamten ist seit 10 Jahren in rasender Zunahme begriffen. Während das Jahr 1859 blos mit 159 Quartiermeistern gesegnet war, (27 mit Stabsoffizierrang, 59 Regiments- und 73 Bataillonsquartiermeistern, zu denen noch 57 pensionirte kamen), weist das Militärhandbuch von 1869 schon 279, sage 279 Quartiermeister auf, darunter 37 mit Stabsoffiziersrang, 74 Regiments- und 168 Bataillons- und Unterquartiermeister, wozu noch 78 pensionirte Quartiermeister kommen. Treffen somit auf eine Kompagnie circa zwei Quartiermeister!!! Wenn das kein Luxus ist und wenn vielleicht da die Armee „desorganisirt“ würde, falls man mindestens die Hälfte striche, dann wissen wir nicht mehr, was wir sagen sollen!

da? Was also früher 2 Generale besorgten, dazu braucht man jetzt 4! Braucht man sie aber wirklich?

Dazu ist diese Einrichtung viel kostspieliger, als sie auf den ersten Blick scheint, denn jeder dieser Herren hat wieder einen Adjutanten und diese alle zusammen außer Gage, Zulagen rc. rc. so und so viele Pferderationen, natürlich nicht für sich, sondern für ihre Pferde und Pferdewärter, wovon im nächsten Artikel des Nähern die Rede sein wird.

Deutschland.

München, den 31. März.

Die preußisch-hohenlohesche Koterie dahier hat eine „Verfassung" für einen Südbund nach dem Herzen und Diktaten Bismarks ausgeheckt und damit vor etlichen Tagen die „Allgemeine" geschmückt. Wir haben es nicht der Mühe werth gehalten, von dem Wisch Notiz zu nehmen; nachdem aber die Blätter jetzt davon reden, genügt es, glauben wir, zur Charakterisirung dieses Machwerks folgenden Satz desselben anzuführen: „Im Hinblick auf die Allianzverträge soll die Vereinsbehörde, (welche aus den 4 Auswärtigen von Bayern, Würtemberg, Baden und Hessen bestehen sollte) durch das Präsidium des norddeutschen Bundes (den bekannten „Herrn" und künftigen „Kaiser von Norddeutschland") von allen Maßnahmen in Kenntniß (wie bescheiden!) gesetzt werden, welche zu einer kriegerischen Eventualität führen könnten. Erachtet das Präsidium des norddeutschen Bundes den in den Allianzverträgen vorgesehenen Kriegsfall für bevorstehend, so soll dasselbe der Vereinsbehörde (der 4 Südstaaten) davon Anzeige (!) machen, welche sodann über Mobilmachung und sonstige für die Kriegsbereitschaft erforderliche Maßregeln beschließt. Bei etwaigen Friedensverträgen soll ein Vertreter der süddeutschen Vereinigten Staaten beigezogen werden." — Wirklich sehr nett! Eine bloße „Anzeige", daß der Kriegsfall bevorstehe, vom „Herrn" von Preußen genügt, daß wir Hals über Kopf mobil machen und uns für nichts und wieder nichts für den brudermörderischen preußischen Raubstaat in den Krieg und all seine Gefahren stürzen sollen! Ob es uns recht ist, ob wir auch damit einverstanden seien, darnach wird einfach nicht gefragt. Angesichts solcher Auffassung des casus fœderis und der Tragweite des Schutz- und Trutzbündnisses glauben wir wäre es an der Zeit, sich doch einmal genauer zu erkundigen, wie sich denn der gegenwärtige Leiter der auswärtigen Politik Bayerns dazu verhält, und je nach seiner Antwort die Vorlage des Bündnisses zur Genehmigung durch die Kammer zu verlangen. Denn es ist offenbar, eine solche Auffassung verträgt sich in keiner Weise mit der beschwornen bayrischen Verfassung, nach welcher der König von Bayern allein über Krieg und Frieden zu entscheiden hat, nicht aber ein auswärtiger Fürst. Wenn nun aber nach dieser preußischen Auffassung des Bündnisses der König von Preußen über Krieg und Frieden zu entscheiden hat und eine bloße „Anzeige", daß er entschieden habe, für uns genügen soll, dann sind **die Allianz-Verträge gegen die bayrische Verfassung**, hat sich Hr. v. d. Pfordten, als er sie schloß, eines **Bruchs der bayr. Verfassung** schuldig gemacht und sind die Allianzverträge **null und nichtig**, bis sie nicht auf dem gesetzlichen Wege durch die Kammern angenommen und in Einklang mit der Verfassung gebracht sind. Wir können billig erwarten, daß sich die Kammern darüber baldigst Klarheit zu verschaffen suchen werden

Landtag. Die gestrige Sitzung der K. d. Abg. war von Wichtigkeit durch die Erklärung, welche der neue Minister Graf Bray abgegeben, die uns aber insoferne nicht befriedigen kann, als sie über die Tragweite und maßgebende Auffassung der Verträge noch immer im Dunkel läßt. Dr. Schleich hatte in der vorgestrigen Sitzung in einem historischen Rückblicke auf das alte Rom dessen diplomatische Kunst im Schließen von Verträgen, die nicht immer loyal waren, betont und bemerkt, daß diese Debatte wohl Aufschluß geben werde, ob wir unsere Verhältnisse noch selbstständig und unabhängig von Preußen ordnen können oder nicht. Daran knüpfend nahm der Minister Anlaß, die Politik zu bezeichnen, welche das gegenwärtige Ministerium in den innern und äußern Fragen einnehme. Das Ministerium stehe nicht über den Parteien — denn das gelte nur vom Souverän —, aber außerhalb der Parteien stehe es, (mit einem Schlör in seiner Mitte?) und das sei der richtige Standpunkt. Die Politik des Ministeriums sei im Innern Versöhnung, Aufklärung und Beruhigung der Gemüther. In der deutschen Frage sei uns der enge Weg vorgezeichnet, von welchem wir uns weder nach rechts noch links entfernen dürfen (!!!), die Verträge werden gehalten (!) und dabei (?) die Selbstständigkeit Bayerns, unser Selbstbestimmungsrecht gewahrt werden. (? wie ?) Er vertraue, daß die gegenwärtige Lage haltbar sei; es gehe allerdings ein Zug des Provisoriums durch die europäischen Staaten, aber ein Land von 5 Millionen Menschen, ein kräftiges Kernvolk werde nicht untergehen ohne eigenes Verschulden. (Oder nicht lieber ohne Verschulden seiner Lenker?) Deshalb dürften wir auch nicht fürchten für Bayern; wir sollten das Erreichbare anstreben, die freundlichsten Verhältnisse zu unsern Nachbarn und Stammesgenossen zu erhalten. Die Politik Bayerns, das verspreche er, werde eine offene, rechtliche und loyale sein; sie könne offen sein, denn es bestehen keine geheimen Verträge (aber die Auffassung der bestehenden?), der Allianzvertrag aber spreche aus, daß gegenseitig die Integrität der Besitzungen gesichert und nur zu diesem Zweck die Truppen gegenseitig zur Verfügung gestellt werden sollen. (Aber dieses „Gegenseitige" ist es eben, was unter den bekannten Umständen den Allianzvertrag zu einem Löwenvertrag, zu einem fœdus non æquum, wie die Römer und Dr. Schleich sagen, macht und worin die Gefahr der Dienstbarkeit für uns liegt, aber nicht für die Preußen!!) Die Verträge, so wie sie zwischen Bayern und Preußen abgeschlossen worden, waren auch das einzig Erreichbare. (Ja, aber was hätten denn die Preußen noch mehr verlangen sollen? Wir werden auf diese wichtige Rede leider zurückkommen müssen.) — Pf. Mahr begann sodann die Debatte. Es müsse, führte er aus, die ganze Kraft eingesetzt werden, um das preußische Gift, das sich bei uns eingeschlichen, zu beseitigen; es dürfe nicht zugegeben werden, daß sich liberal-preußische Elemente in die höchsten Hof- und Landesstellen eindrängen, so daß wie es in Hannover geschehen das Land längst verrathen sei, bis es zur Katastrophe kommt. Das wolle das Land nicht und deshalb sei Hohenlohe ausgeschieden worden. Die Abgeordneten haben aber auch die Pflicht, den Unhold des Militarismus zu vernichten; es gehe nicht an, immer wieder neue Kasernen zu bauen, so und so viel für Festungen auszugeben u. s. w. Die Söhne des Volkes sollen ihrer bürgerlichen und ländlichen Arbeit zurückgegeben werden und nicht unthätig in den Kasernen verderben. Wenn wir auch 1866 eine halbe Million Soldaten auf den Beinen gehabt hätten, so würden wir doch verloren haben, obwohl v. d. Tann in Unterfranken den Preußen mit ein paar Kanonen hätte Herr werden können, wenn er gewollt hätte und wenn er da gewesen wäre. (Lärm, Rufe links: Pfui!) Präsident: Persönliche Angriffe können nicht geduldet werden (außer von fortschrittlicher Seite auf Lukas rc.?) — Mahr fortfahrend: Die Patrioten wollen die Armee nicht desorganisiren, sie wollen im Gegentheil eine starke gut bewaffnete Armee. Er wolle nicht ins Milizsystem hineinspringen, aber es bedürfe nicht der langen Präsenz, der kostspieligen Spielereien, der alle Augenblicke sich wiederholenden Um- und Abänderungen, der rothen Hosenstreife der Artillerie. Das Volk dürfe nicht mit immer neuen Lasten erdrückt und dahin gebracht werden, daß es ganz und gar den Juden anheimfalle. Das Volk will keine durch den Militarismus herbeigeführte Steuererhöhung. Pranckh weist den Angriff auf Tann, „dem Bayern alle Achtung zollt“, (meint nämlich der Hr. Kriegsminister) mit aller Kraft und Entschiedenheit als „unwürdig“ zurück. (Bravo links. Wir hoffen, daß das bayrische Volk fortan die höchste Achtung vor dem berühmten Hrn. v. d. Tann haben wird und daß man dieselbe so weit treibt, daß man ihn beim nächsten Feldzug mit Akklamation zum Kommandanten der Armee macht. Dann kann es uns an ausgiebigen Lorbeeren und Orden gar nicht fehlen!) — Nach einer sehr erregten Debatte, in welcher sich Hafenbrädl, Greil, Westermayer, Huttler und Ruland im Sinne des Referenten; Marquardsen, Völk, Fischer gegen ihn aussprachen, erklärte der Kriegsminister, er werde gehen, wenn man seine Forderungen nicht bewillige; „moralische“ — in dem (berühmten) „nationalen“ Gedanken, in den Allianzverträgen, (die wir aber los sein wollen!) und in der Selbsterhaltung des bayrischen Staates (!!) begründete Verpflichtungen fordern, daß man ihm die 6 Millionen ganz bewillige. Solche kriegsministerielle Drohungen aber schrecken keinen Tapfern; wenn Hr. v. Pranckh nimmer Minister sein will, so soll er halt in Gottes Namen gehen; sein Platz wird keinen Tag leer bleiben und Hr. v. Bothmer kann's gar nicht mehr erwarten, sagt man, daß er Minister wird, obwohl dieser Sudow es nicht wird. Thun diese Herren Minister immer, als seien sie unersetzlich oder als hänge das Heil der Welt davon ab, ob der Peter oder der Paul 12000 fl. Ministergehalt bezieht. Hohenlohe war auch „unersetzlich“; jetzt ist er aber doch ersetzt worden und es scheint gar nicht, daß das Vaterland deshalb aus dem Leim geht. Also diese — Drohung mit dem Gehen verfängt nicht, Hr. v. Pranckh! Näheres folgt. Heute beginnt die Spezialdebatte.

— (Magistratisches!) Gestern hat zum ersten Male keine Magistratssitzung stattfinden können, da in Folge des höchst nobeln liberalen Benehmens der neuerwählten Vertreter des Lokalfortschritts die beiden Bürgermeister und sämmtliche Rechtsräthe außer Hrn. Schrott sich weigerten, dem Terrorismus der Fortschreiter gegenüber in der Sitzung zu erscheinen. Wir hätten also einen Konflikt der Stadtväter unter sich. Schön! Aber die Fortschreiter werden sorgen, daß es noch schöner kommt. — Hr. Schrott hat als Oberster der Münchener Schule gegen einen Kooperator-Benediktiner von St. Bonifaz seinen fortschrittlichen Bannstrahl geschleudert, weil derselbe verklagt war, „arme Schüler zu einem frommen Verein gesammelt zu haben“, die sogar in der Kirche eine Sammlung unter sich veranstalteten. Schrecklich! Hr. Schrott nannte einen so höchst strafwürdigen Greuel in den Augen des Fortschritts mit tiefster sittlicher Entrüstung „jesuitisch!“ Der Magistrats-Chorherr von Haidhausen gab sodann bekannt, daß der Benediktiner nicht der einzige Auswürfling sei, sondern daß „man“ — o des Entsetzens! — auch bezüglich der Frauen vom guten Hirten klage, daß sie sich Kindern gegenüber über das religiöse (oder vielmehr nicht-religiöse) Leben ihrer Eltern „verletzende Aeußerungen“ erlaubten.

Der Chorherr hat's gesprochen, der Schrott hat es gehört:
„So was hat man verbrochen? Ha, wie mich das empört!
Nun höret, was ich sage: notiret Euch die Frau'n
Und führet schleunig'! Klage, dann soll'n sie blaue Wunder schau'n!“

Eigentlich sagte er das nicht in so schönen Versen wie die da, sondern sehr prosaisch forderte er auf, solche Fälle anzuzeigen, an der Untersuchung soll's dann nicht fehlen. Die Vaterunser-Inquisition soll also eine neue Auflage erleben. Nun, Alexis von Burchtorff wird's am nöthigen Eifer nicht fehlen lassen. Aber à propos, Hr. Schrott! Wie steht's denn mit Frl. Johanna v Schmeidel? Haben Sie da auch schon eine Untersuchung einleiten lassen? Und wollen Sie gefälligst die 14 Fragen des „Vaterland“ an Euer Hochwohlgeboren einmal beantworten! Oder hätte diese zartsinnige und liebenswürdige Lehrerin dem armen Kind die Zunge ganz herausreißen sollen, bis Sie sich zu einer Untersuchung herbeilassen? Sie entkommen uns nicht, hochwohlgeborner Hr. Schrott; das „Vaterland“ hat vor, Ihnen nächstens wieder mit etlichen neuen Fragen wegen dieser famosen Lehrerin auf den Leib zu rücken, wenn Sie nicht bald erschöpfende Antwort geben. Oder sollen blos „fromme Vereine“ und „religiöse Reden“ straf- und untersuchungswürdig sein? Aber bedenken Sie doch, Hr. Schrott, wir leben ja in einem Rechtsstaat!

— Das „Bayr. Vaterland“ feiert heute seinen ersten, resp. zweiten Geburtstag; heute ist es gerade ein Jahr alt und 's ist ziemlich groß und kräftig für sein Alter. Zum Gratuliren rc. haben wir leider keinen Platz heute, es soll aber schon noch was nachkommen.

Das „Algäuer Volksblatt“ hat den Dr. Suing, einen Westphalen, als Redakteur erhalten, nachdem Hr. Dr. Schneider die Redaktion niedergelegt hat. Der neue Redakteur wird von allen Blättern unserer Partei freundlich bewillkommt.

Oesterreich. In Linz hat der eifrige Katholikenverein einen Protest gegen die obligatorische Civilehe (welche die Wiener Regierungsjuden einführen wollen) und das berüchtigte Figulysche Religionsedikt beschlossen. In Wels errichteten die Katholiken zur Herausgabe eines katholischen Blattes eine eigene Druckerei.

In Wien befindet man sich in vollständiger Confusion; der Liberalismus ist rathlos, nachdem sein Haupt, Dr. Giskra, selbst keinen Ausweg aus dem Wirrwar, in den die Liberalen, das Unterste zu oberst kehrend, gestürzt, mehr finden konnte und deshalb — abdankte. Der Liberalismus hat niedergerissen, aber aufzubauen weiß er nicht und deshalb hat er sich als regierungsunfähig erwiesen; davon wenigstens sind alle Vernünftigen überzeugt. Aber was nun? Es wird eben nichts anderes mehr übrig bleiben, als daß der Kaiser selbst einmal mit fester Hand eingreift, sich ein Ministerium sucht, das Vertrauen erweckt und Allen gerecht zu werden sucht und neue Wahlen ausschreibt. Alles andere ist Flickwerk und nützet nichts, als die Confusion und Vertrauenslosigkeit noch größer zu machen. Nur ein katholisches Oesterreich ist lebens- und existenzfähig, der liberale Schwindel hat abgehaust.

Preußen ahnt, daß der Frieden nicht ewig dauern könne, ja daß er vielleicht gar schon die längste Zeit gedauert hat; „es wittert Leichengeruch“, sagt die „Sächsische Zeitung“, und fühlt sich ohne schützende Wälle im höchsten Grade unbehaglich, denn eine verlorne Schlacht den Franzosen gegenüber läßt ihm keinen Zweifel an dem Eintritt eines schrecklichen Gerichtes, das zweifelsohne in dem Wegfall der Rheinlande, die sich ohnedieß nicht mit unzertrennbaren Banden an Preußen gefesselt halten, und der Wiederherstellung der durch das Jahr 1866 vertilgten staatlichen Verhältnisse sein definitives Urtheil fällen dürfte, gegen das es keinen Appell mehr gibt. In seiner Angst vor neuen gesta Dei per Francos (Thaten Gottes durch die Franzosen) sinnt es Tag und Nacht, wie es sich vor der rächenden Gerechtigkeit schützen möge. Die Hunderttausende von Pickelhauben und bewaffneten Sklaven und alle bezahlten Verräther genügen ihm noch nicht, sein schlechtes Gewissen, das nagende Bewußtsein des Brudermords und

Raubes von 1866 lassen ihm nicht Rast noch Ruhe. Jetzt will es neue Regimenter errichten, jetzt neue Festungen, jetzt „verschanzte Lager“, als ob die Rache der ewigen Gerechtigkeit den Mörder und Raubmörder nicht auch hinter Festungen und verschanzten Lagern und aus der Mitte bajonettenstarrender Armeen hervorholen könnte! Die meiste Furcht scheint es vor den Franzosen zu haben, denn gegen Frankreich hin sollen fast alle neuen „befestigten“ Plätze angelegt werden. Wenn nur die Franzosen nicht früher kommen, ehe die neuesten Festungen fertig sind!

Ausland.

Frankreich. Die Pariser machen sich lustig über die biedere jüdische Heldenfamilie Noir, welche vor einigen Wochen, als in den Blättern stand, sie verlange eine Entschädigung von 100000 Francs für ihren edlen Sprößling Victor, dies als eine „schamlose Verleumdung“ erklärte und versicherte, die betheiligten Erben würden einfach ihr „Recht“ konstatiren lassen und nur 1 (einen) Franc Entschädigung — den ungefähren Werth des edlen Judenknaben — verlangen, jetzt aber wirklich 100000 Fr. verlangt, sich jedoch auch mit 25000 Fr. begnügt haben. Was ist es jetzt mit der „schamlosen Verdächtigung“? Ja nun! Es sind eben Juden und bei denen geht „das Geschäft“ über — Alles! — Der Prinz hat übrigens bei seiner Abreise den Armen von Tours 20000 Fr. hinterlassen.

Verantwortlicher Redakteur: Dr. J. Sigl.

Druck von M. Vogt in München. Rosengasse 1.

II. Jahrgang. | Das Bayrische **Vaterland.** | Auflage: 5400.

Das „Bayr. Vaterland“ erscheint täglich mit Ausnahme der Sonn- und hohen Festtage. Preis des Blattes: Vierteljährig 54 kr., ganzjährig 3 fl. 6 kr. Das einzelne Blatt 1 kr.

Alle Postexpeditionen und Postboten des In- und Auslandes nehmen Bestellungen an. Inserate werden die dreispaltige Petitzeile oder deren Raum zu 3 kr. berechnet.

Redaktion: Burggasse 14. | Herausgegeben von Dr. jur. J. Sigl. | Expedition: Kufsteinbazar 5

Franz v. P. | Nr. 74. | Samstag, 2. April 1870.

Bayerns Politik nach Innen und nach Außen

ist durch die von Minister Graf Bray in der Sitzung vom 30. März in der K. d. Abg. abgegebene Erklärung in folgenden Punkten präcisirt worden.

„Der Zweck unserer inneren Politik, erklärte der Herr Minister, ist, wie ich sie auffasse, die Versöhnung, nicht blos Compromiß und Vermittlung, sondern Versöhnung entstandener Gegensätze durch Aufklärung von Mißverständnissen, und Beruhigung der Gemüther durch Beseitigung unbegründeter Besorgnisse. Die Regierung ist keine Parteiregierung, sie kann und will es nicht sein; sie steht nicht über den Parteien; denn dieser erhabene Standpunkt gehört im konstitutionellen Staate nur dem Souverain.

Sie steht aber außerhalb der Parteien und, meine Herren, das ist nicht immer ein bequemer Standpunkt, aber der einzige, der der Regierung zukommt.

Dadurch daß wir uns im Innern versöhnen, stärken, uns sammeln, sorgen wir für die Gegenwart, aber wir bereiten auch die Zukunft vor, eine bessere Zukunft des engeren wie des weiteren Vaterlandes. Bezüglich der äußeren Politik und der, alle unsere auswärtigen Verhältnisse beherrschenden deutschen Frage ist uns ein ziemlich enger Weg durch die jetzige Lage der Dinge vorgezeichnet, von welchem wir uns weder rechts noch links weit entfernen können. Es bestehen bindende und auf Gegenseitigkeit beruhende Verträge, die gehalten werden müssen, sowie andererseits die berechtigte Unabhängigkeit unseres Landes, unsere freie Selbstbestimmung unversehrt zu erhalten sind. Es ist behauptet worden, daß die jetzige Stellung, die jetzige Lage Bayerns nicht haltbar sei. M. H. Ich theile diese Ansicht nicht. Es geht allerdings durch Europa ein Zug des Provisoriums; in den allgemeinen europäischen Zuständen liegt viel Unfertiges, viel Schwieriges und auch Bayern ist nicht frei davon. Aber deshalb ist die Lage nicht unhaltbar und ich sage mehr, sie ist unangreifbar.

Bayern liegt im Centrum von Europa und von Deutschland; jeder Angriff, jede ernste Bedrohung Bayerns würde Complicationen hervorrufen, welchen auch die größte Macht sich nicht wird aussetzen wollen. Dazu kommt als erster Faktor, daß ein Staat von nahezu 5 Millionen mit dem Kernvolke, wie das unsrige ist, mit einer tapferen und tüchtigen Armee einer äußeren Gefahr nicht so leicht unterliegt, wie denn überhaupt kein Volk ohne eigenes Verschulden zu Grunde geht. Deshalb, m. H., fürchte ich diese Gefahr für Bayern nicht. Ein politischer Grundsatz scheint sich uns gerade jetzt vorzugsweise zu empfehlen: wir sollen das Erreichbare anstreben! Als solches glaube ich bezeichnen zu sollen die sorgsame Pflege der freundschaftlichsten Beziehungen zu allen unseren Nachbarn, in erster Linie zu unsern deutschen Stammesgenossen in Nord und Süd, im Osten und im Westen.

Unser Verhältniß zu Norddeutschland beruht auf der sichern (!) Grundlage der Verträge. Einen Südbund zu begründen, wie es im Prager Frieden vorgesehen war, ist bis jetzt nicht gelungen. Es mag dahin gestellt bleiben, ob deshalb endgiltig darauf zu verzichten ist, aber auch ohne ihn liegen in der Gemeinsamkeit der Interessen Süddeutschlands Anhaltspunkte genug zu einem steten und herzlichen Zusammengehen auf der Basis vollster Gleichberechtigung. Was ich hiemit empfehle, ist eine praktische Politik, eine Politik unserer wahren Interessen; was ich Ihnen verspreche, ist eine offene Politik und selbstverständlich eine ehrliche und loyale Politik.

Eine offene Politik hat für uns um so weniger Schwierigkeiten, m. H., als wir keine geheimen Verträge haben, keine geheimen Verpflichtungen, keine geheimen Plane und überhaupt keine politischen Geheimnisse. Was wir wollen, was wir anstreben, was wir wünschen, darf die ganze Welt erfahren: wir wollen Deutsche, aber auch Bayern sein.

In der gestrigen Rede des Hrn. Abg. Schleich hat derselbe bezüglich der Allianzverträge vom 22. August eine doppelte Befürchtung zu erkennen gegeben, einmal die Befürchtung, wohl hervorgerufen durch die Bezeichnung dieser Verträge als Schutz- und Trutzbündnisse, daß ihre Richtung auch eine offensive sei, und die weitere Befürchtung, daß uns dadurch auch im Frieden gewisse Beschränkungen und Lasten auferlegt seien. Für die Bedeutung eines Vertrages ist wohl dessen Inhalt allein maßgebend; ich bedaure, hier nicht den Text zu Handen zu haben, aber derselbe lautet im Art. 1: „Es garantiren sich die hohen Contrahenten gegenseitig die Integrität des Gebietes ihrer bezüglichen Länder und verpflichten sich, im Falle eines Krieges ihre volle Kriegsmacht zu diesem Zwecke einander zur Verfügung zu stellen.

Damit ist der Zweck ganz deutlich angedeutet; er ist kein anderer als die Wahrung der Integrität des Besitzes jeder der beiden Staaten. Versetzen Sie sich, m. H., einen Augenblick in das Jahr 1866 zurück, — ich thue es nicht gern — und Sie werden sich überzeugen, daß damals die fraglichen Verträge der einzig mögliche Ersatz waren für das eben zerrissene Band des rein defensiven deutschen Bundes.

Ich war bei den Friedensverhandlungen selbst gegenwärtig und ich kann Ihnen die Versicherung ertheilen, daß von einer offensiven Bedeutung der Verträge, von einem Angriffe auf fremdes Gebiet nirgends die Rede war, sondern daß lediglich von der Abwehr eines fremden Angriffs gesprochen wurde. Es gibt eine doppelte Offensive m. H., eine politische und eine strategische. Die politische Offensive ist durch den Inhalt der Verträge unbedingt ausgeschlossen, die strategische Offensive, bei schon entschiedenem Kriege, wird sich der Führer einer schlagfertigen Armee jederzeit vorbehalten müssen.

Die zweite Befürchtung, welche der Herr Abgeordnete Schleich ausgesprochen hat, findet sich im Inhalt der Verträge ebensowenig begründet; der Text hat nur den Kriegsfall im Auge. Allerdings liegt es in der Natur einer

Allianz, daß Wehrkräfte auf beiden Seiten vorausgesetzt werden. Wenn unserem Verbündeten daran gelegen sein muß, daß wir nicht wehrlos seien, so haben wir ein noch viel höheres, viel mächtigeres Interesse daran, es nicht zu sein. Deshalb m. H., nehmen Sie getrost Ihren Patriotismus und Ihre erleuchtete Vaterlandsliebe zur einzigen Richtschnur Ihrer jetzigen Verhandlung und Ihrer freien Beschlußfassung". —

Diese Darlegung — wir waren leider nicht in der Lage sie aus dem Munde des Hrn. Ministers selbst zu hören — lautet bedeutend anders als der gedruckte Bericht, der uns gestern vorlag, sie wiedergegeben hat; sie kann uns über die Tragweite der Verträge einen gewissen Grad von Sicherheit dafür geben, daß wir nicht unbedingt ein Werkzeug in der Hand Preußens sind, nicht Werkzeuge für alle Fälle sind, z. B. nicht für einen von Preußen leichtsinnig vom Zaune gebrochenen Angriffskrieg. Das Bündniß hat nach der Erklärung des Hrn. Ministers somit einen rein defensiven Charakter. Wir glauben aus der Darlegung des Hrn. Ministers auch noch die Hoffnung uns entnehmen zu dürfen, daß im Kriegsfall die papiernen Verträge uns schwerlich hindern werden, in Verfolgung der von ihm versprochenen „praktischen Politik, der Politik unserer wahren Interessen" vor Allem das Ziel im Auge zu haben und darnach zu handeln, daß wir „nicht blos Deutsche, sondern auch Bayern sind", welche ein Vaterland zu verlieren haben. Weil „wir Deutsche und Bayern sein wollen und es zu bleiben wünschen", werden wir wenn nöthig Bayern und Deutschland vor der Verpreußung nach besten Kräften zu wahren wissen, wir und unsere „Nachbarn im Osten und im Westen".

Das Vertrauen, welches wir dem Grafen Bray entgegengetragen haben, scheint uns demnach in dieser seiner Erklärung über die künftige Politik Bayerns nach Außen seine feste Begründung gefunden zu haben; dem Altbayer Bray glauben wir, daß seine Versprechungen so offen als ehrlich gemeint sind; deshalb verhoffen wir uns auch den besten Erfolg von der von ihm angedeuteten künftigen inneren Politik der bayrischen Regierung, — der ehrlichen Politik der Versöhnung und Beruhigung.

Rede des Abg. Pf. Mahr gegen den Militarismus

in der Sitzung vom 30. März.

(Stenographischer Bericht.)

„M. H.! So lange das Bayernland unter dem Scepter der Wittelsbacher steht, so lange insbesondere König Maximilian I. dem Lande das kostbare Geschenk der Verfassung gegeben, hat das Volk dieses Landes wohl nie mit größerer Spannung und sittlicherer Erwartung den öffentlichen Angelegenheiten entgegengesehen, als dem Resultate der Kammerverhandlungen in dieser Periode. Das bayerische Volk ahnt, fühlt, ja weiß, daß sich im Jahre 1870 für dasselbe ein bedeutungsvolles, ein höchst wichtiges, ein folgenschweres Stück seiner Geschichte abwickelt. — Darum hat denn auch dieses Volk mit einer bewunderswerthen Ausdauer und Zähigkeit seine ganze Kraft eingesetzt gegenüber den noch nie dagewesenen, ungeheuerlichen Maßnahmen der k. b. Staatsregierung bei den Wahlen, damit der Majorität des Landes gerade in diesem Saale Ausdruck verschafft werde und — das Volk hat gesiegt.

Ich habe Ihnen schon angedeutet, warum das bayerische Volk unsere patriotischen Abgeordneten in diesen Saal geschickt hat; ich habe Ihnen angedeutet, daß es uns geschickt hat, um unsere ganze Kraft einzusetzen, daß die Selbstständigkeit Bayerns gewahrt und das schleichende Gift der Verpreußung aus dem Staatsorganismus entfernt werde.

M. H. Das bayerische Volk möchte nun einmal nicht wahrnehmen, daß sich die sogenannten liberalen und preußischen Elemente bis in die höchsten Hof- und Civilstellen drängen und daß sie an die Spitze der Administration und des Heeres treten, ähnlich wie dies in Hannover der Fall war, wo in Folge der preußischen Machinationen dessen König wohl längst an Preußen verrathen und verkauft war, ehe das furchtbare Ereigniß eintrat für das Land.

Darum ist es auch in Folge dessen, daß wir die Majorität in diesem Hause erlangt haben, gelungen, diesen Gesinnungen wenigstens eine Andeutung in der Adresse zu geben und in Folge davon ist eben derjenige k. b. Staatsminister, welcher in seiner Eigenschaft als preußischer Vicepräsident im Berliner Zollparlament mit den äußersten nationalliberalen Elementen gegen die bayerischen Abgeordneten stimmte, nicht mehr an seinem Posten und ich begrüße es mit größter Freude, daß der neue Herr Staatsminister des Aeußern so eben betonte: Wir wollen Bayern sein. Das bayerische Volk, dessen Wohlstand und Freiheit ihm als sehr kostbare Güter erscheinen, hat wenigstens gewagt und sich ermannt, seinen Willen kund zu geben, daß endlich eine Aenderung dieses Systems, das sich bisher in Bayern breit machte, eintrete.

Allein damit, m. H., ist blos ein Stück Arbeit gethan, es kommt jetzt ein zweites Stück Arbeit und dies ist der ganz entschiedene Kampf gegen den Militarismus, diesen Unhold, der wie ein Alp auf den europäischen und deutschen Staaten lastet und somit auch auf Bayern.

M. H. Das bayerische Volk kann und will eben durchaus nicht verstehen, wie man fortwährend Verträge machen, heilige Verträge und Bündnisse schließen und sich schwören kann, daß man „auf ewige Zeiten" Frieden mit einander halten wolle und daß man auch gleichzeitig alle seine Kräfte daran setzt, immer mehr Soldaten aus dem Volke herauszupressen, neue Kasernen zu bauen und abermals die Festungen in Stand zu halten. Dies begreift das bayerische Volk nicht. Das bayerische Volk erwartet daher von seinen Abgeordneten, ich spreche natürlich zunächst von unsern patriotischen Abgeordneten, daß die unnatürlichen und ungeheuerlichen Verhältnisse, welche in dieser Hinsicht bestehen, in das normale Bett eingeleitet worden und es verlangt, daß den Ungeheuerlichkeiten des Militarismus endlich einmal gesteuert werde. Das Volk verlangt, daß gerade die besten, die gesundesten, die tüchtigsten Kräfte des Landes ihrer natürlichen Bestimmung wieder gegeben werden, das heißt der bürgerlichen, der gewerblichen und der ländlichen Arbeit und nicht in den Kasernen nutzlos in übermäßig langer Zeit verkümmern.

M. H. Das ganze bayerische Volk, auch der Theil des Volkes, den Sie da drüben vertreten, ist darüber einig, daß der Militarismus, wie er gegenwärtig auf Bayern lastet, zum Ruin des Landes führt. Und wenn Sie vielleicht nicht wollen oder nicht können, oder zu widersprechen wagen, daß dies so ist, so verlangt das bayerische Volk eben von uns, daß wir den Muth haben, es in diesem Saale zu bekennen. (Dr. Völk schreit: Da brauchen wir Sie nicht dazu Herr Mahr. Mahr beruft sich, daß er das Wort habe und nicht Dr. Völk).

M. H. Das bayrische Volk sieht nicht in möglichst vielen Soldaten die eigentliche Stütze des Landes und der Regierung. Wenn wir im Jahre 1866 auch 100,000 und eine halbe Million Soldaten gehabt hätten, so wären die Preußen eben doch bei uns durch die fränkische Schweiz nach Pottenstein gekommen, obwohl, wenn etwa General v. d. Tann dort gewesen wäre, er mit einigen Kanonen, wenn er gewollt hätte, die Preußen hätte zusammenschießen lassen können. (Große Sensation und Lärm, Dr. Völk, die Stütze des Kriegsministeriums, schreit von „Landesverrath" (!!!), der Präsident ersucht, Frieden zu halten und die Persönlichkeiten aus dem Spiel zu lassen, die Linke schreit all durcheinander und nimmt v. d. Tann in Schutz.)

M. H. Das Volk sieht die Stütze des Landes und der Regierung in einem arbeitsamen und in Folge dessen wohlhabenden, an seinem Familienheerde zufriedenen Bürger- und Bauernstand, der zur Staatsregierung Vertrauen hat und mit derselben in Frieden lebt.

M. H. Ich bin dem Herrn Referenten Kolb sehr dankbar für die Bemerkung, daß er nicht darauf versessen sei, alle Vorschläge, die er vorgebracht, durchzuführen; denn wir wollen allerdings auch nicht mit den Herren, die gestern hier gesprochen haben, mit Gewalt ins Milizsystem hineinspringen, dies fällt uns gar nicht ein. Wir und das bayrische Volk wollen eine kräftige, gut geschulte und vor Allem gut bewaffnete Armee, denn es wäre eine Sünde am Volke, wenn wir unsere Soldaten in's Feld schicken müßten, ohne sie gut zu bewaffnen. Entweder gut bewaffnete Soldaten oder gar keine. Allein m. H. wir wollen dabei ein Heer, welches auch in genauem Verhältniß steht mit der Größe des Landes, mit der Größe der Bevölkerung dieses Landes und mit seiner Steuerkraft. Sonst könnte es irgend einem andern Staate einfallen, uns zuzumuthen, etwa eine halbe Million Soldaten zu halten, weil Bayern über 4½ Millionen Einwohner hat. Wir wollen ein Heer, worin jeder Soldat es als eine Ehre betrachtet, Soldat zu sein. Wir wollen eben nicht, daß etwa wie in Preußen, der Mensch erst beim Junker und Lieutenant anfängt und die vorzüglichsten Offiziersstellen blos mit Adeligen und oft mit welchen Adeligen! besetzt werden.

Das bayrische Volk will ein gutgeschultes, entschieden patriotisch gesinntes, wohlbewaffnetes Heer, auch allen Eventualitäten und Umsturzbestrebungen der Socialdemokratie gegenüber. Wir wollen nämlich nicht mit dem Berliner Hrn. v. Schweizer die blutrothe Fahne von all unsern Residenzen herunterwehen sehen in Deutschland, das wollen wir nicht. Aber das Volk glaubt, daß seine Söhne mit Opferwilligkeit auch in kürzerer Zeit gut exercirt werden können und daß der ächt militärische Geist, von dem man so viel spricht, namentlich in Preußen, in einem kurzen Kriege viel besser sich zu eigen gemacht wird, als in einem langen geistlosen Gamaschendienst in der Kaserne.

M. H. Der Herr Referent Kolb hat gestern ein Wort gesprochen, das nicht nur in der Presse, sondern auch persönlich mir oft entgegengehalten wurde, uns „Revolutionären" natürlich, wie Hr. Dr. Völk meint: daß wir nämlich das Heer desorganisiren wollten. M. H., wir wollen das bayrische Heer durchaus nicht desorganisiren.

Aber ich frage, heißt dies das Heer desorganisiren, wenn wir finden, daß bei uns in einem kleinen Staate mit Schaffung hoher Stellen verschwenderisch umgegangen wird? Hier habe ich das Militärhandbuch für das Königreich Bayern vom Jahre 1869 und darin finden wir 101 aktive und pensionirte Generale, Generallieutenants und Generalmajore, so daß bereits bei dem uns im Budget genannten Friedensstande von 35,000 Mann auf 350 Mann ein General kommt!

Heißt dies die Armee desorganisiren, wenn wir finden, daß hier ganz bedeutende Ersparungen in Zukunft stattfinden müssen und daß man bei allen Nebenstellen, wie Montur-, Depot-, Zeughaus-, Kommandantschaften, Gestütverwaltungen ꝛc. statt der Generale und Stabsoffiziere diesen Dienst einfach durch pensionirte Hauptleute auch versehen lassen könne?

Heißt dies die Armee desorganisiren, wenn wir finden, daß die Herren Generäle z. B. die zwei Armeekorps-Commandanten bei ihrer hohen Bezahlung von 6500 fl. Gage noch 3500 fl. eigene Funktionszulagen erhalten und daß sie außerdem noch bedeutende Reit- und Wagenpferd-Rationen erhalten und daß hier gespart werden soll? Die Herren Minister haben doch auch nicht mehr Gehalt und müssen für ihre Equipagen selbst sorgen.

Heißt dies die Armee desorganisiren, wenn wir finden, daß nachdem man früher als Militärbildungsanstalt blos das Cadettenkorps gehabt hat, in neuerer Zeit die Kriegsschule, die Genie- und Artillerieschule, dann die Kriegsakademie und wie die Anstalten alle heißen, entstanden sind — wenn wir finden, daß es nicht überflüssig sei, wenn man das Cadettenkorps nun aufhebe?

M. H. Einer der Herren Vorredner, Graf Fugger, hat betont, daß die Artillerie in Bayern eine ausgezeichnete ist; das gebe ich zu. Die bayrische Artillerie ist berühmt wegen ihrer Schlagfertigkeit und ihrer außerordentlichen Tüchtigkeit. Aber heißt dies eine Armee desorganisiren, wenn wir es sonderbar finden, daß an der Spitze der Artillerie ebenfalls wieder Generale und so und so viele Stabsoffiziere stehen, ja, daß es soweit gekommen ist, daß auf jede einzelne Kanone, welche ins Feld gestellt wird, ein Artillerieoffizier trifft! M. H. Dies sind doch sicher Ungeheuerlichkeiten!

Ich frage weiter, heißt dies die Armee desorganisiren, wenn wir finden, daß in einem so kleinen Staat wie Bayern, es vorkommen durfte, daß auf 190 präsente Mann schon ein Militärarzt nothwendig ist, daß man bei einem Status von 35000 Mann 182 Aerzte sich befinden oder daß auf 400 Mann schon ein Auditor kommt? Denken Sie sich das entsprechende Verfahren in unsern Civilzuständen, so würden unsere Beamten nicht blos verhundertfacht, sondern vertausendfacht werden müssen.

Heißt dies die Armee desorganisiren, wenn wir sagen, daß unsere Militär-Administration die theuerste in der ganzen Welt ist? Es ist dies wirklich fabelhaft! Wenn irgend ein Geldaristokrat, ein Rothschild z. B. 15 oder 20, ja 30 Millionen des Jahres umkehrt und deßhalb ein recht hohes Personal hält, wie hoch glauben Sie, daß die Besoldung dieses Personals kommen wird? Ich frage, ob dieses Personal höchstens mit 20,000 fl. bezahlt ist? Und wissen Sie, was unsere Kriegsadministration kostet? Sie kostet mehr als 400,000 fl. und erfordert dabei 600—700 Köpfe, Hoch und Nieder gerechnet. Finden Sie, daß wir die Armee desorganisiren, wenn wir sagen, hier kann vereinfacht werden?

Hr. Referent Kolb hat gestern gesagt, die Zahl der pensionirten Offiziere betrage, wenn ich ihn recht verstanden, 1099. Heißen Sie das die Armee desorganisiren, wenn wir sagen, daß zukünftig diese 1099 Offiziere, von denen manche im jugendlichsten Alter pensionirt werden, auch im Administrativ- und Kanzleifach verwendet werden und dadurch an Quartiermeistern und Sekretären erspart und der Pensionsfond, der jetzt vielleicht über eine Million*) hinaufgeht, auf eine halbe Million und vielleicht noch weniger reducirt werden könne?

Heißen Sie das die Armee desorganisiren, wenn wir es unverantwortlich finden, daß in der Ausrüstung und Kleidung unendlich viel Luxus getrieben wird, daß man unsere Brüder noch fortwährend in's Feld schickt mit alten unförmlichen Helmen und Kürassen, die längst alle andern Staaten als unnöthigen Ballast über Bord geworfen haben?

---

*) Fast zwei Millionen!

Heißt dies die Armee desorganisiren, wenn das Volk an solchen Spielereien Aergerniß nimmt, wenn man es auf einmal an der Zeit und schön findet, daß der Artillerist mit rothen Hosenstreifen und Hängbüschen ausgeputzt wird? An all diesen rothen Hosenstreifen, an diesen Knöpfen und Hängbüschen hängt aber der Schweiß des steuerzahlenden Volkes und wir sind dazu hergeschickt, um dagegen zu protestiren. Wenn Ersparungen gemacht werden sollen, müssen sie hier gemacht werden.

M. H. Wir sind nicht für Desorganisation der Armee, nein, ich wiederhole es nochmals, wir sind für eine schlagfertige, gutgeschulte Armee, die aber in einer geringen Präsenzzeit vollkommen schlagfertig gemacht werden kann. Das bayrische Volk will daher nur die kranken Auswüchse des Militarismus beseitigt wissen, es will dies aber auch ganz bestimmt und wir würden uns schämen müssen, heimzugehen und sagen zu müssen: Wir haben diesen wunden Fleck nicht berührt, wir haben nicht Rechnung getragen, daß dem steuerzahlenden Volke in dieser Weise eine Erleichternng werde. Wir protestiren also gegen das gedankenlose Verschwenden von Millionen, wenn sie nicht nothwendig sind. Wir wollen nicht durch immer neue und neue Defizits noch tiefer in die Hände der Juden fallen. Wir wollen nicht, daß das Volk wie in Oesterreich mit einer Masse von Papier überschwemmt wird und dabei verarmt.

Kurzum wir wollen — doch ich will Sie nicht länger aufhalten, obwohl ich Ihnen noch Manches sagen könnte, was gut ist — sondern ich schließe mit den Worten: Ceterum autem censeo, Carthaginem esse delendam d. h. das Volk, das bayrische Volk will keine neue Steuererhöhung zu Gunsten des Militarismus, es kann keine ertragen, und sie darf ihm nicht aufgebürdet werden. Das ist meine Meinung".

Deutschland.

München, den 1. April.

Landtag. (Schluß des gestrigen Berichtes.) Hasenbrädl erklärt das Sparen für eine Nothwendigkeit, will aber auch eine gutgeschulte schlagfertige Armee. Marquardsen fürchtet für das Wehrsystem, wenn gar so gespart werde. Er ist gegen Milizen und wünscht gleiches Reglement und gleiche Bewaffnung mit den Preußen. Wollten wir die Armee vermindern, so müßten wir darum erst die Preußen fragen. Grell entgegnet auf mehrere Einwürfe der Fortschreiter. Wolle man Krieg führen, müsse man Geld haben, also jetzt sparen, wo wir keinen Krieg haben. Dr. Westermayer weist die Fortschrittler auf ihre Wahlprogramme hin, in denen sie alles versprochen, was die Patrioten jetzt thun wollen. Völk will schon früher gewollt haben, daß man spare, will aber dabei immer überstimmt worden sein. (Ah! doch nicht von den Patrioten, deren in der vorigen Kammer nicht viel über ein Dutzend waren?) Jetzt führe das Sparen nicht zum Ziel; es demoralisire die Armee, wenn man den braven v. d. Tann verleumde (!!). Erst solle man die Kammer der Reichsräthe beseitigen, dann könne man sparen. Dr. Huttler will auf einmal keine Miliz, sondern ein Volksheer, wie die Preußen am Anfang des Jahrhunderts hatten. Mit einem Volksheer will er „moralisch" den Main überschreiten, in Preußen moralische Eroberungen machen und alles Mißtrauen beseitigen. (Wollte Dr. Huttler nicht lieber im Lande bleiben, statt in jeder Rede nach Frankfurt zum Hohenzollernkaiser oder gar nach Preußen zu stiefeln? Es ist nichts mit dem schönredenden Idealismus und halben Liberalismus, man verbrennt sich nur die Finger damit.) Dr. Ruland ist mit Lerchenfeld gegen die hohen Militärlasten und erinnert an die ungeheuren, in den letzten Jahren für die Armee ausgegebenen Summen. Fischer spricht von seinem Standpunkt über Verschiedenes und wie immer sehr „staatsmännisch." Zum Schluß sucht der Hr. Kriegsminister seine Forderungen zu vertheidigen. Die Reformation der Armee sei eine gebieterische Nothwendigkeit gewesen, wenn Bayern seine Geschichte ehrenvoll fortsetzen wolle, und zu allerletzt zog Dr. Edel auch noch den Schenk-Geyern als abschreckendes Beispiel von Militarismus in den Saal, worauf die allgemeine Debatte schloß.

An der Specialdebatte betheiligten sich Rußwurm, Völk, Dr. Schleich, Wülfert x. xc. Der Kriegsminister vertheidigte als wackerer Soldat seine Forderungen so lange, bis er von der Uebermacht überwältigt war. Wir erwähnen aus der sehr geschäftsmäßigen Debatte nur, daß Rußwurm dringend empfahl, die mechan. Arbeiten an den neuen Gewehren im Inland machen zu lassen, da unser Arbeiterstand, in einer keineswegs beneidenswerthen Lage, diese Rücksicht wohl verdiene. Hr. v. Pranckh sagte dies auch zu. Völk ist nun schrecklich aufgebracht, daß man da noch von Ausland spreche, wo doch Suhl (da werden die Gewehre gemacht) in Deutschland liege. Der „königstreue" Völk „aus Deutschland" kennt also „Deutschland" gegenüber gar kein Inland Bayern mehr?! Darauf entgegnet ihm Rußwurm unter den Zurufen der Rechten: er stehe hier als bayrischer Abgeordneter und da werde er doch wohl für die bayrischen Arbeiter sprechen dürfen. — Der Erfolg der Debatte war, daß dem Kriegsminister statt der verlangten 7 Millionen nur 2,950750 fl. (nach der Fassung des Ausschusses) bewilligt wurden und zwar 2,473750 fl. für 75000 neue Werdergewehre, 360500 fl. für den Mehraufwand auf den höheren Stand an Offizieren, Militärbeamten und Mannschaften und zwar deshalb weniger als der Minister verlangt hatte, weil keine neuen Beförderungen mehr stattfinden sollen, bevor nicht sämmtliche überzählige Offiziere untergebracht sind; 52500 fl. für Armaturlederwerk der Infanterie, 22000 fl. für Feldkochgeschirre, 8000 fl. für Schießplätze an den Kompagniesitzen der Landwehr und 14000 für das abgebrannte Fouragemagazin in Nürnberg. Alle übrigen Forderungen des Ministers (für Handfeuerwaffen der Berittenen, Einführung von Infanteriekanonen, Anschaffung von Fahrzeugen, Einrichtung einer Schießschule (!!), Einkleidung der Landwehr, Garnisonsneubauten u. s. w.) wurden verworfen. Zum Schluß erklärte Graf Bray, daß die Regierung beabsichtige, Landau als Festung aufhören zu lassen.

!! Trauernachricht !!

Unsern wenigen theilnehmenden Freunden und Gesinnungsgenossen theilen wir auf diesem Wege die schmerzliche Kunde mit, daß unsere inniggeliebte Tochter und Freundin, die edle

Landesbase

heute sanft und ruhig entschlafen ist. Sie starb nach lebenslanger Hinfälligkeit an gallopirender Leser-Schwindsucht, chronischer Langeweile und an Dr. Pöhlmann. — Wer den überaus edlen und liebenswürdigen Charakter der Entschlafenen kannte, den bitten wir um stilles Mitleid. Der Herr sei ihren vielen Sünden gnädig! Sie hat sie meist im Unverstand und ohne Ueberlegung begangen.

München, den 31. März 1870.

Die tieftrauernden Hinterbliebenen:

Die Münchener Mittelpartei, verwittibte Austräglerin,
Stenglein, Oberintelligenz u. Justizminister in partibus,
Dr. **Pöhlmann**, Kindsmörder und Redacteur zur Disposition.

Die Beerdigung der theueren Ueberreste beim Wurstler vis-à-vis der Polizei findet morgen vom Trauerhause aus statt.

Verantwortlicher Redakteur: Dr. J. Sigl.

Druck von M. Vogt in München, Rosengasse 1.

II. Jahrgang. Auflage: 5400.

Das Bayrische Vaterland.

Das „Bayr. Vaterland“ erscheint täglich mit Ausnahme der Sonn- und hohen Festtage. Preis des Blattes: Vierteljährig 54 kr., ganzjährig 3 fl. 6 kr. Das einzelne Blatt 1 kr.

Alle Postexpeditionen und Postboten des In- und Auslandes nehmen Bestellungen an. Inserate werden die dreispaltige Petitzeile oder deren Raum zu 3 kr. berechnet.

Redaktion: Burggasse 14. Herausgegeben von Dr. jur. J. Sigl. Expedition: Ruffinibazar 5

Richard. Nr. 75. Sonntag, 3. April 1870.

Abonnements-Einladung.

Zu dem am 1. April beginnenden neuen Quartal laden wir zu rechtzeitigem und recht zahlreichem Abonnement auf das „Bayr. Vaterland“ ein. Die Haltung des Blattes bleibt unverändert dieselbe. Der Zugang von mehr als 1100 neuen Abonnenten im vergangenen Quartal allein auf der Post läßt uns auf recht zahlreiche Neubestellungen hoffen. Der Preis ist wie bisher 54 kr. per Quartal. Inserate versprechen bei der bereits erreichten Auflage von 5400 den besten Erfolg. Alle Postexpeditionen und Postboten (in München die Expedition) nehmen Bestellungen an.

Die Redaktion und Expedition des „Bayr. Vaterland.“

Stoff zum Desavouiren. II.

(Dem Edlen von Stauffenberg gewidmet.)

R. Von der Donau. 3. „Tapferer Kämpfer für Licht und Recht“ heißt der Fränk. Kurier im Munde der Liberalen (Pfälz. Kur. 240.) Schmutziger Thersites wäre zutreffender. Denn als im Herbst die Kammer aufgelöst wurde, beschwor er den Geist des von der Lustseuche zerfressenen Hutten, „des edelsten mannhaftesten und unerschütterlichsten Vorkämpfers der Geistesfreiheit gegen die freiheitsmörderischen Bestrebungen „einer herrsch- und habsüchtigen Hierarchie“ in folgenden Worten: „Möge uns sein Geist erleuchten in dem neuen Wahlkampf,“ daß das Land nicht wieder eine Volksvertretung erhalte wie die heimgeschickte, die unser schönes Land Bayern zum Spott der ganzen gebildeten Welt gemacht hat“; es gelte „zu Felde zu ziehen wider einen Feind, der über dämonische (teuflische) Waffen verfüge, dem zur politischen Wühlerei Kanzel und Beichtstuhl zu Gebote stehe, der die Weiber aufhetze gegen die Ehemänner und die Kinder gegen die Eltern.“ Auf die Köpfe der Patrioten, Katholiken und des Klerus läßt er einen Hagelschauer der gemeinsten Titulaturen niederprasseln: „schwarze Bande, vaterlandslose Römlinge, banditenmäßig hinterlistiger Feind, verrottete Priesterkaste, scheußliche Schmarotzerpflanze“ ꝛc. ꝛc. (vergl. Nr. 276, 280, 283, 291 ff.)

Nicht wahr, o Edler von Stauffenberg, „Der Fleischerhund trägt Gift im Maul“! (Schakesp. Heinrich VIII.) Von Ihrer Wahrheitsliebe nicht minder wie von Ihrer Noblesse erwarten wir, daß Sie sich sofort und öffentlich von diesem Blatte lossagen und jedes der vorstehenden Worte des „Kurier“ als Lüge und Infamie brandmarken. Mit dem nämlichen Rechte können wir Sie hiezu auffordern, womit Sie es in der Kammer gegen das „Vaterland“ gethan haben. Zum Voraus aber wissen wir, daß Sie den Fränk. Kurier nicht desavouiren; denn Ihre Partei ist auf solch schmutzige Kämpfer für „Licht und Recht“ angewiesen.

4) Kennen Sie, Gutester! das noble Dreigestirn: Niederb. Kurier, Regsb. Tagblatt und bayr. Landbote? Ihre Sprache ist die des Gemüsemarktes, ihre Bildung erreicht mit Mühe die eines „liberalen“ Schusterbuben, ihre Religion unterscheidet sich in Nichts von der des Vogt'schen Urmenschen und ihre Moralprinzipien hat uns Lessings liederlicher Bediente im „Freigeist“ verkündet: „Der Mensch ist in der Welt, vergnügt und lustig zu leben; die Freude, das Lachen, das Kurtisiren, das Saufen sind seine Pflichten.“ (II. Akt 5. Scene)

Diese drei Blätter stehen in dem wohlverdienten Rufe, recht arge Pfaffen- und Jesuitenfresser zu sein. Und wirklich stoßen wir in ihren Spalten Tag für Tag auf recht liberale und anständige Benennungen wie: „Schwarze Raben, finstere Pfaffenrotte, heilige Räuber- und Mörderbande, Gewürm, Jesuitenbrut“ ꝛc. für die Geistlichen, und „ultramontane Hausknechte, fluchwürdige Häupter, politische Rastelbinder, schwarzer Landsturm“ ꝛc. ꝛc. für die Patrioten. „Nieder mit den Pfaffen!“ mit diesem mörderischen Rufe stolzirte der „Landbote“ durch die Straßen Münchens und heulte ihn ins Land hinaus trotz Burchtorff, Leonrod und Strafgesetzbuch. Ueberdieß hat jedes dieser drei Blätter für die Dauer des Landtages einen eigenen Esel sich eingestellt, dessen tägliche Aufgabe es ist, gegen einzelne Abgeordnete mit seinen Hinterfüßen auszuschlagen z. B. gegen Lukas, Bucher, Grell, Pfahler ꝛc. (Vgl. Niedb. Kur. 277, 279, 345, 353 ꝛc.; Regsb. Tgbl. 49, 67, 73.)

Desavouiren Sie diese drei Helden? — Sie lächeln und thun verwundert über unsere Zumuthung. Nun, Edler von Stauffenberg, behalten Sie diese „liberalen“ Streiter, die stets bis über die Hüften im Moraste stehen und mit diesem Material auf die Patrioten und Katholiken losbombardiren; behalten Sie Ihre „liberalen“ Ehren- und Biedermänner Knorr, Rietsch, Reithmayer, Volster ꝛc. — fürwahr würdige Repräsentanten und Vertreter des Liberalismus! Wir begreifen, daß Sie sich von ihnen nicht lossagen können, weil Sie sonst die ganze liberale Partei desavouiren müßten.

5) Wenn von „Bildung und Anstand“ die Rede ist, darf die „berüchtigte preußische Hosh—“ Kemptens nicht umgangen werden. An diesem Blatte besitzt das „liberale“ Algäu einen wahren Schatz, und Hr. Alfeld ermangelt nicht, die wissenshungrigen liberalen Geister mit dem kräftigsten Guano zu regaliren, so daß der Liberalismus in die üppigsten Halme emporschießen muß. (F. f.)

Militärisches. VII.

So ein kriegsgewaltiger General-Kommandant, wie wir in Hrn. v. d. Tann in München und v. Hartmann in Würzburg, beide Kriegshelden von 1866, deren zwei in Bayern besitzen, kostet wirklich heldenmäßig viel Geld, leistet aber dafür als eine Säule der Armee gewaltig viel.

Wir dürfen daran nicht mäckeln, sonst erklärt Hr. v. Pranckh gleich wieder die Existenz der Armee für „gefährdet".

Aber von ihren beiden ad latus, von denen man nicht weiß, was sie zu thun haben und für was sie eigentlich da sind, wollen wir doch einiges sagen. Der Generallieutenant ad latus kostet fast 12000 fl., nämlich

5000 fl. Gage,
5000 fl. Funktionszulage (!),
140 fl. Stallgeld,
700 fl. Pferdegratifikation,
1050 fl. für 7 Pferde, à 150 fl. gerechnet, was aber nicht reicht,

thut 11,890 fl. fl. jährlich, dafür daß er „ad latus", — zur Seite des Kommandanten ist.

Der General-Major ad latus kostet etwas weniger, nämlich

3500 fl. Gage,
1500 fl. Funktionszulage,
100 fl. Stallgeld,
500 fl. Pferdegratifikation,
750 fl. für 5 Pferde à 150 fl. Fourage,

thut 6350 fl.

Nun hat aber jeder der beiden Herren, von denen man nicht weiß, wozu sie da sind, einen Hauptmann als Adjutanten, der ihm dabei hilft. Jeder von diesen bezieht wieder

1300 fl. Gage,
200 fl. Quartiergeld,
140 Funktionszulage (!),
40 fl. Stallgeld,
200 fl. Pferdegratifikation,
300 fl. Fourage für 2 Pferde,

thut 2180 fl. für Jeden, macht also 4360 fl. für Beide.

Die beiden ad latus nebst Zubehör kosten also den Staat jährlich mindestens 22,600 fl. dafür, daß sie den General-Kommandanten bei ihrer anstrengenden Arbeit zuschauen oder assistiren. Dazu kommen aber noch die Kosten für Erhaltung von 6—7 Pferdewärter, für Beheizung und Beleuchtung von Bureaux, Bureaudiener, Regie u. s. w., was alles wieder auf Staatskosten geht.

Wir haben da nur ein paar Stellen ausgehoben, von denen das Heil des Vaterlandes schwerlich abhängt, um zu zeigen, wie beim Militär „gespart" wird und wo gespart werden kann.

Um noch eine Kleinigkeit als Beweis militärischer Sparsamkeit anzuführen. Wir kennen ein militärisches Bureau; auf diesem Bureau ist ein höherer besäbelter Bureaumann, über den der Arbeitsgeist erst dann zu kommen scheint, wenn die andern Leute auf dem Bureau zu arbeiten aufhören. Da fängt dann er an, bleibt bis 9 oder 10 Uhr auf dem Bureau und wenn er da nicht die Abendblätter oder sonst was Interessantes liest, so rettet er das Vaterland durch scharfe Revision militärischer Tabellen, wozu er bei Tag entweder keine Zeit oder keine Lust hatte. Wegen dieses Einzigen müssen aber allemal 9 Gasflammen 2—3 Stunden länger brennen. Nun rechne man aus, was der nächtliche Eifer dieses militärischen Federmannes den Staat jährlich Geld kostet! Ob da auch wohl die „Existenz und Schlagfertigkeit der Armee gefährdet" wäre, wenn Hr. v. Pranckh von diesem nächtlichen Unfug erführe und ihn säuberlich abbestellte?!

Was, um noch einmal auf unser Genie-Wesen zurückzukommen, diese Diäten für Beaufsichtigung von Bauten und Reparaturen außer der Gage für bedeutende Summen ausmachen müssen, die alle erspart werden könnten, davon kann man sich eine ungefähre Vorstellung machen, wenn man bedenkt, daß wohl keine Garnison in Bayern sein wird, in welcher das Jahr über wenn nicht gebaut, so doch reparirt wird, und wär's auch nur ein Stiegengeländer, das einmal ein Tapferer nächtlicher Weile im Sturm genommen.

Angesichts der unzähligen Ueberzähligen, der Unmasse von Generalen und Stabsoffizieren und Hauptleuten rc., mit denen das Vaterland namentlich seit anno Babylon gesegnet worden und Angesichts der wiederholten Erklärungen des Hrn. v. Pranckh, daß wir alle die höchst nothwendig brauchen und daß wir deren stellenweise gar noch zu wenig haben, wofür ja durch die letzten Armeebefehle wieder ein (wohin?) schlagender Beweis geliefert worden, überkommt aber unsere patriotische Seele wehmüthige Beklommenheit und all ihre Hoffnungen auf Besserwerden sinken tief unter den Gefrierpunkt wie kaum in den kältesten Wintertagen.

So lange der jeweilige Kriegsminister ganz nach Belieben neue Stellen schaffen oder die bestehenden erweitern darf, ist keine Abhilfe zu erwarten, mögen die Kammern sagen was sie wollen. Diese fortwährenden Beförderungen und Vermehrungen des Offiziers- und Administrativpersonals sind ein wahrer — eine höchst militärische Liebenswürdigkeit gegen das Volk und seine Vertreter. Soll man z. B. doch jetzt schon wieder vorhaben einen eigenen „General-Inspektor" der Kavallerie zu schaffen, also wieder einen theuern Generallieutenant mehr mit 2 Adjutanten und diversen Bureau-Individuen nebst Referenten u. dgl. Haben wir denn nicht bereits einen General-Inspektor der Armee, der das ganze Jahr volle 14 Tage beschäftigt ist, und wird nicht schon jedes Korps alljährlich von dem betreffenden Brigadegeneral und nach diesem von dem ad latus des General-Kommandanten und von diesem Höchstselbst inspicirt? Das könnte denn doch genügen, dächten wir.

Die Ueberanstellungen sind ein heilloser Luxus und werden ohne Kampf nicht abgestellt werden. Wollte Gott, unsere Abgeordneten hätten immer hinreichend Muth, Einigkeit und Entschiedenheit, um da fest und rücksichtslos vorzugehen. Wenn wir auch mit Kolb nicht einverstanden sein können, was das Milizsystem betrifft, so sind wir doch in dem meisten Andern vollkommen mit ihm einverstanden und wünschten nur, daß es auch im Offiziersstande Männer gebe, welche unserer Partei hilfreich an die Hand gehen; denn dieses militärische Treiben und Gewirr klar und deutlich zu durchschauen und die Fehler und Mängel alle zu erkennen, ist Laien-Augen nicht möglich.

Deutschland.

München, den 2. April

Landtag. In der gestrigen Sitzung der Kammer d. Abgeordneten erstattete Graf Fugger Bericht über die Zollnachweisungen für 1866—68. Die Zölle haben 1868 9,025271 fl. ertragen. Lukas will diejenigen wissen, denen Zollkredit gewährt worden, ob der gewährte Kredit gesichert und unverzinslich war. Referent bejaht die Sicherheit, will aber aus Rücksicht auf die betreffenden Fabrikanten (!!) keine Namen nennen. (So?) Schlör wünscht, daß nur recht viel Zuckerzölle kreditirt werden könnten. Lukas ist damit gar nicht einverstanden; er will keine Steuerprivilegien in einer Zeit, wo gar viele Bürger und Bauern der kleinsten Summen wegen von Haus und Hof vertrieben worden. Er wünscht, daß man gegen Letztere mehr Schonung und Milde walten lasse. Kelzner erwartet nicht und warnt zu erwarten, daß in nächster Zeit die Zolleinnahmen sich erhöhen und in der Zollverwaltung Ersparungen eintreten. Er widerspricht der fortschrittlichen Behauptung, daß der Antheil, welcher Bayern aus der Zollvereinskasse zufalle, ein unverdienter sei. Er habe bei seinem 20jährigen Aufenthalt in Preußen die Ueberzeugung gewonnen, daß es in Pommern, Schlesien ꝛc. gar viele Distrikte gebe, die lediglich von Fuselschnaps und Kartoffeln leben, während man bei uns in jedem Winkel behäbig lebe und sich der Konsum fast auf alle verzollten Einführartikel erstrecke. Was alles vom Zollverein an Bayern herausbezahlt werde, sei keineswegs zu viel, dagegen könne nicht bestritten werden, daß wir durch die Salzsteuer bedeutend eingebüßt haben. Wir würden unter dem Salzmonopol viel besser daran sein. Schlör behauptet, alle Staaten hätten gewonnen. (Ja, Jemand muß aber doch verloren haben, wenn wir gewinnen; wer hat dann verloren?) — Die Zollnachweise und die Nachweise über die Eisenbahnbauten erhalten die übliche Genehmigung.

— Der König hat den Oberappellpräsidenten v. Neumayr und den k. Rath und Gutsbesitzer Böcking aus der Pfalz zu Reichsräthen ernannt.

— Eine Anzahl liberaler Abgeordneter haben einen Antrag auf Revision des Preßgesetzes eingebracht, den namentlich das oft und viel gemaßregelte und konfiscirte und von Hrn. v. Burchtorff mit besonderer Vorliebe be-—handelte „Vaterland" mit Freuden begrüßen sollte. Aber wir meinen, auch beim freisinnigsten Preßgesetz wird die Katze immer auf die alten Füße springen, wenn man nicht auch die betreffenden Polizei- und Staatsgewaltigen und sonstige Confiscirbeamten freisinnig, nämlich wirklich freisinnig machen kann. Und das geht mit Gesetzen allein nicht; dazu ist der Karren schon viel zu verfahren. Wir werden beim „Geburtstagsartikel" darauf und auf die Leidensgeschichte des „Vaterland" mit gewohnter zarter Rücksicht auf Alexis v. Burchtorff zu sprechen kommen. Beiläufig müssen wir aber doch bemerken, daß es uns auffällt, warum die Liberalen gerade jetzt mit ihrem Antrag auf volle Preßfreiheit kommen. Meinen etwa die Herren gar, es könnte, nachdem das liberale Regiment in Bayern ziemlich abgehaust hat und man fortan in etwas „gemäßigterem Tempo" regieren zu wollen wenigstens scheint, — es könnte jetzt am Ende gar der Stiel umgekehrt werden und etwa in Zukunft gar am liberalen Holze dasselbe geschehen, was bisher zur Zufriedenheit und unter dem Beifall der Liberalen am ultramontanen geschehen ist? Es wäre wohl möglich! Dann aber zeigt es von großer liberaler Schlauheit, daß die Herren bei Zeiten dafür sorgen, daß, nachdem die Ultramontanen ihr Theil bereits weg haben, die Liberalen gehörig das Maul aufthun können, ohne daß sie dabei besondere Unannehmlichkeiten zu fürchten brauchen. In diesem Falle wäre es, damit auch sie erfahren, wie wohl uns die bisherige Preßherrschaft gethan hat, gar nicht ohne, wenn man sie noch ein paar Jahre unter dem alten Regime zappeln ließe. Oder sollen die Ultramontanen sich blos deshalb an den Dornen haben wund stechen lassen müssen, damit dies den Liberalen erspart blieb und sie sich an den Rosen erfreuen können? Aber wir denken ja nur!

— Die „Bayr. Landeszeitung" hat gestern nach anderthalbjährigem Bestehen zu erscheinen aufgehört. Alt ist sie nicht geworden und lesbar auch nicht. Sie war ein recht langweiliges, fades, arrogantes Organ für mittelparteiliche alte Weiber, die dürre Haide, auf der Melchior Stenglein seine edlen Geistesprodukte abzulagern pflegte, ohne sie dadurch fruchtbar machen zu können. Von allen bayrischen Blättern war die Landesbase das widerlichste, weil Impotenz mit eingebildeter Arroganz, natürliche Langeweile mit geistloser Verbissenheit, absprechendes Vorurtheil mit Kriecherei und scheinheiliger Loyalitätsheuchelei in lieblicher Abwechslung bei ihr zusammenlebten, wirkten und Unfug trieben, im Uebrigen gehörte das Blatt zu den sogenannten „anständigen" und wurde ihr erst vor etlichen Tagen beim Schwurgericht in Augsburg eine große Lobrede gehalten. Im „Liberalen Schimpflexikon" ist der Landesbase eine verdiente Denksäule gesetzt.

— In Nr. 73 (Magistratisches) ist der „Auswürfling" — wie beiläufig bemerkt wir in unserer Entrüstung ihn nannten —, der „arme Schüler in einen frommen Verein" sammelte, ein Benediktiner genannt; das ist ein Mißverständniß. Der verruchte geistliche Frevler gegen den alleinseligmachenden Fortschritt, welcher in so hohem Grade Hrn. Schroll's mannhaften Zorn erregte, ist ein Kooperator von der Au, wo man dem Hrn. Stadtpfarrer ganz mit Recht jeden Tag ein halbes Dutzend Gendarmen auf Mittag zur Ueberwachung der Tischgespräche schicken sollte, denn wer weiß, was da alles gegen den Fortschritt ausgekocht wird. — Bezüglich der Denunciation der armen Frauen zum guten Hirten, durch die der rühmlichst bekannte intelligente Magistrats-Chorherr von Haidhausen Fortschritt und Vaterland wieder glücklich auf einige Zeit gerettet hat, erfahren wir, daß der Herr Inspektor der Schule in Haidhausen sich bereits an die kgl. Lokal-Schulinspektion München gewendet hat, damit eine genaue Untersuchung der von benanntem Chorherrn gegen die dortige Mädchenschule geäußerten Behauptungen über die ehrwürdigen Frauen Lehrerinen im Kloster zum guten Hirten eingeleitet werde. Vielleicht findet Herr Chorherr dadurch Gelegenheit, sich persönlich von der großen Weisheit des Satzes zu überzeugen:

Was Dich nicht brennt, das blase nicht!

Von Freising, 1. April, wird dem „Vaterland" geschrieben: Theatralisches! Der vergangene Monat März hat uns ungewöhnliche Genüsse gebracht. Den Glanzpunkt bildete das Originalstück „Barbara Ubryk" oder „die eingemauerte Nonne", welches zweimal über die Bretter ging. Obwohl einfache Dienstmädchen bemerken wollten, daß die Geschichte keinen Zusammenhang habe, so ernbteten die Darsteller doch den rauschendsten Beifall der „Gebildeten". (Natürlich!) Denn es war nun für sie der unwiderlegliche Beweis geführt, daß die Klosterfrauen insgesammt „grausame Furien" und die Beichtväter „schlechte Kerle" seien. Wie beruhigend für die Osterzeit! Die hiesigen Klosterfrauen und Beichtväter sind selbstverständlich wie „vernichtet"; die Schulschwestern getrauen sich seit dieser Zeit die Schwelle der Clausur nicht mehr zu überschreiten. Die Geistlichen sind etwas kecker. Sie wagen sich nach wie vor in den Beichtstuhl, kümmern sich wenig um die hergelaufenen Burschen und Weibsen, von welchen sie zum Vergnügen liberaler Seelen verhöhnt werden, und bedauern die armen Geschöpfe, deren erhabener Geist solches Eichelfutter wie „Barbara Ubryk" schmackhaft findet.

r. Aus dem „Algäu" wird dem „Vaterland" geschrieben: Längst ist es den Wäscherinen und Hausknechten zum Eckel geworden, so oft wiederholt unser liberales Käsblatt — die schöne „Kempterin" den Ausdruck „Sauhieb." Alle Welt weiß, daß dieses Wort ein bekannter Ausdruck vom Fechtboden ist, dem nicht die geringste Unanständigkeit anklebt: nur dem klassisch gebildeten Alfeld ist dies unbekannt, denn er hat seine Universitätsstudien im Souffleurkasten gemacht. Was den „parlamentarischen Takt" betrifft, so findet er sich nicht bei der Linken, wie wir den „Anstand" bei den Liberalen überhaupt nirgends suchen. Was sollen wir von der „Bildung" und dem noblen Benehmen unserer Liberalen in der Kammer halten? Läßt sich doch selbst der „Nürnb. Anz." vom 15. März über deren parlamentarischen Takt also vernehmen: „man macht sich auf der linken Seite ein Geschäft daraus, die Redner der entgegengesetzten Seite durch Strampfen, Lärmen, Kichern, lautes Lachen und Spötteln in ihren Vorträgen irre zu machen oder durch vornehmes Hinauslaufen aus dem Saale eine dem Anhören des Gegners von vornherein widerwillige Dünkelhaftigkeit zu zeigen. . . . Man nimmt sich heraus, die Ansichten des Gegners, den man nur halb anzuhören sich herbeiläßt, ohne alle eingänglichere Prüfung geradezu als einfältig ungeschickt und unberechtigt zu verunglimpfen.“ Hat sich der Nürnb. Anz., als er dieses herbe Urtheil über unsere liberalen Kammerhelden niederschrieb, nicht geirrt und uns vielleicht Scenen aus — andern Lokalen berichten wollen? Ist es möglich, daß Männer, gebildete Männer, liberal-gebildete Männer, welche als Sterne erster Größe gepriesen und als unerreichbare Muster aller Bildung und Intelligenz ausposaunt werden wollen, — daß Männer „strampfen, lärmen, spötteln, kichern und lachen“, um die patriotischen Redner zu stören und zu verwirren? Wir wissen wirklich nicht, was für eine Bezeichnung wir für solche liberale — Bildung und Noblesse wählen — dürfen! Die Liberalen haben geschworen, des Landes Wohl und Wehe mit ihren Kollegen zu berathen, nicht zu strampfen und zu lärmen; sie sind in die Kammer gesendet auf Pflicht und Eid hin für das Beste des Volkes im Verein mit den Patrioten zu sorgen. Wenn man jedoch die Ansichten des Gegners mit „Holzklötzen“ niederschlägt statt sie zu prüfen; wenn man sie lächerlich zu machen sucht, statt sie zu würdigen, dann ist dies Gebahren — (der Art, daß Hr. v. Burchtorff uns niemals die richtige Bezeichnung dafür gestatten wird. D. Red.) Lukas griff unlängst das Großkapital an; Fischer höhnt ihn deshalb in — liberalster Weise, und doch ist auch er geschickt nicht den Beutel der jüdischen Wucherer zu berücksichtigen, sondern das Volkswohl ins Auge zu fassen, nicht das Großkapital und die Großindustrie zu hätscheln, sondern die Arbeiter gegen beide und gegen ihr aussaugendes System zu schützen. Doch die Liberalen achten nirgends weder Personen noch Ueberzeugungen. Darum erwartet der Nürnb. Anz. von seiner Rüge umsonst, daß „bessere Sitten und anständigere Manieren in den Reihen der Liberalen einkehren.“ Vor wie nach werden sie „strampfen und lärmen“ und lachen und spötteln“, mag solches Benehmen noch so oft und bitter gerügt und getadelt werden. (Den Schluß der Correspondenz könnten wir gegen eine sichere Anweisung auf Rosenberg abdrucken und dazu haben wir wirklich gar keine Lust, da wir die dortige schöne Gegend bereits zur Genüge kennen. D. Red.)

Baden. In Karlsruhe heirathete ein Jude ein kathol. Mädchen und wurde zur Strafe dafür aus seiner Judengemeinde ausgeschlossen. Es verlautet nichts, daß Minister Joly, der seiner Zeit wegen des exkommunicirten Freimaurers Strohmayr in Konstanz Himmel und Hölle, besonders aber die großherzoglich badische Polizeimacht in Bewegung setzte, der Judengemeinde deshalb Schwierigkeiten machte, noch auch, daß die „liberale“ Presse darüber „sittlich-entrüstet“ wäre. Warum auch! Haben es ja Juden gethan! Die Juden dürfen es thun, die Katholiken aber nicht!

Oesterreich. Wien. Sämmtliche Abgeordnete aus Galizien und der Bukowina, die Rovenen aus Krain und Steiermark, dann die Ruthenen, Istrier, Görzer und Triester haben ihren Austritt aus dem Reichsrath erklärt. Bleiben also nur noch die deutschen Liberalen im Reichsrath! — Der östr. Gesandte in München hat das Großkreuz des Leopoldordens erhalten.

— Die Minister wollen alle miteinander gehen, wenn der Kaiser nicht zugebe, daß diejenigen Landtage aufgelöst werden, deren Abgeordneten den Reichsrath verlassen haben.

In Wien haben die Liberalen bekanntlich eine schwere „Erwerbssteuer“ ausgebrütet, zu der Jeder herangezogen werden soll, der über 300 fl. verdient. Der Finanzminister hat den murrenden Arbeitern den — eigenthümlichen Trost gegeben, diese Lohnsteuer werde die wenigsten Arbeiter treffen, weil die wenigsten sich über 300 fl. verdienen! Wirklich ein recht ausgiebiger Trost, nur Schade, daß die Arbeiter eben damit nicht zufrieden sind und sich mehr verdienen möchten, um, wie sie sagen, „leben zu können“. Sie ersehen in der neuen Steuer, und sprechen es in zahlreichen Versammlungen drohend genug aus, „eine ungerechtfertigte Bedrückung des arbeitenden Standes und lassen dem Grafen Dürkheim, der gegen die Steuer und die Liberalen gesprochen, überall hoch leben. Bezüglich der liberalen Presse scheinen übrigens die Wiener Arbeiter sehr gesunde und richtige Ansichten gewonnen zu haben“. Was ist die heutige Journalistik?“ warf einer von ihnen in einer Arbeiterversammlung die Frage auf, und beantwortete sie sofort wie folgt: „Eine Vertretung des Säckels, des Geldprotzenthums, purer Schwindel! Wie an der Börse mit Aktien geschwindelt wird, so schwindelt die liberale Presse mit der öffentlichen Meinung!“ Und ein Anderer sagte nicht weniger richtig: „Die liberalen Zeitungen vertreten nicht die öffentliche Meinung, sie wollen dieselbe beherrschen, sie wollen uns ein X für ein U vormachen. Das Wiener Zeitungsschreibervolk besteht aus Bourgeois (und Juden!); gegen den Klerus ziehen sie los, weil das nicht ihre Haut; wenn aber die Setzer ihren Lohn verbessern wollen, so schreien sie Zeter und Mordio.“ (Sehr richtig). Ein dritter Arbeiter sagte, daß es den (Wiener) Abgeordneten nur um die Diäten zu thun sei und den liberalen Zeitungen um's Geld. Diese Blätter wollen die Arbeiter auf den rechten Weg führen! Die Arbeiter brauchen solche Bildungen nicht. Die Unmoralität, mit der diese Zeitungen angefüllt sind, ekelt den braven Arbeiter an, er strebt nach wahrer Bildung“ — Das sind ja ganz vernünftige Ansichten von den Wiener Arbeitern! Was sagen denn unsere Arbeiter dazu?

Preußen. In Berlin liegt dem Reichstag ein Gesetz über Umwandlung der Bundesschulden vor. Der Nationalliberale Miquel empfahl dasselbe mit dem Bemerken, daß der norddeutsche Bund zur Erfüllung seiner „nationalen“ Aufgaben wahrscheinlich in den nächsten Jahren noch mehr Schulden werde machen müssen und da dürfe ihm der Reichstag keine Schwierigkeiten beim Schuldenmachen in den Weg legen, sonst könne der Bund seine „nationalen“ Aufgaben nicht erfüllen. Schöne Aussichten! Nur recht viel Schulden machen, das ist recht lockend für den Süden. Wer übrigens dem Bund, der rein in der Luft schwebt und keinen Kreuzer Vermögen hat, die gemachten Schulden einst zahlen soll, das wissen die Götter!

Ausland.

Schweiz. Der liberale Pöbel, worunter wir ja nicht den Pöbel im zerlumpten Kittel verstehen, scheint in der Schweiz ebenso gemein und verkommen zu sein wie der liberale Mob in andern „civilisirten“ Bezirksämtern. Das haben die Liberalen letzten Fasching in Basel bewiesen. Schon im Voraus machten sie bekannt, daß das Concil nachdrücklich verhöhnt und verspottet werden sollte. Die 13000 Katholiken von Basel schickten eine Deputation an den Bürgermeister, der eine solche „Schmach für die Stadt Basel“ zu verhüten versprach. Aber die Liberalen waren stärker, als er. Die Fastnacht kam und brachte den Papst, die Kardinäle zu Wagen, zu Pferd und zu Fuß, Jesuiten und Kapuziner, wenigstens 80, Klosterfrauen und Barmherzige Schwestern, mit denen erstere abscheulich maskirt den gröbsten Unfug vor aller Welt trieben; Wiege und Kind (Puppe) fehlten auch nicht und an Obscönitäten fehlte es ebenfalls nicht. Die maskirten Bischöfe spendeten den Segen, zerbrachen Hostien und verzehrten sie oder warfen sie unter das gaffende Publikum; Ablässe wurden feilgeboten und verkauft, der Peterspfenning verhöhnt — kurz es war ein niederträchtiger liberaler Spektakel — unter den Augen der Regierung und der Polizei, die ja Liberalen nirgends zu nahe tritt. Politische Anspielungen außer auf Spanien wagte man nicht, nachdem die Liberalen früher einmal wegen Verspottung Napoleons von zufällig anwesenden französischen Offizieren mit Reitpeitschen ordentlich bearbeitet worden. — Die ganze katholische Bevölkerung in und um Basel ist durch diesen ruchlosen Hohn aufs Tiefste gekränkt, der päpstliche Nuntius hat bei der Schweizer Regierung Klage gestellt. Man sollte nun glauben, anständige Blätter jeder Farbe mißbilligen den bübischen Skandal; allein da irrte man sich. Nicht ein liberales Blatt hat seinen Tadel darüber ausgesprochen, die meisten haben alles sehr wohlgefällig berichtet und in Kempten, Gaimersheim und ähnlichen liberalen Hauptstädten — machte man es nach. So anständig und gebildet ist man heute!

Italien. In Ravenna haben die Behörden die Beamten der öffentlichen Sicherheit als die „bedrohlichsten Feinde der öffentlichen Sicherheit" entwaffnet, zusammengepackt und mit Militär nach Bologna geschubt. Das verehrliche Publikum hat dann die Republik hoch leben lassen und „nieder mit der Monarchie! Wir wollen Rom!" zur Feier dieses freudigen Ereignisses geschrien. Gleiche Rufe ließen sich am 24. in Pavia und Piacenza aus dem mit zahlreichen Unteroffizieren gesprenkelten Volkshaufen hören, der dann mit Revolvern aus dem k. Zeughause sich bewaffnete, in das er durch Verrath von Unteroffizieren gelangte, und die Truppen in ihrer Kaserne angriff. Todte und Verwundete auf beiden Seiten. Aehnliche Botschaften kommen aus andern Städten und Orten. In Parma haben sich die Bauern erhoben, läuten die Sturmglocken, erbrechen mit den Rufen: Nieder mit der Mahlsteuer! die Mühlen, um ohne Besteuerung ihr Getreide mahlen zu können. Kavallerie und Gendarmen suchen umsonst die Bauern zu bändigen. Die Unzufriedenheit ist im „geeinigten Italien" überall auf dem höch'ten Gipfel, das Maß übervoll. So weit ist es schon, daß die Steuern nicht mehr ohne Flintenschüsse eingetrieben werden können. Die Regierung zittert und hat selbst in Florenz Tag und Nacht die Kanonen in den Festungen in Bereitschaft, um das geliebte glückliche Volk niederzukartätschen, wenn es sich niederkartätschen läßt. So bleibt die gerechte Rache für das Unrecht niemals aus und es wird wohl auch bei den geknechteten Stämmen Norddeutschlands noch zu ähnlichen Auftritten kommen. Wo der König sich herumtreibt, wissen die lieben Unterthanen in der Regel niemals; er besorgt die Regierungsgeschäfte meist auf der Jagd.

In Italien wird kräftigst majestätsbeleidigt, was die liberalen Blätter „ein bedenkliches Symptom für die Volksstimmung" nennen. Ueberall verbreitet man Brochüren mit hübschen Titeln, — z. B. „Nimrod II., der große Jäger des 19. Jahrhunderts", „Galante (Liebes-) Abenteuer des Palastes Pitti" u. dgl., welche Leben und Thaten und die alltägliche Beschäftigung Sr. piemontesischen Majestät feiern und Zeugniß ablegen von der Ehrfurcht der geliebten Unterthanen vor dem Würdigsten und Edelsten der Könige.

England. Die englischen Blätter sind fast ausnahmslos mit dem „vollkommen gerechtfertigten" Wahrspruch der Geschwornen von Tours einverstanden, womit aber die Herren Juden und Revolutionäre in Frankreich und Deutschland keineswegs einverstanden sind und die Engländer schauderhaft herunterkanzeln.

Türkei. Vom türkischen Eisenbahn-Schwindel-Anlehen sind statt 750000 blos 300083 Stück, also nicht einmal die Hälfte gezeichnet worden, und müßten also jetzt die Herren Juden, die den Schwindel unternommen, einstehen, wenn sie sich nicht wieder durch einen neuen Schwindel aus der Schlinge helfen. Wer gescheidt ist, macht seine Subskription jetzt noch rückgängig und opfert lieber das bereits eingezahlte Geld, als daß er noch mehr dazu verliert.

Vor Schwindel wird gewarnt!! Daß der Schwindel, namentlich in Norddeutschland großartig betrieben wird, um die gutmüthigen „dummen Süddeutschen" anzulocken und zu prellen, ist eine alte Geschichte, welche, wie wir aus dem edlen Knurrblättl fast täglich ersehen können, ewig neu bleibt. Wir möchten für heute das verehrliche, Stellen suchende Publikum vor einem Dresdener Ehrenmann, Namens **Carl Erler**, wohnhaft Schlosserstraße 14 (wenn's wahr ist) warnen, da ein Angeführter uns eine Masse Material zur Verfügung stellte, aus dem wir ersahen, daß es besagten Ehrenmann durchaus nicht darum zu thun, wirklich Stellen zu verschaffen, sondern blos darum, diejenigen, welche ihm auf seine Annoncen auf den Leim gehen, um 3 oder mehr Thaler zu rupfen und sich dann nicht weiter um ihr Anliegen zu kümmern. Selbstverständlich ist es wieder **Knurrblättl** löbliches, welches sich dazu hergibt, den Lockvogel für Gimpel zu machen, d. h. die Schwindelannonçen für Geld aufzunehmen, — Knurrblättl, dem es nur um „Bildung und Aufklärung des Volkes", aber bei Leibe nicht „ums Geschäft" zu thun ist. Auch A. **Abendzeitung** und **Bayr. Landbote** fungiren als Organe zum Gimpelfang. Die letzten Annonçen von dem Haus Carl Erler, sächsischer Ehrenmann in Dresden, stehen im Knurrblättl vom 28. März Nr. 21,235 und vom 20. März Nr. 22,238. Im **Landboten** finden wir ein solches Inserat in der Nr. vom 8. Februar, in der **Abendzeitung** in Nr. 292 und 290. Wer sich also um 3 Thaler anschmieren lassen will, dem ist dazu durch fleißige Lektüre Knurrblättls, bezw. Carl Erler in Dresden, Schlosserstraße 14 die schönste Gelegenheit geboten. Beweismaterial ist in den Händen des „Bayr. Vaterland."

Briefranzen.

Gott der Gerechte, was bist du gekommen gegangen zum „Vaterland", Itzig? Was ärgerst de dich über den Moritz W. und seine Ische und seine Jehudim und seine Schickselcher und wünschest de ihnen an den Hals alles Schlemassel, weil er hat gehalten Tanzmusik in der Fasten? Sag' der, Itzig, mußt nicht verrathen de eigenen Lait an de Goim, was schreibe das „Vaterland", weilste nicht kannst wissen, was daderzu sag'n unsere Lait, wann's se's lesen in der Zaitung! —

Kulturbildliches.

In einer freundlichen Stadt Oberfrankens an der Eisenbahn gelegen — mit dem ersten Buchstaben heißt sie Bam und mit dem letzten berg — ereignete sich vor Kurzem folgendes Stücklein, das den fortschrittlichen Liberalismus wieder recht hübsch kennzeichnet. Auf einer Brücke besagter Stadt begegnete da ein der Juristerei beflissener Fortschrittsmann (den, beiläufig bemerkt, die Abschaffung des Notariatsgesetzes sehr ärgern würde, denn er will als Notar selbst einmal gehöriges Geld von den Bauern zusammenhamstern) — also der begegnete einem Frauenzimmer und redete dasselbe folgendermaßen an: „Gerade Recht, daß ich Sie sehe! Ich brauche ein Paar Stiefel; sagen Sie ihrem Mann, er soll zu mir kommen, bei meinem bisherigen Schuster lasse ich nicht mehr arbeiten, der gehört — zu den Patrioten! Das Frauenzimmer, das aber nicht die vermeintliche Fortschrittsschusterfrau war, sondern einer braven patriotischen Bürgersfamilie angehörte, machte dem Notariatsschößling alsbald den Standpunkt klar, worauf sich der Tarbeflissene in großer Verlegenheit unter dem Gelächter der Vorübergehenden schleunigst auf die Beine machte. (Vielleicht hat der Zorn über den patriotischen Schuster darin festen Grund, daß der dem jungen Fortschrittspflänzlein fürderhin nicht mehr pumpen wollte; dazu wären die Patrioten immer noch gut genug.)

Verantwortlicher Redakteur: Dr. J. Sigl.

Abonnements-Einladung.

Todes- † Anzeige.

Gott dem Allmächtigen hat es gefallen, unseren geliebten Mitbruder, den Hochw.

P. Augustin Wein,

von Siegsdorf, Senior der bayrischen Kapuzinerprovinz im 63. Lebensjahre und im 41. seines Ordensalters nach Empfang der heil. Sterbsakramente in ein besseres Jenseits abzurufen.

Um Einschluß ins Gebet bittet alle Freunde und Bekannte des Verstorbenen

Türkheim den 31. März 1870.

(123) der Capuziner-Convent.

Druck von M. Vogl in München, Rosengasse 11

II. Jahrgang. Auflage: 5400.

Das Bayrische Vaterland.

Das „Bayr. Vaterland“ erscheint täglich mit Ausnahme der Sonn- und hohen Festtage. Preis des Blattes: Vierteljährig 54 kr., ganzjährig 3 fl. 36 kr. Das einzelne Blatt 1 kr.

Alle Postexpeditionen und Postboten des In- und Auslandes nehmen Bestellungen an. Inserate werden die dreispaltige Petitzeile oder deren Raum zu 8 kr. berechnet.

Redaktion: Burggasse 14. Herausgegeben von Dr. jur. J. Sigl. Expedition: Kunstmbazar 5

Vinzenz. Nr. 76. Dienstag, 5. April 1870.

Bestellungen auf das „Bayr. Vaterland“ für das Quartal zu 54 kr. (für den Monat März zu 18 kr.) können bei allen Postanstalten und Postboten noch immer gemacht werden.

Stoff zum Desavouiren. II.

(Dem Edlen von Stauffenberg gewidmet.)

K. Von der Donau. 5) Wenn von „Bildung und Anstand“ die Rede ist, darf die „berüchtigte preußische Hoch—“ **Kemptens** nicht umgangen werden. An diesem Blatte besitzt das liberale Algäu einen wahren Schatz, und Herr Alfeld ermangelt nicht, die wissensdurstigen Geister mit dem kräftigsten Guano zu regaliren, so daß der Liberalismus in die üppigsten Halme emporschießen muß.

Mit direktestem Hinweis auf die patriotische Kammermehrheit schreibt dieses Blatt: „Das wegwerfendste Wort zur Bezeichnung dieser Sorte von Patriotismus ist im Grunde noch eine Schmeichelei.“ — Sollen wir den edlen Baron an die klassisch-dummen „Briefe des Buckler Fallnetuin“ erinnern, wodurch der Reichsrath Fürst Löwenstein und der Abgeordnete Fugger-Blumenthal verspottet und lächerlich gemacht werden sollen? — an den „Maslenzug“, der eine Zeile für Zeile sich steigernde Büberei gegen die Patrioten und Katholiken genannt werden muß? — an den delikaten „Speisezettel“ als „Mahrinirte Sauhiebe mit Lukaszelteln, Milchbrei für die Donnerkinder in Winderln, Trutzfilet mit Concilsalat“ rc.? — an die „neue Ministerliste“ als
Jörgl (Dr. Jörg) für „innere Traurigkeit und Herzeleid“;
Hartbom (Bomhard) für „Justiz und Rechtswendigkeit;
Luks (Lukas) für Kultus und Volksverdummung rc.?
(Vgl. Nr. 29, 38, 39, 48, 49.)

Wo bleibt Ihre Entrüstung, wo Ihr Desaveur, zartsinniger Freiherr? Pfui über ein Blatt, das sich unaufhörlich als eine Mistpfütze qualificirt! Pfui aber auch über eine Partei, welche durch solche Kloaken ihre Grundsätze über das Land verbreiten läßt! Die „Kempterin“ gleicht, um mich der Worte Görres' zu bedienen, einem „blödsinnigen, boshaften Narren, mit der Peitsche rechts und links ausholend gegen alles Ehrwürdige, das ihm unterwegs begegnet, etwa wie die falschen Götzenpriester, wenn sie an ihren Festen (Luperkalien) nackt in Rom herumliefen.“ (Polit. Schriften V. 273.) Und nun besagt eine „dunkle Mähre“, daß über dieser Pfütze brütend der Geist des großen (!) Völk schwebe!!!

6) Als Prinz Ludwig im Vorjahre dem landwirthschaftlichen Vereine beitrat, ließ sich der **Pfälzer Kurier** (Nr. 286) also vernehmen: „Heil dir Bavaria, jetzt werden Deine Kühe fett!“ In solch höhnender Weise durfte sich der aus Baden flüchtige Schulmeister Stay gegen ein Mitglied des königlichen Hauses äußern, und gegen die Reichsrathskammer erlaubte er sich nachstehende Schmeichelei: „Die Reichsräthe haben mit ihrer frivolen Adresse den königlichen Fußtritt im Angesicht von Europa vollständig verdient.“

Lebt in der Pfalz kein Burchtorff, kein Leonrod, überhaupt keine der unbestechlichen und urgerechten Polizei- und Justizgottheiten? Da der Ausdruck „herabholen“ Ihnen derart fürchterlich erschien, daß Sie in edler Entrüstung entbrannten, wie können Sie nur einen Augenblick zögern, diese „frivole“ Sprache eines davongejagten Schulmeisters zu desavouiren? Doch was Sie an der patriotischen Presse als „frivol“ tadeln und als „infam“ brandmarken möchten, das finden Sie an der lieben Ihrigen für gut und schön, recht und löblich. Ihre Partei muß eben Leute in den Sold nehmen, die gleich störrischen Eseln nach allen Seiten ausschlagen, Leute, die an jeder Eiche sich reiben, damit ihr Schmutz dranhängen bleibe.

7) In Nr. 59 bringt die **Passauer Zeitung** einen recht niedlichen Artikel, aus dem wir eine Stelle hervorheben, nämlich: „Der letzte Trost der Patrioten hängt an Schüttingers bekanntem rothen Faden, der, wenn es ein ächter Bamberger Zwirn ist, fort und fort von Gedanke zu Gedanke sich spinnen läßt — umsonst baut man die Narrenhäuser nicht so großartig.“

Es wird also damit den Patrioten nahe gelegt, Narren zu sein! Liest man diesen albernen Satz, dann möchte man mit Schiller („Kabale und Liebe“ I. 2) ausrufen: „was für ein Esel streckt sein Langohr aus diesem Geschwätze?“ Allein abgesehen von dem grassen Unsinn, müssen wir Sie Hr. Baron doch fragen: wußten Sie, Herr v. Stauffenberg! daß Sie mit Narren in der Kammer zusammensitzen? Ist Ihnen klar, daß es für Sie eine Schmach ist, mit Narren zu disputiren und das Wohl des Landes zu berathen?

Und welche Titulaturen legt dieses liberale Blatt den Patrioten und Geistlichen bei? Die lieblichsten, die ein Menschenkind sich denken mag, als: Jesuitenköpfisches Pfäfflein, Pfaffe mit einem Vollmondgesicht, politische Falschmünzer, politische Strolche, schwarzgallige Rebellion rc. (Nr. 28 und 67.) Und nun glaubt die wüthige Passauerin, nachdem sie weidlich das ganze Fischweiberlexikon geplündert hat, Wunder wie gut sie ihre Sache gemacht habe! Doch „wenn Gassenbuben in der Wuth ihres Herzens Koth aufraffen und damit die Leute bewerfen, dann schließt sich der redliche Mann in sein Haus und läßt die Buben austoben.“ (Görres polit. Schr. I. 14.)

Warum desavouiren Sie dieses Blatt und seinen Fischweiberton nicht? Hat Ihre Partei solche Blätter nöthig? Ach ja, wer würde denn sonst die Versimpelung der Bierphilister betreiben, die das Hauptkontingent der Fortschrittspartei bilden?

8) Nehmen Sie eine beliebige Nummer des liberalen „Witzblattes“ (!) **Grog** zur Hand und Sie finden unter-

meßlichen Stoff zum Desavouiren, z. B. den „vaterländischen Syllabus in" Nr. 7, allwo eine liberale Zärtlichkeit — Lausbüberei würde man im gewöhnlichen Leben sagen! — die andere drängt. Lesen Sie auch Seite 55 ff unsers „Lib. Schimpflexikons"; dort treffen Sie einen ganzen zoologischen Garten, den der „Grog" für die Patrioten angelegt und mit 40 Prachtstücken bevölkert hat, nämlich mit Brüllaffen, Büffeln, Kupfernattern, Steinböcken, Stieren, Stinkthieren, Wildschweinen rc. rc.

Da möchte man doch mit Schillers Schweizer ausrufen: „So wollt' ich doch, daß du im Kloak erstiktest, Du D—seele du!" („Räuber" II. 3.)

In Würzburg wuchert ein anderes „Witzblatt" bayrische „Stechäpfel" genannt auf dem rühmlichst bekannten Gätschenbergerischen Schutthaufen. Dieser Gätschenberger setzt in Nr. 17 einen Preis aus für den, „der klar darlegt, daß wir preußisch werden müssen, sobald die Fortschrittler obenan kommen."

Worin besteht der Preis? Lieber Baron, strengen Sie Ihr Gehirn nicht an, sondern greifen Sie lieber nach Ihrer freiherrlichen Nase, denn der ausgesetzte Preis besteht in einem neuen — Cactus des Pfarrers Trunk!!! „Moriz, du bist ein großer Mann — oder es hat ein blindes Schwein eine Eichel gefunden!" sagt Schweizer zu Spiegelberg.

Werden Sie diese beiden Blätter desavouiren? — Ei bewahre! es sind ja zwei allerliebste Kumpane, welche den Schmutz mit Schaufeln auf die Patrioten werfen, und wir Fortschrittler kommen erst dann wieder nach Oben, wenn die Patrioten im liberalen Kothe erstickt sind!

Darum kein Lossagen, kein Desavouiren, sondern ein Hoch, das da donnere fernhin, „wo der Markstein der Schöpfung steht", ein Hoch den „Ehrenmännern" Knorr und Bolster, Gätschenberger und Braun, Reitmayr und Rietsch, Molendo und Alfeld, dem schulmeisterlichen Stay und Jedem dieser „würdigen Vertreter" der liberalen Presse; Jedem dürft ihr edlen Herren vom Fortschritt mit Schiller zurufen:

„Glücklich! glücklich! dich hab' ich gefunden,
Habe aus Millionen dich umwunden,
Und aus Millionen mein bist du —
Laßt das Chaos diese Welt umrütteln.
Durcheinander die Atomen schütteln,
Ewig flieh'n sich uns're Herzen zu!"

(Schluß folgt)

Deutschland.

München, den 4. April.

Der Militärdebatte erster Theil wäre also vorüber und unsere patriotischen Abgeordneten haben sich wacker gehalten, fester als wir nach mancher früheren Episode zu hoffen wagen durften. So ist's recht, das thut einem bayrischen Herzen wohl und das Volk freut sich deß sicher mit uns. Vier Millionen wären also vor dem Militärmoloch gerettet und es ging, ohne daß das Vaterland deshalb in Trümmer geht, ja sogar ohne daß unser „herrliches Kriegsheer" sonderlichen Schaden davon hätte. Nicht einmal des Hrn. v. Prankh sind wir verlustig geworden, was für unser Gemüth ein schwer Leidwesen gewesen wäre. Und die Kammer ist auch nicht aufgelöst worden, obgleich man das in bedrohliche Aussicht gestellt. Das ist uns ein gutes Zeichen, daß in den höheren Regionen die Gnade der Erkenntniß immer mehr zum Durchbruch kommt und wir sehen das mit vielen Freuden, denn nicht blos das Land, sondern auch die höheren Regionen selbst haben ihren Nutzen davon. Ja, wir haben noch ein paar Zeichen des beginnenden Umschwungs und der Wirkung der Erkenntnißgnade: Hr. v. Schlör und die feine Finanzexcellenz v. Pfretzschner fangen an, ein wenig patriotisch wenigstens zu thun; ob es ihnen Ernst ist, wissen wir freilich nicht, aber hoffen wollen wir's. Und da sage man noch, daß es in unserer aufgeklärten Zeit keine Wunder mehr gebe, wenn sogar Hr. v. Schlör — doch wir wollen fein sittsam und bescheiden sein in unsern — Erwartungen! Nur Einer, unsere preiswürdige Justizexcellenz, Hr. v. Lutz, ist noch immer zugeknöpft und kühl bis ans Herz hinan und weiß noch immer nicht genau, woher der Wind kommt und wohin er geht, wahrscheinlich zur Vorbereitung auf die Debatte über die Todesstrafe, bei der der Fortschritt ihn zu stranguliren gedenkt und wo er muthmaßlich etlicher patriotischer Streitkräfte sehr bedürftig wäre, sonst stranguliren sie ihn wirklich und machen Hrn. Stenglein zu seinem Nachfolger, der seit dem Tode der Landesbase einige freie Zeit zum Ministriren hätte! Den Patrioten möchten wir nur wünschen, daß sie immer so fest zusammenhielten wie bei der Militärdebatte und noch einmal mindestens 4 Millionen strichen am Militärbudget. Allein ihr Zusammenhalten läßt manchmal viel zu wünschen übrig. Wir wollen nicht zurückgreifen auf gewisse Vorkommnisse, wo sie aus lauter Um- und Rücksichten ihre eigenen Leute im Stiche ließen, was — wir könnten es aus einem Dutzend nicht gar feinen Briefen beweisen — im Lande einen seltsamen Eindruck gemacht hat. So hat sich in der letzten (Freitags-) Sitzung der edle Schwabe v. Freiberg wieder mächtig ausgezeichnet, als Lukas dem Handelsminister Schlör einige bittere Tränklein wegen der humanen Noblesse zu schlucken gab, mit welcher er durch ausgedehnte Zollkredite „die Volkswirthschaft befördert" und namentlich das Herz der Herren Reuffer und Filentscher erfreut. Da erschwang sich Baron Freiberg zu der wahrhaft „staatsmännischen" Anschauung, Hrn. Schlör über jeden Tadel erhaben zu finden, ihn ordentlich zu belobigen und gegen seinen plebeischen Parteigenossen Lukas entschieden zu opponiren. Und er that es nicht umsonst der Hr. Baron, denn er sprach unter den fortgesetzten Bravorufen der „Staatsmänner" von Links, der Fischer und Genossen, und so dankbar erwies sich der Fortschritt, daß er ihn andern Tags bei der Wahl des Specialausschusses für das neue Taxgesetz auf seine Kandidatenliste setzte. Die Ehr' ist groß, Hr. Baron, aber sie ist verdient und mit Speck fängt man meistens die Mäuse.

— In den Spezialausschuß für das Tax- u. Stempelgesetz wurden gewählt die Patrioten Gürster, Hofmann, Wisnet, v. Fuchs, Dr. K. Barth, Buch, Gg. Maier, Hauck, E. Weiß, Brückl; die Fortschrittler Kastner, Dr. M. Barth, Louis, Gerstner, der Demokrat Kolb. Durchgefallen sind die forschrittlichen Kandidaten: Edel, Völk, Golsen, Alwens, Stockbauer, Levi, Wülfert, Schauß, welche nur 57—49 (Schauß) Stimmen erhielten.

— In unserm Magistrat ist es durch die Schuld der neuerungssüchtigen Fortschrittsmannen (es heißt mannen) zu einem völligen Bruch zwischen den Bürgermeistern und rechtskundigen Magistratsräthen einerseits und den bürgerlichen Gemeindebevollmächtigten anderseits gekommen. Die Letzteren wollen eine Kumulativsitzung und durch diese den Bürgermeister v. Steinsdorf zwingen, die nach dem Gesetz ihm allein zustehende Vertheilung der Geschäfte sich selbst anzueignen, wozu sich Hr. v. Steinsdorf mit Recht nicht herbeiläßt. Die Bürgermeister und Rechtsräthe, auch Schrott, weigern sich, einer solchen Kumulativsitzung beizuwohnen und Hr. v. Steinsdorf hat erklärt, er werde unter keiner Bedingung sein Amt niederlegen, wozu die Fortschrittler ihn zwingen wollen, um dann den rothen Fischer zum Bürgermeister zu machen.

— Die „Allg. Militärzeitung" gibt folgende „Förderungsmittel für die volle Entfaltung der in dem bayrischen Heere ruhenden Kräfte" an (die Vorschläge sollen von einem höheren bayr. Offizier sein): 1) Verminderung der übergroßen Zahl der Generale, 2) Pensionirung der für unfähig erkannten und invalid erklärten Stabsoffiziere und Hauptleute, (warum soll man sie nicht eher in den Bureaux und an Stellen verwenden, für die weder sonderliche Geistes noch Körperkräfte nothwendig sind? Sie sollen für das Geld, das ihnen der Staat als Pension gibt, nur auch nach Kräften arbeiten. D. Red.) 3) Versetzung der vielen überzähligen Offiziere in Disponibilität, 4) Verminderung des Verwaltungs Apparates mit seinen 328 Rechnungsbeamten bei 362 Kompagnien, Eskadronen und Batterien. — Es wäre auch an der Zeit, daß energisch eingegriffen würde. Wir haben seit 1848 ohne die Schulden, die wir 1866 machen mußten, mindestens 300 Millionen für's Militär ausgegeben und als die Armee 1866 eine Prüfung ablegen sollte, da wurden wir gehauen. Das sind unangenehme Erfahrungen!

— Reichsrath Graf Montgelas ist, 63 Jahre alt, gestorben.

— Die „Abendzeitung" will in Erfahrung gebracht haben, Hofkaplan Dr. Schreiber sei für den Bischofsstuhl in Speier in Aussicht genommen. Die Bärenjagd verspricht heuer sehr gut zu werden.

— (Türkisches!) Die sehr ehrenwerthe Juden-Gesellschaft zum Gimpelfang durch die türkischen Eisenbahnschwindel-Loose gibt jetzt bekannt, daß vom 4.—6. April die zweite Rate auf die gezeichneten Loose einbezahlt werden soll, falls nämlich Einer so dumm ist es zu thun. Das finden wir nun nicht auffällig, wohl aber daß Hr. J. v. Hirsch und die hiesige „Vereinsbank", die doch hier zur Subscription so pompös eingeladen, da nicht mehr unterzeichnen. Ist ihnen nicht mehr geheuer bei der Sache? Oder schämen sie sich nachträglich, daß ihr Name in die unsaubere Geschichte hineingekommen? Wer kümmert sich denn um ein Ausschreiben einer namenlosen Judengesellschaft in Konstantinopel, nachdem Baron Hirsch und Vereinsbank das „Unternehmen" hier angekündigt, angepriesen und in Scene gesetzt haben! Oder fühlt man sich etwa gar durch die „tobsüchtigen" Artikel des „Vaterland" genirt? Ei, das wäre ja doch —! Wir werden aber wohl noch öfter „türkisch" kommen

— Wir werden um Aufnahme folgender „Berichtigung" ersucht: „In Nr. 73 des Bayr. Vaterlandes wird unter der Ueberschrift: Magistratisches erwähnt, daß ich Unterzeichneter in der betreffenden Sitzung die Aeußerung gemacht hätte: der Benediktiner sei nicht der einzige Auswürfling." Diese Aeußerung habe ich nicht gemacht und muß sie als unwahr und gefälscht bezeichnen. Ignaz Chorherr, Magistratsrath." (Wir können das gleich bestätigen; die betreffende Aeußerung war von uns gemacht und ist die Ironie der Aeußerung sicher von 9/10 unserer Leser begriffen worden.)

Vom Lande wird dem „Vaterland" geschrieben: Herr v. Döllinger hat ehemals in seinen Vorlesungen gesagt: „Die Kirchengeschichte ist das Auge der Theologie". Es ist dies ein schönes Wort, und wir damalige Studenten haben es ohne Weiteres geglaubt. Herr Döllinger hat uns auch die Kirchengeschichte in einer Weise vorgetragen, daß sie uns wirklich als das Auge der Theologie erschien; denn durch seine Vorträge wurde Licht verbreitet über alle theologischen Disciplinen, von denen uns Vieles erst durch die Kirchengeschichte recht klar und anschaulich wurde. Aber leider! auch das „Auge der Theologie" kann sich verfinstern! Bei Döllinger, scheint es, ist dieses Unglück eingetreten. Er sieht die Dinge nicht mehr, wie er sie früher gesehen. Sein sonst so helles Auge ist umschleiert. Soll das „Auge der Theologie" gute Dienste thun, so braucht man doch etwas mehr als geschichtliche Denkmäler und Urkunden. Man muß auf einem vorurtheilsfreien leidenschaftslosen Standpunkt stehen, um die historischen Thatsachen richtig beurtheilen und die zutreffenden Schlüße daraus ziehen zu können. Auch von der Kirchengeschichte gilt, was von der hl. Schrift gesagt wird: Man kann alles daraus beweisen." Will man nicht irre gehen, so kann man bei der einen wie bei der anderen der Kirche als Führerin nicht entbehren. Seitdem Döllinger in jene gereizte Stimmung gegen Rom und das Oberhaupt der Kirche versetzt ist, sieht er nicht mehr das Große, das Rom und seine Päpste für die Menschheit geleistet, sein Auge ist nur mehr scharf für wirkliche und eingebildete Mängel, die an der römischen Kirche und ihren Bischöfen im Laufe der Jahrhunderte sich finden, um sie gegen die Auktorität des Papstes in der Gegenwart auszubeuten und zu verwerthen. Die vielgewöhnte Objectivität oder Unpartheilichkeit der historischen Wissenschaft hat damit von dem hehren Glanze, wovon sie umstrahlt war, viel bei uns verloren.

Oesterreich. In Wien ist das k. k. liberale Doktorenministerium, nachdem der Reichsrath in Trümmer gegangen, am Verenden und die liberale Schwindelwirthschaft auch so ziemlich. Aber aus der Fäulniß und Verwesung des Liberalismus blüht schon ein neues, ein katholisches Oesterreich auf, dem der Kaiser nur die Hand zu bieten braucht, um es siegesfreudig das Haupt erheben zu lassen.

☛ 2. April. Es verlautet, Beust habe dem Kaiser seine Enlassung gegeben. (Schon?!)

☛ Wien. Erzherzog Albrecht, der Sieger von Custozza, ist von seiner großen Reise in Frankreich zurückgekehrt und hat dem Kaiser Vortrag darüber erstattet, In Folge dessen werden in der kaiserlichen Armee alle seit 1866 getroffenen preußischen Einrichtungen abgeschafft und wird die Armee nach dem „unübertrefflichen" französischen Muster reformirt. Die offiziöse Oester. „Militärzeitung", das Organ des Erzherzogs, gibt dazu den Commentar in den Worten, daß „die österreichische Regierung sich befleißigen möge, schnell die nöthigen Reformen durchzuführen, da die österreichische und französische Armee bald berufen sein werden, für ein und dieselbe Sache zu kämpfen."

Oestreich und Frankreich brüderlich vereint —
O armer Preuße, das ist dir vermeint!
Doch fürcht' dich nicht, — wir helfen ja zu dir
Und wirst du heut' gehau'n, so werden's morgen wir.
Wir sind die Alliirten
Und allzeit Angeschmierten.

Böhmen. In Smarow stellten hunderte von Fabrikarbeitern des Juden Liebig die Arbeit ein. Dagegen wurde Militär (!!) aufgeboten, 4 Kompagnien. Die Arbeiter warfen mit Steinen, das Militär feuerte. 5 Todte, 25 Verwundete! Glaubt man denn die Arbeiter durch Kugeln belehren zu können, daß sie Sklaven der Juden zu sein haben?

Preußen. In Berlin sind beim letzten Wohnungswechsel 800 Familien obdachlos geworden!

Ausland.

Frankreich. Paris. Die revolutionären Blätter mühen sich ab, mit aller Gewalt Frankreich bald einen „furchtbaren Eindruck", bald „allgemeine Entrüstung", dann wieder zur Abwechslung „tiefe Niedergeschlagenheit" anzulügen, weil 28 Geschworne in Tours den Prinzen Bonaparte unschuldig und nur 8 ihn schuldig befunden haben. Sie jammern über die „Ungleichheit", daß der Prinz freigesprochen, ein „gewöhnlicher" Mörder aber verurtheilt werde. Schwindel! Der Prinz, der in seinem Hause angegriffen sich seiner Haut wehrte ist den Augen eines ruhig denkenden, nicht von Parteileidenschaft geblendeten Menschen so wenig ein Mörder, als der nächste beste Mann aus dem Volke, der im gleichen Falle von seinem Hausrecht Gebrauch macht und einen Eindringling, der ihn mißhandelt und angreift, mit der Hacke niederschlägt, deshalb ein Mörder wäre. Zum Mörder gehört Ueberlegung, Vorbedacht, Absicht. Vor Gott mag der Prinz sehen, wie er mit seinem Gewissen fertig wird, vor den Menschen mag er in der Nothwehr und der Vertheidigung seines Hausrechtes zu weit gegangen sein, aber kein Schwurgericht der Welt, das nicht aus rabiaten Revolutionären zusammengesetzt ist, würde ihn verurtheilt haben. Als kürzlich in demselben Frankreich ein Mädchen, das seinen ungetreuen Liebhaber vor dem Traualtar niedergeschossen, von den Geschwornen freigesprochen worden, da hatte keines dieser Blätter gegen das Urtheil etwas einzuwenden. Bei dem verhaßten Napoleoniden ist's aber jetzt „was anders." Auch wir lieben die Bonapartes nicht und wir lieben sie aus moralischen Gründen nicht, aber wir möchten gegen sie nicht ein anderes Maß angewendet wissen, als gegen andere Leute, und sie da nicht verurtheilt sehen, wo man andere freispricht. Gerecht muß man sein, aber gerecht gegen Alle, selbst gegen die Bonapartes.

Brieftauben.

H., Aggb. Wird mir jederzeit sehr willkommen sein. — Donau. Wenn Sie deshalb auf's „Vaterland" nicht mehr abonniren und „der Verbreitung überall hinderlich entgegentreten" wollen, weil wir gegen Ihren Stand in der Aufbesserungsfrage geschrieben, so wird uns das gar nicht bestimmen, den vielen Stimmen gegen die Aufbesserung Schweigen aufzulegen. Wir haben und werden immer beide Theile zu Wort kommen lassen und uns auf die Seite derer stellen, bei denen das Recht ist. Im Uebrigen schreiben wir nicht im Interesse einzelner Stände, sondern im Interesse des Volkes nach bestem Wissen und Gewissen. — Regem. 12. — G., Ob. 4 besorgt. Freundlichen Gruß! — Sch. „Ans Vaterland, ans theure, schließ dich an — Und scheue nicht der Kreuzer vierundfünfzig! Gratulire. Nur mehr zwei Tage!

Münchener Schranne vom 2. April.

Getreidsorten	Verkauft Schffl.	Höchster fl.	kr.	Mittel- fl.	kr.	Nied.-Preis fl.	kr.	Gest. fl.	kr.	Gef. fl.	kr.
Weizen . .	2653	20	20	19	4	17	14	—	3	—	—
Korn . . .	1286	12	17	11	57	11	24	—	6	—	—
Gerste . . .	1889	13	30	12	55	12	5	—	7	—	—

Verantwortlicher Redakteur: Dr. J. Sigl.

Nachruf.

Heute feierte Oetting bei Ingolstadt im festlich geschmückten Saale des Steinwirthes ein schönes Fest, und doch war es voll Trauer und Thränen. Galt es ja unserm scheidenden Hrn. Pfarrer u. Distriktsschulen-Inspektor Joseph Nißlbeck. Zuerst die vom Hrn. Lehrer vorgeführte Jugend, dann die Männer der Gemeinde und zuletzt die Ehefrauen legten in die Hände ihres scheidenden Seelsorgers Blumensträuße und Angedenken nieder, in sein Herz aber tiefes Klagen und thränendes Schluchzen.

Dem rastlosen Eifer seiner seelsorglichen Wirksamkeit haben wir es zu danken, daß unsere Gemeinde in Begeisterung glüht für die katholische Kirche und treu ergeben ist dem Könige und dem Vaterland. Sie hat daher als die erste in Bayern bei der Gemeindewahl „katholisch und patriotisch" gekämpft und gesiegt und fast sämmtliche Gemeindemitglieder zählen zu dem katholisch-patriotischen Bauernverein in Gaimersheim. Für unsere heil. Religion und unser geliebtes Königshaus muthig fortzukämpfen: hiezu forderte er uns in der Stunde des Abschiedes nochmals dringend auf.

Die Wohlthaten, welche er im Stillen 13 Jahre hindurch seinen Pfarrkindern in geistigen und leiblichen Bedürfnissen gespendet, hat Gott allein gezählt.

Im Amte und im persönlichen Lebenswandel ein Musterhirt und ein Musterpriester haben wir Alle an seinem Beispiele uns erbaut, aufgerichtet und gestärkt.

Scheidend rufen wir daher Ihnen, Hochwürdiger Herr! nochmals tausend Dank nach und möge Gott Ihnen das uns erwiesene Gute vergelten!

Oeffentlich Ihrer fortgesetzten Priester- und Vaterliebe uns empfehlend, zeichnen wir im Namen der Pfarrgemeinde:

Oetting, bei Ingolstadt am 27. März 1870. (168)

Donaubauer, Bürgermeister.
Freisinger, Gemeindepfleger.
Weidenhiller, Bevollmächtigter.
Katzenbogen, Kirchenpfleger.
Ermaier, Ausschußmitglied.

Fortschrittsfärberlied

(nach der Melodie des neuen Gewerbsgesetzes.)

Von der Donau.

Es waren in R.....g zwei Färber,
Die hatten den Fortschritt gar lieb;
Frei wünschten sie alle Gewerbe,
Die keiner von Beiden betrieb.
Doch als noch ein dritter Bewerber
Bescheiden ein Bittgesuch schrieb,
Da fuhren sie hastig wie Sperber
Auf ihn, den vermeintlichen Dieb.
„Uns droht ein Verlust, ein gar herber;
O hilf uns pariren den Hieb!"
So seufzten die röthlichten Färber
Beim Consul, der ihnen zulieb
Die schwärzlichen Landesverderber
Einst aus dem Collegium trieb.
Doch ach! Der Bescheid war ein derber
Trotz aller fortschrittlichen Lieb:
„Ihr lieben fortschrittlichen Färber,
Gern beugt' ich das Recht euch zu lieb!
Jetzt heißt's Vog'l, friß' oder sterb' er, —
Geht hin und habt beide — mich lieb!"
(So macht Erfahrung mit der Zeit
Selbst einen Fortschrittsmann gescheidt.)

Druck von M. Vogl in München, Rosengasse 1.

II. Jahrgang.

Das Bayrische

Vaterland.

Auflage: 5400.

Das „Bayr. Vaterland“ erscheint täglich mit Ausnahme der Sonn- und hohen Festtage. Preis des Blattes: Vierteljährig 54 kr., ganzjährig 3 fl. 36 kr. Das einzelne Blatt 1 kr.

Alle Postexpeditionen und Postboten des In- und Auslandes nehmen Bestellungen an. Inserate werden die dreispaltige Petitzeile oder deren Raum zu 3 kr. berechnet.

Redaktion: Burggasse 14. Herausgegeben von Dr. jur. J. Sigl. Expedition: Kuffinibazar 5

Sixtus. Nr. 77. Mittwoch, 6. April 1870.

Bayern und Würtemberg.

Der Kampf, der sich in Bayern und Würtemberg gegen die antipreußische Opposition des Volkes und seiner Vertreter erhoben hat, wird je nach Charakter und Sachlage in den beiden Lagern mit verschiedenen Waffen geführt. Hier in Bayern sucht man durch Transaktionen, Intriguen und Schach- und Winkelzüge zum Ziele zu kommen, dort in Würtemberg ganz nach dem hochfahrenden Temperamente des Ministers Varnbüler durch Kräftigung preußischer Schleppträger im Ministerium und Beseitigung großdeutscher Elemente wie Golther. Vom objektiven Standpunkte betrachtet erscheint dieses Verfahren als Windmühlenkampf, weil allerwärts die Gemüther durch allzulangen Druck zu gereizt worden sind und eben deshalb zu einer übermächtigen Majorität anschwellen konnten.

In Bayern hätte man noch vor 6 Monaten vermittelnd und wir glauben nicht ohne Erfolg einwirken können, wenn man die Personen der Sache hätte opfern und die „Kronrechte“ zur rechten Zeit hätte zur Geltung bringen wollen. Heute aber stehen die Dinge ganz anders, weil die patriotischen Richtungen und Ziele sich mit den wirklichen Kronrechten identifizirt haben. Es wird Niemanden einfallen, die Kronrechte dort suchen zu wollen, wo es sich lediglich darum handelt, Minister im Amte stützen zu sollen, während die Interessen der Länder und Völker auf der entgegengesetzten Parteistellung faktisch vertreten sind. Das wäre ein Windmühlenkampf ohne Ende oder ein Ende ohne Anfang, sofern das Staatsoberhaupt zum Streitobject herabgezogen werden könnte.

Daß Hr. v. Varnbüler durch sein, ohne Zweifel von Preußen inspirirtes Auftreten sich auf Rosen gebettet, daß es ihm möglich sein wird sich ferner zu halten, wird Niemand behaupten wollen, der den schwäbischen Volkscharakter kennt und dem bekannt ist, daß dieser Mann nicht den allergeringsten Kredit im Lande hat. Die sichere Folge wird sein, daß man mit dem preußischen Wehrgesetz zugleich auch das verrufene Schutz- und Trutzbündniß abwirft, um wieder eine natürliche Entwicklung aller Staatsinteressen ermöglichen zu können.

In Bayern dagegen ist die Lage eine andere. Hier, fürchten wir, wird man sich noch einige Zeit mit Halbheiten herumschleppen, ohne Aussicht auf irgend eine gründliche Verständigung, die man erst von den nächsten direkten Wahlen erwarten kann. Ob nicht bis dahin einige düstere Wolken am europäischen Horizont aufsteigen werden, wer kann das voraussagen? Eines aber läßt sich mit aller Bestimmtheit voraussagen, daß die antipreußische Opposition noch weit größere Dimensionen annehmen wird. Was man vor vier Jahren voraussehen konnte und voraussagte, hat sich bestätigt, und diese Bestätigung sollte genügen, den unausbleiblichen Consequenzen des Jahres 66 und seiner bekannten Folgen Rücksicht zu schenken. Hr. v. Varnbüler kann sein Programm ebenso wenig verwirklichen, als Hohenlohe es konnte, und wird sicherlich auf dem Boden, auf welchem er jetzt tanzt, noch weit weniger Rückhalt finden. Das im Geheimen abgeschlossene Schutz- und Trutzbündniß diente als Ausgangspunkt aller verkehrten Maßnahmen und wird folgerichtig den Sturz der Ministerien, die es zum Ausgangspunkt genommen, herbeiführen, man mag wollen oder nicht.

Die Erhaltung der Selbstständigkeit Süddeutschlands steht laut Prager Frieden unter völkerrechtlicher Garantie, daher kann man sich nicht einem Separat-Schutz, der noch dazu gar keiner ist, anvertrauen, wenn man nicht zwischen allen Stühlen sich niedersetzen will. Mit Redensarten schützt man kein Staatsgebiet, kann aber möglicherweise dessen Bestand gefährden, wenn man die Beschützer zu Feinden machen und die Eroberer zu Freunden stempeln will. Preußen will in der einen oder andern Form, mit List oder Gewalt, Süddeutschland aufsaugen, während Frankreich und Oesterreich in ihrem eigenen, wie im Interesse des europäischen Gleichgewichts und damit im Interesse des europäischen Friedens Süddeutschland selbstständig erhalten wissen wollen. Was bedeuten dieser Thatsache gegenüber die ministeriellen Redensarten von „fremden Angriffen“? An- und Eingriffe sind nur von Seite Preußens zu befürchten und gegen diese Ein- und Angriffe hat sich die sogen. „ultramontane“ Opposition in Bayern, die großdeutsch-demokratische in Würtemberg gebildet, die beide in letzter Instanz des Schutzes von Frankreich und Oesterreich sicher sein können und die unter Umständen Verrath an Fürst, Land und Volk begehen würden, wenn sie diesen Schutz zurückwiesen.

Dunkle Bilder aus dem Juliusspitale in Würzburg II.

Herr Assistenzarzt Dr. Ferdinand Cussius.

Ein Würzburger Blatt brachte am 9. Oktober vor. Js. folgendes Dunkelbild:

„(Kr a k a u!) Einen interessanten Begriff von holder Schamhaftigkeit muß ein Hr. Assistenzarzt im Juliushospital haben. In einem Privatunterricht über Verbandlehre läßt er drei männliche Patienten vor sechs sonst gesunden weiblichen im Operationssaale sich entkleiden. Für den Weigerungsfall aus Schamhaftigkeit wird mit zwei Tagen Diät gedroht. Auch an die weiblichen Curisten, Mädchen und Frauen von 15 bis 25 Jahren wird das Verlangen gestellt, zu gleichem Zwecke — einer Verbandprobe — sich theilweise zu entblößen und bei Einzelnen, obwohl unter Widerstreben derselben auch vollzogen. Dieser Unfug geht jetzt schon über 14 Tage, mitunter zweimal im Tage vor sich! Sollte man meinen, daß Derartiges möglich wäre in einem Hause, wo so viel Aufsichtspersonal existirt? Warum schreiten da die Geistlichen, die bei sonstigen Dingen, die sie nichts angehen, schnell bei der Hand sind, nicht ein? Sollte so etwas ihnen noch nicht zu Ohren gekommen sein? Oder ist gemachte Anzeige sonst unterwegs liegen geblieben? Man hegt keinen Zweifel, daß, sobald berichteter Vorfall zur Kenntnißnahme hoher Behörde gelangt, auch alsbald solch' inhumaner Behandlung der Kranken im Spital für immer gesteuert werden wird. Für heute von diesem Herrn soviel, was derselbe im nüchternen Zustande aufgeführt. Nacht- und Nebelbilder sind noch, wenn nöthig, in gehöriger Anzahl vorräthig. Dr. W"

Am anderen Tage gab die Redaktion zur Kenntnißnahme: „Von Hrn. Dr. Ferdinand Cussius geht uns die Mittheilung zu, daß er der in dem Artikel (Krakau!) der gestrigen Nummer erwähnte Assistenzarzt im Julius-Spitale sei und ersucht uns derselbe, dies zu veröffentlichen".

Dies Bild bedarf nur noch einiger Schattirung. Die erwähnten männlichen Patienten wurden ganz und die Mädchen halb (bis auf die Lenden) entblößt, wobei Hr. Assistenzarzt Dr. Cussius bei einer widerstrebenden Patientin selbst Hand anlegte und einer anderen, die sich solcher — (Zumuthung) durch die Flucht aus dem Operationssaale entzog, nachrief: „Sie werden heute noch ihren Entlassungszettel erhalten!"

Bei einer anderen, als sie halb entkleidet vor den sie umstehenden Studenten saß, machte er schlechte Witze über deren Magerkeit mit den Worten: „Die ist blank, wie eine Kirchenmaus!" Inzwischen drückten Studenten andere Mädchen in eine Ecke des Saales und belästigten dieselbe auf rohe Weise

Einer der weiblichen Patientinen wurden „zur Probe" Schröpfköpfe auf den Rücken gesetzt und nachher das Schröpfinstrument auch applicirt; ebenso einem Knaben von 16 Jahren.

Einer anderen Patientin wurde eben auch „zur Probe" Ader geschlagen, und hatte dieselbe noch nachher die ganze Woche Schmerzen an den beschädigten Armtheilen.

Ein Mädchen, Namens Gübel, erhielt — auch „zur Probe" — an Arm und Beinen Gypsverband angelegt und wurde so, bis zu unerträglichen Schmerzen, festgewickelt zwei Tage belästigt; und als es diesen Verband am dritten Tage selbst herunter nahm — mit acht Tagen Diät bestraft, von denen es auch zwei wirklich (täglich nur zwei Schoppen Suppe) halten mußte.

Während dieser Vorgänge im Operationssaale, die an die sechs Wochen — zu wiederholten Stunden im Tage — dauerten, kam einmal auch der „Hausverwalter" mit einem Tischler in den Operationssaal, um einen Tisch auszumessen. Er sah die ganz nackten männlichen und halb entblößten weiblichen Personen — und fand darin, da er keine Anzeige machte — wie es scheint, nichts Anstößiges.

Hr. Dr. Ferdinand Cussius ist noch bis zur Stunde im Juliusspital — behandelnder Arzt der chirurgisch kranken weiblichen Curisten.

Deutschland.

München, den 5. April.

Landtag. In der gestrigen Sitzung der K. d. Abg. zeigte Stauffenberg „aus Familienrücksichten" seinen Austritt aus dem Finanzausschuß an, wo er hoffentlich zu ersetzen sein wird. Mahr interpellirte sodann den Kultusminister v. Lutz, ob die Sammlungen zu dem seit 17 Jahren kirchlich und staatlich genehmigten Verein der Kindheit Jesu ebenso wie andere Sammlungen verboten seien, nachdem das Bez.-A. Lichtenfels sie verboten habe? Soll nächstens beantwortet werden. Kommt der Antrag zur Berathung, daß die gesetzlich anerkannte Entschädigung durch den Staat für in Fällen der Rinderpest auf Anordnung der Staatsbehörde getödtetes Vieh auf alle Beschädigungen des Eigenthums von Staatsangehörigen sich zu erstrecken habe, welche denselben durch Anordnungen der Staatsbehörde in Folge der Maßregeln gegen die Rinderpest zugegangen sind. Wird angenommen. Folgt die Berathung über den Antrag, die Erleichterung, bezw. Abkürzung des Geschäftsganges des Landtags. Völk empfiehlt dessen Annahme. Dr. Ruland hält den bisherigen Geschäftsgang so frei, daß die Geschäfte ganz gut zu fördern seien, und behält Abänderungen der neuen Kammer bevor; die 4 Monate reiche sie schon noch aus. Auf die Aeußerung Frickingers, das Volk werde über den langsamen Gang der Dinge unwillig und meine das geschehe, weil sie gern in der Residenz sich herumtreiben, bemerkt Dr. Ruland, daß das Ansehen der Kammer im Volke dadurch am meisten eingebüßt habe, daß sie in Folge des zweijährigen Budgets fast immer beisammen sei. Dr. K. Barth will einen formulirten Antrag, Dr. Huttler event. eine allgemeine Revision des Gesetzes über den Geschäftsgang. Der Antrag auf Aenderung des Geschäftsganges der Kammer wird angenommen. (Hat aber keinen praktischen Werth für diese Kammer, da in etlichen Monaten ohnehin eine neue auf Grund directer Wahlen gewählt werden muß.)

— Die Stadt Höchstädt nebst mehreren andern Gemeinden hatte sich an die Kammer mit der Bitte gewendet, daß die Linie Bayreuth—Forchheim—Rothenburg noch nachträglich in das Eisenbahnnetz eingesetzt werde. Diese Bitte eigneten sich die Abg. Dr. Schüttinger, Mahr und L. Weber an; Mahr vertrat sie in der Sitzung vom 1. April mit dem Erfolge, daß sie die Zustimmung der Kammer erhielt und damit an den Fachausschuß hinüber gegeben wurde.

— Knurrblättl löbliches will glauben machen, bei dem Ansturm der Fortschreiter gegen den Bürgermeister v. Steinsdorf handle es sich darum, daß „nicht Handel, Industrie, Gewerbe, Grund- und Hausbesitz durch die Verdoppelung der Steuern auf's Ernstlichste gefährdet werde". Knurrblättl scheint von dem Verstand seiner Leser sehr gering zu denken, da es ihnen zumuthet dies zu glauben. Oder glaubt das Blatt Julius des Gerächten am Ende gar selbst, daß die 95 Prozent Gemeindeumlage dadurch vermieden würden, wenn statt des Hr. v. Steinsdorf Herr Billing und Gen. die Geschäfte vertheilen? Jedenfalls würden die Fortschrittler dann sich und die lieben Ihrigen nicht vergessen und würden, wie Hr. Billing z. B. in seinem Privatgeschäfte gethan hat, es so einrichten können, daß Ultramontane und Patrioten sich nicht mehr zu bemühen brauchen. Dazu sind indeß die Aussichten noch sehr — entfernt, da Hr. v. Steinsdorf nicht die mindeste Lust zeigt, den Herren so leichten Kaufes das Feld zu räumen oder sich durch Aerger umbringen zu lassen.

— Die Dem. Corr., die Süd. Post wissen von den großen Summen zu erzählen, welche an gewisse öffentliche Meinungsmacher zur Erweckung preußischer Sympathien nach München gegangen sind und noch gehen. Wir haben früher wiederholt nicht uninteressante Daten hierüber zu geben gehabt; vielleicht könnte uns eines dieser Blätter sagen, wie es sich mit den 35 Thalern verhält, welche einem kurzbeinigen und sehr haarigen Individuum, das beim Bayr. Landboten Dienste thun soll, allmonatlich von Berlin „zufließen" sollen und ob so etwas unter die Rubrik „Bestechung" und „erkaufter Verrath" subsummirt werden dürfte.

— Man erinnert sich noch, wie am 31. Jan. d. J. der Kupferstecher Chr. Michel v. h., mit hiesigen friedsamen Bürgern von Sendling heimkehrend, von muthwilligen Studenten (Polytechnikern) ohne sonderlichen Anlaß mit Stöcken geschlagen und von Einem, Namens Kox aus Braunschweig mit einem Dolchmesser niedergestochen wurde. Der Unglückliche starb. Die bei dem unwürdigen Skandal betheiligten „gebildeten" Studenten wurden vom k. Bezirksgericht, W. v. Voithenberg aus Passau zu 6, F. Wieland von Kloster-Sulz zu 3, A. Wallenreuther von Gunzendorf zu 1 Monat, A. Ries von Wurzach (Würtemberg) zu 21 Tagen Gefängniß verurtheilt, E. Seyboth von Regensburg freigesprochen; Kox kommt vor's Schwurgericht. Wenn „rohe Bauern" und nicht „gebildete und intelligente Studenten" einen friedlich nach Hause Gehenden insultirt und getödtet hätten, dann hätten wir den gewaltigen Lärm und die „sittliche Entrüstung" der Liberalen hören mögen; wir haben aber nirgends gehört, daß nur ein liberales Blatt über diese Studenten sonderliche Entrüstung von sich gegeben hätten. Ja

Der Stadtherr darf grob sein,
Aber der Bauer — darf's nöt!

Aus der **Provinz** wird dem „Vaterland" geschrieben: Als der Schuster Stöhr und seine Collegen im Gemeinderath dem Hrn. v. Döllinger für seine mannhafte That*) das Ehrenbürgerrecht zuerkannten, dankte der gelehrte Mann für diese Ehre (!) und motivirte diesen Dank durch die Hinweisung, daß es sich bei seinem Auftreten um eine „innere Angelegenheit der Kirche" handle und daß er sie nicht über ihre natürlichen Grenzen hinaustragen wolle. Schade, daß Hr. v. Döllinger nicht immer solche Einsicht walten ließ, sondern nur da, wo es sich um die Abwendung einer unerträglichen Blamage handelte! Hätte Hr. v. Döllinger immer so gedacht, so würde er nicht die „Allg. Zeitung" zum Organ für seine Expectorationen gemacht haben. Hätte er immer so gedacht, so würde er, als der notorische Rathgeber des Fürsten Hohenlohe, diesem nicht zu der famosen Circulardepesche in Sachen des Concils gerathen haben; er würde ihm vielmehr gesagt haben, die Berufung eines allgemeinen Concils sei eine innere Angelegenheit der Kirche, die Regierungen hätten auch in diesem Punkte die Freiheit und Unabhängigkeit der Kirche zu achten. Es wäre nicht zu glauben, wenn es nicht Wirklichkeit wäre: der muthvolle Verfechter der kirchlichen Freiheit, ein Vorkämpfer für die Emanzipation der Kirche aus der Staatsbevormundung, der Mitverfasser der bekannten Freysinger Denkschrift nimmt seine Zuflucht zu einem bei den Katholiken keineswegs im Vertrauen stehenden Minister, um durch ihn dem allgemeinen Concil Schwierigkeiten zu bereiten.

In der „**Rheinpfalz**" werden die Artikel des „Vaterland", welche sich gegen die Gehaltsaufbesserung der Lehrer ausgesprochen haben, in einem Artikel „aus dem Westreich" von einem Betheiligten sehr scharf besprochen. Wir wollen darauf nur die eine Bemerkung machen: wenn die Lehrer, von denen jener Einsender spricht, nur insoferne und so lange patriotisch sein würden, als sie von den Patrioten eine Gehaltsaufbesserung hoffen dürfen, so wäre ihr Patriotismus wahrlich nicht weit her und jedenfalls nicht so viel werth, daß ihretwegen nur ein Steuerpflichtiger in Mitleidenschaft gezogen werden soll. Auf unserm Schreibtische liegen 23 Einsendungen aus allen Provinzen, auch aus der Pfalz, die sich mehr oder weniger entschieden gegen eine Aufbesserung, namentlich unter den jetzigen Verhältnissen aussprechen, und 5, welche für eine Aufbesserung sind. Da kann es nicht schwer sein, über die Stellung der „öffentlichen Meinung" zu dieser Frage sich ein Urtheil zu bilden. Wir haben übrigens beide Meinungen zu Wort kommen lassen. Wenn der Hr. Einsender der Rh. sich „nicht geneigt fühlt", für's Vaterland zu schwärmen, weil es gegen die Lehrergehalts-Aufbesserung ist, so thut uns das aufrichtig Leid; aber wir schreiben für die Wahrheit und nach unsern Ueberzeugungen und nicht daß man für uns schwärme. Andere würden noch viel weniger für's Vaterland „schwärmen", wenn wir uns einer wohlfeilen, aber erfolglosen Schwärmerei für Gehaltsaufbesserung hingäben, so lange wir vor einer Steuerhöhung noch nicht sicher sind. Wir haben übrigens unsere Meinung in der Aufbesserungsfrage noch gar nicht gesagt; wir werden überhaupt erst sprechen, wenn die Zeit dazu da ist; bis dahin geben wir unsern H. H. Mitarbeitern und Correspondenten in liberalster Weise das Wort, um ihre Ansichten und Gründe pro und contra darzulegen.

Würtemberg. Stuttgart. Eben sind wieder 5 Offiziere zur preußischen Dressur nach Spandau geschickt worden. Es wurde ihnen auch eingeschärft, daß sie sich den preußischen Dialekt anzueignen angelegen sein lassen sollen, (damit sie diese schöne Mundart bei der Rückkehr den schwäbischen Rekruten beibringen, etwa so: „Hör'n Sie mal, Jutester, Sie sind een janz unjeheuer dummer Junge! Hab'n Sie det von mich jelernt, Sie Ochs? Korp'rral, thun Sie mich man mal det verfluchte Luder 48 Stunden in det Looch und bringen Sie dem Kerl etwas Intelljenz bei. Intelljent, unjeheuer intelljent muß jetzt der Soldat sind, det seh'n Sie an mich!" — Eine recht arrogante Miene mit Zwicker und etwas hochnäsiges preußisches Wesen dazu, dann muß sich's wunderschön machen so ein preußisch dressirtes offizierliches Schwabenkind!)

☛ **Oesterreich.** Wien. Nachdem der Kaiser sich geweigert, zu der von den Ministern gewollten Auflösung der Landtage, deren Deputirte aus dem Reichsrath ausgetreten sind, seine Zustimmung zu geben, hat das gesammte Ministerium seine Entlassung gegeben. (Bravo! Fort mit Schaden!) Der Pole Graf Potocky, bis vor wenigen Wochen Ackerbauminister, ist mit der Bildung eines neuen Kabinets beauftragt worden. (Endlich!) Graf Potocky ist kein liberaler Schwindler, sondern ein höchst ehrenwerther Charakter. Das neue Ministerium wird voraussichtlich ein Nationalitäten-Ministerium, ein Ministerium des Ausgleichs und der Versöhnung zwischen den Nationalitäten werden, und dann kommen die Liberalen, die bisher geherrscht haben, an den ihnen gebührenden Platz. Die kaiserlich königlichen Juden, Freimaurer und sonstige Celebritäten werden eine schöne Wuth haben, daß jetzt der Kaiser selbst Ordnung schaffen will in Oesterreich. (Thut aber gar nichts! Um so fester wird sich der Kaiser auf seine treuen katholischen Oesterreicher stützen und verlassen können.)

Preußen. Aus Berlin erfährt die „Sächs. Ztg.", das famose Südbundsprojekt, welches die Allg. Ztg. vor etlichen Tagen von Augsburg aus als Drachen steigen ließ, sei auf märkischem Sande entsprossen; Südbund mit preußischer Spitze sei jetzt dort das Stichwort. Fürst Hohenlohe sei von Berlin aus „beauftragt" worden, ein solches Projekt auszuarbeiten (oder vielmehr es durch seinen

---

*) Wenn Hr. Stöhr und Genossen in dem Auftreten Döllingers eine „mannhafte That" fanden, so können wir dies begreifen. Unbegreiflich aber ist es uns, wie gelehrte Professoren (hauptsächlich jenseits der Mainlinie, diesseits des Mains wollte der Schwindel nicht gehen!) in dem Zeitungsartikel, unter welchen Döllinger seinen Namen setzte, auch eine „mannhafte That" erblicken konnten. Allerdings gehörte einiger Muth dazu, nachdem Hr. v. Döllinger seit Monaten aus sicherem Versteck mit vergifteten Pfeilen hervorgeschossen oder wenigstens Anderen seine Geschosse dargereicht hatte, jetzt endlich mit seinem Namen hervorzutreten. Aber eine „mannhafte That" können wir dies nach den bekannten Vorgängen nicht mehr nennen.

getreuen Knappen Völdernborff ausarbeiten zu lassen) und der Augsburger Dame zu schicken, die ihre preußischen Liebhaber zu jeder Stunde einläßt. In Berlin spekulirt man wahrscheinlich auf eine wahre Schafsgeduld Frankreichs! Uns selbst hat das — kurzweilige Projekt, mit dem Prinz Hohenlohe sich wieder als „Staatsmann" producirt hat, viel Spaß gemacht. Wir denken, der Prinz dürfte nach diesem letzten „staatsmännischen" Versuche das Politisiren doch einmal aufstecken. Es schaut nichts heraus dabei, — wenigstens nicht für ihn.

Ausland.

Schweiz. In Langenthal bei Bern protestirten auf dem Freischaarenfest, „an 5000" (oder etwas weniger) urliberale Simpel gegen die „jesuitischen Tendenzen des Concils" (!) und beschlossen, den Bundesrath aufzufordern, dem „jesuitischen Wirken im Vaterland energisch entgegenzutreten." Zweifelsohne wird das Concil den 5000 Simpeln von Langenthal nachgeben und von seinen „jesuitischen Tendenzen" schleunigst ablassen. Wird Knurrblättl zum Nachmachen empfohlen.

Frankreich. In Paris geht Prinz Peter Bonaparte jetzt jeden Tag eifrig in den Straßen spazieren, um zu zeigen, daß er nicht die mindeste Furcht vor den Buben der revolutionären Presse und Spießgesellen Rocheforts hat, die ihn zu ermorden drohten, aber selbst dazu zu feig sind.

Amerikanisches! Die A. Allg. Zeitung weist nach, daß das in den Blättern wieder großartig ausgeschriebene **Oregon-California-Eisenbahn-Anlehen** ein großartiger amerikanischer **Schwindel** ist. Wir haben bereits davor gewarnt und warnen unsere Leser wiederholt, sich verleiten zu lassen, auf irgend eines der jetzt zahlreich ausgeschriebenen amerikanischen Eisenbahnanlehen zu subscribiren.

Börsen-Nachrichten.

Wien, 2. April. Bei der heutigen Verloosung des 1854r Lotterie-Anlehens wurden die folgenden 26 Serien gezogen: 113, 270, 330, 420, 650, 791, 931, 1216, 1302, 1362, 1366, 1895, 2081, 2170, 2220, 2623, 2691, 2804, 2827, 2998, 3018, 3112, 3351, 3466, 3807 und 3857. Der Haupttreffer mit 110,000 fl. fiel auf Ser. 1366 Nr. 2 und der zweite Treffer mit 20,000 fl. auf Ser. 3857 Nr. 16. Auf alle übrigen Nummern fällt ein Gewinn von je 300 fl.

Verantwortlicher Redakteur: Dr. J. Sigl.

Druck von M. Vogl in München, Rosengasse 1(

II. Jahrgang.

Auflage: 5400.

Das Bayrische Vaterland.

Das „Bayr. Vaterland“ erscheint täglich mit Ausnahme der Sonn- und hohen Festtage. Preis des Blattes: Vierteljährig 54 kr., ganzjährig 3 fl. 31 kr. Das einzelne Blatt 1 kr.

Alle Postexpeditionen und Postboten des In- und Auslandes nehmen Bestellungen an. Inserate werden die dreispaltige Petitzeile oder deren Raum zu 3 kr. berechnet.

Redaktion: Burggasse 14. Herausgegeben von Dr. jur. J. Sigl. Expedition: Ruffinibazar 5

Cölestin. Nr. 78. Donnerstag, 7. April 1870.

Stoff zum Desavouiren. IV.

(Dem Edlen von Stauffenberg gewidmet.)

„Wer da lügt, muß Prügel haben.“

Mirza Schaffy.

R. Von der Donau. Die Fortschrittspartei besitzt ein eigenes Organ, in welchem neben den erhabensten „staatsmännischen“ Ideen der dümmste Haß liberaler Professoren gegen die katholische Kirche sich breit macht: Wochenschrift der Fortschrittspartei heißt das liebe Kindlein. Leider wird diese intelligente Zeitschrift nur von den eigenen Redakteuren und Mitarbeitern, einigen Universitätspiepmeiern und sonst noch von ein paar hundert fortschrittlichen Weltweisen gelesen. Kann doch jeder Liberale die gleiche Weisheit viel wohlfeiler in den „Neuesten“ lesen: hier wie dort Bismarkkultus und preußischer Lakaiendienst, „hier wie dort glühende Begeisterung für Steuerdruck und norddeutsche Bundesprügel, hier wie dort die sublimste Auffassung und Diskussion aller socialen, politischen und theologischen Fragen, hier wie dort außergewöhnliche Gelehrsamkeit und philosophischer Tiefsinn, denn „sie wähnen, sie seien voll Tiefe sobald sie den Mist aufwühlen“, den tiefsten, sagt eine Parabase des Dichters Platen.

Durch das Merkmal solcher „Tiefe“ zeichnet sich ein Artikel der fraglichen Wochenschrift aus — Nr. 13 vom 26. März. Von den Lehren des kleinen Katechismus, der auf dem Concil von den versammelten Bischöfen berathen wurde, behauptet dieser Artikel, daß sie „die Jugend mit den revolutionärsten Grundsätzen durchtränken, die Liebe zu Fürst und Vaterland ersticken und alle bisherigen Bande der Ordnung zerreißen werden.“

Wir fragen Sie, Herr Stauffenberg, ob Ehrenmänner sich mit Lüge und Verleumdung befassen? Wenn nicht, dann wissen Sie, was Ihre Ehre gebieterisch fordert, nämlich ein Desaveu der „Wochenschrift“ Ihrer Partei.

Weiters besagt der Artikel: „in den Klerikalseminarien dürfen unter dem Deckmantel der Religion die sittenlosesten verderblichsten Lehren den sogenannten Seelenärzten des Volkes auf ihre Berufswege mitgegeben werden, und die jungen Kleriker erhalten in den geschlechtlichen Verhältnissen (durch Gury) einen Unterricht so gründlich, wie er gewiß in keinem öffentlichen Hause möglich ist.“

Edler von Stauffenberg! was staunen Sie hier mehr an: die Virtuosität, welche Ihre Parteigenossen in der Handhabung der Lüge und Verleumdung besitzen, oder die Kühnheit, mit der sie lügen?! Angesichts dieser liberalen Sprache möchte man mit dem italienischen Dichter Leopardi fluchen „dem schmutzigen Bubenjahrhundert, wo sich die Männer aus Scham verkriechen müssen.“

Ueber das Lehrbuch der Moraltheologie von Gury gießt der liebenswürdige Artikelschreiber all seine Jauche aus, und sicher hat er es so wenig gelesen, als ein sechsjähriger Bube den Cicero oder der berühmte und gelehrte Julius Knorr die Institutionen Justinians und das Corpus juris. „Nichtswürdig“ und „schamlos“ heißen ihm Verfasser und Lehrbuch, von dem er lügt, daß es „falschen Eid, Meineid und Diebstahl in gewissen Fällen erlaube, die offene Lüge gestatte, wenn man im Stillen sich etwas anderes denkt und den Eidbruch der Unterthanentreue sanktionire.“

Holde „Wochenschrift“, wo bleibt dein „staatsmännischer Ton?“ wo Würde und Anstand? wo Wahrheit und sittlicher Ernst?

„Wir überrennen
Durch jähe Eile das Ziel, nach dem wir rennen
Und gehen es verlurstig“,

singt der brittische Dichter. (Heinrich VIII. Akt 1. Sc. 1.)

Wenn das Hauptorgan der Fortschrittspartei die Pöbel- und Kloakensprache der „Neuesten“, „Kempter Ztg.“, des „Regensb. Tagbl.“ rc. redet, dann wage es hinfort Keiner mehr, an dem Anstand, an der Bildung und Würde der liberalen Partei zu zweifeln.

Desavouiren Sie nun, Edler v. Stauffenberg! den noblen Fischweiberton, die dummdreisten Lügen und boshaften Verleumdungen Ihres „staatsmännischen“ Hauptorgans und Ihrer Erlanger Herzensfreunde? Unmöglich! — außer Sie desavouiren sofort die ganze liberale Partei, da bei ihr zutrifft, was Spiegelberg von sich rühmt: „Ich weiß nicht, ich muß was Magnetisches an mir haben, das dir alles Lumpengesindel auf Gottes Erdboden anzieht wie Stahl und Eisen.“ (Schiller, die „Räuber“ 3. Akt.)

Sollen wir Ihnen, Hr. Stauffenberg! noch Beispiele bringen, wie Ihre Presse das Heiligste und Ehrwürdigste — die Religion höhnt und besudelt, wie sie die katholische Kirche und ihre Institutionen verunglimpft und wie sie das Oberhaupt dieser Kirche im Kothe herumzerrt? Sollen wir Ihnen die von Ihrer Presse erdichteten Skandale gegen Klöster und Klerus aufzählen, Skandale die bei gehöriger Beleuchtung sich jederzeit zu Skandalen der liberalen Herrschaft und zu einer Parodie des Rechtstaates gestalten? Wir müßten Bücher anfüllen, so viel Schmutz und so viel Lügen hat Ihre „sittlich-ernste“ Presse aufgehäuft, und Sie möchten vor lauter Desavouiren um Ihren freiherrlichen Verstand kommen. Heute wie zu Schillers Zeiten ist das „der große Geschmack, seinen Witz auf Kosten der Religion spielen zu lassen, daß man beinahe für kein Genie mehr passirt, wenn man nicht seinen gottlosen Satyr auf ihren heiligsten Wahrheiten sich herumtummeln läßt“. (Vorrede zu „Räuber“.) Mit dem Hasse nächtlicher Dämonen grinsen die liberalen Blätter gegen das Christenthum; jedes möchte „den lieben Gott über die Klinge springen lassen" wie der freche Jude Heine sich Dessen gerühmt, jedes möchte mit ihm „die alternde Tochter (das Christenthum) einer hinwelkenden Mutter (Judenthum) für immer einmauern lassen", um das schöne junge Heidenthum zurückzuführen.

Wenn der liberale Abg. Herz behauptet, die Angriffe „gegen den Papst, das Concil und andere kirchliche Institutionen" seien blos „vorschnelle unrichtige Urtheile", so bewundern wir die Unschuld und Naivetät dieses Herrn. Wir halten diese Angriffe für Frechheit, Büberei und Niedertracht und für Religionsfriedens-Störung. Wenn uns Hr. Herz überzeugt, daß sein Schimpf „die Patrioten sind Verrätherbastarde, die den Thron umstürzen" als eine Schmeichelei aufgefaßt werden müsse, dann wollen wir auch den liberalen Preßunflath gegen die Kirche für ein „vorschnelles Urtheil" hinnehmen. —

Gleich zu Anfang unseres Artikels haben wir Ihnen, Edler von Stauffenberg! die Verse Shakespeare's entgegengehalten:

„Heizt nicht den Ofen euerm Feind so glühend,
Daß er euch selbst versengt!"

und Sie sehen, daß Sie wirklich zu stark „geheizt" und sich „versengt" haben. Sollten Sie oder der liebwerthe Stenglein sich nochmals auf's hohe Roß setzen und am „Vaterland" vorbeigaloppiren, daß ihm der Gassenkoth in's Gesicht spritzt, dann gewärtigen Sie, daß wir Ihnen sofort in die Zügel fallen. Und daß Sie kopfüber vom Pferde stürzen und etwas unsanft im Rinnsal der Strasse gebettet werden, drauf mögeu Sie sich verlassen.

„Die Wahrheit ist ein Hund, der hinausgepeitscht wird und in's Loch muß, während Madame Schoßhündin am Feuer stehen und stinken darf" (Shakesp. „König Lear" I. 4). Wegen seiner Wahrheit ist Ihnen das „Vaterland" verhaßt, wegen der Schärfe seines Prinzipes — katholisch-patriotisch — möchten Sie es, nicht blos desavouirt, sondern vernichtet wissen: Ihre Schoßhündchen dagegen werden gehegt und gepflegt und mit bayrischen Steuergulden und preußischen Thalerscheinen gefüttert, und daß sie pestilenzialisch „stinken", kümmert Sie und Ihre Partei und die Gesetze — Nichts.

Legen Sie daher, Edler von Stauffenberg! die affektirte Gereiztheit gegen die Patrioten und die patriotischen Blätter ab. Nicht die Patrioten sind die Bösewichte, nicht das „Vaterland" lästert und lügt und verleumdet. Auf Andere wälzen, wessen man sich selber schuldig weiß, ist ein alter aber herzlich dummer Kniff. Die Liberalen können des berüchtigten Glosters Monolog sich zu eigen machen, und nur Wahrheit ist es, wenn Jeder aus ihnen von sich bekennt, was dieser Heuchler und Mörder gesteht:

„Ich thu das Böse und schreie selbst zuerst,
Das Unheil, das ich heimlich angestiftet,
Leg' ich den Andern dann zur schweren Last,
Und so bekleid' ich meine nackte Bosheit
Mit alten Fetzen und schein' ein Heiliger,
Wo ich ein Teufel bin.

(Shakesp. „Richard III." Akt. I. Sc. 3).

Deutschland.

München, den 6. April.

Bei einigen Patrioten scheint das Desavouiren chronisch zu werden und es scheinen immer dieselben zu sein, welche diese schöne Kunst zuerst gegen das „Vaterland" angewendet haben. Nicht mit großem Erfolg, denn das „Vaterland" hat seit jenem großen Tage wieder einige Hundert Abonnenten mehr statt weniger, was einem Desaveu von unsern Lesern nur sehr entfernt ähnlich sieht. Nach dem „Vaterland" kam die Reihe, desavouirt zu werden, an die „Extremen", an die Lukas, Greil, Bucher u. dgl. stachliche Volksvertreter; ein paar Mal sind sogar bereits die eigenen Ausschüsse der Partei desavouirt, wie kürzlich beim Bauwesen der Finanzausschuß und in der letzten Sitzung ein anderer, wir wissen im Augenblick nicht der wievielte. Wenn das Ding so fort geht, dann kann es Dr. Huttler noch erleben, daß sogar er selbst sammt allen Göttern der „Postzeitung" desavouirt wird und das wäre ja ein ganz erschreckliches Unglück.

Auf der letzten Tagesordnung stand wie berichtet *), Völks Antrag auf Aenderung der Geschäftsordnung der Kammer. Völk will, da es ohne „preußisches Muster" in allen Stücken rein nicht mehr geht, natürlich die preußische Geschäftsordnung eingeführt wissen, nach der alles in Bausch und Bogen abgemacht wird und die wir aus 97 Gründen für unsere Kammer nicht wünschen können, obgleich wir die Mängel der gegenwärtigen Geschäftsordnung nicht verkennen. Der Ausschuß hatte denn auch in richtiger Würdigung der Umstände Ablehnung des Antrags beschlossen. Was geschah aber? Als die Sache ins Plenum kam, vertrat Völk seinen Antrag und that dabei in seiner gewohnten Weise in einer langwierigen und langweiligen Rede den Patrioten sehr empfindlich — schön. Dr. Ruland, Vorstand des Ausschusses, trat sofort gegen ihn auf und sprach meisterhaft und gründlich gegen den Antrag. Und die Patrioten? Als abgestimmt wurde, machten es wieder einige derselben (die Namen wollen wir heute noch nicht nennen) gegen Dr. Ruland und den Ausschuß gerade so, wie sie es gegen Lukas und den Finanzausschuß gemacht hatten, als Lukas Baureferent war: sie stimmten gegen die Ihrigen und für Völk und der Erfolg war, daß dessen Antrag angenommen war!! Was aber das Allerschönste war, das lieferte Hafenmaler, der als Ausschußreferent gegen den Ausschuß und für Völk sprach und Folge dieser — Eigenthümlichkeit mit Recht eine Rüge des Präsidenten erhielt. — Wenn man recht bald dahin kommen will, daß selbst der frommen „Postzeitung" etwas — Patriotisches passirt, dann glauben wir, dürften diese Herren ganz auf dem rechten Wege sein.

— ☞ Das neue Wahlgesetz soll nach der „Donauzeitung" im Ministerrath bereits festgestellt sein. Stadt und Land wählen darnach gesondert; die Abgeordneten sollen keine Diäten mehr beziehen. Damit sind wir nun gar nicht einverstanden, weil dann das Amt eines Volksvertreters nur ein Privileg der Reichen, Besitzenden, Beamten und Advokaten würde, kleine Geschäftsleute und Bauern aber fast ganz davon ausgeschlossen wären. Man muß die Volksvertretung demokratisiren, statt sie zum Monopol des Beamten-, Bourgeois- und Geldprotzenthum zu machen. Mit dem Artikel kann die Regierung schon wieder einpacken, ehe sie ihn der Kammer noch vorgelegt hat, denn der ist unannehmbar. Herabsetzen der Diäten, das ließe sich eher hören, obgleich ein Abgeordneter, der, besonders wenn er ein Geistlicher ist, jeden Tag unzähligen Angriffen auf den Geldbeutel ausgesetzt ist, in München mit 5 fl. gar nicht weit springt,

---

*) Von Donnerstag an, wo der Redakteur des „Vaterland" dem Tartarus in der Gruftgasse wieder entronnen sein wird, kann er den Redeschlachten in der Kammer wieder selbst beiwohnen und höchsteigenhändig die entsprechende Kammermusik dazu schreiben. Es steht zu erwarten, daß ihm durch die 30tägige babylonische Gefangenschaft von wegen des unsagbaren Ehrenmannes Julius des Gerächten die Milch der gewohnten frommen Denkungsart nicht allzusehr versauert sein wird.

wenigstens sich nichts erspart, und nicht selten noch bedeutend drauf zahlen muß. Die vielen in München domicilirenden Abgeordneten bekommen ohnehin keine Diäten.

— In allen liberalen Blättern steht jetzt wieder eine schauderhafte Geschichte vom Concil zu lesen, wo sich die Väter des Concils wegen einer „ketzerischen“ Rede des Bischofs Stroßmayer von Sirmium nahezu gerauft haben sollen und wobei es ungeheuer hitzig zugegangen sein soll, fast wie in einer bayrischen Kammersitzung. Wir können dagegen aus zuverläßiger Quelle, nämlich von einem Mitglied des Conciliums selbst versichern, daß diese Berichte über die Rede des Bischofs und die angeblichen Auftritte in der Aula des Concils, wie sie die liberalen Blätter bringen, nichts als ein eitles verlogenes Gerede sind. Was man eben drüben wünscht, das glaubt man und was die Herren Liberalen gerne hätten, das geben sie als geschehen aus. Es ist aber alles nicht wahr.

— Wie verlautet, beabsichtigt Hr. Scheuer dahier (Firma Equindo und Scheuer, Hr. Equindo ist aber vor Kurzem aus dem Spebitionsgeschäft ausgetreten) die Brauerei seines Schwiegervaters Schmederer (Zacherlsche Bräuerei in der Au) zu übernehmen und in eine Aktienbräuerei umzuwandeln. Das Projekt, mit dem seiner Zeit Dr. Wild hervorgetreten und das nur an dem bornirten Parteigehetz der Liberalen leider gescheitert ist, muß also doch so übel nicht gewesen sein, da es von dieser Firma wieder aufgenommen wird.

In **Pfaffenhofen** a. d. Glon ist am Ostermontag große Bauernvereinsversammlung, bei der mehrere Abgeordnete zugegen sein werden.

Von der **Amper** wird dem „Vaterland“ geschrieben: Die „Augsburger Abendzeitung“ meint, die Mehrzahl des Seelsorgsklerus*) in Bayern stehe in der Unfehlbarkeitsfrage auf der Seite Döllingers. Dieser Wahn gleicht ganz jenem des Herrn Dr. Sepp, der glauben machen will, fast der ganze patriotische Klub theile seine kirchlichen Anschauungen. Die Wahrheit ist, daß der Seelsorgsklerus mit ganz wenigen Ausnahmen, von denen sich außerhalb des nächsten Umkreises von Döllinger kaum die eine oder die andere vorfindet, mit dem Vorgehen des gelehrten Stiftspropstes höchst unzufrieden ist. Der Klerus beklagt allgemein die Unehrerbietigkeit, welche sowohl in den namentlichen als in den namenlosen Kundgebungen Döllinger's gegen die kirchliche Autorität an den Tag tritt. Seitdem die Complicität des berühmten Professors mit den bekannten Concil-Artikeln der Allg. Zeitung und mit dem noch bekannteren Janus erwiesen ist, hat der gute Klang seines Namens gewaltig eingebüßt. Der Klerus hört nicht mehr auf Döllinger, wie er es in früherer Zeit mit einer gewissen hl. Ehrfurcht zu thun pflegte. In der Unfehlbarkeitsfrage ist der ganze Seelsorgsklerus einig. Wenn das allgemeine Concil es als Glaubenssatz erklären wird, daß der Papst der unfehlbare Lehrer der Kirche sei, so wird der ganze Klerus es als Glaubenssatz annehmen und sich nicht im Mindesten darum kümmern, was etwa Hr. v. Döllinger dazu sagen wird.

Aus der **nördlichen Oberpfalz** wird dem „Vaterland“ geschrieben: Die Segnungen, welche uns der Fortschritt und insbesondere durch seine neuen Socialgesetze gebracht hat, beginnen auch wir in der nördlichen Oberpfalz immer mehr zu fühlen. Die Gewerbsfreiheit namentlich macht ihre schädlichen und verheerenden Wirkungen überall fühlbar. Die kommt nur den Juden zu gut; kein Gewerbsmann kann mit diesen Handelsleuten mehr konkurriren. Die getauften Juden machen es nicht besser. So haben wir das Glück, einen solchen hier zu besitzen; der hat bereits in Oberfranken an einem halben Dutzend Orten Niederlagen von allen Sorten Waaren, Stoffen, fertigen Kleidern, Tuchen, Leinwand und allem Möglichem. Bei uns baut er sich jetzt ein Haus, um wenn möglich, die hiesigen Gewerbtreibenden gänzlich zu ruiniren. Der einzige Vortheil der Gewerbefreiheit ist, daß das Kapital die Macht über die Arbeitskraft erhalten hat. Aber es wäre immerhin noch manches gut zu machen, wenn man nur wollte. So könnte und sollte man den Hausirhandel abschaffen oder doch bedeutend einschränken. Der bringt nur den größeren Handelsleuten Nutzen, die kleinen Gewerbsleute aber ruinirt er vollends. Die größeren haben eine Menge Hausirer zu Abnehmern, die dann dem kleinen Geschäftsmann in den Kreis seiner Kundschaft einbrechen und ihn für lange trocken legen. Der kleine Gewerbsmann kann mit ihnen unmöglich gleichen Schritt halten und geht nach und nach unfehlbar durch sie zu Grunde. Alle Gewerbsleute sind damit einverstanden, daß der Hausirhandel neben voller Gewerbsfreiheit die schreiendste Ungerechtigkeit gegen den Gewerbestand ist. Darum sollte die neue Kammer das Hausiren gänzlich aufheben. (womit wir vollkommen einverstanden sind. D. R.)

Oesterreich. Wien. Der Pole Graf Potocky hat das Ministerium bereits übernommen; Verständigung der Nationalitäten, das ist sein Programm und der Boden, auf dem schon Belcredi die Grundlage seiner Politik gesucht hatte. Sie ist das einzige Mittel, um in Oesterreich zu einer Verständigung und durch dieselbe zu rechtlich und politisch haltbaren, wirklich freiheitlichen Zuständen zu gelangen. Soll Oesterreich gedeihen, so darf keiner seiner Volksstämme unterdrückt werden; nur die Partei muß besiegt und unterdrückt werden, die sich seit 3 Jahren als ausschließlich die deutsche Partei geberdet hat, — das ist die Partei des falschen, verderblichen „deutschen“ Liberalismus. Und auch die freigewählten Landtage können die Grundlage einer Oesterreich rettenden Politik nur dann werden, wenn in ihnen auch die konservativen Elemente, die Träger christlicher Gesinnung und angestammten Rechtes zu der ihnen gebührenden Geltung kommen. Das nun durchzuführen wird die Aufgabe des neuen Ministeriums sein und die Lösung dieser Aufgabe ist die Wiedererschaffung Oesterreichs.

— Die Auflösung des Reichsraths und aller Landtage ist jetzt selbstverständlich und nun ist es an den Katholiken Oesterreichs, den Katholiken Bayerns es nachzumachen.

In Tirol, wo die Kinder von den Eltern aus der Schule geholt werden, wenn sich ein liberaliger Schulinspektor blicken läßt und der dann unverrichteter Dinge wieder abziehen muß, ist es vorgekommen, daß Einer sich in einen Holzhändler verkleidete, um einmal keine leere Schule zu treffen, ward aber erkannt und nicht ein Kind war andern Tags in der Schule.

Der in Brünn dieser Tage verstorbene Bischof Graf Schaffgotsche hat das von ihm gegründete Knabenseminar zum Universalerben seines mehrere 100000 fl. zählenden Privatvermögens eingesetzt.

In Böhmen, namentlich in den stark jüdisch verseuchten Gegenden wird die Stimmung gegen die Juden, welche fast alle das ehrenwerthe Handwerk des Blutsaugens betreiben, immer erbitterter; Hand in Hand damit geht die Abneigung gegen die deutschen Beamten, meist Freimaurern, die den edlen Juden die Stange halten und bei ihren Lumpereien nicht blos ein, sondern gleich alle zwei Augen zudrücken.

*) Dazu wäre der Seelsorgsklerus wieder recht, — zu Demonstrationen gegen Papst und Concil. Hiefür würde er das Lob und die Anerkennung der Herrn Liberalen einernbten. Wollte er sich aber etwa wieder bei den Wahlen betheiligen oder sonstwie für seine und des Volkes Rechte und Interessen eintreten, — dann applicirt man ihm Fußtritte. Ganz gut! Gehört ihm nicht mehr! Warum ist er auch so schwarz?! D. E.

Plakate, wie: Czechen, ermannt euch! jagt die Juden und Beamten aus dem Lande! sind nichts seltenes. Es ist aber auch gar kein Wunder, wenn den von der „jüdischen Läusekrankheit" — wie der Engländer Roebuck die österr. Juden nannte — geplagten Bürgern und Bauern einmal die Geduld reißt und sie diese Blutegel zum Land hinausjagen. Wir hoffen, daß unsere Regierung dann an der Grenze einen engen Cordon zieht, sonst fallen sie wie die Heuschrecken uns ins Land und wir haben ohnedies schon genug Juden im Lande.

Preußen. Die Berliner „Spenersche Zeitung" sieht sich berufen, den Kampf der „ultramontanen Demokraten in München und Stuttgart" den „Anfang vom Ende" zu nennen; er reife die drohenden Verhängnisse (!) nur um so schneller. Ihre Agitation sei lediglich ein Mittel, das Regieren ihren Ministerien, ja selbst ihren Fürsten unmöglich zu machen und was dergleichen Berliner Blau mehr ist. Was Letzteres betrifft, daß mit den Patrioten und Ultramontanen sich nicht regieren lasse, zeigt, wie wenig diese Berliner die bayrische Geschichte kennen. Wollte die „Spenersche" ihre preußische Nase in die bayrische Geschichte stecken, so würde sie finden, daß die bayrischen Fürsten bis in die neueste Zeit, die kurze Periode unter Carl Theodor und Max I. abgerechnet, immer nur mit Patrioten und Ultramontanen regiert haben und daß sich Bayern dabei vortrefflich gethan hat. Was aber die „drohenden Verhältnisse" betrifft, mit denen uns das alte Weib in Berlin schrecken möchte, so brauchen wir uns wahrlich nicht zu fürchten, selbst wenn die „drohenden Verhältnisse" in lauter Pickelhauben beständen. Mit Gottes und unserer östlichen und westlichen Nachbarn und Beschützer Hilfe hoffen wir mit diesen Preußen leidlich fertig zu werden, wenn sie wieder einen Raubzug nach Bayern machen wollten. Wir machen uns gar kein Gewissen draus, die Gendarmen zu rufen, wenn uns ein Räuber ins Haus bricht, selbst wenn der Räuber ein sogenannter „deutscher Bruder" ist. Dann um so weniger!

Berlin. Die Nordd. Allg. Ztg. erklärt die Ausführung des Art. 5 des Prager Friedens, welcher Preußen die Zurückgabe Nordschleswigs an Dänemark auflegt, für „unmöglich". Da aber Frankreich und Oesterreich da auch ein Wort mitzureden haben, so wird das schwerlich das letzte Wort des bismarkischen Organes sein.

In Preußen beginnen sich die Katholiken bereits für die Neuwahlen zu rühren; das „Märkische Kirchenblatt" fordert auf, schon jetzt die passenden Männer herauszusuchen, denen die Katholiken die Vertretung ihrer Interessen anvertrauen können. Abermals eine Frucht der fortwährenden Bedrohung und Bedrückung der katholischen Interessen durch den in ganz Europa herrschenden Liberalismus! Die katholischen Völker haben sich und der kathol. Kirche nur deshalb vom Liberalismus kirchenfeindliche Gesetze vorschreiben lassen müssen, weil sie ihre Bürgerpflicht bei den Wahlen nicht erfüllten. Da aber diese aus Unkenntniß oder Mangel an politischem Pflichtgefühl hervorgehende Nachläßigkeit für das geistige und materielle Wohl der Völker, für Kirche und Staat und für den Frieden zwischen beiden von den verderblichsten Folgen gewesen und sich bitter gerächt hat, so ist es Pflicht des Klerus und aller Freunde der Kirche und des Volkes überall, wo es noth thut, das Volk auf die ungeheure Wichtigkeit politischer Akte wie der Wahlen aufmerksam zu machen. Bei uns hat der Clerus diese seine Aufgabe, nicht blos für das geistige, sondern auch für das materielle Wohl des Volkes zu sorgen, bereits größtentheils erkannt und dies bei den letzten Wahlen glänzend bewiesen. Hinc illae lacrymae — daher der Zorn der Liberlen!

Amerikanischer Eisenbahnschwindel.

Die Leipz. Ztg. schreibt: „Wer heute einen Blick in unsere Zeitungen thut und darauf achtet, welche Unternehmungen und Emissionen alle seit etwa zwei Monaten unsern Geldmarkt in Anspruch nehmen, wer den Leichtsinn beobachtet, mit welchem das Publikum sein Geld darbringt für amerikanische Eisenbahnen u. dgl., von deren Lage und Verhältnissen kein Mensch eine Vorstellung hat, wenn sie nur hohe Zinsen versprechen, der kann solchen ungesunden Verhältnissen ein besseres Prognostikon nicht stellen, als daß wir einer Krisis, wie derjenigen entgegengehen, die im vorigen Herbst in Wien auf das Gründungsfieber folgte." — Wem nicht zu rathen ist, dem ist nicht zu helfen, der soll nur aber auch dann die Folgen seines Leichtsinnes tragen.

Briefkranzen.

Kl., Sp. 12. — Großostheim 8. Freundlichen Dank, es macht sich nicht übel. Täglich um 3 Uhr. Die Schuld muß an der Post in Aschaffenburg liegen. — M. L., E. (L.) G., A—au 8. — G. S., H.

„Durch die Red. d. „Bayr. Vaterland" aus Würtemberg für den Hl. Vater 4 fl. 30 kr. erhalten zu haben bescheint Ludw. Graf Arco-Zinneberg, Vorst. d. kath. Casino in München."

Verantwortlicher Redakteur: Dr. J. Sigl.

Druck von M. Vogt in München, Rosengasse 11

II. Jahrgang. | Das Bayrische **Vaterland.** | Auflage: 5400.

Das „Bayr. Vaterland" erscheint täglich mit Ausnahme der Sonn- und hohen Festtage. Preis des Blattes: Vierteljährig 54 kr., ganzjährig 3 fl. 36 kr. Das einzelne Blatt 1 kr.

Alle Postexpeditionen und Postboten des In- und Auslandes nehmen Bestellungen an. Inserate werden die dreispaltige Petitzeile oder deren Raum zu 3 kr. berechnet.

Redaktion: Burggasse 14. Herausgegeben von Dr. jur. J. Sigl. Expedition: Kaufingerbazar 5

7 Schm. M. Nr. 79. Freitag, 8. April 1870.

Zum

Geburtstag des „Vaterland".

(Größtentheils Hrn. v. Burchtorff und der kgl. bayr. „Preßfreiheit" gewidmet.)

„Jubes infandum renovare dolorem."

Die unerquickliche Vorlesung, welche in den vorausgegangenen Nummern dem blonden „Benjamin der Fortschrittspartei" gehalten worden, können wir wohl nicht würdiger abschließen, als indem wir daran den versprochenen „Geburtstagsartikel" hängen. Die Gelegenheit ist, da heute in der Kammer über die Preßfreiheit, deren wir uns in Zukunft erfreuen sollen, debattirt wird, diesem Unternehmen so günstig, als das Wetter einem andern Unternehmen günstig war, zu dem wir uns heute vor 30 Tagen entschlossen, nämlich dem: für's Vaterland und Julius den Gerächten ein ganzes Monat bei Hrn. v. Leonrod zu Gast zu sein und dabei tiefsinnigen Betrachtungen über den Seelenadel, die Tugenden und sonstigen Eigenschaften Julii Deputati, die Vergänglichkeit alles Irdischen und die kgl. bayr. Gerechtigkeit nachzuhängen. „Wir thaten es, doch thaten wir's nicht gerne" und wohl deshalb ist das Resultat unserer Forschungen ein gar klägliches, daß wir uns damit gar nicht vor die Oeffentlichkeit trauen und also auch nicht — konfiszirt werden.

Am 31. März 1869 hat die erste Nummer des „Bayr. Vaterland" das Licht der Rosengasse erblickt. Es war das ein denkwürdiger Tag — für uns, den Verleger des Blattes, denn an der Post starrten uns ganze 306 Abonnenten entgegen, und in der Expedition hatten es 3 oder 4 Dutzend „gewagt". Vierthalbhundert Abonnenten — was das sagen will, ein jeder Verleger weiß es und wir haben es erfahren. An jenem Tage begann für uns eine Leidensgeschichte, die das ganze Jahr mit nur geringen Unterbrechungen in mannigfaltigster Abwechslung fortgedauert hat. Niemand hielt das Kindlein für lebensfähig, fast Jeder prophezeite ihm einen baldigen Tod; „in längstens einem Vierteljahr, sagte man, ist's futsch!" Es war aber nicht „futsch", wohl aber hatte sich die Zahl seiner Freunde im Laufe des Vierteljahrs verdreifacht.

Am 19. April bezog der Redakteur des „Vaterland" die Vorhölle Oberhaus-Passau, aus der er am 6. Mai erlöst und ins Fegfeuer nach Rosenberg transportirt wurde, um da etliche Sünden gegen den Herrn und zwar den von Preußen abzubüßen. Am 17. Juni war seine wohlverdiente Fegfeuerstrafe für den „edlen Räuberhauptmann Schinderhannes" beendet und er flog nach München, wo das „Vaterland" bereits zweimal konfiszirt war, natürlich das papierne, und übernahm wieder selbst die Redaktion.

Nun folgten Konfiskationen, Untersuchungen, Prozesse, Verurtheilungen und Drangsalirungen aller Art in lieblichster Abwechslung und dauerten bis zur Stunde fort. Fünfzehn Mal ist das „Vaterland" in diesem Jahr konfiszirt worden, einige 40 Untersuchungen wurden eingeleitet und durchgeführt (wir wissen selbst nicht mehr wie viele und warum alle), alle ohne Erfolg, bis auf etwa ein halbes Dutzend, die noch schweben und bei denen wir heute noch nicht recht wissen, weshalb eigentlich konfiszirt und untersucht wird, da die von den Confiscirbeamten angegebenen Stellen wirklich zu harmloser und — humoristischer Natur sind, als daß man sie im Ernste für schuldbar und für „Verbrechen" ansehen könnte. Es ist mehr als einmal vorgekommen, daß an einem Tage zweimal konfiszirt wurde, es kam sogar vor, daß dreimal konfiszirt wurde wegen eines Artikels, von dessen möglicher Strafwürdigkeit (der vom „Heimgarten") wir sowohl als ein Dutzend Juristen keine Ahnung hatten, in dem aber trotzdem 3 oder 4 schreckbare Attentate auf Regierung, Minister u. dgl. verehrungswürdige Gegenstände enthalten sein sollten. Ja es ist vorgekommen, daß in 10 Tagen 5mal konfiscirt wurde, es kam aber auch vor, daß durch Beschluß des Appellgerichts 6 konfiscirte Nummern auf einmal freigegeben werden mußten und 21 Untersuchungen auf einmal als gegenstandslos niedergeschlagen wurden — gewiß ein recht erfreulicher Beweis für den — Eifer der Münchener Confiscirbehörde!

Und wegen welcher Dinge wurde konfiscirt! Wir wollen ein paar Beispiele — aus freigegebenen Nummern, Hr. v. Burchtorff! — anführen.

Die Nrn. 76 und 77 wurden konfiscirt wegen eines Artikels „Illustrationen zur kgl. bayr. Rechtsgleichheit." Der Artikel enthielt gar nichts als Thatsachen, die Jedermann bekannt waren außer den konfiscirenden Polizeigottheiten; die wußten allein nichts davon und konfiscirten zweimal wegen „Verbreitung wissentlich falscher (!) Nachrichten, Aufreizung zu Haß und Verachtung, Beleidigung der Staatsregierung" u. s. w. Die Polizei hielt es also gar nicht für möglich, daß das Vorgetragene wahr sein könne, wurde aber vom Appellgericht eines Andern belehrt, indem dieses die Nummern frei gab.

Einmal brachte das „Vaterland" einen Artikel, in dem gesagt war, daß in Niederbayern um Hauzenberg schlechtes Viehsalz verkauft werde, daß das Vieh davon erkranke. Schleunige Konfiskation wegen „Verbreitung wissentlich falscher Nachrichten"! Als ob die Münchener Polizei wissen konnte, was das Hauzenberger Vieh für Salz frißt! Die Sache verhielt sich wirklich so, wie die Untersuchung herausstellte, und die Nr. mußte freigegeben werden!

In Nr. 123 war, ein Studentenlied parodirend, gesagt, in ganz Europa finde man kein solches Ministerium wie das unsere. Natürlich schleunige Konfiskation wegen „Beleidigung der Staatsregierung."

In einem Artikel war gesagt: In Bayern könne Jeder es hoch bringen, das beweise Hohenlohe; dem Talent stehe in Bayern der Weg zu allen Aemtern und Würden offen, das beweise Gresser, Hörmann ꝛc.; unsere Minister haben alle Talent, der eine etwas mehr, der andere etwas weniger. — Natürlich wieder Konfiskation wegen „Beleidigung der Staatsregierung im Allgemeinen und so und so vieler Minister im Besondern!" Wir sollten damit gesagt haben, Hohenlohe habe „etwas weniger" Talent oder ein anderer habe etwas weniger und das sei eine „Beleidigung"!

In einem andern Artikel war gesagt: es sei sicher unwahr, daß der berüchtigte Janus von Hohenlohe inspirirt sei, denn inspiriren komme von spiritus her. Natürlich wieder konfiscirt wegen so und so viel „Beleidigungen", obgleich damit offenbar nichts anderes gesagt war als daß der hohenlohesche spiritus mit dem spiritus des Janus nichts gemein habe.

In einem andern Artikel war gesagt: wie könne denn Hohenlohe wissen, was das Concil vorhabe, da es doch nicht wahrscheinlich sei, daß der hl. Geist sich eigens zu ihm verfügt habe? — Natürlich wegen „Beleidigung" Hohenlohes wieder konfiscirt! Und so geht es fort.

Das Allerkostbarste aber war, wie wir zu einem Verbrechen des Hochverraths und zwei Majestätsbeleidigungen kamen und natürlich wieder konfiscirt wurden. Dies geschah auf poetischem Wege und zwar so. In Nr. 202 waren zwei Sonette „An den König". Das eine begann

Wach auf, wach auf, mein König! Denn die Tage
Mit jedem Monde werden ernstre Dränger!
Nicht ziemt's dem Herrscherauge, daß es länger
Verschließe sich dem ganzen Ernst der Lage.

Hierin sollten nicht weniger denn zwei Majestätsbeleidigungen liegen, denn es sei gesagt, meinte nämlich die weise Polizei, erstlich der König habe bisher geschlafen, da er ja „aufwachen" soll, und zweitens, daß er seine Augen verschließe; also doppelte Beleidigung. So kann man zu Untersuchungen und gelegentlich Verurtheilungen kommen, so beleidigt man Majestät!

Im nächsten Verse:

Sein oder nicht sein ist für Dich die Frage,

sollte gar das Verbrechen des Hochverraths liegen!! Die halbe liberale Presse gerieth darüber in Fraisen und brachte heraus, als ob die Ultramontanen durch das „Vaterland" dem König die Alternative: Sein oder nicht sein, König nämlich, gestellt hätten, während ganz andere Mächte die Krone des Königs gefährden. So begeht man Hochverrath!!

Und so schlängeln sich die Konfiskationen, Untersuchungen, Processe ꝛc. in reizender Abwechslung durch das bayrische Vaterland hin.

Aber die Konfiskationen und Processe kosten Geld, viel Geld, um das sich allerdings die hohe kgl. Polizei nicht zu bekümmern braucht. Die Kosten der Konfiskationen, die Gerichts-, Proceß- und Advokatenkosten, die Strafen ꝛc. ꝛc. dieses Jahres belaufen sich auf nahezu **eintausend Gulden**. Die Kosten in Folge der Konfiskationen haben wir allein auf mindestens 500 fl. anzuschlagen, eine nicht unbedeutende Summe, um die wir widerrechtlich geschädigt wurden, denn die voreiligen Konfiskationen sind alle (bis auf die jüngsten) durch Gerichtsbeschluß aufgehoben und damit für unbegründet erklärt worden; die Polizei sollte uns nun von Rechtswegen das ersetzen, wird sich aber hüten es zu thun. Der Trost, den uns auf unsere Klagen einmal ein hoher liberaler Beamter gab: „Schaffen Sie eine Regierung Ihrer Partei, dann werden die — Andern konfiscirt" kann uns natürlich nicht genügend sein.

Zweimal sind wir verurtheilt worden, einmal weil wir einen Juden „frech" nannten und dann weil wir die „Ehre" des bekannten Knorren durch das famose „Sendschreiben" etwas lädirten. Unsern Ansichten über beide Ehrenmänner thut das natürlich nicht den mindesten Eintrag, aber unserm Geldbeutel, denn schrecklich ist's in die Hände der bayr. Justiz und des kgl. preuß. Raubvogelritters Schauß zu fallen!

Wir haben aber auch Erfreuliches aus diesem Jahre zu berichten und das ist die freundliche Aufnahme, die das „Bayr. Vaterland" gefunden, und die mit jedem Monat wachsende Verbreitung. Begonnen haben wir mit 306, resp. vierthalb hundert Abonnenten; am Schluß des ersten Quartals hatten wir bereits eine Auflage von 1000, des zweiten von etwas über 2000, des dritten von 3900, des vierten von 5100 und dieses Quartal beginnen wir mit einer Auflage von 5400. Trotz dieser hohen Auflage haben wir außer dem Exemplar der Redaction nicht ein einziges vollständiges Exemplar mehr! Wir können nach diesem Erfolge und der jetzigen Verbreitung unsers Blattes nun auch an die Schuldentilgung gehen. Es ist viel gefabelt worden über die Gründer und „eigentlichen" Eigenthümer des „Bayr. Vaterland." Bald sollte es von Hietzing, bald von den Jesuiten in Regensburg, dann wieder von einigen bayrischen Aristokraten, bald von den Bischöfen oder der Nuntiatur (!) bezahlt und erhalten werden; von Napoleon, behauptete man, bekomme es monatlich 2000, nach anderer Lesart 500 Francs, und Einer fand gar, daß — Julius Knorr das „Vaterland" gegründet habe, um den „Bayr. Kurier" zu ruiniren und dann das „Vaterland" eingehen zu lassen. Ueber all den Unsinn glauben wir wohl kein Wort verlieren zu dürfen. Das Blatt ist einzig und allein von uns, dem Herausgeber und Redakteur, gegründet, geschrieben und bezahlt (bis auf das, was wir eben noch schuldig sind.) Die „Subvention", die wir von unserer Partei, der katholisch-patriotischen Partei, erhalten haben, beläuft sich Alles in Allem auf noch nicht 100 fl.

Noch etwas Erfreuliches haben wir zu sagen am Geburtstage des „Vaterland", und das ist die reiche geistige Unterstützung und Hilfe, die wir von einer sich fast täglich mehrenden Zahl eifriger Mitarbeiter, Correspondenten und Freunde unsers Blattes, insbesondere von der Perle unserer Mitarbeiter, unserm unübertrefflichen, geistreichen und im Kampf für die Sache der kath. Kirche, des Rechtes und unserer Partei sich aufreibenden **R von der Donau** erhalten haben und erhalten. **All diesen Herren, unsern treuen und eifrigen Mitkämpfern für die gemeinsame und eine Sache sagen wir unsern wärmsten und aufrichtigsten Dank für ihre bisherige Hilfe und Unterstützung der Redaction und bitten sie, nicht ermüden zu wollen und nicht nachzulassen in ihrem Eifer und ihrer freundlichen Gesinnung gegen das „Bayr. Vaterland" und gegen uns.**

Und noch etwas bitten wir im Interesse vieler unserer Leser: daß unsere Freunde draußen im Lande uns auch recht zahlreich Lokalnotizen, kleine Neuigkeiten, Berichte über besondere Vorfälle ꝛc. ꝛc. ꝛc. in ihrem Orte oder ihrer nächsten Umgegend schicken mögen, deren Mangel beim „Vaterland" oft beklagt und getadelt worden ist. Es sind eben viele, die auch Neuigkeiten von ihrer Heimat ꝛc. in ihrem Blatt lesen wollen und um dieser willen stellen wir unsere Bitte. Wir werden dann für solche unpolitische kleine Neuigkeiten und Notizen eine eigene Rubrik anlegen.

Wir sind jetzt sehr lang geworden und schließen mit dem wiederholten herzlichen Dank an unsere Freunde und dem Wunsch, daß das „Bayr. Vaterland“ auch im zweiten Jahre seines Bestehens und in allen folgenden recht blühen und gedeihen und immer ein unerschrockener und ungebrochener Kämpfer für Wahrheit und Recht, für Volk, König und Vaterland sein möge, wozu es mir wenigstens nicht fehlen lassen werden. Das walte Gott!

Deutschland.

München, den 7. April.

— Zu Mitgliedern des Gesetzgebungsausschusses wurden in geheimer Sitzung gewählt: Bez.-Ger.-Rath W. Schmidt, Appellrath Dingler, Minist.-Rath Weis, Appellrath Krätzer, Appellrath Kurz, Dr. Karl Barth, Appellrath Grabner, Dr. Schüttinger, Appellrath Gürster. Zu Ersatzmännern: Dr. Freytag, Al. v. Hafenbrädl und Dr. Winderl. — In den Finanzausschuß wurde statt des ausgetretenen Stauffenberg Crämer v. Doos gewählt.

— Der vierte Ausschuß soll beabsichtigen, die Regierung zum Zurückziehen des Bürgerwehr-Qualgesetzes zu veranlassen. Der Abgeordnete Radspieler hat den Entwurf vollständig umgearbeitet. Nach ihm soll die künftige Bürgerwehr nur mehr auf die Städte über 20,000 Einwohner und die Kreishauptstädte beschränkt, eine reine Gemeindeanstalt und dem Bürgermeister unterstellt werden. Alle Paraden, alle Ehrenwachen, Salutiren soll wegfallen, überhaupt jeder militärische Anstrich. Von der Dienstpflicht sollen auch alle Bürger ausgenommen sein, welche nicht frei über ihre Zeit verfügen können, z. B. Buchhalter, Werkmeister, verheirathete Gehilfen u. s. w. und alle jene, die in ihren Wocheneinnahmen geschädigt würden. Die Offiziere sollen von der Mannschaft gewählt, die Commandanten von der Gemeinde vorgeschlagen und vom König ernannt werden. Alle Ehrenvorzüge hören auf und der Zweck des Ausrückens kann nur die Erhaltung der öffentlichen Ruhe, Ordnung und Sicherheit sein. Die Reluitionsgelder fallen in die Gemeindekasse, welche die Ausrüstung und Bewaffnung bestreitet, auch Uniformen, welche in Raten abzahlbar sind, stellt.

— Zum österreichischen Gesandten in München ist der bisherige Gesandtschaftssekretär in London Graf Karnocky ernannt. Graf Taafe, der nach Ingelheim hieher kommen sollte, findet in Wien eine andere Verwendung. Wahrscheinlich wird er wieder Minister.

In **Wasserburg**, schreibt man dem „Vaterland“, dominirt doch das liebenswürdigste Beamtenthum, davon habe ich mich kürzlich auf einer Reise überzeugt. Sind alle ohne Fehl und Mangel, aber die Patrioten mögen sie nicht und die „Pfaffenblätter“ noch viel weniger. Die Frau Schlüsseleder, Besitzerin des ersten Gasthauses, wo jetzt viele der Herren Beamten zu speisen geruhen, darf seitdem nicht ein patriotisches Blatt mehr halten. Die geistlichen Herren, welche früher bei ihr Mittag zu machen pflegten, sind genöthigt wegzubleiben, da ihnen namentlich die jüngeren Herren doch zu — liebenswürdig geworden sind. So sehr sind sie für Krone und Vaterland begeistert, daß sie in keinem einzigen Gasthause Wasserburgs den „thronumstürzenden“ Volksboten oder gar das „revolutionäre Pfaffenblatt“ Vaterland dulden. Das dortige Amtsblatt, in welches mancher dieser Herren seine erleuchteten Ansichten und Ideen niederlegt und das die Landgerichte Wasserburg und Haag gegen die Bagatelle von 2 fl. jährlich zur Verbreitung nützlicher liberaler Kenntnisse halten müssen, macht äußerst scharf in „königstreuem“ Fortschritt. Der Redacteur davon, ein gewisser Dampf, schwört nicht höher als beim Föderer; der ist sein Prophet und seine geistvollen „Reden“ sein Evangelium und er empfiehlt ihn jederzeit als den „Meister voll Ruhe und Klarheit“ (!), dessen „ausgezeichnete Reden den besten Begriff von dem Stand der Parteien in der Kammer geben.“ . . . . . Fahre das „Vaterland“ nur so fort, wie bisher den Fortschritt und Lug und Trug des Fortschritts zu bekämpfen. Nur durch seine Tyrannei und seinen Despotismus hält er noch strichweise das Volk nieder; er selbst aber ist feig und flieht, wenn ein Stärkerer kommt. Das Volk will nichts wissen von diesem Fortschritt. Mögen nur aber auch die geistlichen Herren die Hände nicht in den Schooß legen, sondern mehr und mehr ihrer Kraft und ihres großen und unerschütterlichen Einflußes auf das noch immer treu katholische Volk sich bewußt werden und ihn anwenden. Muntere das „Vaterland“ aber auch die braven Bürger und Bauern auf, im hl. Kampfe für Vaterland und Kirche nicht zu erlahmen, bis der Sieg unbestritten uns gehört; was das „Vaterland“ sagt, das zündet im Volke, seine Sprache versteht Jeder, denn es ist die Sprache des Volkes.*)

In **Gaukönigshofen**, schreibt man dem „Vaterland“, wurde in Verbindung mit dem politischen Bürgerverein ein Kredit-Verein in der Art gegründet, daß zwei Männer, ein Gastwirth und ein Krämer, damit sich ja Niemand hinzugehen zu geniren braucht, als Vertrauensmänner aufgestellt wurden. Wer Geld braucht und wer Geld vorräthig hat, setzt diese davon in Kenntniß, die dann unentgeltlich die Vermittler machen, damit dem heillosen Wucher der Juden ein Damm gesetzt wird. (Allen Respekt davor! Das ist einmal ein praktischer Gedanke, den unsere Casinos, Lese- und Bauernvereine ꝛc. in Erwägung ziehen sollten. Wie leicht ließe sich's machen, daß die Casino's ꝛc. zugleich Krebit-Vereine für die Mitglieder würden. Dadurch würden sie erst recht ein Segen und eine Wohlthat für die Einzelnen wie für ganze Orte und Gegenden. Es würde uns freuen zu hören, daß dieser Gedanke ins Leben gesetzt werde. D. Red.)

Aus Franken, wie es scheint aus einem sehr „zurückgebliebenen Winkel“, wird dem „Vaterland“ geschrieben: „Wenn man die Schwurgerichts- und andere gerichtliche Verhandlungen in gewissen Ländern liest — natürlich meint der Hr. Einsender Oesterreich, Baden, Frankreich und ähnliche entfernte Landschaften —, so weiß man wahrhaftig nicht, was man denken soll. Auf den rechten Gedanken wird man wohl durch folgendes Geschichtchen gebracht. Ein Bauer aus irgend einem „obskuren Winkel“ nahm sein Bübchen mit in die Stadt auf einen Viehmarkt. Dort gingen sie in ein Wirthshaus, wo sie zur Noth an einer stark besetzten Tafel noch ein Plätzchen fanden. Dem Knaben gegenüber saß ein robuster Viehhändler mit einem wahren Affengesicht. Da ihm der Knabe starr und unverwandt ins Gesicht sah, wurde er unwillig und sagte: „Du Lausbub, warum guckst du mir immer ins Gesicht?“ — So möchte man fragen: Ja, sind denn das auch Juristen — da in Frankreich, Oesterreich und Baden? Wollen die es denn absichtlich dahin bringen, daß es eine Ehre ist, zu einer Festungsstrafe verurtheilt zu werden — in Baden, Oesterreich und Frankreich?“ (Herr, wir danken Dir, sagen wir mit dem Pharisäer, daß wir in Bayern keine solchen Juristen haben, die es zur Ehre machen, auf die Festung zu kommen! ꝛc.)

Aus dem Bambergischen wird dem „Vaterland“ geschrieben: Nachdem die geehrte Redaktion in Nr. 65 vom 22. März ihr Blatt den Protesten des Seelsorgklerus gegen die Zumuthung der Abendzeitung zur Disposition gestellt und in Folge dessen in Nr. 70 vom 29. ein so trefflicher Aufsatz von der Traun erschien, glaube auch ich im Sinne des ganzen fränkischen Seelsorgklerus zu sprechen, wenn ich hiemit erkläre, daß wir mit dem Artikel von der Traun Punkt für Punkt aus voller Ueberzeugung über-

*) Freundlichen Gruß! Lassen Sie öfter von sich hören.

einstimmen und uns ebenso den in Nr. 68 in der Correspondenz aus **Würtemberg** ausgesprochenen Ansichten über die Haltung des „Vaterland“ in Sachen des Concils aufs Engste anschließen. — Besonders den Clerus der Bamberger Erzdiözese muß das unqualifizirbare Auftreten des Hrn. Stiftsprobstes v. Döllinger tief schmerzen und betrüben; ist er ja unser Landsmann, ein geborner Bamberger! — Wie er in der Zeit seiner Rechtgläubigkeit unsere Freude und Bewunderung erregte und seiner Vaterstadt zum Ruhme gereichte, so ist er nun für uns die Ursache unseres innigsten Mitleids und eine warnende Mahnung für jeden nach Wissenschaft Strebenden, sich vor den Fallstricken des Stolzes und der Hoffart sorgfältig zu hüten. — Was unser Verhalten dem Hrn. v. Döllinger gegenüber betrifft, werden wir die Aufforderung des Hrn. Dr. Grafen Spee aus Aachen befolgen, die er unterm 21. März an die Schüler des „ehemaligen Döllinger“ richtet, nämlich die „zu vereintem anhaltenden Gebet für ihn zum Geist der Wahrheit und der Gnade um Erleuchtung und Bewahrung.“ — Im Uebrigen sind wir keinen Augenblick im Zweifel, wo wir den heiligen Geist zu suchen und zu finden haben; denn nicht der sogenannten „deutschen Wissenschaft“ ist er vom göttlichen Heilande Jesus Christus verheißen worden, sondern den Aposteln und ihren Nachfolgern: dem Papste und den Bischöfen (dem Concile.) — Wer einer anderen Ansicht ist, möge auftreten; aber offen und ehrlich!

Oesterreich. In Ungarn soll man jetzt ernsthaft daran gehen wollen, die Kirchen- und Klostergüter zu rauben, „einziehen“ sagt man diplomatisch; die **Juden** wollen es und da die Juden die Herren sind, so müssen die Christen wollen. Die Judenjournale besprechen den Raubzug, die zu machende Beute und deren Vertheilung schon ganz offen und ohne Scheu; um das Bischen Katholiken, die höchstens eine Faust im Sack machen und schimpfen, wenn alles vorüber ist, braucht man sich ja nicht zu kümmern und um das Recht im „modernen Staat“ erst recht nicht. Das unverschämte freche jüdische Raubritterthum der Börse, welches den gutmüthigen, im jüdischen Zeitungsnetz zappelnden Oesterreichern das Geld zu Millionen abnimmt, findet daran noch kein Genügen; aber der Kirchengüterraub, das wäre ein glänzendes Unternehmen für die Groß- und Kleinjuden, das seine schönen Perzente abwerfen und jedes Spekulantenherz nachhaltig erfreuen würde. Der ganze Klostersturm und der Ubrykschwindel und die „Pfaffenhetze“ der Judenbuben und liberalen Menschenkinder hatte das ausgesprochene feste Ziel, auf die Aufhebung der Klöster vorzubereiten; die Ungarn sollen nun vorangehen, die Deutschen folgen dann schon nach, wenn nicht der Kaiser durch die Entlassung des höchst ehrenwerthen Corps, das bisher als „Doctorenministerium“ fungirte und Oesterreich blamirte, einen großen Strich durch die Rechnung macht. Die Verschleuderung des klösterlichen Grundbesitzes wäre entschieden im Interesse der Großjuden, welche die Grundkomplexe um Millionen billig bekämen, wie dies jüngst bei der Verschleuderung der Staatsdomänen in Galizien der Fall war und wie dies z. B. 1802 und 3 in Bayern geschah, als unter dem milden Scepter Max I. von Staatswegen im Großen geraubt und gestohlen wurde und von den 40 Millionen, die die Klostergüter werth waren, kaum 2 Millionen der Staat, das Uebrige die kgl. Kommissäre und die Juden bekamen. Die Zertrümmerung der großen Güterkomplexe würde dann hunderte und mehr Prozente in den Sack der großen Juden abwerfen. Bei Verschleuderung des Mobiliars, der Kirchenschätze rc. würden dann die kleinen Juden ihren Schnitt machen, wenn nicht Papa Rothschild oder eine andere Judendynastie gleich alles auf eigene Rechnung nimmt wie vor 2 Jahren in Italien. So wäre der Judensippe eine neue Quelle der Freude eröffnet. Und der Staat? Der bekommt das wenigste, darf aber dann für Kultus, Unterricht u. s. w. aus seinem Säckel, d. h. aus dem Säckel der Steuerzahler alles das bezahlen, was bisher von den Klöstern unentgeltlich geschehen ist. Also die Juden haben den Profit und die Steuerzahler, das Volk muß ihn nachträglich aus der eigenen Tasche zahlen, was man dann — liberale Staatsweisheit — heißt

Marktpreise in München.

1 Pfd. Mastochsenfleisch 16 kr. — pf., Kuhfleisch 17 kr. — pf., Kalbfleisch 15 kr. — pf., Schaffleisch 12 kr., rohes Schweinfleisch 20 kr. 1 Pfd. Schweinfett 29 kr. eine rohe Junge 1 fl. 12 kr., dito geräuch. 1 fl. 30 kr. ein Zentner rohes Unschlitt 22 fl. 30 kr. ein Pfd. gegoss. Lichter 24 kr., gez. feine Lichter 23 kr., dito ordinäre 22 kr., Seife das Pfd. 16 kr.

Das Pfd. Karpfen 22—24 kr., Hechten 30—36 kr., Huchen 48— — fl. 54 kr., Rutten 42—46 kr., Forellen 1 fl. 12 kr. bis 1 fl. 24 kr. Walfische 1 fl. 24 kr., Barben 18—20 kr., Alten 16—18 kr., Waller 42—46 kr., Brachsen 14—18 kr., Renken 24—30 kr., Birschlinge 18 —22 kr., Bachfische 7—9 kr., Krebse das Viertel 100 36—54 kr., Frösche, das Viedel 9—15 kr. — 1 Zentner Heu 1 fl. 42 kr., 1 Ztr. Grummet 1 fl. 54 kr. Waizenstroh — fl. — kr. Roggenstroh 1 fl. — kr. Haberstroh — fl. — kr. Eine Klafter Buchenholz 16 fl. — kr. Birkenholz 14 fl. 36 kr. Föhrenholz 11 fl. 12 kr. Fichtenholz 11 fl. 0 kr. Das Pfd. Schmalz höchster Preis 34 kr. Das Pfd. frische Körbchenbutter, höchster Preis 34 kr. 6 Stück frische Eier 8 kr. Die Maß gute Milch 5 kr. 1 Pfd Leinöl 16 kr. 1 Pfd. Repsöl 19 kr.

Verantwortlicher Redakteur: Dr. J. Sigl.

Druck von M. Vogt in München, Rosengasse 1(

II. Jahrgang. | Das Bayrische | Auflage: 5400.

Vaterland.

Das „Bayr. Vaterland" erscheint täglich mit Ausnahme der Sonn- und hohen Festtage. Preis des Blattes: Vierteljährig 54 kr., ganzjährig 3 fl. 36 kr. Das einzelne Blatt 1 kr.

Alle Postexpeditionen und Postboten des In- und Auslandes nehmen Bestellungen an. Inserate werden die dreispaltige Petitzeile oder deren Raum zu 3 kr. berechnet.

Redaktion: Burggasse 14. | Herausgegeben von Dr. jur. J. Sigl. | Expedition: Ruffinibazar 5

Cleophas. | Nr. 80. | Samstag, 9. April 1870.

Die Politik des Grafen Bray.

Die Rede, in welcher der neue Minister Graf Bray das Programm seiner und damit der Politik Bayerns darlegte, ist in jeder Beziehung ein Meisterstück seiner Auffassung gegebener sehr schwieriger Verhältnisse. Vor Allem müssen wir seinem Freimuth und der offenen Sprache, welche den Mann und dessen innerste Ueberzeugung so ganz wieder gibt, wie er vor uns steht, unsere aufrichtige Anerkennung zollen.

Wenn der Hr. Graf wiederholt betont hat, die „auf Gegenseitigkeit" beruhenden Verträge müssen gehalten werden, anderseits müsse aber auch unsere berechtigte Selbstständigkeit und Selbstbestimmung gewahrt werden, so darf wohl angenommen werden, der Hr. Graf betrachte diese beiden Bedingungen als den Anfangs- und Ausgangspunkt seines ministeriellen Waltens, seiner Politik. Was die Gegenseitigkeit betrifft, auf welcher die Verträge beruhen sollen, so wird wohl diese Bezeichnung nicht in ihrer vollen Bedeutung aufzufassen sein dürfen, sondern als die bei Abschluß der Verträge auf- und angenommene Phrase, die eben bis auf Weiteres noch beibehalten werden mag; in Wirklichkeit sind eben die Verträge, was ihre Lasten und Pflichten betrifft, nichts weniger als gegenseitig, sondern sehr zu unserem Nachtheil einseitig. Zudem kennt der Herr Graf die Geschichte Deutschlands und Preußens zu gut, als daß er nicht wüßte, wie es zur herkömmlichen Politik Preußens gehört, jeden Vertrag höchst einseitig aufzufassen und nur so lange zu halten, als die Vortheile davon auf preußischer Seite, also auch wieder einseitig sind. Graf Bray ist nicht so sehr Optimist, daß er glauben könnte, Preußen werde Bayern zu Lieb' seine historische Politik: jeden Vertrag zu brechen, sobald Vertragsbruch zum Vortheil Preußens ist, verlassen.

Für die Wahrung der gleichfalls betonten „berechtigten Selbstständigkeit" Bayerns kann uns nur der Charakter des leitenden Ministers eine Garantie sein, der im entscheidenden Augenblicke an der Spitze der Geschäfte steht; in dieser Hinsicht darf mit Sicherheit angenommen werden, daß Graf Bray auf einem andern Boden steht als Fürst Hohenlohe.

Art. 1 des Vertrages sagt: „Es garantiren sich die hohen Contrahenten gegenseitig die Integrität des Gebietes ihrer bezüglichen Länder und verpflichten sich im Falle eines Krieges zu diesem Zweck einander ihre volle Kriegsmacht zur Verfügung zu stellen." — Hiemit ist der rein defensive Charakter der Verträge documentirt, aber, setzen wir hinzu, nur wenn kein preußenfreundliches Ministerium an der Spitze der süddeutschen Staaten geduldet wird. Im andern Falle könnte Preußen Verwicklungen herbeiführen, die man eben auch als „deutsche Frage" ausspielen könnte und die wir dann mit in den Kauf nehmen müßten. Die Grenzfrage in Nord-Schleswig z. B. will von Preußen nicht vertragsmäßig bereinigt werden; diese Frage wäre aber nichts weniger als eine „deutsche" Frage und wenn sie morgen zur brennenden Frage würde, uns ginge sie nach dem Vertrage nicht das Mindeste an und wir könnten uns demgemäß auch nicht berufen noch verpflichtet fühlen, für Preußen die Kastanien aus dem Feuer zu holen, so wenig für uns eine vertragsmäßige Verpflichtung vorgelegen wäre, Preußen etwa in der Luxemburger Frage unsere Regimenter zur Verfügung zu stellen; Luxemburg gehörte nicht zum preußischen Gebiet, durch dessen Lostrennung ist wohl wieder ein Stück Deutschland, das Preußen zuvor zerschlagen und vernichtet, verloren gegangen, die „Integrität" Preußens aber war dadurch nicht im Mindesten gefährdet.

Daß dieses Schutz- und Trutzbündniß der „einzig mögliche Ersatz für das zerrissene Band des Defensiven deutschen Bundes gewesen sei", darin können wir nur eine neue schwere Anklage gegen Preußen erblicken. Preußen und zumal das heutige Preußen ist kein defensiver, sondern ein ganz und gar aggressiver Staatskörper, mit dem man sich nach unserer Anschauung voreilig und unter dem Eindruck der erlittenen und nicht erwarteten Schläge etwas kopflos verbunden hat, — verbunden hat nicht ohne daß von Preußen durch Ueberrumpelung und ächt preußische Kniffe auf unsere süddeutschen Vertreter eingewirkt worden.

Allein diese gefährliche Verbindung hat schon durch den Prager Frieden ihren Regulator erhalten. Der Prager Frieden hebt die vorangegangenen Abmachungen in Nickolsburg, durch die uns die Verträge aufgezwungen wurden, zum guten Theil faktisch wieder auf, wie jeder spätere Vertrag die früheren aufhebt. Die Verträge können für uns höchstenfalls nur in so ferne bindend sein, als der Prager Frieden es gestattet, der die eigentliche völkerrechtliche Garantie der internationalen Selbstständigkeit Süddeutschlands als conditio sine qua non der Erhaltung des europäischen Friedens enthält.

Preußen hat die politische Offensive seit 1866 niemals verlassen und würde uns schon längst in einen Krieg verwickelt haben, wenn, wie Graf Bray weiter sehr richtig und zu unserer Beruhigung bemerkt hat, die strategische Offensive nicht in unserer Hand wäre, oder deutlicher gesagt, uns ganz entgegengesetzte Verbindungen aufdrängen könnte. Das heißt die praktische Anwendung des Schutz- und Trutzbündnisses mit Preußen bleibt für Süddeutschland eine Unmöglichket und das ist ein großes Glück für ganz Deutschland. In dieser Deutung finden wir nicht allein die staatsmännische Auffassung, sondern noch weit mehr die diplomatische Feinheit der Redewendung aller

Anerkennung werth; Fürst Hohenlohe kann vieles lernen von seinem Nachfolger, wenn die nachfolgenden Dinge diesem ersten Debut entsprechen.

Fortschrittliche Manöver in der Rheinpfalz!

*k In der Natur wills noch immer nicht Frühling werden, alles starrt noch im Schnee und Eis; allein auf dem geistigen Gebiete ist für unsere Jugend ein Frühling angebrochen voller Blüthen und Düfte! Die Pfalz wird in Zukunft keinen ungeschulten Rekruten mehr liefern, Rechnen, Lesen und Schreiben werden für uns bald überwundene Standpunkte sein, denn wir haben jetzt Communalschulen, Fortbildungsschulen und Volksbibliotheken. Bier und Käsebrod, Wein und Communalwürstl mit Musik, sowie mancher klingende Händedruck, das Kommandowort liberaler Fabrikherren und Geldprotzen, Alles das und noch manches Andere, hat seine Schuldigkeit gethan; in fast allen Städten und in manchen aufgeklärten Dörfern sind die ruhigen und religiösen Bürger überstimmt und nun gezwungen ihre Kinder Communalschulen, d. h. religionslosen Schulen anzuvertrauen. Ob das Gesetz vom Jahre 1818 die Interpretation zuläßt, welche Excellenz v. Gresser demselben gab und wonach religiöse Eltern von einem religionslosen und bestochenem Pöbel majorisirt und tyrannisirt werden; — darauf möge baldigst die Kammer der Abgeordneten antworten. —

Doch nicht nur mit Communalschulen ist unsere Pfalz beglückt, sondern außer diesen Zwangsanstalten, d. h. für gewissenhafte und religiöse Eltern, sind wir auch beglückt mit „Freiwilligen Fortbildungsschulen". Diese sind auch Communalschulen, d. h. ein dafür „geeigneter Schullehrer" (die meisten sind dafür gut geeignet) unterrichtet die Kinder aller Confessionen der Gemeinde, wenn sie der Werktagsschule entwachsen sind, an einem oder mehreren Wochentagen. Alle diese Freiwilligen sind dann von der Sonntagsschule entbunden, können aber für Versäumnisse der Fortbildungsschule nicht bestraft werden. Entsprechend nun diesen beiden Errungenschaften hat die Weisheit und Fürsorge kgl. Regierung uns mit Volksbibliotheken beglückt.

Bei den heidenmäßig vielen Geldmitteln hat hochdieselbe überall in Städten und auf dem Lande Communalbibliotheken errichtet zur unentgeltlichen Benutzung für Jedermann, und Ortsvorstände und Seelsorger aufgefordert zur eifrigen Förderung dieser wichtigen Angelegenheit. Diese Communalbibliotheken enthalten meistens Werke von prot. Auctoren und eröffnen der lieben Jugend eine reiche Ausbeute für Wissenschaft und Moral; weshalb auch besonders der kath. Seelsorgsklerus einen nie gesehenen Eifer entwickelt der unverkennbaren Absicht hoher k. Regierung zu entsprechen. Unter den vielen trefflichen Werken, welche alle diese Bibliotheken enthalten, nenne ich in erster Reihe: den Kosmos des A. v. Humboldt, eine treffliche Lectüre für absolvirte ABC-Schützen, um auch den „Hauch der Wissenschaft" auf dem Lande zu verbreiten. Ferner; „Die Räuber", „Kabale und Liebe" ꝛc. von Schiller! recht geeignet, die verrufene Moral von Gury und des Katechismus zu ersetzen und entsprechende Frühlingsgefühle in den Herzen der Buben und Mädchen auf dem Lande frühzeitig zu erwecken. Ja, die hohe, Hohe Zeit der Aufklärung in der Pfalz ist längst überflügelt!

Deutschland.

München, den 8. April.

Landtag. In der gestrigen Sitzung berieth die K. d. Abg. über den von Frankenburger und Gen. eingebrachten Antrag, der Regierung möge eine Revision des Preßgesetzes belieben, durch die insbesondere der vielfach getriebene Mißbrauch des Konfiscirens abbestellt würde. Referent war Eder, der in einen warmen und gründlichen Vortrag der Kammer den Antrag angelegentlich empfahl als im Interesse der Preßfreiheit, eines der kostbarsten staatsbürgerlichen Rechte, wenn sie sich im vollen Besitze ihres Rechtes befindet. Dr. Frankenburger entwickelte nun in einem eingehenden, trefflichen und gründlichen Vortrage die Nothwendigkeit und Dringlichkeit einer Revision des Preßgesetzes und wundert sich, daß die Regierung sich ihr widersetzen wolle. Minister v. Lutz findet, daß in Bayern Preßfreiheit in ausgedehntestem Maße herrsche und überhaupt alles vortrefflich sei, und daß es auch in Zukunft so bleiben solle. Dr. Ruland ist aus prinzipiellen Gründen gegen die Revision. Die Selbstgefälligkeit, mit der Lutz in Bayern die Preßpolizei so vortrefflich befand, bestimmte Dr. Westermayer, ihnen eine längere Vorlesung darüber zu halten und die Regierung bestimmt zu fragen, ob dann das bisherige Preßregiment wirklich so fortgesetzt werden solle und ob man sich nicht doch herbeilassen wolle, die Diener der Kirche ein wenig in Schutz zu nehmen? Hrn. v. Lutzens Herz ist aber hart, er will nichts davon wissen und verharrt dabei, er werde sich wie bisher „nur an das Gesetz" halten und auch zu Gunsten des geistlichen Standes keine Ausnahme machen. Dr. Huttler sprach sich auch wieder sehr freisinnig und zum Schluß geriethen Fischer und Lukas hintereinander, wobei Ersterer ziemlich übel weg kam. Wir werden über die sehr interessante Debatte morgen ausführlicheren Bericht bringen. Der Antrag auf Revision des Preßgesetzes wurde fast einstimmig angenommen.

— Ueber das „Liberale Schimpflexikon" entnehmen wir einem Privatbrief von einem einfachen Landmanne folgende Sätze: „Ich danke Ihnen, daß Sie mir das Schimpflexikon zuschickten und bitte um zwei weitere Exemplare. Zwar ich für meinen Theil habe schon gewußt, was die meisten Liberalen für Kunden sind und was sie für schöne Ansichten haben, weil ich oft Gelegenheit habe, meine Beobachtungen zu machen. Aber daß eine solche Presse, aus der das Schimpflexikon Proben gibt, in einem katholischen Staat existiren darf, das ist haarsträubend. Ich wünsche nur, daß das Schriftchen unter den Katholiken die weiteste Verbreitung finde. Ich habe mein Exemplar schon Vielen zum Lesen gegeben und habe vernommen, daß Jeder, der nicht ganz verkommen ist, davon gerührt wird." — Auch die auswärtige katholische Presse in Baden, Oesterreich ꝛc. hat von dem Schriftchen bereits wohlgefällig Notiz genommen und die Wiener „Kirchenzeitung" ist hocherfreut, daß die „originell angelegte" Schrift die Heuchelei und Scheinheiligkeit der Liberalen so hübsch demaskirt hat und fragt, welche Stirne nach diesen Proben dazu gehören müsse, hier noch von liberalem Anstand zu reden! Ja, das fragen wir auch und geben gleich Antwort: eine liberale Stirne. Die Herren Liberalen scheinen indeß stellenweise doch etwas verschnupft zu sein über diese Beweise von liberalem „Anstand".

Von der **Donau** schreibt man dem „Vaterland": In Köln erscheint seit 4 Wochen ein „kirchen-politisches" Blatt, „Rheinischer Merkur" sich nennend. Wie reimt sich Fridolin Hofmann und „Rheinischer Merkur" zusammen? Muß uns der kleine Fridolin mit dem gestohlenen Titel an den unvergeßlichen Görres erinnern? Der liberalisirende Katholik voll Hochmuth an den demüthigen Sohn der Kirche? Der kritzelnde Schuljunge an den Mann, der mit seinem Herzblut geschrieben und dessen Worte Feuer und Flamme waren? Das schwache Gehirnlein an das Genie? Aus einem ganzen Schock solcher rheinischer Fridoline, in einen Mörser gethan und zerquetscht, läßt sich nicht einmal eine Zehe des großen Görres formen! Dem Hr. v. Döllinger, der unlängst von einigen noch nicht flüggen Theologie-Candidaten mit einem „unbedingten (!!) Vertrauensvotum“ (!!) beglückt wurde, — ihm hat sich der „Rheinische Merkur“ mit Haut und Haaren verschrieben. Auch uns ist Döllinger eine Autorität in der historischen Kritik, der Dogmatiker Döllinger jedoch hat unsern Beifall nicht. Daß Hergenröther, Scheeben, Stöckl u. A. sich unterfangen haben, dem großen Gelehrten den Standpunkt klar zu machen, das bringt den Fridolin in Wuth; er wettert, daß sie ihn etwas unsanft geschüttelt haben. Doch worüber er sich so bärbeissig geberdet, das thut er selbst, und so ist er „guter Fridolin“ und „böser Dietrich“ in Einer Person. Bischof Senestrey wird verunglimpft und in knabenhafter Weise bewitzelt; Dr. Scheeben, welchen wir mit gütiger Erlaubniß von Seite der Münchener Theologie Candidaten für einen größeren Dogmatiker halten als Hrn. Döllinger, wird von ihm „bellender Hund“ und „bellender Spitz“ geschimpft; die Jesuiten werden in der feinen Manier des „Nürnb. Anzeigers“ behandelt. Kurz die Arroganz und Aufgeblasenheit des „Rhein. Merkur“ ist — preußisch, das Verständniß theologischer Fragen ist — liberal, die Be- und Verurtheilung des Concils und der Bischöfe ist — perfid, die Verleumdungen und Denunziationen der Jesuiten und des Jesuitenordens sind — niederträchtig. Ein einfaches „Hinaus!“ muß diesem Blatte zugerufen werden. Im Uebrigen mag der „Merkur“ als liberaler aries gegen das Concil anrennen. Derlei Widderköpfe zerbröckeln keinen Stein im herrlichen Bau unserer katholischen Kirche, nur sie gehen in Trümmer; und Solches ist kein Schaden, da die Welt ohnehin reichlich versorgt ist mit — Widderköpfen!

Würtemberg. Die nationalliberale „Weserzeitung“ will wissen, daß bei der letzten Ministerkrise wirklich eine Berliner Note entscheidend gewirkt habe. (Daran haben wir nie gezweifelt.) In dieser Note sei erklärt worden, man lege preußischerseits die Allianverträge so aus, daß sie unter Umständen die Regierungen zu gegenseitigem Schutz nicht blos gegen den auswärtigen Feind, sondern auch gegen innere Feinde verpflichten. Man würde es aber in Berlin in hohem Grade bedauern (oh!!), wenn man genöthigt wäre, von einer solchen Auslegung Gebrauch zu machen, d. h. preußische Regimenter einmarschiren zu lassen. So?

— Ein Erlaß des neuen Ministers des Innern betont, daß die Regierung „unverbrüchlich“ an den mit Preußen geschlossenen Verträgen festhalten wolle und deshalb ein aufrichtiges freundschaftliches Verhältniß zum Nordbund zu erhalten bestrebt sei, (so lange man sie eben noch am Ruder läßt, die liebe neue preußenfreundliche Regierung!)

Oesterreich. Prag. Plakate fordern das Volk auf, bei der Wenzelsstatue zu einem Dankgottesdienste für die Beseitigung des liberalen Ministeriums Hasner zu erscheinen.

In Ungarn ist kürzlich eine sogen. „Engelmacherin“ wegen 215fachen Kindsmords (Abtreibung) — zu dreijährigem Kerker“ verurtheilt worden!! Der Prozeß ergab, daß dieses „Geschäft“ insbesondere in den höheren bürgerlichen Ständen seine eifrigsten Kunden zählt!!

Preußen. In Berlin konnte kürzlich Bismark dem Reichstag die „beruhigende Versicherung geben“, daß nur mehr die Matrosen und Seesoldaten auf Sr. Majestät Kriegsmarine geprügelt werden. Sehr beruhigend, wenn man kein Matrose und kein Seesoldat ist und sich im Uebrigen nur um sich selbst kümmert!

Ausland.

In **Frankreich** ist so etwas wie eine Krise gegenwärtig. Die Franzosen sollen vom Kaiser durch einen Senatsbeschluß eine ganz neue Verfassung mit Ministerverantwortlichkeit und zwei gesetzgebende Kammern haben, und darüber soll das Volk abstimmen (Plebiscit) heißt man das), ob es die Geschichte auch mag, da der Senat selbst (die französischen Reichsräthe) wenig Begeisterung dafür zeigen. Die Zeitungen sind über die Volksabstimmung getheilter Ansicht, die Börse hat sie mit einem Sinken der Kurse begrüßt, die Regierung aber hofft sich viel davon. Wir halten aufrichtig gesagt, von der ganzen jetzigen Regiererei in Frankreich nicht viel; dem Kaiser entsinken sichtlich die Zügel der Regierung und er will sie zum Theil andern überlassen. Ein liberalisirendes Kaiserthum aber, so scheint uns, ist der Anfang zum Ende; das Kaiserthum kann nur mit den Mitteln erhalten werden, mit denen es gegründet worden ist. Reicht es den revolutionären Ideen des fortgeschrittenen Liberalismus nur einen Finger, dann ist es verloren, und das wäre jetzt ein Unglück für Europa, denn der Sturz Napoleons wäre das Zeichen zu einer allgemeinen politischen und socialen Revolution in Europa.

In Paris wird seit einigen Tagen Prof. Tardieu, der als medizinische Autorität im Prozeß Bonaparte ein ärztliches Gutachten abzugeben hatte, das für den Prinzen günstig lautete, von den Studenten der Medicin deswegen insultirt und verhöhnt; sie wollen ihn zwingen, seine Entlassung zu nehmen. In Deutschland macht man es in ähnlichen Fällen umgekehrt; da behält man die Professoren und entläßt die Studenten, wenn sie sich wie Buben betragen.

Italien. Rom. Die „Allg. Zeitung“ will durch römische Briefe den Papst zur Abdankung und zum Rückzug in einen obskuren Winkel bewegen lassen. Zweifelsohne wird der Papst ein Einsehen haben und den billigen Wünschen der „Allgemeinen“ gebührend Rechnung tragen.

In **England** hat man jetzt auch für zeitgemäß gefunden, einen kleinen Klostersturm zu arrangiren, was aber für die Regierung „höchst peinlich“ gewesen sein soll. Der hochprotestantische Eiferer Newdegate, der von Kindsbeinen an gewohnt ist, alle Uebel der Welt dem Papstthum in die Schuhe zu schieben, brachte die Sache im Parlament in Anregung und ein Sonderausschuß hatte dem Parlament „die betrübende Thatsache“ zu vermelden, daß, während 1830 nur 11 katholische Frauenklöster in England waren, deren Zahl sich jetzt auf 69 Manns- und 233 Frauenklöster vermehrt habe. Den Engländern wurde „es bange um's Herz“ und sie gedachten dabei „mit innerem Schauder“ an — Barbara Ubryk, meldet ein Blatt. Was nun weiter mit den Klöstern geschehen soll, davon schweigt vorläufig die Geschichte. Wahrscheinlich wird England durch die vielen Klöster nächstens zu Grunde gehen!

In **Nordamerika** scheinen die Zustände nicht sehr erfreulicher Art zu sein, wenigstens nicht so rosig, als gewissenlose Agenten die Auswanderungslustigen und gewisse Fröbelblatter ihren gläubigen Lesern zu schildern lieben. So schreibt ein Eingewanderter aus dem glücklichen Amerika: „Die Geschäfte hier gehen gegenwärtig sehr schlecht, die Landesprodukte haben keinen Werth; das Gold fällt täglich mehr und mit ihm Hunderte von Geschäftsleuten. Newyork hat 105,000 Arbeiter ohne Verdienst, Philadelphia 50,000, Cincinnati 35,000, St Louis 28,000, Chicago 20,000 beschäftigungslose Arbeiter. Verbrechen in allen Branchen und sich täglich mehrende Unsicherheit der Person trotz der zahlreichen und guten Polizei machen das Leben nicht sehr angenehm. Mord und Todtschlag, Raub, Einbruch, Diebstahl sind an der Tagesordnung. Seit Neujahr (bis zum 13. Februar) sind hier in Chicago 14 Menschen gewaltsamen Todes gestorben. Der Sheriff, der einen Verurtheilten hängen sollte, ist Tags vorher mit Hinterlassung von 23,000 Dollars Schulden, seines Weibes und dreier

Kinder mit einem Kellermädchen durchgegangen. — Wirklich recht reizende Verhältnisse!

Lokalfortschrittliches in Knurrblättlhausen.

Der kgl. Einwohner von Knurrblättlhausen, welcher sich vor etlichen Wochen an Hrn. Billing wegen seiner stadtväterlichen Pläne und weisen Ideen betreffs der Todtensärge gewendet, ist von diesem würdigen Hrn. Stadtvater zwar keiner Antwort gewürdigt worden, hat aber auch nicht gehört, daß derselbe seine Projekte zurückgezogen und auf die Rettung des Vaterlandes durch patentirte Sargmagazine verzichtet habe. Deshalb muß sich besagter kgl. Einwohner abermals an Hrn. Billing wenden und ihm zu Gemüthe führen, was er denn in unserer Zeit des freien und unumschränkten Erwerbes mit solchaner sehr zopfigen Idee der patentirten Sargmagazine und seinen „Vereinstischlern", die das Monopol der Todteneinsargung haben sollen, eigentlich will. Das erinnere ja fast an die „finsteren Zeiten des Zunftzwanges", wo Einer bestraft werden konnte, wenn er ohne hohe obrigkeitliche Bewilligung mit Fleckelschuhen handelte oder gar verbotene Handelschaft mit Kehrbesen und „gegossenen" trieb, während er blos gewöhnliche Unschlittkerzen oder grobes Putzhaberngeug zu verschleißen berechtigt war. Wo denn da in dieser aufgeklärten Zeit der Gewerbfreiheit und des Fortschritts die Logik bleibe, muß er fragen, wenn der Schreiner Kaspar patentirt ist, Todtensärge zu fabriziren und im Detail zu verkaufen, der Balthasar aber nicht? Und ob denn Hr. Billing, Wohlgeboren, für den freien Flügelschlag seiner fortschrittlichen Seele das Feld der Thätigkeit dermaßen beengt fühle, daß er aus den fortschrittserleuchteten Räumen des Magistrats auf längst verlassene finstere Bahnen des „Zunftzwanges" zurückkehre? Würde man Ihnen, philosophirt der kgl. Einwohner weiter, vorschreiben, daß Sie, Hr. Billing, die faltige Umhüllung für Ihr apollonisches Fußgestell gerade beim Kleiderkünstler Peter Schnepf oder die lederne Bekleidung Ihrer artigen Füße nur beim Schuster Stöhr, dieser ausgezeichneten Säule des Fortschritts, diesem verständnißvollen Kenner Döllingerscher theologischer Gelehrsamkeit, anfertigen zu lassen, so würden Sie, Hr. Billing, hierin eine starke Beeinträchtigung Ihrer Freiheit und wohlerworbenen staatsbürgerlichen Grundrechte ersehen und sicher wäre eine anderthalb Ellen lange Rede die unausbleibliche Folge einer, eines freien Fortschrittsmannes so unwürdigen Zumuthung. Was soll man nun aber von Ihrem Antrage sagen, daß man seinen Todtensarg nur bei den Meistern nehmen dürfe, die Sie zu bestimmen die Gnade haben? Soll Ihr Antrag einzig im Lichte väterlicher Fürsorge für's „allgemeine Beste" ersehen werden dürfen?

Sagen wir es offen heraus — ich königl. Einwohner spreche „im Namen Mehrerer", deshalb „wir" —, wir haben eine entfernte Ahnung, eine zarte Vermuthung, als ob Ihr Antrag — eigentlich nicht Ihr Antrag wäre, sondern als ob diese zarte Pflege fortschrittlicher Fürsorge für's „Gemeinwohl", nämlich für's liebe fortschrittliche — Ich, auf einem anderen — Boden gewachsen sei als dem Ihrigen. (Schluß. folgt.)

Kulturbildliches.

Im Nürnberger „Anzeiger" ist wieder Einer sehr unglücklich über die „Plage" und „Bedrückung" der Osterbeicht. Auch auf dem Lande gebe es Männer, welche „sich nach Freiheit der Vernunft (!) sehnen" und deshalb „solchen Dingen ein Ende gemacht wünschen." Der Mann muß einen schweren Sack Sünden auf dem Gewissen haben, daß er gar so nach Abschaffung der Osterbeicht ächzt! Er sagt zwar, ihm sei es blos „wegen des Geschäftes," dem es Nachtheile bringe, wenn man nicht beichte. Welch gemeine Auffassung und dazu — welch — „demokratische" Feigheit! — In derselben Nummer hat ein Anderer, ein Ingolstädter, Unteroffizier wie es scheint, die gleichen Schmerzen und jammert, daß die Soldaten zum Beichten gehen müssen. Er meint, wenn man nur die Militärkuraten abschaffte, die dem Staat so viel kosten (?), vielleicht dürften dann die Soldaten auch nicht mehr beichten. — Mein Gott, was es doch für arme Seelen gibt und was die armen Seelen oft für Schmerzen haben! Das Beste wäre halt, wenn man Gott selbst abschaffte, dann könnte man unschenirt leben wie's — liebe Vieh!

Dienstes-Nachrichten.

Verliehen: Die kath. Pf. Konnersreuth, B.-A. Tirschenreuth, dem K. Renz, Expos. in Huldsessen, B.-A. Eggenfelden; Buchbach, B.-A. Mühldorf, dem K. Th. Radler, Benef. in München; Breitenberg, B.-A. Wegscheid, dem J. Lenz, Koop. zu St. Paul in Passau; die k. Pf. Böhl dem F. Telgmann, Pf. in Steinfelg; zu Kreisscholarchen v. Oberbayern wurden ernannt der Präfekt am Schullehrerseminar in Freising, J. Dresely, u. d. Lehrer H. Abele in München.

Briefkranzen.

Von einem gewissen Hrn. Vincenti, der Thierarzt in Prien sein will, werden wir schon wiederholt mit einer Zuschrift erfreut, die er „Berichtigung" nennt und die wir ihm abdrucken sollen. Wir können den Wünschen dieses Herrn nicht entsprechen, wenn er auch „gerichtlich vorzugehen" droht, und zwar 1) nicht, weil wir dazu keine Veranlassung haben, 2) weil mit dem Namen dieses Herrn das „Vaterland" nie geschmückt worden ist, 3) weil beide „Berichtigungen" einander direkt widersprechen, 4) weil keine von beiden den gesetzlichen Erfordernissen einer Berichtigung entspricht und 5) weil jede denselben geradezu entgegen ist. Falls dieser Herr den gesetzlichen Forderungen genügt und seine „Berichtigung" in einem bei gebildeten Europäern gangbaren und üblichen Stil schreibt, werden wir seine „berichtigende" Bestätigung, daß er der in Nr. 67 aufgeführte „Viehdoctor" ist, mit Vergnügen zur Kenntniß unserer Leser bringen, die es bisher so wenig als wir selbst gewußt haben. Der Herr wird am besten thun, sich die „Berichtigung" von einem, der das Gesetz kennt, aufschreiben zu lassen, sonst sind wir vielleicht in der unangenehmen Lage, auch die dritte Zusendung zurückweisen zu müssen.

Börsen-Nachrichten.

Frankfurt a. M., 7. April. Schlußcurse: 1882er Amerikaner $96^{3}/_{4}$ österr. Bankactien 687; dito Creditactien $271^{1}/_{4}$; Bayer. Ostb.-Actien $119^{3}/_{4}$; Oesterr. Loose v. 1860 70; dito v. 1864 116; 5proc. österr. engl. Metall. — —; 5 proc. National — —; 5proc. bayer. Anl. $101^{7}/_{8}$ dito $4^{1}/_{2}$ proc. Anl. $91^{3}/_{4}$; dito 4 proc. Pr.-Anl. 106; dito 4proc. Grundrente 86; Elisabeth-Prior. 1. Em. $77^{1}/_{2}$; Napoleons 9. 30. Münchener Anleihe $100^{3}/_{4}$; steuerfreie Met. v. 1866 —; österr. franz. Staatsbahn 378; bad. Präm.-Anl. $105^{1}/_{2}$; Münchener Handelsbank 99.

Verantwortlicher Redakteur: Dr. J. Sigl.

Druck von M. Vogt in München, Rosengasse 11

II. Jahrgang. | Das Bayrische | Auflage: 5400.

Vaterland.

Das „Bayr. Vaterland" erscheint täglich mit Ausnahme der Sonn- und hohen Festtage. Preis des Blattes: Vierteljährig 54 kr., ganzjährig 3 fl. 36 kr. Das einzelne Blatt 1 kr.

Alle Postexpeditionen und Postboten des In- und Auslandes nehmen Bestellungen an. Inserate werden die dreispaltige Petitzeile oder deren Raum zu 3 kr. berechnet.

Redaktion: Burggasse 14. | Herausgegeben von Dr. jur. J. Sigl. | Expedition: [illegible] 5

Daniel. | Nr. 81. | Sonntag, 10. April 1870.

Bestellungen auf das „Bayr. Vaterland"

für das Quartal zu 54 kr. können bei allen Postanstalten und Postboten noch immer gemacht werden.

Rede des Abg. Lukas in der Preßdebatte.

Die Rede des Abg. Lukas, mit welcher die famose Confiscirdebatte schloß, hat den Herren vom Fortschritt sehr wenig gefallen; wenn man sie liest, weiß man auch gleich warum und begreift den Zorn der Leute, die sich übrigens gestern ziemlich anständig benommen haben. Unsere Leser werden nicht unzufrieden sein, wenn wir ihnen den stenographischen Bericht dieser Rede nachfolgen lassen.

„M. H! Es ist einmal in diesem Hause gesagt worden, daß es ein Erforderniß der parlamentarischen Artigkeit sei, immer dem Vorredner zuerst Antwort zu geben. Diesen Grundsatz mir aneignend, werde ich auf das, was ich auf die Aeußerungen der Herren Vorredner zu sagen habe, mit dem Letzten zu beginnen mir erlauben.

M. H., wir stehen in diesem Augenblicke wieder an dem nämlichen Punkte, wo wir standen, als ich zum ersten Male in diesem Saale das Wort ergriff. Wir haben wieder begonnen, uns gegenseitig mit Rekriminationen zu bekriegen über Haltung und Ton der beiderseitigen Presse. Mit diesem Thema bin ich alle Tage schlagfertig und alle Tage bin ich gerne bereit, auf jedes unrechte Wort, das Sie uns aus unserer Presse herauspflücken, zehn solche aus der ihrigen entgegenzugeben. Der Hr. Abg. Fischer hat eine Stelle angeführt aus einem Münchener Blatte, die allerdings, wenn man sie pressen wollte, anzüglich gedeutet werden könnte. Ich will Ihnen dafür eine andere Stelle entgegenhalten. Diese Stelle ist aus dem offiziellen Organ des bayrischen Schullehrervereins entnommen. Sie war enthalten in der „Bayr. Lehrerzeitung." Nun, in dieser Zeitung ist der Papst vor noch gar nicht langer Zeit „der Türke in Italien" geschimpft worden! Ich glaube, dieser Ausspruch wiegt vollständig das auf und läßt sich an Feinheit, Zartheit und Eleganz vollständig mit dem messen, was der Hr. Abg Fischer vorgebracht hat. Der Hr. Abg. Fischer hat für gut befunden, sich weitläufig über den Proceß, der gegen das Algäuer Volksblatt kürzlich vor dem Schwurgerichte sich abgewickelt hat, auszulassen. Er hat bedauert, als er von der Rede des Staatsanwalts Barsch sprach, daß der Vertheidiger ihm gegenüber weniger glücklich gewesen sei als der Staatsanwalt. M. H., Sie werden mit mir gefühlt haben, wie zart und besonders kollegial, wie ausgezeichnet fein diese Aeußerung des Hrn. Fischer gewesen ist. Ich will Ihnen aber etwas sagen: hätte ich mich in die Rolle einer der beiden Herren, des Staatsanwalts Barsch oder des Hrn. Vertheidigers (Dr. K. Barth) bei dieser Verhandlung zu setzen, so würde ich viel lieber die des unterlegenen Vertheidigers wählen als die des siegreichen Staatsanwalts. Denn ich frage Sie, ob es in der Geschichte unserer Schwurgerichte schon einmal vorgekommen ist, daß ein Staatsanwalt solche historische Schnitzer begangen hat wie der Staatsanwalt Barsch in Augsburg es gethan hat? Er verwechselte bekanntlich die Regierungsepoche Max I. und Max II So viel historische Kenntnisse sollte man doch von einem Staatsanwalt, der das große Wort in öffentlichen Verhandlungen führt und es so großartig führt, wie der Hr. Staatsanwalt Barsch in Augsburg, doch wohl voraussetzen dürfen, daß ihm dergleichen nicht passiren könnte. Hr. Abg. Fischer hat gesagt, die Verwechslung sei ohne Einfluß gewesen auf den Ausgang des Processes; aber, m. H., diesen Ausspruch möchte ich doch bezweifeln. Sie haben die Stelle gehört, sie ist vorgelesen worden. Es wird darin erzählt, daß der König Max alle Klöster aufgehoben habe, daß er die Aufklärung auf alle mögliche Weise befördert, aber viele religiöse Gebräuche mit Gewalt unterdrückt habe u. s. w. Wenn nun den Geschwornen gesagt wurde: Da seht einmal, das wird Alles gesagt über unsern unvergeßlichen König Max II., den Ihr selber gekannt habt, von dessen Güte und Wohlwollen Ihr selbst Beweise erhalten habt, in solcher Weise ist er verleumdet worden, das sagen sie ihm nach die Ultramontanen, so sind sie die ultramontanen Blätter und das angeschuldigte Blatt da ist auch eins davon und sein Redakteur ist einer von den schwärzesten, nun urtheilt, was in diesem Falle zu thun sei — wenn man die Sache in solcher Weise den Geschwornen nahe legte, so meine ich, m. H., eine solche Verwechslung, eine solche Sprache könne allerdings von großem Einflusse auf den Wahrspruch eines Schwurgerichts sein!

Der Hr. Abg. Fischer hat sich auch mit dem § 13 des Concordats beschäftigt in einer Weise, daß man sich fragen muß, ob etwa der Artikel nicht mehr zu Recht besteht in Bayern und wodurch er denn beseitigt worden sei? Wenn er aber zu Recht besteht, erlaube ich mir das hohe Haus zu fragen, ob jemals Einer der Herren etwas davon gefühlt hat, daß solche Consequenzen daraus gezogen worden sind, wie der Hr. Abg. Fischer sie zog? M. H., versöhnen läßt sich am Ende Alles. Ich kann den Hrn. Abg. Fischer versichern, er soll sich nur eine deutsche Bibel kaufen, so deutsch wie möglich. Er soll sie nur fleißig lesen, es wird sie ihm Niemand nehmen. (Große Heiterkeit.)

Dann, m. H., muß ich mir kurz erlauben, auf einige Aeußerungen zurückzukommen, die der Hr. Abg. mir vis-à-vis vorhin in seiner Rede gemacht hat. Der Hr. Abg. Herz hat gesagt, die geistlichen Herren hätten sich die Angriffe, welche besonders in den letzten Jahren heftiger gegen sie erfolgt seien, selber zugezogen; denn sie seien als Korporation in die politische Agitation eingetreten.

M. H., ich muß das entschieden verneinen. Wir haben ja in Bayern Bischöfe, die ganz gewiß nicht in die Agitation eingetreten sind, die sich der Agitation theilweise sogar widersetzt haben. Es ist in diesen Räumen schon oft ein Name genannt worden (Döllinger), für den man eine sehr große Verehrung an den Tag legte. Der Mann, dem der Name gehört, zählt doch auch zur Korporation des bayrischen Klerus und ist doch nicht eingetreten in politische Agitation. Man wird wohl auch auf jener Seite des Hauses zugeben, daß es ganze Orden in Bayern gibt, gegen die nicht einmal der Verdacht entstanden ist, als ob sie in die politische Agitation eingetreten seien. Der Klerus betheiligte sich an der politischen Agitation nicht als Korporation, sondern der einzelne Geistliche hat es für sich gethan, als einzelner Mann, als Staatsbürger. Der Priester hat seine Rechte als Staatsbürger benützt in einer Weise, wie jeder Andere sie auch benützt hat.

Ferner hat Hr. Redner vis-à-vis vorhin gesagt, die Sprache, welche die geistlichen Herren bei ihrer politischen Agitation geführt, diese Sprache sei Schuld, daß man ihnen in ähnlichen Ausdrücken, also in so heftiger Weise erwidert habe. Auch das muß ich ganz entschieden in Abrede stellen. Ich bin einer von denen, die an der politischen Agitation Theil genommen haben. Ich habe sehr oft öffentlich gesprochen, vor großen Versammlungen. Was ich gesprochen habe, ist fast ausschließlich immer gedruckt worden, so daß es alle Welt, die es lesen wollte, hat lesen können. Und, m. H., ich fordere Jeden auf in diesem Saale, mir einen einzigen beleidigenden Ausdruck nachzuweisen, dessen ich mich bedient hätte, meinen politischen Gegnern gegenüber. Habe ich jemals meine politischen Gegner „Verräther-Bastarde" genannt?*) Habe ich mir jemals herausgenommen zu sagen: man solle unsern politischen Gegnern „die Schädel einschlagen"? — Ich breche ab, obwohl mir noch eine ganz schöne Anthologie solcher überaus gebildeter und zarter Aeußerungen von jenseits zu Gebote stände. Ich breche ab, aber mit dem Protest, daß durch unsere Sprache eine solche gerechtfertigt oder auch nur provocirt sei. Mir ist es wenigstens nicht bewußt, daß je sich ein Geistlicher, der sich an der politischen Agitation betheiligt hat, solcher Ausdrücke bedient hätte gegenüber seinen politischen Gegnern, wie die sind, welche ich eben angeführt habe. Ich fordere Sie auf, mir Einen zu nennen, der je seine Gegner „Verräther-Bastarde" genannt hat!

Hr. Abg. Herz hat sich veranlaßt gefunden, uns Geistlichen zu sagen, die Sprache, die wir führen, sei nicht die Sprache des göttlichen Heilandes. Die Sprache, welche der göttliche Stifter unserer hl. Religion geführt hat, habe Liebe geathmet, die unserige nicht, sondern das Gegentheil hievon. Ja der göttliche Heiland hat eine Sprache voll Liebe geführt, aber doch nicht immer. Als er die Stricke ergriff und die Käufer und Verkäufer aus dem Tempel hinaustrieb, hat er eine andere Sprache geführt. Die Geistlichen fangen eben auch an, die Stricke zu ergreifen, die Tempelschänder zu vertreiben; aber auch in diesem Momente hören Sie nicht, daß wir unsere Gegner „Verräther-Bastarde" nennen.

Noch etwas muß ich beifügen, obwohl ich den göttlichen Heiland nicht gern in die Debatte hereinziehe. Der göttliche Heiland ist allerdings ganz Liebe gewesen und hat sich nicht in Politik gemischt; gleichwohl ist er gekreuzigt worden und zwar aus einem politischen Motiv. Er wiegele das Volk gegen den römischen Kaiser auf, hat man gesagt. Ich will nicht sagen, daß der heutige Klerus in Allem dem göttlichen Heiland gleichsteht, aber den Vorwurf der Volksaufwiegelung erhalten wir heute, wie Er damals erhalten hat.

*) Herz nannte die Patrioten so in seiner berüchtigten Rede in der Westendhalle. Vgl. „Lib. Schimpflerikon"! D. Red.

Ich muß mir noch ein Wort erlauben auf eine Aeußerung, welche der Hr. Abg. Herz hat fallen lassen. Er hat uns daran erinnert, daß ein paar Münchener Blätter sich so eifrig und so scharf mit den Juden befassen. Wenn wir nicht gerne unsere Religion verspotten und verhöhnen ließen, warum thun wir es dann den Juden? Ich könnte mich nicht erinnern, m. H., daß ich jemals in einem patriotischen Blatte einen Angriff gelesen hätte auf die Juden als Religionsgesellschaft, daß ich jemals Angriffe, Hohn und Spott auf die Religion der Juden, auf die jüdischen Rabiner, auf ihr Ceremoniell, ihre Gebräuche, überhaupt eben auf die jüdische Religion wahrgenommen hätte. Wenn unsere Blätter sich mit den Juden beschäftigt haben, so verarbeiteten sie dieselben nicht als Religionsgenossen, sondern, um ein recht mildes Wort zu gebrauchen, als Spekulanten.*) Ob sie dazu eine Veranlassung haben, möge ein Blick lehren auf Europa, auf Deutschland, auch nur auf München.

Ganz Europa ist den Juden anheimgefallen, die Völker sind ihnen zins- und tributpflichtig geworden. So ist es auch in Bayern; und schauen Sie nur in den Straßen Münchens herum: wem gehören die schönsten Häuser? (Gelächter links.) M. H., das ist zum Weinen und nicht zum Lachen! Lachen Sie aber immerhin, das Land wird nicht lachen, auch nicht über Ihr Lachen. Uebrigens breche ich ab; ich will Niemand verletzen, auch nicht einmal die Juden; aber solche Aeußerungen, wie sie uns hier entgegengehalten worden, werden wir stets zurückweisen mit aller Entschiedenheit. (Schluß folgt.)

Deutschland.

München, den 9. April.

Landtag. Aus der Preßdebatte wollen wir Einiges nachtragen. Minister v. Lutz ist von der Nothwendigkeit der Preßfreiheit für das öffentliche Leben völlig überzeugt und für diese selbst sehr begeistert, aber er meint, wir hätten ja ohnedies die größte Preßfreiheit in Bayern, (wenn man liberal ist, hätte er hinzufügen sollen!) Es liege also gar kein Bedürfniß zur Revision des Preßgesetzes vor. Ob es eine politische Meinung gebe, die bei uns in den Blättern nicht besprochen werden dürfe? (Gewiß, gedruckt darf Alles werden, aber das Eine wird auch gelesen, das Andere aber wird konfiszirt, das macht den Unterschied!) Hr. v. Lutz gibt übrigens gerne(?) zu, daß das polizeiliche Konfisziren im Lande gründlich unbeliebt ist und daß diese Unbeliebtheit auch berechtigt ist. Eine Konfiskation sei nur da zulässig, wo die Polizeibehörde in loyaler Weise überzeugt ist, daß ein Preßreat vorliegt.**)

*) Als die Blutsauger und Würgengel des Wohlstandes und Vermögens der Christen in Europa. D. Red.

**) Unser fürtrefflicher Hr. Alexis v. Burchtorff ist immer „überzeugt", daß beim „Vaterland" ein Reat vorliegt, und „loyal" ist er auch, ganz unzweifelhaft loyal. Er konfiscirt aus lauter Loyalität und Ueberzeugung das „Vaterland" und wenn wir eine andere Regierung haben, konfiscirt er ebenso loyal und überzeugt das Knurrblättl, natürlich weil es der Regierung opponirt, von deren Vortrefflichkeit Hr. v. Burchtorff als loyaler Staatsbürger und Polizeidirector ebenso sich überzeugen wird wie von der Vortrefflichkeit Sr. abgetakelten Excellenz v. Hörmann. Er hat uns selbst einmal gesagt, daß er immer nur „aus Ueberzeugung" konfiscirte und daß seine Ueberzeugung vollkommen genüge und daß ihn die Gerichte nichts angehen, die das „Vaterland" immer freigeben. Was kann der Mensch für seine Ueberzeugung und was kann Hr. v. Burchtorff dafür, daß er sich trotz aller Mühe nicht überzeugen konnte, daß z. B. der Artikel des „Landboten", der mit „Nieder mit den Pfaffen"

Preßfreiheit also hätten wir und zwar als Gesetz, aber wie jedes neue Gesetz bei seiner Einführung mit Schwierigkeiten zu kämpfen habe, so auch das Preßfreiheitsgesetz (das noch außerordentlich „neu" ist, denn es ist erst 20 Jahre alt!) und er könne wohl begreifen, wenn Behörden, welche früher die Censur hatten, mit der Preßfreiheit und ihren Erzeugnissen keine große Freundschaft haben. (Richtig, dann hätte man eben in die Hände so unfreundlicher Leute die Preßfreiheit und ihre Erzeugnisse nicht ausliefern sollen! D. R.) Ueberdies erfolgen oft aus subjektiven Gründen Freisprechungen, obgleich objektiv ein Reat vorlag. — Damit meinte der Hr. Minister vorläufig für die Beibehaltung des Konfiscirens genug gesprochen zu haben.

Dr. Ruland sagte es dem Hrn. Minister ganz ruhig, man möge Gesetze machen welche man wolle, es werde immer auf die Anwendung ankommen, auf diejenigen welche sie durchzuführen haben. Er ist übrigens gegen die absolute Preßfreiheit.

Dr. Westermayer ist durch unsere liberalen Preßzustände an die bekannten Verse Göthe's erinnert: uns ist so kannibalisch wohl 2c. Alles komme jetzt auf die Behörde an: ist sie loyal, so wird sie die Gesetze loyal anwenden; wenn nicht, dann eben nicht. Und nun geht es über die berühmte Knurrblättlliteratur her, die Hr. Redner mit köstlichem Humor ironisirt und geißelt, während Julius fast auf die hohe Würde seiner Deputätigkeit vergißt und dasitzt und eine Miene dazu macht — zum Erbarmen. Da sei, führte Redner aus, ein Stand, der sich des besonderen Wohlwollens der liberalen Presse erfreut, ein Stand, der zum Sklavenjoch gedrillt, der selbst nicht gebildet, also auch andere nicht bilden kann, der deshalb aus den Schulen entfernt wird, der allem Fortschritt entgegen ist, der falsche Wechsel auf das Jenseits ausstellt und die Leute betrügt. Haben Sie nichts von diesem Stande gehört? Wo ist der? Ist er in den Zuchthäusern? Die dort sind, sind wahre Goldjungen gegen diesen Stand. Dieser Stand ist in jedem Preßgesetz geschützt. Es ist merkwürdig, daß in Bayern ein solcher Stand existiren kann. Wo dieser Stand auftritt, (steht in den Blättern zu lesen), da sinkt jeder Wohlstand des Volkes, da findet man nur Beter und Bettler, prachtvolle Kirchen, aber keine Industrie, da wächst das Gras. Das wäre doch Schade, weil dann die Andern, die das lesen und glauben, verhungern müßten! Das sagt man, m. H., und namentlich immer vor Wahlen; da muß man sagen, solche Leute gibt es, ja sie möchten sogar gewählt werden, das ist eine Gefahr für den Staat!

Sie kennen diesen Stand und nun frage ich: hat er in Bayern einen Schutz? Gegen persönliche Angriffe und Beleidigungen, da nützt eine Rhinoceroshaut als Schlafrock am besten, aber wenn die Standesehre angegriffen wird, da können wir nicht schweigen, wenn wir auch wissen, daß gegen eine solche Masse von Intelligenz selbst Götter vergebens kämpfen. Wir wollen keine Privilegien, wir wollen nur dem Taglöhner, dem Holzhacker und anderen ehrlichen Leuten an die Seite gestellt werden. Man sage nur nicht, daß wir blos da sind, das Volk zu verdummen und die Leute zu täuschen und zu betrügen. Wenn man einem Neger die Haut abzieht, thut's ihm so weh wie dem Weißen. Wir gehören durch Kunst, der Anschwärzung nämlich, zu den Schwarzen. Für Mitleid sind wir sehr dankbar und sehr gerührt darüber, aber es genügt uns nicht, wir müssen uns unserer Haut wehren, sonst sagt das Volk: Schau, es muß doch wahr sein, sie trauen sich nichts zu sagen. Wir werden nicht so behandelt, weil wir was angestellt haben; wer fehlt, soll bestraft werden; der Grund des Hasses gegen uns ist ein anderer. Wir sind eben noch Prediger des positiven Christenthums und deswegen werden wir gehaßt; darin besteht unsere Volksverdummung, darin sind wir dem „Fortschritt" entgegen. Das sagt man freilich nicht, aber manchmal wird es doch gesagt Ein katholischer oder protestantischer Geistlicher kann nicht den Beifall der Menge mehr erlangen, außer er predigt nur Liebe und den Gott der Liebe; ein Dogma darf er nicht mehr predigen, sonst ist er ein Volksverdummer und dem Fortschritt entgegen! Das sagen diejenigen, deren ganze Religion in den zwei Sätzen besteht: es gibt keinen Gott und es gibt keine Unsterblichkeit.

Das vorige System konnte nicht helfen oder wollte nicht. Dadurch ist ein furchtbares Chaos in religiösen Dingen entstanden. Wenn Bileams Eselin zu reden anfängt, ist es da zu wundern, wenn alle Thoren im Abendlande zu lärmen und zu schreien anfangen? Aber ich ertheile Generalpardon für allen Unsinn, angefangen von der Generalquelle des „Anstandes" in Augsburg bis herab zum kleinsten Blatt, das auch seinen Krötenschleim verspritzt (Knurrblättl). Was ich betone, ist, daß die Angriffe auf Religion, Gott, Christenthum, Moral fortwährend von diesen Blättern geübt werden. Ist das Preßfreiheit? (Zu den Ministern.) Soll das so fortgehen? Glauben Sie, daß hierin die Bildung liegt, Bildung verbreitet wird? Glauben Sie, daß dadurch der Autorität des Staates Vortheil erwächst? Ich bin überzeugt, daß Sie überzeugt sind, daß weder dem Thron noch der Regierung gedient ist, wenn das positive Christenthum fortwährend mit Hohn und Spott begossen werden darf und der öffentlichen Verachtung preisgegeben werden darf. Unter der vorigen Regierung wollte man die Geistlichen nicht schützen, wirklich man wollte nicht. (Redner verliest nun die abschlägige Antwort, welche Hörmann auf eine bezügliche Klage des Erzbischofs gegeben.) Da hieß es immer, ja, die liberalen Blätter seien von den katholischen herausgefordert, wenn die Geistlichen sich auf die politische Arena begeben, könnten sie eine andere Behandlung nicht erwarten; es sollen die kath. Blätter mildere Saiten aufziehen, dann werden die andern schon nachfolgen u. dgl. Aber ich frage Sie (zu den Ministern) noch einmal: Soll es auch jetzt so fortgehen? Die Presse war frei und wir waren vogelfrei. Jeder nichtsnutzige Bube putzt an uns seine Pfoten ab. Daran ist man schon gewöhnt. Wenn die Regierung wünscht, daß ihre Autorität erhalten werde, dann muß sie auch die unsere schützen Mit dem Altar bricht auch der Thron zusammen. Will die Regierung eine straffere und strammere Handhabung der Gesetze als bisher einführen? Ich richte diese Frage an den Minister, der jungfräulich in die gegenwärtige Regierung eingetreten ist, der nicht Mitschuldiger des früheren Systems ist. Den Feind muß man bekämpfen mit gesetzlichen und wenn nöthig auch mit ungesetzlichen Mitteln, so hieß es unter dem vorigen System, wo man die Gesetze auf die Folter legte und dehnte nnd streckte und zerrte, um sie gegen uns in ihrer ganzen Schärfe anzuwenden. Wird das auch jetzt so fortgehen?

Hr. v. Lutz ist trotz alledem überzeugt, daß auch das vorige System ein vortreffliches gewesen und gar nichts Ungesetzliches ethan habe und deshalb versichert er, er werde es machen wie bisher und man solle ja nicht erwarten, daß die Preßgesetze zu Gunsten der Geistlichen straffer angewendet werden. (O nein! Von Hrn. v. Lutz erwartet man das ganz gewiß nicht!) Zum Schluß legt Hr. v. Lutz noch die Hände für seinen Kollegen Hörmann „ins Feuer", daß der „niemals die Gesetze zerren und

begann, auch ein Preßreat enthalten könnte, und er ihn deshalb laufen ließ? Es lebe die Ueberzeugung, die ist was werth in unserer Zeit, besonders für einen Confiscirbeamten! D. Red.

drehen gewollt hat." — Glücklicher Weise that Hr. v. Lutz das blos figürlich und mit Worten, sonst wäre ihm das sehr übel bekommen. (Schluß folgt.)

— Der Grund, schreibt die „Abdzig", der Hrn. von Stauffenberg bewog, aus dem Finanzausschuß auszutreten, ist wohl so ziemlich jenem ähnlich, welcher einen Verbannten das Ende seiner Strafzeit sehnlichst herbeiwünschen läßt. Sehr zart gegeben! Der blonde Baron hielt sich also im Finanzausschuß, der einzige Rothe unter so viel Schwarzen, für einen Verbannten und die Erfüllung seiner Pflicht hielt er für eine Strafe! Nun, jetzt ist er ja erlöst.

— Wir werden um Aufnahme nachstehender Berichtigung ersucht: Die in Nr. 78 Ihres Blattes gebrachte Nachricht, als beabsichtigten wir die Uebernahme der Brauerei der Herren Gebrüder Schmederer zum Zweck der Umgestaltung in eine Aktienbräuerei entbehrt jeden Grundes. Equindo und Scheuer.

Ausland.

Frankreich. Ueber das Plebiscit (Volksabstimmung über die neue Verfassung) erfährt man, daß es am 24. April stattfinden werde. Das Formular für die der Nation vorzulegenden Fragen wurde bereits im Ministerrathe diskutirt und das Projekt Ollivier angenommen. Nach der „Presse" enthält dasselbe drei Fragen: Will das französische Volk die Veränderung der Constitution von 1752 annehmen, die darin bestehen: 1) Verantwortlichkeit der Minister vor der Kammer, 2) Errichtung einer ersten und zweiten Kammer, 3) Zurückerstattung der gesetzgebenden Macht an die Nation. Eine Proklamation des Kaisers wird dieser Formel vorausgehen. Die Vermuthung, welche von gewissen Seiten aufgestellt wurde, daß die Nation neuerdings über die dynastische Frage entscheiden soll, ist unbegründet. Diese Angelegenheit ist durch die früheren Plebiscits vollkommen erledigt.

Paris. Die Unruhen in der medicinischen Schule haben zu dem leicht vorauszusehenden Resultat der Schließung der Schule geführt. Bis ersten Mai sind sämmtliche Vorträge, Prüfungen suspendirt. Die Studenten zeigen sich sehr wenig erfreut über diese Maßregel und findet heute um 2 Uhr eine große Versammlung derselben statt, um ein weiteres Verhalten zu berathen. Es stellt sich immer mehr und mehr heraus, daß die Manifestationen hauptsächlich durch fremde Elemente hervorgerufen wurden.

Pariser Blätter geben Andeutungen, nach welchen es mit der Luxemburger Frage gegenwärtig wieder nicht ganz sauber wäre. Dieselbe soll bereits „Anlaß" zu diplomatischen Erörterungen gegeben haben und „gewisse Kreise der Diplomatie" (Preußen und Frankreich?) arg beschäftigen. Den Preußen soll nämlich die Demolirung der Festungswerke zu langsam gehen und sie insbesondere es „auffällig" finden, daß dieselben nach der preußischen Seite hin noch ganz unberührt seien. In Paris soll man aber „befriedigende" Erklärungen gegeben haben. (Was heißt „befriedigend"?)

Spanien. Das aufständische Katalonien ist „ruhig" bis auf „einige" Dörfer um Barcellona, (denen sich „einige" andere anschließen.)

— In Salamanca, Carthagena und Sevilla wurde die Ruhe „vorübergehend" gestört, an allen andern Orten wurde sie wieder „hergestellt". — Die Verkehrsunterbrechung mit Barcellona (wo nach dem Telegraphen die „Ruhe wieder hergestellt" sein soll!) dauert fort. Zwei Regimenter sind vor Barcellona eingetroffen, (sie wurden also nicht in die Stadt gelassen?). Die übrigen Provinzen sind „ruhig". (Diese offiziellen telegr. Nachrichten sind weniger interessant durch das was sie sagen, als was sie verschweigen und durchblicken lassen. Allem Anschein nach hat man es mit einer ernsthaften und weitergehenden Bewegung zu thun, die wohl an einzelnen Orten unterdrückt worden sein mag.)

Lokalfortschrittliches in Knurrblättlhausen.

(Schluß.)

Schon ehe nämlich Sie, werthgeschätzter Hr. Billing, eine Ahnung hatten, daß Sie das Münchener Publikum selbst im Tode noch so väterlich zu bedenken wüßten, wußten wir, daß Ihr Antrag von einem Fortschrittsmanne nach nicht gar langer Zeit eingebracht werden würde. Denn bei den letzten Urwahlen wurde einem Schreinermeister, der bis heute viele Todtensärge lieferte, weil seine Werkstätte in Mitte einer großen Pfarrei liegt und man bei Bedarf eines solchen engen Hauses für den sterblichen Leichnam nicht erst bis halben Weg nach Amsterdam schicken muß, und der zum Theil durch eigene Schuld zum patriotischen Wahlmann gewählt wurde, sehr deutlich zu vernehmen gegeben, daß man ihm hinsichtlich der Särgeverfertigung das Handwerk legen wolle. Und Sie, Hr. Billing, sind ohne daß sie es wissen und ohne daß sie eine Ahnung davon haben, das Werkzeug dieses finsteren fortschrittlichen Racheplanes gegen den patriotischen Schreiner!! Wir wissen demnach auch, was hinter diesem Antrag — natürlich wieder, ohne daß Sie eine Ahnung davon haben ist: im Namen der Freiheit und der brüderlichen Gleichheit ein schlecht verborgener Angriff auf den ultramontanen Schreiner. Weil wir aber einmal das wissen, so können wir mit ziemlicher Sicherheit auch auf den authentischen Sinn Ihrer Sargtransportwägen schließen, wovon Sie natürlich nur wieder durch uns Kenntniß erhalten und früher nicht die mindeste Ahnung hatten. Durch die Wägen soll die private Ablieferung von Särgen erschwert oder unmöglich gemacht werden, weil nicht jeder Schreiner in der Lage ist, die Kosten und das Risiko eines so kostspieligen Wagens zu tragen, wie Sie ihn vorschreiben wollen; etliche Särge im Jahre verzinsen kaum das Kapital. Und könnten nicht vielleicht wieder ein paar beschäftigungs- und verdienstlose Individuen, die den Fortschritt lieb haben und der Fortschritt natürlich auch wieder sie, als „Todtenmöbel-Transporteure" angestellt werden, versteht sich gegen glänzendes Honorar von den Auftrag geben Müssenden? Bis jetzt ging die Seelnonne zum naheliegenden Schreiner oder beauftragte den nächst besten Dienstmann und das Geschäft war besorgt; von nun an aber hat sie mehr als eine halbe Wegstunde zu machen und dann — kann sie warten.

Um aber allen — Irrungen vorzubeugen, erklären „wir" hiemit, daß wir durchaus keine Geschäftsinteressenten sind, weder ich, noch die andern, da keiner von uns weder ein Schreiner noch eine Seelnonne ist. Ich, Schreiber dies, gedenke auch nicht so bald zu sterben, so weit es auf mich ankommt, und sollte ich in München sterben, so wird nach meinem Willen, um als unpartelisch zu erscheinen, meinen Leichnam ein Metallsarg einschließen. Bis dahin aber, Herr Billing, hoffe ich, daß meine Aufklärungen Sie längst genügend belehrt haben, wie man Ihre stadtväterliche Güte mißbrauchen und aufs Eis führen wollte, und weiters hoffe ich, daß Sie, dies einsehend, mit edlem Mannesstolze das fortschrittliche Intriguennetz durchbrechen und die beleidigte Göttin der gepriesenen „Gewerbefreiheit" durch Zurückziehung Ihres höchst unzeitgemäßen Antrags wieder versöhnen werden.

X. Y. kgl. Einwohner von Knurrblättlhausen.

Verantwortlicher Redakteur: Dr. J. Sigl.

Druck von M. Vogt in München, Rosengasse 11

II. Jahrgang. | Das Bayrische | Auflage: 5400.

Vaterland.

Das „Bayr. Vaterland“ erscheint täglich mit Ausnahme der Sonn- und hohen Festtage. Preis des Blattes: Vierteljährig 54 kr., ganzjährig 3 fl. 36 kr. Das einzelne Blatt 1 kr.

Alle Postexpeditionen und Postboten des In- und Auslandes nehmen Bestellungen an. Inserate werden die dreispaltige Petitzeile oder deren Raum zu 3 kr. berechnet.

Redaktion: Burggasse 14. | Herausgegeben von Dr. jur. J. Sigl. | Expedition: Kuffinibazar 5

Julius. | Nr. 82. | Dienstag, 12. April 1870.

Rede des Abg. Lukas in der Preßdebatte.

(Schluß.)

Nun komme ich zu dem Thema, das uns eigentlich heute beschäftigt, nämlich zur Frage der unbedingten und absoluten Preßfreiheit. Sie werden mir zugeben, daß ich, nachdem ich hier schon wiederholt behauptet habe, ich sympathisire mit der Freiheit überall, wo ich ihr begegne, daß ich also hier vor einem etwas spinosen Apropos stehe. Ich unterscheide in dem Thema der Preßfreiheit die theoretische und praktische Seite. In der Theorie kann von einer unbedingten schrankenlosen Preßfreiheit keine Rede sein, denn das Gesetz muß überhaupt alle menschlichen Verhältnisse ordnen; wo ein Verbrechen begangen werden kann, muß auch die Strafe folgen können. Man sagt allerdings: wenn euch dies oder jenes nicht gefällt in diesem oder jenem Blatt, so gibt es auch noch andere Blätter. Klärt in diesen das Volk auf durch Berichtigungen über Lügen, die vorgebracht wurden; stellt zurecht Verleumdungen, die euch entgegen geschleudert werden. Diese Lehre erinnert mich an die Geschichte des Kaisers Kaligula, wenn ich nicht irre, der den Leuten die Füße abgeschlagen hat, um den Herkules zu spielen, und der ihnen dann Goldstücke gab, um die Beine wieder anheilen zu lassen.

Es ist ganz richtig, unser Bauer hat das Recht, Samen auf das Feld zu streuen; wenn aber der nächste beste Bube das Recht hat, diesen Samen wieder auszureißen, so halte ich das nicht für Freiheit, und wenn das Gesetz es verbietet, es dürfe das nicht stattfinden, so ist das Gesetz am rechten Orte und ist durchaus nicht zu beseitigen. Es läßt sich also die absolute Preßfreiheit absolut nicht rechtfertigen. Sehen Sie: unsere Verwaltungsbeamten und Behörden haben das Recht an den Straßen hin Bäumchen zu pflanzen, um mit der Zeit Alleen heranzuziehen. Wenn aber jeder Andere das Recht haben sollte, diese Bäumchen wieder auszureißen, was würde das für ein Zustand? Wir haben allerdings das Recht, in unserer Presse die Wahrheit zu predigen, wenn aber Andere dafür das Recht haben sollen, Verleumdungen zu säen, was soll da für ein Zustand herauskommen? Und daß die Presse heutzutage schon so weit gekommen ist, Verleumdungen für sich als politisches Recht in Anspruch zu nehmen, dafür hat erst die allerneueste Zeit einen merkwürdigen Beleg geliefert. Bei dem Staatsprocesse in Tours hat der Journalist Fonvielle behauptet oder vielmehr er ist überwiesen worden, einmal behauptet zu haben: „Verleumdung ist unsern politischen Gegnern gegenüber eine erlaubte Waffe.“ Solchen Aeußerungen und solchen Zuständen gegenüber von absoluter Freiheit zu sprechen, das geht nicht an, wenigstens nicht in der Theorie.

M. H., was würden Sie sagen, wenn draußen auf der Straße der nächste beste herginge und würde den einen oder den andern Vorübergehenden herunterhudeln und ihm alle möglichen Sottisen an den Kopf werfen? Ganz gewiß würden Sie gegen solche Vorgänge die Polizei zu Hilfe rufen. Wenn man aber dasselbe thut in einem Blatte und es noch ärger thut, soll da die Polizei nichts drein zu reden haben? Sie haben alle eine so große sittliche Entrüstung empfunden gegen das Haberfeldtreiben, das vor ein paar Jahren im Oberland droben passirte. Wenn aber die Zeitungsschreiber ein Haberfeldtreiben aufführen, ein Haberfeldtreiben, das noch neunmal ärger ist, als das, welches man dort aufgeführt hat, soll das in der Ordnung sein? Das Haberfeldtreiben in einen „obskuren Winkel“ Oberbayerns ist eine Kleinigkeit gegen das Haberfeldtreiben einer Zeitung, die vielleicht in ganz Deutschland gelesen wird.

Also in der Theorie läßt sich die unbeschränkte Preßfreiheit nicht vertheidigen. Aber in der Praxis, unter unsern Verhältnissen, unter den Zuständen, in denen wir einmal sind, läßt sie sich vertheidigen, und darum werde ich für den vorliegenden Antrag stimmen.

S. Exc. der Hr. Justizminister hat heute gesagt, wir hätten in Bayern eine Preßfreiheit, die gar nichts zu wünschen übrig lasse. Ich gebe nun das zu: wir haben eine starke Preßfreiheit, aber nicht gerade gewachsen ist sie, sondern etwas unterwachsen, schief und einäugig scheint sie mir zu sein. Es haben heute schon mehrere Redner vor mir ihre Beispiele aus Blättern zu entnehmen sich erlaubt, darum wird es auch mir gestattet sein, das Gleiche zu thun und ich werde ein Blatt zum Paradigma nehmen, dem Sie auch schon oft die Ehre angethan haben. Der Unterschied wird nur der sein, daß Sie Steine darauf werfen und ich es vertheidige. Es ist das „Vaterland“ und Sie mögen aus meinem Auftreten sehen, wie sehr uns die Angriffe von Ihrer Seite einschüchtern!

Das „Vaterland“ besteht jetzt, so viel ich weiß, ein Jahr. Während dieses Jahres ist es fünfzehnmal konfiscirt worden und es wurden einige 40 Untersuchungen gegen dasselbe eingeleitet und durchgeführt — eingeleitet und durchgeführt ohne allen Erfolg. Ich wiederhole eingeleitet und durchgeführt — 15 Konfiskationen und mehr als 40 Untersuchungen ohne allen Erfolg! Das ist denn doch eine ganz merkwürdige Illustration zur bayrischen Preßfreiheit. M. H., es ist vorgekommen, daß dieses Blatt in 10 Tagen fünfmal konfiscirt wurde, es ist vorgekommen, daß das kgl. Appellgericht an einem Tage 6 Nummern freigegeben und es ist vorgekommen, daß dasselbe kgl. Appellgericht an einem einzigen Tage 21 Untersuchungen gegen dieses Blatt niederschlug. Nun, m. H., ich vertheidige nicht jeden Ausdruck und jeden Artikel des „Vaterland“, ich vertheidige nicht Alles und Jedes was dieses Blatt bringt oder thut; ich habe keinen

Beruf und keinen Anlaß dazu; aber ich frage Sie, sind das nicht merkwürdige Belege für die Preßfreiheit, deren wir uns in der letzten Zeit in Bayern zu erfreuen hatten, und habe ich da Unrecht gethan als ich sagte, wir haben eine famose Preßfreiheit, aber sie scheint einseitig zu sein? Ich bitte Sie, m. H., auf jener Seite des Hauses, auch ein Blatt Ihrer Richtung zu nennen, das so oft konfiscirt worden ist (Unruhe und Lärm links*) und wenn das der Fall wäre, so bin ich der Erste, der zu Ihnen hilft, wenn solches vorkommt. (Fortdauernde Unruhe links.)

M. H., es ist recht merkwürdig und recht lehrreich für unsere Zustände, die eine oder andere konfiscirte Nummer des „Vaterland“ durchzugehen und zu betrachten, warum dieselbe konfiscirt worden ist. Eine Nummer z. B. hat bezüglich der bayr. Rechtsgleichheit eine ganze Summe von Thatsachen gemeldet, kein Wort Räsonnement stand dabei, nur einfache dürre Thatsachen waren es, der Reihe nach aufgeführt, — die k. Polizeibehörde hat konfiscirt auf Grund des Artikels wegen Verbreitung wissentlich falscher Nachrichten! Der kgl. Polizeidirektor hat nicht glauben können, daß das wahr ist, was aufgeführt wurde, und es ist wahr gewesen und weil es wahr gewesen ist, hat das k. Appellgericht die Nummer freigegeben und freigeben müssen.

Eine andere Nummer dieses Blattes meldete eines Tages, daß in Niederbayern in der Gegend von Hauzenberg Viehsalz verkauft worden sei, das den Kühen geschadet habe. Diese Nummer wurde auch konfiszirt auf Grund des Artikels „wegen Verbreitung wissentlich falscher Nachrichten.“ Die k. Polizeibehörde in der Weinstraße dahier kann natürlich wissen, was in Hauzenberg für ein Viehsalz verkauft worden ist! Und so hat man konfiscirt!

Eine dieser Nummern — doch ich will abbrechen (Bravo vom Fortschritt), ich verfolge solche Themate nicht gern. Wenn Sie uns aber provociren, wenn Sie es thun, m. H., so bin ich jeder Zeit bereit, Antwort zu geben. Ein Redner vor mir hat geäußert, es sei allerdings schon vorgekommen, daß einzelne politische Blätter konfiszirt, prozessirt und verurtheilt worden seien wegen Artikel, die sie aus anderen Blättern herübergenommen haben, während andere Blätter dafür nicht konfiszirt, nicht processirt und nicht verurtheilt worden sind. Man hat gesagt, das sei eine Anomalie, allein wenn zwei miteinder stehlen, so nimmt man eben den, welchen man erwischt. Diesen Vergleich kann ich nicht als zutreffend anerkennen. Einen andern will ich Ihnen sagen. Was würden Sie sagen, wenn Sie in einen Laden gehen und sich da einen Bund Cigarren kaufen und wenn Sie herauskommen, werden Sie arretirt und man sagt Ihnen, diese Cigarren sind gestohlen, du hast sie zwar nicht gestohlen, aber du besitzest sie jetzt, deswegen wirst du jetzt arretirt, weil man den Andern, der sie gestohlen hat, nicht haben kann! Das trifft zu, m. H., das andere nicht. Nach meiner Ansicht und nach meinem Rechtsgefühl kann ein Blatt deshalb, weil es einen Artikel übernahm aus einem andern bayr. Blatte, gar nicht processirt werden.

M. H., es ist auch, ich glaube vom Hrn. Abg. Frankenburger davon gesprochen worden, es sei als eine Wohlthat zu betrachten, daß die Schwurgerichte über Preßvergehen kompetent seien. Ich stimme damit überein, will aber damit nicht sagen, daß etwa die Schwurgerichte in allen Preßfällen ganz objektiv und unbefangen urtheilen. Es gibt viele Vorkommnisse aus der neuesten Zeit, die auch zu gegentheiligen Gedanken bringen könnten. Ich habe eine ganz andere Idee, m. H., ich glaube, es wird dahin kommen, daß sich die Blätter noch in verschiedene Provinzen ausscheiden müssen je nach der Farbe der Blätter und je nach der Farbe der Provinzen. Ich glaube, es könnte eine Zeit kommen, daß z. B. in Mittelfranken oder in Oberbayern ein patriotisches Blatt gar nicht riskiren könnte, vor das Schwurgericht gestellt zu werden. Ich behaupte nicht, daß wir bereits in diesem Stadium der Entwicklung leben, aber es könnte dahin kommen. Nun meine Herren, ich habe schon das Erstemal, als ich über unsere Preßzustände sprach, den Wunsch ausgedrückt, wir möchten nicht immer Zeitungsblätter herausklauben und uns gegenseitig zuwerfen. Mit diesem Wunsche schließe ich auch heute wieder. Zugleich setze ich aber zur Erklärung bei, daß wenn diese Kampfweise fortzusetzen beliebt wird, ich jederzeit bereit sein werde, den Vergleich auszuhalten zwischen unsern Blättern und den ihrigen.“

Die patriotische Seite der Kammer hatte die Rede des Hrn. Abg. Lukas und namentlich den letztern Theil mit der Vertheidigung des „Vaterland“ sehr beifällig und mit zustimmenden Bravos angehört, selbst die strengen stilistischen Rhadamantusse der Adreßdebatte hatten ihre Freude daran, so daß es nach der Sitzung hieß: Heut' haben sie das „Vaterland“ wieder umbesavouirt! Um so geärgerter waren aber die Fortschreiter und Hr. Völk führte auf seinem erhabenen Sitze ein wahres Trommelkoncert auf. Nutzte aber Alles nichts, Lukas war unerbittlich und fürchtete sich nicht einmal vor dem Zorn der Götter — des Fortschritts, denen übrigens in neuerer Zeit Angesichts des Gangs der Dinge in der Kammer und — anderswo mehrfache Zweifel an ihrer Göttlichkeit aufgestiegen sein sollen.

Das ist das Loos des Schönen auf der Erden
Daß Götter selbst depossedirет werden,
Da die Kultur jetzt alle Welt beleckt.

Deutschland.

München, den 11. April.

Landtag. (Schluß der Preßdebatte.) Dr. Huttler will wenigstens Kautelen gegen willkürliche Konfiskationen, so z. B. daß wenigstens der Artikel angegeben werden müsse, wegen dessen konfiscirt worden. [1]) Die Presse habe aber noch andere Schmerzen, und dazu gehöre die mangelhafte Fassung der Strafparagraphen, welche man zu recht chikanösen Processen gegen mißliebige Blätter benützen könne. Redner unterzieht dann den Proceß des „Algäuer Volksblatt“ und das schöne Benehmen des Staatsanwalts Barsch einer — entsprechenden Würdigung und scheint dabei von der sträflichen Ansicht auszugehen, als ob in diesem Proceß nicht Alles mit rechten Dingen zugegangen sei, eine Ansicht, welche, beiläufig bemerkt, von vielen patriotischen Blättern getheilt wird.

Herz thut unter einigen andern weisen Aussprüchen auch den, daß wir in einem Rechtsstaat leben, in welchem alle Konfessionen gleichmäßig (ungeheuer „gleichmäßig“) beschützt werden. (Was er sonst noch sagte, ist das Nähere in der Rede des Abg. Lukas zu finden.)

Dann kam Fischer. Dieser vortreffliche und sehr liebens-

---

*) Völk schreit: „Wir brauchen keine solchen Blätter! Mahr: Aber Sie haben sie! — (Das „Vaterland“ wäre den Herren von links schon recht, aber halt für den Fortschritt sollte es schreiben. Wir könnten da wunderschöne Geschichten erzählen. D. Red.

[1]) Unsere hohe Preßpolizei in München läßt sich dazu niemals herab, den beanstandeten Artikel anzugeben. Wir konnten mehr als einmal hören: „Ja, den Artikel kann ich nicht sagen; sage ich, der ist's, dann könnte der Untersuchungsrichter einen andern meinen u. dgl. So unsicher ist man, und trotzdem wird nur „aus Ueberzeugung“ konfiscirt, sagt Hr. v. Luh! Hr. v. Dunchtorff sagt gelegentlich auch: „Ich kann konfisciren, so oft ich es für gut finde und da hat mir Niemand was einzureden.“ Ei, leider nicht! D. Red.

würdige Herr scheint sich zur Aufgabe gemacht haben, niemals in die eigentliche Debatte einzugreifen, sondern stets den Zeitpunkt abzuwarten, wo kein Redner der Patrioten mehr eingeschrieben ist, und dann Einzelnes aus ihren Reden herauszugreifen und mit mehr oder minder schlechten Witzen, höhnenden und spöttischen Bemerkungen und Glossen zu verbrämen, da er nicht mehr zu fürchten braucht, daß Einer nach dem Herrn ihm den Standpunkt klar macht. Diese Gepflogenheit würde in keinem andern Parlament geduldet werden; nur des Präs. Weis bewunderungswürdige Geduld läßt das geschehen; er wird für diese liebenswürdige Nachsicht gegen fortschrittliche Schwächen in neuerer Zeit von den liberalen Blättern sehr wohlwollend behandelt. Wir wollen ein paar merkwürdige Dicta Fischers der Nachwelt auf papiernem Wege überliefern, bei andern hat dies Hr. Lukas gethan. Fischer will glauben machen, die Fortschrittler seien nur deshalb gegen die Geistlichen, weil sie nicht Gott und die göttliche Lehre, sondern weil sie Politik und Parteiinteressen predigen. Diese gläubige Fischeransicht verdient schon deshalb allen Glauben, weil nicht zu zweifeln ist, daß deren Vater ein besonders eifriger Predigtbesucher sein muß; wenn auch seine Ohren nicht über ganz Bayern reichen, so können ihm ja andere, gleich eifrige liberale Predigtbesucher verläßige und wahrheitsgetreue Berichte über ihre bezüglichen Erfahrungen mitgetheilt haben. Auch sprach er über die Art. 13 und 14 des Konkordats, die er natürlich nicht mehr gelten lassen will. Item erzählt er, daß der Bischof von Augsburg einmal einem Manne eine deutsche Bibel habe wegnehmen lassen auf Grund des Art. 18 (was wir beiläufig nicht glauben.) Zum Schluß schimpft er — es kann ohne es zu thun schon bald kein richtiger Fortschreiter mehr eine „Rede“ halten — auf das „Vaterland“, weil es in einer früheren Kammer gesagt, mit dem Gedanken einer neuen Kammerauflösung könne sich nur Wahnsinn und kindischer Trotz tragen. Fischer gibt sich den Anschein zu glauben, damit habe das „Vaterland“ den — König gemeint.[2]) Eine solche Preßfreiheit brauchen wir wahrhaftig nicht zu schützen![3])

Nach ihm folgte Lukas. (S. oben.) Frankenburger will gleichfalls von einer solchen „Preßfreiheit“, wie sie bisher gegen das „Vaterland“ geübt worden, nichts wissen. Minister Braun theilt die (ablehnende) Stellung seines Kollegen Lutz zur Preßgesetzrevision. Die Regierung könne das Recht zum Konfisciren nicht fahren lassen. Lutz vertheidigt dann noch eigens den Staatsanwalt Barsch, der ihm als trefflich empfohlen (!) worden sei. Was das „Bayr. Vaterland“ betrifft, so streife halt das so oft an der Grenze des Erlaubten vorbei und war wohl jedesmal (?!) der Zweifel an der Gesetzverletzung ein begründeter[4]). Daß die Untersuchungen jedesmal wieder eingestellt worden und so das Blatt wenigstens vor dem Appellgericht sein Recht gefunden, gereiche der bayrischen Rechtspflege zur Ehre[5]).

Der Antrag wurde wie gemeldet mit allen gegen 5 oder 6 Stimmen angenommen.

— Der Landtag ist bis zum 24. Mai verlängert worden. Auf den 21. April ist das Zollparlament einberufen worden, durch das die Preußen wieder eine neue Steuer, eine Kaffeesteuer herausschlagen wollen. Da werden wohl die Weiber sich ins Mittel legen und ihren Männern die entsprechenden Instruktionen ins Parlament mitgeben müssen, sonst werden wir auf nassem Wege ebenso geschröpft, wie früher auf salzigem! Im Uebrigen meinen wir, die süddeutschen Zollparlaments Abgeordneten würden diesmal besser thun, gar nicht nach Berlin zu gehen, wäre es auch nur, um den Preußen zu zeigen, daß sie noch lange nicht Herr in Süddeutschland sind und daß sie zwar das Zollparlament einberufen, aber nicht vollzählig machen können, wenn die Süddeutschen nicht mögen. Die Preußen haben offenbar das Parlament diesmal absichtlich zu einer Zeit einberufen, wo zwei süddeutsche Kammern dazu ihre Arbeit unterbrechen müssen; die Preußen wollen damit wahrscheinlich recht offenbar zu merken geben, daß die Süddeutschen halt doch nach der preußischen Pfeife tanzen müssen. Um nun den Preußen zu zeigen, daß wir noch keineswegs so weit heruntergekommen sind, wäre das Wegbleiben der süddeutschen Fraktion eine sehr gelungene Demonstration, deren Bedeutung sich manche Berliner gehörig hinter die Ohren schreiben könnten. Wir wissen nicht, was die Reise nach Berlin diesmal für einen Zweck haben soll; wollen die Preußen die Kaffeesteuer durchsetzen, so wird sie durchgesetzt, mögen die Unsern an- oder abwesend sein. Das Reisegeld könnten sich also die Unsern diesmal füglich ersparen und unser Landtag wäre nicht gezwungen, der norddeutschen Bundeskaffeemühlen wegen ein ganzes Monat die wichtigsten und dringendsten Arbeiten auszusetzen. Wir wären entschieden für's Wegbleiben, mögen sich die Preußen ärgern, wie sie wollen.

— Wie wir hören, hat ein großer bayrischer Fabrikant bei sich beschlossen, die seit 1866 schuldigen Zölle im ungefähren Betrage von 160,000 fl. demnächst — noch immer nicht zu bezahlen und sich dafür ein paarmal hunderttausend Gulden aus dem Industriefond zu erbitten, um sich dafür Ostbahnaktien zu kaufen und Verwaltungsrath zu werden. Man soll auf diesem Wege zu einem schönen Vermögen kommen können, da man das entlehnte Geld nicht zu verzinsen braucht, die Ostbahnaktien dagegen ein schönes Stück Geld abwerfen. Gefällige Anfragen beliebe man nach Regensburg zu adressiren.

---

[2]) Darauf bezieht sich die Abfertigung, welche Lukas am Eingang seiner Rede dem Fischer angedeihen ließ. Wenn jene Stelle im „Vaterland“ jenen Sinn und die Bedeutung gehabt hätte, welche ihr Fischer in usum delphini andisputiren will, dann hätte Hr. Buchtorff sicher nicht ermangelt, durch schleunige Konfiskation des „Vaterland“ das Vaterland zu retten. Hilf was helfen kann, der Bien' muß, das „Vaterland“ muß es so gemeint haben wie Fischer sagt, sonst könnte er es ja nicht als abschreckendes Beispiel anführen! Wir wünschten wirklich diesen in der Wolle gefärbten Fortschrittsmann an der Stelle des Hrn. — Buchtorff! der würde das Kraut erst recht fett machen. D. R.

[3]) Wenn man ein Fortschreiter ist, gewiß nicht! Im Gegentheil: Preßfreiheit nur für die Liberalen, für die andern die strengste Censur und die Knute — das ist der wahre fortschrittliche Standpunkt und würde dem Fortschritt erst recht auf die Beine helfen. D. R.

[4]) Ja, daß der Zweifel ein begründeter war, geben wir zu, aber nicht, daß der Verdacht begründet war. Der Hr. Minister würde indeß doch gut thun, sich ein „Vaterland“ anzuschaffen und die konfiscirten Artikel nachzulesen. Wir empfehlen ihm wenigstens den „Geburtstagsartikel“ zu eingehender Lektüre; vielleicht kann sich der hohe Herr überzeugen, daß seine Anschauung zum mindesten einer Modifikation fähig ist und daß die ihr entgegensetzte mindestens ebenso berechtigt ist wie die seinige. Sieht z. B. die harmlose Nachricht, daß am Hautzenberg schlechtes Viehsalz verkauft wird, eher einer Gesetzesverletzung gleich, als der blutdürstige Ruf des „Landboten“: Nieder mit den Pfaffen? Und doch wurde das „Vaterland“ konfiscirt und nicht der Landbote!

[5]) Der Rechtspflege des kgl. Appellgerichtes, ja, gewiß. Aber der kgl. Polizei? Und damit ist dem Verleger eines Blattes wie seinen Lesern nichts gedient, wenn kgl. Appellgerichte sich Ehre erwerben gegenüber dem — Uebereifer der Polizei und das verfolgte Blatt nachträglich zu seinem

— Der Ausschuß der bayrischen Bettelpreußen hat am 8. eine „Vorbesprechung“ gehabt und dabei der bereits in Stuttgart beschlossenen „Anbahnung eines engeren und regeren Verkehrs“ zwischen den sämmtlichen süddeutschen Bettelpreußen und den Annexionslüstlingen des hohen kgl. preuß. Nordbundes zugestimmt. Es wurde „besonders betont“, daß die Bettelpreußen „unverändert“ an ihrem Programm festhalten. Für die kleine Untreue während der Wahlen um einige gutmüthige Leute anzuschwindeln hat man sich also gegenseitig Absolution ertheilt! Die Herren wollen — laut Augsburger Fortschrittsmoniteur — „wie bisher ebenso energisch (!) für die freiheitliche (?!) Entwicklung der inneren Landesfragen wie für die Verbreitung des nationalen Gedankens eintreten“. Dazu also die Verschwörung der nordbündischen und der süddeutschen Preußen! Der „nationale Gedanke“, den sie noch mehr „verbreiten“ wollen, besteht wie bekannt hauptsächlich darin, daß die „nationale“ Pickelhaube allen Menschenkindern jenseits und diesseits der Mainlinie über den Kopf gestülpt werden soll, wenn es — die Franzosen erlauben, die es aber schwerlich thun. In einer „größeren Versammlung“ nach Ostern soll dieser „Gedanke“ weitläufiger besprochen werden, bei welcher Gelegenheit eine berühmte „nationale“ Größe ihre Jungfernrede (noch immer bei sich be:) halten und die hohe Versammlung die bekannten 21 Canones liberales, von welchen das „Vaterland“ kürzlich berichtet, annehmen wird. Da bis nach Ostern die Natur schon ziemlich grasig aussehen wird, so dürfte ein Fouragemangel nicht wohl zu besorgen sein.

— Das „schwarze Militärbudget“, mit dem sich zuerst die Lateinschüler des Niederb. K. blamirt haben, spukt jetzt auch in andern „Organen für Gebildete“, so im Leiborgan des Hrn. Abg. Fischer, dem Augsb. Giftnickel, denen darüber „allerlei Gedanken kommen“ — für liberale Redakteure ihres Kalibers ein halbes Wunder! — Wenn die Leute nicht begreifen, wozu der Hr. Erzbischof von München 20000 fl. braucht, so sollten sie sich einmal erkundigen, wie viel derselbe nur jede Woche an die Armen gibt, welche Ansprüche an die Börse des Bischofs aus der ganzen Diöcese gemacht werden und was derselbe für seine Person braucht. Was die Domherrngehalte betrifft, so können namentlich die jüngeren keine sonderlichen Sprünge machen. Wollen die Liberalen, daß die Bischöfe den größten Theil ihres Gehaltes dem Staat opfern können, (wahrscheinlich damit er noch etliches Schreibervolk mehr anstellen könnte), so wären es nicht die Bischöfe, sondern die Armen, die das zu beklagen hätten. Daß die Liberalen aber immer den hl. Petrus und die Armuth der Apostel vorführen, zeigt weniger von Verständniß als bösem Willen. Der hl. Petrus, glauben wir, würde, wenn er das Unglück hätte, ein Bischof im heutigen modernen Staate zu sein, wohl auch in einer Kutsche fahren müssen, statt barfuß und ohne Hut durchs Land zu wandern. Schon um mit der Gendarmerie nicht in Konflikt zu kommen!

In Pang bei Rosenheim wird am Ostermontag, den 18. April, Nachmittags 2 Uhr im dortigen Wirthshause eine Wanderversammlung des bayr. - patr. Bauern-Vereins Tuntenhausen abgehalten.

Oesterreich. In Wien ist der Reichsrath vertagt worden, wahrscheinlich um nie wieder zusammenzutreten. Präsident Kaiserfeld hielt dabei eine höchst schmerzhafte Abschiedsrede, in der er auseinandersetzte, wie es gekommen, daß das erste „parlamentarische“ Ministerium und der deutsche Liberalismus sich gleich unsterblich blamirt haben. Sehr weinerlich zu hören. — Dem Grafen Potozky geht's schlecht mit der Bildung eines neuen Ministeriums, da Keiner recht anbeißen will. Er will den Ausgleich der Nationalitäten, aber er will ihn auf dem Boden der liberalisirenden Decemberverfassung, die ebenso wenig mehr lebensfähig ist, als das Doctorenministerium lebensfähig war, und welche die katholischen Oesterreicher für einen Schwindel halten, bei dem sie nicht mitthun und für andere die Kastanien aus dem Feuer holen wollen. Mit der verunglückten December-Verfassung läßt sich in Oesterreich einmal nicht gedeihlich regieren, weil sie ein Hohn auf die alten Rechte der Kirche und der Katholiken ist.

Rechte kommt. Viel einfacher wäre es, sein Recht gar nicht anzutasten. D. Red.

Ausland.

Frankreich. In Paris ist P. Hyazinth wieder eingetroffen und hat eine Zeitung gegründet, durch die er die Unfehlbarkeit des Papstes bekämpfen will. Es scheint, alle liberalen Geister haben sich gegen die Unfehlbarkeit verschworen, was zwar kein besonderes Unglück ist, aber einigermaßen — zu denken gibt.

Vermischte Nachrichten.

In Augsburg, wo der berühmte Hr. Fischer Bürger-, Polizei- und Fortschrittsmeister ist, ereignete es sich, daß in der Nacht vom 4. ds. ein Bürger, der Nadler W., auf der Straße gefunden wurde, sprachlos, weil er wahrscheinlich von einem Schlaganfall betroffen worden. Die humanen Untergebenen des Hrn. Fischer warfen den Armen sehr human und kurz ins Loch, wo sie ihn die Nacht über liegen ließen. Als erst der Schwager und dann die Frau des Bürgers sich Morgens auf der Polizei besorgt nach ihrem Manne erkundigte, wurde sie grob abgewiesen und ihr bedeutet, sie solle nur warten, bis er seinen Rausch ausgeschlafen habe! Später kam sie wieder und wurde wieder grob abgewiesen. Als man endlich auf das Drängen der Frau die Keuche öffnete, war der Mann eine Leiche! Also geschehen in Augsburg, wo man an der Spitze des Fortschritts und der Humanität marschirt!! Es ist dort seit Jahrzehnten der Brauch, daß Arrestanten und Betrunkene ohne gesehen und visitirt zu werden, einfach in eine Keuche spedirt werden, ohne daß man sich weiters um sie kümmert!

Die Märtyrer der protest. Intolleranz

nennt sich ein, dem Direktor Kaulbach zu seiner gemalten Arbuez-Lüge gewidmetes Schriftchen, welches unsere Abfertigung, die wir dem großen und sehr berühmten Prof. Sörgel angedeihen ließen, sträflich erweitert und mit einer Menge von historischen Thatsachen belegt. Der Fehdehandschuh, den Kaulbach, Sörgel und ähnlich große und erlauchte Götter in Gestalt saftiger Geschichtslügen den Katholiken hingeworfen haben, ist von diesen aufgehoben worden, und wer in dem Kampfe, der sich über jene Lügen entsponnen hat, übel zugedeckt wird, das sind nicht die Angegriffenen, sondern die Angreifer. Die Fortschreiter werden nach löblichem Brauch und Herkommen dieses Schriftchen natürlich thunlichst todtzuschweigen suchen, denn es thut ihnen zu weh und geht ihrem Schwindel gar hart zu Leibe; die Katholiken können es aber nur mit Freuden begrüßen, besonders diejenigen, die sich von erlogenen Liberalen nicht Alles gefallen lassen, sondern ihnen nach Verdienst hinausgeben wollen; denen bietet das Schriftchen ein so reiches Material aus der Geschichte, wie das „Liberale Schimpflexikon aus unserer preiswürdigen Gegenwart. Wir wollen es bestens empfohlen haben.

Münchener Schranne vom 9. April.

Getreidsorten	Verkauft Schffl.	Höchster fl.	kr.	Mittel- fl.	kr.	Nied.-Preis fl.	kr.	Gest. fl.	kr.	Gef. fl.	kr.
Weizen . . .	2301	20	27	19	19	17	44	—	15	—	—
Korn . . .	1121	12	31	12	4	11	39	—	7	—	—
Gerste . . .	1239	13	24	12	47	11	59	—	—	—	8

Verantwortlicher Redakteur: Dr. J. Sigl.

Druck von M. Vogt in München, Rosengasse 11.

II. Jahrgang. | Das Bayrische | Auflage: 5400.

Vaterland.

„Das „Bayr. Vaterland" erscheint täglich mit Ausnahme der Sonn- und hohen Festtage. Preis des Blattes: Vierteljährig 54 kr., ganzjährig 3 fl. 36 kr. Das einzelne Blatt 1 kr.

Alle Postexpeditionen und Postboten des In- und Auslandes nehmen Bestellungen an. Inserate werden die dreispaltige Petitzeile oder deren Raum zu 3 kr. berechnet.

Redaktion: Burggasse 14. | Herausgegeben von Dr. jur. J. Sigl. | Expedition: Kuffinibazar 5

Hermenegild. | Nr. 83. | Mittwoch, 13. April 1870.

Die Politik des Grafen Bray. II.

(Siehe Nr. 80.)

Wenn wir noch einmal auf die praktische Bedeutung des Programms des Hrn. Grafen zurückgreifen, so geschieht es, um alle Mißverständnisse zu beseitigen und die angestrebte „Vermittlung schroffer Gegensätze" zu betonen. Ob wohl die am Eingang der Rede gemachte — zarte Anspielung auf „den größten Feldherrn des Jahrhunderts, der in St. Helena gestorben" wohl mehr nach Berlin oder nach Paris Beziehung haben oder ob dieser Wink nach beiden Richtungen hin gegeben sein soll?!

Im ersteren Falle könnte man wohl nicht umhin, der praktischen Bedeutung dieser diplomatischen Wendung entsprechendes Verständniß und Einverständniß entgegenzutragen. Andernfalls aber würde man an die — unpraktischen Vorlagen des Hrn. v. d. Pfordten unangenehm erinnert, der bekanntlich 1866 vor dem Angriffe Preußens erklärte, „er werde dem Angreifer entgegentreten." Wie und mit was, wurde später klar!

Graf Bray fand es nach dem für angemessen darauf aufmerksam zu machen, das „gegenwärtige Ministerium stehe außerhalb der Parteien und nur die Krone stehe über denselben." Damit kann wohl Jedermann einverstanden sein, allein die tiefer liegende Ursache, warum gerade dieser delikate Punkt berührt worden, gibt zum Nachdenken Anlaß. Vermuthlich — so nehmen wir an — wollte der Hr. Graf damit sagen, das Ministerium Bray stehe auf anderem Boden, als das seines durchlauchtigen Vorgängers, sonst hätte diese Erinnerung wohl keinen Sinn.

Dem Hrn. Grafen kann nicht entgangen sein, daß man früher im Lande und außerhalb vermuthen konnte, die Krone sei auf den Parteistandpunkt des Ministeriums Hohenlohe herabgezogen worden, und deshalb wird die Stellung des gegenwärtigen Ministeriums anders präcisirt. Theoretisch läßt sich die Sache nicht besser denken und die praktische Lösung wird, wie wir hoffen, nicht lange auf sich warten lassen; sie heißt: Entfernung der von dem Ministerium Hohenlohe erübrigten Elemente. Nur wenn die Theorie mit der Praxis in Verbindung und Einklang tritt, läßt sich eine wirkliche und bleibende Beseitigung von thatsächlichen „Mißverständnissen" mit Zuversicht erwarten, und das ist ja der Zweck des Ministerwechsels und ein ausgesprochenes Ziel der Politik des Hrn. Grafen.

Weil dem Hrn. Grafen die prinzipiell wichtigsten Punkte des Zerwürfnisses im Lande nicht entgangen sind, wird er auch die nahe liegenden Ursachen desselben ergründet haben. Es liege in der Natur einer Allianz, daß auf beiden Seiten eine Wehrkraft vorhanden sei, hat er betont. Das bedingt aber noch lange nicht, daß man seine gute Armee desorganisire und nach Motiven einrichte, welche die Finanzen des Landes erschöpfen müssen, ohne einer nachhaltigen Wehrkraft zu Gute zu kommen. Außerdem käme eine derartige Uniformität der militärischen Einrichtungen der staatlichen Centralisirung und Unmacht des schwächeren Gliedes gleich, was das bayrische Gefühl und eine erleuchtete Vaterlandsliebe nicht befürworten könnte, wie auch unser zärtlicher Verbündeter darüber denken mag.

Auf die praktische Lösung dieser Streitpunkte wird es wohl ankommen, ob man die Stimmung des Reichsraths und der Landesvertretung für das Ministerium Bray gewinnen wird.

Die Erhaltung Bayerns blos von der Eifersucht des Auslandes oder gar von einem unnatürlichen Anschluß an Preußen abhängig machen und erwarten wollen, wäre eine politische Schwachheit, deren sich ein Ministerium der That niemals wird schuldig machen.

Vater Schlör. I.

N. Von der Saale. Immer mußten wir hämische Angriffe auf Eure „eisenbahnliche" Excellenz lesen, und fast Niemand legte ehrfurchtsvollen Tribut Ihnen zu Füssen; und doch reden von Ihrer väterlichen Sorgfalt für die Untergebenen Ihres Ressorts bereits die gefühllosen Steine, und von Ihrem organisatorischen Talent pfeifen die Spatzen ein rührendes Liedlein. Dies Versehen gut zu machen und die Begeisterung für Ew. Excellenz zu mehren, lassen wir in doppelter Beziehung einige Thatsachen sprechen; und wer dann nicht niedersinkt vor Ihrer Weisheit und Vaterliebe, den erklären wir schnurstracks für einen verstockten ultramontanen Sünder.

Es war in dem für die Verkehrsanstalten so gnadenreichen Jahre 1868, als Sie sich nach Ablauf der Hundstage durch Ankündigung einer neuen Organisation fast alle Ihnen unterstellten Herzen wärmer entgegenschlagen machten. Aber leider ward damals das frohe Evangelium der Beförderung blos 86 höheren Beamten verkündet, darunter 4 „weiteren Direktoren", deren Herzen freilich in tropischer Hundstagwärme gegen Sie erglühten! Wir verkennen aber die Nothwendigkeit dieser Ernennungen nicht, da außerdem zweifelsohne der Verkehr in Stockung gerathen und die Silbermünzen der Steuerzahlenden im Beutel schimmelig geworden wären.

Unter den Beförderten befanden sich auch 50 Ingenieure, wodurch alle baulichen Uebelstände sofort von selbst aufhörten und kein Damm mehr Senkungsgelüste zu hegen wagte, nicht einmal mehr auf den anrüchigen Bahnstrecken Ansbach-Würzburg, Ingolstadt-Eichstädt, Kempten-Ulm, München-Weilheim, neue Bahnen flugs sich eröffneten, z. B. München-Treuchtlingen, München-Braunau, und auf allen Bahnstrecken die „Unglücker“ verschwanden, wie nach einer frostigen Nacht die Maikäfer; die Entgleisungen bei Gersthofen, Marktschorgast laufen nebenbei und haben nichts zu sagen.

Um einem weiteren dringenden Bedürfniß abzuhelfen schufen Eure Excellenz, wohl nicht wie Deukalion aus Steinen Menschen, aber doch aus Inspektoren — Ober- und Postinspektoren, und haben dadurch bewirkt, daß den überbürdeten Schultern der Oberpostmeister so manche Zentnerlast abgenommen wurde. Die Herren brauchen nun nicht mehr wie ehedem im Schweiße ihres Angesichtes zu arbeiten, sondern sie können ruhig und mit Muße im Lehnsessel ihre charakteristischen Namenszüge hinmalen. Daß trotz Einführung der Postinspektoren der Briefdiebstahl in etwas auftauchte, überrascht uns ein wenig; jedoch soll mit dieser Bemerkung kein Tadel gegen die Herren ausgesprochen werden, im Gegentheil, sie verdienen dafür rücksichtlich der energischen Handhabung des Strafreglements gegen ihre Untergebenen und deren entsprechende Drillung vollstes Lob.

Weil wir soeben das Strafreglement anführten, womit Sie das gesammte nichtpragmatische Personal beglückten, so macht selbes Ihrem humanitärem Streben, allerorts Bildung zu verbreiten alle Ehre; denn es kann nur den Anstand fördern, wenn auf Nichtgrüßung des Amtsvorstandes eine Strafe von 1½ Gulden gesetzt ist; nur förderlich kann es der Humanität sein, wenn ein Griesgram den um einige Minuten zu spät im Bureau Erscheinenden zu 3 und mehr Gulden verdonnern darf. Alle Assistenten, Amtsgehilfen ꝛc. gewöhnen sich dadurch an Pünktlichkeit und die Uhr des Herrn Vorstandes und wandern als höfliche Leute schon mit der Mütze in der Hand nach dem Bureau; Anstand und Höflichkeit wird ihnen durch diese Verfügung zur zweiten Natur. Zucht und Ordnung wird bei ihren Untergebenen sicher namhaft dadurch gefördert, daß ihnen nicht der geringste Einblick in die jeweilige Censurliste gestattet ist. Persönliche Abneignug und andere Menschlichkeiten des einen oder andern Amtsvorstandes führen hiebei gewiß niemals die Feder, denn in unseren bayrisch-preußischen Zuständen wäre es für einen Patrioten eine bedenkliche Sache, bei der Censur in die Hände eines lebendigen Liberalen zu fallen, da hievon so oft das Wohl und Wehe ganzer Familien abhängt. Den Herren Lehrern muß auf Verlangen Einsicht in die Qualifikationslisten gewährt werden; was dem Einen — dem Schulmeister recht ist, sollte dem Andern — einem Postassistenten mindestens billig sein, könnte ein malkontenter Post- und Eisenbahnmensch sagen; aber wozu das, da von der strengen Rechtlichkeit der Vorgesetzten Jeder felsenfest überzeugt ist?

Und wie lockend strahlt ihnen der Hoffnungsstern des Officialates. Daß zu höheren Stellen nur mehr Juristen zu brauchen sind, versteht sich von selbst und haben Sie in einer eigenen Verordnung zu allem Ueberfluß deutlich ausgesprochen; noch heute staunen diese übernatürlich weise Entschließung alle älteren und jüngeren Bahnbeamten mit geöffnetem Munde an, denn klar ist ihnen und jedem denkenden Menschen, daß mit dem schweinsledernen Justinian in der Hand ein entgleister Zug sich leichter auf die Schienen heben läßt, und daß mit gelehrtem Juristenstroh Dammrisse viel nachhaltiger sich verstopfen lassen, als dies andere, nicht juristisch gedrillte und Pandektenstaub geschluckt habende Menschenkinder zu thun vermöchten.

Deutschland.

München, den 12. April.

Landtag. In der gestrigen Sitzung wurde die Interpellation des Abg. Mahr bezüglich des Kindheit Jesu-Vereins von Hrn. v. Lutz als Kultusminister beantwortet. Der Hr. Minister trat damit einen gedeckten Rückzug an und ist somit, wie Knarrblättl geistreiches vor etlichen Tagen entdeckte, die Freigabe der — Advokatur geliefert. Den langen Sermon des Ministers können wir in die wenigen Worte fassen: in der Kirche ist das Sammeln für den Verein erlaubt, in der Schule aber würde er's auch recht gerne erlauben, aber da müsse er halt Garantien von den Bischöfen haben, daß nicht dabei Flugschriften mit Aberglauben und Teufelsspuck vertheilt werden. Wie besorgt der hohe Herr ist, daß die Leute nicht zu abergläubisch werden und zu viel an den Teufel glauben! Wär's da nicht viel einfacher, in den Volksschulen statt des Katechismus und aller Lesebücher Knarrblättl verehrliches einzuführen? Das glaubt gewiß nicht an Teufel noch Teufelsspuck. — Nach dem begann ein entsetzlich langes und langweiliges Reden über die Staatsausgaben von 1865—67, bezw. über den Antrag auf nachträgliche Ueberweisung der Bodenzinse der Gemeinden, Stiftungen und Privaten an die Ablösungskasse, wovon Finanzminister und Fortschritt nichts wissen wollen, da möglicher Weise damit einem Pfarrer ein Gefallen geschehen könnte. Nichts desto weniger wurde der Antrag angenommen. Nächste Sitzung am Donnerstag nach Ostern. Wir tragen noch nach, daß die gestrige Sitzung dadurch merkwürdig war, daß sie Hr. Thomaß, der Kollega von Julius dem Gerächten, durch seine Jungfernrede verewigte. Die „Rede“ war zwar nicht lang, sie zählte blos 25 Worte, von denen Redner noch sechshalb verschluckte, aber sie gab ihm eine willkommene Gelegenheit sich — auszuzeichnen, indem ihn erstlich sein Gedächtniß verließ und er seinen Zettel mit der „Rede“ hervorziehen und die 25 Worte herunterlesen mußte, und dann weil dieser Thomas so unbekannt in Jerusalem ist, daß er Ueberweisung eines Antrags an die Regierung für gleichbedeutend mit Ueberweisung an den Fachausschuß hielt. Es handelte sich um die Kosten der Wahlen, welche die gute, aber arme Stadt München von den Bauern ersetzt haben möchte und die sich so hoch belaufen, wie die Wahlkosten im ganzen übrigen Lande zusammengenommen. Trotz der gediegenen „Rede“ des 300stöckigen Demosthenes vom Marienplatz, trotzdem daß er vor Rührung und Eifer zweimal stecken blieb, und obgleich der präsumtive fortschrittliche Thronerbe des Hrn. v. Steinsdorf, Hr. Fischer mit dem röthlich strahlenden Gipfel, mit Begeisterung für die Petition der Münchener stimmte, wurde sie doch verworfen. München kriegt also nichts für's Wählen und diejenigen, welche die Wahlen „gemacht“, kriegen erst recht nichts, wenn sie für ihre gute Aufführung nicht von anderer Seite belohnt werden.

— Die Kammer der Reichsräthe hat den Gesetzentwurf über die außerordentlichen Militärbedürfnisse in der Fassung der Abgeordneten-Kammer ohne Debatte einstimmig angenommen. Dem Antrag der Abgeordneten wegen Abänderung des Art. 6 der Gemeindeordnung, Bürgermeistereien betreffend, wurde in modifizirter Fassung beigestimmt.

Aus **Oberbayern** wird dem „Vaterland“ geschrieben: Die Gegner der päpstlichen Unfehlbarkeit versäumen keine günstige Gelegenheit, um die Regierungen gegen Papst und Concil zu hetzen. Namentlich werden sie nicht müde, die regierenden Fürsten auf die große Gefahr aufmerksam zu machen, welche von der Unfehlbarkeit des Papstes ihren Kronen drohe. Ist der Papst unfehlbar, sagen sie, so kann er auch Könige absetzen. Wirklich? Folgt aus der Unfehlbarkeit in Sachen der Glaubens- und Sittenlehre in der That die Macht, Könige abzusetzen? Kann ein Papst, welcher in der Glaubens- und Sittenlehre unfehlbare Entscheidungen gibt, die tausendjährigen Rechte der Fürsten annulliren, wie nach den Grundsätzen des modernen Constitutionalismus die Kammern die wohlerworbenen Rechte der Kirche und selbst der Privaten (z. B. die Realrechte) für null und nichtig erklären können? Wenn die Unfehlbarkeit in Sachen des Glaubens und der Sitten solche Folgen hat, dann habt ihr, vielgeehrte Gegner der Unfehlbarkeit, bereits eine große Gefahr für die Welt übersehen. Wenn euch der Papst nicht unfehlbar ist, so werdet ihr doch die Unfehlbarkeit eines allgemeinen Concils anerkennen. Wenn nun ein unfehlbarer Papst Könige und Fürsten absetzen kann, so wird doch auch ein unfehlbares allgemeines Concil dieselbe Macht haben. Denkt euch nun, in welcher Gefahr gegenwärtig die Könige und Fürsten und damit auch ihre Länder und Reiche schweben! Wenn es so einem Hitzkopf von einem ultramontanen Bischof in Rom etwa einfiele, die Absetzung des Kaisers von Oesterreich oder unseres Königs zu beantragen, wer weiß, was geschähe! Kann man von der Mehrheit der Concilsväter, unter welchen sich nach dem berühmten Briefsteller der Allgemeinen Zeitung „300 zu Allem fähige Kostgänger" des hl. Vaters befinden und die alle miteinander kaum so viel Wissenschaft besitzen als ein einziger Zuhörer Döllingers vom heurigen Jahre, — kann man, sagt es selbst, von diesen nicht Alles erwarten? Haben wir nicht Beispiele in der Geschichte, daß Concilien die Absetzung von Fürsten wagten? Wer denkt ohne Grausen an die römischen Synoden unter Gregor VII. und an das erste allgemeine Concil in Lyon? Wenn ihr aber, Geehrteste, eine solche Befürchtung bezüglich des gegenwärtigen allgemeinen Concils nicht hegt, ja vielleicht sie sogar lächerlich findet, so frage ich euch bescheiden um das Warum? Warum besteht jetzt keine Gefahr, daß das unfehlbare allgemeine Concil in Rom etwa Könige absetze? Ihr werdet sagen: Solches liegt gegenwärtig nicht in der Luft; in unserer Zeit spricht man einem allgemeinen Concil eine derartige Macht nicht zu; Niemand würde eine solche Absetzung anerkennen. Gut! Einverstanden! Aber auch zum Kukuk mit euerer Consequenzmacherei! Unfehlbarkeit in Sachen des Glaubens und der Sitten und die Macht, Könige abzusetzen, hängen nicht nothwendig zusammen. In Zeiten, in welchen das Verhältniß der Fürsten zur Kirche und zu den katholischen Vasallen und Unterthanen nach den herrschenden Ideen des 11. oder 13. Jahrhunderts aufgefaßt wurde, übten die Päpste und Concilien die Macht, Könige abzusetzen, obwohl die Unfehlbarkeit der Päpste in Sachen der Glaubens- und Sittenlehre noch nicht als Glaubenssatz erklärt war. In Zeiten dagegen, in welchen das Verhältniß der Regenten zur Kirche und zum Volke nach den modernen Ideen unsers Jahrhunderts beurtheilt wird, wird es weder dem Papste noch einem Concil einfallen, Könige absetzen zu wollen, mag auch die Unfehlbarkeit des Papstes als Glaubenssatz ausgesprochen sein.

Aus der **Oberpfalz** wird dem „Vaterland" geschrieben: Daß der Hr. Kultusminister v. Lutz, der gegenwärtig auch die bayrische Justiz besorgt, sich ablehnend gegen die Patrioten verhält, ist jedenfalls — interessant. Ich begreife meinen excellenten Hrn. Landsmann nicht,*) warum er sich sträuben soll, mit den Patrioten zu gehen! Nun, bitten wird man ihn wohl nicht. Geht er nicht mit ihnen, so werden die Patrioten wohl ohne ihn ihren Weg gehen müssen. Wer nicht mit ihnen ist, von dem müssen sie annehmen, daß er gegen sie ist. Der Kultusminister muß vor Allen ein Patriot sein; ein Kultusminister ist unter Umständen noch gefährlicher als ein Minister des Auswärtigen, der nicht mit der bayrischen Partei, d. h. mit dem bayrischen Volke gehen will. Warum sind denn gerade die jüngeren Beamten und die es werden wollen, so vielfach Preußenfreunde, Fortschrittler und „Aufgeklärte"? Weil liberalisirende Kultusminister liberale und unpatriotische Professoren zu ihrer Abrichtung aus aller Herren Ländern berufen haben, weil man schon die Gymnasial- und Universitätsjugend von diesen Leuten preußisch-liberal dressiren und einpauken ließ. So kommt unendlich vieles auf einen ordentlichen Kultusminister an, der vor allen patriotisch und glaubenstreu sein muß, damit nicht schon die jungen Beamtenpflanzen liberalisirt und mit der Preußenseuche inficirt und in Grund und Boden hinein verdorben werden. Das Kultusministerium ist für die Erhaltung des bayrischen Charakters und damit für die Selbstständigkeit Bayerns wichtiger als jedes andere Ministerium und deshalb muß die Kammer gerade hier mit aller Energie und rücksichtslos den Minister zwingen, patriotische Farbe zu bekennen oder zu gehen. Zwei Herren zu dienen geht einmal nicht mehr und auch Hr. v. Lutz wird dies nicht ermöglichen können.

*) So geht es andern auch! D. Red.

Von der **Saale** wird dem „Vaterland" geschrieben: Seit länger als einem Vierteljahre schwebt der Prozeß gegen Pater und Gymnasialprofessor Friedrich Wesler in Münnerstadt, und die Herren Studio selbst machen sich bereits lustig über das lange Provisorium, entstanden aus der längst bekannten Bagatellsache. Andere meinen, Herr v. Lutz, jetziger Doppelminister, habe die nöthige Energie nicht, um den Proceß rechtsgiltig zu Ende zu führen, obwohl er selber immer betone, er sei die leibhaftige Gerechtigkeit. Der Volksmund glaubt jedoch, die ganze Geschichte sei angezettelt als — Nachklang wegen der Zollparlamentswahlen. Ob das Ansehen und die Liebe, die Graf Luxburg sich als ehemaliger Verwaltungsbeamter erworben hat, nicht einen bedeutenden Stoß durch diese Angelegenheit erleidet, alldieweilen die Leute zu meinen anfangen, er sei nicht mehr der Mann, als den er sich damals gezeigt, soll dahin gestellt bleiben. Damals! Damals hätte man geschworen, wenn Einer zum Justiz- oder Gerechtigkeitsminister geeigenschaftet sei, sei es der Herr Graf Luxburg! Tempi passati! Die Zeiten ändern sich und die Menschen zuweilen auch, aber nicht immer zu ihrem Vortheil!

Oesterreich. Die Verhandlungen des Grafen Potozki, um den „verfassungstreuen" Dr. Rechbauer als Minister zu „gewinnen" haben sich zerschlagen. Graf Taafe soll Minister des Innern werden.

Preußen. In Berlin deliberirt man, durch welche neue Steuern die verschiedenen deutschen Völkerschaften mittels des Zollparlaments am besten zu schröpfen und auszupreußen seien. Mit dem Petroleum fürchtet man werde es diesmal wieder nicht gehen, also der Kaffee, bei dem vielleicht noch was zu holen ist. Was braucht der Deutsche Kaffee zu trinken, ohne an die Pickelhaube und ihren Segen erinnert zu werden? Es ist dies bereits die zwölfte neue Steuerforderung, welche Bismark seit dem großen Brudermord bei Königgrätz an die Parlamente in Berlin stellt, so daß ein boshafter Mensch vielleicht sagen könnte: die Preußen haben die Völker vorher besiegt, um sie nachher ausrauben zu können. Der Ruhm des Brudermords von 1866 kostet den preußischen Nordbund zwar etwas viel, dafür ist er auch sehr — groß.

— Graf Bismark hat wieder seine „Nerven"; dann wird das Varzin schwerlich mehr lange ausbleiben. In letzterer Zeit soll der große Bismark auch als Kirchenvater sich versucht haben, indem er den preußischen Gesandten in Rom anwies, den norddeutschen Bischöfen zu wissen zu thun: wofern sie dem Schema de doctrina catholica des Concils zustimmten, sie von ihren bischöflichen Funktionen suspendirt und von den preußischen Grenzen zurückgewiesen würden. So schnell schießen die Preußen!

Ausland.

Frankreich. Neue Ministerkrisis! Der Minister des Auswärtigen, Daru, und der Finanzminister Buffet haben ihre Entlassung verlangt, die als die Vertrauensmänner des „wahrhaft parlamentarisch gesinnten“ Frankreich galten. Als Nachfolger Daru's werden Laguéronniere und Drouin de Lhuy's genannt und Buffet soll durch Magne ersetzt werden. Alle drei sollen erschrecklich „reaktionär“ sein, besonders Drouin, der Freund Oesterreichs.

Lokal-Fortschrittliches.

Unser hochweiser Magistratus hat kürzlich das Bedürfniß gefühlt, eine Unterhaltung über die Zweckmäßigkeit der Bierbeschau zu pflegen. Bei derselben erschwang sich der junge Omnibusdirektor und Magistratsrath Dr. Zechmeister zu der gewiß geistreichen Bemerkung, die Hartschiere seien die besten Bierlieser. Wir wissen nicht, auf welcher Bierbank der Hr. Doktor ohne Praxis zu dieser merkwürdigen Entdeckung gekommen ist, und sind zurückgeblieben genug, zwischen einer Magistratssitzung und einer Unterhaltung am Biertisch einigen Unterschied zu machen. Wenn Dr. Zechmeister schlechte Witze machen will, so glauben wir, wäre das Hofbräuhaus wohl ein passenderer Ort für seine Witze, als irgend ein anderer. Ueber die Hartschiere als „Bierkieser“ Witze zu reißen, finden wir zudem bei Niemand am Platze, am wenigsten bei einem Magistratsrath, der sich unschwer darüber instruiren könnte, daß ein Hartschier mit seinem spärlichen Gehalte keine solchen Sprünge machen kann als Dr. Zechmeister sich einzubilden scheint. Jeder hat zwar das Recht, so — taktlos zu sein als er kann, allein eine ehrenwerthe Korporation — von verdienten alten Herren, die meist schon Männer waren als der witzige Hr. Doctor noch nicht einmal ein Höschen trug, bildet sich nichts darauf ein, wenn junge Leute, ja nicht einmal wenn Magistratsräthe der Residenz über sie Witze zu machen belieben und hat auch gar keine Ursache dazu.

Vermischte Nachrichten.

Von der Isar. Auch die Bettelleute lieben den Fortschritt und treiben ihn geradezu großartig trotz den Herren Gendarmen und der Polizei. Kam da jüngst in ein Dorf des Bez.-Amts Freising ein Wagen mit einem schlechten Rößlein bespannt und weiß sein sollender Leinwand überdeckt. Vorerst hielt man das Fuhrwerk für das eines Eierhändlers aus der nahen Stadt, bald aber wurde man anders aufgeklärt. Das war ein Wagen von 6—8 Personen lauter Bettelleuten, Krüppel, Blinde u. s. w., die sich mitten im Dorf aus dem Wagen herausmachten, in die Häuser gingen und bettelten, um Eier, Fleisch, Geselchtes etc. Nachdem sie mit ihrer Arbeit bestens fertig waren, sammelten sich die guten Leute wieder um ihre Equipage und fuhren fröhlich ihren Weg weiter in ein anderes Dorf, um dort desgleichen zu thun. Das ist Freizügigkeit neuester Facon und Fortschritt ist's — auch.

Vom Mindelthal. In Schönenberg brannte in der Nacht vom 6. ds. das Wirthshaus nieder, wobei sich die neue Jettinger Feuerspritze sehr gut bewährte. Die Restauration der Jettinger Pfarrkirche geht immer mehr ihrer Vollendung entgegen. Der schöngeschnitzte Choraltar ist bereits aufgestellt.

Dienstes-Nachrichten.

Erledigt: D. k. Pf. Ampermoching, B.-A. Dachau, R.-E. 1642 fl.; Frechenrieden, B.-A. Memmingen, R.-E. 1403 fl.; Mauerstätten, B.-A. Kaufbeuren, R.-E. 778 fl.; das Spitalbenef. zu heil. Geist in Immenstadt, R.-E. 453 fl.; Stadtpf. Hemau, R.-E. 931 fl.

Verantwortlicher Redakteur: Dr. J. Sigl.

Druck von M. Vogt in München, Rosengasse 11

II. Jahrgang.

Das Bayrische Vaterland.

Auflage: 5400.

Das „Bayr. Vaterland" erscheint täglich mit Ausnahme der Sonn- und hohen Festtage. Preis des Blattes: Vierteljährig 54 kr., ganzjährig 3 fl. 35 kr. Das einzelne Blatt 1 kr.

Alle Postexpeditionen und Postboten des In- und Auslandes nehmen Bestellungen an. Inserate werden die dreispaltige Petitzeile oder deren Raum zu 3 kr. berechnet.

Redaktion: Burggasse 14. Herausgegeben von Dr. jur. J. Sigl. Expedition: Ruffinibazar 5

Tiburtius. Nr. 84. Donnerstag, 14. April 1870.

Vater Schlör. II.

N. von der Saale. Von Ihrer väterlichen Sorgfalt können die niederen Beamten und Bediensteten als Assistenten, Kondukteure ꝛc. „singen und sagen," wenn sie wollen. Auf ihren Schultern ruht die meiste und schwerste Arbeit; dafür stellen Sie ihnen aber auch trefflichen Gehalt in — **Aussicht**, nach dem sie als wahre Tantalusse — schnappen dürfen.

Hat so ein zweibeiniges Menschenkind nach 10jährigem Studium und 2 jähriger Praxis das Glück, sich als Assistent zu fühlen und tituliren zu hören, dann beginnen die Segnungen des enormen Gehaltes von 400 fl. über dasselbe hereinzubrechen, welcher Gehalt nach 12 jähriger assistenzlicher Plackerei bis zu der horriblen Summe von 800 fl. sich steigert, wenn unterdessen nicht ein Offizial-Dekret anrückt. Ew. Excellenz haben es unlängst ausgesprochen, daß die Assistenten nach 6—9jähriger Dienstzeit zum Offizial aufsteigen; leider springen trotz dieser schlörigen Behauptung die meisten Assistenten noch im 12. Jahre gleich armen Füchslein nach der süßen Traube — Offizialat geheißen. Und seit zu dieser Charge auch Expeditoren befördert werden und schon wirklich befördert worden sind, schwinden die Aussichten auf Avancement noch mehr.

Wir mißgönnen den Expeditoren dieses Glück nicht, aber dann sollten auch die Assistenten nicht mit 10jährigem Studium und dessen Nachweis gequält werden. Die Expeditoren rekrutiren sich aus den Amtsgehilfen. Nun ist das Maß der Kenntnisse, welches von den Amtsgehilfen gefordert wird, ein gar bescheidenes, als: deutsche Sprache (wobei der gebildete „norddeutsche" Dialekt besonders empfehlen möchte?), 4 Spezies und Dezimalbrüche, etwas Geographie und Statistik z. B. Kenntniß der Grenzen des Nordbundes, russischer Juchten, spanischen Pfeffers, nordischer Häringe und Häringsseelen, norddeutscher Bundesprügel ꝛc. Warum also bei dem Einen ein 10jähr. Studium, bei dem Andern ein Minimum von Kenntnissen und Fertigkeiten?

Den Assistenten, welchen wie gesagt kein anderer Glücksstern leuchtet als der des Offizialates und in ziemlich weiter Ferne — ihnen wollen Ew. Excellenz mit Ihren Verehelichungskautionen auch noch die „Freuden" der Ehe nehmen und sie zu einem unfreiwilligen Cölibat verdammen. Nachdem alle „liberalen" Geister und Leiber seit Langem über das Unnatürliche und Schreckbare des Priestercölibats sich ereifern und dagegen bäumen, und man allerorts dem Grundsatz huldigt „Alles soll sich paaren", kommen jetzt Sie und schaffen das neue Institut des postalischen Cölibates! Welcher Assistent erwischt denn gleich eine Braut mit 8000 fl. Mitgift? Ja, Hr. Schlör, wenn Sie den armen Assistenten Ihre „goldigen" Töchterchen vergönnen würden: die könnten wohl für einige Tausend die Kaution leisten! Lesen Sie doch die ergreifende und tiefgelahrte Rede Ihres Freundes Völk gegen den Cölibat (Kptr. Ztg. Nr. 71 ff.), lesen Sie, wie schön er dem Klerus das sentimentale Liedlein: „Eia popeia, Kindelein schlaf'!" vorgurgelt, — dann müssen die unnatürlichen Verehelichungskautionen fallen, Ihr edles weiches Herz könnte so was nicht mehr dulden. Bedenken Sie dann noch, daß Sie durch Erschwerung der Verehelichung der Population hinderlich in den Weg treten und damit dem herrlichen norddeutschen Kriegsheere, dem „nationalen Gedanken" und dem gefährdeten Vaterlande tiefe Wunden schlagen!!

Unter diejenigen, welche den Ehestandshimmel ebenfalls mit 8000, 6000 fl. ꝛc. Kaution sich erkaufen müssen, zählen auch die Amtsgehilfen; diese werden hiefür doch mit der riesigen jährlichen Aufbesserung von 25 fl. und mit — Einbuße an Emolumenten entschädigt!

Die gleiche Summe von 25 fl. dürfen die Kondukteure, Stationsdiener ꝛc. erhoffen, wenn sie 12 Jahre „tadelfrei" gedient haben. Von diesen zu erhoffenden 25 fl. läßt sich allwöchentlich schon ein Groschen aufopfern und „Hr. Schlör! Ihnen steigt Eines" rufen die beseligten Kondukteure. Leider können in diesen Groschentoast die Postboten nicht miteinstimmen, da ihnen wohl inclusive der Zustellgebühren 800 fl. zugesprochen sind, im allgemeinen Gehaltsregulativ jedoch ihrer noch gar nicht gedacht ist*) Dafür dürfen sie auch an Sonntagen ihre Schnelläufereien aufnehmen, während Excellenz im Fauteuil sitzen und 12000 fl. — 40mal mehr als ein geplagter Postbote!! — verzehren. „O selig, o selig ein Postbot' zu sein!" Sollten Ihnen einmal so im Halbschlaf die Postboten und deren glänzende Lage einfallen, etwa einige Tage vor einer Neuwahl, dann dürfen Sie denselben Ihre Versprechungen blos beim Schimmelwirth kund geben, und ihnen durch den erhabenen Mund der „Neuesten" die Vogelfänger-Arie aus der „Zauberflöte" vorflöten lassen, als:

„Der Vogelfänger bin ich ja
Stets lustig heisa hopsasa;
Ich Vogelfänger bin bekannt
Bei Alt und Jung im ganzen Land.
Weiß mit dem Locken umzugeh'n
Und mich auf's Pfeiffen zu versteh'n!
Drum kann ich froh und lustig sein
Denn alle Postboten sind ja mein!"

und wir stehen Ihnen gut: wie die Mäuse aus den Löchern, so kommen auf diesen Sang der „Neuesten" die Postbe-

*) Vgl. die Verordnungs-Blätter 1868, Nr. 87, 92, 93, 123; und 1869, Nr. 14, 15, 32 u. 49.

diensteten zur Wahlurne angeströmt und gehen auf des Knorren liberale Leimruthe. Sicher!

In Anbetracht dieser Aktenlage wird das Dienstpersonal nicht säumen, Ew. Excellenz seine Verehrungs- und Dankesgefühle in einem donnernden Hoch zu manifestiren, sobald selbes durch Ihr neues Verordnungsblatt, die wundernetten „Neuesten“, die fröhliche Kunde erfährt: Excellenz Schlör amtirt von nun an auf seinem Hammergut in der Oberpfalz und Freiherr von Brück, so unzeitig und in voller Manneskraft pensionirt, hat dessen Ministerportefeuille übernommen. — Hoch, Freiherr von Brück!

Deutschland.

München, den 13. April.

— Das rühmlichst bekannte Giftnickel-Journal in Augsburg, erschwingt sich zu folgender Aeußerung: „Das Außerordentlichste (den Fortschrittlern und ihren Blättern gegenüber) leisten auch hier wieder die die patriotische Bewegung leitenden (!!) Hauptorgane Volksbote und Vaterland. Da werden die geradezu unerhörten Expektorationen eines Pfarrers Mahr, eines Greil, eines Lukas so geschickt verzuckert dem Volke wieder gegeben und die denselben gewordenen Zurechtweisungen (?!) entweder lächerlich zu machen versucht oder noch öfter todtgeschwiegen.“ — Das geht zunächst uns an, da wir die „Expektorationen eines Mahr und Lukas“ in der Regel ausführlich zu bringen pflegen und zwar nicht „verzuckert“, sondern wörtlich nach dem offiziellen stenographischen Bericht. Wenn das Organ des rothen Fischer diese offiziellen Berichte als „verzuckert“ hinstellen möchte, so scheint das deshalb zu geschehen, weil eben jene Reden nach Form und Inhalt das gerade Gegentheil von dem sind, zu was sie die Fortschrittler umlügen wollten. Eben deshalb, um der Wahrheit zu ihrem Rechte gegenüber der liberalen Lüge zu verhelfen, haben wir gerade diejenigen Reden beider Herren, welche den Liberalen besonders in die Glieder gefahren sind, nach dem offiziellen Stenogramm gegeben, damit alle Welt sich überzeugen konnte, wie frech von den Liberalen gelogen wird. Und es hat sich alle Welt davon überzeugt, die jene Reden gelesen hat, und in diesen Stegreifreden den Beweis gefunden, daß jeder der beiden Herren es mit jedem der Herren von links zum mindesten aufnehmen kann. Von „Zurechtweisungen“, die blos in der Einbildung Giftnickels existiren, hatten wir nichts zu berichten, da schäußliche Velleitäten und fischersche Sottisen mit „Zurechtweisungen“ so verwandt sind wie mit den Hymnen des Pindar oder der echte Berliner Fusel mit den echten Produkten der Champagne. Es sollen übrigens die oratorischen Gepflogenheiten Fischers nicht „todtgeschwiegen“ werden und nicht eine wird dem scharfen Griffel unsers K von der Donau entgehen — für die vierte Auflage des „Liberalen Schimpflexikons“!

— Prof. Huber, ein Mitverfasser des „Janus“, hat in der Allg. Zeitung kürzlich einige Artikel über das Papstthum veröffentlicht, wofür er dieser Tage vom Könige ein „schmeichelhaftes Handschreiben“ erhielt. Wir wissen nicht, ob der kgl. Brief mehr für die Zeitungen als für Professor Huber bestimmt war, aber der Brief steht einmal in den Zeitungen und wird von einigen jetzt gar als eine — Niederlage der Patrioten ausgegeben, von den andern liberalen aber natürlich über den Schellenkönig gelobt, da er gerade keine Demonstration für Rom und Papstthum ist. Das mögen die Liberalen halten, wie sie wollen, für uns Katholiken pflegen aber in Sachen der Wissenschaft oder der Religion weder junge noch alte Könige Autoritäten noch kgl. Handschreiben Evangelien zu sein. Wenn gar „Männer der Wissenschaft“ darin etwas so Bedeutungsvolles erblicken, so zeigen sie damit, daß es entweder mit ihrer Wissenschaft, oder mit ihrem Mannescharakter nicht weit her ist. Vor Königen sollen die Gelehrten nur in Asien auf dem Bauche liegen. Worin die „Niederlage der Patrioten“ stecken soll, begreifen wir nicht. Der König hat das Recht und die Freiheit, an jedes beliebige Menschenkind zu schreiben und hat von diesem Rechte Gebrauch gemacht; aber was geht denn das die Patrioten an, welche wissen, daß die konstitutionelle Gesinnung unsers Königs nichts zu wünschen übrig läßt? Der König hätte das Recht, auch an den Redacteur des „Vaterland“ eines Tages einen Brief zu schreiben; ob es politisch klug wäre, das wollen wir nicht untersuchen; gewiß aber wäre der Brief keine Niederlage für die Fortschreiter! Also lasse man dem Prof. Huber seinen Brief und die Kirche beim Dorf.

— Die hiesigen Schneidergehilfen haben Differenzen mit den Meistern bekommen, weil sie eine Lohnerhöhung von 25 Prozent wollten, und „striken“ (sprich: streiken) jetzt, d. h. sie haben zu arbeiten aufgehört. Ob sie damit ihren Zweck erreichen, wissen wir nicht, ist auch nicht unsere, sondern ihre Sache. Jedenfalls hat Jeder, also auch ein Schneider, das Recht, für seine Arbeit so viel zu verlangen, als er eben meint und sie taxirt, und zu arbeiten oder zu feiern, wie ihm beliebt, wenn er nämlich nicht in dienstlichem Verhältnisse ist. Das ist alles Sache des Einzelnen und muß es sein: ein Schneidergeselle hat nach den neuesten social-politischen Dogmen ganz die gleichen Rechte wie ein Schneidermeister; früher war es nicht so, darum leben wir aber jetzt in einer gebildeten, aufgeklärten und fortgeschrittenen Zeit. Die Polizei von München scheint aber nicht dieser Ansicht zu sein, denn wie wir hören, will sie sich auf die Seite der Meister stellen, die fremden Gesellen ausweisen, die hiesigen so weit thunlich zum Militär einberufen und dafür die Soldaten, welche mit Nadel und Bügeleisen umzugehen wissen, beurlauben. Wir glauben das vorläufig nicht und wollen es abwarten. Die Polizei, welche gegen die aufreizendsten Reden in den Arbeiterversammlungen immer so gnädig gewesen ist, namentlich wenn es über die Pfaffen ging, wird doch jetzt nicht in so energischen Zorn gerathen, da es über die Schneiderkönige der Brienner- und anderer Straßen geht, welche Hunderte von den Gesellen kommandiren?! Oder wirklich?

In Berlin hat man in letzterer Zeit ein neues Strafgesetzbuch berathen, in welchem Köpfen, Todtschießen, Zuchthaus 2c. eine recht anziehende Rolle spielen; auch der „Ehrlosigkeit“ ist ein nicht unbescheidenes Plätzchen angewiesen. Wer sich an der Verfassung des preußischen Nordbundes vergeht, ist „ehrlos“; wer Russen und Franzosen zu Hilfe ruft, um diesen sauberen Bund zu „schädigen“, wird als „ehrlos“ gebrandmarkt und wenn er nicht geköpft wird, kommt er ins Zuchthaus. Dagegen ist die gelegentliche Herbeirufung von Italienern, von Garibaldi und Klapka gegen verschiedene deutsche Brüder etwas Nobles und die Aufsaugung dieses oder jenes kleinen Staates gilt als „national“ und sehr verdienstlich, denn — der Zweck heiligt das Mittel!

Ausland.

Italien. Aus Rom berichten französische und österreichische Blätter, daß der Lieferant des Materials zu den berüchtigten Römischen Briefen der „Allgemeinen“ kein geringer als der bayrische Gesandte Taufkirchen in Rom sei, der einen Drucker der vatikanischen Druckerei zur verrätherischen Auslieferung der wichtigsten Dokumente verleitet und bestochen haben. Wir glauben das nicht und bestreiten es, da wir einen Bayer, zumal einen Bayer in so hoher diplomatischer Stellung zu einer derartigen so gemeinen als unwürdigen und schmachvollen Verrätherei nicht fähig halten. Wäre dem so, was aber gar nicht denkbar ist, so würde der Papst ganz in seinem Rechte sein, wenn er für einen so verrätherischen und feigen Mißbrauch seiner diplomatischen Stellung dem bayrischen Gesandten seine Pässe zu stellen und ihn per Schub über die Grenze bringen ließe. Jedenfalls würde Graf Bray Gelegenheit haben, genauere Erkundigungen über jene zweifelsohne falschen Berichte auswärtiger Blätter einzuziehen.

—• In Italien herrscht überall gewaltsame „Ruhe" und Angst der Behörden; überall konsignirte Truppen, marschirende Patrouillen, Aufpasserei und Spionierwesen, hin und wieder Verhaftungen und Haussuchungen. In Florenz sind die Ministerien, die Bank und der Palazzo Pitti voll Soldaten, und Victor Emanuel, dessen letzte Ausfahrten, wo er ausgezischt und mit Schmutz beworfen wurde, ihm wenig gefallen haben können, wagt nicht einmal, sich den gewohnten Freuden des Ballets hinzugeben, und läßt Gräfin Rosina allein ins Theater fahren, während er sich der tiefsten Mißlaune überläßt. Ueber den revolutionären Geist der Truppen, die durch die Aufstandsversuche von Pavia und Piacenza an den Tag kamen, soll er ganz außer sich gewesen sein und zu einem Vertrauten gesagt haben: „Was soll daraus werden? Wer beschützt mich denn vor meinem Volke, wenn kein Verlaß mehr auf das Heer ist?" (Wir hoffen, daß das Schutz- und Trutzbündniß, welches Prinz Hohenloh mit ihm geschlossen, ihm jetzt recht ersprießliche Dienste leisten wird.)

Spanien. In Katalonien breitet sich der Aufstand immer weiter aus. Von Valencia und Saragossa sind Regimenter dahin geschickt worden. Zwischen Madrid und Barcellona ist jeder direkte und indirekte Verkehr abgeschnitten.

Lokal-Fortschrittliches.

(Handelt von Hrn. Schrott und Verwandtem.)

Wir sind heute in der sehr angenehmen Lage berichten zu können, daß der „Stellvertreter des Schulreferenten", Hr. Magistratsrath Schrott, dem wir letzthin beinahe Unrecht gethan hätten, wieder in das richtige Fahrwasser eingelenkt ist, so daß er in einer der letzten Sitzungen bereits von zwei Untersuchungen über Schulverbrechen zu berichten das Glück hatte, deren eine bereits eingeleitet ist, während die andere bei nächster Gelegenheit eingeleitet werden soll. Wir wollen nicht unterlassen, dieses rühmenswerthe Bestreben des hochverdienten Großinquisitors ein wenig zu beleuchten, damit es überall im Lande die gehörige Würdigung finde, und damit vielleicht in berechtigtem Neide von Außen irgend eine glänzende Berufung das Verdienst kröne, obgleich für München in diesem traurigen Fall der Verlust unersetzlich wäre. Wenn sich auch, Hr. Schrott, Ihre bekannte Bescheidenheit gegen diese öffentliche Anerkennung sträubt, — macht Nichts: Ehre, wem Ehre gebührt; dem Verdienste seine Krone und ein Artikel des „Vaterland."

Sie inquiriren, Hr. Schrott, gegen den Kindheit-Jesu-Verein, der als Zweig des Missionsvereines schon seit Jahren unangefochten besteht und der sich seiner Zeit — es ist freilich schon lange her — sogar des Protektorates des Königs von Bayern zu erfreuen hatte. Wenn es vorkam, daß ein Geistlicher seine Stellung als Katechet auch nach dem ministeriellen Verbot: Sammlungen in den Schulen vorzunehmen, zu Förderung von Vereinszwecken gebrauchte, so ist dies gewiß ein höchst strafwürdiges Verbrechen und soll ihm mindestens der Kopf vor die Füße gelegt werden. Allein das werden Sie, Hr. Schrott, kaum jemals verhindern können, daß Erwachsene oder Kinder ihre Kreuzer in der Kirche oder sonstwie freiwillig in die Hände eines Geistlichen niederlegen zu Gunsten eines Vereines, dessen humane Absichten Ihnen vielleicht schon bekannt sind, oder mit denen Sie bald bekannt sein werden, wenn in Magistratssitzungen auch fürder die einmal probirte Lesung der Quartalblätter des Vereines Anklang findet. Man hätte sich zu der Annahme berechtigt erachtet, daß sicherlich ein so humaner Verein wenn auch nicht auf Ihre Billigung, denn er ist ja katholisch, so doch auf Ihr nachsichtiges Schweigen ebenso viel Anspruch hätte, als die noch immer nicht aufgeklärte brutale Zungengeschichte in der Lehelschule, bezüglich welcher Sie sich bis zur Stunde gescheut, eine offene und ehrliche Antwort auf offene und ehrliche Fragen zu geben. Nun, Sie werden ja wissen, warum Sie besser thun zu schweigen! Behalten Sie aber wenigstens Ihren Ausdruck „jesuitisch" einstweilen für sich und bedenken Sie, daß man mit so schönen Redensarten nicht sparsam genug sein kann, quia „quotidiana vilescunt", und daß Sie so ein schönes Wort nicht leicht wieder sich zu Gebote stehen sehen, wenn Sie einmal das Treiben Ihrer eigenen Leute wahrhaft schildern und den Wortsinn gebrauchen wollen, den Sie dießmal damit verbanden. Sparen Sie in dieser Beziehung auch alle Untersuchungen, da Sie trotz vermeintlicher Allmächtigkeit niemals in die Kirche und die Pfarrhäuser hineininquiriren dürfen über das Leben und Wirken christlicher Liebe. Sollten Sie übrigens mit Hrn. v. Gresser der Anschauung sein, daß der Kindheit-Jesu-Verein in der Schule „schädlich" sei, so scheinen Sie mit dem citirten Herrn weder die pädagogische Bedeutung frühzeitiger Weckung des Wohlthätigkeitssinnes in der Kinderbrust zu kennen, noch je sich um die Gesichtspunkte bekümmert zu haben, welche den Kindern als ihre wohlthätigen Gaben leitend und beschränkend an die Hand gegeben wurden, so daß weder eine Belästigung der Eltern noch eine Bevorzugung reicherer Kinder als möglich gedacht wurde.

Was die angedrohte Untersuchung für den Fall betrifft, „daß die Frauen vom guten Hirten wieder verletzende Aeußerungen gegen die Schulkinder über das religiöse Leben ihrer Eltern sich erlauben würden", so untersuchen Sie, Hr. Rechtsrath, nur frisch drauf los, ob derartige Inkriminationen sich als wahr nachweisen lassen. Soll es Ihnen ja doch schon öfter begegnet sein, daß Sie Kinderklatsch mit piquanter Sauce fortschrittlicher Eltern für pure Wahrheit nahmen; seien Sie deshalb vorsichtig! Gegen die Consequenzen allerdings, welche die Kinder selbst aus dem sogar ihnen bemerkbaren Unterschiede zwischen den Religionslehren und der Praxis mancher Eltern ziehen, die in der Regel weder „ultramontan" noch „jesuitisch", sondern gut fortschrittlich sind, werden Sie, Hr. Schrott, blos dann mit Erfolg inquiriren können, wenn Sie den ganzen Katechismus sammt erklärendem Religionsunterricht aus der Volksschule hinausgebracht haben werden, wozu wir Ihnen zwar den guten Willen, aber nicht das Vermögen zutrauen.

Zum Schluß geben wir Ihnen, Hr. Schrott, ungebeten und unbedankt den guten Rath, neue Untersuchungen nicht mit vollem Munde zu versprechen oder mit größtem Eifer zu beginnen, bevor Sie schwebende beendet, über deren Resultat Sie der Oeffentlichkeit Rechenschaft schulden, wenn Sie den Ruf Ihres bekannten Gerechtigkeitsgefühles nicht verlieren wollen. Endlich noch die ganz bescheidene Frage: ob sich Ihre anatomische Infallibilität über die Unmöglichkeit des Zungenanbindens nicht doch schon als Irrthum erwies? Wenn das geht, wäre es für Sie gar nicht schlecht, so leidigen Jungen, die es wagen, über Sie anders als anerkennend zu reden, das Handwerk gründlich zu legen; Frl. Johanna v. Schmädel, mit der Euer Wohlgeboren laut Berichtigung in den „Neuesten" in keiner „näheren Verbindung" stehen, hätte bereits Uebung, um Ihnen dabei die trefflichsten Dienste leisten zu können. Sie würden dieser zarten Dame Ihren Dank gewiß nicht schuldig bleiben!

Kulturbildliches.

(Eine neue „Barbara Ubryk"!) Nach einer Mittheilung des Nürnb. Anz. Nr. 89 gelangte an die Polizei zu Nordhausen die Anzeige, daß der Eisenbahnarbeiter Demme seine Frau eingesperrt halte und barbarisch behandle. Bei der Haussuchung fand die Polizei eine verschlossene Thüre und nach gewaltsamer Oeffnung derselben eine dunkle, kalte Kammer und in ihr die unglückliche Frau. Nur mit einem Hemd bekleidet lag sie auf einem Bündel Stroh — stumpfsinnig und furchtbar abgezehrt! Das Fenster war mit Brettern vernagelt und die Kammer voll Modergeruch. In diesem Loche hatte die Arme mehrere Jahre zugebracht! — Wir sind begierig, ob die liberalen Sudelblätter, von der „ehrenhaften" Abendzeitung angefangen bis hinab zu der gleich „ehrenhaften" Kempterin, über diese liberale That nur ein Wort der Entrüstung äußern und ob sie sich in die nämliche Wuth hineinplaudern werden, wie bei der erlogenen Geschichte der Barb. Ubryk! Ei bewahre! Hier hätte die Entrüstung keinen Zweck, denn die liberalen Dintenseelen entrüsten sich nur über schlau (!) ersonnene Lügen gegen die katholische Kirche, um ihr dann einige Eselstritte zu versetzen; hier verlohnt es sich nicht einmal der Druckerschwärze, weil sie nicht zur Aufschwärzung der Kirche und ihrer Institute dient!

Vermischte Nachrichten.

Vom Lande werden durch das „Vaterland" folgende Fragen an diejenigen, die's angeht, gestellt: 1) Schon stehen wir in Mitte April und noch ist das Sach- und Personalregister zum Regierungsblatt von 1869 nicht erschienen, während das zum Kreisamtsblatt von Oberbayern schon im Januar geliefert werden konnte. Hat der mit dieser Geschäftssparte im Ministerium Betraute auf diese Arbeit etwa im Drange der Geschäfte (!) vergessen? Oder läßt ihn der Schmerz über den „schwarzen" Gang der Dinge nicht zur Besinnung und Arbeit kommen? Oder ist er so mit Arbeit überladen, daß er das Register nicht fertig bringen kann? Oder ist er dazu — zu faul? 2) Hat die im Ministerialblatt für Kirchen- und Schulangelegenheiten Nr. 4 Seite 36 enthaltene allerhöchste Entschließung, wonach die Lokal-Schulinspektion in Gemeinden mit städtischer Verfassung aus dem Bürgermeister (als Vorsitzenden), dem Pfarrer und 1 — 4 Magistratsräthen bestehen soll, blos für das Bezirksamt Hemau, resp. für den Regierungsbezirk Oberpfalz oder auch für die 7 übrigen Regierungsbezirke Geltung? Diese Fragen wünschte man von zuständiger Stelle baldigst beantwortet und resp. erledigt.

In Nürnberg wurde beim Bezirksgericht in geheimer Sitzung Verhandlung gegen den Lehrer A. Hug von Binsheim wegen „Mißbrauch des Erziehungsrechtes" gepflogen. Derselbe hatte sich gegen viele seiner Schüler, von denen etwa 30 als Belastungszeugen vorgeladen waren, verschiedene unzüchtige Handlungen zu Schulden kommen lassen. Er wurde zu 4 Jahren Gefängniß verurtheilt.

In Paris sind dem großen Bankjuden Rothschild von einem seiner Kassiere 4 Millionen gestohlen worden, die derselbe durch einen Preußen, einen Dr. Decker, auf der Börse verspielen ließ.

Briefranzen.

Germersh. Bitte um Geduld, es wird Ihren Wünschen entsprochen. — Diöc. Passau. Erhalten und sehr willkommen. Das ist ja ganz exorbitant! Wir entsprechend benützt werden.

Verantwortlicher Redakteur: Dr. J. Sigl.

Druck von M. Vogt in München, Rosengasse 1.

II. Jahrgang. Auflage: 5400.

Das Bayrische Vaterland.

Das „Bayr. Vaterland" erscheint täglich mit Ausnahme der Sonn- und hohen Festtage. Preis des Blattes: Vierteljährig 54 kr., ganzjährig 3 fl. 36 kr. Das einzelne Blatt 1 kr.

Alle Postexpeditionen und Postboten des In- und Auslandes nehmen Bestellungen an. Inserate werden die dreispaltige Petitzeile oder deren Raum zu 3 kr. berechnet.

Redaktion: Burggasse 14. Herausgegeben von Dr. jur. J. Sigl. Expedition: Kuffinibauer 5

Charfr. (Anastasia.) Nr. 85. Freitag, 15. April 1870.

Die Unfehlbarkeit und die Bischöfe.

W. **Von der böhmischen Grenze.** Die „Abendzeitung" ist unter die Kirchenlehrer gegangen! Sie glaubt, in Theologie ebenso beschlagen zu sein wie in den Geheimnissen des Fortschritts. Einbilden kann sie sich's, daran wollen wir sie nicht hindern; wenn sie aber so weit geht, den katholischen Klerus von Bayern zu ihrem Gesinnungsgenossen zu lügen und zu behaupten, die Majorität des bayrischen Seelsorgsklerus werde ohne Zweifel der liberalisirenden Richtung Döllingers und Genossen gegen das Concil sich anschließen, so muß dem entschieden entgegengetreten werden. Die Redaction des „Bayr. Vaterland" gestattet einem ehemaligen Schüler Döllingers, der jetzt ein Mitglied des bayrischen Seelsorgsklerus ist, ein Wort gegen diese kühne Behauptung der „Abendzeitung".

Es ist eine der abgeschmacktesten und widerlichsten Schwindeleien des Freimaurerthums, was jetzt mit der sogenannten Unfehlbarkeitsfrage getrieben wird. Aber selbst achtbare Männer, die sonst hochgeschätzt waren von den Katholiken und als Säulen der katholischen Wissenschaft oder doch als Steine des herrlichen Baues der katholischen Kirche galten, haben sich den Kopf verrücken lassen. Das ist tief zu beklagen, aber — es ist einmal so.

Und doch ist die Frage so einfach und hat auch das gegenwärtige vatikanische Koncil die Thatsache, daß der Papst wirklich unfehlbar sei, wenn er als oberster Lehrer der Kirche in Sachen des Glaubens und der Sittenlehre spricht, bereits ausgesprochen. Nur darüber besteht eine Meinungsverschiedenheit unter den Bischöfen, ob es Angesichts der gegenwärtigen Verhältnisse und der Glaubensschwäche der gegenwärtigen Generation opportun, d. h. zeitgemäß und zweckmäßig sei, die Unfehlbarkeit, an die bisher bereits immer geglaubt worden, zum alle bindenden und verpflichtenden Dogma oder Glaubensartikel zu erheben, woran man glauben muß, wenn man noch ferner der katholischen Kirchengemeinschaft angehören will.

Die sogenannte „Opposition" des Koncils, welche bereits auf eine unverhältnißmäßig kleine Zahl zusammengeschmolzen ist, spricht ganz dasselbe Bewußtsein der Kirche hinsichtlich der Unfehlbarkeit des Papstes aus, wie diejenigen Bischöfe, gegen welche „opponirt" werden soll; nur bezüglich der Opportunität der Dogmatisirung zu jetziger Zeit gehen die Ansichten auseinander. In der Adresse für die Unfehlbarkeit, d. h. für die Dogmatisirung derselben auf dem gegenwärtigen Koncil, heißt es wörtlich: „Im allgemeinen Koncil von Florenz wurde erklärt, der römische Papst sei wahrhaft Christi Stellvertreter, der ganzen Kirche Haupt und aller Christen Vater und Lehrer und ihm sei im heiligen Petrus die ganze Vollgewalt übertragen worden, die gesammte Kirche zu weiden, zu regieren und zu lehren." — In der Adresse, die von der sogen. „Opposition" ausging, heißt es wörtlich: „Ueberdies ist, was die Gläubigen von der Autorität des römischen Papstes zu halten haben, vom Tridentinischen Koncil ausgesprochen worden und auch vom Florentinischen, dessen Beschluß über diesen Punkt im Ganzen und Einzelnen um so heiliger gewahrt werden muß, weil er durch Uebereinstimmung der lateinischen und griechischen Kirche festgestellt wurde". Und weiter unten heißt es: „Unzweifelhaft ist es, daß alle Christgläubigen den Dekreten des apostolischen Stuhles wahrhaften Gehorsam schulden."

Nun aber fragen wir, ob hier eine Dis- oder Concordanz (Uebereinstimmung oder Nichtübereinstimmung) der Bischöfe vorhanden ist? Ob die Minorität der Bischöfe eine Opposition in Bezug auf die Unfehlbarkeit des Papstes genannt werden kann? Welch eine Bornirtheit oder vielmehr welche Bosheit von Seite der liberalen Presse gehört dazu, die Minderheit der Koncilsväter als Gegner der Unfehlbarkeitslehre zu bezeichnen und sie gleichsam als ihre Genossen im Kampfe gegen Rom darzustellen! Und welche Verblendung von Seite des früher so hochgeachteten Hr. v. Döllinger und seines niemals geachteten Anhangs ist erforderlich, um diese vollendete Uebereinstimmung zu übersehen und über Beeinträchtigung der freien Meinungsäußerung und resp. deren Beeinträchtigung sich zu beklagen!

Die sogenannte „Opposition" bewegt sich lediglich um die Frage, ob es zeitgemäß und zweckmäßig sei, jetzt die Unfehlbarkeit festzustellen und als Glaubenssatz (Dogma) zu formuliren, was längst jeder unterrichtete Katholik bisher gewußt und geglaubt hat. Die „Opposition" hat sich — aus uns nicht stichhaltig scheinenden Gründen — dafür erklärt, daß das noch nicht zeitgemäß sei. Daß der Papst, wenn er „ex cathedra", d. h. als oberster Lehrer der Kirche spricht, in Sachen des Glaubens und der Sittenlehre unfehlbar sei, wenn die Zustimmung der Bischöfe dazukommt, war bisher eine Lehre, die in jedem Katechismus enthalten und von allen Theologen gelehrt wurde; das weiß auch Hr. v. Döllinger und muß es wissen. Nun, jetzt soll definirt und für alle bindend definirt werden, daß die Aussprüche des Papstes, wenn er ex cathedra spricht, auch ehe die Zustimmung der Bischöfe dazukommt, für alle Katholiken bindend und zu glauben seien, was thatsächlich, wie die ganze Kirchengeschichte beweist, schon seit Petrus der Fall ist.

Es handelt sich also blos um eine Theorie, die beim rechten Lichte betrachtet, an und für sich unhaltbar ist, weil sie thatsächlich nie in Anwendung kommen kann, da es undenkbar ist, daß die Bischöfe der katholischen Kirche einmal mit einem Ausspruche des Kirchenoberhauptes, den er ex cathedra gethan, nicht übereinstimmen.

Das weiß der bayrische Seelsorgsklerus, wenn es auch die „Abendzeitung“ nicht weiß und in ihrer Unwissenheit Andere ebenso unwissend hält; daß weiß der bayrische Klerus und daran hält er fest, und deshalb spricht er mit dem gläubig katholischen Volke sein Glaubensbekenntniß: „Ich glaube festiglich Alles, was die katholische Kirche zu glauben vorstellt“

Deutschland.

München, den 14. April.

— Es sind wieder mehrere neue Schematismen erschienen. Die Angaben derselben über die Erträgnisse der Pfarreien haben für Urkundensammler einen eigenthümlichen Werth — als Urkunden der Ungerechtigkeit gegen den Klerus und der Unbilligkeit und Ungleichheit im „Rechtsstaate“ Bayern. Ein Vergleich mit den Erträgnissen der Schulstellen, resp. deren Einschätzung ist für Pfarrer bebesonders auch deshalb — interessant, weil die Ungleichheit der Behandlung zu grell und schreiend ist. Sonst hat es geheißen: Was dem Einen Recht ist, muß dem Andern billig sein, im neuen „Rechtsstaat“ aber — und die Schematismen beweisen es — heißt's: Den Pfarrern muß Alles recht sein!

— Knurrblättl hat gehört, daß ein Pater eines hiesigen Klosters, welcher wegen einer Brochüre für Döllinger eine allerhöchste Einladung erhielt und in Folge dessen von allen liberalen Blättern mächtig gelobt und gepriesen worden ist, von dem Ordensgeneral in Rom aufgefordert worden sei, sich über die verübte Brochüre zu verantworten und daß seine Mitbrüder über ihn dieser Tage bereits ein Separat-Concilium gehalten haben. Wir können die Mittheilungen des unterrichteten Blattes dahin ergänzen, daß fraglicher Pater bereits in Rom zu ewiger Einsperrung verurtheilt worden und daß durch Conventsbeschluß heute Abends die feierliche Einmauerung vor sich gehen wird, zu der im Laufe des Tages Hr. Julius Knorr als Zeuge vorgeladen werden wird. Es ist schrecklich, daß nach Barbara Ubryk noch ein Opfer klösterlicher Barbarei eingemauert werden soll und gar auf Weisung von Rom! Da wäre im Interesse der Humanität einiger Klostersturm doch recht sehr am Platze.

• In **Schnaitsee** hält der katholisch-patriotische Bauernverein von **Obing** (Post Frabertsham) am Ostermontag eine Wanderversammlung, zu der alle Gesinnungsgenossen aus Nah und Fern freundlich eingeladen sind. Die Versammlung beginnt Nachmittags 3 Uhr.

• In **Pietenfeld** bei Eichstädt hält der patriotische Bauernverein von **Raffenfels** im Gäu am Ostermontag eine Wanderversammlung.

— Weitere patriotische Bauernversammlungen am Ostermontag finden statt in **Perchting** (bei Starnberg), in **Hattenhofen** (bei Haspelmoor) und in **Unterpaar** (bei Thierhaupten), und am „weißen Sonntag“ d. 24. April in **Pfaffenhofen** a. d. Glonn.

Vom **Fichtelgebirg** wird dem „Vaterland“ geschrieben: Soeben las ich das „liberale Schimpflexikon“ und mit dem Hrn. Abg. Lukas muß ich Allen zurufen: „Nehmt und lest“! Ich glaube mich nicht zu täuschen, wenn ich behaupte, daß diese kleine Schrift überall zünden wird wie ein Funke, den man in ein Pulverfaß wirft. In meiner Gegend kann man jederzeit die Aeußerung hören: Dieses Büchlein bleibt in meinem Hause aufbewahrt, damit dereinst unsere Kinder ersehen, wie niederträchtig die „liberale“ und unsere ganze Zeitrichtung war. Das Büchlein schildert und belegt actenmäßig nicht blos die Verkommenheit der liberalen Partei, zeigt nicht blos den fürchterlichen Gottes- und Religionshaß der Fortschrittspresse, sondern es wirft durch eingestreute Aufsätze, wie über den „Adel“ und den „Bauernstand“ rc. sogar zündende Gedanken über die Bedeutung der Stände im gesellschaftlichen Leben hin, nicht zu gedenken der gelungenen Abschnitte über Concilium, Patriotismus, Katholizismus und Liberalismus rc. Die Schrift erscheint uns als ein sehr brauchbares Handbüchlein für alle Redner im kath. Vereinsleben. Dem ebenso muthigen als geistreichen Verfasser sei für seine Mühe der aufrichtigste Dank gesagt. Nochmals rufe ich Allen zu: „Nehmt und lest!“

Vom **Main** wird dem „Vaterland“ geschrieben: Abgesehen von dem Abschaum des Hasses und der Verdächtigung der „Aschaffenburger Zeitung“ gegen alles Katholische und Kirchliche, besonders aber in neuerer Zeit gegen das Concil in Rom, Artikel die theils aus anderen kirchenfeindlichen Schmutz-Blättern entnommen sind, theils von dem „pfaffenfeindlichen“ Redakteur selbst gemacht und unter dem Deckmantel der Unparteilichkeit, daß man Artikeln für und gegen seine Spalten öffnen müsse, fabrizirt werden: brachte dieses noble Blatt neulich eine Lobhudelei auf den zum Stiftspfarrer in Aschaffenburg ernannten Herrn Pfarrer Dr. Kiesel — zweifelsohne das Produkt eines Schulmeisters, in dessen Kopf noch das durchgefallene Schulgesetz spuckt, — mit welchem der Einsender dem Herrn Dr. Kiesel sicher durchaus keinen Gefallen gethan, noch weniger ihm eine Ehre erwiesen oder ihm eine Bahn für fruchtbare Thätigkeit in Aschaffenburg bereitet hat. Es ist dieser Artikel eher eine Blamage, als eine Lobeserhebung, — eine solche nur in den Augen der Fortschrittler, der Auch-Katholiken und bekannten Pädagogen —! Viele wahre Katholiken in Aschaffenburg sahen sich fragend und staunend an bei dem Bekanntwerden dieses in der Aschaffenburger Zeitung enthaltenen Lobes und sagten: „Was ist das für ein Mann? Kiesel wird doch noch kath. Priester sein und als solcher zur Kirche und nicht zum Fortschritt halten, dessen antikirchliche Tendenzen ja sattsam täglich zu hören und zu lesen sind?“ Das hofft man auch, daß Dr. Kiesel vor Allem doch noch seinen Charakter als kath. Priester behauptet und gegen das Lob der Aschaffenburger Zeitung trotz seiner Nachbarschaft mindestens gleichgiltig sein wird!

In **Würtemberg** scheint sich das Sprichwort, daß böses Beispiel gute Sitten verdirbt, zu bestätigen. Den würtembergischen Justizminister lassen die Lorbeeren des bayrischen Hörmann nicht schlafen, auch er muß es ihm nachmachen! Er befahl seinen Untergebenen, gegen die Agitation gegen das Kriegsgesetz aufzutreten, also ihr Richteramt zu einer Agitation im Dienste des „Systems“ und seiner Träger, der Minister, auszunützen. „Belehrung und Abmahnung“, das sollen die Agitationsmittel sein und für „briefliche Mittheilungen“ wäre der Minister „dankbar“! Es steht zu erwarten, daß die Würtemberger mit ihrem Hörmann viel eher fertig werden als wir mit dem unsern.

Preußen. Die Fortschrittspartei des preußischen Nordbundes hat für die bevorstehenden Neuwahlen ein Programm aufgestellt, in dem die Herren von der Regierung Bismarks unter andern Kleinigkeiten die Herstellung der deutschen Einheit auf friedlichem (!) Wege und Erweiterung des Nordbundes zum „deutschen Bundesstaat“ verlangen wollen. „Verlangen“ ja! Das Ausführen wird aber wohl einige Schwierigkeiten bieten!

Ausland.

Frankreich. In Lyon ist der Deputirten-Kandidat Fonvielle, der feige und verlogene Genosse des Juden Noir, mit Glanz durchgefallen; er erhielt nicht die Hälfte der Stimmen seines siegenden Gegners.

In Paris will man, so schreibt wenigstens ein Offiziöser, aus Berlin Nachrichten haben, daß Bismark sehr ernstlich über die Umgestaltung der Pariser Politik besorgt sei, da er fühle, daß er in den freiheitlichen Bestrebungen Frankreichs einen neuen Gegner habe. — Hoffentlich wird außer diesem Offiziösen Niemand in ganz Frankreich auf die Idee verfallen, daß die tolle und kopflose Wirthschaft, welche in Paris unter dem Aushängschild des Liberalismus seit Neujahr getrieben wird, für Bismark besorgnißerregend sei! Nein, diese liberalisirenden Experimente der Ollivier's rc., dieses kopf-, ziel- und prinziplose Regieren der „parlamentarischen" Minister sind für Bismark, weil sie im Interesse einer neuen Revolution in Frankreich sind und derselben vorarbeitet. Liberalisirende Regierungen und Minister ohne Prinzipien sind niemals eine Gefahr für das Ausland, sondern nur für das eigene Land. Das sollte sich der Offiziöse merken!

Italien. In Pavia neue Verhaftungen von Unteroffizieren. In allen größeren Städten dauern die Truppenkonsignationen in den Kasernen fort. Bei Lugo sind neuerdings bewaffnete Banden erschienen. In mehreren Gefängnissen mußten Aufstände mit Gewalt unterdrückt werden, wobei sehr Viele verwundet wurden. In Palermo wurde ein geheimes Pulverdepot mit Munition und Waffen für 20,000 Mann entdeckt und in Bologna ist wieder einmal die Republik proklamirt worden.

Rom. Das Schema vom Glauben ist bei namentlicher Abstimmung von 515 Bischöfen angenommen worden, 83 antworteten „bedingungsweise" (?) zustimmend. Eine verneinde Antwort wurde nicht abgegeben.

Spanien. Vier Truppenkolonen erstürmten die Vorstadt Gracia von Barcellona. Die Ortschaften um die Stadt wurden besetzt, kleine Abtheilungen verfolgen die zersprengten Aufständischen. In einigen Provinzen wird eine karlistische Bewegung erwartet. (Man darf bei den spanischen Nachrichten nicht vergessen, daß der Telegraph in den Händen der Regierung ist und daß die Regierungen oft noch besser zu lügen verstehen als andere Leute!)

In **England** hat der Antrag Newdegates auf Untersuchung der Klöster große Aufregung und einen Adressensturm von den Katholiken hervorgerufen. Ein großes Meeting, dem der Herzog von Norfolk präsidirte und dem eine namhafte Anzahl Katholiken des Ober- und Unterhauses und sonstige Notabilitäten beiwohnten, erließ einen energischen Protest gegen eine Untersuchung, die nur einseitige Resultate haben könne, da Vorurtheil und böser Wille gleichmäßig thätig sein würden.

Vermischte Nachrichten.

Die Bahnlinie **Treuchtlingen-Ingolstadt** wurde am 12. dem regelmäßigen Betrieb übergeben und ist somit die Linie München-Pleinfeld eröffnet. Vorerst verkehren auf dieser Bahn täglich 4 Fahrten; Eilzüge noch nicht.

Die Stadt **Tirschenreuth** beabsichtigt eine Vicinalbahn nach Wiesau zu bauen.

In **Weller** haben im vorigen Jahre vier Bürger am Charfreitag **Schweinefleisch** gegessen in einer Art, daß Jedermann Aergerniß dran nehmen mußte. Von diesen ist inzwischen Einer ins Wasser gesprungen, der Zweite hat sich im Rausch todtgefallen, der Dritte ist kürzlich exkommunicirt worden und vom Vierten werden Dinge erzählt, welche das Strafgericht Gottes auffallend erkennen lassen.

In **Ungarn**, Böhmen rc. gehen die christlichen Völker stark über die Juden, wobei sie mitunter von der Polizei selbst unterstützt werden. So brach kürzlich in einer unaussprechlichen ungarischen Ortschaft bei einem Juden Feuer aus; die Polizisten mit einem Kommissär eilten herbei und eiferten die Leute mit den menschenfreundlichen Worten zur Hilfeleistung an: „Es wäre gut, den Juden gleich selbst ins Feuer zu werfen. Diese Juden sind überhaupt ein unnützes Gesindel, das man auf die Zigeunerstätte hinausjagen sollte." Die Leute waren gar nicht abgeneigt dazu, allein der Jude hatte sich vorsichtig aus dem Staub gemacht. In andern ungarischen Städten wird kein Jude in irgend einen Verein oder eine Gesellschaft zugelassen. Die Juden treiben es aber auch darnach.

Ein neuer **russischer** Ukas enthält gediegene Vorschriften und verbreitet sich ausführlich, in welchen Fällen und in welcher Weise die russischen Beamten geprügelt werden sollen. In Rußland wird die Disciplin von hinten beigebracht und erhalten.

Schäußliches!

(Mit Noten.)

Rastlos bemüht, die Zahl unserer Mitarbeiter zu vermehren, scheuen wir dazu kein Opfer und keine Kosten; wir thun es ja gern, um allen Ansprüchen unserer sehr verehrten Leser nach besten Kräften zu entsprechen. So ist es uns gelungen, wieder eine sehr namhafte Kraft für unser Blatt zu gewinnen, einen Mann, dessen ausgezeichnete Verdienste sogar der König von Preußen, der gern auch unser allergnädigster König und Herr wäre, durch Verleihung eines preußischen — Zeichens nach Verdienst gewürdigt hat, den sehr edlen und sehr schönen kgl. preuß. Raubvogelritter v. Schauß, Advokat und Deputatus für die Plassenburg und Umgegend. Dieser vortreffliche Schriftsteller liefert uns in Nachstehendem bereits den zweiten kostbaren und geistvollen Beitrag für's „Vaterland", den wir wegen der Tiefe der Gedanken, der Kunst des Vortrags, der geistreichen Gruppirung und noch vieler anderer Vorzüge unsern Lesern um so weniger vorenthalten dürfen, als die deutsche Literatur nicht leicht ähnliche Perlen deutschen Geistes aufzuweisen haben dürfte. Er lautet:

Deservitorium
des kgl. Advokaten v. Schauß in Sachen des Hrn. Knorren, dahier.

Vortrag.	Auslage.		Gebühr.	
Ca. Dr. Sigl, p. injur.[1])	fl.	kr.	fl.	kr.
Klage Information	—	—	3	—
Conc. 5 Cop. 5 Pp. Lief.[2])	1	11	3	—
Vollmacht	1	—	—	—
Klagsnachtrag. Information	—	—	3	—
Conc. 4 Cop. 4 Pp. Lief.[2])	—	58	3	—
Klagsnachtrag. Information.	—	—	3	—
Conc. 6 Cop. 6 Pp. Lief.	1	24	3	—
Klagsnachtrag. Information (!!)	—	—	3	—
Conc. 6 Cop. 6 Pp. Lief.	1	24	3	—
Auslage für 20 Ex des „Vaterland"[3])	—	20	—	—
Inf. für Dekret v. 25 Dec.	—	—	—	6
Schreiben an den Knorren[4])	—	14	—	36

[1]) Lädirung der Knurrblättlehre betreffend. Besagte Ehre ist bereits wieder passabel renovirt und hat Goldarbeiter Rottmanner die Vergoldungen und Fassung geliefert. Die Besprechungen, welche Hr. Julius theils mit ihm, theils mit dessen sachverständigen Frau Gemahlin zum Oeftern gehabt, sind auffallender Weise nicht in Rechnung gebracht. —

[2]) Wahrscheinlich: 5 Papier-Lieferungen für's Concept! Hr. Schauß wollte es eben gründlich nehmen, seinem Pegasus scheint es aber an Haber gefehlt zu haben, da der Ritter so viel Papier mit dem Concept verdarb.

[3]) Na, das ist stark! Wir sollen sogar die Vaterländer zahlen, welche Schauß mit dem Knorren zur Klagestellung bedurfte? Das ist zwar knorrig, aber nicht honorig.

[4]) Schreiben? Kommen denn die Herren nicht täglich zur Rettung des Vaterland im Knorrianum oder bei Pepi dem politischen Biersieder im Affenkasten zusammen? Oder können sie dort vor lauter Affen gar nicht von ernsthaften Dingen reden?

Vortrag.	Auslage. fl.	kr.	Gebühr. fl.	kr.
Klagsnachtrag. Information	—	—	8	—
Conc. 4. Cop. 4 Pp. Lief.	—	58	3	—
Inf. für Ladung v. 29. Dec.	—	—	—	6
Conferenz mit Knorr	—	—	2	48[5])
Verhandlung mit Zeitaufwand v. 4 Std.[6])	—	—	7	—
Klage. Information.	—	—	3	30
Conc. 5. Cop. 5 Pp. Lief.	1	11	5	—
Cop. ad acta	—	—	7(!)	—
Vollmacht	—	30	—	—
3 Exemplare „Vaterland“ (sieh unten)	—	3	—	—
Inf. für Ladung vom 19 Dec.	—	—	—	6
Schreiben an den Knorren	—	14	—	24
Verhandlung beim Stadtgericht	—	—	5	—
Schreiben an den Knorren[7])	—	14	—	24
Inf. für Vorladung v. 12 Dec.	—	—	—	6
Verhandlung	—	—	7	—
Schreiben an die Red. des „Vaterland“[8])	—	17	—	24
Deservitten	—	9	—	—

Summa Summarum 73 fl. 33 kr.

Sage drei und siebzig Gulden drei und dreißig Kreuzer!

[5]) 2 fl. 48 kr.! Wenn die beiden dafür bei Pepi konferirt haben, dann hat sich für dieses Geld jeder einen tüchtigen Affen anschaffen können. 24 Maß Augustiner per Mann — das halte Einer aus und bleibe bei Verstand!

[6]) Sammt Schwefelverbrauch!

[7]) Das war, nachdem der Knorr mit seinem geistreichsten Feiertagsgesichte der ganzen Verhandlung ohnehin beigewohnt, höchst nothwendig, daß man ihm noch eigens schriftlich bekannt gab, wie die Geschichte ausgegangen ist! Vielleicht nahm Schauß an, daß sein Freund dieselbe nicht recht kapirt hatte, weshalb er ihm's noch schriftlich zu wissen that.

[8]) Das Schreiben, in dem uns Hr. Schauß seine Rechnung schickte!! Dafür, daß er uns seine Rechnung schickt, will er noch eigens bezahlt sein! Wenn ein Geschäftsmann mit so etwas käme, so würde man ihm einfach die Thüre weisen. Schauß aber scheint zu erwarten, daß wir ihn auch noch für die Gnade uns seine Rechnung bekannt zu geben bezahlen. Das ist aber doch — liberal!

Ritter Schauß verlangt „hochachtungsvoll“, daß wir ihm das Geld „binnen 3 Tagen“ zustellen; andernfalls wäre er wahrscheinlich wieder (wie das letzte Mal) gleich mit einer neuen Klage bei der Hand. Wir thun's in billiger Erwägung, daß der „Süddeutsche Telegraph“, das „Organ“ des Schaußen, blos 243 Abonnenten hat und die Quartalsrechnungen da sind, und weil der Gerechte sich auch des lieben Vieh's erbarmt; wir wollen nämlich nicht, daß des edlen Ritters edle Rittermähre am vierten Tag keinen Haber zu fressen kriegt und dann dem Schaußen, wenn er im Sonntagsstaat spazieren reitet, unterwegs etwas passirt, worüber beide ausgelacht werden könnten, das Vieh und sein Herr.

Hoffentlich wird uns dieser ebenso ritterliche als geistreiche Schriftsteller recht bald wieder mit einem ähnlichen Beitrag aus seiner gediegenen Feder und einer Anweisung auf die Grufigasse und den Tisch des Hrn. v. Leonrod erfreuen. Es wird uns gewiß sehr angenehm sein, denn der Redakteur des „Vaterland“ ist im letzten Jahr blos nahezu den dritten Theil des Jahres mit Gott, für König und Vaterland — gesessen — eine sehr angenehme Beschäftigung, wenn's Einem gefällt! Einstweilen versichern wir Se. Hochwohlgeboren unserer sonderlichen Huld und Gewogenheit, mit der wir sind dero wohlaffektionirte Red. d. Vaterland.

Börsen-Nachrichten.

(Mailänder 10-Frcs.-Loose von 1866.) Ziehung 16. März. Serien 1154, 4193, 4371, 5878, 6241. Serie 6241 Nr. 83 à 50,000 Frcs. Serie 4371 Nr. 78 à 1000 Francs. Serie 4371 Nr. 72 à 500 Frcs. Serie 1154 Nr. 62, S. 4193 Nr. 79, S. 4371, Nr. 26, 34, S. 6241 Nr. 95 à 100 Frcs. Serie 1154 Nr. 42, 43, S. 4193 Nr. 30, S. 4371 Nr. 9, S. 5878 Nr. 39, 98, S. 6241 Nr. 4, 16, 35, 85 à 50 Frcs. Serie 1154 Nr. 32, 73, S 4193 Nr. 9, 10, 18, 38, 48, 82, S. 4371 Nr. 41, 58, 86, S. 5878 Nr. 29, 51, 76, 80, 94, 96, S. 6241 Nr. 42 à 20 Frcs. Alle übrigen Nummern obiger 5 Serien erhalten à 10 Frcs.

Verantwortlicher Redakteur: Dr. J. Sigl.

Druck von M. Vogt in München, Rosengasse 1.

II. Jahrgang. Das Bayrische Vaterland. Auflage: 5400.

Das „Bayr. Vaterland“ erscheint täglich mit Ausnahme der Sonn- und hohen Festtage. Preis des Blattes: Vierteljährig 54 kr., ganzjährig 3 fl. 36 kr. Das einzelne Blatt 1 kr.

Alle Postexpeditionen und Postboten des In- und Auslandes nehmen Bestellungen an. Inserate werden die dreispaltige Petitzeile oder deren Raum zu 3 kr. berechnet.

Redaktion: Burggasse 14. Herausgegeben von Dr. jur. J. Sigl. Expedition: Ruffinibazar 5

Charf. (Tnr.) Nr. 86. Samstag, 16. April 1870.

Die Unfehlbarkeit und Hr. v. Döllinger.

Ubi Petrus, ibi ecclesia. S. Cypr.

S. Vom **Oberland.** Ein Lehrbuch der Kirchengeschichte ist seit dreißig Jahren in meinem Besitze. Ich habe mich oft darin Rath's erholt und thue es zur Stunde noch. Gerade in der brennendsten Tagesfrage, welche die Universitäten, die Gelehrten, die Regierungen, die Freimaurer, die liberalen Katholiken sammt dem religionsfeindlichen Fortschritt in gewaltige Aufregung und Besorgniß versetzt hat, ich meine die Unfehlbarkeit des Papstes —, finde ich darin die beruhigendsten Aufschlüsse, weil das Buch einen Mann zum Verfasser hat, der bis in die neueste Zeit als eine theologische Autorität in Europa gegolten.

Da lese ich auf S. 194: „Der Papst als **oberster Lehrer und Beschützer des Glaubens.** Die den Glauben angehenden Dekrete einer Synode — Kirchenversammlung — erhalten ihre volle Kraft und Autorität nur durch die Theilnahme oder Bestätigung des Papstes. So ist es bereits im vierten Jahrhundert ausgesprochen worden. **Ein Urtheil des römischen Stuhles ist unantastbar,** und **wer sich dagegen auflehnt, schließt sich selbst von der Kirche aus.** Den Vorzug des apostolischen Stuhles, **niemals durch eine Irrlehre befleckt worden zu sein,** hat schon Theodoret, einer der ältesten Kirchenhistoriker, hervorgehoben. Der apostolische Stuhl wird kraft der **Verheißungen Christi** für die unerschütterliche **Grundfeste des Glaubens** erklärt. Ein Bischof Avitus von Vienne hat schon um 503 den **Papst den Steuermann des von den Stürmen der Ketzerei bedrängten Schiffes der Kirche genannt.** Wer sich von dem **Verdacht der Häresie reinigen will,** der muß vor Allem den römischen Stuhl befriedigen und seine **Uebereinstimmung** mit demselben **beweisen.**“

Der Verfasser dieses Buches ist — Hr. Stiftsprobst v. **Döllinger!** Wer muß nicht staunen, wenn er hört, daß dieser alte und berühmte Theologe, dieser gelehrte Professor, dessen Namen in der halben Welt mit Verehrung genannt wurde, der Verfasser eines „Janus“ ist und seit längerer Zeit in der Allgem. Zeitung und in Broschüren gegen Papst und Kirche Propoganda macht! Eine lange Reihe von Jahren war es das Bestreben eines jeden jungen Theologen, zu den Füßen des gelehrten Mannes zu sitzen und Jeder sprach in spälen Jahren auch mit Verehrung und Dankbarkeit von seinem Lehrer, der ihn für die Kirche begeistert. — Jetzt finden sich die Bischöfe veranlaßt, ihren Theologen die Vorlesungen Döllingers zu verbieten, weil sie es mit ihrem Gewissen nicht vereinbaren können, sie an ihrem Glauben Schiffbruch leiden zu lassen!

Das ist traurig und ein gewaltiges Aergerniß! Ein Mann, der in der **Vertheidigung** der katholischen Kirche berühmt und alt geworden, schlägt an der Neige seines Lebens noch die entgegengesetzte Richtung ein, und verwendet seine letzte Kraft, um den Ruhm und die Verdienste seines Lebens zu verlieren und großes Unheil anzurichten! Wie hat er einst die Byzantiner gegeißelt und die Sektirer und Gegner Roms in allen Jahrhunderten, und nun rechnet er es sich zu Ruhm und Ehre, in seinen alten Tagen auf den geträumten Höhen der „deutschen Wissenschaft“ und in der — Hofluft untreu zu werden der alten Mutter-Kirche und untreu seiner ruhmvollen Vergangenheit, untreu der Aufgabe und dem Kampf seines ganzen Lebens, untreu aber auch sich selbst an der Spitze der Gegner des apostolischen Stuhles zu marschiren!

Der bedauernswerthe Mann! Wenn der religionslose Fortschritt ihm zujubelt, die liberalen Katholiken ihn mit ihren Lobsprüchen überhäufen — wird er eine Enschädigung darin finden für die hohe Verehrung und das Vertrauen, welches ihm ehemals der katholische Erdkreis entgegengetragen?! —

An wen soll ich mich halten, an den Döllinger von heute oder gestern? Für einen gläubigen Christen, sei er nun Theologe oder Laie, gelehrt oder ungelehrt, ist die Wahl keinen Augenblick zweifelhaft. Hr. v. Döllinger steht mit dem apostolischen Stuhle in offenem Conflikt, und er hat einst gelehrt, daß das erste Erforderniß der Katholicität die Uebereinstimmung mit dem römischen Stuhle sei. Die Behauptung, daß „ein Theil“ der deutschen Bischöfe mit Döllinger übereinstimme, ist eitel Wind. Diese Behauptung, welche nie eine Berechtigung hatte, ist längst zurückgewiesen. Wer derselben einige Wahrscheinlichkeit zugewendet, wird bald seine Enttäuschung gewaren; denn mit dem römischen Stuhle, mit der katholischen Kirche verhält es sich heute noch gerade so wie es Hr. v. Döllinger einst in obigen Sätzen ausgesprochen und sein halbes Leben lang gelehrt hat.

Der Herr des Himmels und der Herr v. Burchtorff.

(Eine Charfreitags-Betrachtung.)

Aus der Zeit, da die Hauptstadt des kathol. Bayern selbst noch katholisch und kein Neu-Jerusalem war, hat sich eine berühmte Bruderschaft, die Corpus Christi-Bruderschaft, auf unsere aufgeklärtere Zeit herüber gerettet. Unter Herzog Wilhelm V., der ein sehr christlicher und frommer Fürst war, und unter dessen milden Scepter das Land sehr glücklich, angesehen und reich gewesen sein soll, vielmehr als jetzt, wo mittelalteriger „Aberglaube“ und „Möncherei“ ein überwundener Standpunkt ist, — damals wurde die Bruderschaft gestiftet und der Herzog selbst war ihr Vorstand.

Diese fromme Bruderschaft pflegte auch in der Charwoche ein sogenanntes 40 stündiges Gebet mit einer großen und feierlichen Procession auf dem Schrannen- oder Marienplatze zu halten, an der sich alle Mitglieder, die Geistlichkeit, der Magistrat und selbst die Fürsten von Bayern zu betheiligen pflegten, große und berühmte Fürsten, leuchtende Helden der Geschichte, auf die Bayern noch heute stolz ist.

Da war der Weg, den die Procession nahm, mit Brettern belegt, da waren wie an einem Festtage die Läden geschlossen, da waren die Straßen für die Fuhrwerke gesperrt und am Marienplatze gingen und standen Tausende frommer Beter. König Ludwig und König Max gingen fast jedesmal zu Ehren des höheren Königs des Himmels mit der Procession.

Heuer war es anders. S. Maj. der König konnte nicht mitgehen, denn er war unwohl, der neue Magistrat wollte nicht mitgehen, denn er ist fortschrittlich. Vielleicht ahnte er, daß die Gegenwart mancher Herren die Andacht und Feier nicht sehr erhöht hätte. Etwas zur Ehre Gottes zu thun, steht ja auch nicht im Gesetzbuche Das weiß auch Hr. v Burchtorff und deshalb hatte die Polizei nicht das Mindeste gethan. Keine Bretter waren gelegt und der Herr des Himmels mußte an der Hand des Geistlichen über Schmutzlachen und Düngerhausen hinweg und die Läden waren offen, die Leute trieben Handel und Wandel und die Fuhrwerke rasselten drein, denn um Gottes Ehre braucht sich Hr. v. Burchtorff nicht zu kümmern. Das steht nicht im Gesetze. Die Arbeitsleute und Maurerbuben auf dem Gerüste am Kaufmann Ibel Hause behielten die Deckel auf den Köpfen und arbeiteten und lärmten drauf los und drunten zog die Procession vorüber!

Kann Hrn. v. Burchtorffs Polizei nur da ihre Funktion versehen, wenn der König mit der Procession geht? Waltet sie also ihres Amtes nur des Königs wegen und nicht auch Gottes wegen? Oder hatten wieder zu viele Wäschermädchen ihre Karren und Körbe stehen lassen, die wegzunehmen die ganze Polizei aufgeboten werden mußte, daß für die Procession keine mehr vonnöthig war? Wir wissen's nicht.

Gott hat keinen Michaelsorden zu vergeben, das ist wahr. Die Juden riefen dem Gekreuzigten zu: Wenn du der Sohn Gottes bist, so hilf dir selbst und steig' herab und rufe deine Legionen von Engeln. Dachte die Polizei des Hrn. v. Burchtorff etwa auch: Wenn du der Sohn Gottes bist, so hilf dir selbst und schicke deine Legionen und laß dir selbst Bretter legen und einen gangbaren Weg bereiten?

Deutschland.

München, den 15. April.

— Wie wir vernehmen, soll die Frage der Besetzung des Bischofstuhles von Speier in diesen Tagen entschieden werden und ist Reg.-Präs. Pfeufer deshalb hier gewesen. Die Wahl schwebe zwischen Domprobst Busch, der aber gar nicht zur Uebernahme der Bischofswürde geneigt sei, Seminarinspektor Reither und Domkapitular Molitor, der in der Pfalz, namentlich beim Klerus eine persona gratissima wäre, hier aber als „zu scharf" gilt. Von Hrn. Kanonikus Enzler hat man längst abgesehen oder eigentlich nie recht an ihn gedacht, obwohl sich verschiedene sehr vornehme Unterröcke für ihn bemüht haben sollen. Dagegen sollen Letztere es durchzusetzen in Aussicht haben, ihn an die Stelle des verstorbenen Grafen Du-Pontell zum Dompropst von Eichstädt zu machen. Dem Kapitel von St. Kajetan würde durch seine Ernennung jedenfalls ein größerer Dienst geschehen als dem hochw. Domkapitel von Eichstädt. Wir halten aber Hrn. v. Lutz nicht für schwach genug, daß er sich bei Besetzung so hoher Stellen mehr von vornehmen Weibern als von billigen Rücksichten und Erwägungen bestimmen läßt, sintemalen Hr. Enzler ganz vorzüglich geeignet ist, bei St. Cajetan das Lob Gottes zu singen und sonst nichts mehr.

Von München schreibt man uns: Es wundert mich, daß das „Vaterland" von dem eigenthümlichen Gebahren des Schullehrers Strauß bei der Militärdebatte so wenig als ein anderes Blatt Notiz genommen hat.*) Dieser scharfe Fortschreiter hat bei dieser Debatte fast alle Forderungen des Kriegsministers durch herzhaftes Aufstehen bewilligt. Das sollten sich seine Wähler doch merken und seine Kollegen können den Abgeordneten keine Vorwürfe machen, wenn sie ihnen keine Aufbesserungen bewilligen, nachdem ihr Standesgenosse selbst eine Steuererhöhung von 6 Millionen nicht gescheut hätte, damit wir noch mehr Soldaten für die Preußen aufstellen sollen. Wenn ihrem eigenen Standesgenossen das Interesse des Preußenkönigs höher steht als das der bayrischen Schullehrer und wenn selbst er die Forderungen des preußischen Wehrgesetzes auf Kosten der Schullehrer bewilligt, so kann man das nur als das Zeugniß eines Standesgenossen nehmen, daß die Gehaltsaufbesserung der Lehrer bei weitem nicht so drängend ist als die Vermehrung der Armee, und seine Standesgenossen können sich dann auch nicht beklagen, wenn sie mit einer Gehaltsaufbesserung durchfallen, nachdem ihr eigener Vertreter die Armeevermehrung für nothwendiger erachtet als die Aufbesserung der Schullehrer, und er ihre Verhältnisse wohl genauer als irgend jemand Anderer kennen muß. Eine eigenthümliche Rolle hat auch der fortschrittliche Abg. Jordan gespielt, der zu Allem, was der Kriegsminister vorbrachte, mit einem sehr wahr! sekundirte, bei der Abstimmung aber nicht mehr den Muth hatte, die verschiedenen vorausgegangenen „sehr wahr" durch ein kräftiges Ja zu bestätigen, sondern den Kriegsminister durch entschlossenes Sitzenbleiben im Stiche ließ. (Fortschrittliche Charakterfestigkeit! D. Red.)

— Zum „Vater Schlör"-Artikel schreibt man uns von hier: Hr. Redakteur! Ich glaube in der Lage zu sein, Sie versichern zu dürfen, daß Ihre beiden Artikel über „Vater Schlör" den Bediensteten der Staatsbahn wie aus der Seele geschrieben sind. Sie dürfen sich des Dankes, ich möchte sagen aller Bediensteten vom Oberkondukteur abwärts versichert halten. Da Sie aus guten Quellen schöpfen, so darf man wohl mit Recht erwarten, daß noch Manches Aufnahme in Ihrem Blatte findet, was so sehr zu rügen wäre. (Gewiß; es könnte noch Manches zu Lob und Preis Sr. Excellenz nachkommen. D. Red.) Schade ist nur, daß es bezüglich des Schlußes Ihrer Artikel beim Wunsch bleiben wird (??), denn Schlör wird so leicht nicht gehen. (Qui vivra verra! Warten wir! Auch Hohenlohe ist gegangen und der war besser als Schlör. So tief wird ja wohl Hr. v. Schlör mit der Industrie nicht liirt sein, daß er nicht gehen könnte? D. Red.) Wenn jetzt gewählt würde, — o Fortschritt, kein Bahnbediensteter ginge mit dir! Auch Einer der reden könnte, wenn er dürfte! (Wir verstehen zu schweigen! D. Red.)

— Die meisten auswärtigen und bayrischen Blätter berichten mit seltener Einstimmigkeit, daß der bayrische Gesandte in Rom, Graf Tauffkirchen, wirklich von dem Verrath, der mit den gestohlenen Aktenstücken des Koncils getrieben worden, zum mindesten gewußt habe; sie gehen noch weiter und beschuldigen ihn direkt, der Veranlasser von alle

---

*) Das „Vaterland" war damals bei den Göttern — des Stadtgerichtes zu Gast und konnte deshalb nicht auch im Ständehaus anwesend sein. D. Red.

dem zu sein. Wir glauben, diesen Zeitungsberichten gegenüber wäre eine Untersuchung sehr am Platze; ein solches Treiben verträgt sich in keiner Weise mit der Würde und Stellung eines bayrischen Gesandten beim hl. Stuhl, der nicht blos den Hof, sondern auch ein überwiegend katholisches Volk dort repräsentirt. Wenn selbst das diplomatische Corps in Rom nach den Vorgängen, von welchen die Zeitungen berichten, die Stellung des Grafen Tauffkirchen für „unhaltbar" erklärt, dann muß doch wohl Einiges an der Sache sein und wird der Chef des Gesandten, Graf Bray, wohl nicht mehr umhin können, hier energisch einzugreifen und eine strenge Untersuchung zu veranlassen, ohne Rücksicht, ob etwa Hr. v. Döllinger nebst Anhang dazu ein schiefes Gesicht macht.

— Knurrblättl knurrt heute wieder den Nuntius an und seufzt, es sei doch ein eigenthümliches Schauspiel, daß der päpstliche Nuntius auch den geistlichen Oberhirten unserer Erzdiöcese spielt, während seine eigentliche Aufgabe in der Vertretung seines Herrn als eines weltlichen Gewalthabers liegt. „Eigentlich" besteht seine Aufgabe in etwas mehr als in letzterem, was aber die Knurrblättlgelehrten nicht zu wissen brauchen. Was aber ersteres betrifft, so möchten wir nur wünschen, daß der Nuntius zuweilen den Oberhirten der Erzdiöcese „spielen" könnte; es gäbe Schafe, für die es sehr gut wäre.

Am Ostermontag den 18. April wird, wie gestern gemeldet, eine patriotische Bauernversammlung in **Pietenfeld** bei Eichstädt abgehalten. Das Fest verspricht ein großartiges zu werden, denn Veranstaltung und Arrangement ruht in den Händen der beiden HH. Pfarrer Schielein von Pietenfeld und Liepold von Nassenfels, zwei mannhafte Priester, deren Begeisterung für die Religion und deren Liebe zum Vaterland weitum bekannt sind. Die Vereine von Nassenfels, Egweil, Gaimersheim, Otting, Eitensheim ꝛc. werden daselbst erscheinen, ebenso werden die katholischen Kasino's von Ingolstadt und Eichstädt vertreten sein. — Bismark fürchtet den Patriotismus der katholischen Bauern nach eigenem Geständniß mehr als eine Armee von 200000 Mann. Wohlan denn! **lasset uns Vereine gründen, daß sie unser ganzes Bayerland umschließen. An der treuen Brust der katholisch-patriotischen Bauern allein** wird und muß sich jeglicher Verrath am Vaterlande brechen. **Hoch die katholisch-patriotischen Bauern!**

In **Wullenstetten**, Station Senden bei Neu-Ulm, feiert am Ostermontag, Nachm. 2 Uhr der patriotische Verein sein Gründungsfest, dem einige patriotische Abgeordnete beiwohnen werden.

— Weitere Wanderversammlungen des katholisch-patriotischen Bauernvereins finden am Ostermontag statt in **Altenburg** bei Nabburg und in **Kirchham** bei Aigen (Niederbayern.)

Von den **Altmühlalpen** wird dem „Vaterland" geschrieben: Da ich als einfacher Bauer das „Bayr. Vaterland" lese, welches mich sehr freut, so bin ich so frei, Ihnen auch einmal etwas Bäurisches zu schreiben. Kein Blatt hat noch so klar und deutlich zu uns geredet wie das „Vaterland"; wir patriotischen Bauern haben uns schon oft die ganze Lage Bayerns so gedacht, aber nicht so genau gekannt, wie wir es im „Vaterland" auseinandergesetzt lesen können. Wir haben auch Schullehrer, welche dem Ansehen nach gute Patrioten und Katholiken sind; aber das „Vaterland" können sie nicht verputzen. Sie möchten halt Gehaltsaufbesserung und deshalb sind sie halt recht bös auf das Blatt. Als ich neulich unsere Gemeindeberechnung ansah, wurde ich gewahr, daß nur der Lehrer als Gemeindeschreiber den besten Nutzen von der Gemeinde bezieht, obwohl die Gemeindeschreiberei nur Nebensache bei ihm ist. Und doch muß man immer hören, sie könnten es nicht mehr machen, die Arbeit sei ohne Ende und sie müßten die Gemeindeschreiberei aufgeben u. s. w. Es ist oft ein rechtes Kreuz mit den Lehrern. Wenn nur Einer ein paar Jahre präparirt hat, so möchte er schon von dem Landmann leben, ohne etwas zu arbeiten und dafür mit demselben sein Spiel treiben. Aber die Zeit ist um; so viel ist man auf dem Lande auch schon aufgeklärt. Noch etwas! Wenn ein Jude zu mir ins Haus kommt, der fragt und sucht nach allen möglichen Neuigkeiten; hast nichts zu handeln? brauchst nichts? kaufst nichts? — es geht ihm nur so heraus; er streunt alle Papiere und alles durch*), aber das „Vaterland" rührt er nicht an, das muß ihm ein Greul sein, obgleich ich's ihm immer zuvorderst hinrichte! (Wohl möglich! D. R.)

Würtemberg. Die Stuttgarter Versammlung süddeutscher Bettelpreußen soll nach dem Frankf Journal nicht den gewünschten Erfolg gehabt haben, da das von den bayrischen Bettelpreußen aufgestellte Programm zur Organisirung des Verraths von Süddeutschland an den Nordbund bei den Badensern und hessischen Parteihäuptern wenig Aussicht auf Annahme haben soll.

Oesterreich. Wien. Feldmarschall Heß ist gestorben.

In **Hannover** ist der Adel am Geburtstag des „Herrn" von Preußen nicht ins Theater gegangen, weil er das schöne Lied: „Heil dir im Siegeskranz" nicht mitsingen wollte. Jetzt ist diesen hannöverschen Adelsfamilien von der preußischen Intendanz das weitere Abonnement untersagt worden, bis sie sich zum Singen des „Heil dir im Siegeskranz" verpflichten! Die Preußen meinen wahrscheinlich, Begeisterung und Liebe für den „Herrn" von Preußen lassen sich nöthigenfalls mit Gewalt erzwingen.

Ausland.

In **Belgien** ist ein moderner Gesetzgeber, Mitglied der zweiten Kammer, Familienvater und starker Fünfziger mit seiner Maitresse und einem Defizit von 800,000 Fr. durchgegangen. Der Ehrenmann war ein hervorragender Häuptling der ministeriellen Freimaurerpartei.

Vermischte Nachrichten.

Die hiesige Geschäftswelt ist für die Medio-Abrechnung durch die Hypothek- und Wechselbank in eine unangenehme Lage versetzt, da Letztere mit dem Gelde in auffallender Weise zurückhält und nicht nur auf Depots von Werthen Baargeld zu geben und Wechsel der besten Häuser zu riskontiren sich weigert, sondern sogar auf die eigenen Pfandbriefe kein Baargeld begibt. Man vermuthet, daß ein großes Bankmanöver geplant wird, für das die Bank möglichst viel Baargeld zurückbehalten will, oder daß etwas im Anzuge ist, für das wir wohl die Augen offen behalten müssen und werden. Einstweilen wollen wir das avisiren.

Das kgl. Bezirksgericht München hat gestern den Teufel wegen Majestätsbeleidigung sammt diversen Beleidigungen der Königin-Mutter zu 1 Jahr Gefängniß verurtheilt. Es ist sehr merkwürdig, daß jetzt selbst der Teufel in Majestätsbeleidigungen macht. Nachschrift. Der betreffende Teufel ist nicht der Herr Teufel aus der Hölle, sondern ein gewisser Makulaturhändler dieses schönen Namens. Na also! Vom wirklichen Teufel hätte es uns doch gewundert, daß der — sich persönlich in bayrische Politik mischt!

Kirchliche Feierlichkeiten.

Hl. Gesangsmusik strengen Styls in der St. Michaels-Hofkirche: Charfreitag 7 Uhr früh Ceremonien: „Po-

*) Das ist aber sehr unvorsichtig, ihn alles so durchstreunen zu lassen! D. Red.

pule meus" von C. Ett; „Vexilla regis" von Pergolese, arrangirt von C. Ett. 3 Uhr Nachmittags: Mette; Responsorien 2c. von C. Ett. Abends 7 Uhr: Miserere, 4stimmig, von C. Ett. — **Allerheiligen-Hofkapelle:** Charfreitag Vormittags 10 Uhr: Passion mit Responsorien von Vittoria; Adoramus 4stimmig von Aichinger; Adoramus 4stimmig von Roselli; „Popule meus", 4stimmig von Vittoria; „Vexilla regis", 5stimmig, von Aiblinger; Nachmittags 4 Uhr: Matutin mit Responsorien von Palestrina; Benedictus, 4stimmig, von Palestrina; Abends halb 8 Uhr: „Stabat mater", 3chörig, von Palestrina.

Dienstes-Nachrichten.

Verliehen: Die kath. Pfarrei Haselbach, B.-A. Aichach, dem F. Müller, Pf. in Holzkirchen; Günzelhofen dem A. Reischl, Pf. in Altomünster.

Erledigt: Die kath. Pfarrei Haunersdorf, B.-A. Landau a. d. I., R.-E. 1060 fl.

Von Hrn. Abg. Pf. Mahr

sahen wir dieser Tage eine köstliche und sehr gelungene Photographie. Derselbe sitzt an seinem Arbeitstische umrahmt von verschiedenen Journalen. Im Hintergrund lauert ein Landtagsbericht, der so lakonisch, als — bezeichnend ist. Er enthält die wenigen Worte: Sitzungsbericht. Mahr: Eine dunkle Mähre — Schauß: Hr. Präsident! (scil. er stichelt schon wieder auf mich!) Daß der Hr. Abg. Schaußens „Organ" in seiner Nähe liegen hat, können wir uns nur erklären, daß er sich zu einer Zeit photographiren ließ, als er Zahnweh hatte und sich nach einer Stunde Schlaf sehnte. Sonst könnten wir nicht begreifen, wie ein so langweiliges Blatt wie der Südd. Telegr. in seine Nähe kommen konnte.

Verantwortlicher Redakteur: Dr. F. Bigl.

Druck von M. Vogt in München, Rosengasse 14

II. Jahrgang. Das Bayrische Auflage: 5400.

Vaterland.

Das „Bayr. Vaterland" erscheint täglich mit Ausnahme der Sonn- und hohen Festtage. Preis des Blattes: Vierteljährig 54 kr., ganzjährig 3 fl. 33 kr. Das einzelne Blatt 1 kr.

Alle Postexpeditionen und Postboten des In- und Auslandes nehmen Bestellungen an. Inserate werden die dreispaltige Petitzeile oder deren Raum zu 3 kr. berechnet.

Redaktion: Burggasse 14. Herausgegeben von Dr. jur. J. Sigl. Expedition: Ruffinibazar 5

Rudolph. Nr. 87. Sonntag, 17. April 1870.

Wegen des hl. Osterfestes erscheint am Montag kein Blatt. Die Expedition ist von 10—1 Uhr geöffnet.

Bestellungen auf das „Bayr. Vaterland" für das Quartal zu 54 kr. können bei allen Postanstalten und Postboten noch immer gemacht werden.

Das Concil und die Autorität.

Keinem aufmerksamen Beobachter der Dinge kann entgangen sein, daß seit dem Jahr der Gnade 1848 alle Autorität, die staatliche sowohl als die kirchliche, mehr und mehr erschüttert worden und in Mißachtung gekommen ist und daß in Folge dessen alle staatlichen Gebilde ziel- und willenlos ins Schwanken und Wanken geriethen und ihrer innern Auflösung entgegentrieben. Es kann ein Staat nicht vor der Auflösung gerettet werden, wenn der Einzelne sich über den Staat oder das Reich, der Theil über das Ganze erheben, der Einzel-Wille den Gesammtwillen beherrschen darf, wenn alle organischen Bestimmungen, ohne welche für keine Körperschaft eine Sicherheit gegeben ist, mit nichtssagenden Phrasen umgangen oder gar beseitigt werden dürfen, um die Person, um persönliche Ehrsucht, Habsucht, Eitelkeit rc. zum Ruin des Ganzen auf die Spitze treiben zu können.

In dieser, wie zu allen Zeiten großer Ereignisse oder Umwälzungen, hat es die kath. Kirche, gedrängt auch durch äußere Verhältnisse, für nothwendig befunden, eine Kirchenversammlung, das Koncil zu berufen, und sich um ihren Oberhirten, den Papst, auf dessen Ruf zu versammeln. In freier Selbstbestimmung, die allenthalben aus den politischen und socialen Kreisen gewichen ist, tagen die Bischöfe der katholischen Kirche in Rom und schaaren sich um ihr Oberhaupt als der höchsten Autorität der Kirche.

Das Koncil ist der Anfang einer neuen Zeitrichtung, um dem Verfall alles Bestehenden entgegenzutreten — in Kirche und Staat. Mit der Macht geistiger Ueberzeugung soll die Uebermacht gemeiner materieller Gewalten gebeugt und gebrochen werden im Geiste einer höheren Weltanschauung. Wenn es Niemanden, der sehen will, verborgen bleiben kann, daß die Welt auf den bisherigen Wegen sich schwerlich aus sich selbst heraushelfen kann, so mag auch billig erwartet werden dürfen, daß man namentlich von Oben herab die eigentliche Bedeutung des Koncils besser zu würdigen verstehen möchte, als leider häufig der Fall ist. Sollte man auch in jenen Höhen, bei den Machthabern Europas da und dort nicht genug Verständniß der Sache, um die es sich handelt, besitzen, dann lasse man sich anders belehren, dann lasse man sich von den Angriffen auf das Koncil, die alle von jener Seite ausgehen, wo man im Trüben fischt und dem goldenen Kalbe fröhnt, Aufschlüsse geben und man wird nicht lange mehr im Unklaren und Dunkel sein!

Wer sind diese Angreifer und Feinde des Koncils? Nicht ein wahrhafter Freund der monarchischen Ordnung befindet sich unter ihnen, wohl aber alle jene Schmeichler und Lakaienseelen, jene Eitlen, Ehrgeizigen und Egoisten, die kein höheres Ding kennen, als sich und ihre Leidenschaft, jene Heuchler und Pharisäer, die immer und überall der Gewalt huldigen und nach Umständen sie wieder verrathen, die dienenden und dienstbaren Geister, welche das Börsen-Judenthum im eigensten Privatinteresse über jede staatliche Ordnung stellen möchten, der „gebildete" Mob der Städte, die Kaffehausgelehrten und ähnliche großen Geister: das sind die Feinde des Koncils, die Allürten seiner Gegner! Es sind dieselben Leute, welche heute ihren Haß gegen Rom und die Kirche kehren, wie sie ihn gestern gegen das Königthum und die Legitimität kehrten, die Brüder, Freunde und Gesinnungsgenossen der Thronumstürzer in Italien, in Spanien u. s. w.

Wird man glauben machen wollen, daß die Autorität des Kirchenoberhauptes, daß die Dogmatisirung der Unfehlbarkeit des obersten Lehrers der Kirche, der erhabensten irdischen Autorität die Autorität im Staatsleben schwächen oder verdrängen könnte?

Eine solche Voraussetzung widerspräche nicht allein der christlichen Moral, sondern noch weit mehr dem gesunden Menschenverstand, welcher wohl begreift, daß kein Prinzip ohne Consequenzen gedacht werden kann, folglich auf einer Reihe von Schlüßen fußt, die in der sichtbaren Welt ihren Widerhall, ihre Darstellung finden müssen. Was also die Autorität des Kirchenoberhauptes an Macht und Bedeutung gewinnt, das trägt sich unwillkürlich auf alle staatlichen Beziehungen über und kräftigt dieselben. Indem der revolutionäre Inhalt der staatlichen Fortentwickelung allmälig verdrängt wird, wird so einer realen Auffassung und Behandlung politischer Zeitfragen Platz gemacht im wohlverstandenen Interesse Aller, die in der christlichen Civilisation das Heil der Staaten erblicken.

Für Dynastien und Staatsmänner sollte über diese Bedeutug der Dogmatisirung der Unfehlbarkeit des Kirchenoberhauptes, zumal in unserer Zeit, die Alles in Frage stellt und damit nicht einmal Kronen und Dynastien verschont, ein Zweifel nicht wohl mehr bestehen. In ihrem wohlverstandenen Interesse läge es nicht wenig, darin nicht blos eine Unterstützung und Kräftigung des monarchischen Princips, der socialen und staatlichen Ordnung zu erblicken, sondern auch dem entsprechend zu handeln. Nicht die Kirche wird es sein, welche die Kosten eines entstehenden Zwiespalts zu tragen hätte, sondern viel eher die Könige und Dynastien, von denen manche bereits „von den Pforten der Hölle überwältigt“ worden, während die Kirche nach der göttlichen Verheißung siegreich aus jedem Kampfe hervorgegangen ist und nach ihr hervorgehen wird.

Deutschland.

München, den 16. April.

— Für die nächste Sitzung der K. d. Abg (am Donnerstag den 21.) ist der Stauffenberg-Fortschrittsparteiliche Antrag auf Abschaffung der Todesstrafe auf die Tagesordnung gesetzt! Nachdem die ausgezeichnetsten Mitglieder der patriotischen Partei, die entschieden gegen die Abschaffung derselben sprechen würden, auf Donnerstag nach Berlin zum Zollparlament einberufen sind, nachdem der Antragsteller selbst einberufen ist, nachdem weiter die Debatte darüber gewissermaßen die Entscheidungsschlacht sein wird, von deren Ausgang ein Ministerportefeuille, das des Hrn. v. Lutz abhängt, könnten wir nicht begreifen, warum Hr. Präsident Weis einen solchen Gegenstand, von solcher Wichtigkeit und Bedeutung auf die Tagesordnung des Donnerstag setzen konnte, wenn wir nicht wüßten, daß er ein Gegner der Todesstrafe ist und schon zu Bomhards Zeiten gegen dieselbe gestimmt hat, und dazu noch einiges Andere wüßten. Es sind, wollen wir hier beiläufig bemerkt, überhaupt bereits vielen Patrioten Zweifel aufgestiegen, ob die Wahl des Hrn. Dr. Weis der glücklichste Gedanke der Partei war. Wir wollen diese Zweifel heute nicht motiviren, da eine so leidige und leider nicht abzuweisende Arbeit uns noch immer früh genug kommt und wir ausreichend Mißdeutungen von denen erfahren werden, die über gewisse Dinge heute noch so wenig unterrichtet sind als wir es vor Monaten waren. Für die Zollparlamentsabgeordneten der patriotischen Partei erwächst durch diese merkwürdige Tagesordnung zum Mindesten die Nothwendigkeit, daß sie statt nach Berlin die (überflüßige) Reise zurück nach München machen müssen, weil andernfalls die Majorität auf Seite der Gegner der Todesstrafe wäre, zu denen außer Dr. Weis noch andere liberalisirende Patrioten gehören. Die Todesstrafe, deren Abschaffung ein bekanntes liberales Steckenpferd ist, will das bayrische Volk unter keiner Bedingung abgeschafft wissen und sie wird auch nicht abgeschafft werden, mag auch Präsident Weis die Sache noch so fein und schlau anstellen; nöthigenfalls wären auch noch die Reichsräthe da, die nicht überrumpelt werden.

— Die „Allgemeine“ läugnet, daß ihre Konzilbriefe und Berichte ihr von der bayrischen Regierung oder Gesandtschaft in Rom zugeschickt werden. Direkt — das ist nicht behauptet worden; aber indirekt — das ist eine andere Frage, zu deren Illustrirung wir die nicht uninteressante Thatsache mittheilen wollen, daß, als der Redakteur eines sehr katholischen Blattes von einem seiner Mitarbeiter Artikel gegen den Minister Hohenlohe brachte, er vom Kardinal Hohenlohe Geld erhielt mit der Weisung, keinen Artikel gegen seinen Bruder mehr aufzunehmen. Es ist dies positiv und gibt viel zu denken — über die beiden Hohenlohe und die Opposition gegen Rom.

Aus Franken wird dem „Vaterland“ geschrieben: In dem Artikel „aus Franken“, Juristen betreffend, ist (leider!) durch ein Versehen die Pointe des Witzes (durch Ausfall einer Zeile beim Zusammenstellen des Blattes. D. Red.) ausgeblieben. Der Knabe fragte den wüsten Viehhändler: Ja, ist denn das auch ein Gesicht? So könnte man Angesichts gewisser Vorgänge in den Gerichtssälen — der Nachbarländer fragen: Ja, sind denn das auch Juristen? Es ist auch bei uns nicht alles so sauber; wenn man Aeußerungen in Gerichtssälen hört wie: „Wenn von zwei bösen Buben, welche in der Nacht die Laternen zertrümmern, der eine entwischt, der andere aber ergriffen und bestraft wird, so wird das Jedermann in der Ordnung finden“ — so möchte man versucht sein zu fragen: Ja, ist denn das auch eine juristische Anschauung, nachdem hier von zwei bayrischen Blättern, der Pfälzer Zeitung und dem Algäuer Volksblatt die Rede ist und man das eine entwischen ließ, das andere aber packte und abstrafte? Gegen ultramontane Redacteure sind auch Schmähungen aus Juristenmund erlaubt wie es scheint; was aber die Pfälzer Zeitung die selbst in den Augen eines Staatsanwalts Barsch für „anständig“ gelten sollte, zu diesem zarten Vergleich mit einem Buben, der Nachts Laternen zertrümmert, gebacht hat, wäre zu wissen gewiß von Interesse. — Vor Kurzem kamen mehrere Schullehrer in einem fränkischen Brauhause zusammen. Als sie das „Bayr. Vaterland“ sahen, da kam ihnen der Aerger und ihre erste Rede war: „Das kömmt gewiß vom Pfarrerl u. s. w. Sind diese Herren nicht für's Vaterland, — sind sie nicht patriotisch? Und doch wollen sie von den Patrioten aufgebessert werden, und doch soll ihnen das patriotische Volk von seinen sauer verdienten Kreuzern mehr und immer mehr geben! Nein, dazu hat es gar keine Lust. Alles will aufgebessert werden; vergönne man doch dem Volke auch eine kleine Aufbesserung, indem man nicht alles aufbessert!

In **Würtemberg** will die Volkspartei ernsthaft gegen die preußischen Gelüste des neuen Ministeriums vorgehen, den Finanzetat verwerfen und Steuerverweigerung organisiren. Auch die erhöhten Ministerbesoldungen, Ministerpensionen und Appanagen, die nur unter der Voraussetzung bewilligt worden, daß Würtemberg einen „unabhängigen Staat“ bilde, sollen in Frage gestellt werden.

Hessen. In Hanau stand der Pfarrer Ehringhaus von Windecken vor Gericht, weil er den preußischen Raubstaat einen „Lumpenstaat“ genannt hatte, was er als annexirter Preuße 2. Klasse aus eigener Erfahrung wissen konnte, wurde aber freigesprochen, da er dies nicht öffentlich, sondern in einem Bureau gesagt hatte.

Oesterreich. Wien. Das Ministerium Potozki ist gebildet, freilich nur provisorisch. Graf Potozki, einer der reichsten Cavaliere Oesterreichs und daher vollkommen unabhängig, hat ein Programm, welches den einzelnen Ländern die möglichsten Zugeständnisse einräumen, dafür aber die Bildung eines von den Einzel-Landtagen vollkommen unabhängigen Parlaments will. Dazu will es direkte Wahlen. Die erste Maßregel des neuen Kabinets soll die Verkündigung einer allgemeinen politischen Amnestie sein, (eine Maßregel die auch anderwärts sehr am Platze gewesen wäre und noch wäre, wenn sich die Männer fänden, die dazu rathen wollten; anderwärts hätte eine politische Amnestie sogar noch eine größere Bedeutung als in Oesterreich und würde dem Spender derselben jedenfalls mehr in den Augen des Volkes nützen, als seine Rathgeber ihm zu sagen für gut finden möchten!)

In **Koburg** will Herzog Ernst, Hoheit! sein Land nebst Unterthanen an Preußen verhandeln, nein, „abtreten“ heißt man's, „falls die Gesammtinteressen des deutschen Vaterlandes (!) gegenüber gewissen Eventualitäten ein solches Opfer verlangen würden“. — Dann brauchten die Preußen einmal ein Land nicht zu rauben oder zu stehlen, wenn es ihnen so freigebig geschenkt wird. Die lieben Unterthanen braucht man so wenig zu fragen als eine Heerde Schafe, die man an den Metzger verkauft! Und da spricht man dann von Fortschritt in der Kultur!

Preußen. In Bochum hat der Prozeß gegen die edle Bande, welche geschäftsmäßig eine Reihe pickelhaubenscheuer Preußen vom Militärdienst wegzuschwindeln wußte, mit deren Verurtheilung zu mehr oder minder schweren

Strafen geendet. Die Untersuchung gegen die betheiligten Militärärzte schwebt noch.

Ausland.

Frankreich. Paris. Die Minister Daru und Buffet haben ihre Entlassung erhalten. Die interimistische Leitung des Auswärtigen hat Ollivier übernommen. (!!)

Italien. In Rom haben zwei getaufte Juden, Namens Lemann, bei den Bischöfen des Concils eine Bittschrift zum Unterzeichnen herumgetragen, daß das Concil eine Einladung an die sämmtlichen Juden erlassen möge, in Christus den Messias anzuerkennen. Wir wissen nicht, was das Concil thun wird; wir hielten die Einladung für etwas sehr Ueberflüssiges und Erfolgloses und könnten nur mit sehr gemischten Gefühlen uns den Fall denken, daß die Einladung den gewünschten Erfolg hätte. Gott, was käme da für ein Gesindel unter christliches Firma in die katholische Kirche, wenn die Genossen der Mendel und Neuburger und all die Itzig und Mauses und Fleckeles und Schnockeles sich taufen ließen und „Christen" würden! Die wären im Stande und verhandelten Altar und Tabernakel, Taufe und Chrysam, wenn es gute Perzentche abwirft. Es ist schon mancher Jude Christ und ein braver und ein sehr wackerer Christ geworden, aber im Allgemeinen steht fest: Jud bleibt Jud, mag er beschnitten oder auch noch getauft sein! Und dann würden wir erst recht ihre Knechte und Sklaven, wenn sie uns auch noch durch die Taufe gleichgestellt würden.

Spanien. Das spanische Lumpenregiment, (von dem sich kürzlich ein bayrischer Gesandter Eins anhängen ließ, einen Orden!) scheint mit seinen Zahlungen an die „große liberale" Presse bedeutend im Rückstand zu sein, da jetzt sogar das Wiener Neue Freie Judenjournal über dasselbe zu schimpfen anfängt. „Alles Blut, sagt dieses Journal außerordentlich richtig und wahr, — alles Blut, welches jetzt in Spanien fließt, wird nur vergossen, damit die Herrlichkeit der Sieger von Alcalea (der Rebellen gegen die rechtmäßige Königin von Spanien) andauere und jedes Opfer, das für diesen Zweck fällt, begründet ein Verbrechen. Nicht das Recht, sondern die nackte brutale Gewalt ist es, in deren Namen die spanischen Bataillone gegen ihre Landsleute gehetzt werden. Prim und Serrano handeln schlechter als Ferdinand VII. Als dieser Riego auf den Richtplatz schleppen ließ, konnte er sich wenigstens auf die Legitimität berufen. Der heutigen Regierung in Madrid fehlt selbst der Schatten derselben, sie bietet der Welt ein unerhörtes, ein abscheuliches Schauspiel." Wir haben der niederschmetternden Wahrheit dieser Schilderung nichts hinzuzufügen.

Vermischte Nachrichten.

In **Würzburg** hat, meldet der Nürnb. Anzeiger, ein älterer Advokat sein reales Bauernscherereigeschäft an einen Bezirksgerichtsassessor verkauft, der vermuthlich an die Freigabe dieses ehrsamen Handwerks noch nicht recht glauben kann. — In **Bamberg** wurde ein Osterochse um 1000 fl. (?) verkauft; dieser Ochs dürfte schwerlich Seinesgleichen finden.

In **Strezlau** (Preußen) haben zwei Brüder, von denen der Eine Mitglied des sehr herrlichen und intelligenten Kriegsheeres war und 1866 ganz Deutschland mit preußischer Intelligenz besiegt hat, eine alte Frau wegen angeblicher Verhexung ihrer Schwester durch ein Stück Speck mit Messern und Stöcken grausam geschlagen, um sie zur Zurücknahme der Verhexung zu bewegen. Das Gericht verlangte der intelligente Militärpreuße, die „Hexe" solle in der Kirche zwischen zwölf geladenen Gewehren ihre Unschuld beschwören. Schwöre sie falsch, so werde ein Gewehr losgehen und ihre verruchte Hexenseele zur Hölle schicken!! Der Gerichtshof lehnte jedoch diese Beweisaufnahme ab, und verurtheilte die beiden Intelligenzpreußen wegen schwerer Körperverletzung unter Annahme mildernder Umstände (übernatürliche Dummheit?) zu sechs Wochen Gefängniß. Wenn jetzt so was etwa ein „zurückgebliebener obskurer Winkelmann" Altbayerns prästirt hätte, na, da würden die Liberalen wieder zu schimpfen haben. Bei den Preußen aber ist selbst Hexenglaube und polizeiwidrige Borniertheit noch Intelligenz.

Lokal-Fortschrittliches.

(Ein Schreibebrief an Hrn. Schrott.)

Es geht ein dunkles Gerücht, und viele Leute sind, die ihm Glauben schenken, daß in der famosen Affaire von der angebundenen Junge in der St. Annaschule so lange ein Stillstand eintreten soll, bis der von auswärts durch Vorsorge unserer wohlweisen Stadtväter verschriebene Schulrath die „fatale" Angelegenheit in die Hand nehmen könnte. In Berücksichtigung dieses Gerüchtes nun muß man sich im Anschluß an früher gestellte aber noch immer nicht beantworteten Fragen neuerdings an den verehrten Herrn Adressaten mit der respectvollsten Bitte wagen, doch wenigstens das Nachstehende zu beantworten, wenn er sich nicht in der glücklichen Lage befindet, die hinlänglich präcisirten ersten vierzehn Fragen beantworten zu können. Man erbietet sich sogar dazu, den fraglichen Herrn auf allenfallsige Wünsche noch weiter und eingehender zu bedienen. Erlauben Sie also, Hr. Rath, nachfolgende Fragen:

1. Beruht das angedeutete Gerücht auf Wahrheit?

2. Wenn das der Fall ist, warum pressirt es mit dieser Untersuchung und Entscheidung nicht, während doch die berüchtigten Kindheit-Jesu-Verein-Inquisitionen so rasch und mit so viel Pomp in Scene gesetzt wurden, obwohl die ganze Angelegenheit doch sicherlich nicht vor das Tribunal des Schulhausmeister-Referenten gehört?

3. Soll sich etwa die algemeine Entrüstung mit der Zeit beschwichtigen und die Aufmerksamkeit der Münchener durch Verzögerung ablenken lassen?

4. Glaubt man die Betheiligten milder zu stimmen, wenn eine einem Kinde widerfahrene Brutalität nicht rasch bestraft und dadurch die Garantie geboten wird, daß derartige Foltern sich nimmer wiederholen?

5) Warum wird die Osterferienzeit nicht benützt, um die an der St. Anna-Pfarrschule unmöglich gewordene Lehrerin zu entfernen?

6) Soll Frl. v. Schmäbel ihre rühmenswerthe Thätigkeit noch ein weiteres Semester in der bisherigen Weise fortführen und die stillschweigende Billigung diese zärtliche Dame etwa gar noch zu weiteren Erfindungen auf diesem Gebiete veranlassen?

7) Warum soll denn gerade der neue Schulrath Dinge in die Hand nehmen, die schon längst vor der Eröffnung seiner Thätigkeit zur Entscheidung reif gewesen wären?

8) Soll er Ihnen, Hr. Schrott, etwa die Kastanien aus dem Feuer holen, und sich, nachdem er ohnedieß dem Münchener Lehrpersonal nicht angenehm ist, durch eine allerdings gerechtfertigte Strenge einführen?

9) Oder soll er vielmehr, eingehend auf Ihre Sympathien, sich gleich vom Anfange an unmöglich machen, wenn er in die Fußstapfen der Gerechtigkeit tritt, durch welche Andere sich — berühmt gemacht haben?

11) Glauben Sie, daß es über Ihren liebwerthen Freunden, Kollegen und Gesinnungsgenossen keine Autorität mehr gibt, die sich gekränkter Menschenrechte annimmt?

12) Wollen Sie vielleicht auch noch mit andern Ihnen ebenso angenehmen Dingen behelligt sein?

Geben Sie hierauf gefälligst Antwort, Hr. Schrott! Man erwartet diese zuversichtlich, damit doch nicht alles Bezügliche in's Stocken geräth, und glaubt dabei sogar, Ihnen einen Dienst zu erweisen, da Ihre Unthätigkeit bei Behandlung der ganzen Sache nicht eben zum Vortheile Ihrer Person spricht. Die rasche Erledigung ist die beste Entkräftigung des bereits von anderer Seite angedeuteten Vorwurfes, auf den Sie mit einer sehr mißlungenen „Berichtigung" antworten zu müssen — veranlaßt waren.

Kirchliche Feierlichkeiten.

Die Auferstehungs-Feierlichkeiten am Charsamstag mit Te Deum laudamus finden in folgender Ordnung statt: Hl. Dreifaltigkeits-Kirche und Knöbl'sche Kapelle um 2 Uhr; Karmeliten-Kirche um ½3 Uhr; St. Anna-Damenstiftskirche, St. Thekla-, Rocker'sche Kapelle und St. Elisabeth-Kirche mit öffentlicher Prozession um 3 Uhr; Kreuz-Kirche und St. Vincentius-Kirche (allg. Krankenhaus) mit öffentlicher Prozession um ½4 Uhr; St. Stephans-, Herzogspital- und St. Josephspital-Kirche um 4 Uhr; St. Johann-Nepomuk-Kirche um ½5 Uhr; Bürgersaal und St. Cajetan-Hofkirche (mit Predigt) um 5 Uhr; St. Anna-Pfarrkirche um ½6 Uhr; St. Peters-, St. Ludwigs- (mit Matutin) und Hl. Geist-Pfarrkirche und St. Jakob am Anger um 6 Uhr; Metropolitan-Pfarrkirche zu U. L. Frau und in der Haidhauser Pfarrkirche um ½7 Uhr; St. Michaels-Hofkirche mit feierlichem Auferstehungs-Chor von Ett, dann in den Pfarrkirchen zu St. Bonifaz und Giesing und in der Schmerzhaften Kapelle um 7 Uhr; Allerheiligen-Hofkirche mit feierlicher öffentlicher Prozession (bei ungünstiger Witterung in den Korridors der Residenz) und in der Mariahilf-Pfarrkirche in der Au um ½8 Uhr.

Allerheiligen-Hofkapelle. Charsamstag Nachmittag 4 Uhr: Complet. Abends ½8 Uhr: Auferstehungsprocession mit Pange lingua, Ett. Ostersonntag Vormittag 11 Uhr: Messe für Chor und Soli (D-dur), F. Wüllner. Graduale „Haec dies", sechsstimmig, Palestrina. Offertorium „Christus resurgens", doppelchörig, Felice Anerio. Nachmittag 4 Uhr: Vesper. Ostermontag Vormittag 11 Uhr: Messe, fünfstimmig, (D-moll) F. Lachner. Graduale und Offertorium wie am ersten Tag.

Hl. Gesangsmusik strengen Styls in der **St. Michaels-Hofkirche:** Ostersonntag: 9 Uhr Messe in B von J. N. Hummel. Graduale und Offertorium von C. Ett. — Um 3 Uhr Vesper (solenn) von Abt Vogler. Ostermontag 9 Uhr große Messe in C von Mozart. Offertorium von Händl.

Dienstes-Nachrichten.

Erledigt: Die kathol. Pfarreien St. Wolfgang, B.-A. Wasserburg, R.-E. 1199 fl.; Günz, B.-A. Memmingen, R.-E. 897 fl.; Niederlauer, B.-A. Neustadt a. d. S., R.-E. 614 fl.; Forstenried, B.-A. München l. d. J., R.-E. 888 fl.; das Frühmeßbeneficium Jettingen, B.-A. Günzburg, R.-E. 476 fl.; die kath. Expositur Ramsau mit dem damit verbundenen Albertinischen Beneficium, B.-A. Wasserburg, R.-E. 536 fl.

Wien, 15. April. Bei der heutigen Gewinnziehung der 1864er Loose fiel der Haupttreffer auf Serie 3670 Nr. 22. Ferner gewannen: 15,000 fl.: S. 3867 Nr. 7; 10,000 fl.: S. 455 Nr. 70; 5000 fl.: S. 630 Nr. 88, S. 455 Nr. 97, S. 423 Nr. 72. Weitere gezogene Serien: 1860, 2203, 2061.

Verantwortlicher Redakteur: Dr. J. Sigl.

Gegenerklärung.

In Bezug auf den Artikel im Weilheimer Wochenblatt Nr. 14 vom 3 April l. J. sieht sich der Unterzeichnete veranlaßt, folgendes zu erwidern:

In der Erklärung der beiden Gemeindeverwaltungen Wessobrunn und Haid wird behauptet, daß durch meine Agitation zur Errichtung eines bayrisch-patriotischen Bauernvereins in Wessobrunn nichts Gutes gestiftet, sowie daß das freundschaftliche Einvernehmen der Einwohner der Pfarrei voraussichtlich beschädigt werde. Zur Widerlegung dieser gehässigen Anschuldigungen mag es genügen, in Kürze die Zwecke des Vereins darzulegen. Sie sind: 1) Förderung, Hebung und Fortbildung im Betriebe der Landwirthschaft durch gegenseitige Mittheilung und Erfahrung, durch Besprechung und Belehrung. 2) Kenntnißnahme und Erklärung der in das Gebiet der Landwirthschaft einschlagenden Gesetze. 3) Besprechung socialer und politischer Tagesfragen auf dem Boden des Verfassungs-Rechtes zur Belebung des Standes- und Rechtsbewußtseins des Bürgers und Landmannes.

Wie muß jeder gesinnungstüchtige Patriot erfreut sein, daß er nicht allein dasteht in diesen heillosen Wirren, daß Tausende sich zusammenschaaren, denen die Brust hoch schlägt, von Begeisterung für Aufrechterhaltung der Verfassung, für Gott, König und Vaterland! Wer wollte in einem solchen Verein ein staatsgefährliches oder in den Gemeinden Zwietracht stiftendes Unternehmen entdecken? Ich behaupte als gesetzlich bestehendes Recht, den Ort selbst zu bestimmen, wo die Versammlung stattfinden soll.

In wieferne ein so feindseliger Angriff gegen den Verein im „Weilheimer Wochenblatt" seitens der beiden Gemeindeverwaltungen gerechtfertigt erscheint, darüber möge unbefangen Jeder selbst urtheilen — sei es auch nur durch Achselzucken. Weiteres bei Gründung des Vereins. Gruß und Handschlag allen Gleichgesinnten. Hiemit Gott befohlen. —

Die Versammlung kann, wie bisher beabsichtigt war, eingetretener Hindernisse wegen am Ostermontag, den 18. April nicht stattfinden, und wird demnächst an die Herren Bürgermeister sowie Wirthe eine Einladung mit Bekanntgabe des Tages, an welchen die Versammlung stattfindet, zugesendet werden.

Joseph Dietrich, Gilgenbauer in Schellschwang,
bayrischer Patriot.

Druck von M. Vogt in München, Rosengasse 11

II. Jahrgang. | Das Bayrische | Auflage: 5400.

Vaterland.

Das „Bayr. Vaterland“ erscheint täglich mit Ausnahme der Sonn- und hohen Festtage. Preis des Blattes: Vierteljährig 54 kr., ganzjährig 3 fl. 36 kr. Das einzelne Blatt 1 kr.

Alle Postexpeditionen und Postboten des In- und Auslandes nehmen Bestellungen an. Inserate werden die dreispaltige Petitzeile oder deren Raum zu 3 kr. berechnet.

Redaktion: Burggasse 14. | Herausgegeben von Dr. jur. J. Sigl. | Expedition: Ruffinibazar 5

Sulpitius. | Nr. 88. | Mittwoch, 20. April 1870.

Bestellungen auf das „Bayr. Vaterland“ für das Quartal zu 54 kr. können bei allen Postanstalten und Postboten noch immer gemacht werden.

Hr. Fischer und die „Königstreuen“.

v. —d. — Der ruhmreiche Bürgermeister Fischer von Augsburg hat das Bedürfniß gehabt, gegen das „Vaterland die unmotirte und darum lächerliche Verdächtigung auszusprechen, als habe dasselbe in der bekannten Stelle von „kindischem Trotz und Wahnsinn“ eine Anspielung auf die allerhöchste Person machen wollen, welche, wenn sie irgend begründbar und nicht bei den Haaren herbeigezogen gewesen wäre, dem strengen Auge des Hrn. v. Burchtorff sicher nicht entgangen wäre. Außer Hrn. Fischer, der jene Aeußerung erst auf das Prokustesbett serviler fortschrittlicher Logik legen mußte, um wenigstens einen Schein von Plausibilität zu erhaschen, der freilich bei näherem Ansehen wieder in nichts zerrinnt, wäre gewiß Niemand auf jene Verdächtigung verfallen. Sie war aber ausgesprochen, war so recht in usum delphinorum, worunter auch andere Fischgattungen verstanden werden können, und weiter hatte es keinen Zweck.

Wir wissen nicht, wie weit die Begriffe dieses Herrn ausgebildet sind, um ein Urtheil zu haben, wo nach seiner Anschauung der Servilismus aufhört und die Heuchelei beginnt. Jedenfalls kann er nicht allzu scharf unterscheiden, sonst würde er Angesichts des merkwürdigen Treibens eines Theiles der Fortschrittspartei und ihrer Presse aus den Gefühlen des Ekels und der Verachtung gar nicht herauskommen können. Was aber die unwürdige Verdächtigung betrifft, welche Hr. Fischer gegen ein konservatives Blatt auszusprechen die kühne Stirne hatte, so können wir uns nicht enthalten, ihm darauf Einiges zu erwidern.

Jedes konservative Blatt trägt an der Spitze seines Programms die Devise: „Mit Gott für König und Vaterland“; den Grundgedanken dieses Programms bildet die Kirche (Gott), weil ohne Gott und Religion weder eine Treue gegen den König noch eine Liebe zum Vaterland gedacht werden kann. Die Kirchenstürmer und Feinde der Religion sind trotz aller zeitweiligen Heuchelei und allem possenhaften Servilismus von jeher auch Thronumstürzer gewesen und umgekehrt waren die Feinde der Könige immer auch Feinde der Kirche und jeder positiven Religion. Das ist eine historische Thatsache. Daß sich in allerneuester Zeit die Revolutionäre und Republikaner von 1848 der Person der Könige und Fürsten in scheinbar demüthigster Unterthänigkeit nahen konnten, ist gerade das allerschlimmste Zeichen unserer charakterlosen Zeit und kennzeichnet solche erbärmliche Kreaturen und dienstwillige Lakaien vorübergehender Gewalten als Illiberale und Männer des Rückschritts zum Despotismus des persönlichen Regiments, so lange sie hoffen können, daß fürstliche Despoten sich zu Puppen ihres Willens gebrauchen lassen möchten. Sie gerathen damit in vollstem Widerspruch mit ihrem Programm des „Fortschritts“, der freilich — wovon sich die Völker mit jedem Tage mehr überzeugen — nichts weiter als ein Aushängschild für gläubige Thoren ist und gewesen ist.

Der allerschlimmste Dienst, den man einem Fürsten erweisen kann, besteht darin, den Monarchen oder dessen muthmaßliche Ansichten zu Parteizwecken zu verwerthen, d. h. zu mißbrauchen. Dies geschieht von den „Liberalsten“ stets in der herausforderndsten Weise; wir brauchen keine Namen und Länder zu nennen, denn Jeder, der sich nur oberflächlich mit dem Gang der Dinge und dem Studium des „liberalen“ Parteitreibens befaßt — selbst das „Studium im Eisenbahnwagen“ reichte zur Noth dazu aus — ist weder um Namen noch Länder als Beispiele für diese Thatsache verlegen. Die Schleppträger Bismarks und des „nationalen Gedankens“ zumal haben es vortrefflich verstanden, das verwerfliche Spiel, ja wie uns die Geschichte der neuesten Zeit beweist den offenbarsten Verrath mit der Maske geheuchelter Anhänglichkeit an die Fürsten und dann mit scheinheiligem Vorwand „deutscher Gesinnung“ zu treiben, um unter dieser Hülle um so sicherer und rascher für die Erreichung ihrer Ziele zu arbeiten.

Wer diesem verderblichen so heuchlerischen als niederträchtigen Treiben entgegenarbeitet, wird als „Feind der Krone“ oder als „vaterlandsloser Ultramontaner“ verdächtigt, von denen verdächtigt, deren Vaterland in den Worten: Ubi bene ibi patria (wo es uns wohl geht, da ist unser Vaterland) markirt ist. Minister, die sich nicht scheuen, solche Transaktionen zu vermitteln und ihnen zu diesem „Vaterland“ zu verhelfen, können jederzeit der begeisterten Zustimmung dieser „königstreuen“ liberalen „Freunde des Vaterlandes“ sicher sein, zumal da die meisten dieser wackeren Leute einzig auf ein Fortkommen im Staatsdienst, auf das „Carrieremachen“ in demselben angewiesen sind. Die Minister haben ihre — „Staatszwecke“ und die biedern Liberalen möchten, die Einen es „vorwärts bringen“, die Andern ihren Theil von der goldenen Milch der großen Melkkuh: Staat, und so wäscht eben eine Hand die andere!

Daß eine derartige Praxis für Krone und Staat verderblich und unverträglich mit dem Repräsentativ-System ist, soferne dieses eine Wahrheit sein soll, das zeigt uns ein Blick auf die Nachbarstaaten.

Diese liberalen „Säulen des Königthums“, diese angeblichen „konstitutionellen“ Meister sollten einmal auf den „Musterstaat“ des Konstitutionalismus, auf England, einen Blick werfen. Dort wird auf's Feinste zwischen der königlichen Person und der königl. Autorität im politischen Leben und Verkehr unterschieden; in England würde kein Minister, Staatsmann und Patriot Anstand nehmen, auf schiefe Richtungen, welche möglicher Weise am Hofe eingeschlagen werden können, hinzuweisen. Dies zu thun, würde Jeder nicht blos als Recht, sondern als Pflicht ansehen, so königlich und monarchisch gesinnt auch jeder Engländer ist oder vielmehr eben deswegen. Lord Melbourne war als Minister ohne Portefeuille der jugendlichen Königin als Rathgeber beigegeben, um dieselbe vor Zudringlichkeit und lakaienhaftem Einfluß zu schützen. Sir Robert Peel, auch ein Liberaler, aber ein ächter, verlangte die Entfernung verschiedener Courtisanen, aus Achtung und Anhänglichkeit an die Krone; Lord Palmerston trug häufig Bedenken, diesen oder jenen Schritt der Königin gutzuheißen. Und waren das etwa nicht die treuesten Unterthauen? Etwas Aehnliches trug sich in Bayern unter König Ludwig I. zu, als Bischof Richards gegen einen Wunsch des Königs mit dem Bemerken stimmte: „er habe niemals seine Unterthanenpflicht treuer erfüllt, als mit dieser oppositionellen Abstimmung.“

Wie wird Ihnen, Hr. Fischer, mit Ihren Verdächtigungen Angesichts solcher Dinge, gegenüber der patriotisch-konservativen Presse, die Sie noch vor wenigen Jahren wegen ihren monarchischen Gesinnungen angegriffen haben, um sich als Volkstribun in Ihrem jetzigen Organ, dem Giftnickel von Augsburg, aufzuthun? Damals haben Sie es auf diese Weise zu Amt und Würden gebracht; was wird Ihnen jetzt erblühen, indem Sie dieselbe Presse als antimonarchisch uud königsfeindlich denunciren, verdächtigen und verleumden!

Deutschland.

München, den 19. April

☞ Durch Beschluß des **k. Appellgerichtes** von Oberbayern sind die **konfiscirten** Nummern **34** und **34 b** (zweite Ausgabe) des „**Bayr. Vaterland**“ **freigegeben** und die bezüglichen Untersuchungen **eingestellt** worden.

☞ Durch Beschluß des **k. Appellgerichtes** ist die **konfiscirte** Nummer **35** des „**Bayr. Vaterland**“ **freigegeben** und die bezügliche Untersuchung **eingestellt** worden.

☞ Durch Beschluß des **k. Appellgerichtes** sind die **konfiszirten** Nummern **42** und **43** des „**Bayr. Vaterland**“ wieder **freigegeben** und die bezüglichen Untersuchungen wieder **eingestellt** worden.

Es sind somit vom **k. Appellgericht** sämmtliche **fünf konfiszirten Nummern** des „**Bayr. Vaterland**“ wieder **freigegeben** und **sämmtliche Untersuchungen eingestellt.**

Guten Morgen, Hr. Alexis v. Burchtorff!!

— Graf Bray ist während der Osterfeiertage nach Stuttgart gereist, um König Karl, aber nicht dem Großen, seine Aufwartung zu machen, und zugleich sich mit Collega Varnbüler zu besprechen. Die „Allgemeine“ erwartet sich von dem beiderseitigen Gedankenaustisch einen „guten Erfolg“; wir auch, um so mehr da Hr. v. Lutz mit bei der Partie und die schöne Gelegenheit benutzte, um dem würtembergischen Hörmann Mittnacht einen Gegenbesuch zu machen. Der Himmel selbst schien mit dem Ergebniß zufrieden zu sein, da er am zweiten Tage ein äußerst freundliches Gesicht machte.

— Wir haben wieder einen mächtigen königlich bayrischen Fortschritt zu verzeichnen, den Excellenz Lutz geleistet hat. Es haben nämlich die Kreisregierungen, Distriktspolizei- (!) und Distrikts-Schulbehörden von der hohen Königlichen, Abtheilung für „Pfäffisches“ und Verwandtes, zur Qualifikation der Lokal-Schulinspektoren neue — — Formulare erhalten und zwar auf Grund einer sehr zeitgemäßen Normativ-Entschließung vom 9. März 1833.

Nun loben wir und preisen wir
Den großen Herrn Minister;
Wenn er auch kein Fortschreiter ist,
Der Schulen Meister ist er.
Er lebe hoch, der große Mann,
Der Alles qualifiziren kann!

— Minister v. Lutz hält die Vorlage eines neuen Schulgesetzes nicht für „opportun“, (da ihm daraus mancherlei Unbequemlichkeiten erwachsen könnten!) und Hr. v. Braun ist mit der von den Patrioten gewollten Abschaffung des Kreispräsidenten „nicht einverstanden“. Dagegen haben wir von Hrn. Schlör — es ist uns noch nie passirt! — etwas Anerkennenswerthes zu berichten. Derselbe will bei der Anstellung von Professoren an den technischen Lehranstalten das Verhältniß der katholischen Bevölkerung zur protestantischen berücksichtigen. Wir erwarten, daß es aber nicht beim Wollen bleiben wird.

— Die „Postzeitung“ fordert uns auf, das „sehr katholische Blatt“ zu nennen, dessen Redakteur vom Kardinal Hohenlohe Geld erhielt mit der Weisung, keinen Artikel gegen seinen Bruder mehr aufzunehmen. Die „Postzeitung“ thut sehr entrüstet und verlangt von uns „im Interesse der Ehre der Redacteure aller katholischen Blätter die Kundgebung des Namens dieses Redakteurs“ Warum sich denn so ereifern? Die „Postzeitung“ kann sich beruhigen; sie ist jedenfalls nicht gemeint, da Niemand die Postzeitung für „sehr katholisch“ ansehen wird. Und muß es denn gerade ein bayrischer Redakteur sein? Wir sind übrigens ermächtigt, den Namen des Redacteurs und des betreffenden Mitarbeiters zu nennen, wenn wir von der Nuntiatur dazu aufgefordert werden. Uebrigens haben wir zwar gesagt, daß der Redakteur Geld und Weisung erhalten, aber nicht, daß er sich dem Willen des Kardinals gefügt hat. Im Gegentheil wurden die Artikel gegen Hohenlohe dann erst recht fortgesetzt.

— Die Wiener Liberalen scheinen mit dem Gang der Dinge, namentlich mit der Abdankung des lendenlahmen, aber breitmäuligen Kammerliberalismus nebst ministeriellem Schwanzstück gar nicht zufrieden zu sein und poltern und jammern in ihren Blättern gar erbärmlich und schauerlich. Wunderbarer Weise sind aber diese Wiener Liberalen von den unsern beträchtlich verschieden. Während die unsern „königstreu“ sind vom Scheitel bis zur Zehe und auf's Tapferste für den König einstehen bis auf den letzten Mann — in Worten, sinnen die Wiener auf Mord und Revolution, vertheidigen wie die N. Fr. Pr. das Recht (!) der Revolution und feiern in Wort und Bild wie die Witzblätter die Auferstehung, indem sie die Revolution mit Schwert und rother Fahne und Phrygiermütze auferstehen lassen. Gut! So das liberale Oesterreich nicht will wiedergeboren werden durch das Wasser, so soll es wieder geboren werden durch Blut! Dahin hat der Hexentanz des tollgewordenen Liberalismus das unglückliche Oesterreich gebracht, nicht das Konkordat, das man längst zerrissen, nicht die Kirche, die man verhöhnt und vor die Thüre gesetzt, nicht die „Ultramontanen“, die man mit Füßen getreten. In Oesterreich, Spanien und Italien hatte der Liberalismus die freieste Hand und was hat denn der Liberalismus aus diesen Ländern gemacht? Was er auch aus Bayern machen möchte!

— Knurrblättl verehrliches ist wieder unversehens zu einer sehr interessanten Entdeckung gekommen. Das „Geschlecht der jüngeren Patriotenführer“ will nämlich nächstens den „Volksboten“ todt machen oder wie Knurrblättl witzig sagt: „zu den Blättern versammeln.“ Zu diesem Zweck „verhandelt Hr. Bucher mit Sigl über den Ankauf des

„Vaterland." In seiner Hand und mit seinen Mitteln werde dann, rechne Bucher, das „Vaterland" bald den „Volksboten" aufzehren." Wirklich recht schlau und überaus liebenswürdig von dem Hrn. Bucher und geistreich erdacht von Knurrblättl verehrlichem! Fehlt blos, daß wir von solchen Verhandlungen, die über den Verkauf unsers Blattes schweben sollen, nichts wissen. Ein Bischen, meinen wir, sollten wir aber doch auch Kenntniß davon haben. Wenn Hr. Bucher oder Knurrblättl es übernehmen wollen, uns unsere Schulden zu tilgen, so haben wir nicht das Mindeste dagegen, aber das Vaterland für Geld zu verkaufen, dazu sind wir nicht liberal genug, haben es auch Gott sei Dank nicht nöthig. Damit fallen auch die uns angedichteten schwarzen Mordgedanken auf das unschuldige Haupt Knurrblättls, dessen löbliche Absicht, Zwietracht unter uns „Schwarzen" zu stiften, wir vollkommen zu würdigen wissen.

Aus dem Forchheimischen wird dem „Vaterland" geschrieben: In diesen Tagen wurde auf der Route von Forchheim, Weilersbach, Ebermannstadt, Streitberg, Muggendorf ꝛc. durch die fränkische Schweiz die Telegraphenstangen errichtet, so daß diese Gegend wahrscheinlich bis zum 1. Mai in das Telegraphennetz hineingezogen werden wird. So freudig wir nun dieses Ereigniß begrüßen, so wehmüthig wurden wir durch die Art und Weise berührt, wie diese Telegraphenstangen durch das damit beauftragte Personal localisirt wurden. Es ist hier entweder aus Unverstand oder aus Muthwillen, um stärkere Ausdrücke zu vermeiden, an den schönsten Fruchtbäumen ein Akt des Scandalismus geübt worden, wie wir ihn noch nicht leicht anderswo sahen. Anstatt die Stangen einige Schuh von den Bäumen entfernt zu setzen, oder auf jener Seite, welche von Fruchtbäumen frei ist, setzte man die Stangen gerade in die unmittelbare Nähe der Fruchtbäume und hieb dieselben auf die unbarmherzigste Weise zusammen indem man sie der Kronen und Aeste beraubte. Hier thut Abhilfe dringend noth, wenn nicht andere Gegenden auch durch ähnliche vandalische Akte schwer heimgesucht und geschädigt werden sollen.

□ Aus **Mittelfranken** wird dem „Vaterland" geschrieben: (**Zur Straßenbauetat-Debatte.**) Der im Finanzausschusse von Hrn. Abgeordneten Lukas gestellte, im Ausschuß mit 6 gegen 3 Stimmen angenommene Antrag, daß alle Staatsstraßen als solche aufgegeben und in Distriktsstraßen verwandelt werden sollen, fand leider! in der Kammer die vielseitig gehoffte Zustimmung nicht. Ehren wir auch den Kammerbeschluß, so möge es uns doch gestattet sein, einige der Natur der Sache entnommene Bemerkungen zu machen. Unsere Verkehrsverhältnisse haben seit 25 Jahren eine totale Umgestaltung erlitten, und manche Staatsstraßen haben durch die Anlage von Eisenbahnen ihren Charakter verloren; sie dienen nicht mehr dem allgemeinen (Landes-), sondern nur einem lokalen, höchstens Distrikts-Verkehre und dennoch dürfen sie noch immer im Straßenbauetat des Budgets figuriren, während andere, nur von einem Distrikte zu unterhaltende Straßen eine größere Bedeutung für den allgemeinen Verkehr erlangt haben und weit mehr zu staatlichen Zwecken dienen. Wir haben zunächst Mittelfranken im Auge. Die Staatsstraße von Erlangen nach Nürnberg, jene von Nürnberg über Schwabach, Roth, Pleinfeld, Eichstätt nach Ingolstadt, jene von Weissenburg über Gunzenhausen nach Ansbach ꝛc., alle diese Staatsstraßen haben durch die Anlage von Eisenbahnen ihre Bedeutung für den allgemeinen Verkehr verloren, dienen auch nicht zu staatlichen Zwecken; denn die Post und das Militär benützt die Eisenbahn; sie dienen nur noch zu lokalem, höchstens zu Distrikts Verkehr. Offenbar ist die Unterhaltung der genannten Straßenstrecken nach dermaliger Sachlage vom Staatsstraßenbauetat zu streichen. Vielleicht ist dieses schon geschehen, und es würde uns freuen, von kompetenter Seite zu vernehmen, daß wir hier im Irrthume gewesen. Allein nach den Aeußerungen des Hrn. Abgeordneten Greil, welcher, wie uns dünkt, weil er die Sache vom praktischen Standpunkte, vom Standpunkte der Gleichheit und Gerechtigkeit aufgefaßt, abgesehen vom Referenten Lukas wohl das Gediegenste über den fraglichen Antrag gesprochen hat, dürften wir uns schwerlich irren. Wir lassen die Behauptung des Hrn. Abg. Dr. Gerstner unangefochten, daß wenn das Eisenbahnnetz noch so sehr ausgedehnt würde, doch die Staatsstraßen noch nothwendig wären. Aber wir glauben — ohne Widerspruch von dieser Seite befürchten zu müssen — behaupten zu dürfen, daß veränderte Verkehrsmittel veränderte Folgen nach sich ziehen, und daß Straßenstrecken, die bisher als Staatsstraßen galten, aber durch die Anlage von Eisenbahnen ihre ganze Bedeutung verloren, vom Staatsstraßenbauetat zu streichen und dafür andere Straßen, die bisher nur als Distriktsstraßen gelten, darauf zu setzen sind. So z. B. muß die Straße von Roth über Hilpoltstein, Thalmessingen, Greding, Beilngries und Riedenburg nach Regensburg, welche auch die ärarialische Post benützt und die einen so ausgedehnten Verkehr vermittelt, noch immer von den durchschnittenen Distrikten unterhalten werden. Eignet sich diese Straße nicht mehr für die Einsetzung in den Staatsstraßenbauetat, als die Eingangs erwähnten Straßenstrecken und manche anderen, welche durch Anlage von Eisenbahnen ihre Bedeutung verloren haben und nunmehr nur zu lokalem Verkehre dienen? Wir hoffen, daß die Kammer bei Berathung der Staatsstraßenbau-Position im Budget dieses Moment würdigen und so manche noch so genannte Staatsstraße vom Bauetat streichen werde. Auf diese Weise kann die Kammer auch jenen Distrikten gerecht werden, welche vom Eisenbahnnetz völlig ausgeschlossen sind, und ihre Sorgfalt für deren belebteren Verkehr bethätigen. In diesem Sinne hat die Behauptung des Hrn. Dr. Gerstner: „Wenn das Eisenbahnnetz auch noch so sehr ausgedehnt sein wird, so werden Staatsstraßen doch immer nothwendig sein" ihre volle Berechtigung; sie trägt der vom Abgeordneten Greil angestrebten Gleichheit und Gerechtigkeit in diesem Betreffe Rechnung. Aber dann wird die Position im Budget für Staatsstraßen nicht mehr zur Unterhaltung von durch Eisenbahnen bedeutungslos gewordenen sog. Staatsstraßen, sondern zur Unterhaltung der Distriktsstraßen in jenen Gegenden zu verwenden sein, die fern ab von Eisenbahnen liegen. —

In Oesterreich versieht man sich von dem preußischen Raubstaat nebst Nordbund nichts Gutes, will sich aber nicht wieder übertumpeln lassen. Wie es sich geziemt, denkt man also zunächst an die Armee, da die Vaterländer in der Regel durch die Armee vertheidigt und geschützt werden, wie Hr. v. d. Tann 1866 so glorreich als schlagend bewiesen hat. Seit Wochen nun ist man in Oesterreich mit „Schaffung eines besseren Geistes in der Armee" beschäftigt. Aber da sieht man wieder den großen Unterschied zwischen dem intelligenten preußischen Kulturvolk und dem „zurückgebliebenen" und erst in neuerer Zeit „liberal" gewordenen Oesterreich! Während dem „herrlichen Kriegsheer" des „Herrn" von Preußen der „bessere Geist" mit Erfolg von hinten beigebracht wird mittels Stockprügel auf den herrlichen hinteren Theil des herrlichen Kriegsheeres, sucht man in Oesterreich den nöthigen „besseren Geist" von vorne beizubringen mittels Rindfleisch, was schon viel liberaler ist. Die kaiserlich königlich österreichische Zeitungsintelligenz, von der in der Regel die höhere liberale Intelligenz befruchtet wird, hat nämlich glücklich herausgebracht, daß der „bessere Geist" der Armee durch das viele Beten, Beichten und namentlich das Halten des Fastengebotes einigermassen abhanden gekommen und folglich nur durch Abschaffung dieser „Mißstände“, namentlich des kirchlichen Fastengebotes bei der k. k. Armee wieder Eingang finden könne. Das würde in zahllosen Leitartikeln von den Pächtern der österreichischen Intelligenz, den Juden, auseinandergesetzt und klar gemacht und richtig hat auch die „liberale“ Armeeverwaltung das alsbald kapirt und durch diverse stramme Armeebefehle den Soldaten verboten, in die den „besseren“ liberalen Geist tödtenden Fastenpredigten zu gehen oder gar sich zur Osterbeicht kommandiren zu lassen. Die braven Juden haben das auch wohlgefällig anerkannt und dem liberalen Kriegsminister nachgerühmt, daß er „mit den alten Traditionen in der Armee tüchtig aufräume.“ Der ersehnte „bessere Geist“ war aber noch immer nicht wiedergekehrt und der erleuchtete Kriegsminister fand mittels der erleuchteten Juden heraus, daß dies daher komme, weil die Soldaten zu wenig Rindfleisch essen. Ein sofortiger Armeebefehl verpflichtete nun sofort die Regimentskommandanten, dafür zu sorgen, daß die Mannschaft an jedem Fasttag in der Menage ihre Fleischrationen erhalten und daneben zu keiner gottesdienstlichen Handlung, wie Beichten, Beten u. dgl. gezwungen werde, um so „die Verordnung des Feldbischofs bezüglich der österlichen Beicht“ zu paralysiren.“ Die kaiserlich königliche Armee ist nun in freudiger Erwartung des „besseren Geistes“ und der Dinge, die da aus dem genossenen kaiserlich königlichen Rindfleisch in der Armee sich entwickeln werden und auch wir setzen große Hoffnungen auf besagtes Rindfleisch.

Preußen. Der König will das Zollparlament selbst eröffnen, und zwar mit einer Thronrede, seiner dritten in diesem thronredengesegneten Jahre. Bismark geht auf's Land, um seine Nerven für's Zollparlament zu stärken. Der Kronprinz geht ins Bad, denn er ist „leberleidend“. Es verdrießt ihn wahrscheinlich, daß sich für ihn nichts zu regieren findet. In Berlin soll man gar für sein Leben fürchten; so gefährlich wird's aber nicht sein.

Von Preußen geht nächstens das Heil der Welt und der Anfang der politischen Badereise aus. Der Kronprinz rettet das Vaterland und seine Leber durch eine Kur im Karlsbad und sofort werden dann in Ems einige Monarchen das Gleiche thun. Die Czaren der Preußen und Reußen sind bereits angemeldet und wenn er möchte könnte auch noch der Selbstherrscher der Franzosen dort zusammenwimmeln und durch Waschung und Duldung das Vaterland mitretten helfen.

Dienstes-Nachrichten.

Verliehen: Die kath. Pfarrei Freihalden, B.-A. Günzburg, dem J. Kaufmann, Pfarrer in Modelshausen, B.-A. Wertingen.

Börsen-Nachrichten.

Wien, 15. April. Bei der heutigen Gewinnziehung der österreichischen 1864er Loose wurden außer den schon mitgetheilten Treffern noch folgende größere Gewinne gezogen: je 2000 auf Ser. 630 Nr. 35, S. 1866 Nr. 3 und S. 2203 Nr. 92, je 1000 fl. auf S. 423 Nr. 50, S. 455 Nr. 12, S. 1860 Nr. 14 und 41, S. 2061 Nr. 49 und S. 3670 Nr. 12, je 500 fl. auf S. 423 Nr. 50, 79, S. 455 Nr. 22, S. 630 Nr. 13, S. 1866 Nr. 7, 28, 77, S. 2061 Nr. 3, 19, 60, 61, S. 2203 Nr. 66, 94, S. 3070 Nr. 25, S. 3867 Nr. 97, je 400 fl. auf S. 423 Nr. 12, 21, 34, 80, 88, S. 455 Nr. 14, 40, 67, 95, S. 630 Nr. 11, 26, S. 1860 Nr. 30, S. 2061 Nr. 4, 92, 97, S. 2203 Nr. 69, S. 3670 Nr. 6, 10, 11, 33, 37, 56, 77, 86 und S. 3867 Nr. 1, 15, 42, 56, 62, 80. Auf alle übrigen Nummern der verloosten Serien entfällt der geringste Gewinn von je 160 fl.

Briefkasten.

W. — Je nachdem! Huber meint in den Artikeln der Allg. Ztg. über „Papstthum und Staat“, das Papstthum sei der unversöhnlichste Feind des modernen Staates. Von dem Verfasser des „Janus“ ist das keine auffällige Ansicht, doch glauben wir nicht, daß das Papstthum von dem kleinen Münchener Professor sonderlichen Schaden erleiden wird, da es genug Leute gibt, welche das Papstthum von einer andern Seite kennen, als aus den „neuesten Geschichtsquellen“ der Allg. Ztg., die mitunter sehr sonderbare Heilige zu Mitarbeitern und Verehrern hat.

Münchener Schranne vom 16. April.

Getreidsorten	Verkauft Schffl.	Höchster fl.	Höchster kr.	Mittel- fl.	Mittel- kr.	Nied.-Preis fl.	Nied.-Preis kr.	Gest. fl.	Gest. kr.	Gef. fl.	Gef. kr.
Weizen . . .	1460	20	21	19	14	17	42	—	—	—	5
Korn . . .	896	12	13	11	48	11	15	—	—	—	16
Gerste . . .	941	13	25	12	49	11	45	—	2	—	—
Haber . . .	1799	9	8	8	28	7	39	—	—	—	8
Reps . . .	—	—	—	—	—	—	—	—	—	—	—
Lein . . .	2	22	39	22	18	21	47	—	—	—	24

Verantwortlicher Redakteur: Dr. J. Sigl.

Druck von M. Vogl in München, Rosengasse 11

II. Jahrgang.

Das Bayrische

Vaterland.

Auflage: 5400.

Das „Bayr. Vaterland“ erscheint täglich mit Ausnahme der Sonn- und hohen Festtage. Preis des Blattes: Vierteljährig 54 kr., ganzjährig 3 fl. 36 kr. Das einzelne Blatt 1 kr.

Alle Postexpeditionen und Postboten des In- und Auslandes nehmen Bestellungen an. Inserate werden die dreispaltige Petitzeile oder deren Raum zu 3 kr. berechnet.

Redaktion: Burggasse 14. Herausgegeben von Dr. jur. J. Sigl. Expedition: Ruffinibazar 5

Anselm. Nr. 89. Donnerstag, 21. April 1870.

Bestellungen auf das „Bayr. Vaterland“ für das Quartal zu 54 kr. können bei allen Postanstalten und Postboten noch immer gemacht werden.

Die Schneider-Strike!

Das will den guten Münchenern gar nicht einleuchten, daß die Schneider „striken“, d. h. feiern, statt zu arbeiten in dieser schweren Zeit! Wir haben da unversehens ein Stück sociale Frage vor Augen gerückt bekommen, und Münchener Augen sind daran nicht gewöhnt. Sie werden es auch noch werden; sie werden sich an die sociale Frage und ihre Noth und Gefahr ebenso gewöhnen, wie sie sich an die Gewerbsfreiheit gewöhnt haben. Die Münchener stecken mit ihrem Fühlen und Denken noch hübsch in der „guten alten Zeit“, wo es keine Gewerbefreiheit, keine Socialgesetze und keine sociale Frage gab und von diesem Standpunkte aus beurtheilen und verurtheilen sie die Schneiderstrike. Wir urtheilen etwas anders.

Man hat die alten Bande durch ein papiernes Gesetz gelöst, man hat Alles „frei“ gemacht, aber nicht reich, man hat das Loos der Arbeiter auf der einen Seite scheinbar erleichtert, auf der andern aber keineswegs verbessert. Mit den krausen Ideen, die man ihnen von Freiheit und Gleichheit in den Kopf gesetzt, fühlen sie sich heute elender als zuvor, weil die Gegensätze heute noch größer sind als gestern und vorgestern.

Jeder hat ein „Recht auf Arbeit“, so hat auch Jeder ein Recht nichts zu thun. Die Schneider sind mit ihrem Verdienst nicht zufrieden, sie verlangen mehr; hat nicht Jeder das Recht, für seine Arbeit so viel als möglich zu verlangen? Die Konkurrenz, die Verhältnisse werden den Preis schon bestimmen; verlangen aber kann Jeder, was er will, aber nicht Jeder erhält, was er verlangt. Aber, sagt man, das Publikum wird es zahlen müssen! — Wir sagen: Nein! wenn das Publikum nicht selbst will. Man wird eben sparsamer mit seinen Kleidern sein und Verdienst der Schneider und Preiserhöhung der Arbeit gleicht sich dann aus. Was hätte denn das liebe Publikum gesagt, wenn die Meister in aller Stille die Preise erhöht hätten, ehe und ohne daß es zur Strike kam? Das Publikum hätte nichts gesagt, es hätte einfach gezahlt. Da es aber von den Gesellen ausgeht, ist's gleich was anders! Warum denn? Der Geselle ist auch Mensch sozusagen so gut wie der Meister, und so gut der Meister seine Preise macht seinen Kunden gegenüber, so gut darf der Geselle seine Preise machen dem Meister gegenüber. Das ist doch klar. Es kommt nur darauf an, ob auch bezahlt wird, was man verlangt.

Die Arbeiter verlangen Abschaffung der Sonntagsarbeit. Sie sind damit ganz in ihrem Recht; Gott verlangt das Gleiche für sie und von ihnen. Die großen Meister aber sind anderer Ansicht; die wollen, daß der Arbeiter auch am Sonntag ein Lastthier sei, ihr Lastthier, ihre Maschine. Regierung und Polizei sollte hierin die Arbeiter unterstützen.

Die Arbeiter verlangen Abschaffung, mindestens Beschränkung der Zuchthausarbeit. Auch dazu haben sie ein gewisses Recht und die Regierung sollte eine solche Ausbeutung der Arbeitskraft durch einige hiesige Juden nicht dulden. Wenn der Jude für den Rock, der im Zuchthaus gemacht ist, 54 kr., höchstens 2 fl. bezahlen darf, der Meister in der Stadt aber 4 bis 6 fl. bezahlen muß, wenn so der Jude, der das Privilegium hat, unverhältnißmäßigen Gewinn in die Tasche steckt, so ist das nicht blos eine Ungerechtigkeit, es ist ein Skandal, der noch ganz andere Leute als Schneider empören muß.

Die Arbeiter haben kein anderes Mittel, zu wirklichem oder vermeintlichem Recht zu kommen, als Arbeitseinstellung, ein Mittel, das freilich in den wenigsten Fällen den gewünschten Erfolg hat. Das Gesetz hilft ihnen nicht, das Gesetz schützt aber die großen Unternehmer, die jüdischen und getauften Schneiderkönige, gegen die ja die Strike ausschließlich, und damit gegen die Reichen, gegen die Modeherrn gerichtet ist, denen es auf ein paar Gulden mehr oder weniger nicht ankommen kann. Lassen wir die Arbeiter das einzige Mittel ausüben, das ihnen zu Gebote steht.

Die Arbeiter in Deutschland, in Frankreich, — überall sind sie es müde, blos eine „intelligente“, mehr oder minder schlecht geschmierte Maschine in den Händen der Fabrikkönige, der jüdischen „Unternehmer“, des herzlosen Geldprotzenthums zu sein, die man wegwirft, wenn sie unbrauchbar und zerbrochen ist. Sie sind es müde, allein die Knechte zu sein, allein arbeiten und schaffen zu müssen, während der Kapitalist die Frucht ihres Schweißes in die Tasche steckt. Auch die Arbeiter wollen ihren Antheil an der Frucht der Arbeit haben und das ist die sociale Frage. Mit „Bildung“ und „Intelligenz“ allein thut sich's nicht, man muß auch goldene Mittel haben, sonst ist das moderne Leben die Hölle!

Eine ultramontane Verschwörung.

Von etwas Entsetzlichem, von einer grauenhaften Gefahr, in welcher der Fortschritt und all die glänzenden Errungenschaften des 19. Jahrhunderts in den letzten Tagen wieder geschwebt, haben wir heute zu berichten. Die gute Stadt München, der Sitz so vieler gelehrter Professoren, die fortschrittliche Musterstadt in ihrer Eigenschaft als Besitzerin eines höchst liberalen und aufgeklärten Magistrats, eines Julius Knorr, eines Knurrblättls und verwandter — Geister, war seit 14 Tagen der Herd einer schwarzen Verschwörung, ohne daß sie, ja vielleicht ohne daß selbst der gestrenge Hr. Alexis v. Burchtorff, der getreue

Wächter der Ordnung und des „Vaterland", eine Ahnung davon hatte.

Wer anders konnten die Verschwörer sein als „vaterlandslose, „staatsgefährliche," „thronumstürzende" Ultramontane? Du irrest nicht, o weiser Leser! Ultramontane Unholde, in der Wolle gefärbte Schwarze waren es an 600, welche ohne Bewilligung der hohen Militärbehörde sogar nächtlicher Weile Exercitien hielten. So weit geht bereits die Frechheit dieser Rotte! Aber nun sind sie entdeckt. Die Räume des hiesigen Gesellenhauses waren es, in denen der schwarze Bund jeden Abend, sobald die Straßen Münchens mit Gas und die Köpfe mit Knurrblättlspiritus erleuchtet wurden, Unterschlupf fanden. Da wimmelten die Verschwörer zusammen, von Nord und Ost, von Süd und West, geheimnißvoll öffneten sich die Thore und das Haus nahm sie auf zu finsterem Thun. Die Parole jeder Revolution, sie war auch hier des Loosungswort: „Freiheit, Gleichheit, Brüderlichkeit!" Freiheit, denn jeder Schwarze konnte sich an dem schwarzen Werk betheiligen, Gleichheit, denn da galt kein Unterschied des Standes und Besitzes, der Geburt und Intelligenz, Brüderlichkeit, denn Alle fühlten sich als eine Familie, als Söhne einer Mutter.

Und nun, lieber Leser, kommt das Erschrecklichste! Wohl fürchten wir nichts für eine ultramontan angerauchte Verschwörerseele, aber es gibt noch andere Menschenkinder, welche den Eugen Sue, die Barbara Ubryk und sonstige tief wissenschaftliche Kompendien zur Erwerbung einer vollkommenen Versimpelung mit Erfolg studiert haben, und für diese fürchten wir mit Grund, wenn wir ihnen sagen, das leitende Haupt der Verschwörung war ein — Jesuit!

Ein Jesuit!

Kein gemalter, keiner aus einem modernen Theaterstück oder Roman, sondern ein wirklicher, ein leibhaftiger Jesuit, ein Jesuit mit Fleisch und Bein und zwar ein Prachtexemplar aus dieser furchtbaren Gesellschaft Jesu, P. Philipp Löffler.

Es ist schauderhaft zu hören für eine liberale Seele: obgleich man meinen sollte, diese unselige Rotte zur Verdummung der Menschheit hätte alle Hände voll zu thun, den Papst, das Concil, die Bischöfe zu dirigiren, bleibt doch noch so Manchem Zeit und Muße zur Knebelung der Geister in allen Weltgegenden, ja selbst in München, welches doch nach dem Zeugnisse Knurrblättls „dem Fortschritt gehört."

Welche Verhöhnung des Zeit- und Knurrblättlgeistes! — — —

Gehen wir nach diesem zeitgemäßen Eingange zu dem Ernste der Thatsache über. Vom Dienstag der Passionswoche bis zum Tage der Auferstehung des Herrn fanden auf Anregung eines von Allen, die ihn kennen, hochverehrten Mannes aus der höheren Gesellschaft geistlichen Exercitien im kath. Gesellenhause statt. Hätte man die großen Räume desselben noch zu erweitern vermocht, sie hätten kaum für die täglich zahlreicher werdenden Theilnehmer zu genügen vermocht. Stunden lang vor Beginn der Konferenz hatte man sich eingefunden, um ein bescheidenes Plätzchen zu bekommen. Um ½8 Uhr begann stets der anderthalb stündige Vortrag des P. Löffler, den Glauben stärkend, die Herzen erweiternd, die Seelen begeisternd für den Kampf des Lebens, die Kämpfe der Zeit, mit heiligem Feuer die Liebe entzündend für die vielgeschmähte und verfolgte Kirche und ihr erhabenes Haupt den herrlichen Dulder Pius IX. Hätte von ihren Feinden Einer diesen Vorträgen beigewohnt: Eines wenigstens hätte er anerkennen müssen: die Noblesse der Wahrheit.

Am grünen Donnerstag empfingen die Theilnehmer der Exercitien im Bürgersaal die hl. Kommunion. Da traten mehr den 500 Männer, Fürsten und Grafen, hohe Beamte und angesehene Bürger, Studirende der Universität und Handlungsgehilfen, wackere Gesellen und einfache Arbeiter vereint in dem einen Glauben zum Tische des Herrn. Es gemahnte an eine Agape der apostolischen Zeiten! Diese gemeinsame Kommunion ward aufgeopfert für den hl. Vater, die Botschaft davon telegraphisch nach der ewigen Stadt gemeldet.

Am Ostersonntag, dem Schlußtage der Exercitien, wurde in Gegenwart Sr. Ex. des päpstlichen Nuntius, Erzbischof Meglia, die mit dem Segen des Papstes begleitete Antwort aus Rom verlesen, der Segen von dem Nuntius über die auf den Knien liegende Versammlung gesprochen.

Die Rückreise des hochwürdigen P. Löffler nach Regensburg am Ostermontag gestaltete sich zu einer wahren katholischen Demonstration. Da standen vor dem Bahnhof an 500 Männer und Jünglinge, dem scheidenden Priester Lebewohl zu sagen. Und der arme Sohn des hl. Ignatius stand da mit seinem Brevier und Wandertäschchen wie ein scheidender Vater vor den geliebten Söhnen. Jeder wollte ihm noch einmal die Hand drücken, Jeder ihm noch ein Abschiedswort sagen. Eine tiefrührende Scene!

Als ein erfreuliches Zeichen der Zeit dürfen wir den Erfolg dieser Mission begrüßen. Diese Thatsachen zeigen uns, daß eine Scheidung der Geister sich vollzieht; sie zeigen uns, daß die fiebererzeugendden Dämpfe, aus dem Sumpfmoor der modernen Begriffsverwirrung aufsteigend, noch nicht alle Köpfe betäubten; sie zeigen uns die gottesfreudige Liebe, die kirchentreue Entschiedenheit der Herzen gegenüber dem dämonischen Gotteshaß und der feigen Kirchenflucht unserer Tage.

Eines der letzten Worte P. Löffler's war: „Meine Freunde, unsere Zeit ist nicht die Zeit der Dämmerung für die Kirche, ich halte sie für das Morgenroth eines neuen Tages." Ob das nicht prophetische Worte gewesen? Möge der Herr seiner Kirche diese Worte der Hoffnung und des Trostes erfüllen! Ihr aber, Katholiken draußen in den Städten und auf dem Lande, die ihr noch ein warmes katholisches Herz, ein bayrisches Herz, das Herz auf dem rechten Flecke habt, verzweifelt nicht an den Münchenern (!) Es ist doch noch ein guter Kern vorhanden! Möge Gott ihm wieder fröhliches Wachsthum geben, daß er wieder zum stolzen Baum werde und Blätte trage und reiche Frucht.

Und weht es jetzt noch eisig kalt,
So winterlich auf Erden,
Getröstet Euch, es muß doch bald
Und sicher Frühling werden

Deutschland.

München, den 20. April.

Die „Civilta Cattolica" bringt einen geharnischten Artikel gegen die sogenannten „liberalen" Katholiken. „Gerade der liberale Katholicismus, sagt das offiziöse Blatt, hat die Freiheit des Koncils verletzt und zwar so viel ihm möglich war und ist. Er hat dies noch vor seiner Berufung gethan, indem er schon damals seine Freiheit bezweifelte; er hat es gethan, indem er ihm zu verstehen gab, es möge sich vor der Definition der von ihm verworfenen Punkte hüten; er hat es gethan durch die Anmaßung, mit welcher er im Schooße des Concils die elementarsten Regeln zu verkehren suchte, welche das Recht der Berathung schützen. Und diese Partei wagt es, sich freiheitsliebend, sich liberal zu nennen? Aber auch katholisch nennt sich diese Partei. Und mit welchem Recht? Alle Feinde der Kirche, des Papstes und Jesu Christi stehen ihr zur Seite in diesem Aufruhr gegen das Concil, feuern sie an, beklatschen sie, als gelte es einen solidarischen Kampf um gemeinsame Interessen. Was soll das? Die Lehre des Evangeliums ist deutlich, daß man unmöglich gleichzeitig für Christus und Belial kämpfen kann. Wenn nun Belial's Schaaren so begeistert dem Banner zujubeln, welches der das Concil befehdende liberale Katholicismus entrollt hat, ist dann nicht klar, daß dieses Banner nicht im Lager der Kirche wehen kann? Die Consequenz daraus mögen sich die liberalen Katholiken selbst ziehen. O, Ihr Herren, Ihr richtet Euch selbst. (Vosmet ipsos judicatis.)" Wir können dieser Auffassung nur zustimmen und haben selbst immer dasselbe gesagt. Indem die „Liberalen" in ihrer lächerlichen Angst vor der Unfehlbarkeit dieser mit allen Waffen der Verdrehung, Lüge und Verleumdung entgegenarbeiten, haben sie sie nur beschleunigt, ja die Definirung der Unfehlbarkeit zur unabweisbaren Nothwendigkeit gemacht. Viele mögen daran Aergerniß nehmen — heute; wenn die Kirche gesprochen haben wird, werden sich die ehrlichen Katholiken willig unterwerfen; die „liberalen" aber mögen gehen, wenn sie gescheidter sein wollen als die Kirche und der hl. Geist; sie werden weder die Kirche erschüttern, noch bezwingen, denn ihr hat Christus seine Verheißungen gegeben und nicht Hrn. v. Döllinger und seinem (meist sehr unwürdigen) Anhang!

— Wiener Blätter wollen wissen, die Osterreise des Grafen Bray nach Stuttgart sei veranlaßt durch die gleichzeitige tiefgehende Opposition der süddeutschen Stämme gegen den Militarismus und die Politik des Nordbundes. Die Besprechung in Stuttgart wäre somit eine Ministerkonferenz und deren Zweck, die Verständigung über eine gemeinsame Politik gegen die Aufsaugungspläne des preußischen Nord-Bundes. Laudanda voluntas! d. h. wir sind ganz damit einverstanden; wir meinen blos, die beste Politik gegen unsere geliebten Alliirten von 1866 wäre eine herzhafte Allianz der Podewilser mit den Werdls und Chassepots; dann sollen es die Zündnadeln versuchen, wieder 1866 zu spielen.

— In einer Mittheilung von Joh. Ibels Ww. an uns wird zu dem Corpus-Christi-Processions-Artikel gesagt, daß die Arbeitsleute auf den Gerüsten in Akkord arbeiteten und dadurch der speziellen Aufsicht des Hausbesitzers entrückt waren.

Würzburg. Der Redakteur des Würzb. Journals ist wegen Majestätsbeleidigung (!!), Beleidigung des Staatsministeriums, sowie der Minister Schlör, Braun und Lutz vor's Schwurgericht verwiesen, (das ihn hoffentlich freisprechen wird).

Aus Unterfranken wird dem „Vaterland" geschrieben: Mit dem 1. Juli d. J. sollen wir wieder mit einer neuen Beamtenklasse beglückt werden, die von dem Marke des gedrückten Volkes unterhalten werden muß und unsere vielgepriesene Rechtspflege im Staate Bayern sicher wieder um ein Bedeutendes verbessern wird — wenigstens im Kostenpunkte. Man schwefelt immer von einer „Rechtsvereinfachung", stellt aber dabei immer so viel Beamte an, daß ein einfacher Bürger und Bauer mit seinem „beschränkten Unterthanenverstande" gar nicht mehr weiß, wohin er sich zuletzt wenden soll, zum kgl. bayr. Landrichter, oder Assessor, oder Notar, oder Gerichtsvollzieher, wenn sie kommen. — Die beiden letzteren halten wir für die überflüssigsten, da ja, wie unser Landrath offen ausgesprochen, der erste nur dazu geeignet ist, die Treue und den Glauben im Volke zu — (Censurstrich! D. Red.) und der letztere uns nur mehr Kosten macht, während ein bisheriger, halbwegs gewandter Gerichtsdiener uns ebenso gut bediente. Möge es doch unserer jetzigen Kammer gelingen, diese beiden uns so lästigen Institute zu beseitigen; wenn aber nicht, dann möge sie wenigstens das neue Wahlgesetz zu Stande bringen, wir werden dann schon dafür sorgen, daß Männer kommen, welche diese beiden modernen Mißgeburten: „Notariat und Gerichtsvollzieher", welche das arme Volk (— Censurstrich. E..en wir z. B. „ganz gehörig liberal behandeln werden"! D. Red.) wieder über den Haufen werfen.

Von der **schwäbischen Grenze** wird dem „Vaterland" geschrieben: Heidi! war das ein Leben! Am Ostermontage, wo die Sonne so lieb aus dem blauen Himmelszelte zu uns herabschaute, ertönte in Wullenstetten bei Neu-Ulm Morgens um ½5 Uhr Tagreveille und krachten die Böller ganz lustig hinüber in das Nachbarland und verkündeten dem Illerthale die Feier eines großartigen Festes, der Gründung des bayrisch patriotischen Bauernvereines „Wullenstetten". Flott wimpelten die bayrischen Fahnen vom Kirchthurme, vom Bräuhause herab, eine trefflich geschulte Blechmusik spielte, und so war für Alles gesorgt, was zur Verschönerung des Festes beitragen konnte. Zahlreich kamen die wackeren Patrioten von Nah und Fern herbei und waren hoch begeistert durch die ausgezeichneten Reden eines Hrn. Dr. Huttler, Frhrn. v. Freiberg, eines Herrn Steiner von München und Hrn. Balbauf von Augsburg; auch das Augsburger Kasino hatte seine Stellvertreter geschickt, kurz, die Gründungsfeier fiel gegen alle Erwartung großartig und brillant aus, in Schwaben die erste Gründungsfeier eines bayrisch patriotischen Bauernvereines.

Würtemberg. Ein kleines Bier-Kollegium auserlesener würtembergischer Bettelpreußen erklärte sich für den Anschluß an das „bereits geeinigte Deutschland" (?!) durch den Eintritt des Südens in den Norden und hat dies vorläufig durch Telegramme an alle Zeitungen der Welt zu wissen gethan. „Deutschland" ist ruhig.

Hessen. Der Großherzog ist zu einem Besuch nach Berlin kommandirt worden, wo er auch bereits eingetroffen ist. Unter den Offiziösen herrscht darüber großer Jubel, aus dem herauszulesen ist, daß man einigermaßen besorgt war, ob der Großherzog der ihm erwiesenen Ehre sich auch würdig bezeigen, d. h. gehorchen werde. Er that es, nachdem er drei frühere Besuche, die ihm der „Herr" aller Preußen bereits gemacht, unerwidert gelassen. Hoffentlich wird dieser Erfolg dem obersten Kriegsherrn in Berlin, der nach dem Zeugnisse Bismarks „in Süddeutschland eine Macht ausübt, wie seit Kaiser Barbarossa kein deutscher Kaiser", ermuthigen und aneifern, noch ganz andere süddeutsche Alliirte nach Berlin zum Handkuß zu kommandiren und mancher wird sich das vielleicht nicht zweimal sagen lassen, ohne deshalb „weniger souverän" zu sein. Die Böller gehen aber nicht nach Berlin, außer bewaffnet. Vestigia terrent!

Oesterreich. In Graz will eine Anzahl „namhafter Katholiken" (nach dem Herzen Knurrblättls) nächstens aus der katholischen Kirche austreten. (Fort mit Schaden! 's wird nicht viel daran verloren sein. Wenn die meisten „liberalen" Katholiken nicht zu feig wären, würden ihnen manche nachfolgen; den wahren Katholiken könnte damit nur ein großer Gefallen geschehen. Was soll man auch von „Katholiken" halten, welche „stolz darauf sind, an keinen Gott mehr zu glauben", aber doch zu feig, offen und ehrlich aus der katholischen Kirche auszutreten? Merkwürdiger Weise sind es aber gerade meist Katholiken dieses Schlags, welche die andern über Katholicismus belehren wollen. Julius der Gerächte könnte uns eine ganze Galerie solcher Musterkatholiken vorführen und vielleicht wäre sogar er selbst darunter!)

Wien. Ex-Minister Berger wurde vom Schlage gerührt und an der einer Seite ganz gelähmt.

Ausland.

Frankreich. In Paris ist die medicinische Schule geschlossen worden, weil sich die Herren Studenten ungezogen aufführten. Sie halten jetzt Versammlungen und vertreiben sich die Zeit mit Protesten gegen die Sch[illegible]ung und kühnen Resolutionen, welche die Absetzung des Professors Tardieu verlangen. Hat denn die französische Polizei keinen Burchtorff? Der würde kurzen Prozeß mit den Herren machen, da er sicher „überzeugt“ wäre, daß solches Treiben der Regierung unangenehm und folglich ungesetzlich ist.

In **Spanien** wird noch immer eine karlistische „Erhebung“ erwartet, auf die sich die Regierung sehr sachgemäß durch Aushebung von 40000 Rekruten und Herrichtung von Schießzeug vorbereitet. Inzwischen wird mit großer Nachhaltigkeit und Energie fortererschossen und alles „Aufständische“, dessen man habhaft werden kann, vom Erdboden vertilgt. Groß sind die Liberalen, wenn sie die Macht haben und ohne Widerstand erschießen lassen können!

In **Griechenland** müssen jetzt recht angenehme Verhältnisse sein. Das Land hat zwar seit geraumer Zeit einen König, wenigstens steht's im Gothaer Almanach und im griechischen Budget, um das Regieren aber scheint sich der junge Mensch nicht sonderlich zu kümmern. Das besorgen theils die Minister, theils die Räuber, welche in einer Weise überhand nehmen, daß es kaum glaublich ist. Fast jeder Grieche, der nicht Minister oder sonst angestellt ist, ist seines Zeichens ein Räuber und auch Angestellte scheinen das edle Räuberhandwerk als einträgliches Nebengeschäft zu treiben, was freilich auch in civilisirteren Staaten manchmal vorkommt, nur daß dann da feiner und pfiffiger geraubt und gestohlen wird. So wurde kürzlich fast vor den Thoren der Hauptstadt gleich eine ganze Gesellschaft, worunter Gesandtschaftsmitglieder, von den Räubern aufgehoben, die jetzt die Kleinigkeit von 100000 Drachmen als Lösegeld verlangen. Die Diplomaten sind über diese Unhöflichkeit nicht wenig entrüstet, allein was läßt sich machen? Die Regierung kann der Herren nicht habhaft werden und wenn die Fremden das Geld nicht zahlen wollen, so wird eben die Regierung den geliebten Unterthanen die Freude machen müssen; denen kann es ganz gleich sein, wer das Geld hergibt.

Vermischte Nachrichten.

In Folge der Eröffnung der Bahnstrecke Ingolstadt-Treuchtlingen treten folgende Aenderungen in den Post-Omnibus- und Cariolfahrten ein: Aufgehoben werden: 1) die Postomnibusfahrten zwischen Weißenburg und Eichstädt, dann Eichstädt und Ingolstadt; 2) die Cariolfahrten zwischen Eichstädt und Dollnstein; 3) die Postomnibusfahrten zwischen Pappenheim und Treuchtlingen; 4) die Cariolfahrten zwischen Pappenheim und Solnhofen; 5) die Postomnibusfahrten zwischen Neuburg und Eichstädt; 6) die Postomnibusfahrten zwischen Donauwörth und Pappenheim. Neu eingerichtet werden: 1) Postomnibusfahrten zwischen Monheim und Donauwörth; 2) Postomnibusfahrten zwischen Monheim und Treuchtlingen; 3) Postomnibusfahrten zwischen Neuburg und der Bahnstation Adelschlag (täglich zweimal.) In den Courszeiten werden geändert: 1) die Postomnibusfahrten zwischen Wemding und Monheim; 2) zwischen Wemding und Nördlingen; 3) zwischen Beilngries, Denkendorf und Ingolstadt; 4) zwischen Kipfenberg und Denkendorf; 5) zwischen Beilngries und Ingolstadt.

Verantwortlicher Redakteur: Dr. J. Sigl.

Druck von M. Vogt in München, Rosengasse 11

II. Jahrgang.

Das Bayrische
Vaterland.

Auflage: 5400.

Das „Bayr. Vaterland“ erscheint täglich mit Ausnahme der Sonn- und hohen Festtage. Preis des Blattes: Vierteljährig 54 kr., ganzjährig 3 fl. 36 kr. Das einzelne Blatt 1 kr.

Alle Postexpeditionen und Postboten des In- und Auslandes nehmen Bestellungen an. Inserate werden die dreispaltige Petitzeile oder deren Raum zu 3 kr. berechnet.

Redaktion: Burggasse 14. Herausgegeben von Dr. jur. J. Sigl. Expedition: Ruffinibazar 5

Cajus. Nr. 90. Freitag, 22. April 1870.

Die Todesstrafe.

Die Kammer wird sich heute mit dem Antrag des Hrn. v. Stauffenberg und einiger Fortschreiter auf Abschaffung der Todesstrafe zu beschäftigen haben. Vom fortschrittlichen Standpunkte ist die Abschaffung dieser Strafe zweifelsohne sehr zeitgemäß; wer weiß, ob nicht bereits eine Anzahl liberaler Ehrenmänner die Tage zählt, daß man sicher vor dem Geköpftwerden ist und man dann mit der sicheren Aussicht auf gelegentliche Amnestien um so ungenirter und gemüthlicher Hoch- und Landesverrath und dergleichen liberale Beschäftigungen treiben kann. Auch die Herren Mörder, Raubmörder, Mordbrenner und andere Spitzbuben würden vermuthlich als sehr „zeitgemäß“ und „human“ einen Kammerbeschluß begrüßen, der die leidige Köpfmaschine in die Rumpelkammer verweist und nur etwa noch ausnahmsweise für unverbesserliche Ultramontane in Anwendung kommen läßt. Für diese mag man das Köpfen immerhin als fortschrittbefördernde Regierungsmittel beibehalten; das ist nicht mehr als billig und überaus klug und weise — vom liberalen Standpunkt!

In der Regel wird man zur Strafe geköpft oder erschossen. Die Bedeutung der Strafe in der irdischen Rechtsordnung ist, daß sich durch sie der Wille des Gesetzes gegen den Privatwillen, durch den das Gesetz verletzt wurde, als eine Macht bewähre und dadurch das Ansehen des beleidigten Gesetzes wieder hergestellt werde. Dieses kann nur dadurch geschehen, daß der Thäter durch etwas was er nicht will, was ihm mehr oder weniger Schmerz verursacht, also durch ein Uebel leiden muß. Die Strafe kann also nur die Zufügung eines Uebels für den Beleidiger des Gesetzes sein und da die Strafgewalt eine irdische ist und in der irdischen Welt wirkt, so können ihre Strafmittel nur in der Zufügung eines irdischen Schmerzes durch Entziehung irdischer Güter bestehen.

Die Strafe hat eine dreifache Bedeutung: erstens die, durch den dem Verbrecher zugefügten Schmerz die Macht des Gesetzes gegen ihn zu bewähren und die verletzte Gerechtigkeit zu sichern; zweitens soll sie, indem sie dem Verbrecher die Macht des Gesetzes in den Folgen des Verbrechens unmittelbar fühlbar macht, womöglich auf die Reue und Besserung einwirken; drittens soll auch in der menschlichen Gesellschaft durch die Strafe das Ansehen des Gesetzes behauptet und gestärkt, und vor Verbrechen gewarnt und zurückgeschreckt werden. In allen diesen drei Beziehungen ist die irdische Strafe auch der überirdischen Weltordnung dienstbar. Nach dem Grad der Verletzung des Gesetzes einerseits und anderseits nach dem Grad der bösen Absicht und Verschuldung richtet sich die Höhe der Strafe für das Verbrechen.

Das höchste Maß der Strafe nun ist die Todesstrafe. Sie findet sich bei allen Völkern und in allen Gesetzbüchern, von der Bibel an bis zum jüngsten bayrischen Gesetzbuch. Es liegt hierin ein Beweis, daß schon in dem menschlichen Gemüthe etwas liegt, das die Todesstrafe rechtfertigt, und dieses ist das Gefühl, daß derjenige, der sich an den heiligsten göttlichen und menschlichen Gesetzen verging, seine Schuld durch Verlust des Höchsten und Heiligsten, was der Mensch hat, sühnen müsse.

Allerdings wenn man nicht an eine unsterbliche Seele des Menschen glaubt, muß man in der Todesstrafe als einer absoluten Vernichtung einen barbarischen Akt sehen. Der Glaube an die Unsterblichkeit genügte aber noch nicht, wenn man nicht auch den Glauben hinzu nimmt, daß durch diese furchtbare Strafe auch die göttliche Gerechtigkeit gesühnt und die verwirkte göttliche Strafe gemildert werde. So ist also nur in der ethisch-religiösen Begründung der Strafgewalt eine Rechtfertigung der Todesstrafe möglich. Ohne diese ethisch-religiöse Begründung, also für jeden unchristlichen Geist gilt die Todesstrafe nur als rohe Rache, als grausames Abschreckungsmittel oder ein bloßes Mittel zu Unschädlichmachung, kurz als ein Akt rein menschlicher Willkür. Jeder Liberale heutigen Tages ist demnach auch gegen die Todesstrafe, weil ihm der christliche Sinn mangelt, der allein die tiefere religiöse Bedeutung dieser Strafe zu begreifen und zu würdigen vermag.

Die neuere Philosophie, soweit sie eben noch auf christlich-religiösen Standpunkt steht, spricht sich für und nicht gegen die Todesstrafe aus. Der große philosophische Denker Kant fordert Kraft der Gerechtigkeit für den Mord die Wiedervergeltung; selbst Hegel rechtfertigt noch diese Strafe als Wiedervergeltung für den Mord. Andere sprechen sich mindestens für die Zweckmäßigkeit der Todesstrafe aus, um die Gesellschaft theils gegen den Rückfall des Verbrechers, theils gegen andere durch das abschreckende Beispiel zu sichern.

Diese Gründe allein würden aber noch nicht ausreichen. Wenn man einmal das irdische Strafrecht von der Religion ganz trennen will, so muß man freilich die Todesstrafe verwerfen. Das kann aber nur derjenige, der sich über religiöse Gründe hinwegzusetzen vermag und wie Becaria das Strafrecht der Gesellschaft einzig aus dem Socialvertrag ableitet, obwohl Fichte z. B. auch auf diesem Wege zu dem Schluße kommt, daß der Staat in gewissen Fällen den Verbrecher „als ein schädliches Thier niederschießen dürfe.“

Der christlich gebildete Geist hat aber für die Beurtheilung der Frage der Todesstrafe einen andern, den christlichen Standpunkt. Er sieht in ihrer Anwendung nicht bloße Grausamkeit und Rachsucht der beleidigten Gesellschaft oder ein bloßes Abschreckungsmittel für Andere. Der christlichen Auffassung erscheint die Todesstrafe, welche nach ihr nur das irdische Leben des Menschen vernichten kann, nicht aber dessen ganze Existenz, nur als Genugthuung für ein begangenes Verbrechen, durch welche die göttliche Gerechtigkeit gesühnt und die verwirkte göttliche Strafe gemildert wird.

Der Referent über diesen Antrag, Hr. Appellrath Dr. Krätzer, hat in seinem überaus gründlichen nnd gediegenen Referate eine Menge von Gründen ausgeführt, warum der Antrag zu verwerfen und die Todesstrafe erst dann zu beseitigen sei, wenn der Mord aufhört. Mögen also die Herren Mörder den Anfang machen,*) dann wollen wir an „Humanität" gewiß nicht zurückbleiben. Vorläufig können wir aber nicht begreifen, warum Eltern-, Gatten-, Gift- und Meuchelmörder von oft der grauenhaftesten Sorte trotz ihrer furchtbaren That aus angeblichen Humanitätsrücksichten das Leben auf Kosten der ehrlichen Leute gesichert sein soll, während der brave Soldat wegen Interessen, die er oft gar nicht kennt und die in Wahrheit für die menschliche Gesellschaft oft nicht bestehen, sein Leben im Kriege dahin geben und opfern muß.

*) In Bayern wurden von 1849 bis 1. Juli 1862 nicht weniger als 327 Todesurtheile gefällt und zwar 165 wegen Mord, 78 wegen Raub, 84 wegen Brandstiftung; von diesen wurden aber nur 65 vollzogen. Von 1862—1866 (unter dem neuen Strafgesetzbuch) wurden 36 Todesurtheile gefällt und zwar 27 wegen Mord, 4 wegen Raubmord, 5 wegen Raub; vollzogen wurden aber nur 3; im Jahre 1867 14, 1868 16.

Das Koncil und die liberalen Katholiken.

Der bereits erwähnte Artikel der „Civilta Cattolica" trägt die Ueberschrift: „Die Regel des Concils und die liberalen Katholiken." Es wird genügen, die wichtigeren Stellen daraus hervorzuheben:

„Niemand wird der Meinung sein, daß es nach Art der politischen Parlamente im Concil eine permanente und unwandelbare Majorität und Minorität gebe. Es werden wohl bei allen denjenigen Abstimmungen, wo die Beschlüsse nicht einstimmig gefaßt werden, Majorität und Minorität sich geltend machen, aber diese werden je nach Beschaffenheit der Gegenstände wechseln. Der Wahn von einer beständigen und systematischen Minorität ist thöricht und zugleich beleidigend für das Concil. Der Vorwurf, daß die Majorität die Minorität terrorisire, kann also nichts Anderes sagen wollen, als: die eine entscheide vermöge ihrer Ueberzahl Dinge, welchen die andere nicht zustimme. Das liegt aber im Wesen jener decretiven Versammlung, und es läßt sich schwer begreifen, wie unsere Liberalen in parlamentarischen Angelegenheiten die Institution der Majorität anerkennen, in Betreff des Concils aber sich darüber beklagen, daß die Minorität der Majorität weichen muß.

Dieser scheinbare Widerspruch findet alsbald seine Erklärung in der Erwägung, daß die Interessen der liberalen Partei im Concil eigentlich nur negative sind. Freilich sind sie auch positiver Natur, sofern sie nach dem Bekenntniß ihrer Führer die Umwandlung des kirchlichen Organismus im constitutionellen Sinne erstreben. Sie haben aber völlig Recht, wenn sie daran verzweifeln, daß es in der Macht des Concils liegt, jemals die göttliche Institution des Erlösers zu ändern, welcher einzig und allein in der Welt ewige Dauer verheißen ist. Nachdem sie die Einsicht gewonnen, daß die Erreichung dieses albernen positiven Interesse's a priori ein für alle Mal unmöglich ist, bleibt dem liberalen Katholicismus freilich nichts übrig, als mit allen seinen Mitteln gegen das Concil vorzugehen und die Definition aller jener Wahrheiten zu bekämpfen, welche sich bezüglich des Dogma's dem Systeme des Halbrationalismus, bezüglich der Kirche dem des Halbprotestantismus und hinsichtlich des Uebrigen dem des Halbfreimaurerthums entgegenstemmen, in das er sich gern hüllt, um zu gleicher Zeit Gott und dem Mammon zu dienen; und darin besteht ja nur in verschiedenen Graden sein ganzes Wesen. Da folgerichtig, falls bei den einzelnen Abstimmungen sich eine Minorität vorfindet, diese gegen die Definition votiren wird, so ergibt sich für die liberalen Katholiken aus ihrer ganzen Strategik die Nothwendigkeit, diese Minderheit nach jeder Richtung und um jeden Preis zu unterstützen . . . .

Eben das erklärt auch ihre unerhörte Behauptung von der Ungiltigkeit der Concilsentscheidungen, die nicht aus der Einstimmigkeit aller Väter hervorgehen. Nachdem vor der theologischen Wissenschaft und der Geschichte ihre Behauptung in ihr Nichts zerfallen ist, versuchen sie der Minorität den Charakter einer Majorität zu vindiciren, indem sie sagen, die Minorität falle „moralisch" schwerer in die Wagschale als die „numerisch" überlegene Majorität. Zu diesem Zweck unterscheiden sie zwischen Bischöfen mit Diöcesen und Bischöfen in partibus oder Missionsbischöfen, und stellen die Behauptung auf, dem Zeugniß der Abstimmung der an Zahl geringern Bischöfe mit größern, civilisirten Diöcesen sei ein größeres moralisches Gewicht zuzuerkennen, als den gegentheiligen Voten der zahlreichern Bischöfe ohne Sprengel oder in uncivilisirten Ländern. Diese Unterscheidung involvirt die falsche Anschauung, als seien die Bischöfe Zeugen (testes) nicht in Sachen des Glaubens, sondern in Sachen der Civilisation, und als würde sich ihre Zeugenautorität einzig und allein nur auf den Glauben und die Tradition ihrer Diöcesen beschränken, während sie doch Zeugen sind des Glaubens und der empfangenen Tradition im Allgemeinen; auch sind sie ja nicht allein Zeugen, sondern außerdem alle in gleicher Weise, unter und mit Petrus, Richter und Lehrer (judices et doctores) in der Kirche Jesu Christi.

Die Einwendung des liberalen Katholicismus, es sei unstatthaft, Discussionen im Concil über unwiderrufliche, ewig giltige Beschlüsse, deren Consequenzen die Menschen bis an's Ende der Welt unterliegen, durch Anträge auf Schluß der Debatte zum Schweigen zu bringen, stellt die „Civilta" als unsinnig hin, da bei einer solchen geschäftsordentlichen Bestimmung ein Concil seine Discussionen bis an's Ende der Welt ausdehnen müßte, wenn dieß im Gefallen einiger redseligen Mitglieder desselben läge.

Die „Civilta" faßt schließlich ihre Vorwürfe in folgende Sätze zusammen:

„Gerade der liberale Katholicismus hat die Freiheit des Concils verletzt nnd zwar, so viel ihm möglich war und ist. Er hat dieß noch vor seiner Berufung gethan, indem er schon damals seine Freiheit bezweifelte; er hat es gethan, indem er ihm zu verstehen gab, es möge sich vor der Definition der von ihm verworfenen Punkte hüten; er hat es gethan durch die Anmaßung, mit welcher er im Schooße des Concils die elementarsten Regeln zu verkehren suchte, welche das deliberative Recht schützen; er hat die Freiheit des Concils verletzt dadurch, daß er sich Verräther erkaufte und, um diejenigen, welche von der Freiheit zu seinen Ungunsten Gebrauch machten, dem Hasse auszusetzen, Namen in die Oeffentlichkeit gab; er hat sie verletzt, indem er Mißtrauen heraufbeschwor gegen die aus der rechtmäßigen Gewalt des Papstes hervorgegangene Geschäftsordnung; verletzt durch sein Verlangen nach Vertagung oder Auflösung, als er die Fruchtlosigkeit seiner Bewegung einsah; verletzt durch die bissigen und schismatischen Broschüren, welche sogar Volksaufläufe veranlaßten; er hat sie endlich verletzt, indem er ihm von fern mit der weltlichen Gewalt drohte, falls seine anmaßenden Rufe verhallen sollten. Und diese Partei wagt es, sich freiheitsliebend, sich liberal zu nennen u. s. w.?

Deutschland.

München, den 21. April

Die Kammerherren der Prannersgasse werden also heute darüber zu berathen und Beschluß zu fassen haben', ob die kostbaren Leben der Herren Spitzbuben in Zukunft vor dem Scharfrichter sicher sein sollen oder nicht. Das Land, werden die Liberalen sagen, hat ein wesentliches Interesse daran, daß ja kein Unschuldiger eine Strafe erleide, die „irreparabel" ist, da man einem Geköpften in der Regel den Kopf nicht mehr aufsetzen kann und die Fortschreiter, wenn sie irgendwo ein Revolutiönchen anfangen, ein Thrönchen umstürzen und ein Ländchen für Geld und Raubvogelorden verrathen, allemal unschuldig sind. Ist es schon eine zuwidere Sache, bei einem solchen Unternehmen in die Hände der Gendarmen und Staatsanwälte zu fallen, um wie viel mehr, wenn es gar den Kopf kostet! Mit den Herren Mördern und Halunken es verderben, ist auch nicht rathsam, da sie bei Wahlen und ähnlichen staatsbürgerlichen Pflichterfüllungen dem Fortschritt in allen Ländern sehr ersprießliche Dienste leisten können. Die Aussicht, eines Tages doch wieder dem Zuchthaus zu entkommen und dann das Versäumte wieder hereinbringen zu können, muß für ein fühlendes Mörderherz ungemein erhebend sein, wie es anderseits ein schönes Zeichen für die Humanität unsers aufgeklärten Jahrhunderts ist, daß der Gerechtigkeit eine Waffe um die andere aus der Hand genommen wird, so daß ihr schließlich wohl nichts mehr übrig bleibt, als die — Erinnerung und die bekannte wächserne Nase. Daß das Volk, die Bauern, in keinem Lande von solch „überschwenglicher Humanität" und unzeitiger Milde gegen die Herren Spitzbuben etwas wissen wollen, daß es ihnen wider den Mann und ihr Rechtsbewußtsein geht: — mein Gott! was braucht sich ein Liberaler um die Bauern und ihr Rechtsbewußtsein kümmern! Wir wissen nicht, ob unsere Kammer dem schönen liberalen Beispiel der benachbarten Freimaurerkammern folgen wird; wir haben uns still verhalten bis ganz zuletzt, da wir mehreren unserer Freunde die schöne Gelegenheit, sich für die nächsten Wahlen im Herbst ordentlich zu blamiren, nicht nehmen wollten, und erwarten mit großer Ruhe das Ergebniß der Abstimmung. Schlimmsten Falles sind ja noch die Reichsräthe da, welche die größeren Lumpen dem Schwert der Gerechtigkeit sichern werden. Sollte es einem oder dem andern schwarz angerauchten Kammerherrn einfallen, heute auch „liberal" und „human" zu sein, so werden wir nicht versäumen, den Namen des mitleidigen Edlen der Bewunderung der Nachwelt und seiner Wähler zu überliefern.

— Prinz Luitpold hat eine Reise nach Frankreich angetreten.

Sachsen hat in der Person des Kammerherrn von Bose wieder einen Gesandten für Oesterreich ernannt. — Der „Herr" von Preußen will am 30. April zu der 200jährigen Jubelfeier der beiden sächsischen Grenadierregimenter nach Dresden kommen, worüber ganz Sachsen vermuthlich einen höchst freudigen Purzelbaum schlagen würde, wenn es — Grund dazu hätte.

Preußen. Der preußische Nordbund beweist seine Existenz durch ein recht respektables Talent zum Schulden machen; damit es dabei fein konstitutionell hergehe, hat das zarte Gewissen Bismarks gesorgt, daß es dabei nicht ohne eine vom Reichstag und Bundesrath zu beschickende Schuldenkommission abgeht. Und wirklich es macht sich diese ganz zur Zufriedenheit; während nämlich, um Eines anzuführen, Bismark berechtigt war, im Jahre 1869 für Marinezwecke 8,748924 Thlr. in Schuldzettel auszugeben, liefen Ende 1869 in Wirklichkeit für 14,248900 Thl. Bundesschuldzettel um, zu denen im Laufe dieses Jahres bereits wieder für 7,200000 Thl. neue gekommen sind, während Bismark bis Ende 1870 erst 11½ Mill. Thl. Bundesschulden machen durfte!! Bravo! Das ist sehr einladend und erinnert recht angenehm an die Leistungen des österreichischen Finanzministers Bruck 1859.

Ausland.

Belgien. In Brüssel hat dieser Tage ein Mörder durch sein freches Benehmen vor Gericht den allgemeinen Unwillen so sehr erregt, daß sofort nachdem das Todesurtheil ausgesprochen war, welches aber in Belgien niemals vollzogen wird, unter den Zuhörern der Gerichtsverhandlung eine Petition herumgegeben und mit zahlreichen Unterschriften bedeckt wurde, durch die der König aufgefordert wurde, dieses Mal der Gerchtigkeit freien Lauf zu lassen. Der gesunde Sinn des Volkes empörte sich, daß ein so freches Ungeheuer dem wohlverdienten Tode entgehen sollte. (Die gescheidten Liberalen und liberalisirenden Katholiken in Bayern wollen aber die Todesstrafe abgeschafft wissen, damit ja keines fortschrittlichen Hoch- und Landesverräthers kostbares Leben mehr geschädigt werde!)

In Spanien macht sich die neue „Freiheit" recht nett. So sind kürzlich wieder 80 „klerikale" Professoren abgesetzt worden, weil sie den Eid auf die Verfassung nicht leisten wollten, mit welcher das sehr ehrenwerthe Madrider Lumpen-Regiment Spanien beglückt hat. Die Liberalen hoffen, daß, wenn die Regierung so „energisch" fortfahre, Spanien bald „ein Land ohne Geistliche sein werde." Für die Liberalen ein sehr wünschenswerther Zustand, denn dann wären sie die unumschränkten Gebieter und könnten das unglückliche Volk ganz nach ihrer Façon — drangsaliren und zu Tode quälen.

Vermischte Nachrichten.

Die **Augsburger Abendzeitung** hört, daß an der k. Hofbühne dahier ein gewisser Hr. Knorr vom Augsburger Stadttheater engagirt werden soll. Diesem Künstler wäre in seinem eigenen Interesse dringend anzurathen, während der Dauer seines hiesigen Engagements oder doch wenigstens auf die Dauer des gegenwärtigen Landtags sich einen Theaternamen beizulegen. Denn außerdem könnte es mancherlei Mißstände geben; wenn z. B. die Zeitungen brächten: „Herr Knorr enthusiasmirte das Publikum schon durch seine edle, ritterliche Erscheinung und durch den Adel seiner Bewegungen; sein klangvolles geschmeidiges Organ spricht unmittelbar zum Herzen; sein Monolog war eine geistvolle, feinausgearbeitete Schöpfung ꝛc. ꝛc." so würde ja gar leicht Einer dergleichen Elogen zunächst auf die rhetorischen Kunstleistungen des Staatsmannes Knorr in der Prannersgasse beziehen. — Umgekehrt könnte es möglicherweise auf einmal Jemanden einfallen, seine sittliche Entrüstung darüber auszusprechen, daß Herr Knorr so gut wie gar nichts leiste, daß er das Publikum langweile, statt es zu begeistern und hinzureißen u. s. w., ja es könnte einmal ein Blatt bringen, Hr. Knorr sei gar ausgepfiffen worden und für seine Leistungen hätte er verdient, mit faulen Aepfeln beworfen zu werden u. dgl. Viele, mit der Zweifältigkeit des Hrn. Knorr nicht vertraut, könnten nun wieder an den Abgeordneten Knorr denken, während das den Komödianten anging. Um also dergleichen zu vermeiden, möchten wir in beiderseitigem Interesse dringend dem Bühnenkünstler rathen: für alle Fälle sich um einen etwas minder knorrigen Namen umzusehen.

In **Würzburg** haben sich, wie mehrere Blätter berichten, ein paar bayrische Offiziere so preußisch aufgeführt, daß sie von der Polizei arretirt werden mußten, wobei den Herren noch in stiller Mitternacht der Bürgermeister den Standpunkt llen machte. Bezeichnend ist die Aeußerung, die dabei Einer der beiden Pickelhauben-Aspiranten machte: „Wenn wir in Preußen wären, dann käme so was nicht vor!" Unter sothanen Umständen konnen wir uns die vielfach auftauchende offizierliche zarte Sehnsucht nach Preußen erklären. Dort „kommt es nicht vor", daß ein Lieutenant arretirt oder gar von einem Bürgermeister koramirt wird, wohl aber darf man „dort" sogar ungestraft Hausknechte todtstechen und gelegentlich auch Ofenklappen- und andere Geschichten aufführen! Ist's etwa darum?

In **Baden** hat der Großherzog den sinnreichen Einfall gehabt, nicht blos Offiziere und Soldaten, sondern jetzt auch den Musikdirektor seines Leibregiments nach Berlin zu senden, dem später die ganze Regimentsmusik nachfolgen soll. Die Musikanten sollen dort den preußischen Pfiff studiren, um den „dummen Süddeutschen" Badens später preußischen Wind vorzumachen.

In **Paris** haben die „Freidenker", eine Menschenklasse, deren Gott der Bauch und deren Religion der Zweifel ist, am Charfreitag ihre übliche Festmahlzeit gehalten. Anfangs wurden blos die Kirche und ihre Fastengebote verhöhnt, als aber die Intelligenz mit dem genossenen Weine freier wurde und hoch ging, wurde die „Demonstration allgemeiner" und richtete sich auch gegen den Kaiser, dessen Herz durch den Gesang der Marseillaise, des bekannten Gesanges, mit dem die Fürsten-, Priester- und Bürgermörder der ersten französischen Revolution ihren Umzug durch Frankreich hielten, ausgiebig erfreut wurde. Es waren 4 solche große Fastendiners mit Rindfleisch, Fürst Hohenlohe aber hat diesmal keinem beigewohnt. Wenn es den „gescheidten" Leuten nicht meist am Verstand fehlte, so könnten sie aus dieser kleinen Geschichte wieder entnehmen, daß die Feinde der Kirche halt doch immer auch die Feinde der Fürsten sind; aber es gibt Gegenden in Europa, deren Bewohner erst mit dem Strick um den Hals zu denken anfangen.

In **Brüssel** hat ein Beamter des obersten Rechnungshofes die kleine Unterschlagung von einer halben Million geleistet.

Marktpreise in München.

1 Pfd. Mastochsenfleisch 16 kr. — pf., Kuhfleisch 17 kr. — pf., Kalbfleisch 15 kr. — pf., Schaffleisch 12 kr., rohes Schweinfleisch 20 kr. 1 Pfd. Schweinfett 25 kr. eine rohe Zunge 1 fl. 12 kr., dito geräuch. 1 fl. 30 kr. ein Zentner rohes Unschlitt 22 fl. 30 kr. ein Pfd. gegoss. Lichter 24 kr., gez. feine Lichter 29 kr., ditto ordinäre 22 kr., Seife das Pfd. 16 kr.

Das Pfd. Karpfen 26—28 kr., Hechten 33—36 kr., Huchen 54— 1 fl. 12 kr., Rutten 45—48 kr., Forellen 1 fl. 12 kr. bis 1 fl. 24 kr. Raifische 1 fl. 24 kr., Barben 18—20 kr., Alten 16—18 kr., Waller 45—48 kr., Brazen 14—18 kr., Renghen — — kr., Pirschlinge 18 —22 kr., Bachfische 8—10 kr., Krebse das Viertel 100 36—54 kr., Frösche, das Viertel 10—16 kr. — 1 Zentner Heu 1 fl. 48 kr., 1 Ztr. Grummet 2 fl. — kr. Waizenstroh — fl. — kr. Roggenstroh 1 fl. 3 kr. Haberstroh — fl. — kr. Eine Klafter Buchenholz 16 fl. 42 kr. Birkenholz 14 fl. 36 kr. Föhrenholz 11 fl. 48 kr. Fichtenholz 11 fl. 48 kr. Das Pfd. Schmalz höchster Preis 34 kr. Das Pfd. frische Körbchenbutter, höchster Preis 34 kr. 6 Stück frische Eier 8 kr. Die Maß gute Milch 5 kr. 1 Pfd Leinöl 16 kr. 1 Pfd. Repsöl 18 kr.

Münchener Hopfenmarkt.

1) Ober- u. Niederb. Gewächs: Mittelgattungen: Gesammt-Vorrath: 2839 Pfd., Verkauf 906 Pfd., Preis 98 fl. 7 kr. der Zentner. Wolnzacher- u. Auer-Markt-Gut: Gesammtvorrath — Pfd., Verkauf — Pfd., Preis — fl. — kr. der Ztr. 2) Mittelfränkisches Gewächs Mittel-Qualitäten: Vorrath — Pfd., Verkauf — Pfd., Preis — fl. — kr. der Ztr., Vorzügliche Qualitäten aus Spalter Umgegend nebst Kindinger- u. Heideckerhopfen: Vorrath 2502 Pfd., Verkauf 592 Pfd., Preis 119 fl. 5 kr. bis — fl. — kr. der Ztr., Spalter Stadtgut, n. Weingarten-, Mosbacher- und Stirner Gut Vorrath — Pfd., Verkauf — Pfd., Preis — fl. — kr. der Ztr. 3) Ausländisch Gut: Saazer Stadt, dann Herrschafts- und Kreisgut Vorrath — Pfd. Verkauf — Pfd., Preis — fl. — kr. bis — fl. — kr. der Ztr.

Verantwortlicher Redakteur: Dr. J. Sigl.

Druck von M. Vogt in München, Rosengasse 11

II. Jahrgang.

Das Bayrische Vaterland.

Auflage: 5400.

Das „Bayr. Vaterland“ erscheint täglich mit Ausnahme der Sonn- und hohen Festtage. Preis des Blattes: Vierteljährig 54 kr., ganzjährig 3 fl. 36 kr. Das einzelne Blatt 1 kr.

Alle Postexpeditionen und Postboten des In- und Auslandes nehmen Bestellungen an. Inserate werden die dreispaltige Petitzeile oder deren Raum zu 3 kr. berechnet.

Redaktion: Burggasse 14. Herausgegeben von Dr. jur. J. Sigl. Expedition: Kuffinibazar 5 Adalbert.

Nr. 91. Samstag, 23. April 1870.

Bestellungen auf das „Bayr. Vaterland“ für das Quartal zu 54 kr. können bei allen Postanstalten und Postboten noch immer gemacht werden.

Vater Schlör. III.

(Nachträgliches.)

R°. Ich bin so „zurückgeblieben“, daß ich gar nicht begreifen kann, was denn diese Eisenbahner da mit ihrem Schlör immer haben. Zuerst, wie er ihnen weiß Gott was Alles versprochen hat, da hat's geheißen: Ja, der Schlör, der ist recht, der gehört zum Fortschritt! Sogar zu der Zeit noch, da er in höchst eigener Person beim Schimmelwirth eine Unmasse Flugschriften verbreitet hat — es war gerade vor den Wahlen, — hat's noch geheißen: Ja, der Schlör! O der Schlör! — und jetzt, — jetzt mag er thun, was er will, 's ist alles umsonst, „verlorne Liebesmüh'“, wie der Dichter sagt.

Ich will das Ding nicht untersuchen, aber das muß ich schon sagen: mit seinem Status hat er sich verflucht schlecht herausgebissen! Gesagt hat er freilich, „er werde den Augiasstall misten“; aber dazu hätte ein Herkules gehört und dazu ist der Hr. v. Schlör nicht hoch genug gewachsen, und so hätte er vielleicht gar gescheidter gethan, wenn er ihn hätte stehen lassen — „ungemistet“. Er hätte noch ein wenig mehr höhere Beamte, Inspektoren, Direktoren &c. &c. extra statum machen können, dazu hätte es keinen Herkules gebraucht, das hätte auch er zuwege bringen können, ohne daß das Vaterland darum aus dem Leim gegangen wäre. Wir haben's ja, das Geld nämlich, und haben wir's nicht, so haben's die Bauern, meint man,

> Und hätt' man's nicht, so thät man's nicht,
> Wir thun's halt, weil wir's ham!

singt das „Vaterland“ und andere — thun's. Auch ein paar Direktoren mehr hätte Hr. v. Schlör an die Ostbahn hinüberleihen können, wie den fürtrefflichen Hrn. Badhauser, der sicher noch das Pulver erfunden hätte, wenn ihm nicht schon Einer zuvorgekommen wäre, und der darum ein hochangesehener Mann im Königreich, bei Hrn. Schlör und bei der Ostbahn ist und dem der Staat, obgleich er ihm nicht übermäßig viel genützt hat, seiner Zeit mit Freuden Pension zahlen wird. Die Bauern geben das Geld schon her dazu und auf etliche Tausend kommt's uns nicht mehr an, so lange wir Kredit bei den Juden haben und noch nicht ganz von ihnen aufgefressen sind.

Sie legen ihm aber auch Alles übel aus dem Hrn. v. Schlör und er kann den Leuten schon gar nichts mehr recht machen. Die wohlmeinendsten Absichten werden ihm schief gedeutet. Wie hat ihm nicht dieser Lukas, natürlich ein Schwarzer, wegen der lumpigen 200000 fl. zugesetzt, mit denen die kgl. bayr. Industrie in der Person des Herrn Neuffer in Regensburg unterstützt wurde und durch die Hr. Neuffer jetzt ein reicher Mann und Besitzer vieler Ostbahnaktien und sogar einer Verwaltungsrathsstelle geworden ist! Und wie wird die Eisenindustrie in der Oberpfalz unterstützt! Während alle andere Oefen jetzt ausgeblasen sind, ist es seiner Sorge gelungen, doch noch zwei warm zu halten. Wie viele Mühe und Schweiß muß es ihm gekostet haben, diese zwei Eisenhämmer der vaterländischen Industrie zu erhalten und wie dankbar muß ihm dafür das Vaterland sein, daß ihm das gelungen ist und daß jetzt sein Bruder ausgezeichnetes Eisen für ganz billiges Geld liefern kann. Nemo propheta in patria, sagt der Lateiner, was auf Deutsch heißt: die Verdienste sieht man erst nachher.

Aber ich will den Eisenbahnern den Kopf waschen. Vor zwei Jahren hat der Hr. v. Schlör ausdrücklich im Verordnungsblatt unten hingeschrieben, daß eine praktische Prüfung abgehalten wird, an welcher Assistenten, Amtsgehilfen und Expeditoren gemeinsam sich betheiligen können und wo sich's dann am besten zeigen werde, wer zum Offizial befähigt ist und wer nicht. Es ist zwar bis heute noch keine gehalten worden, aber fehlt es da an Hrn. v. Schlör? Er hatte gewiß den besten Willen, sonst hätte er es ja nicht versprochen, aber wer weiß, was da dazwischen gekommen ist, was er nicht gerade Jedem sagen kann. Die Hauptsache ist, daß er's gewollt hat; der gute Wille ist immer was werth, auch wenn dabei nichts heraus kommt.

Hr. v. Schlör befördert trotzdem seine Leute und wer kann sagen, daß er sie nicht nach Verdienst befördert? Ob der Amtsgehilfe sagt, zum Post- und Eisenbahndienst braucht man keinen Tacitus und einen Sophokles schon gar nicht, denn der Zehnte und Hundertste versteht weder den einen noch den andern, oder ob der gelehrte Assistent sagt, ja man braucht sie, man taxirt sich viel leichter mit den Sophokles in der Hand: — das kann Hrn. v. Schlör ganz sozusagen „Wurscht“ sein; will er den befördern, so befördert er ihn und er befördert Jeden nur nach Verdienst und Befähigung. Er hat also seine guten Gründe und das wäre einmal eine schöne Geschichte, wenn ein Minister für jede Beförderung gleichsam Rechenschaft geben müßte und nicht thun könnte, was er will und was er am besten findet! Wofür wäre denn Einer dann Minister?

Im selben Verordnungsblatt hat er auch gesagt, daß die älteren Amtsgehilfen in den Expeditorenstatus aufgenommen werden sollen. Freilich ist das bis jetzt noch nicht geschehen, aber warum denn deshalb den hohen Herrn scheel ansehen oder gar ihm Vorwürfe machen, wozu ein Amtsgehilfe gewiß nie berechtigt ist? Es soll das geschehen, hat er gesagt, aber nicht, daß es geschehen wird, und noch weniger, wann es geschehen wird. Es wird schon noch kommen und Jeder wird's erleben, wenn ihm Gott das Leben gibt; am guten Willen fehlt es Hrn. v. Schlör gewiß nicht, das müssen wir ja alle wissen. Ob es jetzt heute oder bei der Fußwaschung geschieht, darüber ist nichts bestimmt und Hr. v. Schlör wird schon wissen, wann es sich thun läßt, wenn er nur lang genug Minister bleibt; das ist die Hauptsache. Und thut's er nicht, so thut's vielleicht ein Anderer.

So thut man dem Hrn. Minister vielfach Unrecht. Wenn z. B. etwas nicht sofort oder vielleicht gar nicht erledigt wird, so schieben boshafte Leute das immer gleich Hrn. v. Schlör in die Schuhe. Als ob er rein nichts anderes zu thun hätte, als die Dinge erledigen, die bei ihm einlaufen, und als ob es gar so arg pressirte! Sagen, wie unvernünftige und böswillige Leute thun: Ja, er thut eben nichts, er verspricht nur! — wäre gerade so ungerecht und unbegründet, als wenn Einer sagen wollte, der Rath Exter thut nichts, weil er mehr auf der Bahnstrecke beschäftigt ist als in seinem Bureau, oder versteht nichts und was dergleichen dumme Redensarten unverbesserlicher Leute mehr sind, die viel schwätzen und meistens blos ihre wackern Vorgesetzten ausrichten.

Gerade so ist es mit dem böswilligen Gerede über den Juden Hirsch und den braven ehrlichen Baron Eichthal, dessen Vater zwar auch ein Jude war, während er ein vortrefflicher Christ, Staatsbürger und Baron ist. Was über diese beiden Ehrenmänner Alles gelogen wird, das ist rein zum Haarausreißen und ich betrachte es darum als meine Pflicht, Einiges gründlich zu widerlegen. (Schl. folgt.)

Das neue Wahlgesetz,

welches gestern von der Regierung als Entwurf der Kammer vorgelegt wurde, gewährt das direkte Wahlrecht mit geheimer Abstimmung. Stimmberechtigt ist vorbehaltlich besonderer Entschließungsgründe (?) jeder Bayer, welcher das 25. Lebensjahr zurückgelegt hat und dem Staate eine direkte Steuer entrichtet. Von der Ableistung des Verfassungseides als Vorbedingung zur Ausübung des Stimmrechtes sieht der Entwurf ab. (!) Zum Nachweis der Stimmberechtigung ordnet derselbe die Anlage und Fortführung von Wählerlisten an, welche dem Berechtigten die Theilnahme an der Wahl sichern, den Nichtberechtigten aber davon ausschließen sollen. Wählbar zum Abgeordneten ist jeder Stimmberechtigte, welcher das 30. Lebensjahr zurückgelegt hat und seit mindestens drei Jahren dem bayrischen Staate angehört. Um die allseitig angestrebte gesetzliche Feststellung der Wahlkreise zu ermöglichen, fixirt der Entwurf die Zahl der Abgeordneten. Auf durchschnittlich 31,500 Seelen hat ein Abgeordneter zu treffen. In Anwendung der letzten Unions Volkszählung berechnet sich die Zahl der Abgeordneten auf 154. Die Abgeordneten werden in 148 Wahlkreisen gewählt.

Mit Rücksicht auf den Stand der Bevölkerung hat die Stadt München fünf Abgeordnete zu wählen, die Städte Augsburg und Nürnberg wählen je zwei Abgeordnete. Alle übrigen Wahlkreise haben je einen Abgeordneten zu wählen.

In der Wahlkreis-Eintheilung selbst bezielt der Entwurf den möglichst billigen Ausgleich der sich Geltung verschaffenden Interessen. (Was das helfen wird?)

Die Verschiedenheit der städtischen Bevölkerung von der ländlichen, die in Städten aufblühende Industrie durften nicht ganz unbeachtet bleiben.

Wenn der Entwurf daher im diesrheinischen Bayern die einer Kreisregierung unmittelbar untergeordneten Städte und in der Pfalz einige Städte von industrieller und komerzieller Bedeutung ausscheidet und besondere Wahlkreise für einzelne oder für mehrere miteinander verbundene Städte bildet, so kommt derselbe, ohne irgend ein Recht zu verletzen, wohlbegründeten Forderungen entgegen. (!!) Eine Rückkehr zur ständischen Gliederung kann in diesem Vorgehen gewiß nicht gefunden werden. Die Anwendung des Prinzips der Diätenlosigkeit auf den Landtag war nie in den Absichten der Staatsregierung gelegen. Die bisherigen Bestimmungen über die Entschädigung der Abgeordneten sind aber unverändert in den Entwurf übergegangen.

Mit dem Wegfall der Wahl von Ersatzmännern wird eine auch in diesem Hause vielfach laut gewordene Klage verstummen. Das Wahlverfahren beruht auf Grundsätzen, welche sich bei den Zollparlamentswahlen und bei den Gemeindewahlen bewährt haben. —

Also die allgemeinen Umrisse des neuen Wahlgesetzes, wie sie Hr. v. Braun gestern gegeben und den Entwurf damit der Kammer zu empfehlen gesucht hat. Wir sind keineswegs mit allen Punkten einverstanden und glauben auch nicht, daß die Kammer allen Punkten wird zustimmen können. Wenn es schon nichts Vollkommenes unter der Sonne gibt: dieser Entwurf kann am wenigsten Anspruch auf Vollkommenheit machen. Er ist Menschenwerk und zwar ein kgl. bayrisch bureaukratisches Menschenwerk.

Wir wollen aber erst abwarten, bis uns der Entwurf selbst und nicht die bloßen Umrisse desselben vorliegt, um insbesondere zu sehen in wie fern und in wie weit die „Verschiedenheit der städtischen Bevölkerung von der ländlichen“ und die „Industrie“ der Städte „beachtet“ sind und welche Wahlkreiseintheilung darnach beliebt worden ist. Denn das ist die Hauptsache.

Deutschland.

München, den 22. April.

Landtag. Die gestrige Sitzung der K. d. Abgeordneten wurde leider nicht durch die Debatte über die Todesstrafe verherrlicht, wie Präs. Weis auf ureigene Inspiration projektirt hatte. Die Gelegenheit, das Köpfen abzuschaffen, wäre so günstig gewesen, wie kaum je; aber es scheinen einige Herren dem Präsidenten Abends vorher eine eindringliche Vorlesung gehalten zu haben, deren Inhalt Hr. Weis die gewünschte Anerkennung nicht versagen konnte. Dieser Theil der Tagesordnung wurde also „wegen vorgerückter Zeit“ oder „eingetretener Hindernisse halber“ verschoben und — das „Vaterland“ hat wieder einmal sehr zur rechten Zeit geredet, als es vor etlichen Tagen fein zart und säuberlich auf diese wunderbare Tagesordnung aufmerksam machte.

Die Sitzung wurde von Minister v. Braun mit der Vorlage des neuen Wahlgesetzes eröffnet. (S. oben.) Dann legte Schlör einen Gesetzentwurf über den Bau von Bahnen von Spalt nach Georgsgemünd, von Rottenburg nach Steinach, von Immenstadt nach Sonthofen vor und einen weiteren, durch den der armen Ostbahngesellschaft, mit welcher den Minister die Bande zarten väterlichen Wohlwollens so innig verbinden, schon im vorhinein eine 4½-proz. Zinsgarantie gesichert werden soll, im Falle sie etwa einmal die Bahn von Tirschenreuth nach Wiesau bauen wollte, und zwar in Anbetracht der daraus erwachsenden Vortheile, wir wissen nicht für den Staat, oder für die Ostbahn; Hr. Schlör wird's schon einmal sagen.

Dann kam der Gesetzentwurf betreffs Anwendung einiger Strafgesetzbuchsparagraphen auf die Gerichtsvollzieher, für welche der Staat schon mit rührender providentieller Sorgfalt die Strafgesetzbuchartikel zurecht legt, noch ehe sie geboren sind, die Gerichtsvollzieher nämlich. Diese schöne Gelegenheit benützte Appellrath Dürrschmidt, Deputatus für die Münchener Knurrblättlfortschrittlinge, um sich nachdrücklich — zu blamiren, würden wir sagen, wenn Alexis v. Burchtorff nichts dagegen hätte. Dem Hrn. Deputatus ging es nämlich wie jüngst Sr. 500 stöckigen Weisheit Hrn. Thomaß: er blieb gleichfalls in seiner „Rede" stecken und zwar so lange, daß es „einen peinlichen Eindruck machte", wie die Fortschreiter nachher sagten. Es ist eben ein ander Ding den Kindern der Finsterniß in der Westendhalle oder beim Schimmelwirth das lautere Evangelium Knurrblatts verkündigen und ein ander Ding, vor den erleuchteten und studirten Patribus conscriptis, — den versammelten Vätern des Landes im Ständehause über Gerichtsvollzieher zu reden. Freund Kastner kam aber dem stecken gebliebenen Freund als getreuer Pylades zu Hilfe und raspelte eine Rede über seine „entschiedene Freundschaft" mit dem neuen Civilprozeß. Abhilfe sei dringend geboten, denn im vergangenen Jahre schwebten allein am Bezirksgerichte l. d J. nicht weniger als 75,000 Prozesse und in jedem Monat kamen 1000 neue Klagen, (was unzweifelhaft ein recht anmuthiger Beleg für die Segnungen des Fortschritts und der Socialgesetze ist.) Im Uebrigen sei die Einführung des neuen Prozesses am 1. Juli doch zu bald, weil ihn die Juristen nicht blos lesen, sondern auch verdauen müßten, eine Wahrheit, die ein Ultramontaner unmöglich hätte entdecken können. Louis, auch ein Fortschreiter, will den Termin gleichfalls verlängert haben; vielleicht hat er den Prozeß auch noch nicht „verdaut". Im Uebrigen hätte er gewünscht, daß man der Pfalz ihren eigenen Prozeß gelassen hätte, denn den Pfälzern soll billigermassen immer aus einem eigenen Häfele gekocht werden. Hr. v. Lutz will aber von einer weiteren Vertagung nichts wissen, sondern ist entschieden gewillt, ihn am 1. Juli einzuführen, ob ihn nun die Juristen gelesen und verdaut haben oder nicht. Die in Aussicht gestellten Verordnungen würden publicirt werden, die meisten seien bereits ausgearbeitet, und mit den andern „hofft" er auch noch fertig zu werden, wenn ihm Gott das Leben und der König sein Portefeuille läßt! Für die Gerichtsvollzieher zumal sei die Einführung am 1. Juli eine „Lebensfrage." (Ja, wenn jetzt das ist, dann muß er natürlich eingeführt werden! Es handelt sich um die Gerichtsvollzieher und da müssen alle Rücksichten und Bedenken schweigen, denn der Staat ist blos wegen der Gerichtsvollzieher da!!) Völk ist für Hinausschiebung bis 1. Oktober, Schauß will unter Umständen den neuen Prozeß nicht einmal, dagegen einen Urlaub für die Beamten und zwar aus Gesundheitsrücksichten; die Einführung gerade in den Hundstagen könnte die Gesundheit bedeutend schädigen Zum Schluß wird Hr. v. Lutz über ein paar mißtrauische Bemerkungen des zweiten Abgeordneten für Augsburg und des Abgeordneten für Plassenburg und Umgegend noch etwas sittlich entrüstet, worauf der Entwurf mit allen gegen 1 Stimme (Bucher) angenommen wird. Folgte nun die sehr animirte Debatte über gewisse Staatsfonds, wo über Bericht folgt.

Vom Ingolstädter Lande wird dem „Vaterland" geschrieben: Gestern (Ostermontag 18. April) feierte der patriotische Bauernverein „Nassenfels im Gäu" in Pietenfeld ein durch und durch großartiges Wanderversammlungsfest. Auf einem Dutzend bekränzter Wagen prangend im Schmucke bayerischer Fahnen und Fähnlein hielt der Verein seinen Einzug in Pietenfeld. Die Bauern Pietenfelds ritten auf stattlich geschmückten Rossen ihren Brüdern und Freunden zum Willkomm entgegen und geleiteten sie in den festlich dekorirten und mit unzähligen bayerischen Fahnen gezierten Garten des Herrn Gastgebers Konrad Walk. Einige 20 Chaisen brachten hohe Herren von allen Seiten und besonders angesehene Mitglieder aus den katholischen Casino's von Eichstätt, Neuburg und Ingolstadt. Die Jägermusik von Eichstädt krönte die äußere Festbereitung. Als Redner traten auf und zeichneten sich aus: Pfarrer Schielein aus Pietenfeld, Landtagsabgeordneter und Vorstand des kath. Casino Ponschab, Rechtspraktikant Haase aus Neuburg und Generalvikar Wolfsteiner aus Eichstätt. Sämmtliche Redner wirkten hinreißend. Herr Generalvikar Wolfsteiner stellte den dießbezüglichen Verleumdungen der Fortschrittspartei die Behauptung gegenüber, daß die Katholiken nicht blos auch Patrioten seien, sondern sogar Musterpatrioten sein dürften, ja sie hätten sogar in Bayern allein die patriotische Partei gewählt.

Durch Aufstellung dieser Sätze hat Herr Generalvikar Wolfsteiner, wie allgemein gewürdigt wurde, dem Feste den nothwendigen und würdigen Abschluß gegeben, und das patriotische Fest in seinem Kerne als katholisch charakterisirt, und darum dem Bauernvereine das Bekenntniß eines „katholisch-patriotischen" in den Mund gelegt und so dem Feste die geistige Krone aufgesetzt. Möchten doch sämmtliche Bauernvereine in Bayern von diesem Gedanken belebt als ersten Paragraphen ihrer Statuten: „volle freie Bewegung und verfassungsmäßige Gleichberechtigung der katholischen Kirche" feststellen und sich als „katholisch-patriotische" bezeichnen, wenn sie nicht am Zehrfieber der Phrase und gegenüber dem schleichenden Ansteckungsgift des Bureaukratismus und Liberalismus, wie weiland der „Reformverein" und die konservative Landtagsmajorität von 1863 sang- und klanglos dahinsiechen wollen.

Nach den Rednern betrat Hr. Pfarrer Heimbucher von Gaimersheim die Bühne und lud die Anwesenden zur nächsten Wanderversammlung ein, welche am 8. Mai in Gaimerheim gehalten werden wird. Referent, Alles genau beobachtend, fand, daß die Herren Pfarrer Liepold von Nassenfels, Müller von Egweil und Schielein von Pietenfeld ihrer Bauern vollauf sicher sind, und daß die fränkischen Bauern des Bisthums Eichstätt an Rührigkeit und Eifer für die katholische Kirche und das Vaterland selbst von den altbayrischen Bauern schwer zu erreichen sein dürften. Diese Bauern gedenken daher noch mit Unmuth des Exministers Hörmann, der sie durch seine berüchtigte Wahlkreiseintheilung um drei katholisch-patriotische Abgeordnete gebracht hat. Es waren in Pietenfeld auch sehr viele Fortschrittler anwesend, haben sich aber gegen uns Fremde durchweg anständig benommen; und so geben wir uns der sichern Hoffnung hin, daß uns auch die Gaimersheimer Fortschrittler das nächstemal nicht mehr mit ihren verhöhnenden Spottfahnen empfangen werden. Wir haben diese Aussicht um so mehr, als der Gründer und Leiter des Nassenfelser Bauernvereines Pfarrer Liepold, welcher der Hauptgast unter den Fremden sein wird, zugleich geborner Gaimersheimer ist. Immerhin ist das Fest des Nassenfelser Bauernvereines in Pietenfeld derartig gelungen, daß Nassenfels auf seinen Pfarrer, Gaimersheim auf seinen Landsmann stolz sein kann. Möge ein schöner blauer Frühlingshimmel auch den Tag von Gaimersheim (8. Mai) begünstigen, wie er den gestrigen von Pietenfeld begünstigte.

Aus der **nördlichen Oberpfalz** läßt sich eine Stimme also vernehmen: Liebes Vaterland!! Das Interesse, das du stets an der Volkssache nimmst, die du muthig und und kräftigst zu vertreten bemüht bist, läßt mich zwar Unkundigen keinen Augenblick zweifeln, daß Dir auch mein kurzer Bericht über eine Wanderversammlung des bayrisch-patriotischen Bauernvereins, welche am Ostermontage im Gasthause zu Schönhaid bei Falkenberg, B.-A. Tirschenreuth in der nördlichen Oberpfalz tagte, und über die Gefühle, welche dort laut wurden, angenehm sein werde*). Am genannten Tage gegen 3 Uhr Nachmittags traf ich in Begleitung mehrerer Herren in Schönhaid ein. Von allen Richtungen strömten mit uns fast prozessionsweise die Männer herbei und es war sehr wohlthuend und gemütherhebend, als man das Versammlungslokal betrat, in welchem uns das sinnig dekorirte Porträt Sr. Majestät unser allergnädigsten Königs mit der Umschrift „Bayrisch-patriotischer Bauern-Verein“ und der Devise „Für Gott, König und Vaterland“ entgegenstrahlte. Das sehr geräumige Gastzimmer und der eigens zur Versammlung hergerichtete Saal im 1. Stocke mit der Hausflur waren Kopf an Kopf mit Menschen gefüllt. Im Namen des ersten Ausschußmitgliedes Hrn. Enders, Oekonom von Wiesau, eröffnete der Klosterbeichtvater, Herr Lorenz von Waldsassen, der sich um die Vereinssache in hiesiger Gegend sehr verdient gemacht und dafür natürlich den Zorn und den Ingrimm der Herren Fortschrittler, die sich jetzt in Liberale umgetauft haben, im höchsten Grade erregt hat, mit einer sehr passenden und gediegenen Anrede, in der die Herren Fortschrittler wieder nicht zu kurz kamen, und ihr kopiloses Treiben nach Gebühr gegeißelt wurde, die Versammlung. Seine Ansprache rief ungetheilten und stürmischen Beifall der ganzen Versammlung hervor. Sodann wurden die Statuten des neu zu begründenden Hagelversicherungs-Vereines durch das erste Ausschußmitglied Herrn Enders vorgelesen, und vom hl. Beichtvater Lorenz näher erläutert und erklärt und von der Versammlung acceptirt. Da der Versammlungeine große Anzahl solcher beiwohnte, welche noch nicht Mitglieder des Vereins waren, und denselben nicht näher kannten, so nahm es Hr. Beichtvater über sich die Statuten des Bauernvereins nochmal zu erklären, und zu erläutern, und sofort bildete sich ein Zweigverein von den Anwesenden aus Falkenberg. Ein Toast des Hrn. Beichtvaters Lorenz auf Se. Majestät unsern allergnädigsten König Ludwig II. fand allgemeinen und nicht enden wollenden jubelnden Wiederhall. In gesteigerter Begeisterung folgten nun Toast auf Toast, sinnige Trinksprüche riefen oft stürmischen Applaus hervor; kein Mißton störte die Versammlung. Mein sehnlichster Wunsch wäre nur gewesen, gewisse Münchener Persönlichkeiten hätten dieser Versammlung beigewohnt; sie würden ganz bestimmt über die Bauernversammlungen günstiger, wie bis jetzt, urtheilen, und nicht Thronumstoßer und Revolutionäre in ihnen erblicken wollen. Wie gesagt, kein Mißton störte diese so schöne Harmonie, Treue und entschlossene Ergebenheit für unser angestammtes Herrscherhaus leuchtete aus den Blicken aller Versammelten. Liebe und Treue für den König war und ist immerdar die Parole des treuen Oberpfälzers. Hoch der König, hoch der treue Bauernverein in Bayern, hoch unsere patriotischen Abgeordneten!

Preußen. Berlin. Die Kreuzzeitung stellt Bayern als der Rechtfertigung bedürftig dar, daß es seine Kammer während des Zollparlaments ruhig weiter tagen läßt, statt sie der Berliner wegen zu schließen. Daß die Kammer eine Reihe dringender Geschäfte hat, die erledigt werden müssen, darüber geht die Kreuzzeitung mit gebührender Verachtung hinweg. — Bismark hat sich einstweilen die Gelbsucht angeärgert. (Neueren Nachricht zufolge soll die Erkrankung „nicht unbedenklich“ sein. Wie lange würde wohl der preußische Nordbund diesen Mann überleben? Und was dann aus Preußen und Deutschland werden?)

Ausland.

Italien. Mailand bereitet sich auf einen Aufstand vor. Seit 5 Tagen ist die ganze Stadt durch Putsche der Mazzinisten allarmirt; tausende von revolutionären Plakaten werden vertheilt In einem Gasthause ist eine Menge Munition, Revolver und Orsinibomben gefunden worden.

Rom. Der Papst hat am Charfreitag der Familie Napoleons den apostolischen Segen gesandt.

Verantwortlicher Redacteur: Dr. J. Sigl.

Druck von M. Vogt in München, Rosengasse 1(?)

II. Jahrgang. Auflage: 5400.

Das Bayrische

Vaterland.

Das „Bayr. Vaterland" erscheint täglich mit Ausnahme der Sonn- und hohen Festtage. Preis des Blattes: Vierteljährig 54 kr., ganzjährig 3 fl. 36 kr. Das einzelne Blatt 1 kr.

Alle Postexpeditionen und Postboten des In- und Auslandes nehmen Bestellungen an. Inserate werden die dreispaltige Petitzeile oder deren Raum zu 3 kr. berechnet.

Redaktion: Burggasse 14. Herausgegeben von Dr. jur. J. Sigl. Expedition: [illegible] 5

Gratis. Nr. 92. Sonntag, 24. April 1870.

Vater Schlör. IV.

(Nachträgliches.)

R*. Da sagen die bösen neidigen Leute, der Jude Hirsch und der brave Baron Eichthal, der auch noch ein Jude wäre, wenn er sich nicht unversehens hätte taufen lassen, jetzt aber ein so braver Christ als reeler Geschäfts- und passionirter Waidmann ist, die zwei seien dem Hrn. v. Schlör seine vertrautesten Freunde. Wie können denn die gemeinen Leute wissen, wen der Hr. v. Schlör zum Vertrauten hat? Und warum soll ein Minister keine so anständigen Leute zu Freunden haben? Was geht das überhaupt die Leute an? Sie sagen auch, der Hr. Minister sei gegen keinen Menschen so aufrichtig und ehrlich, wie gegen die zwei. Als ob der offene, ehrliche und aufrichtige Charakter des Hrn. v. Schlör nicht allgemein bekannt und als ob das so was Besonderes wäre, wenn ein Minister gegen Einen ehrlich und offen ist! Und muß denn ein Minister die allerwichtigsten Sachen einem Jeden unter die Nase streichen? Nein, er frägt blos die Gescheidtesten manchmal um ihre Ansicht und wenn er die zwei auch einmal fragt, so thut er ja ganz recht, weil er gescheidte Leute fragt, die vom Handel und Geschäft mehr verstehen als tausend Bauern.

Da hätte Hr. v. Schlör viel zu thun, wenn er sich z. B. wegen den Grunderwerbungen zu Eisenbahnen Jahre lang mit den widerhaarigen obstinaten Bauern herumzanken müßte! Baron Eichthal, der vielleicht gerade zufällig ein paar Grundstücke in der Nähe hat, gibt's zum allgemeinen Besten mit der größten Opferwilligkeit gerne her und um einen billigen Preis her und die Leute, die unerschwingliche Preise verlangten, sind dann selbst Schuld, wenn z. B. ein Bahnhof anderthalb Stunden von der Stadt gebaut werden muß, wie in Eichstädt, oder wenn sie gleich gar keinen kriegen wie die Giesinger und Auer.

So haben die Leute, weil ich gerade von Bahnhöfen rede, auch schon viel dummes und verlogenes Zeug geredet über den Haidhauser Bahnhof; da sagen sie komme ein großer hin. Warum nicht gar! Jetzt thut's ein kleiner auch, der billiger kommt und mit dem man's einstweilen probirt. Thut's der nicht und braucht man einmal einen großen, so baut man nachher einen großen; der Platz ist ja da und wenn es ja fehlt, so kann der edelmüthige Baron Eichthal aushelfen und thut's auch; der hat für alle Fälle vorgesorgt und es ist ein rechtes Glück für den Staat, daß die neuen Eisenbahnen immer an seinen Gründen vorbeilaufen, weil man da immer schön Grundstücke von ihm haben kann, wenn man welche braucht, und sich nicht lange mit den Bauern herumzustreiten braucht. Von der Au bis über den Bahnrayon hinunter nach Bogenhausen und hinaus bis Ramersdorf gehört dem opferwilligen Herrn Baron ohnehin schon fast Alles und er kauft immer noch dazu und so wird es der Bahn nie an Grundstücken fehlen, denn der Hr. Baron bringt dem allgemeinen Besten gerne Opfer und gibt her, was man braucht. Und der Hirsch, obwohl der noch ein wirklicher Jude, aber auch schon Baron ist, steht ihm an Edelmuth und Opferwilligkeit gewiß nicht nach.

Ueber die Lokomotiven möchten die Leute auch noch was ausschaben, als wenn sie davon auch was verstünden. Da sagen die bösen Leute zum Beispiel gleich gar, die Lokomotiven vom Krauß — über ein Dutzend — seien fast ganz unbrauchbar und leisten bei Weitem nicht so viel wie andere, verbrauchen dagegen noch einmal so viel Material wie andere, seien fortwährend in Reparatur und jede habe 50 bis 100 Ztr. weniger Gewicht, als sie vorgeschriebener Maßen bei der Ablieferung hätte haben sollen. Solches Zeug reden die Leute, wo man doch weiß, daß der Krauß, der Einer der ausgezeichnetsten Männer des Fortschritts ist und deshalb auch in die Kammer gewählt wurde, sich gewiß schämen würde, solch lumpige Waare zu liefern, und wo überdies Jeder überzeugt ist, daß solche Lokomotiven sicher bei der Ablieferung zurückgeschlagen worden wären und daß der, der sich solche Schuld hätte beikommen lassen, sicher zur Rechenschaft gezogen worden wäre, wenn das alles wahr wäre. Hr. v. Schlör weiß das besser, was der Krauß für ausgezeichnete Lokomotiven liefert, sonst wären ihm sicher nicht bereits so und so viele hunderttausend Gulden blank vorausbezahlt worden, wenn man sich von deren Tüchtigkeit nicht genügend überzeugt hätte.

Und so ist's auch mit den Heizwagen, die Hr. v. Schlör vergangenen Herbst hat bauen lassen und wozu ein Augsburger Fabrikant die Dampfmaschinen geliefert hat, die im höchsten Falle 200,000 fl. gekostet haben. Was die für einen Nutzen und Vortheil bringen, ist gar nicht zum sagen.

Kurz und gut: wenn man auf all das thörichte Gerede gehen wollte, würde man gar nicht fertig werden. An Allem ist schon deshalb nichts, weil sich die Abgeordneten nicht davon überzeugen. So viel würden sie wohl verstehen, wenn sie auch keine Fachleute sind, ob das Geld hinausgeworfen worden ist oder nicht. Und hat man je davon etwas gehört? So lange man sich nicht überzeugt, wird man unserm guten Vater Schlör sein Recht nie nach Gebühr angedeihen lassen können.

Da könnte Einem übel werden mit all dem Gerede über die bayrischen Verkehrs-Zustände, auch wenn man Abgeordneter ist, und wenn der Hr. v. Schlör den Ueberschuß, der im Stauffenbergischen Referat drinnen steckt, in der Wirklichkeit nicht hätte, dann könnte ihm am Ende selbst übel werden.

Deutschland.

München, den 23. April.

Landtag. (Schluß des Berichts.) Die Berathung über den allgemeinen Industriefond bot eine gediegene Gelegenheit, einander in die Haare zu gerathen. Hr. Völk, noch voll ungeheurer sittlicher Entrüstung, daß Hr. v. Schlör bei der Besetzung der Lehrstellen an den technischen Schulen sogar die Konfessionsverhältnisse berücksichtigen will (ob er's thut, ist eine ganz andere Frage) fiel gleich mit dem schlechten Witz ins Haus, ob denn die Zinsen und Kapitalien der Industriefonds auch nach Konfessionen ausgeschieden werden sollen? Zweifelsohne meinte Hr. Völk, damit etwas ausnehmend Gescheidtes gesagt und diese „Schwäche" des Handelsministers „moralisch verurtheilt" zu haben; es wurde aber von Hrn. v. Schlör alsbald bedeutet, daß dies keineswegs der Fall sei und daß der zweite Abgeordnete für Augsburg vielleicht doch besser gethan hätte, wenn er diesmal die Reihe seiner Zähne verschlossen gehalten hätte. Schlör sucht zwar seine Besetzung der Lehrstellen des Polytechnikums, an dem neben 18 Protestanten nur 6 Katholiken angestellt sind, möglichst zu rechtfertigen, gibt aber dann zu, daß er allerdings „gesprächsweise" im Ausschuß geäußert habe, wenn zwei gleich befähigte Individuen, ein katholisches und ein protestantisches, in Vorschlag gebracht wurden, dann allerdings die Konfession auch in Betracht komme. Völk braucht aber davon nichts zu fürchten, sintemalen jedesmal, wenn ein protestantisches und ein katholisches Individuum bei Besetzung einer Lehrerstelle „in Betracht" kommt, es für einen „intelligenten" und „auf der Höhe der Zeit stehenden" Menschen keineswegs schwer ist zu erkennen, daß das protestantische Individuum jedesmal das gescheidtere ist, von einer gleichen Befähigung also keine Rede sein kann. Zu allem Ueberfluß versicherte Hr. Schlör, daß, wenn er heute wieder die Lehrstellen des Polytechnikums zu besetzen hätte, er es wieder gerade so besetzen würde wie das letzte Mal: mit 18 Protestanten und nur 6 Katholiken. Der Fortschritt kann also mit Hrn. Schlör wieder ausgesöhnt sein, dieweilen jene Aeußerung nichts zu bedeuten und das „Vaterland" Recht hatte, wenn es erst Thatsachen sehen wollen, mit denen Hr. Schlör die „Ultramontanen" schwerlich erfreuen wird. An seinen schmalzguten Versprechungen haben sie aber bereits hinlänglich satt.

Dr. Greil's Rede war für die Fortschreiter wieder eine recht angenehme Veranlassung, sich außerordentlich fortschrittlich aufzuführen. Redner meint, daß es sich wie bei den höheren Lehranstalten, so überhaupt bei Kunst und Wissenschaft auch ein wenig um die Konfession handle. Sogar beim Zeichnen sei etwas Konfession nöthig; Kaulbachs Karton (die Arbuez Lüge) beweise das. Wer mit Geologie, Geognosie, Chemie nur einigermaßen vertraut sei, müsse sagen, daß es da keineswegs gleichgiltig sei, welcher Konfession der Lehrer angehöre. (Redner wird von den lärmenden Fortschreitern fort und fort unterbrochen, daß Präsident wiederholt ersuchen muß, das bleiben zu lassen. Es wird schon bald so weit kommen, daß der Präsident jedesmal, wenn ein „Schwarzer" spricht, das Haus von den Rothen räumen lassen muß.) Redner fährt fort, die Parität zu vertheidigen und verlangt, daß sie eine Wahrheit werde.

Freitag hält der Ableugnung des Hrn. Schlör als Schriftführer des Ausschusses entgegen, daß das Ausschußprotokoll nichts anderes enthalte, als was der Minister gesagt habe.

Nun kam Fischer und verübte eine Rede und eine Aufführung, von der wir besser schweigen; er glaubte, weil Lukas in Berlin sei, dürfe er sich so — fortschrittlich aufführen als nur möglich. Wenn in unserm Parlament Gewohnheiten und Sitten, wie sie diesen Hrn. Fischer vor gemeinen Menschenkindern auszeichnen, von noch mehr Fortschreitern angenommen und allgemein werden, dann wird unser Parlament eine Hochschule fortschrittlicher Bildung und liberalen Anstandes werden. Die „Reden" des Hrn. Fischer müssen gehört und gesehen werden, um sie zu verstehen und die ganze Größe dieses Herrn beurtheilen zu können. Selbst die Abendzeitung hat sich — genirt, seine vorgestrige Leistung zur Kenntniß eines größeren Publikums zu bringen.

Frankenburger bringt der Kammer in recht angenehme Erinnerung, daß im Lande auch Juden leben". Ob man denn glaube, daß man die gar nicht zu berücksichtigen brauche?*) — Der intelligente Apotheker Frickinger fürchtet von dem Referate Greils, daß durch dasselbe der gute Ruf Bayerns (!!) jenseits der Grenzpfähle Schaden leiden könnte. Greil glaubt ihm darin viel zu viel an die Offenbarung, an welche der gelehrte Apotheker gar nicht glaubt, und setzen dann wieder Menschensatzungen über die göttliche Offenbarung; dagegen muß er als Fortschreiter wie als Apotheker „sofort und energisch Protest einlegen." (Legt ihn ein.) — Greil setzt nun mit gelehrten Citaten und Autoritäten auseinander, daß mehrere der Herren Vorredner sich beträchtlich auf dem Holzweg befinden, daß der Glaube der Wissenschaft keinen Eintrag thue, weil beide von Gott stammen, u. a. mehr, worauf dann die Nachweisungen über die Industriefonds die übliche Anerkennung erhalten und die Fortschreiter in einen allmächtigen Zorn gerathen, da ihnen vom Präsidenten eröffnet wird, daß über die Todesstrafe wegen vorgeschrittener Zeit heute nicht mehr, sondern erst nach dem Zollparlament debattirt werden soll.

Von Würzburg wird dem „Vaterland" geschrieben: Bei den letzten Landtagswahlen hat der freisinnige Bürger-Verein in Würzburg gegen die Patrioten in zahllosen Brochüren überall ausgesprengt: „Die Schwarzen wollen ein „Abel"- oder „Reigersberg"'sches Regiment einführen." Das war nun zwar eine liberale Lüge. In Wahrheit aber zeigen diese „Freisinnigen" jene sehr unfreisinnigen Gelüste, die sie damals Andern unterschoben. Oder was soll man sagen, wenn man hört, daß Graf Luxburg eine Gewinnstlotterie zum Besten des katholischen Gesellenvereins zu Aschaffenburg verboten hat, nachdem der fortschrittliche Magistrat daselbst ihn denunzirt, daß der neugebaute Saal dieses Vereines von Patrioten zur Abhaltung einer Versammlung war gepachtet worden? Der Gesellenverein in Aschaffenburg, dem Hunderte von jungen Leuten ihre Zufriedenheit, körperliche und moralische Gesundheit verdanken, hat eben durch Kauf und Erbauung des Gesellenhauses sich Schulden zugezogen und vermiethet deshalb manchmal seinen Saal an den, der ihm dafür zahlt. Seine Verloosungen, durch die es ihm gelang, eine beträchtliche Summe von der Bauschuld abzutragen, sind seit vielen Jahren herkömmlich und so lange der Magistrat in Aschaffenburg nicht durchgehends „liberal" und unser Regierungspräsidium noch in den Händen des gut bayrisch und katholisch gesinnten Frhn. v. Zu-Rhein sich befand, niemals beanstandet worden. Der herrschende Liberalismus scheint aber weniger liberal zu sein. Der patriotische Bürger denkt: ja was ist denn das? Sind denn wir Patrioten — trotz unseres Wahlsieges — als Verbrecher in Bann und Acht erklärt? Für was haben wir denn unsere pa-

---

*) Ja, das ist wirklich empörend, was die Juden wenig berücksichtigt sind auf unsern Lehranstalten! Wir kennen gar nur zwei Juden, welche als Lehrer des Landes sich auszeichnen, den Juden Brentano in München und den Juden Kiermann in Forchheim,

Alle beide edle Juden,
Hochgeehrt im Volke Gottes,
Der als höherer Magister,
Jener mit dem Bakel thronend!

triotischen Abgeordneten in München? sind denn die nicht im Stand uns endlich von den Plackereien liberaler Bureaukraten zu befreien?

In **Aschaffenburg** soll, wie man erzählt, nächstens eine bayrische Muster Studienanstalt errichtet werden. Aschaffenburg besitzt nämlich bedeutende Studien-Fonds und Studien-Mittel, ist auch wegen seiner schönen Lage und seines milden Klima's zu einem Studienorte sehr geeignet. Es sollen die besten Professoren dort angestellt und gut besoldet werden. Was da wohl wieder herauskommen wird! Haben ähnliche bayrische Anstalten denn gar so viel geleistet, daß ihre Leistungen sonderlich ermuthigen können? Es wird wohl nur wieder eine mechanisch geisttödtende Dressir-Anstalt für die Jugend werden. Will man eine wahre Musteranstalt, so muß man sich an die Jesuiten wenden; die verstånden es, eine Anstalt in wenigen Jahren zur Blüthe zu bringen und Hunderte von Studenten anzuziehen und eine Studienanstalt zur Wohlthat und zum Segen für Stadt und Land zu machen.

In **Würtemberg** hat der dortige Justiz-Hörmann Mittnacht die Nothwendigkeit, das würtembergische Vaterland vor der Blutvergiftung durch die Lektüre des demokratischen „Beobachters" retten zu müssen, dadurch konstatirt, daß er allen Verwaltungsaktuaren und Oberamtswerkmeistern bei seinem Zorne die Lektüre dieses schändlichen Blattes verboten hat. Item sind die Schulinspektoren angewiesen worden, die Schullehrer politisch zu überwachen und über sie zu berichten. Da hat er's jetzt falsch erwischt der Schwabe; denn bei uns sind die Inspektoren von den Schullehrern politisch überwacht und allerniederträchtigst treugehorsamst denuncirt worden zu Hörmanns Zeiten und vielleicht geschiehts noch.

Oesterreich. Wien. (Sociales.) Dieser Tage haben selbst die Blumenmacherinen ein Meeting (Versammlung) gehalten, um sich darüber zu besprechen, wie sie ihre traurige Lage verbessern könnten. Diese Lage ist wirklich eine traurige, ein dusteres Bild des weißen Sklavenlebens der Arbeiter unserer „humanen", „fortgeschrittenen" und „aufgeklärten" Zeit. Die Blumenmacherinen gehören zu den gequältesten Sklavinen. Noch um 12 Uhr Nachts müssen sie bei der Arbeit in der Werkstatt sitzen. Und dabei sind sie wahrhaft niederträchtig bezahlt, daß sie oft für ein armliches Nachtessen in einer Weise zahlen, welche die Wahrheit des Spruches erweist: „Die Nacht ist keines Menschen Freund." Die armen Lehrmädchen, die 5 Jahre in der Lehre bleiben müssen, bekommen gar nichts als die Wohnung, müssen aber bis 12 Uhr Nachts arbeiten und auf offener Straße ein Stück Brod erbetteln, wenn sie sich nicht dem Laster in die Arme werfen wollen — in Wien. Haben sie ausgelernt und verlangen sie Bezahlung, so werden sie fortgejagt, denn die Fabrikanten arbeiten meist nur mit Lehrmädchen, die sie nichts kosten. Einige sind gnädig und füttern ihre Sklavinen mit — Kommißbrod, stellen aber dafür Forderungen wie ein Türke an sein Harem. Manche dieser armen Lehrmädchen müssen ihrer acht in einem Bette schlafen. Also Arbeit bis Mitternacht, Kommißbrod, Hunger und Bettel, die zweite Nachthälfte das Dasein von Sardellen, 8 Stück in einer Büchse — ja, da ist es schwer, sich dem glänzenden Laster nicht zu ergeben und stark zu bleiben. Wenn solche Zustände allgemein werden in den Städten, da wird die Prostitution bald keiner „Regelung" mehr bedürfen, denn dann wird die Prostitution Regel, eine solide Arbeiterin aber die Ausnahme sein, die Aufsehen erregt. So geht es in Wien zu; nun möchten wir wissen, wie die liberalen Blumenkönige Heckel und Billing in München ihr lebendes blumenmachendes Arbeitsmaterial behandeln. Gewiß recht väterlich und dem Zeitalter der Humanität entsprechend!

Preußen. Das Zollparlament wird wahrscheinlich sich der hohen Ehre erfreuen, seine erste Sitzung von Durchlaucht Hohenlohe eröffnet zu sehen. Man vermuthet nämlich nicht ganz ohne Grund, daß die preußische Dankbarkeit sich auch noch auf dieses Jahr herüberschlängeln und in der Wahl der kleinen bayrischen Durchlaucht zum Parlaments-Vice würdigen Ausdruck suchen werde; denn die Geschmäcker sind oft recht sonderbar. In der Pfalz hat Kolb, in Baden Lindau das Zollparlamentsmandat niedergelegt; beide versprechen sich von demselben nicht mehr als man von einer ordentlichen Steuermaschine erwarten kann und das ist ihnen doch zu wenig, weshalb sie nicht mehr mitthun mögen. Die Kaffesteuer wird übrigens diesmal schwerlich durchgehen, da dieselbe die norddeutschen Bundesweibchen noch viel mehr betrüben würde als die süddeutschen Unabhängigen, weshalb die ersteren ihren betreffenden Abgeordneten wohl entsprechende Instruktionen mitgegeben haben werden. Da Bismark sein Varzin wieder gekriegt hat, so kann er leider sein Angesicht nicht leuchten lassen über „diese süddeutschen Landesverräther"; hoffentlich können sie sich deß getrösten.

Vermischte Nachrichten.

Vom Steg des Stadtbaches am Prater ist gestern zur Abwechslung ein 4jähriges Knäblein ins Wasser gefallen, aber von einem armen Taglöhner Namens Geißler, glücklich wieder herausgefischt worden. Es war dies dieselbe Stelle, wo voriges Jahr der Floßmeister Heiß ins Wasser fiel und sich den Tod holte. Magistratus hochweiser hat sich auf das hin zwar bewogen gefunden, an dem Steg etwas anbringen zu lassen, was bei den Pfahlbauern vielleicht als Geländer hätte gelten können. Es sieht das Gestell aus wie ein emeritirter gichtbrüchiger Galgen und wird von den fortschrittlichen Magistratsgrößen auch schwerlich eher geändert werden, bis nicht Hr. Billing oder der Omnibus-Direktor Dr. Zechmeister auf einer seiner nächtlichen Geschäftsreisen da hineinfällt und elendiglich ersaufen muß. Ein solches Unglück wenn der Stadt passirt, dann kommt ein Geländer an den Steg, sonst können noch hundert Büblein und Mägdelein ertrinken, ohne daß etwas geschieht.

(Oekonomisches!) Im ganzen Ochsenfurter Gau, schreibt man uns, ist die Vegetation noch außerordentich weit zurück. So weit das Auge reicht, sieht es noch nichts Grünes*). Die ganze Wintersaat mußte umgeackert und das Feld mit Sommerfrüchten bestellt werden. Der dadurch entstandene Verlust berechnet sich für manches Dorf auf Tausende von Gulden. Auch die Kleefelder sind fast sämmtlich verwintert, — ein großer Nachtheil, da es hier nur ganz wenig Wiesen gibt. Solche Fatalitäten suchen die Bauern heim; im vorigen Jahre gingen viele Schweine, Kälber und größere Thiere zu Grunde. Und doch sollen die Bauern immer und immer zahlen und mit Steuern bedrückt werden! Die Pfarrer leiden da natürlich mit; wenn mancher die Pfarrgründe selbst bebauen müßte, so wäre es ihm unmöglich, den eingesetzten Ertrag zu erzielen. Die Bauern lachen darüber und sagen, wenn ein Bauer, der so viel Feld hat als die Pfarrei, jährlich einen so großen Reinertrag erhielte als in der Pfarrfassion angesetzt ist, dann wäre er glücklich zu preisen, Die Pfarrer sind aber keineswegs glücklich zu preisen, denn ihre Felder richten sich leider nicht nach der Fassion.

Die Vereinigten Staaten von Nordamerika hatten vor 60 Jahren nur einen einzigen katholischen Bischof; heute zählen sie schon 60 Diöcesen oder apostolische Vikariate. Besonders den Päpsten mit dem Namen Pius verdankt die katholische Kirche von Nordamerika ihre Fortschritte.

---

*) Ist um München auch so! D. R.

Kulturbildliches.

Im **Hofbräuhaus** hat man bisher dem löblichen Grundsatz gehuldigt, daß dort Alle gleich sind, Schwarze und Rothe, Bürger und Bettler, Einheimische und Fremde. Jetzt scheint es aber dort anders geworden zu sein und scheinen sich nur noch die Kulturlümmel gleich zu sein. Kamen vor ein paar Tagen zwei fremde geistliche Professoren in's Hofbräuhaus um sich dieses berühmte Münchener Weltwunder anzusehen. Kaum aber hatten sie die Schwelle überschritten, so ging ein ungeheurer Spektakel los, fast wie in einer fortschrittlichen Volksversammlung: „Was wollen die Pfaffen"? schrie man, — hinaus, hinaus mit den Pfaffen! Wir wollen keine Schwarzen da" u. s. w. So insultirte man die fremden Geistlichen, so verwildert sind sogar die friedlichen Hofbräuhausgäste durch diese schmähliche Knurrblättlliteratur geworden! Nur Einer, ein Offizier nahm sich der fremden Herren an. Das ist schmachvoll, gemein und eine Schande für's Hofbräuhaus, das seine Neutralität bisher so ängstlich zu bewahren gewußt hat. Wenn das Bildung und Fortschritt sein soll, dann — gute Nacht, München! G.

Börsen-Nachrichten.

Frankfurt a. M., 22. April. Schlußkurse: 1882er Amerikaner $95\frac{1}{8}$ österr. Bankactien 685; dito Creditactien $263\frac{1}{4}$; Bayer. Ostb.-Actien $120\frac{1}{8}$; Oesterr. Loose v. 1860 $78\frac{1}{8}$; ditoto. 1864 114; 5proc. österr. engl. Metall. $226\frac{1}{8}$; 5proc. National — —; 5proc. bayer. Anl. $101\frac{1}{2}$ dito $4\frac{1}{2}$ proc. Anl. $91\frac{3}{8}$; dito 4 proc. Pr.-Anl. 106; dito 4proc. Grundrente 86; Elisabeth-Prior. 1. Em. $77\frac{1}{2}$; Napoleons 9. 30. Münchener Anleihe $100\frac{3}{4}$; steuerfreie Met. v. 1866 —; österr. franz. Staatsbahn $377\frac{1}{2}$; bad. Präm.-Anl. $104\frac{1}{2}$; Münchener Handelsbank —.

Verantwortlicher Redakteur: Dr. J. Sigl

Fahrtenplan vom 15. Oktober 1869 an.

Abfahrt und Ankunft der Eisenbahnzüge in München.

Augsburg

Abfahrt nach	Ankunft von
5 45 Morgens Kurierzug.	8 10 Morgens Personenz.
6 10 Morgens Schnellzug.	8 40 Morgens Kurierzug.
6 25 Morgens Postzug.	11 40 Vormitt. Güterzug.
11 — Vormitt. Postzug.	3 — Nachmitt. Postzug.
1 50 Nachmitt. Personenz.	8 15 Abends Kurierzug.
5 45 Abends Kurierzug.	9 15 Abends Güterzug.
6 45 Abends Personenz.	9 40 Abends Schnellzug.
11 30 Nachts Schnellzug.	

Salzburg

Abfahrt nach	Ankunft von
5 Morgens Güterzug.	5 15 Morgens Kurierzug.
9 — Morgens Schnellzug.	8 15 Morgens Güterzug.
10 Vormitt. Postzug.	10 15 Vormitt. Postzug.
4 30 Nachmitt. Postzug.	4 10 Nachmitt. Postzug.
5 40 Nachmitt. Güterzug.	
8 40 Abends Kurierzug.	8 55 Abends Güterzug.
10 10 Nachts Schnellzug.	11 — Nachts Schnellzug.

Großhesselohe.

Abfahrt in München:	Abfahrt in Großhesselohe:
5 U. — M. Morgens.	7 U. 51 M. Morgens.
10 U. — M. Vormittags.	10 U. — M. Morgens.
4 U. 30 M. Nachmittags.	5 U. 52 M. Nachmittags.
5 U. 40 M. Abends.	8 U. 31 M. Abends.

Starnberg

Gemischte Züge.

Abfahrt nach	Ankunft von
6 30 Morgens.	8 30 Vormitt.
10 30 Vormitt.	12 35 Mittags.
5 Abends.	7 25 Abends.

Ingolstadt

Abfahrt nach	Ankunft von
6 30 Morgens Personenz.	8 35 Morgens Personenz.
11 35 Mittags Güterzug.	3 40 Nachmitt. Güterzug.
5 45 Abends Personenz.	9 — Abends Personenz.

Regensburg.

Abfahrt nach	Ankunft von
5 Morgens Postzug.	8 22 Morgens Güterzug.
7 45 Morgens Kurierzug.	9 30 Vormitt. Kurierzug.
9 45 Vormitt. Postzug.	11 50 Vormitt. Güterzug.
1 30 Nachmitt. Güterzug.	6 17 Abends Güterzug.
5 55 Abends Kurierzug.	8 55 Abends Kurierzug.
7 — Abends Güterzug.	10 25 Nachts Personenz.

München-Schleißheim:

5 U. — M. Morgens.
9 U. 45 M. Vormittags.
1 U. 30 M. Nachmittags.
7 U. — M. Abends.

Schleißheim-München:

7 U. 45 M. Morgens.
11 U. 10 M. Vormittags.
5 U. 52 M. Abends.
10 U. M. Abends.

Vom Sonntag den 17. d. Mts angefangen wurden an Sonn- und Feiertagen außer den Zügen nach der gegenwärtigen Winterfahrordnung folgende Fahrten eingerichtet:

I. Von München nach Starnberg und zurück:

Fahrzeit: 1 Stunde 5 Minuten.

Abfahrt in München 2 Uhr 30 Minuten Nachmittags.
Abfahrt in Starnberg 5 Uhr Minuten Abends.

II. Von München nach Großhesselohe und zurück:

Abfahrt in München 2 Uhr 30 Minuten Nachmittags.
Abfahrt in Großhesselohe 6 Uhr 30 Minuten Abends.

Druck von M. Vogt in München, Rosenthal 19

II. Jahrgang. | Das Bayrische

Vaterland.

Auflage: 5400.

Das „Bayr. Vaterland“ erscheint täglich mit Ausnahme der Sonn- und hohen Festtage. Preis des Blattes: Vierteljährig 54 kr., ganzjährig 3 fl. 36 kr. Das einzelne Blatt 1 kr.

Alle Postexpeditionen und Postboten des In- und Auslandes nehmen Bestellungen an. Inserate werden; die dreispaltige Petitzeile oder deren Raum zu 3 kr. berechnet.

Redaktion: Burggasse 14. Herausgegeben von Dr. jur. J. Sigl. Expedition: Ruffinibazar 5

Hildegard. Nr. 93. Dienstag, 26. April 1870.

Bestellungen auf das „Bayr. Vaterland“

für das Quartal zu 54 kr. können bei allen Postanstalten und Postboten noch immer gemacht werden.

Verzeichniß der Wahlkreise.

Oberbayern. 1. Wahlkreis: Stadt München 5 Abgeordnete. 2. Wahlkreis: Stadt Ingolstadt (wie alle folgenden je) 1 Abgeordneten. 3. Die Städte Freising und Rosenheim. 4. Die Landgerichte Aichach und Rain. 5. Die Landgerichte Ingolstadt und Geisenfeld. 6. Die Landgerichte Pfaffenhofen und Schrobenhausen. 7. Die Landgerichte Traunstein und Trostberg. 8. Die Landgerichte Berchtesgaden, Laufen und Reichenhall. 9. Die Landgerichte Altötting, Burghausen und Tittmoning. 10. Die Landgerichte Rosenheim und Prien. 11. Die Landgerichte Aibling und Ebersberg. 12. Die Landgerichte Wasserburg und Haag. 13 Die Landgerichte Mühldorf und Neumarkt. 14. Die Landgerichte Erding und Dorfen. 15. Die Landgerichte Moosburg und Freising. 16. Die Landgerichte Dachau und München l/J. 17. Die Landgerichte Friedberg und Bruck. 18. Die Landgerichte München r/J. und Wolfratshausen. 19. Die Landgerichte Schongau und Werdenfels. 20. Die Landgerichte Miesbach, Tölz und Tegernsee. 21. Die Landgerichte Landsberg und Diessen. 22. Die Landgerichte Starnberg und Weilheim. — Niederbayern. 23. Wahlkreis: Die Stadt Passau mit St. Nikola. 24. Die Städte Landshut und Straubing. 25. Die Landgerichte Kelheim und Abensberg. 26 Das Landgericht Landshut. 27. Die Landgerichte Rottenburg und Mainburg. 28. Das Landgericht Vilsbiburg. 29. Die Landgerichte Straubing und Mallersdorf. 30. Die Landgerichte Bogen und Mitterfels. 31. Die Landgerichte Dingolfing und Eggenfelden. 32. Die Landgerichte Landau a/J. und Arnstorf. 33. Die Landgerichte Deggendorf und Hengersberg. 34. Die Landgerichte Pfarrkirchen und Simbach. 35. Die Landgerichte Griesbach und Rotthalmünster. 36. Die Landgerichte Vilshofen und Osterhofen. 37. Die Landgerichte Kötzting und Viechtach. 38. Die Landgerichte Regen und Neukirchen. 39. Die Landgerichte Grafenau und Freyung. 40. Die Landgerichte Passau I. und II. ohne die Gemeinde St. Nikola 41. Die Landgerichte Wegscheid und Waldkirchen. — Pfalz. 42. Wahlkreis: Die Stadt Kaiserslautern. 43. Die Städte St. Ingbert und Zweibrücken. 44. Die Stadt Ludwigshafen mit Friesenheim, Mundheim, Mutterstadt, Oggersheim und Rheingönnheim. 45. Landgericht Landau. 46. Die Landgerichte Bergzabern und Annweiler. 47. Landgericht Neustadt a. H. 48. Landgericht Speyer. 49. Landgericht Edenkoben. 50. Landgericht Germersheim. 51 Landgericht Kandel. 52 Die Landgerichte Frankenthal und Ludwigshafen ohne die Gemeinden Ludwigshafen, Friesenheim, Mundenheim, Mutterstadt, Oggersheim und Rheingönnheim. 53. Landgericht Dürkheim. 54. Die Landgerichte Kirchheimbolanden, Göllheim und Roggenhausen. 55. Die Landgerichte Obermoschel, Lauterecken und Wolfstein. 56. Landgericht Grünstadt. 57. Die Landgerichte Kaiserslautern, Otterberg und Winnweiler ohne die Stadt Kaiserslautern. 58. Die Landgerichte Pirmasens, Dahn, und Waldfischbach. 59. Die Landgerichte Kusel und Landstuhl. 60. Die Landgerichte Homburg, St. Ingbert und Waldmohr ohne die Stadt St. Ingbert. 61. Die Landgerichte Zweibrücken, Blieskastel u. Hornbach ohne die Stadt Zweibrücken. — Unterfranken und Aschaffenburg. 112. Wahlkreis: Stadt Würzburg. 113. Stadt Aschaffenburg mit Damm. 114. Die Städte Schweinfurt und Kitzingen. 115. Die Landgerichte Alzenau, Lohr und Schöllkrippen. 116. Die Landgerichte Amorbach, Klingenberg und Miltenberg. 117. Die Landgerichte Aschaffenburg und Obernburg. 118. Die Landgerichte Rothenbuch, Rothenfels und Stadtprozelten. 119. Die Landgerichte Bischofsheim, Neustadt a./S. und Melrichstadt. 120. Die Landgerichte Hofheim und Königshofen. 121. Die Landgerichte Baunach, Ebern und Eltmann. 122. Die Landgerichte Gerolzhofen, Haßfurt und Wiesentheid. 123. Die Landgerichte Dettelbach, Kitzingen und Volkach. 124. Die Landgerichte Schweinfurt und Werneck. 125. Die Landgerichte Aub, Marktbreit und Ochsenfurt. 126. Die Landgerichte Marktheidenfeld und Würzburg l. M. 127. Die Landgerichte Arnstein und Würzburg r. M. 128. Die Landgerichte Gmünden und Karlstadt. 129. Die Landgerichte Kissingen und Münnerstadt. 130. Die Landgerichte Brückenau, Euerdorf und Hammelburg.

Deutschland.

München, den 25. April.

Ueber den Zweck der Osterreise, welche Graf Bray und Hr. v. Lutz nach Stuttgart gemacht haben, wollen auswärtige Blätter sehr krauslockige Mittheilungen erhalten haben. Nach diesen hätte Graf Bray nichts geringeres gewollt, als dort während der schönen Osterfeiertage schleunigst einen Südbund zu errichten, der auf den Grundlagen der „inneren Autonomie“ ein Schutzbündniß gegen Preußen sein werde. Gleichberechtigung der Bundesstaaten, gemeinsame diplomatische Vertretung im Ausland, Neutralität des Südbundes und Unverletzlichkeit des Gebietes, gewährleistet durch Frankreich, Oesterreich und Rußland, und demzufolge Aufhebung der Militärverträge mit Preußen, Auflösung des Zollvereins — o Herr, halt ein mit deinem Segen! Dieser Hr. Graf Bray greift die Sache gleich scharf an und wir begreifen die „lebhafte Unruhe“, welche sich nach etlichen Blättern einiger Berliner bemächtigt haben soll, ja es wäre nicht undenkbar, daß Bismark sich seine Gelbsucht wegen dieser schönbemalten süddeutschen Ostereier angeeignet hat. Aber — warten wir's ab und erhitzen wir uns nachher für die politischen Künste des Grafen Bray.

— Die Allg. Ztg. „zweifelt nicht“, daß der bayr. Gesandte in Rom“, Graf Taufkirchen, die geeigneten Schritte thun werde, den Urheber der „Verdächtigungen“, daß er Aktenstücke des Koncils habe stehlen lassen oder von dem Diebstahl gewußt habe, die „gebührende Züchtigung angedeihen zu lassen.“ Wir sind sehr begierig, wie der sehr edle und sehr liberale Graf das anfangen wird, zweifeln aber unserseits nicht, daß Graf Bray mehr als einen Grund habe, den sehr edlen Herrn schleunigst von Rom abzuberufen, da für Bayern es durchaus nicht schicklich ist, von solchen Leuten in Rom vertreten zu werden. Die Regierung des Papst ist allzu liebenswürdig, daß sie diesem sehr edlen Herrn nicht bereits die Pässe zugestellt hat; ihre Pferde wird sie wohl zu anderen Zwecken nothwendiger brauchen, als sie durch Hinausfuhrwerkung des Grafen aus dem römischen Gebiet zu strapaziren.

— Die vielen tausend Bauern, welche das „Bayr. Vaterland“ lesen, wird es sicher interessiren, wenn wir ihnen ein neues Liedchen mittheilen, welches eigens für sie gedichtet wurde. Zum ersten Mal wurde es am 20. April 1870 im Kellersalon des Gutsbesitzers Wittmann von Oberhaunstadt (bei Ingolstadt) gesungen. Die Sängerzunft bestand aus 4 „gebildeten“ Offizieren und 5 „wissenschaftlichen“ Landschulmeistern, welche mit ausgepichten Bierkehlen folgenden Sang den Bauern in die Ohren schrieen:

„Was braucht denn der Bauer
Im Wirthshaus zu schreia (schreien?)
Den sperrt man in Saustall
Und gibt ihm brav Kleia!! (Kleien.)“

Die anwesenden Bauern protestirten gegen diesen kavaliermäßigen und schulmeisterlichen Bildungserguß und verließen das Gastlokal, die „noblen“ Herren aus tiefster Seele verachtend. Die Helden-Namen der Offiziere und Schulmeister stehen zu Diensten.

Aus Mittelfranken wird dem „Vaterland“ geschrieben: (Ein bureaukratisches Monstrum.) Anläßlich der Kindheit-Jesuvereins-Debatte auf dem Landtage, allwo die Kreuzersammlung in den Bildungsanstalten als auf der lieben Kleinen Gemüth „unmoralisch wirkend“ bezeichnet wurde, sintemalen der Unterschied zwischen „Arm und Reich“ schon in der Kinderbrust „zu sehr zum Bewußtsein komme“ — eine eigenthümliche Furcht! — dürfte auf eine andere Collekte im Bezirksamte Beilngries aufmerksam gemacht werden; sie betrifft das Gluckdenkmal in Weidenwang. Ende des Jahres 1869 begann diese Sammlung, lebte 1870 fort und scheint erst zu enden, wenn keine Heirathskandidaten mehr auf Erden sind. Zur Zeit geht die Sammlung flau und ob jeder Geber sich eines Himmelslohnes würdig macht, sei dahin gestellt. Zur Sache denn! Wenn in Weidenwang ein Gluckdenkmal errichtet werden will, um Gotteswillen, was kümmert denn dieses all jene Ortschaften, die eben nicht so glücklich sind, Weidenwang zu heißen? Die Tonkunst ist verehrungswürdig; allein was weiß der Bürger und ländliche Einwohner von Gluck, diesem idealen Tonkünstler? Man glaubt vielfach, er sei ein Musikant gewesen. Ideale, noch so edlen Sinnes entsprossen, verlieren an Werth, wenn, zumal in unserer Zeit, der Geldbeutel angezogen wird, da einerseits dem Volke der rechte Sinn fehlt und anderseits dieses nämliche beisteuernde Volk von den großen Kunstschöpfungen Gluck's gar nichts hat. Wenn man eine Gabe reicht, will man entweder einen geistigen oder materiellen Nutzen; so ist einmal der Mensch. Alle 8 Tage nun erscheint im Beilngrieser Wochen- und Amtsblatte ein Verzeichniß der Gluckdenkmal-Spender. Das Haus Israel, sonst überall dabei, ist laut Verzeichniß da ganz unthätig. Wer zu Amt kömmt, muß blechen, ob Bauer oder Hirte, ob er ein Strohdach hat oder keines. Unser modernes Verehelichungsgesetz hilft das Monnment wesentlich erweitern. Könige und Kaiser haben schon beigesteuert, möchten diese Fürstenspenden dieser lästigen Bettelei ein Ende machen. Jene sollen angegangen werden, welche in Städten an Gluck's herrlichen Erzeugnissen sich erfreuen, nicht aber jene, die im Schweiße ihres Angesichtes sich ihr Brod sauer verdienen müssen. Gluck hat sich verewigt durch seine Werke, hat ein Monument in der Residenzstadt; eine so armselige, lange andauernde Vierundzwanzigkreuzersammlung wollte er sicher nicht, dieser geniale Meister der Tonkunst. Viele gaben sich der freudigen Hoffnung hin, mit dem Tode des Pfarrers von Weidenwang — ein Gluckcomitémitglied — werde auch diese etwas lästige Geldsammelei ihr Ende erreicht haben. Doch nein, sie fristet noch ihr wenn gleich kümmerliches Dasein. Das nur im Interesse des Volkes, und zu sonst Nichts.

O hochbeglücktes Weidenwang,
So manchem wird die Zeit so lang,
Bis sich erhebt das Monument
Und Glucken's Ruhm auf's Neu bekennt.
Herr laß zum bald'gen End'
Gedeih'n das Monnment!

Kaiserslautern hat „in Anerkennung der rühmlichen Verdienste Kolbs“ diesem das Ehrenbürgerrecht verliehen. In Hinsicht auf die Bedeutung dieser Verleihung für die Herren Bettelpreußen und ähnlichen Ehrenmänner begrüßen auch wir diese Demonstration als eine erfreuliche und wohlverdiente Zurückweisung unwürdiger Angriffe auf diesen Mann, welcher für uns nichts weniger als ein Ideal, aber doch mehr werth ist, als alle fortschrittlichen Kleinhäusler und Taglöhner zusammengenommen.

Aus Schwaben wird dem „Vaterland“ geschrieben: In Nr. 89 des „Vaterland“ wird berichtet, daß in Wullenstetten die Gründung eines bayrisch patriotischen Bauern-Vereins stattfand und das Augsburger Casino seine Vertreter hiezu abgeordnet hat. Am selben Tage fand in Hattenhofen, Station Haspelmoor, zu gleichem Zweck eine Versammlung statt, welcher nicht weniger als 30 Mitglieder des vorbezeichneten Casino anwohnten. Auch in Unterbaar, Station Meitingen, hatte zu gleichem Zwecke derselbe Verein seine Vertreter am selben Tage, ein Beweis, daß es den Mitgliedern dieses Vereines mit ihrem Streben das patriotische Element nach Kräften fördern zu helfen, Ernst ist. Einsender war in Hattenhofen, woselbst die Herren Abgeordneten Dr. Schleich und Inspektor Bichler die Versammelten durch treffliche Reden erfreuten. Die so liebenswürdige Persönlichkeit des schalkhaften „Punsch“-Redacteurs ist zu berühmt, als daß ich Weiteres anzuführen brauche, seine Ironie, mit der er das famose Aschermittwoch-Diner des Fürsten Hohenlohe geißelte, machte sichtlich selbst bei dem ländlichen Theil der Versammlung großen Eindruck. Gelungen war insbesondere seine Betrachtung über das Budget und die Vergleiche, die hiebei zur Sprache kamen. So z. B. erwähnte er, daß der Staatsrath jährlich etwa 80000 fl. kostet, das Institut der Hartschiere just ebensoviel. Nur darüber war er nicht einig, ob es besser sei den Staatsrath aufzuheben und mit seinem Bedarf die Hartschiere zu bezahlen, oder ob man die Hartschiere aufheben solle, um den Staatsrath mit der Erübrigung aus der Aufhebung der Hartschiere zu unterhalten! Gelungen war es ferner auch, daß sich zwei Bezirksamtmänner eingefunden hatten, wovon der eine fort-, der andere rückschrittlicher Tendenzen dringend verdächtig ist. Sie unterhielten sich aber trotzbem recht gut miteinander! Ueberhaupt störte nichts das von herrlichem Wetter begünstigte Fest, nur war es Schade, daß die Versammlung nicht im Freien abgehalten wurde, da die Lokalitäten weitaus nicht ausreichten, auch nur der Hälfte der Festtheilnehmer die Anwesenheit im Festsaale zu ermöglichen. Hiebei hörte ich zum Erstenmal den als ländlichen bekannten Oekonomen Schmelcher von Ottomühl. Er sprach über den wahren Fortschritt und zwar in einer Weise, daß diejenigen, die ihn zum Erstenmal hörten, aufs Höchste erstaunt waren über die Belesenheit und das Redetalent dieses schlichten Mannes. Der Vorstand des neuen Vereines, Herr Pfarrer Sauter von Steinsdorf begrüßte in schmeichelhafter Weise die fremden Gäste, zumal uns Stadtmenschen, indem er die bei Gelegenheit der Fahnen-Deponirung der seligen Bürgerwehr von unserm hochgelobten Fortschreiter Fischer gehaltene Rede, wornach die Bürger der Städte bald einen Damm gegen die anstürmenden „finsteren Bauernrotten“ zu bilden berufen sein sollen, einer scharfen Beleuchtung unterzog, zumal mit Hinweis auf die zahlreich anwesenden Städter, wornach nicht Alles zu denken scheine, wie der vielbelobte Fortschritts-Bürgermeister. Wir aber stimmten auf's Freudigste ein in den Toast auf **Verbrüderung von Stadt und Land** zu gemeinsamer Abwehr gegen die anstürmenden Fortschritts-Horden! **Hoch die Patrioten in Stadt und Land!**

Aus Kempten wird von liberalen Blättern als „nachahmungswürdiges Beispiel“ gemeldet, daß dort eine Versammlung von (Knurrblättl-) Katholiken (bei gehöriger Illumination durch Bier und andere trinkbare Stoffe) einen (Knurrblättl-) „Katholiken-Verein zur Abwehr römischer Neuerungen“ beschlossen habe und daß eine heftige Betheiligung „unter den obwaltenden Zeitumständen wohl schwerlich zu bezweifeln sei.“ Gewiß wird es in Kempten an einer entsprechenden Anzahl liberaler Simpel und „aufgeklärten“ Federvieh's nicht fehlen, die sich dazu herbeilassen; es besteht jedoch keine Gefahr, daß der Friede Europa's dadurch sonderlich alterirt werden wird. Wir erwarten, daß Knurrblättl die Sache gehörig in Anregung bringen wird, sintemalen es auch in München an dem nöthigen Gesindel zu einem solchen Verein durchaus nicht fehlt.

Aus Forchheim wird dem „Vaterland“ geschrieben: Eine sehr undankbare Aufgabe ist wahrscheinlich von Seite des Hrn. Bezirksamts-Assessors Thelemann dem schon aus den „Forchheimer Ketten“ bekannten Gendarmerie-Brigadier Lang zu Theil geworden. Bekanntlich ist die Wahl der Forchheimer Abgeordneten durch eine Wahlreklamation des früher durchgefallenen Abgeordneten Dorn von Gräfenberg und Consorten zur Vernichtung beantragt worden, weil einestheils dieselben sich selbst gewählt hätten, anderntheils das Vergehen der Bestechung vorläge. Nun ist aber bereits durch Oeffnung der Wahlakten ersteres als Verleumdung nachgewiesen und die zweite Behauptung ist der ersten werth. Der Brigadier Lang hat nun von der hohen Bureaukratie, da auf Antrag des Kammerpräsidiums Criminaluntersuchung eingeleitet wurde, den undankbaren Auftrag, um jeden Preis eine Bestechung nachzuweisen, und läuft seit 6 Wochen von Ort zu Ort, von Bauernhaus zu Bauernhaus und bringt halt Nichts heraus! Wahrlich es ist zum Verzweifeln, daß im Forchheimer Wahlbezirk eine liberale moralische Niederlage nach der andern erfolgt und die Herren Bureaukraten doch nicht anderen Sinnes werden.

Vom Main wird dem „Vaterland“ geschrieben: Von Seite des Herrn Grafen Luxburg wurde am 2. April 1870 durch Regierungsausschreiben (Kreisamtsblatt Nr. 44) dem Kuratklerus der Diözese Würzburg folgendes bekannt gegeben: „Im Namen rc. Es ist ein althergebrachter Grundsatz im bayrischen Staate, daß bei Uebertragung landesherrlicher Patronats-Pfarreien auf Anstellung oder Beförderung solcher Priester nach Thunlichkeit vorzüglich Rücksicht solle genommen werden, welche mit den zum Seelenhirtenamte nöthigen Eigenschaften Verdienste vereinigen, welche sie sich auch auf dem Gebiete der Schule als Distrikts- und Lokalschul-Inspektoren erworben haben ([illegible] a. H. Entschl. v. 27. Dez. 1801 Döll. V. S. Bd. 9 § 691.) Die unterfertigte k. Stelle findet sich veranlaßt, dem k. Klerus des Regierungsbezirkes diesen Grundsatz erneut mit dem Beifügen ins Gedächtniß zu rufen, daß, nachdem es ihr obliegt, bei den in ihrem Geschäftskreis fallenden Vorschlägen zur Besetzung von Pfarreien des allerh. k. Patronates hervorragenden Leistungen im Schulsache besondere Würdigung und Empfehlung zuzuwenden, sie hiebei von dem Wunsche getragen ist, es werde der katholische Seelsorgs-Klerus sich der ihm übertragenen nächsten Leistung der so wichtigen Volksschule auch fortan mit solcher Sorgfalt und Liebe hingeben, daß sie sich recht oft in die Lage versetzt sehe, bei Pfarreibesetzungs-Anträgen ausgezeichneten Leistungen auf diesem Gebiete die verdiente Berücksichtigung zuwenden zu können.“ — So der Erlaß. Die kgl. Regierung darf jedoch der sicheren Ueberzeugung sich nicht verschließen, daß der Zweck dieses Ausschreibens gegenüber dem kath. Kuratklerus verfehlt ist, da dieser sich weder durch derartige Maßregeln locken noch schrecken läßt, sondern einfach vor wie nach seine Pflicht thut. Vor Allem muß hier bemerkt — und könnten Namen genannt werden, daß bisher, d. h. vor der Wahl im Mai vorigen Jahres und bevor das berüchtigte Huller'sche Schulgesetz auftauchte, Usus bei Pfarreibesetzungen war, daß der älteste Supplikant um eine Pfarrstelle dieselbe auch erhielt und der Distriktsschulinspektor durchaus nicht vorgezogen wurde. Waren unter den Supplikanten Pfarrer und Kapläne, so gingen die Pfarrer vor. Erst seit neuesten Datums, z. B. bei Besetzung der Stiftspfarrei in Aschaffenburg durch H. Pfr. Dr. Kiesel, wurde ein besonderes Gewicht auf das Schulwesen gelegt. Und hätte, dessen ist man fast überzeugt, Hr. Dr. Kiesel bei der Schulgesetzfrage sich nicht auf Seite der Regierung gestellt und unbekümmert um die Stimmen der bayr. Bischöfe das Schulgesetz für ganz correkt gefunden, wie wenigstens der Würzburger Anzeiger demselben Herrn nachrühmte und ihn deshalb so angepriesen hat —, dann wäre wahrscheinlich Hr. Dr. Kiesel nicht Pfarrer in Aschaffenburg geworden. Nun das ist Geschmackssache, ob Einem lieber die Freundschaft der betreffenden Regierung und des Ministeriums ist als die Vertheidigung der Rechte der Kirche und das Zusammenstehen mit den Bischöfen. Der Klerus hat bisher seine Schuldigkeit gethan, was die Schule anbelangt und dies als Gewissenssache betrachtet und wird es auch fürderhin so halten, ohne einer Ermunterung, Belobung oder Belohnung von Seite der Regierungen zu bedürfen. Nie aber, oder mit gewiß sehr seltenen Ausnahmen, wird der Klerus sich so weit herabwürdigen, vor der Regierung auf dem Bauche zu liegen einer Pfründe wegen und die Rechte seiner Kirche verdrängen oder zertreten zu lassen; mögen auch die amtlichen Zeugnisse der Kapläne das Prädikat enthalten: „Hat gegen das Schulgesetz agitirt“ und dadurch eine Zurücksetzung erfolgen! Bei Wiederkehr ähnlicher oder gleicher Gesetzentwürfe wird der Klerus nicht den oben wehenden Wind sich zur Richtschnur seiner Aeußerungen und Handlungen wählen, sondern Charakter zeigen wie bisher und in Vertheidigung seiner Kirche und ihrer Rechte sich gleich bleiben — komme, was da wolle! Der Klerus wird nicht fahnenflüchtig, wie so Viele es schon geworden sind, theils aus Noth, theils aus Beförderungssucht, sondern hält seinen einmal der Kirche in die Hände des Bischofs gelegten Eid und kann dann auch getrost der Zukunft entgegensehen. Der Cölibat schützt ihn vor vielen Verlegenheiten und ist die Existenz einer einzelnstehenden Person minder gefährdet. Volumus esse amici Dei et ecclesiæ!

Preußen. In **Berlin** ist am 21. das Zollparlament ohne sonderliche Festivitäten eröffnet worden; es waren nur 120 Zollparlamentsgläubige anwesend. Wilhelm hielt zum Fleiß keine „Thronrede", weil diese Süddeutschen nicht einmal würdig sind, von ihm ausgezankt zu werden. In Ermanglung des Hrn. M. Barth brachte ein gewisser Frankenberg ein Hoch auf den König von Preußen aus, wofür wir ihm bei der Osterbeicht gnädige Absolution wünschen. Bismarks Vice kündete sodann eine neue Steuer an, die **Zuckersteuer**, worauf sich die meisten von dem gehabten Schrecken in den nächstliegenden Wirthshäusern erholten.

Ausland.

Schweiz. Der Kanton **Aargau** scheint bereits „gehörig liberal" geworden zu sein, daß man einen Schritt gegen Rom wenigstens versuchen kann. Zu diesem Zwecke will sich eine „Reformpartei" bilden, die sich vom Papst lossagen und eine aargauische „Nationalkirche" bilden will, zu welchem Zwecke man sich einstweilen „mit großer Entschiedenheit" gegen das „jesuitische Unwesen" am Klerikalseminar in Solothurn erklärt hat. Die neue „Nationalkirche" wird ungefähr nach folgenden Grundsätzen eingerichtet werden:

Ganz Europa soll sich dieses merken,
Wie man jetzt die Kirche reformirt;
Spiegeln soll man sich an unsern Werken,
Wie man mit dem Fortschritt jetzt marschirt:
Wer da lebt auf Pump, vallera,
Und ein rechter Lump, vallera,
Ist bei uns der beste **Katholik**.

Pfarrer wird nach unseren Reformen,
Wer der größte Lump im Dörfle ist,
Und **Kaplan** wird, wer nach diesen Normen
Dem zunächst das größte Tröpfle ist;
Wer im ganzen Land
Ist als Lump bekannt,
Wird von uns zum **Bischof** gar erkiest.

Und wer da als scharfer Hauptfortschreiter
Unter all den Lumpen sich bewährt,
Wird als unsrer Kirche bester Streiter
Gleich von uns als neuer **Papst** verehrt.
Jeder lebt recht fein,
Jeder lebt als Schwein
In der Kirche, die wir reformirt!

Frankreich. **Paris.** Das Decret über die bevorstehende Volksabstimmung ist erschienen und enthält 10 Artikel. Art. 1 sagt: Das französische Volk ist für den 8. Mai einberufen, um nachstehendes Plebiscit-Project entweder **anzunehmen oder abzulehnen**: „Das Volk billigt die durch den Kaiser im Verein mit den großen Staatskörpern seit 1860 vorgenommenen liberalen Reformen der Verfassung und ratificirt den Senatus Consulte vom 20. April 1870."

— Diese Fragestellung ist sehr allgemein gehalten. Napoleon kann der Majorität im vorhinein sicher sein. Auch die Revolutionspartei weiß, daß sie auf's Haupt geschlagen werden wird, weshalb ihre Blätter mit den bekannten Waffen über das Plebiscit herfallen, das im Grunde nichts anderes ist als eine Folgerung aus ihren eigenen Grundsätzen von der sog. Volkssouveränität. So lange keine Aussicht auf eine Volksabstimmung war, wurde sie von ihnen verlangt; jetzt da sie sie **haben** können, schimpfen sie darüber und wollen von ihr nichts wissen. Voilà ein Bild der liberalen Lüge und Scheinheiligkeit! Der Kaiser will übrigens, um seiner Sache ja recht sicher zu sein, sich noch in einem eigenen Schreiben an jeden einzelnen Träger der französischen Volkssouveränität, seine **Mitsouveräne**, wenden, was den französischen Postboten eine schöne Freude machen wird.

Vermischte Nachrichten.

(Die Unfehlbarkeit in **England**.) Die Königin von **England** führt wie alle Staatsoberhäupter von England seit Heinrich VIII. den Titel **Pontifex maximus** (oberster Priester) mit dem Prädikat: **infallibilis** (unfehlbar). Das protestantische konstitutionelle England glaubt also schon seit 1534, daß die Unfehlbarkeit seinem königlichen Papste oder Kirchenoberhaupt zukomme, weil eben diese jederzeit mit dem Begriffe eines Papstes nach christlicher Anschauung von jeher unzertrennlich verbunden war. Die interessante englische Titulatur lautet wörtlich: „Der König ist **Papst**, der oberste Wächter des Reichs, der schließliche Erbe des Königthums, allgegenwärtig, allvermögend, unfehlbar". Also selbst die **göttlichen** Eigenschaften der Allmacht und Allgegenwärtigkeit legen die **Engländer** ihrem Staatsoberhaupte, das jetzt ein **Weib** ist, bei, aber wir haben niemals gehört, daß sich diesseits oder jenseits des Kanals Jemand daran gestoßen hätte.

Münchener Schranne vom 28. April.

Getreidsorten	Verkauft Schffl.	Höchster fl.	kr.	Mittel- fl.	kr.	Nied.-Preis fl.	kr.	Gest. fl.	kr.	Gef. fl.	kr.
Weizen . . .	2227	20	30	19	19	17	37	—	5	—	—
Korn . . .	1256	12	12	11	51	11	28	—	3	—	—
Gerste . . .	1108	13	48	13	6	12	14	—	17	—	—
Haber . . .	1506	9	6	8	32	7	51	—	3	—	—
Reps . . .	—	—	—	—	—	—	—	—	—	—	—
Lein . . .	19	23	1	22	18	21	5	—	—	—	—

Verantwortlicher Redakteur: Dr. J. Sigl.

Druck von M. Boat in München. Rosenthal 19

II. Jahrgang. Das Bayrische Auflage: 5400.

Vaterland.

Das „Bayr. Vaterland" erscheint täglich mit Ausnahme der Sonn- und hohen Festtage. Preis des Blattes: Vierteljährig 54 kr., ganzjährig 3 fl. 36 kr. Das einzelne Blatt 1 kr.

Alle Postexpeditionen und Postboten des In- und Auslandes nehmen Bestellungen an. Inserate werden die dreispaltige Petitzeile oder deren Raum zu 3 kr. berechnet.

Redaktion: Burggasse 14. Herausgegeben von Dr. jur. J. Sigl. Expedition: Ruffinibazar 6

Peregrinus. Nr. 94. Mittwoch, 27. April 1870.

Bestellungen auf das „Bayr. Vaterland" für das Quartal (für die Monate Mai und Juni zu 36 kr.) können bei allen Postanstalten und Postboten noch immer gemacht werden.

Ueber das 7. Schuljahr

schreibt dem „Vaterland" ein Landwirth von der Donau: Wenn die 4 oder 6000 Adressen an den vorigen Landtag gegen das neue Schulgesetz nachgesehen werden wollten, so würde vielleicht in jeder das Verlangen der betreffenden Gemeinden um Aufhebung des gegen deren Willen verfügten 7jährigen Besuches der Werktagsschule ersehen werden, und wenn zur Zeit nicht abermals von eben so vielen Gemeinden an den jetzigen Landtag Adressen gegen dieses, besonders die ländliche Bevölkerung arg drückende 7. Schuljahr einlaufen, so ist die Ursache davon keine andere, als die Ueberzeugung, daß die Majorität der jetzigen Kammer in Rücksicht auf die ihr bekannten Verhältnisse des Landes und ihrer Wähler aus eigenem Antriebe auf gesetzliche Beseitigung des erzwungenen 7. Schuljahres bringen werden, und zwar wenigstens bezüglich der Landschulen. Bei den Städtern mag dieser Zwang fortbestehen, wenn er ihnen nicht zu „liberal" ist. Die Kinder der Städter versäumen ja ohnehin nichts, wenn sie 7 Jahre die Werktagsschule besuchen; dagegen rechtfertigen den Antrag auf Beseitigung des zwangsweisen Besuches der Werktagsschule während voller sieben Jahre bei der ländlichen Bevölkerung Bayerns sittliche, ökonomische und sanitätische Gründe, sowie auch die Rücksicht auf die gemeindlichen Belastungen.

Bekanntlich müssen in sehr vielen Gegenden Bayerns die Kinder, bis sie zum Schulorte kommen, lange Strecken Weges, selbst auch durch Waldungen zurücklegen, was für erstere um so bedenklicher werden kann, wenn dieser Schulbesuch über das 12. Lebensalter ausgedehnt wird. Ferner ist „Müßiggang aller Laster Anfang". Wenn ein Bauernbub und ein Mädchen vom Land, die mit 12 Jahren gewöhnlich größer und stärker sind, als ein Stadtkind mit 14 und 15 Jahren, nicht schon in diesem Alter dem Vater und der Mutter beihilft zur Arbeit, so wird ein solches Kind träg, ungeschickt und faul, und kann man die Leute jetzt allerorts sagen hören, dieses 7. Schuljahr ist für die Kinder vom Lande nur eine Zeit, daß sie das Faullenzen lernen, zumal bekanntermassen ein Landschullehrer, der alle Classen einer Schule zugleich zu versehen hat, diesen groß gewachsenen Kindern nicht die entsprechende Beschäftigung und Beaufsichtigung zuwenden kann, wie ein Stadtlehrer mit nur einer Classe.

Daher kommt es auch, daß unsere Kinder gerade aus der Schule Geschichten und Erzählungen mit nach Hause bringen, die sie mit 20 und 30 Jahren noch nicht wissen und erfahren sollten. Während der Lehrer mit den anderen Classen beschäftigt ist, geschieht es, daß die 13jährigen Knaben und Mädchen sich Liebsbriefe schreiben, Dinge, die früher in unserer Schule nicht vorkamen. Und doch sind Lehrer und Pfarrer in der Schule streng und eifrig.*)

Weil allerorts Eisenbahnen gebaut und Millionen, als todtes Kapital auf Festungsbauten zwecklos vergeudet werden, so ziehen sehr viele ländliche Dienstboten diesen Verdienst einem ordentlichen und mehr beschränkten Dienste bei einem Bauern vor und wir Landleute, von deren Steuern und Abgaben die Regierung und alle kgl. Angestellten größtentheils leben müssen, haben Niemanden zur Arbeit, selbst nicht um theueres Geld. Erreichen unsere Buben ein Alter, in welchem diese uns einen Knecht ersparen könnten, dann nimmt man sie uns und steckt sie jahrelang in Kasernen, von wo wir sie nicht selten sittlich und körperlich ruinirt zurückerhalten, wenn sie nicht wie anno 66 nutzlos todt oder zu Krüppeln geschossen werden. Ein Knabe mit 12 Jahren ersetzt mir einen Stallbuben und ich erspare 30 bis 36 fl. baar Geld, die Kost und den Verdruß mit einem fremden Jungen; ein Mädchen in diesem Alter vertritt die Stelle einer Kindsmagd und ich erspare hiedurch wieder 18 bis 20 fl. baar Geld ꝛc. und was die Hauptsache ist, brauche ich am Ende gar keine fremden Dienstboten im Hause. Das 7. Zwangs-Schuljahr kostet manchen Bauer und Taglöhner so viel, daß er mit den Ersparungen nach dessen Aufhebung seinen ganzen Schuldenstand verzinsen könnte, mag dieser auch 2 bis 3000 fl. betragen, ein Umstand, der in dieser geld- und kreditlosen Zeit schwer in's Gewicht fallen dürfte. (Schluß folgt.)

---

*) Vorigen Mai wäre der 12jährige Sohn einer armen Eisenbahnarbeiterfamilie dahier nach der alten Schulordnung entlassen worden, und damals hätte derselbe bei einem braven Bauern Unterkunft gefunden; aber er wurde nicht entlassen und verbrachte nun der kräftige Junge in Abwesenheit seiner Eltern die ganze lange Zeit nach der Schule mit Nichtsthun. Dieser Müssiggang führte ihn zum Stehlen, im Herbste war kein Obst vor ihm sicher und in diesem einen Jahre brachte derselbe es dahin, daß ihn jetzt Niemand in Dienst mag und sicher bildet er sich in kurzer Zeit zu einem Kandidaten jener Anstalten aus, welche unsere „gebildete" Zeit aus ehemaligen Klöstern, diesen Pflanzstädten der Cultur, Wissenschaft und Frömmigkeit, in Zuchthäuser verwandelte, zu deren Unterhalt die Rechtschaffenen im Lande jährlich über 700,000 fl. aus ihren sauer verdienten Kreuzern beischaffen müssen. Vor einem Jahre wäre der Junge in einem ordentlichem Dienste noch zu richten gewesen, der Müssiggang im 7. Schuljahr hat ihn zum Diebe gemacht. — Zur Förderung der Sittlichkeit und Arbeitsamkeit dient letzteres sicher nicht.

Verzeichniß der Wahlkreise.

Oberpfalz und Regensburg. 62. Wahlkreis: Die Stadt Regensburg mit Stadtamhof und Steinweg. 63. Stadt Amberg. 64. Die Landgerichte Neumarkt und Hilpoltstein. 65. Die Landgerichte Hemau und Riedenburg. 66. Die Landgerichte Tirschenreuth und Waldsassen. 67. Die Landgerichte Kemnath, Erbendorf und Eschenbach. 68. Die Landgerichte Neustadt a. W.-N. und Vohenstrauß. 69. Die Landgerichte Nabburg und Weiden. 70. Die Landgerichte Amberg und Vilseck. 71. Die Landgerichte Sulzbach und Auerbach. 72. Die Landgerichte Kastel und Parsberg. 73. Die Landgerichte Burglengenfeld, Schwandorf und Neunburg v. W. 74. Die Landgerichte Stadtamhof, Regenstauf und Nittenau. 75. Die Landgerichte Regensburg, Wörth und Falkenstein. 76. Die Landgerichte Oberviechtach und Waldmünchen. 77. Die Landgerichte Cham, Furth und Roding. — Oberfranken. 78. Wahlkreis: Stadt Bamberg. 79. Stadt Bayreuth. 80. Stadt Hof. 81. Die Landgerichte Bamberg II und Burgebrach. 82. Die Landgerichte Herzogenaurach u. Höchstadt a. A. 83. Die Landgerichte Forchheim und Gräfenberg. 84. Die Landgerichte Hof und Rehau. 85. Die Landgerichte Selb, Thiersheim und Wunsiedel. 86. Die Landgerichte Kirchenlamitz und Münchberg. 87. Die 87. Die Landgerichte Ludwigsstadt, Naila und Nordhalben. 88. Die Landgerichte Kronach und Weismain. 89 Die Landgerichte Berneck und Stadtsteinach. 00. Die Landgerichte Kulmbach und Thurnau. 01. Die Landgerichte Lichtenfels, Seßlach und Staffelstein. 92. Die Landgerichte Bamberg I, Hollfeld und Scheßlitz. 93. Die Landgerichte Bayreuth und Weidenberg. 94. Die Landgerichte Ebermannstadt, Pegnitz und Pottenstein. — Mittelfranken. 95. Wahlkreis: Stadt Nürnberg (2 Abgeordnete.) 96. Die Städte Erlangen und Fürth. 97. Die Städte Ansbach, Rothenburg und Schwabach. 98. Die Städte Dinkelsbühl, Eichstädt und Weissenburg. 99. Die Landgerichte Beilngries, Greding und Kipfenberg. 100. Die Landgerichte Eichstädt, Pappenheim und Weissenburg. 101. Die Landgerichte Hersbruck und Lauf. 102. Die Landgerichte Cadolzburg, Erlangen und Fürth. 103. Die Landgerichte Altdorf und Nürnberg. 104. Die Landgerichte Marktbibart, Scheinfeld und Uffenheim. 105. Die Landgerichte Markterlbach und Neustadt a. A. 106. Die Landgerichte Rothenburg a. T., Schillingsfürst und Windsheim. 107. Die Landgerichte Feuchtwangen, Herrieden u. Leutershausen. 108. Die Landgerichte Ansbach und Heilsbronn. 109. Die Landgerichte Roth und Schwabach. 110. Die Landgerichte Dinkelsbühl, Heidenheim und Wassertrüdingen. 111. Die Landgerichte Ellingen und Gunzenhausen. — Schwaben und Neuburg. 131. Wahlkreis: Die Stadt Augsburg (2 Abgeordnete). 132. Die Städte Donauwörth, Neuburg und Nördlingen. 133. Die Städte Kaufbeuern, Kempten, Lindau und Memmingen. 134. Die Landgerichte Nördlingen und Oettingen. 135. Die Landgerichte Monheim und Neuburg. 136. Die Landgerichte Donauwörth und Wertingen. 137. Die Landgerichte Dillingen und Höchstädt. 138. Die Landgerichte Günzburg und Lauingen. 139. Die Landgerichte Neuulm und Weissenhorn. 140. Die Landgerichte Burgau und Krumbach. 141. Die Landgerichte Augsburg und Zusmarshausen. 142. Die Landgerichte Schwabmünchen und Türkheim. 143. Die Landgerichte Buchloe, Kaufbeuern und Mindelheim. 144. Die Landgerichte Babenhausen, Illertissen, Memmingen und Ottobeuern. 145. Die Landgerichte Kempten und Grönenbach. 146. Die Landgerichte Füssen, Oberdorf und Obergünzburg. 147. Die Landgerichte Immenstadt und Sonthofen. 148. Die Landgerichte Lindau und Weiler.

Deutschland.

München, den 26. April.

Mit den obigen Kreisen liegt unsern erstaunten Lesern das neueste Kunststück kgl. bayr. liberaler Staatsweisheit, die projektirte Wahlkreiseintheilung, vollständig vor. Sie ist — und Niemand wird uns widersprechen — ein Meisterstück, das seines Gleichen sucht, aber schwerlich findet. Sie ist des Nachfolgers der abgetackelten Ministerexcellenz Hörmann vollkommen würdig; er hat damit mehr geleistet, als wir in unsern kühnsten Träumen möglich gehalten hätten, — ja Hr. v. Braun hat seinen Meister Papa Hörmann mit seiner Wahlkreisgeometrie noch übertroffen. Bravo, Braun!

Er hat den Meister übertroffen, sagen wir; denn was Excellenz Hörmann zu einer Zeit, als noch Niemand die furchtbare Niederlage der Regierung ahnen konnte, nur für eine Wahl gewagt und was ihn den Hals gekostet hat, das will Exc. Braun zum Gesetz machen, nicht für eine Wahl, sondern für immer. Braun hat gehört, wie das ganze Land, wie die Kammer das hörmannsche Machwerk be- und verurtheilte und er ging hin und machte es noch ärger. Braun weiß, daß sein Vorgänger nur deshalb einst in Anklagestand versetzt wurde wegen seiner „rettenden That", weil die Patrioten Gnade vor Recht ergehen ließen und den Mantel der Vergessenheit über geschehene Dinge werfen wollten, und er geht hin und macht es noch ärger. Soll die Milde der gegenwärtigen Majorität ewig dauern? Hält man sie nach ihren bisherigen Leistungen einer energischen That nicht mehr fähig? Glaubt man etwa gar Anhaltspunkte für solche Hoffnungen zu haben? Ach, da könnte man sich stark verrechnen, mehr als Hr. Hörmann!

Da hört denn doch mit dieser Wahlkreiseintheilung verschiedenes auf, was man billig von bayrisch bureaukratischer Staatsweisheit erwarten kann! Diese That hat Braun allein nicht leisten können, dazu hat er Gehilfen bedurft, Hocheder, Stenglein, Völk und ähnliche Größen vielleicht; diese wundervolle Schöpfung, die keine Ahnung hat von dem Geiste der Thatsachen des 12. Mai und 16. Nov., keine Ahnung, daß Hörmann, Greßer und Hohenloh zu den verflossenen Größen gehören und selbst in Bayern unmöglich geworden sind, diese Schöpfung unglaublicher Naivetät und bureaukratischer Erhabenheit über Zeit und Menschheit, — diese prächtige staunenswerthe Schöpfung konnte nur mit vereinten Kräften zu Stande kommen; Eines Mannes Witz und staatsmännischer Scharfsinn reichte dazu bei weitem nicht aus, Hörmann's Genie und staatsmännischen Takt noch zu übertreffen und tief in Schatten zu stellen.

Die Wahlkreiseintheilung soll gleichsam die „Krönung des Gebäudes" des neuen Wahlgesetzes sein; brechen wir nun ein paar Zacken heraus aus dieser Krone, um daran den Witz und Geist, die Billigkeit und Gerechtigkeit des projektirten Gesetzes zu zeigen, daß sich „beschränkter Unterthanenverstand" und die „Zurückgebliebenheit verführter Massen" daran erbaue und die Weisheit der Minister ehren lerne.

Daß die „Intelligenz" der Städte auf Kosten „ländlicher Bornirtheit" der verwahrlosten Bevölkerung obskurer Winkel" in dem neuen Wahlgesetz begünstigt werden würde, konnte unschwer voraus gesehen werden, daß es so komme, konnten wir nicht ahnen. Auf 31,500 Seelen sollte ein Abgeordneter treffen. Nun wählen aber z. B. Freising und Rosenheim (!) mit zusammen 13000 Seelen, Amberg mit 12000, Passau mit 16000, Schweinfurt und Kitzingen (!) mit 17000, Aschaffenburg und Damm mit 13000, Ingolstadt gar mit 9000, Kaiserslautern mit 15000, Ludwigshafen sammt Zubehör mit 17000, Zweibrücken-St. Ingbert mit 17000 Seelen je einen Abgeordneten!! Dagegen wählen ländliche Wahlkreise wie Eschenbach mit 38000, Tittmonning mit 40000, Annweiler-Bergzabern mit 39000,

Neustadt mit 37000, Otterberg-Kaiserslautern (Land) mit 42425, Kusel-Landstuhl mit 37779, Pirmasens-Dahn mit 42703 u. s. w. auch nur einen Abgeordneten!!!

Wir werfen uns voll Bewunderung nieder vor solchen Beweisen kgl. bayr. Weisheit und Gerechtigkeit. Wenn aber unsere Kammermajorität einen Hohn auf sich, einen Faustschlag sich ins Gesicht ersehen sollte, wenn sie mit einer solchen Anschauung diesen glorreichen Gesetzentwurf ohne Weiters in den Staatspapierkorb und Hrn. Braun auf den Pensionsetat beförderte — mein Gott, was könnten wir dafür! Es gäbe vielleicht sogar „zurückgebliebene" Leute genug, die der Kammer gar noch Recht gäben, — so korrumpirt und „verführt" ist oft das Volk von dieser schändlichen ultramontanen Presse!

— Wir sind heute in der sehr angenehmen Lage, wieder von einer sehr anerkennenswerthen militärischen Leistung berichten zu können. Der Hr. Kommandeur des 2. Infanterie-Regiments, ein ausgezeichneter Offizier, denn er heißt v. d. Tann und von einem v. d. Tann kann, wie das Jahr 1866 schlagend bewiesen hat, nur Gutes kommen, hat die Rettung des Vaterlandes auf einem eigenthümlichen Wege und wie von einem v. d. Tann vorauszusehen ist nicht ohne Erfolg unternommen. Nicht durch Hinterlader, noch durch neue Lederriemen will er Thron und Vaterland retten, sondern durch Militär-Kappen neuesten Schnitts, die allein ächt zu beziehen sind von einem Säcklermeister in der Bayerstraße Nr. 7. Zu diesem Zwecke sollen, wie uns erzählt wird, die ihm untergebenen Kriegsvölker angewiesen worden sein, ihre Kappen von sonst Niemand als diesem Säcklermeister zu beziehen. Nachdem sogar Gänse das Kapitol gerettet haben, können wir nicht zweifeln, daß das Vaterland auch einmal durch Kappen vom Säckler in der Bayerstraße gerettet werden könne, und sehen deshalb diesem freudigen Ereignisse mit gespannter Erwartung entgegen. Die Gewerbefreiheit wird zwar durch derartige militärische Unternehmungen einigermaßen alterirt, auch machen die mit dem Verkauf der allein zweckdienlichen und ächten Kappen nicht begnadigten Meister zu dieser Monopolisirung des Kappenverkaufs an das k. 2. Regiment ein schiefes Gesicht, allein wenn ein Herr Oberst befiehlt, zumal ein v. d. Tann, dann haben „bürgerliche Kanaillen" das Maul zu halten und sich damit zu begnügen, daß es ihnen ja gnädigst gestattet ist, Steuern mit 95 Proc. Zuschlag zahlen zu dürfen, und damit Punktum. Wir halten übrigens dafür, daß die Rettung noch viel sicherer und strammer von statten gehen würde, wenn besagte Kappen direkt aus Preußen, von wo alles Gute kommt, bezogen würden; hat der Hr. Oberst vielleicht vergessen, da seinen Hrn. Bruder den General um dessen maßgebenden Rath zu fragen?

In Augsburg entrüstet sich das Organ des rothen Fischer, daß im Kirchenstaat auf 43 Einwohner ein Soldat kommt und daß die Armee bei einem Budget von 28 Mill. 11½ Mill. koste. Wenn Hr. Fischer den Papst vor seinen Feinden sichern wollte, dann würde er wahrlich über die große Armee des Papstes nicht länger entrüstet zu sein brauchen, denn der Papst würde sie lieber heute als morgen entlassen, wenn er sie gegen die italienischen Gesinnungsgenossen gewisser deutscher Ehrenmänner nicht brauchte. Auch darüber entrüstet sich Giftnickel hohem Auftrag zufolge, daß in Rom, der Hauptstadt der Christenheit, dem Centralpunkt der Regierung der katholischen Welt, auf 33 Einwohner eine Person geistlichen Standes kommt. Wir kennen eine Körperschaft, die blos aus 154 Leuten besteht, in der aber nicht weniger als 86 Klerikale und „Pfaffen" sind. Wie „entrüstet" muß das „Organ" erst da sein!

Preußen. In Berlin ist man über den Gang der Dinge in Frankreich nicht ohne bange Besorgnisse, weil durch die Bewegung der Volksabstimmung in Frankreich Alles in Frage gestellt und die nächste Zukunft wieder in Dunkel gehüllt sei. In Frankreich? Gilt das nicht viel mehr von Preußen und dem preußischen Nordbund? Ein starker Sieg der Regierung des Kaisers, fürchtet man, würde dem persönlichen Regiment und der „Politik der Experimente" gar sehr zu statten kommen, (denn Frankreich könnte dann leicht mit Preußen einige „Experimente" versuchen!) Insbesondere hat eine Aeußerung des Hrn. de la Gueronniere, welcher Aussicht hat Minister des Auswärtigen zu werden, den Berliner Helden Angst eingejagt. Dieser sagte nämlich im Senat: „Europa ist nur dann ruhig, wenn Frankreich zufrieden ist, und damit Frankreich zufrieden sei, muß Jeder an seinem Platze bleiben." Das begreifen die Häupter des preußischen Nordbundes, daß Preußen keineswegs „an seinem Platze" geblieben und Frankreich also nicht zufrieden ist. Wir glauben, daß diese Berliner Angst durchaus nicht unbegründet ist und daß nach der Volksabstimmung von Frankreich allerdings etwas geschehen könnte, daß Preußen wieder „an seinen Platz" kommt, Frankreich zufrieden und Europa ruhig wird. Sollte es dabei eine gute Tracht Prügel für die Herren Preußen absetzen, so wäre das gewiß recht bedauerlich — für sie, aber um des europäischen Friedens willen würde es kaum schaden, wenn diese Preußen sogar recht ausgiebig durchgehauen würden; im Gegentheil! Und leider können wir nicht läugnen, daß für die herrlichen Mitglieder des preußischen Nordbundes, so weit sie es nicht vorziehen, diesen Theil der „göttlichen Mission" Preußens den Preußen allein zu überlassen, wirklich recht annehmbare Aussichten vorhanden sind, zumal da wir uns kaum werden entschließen können, ihnen unsere Helden von 1866, die v. d. Tann rc. für den nächsten Feldzug auszuleihen, da wir ihrer selbst allzu bedürftig sein werden.

Vermischte Nachrichten.

Der Redakteur des „Volksboten", Hr. K. Zander stand gestern zur Abwechslung wieder einmal vor dem Stadgericht und zwar wegen des himmelschreienden Verbrechens einer Ehrenkränkung, verübt an dem Muster einer Lehrerin, dem Frl. J. v. Schmädel, den Lesern des „Vaterland" aus verschiedenen Fragen an das Schicksal und Se. Wohlgeboren Hrn. Schrott nicht ganz unbekannt. Besagter edlen, sanftmüthigen, vortrefflichen Dame hatte auch der „Volksbote" den sehr ungerechten und ehrenkränkenden Vorwurf gemacht, einem sechsjährigen Mädchen zur Strafe mit einem Spagat die Zunge angebunden zu haben und daran noch die Bemerkung gemacht, die böse Welt sage, sie stehe zu dem trefflichen Gatten und Magistratsrath Schrott „in einem hier nicht näher zu bezeichnenden Verhältnisse." Hr. Schrott, als Zeuge vernommen, bezeichnete das als eine „gemeine, boshafte und niederträchtige Verleumdung", womit die „böse Welt" zweifelsohne hinlänglich gerichtet ist. Eine Präparandin, Frl. Lang benamst, aber ziemlich kurz ausgefallen, eine sehr würdige und vielversprechende Dame, welche zu Hrn. Schrott auch nicht „in einem nicht näher zu bezeichnenden Verhältniß" steht, rühmte der Schmädel nach, daß sie eine sehr nachsichtige und keineswegs überspannte Person sei und daß das Zungenanbinden „nur Spaß" gewesen sei; während Polizeiarzt Dr. Frank das als einen „pädagogischen Schreckschuß" bezeichnet. Durch diesen „pädagogischen Schreckschuß" waren einige als Zeugen vernommene kleine Mädchen so eingeschüchtert, daß sie ganz verwirrte Antworten gaben, aus denen hervorging, daß der Zunge ihrer kleinen Genossin allerdings etwas passirt sei, was böse und von braven Lehrerinen in der deutschen Sprache nicht genugsam unterrichtete Leute „anbinden" nennen und daß ihre Zunge davon nicht wenige Schmerzen zu leiden hatte. Der Jude Gotthelf, Advokat der Klägerin, war edelmüthig und wollte den „Volksboten"-Redakteur blos verurtheilt, aber weder geröstet noch gehenkt haben, während Hr. v. Auer sich so „zurückgeblieben" zeigte, daß er eine Freisprechung erwartete. Da gegen Hrn. K. Zander wegen ein paar Amtsehrenbeleidigungen noch zwei Untersuchungen schweben, so schlug sich Stadtrichter v. Leonrod zur Mittelpartei und erklärte sich für incompetent, was nicht allseitige Befriedigung hervorrief, aber die Folge hat, daß die famose Zungengeschichte vielleicht gar noch vor dem Schwurgericht abgeurtheilt wird, all wo wir einer Freisprechung nicht ohne Grund entgegensehen.

Kulturbildliches.

Aus der fränkischen Schweiz wird dem „Vaterland" geschrieben: Auch in unserer Gegend treibt man es seit einiger Zeit recht „liberal". Außer einigen beleibten Bierhausphilistern sind es insbesondere die hochweisen Volkslehrer, die sich als Fortschrittsfackeln und Lichter der Aufklärung offenbaren wollen. Diesen Herren ist das „Vaterland" der gräulichste der Gräuel. „Wer dieses Blatt liest, sagen diese Fortschreiter, dem sollte man die Gedärme herauslassen", was gewiß sehr liberal ist. Aber, lieber Himmel! es wird halt doch gelesen und verbreitet. Je weniger so ein fortschrittlicher Schulmeister weiß und versteht, desto mehr bildet er sich ein. So wurde jüngst ein Ort meiner Gegend mit so einem Zögling der modernen Aufklärung, angehaucht von dem „Hauche der Wissenschaft". erfreut. Das Orgelspielen kann er nicht; singen kann er, aber wie! er trifft keine Terz. Die Violine wehklagt über polizeiwidrige Mißhandlung von ihm. Als der bebrillte Pfau das erste Mal in die Schule kam, brüllte er seine Kleinen an: „Ich bin euer Lehrer, ruhig! Solche dumme Kinder hatte ich noch nie. Ihr dummen Lümmel, ihr Bauernviecher (!), ihr müßt recht dumme Eltern haben! Ja, Dummheit und Grobheit ist immer beisammen. Da kommt Niemand (scil. mit Eiern, Schmalz, Honig und — anderen Mitteln zur Beförderung guter Erziehung!) und fragt: was macht mein Bub', mein Mädl?" u. s. w. Auf diese freundliche Begrüßung sitzen die Kleinen da, zittern, furchten sich, getrauen sich nicht zu reden und — können dann nichts bei ihm und dann geht das Schimpfen von Neuem an! Und dann klagen die Kinder ihre Noth den Eltern, sträuben sich gegen den Schulbesuch und gehen lieber hinter, als in die Schule. Ist das die gerühmte moderne Erziehungsmethode? So wenig dieser Muster(!)lehrer es versteht, Lehrer zu sein, so erfinderisch ist er in Strafen. So läßt er die Kinder oft auf die Bank knieen, damit sie von den darüber stehenden Leisten recht gequält werden,*) schlägt sie an den Kopf, daß die Kleinen nicht selten zu Boden stürzen, und erhebt sich das arme Wesen zitternd und bebend und weiß die Fragen wieder nicht zu beantworten, wirft sie ein neuer Schlag wieder zu Boden!! Wenn das unvernünftige Thier auf Beistand und Mitleid rechnen kann, soll das einem armen Kinde versagt sein? Noch andere Strafen gibt es bei ihm, (die zu beschreiben der Anstand verbietet, die aber geradezu scheußlich sind! D. Red.) Können sich die Eltern gegen ein solches Individuum nicht schützen? Heißt man das auch Erziehung?**) (Sollte eine hohe königliche geneigt sein, sich näher um diesen wackeren Lehrer und seine famose Erziehungsmethode zu erkundigen, so sind wir im Interesse der armen schutzlosen Kleinen gerne bereit, die Adresse dieses saubern Lehrers zur Verfügung zu stellen. Wie wir es für Pflicht erachten, dies zu veröffentlichen, daß da Rath geschafft werde, so halten wir es für Pflicht der obersten Vorgesetzten dieses Schultyrannen, die Sache zu untersuchen und die Tyrannei abzubestellen. Wir erwarten eine Nachfrage. D. Red.)

Marktpreise in München.

1 Pfd. Mastochsenfleisch 16 kr. — pf., Kuhfleisch 17 kr. — pf., Kalbfleisch 15 kr. — pf., Schaffleisch 12 kr., rohes Schweinsfleisch 20 kr. 1 Pfd. Schweinfett 29 kr. eine rohe Zunge 1 fl. 12 kr., dito geräuch. 1 fl. 30 kr. ein Zentner rohes Unschlitt 22 fl. 30 kr. ein Pfd. gegoss. Lichter 24 kr., gez. feine Lichter 23 kr., ditto ordinäre 22 kr., Seife das Pfd. 16 kr.

Das Pfd. Karpfen 24—26 kr., Hechten 30—36 kr., Huchen 54—1 fl. 6 kr., Rutten 45—48 kr., Forellen 1 fl. 12 kr. bis 1 fl. 24 kr. Waller 1 fl. 24 kr., Barben 18—20 kr., Alten 16—18 kr., Waller 45—48 kr., Brachsen 14—18 kr., Renken — — kr., Birschlinge 18 —22 kr., Bachfische 7—9 kr., Krebse das Viertel 100 36—54 kr., Frösche, das Viertel 6—12 kr.— 1 Zentner Heu 1 fl. 48 kr., 1 Ztr. Grummet 2 fl. — kr. Waizenstroh — fl. — kr. Roggenstroh 1 fl. 3 kr. Haberstroh — fl. — kr. Eine Klafter Buchenholz 16 fl. 36 kr. Birkenholz 14 fl. 24 kr. Föhrenholz 11 fl. 48 kr. Fichtenholz 11 fl. 30 kr. Das Pfd. Schmalz höchster Preis 32 kr. Das Pfd. frische Kräuchenbutter, höchster Preis 34 kr. 6 Stück frische Eier 8 kr. Die Maß gute Milch 5 kr. 1 Pfd Brinde 16 kr. 1 Pfd. Reyskäs 18 kr.

---

*) Diese Strafe empfehlen wir Frl. Johanna v. Schmädel zu geneigter Würdigung! D. Red.

**) Freundlichen Gruß. Werden nur willkommen sein.

Verantwortlicher Redakteur: Dr. J. Sigl.

Druck von M. Vogl in München, Rosenthal 19

II. Jahrgang. | Das Bayrische | Auflage: 5400.

Vaterland.

Das „Bayr. Vaterland" erscheint täglich mit Ausnahme der Sonn- und hohen Festtage. Preis des Blattes: Vierteljährig 54 kr., ganzjährig 3 fl. 36 kr. Das einzelne Blatt 1 kr.

Alle Postexpeditionen und Postboten des In- und Auslandes nehmen Bestellungen an. Inserate werden die dreispaltige Petitzeile oder deren Raum zu 3 kr. berechnet.

Redaktion: Burggasse 14. | Herausgegeben von Dr. jur. J. Sigl. | Expedition: Ruffinibazar 5

Vitalis. | Nr. 95. | Donnerstag, 28. April 1870.

Bestellungen auf das „Bayr. Vaterland"
für das Quartal (für die Monate Mai und Juni zu 36 kr.) können bei allen Postanstalten und Postboten noch immer gemacht werden.

Zur Arbeitseinstellung der Schneider.

Vom Lande wird dem „Vaterland" von hochwürdiger Hand geschrieben: „Alle vom Geldprotzenthum Gedrückten verdienen Theilnahme und Schutz. Von diesem Grundsatze geleitet hat das „Vaterland" auch die strikenden Schneider (in gewissem Sinne! D. Red.) in Schutz genommen. Ich pflichte dem „Vaterland" vollkommen bei. Allein mit dem bloßen Striken wird nichts erreicht. Eine reine Negation kann nichts nützen. Will man den Leuten nützlich werden, so muß man sie zum Handeln positiver Art anleiten. Die feiernden Schneider müssen sich organisiren und unter solider Leitung eigene selbstständige Werkstätten gründen. Gelingt das, wie es leicht gelingen kann, wenn der nöthige Gemeingeist vorhanden ist, dann ist den Schneidern und dem Publikum gedient und gelingt es im Großen, dann ist dem Geldprotzenthum ein empfindlicher Schlag versetzt. Kraft ist Kapital. Geeinte große Kraft ist großes Kapital. Dieses Kapital muß selbstständig produktiv werden. Sind Hunderte von Gesellen, unter denen eine solidarische Haftbarkeit für's Ganze erzielt werden kann, sind Hunderte gehörig zu demselben Ziele geeinigt und sind ihre Kräfte unter Einer Hand zusammengehalten, welche fähig ist, ein großes Geschäft zu leiten, so muß der Erfolg ein guter sein. Gelingt das, wird so dem herzlosen Großkapital mit Erfolg der Krieg erklärt — und es ist das vernünftig und gesetzlich — dann rückt die sociale Frage ihrer Lösung einen großen Schritt näher, denn andere Gewerbe werden nachfolgen und nicht mehr das Kapital wird König sein, sondern Arbeit und Fleiß."

Wir sind einigermaßen überrascht, eine solche Stimme vom Lande zu hören; um so freudiger aber geben wir ihr Raum und acceptiren wir sie. — —

Steinreich und blutarm — das ist zum Theil und wird bald noch allgemeiner die Signatur unserer Zeit sein; alle Wege dazu sind bereitet durch die moderne Gesetzgebung, erstanden aus der liberalen Bourgeoisie und gemacht für die liberale Bourgeoisie. Der einzelne Arbeiter sollte — wir sprechen ganz allgemein und nicht von München — nichts mehr sein als eine lebende Maschine im Besitz des Großkapitals, dem die Maschine sich fügen und ihm unterthänig sein soll. Gewiß ist der Unterschied von arm und reich in der Ordnung Gottes; aber nicht in der Ordnung Gottes ist es, daß eine kleine Minderheit im Golde schwimme, während die große Masse im äußersten Elend verkommen soll. Nein; der arme Mann hat so gut ein Recht auf die Güter der Schöpfung — als der reiche. Die moderne Gesetzgebung hat die alte Ordnung verdrängt und vernichtet; sie hat den die alte Verbindung der Meister unter sich und mit den Gesellen aufgelöst. Sie hat den isolirten Arbeiter in eine Abhängigkeit gebracht wie dergleichen nie zuvor gewesen. Mit der ganzen Existenz, mit Frau und Kind der Willkür des Kapitals, den Schwankungen des Marktes und des Waarenpreises ausgesetzt sein, das ist die moderne Sklaverei, der Sklavenmarkt des liberalen Europa.

Die Herrschaft des Kapitals bedarf eines abhängigen besitzlosen Arbeiterstandes, denn er ist die Quelle, die Grundlage dieser Herrschaft. Der liberale Oekonomismus kann mit einem tüchtigen behäbigen Arbeiterstande nicht mehr hausen, deshalb hat er Alles gethan, den Mittelstand zu vernichten, in der Landwirthschaft so gut wie im burgerlichen Erwerbsleben. Es soll nach ihm nur mehr Reiche und Arme geben; das Geldprotzenthum will allein König in der modernen Welt sein. Die Bourgeoisie beherrscht die Staaten, sie macht die Gesetze, nach ihr muß sie alles Andere richten. Nicht blos die Arbeit will sie unter das Kapital, sondern auch die Geister will sie unter das materielle Interesse knechten. Und hierin liegt die furchtbarste Gefahr für die Menschheit, denn die geistige Versimpelung der Bourgeoisie ist der Ruin der Menschheit für Generationen.

Gegen diese Gefahr helfen Arbeitseinstellungen allein nichts; auch die Associationen allein reichen nicht aus. Die Arbeitseinstellungen haben selten den gewollten Zweck erreicht, weil das Kapital übermächtig und weil das Kapital in der Regel der Staatshilfe gewiß ist, welche den Arbeitern versagt wird. Die Arbeiter-Associationen führen dem Zweck näher, aber sie erfordern ungeheure Selbstüberwindung, Energie, Ausdauer. Alles das aber gibt ausreichend nur Eines und dieses darf man den modernen Arbeitern kaum nennen. Es ist das Christenthum. Nicht die sociale Revolution, nicht der Kommunismus, nicht der Umsturz alles Bestehenden bringt den Arbeitern die Freiheit und ein mäßiges Glück: nein, beides erwächst ihnen nicht ohne die Rückkehr zu den Grundsätzen des Christenthums.

Davon aber darf man den Wenigsten reden, denn die Wenigsten haben Sinn und Verständniß dafür. Aber Alles was sie nicht auf dieser Grurblage aufbauen, wird nur ein morsches Gebäude sein, wenn es auch mit Blut gekittet werden mag, aber kein sicheres wohnliches Haus, das den Arbeitern zwar nicht das geträumte Glück, aber doch ein annehmbares Loos, ein bescheidenes Glück gewährt. Daß ihnen die Bande, in welche sie das moderne Heidenthum der Bourgeoisie gelegt hat, lästig werden, daß sie sie abzuschütteln suchen, begreifen wir. Die glaubenslose „intelligente" Bourgeoisie hat sich die Arbeiter nicht blos zu Sklaven, sondern auch zu Feinden des Christenthums machen wollen: mag sie sehen, wie sie mit den entchristlichten Sklaven ohne Hinterlader und Kanonen fertig wird!

Das 7. Schuljahr.

(Schluß.)

L. **Vom Lande.** Man redet und schreibt Vieles über Hebung und Förderung der Landwirthschaft; aber man schafft dem Landmann keinen Credit und kein Geld, das zu Eisenbahnen und fürs Militär verwendet wird — und damit wir ganz fertig werden — entzieht man uns auch noch jene Arbeitskräfte, durch deren Verwerthung uns jährlich Hunderte von Gulden erspart würden. Wenn ein Bauer sein Kind sieben Jahre zur Schule schicken will, dann soll es ihm nicht verwehrt sein, aber der Zwang soll aufhören. Dazu geben wir recht gerne unsere Zustimmung, daß unsere Buben bis zum 18. Lebensjahr die Feiertagsschule besuchen, nur müßte dafür gesorgt werden, daß vom 16. bis 18. Jahre ihnen besonderer Unterricht in der Landwirthschaft ertheilt werde. Daß wir Landleute unsere kräftigen und vollbackigen Kinder zu früh und zu sehr zur Arbeit anstrengen, das darf hohe Landesregierung nicht befürchten. Diese mag vielmehr ihr Auge nach jenen Mörderhöhlen richten, die wir Fabriken nennen, und in denen liberale Geldsäcke Vater, Mutter und Kind geistig und körperlich zu Grunde gehen lassen und wo zarte Kindlein von 4 bis 5 Jahren in verpesteter Luft zu Arbeiten verwendet werden.

Der Bauernstand, mit einem Worte, die ländliche Bevölkerung trägt nicht blos finanziell die größten Lasten, sondern muß auch die meisten Soldaten stellen. Will man nun, daß nicht auch unter der Landbevölkerung die Zahl der Krüppel sich mehre, dann hebe man das 7. Werktagsschuljahr auf und verfahre man bei Bestrafung der übrigen Schulversäumnisse menschlich und vernünftig. Hier nur ein Beispiel aus dem Leben. Mein Nachbar, ein ehrlicher armer Taglöhner, hat einen kleinen Knaben daheim mit 6 Wochen. Er muß in die Arbeit, um Brod zu verdienen, sein Weib muß in das Feld, um eine Kuh zu nähren, die 13jährige Tochter muß in die Schule, ein Kindsmädl trägts nicht — das arme kleine Würmlein liegt nun halbe Tage allein ohne Wart daheim — und schreit sich zum — Krüppel, bleibt ein Krüppel, und fällt als solcher nach dem Tode der armen Eltern der Gemeinde zur Last. Würde Umschau gehalten in ganz Bayern, wir fänden sonder Zweifel Hunderte solcher Krüppel als Opfer des 7. Schuljahres.

Wir fragen, ob die Vortheile des 7. Zwangsschuljahres solch traurige Opfer und Folgen aufwiegen? Wir Landleute glauben — nein! Davon, daß Wöchnerinen, die ihre Kinder mit 12 Jahren zu ihrer Wart recht wohl verwenden könnten, die sie aber zur Schule schicken müssen — wegen zu frühem Verlassen des Wochenbettes oftmals in langwirrige Krankheiten verfallen, die den Wohlstand der Familie ruiniren oder aus der Mitte von unmündigen Kindern hinwegsterben, da sie zu einer Wart um Bezahlung kein Geld haben, — will ich lieber schweigen. Ist ein Zwang mit solchen Folgen nicht empörend, nicht unmenschlich und unvernünftig? Dazu kommt dann noch der Hunger im Hause.*)

In vielen Gemeinden gibt es arme elternlose Kinder, für deren Erziehung die Gemeinden zu sorgen haben. In Folge des vom vorigen, der Mehrheit nach liberalen und fortschrittlichen Landtag gemachten neuen Verehelichungsgesetzes heirathet jetzt Alles, auch das arbeitsscheue Gesindel und — Dank dieser liberalen Kammer ist der um das Veto gebrachten Gemeinde gleichwohl die Pflicht aufgebürdet worden, die zahllosen Heirathslustigen und deren Kinder im Verarmungsfalle auf Gemeindekosten zu ernähren. Bei Mädchen, die schon mit 17 oder 18 Jahren heirathen, trifft es sich öfters bei solchem unreifern Alter, daß sie in den Wochen sterben; ein Fall, welcher hier kürzlich vorkam. Das Kind blieb am Leben, der Vater hat Nichts, also muß die Gemeinde, die ohnehin schon für 2 Waisenkinder sorgen muß, auch dieses 3. Kind versorgen, macht jährlich 135 fl., trifft auf den Steuergulden netto 6 kr. Gemeinde-Umlage. Das thut in 13 Jahren 1755 fl., ohne die Kosten für Kleidung, Wäsche und Schulgeld! Wird nun das 7. Zwangsschuljahr beseitiget, so thut die Gemeinde diese Kinder in einen ordentlichen Dienst und sie erspart hiedurch nicht blos an Kostgeld 135 fl., sondern auch die Kosten für Kleidung rc. mit mindestens 20 fl., sonach 145 fl. Ich kenne aber Gemeinden, welche für solche Kinder jährlich 60 fl. in eine Anstalt Kostgeld zahlen, was bei 3 Kindern jährlich 180 fl. machen würde.

Man faselt von einer Autonomie der Gemeinde (Selbstverwaltung der Gemeinde-Angelegenheiten); wie kann man doch hievon reden, da die Gemeinden gerade in Fragen, die den Gemeindesäckel so empfindlich berühren, nirgends ein Wort mitzureden haben, nirgends Gehör und Abhilfe in ihrer Lasten-Ueberbürdung finden? Soll ein Zwang nicht beseitigt werden, welcher nicht blos einzelnen Familien widerlich, nachtheilig und finanziell schädlich ist, sondern auch noch den Gemeinden im Allgemeinen Auslagen und Lasten aufbürdet, und der ohne Schädigung des Staatszweckes oder des Staatswohles von uns genommen werden kann? Wird die jetzige Kammer taub sein können gegen den allgemeinen Wunsch wenigstens der ländlichen Bevölkerung?

Wir glauben nicht! Also hinweg mit dem erzwungenen 7 jährigen Werktagsschulbesuche, mit dem Beifügen, daß es den Eltern erlaubt sei, ihre Kinder noch ein 7. Jahr diese Schule besuchen zu lassen, wenn dieselben das können und wollen! Das ist vernünftig, das ist Freiheit, das dient dem Wohle und den berechtigten Wünschen des Volkes!

Deutschland.

München, den 27. April.

— Die Liberalen Blätter ärgern sich nachträglich mächtig über die Aeußerung des Abg. Greil in der letzten Sitzung, daß die Ultramontanen bei Beginn der Sitzung die Fortschrittler hätten auslachen können, (weil nämlich Einer von ihnen, Dürrschmidt, in seiner Rede stecken geblieben ist). Die „Abendzeitung" bemerkt dazu mit großer Beklommenheit, die Liberalen haben wahrlich eine schwere Aufgabe zu erfüllen, wenn sie in jeder Sitzung solche Dinge erleben müssen und es gehöre der ganze Mannesmuth dazu, um auf einem solchen Posten auszuharren. — Na, und ob! Da wünschten wir schon, daß in jeder Sitzung ein Fortschrittler stecken bleibt wie Thomas und Dürrschmidt; vielleicht verlieren dann eines schönen Tages die Herren den „Mannesmuth" und laufen vor den boshaften „Schwarzen",

---

*) Ich kenne einen armen Schuhmacher ohne allen Grundbesitz; der hat 6 kleine Kinder, von denen das älteste 11 Jahre alt ist. Man sieht es diesen und ihren Aeltern an, daß sie alle hungern müssen, und — ihr hohen Schulherren! Hunger thut weh! Noch ein Jahr, so tröstet sich der arme Handwerker, und ich bringe dann doch ein Kind aus der Schüssel — und ein wärmeres Kleid bekommt mein armes Würmlein auch! — Doch — guter Vater, du täuschest dich; — der liberale Segen des 7. Schuljahres läßt dich und die deinen noch volle zwei Jahre am Hungertuche nagen; und daß deine Kinder durch Hungerleiden körperlich und geistig verkrüppeln, das kümmert — wenn ich so sagen darf — den Liberalismus und unsere modernen Gesetzgeber nicht im Geringsten. — Habt Erbarmen mit dem Armen!

die darüber Witze machen, gar noch insgesammt davon; das Unglück wäre gar nicht so groß.

— Der Kunstgewerbe-Verein wählte gestern seinen neuen Ausschuß. Die Fortschrittler haben wieder glänzend gesiegt, indem sie all die Ihrigen: einen gewissen Schanzenbach, Tap. Mathieu, Thomaß den Weisen und Hörner durchbrachten. Nachdem Knurrblättl noch in den letzten Tagen vor denen gewarnt, die sich überall an die Spitze drängen, ist es nicht uninteressant, daß der Fortschreiter Schanzenbach, der vom Kunstgewerbe so viel versteht, wie der Knurrblättldeputatus vom Griechischen, sich 4 Tage vor der Wahl in den Verein aufnehmen ließ und, natürlich um seiner Verdienste willen, auch gleich in den Ausschuß gewählt wurde, während Erzgießerei-Inspektor v. Miller, der seit 20 Jahren Ausschußmitglied war, durchfiel. Alles blos von wegen der Kunst und des Aufblühens des Kunstgewerbes!

Aus Oberbayern wird dem „Vaterland" geschrieben: Das „Liberale Schimpflexikon" ist nicht umsonst da. Bei der Bauernversammlung in Pang hatte der dortige Hr. Pfarrer den glücklichen Gedanken, der Rede des Hrn. Grafen Arco eine Litanei folgen zu lassen. Er las nämlich aus dem „Schimpflexikon" die Schimpflitanei über die katholischen Bauern herab, die da beginnt: „Dumme Bauern, fanatisirte Bauern, lederbehostes messerstechendes Bauernregiment, Wildlinge, Bauerndeppen u. s. w. — Bei andern Litaneien antwortet das Volk mit einer bestimten Formel, bei dieser Schimpflitanei folgte regelmäßig allgemeines Gelächter als Responsorium. Das mögen sich die Herren Liberalen merken, das ihre bodenlose Gemeinheit auch von den „Wasnern" (so heißen die Bauern der Panger-Gegend), nur verlacht wird, weil es gar keinen Zorn verdient. Auf welcher Seite stehen aber die „Wildlinge", die „Hunde", die Schulbuben", die „rohe ungebildete Masse", das „ungehobelte Volk", die „wilden Hyänen"? Wir wissen das wohl. Aus dem Gesang erkennen wir den Vogel, aus dem Bellen den Hund, aus dem heulenden Geschimpfe die wilden Hyäne, so wie wir aus der gemeinen Rohheit das ungehobelte Volk vom gehobelten zu unterscheiden verstehen.

Baden. Der Zollparlamentsabgeordnete Dr. Bissing ist angehalten worden, seine ihm wegen Beleidigung der Majestät eines badischen Oberamtmannes zuerkannten Festungsstrafe abzusitzen. Die nationalliberale badische Landesbase entschuldigt diese Rücksichtslosigkeit damit, daß ja das Zollparlament „doch eigentlich nur eine Scheinvertretung sei." Ein köstliches bettelpreußisches Geständniß, welches darauf hindeutet, daß sogar die rabiatesten Bettelpreußen auf die Hoffnung verzichtet haben, daß es sich zum „Vollparlament" auswachsen werde!

Oesterreich. Wien. Das neue Ministerium hat die versprochene Amnestie für Preßvergehen endlich bewilligt. (Da wir kein neues Ministerium, sondern blos einen neuen Minister haben, so braucht man natürlich an eine Amnestie für Preßvergehen oder gar für „Majestätsbeleidigungen" nicht zu denken. Da könnte der neue Minister sonst gleich von vorneherein zu einem ultramontanen Anstrich kommen und das wäre ja etwas ganz Erschreckliches. Uebrigens ist bei uns eine Amnestie auch gar nicht nöthig, da blos Ultramontane davon profitiren könnten, die können aber brummen!)

Preußen. Aus Berlin wird der „Sächsischen Ztg." geschrieben: Bei der silbernen Hochzeit des Herzogs von Ratibor, welche diese Woche gefeiert wurde, soll die frühere hoffnungsreiche Stimmung der Familie Hohenlohe eine merklich kühleren Auffassung Platz gemacht haben. Vor 2 Jahren, als das erste Zollparlament zusammentrat, spekulirte die Familie der Hohenlohes auf eine glänzende politische Rolle. In Rom der Cardinal Hohenlohe und in Bayern der damals allmächtige Minister Fürst Hohenlohe, in Berlin der Herzog v. Ratibor und der durch (den Juden) Strouberg mit neuen Geldmitteln versehene Herzog v. Ujest; der letztere mit dem jetzigen Exminister auf die Vicepräsidentenstühle des Zollparlaments berufen, das man unter dieser hohenlohischen Aegide zu einem Vollparlament umzugestalten damals noch träumte: was schien diesem vierblättrigen hohenloheschen Kleeblatt, das hinter sich Bismark und (den Juden) Strousberg hatte und sich auf die liberalen Katholiken zu stützen meinte, unerreichbar? Und jetzt? Kardinal Hohenlohe in Rom (mit Recht) allseitig von Mißtrauen umgeben, Fürst Hohenlohe in Bayern gestürzt, der Ujest'sche Herzogsmantel in Rumänien kläglich zerrissen und befleckt, der Herzog von Ratibor in seiner Unbedeutendheit erhalten — selten sind die ehrgeizigen Pläne einer Familie, die aus dem Umsturz im Jahre 1866 ein Thrönchen in Franken herauszuzimmern meinte, schneller enttäuscht worden, als bei diesen Hohenlohes! (Dieweilen der zu sehr gespannte Bogen bricht und Hochmuth meistens vor den Fall kommt! D. Red.)

In Berlin hat im Zollparlament nicht einmal die Präsidentenwahl vorgenommen werden können, da das Haus bei nur 174 Anwesenden beschlußunfähig war und über 20 Millionen Deutsche gar nicht vertreten waren. — Dem württembergischen Minister v. Varnbüler ist der „wegen Ueberhäufung mit Amtsgeschäften" nachgesuchte Urlaub „unter großer Heiterkeit des Hauses" gnädigst — verweigert worden. Wenn es die Preußen nicht wollen, soll ein süddeutscher Minister nicht einmal mehr seine Amtsgeschäfte versehen dürfen.

In Rudolstadt wollte wie bekannt der Landtag trotz der Auflösung nicht „Ordre pariren" und das von den Preußen verlangte Geld für noch mehr Soldaten bewilligen. Der Minister des Fürsten, ein ehemaliger preußischer Landrath, wußte da Abhilfe und verleitete den Fürsten, die Hilfe der preußischen Bajonette gegen die lieben Unterthanen anzurufen, was der brave Fürst und Landesvater auch gethan hat. Die geliebten Unterthanen erhalten also Pickelhauben als Exekution ins Land, bis sie zahlen, was die Preußen verlangen. Das ist ein nicht übles „preußisches Muster", welches unter Umständen auch andere deutsche Landesväter gegen widerhaarige liebe Unterthanen, die für die Preußen nichts zahlen wollen, in Erwägung ziehen könnten!

Ausland.

Italien. Rom. Das Concil hat das Schema und die Canones de fide catholica bei namentlicher und mündlicher Abstimmung endgiltig angenommen. Die Annahme des Dogmas der Unfehlbarkeit ist in nächster Zeit bevorstehend.

In Spanien verweigern sämmtliche Bischöfe den Eid auf das elende Machwerk des spanischen Lumpenthums, das man „Verfassung" nennt. Die liberalen Blätter verlangen, daß ihnen deshalb ihre Gehalte vorenthalten werden, weil so „die freie Kirche im freien Staat" wesentlich gefördert werde. Also besteht die „Freiheit" hauptsächlich darin, daß man der Kirche ihr Eigenthum und den Geistlichen ihre Gehalte abpreußt?

Vermischte Nachrichten.

*Auf unsere neuliche gelegentlich der Besprechung gewisser Wiener socialen Verhältnisse hingeworfene Frage, was die Blumenmacherinen der hiesigen Blumenkönige v. Heckel und Billing — die wir übrigens keineswegs miteinander vergleichen können weder in geschäftlicher, noch socialer, noch persönlicher Hinsicht, massen zu einem Vergleich oder einer

Zusammenstellung gar kein Grund noch Anlaß gegeben ist — sich für einer Behandlung zu erfreuen haben mögen, sind wir in die angenehme Lage gesetzt, darauf eine sehr befriedigende Antwort geben zu können. Die Münchener Verhältnisse dieser Arbeiterinen unterscheiden sich sehr vortheilhaft von denen in Wien. Bei uns ist das Fabrikwesen oder vielmehr Fabrikunwesen von Wien glücklicher Weise noch unbekannt und von jenem beklagenswerthen Zustand der weißen Sklaverei ist schon gar keine Rede. Was zumal das große Blumengeschäft des Hrn. v. Heckel anlangt, welcher an 700 Mädchen, Frauen und Arbeiter beschäftigt und dessen Produkte durch die ganze Welt gehen, so befinden sich seine Arbeitsleute in einer verhältnißmäßig beneidenswerthen Lage. Niemand, selbst kein Lehrling ist in diesem Geschäfte, der nicht nach seinen Leistungen bezahlt und besser bezahlt wird, als in allen ähnlichen Geschäften. Es gibt dort Blumenmacherinen, die sich bisher 1 fl. 30 kr. täglich verdienen. Die Arbeitszeit beträgt dazu täglich nur 12, bezw. 11 Stunden. Der sehr humane Chef des Geschäftes bietet keinem der fleißigen Arbeiterinen Anlaß zur Unzufriedenheit mit seinem Loose, im Gegentheil hat er in schlechten Zeiten wie 1866, wo die meisten Fabrikanten ihre Arbeiter entließen oder verminderten, auf's Menschenfreundlichste und Väterlichste für seine Arbeiter gesorgt und selbst zu seinem großen Schaden arbeiten lassen, damit dieselben nicht brodlos wurden, was auch das große Personal dieses Geschäftes dankbar anerkannt hat. So war und ist dieses große Geschäft für viele Hunderte eine reiche Quelle guten und ehrlichen Verdienstes, eine Wohlthat namentlich für zahlreiche Beamtensfamilien ꝛc., deren Mitglieder mit leichter Mühe durch seine Hilfe ihre Lage verbessern können. So ist es in München und gebe Gott, daß es so bleibe!

Ein hiesiger Postpackergehilfe hat es vorgezogen, mit Anpreußung von 6000 fl. das Weite zu suchen, statt mit monatlich 25 fl. Pferd und Mensch zugleich zu sein. Damit man meinen sollte, er habe sich in die Gesellschaft der Isar-Fische begeben, hat er seine Oberkleider am Isarufer fein säuberlich niedergelegt, nicht ganz unrichtig voraussetzend, daß man auch ohne blauen Rock und Dienstmütze durch die Welt kommen könne.

Die bayrische Franciskaner-Ordensprovinz zählt gegenwärtig in 15 Konventen und 11 Hospitien 350 Ordensmitglieder, der Kapuzinerorden in 13 Konventen und 7 Hospitien 288, der Orden der Englischen Fräulein in 13 Institutshäusern und 49 Filialen 1192, der der barmherzigen Schwestern in 93 Anstalten 613 Mitglieder.

Dienstes-Nachrichten.

Verliehen: D. k. Pfarrei Hausen, B.-A. Velburg, an Jos. Fischer, Koop. in Unterviechtach, B.-A. Viechtach; Herbolzheim, B.-A. Uffenheim, an Kon. Mauberer, Kur. in Birnsberg, B.-A. Ansbach.

Verantwortlicher Redakteur: Dr. J. Sigl.

Druck von M. Vogt in München, Rosenthal 19

II. Jahrgang.

Auflage: 5400.

Das Bayrische

Vaterland.

Das „Bayr. Vaterland" erscheint täglich mit Ausnahme der Sonn- und hohen Festtage. Preis des Blattes: Vierteljährig 54 kr., ganzjährig 3 fl. 36 kr. Das einzelne Blatt 1 kr.

Alle Postexpeditionen und Postboten des In- und Auslandes nehmen Bestellungen an. Inserate werden die dreispaltige Petitzeile oder deren Raum zu 3 kr. berechnet.

Redaktion: Burggasse 14. Herausgegeben von Dr. jur. J. Sigl. Expedition: [illegible] 5

Speerfeier. Nr. 96. Freitag, 29. April 1870.

Bestellungen auf das „Bayr. Vaterland" für das Quartal (für die Monate Mai und Juni zu 36 kr.) können bei allen Postanstalten und Postboten noch immer gemacht werden.

Vater Schlör. V.

(Nachträgliches.)

Von München wird dem „Vaterland" geschrieben: Ihre Artikel, „Vater Schlör" betitelt, sind, wir können das wohl mit Recht behaupten, der weitaus größten Anzahl der Beamten und Bediensteten der Verkehrs-Anstalten aus der Seele geschrieben. Daß die Minister heute zu Tage in rascherer Aufeinanderfolge kommen und gehen als ehedem, das bringen nun einmal die Zeitverhältnisse mit sich, aber unter den sämmtlichen bisherigen Lenkern des Handelsministeriums wüßten wir uns doch keines Einzigen zu erinnern, welcher in solchem Maße den Widerwillen des fast gesammten ihm untergebenen Beamtenpersonals auf sich geladen hat, wie eben Hr. v. Schlör. Die wenigen höheren Beamten ausgenommen, welche in den letzten zwei Jahren mit Rang- und Gehalts-Erhöhungen reichlich bedacht wurden, werden gewiß alle Uebrigen mehr oder minder über Verschlimmerung ihrer dienstlichen Stellung oder Schmälerung lange gewohnter Nebeneinkünfte zu klagen haben.

Nach der fast einstimmigen — Beurtheilung, welche das bisherige amtliche Wirken des Hrn. v. Schlör in den bayer. Blättern erfahren hat, sollte man doch meinen, daß er vom Schauplatze seiner ministeriellen Thätigkeit längst abgetreten wäre und seinen Ministerstuhl einem Andern eingeräumt hätte*), dem das Vertrauen seiner Untergebenen und des Landes entgegengebracht wird, aber fast gewinnt es den Anschein, daß auch Hr. v. Schlör sich jenen bereits sprichwörtlich gewordenen — Schlafrock, den Pfarrer Westermayer so angerühmt, angezogen hat und sich nun weiter um die „Pfeil' und Schleudern des Geschicks" und der Presse nicht zu kümmern braucht. Aber so wenig dieser derb wattirte Schlafrock Hrn. v. Gresser selig und den noch seligeren Hörmann vor dem Falle schützen konnte, so wenig wird er Hrn. v Schlör davor schützen. Sonst könnten wir uns wohl nicht erklären, wie ein Minister mit solch' seltener Zähigkeit an seinem Ministerstuhl kleben kann.

Würde unsere Kammer der Abgeordneten, dem Beispiele der ersten Kammer folgend, ihr Mißtrauensvotum nicht blos auf Hohenlohe beschränkt, sondern dasselbe auch auf dessen übrige „solidarischen" Collegen ausgedehnt haben, so wären wir jetzt von Hrn. v. Schlör befreit, mit dem die Patrioten fernerhin noch ihre liebe Noth haben werden. Da aber dieses Versehen nun einmal begangen ist, wird es umsomehr die Aufgabe der gesammten Presse sein, ihren ganzen Einfluß dahin aufzuwenden, daß Hr. v. Schlör aus seinem Amte entfernt werde.

Lasse man sich ja nicht durch die scheinbaren Zugeständnisse irre führen, welche Hr. v. Schlör der Kammer im Augenblicke zu machen für „opportun" findet! Seine ganze letzte Vergangenheit spricht viel lauter, als diese momentane aus „Klugheitsrücksichten" zur Schau getragene Nachgiebigkeit, und wir haben allen Grund zu befürchten, es möchten die letzten Dinge noch ärger werden, als die ersten, wenn Hr. v. Schlör für die Folge im Amt verbliebe.

Dem „Bayrischen Vaterland" gebührt das Verdienst, diesen Minister, der sich seiner Zeit nicht scheute, das getreue bayrische Volk mit Schlamm und Unrath zu vergleichen, so gekennzeichnet zu haben, wie er wirklich ist. Möge es in diesem edlen Bestreben nicht ermüden und nicht eher die Waffen niederlegen, bis Hr. v. Schlör und sein „System" der Vergangenheit angehören wird, denn erst dann, wenn die Luft vollständig gereinigt ist, können wir wieder frisch aufathmen — eher aber nicht.

*) Ja, meinen sollte man es freilich! Allein Hr. v. Schlör wird wohl erst seine Geschäfte, natürlich seine Amts- und nicht seine Privatgeschäfte abwiegeln wollen ehe er geht. Denn das sieht doch ein so gescheidter Mann wie er ein, daß er absolut unmöglich ist, weil keine Partei mit ihm zufrieden ist. D. Red.

Deutschland.

München, den 28. April.

* Wie wir hören, soll S. Maj. der König beabsichtigen, in diesem Frühjahr einen Besuch in Berlin zu machen. Vorläufig wollen wir's bezweifeln, aber nur deshalb, weil wir auf hundert Meilen Wegs keine Idee haben, daß Berlin für den König von Bayern 1870 anziehender sei als 1866. Auch können wir nicht glauben, daß eine solche Reise auf Befehl von Berlin gemacht werde, wie der arme Großherzog von Hessen auf Befehl nach Berlin zum Handkuß mußte, denn ein Wittelsbacher, dessen Ahnen schon mächtige und berühmte Fürsten waren, da der Ahn des „Herrn" von Preußen in Nürnberg noch auf Pfänder lieh und das Geschäft eines Wucherjuden betrieb und des hl. römischen Reichs Erz-Beutelschneider war, — das Haupt der Wittelsbacher läßt sich von einem Hohenzoller nichts befehlen.

— Der Verfasser der Schrift: „Ist Döllinger ein Häretiker?" hat sich, wie wir hören, für längere Zeit nach Baden begeben. Die famose Gegenschrift des geistl. Raths Dr. Westermeier wird ihm wohl dahin nachgeschickt werden.

Von Niederlauer erhalten wir folgende Zuschrift: Geehrte Redaction. Ihre Loyalität läßt mich die Aufnahme beiliegender Zeilen in Ihr geschätztes Blatt hoffen: Meine Ernennung für die Stiftspfarrei zu Aschaffenburg hat in mehreren Blättern verschiedenartige Artikel hervorgerufen, zuletzt in Nr. 85 Ihres Blattes vom unteren Maine, die mich, so ungerne ich in die Publizität trete, auszusprechen veranlassen, daß ich mich noch niemals um Lob und Gunst nach irgend einer Seite hin beworben habe. Ich mache keinen Anspruch darauf, etwas Besonderes im Schulsache geleistet, sondern nur darauf, mich bestrebt zu haben, seit sechzehn Jahren meine Pflichten als Distriktsschulinspektor sowie als Dekan und Pfarrer in meiner bisherigen kleinen, ersten und wackeren Gemeinde, von der ich nur mit schwerem Herzen scheide, gewissenhaft, pünktlich, mit Mäßigung und Ruhe zu erfüllen. Politik ist allerdings seit lange mein Lieblingsfach nicht, und widerstrebte es mir persönlich, insbesondere in letzterer Zeit, in deren glühende Athmosphäre einzutreten, so sehr ich jedem das Recht einräume, das für seine Person anders zu halten. Da ich seit Jahren in meinem stillen Landwinkel mich auf die Lektüre des Fränkischen Volksblattes beschränkte, habe ich nur durch Mittheilungen von Freunden allgemeine Kunde von Artikeln in anderen Blättern erhalten, die direkt oder indirekt meine jüngste Ernennung betreffen. Dr. Kiesel, Pfarrer. (Wir bemerken dazu, daß ein liberales Blatt, der Würzb. Anzeiger, dem sehr verehrten Hrn. Pfarrer nachgerühmt hat und ihn deshalb gepriesen hat, daß seine Haltung in der Schulgesetzfrage ihm die Gunst der Regierung von Unterfranken erworben habe.)

In **Oesterreich** fangen die Liberalen jetzt auch an (d. h. sie haben niemals aufgehört es zu thun, jetzt beginnen sie aber mit vermehrtem Lärm) darüber zu schmähen, daß die „Pfaffen die Politik auf die Kanzel bringen“; die Politik, sagen sie, „gehöre nicht auf die Kanzel.“ — Die Politik nicht, wohl aber gehört Aufklärung über die Zwecke der modernen Freiheits- und Fortschrittsschwindler ganz gewiß auf die Kanzel, denn wie und wo sollten denn die Bauern darüber belehrt werden, daß sie von dem sogenannten Fortschritt angeschwindelt, betrogen, verrathen und verkauft werden? Die Geistlichen haben in jetziger Zeit nicht blos die Aufgabe, Seelenhirten zu sein, sondern sie müssen auch für das leibliche und geistige Wohl der Leute sorgen und deshalb dem Schwindel-„Fortschritt“ in jeder Weise entgegen arbeiten und ihm das Feld streitig machen. Weil die meisten das auch thun, deshalb der Zorn und Ingrimm der Fortschreiter über die Geistlichen und die „Politik auf der Kanzel.“ Die tapferen und überzeugungstreuen Geistlichen lassen sich aber von dem Gelärm und Schimpfen der Liberalen nicht abhalten ihre Pflicht zu thun.

— Das verflossene „Bürgerministerium“ hat bei seinem plötzlichen Abgang eine allmächtige lange Liste von Ordensauszeichnungen und Standeserhöhungen für Personen hinterlassen, welche die guten Freunde und Genossen der verflossenen Minister und notorischen stillen und lauten Gesellschafter bei vielen mehr oder weniger schmutzigen, aber gewinnreichen Geschäften zu dem schnöden Gewinn noch erhalten sollten. Die Minister wurden aber von ihrer Entlassung überrascht und konnten ihren Freunden nicht mehr gefällig sein, der neue Minister Potozky aber hat die Liste einfach in den Papierkorb gefördert. (Da sind unsere Minister, namentlich Hr. Schlör doch ganz andere Leute. Der wird gewiß keine Liste von Personen hinterlassen, deren „stiller oder lauter Geschäftstheilhaber“ er gewesen und denen er deshalb zu Orden verhelfen sollte, und zwar aus dem einfachen Grunde, weil Niemand sagen kann, daß er als Minister auch noch Privatgeschäfte und damit Geld machte. In diesem Punkt ist Hr. Schlör wie alle Welt und namentlich der Finanzausschuß weiß ganz „reinlich und zweifelsohne“ und sein und seines Bruders Hammerwerk z. B. verdankt nur ihrem beiderseitigen Genie ihre Existenz; denn Hr. Schlör ist ein Eisberg von Ehrlichkeit und Rechtschaffenheit.)

Preußen. In Berlin sind endlich doch so viel Parlamentsgläubige zusammengekommen, daß mit knapper Noth ein Präsident und Vicepräsident gewählt werden konnte. Letzterer ist Hohenlohe, welcher zur Feier dieses freudigen Ereignisses wieder eine „Rede“ stammelte, in welcher er „stolz“ ist auf die Ehre, Vertrauensmann der Preußen zu sein, das Parlament einen „Gewinn, an dem wir festhalten sollen, den festen Grund, auf welchem der Anker nationaler (!) Hoffnungen beruht“, nannte. Zweifelsohne wird sich die Welt nach den durchleuchtigen Meinungen und Phrasen richten und das Zollparlament auch für einen „Gewinn“ und einen „Anker“ und den Durchleuchtigen für einen großen Mann ansehen. Bisher that man leider weder das eine noch das andere.

Ausland.

In **Ungarn** hat bekanntlich vor Jahresfrist eine mit großartigem Pomp in Scene gesetzte höhere Judenschule, genannt „israelitischer Kongreß“ getagt und natürlich auch Beschlüsse gefaßt, für die man Anfangs schwärmte männiglich. Denn wenn irgendwo in Oesterreich ein alter Packeljude etwas thut, was bei den annoch geduldeten Christen eine gleichgiltige Sache wäre, so ist das bei ihm ein welt-, oder wenigstens ein kulturhistorischer Akt, über den sofort etliche hundert Zeitungsjuden in Entzückung gerathen. Inzwischen aber hat man sich jüdischer Seits über die praktischen Ergebnisse und Beschlüsse des hochgelobten Congresses besonnen und einer großen Anzahl Juden, sogar der Majorität, will bedünken, daß jene Beschlüsse nicht recht koscher gewesen seien. Die Beschlüsse sind nämlich meist im Sinne der Re- und Chloroformjuden gewesen, was die altgläubigen Juden nicht recht verputzen können. Die Letzteren wollen nämlich die ihnen altehrwürdigen Formen ihrer Religion nicht in dem Kessel liberaler Aufklärerei verflüchtigen lassen und dem Liberalismus zuliebe ihre religiöse Ueberzeugung aufopfern. Da nun auch der liberale Wiener Reichsrath sich in die Sache gemengt und für die Juden gleichfalls das Prinzip der Religions- und Gewissensfreiheit, was nämlich die Liberalen darunter verstehen, geltend und maßgebend machen wollte, wonach also Jeder auch in religiösen Dingen thun könnte, was er mag, was der Liberalismus doch billigermaßen nur der kath. Kirche gegenüber verlangen sollte, so sind die Alt-Juden darüber in großen Zorn gerathen und haben eine große Versammlung gehalten, was da dem Reichsrath gegenüber zu thun sei. Wir sind sehr begierig auf die Beschlüsse, die da gefaßt worden sein mögen, und was dann die liberale Wiener Regierung dazu sagen wird. Bekanntlich darf man im liberalen Oesterreich wie in andern liberalen Ländern die Katholiken nach Belieben treten, das ist erlaubt und die Katholiken müssen sich's gefallen lassen; die orthodoxen Alt-Juden scheinen aber gar keine Lust dazu zu haben, sich treten zu lassen.

☛ **Frankreich.** Aus Paris wird gemeldet: In einer der letzten Besprechungen zwischen dem preußischen Gesandten Werther und dem Minister Ollivier wurde die Entwaffnungsfrage angeregt; ohne die Erledigung derselben sei auch die nordschleswigsche Angelegenheit nicht endgiltig zu schlichten. Allgemein wird an eine Demonstration nach Außen nach dem Plebiscit geglaubt; man hofft (!) aber, daß der Entwaffnungsvorschlag nirgends auf absoluten Widerstand stoßen werde. — Und wenn? Diese Meldung bestätigt nur unsere gestern geäußerte Ansicht von dem, was dem Plesbiscit (Volksabstimmung) folgen möchte!

Aus Italien kommen böse Nachrichten für das Königthum und den gekrönten — Ehrenmann Victor Emanuel. Man wühlt in Italien von Pavia bis Palermo für die Republik, sagte ein Deputirter in der Kammer. „Die Verschwörung ist organisirt, sie ist verzweigt und erstreckt sich von Mailand bis Gallipoli, schreibt die „Perseveranza“ vom

19. ds. Und die „Unita cattolica“ vom 21. bestätigt die Wahrheit dieser Behauptungen mit dem Beisatze: Für die Republik wird in der Kammer, in den Blättern gewirkt. **Die Partei, welche einst rief: Rom oder Tod! Nieder mit den Priestern und dem Papst! eben diese Partei schreit jetzt: Die Republik oder den Tod! Nieder mit dem König und mit der Monarchie!** Alle diese Leute wurden von monarchischen Ministern — Cavour, Ratazzi, Ricasoli — zu Verschwörern herangebildet und von Ministern unterstützt. Allerdings ist diese Partei klein und das **Volk will von der Republik nichts wissen, aber das Volk herrscht nicht, sondern die Partei, von der es unterdrückt wird, weil es katholisch ist,** und die Partei weiß, daß das Volk sie in den Jahren 1859 und 1860 thun ließ, was sie wollte, und darum hofft sie, das Volk werde auch 1870 den Zuschauer spielen. Hierin liegt die Kraft der kleinen Partei und die Schwäche der Regierung, die sich selbst verloren gibt, weil sie sich vom „Volke verlassen weiß“. ☞ (Wir empfehlen diese wenigen Sätze einem der Herren des k. Kabinets, um sie gelegentlich Sr. Maj. dem Könige vorzulegen.)

Rußland. Ueber die trostlosen Zustände, welche der russische Cäsaropapismus innerhalb der katholischen Kirche Rußlands geschaffen hat, wird dem „Journal de Bruxelles“ aus St. Petersburg u. a. geschrieben: „Die Diöcese, deren rechtmäßige Oberhirten entweder gestorben oder deportirt worden sind, werden von russischen Creaturen verwaltet, welche in allem der Regierung zu Willen sind und dem katholischen Volke nur Mißtrauen und Abneigung einflößen. Seit sieben Jahren haben die Seminarien — deren größerer Theil ganz unterdrückt ist — keine Alumnen mehr aufgenommen; die jungen Leute, welche ihre Studien vollendet haben und sich dem Priesterstande widmen wollen, können zudem nicht ein Mal geweiht werden. Die Klöster sind mit sehr wenigen Ausnahmen aufgehoben; die Hilfskirchen, öffentlichen Oratorien und Kapellen haben ausnahmslos dasselbe Schicksal gehabt. Zu Hunderten sind die Priester deportirt worden, während eine große Anzahl in Wilna oder sonst wo in den Gebäuden aufgehobener Klöster untergebracht sind und ein elendes Dasein fristen. Mehr als fünfzigtausend Katholiken sind durch die verächtlichsten Mittel zum Uebertritte in die Staatskirche gebracht worden, namentlich haben die Diöcesen Wilna und Minsk zahlreiche derartige „Bekehrungen“ aufzuweisen. Liederliche Geistliche, welche von den Bischöfen ihres Amtes entsetzt waren, sind durch die Regierung zum Scandal der Gläubigen wieder an die Spitze der wichtigsten Pfarreien gestellt worden. Die kirchliche Verwaltung ist vollständig in den Händen der Militär-Gouverneure, und kirchliche Benefizien und Aemter werden durch Beamte der Regierung an den Meistbietenden verkauft. Sogar in die gottesdienstlichen Uebungen hat sich die Staatsgewalt eingemischt. Processionen, selbst im Innern der Kirchen sind untersagt, ebenso die Maiandachten und das vierzigstündige Gebet. Religiöse Vereine irgend welcher Art werden nicht geduldet, und die Betheiligung an denselben ist mit schweren Strafen bedroht. Es ist den Geistlichen auf das strengste verboten, in einer andern Kirche als ihrer eigenen zu predigen, Beichte zu hören oder selbst Messe zu lesen. Es ist ihnen eben so strenge verboten, in ihre Kirche Gläubige zuzulassen, welche einer andern Pfarrei angehören. Der katechetische Unterricht sowie die Predigt ist von dem sonntäglichen Gottesdienste ausgeschlossen; das Ganze beschränkt sich außer der Messe auf die Lektüre aus einem Andachtsbuche, das der Billigung der Regierung bedarf.“ Die jüngsten Maßregeln, welche der Czar „in seiner väterlichen Sorge um die sittlichen Bedürfnisse seiner Unterthanen“ (wie es in dem Ukase heißt) zur Einführung der russischen Sprache in den katholischen Kirchen ergriffen hat, sind bekannt.

Vermischte Nachrichten.

Se. Maj. der König haben auf Grund des Gesetzes über die Maß- und Gewichtsordnung hinsichtlich der Eichung der Schankgefäße in Gast- und Schenkwirthschaften verordnet, was folgt: §. 1 Alle für den Ausschank von Bier und Wein in Gast- und Schenkwirthschaften bestimmten Gefäße zu $^1/_1$, $^1/_2$ und $^1/_4$ Liter müssen geeicht sein. Dasselbe gilt von Flaschen, welche zum Ausschank von Wein gebraucht werden. §. 2. Das Eichzeichen besteht in einem horizontalen, äußerlich eingeschliffenen, eingeschnittenen oder eingebrannten Striche, welcher den Inhalt begrenzt. §. 3. Dieser Strich muß a) bei Schankgefäßen für Bier von $^1/_4$ Liter Inhalt mindestens 1 Centimeter, von $^1/_2$ und $^1/_1$ Liter Inhalt mindestens $1\,^1/_2$ Centimeter, b) bei Schankgefäßen für Wein wenigstens $^1/_2$ Centimeter, c) bei Flaschen wenigstens 3 Centimeter unter dem oberen Rande liegen. §. 4. Den Gast- und Schenkwirthen ist es freigestellt, ob sie die Schankgefäße geeicht kaufen oder obige Bezeichnung von einem Verifikator oder in sonst beliebiger Weise bewirken lassen wollen. Sie bleiben aber für die Richtigkeit der Schankgefäße selbst verantwortlich und haben deßhalb stets geeichte und gestempelte Flüssigkeitsmaße zu 1, $^1/_2$ und $^1/_4$ Liter bereit zu halten. Mit letzteren Maßen, welche der periodischen Eichung und Stempelung nach Maßgabe der Verordnung vom 23. November 1869 — die Normal-Eichungskommission u. s. w. betr. — unterworfen sind, haben die Gast- und Schenkwirthe nicht nur die Schankgefäße vor deren Gebrauch zu untersuchen, ob sie richtig bezeichnet sind, sondern auch die ihren Gästen vorgesetzten Quantitäten nachzumessen, wenn dieß verlangt wird. §. 5. Die Polizeibehörden haben bei Vornahme der Maß- und Gewichts-Visitationen von den vorhandenen Schenkgefäßen beliebige Stücke herauszugreifen und der Prüfung zu unterstellen. §. 6. Ausgenommen von vorstehenden Vorschriften bleibt der Verkauf feiner Flaschen- (Bouteillen-) Weine, moussirender Weine, der Verkauf von Exportbieren in den Originalflaschen und des abgezogenen Bieres. §. 7. Gegenwärtige Verordnung hat vom 1. Jan. 1872 an für den ganzen Umfang des Königreichs und vom 1. Mai 1870 ab im dießrheinischen Bayern jenen Gewerbtreibenden gegenüber in Wirksamkeit zu treten, welche das neue Maß nach den Bestimmungen des Artikels 16 des Gesetzes vom 29. April v. Js. — die Maß- und Gewichtsordnung betreffend — schon von dem letztgenannten Zeitpunkt an in Anwendung bringen.

Lokal-Fortschrittliches.

(Mit Noten zum Text.)

Letzten Dienstag hatten wir Gelegenheit, einmal einer Sitzung der hiesigen Lokal-Schulkommission beizuwohnen. Es handelte sich um die Zungengeschichte, welche die bereits rühmlichst bekannte Lehel-Lehrerin Joh. v. Schmädel geleistet hat, und um ein Verbrechen, dessen sich eine Lehrerin Illing von Haidhausen gegen die fortschrittsbeflissenen Eltern eines ungezogenen Schulmädchens schuldig gemacht haben soll. Wir müssen uns über beide Geschichten ausführlicher verbreiten, da deren Behandlung ein anmuthiges Bild von dem Fortschritt gibt, mit dem unser Magistrat begnadet worden ist.

Die Sitzung wurde mit der Mittheilung eröffnet, daß sich der Prof. der Theologie, Dr. Bach, zu einem praktisch pädagogischen Lehrcursus erboten habe. Hr. Schrott fürchtet, daß bei Annahme dieses Anerbietens der theol. Fakultät „es unter Umständen dahin kommen könne, daß der (fortschrittliche) Magistrat nicht mehr Herr über die Schule wäre“. Aus diesem Grunde will also der Fortschritt erst die Garantien abwarten, daß es nicht dazu kommt.

Als dieser weise Vorschlag war geschehen,
Da konnte man 12 Köpfe nicken sehen,
Worauf Hr. Schrott thät Akten vor sich breiten
Und zu der edlen Dame von Schmädel schreiten.

Hr. Schrott leitete die Geschichte sehr zweckmäßig damit ein, daß ihm „Verleumdungen“ an den Kopf geworfen worden seien, um ihn (den Schrotten) unschädlich zu machen[1]). Er aber sei schuldlos und rein und stehe durchaus in keinem näheren Verhältnisse zu dieser Dame, die zwar blos eine Lehrerin, aber doch von Adel ist und sich darauf nicht wenig einbildet. Das „Vaterland“ habe an ihn am 24. v. M. sehr bösartige Fragen gestellt, und der „Volksbote“ habe ihm gar „verleumdet“ wegen dieser Lehrerin. Der Vater der Krescz. Reul, von der die „Sage“ gehe, ihr sei von der Lehrerin die Zunge gebunden worden, sei gekommen und habe ihm das erzählt; die Lehrerin aber habe gesagt, das sei nicht wahr, sie habe dem Kind blos einen Spagat in den Mund gegeben. Das Pfarramt St. Anna habe allerdings ihm diese Geschichte auch mitgetheilt mit dem Beifügen, daß sie Aufsehen und böses Blut gemacht habe. Der Hausmeister der Schule, den er vernommen, wußte aber durch eigene Anschauung nichts davon, wohl aber gab er zu, daß die Lehrerin den Kindern harte Züchtigungen angedeihen lasse, ihnen Tatzen gebe, hochmüthig sei[2]). Die Präparandin der Schmädel, ein Frl. Lang, war an dem Tage nicht in der Schule; sie weiß von der Geschichte nur aus der Erzählung der Schmädel und „glaubt nicht an das Zungenanbinden“. — Ein Arzt (Dr. Wimmer) habe sich ihm auf der Straße freiwillig angeboten (!), um ärztliches Gutachten abzugeben, daß es „nicht möglich“ sei, die Zunge anzubinden. — Der Polizeiarzt Dr. Frank erklärte das gleichfalls für unmöglich, wenn nicht die Zunge freiwillig hervorgestreckt werde[3]). Er hält das Anbinden blos für ein pädagogisches Drohmittel, und glaubt nicht an das Anbinden. Schrott glaubt also auch nicht daran, obwohl die Kinder übereinstimmend es behaupteten. Schrott ertheilt dem Stadtgericht sozusagen eine Rüge, daß es „so kleine Mädchen amtlich vernommen habe“, weil „Aussagen von Kindern keinen Anhaltspunkt für Thatsachen geben können“. Er hält deshalb das Binden der Zunge für „nicht erwiesen“[4]). Man solle also der Schmädel keinen Verweis geben, sondern sie blos ermahnen, keine solche unzulässige und ungesetzliche Strafart mehr anzuwenden, und ihr bedeuten, daß man eine solche Strafart nicht billigen könne[5]). Schauß findet es angezeigt, die Auslassungen des „Volksboten“ über Schrott und sein „Verhältniß“ näher zu kritisiren und einiges über den „Volksboten“ zu schimpfen, was Hrn. K. Zander wahrscheinlich sehr gleichgiltig sein kann, und der Pfarrer von St. Anna bezeichnet das ganze Strafverfahren der Schmädel als „excentrisch“. Schrott glaubt nach seiner Darlegung die Untersuchung ganz gehörig geführt zu haben und will deshalb dem „Volksboten“ eine „amtliche Berichtigung“ schicken[6]). Zum Schluß mußte Dr. Zechmeister auch noch seinen Senf darein geben, indem er die kurze, aber weise Bemerkung machte, daß „eine Behandlung, wie sie ihm und Genossen von gewisser Seite zu Theil werde, wie sie unter anständigen Menschen nicht vorkommen sollte und daß diese schlechten Blätter ihm nur ein leises Lächeln der Verachtung entlocken könnten.“ [7]) Im Uebrigen ist er „voll Vertrauen“ zu Hrn. Schrott. — Der Schluß des Berichts, der als Gegenstück zur Schmädel-Affaire sehr — interessant zu lesen sein wird, folgt morgen.

---

[1]) Hält denn Hr. Schrott dafür, daß er schädlich, weil man ihn unschädlich machen wolle? Wir halten diesen wackeren Mann im Gegentheil für sehr nützlich, — um den Fortschritt gründlich in Mißkredit zu bringen.

[2]) Hr. Schrott fand für gut, aus den Protokollen nur „das unmittelbar zur Sache Gehörige“ zu verlesen. Das Uebrige wird für die Lehrerin wohl wenig schmeichelhaft gewesen sein; wäre es schmeichelhaft gewesen, so hätte Schrott aus angeborner Gerechtigkeitsliebe es gewiß verlesen — dachten wir uns.

[3]) Nun haben aber die von ihm und vom Stadtgericht vernommenen Kinder erklärt, daß die Lehrerin zur Crescentia Reul gesagt: Thu die Zunge heraus! und daß, als das Kind die Zunge herausthat, sie eine Schlinge machte und die Zunge band; ein Mädchen hat diese Schlinge in der Sitzung sogar gemacht und gezeigt, wie alles vor sich gegangen!! Ueberdies hat die Cr. Reul ihren Mitschülerinen über Schmerzen geklagt, was nicht der Fall gewesen wäre, wenn es wahr wäre und wie Schrott annimmt, daß die Lehrerin dem Kind blos einen Spagat in den Mund gegeben hat.

[4]) Obwohl alle Zeugen der That, die Kinder, es bestätigen!

[5]) Ja, ist denn das eine Strafe, wenn man einem Kinde, wie nach der „Meinung“ Schrotts die Lehrerin gethan haben soll, einen Spagat in den Mund gibt, „damit es nicht mehr reden könne“, und ist das eine „ungehörige und ungesetzliche“ Strafart, die man „nicht billigen könne“? Das wäre ja gar keine Strafe gewesen, die „Ermahnung,“ es nicht mehr zu thun, wäre also gar nicht am Platze und könnte von der Lehrerin mit Recht zurückgewiesen werden. Oder meint Hr. Schrott trotzdem doch, daß eine „ungehörige und ungesetzliche“ Strafart applicirt worden sei, obgleich er das mündlich in Abrede stellt, durch seinen Antrag aber nichts desto weniger zugibt? Hr. Schrott, wo bleibt denn da die Logik?

[6]) Als solche muß der „Volksbote“ sie natürlich wie jede amtliche Berichtigung aufnehmen, er wird ihr aber mit Recht eine gehörige Beleuchtung angedeihen lassen. Wir unserseits sind von einer solchen „amtlichen“ Untersuchung nichts weniger als befriedigt, da Hr. Schrott es sich dabei sehr bequem machte, die Aussagen der Thatzeugen einfach ignorirte, resp. als nicht glaubwürdig annahm, dagegen, natürlich nach seiner „moralischen Ueberzeugung“, das zu Gunsten der Lehrerin sprechende Gutachten des Arztes für genügend erachtete, um gegen dieselbe nicht einzuschreiten, vergessend, daß das Kind auf das Geheiß der Lehrerin die Zunge freiwillig herausgestreckt und daß derselbe Arzt das Binden der Zunge in diesem Falle als möglich zugibt. Wir haben die Probe an uns selbst gemacht und das Binden ist uns wirklich gelungen. Für den „Volksboten“ wollen wir noch weiter anführen, was er zu seiner Beleuchtung benützen mag, daß in der geheimen Sitzung, wie man uns sagt, selbst Hr. Billing sich dafür ausgesprochen hat, daß man eine solche Lehrerin wie die Schmädel an der Schule nicht dulden, sondern ehestens kassiren soll. Hr. Billing, der ein Fortschreiter ist, wird dazu sicher seine guten Gründe haben.

[7]) Das „leise Lächeln der Verachtung“ des Dr. Zechmeister ist der „gewissen Seite“ so völlig „Wurscht“ wie ihr eine Anerkennung von ihm wäre. Dr. Zechmeister wird von den „schlechten Blättern“ gerade so behandelt, wie er es verdient. Sollte sich aber dieser überaus feine und anständige Herr einmal beikommen lassen, Namen zu nennen — und wir hoffen, daß er auch dazu den Muth hätte, — so werden die Träger dieser Namen nicht anstehen, den Herrn nach Verdienst zu bedienen. Wir empfehlen also für die Zukunft mehr Offenheit und Bestimmtheit, damit man weiß, woran man ist und wie man sich darnach dem Herrn gegenüber zu verhalten hat; an dem dazu nöthigen Muth wird es ihm hoffentlich nicht fehlen. Wir für unsern Theil haben davon so viel im Vorrath, als man zum Hausgebrauch bedarf. D. R.)

Verantwortlicher Redakteur: Dr. J. Sigl.

Druck von M. Vogt in München, Rosenthal 19

II. Jahrgang.

Das Bayrische Vaterland.

Auflage: 5400.

Das „Bayr. Vaterland“ erscheint täglich mit Ausnahme der Sonn- und hohen Festtage. Preis des Blattes: Vierteljährig 54 kr., ganzjährig 3 fl. 36 kr. Das einzelne Blatt 1 kr.

Alle Postexpeditionen und Postboten des In- und Auslandes nehmen Bestellungen an. Inserate werden je die dreispaltige Petitzeile oder deren Raum zu 3 kr. berechnet.

Redaktion: Burggasse 14. Herausgegeben von Dr. jur. J. Sigl. Expedition: Ruffinibazar 5 Katharina.

Nr. 97. Samstag, 30. April 1870.

Ein Charakter.

„An den Früchten sollt' ihr sie erkennen“.

Wer in den Fortschrittlern von heute den gesinnungs- und charakterlosen Auswurf aller Parteien ersieht, mag für seine Anschauung gute Gründe anführen können. Auch an Beispielen, an lebenden Exempeln, seine Ansicht damit zu belegen, mag es ihm nicht fehlen, er braucht nur hineinzugreifen in die durch und durch morsche und faule Partei, die sich nach dem Fortschritt nennt, aber die Uhr der Menschheit zurück richten möchte um Jahrhunderte. Vor Jahrhunderten mag der Junker Herr gewesen sein und alle Andern als seine Knechte betrachtet haben; jetzt wollen Juden und liberale Geldprotzen die Herren sein und alle Andern sollen nicht ihre Knechte, sondern ihre Sklaven sein und das nennt man heute „Fortschritt“!

Aber nicht davon wollen wir reden. Wir wollen keine Schilderung des „Fortschritts“ und seiner Helden geben nach allen Seiten hin; nur Eines wollen wir herausgreifen: die Inkosequenz, die Unbeständigkeit, das Proteusartige dieser Partei, die nicht blos Andere, sondern sich selbst und ihre Grundsätze verräth, wenn sie je deren hatte, und deren ganze politische Weisheit in den Sätzen besteht: Drehe den Mantel nach der jeweiligen Windrichtung, sei dir treu — in der Untreue, verleugne dich und was du gesagt hast, wenn es dir opportun scheint. Und dazu soll uns Hr. Crämer von Doos sitzen.

Crämer ist eine Hauptsäule der kgl. bayr. Fortschrittspartei; er ist einer ihrer Obergötter, zu dem alle „Intelligenzen“ mit hoher Verehrung aufblicken. Wer ist Hr. Crämer noch? Bayrischer Abgeordneter seit unvordenklichen Zeiten, Fabrikant, d. h. dem Namen nach, im Uebrigen aber eine ausgemachte Windfahne. Gestern schwärmte er für Freiheit und die rothe Fahne, heute ist er schwarzweiß vom Scheitel bis zur Sohle und liegt vor Bismark auf dem Bauche, — was er morgen sein wird, wer weiß es? Er wäre nach seinen Antecedentien im Stande, selbst Hrn. v. d. Pfordten und Reigersberg die Hand zu küssen und die Schleppe nachzutragen oder für das napoleonische System zu schwärmen, wie er für Bismark und seinen König schwärmt. Denn das ist der Charakter des Liberalismus, keinen Charakter zu haben.

Am 19. April 1870 hat dieser Hr. Crämer, seine edle Beschäftigung, den Ultramontanen die Schädel einzuschlagen und das Messer an die Kehle zu setzen, ein wenig aussetzend, in einer großen Rede zu Nürnberg es über sich gebracht, sogar das Wehrgesetz zu rühmen und zu preisen. „Hat dieses Wehrgesetz, rief der Demokrat von anno dazumal pathetisch, die Kosten vermehrt? Nein, es hat die Lasten des Volkes bedeutend vermindert!“ — Herr Crämer sagt's und der ist doch ein ehrenwerther Mann! „Wir haben damit, — und er erröthete nicht, diese Unwahrheit auszusprechen, und er sprach sie aus vor „intelligenten“ Nürnbergern! — eine Masse Lasten vom Volke abgewälzt.“ Und dann fuhr er fort über das Milizsystem zu schmähen, das „nur in der Idee ein schöner Gedanke ist“ und über das die Leute fluchen würden, wenn je bei uns ein Krieg ausbräche. Ja, Hr. Crämer ist noch gar nicht zufrieden mit dem jetzigen Wehrgesetz; er will „die ganze Wehrkraft des Volkes“ in den Kasernen und unter der Pickelhaube haben — am 19. April 1870 in seiner Rede zu Nürnberg!

Früher hat dieser selbe Hr. Crämer ganz anders geredet. Früher war er eben noch nicht so „intelligent“ wie jetzt und hat die Segnungen der Kaserne, den Nutzen einer möglichst großen Armee im tiefsten Frieden, die alleinseligmachende Weihe der Pickelhaube, über ein ganzes Volk gestülpt, noch nicht so begriffen wie jetzt, wo er „fortgeschritten“ ist in Weisheit und Erkenntniß, besonders aber in „Intelligenz“.

So predigte dieser selbe Hr. Crämer am 21. Juni 1865 — 's sind freilich schon bald fünf Jahre! — ganz anders in der bayrischen Kammer. Damals stellte er einen Antrag zur Anbahnung des nämlichen Milizsystems, das er jetzt verflucht und mit Acht und Aberacht belegt; damals ging er noch weit über Kolb hinaus und wollte jede Bewilligung für's Militär abgelehnt wissen; damals sah ein und sagte derselbe Hr. Crämer, daß alle Staaten, die ihre Mittel in Friedenszeiten so unnütz ausgeben, dann wenn die Gefahr eintritt, nicht mehr nachhaltig helfen können; damals behauptete derselbe Hr. Crämer, daß, wenn eine Gefahr von Außen komme und Bayern noch so viel Soldaten hätte, es doch verloren wäre mit allen Soldaten, wenn es sonst keine Hilfe hätte. „Wir haben noch eine Hilfe, sagte er damals, wenn zur rechten Zeit gespart wird und wenn die Regierung es versteht, den gerechten Wünschen des Landes entschieden zu entsprechen. Dann haben wir ein mit der Regierung einiges Volk und dann brauchen wir die Soldaten und ihre Bajonette nicht zu scheuen, denn der Staat wird dann doch bestehen bleiben.“ Das sagte Hr. Crämer damals!

Und am 9. Juni 1866 rief er in einer Sitzung aus: „Ich weiß, daß nicht sofort ein Volksheer besteht, aber das weiß ich, daß die Bahn gebrochen werden soll, daß das Volk nicht so hingehalten werde. Diese Bahn (zum Volksheer) will ich gebrochen wissen“.

Und am 20. April 1866 sagte dieser nämliche Hr. Crämer im Nürnberger Volksverein: „Es gibt nimmermehr ein deutsches Parlament, wie wir's wollen, wenn ihm nicht eine Macht zur Seite steht: ein deutsches Volksherr! — wenn nicht die stehenden Heere abgeschafft und das Volk in Waffen hinter seiner Vertretung steht; das ist der Kern der Sache und das zu erstreben ist unsere Aufgabe."

Und am 10. Juni 1866 prophezeite derselbe Hr. Crämer, daß „das stehende Heer nicht einmal die Pfalz zu erhalten vermöge, wenn sie bedroht wird."

Und jetzt? — und heute? Heute schwärmt der nämliche Hr. Crämer für das stehende Heer und es ist ihm noch nicht einmal groß genug!!

Seht, und solche Leute sind die Häupter der Fortschrittspartei, solche Leute sind — fortschrittliche Charaktere, sind die Götzen, vor denen ein richtiger Fortschreiter niederfällt und sie anbetet in Demuth und sklavischer Verehrung, — sind die Männer, zu denen man Vertrauen haben soll, die den Staat und unsere Geschicke leiten sollen!

Ja, wenn das Männer, wenn das Charaktere sind, wie sehen denn dann die politischen Windfahnen aus, und wer ist denn dann kein Charakter?

Charakterlosigkeit — dein Name heißt Fortschritt!

Deutschland.

München, den 20. April.

Magistratus hochlöblicher hat wieder eine große That gethan, indem er den herkömmlichen Beitrag von 300 fl. für die Kirchenmusik in Haidhausen zur größeren Ehre Gottes nicht mehr zahlen will, wogegen die Haidhauser Kirchenverwaltung zu einiger Entschädigung den Zuschuß von 75 fl. aus der St. Wolfgangskapelle an die magistratische Schule verweigert. Groß ist Magistratus hochweiser in seinen Werken! Wenn es den Franziskanern oder Kapuzinern nichts abzuzwacken oder keine Untersuchungen gegen Frauen vom guten Hirten zu führen gibt, dann streicht er Gelder für Processionen, Kirchenmusiken ꝛc. oder nimmt sich um Birkenbäume an, auf denen das Wohl des Vaterlandes beruht, was dann alles zusammen Fortschritt genannt wird. Leider findet dieser Fortschritt nicht die entsprechende Anerkennung bei den Münchenern, welche sagen, wenn der Magistrat sparen will, soll er droben, soll er bei den Tausenden anfangen! Aber das versteht Magistratus besser. Im Kleinen muß man sparen, damit man später im Großen wieder hinauswerfen kann, z. B. 300 Thl. für eine Expedition nach dem Nordpol, welche die Münchener nicht viel weniger interessirt als die Wall-, Stock- und andere Fische der Nordsee und der angrenzenden Pfützen. Aber da hat man eben wieder zeigen müssen, wie „deutsch" man ist — auf fremder Leute Unkosten, aus dem Geldbeutel der Steuerzahler!

— Die Allg. Ztg. weist in einem längeren Artikel nach, daß, wenn Bayern zum preußischen Nordbunde gehöre, es von seinen Einnahmen 18,819801 fl. demselben überlassen müßte und daß es außerdem an Matrikularbeiträgen noch 3 Mill. Thl. aufzubringen hätte. Abgesehen, daß Bayern durch den von den Velleipreußen gewollten und anempfohlenem Eintritt über den größten Theil der Staatseinnahmen jede freie Verfügung verlieren würde, müßte es auch noch mehr als 5 Mill. Thl., also über 1 Thl. per Kopf der Bevölkerung, und fast den zehnten Theil seiner ganzen jetzigen Einnahmen mehr aufbringen als jetzt! So theuer käme uns das „Glück", dem preußischen Nordbund anzugehören und Preußen zweiter oder dritter Klasse zu werden, das uns der Fortschritt täglich vorpredigt und anpreist. Das wäre ein kurioser Fortschritt!

In Truchtlaching wird am 4. Mai der katholisch-patriotische Bauernverein Obing eine weitere Wanderversammlung halten.

□ Aus Mittelfranken wird dem „Vaterland" geschrieben: (Das Gerichtsvollzieherinstitut.) Der zur Einführung des neuen Civilprocesses, welcher das Institut der Gerichtsvollzieher in seinem Gefolge hat, bestimmte Termin rückt immer näher. Manche Befürchtungen über fragliches Institut sind schon laut geworden und haben selbst auf dem zur Zeit versammelten Landtage schon Ausdruck gefunden. Doch immerhin scheint es uns Pflicht der Presse zu sein, alle Ansichten mitzutheilen, welche geeignet sind, zu verhindern, daß diese Befürchtungen des Volkes, besonders bezüglich der Gebühren der Gerichtsvollzieher, zur traurigen Wirklichkeit werden. Nachdem, wie Hr. Landtagsabgeordneter Dr. Schleich treffend bemerkt hat, die bayrische Justiz immer theurer (aber nicht besser) wird, erscheint es vor Allem nothwendig, das Volk vor neuen Lasten aus der Justizpflege möglichst zu bewahren. Das Gerichtsvollzieher-Institut wird aber unausbleiblich einen höchst ungünstigen Eindruck auf das Volk machen, wenn den übertriebenen Ansprüchen seiner Candidaten nachgegeben und nicht bei Zeiten Vorsorge gegen deren Verwirklichung getroffen wird. Ein reines Einkommen von 800 fl. wird gewiß der frühern Stellung der meisten Herren dieser Zukunfts-Branche entsprechen; rechnet man noch 400—600 fl. für Auslagen dazu, so erhält man einen Gesammt-Anspruch von 1200—1400 fl. Theilt man nun die Summe der Geschäftnummern eines Vorjahres mit obigen 1200—1400 fl., so könnte der entfallende Theil als die Taxe für Eine Nummer des nächsten Geschäftsjahres genommen werden; — für das 1. Jahr wäre natürlich eine provisorische Taxe nothwendig. Dadurch ist ein ziemlich gleiches Einkommen für sämmtliche Gerichtsvollzieher ermöglicht, und das Volk vor einer drohenden Mehrbelastung geschützt, so weit als es eben möglich ist, wenn dieses Institut überhaupt eingeführt wird. Ganz wird eine Mehrbelastung nicht zu vermeiden sein, eine wesentliche Eigenschaft der Gesetze modernen Ursprungs! Der den Kammern zur Zeit vorliegende Gesetzentwurf über die Gerichtsvollzieher bietet noch das Rettungsmittel vor der drohenden indirekten Mehrbesteuerung. Es darf nur dieses Gesetz auf die Honorirung der Gerichtsvollzieher ausgedehnt und von dieser Ausdehnung die Annahme der Vorlage abhängig gemacht werden. Bezüglich der Kostenentschädigung könnte immerhin eine verordnungsmäßige Regelung jedoch nur innerhalb eines gesetzlich festzustellenden Maximums statuirt werden; das Ganze aber dem Verordnungswege zu überlassen, dazu geben die Erfahrungen über das Notariat wenig Berechtigung. Videant consules! (Wir geben diesen Ansichten Platz, da sie uns wohl der Berücksichtigung werth scheinen. Wir für unsern Theil wollten von dieser neu-ärarischen Einrichtung, welche wir zum größtentheil dem Hrn. Ministerialrath Weis zu verdanken haben, am Liebsten gar nichts wissen, da wir uns davon keinen sonderlichen Nutzen, wohl aber eine sehr bedeutende Mehrbelastung des Volkes, mindestens um eine Million, erwarten. Aber Weis sagt: es ist nothwendig! und dann sagen alle Weisen nach: es muß so sein! Die Geschichte ist schon zu weit gekommen, daß wir allein schwerlich mehr etwas anderes bewirken könnten als ein — Desaveu von den Weisen.)

Preußen. Die „Kreuzztg." meldet gleichfalls, daß der König von Bayern in nächster Zeit in Berlin erwartet werde. Mit oder ohne Armee? Freiwillig oder auf Kommando wie der arme Hessenherzog?

Ausland.

In Rußland, melden französische Blätter, fürchtet man ernstlich das Wiederaufleben der polnischen Frage, weshalb es der Czar für nützlich halte, die Beziehungen zu Preußen zu befestigen oder doch an die Intimität dieser Beziehungen glauben zu machen. (Wenn es ein Volk zu drangsaliren gibt, kann man jederzeit der freundnachbarlichen Hilfe Preußens sicher sein!)

Lokal-Fortschrittliches.

(Mit Noten zum Text.)

(Schluß.) Das allzeit verlogene Knurrblättl sagt in seinem Bericht, daß der „Antrag“ Schrotts, dem „Volksboten“ eine sogenannte „amtliche Berichtigung“ des Inhalts: daß 1) die Zunge des Mädchens Neul nicht angebunden worden und daß 2) Schrott die Untersuchung wirklich „gehörig“ geführt habe, zu schicken, „einstimmig“ angenommen worden sei und daß „also auch alle H. H. Pfarrer und geistlichen Schul-Inspektoren für die Anträge, also auch für diesen gestimmt haben“. Das ist unverschämt gelogen, und absolut unwahr; dieser Berichtigungsantrag ist ja gar nicht einmal zur Abstimmung gekommen und wäre es dazu gekommen, so wäre er jedenfalls nicht „einstimmig“ angenommen worden. —

Der zweite Gegenstand und zugleich das Gegenstück zu dieser merkwürdigen Verhandlung, von dem Knurrblättl wohlweislich geschwiegen hat, war die von dem Magistrats-Chorherrn „angeregte“ Untersuchung gegen die erzultramontane Lehrerin Illing von Haidhausen (Kloster der Frauen vom guten Hirten). Diese soll — wenigstens hat Schrott „die moralische Ueberzeugung“ das unglaubliche Verbrechen begangen haben, zu dem ungezogenen Mädchen eines wohlerzogenen Fortschrittsmannes Namens Menter, verschiedene Aeußerungen gemacht haben, von denen die gravirendste die gewesen sein soll — nämlich nach der Aussage jenes einzigen Mädchens und der „moralischen Ueberzeugung“ Schrotts — „du stammst halt von gemeinen Leuten“. Allerdings stellte die Lehrerin diese Aeußerung entschieden in Abrede und erklärte, sie habe, da das Mädchen sich sehr unartig aufführte, gesagt: „Du bist halt ein gemeines Mädchen“. Allein das „sehr aufgeweckte Mädchen“ des braven Fortschrittsmannes, der beiläufig bemerkt, mit der Lehrerin in bitter Feindschaft lebt, behauptete Ersteres und Schrott „hat die unumstößliche moralische Ueberzeugung“, daß „das Mädchen Recht habe, die Lehrerin aber Unrecht“[1]).

Hr. Schrott also ist der „unumstößlichen moralischen Ueberzeugung“, daß die Lehrerin die Aeußerung: „du stammst halt von gemeinen Leuten“ wirklich gemacht habe und natürlich darüber in größter sittlicher Entrüstung. Das wäre am Ende Jeder, zumal jeder Fortschreiter, der die Beleidigung eines so untadeligen Gesinnungsgenossen wie Menter nicht ungeahndet hingehen lassen darf. Zwar, sagte Schrott, sei es ihm schrecklich gewesen, die Kinder gegen die Lehrerin vernehmen zu müssen und er habe den Mädchen die väterlichsten Ermahnungen gegeben, so weit eben ein Laie das könne, die Wahrheit zu sagen, aber sein „Gerechtigkeitsgefühl“ hat dies in diesem Falle verlangt und seine „Inquisition“ sei von Erfolg gewesen, nachdem er die Lehrerin habe abtreten lassen.[2]) Schrott ist deshalb gezwungen, zu beantragen, daß „der Lehrerin Illing ihre Aeußerungen als unwürdig ernstlich zu verweisen seien.“

Hierüber entspann sich eine längere Debatte. Die HH. Pfarrer Dr. Westermayer und geistl. Rath Sallinger nahmen sich im Interesse der Autorität des Lehrerstandes entschieden um die Lehrerin an, tadelten die Art der Untersuchung und des Verhörs in Gegenwart der Kinder energisch und wollen lieber der Lehrerin, gegen die nicht das Mindeste vorliege, glauben als dem Mädchen. Wo denn da die Autorität der Lehrer hinkomme, wenn auf jede beliebige Denunciation hin gleich große Untersuchungen vor den Kindern gehalten werden?!

Schrott hält aber nichts desto weniger wie ein Mann fest an seiner „unumstößlichen moralischen Ueberzeugung.“ Mehr braucht er nicht; die Aussagen des Mädchens und seine „Ueberzeugung“ genügen ihm vollständig für den „ernstlichen Verweis“ an die Lehrerin.[3])

Der Adv. Erhard sprach einige Worte über „Menschenbildung und Sitte“, die „man nur in der Schule lernen könne.“ Selbst „gemeines Mädchen“, was eine eigenthümliche Bedeutung habe (!), dürfe man niemals in der Schule sagen.[4])

Billing glaubt zwar sehr richtig, daß, wenn die Untersuchungen gegen das Lehrpersonal in solcher Weise Weise geführt und fortgesetzt würden, alle Autorität der

---

[1]) Wie Hr. Schrott zu dieser „unumstößlichen moralischen Ueberzeugung“ gekommen, das ist uns leider ein Räthsel geblieben! Uns hat es leider nicht gelingen können, nach den Forschungen des Hrn. Schrott zu demselben Resultate zu gelangen; im Gegentheil trugen wir den Eindruck davon, daß das „sehr aufgeweckte“ Mädchen den Hrn. Magistratsrath trotz seiner Rechtskundigkeit so gut angelogen habe, wie Knurrblättl gestern sein gläubiges liberales Publikum. Wenn Hr. Schrott aber dem „kleinen Mädchen“ mehr glaubte, als der Lehrerin, er, der sich im Fall der Schmädel darüber aufhielt, daß das Stadtgericht kleine Mädchen amtlich vernommen habe und der im Fall der Schmädel so energisch betont, daß „Aussagen von Kindern keinen Anhaltspunkt für Thatsachen geben können“, — wenn Herr Schrott in dem Fall der allerdings ultramontanen Lehrerin Illing sich so plötzlich untreu wurde und die Aussagen von Kindern, die er eben perhorrescirt hatte, diesmal sehr wohl als „Anhaltspunkte für Thatsachen“ hinnahm, so scheint uns dies eine große und uns von einem so gescheidten Fortschrittsmanne ganz unerklärliche Inkonsequenz zu sein. Jedenfalls wird Niemand, der der Sitzung beigewohnt, Hrn. Schrott damit „verleumden“ wollen, daß er zur Lehrerin Illing „in einem hier nicht näher zu bezeichnenden Verhältniß“ stehe!!

[2]) Vortrefflich! Hier die strengste Inquisition gegen die Lehrerin, deren Erfolg die „moralische Ueberzeugung“, daß die Lehrerin Unrecht, das ungezogene Kind eines untadeligen Fortschrittsmannes aber Recht hatte; bei der Schmädel aber „können die Aussagen von Kindern keine Anhaltspunkte für Thatsachen geben!“ Die beiden Fälle sind aber auch sehr verschieden von einander: gegen die Schmädel sagen mehrere Kinder das Gleiche aus, machen sogar die Schlinge vor, welche die Schmädel um die Zunge des Kindes gelegt, und — haben Unrecht; hier aber bei der Lehrerin Illing ist es ganz was anderes; hier ist nur ein Mädchen als Zeugin, gegen das allein die Lehrerin eine Aeußerung gemacht haben soll, die sie entschieden in Abrede stellt, aber hier bekommt das „sehr aufgeweckte Mädchen“ Recht, die Lehrerin aber hat gelogen! Wirklich, das ist eine sehr gediegene fortschrittliche Rechtspflege.

[3]) Wir möchten wissen, wo Hr. Schrott als Student Criminalia gehört und später Praxis genommen hat. Der hätte einen schönen Richter und Untersuchungsrichter abgegeben mit seinen neuerfundenen kriminalistischen Grundsätzen. Sein Tertelkollege im ehemaligen Café Tillmetz, der Jude und Bettfedernhändler Neustätter hat vor etlichen Jahren gewiß noch nicht geahnt, daß sein feines damaliges vis-à-vis, Herr Schrott, später die „moralische Ueberzeugung“ als juristisches Beweismittel erfinden werde, das unter Umständen sehr bequem und — angenehm wäre!

[4]) Wir schlagen vor, daß nächstens vom hochweisen Magistrat beschlossen werde, daß die Schulkinder von den Lehrern nur mehr per „Herr“, resp. Fräulein, und „Sie“ angeredet werden dürfen. Das ist unserm fortgeschrittenen, humanen und gebildeten Zeitalter angemessen und wird „Menschenbildung und Sitte“ wesentlich befördern.

Lehrer bei den Kindern in Mißkredit kommen und verloren gehen müsse, ist aber doch für den Verweis und zwar aus dem höchst merkwürdigen Grunde: weil er „annehmen (!) müsse, daß die inkriminirte Aeußerung gefallen sei, da Schrott sonst nicht zu seinem Antrag gekommen wäre, wenn er nicht die innigste und heiligste Ueberzeugung gehabt hätte!“*)

Das Ende vom Lied war, daß bei der Abstimmung der Antrag Schrotts, der Lehrerin Illing einen „ernstlichen Verweis“ zu ertheilen mit 15 gegen 13 Stimmen durchfiel. Die Lehrerin wird blos (wie die Schmädel!) „ermahnt“, solche oder ähnliche Aeußerungen nicht zu gebrauchen*).

Für den Antrag Schrotts stimmten alle Fortschrittler, gegen denselben die Pfarrer und geistlichen Inspektoren und Hr. — — v. Schauß.

---

*) Na, das ist auch wieder sehr fortschrittlich! Ein richtiger Fortschreiter braucht keine eigene Ueberzeugung; ihm genügt es, wenn nur Andere, gute Freunde, Gesinnungsgenossen ꝛc. eine haben und er richtet sich dann ganz bequem nach der „Ueberzeugung“ der Andern! Was man höhere fortschrittliche Intelligenz, im gewöhnlichen Leben außer Vertrauensduselei noch — anders heißt.

*) Was beiläufig überflüssig ist, denn die wird sich hüten, fortan die Kinder anders als mit Glacehandschuhen anzurühren, weil sie immer fürchten muß, denuncirt und von den Fortschrittlern herumzogen zu werden. Wohin man da mit der Erziehung der Kinder und überhaupt mit der Schule kommen wird, das wird man auch noch erfahren, wenn es — zu spät ist.

Verantwortlicher Redakteur: Dr. [illegible]

Natur-Bleiche.

Bei herannahender Frühlingszeit erlaube ich mir, meine ganz reine

Natur = Weiß = Bleiche

einem verehrlichen Publikum, besonders den verehrlichen Landbewohnern der Umgebung Münchens bestens zu empfehlen.

Die Bleichgegenstände, als Leinwand, Fäden ꝛc. ꝛc können zur ganz oder halbweiß-Bleiche bei

Herrn **Seb. Frankl,**
Spezereihandlung in München, Thal Nr. 76

für mich abgegeben und im Herbst gebleicht wieder in Empfang genommen werden.

Unter Zusicherung der reellsten Bedienung sehe ich recht zahlreichen Zusendungen entgegen.

Wilhelm Heinrich,
Besitzer der Ulmer-Oberen-Natur-Bleiche.

172—77(c)

Veilchenblaue schwarze Schreib- und Copirtinte.

Diese Tinte fließt weinroth aus der Feder, dunkelt fast unter der Feder nach und wird dunkelblauschwarz. Die Copie ist bläulich, wird aber bei ungehindertem Zutritt der Luft sehr dunkel und ist wegen ihrer Billigkeit und Güte für Schulen passend.

In Maßflaschen à 20 kr. bei

Ludwig Hueber,
Carlsthor-Rondell Nr. 11.

165(ff)

Moosholzers Dienstboten-Bureau,

Rosengasse Nr. 10 l, im Rückgebäude empfiehlt sich mit solidem **Dienstpersonal** und bittet um geneigte Aufträge. Mädchen, welche kochen können und sich aller Arbeit unterziehen, auch ein **Zimmermädchen** in ein Bad, Kaffeeköchin, eine zweite Köchin in einen Gasthof, suchen Plätze. (228)

Zins- und **Familienhäuser** in den schönsten und frequentesten Straßen **Münchens**, dann **Bräuereien** mit oder ohne Inventar nebst Biervorrath, sowie **Landgüter, Wirthschaften** und **Gasthöfe** von jeder Größe und auch **Kaffeewirthschaften** können im Auftrage durch Kauf oder Tausch erworben werden.

Auskunft wird von 10 bis 12 Uhr im unterfertigten Bureau gratis ertheilt. (229)

Concessionirtes Commissions- & Arbeits-Vermittlungs-Bureau
in München,
Ruffini-Bazar, Laden Nr 3.

Tres faciunt Collegium!

Avis für Seminare, Schulen, Gesellenvereine, Klöster ꝛc., besonders Lehrer auf dem Lande.

Bei Buchhändler Pustet in Regensburg und beim Depositeur Chorregent Alois Dellinger in München, Damenstiftsgasse Nr. 13/3 Rückgebäude, ist zu beziehen:

Terzetten-Sammlung
von Fr. X. Rubenbauer.
Partitur mit Stimmen 1 fl. 42 kr.

Auswärtige Bestellungen werden nur gegen Baareinsendung des Betrages oder gegen Postnachnahme unfrankirt an den Adressaten effectuirt. (223)

Ein zuverläßiger Mann sucht während der Vormittags-Stunden Beschäftigung. D. 11. (225)

Wollenstoff-Färberei.

Ruffinibazar, Laden Nr. 7.

Sommerröcke 1 fl., Hosen 36 kr., Westen 18 kr., Shawls 30 kr. bis 1 fl. 12 kr. Wollenstoffe aller Art werden im Ganzen und getrennt gefärbt. 217—20(b)

Als Gutsverwalter

sucht ein Mann, der mit besonderer Vorliebe Oekonomie betreibt, und in Branntweinbrennerei, Käserei und Viehzucht wohlerfahren, praktisch und theoretisch gebildet ist, und größere Güter selbstständig zu führen versteht, dem dazu die besten Zeugnisse zur Seite stehen, sucht Verhältnisse halber eine passende Stelle. Näh. in der Exp. des „Vaterland“. (230)

Stuttgarter Kirchenbau-Loose:

à Stück 35 kr.

1 Gewinn			14,000 fl.
1 „			7,000 „
1 „			3,000 „
1 „			1,760 „
2 „	à 875 fl.	— kr.	1,750 „
10 „	à 180 „	— „	1,800 „
20 „	à 87 „	30 „	1,750 „
30 „	à 52 „	30 „	1,575 „
100 „	à 35 „	— „	3,500 „
200 „	à 17 „	30 „	3,500 „
500 „	à 7 „	— „	3,500 „
934 „	à 3 „	30 „	3,269 „
3,200 „	à 1 „	45 „	23,000 „
15,000 Gewinne.			70,100 fl.

Ziehung am 1. Juni 1870.

Bei Bestellungen von auswärts mit Posteinzahlung oder Baarsendung bitten wir 3 kr. Bestellgebühr zuzulegen.

Die Expedition des Bayr. Vaterland.

Druck von M. Vogl in München, Rosenthal 15

II. Jahrgang. Auflage: 5400.

Das Bayrische Vaterland.

Das „Bayr. Vaterland“ erscheint täglich mit Ausnahme der Sonn- und hohen Festtage. Preis des Blattes: Vierteljährig 54 kr., ganzjährig 3 fl. 36 kr. Das einzelne Blatt 1 kr.

Alle Postexpeditionen und Postboten des In- und Auslandes nehmen Bestellungen an. Inserate werden die dreispaltige Petitzeile oder deren Raum zu 3 kr. berechnet.

Redaktion: Burggasse 14. Herausgegeben von Dr. jur. J. Sigl. Expedition: Kaffinbazar 5

Philomena. Nr. 98. Sonntag, 1. Mai 1870.

Bestellungen auf das „Bayr. Vaterland“ für das Quartal (für die Monate Mai und Juni zu 36 kr.) können bei allen Postanstalten und Postboten noch immer gemacht werden.

Jüdisches.

Neue Folge. II.

J*. Von der Isar. Sie sind unlängst dem Türkenloose-Schwindel mit jener Energie entgegen getreten, die das „Vaterland“ vor allen übrigen, dem Servilismus und dem modernen Götzenthum mehr oder weniger huldigenden Tagesblättern so vortheilhaft auszeichnet, und haben den Erfolg bewirkt, daß jener Schwindel hier wenigstens vorläufig aus der Tagesordnung verschwunden zu sein scheint. Man würde sich aber gewaltig irren, wollte man annehmen, daß er wirklich verschwunden ist. Was öffentlich und auf geradem Wege nicht zu erreichen war, wird jetzt eben im Geheimen und auf Umwegen zu erreichen versucht. Die autographischen Pressen leisten dieselben Dienste, wie die öffentlichen Blätter, sind sogar wohlfeiler und die Adressen des kleinen Kapitales, um welches es sich eigentlichst handelt, können leicht gefunden werden. Außerdem schmeichelt es ja unserm heutigen Philister gar sehr, wenn er von einem großen Geldmanne einen zarten, mit den herrlichsten Schlagwörtern ausstaffirten Schreibebrief erhält, und — was geheimnißvoll geht, ist nun einmal viel pikanter, das beweist schon, wenn sonst gar nichts, die Salzburger Lotterie, welcher durch geheimnißvolle Eisenbahn-Conducteure, und noch geheimnißvollere Commis voyageurs massenhafte Gelder aus unserer bayerischen Hauptstadt und den angrenzenden Rentämtern zugeführt werden. Doch hierüber ein anderes Mal; heute wollen wir beim Anlehen-Schwindel stehen bleiben.

Vor ein paar Tagen erhielt ich von einem hiesigen Banquier, dessen Vermittlung ich seinerzeit bei Convertirung der österreichischen Silberrente in Anspruch genommen hatte, und der mich deshalb für einen „kleinen Capitalisten“ halten mochte, einen solchen autographirten Schreibebrief, in welchem er mir sehr nahe legte, wie daß die österreichische Silberrente so eigentlich gar keinen Werth repräsentire, weshalb denn auch alle Holländer und Franzmänner sich derselben entledigen und dafür andere, viel solidere Papierche eintauschen, zum Beispiel „Ungarische Ostbahn-Prioritäten“, welche ungleich besser sein sollen, als die Münchner Theater-Aktien, was schon daraus hervorgeht, daß die ungarischen auf $74^{3}/_{4}$% stehen und in rapidem Steigen begriffen sind, während die Münchner Aktien z. B. auf 0% stehen und ein prächtiges Material zum Zimmertapeziren abgeben.

Selbiger silberne und beziehungsweise papierene Geldkönig rechnete mir vor, welch ungeheuren Profit ich machen könnte, wenn ich meine Silberrente, welche ich jetzt für 67 fl. 5 kr. süddeutsch per Hundert anbringen könnte, verkaufen, und dafür ungarische Ostbahn-Prioritäten, welche um $74^{3}/_{4}$, sohin das Hundert um 87 fl. $12^{1}/_{2}$ kr. süddeutsch, zu haben wären, kaufen wollte. Er berechnete mir einen Capitalgewinn von 33%, und einen jährlichen Zins von $6^{2}/_{3}$ Prozent. —

Sonst sagt man gewöhnlich, die Zahlen lügen nicht; hier muß ich mir aber die einfältige Bemerkung erlauben, daß diese Zahlen gewaltig lügen. — Zwar verstehe ich es nicht, börsenmäßig zu rechnen, was mich nicht wenig ärgert und sehr unglücklich macht; aber mit meinem beschränkten Unterthanenverstand und mit Hilfe der vier Spezies, dann der Regel-de-tri, wie nicht weniger mit Anwendung der Decimalbrüche, die ich wegen des neuen Metersystems bereits studiert habe, habe ich herausgebracht, daß, wenn die Silberrente 67 fl. 5 kr. werth ist, und die ungarische 87 fl. $12^{1}/_{2}$ kr. kostet, ich von dem ersteren 130 fl. hergeben müßte, um von dem letzteren 100 fl. zu erhalten, daß ich daher nicht 33 Prozent gewinnen, sondern 10 Procent verlieren würde.

Ferner habe ich gefunden, daß die österreichische Silberrente zu $4^{1}/_{5}$ Proz. ihren Werth zu 67 fl. 5 kr. per Hundert angenommen $7^{4}/_{5}$ Proz., die ungarische 5 prozentige Priorität aber im Werthe zu 87 fl. $12^{1}/_{2}$ kr. per Hundert, nur $6^{2}/_{3}$ Proz. Zinsen erträgt.

Zur formellen Rechtfertigung seines eminent klugen Rathes führt der Herr Banquier in seinem autographirten Schreibebriefe an, daß die ungarische Ostbahn von Großwardein nach Klausenburg und Kronstadt, dann durch Flügelbahnen nach Karlsburg, Maros-Vásárhely und Hermannstadt führt.

Wenn das nicht der richtige Umweg ist, um unversehens bei dem äußerst profitablen türkischen Eisenbahn-Anlehen anzugelangen, so will ich von der Geographie meiner Lebtag nichts mehr reden! —

Aber der Herr Banquier rechnet auf den Geschmack seiner Kundschaft und weiß, daß nicht alle Geschmäcker gleich sind! Deshalb empfiehlt er demjenigen, der an der ungarischen Ostbahn keinen Geschmack findet, sofort Amerikanische Staaten-Bonds, und diverse andere fremde und natürlich „gute“ Papierchens*) und stellt namhafte Gewinne — natürlich für sich — in Aussicht. — Er meint, man solle sogar die bayerischen 4% und $4^{1}/_{2}$% Staats-Obligationen und die bayrischen Pfandbriefe weggeben, um sich diese so werthvollen Papierches anzuschaffen. —

Was hier mir, und natürlich vielen andern vorgeschlagen worden ist, und was natürlich nicht verfehlen wird, ein bereitwilliges Philisterthum zu finden, gibt dem

---

*) Wobei namentlich Rumänische und Spanische Papiere besonders zu empfehlen sind!! D. Red.

wahren Vaterlandsfreunde Anlaß zu den ernstesten Bedenken. —

Diese Vorschläge entsprechen der heutigen Finanz-Gebahrung vollkommen, und diese ist darauf gerichtet, der deutschen, und speciell der bayerischen Industrie und Landwirthschaft den letzten Tropfen Blutes abzuzapfen und dieselbe zu Grunde zu richten. —

Wer bemüht ist, unser gutes deutsches und bayrisches Geld dem Auslande, und zumal unsern Erbfeinden zuzuführen, dessen Herz hat aufgehört, deutsch zu schlagen, und der Judaslohn, den er sich verdient, wird ihm über kurz oder lang zum Fluche werden.

— Die reichen ungarischen Magnaten brauchen unser Geld nicht, wenn sie Eisenbahnen bauen wollen. Was nützt es, wenn wir sagen können, die Ungarn, die Türken, die Italiener, die revolutionären Spanier, ja sogar die Amerikaner sind unsere Schuldner? Ist es klug, Gelder auszuleihen, die wir selbst nothwendig im Lande brauchen, um uns wohnlich einzurichten? Ist es vernünftig, fremden Staaten unser Geld zu geben, während im eigenen Lande die Arbeiterfrage täglich brennender wird? Wer bürgt uns dafür, daß die hingeliehenen Kapitalien auch wieder zurückbezahlt werden? Die Hypotheken? Weiß man denn nicht, daß die Schulden nicht durch Rechtsprechung, sondern durch Exekution beigetrieben werden, und daß insbesondere das Schuldenzahlen der Völker nicht von der Rechts-, sondern von der Machtfrage abhängt? Alles in Allem — die heutige Finanz-Gebahrung ist eminent undeutsch, daher verwerflich und fluchwürdig. Jeder, der sich noch ein deutsch-patriotisches Gefühl bewahrt hat, wird sich mit Abscheu von diesem Treiben wegwenden.

Dem Knorren aber und seinem Bechioni rufen wir zu, sie sollten sich umsehen, ob sie nicht hier ihre Vaterlandslosen und Vaterlands-Verräther zu finden vermögen, und ob nicht das Judenthum bereits angefangen hat, dem sogenannten Fortschritt die Grube zu graben, wozu sie ihm so bereitwillig den Spaten gereicht und Handlangerdienst geleistet haben.

Deutschland.

München, den 30. April.

Einige Blätter machen sich darüber lustig, daß das neue Wahlgesetz keine Bestimmung über die Dauer der Wahlperioden enthalte. Wenn das Wahlgesetz, von dem wir übrigens nicht glauben, daß es ohne gründliche Abänderung der Wahlkreiseintheilung angenommen werden kann, sonst keinen Mangel hätte als diesen, so könnte man sich wohl darüber hinwegsetzen. Es ist nicht nothwendig, daß es eine Bestimmung über die Dauer der Wahlperioden enthält, obwohl es auch nicht geschadet hätte, denn Titel VI, §. 13 der Verfassungsurkunde enthält bereits die klare und nicht zu mißdeutende Bestimmung: „Alle sechs Jahre wird eine neue Wahl der Abgeordneten vorgenommen und sonst nur in dem Falle, wenn die Kammer von dem König aufgelöst wird.“ Durch das Wahlgesetz vom 4. Juni 1848 ist die Bestimmung nicht aufgehoben, da dieses Gesetz über die Dauer der Wahlperioden gleichfalls nichts enthält. Damit aber Jedermann über diesen Punkt völlig im Klaren sei, hätte dieser Passus aus der Verfassungsurkunde wohl wiederholt werden können, nothwendig war es aber nicht, weil, wenn durch eine spätere gesetzliche Bestimmung eine frühere nicht aufgehoben wird, diese frühere dann eben in Kraft bleibt. Hieraus also kann Hrn. v. Braun, beziehungsweise Hrn. Ministerialrath Dubois, der dieses famose Gesetz angefertigt hat, ein Vorwurf nicht gemacht werden; es bleiben aber noch genug andere Bestimmungen übrig, die man beiden Herren mit Erfolg und mit noch mehr Recht an den Kopf werfen kann. Wir wollen keineswegs verhehlen, daß der Gesetzentwurf dabei manches wirklich Gute und Anerkennenswerthe enthält, wie z. B. die Geltendmachung des Princips der directen und geheimen Wahlen, die Wahlkreise für je einen Abgeordneten 2c.; diese Vorzüge vor dem früheren Wahlgesetze sind aber doch nicht der Art, daß wir uns die merkwürdige, durchaus unstatthafte und niemals annehmbare Wahlkreiseintheilung gefallen lassen könnten. Diese muß beseitigt werden, sonst kann der Gesetzentwurf niemals auf die Zustimmung der Patrioten rechnen. Eine derartige Benachtheiligung der ländlichen Bevölkerung zu Gunsten der Städte, (wie wir bereits durch Beispiele gezeigt), kann unmöglich von den Vertretern des Landes gebilligt werden; die Gegensätze sind zu grell und schreiend. Doch das kann geändert werden, wenn man jenseits ehrlich das Wohl des ganzen Landes, ehrlich die Forderungen des Rechtes und der Gerechtigkeit im Auge hat und ihnen gerecht werden will. Auf etwas Anderes möchten wir noch aufmerksam machen. Der neue Gesetzentwurf gestattet, daß auch Militärpersonen in die Kammer gewählt werden können. Nun aber müssen alle Abgeordneten den Verfassungseid leisten, während man bisher die Militärpersonen ängstlich vor diesem Eid auf die Verfassung ferne gehalten hat. Nun könnte der Fall eintreten, daß einige Offiziere 2c., die zu Abgeordneten gewählt worden, auf die Verfassung beeidigt sind, die andern aber nicht. Hier nun könnte eine Kollision der Eide und resp. der Pflichten entstehen, aus der einen Ausweg zu finden es unter Umständen seine Schwierigkeiten hätte. Was würde da die Regierung zu thun gedenken? Welchem Eid würde sie unter Umständen den Vorzug geben, dem Fahneneid, der die Offiziere 2c. zu unbedingten Gehorsam verpflichtet, oder dem Verfassungseid, der es ihnen unter Umständen zur Pflicht machen könnte, den unbedingten Gehorsam zu versagen? Das scheint uns eine wohlaufzuwerfende Frage zu sein, da Klarheit in solchen Dingen eine sehr wünschenswerthe Sache ist.

— Der „Volksbote“ bringt eine sogen. amtliche Berichtigung „von der Lokal-Schulkommission“. Es muß da ein Irrthum vorliegen, sei es vom „Volksboten“, sei es von dem Schreiber der „Berichtigung“, denn die Lokal-Schulkommission als solche hat, wie wir als Ohrenzeuge wissen, eine solche Berichtigung nicht beschlossen, zu der sie überdies wenig Anlaß gehabt hätte. Wenn die „Berichtigung“ sagt, ein Binden der Zunge durch die Lehrerin Schmädel sei „nicht erwiesen“, so verweisen wir einfach auf unsern Bericht; wie Hr. Schrott darüber denkt, das ist seine Sache, wir halten uns an die Thatzeugen, welche behaupteten, daß das Binden wirklich stattgefunden habe, dessen Möglichkeit wir an uns selbst erwiesen haben. Sieht Hr. Schrott seine Untersuchung als „vollkommen erschöpfend und in aller Rechtsform durchgeführt“ an, so müssen wir dagegen bemerken, daß er in eigenen Dingen niemals Richter sein kann und daß er selbst sich hiemit ein Lob gespendet hat, zu dem wir an seiner Stelle uns wirklich nicht hätten erschwingen können. Wir konstatiren wiederholt, daß die Lokal-Schulkommission, so weit wir aus der öffentlichen Sitzung Kenntniß haben, diese Berichtigung weder beschlossen, noch überhaupt Kenntniß von ihr hat, da sie ihr gar nicht vorgelegt worden ist. Der „Volksbote“ wird darnach dem Verfasser dieser amtlich sein sollenden „Berichtigung“ die entsprechende Antwort zu geben wissen.

In Schermau bei Dingolfing fand am 24. d. eine Wanderversammlung des patriotischen Bauernvereins statt, (über welche ein kurzer Bericht uns sehr erwünscht gewesen wäre. Den Steigerschen landwirthschaftlichen Katechismus kennen wir nicht, haben also auch kein Urtheil darüber. D. R.)

In Kempten hat sich die neue „Kemptener Nationalkirche" bereits gebildet. Der Monatsbeitrag beträgt 6 kr. Mitglied kann Jeder werden, der zwei Beine und ein Geburtszeugniß hat und sich nöthigenfalls über einige „Intelligenz" ausweisen kann. An der Spitze der neuen Kirche, die bereits 150 Stück Knurrblättlkatholiken zählen soll, steht ein „geschäftsleitender Ausschuß" und das übrige Kirchenmaterial ist auch Ausschuß. Heilige gibt's in der Kirche nicht, aber sehr viel „Intelligenz" und — Bier.

Aus Unterfranken wird dem „Vaterland" geschrieben: Hat da ein Pfarrer aus der obern Rhön um eine Pfarrei in der untern Rhön nachgesucht. Da derselbe dies schon früher bezüglich einer andern Pfarrei gethan, so hätten bekanntlich die Zeugnisse zwei Jahre Geltung gehabt. Die Regierung von Unterfranken war aber anderer Ansicht und beauftragte das betreffende k. Bezirksamt. noch ein spezielles Zeugniß über das politische Verhalten des supplicirenden Pfarrers in der Zwischenzeit einzusenden. Wofür denn, möchte man da fragen, die Verordnung, daß die Zeugnisse zwei Jahre giltig sein sollen? Allerdings, — in diesen denkwürdigen und bewegten letzten zwei Jahren hätte der Pfarrer durch Theilnahme an patriotischen Wahlen oder gar durch „Agitation gegen das Schulgesetz" das Vaterland in Gefahr bringen können! Wahrlich, das muß man schon sagen: schlau macht man es in Bayern, das bestehende Mißtrauen zu beseitigen, das Vertrauen, wo sich dergleichen findet, zu stärken und alle Erbitterung gründlich zu beseitigen und mit der Wurzel auszureißen. (Ja wohl!)

Oesterreich. In Wien finden Konferenzen zwischen der Regierung und den Führern der Böhmen Palazky, Riger u. A. statt. Man scheint zur Einsicht gekommen zu sein, daß sich nicht wohl so fortexerziren läßt, so lange Böhmen unzufrieden ist.

Ausland.

☞ * Von Paris wird dem „Vaterland" von sehr guter und unterrichteter Seite geschrieben: Ganz Frankreich ist gegenwärtig mit der Frage der Volksabstimmung am 8. Mai beschäftigt. Es ist dies nicht der erste derartige Akt; schon in den Jahren 1793, 1795, 1800, 1802, 1848 haben solche Abstimmungen stattgefunden. Kaiser Napoleon III. macht damit bereits den dritten Versuch, nachdem er 1851 erst die neue Verfassung mit 7,473,412 gegen 641,351 Stimmen hatte annehmen, dann das Jahr darauf in einem neuen Plebiscit mit 7,824,189 gegen 353,145 Stimmen sich hat zum Kaiser wählen lassen. Daß für diese dritte Abstimmung, bei der es sich einerseits darum handelt, ob das französische Volk die neuen liberalen Freiheiten nach seinem Geschmacke findet, anderseits aber — und dies ist für Napoleon die Hauptsache und hat er bereits in seiner (ziemlich matten) Proklamation an das Volk ausgesprochen, — ob sein Sohn ihm in der Regierung folgen soll, die großartigsten Vorbereitungen und Anstrengungen gemacht werden, begreift sich leicht. Es handelt sich um zu vieles für die Dynastie, als daß nicht Alles versucht werden sollte, um die Volksabstimmung zu einem Triumph für die Dynastie zu machen. Alles Andere ist für den Augenblick in den Hintergrund gedrängt; die äußere Politik ist vor dieser innern Angelegenheit völlig bei Seite gedrängt — bis nach der Abstimmung. Napoleon ist heute so wenig der Freund Preußens als er es seit 1866 war und als es Frankreich ist. Er wartet nur auf eine gute Gelegenheit, Revanche für Sadowa und den verrätherischen Streich, der ihm von Preußen gespielt worden, zu nehmen; aber er wartet auf die beste Gelegenheit. Ich muß hier auf einen großen Irrthum aufmerksam machen, dem sich hinzugeben viele in Deutschland allzu geneigt sind Man hält dort dafür, Napoleon sei alt geworden, er verzweifle an sich und seiner staatsmännischen Kunst, er habe selbst die Hoffnung aufgegeben, die Schlappe von 1866 auszuwetzen, und sei sich selbst untreu geworden. Daher die Politik der Unthätigkeit, des Sichgehenlassens, meint man. Das ist ein großer Irrthum und eine Selbsttäuschung, die sich bitter rächen würde, wenn man sich ihr auch in Berlin hingeben würde, wo man dies aber keineswegs thut. Ich wüßte mir eine bessere und klügere Politik nicht zu denken, als die, welche Napoleon seit 1866 befolgt hat: die Politik des ruhigen Zuwartens. Mehr als durch einen gewonnenen Feldzug hat Napoleon damit erreicht, daß er bis zu einer gewissen Grenze Preußen ruhig seine Wege gehen und sich moralisch ruiniren ließ. Hätte Frankreich 1866 oder selbst noch 1868 die Waffen gegen Preußen ergriffen, es würde wahrscheinlich trotz alledem und alledem außer Preußen noch ganz Deutschland bis auf Oesterreich gegen sich gehabt haben. Heute ist es nicht mehr so; Frankreich würde heute aller Wahrscheinlichkeit nach, außer Preußen kaum noch ein paar deutsche Stämme gegen sich haben. Fast alle würden Frankreich als Erlöser und Retter begrüßen, mag auch die preußische Partei, die sich an allen Höfen Deutschlands findet, noch so viel Lärm mit dem „nationalen Gedanken" machen. Nur diejenigen deutschen Stämme würden sich in einem Kriege an Preußen anschließen, die mit Waffengewalt dazu gezwungen werden können; andere würden bei einem Duell zwischen Frankreich und Preußen unthätige Zuschauer abgeben, und wieder andere würden, wenigstens von der Noth der Verhältnisse gezwungen, wo nicht aus Sehnsucht nach Befreiung von dem erdrückenden preußischen Joche, auf Seite Frankreichs stehen. Aus Sympathie für Preußen aber würde heute Niemand in Deutschland sich an Preußen anschließen, gewiß nicht. Daß es so kommen werde, hat Napoleon vielleicht nicht mit Bestimmtheit vorausgesehen, aber er hat es erwartet und man muß sagen, er hat klug gerechnet, und mehr durch sein ruhiges und unthätiges Zuwarten erreicht, als er durch den glücklichsten Feldzug hätte erreichen können. Jetzt aber sind die Birnen für ihn reif oder nahezu reif; Preußen ist in der ganzen Welt, besonders aber in ganz Deutschland moralisch fertig; in ihren mäßigsten Erwartungen betrogen, haben die Deutschen kein Interesse, ihre Haut für die Politik Preußens zu tragen, die ihnen nichts Gutes gebracht und noch weniger Gutes verspricht. In den besten und unterrichteten Kreisen von Paris erwartet man denn auch, daß nach dem Plebiscit die Politik Napoleons wieder eine feste und entschiedene, eine aktive sein werde. Fällt die Volksabstimmung gut aus, dann dürfte es wohl sein, daß Napoleon die erste beste Gelegenheit benützt um loszuschlagen, und er wird losschlagen, sobald Laguerroniere oder Drouyn de Lhuys Minister sein wird; fällt sie schlecht aus, so ist ein Krieg die einzige Rettung für den Kaiser und die Dynastie. In Berlin begreift man die Lage und ist sehr vorsichtig, beinahe unterwürfig gegen hier, und in Oesterreich, wo man beiläufig in derselben Lage ist wie in Frankreich ist das preußenfreundliche Ministerium Giskra gestürzt und der Pole Potozky Minister geworden! Die Dinge drängen zur Entscheidung, der Zeitpunkt wie der Ausgangspunkt der Bewegung ist aber noch unbestimmt.

In Spanien sind wieder etliche gemüthliche Aufstände ausgebrochen und stellenweise will man den uralten kinderlosen Espartero, anderwärts gar einen Prinzen von Hohenzollern zum König machen. Die Hohenzollern sind in neuerer Zeit ein gefragter Ausfuhrartikel geworden und wir würden den spanischen Rebellen so gut wie den edlen rumänischen Schweinehirten einen Hohenzoller als König gönnen. Wer das vor 400 Jahren gedacht hätte, daß der Nürnberger Erz-Reichsbeutelschneider so viele Könige und gediegene Fürsten zu Nachfolgern bekommen werde, die überall die Unterthanen und Millionen so gut zu finden wissen! (Der Hohenzollernprinz, der jetzt dem spanischen Volke als König ausdisputirt werden soll, ist kein geringerer als der Prinz Friedrich Karl, als „Prinz Allzeitvoraus" in der Weltgeschichte nicht ganz unbekannt Er ist ein Meister, wenn es gilt Blut zu vergießen, dreinschießen zu lassen und den Korporalstock zu schwingen Wie viel bei ihm ein Menschenleben gilt wissen wir nicht genau; viel nicht. Für die edlen Herren in Madrid wäre er aber immerhin gut genug.)

Vermischte Nachrichten.

Magistratus hochweiser will „aus Ersparungsrücksichten" bei der Frohnleichnamsprocession nicht mehr mitthun, worüber der liebe Gott wahrscheinlich nicht allzu unglücklich sein wird. die Procession soll deshalb in die Frauenkirche verlegt werden, so daß die 50 oder 100000 Bauern, welche sich schon auf den Hrn. Billing, den Knorren, den Zechmeister und andere berühmte Münchener Größen gefreut haben, diese nun nicht bei der Procession sehen und deshalb wahrscheinlich an dem Festtage von München wegbleiben werden. — Heute Abends um 8 Uhr wird die vom Magistrat „aus Ersparungsrücksichten" abgeschaffte Musik am **Petersthurm** doch spielen, da eine Anzahl sehr „zurückgebliebener und verwahrloster" Patrioten sich die erhebende Musik nicht nehmen lassen wollten und sie nun aus eigenen Mitteln spielen läßt. Eine solche „Verschwendung" zur Erhaltung eines uralten Münchener Herkommens, das gleichsam ein Wahrzeichen von München war und das bis zur jetzigen aufgeklärten und gebildet:n Zeit manches Herz erfreut, ist aber nur so bornirten Ultramontanen zuzutrauen, während der erleuchtete Magistrat das Geld der Steuerzahler viel nutzbarer zu Nordpolfahrten und Besuchen bei den Seehunden zur „Verherrlichung des deutschen Namens" verwendet!

Von der München-Braunauer-Bahn wird bis zum Spätherbst des heurigen Jahres die 26 Stunden betragende Strecke bis Neuötting mit den Stationen Thalkirchen, Haidhausen, Feldkirchen, Poing (Haltstelle), Schwaben, Hörlkofen, Walpertskirchen (Haltstelle), Dorfen, Schwindeck, Ampfing, Mühldorf und Neuötting dem öffentlichen Verkehre übergeben werden.

Verantwortlicher Redakteur: Dr. J. Sigl.

Druck von M. Vogt in München, Rosenthal 19

II. Jahrgang. Das Bayrische Auflage: 3400.

Das „Bayr. Vaterland“ erscheint täglich mit Ausnahme der Sonn- und hohen Festtage. Preis des Blattes: Vierteljährig 54 kr., ganzjährig 3 fl. 36 kr. Das einzelne Blatt 1 kr.

Alle Postexpeditionen und Postboten des In- und Auslandes nehmen Bestellungen an. Inserate werden die dreispaltige Petitzeile oder deren Raum zu 3 kr. berechnet.

Redaktion: Burggasse 14. Herausgegeben von Dr. jur. J. Sigl. Expedition: Ruffinibazar 5

Hl. Kreuzerfindung. Nr. 99. Dienstag, 3. Mai 1870.

Bestellungen auf das „Bayr. Vaterland“ für das Quartal (für die Monate Mai und Juni zu 36 kr.) können bei allen Postanstalten und Postboten noch immer gemacht werden.

Die finanzielle Lage des hl. Vaters.

* Die päpstlichen Staaten, ihrer schönsten Provinzen beraubt, haben an Stelle von 3 Millionen Einwohnern nur noch 700,000. Seit 1860 sind die Einnahmen derselben auf 30 Millionen Frcs. gesunken und die Ausgaben betragen 60 Millionen. 30 Millionen müssen daher jährlich gefunden werden.

Herr v. Corcelli, welcher so urtheilsfähig ist in Allem, was die Finanzen der Römischen Regierung betrifft, hat so eben eine vortreffliche Abhandlung unter dem Titel: „Finanzielle und politische Lage des hl. Stuhles“ veröffentlicht.

Wir entnehmen derselben folgende Bemerkungen:

„Alle Regierungen haben in ihrem Budget den Spiegel ihrer guten oder schlechten Führung; die Rechnungsablagen des hl. Stuhles haben eine andere Bedeutung; sie zeigen das Uebel, welches nicht er angerichtet hat, und die Schulden, welche ihn erdrücken, sind nicht ihm zuzuschreiben.

Von 1849 bis 1850 hatte die päpstliche Regierung die Kosten der Revolutionen von 1848 getilgt. Das Defizit war beinahe verschwunden. Aber seit den feindlichen Einfällen von 1859 und 1860 sind ihre Einnahmen gesunken, und die allgemeine Schuld ist natürlicherweise gewachsen.

Die Steigerung des Defizits hat vorzugsweise in dem Ehrgefühle ihren Grund, welches den hl. Vater bestimmt hat, den jährlichen Schuldenantheil der 15 Provinzen zu bezahlen, aus denen er keine Abgaben mehr bezieht, damit keine Unterbrechung in der Erfüllung der den Gläubigern gegenüber eingegangenen Verpflichtungen entstände, und das geschah während 8 Jahren, bis zu der so späten und unvollständigen Regulirung der Schuld, welche vom 7. Dez. 1866 von den Regierungen von Frankreich und Italien abgeschlossen wurde.

Hier ist die Uebersicht der Ausgaben der römischen Regierung:

1) Zinsen der Schuld und Pensionen	Frcs.	21,337,000.
2) Assegnazioni	„	9,700,000.
3) Verwaltungskosten	„	7,829,000.
4) Ministerium des Innern, des Handels und der öffentlichen Arbeiten	„	6,610,000.
5) Kriegsministerium	„	15,098,000.
Summa	Frcs.	60,574,000.

Die Assegnazioni (9,700,000 Frcs.) zerfallen in mehrere Abtheilungen: Die erste umfaßt die persönlichen Ausgaben des hl. Vaters, seines Hauses und der kleinen Zahl seiner Garden, den Unterhalt der Museen, der schönsten der Welt, der Bibliotheken, welche den Gelehrten aller Länder geöffnet sind, die Besoldungen des hl. Kollegiums, des diplomatischen Corps und des Staats-Sekretariats, die Pensionen des päpstlichen Hofes rc. Das Ganze beläuft sich nur auf 3,400,000 Frcs.

Das ist das Budget der bescheidenen Herrlichkeiten, welche den Besuch so vieler Nationen anziehen. Welche Fürsten und Präsidenten von Republiken in gleicher Stellung würden die Gastfreundschaft in einfacherer und zugleich edlerer Weise ausüben, als die Päpste?

Der Rest der Assignazioni dient zur Unterhaltung der Universitäten, der Akademieen, der Schulen, der Wohlthätigkeitsanstalten und zur Bestreitung der Kosten der Consulta, der Repräsentativ-Versammlung, welche über die Einnahmen, Ausgaben und Rechnungen des Staates beschließt, und der Gehälter des Finanzministers und seiner Beamten*).

Die Schuld und die Pensionen bilden in Gemeinschaft mit dem Waffenministerium die Hauptsumme. Ehemals kostete der Unterhalt der päpstlichen Truppen nur 6 bis 7 Millionen, heute beträgt derselbe 15. Das ist der Punkt, wo Ersparungen wünschenswerth wären, aber wer trägt die Schuld, wenn der Papst jetzt genöthigt ist, eine Armee von 16,000 Mann zu halten? Vor 2 Jahren hat man es gesehen, ob diese kleine bewunderungswürdige Armee nöthig war, um die päpstlichen Staaten vor einem Handstreich zu sichern.

Wer kann noch daran zweifeln, daß die Erhaltung der weltlichen Herrschaft die sicherste Bürgschaft für die geistliche Unabhängigkeit des hl. Vaters ist. Aber um sie zu erhalten, bedarf es der Geldmittel, und da stehen wir vor dem schwierigen Problem: Woher die 30 Millionen jährlich nehmen, deren der hl. Vater bedarf?

Es ist ihm nicht mehr möglich, Anleihen zu machen, der Peterspfenning allein kann und muß dem päpstlichen Schatze die Einnahmen liefern, welche ihm fehlen. Sehen wir zuerst, was der Peterspfenning während der letzten Jahre eingebracht hat.

1861	Frcs.	14,184,000.
1862	„	9,402,000.
1863	„	7,047,000.
1864	„	5,832,000.
1865	„	6,445,000.
1866	„	5,939,000.
1867	„	11,312,000.
1868	„	9,000,009.
1869 ungefähr	„	11,000,000.
Macht im Ganzen eine Summe von	Frcs.	80,161,000.

Man wird die Ungleichheiten dieser Einnahmen bemerken. Der Wechsel beruht zum Theil in dem Zusammenfallen mit der Emmission der Anleihen, aber er hat auch noch einen anderen, wichtigeren und der Aufmerksamkeit würdigen Grund.

Im Jahre 1861, mit Einschluß der letzten Monate aus

*) In dieser Summe ist die Garantie der Zinsen der römischen Eisenbahnen enthalten.

1860, während und nach den feindlichen Einfällen betrug der Peterspfennig 14,184,000 Frcs. 1862 scheinen die französischen und päpstlichen Truppen dem Eindringen der Länderräuber ein Ziel zu setzen, man beruhigt sich in etwas und der Peterspfennig erreicht nur die Höhe von 9,402,000 Frcs. Er sinkt noch mehr, aus demselben Grunde, und zwar um beinahe 2 Millionen, im Jahre 1863 und fällt bis auf 5,832,000 Frcs. im Jahre 1864. Es ist dies der Zeitpunkt der Convention, welche die Regulirung der päpstlichen Schuld verspricht; man glaubte, die Lasten des hl. Stuhles seien nur noch eine diplomatische Angelegenheit und die Beiträge seien nicht mehr so sehr vonnöthen.

Aber im Jahre 1867 macht der Einfall Garibaldis den Peterspfenning wieder bis zur Summe von 11,312,000 Frcs. steigen, welche 1868 etwas fällt, und sich 1869 wieder beinahe bis zur selben Höhe erhebt, und zwar durch allgemeine, zweimalige Sammlungen im Jahr und durch einfachen Appel an die Opferwilligkeit, ohne daß in der Mehrzahl der Länder, in denen dieses Werk von selbst sich bildete, eine feste und regelmäßige Organisation vorhergegangen wäre.

Das müßte jedoch jetzt versucht werden.

Wir sind 200 Millionen Katholiken; wenn die Hälfte nur jährlich 30 Centimes gäbe, so würde das die dem päpstlichen Schatze nothwendigen 30 Millionen ausmachen.

Zu diesem Zwecke hat man den Peterspfenning in Belgien durch kleine jährliche Beitragszeichnungen organisirt, nach Art des Werkes zur Verbreitung des Glaubens; so hat man ihn in Paris, Lyon und einigen anderen Diözesen Frankreichs einzuführen gesucht.

Aber ohne hier den Organisationsplan entwerfen zu wollen, haben wir uns darauf beschränkt, den Thatbestand und die Bedürfnisse des hl. Stuhles darzulegen.

Ohne den Peterspfenning wäre der Papst nicht mehr Souverain und das Conzil hätte in Rom nicht stattfinden können; aber es ist unbedingt nothwendig, daß der Peterspfenning größere Verhältnisse annehme.

Deutschland.

München, den 2. Mai.

Wir erhalten eine sogenannte „amtliche Berichtigung", in welcher behauptet wird, daß die dem „Volksboten" zugefertigte „Berichtigung" wirklich in der Lokal-Schulkommission vom 26. April sowohl beantragt als auch, und zwar einstimmig zum Beschlusse erhoben wurde. Wir werden die „Berichtigung", die gar nicht einmal unterzeichnet ist, so daß wir nur aus dem gedruckten Kopf der Scriptur vermuthen können, daß sie wahrscheinlich von der Lokal-Schulkommission kommt, morgen bringen, weil wir müssen, da sie sich als „amtlich" vorstellt; wir wollen aber einstweilen schon heute bemerken, daß die Behauptung, die dem „Volksboten" zugeschickte Berichtigung sei von der Kommission „einstimmig beschlossen" worden, nicht mehr als eben eine — Behauptung ist. Sollte sich Hr. Schrott damit nicht begnügen oder gar sich amtsehrenbeleidigt halten, so steht es ihm frei, uns zu verklagen; wir werden dann unserseits so frei sein, die ganze Schulkommission als Zeugen vorladen und durch sie das Gesagte konstatiren zu lassen.

Aus Altbayern wird dem „Vaterland" geschrieben: Da in unsern Tagen ein stetes Rufen nach **Gehaltsaufbesserung** bald von dieser bald von jener Seite vernommen wird, so dürfte es nicht ungerechtfertigt erscheinen, wenn auch darauf aufmerksam gemacht wird, wer denn diese Gehaltsvermehrung zu leisten hätte, und ob nicht gerade jener Theil, der zahlen muß, weit schlechter gestellt ist, als derjenige, dem die Aufbesserung zukommen soll. Sind aber jene Klassen, welche die Gehaltsvermehrung leisten müssen, selbst weit schlechter gestellt, als diejenigen, welche damit bedacht werden, dann darf man sich nicht wundern, wenn das stete Rufen nach Gehaltsvermehrung in den so Belasteten eine tiefe Entrüstung und Erbitterung erzeugt. Wer nun hat die Aufbesserung und alle jene Millionen, womit man so freigebig ist, aufzubringen und wie hoch beläuft sich das jährliche Einkommen der so Belasteten und der Begünstigten? Die Antwort, wer zu zahlen hat, ist gewiß nicht schwer! Es sind dies die Steuerpflichtigen; denn der sogenannte Staat, auf den man sich so gerne beruft, besitzt nirgends eine Schatzkammer, die anderswoher gefüllt wird, als durch die eingebrachten Steuern und Abgaben der Unterthanen. Was immer für eine Zahlung geschehen muß, sie kann von Seite des Staates nicht anders geleistet werden, als daß er in die Tasche der Unterthanen greift. Der Taglöhner, der Handwerker, der Bauer, der Geschäftsmann 2c. muß zahlen! — Wie hoch beläuft sich nun das Einkommen der immensen Mehrheit dieser Leute jährlich? In manchen Gegenden verdient sich der Taglöhner kaum ein paar Gulden die Woche und der kleine Gewerbsmann nicht viel mehr. Daß bei den Bauern das Geld rar ist, ist eine bekannte Sache. Der Bauer kann bei den bestehenden hohen Steuern, Kreis-, Distrikts- und Gemeindeumlagen, dazu den unverhältnißmäßig hohen Dienstbotenlöhnen kaum noch bestehen und viele Tausende sind in den letzten Jahren von Haus und Hof gekommen. Die Leute, welche ein großes jährliches Einkommen haben, sind sehr dünn gesäet! Wie ärmlich müssen die allermeisten dieser Leute mit Weib und Kindern leben, um ohne neue Schulden das Jahr hinzubringen? Manche hochgelehrte Herren in den Kammern und Schreibstuben haben kaum eine Ahnung hievon oder sie sehen alle diese Klassen als nicht gleich berechtigt mit ihnen an. So was thut wehe; denn viele von diesen Leuten haben mehr oder doch gewiß gleich viel gesunden Menschenverstand, wie die Leute von der Feder oder am grünen Tische. Vergleicht man aber jetzt das Einkommen der stets nach Gehaltsvermehrung Rufenden mit dem der oben angeführten Klassen, so wird man ohne Erröthen nicht wohl in Abrede stellen können, daß es ein schreiendes Unrecht ist, die erstgenannten Klassen zu Gunsten der letzteren noch mehr zu belasten. Haben Leute jener Klassen, die zum Zahlen gezwungen werden, ein jährliches Einkommen von 50 fl., 100 fl., oder einige von 200 fl., so beziehen die nach Aufbesserung Schreienden gewöhnlich viermal so viel, ja oft acht, sechszehn 2c. Mal mehr. Manche Herren in den Kammern, Schreibstuben, an Kaffee- und Weintischen werden dies allerdings keck in Abrede stellen, allein sie beweisen dadurch nur, daß sie die Verhältnisse auf dem Lande größtentheils gar nicht kennen, nicht ahnen. Daher schlagen sie auch mit ihren Zeitungsartikeln, ihren doktrinären Auslassungen und Gesetzen dem Volke so ins Gesicht, daß diesem grün und gelb um die Augen fliegt. — Man suche doch vor Allen den Steuerzahlenden — den ärmern Klassen gerecht zu werden und merke sichs, daß die nach Aufbesserung Schreienden nie zu befriedigen sind! Letzteres wird die Zeit lehren, wenn sie es nicht schon gelehrt hat!

In Würtemberg soll die Stellung Varnbülers wackelig geworden sein und wird ihm sogar ein Nachfolger genannt, der Gesandte v. Soden. Das Unglück soll von der Osterreise des Grafen Bray datiren. (?)

Oesterreich. Unter dem Präsidium des Landgrafen Joseph von Fürstenberg hat sich ein „katholisch-patriotischer Volksverein für Niederösterreich" gebildet, der nicht blos für Erhaltung des katholischen Glaubens, sondern auch für die Verbesserung der Lage der arbeitenden Klassen und für Steuerverminderung zu wirken verspricht.

In **Graz** will ein „Komité" nästens eine a[illegible]höllig konfessionslose Schule" gründen, (wenn andere Leute das Geld dazu hergeben!) Im Programm zu dem Schwindel heißt es: „Soll die Parole „freie Menschen im freien Staate" jemals zur Wahrheit werden, so muß vor Allem die Schule von dem letzten Reste jener Fesseln befreit werden, in welchem sie zum Vortheil (!) geistlichen und weltlichen Herrscherthums bisher gehalten wurde. Die freie Volksschule muß ausschließlich auf dem Boden des Menschenthums (!) stehen." — Richtig; erst führt man das Heidenthum in der Schule ein und zum Schluß wird „der letzte König mit den Därmen des letzten Pfaffen gehängt" und zu alledem soll die konfessionslose Volksschule den soliden Grund legen!

Ausland.

Frankreich. In Paris ist die Polizei einer Verschwörung gegen das Leben des Kaisers auf die Spur gekommen, die in London ihren Sitz hat. Der von dort abgeschickte Mörder ist aber bei einer — „Dame" (!) abgefaßt worden. Bei anderen Verschworenen in Belleville wurde eine Kiste mit Bomben und explodirbares Pulver gefunden. Die Häupter der „internationalen Vereinigung" wurden gleichfalls verhaftet.

Italien. In Rom haben die „Mächte eine Note überreicht, durch welche sie die unbequemen Koncilsbeschlüsse aus der Welt räumen möchten. Kard. Antonelli hat dabei dem österreichischen Gesandten bedeutet, Rom erachte es als seine Pflicht, auf dem eingeschlagenen Wege unbeirrt weiter zu gehen. — Rom pflegt sich um die Freimaurer nicht zu bekümmern, auch wenn sie regieren.

In **England** hat Newdegate seinen Antrag auf Untersuchung der Klöster wiederholt; die von den Klöstern England drohende Gefahr ist zu groß. Die Debatte darüber wird heute fortgesetzt. Dieser fanatische Protestant und seine gleichgesinnten Mitschreier begreifen nicht, wie lächerlich sie sich machen und wie sehr dabei dieser Antrag die persönliche Freiheit wie das einfache Hausrecht verletzt. Aber 's ist liberal!

In **Griechenland** sind die kürzlich vor den Thoren der Hauptstadt von Räubern gefangenen Engländer von diesen ermordet worden. Die ganze Presse ist darüber in Aufruhr, die Regierungen von 4 Staaten drohen sogar deshalb mit Krieg! Wozu der Lärm? fragen wir. Der Mord ist gewiß eine Schandthat, die Strafe an den Thätern verdient, aber warum denn Tausende von Unschuldigen unglücklich machen durch einen Krieg? Wenn die Ermordeten andere Menschenkinder gewesen wären, kein Hahn hätte nach ihnen gekräht; da es aber Engländer waren, das bringt auf einmal die halbe Welt in Aufruhr. Wir finden aber gar keinen Unterschied zwischen einem Engländer und einem anderen Menschen, außer daß der Engländer meist sehr viel brutaler ist als „der andere."

Vermischte Nachrichten.

Magistratus hochweiser hat wieder eine sehr große That vollbracht. Er hat sich nämlich in eine nicht geringe sittliche Entrüstung über eine Frevelthat hineingeredet, welcher sich der dem Fortschritt nicht ganz unbekannte Pfarrer Westermayer schuldig gemacht hat. Dieser „ultrakirchliche Demagoge" ging nämlich so weit in seiner Kühnheit, daß er, als das Muttergottesbild auf der Mariensäule herabgenommen wurde, um auf Kosten zweier hiesiger Bürgersfrauen in Feuer vergoldet zu werden (kostet 6000 fl.), und dabei eine silberne Kapsel zum Vorschein kam, diese Kapsel in Verwahrung nahm!! Die Herren Magistrats-Fortschreiter wußten nun nicht, daß in dieser Kapsel Reliquien verborgen seien, wie stets Reliquien in derartigen religiösen Bildwerken niedergelegt werden, und vermutheten darin wahrscheinlich Kostbarkeiten, welche besser in die Hände der Juden als in die Verwahrung eines Pfarrers kämen. (Es befindet sich ein Dorn aus der Dornenkrone Christi darin.) Auch reichten ihre historischen Kenntnisse nicht so weit, um zu wissen, daß der Stifter dieses Marienbildes, Churfürst Max I., das Bild dem Bischof von Freising, zu dessen Diözese München damals gehörte, übergeben, das Bild also kirchliche Stiftungssache ist, worüber die Fortschreiter des Magistrats glücklicherweise noch keine Gewalt haben. Wer weiß, in welch unheilige Pfoten der Inhalt der Kapsel gekommen wäre, wenn sie Hr. Pfarrer Westermayer nicht sofort an sich genommen hätte. Das ärgerte aber die Herren ganz gewaltig und sie machten ihrem Zorn durch gediegene ingrimmige Reden Luft, die aber nicht viel Schaden anrichteten. Das Reden ging aus wie das Hornberger Schießen, d. h. man wollte, nachdem man sich hinlänglich alterirt, „die Sache nicht weiter verfolgen," was beiläufig das Klügste ist, was Magistratus hochpreislicher thun konnte. Es wäre aber höchst wünschenswerth gewesen, wenn die Kapsel nebst Inhalt einem der sehr edlen Juden des Magistrats statt dem Pfarrer zur Verwahrung in die Hände gekommen wäre, oder gar der Redaktion des Knurrblättl, die sicher nicht verfehlt hätte, zur Feier dieses freudigen Ereignisses einige bierige Andachtsübungen vorzunehmen.

Von der **Rhön** wird dem „Vaterland" geschrieben: Auch ein Beitrag zum „Liberalen Schimpflexikon!" Kürzlich kam da ein Hr. Brandinspektor in einem Orte der Rhön angeritten, erschien während des Pfarrgottesdienstes mit dem Ortspolizeidiener vor dem Pfarrhause und begehrte, wahrscheinlich zur Vornahme einer Besichtigung, Einlaß Obwohl die Magd, welcher der Schutz des Pfarrhauses während des Gottesdienstes anvertraut war, erklärte, sie dürfe Niemand öffnen, drang er doch entschieden darauf, daß ihm geöffnet werde. Es ist nun allerdings nicht anzunehmen, daß dieser Herr gekommen war, um zu stehlen; allein in der Rhön ist man eben noch so „zurückgeblieben" und „verwahrlost", daß man von der altväterischen Meinung nicht lassen will, es erfordere der einfache Anstand, daß ein sogenannter „Gebildeter" während des Gottesdienstes und ohne den Pfarrer nur einer Begrüßung zu würdigen, es nicht so so mache wie dieser Hr. Brandinspektor und mit Pochen und Schreien Einlaß begehrt. Wer das thun würde, den würde man bei den obskuren Winkelbewohnern der Rhön unfehlbar für einen ausgemachten Flegel halten; bei den „Gebildeten" aber scheint es wohl anders gehalten zu werden, dafür sind sie aber auch an „Bildung" über die Massen fortgeschritten und haben uns mächtig weit zurückgelassen. Zweifelsohne haben die das Recht, sich wie Flegel zu benehmen, was unser „beschränkter Unterthanenverstand" freilich nicht begreift und verwundert fragt, ob man den jetzt nicht einmal mehr Herr in seinem Hause ist und sich behandeln lassen muß, wie einen Holzdieb, bei dem unversehens Haussuchung gehalten wird. (Note der Red. In der Rhön scheint man den „Zeitgeist" noch gar nicht zu kennen. Der „Zeitgeist" bringt es mit sich, daß man gegen „Pfaffen" und „gescheerte" Bauern grob, rücksichtslos und brutal ist, — je mehr, desto besser;

Grob sein und frech und sehr brutal,
Das nennt man heute liberal,
Und wer als Flegel sich bewährt,
Als Muster wird der Mann verehrt,
Und wer der Roh'ste ist von allen,
Der ist König der Liberalen,
Doch muß man dieses ganz allein
Gen „Pfaffen" und gen „Schwarze" sein.)

In Kloster Rohr schreibt man uns, brannte kürzlich das Anwesen des Essigsieders Hermann nieder, wobei auch die ganze Habe seines Bruders, eines freiresignirten Pfarrers, der zur Aushilfe in Salbach ist, zu Grunde ging. Genannter

Hr. Pfarrer hat nur mehr ein Bett und einen Kasten — alles Uebrige ging kaput.

Amerika. In Richmond fiel kürzlich ein Gerichtssaal in den untern Stock; beide Räume waren dicht gefüllt. Es wurden dabei 58 Menschen getödtet, 117 verletzt, unter ihnen viele Repräsentanten. Bei uns haben die Gerichtssäle schon manchen Puff ausgehalten, ohne darüber in Ohnmacht zu fallen.

Dienstes-Nachrichten.

Verliehen: Die kath. Pfarrei Hauenstein, B.-A. Pirmasenz, dem J. Ulrich, Pf. in Leimen, gl. B.-A.

Kulturbildliches.

In heiliger Entrüstung schlugen die liberalen „Ehrenmänner" die Hände überm Kopf zusammen, alle Ehebrecher verdrehten voll Scheinheiligkeit die Augen und die „ehrenhaften" liberalen Blätter lamentirten über den tiefen Fall des Schweizer Priesters Leuthner. Manche Blätter erzählten — so „sittlich entrüstet" waren sie darüber; — den Skandal sogar öfters — aus reinster Begeisterung für die Tugend der „Unschuld", die in den bekannten Häusern blüht oder in scheußlichen Fastnachtsorgien sich kundgibt, wie solche z. B. in einer Stadt an der Donau am 24. Februar bei einem engelreinen Fortschrittsbrüder vorkamen. Ueber die Verkommenheit dieses Schweizers Leuthner also schrieben die entrüsteten liberalen Redacteure ein Langes und Breites. Warum aber schwiegen sie von dem „intelligenten" Sprachlehrer Hug, welchen das Bezirksgericht Nürnberg erst vor wenigen Wochen wegen Knabenschändung zum Zuchthaus verurtheilte? Warum schweigen sie neubrdings von dem Seminardirektor Seegemund in Barby, welcher ebenfalls seine Seminaristen schändete und dann nach Amerika durchging? Das sind aber zwei sehr dumme Fragen, denn diese zwei Tugendhelden sind ja Liberale und Protestanten und keine katholischen „Pfaffen"!!

Amerikanisches!

☛ Wir haben wiederholt und öfter gewarnt, sich von den verlockenden Ankündigungen amerikanischer Eisenbahnpapiere verführen und betrügen zu lassen. In Nachfolgendem geben wir eine entschieden für uns sprechende bedeutsame Notiz aus einem amerikanischen Blatte, der „Kansas Freien Presse vom 23. März d. J., Nr. 12, welche lautet:

„Gut für Kansas. Herr Perry, welcher von der Kansas-Pacific-Bahn nach Europa gesandt war, um durch Verkauf von Aktien dieser Bahn Geld zu schaffen, ist zurückgekehrt. Er hat draußen gute Geschäfte gemacht. Da also jetzt Geld in Hülle und Fülle vorhanden ist, so wird wahrscheinlich gegen Ende Juli die Bahn bis Denver fertig sein. Beiläufig bemerkt ist gegenwärtig der europäische, besonders der deutsche Geldmarkt überschwemmt von amerikanischen Eisenbahnaktien, von denen man zum großen Theil in in Amerika aus dem einfachen Grunde nie Etwas hört, weil überhaupt dergleichen Bahnen gar nicht existiren. Unter die letztere Klasse gehört z. B. die Port-Huron-Chicagobahn. Die Schwindler haben durch ein in Deutschland unerhörtes System von Puffs und Anzeigen mit ihren werthlosen Papieren ein schönes Stück Geld herausgeschlagen."

Das, dächten wir, könnte Vernünftigen genügen.

Münchener Schranne vom 30. April.

Getreidsorten	Verkauft Schffl.	Höchster fl.	Höchster kr.	Mittel- fl.	Mittel- kr.	Nied.-Preis fl.	Nied.-Preis kr.	Gest. fl.	Gest. kr.	Gef. fl.	Gef. kr.
Weizen . . .	2513	20	34	19	19	17	38	—	—	—	—
Korn . . .	1204	12	15	11	54	11	25	—	3	—	—
Gerste . . .	1068	13	30	12	59	10	50	—	—	—	7
Haber . . .	1805	9	8	8	33	7	57	—	1	—	—
Reps . . .	—	—	—	—	—	—	—	—	—	—	—
Lein . . .	28	24	52	23	52	22	41	1	34	—	—

Verantwortlicher Redakteur: Dr. J. Sigl.

Druck von M. Vogt in München, Rosenthal 19

II. Jahrgang. | Das Bayrische **Vaterland.** | Auflage: 5400.

Das „Bayr. Vaterland“ erscheint täglich mit Ausnahme der Sonn- und hohen Festtage. Preis des Blattes: Vierteljährig 54 kr., ganzjährig 3 fl. 36 kr. Das einzelne Blatt 1 kr.

Alle Postexpeditionen und Postboten des In- und Auslandes nehmen Bestellungen an. Inserate werden die dreispaltige Petitzeile oder deren Raum zu 3 kr. berechnet.

Redaktion: Burggasse 14. | Herausgegeben von Dr. jur. J. Sig[illegible] | Expedition: Kufflerbazar [illegible]

Munchen. | Nr. 100. | Mittwoch, 4. Mai 1870.

Der Papst und die weltliche Herrschaft.

Mit dem gestrigen Artikel über die finanzielle Lage des hl. Stuhles mußten wir ein Thema berühren, das der modernen Welt so widerwärtig wie das Koncil ist: die weltliche Herrschaft des Papstes. Es gibt Katholiken, die sich für sehr unterrichtet halten und die die Nothwendigkeit dieser weltlichen Herrschaft bestreiten. Petrus, sagen sie, und seine ersten Nachfolger waren arm, ohne weltlichen Besitz, ohne Herrschaft, also kann es auch Pius sein.

Diese unterscheiden nicht, daß zwischen damals und jetzt ein gewaltiger Unterschied ist, daß die Kirche damals kaum nach Tausenden zählte, während sie jetzt mit Millionen, mit Hunderten von Millionen Gläubigen rechnet.

Der Papst muß frei und unabhängig sein; das begreift sich. Es ist das im Interesse der Katholiken wie der Staaten. Nun überlasse man einmal den weltlichen Besitz des Papstes denen, die darnach verlangen. Der Papst wird dann nothwendiger Weise der Unterthan der Regierung, die ihn entthront hat, oder der, die ihm ein Asyl anbietet. Nehmen wir aber an, daß die Regierung, welche ihm ihren Schutz angedeihen läßt, in nichts die reale Unabhängigkeit ihres hohen Gastes bei der Regierung der Kirche hindere; daß sie ihm volle Freiheit des Verkehrs mit den 200 Millionen Gläubigen zusichert, wäre gewiß schon ein Wunder. Das Wunder reichte aber für die Erhaltung der geistigen Einheit nicht aus; es bedürfte dazu eines größeren Wunders. Es würde nicht genügen, daß der Papst unabhängig ist, nein, alle Katholiken, die Regierungen inbegriffen, müßten davon auch unerschütterlich überzeugt sein. Die Regierungen dürften den direkten oder indirekten Einfluß der Schutzmacht auf die päpstlichen Entscheidungen gar nicht einmal vermuthen.

Wäre ein solches Wunder zu erwarten? Nein! — Die sichere Folge würde sein, daß überall die staatliche Unfehlbarkeit an die Stelle der päpstlichen zu kommen suchen würde, daß die Regierungen die Macht des Papstes an sich rießen. Wie es seit 300 Jahren schon mehr als einmal und in mehr als einem Staat geschehen ist und noch öfter versucht worden ist, würde jede Regierung die Verwaltung des katholischen Kultus an sich ziehen und dieselbe bis zur vollständigen Ausschließung des päpstlichen Einflußes auf religiöse Angelegenheiten ausdehnen; denn kein Staatsmann würde in dem Papst dann noch etwas anderes sehen als ein Werkzeug einer rivalisirenden Regierung. Unfügsame Bischöfe würden bald durch völlig unverdächtige und unterwürfige Hofbischöfe ersetzt sein und die päpstlichen Anforderungen würden als Anreizungen zur Empörung ausgegeben und behandelt werden. Ja nicht einmal die Almosen der Gläubigen dürften den Schatz des „Feindes“ vergrößern. In weniger als einem Menschenalter hätte man so statt der katholischen Kirche eine Menge Nationalkirchen und die Religion, die ehedem Europa befreit und jetzt noch den kleinen Rest der Freiheit beschützt, der uns geblieben ist, wäre eine Fessel im Dienste eines entfesselten Despotismus.

Das wäre die Folge, wenn dem Papst der Rest seiner weltlichen Herrschaft auch noch genommen würde. Die weltliche Herrschaft des Papstes ist die einzige natürliche und menschliche Garantie seiner religiösen Unabhängigkeit und damit auch aller derjenigen Freiheiten, die wir dem Christenthum verdanken. Darüber ist auch die Revolution sehr im Klaren und darum kommt nichts der Wuth der revolutionären Mächte gegen diesen Thron gleich, der gegen sie und gegen Alle die von ihnen verabscheuten Principien der christlichen Civilisation vertheidigt. Aus den verzweifelten Anstrengungen, die man hier macht, um den päpstlichen Thron umzustürzen, erhellt zur Genüge, daß Angreifer wie Vertheidiger sich der vollen Tragweite dieses Umsturzes bewußt sind. Die Frage des päpstlichen Thrones, der weltlichen Herrschaft des Papstes, der nie mit dem Irrthum oder dem Bösen paktirte, ist für das christliche Europa eine Frage über Leben und Tod.

Rom macht keine Koncessionen an die Revolution wie die mit Blindheit geschlagene moderne „Staatskunst“. Mit Koncessionen an das unersättliche Ungeheuer der Revolution läßt sich durchaus nichts gewinnen, wohl aber Alles verlieren. Gerade in Rom kennt man die Revolution besser als irgendwo und deshalb ist man stark gegen sie. Kein Papst wird sich finden und darf sich finden, der, der Revolution freiwillig weichend, die dreifache Krone freiwillig einem halben Dutzend Regierungen zu Füßen legt, deren Hut und Schutz seine Person, seine Regierung, seine Hauptstadt anvertraut, der dafür eine Besoldung von ihnen annimmt, die man ihm anweisen und — zahlen würde, so lange er sich gefügig und erkenntlich zeigt. Ließe sich eine vollständigere Erniedrigung des Papstthums vor den christlichen wie nichtchristlichen Nationen denken? Und dieses erniedrigte Papstthum sollte dann noch alle Nationen, vor denen es sich so tief erniedrigt hat, noch lehren sich aus der Knechtschaft der Menschen zu befreien? Wäre das noch möglich?

Wir sehen hier die hohe Bedeutung, die gewaltige Tragweite der Erhaltung der weltlichen Herrschaft für den heiligen Vater. Und was erfolgt daraus für uns, wenn wir dies sehen? —

Helfen wir dem hl. Vater in seinem Kampfe gegen die Revolution, in seinem Kampfe für die Freiheit und Unabhängigkeit der Kirche und damit für unsere Freiheit

— Jeder nach seinen Kräften, ein Jeder nach seinem Vermögen. In seiner Sache vertheidigen wir unsere Sache, für ihn gebend, opfern wir zu einem Kapital für uns und unsere Zukunft!

Sociales; die Gefängnißarbeit.

B. **Von der Altmühl.** Die gegenwärtigen Arbeitseinstellungen bei den verschiedenen Handwerkern scheinen einen tieferen Grund zu haben und weniger bloße Nachahmungen zu sein. [1]) Die Schneider, insbesondere die in der Pfalz, sind schon früher einmal als förmliche Korporation aufgetreten, 1864 wenn ich nicht irre. Damals kamen sie mit einer Eingabe bezüglich der Arbeiten in den Gefängnissen. Die Sache sollte auch in der Kammer zur Sprache kommen, wurde aber wahrscheinlich aus „formellen Gründen" ad acta gelegt. [2]) So viel mir indeß bekannt ist, hat man doch die Vorstände der Gefängnisse gehört und zweifelsohne ihren „treugehorsamsten" und „unterthänigst gehorsamsten" Gutachten den verdienten Glauben geschenkt.

So weit, nämlich wie es in den Akten steht, mag alles seine Richtigkeit haben. Es ist möglich, daß die Schneider ihre Vorstellung nicht gehörig formulirt hatten und daß dieser Mangel genügte, dieselbe in den Staatspapierkorb zu befördern, d. h. „amtlich zu erledigen." Viele der Schneider mochten wohl das Verhältniß der Gefängnißarbeiten ausreichend kennen und vom praktischen Gesichtspunkte beurtheilen, allein das Rubrikenwesen der Bureaux kannten sie eben nicht. „Wir sahen, sagte damals bei der Berathung der Eingabe bezüglich der Abstellung der Gefängnißarbeiten, wie wöchentlich aus einem einzigen Gefängnisse 100—120 Stück fertige Kleider getragen wurden und wissen, daß ein gewisser Isaias Kuhn noch überdies Lehrgeld für die Sträflinge erhielt, der Summen für Licht, Beheizung, Lokal ꝛc. gar nicht zu gedenken. Dieser Herr Isaias Kuhn kam in den 30er Jahren mit einem Päckchen unterm Arm, seinem ganzen Hab und Gut, und nun, nachdem er 25—30 Jahre ein Gefängniß für sich hat arbeiten lassen, besitzt er eines der schönsten Häuser in einer Kreishauptstadt. Jetzt hat sich derselbe Isaias Kuhn dazu noch ein Nachbarhaus im Werthe von 14000 fl. erwerben können aus dem Ertrag der Gefängnißarbeit. Er hält sich einen Zuschneider mit 1000 fl. Gehalt, hat 4 Schreiber in seinem Magazin, beschäftigt Dutzende von Schneidern in einem Umkreis von über 5 Stunden, die Sonntags kommen, die fertigen Kleider bringen und neue zugeschnittene Kleider erhalten. Inzwischen soll derselbe Isaias Kuhn alle Gefängnißarbeiten des ganzen Kreises erhalten haben.

Selbstverständlich verfügt der Besitzer zweier der schönsten Häuser auch noch über ein Sümmchen Geld und anderes Vermögen; also hat der Himmel und das Arbeitshaus den braven Isaias Kuhn gesegnet.

Woher hat der Mann das bedeutende Vermögen? Von der Gefängnißarbeit. Von dorther kam sein Gut und — die traurige Lage, in welche er so viele Schneider versetzt hat, die härter als Sklaverei ist, denn der Sklave muß von seinem Herrn erhalten werden, wenn er krank und arbeitsunfähig ist, von Isaias Kuhn aber wird ein krank und arbeitsunfähig gewordener Arbeiter nicht erhalten, der mag verhungern, Isaias Kuhn hat keinen Beruf, ihn vor dem Hungertode zu erretten, denn er findet andere Sklaven.

Wenn nun aber solcher Reichthum aus der Gefängnißarbeit gezogen werden kann, so wirft sich von selbst die Frage auf: wie steht es denn dann mit der Berechnung, mit der Revision und Kontrolle dieser Arbeit? Muß denn gerade Ein Meister diese Arbeit übernehmen, und daraus seinen Vortheil ziehen dürfen? Und muß es denn gerade ein Jude sein, der sich durch die Gefängnisse zu bereichern das Monopol hat? [3])

Zur allgemeinen Befriedigung wäre es gewiß, wenn die Jahresberichte solcher Anstalten veröffentlicht würden. Das Volk, das rechnen gelernt hat, dürfte eine gewissenhafte Kontrolle auch darüber beanspruchen. Aufgabe der Kammer wäre es gewiß, sich auch über diesen Punkt einen Einblick zu verschaffen.

Wenn Angesichts solcher Dinge den Leuten allerlei Gedanken aufsteigen und insbesondere den Schneidern, die schon an sich hitzigerer Natur sind, dem gegenüber die Geduld reißt, so kann man ihnen das wirklich nicht sehr verübeln, wenn sie — Streiche spielen, die einen tieferen Grund haben, als zu ihrem Vergnügen die allgemeine Aufmerksamkeit auf sich zu ziehen und dafür zu feiern und zu — hungern!!

(Der Redaction wäre es wünschenswerth, über diesen Punkt, die Gefängnißarbeit und was drum und dran hängt, von unterrichteter Seite sachdienliche Notizen und Materialien zu erhalten, um diese Sache weiter zu verfolgen. Die Monopole sind abgeschafft, es gibt den neuen Gesetzen gegenüber keine Privilegien mehr, am wenigsten sollen die Juden Privilegien vor den Christen haben.)

Deutschland.

München, den 3. Mai.

Der bisherige Schullehrerseminar-Inspektor Konrad Reither in Speier ist von Sr. Maj. zum Bischof von Speier ernannt worden.

— (Berichtigung.) In Nummer 98 des „Bayer. Vaterland" vom 1. Mai l. J. wird von der Redaktion des Blattes „konstatirt", daß die dem Volksboten in Sachen der Disziplinaruntersuchung gegen die Lehrerin v. Schmädel von der Lokal-Schulkommission zugesendete und von demselben auch in Nummer 98 seines Blattes aufgenommene amtliche Berichtigung in der Sitzung der Lokal-Schulkommission weder beschlossen wurde, noch dieselbe überhaupt von dieser Berichtigung Kenntniß gehabt habe.

Hiegegen wird hiemit amtlich berichtigt, daß diese Berichtigung in der Sitzung der Lokal-Schulkommission vom 26. April l. Js. sowohl beantragt als auch, und zwar einstimmig, zum Beschlusse erhoben wurde.

[1]) Gewiß, und mehr als einen. Es ist dabei aber die Organisation der Social-Demokratie nicht außer Acht zu lassen, durch die es möglich ist, daß an beliebigen Punkten Arbeitseinstellungen in Scene gesetzt werden, wenn dies eben den Leitern der Arbeiterpartei passend scheint. Daß dabei viel bloßes Gehetz unterläuft, ist selbstverständlich. D. Red.

[2]) „Formelle Gründe"! Die Petition wird eben der allmächtigen Bourgeois-Partei der vorigen Kammer ungelegen gekommen sein. Man hatte damals freilich die schönsten Worte für die Arbeiter, aber wirklich etwas für sie zu thun und nicht blos für sie zu reden, dazu konnte man sich nicht entschließen, zumal da den Herren das Wasser noch nicht bis an den Hals ging. D. Red.

[3]) Isaias Kuhn glauben wir ist nicht der einzige Jude, der mit diesem Monopol begnadet ist. Hier in München sind 2 oder 3 Kleiderhändler, die ihre Sachen in Gefängnissen arbeiten lassen, alle 2 oder 3 aber sind Juden. Wie kommt das? Ist und soll diese Arbeit ein ausschließliches Privileg der Juden sein? Wir wären für Aufschlüsse von den dabei interessirten christlichen Meistern wirklich dankbar. D. Red.

— Die Arbeitseinstellung der Schneidergesellen hat bereits die Folge gehabt, daß deren Viele sich in eine Genossenschaft zusammengethan haben, welche bereits gute Geschäfte zu machen beginnt. Von den Meistern haben viele die Forderungen der Gesellen bewilligt, darunter wie wir hören das erste Schneidergeschäft der Residenz, die Firma Kraft; ebenso die Firma van Hees. Die Gesellen haben unter diesen Verhältnissen meistens die Arbeit wieder aufgenommen und ihrerseits den Hauptagitator der Meister in die Acht erklärt, wozu sie ebenso berechtigt sind, wie diejenigen Meister, welche die Agitatoren der Gesellen ächteten, woran aber andere sich nicht gebunden hielten.

— Der in der europäischen Welt nicht ganz unvortheilhaft bekannte Stifts-Kanonikus Enzler hat sich zu seinem tiefen Schmerze überzeugt, daß die Pfälzer für seine hohen Tugenden und Verdienste um Staat, Kirche und Himmelreich noch nicht das gehörige Verständniß hatten und daß an dieser „erzultramontanen Vornirtheit" der erhabene Plan seiner Ernennung zum Bischof von Speier gescheitert ist. Diese wunderbar strahlende Kirchenfackel soll aber nun doch auf den Leuchter erhöhet werden; konnte er auch nicht „allerunterthänigst treugehorsamst ersterbender" Bischof werden: — Domprobst wäre auch kein übler Posten für so viel Tugenden und Verdienste. Hr. Enzler, Kanonikus von St. Cajetan, durch des Königs Erbarmung und hoher Weiberleute Gnaden, und Prodekan daselbst durch eigene Weisheit, hat derohalben bereits um die Domprobststelle in Eichstädt nachgesucht, die er auch vermuthlich erhalten wird, denn — Hr. Lutz ist dem Unternehmen günstig und die hohen Weiberleute leben alleweile noch.

Was braucht man Weisheit, — Wissenschaft,
Wenn Hohen man gefällt?
Man bringt es auch mit Glück und Kraft
Zu etwas in der Welt.
Man wird zuweilen Domprobst gar,
Mit Weibern, Glück und Gunst,
Man muß nur wissen, wie man's treibt,
Nicht Jeder kennt die Kunst.

Drum leben alle Weiber hoch,
Die Weiber von Verstand;
Die würdigen Verdienste noch
Im lieben Vaterland!
Heil dir, Domprößtlein du in spe,
Ein Hoch dem Herrn von Lutz;
Du bist der Allerpassendste,
Die Andern sind — nix nutz!

Ausland.

Frankreich. Der bei einer „Dame" verhaftete Mensch, welcher den Kaiser ermorden wollte, heißt Baurie. Durch die bei ihm gefundenen sehr kompromittirenden Papiere, Instruktionen rc. ist die Absicht des Meuchelmordes vollkommen erwiesen. Angesichts der überführenden Beweise hat er auch bereits eingestanden. — Die Zahl der Verhafteten des Komplotts Verdächtigen beträgt bereits 42.

— Der Mensch, bei welchem die Bomben mehr als 20 gefunden wurden, heißt Roussel. Als er verhaftet werden sollte, rief er nach Hilfe und wurde von den zahlreich herbeigeeilten Leute befreit. — Die Verhaftungen dauern fort; bei dem verhafteten Advokaten Prott sind gleichfalls sehr kompromittirende Papiere gefunden worden.

— Mazzini hat am 28. ein neues Manifest erlassen, in dem es und A. heißt: „Der Morgen der republikanischen Aera in Italien dämmern bereits heran, die Revolution in Paris und Florenz werden schon nächstens ausbrechen und glorreich (!) enden."

Italien. Aus Rom meldet die „Allg. Ztg." daß die Unfehlbarkeit der nächste Berathungsgegenstand des des Konzils sein werde.

☞ In Rom hatten am Ostersonntag mehrere Venetianer, Vertreter kath. Vereine Venedigs, unter ihnen der Redakteur des „Diritto cattolico" eine Audienz bei dem hl. Vater, der dabei an sie eine kurze Ansprache über den Werth und die Wichtigkeit der katholischen Presse hielt. „Unsere Gegner möchten, sagte der hl. Vater, daß die katholische Presse schwiege. Ich könnte gewisse Herren nennen, aber ich will es nicht, welche nicht erst jetzt, sondern vor wohl zehn Jahren sich mir vorstellten und mich baten, meine Autorität geltend zu machen, um die katholische Presse zum Schweigen zu bringen, welche nach ihnen die Ursache so vieler Uebel in der Kirche Jesu Christi ist. Wißt Ihr, was ich ihnen geantwortet habe? — Sehr gerne, meine Herren, wenn Sie mir Bürgschaft leisten, daß es von nun an kein antikatholisches Blatt mehr geben wird. Ja wohl! Sie möchten anderen den Mund stopfen, um allein das Feld zu behaupten. Ich sage nicht, daß ein katholisches Blatt nicht manchmal ein wenig das rechte Maß überschreiten könne; wenn man genöthigt ist jeden Tag zu schreiben, so ist es kein Wunder, wenn man unversehens gepackt, seine Feder nicht jeden Augenblick vollkommen mäßigt. O! in unsern Tagen sind diese Journale wohl nothwendig und wirken viel Gutes." Der Papst hat eben von der hohen Bedeutung der katholischen Presse gerade unter den gegenwärtigen Umständen eine höhere Idee, als gewisse „gebildete" Katholiken der Städte, welche auf der Straße Glacehandschuhe tragen und zu Hause „anständige" liberale Blätter, wie Knurrblättl u. dgl. lesen und über die „Ultramontanen" und ihre Blätter schimpfen, im Uebrigen aber sehr feine und „intelligente" Leute sind, sich wenigstens einbilden es zu sein.

Vermischte Nachrichten.

In Nürnberg haben die sämmtlichen Arbeiter der Karpf-Frankschen Cigarrenfabrik wegen Schmälerung des Arbeitslohnes, Einführung lästiger Maßregeln rc. die Arbeit eingestellt. Die Fabrikanten sahen sich gezwungen, die berechtigten Forderungen der Arbeiter zu bewilligen.

In Seeg bei Füssen ist der Kaplan Ernst Derel auf dem Wege zu einem Krankenbesuche Nachts in dem kleinen See ertrunken

In Prien, schreibt man uns, hat sich die 20jährige Tochter eines österr. Hofraths, welche erst vor Kurzem aus dem Irrenhaus entlassen worden, in einem Walde mit dem Rasiermesser den Hals abgeschnitten.

Börsen-Nachrichten.

(1860er Staatsloose.) Bei der am 2. Mai 1870 vorgenommen zwanzigsten Verloosung der Gewinn-Nummern der Schuldverschreibungen des fünfpercentigen Staats-Lotterie-Anlehens vom 15. März 1860 wurden aus den nachfolgenden 65 Serien: Nr. 149 296 477 481 825 1270 1488 1953 2383 2602 2938 8792 3877 4068 4282 4672 4738 4840 4906 5524 5812 6129 6153 6208 6441 6497 6617 6635 6655 6822 7600 8337 8346 8724 9556 9923 10249 10252 10494 11387 11660 12064 12360 12404 12486 12668 13199 13269 13594 13837 13859 14368 14484 14697 16038 16628 17368 18489 18788 18813 18960 19373 19800 19815 19939 nachstehende 50 Gewinnst-Nr. gezogen: der Haupttreffer mit 300,000 Gulden fiel auf Serie 4840 Gewinn Nr. 4, der zweite Treffer mit 50,000 fl. auf Serie 10494 G. N. 19 und der dritte Treffer mit 25,000 fl. auf Serie 14308 G. N. 6. Ferner gewinnen je 10,000 fl. S. 3792 G. N. 5 und S. 7600 G. N. 9; je 5000 fl. S. 2383 G. N. 7, S. 4738 G. N. 13, S. 5812 G. N. 12, S. 6441 G. Nr. 7, S.

6497 G. N. 9, S. 6822 G. Nr. 4, S. 8346 G. N. 9, S. 10252 G. N. 3, S. 11387 G. N. 15, S. 11660 G. N. 20, S. 13594 G. N. 11, S. 13859 G. N. 15, S. 14484 G. N. 17, S. 16038 G. N. 16 und S. 16628 G. N. 17; und endlich gewinnen je 1000 fl.: S. 149, G. N. 5 und G. N. 11, S. 296 G. N. 12, 18 und G. N. 20, S. 481 G. N. 4 und G. N. 11, S. 1953 G. N. 12, S. 4068 G. N. 18, S. 4282 G. N. 10, S. 5524 G. N. 17, S. 5812 G. N 20, S. 6129 G. N. 9, S. 6497 G. N. 1 und G. N. 4, S. 6635 G. N. 4, 9 und G. N. 14, S. 6822 G. N. 1, S. 7600 G. N. 19, S. 10494 G. N. 7, S. 11660 G. N. 14, S. 12360 G. N. 18 und G. N. 20, S. 13199 G. N. 18, S. 13269 G. N. 16, S. 13837 G. N. 16, S. 18813 G. N. 8 und endlich S. 18960, G. N. 17. u. S. 10249 G. N. 18.

Bei der am 2. Mai vorgenommenen Ziebung der 4prozentigen Prämienanleihe gewann 70000 fl. die Obligationen Nr. 4473, 28000 fl. Nr. 125274, 10,500 fl. Nr. 53796, 2800 fl. Nr. 156751, je 1400 fl. Nr. 53777, 82958, 125269, 21195.

Marktpreise in München.

1 Pfd. Mastochsenfleisch 18 kr. — pf., Kuhfleisch 17 kr. — pf., Kalbfleisch 15 kr. — pf., Schaffleisch 12 kr., rohes Schweinfleisch 20 kr 1 Pfd. Schweinfett 29 kr. eine rohe Junge 1 fl. 12 kr., dito geräuch. 1 fl. 30 kr. ein Zentner rohes Unschlitt 22 fl. 30 kr. ein Pfd. gegoss. Lichter 24 kr., gez. feine Lichter 23 kr., ditto ordinäre 22 kr., Seife das Pfd. 16 kr.

Das Pfd. Karpfen 24—26 kr., Hechten 30—36 kr., Huchen 54— 1 fl. — kr., Rutten 45—48 kr., Forellen 1 fl. 12 kr. bis 1 fl. 24 kr. Kalfische 1 fl. 24 kr., Barben 18—20 kr., Alten 16—18 kr., Waller 45—48 kr., Brazen 14—18 kr., Renghen — — kr., Birschlinge 18 —22 kr., Bachfische 7—9 kr., Krebse das Viertel 100 36—54 kr., Frösche, das Miedel 6—12 kr.— 1 Zentner Heu 1 fl. 51 kr., 1 Ztr. Grummet 2 fl. — kr. Waizenstroh — fl. — kr. Roggenstroh 1 fl. 3 kr. Haberstroh — fl. — kr. Eine Klafter Buchenholz 16 fl. 36 kr. Birkenholz 14 fl. 30 kr. Föhrenholz 12 fl. — kr. Fichtenholz 11 fl. 48 kr. Das Pfd. Schmalz höchster Preis 32 kr. Das Pfd. frische Körbchenbutter, höchster Preis 34 kr. 6 Stück frische Eier 8 kr. Die Maß gute Milch 5 kr. 1 Pfd Leinöl 16 kr. 1 Pfd. Repsöl 18 kr.

Verantwortlicher Redakteur: Dr. J. Sial

[illegible] in München, Rosenthal 19

II. Jahrgang. Das Bayrische Auflage: 5400.

Vaterland.

Das „Bayr. Vaterland“ erscheint täglich mit Ausnahme der Sonn- und hohen Festtage. Preis des Blattes: Vierteljährig 54 kr., ganzjährig 3 fl. 36 kr. Das einzelne Blatt 1 kr.

Alle Postexpeditionen und Postboten des In- und Auslandes nehmen Bestellungen an. Inserate werden die dreispaltige Petitzeile oder deren Raum zu 3 kr. berechnet.

Redaktion: Burggasse 14. Herausgegeben von Dr. jur. J. Sigl. Expedition: Ruffinibazar 5

Pius. Nr. 101. Donnerstag, 5. Mai 1870.

Vom Algäuer Bier-Concilium und Verwandtem.

„Und du Kempten, bist keineswegs die geringste unter den Städten!“

r. Aus dem **Algäu.** Zwei die Menschheit rettende Thaten erzählt unser liberales Intelligenzblatt, auch „preuß. Hofh—“ genannt, seinem „denkenden Publikum.“

Erst feierte am 6. April die freireligiöse Gemeinde Kemptens eine salbungsvolle „Erbauungsstunde“, welche der abtrünnige Priester Albrecht zum Gaudium aller Schreiber, Commis und sonstigen „Intelligenzen“, mit einem „gediegenen“ Vortrag über die Pfaffen würzte. Alfeld ist entzückt und das „Algäu“ kann täglich einen „Geniestreich“ von Seite Alfelds gewärtigen, nämlich seinen Uebertritt zur freireligiösen Gemeinde und seine Beförderung zum freireligiösen „Sprecher“. O welch ein rarer Gewinn für die Freigemeindler, wenn Alfeld in den „Erbauungsstunden“ seine geistreichen (!!) Leitartikel „vorschwafeln“ und über die illuminirten Köpfe seinen witzreichen (!!) Briefkasten ausleeren thäte! Welch ein Verlurst hingegen für die katholische Kirche, wenn sie dieses Muster eines liberalen Intelligenzmannes, diesen Ausbund aller Mannestugenden und diese Zierde des Katholizismus einbüßen würde — auf „Zwickauer“-Alfeld! es wäre rein zum — Todlachen!

Wenn die „liberalen“ Intelligenzen sammt und sonders für die freireligiöse Weisheit schwärmen, so ist uns dies ganz einleuchtend, denn der Unsinn mundet so gut und man braucht dabei gar Nichts zu denken; auch ist er so leicht faßlich, daß selbst selbst ein Algäuer Vierfüßler in tiefer Bewegung sein „Muh“ dazu brüllen möchte.

Leider entbehren noch die meisten Städte einer freireligiösen Gemeinde — Städte, die eine Masse brauchbaren Materials liefern könnten. Beispielsweise erinnern wir an Amberg, Kaufbeuern, Landshut, Neuburg, Ingolstadt, — überall finden sich Sabbatschänder, Fleischfresser an den Fasttagen, Ehebrecher und ähnliche liberale Ehrenmänner. Drum frisch auf, ihr Liberalen und gründet allerorts freireligiöse Gemeinden! Die katholische Kirche und sämmtliche Katholiken können sich nur freuen und sich Glück wünschen, wenn der „Schlamm und Unrath“, um „schlörisch“ zu reden, von selbst sich aus der Kirche scheidet.

Die zweite That erzielt nichts Geringeres, als durch ein Gegenconcil das römische Concil in seinen Folgen zu „vernichten“. Mit der angestammten Großmauligkeit lud deshalb die „Kempterin“ auf den 28. April zu diesem Bier- und Käsconcil ein. Gott sei gelobt, daß endlich das liberale Algäu erwacht ist und sich zu der „Mannesthat“ dieses epochemachenden Schrittes ermannt hat, — und daß die That noch im April geschah, dem Wonnemonat der — Narren! Und wer sind denn die Ritter und Kämpfer gegen den „römischen Drachen“? Wie heißen die neuerstandenen Kirchenväter des Algäu? Eingeschrieben seien mit flammenden Schriftzügen in die Annalen der Weltgeschichte die Namen: **Otto Kiß, Fr. Schnitzer, Hengeler, Zängerle und Henggi.**

Otto Kiß — „Privatier“, der als neuer Papst bei Bier und Backsteinkäse die feinsten theologischen Fragen entscheidet und von nun an alle Anhänger der päpstlichen Unfehlbarkeit im „Henggischen“ Molkenwasser ersäufen läßt; **Fr. Schnitzer** — gleichfalls „Privatier“, von dessen Dasein die Welt und Hirschau zum ersten Male Kunde erhält durch den Kemptener Conciliumsschnitzer; **Hengeler**, Krämer und Magistratsrath, hinterm Ladenbudel Staatswissenschaft studirend, und mit jeder Prise Spaniol Philosophie und Theologie in seinen unermeßlichen Gehirnkasten spedirend; **Zängerle**, ebenfalls Krämer seines Zeichens, dessen Weisheit und feine Nase sich nach der Elle mißt, und der Stadtgerichtsassessor **Henggi** — ein Bureaukrat, von denen Guido Görres sagt:

„Ihr Geist — die Gänsefeder,
Die Akten — ihr Revier,
Ihr Herz wie altes Leder
Ihr Himmelreich — Papier“.

Diese 5 Helden, wie sollten sie, um mit dem tief gelehrten Verfasser der weltberühmten Brochüre: „Ist Döllinger ein Häretiker?“, — durch welche das Papstthum für alle Zeiten erschüttert, wo nicht gar vernichtet worden ist, — zu sprechen, nicht befugt sein, „in den eine ganze Welt bewegenden Geisteskampf sich einzumischen“? Ihre Intelligenz und Wissenschaft, ihre Weisheit und besonders ihre Tugend überstrahlt alle Bischöfe des Erdkreises; vor einem Krämerkollegium verschwindet das Kollegium der Kardinäle und Bischöfe.

Kempten wird täglich berühmter und alle Städte Bayerns müssen Angesichts dieser neuesten Heldenthat des liberalen Kempten beschämt das Antlitz verhüllen, selbst Ingolstadt und Vilshofen, deren berühmteste Bierpantscher jeder schon zum Frühstück ein halbes Dutzend „Pfaffen“ verzehrt, müssen die Segel streichen, denn Kempten hat sie weit überholt. Daß Kempten allen Städten, die groß sind an „Intelligenz“ und gründlich versimpelt durch „Liberalismus“, das verdankt es einzig seinem berühmtesten Bürger dem großen, großen Alfeld, seinem Gänsekiel und seinen landwirthschaftlichen Studien, in Folge welcher dieser „geniale“ Journalist weitaus den besten Guano täglich massenhaft erzeugt, mit dem die liberalen — Köpfe erfolgreich gedüngt werden. O trefflicher Alfeld! o unübertrefflicher Gnaus!

Kempten ist über die „rettende That“ des Bier- und Krämerkoncils in fieberhafter Aufregung, aber Europa ist ruhig, denn es weiß ja die „liberale Sache“ in den besten Händen! Auch der Erdball rollt seinen Weg und der Mond auch und zieht sein schiefes Gesicht und Gott Vater, —

„Gott Vater schaut zum Fenster 'raus
Und sagt, ihr Narren, es wird nichts draus!“

Deutschland.

München, den 4. Mai.

Der Lokal-Fortschritt jubelt, denn er ist nahe am Ziel. Müde der ewigen Neckereien, des fortgesetzten Aergers, der Ränke und Kabalen des Fortschritts hat der greise Bürgermeister v. Steinsdorf, der der Stadt seit fast einem halben Jahrhundert gedient, unter dem München groß und eine glänzende Stadt geworden, seine Entlassung eingereicht und um seine Quiescirung nachgesucht! Ein weiteres Verbleiben im Amte nannte unter den bekannten Umständen Hr. v. Steinsdorf „ein Attentat gegen sich selbst.“ Der zweite Bürgermeister v Widder kündigte aus gleichen Rücksichten ein gleiches Gesuch an. Dasselbe soll von Rechtsrath Klaußner zu erwarten sein. Todtärgern wollen sich die Herren vom Fortschritt nicht lassen, drum legen sie ihre Aemter und Würden nieder und gehen in Pension. Todt oder pensionirt: — der Fortschritt hat gesiegt; was er wollte, hat er erreicht, und — die Steuerzahler müssen die Zeche bezahlen! Vielleicht bringt man so die 95 Prozent noch auf hundert!

— Die Münchener Fortschreiter besetzen bereits, im Gedanken vorläufig, die erledigte Bürgermeisterstelle. Nur sind sie uneinig, wer der Passendste ist, für den Fortschritt nämlich, nicht für die Stadt und das Amt. Während die Einen Herrn Fischer mit dem röthlich strahlenden Gipfel wollen, fürchten die Andern, der würde von der Regierung nicht bestätigt werden, und haben einen gewissen Herrn Erhardt in petto, welcher Advokat ist und vom Fortschritt bei den letzten Wahlen bereits in den Magistrat gefuhrwerkt wurde. Er ist noch ein verhältnißmäßig junges Kind Gottes, trägt einen blonden Napoleonsbart und ist noch unbeweibt. Derohalben hat er sich schon um eine Zukunfts-Gesponsin umgesehen, die Niemand Geringerer sein soll, als eines der unzähligen Töchterlein des Herrn Schlör, Excellenz. Der junge Advokat soll indeß bei obbemeldetem Napoleonsbart geschworen haben, daß er besagtes Fräulein „nur als Bürgermeister von München“ heimführen werde. Dem Fortschritt ist somit die edle Aufgabe zugefallen, dem Weiblein zu einem Männlein und dem Männlein zu einem Amte zu verhelfen. Wünschen gute Verrichtung!

— Der Oberste Gerichtshof hat die Nichtigkeitsbeschwerde des Redakteurs des „Algäuer Volksblattes“, Dr. L. Schneider, gegen das schwurgerichtliche Urtheil, (da ein bedeutender Formfehler nicht vorkam), verworfen.

Von Tölz wird dem „Vaterland“ geschrieben: Hier herrscht große Erbitterung unter der Bürgerschaft wegen der Ernennung eines protestantischen Realienlehrers. Die patriotische Bevölkerung, die weitaus die Mehrzahl bildet, hat bei den Wahlen und seit denselben viel ertragen von Seite der Fortschreiter, und geschwiegen, aber nun glaubt sie im Interesse der religiösen Erziehung und Bildung ihrer Kinder öffentlich ihre Entrüstung über solche Beleidigung des katholischen Gefühls aussprechen zu müssen, umsomehr, da sie sich keines einzigen Falles erinnern kann, daß an einem Ort mit nur protestantischer Bevölkerung ein Katholik angestellt worden wäre. Ohnehin ist die Toleranz dahier eine große, da man aus Rücksicht auf die Gegenpartei trotz des Wunsches mehrerer Patrioten kein Kasino errichtete, während ein solches fast an allen größeren Orten besteht.

Von der Ilm wird dem „Vaterland“ geschrieben: Am 1. Mai feierte das katholische Casino Pfaffenhofen a. J. sein Stiftungsfest, wozu der Vorstand desselben, der dortige Hr. Bürgermeister und Kaufmann Seitz zahlreiche Einladungen an die verschiedenen Casino's und die geistesverwandten patriotischen Vereine hatte ergehen lassen. Wie sollte eine Verbrüderung, welche das siegreiche Zeichen „katholisch“ auf ihr Banner geschrieben eine solche Feier anders als mit Dank und Bitte gegen Gott beginnen? So ward das Fest dann begonnen mit Amt und Predigt, welch' letztere Hr. P. Pius von Scheyern hielt und deren Inhalt wohl unvergeßlich in den Herzen der Herrn bleiben wird. Nach der kirchlichen Feier wurde ein gemeinsames Mittagmahl in dem Lokale des Casino's eingenommen. Um 3 Uhr begannen die Ansprachen und Reden, vom Herrn Bürgermeister eingeleitet, mit welchem die verschiedenen Herren Gäste, geistlichen und weltlichen Standes, die von Augsburg und Freising, von Moosburg, Ingolstadt, Bamberg und München sich eingefunden, der auf ein halbes Tausend Männer angewachsenen Versammlung die Solidarität der Bestrebungen und Ziele mit manch gutem Worte auseinandersetzten. Die Versammlung nahm alle diese Reden mit nur erkennbarer Theilnahme, ja oft mit Begeisterung auf, insbesondere die Reden des Hrn. Schropp und vorzüglich des Hrn. Zipperer von München, welch Letzterer in gediegener begeisterter und begeisternder Rede auseinandersetzte, daß die patriotischen Vereine vor Allem katholisch sein müssen und daß dieselben patriotisch, weil sie katholisch sind. Hätte der vorletzte der verehrten Sprecher sich einigermaßen in dem bereits allgemein bekannten Inhalte seiner „Rede“, die ziemlich stets dieselbe ist, nur etwas kürzer gefaßt, so würde es möglich gewesen sein noch andere gediegene und geistreiche Männer zum Worte gelangen zu lassen, deren Gedanken durch die Kürze der nur noch gewährten Zeit vor der Heimkehr wir in Folge der unermeßlich langen und ermüdenden Rede jenes vorletzten Hrn. Sprechers leider schmerzlich vermißt mußten. Es schlug die Stunde des Abschieds für die, welche die Eisenbahn und Chaise wieder der Heimath zurückführte. Dem blühenden, gutgeleiteten Casino von Pfaffenhofen a. J. rufen wir ein herzliches „Vivat, floreat, crescat“ zu!

Ausland.

Italien. Rom. Das Schema von der Unfehlbarkeit ist den Vätern des Koncils bereits zugestellt. — „Das ist die Antwort der Kurie (!) auf die Vorstellungen Frankreichs und Oesterreichs“! seufzt Knurrblättl beklommenen Herzens, aber voll Ingrimm und ohnmächtiger Wuth. Ja, das ist die Antwort, verehrtes „Organ“ und ein Wink darüber, wie hoch Rom euer und eurer Spießgesellen, auch der regierenden, Meinung und Willen anschlägt. Es ist traurig, aber wahr, daß Rom weder von der vornehmen „Allgemeinen“, noch vom gemeinen Knurrblättl Rath und Belehrung annimmt. So hochmüthig ist dieses Rom, so wenig auf der „Höhe der Zeit stehend“ und so sehr mißachtet es sogar den königlich bayrischen Fortschritt! — Aber, tröstet sich Knurrblättl, „schon regt es sich überall gegen den Papismus (wie Blättl verehrliches die katholische Kirche nennt), und wir (wir g'scheidten Knurrblättlleute!) glauben nicht zu viel zu behaupten, wenn wir sagen, daß, wie der Ablaßkram Tetzels den Anstoß zur Reformation Luthers gab, auch die Proklamirung der Unfehlbarkeit ein Schisma hervorbringen wird, das dem Papstthum den Todesstoß geben dürfte“ — meint das „Organ“ des deputätigen Deputatus. Schisma! Es könnte wohl sein, daß

Einige ganz abfielen, die der Kirche ohnehin niemals anders als dem Namen nach angehört haben; es könnte sogar ein daß die ganze Redaktion Knurrblättls benebst dem ganzen ehrwürdigen Knorrianum, soweit es nicht aus Juden besteht, ihren Austritt aus der Kirche erklärten, falls sie nicht zu feig sind, aber wir fürchten sehr, daß diesen Leuten keine Thränen nachgeweint würden, wir fürchten sogar, daß alle wahren Katholiken sich Glück dazu wünschen würden, daß solcher Krankheitsstoff sich aus dem Körper der Kirche ausgesondert und daß das Schifflein Petri so viel unnützen Ballastes entledigt wird. Nicht den Tod bringt der Gesellschaft, wenn Hefe und Pöbel sich ausscheidet, und ebenso wenig bringt der Abfall der Auch- und Namenskatholiken der Kirche den Tod, mag Knurrblättl das glauben oder nicht. — „Zum Aerger der Jesuiten vermehrt sich schon jetzt, fährt es fort, die Zahl der unerschrockenen katholischen Geistlichen namentlich in Deutschland, die mit Entschiedenheit gegen das neueste Werk des Jesuitismus auftreten. (Döllinger, Pichler, Frohschammer, außerdem wüßten wir kein ähnliches „entschieden auftretendes“ Kirchenlicht, doch ja, der jüngste Jünger des alten Meisters, den aber Hr. Pfarrer Westermayer mit seiner jüngsten Brochüre abgethan hat.) Selbst in dem gutkatholischen Bayern, so zum Beispiel in Kempten (sieh den Leitartikel!) haben sich Vereine von angesehenen (!!) Katholiken (!!) zur Abwehr der römischen Neuerungen (!) gebildet.“ Ausschußkatholiken, o Knurrblättl! Aber warum gehen denn die „angesehenen Katholiken“ Knorr, Vecchioni, die Kirchenväter des Landboten, die Affenkastenbrüder ꝛc. nicht hin und geben gleichfalls „dem Papstthum den Todesstoß?“ Oder rechnen sich diese wackeren Männer nicht zu den „angesehenen Katholiken“?

England. Das Parlament war so vernünftig, den Antrag Newdegates auf Untersuchung der Klöster mit 270 gegen 106 Stimmen zu verwerfen, dagegen nahm es den Antrag Gladstones, daß ein Ausschuß das Gesetz, betreffend die Klöster und deren Eigenthum, untersuchen solle mit 348 gegen 57 Stimmen an.

Vermischte Nachrichten.

Magistratus hochweiser hat die **Schulpreise** für München abgeschafft, nachdem der neue Schulrath Marschall „vom pädagogischen Standpunkt die Zwecklosigkeit, ja Verwerflichkeit der Preisevertheilungen“ bewiesen — zu haben glaubt. Gut gebrüllt, Löwe! Das liebe Oktoberfestvieh wird weiter jetzt nicht stolz sein, daß es Preise bekommt, die Schulkinder aber nicht, und wird dem Hrn. Schulrath sicher beim nächsten Oktoberfest für diese Auszeichnung ein dankbares allgemeines Muh ausbringen.

Vom Lande. Ich notifizire dem „Vaterland“ die leider nicht mehr neue, sondern zu oft wiederholte Mähre eines Todtschlags. Am schönen diesjährigen ersten Maitag, wo in Freising das alljährige Pferderennen vor sich ging und viel Landvolk zusammenkam, wurde am Kreuze bei Sünzhausen einem Bauernsohn von Gesselshausen beim Nachhausegehen auf-

zum Handlanger dieses liberalen Fortschritts herabwürdigen will und anstatt für — gegen die Todesstrafe stimmen kann?

(Dagegen ist Hr. Weis,
So sind es auch die „Weisen“,
Wer zu den Weisen zählt,
Der wird es bald beweisen.)

Vom **Chiemsee** wird dem „Vaterland“ geschrieben: Vor ein paar Wochen hat sich in Prien die k. k. Hofrathsgattin Eleonore B. von Wien eingemiethet. Sie wohnte vordem in München, ging aber auf Anrathen der Aerzte wegen ihrer Tochter hieher. Diese ihre Tochter litt schon früher an Anfällen eines Gehirnleidens und war deshalb in einem Irrenhause untergebracht. In Prien sah man dieses Mädchen, welches hübsch und etwa 20 Jahre alt war, stets heiter. Am 23. April verbreitete sich plötzlich das Gerücht, daß die junge Dame verschwunden sei. Es fand sich bald ein Brief von ihr, welcher sozusagen ihr Testament enthielt. Ihrer Schwester vermachte sie ihr Geld, für einen Bruder bestimmte sie ihre Werthsachen, Uhren, Ringe, Pretiosen ꝛc. Frau B. ahnte sogleich, daß ihre Tochter den Tod gesucht habe und zwar wahrscheinlich im nahen Chiemsee. Sie ließ sogleich bekannt geben, daß, wer ihr ihre Tochter zubringe, eine Belohnung erhalten soll und zwar 10 fl. wer dieselbe todt, 100 fl. wer sie lebendig überbringt. Seit dieser Zeit wurde gesucht Tag und Nacht und namentlich gaben sich die Fischer alle Mühe mit Untersuchung des Sees. Alles umsonst. Die trostlose Mutter fuhr am Donnerstag Nachmittag nach Wien. Da man nichts gefunden, glaubte man hier nicht im Geringsten mehr daran, daß das Mädchen sich wirklich den Tod angethan habe. Am Samstag den 30. Morgens ging ein alter Pensionist zum Holzsammeln in das eine Viertelstunde von Prien entfernte Grüblinger Hölzl und sah plötzlich an einem dürren Baume Kleider hängen, einen Sonnenschirm, einen Regenmantel, Strohhut, Manchetten und einen Oberrock. Ungefähr 70 — 80 Schritte von dem Baum fand er nach längerem Suchen den Leichnam des unglücklichen Mädchens mit einer klaffenden Wunde am Halse, welche es sich selbst mit einem Rasiermesser beigebracht, das man später 12—15 Schritte von der Leiche fand. Die Leiche lag mit krampfhaft geballter Rechten da. Man glaubt, die Arme habe sich bei ihren Kleidern den unglücklichen Schnitt beigebracht und sei dann vor Schmerz und Verzweiflung so weit gerannt, da sie kleine Risse im Gesicht hatte; zwischen beiden Stellen aber ist ziemlich dichtes Gesträuch. Samstags Nachmittags wurde die Unglückliche mit allen kirchlichen Ehren zur Erde bestattet, die ihr leicht sein möge.

Von **Frankfurt** ist eine von 168 deutschen Papierfabrikanten unterzeichnete Vorstellung an das Präsidium des Zollparlaments abgegangen, welche sich gegen die Herabsetzung, beziehungsweise Aufhebung des Ausfuhrzolles auf Lumpen ausspricht. Das scheint uns doch allzu ängstlich zu sein, sintemalen „zeitgemäße“ Bildung, Aufklärung und Fortschritt gewiß keine Besorgnisse aufkommen lassen, daß je bei uns ein Mangel an Lumpen eintreten werde, da wir deren be-

108,198, 108,199, 117,231, 121,868, 130,004, 130,009, 130,656, 132,668, 133,364, 136,289, 136,292, 136,742, 155,801. — Die übrigen in den am 1. März gezogenen Serien enthaltenen Obligationen, welche heute nicht zum Zuge gelangt sind, werden mit 175 fl. eingelöst. Diese Serien sind: 80, 90, 207, 306, 424, 465, 484, 567, 701, 785, 914, 1076, 1168, 1254, 1295, 1370, 1468, 1574, 1636, 1660, 1795, 1852, 2059, 2124, 2164, 2345, 2437, 2438, 2460, 2461, 2482, 2506, 2570, 2601, 2614, 1654, 2668, 2726, 2735, 3006, 3026, 3036, 3117, 3136.

Dienstes-Nachrichten.

Verliehen: Die kath. Pfarrei Ellbach, B.-A. Miesbach, dem W. Buhr, Pf. u. Distrikts-Schulinsp. in Oberweickertshofen, B.-A. Bruck; Pinzberg, B.-A. Forchheim, dem Frz. Martin, Kapl. in Stappenbach, B.-A. Bamberg II; Schorndorf, B.-A. Cham, dem Gg. Dinauer, Exp. in Gögging, B.-A. Kelheim.

Erledigt: Die k. Pf. Adelzhausen, B.-A. Aichach, R.-E. 2108 fl.; Langengeisling, B.-A. Erding, R.-E. 1770 fl.

Brieftanzen.

Pfaffenhofen. Reklamiren Sie bei der Post. — Hochstadt. Nicht nöthig; ein Abonnement auf das Quartal genügt, daß die noch vorräthigen Nr. vom April nachgeliefert werden. — Pr. Unbegründete Besorgniß! Wir nennen keine Namen von Einsendern, auch den Gerichten gegenüber nennen wir sie nicht. Die Manuscripte werden jederzeit verbrannt und keine Zeile kommt in andere Hände als die des Redacteurs. Das ist etwas, was sich von selbst versteht. Sie brauchen ihren Namen ferner gar nicht mehr zu unterzeichnen, da ich Sie bereits aus der Handschrift kenne.

Verantwortlicher Redakteur: Dr. J. Sigl.

Todes- † Anzeige. (259)

Gott dem Allmächtigen hat es gefallen seinen treuen Diener, den

Hochwürdigen Herrn

Ignaz Woelfle,

seit 12 Jahren Pfarrer dahier,

heute Abends 7 Uhr nach vieljährigem Leiden und wiederholtem Empfange der heiligen Sakramente, in einem Alter von 60 Jahren und 5 Monaten aus diesem zeitlichen Leben abzurufen.

Den edlen Verstorbenen empfiehlt dem frommen Gebete seiner Freunde und Bekannten

Finningen, den 2. Mai 1870.

Im Namen der Hinterbliebenen.

Der tieftrauernde Kaplan:

Adrian Buz.

Druck von M. Vogt in München, Rosenthal 19

II. Jahrgang.

Das Bayrische Vaterland.

Auflage: 5400.

Das „Bayr. Vaterland“ erscheint täglich mit Ausnahme der Sonn- und hohen Festtage. Preis des Blattes: Vierteljährig 54 kr., ganzjährig 3 fl. 36 kr. Das einzelne Blatt 1 kr.

Alle Postexpeditionen und Postboten des In- und Auslandes nehmen Bestellungen an. Inserate werden die dreispaltige Petitzeile oder deren Raum zu 3 kr. berechnet.

Redaktion: Burggasse 14. Herausgegeben von Dr. jur. J. Sigl. Expedition: Ruffinibazar 5

Johann. Nr. 102. Freitag, 6. Mai 1870.

Bestellungen auf das „Bayr. Vaterland“ für das Quartal (für die Monate Mai und Juni zu 36 kr.) können bei allen Postanstalten und Postboten noch immer gemacht werden.

Die Liberalen und die Volksschule.

K. **Aus der Pfalz.** Keine Nation wird so viel geschult, wie die deutsche und dennoch ergab die große Pariser Industrie-Ausstellung, daß wir auf dem Gebiete der Industrie gegen alle Nationen, welche keinen Schulzwang haben und dulden, zurück sind. Keine Provinz Bayerns macht solchen Kostenaufwand für die Volksschule, wie unsere Pfalz, und dennoch sind unsere Schulen die schlechtesten.

Erstere Thatsache ist meines Wissens nur seiner Zeit in den „gelben Blättern“ vermerkt worden, letztere hat einen wahren Platzregen von Verordnungen und Zwangsmaßregeln in letzter Zeit bei uns hervorgerufen. Zwang ist das Steckenpferd des Liberalismus. Daß für Volks- und Jugendbildung ein vernünftiges Maß wahrer Freiheit unbedingt nothwendig ist, das begreift man nicht.

Doch ja, wir haben ja die Communalschulen, Communal- und Fortbildungsschulen, Communalvolksbibliotheken und den Communalprediger Herrn Schellenberg! „Mein Liebchen, was willst du noch mehr?“ — Fehlte uns nur noch ein — Commualbischof!

Im jenseitigen Bayern schließt die Werktagsschulpflicht mit dem 13. Lebensjahre der Kinder; hier wird das Kind mit dem 13. Lebensjahre noch nicht entlassen, sondern es hängt davon ab, ob es dem kgl. Distriktsinspektor gefällt zu kommen um zu prüfen. Hier sind Kinder in der Schule, welche beinahe 14 Jahre alt sind. Ende August ist die Prüfung; besteht ein Kind nicht, so kann es noch ein weiteres Jahr zu Schulbesuch angehalten werden. Ob bei unsern ärmlichen Verhältnissen den Eltern es möglich ist, ihre Kinder bis zum 15. Lebensjahre in die Schule zu schicken, darnach wird nicht gefragt; Armuth und Noth entschuldigt nicht, sondern nur Krankheit des Kindes. Zahlreiche Fälle rücksichtsloser Bestrafungen, auch von solchen Eltern, denen mehr an einer guten Schulbildung ihrer Kinder gelegen ist, als dem Staate, sind mir bekannt.

Während einer langjährigen Erfahrung ist mir kein Fall bekannt, daß Bestrafung wegen Schulversäumnissen, zumal Nergeleien, Sinn und Liebe für Schulbildung zur Folge hatte. Dagegen zeigt mir eine Erfahrung, daß bei einem freudigen Zusammenwirken des Clerus, der Familie und des Lehrers der Schulbesuch, wenigstens in Landgemeinden, nichts zu wünschen übrig läßt.

Man hat auch stramme Zwangsmaßregeln ergriffen gegen die Kirche. Lehrer und Schulkinder dürfen während der Schulzeit keinerlei gottesdienstlichen Handlungen beiwohnen, z. B. Leichenbegängnissen, Processionen rc., wie andere Christenmenschen; — gewiß eine vortreffliche Anordnung, um Liebe und Opferwilligkeit zu erwecken gegen die Schule als Staatsmonopol!

So sucht man denn in Zwangsmaßregeln gegen Kirche und Familie sein Heil für die Volksschule, nur aber bei Leibe nicht gegen den bisher von allen Parteien so unnöthiger Weise geliebkosten Stand der Schullehrer, es sei dann gegen ultramontane oder gegen Schulschwestern. Für Schule und Lehrer würde es auf dem Lande vom größten Nutzen sein, wenn morgens für eine Abtheilung 3—4 Stunden und Nachmittags für andere Abtheilungen 3 Stunden unterrichtet würde; allein das wagt man nicht zu verordnen; denn dann könnten die Herren Schullehrer nicht genug spazieren gehen, Parthien machen rc.

Wenn ein Fuhrmann seinen Karrengaul an der Zunge anbinden würde, so würde mit Recht die Polizei einschreiten, und wegen Thierquälerei protokolliren; allein bei den zahlreichen Mißhandlungen armer Schulkinder ist mir noch nicht ein Fall bekannt geworden, daß bei einem liberalen Schulmeister mit ernstlicher Bestrafung eingeschritten wurde. Bei den vielen schlechten Schulen die ich kenne, liegt überall ohne eine Ausnahme, die Schuld an den Lehrern; warum wagt man nicht hier zu maßregeln? Selbst unsere brave Rheinpfalz ist voller Zärtlichkeit gegen unsere liberalen Herren „Volksbildner“. — Kein Stand hat sich aber bei der so gründlich um allen Einfluß gebracht, als der Lehrerstand.

Im Allgemeinen haben wir keine Sehnsucht nach neuen Verordnungen, sondern wir wünschen ein Schulgesetz, welches die Rechte der Eltern und Kirche schützt; nur in dem Boden wahrer Freiheit und Religion kann Erziehung und Bildung gedeihen!

Das Institut der Gerichtsvollzieher und die Juden.

Man spricht von Beamtenminderung, schreibt dem „Vaterland“ ein Landwirth aus Altbayern, und zugleich werden ganze Massen neuer Beamten geschaffen, so die neuen Gerichtsvollzieher, so die „Verifikatoren“, so die Brandinspektoren, deren Geschäfte unsere Baubeamten recht wohl besorgen könnten. Aber natürlich, die hohen Herren brauchen Stellen für die Ihrigen und deshalb behält man die alten und schafft man neue; der Bauer und Steuerzahlende muß die Mittel dafür aufbringen, mag er auch dabei zu Grunde gehen. Ich fürchte sehr, das Institut dieser neuen Gerichtsvollzieher riecht stark nach Knoblauch, das heißt, ich glaube, daß das dießbezügliche Gesetz ebenso gut zu Gunsten der Juden und des liberalen Geldprotzenthums ausfallen werde, wie die Aufhebung des Gesetzes gegen den Wucher, gegen gewerbsmäßige

Gutszertrümmerung, wie das Notariat [1]) und die allgemeine Wechselfähigkeit.

Das, was von der Vollziehbarkeitsklausel im neuen Gesetz geschrieben steht, ist gar rührend zu lesen, besonders für ein mitleidsvolles Judenherz. Hienach kann also ein Gläubiger, wenn diese Formel in seinem Schuldbriefe angebracht ist, ohne sich um das Gericht zu kümmern, seine Hypothekzinsen durch den Gerichtsvollzieher sogleich zwangsweise beitreiben lassen. Ist nun der Gerichtsvollzieher ein Freund der Juden, wie es gar mancher fortschrittliche Notar ist, so eröffnet sich hier ein unabsehbares Feld zur noch größeren Förderung von Gant-Ausbrüchen und von entsetzlicher Aussaugung der Schuldner durch das spekulirende Judenthum.

Ist denn das Großkapital und die Großindustrie durch unsere neuen Gesetze nicht ohnehin schon genug bevorzugt? Will, kann und darf man es wagen, die Noth und die Verlegenheit der Kapitalsschuldner auf das Höchste zu steigern durch eine Klausel und durch ein Institut, wonach der rechtschaffenste und fleißigste Mann über Nacht um seinen Kredit, um Haus und Hof kommen kann? Pressirt es denn gar so arg, auch in Bayern einen Zustand zu schaffen, daß es nur mehr Reiche und nur mehr Arme gibt?

Ich setze den Fall, ich wäre durch ein Unglück im Viehstande ꝛc. nicht in der Lage, meinen am 1. August verfallenden Zins zu bezahlen. Gemäß obiger Clausel kann nun mein Gläubiger am 2. August den neuen Herrn Beamten — Gerichtsvollzieher — schicken, dieser treibt meine 2 Ochsen fort und verkauft sie, und nach Abzug seiner jedenfalls nicht geringen Diäten erhält mein Gläubiger seinen Zins; mir aber fehlt nun die Anspann, und durch diese allerdings schnelle Exekution bin ich um allen Credit gebracht.

Nach dem alten Verfahren gelang es noch manchem Bedrängten, Hilfe und Geld aufzutreiben, er konnte sein Feld fortbestellen, die Aernte abwarten und so seine Zahlungen befriedigen; mit einem Worte, das bisherige langsame Verfahren bei der Exekution in Geld- und Klagesachen brachte doch Niemanden über Nacht in die Klauen der Juden: vielen Familien wurde vielmehr ihr Besitzthum gerettet; aber obige Klausel und das neue Institut der Gerichtsvollzieher wir Alle ruiniren, was nicht Jude und nicht Capitalist ist. — Wir Landleute, Bauern und Bürger, wählten aber unsere Abgeordneten nicht zur Vertretung der Interessen des Judenthums und des Großkapitals, denn diese sind durch die neuen Gesetze und durch Regierungs-Verordnungen (Freigabe der Bier-, Fleisch- und Brodtaxe ꝛc) ohnehin zu sehr gewahrt, — sondern zur Vertretung der Interessen des unter der eisernen Herrschaft des Capitals und der Bureaukratie schmachtenden Volkes. —

Mancher christlich gesinnte Landrichter vermittelte sonst derlei Klagen und rettete so Haus und Hof der Familie, — der neue Gerichtsvollzieher aber wird wohlweislich seine Diäten im Auge behalten; denn je mehr Klagen er zu vollziehen hat und je mehr Ganten er zum Ausbruche befördern kann, desto größer ist sein Einkommen und desto mehr Taxen liefert er an den — um das zeitliche und geistliche Wohl aller seiner Angehörigen zärtlichst besorgten Staat ab. Wahrlich ein prächtiges — volksthümliches Institut das! —

[1]) Ging jüngst ein Bursche von Großmehring am Tage seiner Entlassung aus der Vormundschaft zu einem Notar mit einem Juden, und der Notar nahm eine Urkunde auf, wonach ersterer 800 fl. Eltergut mit bester Versicherung an den Juden cedirte, der dem Burschen nicht einmal 200 fl. dafür auszahlte!! D. E.

Deutschland.

München, den 5. Mai.

Das Regensburger, natürlich fortschrittliche „Tagblatt“ leistet heute in einer Redactionsnote folgenden Ausspruch: „Die proponirte Wahlkreiseintheilung, welche sich zu Gunsten der Ultramontanen neigt, wird von diesen nur deßhalb angegriffen, weil die Herren das allgemeine direkte Wahlrecht überhaupt nicht wollen und deshalb einen Grund suchen müssen, um den Gesetzentwurf, der sie beim Worte nimmt, ablehnen zu können.“ — Gott segne deine ferneren Studia, o Tagblatt! Diesmal hast du's in deiner Weisheit gründlich errathen.

— Nachdem erst vor Kurzem 60 Judenfamilien in München ihren Einzug gehalten, um da ihre Geschäfte an den „dummen Goim“ zu machen, sind, wie wir hören, schon wieder 80 neue Judenfamilien angemeldet!!

Hessen. Darmstadt. Der Großherzog ist von Berlin wieder zurückgekehrt. Ob sein Besuch, meint ein Corr. der Allg. Ztg., dazu beigetragen, die in Berlin herrschende „unfreundliche Stimmung“ gegen seine Regierung zu beschwichtigen, bleibe abzuwarten. Die Berliner Offiziösen waren so liebenswürdig und taktvoll, selbst während der Anwesenheit des Großherzogs mit neuen preußischen Brutalitäten gegen Darmstadt zu drohen, weil man von dort aus der Berliner Reise jede politische Bedeutung abgesprochen habe. „Hr. v. Dalwigk, sagen sie, werden doch nicht verhindern können, daß die Dinge in Deutschland binnen Jahresfrist eine andere Gestalt annehmen werden.“ Nun, Letzteres glauben wir selbst, aber nicht, daß die „andere Gestalt“ nach dem Geschmacke der Preußen sein werde.

Preußen. In Berlin kriegt das Zollparlament eine Menge Vorlagen zu verzehren, die kaum der Mühe werth sind, daß man davon spricht. Für unsere Leser bieten sie nicht das mindeste Interesse, weshalb wir sie damit nicht langweilen wollen.

— Man glaubt, daß die Zollparlamentsgläubigen und -Ungläubigen am Samstag Ruhe bekommen werden und das Parlament, das sich mit Gottes Hilfe nicht zum Vollparlament erweitert hat, an dem Tage geschlossen wird. Von den bayrischen Abgeordneten sind Dr. Jörg, Staatsrath Neumayer, Appellrath Dr. Krätzer, A.-R. Dr. Gürster, Dr. Miller, Dr. Schneider, Zu-Rhein, Eichthal und Crämer gar nicht nach Berlin gegangen. Wir können das den Herren gar nicht übel nehmen; die Patrioten haben in der ersten Session ihre Schuldigkeit so gründlich gethan, daß den Preußen alle Lust am Zollparlament und uns heimlicher Weise einzusacken vergangen ist. In dieser Session nach Berlin gehen, war ganz überflüssig und das Geld für die Reise zum Fenster hinausgeworfen. Die Preußen können uns durch das Zollparlament nicht mehr viel thun und so Gott will und die Völker erleuchtet, bauen wir uns nächstes Jahr ein ganz anderes Deutschland auf als diesen preußischen Nordbund mit seinen Räubern und Sklaven. Sind nur erst in Frankreich und Oesterreich die Dinge wieder in Ordnung, dann sollen die Raub-Preußen sehen, wie man mit ihnen zusammenwachsen wird. Das Zollparlament ist für die Katz' und der preußische Nordbund ist in der Auflösung begriffen. Es wird etwas ganz anderes daraus hervorwachsen, als die Berliner gewollt haben.

— Das Zollparlament hat die, von Preußen dringend empfohlene Erhöhung des Kaffeezolles auf 5 Thl. 25 Sgr. kaltblütig abgelehnt.

Ausland.

Frankreich. In Paris hat ein italienischer Advokat Cernuschi dem Revolutionscomite 100,0000 Frcs. gegeben, um gegen den Kaiser und das Plebiscit zu wirken. Dafür wurde er ausgewiesen, wogegen die Revolutionäre jetzt heftigen Proteste erlassen. Die Regierung soll wahrscheinlich sich von jedem hergelaufenen Fremden, wenn er zu den edlen Rothen in zarten Beziehungen steht, sich auf der Nase herumtanzen lassen!

— An sämmtliche Behörden sind Instructionen zu Vorsichtsmaßregeln gegen die revolutionäre Parthei ergangen.

In Creuzot ist es zu neuen Unruhen gekommen, als der Arbeiter-Agitator Assy verhaftet wurde. Die Polizeiagenten wurden mit Steinen beworfen, mehrere verwundet oder verletzt. Man war gezwungen, die Menge mit Cavalerie auseinander treiben zu lassen. Die Ruhe ist wieder hergestellt.

Italien. Die Finanzkommission des Parlaments hat ihren Bericht vorgelegt. Defizit 110 Millionen! Als Mittel zur Deckung werden „Ersparungen" vorgeschlagen; 23 Millionen will man ersparen, kommt aber nicht dazu 13 Millionen sollen durch Erhöhung der Vermögenssteuer auf 20 Prozent aufgebracht werden. Außerdem sollen bis zu 80 Mill. Rente „veräußert" werden, d. h. man gedenkt für ebenso viel versteckte Schulden zu machen, die natürlich niemals bezahlt werden. Brav!

In **England** drohen die Zeitungen den französischen Flüchtlingen wegen des jüngsten Complotts gegen Napoleon und des Mißbrauchs des Asyls zu revolutionären Umtrieben mit Kündigung der Gastfreundschaft.

Das **Rumänische** Ministerium scheint zuweilen recht vernünftige Gedanken zu haben. So ordnet der neueste Erlaß wieder an, „daß Juden und Vagabunden" nicht über die Grenze nach Rumänien dürfen. Allerdings sind in Rumänien ohnehin schon genug Juden, jeder siebente Unterthan des bekannten Hohenzollernjünglings ist ein Jude. Hätten unsere früheren Ministerien auch so inhumane und barbarische Erlasse herabgeschlossen, so wäre den preußischen Vagabunden und den Juden aller Welt zwar Bayern für Handel, Wandel und Aussaugung verschlossen geblieben und wir nicht so viel „intelligent", dafür wären wir reicher und die Ganten wären weniger.

Vermischte Nachrichten.

Magistratus hochweiser hat beschlossen, daß seine Kundgebungen fortan außer in den „Neuesten Nachrichten" und dem „Bayr. Kurier" auch im „Organ" des Schauß en veröffentlicht werden sollen. Letzteres ist gewiß sehr zweckentsprechend, da Hr. Schauß nicht blos Magistratsrath, sondern auch Eigenthümer besagten „Organs" ist, zu dessen Miteigenthümer sich Pepi der Biersieder erschwungen haben soll, weil ferners die Magistratsherren sich vor Zeiten das Wort gegeben, vom Magistrat nichts profitiren zu wollen, und weil schließlich besagtes „Organ" die riesige Zahl von 243 Post-Abonnenten hat, die magistratischen Bekanntmachungen also einen entsprechenden riesigen Erfolg haben werden. Daß man dabei das „Vaterland" übergangen hat, finden wir nicht mehr als billig und ganz in der Ordnung, wenn auch manche seiner hiesigen Leser sich zuweilen um Hundsvisitationen und dergleichen magistratische Kundgebungen bedeutend interessiren würden. Das „Vaterland" nimmt zwar, was die Zahl seiner Leser betrifft, eine hervorragende, wir glauben die dritte Stelle unter den hiesigen Blättern ein und zählt etwa das 15—20 fache des Leser des „Organs" von Schauß dem Ritter und Pepi dem Biersieder; das macht aber gar da" und ist „schwarz" vom Scheitel bis zur Sohle, aber das „Organ" gehört dem Fortschritt und einem Magistratsrath. Ergo!! Im Uebrigen hat das „Vaterland" nicht die mindeste Lust, die Gnade des Fortschritts und Magistrats zu verschulden und geeignete Komplimente macht es schon gar nicht, am wenigsten dem Fortschritt.

In **Wien** hat der Kaiser dem Juden A. Rothschild den Orden der eisernen Krone verliehen und ihn damit zu seinem Geheimrath gemacht. Wahrscheinlich wegen seiner treu und eifrig geleisteten Dienste und vorzüglichen Verdienste um die Aussaugung Oesterreichs. Die Juden und deren „christliche" Stiefelputzer haben einem andern Juden, dem Salomon Rothschild, eine Bildsäule im Nordbahnhof errichtet. Die Ernennung von Rothschild's Leibpudel zum k. k. Hofrath steht bevor. „Das ist der Dank vom Hause Oesterreich!"

Militärisches.

Daß es bei unserm Militär, besonders seitdem Alles so hübsch nach „preußischem Muster" prakticirt wird, mitunter recht musterhaft preußisch zugeht, ist nichts Neues. Die Herren Offiziere gehen da von wegen der höhern „Intelligenz", die man sich seit 1866 massenhaft aus Berlin verschreibt, mit dem besten Beispiel voran: viele sind gegen ihre Untergebenen, Unteroffiziere wie Soldaten, mitunter so grob und brutal, als nur immer ein Pickelhaubenritter sein könnte. Wir haben vor etlichen Monaten recht nette Beispiele aufgeführt, wie oft den „dummen Bauernlackeln" — so zart werden die Söhne unserer Bauern nicht selten betitelt — „Intelligenz, Anstand" und namentlich „Bültung" beigebracht wird. Ein paar andere Beispiele von vielen! Der Hr. Major So und So — wir wollen keine Namen nennen, um die armen Soldaten nicht etwa in Verlegenheit zu bringen, er trägt aber einen sehr grimmigen Namen — pflegt zu seinen Soldaten sehr väterlich zu sagen: „Einsperren laß' ich euch Sauker(n"! — Ein Hr. Junker So und So, natürlich ein Herr von, tröstet seine Unteroffiziere beim Turnen sehr human, daß er ihnen verspricht, „sie zu sekiren, daß sie Blut schwitzen" u. s. w. Die Herren Feldwebel machen es den offizierlichen Herren nach, schließen aber Civilisten von ihrem Wohlwollen nicht aus. So z. B. will ein sicherer Hr. Feldwebel mit einem sehr bierigen oder an Insekten erinnernden Namen, wie er in Mitte seiner Soldaten hoch und theuer schwört, dem Hrn. Abg. Lukas „mit einem Prügel aufpassen, wenn er aus dem Ständehaus herausgeht, und damit niedergeschlagen", — der tapfere Hr. Feldwebel! Zweifelsohne habe diese Helden anno Babylon, wenn sie überhaupt „dabei waren," höchst verwegene Kriegsthaten vollbracht oder werden sie das nächste Mal vollbringen, weil sie gar so kühnliche und schnauzbärtige Redensarten verüben, und die Soldaten werden durch eine so liebenswürdige Behandlung mächtig angeeifert und begeistert, im Kriege dann recht tapfer drein zu hauen. Wenn's trifft, den trifft's. Wenn das der König wüßte, wie human und väterlich die Vertheidiger seines Thrones behandelt werden, das würde ihn sicher gewaltig freuen! Oder nicht!!

Börsen-Nachrichten.

München, 2. Mai. Bei der heutigen Verloosung der Pfandbriefe (aus den Emissionen 1864—1869 inclusive) der k. bayerischen Hypotheken- und Wechselbank wurden nachstehende Hauptserien und Endnummern — erstere sind mit fetten, letztere mit gewöhnlichen Ziffern bezeichnet — gezogen:

I. Obligationen Lit. A. zu 1000 fl.: 4,20 — 5,20 — 2,43 — 1,79 — 13,31 — 8,67 — 12,98 — 11,35 —

Lit. B zu 500 fl.: 4,69 — 5,23 — 8,74 — 12,18 — 22,31 — 24,67 — 16,53 — 19,59 — 26,00 — 25,71 — 20,69 — 27,43 — 29,58 — 28,62 — 36,19 — 32,56 — 33,93 — 37,80 — 35,55 — 40,79 — 41,45 — 43,6. III. Lit. C zu 100 fl.: 3,40 — 13,70 — 5,09 — 7,84 — 9,45 — 4,6 — 2,30 — 10,09 — 14,00 — 25,69 — 40,12 — 37,94 — 35,21 — 16,96 — 30,93 — 31,98 — 32,34 — 27,47 — 21,1 — 38,51 — 34,21 — 20,80 — 22,9 — 39,56 — 54,54 — 53,15 — 51,42 — 49,65 — 52,10 — 56,1 — 60,14 — 59,70 — 63,9 — 64,59. IV. Obligationen Lit. D zu 50 fl.: 2,23 — 1,15 — 4,39 — 9,81 — 7,30 — 5,44 — 10,66 — 8,86 — 15,5 — 14,4 — 18,89 — 20,11.

(Braunschweiger 20 Thaler-Loose.) Bei der am 1. Mai vorgenommenen 6. Serien-Ziehung sind die nachfolgenden 68 Serien gezogen worden: 233, 821, 825, 830, 845, 1018, 1068, 1147, 1189, 1663, 1726, 1748, 1997, 2034, 2242, 2383, 2489, 2588, 2921, 3007, 3171, 3260, 3550, 3707, 3785, 3843, 4[illegible], 4731, 4740, 4978, 4986, 5250, 5383, 5385, 5453, 5455, 5917, 6326, 6748, 6803, 6078, 6986, 7235, 7328, 7366, 7543, 7725, 7776, 7816, 7971, 8106, 8237, 8400, 8433, 8577, 8593, 9031, 9152, 9295, 9330, 9352, 9426, 9556, 9782, 9793, 9857, 9877, 9924.

Verantwortlicher Redakteur: Dr. J. Sigl.

Geldsorten, Frankfurt, 4. Mai.

	Angebr.	Zu haben.
Pistolen	9.47	9.49
Imperiales, russ. . .	9.48	9.50
Holl. 10 fl.-St. . .	9.54	9.56
Dukaten vollgw. . .	5.36	5.38
Napoleonsd'or . . .	9.29½	9.30½
Engl. Sovereigns . .	11.55	11.59
Dollars i. Gold . .	2.26	2.29
Preuß. Friedrichsd'or .	9.59	9.59
Preuß. Kassesch. . .	1.44⅞	1.45⅞

Druck von M. Vogt in München, Rosenthal 10

II. Jahrgang.

Das Bayrische Vaterland.

Auflage: 5400.

Das „Bayr. Vaterland" erscheint täglich mit Ausnahme der Sonn- und hohen Festtage. Preis des Blattes: Vierteljährig 54 kr., ganzjährig 3 fl. 36 kr. Das einzelne Blatt 1 kr.

Alle Postexpeditionen und Postboten des In- und Auslandes nehmen Bestellungen an. Inserate werden die dreispaltige Petitzeile oder deren Raum zu 3 kr. berechnet.

Redaktion: Burggasse 14. Herausgegeben von Dr. jur. J. Sigl. Expedition: Ruffinibazar 5

Stanislaus. Nr. 103. Samstag, 7. Mai 1870.

Bestellungen auf das „Bayr. Vaterland" für das Quartal (für die Monate Mai und Juni zu 36 kr.) können bei allen Postanstalten und Postboten noch immer gemacht werden.

Ein katholisch-patriotisches Fest.*)

Aus dem **Ingolstädter Land.** Am 1. Mai feierte katholische Kasino in **Pfaffenhofen** sein Stiftungsfest, ein Fest, welches ein Glanzpunkt sein dürfte in der Geschichte dieser altkatholischen und altbayrischen Stadt an der Ilm. Der Vorstand des Casino, Hr. Bürgermeister Seitz veranstaltete und leitete die Versammlung. Nach dem Vormittagsgottesdienste und dem darauf folgenden gemeinschaftlichen Mittagsmahle begannen die Reden, eröffnet mit einer Begrüßung der Anwesenden durch Hrn. Seitz.

Der Hr. Abg. Domkapitular Dr. **Schmid** von Bamberg verbreitete sich über die Bedeutung der kath. Casino in unserer Zeit und erzählte, wie in Bamberg das kath. Casino der Kampfplatz gewesen, von dem aus für Dr. Schüttinger in der Wahlschlacht die vaterlandslose Fortschrittspartei zu schlagen war. Der Abg. **Ponschab** von Ingolstadt sprach ebenso trefflich wie Dr. Schmid und forderte dringend zur Verbreitung des Vereinswesens auf. Prof. Dr. **Daller** von Freising beschritt mit großer Gewandtheit das Gebiet der Tagespolitik mit all ihren brennenden Fragen. Jeder von diesen Rednern erntete wohlverdienten Beifall.

In wärmere Temperatur und glühende Begeisterung wurde aber die Versammlung versetzt durch den vierten Redner, Hrn. Buchhändler **Zipperer** von München, der als Vertreter des Münchener Haupt-Casinos anwesend war. Mit der ihm eigenen Virtuosität und seltenen Beredsamkeit verbreitete er sich über die Bedeutung der Begriffe „**katholisch**" und „**patriotisch**". Die gewaltigen Worte dieses gebornen Redners schlugen zündend wie Feuerfunken in eine Pulvertonne in die Versammlung. Eine Strömung der Begeisterung ging durch den Saal und ihre Wellen kamen nicht mehr zur Ruhe, bis sie Abends am harten Felsenriff das präsidialen Schlußrufes sich brechen mußten. Die nachfolgenden Redner schaukelten sich wohlgefällig auf diesen Wellen und immer knüpften sie an die erhabenen Ideen, welche dieser Redner mit seiner meisterhaften Definition des Begriffes „katholisch" als die einzig wahre und sichere Grundlage alles **Patriotismus** in die Versammlung geworfen. Dieser treffliche Redner stürmt zu gleicher Zeit auf Verstand und Herz los, greift an in schnellgeführten Stößen, wirft den Gegner nieder — und nun zeigt sich die Bescheidenheit des Siegers, der auch dem besiegten Feind gegenüber nicht vergißt, daß ein Höherer es ist, der den Sieg verleiht der heiligen Sache.

So eroberte dieser treffliche katholische Redner sich den Boden und so blieb er ihm erobert. Selbst der Herr Redner aus **Augsburg** gab sich da gefangen, welcher, als ihn der Vorsitzende als Vertreter des „katholisch patriotischen Casino von Augsburg" ankündigte, denselben nur mehr dahin korrigirte, daß das Casino von Augsburg sich zwar patriotisch, aber aus „taktischen Gründen" sich „vorerst" noch nicht katholisch benenne.

Hr. Rittmeister und Gutsbesitzer **Schrapp** versetzte dem bisherigen politischen und finanziellen Treiben der Regierenden in Bayern niederschmetternde Keulenschläge. Besonders sein Vergleich einiger Militärbudgetposten und gewisser Steuerquellen in Bayern waren die beißendste Satyre.

Auch der Verleger des „Bayr. Kurier", Hr. **Steiner** ließ sich hören und betonte mit Nachdruck, daß nur die Katholiken in Bayern Patrioten und daß das jetzige Deutschland nur mehr ein geographischer Begriff ist. Gerade von ihm freute es uns, solches zu hören, da wir daraus ersehen, daß Hr. Steiner ein so fleißiger als gelehriger Leser des „Bayr. Vaterland" ist, und daß er dasselbe nicht blos gelesen, sondern auch studirt hat, wie diese zwei Gedanken seiner Rede unwiderleglich bezeugen. Denn das „**Bayr. Vaterland**" ist es von allen bayrischen Blättern gewesen, welches diese Gedanken aufgestellt, durchgeführt und deren Richtigkeit in zahlreichen Artikeln nachgewiesen hat, daß die Begriffe katholisch und patriotisch in Bayern identisch sind, und daß die Devise: **katholisch patriotisch** die einzig mögliche siegreiche Parole ist. Um so freudiger also begrüßen wir, daß auch der Verleger des „Bayr. Kurier" sich bereits dieser Devise angeschlossen hat; denn nur unter dieser Devise, nur unter der **katholisch patriotischen** Fahne werden wir siegen, daß unser Sieg ein dauernder ist.

Hätten übrigens Hr. Steiner und noch ein paar Redner nicht geglaubt, Alles sagen zu müssen, was sie wußten, sie hätten dann noch mehr erreicht. Möchten doch unsere Volksredner, begabte und nicht begabte, sich stets größtmöglichster Klarheit, Bestimmtheit und Kürze befleißigen.*)

*) Wir können nicht umhin, über die Kasinofeier in Pfaffenhofen auch noch diesen zweiten Bericht zu veröffentlichen. Wir knüpfen daran die Bitte an unsere Freunde, ihre gefälligen Berichte über diese und jene Versammlung u. s. w. uns immer recht bald und nicht gar zu lange post festum zukommen lassen zu wollen. Wie Kürze die Seele des Witzes ist, so ist Raschheit und Schnelligkeit das Leben der Zeitungen. Die Red.

*) Eine derbe altdeutsche goldene Regel für Redner lautet: „Tritt fest auf, thu's Maul auf, hör' bald auf!" Lange Bratwürste sind den meisten Leuten lieber als lange Reden. Die Fülle des Stoffes soll immer der Einheit des Gedankens zum Opfer gebracht werden, namentlich wenn die Zeit gemessen ist. Es ist immer nützlicher, wenn viele, als wenn lange Reden gehalten werden. Nur besondere

Außer den genannten Rednern sprachen Hr. Lycealrector Klostermaier von Freising und ein Hr. Benefiziat aus Moosburg warme ächte Mannes- und Priesterworte.

Nach Hrn. Steiner richtete noch Hr. Kaufmann Kutzinger[3] von München eine kräftige Ansprache an die Versammlung. Stolz darauf, ein Katholik, stolz, ein Bayer zu sein, stolz aber auch, daß die meisten Bürger von München gleiche Gesinnung haben, fordert er das brave wackere Landvolk und die Bürger der kleineren Städte auf, auf der ruhmvoll betretenen Bahn muthig und unbeirrt vorwärts zu schreiten und gratulirt er den kathol. Geistlichen zu dem Muthe, mit welchem sie die katholisch-patriotische Fahne erhoben und dem Lande vorangetragen haben. „Dumm" nenne man die Katholiken; dieses „dumm" aber müsse er den Fortschrittlern zurückgeben, die zu blöde sind um zu erfassen, was es um einen Bayern, zumal um einen katholischen Bayern sei. Mit zündenden Worten sprach dieser Redner und so gelang es ihm, die durch die vorhergehende allzulange Rede ermüdete Versammlung nochmals in volles Feuer zu bringen. Diese seine Sprache war das nothwendige und würdige Echo der Meisterrede des Hrn. Zipperer; beide waren und sprachen begeistert und so wußten sie ihre Zuhörer zu begeistern.

Hr. Bürgermeister Seitz, das Muster von einem Vorstand eines katholischen Casino, ein Mann voll Bescheidenheit, an dem sich so manche ein Beispiel nehmen könnten, die nicht frei von Egoismus und Eitelkeit sind, hat mit diesem Feste seiner Stadt einen herrlichen ersten Mai, einen unvergeßlichen Tag geschaffen. Der ist ein ächter, katholischer Patriot, ein Mann, auf den Pfaffenhofen, das ihn seinen Bürgermeister nennt, mit Genugthuung und Stolz blicken kann.

Dem katholischen Casino von Pfaffenhofen aber rufen wir zu, daß es blühen und gedeihen möge immerbar, daß es eine feste Burg sein möge der ganzen Gegend, an der die Wogen und Angriffe und Versuchungen jenes Fortschritts, der die Lüge ist, erfolglos abprallen müssen.

Deutschland.

München, den 6. Mai

— Magistratus hochweiser macht sich famos! Unsere neuliche Mittheilung, daß eine Partie Fortschrittsmänner den jungen Erhardt, dem sein reales Bauernscheererei-geschäft[4] bereits einen, wenn auch spärlichen Napoleonsbart getragen, zum Nachfolger des greisen Herrn v. Steinsdorf zu erkiesen gedenken. So kommt das Männlein gleichzeitig zu einem Weiblein, des Hrn. Schlör goldig Töchterlein, und einer Stelle, die ihm noch mehr trägt als einen Napoleonsbart. Da uns andere Vorzüge, Tugenden, Eigenschaften und Verdienste des Herrn nicht bekannt sind, als daß er ein Fortschreiter und der präsumptive Schwiegersohn des Hrn. Schlör Exc. ist, so ersehen wir daraus wieder deutlich, welch große Sache es um den Fortschritt sein muß, der für sich allein zu Allem befähigt. Aus diesem Grunde und weil allgemein bekannt ist, daß der Fortschritt immer nur die Besten und Würdigsten auf den Leuchter stellt, bleibt selbst der Gedanke, daß man es hier mit einem Carrieremachen im Großen und en compagnie zu thun habe, ausgeschlossen. Aber, müssen wir fragen, wo bleibt denn Hr. Schrottl Reichen so viel Verdienste noch nicht aus, daß auch über ihn der Fortschritt sein Angesicht leuchten läßt, wie die Sonne im Mai? Wir begreifen den Fortschritt nicht, wenn er ungerecht wäre gegen so viel Verdienst, gegen so viel Vorzüge, gegen solche Tugend. Eines aber muß das Herz jedes braven Münchner Bürgers erfreuen: auch für ihn, für Freund Julius den Gerächten soll gesorgt werden, sagt man. Die zweite Bürgermeisterstelle soll mit einem bürgerlichen Bürgermeister besetzt werden und dazu, flüstern sich die jungen Blätter der Kastanienbäume zu, sei er, der Knurrblättldeputatus ausersehen. Das würde uns wieder versöhnen für die Zurücksetzung des Schrottlen. Aber wo bleibt denn Billing? wo der Omnibusinspektor Zechmeister? Wo Seine fünfhundertstöckige Weisheit Thomaß der Unglaubliche?

— P. Hyazinthe ist hier eingetroffen und in den „vier Jahreszeiten" abgestiegen. Wie wir hören, handelt es sich um eine Konferenz mit den bekannten „Hoftheologen", bei der ein gemeinschaftlicher Feldzug aller „wissenschaftlichen" Kirchenfeinde gegen Rom berathen werden soll. Döllinger hat Schritte gethan, Se. Majestät mit diesem „ausgezeichneten" Apostaten bekannt zu machen; wir zweifeln aber, ob eine Audienz diesmal das übliche Handschreiben zur Folge haben wird.

— Von München schreibt man uns: In Nr. 123 der „Neuesten Nachrichten" vom 3. Mai[5] fand sich ein Bruchtheil[6] der Bediensteten der k. b. Verkehrsanstalten bemüßigt mit der Unterzeichnung: „Die Bediensteten der k. b. Verkehrsanstalten" eine Erklärung abzugeben, widersprechend der Behauptung in Nr. 96 des „Vaterland", daß alle bis jetzt in der Richtung gegen Hrn. v. Schlör erschienenen Artikel aus der Seele der weitaus größten Anzahl der Bediensteten der Verkehrsanstalten geschrieben seien. Wir möchten diese sich unter dem Regime des Herrn v. Schlör gar so glücklich Fühlenden, welche wahrscheinlich dadurch an Herrn Knorr, dem Busenfreund des Hrn. v. Schlör, einen Protektor zu finden hoffen, nur darauf verweisen, künftigen Falls zu derartigen Gefühlsäußerungen ihre eigenen Namen herzugeben, indem wir uns ebenfalls für alle Zeiten auf das Entschiedenste verbieten, hiezu die Unterzeichnung „die Bediensteten der k. b. Verkehrsanstalten" zu mißbrauchen, da doch hierunter die Gesammtheit verstanden werden kann, wir aber auf das Entschiedenste erklären, daß wir nicht mit ihrer Erklärung einverstanden sind.

Viele, wenn auch nicht „alle" Bediensteten
der k. b. Verkehrsanstalten.

— Hierüber wird dem „Vaterland" weiter geschrieben: „Die „Neuesten" enthalten in ihrer Nr. 123 eine „Erklärung", welcher, obwohl sie im Grunde gar zu dumm ist, als daß sie eine Antwort verdiente, doch einfach mit der Frage erwidert werden soll, wer denn „die Bediensteten" sind, welche gegen die Artikel „Vater Schlör" sind und was sie daran auszustellen haben. Bei dieser Gelegenheit möchten wir diese, Hrn. Schlör freundlichen Bediensteten — es ist fast ein Wunder, wenn es deren überhaupt geben sollte — fragen, ob sie denn die für das Jahr 1869/70 bewilligte Theuerungszulage für 1870 schon erhalten haben?

Verhältnisse können eine lange Rede zweckdienlich erscheinen lassen; zwei lange Reden sind meistens vom Uebel, wenigstens überflüssig, besonders wenn die Reden nicht blos lang, sondern auch langweilig sind. Da die Tortur und alle Arten von Foltern abgeschafft sind, so haben die lieben Publikümer ein Recht, zuweilen einen Redner an diese gesetzliche Bestimmung auf zweckmäßige Weise zu erinnern. D. Red.

[3] Vorstand des kathol. Bürgerkasino.

[4] Auch Advokatur geheißen.

[5] Unter den Inseraten! Nicht einmal die Redaction der „Neuesten" wagt es der speichelleckerischen Kundgabe einen Platz im redactionellen Theile zu geben und verwies dieselbe unter die Inserate. Das sagt genug!

[6] Es ist aber wahrscheinlich nur eine Kreatur des Hrn.

—g— Von **Landshut** wird dem „Vaterland" geschrieben: Der neue **Civilprozeß** tritt also mit 1. Juli unaufhaltsam ins Leben. Nun, er hat seine zwei Seiten, wie eben Alles in der Welt. Wenn man indeß behaupten will, der neue Prozeß werde billiger kommen, als der frühere, so möchte ich das doch bezweifeln. Was nämlich die Parteien von nun an an Advokatenkosten erhausen, verschlingen hinwiederum die Gerichtsvollzieher — eine neue unerhörte Beamtenklasse. Es sollen ihrer bis auf 600 geschaffen werden, von den jeder jährlich bis zu 3000 fl. einheimsen wird und zwar aus dem Eigenthumswracke Unglücklicher! Noch aber hat die Kammer das Heft in der Hand; stutzt sie nicht die Einkünfte der Gerichtsvollzieher um mindestens zwei Drittheile zu, dann wird man über sie beide nur zu bald die härtesten Urtheile fällen hören. Schon jetzt meinen Einige, daß blos solche zum Gerichtsvollziehergeschäft Beruf haben dürften, ehedem zu die Folterknechten sich qualifizirt hätten! — Was ich weiter am neuen Civilprozesse auszusetzen habe, ist der Umstand, daß er den Winkelagenten ein weites Feld für ihre Prellereien öffnet, wie das Jeder einsieht, der ihn schon durchstudiert hat. Jedenfalls werden vom 1. Juli angefangen die Behörden diesen Subjekten eine erhöhte Aufmerksamkeit zu widmen haben. Bereits bisher trieben, namentlich hier in Landshut, gewisse Individuen ihre juristischen Charlatanerien so unbehelligt und geschäftsmäßig,[1]) daß man über die soll ich sagen Nachsicht oder Blindheit? der Polizei höchlich staunen muß. Auch in der Beziehung steht zu erwarten (?), daß die Kammer noch vor dem 1. Juli auf dem Wege der Gesetzgebung die entsprechenden Kautelen treffe. —

Aus **Franken** wird dem „Vaterland geschrieben: Die Interpellation des Hrn. Abgeordneten Mahr, den Kindheit-Jesu-Verein betreffend, beantwortete bekanntlich Hr. v. Lutz dahin, daß für keinen Zweck mehr in den Schulen gesammelt werden dürfe, selbst wenn er der allerbeste wäre. Nun finden zur Zeit bei uns die jährlichen Schulprüfungen statt. Am Schlusse derselben aber sammelt fast jedesmal der Hr. Distriktsschulinspektor K. von M. für das Taubstummeninstitut in Würzburg und schickt die gesammelten Gelder an die kgl. Kreisregierung. Neulich wurde auch in Gegenwart des kgl. Regierungsrathes Hrn. W. von K. gesammelt. Da wußte dieser nichts Andres zu sagen, als: es sei eigentlich gegen die Verordnung zu sammeln; allein der Zweck sei ein so guter, da solle man nur sammeln. Der Herr Inspector (NB. ein Studiencollega des Hrn. Bezirksamtmannes) besorgte in Folge dessen die Sammlung, bis ihm endlich einmal ein kgl. Pfarrer den Standpunkt klar machte und sich jede Sammlung verbat. Nun erlaubt man sich an den Herrn Gerechtigkeits- und Cultusminister folgende Fragen zu stellen: 1) Wie kann ein k. Distriktsschulinspector gegen die ganz deutlich abgefaßte allerhöchste Entschließung handeln, ohne gerügt zu werden? 2) Wie kann ein k. Regierungsrath den vom kgl. Ministerium erlassenen Verordnungen so schroff entgegentreten? 3) Wie ist es möglich, daß ein kgl. Regierungspräsidium in Würzburg eine Sammlung in den Schulen gutheißt oder wenigstens die gesammelten Gelder entgegen nimmt, nachdem jede Sammlung in den Schulen verboten ist? (Können noch mehrere Fragen folgen.)

In **Würzburg** ist der Polizeisoldat Schubert, der kürzlich von ein paar Scandal machenden offizierlichen Pickelhaubenaspiranten nächtlicher Weile insultirt worden und dies zur Anzeige brachte, vom fortschrittlichen Bürgermeister Zürn seines Postens entsetzt worden. Das ist nicht blos fortschrittliches, sondern schillert schon stark ins Berlinerblau Borussenthümliche.

In **Kempten** hat der Religionsprofessor am dortigen Gymnasium sich eines höchst verabscheuungswürdigen Verbrechens gegen den allerheiligsten Liberalismus schuldig gemacht. Läßt da ein wackerer Vater, Beamter und Mitglied des ehrwürdigen Bierkonciliums vom 28. April, einen Sohn an der Anstalt studieren. In der Religionsstunde nun erfrechte sich besagter Professor von jener glorwürdigen Versammlung der neuen Kirchväter des Algäu nicht sehr lobend zu sprechen, deren faktische Ausschließung aus der Kirche zu erwähnen und dabei sich an das feuchtohrige Söhnlein jenes Kirchenvaters mit der Frage zu wenden: „Du, ist es recht, wenn man einen Verein gründet, welcher gegen den Papst protestiren will?" — Schauderhaft, aber wahr! Unglaublich, aber es ist Thatsache, denn es steht in der „Abendzeitung." Mit Recht entrüstet sich dieses würdige Blatt gegen diese „systematische Verhetzung von Kindern gegen ihre eigenen Eltern durch sogenannte Religionslehrer"; schon dieser Name ist eine unleidliche Frechheit, wasmassen die ganze liberale Welt die Religion faktisch abgeschafft hat. Dem Verbrecher, Prof. Hiltensberger heißt er, wird aber die verdiente Strafe nicht ausbleiben; die Abendzeitung kann mit Wonne berichten, daß gegen diesen Frevler an dem Heiligsten, dem Liberalismus, bereits Disciplinaruntersuchung eingeleitet sei, welche, wir erwarten es, denn noch gibt es eine kgl. bayr. Justiz, wenn sie auch ein sehr zurückgezogenes Leben führt, zu einem gedeihlichen Ende geführt werden wird. Man setze ihn ab, man bringe den Thäter sodann durch einen kräftigen Strick vom Leben zum Tod, verbrenne ihn auf dem Pranger und seine Asche gebe man den Vätern des Algäuer Conciliums ins Bier zum Trinken. In sempiternam rei memoriam!

Oesterreich. In Wien ist das Gerücht verbreitet, der große Beust wolle abdanken und der Kaiser sei in übelster Stimmung über den Gang der liberalen Dinge in Oesterreich. Möglich! Hr. v. Beust hat den k. k. Staatskarren schon tief genug in den — man weiß es schon — geschoben, daß den Rest der Arbeit auch ein minderes Genie fertig bringen kann. Der Mohr hat seine Schuldigkeit gethan und mehr, als er schuldig war, der Mohr kann gehen und seine Werke und Pensionen folgen ihm nach und Oesterreich — vielleicht auch, wenn es nicht bald zu Verstand kommt.

In **Berlin** haben Hohenlohe und Schlör für die Kaffeezollerhöhung gestimmt. Natürlich, die zwei können's zahlen und bleiben sich konsequent! Durchgefallen ist sie aber doch.

Ausland.

Frankreich. Paris. Der amtliche Bericht über den Meuchelmordversuch gegen den Kaiser ist erschienen und erweist die Thatsache, daß alle Vorbereitungen mit großer Umsicht und Energie getroffen waren.

In Marseille und andern Städten haben in Folge von revolutionären Aufrufen und Versammlungen zahlreiche Verhaftungen stattgefunden. — In St. Quentin wurde der Präsident des internationalen Lokalkomites verhaftet, in Folge dessen 2000 Arbeiter in das Gefängniß einzubringen versuchten. Nationalgarde und Gendarmerie verhinderten es. Viele wurden durch Steinwürfe verwundet.

Vermischte Nachrichten.

Im Stadtbezirk Nürnberg kamen heuer 345 Wehr-

Schlör, die ihm den Gefallen gethan hat; sie wird wohl wissen warum?

[1]) Wir können das nur bestätigen; als der Redacteur des „Vaterland" noch in Landshut studirte, gab es z. B. dort einen Advokaten dessen Schreiber weit mehr Klienten hatte, als er selbst, u. A. m.

pflichtige zur ärztlichen Untersuchung. Davon waren 290 **gänzlich untauglich**, zeitlich untauglich 2, tauglich nur 53, also blos der **siebente** Theil war tauglich, während 85 Proz. untauglich waren. Mit „Intelligenz" und Anderem behaftete Stadtknirpse, für welche wieder die mannhaften Bauernsöhne einstehen müssen!

Aus Osnabrück wird wieder eine kleine k. preußische Säbelbelustigung gemeldet. Der Glückliche, welcher die Ehre hatte, daß etliche preußische Dragoner die Schärfe ihrer Säbel an seinem Kopfe probirten, ist noch nicht ganz selig, sondern ungefähr zu sieben Achteln.

In **Oberammergau** finden die weltberühmten Passionsvorstellungen in diesem Jahre statt am 22. und 29. Mai; 6., 12., und 25. Juni; 3., 10., 17., 24. und 31. Juli; 7., 14., 21. und 28. August; 8., 11., 18., 25. und 29. September.

Dienstes-Nachrichten.

Erledigt: Die k. Pf. Sulzfeld, B.-A. Königshofen, R.-E. 795 fl.

Verantwortlicher Redakteur: Dr. J. Sigl.

Druck von M. Vogt in München, Kreuzthal 19

II. Jahrgang. Das Bayrische Auflage: 5400.

Vaterland.

Das „Bayr. Vaterland“ erscheint täglich mit Ausnahme der Sonn- und hohen Festtage. Preis des Blattes: Vierteljährig 54 kr., ganzjährig 3 fl. 36 kr. Das einzelne Blatt 1 kr.

Alle Postexpeditionen und Postboten des In- und Auslandes nehmen Bestellungen an. Inserate werden ſ die dreispaltige Petitzeile oder deren Raum zu 3 kr. berechnet.

Redaktion: Burggasse 14. Herausgegeben von Dr. jur. J. Sigl. Expedition: Kussinibazar 5

Mich. E. Nr. 104. Sonntag, 8. Mai 1870.

Bestellungen auf das „Bayr. Vaterland“
für das Quartal (für die Monate Mai und Juni zu 36 kr.) können bei allen Postanstalten und Postboten noch immer gemacht werden.

Zur neuen Wahlkreiseintheilung.

„Zur Kritik des Gesetzentwurfs über die Landtagswahl“ bringt der „Nürnb. Corresp.“ einen Artikel, von dem wir anzunehmen versucht sind, daß man höheren Orts einigermaßen darüber verschnupft sein dürfte. Daß ein Blatt von dieser Bedeutung wie der „Correspondent“ von dem gediegenen Kunstwerk der Wahlkreiseintheilung, mit dem Hr. v. Braun seinen glorreichen Vorgänger Hörmann noch zu übertrumpfen gedachte und auch richtig ausgestochen hat, nicht nur nicht erbaut, sondern sogar so kühn ist, sehr mißfällig sich darüber auszusprechen, ist für den wahren Patrioten sehr bedauerlich; aber die höhere Intelligenz unserer erleuchteten Staatsmänner wird sich hoffentlich auch darüber getrösten, da sie zweifelsohne von sich, ihrer Erhabenheit und Unfehlbarkeit eine so hohe Meinung haben wird, daß sie sich nach einigem Aerger auch darüber wird hinwegsetzen können. Besitzt doch auch der „Correspondent“ nur einen beschränkten Unterthanenverstand, wenn er auch nicht „ultramontan“ angelaufen ist! Darüber also können wir beruhigt sein, daß man sich zu sehr alteriren und etwa gar Schaden an seiner Gesundheit nehmen wird.

Der „Correspondent“ hat die durchaus verwerfliche und vom Standpunkt des kgl. bayr. Regierungs-Liberalismus entschieden ketzerische Ansicht, daß die Trennung von Stadt und Land zu Gunsten der Städter vom Uebel sei. Er glaubt, daß die daraus hervorgehende Sonderstellung der einzelnen Bevölkerungsklassen sogar eine Gefahr in sich berge, daß dieselben einmal feindlich einander gegenübertreten, zumal wenn man nicht gegen alle Klassen vollkommen gerecht und unparteiisch ist.

Wir finden hierin einen leisen Zweifel an der Gerechtigkeit und Unparteilichkeit einer hohen königlichen Staatsregierung, was uns um so schmerzlicher fallen muß, als Jedermann, insbesondere jeder liberale Mann felsenfest überzeugt ist, daß die Regierung in diesem Artikel wirklich gar nichts zu wünschen übrig läßt. Hätte ein sogenanntes „patriotisches“ Blatt einen solchen Zweifel ausgesprochen, so könnten wir uns das durch die weltbekannte ultramontane Verruchtheit jener „ultrakirchlichen Demagogen“ erklären, denen nichts heilig ist, nicht einmal eine hohe Staatsregierung, und die unablässig bestrebt sind, die erhabensten und preiswürdigsten Regierungsakte zu bekriteln und vor der irregeleiteten Menge zu verdächtigen. Daß aber ein so gemäßigtes liberales Blatt wie der „Corresp.“ einen so sträflichen Zweifel auszusprechen sich nicht scheut, ist nur wieder ein Beweis dafür, wie weit der schädliche Einfluß dieser schwarzen Feinde der Regierung, dieser gebornen Thronumstürzer, die immer nur von Rom ihre Befehle erhalten, sich bereits ausgebreitet hat; zum Mindesten beweist dieses unerklärliche Vorkommniß, daß bei diesem sonst ganz respektablen Blatte leider die Gnade der Erkenntniß noch nicht recht zum Durchbruch gekommen ist, sonst würde es sicher, wie die intelligentesten Juden und die aufgeklärtesten Staatsmänner der Fortschrittspartei, ein Völk, ein Fischer, ein Julius Knorr, ein Fäckerer, und wie die glänzenden Gestirne dieser königstreuen und wahrhaft patriotischen Partei alle heißen, mit Begeisterung den Standpunkt der Regierung theilen und nichts anderes sagen und glauben, als was die ehrenwerthen Organe unserer erleuchteten Staatsregierung sagen und zu glauben vorstellen.

Wie gesagt, uns erfüllt dies mit tiefem und gerechtem Schmerze; mit wahrhaftem Entsetzen aber werden wir durch die leichtsinnige, wo nicht böswillige Behauptung dieses Blattes erfüllt, daß der vorliegende Gesetzentwurf die städtische Bevölkerung gegen die ländliche in ungerechtfertigster Weise zu bevorzugen — „scheine“, sagt das Blatt vorsichtig, um nicht Differenzen mit dem Staatsanwalt zu bekommen. Das ist eine Behauptung, so schwarz, so ultramontan, so alle Ehrfurcht vor der Staatsgewalt bei Seite setzend, daß es jeden Freund einer hohen königlichen Staatsregierung auf's Tiefste empören muß. Ja, es ist eine wahre Majestätsbeleidigung, denn wird nicht dadurch auch des Königs Majestät beleidigt, wenn man seinem treuesten Diener, den er als Minister bestellt hat, Ungerechtigkeit vorwirft? Ist das nicht kaum verhüllte Aufreizung zur Rebellion, zum Aufstand, zum Hochverrath, die die empfindlichste Strafe verdient? Wo bleibt der Staatsanwalt? Sind die Burchtorffe ausgestorben in Bayern?

Allerdings bringt das regierungsfeindliche Blatt, welches zweifelsohne von den schwarzen Rebellen oder von Rom mit dem leider von der Langmuth der Regierung noch immer gestatteten Peterspfenning bestochen sein wird, einen scheinbaren ziffermäßigen Beweis für diese seine vermessene und verruchte Behauptung. Scheinbar sagen wir, denn Ziffern und Zahlen sprechen, wo sie sprechen, immer nur für die Regierung und ihre Freunde, niemals aber für ihre Feinde. Denn ihre Feinde verstehen mit den Zahlen nicht gehörig umzugehen, das verstehen nur vermöge ihrer höheren Intelligenz ihre Freunde, und sie selbst. Das ist eben die Kunst, die Zahlen so zu gruppiren, daß man dabei immer herausfindet, was für die Regierung spricht, und das versteht die Regierung besser als irgend Jemand.

So glaubt also das Blatt durch Zahlen die Regierung schlagen und ihre angebliche „Ungerechtigkeit“ beweisen zu können, indem es durch sträflichen Mißbrauch der 4 Spezies und der edlen Rechenkunst — — deren Erlernung man heutzutage wegen derartiger Mißbräuche billig verbieten sollte! — herausgebracht haben will, daß, wenn die nach dem Gesetzentwurf den Städten zugewiesene Abgeordnetenzahl der Seelenzahl der Landbevölkerung zu Grunde gelegt würde und also die ungebildeten Bauern nach dem Verhältniß der Städte ihre Abgeordneten zu wählen hätten, dann auf Oberbayern $22\frac{1}{2}$, auf Niederbayern $26\frac{1}{2}$, auf die Pfalz gar 35, auf die Oberpfalz $20\frac{1}{4}$, auf Oberfranken $23\frac{3}{4}$, auf Mittelfranken $13\frac{1}{2}$, auf Unterfranken $21\frac{3}{4}$ und auf Schwaben 20, auf das ganze Land also 183 Abgeordnete treffen würden, während so wie recht und billig 154 Abgeordnete auf das Land treffen.

Das bösartige Blatt glaubt weiter durch allerlei schwarze Rechenkünste bewiesen zu haben, daß, die Bevölkerung der Städte und die ihr zugewiesene Abgeordnetenzahl zur Grundlage genommen und in ein Verhältniß zur Gesammtzahl der Landbevölkerung gebracht, die Städte 29, das Land aber 164 Abgeordnete erhalten müßte, also 39 mehr als der Entwurf ihm zuweist, daß aber in Wirklichkeit und nach dem Verhältniß, daß ein Abgeordneter auf 31500 Seelen zu treffen hat, das Land um $4\frac{1}{4}$ Abgeordnete zu wenig, die Städte aber um $7\frac{1}{4}$ Abgeordneten zu viel erhalten, also eine Differenz von $11\frac{1}{2}$ Abgeordneten zum Nachtheil der Landbevölkerung entstehe.

Abgesehen davon, daß man zu dieser Rechnerei dieses regierungsfeindlichen Blattes lächeln muß, da es von Viertels-, halben und Dreiviertels-Abgeordneten spricht, was es ja gar nicht gibt, hat das boshafte Blatt bei seiner regierungsfeindlichen und thronumstürzenden Rechnerei mit todten Ziffern und Zahlen, wovon es nichts versteht, ganz vergessen, daß es der Geist ist, welcher erst die todten Zahlen lebendig macht, und zwar der Geist, der allein ächt und unverfälscht von der Gnade einer erleuchteten hohen Staatsregierung zu beziehen ist, aber niemals von ultramontanen Bierstuben und vaterlandslosen römischen Söldlingen, welche sogar ihre Arithmetik — so weit ist es gekommen! — sich von Rom verschreiben lassen. Ohne diesen Geist kann man niemals die erhabenen Handlungen, die tiefe Weisheit und väterlichen Absichten einer hohen königlichen Staatsregierung gehörig würdigen.

Von diesem Geiste beseelt würde man aber sogleich ersehen, daß es sich hier nicht um Zahlen, sondern um Intelligenz, Bildung und Aufklärung handelt, die nur in einigen mittelfränkischen und pfälzischen Landbezirken in hinreichender Menge vorkommt, niemals aber bei den von Pfaffen und von Rom irregeleiteten Bauern, namentlich in Altbayern. Man würde ersehen, billigen und mit Begeisterung anerkennen, daß man die Intelligenz und fortgeschrittene Bildung unsers Jahrhunderts, welche sich gerade in den liberalen und aufgeklärten Städten massenhaft findet, niemals genug begünstigen kann und daß ein Liberaler wenigstens hundert zurückgebliebene und verwahrloste Bewohner obskurer Winkel des Landes aufwiegt und daß den liberalen Stadtbewohnern, welche immer für die Regierung sind, so lange sie so gut regiert wie die jetzige, sogar noch viel zu wenig Rechte und Vorzüge vor den Bauern eingeräumt worden sind. Das würde man ersehen und dann unserer Regierung lobsingen und sie preisen alle Tage bis ans Ende der Zeit, denn sie hat Großes an uns gethan, wenn diese herrliche Wahlkreiseintheilung in der Kammer durchzureißen sein wird. Wir sind ganz voll von diesem Geiste und von ihm und unserer unbegrenzten Verehrung der kgl. bayrischen Staatsweisheit getragen, haben wir diesen Artikel nicht umsonst geschrieben, da wir ihn Hrn. v. Feilitzsch bringen werden.

Onuphrius Simplex,
kgl. Einwohner von München, Offiziöser.

Deutschland.

München, den 7. Mai.

Von München schreibt man, unserer Aufforderung entsprechend, dem „Vaterland" über die letzte Arbeitseinstellung: Der Artikel des „Vaterland" von der Altmühl hat einen sehr wunden Fleck unsers socialen Lebens berührt. Was darin über die Zuchthausarbeit gesagt ist, gilt ebenso und noch mehr auch für München; auch hier sind es wieder die Juden, welche die Begünstigten sind und welche aus der Zuchthausarbeit den größten Gewinn und zwar auf Kosten ihrer Mitmeister und der nichteingesperrten Arbeiter beziehen. Aber noch ein Grund zu jener Arbeitseinstellung muß erwähnt werden und dieser Grund liegt darin, daß die hiesigen sogenannten Großmeister ihre Werkstätten mit Gehilfen übersetzen, so daß nach ungefähr 10—12 Wochen reichlicher Arbeit die „schlechte Zeit" eintritt und nun wegen mangelnden Geschäftes die wenigsten Arbeiter das verdienen, was sie nothdürftig zu ihrem Lebensunterhalt brauchen. Nun wird, um das Renommé als „Großmeister" nicht zu verlieren, von Woche zu Woche Vorschuß gegeben, der Arbeiter geräth dadurch in Schulden und damit ganz in die Hand des Großmeisters und es wird ihm außerordentlich schwer, in der guten Zeit die Schulden wieder abzutragen, mit denen er sich in der schlechten belastet hat. Die kleinern Meister befinden sich in einer doppelten Klemme. Kömmt ein Arbeiter zugereist und sucht Arbeit, so sucht er in eine große Werkstätte zu kommen. Er hört von den Preisen, die da bezahlt werden, und das genügt ihm und er überlegt nicht, ob er auch den an ihn gestellten Anforderungen entsprechen kann. Kommt nun ein solcher Arbeiter aus einer großen Werkstätte zu einem kleinern Meister, so verlangt er da dieselbe Bezahlung, welche in der großen die besten Arbeiter erhalten; er legt da nicht seine Befähigung, sondern die Preise der großen Werkstätte als Maßstab an. Für den kleinen Meister nun ist es sehr schwer, da das richtige Verhältniß des Arbeitspreises zu finden; er kann mit dem großen Meister nicht konkurriren, soll aber doch dieselben Preise zahlen. — Ein anderer Punkt, der ins Gewicht fällt, ist der: das freie Verehelichungsgesetz hat Hunderte von Arbeitern angelockt, sich einen eigenen Herd zu gründen. Da ihnen das Arbeiten in der Werkstätte aus mancherlei Gründen nicht behagt, so suchen sie meist bei jüdischen Kleiderhändlern Arbeit „ins Haus" oder vielmehr ins Dachstübchen; sie nehmen sich ein oder mehrere Nähmädchen oder einen schlechteren Gesellen und müssen nun Jahr aus Jahr ein für einen wahren Spottpreis (Jaquet zu 1 fl. 12 kr., Rock 1 fl. 24—30 kr., Hose 42 kr.) für den Juden arbeiten, der unverhältnißmäßigen Gewinn für sich einstreicht. Während nun der Jude sich bereichert, müssen sie früh und spät arbeiten und nicht selten hungern und — verderben sich und den Andern den Arbeitspreis. Sie werden so die Sklaven des Juden und können sich aus dieser Sklaverei meist ihr Leben lang nicht mehr herausreißen. Da hatten die jüdischen Kleiderhändler eine schöne Ausrede, als die Beschwerdeschrift der christlichen Meister wegen der Zuchthausarbeit in der Kammer vor- und ad acta gelegt wurde. Sie brachten die Arbeitsbücher dieser ihrer weißen Sklaven und wiesen daraus nach, daß ihnen die Arbeit außer den Strafanstalten noch billiger gemacht wird, als in denselben und die Sache blieb — beim Alten! (Die ganze hiesige Arbeitseinstellung war der Hauptsache nach nur gegen die Juden gerichtet; das haben die anderen Meister nicht begriffen, daß sie mit den Strikenden leicht hätten ein Abkommen treffen können, wozu diese auch gerne bereit gewesen wären. Statt dessen ließen sie sich von den Mittelspersonen der Juden verleiten, um keinen Preis nachzugeben. Das haben die Juden eben gewollt, denn jetzt hatten die **Juden**, welche große Magazine halten und nun **ausverkauften**, den **Gewinn**, die in die Falle gegangenen christlichen Meister und die Gesellen aber einen Schaden, an dem sie das ganze Jahr zu tragen haben werden. D. Red.)

— **Etliche** Fortschreiter, so den edlen, weisen und auch sonst noch ausgezeichneten Julium den Gerächten noch nicht kennen und seine trefflichen Eigenschaften nicht zu würdigen wissen, wollen ihn in der Person eines Untersuchungsrichters Briel einen Gegenkönig, beziehungsweise Gegenbürgermeister aufstellen. Ein gewesener Untersuchungsrichter 2. Bürgermeister von München — der Gedanke ist wirklich nicht übel! Man hätte da gleich einen Fachmann für „schwarze“ Umtriebe und „ultramontane“ Spitzbübereien oder eventuelle thronumstürzende Kinder-Vaterunser und brauchte nicht erst Gericht und Staatsanwalt zu bemühen. Zur weitern Ausführung dieses herrlichen Gedankens wird man wohl, so hoffen wir, demnächst einen Gendarmen als 1. Rechtsrath aufstellen.

— Knurrblättl heutiges bringt wieder einmal einen sehr gelungenen Artikel über „Zerwürfnisse und Uneinigkeit unter den Patrioten“ und daß es halt gar so traurig sei, daß die Patrioten nach der Pfeife des „Vaterland“ und des „Volksboten“ tanzen sollen. Für vernünftige Leute ist der Artikel sehr amüsant zu lesen; wenn das Vecchioni in der Weise fortmacht, so kann die komische Literatur des lieben Vaterlandes auf große Bereicherung durch seine Feder hoffen und wir kriegen was zur Erheiterung in diesen traurigen Zeitläuften.

In **Augsburg** befinden sich etliche intelligente Liberalen bereits im Delirium tremens, wobei sie alles schwarz und überall Jesuiten sehen. „Die Jesuiten kommen“! so heult man sich dort schon „seit einigen Wochen“ zu und wir begreifen, daß über diese Botschaft ein frommes liberales Gemüthe gar sehr entsetzet sein muß. Die „Organe“ malen dazu die Folgen der Ankunft der Jesuiten recht schwarz aus und schildern, wie die dann schleunigst jeden Wohlstand, jede Freiheit vernichten und wieder Schlangen sein werden am Busen der Kinder Augsburgs. — Lächerliche Einfälle liberaler Kindsköpfe! Wenn diese Augsburger Liberalen sich so vor dem Teufel fürchteten, wozu sie doch allen Grund hätten, wie vor den Jesuiten, wozu sie keinen Grund haben, dann brauchten sie weder Jesuiten zur Bekehrung, — noch den Teufel zur — Belehrung. Daß aber diese „aufgeklärten“ Liberalen eine gar so lächerliche Angst vor den Jesuiten haben! Oder wollen sie damit wieder zeigen, daß die Liberalen zwar tapfere Maulaufreißer, sonst aber immer — Vorsicht für des Muthes bessern Theil halten? Die Liberalen sind feig, sagt man; solche Angst bei den Augsburger Intelligenzen können wir in der That nicht für sonderliche Tapferkeit ausgeben.

Oesterreich. In Frohsdorf sind gegenwärtig die Häupter der französischen Bourbons, die ältere und jüngere Linie, zu einer Konferenz beisammen, da sie meinen, einige Franzosen könnten dumm genug sein, daß es sie nach aller traurigen Erfahrung nach der Wiederkehr der Bourbonen, resp. der jüngeren Orleans gelüstete. Wenn denkende Leute blos die Wahl haben zwischen den Grafen von Paris und dem Grafen Chambord, den Häuptern beider Linien, dann entscheiden sie sich jedenfalls für — die Republik, denn sonst müßten sie die versumpfte Bornirtheit oder die feige Korruption zum König von Frankreich machen.

Ausland.

Frankreich. In Paris hat das diplomatische Korps dem Kaiser zu dem glücklich vereitelten Attentat auf seine Person gratulirt. Zu dem österreichischen Gesandten sagte der Kaiser; „es freue ihn herzlich, die Bande der Freundschaft zwischen Frankreich und Oesterreich sich immer inniger befestigen zu sehen.“ — Uns freut es auch, denn es mehren sich damit die Aussichten auf Befreiung Deutschlands aus den preußischen Krallen, auf nachdrückliche Demüthigung des Borussenthums und ein wirkliches, freies, einiges Deutschland. Die Preußen sind harthörig, aber die beredte Sprache des Geprügeltwerdens verstehen sie.

Vermischte Nachrichten.

Hier hat sich eine „**Eisenbahnbaugesellschaft** München“ gebildet, welche gerne für 175,000 fl. Aktien anbringen möchte; sie will dafür „Eisenbahnen“ bauen. Wahrscheinlich in den englischen Garten oder nach Schwabing! Von den 3 Unternehmern nennen wir blos das „Bankhaus“ Gutleben & Weibert, (welch Ersterer ein vortrefflicher Jude ist, während Letzterer*) getauft sein soll) und den Lokomotiv-Fabrikanten Krauß, der so ausgezeichnete Lokomotiven anzufertigen weiß, daß sie niemals aus den Reparaturen herauskommen und in unserm Bahnhof die trefflichsten Dienste zum — Wagenverschieben leisten. Wer sein überflüßiges Geld recht nutzbar anlegen will, dem dürften die Aktien dieser „Gesellschaft“ sehr zu empfehlen sein. Sie sind nicht schlechter als die Türkenloose oder rumänische und spanische Papiere.

In **Eichstädt** ist der Domkapellmeister und Domvikar Rampis am 29. April plötzlich gestorben. (Es wäre nur wünschenswerth gewesen, wenn einer der Freunde des „Vaterland“ in Eichstädt uns die kurze Notiz in einem unfrankirten Briefe mitgetheilt hätte. Wir bitten dergleichen Notizen uns stets mittheilen zu wollen; die Mühe ist doch gewiß sehr gering.)

In **Haunstetten** bei Augsburg wurde am 1. Mai eine höchst fortschrittliche Prügelei geliefert, bei der sich die angesehendsten Intelligenzen mit Stöcken und Messern derart bearbeiteten, daß das Blut buchstäblich im Zimmer floß und nach Beendigung des Kampfes die Helden nur blutige Fetzen statt Kleidern am Leibe hatten. Für die Gelehrten des benachbarten Augsburger Fortschritts und ihre gediegenen „Organe“ ist das kein schlechter Erfolg und wir begreifen die übergroße Bescheidenheit der „Organe“ nicht, mit der sie sich darüber Schweigen auflegen!

Ebbes Jüdisches aus Franken.

Dem Expeditor einer Eisenbahnstation fiel es öfters auf, daß mehrere Kinder Israels bei ihrer Reise zum Viehmarkte sich Billete nicht bis zu der Stadt, in welcher Viehmarkt abgehalten wurde, sondern bis zur letzten Station vor dieser Stadt lösten. Dem guten Expeditor, der die „Ehrlichkeit“ der Hebräer nur zu gut aus eigener Erfahrung kannte, kam unwillkürlich der Gedanke: „Was gilt es, diese „Stinkabores“ geben bei der vorletzten Station ihre Billete ab, steigen aber bei der letzten nicht aus, sondern bleiben unbemerkt sitzen und fahren auf Staatskosten bis zur Stadt; denn wollten sie von der letzten Station bis zur Stadt gehen, so kämen sie zum

*) Hr. Weibert soll beabsichtigen, seinem Hausknecht 5 fl. zu geben, um den Redacteur des „Vaterland“ — wir wissen nicht mehr genau, ob ganz oder blos halb todt — zu prügeln, wenn er einmal ins „Vaterland“ komme. Wir glauben das nicht. Zur nützlichen Verausgabung dieser 5 fl. an den Hausknecht wäre indeß eben eine recht günstige Gelegenheit geboten, wobei besagter Hausknecht sich von der Trefflichkeit der Revolver von Hrn. Stiegele persönlich überzeugen könnte. Wir pflegen einen 5läufigen Tag und Nacht zu tragen und treffen zur Noth ein Scheunenthor, wenn wir nahe genug daran sind. Dies zur gefälligen Notiz.

Viehschachern zu spät." Wie gedacht, so geschehen! Eines schönen Morgens probirten die Juden ihr schon einige Male geglücktes „Geschäftche" wieder. Der Expeditor aber theilt dem Conducteur seinen Verdacht mit und dieser stellt sich bei der letzten Station, als ob er die im Waggon sitzen bleibenden Jüdlich nicht bemerke, bis die Zeit zum Weiterfahren verstrichen war. Da ruft er vor dem Thüreinsperren ins Coupe: „Meine Herren, wollen Sie gefälligst aussteigen! Sie haben bis hieher gezahlt!" Israel ist nicht verlegen, sondern schmust: Ußer Herr Condoktär! mer hätten uns grad entschlosse, weiter ze fahre und nachzezahle." Geht nicht, entgegnete der Conducteur, nach meiner Dienstesvorschrift darf ich keinen Reisenden ohne Billet mitnehmen; wollen Sie gefälligst aussteigen und sich schnell Billete holen; die Zeit zum Abfahren ist längst vorüber. — Die abgefaßten Juden geben Fersengeld, und im Augenblick, wo der erste aus der Expedition tritt und sein Billet hoch in der Hand hält, — pfeift es, der Zug geht ab und die Jüden haben nicht nur das Nachsehen, sondern auch das Nachlaufen für ihre gezahlten 9 kr. Au waih!

Börsen-Nachrichten.

Frankfurt a. M., 5. Mai. Schlußcurse: 1882er Amerikaner $95^1/_2$ österr. Bankactien 678; dito Creditactien $261^3/_4$; Bayer. Ostb.-Actien $126^3/_4$; Oesterr. Loose v. 1860 $78^7/_8$; dito v. 1864 112; 5proc. österr. engl. Metall. $219^1/_2$; 5proc. National — —; 5proc. bayer. Anl. $101^1/_2$, dito $4^1/_2$ proc. Anl. $91^1/_4$; dito 4 proc. Pr.-Anl. 106; dito 4proc. Grundrente $86^1/_4$; Elisabeth-Prior. 1. Em. $77^1/_2$; Napoleons 9. 29. Münchener Anleihe — —; steuerfreie Met. v. 1866 — —; österr. franz. Staatsbahn $373^1/_4$; bad. Prüm.-Anl. 105; Münchener Handelsbank 99.

Verantwortlicher Redakteur: [illegible]

Fahrtenplan vom 15. Oktober 1869 an.

Abfahrt und Ankunft der Eisenbahnzüge

in München

Augsburg

Abfahrt nach	Ankunft von
5^{45} Morgens Kurierzug.	8^{10} Morgens Personenz.
6^{10} Morgens Schnellzug.	8^{40} Morgens Kurierzug.
6^{25} Morgens Postzug.	11^{10} Vormitt. Güterzug.
11^{-} Vormitt. Postzug.	3^{35} Nachmitt. Postzug.
1^{50} Nachmitt. Personenz.	8^{15} Abends Kurierzug.
5^{45} Abends Kurierzug.	9^{15} Abends Güterzug.
6^{45} Abends Personenz.	9^{40} Abends Schnellzug.
11^{30} Nachts Schnellzug	

Salzburg

Abfahrt nach	Ankunft von
5^{-} Morgens Güterzug.	5^{15} Morgens Kurierzug.
9^{-} Morgens Schnellzug.	8^{15} Morgens Güterzug
10^{-} Vormitt. Postzug.	10^{15} Vormitt. Postzug.
4^{30} Nachmitt. Postzug.	4^{10} Nachmitt. Postzug.
5^{40} Nachmitt. Güterzug.	
8^{40} Abends Kurierzug.	8^{45} Abends Güterzug.
10^{10} Nachts Schnellzug	11 Nachts Schnellzug.

Großhesselohe.

Abfahrt in München:	Abfahrt in Großhesselohe:
6 U. — M. Morgens.	7 U. 51 M. Morgens.
10 U. — M. Vormittags.	10 U. — M. Morgens.
4 U. 30 M. Nachmittags.	8 U. 52 M. Nachmittags.
6 U. 40 M. Abends.	8 U. 31 M. Abends.

Starnberg

Gemischte Züge.

Abfahrt nach	Ankunft von
6^{30} Morgens.	8^{20} Vormitt.
10^{30} Vormitt.	12^{35} Mittags.
5 Abends.	7^{25} Abends.

Ingolstadt

Abfahrt nach	Ankunft von
6^{30} Morgens Personenz.	8^{55} [illegible] Personenz.
11^{25} Mittags Güterzug.	$3^{[illegible]}$ Nachmitt. [illegible]
5^{45} Abends Personenz.	9 [illegible]

Regensburg.

Abfahrt nach	Ankunft von
5^{-} Morgens Postzug.	8^{24} Morgens Güterzug.
7^{45} Morgens Kurierzug	9^{30} Vormitt. Kurierzug
9^{45} Vormitt. Postzug.	11^{45} Vormitt. Güterzug.
1^{30} Nachmitt. Güterzug.	6^{17} Abends Güterzug.
5^{15} Abends Kurierzug.	8^{5} Abends Kurierzug.
7^{-} Abends Güterzug.	10^{35} Nachts Personenz.

München-Schleißheim:

6 U. [illegible] M. Morgens
9 U. 45 M. Vormittags
1 U. 3[illegible] M. Nachmittags
7 U. — M. Abends

Schleißheim-München:

7 U. [illegible] M. [illegible]
11 U. 10 M. Vormittags.
5 U. 52 M. Abends.
10 U. — M. Abends.

Vom **Sonntag** den 17. d. **Mts.** angefangen wurden an **Sonn- und Feiertagen** außer den Zügen nach der gegenwärtigen Winterfahrordnung folgende Fahrten eingerichtet:

I. Von München nach Starnberg und zurück.

Abfahrt in München 2 Uhr 30 Minuten Nachmittags.
Abfahrt in Starnberg 5 Uhr — Minuten Abends.

II. Von München nach Großhesselohe und zurück:

Abfahrt in München 2 Uhr 30 Minuten Nachmittags.
Abfahrt in Großhesselohe 6 Uhr 30 Minuten Abends.

Druck von M. Wegt in Landshut, Neuthal 19

II. Jahrgang. | Das Bayrische **Vaterland.** | Auflage: 5400.

Das „Bayr. Vaterland" erscheint täglich mit Ausnahme der Sonn- und hohen Festtage. Preis des Blattes: Vierteljährig 54 kr., ganzjährig 3 fl. 36 kr. Das einzelne Blatt 1 kr.

Alle Postexpeditionen und Postboten des In- und Auslandes nehmen Bestellungen an. Inserate werden die dreispaltige Petitzeile oder deren Raum zu 3 kr. berechnet.

Redaktion: Burggasse 14. | Herausgegeben von Dr. jur. J. Sigl. | Expedition: Ruffinibazar 5

Anton. | Nr. 105. | Dienstag, 10. Mai 1870.

Bestellungen auf das „Bayr. Vaterland" für das Quartal (für die Monate Mai und Juni zu 36 kr.) können bei allen Postanstalten und Postboten noch immer gemacht werden.

Beiträge zur Charakteristik der liberalen Staaatsweisheit in Bayern.

. **Aus Unterfranken.** Um den Liberalismus ist es was Großes, besonders wenn er regierungsfähig geworden ist. Er ist wie seine Milchschwester die Bureaukratie, eine Errungenschaft der neueren Zeit, ein Produkt der modernen Aufklärungs-Industrie und leistet da am meisten, wo er in Regie betrieben wird. Das „Vaterland" hat ihn in seinem Wesen und Thun schon oft genug geschildert, heute will auch ich ein paar Beiträge zur weiteren Charakteristik desselben geben.

Der kgl. bayr. Regierungs-Liberalismus zeichnet sie u. A. aus:

1) Durch recht viele Befehle und Verordnungen und ebenso viele Gegenbefehle und Gegenverordnungen. Kaum hatte die k. Regierung von Unterfranken am 15. Okt. 1869 an sämmtliche Schulkommissionen und Distriktsschul-Inspektionen das Schema hinausgegeben, wonach man künftig in den Schulen die Noten geben sollte, und zwar nach einer fünfgliedrigen Scala, als am 18. Okt. (!!) eine Ministerial-Entschließung „herabgeschlossen" wurde, welche eine viergliedrige Skala vorschreibt und die natürlich gleichfalls von der Kreisregierung publicirt wurde. (!)

2) Durch die kleinlichsten Verordnungen über die unbedeutendsten Dinge ganz nach der Weise Kaiser Josephs II., den Friedrich II. „seinen Bruder den Sakristan" zu nennen pflegte von wegen seines Hineinregierens in die Sakristei. Da wurde im heurigen Winter verordnet, Kinder unter 10 Jahren sollten an Werktagen vom Kirchenbesuch dispensirt sein, dann: Kinder sollten nicht mehr die Kirche auskehren; bald darauf kam eine neue Verordnung, nach der Kinder dies thun dürften, wenn die Eltern zufrieden seien. (!)

3) Durch mitunter verderbliche Allerwelts-Fürsorge. Hatten da etliche studierte Bauern oder sonst wer der Regierung bange gemacht, heuer werde es ein Maikäferjahr. Alsbald wurden alle Behörden bis herab zum Bürgermeister des obskursten Dörfleins aufgefordert, ja ehebaldigst die Larven der Maikäfer zu vertilgen und zu diesem Zweck die Hecken auf dem Felde als die Sitze der Larven zu verbrennen. Es geschieht und — zahlreiche Waldbrände durch die brennenden Hecken sind die erfreuliche Folge.

4) Durch gegenseitiges Heruntersetzen in den öffentlichen Blättern, denn jede Behörde will die gescheidtere sein und die Regierung natürlich ist die allergescheidteste. Da haben z. B. die beiden Bezirksämter Lohr u. Karlstadt über die neue Gemeindeordnung verschiedene Ansichten, wie das gewöhnlichen Menschenkindern eben auch passirt. Das eine meint, zu Kassenführern in Landgemeinden könne man auch unstudierte Leute vom Dorfe nehmen; das andere aber ist der Ansicht, nur Leute mit „Vorbildung" seien dazu brauchbar. Im Kreisamtsblatt Nr. 40 steht nun in Folge einer Ministerial-Entschließung zu lesen, die Anschauung des Bezirksamts Karlstadt seien „nicht berechtigt" und die des Bezirksamts Lohr seien „nicht zu billigen." Jetzt haben also beide nicht Recht gehabt, sondern nur die höhere Weisheit der Staatsregierung hat ins Schwarze getroffen!

5) Im Kreis-Amtsblatt Nr. 36 werden von der kgl. Regierung die Lokal-Schulinspektionen dahin belehrt, daß ihre Zuständigkeit sich besonders auf die technische Leitung des Unterrichts, Schuldisziplin u. dgl. erstrecke, daß dagegen finanzielle Angelegenheiten, wie Schulgeld, Dotation ꝛc. die Gemeindbehörde angehen.

Bisher hat man den Geistlichen immer vorgeworfen, daß sie vom Technischen nichts verstehen, es müßten „Leute vom Fach" zu Distrikts-Schulinspektoren gemacht und die Lokal-Inspektionen müßten ganz aufgehoben werden; jetzt sind sie wieder zu Gnaden und Kenntnissen gekommen und verstehen sogar etwas vom Technischen. Dagegen verstehen sie jetzt auf einmal nichts mehr vom Kassenwesen, überhaupt was Geldsachen anlangt, — im großen Gegensatz zu früher, sogar zur Instruktion, wonach der Lokal-Schulinspektor für das Einkommen des Lehrers haftbar sein sollte!

Man sieht hieraus, wie sich Alles drehen und wenden läßt. Jetzt heißt es, das Technische, nicht das Finanzielle geht die Lokal-Schulinspektion an; vielleicht heißt es nächstens, es geht sie weder das Eine noch das Andere an. Wenn übrigens Schuldotation, Schulgeld ꝛc. nicht zur Zuständigkeit der Lokal-Schulinspektionen gehören, warum sollen dann dieselben doch noch die Quittungen über die Kreisfondszuschüsse ausstellen? warum noch die Rechnungen unterzeichnen, wenn sie Kassenwesen und Zahlungsanweisungen nichts mehr angehen? Man weiß so in Vielem nicht mehr, was man thun und lassen soll und es geht Einem wie den Bezirksämtern Lohr und Karlstadt!

(O weise und erhabene Staatskuratel! Du siehst Alles, du weißt Alles, Du verstehst Alles! Du bist der Inbegriff aller Weisheit, die Quelle alles Wissens; deine Erkenntniß und Wissenschaft ist tief wie das Meer und unermeßlich wie das Weltall. Wie unerforschlich sind deine Wege und wie unbegreiflich manchmal deine Rathschlüsse! D. Red.)

Deutschland.

München, den 9. Mai.

— Der französische Apostat und ehemalige P. Hyacinth befindet sich noch immer hier und wird von Döllinger und ähnlichen „deutsch-wissenschaftlichen Größen stark in Anspruch genommen, von den liberalen, wissenschaftlichen Proletariern und ihren „Organen“ aber ehrfurchtsvoll aus der Ferne beweihräuchert. Welche „wissenschaftlichen“ Teufeleien vorbereitet und in Scene gesetzt werden, wissen wir nicht; es ist aber stark zu erwarten, daß die Thore Roms von München aus nicht erstürmt werden, wenn man auch redlich bestrebt ist, der kirchlichen Autorität nach Kräften die Fenster einzuwerfen. Die „Abendzeitung“ schwindelt ihren Lesern — und zwar thut's der ehemalige Hausoffiziöse der bekannten kleinen Durchlaucht — Einiges von „Furcht“ der „Klerikalen“ vor, daß „der König diese neuerliche Gelegenheit ergreifen möchte, seiner unverhohlenen Abneigung gegen die dermaligen staatsgefährlichen (!) Tendenzen Roms Ausdruck zu geben“. Wir möchten die „Abendzeitung“ doch recht dringend bitten, nicht bei jeder Gelegenheit die Autorität des kgl. Namens durch Mißbrauch zu höchst einfältigen Parteizwecken zu kompromittiren. Ueberdies sollte oder könnte doch die „Abendzeitung“ wissen, daß die „Klerikalen“ nicht den allermindesten Grund zu einer Furcht vor dergleichen „Ausdrücken“ haben. Für die Sache der katholischen Kirche ist es überaus — irrelevant ob dieser oder jener Fürst diese oder jene Privatmeinung über katholische Dinge hat und ihr einen „Ausdruck“ gibt, wie er ihm gerade zusagt. Der Kirche und dem katholischen Dogma gegenüber ist der mächtigste Fürst nicht mehr als der letzte Katholik und gilt seine Privatanschauung so viel als die eines beliebigen anderen Menschenkindes. So lange ein Fürst beanspruchen will, als Mitglied der Kirche zu gelten, muß er sich den Aussprüchen der Kirche unterwerfen, wie jeder andere Katholik; wenn nicht, so hört er eben auf, der Glied der Kirche zu sein, wenn er auch nach wie vor ein Fürst bleibt. Die Zeiten, daß die lieben Unterthanen auch in kirchlichen Dingen sich nach den respektiven Meinungen und oft schlecht genug begründeten Ansichten ihrer diversen Landesväter zu richten hatten, sind glücklicher Weise längst vorüber! „Furcht“ also haben die „Klerikalen“ nicht und es würde sie ungemein kalt lassen, wenn, was wir übrigens nicht glauben, der dem Kloster entlaufene Mönch und bereits von allen „liberalen“ Schusterjungen vergötterte Apostat Loyson (P. Hyazinth) die schmeichelhaftesten Handschreiben von allen möglichen Kaisern und Königen erhielt, denn die Sache der katholischen Kirche ist fester gegründet, als daß ihr fürstliche Kundgebungen und Handschreiben sonderlichen Schaden thun, oder auch nützen könnten.

— Das patriotische München feierte gestern und vorgestern ein schönes Fest, welches ihm von der „Garde“ bereitet wurde. Diese „Garde“ ist ein Verein von Söhnen der besten hiesigen patriotischen Bürger und hat sich zur Aufgabe gemacht, dem Beispiele der wackeren Väter nachzustreben und ein Kern- und Vereinigungspunkt für das patriotische Jung-München zu werden. Was die Väter waren und noch sind, das wollen diese jungen Männer werden, treu bewahrend das heilige Feuer patriotischer Begeisterung, für Gott, Vaterland und König für eine heranziehende bessere Zeit. Der Vorstand dieses wackeren und viel versprechenden Vereines ist Hr. Steiner jun., dessen unermüdlichen Eifer wir schon bei den letzten Wahlen kennen und nach Verdienst zu schätzen gelernt haben. Am Samstag nun feierte die junge Garde ihr erstes Stiftungsfest im Glasgarten, das sich zu einem Fest für das ganze patriotische München gestaltete und ebenso durch die äußerst zahlreich gekommenen Gäste, wie durch die gediegenen, markigen und begeisterten patriotischen Reden ausgezeichnet war. Gestern vereinigte ein prachtvolles Fest, das Maifest der „Garde“, Tausende von Patrioten und patriotischen Frauen und Jungfrauen in Föhring. Die „Garde“ hat mit beiden Festen sich den Dank Münchens verdient und eine schöne Erinnerung bei allen Theilnehmern hinterlassen. Möge der wackere Verein der jungen „Garde“ blühen, wachsen und gedeihen, damit München sich reicher Früchte ihres edlen Strebens erfreuen möge! Sie hat sich einen tüchtigen Grund gelegt; baue sie nur tüchtig darauf fort und lasse sie sich nicht entmuthigen von den Stürmen, die auch sie nicht verschonen werden, dann werden ihre Erfolge dem glücklichen Anfang entsprechen.

— Der Verfasser der Brochüre: „Ist Döllinger ein Häretiker ist aus Baden zurückgekehrt und hat sich nach Rom begeben, um sich vor seinen Obern wegen dieser Brochüre zu verantworten.

— Der IV. Ausschuß der Kammer der Abgeordneten hat den Antrag Grells, wonach der Loosnummertausch bei der Conscription zulässig sein sollte, verworfen, da es „bedenklich“ sei, aus dem Wehrgesetze lediglich einen Artikel herauszureißen, der eine Grundbestimmung desselben sei und die Weiterbildungsfähigkeit (!!) in sich trage. Ein sauberer Grund! Die Herren wollen doch nicht, daß das Wehrgesetz noch mehr ins Preußische „weitergebildet“ werde! Hoffentlich wird die Kammer einen anderen Beschluß faßen als der 4. Ausschuß beliebt hat.

— Ueber die künftige Stellung eines der wichtigsten Mitglieder der Kammer zur patriotischen Partei hören wir merkwürdige Dinge, die wir indeß nicht für ganz unwahrscheinlich halten und die unsere bereits mehrmals angedeuteten Befürchtungen glänzend rechtfertigen würden. Wir wollen aber doch noch etwas zuwarten, bis wir reden müssen.

L Aus dem **Laberthal** wird dem „Vaterland“ geschrieben: Die Generaldirektion der Verkehrsanstalten hat in Bezug auf die Führung der Beschwerdebücher an den Eisenbahnstationen und auf die Controlle derselben dankenswerthe Vorschriften erlassen. Solche Beschwerdebücher sollten auch auf allen Briefpostexpeditionen aufliegen. Es mag jetzt ungefähr ein Jahr sein, daß fast in der ganzen bayerischen Presse gegen die Unsicherheit des Briefwesens und andere Gebrechen der Verkehrsanstalten Sturm geläutet wurde. Darauf hin ist's etwas besser geworden — allein seit neuerer Zeit werden wieder Klagen laut theils über verlorne oder verspätete Briefe, theils über patzige Behandlung des Publikums, theils über den Schlendrian, um nicht einen schärferen Ausdruck zu gebrauchen, auf einzelnen Expeditionen. Der gemeine Mann nun weiß nicht wo aus und wo an, um sich solcher Behandlung zu erwehren, und wenn er auch weiß, daß er sich an's Oberpostamt zu wenden hätte, wer macht ihm die Anzeige, wer bezahlt ihm Aufsatz und Porto? Deßhalb scheint es dringend geboten, daß solche Beschwerdebücher auf allen Postexpeditionen aufgelegt werden, damit Jeder, dem etwas widerfährt, was nicht in der Ordnung ist, dies ohne Scheererei und Kosten zur Kenntniß der vorgesetzten Behörde bringen kann. Für zweckmäßig würde es auch zu erachten sein, wenn auf allen Expeditionen ein Buch vorhanden wäre, worin Jeder der will, die Adresse des Briefes, den er aufgibt, einzeichnet oder einzeichnen läßt, so daß er den Charakter eines „rekommandirten“ Briefes erlangte. Dadurch würde einerseits die Sicherheit seiner Briefe auch dem Armen garantirt, welche bisher blos der Reiche, der die sieben Kreuzer nicht anzuschauen brauchte, genoß und andererseits das Vertrauen in das Postinstitut wieder gehoben. Fort mit den Rekommandations-Taxen! Es liegt immerhin etwas Seltsames darin, daß ich für die Sicherheit meines Briefes auch noch zahlen soll! Versteht sich denn die Sicherheit nicht von selbst? Sind es doch königliche Anstalten! Herr von Schlör wird staunen, wenn er bei der Budgetberathung erfährt, wie unzufrieden man da und dort mit Briefpostexpeditionen zu sein berechtigt ist. Seine Inspektoren, die nur äußerst selten nachschauen, seine Inspektoren, welche ihre Visitationen meist nur auf den Richtigstand der Kassa u. dgl. beschränken und deren Ankunft man auf allen Expeditionen gewöhnlich rechtzeitig voraus weiß — müßen ihm nur Gutes, Liebes und Schönes hinaufgeschrieben haben, sonst wäre wahrscheinlich Manches besser! — (O ganz gewiß! Man braucht da nur Hrn. Schlör zu kennen, dem das bayrische Volk und seine Interesse über Alles geht! D. Red.)

— In **Würtemberg** schwärmen die aufgeklärten Demokraten jetzt mit den bisherigen Kempter Sechskreuzer-Kirchenvätern für eine schwäbische „Nationalkirche“, für die sie mit allen Glocken läuten. Wir empfehlen den „Katholiken“ der neuen „Nationalkirche“, bei der Wahl der neuen Bischöfe und Pfarrer die geehrten Wähler unseres Herrn von Schauß, so sich auf der Plassenburg eines heiligmäßigen Lebenswandels befleißigen, zu geneigter Berücksichtigung. Wir lassen sie um ein Billiges los und zahlen sogar eventuell noch das Reisegeld.

Oesterreich. In Wien scheint die Regierung einzusehen, daß man mit papiernen Drohungen und diplomatischen Noten Rom weder einschüchtern, noch zu liberalen Anschauungen belehren kann. Deshalb will man es in Ruhe lassen, weil die Fortsetzung der liberalen Stänkereien „die Situation nur verschärfen und erschweren könnte.“ (Auch die anderen Mächte haben sich diesem resignirten Entschluß angeschlossen.)

Preußen. In Berlin ist am 6. das Zollparlament geschlossen worden, nicht ohne daß sich die armen „nationalliberalen“ Seelen eklig blamirt haben. Als nämlich das erste Mal über die Steuererhöhung des Kaffeezolls abgestimmt wurde, ermannten sich sogar die „Nationalen“, „nein“ zu sagen. Ueber Nacht aber kamen den Leuten Gewissensbisse, durch diese Härte das edle thalersüchtige Herz Vater Bismark's beleidigt und den preußischen Pickelhaubenfond um anderthalb Millionen Thaler „geschädigt“ zu haben; sie gingen hin, thaten Buße und bei der Schlußabstimmung stimmten sie gegen sich selbst und für die Erhöhung! Vater Schlör und Durchlaucht Hohenlohe stimmten natürlich da auch wieder mit, weshalb wir sie nebst den gleichgesinnten Pickelhauben-Lüstlingen der freundlichen Erinnerungen aller Kaffeeschwestern nachdrücklichst empfehlen. Respekt vor diesen Leuten, denen die Liebe zum theuern preußischen Vaterlande sogar noch über den Kaffee ihrer Mitschwestern geht, den sie freilich nicht zu zahlen brauchen!

Ausland.

Frankreich. Papa Garibaldi hat „an die französische Armee“ einen Schreibebrief losgelassen, in welchem er die „französischen Brüder“ mit vielen Schmeicheleien und Komplimenten aufmuntert, schleunig etwas Revolution zu machen. Ein französisches Blatt ist so boshaft zu dieser Proklamation folgende höchst anziehende und von sehr humanen Gesinnungen zeugende Stelle aus einer Rede zu citiren, welche der große Heldennarr am 14. Juli 1862 in Palermo geleistet hat. Sie lautet: „Volk der sicilischen Vespern! Volk von 1860! Es ist dringend, es ist nothwendig, daß die Franzosen sich von Rom in Sicherheit bringen, Wenn's sein muß, macht neue Vespern!*) Jeder Bürger dem die Befreiung des Volkes am Herzen liegt, soll sein Stilet schleifen!“ Di efranzösische Armee wird wissen, was sie von diesem abscheulichen Aufruf zum Meuchelmord französischer Soldaten 1862 und den heuchlerischen Schmeicheleien des alten Narren 1870 zu halten hat.

In **Italien** hat die Verschwörung bereits so erfreuliche Fortschritte gemacht, daß die Regierung ihrem Gesandten in Paris die „Fäden des Zusammenhangs“ zwischen dem Attentate zu Paris und den Umtrieben der mazzinistischen Partei übermitteln konnte und dieser der französischen Regierung die Beweisstücke für diese interessante Entdeckung in die Hände legen konnte. König Ehrenmann hat sich aus lauter Angst vor dem Ausbruch der Revolution vom Krankenbette in Turin weg nach Florenz geflüchtet, wo er mehr Soldaten zum Schutz seines kostbaren Leichnams findet. Wäre wirklich Schade für diese Zierde der Könige, wenn auch ihm die Revolution thäte, was er seinen „Vetter“, den italienischen Fürsten gethan, denn ein solcher Musterkönig fände sich so leicht nicht wieder.

Eine **rumänische** Zeitung in Ploješcht und zwar ein Organ des Handelsstandes, also der besitzenden und gebildeten Classen, richtet nachfolgende Worte an den Fürsten Carl. Dieselben beweisen für die erregte Stimmung des Landes überhaupt, und besonders dafür, daß die gemeinten Classen vielleicht nicht gebildeter, sicher aber weniger gewillt sind, als die unsrigen, ihren Besitz dem Schutz eines Hohenzollern anzuvertrauen: „Haben wir dich als Contrebande in unser Land eingeschmuggelt, daß du jetzt so mit uns umspringen willst! Du warst vor vier Jahren hungrig wie eine Maus und nackt wie ein Gewehrlauf, und wir haben dich gesättigt und deine Fetzen dir auf den Leib geworfen. Wir haben dich nach Rumänien gebracht und dich in Gold und Ehre gesteckt bis an den Hals, und als Dank dafür insultirst du uns jetzt, drohst du uns jetzt? . . Und wer zahlt den hier eigentlich Steuern, du — oder der Handelsstand? . . . Du kennst weder die rumänische Sprache, noch fesselt dich irgend ein Band an dieses Land, weder die Gräber deiner Ahnen sind hier, noch wird je die Wiege deiner Kinder hier stehen! Du hast weder eine Kirche noch einen Freund hier; du hast einen Koffer auf deinem Rücken und einen Gehalt von uns — und dieser Gehalt ist's allein der dich an diesem Lande kleben läßt, und sobald du von irgend einem fremden Cabinet einen höheren Gehalt kriegst, greifst du gleich darnach und verkaufst Rumänien . . . Und du willst dem Handelsstande drohen! Du willst dem rumänischen Handelsstande vielleicht den Credit abschneiden? Ja wahrscheinlich in Düsseldorf, weil der erste Transport von Corporalstöcken, den du von dort bezogen hast, von der Nation mit Entrüstung zurückgewiesen worden war als eine erbärmliche Waare . . . Mit Bankerott bedrohst du uns, und siehst nicht, daß deine Minister und deine Finanzen bankerott sind, und nur noch bankerotte Politiker und bankerotte Händler heute die Dynastie aufrecht zu erhalten sich bemühen?“ — Die scheinen eine große Liebe zu ihren Landesvater in der Pickelhaube zu haben!

Rußland. In Petersburg wurde der österreichische Militärattachś Prinz Arenberg am Samstag in seiner Wohnung ermordet. Der Prinz wurde in seinem Bett geknebelt und erdrosselt gefunden.

Vermischte Nachrichten.

In **Gundihausen** bei Altfraunhofen brannte vor 8 Tagen das Anwesen des dortigen Bürgermeisters nieder; das Feuer war von ruchloser Hand gelegt. Ein paar Tage zuvor wurden dem Abgebrannten die eingebrachten Steuern mittels Einbruch gestohlen! Was werden wir noch erleben, fragt der Einsender, wenn die Saat unsers allgemein gehaßten Ansäßigmachungsgesetzes recht aufgeht?

In **Liegnitz** hat ein Kaplan Jentsch eine Brochüre gegen die Unfehlbarkeit geleistet und wurde vom Domkapitel Breslau wegen einiger Punkte derselben zur Verantwortung gezogen. Er erklärte, sich zu keinem Widerruf verstehen zu wollen. (Dann dürfte man wahrscheinlich sehr kurzen Prozeß mit ihm machen.)

In **Ostpreußen** ist den Schullehrern die Ertheilung von

*) Bei der „sicilischen Vesper“ wurden bekanntlich sämmtliche Franzosen ermordet.

Privatstunden verblümt verboten worden, damit sie so leichter verhungern können.

In **Washington** hat jüngst das Haus der (protestantischen) Abgeordneten den Barmherzigen Schwestern in Charleston eine Schenkung von 20000 Dollars (50000 fl.) zum Wiederaufbau ihres im Kriege zerstörten Waisenhauses gemacht. Der Antragsteller, ein Protestant, sagte bei Begründung seines Antrags: „Die Dienste der Schwestern können durch Geldspenden nicht belohnt werden. Sie arbeiten, ohne irdischen Lohn zu erwarten, obwohl sie bei ihrer Thätigkeit den Muth des Soldaten und die Umsicht des Staatsmannes bewährt haben. Die katholische Kirche ist der Pionir an unsern Grenzen; mit der Civilisation bringt sie die Segnungen des Christenthums.“ Solche protestantische Anschauungen stechen merkwürdig ab gegen die unserer aufgeklärten Fortschrittlinge, welche lieber heute als morgen die opfermuthigen Schwestern, diese Heldinen christlicher Selbstverleugnung, vom Erdboden vertilgen möchten.

Dienstes-Nachrichten.

Verliehen: Die Stadtpfarrpredigerstelle zu hl. Geist in München, dem Prof. und Insp. an der k. Pagerie J. Costa; d. k. Pf. Gotteszell, B.-A. Viechtach, dem M. Stern, Pf. in Bodenmais, B.-A. Regen; Rothenbuch, B.-A. Schongau, dem A. Günzinger, Kuratbenef. in Thalheim, B.-A. Erding.

Münchener Schranne vom 7. Mai.

Getreidsorten	Verkauft Schffl.	Höchster fl.	kr.	Mittel- fl.	kr.	Nied.-Preis fl.	kr.	Gest. fl.	kr.	Gef. fl.	kr.
Weizen . . .	2525	20	50	19	42	18	2	—	23	—	—
Korn	1357	12	41	12	17	11	51	—	23	—	—
Gerste . . .	629	18	12	12	33	12	8	—	—	—	26
Haber . . .	1530	8	46	8	19	7	58	—	—	—	14
Reps . . .	—	—	—	—	—	—	—	—	—	—	—
Lein . . .	22	26	—	23	45	22	27	—	—	—	7

Verantwortlicher Redakteur: Dr. J. Sigl.

Druck von M. Vogt in München. Roseithal 19

II. Jahrgang.

Das Bayrische Vaterland.

Auflage: 5400.

Das „Bayr. Vaterland" erscheint täglich mit Ausnahme der Sonn- und hohen Festtage. Preis des Blattes: Vierteljährig 54 kr., ganzjährig 3 fl. 36 kr. Das einzelne Blatt 1 kr.

Alle Postexpeditionen und Postboten des In- und Auslandes nehmen Bestellungen an. Inserate werden die dreispaltige Petitzeile oder deren Raum zu 3 kr. berechnet.

Redaktion: Burggasse 14. Herausgegeben von Dr. jur. J. Sigl. Expedition: Kaffinibazar 5

Mamertus. Nr. 106. Mittwoch, 11. Mai 1870.

Bestellungen auf das „Bayr. Vaterland" für das Quartal (für die Monate Mai und Juni zu 36 kr.) können bei allen Postanstalten und Postboten noch immer gemacht werden.

Der Traum vom Zollparlament und sein Ende.

* Das Zollparlament ist wiederum auseinander gegangen und hat Deutschland mit einer neuen Steuererhöhung, dem Kaffeezoll, gesegnet und die Geschichte mit einer nichtssagenden Thronrede bereichert. Den „deutschen Frühling" aber, der nach dem schwäbischen Propheten Völk schon im vorigen Jahre angebrochen sein soll, hat es auch heuer nicht gebracht; im Gegentheil, es sieht heute frostiger und winterlicher als je in Deutschland aus.

Eines aber dürfte das Zollparlament, diese bismarkische Mißgeburt, welche nun am Verscheiden ist, doch genützt haben: es hat Preußen die Ueberzeugung beigebracht, daß mit ihm nichts anzufangen ist und daß sich das Zollparlament jedenfalls nicht zur Weiterführung der vermeintlichen „göttlichen Mission Preußens", ganz Deutschland in den preußischen Sack zu stecken, nicht mißbrauchen läßt. Preußen muß, wenn es die angeborne hochmüthige Einbildung und Windbeutelei zuläßt, durch das Zollparlament, d. h. durch die widerhaarigen süddeutschen Mitglieder desselben — vom „national" bettelpreußischen Troßt, der keinen Boden im Volke hat, reden wir nicht — zur Einsicht gekommen sein, daß die scheinbaren Erfolge der preußischen Raubpolitik nicht nur nichts genützt, sondern vielmehr geschadet haben, daß sie namentlich dazu beigetragen haben, den altpreußischen monarchischen Standpunkt zu verrücken, wo nicht unheilbar zu zerstören. Millioner sind verschleudert, Hunderttausende haben geblutet und Unsägliches geduldet für den Wahn, Preußen an die Spitze von Deutschland zu stellen. Es ging wohl — in der Einbildung, die rauhe Wirklichkeit aber hat alle Illusionen von Grund aus zerstört. Ob wir im Jahr 1871 den preußischen Nordbund, den Zollverein oder sogar die preußische Monarchie noch haben werden, — wer kann das wissen, wer kann das voraus sagen!

Die ganze Errungenschaft des blutigen Jahres 1866 reducirt sich auf die Dotation für Bismark und Kompagnie, die den Verrath des deutschen Bundes durchführten und sich dabei viel Geld und „Ehren" verdienten, und die Erhöhung des Einkommens des „Herrn" von Preußen um eine Million Thaler. Die allein haben eine klingende Erinnerung daran, daß sie Deutschland zerschlagen haben.

Das Volk hatte davon Elend, Hunger, neue Steuern und Schulden.

Der europäische Kontinent hat seit dem preußischen Raubzuge von 1866 ein ganz anderes Gesicht bekommen. In handelspolitischer Beziehung neigen wir jetzt nach ganz anderen Verbindungen und Richtungen und es wäre in naher Zeit nichts weniger als undenkbar, daß Preußen nicht blos die famosen Bündnisse, sondern auch der Zollverband **gekündigt** würde. Wir stehen am Vorabend großer Ereignisse und müssen jeden Tag darauf gefaßt sein, daß sich die europäischen Allianzen mit einem Schlage so gestaltet haben und als vollendete Thatsache hervortreten, daß in Folge dessen dem Nordbund-Skandal ein kurzes Ende bereitet wird. Am 8. Mai dürften in Frankreich die Würfel gefallen sein, welche unser künftiges Schicksal bestimmen werden.

Behaupte man doch nicht, Industrie, Landwirthschaft, Verkehr und Finanzen möchten durch die Lösung der handelspolitischen Verbindung mit dem armen Preußen Schaden leiden! Es ist so oft nachgewiesen worden, daß gerade diese künstliche, nicht natürliche Verbindung uns Schaden gebracht und nahezu unsern finanziellen Ruin herbeigeführt hat. Süddeutschland, eingeschlossen zwischen Frankreich, Italien und Oesterreich, wird sicherlich handelspolitisch bessere Geschäfte mit diesen Staaten machen, als mit dem armen Norden, von dem es sich aussaugen lassen soll.

Für die Erhaltung der Selbstständigkeit Süddeutschlands innerhalb einer Allianz mit den westlichen und östlichen Nachbarstaaten ist sicherlich besser gesorgt, als mit den Anschluß an den raub- und eroberungssüchtigen, dazu allezeit **treulosen** Hohenzollernstaat, dessen Ende mit Schrecken sich unaufhaltsam rasch vorbereitet.

Der politischen Isolirung Preußens, die eine nicht mehr zu leugnende Thatsache ist, muß die handelspolitische, die commercielle Isolirung auf dem Fuße folgen, und damit wäre der halbwahnsinnigen Raubpolitik ein klägliches aber wohlverdientes Ende bereitet. An der Krone Bayern sollten solche Schwenkungen und Wendungen nicht spurlos und ohne Eindruck vorübergehen, damit nicht ein neuer Beleg zur historischen Thatsache: daß die Geschichte Bayerns eine Geschichte der verfehlten Gelegenheiten ist — 1870 oder 71 geliefert werde und dann die letzten Dinge noch schlimmer werden als die ersten!

Die Volksschule.

Eine Entgegnung.

H. **Von der Amper.** Das „Vaterland" bringt viel Gutes und auch Schlimmes über die Volksschullehrer, daß ich jederzeit derartige Berichte mit lebhaftem Interesse verfolge und häufig Partei für oder gegen sie nehme. Ihr Korrespondent K in Nr. 102 aus der Pfalz jedoch hat zu viel gesagt, als daß ich nicht bitten müßte, darüber auch eine andere Stimme hören zu wollen.

Der Herr aus der Pfalz hofft sich vor Allem von der Aufhebung des Schulzwanges alles Heil; seine Erfahrung zeige ihm, daß bei „freudigem Zusammenwirken des Klerus, der Familie und des Lehrers der Schulbesuch nichts zu wünschen übrig lasse.“ Dann meint er, „daß es auf dem Lande für Lehrer und Schule von größtem Nutzen sei, wenn Morgens für eine Abtheilung 3—4 Stunden und Nachmittags 3 Stunden für andere Abtheilungen unterrichtet würde,“ und schließt mit dem Bemerken: „Bei den vielen schlechten Schulen liegt überall ohne Ausnahme die Schuld an den Lehrern.“

Das scheint mir in mancher Hinsicht nicht richtig zu sein.[1]) Der Lehrer auf dem Lande hat jederzeit mit dem Uebelstande zu kämpfen, daß er nach dem jetzigen Zustande siebenerlei Kinder zu behandeln hat, so lange die Schulzeit dauert, während der Lehrer in der Stadt oder in Märkten die sieben Jahrgänge zu zwei oder dreien vereinfachen kann.

Dem Ansinnen, daß am Vormittag für eine und am Nachmittag für eine andere Abtheilung gelehrt werde, ist höheren Orts entgegen getreten und sind diese sogenannten Halbschulen nicht geduldet worden. Gerade was diesen Punkt anbelangt, scheint der Hr. Correspondent aus der Pfalz gar keine Erfahrung zu haben, denn sonst müßte er wissen, daß auch die gesündeste Lehrerlunge mit 2 Stunden Unterricht Vormittags und ebensoviel Nachmittags, nicht zu reden von Zwischen- und Nebenstunden, so in Anspruch genommen ist, daß der Lehrer, der die täglichen 4 Stunden öffentlicher Schule zu 6—7 Stunden auszudehnen im Stande ist, seine Lunge für die eines Pferdes zu erkennen in der Lage sein wird.

Wie mag mag man dann von Aufhebung des Schulzwanges[2]), zugleich von Rechten der Eltern auf ihre Kinder sprechen, wenn fast ohne Ausnahme, wenigstens am Lande, die Eltern es gerade sind, die die Kinder zum gewissenhaften Schulbesuche nicht anhalten, die vielmehr selbst jedes mögliche Versäumniß für ganz erklärlich und darum für entschuldbar finden?[3])

Wenn dann „ohne Ausnahme bei den vielen schlechten Schulen überall die Schuld an den Lehrern liegt“, so muß vielmehr bei allen Schulen die größte Schuld, wenn nicht alle, bei den ihre Kinder verzärtelnden Eltern am Lande liegen, die es nicht ertragen können, wenn einem ihrer zarten Lieben ein scheeles Wort von Seite des Lehrers hie und da zustoßt, während der Lehrer es ertragen muß, Jahr aus, Jahr ein, daß er für die, von daheim verhätschelten, denk- und arbeitsfaulen Kinder Stunde für Stunde, Tag für Tag, Jahr für Jahr bis auf's tiefste Herzblut mit innerem und äußerem Schweiße sich aufarbeiten muß.[4])

Gar keine Erfahrung in dieser Weise kann daher dem Hrn. K. von der Pfalz zur Seite stehen (?) und überhaupt ist für jeden Lehrer wahrhaft empörend, so, ohne alle Würdigung seiner wirklichen Verhältnisse sich verurtheilen lassen zu müssen. Es kann am Wenigsten dazu führen, daß — was vor Allem zu wünschen ist — Kirche und Schule, also Priester und Lehrer und mit diesen erst also auch die Familien miteinander Hand in Hand gehen.[5])

Ein Schulbenefiziat.

Deutschland.

München, den 10. Mai.

Die liberalen Blätter ärgern sich groß, daß der wegen Abdrucks zweier Artikel, die in der Pfälzer und der Donauzeitung unbeanstandet geblieben, zu 9 Monaten Rosenberg verurtheilte Dr. L. Schneider bei Sr. Maj. ein Begnadigungsgesuch eingereicht hat. Wo bleibt da die Festigkeit der Patrioten? schreien sie. Nun, wenn wieder eine Zeit käme, daß es den Rothen dann ebenso erginge, wie jetzt den „Schwarzen“, so würden die Rothen, wo sie nicht durchbrennen können, mit allerunterthänigst treugehorsamsten Gnadengesuchen sicher nicht kargen. Der Fall des Dr. Schneider ist übrigens der Art, daß ein Gnadengesuch mehr als billig und gerechtfertigt ist; nur der König kann den Mißgriff, der gemacht worden ist, und durch den es kam, daß in Schwaben ein und derselbe Artikel hart bestraft wurde, der in Speier und Passau straflos ausging, durch einfache Begnadigung gutmachen, da niemals im Volke der Glaube aufkommen darf, daß es in Bayern zweierlei Recht und verschiedene Gesetze gibt. Daß für die zahlreichen politischen Verurtheilungen der Ultramontanen — die Liberalen sind als gottesfürchtige, königstreue unschuldige Lämmlein immer leer ausgegangen — eine Amnestie noch nicht zur Vorlage gekommen, halten wir überhaupt für einen Fehler der Regierung, die ja mit der Vergangenheit brechen und eine „neue Aera der Versöhnung und des beiderseitigen Friedens beginnen will“, aber diejenigen, welche am meisten dazu beigetragen, daß eine „neue Aera“ möglich — sein könnte, hübsch in den Kerkern und Festungen für ihre in der Hitze des Gefechtes gemachten „Sauhiebe“ schmachten läßt. Eine politische Amnestie wäre bei der Inaugurirung der „neuen Aera“, von der wir freilich noch nicht viel gemerkt haben, so natürlich und selbstverständlich gewesen, daß man davon eigentlich gar nicht reden sollte; allein sie ist nicht gekommen und wir können so lange nicht recht an die Wirklichkeit der „neuen Aera der Versöhnung“ glauben, bis nach dieser Richtung von Seite der „neuärarischen“ Regierung etwas geschehen ist. Worte allein thun's nicht und Programme auch nicht: wir möchten endlich Thaten sehen, wir neuärarisch — Ungläubigen!

— Die Reise des Königs nach Berlin ist „für dieses

---

[1]) Wir bitten zu bemerken, daß unser Hr. K.-Correspondent von den Schulverhältnissen in der Pfalz spricht, während Hr. H. die Schulverhältnisse in Altbayern im Auge hat. D. Red.

[2]) Die Aufhebung des Schulzwanges hat aber noch eine ganz andere und viel höhere Bedeutung, auf die wir später noch kommen werden. Daß die Kinder in eine Schule gehen müssen, um etwas zu lernen, versteht sich ganz von selbst; die Frage ist die, ob sie gezwungen werden können, gerade in die Staatsschule gehen zu müssen. Unter Aufhebung des Schulzwanges verstehen wir die Aufhebung dieses Zwanges, die Kinder in eine bestimmte Staatsschule schicken zu müssen. D. Red.

[3]) Solche Eltern mag es allerdings geben, aber gewiß bilden sie nicht die Mehrzahl. Der Staat betrachtet die Kinder als Sache, als Material für seine Zwecke, die oft nichts weniger als zu billigen sind. Es ist ganz und gar eine heidnische Auffassung und ein unerträglicher Gedanke, daß der Staat allein ein Recht auf die Kinder haben soll, die Eltern aber nur bis zu einem gewissen Grade, zumal wenn der Staat konfessions- oder religionslos ist, die Eltern aber sich noch einiges Christenthum gerettet haben D. R.

[4]) Solche thörichte und ihre Kinder verhätschelnde Eltern dürfte es aber denn doch, namentlich auf dem Lande sehr wenige geben! D. Red.

[5]) Wir sind mit diesen Anschauungen keineswegs so ausnahmslos einverstanden, glaubten aber auch einer Gegenstimme Raum geben zu sollen. Einer unserer Herren Mitarbeiter, dem die Sache näher liegt und der sich für diese Fragen besonders interessirt, wird wohl darauf eine entsprechende Antwort geben. Es kann Angesichts der Thatsache, daß einige Herren der patriotischen Partei damit umgehen, ein Schulgesetz auszuarbeiten, die Schulfrage nicht eingehend genug erörtert werden. D. Red.

Jahr“ aufgegeben, das geben mit Zähneknirschen nun auch die preußischen Offiziösen zu. Wir glauben, auch im nächsten Jahr wird die Reise nicht stattfinden. Wer weiß, wo nächstes Jahr der Preußenkönig ein Asyl gefunden haben mag! der König von Bayern hat weder einen Grund, ihn in seinem Asyl zu trösten, noch anders nach Berlin zu kommen als an der Spitze seiner treuen Armee. Dagegen will jetzt wie die „France“ erfahren haben will, der Preuße nächsten Herbst nach München kommen. Nun, wir werden ihn nach Verdienst zu empfangen wissen.

— Bürgermeister v. Steinsdorf ist von Sr. Maj. in Audienz empfangen worden. Hoffentlich wird derselbe dem König das Treiben des Münchener Fortschritt getreulich geschildert haben.

Vom **Oberland** wird dem „Vaterland“ geschrieben: Nichts hat mich so sehr in Erstaunen gesetzt, als die Notiz, daß in Nürnberg 85 Prozent der Conscriptionspflichtigen untauglich waren. Ich kenne mich jetzt schon gar nicht mehr aus, was jetzt da schuld sein muß: der Segen des Jahres 49, die Intelligenz oder am Ende gar das Wehrgesetz. Sind denn 1849 trotz aller Intelligenz lauter Krüppel erzeugt worden? Oder verkrüppelte die Intelligenz die Leute erst nachträglich, daß man sie zu nichts mehr brauchen kann als blos zum intelligent sein? Für die Intelligenz dank' ich schön, wenn dann wir die Zeche zahlen sollen. Oder ist am Ende das Wehrgesetz so intelligent eingerichtet, daß es so viele Vortheile und Hinterthürchen für den Intelligenten bietet, das er im Handumdrehen untauglich und damit militärfrei wird? Nun, es wird ja nicht so viel daran liegen, wenn jährlich etliche Tausend Stadtknirpse so mit Intelligenz „und Anderem“ behaftet sind, daß man sie nicht einmal mehr für Sr. Majestät Schießprügel und Pferdeställe und als preußisches Kanonenfutter brauchen kann; wofür wären dann unsere Söhne, die kräftigen Bauernbuben, da, als für die Stadtintelligenzen nicht blos zu arbeiten und unerschwingliche Steuern zu zahlen, nicht blos von den Intelligenzen, Juden und Christen, uns aussäckeln und über die Achsel ansehen zu lassen, sondern auch für sie, an ihrer Stelle die Kasernen zu füllen, für König und Vaterland auf dem Strohsack zu liegen, dem König seine Schlachten zu kämpfen und für den Preußen und die Stadtknirpse, die man zu Soldaten gar nicht brauchen kann, sich todt und zu Krüppeln schießen zu lassen! Das dürfen wir und unsere Söhne thun, aber sagen sollen wir nichts dürfen, nur kommandiren und drangsaliren sollen wir uns von den Intelligenten lassen. Ist das auch in der Ordnung und wäre es nicht Aufgabe der patriotischen Volksvertretung, mit diesen Herren ein Wort zu reden, wo es da fehlt, an der Intelligenz oder am Wehrgesetz oder dessen Handhabung, wie es da zugeht? Ich aber stehe den Intelligenten gut, wenn es wieder zum Wählen kommt, dann werden wir „Zurückgebliebenen“, die man wenigstens zu Soldaten brauchen kann, den Herren noch ganz anders aufpfeifen

+ Aus der **Pfalz**. (Woher wir Pfälzer Patrioten den edlen Namen „Krobsburger“ haben.) Im vorigen Jahre feierte der kath. Preßverein der Pfalz zwei schöne, erhebende Feste. Das eine wurde im Frühjahre auf dem Remigiusberge in der westlichen Pfalz, das andere im Sommer auf der sogenannten Krobsburg, einer Ruine in der Nähe der Maikammer, einem der schönsten Punkte unsers Haardtgebirges, begangen. Das letzte Fest war trotz dem regnerischen Wetter ungemein zahlreich besucht. Mehr als 5000 Männer, biedere Katholiken, trafen da zusammen, sich die kräftige Rechte reichend und mit Herz und Mund gelobend, für Gott, König, Volk und Vaterland mit Gut und Blut einzustehen. Da fuhr einem hochweisen und im Schafsgewandl unter der Versammlung umherschleichenden Fortschreitinsky der gescheidte Gedanke durch sein theures Haupt, sämmtliche Katholiken, welche sich zu den Patrioten bekennen, Krobsburger zu benamsen, nicht ahnend, daß gerade dieser Name des edlen tapfern Rittergeschlechtes der Krobsburger es ist, welche unsere Bande noch fester knüpfet und unser Zusammenhalten stets mehr befestiget. Und nun ihr wackern Krobsburger von Nah und Fern! Wenn in einigen Wochen der Ruf an euch ergeht, daß an diesem oder an jenem Tage wieder ein patriotisches Fest abgehalten werden soll, so ziehet an dem Tage schleunigst euer kurzes oder langes, euer blaues oder schwarzes Festgewandl an, und wallet freudigsten Muthes wie ein Mann dahin. Am Abend wird dann gewiß Jedermann in seinem Herzen ein reich ausgeschmücktes Gedenkblatt mehr besitzen. —

Oesterreich. In Wien cirkulirte das Gerücht von einem Attentat auf den Kaiser; es soll aber ein Geisteskranker gewesen sein, mit dem beständigen Ruf: Ich bin ein Deutscher!“ (scil. Hanswurst) in das kais. Cabinet einzubringen suchte.

Ausland.

Frankreich. Paris. Resultat der Abstimmung. Paris: 111,363 Ja, 156,377 Nein; im ganzen Seinedepartement 139,538 Ja, 184,946 Nein (wegen der Haupstadt.) Vollkommene Ruhe. — Aus 160 Arondissements sind die Abstimmungen bekannt. Ergebniß: 2,614,000 Ja, 432,000 Nein. Aus diesen bekannten Ergebnissen läßt sich mit Wahrscheinlichkeit berechnen, daß 6½ Mill. mit Ja, 1½ Mill. mit Nein gestimmt haben. — Das Elsaß hat gut kaiserlich gestimmt, die Regierung des Kaisers glänzend gesiegt.

— Unter den beim Komplott gegen den Kaiser betheiligten Verhafteten befindet sich auch ein Redakteur der republikanischen „Reform“, ein Hr. Terrail. Dieser rothe Ehrenmann ist früher wegen Schändung zu 10 Jahren Festungshaft verurtheilt, vom Kaiser aber begnadigt worden. Zum Dank dafür nimmt er Theil an einer Verschwörung gegen sein Leben. Das sind Ehrenmänner und Götter der französischen Rothen!

In **Calabrien** scheint eine republikanische Bewegung im Ausbruch zu sein. In der Provinz Catanzaro zeigten sich bereits rothuniformirte (!) bewaffnete Banden in der Stärke von etwa 300 Köpfen. Alles verfügbare Militär wurde aufgeboten und die Aufständischen sollen versprengt sein, sagt der Regierungstelegraph, der bekanntlich überall sehr wahrheitsliebend ist. Wenn nur diesem guten König Viktor Emanuel nichts passirt; es wäre ja doch gar zu traurig, wenn er seinem geliebten Volke von dieser Rotte gestohlen würde!

In **Spanien** werden den Bischöfen, welche den Eid auf die neue Freimaurer-Verfassung zu leisten sich weigern, die Gehalte suspendirt, (was man freie Kirche im freien Staat heißt?) —

Vermischte Nachrichten.

In **Berlin** ist in der Nacht des 6. ds. ein sechsfacher Mord verübt worden, der an Gräßlichkeit alle dort in den letzten Jahren mehrfach vorgekommenen Familienmassenselbstmorde bei Weitem übertrifft. Ein Pfandhändler, Namens Huth, hat seine Frau und seine 4 Kinder und dann sich selbst im Familien-Wohnzimmer erhängt. Die näheren Umstände der grausigen That sind gräßlich.

Petersburg. Der wahrscheinliche Mörder des Prinzen Arenberg ist dessen ehemaliger (entlassener) Stallknecht Chery Chischtew.

(Preußisches Soldatenlied.) Es steht oft in den Zeitungen, daß in Preußen Soldaten, welche das Lied: „Ich bin Soldat, doch bin ich es nicht gern“ gesungen, zu längerem oder kürzerem strengen Arrest verurtheilt worden sind. Dieses „staatsgefährliche“ Lied lautet:

Ich bin Soldat, doch bin ich es nicht gerne.
Als ich es ward, hat man mich nicht gefragt:
Man riß mich fort, hinein in die Kaserne,
Gefangen ward ich, wie ein Wild gejagt;
Ja, von der Heimath, von der Lieben Herzen
Mußt ich hinweg und aus der Freunde Kreis;-
Denk' ich daran, fühl' ich der Wehmuth Schmerzen,
Fühl' in der Brust des Zornes Gluth so heiß!

Ich bin Soldat, doch nur mit Widerstreben;
Ich lieb' ihn nicht, den blauen Königsrock,
Ich lieb' es nicht, das blut'ge Waffenleben,
Mich zu vertheid'gen wär' genug ein Stock;
O sagt mir an, wozu braucht ihr Soldaten?
Ein jedes Volk liebt Ruh und Frieden nur,
Allein aus Raubsucht, um dem Volk zu schaden,
Laßt Ihr zertreten, ach, die gold'ne Flur!

Ich bin Soldat, muß Tag und Nacht marschiren,
Statt in der Arbeit muß ich Posten steh'n,
Statt in der Freiheit, muß ich salutiren,
Und muß den Hochmuth jener Buben seh'n.
Und geht's in Feld, so muß ich Brüder morden,
Von denen Keiner was zu leid mir that,
Dafür als Krüppel trag' ich Band und Orden,
Und bettelnd ruf' ich dann: „Ich bin Soldat!“

Amerikanisches.

Vor Schwindel wird gewarnt!

Das „Vaterland“ hat schon oft und oft aufmerksam gemacht, amerikanischen Eisenbahn-Prioritäten und Aktien gegenüber ja recht vorsichtig zu sein, um nicht angeschwindelt zu werden, wozu gewisse Juden-„Bankiers“ allezeit bereit sind. Wie Recht wir mit unseren Warnungen halten, dafür eine neue Notiz. Wie man uns von Berlin schreibt, haben dort am 2. Mai die Aeltesten der Kaufmannschaft eine Bekanntmachung an der Börse angeschlagen, worin sie das Publikum vor Ankauf amerikanischer Eisenbahn-Papiere eindringlich warnen. Solide Bankiers haben auch niemals solche Papiere amerikanischer Staaten empfohlen. Wir erinnern hier an unsere letzte Warnung, welche ein Artikel der „Kansas Freien Presse“ Nr. 12, vom 23. März d. J. zu Grunde lag und der besagte, daß z. B. die **Port-Huron-Chicagobahn** gar nicht existirt. Nun hat aber ein hiesiges sehr fortschrittliches Bankhaus für 60—70,000 Dollars gleich (150—175,000 fl.) Obligationen dieser gar nicht existirenden Bahn angebracht! Das ist doch großartig — reel, nicht wahr? Irren wir nicht, so hat derselbe Bankier vor Kurzem Aktien der bankerotten Sächsischen Hypotheken-Bank ad pari ausgegeben und damit nicht schlechte Geschäfte gemacht. Daß ist doch gewiß ein Fortschritt, nichtsnutzige Papiere für gut und pari an den Mann zu bringen. Also macht die Augen bei Zeiten auf, daß sie euch später nicht von selbst auf- und übergehen!*)

Dienstes-Nachrichten.

Verliehen: Die Pf. Kötzling, gl. B.-A., dem M. Jäger, Benef. in Kehlheimwinzer, B.-A. Kelheim; d. k. Pfarrvik. Wosaberg, B.-A. Wolfstein, dem M. Kasberger, Korp. in Inderesbach, B.-A. Landau a. J.; d. Frühmeßbenef. in Gauting, B.-A. München l. J. dem M. Huber, Benef. in Egling, B. A. München r. J.; d. Benef. Weilbach, B.-A. Dachau, dem L. Samberger, ernannten Pf. von Böbrach, B.-A. Viechtach; d. k. Pf. Staufersbuch, B.-A. Beilngries, den J. Simon, Pf in St. Veit. B.-A. Weißenberg.

*) Wir berichtigen hier den Irrthum in Nr. 104, daß der „Bankier“ Gutleben ein Jude sei; er ist getauft und seines Zeichens „gewester Drechsler“. Deßhalb sind aber die Aktien der famosen „Eisenbahnbau-Gesellschaft München“, die er an den Mann bringen möchte, nicht viel besser als die Münchener Volks-Theater-Aktien, welche bedeutend unter pari stehen.

Verantwortlicher Redakteur: Dr. J. Sigl.

Druck von M. Vogl in München. Neuerthal 19

II. Jahrgang. | Das Bayrische | Auflage: 5400.

Vaterland.

Das „Bayr. Vaterland" erscheint täglich mit Ausnahme der Sonn- und hohen Festtage. Preis des Blattes: Vierteljährig 54 kr., ganzjährig 3 fl. 36 kr. Das einzelne Blatt 1 kr.

Alle Postexpeditionen und Postboten des In- und Auslandes nehmen Bestellungen an. Inserate werden; die dreispaltige Petitzeile oder deren Raum zu 3 kr. berechnet.

Redaktion: Burggasse 14. | Herausgegeben von Dr. jur. J. Sigl. | Expedition: Ruffinibazar 5

Pancratius. | Nr. 107. | Donnerstag, 12. Mai 1870.

Das Plebiscit in Frankreich.

Das nahezu vollständige Ergebniß der Abstimmung ist 7,160000 Ja, 1,523000 Nein.

Na, freue dich, Preuß!

Das Concil und die Katholiken.

Wir leben in einer Zeit des Widerspruchs, des Kampfes — der Geister würden wir sagen, wenn wir nicht jeden Tag sähen, daß in den bestehenden Kämpfen der Geist das Wenigste ist, was in Anspruch genommen und in den Kampf geführt wird. Das Concil ist es, was die Köpfe erregt und nicht selten entflammt und von dem Concil ist es wieder die Unfehlbarkeit des Papstes, welche Alle empört, die ihre Wissenschaft einzig aus den liberalen Zeitungen holen, die mitunter recht brave Leute sind, aber bereits so sehr vom Liberalismus vulgivagus angesteckt sind, daß sie darüber, über die Unfehlbarkeit nämlich, gar nicht mehr ruhig zu denken, ja nicht einmal mehr ruhig daranzudenken vermögen.

Die Unfehlbarkeit des Papstes! Ein schreckliches Wort für liberale Ohren! Aber was ist es denn eigentlich damit? Die Sache liegt so ungemein einfach für den unterrichteten Katholiken. Die ganze Wirrsal, die ganze Verwirrung der Köpfe, die ganze lächerliche Angst gewisser, im Grunde ganz ehrenwerther Katholiken, den ganzen Aufruhr und — Schwindel verdanken wir einzig und allein den Teufeleien der Janus-Brüderschaft. In der katholischen Kirche hat man immer und zu allen Zeiten an die Unfehlbarkeit des Papstes als des obersten Lehrers der Kirche in Sachen des Glaubens und der Sitte geglaubt und ist darnach gehandelt worden; seit drei Jahrhunderten ist es der Papst gewesen, der in den unzähligen Streitigkeiten der katholischen wissenschaftlichen Welt der oberste Richter war und als solcher anerkannt wurde. Immer und in Allem hat man sich Rom unterworfen; ubi Petrus, ibi ecclesia — wo Petri Nachfolger ist, da ist die Kirche, hat schon der hl. Cyprian gesagt; Roma locuta, causa finita — Rom hat sein Urtheil gefällt, der Streit ist entschieden — das hat bis zur Stunde gegolten. Rom, d. h. der Papst war es, der die wichtigsten und weittragendsten Fragen durch den Ausspruch des obersten Lehrers der Kirche zur Entscheidung brachte.

Denn Petrus und seinen Nachfolgern hat Gottes Sohn den hl. Geist verheißen, der bei ihnen bleiben soll bis zum Ende der Welt, und wo der hl. Geist ist, da kann es keinen Irrthum geben, denn Gott kann nicht irren. Immer und immer hat die katholische Welt daran geglaubt und daran festgehalten und jetzt, da dieser Glaube in eine Formel gefaßt werden soll, jetzt erhebt sich Alles, was „liberal" sein will, erhebt sich sogar ein Herr v. Döllinger, der auf den Höhepunkt seines Ruhmes bei den Gelehrten, nicht bei den Schusterjungen wie heute, das Gegentheil dessen gelehrt, was er heute in die „Allg. Ztg." und in den Janus schreibt! Dieser Mann, so groß, so gelehrt, so berühmt, verleugnet sich und seine ganze gelehrte Vergangenheit und seine Werke, die Frucht der Forschung eines Menschenalters, nicht um einer besseren Ueberzeugung die Ehre geben, sondern weil Rom den Fehler beging, diese „Säule deutscher Wissenschaft" nicht eigens zum Concil zu laden, verleugnet sich auf's Neue, wie er sich schon so oft selbst verleugnet hat! —

Alles ist heute gegen die festen, entschiedenen, glaubenstreuen Katholiken; sie können sich nur mehr auf sich selbst und Gott verlassen. Aber sie fühlen sich davon weder erschreckt noch entmuthigt, — im Gegentheil. Im Ringen und Kämpfen müssen sie ihre Hoffnungen festigen, ihren Trost suchen, ihr Höchstes finden. Alle großen Erscheinungen der katholischen Wahrheit wurden eingeleitet und vorbereitet durch mächtige Ausbrüche des Irrthums, des Bösen; heute ist es nicht anders. Die Feinde der Kirche, die offenen und die versteckten, kämpfen einen Kampf der Verzweiflung und dazu muß ihnen jedes Mittel dienen, jede Waffe gerecht sein.

Aber inmitten dieses Kampfes ist schon die Morgenröthe der Einheit der Glaubens angebrochen; was uns als Zerrissenheit der Welt erscheint, das sind die gesegneten Furchen, aus welcher der Same der Auferstehung der Geister und Seelen emporwächst, den Gott in sie gestreut hat.

Der Indifferentismus ist im Schwinden; die Zeit ist da, daß die Geister sich entscheiden. Nie waren Aller Augen mehr auf die Kirche gerichtet, nie studirte man mehr ihre Vergangenheit, nie durchwühlte man eifriger ihre Geschichte, nie prüfte man genauer ihr Thun als eben jetzt. Das ist eine große Errungenschaft.

Die gegenwärtige Spannung und Erschütterung der Geister hat, wie die Hist.-pol. Blätter sehr treffend bemerken, vor Allem die Bedeutung, daß die Katholiken in ihrem Glauben geprüft werden, die Glaubenslosen und Glaubensscheuen unter ihnen offenbar, viele verborgene Krankheiten aufgedeckt werden. Und das sehen wir alle Tage; man braucht blos ein Gespräch über das Koncil anzufangen. Nicht bei dem schlichten katholischen Volke findet sich Unruhe und Spannung, sondern in den sogen. gebildeten und auch in den gelehrten Kreisen, deren Hochmuth und Wissensdünkel im Gewande der Freisinnigkeit sich breit zu machen liebt, die neue Schranken ihrer Willkür befürchten, denen ein Concil schon recht wäre, wenn es nur nach ihren Ideen, und nicht nach dem Geiste der Kirche, nach den Inspirationen des heiligen Geistes gehalten würde. Die suchen Verwirrung hervorzurufen und offenen Aufruhr gegen die Kirche anzubahnen, falls das Koncil Beschlüsse fassen sollte, die nicht die hohe Genehmigung der Generalpächter aller Intelligenz sich versprechen könnten.

Ueber Allem aber waltet Gott und der wird es schon recht machen, wie es zum Heile seiner Kirche und damit der Welt ist.

Eine katholische Bauernversammlung.

Aus dem Ingolstädter Land. Heute den 8. Mai war wieder ein Wanderversammlungsfest in **Gaimersheim.** Aus dem Eichstädtischen brachten die Herren Pfarrer Liepold von Nassenfels, Müller von Egweil und Schielein von Pietenfeld in militärischer Ordnung 200 Bauern auf 12 gezierten Wägen herbei. Auch der Dekan dieser drei Pfarreien, Hr. Pfarrer Donop von Buchsheim, ein durch Bescheidenheit und anspruchloses Auftreten höchst geachteter und beliebter würdiger Herr, beehrte mit vielen seiner tüchtigen Bauern das Fest durch persönliche Theilnahme. Selbstverständlich fehlte nicht der für die gute Sache stets unerschrocken kämpfende Hr. Pfarrer Hirschberger von Hitzhofen; er brachte ziemlich alle Bauern seiner Pfarrei mit, den hochw. Herren im Ingolstädter Land damit zurufend, doch dem schönen Beispiele dieser fränkischen Pfarrer nachzueifern.

Mit Fahnen und Musik erschienen auch heute die an Eifer für die katholische Kirche und das Vaterland unerreichbaren Gerolfinger. Daß der Kaminkehrer Schöberl von Gaimersheim bei dem Ein- und Abzuge der Gerolfinger in seinem Hofe eine ausgeschoppte Spottfigur, welche aussah wie ein die Arme ausstreckender und predigender Geistlicher, auf einer Stange aufpflanzte und nach dem Takte der vorbeiziehenden Musik tanzen ließ, war nur ein „liberaler Hauptspaß" des Unterbefehlhabers der Gaimersheimer Fortschrittsrotte. Freilich hatten die Bauern nicht wenig Lust, den Kaminkehrer handgreiflich Mores zu lehren, aber sie erinnerten sich, daß sich der Bauer in Bayern Alles gefallen lassen muß, daß er zu nichts taugt als zum Steuerzahlen und zum Soldatwerden, und daß die Gesetze zwar den Juden, Wucherern und Pfaffenfeinden Schutz gewähren, für den patriotischen Bauern aber sich meist in ruhender Aktivität befinden.

Die Versammlung wurde von Hrn. Pfarrer Heimbucher von Gaimersheim eingeleitet. Reden wurden vier gehalten, dazwischen spielte in trefflicher Weise die Musik von Gerolfing und Gaimersheim. Trefflich war die Rede des Hrn. Notar Kohlendorfer von Ingolstadt, eines beliebten und logisch gewandten Volksredners. Er satyrisirte glücklich die religiöse und politische Vornirtheit und Verranntheit der Fortschrittspartei und gab seiner Hoffnung auf die Weltwiedergeburt durch das Koncil lebendigen Ausdruck. Das „Vaterland" würde bei seinen kürzlich aufgestellten Forderungen an einen Volksredner sich nicht über ihn zu beklagen gehabt haben.

Hr. Pfarrer Schielein stellte die Behauptung auf und bewies sie auch, daß der Bauernverein nicht die Revolution, sondern ein Bollwerk gegen die Revolution ist. Die Rede des Hrn. Pfarrers hatte eine zündende Wirkung. Drei Punkte besprach Hr. Pfarrer Heimbucher und zwölf (!!!) der Hr. Abg. Ponschab in unermeßlich langer, sich gleich einem Bächlein durch unendliche Auen hinschlängelnder Rede. Sämmtliche vier Redner haben indeß dankenswerthe Keulenschläge ausgetheilt und ist das Fest ein höchst gelungenes gewesen.

Die Ehre des Tages gebührt aber den Gaimersheimer Marktsgemeinde- und Vereinsvorständen, Hrn. Bürgermeister Matth. Heindl und seinem Beigeordneten Herrn Isidor Schmid, welche das Fest ganz allein vorzubereiten und zu schaffen hatten. Ueberhaupt ruht auf diesen 2 wahren Ehrenmännern die ganze Kampfeslast des Gaimersheimer Bauernvereins. Es wäre Aufgabe und Pflicht des Hrn. Abg. Ponschab, diesen beiden Männern und zwar schon in den nächsten Wochen dadurch Hilfe zu verschaffen, daß er den Bauernverein im ganzen Ingolstädter Land organisirt. Er wird dies ja wohl vermögen; vermöchte er es nicht mehr, dann möchte der Gaimersheimer Bauernverein bald bedeutungslos werden, und daß ein patriotischer Abgeordneter bei einer künftigen direkten Wahl für Ingolstadt und Umgebung sonst nicht mehr durchgehen würde, das möchte auch der Kurzsichtigste einsehen.

Die Dinge müssen einmal klar und geklärt werden; umsonst läßt sich Niemand zum Todtgeschlagenwerden ausschreiben oder vor den Gerichten herumziehen. Möchten doch sämmtliche Geistliche und Bauern des Ingolstädter Landes die Hände nicht müßig in dem Schooß liegen lassen; gewiß wird ihr erwählter Vertrauensmann, Herr Abg. Ponschab, nicht ruhen, bis er den angeregten Plan durchgeführt hat und es nicht bei der bloßen Anregung bleibt. Erst dann können wir hoffnungsfroh und zukunftsfreudig rufen: „Es lebe der katholisch-patriotische Bauernverein von Gaimersheim!"

Deutschland.

München, den 11. Mai.

Preußen muß seine Zündnadelgewehre, die von den Gewehren aller Nachbarstaaten längst weit übertroffen sind, die aber trotzdem unsere Bettelpreußen in der bayr. Armee eingeführt wissen wollten, da wir sie aus Preußen hätten beziehen sollen, abändern lassen, was wieder mehrere Millionen Thaler kostet. Hätte unser Kriegsminister dem Toben der Fortschreiter nachgegeben, so hätten die Preußen wieder etliche Millionen von uns und wir hätten ihre nichtsnutzigen Zündnadeln, für deren Abänderung wir jetzt wieder ein paar Millionen ausgeben müßten. So sorgt der Fortschritt für das Wohl des Landes — in die preußischen Kassen! Noch vor sehr kurzer Zeit schrie sich ein gewisser Völk die Kehle heiser, daß wir wegen der „Einheit der Bewaffnung" das preußische Gewehr einführen müßten. Hat er das preußische Gewehr nicht gekannt? Dann war es Leichtsinn und thörichte Prinzipienreiterei so zu schreien. Kannte er es aber, dann wären wir berechtigt, jenem Völk ein sehr unparlamentarisches, aber wahres Wort an den Kopf zu werfen. Wir sehen aber hier wieder deutlichst, wie sehr man sich vor dem Geschrei des Fortschritts in Acht zu nehmen hat.

— Der König hat den für wohlthätige Zwecke vorbehaltenen Gewinnantheil der München-Aachener-Feuerversicherungs-Gesellschaft zu 10,000 fl. dem Verein für freiwillige Armenpflege zugewiesen, wo das Geld sicher die allerbeste Verwendung finden wird! — Heute wird das k. Hoflager nach Berg verlegt.

In **Wessobrunn** findet nächsten Sonntag Nachmittags 1 Uhr eine Versammlung des bayerischen patriotischen Bauernvereins Wessobrunn statt.

Von **Eggenfelden** wird dem „Vaterland" geschrieben: Am Sonntag um 2 Uhr hielt vom herrlichsten Maiwetter begünstigt der patriotische Bauernverein Eggenfelden eine Wanderversammlung ab im festlich geschmückten Gasthause zu Hirschhorn. Die ungeahnte Betheiligung von Seite der nahen und fernen Landwirthe und Bauern sahen wir gerechtfertigt und hinlänglich belohnt durch die glänzende Rede des Hrn. Pfarrers von Grafendorf über den hohen Werth der Bienenzucht im Allgemeinen und das Dzierzonische System im Besonderen. Die winzigen Bienlein haben in der herkulischen Gestalt des mächtigen Redners gewiß den besten Abgeordneten gewählt, zu dem der Hochverehrte eine bedeutende Praxis als Bienenzüchter früher nach dem alten, jetzt nach dem allseits bestens bewährten Dzierzonischen Systeme aufzuweisen im Stande ist. Viele Bauern erklärten am Schlusse der Versammlung ihren Beitritt zum patriotischen Bauernvereine; ein Bienenverein wird sich in Bälde konstituiren, einer namhaften Mitgliederzahl im Voraus gewiß.

Aus Franken wird dem „Vaterland" geschrieben: Es kömmt demnächst eine Frage an unsern Landtag, deren Lösung für die Steuerzahler von Würzburg von Bedeutung ist, nämlich die Frage, wohin der projektirte Winterhafen verlegt werden soll? Nach dem Projekte des Magistrates soll derselbe vom Eckert'schen Anwesen bis hinunter an das Wasserhaus des Bahnhofes diesseits des Maines sich erstrecken. Abgesehen davon, daß dieses Projekt einen bedeutenden Kostenaufwand verursacht, so ist gerade hier die Strömung des Maines die heftigste, so daß nur mit der größten Kraftanstrengung Schiffe hineinzubringen sind. Es müßte der Main, was die Hauptsache ist, hinüber auf die sogenannte „Insel" gedrückt werden. Es ist nun unausbleiblich, daß alljährig, wenn der Main seinen hohen Wasserstand erhält, das Gut Moskau überschwemmt wird. Dem Gutsbesitzer kann aber das Recht nicht abgesprochen werden, dann alle Jahre eine Entschädigung zu verlangen, je nachdem seine Felder bedeutend oder nicht bedeutend überfluthet werden. Diese Entschädigungsforderung, zudem da der Besitzer ein Jude ist, bleibt nicht aus, und die Stadt hätte sie ebenfalls zu zahlen. Nun fließt vor dem ganzen Bahnhofe ein Bach, der sogenannte Quellenbach mit einem schon bedeutenden natürlichen Beete vorbei und mündet aus am Eckert'schen Anwesen in den Main. Die Verlegung des Winterhafens in dieses Beet würde viel weniger Kosten verursachen, indem dann das Gut Moskau unberührt bliebe, der Main nicht aus seinem Beete gedrängt werden müßte, eine Strömung hier nicht vorhanden ist und hier der Schienenweg ohne viele Kosten angelegt werden kann. Der alte Winterhafen hat ja auch dieselbe Lage, und der Quellenbach mit seinem zerissenen Bette würde hiedurch auch seinen Abschluß und die Stadt eine Verschönerung mehr erhalten. Der Magistrat hat gut zu projektiren, der Bürger aber muß bezahlen. Man erlaubt sich, im Interesse des steuerzahlenden Bürgers, dieses dem Herrn Referenten der Sache im Landtage zur gefälligen Berücksichtigung bekannt zu geben, damit die Sache einer genauen Prüfung unterstellt werde, und das für den Steuerzahler günstigste Projekt dann ausgeführt werde.

J* **Aus dem Algäu** wird dem Vaterland geschrieben: Es sind nun 7 Monate her, daß wir ein „Algäuer Volksblatt" haben, und sein muthiger Redakteur Herr Dr. Schneider hat schon als Lohn seiner erfolggekrönten Thätigkeit für Gott, König und Vaterland — 9 Monate Rosenberg! Das gerechte Aufsehen, welches diese Verurtheilung durch die Blätter von verschiedener Farbe gemacht hat, konstatirt am besten die faulen Zustände in Bayern, welche das tapfere „Vaterland" oft genug zu berühren Gelegenheit nimmt. Die berüchtigte historische Vorlesung aus der Regierungsperiode Max I. im Augsburger Schwurgerichtssale und der nachherige Appell des Hrn. Staatsanwaltes Barsch an die Sympathien der Geschwornen für — Max II., wobei so ein Geschichtsschnitzer von nur 50 Jahren mitunter lief, war ein kühner liberaler Coup, der glücklich gegen den „Schwarzen" geführt wurde. Der leidige Redakteur des „Alg. Volksblatt" der mit dem „Dutzend kouragirter Kapläne" dem Fortschritt die Zwingburg im Algäu wegnahm, ist gerichtet und verdonnert nach l. d. Gerechtigkeit und Freude herrscht in Trojas Hallen, will heißen unter den sogenannten Liberalen. Gönnen wir ihnen neidlos diesen kleinen Seelentrost, es ist nur Einer der Vielen; die Herren tragen ja schon seit den Novemberwahlen große Schmerzen und zudem ist die Freude nicht ganz, weil damit das Algäu dem Fortschritte nicht „zurückgegeben" ist! Das Algäu bleibt unser, mag der abgesetzte Algäuer Hergott (Völk) in der Kammer Donner und Blitz schleudern, wie weilend Jupiter! Das Algäu bleibt patriotisch! Neuen Boden gewinnt hier der Fortschritt nimmer, aber er wird an Boden noch mehr verlieren. Die Heißsporne, welche die edle „Kpt. Ztg." bedienen, arbeiten, ohne es zu glauben, selbst in unsere Hände, indem sie Leuten, denen es nur um Wahrheit zu thun ist, die aber noch von Mißtrauen, Dank der Rührigkeit der rothen Presse, gegen unsere Sache befangen sind, durch ihre Maßlosigkeiten nach und nach mit die Augen öffnen helfen. Obgleich wir sie selbst schon bei verschiedenen Anlässen auf diese Verkehrtheit aufmerksam machten, sind sie glücklicherweise nicht vorsichtig geworden. Das im Ganzen gut christliche Algäu ist kein Boden für den religionsfeindlichen Fortschritt und nur der langen Thatlosigkeit auf unserer Seite ist es zuzuschreiben, daß es so lange ein rothes Gesicht hatte. In Folge richtiger Würdigung dieser Thatsache gingen die patriotischen Führer, bekanntlich unter schwierigen Verhältnissen, endlich doch daran, das Algäu wieder zu nehmen, und wir nahmen es in überraschender kurzer Zeit mit Hilfe unseres neuen tüchtigen Organs, des „Algäuer Volksblattes". Um aber die Eroberung zu behalten, müssen wir unter allen Umständen unser Blatt halten zu stützen; außerdem wäre nichts sicher. Dadurch werden die rothen Kecken, die das schöne Algäu noch verunstalten, auch noch bis an die „intelligenten" rothen Städte vollends verschwinden, zumal wenn der Klerus im Ganzen pflichtgemäß seinen Posten hält und einnimmt. — Das „Vaterland" hat auch schon Kunde von dem Kempter Conzil. Diese Kempter haben doch intelligente Einfälle, um die Leute zu versimpeln, nicht wahr? An der Spitze der neuen verwegenen Spekulation, die Algäuer dem Einflusse der „Pfaffen" zu entziehen und an die Interessen der Fortschrittssache zu knüpfen, steht wieder der unvermeidliche, aber harmlose Otto Rist, der schon bei den Novemberwahlen durch seine Redegewalt für den Fortschritt alles — verdarb! Wenn die Kempter mit ihren pfiffigen Einfällen so fortmachen, so dürften bald die Weilheimer eifersüchtig werden!!

In **Hannover** bereiten sich die Preußen durch fleißiges Confisciren der „Deutschen Volkszeitung" auf die Neuwahlen vor.

Preußen. Die preußischen Blätter scheinen sehr unglücklich zu sein, daß in Frankreich die Ruhe „noch nicht" gestört ist. Vom preußischen Standpunkt wäre etliche Störung der Ruhe, noch mehr aber die Beseitigung des Kaisers, freilich sehr wünschenswerth und es ist ein rechtes Unglück, daß diese zurückgebliebenen Franzosen das nicht kapiren und etwas ruhestören wollen!

Berlin. Die braven Bayern, welche bei der Schlußabstimmung für die Tarifvorlage und damit für die Erhöhung des Kaffeezolls gestimmt haben, sind: Papa Marquard Barth, Benzino, Prinz Hohenloh, Jordan, Kester (et tu, Brute!), Marquardsen, v. Neumayr (!), Petersen, Pfretzschner, Schwinn, Stauffenberg und Völk. Vater Schlör, welcher bei der ersten Abstimmung für die Erhöhung stimmte, enthielt sich diesmal der Abstimmung.

Ausland.

Frankreich. Paris. Das Ministerium hat seine Entlassung eingereicht. Die Aussichten Lagueronniere's, Minister des Auswärtigen zu werden, steigen (und damit die Aussichten der Preußen, daß ihnen einige sehr nöthige Belehrung von hinten beigebracht wird!) — In Paris haben am 9. einige rothe dumme Jungen, als sie mit jeder Stunde die Nachricht von neuen Niederlagen der rothen Partei durch die katholisch treuen Bauern erhielten, schnell etwas Revolution anfangen und im Handumdrehen die Republik einführen wollen. Sie stürzten zu diesem Zweck einige Omnibusse um, nannten sie „Barrikaden“ und schrieen von diesen „Barrikaden“ herab: Es lebe die Republik! und etliche Gassenjungen schrien: es lebe Rochefort! Die Republik aber kam nicht, dafür eine Abtheilung Chasseurs, welche die schreiende Omnibus-Republik auseinander trieb. Ein Soldat ist in seiner Besoffenheit zu den Rothen übergelaufen, von der Stadtpolizei aber gleich wieder gefaßt worden und sieht dem Lohn seines Eifers, mit dem er ganz allein die ganze neue Republik sammt den Omnibussen im Sturm nehmen wollte, entgegen. Auf dem Land, wo es weniger angebohrte rabiate Köpfe gibt, ist Alles ruhig.

In Dalmatien sollen die Verhältnisse wieder „unerquicklich“ sein; General Rodich wurde nach Wien berufen, um die Unerquicklichkeit des Weitern auseinander zu setzen.

Marktpreise in München.

1 Pfd. Mastochsenfleisch 15 kr. — pf., Kuhfleisch 17 kr. -- pf., Kalbfleisch 15 kr. — pf., Schaffleisch 12 kr., rohes Schweinfleisch 20 kr. 1 Pfd. Schweinfett 29 kr. eine rohe Zunge 1 fl. 12 kr., dito geräuch. 1 fl. 30 kr. ein Zentner rohes Unschlitt 22 fl. 30 kr. ein Pfd. gegoss. Lichter 24 kr., gez. feine Lichter 23 kr., ditto ordinäre 22 kr., Seife das Pfd. 16 kr.

Das Pfd. Karpfen 23—26 kr., Hechten 30—36 kr., Huchen 54—1 fl. — kr., Schaiden 45—48 kr., Forellen 1 fl. 12 kr. bis 1 fl. 24 kr. Waller 1 fl. 24 kr., Barben 18—20 kr., Alten 16—18 kr., Waller 45—48 kr., Brachsen 14—18 kr., Renken — — kr., Pirschlinge 18 —22 kr., Bachfische 7—9 kr., Krebse das Viertel 100 36—54 kr., Frösche, das Wiedel 6—12 kr.— 1 Zentner Heu 1 fl. 48 kr., 1 Ztr. Grummet 1 fl. 54 kr. Waizenstroh — fl. — kr. Roggenstroh 1 fl. — kr. Haberstroh — fl. — kr. Eine Klafter Buchenholz 16 fl. — kr. Birkenholz 14 fl. 30 kr. Föhrenholz 11 fl. 48 kr. Fichtenholz 11 fl. 42 kr. Das Pfd. Schmalz höchster Preis 32 kr. Das Pfd. frische Körbchenbutter, höchster Preis 34 kr. 6 Stück frische Eier 8 kr. Die Maß gute Milch 5 kr. 1 Pfd Leinöl 16 kr. 1 Pfd. Repsöl 18 kr.

Verantwortlicher Redakteur: Dr. K. Sigl.

Druck von M. Seal in München. Rosenthal 19

II. Jahrgang. | Das Bayrische | Auflage: 5400.

Vaterland.

Das „Bayr. Vaterland" erscheint täglich mit Ausnahme der Sonn- und hohen Festtage. Preis des Blattes: Vierteljährig 54 kr., ganzjährig 3 fl. 36 kr. Das einzelne Blatt 1 kr.

Alle Postexpeditionen und Postboten des In- und Auslandes nehmen Bestellungen an. Inserate werden die dreispaltige Petitzeile oder deren Raum zu 8 kr. berechnet.

Redaktion: Burggasse 14. | Herausgegeben von Dr. jur. J. Sigl. | Expedition: Kufflerbazar 5

Servatius. | Nr. 108. | Freitag, 13. Mai 1870.

*Zur Frage der Freigabe der Advokaten-Praxis.

„Bekanntlich liegt dem gegenwärtigen Landtage ein Gesetzentwurf vor, durch welchen die Frage über die künftige Stellung der Advokaten überhaupt und insbesondere über die Vorbedingungen der Advokatur geregelt werden soll. Diesem Entwurf gegenüber gibt es drei Parteien in der Kammer und dem Lande.

Die eine Parteigruppe will den bisherigen Zunftzwang in der Advokatur auch in den neuen Civilproceß hinüberbringen. Zu dieser Kategorie gehören hauptsächlich die älteren Advokaten, welche zunächst ihre eigenen Kirchthurmsinteressen im Auge haben und glauben, die jüngeren Arbeitskräfte, das ist die Konzipienten seien nur dazu da, sich und ihre Kraft recht wacker ausbeuten zu lassen und ihren Prinzipalen auf die bequemste Art den Geldbeutel ordentlich spicken zu helfen. Das sind die juristischen Sklavenhalter, homo tyrannus jur., Lin. cl. 23 ohne Staubfäden. Während diese Besitzer eines realen Bauernscheerereigeschäftes zu Hause sitzen auf bequemem Pfühl oder Entdeckungsreisen als „Naturforscher" verüben oder auch „in Politik" machen, müssen ihre weißen Sklaven für sie die Arbeit thun, ihnen die Kasse füllen und die Bauern über den Löffel balbiren. Sie möchten auch in Zukunft Gott den guten Mann sein lassen, der's diesen lieben Seinigen sozusagen im Schlafe gibt, das Geld anderer Leute nämlich.

Die zweite Gruppe geht doch einen Schritt weiter und huldigt dem Entwurfe der neuen Advokatenordnung, wonach Jeder Advokat werden kann, der das Staatsexamen bestanden und während drei Jahren als weißer Sklave auf irgend einer Advokaten-Plantage gedient, scil. Blut geschwitzt hat, wonach aber die Advokaten in Advokaten erster und zweiter Klasse ausgeschieden werden, deren Zuständigkeit eine verschiedene ist.

Es ist nun gewiß anzuerkennen, daß die hohe königliche Abtheilung für Gesetzfabrikation erleuchtet und inspirirt von dem Geiste der Weisheit, in diesem Punkte offenbar einen wirklich liberalen Anlauf genommen hat. Nichts desto weniger sind wir „verrucht" genug, in dieser Maßregel nur wieder eine jener Halbheiten zu sehen, in welchen unsere hochverehrte hohe königliche von jeher ihre Stärke gesucht und — gefunden hat.

Für eine Halbheit halten wir diese Maßregel deshalb, weil nicht alle Advokaten gleichberechtigt wären, was unter den eigenen Berufsgenossen Unzufriedenheit und Mißgunst erzeugen müßte. Wer aber in wissenschaftlicher Beziehung gleiche Vorbedingungen erfüllt hat, der soll auch mit seinen Berufsgenossen gleiche Berechtigung haben.

Daß diese Ansicht richtig ist, beweist u. A. der Umstand, daß unter dieser Gruppe sich, so viel wir wissen, auch nicht ein Anwalt befindet; sie alle finden eine Eintheilung und Ausscheidung der Advokaten nach Klassen und Befugnissen für durchaus verwerflich und unannehmbar, eine Ansicht, welcher sicherlich allgemein nur beigepflichtet werden kann.

Wenn man einmal an die Organisation der Advokatur geht, so führe man sie so durch, daß nicht eine neue Halbheit in's Leben gesetzt werde, und gehe man dabei so vor, daß Bayern mit jenen Ländern, in welchen bereits die freie Advokatur besteht, doch wenigstens gleichen Schritt halte und nicht wieder hinten nachhinke, wie gewöhnlich, wenn unsere liberale Bureaukratie sich auf's Experimentiren verlegt.

Zur dritten Gruppe zählen diejenigen, welche die unbedingte freie Advokatur anstreben und diese allein haben nach unserer Ansicht ein richtiges und wahrhaft zeitgemäßes Ziel vor Augen.

Die Realrechte hat unsere höchst weise und erleuchtete Staatsregierung mit Hilfe einer nicht minder erleuchteten liberalen Kammer aus der Welt geschafft; warum sollten die Advokaten noch juristische Realrechte haben? Das ist nicht gerecht, nicht konsequent und vor Allem ist das nicht „zeitgemäß". Man hat die Freiheit der ärztlichen Praxis durchgesetzt und jedem Arzt es möglich gemacht, so viel Patienten als seine Mittel erlauben mehr oder minder „wissenschaftlich" in das bessere Jenseits hinüber zu befördern, d. h. „zum Wohle der Menschheit" seine Praxis auszuüben; warum soll nur der eine Jurist einem Klienten die Haut abziehen dürfen, der andere aber, der's eben so gut oder noch besser verstände, aber nicht? Das ist eine Ungleichheit, die in unserm fortgeschrittenen Zeitalter allgemeiner Gleichheit — wenigstens auf dem Papier — durchaus unstatthaft und nicht zu dulden ist.

Wer heutzutage etwas gelernt hat, der kann seine Kunst oder seine Kenntnisse ungehindert verwerthen; warum soll dieser Grundsatz jetzt bei den gelernten Juristen, in der Advokatur keine Anwendung finden?

Wenn man bedenkt, daß der Arzt zur Ausübung seiner schönen Kunst, die Menschen glücklich und zuweilen gar selig zu machen, nichts braucht als das Staatsexamen und den Doctortitel, der für ihn im Grunde so überflüssig ist wie für den Redacteur des „Vaterland" der seinige; — wenn man weiter bedenkt, daß die Anordnungen des Arztes sich jeder Controle entziehen und die Verantwortlichkeit nur ihn selbst trifft, so kann man sicherlich nicht behaupten, es lasse sich der Grundsatz der unbedingten Freigabe der Advokatur nicht rechtfertigen, denn die Wahl eines Advokaten ist ebenso Vertrauenssache wie die Wahl des Arztes.

(Schluß folgt.)

Deutschland.

München, den 12. Mai

Wie schon etliche Mal im preußischen „Reichstag", so hat auch bei dieser Zollparlamentssitzung das „Bayr. Vaterland" wieder eine Rolle zu spielen gehabt, indem heuer der preußische Junker Blankenburg daraus einem „preußenfeindlichen" und „landesverrätherischen" Artikel — die berühmt gewordene Pariser Correspondenz in Nr. 98, welche in deutschen und französischen Blättern soviel Staub aufwirbelte — vorlas, worauf dann ein gewisser Völk aus Augsburg tüchtig darüber schimpfte. Besagter Völk machte dabei die sehr überflüssige Betheuerung, daß er unschuldig sei an dem verruchten „Vaterlande" — was wir ihm gerne bestättigen, da unsere Mitschuldigen alle bayrische Männer sind — und daß man „bei ihm zu Hause das „Vaterland" nur mit Handschuhen berühre." Es sollte uns sehr freuen, wenn alle unsere Leser Handschuhe zu tragen pflegten und Herr Völk dann nicht gelogen hätte; Hr. Völk könnte uns indeß bezeugen, daß das „Vaterland" zuweilen auch in die Pfoten recht „intelligenter" Bengel fällt, die nicht einmal an Sonntagen Handschuhe tragen, was indeß dem „Vaterland" nicht den mindesten Eintrag thut. Hr. Völk ist selbst einer der eifrigsten Leser des „Vaterland" als freiwilliger Polizeikommissär nämlich; wir haben ihn aber dabei nie mit Handschuhen bei der Lektüre ertappt; für die Münchener Handschuh-Industrie ist das gewiß sehr bedauerlich. Mit oder ohne Handschuhe — das ist gleich; man liest unser Blatt und das ist die Hauptsache und der Grund des Ingrimms Sr. Reinlichkeit des Hrn. Völk und Genossen, die nicht heulen würden über das „Vaterland", wenn sie seine wohlgezielten Hiebe nicht spürten. Wir werden ihnen noch mehr Hiebe zukommen lassen und je mehr sie heulen, desto besser und empfindlicher haben wir sie getroffen — trotz der Handschuhe.

— Der Abg. Prof. Greil beantragt in seinem Referat über die Staatsausgaben (ohne Militär) nicht weniger als 2 Millionen zu streichen. Vivant sequentes! Streichen, das ist das angenehmste Wort für das Ohr der Steuerzahler.

— Durch Beschluß des Appellgerichtes sind nun auch die gegen den „Volksboten" schwebenden 4 Untersuchungen eingestellt worden. Das Urtheil in der Schmäbelaffaire wird nächsten Samstag gesprochen.

Aus Unterfranken wird dem Vaterland geschrieben: In **Aschaffenburg**, wurde Anno 1775 von den unter dem churfürstlichen Obriststallmeister-Amte stehenden Dienern eine Wittwen- und Waisenkasse errichtet, die hinlänglich geeignet war, den Hinterbliebenen eines solchen Dieners Schutz vor der äußersten Noth zu gewähren. Nachdem Aschaffenburg inzwischen bayrisch wurde, übernahm der Staat auch diese Kasse und leistete, gleichsam als Ersatz, weil nach dem Tode der letzten Wittwe die ganze Wittwenkasse in seine Tasche fällt, einen jährlichen Beitrag von etwa 200 fl., womit die jährlich an die Wittwen hinauszuzahlende Rente 300 fl. betrug. Bis vor einigen Jahren waren es blos noch zwei Wittwen und jede erhielt unbeanstandet ihre 400 fl.; seitdem aber die eine gestorben ist, weigert man sich der Ueberlebenden nach den klar ausgesprochenen Statuten die ihr mit Recht gehörenden 800 fl. auszuzahlen. Auf eine Vorstellung bei dem Ministerium des Innern wurde folgender Bescheid „herabgeschlossen": S. Maj. der König haben unter Abänderung der entgegenstehenden Grundbestimmungen (sic!) über das Hofdiener-Wittwen- und Waiseninstitut ꝛc. zu verfügen geruht: . . . . 2) daß von 1869 an der Staatszuschuß aufgehoben werde, 3) daß die bisherigen Unterstützungen an hilfsbedürftige Waisen vormaliger Mitglieder in widerruflicher (!) Weise forteintrichtet, 4) die Ueberschüsse dieses Instituts dem allgemeinen Unterstützungsfond für pragmatische Staatsdiener und deren Waisen zur jährlichen Vertheilung zugewiesen werden. Gez. v. Braun". (Das ist nach unserer Ansicht schon die höhere Juristerei bei Hrn. v. Braun, die ganz an das rühmlichst bekannte Verfahren bei der Klosteraufhebung erinnert. Hier würde der von den Ministern so perhorrescirte Verwaltungsgerichtshof gute Dienste thun. Wir möchten indeß den Interessenten rathen, die Sache so nicht auf sich beruhen zu lassen, sondern so weit es geht, den Rechtsweg zu beschreiten. Für einen guten Ausgang dächten wir läge die Sache klar genug. D. Red.)

Vom **Main** wird dem „Vaterland" geschrieben; Man wird sich noch entsinnen können, wie sehr bei den letzten Wahlen der Pfarrer Bieber von Himmelstadt von Fortschrittlern Zellingens auf offener Straße mißhandelt worden ist. Man wird neugierig sein, zu erfahren, was den Missethätern geschehen sei, von denen es schon damals hieß, daß man ihnen auf der Spur sei. Und was ist ihnen geschehen? Man höre und staune: — Nichts! Doch wird man nicht mehr staunen, wenn man weiß, daß das Bezirksgericht Lohr — (nun es gibt verschiedene schöne Gegenden in Bayern! D. R.) Noch etwas! Da hat ein fortschrittlicher Schullehrer nicht weit von Himmelstadt im Januar bei arger Kälte, Kinder von 8 Jahren in den Schweinstall gesperrt. Die Sache ist an's Bezirksgericht Lohr gekommen und was ist geschehen? Auch nichts! — In Zellingen und Umgegend kennt man die 2 Vögel wohl, welche die Mißhandlung begangen haben, man deutet mit Fingern auf sie. Aber ihr Lohn wird wahrscheinlich der göttlichen Gerechtigkeit aufgespart bleiben! Der Rock aber, der die Spuren der Mißhandlung an sich trägt, der zerfetzte und beschmutzte Rock des Pfarrers, wird aufbewahrt zum ewigen Gedächtniß; er bildet den Anziehungspunkt für Nah und Fern, und Alle, die ihn sehen, fühlen sich empört über die grenzenlose Rohheit, die da verübt wurde. Es wäre werth, eine Photographie davon zu machen und dieselbe in der Welt zu verbreiten, an dem Orte der That aber eine Säule mit gehöriger Inschrift aufzurichten zur ewigen Schmach. Wenn ich aber fette Pfründen oder Titel oder sonstige Gnaden zu vergeben hätte, so würde ich zum Pfarrer von Himmelstadt sagen: Hr. Pfarrer, wählen Sie! (Die Redaktion gestattet sich, diese heutige Nummer Sr. Exc. unserm fürtrefflichen Gerechtigkeitsminister zur geneigten Kenntnißnahme „in tiefster Verehrung" zu unterbreiten. Vielleicht findet man dann auch in Lohr die beiden Spitzbuben von Zellingen heraus.)

Aus der Pfalz wird dem „Vaterland" geschrieben: Wir haben also wieder einen Bischof und zwar dem Wunsche Aller entsprechend, einen Pfälzer. Obgleich die katholische Pfalz dafür Seiner Majestät dem Könige sehr dankbar ist, und der ganze Klerus dem neuen Bischofe Conrad die Liebe und Achtung entgegenbringen wird, welche er zu unserm unvergeßlichen Bischofe Nikolaus hatte, so darf doch nicht verschwiegen werden, daß in allen katholischen Kreisen eine tiefe Mißstimmung herrscht über die Art und Weise, wie der nach den Begriffen des katholischen Klerus und Volkes allein mögliche Domkapitular Dr. Molitor zurückgesetzt und in fortschrittlichen Blättern herabgewürdigt wurde. Es war dies eine Verletzung des ganzen Klerus und namentlich des Andenkens des seligen Herrn Bischofs, der trotz und gerade wegen seiner Treue und Anhänglichkeit an das kgl. Haus den Herrn Domcapitular für den Fähigsten und Würdigsten hielt, sein Nachfolger zu werden. — Und warum wurde er in München für unmöglich gehalten? Wegen seiner kirchlichen Gesinnung! So weit wären wir also in Bayern bereits gekommen, daß gerade die zum bischöflichen Amte nothwendigste Eigenschaft von diesem Amte ausschließt! Soviel aber ist trotz der besonderen Empfehlung des Regierungspräsidenten

v. Pfeufer, dessen eigene Kinder protestantisch werden, gewiß, daß man sich in dem endlich Erwählten gewaltig geirrt hat, wenn man jene kirchliche Gesinnung bei ihm nicht voraussetzen zu müssen glaubte. Ein Mann, der in seiner bisherigen Stellung noch keine Gelegenheit hatte, sich irgendwie in maßgebender Weise zu äußern oder offen Stellung zu nehmen in den religions-politischen und socialen Fragen unsrer Zeit, wird leicht mißkannt. — Wer den erwählten neuen Bischof näher kennt, wird ohne Bedenken sagen, unser seliger Bischof Nikolaus hat einen würdigen Nachfolger erhalten, der in seinem Geiste wirken und die Rechte der Kirche vielleicht noch schärfer vertheidigen wird — darum trotz der dem Erwählten selbst unliebsamen besonderen Empfehlung: Vivat Conradus Episcopus Spirensis!

Ausland.

Frankreich. In Paris wird noch ein zweiter Candidat für das auswärtige Ministerium genannt, der französische Gesandte in Wien, Herzog v. Grammont; Laguerroniere soll dann das Unterrichtsministerium unternehmen. — Am 10. haben sich die Unruhen etlicher Rotten wieder erneuert; der ganze Schwindel hatte aber keine weitere Bedeutung, als daß die Hauptschreier, die nicht schnell genug laufen konnten, abgefaßt wurden. Etwas Cavalerie trieb die Menge ohne andere Mühe als die des Reitens auseinander.

— Die französischen Fortschreiter machen es gerade wie die unsern nach den Wahlen. Trotzdem daß über 7 Millionen gegen sie stimmten und alle Feinde des Kaiserreichs, die Orleanisten, die Legitimisten, die Rothen u. s. w., zusammen es nur auf anderthalb Millionen Stimmen brachten, haben doch die Rothen gesiegt! „Wir haben die Intelligenz und den Willen (!) Frankreichs und das ist der wahre, moralische Sieg!“ sagen die rothen Organe. Richtig, die für die Republik sind, das sind die Intelligenten und die 7 Millionen ordentlichen braven Bürger und Bauern, das sind die „Schafsköpfe“, wie unsere „anständigen“ Blätter sagen würden! Wir knüpfen daran die ganz kleine Notiz, daß die „Intelligenten“, welche beim letzten Complott gegen das Leben des Kaisers betheiligt waren, alles Freimaurer, Börsenspekulanten und ähnliches Zeug sind; „Ultramontane“ oder was man in Bayern Patrioten nennt, fand sich nicht Einer unter ihnen. Die Rothen selbst schämen sich dieser „Ehrenmänner“ und suchen sie in ihren Blättern nun als Organe der — Polizei hinzustellen.

Rußland hat wieder einen mächtigen Schritt in der Kultur vorwärts gethan: es schickt seine politischen Verbrecher nicht mehr zu Fuß und in Ketten nach Sibirien, sondern gestattet ihnen, für ihr Geld sich einen Wagen zu miethen. Wir wissen nun nicht recht, geschieht dies mehr aus Humanität gegen die „Verbrecher“ oder gegen die begleitenden Gendarmen, die doch gewissermaßen auch Menschen sind sozusagen. Die Lösung dieser Frage wäre für die Kulturgeschichte von großer Bedeutung!

Von **Malakka**, was eine Halbinsel in der Nähe von China und dem Aequator ist, kommt die erfreuliche Botschaft, daß die Preußen sich von einem dortigen Prinzen eine Insel, Namens Kalamne, kaufen wollen, angeblich als Kohlenstation. Es fällt uns aber gerade bei, daß die Preußen in allen möglichen Meeren, Archipeln und Froschlacken nach einer passenden Insul herumsuchen, um dort nicht Kohlen, sondern ihre politischen „Verbrecher“ unterzubringen. Uns interessirt dieser Kaufhandel besonders, weil wir gleich wüßten, wohin wir wahrscheinlich kämen, wenn wir das Glück hätten, durch Gottes Erbarmung und der preußischen Pickelhaube Gnaden, annexirter Preuße zu werden.

Vermischte Nachrichten.

Von der **Benediktenwand** wird dem „Vaterland“ geschrieben: Der seiner Zeit, im Frühjahr 1869, vom liberalen Fortschritt so schmählich und ungerecht denuncirte und verfolgte Hr. Pfarrer **König** von Miesbach, gestorben am 1. Mai 1869, hat durch letztwillige Bestimmung ein schöneres Denkmal hinterlassen, als seine Feinde durch ihre Denunciation sich gesetzt haben. Er bestimmte nämlich: 1000 fl. für die Armenpflege Miesbachs, 1000 fl. für Beschenkung armer Kinder am hl. Weihnachtsfeste, 200 fl. für Ausspeisung von 16 Armen an demselben Tage. 1000 fl. für Abhaltung einer jährlichen Maiandacht in der Pfarrkirche zu Miesbach, u. s. w. Was thut denn, frage ich, der Fortschritt für die Armen, für die Kirche und kirchliche Zwecke? Schimpfen und nehmen wo er kann!

In **Rom** werden von Spanien aus Schritte gethan, um die Seligsprechung des Christoph Columbus zu beschleunigen.

Finanzielles.

Die österreichische Silber- und Papierrente und die Silber-Prioritäten.*)

* In **London** hat laut Telegramm der Börsenrath die Ausschließung der österreichischen Fonds aus dem offiziellen Börsen-Kursblatt wegen rechtswidriger Benachtheilung der englischen Gläubiger durch die österreichische Regierung beschlossen. Dieser Beschluß ist in finanzieller Beziehung von nichtabsehbarer Tragweite. Welche Staaten sich dieser Maßregel künftig anschließen werden, ist noch nicht vorauszusehen, doch kann dieselbe auf die Curse der österreichischen Fonds nur einen nachtheiligen Einfluß ausüben, und dürfte vorstehende Depesche hinlänglich beweisen, daß ein Umtausch der österreichischen Staatspapiere gegen andere solide Werthpapiere nur vortheilhaft sein kann. Oesterreichische Staatspapiere, die ehemahligen Metalliques und National-Anleihen waren in Süddeutschland am stärksten verbreitet und National meist zum Course von 95 bis 85 Proz. gekauft worden, was gleich 114 bis 102 fl. süddeutsch ausmachte; heute stehen sie, mittlerweile in Silberrente convertirt, auf 66 fl. 42 kr.; es entziffert sich somit circa 40 proz. Verlust. Diese Papiere verloren allmählig an Werth, wurden durch die Convertirung vom 20 fl.-Fuß (1 fl. = 1 fl. 12 kr.) in den 45 fl. Fuß (1 fl. = 1 fl. 10 kr.) umgewandelt und der Zins wurde von 5 fl. Conventions-Münze (gleich 6 fl. süddeutsch) auf $4\frac{1}{5}$ neuen Münzfuß (gleich 4 fl. 54 kr. süddeutsch) herabgesetzt, somit um 1 fl. 6 kr. gekürzt.

Die öster. Papiere erlitten somit Verlust an Capital, Zinsfuß und Verringerung des Münzfußes und werden nie eingelöst, — oder, wie dieß z. B. bei den Silber-Prioritäten oder bei bayrischen Staatspapieren der Fall ist, durch Verloosung zurückbezahlt. Die Erfahrung hat gezeigt, daß die österr. Silber- und Papier-Rente einer allmähligen Entwerthung entgegengeht. Die österreichischen Silber-Prioritäten dagegen (Eisenbahn-Prioritäten ꝛc.) haben Staats-Garantie und bilden außerdem noch eine Hypothek, indem denselben die Bahnen verpfändet sind, und werden pari zurückbezahlt, Capital und Zinsen ohne Steuerabzug. Die billigsten darunter sind die ungarischen Ostbahn-Prioritäten, die selbst zum Curse von 75 Proz. noch $6\frac{2}{3}$ Proz. rentiren und durch die Verloosung mit 100 fl. zurückbezahlt werden, d. h. eine Obligation, welche auf 300 ö. W. in Silber lautet, macht zum Curse von 75 Proz. 225 fl. ö. W. in Silber oder 262 fl. 30 kr. süddeutsche W. und wird mit 300 fl.

---

*) Vgl. Nr. 98.

ö. W. in Silber oder 350 fl. süddeutsche Währ. eingelöst. Somit gewähren die ungarischen Ostbahnprioritäten außer dem Zinsfusse von 6²/₅ Prozent noch über 33 Proz. Capitalgewinn**).

**) Die Verluste, welche die österreichischen Gläubiger durch die österreichischen Papiere in Folge ihrer allmäligen Entwerthung erlitten haben, sind enorm. Uns ist ein Fall aus Niederbayern bekannt, wo 3 Geschwister von ihrem verstorbenen Vater ein bedeutendes Vermögen ererbten. Eines übernahm das Geschäft, das andere die Hypotheken, das dritte nebst Anderem für 40,000 fl. National zum damaligen Kurse. Heute hat dasselbe an diesen 40,000 fl. einen Verlust von 16,000 fl., d. h. die übernommenen 40,000 fl. haben heute nur mehr einen Werth von 24,000 fl.

Dienstes-Nachrichten.

Erledigt: Die k. Pfarreien Hunderdorf, B.-A. Bogen, R.-E. 887 fl.; Altomünster, B.-A. Aichach, R.-E. 1065 fl.; Klenau, B.-A. Schrobenhausen, R.-E. 1318 fl.; Holzkirchen, B.-A. Aichach, R.-E. 579 fl.; Finingen, B.-A. Neuulm, R.-E. 1109 fl.

Verliehen: Die k. Pfarreien Wenigmünchen, B.-A. Bruck, dem Benef. H. Anton in Pasenbach, B.-A. Dachau; Balderschwang, B.-A. Sonthofen, dem Kuratbenef. J. B. Link in Maria Thann, B.-A. Lindau; das Dallhoferſche Benef. in Deggendorf dem M. Knogl in Plattling.

Briefkanzen.

v.–d.— In den nächsten Tagen! Es liegt bereits die Correktur vor.

Verantwortlicher Redakteur: Dr. J. Sigl.

Einladung

zum 25. Gründungs-Fest des St. Vincentius-Vereines in München.

Der am 17. Mai 1845 ins Leben getretene St. Vincentiusverein dahier wird demnächst das 25. Jahr seines Bestandes vollenden. Zur Erinnerung an die Gründung des Vereines setzte der unterfertigte Ausschuß eine eigene Festfeier an. Es wird deshalb am **Dienstag, den 17. Mai l. J. Vormittags acht** Uhr ein **feierliches Amt** mit General-Communion in der hiesigen St. Michaels-Hofkirche und **Abends halb sieben Uhr** eine **Generalversammlung** mit zweckentsprechendem Vortrag im hiesigen Gesellenhause stattfinden.

Der Central-Ausschuß benützt diesen Anlaß, sämmtlichen ordentlichen und außerordentlichen Mitgliedern und Wohlthätern der zehn Conferenzen Münchens, sowie allen affiliirten Vereinen in Bayern seinen wärmsten Dank für ihren bisher bewährten unverdrossenen Eifer auszudrücken und richtet an Nah und Fern die herzliche Einladung zur Betheiligung an der erwähnten Festfeier.

München, den 10. Mai 1870. (307)

Der Central-Ausschuß
des St. Vincentius-Vereines in München.
Ludwig Graf von Arco-Zinneberg.

L. Enzinger in München
Pfarrstraße Nr. 6/0
liefert eine Auswahl neuer beliebter und leicht ausführbarer Musikstücke, für 7—9 und 10 Mann Blechmusik zu den billigsten Preisen. 305—6(a)

Ein rentables Zinshaus
für jede Herrschaft oder Privatmann geeignet, in der Nähe vom Gasthaus zum Neufigl, mit schöner Einfahrt, großem Hofraum ist Familienverhältnisse halber, sogleich billig zu verkaufen. Fixer Preis 58,000 fl.; Zinseinnahme 4000 fl. Direkte Käufer wollen sich wenden Blumenstr. 27a, Parterre links. Zu treffen von 7—8 Morgens. (303—304a)

Ein Oekonomieanwesen in Oberbayern
mit 100 Tagw., arrondirt, sammt schönen Gebäulichkeiten, ist sogleich zu verpachten oder an einen Schäfer zu vergeben. D. U. 277—79(c)

Ein mittelgroßes Haus
mit schönem Garten in der Nähe des Nationalmuseums ist sogleich unter annehmbaren Bedingungen zu verkaufen. Nur Selbstkäufer wollen sich melden. D. U. 289—91(b)

2 große Epheu sind zu verkaufen. Bruderstraße Nr. 9/0 bei Hrn. Eder. 302—3(b)

Leo Woerl'sche Buch-, Kunst- & Verlagshandlung in Würzburg.

189—200 (f)

Empfehlen unser großes Lager **katholischer Literatur** und **religiöser Kunst.**

Namentlich erlauben wir zu gefälligen Bestellungen auf **Missale, Horae diurnae** in den verschiedensten Ausgaben und Einbänden, **Canontafeln** von den einfachsten bis zu den feinsten, mit und ohne Rahmen, **Kreuzwegstationen, Altarbilder, Votivtafeln, Kirchenfahnenbilder, Heiligenfiguren** in Holz, Masse, Bronce, in schönster Fassung, für Kirchen und fürs Freie uns bestens zu empfehlen. Musterbilder. und Preisüberschläge, sowie jede sonstige Auskunft bereitwilligst! Nach Uebereinkommen auch Ratenzahlungen.

Alle bedeutenderen neueren und älteren katholischen Erscheinungen sind auf unserem Lager vorräthig oder werden schnell beschafft, namentlich empfehlen unser ausgedehntes Lager Concilliteratur.

Hochachtungsvollst

Leo Woerl'sche Buch-, Kunst- und Verlagshandlung.

Druck von M. Bout in München. Neuerthal 19

II. Jahrgang. Auflage: 5400.

Das „Bayr. Vaterland" erscheint täglich mit Ausnahme der Sonn- und hohen Festtage. Preis des Blattes: Vierteljährig 54 kr., ganzjährig 3 fl. 36 kr. Das einzelne Blatt 1 kr.

Das Bayrische Vaterland.

Alle Postexpeditionen und Postboten des In- und Auslandes nehmen Bestellungen an. Inserate werden die dreispaltige Petitzeile oder deren Raum zu 3 kr. berechnet.

Redaktion: Burggasse 14. Herausgegeben von Dr. jur. J. Sigl. Expedition: Ruffinibazar 5

Bonifazius. Nr. 109. Samstag, 14. Mai 1870.

Bestellungen auf das „Bayr. Vaterland" für das Quartal (für die Monate Mai und Juni zu 36 kr.) können bei allen Postanstalten und Postboten noch immer gemacht werden.

*Zur Frage der Freigabe der Advokaten-Praxis.

(Schluß.) Geradezu unbegreiflich ist die Behauptung, die man hie und da hören kann, man müsse erst eine gewisse Anzahl von Jahren auf irgend einer Advokaten-Plantage als weißer Bureausclave servirt haben, zu Deutsch Koncipient gewesen sein, ehe man würdig ist, in die heiligen Hallen der Advokatur einzutreten und selbst ein juristisches Bauernscheerereigeschäft zu eröffnen. In einer Zeit, wo der Zunftzwang abgeschafft und die allgemeine Gewerbefreiheit eingeführt ist und wunderbar Blüthen treibt, ist eine solche Behauptung gerade zu empörend.

Allerdings bei einem alten emeritirten Advokaten finden wir ein solches unzeitgemäßes Verlangen nicht blos begreiflich, sondern sogar ganz natürlich; denn wenn die juristische Sklaverei des Conzipiententhums aufgehoben würde, dann fände der Plantagenbesitzer keine Sklaven mehr und müßte in seinen alten Tagen gar noch selbst arbeiten, das Geschäft würde durch die freie Konkurrenz Schaden leiden, und das Alles wäre ja ganz erschrecklich für eine ausgepichte Advokatenseele und deshalb „unausführbar".

Aber noch mehr! Es gibt sogar noch einige Leute, welche — man höre und staune! — allen Ernstes behaupten, es könne zur Ausübung der Advokatur nur Derjenige zugelassen werden, welcher sich mindestens die Note I oder II im Staatskonkurs erworben hat.

Ja, gibt denn die Note I oder II die Fähigkeit zum Advokaten, die Note III aber die Unfähigkeit zu diesem Geschäft? Sicherlich nicht! Wir haben in der Praxis Dutzende von Exempeln, daß Leute mit der Note I oder II unbrauchbar, Leute mit einem festen Dreier aber vortreffliche Arbeiter sind. Ist nicht der Ritter v. Schauß sogar anderthalbmal durchgefallen und ist er nicht ein vortrefflicher Advokat? Ganz gewiß ist er's, denn sonst würde ihn nicht jeder Jude und sonstige Ehrenmann, dem ein ehrlicher Mensch einmal auf die Hühneraugen getreten, heulend zu dem Schaußen laufen und ihm seine Noth klagen und seine an der Ehre gekränkten Hühneraugen zur Reparatur bringen. Ist er nicht so der Ritter des sehr ehrwürdigen kgl. bayr. Judenthums geworden? Wir selbst können aus Erfahrung bestätigen, daß 10 Juden noch nicht einen Schaußen geben. Und Papa Völk? Ist er nicht die Krone aller Advokaten vom Fortschritt, die bekanntlich die auserlesensten von allen sind? Und hat sich Papa Völk nicht im Staatskonkurs einen kräftigen Dreier erobert? — Na, also!

Wer nur einigermaßen davon Kenntniß hat wie z. B. wir, wie es beim Staatskonkurs der Juristen zugeht, der gibt auf die Note sicherlich keinen Knurrblättel-Julius. Es hängt die Erlangung der Note von Zufälligkeiten ab, die wahrlich noch keinen Schluß darauf ziehen lassen, daß die Note auch wirklich der richtige Maßstab für die wissenschaftliche Bildung eines Juristen ist. Der gelehrte Schauß und der wissenschaftliche Völk sind ein paar schlagende Exempel von Beispielen dazu. Mit einem Worte: die wissenschaftliche Befähigung läßt sich nie und nimmer durch Noten beurtheilen und feststellen, zumal bei den Schwaben, bei denen der Verstand, wie „eine dunkle Mähre" sagt, so recht eigentlich erst mit 40 Jahren zum Durch- und Ausbruch kommt. Für die Liberalen sollte man die Noten überhaupt abschaffen, erstens weil man bei einem Liberalen überhaupt nicht auf die Note zu sehen braucht und auch in der Regel nicht sieht, und zweitens weil ein richtiger Liberaler schon von Kindsbeinen an in „Intelligenz" und „Wissenschaftlichkeit" oft bis an die Kniee watet. Höchstens wäre das Notenwesen noch für die an und für sich zurückgebliebenen Ultramontanen beizubehalten, denen man dann recht fleißig zu gefundenen Dreiern verhelfen und damit die Pforten des höheren Staatsdienstes für alle Zeiten nachhaltig verschließen könnte.

Aus diesen und etlichen anderen Gründen, die wir der Kürze halber übergehen, mögen sich also unsere Abgeordneten hüten, etwa eine derartige Bestimmung in die Advokatenordnung aufzunehmen. Das Publikum hat sich bisher seine Aerzte zu suchen gewußt, es wird auch seine Advokaten finden ohne Rücksicht auf die Jahre der Praxis und auf die Noten der Aspiranten, und ebenso wird der Proceßhansel seine Advokaten finden, wie er sie bisher gefunden hat; sind es viele, nun so hat man eben die Auswahl und sucht sich den besten heraus. Processe hat es immer gegeben und wird es immer geben, mag die Advokatenpraxis eine freie oder eine beschränkte sein. Wenn der Staat dem Einzelnen keine Entschädigung leistet, falls der Arzt oder Advokat ihm einen Schaden zufügt, so hat der Staat auch kein Recht, dem Publikum die freie Wahl zu beschränken und ihm diejenigen vorzuschreiben, von denen allein es sich schröpfen und ausziehen lassen soll. Man hat die ärztliche Praxis freigegeben, da Jeder das Recht haben muß, sich von dem, der ihm am meisten zusagt, kuriren oder ins bessere Jenseits befördern zu lassen; so darf auch der Staat nicht Einzelne bevorzugen und privilegiren, von denen das Publikum in seinen Rechtshändeln sich vertheidigen oder sich die Haut abziehen lassen soll. Das wäre einerseits gegen das Princip der persönlichen, anderseits gegen das der Gewerbefreiheit.

Also freie Advokatur ohne Rücksicht auf eine gewisse Anzahl Jahre der Advokatenpraxis, ohne Notenabstufungen und vor Allem ohne die Gnade und Protektion einer hohen königlichen, d. h. ohne königliche Ernennung: das sei die

Loosung der patriotischen Abgeordneten, welche die Freiheit für Alle wollen!

Deutschland.

München, den 13. Mai.

Landtag. Nach langer Unterbrechung hielt die Kammer der Abgeordneten gestern endlich auch wieder einmal eine Sitzung. Pf. Rußwurm interpellirte den Cultusminister, wie derselbe es denn bezüglich der Zusammensetzung der Lokal-Schulkommissionen in den nicht unmittelbaren Gemeinden mit städtischer Verfassung eigentlich zu halten gedenke und ob derselbe Kenntniß von dem Ausschreiben der Regierung der Oberpfalz habe, daß im Widerspruch mit der mehr als 30jährigen Praxis in solchen Gemeinden der Oberpfalz der Vorsitz der Lokal-Schulkommissionen den Pfarrern abgenommen und den Bürgermeistern übertragen werde? Hr. v. Lutz antwortet, daß die Kreisregierung damit im Unrecht gewesen und daß er bereits geeignete Vorkehrungen getroffen habe. (In Bayern heißt man das auch Verwaltung und Regierung!!) Der Beschluß der Reichsräthe, daß zur Bildung von Bürgermeistereien außer der Zustimmung der Gemeindeausschüsse auch die Genehmigung der Distrikts-Verwaltungsbehörde nothwendig sein und die Wiederauflösung einer Bürgermeisterei nur bei Meinungsverschiedenheit der Gemeindeausschüsse durch die Kreisverwaltungsstelle nach Vernehmung der Ausschüsse und des Distrikts-Ausschusses soll verfügt werden können, wird angenommen. Hierauf begann die Berathung über das Referat Greils, die Nachweisungen der Staatsausgaben für 1866—68, welche heute fortgesetzt wird und ziemlich animirt werden dürfte.

— Appellrath Dr. Kurz, Referent über den Entwurf der neuen Advokatenordnung, spricht sich für die Freigabe der Advokatur mit 3jähriger anwaltschaftlicher Praxis aus. (Die „liberalen" Advokaten dagegen haben auf ihrem letzten „Tage" dahier sich gegen die Freigabe erklärt!)

— Aus Berlin kommt die wundersame Mähre, der große Bismark wolle sich von dem Geschäfte zurückziehen und an seine Stelle soll kein anderer kommen, als — wer? — Prinz Hohenloh! Na, dann kann die Geschichte gut werden! Wir haben bekanntlich an der angebornen königlich preußischen Intelligenz niemals gezweifelt, aber daß sie als Nachfolger Bismarks im Ernste einen Mann nennen könnten, den man nicht einmal in Bayern für die Länge als Minister brauchen konnte, das muß uns doch billig einige Zweifel an der Zurechnungsfähigkeit derer, die ihn nennen, erregen. Oder hat der Ausfall des Plebiscits in Frankreich etwa die Berliner in einen so verzweifelten Galgenhumor gebracht, daß sie in ihrer Agonie über sich selbst und ihre traurige Lage traurige Witze reißen?

— Gestern hatten wir die schätzbare Ehre, die Bekanntschaft des Hrn. Loyson (P. Hyazinth) zu machen. Der Redakteur des „verruchten Vaterland" und der Hr. Abgeordnete Lukas kamen eben aus den tiefsten Tiefen des Englischen Garten zurück, wo sie eben den geheimnißvollen, aber schwarzen Plan, das geliebte preußische Vaterland bei guter Gelegenheit zu verrathen und Bayern demnächst an Rom auszuliefern, dabei etliche Throne umzustürzen und sonstige königs- und regierungsfeindliche Ideen durchzusetzen ausgebrütet, als ihnen Hr. Loyson an der Seite des Hrn. von Döllinger entgegenkam, welche beide eben ein paar römische Stuhlbeine mit drei Dutzend Jesuiten als Salat verspeist hatten und nun daran gingen, das Papstthum theils mit Janusgift abzuthun, theils mit „wissenschaftlichen" Nitroglycerin in die Luft zu sprengen und dabei sich und einige passende liberale Könige zu retten. Peinliche Ueberraschung beiderseits, wonach wir mit dem süßesten Lächeln von des großen Döllinger's Munde beglückt wurden. Die schwarzen Landesverräther und Thronzertrümmerer schlugen sich ebenso wie die beiden Königsretter und Romzertreter in die Büsche, Erstere überglücklich, den entlaufenen Mönch und Apostaten kennen gelernt zu haben, der bereits ist, was Döllinger noch werden könnte*).

— Knurrblättl, einfältiges heuchelt heute ängstliche Besorgniß für das Leben des Verfassers der Broschüre: Ist Döllinger 2c. Knurrblättl thut, als fürchte es, derselbe werde von Rom nicht mehr zurückkommen. Braucht sich nicht zu ängstigen, denn erstlich will sich derselbe sogleich unter den Schutz des bayr. Gesandten und des Kardinal Hohenlohe begeben und zweitens hat der furchtsame Günstling Knurrblättls überhaupt nichts zu fürchten, als eine kleine Disciplinarstrafe, die er sich damit verdient hat, daß er gegen die Regeln seines Ordens ohne Bewilligung seiner Obern etwas drucken ließ. Dieser Disciplinarstrafe, einer reinen Familienangelegenheit, wird er auch trotz Hohenlohe und Tauffkirchen nicht entgehen. Weiters hat die Sache nichts auf sich, da sich Rom nur mit bedeutenden und gefährlichen Leuten abgibt, der Protegé der „Neuesten" aber weder das Eine noch das Andere ist.

— Die Arbeitseinstellung der Schneider hat damit geendet, daß die Meister die verlangte Lohnerhöhung im Prinzip bewilligten und die Gesellen sich mit dem Ehrenwort der Meister (statt der verlangten Unterschrift) begnügen.

Aus **Oberbayern** wir dem „Vaterland" geschrieben: Als man die Trennung der Rechtspflege von der Verwaltung anstrebte, stellte man schnellste Erledigung der Gegenstände, der angebrochenen Klagen 2c. in Aussicht, und versprach die wohlthätigsten Wirkungen von der nun so geordneten Verwaltung. Es ist ein schöner Traum geblieben. Hier sei nur erwähnt, wie es früher bei Zinseinklagen an den Stiftungen ging, und wie es jetzt nach der gerühmten Trennung damit steht. Es wird freilich nicht bei allen Landgerichten gleich sein. Früher kam auf gestellte Klage regelmäßig nach einigen Wochen der Zinsbetrag und jetzt? Erst kommt ein Schreiben auf Siegelbogen, daß dem Beklagten das Dekret, respektive die Aufforderung zur Zahlung binnen so und viel Tagen, zugestellt wurde und daß derselbe diese leisten oder rechtsgiltige Gründe dagegen vorbringen solle. Da der Beklagte gewöhnlich nicht zahlen mag und keinen Grund dagegen vorbringen kann, thut er gar nichts. Das Landgericht bleibt auch in ruhender Aktivität, und so verstreichen einige Monate, bis die Stiftungsverwaltung monitirt. Jetzt wird vielleicht mit Exekution binnen so und so viel Tagen — angedroht, wenn die Zahlung nicht erfolgt. Dabei bleibt es wieder einige Monate. Inzwischen erhält die Stiftungsverwaltung gewöhnlich Schreiben auf Siegelbogen mit 7 kr. Porto, mit der Anzeige, was wieder geschehen ist und was nicht geschehen ist. Geld kommt aber regelmäßig nicht. So geht das Hin- und Herschreiben ein halbes Jahr und darüber fort. Die Hauptsache steht immer unerledigt auf

---

*) Wie er ausschaut? fragen unsere minder glücklichen Leser. Von Ferne glich er dem Hrn. v. Lutz, der aber einen Schnurrbart und Brillen trägt; in der Nähe hat Hr. Loyson eine Aehnlichkeit mit einem angefressenen „intelligenten" Bierbrauer aus der guten alten Zeit. Er ist kegelförmig gestaltet, am dicksten um die Mitte, schwarz und kurzgeschnitten gewandet. Den' fetten glänzenden Kopf ziert eine allmächtige Glatze, die fast bis in's Genick herabgeht. Die Züge sind matt, verschwommen, Nase und Ohren gehen nicht über das gewöhnliche Maß hinaus; Aesthetisches oder Geistvolles ist gar nicht an ihm. Neben dem dünnen Hrn. v. Döllinger macht er den Eindruck einer fetten rundlichen Kreuzspinne, welche eine ätherische Schnacke spazieren führt. Das ist Hr. Loyson.

dem ersten Flecke, die Klage bleibt resultatlos. Rührt sich die Verwaltung nicht, so schläft die Klage den Schlaf — der Siebenschläfer! — Ist das nicht ein Hohn auf die früher so plausibeln Versprechungen? Wenn auf allen neuen Einrichtungen ein gleicher Segen ruht, dann läuft man im lieben Bayerlande Gefahr, nach nicht gar langer Zeit von lauter Segnungen erdrückt zu werden. Aehnlich ist's mit anderen Versprechungen. Bei der Einführung des 13. Schuljahres versprach man sich von dieser Einrichtung die großartigste Wirkung, ja klassische Schulbildung! Wie schwärmten damals die gewiegten Pädagogen!! Und jetzt? Allgemeine Klage über Verwilderung der Jugend, stetig fortschreitende Vermehrung der Zuchthaus-Candidaten. Pharao bat dringend um Wegnahme der Finsterniß in Egypten und wie viele bitten jetzt ebenso dringend um Entfernung des so großes Licht verheißenden dreizehnten Werktagsschuljahres? Möge ihre Bitte Erhörung finden, der Staat wird dadurch gewiß nicht zu Grunde gehen!

Aus Unterfranken wird dem „Vaterland" geschrieben: Jetzt lese ich doch das „Vaterland" schon seit seiner Entstehung mit ganz besonderer und seit Beginn der Kammerdebatten mit verdoppelter Aufmerksamkeit, daß mir unmöglich davon etwas entgangen sein kann. Und doch wurde mir vor einigen Tagen mitgetheilt, daß der Abgeordnete Sellner (nicht Söllner) eine großmächtige Rede gehalten habe. Das muß sicherlich noch vor Olims Zeiten gewesen sein, wo der Geist Gottes noch über den Wassern schwebte; ich kann mir sonst gar nicht denken, wie die allmächtige Rede dieses unsers fränkischen Demosthenes dem „Vaterland" entschlüpft wäre. Ich erlaube mir daher, Sie einstweilen auf die nächste Rede aufmerksam zu machen, die derselbe bei guter Gelegenheit vom Stappel lassen wird, damit ja keines seiner kostbaren Worte uns und der Weltgeschichte entgeht.*) Weiters diene Ihnen folgende Notiz. Dem Hrn. Abgeordneten Sellner gestattet das Werk der Rettung des Vaterlandes so viel freie Zeit, daß er sich, so weit ich mich erinnere, bereits zum dritten oder vierten Male zu Hause befindet, wo er sich recht gut anläßt. So z. B. war vor einigen Tagen irgendwo ein Schweinemarkt, auf dem sich auch dieser Herr einfand, ob als Käufer oder Verkäufer, darüber ist die Weltgeschichte noch nicht im Klaren. Auf die liebreiche Anrede eines schweineverkaufenden Freundes: „So, du bist a scho wieder do!" gab der intelligente Gesetzgeber die geistreiche Antwort von sich: „Ja, leider! Die Pfaffen bringen nichts fertig und doch kostet es jeden Tag 1400 fl. Sagt es nur den Leuten, daß sie's wissen!" Nach dieser rednerischen Probe werden sich ihre Leser gewiß auf die „nächste" Rede des braven Fortschrittsmannes Sellner freuen, (die dann das „Vaterland" auch sicherlich, schön mit Anmerkungen verziert und ausstafirt, bringen wird! D. Red.)

Aus der **Pfalz** wird dem „Vaterland" geschrieben: Die Wuth des Fortschritts über die Ernennung des neuen Bischofs ist groß. Man hatte ihn blos vorgeschoben, um Molitor zu beseitigen, und unmöglich zu machen und hoffte, daß die katholische Presse aus ihrer reservirten Haltung heraustreten und Material — zur Vorlage im Kabinet liefern würde, um dann Enzler durchzusetzen. Der Kanonikus Enzler wäre einmal ein Bischof nach dem Herzen des Fortschritts gewesen; der wenn durchgesetzen gewesen wäre, das wäre ein Triumph gewesen! Es war alles so hübsch eingefädelt, selbst „hohe Weiberleute" warben, freilich ohne daß sie es wußten, für den Fortschritt, der öffentlich mit seinem Kandidaten klüglich hinterm Berge hielt. Und nun ist es so ganz anders gekommen, nun knirscht Fortschritt ingrimmig mit den Zähnen und muß doch öffentlich gute Miene zum verlornen Spiel machen. Das ist doch recht traurig, aber vielleicht doch wieder ein Beweis, daß Gott es gut meint mit der Speirer Diözese und den treuen Pfälzer Katholiken. (Nun dafür soll jetzt die Eichstädter Diöcese mit diesem ausgezeichneten Manne, der dem Fortschritt so lieb ist und der sich so prächtig auf's Carrieremachen versteht, beglückt werden! Er selbst hat sich bereits für den Würdigsten von allen Priestern des Königreiches erklärt und deshalb allerunterthänigst treugehorsamst um die Domprobstenstelle nachgesucht und Weiber und Fortschritt lassen alle Minen springen, um diesen „Würdigsten" ins Domkapitel zu bringen, denn dieser Hr. v. Leonrod ist doch gar zu „ultramontan", da muß man ihm ein Gegengewicht ins Domkapitel setzen in einem Manne, der allezeit ergeben wäre in den Willen einer hohen königlichen Staatsregierung und den der Herr — von Castell über die Massen lieb hat. Glücklicherweise hat aber der Letzte noch lange nicht geschossen und werden zu Domprobsten noch lange nicht die Protegés von Weibern, Protestanten und Ungläubigen gemacht und so wird der Hr. Enzler wohl noch einige Zeit Kanonikus bleiben müssen, mag er sich auch zehnmal für den „Würdigsten" von allen Geistlichen halten und erklären. Als Kanonikus ist er unschädlich, außer für arme Benefiziaten. D. R.)

---

*) Diese „nächste" Rede wird der Hr. Abgeordnete an demselben Tage verüben, an welchem der rühmlichst bekannte Knurrblättldeputatus mit seiner Jungfernrede einen Angriff auf den — Ernst der Kammer machen wird. D. Red.

Ausland.

Belgien. In Brüssel beabsichtigen einige katholische Bankiers eine neue päpstliche Anleihe zu negoziiren, stoßen aber selbstverständlich auf große Schwierigkeiten, denn die Finanzen des Papstes sind, wie wir kürzlich auseinandergesetzt, Dank der Annexion seiner besten Provinzen, in einem trostlos traurigen Zustande. Die ganze Existenz des Papstes und seiner Regierung beruht nur noch auf dem Peterspfennig und den freiwilligen Gaben der Katholiken. Wenn man ein jährliches unheilbares Defizit von 30 Millionen hat, dann ist es schwer, Schulden zu machen, die auch wieder bezahlt und verzinst sein wollen. So ist der Papst ärmer als Petrus, denn der hatte nicht Tausende zu ernähren und hatte vor Allem keine Schulden!

Frankreich. In Paris haben sich die Spektakel einiger Rothen auch am 11. Abends wiederholt. Sie möchten positiv eine Republik haben: anders thun sie's nicht mehr. Da die beiden Tage vorher Etliche etwas unsanft auf die intelligenten Köpfe geklopft worden waren, so machten sie diesmal keine Barrikaden, um im Davonlaufen, sobald die Polizei oder Militär erschiene, nicht gehindert zu sein. Der Spektakel dauerte bis Mitternacht, da meinte der Kommandant der nächsten Kaserne, es wäre genug, und schickte etliche Patrouillen, und die braven Leute meinten es dann auch und ließens genug sein.

— Der Kaiser richtete ein Schreiben an den Commandanten der Armee von Paris, Marschall Canrobert, welches der Armee gestern mitgetheilt wurde. In demselben heißt es: Man hat über das Votum der Armee von Paris so lächerliche und übertriebene Gerüchte verbreitet, daß es mir zur Freude gereicht, Sie zu bitten, den Generälen, Offizieren und Soldaten, welche unter Ihrem Commando stehen, zu sagen, daß mein Vertrauen auf dieselben nie erschüttert war. Ich bitte Sie, überdies, insbesondere den General Lebrun und die unter seinem Commando stehenden Truppen zu der Festigkeit und Kaltblütigkeit zu beglückwünschen, die dieselben in den letzten Tagen bei Unterdrückung der Unruhen bewiesen haben, welche die Hauptstadt betrübten. — Dieses Lob des Kaisers scheint uns eher eine Ironie als eine Schmeichelei zu sein. Um diese etlichen Gassenbuben und lärmenden dummen Jungen auseinander zu treiben, bedurfte es weder Muth noch Kaltblütigkeit; eine einzige Feuerspritze hatte dasselbe geleistet. Oder will sich der Kaiser mit diesen Elogen über die bedenkliche Thatsache hinweghelfen, daß 40,000 französische Soldaten ihrer Unzufriedenheit mit der unrühmlichen Unthätigkeit, zu der die tapferste Armee der Welt seit vier Jahren gezwungen ist, in einem kräftigen Nein beim Plebiscit Ausdruck gegeben? Diese wird der Kaiser nicht mit Elogen, sondern nur mit Thaten befriedigen können.

Vermischte Nachrichten.

Aus der Pfalz wird dem „Vaterland“ geschrieben: (Liberale Anständigkeit!) In Bergzabern, wo die Kommunalschulhitze durch die ruhige Besonnenheit der Katholiken etwas abgekühlt wurde, erscheint das „Südpfälzische Wochenblatt“, dessen Redakteur ein entschiedener Katholik und also selbstverständlich Patriot ist. Wie weit nun der „Fortschritt“ und die „Aufklärung“ des Bergzaberer „liberalen“ Janhagels bereits gediehen ist, verdient allerwärts zum Ruhm der „Aufklärung“ dieser Stadt bekannt zu werden. Schon mehrmals und so wieder am 1. Mai wurde dem erwähnten Redakteur des Nachts ein Topf voll — (man weiß es schon) — vor die Thüre gestellt und ein Strohseil um die Thürklinke gebunden. Die „Rheinpfalz“ bemerkt mit Recht: Wir haben für eine solche Behandlung eines charaktervollen und wackeren Mannes im Zeitalter der Humanität (!!) und Bildung (!!!) nur eine Bezeichnung: das ist — liberal! — Wir möchten dagegen aber auch wissen, ob unsere Gendarmen und die Mitglieder der hohen Polizei nur bezahlt werden, um auf patriotische Majestätsbeleidiger zu fahnden (nein, die müssen auch die Predigten der Pfarrer „überwachen“! D. Red.) und ob denn im Rechtsstaate Bayern den fortschrittlichen Buben Alles erlaubt ist. (Ja, das kommt halt auf die Beamten an. Man hat eben nicht überall einen Burchtorff und wir lassen ihn um keinen Preis her. Denn so lange dieses „infame Vaterland“ nicht ausgerottet ist, ist das Vaterland alleweil in Gefahr und wer anders sollte es retten als sein getreuer Eckard Kleris? D. R.)

Von der Ilm schreibt man uns: Am 21. Mai verschied im Benediktiner-Kloster zu Scheyern der ehrwürdige Frater Luitpold Bök, seit 24 Jahren Pfortner des Klosters, in seinem 60. Lebensjahre. Ist schon dieser Verlust ein fühlbarer, ein weit herberer und betrübenderer sollte in Kurzem folgen. Am 10. ds. verschied, ruhig wie er gelebt, der hochw. Conventual P. Michael Höbel, geboren zu Landsberg 1808, zum Priester geweiht 1834 und seit 10. Mai 1842 Ordenspriester in der Benediktiner-Abtei zu Scheyern. Seit vielen Jahren Chorregent, Musik- und Zeichnungslehrer dortselbst, werden viele Hunderte seiner Schüler und Zöglinge bei dieser Trauernachricht dem im Herrn Ruhenden Thränen der Dankbarkeit und Liebe widmen und ihm ein freundliches Andenken bewahren.

Verantwortlicher Redakteur: Dr. J. Sigl.

Druck von F. Vogt in München. Kreuzthal 19

II. Jahrgang.

Das Bayrische

Vaterland.

Auflage: 5400.

Das „Bayr. Vaterland" erscheint täglich mit Ausnahme der Sonn- und hohen Festtage. Preis des Blattes: Vierteljährig 54 kr., ganzjährig 3 fl. 36 kr. Das einzelne Blatt 1 kr.

Alle Postexpeditionen und Postboten des In- und Auslandes nehmen Bestellungen an. Inserate werden die dreispaltige Petitzeile oder deren Raum zu 3 kr. berechnet.

Redaktion: Burggasse 14. Herausgegeben von Dr. jur. J. Sigl. Expedition: Ruffinibazar 5

Isidor. Nr. 110. Sonntag, 15. Mai 1870.

Der Jude und sein Eid.

Jüdisches. Neue Folge. II.

Die Fortschreiter, die Liberalen und die Juden bilden zusammen eine große Familie, welche bekanntlich insbesondere Vaterlandsliebe und Königstreue in Erbpacht hat, so daß von den beiden Artikeln für die „Ultramontanen" oder „Schwarzen" rein nichts mehr übrig geblieben ist, weshalb man diese „Vaterlandslose", „Landesverräther", „Thronumstürzer" u. dgl. zu nennen pflegt.

Weil diese, insbesondere die Juden die „besten Freunde" der Könige und Throne sind, so sind sie bekanntlich auch deren eifrigste und muthigste Vertheidiger. Jeder Jud ist ein Held, sobald er Soldat wird und einen König zu vertheidigen kriegt! Die Geschichte der Revolutionen erbringt dafür schlagende Exempel. Und der Jud thut Alles aus reiner Begeisterung, denn der sogenannte Fahneneid, der andere gemeine, d. h. christlich-germanische Soldaten an die Fahne bindet, hat für die Juden nach ihren alten Gesetzbüchern durchaus nicht die Bedeutung, welche er für andere Menschenkinder hat, die nicht das Glück und die Ehre haben, Juden zu sein.

Das Eidentbindungsgebet (Col Nidre) aber, welches alljährlich am „Versöhnungsfeste" der Juden dreimal stets in höherem Ton vom Rabbi oder Vorsänger in der Synagoge vorgesungen wird, lautet wörtlich:

„Alle Gelübde, Verbindungen, Verbannungen, Ausnahmen, Enthaltungen und Verschwörungen und wie dergleichen Dinge heißen mögen, welche wir von diesem bis auf den künftigen Versöhnungstag angeloben, schwören, zusagen oder mit welchen wir uns verbinden werden, bereuen wir im Voraus. Daher sollen sie hiemit aufgehoben, erlassen, aufgelöst, vernichtet und ungiltig sein! Unsere Gelübde sollen keine Gelübde, unsere Schwüre keine Schwüre sein!"

Das steht nicht etwa in einer „Jesuitenmoral", sondern gehört zum Gottesdienste der Juden.

Wir sind nun einigermaßen im Unklaren über die Tragweite dieser Eidesentbindung. Wenn z. B. ein Judenknabe, den man zum Soldaten brauchen kann, den Fahneneid gezwungen schwören sollte und er denkt dabei im Herzen: „Ußer, es soll aber net geschworen sein!" — bildet da der Fahneneid eine Ausnahme und ist er ausnahmsweise für den Juden im Gewissen verbindend, falls er eins hat? Angesichts dieser jüdischen Gebetsformel eine wohl aufzuwerfende Frage!

Der gelehrte Jude, Rabbiner und Talmudist Maimonides, der ein eigenes, dem Talmud (dem Gesetzbuch der Juden) einverleibtes Büchlein in 12 Kapiteln über den Judeneid geschrieben hat, sagt im 2. Kapitel:

„Wer etwas beschworen hat und es sogleich wieder bereut, — widerruft, — er thue es nun von selbst oder auf Ermahnung eines Andern, so ist der Eid ungiltig."

Und im 6. Kap. gibt Maimonides die Belehrung über die Art und Weise, wie „jeder Eid, er mag noch so heilig sein, auf alle Fälle kann gelöst werden."

Daß die jüdische Auffassung des Eides von der unsern bedeutend abweicht, dafür wollen wir einige Belege anführen. Wir werfen damit gleich die Frage auf, ob der Jude überhaupt einen Eid zu halten braucht?

Der gelehrte Abt Haneberg, dessen Wissenschaft und Gelehrsamkeit selbst Knarrblättl verehrliches kaum anzuzweifeln wagt, schreibt im 2. Bande des Freiburger Kirchenlexikons in dem Artikel über Col Nidre, d. i. das Entbindungsgebet der Juden an ihrem Versöhnungstage (Jom Kippur) folgendes:

„Nach der Moral des Rabbi Isaak Kimchab gibt es allerdings Fälle, wo die Eide als aus Irrthum oder Zwang geschehen, null und nichtig sind. In diesem Fall sündigt man nicht, wenn Herz und Mund nicht übereinstimmt, indem der Schwörende in anderem Sinne redet und eine andere Intention (Absicht) im Herzen hat".

Das steht nicht in der Moral von Gury, nicht in der Jesuitenmoral, sondern ein Moralist der Juden stellte diesen Satz auf!

Dazu nun gehört gar nichts als daß der Rabbi fragt: „Hast du den Eid bereut?" — Der Jud antwortet: Ja! worauf der Rabbiner spricht: scharrui loch, d. h. es sei dir erlaubt, nämlich wider den Eid zu handeln, oder muter loch, d. h. du sollst entbunden sein, oder mochul loch, d. h. es sei dir verziehen"!

Und nun hat der fromme Jüd keine Verpflichtung mehr, er ist seines Eides entbunden! In dem Artikel könnte man heute wohl keinen schlechten Absatz finden.

(Schluß folgt.)

Rede des Hrn. Abg. Lukas am 13. Mai.

Auf die rhetorischen Gladiatorenkunststücke, welche Seine Reinlichkeit der zweite Abgeordnete von Augsburg, unter dem Namen „Frühlingslerche" oder „Hr. Völk" bei allen Bettelpreußen rühmlichst bekannt, sich gestern beigehen ließ, wurde ihm von dem stets schlagfertigen Kämpen, Hrn. Lukas, aus dem Stegreife also erwidert:

„Als ich zum letzten Male in diesem Hause gesprochen, habe ich bedauert, daß hier die Gepflogenheit einzureißen scheine, Blätter auf der Gasse aufzuklauben und sie hier in diesem Hause gegenseitig einander zuzuwerfen. Auf demselben Fleck stehen wir in diesem Augenblicke wieder, denn Hr. Völk hat wieder producirt, was er schon so oft in diesem Hause gethan hat. Das sind wir übrigens von diesem Herrn schon gewohnt. Auf einen Umstand jedoch möchte ich aufmerksam machen, der Ihrer Aufmerksamkeit vielleicht entgangen ist. Hr. Völk hat sehr „schmutzige" Blätter in der Hand gehabt, den Volksboten, das Allg. Volksblatt und andere schrecklich „schwarze" Blätter, aber Sie haben sich überzeugt, er hat keine Handschuhe angehabt. (Anhaltende Heiterkeit, Bravo rechts. Völk schreit dazwischen: Es ist auch das „Vaterland" nicht da![1]) Und doch hat Hr. Völk vor einigen Tagen in Berlin versichert, solche Blätter nehme man nur mit Handschuhen in die Hand!

Hr. Völk hat großes Rühmen gemacht von der deutschen Wissenschaft, dem deutschen Geist und der deutschen Philosophie. Aus dem Rühmen des Hrn. Völk über deutsche Philosophie habe ich entnommen, daß er sich, gegenwärtig wenigstens, nicht mehr mit speciellen philosophischen Studien beschäftigt[2]). Denn wenn er die neuen philosophischen Zeitschriften zur Hand nähme, so müßte er sich überzeugen, daß Philosophen von Fach am meisten klagen über den Verfall der Philosophie. Das aber dürfte sogar Hrn. Völk doch bekannt sein (?), daß von den großen Systemen, worauf er stolz ist[3]), gegenwärtig keines mehr Stich hält und daß sie alle, eines nach dem andern, gefallen sind.

Wenn Deutschland sonst nichts hätte, worauf es stolz sein kann, als die „deutsche Philosophie"[4]), dann hätten wir Ursache, sehr bescheiden und demüthig zu sein!

Hr. Völk hat ferner gesagt, es sei zu bedauern, daß bei uns beinahe das Bewußtsein abhanden gekommen sei, daß die Leute das „Organ" dafür verloren haben, sich als schuldbare fehlige Menschen zu betrachten, daß ihnen gleich jedes Urtheil unserer Gerichte ungerecht sein muß. Hr. Redner hat hinzufügt, nach dem was in diesem Saale vom Justizwesen gesagt worden, wundere es ihn gar nicht mehr, daß darüber Klagen im Lande vernommen werden. M. H., ich stelle die Frage an beide Seiten des Hauses: Sind dergleichen Klagen erst laut geworden, seitdem wir hier sitzen, oder sind sie schon vorher gewesen und haben wir erst nachher gesprochen? Das ist an ch eine Logik, Hr. Völk!

Eines aber muß ich noch bemerken. Nach dem, was in diesem Saale hier über die Geistlichen gesprochen worden ist, nicht erst seit dem 1. Januar d. J., nicht erst seit dem September des vorigen Jahres, sondern seit vielen Jahren; nach dem was Hr. Völk in seinem bekannten „Akte" (über die Geistlichen) sich gesammelt und hier regelmäßig reproducirt hat, nach diesem darf man sich nicht mehr wundern, wenn gewisse Blättern über den geistlichen Stand solche Reden führen, wie sie sie führen.

Nun komme ich auf die „Galgenstricksprache", welche das Allg. Volksblatt dem ehemaligen Minister Hörmann vorgeworfen hat. Ich beklage auf's Allertiefste diesen Ausdruck, ich hätte ihn niemals gebraucht; aber wer in einem Glashause wohnt, soll sich hüten auf andere Leute Steine zu werfen".

Und nun führt Redner aus fortschrittlichen Blättern eine Anzahl Ausdrücke,[5]) an, die weit stärker sind als dieser, aber natürlich ungestraft geblieben sind. „Ich billige, fährt er fort, den „Galgenstrick" nicht, aber man soll ihn uns nicht aufmutzen, wenn man solche Sachen im eigenen Schuldbuche eingeschrieben hat.

Majestätsbeleidigungen sagt man sind so viele vorgekommen in neuerer Zeit und man erinnert uns von jener Seite her so gerne an diese Dinge und zwar mit einem gewissen Accente.

Niemand bedauert mehr als ich, wenn und daß solche vorzukommen sind. Aber wenn mitunter solche Aeußerungen unter vier Augen irgendwo gemacht worden sind, möchten Sie dann auch auf den, der sie gemacht hat, den ersten Stein schleudern? Hat von Ihnen noch Niemand einmal im Leben in einem schwachen Augenblicke, in einer vergessenen Stunde eine Aeußerung gemacht, die er nicht öffentlich vertreten möchte? Wenn die Herren da drüben sich in dieser Beziehung gar nichts bewußt sind, dann mögen sie den ersten Stein schleudern herüber zu uns oder wohin sie wollen.

(Schluß folgt.)

---

[1]) Wir müssen hier eine Anmerkung machen. Wir fänden es für uns wahrhaftig nicht der Mühe werth, wegen dieses Herrn auch nur ein Wort zu verlieren. Hr. Völk ist für uns keine Person, wegen welcher wir uns irgendwie echauffiren könnten; wir nehmen von dergleichen Leuten überhaupt nur höchst ungern Notiz, und nur dann, wenn das eben nicht zu umgehen ist. Wenn dieser Herr in der Laune ist, Witze zu reißen oder wenn er in seiner ohnmächtigen Wuth über uns von unserm Blatte in einer Weise spricht, welche uns anderen Leuten gegenüber vielleicht veranlassen würde, einen unserer Freunde zu den, in ähnlichen Fällen üblichen Auseinandersetzungen zu schicken: bei dieser Ruine einer fortschrittlichen Größe bringen wir es höchstens zu einem — mitleidigen Achselzucken! Leute vom Schlage eines Völk amüsiren uns zuweilen durch ihr wüthiges Schimpfen und ihre ohnmächtigen Wuthausbrüche; ihnen ernstlich entgegenzutreten oder uns über sie zu ärgern, dazu haben wir nicht die allermindeste Veranlassung. Ein Mensch, der 1866 mit dem Aussprechen des Namens Bismark „seinen Mund nicht beschmutzen wollte", der in demselben Jahre Bismark „ohne Handschuhe nicht die Hand reichen wollte" und heute vor dem nämlichen Bismark in tiefster Verehrung niederfällt und noch bismärkischer ist als Bismark: ein solcher Mensch hat jeden Anspruch auf unsern Zorn und unsere Entrüstung für alle Zeiten verwirkt. D. Red. d. B. Vlkb.

[2]) Es gibt Leute in der Welt, deren ganze Philosophie im Bierkruge liegt und die erst dann „philosophisch" werden, wenn sie sich hinter dem Bierkruge gehörig verschlammt und „angeheitert" haben. Hr. Völk könnte uns gewiß selbst wenigstens ein Beispiel aus seiner nächsten Bekanntschaft anführen, braucht sich aber nicht zu bemühen. D. Red.

[3]) Obgleich er sie vielleicht nur aus der Abendzeitung, jedenfalls blos aus der Vogelperspektive und aus früheren Jahren kennt! D. R.

[4]) Und Hrn. Völk! D. R.

Deutschland.

München, den 14. Mai.

Landtag. Die Kammer beschäftigte sich also seit zwei Tagen mit den Nachweisungen über das glücklich von 1860—68 verausgabte Geld und mit dem Referate Grells darüber. Wir können uns da mit den Ausgaben, die einmal gemacht sind, kurz fassen. Referent ist hartherzig genug, eine Minderung der Umzugskosten der Beamten, eine Minderung des Personalstandes am obersten Gerichtshof, dann der Staatsanwälte, ebenso eine Abänderung der Einrichtung mit den Untersuchungsrichtern rc. zu wünschen. Die Summe von 500,000 fl., welche der Justizetat allein für Pensionen verschlingt, findet er erschrecklich hoch und ärgert sich nicht wenig, daß noch 13000 fl. darüber ausgegeben worden. Ja dieser Ultramontane scheut sich sogar nicht, einen Schmerzensschrei nach einem Pensionsgesetze nicht blos für die Armee, sondern auch beim Civil auszustoßen! Referent erkühnt sich, das Ansehen der hohen königlichen und etliche

---

[5]) Siehe das „Liberale Schimpflexikon", das demnächst bereits in vierter Auflage erscheinen muß und deren eine ganze Mustersammlung enthält.

Kronrechte mit Klagen über mangelhafte Rechtsprechung zu untergraben und diese dem berühmten „Bildungsgang" unserer Universitäten zur Last zu legen, wo das Studium der Philosophie ganz abhanden gekommen sei[1]) Edel vertheidigt die Universitäten, denn er ist selbst ein Universitätsprofessor und weiß, daß man auf denselben viel lernen kann, wenn man mag, aber man mag halt nicht immer. Stenglein gibt auch einiges Gediegene über Staatsanwälte und Untersuchungsrichter zum Besten, worauf dann Wülfert über — Gymnasialbildung spricht, die ihm zu wenig „freisinnig" ist[2]). Wülfert spricht noch weiter über Erziehung und Verbrechen, die „im diesseitigen Bayern" im steten Steigen[3]) begriffen sind, und will zum Schluß nichts davon wissen, daß es bei uns bei Preß- und politischen Prozessen zweierlei Maaß und Gewicht gibt[4]).

Kühlmann will im neuen Proceß die zweiten Instanzen abgeschafft wissen.

Der zweite Tag der Debatte gab wieder zu stürmischen Auftritten Anlaß, welche durch die herausfordernden — Maßlosigkeiten des zweiten Abgeordneten von Augsburg veranlaßt wurden, dem Lukas ganz nach Verdienst heimleuchtete. Die Fortschreiter meinen, sie dürften sagen und schwätzen was sie wollten, dürften schmähen und beleidigen, so oft und wenn sie wollten, dürften dabei immer recht — liberal sein. Da muß man den Herren von Zeit zu Zeit den Standpunkt klar machen und ihnen bedeuten, daß man rechts nicht die mindeste Lust habe, sich Alles von ihnen gefallen zu lassen und stets bereit sei, auf grobe Klötze entsprechende Keule zu setzen. Da sollte man nicht noch Schluß rufen, sondern den Herren eher so vieles von ihren Produkten und Geistesthaten an die intelligenten Köpfe werfen, bis sie's einmal satt kriegen und ihre ewigen Herausforderungen, Gehässigkeiten, unbegründeten Vorwürfe und liberalen Velleitäten bleiben lassen.

Gleich der Beginn der Sitzung wurde dadurch von Interesse (!), daß es dem Knorren gelang, ein Dutzend wohl auswendig gelernte Worte zu stammeln, ohne stecken zu bleiben, was allgemeine Sensation erregte. Er sagte darin, daß nicht er der Redakteur von Knerrblättl löblichem sei, sondern daß dies Geschäft ein Anderer statt seiner besorgt[5]), der wegen seiner Lügen über Weis wohl eine Erklärung geben werde.

(Wir werden über die Sitzung ausführlich berichten.)

Von Neuburg wird dem „Vaterland" geschrieben: Sie haben wohl noch nicht gehört, daß Minister Lutz bereits den Befehl ertheilt hat, daß unser Appellgerichtspersonal in Augsburg Wohnungen miethen soll. Dieß ist auch bereits geschehen. Die Aufregung ist deshalb keine geringe, denn mit diesem Schlage, mit der Verlegung des Appellgerichts nach Augsburg, ist Neuburg fertig. Man will die Bürger mit einem Bezirksgericht beschwichtigen; aber was ist das? Damit besänftigt man die grollenden Gemüther nicht. Bürgermeister Sing hat in der Sache nichts gethan; jetzt wird es ihm unheimlich und er sucht deshalb als zweiter Bürgermeister nach München zu kommen. Wir halten ihn wahrlich nicht auf, wir sehen ihn mit Freuden ziehen. Aber das Appellgericht möchten wir behalten. Das steuerzahlende Land hätte es auch nicht zu beklagen, wenn es hier bliebe; wir haben bereits die Lokalitäten, in Augsburg müssen sie erst um 4—500,000 fl. gebaut werden — aus dem allzu viel in Anspruch genommenen Säckel des geplagten Volkes. (Es liegt uns noch ein zweiter „Schmerzensschrei" vor, den wir in der nächsten Nummer zum Abdruck bringen werden. D. D.)

Aus der Pfalz wird dem „Vaterland" geschrieben: Dieser Tage wird der Redacteur einer demokratischen Ztg. vor den Geschworenen erscheinen, um sich wegen eines Gedichtes zu verantworten: „Ich bin Soldat, doch bin ich es nicht gerne." — Welche Segnungen unser vielbelobtes preussisches Militärsystem gebracht hat, möge aus folgendem Falle ersehen werden — Ein junger Mann wurde im letzten Jahre zum 8. Infanterieregiment eingereiht. — Der Vater desselben ist ein gebrechlicher alter Mann, der ein Auge verloren hat; die Mutter in nicht besseren Gesundheitsverhältnissen, muß zur ständigen Pflege des älteren mit der Fallsucht behafteten Sohnes immer zu Hause sein. Vermögen besitzt die Familie nicht das geringste, so daß sie aus der Armenkasse Unterstützung erhält. — Alle Anstrengungen, dieser armen Familie ihre einzige Stütze wenigstens auf einige Wochen in Urlaub zu erhalten, waren vergebens. — Wir möchten darum bei anderen aufgeklärteren Leuten anfragen, worin der Segen eines Systems besteht, unter welchem einer armen Familie ihr Ernährer in die Kaserne gesteckt wird, so daß sie der Armenkasse zur Last fällt? Und ist das System nicht Schuld, wo fehlt es dann?

Oesterreich. Die „Deutschen" in Oesterreich, bei uns Bettelpreußen geheißen, kultiviren den Nationalliberalismus bei den „intelligenten" Stadtvölkern mit entschiedenem Erfolg, nämlich mit dem Erfolg, daß das österreichische Bewußtsein immer mehr und mehr verloren geht und statt der Aussöhnung der Parteien die Gegensätze nur immer schärfer zugespitzt werden. Nordbundsläflinge überall unter den „Intelligenten!" Die Liebe zum Vaterland und zum Haus Oesterreich hat nur noch in den katholisch-patriotischen Vereinen und bei den altkatholischen Bauern eine heimische Stätte.

Ausland.

Italien. In Cecina ist eine neue Bande von Revolutionären erschienen, welche den guten König Ehrenmann satt haben bis über den Hals, — die Unglücklichen! Die Regierung „verstärkte die Truppen", es müssen also die ausgesandten 6000 Mann noch nicht ausgereicht haben. Die drei Republikanerbanden von Catanzero,

---

[1]) Beziehungsweise im Hofbräuhaus und anderen Häusern mit entsprechendem Erfolg betrieben wird. Kennt denn Herr Dr. Grell die berühmte Münchener Bierphilosophie nicht? Ei, so lasse er sich von Herrn Völk, der Alles weiß und eine Menge Wissenschaften theils im Kopf, theils wo anders hat, darüber belehren! Die Red.

[2]) Man kann nie früh genug mit der Heranziehung des gebildeten Lumpenthums und geistigen Proletariats beginnen. Wenn man die „akademische Freiheit" schon in der 1. Gymnasialklasse oder gar schon in der Lateinschule beginnen lassen könnte, so meinen wir, müßte die wissenschaftliche „Bildung" der künftigen Fortschreiter ganz wunderbar in die Halme schießen und Blüthen treiben. Die Red.

[3]) Ja, mit dem steigenden Fortschritt steigt die Zahl der Verbrechen und das haben wir im „Vaterland" schon an diversen Landschaften gezeigt und nachgewiesen Wie muß das erst in 50 Jahren werden, wenn die fortschrittlich und religionslos erzogenen künftigen Fortschreiter selbst Väter geworden sind und etwas zu erziehen haben! Da wird es fast nur noch Gefangene und Gefangenwärter, Lumpen, Gendarmen, Staatsanwälte und Richter geben — wenn es so fortgeht. Die Red.

[4]) Dem Herrn müßte die Lektüre gewisser Nummern des „Vaterland" sehr zuträglich sein. Er würde dort Manches finden, was seiner Behauptung eine sattsame Illustration gäbe. Die Red.

[5]) Das hätte der Knorr wirklich nicht eigens zu sagen gebraucht', das weiß man ohnehin, daß er dazu gar nicht der Mann wäre. Die Red.

welche das letztemal von den Regierungstruppen „vertrieben und gänzlich zersprengt“ worden sind, haben sich bis auf die Anhöhen der Stadt „geflüchtet“, von wo aus sie jetzt mit großer Gemüthsruhe die Stadt sammt den Truppen belagern. — In den Abruzzen bei Reggio und Aquila sind ebenfalls „Banden“ aufgetaucht, von welchen wir morgen lesen werden, daß sie wieder „zersprengt“ worden sind — bis auf übermorgen.

Vermischte Nachrichten.

Ueber Ingolstadt werden vom 1. Juni an täglich drei Kurier- und Schnellzüge den internationalen Verkehr nach Norden und Nordwesten vermitteln, wodurch die bestehende Fahrordnung der bayrischen Staatsbahnen mannigfache Veränderungen erleidet. (Es ist eigenthümlich, daß es bei uns Alles nach Norden zieht, die Bahnschienen, die Millionen und die Gemüther der Bettelpreußen.)

Im deutschen Vaterlande sind im vorigen Jahre allein über 10000 Bücher erschienen, von denen wahrscheinlich auch mehrere verkauft worden sein mögen. Angesichts der täglich zunehmenden Versimpelung müssen entweder die Leute schon so heruntergekommen sein, daß sie Bücher gar nicht mehr verstehen oder sie lesen sie nicht oder die Bücher sind dumm. Das „intelligente“ Publikum pflegt sich indeß meistens auf die Lektüre von Romanen, Barbara Ubryk u. dgl. Meisterwerke zu beschränken und da ist's am Ende auch kein Wunder, wenn Einem dumm im Kopfe wird.

Verantwortlicher Redakteur: Dr. J. Sigl.

Fahrtenplan vom 15. Oktober 1869 an.

Abfahrt und Ankunft der Eisenbahnzüge in München.

Augsburg

Abfahrt nach	Ankunft von
5^{45} Morgens Kurierzug.	6^{10} Morgens Personenz.
6^{10} Morgens Schnellzug.	8^{40} Morgens Kurierzug
6^{55} Morgens Postzug.	11^{40} Vormitt. Güterzug.
11 — Vormitt. Postzug.	3^{15} Nachmitt. Postzug.
1^{50} Nachmitt. Personenz.	8^{15} Abends Kurierzug
5^{45} Abends Kurierzug.	9^{15} Abends Güterzug.
6^{45} Abends Personenz.	9^{40} Abends Schnellzug.
11^{20} Nachts Schnellzug.	

Salzburg

Abfahrt nach	Ankunft von
3 Morgens Güterzug	5^{15} Morgens Kurierzug.
9 — Morgens Schnellzug	8^{15} [illegible] Güterzug
10 Vormitt. Postzug.	10 [illegible] Vormitt. Postzug
4^{30} Nachmitt. Postzug.	4^{10} Nachmitt. Postzug
5^{40} Nachmitt. Güterzug.	
8^{40} Abends Kurierzug	$8^{[illegible]}$ Abends Güterzug.
10^{10} Nachts Schnellzug	11 Nachts Schnellzug.

Großhesselohe.

Abfahrt in München:	Abfahrt in Großhesselohe:
5 U. — M. Morgens	7 U. 50 M. Morgens
10 U. — „ Vormittags.	10 U. [illegible] M. Morgens
2 U. 30 „ Nachmittags.	3 U. 45 M. Nachmittags
4 U. 30 „ Nachmittags.	6 U. 30 M. Abends.
5 U. 40 „ Abends.	8 U. 31 „ Abends.
Außerdem an Sonn- und Feiertagen.	
1 U. — „ Morgens.	1 U. 40 „ Mittags
5 U. — „ Abends.	4 U. 10 „ Nachmittags
7 U. 30 „ „	9 U. — „ Abends.

Starnberg

„Gemischte“ Züge.

Abfahrt nach	Ankunft von
6^{30} Morgens.	8^{30} Vormitt.
10^{30} Vormitt.	12^{45} Mittags
2^{30} Nachmitt.	6^{5} Abends.
5 Abends	7^{25} Abends

An Sonn- und Feiertagen:

Abf. in München.	Abf. in Starnb.
1 U. 15 M. Mit.	2 U. 35 M. Na.
4 U. 40 M. Ab.	7 U. 25 M. Ab.

Ingolstadt

Abfahrt nach	Ankunft von
6^{30} Morgens Personenz.	8 [illegible]
11^{55} Vormitt. Güterzug.	3 [illegible]
$5^{[illegible]}$ Abends [illegible]	9 [illegible]

Außerdem [illegible]

Regensburg.

Abfahrt nach	Ankunft von
5 Morgens Postzug.	$8^{[illegible]}$ Morgens Güterzug.
7^{15} Morgens Kurierzug.	$9^{[illegible]}$ Vormitt. Kurierzug
9^{15} Vormit. Postzug.	11^{45} Vormitt. Güterzug
1^{30} Nachmit. Güterzug.	$6^{[illegible]}$ Abends Güterzug.
5^{15} Abends Kurierzug	$8^{[illegible]}$ Abends Kurierzug
7 Abends Güterzug.	10^{25} Nachts Personenz.

München-Schleißheim:

[illegible]

Schleißheim-München:

[illegible]

Druck von M. Zegt in München. Neuerthal 19

II. Jahrgang. Das Bayrische Auflage: 5400.

Vaterland.

Das „Bayr. Vaterland" erscheint täglich mit Ausnahme der Sonn- und hohen Festtage. Preis des Blattes: Vierteljährig 54 kr., ganzjährig 3 fl. 36 kr. Das einzelne Blatt 1 kr.

Alle Postexpeditionen und Postboten des In- und Auslandes nehmen Bestellungen an. Inserate werden, die dreispaltige Petitzeile oder deren Raum zu 3 kr. berechnet.

Redaktion: Burggasse 14. Herausgegeben von Dr. jur. J. Sigl. Expedition: Ruffinibazar 5

Johann. Nr. 111. Dienstag, 16. Mai 1870.

Rede des Hrn. Abg. Lukas am 13. Mai.

(Fortsetzung.)

Der Staatsanwalt Barsch in Augsburg, lobt Hr. Völk an ihm, hat auf die Ablehnung von Geschwornen verzichtet, die ihm gesetzlich zugestanden wäre. Das ist sehr nobel gewesen von dem Hrn. Staatsanwalt. Aber wenn ich an seiner Stelle gewesen wäre, — ich weiß nicht, ob ich es nicht auch gethan hätte.

Sie können sich leicht denken, m. H., daß auch in unsern Kreisen von diesem Fall schon lange vor der Verhandlung gesprochen worden ist; wir haben auch die Möglichkeit einer Verurtheilung oder die Aussicht auf Freisprechung erwogen. Allemal wurde gefragt: wie steht es? wie sind die Geschwornen gesinnt? welche politische Stellung und Farbe haben sie? Es hat ja Hr. Völk selber gesagt, daß auf diesen Punkt sehr viel Rücksicht zu nehmen sei. — Da hat es dann immer geheißen: „es steht schlecht, es sind lauter Liberale!"

Wer weiß, m. H., ob ich unter diesen Verhältnissen nicht auch auf jede Ablehnung eines Geschwornen verzichtet hätte. Die sechs, welche Hr. Völk für schwarz erklärte, wer weiß, ob sie nicht grün oder roth gewesen sind!

Und nun, nachdem ich von dem Hrn. Justizminister so direkt apostrophirt worden bin, muß ich mir erlauben auf diesen Barschischen Fall eingehender zurückzukommen.

Redner setzt nun auseinander, wie der Justizminister ihm bei seiner Abreise zum Zollparlament versprochen, daß in seiner Abwesenheit dieser Fall nicht vor die Kammer kommen werde; nun werde er heute, eben nach München zurückgekehrt und ohne sein geschriebenes und gedrucktes reiches Material damit überrascht! Er könne deshalb nur aus dem Gedächtniß darüber vortragen und bedauere, daß die Zeugen jener Verhandlung, Dr. Huttler und Bucher nicht anwesend seien, um zu bestätigen, was er sage.

Als die fragliche Schwurgerichtssitzung vorüber war, haben alle bayrischen Blätter und viele auswärtige deutsche darüber berichtet und alle haben einstimmig, ohne Ausnahme, die Augsburger so gut wie die Münchener Blätter berichtet, was wir hier in diesem Saale behauptet haben. Ihre Berichte sagten, daß der Hr. Staatsanwalt Barsch die Regierungsepoche Max I. und Max II. verwechselt hat, daß er darauf seine Konklusionen und Erörterungen baute. Das haben einstimmig alle Blätter gebracht.

Sie werden nun denken, daß andern Tags wenigstens in irgend einem Augsb. Blatt dieser grobe Verstoß gerügt worden sei. Aber, m. H., das ist es eben, worauf ich besonders aufmerksam machen möchte! Denken Sie, die ganze liberale Presse — denn von der „ultramontanen" ist ja Ihnen nicht zu reden! — die ganze liberale Presse, welche doch einen solchen Fond von Intelligenz und Wissenschaft besitzt[1]), die ganze liberale Presse hat den ungeheuren Verstoß gar nicht bemerkt und hat auch diese Verwechslung nicht gerügt. Andern Tags erschienen die Augsb. Blätter wieder und es kam auch keine Berichtigung, und so erschienen sie am 3., 4., am 8. Tage wieder und es erschien keine Berichtigung und erst als ein patriotisches Blatt auf diesen gewaltigen historischen Schnitzer aufmerksam gemacht hatte, dann erst regte man sich, dann erst dachte man nach: ja wahrhaftig! es ist richtig; unter Max II. sind die Klöster nicht aufgehoben worden, die kirchlichen Institutionen nicht unterdrückt worden, es ist alles das nicht vorgekommen, was nach den Berichten über die Rede des Staatsanwals da vorgekommen sein soll.

Vierzehn Tage ist dieser Irrthum durch alle Blätter gegangen und keines bekam eine Berichtung, keinem dieser so intelligenten und wissenschaftlichen liberalen Blätter kam ein Bedenken, bis ein ultramontanes Blatt darauf kam! Als man nun auf diesen gewaltigen Verstoß aufmerksam gemacht worden war, ist es sehr natürlich gewesen, daß man an eine Entschuldigung dachte und es wurde nun das vorgebracht, was wir vom Hrn. Justizminister gehört haben: es sei Niemand Schuld als der — Stenograph, der habe, sobald er gemerkt, daß der Staatsanwalt aus einem Buche lese, aufgehört zu schreiben und habe den Staatsanwalt hernach um das Buch gebeten, um die Lücke auszufüllen. Dabei habe er die Ungeschicklichkeit begangen, daß er den — unrechten Absatz einsetzte (!!).

Aber, m. H., nicht ein Stenograph war es, es waren mehrere anwesend und außer den Stenographen auch noch gewöhnliche Berichterstatter mit sehr flüchtiger Feder und alle miteinander, Stenographen und Berichterstatter, haben geschrieben, wie wir gelesen haben, und haben den „Verstoß" einmüthig aufgenommen. Ist es nun wahrscheinlich, daß alle denselben Verstoß gemacht haben? Ist es wahrscheinlich, daß alle Berichterstatter in der gleichen Weise sich geirrt und daß gar keiner recht berichtet hat? Ich habe leider den stenographischen Bericht nicht hier, um gleich aus ihm selber heraus zu begründen, daß diese Verwechslung vorgekommen. Der stenographische Bericht enthält das, was nun der Staatsanwalt auf diese Vorlesung der reproducirten Stelle gebaut hat. Er citirt ausdrücklich den § 34; dieser § 34 handelt aber von Max dem Ersten und nicht von Max dem Zweiten, er kann nicht von diesem handeln. Diesen § 34 citirten aber einmüthig auch alle Berichterstatter. Was der Staatsanwalt daran knüpfte, sein Raisonnement paßt ganz und gar nicht

[1]) Nämlich in der Einbildung! D. R.

auf § 34, paßt nicht zu dem, was über Max I. in dem fraglichen Buche enthalten ist, sondern bezieht sich ausschließlich auf Max II.

Ich bitte sie nun m. H., überlegen Sie sich, ob es wahrscheinlich ist, daß eine solche Einmüthigkeit des „Verstoßes" bei so vielen Berichterstattern vorkommen kann, oder ob es nicht wahrscheinlich ist, daß Hr. Barsch sich — geirrt hat. Es ist noch eine milde Auslegung, wenn man annehmen will, daß von Seite des Staatsanwaltes eine Irrung vorgekommen sei. Wenn er wirklich die Regierungsepoche Max I. vorgelesen hat und in seinem Plaidoyer dann kein Wort von dieser sagte, sondern nur von Max II. sprach und sich dabei den Anschein gab, als ziehe er nur die Schlußfolgerung aus dem Vorgelesenen, so könnte dies nicht blos ein Irrthum sein, sondern man ist beinahe versucht, absichtliche Täuschung anzunehmen.

Redner führt nun an, wie Männer, die der Verhandlung beigewohnt, bezeugen, daß der Staatsanwalt die Verwechslung wirklich begangen habe. „Bewiesen also, fährt er dann fort, ist das was der Hr. Justizminister verbrachte, noch lange nicht, es ist lediglich Behauptung und meine Behauptung ist so viel werth wie jede andere.

Der Hr. Referent hat darauf aufmerksam gemacht, ob es angemessen sei, hier über die historische Wissenschaft zu Gericht zu sitzen.[2]) Der „Leidfaden" des Hrn. P. Rupert Mittermüller ist ein historisches Buch, der Verfasser ist ein gelehrter Historiker. In Frankreich ist einmal der Fall vorgekommen, daß man die Geschichte vor das Forum der Gerichte ziehen wollte, und zwar ist das vorgekommen während der „despotischen" Regierung Frankreichs. Die franz. Gerichte haben es aber abgelehnt, über die Geschichte zu urtheilen und es wurde gesagt, es sei dies Sache der Geschichtswissenschaft. Hier ist also wie ich glaube nur die Wissenschaft kompetent, nicht wir.

Man hat sich einigermaßen moquirt, wie es scheint, über das was uns aus dem Mittermüller'schen „Leitfaden" hier vorgelesen wurde. M. H., dazu hätten wir keine Ursache, ich nicht, weil ich vollständig mit Allem einverstanden bin, und Sie nicht, weil derjenige, der in einen Glashause wohnt, nicht mit Steinen werfen soll. Ist denn nicht auch schon auf liberaler Seite hie und da so etwas geschrieben worden, das ausgesehen hat, als ob es nicht sehr derart gegen verschiedene von der Welt bereits abgeschiedene bayrische Regenten gerichtet wäre? Ich erinnere nur an einen Fall. Ist Ihnen nicht der Name eines bayrischen Advokaten und Hofraths bekannt (der herz. bayrische Hofrath Jud Hänle! D. R.), der gesagt hat, zur Zeit der Regierung Ludwigs I. habe man sich schämen müssen, wenn man über die Grenze ging, zu sagen: Ich bin ein Bayer? Haben Sie im Mittermüller'schen Buche eine solche Aeußerung gelesen?[3]) Und wenn Sie sich die Mühe geben, verschiedene andere liberale Geschichtsbücher durchzusehen, so werden Sie den einen oder anderen ähnlichen Fall finden.

Redner führt nun zur Illustration einige Beispiele von Feßmaier, Söltl 2c. an, die trotzdem oder eben deswegen alle mit Ehren und Auszeichnungen überhäuft worden sind. Also, m. H., führt er fort, mit solchen Dingen bringen Sie es nicht weit.

Weil nun hier so oft der verehrte Name P. Mittermüller ausgesprochen wurde, nicht aber in einer Weise, wie es der Wissenschaft, der Tugend und dem Verdienst dieses Mannes angemessen ist, so erlaube ich mir, ein paar Worte zu dessen Rechtfertigung zu sagen.

Wer das Glück hat, den Hrn. P. Mittermüller zu kennen, der weiß, daß kein besserer und gewissenhafterer bayrischer Mann existirt. In Deutschland und darüber hinaus kennt man seinen Namen als den eines ernsten, tüchtigen und verdienten Forschers. Und, m. H., welchem Gebiete der historischen Wissenschaft hat dieser Mann seine Kraft, sein Leben, seine Jahre, seinen Fleiß gewidmet? Er hat speziell die bayrische Geschichte durchforscht und hat sich dabei große Verdienste erworben in den Augen aller Derer, die in der Geschichtsschreibung kompetent sind.

Es gibt sehr viele bayrische Regenten, deren Geschichte er dargestellt hat. Er hat fast alle Jahre ein Programm geschrieben zum Katalog der Mettener Studienanstalt und fast alle Jahre hat dieses Programm die Rechtfertigung eines von den Parteien angeschwärzten bayrischen Regenten enthalten. Es ist merkwürdig, m. H., wie die Ironie des Zufalls oft spielt. An demselben Tage, wo ihm durch die Regierung v. Niederbayern seine Absetzung zukam, erhielt er aus dem k. Kabinet für die Ehrenrettung eines Ahnen des Königs (Albrecht III. von Straubing) ein k. Dankschreiben!

Das wollte und muß ich sagen zur Ehre eines Mannes, dessen Namen man nicht anders als mit Hochachtung in den Mund nehmen soll, und wer dieses nicht thut, der beweist, daß er seine Geschichte wenn nicht im Eisenbahnwagen, doch im Eilwagen gelernt hat.[4])

Ich habe noch ein paar Bemerkungen hinzuzufügen zu dem, was der Hr. Justizminister über den Barsch'schen Fall vorgetragen hat. Er hat gesagt, in der Pfalz seien nur 8 Fälle zum Ober-Appellgerichte gekommen und das sei in Folge des — gesetzlichen Sinnes, der in der Pfalz herrsche und durch den sich die Pfalz vor den altbayrischen Provinzen auszeichne.[5]) Ich kann Ihnen gar nicht sagen, welchen Eindruck diese Worte des Ministers auf mich gemacht haben! Mit einem Male ging mir die Jahreszahl 1848 durch den Kopf und ich fragte mich, wo denn die Krischerei damals stattgefunden hat, bei uns oder anderswo, und wo denn damals die „gesetzliche Gesinnung" war und ob denn der gesetzliche Sinn in der Pfalz etwa erst seit 1862 oder 1866 datirt? Es ist allerdings richtig, daß in den der Pfalz wenig Appellationen vorkommen. Wenn Sie aber das für einen glücklichen Umstand halten, dann, m. H., können Sie sich mit der Hoffnung trösten, daß es auch bei uns noch dahin kommen wird! Ich muß aber sagen, der wahre Hauptgrund ist nicht der gesetzliche Sinn der Pfälzer, den ich indeß nicht bestreiten will, der ist so gut oder übel auch bei uns wie in der Pfalz. Aber das Gericht, die Appellation ist in der Pfalz so theuer, daß es arme Leute wohl gern bleiben lassen, zu appelliren, und wenn wir alle die neuen Segnungen, den Civilproceß, Strafproceß und all' die anderen Dinge, die noch in Aussicht stehen, bekommen sollen, dann werden es wohl auch bei uns die Leute bleiben lassen zu appelliren, aber nicht, weil sie dadurch mehr „gesetzlichen Sinn" bekommen haben, sondern weil wir weniger Geld haben, weil das Processiren ungeheuer theuer wird.

[2]) Mit Völk oder Schauß als Oberrichtern! Eine famose Idee, die ausgeführt einem auf dem Todbette zum Lachen reizen könnte. D. R.

[3]) Dafür ist aber der Mensch, der diese Aeußerung gemacht, ein kgl. bay. Jud und keine Benediktiner; den Benediktiner und jeden beliebigen Ultramontanen hätte sicher darum zu faßen gewußt, dem Juden aber wurde dies gar noch zur Ehre angerechnet! D. Red.

[4]) Eine boshafte Anspielung auf den großen Ehrenmann Föckerer, der bekanntlich seine Geschichtskenntnisse sich im „Eisenbahnwagen" geholt hat. Sie sind aber auch darnach! D. Red.

[5]) Wir werden Gelegenheit finden, dem Hrn. v. Lutz mit dieser merkwürdigen und vom juristischen Standpunkt — einzigen Anschauung die entsprechende Antwort nicht schuldig zu bleiben. D. Rd.

Das, m. H., sind die Bemerkungen, die ich machen wollte auf das, was Hr. Völk und der Hr. Justizminister vorgebracht haben. Ich schließe wieder und immer wieder mit der Versicherung, daß ich bedaure, daß man immer dergleichen Dinge wie Zeitungsblätter da hereinbringt. Ich werde das niemals thun, ich bin der Ansicht, daß das der Würde dieses hohen Hauses nicht entspricht. Sie, m. H. da drüben, können eine andere Ansicht haben. Wenn Sie aber so fortfahren, in der Weise vorzugehen, so bin ich bereit, immer und alle Tage zu sagen: Sie haben keine Ursache den ersten Stein auf uns zu werfen.

(Schluß folgt.)

Deutschland.

München, den 16. Mai.

Landtag. In der Sitzung des zweiten Tages hielt es der Justizminister für angezeigt, seine Juristen zu loben. Sie kosten zwar ein riesiges Geld und werden in nächster Zeit wohl noch mehr kosten, dafür aber halten sie was ihre Thätigkeit betrifft, den Vergleich mit denen anderer Länder aus[1]). Das Resultat der Staatsexamina sei immer ein sehr befriedigendes (es könnten nämlich noch mehr Dreier vorkommen, als vorzukommen pflegen!). Herr v. Lutz versichert — und man weiß von Hr. v. Lutz wie von seinem Kollegen Schlör, was so eine ministerielle Versicherung werth ist! —, daß das rein gar nicht wahr sei, daß unser Richterstand in seiner Rechtsprechung von den Einflüßen einer politischen Richtung sich leiten lasse[2]). Dann erklärt Herr v. Lutz insbesondere die dem Staatsanwalt Barsch gemachten Vorwürfe alle für „durchaus unbegründet“ und schließt mit der weiteren höchst begründeten Erklärung, daß in der Pfalz der Rechtssinn größer als im diesseitigen Bayern sei, weil dort weniger Rekurse an den Obersten Gerichtshof vorkommen! — Dieser kostbare „Grund“ hätte eigentlich ein allgemeines Bravo verdient, nichts desto weniger blieb das Haus stumm.

Nach entsprechenden Entgegnungen Greils und dem Dank des Dr. Kurz für die Ehrenrettung der Juristen durch den Minister, kam Völk, dessen „Rede“ theils von Lukas abgefertigt worden (s. oben), theils wir uns zur weiteren Verarbeitung vorbehalten wollen. Völk sprach, wie eben nur Völk sprechen kann. (Schluß folgt.)

— Die „intelligente“ Abendzeitung ist gutmüthig genug, die kostbare Notiz, daß Prinz Hohenloh den Grafen Bismark ersetzen soll, für baare Münze zu nehmen und zu — dementiren! Wir hätten den Gelehrten des Fortschrittsmoniteurs mehr Witz und Verstand zutrauen — sollen.

Hessen. In Mainz ist der kgl. preußische Bußtag wieder durch eine Reihe der anmüthigsten Säbelexcesse belebt worden, denen der M. Anz. eine ausführliche Schilderung widmete.

Oesterreich. In Wien hat das neue Ministerium sehr liberal mit dem vertraulichen Auftrage an die Staatsanwälte begonnen, daß sie anders konfisciren sollten als bisher, nämlich nicht so, wie Knurrblättl konfiscirt wird, wenn die Blätter schon alle unter die Leute gekommen sind, sondern so wie beim „Vaterland“, daß man immer gleich die ganze Auflage wegnimmt.

[1]) Besonders mit denen in Baden und in Neu-Oesterreich! D. Red.

[2]) Was die Einflüsse der „ultramontnen“ Richtung betrifft, so könnten wir's beschwören, daß unsere Richter sich davon entschieden nicht leiten lassen. Es wäre eine offenbare Verleumdung, ihnen so was vorzuwerfen. D. Red.

Ausland.

Frankreich. Die Ernennung des Herzogs v. Grammont zum auswärtigen Minister gilt als sicher. — Der Kaiser hat von allen Souveränen Europas Glückwünsche zum Ausfall des Plebiscits erhalten, (doch wird's damit einigen nicht sehr ernst gewesen sein!)

Aus Italien kommen noch immer Nachrichten, welche das Wachsen des Aufstandes erkennen lassen. Die Mehrzahl der Revolutionäre ist aus Sicilien gekommen. In Volterra, Squillace, in den Abruzzen und an den Grenzen der Mark — überall zeigen sich neue Banden. In Neapel werden die Studenten rebellisch. Bei Filadelfia haben die Truppen beträchtliche Verluste erlitten.

Vermischte Nachrichten.

Das Hoftheaterpersonal hat von der k. Hoftheater-Intendanz die am 22. Juli beginnenden Theaterferien gemeinschaftlich die Passionsvorstellung in Oberammergau zu besuchen. Die gelernten Schauspieler könnten allerdings dort Mehreres lernen. — Ein Taglöhner hat hier „unversehens“ ein Zweiguldenstück verschluckt. — An der Thalkirchnerstraße ist, was für moderne Münchener nichts Seltsames mehr ist, ein neugebornes Kind in einer Versenkgrube gefunden worden.

Aus München erhält die „Presse“ die höchst wichtige Nachricht daß die Proben zur neuesten Wagnerei, die „Walkyre“ nunmehr abgeschlossen und der Oper nun nichts mehr im Wege stehe, als ein passender Dirigent. Da in der ganzen civilisirten Welt Richard Wagner der einzige wirkliche Dirigent ist und alle anderen „nichts vom Dirigiren verstehen“, so „wäre es nicht ganz unmöglich“, daß Richard wieder nach München kommt und der frühere Wagnerschwindel auf's Neue losgehen kann. Man freut sich gewiß allgemein auf die neuen Genüsse!

Der berüchtigte junkerliche Schweinehund würde Herr v. Bülow sagen, Zastrow, welcher 12 Jahre im Gefängniß zubringen sollte, hat es vorgezogen etwas „geisteskrank“ zu werden. Das hat er Chorinsky abgelernt und hofft sich so eher loszukommen.

Börsen-Nachrichten.

Frankfurt a. M., 13. Mai. Schlußcurse: 1882er Amerikaner 95 3/8 österr. Bankactien 687; dito Creditactien 264; Bayer. Ostb.-Actien 120 3/8; Oesterr. Loose v. 1860 79 3/4; dito v. 1864 115; 5proc. österr. engl. Metall. 219 1/2; 5proc. National — —; 5 proc. bayer. Anl. 102 dito 4 1/2 proc. Anl. 99 3/4; dito 4 proc. Pr.-Anl. 106 3/8; dito 4proc. Grundrente 88 3/8; Elisabeth-Prior. 1. Em. 77; Napoleons 9. 29. Münchener Anleihe — —; steuerfreie Met. v. 1866 —; österr. franz. Staatsbahn 377 1/4; bad. Präm.-Anl. 106; Münchener Handelsbank 99.

Münchener Schranne vom 14. Mai.

Getreidsorten	Verkauft Schffl.	Höchster fl.	kr.	Mittel- fl.	kr.	Nied.-Preis fl.	kr.	Gest. fl.	kr.	Gef. fl.	kr.
Weizen . . .	2525	20	53	19	53	18	3	—	11	—	—
Korn . . .	1357	12	53	12	26	11	57	—	9	—	—
Gerste . . .	620	2	52	11	54	11	1	—	—	—	39
Haber . . .	1539	8	56	8	28	7	36	—	—	9	—
Reps . . .	—	—	—	—	—	—	—	—	—	—	—
Lein . . .	22	4	27	23	37	23	10	—	—	—	8

Verantwortlicher Redakteur: Dr. J. Sigl.

Oberammergau-Passionsspiel.

Wohnungs-Vermittelung.

Die Unterzeichneten sind in der Lage, in Oberammergau für dort ankommende Gäste sicher und billig Wohnungen zu besorgen, und laden die hochwürdige Geistlichkeit, Mitglieder der katholischen Casinos und katholische Vereine ein, von dieser aufs beste organisirten Unternehmung Gebrauch zu machen. Es wird indeß für Jedermann, besonders für Frauenzimmer und für die Jugend, welche ohne Aufsichtsbegleitung dort ankommen, für eine solide und anständige Unterkunft gesorgt.

Zur Einhaltung einer unbedingt nothwendigen Ordnung ist festgestellt:

1) Alle-Karten lauten auf Namen mit laufenden Nummern, und werden auf mündliche oder schriftliche Bestellung in

F. Oppen's Kunsthandlung in München,
Neuhausergasse Nr. 50,

gegen Erlag oder Einsendung von 30 kr. abgegeben oder umgehend versandt.

2) Anmeldungen müssen allzeit 4 Tage vor jedem Spiel geschehen, und solche für große Familien oder Gesellschaften, welche beisammen wohnen wollen, sind zur Vorsicht 8 Tage vorher zu machen. Nach folgendem Theaterbillets-Tarif werden auch diese besorgt, indeß ist für die Billets der Betrag des gewünschten Platzes beizulegen.

3) Die in Oberammergau Ankommenden haben sich in die Wohnungsvermittlungs-Lokalität, zunächst dem Theater, zu begeben und werden gegen Vorzeigung der in Hände habenden Billets sofort in ihre Wohnung begleitet.

F. Oppen's Kunsthandlung und Schauer,
ehem. Gemeindevorstand in Oberammergau.

Programm zu den Passions-Vorstellungen.

Am Vorabende Abends 7 Uhr und am Tage der Aufführung Morgens 5 Uhr Musik durch die Straßen des Dorfes. — Um 6 Uhr Eröffnung des Theaters zu den Sitzplätzen. — Um 8 Uhr Anfang der Vorstellung. Nach der ersten Abtheilung eine Stunde Pause. Schluß gegen 5 Uhr Nachmittags.

Tage der Vorstellungen.

Den 22 und 29 Mai; — 6., 12. und 25. Juni; 3., 10., 17., 24. und 31. Juli; — 7., 14., 21. und 28. August; — 8., 11., 18., 25. und 29. September 1870.

Preise der Plätze.

I. Logenplatz 3 fl. — II. Logenplatz 2 fl. 30 kr. — III. Logenplatz 2 fl. — Parterre: I. Platz 1 fl. 45 kr. — II. Platz 1 fl. — III. Platz 48 kr. — IV. Platz 30 kr. — Kinder bezahlen auf allen Plätzen, mit Ausnahme der Logenplätze, die Hälfte.

Leo Woerl'sche Buch-, Kunst- & Verlagshandlung in Würzburg.

189—200 (f)

Empfehlen unser großes Lager **katholischer Literatur** und **religiöser Kunst.**

Namentlich erlauben wir zu gefälligen Bestellungen auf **Missale, Horae diurnae** in den verschiedensten Ausgaben und Einbänden, **Canontafeln** von den einfachsten bis zu den feinsten, mit und ohne Rahmen, **Kreuzwegstationen, Altarbilder, Votivtafeln, Kirchenfahnenbilder, Heiligenfiguren** in Holz, Masse, Bronce, in schönster Fassung, für Kirchen und für's Freie uns bestens zu empfehlen. Musterbilder und Preisüberschläge, sowie jede sonstige Auskunft bereitwilligst! Nach Uebereinkommen auch Ratenzahlungen.

Alle bedeutenderen neueren und älteren katholischen Erscheinungen sind auf unserem Lager vorräthig oder werden schnell beschafft, namentlich empfehlen unser ausgedehntes Lager Concilliteratur.

Leo Woerl'sche Buch-, Kunst- und Verlagshandlung.

Geldsorten, Frankfurt, 13. Mai.

	Angebr.	Zu haben.
Pistolen	9.48	9.48
Imperiales, russ. . .	9.46	9.48
Holl. 10 fl.-St. . .	9.54	9.56
Dukaten vollgw. . .	5.36	5.38
Napoleonsd'or . . .	9.28½	9.29½
Engl. Sovereigns . .	11.55	11.59
Dollars i. Gold . .	2.28	2.29
Preuß. Friedrichsd'or .	9.58	9.59
Preuß. Kassasch. . .	1.45	1.45¼

Gebrüder Steppacher,

Optiker,

26. Kaufingergasse 26.

empfehlen ihr großes Lager in **Operngläser, Fernrohre, Feldstecher, Microscope, Loupen, Lorgnetten, Brillen** und **Pince-nez** 2c. mit feinstgeschliffenen Gläsern. 311—12(b)

Zu verkaufen:

Christus 5 Schuh lang; herausnehmbare Schrift; 6 Schuh lang, altes Kunstwerk, als Altarblatt passend, mit Goldrahmen; **Oelgemälde von Kunstverein**, 11 Schuh **lang, mit schwerer** Goldrahme. Das **Nähere in der Expedition d. Bl.** (309)

Wollenstoff-Färberei.

Russinibazar, Laden Nr. 7.

Sommerröcke 1 fl., Hosen 16 kr., Westen 18 kr., **Shawls 30 kr. bis 1 fl. 12 kr.** Wollenstoffe aller Art werden im Ganzen und getrennt gefärbt. 217(ff)

Der hochw. Geistlichkeit

empfiehlt sich ergebenst Unterzeichneter in Anfertigung von **Talaren, Priesterröcken, Paletots, Schlafröcke, Hosen, Westen &c.** Billige Bedienung ohne Preiserhöhung.

Nach Auswärts gegen Einsendung der Körpermaaße.

M. A. Mark,

243—53(b) Herrnstraße Nr. 28.

Druck von K. Fent in München. Petersthal 19

II. Jahrgang. Das Bayrische Auflage: 5400.

Vaterland.

Das „Bayr. Vaterland“ erscheint täglich mit Ausnahme der Sonn- und hohen Festtage. Preis des Blattes: Vierteljährig 54 kr., ganzjährig 3 fl. 36 kr. Das einzelne Blatt 1 kr.

Alle Postexpeditionen und Postboten des In- und Auslandes nehmen Bestellungen an. Inserate werden die dreispaltige Petitzeile oder deren Raum zu 3 kr. berechnet.

Redaktion: Burggasse 14. Herausgegeben von Dr. jur. J. Sigl. Expedition: Kreittmayrbazar 5

Felix. Nr. 112. Mittwoch, 18. Mai 1870.

Bestellungen auf das „Bayr. Vaterland“ für das Quartal (für die Monate Mai und Juni zu 36 kr.) können bei allen Postanstalten und Postboten noch immer gemacht werden.

Gottfried und der Peterspfennig.

Die Jamus-Teufeleien, die schon so viel Unheil an verschiedenen Orten angerichtet haben, sind nun dem gottesfürchtigen „Nürnberger Anzeiger“ arg in alle Glieder gefahren. Zur größeren Verſimpelung seiner „aufgeklärten“ Abonnenten, gibt er in seinem Blatte vom 12. ds. folgendes liberale Artikelchen zum Besten:

„Ein Hauptgrund, warum in Rom der Infallibilität zugesteuert wird, ist der klägliche Zustand der päpstlichen Finanzen. Rom hat einen jährlichen Ausfall von 30 Millionen Franken zu decken und der Peterspfennig, der im Jahre 1861 14 Millionen eintrug, ist trotz der allgemeinen 3mal im Jahr angeordneten Sammlungen doch auf etwa 11 Millionen gesunken. Mit Anleihen ist nicht mehr zu helfen. In Rom hofft man, daß erstens die Völker dem unfehlbar gewordenen und also der Gottheit (!) näher gerückten Papst reichere Summen als bisher zufließen lassen. Man rechnet aber noch weit mehr auf die ungeheure Centralisation, das umfassendste kirchliche Monopol für alle möglichen Dispensationen, Indulgenzen, Consultationen, Kanonisationen, liturgischen, moralischen, politischen, dogmatischen, disciplinären Entscheidungen. Man denkt an die Schätze, die ehedem in hellenischer Vorzeit im Tempel zu Delphi aufgehäuft waren, und so wird das neu zu errichtende Orakel am Tiberstrande gleich einem Magnetberge nicht Eisen, aber Gold und Silber in Fülle anziehen. Und das arme dumme Volk hat dies Alles zu bezahlen. D. Red. d. „Nürnb. Anz.“

In solcher Weise sucht der allein wirklich unfehlbare Nürnberger Kirchenvater mit seinen „aufgeklärten“ liberalen Lesern tagtäglich das Vaterland und die Welt vor dem Unglück zu retten, in welches sie durch die Unfehlbarkeitserklärung unfehlbar gestürzt würden, und Rom in seiner Weise zu vernichten, durch Aushungerung, wenn es sein muß.

Das ist gewiß eine fruchtbare Idee, das Papstthum auszuhungern. Was die italienischen Lumpen ihm noch nicht geraubt, das könnte man ja noch nachträglich annexiren und den Peterspfennig, auf den dann der Papst allein beschränkt wäre, nun, den läßt man eben nicht mehr hinein nach Rom und Papst, Kardinäle und die ganze römische Klerisei werden auf die Weise schon mürbe werden, wenn sie nichts mehr zu essen haben.

Wir schlagen deshalb dem edlen Gottfried von Nürnberg vor, behufs der gänzlichen Ausrottung des abscheulichen Peterspfennigs bei der eben in München versammelten Kammer der Abgeordneten etwa folgenden Antrag, den der schöne Julius mit gewohnter Beredsamkeit gewiß gerne vertreten würde, einzubringen:

„Gesetzentwurf zur gründlichen Abschaffung des Peterspfennigs.“

§. 1. Jeder römisch-katholische Pfaffe, gleichviel ob Bischof, Pfarrer oder Caplan ꝛc., der sich noch einmal untersteht, im Musterstaate Bayern zur Sammlung des Peterspfennigs aufzufordern, wird ohne weitere Umstände aufgehängt.

§. 2. Jedem Redakteur eines ultramontanen Blattes, heiße er wie immer, der den Peterspfennig als eine nothwendige Sache empfiehlt, wird öffentlich der Bauch aufgeschlitzt.

Der verruchte Dr. Sigl, der dazu bereits zu verlocken begann, ist durch die Gendarmerie sofort aufzugreifen und dingfest zu machen, nach vollzogener Bauchaufschlitzung aber zum abschreckenden Beispiel zu verbrennen und die Asche in die Isar zu werfen.

§. 3. Jeder römisch-katholische Gimpel, der es, ohne vorher bei der Redaktion des „Nürnberger Anzeigers“, der „Neuesten Nachrichten“ oder irgend eines andern liberalen Blattes sich einen Erlaubnißschein gelöst zu haben, fernerhin wagen sollte, eine Beisteuer zum Peterspfennig aus seinem Vermögen zu geben, erhält im Namen der „Freiheit für Alle“ nicht unter 9 Monate Rosenberg, woselbst ihm, über seine Frechheit nachzudenken genügend Muße zu geben ist.

§. 4. In jeder römisch-katholischen Kirche sind an allen Beichtstühlen Gendarmen aufzustellen, damit die dummen Beichtkinder nicht etwa zu Gunsten des Peterspfennigs bearbeitet werden können.

§. 5. Jeder ultramontane Postbeamte, der am Postschalter einen Brief mit Peterspfennigen annimmt und expedirt, wird sofort seines Dienstes entsetzt und nach Ostpreußen verbannt.

§. 6. Alle irgendwo sichtbar werdenden Peterspfennige unterliegen der Konfiscation und werden dem Verein für „freiwillige Armenpflege“ als Stammkapital zugewiesen. Zum Kassier solcher Peterspfennige wird Feodor Streit aus Coburg, der zur Uebernahme dieses Ehrenamtes sofort aus dem Zuchthaus zu reklamiren ist, zum Kassacontroleur der fortschrittliche Jud Neuburger weiland in München ernannt.

Gegenwärtiges Gesetz ist unverweilt in Vollzug zu setzen und im „Nürnb. Anzeiger“ und den „Neuesten Nachrichten“ zu publiziren.

So verehrtester „Nürnb. Anzeiger“, nun geh' fein rasch an's Werk damit deine arme Seele doch einmal Ruhe bekommt! Rom, der Peterspfennig und die Jesuiten bringen dich sonst noch ganz zur Verzweiflung, wenn nicht einmal gründlich mit allen Pfaffen, Kirchen und was d'rum und d'ran hängt aufgeräumt wird.

Deutschland.

München, den 17. Mai.

Landtag. (Schluß.) Nachdem Hr. Völk den fortschrittlichen Geist in reichen Strömen über das Haus ausgegossen und dafür von Lukas entsprechend zugedeckt worden, suchte Hr. v. Lutz seine „ritterliche Gesinnung“ gehörig klar zu machen, indem der Fall des Barsch ohne sein Verschulden da hereingekommen, er also sein Versprechen nicht gebrochen habe, (wie das bei Ministern überhaupt nie vorkommt, daß Einer sein Versprechen bricht!). Im Uebrigen habe er (Lutz) Thatsachen (?) beigebracht, während Lukas blos Behauptungen aufgestellt habe[1]).

Dr. K. Barth gibt dann, von Völk dazu gedrängt, die Erklärung, daß er als Vertheidiger des Algäuer Volksblattes von jener Verwechslung nichts bemerkt habe, (in der Hitze des Gefechtes mag dies dem Vertheidiger auch entgangen sein), worauf Lukas entgegnete, das sei blos ein Zeuge, aber es seien noch 300 andere da. Schleich beantragt Schluß der Debatte. Schanß muß in die Debatte auch noch den nothwendigen Senf geben und da ihm nichts Gescheidteres einfällt, so wendet er sich gegen das Mittermüllersche Buch, das er als Schulbuch einen „pädagogischen Leichtsinn“ nennt und in dem ein eben verstorbener König geschmäht werde. Lukas ruft: Das ist nicht wahr! Schauß: Wenn ihm solches zugerufen werde[2]), so überlasse er es dem Hause, zu beurtheilen, ob diese Aeußerung parlamentarisch sei[3]) es sei gewiß eine Schmähung, wenn in einem Geschichtsbuche stehe, König Max I. sei ein Freimaurer gewesen und von ihm sei das Freimaurerthum großgezogen worden.[4]) Lukas entgegnet: Es hat mich sehr überrascht, daß Hr. v. Schauß jetzt als parlamentarischer Anstandslehrer hervorgetreten ist. Zu meiner weiteren Ueberraschung hat Hr. v. Schauß gesagt, daß etwas es Beleidigendes sei, Einem zu sagen, daß er die Freimaurerei befördere. Wie? Ist nicht der König von Preußen notorisch Großmeister der Freimaurer? Sind nicht die Könige unserer Zeit alle — ich will nicht sagen alle, aber sehr viele Freimaurer? (Unruhe und Lärm; die Fortschreiter schreien tobend ihrer 8 oder 10 durcheinander). Und das soll etwas Ehrenrühriges sein? Das ist ja heute etwas sehr Ehrenvolles, Hr. v. Schauß!

---

[1]) Meint nämlich Hr. v. Lutz; für uns gilt indeß die Logik noch etwas mehr, als die Aussage sogar eines Staatsanwaltes, gegen den eine Disciplinaruntersuchung eingeleitet ist und der sich und seine Stellung da zu retten hat. Wir theilen ganz die Auffassung des Hrn. Abg. Lukas. D. R.

[2]) Und zwar mit vollem Recht, Hr. Schauß! D. R.

[3]) Ach du meine Güte, wie schön Hr. Schauß als beleidigte Unschuld und Anstandslehrer ist! Parlamentarisch oder nicht, das ist gleich; man muß die Dinge beim rechten Namen nennen und so Einer lügt, muß man sagen: Du hast gelogen, mag es ihm krumm oder gerade sein. Das Treiben der Fortschreiter ist natürlich immer „parlamentarisch“, mögen sie's auch noch so arg — treiben: wenn Ihnen aber einmal ein „Schwarzer“ nach Verdienst zurückgibt, dann schreien die Herren gleich über die „Verletzung des Anstandes“ und nach dem Präsidenten. Lasse man sie doch schreien, so viel sie wollen, und rede man rücksichtslos deutsch mit den Herren; auf jeden Schlag zwei Schläge — vielleicht bekommen sie's satt, die rechte Seite fort und fort zu reizen und zu beleidigen. D. Red.

[4]) Die liebe fortschrittliche Unschuld, welche es Schmähung nennt, Einem Freimaurerei zum Vorwurf zu machen und selbst in Freimaurerei macht! Heuchelei ist das natürlich nicht, aber — — liberal ist es sehr! D. R.

Nach Lukas wurde von Dr. Schleich der Antrag auf Schluß der Debatte über diesen Punkt erneuert und derselbe auch angenommen. Brandenburg „wünscht“ möglichste Vereinfachung bei den Gerichten.[5]) Frickhinger sagt dazu auch einiges Treffende das leider nicht mehr neu war; Lerzer tadelt, daß die Offiziere, welche zu den Aushebungen beigezogen werden, 40 fl. Diäten (!!!) erhielten, während sie mit einem Aufwand von 3 fl. an Ort und Stelle kämen. — Die Sitzung des nächsten Tages wurde wieder sehr animirt. Bei Beginn derselben legte der Finanzminister einen Gesetzentwurf, die metrischen Maaße im Aufschlagswesen betreffend vor, worauf die Debatte über den Etat des Kultusministeriums für 1866—68 begann. Wir müssen uns mit diesen unerquicklichen, langweiligen und zwecklosen Debatten kurz fassen. Referent Greil vertheidigt die Lyceen gegen den „empörenden“ Vorwurf, daß sie unweltläufige fanatische Menschen heranbilden, findet die so hochgestellten Forderungen in der Mathematik dem Zweck der Gymnasien nicht entsprechend, die Erhöhung der Schulgelder auf denselben bedenklich und in dem konfessionslosen Geschichtsunterricht eine Beeinträchtigung der Rechte der Schüler und der Eltern. Auch auf die Präparandenschulen ist er nicht gut zu sprechen; die Schullehrlinge könnten in den Städten nicht genug überwacht werden und mit den Bedürfnissen des Stadtlebens bekannt geworden, brächten sie leicht Keime des Verderbens in die Seminarien. Die 880,606 fl. zur Aufbesserung der Lehrergehalte hätte den Lehrern noch lange nicht genügt; aber die preußischen Schullehrer würden Gott danken, wenn sie das Loos ihrer bayrischen Brüder theilen[6]) dürften. Er tadelt weiter die vielen Berufungen an die Universitäten, die Leistungen der Berufenen seien oft hinter allen Erwartungen weit zurückgeblieben und manche seien nichts weniger als ausgezeichnete Lehrkräfte. — Minister v. Lutz sucht die angegriffenen Verehrungswürdigkeiten so gut als möglich zu vertheidigen. Pf. Weis aus Schwabenland fand die Gelegenheit günstig, dem Häuflein der Postzeitungs-Katholiken zu einigen liberalen Kronen und und Kränzen zu verhelfen und sprach unter Jubel und anmuthigem Lächeln der Rothen und begleitet von deren Bravos und Zurufen gegen Greil, dankt der Regierung für ihre Güte und die Präparandenschulen, will „mit Freuden“ die Schullehrer aufbessern[7]), Bayern werde es

---

[5]) Ein sehr frommer und beständiger Wunsch, für dessen Erfüllung der Fortschritt und die weise Staatsregierung durch stete Vermehrung der Gesetze, Verordnungen und Beamten arbeiten! D. R.

[6]) Dafür darf aber auch der Hr. Abg. Greil, so wenig als sein Kollege Lukas sich weit hinauswagen vor der Stadt, z. B. nach Unterbrunn bei Gauting. Der dortige äußerst fortschrittliche Schulmeister will sie beide mit einem Revolver erschießen, sobald er sie kriegen kann. D. R.

[7]) Aus eigener Tasche, Hr. Pfarrer? Dann haben wir nicht das Mindeste dagegen. Mit den sauer erworbenen Kreuzern und Gulden der Bauern bitten wir aber etwas minder freigebig zu sein. Auch die Bauern und Bürger könnten recht gut eine Aufbesserung brauchen. Warum will man alles andere aufbessern, nur diese nicht? Warum will man alles andere auf Kosten der Bürger und Bauern aufbessern? Warum gerade die meist blutrothen Fortschritts-Schulmeister und gar noch „mit Freuden“ aufbessern, die Alles gethan haben, daß bei den Wahlen nicht die Sache des Volkes, sondern die der Preußen und des Fortschritts siegte? Soll etwa das der Dank sein für die wackeren Patrioten, die allein ihre patriotische Pflicht erfüllt haben, daß man ihnen jetzt in den Sack steigt und daraus die noch gebliebenen Kreuzer holt und sie ihren erbittertsten Gegnern gibt? Die Würdigen, die wirklich Bedürftigen unter den Lehrern mag man immerhin aufbessern, aber die Bauern, das ohnehin schon

für eine Ehre ansehen, seine Schullehrer aufzubessern und anderes mehr. Jubel, Bravos und Beifall erhob sich bei den Rothen, deren Etliche auf den liberalen Schwaben losstürmen, ihm fast die Hände mit „deutschem Händedrücken" zerquetschen und sicher ihm um den Hals gefallen wären, wenn des Orts Gelegenheit günstiger gewesen wäre. Verdient hätte er's! Bravo, Hr. Pfarrer!

Diese erbauliche Rede machte einen peinlichen Eindruck rechts und war ein glänzender Beweis für den „Corpsgeist" und die Solidarität der Patrioten. Wir möchten deren noch etliche wünschen, — o gewiß!

Die nun folgende Rede Dr. Gerstner's war ein liberales Kabinetsstück, auf das wir später zurückkommen werden. Die Aeußerungen Greils sind ihm eine Stimme aus der Nacht des Mittelalters. Ein Universität heute noch für eine katholische zu halten, sei eine Beleidigung unserer Zeit; Staat und Wissenschaft seien konfessionslos (und religionslos!). Die Gebildeten wenden sich immer mehr von der Kirche ab; was man jetzt in Rom betreibe, werde zu einer Reformation führen, die vernichtender sein werde als die frühere. Die deutsche Wissenschaft sei noch das einzige nationale Band; zerreiße man dieses, so riße man Bayern von Deutschland los und führe es dem geistigen Tode entgegen 2c.

Edel spricht in anderthalbstündiger entsetzlich langweiliger Rede de omnibus rebus et quibusdam aliis (über Alles und noch Einiges), u. A. auch über Lyceal- und Universitätsbildung und will zum Schluß die Kinder lieber dem Ausland, als katholischen Universitäten wie Greil will anvertrauen, die er „Kinderbewahranstalten" nennt.

Dr. Ruland vertheidigt die Katholicität der Universität Würzburg, was eine stürmische Scene veranlaßte. Dr. Greil weist die Angriffe auf sein Referat zurück. Er ist nicht gegen alle Berufungen, aber gegen deren Uebermaaß. Man sage, man müsse da die „Tüchtigkeit" in's Auge fassen; er frage entgegen, ob das Tüchtigkeit sei, wenn gelehrt werde (Carriere), die Religion der Zukunft sei der durch das Christenthum geläuterte Islam*) aber wenn Einer die Geschichte zu politischen und religiösen Zwecken fälsche wie Giesebrecht, der aus der Geschichte einen Roman mache. Zum Schluß seiner Rede muß sich Referent vor den gegen ihn eindringenden Rothen auf das Podium des Präsidenten flüchten, von wo er erklärte, mit „Dr. B. habe er in seinem Referat den Prof. Bauer in München gemeint. Die Aufregung, das Durcheinander, der Lärm und das Geschrei der Rothen war so arg, daß der Präsident die Sitzung schließen mußte. Wir rathen in Zukunft, jeden ultramontanen Redner mit einer halben Kompagnie Soldaten zu umgeben, daß er wenigstens seines Lebens sicher ist.

Die gestrige Vormittagssitzung war nicht weniger stürmisch als die vorhergangene. Makowizka schnaubte eine anderthalbstündige Rede voll Wuth, Ingrimm und Angriffen auf den Katholicismus und die Kirche. Die Schmähungen waren der Art, daß viele von der Rechten wie Dr. Ruland, Lukas, Mahr 2c. entrüstet den Saal verließen. Ein Schlußantrag von Dr. Schleich wurde verworfen. Die Sitzungen unsers Abgeordnetenhauses gewinnen immer den Charakter der Sitzungen des französischen Konvents während der ersten Revolution. — Nachmittags wurde die „Debatte" fortgesetzt, aber noch nicht zum Schluß gebracht. (Die gestrige Nummer enthielt bereits den Schluß, nicht die Fortsetzung der Rede des Abg. Lukas.)

genug geschlagene arme Landvolk soll dafür nicht die Zeche zu zahlen haben. D. R.

*) Ja, bei den Liberalen! Ein rechter Liberaler soll im Grunde nichts anders als ein durch Taufe „geläuterter" und von e nas „Wissenschaft" und „Kultur" beleckter Türke sein. D. R.

— Wie Magistratus hochpreislicher und Gemeindekollegium, so hat gestern auch die Schulkommission die Abschaffung der Schulpreise mit 16 gegen 7 Stimmen bekretirt. Für die Abschaffung stimmten: Klausner, Schrott, Berz, Koch, Siegert, Rabel, Marschall, Knorr, Reim, Chorherr, Gailhofer, Dimpfl, Zechmeister, Krieger, Schmid und Billing; — dagegen die geistlichen Schulinspektoren Weber, Pfaffenberger, Jungblut, Reger, Walser, Maier u. Meixner. Ebenso wurde eine Bitte an die Regierung um Aufhebung der Jahresprüfungen und Einführung einer Schlußprüfung zum Uebertritt in die Feiertagsschule beschlossen. — Bürgermeister Sing v. Neuburg hat abgelehnt, zweiter Bürgermeister von München zu werden.

Von Schrobenhausen schreibt man dem Vaterland: Gestern und Tags zuvor war hier Conscribirung der Wehrpflichtigen. Man konnte dabei die interessante Wahrnehmung machen, daß man höheren Orts sehr heickel zu werden beginnt, indem man von 201 Rekruten nur 82 tauglich zu finden geruhte. Durch diese massenhaften Untauglichkeitserklärungen, bei denen es zum Theil sehr sonderbar zugegangen sein soll, werden dem bayr. Staatsgeldsack zwar sehr oft per Mann 10 fl. 3 kr. 2 Pf. für den Freischein einverleibt, das Vaterland aber verliert in demselben Maße, als sich diese Einkünfte mehren, seine Wehrkraft. Sollten wir wieder in die Lage kommen, daß man Soldaten braucht, d. h. bayrische Soldaten, so kann sich sehr leicht treffen, daß wir eine Armee von Armen zusammenbringen, da die Reichen das Unglück haben, meist für Krüppel erklärt zu werden. So z. B. lagen von dem Sohn eines Vorstehers drei Zeugnisse vor, welche übereinstimmend sagten, daß er ihn gern vom Militär los hätte, waren aber nicht gewichtig genug, bis das Wort eines herrlichen Mannes den Ausschlag gab, welcher die Entdeckung machte, daß der Rekrut dreimal des Tages Nasenbluten habe und an einem organischen Fehler leiden müsse und weg war er, der Rekrut nämlich, und für alle Zeit für untauglich erklärt, Sr. Majestät Schießprügel spazieren führen zu können. Was half es, daß der Unglückliche sagte, daran sei er ganz unschuldig, „a diaweng" (manchmal) habe er schon Nasenbluten, aber der Vater sei halt „Voarsteha" (Vorsteher)! Der Arme; er hat seinen „organischen" und ist für alle Zeit untauglich erklärt and damit in unendliche Betrübniß versetzt. So gehts oft, wenn der Mensch Unglück hat!

!! Von der badischen Staatsveste (Rastatt) wird dem „Vaterland" geschrieben: Liebes bayr. Vaterland! „Rastatt und das Stadtgericht sind keine schönen Oerter nicht!" so ließest Du einst einen Spatzen*) aus Bayern zu uns herüberpfeifen. Der Spatz hatte Recht; wir können's bestätigen. Bei uns in Baden geht Alles nach der preußischen Pfeife, „stramm", so stramm, daß viele Soldaten dem heißen Drang, aus Strammanien zu — desertiren, nicht widerstehen können und durchbrennen, wo sich eine passende Gelegenheit dazu findet und zwar, wie es diese Woche wieder passirt ist, gleich mit Sack und Pack. Mit dem ewigen „Hurrahrufen" vertreibt man den Hunger nicht und die Preußen auch nicht. Das dürfen wir zwar denken, aber schreiben dürfen wir's nicht. So hat am Sonntag den 1. Mai in Freiburg der Premierlieutenant Delorme einem bewunderungsvollen Publikum wieder einen glänzenden Beweis der unglaublichen Leistungsfähigkeit eines offiziellichen Säbels zum Besten gegeben; dürfen auch davon nichts schreiben ohne eine sichere Anweisung auf — Rastatt. Der

*) Welcher der Redakteur des „Vaterland" selbst war, als er während 30 Tagen die Seligkeiten des Stadtgerichts genießen durfte von wegen der lädirten Knurrblättlehre. Süß ist's pro patria mori, (für's Vaterland zu sterben), sagt Vater Horazius, aber für's Vaterland zu sitzen und zwar für nichts und wieder nichts, das ist auch nicht von Blei. D. R.

badische Liberalismus leidt's nicht. In Bayern gefällt uns auch nicht Alles, sogar Vieles gefällt uns nicht. Die Haltung der „Ultramontanen" da drüben, auf die wir so große Hoffnungen gesetzt und die besten Erwartungen gehegt, finden wir diesen unsern Hoffnungen keineswegs entsprechend. Ihre Kammerpatrioten scheinen nicht alle Ihr vortreffliches „Liberales Schimpflexikon" studiert zu haben,[10]) sonst müßten sie überzeugt sein, daß von solchen Gegnern alles eher als Friede und Versöhnung zu erwarten ist und daß ihnen stets Friede und Versöhnung predigen eine vergebliche Arbeit ist. Es ist sehr traurig und weckt uns seltsame Gefühle, wenn wir so oft in den Blättern lesen müssen, wie die bayr. Patrioten es so oft an Entschiedenheit und Festigkeit fehlen lassen (aber nicht alle! D. R.) und manche von ihnen sogar zu Compromissen mit solchen Gegnern nur allzu geneigt scheinen. Was das bayrische Volk, das bei den letzten Wahlen so Bewunderungswürdiges geleistet hat, so über alles Lob erhaben seine Pflicht gethan hat, zu der Haltung so mancher Patrioten und zu Erfolgen sagen wird, die wenigstens hinter unsern Erwartungen so kläglich weit zurückgeblieben sind, weiß ich nicht, mache mir aber meine eigenen Gedanken darüber[11]). Gewiß dürfte sein, daß gar manche Abstimmung weit mehr zur Freude der Rothen als der „Schwarzen" ist. (Leider ja!)

Frankreich. Paris. Der Herzog von Grammont ist zum Minister des Auswärtigen ernannt. Diese Ernennung bedeutet: Schutz- und Trutzbündniß zwischen Oesterreich und Frankreich.

[10]) Wie könnte man auch das verlangen! Dazu haben die wenigsten der Herren Zeit und überdies kostet das Büchelchen baare 12 kr.

[11]) Wir wissen es aber und haben bereits eine schöne Sammlung von Stimmen aus dem Volke, die für manchen nicht gar erbaulich zu lesen wären. D. Red.

Verantwortlicher Redakteur: [illegible] v. Zegl.

Druck von M. Vogt in München. Kr[illegible]thal 19

II. Jahrgang. Auflage: 5400.

Das Bayrische Vaterland.

Das „Bayr. Vaterland" erscheint täglich mit Ausnahme der Sonn- und hohen Festtage. Preis des Blattes: Vierteljährig 54 kr., ganzjährig 3 fl. 36 kr. Das einzelne Blatt 1 kr.

Alle Postexpeditionen und Postboten des In- und Auslandes nehmen Bestellungen an. Inserate werden; die dreispaltige Petitzeile oder deren Raum zu 5 kr. berechnet.

Redaktion: Burggasse 14. Herausgegeben von Dr. jur. J. Sigl. Expedition: Ruffinibazar 5

Ferdinand. Nr. 113. Donnerstag, 19. Mai 1870.

„Gelehrte" Giftmischerei.

Das Organ der sehr edlen Janus-Brüderschaft, die nicht minder edle allen gemeine Allgemeine, hat in Nummer 125 ein Unternehmen anzukündigen gehabt, „dessen Zeitgemäßheit und innere Berechtigung, wie das Organ selbst sagt, offen zu Tage liegt". Hiesige „katholische Gelehrte" haben sich nämlich „vereinigt", die Janus-Teufeleien „organisirt" zu betreiben und in Form von Brochüren unter die „Gebildeten", welche, wie Dr. Gerstner sagt, „sich immer mehr von der Kirche abwenden", unter den liberalen Pöbel zu verbreiten. „Stimmen aus der katholischen Kirche" nennen sich, etwas allzu unverschämt, heuchlerisch und verlogen diese Brochüren. „Katholische Gelehrte" wollen die Verfasser sein, aber die Gelehrten davon, wie Prof. Huber, sind nicht katholisch und die Katholiken sind nicht gelehrt. Da ist z. B. ein gewisser Schmitz; sein braver Vater ist ein guter Katholik und Lehrer am Lyceum zu Regensburg; der Herr Sohn aber, eine Kreatur Döllingers, ist ein „Gelehrter", denn er ist bereits zweimal im Doctorexamen durchgefallen und deshalb vorzüglich befähigt, gegen den hl. Vater zu schreiben! Gelehrsamkeit und Bart werden mit der Zeit schon noch nachkommen, einstweilen zählt der junge Herr unter die „katholischen Gelehrten" der löblichen Janus-Brüderschaft, denn er hat ein paar Hände Koth nach dem ehrwürdigen Haupte der Christenheit, dem erhabenen Pius IX. geschleudert! Das religiöse Leben wollen diese Leute „bereichern und fördern" — wie Knarrblättl die „Bildung und Sittlichkeit" befördert, das „echte Christenthum" und den „wahren Katholicismus" wollen sie predigen, sie, deren Seele von fanatischem Haß gegen Christenthum und Katholicismus erfüllt ist! Das „Banner der Wahrheit" wollen Leute hoch halten, deren Titel schon eine Lüge ist, die von der Lüge ausgehen und mit der Lüge endigen. Sie wollen „katholisch bleiben" und „die Kirche reinigen", während sie die Fahne der Empörung gegen Rom und die Kirche aufpflanzen und einen Schmutz in sie hinein tragen, daß Satan selbst seine Freude daran haben muß. Uns empört es, nicht daß neue Steine gegen die katholische Kirche geworfen werden, denn in allen Jahrhunderten hat man das gethan, sondern daß man im Gewande unmännlicher Heuchelei und gemeiner Scheinheiligkeit Krieg führt gegen die Kirche, Krieg gegen das katholische Bewußtsein, Krieg gegen alles, was dem frommen Gemüthe des Volkes heilig und ehrwürdig ist. Das empört uns, daß man sich in heilige Gewänder steckt, zu feig, offen zu sagen, daß man den Krieg will und entschlossen ist, offen seinen Abfall von dem alten Glauben zu erklären, daß man auf Schleichwegen das Volk um sein Heiligstes, seinen Glauben, betrügen will, daß man in satanischem Haße gegen Rom die Quellen des katholischen Bewußtseins im Volke vergiften will, daß man unter der Maske treuer, ehrlicher Freundschaft Verrath sinnt und ausführt und während man nach Beruf und Amt verpflichtet wäre, gegen den äußeren offenen Feind zu kämpfen, ihm heimtückisch die Thore öffnet in's Heiligthum, in's Innere der katholischen Gemeinde, ihm sogar selbst entgegen kommt: — das ist es, was uns empört und gleichzeitig betrübt, weil eben solches von „Katholiken" geschieht! — Aber wir hören nicht auf zu hoffen, auch wenn Stärkere gegen Rom erstünden als diese jämmerlichen Zwerge, die in ihrer eingebildeten Größe sich Könige zu sein dünken, Könige der Wissenschaft, des Geistes. Es ist nicht der heilige Geist, der aus ihnen spricht, — es ist ein anderer Geist. Schon so oft hat man Rom das Todesurtheil gesprochen und immer ist es wieder erstanden, und immer siegte und triumphirte es über seine offenen und versteckten Feinde. Wir sehen, wie Rom mit jedem Tage in der öffentlichen Meinung, vor dem noch christlich gebliebenen Volke Alles das gewinnt, was seine Widersacher und Feinde verlieren.

Instinktmäßig wendet sich Europa Angesichts der furchtbaren Gefahren unserer Zeit nach Rom, nach dem Einzigen, dessen Stimme noch mit Ehrfurcht gehört wird, so weit die Erde reicht, und schon fragen sich die Völker, ob diese Macht, die Europa schon vor der Barbarei der Heiden wie des Islams gerettet, nicht doch die Bestimmung habe, das zusammenbrechende Europa zu retten vor der noch schrecklicheren Barbarei, welche eine mißverstandene „Aufklärung" der modernen Welt gebracht hat. Die letzten Zweifel, die noch in mancher Brust sein mögen, sie werden schwinden, wenn einmal die letzten Stützen der materiellen und politischen Ordnung völlig zusammenbrechen. Wenn die Politik des Todes, die ihre Sklaven zum ewigen gewaltsamen Umsturz dessen treibt, was sich den Einflüsterungen des unversöhnlichen Feindes Gottes und der Menschen widersetzt, und die ihr verbündete und sie stützende „freie Wissenschaft" in Europa die Verwirrung der Geister und den Zusammensturz alles Bestehenden vollkommen gemacht haben, wird den edleren Gemüthern doch noch Rom und die Kirche bleiben, die so viele Stürme überdauert, so viele Feinde siegreich überwunden haben.

Hr. v. Lutz und das Appellgericht in Neuburg.

Eine heitere Geschichte.

Von **Neuburg a. D.** wird dem „Vaterland" geschrieben: Dieser Tage wurde der Befehl bekannt gegeben, daß der Appellationsgerichtshof von Neuburg nach Augsburg verlegt werde und daß das ganze Personal sofort sich in Augsburg um Wohnungen umzusehen und sich reisefertig zu halten habe. Welche Gründe den Minister Lutz bei allen sonstigen Unfertigkeiten zu solcher Eile und solcher Fertigkeit bestimmen konnten, vermag der bekannte „beschränkte Unterthanenverstand“ nicht einzusehen, wohl aber begreift er, der Verstand nämlich, daß diese ministerielle Maßregel für die Stadt Neuburg der schwerste und empfindlichste Schlag ist und das Land Hunderttausende kosten wird, ganz abgesehen von der Rücksichtslosigkeit, welche darin die Kammer gegen sich möglicher Weise ersehen könnte.

Es ist allerdings richtig und gewiß sehr bedauerlich, daß der große Advokat Völk zu seinen Vertheidigungen bisher immer so weit, bis nach Neuburg reisen mußte; auch erinnert man sich der Aussprüche dieses großen Mannes, daß „in Neuburg die Appellräthe versauern müßten“: allein unser loyales Gefühl sträubt sich dagegen anzunehmen, daß der Minister Lutz zu dieser eingreifenden und das Wohl Neuburgs so schmerzlich berührenden Maßregel keine andern Gründe gehabt habe, als den Wunsch, sich das ihm vielleicht sehr nöthige Wohlgefallen Völk's und seiner Freunde zu erwerben und so sich in seiner so gefährdeten Stellung zu erhalten. Das ist unmöglich, muß unmöglich sein, denn das zarte konstitutionelle Gewissen eines Mannes wie Hr. v. Lutz kann um rein persönlicher Zwecke willen das Wohl einer treuen Stadt nicht so tief erschüttern, den Säckel der Steuerzahler nicht leichtsinnig in Anspruch nehmen, einer Laune wegen.

Aber welche Gründe konnten den Minister zu dieser für uns so traurigen Maßregel bestimmt haben? Die patriotische Kammermajorität, dächten wir, hätte nicht viel weniger Grund, darnach ernstlich zu fragen, um sie eingehend würdigen zu können, als wir, die zunächst Geschädigten.

Dem Einwurf der „weiten Entfernung“ können wir Angesichts der bereits ausgesteckten Bahnlinie als haltbar nicht gelten lassen. Man hat auch davon gesprochen, daß die 8 Appellgerichte auf 4 oder 5 vermindert werden sollen; aber das schwäbische Appellgericht soll ja nicht aufgehoben, sondern blos verlegt werden und zwar in eine Stadt, die ohnehin bereits mit Stellen und Behörden überreich gesegnet ist.

Allerdings kennt man diese Verlegung als eine Lieblingsidee des Hrn. v. Lutz schon längst, allein die Länder und Völker sind nicht für „Lieblingsideen“ der Minister da, sondern umgekehrt die Minister, um den Interessen der Völker zu dienen. Und seit wann wäre es den konstitutionellen Ministern erlaubt, so kostspielige „Lieblingsideen“ ohne die Bewilligung der hiezu nöthigen Gelder auszuführen? Oder glaubt denn Hr. v. Lutz so unentbehrlich zu sein, so fest im Ministerstuhl zu sitzen, daß er nach Kammern und konstitutionellen Formen gar nicht zu fragen braucht? Gewiß nicht; dazu ist Hr. v. Lutz allzu konstitutionell, als daß er sich über dergleichen Dinge hinwegzusetzen Lust hätte. [1])

Minister v. Lutz scheint eben mit einer „vollendeten“ Thatsache vor die Kammer treten zu wollen, hoffend, daß dieselbe ihm vielleicht etliche Vorwürfe wegen der „Thatsache“ an den Kopf schleudern werde, die er abschüttelt und nicht weiter zu beachten braucht, daß aber dieselbe, wenn sie das Geschehene nicht mehr ändern kann, ihm wie seinem Kollegen Hörmann vollkommenen Ablaß ertheilen und — die nöthigen Hunderttausende schon bewilligen werde. Ist das Appellgericht einmal nach Augsburg verlegt, dann weiß der Minister, daß es nicht mehr nach Neuburg zurückverlegt wird. Das heißt man Politik!

Allerdings könnte die Kammer da noch eingreifen, ein ernstes Wort mit dem Minister reden und sich die Verlegung des Gerichts und die in Folge dessen unvermeidliche Verausgabung von 4 — 500,000 fl. gehörig verbitten. [2]) Wenn aber das Appellgericht für Neuburg erhalten werden könnte, so würde durch den Machtspruch des Ministers dem Lande zum Mindesten bereits ein Schaden von vielen tausend Gulden erwachsen, da nicht Hr. v. Lutz, sondern die lieben Steuerzahler die bereits in Augsburg gemietheten Wohnungen zu bezahlen hätten!

Man wird fragen: Ja aber haben denn die gesetzlichen Vertreter der Stadt Neuburg gar nichts gethan, um den furchtbaren Schlag von ihrer Stadt abzuhalten? Unsers Wissens — wir lassen uns aber gern eines Andern belehren — ist von dieser Seite nichts geschehen, als daß sich zur Faschingszeit eine Deputation, vier Mann hoch, mit dem ausgezeichneten Fortschrittsmann Sing nach München zu Hrn. v. Lutz verfügte, aber nicht um für die Belassung des Appellhofes zu wirken, sondern um denselben um allergnädigste Verleihung eines — Bezirksgerichtes anzufingen, also um etwas, das nicht gegeben wird, ja so lange der Bezirk Neuburg zu Schwaben gehört nicht gegeben werden kann und wenn, dann mit abermaligen Kosten und Beeinträchtigungen einer andern Stadt verbunden wäre.

Wir müssen hier der perfiden Frechheit entgegentreten, wie uns einige Fortschreitter vormachen wollen, daß die Verlegung des Appellgerichtes nicht vom Fortschritt, sondern von den Patrioten herrühre. Wie? Ist es denn nicht Thatsache, daß der Plan der Verlegung in den maßgebenden fortschrittlichen Kreisen schon längst beabsichtigt war und aus der Zeit datirt, als unser Bürgermeister Sing noch als unser Abgeordneter und später durch Völks Gnade und Fischers Erbarmung als Abgeordneter von Augsburg in der Kammer das rührende Lied vom „Fortschritt“ sang? Einzig und allein dem Fortschritt sind wir für den furchtbaren Schlag, der Neuburg treffen soll, zu Dank verpflichtet, einen Schlag, der wahrscheinlich der Lohn und Dank dafür sein soll, daß der Neuburger Fortschritt in den Wahlschlachten von seinem Bürgermeister sich „die Erhaltung des Ministeriums“, also auch die des Herrn v. Lutz, zu seinem Programm machen ließ!

Wir wollen nicht weiter den Zorn des „Don Eugeno“ von Neuburg auf uns laden, der uns — daß sind wir überzeugt und erwarten es mit äußerster Seelenruhe — schon für dieses „Bubenstück“ und „niederträchtige Gesinnung“ in ausreichendem Maße an den Kopf werfen wird. Aber das Wohl der Stadt steht uns doch noch höher als „Don Eugenio's“ schmähsüchtige Raserei.

Deutschland.

München, den 18. Mai.

Landtag. (Fortsetzung.) Auf die unerquickliche, meist in persönlichen Angriffen, Gegenreden, Vertheidigungen 2c. sich bewegende Debatte wollen wir jetzt nicht weiter eingehen. Referent Greil betonte immer und immer wieder, daß er nur Gerechtigkeit und nichts als Gerechtigkeit gegen die eigenen Landeskinder und die Katholiken wolle, wenn er sich gegen die maßlosen Berufungen erkläre. Diese seien verletzt, werden seit Jahren verletzt und jetzt sei es einmal an der Zeit den

---

[1]) Wirklich? Wir trauen Hrn. v. Lutz übermäßige konstitutionelle Gesinnung gewiß nicht zu. Ein Minister, der die Einwürfe eines Abgeordneten mit „das ist mir Wurst“ (oder einer ähnlichen konstitutionellen Redensart) beantwortet, scheint uns sogar einige Anlagen zu einem kleinen Hörmann zu haben. D. Red.

[2]) Können könnte sie schon, die Kammer, aber — ! Wie wäre es denn, wenn man es in Neuburg mit einer entschiedenen Petition an die Kammer versuchte? D. R.

Mund aufzuthun und darum thue er es, laut und unerschrocken; er wolle was recht und billig ist, worauf Sörgel anderthalb Stunden lang eine Sündfluth von Professorenweisheit auf das Haus herabträufeln ließ, was weder recht noch billig war. Und auf den Wassern der Fluth schwammen die Gymnasien.

Nachmittags kam zuerst der fortschrittliche Schulmeister Sittig, um eine Stunde lang eine „Rede“ bekannten Schlages über die Volksschule loszulassen. Da er Hrn. Dr. Greil vorwirft, er wolle die allgemeine Volksbildung mindern und herabdrücken, so erhält er dafür eine verdiente Zurechtweisung vom Präsidenten. A.-R. Gürster spricht über den französischen Unterricht an den Gymnasien.

Dr. Pfahler bringt die Rothen wieder kolossal in Harnisch. Er beklagt die Vernachlässigung der allgemeinen Bildung, Untergrabung der Autorität und Pflege des Prinzips der Staatsallmächtigkeit an den Universitäten. Er stellt eine lange Reihe höchst boshafter Fragen an den Referenten, das heißt indirekt an den Kultusminister; er fragt z. B. ob es wahr sei, daß ein hiesiger Univ.-Prof. für sich mehr Gehalt beziehe[3]) als die ganze theologische Fakultät und thut ähnliche sehr verfängliche Fragen, auf die zu antworten Hr. v. Lutz sich außer Stand erklärt und zwar „principiell“. Wo denn die Rechte des Königs und der Regierung bleiben, von denen er gelesen habe, daß „man“ sie aufrecht erhalten wolle?[4])

Auf Schauß hat die Debatte seit ein paar Tagen einen „tiefschmerzlichen Eindruck“ gemacht und sein ritterliches Herz arg verwundet. Namentlich die systematische „Herabsetzung“ unserer wunderschönen kgl. bayr. Einrichtungen hat seiner edlen Seele gar weh gethan und hat ihn in's Herz gebissen und ihm die Milch gewohnter frommer Denkungsart in gährenden Drachengift verwandelt. Er sieht in den Plänen der „Schwarzen“ so recht deutlich das Streben, die Verfassung dem Syllabus und seinen Konsequenzen gemäß zu reformiren und dem müsse er, der Schauß, den äußersten Widerstand entgegensetzen. Er vertheidigt alles, was liberal und „berufen“ ist, Giesebrecht, Carriere den Gottesleugner, Kaulbach und sein infames Arbuezbild, schwärzt dagegen den hl. Arbuez gar entsetzlich an). Zum Schluß verlegt er sich gar auf's Geisterbeschwören und citirt, wie er es so oft beim Stadtgericht gethan, den Schatten des Kurfürsten Max Joseph III. in die Kammer, um Zeugniß abzulegen gegen Dr. Greil[5]).

---

[3]) Liebig steht sich an Gehalt und Nebenbezügen auf blos 15000 fl.!

[4]) Ei, wie besorgt diese Herren um die Rechte des Königs sind und wie sie sich immer gleich hinter ihnen zu verstecken suchen, wenn man sie ein wenig an — der Uniform streichelt! Das Land muß diese „gelehrten“ Nordlichter bezahlen, also haben seine Vertreter auch das Recht, sich darum zu bekümmern, was mit dem Gelde des Landes gemacht wird. Hr. Liebig und seine unzähligen Vettern und guten Freunde, die alle „berufen“ sind, aber nicht alle auserwählt und die alle das verachtete „Böotien“ Bayern als eine Melkkuh ansehen, die wollen sich freilich nicht gerne in die Karten sehen lassen; ein Minister aber braucht sich nicht nothwendig darum zu kümmern, was diesen Herren angenehm oder zuwider ist; dafür ist er nicht da, sondern um Rede und Antwort zu stehen, wenn er gefragt wird. D. Red.

[5]) Lukas ruft dem Schaußen zu: „Schreiben Sie das doch der Abendzeitung“! Schauß fährt auf und es entfleugt seinem Rittermund: „Herr Präs. —“, da erinnert er sich, daß er sich blamiren würde und Schaußen's Mund klappt zu und der bereits halberhobene Zeigefinger sinkt resignirt in die Hosentasche — ein rührend Bild edler Selbstverleugnung! Die Red.

[6]) Da der Zeuge nicht erschienen, so wird er von dem Schaußen wohl pflichtgemäß dem Staatsanwalt wegen Widerspenstigkeit und verweigerten Zeugnisses gehorsamst denuncirt werden. Wenn er Geld hat, so vertheidigt ihn Schauß, dafür ist er Advokat. D. R.

Den Schluß machte Dr. Greil, indem er er sich befliß, bei der bereits eingetretenen Dunkelheit dem Schaußen ordentlich heimzuleuchten.

— Der „Herr“ von Preußen hat dem Prinzen Hohenloh neuerdings einen Beweis seiner „Achtung“ geben zu müssen geglaubt, indem er ihm für seine Verdienste um Preußen das Großkreuz des rothen Piepvogelordens übersandte.

Nun hast du es das goldne Vieh,
Der Preuße war dir gnädig,
Der Preuße zollt dir seinen Dank
Und wir, — wir sind dich ledig!

— Julius vom Knurrblättl hat im Gemeindekollegium beantragt, den beiden abtretenden Bürgermeistern ein feierliches Abschiedsmahl zu geben, was einstimmig angenommen wurde. Wenn nicht fest gesessen wird, so wird doch fest gefressen — vom Fortschritt!

Das „Algäuer Volksblatt“ wundert sich, daß von den patriotischen Abgeordneten des Algäu kein einziger den Mund aufthat, um das Blatt gegen die Angriffe und Ausfälle der Fortschreiter zu vertheidigen. Ist denn unser Kollege, dessen Blatt die patriotischen Algäuer Wahlen durchgesetzt hat, wirklich so fremd in Jerusalem, daß er nicht weiß, daß die Redacteure patriotischer Blätter zwar für die patriotische Sache arbeiten, leiden und sich gelegentlich einsperren lassen dürfen, daß sie aber keinen Anspruch haben, von ihren Abgeordneten auch noch vertheidigt zu werden? Mag Kollege Dr. Schneider dem Himmel danken, daß jene Herren ihn nicht gar noch desavoirt haben! Mehr kann man doch wirklich nicht verlangen.

Aus Franken[7]) wird uns von einem Herrn geschrieben, der die Schulprüfung dazu benützte, um in Fortschritt zu machen und etwas Fortschritt mittels Schreib- und Diktandoübungen durch die Schreibhefte der lieben Jugend in die Familien zu schmuggeln. Bei diesen Uebungen werden von dem Herrn der Fortschritt und seine Tugenden mächtig gepriesen und die Kinder tragen dann diese großartigen Ideen schwarz auf weiß nach Hause und die Eltern lesen davon und erfahren, daß „der Fortschritt durchaus nicht verwerflich sei“ u. dgl. Können wir's ändern?

Preußen. Breslau hat gegenwärtig das Glück, Hrn. Prof. Sepp zu beherbergen. Wir wissen zwar nicht, was der Herr dort zu suchen hat, wir wissen aber, daß er als bayerischer Abgeordneter jetzt seinen Sitz in der Kammer einzunehmen hätte.[8])

Ausland.

Italien. In Rom haben am 14. (Sonntag) die Berathungen über die Unfehlbarkeitsfrage begonnen. Es herrscht große Begeisterung, berichtet selbst die Allg. Zeitung.

Vermischte Nachrichten.

•„Ihr werdet meinen grauen Kopf doch nimmermehr zum Doctor schlagen!“ Diesen so vernünftigen Protest des Hundes in der Fabel gegen die in seinen alten Tagen urplötzlich ihm angesonnenen Dressurqualen scheint unser genialer Mitbürger, der k. preußische „Buchhändler und Schriftsteller“ Hr. C. A. Dempwolff entweder gar nicht oder doch ohne Nutzen gelesen zu haben, sintemalen derselbe gegenwärtig, gestachelt und gepeitscht von den Furien des Ehrgeizes, mit

---

[7]) Nicht durch B. in meine Hände gekommen. S.

[8]) Ist jetzt zurückgekehrt.

nichts Geringerem umgeht, als die partie honteuse seines zwar noch nicht grauen, wohl aber kahlen Kopfes mit dem philosophischen Doctorhute (!) zu maskiren. Freilich, wenn es hienieden eine Gerechtigkeit gäbe, so hätte unserem Freunde schon längst das philosophische Doctordiplom honoris causa zugesendet werden müssen, für seine geistvollen Theaterrecensionen, seine gedankentiefen „Münchener Wochenschauen“ in der Augsburger Abendzeitung (2 Kreuzer per Zeile!) vor allem aber für sein Haupt- und Meisterstück „Vor und hinter den Coulissen“, worin er (vermuthlich als Moralphilosoph!) mit faunischer Lüsternheit für die reizenden Beine einer Pariser — Dame schwärmt, die er übrigens unglücklich-glücklicherweise nicht etwa aus eigener Anschauung, sondern bloß vom Hörensagen kennt! Nun, Hr. Doctorand, wir meinten, z. B. eine kritische Naturgeschichte der Münchener Grisetten wäre am Ende gar kein übles Thema zu einer Inauguraldissertation; oder es ließe sich philosophisch construiren (a priori, a posteriori oder von oben) wie irgendeine Theaterprinzessin ihr Hemd wechselt u. dgl. — Für alle Fälle erwarten wir von Ew. Edlen keine pedantisch lederne oder hölzerne, sondern eine saftige Dissertation, etwas de haut goût! Ju'n Abend, Herr Doctorand!

In **Wasserburg**, schreibt man uns, feiert das dortige **kath. Casino Sonntag, 29. Mai** die Jahresfeier seines Gründungsfestes. Die Feier beginnt Vormittags mit dem Empfang der auswärtigen Gäste und Festzug der Theilnehmer unter Vortragung der Vereinsfahne nach der Pfarrkirche, wo um 9¼ Uhr nach vorhergehender Einsegnung der Fahnenbilder der Festgottesdienst gehalten wird. Von demselben weg begeben sich die Theilnehmer in das Lokal auf der Schießstätte, zu einem einfachen gemeinschaftlichen Mittagsmahl, nach welchem um 2 Uhr die Festversammlung mit entsprechenden Reden ec. stattfindet. An zahlreichen Gästen und Fest-Rednern wird es dem wackern Casino Wasserburg gewiß nicht fehlen.

Kulturbildliches.

In **Darmstadt** ist am 29. April das Urtheil in der Sache Metz-Fendt publicirt worden. Bekanntlich hat der berüchtigte Advokat Metz, ein liberaler Ehrenmann erster Klasse, Hrn. Fendt verklagt, weil derselbe ihm Ehebruch mit der Frau eines seiner „Freunde“ und Ehrenwortbruch öffentlich vorgeworfen. Das Urtheil des Appellgerichtes **konstatirte die Thatsache des Ehe- und Ehrenwortbruches als erwiesen!** Dieser Mensch ist das Haupt der Darmstädter Fortschreiter und ein Muster-Liberaler, auch Landtags- und Zollparlamentsabgeordneter! So schauen die Heiligen der Liberalen aus.

Verantwortlicher Redakteur: Dr. L. Sigl.

Druck von R. Voat in München, Rosenthal 12.

II. Jahrgang. Auflage: 5400.

Das Bayrische
Vaterland.

„Das „Bayr. Vaterland“ erscheint täglich mit Ausnahme der Sonn- und hohen Festtage. Preis des Blattes: Vierteljährig 54 kr., ganzjährig 3 fl. 36 kr. Das einzelne Blatt 1 kr.

Alle Postexpeditionen und Postboten des In- und Auslandes nehmen Bestellungen an. Inserate werden die dreispaltige Petitzeile oder deren Raum zu 3 kr. berechnet.

Redaktion: Burggasse 14. Herausgegeben von Dr. jur. J. Sigl. Expedition: Kaffinibazar 5

Bernard. Nr. 114. Freitag, 20. Mai 1870.

Wie ein deutscher Fürst von Bayern denkt!

* Es ist für die zahlreichen Leser des „Vaterland“ gewiß interessant, mit folgender Stelle aus dem Briefe eines **norddeutschen Bundesfürsten** bekannt zu werden und dürfte dieselbe auch für die bewußten Censoren mit dem Rothstift zur Vorlage im kgl. Kabinet zu empfehlen sein. Der Fürst schreibt:

„Daß die Dinge in Bayern schließlich noch eine bessere Wendung genommen, gereicht mir, bei meinen großen Sympathien für Bayern, zu wahrer Genugthuung. Möchte dasselbe doch für immer aus der Bahn abgelenkt sein, in welche es durch die Wirksamkeit Hohenlohes zu seinem sicheren Verderben gerathen war. Ich stimme übrigens mit Ihnen ein in die Klage über den Mangel einer „geschlossenen“ wahrhaft konservativen Partei. — Möchten die bayrischen Patrioten sich ein warnendes Beispiel nehmen an den demokratischen Extravaganzen der würtembergischen Volkspartei, denen es gelungen zu sein scheint, die dortige Regierung in die Arme des Nordens zu treiben. Gott Lob! daß bei den guten Bayern noch Anhänglichkeit an das Königshaus vorhanden ist und — wie ich zu Gott hoffe und zuversichtlich glaube — immer, immer vorhanden sein wird!“

Welcher Lügen und Verdächtigungen des treuen bayrischen Volkes bedurfte es und wird es noch bedürfen, um ihm das Herz seines Königs abzuwenden! Wir erinnern nur an die von Sr. Majestät selbst ausgesprochene Aeußerung: **„Man will mich überreden, mein Volk wolle preußisch werden, aber ich kann es nicht glauben und werde es nie zugeben!!“** — eine wahrhaft königliche Aeußerung, die in allen patriotischen Kreisen den freudigsten Widerhall gefunden. Betrachte man dagegen das offene und versteckte Treiben der neumodischen „Stützen des Thrones“ und die Lage der Dinge in Bayern und mache sich im Zusammenhalt mit dem Vorstehenden seinen Vers dazu!

Der Syllabus und die bayrischen Patrioten.

Rede des Abg. Lukas am 18. Mai.

Meine Herren! Der Hr. Abg. Kraussold hat mir vorhin zugerufen, was ich zu sagen habe, das möchte ich nachher sagen. Dieses „Nachher“ ist jetzt gekommen und ich werde dem Hrn. Kraussold sagen, was ich zu sagen habe. — Der genannte Hr. Abgeordnete hat uns seine Ansichten über Parität auseinander gesetzt. Er hat gesagt, die Parität dürfe man nicht in ziffermässigen Beständen sagen, sondern sie müsse dahin aufgefaßt werden, daß sie gleiches Recht für alle Konfessionen aufstelle, nicht aber darin, daß gerade zwei Drittel Katholiken und ein Drittel Protestanten angestellt werden. Darin bestehe nicht die Parität, sondern darin sei sie zu suchen, daß Katholiken und Protestanten in gleicher Weise auf alle Staatsämter Anspruch machen können. Der Hr. Vorredner wäre also zufrieden mit dem gleichem Rechte auf dem Papiere. Ich mache ein bischen größere Ansprüche. Mit dem gleichen Rechte auf dem Papiere bin ich nicht zufrieden; für mich muß das Recht im Leben gleich sein; nur muß die Parität in der Wirklichkeit bestehen.

M. H., es ist in neuerer Zeit so oft darauf hingewiesen worden, welche große Kluft besteht zwischen Reichthum und Armuth. Wenn man nun sagen wollte, die Klagen hierüber sind ganz ungerechtfertigt, denn Jedermann, jeder Bayer, jeder Deutsche hat vollkommen das gleiche Recht, Salat und Austern zu genießen, es ist wirklich keine Rechtsungleichheit vorhanden. Ja freilich, das Recht hat er in der That; wenn er aber keine Austern hat? Das Recht haben wir freilich auf alle Stellen im Lande, aber wir kommen nicht darauf hin. Auf dem Papier haben wir die Parität, aber im Leben haben wir sie nicht.

Der Hr. Abg. Kraussold hat von dem Syllabus eine Furcht geäußert, eine so große Furcht, die ich bei ihm in der That nicht gesucht hätte. Ja, sagen Sie mir nur, warum sollen wir diesen Syllabus denn gar so sehr fürchten? Was hat uns Bayern dieser Syllabus denn schon gethan? Hat dieser Syllabus uns etwa 1866 2600 Mann todtgeschlagen? Ist dieser Syllabus es gewesen, der uns 30 Millionen abgenommen hat? Ist es etwa dieser Syllabus, der es als seinen „natürlichen Beruf“ erklärt, das Königreich Bayern zur politischen Einheit mit Deutschland, d. h. unter die Krone der Hohenzollern zu bringen? Ist das der Syllabus oder wird der natürliche Beruf anderswo in Anspruch genommen, anderswo vindicirt?

M. H., wenn wir Furcht haben sollen, ist es Syllabus, der uns Furcht einflößen kann? oder haben wir nicht vielmehr Ursache, anderswohin zu denken?

Der Hr. Abg. Kraussold hat den Wächtern am grünen Tische zugerufen: Videant consules! das thue ich auch; videant consules, daß nicht der Rest von Bayern auch dahin wandelt, wohin ein Theil anno 1866 gewandert ist! Wenn wir Furcht haben wollen — ich will keine haben — dann müssen wir nicht nach **Süden** schauen, sondern nach **Norden**!

Wenn hier in diesem Saale, wie es oft schon geschehen ist, so große Furcht vor dem Syllabus an den Tag gelegt wurde, da ist mir immer ein Verdacht aufgestiegen. Ich habe mir immer gedacht: warum allarmirt man in Einem fort die Tiberbrücke? ich sehe nicht ein, was die Tiberbrücke Gefährliches für uns haben sollte! Will man es vielleicht thun, um die Aufmerksamkeit abzuziehen von der Mainbrücke? Mir scheint es, daß mehr Ursache vorläge die Mainbrücke zu allarmiren als die Tiberbrücke!

Wenn man den Reden, welche in diesem Hause gehalten werden, aufmerksam folgt, so könnte man die Ueberzeugung bekommen, daß die Katholiken gar sehr gefährliche Leute seien. Ach ich bitte Sie, sind wir denn erst seit gestern und heute da? Besteht nicht die Krone Bayern seit tausend und mehr Jahren mit der katholischen Kirche, und ist sie dadurch gefährdet worden? Oder ist die Gefahr für die Krone Bayern, wenn eine besteht, nicht von ganz anderer Seite hergekommen? Wir sind nicht von heute und gestern; man kennt unsere Geschichte!

Unsere Gesinnungsgenossen, unsere Vorfahren haben auf tausend Schlachtfeldern geblutet für das Haus Wittelsbach. Wir sind Kinder unserer Ahnen durch und durch, mit jeder Faser, mit jedem Tropfen unseres Blutes. Wenn der Krone Bayerns sonst keine Gefahr droht, als von den Söhnen unserer Ahnen, dann droht ihr keine.

Der Hr. Abg. Kraussold hat ferner gesagt: wenn man die Dinge, wie sie gegenwärtig so liegen in unserm Vaterlande, betrachte, so könnte man zu der Ansicht kommen, es sei nicht mehr darin auszuhalten. Sollen wir, m. H., wirklich nicht mehr miteinander leben können, sollte uns wirklich der Gedanke anwandeln, auszuziehen aus dem gemeinsamen Vaterhause?

M. H! Diese Anwandlung kommt uns nicht. Ich lebe gerne zusammen mit unsern Gegnern, lebe besonders sehr gerne zusammen mit den Bayern, die einer andern Confession angehören als ich selber, und lebe sehr gerne friedlich mit ihnen zusammen, wie ich ja bis zur Stunde friedlich und ruhig damit zusammengelebt habe.

Wir wollen nicht ausziehen aus diesem alten Hause Bayern, uns auf dieser Seite des Hauses zieht es nicht hinaus; es zieht uns nicht nach Süden, zieht uns aber auch gar nicht nach dem Norden.

Deutschland.

München, den 19. Mai.

Landtag. Gestern war ein unglücklicher Tag für den Fortschritt. Nachdem von der Regierung ein Gesetzentwurf, provisorische Bestimmungen über die Erhebung der Taxen und Stempelgebühren betr., vorgelegt war, begannen alsbald die „Schwarzen", den Herren von links für ihre in den letzten Tagen verübten Thaten heimzuleuchten. Zuvor versuchte Gelbert, den es bekanntlich „nach Norden zieht", die Nordlichter in etwas zu putzen, dann warf Kraussold den Syllabus als eine geladene Bombe in den Saal und nun ging's los. Kraussold hat eine ganz entsetzliche Angst vor dem Syllabus und fürchtet von ihm Erschreckliches, theils für das Land, das eine „römische Provinz" werden müßte, theils für den König, für dessen Krone der Protestant Kraussold unendlich besorgt ist. Wenn der Syllabus Herr werde in Bayern, dann wollten die Protestanten ausziehen[1]). Die gut einstudirte Rede war eigens fabricirt, um sie im Kabinet als Ausdruck der ungeheuren Königstreue der Liberalen vorzulegen. Daß es Hrn. Kraussold[2]) mit seiner Angst Ernst ist, können wir von seiner Gescheidtheit nicht glauben.

. Lukas gab dem Herrn in einer kurzen, aber inhaltsreichen Rede (sieh oben) hinaus, die einen gewaltigen Erfolg hatte und die Rothen in Wuth versetzte. Schauß und Völk wurden in ausgiebigster Weise gleichfalls ordentlich zugedeckt, selbst Dr. Jörg riß endlich die Geduld, daß er dem Dr. Völk den Standpunkt thunlichst klar machte. Dr. Sepp, Dr. Westermayer, Dr. A. Schmidt, Dr. Ruland und Lukas wiederholt betheiligten sich an der interessanten Debatte; das Schlußwort Dr. Greils, der in dieser langen Debatte unerschrocken und unbesiegbar wie ein Fels gegen die anstürmenden wilden Wogen gestanden, war ein Meisterstück. Wir bedauern, daß der Raum unseres Blattes nicht gestattet, diese Debatten ausführlicher zu bringen, insbesondere die glänzenden Ausführungen Greils, gegen dessen umfassende Gelehrsamkeit und Wissenschaft, gegen dessen einer guten Sache sich bewußte Entschiedenheit und männliche Unerschrockenheit, die ganze Linke nicht aufkommen kann. — Wir werden aber morgen und in den folgenden Nummern auf diese Debatte, die so viel Haß und Leidenschaft, so viel unwissende Voreingenommenheit und Verbissenheit bei den Rothen enthüllt hat, zurückgreifen und einige interessante Nachträge bringen.

Von **Gaukönigshofen** wird dem „Vaterland" geschrieben: Sonntag den 15 ds. fand in Gaukönigshofen eine Versammlung des patriotischen Bürgervereines statt. Dieselbe war vom schönsten Wetter begünstigt und äußerst zahlreich besucht. Mit großem Beifall wurden dabei die Bauernlieder gesungen, welche von dem Sekretär des Vereins eingeübt worden waren nach der Melodie: Mein Lebenslauf ꝛc. und Heil unserm König! Damit man sich aber nicht an dem Wort „Bürgerverein" stoße, so sei bemerkt, daß, nachdem uns durch das Gesetz Bürgermeister gegeben sind, uns auch der Name: Bürger zukommen muß. Wären wir noch Bauern, so dürften unsere Vorsteher nicht Bürner-, sondern sie müßten Bauernmeister benamst werden. Und da komme nun Einer und sage, die neue liberale Aera habe nichts zur Hebung des Bauernstandes gethan!

* In **Rottendorf** ist eine patriotische Versammlung am 15. sehr zahlreich aus der ganzen Umgegend besucht gewesen.

Aus **Unterfranken** wird dem „Vaterland" geschrieben: In Würzburg schreibt der k. Untersuchungsrichter Ruppert aus: Joh. Bapt. Attensamer, bisheriger Stadtkämmerei-Controleur, befinde sich wegen Verbrechens der Amtsuntreue, begangen durch widerrechtliche Aneignung eines Geldbetrages von über 900 fl. in Untersuchung und habe sich am 13. d. M. Nachmittags unmittelbar vor dem Vollzuge der gegen ihn verfügt gewesenen Verhaftnahme unsichtbar gemacht". — Die Würzburger Herren Stadtväter scheinen Pech mit derlei Leuten zu haben. Noch ist in frischer Erinnerung, welch ungemein großer Ueberfluß an Mangel in der Sparkasse entdeckt wurde, als deren Verwalter Braunwart, dieser Ritter ohne Furcht und Tadel, als „Ehrenmann" begraben worden war. Vor nicht gar langer Zeit hat ein in ähnlichen Diensten beim Magistrat angestellter früherer Schullehrer Reich eine Spazierfahrt nach Frankfurt und beim Versuche „mitgegangene" städtische Werthpapiere daselbst versilbern zu lassen, die Bekanntschaft mit gewissen grünen Schutzengeln gemacht, die Ursache waren, daß er jetzt ein hohes Quartier bewohnt. Und jetzt: der vielbekannte, witzige, allzeit lustige Jeamber Attensamer, der intime Freund und Duzbruder so vieler liberaler Ehrenmänner des hohen Olymps in Würzburg! Daß es mit diesem so enden werde, hat Viele, die sich zwar nicht zu den „sittlich-ernsten", die „auf der Höhe der Zeit stehen", zählen, aber den alten Spruch: die Furcht Gottes ist der Anfang der Weisheit" in Ehren halten, und sich

---

[1]) Und den König im Stiche und in der Hand der Schwarzen lassen? Wo bliebe da die liberale „Königstreue"! D. Red.

[2]) Der an unserer Expedition schon lange nicht mehr als Horcher ertappt worden ist, weil er jetzt am hellen Tage sogleich gesehen würde. D. Red.

bisweilen fragten: Kann ein solches Leben und Treiben lange währen?" — nicht im **Mindesten** überrascht. — Reich und Attensamer waren eifrige Mitglieder der in Würzburg blühenden: „Colonne". Diese Gesellschaft, deren allmächtigen Einfluß man bei den vorjährigen **Wahlen** beobachten konnte, soll, wie viele glauben, ihren Anhängern nicht nur Genüsse aller Art, sondern auch noch besser als selbst die Freimaurer-Loge dahier Fortkommen, Glück und Ehren zu verschiffen im Stande sein. Ob dies in jeder Beziehung zutrifft???

Aus dem Streugrund wird dem „Vaterland" geschrieben: Die Neustädter fortschrittlichen Schwätzer mit ihrer räthlichen Ober- und ihrem Advokatenschnauzer als Vice-Gottheit, sonst aus biederem **Federv—olk** bestehend, das sich zur Selbstverhöhnung „liberaler **Volksverein**" benamst, hat in Neustadt a. S. bereits so gründlich abgehaust, daß kein vernünftiger und wackerer Bürger die liberalen Federmänner mehr anhören mag. Das **Volk** hat diese Leute stets für nichts geachtet, weil es von ihnen niemals etwas **Gutes** erfahren läßt. Da sie in Neustadt nichts machen können, wollen sie es mit den „zurückgebliebenen dummen Bauern" — sieh **Liberales Schimpflexikon** Artikel: Bauern! — versuchen und fangen an, die Sonn- und Feiertage zu Einfällen in die benachbarten friedlichen Dörfer zu benutzen, um die Bauern mit dem Gifte ihres Unglaubens und ihres fanatischen Religions- und Priesterhasses — was sie aber für „Bildung" und „Volksaufklärung" ausgeben — anzustecken und zu verderben, die Heerde von ihrem Hirten zu trennen und sie beide wie Wölfe so getrennt zu erwürgen. Diese Boten der Lüge und des Verderbens, deren Zornreden nur Unfrieden, Zwietracht und Streit in den friedlichen Dörfern entzünden, diese Volksverderber und alle, die sie begünstigen, müssen wir Männer und Familienväter, denen Alles an der Ordnung gelegen ist, nicht blos unsere tiefste Verachtung fühlen lassen, sondern wir müssen sie von unsern Dörfern abweisen, bis uns andere Hilfe kommt. Auf ihre Freunde, etliche liberale Bürgermeister und Schullehrer, deutet das Volk bereits mit Fingern; auch etliche Fortschrittswirthe gehören dazu, in deren Stuben nicht immer Gutes verhandelt wird und die darum von keinem Rechtschaffenen mehr betreten werden. Es nützt ihnen nichts, daß ihr böses Gewissen und ihre Feigheit sich durch die Wuth verräth, mit welcher sie über die wohlmeinenden Warner herfallen. Das Volk **kennt** den Schwindel, die wackeren Bauern sind nicht so dumm, daß sie sich von den Lügenaposteln des Liberalismus fangen lassen.

Preußen. In **Berlin** ist man nicht wenig über den Papst erzürnt, weil die Berathung über die Unfehlbarkeit **trotz** der preußischen Vorstellungen und „vertraulichen" Einreden des preußischen Gesandten **doch** begonnen haben. Die Berliner glauben zwar, daß die Unfehlbarkeit beschlossen wird, trösten sich aber, daß dieser Sieg ein Pyrrhussieg, d. h. ein nutzloser und verderblicher Sieg sein werde. Nun, **das** woll'n wir geruhsam abwarten. Bedauerlich ist's aber gewiß sehr, daß nicht einmal das „schwache Rom" sich von dem „mächtigen Preußen" einschüchtern läßt!

In **Berlin** ist der Selbstherrscher aller Reußen zum Besuch gewesen und die Rückfahrt der hohen Herrschaften haben deren allerunterthänigst treugehorsamste Wagengäule benützt, einen Mann niederzustampfen und dann etwas rädern zu lassen. Es war ein feierliches Moment! pflegt die „Kreuzzeitung" sonst zu sagen. Die kostbare Gesundheit des theueren Herrn soll von Leiden und Regierungssorgen tief untergraben sein.

In Spanien die **Traube** winkt,
Der Russe öfters **Wutki** trinkt.

Ausland.

Frankreich. **Paris.** Wer die Unruhen in **Paris** angezettelt hat, schreibt die „**Sächsische Zeitung**" das weiß der Kaiser; er weiß wer sein Hauptgegner ist; im Innern Frankreichs kann derselbe nicht gesucht werden, die Flüchtlinge in England besitzen keine Hunderttausende, um sie unter die Arbeiter zu werfen, wohl aber gibt es eine Macht, welche beim Umsturz des Kaiserthums, wie jedes andern geordneten Regiments in Frankreich in erster Linie betheiligt ist, eine Macht, welche um der lästigen Kontrolle am **Main** enthoben werden, mit Vortheil einige Millionen an der **Seine** riskiren kann. Helf was uns helfen mag; warum soll, was in **Spanien** so herrlich gelungen, nicht auch in **Frankreich** versucht werden? „Sapienti sat", (Das heißt die Katze läßt das Mausen nicht und wenn von irgend einer Teufelei die Rede ist, thut man gut, in erster Reihe an **Preußen** zu denken. Der Preuße hat's in der Uebung.)

In **Italien** macht die Rebellion gegen den sehr edlen bekannten Ehrenmann, der so manches schöne Land ge—wonnen hat, recht erfreuliche Fortschritte. Daß bereits in der Emilia, also in der Nähe der Pogegenden, eine „Bande" auftauchen konnte, ist ein Beweis, daß sich die Rebellion über das ganze Königreich ausdehnt. Die Banden stehen im Süden unter dem Oberkommando der Herren Söhne Garibaldis und werden bei jedem Zusammenstoß mit den Regierungstruppen „zerstreut" — in den Regierungsdepeschen nämlich, lassen zuweilen auch „Gefangene" zurück, andere aber scheinen sie mitzunehmen. Nach dem Abzug der Königlichen aber pflegen die Banditen mit unverwüstlicher Hartnäckigkeit stets wieder „aufzutauchen."

In **Spanien** hat das Ministerium beschlossen, den gegenwärtigen provisorischen Zustand durch Uebertragung der **Königsrechte** an den „Regenten", den liberalen Oberhalunken Serrano, zu endigen, falls es unmöglich sei, einen passenden Kindskopf als Thronkandidaten aufzutreiben. So? Das Volk natürlich soll sich's gefallen lassen, was die Herren über sein Schicksal zu beschließen geruhen, — wenn es mag.

Vermischte Nachrichten.

(Postalisches.) Bei der hiesigen Post ist bekanntlich kürzlich ein Packergehilfe Bachberger mit 7000 fl. und Hinterlassung eines blauen Uniformrockes durchgegangen, ohne daß man seiner bis jetzt hat habhaft werden können. Ein Wunder ists nicht, daß dem die Geschichte zu dick geworden ist, denn so viel Arbeit bei wenig Geld — baare 25 fl. per Monat — haben wenig Christenmenschen als so ein Postpackergehilfe, der Mensch und Gaul zugleich sein muß, dabei nichts Gehöriges zu beißen hat und jede Stunde vom Dienst gejagt werden kann, wenn ihm einmal ein Versehen oder ein Malhör passirt, denn die Leute sind im Privatdienste der Oberpacker, die alle Verantwortlichkeit haben und jene 7000 fl. aus ihrem Sack ersetzen müssen. Vater Schlör könnte da wohl helfen, aber Vater Schlör hat an wichtigere Sachen zu denken als an die Verhältnisse der Postpackergehilfen. Den durchgegangenen braven Bachberger kann man hauptsächlich deshalb nicht erwischen, meint man, weil man nicht im Besitze eines photographischen Abbildes seiner interessanten Gesichtszüge ist. Da hat nun für kommende Fälle die k. Post den sehr weisen und diplomatischen Beschluß gefaßt, daß jeglich Menschenkind, so bei der Post als Bureaudienersgehilfe, Briefstempler rc. in Amt und Würden ist, sich schleunigst photographiren zu lassen und die resp. Photographie einzuliefern habe, damit man, falls Einer durchbrennt, ihn gleich habe, und daß überhaupt keiner dieser Kategorie inskünftig angestellt werden solle, ehe und ohne daß die kgl. Post im Besitz seines werthen photographischen Abbildes ist. Vater Schlör kommt auf die Weise zu einen recht billigen Album seiner Lieben, Getreuen und Ungetreuen. Für die armen Teufel von Gehilfen und Stemplern nun, welche monatlich nicht mehr als höchstens 25 bis 30 fl. zu verprassen haben, und dazu manchmal gar noch Familienväter sind, ist das eine zuwidere Geschichte, da die meisten keine Photographie, aber auch kein Geld zum Photographiren haben und da hätte nun Vater Schlör die schönste Gelegenheit, sich etwas Liebe und Sympatie zu erwerben, wenn er von seinen schönen Ersparnissen, die er sich als Minister zweifelsohne schon gemacht hat, etliche Batzen springen ließe, damit seine allergehorsamst ergebenen Verehrer sich für sein Album malen lassen können — meinen die Gehilfen. O edler Herr v. Schlör, drum bitten sie Euch sehr!

Von **Landsberg** *) schreibt man dem „Vaterland“: Letzten Sonntag Abends zog über unsere Gegend ein unheilbringendes Gewitter. Die Fluren der Gemeinden Hurlach, Weil, Beuerbach, Geratshausen, Petzenhausen, Ramsach rc. rc. wurden von schwerem Hagelschlag heimgesucht, so daß der Winterroggen total zerschlagen ist. Der Jammer ist groß, nur wenige sind versichert. — Vorige Woche wurde auf einem Einzelhofe in der Nähe von Dettenhofen eine Bäuerin während des Arbeitens im Krautgarten von ihrem Knecht mit dem Grabscheit ins Genick geschlagen, so daß sie todt war. Ursache zu dieser Unthat soll eine Rüge gewesen sein, welche die Bäuerin dem Knecht wegen seines Nachtschwärmens ertheilte. Der Mörder ist bereits in sichern Händen.

*) Bitte freundlichst darum. S.

Die Bevölkerung von **Wien** besteht aus 545,500 Katholiken, 19000 Evangelischen und 40,200 Juden.

In **Siebenbürgen** ist am 14. ds. bei Nagy Bun ein schrecklicher Wolkenbruch niedergegangen, der 80 Häuser fortschwemmte. 60 Menschenleben gingen zu Grunde, Viele werden noch vermißt.

Dienstes-Nachrichten.

Verliehen: Die kath. Pfr. Bachhagel, B.-A. Dillingen, dem M. Waldenmaier, Pfarrer und Distriktsschulinspektor in Bachern, B.-A. Friedberg; die kath. Pfr. Unteregg, B.-A. Mindelheim, dem F. Rieder, Pfarrkurat in Klosterholzen, B.-A. Wertingen; die kath. Pfr. Zell am Eberberge, B.-A. Haßfurt, dem J. Jock, Kaplan, in Wörth, B.-A. Obernburg.

Börsen-Nachrichten.

Bei der am 16. ds. vorgenommenen 27. Serienziehung des Ansbach-Gunzenhauser Eisenbahn-Anlehens sind die nachstehenden 30 Serien-Nummern: 122, 181, 235, 693, 837, 980, 1037, 1098, 1324, 1519, 1550, 1689, 1716, 1755, 1784, 1813, 1882, 2208, 2257 2502, 2815, 3627, 3659, 3884, 4032, 4084, 4369, 4492, 4887, 4955 erschienen, welche an der planmäßig am 15. künftigen Monats stattfindenden Gewinnsziehung Theil zu nehmen haben.

Verantwortlicher Redakteur: Dr. J. Sigl.

Druck von M. Vogl in München. Kohlerthal 19

II. Jahrgang. Das Bayrische Auflage: 5400.

Vaterland.

Das „Bayr. Vaterland" erscheint täglich mit Ausnahme der Sonn- und hohen Festtage. Preis des Blattes: Vierteljährig 54 kr., ganzjährig 3 fl. 36 kr. Das einzelne Blatt 1 kr.

Alle Postexpeditionen und Postboten des In- und Auslandes nehmen Bestellungen an. Inserate werden die dreispaltige Petitzeile oder deren Raum zu 3 kr. berechnet.

Redaktion: Burggasse 14. Herausgegeben von Dr. jur. J. Sigl. Expedition: Ruffinibazar 5

Petrus. Nr. 113. Samstag, 21. Mai 1870.

Von der Kammer und den Patrioten.

Wir haben bereits eine hübsche Anzahl von Briefen und Kundgebung aus allen Theilen des Landes, selbst aus dem Theile, in welchem die Postzeitungs-Katholiken und „Staatsmänner" ihre Hauptburg zu haben glauben, die sich alle mit der gegenwärtigen Kammer befaßen. Aus allen entnehmen wir, daß man draußen im Lande weder mit den bisherigen Ergebnissen der Kammer, die nun bereits seit fast 6 Monaten, sage sechs Monaten beisammen sitzt, ohne wirkliche „Ergebnisse" aufweisen zu können, noch mit der Haltung eines Theiles der patriotischen Partei zufrieden ist und daß man sich in mehr oder minder berechtigten bitteren Klagen über sie ergeht, weil man die bisherigen Leistungen so gar weit hinter den gehegten Erwartungen zurückgeblieben glaubt.

So schreibt man uns z. B. aus **Unterfranken:**

„Verehrtester Hr. Redacteur! Haben Sie doch die Freundlichkeit und stellen Sie einmal bei Gelegenheit — Diese gibt es ja immer — die Frage an die patriotischen Abgeordneten, warum sie; — Lukas und Greil besonders ausgenommen — so selten und besonders da, wo es am Platze und so leicht wäre, sich rühren und eintreten für das, was sie bei ihrer Wahl versprochen haben. Oder sind etwa diese sehr achtenswerthen und unermüdlichen Kämpen Lukas und Greil allein gewählt, um sich mit den redseligen Liberalen herumzuplagen und sich dabei aufzureiben? Wozu sind denn die andern gewählt? Etwa dazu, um zu kritisiren und zu belächeln und um gegen die eigenen Leute zu stimmen? Dazu — das mögen sich die Herren merken! — werden wir nächstens auch andere Leute finden, ohne so viele Mühe aufwenden zu müssen wie für sie! Wäre es nicht gerade beim Referate Greils über die Staatsausgaben am Platze gewesen, daß die tüchtigsten Redner auf dem Kampfplatze erschienen? Wahrhaftig, es scheint etwas, ja vieles faul zu sein im Staate Dänemark. Hoch aber und dreimal hoch Lukas und Greil!

Wenn man sich auch nie mit den Liberalen wird versöhnen können, so muß man doch anerkennen die Mühe, die sie sich geben, um ihre Ziele zu erreichen.

Hiegegen müssen Sie, Hr. Redakteur! — und Sie verstehen es wie kein Anderer — einmal einen Ihrer fulminanten Artikel loslassen Sie haben schon Manches bewirkt, sie werden auch da nicht umsonst sprechen". —

„Sie werden auch da nicht umsonst sprechen", meint der Herr aus Frankenland, der uns als nichts weniger denn als Heißsporn bekannt ist! Ja, wir glauben es selbst; zum mindesten werden wir bei nächster Gelegenheit, die man nöthigenfalls bei den Haaren herbeiziehen könnte, zum zweiten Mal von den Patrioten — desavouirt werden! Denn diejenigen, die auf den Stühlen sitzen und die Macht haben, lieben es nicht, daß man anders als lobend und in Ehrfurcht und Demuth von ihnen spricht. Sie sind ungehalten, selbst über den leisesten Tadel, und wenn er noch so berechtigt wäre, und Mancher möchte vielleicht gar am Liebsten den in den Staub treten und vernichten, der ihm ungeschminkt die Wahrheit zu sagen wagt. Homines sunt, — sie sind eben Menschen und die Menschen wollen lieber gelobt als getadelt werden!

Wir können aus gewissen scholastischen Transpirationen in die liberale Presse, deren Quelle uns nicht unbekannt ist und über deren wahre Bedeutung wir uns durchaus keinen Illusionen hingeben, voraus sehen, daß uns früher oder später etwas — Menschliches, so ein kleines gelegentliches Desaveu, wo nicht gar eine feierliche Verdonnerung erblühen wird, aber das kümmert uns nicht! Carus mihi Plato, sed carior veritas, d. h. wir lieben Frieden und Einigkeit, aber wenn es eben damit nicht mehr geht, dann scheuen wir um der Wahrheit willen auch unangenehme Dinge nicht. Ein entschiedenes neues Desaveu würde uns sogar gewisser Rücksichten entbinden, welche wir heute noch zu beachten haben.

Die Geschichte kann und darf nicht länger mehr so fort gehen. Dies zu sagen hat die freie Presse im Allgemeinen das Recht und das „Vaterland", das nicht die Ehre hat, Cluborgan zu sein und durchaus nicht darnach geizt, als ein nach allen Seiten unabhängiges, freies und selbstständiges Organ der patriotischen Partei im Lande, nicht der gegenwärtigen Kammer, hält dies und was noch kommen wird zu sagen für seine besondere Pflicht. Man ist unzufrieden mit der gegenwärtigen Kammer man ist mit der Haltung einzelner Patrioten unzufrieden und man hat, wir bedauern es sagen zu müssen, einigen Grund dazu.

Das Volk, das gute, treue, patriotische Volk, welches bei den Wahlen so eifrig, so muthig, so entschieden seine Pflicht und mehr als seine Pflicht gethan hat, hat sich Großes von seinen Gewählten erwartet, mehr erwartet als, bis jetzt wenigstens, geschehen ist, anders erwartet, als von Einzelnen geleistet worden ist. Nach dem Maßstab früherer Hoffnungen beurtheilt es die Leistungen der Männer seines Vertrauens.

Diesen Stimmen aus dem Volke, so wie sie uns zugekommen sind und noch zukommen werden, geben wir Ausdruck im „Vaterland". Nicht um Zerwürfnisse herbeizuführen — das könnten wir ja nicht! — werden wir sagen, was wir zu sagen für unsere patriotische und journalistische Pflicht halten, sondern damit man es in manchchen anders mache, daß man energischer und entschiedener vorwärts gehe, daß man seinem Programme gemäß handle, daß gehalten werde, was dem Volke versprochen worden ist. Das ist unser Zweck bei diesen und bei späteren Artikeln.

Niemand wird das Mandat und die Würde eines Abgeordneten, eines Vertreters der Volksinteressen als einen Freibrief, als eine carte blanche, zu thun, was Einem gerade gefällt, auffassen wollen, noch viel weniger aber als ein Mittel zur Erreichung persönlicher Zwecke. Vielen wird es sogar angenehm sein, so den Pulsschlag der Volkswünsche und Meinungen zu fühlen und damit täglich bekannter zu werden. Denn nicht sich, sondern dem Volke, dem Wohl und Besten des Volkes zu dienen, — das betrachten wir als die Hauptaufgabe und den Beruf eines wahren Volksvertreters, der von den Unsern gewiß Jeder sein will.

Dies bitten wir als die Einleitung zu dem Nachfolgenden zu betrachten. Wir verwahren uns feierlich vor der etwaigen Zumuthung, daß wir die patriotische Partei der Kammer angreifen oder gar in den Augen unserer Leser herabsetzen und schädigen wollten. Uns ist es einzig darum zu thun, das Beste nicht blos zu wollen, sondern so viel an uns liegt, dazu beizutragen, daß es auch erreicht wird. Von diesem Gesichtspunkt wolle man uns und unsere Artikel beurtheilen, und sollte man uns mit einem neuen Desaveu antworten, so werden wir es ruhig über uns ergehen lassen und fortfahren, die Wahrheit und das zu sagen, was wir aus dem Munde des patriotischen Volkes vernehmen.

Deutschland.

München, den 20. Mai.

* Aus der Pfalz wird dem „Vaterland“ geschrieben: Der Lieblingssitz unsers unvergeßlichen Königs Ludwigs I., die Ludwigshöhe bei Edenkoben wird eben zum Empfange seines hohen Gastes hergerichtet. Sollte die Pfalz endlich einmal das Glück haben, ihren Pfalzgrafen und König in ihren Gauen zu begrüßen? Viele bezweifeln es, Alle aber hoffen es, da man allseits der Meinung ist, es sei wirklich die Zeit dazu angethan, daß Se. Majestät durch den Besuch dieser Provinz die Bande der Liebe und Treue, welche die Pfalz an das Haus der Wittelsbacher knüpfen, wieder fester schlinge. Weshalb bis jetzt dem Volke noch keine Gelegenheit geboten wurde, seinem Könige allen Verdächtigungen gegenüber seine Huldigung darzubringen, ist auch eines der unbegreiflichsten Geheimnisse Jener, welche berufen sind, das Ansehen des Thrones und die Treue zu dem bayrischen Königshause zu fördern. Das Volk hat ein Recht darauf, seinen König in seiner Mitte zu sehen und zu begrüßen, wenn es auch manchen Herren nicht angenehm wäre, daß der König sich persönlich davon überzeuge, wie fest und unerschütterlich sein Thron in der Mitte seines treuen Volkes, sein Recht in den Herzen seiner treuen Bayern steht, ohne einer „Anlehnung“ oder gar eines „Schutzes“ preußischer Pickelhauben zu bedürfen.

Landtag. Wir können vorerst nicht weiter auf die vorausgegangenen langen und ermüdenden Debatten über das Referat Dr. Greils eingehen, da gestern die Debatte über Abschaffung der Todesstrafe begonnen hat und heute und die nächsten Tage fortgesetzt wird. Es sind nicht weniger als 22 Redner eingeschrieben, so daß wir uns auf eine ganze Sündfluth von Aussprüchen fortschrittlicher weiser Männer gefaßt machen können. Es ist ein Streit um des Kaisers Bart, d. h. ein Kraft und Zeit raubendes, aber nutzloses Reden und Gegenreden, da man rechts und links seinen Entschluß bereits gefaßt hat, und von den Kammerzänkereien sich gewiß Keiner belehren lassen wird. Auf der Rechten werden nur Präsident Weis und vielleicht ein paar Herren von der Aristokratenbank für die Abschaffung des Köpfens sein. Der Fortschritt ist, natürlich aus „Humanitätsrücksichten“ und weil man halt jetzt gar so „gebildet und aufgeklärt“ ist, für die Abschaffung. Man muß auch wohl einige Rücksicht auf die Herren Spitzbuben nehmen, die ja blos deßhalb wegen des Köpfens in Verlegenheit kommen könnten, weil sie allzu hitzig dem Fortschritt gehuldigt haben. Diesen übergroßen Eifer darf man sie billig nicht entgelten lassen, es könnte sonst andere abschrecken.

Außer dem Referenten Appellrath Dr. Krätzer sprach gestern Stauffenberg zwei Stunden lang, wie schön, zeitgemäß, human, gerecht, nützlich und heilsam es wäre, wenn keiner mehr vom Leben zum Tode gebracht werden dürfe. (Der Fortschritt würde davon gewiß ungeheuer profitiren, ol und Revolutionen mit nachfolgender Begnadigung im Falle des Mißlingens könnte man machen die allerschönsten, ohne dabei Leben und Gesundheit zu riskiren!) Dr. Sepp und Dr. Fürster sprachen sich entschieden für Beibehaltung der Todesstrafe aus. Einzelnes werden wir morgen bringen.

☞ In der gestrigen Rede des Hrn. Abg. Lukas ist ein leidiger Druckheide stehen geblieben. Es muß heißen: .... jeder Deutsche hat vollkommen das gleiche Recht, Sekt und Austern zu genießen (statt Salat und Austern). Zwischen Sekt und Salat ist ein ziemlicher Unterschied, schon weil Sekt etwas zum Trinken, Salat aber in der Regel etwas zum Essen ist.

— Prof. Sepp scheint noch nicht zu der Ueberzeugung gelangt zu sein, daß er sich durch seine erste Brochüre bereits genugsam blamirt habe, jedenfalls mehr als man billigerweise verlangen kann. Er gibt daher jene Brochüre in einer zweiten Auflage heraus, die er mit einem sehr gelungenen Vorwort bereichert und geschmückt hat. Der gelehrte Herr zeigt wie durch die Brochüre, so durch die Vorrede, daß er nicht üble Progressen in der sogenannten „deutschen Wissenschaftlichkeit“ gemacht. Wie weit ist denn Einer, der Jesus mit einem Türken, die Evangelien mit dem Koran, die hl. Jungfrau mit dem heidnischen Göttergesindel in Vergleich ziehen kann, vom Standpunkt eines Carriere und von seiner — Rehabilitirung als Professor noch entfernt? Und was soll man von einem Katholiken denken, welcher der Kirche das Recht eines Urtheils in ganzen Wissensgebieten abspricht? Aber Hr. Sepp sieht ja Alles vom Standpunkt der „Weltreligion“ an und kann sich so leicht über das Urtheil der Theologen von Fach, der Geistlichen, hinwegsetzen, „die meistens das theologische Studium da beenden, wo sie eigentlich erst anfangen sollten“, wie nämlich Hr. Dr. Sepp meint, der „auch Theologe“ gewesen, wie er jetzt „auch Katholik“ ist, denn er versicherte, „er glaube an das ganze Credo, sogar an den hl. Geist“. Dieses „Sogar“ zeugt von unendlichem Hochmuth eines „Wissenschaftlichen“ allermodernsten Schlages, und verdiente eine ganz andere Antwort, als wir ihm geben möchten. Dr. Sepp stellt sich unter den Schutz der deutschen Bischöfe, von denen er also glaubt, daß sie an seinen rabiaten Ideen sonderliches Gefallen finden werden und wie er Feinde des „neuen Dogmencomités“ seien, wie er sehr zart des römischen Koncil nennt. Nun wir denken, den deutschen Bischöfen wird die Wahl zwischen den Aussprüchen des Konzils und den Phantastereien Sepp's nicht schwer werden; was aber den „Schutz“ betrifft, so hatte Dr. Sepp nichts anderes zu fürchten als die Lächerlichkeit und sich lächerlich zu machen, davor hätte ihn das ganze Concil nicht schützen können.

— Im Knurrblättl wird heute berichtigt, daß Hr. Völk nicht einen Dreier, sondern sogar die erste Note beim Examen erhalten habe. Soll uns sehr freuen, wenn es wahr ist und man uns falsch berichtet hätte. Wenn aber Knurrblättl bei der Gelegenheit versichert, Hr. Völk sei nicht blos eine Zierde der Abgeordnetenkammer, sondern sogar des Juristenstandes und daß „sein Name einst mit Ehren in der Geschichte Bayerns genannt werde als eines Mannes, der sein Vaterland zu retten suchte von der Schmach und dem Elende, in das es ehrlose Buben und blinde Fanatiker zu stürzen unternahmen“, so kann der gute Freund, der dem Knurrblättl einen solchen Bären aufgebunden, dies nur in einem Anfall von Größenwahnsinn geschrieben haben, und nicht blos mächtige gefärbte Gläser vor den Augen gehabt haben, sondern auch ein tüchtiges Brett vor dem Körpertheil, wo die Ochsen gewöhnlich Hörner tragen. Wenn Leute wie Völk „Zierden des Juristenstandes“ und „Retter des Vaterlandes“ sind, dann steht die Welt keinenfalls mehr lang. Wir wären es zufrieden, wenn Seine Reinlichkeit Hr. Völk blos den Kaffee vor der Steuererhöhung „gerettet“ hätte, das Retten des Vaterlandes besorgen ganz andere Leute.

— Der patriotische Club hat sein Lokal in den Sterngarten (nächst der Eisenbahn) verlegt. Gestern soll es dort eine äußerst stürmische Debatte gegeben haben, so daß es scheint, gewisse fortschrittliche Blätter seien über gewisse Dinge weit besser unterrichtet, als die „sogenannte“ patriotische Presse. Mit der Zeit wird ja wohl auch diese erfahren, was — man sie wissen zu lassen etwa für gut findet!

Aus dem Ingolstädter Land wird dem „Vaterland“ geschrieben: Im Nürnb. Anz. Nr. 135 stolpert dem Berichte des „Vaterland“ über die Bauernversammlung zu Gaimersheim eine fortschrittliche Notiz „aus Gaimersheim“ nach. Wie das sich für den Anzeiger gehört, strotzt dieselbe von Blödsinn und — unfreiwilligen Geständnissen. Der Herr Pfarrer von Gaimersheim, lügt sie gleich am Anfang, habe sich über die nichtstaugenden Schulmeister ereifert; davon aber sagt der „Anzeiger“ nichts, daß die sämmtlichen Anwesenden in den vom dortigen Benefiziaten Gröbl auf den mitanwesenden Hrn. Lehrer Knörr von Gerolfing und seine gleichgesinnten katholischen Standesgenossen ausgebrachten Toast stürmisch einstimmten. Herr Notar Kohlendorfer hat genau das nicht gesagt, was ihn der verlogene Artikelfabrikant des „Anzeiger“ sagen läßt, darum konnten auch die Bauern die ihnen in den Mund gelegten Spöttereien nicht vorgebracht haben. Dann sagt die Notiz: „Andersgesinnte machten ihrem Aerger dadurch Luft, daß sie einen Schwarzen mit großem Cylinder auf dem Kopfe in effegie aufhängten“. Bravo! Also wird eingestanden: 1) daß Kaminkehrer Schöberl, der in seinem Hofe „den Schwarzen aufhenkte“, dies im Einverständnisse mit Mehreren gethan hat, 2) daß er sich mit diesen über die großartige Bauernversammlung „ärgerte“ und zwar 3) sich so ärgerte, daß der Plan, die Schwarzen aufzuhenken, in der ausgeschoppten Spottfigur Ausdruck fand. Gut! nun verstehen wir auch, warum ein Fortschrittler aus Gaimersheim im benachbarten Echenzell sich äußern konnte: „wenn es losgeht, dann werden unsere Schwarzen an den Bäumen des Gottesackers aufgehenkt.“ Somit besteht in Gaimersheim wirklich eine „Fortschrittsrotte“, welche Mordgedanken im Stil der französischen Revolution hegt, bereits offen ausspricht und im Bilde zeigt. Hat Herr Lehrer Groß von Gaimersheim bei der Vorlesung und Erklärung der Abendzeitung, „des besten Blattes in Europa“, wie nämlich er meint, an diese Wirkung seiner Vorlesungen gedacht? Soll vielleicht der zuerst aufzuhenkende „Schwarze mit dem großen Cylinder“ die „lange schwarze Brillenschlange“ sein“, der „Ens uf de Kopp“ zu geben das „Ingolst. Tagblatt“ schon öfters aufgefordert hat? — Von Hrn. Lehrer Groß hoffen wir nach dem, daß er seinen Einfluß auf die Fortschrittler noch zu deren Belehrung verwenden werde und weil wir von ihm besser denken als gewisse „böse Leute“, so setzen wir voraus, daß er in diesem Betreff nie in anderer Absicht auf die Redactionsstube des „Ingolst. Tagblatts“ gelaufen ist und fernerhin laufen wird, als um gegen die mordlustigen Inserate desselben auf Leibsleben und Ehre zu protestiren.

Aus dem Salzgaue wird dem „Vaterland“ geschrieben: „Hört, ihr Leut! hört! Die stolzen, die eingebildeten Fortschreiter in Neustadt a. S., welche bei den glanzvollen Wahlsiegen, die wir als Patrioten erfochten, uns Bauern nur „Stimmvieh“ schimpften; — dieselben Fortschrittshelden kommen jetzt heraus zu uns in unsere Dörfer, laden uns ein zu ihren „schmählichen“ Versammlungen, stellen sich wie „Volksfreunde“, drücken uns schmunzelnd die Hände und betteln und winseln uns vor, daß wir Bauern doch eine Einsicht haben und bei künftigen Wahlen nicht mehr tüchtige Katholiken, sondern liberale Fortschreiter in die Kammer wählen, und gleich durch Handunterschrift in ihren liberalen Bettel-Verein eintreten möchten. Hört! hört! — Ihr Heuchler! Einmal haben wir Euch bereits mit Verachtung gestraft, und Euch elend im Tanzsaale zu Heustren*) unter gehöriger Beaufsichtigung sitzen lassen! Kommt noch einmal, und wir wollen zur Verachtung noch etwas Beißenderes fügen, das ihr die Fortschrittsköpfe gar bedenklich schütteln sollt!

Aus der Provinz wird dem „Vaterland“ geschrieben: Dem Abgeordneten Greil ist eine „rohe“ Auffassung der Parität zum Vorwurfe gemacht worden. Da möchte ich doch wissen, auf welcher Seite die Parität „roher“ aufgefaßt wird, auf Seite Greil's und der Patrioten, oder auf Seite ihrer Gegner? Auf welcher Seite wurde denn über eine in Bayern mit gleichen Rechten anerkannte Konfession geschimpft? Auf welcher Seite wurde den Anhängern einer solchen Confession vorgeworfen, daß sie schon als Angehörige einer bestimmten Kirche, abgesehen von ihren natürlichen Anlagen, zu dumm seien, um in der Wissenschaft etwas Ausgezeichnetes leisten zu können? Ich meine nicht gelesen zu haben, daß Greil oder andere Patrioten den Protestanten solche Vorwürfe zugeschleudert haben; wohl aber haben die edlen Fortschrittler die Katholiken mit solchen Feinheiten bedient. Wo ist nun die „rohe“ Auffassung der Parität, da wo man zwar von den Protestanten nicht aus allen höheren Unterrichtsanstalten verdrängt werden will, dieselben aber doch immer mit Achtung nennt, oder da wo man gegen die Anhänger einer im Staate gleichberechtigten Kirche die heftigsten und ungerechtesten Invectiven sich erlaubt? Diese Frage, glaube ich, könnte sogar Hr. Makowitza beantworten.

In **Baden** hat die liberale Freimaurerregierung bekanntlich kürzlich ein sehr liberales Gesetz eingeführt, durch welches die Kirche aus den Stiftungen rc. förmlich hinausgeworfen wird, das Stiftungsgesetz heißt man es. Alle Stiftungen sind für weltlich erklärt worden und haben da nur mehr Bureaukraten und Gendarmen drein zu reden und über deren Vermögen zu verfügen. Weil aber Baden ein „paritätischer“ Staat ist, so ist man nur gegen die Katholiken so brutal, während den Protestanten nur dann was passirt, wenn sie nicht liberal genug sind. Man heißt dieses noble Verfahren gegen die Katholiken „bewährte Schonung“, wenigstens hat es Minister Jolly so genannt!

Oesterreich. In Wien hat Hr. v. Beust die Kanzlerschaft des Maria-Theresia-Ordens erhalten, das ein reines Ehrenamt ist. Oesterreichische Blätter machen darauf aufmerksam, daß nur zwei österreichische Minister jemals diese

---

*) Am 15. Mai erlitten die Liberalen in H., wohin sie einen Birschgang gemacht, eine schmähliche Niederlage.

Auszeichnung erhalten haben: Metternich nach den Erfolgen seiner Politik gegen Napoleon I. und Fürst Kaunitz, weil er das Bündniß mit Frankreich gegen Friedrich II. von Preußen zu Stande gebracht. Die gegenwärtigen Verhältnisse seien dem letzteren Falle gleichgeartet. (Daß auch die Ernennung des Herzogs v. Grammont, des eifrigsten Verfechters einer französisch-österreichischen Allianz, zum französischen Minister des Auswärtigen wirklich die Bedeutung einer solchen Allianz habe, darin stimmen ziemlich alle Blätter überein. Wiederherstellung des deutschen Bundes auf freiheitlicher föderativer Grundlage ist jetzt das Programm der gesammten nicht preußischen Politik in Europa.)

In **Prag** ist der Ausgleichsversuch der neuen Regierung mit den Tschechenführern gescheitert und sind die Verhandlungen, welche schon seit einiger Zeit gedauert haben, definitiv abgebrochen, die Minister nach Wien zurückgereist.

Ausland.

Italien. In **Rom** sprach der Papst gelegentlich der Preiseveriheilung am Schluß der römischen Ausstellung u. A.: Der kleine Kirchenstaat werde die Künste bis zur Vollendnng treiben, die Wissenschaft in ihrer ganzen Tiefe ergründen wollen. Die Kirche bleibt nur auf dem Boden des Ehrenhaften, Gerechten und Wahren beharrlich. Sie schafft keine neuen Dogmen, sie bestätigt nur, was sie bisher geglaubt hat und verleiht diesem Glauben neuen Glanz.

— **Aus Rom** wird gemeldet, daß die römische Regierung zur Verhinderung jeden Versuches eines möglichen Einfalls an den Grenzen ein Zuavenkordon aufstellen werde.

In **Florenz** meldet die Amtszeitung, welche erst vor etlichen Tagen versicherte, es sei keine Insurgentenbande in Italien mehr vorhanden, wieder einen „Sieg“ der Regierungstruppen, diesmal im Modenefischen. Wenn das Amtsblatt das letzte Mal nicht gelogen hat, so muß es die Insurgenten in Modena geregnet haben oder sie sind aus dem Boden herausgekrochen, da aber müssen sie sein, denn sonst hätten sie ja nicht „besiegt“ werden können. Hat sie aber schon das erste Mal gelogen, so ist der Siegesbericht mit Vorsicht aufzunehmen, da sie auch ein zweites Mal hat lügen können.

In **England** ist ein Blatt, die „Daily News“ geheißen, welches mit Hartnäckigkeit für die bismark'sche Politik schwärmt. Die Ursache dieser seltsamen Krankheitserscheinung ist entdeckt; sie besteht in 12,000 Pfund Sterling (144,000 fl.), welche der Eigenthümer des Blattes unversehens geschluckt und die von der preußischen Regierung hergerührt haben sollen. Daher die sonst unerklärliche krankhafte Sympathie für den Mann, mit dessen Namen Seine Reinlichkeit Hr. Völk seinen Mund nicht beschmutzen will.

Vermischte Nachrichten.

Eine merkwürdige Probe von Geistesgegenwart und stoischem Muth hat vor wenigen Tagen dahier ein junger Mediziner abgelegt. Der junge Mann machte, wie schon öfter, chemische Experimente, dies Mal mit Phosphor. Er hat ein Stück desselben eben in der Hand. Plötzlich geräth es in Brand und dieses brennende und fast unmittelbar tödtende Gift verbreitet sich sofort über die Finger. Was thun? den Brand löschen? Das ginge zwar durch Ausblasen, aber dann theilt sich das schreckliche Gift sofort dem Blute mit und in wenigen Augenblicken tritt der Tod ein. Da ist der muthige Jünger Aeskulaps voll Geistesgegenwart schnell entschlossen: er läßt das Gift an seiner Hand vollständig verbrennen und so sich selbst verzehren und betrachtet diesen Vorgang mit stoischer Ruhe, unbekümmert um die furchtbaren Schmerzen, als ob er an einem fremden, gefühllosen Gegenstand den Versuch machte! Die Probe, bei der es sich freilich um Leben und Tod handelte, macht ihm schwerlich Einer nach.

Geldsorten, Frankfurt, 18. Mai.

	Angebr.	Zu haben.
Pistolen	9.46	9.48
Imperiales, russ.	9.46	9.48
Holl. 10 fl.-St.	9.54	9.56
Dukaten vollgw.	5.36	5.38
Napoleonsd'or	9.28½	9.29½
Engl. Sovereigns	11.55	11.59
Dollars i. Gold	2.28	2.29
Preuß. Friedrichsd'or	9.58	9.59
Preuß. Kassisch.	1.45	1.45¾

Druck von M. Vogl in München, Neuerthal 19

II. Jahrgang. Auflage: 5400.

Das Bayrische Vaterland.

Das „Bayr. Vaterland" erscheint täglich mit Ausnahme der Sonn- und hohen Festtage. Preis des Blattes: Vierteljährig 54 kr., ganzjährig 3 fl. 36 kr. Das einzelne Blatt 1 kr.

Alle Postexpeditionen und Postboten des In- und Auslandes nehmen Bestellungen an. Inserate werden die dreispaltige Petitzeile oder deren Raum zu 3 kr. berechnet.

Redaktion: Burggasse 14 Herausgegeben von Dr. jur. J. Sigl. Expedition: Ruffinibazar 5

Helena. Nr. 116. Sonntag, 22. Mai 1870.

Von der Kammer und den Patrioten. II.

Wir geben nachstehend einer weiteren Stimme aus dem Volke Ausdruck.

Aus der **Oberpfalz** wird dem „Vaterland" geschrieben: „Mehrere patriotische Blätter bringen in letzter Zeit Aufforderungen zu Adressen für Aufhebung des 7. Schuljahres. Aber was sollen denn diese Adressen helfen, da man zu Zeit hört, daß viele unter den „sogenannten" patriotischen Abgeordneten den diesbezüglichen Wünschen des Volkes entgegen sind? Ueberdies geht der betreffende Antrag von einem „Extremen", dem Abg. Greil aus, den sie ja kürzlich förmlich desavouirt haben, nachdem derselbe sich ein paar Tage fast allein mit einem ganzen Rudel Fortschrittler hatte herumschlagen müssen. — Das Volk ist der so erfolglosen Adressen bereits überdrüssig. Für was hat man denn die Abgeordneten in der Kammer? Oder sollten dieselben in Unkenntniß sein bezüglich der Wünsche ihrer Wähler?

Ueberhaupt wird das Volk immer mißtrauischer gegen Manche seiner Vertreter. Dafür, so fragt man sich, dafür haben wir all' die Vexationen über uns ergehen, uns mit „Schlamm und Unrath" bewerfen, mit „schmutzigen Fluthen" übergießen lassen, daß jetzt unsere Abgeordneten **mit den Fortschrittlern** liebäugeln und sich glücklich schätzen, wenn sie von der linken Seite herüber einige Bravo's erhaschen? Freilich manche der Herren bilden sich ein, nur der „exaltirte Sigl" sei gegen sie eingenommen; aber die Zeit wird kommen, da ihnen das **Volk thatsächliche** Beweise geben wird, wie es denkt und wünscht.

Um so wohlthuender sticht das Verhalten der ächten Volksvertreter ab, eines Greil, Lukas, Mahr und A., die trotz der Verlassenheit von ihren eigenen Leuten und trotz der fanatischen Wuthausbrüche der Fortschreiter **muthig Stand halten und kämpfen für die Sache des Volkes. Ein Hoch den Ehrenmännern!** Das Volk wird sich seine Leute merken!"

Also schreibt uns ein bayrischer Mann aus dem Neumarktischen.

Wir knüpfen hieran die Mittheilung, daß die Abgeordneten **Lukas** und **Bucher** sich veranlaßt gesehen haben, gestern ihre **Mandate niederzulegen**: es war der Jahrestag der siegreichen Wahlschlacht vom Mai vorigen Jahres.

Es könnte wohl sein, daß man draußen im Lande von diesem „Ergebniß" der Kammerthätigkeit beider Herren und der Klubthätigkeit etlicher anderen Herren wohl ebenso überrascht wäre, wie man es hier war und wie wir es Anfangs selbst gewesen sind.

Indeß — Alles hat seine Gründe und Ursachen; wir können uns aber, bevor die Kammer über das Austrittsgesuch beider Herren entschieden hat, nur auf einige Bemerkungen beschränken.

Die Fortschrittspartei, die gemeinen Verfolgungen, Schmähungen und Verdächtigungen beider Herren durch die fortschrittliche Presse sind unschuldig an diesem Austritt; Beide haben sich nie darum gekümmert, was irgend ein Fortschrittsmann von ihnen zu denken, zu sagen oder zu schreiben für gut gefunden. Der Grund liegt innerhalb der patriotischen Partei selbst. Beide haben als Zollparlamentsabgeordnete seit drei Jahren mitten in Feindesland tapfer Stand gehalten; alles was ihnen Schlimmes und Unangenehmes in und außer Bayern begegnet, konnte sie nicht bestimmen, einen Schritt rückwärts zu weichen oder gar die politische Laufbahn zu verlassen, auf der sie seit Jahren mit so viel Arbeit, mit so viel Opfern, mit so viel Erfolg thätig und wirksam gewesen.

Hr. **Lukas** ist unstreitig der genialste und schlagfertigste Redner der patriotischen Partei; die Rothen wissen daß so gut wie wir alle. Daß er ein Patriot, daß er ein katholischer Patriot ist, ist dem Lande gleichfalls nicht unbekannt. Nächst Hrn. **Bucher** hat Niemand im Lande für den glücklichen Ausfall der Zollparlaments- wie der beiden Landtagswahlen so viel gethan, gearbeitet und gekämpft wie er. Hrn. **Bucher** gebührt überdies das Verdienst, durch Gründung des „Alg. Volksblattes" das Algäu für die patriotische Sache wiedergewonnen und damit der patriotischen Partei die entschiedene Majorität verschafft zu haben.

Aber die „Staatsmänner" und Postzeitungs-Katholiken des Clubs zählen nicht zu ihren Freunden. Das Unglück wäre zwar nicht groß, aber es hatte doch die Folge, daß beider Stellung diesen Herren gegenüber im Club täglich unerquicklicher und nachgerade unerträglich wurde, weil man sie für jedes unsanfte Wort in dem Theil der Presse, welcher sie mehr oder minder nahestehen, verantwortlich machen und gleichsam zur Rechenschaft ziehen wollte, wenn etwa diesem oder jenem Herrn etwas auf die Hühneraugen getreten worden war.

So mußte die Sache endlich zum Bruche kommen, da es die Herren müde wurden, fast täglich versichern zu müssen, daß die betreffenden Redacteure ihre Zeitungen schreiben und für deren Inhalt verantwortlich sind und nicht sie und sich fast täglich verwahren zu müssen, daß man sie als die Verfasser oder Gevatter von Artikeln ausgebe, von denen sie erst mit den Empfang des Blattes Kenntniß erhalten.

Dieser Bruch ist gestern, nach einer stürmischen Debatte im Clublokal am vorgehenden Abend, erfolgt und es ist nicht unwahrscheinlich, daß noch mehrere Mitglieder der patriolischen Partei früher oder später gleichfalls ihren Austritt aus der Kammer erklären.

So weit haben es die „Staatsmänner" gebracht, welche nicht dulden wollen, daß man in der patriotischen Presse anders als lobend von ihnen spricht, was leider manchmal unmöglich ist!

Ob die Kammer heute die Mandatniederlegung beider Herren genehmigen wird, ist noch ungewiß. Die patriotische Partei der Kammer steht heute vor einem Wendepunkte, der nicht ohne bedeutsame Folgen sein wird. Gelingt es, die „Extremen" auf solche oder ähnliche Weise zu beseitigen, und so die Herrschaft unbestritten auf einige „Staatsmänner" zu vereinigen, dann — wird man draußen im Lande jedenfalls wissen, wie man daran ist und wie viel es geschlagen hat.

Darüber wird aber heute die Kammer zu entscheiden haben, weshalb der Genehmigung oder Nichtgenehmigung des Austritts beider Herren hier allgemein mit größter Spannung entgegengesehen wird.

Der Jude und sein Eid.

Jüdisches. Neue Folge III.

(Schluß.) Der Talmud hat es also den Juden ziemlich leicht gemacht, sich von unbequemen Eiden, Versprechungen &c. „entbinden" zu lassen; dafür sorgt das treffliche und sehr nutzbare Gebet Col Nidre.

Ein bischen Meineid gelegentlich scheint überhaupt ein altes Erbstück der liebenswürdigen Edelleute aus Palästina zu sein. Schon in uralten Zeiten haben sie in dem Artikel eine starke Praxis gehabt, weshalb der Prophet Jeremias (Kap. 7 V. 9) dem frommen Judenvolke einen gar kräftigen Lobspruch zuruft, der da lautet:

„Ihr stehlet, mordet, brecht die Ehe, schwöret fälschlich und dann kommt ihr und tretet vor mich in diesem Hause, wo mein Name angerufen wird und sprecht: Wir sind gerettet, obgleich wir alle diese Gräuel gethan!"

Und weiter Kap 9. V. 3:

„Sie schießen mit ihren Zungen eitel Lügen und keine Wahrheit und treiben es mit Gewalt im Lande und gehen von einer Bosheit zur andern."

V. 5. „Ein Freund täuscht den andern und redet kein wahres Wort. Sie befleißen sich, wie einer den andern betrüge, und es ist ihnen leid, daß sie es nicht ärger machen können."

V. 8. „Mit ihrem Munde reden sie freundlich gegen den Nächsten, aber im Herzen lauern sie auf ihn."

Der Prophet Jeremias wird seine Landsleute gewiß gut gekannt haben, die damals nach dieser Schilderung eine recht ehrenwerthe Schwefelbande gewesen sein müssen.

Der Prophet Micha schreibt von seinen Landsleuten, den Juden (Kap. 7, 2.) „Sie lauern Alle auf's Blut; ein Jeder jagt den Andern, daß er ihn verderbe." — (4) Der Beste unter ihnen ist wie ein Dorn und der Redlichste wie eine Hecke", (an welcher viel Wolle hängen bleibt, wenn Schafe in die Nähe kommen.)!

Der Prophet Hoseas schreibt (Kap. 4, V. 2) von den Juden: „Falsch schwören, Lügen, Morden, Stehlen und Ehebrechen hat überhand genommen und eine Blutschuld reicht an die andere".

Genug davon; wir haben nur das Glimpflichste aus dem alten Testament citirt.

Trotzdem sagt der talmudische Traktat Cholin Fol. 91 von dem oben geschilderten „Volke Gottes":

„Die Israeliten sind dem Herrn und Gott viel lieber und angenehmer, als selbst die dienstthuenden Engel!"

Und der talmudische Traktat Sanhedrin fol. 58, col. 2 sagt gar:

„Wer einem Israeliten eine Ohrfeige gibt, der versündigt sich so stark, als wenn er der göttlichen Majestät eine Ohrfeige gegeben hätte"!!

Hört, ihr Goim, und hütet euch zu geben Maffes oder Ohrfeigen an einen Herrn Juden, und wenn er ein noch so einladendes Ohrfeigen- oder Nußknackergesicht hätte, denn das wäre „so viel, als wenn ihr der göttlichen Majestät (!) selbst eine Ohrfeige gegeben hättet", sagt das Rechtsbuch der Juden!

Das Schönste und Kräftigste aber bezüglich des Eides der Juden enthält das jüdische Buch: Jore dea Nr. 232, §. 12. (Die Jore dea ist das kanonische Rechtsbuch der Juden).

Dort heißt es geradezu, daß „einem Juden, um eines abgeforderten Zolles willen ein Meineid erlaubt sei; und wenn ein König, Fürst oder eine andere Obrigkeit einem Juden den Befehl zu schwören ertheile, so sei der Jude nicht verpflichtet, die Wahrheit zu schwören, wenn einem seiner Glaubensgenossen ein Schaden daraus entstehe"!!!

Ferner: „Wenn ein Fürst einen Juden schwören läßt, daß er nicht aus seinem Lande gehe, so kann der Jude dabei denken: Heute, nicht aber morgen"! — Der Fahneneid z. B. wäre als da kein Hinderniß für einen Juden, bei guter Gelegenheit Fahne und König im Stich zu lassen und in's Ausland zu desertiren. „Heute nicht, aber morgen"!

Endlich sagt dasselbe kanonische Gesetzbuch der Juden, daß „der Meineid eines Vortheils wegen oder um sich einer Gefahr zu entziehen, erlaubt sei.

Summa Summarum: Der Jud braucht nach seinen Gesetzen den geschwornen Eid nicht zu halten, den Fahneneid, den er dem Könige schwört, so wenig als den Eid vor Gericht.

Er darf — nach seinen Gesetzen — schwören einen falschen Eid der brave Jüd, wenn er kann machen Massematten oder ein Profitchen, er braucht nicht zu halten — nach seinen Gesetzen — den Fahneneid, wenn es gibt Krieg, wo geschossen wird mit Kügelche von Blei und mit grauße Bombes und Granäter von Eisen aus die kipferne Röhrche und es könnt kommen in Gefahr das kostbare theiere Leben von Löbche Schmul Morgenstern und Feistel Veit Rosenbaum und Itzig Kneipeles; da darf er echappiren der Jüd, weil's is 's Leben in Gefahr, und darf dorchbrennen und braucht nicht zu halten den Fahneneid, weil er ist gezwungen worn zum Soldaten und weil's ihm Vortheil bringt und weil er hat geort das Gebet Col Nidre und weil er gleich, wie er hat geschwore den Eid, hat er gedacht im Herzen: Gott, was ist das dumm! Er soll nicht geschwore sein der Eid, oder: will ich sein treu dem Melach (König) heut, aber morgen nicht! und weil er wird entbunden vom Eid mit „Scharrai Loch" und „Mochul Loch" und weil er überhaupt gar nicht braucht zu halten, was er geschwore vor de dummen Goim! Nanu! —

Glückliches Bayerland, daß du einen Advokaten Frankenburger hast, der uns erklärte, daß „den Juden die allgemeine Wehrpflicht und der Fahneneid keinen Grund zur Beunruhigung bietet."

Und nun ihr Herren vom Fortschritt, zieht los gegen „dieses infame" oder wie ihr es zur Abwechslung auch nennt: „verruchte Vaterland", das gegen die braven Juden „unablässig hetzt"! Vielleicht findet ihr Gehilfen bei solchen, die auch etwas „liberal" angesäuselt sind, aber nicht so fortschrittlich sind wie ihr. Los gegen das „Vaterland", die ihr so oft von „dummgläubigen", „verführten" und „verthierten rohen Massen" gewettert und denen die „extremen Elemente" und „fanatische Ausschreitungen" ein Greuel sind, aber — zuvor kehrt ein wenig vor dem eigenen Hause und studieret ein wenig die Moral des talmudisch-jüdischen Gesetzbuches, wo ihr eher wirklich staatsgefährliche und dem Gemeinwohl schädliche Grundsätze findet als in Syllabus und Encyklika, als in Gury's „Jesuitenmoral“, ja sogar als in Föckerers Beichtstuhl-Historien und in Völk's und ähnlicher Edlen Mönchs- und Pfaffenspiegeln. Los gegen das „Vaterland“, das ihr so sehr liebt und das euch so sehr ans Herz gewachsen ist, aber erst widerlegt uns, was wir vom Judeneid gesagt!

Deutschland.

München, den 21. Mai.

Landtag. Gestern wurde die Debatte über Abschaffung der Todesstrafe fortgesetzt. Für die Abschaffung sprachen die Fortschreiter: Herz, Wülfert, Marquardsen, dagegen Pf. Triller und Dr. Ruland. Da noch immer 20 Redner vorgemerkt waren, so wurde (von Rothhaas) der sehr passende Antrag auf Schluß der Debatte gestellt und angenommen. Heute sprechen nur noch der Antragsteller Stauffenberg, der Referent Dr. Krätzer und der Minister. Wenn die Gegner der Todesstrafe darauf speculirt hätten, durch alle Mittel mit dem Antrag durchzubringen, so hätten sie sehr klug spekulirt und wären die Dinge im patriotischen Club so recht gelegen gekommen. Denn da die HH. Lukas und Bucher bei der Abstimmung nicht mehr mitstimmen dürfen, ist es wahrscheinlich, daß der Antrag durchgehen wird, was dem Kammerpräsidenten Weis schwerlich unangenehm sein dürfte.

— Im patriotischen Klub hat gestern abermals eine dreistündige heftige Debatte wegen des Austritts der HH. Lukas und Bucher stattgefunden. So viel wir hören, werden die „Staatsmänner“ nebst Anhang für die Genehmigung, die meisten geistlichen und die ländlichen Abgeordneten dagegen stimmen. Wir würden die Genehmigung des Austritts aus mehr denn einem Grunde aufs Tiefste bedauern; wenn die patriotische Partei ihre besten, einflußreichsten und populärsten Mitglieder so leicht und auf solche Weise beseitigen läßt, so dürfen wir noch auf recht merkwürdige Dinge gefaßt sein. Ueber die vom Präs. Weis und dem Grafen Fugger-Blumenthal gewollte Maßregelung einiger Blätter der patriotischen Partei soll ein Beschluß noch nicht gefaßt worden sein. Wir sehen den Dingen, die da kommen werden, sehr objektiv, wenn auch mit großer Spannung entgegen.

— Knurrblättl und Landbote pflegten sonst nicht wenig zu knurren und zu heulen, wenn vom früheren Magistratskollegium ein älterer würdiger Beamter der Gemeinde zum Vorrücken ohne Ausschreibung der Bewerbung um die betreffende Stelle befördert oder gar angestellt wurde. Sonst! Aber jetzt, wo „wir Liberalen“ im Magistrat und in der Macht sind, jetzt ist's natürlich ganz was anders! Jetzt nimmt man billig „Umgang von eines Ausschreibung“, da man seine eigenen guten Freunde zu Bürgermeistern zu machen hat. Diese „Erwägung“ war denn auch so durchschlagend, daß der magistratische Fortschritt in seiner bekannten höheren Einsicht und Intelligenz davon absieht, die Stellen zur Bewerbung auszuschreiben. Hätte das das frühere Kollegium gethan, wie würde man da über „Vettern-, Basen- und Verwandtschaftsrücksichten“ u. dgl. hergefallen sein und über „unleidlichen Nepotismus“ geheult haben. Jetzt aber ist's in der Ordnung, denn der Fortschritt will es und „München gehört dem Fortschritt“ einschließlich der silbernen Kapsel in der Mariensäule und was der Fortschritt thut, das ist wohlgethan, allezeit. Sela! So kommt München zu einem Bürgermeister, der erst nachher ausgeschrieben wird, und Schlör's Töchterlein zu einem Mann.

Was man zusammen Fortschritt nennt
Und liberales Regiment.

— Giftnickel von Augsburg, Organ des gediegenen rothen Ehrenmannes Fischer nennt nach dem Münchener Organ des gleichehrenwerthen Schaußen und Pepi des Bierfiebers an der Spitze eines wuthschnaubenden urgemeinen Artikels gegen das „Vaterland“ dieses „das Organ des Hrn. Lukas.“ Wir haben vor Hrn. Lukas eine zu hohe Achtung und verehren ihn zu sehr, als daß wir ihn nicht außer Schußweite der fortschrittlichen — Knabengarde wünschen möchten und deßhalb erklären wir, wie so oft, daß das „Vaterland“ einzig und allein unser Organ, beziehungsweise durch uns das Organ unserer Mitarbeiter im ganzen Lande ist, so schmeichelhaft es für uns ist, wenn das „Vaterland“ für das Organ des geistvollsten Schriftstellers im Königreich angesehen wird.

Von **Regensburg** wird dem Vaterland geschrieben: Vor ein paar Tagen hatten wir das Vergnügen auch, ein Conciliabulum wie die Kempter zu erleben, abgehalten von einigen unserer Freimaurer und intelligenten Wirthshausaposteln. Die Versammlung dieser besonders „ehrwürdigen Väter“ hatte nichts Geringeres zum Zwecke als das Concil in Rom zu — paralysiren (!) d. h. in seinen Folgen zu nichte zu machen. Was unsere liberalen und aufgeklärten Concilsväter unter sich beschlossen, ist nicht in die Oeffentlichkeit gedrungen. Nur so viel weiß man, daß sie, als sie sich einmal recht begeistert und vom „heiligen Geiste“ erleuchtet fühlten — der Stoff ist nämlich sehr gut in Regensburg — ein donnerndes **Pereat** auf den Papst und das Concil in Rom ausbrachten. Dieser Ausruf war zwar nicht tollerant, aber liberal war er. Regensburg ist auffallender Weise ruhig.

Hannover. Der Pastor Harling in Isenbüttel hatte die staatsgefährliche Frechheit, für den rechtmäßigen König Georg V. von Hannover noch immer das Kirchengebet zu halten. Er ward endlich denuncirt und wegen Majestätsbeleidigung zu 3 Monaten Gefängniß verurtheilt.

Preußen. Der Respekt des Auslandes vor dem herrlichen Kriegsheer und der „Macht“ des preußischen Nordbundes scheint hinter dem der eingebornen Bettelpreußen sehr weit zurückzubleiben. Aus China wird bereits der dritte Raubanfall von gewöhnlichen Seeräubern auf norddeutsches Bundeseigenthum gemeldet. Diesmal wurde ein Apenrader Schiff „Gazelle“ am 26. März unter den Augen des preußischen Kriegsschiffes Hertha vollständig ausgeraubt und dessen Mannschaft schrecklich mißhandelt, ohne daß es dem Kriegsschiff eingefallen wäre, das Mindeste zum Schutz der Leute zu thun. Und doch hat man Unendliches renommirt von dem „Schutze, den jetzt jeder Deutsche im Ausland genieße“! Schwindel, alles Schwindel!

Ausland.

In **Frankreich** scheint die Regierung strenge Maßregeln gegen die ewigen Verhetzungen der Arbeiter durch „Fremde“, welche Mitglieder der internationalen Arbeitergesellschaft sind, ergreifen zu wollen. Der offiziöse „Constitutionel“ fordert die übrigen Regierungen auf, sich an diesen Maßregeln zu betheiligen. Sich geheim oder öffentlich in die Politik eines jeden Landes zu mischen, betrachtet diese Gesellschaft als ihre Aufgabe. Es kann aber kein Land gestatten, daß Gesellschaften von „Fremden“, die im Ausland ihren Wohnsitz haben, sich in seine inneren Angelegenheiten mischen. Auch in Bayern würde das nicht gestattet werden, wenn nicht die zugereisten Agitatoren und Spektakelmacher wären, welche für preußisches Geld und bismarkische Politik „arbeiten". Die französische Regierung hält es für nothwendig, die französischen Arbeiter der verderblichen Herrschaft zu entziehen, welche einige Demagogen über sie ausübten, während man in Bayern, wo man immer bedeutend gescheidter ist als anderswo, das nicht für nothwendig hält, so lange dabei immer fleißig der etwas abgerissene „nationale Gedanke" als Fahne ausgehängt wird.

In **Italien** ist die republikanische Bewegung entschieden im Steigen begriffen. Das Hauptgebiet derselben ist jetzt die Emilia und die Gegend von Ravena. Die Regierung scheint vollständig den Kopf verloren zu haben. Um eine Landung Garibaldis zu verhüten, wird die Insel Caprera von drei Kriegsschiffen bewacht. Die Lage muß somit sehr ernst sein. Auch der Kirchenstaat ist von den Aufständischen bedroht, die nicht übel Lust haben, sich gleichfalls zum Concil zu begeben. Päpstliche Truppen sind bereits nach Viterbo geeilt, wo man einen Einfall von Toskana her befürchtet.

— In Filadelfia haben die kgl. Truppen schrecklich gehaust, in den Straßen ruhige Bürger niedergeschossen, aber sich gehütet in die Schußweite der Aufständischen zu kommen. 8 Bürger wurden so getödtet, 12 andere Personen, darunter Weiber und Kinder, verwundet.

In **Spanien** soll der uralte Mensch Espartero wirklich nicht abgeneigt sein, die Königswürde aus den zarten Händen der sauberen Genossenschaft Prim, Serrano rc. anzunehmen. In der Weltgeschichte ist es zwar schon öfter vorgekommen, daß glückliche Räuber oder ausgepichte Gauner irgend einen jungen oder alten Kindskopf wo nicht gar einen Kollegen zum König gemacht; in unseren aufgeklärten Zeiten sollte so etwas doch nicht mehr vorkommen. Man verliert sonst allzuleicht den nothwendigen Respekt vor den Königen überhaupt.

Vermischte Nachrichten.

In **Prutdorf** fand letzten Sonntag Nachts 2 Uhr eine gediegene Rauferei statt, wobei von einem Dienstknecht Mursauer dem led. Bauern Friedl von Hub mit einem schneidenden Instrument der Oberarm aufgeschlitzt wurde, daß er eine 5½ Zoll lange und 3 Zoll breite Wunde davon trug! — Am 10. wurde beim Schmid in **Wildenwarth** während der Morgensuppe eingebrochen und Geld und Kleidungsstücke entwendet. Der Fortschritt macht sich ja recht erfreulich draußen am Lande!

In **Colberg** hat ein offizierliches Pickelhaubenkindlein einen kleinen Streit mit einem Gastwirth gehabt und in Folge dessen seinen königlichen Krötenstecher gegen den frechen Civilisten gezuckt. Der Wirth war aber stärker als der theuere Held und konfiszirte ihm unversehens das im Griffe feststehende Heldenschwert, was den Preußen so bitterlich kränkte, daß er hinging und um die stille Mitternacht seinem kostbaren Leben durch einen wohlgezielten Pistolenschuß ein frühzeitig Ende machte. Schade; der Mensch hätte noch viele Hausknechte aus Preußen in ein besseres Jenseits befördern können!

Von Hrn. **Schmitz** geht uns wegen unserer Kritik des literarischen Treibens der edlen Janus-Brüderschaft eine „Berichtigung" zu und zwar mit Berufung auf das Preßgesetz. Wir bedauern, besagten jungen Herrn dahin aufklären zu müssen, daß der angezogene Artikel des Preßgesetzes keinen Redakteur dazu verpflichtet, Gegenartikel auf abfällige Kritiken literarischer Leistungen aufzunehmen. Um dies zu erfahren, hätte Hr. Schmitz nicht einmal einen Gelehrten zu fragen gebraucht. Zudem ist der uns geschickte umfängliche Artikel der Art, daß wir unter allen Umständen berechtigt wären, denselben zurückzuweisen. Wir ersehen übrigens aus der Scriptur, daß Hr. Schmitz es für keine sonderliche Ehre anzusehen scheint, mit der sehr edlen Janus-Brüderschaft zusammengeworfen zu werden, selbst wenn man bereits zweimal im Doktorexamen mit unzweideutigem — Erfolg durchgefallen ist. Wir sind daher in Bezug auf ihn nicht ohne jede Hoffnung, denn die Erkenntniß ist der erste Staffel zur Weisheit.

☛ Landtag. Der Antrag für Aufhebung der Todesstrafe wurde mit 77 gegen 65 Stimmen verworfen.

Austrittsgesuch Bucher's und Lukas mit 77 (worunter Präs. Weis, Pf. Bach und die Aristokratenbank) gegen 65 Stimmen angenommen.

Verantwortlicher Redakteur: Dr. J. Sigl.

Fahrtenplan vom 15. Oktober 1869 an. Abfahrt und Ankunft der Eisenbahnzüge in München.

Abfahrt nach, Ankunft von Augsburg

Abfahrt nach, Ankunft von Salzburg

Großhesselohe.

Abfahrt nach, Ankunft von Starnberg

Abfahrt nach, Ankunft von Ingolstadt

Regensburg.

München-Schleißheim:

Schleißheim-München:

[illegible]

Druck von M. Pegt in München. Ae'erthal 19

II. Jahrgang. Auflage: 5400.

Das Bayrische Vaterland.

Das „Bayr. Vaterland" erscheint täglich mit Ausnahme der Sonn- und hohen Festtage. Preis des Blattes: Vierteljährig 54 kr., ganzjährig 3 fl. 36 kr. Das einzelne Blatt 1 kr.

Alle Postexpeditionen und Postboten des In- und Auslandes nehmen Bestellungen an. Inserate werden die dreispaltige Petitzeile oder deren Raum zu 3 kr. berechnet.

Redaktion: Burggasse 14 Herausgegeben von Dr. jur. J. Sigl. Expedition: Kuffinibazar 5

Johanna. Nr. 117. Dienstag, 24. Mai 1870.

Vom neuen Maß und Gewicht,

mit dem der Fortschritt das Vaterland wieder gesegnet hat.

Zum Vollzug des Gesetzes über die Maß- und Gewichtsordnung ist kürzlich eine sehr weise Verordnung erschienen, welche befiehlt, daß alle für den Ausschank von Wein und Bier in den Wirthschaften bestimmten Gefäße zu 1, ½ und ¼ Liter geaicht sein müssen. Was daraus folgt, zeigt ein Beispiel.

Wenn die Maß Bier 6½ Kreuzer kostet, soll der Liter nach Verhältniß seiner Größe 6 kr. und circa ⅓ Pfennig (genau 32118/100000 Pf.) kosten. Dieser Bruch nun muß abgerundet werden. Entweder müssen die Bräuer auf 32118/100000 Pf. beim Liter verzichten, oder sie müssen das Bier um 67882/100000 (etwa ⅔ Pfennig) per Liter vertheuern, so daß der Liter 6¼ kr. kostet.

In Bayern werden nun jährlich 300 Millionen Maß oder 334,850,000 Liter Bier gebraut. Verzichten die Bräuer und Wirthe auf die 32118/100000 Pf. (circa ⅓ Pfen.) beim Liter, so ergibt das für sie einen Gesammtverlust von 515,026 fl. Erhöhen sie dagegen den Bierpreis um 67882/100000 Pfennig beim Liter, so kostet die — weise Verordnung, daß man das Bier nach Liter auszuschenken hat, die Gesammtheit der Biertrinker über eine Million, genau 1,088,518 fl. jährlich.

Das Gesetz über die Maß- und Gewichtsordnung trifft hier keine Schuld, denn dieses überläßt es dem Ermessen der Vollzugsbehörde, ob und welche Schankgefäße geaicht werden sollen. Man muß sich daher wundern, wie das Ministerium vor den Folgen dieser höchst unnöthigen und wie wir sehen sogar schädlichen Maßregel und der Verantwortung, die es allein trifft, nicht zurückschreckte, da ja doch wohl anzunehmen ist, daß man sich die fragliche Verordnung wohl überlegt und daß man wohl auch die Rechentafel etwas zur Hand genommen haben wird.

Zu ähnlichen Ergebnissen gelangt man bei allen Gegenständen des täglichen Verbrauchs, wenn man den Preis nach altem Maß in den Preis nach neuem Maß umwandelt. Immer ergeben sich Kreuzer-, Pfennig- oder Hellerbrüche, die zum Schaden des einen oder andern Theiles abgerundet werden müssen und in Folge der often Wiederholung ganz bedeutende Summen ergeben.

Wenn z. B. ein Pfund Fleisch nach altem Maß 18 kr. kostet, so soll das neue Pfund nach Verhältniß seiner Größe 16 kr. 2/7 Pfenning kosten. Lassen die Metzger die 2/7 Pfennig beim Pfund fallen und geben sie es zu 16 kr., so verlieren sie bei einem jährlichen Fleischverbrauch von circa 200 Millionen Pfund 238,095 fl.; erhöhen sie dagegen den Preis um 5/7 Pfennig und geben also das Pfund zu 16¼ kr., so bringt das der Gesammtheit der Käufer einen jährlichen Schaden von 595,238 fl.

Diese Rechnungsergebnisse lassen beurtheilen, ob Menschenfreundlichkeit und Nächstenliebe die alleinigen Beweggründe sind, warum der Handelsstand nach möglichst baldiger Einführung der neuen Maße verlangt. Wir wollen dem Handelsstande kein Opfer zumuthen, wir wollen aber auch keine Preissteigerung, die einer beträchtlichen Konsumtionssteuer gleichkommt. Das kann vermieden werden, wenn man da, wo der Preis durch die Umwandlung erhöht wird, in Quantitäten zu kaufen fortfährt, wie sie der Maßeinheit des alten Maßes entsprechen, und den Kauf in Quantitäten, wie sie der Maßeinheit des neuen Maßes entsprechen, vermeidet. Man kaufe z. B. nicht 500 Gramm, das ist ein neues Pfund, sondern 560 Gramm, das ist ein altes Pfund Zucker, u. dgl. Man kaufe nicht einen Liter, sondern 1 Liter und 7 Centiliter Spiritus, Oel, Essig u. dgl.

Damit ist die Preisumwandlung vermieden. Kaufläden, in welchen diesem Verlangen Schwierigkeiten gemacht werden, die meide man. Wir waren bisher nicht verbunden gerade ein ganzes, halbes, Viertelspfund zu kaufen, wir konnten auch 5, 7, 9 Loth u. dgl. gemessen verlangen; darin ändert die neue Maß- und Gewichtsordnung nichts. Ist einige Zeit nach Einführung der Maß- und Gewichtsordnung verflossen, sind aus irgend einem Grunde Preisänderungen bei einem Artikel eingetreten, dann hat die Preisumwandlung die obenerwähnte Wirkung nicht mehr, und man kann zum Kaufe nach den Maßeinheiten des neuen Maßes übergehen. Sinkt bei einem Artikel der Preis, so fällt der durch die Preisumwandlung sich ergebende Bruch und noch mehr im naturgemäßen Laufe der Sache dem Verkäufer zur Last; steigt dagegen der Preis, so fällt dieser Bruch und wohl mehr dem Käufer zur Last. In beiden Fällen hat der Bruch zur ordnungsmäßigen Regulirung des Preises gedient, und für keinen Theil etwas Verfängliches.

Von unseren Abgeordneten sollten wir freilich erwarten dürfen, daß sie alsbald die Sache in die Hand nehmen und sorgen, daß die eingangserwähnte Verordnung über Aichung der Schankgefäße beseitiget wird, ferner, daß sie dem nie bisher bezweifelten rechtlichen Grundsatz, daß der Käufer mit jedem ihm beliebigen Quantum in den Kaufläden bedient werden muß, zu erneutem Ausdruck bringen und endlich verhüten, daß durch Verordnungen über die Aichung der Maße dahin gewirkt wird, daß man Quantitäten, wie sie dem alten Maße entsprechen, nicht mehr messen kann. Dieses ist bereits in der Verordnung vom 14. September vorigen Jahres beim Liter geschehen. Wenn wir mit dem Zehntel und Hundertel der neuen Maße unsere Rechnungsplage und möglichen Schaden haben müßen, wollen wir auch alles messen können, die Theilungen nicht blos auf dem Papier haben und auch vielleicht möglichen Nutzen ziehen.

Im Uebrigen aber sind wir der Ansicht, daß die neuen Maß- und Gewichts-Eintheilung überhaupt nicht nothwendig gewesen wäre und daß die Kammer den Wünschen weitaus der Majorität des Volkes entsprechen würde, wenn sie das ganze Gesetz wieder beseitigen wollte, das verhältnißmäßig nur wenigen zu Dank fabricirt worden ist.

Deutschland.

München, den 23. Mai.

Landtag. Für die Abschaffung der Todesstrafe haben von den Patrioten nur Dr. K. Barth, Baron Zu-Rhein und Präs. Weis gestimmt. Für die Genehmigung des Austritts des Abg. Lukas stimmten von der patriotischen Partei oder, wie wir eigentlich sagen sollten, von der Partei des Hrn. Weis, d. h. der verschämten Regierungspartei Pfarrer Bach aus Schwabenland und Präs. Weis, dann die Aristokratenbank, nämlich die Grafen und Barone Seinsheim, Zu-Rhein, Freiberg, Fuchs und der als Präsidial-Stabstrompeter fungirende Graf Fugger-Blumenthal, sämmtliche mit lauter vornehmlicher Stimme, aus der der Jubel über die beseitigten „extremen Klerikalen" herausklang. Etliche andere erleuchtete Schwaben, vielleicht weil sie's mit keiner Seite verderben wollten, hatten sich für die Abstimmung entfernt; man kann ihnen also nicht vorwerfen, daß sie so oder so gestimmt. Die „Extremen", wie die Niederbayern und Oberpfälzer, sowie die beiden Freiherrn v. Hafenbrädl stimmten entschieden mit Nein. — Die Rothen, froh der Gelegenheit, des gefürchteten Gegner's los zu werden und dann wieder eine recht liberale Aufführung pfleger zu können, stimmten insgesammt für die Genehmigung. Ihr Jubel ist groß, ihre Gesichter leuchteten und strahlten vor Freude.

— Der Redakteur der „Postzeitung" schreibt über die Mandatsniederlegung des Hrn. Lukas sehr richtig also: „Wie werden sich die fortschrittlichen Heißsporne freuen, wenn der stets geistesgegenwärtige und allzeit schlagfertige Mann den Platz räumen würde. So oft einer von ihnen zu den Gepflogenheiten der früheren Kammer zurückkehren und sich wie damals an den Patrioten reiben wollte, so oft die fortschrittlichen Extreme Spähne vom Zaune brachen, war Hr. Lukas am Platz, um ihnen jedesmal die Arbeit gründlich zu verleiden. So kam es, daß mancher Herr von der Linken, der im Ständesaal vor anderthalb Jahren Hrn. Dr. Völk noch zu überbieten suchte, nach und nach sehr vorsichtig wurde und es den H. H. Völk und Schauß überließ, die treffenden Abfertigungen des Hrn. Lukas zu riskiren. Wurden dadurch auch die Verhandlungen manchmal etwas unerquicklich und Dinge hereingezogen, die nicht zur Sache gehörten, so war die Art der Abfertigung dennoch stets nothwendig, weil sie eben von den Gegnern provocirt war. So wenig man den Parteihaß mit süßen Worten beschwichtigen kann, so wenig waren die gereizten Provokationen von der linken Seite mit sanften Worten abzufertigen. Gegen die journalistischen Vorlesungen des Hrn. Dr. Völk hilft nur das „liberale Schimpflexikon", und so lange die fortschrittliche Fraktion Extreme wie Völk, Schauß und Herz in's Vordertreffen stellt, bedarf die rechte Seite Männer wie Lukas und Mahr. Würden wir schon aus diesen Gründen das Ausscheiden des Hrn. Lukas lebhaft bedauern, so würden wir in ihm auch den Verlust einer seltenen geistigen Kraft beklagen, hätten aber auch gewünscht, daß persönliche Gründe solchen Männern nicht leicht groß genug erscheinen, um sie zur Niederlegung des Mandats zu bestimmen, da sie nicht blos sich selbst, sondern auch dem Volke angehören." — Wir hätten nur gewünscht, daß die Götter der Postzeitung dem gemäß auch gehandelt hätten, dann wäre Hr. Lukas noch heute eine Zierde der bayrischen Kammer und würden die Rothen noch oft genug die verdiente Abfertigung von ihm finden. Leider aber ist zwischen den Handlungen der „Götter" und den Worten des Hrn. Birle ein beträchtlicher Unterschied, der mit jedem Tage klarer werden wird! Männer, die man so nothwendig hätte, wie Lukas, muß man sich erhalten, nicht sie auf die Weise kränken, beleidigen und beseitigen. D. Red.

— Für die aus der Kammer ausgetretenen Herren Abgeordneten Lukas und Bucher hätten die ersten Ersatzmänner Privatier Häring von Deggendorf, schon in der vorigen Kammer Abgeordneter, und Bauer Winkelhofer von Munzing, beide ehrenfeste Patrioten, einzutreten. Es könnte indeß kommen, daß keiner von den Ersatzmännern ein sonderliches Gelüste darnach hätte, etliche Sommermonate nach den Befehlen des Hrn. Weis lediglich abzustimmen, aber nichts reden zu dürfen, und daß dann die gewählten Wahlmänner zusammenträten und die beiden ausgetretenen Herren wieder in die Kammer wählten. So könnte es kommen, sagen wir; in diesem Falle würden Hr. Weis und die „Staatsmänner" mit ziemlicher Sicherheit wissen, wie sie, wenigstens mit den Niederbayern, daran sind und ob die „Donauzeitung" nicht doch einigen Einfluß auch im Wahlkreise des Herrn Weis selbst hat.

— Die „Abendzeitung" enthält einen ziemlich pikanten Artikel über die Klubvorgänge der letzten Tage, interessant und erstaunlich zu lesen, da Wahrheit und Dichtung nicht ohne Geschick vermengt und zusammengestellt sind. Daß Hr. Graf Fugger-Blumenthal nicht der Verfasser des fraglichen Artikels ist, können wir mit Sicherheit behaupten; aus dem patriotischen Club ist blos das Material der Abendzeitung — zugekommen. Ein Clubgeheimniß gibt's eben blos den patriotischen, aber nicht liberalen Blättern gegenüber zu beobachten, zumal wenn man sonst keine „Organe" hat. Wir werden so frei sein, auch Einiges von dem bekannt zu geben, was wir zufällig so erfahren haben. Daß die Liberalen von der gelungenen Beseitigung der „extremen Elemente" sehr befriedigt und Hrn. Weis und seinen Lieben und Getreuen dafür öffentlich ein Belobigungszeugniß ausstellen, mag für die so Belobten und Ausgezeichneten angenehm sein, für uns ist es das weniger und für's Volk glauben wir ist's wohl recht — seltsam!

— In München wird heuer und zwar am 25. Juli eine höhere Judenschule, Synode geheißen, zusammentreten, meldet der Leibjude der Allg. Ztg. Wir zweifeln nicht, daß München dazu der passendste Platz ist und daß das Judenkoncil von unsern aufgeklärten, fortschrittlichen Stadtvätern mit gebührendem Pomp würdig empfangen und gefeiert werden wird.

Vom Lande wird dem „Vaterland" geschrieben: (**Kultur-Sociales**). Groß sind die Segnungen des neuen Heimaths-, Verehelichungs- und Ansäßigmachungsgesetzes v. 1. Sept. 1868 und unsterblich die Verdienste, welche sich damit der gegenwärtige Kammerpräsident Weis, der Vater der neuen Gesetzgebung, um's Vaterland und die bayrische Menschheit erworben hat. Während von 1860—68 in Bayern durchschnittlich jährlich 39,032 Ehen geschlossen wurden, stieg deren Zahl 1868—69 unter dem segensvollem Einfluße der neuen Gesetze plötzlich auf 69,726, also um fast 21000 mehr als die frühere Durchschnittszahl betrug. Die meisten neuen Ehen fallen da auf Oberpfalz und Niederbayern, die wenigsten auf Unterfranken und Pfalz. In dieser Richtung ist somit Bayern für die nächste und für lange Zeit hinlänglich versorgt und beglückt; auf viele, viele Jahre hinaus wird das Land an den Folgen zu leiden haben, insbesondere aber die betreffende Gemeinde. Es dürfte nachgerade Aufgabe der patriotischen Abgeordneten werden dahin zu wirken, daß das Land vor weiteren Segnungen dieser Art wo möglich gesichert und leichtsinnige Heirathen möglichst erschwert werden, und man hofft auch, daß die patriotische Majorität da endlich einmal etwas thun werde. (Meint nämlich der Hr. Einsender!

Das wird die Kammer bleiben lan,
Das thut die brave Kammer nicht,
Denn das wär' ja nicht liberal
Und Vater Weis gefiel es nicht.
Zög' Vater Weis ein schief Gesicht,
So thut's die brave Kammer nicht;
Und wollt' es Einer doch, — den Mann,
Den träfe Anathem und Bann.
Drum fragt ein Weiser immer: Was?
Gefällt denn auch dem Weisen das?
Und was dem Weisen nicht gefällt,
Das thut er dann um keine Welt,
Denn das ist Weisheit, ist Verstand
Und sehr empfiehlt's. Merk's du „vom Land"! D. R.)

In **Wessobrunn,** schreibt man dem „Vaterland", feierte bei der Wanderversammlung am 15. die patriotische Sache einen ihrer schönsten Triumphe. Seit den letzten Wahlen konnte man glauben, Wessobrunn mit Umgebung sei allzu sehr vom Liberalismus angefressen und es sei dort für die Patrioten nichts zu hoffen. Diese Versammlung konnte aber eines Bessern belehren. Aus Huglfing, Weilheim, Unterpeißenberg, Rott, Künsau, Forst, Haid rc. rc. kamen dazu gut bayrisch gesinnte Männer auf festlich geschmückten Wagen und versammelten sich in großer Menge unter freiem Himmel, wie einst die alten Deutschen unter ihren mächtigen Eichen sich versammelten, um des Landes Wohl und Bestes zu berathen. Acht Abgeordnete waren von München gekommen. Der wackere, gesinnungstüchtige Gilgenbauer **Dietrich** v. Schellschwang begrüßte als Veranstalter der Versammlung die herbeigeströmten Gesinnungsgenossen mit schlichten aber herzlichen Worten. Das ist ein rechter deutscher Mann, solche biedere Männer brauchten wir mehr in unserer charakterlosen Zeit. Frhr. v. Hafenbrädl, der „Bauernkönig", brachte durch einen volksthümlichen Vortrag die Versammlung in die rechte Stimmung, die in einem dreifachen Hoch auf König Ludwig ihren Ausdruck fand. Dr. Pfahler hielt einen seiner köstlich humoristischen Vorträge. Dr. Greil von Passau stellte in einem geistreichen Vortrage den wackeren Oberländer Bauern das Beispiel ihrer Ahnen vor Augen, die vor 1000 Jahren auf dem nahen Lechfelde einen ähnlichen Kampf gegen die wilden Ungarn gekämpft wie die unsern heute gegen die Feinde christlicher Civilisation, Zucht und Ordnung, die modernen Hunen, den sogenannten Fortschritt. Einig, muthig und fest sollten sie da zusammenstehen in diesem Kampf wie einst die Väter zusammengestanden. Der bekannte Oekonom Schmelcher von Ottomühl beleuchtete gehörig das Treiben des Fortschritts und seine Intelligenz — in Erfindung neuer Steuern. 126 Männer zeichneten sich als neue Mitglieder des Vereins ein. Die kleinen bureaukratischen Größen aus Weilheim widmeten der Versammlung eine seltene Theilnahme; sie hatten gleich 2 von 6 grünen Schutzengeln flankirte Kommissäre geschickt. Daß dem braven festen Gilgenbauer, dem das Hauptverdienst zukommt, ein kräftiges Hoch ausgebracht wurde, brauche ich wohl nicht zu sagen. Eines muß ich noch erwähnen: daß der Bezirksamtmann v. Weilheim, der die Versammlung auch mit einem Besuche erfreute, verlangte, daß die Abgeordneten, welche sprechen wollten, sich ihm vorstellen sollten! So wichtig er sich aber auch mit seinen Assistenten zu machen suchte, so wurde der Gefallen ihm doch nicht gethan, wohl aber machte man ihm die Freude, ihn 3 Stunden in der Sonnengluth stehen zu lassen, welche Zeit er sich damit vertrieb, sauere Gesichter zu schneiden. Nicht sehr stolz auf seine Erfolge machte er sich später still und unbeachtet davon, ohne daß seine Sehnsucht, die Bekanntschaft der Abgeordneten zu machen, erfüllt worden wäre. So kann es oft den wichtigsten Personen im Staate ergehen!

Oesterreich. In Graz, einer bedeutenden k. k. neuärarisch österreichischen Seestadt, wurde von einem, wie es scheint, sehr „zurückgebliebenen" Staatsanwalt Klage gegen eine Zeitung, die sich „Freiheit" benamst, erhoben, weil besagte „Freiheit" sich herausnahm, in der Nr. vom 1. Mai die katholische Geistlichkeit „eine seit 18 Jahrhunderten von Liebe und Erlösung fabelnde Gauklerbande" und „patentirte Volksbetrüger, welche die Narrheit der Leute ausbeuten" zu nennen. Da kam aber der Hr. Staatsanwalt schön an, denn das Gericht wies diese Anklage als — unbegründet zurück! Die Neue freie Judenpresse, bekanntlich eine äußerst schöne Gegend, lobt die famosen Richter darum außerordentlich und jubelt, daß es doch noch Richter gibt in Oesterreich, denen ihre Ueberzeugung heilig ist." Bravo! Das ist gewiß sehr neuärarisch liberal! Sich unten Türkei.

Preußen. Berlin. Bismarks Norddeutsche allgemeine Verpreußungszeitung „braucht anständige Leute nicht zu versichern", daß die Mähre von der preußischen Bestechung des englischen Blattes Daily News nur eine „abgeschmackte Erfindung" sei. Das wackere Berliner Blatt sieht eben ein, daß verständige Leute seinen Versicherungen doch nicht glauben würden, weshalb es sich gar nicht weiter bemühen will.

In Berlin ist der offiziöse Loyalitätspöbel sehr ungehalten darüber, daß der Kurfürst von Hessen, der gleichzeitig mit dem preußischen Kronprinzen die Bäder von Karlsbad gebraucht, diesen nicht mit Ehrfurcht, Ergebenheit und allerunterthänigst treugehorsamst ersterbend behandelt, ja sogar den Kopf abwende, wenn er den Preußenprinzen begegnet. Sie verlangen deshalb sehr berlinerisch unverschämt, daß die österreichische Regierung dem Kurfürsten amtlich bedeute (!), ähnliche Demonstrationen gegen den zugereisten Preußen zu vermeiden. Was die österreische Regierung wohl bleiben lassen wird.

Ausland.

Frankreich. Paris. Bei Ueberreichung des Plebiscits durch den Präsidenten des gesetzgebenden Körpers sagte Napoleon unter Anderem, er danke für dieses eklatante Zeugniß des Vertrauens der Nation. Das Land habe die Frage, ob Revolution oder Kaiserreich zu Gunsten des Kaiserreichs als des Systems entschieden, welches die Ordnung und die Freiheit gewährleistet. Seine Regierung werde dem in so energischer Weise kundgegebenen nationalen Willen Achtung zu verschaffen und ihn in Zukunft gegen jede Anfechtung zu wahren wissen. Der Kaiser betonte, daß seine Regierung stets die Größe und Wohlfahrt Frankreichs zu vermehren, den Ackerbau zu begünstigen, die Lasten besser zu vertheilen rc. bestrebt sein werde. „Heute mehr denn je können wir die Zukunft ohne Furcht ins Auge fassen." Die Rede wurde oftmals durch Beifall unterbrochen und besonders der Schluß wurde mit warmem Beifall aufgenommen.

In **Italien** wirds immer lustiger und — röther. Der Aufstand ist nicht nur nicht unterdrückt, sondern gewinnt recht erfreuliche Ausbreitung. In Sizilien weiß man nicht mehr, wer Koch und Kellner ist; im übrigen Italien tauchen täglich neue Banden auf, die dann regelmäßig „besiegt" werden, in der Amtszeitung nämlich. Das Niederschießen ruhiger Bürger, Weiber und Kinder ist an der Tagesordnung; wahrscheinlich üben sich die k. Helden daran für die Ausständischen ein, gegen welche sie 1866 zu spielen pflegen.

Die Desertionen aus der Armee sind an der Tagesordnung. Neuerlich scheint man zu meinen, daß den getreuen Unterthanen ihr unübertrefflicher König unversehens **gestohlen** werden könnte, weshalb sich derselbe gar nicht mehr vor die Residenz hinauswagte und sein Haus Tag und Nacht von etlichen Regimentern bewohnen läßt, denn das wäre ja zum Verzweifeln, wenn dieser prächtige König eines schönen Tages abhandem käme!

In **Spanien** will der alte Knabe Espartero dem Vaterland das „Opfer" bringen, König über die sehr verehrlichen Großlumpen von Spanien gegen gute Bezahlung und entsprechende Behandlung zu werden. Schade, daß Prinz Hohenloh nichts mehr zu sagen hat! Der würde zweifelsohne mit der neuen Majestät schleunigst ein Schutz- und Trutzbündniß gegen die bösen Zeitungen abschließen und Hr. v. Lutz würde als Gerechtigkeitsmeister das nöthige Ja und Amen wohl nicht versagen!

Türkei. In Konstantinopel wurde von dem türkischen Gerichtshofe die Zeitung „**Oralia**" wegen Schmähung des **Papstes** und des Patriarchen Hassun verurtheilt und für die Dauer eines Monats unterdrückt. Sieh oben **Oesterreich.**

Vermischte Nachrichten.

In **Schneidemühl** (Preußen) wurde der Schullehrer St. wegen unsittlicher Handlungen an seinen Schulkindern zu 15 Jahren Zuchthaus verurtheilt. Schon vor 12 Jahren ist derselbe wegen eines ähnlichen Verbrechens in Untersuchung gewesen.

Marktpreise in München.

1 Pfd. Mastochsenfleisch 16 kr. — pf., Kuhfleisch 17 kr. — pf., Kalbfleisch 14 kr. — pf., Schaffleisch 12 kr., rohes Schweinsfleisch 20 kr. 1 Pfd. Schweinfett 29 kr. eine rohe Zunge 1 fl. 12 kr., dito geräuch. 1 fl. 30 kr. ein Zentner rohes Unschlitt 28 fl. — kr. ein Pfd. gegoss. Lichter 24 kr., gez. feine Lichter 23 kr., ditto ordinäre 22 kr., Seife das Pfd. 16 kr.

Das Pfd. Karpfen 23—26 kr., Hechten 30—36 kr., Huchen 54— 1 fl. — kr., Rutten 45—48 kr., Forellen 1 fl. 12 kr. bis 1 fl. 24 kr. Aalfische 1 fl. 24 kr., Barben 18—20 kr., Alten 16—18 kr., Waller 45—48 kr., Brachsen 14—18 kr., Renken — — kr., Birschlinge 18 —22 kr., Bachfische 7—9 kr., Krebse das Vierlel 100 36—54 kr., Frösche, das Viertel 6—12 kr.— 1 Zentner Heu 1 fl. 48 kr., 1 Ztr. Grummet 1 fl. 54 kr. Waizenstroh — fl. — kr. Roggenstroh 1 fl. — kr. Haberstroh — fl. — kr. Eine Klafter Buchenholz 16 fl. — kr. Birkenholz 14 fl. 30 kr. Föhrenholz 11 fl. 48 kr. Fichtenholz 11 fl. 42 kr. Das Pfd. Schmalz höchster Preis 32 kr. Das Pfd. frische Körbchenbutter, höchster Preis 34 kr. 6 Stück frische Eier 8 kr. Die Maß gute Milch 5 kr. 1 Pfd Leinöl 16 kr. 1 Pfd. Repsöl 18 kr.

Münchener Schranne vom 21. Mai.

Getreidsorten	Verkauft Schffl.	Höchster fl.	kr.	Mittel- fl.	kr.	Nied. Preis fl.	kr.	Gest. fl.	kr.	Gef. fl.	kr.
Weizen . .	228	20	35	19	24	17	22	—	—	—	29
Korn . . .	1601	12	36	12	6	11	38	—	—	—	20
Gerste . . .	470	12	52	12	21	11	50	—	27	—	—
Haber . . .	1381	9	7	8	32	7	57	—	4	—	—
Reps . . .	—	—	—	—	—	—	—	—	—	—	—
Lein . . .	40	23	46	21	21	20	43	—	—	2	16

Verantwortlicher Redakteur: Dr. J. Sigl.

Druck von M. Vogt in München. Kreuzthal 19

II. Jahrgang. Das Bayrische Auflage: 5400.

Vaterland.

Das „Bayr. Vaterland" erscheint täglich mit Ausnahme der Sonn- und hohen Festtage. Preis des Blattes: Vierteljährig 54 kr., ganzjährig 3 fl. 36 kr. Das einzelne Blatt 1 kr.

Alle Postexpeditionen und Postboten des In- und Auslandes nehmen Bestellungen an. Inserate werden die dreispaltige Petitzeile oder deren Raum zu 3 kr. berechnet.

Redaktion: Burggasse 14 Herausgegeben von Dr. jur. J. Sigl. Expedition: Ruffinibazar 5

Urban. Nr. 118. Mittwoch, 25. Mai 1870.

Bestellungen auf das „Bayr. Vaterland" für das Quartal (für die Monate Mai und Juni zu 36 kr.) können bei allen Postanstalten und Postboten noch immer gemacht werden.

Postzeitungs-Weisheit.

Der Austritt aus der Kammer, zu dem sich die Herren Lukas und Bucher nicht ohne lange, eingehende und sorgfältige Ueberlegung entschlossen haben, hat, wie gar nicht anders zu erwarten war, Stimmen in der Presse wie aus dem Volke wachgerufen, von denen wir zunächst Folgendes mittheilen.

Die „Postzeitung" als das Organ der Fraktion Weis bringt einen offiziösen Artikel, nach welchem sowohl das „Vaterland" als die Bucher'schen Blätter durch ihre „Haltung" gegen die patriotische „Fraktion" — die „Postzeitung" wagt gar nicht einmal mehr von einer patriotischen Partei zu sprechen — deren Mißfallen erregt haben sollen, insbesondere „weil man diese Blätter allgemein als die Organe der patriotischen Partei bezeichnet habe". Daß das „Vaterland" so gut wie die Bucherschen Blätter einige Ansprüche haben, als Organe der patriotischen Partei im Lande und Volke zu gelten, glauben wir am Ende selbst, wenigstens haben wir bisher uns und unsere Mitarbeiter immer für Patrioten gehalten. Das aber, sagt die „Postzeitung", sei der patriotischen Partei, womit sie die Majorität der Kammer zu meinen scheint, „nicht gleichgiltig gewesen".

Diese Aeußerung wäre unverständlich, wenn nicht die „Postzeitung" gleich den Grund angäbe, warum das „nicht gleichgiltig war". Diese Blätter sollen sich nämlich einiger Anfeindungen und Verdächtigungen des Präs. Weis, dann „ganzer Kategorien von Mitgliedern der patriotischen Fraktion, vorzüglich des Adels, der Beamten, der Schwaben ꝛc." schuldig gemacht haben und zwar sogar „geradewegs systematisch" und sollen, wie die „Postzeitung" weiter versichert, „die Fuchtel einer unerträglichen Hofmeisterei über den patriotischen Club geschwungen haben."

In wie weit diese Anklagen das „Vaterland" treffen, das können wir sehr ruhig unsern Lesern zu beurtheilen überlassen; uns ist weder von einer „Fuchtel", noch von „Anfeindungen und Verdächtigungen" das Mindeste bekannt, allein die „Postzeitung" versichert es und zwar offiziös und die „Postzeitung" ist ein sehr ehrenwerthes, gediegenes und anständiges Blatt.

Wir, nämlich das „Vaterland" und das Bucher'sche Verbrecher-Kleeblatt, sollen aber noch etwas viel Schrecklicheres gethan haben, als daß wir Hrn. Weis u. Genossen „anfeindeten und verdächtigten" und beinebens „die Fuchtel unerträglicher Hofmeisterei" über sie schwangen; wir sollen nämlich auch „sowohl in den politischen wie in den innern Fragen Grundsätze theils offen, theils versteckt — wie das namentlich unsere Art ist! — unter das Volk zu bringen gesucht haben, mit welchen die patriotische Partei unbedingt keine Gemeinschaft hat, noch haben darf und kann".

Welcher Art die erschrecklichen Grundsätze sind, die wir „unter's Volk zu bringen gesucht haben", darüber schweigt leider die ehrwürdige Matrone vom Lech, die blos in guten und unverfänglichen „Grundsätzen" macht und damit einen schwunghaften Handel treibt, und da wir es leider auch nicht wissen, so müssen wir's unsern Lesern überlassen, auf die gefährlichen Grundsätze, die wir „offen oder versteckt unter's Volk gebracht", zu fahnden und im Erwischungsfalle per Schub an die fromme Schwester im Schwabenland portofrei einzusenden.

„Das Gebahren dieser Presse habe nun, so behauptet die „Postzeitung", im Club „allgemeine Mißbilligung" (nämlich bei den hochgebornen Herren Grafen und Baronen, die in der gestrigen Nummer namentlich aufgeführt sind!) und „aufrichtiges Beklagen" (bei den Glace- und Postzeitungs-Katholiken und verkannten „staatsmännischen" Genies!) gefunden; man habe aber „von einer öffentlichen Kundgebung noch Abstand genommen und wollte noch einmal den Weg privater Vorstellungen versuchen; derselbe habe aber leider nicht zum gehofften Ziele geführt."

Wir müssen das um so mehr bedauern, da sich bei uns Niemand weder persönlich noch schriftlich „vorstellig" gemacht hat, wir auch sonst von den menschenfreundlichen Absichten der Postzeitungs-Katholiken nicht das Mindeste gehört und so die schöne Gelegenheit, uns gründlich zu bessern und zu den erhabenen Anschauungen der „Staatsmänner" und Götter der Postzeitung reuevollst zu bekehren leider verfehlt haben.

Inzwischen, erzählt die gesinnungstüchtige offiziöse Dame von Augsburg ihren gläubigen und ungläubigen Lesern weiter, sei „das Uebel von Tag zu Tag ärger geworden und habe vor einigen Tagen den Höhepunkt erreicht, indem dem hohen Direktorium der Kammer ein mit dem Ministerium eingefädeltes Intriguenspiel gegen die patriotische Partei vorgeworfen und Hr. Weis — sehr im Gegensatz mit den Oktobertagen, bemerkt die „Postzeitung" mit einem wehmüthigen Seufzer — das Unglück der patriotischen Partei genannt wurde."

Unsere Leser sehen sich da erstaunt an, denn im „Vaterland" haben sie von alledem nichts gelesen; aber die „Postzeitung" sagt's und sie ist ein ganz ehrenwerthes und sogar von den Liberalen als „anständig" belobtes Organ. Wir bedauern jetzt aufrichtig, daß wir das: Hr. Weis sei das Unglück der patriotischen Partei — eine „Verdächtigung", die wir von mindestens einem vollen Dutzend Abgeordneten oft und vielmals gehört, niemals haben drucken lassen; jetzt steht's in der „Postzeitung" und so hätte Jedermann uns als den Entdecker dieser allerdings nicht mehr ganz neuen Wahrheit angesehen. Im Oktober v. Js. haben wir allerdings nicht so gedacht, denn damals war es eben anders, es und er!

Um nun nicht einen „Selbstmord“ zu begehen, erzählt die „Postzeitung“ weiter, sei in der Fraktion ein Beschluß vorbereitet worden, in irgend einer öffentlichen Kundgebung auszusprechen, daß diese Blätter nicht als Organe der patriotischen Fraktion zu betrachten seien. Da seien plötzlich die Mandatniederlegungen beider Herren — (natürlich ganz so wie ein Blitz vom heiterm Himmel! —) gekommen.

Diese Erklärung wäre eigentlich sehr post festum gekommen, denn ein halbwegs vernünftiger Mensch wäre niemals auf den glorreichen Einfall gekommen, das „Vaterland“ oder die Bucher'schen Blätter als die Organe des Hrn. Weis und der Fraktion zu halten, sintemalen diese von uns ja „angefeindet“ und „verdächtigt“, wohl auch gar mit der „Fuchtel unerträglicher Hofmeisterei“ behandelt worden sein sollen, wie die „Postzeitung“ eben behauptet hatte. Ueberdies haben wir seit Neujahr ungefähr ein halbes Dutzend Mal erklärt, daß das „Vaterland“ unser und unserer Mitarbeiter Organ sei und keines andern Christenmenschen; auch wüßten wir uns bei Weitem nicht so anstellig in die Rolle des Offiziösen schicken, wie z. B. unsere geschniegelte und gebügelte Freundin, die „Postzeitung“. Allerdings wäre ein Lossagen der Fraktion Weis vom „Vaterland“ völlig am Platze gewesen, denn erstens waren die Wahlen vorüber, bei denen der Mohr ehrlich seine Schuldigkeit gethan und nun gehen konnte, zweitens sind möglicherweise 5—6 Jahre lang keine Wahlen mehr und drittens ist „mit dem Sigl nichts zu machen“, denn zum Lobredner oder Offiziösen paßt er ganz und gar nicht. Mit den Bucher'schen Blättern ist's ähnlich, also desavouire und verdonnere man die ganze Gesellschaft, denn, rechnete man vielleicht, die Bauern glauben am Ende der hohen Kammer und dem allmächtigen Weis doch mehr als diesen Zeitungsschreibern und so bringt man sie los und legt sie blank, diese widerborstigen Blätter!

Wir können auch gleich hinzufügen, daß dieser Beschluß mit ganzen 31, sage einunddreißig von 34 Stimmen gefaßt wurde, und daß in die schlechte Gesellschaft auch das „Straubinger Tagblatt“ gehört, das zur Zeit der Wahlen immerhin gut genug war, für Hrn. Weis die Kastanien aus dem Feuer zu holen und sich vor's Schwurgericht stellen zu lassen, seitdem aber gleichfalls „gefährliche Grundsätze unter's Volk verbreitet“, welche Hrn. Weis und seinen Weisen die Milch der frommen Denkesart jämmerlich versäuern! So geht's halt oft.

Also die „Postzeitung“, welche Hrn. Bucher als den eigentlichen Rädelsführer bei der Austrittsaffaire hinstellt und eine salzige Thräne tiefer sittlichen Postzeitungs-Entrüstung über dieses Ungeheuer vergießt.

Zur Frage der Volksschule.

Meinem Kollegen „von der Amper“ und andern Christenmenschen zur geneigten Erwägung!*)

k. Aus der Pfalz. Fünfundzwanzig Jahre sind verflossen, seitdem ich im Dienste der Schule und Kirche, in Städten und auf dem Lande wirke. In den drei verschiedenen Prüfungen erging stets secundum ordinem über mich die Sentenz: „wohlbefähigt zum Schullehrerfach“. Nicht 4 Stunden, sondern täglich 6 Stunden unterrichtete ich Jahre lang in einer Schule 130—150 Schüler. Im Jahre des Heiles 1868 wurde meiner Wirksamkeit in der Schule ein unerwartetes Ende gemacht, allein nicht in Folge einer durch solche Anstrengungen aufgeriebenen und zu schwachen, sondern zu kräftigen Lunge auf der Kanzel. So also erreichte ich den, von so manchem eifrigen Fachmann ersehnten Hafen der Ruhe ohne Mühe, fast „ein Jüngling noch an Jahren“ heimgeschickt zu den ausgedienten Meistern des ABC, nicht mit bloßen eiteln Worten einer stattlichen Belobigung, noch dekorirt mit einem goldenen Michel, sondern quiescirt mit vollem Gehalte. Weder feindselige Menschen, noch selbst die Götter, ja nicht einmal die mächtig waltenden Preußen sind mehr im Stande, diesen Gehalt mir zu verkürzen, auch lebe ich ohne Furcht, eines Tages vom hohen Olymp herab meine gebuckten Schultern noch mit einer fetten Pfründe belastet zu sehen.

Dies blos zur Orientirung für meinen Kollegen „von der Amper“ in Nr. 106 des „Bayr. Vaterland“, nach dessen Urtheil ich, durchaus ein Fremdling in Israel, Leute verurtheile, die sich da Stunde für Stunde, Tag für Tag (besonders im Sommer und in den langen Ferien!) bis auf's Herzblut mit innerem und äußerem Schweiße abarbeiten müßten. — Doch fort mit diesen Aufklärungen; begeben wir uns lieber auf ein anderes Gebiet in dieser so harmlosen Zeit!

Nachdem es den unterirdischen — Fachmännern im Laufe unseres gesegneten Jahrhunderts gelungen war, den rechtlichen Einfluß der Kirche an höheren Lehranstalten zu zerbröckeln und vollständig zu nichte zu machen, christliche Stiftungen zu antichristlichen Zwecken zu verwenden — laut Stiftungsurkunde wurde z. B. unsere Landesuniversität München gegründet „ad defensionem Fidei catholicae“ — zur Vertheidigung des katholischen Glaubens, während in Wirklichkeit jetzt dort alles eher als der katholische Glaube vertheidigt wird! — und nachdem man dadurch erreicht hatte, um mich der Worte des großen Lasaulx zu bedienen: „die höhere Canaille bis in's Herzblut zu verderben“, da blieb für unsere Zeit nur noch übrig, den Einfluß der Kirche auf die Volksschule ebenso zu zerstören, um mittels der Volksschule auch noch den Bürger und Landmann von Grund aus zu verderben.

Das Freimaurerthum intonirte, moderne „Volksbildner“ schlugen den Takt und Juden, Demokraten und Fortschrittler johlten: „Was verstehen denn die Pfaffen von der Schule? Fachmännern gebührt die Aufsicht und Leitung, die Schule muß von der Kirche getrennt werden!“

Unter heißer Sonnenglut sahen wir die Trauben schnell zeitigen; vorsichtig begann die Freimaurerloge in Baden und Oesterreich die Lese, die Loge in Bayern aber versuchte es mit Sturm. Die „der Reaktion ausgewichene“ Revolution war ja hoffähig geworden, Regierung und liberale Kammer regalirten den Zeitgeist mit einem saftigen Frühstück: dem prächtigen neuen Schulgesetz!

Eines aber hatte man in der Eile zu thun vergessen: man hätte vorher jenes „veraltete und gemeinschädliche Institut“ von Prinzen und sonstigen „Nichtintelligenzen“ beseitigen oder doch „zeitgemäß“ zustutzen und ummodeln sollen!

Als nun durch die Neuwahl der Abgeordneten die „schmutzigen Fluthen“ sich Bahn brachen und das herrliche Frühstück vollends hinwegspülten, da machte ein in den Ideen des Jahres 1843 ergrauter „Fachmann“ bei uns den Gefühlen seiner gepreßten Brust in den Worten Luft: Nun sind wir wieder um 50 bis 100 Jahre zurückgeworfen!“ das heißt in verständliches Deutsch übersetzt: „So nahe am Ziel können wir Männer von Hammer und Kelle in den nächsten 50—100 Jahren nicht daran gehen, Thron und Altar zu zertrümmern, wenn nicht was Außerordentliches dazwischen kommt!“

Ja, man überlasse nur dem religionslosen, um nicht zu sagen religionsfeindlichen Staat Unterricht

*) S. Nr. 106 des „Bayr. Vaterland“.

und Erziehung unserer Jugend an höheren und niederen Anstalten als Monopol und die sichere und unausbleibliche Folge wird sein, daß Thron und Altar wanken und stürzen, daß der Ruin der ganzen nachfolgenden Generation unvermeidlich ist. Videant consules! rufen wir darum unaufhörlich unsern Vertretern in der Kammer zu, bis durch ein Schulgesetz, auf der Grundlage der Religion und wahren Freiheit dem Unwesen und Treiben der Lüge ein Ende gemacht wird!*)

Deutschland.

München, den 24. Mai.

— Das langweilige „Organ" des Schaußen und Pepi des Biersieders, der „Südd. Telegraph", erschwingt sich zu folgender Geschichte: Letzten Samstag Nachmittags da sei ein Packträger beim Oberpollinger gestanden und habe gerade den „Landboten" gelesen. Da sei ein Geistlicher auf ihn zugekommen und habe ihm mit den Worten: „Dieses Blatt müssen Sie nicht mehr lesen; kaufen Sie sich lieber das „Vaterland"! ein Geldstück in die Hand gedrückt. Der Packträger aber lächelte da mit arger List und — las dem Schwarzen eine „pikante" Stelle über Lukas und Bucher aus dem Blatte vor und da habe sich der Schwarze aus den Augen der Vorübergehenden geflüchtet; der politischen Proselytenmacher aber sei kein anderer gewesen als — Hr. Lukas!! — Das ist doch unverschämt gelogen von dem „Organ" des Schaußen! Hr. Lukas ist von München am Samstag 5 Uhr abgereist, hat den ganzen Nachmittag seine Wohnung, wo er eine Menge Besucher und trauernder Kollegen empfing und sich von ihnen verabschiedete, gar nicht verlassen und ging in Mitte seiner Freunde zum Bahnhof. Die einfältige Geschichte des „Organs" ist von A bis Z erlogen. Auf das „Vaterland" braucht übrigens in München nicht erst aufmerksam gemacht zu werden, das lesen die Leute schon selbst.

Aus der Kammersitzung vom Samstag wollen wir eine kleine Episode nicht unerwähnt lassen. Als der Herr Abgeordnete Lukas durch das feste Zusammenhalten der Rothen, „Staatsmänner" und Aristokraten glücklich aus der Kammer hinausgestimmt war, da stürzte Schauß auf den schwäbischen Pfarrer Bach zu und drückte ihm mit anmuthigen Grinsen und unter Glückwünschen über diesen „Erfolg" die deutsche Bruderhand, was Bach tiefgerührt über die Ehre dankbar erwiderte. Hr. Pf. Bach hat sich, wie wir hören, in der Klubsitzung vom Donnerstag freiwillig erboten, die feierliche Verdonnerung des „Vaterland", der Bucher'schen Blätter und des „Straubinger Tagblatt" zu übernehmen. Bravo, Hr. Pfarrer! Wir erhoffen uns von Ihnen noch weitere Fortschritte in dieser Richtung!

Aus der **fränkischen Schweiz** wird dem „Vaterland" geschrieben: Soeben war in unserem Bezirksamt Pegnitz die Rekrutirung für den Jahrgang 49. Es waren über 300 Mann, von denen 120 die Ehre haben werden, Sr. Majestät Rock zu tragen. Bei dieser Conscribirung hat sich's wieder so recht gezeigt, daß man die Bauern stellenweise noch immer als höchst untergeordnete Kinder Gottes betrachtet. Da waren alle Konscriptionspflichtigen, welche Gesuche um ganze oder zeitweise Befreiung vom Dienst einreichten, auf Mittwoch den 18. ds. Vormittags 8 Uhr bestellt, alle anderen aber auf Nachmittags 2 Uhr, wo die Visitation beginnen sollte. Die Gesuchsteller sollen zwar gleich Vormittag abgefertigt worden sein; es muß aber das sehr schnell gegangen oder es müssen sehr wenige gewesen sein, da ein Mann, der mit seinem halbblödsinnigen Sohne um 8½ Uhr kam, die Herren schon nicht mehr traf, dafür aber hörte, daß dieselben eine Spazierfahrt in die fränkische Schweiz machen. Da wurde Nachmittags natürlich auch nichts visitirt und die bestellten Rekruten mußten übernachten, Zeit versäumen, Geld verzehren und mit christlicher Geduld warten, bis es andern Tags den Herren endlich gefällig war, die Leute vorzunehmen! Natürlich, es waren ja nur „zurückgebliebene" Bauern und da braucht man ja nicht viel Umstände zu machen! Als am 20. ds. endlich die Loosung vorgenommen wurde, hatte sich ein Artillerieoffizier eine Anzahl Zeitungsblätter in den Saal genommen, die er eifrig durchstudirte. Plötzlich stieß er im „Volksboten" auf eine Stelle, die ihm wahrscheinlich nicht behagte, und wandte sich an die anderen Herren und sagt: Das ist doch zu gemein! Ein Beisitzer, wahrscheinlich ein Bürgermeister, bemerkte sogleich in tiefster Verehrung: „Sie haben Recht, Herr Lieutenant, das ist zu gemein, und auch das „Vaterland" dazu!" worauf der Säbelmann erwiederte: Ach, von diesem mag ich gar nichts hören! — Ich konnte als Rekrut leider für mein „Vaterland" nicht eintreten, aber es hat mich ordentlich in den Fingern gejuckt und gedacht hab' ich mir, daß der doch ein recht intelligenter Offizier sein muß, der nächstens ganz Frankreich auf dem Kraut verspeisen wird. (Sicher, wenn's nicht etwa wieder nach der Melodie von Anno Babylon geht!) . . . . Zum Schluß möchte ich Sie bitten, doch auch bei uns die Bauernvereine anzuregen. An den Bauern würde es nicht fehlen, aber an Führern fehlt es uns. Schon oft hörte ich Bauern sagen: Ach, wenn doch bei uns Bauernvereine errichtet würden! Der Boden wäre also sehr günstig (und die Zeitverhältnisse sehen auch ganz darnach aus, daß man die Bauern bald wieder wird brauchen können. D. Red.)

Oesterreich. In Wien hat das Ministerium nach den gänzlich erfolglosen Ausgleichsversuchen mit den Böhmen einen entscheidenden Schritt gethan. Der Reichsrath sowohl als die Landtage außer dem böhmischen sind aufgelöst; das Volk soll jetzt die Neugestaltung des Reichs in die Hand nehmen, welche den Intelligenzen und liberalen Kammergrößen so schmählich mißlungen ist. Die Bauern sollen jetzt Oesterreich vor den Liberalen, Halb- und Viertels-Liberalen retten, hoffentlich aber nicht, um nach geschehener Arbeit bei Seite geschoben und von halb oder ganz liberalen Stellenjägern und Verräthern um die Früchte seiner Arbeiten und Mühen betrogen zu werden, wie das manchmal vorkommt.

Ausland.

Frankreich. In Paris will der neue Minister Grammont das übliche Rundschreiben an die Gesandten erlassen, dessen Entwurf „im Allgemeinen sehr friedlich" lauten, aber energische Wahrung der Interessen Frankreichs und eine gewisse Reserve empfehlen soll. — Man ist erstaunt, daß man preußischer Seits über die Rede des Kaisers bei Empfang des Plebiscits höchst ungehalten und unzufrieden ist, da doch der Kaiser auch dabei sehr „friedlich" geredet habe und es ihm selbstverständlich, besonders aber im Interesse eines langen Lebens und der Gesundheit der französischen Armee wirklich recht aufrichtig und nur um Erhaltung des Friedens zu thun ist. (Was wir vollkommen begreifen, dann wenn die Preußen und ihre Bundesgenossen kämen, so würde die ganze französische Armee unfehlbar geschlagen, gefangen und für etliche Jahre in preußische Festungen gesperrt. Und das fürchtet Napoleon.)

In Frankreich geht's jetzt nach dem Plebiscit über die rothen Zeitungen her, welche mit großer Strenge, aber allerdings nach Verdienst verurtheilt werden, eines

*) Wird sehr willkommen sein! D. R.

nach dem andern. (NB. Da nach der neuesten Erfindung eines Weisen auch in Bayern eine Presse existiren soll, welche „die rothe Fahne heraushänge“, und da diese Presse „offen und versteckt Grundsätze unter's Volk werfen“ soll, welche alle Weisen mit Hrn. Hörmann für „ultra-kirchlich demagogisch“ und „staatsgefährlich“ halten, so wird auf ein gutes Wort eines weisen Mannes hin wohl nächstens wieder das Confisciren angehen. Das Vaterland muß vor dem „Vaterland“ und ähnlichem „Preßungeziefer“ gerettet werden!

Italien. In Rom ist man dem Versuche, neuerdings eine Kaserne in die Luft zu sprengen, auf die Spur gekommen und sind in Folge dessen zahlreiche Verhaftungen vorgenommen worden. An der päpstlichen Grenze haben bereits mehrere Gefechte zwischen den französischen Truppen und Rothhemden, welche über die Grenze wollten, stattgefunden.

Vermischte Nachrichten.

Von **Mitterteich** wird uns gemeldet: Am 21. ds. Nachts wurde der Markt plötzlich durch den Ruf „Feuer“ in Schrecken gesetzt. Es stand die Protschkymühle in Flammen. Kaum 10 Minuten darnach stand auch das Anwesen des Müllers Daß von der Kriegermühle bei Mitterteich in lichten Flammen und wurde ganz eingeäschert, während von ersterer nur ein Theil abbrannte. Ganz unzweifelhaft liegt hier Brandstiftung vor, wie am 5. ds., wo das bei dem Bürger Dietz gelegte Feuer aber noch im Entstehen gelöscht werden konnte.

Die Fronleichnamsprocession betreffend.

Aus der „schwarzen“ Au wird dem „Vaterland“ mitgetheilt: Der hochwohlweise Magistrat der altkatholischen Landeshauptstadt München hat also aus Humanitätsrücksichten gegen die — Birkenbäumchen und etlichen anderen Gründen beschlossen, keinerlei Ausgaben für das Fronleichnamsfest zu bewilligen! Bravo, ihr Herren! Das ist wieder einmal recht liberal gewesen!

Wir Auer Katholiken aber sind leider so „zurückgeblieben“ und „pfäffisch verdummt“, daß wir uns auf die rechte Höhe fortschrittlicher Aufklärung trotz aller Anstrengung nicht erschwingen können und deshalb es beim Alten bewenden lassen müssen. Wir wollen also die schönen alten Gebräuche von euch und durch euch weder aus noch in die Kirche verbannt wissen, wir wollen uns unsere Fronleichnamsprocession nicht nehmen lassen und haben daher — und zwar ohne daß wir zuvor die Bewilligung Eurer Weisheiten, Hochmögenheiten und anderer — heiten und — keiten demüthigst eingeholt hätten — Folgendes beschlossen:

Sonntag den 19. Juni früh 4 Uhr sollen euch 50 Böllerschüße vom Schlafe erwecken, auf daß ihr dann um 5 Uhr den, natürlich nur euch gewidmeten Morgengruß: „Das ist der Tag des Herrn“ hoch vom Thurme herab vernehmen könnt.

Um 9 Uhr geht die feierliche Fronleichnamsprocession denselben Weg und mit demselben Pomp wie seit 100 Jahren. —

Auf denn, **ihr katholischen Männer der Vorstadt Au,** zeigt euch als Männer, als katholische Männer, die das Ewige und die Ehre des Herrn fest im Auge behalten, mag da kommen, was da will.

Noch gibt es Katholiken genug in unserer Vorstadt, die sich nicht nach allen vier Jahreszeiten, noch nach allen Richtungen der Windrose drehen und wenden, sondern die fest halten an dem alten ewig jungen katholischen Glauben.

Noch steht in Münchens Stadtpanier ein Mönch, nicht die Kelle, und so lange dieses Banner steht, wird die lilienreiche Au auch ihr Banner froh und muthig entfalten. Die alten Standarten werden nicht fehlen bei der Prozession, obgleich man sie nach dem neuen System fern zu halten sucht.

Die Au, arm an irdischem Reichthum, hat schon glänzende Momente des katholischen Lebens aufzuweisen.

Johannes Pöppel, der Sohn eines Faßbinders, stiftete dortselbst ein Waisenhaus, erbaute dasselbe 1751, und noch heute trägt es die Inschrift:

Orphanis — Trophium
Auf Gott vertraut
Hat mich gebaut.
Durch Almosen und milde Gab
Den Ursprung ich genommen hab,
Und bin erbaut von Grund heraus
Zu einem armen Waisenhaus.
S. M. D.
Anno Domini MDCCLI.

Aus dieser Stiftung ging das Münchener Waisenhaus hervor.

Pfarrer Rabl stiftete die Industrieschule mit dem großen Anger an der Hochstraße. — Die jetzig'e Generation brachte in 9 Jahren 20,000 Gulden zusammen, um einen eigenen ständigen Prediger haben zu können, — eine Summe, die jeder größeren Stadt Ehre machen würde.

So haben die Auer auch einen Wasserpatron, St. Johannes, dessen Bild, aus dem Jahre 1770 stammend, früher an ihrer alten Pfarrkirche, jetzt neben dem Bezirksgerichte steht, und jedes Jahr konnte man sich vom 15. bis 22. Mai Abends 7½ Uhr überzeugen, daß die Au noch lebendigen Glauben und Gottvertrauen auch nach 100 Jahren bewahrt hat.

Und davon wird die katholische Au auch am 19. Juni Zeugniß ablegen.

Verantwortlicher Redakteur: Dr. [illegible]

Druck von M. Vogt in München. Rosenthal 19

II. Jahrgang.

Das Bayrische

Vaterland.

Auflage: 5400.

Das „Bayr. Vaterland" erscheint täglich mit Ausnahme der Sonn- und hohen Festtage. Preis des Blattes: Vierteljährig 54 kr., ganzjährig 3 fl. 36 kr. Das einzelne Blatt 1 kr.

Alle Postexpeditionen und Postboten des In- und Auslandes nehmen Bestellungen an. Inserate werden die dreispaltige Petitzeile oder deren Raum zu 3 kr. berechnet.

Redaktion: Burggasse 14 — Herausgegeben von Dr. jur. J. Sigl. — Expedition: Rußinibazar 5

Christi Himmelfahrt. — Nr. 119. — Donnerstag, 26. Mai 1870.

Morgen, als am Ehristi Himmelfahrts-Feste erscheint kein Blatt.

Bestellungen auf das „Bayr. Vaterland"
für das Quartal (für die Monate Mai und Juni zu 36 kr.) können bei allen Postanstalten und Postboten noch immer gemacht werden.

Graf Bray in München und das Tonzil in Rom.

Unter den verschiedenen Vorkommnissen der letzten Tage wäre uns bald die Conciliumsdepesche des Hrn. Grafen Bray außer Acht gekommen, mit der derselbe als unser Minister für auswärtige Sachen sich eingeführt hat. Die Artigkeit erfordert, daß wir dieselbe nicht unbeachtet lassen, zumal da sie die erste That des Ministers ist von der die Welt Kenntniß bekommen hat.

Daß der Hr. Graf sich mit seiner Depesche an unsern trefflichen Gesandten Tauffkirchen in Rom dem verflossenen französischen Minister Taru angeschlossen hat, wäre ihm von unsern Preußen sicher verdacht worden, wenn es nicht ein wenig Rom gegolten hätte; das aber hat ihm gewissermassen bei diesen gnädige Absolution zuwege gebracht. Wir können nichts Tadelnswerthes finden, wenn ein bayrischer Minister sich Frankreich zu nähern und anzuschließen sucht, da dies früher oder später wohl noch öfter vorkommen dürfte, zumal wenn die Noth dazu zwingen wird.

Mit dem Inhalt der Depesche können wir jedoch uns nicht so sehr einverstanden erklären. Der Hr. Graf bezeichnet sich z. B. darin als „Repräsentanten einer zahlreichen katholischen Bevölkerung, deren lebhafte und loyale Ueberzeugungen keinem Zweifel unterliegen". Dagegen müssen wir dann doch einige Bedenken äußern. Wir leben schon ein ganzes Menschenalter in unserm lieben kleinen Vaterland, allein es ist uns weder ein Gesetz, noch ein Plebiscit des bayrischen Volkes bekannt geworden, durch das der jeweilige Minister des Aeußern gleichsam zum gebornen Repräsentanten des Volkes auch in religiösen Angelegenheiten erkürt wäre; auch davon ist uns nichts bekannt, daß etwa bei dem Hrn. Grafen Bray eine Ausnahme gemacht und er von dem katholischen bayrischen Volke zum Repräsentanten (Vertreter) seines Willens dem Concil gegenüber erwählt worden, seitdem er das Portefeuille des Auswärtigen übernommen hat. Das katholische Volk hat, so viel wir wissen, zu seiner Vertretung in religiösen und kirchlichen Dingen ganz andere Männer; an Minister und sonstige Hoheiten würde es unter den bekannten Verhältnissen hiebei auch nicht einmal in letzter Reihe denken. Graf Bray hat sich demnach gegen alle Kleiderordnung eine toga episcopalis, den Rauchmantel und die Insul eines Bischofs angelegt, während ihm nur ein, wenn auch noch so reich bordirter Frack zusteht.

Der Hr. Graf sagt in seiner Epistel an Tauffkirchen weiter, daß er „von tiefer Achtung für die gesetzliche Autorität des heiligen Stuhles beseelt sei". Wir glauben es ihm, nehmen ihn aber sogleich beim Wort. Der hl. Stuhl hat gewiß die „gesetzliche Autorität", ein allgemeines Concil zu berufen und das so berufene und definirende Concil ist selbst wieder „gesetzliche Autorität". Den Beschlüssen dieses Concils aber unterwerfen sich „von tiefer Achtung beseelt" alle und also auch die bayrischen Katholiken und wohl auch der Hr. Graf selbst, in soweit nämlich diese Beschlüsse den Glauben und die katholische Sittenlehre betreffen, und zwar auch dann, wenn eine sogenannte Mi-
[illegible]
sollte. Die Kirchengeschichte lehrt nämlich, daß es noch bei keinem Concil an Widerspruch gefehlt hat; es wäre die Conciliengeschichte weit angenehmer zu lesen, wenn sie von keiner größeren Opposition im Schooße jener Versammlungen zu berichten hätte, als solche gegenwärtig sich geltend macht. Also, Hr. Graf, Sie werden keinerlei Veranlassung erhalten, Ihre „tiefe Achtung" je bei Seite setzen zu müssen!

Es wiederholt sich übrigens in diesen Kämpfen gegen das Concil die bekannte Geschichte von dem Wolf und dem Lamm. Die Wölfe, welche alle möglichen und unmöglichen „Angriffe auf die Beziehungen zwischen Kirche und Staat" sich erlauben, wie auch der Herr Graf sie vom Concil zu fürchten scheint, schieben die Schuld, das Wasser getrübt zu haben, stets dem Lamme zu. Der Franzose, Napoleon, hat angefangen, er hat das Lied vom bösen Wolf vorgeblasen und die Staaten und Stäätchen bemühten sich, es nachzusingen. Der Franzose hat aber bereits wieder zum Rückzug geblasen und gebietet seinem Gesandten „möglichste Reserve gegen das Concil"; was wird Graf Bray thun?

Am Schluß der gräflichen Epistel stieg uns der Gedanke auf, ob der Hr. Graf unter der „zahlreichen katholischen Bevölkerung", von der er spricht, nicht etwa die zahlreichen Auch-Katholiken in Bayern verstanden habe, denn diese hatten bisher keine Gelegenheit, in religiösen Dingen sich besonders stark zu erhitzen, und lebten in ungestörtem, süßen Frieden. Wenn der Hr. Graf sich als deren Repräsentanten ausgebe, so dachten wir und sind deß völlig überzeugt, sei das eben eine bloße façon de parler, eine kühle diplomatische Redensart, die nicht ernst zu nehmen sei, die jedenfalls der Hr. Graf nicht ernst, sondern als bloße Redensart genommen wissen wolle, denn er weiß zu gut, was das für sonderbare Heilige sind, diese Auch-Katholiken.

Das wahrhaft katholische Volk hat seit zwei Jahrzehnten keinen religiösen Frieden gehabt, denn es durfte in seinen heiligsten Gefühlen fortwährend gehöhnt und verletzt werden, ohne daß die Staatsgewalt sich zu seinem Schützer und Rächer aufwarf. Schlimmer, als es in dieser Beziehung bestellt war und noch ist, kann es nicht mehr werden in Bayern! Das katholische bayrische Volk leistet gerne Verzicht auf diesen „bisherigen glücklichen Antheil des Landes", der immer nur den Auch- und Bauch-Katholiken zu gute gekommen, und ist nun hoffnungsfroh, daß der faule Friede einmal aufhören und das stagnirende Wasser durch einen frischen kräftigen Sturm in Bewegung gesetzt und wieder lebendig werden soll. Daß dabei etwas liberaler, auch-katholischer Schlamm aufgeworfen wird, schadet gar nichts; er ist auf manchem Acker — zum Düngen gut!

So viel über die gräfliche Epistel. Wir hoffen, Seine Excellenz werden durch solche „extrem klerikale" Anschauungen sich nicht „abgestoßen" fühlen; wir hatten einen Standpunkt zu wahren und thaten es so „diplomatisch" als möglich.

Aufklärungen.

Bei der principiellen Wichtigkeit und der zur Zeit noch gar nicht absehbaren Tragweite des Austritts der H. H. Lukas und Bucher und dessen was daran hängt, wollten wir die authentische Darstellung des wahren Sachverhalts von kompetenter Seite abwarten, aus dem wir zur Aufklärung der öffentlichen Meinung, die sich übrigens bereits größtentheils auf die Seite beider Herren und nicht der Fraktion [illegible] der Donauzeitung mittheilen:

„Daß die Einigkeit, heißt es in dieser Darlegung, nicht gerade die stärkste Seite der patriotischen Fraktion sei, bildet seit Langem ein öffentliches Geheimniß. Verschiedene Vorgänge in der Kammer haben ja vor den Augen des ganzen Volkes bewiesen, daß einige Patrioten hie und da lieber mit der Regierung und den Linken als mit dem Volke und den Rechten zusammengehen. Es war unmöglich, daß die Presse solche Vorgänge mit Verschwiegenheit bedeckte: die liberalen Blätter berichteten darüber mit Schadenfreude, die patriotischen mit Unmuth. Die betreffenden Mitglieder der patriotischen Fraktion aber zogen daraus nicht die Lehre, daß sie in Zukunft bei der Fahne bleiben sollten, sondern sie ärgerten sich und wurden recht böse über die patriotischen Blätter, welche die betreffenden Vorgänge mit Unmuth gemeldet hatten. Ueber die fortschrittlichen Blätter, welche dieselben mit Schadenfreude meldeten, wurden sie nicht böse.

Nun kam das große Referat des Abg. Greil über die Staatsausgaben. Dasselbe war gespickt mit verschiedenen scharfen Bemerkungen über unser niederes, mittleres und höheres Schulwesen, besonders über unser Universitätsunwesen. Das patriotische Volk kennt den Inhalt des Greil'schen Referates und wir sind gewiß, daß es darin seine eigenen Gedanken und Gefühle wieder erkannt hat. In der Kammer entspann sich darüber eine sechstägige, äußerst verbissene Debatte, welche dem aufmerksamen Beobachter eine traurige Perspektive in den inneren Zustand der patriotischen Fraktion eröffnete. Von den geistlichen Mitgliedern sprach Pfarrer Weiß aus Wallerstein entschieden und mit Leidenschaft gegen den Referenten Greil, von den Beamten ergriffen nur zwei das Wort, die Appellräthe Kurz und Gärtner: beide sprachen gegen Hrn. Prof. Greil. Schließlich kam dann gar noch das berühmte Wisnet'sche Desaveu! Wiesnet desavouirte den Herrn Greil, Lukas desavouirte den Herrn Wiesnet*). Hat wohl jemals eine politische Fraktion der Welt ein solches Schauspiel geboten? Einen solchen Zustand heißt man eben Auflösung!

Das unglückliche Wiesnet'sche Desaveu war das Werk der Herren v. Weis und Jörg. Alles was die Donau-Ztg. hierüber berichtet hat, ist wahr; Niemand wird es dementiren. Unmittelbar vor Beginn der Kammersitzung fand eine Präsidialsitzung statt, zu welcher auch Wiesnet als Vorstand des Finanzausschusses geladen wurde. Als er eintrat, fand er bereits auch den Sekretär des genannten Ausschusses, Herrn Advokaten Freytag anwesend. Man sagte ihm nun, daß Hr. Greil Namens des Finanzausschusses desavouirt werden müsse, und besonders Jörg und v. Weis gaben sich Mühe, ihm das begreiflich zu machen. Der gute Wiesnet ließ sich erst überreden, als man ihm durchblicken ließ, daß, wenn der Vorstand es nicht thun wolle, der Sekretär es thun würde. Die Intrigue nahm ein schlechtes Ende, da Hr. Lukas sich um den Referenten annahm und ihn nicht desavouiren ließ. Es läßt sich darüber streiten, ob es nicht besser gewesen wäre, wenn Hr. Greil die großen Fragen des Unterrichtswesens erst später, bei Feststellung des Budgets angeregt hätte; aber daß seine Bemerkungen an und für sich ganz wahr sind und daß unsere Universitätszustände seit langen Jahren die schmerzlichste Wunde des bayerischen Volkes sind, das ist außer allem Zweifel. Und nun sollten die Klagen Greils darüber nur seine eigene private Sache sein, der Finanzausschuß, die patriotische Fraktion sollte nichts davon wissen wollen!

Die Donau-Ztg. hat bekanntlich die Geschichte des Wiesnet'schen Desaveus erfahren und erzählt. Hr. Präsident v. Weis, der schon seit längerer Zeit ärgerlich über verschiedene Blätter war, nahm die Erzählung ungemein übel auf. Mit den 10. ds. Mts. erschien er Abends im Klub und erklärte, was folgt. Verschiedene patriotische Blätter nähmen sich schon seit längerer Zeit heraus, auch sogar die patriotische Fraktion zu kritisiren, ja zu tadeln. Das dürfe man nicht länger dulden, die Fraktion müsse dagegen einschreiten. Er schlage vor, die Donau-Ztg.", das „Allg. Volksbl.", das „Fränkische Volksbl." das „Straubinger Tagbl." und das „Bayr. Vaterland" von **Fraktionswegen öffentlich und entschieden zu desavouiren. Wenn der Klub das nicht wolle, so werde er, Dr. v. Weis, das Präsidium und sein Mandat niederlegen.**

Nach dieser Erklärung wurde die Sitzung begreiflicher Weise sehr animirt und es gab verschiedene Scenen. Denn die patriotische Fraktion zählt denn doch Mitglieder, welche begreifen, daß ein solcher Vorgang in der Geschichte des Parlamentarismus noch nicht dagewesen ist. Eine Partei desavouirt gleich die Hälfte ihrer eigenen Blätter! Allerdings muß zugestanden werden, daß die „Extremen" einen solchen Schlag noch nicht erhalten hätten, wie das von Weis begehrte Desaveu sein würde, und nach Oben würde man mit einem solchen Vorgehen ausgezeichnet zufrieden sein. Ein Beschluß indessen wurde an diesem Abende noch nicht gefaßt, weil darauf aufmerksam gemacht worden war, daß Hr. Lukas nicht anwesend sei, der ja notorisch hinter all' diesen Blättern stecke; diesen wolle man erst hören und seine Erklärungen darüber vernehmen, ob er nicht dafür sorgen wolle, daß in Zukunft die patriotische Presse den Klub oder auch einzelne Mitglieder desselben nicht mehr table.

*) Wir haben von diesem im parlamentarischen Leben ganz unerhörten und scandalösen Vorgang früher um des Friedens willen gar keine Erwähnung gethan. D. Red. d. „Bayr. Vaterland".

Am nächsten Abend erschien Hr. Lukas und gab seine Erklärungen ab. Er könne die gewünschte Garantie nicht bieten, weil er kein Recht habe auf irgend eines dieser Blätter und weil er glaube, daß die Presse frei sei auch dem patriotischen Klub gegenüber. Wenn die Blätter in der Wisnet-Affaire gelogen hätten, so solle man die Nachrichten verläugnen, aber nicht die Blätter. Er sei nicht von der Presse dem patriotischen Klub als Geißel ausgeliefert, und wenn der Präsident nicht mehr bleiben wolle, so soll er gehen. Nun entbrannte der Zwiespalt heftiger noch als am vorigen Tage und gedieh dahin, daß Hr. Lukas zornig den Saal verließ. Der Klub beschloß hierauf, daß etwas gegen die böse Presse geschehen solle; nur wußte man noch nicht was. Der Schritt, welchen die HH. Lukas und Bucher am folgenden Morgen gethan haben, dürfte demnach wohl begreiflich sein. **Von der Fortschrittspartei gehaßt, von der eigenen Partei feierlich desavouirt, hatten sie keine Stellung mehr in der Kammer.** Uebrigens wird der weitere Verlauf der Kammerverhandlungen gewiß entscheiden zwischen den „Extremen" und den „Gemäßigten" und wird wohl auch, wir sprechen es mit Zuversicht aus, den jetzt viel beklagten Schritt der HH. Bucher und Lukas rechtfertigen. Eines wissen wir ganz gewiß: das **bayerische Volk wird die genannten Blätter nicht desavouiren. Zur Zeit der Wahlen haben auch die „Gemäßigten" sie nicht desavouirt."** —

Also die authentische Darlegung in der Donauzeitung", wozu wir noch einige sachdienliche Beiträge bringen werden. — —

Uns sind über den Austritt beider Herren bereits eine Menge Briefe, Erklärungen und Proteste zugegangen; wir beschränken uns für heute, Folgendes zu veröffentlichen:

Von **Kaiserslautern**, 23. Mai, wird dem „Vaterland" geschrieben: „Ich beeile mich im Auftrag einer Anzahl patriotischer Bürger unserer Stadt der Redaktion des „Vaterland unser innigstes Bedauern über die Mandatsniederlegung des Hrn. Abg. Lukas auszudrücken.

Auf die Gründe, welche diesen Schritt veranlaßt, auf die Correktheit desselben der Sache und den Wählern gegenüber, die Hr. Lukas zu vertreten hat, und auf den Mehrheitsbeschluß der Kammer, die einen solchen Austritt aus rein persönlichen Motiven genehmigen konnte, will ich hier nicht näher eingehen. Meinem erhaltenen Auftrage gemäß will ich die Redaktion des „Vaterland" nur dringend ersuchen, dazu beizutragen, daß der geschehene Schritt in der allein noch möglichen Weise wieder rückgängig gemacht werde.

Der Austritt des Hrn. Lukas ist ja ein **unersetzlicher Verlust für die patriotische Sache**, die Wonne und der Sieg der Liberalen. Hr. Lukas ist uns unentbehrlich bei der Berathung des Wahlgesetzes, des Budgets und der vielen andern wichtigen Gegenstände. Suchen Sie doch in der Presse und in jeder andern geeigneten Weise dahin zu wirken, daß der Sieg der Fortschrittler ein Pyrrhussieg, ihre Freude eine sehr kurze sein werde. Hr. Lukas kann uns allein erhalten werden, wenn die Ersatzmänner veranlaßt werden, nicht in die Kammer einzutreten und dadurch eine **Nachwahl** veranlaßt wird.

Daß die Wahlmänner des Wahlbezirks Straubing ihrem Abgeordneten auf's Neue ihr Vertrauen schenken werden, das läßt sich ja gar nicht bezweifeln; dazu haben sie nach den eminenten Leistungen des Hrn. Abg. Lukas mehr Grund als je. Wir bitten Sie, in diesem Sinne Ihren ganzen Einfluß aufzubieten."

Was wir thun können, wird Alles geschehen, damit die Sache des Vaterlandes und des **bayrischen Volkes**, die in Hrn. Lukas ihren besten und beredtesten Anwalt besitzt, durch die Engherzigkeit einiger Aristokraten und verwaschenen Postzeitungs-Katholiken nicht Schaden leide. Zunächst werden wir morgen und in den nächsten Tagen eine Reihe von, zum Theil sehr empörten Stimmen aus dem Volke zu Wort kommen lassen.

Die **katholisch-patriotische Volkspartei**, die in der bisherigen **patriotischen Partei** schon lange lebte und wirkte, wenn sie bis jetzt auch noch nicht selbstständig auf den politischen Kampfplatz getreten ist, darf ihren besten und tapfersten Ritter nicht das Opfer einer Intrigue von Elementen werden lassen, die sich in wenigen Monaten ganz unerwartet — fortentwickelt haben und welche im Mai und November unter ganz anderen Voraussetzungen das Volk als seine Sachwalter und als die Männer seines Vertrauens in die Kammer gewählt hat!

Deutschland.

München, den 25. Mai

Landtag. In der gestrigen Sitzung wurde ein Gesetzentwurf vorgelegt, durch welchen Wirthe &c., die bisher im eigenen Hause schlachten durften, von der Gemeinde gezwungen werden können, an einem beliebigen Orte schlachten zu müssen. Dieser Gesetzentwurf ist veranlaßt, weil Magistratus hochweiser fortschrittlicher Münchner beabsichtigt, in der Nähe von Thalkirchen und Sendling ein eigenes Schlachthaus modernes fortschrittliches zu bauen und um die Wirthe und Metzger zwingen zu können, dort schlachten zu lassen, ein eigenes Gesetz braucht. Die Errichtung eines allgemeinen Schlachthauses außerhalb der Bavaria ist von ungeheurem Vortheil namentlich für die arbeitenden Klassen, weil sich für sie die erfreuliche Aussicht eröffnet, in Folge dieses Schlachtzwangs das Pfund Fleisch um etwa 2 kr. bezahlen zu dürfen, und so das Geld, das ihnen Steuer, Militär und preußisches System etwa noch gelassen, bequemer unter die Leute zu bringen. Sodann waren etliche Rechnungsnachweise zu genehmigen, wobei Hr. Pfarrer Schmid von Traunstein für die armen Salinenarbeiter und ihre Bruderlassen ein gutes Wort einlegte und Hr. Baier das Eingehen der k. Salinen in Kissingen tief beklagte, womit aber Jocheder gar nicht zufrieden war und sogar ein Defizit in Aussicht stellte. Der Gesetzentwurf, betreffend eine Anleihe von 99,000 fl. als Nachtrag zur Errichtung einer Kreis-Irrenanstalt in Oberfranken, wurde angenommen. Mehrere Anträge auf Revision des Distriktsrathsgesetzes wurden der Regierung zur entsprechenden Darnachhandlung empfohlen.

☞ Für die Genehmigung des Austritts des Hrn. Lukas haben, was wir nachtragen, noch weiter gestimmt: Der Flügeladjutant des Hrn. Weis Adv. Freitag, dann Gürster, Prestele und Dr. Ruland, Letzterer „aus Consequenz, weil Austrittsgesuche immer genehmigt worden seien".

— Zum 1. Bürgermeister von München wurde Advokat, Erhard zum 2.: Dr. Widenmaier, Bürgermeister von Lindau, beide mit 30 gegen 19 Stimmen gewählt; Rechtsrath Rupert erhielt 19 Stimmen.

• Das **„Liberale Schimpflexikon"** von R von der Donau ist gestern in **vierter** verbesserter und mit den Resultaten der neuesten Forschungen auf dem Gebiet der „liberalen" Presse bereicherter Auflage erschienen. Wir haben uns diesen großartigen Erfolg dieses merkwürdigen Denkmals liberaler Niederträchtigkeit und Verkommenheit oder wie man das auf Liberal heißt: „zeitgemäßer Anständigkeit und Noblesse", selbst nicht erwartet und können dazu der geistreichen Feder und dem unermüdlichen Fleiße unsers tapferen Freundes R von der Donau, der zu unserm und unserer Leser Bedauern gegenwärtig sehr leidend ist, nur gratuliren.

Preußen. In **Berlin** kam plötzlich **Bismark** von Barzin, sah seine Nationalen und siegte und zwar zur größeren Ehre des **Henkers**. Die „National-Liberalen" hatten Miene gemacht, die Todesstrafe im hohen Nordbund abzuschaffen. Det seht man nich! sagte Papa **Bismark** und es ging wirklich nicht, die Nationalen stimmten sich wieder um und zwar mit der Erweiterung, daß von nun auch in den Gebieten des Nordbundes wieder geköpft werden soll, wo das wie in Sachsen nicht mehr Sitte war, „der deutschen Einheit wegen", wie Bismark auseinandersetzte. Daß die „deutsche Einheit" einmal Grund zum Köpfen sein könne, haben sich wohl die eingefleischtesten Bettelpreußen niemals gedacht. Großer Völk, wie wird dir?

Ausland.

In **Spanien** ist, um einem dringenden Bedürfniß des hochstehenden „gebildeten" Lumpenthums zu entsprechen, die Civilehe dekretirt worden.

In **Bukarest** kündigt eine Proklamation des Hohenzollernjünglings Karl den erfreuten rumänischen Säuhirten die bevorstehende Geburt eines Thronerben an. So ein Preuße braucht nur zu wollen, dann ist er auch gleich — Prophet!

Vermischte Nachrichten.

Von der **Isar** wird dem „Vaterland" geschrieben: Der „Katholik" Makowizka hat in der Kammer kürzlich eben so gut „katholisch" als „deutsch" gesprochen. Ich dächte aber doch, der „deutsche" Makowizka soll dorthin gehen, wo sein gut „deutscher" Name zu Hause ist, entweder zu den halbslavischen Borussen in Preußen oder zu den Vollrussen unter der heiligen Knute. Das Wort Makowiza ist nämlich gut russisch und bedeutet der — Mohnkopf. Dies zu wissen ist von Wichtigkeit, weil so die Namen zweier „katholischer" Parteiführer der „Liberalen" leichter zu merken sind: der „katholische" Augsburger Völk vom Mohrenköpfle, der bekannten fortschrittlich-schwäbischen Nationalherberge, und der gleichfalls „katholische" Franke aus Erlangen als ein geborner Mohnkopf. Ob dieser russische Kopf auch russische Toleranz gegen Katholiken beherbergt oder nicht, diese Frage dürfte seine echt „katholische" Rede beantwortet haben. Von dem Makowiza wird in der Türkei ein pikantes Getränk für liberale Türken gebraut, die keinen Wein trinken dürfen und darum sich den Makowiza-Fusel schmecken lassen. Auch vom lebenden Makowiza haben wir was zu genießen bekommen, was sehr fuselig*) schmeckte, so daß das Gegengift, welches Lukas dagegen verschrieb, sehr am Platze war.

— Im ersten Quartal dieses Jahres wurden im Zollverein an Salzsteuer eingenommen 2,06,341 Thlr. Der preußische Nordbund hat bezahlt 1,585,629 Thlr., erhält aber als seinen Antheil 1,687,106 Thlr., während Bayern nur 276,076 Thlr. erhält und im Verhältniß zu seinen Einnahmen aus dem Salz 84,457 Thlr. an die Nordpreußen verliert. Würtemberg verliert auf diese Weise 13,685 Thlr., Baden 12,993 Thlr., Hessen 13,767 Thlr., während der Nordbund in diesem einzigen Quartal 113,466 Thlr. mehr ausbezahlt erhält, als er einbezahlt hat.

Oesterreichische Blätter berichten von einem Proceß wegen einer Wechselschuld von 6 fl., bei dem die bereits aufgelaufenen Gerichts- und Executionskosten 51 fl. 81 kr. betragen und nun ein Feilbietungsedikt von 3 Tagfahrten ausgeschrieben wird! Das österreichische „Recht" muß eine unbezahlbare Melkkuh für Advokaten sein, fast wie das neue bayrische.

Briefkasten.

Um genaue Adresse für Zusendung der durch Postanweisung bestellten 12 Stuttgarter kath. Kirchenbauloose nach Unterfranken ersucht die Expedition des „Vaterland."

---

*) Es ist ungefähr ebenso genießbar wie das Schwefelwasser, welches der Mohrenköpfl-Katholik Völk zuweilen als — auflösendes Mittel zu geben pflegt und das selbst bei einer Roßnatur nicht ohne Wirkung bleibt. D. R.

Verantwortlicher Redakteur: Dr. J. Sigl.

Druck von M. Vogt in München, Neuthal 18

II. Jahrgang.

Das Bayrische

Vaterland.

Auflage: 5400.

Das „Bayr. Vaterland" erscheint täglich mit Ausnahme der Sonn- und hohen Festtage. Preis des Blattes: Vierteljährig 54 kr., ganzjährig 3 fl. 36 kr. Das einzelne Blatt 1 kr.

Alle Postexpeditionen und Postboten des In- und Auslandes nehmen Bestellungen an. Inserate werden die dreispaltige Petitzeile oder deren Raum zu 3 kr. berechnet.

Redaktion: Burggasse 14 — Herausgegeben von Dr. jur. J. Sigl. — Expedition: Rufinibazar 5

Germanius. — Nr. 120. — Samstag, 28. Mai 1870.

Die Mission zu Waismain.

(Hrn. v. Lutz in bekannter Verehrung gewidmet.)

R. **Von der Donau.** Trotz der Bitte von mehr als 221 Familienvätern Waismain's wurde alldort die Abhaltung einer Mission von einer hohen königlichen nicht gestattet. Dagegen konnten die Bittsteller am 15. und 16. d. M. an Vorträgen Theil nehmen, welche der freireligiöse Sprecher Eisner im benachbarten Kulmbach zur Verbreitung von „Licht und Aufklärung" ungehindert zum Besten zu geben geruhte.

Die katholische Predigt der Wahrheit wird verboten, die Predigt des Unglaubens wird gestattet: so will es die „liberale" Aera Bayerns, so — genehmiget es unsere „freisinnige" Justiz- und Cultusgottheit! Wie unser „moderner" Staat die Wahrheiten des Evangeliums fürchtet, welches doch den Gehorsam gegen jede rechtmäßige Autorität predigt! Nun, Bayern hat es schon einmal erlebt, daß ein Vaterunser als „staatsgefährlich" erfunden wurde; es ist nur consequent, die Missionen aus eben diesem Grunde zu untersagen. Eine Religion, welche den Erdkreis civilisirte und der das Bayernland seine Entstehung, seinen Bestand und seinen Glanz verdankt, — eine solche Religion muß ja wohl staatsgefährlich sein! Die Apostel des Unglaubens haben dagegen einen Freipaß für ganz Bayern in der Tasche. Ob ihre blasphemischen Vorträge die ächte und rechte Nahrung für das katholische Bayernvolk seien, und ob im Unglauben und folglich in der Immoralität das Heil des Staates und seiner Unterthanen ruhe: das muß ein bayrischer Cultusminister besser wissen, als wir. Wir haben die etwas altväterisch blöde Ansicht, daß, wenn die Menschheit einmal den religiösen Glauben von sich geworfen hat, auch alle Begriffe von Recht und Unrecht sich verkehren, daß das Gewissen verstummt und das sittliche Handeln aufhört: und diese Geistesverwirrung tritt dann auch außer sich zu Tage — in der **Revolution.** Frankreich hat es gezeigt in den letzten Dezennien des vorigen Jahrhunderts, und Deutschland wird in Bälde unsere modernen Staatsintelligenzen hierüber belehren.

In **Gunzenhausen** haben unlängst gegen 240 protestant. Geistliche eine Conferenz abgehalten und gegenüber dem Freigemeindenthum folgende Resolution gefaßt: „Das Freigemeindenthum ist dem Volke in seiner wahren Gestalt zu zeigen, und es ist nachzuweisen, wohin der Unglaube dieser Gemeinschaft führe".

Ob die protestant. Pastoren das Gravirende, welches gegen unser hochpreisliches Ministerium in ihrer Resolution liegt, bemerkt haben, das fragen wir nicht; wir schütteln nur über ihre „muckerischen, dunkelmännerischen Bestrebungen" den Kopf. Nach neuester Doktrin nämlich sind der Katholicismus und der gläubige Protestantismus die „Vampyre des Staates", hingegen der Unsinn und Unglaube, welchen Scholl, Eisner, Uhlich predigen, die „Stütze" des **modernen religionslosen Staates.** Deshalb werden die katholischen Missionen verboten, deshalb höhnt die glaubenslose Presse den gläubigen Protestantismus als „Muckerthum" und deshalb brauchen die Apostel des Unglaubens zu ihren gotteslästerlichen Vorträgen keinerlei ministerielle Genehmigung.

Bayern muß „vorwärtsschreiten", und wäre es in die Nacht eines neuen Heidenthums und in den Abgrund des Unglaubens!

Was unsere katholischen Abgeordneten zu dem Missionsverbot in Weismain sagen werden, wollen wir abwarten. Dem Hrn. Pfr. Bach gäbe dieser Vorfall eine schöne Gelegenheit, seinen Muth dem Minister und den Liberalen gegenüber zu bethätigen und sein parlamentarisches Talent zu entfalten. Sollte sich der edle Herr zu einer bezüglichen Interpellation nicht verstehen, so könnte sein Nichthandeln den Grund nur darin haben, daß die kathol. „Schmutzpresse" in casu das „Vaterland" ihn hiezu auffordert. Vielleicht wartet der liberale Hr. Pfarrer eine Aufforderung der „ehrenwerthen" „Abendzeitung" und „Kptr. Zeitung" ab. Doch zu Interpellationen im Interesse der gekränkten katholischen Kirche brauchen wir keinen Bach, wir besitzen, Gottlob! noch Männer und mannhafte Priester! die das Herz auf dem rechten Flecke haben und deren katholische Gesinnung sich nicht nach dem Postzeitungs-Katholicismus zu recht pflegt.

Stimmen aus dem katholisch-patriotischen Volke.

Wir beginnen nachstehend eine Auswahl von uns zugegangenen Briefen zu veröffentlichen, aus denen sich die Volksstimmung über die Beseitigung der Abg. Lukas und Bucher ziemlich deutlich erkennen läßt.

Vorerst wollen wir der irrigen Ansicht begegnen, als sei durch diese Beiden eine Spaltung in die patriotischen Partei gekommen, welche sie zu verantworten hätten. Das ist entschieden falsch. Diese „Spaltung", wenn wir die Meinungsverschiedenheit des Club in Bezug auf **innere Fragen** so nennen dürfen, hat längst bestanden, ehe die „Staatsmänner" sich stark genug hielten, beide Herren aus dem Club hinauszudrängen; denn nur aus dem Club wollen sie sie drängen, weil sie dort als die Vertrauensmänner namentlich der ländlichen Abgeordeten allzu gefährlich für die Finessen und Praktiken der „Staatsmänner" waren, welche, so hofft man, die Bauern jetzt nicht mehr so leicht werden durchschauen können. In der Kammer hätten sie dann immer noch bleiben können, denn in der Kammer wären sie für die „Staatsmänner" unschädlich, da man sie ja leicht niederstimmen könnte. Das nicht einzusehen, waren beide Herren nicht zurückgeblieben genug.

Von Fraktionswegen wird in den zwei Organen des Clubs der Versuch gemacht, die bekannten fünf Blätter jetzt dem bayrischem Volke als „demokratisch" zu denunciren und als „demokratisch" zu ächten. Das ist eine sehr liebenswürdige Finesse des Hrn. Weis, auf welche wir die Antwort nicht schuldig bleiben werden.

Wenn „Vaterland", „Straub. Tagblatt" und die drei Bucher'schen Blätter „demokratischen Tendenzen huldigen", so „huldigt" mindestens die Hälfte des bayrischen Volkes gleichfalls „demokratischen Tendenzen". Und hat der Redacteur des „Vaterland" etwa seine politische Richtung geändert, seitdem er den „Volksboten", der ihn jetzt auch als „demokratisch" denuncirt, nicht mehr schreibt und redigirt? Und haben die Leser jenes Blattes, hat das bayrische Volk unsere „demokratischen Tendenzen", wie man unsere politische Richtung benamst, vielleicht mit Abscheu von sich gewiesen? Mit Zahlen, dächten wir, ließe sich da besser streiten als mit Worten.

So viel für heute. Jetzt lassen wir Stimmen aus dem Volke zu Wort kommen.

Von der **Wertach** schreibt man dem „Vaterland": Wir hatten gestern in unserm kleinen Verein wieder eine patriotische Versammlung, bei der wir von Gästen aus dem Augsburger Casino auf das Angenehmste überrascht wurden. Einer von diesen Herren nahm das Wort und in seiner Rede über die Kammerverhandlungen kam er auch auf die Ausscheidung von Lukas und Bucher aus der Kammer und erzählte den ganzen Hergang, wie er uns allen noch größtentheils neu war. Da ward nun die lautlose Stille, welche während des Vortrags herrschte, unterbrochen durch halblaute Ausrufungen wie: Guter Gott! was soll das noch werden! rc. aber auch manch kräftiges Donnerwetter fuhr dazwischen, — alles Ausrufungen, welche deutlich genug die Stimmung der Zuhörer zu erkennen gaben. Man tröstete sich aber ein wenig mit der Hoffnung, daß Bucher und insbesondere Lukas für die Kammer doch nicht ganz verloren seien. Schicken Sie doch, Hr. Redacteur, so schnell als möglich unsern herzlichsten Gruß an die betreffenden Ersatzmänner und braven niederbayrischen Bauern, sie sollten doch diesmal thun, was jeder Freund des Volkes und Vaterlandes von ihnen erwartet und durch ihren Verzicht auf die Annahme des erledigten Mandats Bucher und insbesondere Lukas dem bayrischen Volke als seine tapferen Vertreter in der Kammer erhalten!....

„Was ist denn das, schreibt man uns aus **Oberbayern**, mit unserer patriotischen Partei? Sind denn das noch dieselben Männer, die wir mit so viel Mühe und Kampf im Mai und November gewählt haben? Dieselben, auf die wir unser ganzes Vertrauen gesetzt, daß sie uns helfen und uns eine bessere Zeit wiederbringen werden? Hr. Lukas, in dem erkennen wir noch den Unseren ganz, dem vertrauen wir, so wie er, wollten wir alle, dann müßte es gut gehen und dann wäre unsere Arbeit nicht umsonst gewesen. Und diesen Mann stoßt man von sich, von diesem treuen Kämpfer für das Recht und das Wohl des Volkes, unser Wohl, sagt man sich los, diesen belegt man mit Acht und Bann! Ja, da weiß man nicht mehr, was man sagen und denken soll! Wir bitten Sie alle, Hr. Redakteur, fahren Sie da darein, lassen Sie nichts aus, wenn man Sie auch noch einmal desavouirt. Wir Landbewohner desavouiren Sie nicht. Besonders nehmen Sie diejenigen auf's Korn, die sich mehr von Ehrgeiz und persönlichen Interessen leiten zu lassen scheinen, als von dem Eifer für die gute Sache des Volkes. Lassen Sie sich nicht einschüchtern; Sie müssen unser Anwalt bleiben und Herr Lukas muß es wieder werden, wir stehen zu Ihnen. Wenn so viele Arbeit, so viele Opfer vergeblich gewesen sein sollten, dann gute Nacht, Bayern! Dann wählen wir das nächste Mal gar nicht mehr und ergeben uns in unser Schicksal. So lange aber dieses abzuwenden ist, so lange müssen Sie und müssen wir alle kämpfen unverzagt".

Vom **Oberland** wird dem „Vaterland" geschrieben: Nichts hat mich und alle meine Gesinnungsgenossen noch mehr empört, als daß einige, die auch Patrioten sein wollen, die HH. Lukas und Bucher so leicht — hin aus der Kammer ausscheiden ließen. Ja, hat denn die patriotische Partei in der Kammer einen Ueberfluß an solchen Kräften oder glaubt man denn, daß solche Männer so leicht zu ersetzen seien? Haben denn all' diese Grafen und Barone und „Staatsmänner" — wie das „Vaterland" wahrscheinlich blos scherzhaft sagt — auch bedacht, was sie ihren Wählern schuldig sind? Haben sie noch nicht oft genug von den Fortschrittlern erfahren, daß die niemals einem Patrioten ihre Stimme geben, und sie konnten mit dem Fortschritt, von dem sich das freilich leicht begreift, für den Austritt solcher ächten und ausgezeichneten Patrioten stimmen? Wollen denn diese Herren die patriotische Mehrheit, die wir so sauer erringen und erkämpfen mußten, wieder leichten Sinnes vernichten und sich für solche Heldenthat mit einem gnädigen Lächeln von den Ministern belohnen lassen? Gegen ein solches Gebahren von einzelnen Mitgliedern der patriotischen Partei müssen wir feierlichst protestiren. Wir wollen einiges Zusammenhalten zum Wohle des Volkes, wir wollen, daß man dem Volke einmal gerecht werde und auch halte, was man versprochen hat, wir wollen aber nicht, daß man eigenen persönlichen Interessen das Volkswohl opfere, nein, das wollen wir nicht! Uebrigens wenn jene sonderbare Sorte von Patrioten sich nicht bessern wird, dann werden wir uns für die nächste Wahl unsere Getreuen wohl merken und gehörig antreiben und Acht haben, daß solche wankelmüthige Um- und Rücksichtsmänner dann nicht mehr gewählt werden. Das patriotische Volk erwartet von seinen Vertretern einiges Zusammenhalten, wenn es sich um unsere Haut handelt, und daß man mit solchen Männern wie Lukas und Bucher gehe und stimme und nicht gegen sie. Grüßen Sie, Hr. Redakteur, uns unsern treuen Patrioten und Abgeordneten Hilgenrainer!

Von der obern Donau schreibt man dem „Vaterland"; Hoch leben Lukas und Bucher, die tapferen Kämpfer für unser Recht, unsere Kirche, unser bayrisches Vaterland, die unerschrockenen Bekämpfer des offenen und versteckten, des bewußten und unbewußten Freimaurerthums, die Männer, die sich nicht von feigen Rücksichten und weibischer Nachgiebigkeit bestimmen lassen, sondern es lieber mit dem Volke als mit denjenigen halten, die die Macht haben und Ehren und Aemter verleihen können! Wir hatten satt an Lug und Trug, wir wollen aber jetzt auch nicht Ehrgeizigen zum Opfer werden und nicht das verachtete „Stimmvieh" gewesen sein, über dessen Köpfe hinweg Ehrgeiz und „staatsmännische" Kunst den Weg nehmen wollen. Ist das der Lohn, den wir Wahlmänner und Urwähler für so viele Opfer und Verfolgungen erhalten sollen, daß ein Mann unsers unbedingten Vertrauens wie Hr. Lukas aus der Kammer, wo sein Platz war, verdrängt werden soll, weil er die katholisch-patriotische Fahne siegreich immer hoch gehalten hat? Haben wir das verdient, daß man Männer, welche mit ihren Freunden, die man jetzt mit ihnen verfolgt und „desavouirt", zum größten Theile bewirkt haben, daß die patriotische Partei überhaupt existirt und die Majorität in der Kammer hat, daß man solche Männer von sich stoßt und sich „lossagen" möchte von ihnen, nachdem sie die meiste und die gröbste und gefährlichste Arbeit gethan hatten! Gebt Acht, ihr Männer der Rücksicht, ihr verkannten „staatsmännischen“ Genies, daß das Volk, welches höher von diesen Männern denkt und dankbarer gegen sie ist, sich nicht von euch lossagt und euch selbst desavouirt! Ihr solltet unsere Bauern hören, was die von euch sagen! .... Ihr Ersatzmänner aber von Straubing und Pfarrkirchen, an euch ist es, wieder gut zu machen, was die Kammer gefehlt hat. Ihr allein könnt noch helfen, indem ihr das Mandat, das man Lukas und Bucher aus den Händen gewunden, nicht annehmt. Dann werden die Wahlmänner beide nochmal in die Kammer schicken, und das wird ein Wink sein für die „Staatsmänner“, den sie gewiß verstehen werden. Rührt euch, Freunde des Volkes, Männer aus dem Volke, und agt es wie ihr könnt, das ihr Vertrauen habt, zu diesen Vertheidigern euers Rechtes und man wird eure Stimmen hören und verstehen müssen! Ihr dürft diejenigen nicht vom Platze verdrängen lassen, die sich als die treuesten Vertreter eurer Interessen erwiesen haben. **Hoch leben die katholischen Patrioten Lukas und Bucher und ihre Freunde in der Kammer und der Presse!**

Deutschland.

München, den 27. Mai.

Die „Abendzeitung“ hatte vor etlichen Tagen behauptet, selbst Hr. Stadtpfarrprediger Dr. Westermayer habe in den stürmischen Clubsitzungen, als es galt, mehrere patriotische Blätter zu desavouiren, „gegen den edlen Sigl geredet“. Das ehrenwerthe (!) Blatt muß sich nun von Hrn Dr. Westermayer folgende Berichtigung gefallen lassen: „Dieses ist Wort für Wort unwahr. Ich habe in meinen Aeußerungen den Namen Sigl gar nie genannt, sondern meinem Standpunkt offen und klar den Satz an die Spitze gestellt: Kein Vogel beschmutzt sein eigenes Nest! Die gesammte Fraktion in all' ihren an jenem Abend gegenwärtigen Mitgliedern*) wird mir das bezeugen. Dr. Westermayer, Ldtgs Abg. — Wir haben es nicht der Mühe werth gefunden, der „Abdztg.“ zu erwidern, da wir ihre verleumderischen Lügen nicht glaubten, uns aber sehr wohl gegenwärtig hielten, daß den Liberalen einzig darum zu thun sei, durch alle möglichen Lügen das ihnen von Tag zu Tag unbequemer werdende „Vaterland“ in Mißkredit zu bringen. — In derselben Nr. erklärt die „Abdztg.“ gegenüber dem „Vaterland“, daß Graf Fugger-Blumenthal in keiner Verbindung mit der „Abdztg.“ sei und ihr weder direkt noch indirekt Korrespondenzen oder Material geliefert habe. So? Wir sind natürlich davon felsenfest überzeugt, möchten aber dann wissen, welches andere Mitglied der patriotischen Fraktion außer diesen Grafen Fugger im Stande wäre, seit Monaten alle Vorgänge im Club für die liberale Presse zu verwerthen, demselben Graf Fugger, welcher vor den Wahlen in jeder Weise bei der patriotischen Presse und insbesondere bei uns sich zu insinuiren suchte und von dem uns recht schätzbares geschriebenes Material zur Verfügung steht. Heute desavouirt und verfolgt derselbe Graf Fugger diese Presse, mit der vor den Wahlen die lebhaftesten Beziehungen zu unterhalten er keineswegs unter seiner hochgräflichen Würde gehalten hat!

— Die Augsburger „Abendzeitung“ leistet in Nr. 143 folgende Liebenswürdigkeit: „Bei all dem Jammer, den die jüngsten Tage über die greilich-schwarze Bruderschaft gebracht haben, ist nur Einer überglücklich, Zander nämlich, der gleich dem Vogel Nibus in Egypten nur, da es trüb Wetter ist, sein Lied singt. Er hofft, daß die Konkurrenzblätter Buchers eingehen, und der „Volksbote“ abermals, nachdem ihm kaum von Seite der edlen Parteigenössin der Todesstoß applicirt werden sollte, blühen und wachsen werde an Abonnenten und an Ansehen“. Wir können aus der Notiz unschwer erkennen, wie angenehm es der Abendzeitung wäre, wenn die patriotischen Blätter auf das Geheiß der Liberalen hin es machten wie die patriotische Kammerfraktion und sich in die Haare geriethen und wollen darnach den Werth dieser Behauptungen beurtheilen. Daß der „Volksbote“ in dem „Jammer der letzten Tage überglücklich“ sein könne, halten wir schon aus dem Grunde für unglaubhaft, weil ein Patriot über ein Unglück seiner Partei nur tiefbetrübt sein kann. So geht es uns und so geht es sicher auch dem „Volksboten“; aus einem Unglück der Partei Vortheil für sich erhoffen, das ist Patrioten — zu liberal; jedem wahren Patrioten geht ein Unglück, das der Partei zustoßt, ebenso zu Herzen, als wenn es ihm selbst begegnet wäre und er denkt an alles andere eher, als daraus Vortheil für sich zu ziehen.

— Die Kammer wählte für den ausgetretenen Herrn Lukas Hrn. Pf. Triller von Meckenhausen in den Finanzausschuß mit 72 von 125 Stimmen und für Hrn. Bucher Dr. Huttler mit 73 von 126 in den dritten Ausschuß. Leider vernehmen wir, daß das Baureferat, welches Lukas bereits nahezu vollendet hatte, dem Grafen Fugger zugewiesen wurde. Dann kann es gut ausfallen.

— Der Abg. Graf Fugger hat dem Vorstand des patriotischen Bauernvereins, Frhr. v. Hafenbrädl, im Zusammenhang mit den bekannten Clubvorgängen seinen Austritt aus dem Verein erklärt. Der Hr. Graf bedarf der patriotischen Bauern nicht mehr, da er auf 6 Jahre in die Kammer gewählt ist. Ihre Wege sind nicht seine Wege, denn er ist unter die „Staatsmänner“ gegangen.

☞ Aus **Regensburg** vom dortigen katholischen Casino, welches über 1200 Mitglieder zählt, hat der tapfere Mitkämpfer des Hrn. Lukas, Hr. Prof. Grell ein Telegramm erhalten, worin ihm der Dank für seine bisherige Haltung ausgesprochen und er zu festem Ausharren ermuthigt wird. (Wo bleiben denn die Dankadressen und Anerkennungstelegramme für die „staatsmännischen“ Postzeitungs-Katholiken?! Wer gibt? wer hat?)

Nürnberg. Gottfried der „Anzeiger“ jubelt wie die Fortschrittler gleichfalls über den Austritt von Lukas und Bucher aus der Kammer. Wenn es einem „Schwarzen“ gilt, dann sind die Liberalen immer ein Herz und eine Seele.

Oesterreich. Die Wiener „Tagespresse“ scheint sich gleichfalls einen eigenen Esel angestellt zu haben, der ihr über unsere Kammervorgänge rc. zu berichten hat. Vorgestern nannte sie die H.H. Lukas und Bucher die Robespierre und Danton der bayr. Kammer, heute jubelt sie daß die Patrioten dieses „feine Gift, das ihren Organismus der Auflösung entgegenführte“, ausgestoßen haben. Wenn die Narrheit witzig ist, meinen wir, dann läßt sie sich anhören, wenn sie aber blos dumm ist, dann ist's Schade um das ruinirte Papier.

Ausland.

In **Italien** werden Sr. Maj. allergetreueste Unterthanen immer widerborstiger. Banden, und nichts als Banden, Banden in allen Ecken des „geeinigten“ glücklichen Italien, — der Telegraph kennt sich gar nicht mehr aus vor Banden und schweigt sie todt, da die Truppen sie nicht todtschießen können. Und was das Schlimmste ist, besagte Banden bestehen schon nicht mehr aus desparatem

---

*) Es waren 34 Abstimmende, von denen 31 dafür stimmten, daß gegen das „Vaterland“ und die anderen Blätter „etwas“ geschehen soll. D. R.

Gesindel, sondern „aus der Blüthe der Jugend Italiens“, nämlich aus den jüngeren „Intelligenzen“ der Städte, welche bei uns bekanntlich die „Stützen des Thrones“ sind. Die Regierung in ihrer Angst befürchtet allgemeine Aufstände in der Lombardei, in Piemont, in Toskana und der Emilia. Die Aufstände im Neapolitanischen hofft sie durch nachhaltiges Erschießen und Mordbrennereien von Amtswegen „unterdrücken“ zu können. Die 3000 seit Anfang der 60er Jahre niedergebrannten Städte, Flecken und Dörfer scheinen den annexirten Neapolitanern noch nicht genug Liebe und Respekt vor den italienischen Preußen beigebracht zu haben. Also wird forterschossen und niedergebrannt; die nöthige Liebe wird da bei den gehetzten Völkern schon noch zum Vorschein kommen. Wo sich der König herumtreibt, das wissen die Götter; S. Majestät fürchtet jeden Tag gestohlen, wo nicht gar unversehens abgethan zu werden.

Vermischte Nachrichten.

Der fränkische Schulmeister Strauß, bekanntlich eine gewaltige Säule unsers Kammerfortschritts, hat bei der Kammer einen Antrag auf Besteuerung der Hunde und — Singvögel eingebracht. Das ist wieder einmal recht liberal! Wir möchten dem Herrn nach einige andere „brauchbare Steuerobjekte“ in Vorschlag bringen, die wohl eben so viel Berücksichtigung verdienen als der Kanarienvogel einer armen Näherin, z. B. eine Steuer auf die Stiefelknechte und Sacktücher; beide sind offenbar Luxusgegenstände. Eine Steuer auf Spazierstöcke wäre auch nicht von Blei und gegen eine tüchtige Besteuerung der Kammerweibchen würden aus guten Gründen nur Hr. Völk und Schauß stimmen. Eine Besteuerung der Abgeordneten für das Schwänzen der Kammerverhandlungen könnte auch ein schönes Stück Geld abwerfen, besonders während der Hundstage, und wenn jede fortschrittliche Lüge mit nur einen Gulden besteuert würde, so könnten wir den Preußen mindestens ein Dutzend Regimenter mehr zur Verfügung stellen und beim nächsten Kriege abprügeln lassen. Wenn man einmal was thun will, soll man's gleich ordentlich thun, Hr. Strauß!

Die „Garde“ wird morgen zum Besten des Vincentius-Vereins in der Neuen Welt ein Concert veranstalten. In Anbetracht des Segens, den dieser Verein stiftet, wünschten wir einen recht zahlreichen Besuch, namentlich auch der Familien; gilt es ja doch wieder einen edlen Zweck zu erreichen und da bleiben die Katholiken von München niemals zurück.

Briefkasten.

Waldkirchbach. Die reklamirten je 7 Er. von 112, 113 115 und 116 abgegangen; 114 ist vergriffen, kann also leider nicht mehr nachgeliefert werden. Gleich [illegible] Tage nacheinander kein Blatt eingetroffen, wo fehlt e[illegible]? Ersuchen immer sofort zu reklamiren.

Verantwortlicher Redakteur: Dr. J. Sigl.

Druck von M. Vogt in München. Neuthal 19.

II. Jahrgang. Auflage: 5400.

Das Bayrische Vaterland.

Das „Bayr. Vaterland“ erscheint täglich mit Ausnahme der Sonn- und hohen Festtage. Preis des Blattes: Vierteljährig 54 kr., ganzjährig 3 fl. 36 kr. Das einzelne Blatt 1 kr.

Alle Postexpeditionen und Postboten des In- und Auslandes nehmen Bestellungen an. Inserate werden die dreispaltige Petitzeile oder deren Raum zu 3 kr. berechnet.

Redaktion: Burggasse 14 — Herausgegeben von Dr. jur. J. Sigl. — Expedition: Ruffinibazar 5

Theodosia. — Nr. 121. — Sonntag, 29. Mai 1870.

Bestellungen auf das „Bayr. Vaterland“ für den Monat Juni zu 18 kr. können bei allen Postanstalten und Postboten noch immer gemacht werden.

Katholisch und Klassisch.

(Hrn. Abg. Makowizka gewidmet.)

—g— Von der **Donau**. Unter Klassikern hat man seit Menschengedenken gewöhnlich solche Schriftsteller oder Componisten verstanden, die einen gediegenen geistigen Inhalt in mustergültiger Form darzustellen vermochten. Auch war man bisher der Meinung, daß sich dieser Vorzug mit jeder religiösen Ueberzeugung vertragen könne. Man redete darum von heidnischen, jüdischen, christlichen, beziehungsweise katholischen oder protestantischen, ja selbst von ungläubigen Klassikern.

Dem Hrn. Makowizka war es vorbehalten, die Welt mit der Entdeckung zu überraschen, daß sich unter den Klassikern kein einziger Katholik befinde. Was sind für diesen Herren die Nibelungendichter, was Wolfram v. Eschenbach, Dante, Cervantes, Calderon, was das Zeitalter Ludwigs XIV. oder ein Manzoni und Longfellow von Schakespeare nicht zu reden, den Rio mit Zuversicht für den Katholicismus in Anspruch nimmt? Was sind für ihn Haydn, Mozart und Beethoven? Aber das meint ja der gelehrte Herr nicht. Er kann sich unter „Klassiker“ wohl nichts anderes denken, als was nach der Reformation in Deutschland geschrieben und davon nur wieder, was bei Hr. v. Cotta gedruckt worden ist!

Es liegt uns fern, den Verdiensten unserer deutschen Klassiker aus der erbärmlichen Aufklärungsperiode um die deutsche Sprache nahe zu treten, obwohl Schiller die Franken und Hannoveraner als Ausländer bezeichnet[1]) und das vaterländische Interesse nur für unreife Nationen, für die Jugend der Welt, wichtig findet.[2]) Aber in Sachen der deutschen Klassiker hat die Engherzigkeit und der Schwindel lange Zeit eine große Rolle gespielt, ja vielfach unumschränkt geherrscht. Das Katholische war geächtet, das Protestantische geduldet, der Rationalismus oder die charakterlose Aufklärung hatte die Alleinherrschaft. Kein Wunder, wenn sich das auf dem Gebiete der Literatur ebenfalls bemerkbar machte. Nichts ist hierüber belehrender als die Behandlung, welche einem Stolberg, einem Hrn. v. Schlegel bei dem Uebertritt zur kath. Kirche zu Theil geworden ist.

Im Grunde waren die klassischen Tyrannen weder katholisch noch protestantisch und machten überhaupt nicht Ernst mit dem Christenthum. Wenn aber Jemand mit dem Katholicismus Ernst machte, da waren alle gemeinsam entrüstet, wie heutzutage das ganze Fortschrittsheer über einen Ultramontanen. Es ist vielleicht einem aufrichtig katholischen Regiment zu verdanken, daß ein Balde und Orlando di Lasso klassisch werden konnten. Aber trotz der vielen äußeren Hindernisse haben sich doch auch einige Katholiken in der deutschen klassischen Literatur so viele Verdienste erworben, daß sie manches Schock von renommirten Cotta- und Hempel-Klassikern aufwiegen dürften. Hat Hr. Macowizka nie gehört von einem Schlegel, Stolberg, Cl. Brentano, Görres und Eichendorff, abgesehen von Redwitz, Lingg, Schrott, Molitor, E. v. Ringseis? Von Brentano sagt ein neuerer Literaturhistoriker: „Mit vollen Händen warf er die dichterischen Perlen aus, aber es schien ihm nicht der Mühe werth sie zu fassen und anzureihen; sonst hätte er ein Calderon oder Dante werden können . . . Für immer wird er in der Literatur fortleben als der Dichter der seitdem so oft besungenen Lorelei“. Und Eichendorff hat die romantische Lyrik so wundervoll ausgebildet, daß wohl noch lange Zeit die Jugend sich in seine Lieder hineinsingen wird. „In einem kühlen Grunde“ singt das Volk, der Jäger Abschied erklingt noch immer und der fromme Wandersmann („wem Gott will rechte Gunst erweisen“) preist die Wunder der weiten Welt; das Lied: O Thäler weit, o Höhen und andere sind so innig, so süß und duftig, daß sie ganze Bände von Reflexionsdichtungen aufwiegen. Und wer die kleinen Lieder: „auf den Tod meines Kindes“ liest, der wird alle Elegien Tiedge's und Matthissons bei Seite legen. Nur Schade, daß Eichendorff so wenig verbreitet und von Katholiken selbst so wenig geschätzt wird. Freilich Schiller ist wohlfeiler, wenn gleich oder weil der protestantische Böhmer sagt: „Wenn ich von Schillers individuellen Verdiensten absehe, so ist es doch wahr, daß er unserer Literatur unendlichen Schaden zugefügt hat“. Hat ja selbst ein Lasaulx öffentlich bedauert, daß er sich die Augen durch die Lektüre eines Klassikers verdorben habe, der es wahrhaftig nicht werth gewesen sei; — er meinte damit keinen andern als — Schiller!

Das Klassische, o weiser Professor Makowizka, ist Sache des Genie's, nicht der Confession. Uebrigens würden sich die „deutschen Klassiker“ für ihre angehängte, protestantische Confession ebensowenig bis zum Martyrium erhitzt haben, wie dies bei gewissen schwäbischen Advokaten und Bürgermeistern für ihren Katholicismus zu befürchten ist. Es ist nebenbei auch gut, daß Hr. Makowizka nicht Bürgermeister von Augsburg ist, denn von dem Mann wäre zu befürchten, daß er am Ende nur mehr protestantische Schweineställe dulden würde!

[1]) Br. an Henriette v. Wollzogen.

[2]) An Körner 17. Okt. 1789.

Stimmen aus dem katholisch-patriotischen Volke.

Aus dem **Würzburgischen** wird dem „Vaterland“ geschrieben: Noch nichts hat mich schmerzlicher berührt als die soeben in Ihrem Blatte gebrachte Nachricht, die hochverehrten Herren Abg. Lukas und Bucher hätten ihre Mandate als Abgeordnete niedergelegt und unsere patriotische Kammermehrheit hat solche genehmigt. Es ist dies wirklich eine trostlose Trauernachricht zu nennen, Hrn. Lukas, diese edelste Perle aus dem Diadem unserer patriotischen Abgeordneten scheiden zu sehen! Wohl glänzen noch edle Perlen unter den Männern, die wir zur Vertretung unserer guten Sache nach München gewählt, aber leider scheinen mir viele — (minder edle d. Red.) Steine dabei zu sein. Mit Spannung und Interesse verfolgte ich seit Beginn der Kammersitzungen die Debatten und Reden des allgemein hochgeachteten und liebgewonnenen Mannes und ich habe an ihm den Muthigsten unter den Kämpfenden für die gute Sache gefunden.

Wie ein Fels im Meere von wilden Wogen umtobt, stand er fest und ließ die rasende See toben, aber so manches Wort rief er gebieterisch über dieselbe, daß sie schweigen mußte. Aber schmerzlich muß es für alle Patrioten Bayerns sein, daß unsere Abgeordneten diesen tapfersten Vorkämpfer des Patriotismus, den sie so manchesmal — im Stiche gelassen, der für sie so manche Lanze einlegte und stets gegen seine Gegner zum Kampfe bereit war, daß sie nun schließlich gar zu seiner Beseitigung mithalfen! Wir haben unsere Abgeordneten nicht gewählt, daß sie mit dem Fortschritt liebäugeln, nicht daß sie einen Mann beseitigen helfen, der so unerschrocken auf die Hühneraugen des Fortschritts getreten, sondern wir haben sie in dem Vertrauen gewählt, daß sie einig zusammenwirken, daß die, in den letzten Jahren so an Farbgehalt erblaßte weißblaue Fahne wieder ihre ächt bayrische Farbe erhalte, daß die Welt erfahre, wie in uns Bayern noch das Blut unserer Ahnen wallet und daß wir keine Verräther, sondern treue Söhne unseres angestammten Wittelsbacher Königshauses sind; deßhalb haben wir patriotisch und patriotische Abgeordnete gewählt. Der für Bayerns Wohl so begeisterte Held Lukas hatte während weniger Monate sich so große Verdienste erworben, aber auch die größten Mühen und Opfer nicht gescheut, und nun mußte er leider einen Schritt thun, denn jeder wahrhafte Bayer tief bedauern wird. Hr. Lukas scheidet aus der Kammer, aber aus dem Herzen der Patrioten wird er nicht scheiden, deren Vorbild und Vorkämpfer er ist, sondern die Gegenwart wird seinen Namen mit Verehrung nennen und die Nachwelt ihm das Kreuz der Achtung und des Dankes auf das Grab legen!

Seien auch Sie, Hr. Redakteur, ein muthiger Kämpfer für die gute Sache, unerschrocken und fest, und wenn auch Stauffenberg Ihr hochschätzbares Blatt nochmals mißbilligen ließe und selbst auch einige patriotische Abgeordnete sich beigehen ließen, es auch zu mißbilligen, wir Landleute mißbilligen es nicht, sondern wir schützen und ehren es als das tapferste Organ unserer Partei! Solche liberale Mißbilligungen werden Ihnen stets neue Freunde zuführen. Gehöre ich doch selbst zu diesen, der auf das „Vaterland" abonnirte, als ein liberales Blatt wuthschnaubend rief: „Dieses Vaterlaud, dieses erzultramontane Blatt, dieses gröbste Geschütz im patriotischen Lager!" und so lange ich lebe, gehöre ich auch zu den eifrigen Freunden des „Vaterland", mag es auch zehnmal desavouirt werden.

Aus dem **Dingolfinger Gericht** wird dem „Vaterland" geschrieben: . . . Ich habe schon so oft in den Zeitungen und im „Vaterland" von Einigen aus der patriotischen Partei Dinge gelesen, die mir gar nicht gefielen; aber doch habe ich immer geglaubt, daß die patriotische Partei nur das Beste des Volke im Auge behalte und verfolge. Jetzt aber nach dem erzwungenen Austritte der Kernpatrioten Lukas und Bucher steigen uns allen ernste Besorgnisse für die gute Sache des Volkes auf . . .

Aus **Mittelfranken** wird dem „Vaterland" geschrieben: Die Mandatsniederlegungen der HH. Bucher und Lukas erpreßte auch den patriotischen Männerherzen Mittelfrankens einen wahren Schmerzensschrei, da Männer wie Lukas den fortschrittlichen Extremen in unserer Kammer gegenüber nicht leicht zu ersetzen sind. Möchte doch in Erfüllung gehen, was Sie in Nr. 117 des „Vaterland" andeuteten, daß die Ersatzmänner nicht annehmen! Sicher würden Bucher nnd der tapfere Kämpe Lukas nach dem Wunsche des gesammten patriotischen Volkes in Bayern aufs Neue aus der Wahlurne hervorgehen.

Vom **Main** wird dem „Vaterland" geschrieben: In aller Eile bitte ich Sie instländigst, Hr. Redakteur, arbeiten Sie doch, um die Ersatzmänner Lukas' und Buchers zu vermögen, daß sie nicht annehmen. Es wäre dann doch wieder einige Hoffnung vorhanden, Alles wieder gut zu machen und besonders Lukas, aber auch Bucher wieder in der Kammer zu sehen. Wir sind alle untröstlich, Lukas nicht mehr in der Kammer zu wissen. Jeder, aber auch jeder Andere hätte gehen dürfen, auch Weis, nur Lukas, unser ausgezeichneter Lukas nicht. Das Herz blutet mir und Vielen . . .

Von der **Pfalz** wird dem „Vaterland" geschrieben: Das allgemeine Tagesgespräch bei Patrioten und Fortschrittlern bildet der Austritt der HH. Bucher und Lukas, dieser zwei wackeren Kämpen. Trauer und Niedergeschlagenheit bemächtigt sich aller wahren Patrioten bei der Kunde, daß deren Austritt von der Kammer genehmigt wurde, und so groß unsere Trauer, so groß ist der Fortschrittler Freude, ein Zeichen, wie wichtig beide Herren für die Kammermajorität waren. Durch den Austritt dieser Herren hat die patriotische Partei unendlich viel an Ansehen unter dem patriotischen Volke verloren, weil sie zugab, daß solche Männer ausscheiden. Alle oder fast alle von der patriotischen Partei bisher gemachten Fehler hätten dadurch gut gemacht werden können, daß die Partei einstimmig den Austritt verweigerte. Diese beiden Namen werden im patriotischen Volke in gesegnetem Andenken fortleben, weil es besonders diesen beiden Männern das Erwachen aus dem politischen Schlafe und die Bildung politischer Vereine zu verdanken hat und damit den Sieg der Bayern über die Preußen.

Nunmehr setzen wir nur ganz schwache Hoffnungen auf die sogenannte patriotische Kammermajorität, ja wir fürchten nicht ohne Grund, daß sie über kurz oder lang alles Ansehen beim Volke verliert, was schlimmer ist, als wenn wir nur 40 statt 83 Patrioten durchgesetzt hätten, aber wir wären mit größerer Ehre unterlegen, weil diese 40 mit dem besten Willen nichts hätten durchsetzen können.

Unsere Patrioten wollen im Ganzen und Großen zu sehr die Feinen spielen; für diese verderbliche Feinheit gibt aber das urkräftige bayer. Volk gar nichts, sondern es wünscht, daß, wenn die Fortschrittler mit grober Münze auszahlen, man sie nicht mit kleiner Scheidemünze bediene, und wenn sie mit Prügeln drein schlagen, man ihnen nicht mit dünnen Spazierstäbchen komme. Unsere Abgeordneten haben sich zu oft mit Hohn und Spott abspeisen lassen, und das hat uns oft geärgert, daß sie sich's gefallen ließen, und ebenso hat uns Lukas gefreut, der den Fortschrittlern nichts schuldig blieb. Man spricht jetzt erst von „Spaltung" unter den Patrioten, aber ich muß sagen, das Verhalten der Majorität gegen die „Extremen", die man regelmäßig ohne Unterstützung und im Stiche ließ, wo man nicht gar gegen sie sprach und stimmte, hat mir seit Beginn der Kammer noch nie eine hohe Idee von der vielgerühmten patriotischen Einheit beigebracht. Jedenfalls mußte diese Einheit schon von Anfang an bedeutende Lücken haben, die bei jeder Gelegenheit zum Vorschein kamen, und deßhalb hat die patriotische Majorität nur wenig durchgesetzt und würde auch in Zukunft wenig oder nichts durchgesetzt haben. Der Austritt beider Herren war nur ein Symptom der inneren Krankheit der Fraktion, aber nicht die Ursache der Krankheit, die schon längst existirte. (Unserer Ansicht nach hat die Einheit überhaupt niemals in sonderlich mehr als in der Opposition gegen die Verpreußung bestanden, war also rein negativer Art; in Bezug auf innere Politik, auf Beseitigung oder wenigstens Aenderung der neuen Gesetze zum Bessern konnte von dem Vater dieser Gesetze, Dr. Weis, und seinem aristokratisch-bureaukratischen Anhang im Ernste doch wohl nie etwas erwartet werden. Daß man ihn gar zum Präsidenten gemacht hat, war ein ungeheurer Mißgriff, an dessen Folgen die Partei zu Grunde geht, der aber darin seinen Grund hat, daß man innerhalb der Partei damals eben keine passende, in die Formen des Parlamentarismus eingeweihte Persönlichkeit hatte. Jetzt wäre es freilich anders und hätten sich andere gleichfalls in die Formen gefunden. Allein Hr. Weis wird sich hüten, das Scepter des Präsidenten früher aus der Hand zu geben, als bis er endlich doch noch Minister ist, wozu ihm seine Freunde verhelfen mögen. Amen. D. R.)

Deutschland.

München, den 28. Mai.

Landtag. Die Kammer hatte gestern über die Rückäußerung der Reichsräthe bezüglich der außerordentlichen Militärbedürfnisse zu beschließen und sie beschloß, mit 72 gegen 71 Stimmen, daß die von den Reichsräthen genehmigte Forderung von 100,000 fl. für ein Militärkrankenhaus in Nürnberg abzulehnen sei und daß sie in allem übrigen bei ihren ersten Beschluß bleibe. Crämer, M. Barth und Frankenburger, Kastner, Herz, und Henning legten sich bedeutend für die Genehmigung ein, Greil sprach entschieden dagegen, ebenso wollten Dr. Westermayer und Dr. A. Schmidt nichts davon wissen. Bei der Abstimmung stimmten wieder etliche brave Patrioten wie Hauck, Gürster ꝛc. für die Genehmigung! Der Antrag Greils auf Gestattung des Loosnummeruntausches wurde in den Ausschuß zurückverwiesen.

× Der Verfasser der Brochüre: Ist Döllinger ein Häretikeu?, um welchen Knurrblättl und Madame Abendzeitung kürzlich schon jammerten, als hätten ihn „diese Römer" am Ende gar schon auf dem Wege abgefaßt, in ein Verließ mit Kröten, Schlangen und diversem Gethier zusammengesperrt, wo nicht gar bereits todtgefoltert oder eingemauert, weil sie schon seit 14 Tagen von dem theuern Mann Gottes und des Hr. v. Döllinger nichts mehr gehört hatten, ist in Rom angekommen und hat bereits eine große Vorunterredung mit dem General seines Ordens gehabt; eine zweite längere mit Zuziehung von Abgeordneten der betreffenden römischen Behörde, wahrscheinlich dem Großinquisitor und etlichen Henkersknechten zum Foltern oder Maurergesellen zum Einmauern, wird nachfolgen. Leider scheint der Mann das schon im Voraus gemerkt zu haben, denn er hat sich zu unserm und des Großinquisitors tiefstem Bedauern unter den allmächtigen Schutz des bayrischen Gesandten gestellt, wo man ihm nicht viel wird anhaben können. So viel zum Trost der armen, um ihren Schützling zärtlich besorgten „katholischen" Knurrblättlseelen.

⊏⊐ — Als die beiden neuen Bürgermeister von München glücklich geboren waren und der Regierungskommissarius dieses höchst freudige Ereigniß Europa und den angrenzenden Dörfern und Froschteichen verkündigte, da riefen sich die Väter, die bürgerlichen Burgermeistermacher allda, selbst ein Bravo zu, denn sie sahen, daß es gut war, ihre zweibeinigen „Werke" nämlich. Besagte Werke des hiesigen bürgerlichen Lokalfortschritts, die neugebornen Burgermeister sind als gewöhnliche Menschenkinder, das eine, Erhard, 39 Jahre alt, das andere, Widenmayer, gar ein Jüngling noch an Jahren, ist doch im Fortschritt schon erfahren, und zählt 32 Frühlinge. Letzterer ist Protestant, Ersterer Katholik und Oberpfälzer; Speinshart hatte das Glück, seine Wiege zutragen. Alle Beede haben nebst anderem Gemeinen, wie Jugend, Fortschrittlichkeit ꝛc. auch das gemein, daß sie Schullehrerssöhne sind. Dem Erhard hat Vater Schlör, da er noch Advokat war — das war eine köstliche Zeit für's Vaterland und das Eisenbahnpersonal —, studiren lassen, weshalb er, der neue Bürgermeister, eines der zahllosen Töchterlein des Vater Schlör heirathet. München ist stolz darauf, im Uebrigen aber noch leidlich ruhig.

— Postzeitung brave, zahme, verwaschene, ärgert sich über die „Donauzeitung", daß diese erzählt, was die Kammerherren für Gesichter gemacht, als der Austritt der H. H. Lukas und Bucher vermeldet wurde, daß Dr. Huttler da hellauf gelacht habe. Postzeitung anständige versichert, ihr Hausdoctor habe „aus Aerger" gelacht! Eine gute Ausrede ist einen Batzen werth, sagt man, diese schätzen wir auf ungefähr eine — Volkstheateraktie! Postzeitung kluborganische ärgert sich ihre ganze letzte Nummer durch, aus der wir übrigens auch noch ersehen, daß sie mit ihrer Weisheit zu Ende und mit ihrer „Haltung" auf dem Hund, sonst aber nicht übel bei Trost ist, da sie bereits zur Einsicht über sich selbst zu kommen beginnt, wie uns scheint.

— Domkapitular Frhr. v. Oberkamp und Dr. Westermayer erlassen einen Aufruf zur Bildung einer Stiftung zur Erhaltung der Feier des hl. Fronleichnamsfestes und nehmen Beiträge entgegen.

Von **Neuburg a. D.** wird dem „Vaterland" geschrieben: Die jüngst verstorbene Wittwe Frau Wolf von hier hat unter anderen frommen Vermächtnissen auch 5000 fl. für den geistlichen Vater der Christenheit — Pius IX. — bestimmt. Bravo! Unser Tagblatt hat einmal die geistreiche Frage gestellt, wie es wohl aufgenommen würde, wenn man im Kirchenstaat für den König von Bayern sammeln wollte. Wer weiß das? Wenn man aber dort für „Don Eugenio's" Papier sammeln wollte, so käme es uns ähnlich vor, als wollte man für Garibaldi und Consorten sammeln. Ob es Noth thäte, das ist eine andere Frage.

In **Würzburg**, telegraphirt man uns, ist der Redakteur des „Würzburger Journal", Hr. Memminger, der wegen Beleidigung des großen Ministers Schlör angeklagt war, vom Schwurgericht freigesprochen worden. Bravo! Es ist das eine recht bedeutsame Freisprechung, denn der Preß-„Verbrecher" hatte wenig gute Haare an Sr. Excellenz gelassen und sogar über dessen Privatgeschäfte sehr — interessante Andeutungen gegeben.

In **Kempten** hat unser tapferer Mitstreiter, der Redakteur des „Alg. Volksblatt" Hr. Dr. L. Schneider die Redaktion niedergelegt, um die ihm zudiktirte 9 monatliche Festungsstrafe anzutreten.

Preußen. In Berlin hat Wilhelm der Oberpreuße den Reichstag mit einer Thronrede geschlossen, die jedes fromme Bettelpreußengemüthe mit Entzücken erfüllen muß, denn Wilhelm verspricht darin eine Erweiterung der nationalen (!) Verbindung mit Süddeutschland, aber (natürlich!) nur deshalb, damit diese „Erweiterung" eine „Stütze des Friedens" sei. Wünschen gute Verrichtung, namentlich Angesichts der vielen Hunderttausend Chassepots, o tapferer Wilhelm!

Vermischte Nachrichten.

Bei der Prüfung der Gerichtsvollzieher-Candidaten erhielten 45 die erste, 450 die zweite Note. Zum Aussäckeln des lieben Publikums wäre zwar auch Einer mit einem kräftigen Dreier befähigt, doch dürften für Besitzer von solchen wenig Aussichten bestehen, daß sie an den Staatsbarren als Gerichtsvollzieher gestellt werden.

Das Organ des Schaußen, der „Südd. Telegraph", bleibt dabei, daß die von uns berichtigte Geschichte von Hrn. Lukas doch wahr sei. Wir erklären nun, daß derjenige, der dem „Organ" diese Lüge beigebracht, sich einer so gemeinen, als perfiden und ehrlosen Verleumdung schuldig gemacht hat. Eine nicht minder gemeine Lüge ist die Behauptung liberaler Blätter, daß Hr. Lukas die ihn belobigenden Artikel der „Donauzeitung" selbst geschrieben habe. Hr. Lukas hatte in der Kammer Wichtigeres zu thun, als Kammerberichte in die Donauzeitung zu schreiben.

Das allgemein beliebte **Marionettentheater** wird heute Nachmittag 4 Uhr im neuerbauten Theater zu den **3 Linden** seine erste Vorstellung für Erwachsene wie Kinder im Freien geben.

Dienstes-Nachrichten.

Verliehen: Die k. Pfarrei Poikam, B.-A. Kelheim, dem Dompfarrkoop. G. Weidner in Regensburg; Unterrieden, B.-A. Mindelheim, dem Kuratbenef. M. Steppich in Gremheim, B.-A. Dillingen; Pressath, B.-A. Eschenbach, dem Pfarrer J. Strobl in Parkstein, B.-A. Neustadt a. W.; das Frühmeßbenef. Titting, B.-A. Beilngries, dem Benef. A. Altmann in Eurasburg, gl. B.-A.

Erledigt: Die k. Pfarrei Tunding, B.-A. Dingolfing, R.-E. 2048 fl.; Straß, B.-A. Neuulm, R.-E. 672 fl.; Waldeck, B.-A. Kemnath, R.-E. 759 fl.; Oberpfaffenhofen, B.-A. München l. d. J., R.-E. 888 fl.; das Kuratbenefizium Maria Thann, B.-A. Lindau, R.-E. 368 fl.; das Hausner'sche Benefizium in Haunersdorf, B.-A. Landau a. d. J., R.-E. 368 fl.

Judengeschichten.

Wir haben neulich Gelegenheit genommen, die Aktien der „Eisenbahnbau-Gesellschaft" des „Bankier" Gutleben und Weidert, welcher so gute Geschäfte, und des großen Fortschrittsmannes Kraus, der so gute Lokomotiven macht, unsern theuern Lesern nachdrucksamst zu empfehlen, wenn sie ihr Geld — verlieren wollen. Leider scheint unsere so wohlgemeinte Empfehlung nichts genutzt haben, denn die „Gesellschaft" ist — futsch, d. h. die Leute waren noch so zurückgeblieben, daß sie ihr Geld lieber in der Tasche behielten, als daß sie's den beiden Fortschrittsmännern schön zum — Aufheben gaben. In Geldsachen hört nämlich bei den guten Münchenern nicht blos die Gemüthlichkeit, sondern sogar der Fortschritt auf.*)

*) Der bewußte Hausknecht, der im Namen seines Herrn den Dr. Eigl durchprügeln oder gar todtschlagen sollte, hat sich aber noch immer nicht vorstellig gemacht. Und wir hätten ihm doch gern zu noch mehr als 5 fl. verholfen!

Verantwortlicher Redakteur: Dr. A. Sigl.

Fahrtenplan vom 15. Oktober 1869 an.

Abfahrt und Ankunft der Eisenbahnzüge in München.

Augsburg

Abfahrt nach	Ankunft von
5^{45} Morgens Kurierzug.	8^{10} Morgens Personenz.
6^{10} Morgens Schnellzug	8^{40} Morgens Kurierzug.
6^{35} Morgens Postzug.	11^{45} Vormitt. Güterzug.
11^{-} Vormitt. Postzug	3^{15} Nachmitt. Postzug.
1^{50} Nachmitt. Personenz.	8^{15} Abends Kurierzug
5^{45} Abends Kurierzug	9^{15} Abends Güterzug
6^{45} Abends Personenz.	9^{40} Abends Schnellzug
11^{30} Nachts Schnellzug.	

Salzburg

Abfahrt nach	Ankunft von
5 Morgens Güterzug	5^{15} [illegible] Kurierzug
9 Morgens Schnellzug	8^{15} [illegible]
10 Vormitt. Postzug	$10^{1?}$ [illegible]
4^{30} Nachmitt. Postzug	$4^{1?}$ [illegible] Postzug
5^{40} Nachmitt. Güterzug	
8^{40} Abends Kurierzug.	$8^{??}$ [illegible]
10^{30} Nachts Schnellzug	11 [illegible]

Großhesselohe.

Abfahrt in München	Abfahrt in Großhesselohe
6 U. — M. Morgens	7 U. 30 M. Morgens
10 U. — „ Vormittags.	10 U. — M. [illegible]
2 U. 30 „ Nachmittags.	3 U. 32 M. [illegible]
4 U. 30 „ Nachmittags.	6 U. [illegible] M. [illegible]
6 U. 40 „ Abends.	8 U. 31 „ Abends
Außerdem an Sonn- und Feiertagen	
1 U. — „ Morgens.	1 U. 4 „ [illegible]
6 U. — „ Abends.	4 U. 1? „ Nachmittags
7 U. 30 „ „	[illegible] „ Abends

Starnberg

Gemischte Züge.

Abfahrt nach	Ankunft von
6^{30} Morgens.	8^{20} Vormitt.
10^{30} Vormitt.	12^{15} Mittags
2^{30} Nachmitt.	6^{5} Abends.
5 Abends.	7^{25} Abends

An Sonn- und Feiertagen

Abf. in München.	Abf. in Starnb.
1 U. 15 M. Mit.	2 U. 5? M. [illegible]
4 U. 60 M. Ab.	7 U. ?5 M. [illegible]

Ingolstadt

Abfahrt nach	Ankunft von
$6^{??}$ [illegible]	$8^{??}$ [illegible]
$11^{??}$ [illegible] Güterzug	$3^{??}$ [illegible]
5^{45} Abends Personenz.	9 [illegible]

[Note printed under the Ingolstadt times (Außerdem an Sonn- und Feiertagen …) — illegible]

Regensburg.

Abfahrt nach	Ankunft von
5 Morgens Postzug.	8^{22} [illegible] Güterzug
7^{45} Morgens Kurierzug	$9^{??}$ Vormitt. Kurierzug
9^{15} Vormitt. Postzug	$11^{4?}$ [illegible]
1^{30} Nachmitt. Güterzug	$6^{1?}$ Abends Güterzug
5^{15} Abends Kurierzug.	$8^{?}$ Abends Kurierzug
7 Abends Güterzug	$10^{??}$ [illegible] Personenz.

München-Schleißheim:

6 U. [illegible]
9 U. 45 M. [illegible]
1 U. [illegible] M. [illegible]
7 U. — M. [illegible]

Schleißheim-München:

7 U. [illegible]
11 U. [illegible]
[illegible]
[illegible] U. — M. [illegible]

Druck von M. Vogt in München. [illegible]

II. Jahrgang. | Das Bayrische | Auflage: 5400.

Vaterland.

Das „Bayr. Vaterland“ erscheint täglich mit Ausnahme der Sonn- und hohen Festtage. Preis des Blattes: Vierteljährig 54 kr., ganzjährig 3 fl. 36 kr. Das einzelne Blatt 1 kr.

Alle Postexpeditionen und Postboten des In- und Auslandes nehmen Bestellungen an. Inserate werden die dreispaltige Petitzeile oder deren Raum zu 3 kr. berechnet.

Redaktion, Burggasse 14 | Herausgegeben von Dr. jur. J. Sigl. | Expedition: Kaufingerbazar 5

Petronilla. | Nr. 122. | Dienstag, 31. Mai 1870.

Bestellungen auf das „Bayr. Vaterland“ für den Monat Juni zu 18 kr. können bei allen Postanstalten und Postboten noch immer gemacht werden.

Die Patrioten in Baden und in Bayern.

□ **Aus Baden***), 25. Mai. Die Vorfälle im Schooße ihrer Gesinnungsgenossen bei dem Landtage zu München haben die badischen Katholiken, resp. Patrioten, mit Schmerz erfüllt. Erst war man bestürzt, als die Nachricht kam, daß zwei so hochverdiente Männer, die H. H. Bucher und Lukas, in die Lage versetzt wurden, ihre Abgeordneten-Mandate niederzulegen. Man wollte und konnte das nicht glauben; nun es aber leider Thatsache ist und die näheren Umstände bekannt geworden, spricht sich allgemeiner Unmuth deßfalls und tiefe Mißbilligung aus.

Wir aus der Ferne beurtheilen den Fall vielleicht schärfer als es in Bayern selbst geschieht, und zwar darum, weil es bei den gedrückten Verhältnissen in denen wir leben, eine große Erquickung für uns war und ein freudigst bemerkter Hoffnungsstrahl, in Bayern eine ganze Schaar hochbegabter, geistig überlegener Männer voll glänzender Beredsamkeit auf der parlamentarischen Arena auch für uns und die Katholiken ganz Deutschlands gegen den anmaßenden vorlauten Pseudo-Liberalismus der Fortschrittler siegreich die Geistesschlacht der Gegensätze schlagen zu sehen.

Da hinein hat man nun ein solches Trübniß werfen können, eine Spaltung in die Phalanx — es ist unverzeihlich! — Mitglieder der patriotischen Kammermehrheit stimmten mit unseren gemeinschaftlichen bösartigen Feinden gegen Lukas und Bucher, zwei Koryphäen, für deren Austritt — zur rasenden Freude aller Freimaurer, Juden und Bettelpreußen — es ist zum Davonlaufen! Fort, hinaus aus einer Partei möchte man stürzen, welche weltbezwingend sein könnte, hinge derselben nicht das Bleigewicht persönlicher Schwächen und Verkehrtheiten an den Beinen! Denken Sie sich unsere badischen „Jakobiner“, z. B. einen Lindau, einen Bissing, einen Baumstark oder Lender von der eigenen Partei geopfert — wäre das nicht Verrath an der guten Sache, der ewige Schmach begründen würde?

In diesem Lichte erscheint uns das Benehmen gegen die H. H. Bucher und Lukas. — Nichts gelernt und nichts vergessen — dieses traurige Erbstück scheint des Verderbens noch nicht genug gestiftet zu haben in den Reihen derer, welche dem guten Prinzip anhangen. Wir meinen, es wäre doch die höchste Zeit, endlich einmal von seinen Feinden zu lernen. Mißverstand und Trägheit, Empfindelei, falsche Toleranz und schmähliche Subtilität haben es verschuldet, daß die Katholiken überall sich heute mit äußerster Mühe der vollständigsten Unterdrückung erwehren müssen. Das katholische Volk ermannte sich Gottlob allenthalben, um das Joch zu brechen, und nun tritt das Zopfthum auf, solche Streiche zu machen! Wir können es wahrhaftig nicht anders nennen. —

Es gibt in der katholischen Partei Naturen, welche einen förmlichen Haß in sich tragen gegen alles Schneidige, Entschiedene, — Leute voll Kritisirsucht, Silbenstecherei und Splitterrichterei, welche meinen, der Teufel sei mit Glacehandschuhen anzufassen. Nur ja kein rauhes Wort gegen Andersgläubige und Hochgestellte, es möchte damit angestoßen werden, und die Herren Juden fein geschont und in Ehren gehalten! u. s. w. Leute gibt es unter den Katholiken, welche Andere gerne die Kastanien aus den Kohlen kratzen lassen, sich selbst aber hinter den Coulissen halten, stets im Anschlage liegend mit dem Geschütze ihres wohlfeilen Tadels, wenn und weil sie über Eines oder das Andere nicht um ihre Wohlmeinung und gnädige Erlaubniß befragt werden. Diese schelten dann die Muthigen, die Arbeitsamen, die Männer der That: „Extreme“, „Exaltirte, die nicht geeignet, mit ihnen in einer und derselben Gemeinschaft zu sein!“ Das thun Leute, welche den altväterischen Aristokraten-Grundsatz festhalten: „Ja nichts durch das Volk“ und nicht einsehen, daß bei solcher Altweiber-Politik und Betschwestern-Richtung ringsum Alles in Trümmer fällt.

Es ist das jämmerlich über die Massen. Bei den Fortschrittlern trifft man solche Verkehrtheit nicht an.

Es benöthigt eine im Volke wurzelnde, dem — sagen wir's nur offen — demokratischen Zuge der Zeit entsprechende Parteibildung. Auf allen anderen Wegen wird nichts erreicht; die Elemente der geschilderten Art mögen sich des Schicksals des großdeutschen Reformvereines erinnern, der mit seiner matten Thätigkeit nicht den geringsten Erfolg erzielen konnte.

Hoffentlich werden die HH. Bucher und Lukas vom Volke in ihren Wahlkreisen die ihnen gebührende Genugthung erhalten.

*) Dieser Brief ist von einem ausgezeichneten Mitglied der katholisch-patriotischen Partei in Baden. D. R.

Stimmen aus dem katholisch-patriotischen Volke.

Bei der principiellen Wichtigkeit der Angelegenheit, welche durch den Austritt der HH. Lukas und Bucher einen markanten Ausdruck erhalten hat, fahren wir fort, von der Menge der uns zugehenden Briefe aus dem Volke eine Auswahl zu veröffentlichen. Die meisten Briefe sind leider gar nicht oder nur theilweise druckbar, da sie die stärksten Dinge gegen die Fraktion Weis enthalten. Wir werden aus den veröffentlichten Briefen dann unsere Schlüsse ziehen.

Einiges haben wir bereits erreicht: einige Anhänger des Hrn. Weis sind bereits wankend geworden und haben nicht übel Lust, zu der alten Fahne zurückzukehren, unter der sie vom Volk gewählt worden sind.

Das ist etwas, aber es genügt noch nicht. Alle müssen zu dieser Fahne zurückkehren und wer das nicht will, den wird das Volk, den werden die Wähler desavouiren. Ein kräftiges Mißtrauensvotum an den Fahnenflüchtigen ist zuweilen eine sehr heilsame Medicin.

Unsere Briefe haben gezeigt, zu wem das Volk das meiste Vertrauen hat. Gelänge es zu bewirken, daß Lukas und Bucher durch eine Nachwahl abermals in die Kammer geschickt würden — und sie müßten dem Willen ihrer Wähler nachgeben — dann hätte die jetzige Krisis die heilsamste Folge gehabt, und fester als je würde die Sache des Volkes stehen. Das Vertrauensvotum, welches sich Hr. Weis von seinen Lieben und Getreuen im Club geben lassen will, würde die Bedeutung dieses Erfolgs schwerlich aufwiegen.

Von der **Glon** wird dem „Vaterland" geschrieben: Es ist wohl ein gar dankloses Betragen der Herren, die wir bayrische Patrioten nannten, daß sie für die unendlichen Mühen und Sorgen und all'. die Opfer des patriotischen Volkes, das im vorigen Jahre zweimal so entschieden und ernst seine patriotische Pflicht und mehr als das gethan hat, sich in zwei Fraktionen spalten wollen, in „Gemäßigte" voll Wohlwollen gegen die Regierung und in gar gefährliche „Extreme", welche gegen ihre Wähler nicht wortbrüchig und das bayrische Volk werden wollen. Wie weit soll denn die Mäßigung dieser „Gemäßigten" gehen? Hat man nicht schon lange genug diese gepriesene „staatsmännische" Mäßigung beobachtet? Und was hat sie genützt? Der Beginn des neuen Landtags war schon so gegen alles Erwarten „mäßig", daß man draußen im Lande damit nichts weniger als zufrieden war und der Barometer der Hoffnungen des Volkes gar bedrohlich zu sinken begann. Früher hat es immer geheißen: wählt keine halben, keine unentschiedenen Männer! Nun man darnach gewählt hat oder gewählt zu haben glaubte, entpuppen sich manche der für entschieden oder gar für extrem gehaltenen Herren als gar zahme „staatsmännische" Vor-, Um- und Rücksichtsmänner und sehen so hübsch halb, so hübsch liberal muß man geradezu sagen, aus, daß die lieben Engelein des Olymp ihre Freude daran haben müssen. Man hört völlig Unglaubliches! Aber ihr Herren! Man hat sich für's Volk wählen lassen, das vergesse man nicht, das Volk wird das auch nicht vergessen! Das Volk will keine „Gemäßigten", die nicht kalt und nicht warm, nicht Fisch und nicht Fleisch sind und es heute mit diesen, morgen mit jenen halten; das Volk will Männer, ganze Männer, entschieden, feste, treue Vertreter seiner Sache, Männer wie Bucher und insbesondere wie Lukas, denen ihr das Leben so sauer gemacht und aus eurer Mitte verdrängt habt. Das will das Volk, solche Männer will es. Nun aber jubelt der Fortschritt und Schlör und Genossen machen fröhliche Gesichter, und das arme Volk, das Alles gethan hat, möchte weinen, weinen, weinen! (Der Schluß des Briefes wäre ein Wechsel auf Rosenberg, darum nicht druckbar!)

Aus dem Wahlkreis **Pfaffenhofen-Ingolstadt** wird dem Vaterland geschrieben: Weil dem Redakteur des „Vaterland" der Schrecken vor dem bald hereinbrechenden Desaveu allzu sehr in die Glieder gefahren sein wird, und weil wir wünschen, daß er sich desungeachtet über unsere patriotischen Abgeordneten, von denen ein hübscher Theil als unantastbar gelten soll und will, unumwunden ausspreche: um dem „verruchten Sigl" aus dieser Verlegenheit zu reißen, übersenden wir ihm eine Notiz des „Neubayrischen Volksblattes", welchem gleich dem „Vaterland" das Wohl und Wehe des Volkes höher steht als ministerielle Händedrücke, gnädige Süßmäulchen und eventuell einige Hunderte aus dem Preßfonde. Besagtes Blatt äußert sich in Nr. 141 über einige Abgeordnete also: „Ueber den Austritt der Abg. Lukas und Bucher sprechen sich alle patriotischen Blätter bedauernd aus. Wir anerkennen die Gründe dieser beiden Herren, mißbilligen entschieden, daß man den Abg. Greil im Stiche ließ, entschieden das Vorgehen Wiesnet's und der dabei betheiligten Herren Weis und Freitag, entschieden die Halbheiten manchen patriotischen Abgeordneten. Es wird sich die Sache in dieser Beziehung bald klären. Wahrscheinlich werden gar manche dieser Herren in den Fragen, die wir gestern als die entscheidenden bezeichneten, nicht ihrem Versprechen und den Wünschen des Volkes gemäß stimmen. Die HH. Grafen Seinsheim und Fugger, Freitag, Meixner, Weis, Wiesnet rc. werden dann bald unzweideutige Beweise des Mißtrauens des Volkes erhalten. Ob die Unterfranken mit Hrn. v. Zu-Reihn und Fuchs, die Schwaben mit Hrn. Freiberg und Bach zufrieden sind, wird sich zeigen. Man mag diese Herren tüchtige Kräfte nennen, sie vertreten nicht das Volk. Auch mit der juristischen Empfindlichkeit der Herren Kurz, Gürster rc. ist dem Volke Nichts geholfen; es ehrt die gerechten Richter, die guten Juristen. Aber warum man sich nicht in der Kammer gegen unbestreitbar bedauerliches Vorgehen mancher derselben soll aussprechen dürfen, ist nicht abzusehen."

Bravo, wackeres Volksblatt! nur die Fahne der Wahrheit stets hochgehalten! Hast du aber auch bedacht, daß neben den Blättern „Vaterland", „Donauzeitung", „Alg. Volksblatt", „Straubinger Tagblatt" und „Fränkisches Volksblatt", auch Dir ein Desaveu erblühen kann? Hörst du nicht das Grollen der patriotischen Donnerer Fugger, Freitag, Weis rc.? Nicht wahr, troß dem und troß alledem! Ja ihr „umsichtigen" Herren der Rechten, desavouirt nur frisch drauf los; es bleibt ja noch die von Barsch als „ehrenhaft" erfundene Postzeitung, deren Muth und Talent es Augsburg zu danken hat, daß diese Stadt in den beiden vorjährigen Wahlkämpfen von 100 Wahlmännern sich ganze — 8 (!!!) eroberte. Fort mit Lukas und Bucher; es bleiben ja noch die Herren Huttler, Weiß und Bach, Freitag und der vieledle Graf Fugger, welch' letzterem wir eine baldige Umschau in seinem Wahlkreise und das Studium der „Kptr. Zeitung" anrathen möchten. Mögen die in unserem Bezirke gewählten Vertreter die Versicherung hinnehmen, daß wir ihnen bei einer demnächstigen Wahl ein streng formulirtes Programm abverlangen werden — ganz Bayern wird und muß diese Forderung stellen! Kandidaten mit brieflichen oder gar blos mündlichen Betheuerungen weisen wir zum Henker!

Aus dem **Ingolstädter Land** wird dem „Vaterland" geschrieben: Gestern, 26. Mai, war Festversammlung des kath. Casino in Gerolfing, des kath. Gesellenvereines von Ingolstadt und des Bauernvereines von Gaimersheim. Hr. Kaufmann Wittmann von Ingolstadt, Hr. Benefiziat Gröbl von Gaimersheim und Hr. Lechmaier Bauer von Gerolfing hielten kurze und entschieden gehaltene Ansprachen. Die anwesenden Vereinsmitglieder führten schwere Klagen über das von den patriotischen Abgeordneten gegebene Aergerniß. Gleichwohl setzten sie für sich als Anhalts- und Zielpunkt folgende Sätze fest: 1) Unsere Männer sind die entschiedenen Katholiken, d. h. jene, welche am festesten zum hl. Vater stehen. 2) Die Partei, welche uns retten soll, ist diejenige, welche nicht blos mehr katholisch allein, oder gar „patriotisch" allein, sondern diejenige, welche „katholisch-patriotisch" ist. 3) Lukas und seine Freunde sind unsere Männer, weil und so lange sie die katholisch-patriotische Fahne aufpflanzen. Auf Papst Pius IX. und den König wurde begeistert toastirt. Hiezu wird bemerkt, daß gerade die anwesenden katholischen Bürger von Ingolstadt mit großem Lob vom „Vaterland" gesprochen haben.

Von der **Traun** wird dem „Vaterland" geschrieben: Lukas und Bucher sind also mit Hilfe der bekannten Patrioten und Fortschrittler aus der Kammer der bayr. Volksvertreter ausgeschieden! — Diese Nachricht kam wie ein Blitz aus heiterem Himmel. Ihre Wirkung in den Herzen der Patrioten war begreiflich Niedergeschlagenheit, die aber bald einer mächtigen Entrüstung, ja einem gerechten Zorne über die bei der betreffenden Abstimmung beobachtete unpatriotische Haltung mancher Herren Abgeordneten, die sich Patrioten (!) nennen, Platz machte. — Man durfte um keinen Preis — auch nicht um der Consequenz willen die beiden treuesten Kämpfer für das Wohl des bayr. Volkes das Mandat niederlegen lassen! Doch man hat es gethan. Ob wohl den mitwirkenden Herrn Patrioten ihre Wähler Zustimmungsadressen schicken werden? Wir Patrioten an der Traun und am Chiemsee bezweifeln es sehr! Oder — wird vielleicht in Zukunft Pfarrer Bach, das „Donnerkind", die fortschrittliche Arroganz niederschmettern? Wir sind um so mehr begierig, als wir von diesem Herrn noch keinen Laut, geschweige denn ein „Rollen des Donners" seiner gewaltigen Rede gehört zu haben glauben. Genug über den widerwärtigen Vorgang. — Du, „Vaterland" thue, was in deinen Kräften ist, daß Lukas und Bucher wieder in die bayrische Kammer kommen, zum Zorne der Fortschrittler, zum unverkennbaren „Merks" für gewiße Patrioten. Gräm' dich nicht wenn man dich recht liberal „Schmutzblatt" nennt. Du bist das Blatt des bayer. patriotischen Volkes, das dich nie desavouirt; und wer dich „Schmutzblatt" nennen will, der stellt sich auf gleiche Stufe mit dem Bettelpreußenthum, dem gilt auch das bayer. patriotische Volk nur als Schmutz.

Deutschland.

München, den 30. Mai.

Der Hr. Abg. v. Fuchs soll nach der Abendzeitung in der berühmten Clubsitzung vom 19. gesagt haben, bei ihm zu Hause, um Neustadt a. S. kenne man das „Vaterland" gar nicht. Diese Aeußerung kann der Hr. Baron nicht gemacht haben, weil er sonst eine Unwahrheit gesagt hätte, denn nach Ausweis der Post gehen nach Neustadt a. S. 27 (siebenundzwanzig) Exemplare des „Vaterland", das demnach dort nicht ganz unbekannt sein dürfte.

Vom **Main** wird dem „Vaterland" geschrieben: Mit Befremden erfahen wir aus den bisherigen Kammerberichten, daß auch nicht ein einziger Abgeordneter von der am 1. April stattgefundenen Einberufung von 15 Mann mehr per Compagnie bei der gesammten Infanterie und den Jägerbataillonen Notiz genommen hat; daß diese willkürliche Einberufung von Seite des Hrn. Kriegsministers von keinem übermäßigen Respekt vor dem sich so offen kund gebenden Volkswillen zeugt, unterliegt keinem Zweifel. Wir stellen deshalb mit ganz gehorsamst ergebenem Unterthanenverstande die Frage an den Hrn. Kriegsminister: Warum ist diese Einberufung erfolgt? Wir und sehr viele andere Leute, darunter selbst viele Offiziere, können nicht begreifen, warum man diese Soldaten am 1. Dezember v. Js., wo in keinem Geschäfte etwas zu thun war, beurlaubte und dieselben am 1. April, der Zeit, wo in Stadt und Land die Arbeit sich häuft, wieder einberuft. Im Ganzen geht daraus hervor, daß der Hr. Kriegsminister noch über viel zu viel Gelder zu verfügen haben muß, was gewiß bei den HH. Abgeordneten beider Parteien bei bevorstehender Feststellung des Militäretats nicht unberücksichtigt bleiben wird. Abgesehen von dieser Thatsache, für die wir keinen — harmlosen Ausdruck finden, erwarten wir vom Hrn. Kriegsminister, daß er diesen Mißgriff dahin wieder einigermaßen gut machen möge, daß er die am 1. April einberufene Mannschaft, die bis 1. Juni ein volles Jahr Präsenzzeit hat, in Erwägung, daß die Frühjahrsinspektionen jetzt überall beendet sind, sobald als möglich und nicht wie projektirt, erst am 1. Juli beurlauben wird, um dadurch den gerechten Forderungen des Volkes sowie der betreffenden Soldaten wenigstens in etwas Genüge zu leisten.

Aus der **fränkischen Schweiz** wird dem „Vaterland" geschrieben: Was doch die Liberalen für sonderbare Käuze sind! Da fuhr kürzlich der Postomnibus früh von Forchheim nach Streitberg mit vier Pferden und Abends natürlich eben so zurück. Nebst andern Reisenden stiegen nun auch in Ebermannstadt zwei Passagiere ein, darunter der Pfarrer Mahr. Flugs denuncirte der edle Gottfried des Nürnberger Anzeiger, daß der Abgeordnete Mahr statt im Landtage zu weilen in Ebermannstadt gleich 4spännig fahre. Daß die Herren Liberalen während der Zollparlamentssitzungen eben so gut wie die Patrioten in ihre Heimath sich begaben, während letztere forthwährend in den Ausschüssen beschäftigt waren, davon schweigt der gute Gottfried, der zwar mit dem „Pfaffen von Ebermannstadt" eine Zeitlang nichts mehr zu thun haben wollte wegen den Artikel „Nürnb. Anzeiger und Compagnie", der aber so scheints nebst seinen Correspondenten in der fränkischen Schweiz wieder einige Lektionen und Erinnerungen bedarf.

In **Thüringen** hat man sich ganz eigenthümlich zu helfen gewußt, die öffentlichen Einkünfte zu vermehren und den miserablen Finanzen aufzuhelfen: man hat die Gerichtskosten einfach um die Hälfte erhöht, und die verschiedenen Landtage haben dieser weisen Maßregel auch pflichtschuldigst beigestimmt, da ja diese Maßregel blos den ärmeren Theil des Volkes trifft, denn die meisten Prozesse sind Schuldklagen. (Wir kennen einen süddeutschen Justizminister, mit dem ersten Buchstaben heißt er Lutz, der den neuen Civilprozeß blos deshalb theuer machen will, damit den Leuten die Lust am Prozessiren vergeht und er nicht noch mehr Richter anstellen muß. Und wenn nun ein armer Teufel einen Prozeß anfangen muß? Dann streckt ihm wahrscheinlich Vater Schlör aus seinen Ersparnissen das Geld vor!)

Oesterreich. Aus Wien verlautet, die Mächte, welche die Erhebung der Unfehlbarkeit zum Dogma bereits als Thatsache ansehen — sie wird aber wirkliche Thatsache werden —, halten es für „wünschenswerth", unmittelbar nach der Erklärung der päpstlichen Unfehlbarkeit eine Gesammterklärung abzugeben, um den „unwiderruflichen Entschluß" der weltlichen Mächte (nämlich der verschiedenen regierenden Freimaurer) kund zu thun, keine Behinderung ihres Wirkungskreises zu dulden. — Jetzt die wird nachher den Kohl fett machen! Unglücklicher Weise pflegen weder Gott, noch seine Kirche um die „unwiderruflichen Entschlüsse" der Herren Freimaurer sich sonderlich zu kümmern und merkwürdiger Weise stets ihren eigenen Weg zu gehen.

Ausland.

Frankreich. Der neuernannte Minister Grammont ist in Folge eingetroffener politischer Nachrichten telegraphisch aufgefordert worden, seine Rückkehr von Wien und die Uebernahme seines Amtes möglichst zu beschleunigen.

Italien. Mazzini hat, wie die „Unita" meldet, die Häupter der geheimen republikanischen Comités zu einer Generalversammlung zusammenberufen.

In **Spanien** soll man jetzt „zur Probe" einen König wählen wollen, um damit zu beweisen, daß die Wahl eines Königs überhaupt — unmöglich sei. Der Liberalismus in Spanien scheint's ist ganz toll geworden, einen tüchtigen Hieb hatte er schon längst.

Vermischte Nachrichten.

Bei **Poitiers** soll ein Postzug entgleist und Wagen und Reisende in den Fluß Vienne gestürzt sein.

Münchener Schranne vom 28. Mai.

Getreidsorten	Verkauft Schffl.	Höchster fl.	kr.	Mittel- fl.	kr.	Nied.-Preis fl.	kr.	Gest. fl.	kr.	Gef. fl.	kr.
Weizen . . .	2428	20	50	19	49	18	4	—	25	—	—
Korn . . .	1438	18	15	12	58	12	26	—	52	—	—
Gerste . . .	133	12	8	11	11	9	10	—	—	1	10
Haber . . .	1840	9	9	8	39	7	55	—	7	—	—
Reps . . .	—	—	—	—	—	—	—	—	—	—	—
Lein . . .	5	22	49	21	40	20	24	—	19	—	—

Verantwortlicher Redakteur: Dr. J. Sigl.

Druck von M. Vogt in München, Rosenthal 13

II. Jahrgang. | Auflage: 5400.

Das Bayrische

Vaterland.

Das „Bayr. Vaterland" erscheint täglich mit Ausnahme der Sonn- und hohen Festtage. Preis des Blattes: Vierteljährig 54 kr., ganzjährig 3 fl. 36 kr. Das einzelne Blatt 1 kr.

Alle Postexpeditionen und Postboten des In- und Auslandes nehmen Bestellungen an. Inserate werden die dreispaltige Petitzeile oder deren Raum zu 3 kr. berechnet.

Redaktion: Burggasse 14 | Herausgegeben von Dr. jur. J. Sigl. | Expedition: Raffinibazar 5

Nikodemus. | Nr. 123. | Mittwoch, 1. Juni 1870.

Bestellungen auf das „Bayr. Vaterland" für den Monat Juni zu 18 kr. können bei allen Postanstalten und Postboten noch immer gemacht werden.

Liberale Eselstritte.

R. **Von der Donau.** Einem politischen Gegner mit Gründen entgegenzutreten und ihn mit den Waffen der Wissenschaft zu bekämpfen, finden wir in der Ordnung; über ihn die Geißel der Satyre zu schwingen und ihn mit Sarkasmen zu zerfleischen, das lieben wir; Bübereien aber müssen ferne bleiben.

Uns und Jedem ist bekannt, mit welcher Niedertracht die „ehrenhafte" Presse der Fortschrittspartei erst vor Kurzem über den „Demokraten" Kolb herfiel, und wie jeder „intelligente" liberale Federmann sich beeilte, ihm einen gelungenen Tritt zu appliziren. Für jetzt haben sich die kleinen Köter in einen gleich gehaßten und gefürchteten Felsenmann eingebissen — in Lukas. Mag nun Der oder Jener von den Ansichten des Lukas denken und halten was er will; mag er sie mit ihm theilen oder verwerfen: von ihm sollte gelten, was die „Wochenschrift" Nr. 21 von dem kürzlich verstorbenen preußischen Abgeordneten Waldeck schreibt: „Männer des entgegengesetztesten politischen Standpunktes konnten seinen feurigen tiefen Ueberzeugungen und seiner Unerschrockenheit die Achtung nicht versagen". Doch wenn die Liberalen und ihre Presse also thäten, wo bliebe die vom Staatsanwalt Barsch so sehr gepriesene „Ehrenhaftigkeit"? Sie wühlen daher recht tief in ihrem Elemente — in Schlamm und Unrath" und werfen ihn mit vollen Händen auf Lukas. Das ist die Achtung, welche die Sittlich-Ernsten ihren politischen Gegnern zollen — nämlich bübischer Hohn, das sind die Waffen, mit welchen sie auf ihren Feind losgehen — nämlich Schmutz. Und doch erdreisten sich die liberalen Tintenfische, von der „Schmutzpresse" der Patrioten zu reden, und so manche liberal-katholischen Hoftheologen und weltweisen Bierpolitiker schreien es nach; „denn es kommt sogar vor, schreiben die Hist.-polit. Blätter (Bd. 52, S. 658), daß katholisch sich nennende Leute und Organe keine Krümmung scheuen, um des Ehrentitels liberal theilhaft zu werden. **Wäre der Charakter nicht rar geworden in der Welt,** dann würden wir überhaupt nicht am Liberalismus laboriren".

In den tollsten Bocksprüngen machen die Blätter ihrer Freude Luft und aus übervollem Herzen schreit z. B. das „ehrenhafte" Regensb. Tagblatt Nr. 140: Lukas scheidet aus der Kammer, weil er der Lächerlichkeit verfallen ist und ob dieser kolossalen Lächerlichkeit sich gar nicht mehr in München aufhalten kann; — er war zu drollig. Aus Alfeld's Guanokasten hat sich die witzige (!!) Frage losgewunden (Kempt. Ztg. Nr. 120): „wer soll künftig die 2. Kammer mit patriotischem Gejodel erfüllen, wenn Lukas fort ist?" und der gleich „ehrenhafte" Völk'sche Leierkasten, Abendzeitung genannt, orgelt von „demagogischen Wühlern und Stänkern" (Nr. 140.) Sehen wir, wie diese zweibeinigen Ratten unsern Lukas benagen und besudeln, dann fallen uns Schillers vierbeinige Ratten ein, wie sie auf der Keule des Herkules auf und abkrabbeln[1]) und ihr Geifern über diesen gefürchteten Gegner erinnert uns an Platen's[2]) Verse, die wir statt seiner diesem literarischen Preß-Janhagel entgegenhalten:

> Völkchen geistiger Kastraten
> Das, unfähig selbst zu schaffen,
> Nichts vermag als Andrer Thaten
> Scheelen Auges anzugaffen; —
> Leckt den Stachel unverhohlen,
> Beißt euch ein mit kindischer Rache: —
> Aber schütt'le ich meine Sohlen,
> Liegt ihr in der nächsten Lache!"

Uebrigens wenn man von „drolligen" Figuren redet und von Leuten, die sich bereits „kolossal lächerlich" gemacht haben, dann — muß man sie wo anders suchen, wo man sie zu Dutzenden findet. Wir wissen bereits, wo jene „Kapazitäten und Intelligenzen", die keine 5 Worte zu stammeln vermögen, und die gleich beim Eingang ihres Geplauders eine Ohnmacht anwandelt; — wo Strauß'sche Walzer über den „Hauch der Wissenschaft" aufgespielt werden; wo jene „Gutedel" prangen, welche selbst die Namen ihrer Kollegen verhunzen, und die zu „Saujagden" nach München reisten; wo „gewuchtige" Redner sich brüsten, die ihr mühsam eingepauktes Pensum gleich einer chinesischen Gebetsmaschine abhaspeln und ähnlich den Nürnberger Gliederpuppen mit Händen und Füßen dazu gestikuliren; wo Ehrenmänner paradiren, welche Gesichtslügen zum zweiten und dritten Mal auftischen und mit Klatsch der „Abendzeitung" und deren Lügen und Verdrehungen dick thun. Das sind „Stänker", holde Abendzeitung! Das sind „lächerliche und armselige" Figuren, ihr Ehrenhaften! Aber „wie der Bettler sich an lumpige Kleider gewöhnet",[3]) so haben sich die fortschrittlichen Nobili an Lüge und Verleumdung, an Schmutz und Unrath gewöhnt.

Unsern Lukas jedoch können uns solche liberale Celebritäten nicht beschmutzen. Dintenklecker, welche an allem religiösen Glauben Schiffbruch gelitten haben, und denen das Wort Tugend und Sitte ein leerer Schall ist; Leute, welche in Bier- und anderen Häusern sich ihre „Bildung" geholt haben, die auf Barrikaden und bei Erstürmung von Zeughäusern ihren Patriotismus erglänzen ließen: solche „edle" Seelen können nicht einmal einen zerlumpten Gassenjungen an seiner Ehre verletzen. Drum mögen sie höhnen

[1]) Schiller, Räuber, I. Akt, 2. Scene.
[2]) Platen, verm. Gedichte.
[3]) Göthe, Hermann und Dorothea 3. Gesang.

und schimpfen nach Art der Gassenbuben, sie dokumentiren sich hiedurch blos als „ehrenhafte“ Liberale!

In der Fabel[4]) rühmt sich die Mücke, den schlafenden Löwen gemordet zu haben: prahlerisch ruft sie ihren Mitschwestern zu:

„Seht dort den Löwen schlafen,
Jetzt will ich hin und will ihn strafen.
Und mit verwegnem Sprunge
Setzt sie sich auf des Königs Schwanz
Und sticht und flieht mit schnellem Schwunge,
Stolz auf den sauren Lorbeerkranz.
„Der stirbt; mein Stachel sei gelobt!“

Doch vom erquickenden Schlummer erwacht verlor sich der Löwe im Walde und ging neugestärkt auf Beute aus.

Deutschland.

München, den 31. Mai.

— Der „Volksbote“ hatte gestern seine Leser vor der „katholisch patriotischen Volkspartei“ eindringlich zu warnen, welche Gelegenheit er benutzte, den Leuten einen gehörigen Schrecken vor „einigen Demokraten und Socialdemokraten (!) innerhalb der patriotischen Partei“ einzujagen, Leuten, die „sich bisher weislich gehütet haben, wie der „Volksbote“ meint, ihre Farbe geradeheraus zu bekennen, weil die Demokratie beim katholischen Volke, vor allem aber beim Landvolke längst anrüchig sei.“ Der „Volksbote“ setzt sodann seine erschreckten Leser in nicht geringe Angst dadurch, daß er durch diese heimtückische katholisch-patriotische Volkspartei die katholische Sache selbst für „mehr als gefährdet“ ausgibt, ganz abgesehen, daß diese neue Partei die Monarchie abschaffen und dafür die Republik einführen möchte, wie nämlich der „Volksbote“ meint. Im Uebrigen hält er, Volksbote, die katholisch-patriotische Volkspartei für ein „Unding“, eine „Mißgeburt“. — Wir wollen uns auf diese Angriffe gegen das „Vaterland“ mit dem „Volksboten“ in keinen Streit einlassen, um nicht das leidige Schauspiel, das uns die Kammer-Patrioten bieten, auch in die Presse herüberzutragen; ein paar Worte aber müssen wir ihm doch erwidern.

Patriotische Volkspartei nennen wir diejenigen, die es lieber mit dem Volke halten, im Gegensatz zur Fortschrittspartei, die es lieber mit den Juden und Geldprotzen, und zur Fraktion Weis, die es lieber mit der Regierung, den Bureaukraten und Aristokraten hält. Wir z. B. würden lieber zum Volke, als zur Fraktion Weis halten, die, wie wir beiläufig bemerken, mit dem patriotischen Club nichts weniger als gleichbedeutend ist. Diese Männer nun beabsichtigten nicht entfernt, die Monarchie abzuschaffen und dafür die Republik einzuführen, wie der „Volksbote“ meint, erstens weil dies ein Un- und Wahnsinn zugleich wäre und zweitens weil sie nicht blos patriotisch, sondern auch katholisch sind; als Katholiken aber wissen sie, daß man dem Kaiser geben soll, was des Kaisers ist. Aus demselben Grunde liegt es ihnen auch ferne, socialdemokratische Bestrebungen zu verfolgen. Die Socialdemokratie hat gewiß manches Gute und Vernünftige, bis jetzt aber ist sie allzu sehr mit rein heidnischen Ideen verquickt und deshalb können wahre Katholiken keine modernen Socialdemokraten sein. Ob der „Volksbote“ die katholisch patriotische Volkspartei für ein „Unding“ oder eine „Mißgeburt“ hält, thut eigentlich nichts zur Sache; die patriotische Partei in Baden mit ihren Häuptern Lindau, Dr. Bissing und Baumstark ist die katholisch-patriotische Volkspartei, welche wir meinen, nennt sich auch so, und der „Volksbote“, wenn er seit zwei Jahren nicht geschlafen hat, wird gestehen müssen, daß diese Partei der patriotischen Katholiken in Baden weder ein „Unding“, noch eine „Mißgeburt“ ist. Die „patriotisch-katholische Partei in Österreich ist ziemlich das, was wir im Auge haben, und keinem Vernünftigen ist es noch eingefallen, die Katholiken in Oesterreich als Thronumstürzer und verkappte Republikaner auszugeben, als welche der „Volksbote“ die entschiedenen Katholiken in Bayern, die Männer der That, die wirklichen Volksmänner auszugeben sich nicht scheut.

Dies möchten wir dem „Volksboten“ in aller Liebe und Freundschaft vorläufig zu bedenken geben: Die Männer, welche zur katholisch-patriotischen Volkspartei gehören und noch gehören werden, der Partei, welche allein eine Zukunft hat, sind patriotisch nach Außen, halten zum Volke und stehen entschieden ein für sein Wohl und Interesse in allen innern Angelegenheiten, katholisch aber sind sie in Allem Sie sind sozusagen die Aktionspartei in der patriotischen Partei, deren Programm sie nach zwei Seiten hin bestimmter fassen.. Der „Volksbote“ wird also sich vollkommen beruhigen können, denn in so ferne und in so weit er es lieber mit dem Volke, als mit Aristokraten und „staatsmännischen“ Weislingen hält, muß er die katholisch-patriotische Volkspartei sogar mit Freuden begrüßen. Schließlich konstatiren wir, daß nicht wir, sondern daß der „Volksbote“ in Nr. 123 der Angreifer gewesen Forsan et hoc meminisse juvabit, zu deutsch: man wird sich vielleicht einmal darauf berufen können.

— Die liberalen Blätter sind in großen Aengsten wegen dieses leidigen neuen Civilprocesses, der schon am 1. Juli eingeführt werden soll, während die Juristen ihn noch lange nicht studirt haben, manche in der Hoffnung, daß er überhaupt nicht eingeführt wird, ihn gar kaum noch angesehen haben. Herr v. Lutz aber besteht auf seinem Schein und haben ihn die Juristen gelernt oder nicht — der Proceß soll präcis am 1. Juli eingeführt werden! Daher groß Jammern in Israel. Dazu kommt noch, daß der Proceß alles in lieblichster Wildniß und kostbarsten Durcheinander antrifft, dieweilen in Bayern alles schön langsam, bequem und gemüthlich gehen muß, daß durch die Eile kein Unglück passirt und sich keiner einen Fuß oder Finger verstaucht. So ist nichts hingerichtet und der Durcheinander — klassisch. Das wird dann eine schöne Rechtspflege absetzen und den Ruhm unsers „Experimentirlandl's“ gar sonderlich mehren und erhöhen helfen!

Von der **Wertach** wird dem „Vaterland“ geschrieben: („Paritätisches“.) Bei unserer letzten patriotischen Versammlung kam ein Redner auch auf die „Parität“ unserer Universitäten zu sprechen und äußerte unter allgemeiner Zustimmung, daß für das protestantische Drittel der Landeseinwohner eine eigene exklusiv protestantische Universität in Erlangen bestehe und daß für die katholischen zwei Drittel, wenn denn von Parität die Rede sein solle, zwei exklusiv katholische Universitäten à la Erlangen bestehen müßten; wenn sie noch nicht da wären, müßten sie der Parität halber errichtet werden; da sie aber bereits da sind, so müßten sie ganz und vollständig ihrem ursprünglichen Zweck wieder zurückgegeben und also wieder katholisirt werden und dürften nicht „paritätisch“ bleiben. Eine andere Parität können wir mit unserm simpeln Schwabenverstande nicht recht begreifen. Es ist gar nicht nöthig, daß der Parität halber etwa katholische Professoren in Erlangen angestellt werden; wenn sie wahre Katholiken sind, so kann man sie ja an den beiden andern, ursprünglich und stiftungsmäßig katholischen Universitäten anstellen. Wie aber die Dinge in Wirklichkeit liegen, verstehen wir recht gut, daß katholische Gelehrte in Bayern froh sein müssen,

---

[4]) Lessing, Fabeln I. Buch, Nr. 11.

nicht „überall hinausgeworfen zu werden.“ Bei diesem treffenden Worte Westermayers in der bezüglichen Debatte, dachten wir unwillkürlich an Dr. Ratzinger, Dr. Strobl, an Niedermayer ꝛc. und im Gegensatz dazu an Frohschammer, Huber und so manche und manches Andere, was zusammen einen köstlichen Beitrag zur gerühmten kgl. bayr. „Parität“ abgibt!

Von **Augsburg** wird dem „Vaterland“ geschrieben: Aus allen Gauen des Vaterlandes bringen Sie Klagen über das durch das Ausscheiden der Herren Lukas und Bucher die Patrioten betroffene große Unglück — und so recht post festum hinkt hintendrein die Postzeitung mit ihren Ermahnungen zur Einigkeit nach! Wenn die Kuh aus dem Stalle ist, sagt ein gut bayrisches Sprichwort, macht der Bestohlene die Thüre zu. Warum hat denn die Postzeitung nicht ihre weisen Rathschläge damals ihren „Staatsmännern“ zugerufen, als es noch Zeit war, als die Einigkeit noch hergestellt werden konnte! Jetzt ist es — zu spät! Gerade wir Patrioten in Augsburg hatten zur Zeit der Wahlen eine Lage, wie dieß anderwärts kaum der Fall gewesen ist. Zum Lohn dafür, daß wir damals, so viel an uns lag, zum persönlichen Nachtheil uns an den Laden legten, wollen jetzt Andere die Frucht vom Baume holen, und drängen sich jetzt Leute in den Vordergrund, die weder in der Kammer, noch außer derselben je für die patriotische Sache den Finger regten. Es ist z. B. Thatsache, daß dieser selbe Baron Freyberg zur Zeit der Zollparlamentswahlen noch 3 Tagen vor der Wahl seine Candidatur zurückzog und so nahezu dem Fortschritt zum Siege verhalf. Sind das die Männer, wie wir sie jetzt brauchen, die heute so, morgen anders sich entschließen? Daß dieser Herr gegen „Vaterland“ und „Donauzeitung“ intriguirt, ist demnach begreiflich, da er fürchten muß, daß ihm manchmal etwas unsanft auf seine „liberalen“ Hühneraugen getreten würde. Was soll man aber vom jungen Zu-Rhein sagen? Er wird doch selbst einsehen und zugestehen müssen, daß er sein Mandat zum Zollparlament und folglich wohl auch zur Kammer nebst den Verdiensten seines Vaters zunächst der Agitation des Volksboten, der sich wohl anderes von ihm erwartete, verdankt. Wenn Dr. Huttler, wie die Postzeitung erklärt, „aus lauter Aerger (!) laut lachte“, als das Austrittsgesuch der Herren Lukas und Bucher genehmigt wurde, warum hat er seine Stimme nicht zu Gunsten der genannten Herren erhoben, warum hat er es vorgezogen durch seine Haltung den Fortschrittlern mit zum Siege zu verhelfen? — Ein Gutes hat die gegenwärtige Krisis zu Wege gebracht: wir haben unsere Pappenheimer kennen gelernt, wir werden sie uns für die nächsten Wahlen merken! Wenn die Postzeitung jüngst erklärte, daß die schwäbischen Patrioten mit dem Vorgehen der Abgeordneten Baron Freyberg, Prestele, Pfarrer Bach u. s. w einverstanden seien, so muß ich dem entschieden widersprechen; ich weiß, daß der Redakteur der Postzeitung, dessen gut patriotische und katholische Ueberzeugung ich sehr hoch schätze, gerade vom Gegentheil sehr viele bündige Aeußerungen hören zu müssen in der jüngsten Zeit Gelegenheit genug gehabt hat. Uebrigens thun Sie Hrn. Birle großes Unrecht, wenn Sie ihm persönlich in die Schuhe haben, was die Postzeitung alles verschuldet hat. (Das thun wir nicht. D. R.) Sie selbst wissen aus persönlicher Erfahrung in früherer Zeit, daß ein Redakteur nicht für Alles gutstehen kann und daß manchmal etwas geschrieben werden muß, was der Redakteur lieber in den Papierkorb spediren würde. Als warmer Freund und enragirter Anhänger Ihres „Vaterland“ würde ich wünschen, daß Sie die gewiß liebenswürdige Persönlichkeit des Redakteurs der Postzeitung nicht zum Gegenstand von Angriffen machen würden. (Das geschah auch nicht und wird nie geschehen. D. R.) Außerdem ist zur Zeit die Postzeitung wegen ihrer vortrefflichen wissenschaftlichen Abhandlungen unserer Partei unentbehrlich. Die Politik der Postzeitung aber wird Niemand billigen.

Aus der **unterfränkischen Universitätsstadt** wird dem „Vaterland“ geschrieben: Der Landtagsabgeordnete Prof. Dr. Gerstner hat bekanntlich gegen den geschichtskundigen Prof. Greil zu der Behauptung sich verstiegen, daß die Universitäten Würzburg und München keine katholischen Universitäten seien. Was nun die erstere Universität betrifft, so hat unser Abgeordneter Dr. Ruland die dreiste Behauptung sofort zurückgewiesen und ihre Grundlosigkeit dargelegt. In einer der jüngsten Nummern des „Fränk. Volksbl.“ ist dieses noch weiter ausgeführt und der katholische Charakter der großartigen Stiftung des Fürst-Bischofs Julius nachgewiesen worden. Nicht anders verhält es sich auch, wie Jeder weiß, der die bayrische Geschichte nur etwas oberflächlich kennt, mit der Universität München. Bekanntlich wurde dieselbe von Herzog Ludwig dem Reichen von Bayern-Landshut-Ingolstadt, hauptsächlich auf den Rath seines Kanzlers Martin Mayer in Ingolstadt, gestiftet. Aber nicht der Herzog selbst rief sie ins Leben, sondern er wendete sich nach Rom an Papst Pius II. mit der Bitte, „daß in seiner Stadt Ingolstadt, Eichstätter Bisthums, vom apostolischen Stuhle eine Universität angeordnet werde.“ (Vid. Annal. Acad. Ingolstadt Bd. IV. p. 16.) In der That sind auch von Papst Paul II., dem Nachfolger Pius II., in Bezug auf die Errichtung der Universität und verschiedene kirchliche Schankungen zu derselben mehrere Bullen erlassen und ist der Bischof Wilhelm von Eichstätt als erster Kanzler derselben aufgestellt und seinen Nachfolgern diese Würde gleichfalls zugesichert worden. Ist schon aus dieser Mittheilung, die man mit Rücksicht auf den Raum dieses Blattes kurz fassen zu müssen glaubte, sonnenklar, daß die Universität Ingolstadt, später in Landshut und nun in München, eine katholische ist, so bestätigt dieses noch eine weitere, von der Universität unzertrennliche Stiftung, das Collegium Georgianum, das seinen Ursprung dem Herzog Georg dem Reichen, dem Sohne und Nachfolger Ludwigs des Reichen, verdankt und worüber die Urkunde am Tage nach St. Luzie 1494 ausgestellt worden ist. — Es könnte nichts schaden, daß ein Professor, wenn er sein ihm angewiesenes Fach verlassen und über geschichtliche Thatsachen sprechen will, vorher etwas gründlicher in der Geschichte sich umsehen möchte.

Aus der **Pfalz** wird dem „Vaterland“ geschrieben: Unter allen Patrioten verfolgten wir bis jetzt ganz besonders den Hrn Dr. **Jörg**. Von ihm haben wir uns das Allermeiste versprochen, wurden aber bis jetzt, besonders in der letzten Zeit bitter enttäuscht. Schreiber dieses ist ein eifriger Leser der „gelben Hefte“ und las sie stets mit dem größten Vergnügen und legte sie stets mit dem Wunsche aus der Hand: O möchte doch dieser Mann einmal zum Minister des Innern oder Aeußern ernannt werden, wie bald würde da Alles in Bayern ganz anders aussehen und wie würde da Klarheit in die verworrenen bayrischen Zustände und damit Heil für Bayern kommen! So dachten manche in der Pfalz. Unsere Ansicht über Hrn. Dr. Jörg ist aber jetzt eine ganz andere. Er ist gut in der Theorie, aber in der Praxis richtet er nichts aus, wie seine feine, aber deshalb schädliche, weil halbe, unbestimmte und unentschiedene Adresse auf die Thronrede bewiesen hat, die von allen Patrioten stets bedauert worden ist. Damals konnte man und das Volk erwartete und wollte es, das ganze Ministerium stürzen und man begnügte sich mit der Beseitigung Hohenlohes, der ohne Genossen und Gehilfen im Grunde eine harmlose und unschädliche Persönlichkeit war; die Gehilfen aber, die Schlör, Lutz, Pfretzschner ꝛc. ꝛc. ließ man ruhig im Amte und erklärte gar noch, gegen sie habe man bei Leibe kein Mißtrauen! Das mag vielleicht auch „staatsmännisch" gewesen sein, klug aber, volksthümlich, dem Willen aller Patrioten entsprechend scheint es wohl weniger gewesen zu sein. Uns hat es irre gemacht an Hrn. Dr. Jörg und seit man gar von ihm hört, daß er zu nichts weniger als zu den „Schlörhaßern" gehört und daß er auf Reisen wie in der Kammer sich leidlich mit ihm verträgt und dergleichen mehr, seitdem hat sein gerühmtes Ansehen bei vielen, gar nicht schlechten Patrioten einen gewaltigen Stoß erlitten und manche fürchten sogar, daß auch er, freilich in anderer Art, ein Döllinger werde!

Preußen. Die Norddeutsche allgemeine Verpreußungszeitung erklärt Hrn. Völk für einen „wahren Volksmann" und stimmt anläßlich der letzten Thronrede Wilhelms ohne Ueberlegung und Vorbedacht in aufwallender Hitze des Verpreußungsfiebers ein in seinen Ruf: es ist Frühling geworden in Deutschland. Hm! Die Pickelhauben und der Henker, der für den preussischen Nordbund glücklich gerettet worden ist, stellen dann wahrscheinlich die Schwalben dieses „deutschen Frühlings" vor?! — Onkel Epener, auch ein Offiziöser, versichert sodann, daß „der Lösung der deutschen Frage die Zeiten (sprich: preußischen Thaler) längst vorgearbeitet und daß nach menschlichem Ermessen wir (wir Preußen) keiner gewaltsamen Lösung mehr bedürfen". Die werde von der „stillen Wirkung" der moralischen Kräfte" (als da sind Verrath, preußische Thalerscheine, Bettelpreußen und „deutsche" Liborio Romanos) besorgt und darauf dürfe man „vertrauen". Na, das ist ja reizend, besonders die „moralischen Kräfte" der Norddeutschen! Vorläufig wollen wir's aber doch abwarten, wie sich die „Lösung", das heißt die ruhige Annexion Gesammt-Deutschlands anläßt und wie sich Freund Chassepot zur Pickelhaube stellt.

Vermischte Nachrichten.

In **Haidhausen** starb am Sonntag nach 5tägiger Krankheit ein ausgezeichnet braver Taglöhner an der Wasserscheu. Am 6. Januar 1869 hatte ihn ein kleines Hündchen in die rechte Hand gebissen; der Hund ward getödtet und von einem halben Dutzend Veterinärärzten als vollständig gesund erklärt worden!! — Der Unglückliche hinterläßt eine Wittwe mit 3 kleinen Kindern.

Von **Würzburg** wird dem „Vaterland" geschrieben: Schon ist wieder von hier zu registriren, daß einem grundehrlichen Herrn so und so dahier wieder etwas Menschliches passirt ist. Derselbe ist eine vielbekannte Person, hat zweierlei Tuch getragen und weniger durch Behandlung kranker, als durch An- und Verkauf gesunder Militärpferde in verhältnißmäßig sehr kurzer Zeit sich ein bedeutendes Vermögen erworben, daß er sich außerhalb der Stadt ein prächtiges Haus bauen lassen konnte. Zuletzt hat er aber mit Haber, der bei der bayr. Armee bekanntlich eine äußerst geringe (!) Summe verschlingt, doch „Unglück" gehabt. Die Herren Juden, die ja überall dabei sind, wo es ehrlich zugeht, sollen bei diesem Herrn in besonderer Gunst gestanden sein, wahrscheinlich wegen ihrer großen Kunst und Geschicklichkeit, Pferde militärtauglich zu machen, wozu es die Bauern nicht leicht hatten bringen können. Die Jüdlich aber verstanden es, brachten die Pferde für ein schönes Geld an den Mann oder vielmehr an den (Militär-) Staat und 's ist immer ohne alle Hexerei, sondern ganz natürlich zugegangen!

R. Nicht leicht wurde ein Lieder-Cyclus so freudig und allgemein begrüßt, als die **Terzetten-Sammlung** v. Rubensbauer. Schon die sinnreiche Reihenfolge der Gesänge, der durchwegs geläuterte und jeder Zweideutigkeit gänzlich ferne Text, noch mehr die klassische Bearbeitung des letztern von den besten Meistern Deutschlands, sichern dem Werk eine dauernde Zukunft. Diese Sammlung zerfällt in 4 stricte gesonderte Abtheilungen, ernste und religiöse, humoristische, Gelegenheits- und kirchliche Lieder. Da außer den Terzetten von Eisenhofer und Mozart, und einigen wenigen von Nagiller keine derartige Sammlung existirt, steht diese einzig in ihrer Art da, und bietet in Hülle und Fülle, was man bisher vergeblich suchte, für Schule und Haus, Privatzirkel, Singvereine, Institute, Klöster ꝛc. Insbesondere dürfte dieses Werk ein sorgebrechendes Enchiridion für Lehrer auf dem Lande sein. Tres faciunt Collegium! Drei finden sich doch eher, denn vier, und an Terzetten war bisher fühlbarer Mangel, wollte man nicht die bekannten alten wieder ableiern.

Verantwortlicher Redakteur: Dr. J. Sigl

Fahrtenplan vom 1. Juni 1870 an.

Abfahrt und Ankunft der Eisenbahnzüge in München.

Augsburg

Abfahrt nach	Ankunft von
5.50 Morgens Kurierzug.	8.10 Morgens Lokalzug.
6.10 Morgens Lokalzug.	8.35 Morgens Kurierzug.
10.30 Vormitt. Postzug	11.40 Vormitt. Lokalzug.
1.50 Nachmitt. Lokalzug.	3.15 Nachmitt. Postzug.
4.– Nachmitt. Postzug.	8.20 Abends Kurierzug
6.30 Abends Lokalzug.	9.30 Abends Lokalzug.
11.30 Nachts Kurierzug	11.50 Nachts Postzug

Salzburg

Abfahrt nach	Ankunft von
5.– Morgens Lokalzug.	5.15 Morgens Kurierzug.
9.– Morgens Kurierzug.	8.15 Morgens Lokalzug
10.15 Vormitt. Postzug.	10.35 Vormitt. Postzug.
4.10 Nachmitt. Postzug.	3.40 Nachmitt. Postzug
5.40 Nachmitt. Lokalzug.	6.– Abends Kurierzug
8.40 Abends Kurierzug.	9.– Abends Lokalzug
9.50 Nachts Kurierzug	11.– Nachts Kurierzug.

Großhesselohe.

Abfahrt in München:	Abfahrt in Großhesselohe:
5 U. – M. Morgens.	7 U. 51 M. Morgens.
10 U. 15 „ Vormittags.	10 U. – M. Morgens.
2 U. 30 „ Nachmittags.	3 U. 23 M. Nachmittags.
4 U. 10 „ Nachmittags.	6 U. [illegible] M. Abends.
5 U. 40 „ Abends.	8 U. 36 „ Abends.
An Sonn- und Feiertagen:	
1 U. – „ Nachmitt.	1 U. 40 „ Nachmittags.
5 U. – „ Abends.	4 U. – „ Nachmittags.
7 U. 30 „ „	8 U. 10 „ Abends.

Starnberg

Gemischte Züge

Abfahrt nach	Ankunft von
6.30 Morgens.	8.– Vormitt.
10.30 Vormitt.	12.30 Mittags.
2.30 Nachmitt	6 Abends.
6.30 Abends.	8.35 Abends.

Regensburg.

Abfahrt nach	Ankunft von
5.– Morgens Postzug.	8.22 Morgens Güterzug.
7.45 Morgens Kurierzug	9.[illegible] Vormitt. Kurierzug
9.15 Vormitt. Postzug.	11.40 Vormitt. Güterzug
1.30 Nachmitt. Güterzug.	6.1[illegible] Abends Postzug.
5.15 Abends Kurierzug.	8.5 Abends Kurierzug
7.– Abends Güterzug.	10.– Nachts Postzug

Ingolstadt

Abfahrt nach	Ankunft von
4.30 Morgens Postzug.	7.15 Morgens Kurierzug.
6.40 Morgens Kurierzug	9.15 Morgens Postzug
9.3[illegible] Morgens Lokalzug.	2.[illegible] Nachmitt. Kurierzug
1.30 Nachmitt Kurierzug	5.15 Nachmitt. Lokalzug
6.40 Abends Kurierzug	9.10 Abends Kurierzug.
6.30 Abends Postzug	11.[illegible] Nachts Postzug.

An Sonn- und Feiertagen:

Dachau.

Abfahrt in München.
2 Uhr 40 M. Nachmittags.

Abfahrt in Dachau
7 Uhr 30 M. Abends.

Ferner an Sonn- und Feiertagen:

Starnberg.

Abfahrt in München.	Abfahrt in Starnberg:
[illegible] U. 45 M. Morgens.	9 U. 40 M. Vormittags.
1 U. 15 M. Mittags.	2 U. 55 M. Nachmittags.
4 U. 30 M. Nachmittags.	6 U. 10 M. Abends.
5 U. 30 M. Abends.	9 U. 30 M. Nachts.
7 U. 30 M. Nachts.	

Druck von M. Voat in München. Kreuzthal 19

II. Jahrgang

Das Bayrische Vaterland.

Auflage: 5400.

Das „Bayr. Vaterland" erscheint täglich mit Ausnahme der Sonn- und hohen Festtage. Preis des Blattes: Vierteljährig [illegible] kr., ganzjährig [illegible] fl. [illegible] kr. Das einzelne Blatt 1 kr.

Alle Postexpeditionen und Postboten des In- und Auslandes nehmen Bestellungen an. Inserate werden die dreispaltige Petitzeile oder deren Raum zu 3 kr. berechnet.

Redaktion: [illegible] 14 — Herausgegeben von Dr. jur. J. Sigl. — Expedition: Ruffinibazar 5

Erasmus. — Nr. 124. — Donnerstag, 2. Juni 1870.

Bestellungen auf das „Bayr. Vaterland" für den Monat Juni zu 18 kr. können bei allen Postanstalten und Postboten noch immer gemacht werden.

Die Narren in Bayern.

Diese zahlreiche Klasse von Kindern Gottes kostet das Land alljährlich wirklich „heidenmäßig" viel Geld und mit jedem Jahre wachsen diese Summen, sei es weil die „Humanität", oder weil die Zahl der Narren zunimmt. Je mehr die Narrheit im Lande kultivirt wird, desto schönere Paläste baut man ihr und je schöner und komfortabler die Narren wohnen, desto lockender scheint es wird's [illegible] vernünftige Leute, närrisch zu werden. Es geht [illegible] der Welt, in der kleinen bayrischen und der [illegible] päpstischen, oft so bunt zu, daß der Gescheidteste darüber den Verstand verlieren könnte, wenn er sich die Dinge ernsthafter zu Gemüthe führt.

Es ist sonderbar, die Kirchthurmsinteressen werden von den weisen Liberalen in alleweg verpönt — bei andern; bei ihnen natürlich darf es Ausnahmen geben. So z. B. wollte jeder Kreis seinen eigenen Narrenpalast haben, statt daß man zwei oder drei dergleichen Häuser hätte und da die Narren des Landes zusammensperrte. Tausende und Hunderttausende hätten durch eine Centralisirung der Narrheit in Bayern erspart werden können und könnten noch jedes Jahr erspart werden, wenn z. B. an jede Universität ein eigener Narrenthurm hingebaut worden wäre, und so die Narrheit neben der unermeßlichen Weisheit, welche an unseren Universitäten alljährlich verschleißt wird, centralisirt würde. Und von welch moralischer Wirkung müßte diese Gegenüberstellung sein!

Die Kammer hat erst kürzlich wieder für die oberfränkische Narrheit 99000 fl. als Nachtrag zur Errichtung einer Kreis-Irrenanstalt allergnädigst bewilligt, als ob die Hunderttausende den vernünftigen Leuten nur so zum Dach herein flögen! Die Landraths-Abschiede von 1867 weisen nachstehende erschreckliche Summen für die einzelnen Kreis-Irrenanstalten nach. Es wurden verausgabt

für Oberbayern	103104 fl.	59 kr.	1 bl.	Reg.-Bl. S.	996
„ Niederbayern	136751 „	29 „	2 „	„ „	930
„ Pfalz	75093 „	28 „	— „	„ „	1137
„ Oberpfalz	76191 „	55 „	1 „	„ „	963
„ Oberfranken zur Verzinsung des Baufonds zu 500,000 fl.	80000 „	— „	— „	„ „	1221
„ Mittelfranken	67924 „	3 „	— „	„ „	1307
„ Unterfranken	240319 „	15 „	— „	„ „	907
„ Schwaben	61877 „	49 „	3 „	„ „	1324
Zusammen also	791163 fl.	56 kr.	2 bl.		

Dazu kommt noch die für 1868 zu Neubauten und Bauerweiterungen von den Landräthen genehmigte Summe von 130834 fl., so daß die für närrische Zwecke in einem Jahr verausgabte Summe (s. Reg.-Bl. v. J. 1868) die Kleinigkeit von 927997 fl. 59 kr. 2 bl., also den zehnten Theil sämmtlicher direkten Staatssteuern beträgt!!

Laut Etat der Kreis-Irrenanstalt in München pro 1870 beträgt der Gehalt des dirigirenden Oberarztes 4120 fl., der des Verwalters 1880 fl. Hätten wir also nur 3 Irrenanstalten im Lande, etwa an den drei Landesuniversitäten, so betrügen die Gehalte nach diesem nicht sehr abstoßenden Vorbild doch nur 18000 fl. jährlich. Nun haben wir aber acht solcher „humanen" Anstalten und damit eine Mehrausgabe von etwa 30,000 fl. jährlich. Wie viele Offiziere und Soldaten könnte man für dieses Geld zu Ruhm und Preis der Pickelhaube und zu gelegentlichem Abprügeln durch die Franzosen halten!

Ein Ansatz im erwähnten Etat ist auffallend und für einen gewöhnlichen „beschränkten Unterthanenverstand" nicht recht faßbar, nämlich 900 fl. für Dünger und 300 fl. für Sämereien, Gesträuche und Bäume bei einem Gartengebiet von 7½ Tagwerk.

Also wir wären da lieber auf dem Standpunkt der verehrlichen Bettelpreußen, die Alles in Deutschland auf eine einzige Pickelhaube centralisiren wollen, begnügten uns aber, die bayrische Narrheit auf drei Staatspaläste an den 3 Universitäten zu centralisiren, statt daß man ihr stets neue Paläste baute. An den Universitäten sind die medicinischen Fakultäten, die da ihren Witz in Heilung der Narrheit probiren können; von da aus könnte man die Anstalt gewiß am besten leiten und ärztlich besorgen, auch könnten da die jungen Mediciner sich an der Narrheit, die sie täglich vor Augen hätten, zu gediegenen Weisen heranbilden und wer weiß, was da die Wissenschaft Alles profitiren könnte, ganz abgesehen, daß die Geldbeutel der Steuerzahler durch die Kreisumlagen weit weniger in Anspruch genommen würden.

Aber leider wird die höhere Staatsweisheit, die oft so hoch über uns gewöhnlichen Menschenkindern steht, daß sie ohne unbewaffnetes Auge fast gar nicht mehr sichtbar ist, auf das „Vaterland" nicht hören, sondern es wird da wieder gehen wie mit den Beamten; man verspricht immer, daß sie vermindert werden sollen, derweil werden sie zu stets neuer Belastung des Volkes jedes Jahr ansehnlich vermehrt, so z. B. jetzt wieder durch das kostbare Institut der Gerichtsvollzieher, mit denen Hr. Weis das Vaterland absolut beglückt haben wollte.

Unwillkührlich drängt sich uns schließlich die Frage auf, woher es wohl kommen mag, daß gerade in unsern gesegneten Zeiten so viele Leute irrsinnig, so viele zu Selbstmördern und so viele zu Verbrechern werden, obschon die liberalen und fortschrittlichen Blätter massenhaft Bildung und Aufklärung unter die Leute bringen. Tragen am Ende nicht gar diese Blätter und ihre im „Liberalen Schimpflexikon" näher geschilderten Grundsätze gar dazu bei, daß die Leute so viel zu Narren, Selbstmördern und Verbrechern werden? Das „Vaterland" hat dazu im April und Mai vorigen Jahres ganz merkwürdige Zahlen und Daten gebracht. So viel ist jedenfalls gewiß und nicht zu bestreiten, daß der wackere Bauernstand, weil und so lange er gut christlich und katholisch gesinnt ist, verhältnißmäßig viel weniger Narren und „Unglückliche“, wie man heute sehr human die Herren Spitzbuben und Verbrecher heißt, liefert, als die sogenannten Gebildeten, die nach Prof. Orell an unsern Universitäten eine ganz eigene Sorte Bildung erhalten, die „liberal“ gewordene Bourgeoisie und das von dieser um seinen religiösen Glauben betrogene und glaubens- und hoffnungslos verkommende Proletariat der Städte.

Das Concil und die Gelehrten.

Wenn ein ehrlicher Christenmensch die „Stellung“ in's Auge fasset, so da heute die Gelehrten zum römischen Concilium genommen haben, da fällt ihm das Wort des Dichters ein, der da etwas grob behauptet:

Es ist hinfort daran kein Zweifel,
Daß alle Gelehrten reitet der Teufel.

Seitdem das Concilium in Rom beisammen ist, war das eine recht fette Gelegenheit für die Gelehrten und diejenigen, die sich dafür halten, z. B. der Hr. Schmitz, obgleich er schon zweimal im Doctorexamen durchgefallen ist, alles gelehrte Gift gegen Rom auszuspritzen und so viel Gehässigkeit, überstudirte Bornirtheit und Entstellungssucht an den Tag zu legen, als nur immer in den Spalten der hochlöblichen Augsburgerin unterzubringen war. Insbesondere die „Conciliumsbriefe“ waren es, in denen sich eine solche Masse von den Dingen und von gelehrter Ueberhebung gezeigt hat, in denen so viele Lügen, Gehässigkeiten und Verleumdungen ausgesprochen wurden, daß es gar nicht zum glauben ist und daß diese „Briefe“ eigens noch einmal gedruckt werden, um als ein Denkmal giftiger, gelehrter, janusbrüderlicher Verſimpelung und kirchenfeindlicher Verbissenheit in Brochürenform der spätesten Nachwelt überliefert zu werden. Was das „Liberale Schimpflexikon“ in Bezug auf das gewöhnliche literarische Federvolk ist, das sind die Conciliumsbriefe in Bezug auf die „gelehrte“ Janus-Brüderschaft, in deren Gefolge sehr sonderbare Heilige als literarische Troßbuben herumschwärmen.

Verwunderlich dabei wäre nur, wenn man nicht wüßte, daß der Teufel unter den Pseudo-Theologen seine besten Freunde zählt, — verwunderlich wäre nur, daß es zunächst und vor Allen „katholische Theologen“ sind, die das vom Concil drohende „Unheil“ zuerst erblickt und es zuerst den Juden und modernen Heiden zur Freude der beängstigten Welt verkündet haben. Kaum hatte der „Senior der theologischen Professoren Deutschlands in der gespannten Zeit und wahrhaft beängstigenden Lage“ die „drohende Verdunkelung und Verunstaltung an der Kirche“ erblickt und von der hohen Worte der „deutschen Wissenschaft“, München, herab signalisirt, als auch sofort Anderen urplötzliche „Erleuchtung“ kam und „namhafte“ Theologen zu Breslau, Prag, Bonn, Münster, Köln und Braunsberg das gleiche „Unheil“ erblickten. Sogar Hr. Schmitz ward „erleuchtet“ und „des Geistes voll“ und gab in diesem Zustande eine Brochüre von sich, die wir bereits glücklich in einem Wurstladen entdeckt haben! Wie der theologische Groß-Kophta in München, so waren alle „beängstigt“ und das gute Volk merkte es lange nicht, daß die „geängstigte“ Theologie mit dem Schwindel sehr unerlaubten Umgang pflog, von dem es nur der kgl. bayrisch privilegirte Postzeitungs-Katholizismus absolviren wollte und konnte.

Sehr bedauerlich aber hat sich die „deutsche Wissenschaftlichkeit“ damit nicht wenig blamirt und ist die „Verdunkelung“ nicht etwa über die Kirche, sondern über die „geängstigten“ Theologen hereingebrochen, von denen Paulus der Apostel mit prophetischem Blicke sagt: „Nachdem sie Gott erkannt haben, haben sie ihn nicht als Gott verherrlicht, noch ihm gedankt, sondern sie ergingen sich in ihren eitlen Gedanken und ihr unverständiges Herz ward verfinstert, sie hielten sich für Weise, derweil sie Thoren waren.“

Wie aber das so gekommen ist? — Die Gelehrten haben den Verstand von Gott, ihr Wissen aus Büchern, Eitelkeit, Hochmuth, Gottlosigkeit aber vom Teufel. Je heiliger eine Sache zwischen Himmel und Erde ist, desto frivoler treten sie darauf herum. „Schale um Schale haben diese Mundschenke der Gottlosigkeit, sagt Görres*) mit ihrer Brühe gefüllt und sie mit Zierlichkeit dem um sie her versammelten Publikum kredenzt und zugetrunken; die Zecher aber haben den gereichten Fusel wie Wasser hinabgesoffen und den geistigen Tod und die moralische Fäulniß in sich hineingetrunken.“ Und wie Anno dazumal, so machen sie es noch.

Zu dem Heiligsten, was es auf Erden gibt, gehört die katholische Kirche, und deshalb ist es die Kirche, die am meisten geschmäht, verleumdet, besudelt und mit Koth von ihnen beworfen wird. Das besorgen die gottlosen Gelehrten mit wahrer Lust, und was das Merkwürdigste ist: im Kampf gegen die Kirche, da sind diese Gelehrten, die sich sonst gerne in den Haaren liegen, immer einig, „freiwissenschaftliche deutsche“ Theologen und Philosophen, Berufene und Unberufene, Gescheidte und Bornirte. Die Münchener sind da tapfer vorangegangen und haben unter dem Jubel aller modernen Juden und Heiden einen eigenen Conciliums-Wauwau erfunden und die Philister der „deutschen Wissenschaft“ haben davon eine ordentliche Gänsehaut bekommen und sind noch heute nicht recht bei Trost; blamirt aber haben sich Alle, denn Rom geht seinen Weg und das Concilium geht seinen Weg und Sonne, Mond und Sterne thun auch nicht dergleichen, als ob sie sich viel um die Thoren kümmerten, von denen Jeder für sich gescheidter sein will als das ganze Concilium zusammen und sogar den hl. Geist korrigiren möchte!

Deutschland.

München, den 1. Juni.

Landtag. In der gestrigen Kammersitzung wurde auf Antrag des Dr. Ruland eine Bitte an den König um baldigste Vorlage eines Gesetzes über Befriedigung der Kultusbedürfnisse, soweit hiefür Umlagen und Dienstleistungen erforderlich sind, und über die Verwaltung des Vermögens der Kirchengemeinden unter Zugrundelegung der den politischen Gemeinden eingeräumten Selbstverwaltungen beschlossen. — Der Antrag mehrerer Müller auf Revision der Besteuerung der Getreidemühlen wurde abgelehnt, ebenso der, gelegentlich der Nachweisung über die Staatseinnahmen für 1866/67 und die Verwaltungsausgaben für 1868 von Stauffenberg eingebrachte Antrag, daß das Institut der Steuereinnehmer in der Pfalz auch im diesseitigen Bayern eingeführt werden möge.

— Wir sollen gegenwärtig wieder eine kleine Kabinetskrisis haben, der Kriegsminister v. Pranckh will seine Entlassung und ein Oberst Orff soll sein Nachfolger werden. So wollen es die Hof-Preußen, denn diesem trauen sie den Willen zu, die ganze Armee unter die Pickelhaube zu bringen, von der Hr. v. Pranckh nichts wissen wollte; jedenfalls halten ihn die Hof-Preußen noch für preußischer als sie selbst sind, wenn das möglich ist. Was da wieder für

---

*) Athanasius von 1838.

eine Teufelei im Werk ist, wissen wir nicht; jedenfalls ist uns Hr. v. Prankh doch noch um mehere Hundert Procent lieber als der Liebling der Hof-Preußen, Hr. Orff.

— Magistratus hochweiser fortschrittlicher spielt patriotischen Klub. Die Rechtsräthe Badhauser, Sachsenhauser, und Schrott sind aus dem Klub der fortschrittlichen Magistratsherren ausgetreten, da dieselben so wenig Einsicht, Verständniß und Intelligenz zeigten, daß sie Jeden dieser drei Herren bei der Bürgermeisterwahl durchfallen ließen, und so was kränkt einen Biedermann sehr! Hr. Schrott, der sonst fast jeden Tag 4 oder 5 Besuche bei Knurrblättl anständigem machte, hat bereits seit 14 Tagen alle Beziehungen mit den Knurrblättlleuten abgebrochen und meidet ihre Schwelle wie der Teufel den Friedhof. Europa ist ruhig.

— Nachdem Juden und Liberale aufgehört haben, uns alle Augenblicke zu verklagen, fängt jetzt die hochpreisliche Janus-Bruderschaft damit an, wo die Anderen aufhörten, und hat ein dienender Knappe des Hrn. v. Döllinger, ein gewisser Schmitz, uns wegen des Leitartikels „Gelehrte Giftmischerei“ allerunterthänigst treugehorsamst ersterbend denuncirt und Kriminaluntersuchung (!) gegen uns einleiten lassen, deren Verlauf wir mit ungewöhnlicher Seelenruhe und Heiterkeit des Gemüthes verfolgen, wasmassen wir glauben, daß die Kritik einer einfältigen Brochüre, durch welche nach unserm Dafürhalten besagter Schmitz „ein paar Hände voll Koth nach dem ehrwürdigen Haupte der Christenheit geworfen habe“, allenfalls vor das Forum von Gelehrten oder Aesthetikern, aber nicht vor das Forum von Geschwornen gehöre. Uebrigens ist das sehr unvorsichtig von dem Hrn. Schmitz, daß er uns wegen jenes Artikels verklagt hat, denn am Ende sind wir im Stand und beweisen ihm alles vor Gericht und dann ist er blamirt, statt daß wir ein halbes Jahr nach Rosenberg müssen.

— (Was ein Offiziöser werden kann!) Unter den 24 Gerichtsvollziehern, mit denen das Bezirksgericht München gesegnet werden soll, befindet sich der frühere Redakteur des „Bayr. Kurier“, dann bei der Hoffmännischen offiziösen Korrespondenz, Hr. Peter Rothlauf, der dem Stern der Offiziösen nicht mehr traute, und deshalb sich zum Gerichtsvollzieher qualifiziren ließ. Es scheint demnach, daß die nicht von der besten Seite bekannte Hoffmännerei ganz aufhört, wodurch der Staat wohl 8000 fl. ersparen würde.

Aus der **Pfalz** wird dem „Vaterland“ geschrieben: Wenn der patriotische Klub, das heißt Hr. Weis und sein Anhang glaubt, sich von den ächt patriotischen Blättern wie „Donauzeitung“ und „Bayr. Vaterland“ jetzt, nachdem die Wahlen vorüber sind und man dieselben wohl eine Zeitlang nicht mehr nöthig zu haben — meint, lossagen zu können, so können wir diesen Herren die Versicherung geben, daß dieses unmotivirte und unverdiente Lossagen diesen Blättern neue Freunde zuführen wird. Das patriotische Volk wird ganz anders antworten, als diese Herren von ihrem wohlfeilen Desaveu wohl hoffen mögen*). Beide Blätter haben den Vorzug der Klarheit für sich, sie wissen, was sie wollen und sagen auch frank und frei, was sie wollen; stets aber wollen sie nur das, was dem Volke zum Heil und Vortheil ist. Ich glaube mich nicht zu irren, wenn ich die Tendenz beider Blätter dahin bestimme, daß sie sich vorgesetzt, den unleidlichen, dem Volke in innerster Seele verhaßten Bureaukratismus zu brechen und so dem Volk den Genuß wahrer Freiheit zu verschaffen. (Sehr richtig. D. R.) Möchten doch die patriotischen Abgeordneten bedenken, wie viel es das wackere Volk gekostet hat, sie in die Kammer zu bringen, dann werden sie gewiß nicht durch süße Ministerworte und Beifallsnicken der Fortschrittler sich in ihren Versprechungen irre machen lassen. Wollen sie aber den gegenwärtigen „liberalen“ Ministern und den Fortschrittlern gefallen, dann hören sie eben auf, das Vertrauen ihrer Wähler zu besitzen. Was aber von beiden möchte für sie das Werthvollste sein? Nicht das „Vaterland“ und nicht die „Donauzeitung“ haben das Ansehen der patriotischen Majorität geschädigt, sondern ihre Unthätigkeit bei vielen wichtigen Debatten schädigte es. Auch bei manchen Geistlichen in der Kammer hätten wir eine weit größere Energie gewünscht und daß sie ihren Stand geradeso in Schutz genommen hätten, wie Wülfert und Lutz den Richterstand. Für den geistlichen Stand ein Wort der Vertheidigung gegen Hohn und Verleumdung zu sprechen, scheint man sich fast zu geniren, obwohl kein Stand besser und mit mehr Wahrheit in Schutz genommen werden kann, als gerade der geistliche Stand, da in der Regel das Gegentheil von dem wahr ist, was über ihn gesagt wird. Sie aber, Hr. Redakteur, trösten Sie sich bei den vielen Verdrießlichkeiten und Aergerlichkeiten gerade von der Seite, von welcher man es am Wenigsten erwarten sollte, — trösten Sie sich mit dem Bewußtsein, ihre Pflicht gethan und dem Volke genügt zu haben. Auch das ist ein Trost und nicht der schlechteste. (Wir trösten uns!)

Preußen. In Köln wurden dieser Tage 104 Militärpflichtige, weil sie statt Sr. Majestät Pickelhauben zu tragen in's Ausland gingen und 31 beurlaubte Landwehrmänner wegen „Auswanderung ohne Erlaubniß“ zu 50 Thl. Strafe verurtheilt. Leider weiß man nicht, wo in der Welt sich die Leute zur Zeit befinden, um das Strafgeld einzukassiren.

Ausland.

Frankreich. Aus Paris verlautet, der erste Akt des neuen Ministers Grammont sei ein Auftrag an den französischen Gesandten Benedetti in Berlin gewesen, dort wegen einiger Stellen der letzten Thronrede Wilhelms von Bismarck entsprechende Aufschlüsse zu verlangen.

In Paris hat der große Prozeß gegen die bekannten rothen Verschwörer begonnen. Die Zahl der Angeklagten beträgt 73.

In **Italien** schweigt der Regierungstelegraph, voll Verachtung wahrscheinlich, beharrlich über die Aufständischen, die er nicht einmal mehr „besiegen“ und gänzlich zerstreuen läßt. Dagegen berichtet die „Unita“, daß General Bixio zum Freischaarenzug gegen **Rom** bedeutende Summen zur Verfügung gestellt habe, daß alle Geldinstitute Italiens, (von denen nicht die wenigsten in den Händen der Juden sein mögen!) sich an der Unterstützung des rühmlichen Unternehmens betheiligen und daß einzelne Aktionäre der Nationalbank 1000 bis 5000 Lire für den sehr edlen Zweck, den hl. Vater aus Rom zu verjagen, zeichneten. (Diese Italiener sollten sich doch ein Beispiel an den bayrischen Katholiken nehmen, bei denen der Peterspfennig zur Unterstützung und Erhaltung des hl. Vaters in Rom wirklich in Strömen fließt. So z. B. hat eine Diöcese mit über 600,000 christlichen Seelen, von denen viele allerdings Postzeitungs-Katholiken gehören mögen, im vorigen Jahre die erstaunliche Summe von 6000 fl. Peterspfennigen zusammenge-

*) Der gestrige Postbestellzettel ist ganz im Einklang mit dieser Auffassung; die Zahl unserer Postabonnenten hat sich wieder recht anständig vergrößert und wir glauben, das, was dieser sicherste Barometer der öffentlichen Meinung, der Postbestellzettel, sagt, sehe einem Desaveu von Seite des patriotischen Volkes durchaus nicht gleich. Seit dem ersten (Stauffenberg'schen) Desaveu hat sich die Zahl unserer Postabonnenten beiläufig um 800 vermehrt; wir lassen uns da gerne noch öfter desavouiren. D. R.

bracht und das hiesige katholische Kasino, welches die Erlaubniß hat, in ganz Bayern sammeln zu dürfen, hat in fast ½ Jahren gar bereits die unglaublich riesige Summe von baaren 800 fl. beinander. Man sollte es in diesen betrübten traurigen Zeilen gar nicht glauben, daß die braven Katholiken für den Papst noch so opferfähig sein könnten.)

Aus Rumänien wird berichtet, daß Prinz Karol die Ankündigung der in diesem Jahr bevorstehende Geburt eines Prinzen von sämmtlichen Ministern hat mitunterzeichnen lassen. Daß sich die Minister oft zu sehr merkwürdigen Dingen brauchen lassen, ist bekannt; neu aber ist, daß ein vollkommener rumänischer Minister sich auch auf die edle Hebammenkunst verstehen muß, welche in jenem gesegnetem Lande unglaubliche Fortschritte gemacht haben muß.

Aus Rumänien werden wieder etliche gelungene Judenkrawalle gemeldet, wobei zur Feier der Wahlen diverse Juden tüchtig durchgeprügelt und zerzaust wurden. Von den bei solchen feierlichen Gelegenheiten üblichen Beförderungen über oder in die Donau wird nichts gemeldet. Die Wiener Judenjournale sind tiefentrüstet; wären Christen geprügelt worden, so wär's was anders.

Vermischte Nachrichten.

Die Lehrer, welche zur allgemeinen deutschen Lehrerversammlung in Wien reisen wollen, haben für die Zeit vom 1. bis 20. Juni auf sämmtlichen bayrischen Bahnen eine Fahrtaxermäßigung von 50 Prozent für die dritte Wagenklasse bewilligt erhalten.

53 hiesige Juweliere und Goldarbeiter warnen vor dem Ankauf von sogenannten Double-Waaren, die von Hausirern ꝛc. als Gold verkauft werden, aber nur von eitel Messing oder Kupfer mit einem dünnen Goldüberzug sind und so leicht zu Betrügereien benützt werden können.

Von der Isar wird uns eine fulminante Epistel eingesendet, daß einzelne Bezirksamtmänner die Pfarrer als Werber für Feuerwehren benützen wollen. Die Sache, dächten wir, fände ihre einfachste Erledigung dadurch, daß sich die HH. Pfarrer eben nicht „benützen" lassen.

Verantwortlicher Redakteur: Dr. J. Sigl.

Druck von M. Sagl in München. Ro'erthal 19

II. Jahrgang. | Auflage: 5400.

Das Bayrische Vaterland.

Das „Bayr. Vaterland“ erscheint täglich mit Ausnahme der Sonn- und hohen Festtage. Preis des Blattes: Vierteljährig [illegible] kr., ganzjährig 3 fl. 36 kr. Das einzelne Blatt 1 kr.

Alle Postexpeditionen und Postboten des In- und Auslandes nehmen Bestellungen an. Inserate werden die dreispaltige Petitzeile oder deren Raum zu 3 kr. berechnet.

Redaktion: Kreuzgasse 1. | Herausgegeben von Dr. jur. J. Sigl. | Expedition: Ruffinibazar 5

Clotildis. | Nr. 125. | Freitag, 3. Juni 1870.

Bestellungen auf das „Bayr. Vaterland“ für den Monat Juni zu 18 kr. können bei allen Postanstalten und Postboten noch immer gemacht werden.

Moderne Pädagogen.

*A. **Aus der Pfalz.** Der Hr. Abg. Greil beantragt also bei den ordentlichen Staatsausgaben einen Abstrich von zwei Millionen. Das ist eine erkleckliche Summe, die erspart werden soll; macht man beim Militärbudget in gleicher Weise Abstriche, dann wird man auch die Schullehrer, welche wirklich schlecht besoldet sind, die Postboten rc. rc. aufbessern können, — ohne Steuererhöhung, ohne jede Mehrbelastung des Volkes.

Wir wollen nun die Aufmerksamkeit des Hrn. Budget-Referenten noch auf einen anderen Posten im Staatshaushalt lenken, wo gleichfalls bedeutend gespart werden könnte. Wir meinen die sämmtlichen Ausgaben für Lehrerbildung, für Präparandenschulen, -Seminarien und -Inspektionen. Diese Anstalten und Einrichtungen haben sich als ganz zwecklos und überflüssig erwiesen, nachdem festgestellt ist, daß man auf weit einfacherem, billigerem und kürzerem Wege die pädagogische Weisheit zu sich nehmen kann, und seitdem in Kaiserslautern, der Hauptstadt des pfälzischen Fortschritts und Freimaurerthums, zwei Menschenkinder aufgetaucht sind, welche auf den ersten Blick die Mängel des Volksschulwesens ihrer Vaterstadt erkannt haben, — Mängel, die seit 50 Jahren allen „Schul- und Fachmännern“, allen Lehrern, Inspektoren und Regierungskommissären, ja selbst allen Fortschrittlern entgangen waren oder vor diesen verheimlicht worden sind.

Mit seltenem Scharfblick haben nämlich die neuen liberalen Mitglieder der Lokal-Schulkommission zu Kaiserslautern, ein angeblicher Demokrat und ein mittelparteiliches Menschenkind, bei ihrem ersten Eintritt in die Schule ihrer Stadt sofort erkannt, daß Kaiserslautern, das bisher an der Spitze der „Humanität, Aufklärung und des Fortschritts“, an der Spitze aller pfälzischen Agitationen marschirte, die schlechtesten Schulen der Pfalz habe.

Jeder „obskure Winkel“ in Bayern würde sich dagegen verwahren, wenn man ihm zum Vorwurf machen wollte, daß er 50 Prozent mangelhaft gebildeter Schüler habe. Schwarz auf Weiß ist aber in Nr. 86 der „Pfälzer Volkszeitung“, dem amtlichen Organ der in Kaiserslautern glorreich regierenden Freimaurerloge, zu lesen, daß diese „intelligente und gebildete“ Stadt 50 Prozent protestantischer und 23 Prozent katholischer Knaben mit mangelhafter Schulbildung besitze, welche sämmtlich aus der Schule entlassen werden müßten, ohne es bis zur obern Klasse gebracht zu haben!!

Schauderhaft, aber wahr, da der Verdacht einer „ultramontanen Tendenzlüge“ vollständig ausgeschlossen ist!

Wie kann da der künftigen Generation anders geholfen werden, als daß sich die Bevölkerung des schreienden Bedürfnisses nach Fröbel'schen Kindergärten, nach Communalschulen, nach polizeilichen Armenschulen oder wie die Kritik sich ausdrückt, nach konfessionslosen Nachhilfe-Schulen, lauter freimaurerischen Schöpfungen, recht klar bewußt werde und Hilfe bei diesen wohlthätigen Einrichtungen des Freimaurerthums suche und das gegenwärtige Unterrichtssystem mit geistlicher Oberaufsicht mit Acht und Bann belege?! Denn das muß doch jeder intelligente Fortschrittspfälzer sofort kapiren, daß an den 50 Proz einzig und allein „diese Pfaffen“ mit ihren „schädlichen klerikalen Einflüßen“ und „volksverdummenden Tendenzen“ die Schuld tragen!

Fragen wir nun, wer sind denn jene verdienstvollen Kämpen, die zuerst hinter die Schulmauern geblickt und da diese 50 Proz. moralisch und geistig eingemauerter jugendlichen Mönche und Nonnen entdeckten, jener Jugend, die bei Straßenkrawallen und Aufzügen der Communalschul-Revolution sich so gelehrig und gefügig gezeigt, als sie zu Demonstrationen gegen ihre Geistlichen, Lehrer rc. kommandirt wurde, und die so geschickt bei der Vertilgung der Communal-Bretzeln, Communal-Würste und des Communal-Biers gewesen? Wo haben die seither im Verborgenen blühenden pädagogischen Veilchen ihre „fachmännische“ Scharfsicht und Erfahrung sich geholt, welche aller seitherigen Lehrerbildung und Vorbereitung, aller seitherigen Lehrpraxis spottet? Etwa im „klösterlichen Internate eines von jesuitischen Anschauungen und römischem Geiste geleiteten Knabenseminars“?

Nein! Der Eine von Beiden ist in der Strafanstalt St. Georgen, wohin derselbe als 20jähriger Jüngling wegen Hochverraths gekommen war, der Andere ist auf den Brettern, welche die Welt bedeuten, in Amerika, wohin derselbe als widerspenstiger Conscribirter gekommen war, zum „Schulfachmanne“ herangebildet worden! Der Eine hat es bis heute zum Führer der Mittelpartei, der Andere zum Ceremonienmeister, d. h. Possenreißer der Freimaurerloge gebracht.

Gewiß, ein ebenso ebenbürtiges als liebenswürdiges Brüderpaar, als das liberale Schwesterpaar Neustadt und Kaiserslautern, deren Volksschulwesen in den Freimaurerorganen „Nürnberger Anzeiger“ und „Pfälzer Volkszeitung“ auf gleiche Linie gestellt und in ganz gleicher Weise als „versumpft“ und „zurückgeblieben“ bezeichnet wird. Die beiden nagelneuen Pädagogen aber sind heute die Väter und Helden der Stadt Kaiserslautern und die großen Reformatoren des dortigen Volksschulwesens.

O tempora, o mores!

Deutschland.

München, den 2. Juni

Landtag. Bei der Debatte über die Verwaltung der Staatseinnahmen wollte Dr. Völk, wie er schon öfter gethan, die bereits im Ausland versteuerten Kapitalien in Bayern noch einmal besteuert wissen. Wie das anzufangen wäre, darüber blieb Völk stumm. Item wollte Völk wissen wie es denn mit der längst „angeregten" Hundesteuer stehe? Dr. Ruland empfahl dagegen ironisch, wie Kaiser Peter von Rußland die großen Bärte zu besteuern, überhaupt Alles, sogar die Luft zu besteuern! Dem Landmann wäre freilich doch nicht geholfen, denn seit Aufhebung der Wuchergesetze bekomme er so wie so kein Geld mehr unter Zinsen, bei denen die Landwirthschaft nicht mehr bestehen kann. — Von Pf. Rußwurm und Anderem wurde dem Finanzminister dringend an's edle Herz gelegt, die Forstverwaltung anzuhalten, bei Abgabe von Waldstreu minder streng zu sein. — In der gestrigen Sitzung berieth die Kammer über einige Anträge auf Erbauung von Eisenbahnen und beschloß nach langwieriger Debatte, es möge ein Gesetzentwurf über die Erbauung einer Bahn von Peißenberg nach Bießenhofen und von da nach Füßen an die Landesgrenze vorgelegt werden. Dr. Huttler erklärte bei dieser Debatte, **daß das bayrische Volk zu Hrn. v. Schlör kein Vertrauen habe.** Wir wüßten wenige, die dieser Erklärung des Hrn. Dr. Huttler nicht aus vollem Herzen zustimmten. Schlör, überrascht und verlegen, will das Mißtrauensvotum nur dann gelten lassen, „wenn es formulirt sei." Und nun erhob sich Dr. Jörg zu einem Desaveu des Dr. Huttler und erklärte, daß die Aeußerung desselben **nicht der Ausdruck der patriotischen Partei** (nämlich der Herren Jörg und schlörigen Gesinnungsgenossen!), sondern lediglich eine persönliche Anschauung des Dr. Huttler sei!!! Und die patriotische Partei sagte Ja und Amen, denn Niemand sagte **Nein!** Und so war auch Dr. Huttler wie früher Lukas, Greil, Mahr ꝛc. von der eigenen Partei desavouirt und im Stiche gelassen, Hr. Schlör aber wieder gerettet!!! — Wenn wir sagen, Hr. Dr. Jörg ist uns längst ein patriotisches Räthsel geworden, so werden wir nach dieser neuesten Leistung Jörgs wohl auf keinen Widerspruch mehr stoßen!

— Der „Volksbote" hat gestern für gut befunden, den zweiten Angriff auf das „Vaterland" zu machen. Wir begnügen uns dies einfach zu konstatiren, werden aber auf diesen wiederholten Angriff ebenso wenig erwidern, als auf den ersten. Der „Volksbote" hat wie die „Postzeitung" das Recht, sich zum Kluborgan zu machen und als solches an dem Klub alles schön, löblich, untadelig und ausgezeichnet zu finden und zu vertheidigen; wir dagegen beanspruchen das Recht, Organ unserer Mitarbeiter und Leser, Organ des katholisch patriotischen Volkes zu sein. Wir wissen niemals der Macht zu dienen, wir haben unsern Platz stets auf Seite der Unterdrückten und Geschädigten gesucht. Niemals aber können wir dem „Volksboten" das Recht einräumen, mit einem sehr kühnen Griffe uns in einen Topf mit den Republikanern zu werfen, welche darauf ausgehen, ehebaldigst alle Throne umzustoßen und dafür eine große europäische Republik herzustellen. Dagegen müssen wir allen Ernstes protestiren. Es würde uns freilich wohl keine hitzige Krankheit zuziehen, denken wir, wenn ein oder der andere Thron in Europa in Trümmer ginge, allein für uns, für uns Bayern wollen wir unsere Könige behalten, weil für uns einzig die Monarchie paßt. Mit demselben Ernste wie der „Volksbote" haben wir auch immer für Vaterland und König gekämpft und gestritten; zeigt unsere ganze Haltung, unsere ganze Thätigkeit dem „Volksboten" nur den Schatten eines Gedankens, daß wir es in Zukunft nicht mehr thun werden? Uns „Thronumstürzer" zu nennen, konnten wir der Heuchelei und Verlogenheit der Rothen und dem Hrn. v. Hörmann verzeihen, beim „Volksboten" müssen wir aber dagegen ernstlich Verwahrung einlegen; von ehrlichen Katholiken werden keine Throne umgestürzt. Was die weiteren Ausführungen des „Volksboten" über „wahre Patrioten", „liberale und katholische Demokraten" ꝛc. betrifft, so glauben wir, würde der „Volksbote" besser gethan haben, von diesen Dingen zu schweigen, bevor er sich genauer hat über die Sache unterrichten können. **Wir haben die feste Ueberzeugung, daß, wenn wir in der nächsten Wahlschlacht siegen und mit Erfolg, mit Nutzen für das Volk siegen wollen, wir nur unter der Fahne der katholisch-patriotischen Volkspartei siegen können.**

— Ueber das neue theure Taxgesetz werden schon von allen Seiten Stimmen laut. So hat eine landwirthschaftliche Versammlung in Augsburg konstatirt, daß nach dem projektirten neuen Taxgesetze bei einem Vertrag über eine Liegenschaft von 20000 fl. Werth künftig 400 fl. Taxen bezahlt werden müßten, während sie nach dem alten bisher doch nur 205 fl. 40 kr. betragen. Die Versammlung erklärte einmüthig, daß es dringend geboten sei, bei der Kammer dagegen Schritte zu thun. (Nach dem neuen Entwurf sollen die Taxen künftig 13 Millionen, also doppelt so viel als bisher ertragen, eine ganz ausgezeichnete Einrichtung, wenn man das halbe Land, Einen nach dem Andern, zu Grunde richten will.)

Aus dem **Rotthal** wird dem „Vaterland" geschrieben: Als es bekannt wurde, daß die HH. Abgeordneten Bucher und Lukas ihr Mandat niederlegten, da war es mir, als wäre ich aus den Wolken gefallen; die Ueberraschung war groß und schmerzlich, nicht blos für mich, sondern für Tausende von Männern Niederbayerns, welche das katholisch-patriotische Panier noch fest halten. Es wird Ihnen, Herr Redakteur, nicht unbekannt sein, daß Hr. Bucher vielleicht der populärste Mann im ganzen Rotthal ist, von Hrn. Lukas nicht zu reden, dessen Name in ganz Bayern und darüber hinaus, vom besten Klange ist, und dessen entschiedenes kräftiges Auftreten gegenüber den HH. Fortschrittlern einem katholisch-patriotischen Herzen wirklich wohlthun mußte. Ich habe seit dieser Affaire mit mehreren Männern gesprochen und Alle stimmten mit mir überein, den Kampfplatz hätten diese beide Herren nicht so schnell verlassen sollen, ohne sich mit ihren Wählern darüber zu verständigen, denn das treue, katholische Volk steht jedenfalls an ihrer Seite. Seit den letzten Tagen ist jedoch in diese, für die patriotische Kammermajorität nicht gar rühmlichen Vorgänge mehr Licht gekommen. So fanden wir in der Donauzeitung erstens, daß Prof. Greil wegen seines gediegenen und überaus wahren Referates von seinen eigenen Parteigenossen im Stiche gelassen und desavouirt wurde, und daß zweitens die entschiedensten patriotischen Blätter öffentlich desavouirt werden sollten. Jetzt wer sich das zusammenreimen kann, der muß schon außerordentliche Weisheit besitzen oder gar Tausendkünstler sein! Wenn dieses Einer vor einem halben Jahre prophezeit hätte, da hätte man ihn für verrückt gehalten. Wer sind denn die, welche jetzt gegen ihre eigenen Partei- und Kampfgenossen zu Gericht sitzen? Man möchte seinen eigenen Augen kaum trauen, wenn man unter diesen die Namen liest: Weis — Jörg — Freitag — Graf Fugger u. s. w.; ja bei der Abstimmung über den Austritt Buchers und Lukas fanden es eine ganze Reihe solcher — Patrioten an der Zeit, offen gegen diese zwei in jeder Beziehung ausgezeichneten Volksvertreter zu stimmen. Und wie möchte man erst staunen, daß selbst ein katholischer Priester unter diesen sich fand! Sehen denn die Herren nicht ein, daß durch dieses unkluge Vorgehen gegen die katholisch-patriotische Presse und die im heißen Kampfe erwählten Vertreter des Volkes sie sich selbst und dem Vaterlande den schlechtesten Dienst erweisen, daß nur unsere erklärten Gegner auf politischem und religiösem Gebiete davon profitiren und sich ins Fäustchen lachen?! Diese Herren werden sich doch nicht einbilden, daß das patriotische Volk sie deshalb in die Kammer geschickt hat, damit sie der hohen Königlichen gehorsamst Servus machen, daß die heillose Wirthschaft noch Jahrzehnte lang so fortgeht, wie's unter der verflossenen Kammer war, und daß sie gegen ihre eigenen Kampfgenossen intriguiren!

Bezüglich der katholischen Presse scheint den Herren gar nicht mehr im Gedächtnisse zu sein, daß sie ohne diese gar nicht in der Kammer säßen, und daß, wenn unsere traurigen Zustände sich wieder bessern sollen, diese nicht zu entbehren ist. Aber das Volk wird richten und handeln, wenn es Zeit ist, und zwar nicht zu Gunsten solcher (— Censurstrich. D. R.) Hoch, dreimal hoch die unerschrockenen Kämpfer des katholischen Volkes: Lukas, Greil, Mahr, Westermayer u. s. w. Ebenso Hut ab, und alles Lob unserer gediegenen furchtlosen Presse und deren Vertretern, welche von — — (Censurstriche. D. R.) desavouirt werden sollen. Ich schreibe Ihnen dieses, Herr Redakteur, damit Sie sich überzeugen können, daß ihre muthvolle Haltung ganz dem Herzen und Wunsche jedes treuen Sohnes der Kirche und des Vaterlandes entspricht, und damit durch Ihre geübte Feder unsere treuen Abgeordneten wieder erfahren, wie hoch sie in Achtung und Liebe bei allen Gutgesinnten stehen. Gott beschütze und stärke Sie zum ausdauernden Kampfe, und bis zum letzten Mann halten wir die Fahne hoch, worauf geschrieben steht: Mit Gott, für König und Vaterland!

Aus Mittelfranken wird dem „Vaterland" geschrieben: Hr. Präsident Weis soll die Aeußerung gethan haben, er sei immer der blauweißen Fahne gefolgt, der rothen werde er nie folgen. Das ist sehr schön von Hrn. Weis. Aber was versteht er denn unter der „rothen Fahne", welche nach seiner Behauptung die verfehmten fünf patriotischen Blätter heraushängen? Ohne Zweifel kann er damit nur den Kampf gegen die Bureaukratie meinen, den diese Blätter kämpfen. Wer den Bureaukraten zu nahe tritt, der ist nach bureaukratischer Auffassung Revolutionär. Da es aber nur dann besser werden kann, wenn das Joch der Bureaukratie abgeschüttelt und das Volk aus ihren Fängen befreit werden kann, so wird es unter den Patrioten noch heiße Kämpfe absetzen müssen und von diesen glauben wir, daß sie durchaus nicht fruchtlos und sehr am Platze seien.

Von **Augsburg** wird dem „Vaterland" geschrieben. Diß in der patriotischen Partei nicht Alles so recht in der Ordnung ist, haben wir schon lange gemerkt. Um so mehr aber müssen wir gerade darum den Austritt der H. H. Lukas und Bucher beklagen. Der ist ein Unglück, ein enormes Unglück für die Partei, weil jetzt selbst diejenigen stutzig geworden sind, welche bisher noch immer vertrauensvoll auf die Kammer geblickt haben. Jetzt werden diejenigen, welche sich bisher noch scheuten, um so ungenirter ihr Wesen treiben können und die Rothen werden in kurzer Zeit Herr und Meister sein*). Der tapfere Hr. Greil wird sich vielfach umsonst abmühen, denn die Kraft, welche ihn am besten und entschiedensten unterstützt hätte, ist beseitigt ..... Daß unsere Justiz in der Praxis stets schlimmer, statt besser wird, wird kein redlicher Mann der Erfahrung in Abrede stellen. Auf das hohle Geschwätz und Gekläff so mancher Helden des sogenannten Fortschritts im Laude, die immer vor der Macht auf dem Bauche liegen und auch jetzt wieder unsere Justiz preisen, geben wir gar nichts. Diese Leute wissen, warum sie der Justiz schön thun; am Wohl des Volkes liegt ihnen nichts, von Volkswohl u. dgl. reden sie überhaupt nur, wenn es an's Wählen geht, oder wenn sie Missionen für den Fortschritt abhalten und den Bauern Sand in die Augen werfen wollen. Wie gut es die Fortschrittler mit dem Volke meinen, dafür liefert den unzweideutigsten Beweis, daß sie glauben, es gebe noch nicht genug Steuern, weil Einer von ihnen, der fränkische Schulmeister Strauß sogar die Singvögel besteuert wissen will. Da hört denn doch Verschiedenes auf! Ein Anderer, ein gar großer Volksbeglücker, will wieder eine ganz neue Beamtenkategorie, die Steuereinnehmer, wahrscheinlich weil wir noch nicht genug Beamten haben! Das geht doch schon ins Aschgraue. Da werden wir uns schöne Dinge von der Wahlgesetz- und der Budgetdebatte erwarten können vom Fortschritt.

Mecklenburg, obwohl es zum preußischen Nordbund gehört, wo man bekanntlich den Süddeutschen „zu liberal ist", wenigstens hat's Bismark gesagt, Mecklenburg ist ein protestantisches Land, doch wären nach dem Gesetz auch die dort wohnenden Katholiken gleichberechtigt. Nun darf allerdings nach dem Gesetz einem norddeutschen katholischen Geistlichen die Niederlassung nicht versagt werden, aber die „toleranten" Mecklenburger wußten sich zu helfen: er darf im ganzen Land keine Messe lesen, überhaupt keine geistliche Verrichtung ausüben. Thut er es und erfährt's ein Gendarm, dann schubt man ihn wieder über die Grenze. Nicht einmal auf seine Privatkosten darf sich ein Katholik in diesem gesammten Nordbundlande einen Geistlichen und

---

*) Das ist möglich, aber nur durch die Schuld der Patrioten könnte es möglich werden. Wir haben aber seit ein paar Tagen Grund, etwas Anderes zu hoffen, nämlich das man zur Einsicht gekommen ist, daß es in der bisherigen Weise nicht fortgehen kann und daß das Volk nicht auf Seite der „Staatsmänner", sondern der Entschiedenen oder „Extremen" steht und von seinen Gewählten kräftige Thaten verlangt, womit allein dem Volke gedient sein kann. In so ferne würde die Krisis wohlthätig gewesen sein, wenn dadurch die Wankenden und Lauen wieder zur alten Fahne zurückgeführt worden wären. Wir haben unsere Aufgabe so aufgepaßt, durch wohlmeinende, wenn auch schonungslose Kritik des verderblichen Treibens Einzelner für das Ganze zu retten, was noch zu retten ist. Andere dagegen haben geglaubt, bei der eigenen Partei müsse man Alles gut, schön und löblich finden, nicht bedenkend, daß man damit einen Zustand herbeiführen muß, der unmöglich zum Heile ausschlagen kann, einen Zustand der Stagnation und selbstgefälliger Sicherheit, der unter allen Umständen vom Uebel ist. Wir haben den Stimmen aus dem Volke, so sehr wir von Manchen darum getadelt wurden und so oft man uns deshalb „Wühlen im eigenen Fleische" zum Vorwurf machte, in ausgedehnter Weise Ausdruck gegeben und wir glauben damit recht gethan zu haben. Man muß das Volk nicht mundtodt machen wollen, sondern es sich aussprechen lassen; dazu sind die Zeitungen da. Das „Vaterland" ist das Organ seiner Mitarbeiter und Leser und je fleißiger es Diese als ihr Organ benützen, desto mehr kann unser Blatt seiner Aufgabe: vor Allem ein „**Volksblatt**" zu sein, entsprechen, und je lauter und vernehmlicher aus dem „Vaterland" die Stimme des Volkes erschallt, desto größer ist seine Wirksamkeit und sein Einfluß. Wir sind darum für jeden Brief und jede Zeile von unsern Lesern dankbar, weil jeder Brief und jede Zeile des „Vaterland" in Erfüllung seiner Aufgabe fördert und weil wir damit eben jetzt wieder mehr erreicht haben, als wir noch vor wenigen Tagen hatten hoffen dürfen. D. R.

Gottesdienst halten! Eine solche Sorte Toleranz ließe sich am Ende der rabiateste Neuheide gefallen!

Ausland.

In **Spanien** will man nächstens die „probeweise“ Königswahl vornehmen. Bekommt er eine Stimme über die Hälfte, so soll's gelten; kommt bei der Wahl nichts heraus, dann will man Spanien als Republik erklären. Nette Königsmacherei!

In **Oberitalien** ist eine neue „Bande“ aus der Schweiz eingetroffen, gegen die sogleich 2 Bataillone (!) abgesendet wurden, um sie zu fangen.

Vermischte Nachrichten.

In **Berlin** ist der Kapellmeister Eberle, der von Richard Wagner zur Einübung der „Meistersinger“ dorthin gesandt worden war, als geisteskrank in das Krankenhaus geliefert worden. Uns kann es wirklich nicht wundern, wenn Einer durch tägliches Anhören der Wagner'schen Musik einmal den Verstand verloren hat; mehr würde es uns wundern, wenn einmal ein Narr dadurch gescheidt würde.

Brieftranzen.

Der „arme Vicekorporal, der Schulden gemacht hat rc.“ möge sich nennen, ehe wir von seiner Einsendung Gebrauch machen und von den „Kranichen“ erzählen können. — Von der Paar. Durcheinander badende Buben und Mädel betr. Das ist Sache der Ortspolizei des Marktes, nicht die unsere. — Schmeller's artige Geschichte von „Fugger's Hund“, der die Würste mitfressen half, könnte uns mit der Nutzanwendung dazu mehrere Monate Rosenberg eintragen. Lassen wir die „Bestie laufen.“ — Germersheim. Kommt nächstens daran. — Landshut. Wir machen uns unsere Verse selbst. — Josephsfigur vorhanden.

Verantwortlicher Redakteur: Dr. J. Sigl.

Druck von M. Vogt in München, Neuthal 19

II. Jahrgang. Auflage: 5400.

Das „Bayr. Vaterland" erscheint täglich mit Ausnahme der Sonn- und hohen Festtage. Preis des Blattes: Vierteljährig 54 kr., ganzjährig 3 fl. 36 kr. Das einzelne Blatt 1 kr.

Das Bayrische Vaterland.

Alle Postexpeditionen und Postboten des In- und Auslandes nehmen Bestellungen an. Inserate werden die dreispaltige Petitzeile oder deren Raum zu 3 kr. berechnet.

Redaktion: Burggasse 14 — Herausgegeben von Dr. jur. J. Sigl — Expedition: Ruffinibazar 5

Clotildis. — Nr. 126. — Samstag, 4. Juni 1870.

Die katholisch-patriotische Volkspartei in — Oesterreich.

In Bayern gibt es, wie wir in den letzten Tagen wieder gesehen, Leute, welche vor dem Namen „Volkspartei" eine heilige Scheu zu haben vorgeben und die da meinen (oder blos sagen), eine Volkspartei könne auf nichts Geringeres ausgehen, als eines schönen Tages alle Throne umzustürzen und dann die rothe Republik, etwa mit dem „Nürnberger Anzeiger" an der Spitze, einzuführen. Sonderbar, daß man vor dem katholischen Volke, vor der Partei des katholisch-patriotischen Volkes eine solche Furcht jetzt haben sollte, nachdem man doch vor wenigen Monaten bei den Wahlen nichts weniger als Furcht vor dem wählenden Volke hatte! Arbeitet man dann nicht auch für das Volk? Arbeitet man denn blos für Aristokraten und Bureaukraten? Und warum soll man eine Scheu vor dem Namen der Partei des Volkes haben, wenn man doch sonst die Partei und Sache des Volkes vertreten, ein Freund des Volkes sein will? „Katholisch" und „patriotisch" wäre nicht „revolutionär", aber „katholisch-patriotische Volkspartei" soll etwas „Revolutionäres" an sich haben, „revolutionäre Zwecke" verfolgen? Ja, dann müßten ja auch Blätter wie Volksbote, Volkszeitung, Volksfreund &c. einen „revolutionären" Hieb haben, da sie sich alle nach diesem gefährlichen Volke nennen und ihr Name gewiß etwas Anderes als ein leerer Schall sein soll.

Die katholischen Patrioten in Baden denken bekanntlich anders, ungefähr so wie wir, und in Oesterreich gehen gar Grafen und Barone, die vornehmsten Geistlichen und Laien mit dieser gefährlichen Volkspartei, die jetzt in Bayern etwas „Revolutionäres" an sich haben und die „Republik anstreben" soll, wie erst Hr. v. Hörman behauptet und jetzt ein Organ der Fraktion Weis versichert. Nur heißt man sich in Oesterreich nicht „Volkspartei", sondern „Volksverein", „patriotisch-katholischer Volksverein". Das ist aber gehupft wie gesprungen; der Name macht's nicht aus, wenn nur die Sache dieselbe ist.

Dieser „patriotisch-katholische Volksverein" hat am 16. vrg. Mts. in Wien seine erste Versammlung gehalten und dieser hat sogar eine Excellenz, der Landgraf v. Fürstenberg präsidirt. Die katholischen adeligen Herren in Oesterreich unterscheiden sich nämlich dadurch von gewissen adeligen Herren in Bayern, daß die Oesterreicher meinen, der Adel müsse heutzutage mit dem Volke gehen, während die Gewissen in Bayern der Ansicht sind, das Volk müsse mit dem Adel gehen, das heißt eigentlich hinter dem Adel herlaufen, stets adelige Herren zu seinen Vertretern wählen und überhaupt dem Adel thunlichst die Kastanien aus dem Feuer holen. Es sind aber nicht alle Adeligen bei uns so wie die „Gewissen", die wir meinen, sondern es gibt genug prächtige Herren unter ihnen, die es ganz redlich und gut mit dem Volke meinen, mit dem Volke gehen und das Wohl und Interesse des Volkes ebenso hoch halten wie ihr eigenes, d. h. die sich eben als zum Volke, zu den wackeren Bürgern und Bauern gehörig erachten.

Der erste Redner war Freiherr v. Stillfried, als ein ausgezeichneter „Schwarzer" der ganzen Welt, besonders den katholischen Vereinen Deutschlands bekannt; er sprach über den katholisch-politischen Zweck und die Tendenz des Vereins, ein anderer, Hr. Pfarrer Scherner über die Mittel zur Erreichung dieses Zweckes und wie die katholischen Patrioten Oesterreichs gute und tüchtige Staatsbürger seien, weil und insoferne sie gute und tüchtige Katholiken sind, und wie die katholischen Patrioten bestrebt sein müssen, den ihnen als katholischen Staatsbürgern mit Recht gebührenden Einfluß auf die staatlichen nnd bürgerlichen Angelegenheiten zu eroborn und auszuüben und so durch berechtigte Theilnahme an der verfassungsmäßigen Gesetzgebung und an allen politischen Rechten an der Wiedergeburt Oesterreichs in katholischem Sinne ihren Antheil zu nehmen.

Wahrung und Förderung patriotisch-katholischer Interessen in kirchlicher, staatlicher und socialer Richtung — das ist die Hauptaufgabe der jungen Partei in Oesterreich. Bisher wagten die guten katholischen Patrioten ihre Meinung kaum öffentlich laut werden zu lassen; das soll aber jetzt anders werden in Oesterreich. Die zerstreuten besseren katholischen Elemente sollen gesammelt, die wahren Freunde der Religion, des Vaterlandes, des Thrones, des Rechtes und der Ordnung sollen sich kennen lernen, vereinigen, sich wechselseitig ermuthigen und unterstützen zur thatkräftigen Vertheidigung dieser theuersten Güter. Ihren ganzen Einfluß auf das öffentliche Leben sollen die katholischen Patrioten ausüben — mit allen gesetzlichen Mitteln. Nicht mehr sollen die Gesetze aus abstrakten Theorien herausgedrechselt und das Monopol liberaler und liberalisirender Gesetzfabrikanten sein oder andern Völkern abgeborgt und nachgemacht werden, sondern aus beu wahren Bedürfnissen des Volkes, aus seinen Traditionen und Gewohnheiten sollen sie hervorgehen und all seinen Verhältnissen und Bedürfnissen sollen sie entsprechen — in Oesterreich.

Weiters sollen fleißig Volks- und Wählerversammlungen abgehalten werden, damit das katholische Volk auch jene Männer kennen lerne, welche wegen ihres Charakters, ihrer wahrhaft katholisch-patriotischen Gesinnung und ihrer Kenntnisse als die Geeignetsten gewählt werden sollen, um als wahre Vertreter des Volkes die katholisch-patriotischen Interessen des Volkes zu wahren, zu schützen und in der Gesetzgebung zu fördern. Nur solche Männer sollen künftig gewählt werden in — Oesterreich, damit das Vaterland wieder in wahrer Freiheit, in der Freiheit nach katholischen Grundsätzen und Gesetzen glücklich regiert werden könne. Ein glückliches Oesterreich kann nur ein katholisches sein.

Also machen und wollen es die katholischen Patrioten, also thut die katholisch-patriotische Volkspartei in Oesterreich, und wir können daraus weder ersehen, daß ein Thron umgestürzt, noch daß auf Einführung der Republik hingearbeitet wird, denn das Thronumstürzen und Einführen von Republiken ist Sache der Liberalen, der Freimaurer, der modernen Heiden, aber niemals der katholischen Patrioten, weder in Oesterreich, noch in Baden, noch auch in Bayern.

Eine Abfertigung.

* Aus dem „Ingolstädter Land". In der ganzen Herrlichkeit eines von „Schlamm" triefenden „Kloakengottes" taucht aus der liberalen Mistpfütze des „Ingolstädter Tagblattes" eine edle liberale Seele von Gaimersheim auf und schüttelt seinen Schmutz nieder auf das „Vaterland" und die Artikel „aus dem Ingolstädter Land". Das „Tagblatt" wüthet über die Veröffentlichung des zu Oberhaunstadt am 20. April gesungenen Liedes:

„Was braucht denn der Bauer
Im Wirthshaus zu schreia?
Den sperrt man in Saustall
Und gibt ihm brav Kleia"!*)

Endlich nach Umfluß von 5 Wochen erhält der Hr. Lehrer Groß vom „Tagblatt" das Zeugniß, daß er obiges Lied nicht mitgesungen habe; selbiges Papier gibt jedoch zu, ja behauptet, daß das Lied gesungen worden ist. Nun, Verehrtester! hat denn das „Vaterland" den werthen Namen jenes liberalen Schulmeisters genannt? Hat es gesagt, daß er das Lied gesungen oder mitgesungen habe? Sie sollten doch wissen, daß wer sich vertheidigt ohne angegriffen zu sein, sich selbst anklagt. Oder hat es das „Vaterland" zu verantworten, wenn man in Gaimersheim den Schulmeister Groß als Sänger dieses noblen „Liedes" bezeichnete? Daß die Patrioten von Gaimersheim es nicht erzählt haben, dürfen Sie sich versichert halten, den selbe haben Wichtigeres zu besprechen als den Hrn. Groß und seine etwaigen liberalen „Hauptspäße."

Wahrheit ist und bleibt, daß die Sängerzunft das Lied gesungen hat, und mehr hat das „Vaterland" nicht erzählt, auch wenn es noch beifügte, daß die Namen der Sängerzunft zur Verfügung stehen.

Als musikalische Größe (!!) weiß der Schulmeister Groß was Solo- und Tuttigesang ist. Nun hat aber die „Unterhaltungs- und Sängergesellschaft" auch „Tutti" gesungen und zwar folgenden Erguß:

„Guten Morgen, Hr. Lukas!
Guten Morgen, Hr. Greil!
Alleweil saudumm, saudumm,
Alleweil saudumm!!"

Lukas und Greil sind geradezu die erwählten Vertrauensmänner und Vorkämpfer der Bauern und außerdem Zierden des katholischen Priesterstandes. In diesen beiden Männern wurden also zwei Stände verhöhnt. Um so mehr mußten die anwesenden Bauern auch für die Solopartie die ganze Gesellschaft als verantwortlich erachten, und sie haben es gethan und haben unter Protest den Kellersalon verlassen. Wenn also besagter Schullehrer auch das Tutti nicht mitgesungen und zugleich auf eine für die Bauern verständliche Weise gegen die beiden Lieder protestirt hätte, auch dann hat das Vaterland noch nicht „gelogen", weil immer die Sängergesellschaft bleibt, und sein werther Name gar nicht genannt ist. Allwegs fällt der Vorwurf einer „ganz gemeinen Lüge" auf das „lautere" Tagblatt und dessen „schamhaften" Korrespondenten zurück.

*) Bayr. Vaterland vom 26. April.

Was den Vorwurf betrifft, daß der Gaimersheimer Berichterstatter „Zwiespalt und Unfrieden" nach Gaimersheim bringe, so wird Hr. Lehrer Groß gefragt: ob die Mordaufforderung vom 6. November 1869 im Ingolst. Tagblatt „der schwarzen langen Brillenschlange" bei den herrannahenden Wahlen „„Ens uf de Koppl"" zu geben" ein Friedenssignal gewesen sei? ob die Aufhängung eines Geistlichen in effegie etwa Frieden bedeute? ob die Spottprozession und Verhöhnung der Ortsgeistlichkeit am Aschermittwoch, die Drohungen vom baldigen Feuerlegen und ähnliche liberale „Hauptspässe" nach Frieden schmecken?! Wir warten gefälligste Antwort ab.

Hr. Lehrer Groß und bezw. sein Vertheidiger, wenn beide nicht ein und dieselbe Person sind, wirft sich ferner als Vorkämpfer des Schullehrerstandes und der Gaimersheimer „Liberalen" auf. Dieses scheint uns ebenso blöde zu sein, wie die gelungene (oder was?) Vertheidigung der Sängerzunft. Ja, es hat gerade ein halbes Tausend Bauern trotz des verhöhnenden Zunftliedes auf Aufforderung des Hrn. Benef. Gröbl allen katholisch gesinnten Lehrern Bayerns einen begeisterten Toast gebracht. Es ist also beim patriotischen Bauernverein nicht blos von dieser „schamlosen Lüge kein (!) offizieller (!) (wie intelligent!!) Gebrauch" gemacht, sondern es ist sogar der katholische Lehrerstand verherrlicht worden.

Nun laufen Sie, Verehrtester! geschwind nach Ingolstadt zu Ihren Getreuen, die vielleicht den Aristoteles studirt haben, und sie werden Ihnen sagen was solidarische Haftbarkeit ist bezüglich der Sängergesellsaft, und daß Wirthshauserzählungen über Groß und seine Sangeskunst keine Vaterlandsartikel seien. Zum Schlusse bedauern wir, Ihnen sagen zu müssen, daß die liberale Sprechweise und die eleganten Beiwörter als „schamlos, gemein, schmähsüchtig, Schlamm und Schwein" ꝛc. auf die andere Seite, der anzugehören Sie sich rühmen, fallen und daß schon längst festgestellt ist, daß nur den „Liberalen" im Kothe wohl sei, und zwar „so kannibalisch wohl wie 500 Säuen".

Deutschland.

München, den 8. Juni.

Landtag. Die Kammer lieferte gestern ein nicht minder herzerfreuendes Bild der berühmten „Einigkeit der Patrioten" wie vorgestern, wo Dr Jörg die Mannesthat leistete, Dr. Huttler's wohlverdientes Mißtrauensvotum an Schlör sammt dem Spender selbst zu desavouiren und damit indirekt zu erklären, daß die patriotische Partei kein Mißtrauen, also Vertrauen zu Herrn Schlör habe*). Die Bitte, daß die Bahnlinie Bayreuth — Forchheim — Rothenburg in das Eisenbahnnetz eingestellt und die Bahn durch den Aischgrund geführt werden möge, wurde von Mahr, Weber, Lampert eifrig befürwortet, von der Kammer aber verworfen.**) Dagegen

*) Für Hrn. Dr. Jörg wäre es gestern nicht ohne Gefahr gewesen, in ein öffentliches Lokal in München zu treten. Die Erbitterung gegen ihn war eine große und die Fortschrittler, die nicht bei der „Compagnie Schlör" sind, waren nicht die Faulsten, Dr. Jörg unbarmherzig zu zerkritisiren.

**) Dr. Schüttinger, der gestern zum ersten Mal wieder der Kammer erschien, stimmte für die Verwerfung!

wurden die Gesuche der Stadt Betzenstein und des Marktes Plech, sowie der Stadt Auerbach, den Bau der von Nürnberg über Hersbruck und Pegnitz nach Bayreuth projektirten Bahn betreffend, dem Ministerium zur „geeigneten Würdigung“ (was meist so viel bedeutet wie: zur nützlichen Verwendung im Papierkorb) hinübergegeben. — Nun folgte der Vortrag des Kammersecretärs Dr. Jörg über die Reklamationen betreffs der Forchheimer Wahl. Er beantragt, dieselben, da sich die den Forchheimer Abgeordneten zum Vorwurf gemachten Bestechungen als Verleumdungen herausgestellt, zurückzuweisen. Nun erhob sich der Abg. von Forchheim, Pf. Mahr, um sich energisch über die systematischen Lügen, Beleidigungen und Verleumdungen der liberalen Blätter auszusprechen und sich bitter darüber zu beklagen, daß der Kultusminister nichts gethan habe, den geistlichen Stand gegen ungerechte Angriffe in Schutz zu nehmen. Hohe Kammer befliß sich tapfer zu schreien, mit Händen und Füßen zu trommeln, „zur Sache“ und „Schluß, Schluß“ zu rufen und Präsident Seinsheim unterbricht den Redner alle Augenblicke und da er ihm schließlich mit Entziehung des Wortes droht, hört Mahr zu reden auf. — So ist's recht! Die Rothen muß man reden lassen, den „Extremen“ aber muß man das Wort entziehen und sie fleißig unterbrechen, damit man ja nicht bei den Liberalen in den Ruf der Parteilichkeit kommt! Das ist ein Schauspiel für Götter. Präsident Weis soll übrigens Hrn. Abg. Mahr schon früher im Klub gedroht haben, daß ihm für längere Zeit das Reden werde verboten werden. So zieht man sich zahme Redner im Klub, die keinem Rothen zu wehe thun und das Land — hat seine Freud' daran und die Rothen auch! — Zum Schluß wurden einige Anträge, wie über Erbauung einer Bahn durch den bayrischen Wald, auf Besteuerung der Hunde und ditto der einheimischen Singvögel (!!) — letzterer bei namentlicher Abstimmung unter allgemeinem Gelächter mit einer Majorität von 3 Stimmen — den betreffenden Fachausschüssen zugewiesen, worauf sich hohe Kammer über die Pfingsten bis nächsten Donnerstag vertagte.

— Wie man uns vom Lande mittheilt, wären einzelne Abgeordnete sehr beeifert, auf brieflichem Wege thunlichst gegen „dieses Vaterland“ und „den Sigl“ zu „intriguiren“. Haben gar nichts dagegen, wenn brieflich immer die Wahrheit gesagt wird. Wenn übrigens Einer unserer Freunde da draußen auf dem Land eines solchen Briefleins einmal habhaft werden könnte und der Redaktion des „Vaterland“ übermitteln wollte, so würde er ihr keinen schlechten Gefallen thun. Bis jetzt hat alles Intriguiren ꝛc. seit mehr als einem Jahre gegen Blatt und Redakteur uns nicht sonderlich geschadet und Anderen nicht übermäßig viel genützt; wir denken so wird es auch bleiben. Wir bekämpfen übrigens diejenigen, die bekämpft werden müssen, mit offenem Visir und sind ein abgesagter Feind von aller Heimtückerei. Andere halten es anders, Jeder treibt's, wie's ihm zusagt.

— Die „Allgemeine“ tröstet die Freunde des Verfassers der Brochüre: Ist Döllinger ein Häretiker? offiziös mit dem Schutze, den die bayr. Gesandtschaft in Rom dem muthigen Mönche werde angedeihen lassen. Gut! Was aber den Muth des gefeierten Schützlings der „Allgemeinen“ ꝛc. betrifft, so sind wohl einige Zweifel daran erlaubt.

Aus **Niederbayern***) wird dem „Vaterland“ geschrieben: Es ist in der letzten Zeit von den „Gemäßigten“ viel geklagt worden, daß die „ultramontane“ Presse, namentlich die „Donauzeitung“ und das „Vaterland“ das Vertrauen auf den Hrn. Kammerpräsidenten Weis und auf das Zusammenhalten der patriotischen Fraktion so „rücksichtslos zu untergraben“ bemüht seien, ein Vorwurf, den zu machen die „Postzeitung“ sich besonders befließ. Ich kann nun auf Grund vieler Urtheile und Aeußerungen, die ich im häufigen Verkehr mit dem Volke hörte, versichern, daß die obigen Blätter mit ihrem Mißtrauen durchaus nicht allein stehen, sondern daß sie das im Volke herrschende Mißtrauen gegen das Präsidium und gegen einen Theil der patriotischen Fraktion in wirklich nicht übertriebener Weise wiedergaben. Sie glauben kaum, mit welch lebhafter Aufmerksamkeit hier auf dem flachen Lande die Thätigkeit der Kammer beobachtet und verfolgt wird. Schon während der Adreßdebatte begannen Abneigung und Mißtrauen gegen das Präsidium Wurzel zu fassen, als man seine Laßheit gegen fortschrittliche Heftigkeiten und sein strenges Regiment gegen patriotische Redner bemerkte. Leider hat es bisher noch mehrere Anläße gegeben, die Zweifel gegen das Präsidium im Volke zu mehren und zu bestärken. Und wenn Sie erst die vielen lauten und scharfen Klagen bei jeder Gelegenheit über das geringe Zusammenhalten der patriotischen Fraktion hörten!! Die Namen der so Angezweifelten wie Jörg, Bach, Fugger-Blumenthal, Zu-Rhein, Wisnet u. s. f. weiß der schlichteste Mann schon, der auch keine Zeitungen liest, und nennt sie mit Aerger und Betrübniß. Und ist denn dieses Mißtrauen von Seite des Volkes grund- und gegenstandslos? Haben es denn die patriotischen Blätter erst angeschürt? Sprechen nicht Zahlen und Thatsachen? Haben wir nicht 83 patriotische Abgeordnete in die Kammer geschickt? Wie selten aber finden wir diese Stimmen beisammen, wie oft dagegen eine schöne Anzahl der Unsrigen auf Seite der Gegner?! — Mit brennender Begierde sieht man jetzt besonders der Abstimmung über die Kolb'sche Militär-Reduktion entgegen. Das ist ein Gegenstand, durch welchen die patriotische Kammermajorität die bisherigen Scharten wieder auswetzen, das Volk wieder versöhnen, sein Vertrauen im früherem Umfange wieder erringen und namentlich dem Landvolke eine unvergeßliche Wohlthat erweisen könnte. Diese Reduzirung (besonders der Präsenzzeit) würde dem Volke eines der kostbarsten Geschenke sein, denn es hängen daran Ersparungen aller Art und namentlich die Gewinnung von reichlicheren Arbeitskräften. Und nach diesen seufzen unsere Oekonomen mit steigender Ungeduld, da sie bei dem jetzigen Mangel einer Auswahl von männlichen Dienstboten oft das werthloseste Gesindel um theures Geld bezahlen und sich dabei einen Uebermuth und ein so beleidigendes Benehmen von Seite derselben häufig gefallen lassen müssen, daß ihnen oft alle Lust zur Wirthschaft vergeht, und daß auch den Lesern des „Vaterland“ sich gewiß unwillkürlich die Faust ballen müßte, wenn ich auf Einzelnheiten einginge. Also wir hoffen zuversichtlich, daß das Resultat dieser Abstimmung alle Unebenheiten wieder glättet und daß unseren Abgeordneten die Liebe und der Dank des Volkes lieber ist, als die ephemere Gnade einer liberalen Regierung.

In **Ems** ist der Czar aller Reußen eingetroffen, um sich dort zu waschen und zu baden. Wilhelm der Großpreuße reist mit seinem Bismark ebenfalls dort hin, um den Russen in seine weite Armee zu schließen und den bewährten Freund, der so viele Soldaten und Kanonen hat und der ihm eben in Berlin eine Visite gemacht, nochmals an die großpreußische Brust zu drücken. Item werden dort der Hr. Schwiegersohn und Großherzog von Baden und noch etliche kleinere Potentaten zusammenkommen, so daß dieses gleichzeitige Zusammentreffen an dem nordbündigen Gesundheitsbrunnen wohl etwas politisch anrüchig sein dürfte. Wahrscheinlich wird man mindestens eine Salbe gegen

*) Bitten öfter etwas aus Niederbayern hören zu lassen.

Chassepots, wenn nicht ein allgemeines „deutsches“ Annexions-Heftpflaster auskochen wollen.

Ausland.

In **Italien** breitet sich die Revolution immer weiter aus. Alle offiziösen Schönfärbereien können die düstere Lage Italiens nicht verhüllen. Ueberall neue Banden, selbst um Genua zeigten sich solche. Mazzini fordert auf, den Aufstand auf Leben und Tod fortzusetzen; das Ziel, das sich die italienische Revolution gesetzt, sei noch nicht erreicht. In Sicilien kommen die Aufständischen bereits auf Schiffen angefahren.

Vermischte Nachrichten.

(Intelligentes!) In Passau ist dieser Tage eine Wanderversammlung bayrischer Landwirthe gewesen, wobei man auch auf den landwirthschaftlichen Credit zu sprechen gekommen ist. Dabei machte ein Redner die wunderbare Entdeckung, der Credit hänge auch von der Intelligenz ab und in dieser Hinsicht habe — hört! — die Verwerfung des Schulgesetz-Entwurfes unserer Landwirthschaft eine tiefe Wunde geschlagen! — Wirklich großartig! Daß heute Niemand, weder ein Dummer noch ein Gescheidter, mehr Geld auftreiben kann, daran ist die Verwerfung des Schulgesetzes Schuld und daß von 1863—69 20 bis 30000 Bauern auf die Gant und von Haus und Hof gekommen sind, daran sind nicht die neuen Gesetze, nicht die Aufhebung der Wuchergesetze, nicht die allgemeine Wechselfähigkeit, auch nicht die allgemeinen Zeitverhältnisse Schuld, sondern Hr. v. Harleß und einige „verbissene“ Aristokraten sind daran Schuld, welche 1869 das Schulgesetz verworfen haben! Eine solche Entdeckung kann nur die bekannte „Intelligenz“ des Hrn. Förderer von Vilshofen zuwege gebracht haben, der auch richtig dabei gewesen ist, wie er überall mit bei der Partie ist, wo es was zu schwätzen und zu trinken und Intelligenz auszudünsten gibt. Die „intelligenten“ Fortschreiter in München, die auch kein Geld haben und ebenso in den Händen der Juden sind wie die „Schwarzen“, sollen sich diesen Ausspruch röthlicher Weisheit merken, daß sie nur wegen Mangel an „Intelligenz“ kein Geld, keinen Credit und die Herren Juden auf dem Hals haben, damit sie sich noch mehr Intelligenz beilegen, vielleicht wird's besser und kommen sie zu Geld und von den Juden.

In **Münster** haben 6—8 Pickelhaubenjünglinge zwei heimkehrende 50—60jährige ruhige und friedfertige Landleute Abends plötzlich überfallen, zu Boden gerissen, mit Füßen getreten und blanken Säbeln behandelt, Einen den Kopf vom Nacken bis zur Kinnlade gespalten. Ein dazukommender Unteroffizier erhielt selbst drei Säbelhiebe.

Verantwortlicher Redakteur: Dr. J. Sigl.

Geldsorten, Frankfurt, 2. Juni.

	Angebr.	Zu haben.
Pistolen	9.47	9.49
Imperiales, russ. . .	9.48	9.50
Holl. 10 fl.-St. . .	9.54	9.56
Dukaten vollgw. . .	5.36	5.38
Napoleonsd'or . . .	9.29	9.30
Engl. Sovereigns . .	11.55	11.59
Dollars i. Gold . .	2.28	2.29
Preuß. Friedrichsd'or .	9.58	9.59
Preuß. Kassasch. . .	1.45	1.45¼

Druck von A. Bosl in München, Rosenthal 19

II. Jahrgang. | Das Bayrische | Auflage: 5400.

Vaterland.

Das „Bayr. Vaterland" erscheint täglich mit Ausnahme der Sonn- und hohen Festtage. Preis des Blattes: Vierteljährig 54 kr., ganzjährig 3 fl. 36 kr. Das einzelne Blatt 1 kr.

Alle Postexpeditionen und Postboten des In- und Auslandes nehmen Bestellungen an. Inserate werden die dreispaltige Petitzeile oder deren Raum zu 3 kr. berechnet.

Redaktion: Burggasse 14 | Herausgegeben von Dr. jur. J. Sigl. | Expedition: Ruffinibazar 5

Hl. Pfingstfest. | Nr. 127. | Sonntag, 5. Juni 1870.

Morgen, als am heil. Pfingstfest bleibt die Expedition geschlossen. Am Pfingstmontag erscheint kein Blatt, dafür heute eine Beilage. Am Montag ist die Expedition von 11—1 Uhr geöffnet.

Bestellungen auf das „Bayr. Vaterland" für den Monat **Juni** zu 18 kr. können bei allen Postanstalten und Postboten noch immer gemacht werden.

Der Postzeitungs-Katholicismus und die Postzeitungs-Katholiken.

Der „Augsburger Postzeitung" ist endlich, nachdem sie lange in christlicher Geduld geschwiegen und nachdem ihr von Regensburg und München unerwartete Bundesgenossen gekommen, der Geduldsfaden gerissen und sie beklagt sich nun um so bitterer über die von uns erfundene und mehrfach gebrauchte Bezeichnung „Postzeitungs-Katholicismus" und „Postzeitungs-Katholiken". Zum größten Glück haben ihre zur Zeit getreuen Alliirten ihr den Trost einflößen können, daß sich ja das „Vaterland" mit dieser Bezeichnung nur einen „Strohmann eigens zurechtgemacht" hat, um nun auf diesem „mit Leidenschaft" herumreiten und herumklopfen zu können. Die „Postzeitung" glaubt nun wirklich an den bloßen „Strohmann", den der Regensburger Morgenstern als das Produkt einer besonderen „Finesse" des „Vaterland" verkündet, und beruhigt sich, daß der „Postzeitungs-Katholicismus" nur ein „Popanz", eine „Erfindung des Phantasie-Reichthums des „Sigl" sei!

Hören wir, wie die „Postzeitung" jene Bezeichnung, die ihr seit 14 Tagen wie Gicht und Podagra in den altehrwürdigen Gliedern gelegen, zu deuten sucht. „Postzeitungs-Katholiken, sagt sie, sind alle Katholiken, welche bei den Herren Bucher — der aber, wie wir bemerken wollen, mit diesem Ausdruck nichts zu thun hat — und Sigl nicht in Gnaden stehen, weil sie das Unglück haben, in manchen Fragen, die mit den patriotischen und kirchlichen Prinzipien nichts zu schaffen haben, nicht derselben Meinung zu sein, wie jene Herren und nie durch die Wand rennen wollen, wo sie kein Loch hat und deßhalb auch nicht in die Lage kommen, großen Spektakel zu verführen, wenn solche Versuche, was regelmäßig der Fall ist, mißglücken."

Wenn alle diejenigen, die „nicht durch die Wand rennen wollen" und die „keinen großen Spektakel verführen", deshalb schon „Postzeitungs-Katholiken" wären, dann befänden sich die Gelehrten dieses würdigen Blattes zum mindesten in großer, wenn auch etwas langweiliger Gesellschaft, denn mit dem Kopf durch die Wand rennen wollen, ist nur weniger Leute Sache und im Uebrigen eine sehr gesundheitsschädliche Liebhaberei. Wir können diese Definition in keiner Weise gelten lassen.

Die „Postzeitung" will aber nicht blos in großer und langweiliger, sondern auch in guter Gesellschaft sein, und deshalb ernennt sie gleich die HH. Dr. Freitag und Dr. Jörg, sowie sämmtliche Mitglieder des hiesigen katholischen Kasino als „staatsmännische Um-, Vor- und Rücksichtsmänner" sofort zu Postzeitungs-Katholiken. — Wir wissen nicht, wie alle diese Herren die ihnen von der Postzeitung zugedachte — Ehre aufnehmen werden; Dr. Jörg dürfte jedenfalls nicht sonderlich davon erbaut sein und von einigen Mitgliedern des Kasino, welche Hr. Dr. Huttler gewiß kennt und die Mitglieder des kath. Preßkomités sind, glauben wir zu wissen, daß sie gerade damit umgehen, der Redaction der Postzeitung den unzweideutigen und keinenfalls mißzuverstehenden Beweis zu liefern, daß sie nichts weniger als Freunde und Verehrer jener liberalisirenden katholischen Richtung sind, für die wir die Bezeichnung „Postzeitungs-Katholicismus" erdacht haben.

„Wenn die (Dr. Jörg 2c.) nicht mehr katholisch genug sind, dann haben wir wenigstens den Trost, uns in sehr guter Gesellschaft zu befinden", sagt Postzeitung. Ja, wenn! Wir glauben aber, daß die Postzeitung keinesfalls auf die „Gesellschaft" des Dr. Jörg 2c. 2c. reflektiren kann — in dieser Beziehung.

„Uebrigens, fährt die Postzeitung fort, unterscheiden sich die „Postzeitungs-Katholiken" dadurch von gewissen verletzerungslustigen Leuten, daß sie nie die Fahne und die Partei gewechselt haben und auch nie wechseln werden, mag in kirchlicher oder politischer Beziehung kommen, was da will". — Das freut uns wirklich über die Maßen, von der Postzeitung selbst zu hören, daß sie „nie die Fahne und Partei gewechselt hat" und dies auch „nie thun wird."! Alle Welt wird ihr dies mit Vergnügen und mit ungemeiner Ueberzeugung bestätigen, da alle Welt von der Postzeitung nichts anderes weiß!

„Der Postzeitungskatholicismus, versichert schließlich die Postzeitung, ist kein anderer als der Katholicismus der deutschen Bischöfe." — Bum! Und jetzt sind wir schachmatt und völlig erlegt, denn wenn wir fürder den Postzeitungs-Katholicismus angreifen oder gar bekämpfen, dann greifen wir den Katholicismus der deutschen Bischöfe an und da der Katholicismus dieser kein anderer ist als der des Concils, also der gesammten Kirche, dann sind wir im Grunde ein Ketzer und haben nächstens ein feierliches Anathema sit zu gewärtigen.

Doch gemach! Sehen wir uns die Sache genauer an, jetzt haben wir das Wort.

Bekanntlich machte die „Postzeitung" früher — und dies ist noch gar nicht so lange, her — ein Bischen stark in Liberalismus. Seit der durch den fortschrittlichen

Schwindel endlich in Fluß gekommenen patriotischen Erhebung hat sie sich allerdings in politischen Dingen von jenem Liberalimus so ziemlich emanzipirt, aber auf religiösem, auf kirchlichem Gebiete ist ihr das noch nicht ganz gelungen. Diesen von Liberalismus angesäuselten, mit josephinischen Ideen inficirten, mit einer guten Dosis Byzantinismus verquickten, nach rechts und links schielenden, unentschiedenen, kraft- und energielosen, lendenlahmen Katholicismus nennen wir nicht ganz unzutreffend, wie wir glauben, „Postzeitungs-„Katholicismus", weil wir ihn gerade von der „Postzeitung" vertreten glauben. Den Kennern der „Postzeitung" brauchen wir das wohl nicht erst zu beweisen.

Freilich pflegt sich die „Postzeitung", wie z. B. in Nr. 123, gern auf die deutschen Bischöfe als ihre „Freunde und Gönner" zu berufen, ungefähr mit demselben Grunde wie liberale Blätter den „Volksboten" das „Evangelium der Bischöfe" zu benamsen lieben. Daß sie es thut, darüber dürfen wir uns billig wundern. Denn wenn auch mancher Bischof ein „Freund und Gönner" der Postzeitung ist, so dürfte dies wohl seinen Grund darin haben, erstens weil die Postzeitung das einzige größere Blatt von konservativ patriotischer Richtung zunächst in Bayern ist, dann aber auch in der nicht zu mißkennenden Einsicht, daß die Postzeitung einer „Hebung" — und zwar nicht blos durch Abonnenten! — bedarf und sehr stark bedarf.

Wenn nun aber die Redaction der Postzeitung in ihrer Registratur etwas nachsehen wollte, so könnte sie unschwer so manche Rüge, so manches Tadels- und Mißtrauensvotum von Männern aus höheren kirchlichen Stellungen, vielleicht auch von Bischöfen finden, falls sie ihre Registratur zu dergleichen Dingen verwendet. Da aber die Postzeitung, wie sie selbst versichert, ihre Fahne niemals zu wechseln pflegt, so ist sie in dieser Beziehung trotz alledem und alledem stets die — alte geblieben, was ihrer entschiedenen Charakterfestigkeit gewiß alle Ehre macht!

Es hat in vielen klerikalen Kreisen seiner Zeit großen Unmuth erregt, daß die „Haltung" der Postzeitung in der Infallibilitätsfrage so ganz — postzeitungsmäßig war. Nicht als ob man ihr verargt hätte, daß sie nicht für die Unfehlbarkeit des Papstes eintrat — es war damals und ist jetzt noch erlaubt, an die Unfehlbarkeit nicht zu glauben —; aber daß sie erst eine „reservirte Haltung" zu beobachten erklärte, dann aber trotzdem die Döllingerschen, sage die Döllingerschen Artikel voll Gift und Galle gegen Rom und das Concil aus der „Allgemeinen Zeitung" einen nach dem andern abdruckte, sodann ebenso die berü—hmten Zustimmungserklärungen, dagegen aber die Veröffentlichungen von anderer Seite und in entgegengesetztem Sinne mit Beharrlichkeit ignorirte: — das verargte man ihr und wir glauben mit Recht. Wohl brachte sie später auch die Gegenerklärungen z. B. des Bischofs von Mainz, aber erst dann, nachdem ihr vom Augsb. Pastoralblatt sehr verständlich und überaus — anregend mit dem Zaunpfahl gewinkt worden war.

Wenn nun gar die „Postzeitung" in Nr. 62 gelegentlich einer Zuschrift „an die katholisch-patriotische Partei in Bayern", die ihr aus Oesterreich zukam, sich gegen die Bezeichnung „katholisch-patriotisch wehrte und verwahrte: ist das nicht eine ganz eigene Sorte von Katholizismus? Und haben wir da sehr Unrecht, wenn wir diese Sorte als „Postzeitungs-Katholizismus" spezifiziren?

Welch' großes Verdienst um das ökumenische Konzil, also um die Sache der katholischen Kirche, hätte sich die „Postzeitung" erwerben können, wenn sie als kampfbereite Gegnerin ihrer Nachbarin, der „Allgemeinen", und deren „Römischen Briefen" muthig entgegen getreten und so, wie diese das Arsenal der Lüge und Verleumdung, sie die Schutzwehr der Wahrheit geworden wäre! Aber — „es ging nicht" und so geschah es auch nicht.

Das ist nur Einiges, unser Köcher ist aber mit noch mehr ähnlichen Dingen gefüllt! Kann man es unter solchen Umständen verargen, wenn wir für eine solche „Haltung" und solches Verhalten einen eigenen Namen erfunden haben? Kann man es verargen, wenn die Entschiedenen, denen es mit dem Katholicismus Ernst ist, die keine „stummen Hunde" sein, sondern kämpfen wollen für Gott und seine Kirche, mit allen Einsichtsvolleren der Postzeitung die Haltung und damit die achtunggebietende Stellung wünschen, wie sie das tapfere „Mainzer Journal" und seit der Entfernung Hoffmanns die „Kölnische Volkszeitung" mit Erfolg und sich zur Ehr' und Ruhm einnehmen? Könnte man es uns verargen, wenn wir die Postzeitung, wir wollen nicht sagen in den Händen eines andern Redakteurs — denn wir anerkennen aufrichtig die nicht gewöhnlichen Verdienste unsers sehr verehrten Kollegen Birle —, sondern eines andern Verlegers wünschten?

Wir unterschätzen die Wichtigkeit und Bedeutung der Postzeitung gewiß nicht, wir anerkennen die Dienste, welche sie der guten Sache, namentlich auch durch ihre oft sehr gediegenen wissenschaftlichen Aufsätze schon geleistet hat, wir wissen es zu würdigen, daß die Sprache der „Allg. Ztg." und „Augsb. Abendzeitung" bei ihr nie Eingang gefunden hat; was wir aber tief bedauern, das ist ihr Mangel an Entschiedenheit, an Kraft, an Consequenz, das ist ihre Koketterie mit dem Liberalismus der Zeit, und wenn die Postzeitung trotz ihrer nicht zu bestreitenden guten Eigenschaften nicht die gewünschte Verbreitung und damit den einem so großen Blatte gebührenden Einfluß — in Bezug auf beides wird sie von manchem kleinen Blatte weit zurückgelassen —, fand, so mögen sich ihre Götter fragen, ob sie nicht doch zu sehr an liberalisirender Unentschiedenheit an allzu viel falscher Freisinnigkeit kränkeln, — Dinge, die sich heutzutage nimmermehr mit einem Gegner des Fortschritts vertragen. Was man sein will, muß man heutzutage ganz sein; alles Halbe ist vom Uebel.

Möge die Postzeitung uns diese freimüthigen Worte, die wir ihr und unsern Lesern schuldig zu sein glaubten, nicht allzusehr nachtragen! Wir wollen jetzt für lange Frieden halten; was wir sagten, glaubten wir zu ihrem Besten und zum Besten der gemeinsamen Sache einmal sagen zu sollen, und in diesem Sinne möge es uns auch gedeutet werden. Wir wollen Klarheit, aber nicht den Krieg in unseren Reihen, damit der Feind nicht über uns Herr werde.

Von der katholisch-patriotischen Volkspartei in Baden.

Aus Baden*) wird dem „Vaterland" geschrieben: Sie haben dem Ausdruck unsers Mißbehagens wegen der ausgebrochenen höchst bedauerungswürdigen Zwietracht im Lager der Patrioten in Bayern den Ehrenplatz an der Spitze des „Vaterland" angewiesen, was nur entfernt zu erwarten weit über unsere Bescheidenheit ging. (Das ist zu bescheiden! D. Red.) Nochmals das Wort zu nehmen, veranlaßt uns zunächst eine sinnstörende Wiedergabe eines Theiles unsers Artikels. Die Bezeichnung: Jakobiner, welche von Ihnen mit Anführungszeichen gedruckt wurde, galt den Häuptern der bei uns herrschenden Freimaurerpartei, die wir für wirkliche Jakobiner halten, und nicht den Vorkämpfern der katholischen Volkspartei, Lindau u. s. w.[1]) — Weiters

*) Vergleiche Nr. 122 des „Vaterland".

[1]) Wir lasen den Accusativ statt des Dativ und mußten so die Bezeichnung für Ironie halten, daher das

sprachen wir nicht von schmählicher, sondern von schwächlicher Subtilität der sogenannten „Gemäßigten“.

Wir erbitten uns aber noch ein wenig Raum Ihres geschätzten Blattes zu einigen Bemerkungen.

Aus der soeben eingetroffenen Nummer des „Vaterland“ vom 1. d. M. und dem „Volksboten“ vom Tage vorher ersehen wir, daß bei Ihnen in Bayern der Name: „katholisch-patriotische Volkspartei“ — oder sagen wir schlechtweg „katholische Volkspartei“, zur Zeit noch ungeläufig ist und anrüchig gemacht werden will.

Beim „Volksboten“ setzt es uns in Erstaunen, daß er daraus ein Schreckbild machen will, dem bayrischen Volke vorgestellt als Social-Demokratismus und rothe Republik. Mit allen Fuge haben Sie bereits auf die katholische Volkspartei in Baden hingewiesen, an deren Spitze die ausgezeichnetsten Männer aus dem Laien- und dem Priesterstande stehen. Diesen und Allen liegen republikanische Tendenzen ferne und ebensowenig huldigen sie den Abenteuerlichkeiten der Socialdemokraten, obgleich man der Arbeiterbewegung die höchste Aufmerksamkeit schenkt und für das, im Sinne der Auffassungen des hochw. Bischofs Ketteler von Mainz Berechtigte in derselben ein äußerst warmes Gefühl hat.

Um es kurz zu sagen — und es dürfte das bei den Gesinnungsfreunden in Bayern, welche ebensoviele Leidensbrüder sind, wesentlich zur Klärung und Beschwichtigung gereichen. — so nennen die kirchlichen Katholiken in Baden sich „Volkspartei“ im Gegensatze zu der aus Freimaurern, Bureaukraten, Juden und falschliberalen Stadtbürgern bestehenden Regierungspartei.

Wir sind der Ueberzeugung, daß Adel, Klerus und Volk eine kompakte Partei zu bilden haben, hauptsächlich auf die Masse des Volkes gestützt, auf die Volkskraft, zur Bekämpfung des sogenannten „modernen Staates“, der für die Katholiken eine Verknechtungsanstalt ist, in dem die Zunft der religionsfeindlichen Gelehrten, der Freimaurer und Juden nebst den Bureaukraten einen unausstehlichen Despotismus im Dienste des Antichristenthums übt.

Das Unglück auf Seite der Unsrigen ist, daß Manche den Feind, seine Arglist, Tücke und Verschmitztheit, seinen bis zum Blutdurst steigerungsfähigen Haß nicht kennen und sich einreden, so schlimm, wie die „Extremen“ es schildern, stehe es mit den Sachen denn doch nicht, — daß Manche sich durch gleißnerische Mienen und Phrasen der verkoppten Jakobiner und Freimaurer täuschen lassen und im geselligen Verkehr nicht für „ultramontane Heißsporne“ u. dgl. angesehen werden möchten. (Tout comme chez nous, d. h. bei uns macht man's auch so, auch wir sind mehr als übergenug mit solchen — patriotriotischen Kautschukmännern gesegnet, die wir in Bezug auf das Religiöse als „Postzeitungs-Katholiken“ zu bezeichnen pflegen. Die Red. d. Vld.)

Wir haben nicht den geringsten Zweifel, daß sich auch bei uns in Baden Elemente finden ließen für Abzweigung eines Fraktiönchens der „Gemäßigten“; aber dafür, daß dieses nicht geschieht, sorgt Minister Jolly und die Gottlob bei uns bestehende Parteidisciplin *).

Unsere katholischen Blätter, und deren gibt es verhältnißmäßig zahlreiche für das kleine Land, wirken einträchtig zusammen in der einen gegen den Erzfeind gehenden Richtung, und noch nie hat sich eine gegenseitige Polemik entsponnen oder ist eine Mißhelligkeit unter denselben zu Tage getreten. Um so schmerzlicher berührt uns das jetzt in Bayern bestehende Gegentheil von dieser so nothwendigen Eintracht. Einen Tadel nach irgend einer Seite hin möchten wir uns nicht erlauben, sondern vielmehr die Kundgabe des angelegentlichen Wunsches, daß das Gaudium, welches durch die Zwiespaltigkeit unter den katholischen Patrioten dem gesammten Haufen der Kirchenfeinde und Bismärker bereitet ist, durch gegenseitiges Nachgeben hinweggeschafft werden möchte.

Wir geben schließlich noch Eines zu bedenken: die preußische Partei schwärzt uns ohne Unterlaß an als Staatsfeinde, als Feinde der Dynastie; es ist das die Taktik der Bismark'schen Politik, welche damit schon manche Beschränktheit in ihr Garn bekommen hat. Thun wie Bismark, heißt wirken für Bismark; das bedenke man! —

(Wir können uns dem angelegentlichen Wunsche unserer hochverehrten badischen Freunde im Interesse der guten Sache, im Interesse des Friedens und der Eintracht unter uns Patrioten, den alten und den jungen, und damit im Interesse des guten bayrischen Volkes nur aus vollem aufrichtigen Herzen anschließen. Geben doch wenigstens wir Leute von der Presse dem patriotischen Volke, geben wir unseren lachenden Gegnern doch nicht das trostlose Schauspiel innerer Zerrissenheit und thörichter Feindseligkeit! Wir sind ja nur stark durch Eintracht, durch gegenseitige Duldung, wenn es sein muß. Nur mit vereinten Kräften können wir den Feind schlagen, also vereinigen wir unsere Kräfte gegen die Feinde, statt daß wir selbstmörderisch die Waffen gegen uns selbst kehren. Wir haben Niemand angegriffen außer die „Postzeitung“, und auch die nicht zu unserem Vergnügen; dagegen hat man uns von verschiedenen Seiten, und nicht immer sehr ritterlich, angegriffen. Wir haben darauf geschwiegen, wir wollen auch in Zukunft, so gut es geht, keine Gegenangriffe machen, außer wenn man uns zwingt, uns zu vertheidigen. Wir wollen um des Friedens und der Eintracht willen, die wieder hergestellt werden muß, selbst die „Postzeitung“ ohne zwingende Noth nicht mehr attakiren. Mögen es aber unsere Kampfgenossen ebenso machen und nur gegen den Feind losschlagen. Wenn wir bitten und mahnen, den Frieden nicht mehr zu brechen, um wichtigerer und höherer Dinge willen, dann thun wir's gewiß nicht aus Furcht oder Feigheit; denn Jeder, mit dem wir als Gegner zu thun hatten, ist noch stets übel genug weggekommen. Um so eher also können wir zum Frieden mahnen und wir mahnen, ehrlich und ernsthaft, Frieden unter uns zu halten, damit nicht die letzten Dinge ärger werden, als die ersten. Es sind die schon schlimm genug! Die Redaction des „Vaterland.“

Deutschland.

München, den 4. Juni

☞ Aus München wird an Wiener Blätter telegraphirt, der Kaiser von Oesterreich werde in Possenhofen erwartet und werde bei dieser Gelegenheit eine Zusam-

---

Anführungszeichen. Es ist also in Nr. 122 zu lesen: „Denken Sie sich unsern badischen Jakobinern, z. B. einen Lindau rc., von der eigenen Partei geopfert — wäre das nicht Verrath rc.“ — statt: „Denken Sie sich unsere badischen „Jakobiner“ z. B. einen Lindau rc. von der eigenen Partei geopfert.“ Zwei Buchstaben zu wenig ändern den Sinn vollständig. D. Red.

*) Von der man dagegen bei uns in Bayern nur eine sehr schwache Idee hat; in der Praxis will man schon gleich gar nichts von Parteidisziplin wissen, da Jeder der Gescheidtere sein und Keiner sich unterordnen will, natürlich blos weil Jeder allein nach seinem Kopf das Vaterland am ehesten glücklich machen zu können glaubt. D. R.

Einladung zum Abonnement

auf das

Mainzer Journal.

(Katholisch-Conservativ.)

Verantwortlicher Redakteur: Dr. J. Sausen.

Bestellungen auf das dritte Quartal des Mainzer Journals für 1870 bitten wir rechtzeitig zu machen.

Unser Haupt- oder Morgenblatt liefert die leitenden Artikel und Originalkorrespondenzen, seit Eröffnung des Concils jede Woche mehrere „Briefe aus Rom", die sich des allgemeinsten Beifalls erfreuen, sowie alle bis 11 Uhr Vormittags einlaufenden telegraphischen Depeschen; die Beilage oder das Abendblatt einen vollständigen Tagesbericht mit allen bis 4 Uhr Nachmittags einlaufenden Neuigkeiten.

Die Rheinischen Blätter werden unserem Abendblatte als Beilage beigegeben, sie bilden jährlich 2 starke Quartbände und liefern an Material wenigstens so viel als 10 Bände des gewöhnlichen Roman-Formates. Wir geben jährlich 3 bis 4 größere Originalromane bewährter deutscher und ausländischer Dichter, außerdem Literaturberichte, Bilder aus der Länder- und Völkerkunde, Denkwürdigkeiten zur Geschichte der Gegenwart und eine sehr reichhaltige Sammlung von vermischten Nachrichten.

Das Mainzer Journal mit seiner Beilage, dem Abendblatt, ist in einer starken Auflage über ganz Deutschland verbreitet, in Mainz selbst, im ganzen Großherzogthum Hessen, in Baden, am Niederrhein in Kurhessen, Nassau und Rheinbayern gehört es zu den gelesensten Blättern. Es empfiehlt sich deshalb zu Anzeigen aller Art, die auf diesem Wege nicht blos eine locale, sondern allgemeine Verbreitung finden.

Das Mainzer Journal erscheint in Groß-Folio-Format und wird das einen Bogen starke Hauptblatt täglich, mit Ausnahme der Sonntage und der höchsten Feiertage, um 12 Uhr Vormittags, das Abendblatt mit den Rheinischen Blättern um 5 Uhr Nachmittags ausgegeben. Bestellungen nehmen alle Postämter und Buchhandlungen an. Der Preis des ganzen Blattes ist hier in Mainz vierteljährig 2 fl.; auswärts mit dem üblichen Postaufschlage. Inserate aller Art werden aufgenommen und wird die vierspaltige Petitzeile oder deren Raum sehr billig, mit 3 kr. berechnet. Bloße Lokalanzeigen liefern wir noch billiger und bitten wir die Interessenten, sich deßhalb mit der Expedition zu benehmen.

Bestellungen auf das Mainzer Journal (auch für einzelne Monate) nehmen alle Postämter jederzeit entgegen.

Die Expedition des Mainzer Journals.

Geschäfts-Anzeige.

Hiedurch beehre ich mich, die ergebene Anzeige zu machen, daß ich das vorm. Schäzler'sche

Spezerei-, Colonial-, Farbwaaren & Cigarren-Geschäft

übernommen und unter meiner eigenen Firma:

Max Irlinger

fortführen werde.

Indem ich geehrten Aufträgen, für deren prompteste Effektuirung ich alle Sorgfalt aufwenden werde, entgegensehe, empfehle ich mich

Achtungsvollst

München im Juni 1870.

Max Irlinger,
20. Zweibrückenstraße 20.

Durch die Exped. des „Bayr. Vaterland" ist zu haben:

Das kath. Kirchenmusik-Unwesen auf dem Lande

in humoristisch-satirischer Weise behandelt, als unpartheiischer und zugleich zeitgemäßer Rathgeber zu Nutz und Frommen für Klerus und Lehrer. Preis 12 kr.

Fahrtenplan vom 1. Juni 1870 an.

Abfahrt und Ankunft der Eisenbahnzüge in München.

Augsburg

Abfahrt nach Augsburg	Ankunft von Augsburg
5^{45} Morgens Kurierzug.	8^{10} Morgens Lokalzug.
6^{10} Morgens Lokalzug.	8^{35} Morgens Kurierzug.
10^{30} Vormitt. Postzug.	11^{40} Vormitt. Lokalzug.
1^{50} Nachmitt. Lokalzug.	3^{15} Nachmitt. Postzug.
4^{-} Nachmitt. Postzug.	8^{30} Abends Kurierzug.
6^{30} Abends Lokalzug.	9^{50} Abends Lokalzug.
11^{30} Nachts Kurierzug.	11^{50} Nachts Postzug.

Salzburg

Abfahrt nach Salzburg	Ankunft von Salzburg
5 Morgens Lokalzug.	7^{15} Morgens Kurierzug.
9^{-} Morgens Kurierzug.	8^{15} Morgens Lokalzug.
10^{15} Vormitt. Postzug.	10^{15} Vormitt. Postzug.
4^{10} Nachmitt. Postzug.	3^{40} Nachmitt. Postzug.
5^{40} Nachmitt. Lokalzug.	6^{-} Abends Kurierzug.
8^{40} Abends Kurierzug.	9^{-} Abends Lokalzug.
9^{40} Nachts Kurierzug.	11^{-} Nachts Kurierzug.

Großhesselohe.

Abfahrt in München:	Abfahrt in Großhesselohe:
8 U. — M. Morgens.	7 U. 51 M. Morgens.
10 U. 15 „ Vormittags.	10 U. — M. Morgens.
2 U. 30 „ Nachmittags.	3 U. 25 M. Nachmittags.
4 U. 10 „ Nachmittags.	6 U. 30 M. Abends.
6 U. 40 „ Abends.	8 U. 56 „ Abends.
An Sonn- und Feiertagen:	
1 U. — „ Nachmitt.	1 U. 40 „ Nachmittags.
6 U. — „ Abends.	4 U. „ Nachmittags.
7 U. 30 „ „	8 U. 10 „ Abends.

Starnberg

Gemischte Züge.

Abfahrt nach Starnberg	Ankunft von Starnberg
6^{30} Morgens	8^{-} Vormitt.
10^{20} Vormitt.	12^{40} Mittags.
2^{30} Nachmitt.	6 Abends.
6^{30} Abends.	8^{33} Abends.

Ingolstadt

Abfahrt nach Ingolstadt	Ankunft von Ingolstadt
4^{30} Morgens Postzug.	7^{45} Morgens Kurierzug.
6^{40} Morgens Kurierzug	9^{15} Morgens Postzug.
9^{30} Morgens Lokalzug.	2^{20} Nachmitt. Kurierzug
1^{30} Nachmitt. Kurierzug	5^{15} Nachmitt. Lokalzug.
6^{40} Abends Kurierzug.	9^{10} Abends Kurierzug.
6^{55} Abends Postzug.	11^{30} Nachts Postzug.

Regensburg.

Abfahrt nach Regensburg	Ankunft von Regensburg
5^{-} Morgens Postzug.	8^{25} Morgens Güterzug.
7^{45} Morgens Kurierzug.	9^{30} Vormitt. Kurierzug.
9^{45} Vormitt. Postzug.	11^{08} Vormitt. Güterzug.
1^{30} Nachmitt. Güterzug	6^{17} Abends Postzug.
5^{15} Abends Kurierzug.	8^{5} Abends Kurierzug.
7^{-} Abends Güterzug.	10^{25} Nachts Postzug.

An Sonn- und Feiertagen:

Dachau.

Abfahrt in München.
2 Uhr 40 M. Nachmittags.

Abfahrt in Dachau.
7 Uhr 30 M. Abends.

Ferner an Sonn- und Feiertagen

Starnberg.

Abfahrt in München.	Abfahrt in Starnberg:
7 U. 45 M. Morgens.	9 U. 40 M. Vormittags.
1 U. 15 M. Mittags.	2 U. 55 M. Nachmittags.
4 U. 30 M. Nachmittags.	8 U. 10 M. Abends.
6 U. 20 M. Abends.	9 U. 40 M. Nachts.
7 U. 50 M. Nachts.	

Druck von M. Vogt in München. Kreuzthal 19.

II. Jahrgang. | Das Bayrische **Vaterland.** | Auflage: 5400.

Das „Bayr. Vaterland“ erscheint täglich mit Ausnahme der Sonn- und hohen Festtage. Preis des Blattes: Vierteljährig 54 kr., ganzjährig 3 fl. 36 kr. Das einzelne Blatt 1 kr.

Alle Postexpeditionen und Postboten des In- und Auslandes nehmen Bestellungen an. Inserate werden die dreispaltige Petitzeile oder deren Raum zu 5 kr. berechnet.

Redaktion: [illegible]gasse 14 | Herausgegeben von Dr. jur. J. Sigl. | Expedition: [illegible]

Medardus. | Nr. 128. | Mittwoch, 8. Juni 1870.

Bestellungen auf das „Bayr. Vaterland“ für den Monat Juni zu 18 kr. können bei allen Postanstalten und Postboten noch immer gemacht werden.

Ein paar Fragen an Vater Schlör.

Kühn wie immer ist Vater Schlör dem Huttler'schen Mißtrauensvotum*) mit der Behauptung entgegengetreten: er (Schlör) habe sich einer Vernachlässigung der bayrischen Handelsinteressen auch nach Süden hin nicht schuldig gemacht. Würde es dem „Vaterland“ nicht wieder als eine „Hofmeisterei“ der „ergrauten und verdienten Patrioten“ des Klub ausgelegt, so würden wir die „ergrauten Patrioten“ des Klub auffordern, ein paar Fragen an Seine Excellenz zu stellen. Da man dieses nicht angeht, so stellen wir sie selbst; eine Antwort von Sr. ministeriellen Erhabenheit dürfen wir natürlich nicht erwarten. Die Fragen lauten:

Hat Excellenz Schlör nie von einem zwischen Bayern (Hrn. v. d. Pfordten) und Oesterreich abgeschlossenen Vertrag gehört, durch welchen sich Letzteres verpflichtet, innerhalb eines bestimmten Zeitraums eine Bahn von Bruck a. M. nach Salzburg zu bauen, d. h. Bayern auf dem kürzesten Wege mit Triest zu verbinden?

Glaubt Excellenz Schlör, daß die Brennerbahn hinreiche, den Verkehr zwischen Triest — Venedig — Ankona — Brindisi — Livorno — Genua einerseits, mit dem Suezkanal im Rücken und mit Mitteldeutschland andererseits zu vermitteln, so daß wir die Bahn von Salzburg nach Rottenmann — Predil — Triest nicht nöthig hätten?

Glaubt Excellenz, daß wir unsern Bedarf an Ostindien-Waaren, namentlich Kaffee, auch nach Eröffnung des Suezkanals noch lieber via Amsterdam, Hamburg und Bremen, statt auf dem weit kürzeren und darum weit billigeren Wege über Triest beziehen sollen und daß eine Zolleinigung mit Oesterreich für uns nicht mehr Werth habe als die mit Preußen?

Was hat Excellenz gethan, um den kürzesten und billigsten Weg nach Triest zu öffnen?

Die Ostbahngesellschaft freilich — wir wissen nicht, ob und wie viel Ostbahn-Aktien Excellenz Schlör sich bereits erspart hat, es wäre aber sehr wünschenswerth für uns, dies zu wissen — die Ostbahngesellschaft hat ein ungeheures finanzielles Interesse, daß die Drehscheibe für unsern Ostindienhandel in St. Valentin stehe; für den bayrischen Staat aber und für die Consumenten stünde sie vortheilhaft in Rottenmann.

Ist das nicht auch die Meinung Seiner Excellenz, von deren unbezweifelbarer Lauterkeit und Integrität, besonders in Geldsachen wir nicht weniger als Jedermann in Bayern, besonders jeder Ostbahn-Aktionär und Groß-Industrieller, unerschütterlich überzeugt sind?

*) Wunderbarer Weise stellen die zwei Organe der Fraktion Weis nachträglich das Mißtrauensvotum in Abrede! Wir begreifen nicht, wie man die kurze, bündige und bestimmte Behauptung Huttlers, daß „das bayrische Volk zu einem solchen Minister kein Vertrauen haben könne“, anders denn als ein Mißtrauensvotum in unzweideutigster Form auffassen könne. Wenn damit kein Mißtrauensvotum ausgesprochen sein sollte, dann wissen wir wahrhaftig nicht, welche Form man dann für ein solches wählen soll! Daß Dr. Huttler, von Jörg mit der unbegreiflichen Erklärung desavouirt, daß er (Huttler) dies nicht Namens der Partei, sondern blos für seine Person gesagt habe, dieses, um Jörg nicht seinerseits zu desavouiren, zugab und nur für seine Person das Mißtrauensvotum gegeben haben wollte, änderte zwar nichts an der Thatsache, aber es hob die ganze Wirkung und Bedeutung der Thatsache des Mißtrauensvotums auf. Dr. Jörg hat kürzlich gesagt, es dürfe (von der patriotischen Partei) kein einziger Fehler mehr gemacht werden, wahrscheinlich weil die Zahl der gemachten Fehler bereits übergroß ist; man scheint sich aber das nicht immer lebhaft genug vor Augen zu halten und gibt sich eine Blöße nach der andern, die nur von den Gegnern „verwerthet“ werden.

Ein Brief an den Redakteur über das „Vaterland“.

Das „Vaterland“ tritt heute ein wenig als Cicero pro domo auf, d. h. es läßt heute einen Freund sprechen, der sein Cicero sein und es gegen gewisse Leute und Widersacher, wir meinen die zimperlichen, feinen, rücksichtsvollen Glacehandschuh-Männer, die immer nur zu kritisiren und zu tadeln, aber nichts selbst zu thun oder gar besser zu machen wissen, vertheidiget. Wir lassen uns nicht gerne loben, es liegt uns überhaupt nicht viel an Lob oder Tadel von meist Unberufenen, da wir nicht um Lob und Ehre zu gewinnen arbeiten, sondern aus Pflichtgefühl, aus Liebe zum Volk und Vaterland, wie es uns unsere Ueberzeugung dictirt. Ab und zu aber, wenn es uns zu dick wird, mag es nicht schaden, wenn wir die Schublade öffnen und einem freundlichen Cicero das Wort geben.

Also man schreibt dem „Vaterland“ aus **Franken:** Ich habe Ihnen lange nicht geschrieben, allein ich habe demungeachtet täglich mit Ihnen gesprochen. So oft ich Ihr Blatt lese, tausche ich Gedanken mit Ihnen und der Familie Ihrer Correspondenten. Denn in der That bildet der Kreis der Correspondenten eines Blattes eine Art von geistiger Familie, deren Mittelpunkt der Redacteur bildet. Wie so viele andere Ihrer Freunde kann ich Sie aufrichtig versichern, daß diese geistige Conversation, welche durch Ihr Blatt vermittelt wird, zu meinen nichts blos angenehmsten — denn zu dem Zwecke schreiben Sie ja nicht

—, sondern zu meinen liebsten und noch besser gesagt zu einer meiner Herzensangelegenheiten gehört.

Man verargt es Ihnen so oft, daß Sie die Wahrheit sagen — blank und frei und ungeschminkt; aber man denkt nicht daran, daß für unsere, so durch und durch verlogene, verweichlichte, durch Irrthum und Lüge herangezogene und großgewordene Zeit, bei welcher Blindheit und Bosheit Ammenstelle versahen, es kein anderes Heilmittel gibt als die Wahrheit. Man verlangt von einer minder schlimmen Seite, welcher es gleichwohl auch noch an voller Einsicht und Erkenntniß dieser Zeit mangelt, daß Sie zwar die Wahrheit, aber in mehr zahmer Form, verblümt und mit Oel geschmiert, sagen sollen, daß Sie nicht Alles auf einmal, sondern in langwierige Perioden eingewickelt, nur vorsichtig und tropfenweise, in höflicher und höfischer Form vorbringen möchten.

Man übersieht aber dabei, daß die Zeit vorüber ist, in welcher ein zahmeres Geschlecht für die Wahrheit in überzuckerter und langweiliger Form noch Sinn und Empfänglichkeit besaß. So fein und sentimental sind unsere Zeitgenossen nicht mehr. Ebendieselben welche Ihnen und den analog geschriebenen „extremen" Blättern den Mangel an — Schäfermässigkeit vorrücken, würden gleichwohl das „Vaterland" und die andern Organe bei Seite legen, wenn sie eines Tages mit Puderperrücke und den Chapeau d'honneur unterm Arm sich präsentiren wollten.

Man vergißt ferner, daß den rücksichtslosen Gegnern nur die mit Geist kredenzte volle und reine Wahrheit imponirt, auch wenn sie nicht zart klingt. Das grobkörnige Schießpulver taugt bekanntlich am besten für Kanonen. Man muß aber heute Kanonen auffahren gegen die alle Scham, alle Ehre, alle Rücksicht, alle Wahrheitsliebe bei Seite setzende Meute. Uebrigens besteht ein bedeutender Unterschied zwischen Grobheit und Grobheit. Eine derbe Wahrheit auf die beste, eindringlichste, wirksamste, zweckdienlichste Weise, also eben so klar als geistvoll und namentlich bildvoll, in der handgreiflichen Form des Bildes ausgedrückt, nenne ich nicht grob, sondern fein. Und diese Feinheit, diese geistreiche Grobheit, kurz diese nicht tendenziöse, sondern vom besten Willen getragene aufrichtige Wahrhaftigkeit, welcher es nicht an scharfem Witze fehlt, die ist es, durch welche gerade das „Vaterland" sich auszeichnet. Es wird ebenso vom einfachen schlichten Landmann gelesen und verstanden, als vom Gebildeten, der es überhaupt ganz und ungetheilt mit der guten Sache hält, geliebt und gelesen.

Daß dabei nicht Alles in gleichem Maße gelingt, versteht sich wie bei allen menschlichen Dingen ganz von selbst. Der Gutgesinnte stößt sich an mancher minder richtigen und geglückten Wendung und Phrase sowenig als an den früher massenhaften Druckfehlern, welche Ihrem vortrefflichen Blatte nur im Auge eines vollkommenen Philisters oder in dem Kopfe eines „historischen Kritikasters" aus der Schule des Bonner Literaturblattes und Consorten Eintrag zu thun vermochten.

Die Kritiker und Tadler haben drittens meist keine Idee und kein Gefühl davon, daß man in diesen Zeiten der **Entscheidung** keine Zeit verlieren darf. Phrasen drechseln und in höflichen Plumpudding die Wahrheit einwickeln ist entsetzlicher Zeitverlust. Heute, wo die Geschicke, Ereignisse und Dinge sich jagen und verfolgen, gilt es, sich nicht überraschen und übertölpeln zu lassen. Die Tage sind da, von denen es in der Apokalypse heißt: „Der Teufel hat einen großen Zorn, weil er nur wenig Zeit mehr hat." Alle Dünste der Gottlosigkeit aus den früheren Jahrhunderten und Jahrtausenden haben sich in schwarze Massen gesammelt und lagern über unserm Horizont. Was es für Unwetter absetzen wird, liegen uns in dem Jahrhundert nicht schon Proben vor? Und dennoch ist was bis jetzt geschah, noch gering im Vergleich mit dem, was noch kommen wird. Die Zeit also drängt; die Lüge wird massenhaft ausgespieen aus unzählbaren unter- und oberirdischen Vulkanen. Generationen sind schon geistig zerrissen und hingeschlachtet. Und, wer es sieht und berufen ist zu kämpfen, soll Gewehr bei Fuß salutiren vor den Gegnern und die Faust in der Tasche machen?" — —

Ich schließe, weil der Raum zu Ende ist, mit dem Wunsch und der Bitte: Gott segne Sie, Ihren Muth, Ihre Kraft und Ihre Arbeit!

Deutschland.

München, den 7. Juni.

Ueber die berühmte letzte Kammersitzung, in welcher Dr. Jörg den mißtrauischen Dr. Huttler und dann dieser sich selbst desavouirte, ist das N. bayr. Volksblatt sehr ungehalten und spricht die durchaus ketzerische und desavouirungswürdigen Ansicht aus, daß so was „dem Volke geradezu als bedauerliche Lahmheit erscheine". „Es thut uns wirklich weh, sagt das böswillige Blatt, solches konstatiren zu müssen. — Aber wenn offenbar diplomatische Anwandlungen das Gedächtniß und das Urtheil patriotischer Volksvertreter beschleichen und die verheißenen Thaten gar so spärlich kommen, so möchte auch Solchen die Geduld vergehen, die nicht zu den „Extremen" zählen". — Wir empfehlen diesen Sünder, der offenbar in der Unbußfertigkeit verharren will, den officiösen journalistischen Weislingen zur Justifizirung.

— Im Volksboten ist Hrn. Bucher bereits wiederholt der Vorwurf gemacht worden, daß er sein Mitte Februar ihm zugewiesenes Referat bei seinem Austritt noch nicht vollendet hatte. Ganz abgesehen von der Unrichtigkeit dieser Behauptung, da Hrn. Buchers Referat bereits nahezu druckfertig war, ist dieser Vorwurf sehr ungegründet. Der „Volksbote" wird uns selbst zugeben, daß das Studium der Arbeiterfrage, welche Hrn. Buchers Referat betraf, nicht die Arbeit von ein paar Wochen sein kann, selbst dann nicht, wenn Hr. Bucher sonst gar nichts zu thun gehabt hätte. Nun war er aber nicht blos im Ausschuß und dann in der Kammer vielfach beschäftigt, sondern er hatte auch etliche Wochen als Zollparlaments-Abgeordneter in Berlin zuzubringen. Wenn der Schreiber des Artikels im „Volksboten" eine Ahnung davon gehabt hätte, welch reiches Material Hr. Bucher für sein Referat zusammengebracht hat, so hätte er Alles eher als den Vorwurf der Lässigkeit gegen ihn erheben müssen.

In **Vilshofen** hat der liberale Magistrat wieder ein mächtiges Zeichen von „Freisinnigkeit" abgelegt, indem er den dortigen dritthalb Protestanten ein Zimmer des Schießhauses als „Kirche" einräumte. Zur Gründung eines Stammkapitals für einen eigenen Pastor der neuen Gemeinde beabsichtigt Hr. Föckerer einmal eine Rede mit Eintrittsgeld per Kopf zwei Kreuzer in seiner Wirthschaft zu halten, wenn ihm einmal etliche Eimer Bier umstehen. So wird beiden Theilen geholfen sein und dem Doctor obendrein, wenn etwa Einigen von der Rede und dem Bier etwas Menschliches passirt.

Aus Unterfranken wird dem „Vaterland" geschrieben: Ich möchte Sie doch recht ersuchen, daß Sie sich um die doch armen Landwehrmänner bei unsern patriotischen Abgeordneten annehmen möchten, da man von diesen gar nichts in der Beziehung hört. Dieses preußische Wehrgesetz ist doch das grausamste und drückendste, das man uns auf den Hals geladen hat. Ich habe mich im Jahre des Unheils 1866 genug überzeugt, wie hart es ist, wenn die ledigen Leute fortmüssen. Ich und mein Bruder, wir mußten alle beide einrücken und unsere alten Eltern verlassen, die wir ernähren sollten. Jetzt bin ich verheirathet, habe meine Eltern bei mir und wäre soweit ganz zufrieden; aber wenn heute dieser verfl— Preuß' wieder auf's Anexiren ausgeht, müßte ich fort und meine Angehörigen dem Elend überlassen. Wir haben uns alle herzhafte Mühe gegeben, daß wir nur **Patrioten** durchbrachten, damit uns diese von diesem Wehrgesetz wieder befreiten. Wir haben auch immer geglaubt, daß diese etwas Gefühl für uns haben sollten und es wenigstens so einrichteten, daß wenigstens die verheiratheten Männer sich nicht für den Preußen todt oder zum Krüppel schießen lassen müßten. Aber wir haben bis jetzt noch gar nichts gehört, daß etwas geschehen soll. Wir meinen, wenn einmal das stehende Heer nichts mehr ausrichten kann, dann reißt es die Landwehr auch nicht mehr heraus. Wir hätten anno Babylon auch ohne die Landwehr den Preußen nach Berlin zurückjagen können, wenn uns Einer vorangeritten wäre und den Weg gezeigt hätte, und das nächste Mal werden dies die **Franzosen** besorgen, die mit dem Preußen auch mit oder ohne unsere Landwehr schon allein fertig werden. Prügel bekommen wir ja doch mit dem Preußen und die Landwehr muß da nicht nothwendig dabei sein, wenn es Prügel absetzt.

In **Oesterreich** rüstet sich der „patriotisch-katholische Volksverein" mit aller Entschiedenheit, um bei den neuen Landtagswahlen nur tüchtige katholische Patrioten durchzusetzen.

Preußen. Die **Kölner** Ztg. ist sehr officiös unwirsch über die Bayern und droht ihnen mit einer „unsanften Aufrüttelung", falls etwa die Kammer sich beigehen lassen sollte, bei der Budgetberathung nicht genug für's Militär zu bewilligen. Die Kölnerin meint, die bayrische Kammer hätte eigentlich seit den Verträgen überhaupt nicht mehr das Recht, dem Kriegsminister was zu streichen, denn das sei, meint sie, ein „Bruch der Verträge". Eine sehr liebenswürdige preußische Auffassung! Wir wollen aber hoffen, daß sich die Patrioten nicht sonderlich darnach richten, denn bis die Preußen nach München zum „Aufrütteln" kämen, wären auch die Franzosen da, um die Preußen wieder hinauszuwerfen.

Von Ems ist Bismark in Begleitung des Herrn von Preußen wieder abgefahren, ziemlich unverrichteter Sache, wie es scheint.

Ausland.

In **Kroatien** ist die Lage gegenwärtig sehr ernst und kann man sich auf Ereignisse ähnlich wie in Dalmatien gefaßt machen. Die Kroaten sind über die Bedrückungen, welche sich die Ungarn gegen sie erlauben, tief erbittert, namentlich auch daß ihnen die ungarische Sprache als Amtssprache aufoctroirt und daß ihre frühere Selbstständigkeit vollständig vernichtet werden soll. In Pest sieht man den drohenden Gewitter rathlos entgegen; den Kroaten ihr Recht zu lassen, dazu will man sich eben nicht entschließen, so lange man noch die Uebermacht hat. Aehnlich steht's in Siebenbürgen und im Gebiete der Militärgrenze. Der Liberalismus wird in Pest ebenso gründlich abhausen, wie er in Wien bereits abgehaust hat.

In **Rumänien** will man das Glück nicht recht begreifen, welches den edlen rumänischen Sauhirten durch den „für dieses Jahr" angekündigten Thronfolger erwachsen soll, und thut ernstlich dazu, den zugereisten Hohenzoller ehebaldigst zum Land hinauszujagen. Einstweilen übt man sich für das nahe Begebniß an den **Juden** ein, die bei jeder Gelegenheit herzhaft geprügelt werden. Bei der letztgemeldeten **großen** Prügelei waren die Studenten die Anführer. Fürst Karol hat wieder ein neues Ministerium; er pflegt fast mit jedem Hemdwechsel auch gleich sein Ministerium zu erneuern, nutzt aber nichts, da ihn die geliebten Unterthanen einmal nicht ausstehen mögen.

Italien. In **Rom** hat der Hr. Bischof von **Regensburg** im Concil eine große Rede für die Unfehlbarkeit gehalten, in welcher er die Traditionen der katholischen Gelehrtenschulen in Deutschland bezüglich der Lehre der Unfehlbarkeit behandelte und dabei auf Gelehrte wie Albert Magnus, seinen berühmten Vorgänger, und Petrus Canisius (und St. **Bernhardt** und Dominikus? ꝛc.) hinweisen konnte. Die Rede hatte großen Erfolg.

Portugal. (**Revolutionnärrisches.**) In **Lissabon** hat es kürzlich einen kleinen Staatsstreich gegeben. Ein gewisser Herzog von Saldanha, ein alter Verschwörer, war in großen Finanznöthen, aus der er sich nur befreien konnte, wenn es ihm gelang, Minister zu werden. Er ließ also durch seine Freunde ein paar Bataillone aufwiegeln, an deren Spitze er nächtlicher Weile in den kgl. Palast drang und den König schön ersuchte, **ihn** zum Minister zu machen. Se. Maj. sah ein, daß der alte Lump es dringend nöthig hatte, Minister zu werden, und da die Gelegenheit dem Unternehmen günstig war, so **machte** ihn der König auch richtig zum Minister. Das Erste, was der neue Minister nun that, war, daß er 800,000 fl. aus dem Staatsschatze nahm, um seine drängendsten Wechselschulden zu bezahlen, und dafür eine Quittung hinterlegte. Das Zweite war, daß er für seine Angehörigen sorgte. Alle seine Neffen sind bereits mit Titeln und Aemtern ꝛc. versehen; sein Bruder geht als Gesandter nach Paris, sein Neffe wurde dort Gesandschaftssekretär, ein anderer Gesandter in Madrid, ein anderer in Brüssel, ein anderer Generalsekretär in Lissabon, Einer wurde bei der Münze angestellt u. s. w. So „rettet" man auf liberal heute Staaten und beglückt Völker — mit Brüdern, Neffen, Vettern. Anderwärts gibt man's zwar nicht so nobel und begnügt sich ein großer Hecht, Vettern und gute Freunde z. B. als Professoren ꝛc. an den Staatsbarren zu stellen.

Türkei. Von **Konstantinopel** wird gemeldet, daß am 5. Nachmittags in der reichen Vorstadt Pera eine schreckliche Feuersbrunst ausgebrochen, die bei starkem Winde reißend um sich griff; das englische Botschaftsgebäude, die Konsulate von Amerika und Portugal, das Theater Nasun, einige Kirchen und Moscheen, **mehrere tausend** Häuser und die reichsten Magazine sind vollständig vernichtet. Mehrere Todte und Verwundete. Der Schaden beträgt viele Millionen.

Vermischte Nachrichten.

In **Franken** bereist zur Zeit ein Pater der Tyroler Franziskaner-Provinz die Franziskaner (Reformaten-)Klöster als Visitator, wie es heißt in besonderem Auftrage des Ordens-Generals und wird diese Visitationsreise wohl auch auf die übrigen bayrischen Klöster des Ordens ausdehnen.

Der in **Würzburg** wegen „unglücklicher" Habergeschichten inkammerirte Judenfreund ist **nicht** ein kgl. Quartiermeister, sondern ein Viehdoktor, was wir einiger Interessenten halber konstatiren wollen.

Kulturbildliches.

In der „Abendzeitung" ist eine **Gant** ausgeschrieben, welche **auch** ein Zeichen der Zeit und ein Beitrag zur Charakterisirung unserer Verhältnisse ist. Der quittirte Hauptmann v. Bary hat Konkurs angesagt. Der angemeldete Schuldenstand belauft sich auf 14,017 fl., die Aktiven bestehen in — Möbeln im Werthe von 277 fl. und in der Pension zu 1000 fl., auf die aber bereits **zwanzig** Gläubiger, die ein Viertheil davon beanspruchen können, längst eingewiesen sind. Die Möbel beansprucht die Frau des Schuldners als ihr Eigenthum! Was da die Gläubiger bekommen, ist nicht abzusehen; möglicherweise dürfen sie gar noch die Gerichtskosten zahlen.

So macht man heutzutage Schulden und so kommen die Leute zu oder vielmehr von ihrem Geld!

Briefranzen.

Die Reklamationen von gar nicht oder zu wenig eingetroffenen Exemplaren des „Vaterland" fangen an, sich wieder in recht erfreulicher Weise zu mehren. Wir werden zur Controle für die HH. Reklamanten bis auf Weiteres die Reklamationen wieder veröffentlichen müssen. Geiselhöring 125 (10 Ex.), Bischofsheim 121 (7), Regensburg 125 (3 zu wenig), Kolbermoor 125, Rutzheim 126, Maximiliansau 126 (2), Neulauterburg 126 (2), Plauen 123 u. 124 (2). Weiding Nr. 123 (10 Ex.!), Bodenwöhr 124, Traunstein Nr. 125 und 126 (je 22 Ex.!!), Dietfurt 123 (3), Augsburg 127, Ochsenfurt 127 (von 14 Ex. 7 nicht reklamirt!)

Börsen-Nachrichten.

Karlsruhe, 31. Mai. Bei der heute stattgehabten Serien-Ziehung der großh. badischen 35 fl.-Loose wurden folgende Nummern gezogen: Serie-Nr. 226, 973, 1399, 2068, 2334, 2578, 2829, 2989, 3743, 4722, 4769, 5695, 6253, 6383, 6453, 6576, 7406, 7509, 7587, 7720.

Karlsruhe, 1. Juni. Bei der heute stattgehabten 3. Prämienziehung des großherzog. badischen vierprozentigen Eisenbahn-Anlehens vom Jahre 1867 erhielten die höchsten Treffer: 53,800 175,000 fl., Nr. 29,355 28,000 fl., Nr. 109,296 10,500 fl., Nr. 108,803 2800 fl., Nr. 30,195, 53,759, 109,252 je 1400 fl., Nr. 7926, 7936, 29,386, 29,391, 30,182, 53,790, 109,251 je 700 fl.

Münchener Schranne vom 4. Juni.

Getreidsorten	Verkauft Schffl.	Höchster fl.	Höchster kr.	Mittel- fl.	Mittel- kr.	Nied.-Preis fl.	Nied.-Preis kr.	Gest. fl.	Gest. kr.	Gef. fl.	Gef. kr.
Weizen . . .	2182	21	6	19	59	18	5	—	10	—	—
Korn . . .	1931	18	53	13	30	13	3	—	32	—	—
Gerste . . .	329	12	59	12	11	10	11	1	—	—	—
Haber . . .	1599	9	29	8	55	7	58	—	16	—	—
Reps . . .	—	—	—	—	—	—	—	—	—	—	—
Lein . . .	11	24	49	22	56	19	30	1	16	—	—

Verantwortlicher Redakteur: Dr. [illegible]

Oberammergau-Passionsspiel.

Ganz sichere

Wohnungs-Vermittelung

dortselbst, nebst Besorgung von Theater-Billets.

Zur Einhaltung einer unbedingt nothwendigen Ordnung ist festgestellt:

1) Alle Karten lauten auf Namen mit laufenden Nummern, und werden auf mündliche oder schriftliche Bestellung in

F. Gypen's Kunsthandlung in München,
Neuhausergasse Nr. 50,

gegen Erlag oder Einsendung von 30 kr. abgegeben oder umgehend versandt.

2) Anmeldungen müssen allzeit 2 Tage vor jedem Spiel geschehen, und solche für große Familien oder Gesellschaften, welche beisammen wohnen wollen, sind zur Vorsicht 4 Tage vorher zu machen. Nach folgendem Theaterbillets-Tarif werden auch diese besorgt, indeß ist für die Billets der Betrag des gewünschten Platzes beizulegen.

3) Die in Oberammergau Ankommenden haben sich in die Wohnungsvermittelungs-Lokalität zunächst dem Theater zu begeben und werden gegen Vorzeigung der in Hände habenden Billets sofort in ihre Wohnung begleitet.

F. Gypen's Kunsthandlung und **Schauer,**
ehem. Gemeindevorstand in Oberammergau.

351(ff)

Programm zu den Passions-Vorstellungen.

Im Vorabende Abends 7 Uhr und am Tage der Aufführung Morgens 5 Uhr Musik durch die Straßen des Dorfes. — Um 6 Uhr Eröffnung des Theaters zu den Sitzplätzen. — Um 8 Uhr Anfang der Vorstellung. Nach der ersten Abtheilung eine Stunde Pause. Schluß gegen 5 Uhr Nachmittags.

Tage der Vorstellungen.

Den 6., 12. und 25. Juni; 3., 10., 17., 24. und 31. Juli; — 7., 14., 21. und 28. August; — 6., 11., 18., 25. und 29. September 1870.

Preise der Plätze.

I. Logenplatz 3 fl. — II. Logenplatz 2 fl. 30 kr. — III. Logenplatz 2 fl. — Parterre: I. Platz 1 fl. 45 kr. — II. Platz 1 fl. — III. Platz 48 kr. — IV. Platz 30 kr. — Kinder bezahlen auf allen Plätzen, mit Ausnahme der Logenplätze, die Hälfte.

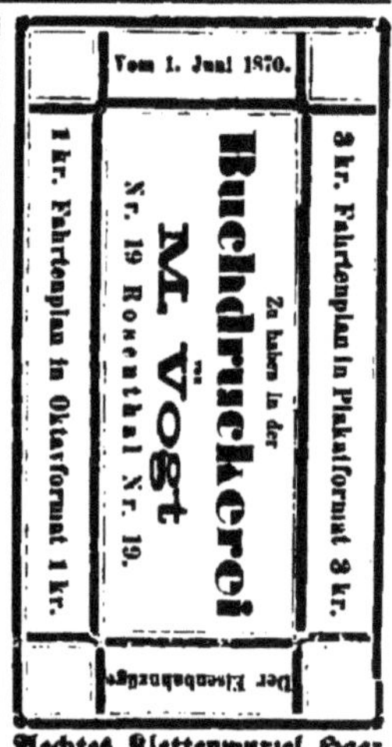

Aechtes Klettenwurzel Haar Oel

zur Stärkung und Beförderung des Haarwuchses in Gläsern zu 6, 9, 12, 15, 18, 24 und 30 kr. mit und ohne Satz empfiehlt

Ludwig Hueber, Kaufmann,
(360) Carlsthor-Rondell Nr. 11.

Wollenstoff-Färberei.

Ruffinibazar, Laden Nr. 7.

Sommerröcke 1 fl., Hosen 36 kr., Westen 18 kr., Shawls 30 kr. bis 1 fl. 12 kr. Wollenstoffe aller Art werden im Ganzen und getrennt gefärbt. 217(F)

Ein pünktlich zahlende Familie sucht eine kleine Wohnung von 3 Zimmern, Küche ?c. nicht zu weit von der Stadt entfernt, auf das Ziel Michaeli zu miethen. Offerte fr. unter W. Nr. 360 in der Exp. zu hinterlegen.

Druck von M. Vogt in München. Rosenthal 19

II. Jahrgang. Das Bayrische Auflage: 5400.

Vaterland.

Das „Bayr. Vaterland“ erscheint täglich mit Ausnahme der Sonn- und hohen Festtage. Preis des Blattes: Vierteljährig 54 kr., ganzjährig 3 fl. 36 kr. Das einzelne Blatt 1 kr.

Alle Postexpeditionen und Postboten des In- und Auslandes nehmen Bestellungen an. Inserate werden die dreispaltige Petitzeile oder deren Raum zu 3 kr. berechnet.

Redaktion: Burggasse 14 Herausgegeben von Dr. jur. J. Sigl. Expedition: Ruffinibazar 5

Primus. Nr. 129. Donnerstag, 9. Juni 1870.

Wenn man liberal ist!

• Von der **österreichischen Grenze** wird dem „Vaterland“ geschrieben: Eine beschämende Thatsache ist es und wird es bleiben, daß im Staate Bayern der Tagespresse verboten ist, für die so nothwendige päpstliche Armee, überhaupt zur Unterstützung des in einer trostlosen finanziellen Lage sich befindenden hl. Vaters Beiträge zu sammeln. In Preußen, in **Baden**, im „liberalen“ **Neu-Oesterreich**, sogar im Reiche Victor Emanuels, in **Italien**, sammeln die katholischen Blätter ungehindert zur Erhaltung einer Armee, die bekanntlich nur gegen die Bundesgenossen und guten Freunde der genannten Regierungen nöthig ist. Nur in **Bayern** und — **Rußland** dürfen sie es nicht! Und doch bilden Katholiken die Majorität in unsern beiden Kammern [1]), und doch hat Hr. Jörg vor Jahren (!) einen seiner klaisischen Artikel in den gelben Heften mit dem Ausruf geschlossen: Deus vos impleat odio burocratiae! Wir in unserer Gegend nehmen daher, wenn wir zu unsern katholischen Brüdern jenseits der Grenze gehen, die Gaben zur Ablieferung mit, welche wir selbst oder andere durch uns für jenen katholischen Zweck darbringen wollen, um „uns nicht schämen zu müssen, Bayern zu sein, wenn wir über die Grenze gehen“. Daheim aber drücken wir den Hut seit neuerer Zeit nicht mehr wie früher à la Lassaulx auf's Hinterhaupt, sondern recht tief ins Gesicht hinein.

Freundnachbarliche Liebesdienste.

An die Adresse der Landshuter Zeitung.

Wir haben vor etlichen Tagen den Ruf nach Frieden und Wiederherstellung der Eintracht unter uns erhoben und wir haben es ernsthaft gemeint. Wir müssen aber doch heute der „Landshuter Zeitung“ auf einem sehr perfiden persönlichen Angriff auf uns eine Antwort geben. Nachdem sie es ist, welche unmotivirt und unprovocirt einen Angriff auf uns gemacht hat, kann sie nichts dagegen haben, wenn wir den unsanften Angriff etwas unsanft abwehren. Die „Landshuterin“ ist sonst ein ruhiges — sie ist seit 22 Jahren mit Gott für König und Vaterland musterhaft langweilig gewesen — und sehr verdienstvolles Blatt — sie verdient ihrem Verleger durch amtliche und gerichtliche Inserate, weil sie wegen ihrer „gemäßigten“ Haltung in den höheren Regionen sehr wohlgelitten ist, jährlich 5—6000 fl. —, aber dennoch schleuderte sie den ersten giftigen Pfeil auf das „Vaterland“, indem sie den Katholicismus seines Redakteurs anzweifelt und denselben auffordert, „zurückzudenken, wie er vor wenigen Jahren noch gegen Encyklika und Syllabus wetterte. Jetzt aber trete er dick katholisch auf! Unter solchen Umständen, ohrenbläst die Landshuterin, könnte der Verdacht wachgerufen werden, nicht aus Leidenschaft für die Sache werde (im „Vaterland“) so geschrieben, wie geschrieben wird, sondern aus sehr materiellen und anderen weniger rühmlichen Beweggründen“.

Sehr gut, verehrte Madame von der Isar! Die Herren Liberalen haben uns früher das auch schon zum Vorwurf gemacht und wir haben ihnen geantwortet und sie zum Schweigen gebracht, und nun kommen Sie und werfen uns das Gleiche an den Kopf, was uns vor zwei Jahren die Liberalen an den Kopf warfen, und nun sollen auch Sie Ihre Antwort haben. Daß Sie, o Sanftmüthigste, durch die Bezeichnung „Postzeitungs-Katholicismus“ Ihr altes Herz unangenehm berührt fühlten und deshalb für die ehrwürdige Base am Lech eine Lanze gegen uns zu brechen suchten, finden wir von Ihnen begreiflich, denn Sie haben sich stets nur an die brave Postzeitung gehalten und ergeben der Gebieterin stets geglaubt, was die Postzeitung zu glauben vorgestellt hat, und nie eine Idee gehabt, die nicht bereits die Postzeitung gehabt, vorgekaut und breitgetreten hat. Sie haben sich, o geruhsame Landshuterin, immer schön hinter den großen Mantel der Postzeitung gesteckt, damit Ihnen nichts zu leid geschehen konnte und Sie, wenn angegriffen und zur Rechenschaft gezogen, dann zu Ihrer Vertheidigung sagen konnten: Ich, ich bin ja unschuldig, die Postzeitung hat es gesagt! Deshalb haben Sie auch immer Gnade gefunden bei den Göttern und Wohlgefallen bei den Mächtigen, welche jährlich für viele tausend Gulden amtliche Inserate und für noch mehr Tausende Formularien und Tabellen bei ihm drucken ließen und Ihr Verleger freute sich deß und Sie galten als „korrekt“ und als ein „anständiges“ Blatt, das der Regierung kein Wässerlein trübte und keinen Schaden und Verdruß brachte.

Wir aber machen es nicht so; wir gehen unsern eigenen Weg, folgen unserer Ueberzeugung und wenn uns einmal ein „Sauhieb“ passirt, so passirt uns der auf unsere Rechnung und Gefahr, wir haben ihn zu verantworten und zu vertreten und wir müssen ihn büßen.

Einige solche „Sauhiebe“ haben wir um 1864 herum geleistet, als Syllabus und Encyklika verkündet wurden und darüber noch ganz andere Leute, viel gelehrter, viel älter und gescheidter als wir, auserlesene Dummheiten machten. Damals haben auch wir ein halbes Jahr lang liberal delirirt und gegen Syllabus und Encyklica geschrieben, während andere weislich stille schwiegen und sich das Maul nicht verbrannten; unter dem mächtigen Einfluß unsers damals

---

[1]) O ja! Aber für den Papst dürften sich doch wohl nur wenige erhitzen wollen. Das wäre ja zu — „extrem“! D. R.

[2]) Gott fülle euch an mit Haß gegen die Bureaukraterei!

hoch verehrten Lehrers Frohschammers haben wir ganz ernsthaft liberal delirirt, so ernst, daß wir unser zweijähriges theologisches Studium an den Nagel hängten, unsern Lebensberuf änderten und damit, wir müssen es leider gestehen, nicht den gescheidtesten Streich in unserm Leben machten. Wir haben gefehlt damals, das ist wahr, wir haben es bekannt, wir bekennen es noch heute und wir haben, als wir aus unserm liberalen Delirium wieder glücklich erwachten, durch verdoppelten Eifer die begangenen Fehler wieder gut zu machen gesucht. Kann man uns das zum Vorwurf machen, daß wir mit Gottes Hilfe rechtzeitig zur Einsicht gekommen sind und daß wir durch verdoppelten Eifer den etwa angerichteten Schaden wieder zu verbessern suchten und suchen? Sollten wir immer unfehlbar gewesen sein, da man die Unfehlbarkeit selbst dem Papste bestreitet? Oder sollten wir auf dem betretenen Irrweg fortgelaufen sein, um „konsequent“ zu bleiben? Dieser Ruhm der „Consequenz“ wäre ein trauriger Ruhm gewesen, nach dem wir keineswegs geizen? Vor und nach jener kurzen unglückseligen Periode der Frohschammerhändel, während welcher noch ganz anderen Leuten die Köpfe verrückt wurden, waren wir so „schwarz“, als man nur immer verlangen kann und wir glauben nicht, daß wir jetzt noch, nach allen Erfahrungen, die wir seitdem gemacht, Gefahr laufen, an unserer „Schwärze“ sonderlich viel einzubüßen. Eine Dummheit gemacht zu haben, soll man aber Einem nicht allzu oft vorwerfen; man wird sonst — langweilig!

Uns jene wenigen Monate liberalen Deliriums vorzuwerfen, so oft sie will, gestatten wir der Noblesse der Landshuterin, die niemals aufgehört hat, wenigstens musterhaft langweilig zu sein, die niemals eine eigene Meinung hat und die deshalb auch nicht in die Lage kommen kann, über die Schnur zu hauen oder gar auf Abwege zu gerathen. Besäßen wir ihre bewunderungswürdige Vor- und Rücksicht, so würden wir es auch in allen Fragen so machen wie sie: immer nur das sagen, glauben und thun, was kommandirt wird, damit der Verleger nicht zu Schaden und der Redakteur nicht vor's Schwurgericht kommt.

Dadurch, sagt die vorsichtige Landshuterin weiter, daß wir, nachdem wir vor 6 Jahren doch ein paar Artikel gegen Syllabus und Encyklika geschrieben, jetzt „so dick katholisch auftreten, könnte (!) der Verdacht wachgerufen werden, daß wir nicht aus Leidenschaft für die Sache, so „„dickkatholisch““ schreiben, sondern aus sehr materiellen und andern weniger rühmlichen Beweggründen.“

O ganz gewiß! Die Redaktion des „Vaterland“ hat immer nur „sehr materielle und andere weniger rühmliche Beweggründe,“ wenn sie so schreibt, daß die fast zahllosen Konfiskationen uns in einem Jahre Hunderte von Gulden kosteten, daß die Strafen, Gerichts- und Advokatenkosten in einem Jahre sich über 600 fl. beliefen, die uns Niemand bezahlte, daß wir in einem Jahr fast 4 Monate, fast den dritten Theil des Jahres auf Festungen und in Gefängnissen zubringen mußten, daß wir 47 Kriminaluntersuchungen bekamen und ebenso oft Gefahr liefen, wieder auf etliche Monate nach Rosenberg auf die Festung geschickt zu werden, daß wir, für unsere Ueberzeugung mit aller Entschiedenheit eintretend, die Existenz unsers Blattes in Frage stellten, das zu gründen und zu erhalten uns so viele Opfer an Geld, an Zeit, an Arbeit, an Bitternissen, Verdrießlichkeiten und Entsagungen aller Art gekostet hat!! Gewiß, das sind alles nur „materielle Beweggründe“, die uns bestimmten, so zu schreiben, wie wir geschrieben haben und schreiben werden!

Oder haben wir etwa einen Vortheil davon? Gibt man uns Subventionen durch amtliche Inserate, wie der Landshuter Zeitung, oder an Geld wie andern Blättern? Für jeden Kreuzer, den wir von irgend einer Seite an Subvention erhalten, zahlen wir sofort hundert Gulden; da wird man sich doch ein schönes Stück Geld verdienen können? Aber die liberalen Regierungen geben nichts für „dickkatholisches Auftreten“, da wird uns wohl der Papst selbst dafür honoriren! — O ganz gewiß! Der Papst, der so reich ist — an Schulden, der jährlich seine 30 Mill. Defizit hat, der nicht weiß, woher er das Geld nehmen soll, um das Nothwendigste zu bezahlen, wie ein ehrlicher Mann thut, von dem haben wir gewiß außerordentliche Summen zu erwarten, wenn wir so „dick katholisch“ auftreten“! Wir freuen uns schon auf die Tausende, die wir da bekommen werden, und werden gewiß dem Verleger der Landshuterin auch etliche zukommen lassen!

Aber wir treten „aus andern noch weniger rühmlichen Beweggründen“ so „dick katholisch“ auf, meint Madame an der Isar. Jetzt da sind wir mit unserm Witz und unserer Weisheit zu Ende und müssen die Landshuterin dringend um Vorspann bitten! Erhören Sie uns, Madame, und sagen Sie uns, was Sie damit gemeint haben; bis dahin warten wir in christlicher Geduld, um Ihnen die zweite Lektion zu geben, falls es Ihnen an dieser noch nicht genügen sollte. —

Wir bitten unsere verehrten Leser um Entschuldigung, wenn wir sie damit langweilen mußten. Wir waren angegriffen, persönlich angegriffen, perfid und hinterrücks angegriffen und öffentlich beleidigt; wir mußten uns vertheidigen, denn solche Insinuationen dürfte sich der Friedliebendste nicht gefallen lassen. Wir haben nichts zu scheuen, man kann uns mit Grund nichts zum Vorwurf machen, unsere Hände sind rein, wie unsere Bestrebungen, unsere Ziele und Absichten, auch wenn wir noch mehr „dick katholisch auftreten“. Aber uns verdächtigen und verleumden zu lassen und dazu zu schweigen, zu solchem freiwilligen Martyrium haben wir weder Lust noch Beruf.

Deutschland.

München, den 8. Juni.

Im „Bayrischen Kurier“ nimmt sich heute Einer in einem begeisterten Artikel um die Postzeitung, beziehungsweise ihre „Haltung“ in katholischen Fragen, an, die er natürlich von seinem Standpunkte völlig untadelig, wo nicht musterhaft findet. Namentlich lobt er an der Postzeitung, daß sie „nie ein katholisches Princip verletzt habe“. Wir halten es für sehr überflüßig, auf den ganzen Artikel nur mit einem Wort zu entgegnen; wenn der Mann des „Kurier“ von der „Haltung“ der Postzeitung befriedigt ist, so ist das seine Sache; wir sind es nicht und beanspruchen die Freiheit, es nicht zu sein. Für die „Haltung“ der Postzeitung uns gar begeistern, wie das dem „Kurier“ gelungen ist, das ist uns rein unmöglich. — Aus Rache für den „Postzeitungs-Katholicismus“ hat der „Kurier“ sehr geistreich einen „fanatischen Vaterlands-Katholicismus“ entdeckt. Es ist das zwar eine sogenannte Retourchaise, nichts desto weniger danken wir ihm für diese neue Bereicherung unserer geliebten deutschen Sprache. Wir können ihm nicht so zurückgeben, denn beim „Kurier“ haben wir nie etwas „Fanatisches“ entdecken können. Wir ersehen übrigens, daß unser Friedensruf nicht die gewünschte Wirkung gehabt hat. Das bedauern wir; will man keinen Frieden, gut, so werden wir uns zu wehren wissen, wenn es sein muß.

— Der Budget-Referent, Hr. Prof. Grell beantragt bedeutende Abstriche, unter Anderm will er 50,000 fl. für Gesandtschaften, 20,000 fl. für die Regierungspresse, d. h. für Preßhusaren und offiziöses Federv—olk, 190,000 fl. für Schullehrerseminarien rc. streichen. Die Theuerungszulagen will er sämmtlich gestrichen haben, dagegen will er verschiedene zu niedere Gehalte erhöhen, wie die Ministerial-, Appellgerichts- und Bezirksgerichts-Sekretäre, die Landgerichtsassessoren, die Gerichtsschreiber. — Die Sache wird aber kaum so schlimm ausfallen, denn Hr. Grell denkt und die Kammer, um nicht in allzu „extremes" Licht zu kommen, — bewilligt, fürchten wir.

— Der Hr. Abg. Pfarrer Triller ist am Gehirntyphus gefährlich erkrankt. Er befindet sich im allgemeinen Krankenhaus in Behandlung.

— Aus einem Briefe des Verfassers der Brochüre: Ist Döllinger ein Häretiker? bringt die „Amb. Volksztg." folgende Stelle: „Der hochwürdigste P. General hat mich sehr liebevoll aufgenommen und den Convent S. Bonaventura als Station angewiesen, weil hier zwei deutsch redende Franziskaner, P. Lothar und ein alter Laienbruder und Maler Fr. Petrus sich befinden und weil die Lage dieses Klosters gesund und ruhig wäre. Ich wohne nicht im Convente, sondern in einem Anbau desselben, der für exercirende Monsignori durch eine Stiftung des Cardinals Palotte bestimmt ist. Ich erhalte eigenen besseren Tisch und kann ungehindert ausgehen und Besuche empfangen, ohne im Geringsten an die Hausordnung gebunden zu sein. Der Hochw. Herr Erzbischof von München beneidet mich um die herrliche Aussicht, die ich von meiner Zelle aus habe." Der Schützling Knurrblättls und der „Allgemeinen" hat demnach gar keine Aussicht, ein Martyrer zu werden und ist Alles, was die Liberalen von schlechter Behandlung 2c. 2c. geschrieben, nichts als Schwindel.

Von der **Saale** wird dem Vaterland geschrieben: Allgemein ist unter den patriotischen Wählern des Wahlbezirks Neustadt die Freude über das feste, mannhafte und treupatriotische Auftreten unseres Abgeordneten Baier von Thulba; er hat das Vertrauen, das wir in ihn gesetzt haben, gerechtfertigt und für immer befestigt. Von unserm zweiten Abgeordneten, Assessor v. Fuchs, hatten wir das Gleiche erwartet, doch — (nun das Uebrige kennen wir ja! D. R.) Wenn Hr. v. Fuchs jetzt, nachdem er gewählt ist, meint, an den Ufern der Saale kenne man das „Vaterland" nicht, dann ist er nicht unbedeutend auf dem Holzweg; vielleicht wird er das bei der nächsten Wahl — und allzu lange wird diese Kammer wohl nicht beisammen bleiben — selbst einsehen. Als bei der Maiwahl 1869 unsere Wahlmänner in Neustadt beisammen und Gutbrod und Baier schon gewählt waren, sie über den Dritten aber nicht einig werden konnten, da war ein festpatriotischer Landmann, der entschieden gegen die Wahl des Hrn. von Fuchs war; er hatte dazu seine guten Gründe. Da ging ein anderer Wahlmann, ein Liberaler, zu ihm und sagte: „Lassen Sie uns doch auch einen Abgeordneten; Sie haben ja schon zwei Oppositionsmänner; wählen Sie doch den Fuchs nicht, dann hätten Sie drei". Da war unser braver Patriot im Reinen und — wählte den Hrn. v. Fuchs. Wenn er heute zu wählen hätte, dann würde er aber anders wählen.

Ausland.

Aus **Italien** wird das Auftauchen neuer Banden bei Lucca, Sarzana 2c. gemeldet.

In **Rom** war am Freitag der Schluß der General-Debatte über das Schema der Unfehlbarkeit. Am Montag begann die Special-Debatte.

Zur Feuerwehrversammlung in Regensburg.

Aus **Kelheim** wird dem „Vaterland" geschrieben: Viel Schönes und Liebes hat mann von der „Landesversammlung" der bayrischen Feuerwehren zu Regensburg vorherzusagen gewußt; noch mehr aber weiß man nachher zu erzählen, wenn auch nicht gerade Alles schön und lieb ist. Besonders werden über das Arrangement sehr unschöne und unliebe Klagen laut. — Nach ihrer Ankunft wurden die Gäste in's Quartier-Bureau transportirt; dort erhielten sie unter Andern die Programme und Ausstellungs-Kataloge und mußten hiefür sogleich 36 kr. zahlen, während Tags darauf die Packträger Programme und Kataloge zu 6 kr. verkauft haben sollen, welche beide in der Giftküche des Regensburger Tagblatt gedruckt sind. Die Feuerwehren wollen ja als solche keiner politischen Partei angehören, darum durfte nur die rothe Reithmayr'sche Officin die Programme und Kataloge drucken, um dabei ihren opferwilligen (!!) und uneigennützigen (?) Liberalismus zu bethätigen, da sie ja liberaligst nur 36 kr. per Mann sich hiefür bezahlen ließ. Aber wo es sich um Geld handelt, da hört bei diesen sonderbaren Kostgängern unsers Herrgotts der Liberalismus auf. —

Um möglichst viele Feuerwehrmänner von Geschäft und Arbeit weg nach Regensburg zu locken, — es gehören doch die meisten Feuerwehrmänner der Geschäftswelt und arbeitenden Volksklasse an — versprach jeder Feuerwehr-Hauptmann denselben freies Quartier. Von einem freien Kirchenbesuch am Sonntag habe ich noch nichts erfahren, davon schweigt die Geschichte und das Programm. Von ihrem Quartier erzählten mir aber ein paar Feuerwehrmänner aus einem kleinen Donaustädtchen oberhalb Kelheim folgendes: „Als anständige Bürger und als Mitglieder einer Gesellschaft, von der wir glaubten, daß sie überall als eine anständige gelte, machten wir uns auch Hoffnung auf ein anständiges Nachtquartier. Doch wie sahen wir uns getäuscht, als man uns Nachts circa 11 Uhr unsere Lagerstätte anwies! Da lagen 21 Strohsäcke auf dem Boden herum, kugelrund angesaugt wie Blutegel, dazu ein Kopfkissen und eine alte Roßdecke. Das war das Nachtlager anständiger Mitglieder einer anständigen Gesellschaft! Natürlich zeigten wir bei diesem Anblick viele Verwunderung und wenig Lust zu bleiben. Nicht ein halbes Dutzend nistete sich auf dem festkomiteelich angewiesenen Strohsack-Freiquartier ein, und diese erwachten am andern Morgen nicht auf, sondern zwischen den Strohsäcken. Wir Anderen suchten in später Nacht noch anderswo Unterkunft. Unsern röthlich angestrahlten helm'umflackerten Hauptmann beschwichtigte man mit einem eigenen Zimmer. Am zweiten Tag war gar eine jener alten Roßdecken verschwunden. Gastfreundlichst hielt uns der Quartiergeber für die Annexirer derselben, wiewohl auch Einem von uns ein werthvoller Rock annexirt worden sein soll." — Wie ehrlich und redlich es im Glückshafen zuging, wo die Eingeweihten die kleineren Gewinnzettel aus den größeren Nieten herausklaubten, das hat das wackere Stadtamhofer „N. Bayer. Volksblatt" gebührend gegeißelt.

O Feuerwehr, o Feuerwehr!
In Regensburg ging's nobel her!
Ein freies Leben führten sie,
Ein Leben voller Wonne:
Sie schliefen auf dem Strohsack ein,
Und eine Roßdeck zart und fein
Erhielten sie zum Lohne.
O Feuerwehr, o Feuerwehr
In Regensburg ging's nobel her!

Judengeschichten.

Von **Freising** wird dem „Vaterland" geschrieben: Wir haben im Bayr. Vaterland" gesehen, daß Sie den Juden stark zu Leibe gehen, nun wollen wir Ihnen auch eine Geschichte erzählen, wie es die Juden treiben. Da ist der

Jud L. in München*), ein echter Jud, denn der hat den Müller A. St. bei E. in nicht ganz zwei Jahren um die enorme Summe von 4400 fl. angesetzt. Und das hat der Jud so gemacht. Er wußte einen Gläubiger des Müllers zu bewegen, ihm eine Schuld von 2000 fl. gegen 1500 fl. zu überlassen, die er dann dem Müller sogleich kündete. Da der Mann so viel Geld nicht hatte und auch nicht gleich auftreiben konnte, so ließ der Jud den jungen unerfahrnen Mann einen Papierstreifen (gemeiniglich Wechsel geheißen), unterschreiben, was die Folge hatte, daß der Müller im zweiten Jahr statt 2100 fl. nur mehr — 6500 fl. schuldig war. Diese echtjüdische edle That möchten wir im „Vaterland" allgemein bekannt machen, damit sich die ehrlichen Leute, die Geld brauchen, vor dem Juden L., überhaupt vor den Juden, in Acht nehmen, denn in solchen Geld und Wechselgeschäften ist keinem zu trauen und kann man allemal gewiß sein, daß der Jud Einen ansetzt, wo und wie er kann.

*) Das nächste Mal nennen wir den Ehrenmann! Er soll mit dem Judenbankier Laubauer verwandt sein. D. R.

Dienstes-Nachrichten.

Erledigt: Die k. Pfarrei Bodenmais, B.-A. Regen, mit 640 fl.; die k. Pf. Kirchdorf am Inn, k. B.-A. Pfarrkirchen, 984 fl.; das Jukuratbenefizium Furt oder Zeitlarn, B.-A. Eggenfelden mit 314 fl.

Verliehen: Die kathol. Pfarrei Mauerstetten, B.-A. Kaufbeuern, dem B. Grimm, Pfarrer in Kissing, B.-A. Friedberg; die k. Pf. Goßheim, B.-A. Donauwörth, dem P. Brand, Pfarrer in Mühlhausen, B.-A. Ingolstadt; die k. Pf. Tückelhausen, B.-A. Ochsenfurt, dem Ch. Ullrich, Kuratieverweser in Werneck, B.-A. Schweinfurt; d. k. Pf. Hemau, B.-A. gleichen Namens, dem M. Arnold, Benefiziat in Riedenburg, B.-A. Hemau.

Verantwortlicher Redakteur: Dr. J. Sigl

Geldsorten, Frankfurt, 7. Juni.

	Anzubr.	Zu haben.
Pistolen	9.47	9.49
Imperiales, russ. . .	9.48	9.50
Holl. 10 fl.-St. . .	9.51	9.56
Dukaten vollgw. . .	5.36	5.38
Napoleonsd'or . . .	9.29	9.30
Engl. Sovereigns . .	11.55	11.59
Dollars i. Gold . .	2.28	2.29
Preuß. Friedrichsd'or .	9.58	9.59
Preuß. Kassasch. . .	1.45	1.45¾

Druck von M. Pößl in München, Kaufingerstr. 19

II. Jahrgang. | Auflage: 5400.

Das Bayrische

Vaterland.

Das „Bayr. Vaterland“ erscheint täglich mit Ausnahme der Sonn- und hohen Festtage. Preis des Blattes: Vierteljährig 54 kr., ganzjährig 3 fl. 36 kr. Das einzelne Blatt 1 kr.

Alle Postexpeditionen und Postboten des In- und Auslandes nehmen Bestellungen an. Inserate werden die dreispaltige Petitzeile oder deren Raum zu 3 kr. berechnet.

Redaktion: Burggasse 14 | Herausgegeben von Dr. jur. J. Sigl. | Expedition: Kustindbazar 5

Herz Jesu-Fest. | Nr. 130. | Freitag, 10. Juni 1870.

Liebesgaben für den hl. Vater.

Von dem Hrn. Grafen Ludwig v. Arco-Zinneberg als Vorstand des hiesigen katholischen Casino, welches von dem kgl. Ministerium die Erlaubniß erhalten hat, Sammlungen für den bedrängten Papst in ganz Bayern zu veranstalten und vorzunehmen, ist die unterzeichnete Redaction ermächtigt worden, einlaufende Gaben bayrischer Katholiken für das Casino entgegen zu nehmen, im Blatte öffentlich zu verrechnen und an den Hrn. Grafen als Casino-Vorstand abzuliefern.

Die Verrechnung der im Casino bereits eingegangenen Liebesgaben der Katholiken für den hl. Vater wird demnächst von uns publicirt werden. — Zur Erleichterung der Verrechnung im Blatte ersuchen wir, die etwa uns für das Casino zugehenden Summen mit einer Chiffre oder einem kurzen Motto zu versehen.

Die Redaktion des „Bayrischen Vaterland.“
Dr. J. Sigl.

Hr. v. Schlör, die Postzeitung und die Patrioten.

Wir haben heute eine seltsame Freude: wir befinden uns in vollkommener Uebereinstimmung mit der Postzeitung und zwar bezüglich des Hrn. v. Schlör. Hr. Dr. Huttler vertheidigt sein strenges, aber ganz korrektes Verhalten gegenüber dieser Blume unsers geliebten Ministeriums mit einer Energie, die bei der Postzeitung doppelt zu loben ist, die an Deutlichkeit nichts zu wünschen übrig läßt und die uns beweist, daß Hr. Huttler zuweilen ein sehr feines Gefühl für die Strömung der öffentlichen Meinung und resp. des öffentlichen Un- und Widerwillens hat. Daß dabei der „Volksbote“ für seine übereifrige Aeußerung, Hrn. Dr. Huttler sei mit seiner Erklärung gegen Hrn. Schlör „blos zufällig das Gewehr losgegangen“, einen verständlichen Wischer wegbekommt, bedauern wir lebhaft aus dem Grunde, weil wir daraus die betrübende Thatsache entnehmen können, daß nicht einmal unter den beiden Vertheidigern des Hrn. v. Weis à tout prix die so wünschenswerthe und nothwendige vollkommene Einigkeit lange herrschen konnte und die seltsame Allianz zwischen Postzeitung und Volksboten nicht von allzu festem Bestand zu sein scheint. Nichts destoweniger wollen wir dies der Postzeitung nachsehen um der Bestimmtheit willen, mit der sie mit staatsmännischer Feinheit und Eleganz Hrn. Schlör Exc. einen Spiegel vorhält, in dem er sich in seiner ganzen Lieblichkeit schauen mag.

Eine richtige Handelspolitik ist eine wahre Lebens- und Existenzfrage für Bayern. Wer will, daß das bayrische Staatsschifflein ohne einen positiven Ruderschlag seiner Lenker von selbst im preußischen Fahrwasser fortreibe, bis es an seinen Bestimmungsort angelangt sein wird, nämlich in dem Süßwasserhafen des gesegneten preußischen Nordbundes; wer uns unvorbereitet der in wenigen Jahren bevorstehenden Katastrophe der Kündigung des Zollvertrags, der alle Krämer, deren politischer Verstand nicht weiter als ihre respektive Nase reicht, mit Zittern und Grauen entgegensehen; wer will, daß wir uns dann jede Bedingung, die uns etwa der Preuße in seiner bekannten Großmuth zur Fortsetzung des Zollvereins zu stellen geruht, gefallen lassen müssen, der darf die bayrische „Handelspolitik“ nur in der bisherigen Weise fortbestehen wünschen, — was sicher unser sehr weiser, fürsichtiger und staatsmännischer Handelsminister durchaus nicht wünscht! — und dann hat er es, dann hat er seinen Zweck vollkommen erreicht. Nie und nimmer kann das eine patriotische Partei anstreben, sondern nur Einer, dem Preußen und seine Interessen lieber sind als Bayern und die bayrischen Interessen. Die Patrioten müssen wünschen, daß Hr. v. Schlör alle Kraft, alle Zeit dafür einsetzt, Bayern in handelspolitischer Beziehung selbstständiger zu machen, Verkehrswege und Handelsbeziehungen mit dem Westen, Südwesten, Süden, Osten, selbst weit über die Grenzen hinaus anbahne und den orientalischen Handel durch Bayern zu lenken suche. Wenn Hr. Schör das nicht thun würde, dann könnte das bayrische Volk kein Vertrauen zu ihm haben.

Hrn. Dr. Huttler hat Hr. v. Schlör bisher darin zu wenig gethan und dies dem Minister zu sagen, konnte er sich nicht enthalten, der „Mund mußte ihm übergehen“. Er ist überzeugt, daß er dabei dem ganzen Volke und „hoffentlich“ — wie er mit einem bösen Seitenblick auf Dr. Jörg bemerkt — auch allen seinen Vertretern aus dem Herzen gesprochen habe. Werde Hr. Schlör nicht eifriger, so „sieht Dr. Huttler nicht ein, wie die patriotischen Abgeordneten mit dem Bewußtsein, ihre Pflicht gegen das bayrische Volk erfüllt zu haben, heimkehren könnten“.

Ist vollkommen auch unsere Ansicht, nur meinen wir, alles das hätte man schon bei der Adreßdebatte sagen sollen, statt daß man damals so gar ängstlich selbst den Schein zu meiden suchte, daß man gegen irgend einen andern Minister als Hohenlohe auch nur den Schatten eines Mißtrauens habe. Wäre man damals fest aufgetreten, hätte man damals schon geredet, wie das Volk erwartete, hätte man damals schon dazu gethan, gleich das ganze Ministerium über Bord zu werfen, statt daß man sich mit einem einzigen Ballen — Hohenlohe — begnügte: so wären all die zuwideren Geschichten der letzten

Wochen nicht gekommen, so wäre einer der Hauptzwecke, weshalb überhaupt patriotisch gewählt worden ist: die Beseitigung des Ministeriums, längst erreicht, so wäre das Volk beruhigter und vertrauensvoller gegen die patriotische Majorität und müßte es nicht mit Grund fürchten, jeden Augenblick wieder um die Früchte der beiden Wahlschlachten und seines so theuer erkauften Sieges kommen zu können.

Allerdings möchte man uns da einwerfen, daß Hr. v. Schlör einen redlichen Mohren abgegeben und mit so großer Klugheit als Energie mitgewirkt hat, den Stein des Anstoßes — Hohenlohe — zu beseitigen und so mit dem Opfer dieses einen zu bewirken, daß doch die anderen Ecksteine der hohen Königlichen, er nebst Kollegen, dem Vaterland gerettet und erhalten wurden, von der Ansicht ausgehend, daß nicht leicht wieder ein Ministerium mit solchen so trefflich zu einander passenden und wie für einander eigens geschaffenen Kräften und gediegenen Intelligenzen zusammenkommen werde.

Wir wollen die guten Dienste und Verdienste des Hrn. Schlör um den Sturz Hohenlohes gar nicht bestreiten, wir wollen sogar zugeben, daß er, wenn das Wohl des Vaterlandes es erforderte, noch ein paar Kollegen, wenn auch vielleicht mit blutendem Herzen opfern würde, wir wollen nicht bestreiten, daß es ihm weder um sich, noch um seine Schwiegersöhne, Vettern und ganze Freundschaft zu thun ist, sondern einzig und allein um das Interesse des bayrischen Volkes, wenn er seine ungewöhnliche Arbeitskraft, Wissenschaft und sonstige gute Eigenschaften möglichst lange dem Staate zu erhalten sucht, — das alles wollen wir durchaus nicht anfechten: aber das Volk wählte zu dem Zweck, daß zunächst das ganze Ministerium aus dem Sattel gehoben werde, dies zu thun, war bei der Adreßdebatte die rechte Zeit und Gelegenheit und damals ist es nicht geschehen. Mögen Hr. Schlör und Genossen so vortrefflich sein wie nur immer, alle zusammen und jeder im Besonderen: das Land wollte und erwartete, daß tabula rasa gemacht werde, damit der staatliche Neubau in seinem Sinne eine Wahrheit werde. Daß man sich einen guten Theil dieser Arbeit, die beste Gelegenheit versäumend, auf spätere Zeiten und Gelegenheiten verschob, das ist es, was das Volk stutzig und mißtrauisch und am meisten unzufrieden mit der Kammer gemacht und was vor Allem die bekannten fünf Blätter in die Opposition gegen die Führer der patriotischen Majorität, die man dafür verantwortlich machte, getrieben hat.

Hätte man damals kräftig zugegriffen, woran man, allem Anscheine nach, jetzt doch noch gehen will, so wäre vieles nicht geschehen, was jetzt alle beklagen, und jedenfalls säßen Lukas und Bucher heute noch in der Kammer. Jetzt aber, nachdem selbst der Postzeitung die Geduld ausgegangen ist, nachdem selbst ein Dr. Huttler, der so sehr mit staatsmännischem Eau de Cologne gesalbt und gewaschen ist, so energisch auftritt und geradewegs zwar nicht den Kopf, aber das Portefeuille des Hrn. v. Schlör verlangt, natürlich nicht für sich, jetzt nachdem Dr. Huttler gegen Dr. Jörg ꝛc. in der Postzeitung eine Sprache führt, aus der wir, selbst wenn wir nicht auch von anderer Seite wüßten, daß Weis und Jörg im Club „stille Leute“ geworden sind, ersehen zu dürfen glauben, daß die Arbeit der Emancipation von gewissen Einflüßen ziemlich weit fortgeschritten sein dürfte, — jetzt dämmert uns noch einmal ein Schimmer von Hoffnung auf, daß die Arbeit und Mühe der letzten Wahlen nicht ganz umsonst gewesen sei, daß unsere bange Furcht vor den Folgen einer Kammerauflösung sich wieder etwas mindern dürfe, ja daß die gefährliche Krisis sogar eine Wohlthat für die Partei gewesen, wenn sie den Erfolg hatte, daß die Partei sich wieder enger zusammengeschlossen und zu energischerem Vorgehen als bisher entschlossen ist.

Wir haben wieder einen Schimmer von Hoffnung, sagen wir; möge sie uns nicht täuschen! Denn wenn, ohne daß kaum eine der Versprechungen der Gewählten und der Erwartungen der Wähler bis jetzt erfüllt ist, die Kammer bei irgend einem Anlaß aufgelöst worden wäre und man zu Neuwahlen hätte schreiten müssen: die Gefahr für die Partei hätten wir gewiß nicht unterschätzt, da wir sie uns lange klar gemacht und niemals außer Acht gelassen haben, daß, wenn man Politik treiben will, man weit mehr an die Zukunft, als an die Gegenwart denken müsse.

Wie aber die Dinge auch kommen mögen, gut oder schlimm: wir sind vorbereitet auf alle Folgen, unser Plan ist fertig; wie wir bisher gethan, werden wir auch in Zukunft treu und fest bei der Fahne bleiben und scharfe Wache halten für die Interessen des Volkes, des Vaterlandes und wir werden nicht allein wachen, noch allein kämpfen. Wir begrüßen es, wenn diese Wendung zum Bessern wie wir hoffen von Dauer ist, wir beklagen es, wenn dem nicht so wäre, aber wir werden nie den Muth verlieren, so lange wir des Vaterlands Schicksals in einer höheren Hand als eines Menschen Hand wissen.

Deutschland.

München, den 9. Juni.

Die zahlreichen Petitionen um Aufhebung des 7. Schuljahres, so wohlbegründet und berechtigt sie sind, werden, wir fürchten es sehr, nach der bisherigen Sachlage vor der patriotischen Majorität keine Gnade und Berücksichtigung finden! Das 7. Schuljahr wieder aufheben, nachdem eine hohe und erleuchtete Staatsregierung dasselbe einmal eingeführt, das wäre doch allzu „extrem“ und man könnte bei den Herren Liberalen am Ende gar in den Ruf der „Kulturfeindlichkeit“ kommen! Die „Postzeitung“ kündigt das Schicksal dieser Petitionen bereits an, indem sie sagt, daß über das 7. Schuljahr die „allerbesten und allerpatriatischsten Patrioten verschiedener Ansicht sein können“, d. h. sind. Hr. v. Hasenbrädl hat daher den Kompromißantrag gestellt, daß die Entscheidung über das 7. Schuljahr in den einzelnen Provinzen in die Hände des Landraths gelegt sein soll, worauf die Rothen sicher nicht eingehen werden. Also wird es da wieder beim Alten bleiben und haben viele umsonst gehofft.

— Bei dem Ersatzgeschäft für 1869 waren 43,860 Wehrpflichtige vorgetragen. Die Zahl derer, die geloost haben und in die Aushebungsliste aufgenommen wurden, beträgt 22,541, wovon 22,444 wirklich ausgehoben wurden; von diesen wurden 15,999 für den „dienstbaren Stand“ (!), 2520 für die Ersatzmannschaft erster, 3925 für die zweiter Klasse zugetheilt. 14,728 wurden als untauglich, 455 als „unwürdig“ der Ehre des Waffentragens“ befunden. Letztere werden sich also statt des Säbels oder des Schießprügels mit einem im Griffe feststehenden Messer oder so was dergleichen behelfen müssen, wenn sie nicht unbewehrt durch's Leben gehen wollen.

— Knurrblättl einfältiges gibt heute anläßlich unserer Andeutungen über das kath. Preßkomite und die Postzeitung die Entdeckung zum Besten, daß dasselbe als Censurbehörde die Presse zu überwachen habe. Das weniger, o Knurrblättl pfiffiges, aber darüber hat es zu entscheiden, ob ein Blatt eine Unterstützung verdient. Unsere Verdienste z. B. sind nie für groß und würdig genug erachtet worden, daß das Comite sich unsertwegen zu einer „Entscheidung“ zu bemühen gehabt hätte, und wir haben auch gar keine Aussicht dazu, was natürlich eine höchst schmerzhafte Geschichte für uns ist.

Die **Augsburger „Allgemeine“** soll, wie verschiedene Blätter melden, von dem Berliner Juden Strousberg gekauft worden sein, nachdem die Zahl ihrer Abonnenten seit 1859 von 14,000 auf 4500 herabgesunken ist. Da die „Allgemeine“ schon so oft gekauft worden ist und gestern den Oesterreichern, heute den Preußen ꝛc. zu Willen war, so kann es uns nicht wundern, wenn auch einmal ein Jude sein Glück versuchte und sich die allgemeine Dame kaufte.

Aus der nördlichen Oberpfalz wir dem „Vaterland“ geschrieben: Mein liebes desavouirtes „Vaterland“! Obwohl du desavouirt bist, nehmen wir zurückgebliebenen Bauern doch wieder zu dir unsere Zuflucht. Wir Bauern mit unserm sehr „beschränkten Unterthanenverstand“ sollen, wie es scheint, immer blos uns gutwillig hergeben, daß man uns Schröpfköpfe aufsetzt, wie und wo man kann, aber mitreden sollen wir nicht dürfen, auch da nicht, wo es sich um unsere Haut handelt. Das ist eine alte Geschichte, um so mehr aber freut es uns, weil das „Vaterland“ sich nicht scheut, trotz allen Anfechtungen immer unsere Partei zu nehmen und für das Wohl und Weh gerade des Bauernstandes einzustehen, und deshalb haben wir auch unerschütterliches Vertrauen zum „Vaterland“. — Es gibt Leute, welche meinen, der Bauer sei wirklich nur dazu da, für andere die Lasten zu tragen, zu blechen, Soldat zu sein und — das Maul zu halten. Das meinen aber nun die Bauern in unserer Gegend nicht und auch das „Vaterland“ scheint nicht dieser Meinung zu sein. Wir haben von unsern Abgeordneten, deren Thun wir mit Argusaugen verfolgen, erwartet, daß sie mit aller Entschiedenheit darauf bringen werden, daß uns unsere mißliche Lage verbessert und unser Bündl erleichtert wird, daß sie nicht blos zu verhindern suchen werden, daß man uns neue lästige Gesetze und kostspielige Neuerungen aufhalse und so auch noch das Herzblut abzapfe, sondern daß sie auch mit gewissen bestehenden Gesetzen gehörig aufräumen, damit es mit dem Bauernstand wieder besser werde. Das haben wir erwartet und unsere Abgeordneten haben uns das auch versprochen — bei der Wahl. Haben sie darauf vergessen? Nun, dann kann es schwerlich viel schaden, wenn die Wähler sie manchmal daran erinnern und zwar durch's „Vaterland“, das ja ohnedem so „verrucht“ ist, daß man es hat desavouiren müssen. Macht aber nichts. Was haben uns Bauern all' die neuen Gesetze Gutes und Gescheidtes gebracht? Wenn wir auch sehr „zurückgeblieben“ und überaus „bornirt“ sind, so sehen wir doch so viel ein, daß wir es vor 1848 in vielen Dingen, wo nicht in den meisten besser hatten als jetzt, wo wir doch seit 22 Jahren so viel im Fortschritt gemacht haben sollen. Wir vermögen nicht viel oder gar keinen Nutzen zu entdecken, der uns aus diesem neuen liberalen Gesetzen herausgewachsen wäre. Die im Sturmschritt verübten neuen „Schöpfungen“ nehmen sich zwar recht schön auf dem Papier aus, aber für uns Landleute nehmen sie sich in der Praxis weit weniger schön aus, wir erliegen fast und gehen zu Grunde fast alle miteinander unter der Last ihres Segens. Doch das sind ja alles bekannte Sachen und es wundert uns nur, daß man droben in München in den fünf Monaten, die jetzt die neue Kammer schon beisammen ist, noch gar keinen Augenblick Zeit gehabt zu haben scheint, wenigstens den Versuch zu machen, ein oder das andere dieser Gesetze in Angriff zu nehmen und ein wenig umzubauen, damit wir doch auch wissen, warum wir denn eigentlich gewählt haben. Da haben wir z. B. ein Gesetz, welches die bayrische Hypothek- und Wechselbank in München ermächtigt hat, in diesen traurigen Zeitläuften aus den Häuten der Bauern sich die längsten Riemen zu schneiden, ich meine, so und so viele Millionen Pfandbriefe auszugeben. Wie man das Gesetz gemacht hat, da haben wir Bauern gemeint: aha! das ist einmal ein Gesetz für uns; jetzt will man uns unter die Arme greifen, jetzt wird für die Landwirthschaft die allerglücklichste Zeit kommen, denn „Hebung der Landwirthschaft“ das war ja, so hieß es wenigstens damals, der Beweggrund, warum die Kammer das Gesetz bewilligte. Kurz der Himmel hing uns voller Baßgeigen. Allein es ist ganz anders gekommen, als wir gemeint haben! Nicht uns, sondern der Bank war geholfen, die einen großen Theil der Baarvorräthe im Lande an sich zog, so daß wir Bauern, wenn wir Geld brauchten, von einer Stiftung oder einem Privaten ein Kapital kaum mehr aufzutreiben wußten und gezwungen waren, statt in nächster Nähe, droben in München bei der Bank um Kapitalien zu betteln. Wenn wirklich Einer Geld bei ihr bekommt, so gibt man ihm die Pfandbriefe al pari und der glückliche (!) Empfänger muß gleich im Voraus 10—12 Prozent verlieren, so daß er für 1000 fl., für die er Schuldner wird, im günstigsten Falle 900 baar erhält, den fünfeinhalbprozentigen Zins aber nicht für die wirklich erhaltenen 900 fl., sondern für die volle Summe von 1000 fl., die er aber nicht erhalten hat, halbjährig in Silber zahlen muß. Ist das nicht auch Wucherei und zwar eine vom Gesetz privilegirte und gutgeheißene Wucherei? Wenn nicht, was ist es dann? Sonst bekam man 5prozentige Annuitäten, bei denen das Kapital in 43 Jahren getilgt wurde, jetzt braucht man 49 Jahre und muß 5½ Prozent zahlen. — Das ist der versprochene Vortheil, der aber nicht zur „Hebung der Landwirthschaft“, sondern für die Bank in München ein Vortheil ist. Es wird zwar schwer halten, da zu helfen, aber wir wollten das blos einmal anführen für den Fall, daß etwa unsere Abgeordneten in Verlegenheit sein sollten, was sie denn zuerst anpacken sollten. (Lasciate ogni speranza! D. Red.)

In **Oesterreich**, schreibt man dem „Vaterland“, scheint sich das Blatt zum Guten zu wenden. Die Katholiken ermannen sich allenthalben, um dem liberalen Schwindel mit aller Energie entgegenzutreten und ihm die Herrschaft streitig zu machen. Wir wünschen ihnen von Herzen, daß sie in dem bevorstehenden Wahlkampf siegen und den Liberalismus niederwerfen. So lange jedoch Beust an der Spitze der Geschäfte steht, ist mein Glaube an den guten Stern Oesterreichs nur sehr schwach. Der liberale Protestant Beust ist unfähig, das katholische Oesterreich in katholischem Sinne, den katholischen Traditionen und Bedürfnissen des Volkes entsprechend zu regieren; er ist unfähig, den Geist und die Aufgabe des katholischen Oesterreich auch nur zu begreifen, viel weniger diese Aufgabe durchzuführen. Ebenso, glaube ich, wird Oesterreich nicht durch ein bürgerlich liberales, sondern durch ein adelig konservatives Ministerium gerettet werden können; es sind eben in Oesterreich die Verhältnisse ganz eigenthümlicher Art. Mit dem bürgerlichen Liberalismus hat Oesterreich bereits genug unerquickliche und traurige Erfahrungen gemacht. Wie haben sich die modernen „Bürger“-Minister benommen? War da auch nur ein Schein von Adel des Handelns, der Gesinnung, des Auftretens? Ich war oft empört über den Ausdruck „bürgerliche Canaille“, allein das Gebahren des verflossenen liberalen Bürger-Ministeriums und seines Anhangs hat auf mich stets einen sehr widerwärtigen und abstoßenden Eindruck gemacht. Der Cavalier bleibt immer noch Cavalier, auch wenn er „liberal“ wird; die verflossenen „bürgerlichen“ liberalen Größen konnten sich nichts von Adel aneignen, auch als sie Excellenzen wurden; der Liberalismus hatte das ächte Bürgerbewußtsein, den edlen und berechtigten Stolz des Bürgers, wenn er je vorhanden war, bei ihnen vergiftet. Die „bürgerlichen“ Größen in Oesterreich sind in der Regel Liberale, Fortschrittler und Freimaurer, deren Streben dahin geht, Kirche und Staat und Gesellschaft zu ruiniren, weil im allgemeinen Zusammensturz erst ihr Waizen blüht. Wie sollte von diesen liberalen Bürgern, die ein lebendiger Hohn auf das ehrenfeste historische Bürgerthum sind, Heil für Kirche und Staat kommen? Große Hoffnungen setze ich dagegen auf den altösterreichischen Adel; wenn der katholische Adel seine hohe Aufgabe begreift und energisch auftritt, dann läßt sich noch immer das Beste für Oesterreich hoffen. Die liberalen „Bürger“, die wir bis jetzt kennen gelernt haben, wollten nur einträgliche Stellen erhalten, Geld und Gut erwerben oder auch — Republikpräsidenten werden; sie wollten und wollen die Läuse im Pelz sein, was ihnen aber, wie die erste französische Revolution warnend zeigt, doch noch übel bekommen könnte. Nur edle Menschen von edlem Charakter und christlicher Gesinnung können Staaten und Völker retten; wenn eine Rettung nicht mehr möglich ist, dann wird ein um so furchtbareres Gericht hereinbrechen, wie deren schon mehrere in der Geschichte verzeichnet sind

Ausland.

Frankreich. In Paris soll man über die wiederholten Begegnungen und Zusammensteckereien der Czaren der Reußen und Preußen nicht sehr erbaut sein. Man will dort wissen, daß in **Ems** die Politik Oesterreichs bezüglich seiner polnischen Unterthanen der Gegenstand „intimer“ Besprechungen gewesen sei. (Die Russen ärgern dafür fleißig die Oesterreicher, daß sie ihnen neulich „Generalkonsule“ ins Haus legen, welche natürlich alles eher thun, als daß sie die inneren Schwierigkeiten der Regierung durch fleißiges Hetzen zu vermehren suchen!)

Vermischte Nachrichten.

In Ems soll der Russe den anwesenden kleinen deutschen Fürsten erklärt haben, daß er gegen einen Anschluß der Südstaaten an den preußischen Nordbund nichts einzuwenden habe. — **Er nicht, aber wir.**

In Konstantinopel sind bei dem großen Brande in der reichen Vorstadt Pera nicht weniger als 7000 **Häuser** verbrannt; von Todten wurden bereits 150 aufgefunden.

Kulturbildliches.

Unter diesem Titel brachten wir in unserm Mittwochsblatte eine Besprechung des Konkurses des quitt. Hauptmanns Hrn. v. B . . y. — Nach näherer Information ist derselbe lediglich durch eigenthümliche, hieher nicht gehörige Familienverhältnisse und durch die fabelhaftesten Wucherzinsen sogenannter „Privatiers“ in diese pekuniäre Lage gerathen und klebt an dem Charakter des Herrn v. B. nicht der geringste Makel. Wir bedauern das Mißverständniß der Sachlage, wie wir sie nach den trockenen Ziffern der „Abendzeitung“ geglaubt.

Gerne machen wir Eltern, Lehrer und Priester auf ein soeben bei **Ferd. Kleeberger in Speyer** erschienenes, mit gepreßtem, verziertem Einband nur 24 kr. kostendes Büchlein aufmerksam, das einen Priester, Hrn. Kaplan C. Le Maire zum Verfasser und die empfehlende Approbation des Hochwürdigsten Capitular-Vikariats Speyer bei. Das Büchlein nennt sich **„Der Diener Gottes am Altare“** — und ist ganz speciell ein Unterrichts- und Gebetbüchlein für fromme Meßdiener und Alle, die es werden wollen. Wir stimmen dem Verfasser aus ganzer Seele bei, wenn er im Vorwort sagt: daß die Würde und Erbaulichkeit des kathol. Gottesdienstes größtentheils auch von dem Betragen der ministrirenden Knaben abhänge, indem sie entweder durch ihre Andacht und Aufmerksamkeit beim heiligen Dienste die Anwesenden selbst andächtiger stimmen, oder aber durch ihre Nachlässigkeit und ungeziemendes Betragen jene ebenso lange stören, als der Gottesdienst dauert, daß sich deshalb aber auch Keiner, der täglich das Domine dilexi decorem domus tuae (Herr ich liebe die Zierde deines Hauses) sich der Pflicht enthoben erachten dürfe, auch die Meßdiener zu einem decor Domus Dei (Zierde im Hause Gottes) zu bilden. Eltern selbst aber gereichen wohlgesittete, unterrichtete und brave Meßdiener zur Ehre und Freude. — In 17 Kapiteln ertheilt nun das Büchlein hiezu einen ganz vortrefflichen Unterricht. Einzelne Kapitel, wie das 3. vom Antheil des Meßdieners am hl. Opfer; das 11. vom Kirchenjahr; das 12. von den hl. Gewändern, Farben und Geräthen; das 16. von den hl. Sterbsakramenten — sind auch für die Erwachsenen höchst lehrreich, und deren Kenntnisse eine an jeden Katholiken zu stellende Forderniß. — In dem zweiten Abschnitt oder Haupttheil des Büchleins ist eine recht nette und praktische Zusammenstellung solcher Gebete, die sich für Meßdiener, überhaupt für Schulkinder eignen und häufiger vorkommen, in einer dem Kindesalter angemessenen Sprache; der Gebrauch dieses Büchleins wird gewiß nicht ohne Frucht sein.

Verantwortlicher Redakteur: Dr. J. Sigl.

Druck von M. Vogt in München. [illegible]thal 19

II. Jahrgang. | Das Bayrische **Vaterland.** | Auflage: 5400.

Das „Bayr. Vaterland" erscheint täglich mit Ausnahme der Sonn- und hohen Festtage. Preis des Blattes: Vierteljährig 54 kr., ganzjährig 3 fl. 36 kr. Das einzelne Blatt 1 kr.

Alle Postexpeditionen und Postboten des In- und Auslandes nehmen Bestellungen an. Inserate werden die dreispaltige Petitzeile oder deren Raum zu 3 kr. berechnet.

Redaktion: Burggasse 14 — Herausgegeben von Dr. jur. J. Sigl. — Expedition: Ruffinibazar 5

Barnabas. — Nr. 131. — Samstag, 11. Juni 1870.

Das Militärbudget.

Der Hr. Kriegsminister hat die kostspielige Ansicht, daß das Vaterland nur noch dadurch gerettet werden kann, daß das Land in diesem und im nächsten Jahre jährlich 15,700000 fl. im Ordinarium für unser herrliches Kriegsheer opfert, der Militärbudget-Referent Kolb aber meint, daß die „Rettung" auch für jährlich 12,657,456 fl., also um 3,042,632 fl. weniger besorgt werden könne, eine Streitfrage, bei der wir unbedingt auf Seite des Hrn. Kolb stehen, erstens weil es weniger kostet, zweitens weil uns die Nützlichkeit unverhältnißmäßig großer Armeen überhaupt nicht einleuchtet und drittens aus sechs oder sieben anderen Gründen, namentlich aus dem Grunde, daß in diesen schlechten Zeitläuften wo es geht gespart werden muß.

Das Referat des Hrn. Kolb ist, obwohl er ein Demokrat ist, was in den Augen des „Volksboten" eine sehr schlechte Empfehlung für ihn ist, in jeder Beziehung meisterhaft, gründlich, sachmäßig und den Wünschen des Volkes ebenso wie seinen Bedürfnissen entsprechend. Daß der Militäraufwand in der bisherigen Weise nicht fortgesetzt werden könne, ist eine Ansicht, in welcher auch der „Volksbote" Hrn. Kolb beistimmen wird, unbeschadet seines Haßes gegen demokratische Ideen; daß gespart werden muß, leuchtet Jedem ein, daß aber bei dem gegenwärtigen Militärsystem ausgiebig und wirklich bedeutend nicht gespart werden kann, daran ist weder Hr. Kolb, noch der Kriegsminister, sondern daran ist das System Schuld, mit welchem uns die verflossene fortschrittliche, bezw. mittelparteiliche Kammer beglückt hat.

Wollen wir wirklich durchgreifende Ersparungen einführen, so müssen wir erst das Wehrsystem ändern und das können wir, d. h. die patriotische Majorität kann es, und nichts hindert sie daran. Uns kann nichts passiren, Bayerns Lage ist unangreifbar, das hat Graf Bray selbst zugestanden, denn Frankreich und Oesterreich wachen als Schutzengel über uns, daß uns keine preußischen Räuber ins Land fallen; wir sind sicher, wenn es keine Verräther im Lande gibt, die Volk und Land für preußisches Geld an die Preußen verkaufen, sicher, wenn wir, falls die preußischen Räuber Miene machen, uns anzugreifen, uns unter den Schutz unserer Schutzengel, der europäischen Gendarmerie flüchten, die jeder Zeit auf unserer Seite sein wird, wenn wir nicht durch muthwillige und thörichte Verstärkung unserer Armee uns den Anschein geben, als wollten wir die Macht der Räuber verstärken, gegen die sie uns in ihrem wie in unserm Interesse schützen wollen.

Kolb will aber nicht, daß durch die Verminderung unserer Armee etwa um die Hälfte die gegenwärtigen politische Bedeutung Bayerns vernichtet werde; wir dürfen unsern wirklichen, natürlichen und zukünftigen Bundesgenossen nicht eine machtlose Armee zuführen, sondern eine Armee, welche stark und kräftig genug ist, etwas Gehöriges dazu beizutragen, daß die Räuber in Europa niedergeschlagen werden, eine Armee, welche Achtung bei unsern zukünftigen Bundesgenossen verdient. So lange der Preuße nicht von seinen Raubgelüsten für lange Zeit geheilt wird, dürfen wir uns nicht ganz entwaffnen.

Die Grundlagen des jetzigen Militärwesens bleiben deshalb von Kolb im Wesentlichen unangetastet; jedoch will er, daß 1) die Präsenzzeit abgekürzt werde, 2) daß die kostspieligsten und am wenigsten entscheidenden Waffengattungen (Kuirassiere und Uhlanen) vermindert, 3) daß jeder Luxus an Stellen und sonstigen Einrichtungen beseitigt werde. Acht Monate Präsenz bei der Infanterie hält Kolb für ausreichend. Die Kuirassiere und Uhlanen will er ganz abgeschafft, die Unmasse von Generalen nebst Reitpferden ꝛc. vermindert, die Militärverwaltung vereinfacht, dagegen die Löhnung der Soldaten und Unteroffiziere erhöht und die Menage verbessert wissen. Weiteres will er die Bataillone um 8 vermindern und die Kosten für die Regimentsverbände und Divisionskommandos beseitigen.

So findet der Referent, daß, abgesehen von andern Ersparungen, bei der Infanterie durch Abkürzung der Präsenz, Aufhebung des Regimentsverbandes, der Regimentsmusiken ꝛc. unter Aufbesserung der Soldaten und Unteroffiziere 814996 fl., bei der Kavallerie 262834 fl. leicht erspart werden könnten.

Ebenso könnte der Luxus bei den kostspieligen Militärgerichten ohne Schaden beseitigt werden. Das Cadetteninstitut will er aufgehoben wissen.

Um auf Einzelnes einzugehen beantragt Kolb folgende Abstriche: Kriegsministerium (durch Abschaffung überflüßiger Reitpferde) 1200 fl., General- und Flügeladjutanten 1560 fl., General-Inspektion der Armee 12540 fl., Hartschiere 7500 fl., General-Quartiermeisterstab 5640 fl., Generalkommandos 4120 fl., Divisions-Brigade-Kommandos 48285 fl., Artilleriekorps-Kommando 20055 fl., Geniekorps-Kommando 22438 fl., Kommandantschaften 15000 fl., Gesammt-Infanterie 814996 fl., Kavallerie 262,834 fl., Artillerie 338140 fl., Genie 37202 fl., Ouvriers 8000 fl., Sanitätstruppen 16562 fl., Equitationsanstalt 13,322 fl., Schießschule 5789 fl., Militärgericht 4000 fl., ferner an Naturalverpflegung 1,100000 fl., Kleidung, Ausrüstung, Pferde 313,780 fl., Waffen, Munition 9130 fl., Militärübungen 10000 fl. Remontirung 200000 fl., Militärbildungsanstalten 48000 fl., topographisches Bureau 8500 fl., Militärpensionen 40443 fl., Festungsdotationen 21000 fl., Ersparungen an Offiziers-Aspiranten 28000 fl., Verwaltungsbeamten 16500 fl., Hofstäben 2c. 44000 fl., — Summa der sofortigen Ersparnisse 3,446986 fl., wozu noch als später hereinfallende Pensionen kommen 734090 fl.

Davon kommen weg für Gagenerhöhung, dann Gehaltsaufbesserung der gering besoldeten Civilbeamten 150000 fl., Durchführung der Umänderungen 250000 2c., im Ganzen 404,354 fl.

Da wir aber schon im 6. Monat der X. Finanzperiode sind und die erforderlichen Umbildungen im Heerwesen Zeit erfordern, so schlägt Referent die Bewilligung von weitern 802671 fl. vor, so daß der Militäretat für jedes Jahr dieser Finanzperiode auf 13,520039 fl., 2,179961 fl. weniger als die Forderungen des Kriegsministers sich belaufen würden, wozu noch ungefähr eine Million Ersparungen kommt, die bisher regelmäßig aus dem Reservefond genommen wurde.

Gott gebe, daß die Herzen der Patrioten hart wie Stein und Kiesel werden, daß sie ja nicht mehr bewilligen, als der Referent vorschlägt, eher noch weniger!

Kammer-Einläufe.

Während von lauter Kunstbestrebungen — schreibt uns ein Landwirth von der Donau — unsere Zeit immer roher und wilder wird — Zeuge deß sind die Nachweise im „Schimpflexikon", während in unserer „hochgebildeten" Zeit selbst die Kunst auch in Bayern als Sklavin der lüsteren Sinnlichkeit vielfach mißbraucht wird,*) hat sich in München ein Verein zur Errichtung einer „Kunstschule für Mädchen" gebildet und hat auch richtig beim Landtag um die übliche Unterstützung nachgesucht. Mädchen-Kunstschule und Landtag — wie reimt sich das zusammen? Von den blutigen Kreuzern des bedrückten Landmannes, von den sauer ersparten Steuerpfennigen des armen Arbeiters, von dem Schweiße des durch die neueren Gesetze und den elenden Geschäftsgang vielfach geschädigten Bürgers und Gewerbsmannes sollen die Mittel beschafft werden für Mädchen, die sich zu Künstlerinen „ausbilden" wollen! Solches wagt man zu verlangen, während die Gefahr einer Steuererhöhung noch immer nicht angewendet ist?

Wir gemeinen Leute, die wir glauben, wir zahlten wirklich bereits Steuern genug, meinen nun so: wollen hohe und reiche Herren die Genüsse, welche ihrem hohen „Kunstsinn" künstlich, will sagen — künstlerisch gebildete Mädchen verschaffen können, für sich haben, so soll dies nicht auf Kosten des Landes, auf Kosten der armen Leute geschehen, sondern da sollen die hohen und reichen Herren selber dazu thun! Man soll da der Opferwilligkeit eines Münchener „Liberalen", dem gleich ganze Häuserreihen gehören, oder der Großmuth eines kunstsinnigen Hof- und Residenz-Juden in keiner Weise vorgreifen. Jeder Liberale ist vermöge seiner „Bildung" selbstverständlich Kunst-Liebhaber und jeder Jude ist vermöge seiner „Intelligenz" selbstverständlich Kunst-Freund, besonders, wenn es beide nichts kostet; die sollen nun auch die Kunst, von der doch nur sie allein profitiren, sich zahlen; wir ländlichen Steuerzahler aber, die von dergleichen Dingen nichts verstehen und nichts haben, verwahren uns gegen derlei Gesuche, und wollen, daß unser sauerverdientes Steuergeld zu nützlichen allgemeinen Landeszwecken verwendet werde. Ein wahrer Künstler, eine wahre Künstlerin wird eben nicht erzogen, sondern geboren, und eine geborne Künstlerin findet bei wahren Kennern und Kunstfreunden immer so viel Hilfe, als sie braucht, damit ihr Talent nicht verkomme. Mit einem Worte: wir brauchen keine Kunst-Treibhäuser auf Kosten der Steuerpflichtigen. Pflanzen aus Treibhäusern sind ohnehin nicht viel werth.

Ein anderer Kammereinlauf betrifft die Bitte des Turn-Vereins in Hof um gesetzliche und zwangsweise (!) Einführung des Turnens in den Volksschulen. Abermals ein Gesuch von einem Verein und nicht vom Volke. Von Hof natürlich kann nur etwas Gescheidtes kommen und fortschrittliches Heil ausströmen! Dort wirkt ja Hr. Professor Sörgel, dessen immense Gelehrsamkeit das „Vaterland" schon einmal gebührend — bewundert hat. Von dort aus verbreitet sich das Licht, welches die „Bayr. Lehrerzeitung" seit 3 Jahren über die liberalen Lehrer leuchten läßt, so daß sie des Lichtes und Geistes bereits übervoll sind, diese Lehrerzeitung, welche ihre Probenummer vom 8. Januar 1867 zu „unverdrossenen Thaten" aufforderte, indem sie großsprecherisch sagte:

Auf Bildung ruht die Kraft, das Wohl der Staaten,
Und aus der Schule sproß der Völker Segen;
Drum, Lehrer, auf zu unverdroß'nen Thaten!

Ja, die „Bildung" und hohe Wissenschaft vom ABC ersetzt Alles, sogar Kirche und Christenthum — meint nämlich der liberale Schulmeister-Dünkel!

An „unverdrossenen Thaten" haben es seitdem die fortschrittlichen „Volksbildner" in Bayern wahrlich nicht fehlen lassen, nicht bei den Zollparlaments-, nicht bei den Landtagswahlen, nicht in Worten und nicht in Schriften. Sie thaten und reden noch immer fort in ihren Bezirksversammlungen, aber das gut patriotisch und aufrichtig katholisch gesinnte Volk thatet da nicht mit, ihm graut vor manchem liberalen Schullehrer, von dessen „unverdrossenen Thaten" es je eher je lieber befreit wäre.

Weil nun dieses „unverdrossene Thaten" nicht den erwünschten Erfolg hat, so sehen sich die Führer des liberalen Schulmeisterthums nach Hilfstruppen um und diese Hilfstruppen sollen mit Hilfe des „liberalen" Hrn. v. Lutz die neuen Turnlehrer werden. Solche müßten kommen; denn wenn es für einen liberalen Schullehrer schon für „entwürdigend" gilt, daß er dem Priester am Altare diene, dann ist es sicher noch weit weniger seiner hohen liberalen Würde entsprechend, daß er den Buben und Mägdlein auf dem Lande Sprünge die Kreuz und Quer vormache, bei denen sie ihn unfehlbar auslachen, da sie sich aufs Springen weit mehr und besser verstehen als der Hr. Lehrer selbst, und dieser viel eher von ihnen lernen könnte, als sie von ihm.

Also, Geld her, Bauer! würde es wieder heißen, Geld her für eigene, vielleicht mit der Zeit noch königlich, mit pragmatischen Rechten angestellte Turnlehrer! Doch davon das nächste Mal.

*) Kaulbach, der noch dem Zeugniß des Schaußen „lieber unsterblich als heilig sein will" und nach unserer Ansicht auch ohne Hoffnung ist, dermaleinst heilig gesprochen zu werden, hat nach dieser Richtung Großartiges geleistet — ums liebe Geld und ist wegen dieser Leistungen noch viel mehr als wegen seiner anderen in den Augen jedes — Weinreisenden ein „großer Mann". D. R.

Deutschland.

München, den 10. Juni.

Landtag. In der gestrigen Sitzung der Abgeordnetenkammer wurden die Ersatzmänner Häring (für Lukas) und Winkelhofer (für Bucher) eingeführt und beeidigt. Wir erwarten zwar nicht, daß sie wie ihre Vormänner, die sie „ersetzen" sollen, reden, aber daß sie wie diese stimmen werden, hoffen wir. Nach Vortrag des Referenten Dr. Pfahler über die zu erbauenden Vicinalbahnen von Immenstadt nach Sonthofen, von Rothenburg a. T. nach Steinach und von Spalt nach Georgensgemünd wurden dieselben einstimmig genehmigt. Folgt die Berathung über das neue provisorische Taxgesetz (Ref. Dr. K. Barth). Der Ausschuß beantragt Zustimmung, da ein definitives Taxgesetz bis zum 1. Juli, dem Tag der Einführung der neuen Civilproceßordnung nicht mehr fertig werden könne. Dr. Gerstner ist entschieden gegen dieses provisorische Gesetz, durch das die Leute viel zu sehr belastet würden. Dr. Schüttinger ist gleichfalls gegen den Entwurf, der weder Fisch noch Fleisch, dessen Belassung eine einschneidende sei. Jetzt wo das Volk ohnehin bereits genug über die Höhe der direkten Steuern klage, sei es gewiß nicht gut, auch noch die indirekten zu erhöhen. Er hätte gewünscht, daß man ein so wichtiges Werk wie den neuen Civilprozeß in Ruhe und nach reiflicher Ueberlegung und nicht in Sturm und Drang ausführte. Golsen ist gleichfalls dagegen. Fischer hält die Einführung des Civilprozesses am 1. Juli nicht für möglich. Schauß spricht sich energisch gegen den Taxgesetz-Entwurf aus, Louis aber wünscht ihn; der Schauer vor dem neuen Prozeß sei ein unberechtigter; nur frisch hinein in das Wasser, wer baden will, nach dem Schauer werde sich Wohlbehagen einfinden (und wer dabei ersauft, der ersauft! D. Red.) Herz und Barth sind begeistert für den Entwurf, wie für den Proceß. Minister v. Lutz bleibt ebenso fest beim 1. Juli als Einführungstermin wie bisher auf seinem Ministerstuhl. Von der Presse will er sich durchaus nicht „beirren" lassen, (denn als Minister ist er der Gescheidtere und unfehlbar in seiner Weisheit!) Durch das provisorische Taxgesetz trete auch durchaus keine Schädigung ein. Referent hält den Ausschußantrag, dem Taxgesetzentwurf zuzustimmen, aufrecht. In der Abendsitzung begann die Specialdebatte. — Der Entwurf wurde Nachts 1/2 10 Uhr angenommen.

* Ueber den Austritt der H. H. Bucher und Lukas, dessen Veranlassung und Folgen, ist uns eine schwere Menge oft sehr unmanierlicher und meist bitterböser und entrüsteter Briefe aus allen Theilen des Landes, aus Baden und sogar dem preußischen Nordbund zugegangen und noch hört der Zufluß nicht auf. Nachdem wir bereits eine schöne Anzahl dieser Briefe als Auswahl abgedruckt haben, aus denen sich die Stimmung des Volkes nicht undeutlich und den Meisten verständlich erkennen ließ, und nachdem dieser so schmerzliche Verlust und der unzweideutige Ausdruck der Volksstimmung darüber die Folge gehabt zu haben scheint, daß die Zurückgebliebenen nun enger zusammenrücken und energischer und einmüthiger vorzugehen entschlossen zu sein scheinen, glauben wir vorläufig über jene beklagenswerthe Episode zur Tagesordnung übergehen zu sollen, immer in der Hoffnung, daß eine neue Krisis nicht wieder zu befürchten sei. Wir bitten daher unsere verehrten Herren Mitarbeiter, Correspondenten und Freunde des „Vaterland", es nicht übel zu nehmen, wenn wir im Interesse des Friedens, nachdem die Sache genugsam erörtert ist, auf den Abdruck ihrer freundlichen Briefe darüber verzichten müssen, und bitten sie ferner, für ihre weiteren Beiträge jenen Austritt als vollendete Thatsache, die einmal nicht mehr zu ändern ist, hinnehmen zu wollen. Die uns noch vorliegenden (43) Briefe können, soweit sie diesen Austritt betreffen, vielleicht für später, was wir aber nicht hoffen wollen, doch noch ein sehr werthvolles Material für uns sein; vorläufig aber wolle man die Sache für erledigt betrachten und bedenken, daß wir darum bereits allzu lange unsere Feinde die Rothen haben in Ruhe lassen mußten, da unsere Kraft und unser Raum eben auch ihre Grenzen haben. D. R.

— Der „Volksbote" scheint sich unsern dringenden Friedensruf nicht zu Herzen genommen zu haben, denn er setzt seine Angriffe gegen uns mit ungeschwächten Kräften fort. Gestern entlud er, allerdings aus einer sehr gedeckten Stellung gleich ein paar Batterien gegen uns, die Bucher'schen Preßverbrecher und die „Volkspartei". Insbesondere enthält der erste Artikel, der von Würzburg datirt ist, die ausgesuchtesten Zartheiten gegen die „jungen Hetzer" und ihre „Gallausleerungen", gar erbaulich zu lesen, während im zweiten Artikel den „verkappten" Demokraten nachgerühmt wird, daß sie bei guter Gelegenheit den Thron umstürzen wollen. Wir wollen dem vergangenen Minister Hörmann die Freude nicht verderben, im „Volksboten" einen so schätzbaren Alliirten gegen uns erhalten zu haben, und werden deshalb auch auf die gestrigen starken Angriffe dieses uns früher so befreundeten Blattes nicht antworten, einerseits weil unsere Leser ohnehin wissen, daß wir das nicht sind, wofür uns der „Volksbote" ausgeben möchte, andererseits aber weil diese Angriffe uns Gelegenheit geben, in den nächsten Tagen dem „Volksboten" auseinander zu setzen, was die katholisch-patriotische Volkspartei ist und was sie will. Das, denken wir, wird die beste Antwort auf unwürdige Verdächtigungen sein.

— Der Verfasser der Brochüre: Ist Döllinger rc. hat Rom bereits verlassen, ist also weder gebraten noch gehängt oder mindestens gefoltert worden, wie die Liberalen ahnungsvoll von „diesen Römern" gefürchtet; er hat über seine Stellung zur Kirche eine Erklärung abgegeben, welche den General seines Ordens befriedigte, d. h. er hat gethan, was er als Mönch, Priester und treuer Sohn der katholischen Kirche zu thun hatte. Irren kann Jeder; ein vernünftiger Mann bekennt seinen Irrthum, ein wahrer Katholik unterwirft sich seiner Kirche und etwas Anderes haben wir von P. Petrus nie erwartet.

In **Straßtrudering** ist am Sonntag Nachm. 2 Uhr am dortigen Wirthshause eine Versammlung des bayrisch-patriotischen Bauernvereins von Putzbrunn und Umgegend, wobei zahlreicher Besuch erwartet wird.

Die **Landshuter** Zeitung erklärt heute, es sei das Gescheidteste, die wohlverdiente und von ihr selbst provocirte Abfertigung, welche ihr das „Vaterland" angedeihen ließ, einzustecken, da sich darauf eigentlich nichts sagen läßt. Um aber doch etwas zu sagen, wirft sie uns vor, wir hätten sie einmal attakirt, weil sie das „Vaterland" ignorirte. Das weniger; dem „Vaterland" kann es sehr gleichgiltig sein, ob die Landshuter Zeitung von ihm Notiz nimmt oder nicht; aber aus dem „Vaterland" Sachen nehmen und dabei das Blatt „ignoriren", d. h. nicht als Quelle nennen, das verdreußt uns manchmal. Im Uebrigen wollen wir gute Freunde bleiben.

Aus Mittelfranken wird dem „Vaterland" geschrieben: Der Hr. Landtagsabgeordnete Jörg hat einmal, so viel ich mich erinnere, bei den Verhandlungen über den Zollvertragsabschluß mit Preußen gesagt, es wäre jetzt der bayrischen Kammer eine Gelegenheit gegeben, eine große rettende That, eine That, die von Lebensfähigkeit zeige, zu vollbringen eine — That, welche von den wichtigsten und besten Folgen sein werde, wenn man zu dem Zollvertrag Nein sage. Damals wurde er verhöhnt, seine empfohlene That mit einem Schlag in's Wasser verglichen rc. und es geschah — nichts. Auch jetzt könnten rettende Thaten geschehen, jetzt stände es sogar in der Hand der Patrioten, Bayern wirklich zu retten, dem Volke, das so tapfer für König und Vaterland wie für sich selbst gekämpft, Rettung zu bringen, Rettung aus der erdrückenden Umarmung der Bureaukratie. Wird da etwas geschehen? Leider werden die Hoffnungen immer weniger, die Aussichten immer trüber. Erinnere doch das „Vaterland" immer und immer wieder die Abgeordneten an ihre wichtigen Pflichten, an ihre großen Aufgaben, damit das Volk sich nicht getäuscht finde, damit das Volk ihnen nicht enttäuscht den Rücken kehren und **sich anderen in die Arme werfe**, sich der liberalen Demokratie in die Arme werfe. Die Gefahr, welche von diese Seite her droht, ist keine geringe; man darf sich keinen Augenblick mehr darüber täuschen, daß die liberalen Demokraten gerade in Franken mit jedem Tage mehr Boden gewinnen. Die Wankenden zu erhalten, die Zweifelnden wieder zu gewinnen, das ist kein kleines Stück Arbeit. Dr. Jörg hat in den histor.-polit. Blättern schon auf so viele in Bayern begangene Fehler aufmerksam gemacht; möge er doch auf die Fehler hinweisen, die begangen werden **können**, damit man sie **vermeide**. Dieser scharfe Geist, dieser feine politische Kopf, dessen **kritisches** Genie alle Welt anerkennt, der immer als eine Säule des Katholicismus galt, wird auch an sich **selbst** diejenige **Kritik** üben können, welche, ich zweifle nicht daran, den Erfolg haben wird, daß er Vielen ein „patriotisches Räthsel" zu sein aufhört. Das wäre ja ein entsetzliches Unglück für unsere Partei, wenn diese Säule zerbröckelte und aufhörte, für unsere Partei die sichere Richtung zu weisen!

Ausland.

Italien. In **Rom** haben sich bei der allgemeinen Debatte über die Unfehlbarkeit nicht weniger als 50 bischöfliche Redner vornehmen lassen. Da damit der Gegenstand genügend erschöpft schien, so wurde Schluß der Debatte beantragt und angenommen.

In der Provinz **Bologna** ist eine neue bedeutende Bande erschienen.

Von **Rom** aus wird als **erlogen** erklärt, daß Frankreich mit Aufhebung des Konkordats Trennung der Kirche vom Staate und Rückberufung der französischen Truppen gedroht habe, (wie die Liberalen gern **gewünscht** hätten und bereits als Thatsache gemeldet haben).

Vermischte Nachrichten.

Der Selbstmord des Bedienten bei Oberlieut. Baglnetti hat große Aufregung bei den Soldaten hervorgerufen. Es ist dies bereits der **zweite** Bediente, der bei diesem Herrn erschossen gefunden wurde. Der Unglückliche, ein seelenguter Mensch, soll nach einem heftigen Streit, wobei ein Schuß losging, von den hereinkommenden Leuten im Zimmer des Offiziers bereits todt gefunden worden sein. Vor 14 Tagen soll er von seinem guten Herrn statt des verlangten rückständigen Lohnes Ohrfeigen bekommen haben, was wir aber doch unmöglich glauben können.

Die Vorstadt **Haidhausen** feiert künftigen Sonntag als am hl. **Dreifaltigkeitsfeste** ihre schon 1836 von der Bürgerschaft gestiftete **Cholera-Procession** in der feierlichsten Weise, morgens ³/₄5 Uhr mit Böllerschüssen, um 5 Uhr Tagreveille mit Musik, um ¹/₂8 Uhr Hochamt, worauf der Auszug zur feierlichen Procession erfolgt. Die verehrliche katholische Bürgerschaft Münchens und der Vorstädte wird gewiß nicht unterlassen, sich recht zahlreich dabei zu betheiligen.

In **Passau** befindet sich die „Commanditgesellschaft Limmer und Co." — von den niederbayrischen Bauern scherzweise „Banditengesellschaft" geheißen — „in Liquidation", was für die **liberale** niederbayrische Presse ein großer Gewinn ist, da Hr. Limmer sich nun ganz den liberalen Zeitungen widmen kann. Nach seinen armsdicken Leistungen in der „Passauer Zeitung" namentlich gegen die „Donauzeitung" wird das „Liberale Schimpflexikon" eine anerkennungswerthe Bereicherung durch ihn erfahren.

Von **Aschaffenburg** wird dem „Vaterland" geschrieben: **(Postalisches!)** Es scheint in Bayern Post-Sitte zu werden, daß **ultramontane** Blätter so oft als **möglich** den Abonnenten **nicht** zugestellt werden. Mit dem „Vaterland" steht es aber in letzterer Hinsicht wirklich recht — interessant. In der vergangenen Woche erhielt man dasselbe **zweimal gar nicht** und mußte erst reklamiren. In **dieser** Woche bleibt das Blatt Nr. 127 schon wieder aus! Die Leute bekommen so das ewige Reklamiren satt — und wie es scheint, **will** man das eben haben. Wir sind natürlich so felsenfest wie das „Vaterland" überzeugt, daß da Vater Schlör sich keinerlei Beeinflußung seiner Untergebenen zu Ungunsten der Patrioten schuldig macht, aber wissen möchte man doch, woran denn eigentlich die Schuld liegt. Ein Abonnent des „Vaterland". (Wir empfehlen diesen Brief der kgl. **Oberbehörde** zu geneigter Einsichtnahme und dürfen erwarten, daß diesen fortgesetzten Beschwerden endlich einmal entschieden entsprechen werde. D. Red.)

Dienstes-Nachrichten.

Verliehen: Die katholische Pfarrei St. Wolfgang, B.-A. Wasserburg, dem J. **Laurent**, Pfarrer in Böbing, A.-A. Schongau; die k. Pf. Meckenheim, B.-A. Neustadt a./H., dem J. **Joerg**, Pfarrer in Iggelheim, B.-A. Speier; die k. Pf. Frechenrieden, Altisried, B.-A. Memmingen, dem E. **Hochenecker**, Pfarrer in Westerheim, desselben B.-A.; die Expositur und das damit verbundene Albertinische Benefizium Ramsau, B.-A. Wasserburg, dem K. **Scherbauer**, Expos. in Aschau, B.-A. Mühldorf; das Frühmeßbenefizium in Erbendorf, B.-A. Kemnath, dem M. **Schütz**, Kuratbenef. in Plößberg, B.-A. Tirschenreuth.

Marktpreise in München.

1 Pfd. Mastochsenfleisch 19 kr. — pf., Kuhfleisch 18 kr. — pf., Kalbfleisch 15 kr. — pf., Schaffleisch 12 kr., rohes Schweinefleisch 20 kr. 1 Pfd. Schweinefett 29 kr. eine rohe Zunge 1 fl. 12 kr., dito geräuch. 1 fl. 30 kr. ein Zentner rohes Unschlitt 28 fl. — kr. ein Pfd. gegoss. Lichter 24 kr., gez. feine Lichter 23 kr., ditto ordinäre 22 kr., Seife das Pfd. 16 kr.

Das Pfd. Karpfen 28—26 kr., Hechten 30—36 kr., Huchen 54—1 fl. — kr., Rutten 45—48 kr., Forellen 1 fl. 12 kr. bis 1 fl. 24 kr. Malfische 1 fl. 24 kr., Barben 18—20 kr., Alten 16—18 kr., Waller 45—48 kr., Brachsen 14—18 kr., Renken 27—30 kr., Pfrillinge 18—23 kr., Bachfische 7—9 kr., Krebse das Viertel 100 36—54 kr., Frösche, das Viertel 9—15 kr. — 1 Zentner Heu 1 fl. 54 kr., 1 Ztr. Grummet 2 fl. — kr. Waizenstroh — fl. — kr. Roggenstroh 1 fl. — kr. Haberstroh — fl. 57 kr. Eine Klafter Buchenholz 15 fl. 42 kr. Birkenholz 13 fl. 30 kr. Föhrenholz 10 fl. 36 kr. Fichtenholz 10 fl. 36 kr. Das Pfd. Schmalz höchster Preis 36 kr. Das Pfd. frische Kübelchenbutter, höchster Preis 36 kr. 6 Stück frische Eier 8 kr. Die Maß gute Milch 5 kr. 1 Pfd. Leinöl 16 kr. 1 Pfd. Repsöl 18 kr.

Börsen-Nachrichten.

Frankfurt a. M., 5. Juni. Schlußcurse: 1882er Amerikaner 95⁵/₈, österr. Bankactien 702; dito Creditactien 205⁵/₈; Bayer. Ostb.-Actien 124⁵/₈; Oesterr. Loose v. 1860, 80¹/₂; dito v. 1864 fl—; 5proc. österr. engl. Metall. 52¹/₂; 5 proc. National —; 5 proc. bayer. Anl. 101¹/₂. dito 4¹/₂ proc. Anl. 93⁵/₈; dito 4 proc. Pr.-Anl. 107⁵/₈; dito 4proc. Grundrente 86¹/₂; Elisabeth-Prior. l. Em. 78¹/₂ Napoleons 9. 29. Münchener Anleihe — —; steuerfreie Obl. v. 1866 —; österr. franz. Staatsbahn 383; bad. Präm.-Anl. 105¹/₄; Münchener Handelsbank —

Verantwortlicher Redakteur: Dr. J. Sigl.

Druck von M. Vogl in München. Kreuzthal 19

II. Jahrgang. | Auflage: 5400.

Das „Bayr. Vaterland“ erscheint täglich mit Ausnahme der Sonn- und hohen Festtage. Preis des Blattes: Vierteljährig 54 kr., ganzjährig 3 fl. 36 kr. Das einzelne Blatt 1 kr.

Das Bayrische Vaterland.

Alle Postexpeditionen und Postboten des In- und Auslandes nehmen Bestellungen an. Inserate werden die dreispaltige Petitzeile oder deren Raum zu 3 kr. berechnet.

Redaktion: Burggasse 14 | Herausgegeben von Dr. jur. J. Sigl. | Expedition: Ruffinibazar 5

Hl. Dreifaltigkeitsfest. | Nr. 132. | Sonntag, 12. Juni 1870.

Liebesgaben für den hl. Vater.

Bis heute sind bei uns eingegangen:

	fl.	kr.
1) M., N—g. Dilexisti justitiam Ps. 44, 9.	1 fl.	45 kr.
2) N.	— „	24 „
3) Aus der Sparbüchse des kleinen Hannchen für den hl. Vater	— „	30 „
4) Br.	1 „	30 „
5) Von einem Arbeiter	— „	24 „
6) Von J. B.	1 „	— „
7) W. für den hl. Vater	3 „	18 „
Summa:	8 „	51 „

Damit beginnen wir im Namen des kathol. Casino die Sammlung, welche, dem Erlaubnißschein der kgl. Regierung entsprechend, zunächst für die Armee des Papstes bestimmt, eine Erleichterung des von schweren finanziellen Sorgen bedrängten Hauptes der Christenheit sein soll.

Wir wissen sehr wohl, daß auch wir bayrischen Katholiken meist nicht gar zu gut gebettet sind, und daß Manche von uns in diesen schlechten Zeiten selbst mit schweren Sorgen zu kämpfen haben. Aber wir sind überzeugt, wir appelliren nicht umsonst an die so oft erprobte katholische Opferwilligkeit, an den christlichen Sinn des bayrischen Volkes, das über seiner eigenen Noth die Noth und Bedrängniß des großen Dulders Pius IX. nicht vergessen wird. In gleicher Weise an den Reichen wie an den Armen, an das treukatholische Landvolk wie an die christlichen Bewohner der Städte wenden wir uns, der traurigen Lage zu gedenken, in der sich der hl. Vater, unser Vater befindet, nachdem man ihn seiner schönsten Provinzen beraubt und ihm damit ein jährliches Defizit von 30 Millionen Francs aufgebürdet hat.

Wir haben die finanzielle Lage des Papstes in Nr. 99 bereits dargelegt und dort gezeigt, wie er lediglich auf die thätige Hilfe der Katholiken des Erdkreises angewiesen ist um einerseits seiner Regierung und die zahlreichen kirchlichen Institutionen, anderseits seine Armee, welche ihn vor weiterem Raub schützen muß, forterhalten zu können. Dreißig Millionen Defizit jährlich — womit soll der arme Papst es decken? woher soll er die Millionen nehmen, die er haben muß? —

Die Katholiken des Erdkreises müssen da einstehen. Wie gute Söhne ihren armen Vater unterstützen, daß er nicht Noth zu leiden braucht, so müssen wir Katholiken unsern geistlichen Vater den Papst unterstützen, da er in Noth und Bedrängniß ist. Es ist das unsere Christen-Pflicht. Thue dann Jeder nach seinen Kräften; der Reiche gebe viel, da er es kann und auch der Arme gebe sein Scherflein. Was wir dem Papst geben, das geben wir Gott, der reiche Zinsen zahlt, der uns was wir geben tausendfach wieder vergelten und wieder geben wird. Der Anfang wäre gemacht, mit einer zwar heute noch sehr bescheidenen Summe, aber sie wird mit jedem Tag wachsen und größer werden, denn wir sind überzeugt, daß die kath. Opferwilligkeit nicht ausgestorben ist, daß wir nicht erfolglos bitten werden für Pius den Neunten, den erhabenen Dulder!

Janus in der Volksschule.

k **Aus der Pfalz.** Unsere Pfalz ist ein furchtbares Ländchen, vor allen andern Provinzen hervorragend durch „mehr gesetzlichen Sinn“ und, wie ich mir zu diesem Luthigen Dictum allerunterthänigst treugehorsamst hinzufügen erlaube, durch „mehr Fortschritt“. In den Artikeln war bei uns das Jahr 1848 besonders fruchtbar, und damit die Heldenthaten dieser schönen Zeit nicht aus dem Andenken schwinden und daß der „gesetzliche Sinn“ in unserm Volke wach erhalten bleibe, wird für die, welche damals im Kampfe gegen König und Regierung fielen, in Kirchheimbollanden ein pfälzerisches National-Denkmal errichtet.

Auch unsere socialen Verhältnisse legen vielfach Zeugniß ab für den „mehr gesetzlichen Sinn“ der Pfälzer. Selten wird ein altes Gebäude abgebrochen, da sorgt der „rothe Kater“ in „gesetzlicher“ Weise für schnelle Hilfe. In unserm schönen Lauterthale von Kaiserslautern bis Wolfstein liegen auf einer Strecke von 7—8 Postmeilen zahlreiche prächtige Mühlenwerke; alle mit Ausnahme eines, das einem zurückgebliebenen Katholiken gehört, hatten schon das Unglück vom rothen Kater gefressen zu werden; aber jedesmal erstanden sie schöner und prächtiger wieder aus der Asche.

Auch im Fortschritt leistet unsere Pfalz „mehr“, als die übrigen Kreise. Zwanzig Vertreter des „Fortschritts“ vom reinsten Fortschritts-Wasser schickte man in die Kammer, unter ihnen Redner à la Ritter, dem die Weltgeschichte das geflügelte Wort verdankt: „Poledik is net mein Steckegaul, d'rum halt' ich's mit'm Fortschritt“, Männer, die sich auf „Saujagden“ verstehen, Redner, die wenn sie einmal ins Reden kommen, „dem Teufel die Ohren wegreden“, wie man von besonders — gediegenen Rednern zu sagen pflegt. Segnend gießt die Freimaurerloge „Barbarossa“ in Kaiserslautern ihre röthlichen Strahlen aus über Stadt und Land und stolz und zufrieden mit ihren Erfolgen thront sie in einem Prachtbau, zu dem Wilhelm der Großpreuße selbst 1000 Thaler gespendet. Bankerottiren, Schwindeln, Ersäufen, Erhängen, Erschießen ist seit Jahresfrist an der Tagesordnung in der mit Fortschritt und Aufklärung überreich gesegneten Pfalz. So wurde erst gestern in O. feierlich zur Erde bestattet der „ehrwürdige“ Bruder Maurer

Hr. G., langjähriger Bürgermeister dieser Stadt. Er wandelte im Lichte der Aufklärung und starb an gebrochenem Herzen, das er sich Nachts 12 Uhr auf dem Kirchhofe durch einen Revolverschuß in die Brust unversehens zerschmetterte.

Die Loge scheint sich den Ausspruch des edlen Horatius zum Motto erkoren zu haben: Dulce et decorum est pro patria mori, was in unserm geliebten Deutsch heißt: was Schönes ist's und eine Freude für's Vaterland, daß doch bisweilen Einer draufgeht!

Daß aber der Fortschritt und der „mehr gesetzliche Sinn" in der Pfalz nicht ab-, sondern eher noch zunehme, dafür sorgt Janus als Volksschul-Gesetzgeber.

Mit stillem Wohlgefallen freut sich Janus über das Aufblühen der in unser so fruchtbares Erdreich eingepflanzten Communalschulen und würde es mit noch mehr Freude begrüßen, wenn alle Gemeinden diese so höchst „zeitgemäßen" Anstalten des Fortschritts und des Freimaurerthums einführen würden. Nicht minder huldvoll lächelt sein Antlitz über die neueingeführten „Fortbildugsschulen", welche allen Gemeinden anstatt der veralteten Sonntagsschulen angerathen und die geeignet sind, überall die Communalschulen vorzubereiten. Die Sonntagsschulen waren konfessionell und hatten da die „Pfaffen" noch einigen Einfluß auf die religiöse Zucht der heranwachsenden Jugend. Die freien Fortbildungsschulen dagegen erweisen sich mehr als Kanäle des Fortschritts, der religiösen Toleranz und der — Sittsamkeit der heranwachsenden Buben und Mägdlein —

Da sind z. B. in W. 2 katholische und 2 protestantische Schullehrer, der Gemeinderath ist größtentheils protestantisch. In der freien Fortbildungsschule unterrichten da selbstverständlich nur die beiden Protestanten, obgleich der katholische Schullehrer Sch. als einer der geachtetsten uud tüchtigsten Lehrer in der ganzen Pfalz bekannt ist. Der protestantische Pfarrer ertheilt den Geschichtsunterricht. Welche Toleranz! welche Parität! — In O. ging kürzlich der katholische Pfarrer K. während der Schulzeit an der freien Fortbildungsschule vorüber; ein großer Theil der Schüler bildete vor dem Schulhause ein Rauchkollegium und brachte dem Zeitgeiste in mächtigen Rauchwolken seine Huldigung dar. U. s. w. u. s. w.

Allein nicht nur in Fortschritt leistet Janus Großes durch die neuen Verordnungen für die Volksschule, — größeres fast als die famosen Schulgesetze in Baden und Oesterreich und als unser nun in der Registratur der Kammer ruhendes Schulgesetz hätte prästiren können. Janus ist nicht minder groß als Polizeimann.

Nach unsern bisherigen Verordnungen „mit Gesetzeskraft" wurden die Kinder mit der ersten heil. Communion nach vollendetem 13. Lebensjahre entlassen. Was aber braucht sich Janus Staatspolizeidirektor um Religion und kirchliche Akte zu bekümmern, falls er nicht etwas „Staatsgefährliches" dahinter vermuthet, was um gesetzliche Zustände, welche sich seit mehr als 50 Jahren als gut und praktisch bewährt haben? was um Armuth und Noth? — Darum braucht sich Janus nicht zu kümmern, also zwingt Janus durch seine allerneuesten Verordnungen die Kinder noch im fünfzehnten Lebensjahre in die Werktagsschule und nächstens vielleicht dehnt er die Werktagsschulpflicht gar bis zum Beginn der Militärpflicht aus!

So ist unsere Volksschule nicht blos zum Staatsmonopol, sondern zu einer wahren Polizeianstalt herabgesunken! Etliche liebenswürdige, allezeit gefällige und treugehorsamst ersterbende Inspektoren vielleicht abgerechnet, hat Janus es glücklich bereits dahin gebracht, daß die Unzufriedenheit mit diesen Einrichtungen eine allgemeine ist, die bereits selbst die Behörden zu würdigen begonnen haben. So soll ein Landgericht die Bestrafung von Kindern über 13 Jahren bereits abgelehnt haben; die meisten Ortsschulkommissionen scheuen sich, Strafansätze zu machen und die Verwirrung ist nicht weniger allgemein als die Unzufriedenheit. Groß bist du, o Janus als Polizeimann, das ist wahr; aber als Gesetzgeber in der Volksschule will dich doch keiner.

Tadeln ist leicht, könnte man einwenden; aber was hat denn die Volksschule bisher unter der Herrschaft der „Pfaffen" geleistet? Ist es nicht Pflicht der Regierung, da einmal andere Wege einzuschlagen zur Erhebung der Volksschule und zur Beseitigung der 14 Prozent, die uns schwer genug im Magen liegen?

Die Antwort auf diese Frage werden wir nicht schuldig bleiben.

Deutschland.

München, den 11. Juni.

Ueber die letzte Monatsversammlung des hiesigen patriotischen Vereins liegen uns zwei Berichte vor, die uns einigermaßen befremden und in Erstaunen versetzen, da wir sehen, daß das Mährchen von den fabelhaften katholischen Republikanern und Thronumstürzern auch dort seinen Prediger fand, der „mit Schmerz und Entrüstung" davon gesprochen haben soll. Wir sind erstaunt, daß so ruhige und klar denkende Männer wie jener Redner an die Seeschlange der katholischen Republikaner, die nirgends bei uns existiren, glauben können. Derselbe Redner besprach auch die bekannten Vorgänge im Magistrat, betonte daß gewisse Herren vom Magistrat bereits am Fortschritt übergenug hätten und sprach die Hoffnung aus, daß sie gar noch zu — uns, zu den Patrioten herübergehen würden. Wenn das nur keine trügerische Hoffnung ist! Wir glauben nicht daran. Hr. Stadtpfarrer Walser verglich sodann die früheren guten Zeiten mit den jetzigen und bedauerte, daß München jetzt nicht mehr so katholisch sei wie früher. Dem widersprach der erste Redner, welcher meinte, es ginge in München noch recht katholisch her. — Stellenweise, ja! Aber im Allgemeinen sind die wahren entschiedenen Katholiken zur Zeit sehr dünn gesät in München. Allerdings, wenn es so fort geht, dann werden noch viele „katholisch werden", wie man zu sagen pflegt, die jetzt noch gar nicht daran denken. Hr. Kaufmann Rutzinger ermunterte in warmen Worten zu recht zahlreicher Betheiligung bei der Frohnleichnamsprozession, der, wie wir hören, Se. Maj. der König mit dem großen Cortége beiwohnen will. Hr. Graf Arco-Zinneberg ersuchte die Mitglieder des Vincentius-Vereines als solche mit der Fahne des Vereins bei der Prozession sich zu betheiligen. Der letzte Redner sprach über die bisherige Thätigkeit der patriotischen Fraktion in der Kammer, und tadelt diejenigen, die immer „im eigenen Fleische wühlen". Diese Stelle, so wie jene über die angeblichen patriotischen Demokraten und Republikaner wurden, so schreibt man uns, von den Versammelten mit großer Kälte, mit tiefem Stillschweigen und mit „eigenthümlichen Gesichtern" hingenommen. Wir begreifen das; wer wird auch im Ernsten an „kath. Republikaner" in Bayern glauben! Möchte man doch einmal aufhören, ohne Grund und Anlaß Mißtrauen unter und gegen die eigenen Parteigenossen zu säen; das nennen wir „im eigenen Fleische wühlen" und jedenfalls kann das zu nichts Gutem und Gescheidtem führen.

— Die neuen Gerichtsvollzieher werden nach Allem nicht schlecht gebettet sein. Wenn Einer nur 6 Verfügungen täglich zuzustellen hat, wofür bisher nur 4 Kreuzer an den Gerichtsdiener entrichtet wurden, künftig aber mindestens 45 kr. an den Gerichtsvollzieher entrichtet werden müssen — bei Verfügungen nach auswärts gar 48 kr. für die Stunde! — betragen die Gebühren davon schon 2000 fl. jährlich. Die Einnahmen weitaus der meisten Gerichtsvollzieher werden sich aber auf mehr als 4000 fl. jährlich belaufen, was für das Volk, das mit den Gerichten zu thun hat, jährlich zwei Millionen bedeutet! Da hat der Hr. v. Weis dem Volk wieder eine schöne Wohlthat erwiesen.

Von **Neuburg a. D.** wird dem „Vaterland“ geschrieben: Vor noch nicht $1\frac{1}{2}$ Jahren hatte Bürgermeister Sing als Abgeordneter von München aus ein Bittgesuch um Aufbesserung eingereicht, dahin motivirt, daß er „sich nicht länger im Dienste der Stadt Neuburg wie eine Citrone auspresssen lassen könne, ohne sich für die Zukunft im Gehalte einem kgl. Bezirksamtmanne in Allem ganz gleich gestellt zu sehen“. Nicht ohne Bemerkungen der Art wie: Der Landtag preßt ja diese „Citrone“ bereits 6 Jahre aus und schicken wir diese Citrone nicht abermals auf 6 Jahre nach München — dann ist der Teufel los, aber nur fort, Neuburg braucht nicht zwei Rechtskundige u. dgl. — wurde nach einiger Vertagung der Sache, das Bittgesuch in der Hoffnung genehmigt, daß dieses die letzte Aufbesserung sein werde. Woher diese Opposition? Damals, vor der „gelungenen“ Gemeindewahl, machte man eben einen Unterschied zwischen dem Interesse der ganzen Gemeinde und dem einer Partei — damals waren unsere „Intelligenzen“ noch nicht an den Fortschritts-Karren gespannt, fühlten noch nicht das Bedürfniß nach der „tüchtigen Kraft“, um nicht stecken zu bleiben, damals war noch nicht zur Kultur des Fortschrittes das Papier des Don Eugenio angekauft und man bedurfte noch nicht hiezu des „eigentlichen Redakteurs“, als welchen in neuester Zeit der Nürnberger Anzeiger Herrn Sing geradezu bezeichnet hat. Also!

Wie hat sich aber doch Alles geändert! Nicht mehr Hr. Sing, sondern der Gemeindesäckel will uns als die auszupressende Citrone erscheinen. Nicht mehr Hr. Sing bittet um nochmalige Aufbesserung, — man bietet ihm eine solche an!

Um die „letzte“ Aufbesserung (vorläufig!) zur vorletzten zu machen, durfte Hr. Sing blos die Miene annehmen, in München sich zum II. Bürgermeister wählen zu lassen und sei es wirklich oder nur vorgeblich zu diesem Zwecke nach München abreisen, so konnte er sicher sein, daß ihn ein Telegramm am selbigen Tage noch in München überholen werde des Inhaltes „Bleiben's — 2000 fl. von 1 Juni an“. Hr. Sing hat auch nicht lange mit sich den Kampf gekämpft, ob in Rom der Zweite oder in Spanien der Erste, sondern telegraphirte umgehend: „Ich bleibe.“ Welch edle Entsagung einer edlen fortschrittlichen Seele! — Dieses Telegramm hatte unsere „Intelligenzen“ in solch' lauten Jubel versetzt, daß darüber einige „Zurückgebliebene“ Anfangs meinten, ja das Gerücht ausstreuten „er bleibt, er kommt nicht fort, nämlich der Appellhof, der leider nun im Einpacken begriffen ist und zu Allem — auch noch unsern Don Eugenio mit fortzieht.

Wir wollen Hrn. Sing durchaus keinen Vorwurf machen; — warum soll er als eine stets unter der Presse liegende Citrone nicht annehmen, was ihm so liebreich geboten wird? Ja wir wundern uns, daß dem besagten Telegramm nicht auch beigefügt wurde, „und einen eigenen ständigen Gärtner nebst Taglöhner auf Kosten der Gemeinde für den Bürgermeistergarten am Brandl“ — um dem Gerede der Brandler einmal ein Ende zu machen. — Haben nun die Gnadenspender wirklich geglaubt, Sing werde ohne abermalige Aufbesseruug Neuburg verlassen, warum — warum haben sie ihn nicht zum Nutzen der Gemeinde ziehen lassen? Haben denn diese nicht begriffen, daß es sich darum handelte: 1) der Stadtgemeinde jährlich 2000 an Gehalt — 2) ein Logie im Werthe von 200 fl. zu ersparen und 3) die Stadtgemeinde vor der Möglichkeit sicher zu stellen, eine diesem Gehalte entsprechende Pension für eine große Familie zahlen zu müssen? Wer möchte sich mit der Behauptung lächerlich machen lassen, daß Neuburg zwei Rechtskundige nöthig habe?

Haben nicht ehedem unsere jetzigen Machthaber besonders am „Oppositionstische“ Alles versucht, dem Herrn Rechtsrath Ziegler sein „Fortkommen“ leichter zu machen? War es nicht eine Stimme „wir brauchen keine zwei Rechtskundigen mehr, nachdem der Staat die Polizei und damit gegen 800 fl. Einkünfte an sich gezogen?“ Wie hat damals unser jetziger „Großtrommler“ auf Lindau, Kempten, Memmingen, Nördlingen hingewiesen! Nun Einer von unsern zwei Rechtskundigen jetzt gehen wollte, — da hieß es: Herr bleib' bei uns! Will man etwa dieses Verfahren mit der Ausrede rechtfertigen, daß Hr. Rechtsrath nicht im Stande sei, Arbeiten zur vollen Zufriedenheit erledigen zu können? Aber dann müßt ihr Väter der Stadt zuvor, das Autos epha eures Meisters desavouiren — d. h. das Zeugniß des Hrn. Sing selbst der Lüge überweisen, der ja bei seiner Zurückkunft vom Landtage in der Lage war, Herrn Rechtsrath öffentlich das Zeugniß geben zu können, daß er bei seiner Abwesenheit Alles auf's Beste besorgt und keine Arbeit im Rückstande gelassen — und wir setzen bei, daß trotz der Erledigung aller Arbeiten, Herr Rechtsrath noch in gewohnter Weise Zeit zum fischen gefunden. — Oder habt ihr Väter der Stadt deßhalb Sing nicht ziehen lassen, ihn deßhalb mit der neuen Aufbesserung bei uns behalten, um nicht Hrn. Rechtsrath zum Bürgemeister wählen zu müssen? Woher aber ein solches „müssen“? Hat etwa Neuburg Mangel an solchen Bürgern, die mit Ehren zu Nutzen — und sagen wir es gerade heraus — zum Frieden der Stadt, dem Amte eines Magistrats-Vorstandes vorstehen können? Oder wurde der Fortschritt in Neuburg in dem Augenblicke als Herr Sing den Dampfer bestieg und nach München abreiste, von dem Gefühle befallen: Mit unserer Sache will es „Abend nerden“ — daher wohl die Bitte: „Herr bleib' bei uns“ —? Wir wollen uns aber gerne eines Besseren belehren lassen und wird uns sehr freuen, wenn das Papier des leider von uns scheidenden Don Eugenio einen gelungenen Beweis bringt, daß, wie wir von einem Fortschrittler hörten, Hr. Sing durch die Kredit-Kasse Alles hereinbringt, was man für dessen Verbleiben in Neuburg zum Opfer gebracht hat, — wobei wir an eine Kraftstelle des „Neuburger Tagblattes“ dachten, welche heißt: „Es ist nichts so dumm, — an das nicht glaubt das gute liebe Publikum.

Von **Neustadt a. S.** 7. Juni, wird dem „Vaterland“ geschrieben: Gestern am 2. Pfingstfeiertag feierte unser landwirthschaftlicher Saalgauverband im nahen Orte Mühlbach, auf einem der schönsten Plätze des Saalgrundes, ein herrliches, ja wahrhaft imposantes Gaufest. Die zahlreichen Nachbar- und Brudervereine waren froh und frisch herangezogen; alle unter dem Vortritte ihrer lustig flatternden schönen Vereinsfahnen und dem Vollklange ihrer wohlgeübten und weithin schallenden Vereins-Musiken. Vom Berge herab wurden sie schon in der Ferne durch mächtige Böllerschüsse begrüßt und auf dem prächtigen Festplatze mit warmem Brudergruße empfangen. Die Rednerbühne, im Freien errichtet, bestieg zuerst der hochgeachtete Vorstand des Saalgauverbandes, Hr. Dr Frank. Er bot der wahrhaft großartigen Versammlung, wo Hunderte an Hunderte sich reihten, zuerst den herzlichsten Willkomm und schilderte die Schicksale des Bauernstandes vom Anbeginn bis auf unsere Tage. Rauschender Beifall lohnte seinen Vortrag. Die nun auftretenden Redner aus dem Bauernstande fanden ungetheilte Theilnahme, weil sie über die wichtigsten Zweige der Landwirthschaft mit Sachkenntniß und in solcher Weise sprachen, daß es ihrem Stande alle Ehre machte. Ein mächtiges Hoch auf unseren König bekundete die treue Anhänglichkeit der ganzen Versammlung an Se. Majestät, unsern Landesvater. — Eine Rede auf unser vielgeprüftes und ruhmgekröntes Kirchenoberhaupt, unseren hl. Vater, von einem einfachen, aber glaubenswarmen Landmanne gesprochen, machte eine solche Wirkung auf die Gemüther, daß Manchem die Thränen in die Augen traten, und die glühende Begeisterung durch ein dreimaliges, die Lüfte weithin erfüllendes Hoch auf Pius IX. sich Bahn brach. Zum Schlusse schaarten sich die Vereinsgenossen rasch unter ihre Fahnen, und die trefflichen Musiker zu ihren Vereinen, und es entfaltete sich ein glanzvoller und malerisch schöner Triumphzug über die offene Landstraße und dem breiten Wiesengrund in die Runde. Das Wallen der von der goldenen Abendsonne beleuchteten Fahnen, die heiteren Gesichter, der freudige Gang, der Klang der wetteifernden Vereinsmusiken, die Massen der entzückten Zuschauer rc. rc. Alles dieses bot ein Schauspiel der herrlichsten und freudigsten Art — ein wahres Volksfest im edelsten Sinne des Wortes.

Die **Pfälzer** Zeitung, gewiß ein höchst anständiges, ruhiges und maßvolles Blatt, bemerkt zu dem Desaveu, welches Dr. Jörg dem Dr. Huttler angedeihen ließ, Folgendes: „Indem Hr. Jörg einen Fraktionsgenossen zu desavouiren und einen offenkundigen Gegner seiner Partei im Ministerium zu stützen suchte, hat er entweder einen unbegreiflichen Mangel an politischer Einsicht oder sich durch irgend welche persönliche Rücksichten bestimmen lassen. In einem wie im andern Fall ist es für die Kammermajorität mehr als bedenklich, ferner einer solchen Leitung zu folgen. **Nach unserer innigsten Ueberzeugung muß dieser Weg zur Selbstvernichtung der Partei führen.** Wir bedauern, dies sagen zu müssen, allein über den Persönlichkeiten stehen uns die Principien und steht uns die Zukunft der patriotischen Partei; diese wollen wir denn doch nicht durch Persönlichkeiten, mögen sie heißen, wie sie wollen, schweigend ruiniren lassen." — Das schreibt die so maßvolle Pfälzerzeitung und nicht das „Vaterland" oder ein Mitglied des Bucherschen „Revolutionskomités"; wir sind aber so frei, uns unbeschadet unserer patriotischen Gesinnung zu diesen Anschauungen zu erklären, die immer die unsrigen gewesen sind. Ueber den Personen steht das Wohl und Interesse des Ganzen, des Vaterlandes!

Oesterreich. In Wien ist die „allgemeine deutsche Lehrerversammlung" eröffnet worden. Es scheinen da wieder schöne Kinder Gottes beisammen zu sein, wie aus den verübten Reden hervorgeht. Einer der modernen „Volksbildner" z. B. rief: „Wir brauchen freie Schulen, um Charaktere zu bilden, einer Partei gegenüber, die die Volksverdummung sich zur Aufgabe gemacht und die Sonne mit ihren Kutten verdunkeln will." Ein Anderer versicherte, „die (moderne) Wissenschaft habe den naiven biblischen Glaubensstandpunkt längst beseitigt. Die größten Pädagogen hätten gegen die Kerkermeister des freien Geistes gewirkt." Wirklich schön gesagt! Ein Dritter erschwang sich zu folgende Leistung: „Wenn die Geistlichkeit einmal zur Besinnung komme, dann werde er bereit sein mit ihr zu gehen; die Kirche aber sei stets der Feind der Schule". — Na, der Mann wird's ja wissen, sonst sagte er's nicht! Und um dies dumme Zeug anzuhören, haben die meisten liberalen Magistrate auf Kosten der Steuerzahler eigene Abgesandte nach Wien geschickt!

Ausland.

Italien. Im Parlament faßte der Minister des Aeußern die Politik Italiens bezüglich des Concils dahin zusammen: Achtung der Freiheit der Kirche in der Freiheit des Concils und Wahrung der Rechte des Staates und der bürgerlichen Gesellschaft. Den Vorstellungen der andern Mächte wegen des Concils habe sich Italien nicht angeschlossen, weil es sich davon keinen Erfolg erwartete. Er glaube, daß bezüglich der französischen Besatzung in Rom keinerlei Aenderungen in der Politik Frankreichs eingetreten sei; die Politik Italiens sei die des Abwartens und der Zurückhaltung.

Vermischte Nachrichten.

Die Vergoldung des Madonnenbildes der Mariensäule kann, wie wir hören, bis zum Fronleichnamsfeste leider nicht mehr vollendet werden. — In der Erzgießerei ist gegenwärtig ein schöner nach Amerika bestimmter Brunnen ausgestellt. Das ist ganz gut; allein schon vor 200 Jahren hat man im kleinen Weilheim eben so Schönes gegossen, ohne daß man im Fortschritt so weit gekommen ist wie jetzt.

In **Solling** ist kürzlich eine Bauernversammlung gewesen. Als das Hoch auf den König ausgebracht wurde, stimmten alle mit ein außer die — Gendarmen. Darüber zur Rede gestellt, erwiderte Einer: „Ja wir stehen halt über den Parteien!" Die Hochrufe auf den König sind also patriotische Parteisache!

Die Summe der von europäischen Kapitalisten auf amerikanische Staatsanlehen hergegebenen Gelder wird auf nicht weniger als 938,400000 Dollars (mehr als 2000 Millionen Gulden) geschätzt.

Briefkasten.

A. H. A—g. Vortrefflich! Manuskr. w. kopirt und verbrannt. Freundlichen Dank.

Verantwortlicher Redakteur: Dr. J. Sigl.

Druck von M. Boat in München. Aderthal 19

II. Jahrgang. | Das Bayrische | Auflage: 5400.

Vaterland.

Das „Bayr. Vaterland" erscheint täglich mit Ausnahme der Sonn- und hohen Festtage. Preis des Blattes: Vierteljährig 54 kr., ganzjährig 3 fl. 36 kr. Das einzelne Blatt 1 kr.

Alle Postexpeditionen und Postboten des In- und Auslandes nehmen Bestellungen an. Inserate werden die dreispaltige Petitzeile oder deren Raum zu 3 kr. berechnet.

Redaktion: Burggasse 14. | Herausgegeben von Dr. jur. J. Sigl. | Expedition: Ruffinibazar 5

Blasius. | Nr. 133. | Dienstag, 14. Juni 1870.

Bestellungen auf das „Bayr. Vaterland" für den Monat Juni zu 18 kr. können bei allen Postanstalten und Postboten noch immer gemacht werden.

Liebesgaben für den hl. Vater.

		fl.	kr.
	Uebertrag	8 fl.	51 kr.
9)	Nur ausharren	10 „	45 „
10)	A. Bittet um das Gebet	— „	24 „
11)	Aus der Sparkasse der kleinen Fanny, B. u. S.	1 „	— „
12)	A. B.	1 „	— „
13)	Unbekannt	— „	30 „
14)	Wenn Gott mit uns ec.	— „	30 „
	Summa:	23 „	— „

* Von dem Hrn. Grafen Arco-Zinneberg erhalten wir folgende Erklärung: Der Unterzeichnete hört zu seinem nicht geringen Erstaunen, daß die der Redaktion des „Bayr. Vaterland" auf ihr Ansuchen gewährte Erlaubniß, Gaben für die Armee des hl. Vaters auf Rechnung des kath. Casino in Empfang zu nehmen, vielfach in der Weise aufgefaßt wird, als habe der Unterzeichnete oder gar das kath. Casino irgend welche Begünstigung der Redaktion des genannten Blattes dadurch erweisen wollen. Nichts steht dem Unterzeichneten ferner als diese Absicht, zumal im gegenwärtigen Augenblicke. Nachdem aber das kath. Casino ganz allein ermächtigt ist, für die Armee des hl. Vaters zu sammeln, so hält sich der Unterzeichnete geradezu für verpflichtet, Jedem, der sich als Sammler zu genanntem Zwecke anbietet, die entsprechende Erlaubniß zu gewähren, da sonst mit Recht uns vorgeworfen werden kann, daß wir die Erlaubniß zu sammeln nur dazu benützen, um das Sammeln eben zu hindern. Eine leidenschaftslose Beurtheilung der Sache wird diese Anschauung gewiß gutheißen. Wenn die auffallende Form, in welcher Herr Dr. Sigl die erwähnte Erlaubniß in Nr. 130 des „Bayr. Vaterland" seinen Lesern mittheilt, die eben erwähnte irrige Beurtheilung dieser Erlaubniß veranlaßt hat, so muß der Unterzeichnete die Verantwortung dafür ablehnen, da er die Anzeige des Hrn. Dr. Sigl in der Form selbst durchaus nicht erwartete. Schließlich noch die Bemerkung, daß der Unterzeichnete in dieser Angelegenheit ohne Befragen des Ausschußes gehandelt und daher persönlich dafür einsteht.

München, den 12. Juni 1870.

Ludwig Graf v. Arco-Zinneberg,
Vorstand des kath. Casino.

Zum Verständniß der obigen Erklärung, zu der sich der Hr. Graf veranlaßt gesehen hat, glauben wir hinzufügen zu sollen, daß einige Herren des kath. Casino von Schauder und Entsetzen erfüllt wurden, daß man das „Vaterland" etwa gar „gewissermaßen" als „Organ des kath. Casino" ansehen könnte, da es im Namen des Casino für den hl. Vater sammelt, — das „Vaterland", welches nach dem unfehlbaren Zeugnisse des Volksboten nicht blos „demokratisch", sondern sogar „republikanisch" ist. Wir haben uns übrigens von dem Hrn. Grafen die Erlaubniß für den Papst sammeln zu dürfen, schon vor 3 Wochen erwirkt, konnten aber damit nicht beginnen, da erst noch so und so viel Förmlichkeiten zu erledigen waren, und nun wäre es Manchen nicht unerwünscht, wenn man sie uns wieder nehmen könnte. Stellten wir das Interesse des armen bedrängten Papstes nicht höher als die Wünsche solcher Katholiken, welche durch dieses „verruchte Vaterland" nicht gerne in schlechten „demokratischen" Ruf kommen möchten, so würden wir auf die Erlaubniß gerne verzichten, „zumal im gegenwärtigen Augenblick", wo es sehr die Frage ist, ob „dieser Sigl" überhaupt viel bekommen wird. Vielleicht fürchtet man, daß „dieser Demokrat" die etwa einlaufenden Gelder am Ende gar zur heimlichen Errichtung einer kgl. bayrischen „Republik" verwendet! — Was die „auffallende Form" betrifft, in der wir die erwirkte Erlaubniß zum Sammeln bekannt gaben, so ist darunter zu verstehen, daß wir das mit fetten Buchstaben drucken ließen und es an der Spitze des Blattes bekannt gaben, statt die Erlaubniß nur beiläufig in einem Artikel zu erwähnen.

Die Unfehlbarkeit und der Bischof von Mainz.

* Von Mainz erhalten wir nachfolgende Mittheilung zur Veröffentlichung im „Vaterland":

Das eben erschienene Heft des „Katholiken" enthält folgende Erklärung des Hochwürdigsten Herrn Bischofs von Mainz:

„Die „Allg. Zeitung" kann fast nicht meinen Namen nennen, ohne zugleich eine Unwahrheit auszusprechen.

So ist es auch wieder in dem fünfzigsten „römischen Briefe vom Concil" in dem Hauptblatte vom 4. Juni geschehen.

Sie berichtet dort über eine Rede, welche ich im Concil in letzter Zeit gehalten habe, in folgender Weise:

„Einen ganz entgegengesetzten Eindruck brachte Ketteler's Rede hervor. Man war gespannt, was er sagen würde, denn man wußte, daß er einen inneren Kampf durchgestritten hatte. Vor zehn Monaten war er in seiner Schrift über das damals erst angekündigte Concil ganz aus freiem Antriebe als Fürsprecher der päpstlichen Unfehlbarkeit aufgetreten; mit glühender Begeisterung, mit hingebender Devotion für den Papst war er, obgleich er in Fulda das neue Dogma als unzeitgemäß erklärt hatte, nach Rom gekommen. Ich unterlasse es, die Stufenfolge anzugeben, in welcher der Enttäuschungs- und Ernüchterungsproceß bei ihm sich vollzog. Seine Rede hat bewiesen, daß er aus einem Inopportunisten ein entschiedener Gegner des Dogma's selbst geworden ist, wie dies auch vielen anderen begegnete."

Ich bin nun nicht in der Lage, mitzutheilen, was ich gesagt habe; ich kann aber, ohne das Geheimniß zu verletzen, abweisen, was ich nicht gesagt habe und erkläre deshalb Folgendes:

1. **Ich habe noch nie an der Unfehlbarkeit des Papstes gezweifelt**; ich habe diese Lehre immer offen bekannt, in Deutschland wie hier in Rom; ich habe nie Jemand Gelegenheit gegeben, diese meine Ansicht zu bezweifeln; ich habe also auch gewiß in meiner letzten Rede diese Ueberzeugung nicht verleugnet. Es ist daher vollkommen unwahr, daß eine Wandlung meiner Ueberzeugung stattgefunden habe; es ist vollkommen unwahr, daß ich „aus einem Inopportunisten ein entschiedener Gegner des Dogma's selbst geworden" bin. Meine „glühende Begeisterung", meine „hingebende Devotion für den Papst" ist immer durchaus dieselbe geblieben. Der Correspondent ist daher auch nicht in der Lage, „die Stufenfolge anzugeben, in welcher der Enttäuschungs- und Ernüchterungsproceß" sich bei mir vollzogen hat. Alle diese Behauptungen sind nackt und einfach **Unwahrheiten**. Wenn ich irgend etwas für mich in Anspruch nehmen kann, so ist es das, daß ich bezüglich dieser Lehre immer dieselbe Ansicht gehabt habe und heute noch habe.

2. Für mich bestand von da an, wo diese Frage angeregt ward, nur ein doppeltes Bedenken: Erstens, ob diese Lehre, die ich für die glaubwürdigste halte und als solche auch meiner Diöcese vorgestellt habe, aus der hl. Schrift und der Erblehre mit jenem Grade der Gewißheit erhelle, der zu einer dogmatischen Definition nothwendig ist; und zweitens, ob in den Zeitumständen jene Nothwendigkeit vorhanden sei, welche immer vorhanden sein muß, um eine Glaubensentscheidung zu treffen. Das Letztere begreift man unter der Opportunität dieser Frage. Wenn nun in dieser letzteren Hinsicht eine Wandlung bei mir stattgefunden hat, so ist es nur insofern geschehen, als ich allerdings der überaus heftigen Angriffe wegen, welche der Primat in letzterer Zeit gefunden hat, wobei namentlich die römischen Briefe der „Allg. Zeitung" an der Spitze stehen, nicht mehr mit derselben Gewißheit wie früher die Meinung festgehalten habe, daß eine Entscheidung der Kirche über diese Frage **unterbleiben könne**.

3. Wenn ich aber auch die Lehre von der Unfehlbarkeit des Papstes in der Schrift und Tradition für so wohlbegründet halte, daß ich sie nicht nur selbst zur Norm meines Lebens gemacht, sondern auch **jedem treuen Sohne der Kirche**, der mich um dieselbe um Rath fragen würde, nach meinem Gewissen nur antworten könnte, daß ich die Leugnung derselben zwar noch nicht als einen Abfall von der Lehre der Kirche, aber doch als **äußerst bedenklich ansehen müßte**, so bleiben dabei über den Gegenstand derselben, über ihren Umfang und über die Bedingungen und Voraussetzungen, unter welchen Aussprüche des Papstes bezüglich der übernatürlichen Offenbarung — und nur solche Aussprüche können hier in Rede kommen — durch eine besondere göttliche Assistenz unfehlbar sind, mannigfache Verschiedenheiten fortbestehen. Wenn ich daher über diese Bedingungen andere Ansichten habe, wie andere, und diese Ansichten, so lange die Kirche nicht entschieden hat, frei und offen vertrete, so ist Niemand befugt, dem die Wahrheit lieb ist, mir deßhalb nachzusagen, daß ich ein Gegner der Infallibilität sei. Aber auch bezüglich dieser Bedingungen ist meine Ansicht seit lange sich immer vollkommen gleich geblieben.

Es würde mir leicht gewesen sein, bei jedem Briefe der „Allg. Zeitung" über das Concil grobe Unwahrheiten und Entstellungen nachzuweisen. **Wer die Verhältnisse hier kennt und diese Briefe liest, kann nicht zweifelhaft sein, daß dies keine unverschuldeten Irrthümer mehr sein können, sondern daß hier ein System der Irreführung des Publikums vorliegt.** Wenn mir aber auch die Zeit abgeht, diese ununterbrochene Reihenfolge von Unwahrheiten öffentlich zu besprechen, so kann ich doch da nicht schweigen, wo wieder der Versuch gewagt wird, meine Gesinnung in so unwahrer Weise anzugreifen.

Rom, den 5. Juni 1870.

† **Wilhelm Emmanuel,**
Bischof von Mainz.

Concilsnachrichten

aus dem Bürgerverein in A.

⁂ Man lernt eine politische oder unpolitische Gesellschaft und die Licht- und Schattenseiten ihrer Thätigkeit besser beurtheilen, wenn man Gelegenheit hat das Leben und Treiben der sogenannten Matadore entweder persönlich oder durch das Medium einer zutreffenden Charakteristik zu betrachten. In dem Wesen und Sein der Leithämmel gipfelt sich das Weben und Streben der Gesellschaft. Es wird daher für Manche nicht ganz ohne Interesse sein, einige der leitenden Organe obigen Bürgervereines in Naturselbstdruck hier abgebildet zu finden.

Die zwei obersten Leiter können hier nur wenig in Betracht kommen, sie besuchen die Gesellschaft sehr selten, und nützen sie lediglich zur Erreichung ihrer vorgesteckten Ziele aus; überdies sind sie bekannt und bieten der Beurtheilung durch anderweitige Thätigkeit genügende Oberfläche. Demnach kommen wir an die eigentlichen Faiseurs innerhalb der Grenzpfähle des Vereines. Aus dem Dunst und Qualm der widerlichsten Gehässigkeit machen sich einige Gestalten des „literarischen Proletariats" vor Allen bemerklich, neupädagogische Packträger moderner Gelehrsamkeit. Aufgezogen als bescheidene Bettelbüblein und innerhalb zweier Jahre mittelst Dampfhochdruck zu wissenschaftlichen „Größen" emporgewachsen, machen sie sich sehr breit an dem Rande der schwäbisch-bayrischen Hochebene.

Nr. 1, kräftig, untersetzt, vollbärtig und mit großer harter Schädeldecke behaftet, leidet an Größenwahnsinn und peinigt den Verein erbarmungslos durch häufige Reden, welche sich durch die grauenhafteste Monotonie im Vortrage auszeichnen. Aufgeblüht und selbstgefällig läßt er ohne Accent und Interpunktion seine schläfrigen Worte, Wörter und Sätze vom Stapel, an denen nichts Neues ist, als — das Verfehlte. Denke Dir, lieber Leser, die Situation, sobald dieser „Redner" anhebt zu reden! Einer schaut den Andern mißmuthig und angstvoll an, die Augen der Hörer fallen in ihre Höhlen zurück, ein düsterer, schwermuthsvoller Geist der Verzweiflung schwebt durch den Saal; der Eine wendet sich verstohlen gegen ein Fenster und weint eine stille Thräne, während ein anderer seinen Aerger in ein gelbseidenes Sacktuch hineinlacht; die Luft wird immer gespannter. Endlich — Gottlob! Der Kelch ist vorbei, die Rede ist aus, der Bann ist gebrochen, ein Strahl von neuem Lebensmuth wirft ein Schlaglicht auf die gekränkte und gemarterte Versammlung. Die Segel der Unterhaltung schwellen von Neuem, die Wimpel und Flaggen des Vereinsbewußtseins flattern lustig wie nach überstandenem Unglück. Dieser Hr. Redner, von dessen Leistungen in seinem Berufe nichts Gutes verlautet, läßt auch bisweilen seine Schnurrpfeiffereien in einem kleinen Giftblatt ablagern. Seit einiger Zeit geifert er und ist wuthverdächtig, nachdem statt seiner ein bewährter Mann zum Scholarch ernannt worden ist. —

Nr. 2 mit dem Beinamen „Heißsporn" hat viele Intelligenz in seinem Aeußeren und ist Vorstand des allgemeinen bayrischen Hanswursten-Vereines zur Veredlung saurer Gurken. Die beiden mit Nr. 1

und 2 bezeichneten Herren bummeln und kneipen zur Zeit in Wien; nachdem sie seiner Zeit in Berlin sich Katzenjämmer geholt hatten (auf Unrechts Kosten). Der Dritte im Triumvirate der vom „Hauche der Wissenschaften" Beleckten ist ein gewichtiger großmächtiger Herr, absichtlich krampfhaft schweigsam;
eitel, perrückengeschmückt, boshaft, plump, lungen und denkfaul.
Er glänzte damals in Berlin durch Dummheit, kann Taroken und anonyme Briefe schreiben, augenblicklich spielt er den Achilleus, weil er trotz seines anonymen Straßenbettels die Subvention für die Reise zur Wiener Congregaion nicht erhalten konnte.

Den erwähnten drei Herren möchte man in aller Bescheidenheit rathen, statt zu bummeln die deutsche Literaturgeschichte und die Biographien unserer besten Männer etwas näher anzusehen und nicht zu vergessen, was Altmeister Göthe sagte:

„Wodurch, gesagt mit Reverenz,
Könnt ihr das Recht beweisen,
Als durch die löbliche Tendenz
Aufs Kirchendach zu —" (Was reimt sich gleich darauf?)

Nun tritt ein kritisirender Friseur auf die Bühne, schwindelhaft und saftlos; auf seinem parfumirten Mistbeet gedeiht am besten die komische Anmaßung des Nichtwissens; ein boshafter Intriguant äußert er sich gerne in insultirender Weise, soferne er keine Arme und Fäuste wittert, welche an ihm einen Hinauswurf realisiren oder Feigen appliciren könnten, ein Malheur, das dem cidevant Landwehr-Offizier schon des Oefteren passirt ist. Dieser Stern erster Größe ist wegen seiner Verdienste um die Stadt Gemeinde-Bevollmächtigter geworden.

Halloh! Der Redakteur des Lokal-Moniteurs erscheint, groß und kräftig mit haarlosem Kopfe, in welchem sich auch Hirn befinden soll. Er besitzt jedoch nicht soviel Courage, um die Consequenzen seiner Denkweise zu tragen; diese Behauptung hat sein bester Freund, ein juristischer Akrobat, gelegentlich einer Vertheidigung einmal ausgesprochen. Höchst vorsichtig liebt er als publicistischer Jude die Utilitäts-Rücksichten über Alles. —

In Folge einer seltsamen Verkettung von Zufall, Schickung und Leidenschaft erblicken wir noch ein weißbärtiges Redakteurchen, welches ausgezeichnet reden kann (aber was!) und emeritirt ist als Oekonomie-Verwalter. Das Lokal-Giftblatt verdankt ihm seinen Stallgeruch.

Ferner produciren sich einige fanatische Aspiranten für städtische Ehrenstellen — zuerst knoblauchduftend hl. Rosenstock aus Jerusalem; is es aach nor schad vor das viele Geld und is doch nit Rath geworde! —

Ebenso splendid war sein Rivale, eine von Leidenschaften zerrissene Gestalt, mit dem Kneipnamen Heinrich der Finkler der sich in fremden Landen mittelst Spielhöhlen und noch schlimmeren Instituten ein großes Vermögen redlich erworben hat. Champagner floß in Strömen, derselbe wurde von Herrn Bürgermeister gelobt und der Spender vertröstet. Die riesigen Anstrengungen für den Preßfond blieben aber unbelohnt. Zum Schlusse muß noch der Schriftführer Isegrimm erwähnt werden, welcher an Kern und Schaale gleich roth, die trostlose Aufgabe hat, jeden Quark, welcher gesprochen wird, auf Papier zu fixiren. —

Wir sind nun an dem Punkte uns die übrigen distinguirten Völker des Vereins anzusehen. Der Begriff: „Leithammel" setzt an und für sich schon die Existenz von Schafen voraus. Das Gros der Gesellschaft bestehe aus einer Menge meist harmloser Geschäftsleute, welche des lieben Brodes wegen mitthaten und mitrathen. Außerdem befinden sich darunter Schneider, junge Menschen und geschwätzige Abfälle der Telegraphie. —

Wir sind überzeugt, daß uns Niemand einen Zweifel an den Vorhandensein auch ehrenwerther Elemente imputiren wird; Diesen geht es aber wie braven Frauen: sie machen nicht von sich reden. Unser Wunsch ist nur, daß die Absicht ridendo castigare mores erreicht wird. So viel für heute; Fortsetzung kann folgen.

Deutschland.

München, den 13. Juni.

Anläßlich der bekannten Preßhetze wollen wir eine Stelle aus dem katholischen „**Märkischen Kirchenblatt**" — von geistl. Rath Müller in Berlin, das wir beiläufig unsern Lesern bestens empfehlen können — zu Nutz und Frommen der Hetzer anführen. Dasselbe schreibt: „Daß die katholische Presse gelähmt ist, das kommt größtentheils daher, weil ihre Redacteure gefaßt sein müssen, Spießruthen von zwei Seiten zu ertragen, und noch dabei harmlos zu bleiben sollen. Gott sei gepriesen — das eigentliche Volk spricht bereits und wird's bei den Wahlen immer lauter rufen: Der Wahrheit eine Gasse — und der blos menschlichen Klugheit endlich die Stirne gezeigt! Charaktere wollen wir, nicht Seiltänzer und Spekulanten! — Mit aller Menschenrücksicht hat die katholische Sache fortwährend große Rückschritte gemacht, seit man die Rücksicht doch nur als „katholische Dummheit" verbraucht". — Natürlich ist da blos von Preußen die Rede und nicht von

— Bayern ist ein schönes Land,
Da wächst der Hopfen und Verstand
Und Weisheit blüht in voller Pracht,
Daß Einem 's Herz im Leibe lacht.
Wenn da die Weisheit rarer wär',
Wo käm' denn all' das Schöne her,
Mit dem so reich zu dieser Frist
Das Bayerland gesegnet ist?
D'rum soll man täglich preisen
Die Weisheit und die Weisen.

— Der Hr. Abg. Greil ist von der Vortrefflichkeit, Nützlichkeit und Nothwendigkeit unserer Olympier in der Regierung der Sakristei so wenig überzeugt als — wir selbst und will daher nichts Geringeres, als Abschaffung des Kultusministeriums. Bekanntlich hat sich Bayern bis zum Jahre 1846 ohne ein solches behelfen müssen und wunderbarer Weise — ging's auch! Zum wenigsten will der Budgetreferent eine Verringerung der Ministerialräthe dieses Ministeriums auf das Maß des wirklichen Bedarfs. Item will er im Interesse der Verfassung und der Parität, daß die Kammer „den Wunsch zum Ausdruck bringe", es möchten die Professoren an den Universitäten auf eine Anzahl verringert werden, welche einerseits den wissenschaftlichen Anforderungen nichts vergibt, anderseits aber jeden unnöthigen Luxus vermeiden läßt. Mit dem bisherigen System auf unsern Universitäten, meint Hr. Dr Greil, müsse gebrochen werden, wenn die Wissenschaft in Bayern den Fortschritt machen soll, welchen man zu erwarten berechtigt ist. (Bisher ist es dagewesen wie mit den Schullehrern; je mehr sie aufgebessert wurden, desto weniger lernten die Kinder und je mehr Professoren angestellt und je theurer sie bezahlt wurden, desto weniger sind die Studenten zu ihnen in das Colleg gegangen und haben was gelernt. Wenn man die Universitäten ganz zusperrte, natürlich bis auf gewisse medicinische und physikalische Vorlesungen und praktischen Uebungen, die unbedingt nothwendig sind, so könnten die Studenten zum mindesten eben soviel aus den prächtigen Hilfsbüchern ꝛc. lernen, als bisher; die Universitäten sind heutzutage, wo es so viele gute und dabei billige Lehrbücher ꝛc. gibt, ziemlich überflüßig geworden, wie denn auch die größten Gelehrten und berühmtesten Köpfe nicht auf Universitäten herangebildet worden sind. Wir wollen aber dieses Thema für heute nicht weiter ausführen.) — Beim Justizministerium will Greil ein Pensionsgesetz, welches einerseits die Beamten hindert, aus ungenügenden Gründen die Quiscirung nachzusuchen und zu erhalten, anderseits aber die Staatsregierung außer Stand setzt, Quiscirungen ohne den Fall der dringenden Nothwendigkeit vorzunehmen.

— Bei der Abstimmung über das neue Taxgesetz wurde der Antrag des Dr. Krätzer, daß dieses Gesetz nur bis zum 1. Juli 1872 gelten soll, angenommen. Das Ministerium hat mit der Annahme dieses Gesetzes wieder einen großen Sieg errungen, das Volk aber hat damit eine neue große Belastung aufgeladen bekommen. Das bedauern wir, das beklagen wir. Die Gelegenheit, dem Hrn. v. Lutz für seine überrasche Ernennung der Gerichtsvollzieher ordentlich die Meinung zu sagen, ist nicht ergriffen worden; Hr. v. Lutz kann sich dazu gratuliren, daß man ihm Alles so hübsch hingehen läßt. Er wird sich das gemerkt sein lassen und es bei nächster Gelegenheit „verwerthen", d. h. er wir fortfahren, wie er so hübsch angefangen hat. Den Ministern wie den Fortschrittlern die Meinung zu sagen, scheint ausschließlich ein Privileg der „Extremen" zu sein, welchen in solchen Fällen freilich ein Desaveu gewiß zu sein pflegt. Die Herren, welche im glücklichen Besitze von „reifer Erfahrung und tiefer Einsicht" sind, die der „Volksbote" den bekannten „Staatsmännern" nachrühmt, sehen es nicht gerne, daß man „an der Autorität rüttelt" und „das Ansehen der Regierung untergräbt". Natürlich! Sie sind ja doch selbst ein Stück „Regierung" oder gedenken es mit Gottes und sonstiger Hilfe einmal zu werden, und auf einmal reißt man ja keinen Baum um und mancher reißt überhaupt keinen Baum um!

— Staatsrath v. Neumayer ist an einem Gehirnleiden erkrankt und zu Dr. Solbrig gebracht worden. Es fehlt andern Leuten auch oft am Hirn, die laufen aber noch frei herum.

Von der **Saale** erhalten wir von einem Wahlmann eine längere Mittheilung, aus der wir entnehmen, daß der Hr. Abgeordnete Frhr. v. Fuchs niemals die ihm von liberalen Blättern, um ihn bei seinen Wählern in Mißkredit zu bringen, in den Mund gelegte Äußerung, daß man das „Vaterland" an den Ufern der Saale gar nicht kenne, gemacht habe. Hr. v. Fuchs sei ein ehrenhafter Charakter — woran wir auch durchaus nicht zweifeln —, der nie und nimmer seinem gegebenen Wort untreu werde. Bis jetzt sei er noch keine Linie breit von seinem aufgestellten Programm abgewichen und werde es auch in Zukunft nicht thun. Das wollen wir hoffen und abwarten. — Betreff's der Muthmaßung, welche der schon verehrte Hr. Einsender über die Quelle unserer Correspondenz in Nr. 129 hat, können wir ihn versichern, daß er auf falscher Fährte ist. Wir wollen so wenig als er „Mißtrauen gegen Hrn. v. Fuchs wachrufen", als „Samen der Zwietracht unter den Patrioten im Saalgau säen"; allein wir müssen gestehen, daß wir von ein paar Abstimmungen des Hrn. v. Fuchs nicht vollkommen befriedigt sind. Wir hoffen aber mit dem Hrn. Einsender, daß er sich mit den andern Patrioten bei den Abstimmungen über das Budget, namentlich das Militärbudget wieder gehörig herausbeißen wird. Allen kann man es eben nicht immer recht machen.

Oesterreich. In Istrien soll ein Paket italienische Freischärler landen wollen, weshalb etliche Kriegsschiffe abgesandt wurden.

Ausland.

Spanien. In Madrid ist die erste Sitzung zur Wahl einer Puppe zum König ohne Ergebniß auseinander gegangen.

In **Italien** wachsen jeden Tag neue Banden aus dem Erdboden. Nach Sicilien wurden Kriegsschiffe geschickt.

In **Rußland** wird ein baldiger Thronwechsel erwartet, da der Kaiser sich in einem Zustande befinden soll, der ihm sogar das Regieren absolut unmöglich macht. Der künftige Kaiser gilt als ein großer Preußenhaßer. Die Preußen bitten Gott, daß er den jetzigen Czaren doch einigermaßen bei Verstand lasse.

Vermischte Nachrichten.

In **Haidhausen** hat gestern die Choleraprozession in äußerst feierlicher Weise und unter noch nie dagewesener Betheiligung der Einwohnerschaft mit viel größerer Pracht als sonst stattgefunden. Die Feierlichkeit wurde noch dadurch erhöht, daß zum ersten Mal dazu das prächtige neue Geläute (G moll) erklang. Die Häuser waren schönstens geziert mit Ausnahme des Schulhauses. Die erhebende Feier hat durch den Mangel alles Magistratischen keinen Abbruch erlitten, ja es haben sogar Einige gemeint, früher hätten die Magistratsherren, welche die Prozession mit ihrer Anwesenheit — vermehrten, Viele durch ihre auffallende Andacht (!) verscheucht, was aber gewiß nicht wahr ist.

Zu „**Fronleichnam 1870**" ist ein Gedicht betitelt, das ein „Münchener Kind", ein echter Poet, den Münchnerkindern widmet. Es ist dies ein köstliches Festgeschenk gerade für das katholische München, dessen gegenwärtige Zustände es in dichterischem Gewande behandelt. Wir lassen es unsern Lesern bestens empfohlen sein.

Münchener Schranne vom 11. Juni.

Getreidsorten	Verkauft Schffl.	Höchster fl.	kr.	Mittel- fl.	kr.	Nied.-Preis fl.	kr.	Gest. fl.	kr.	Gef. fl.	kr.
Weizen . . .	2654	21	44	20	50	19	37	—	51	—	—
Korn . . .	1777	14	32	14	7	13	38	—	37	—	—
Gerste . . .	343	13	4	12	25	10	43	—	14	—	—
Haber . . .	1481	9	49	9	7	8	14	—	12	—	—
Reps . . .	—	—	—	—	—	—	—	—	—	—	—
Lein . . .	16	22	45	20	51	19	35	2	5	—	—

Verantwortlicher Redakteur: Dr. J. Sigl.

Druck von M. Vogl in München. Roßenthal 19

II. Jahrgang. Das Bayrische Auflage: 5400.

Vaterland.

Das „Bayr. Vaterland" erscheint täglich mit Ausnahme der Sonn- und hohen Festtage. Preis des Blattes: Vierteljährig 54 kr., ganzjährig 3 fl. 36 kr. Das einzelne Blatt 1 kr.

Alle Postexpeditionen und Postboten des In- und Auslandes nehmen Bestellungen an. Inserate werden die dreispaltige Petitzeile oder deren Raum zu 3 kr. berechnet.

Redaktion: Burggasse 14 Herausgegeben von Dr. jur. J. Sigl. Expedition: Ruffinibogen 5

Crescenz. Nr. 134. Mittwoch, 15. Juni 1870.

Bestellungen auf das „Bayr. Vaterland" für den Monat Juni zu 18 kr. können bei allen Postanstalten und Postboten noch immer gemacht werden.

Liebesgaben für den hl. Vater.

Uebertrag 28 fl. — kr.

15) Mit Gott wird Pius siegen,
Und Satan sicher unterliegen . . . . 5 „ — „
16) Von einem armen Packträger . . . . — „ 8 „
17) B. G. S. Statt des Halbjahr-Abonnements auf die Allgemeine und Postzeitung . . . . . 13 „ 40 „
18) Gott segne das Wenige. Th. M. J. . . . . . — „ 48 „
19) Was ihr an Söhnen nicht liefert, wie Belgien, Frankreich und andere Staaten, das liefert an Geld zur Hilfe des heiligen Vaters. Freiwillige Steuer gebet im Namen des Herrn seiner Kirche, Er lohnet ewig . . . . 15 „ — „

Summa: 57 „ 31 „

Neubayrisches Recht!

*Aus der Pfalz. Von den Forchheimer Vorgängen und den Wahlbeeinflußungen, von den Tendenzprocessen bis herab zu der Beförderung des Dr. Schneider haben die patriotische Presse und einzelne patriotische Abgeordnete vielfach, die schlagendsten Beweise an der Hand, die — Rechtsgleichheit und den neuesten Rechtszustand in Bayern nachgewiesen. Amtliche „Berichtigungen", ministerielle Erklärungen, fortschrittliche Ableugnungen und schäußlich-herzige Beschönigungen haben die bayrischen Rechtszustände gar nicht als „musterstaatlich badisch" oder „bismarkisch liberal", sondern vielmehr als gut bayrisch und unvergleichlich bezeichnet.

Heute sind wir in der Lage, ein Beispiel neubayrischer Rechtsgleichheit und Verfassungsmäßigkeit, bureaukratischer Un—befangenheit und Un—partellichkeit zu liefern und sehen mit vollkommener Gemüthsruhe diversen amtlichen „Berichtigungen", offiziellen Erklärungen und liberalen Rechtfertigungen entgegen.

Das amtliche Organ der Kaiserslauterer Freimaurerloge, die „Pfälzische Volkszeitung", berichtet, daß der „Volksverein" sich an einer Demonstration gegen die kgl. Regierung wegen Nichteinführung der Communalschulen nicht betheiligen könne, weil der frühere Stadtrath die Sache ad acta gelegt und erst der neue Stadtrath dieselbe wiederaufgegriffen habe, die kgl. Kreisregierung also der Vorwurf einer Verzögerung nicht treffen könne.

Dieses unüberlegte, an und für sich unscheinbare Geständniß, bei welchem mehr ein „moralischer Fußtritt", gegen den alten fortschrittlichen Stadtrath beabsichtigt ist, gibt aber der ganzen Sachlage der Communalschulfrage eine neue Wendung und bringt den Gegenstand in ein neues Stadium.

Wenn das frühere fortschrittliche Bürgermeisteramt und der abgetretene fortschrittliche Stadtrath, welche am 11. und 12. Juni 1869 die Abstimmung über die Einführung der Communalschulen in Kaiserslautern vorgenommen, die Frage als abgeworfen betrachtet und deshalb die Verhandlungen ad acta gelegt haben, dann durfte auch der Stuhlmeister und der Convent der Freimaurerloge, welche am 1. Januar 1870 zu Herrschaft gelangten, die Sache nicht wiederaufgreifen, die der Abstimmung zu Grunde gelegten Stimmlisten des frühern Bürgermeisteramtes nicht vernichten, nicht 9 Monate nach der Abstimmung neue Stimmlisten aufstellen, noch auf Grund derselben die Einführung der Communalschulen beantragen.

Der kgl. Regierungspräsident glaubte dann auch, der katholischen Distrikts-Schulinspektion nicht das Schlußgutachten einräumen zu dürfen, sondern dem Communal-Schulreferenten des Stadtraths, der mit einem Federstriche 400 Stimmberechtigte, selbstverständlich katholische Männer minderjährig gemacht, ja gänzlich von der Welt verschwinden ließ. Der kgl. Regierungspräsident meinte, die Sache nicht „in infinitum" fortsetzen zu können und dem Stadtraths-Referenten das letzte Wort geben zu müssen, obwohl die fortschrittliche „Kaiserslautrer Ztg." von Letzterem behauptet, daß man seinen nach 10 Uhr Nachts gefallenen Worten keinen Glauben mehr beimessen dürfe und obwohl die katholische Schulinspektion an einzelnen Fällen die gänzliche Unrichtigkeit und Unzuverlässigkeit des Referats schlagend nachgewiesen hat. Wenn die Verhandlungen nicht „in infinitum" fortgesetzt werden dürfen, dann dürfen es noch weniger die Abstimmungen, dann darf die von dem fortschrittlichen Regime bereits abgeworfene Frage von der Freimaurerloge nicht wieder aufgegriffen werden.

Schon dieser Umstand sollte die Kreisregierung veranlassen, die Abstimmung wenigstens als zweifelhaft zu bezeichnen, wenn nicht aus rechtlichen Gründen der erneuerte Antrag als formell und materiell unzulässig abzuweisen ist, abgesehen davon, daß die liberale Presse der Stadt Kaiserslautern selbst, daß der Fortschritt und die Loge sich gegenseitig bisher das Zeugniß der „Unglaubwürdigkeit, Lüge, Verleumdung und Fälschung" ausgestellt haben.

Uebrigens zweifeln die Kaiserslauterer Communalen nicht an der höheren Genehmigung der Communalschulen, seitdem Hr. v. Pfeifer ihnen deutlich zu verstehen gab, daß er principiell mit der Einführung einverstanden sei.

Nachdem nämlich der fortschrittliche Stadtrath von Kaiserslautern die Abstimmungsprotokolle ad acta gelegt hatte, verlangte Hr. v. Pfeifer dieselben zur Vorlage, zur Prüfung und Entscheidung, obwohl zur Zeit von keiner Seite wegen Nichtvorlage der Akten eine Beschwerde erhoben worden war. Wir erlauben uns nun deshalb einfach die Frage: Liegt dieses Verfahren in der Intention oder im Wortlaut der betreffenden Ministerial-Entschließung? Kann hierin nicht gleichsam eine indirekte Aufmunterung zu dem Communalschulschwindel und den Communal-Revolutionen ersehen werden, die Hr. v. Pfeifer selbst als „aneckelnde Vorgänge“ bezeichnen mußte? Kann und muß hiedurch bei den gläubigen Katholiken der Pfalz nicht ein Zweifel an der Unbefangenheit und Unparteilichkeit ihres obersten Verwaltungsbeamten entstehen?

Die einschlägige Ministerial-Entschließung bestimmt keineswegs, daß Communal-Abstimmungen vorgenommen werden müssen, weshalb auch die Regierung, ohne erhobene Beschwerde, die Vorlage der Abstimmungs-Protokolle gar nicht verlangen kann, wo solche gar nicht bestehen oder ad acta gelegt sind. Was sagt das kgl. Cultusministerium zu dieser Auffassung seiner Entschließung? Was sagt die patriotische Kammermajorität zu der, den Katholiken Kaiserslauterns drohenden Verletzung ihrer verfassungsmäßig garantirten Gewissensfreiheit? So wie die Akten liegen, wäre die Einführung der Communalschulen in Kaiserslautern ein Gewaltstreich, ein Rechts- und Verfassungsbruch, denn mehr als die Hälfte der Katholiken Kaiserslauterns, etwa 700 Familien inclusive der Witwen, und gerade jene, welche in katholischen Ehen ihre Kinder katholisch erziehen lassen, die noch kirchlich gesinnt sind und am religiösen Leben ihrer Kirche noch Antheil nehmen, waren bei der Abstimmung gar nicht betheiligt. Fiat justitia, Gerechtigkeit wollen und verlangen die Katholiken, Gerechtigkeit und nichts als Gerechtigkeit!

(Anmerkung der Redaction. Wie der Regierungspräsident v. Pfeifer es wagen könnte, auf das Referat eines notorischen Mitglieds der Loge hin gleich die katholische Hälfte einer Stadt faktisch zu vergewaltigen, das zu begreifen, geht denn doch über den normalen Horizont eines kgl. bayr. Staatsbürgers hinaus. Die Katholiken von Kaiserslautern brauchen sich das nicht gefallen zu lassen, sie müssen sich eben wehren und ihr gutes Recht aus allen Kräften vertheidigen. Wir dächten, die Sache wäre wichtig genug, daß etwa Einer der „Extremen“ unserer Kammer zu einer gesalzenen Interpellation an Hrn. v. Lutz allen Anlaß hätte. Wir hoffen und erwarten es auch; denn daß einer katholischen Bevölkerung einer Stadt Bayerns in solcher Weise mitgespielt werde, das können die Katholiken der patriotischen Partei denn doch nimmermehr zugeben.)

Deutschland.

München, den 14. Juni.

• Ueber die letzte Monats-Versammlung des patriotischen Vereins in der „Neuen Welt“, beziehungsweise über die Rede des Hrn. Abg. v. Miller bringt der „Volksbote“ folgenden Bericht: „.. Wirklich patriotische Blätter seien in München nur der Bayrische Kurier und der Volksbote, er müsse aber tief bedauern, daß ein anderes hiesiges Blatt (das „Vaterland“, bemerkt dazu der Volksbote) durchaus nicht im Interesse der patriotischen Sache arbeite, sondern daß dasselbe im Fleische der Partei und in seinen eigenen Gedärmen wühle und dadurch sich und der patriotischen Sache nur Schaden bringe. Er bitte und beschwöre die Patrioten, dieses Blatt von sich zu weisen und nur die wahrhaft der patriotischen Sache dienenden Blätter zu lesen, er bitte, diese verderbliche, wilde Leidenschaftlichkeit, ein Gebahren, über das man nur „Pfui“ rufen könne, nicht aufkommen zu lassen. Der hierauf ausgebrochene Beifallssturm, wie ihn die „Neue Welt“ noch nie erlebte, bewies dem Redner, daß die ganze Versammlung seiner Meinung sei und ihm vollkommen zustimme, wie auch, daß der patriotische Verein in und unter sich einig und ganz auf Seite der Abgeordneten stehe.“ — Wir danken dem „Volksboten“ für diesen wohlgemeinten freundnachbarlichen Liebesdienst, müssen aber doch bedauern, daß die Redaktion des „Volksboten“ der Versammlung nicht beigewohnt hat, denn sonst hätte sie einen solchen Bericht nicht bringen können. Alles das ist vom Anfang bis zum Ende, im Ganzen und im Einzelnen theils unwahr und verdreht, theils vollständig erlogen und dies bestätigen uns zehn Ohrenzeugen, aus dem geistlichen und Laienstande, deren absolute Glaubwürdigkeit anzutasten der „Volksbote“ sich nicht beikommen lassen darf. Es wäre Sache des Hrn. Abg. Miller die Darstellung des Volksboten richtig zu stellen. — Am demselben Tage enthielt die „Landshuter Zeitung“ von Hrn. Karl Zander folgende Erklärung: In Nr. 134 der „Landshuter Zeitung“ ist die Bemerkung enthalten, daß Hr. Dr. Sigl vor einem Jahre den ganzen Winter hindurch im „Volksboten“ gegen die Landshuter Zeitung Schimpfereien vollführte. Auf diese Bemerkung, die vollkommen wahr(?) ist, erlaubt sich der Unterzeichnete zu erklären, daß jene Ausfälle nur dem Hrn. Dr. Sigl während seines dem Volksboten nur Nachtheile (?) gebrachten (!) Interregnums zuzuschreiben sind, da die gegenwärtige Redaktion jenes Treiben nur mißbilligen kann. Gleichzeitig ersucht der ergebenst Unterzeichnete die verehrliche Redaktion der Landshuter Zeitung, den Volksboten nie mehr mit Herrn Dr. Sigl in Verbindung zu bringen, da eine solche in keinerlei Richtung weder besteht, noch bestehen kann. München, 10. Juni. K. Zander, Redakteur des Volksboten.“ Wir glauben diese Erklärung als eine von unserer Seite in keiner Weise veranlaßte und völlig unmotivirte Kriegserklärung des Volksboten gegen das Vaterland ansehen zu müssen. Wir überlassen es jedoch dem „Volksboten“, gegen uns Krieg zu führen, so viel und so lange er will; wir fürchten den Volksboten nicht; wir glauben aber ebenso wohl im Interesse der guten Sache wie der Partei zu handeln, wenn wir den hingeworfenen Fehdehandschuh nicht aufheben und auf alle bereits erfolgten wie etwa noch erfolgenden Angriffe, Ausfälle und Verdächtigungen des Volkes mit verständlichem Schweigen antworten. Wir werden wie bisher gegen den Fortschritt, aber nicht gegen diejenigen kämpfen, welche mit uns für die gleiche Sache und gegen die gleichen Feinde kämpfen sollen. Im Uebrigen glauben wir gar nicht nöthig zu haben, auf diese beiden jüngsten Auslassungen der Redaktion des Volksboten gegen uns auch nur mit einem Worte zu entgegnen; wir dürfen es ganz ruhig unsern Lesern überlassen, darüber sich ein Urtheil zu bilden.

(Wir haben diesen Artikel einen ganzen Tag unterdrückt, da wir bestimmt einen Widerruf im „Volksboten“, bezw. eine Erklärung des Hrn. Abg. v. Miller erwarteten. Wir haben uns getäuscht. Die Zuschriften, die uns gestern von Herren zugegangen sind, die jener Versammlung beigewohnt und höchlich entrüstet über die so ganz unwahre und falsche Darstellung im „Volksboten“ sind, unterdrücken wir im Interesse des Friedens, obgleich die HH. Einsender den Abdruck wünschten; es ist besser so, da es uns nicht um Zweck und Streit zu thun ist. Falls aber der „Volksbote“ es wünscht, wollen wir einen der Briefe, den glimpflichsten, abdrucken. Die Redactionen, welche, wie die Postzeitung, die Süddeutsche Post rc., von jener unwahren Darstellung im Volksboten Notiz genommen habe, brauchen wir wohl nicht eigens zu versuchen, daß sie auch von unserer Berichtigung Notiz nehmen, denn bei einer ehrenhaften Redaction versteht sich ja das von selbst.)

— Die Berathung des **Militärbudgets** ist vom 2. **Ausschuß** beendet. Die Kolbschen Anträge, obwohl vom Kriegsminister für nicht ausführbar erklärt, gelangten bis auf Unwesentliches zur Annahme. Insbesondere will der Ausschuß bei der Infanterie die Präsenz auf nur 8 Monate festgesetzt und die 2 Kürassier- und 2 Uhlanen regimenter aufgehoben wissen. Wir möchten aber dringend bitten, erst das neue Wahlgesetz durchzusetzen, ehe man an die Berathung des Budgets geht. Sonst lösen sie die Kammer auf und dann — könnte es sehr schief gehen!

☞ 26 Geistliche des **Dombergs** und der Stadt Freising haben es für ersprießlich gehalten, dem hochw. Hrn. Erzbischof „in dem festen Glauben, sich in Uebereinstimmung mit dem größten Theile des Clerus der Diöcese zu finden“ eine geschriebene Zustimmung zu seiner bisherigen, der Unfehlbarkeit gegnerischen Haltung zu übermitteln. Wie aus früheren gegentheiligen Zuschriften an uns, so wieder aus einer Gegenerklärung, die wir soeben aus dem Landkapitel München erhalten, aber erst morgen abdrucken können, geht indeß hervor, daß der Freisinger Glaube an die Zustimmung des „größten Theiles des Clerus“ keinerlei Anspruch auf Unfehlbarkeit erheben kann. — Da jene Zustimmungsadresse an den Hrn. Erzbischof blos auf die Geistlichkeit von Freising beschränkt blieb, so konnte sie weder der große Döllinger, noch der kleine Schmitz mitunterzeichnen, dafür aber hat sie die nachträgliche Zustimmung Knurrblättls und die größten Lobsprüche von allen liberalen Provinzial-Knurrblättln erhalten, worauf man in Freising sicher nicht gerechnet hat.

Von der **Mangfall** wird dem „Vaterland“ geschrieben: Die ernsten Tage der Prüfung des wirklich ächten bayrischen Patriotismus, die Tage der Entscheidung, was in Zukunft aus Bayern werden soll, nahen heran — für das Land und seine Vertreter in der Kammer. Es sind dies die Tage der Debatten über das Militärbudget. Es wird da Kampf und Hitze kosten; Hof, Adel, Bettelpreußen und Bureaukraten werden ihre besten Kämpfer in's Feld schicken, um dem Lande möglichst viele Opfer für den Militärmoloch zu entreißen. Da wird es Aufgabe der wahren Vertreter des Volkes sein, fest zu bleiben und mit aller Entschiedenheit für das Interesse des Volkes einzustehen. Dem bayrischen Löwen darf man nicht noch mehr Haare ausreißen; stellenweise ist er ohnehin schon fast kahl. Heilige Einigkeit, bleib' du recht bei den Patrioten, sonst geht es dem Löwen schlecht! Hoch, sehr hoch müssen die Patrioten die Sache des Volkes halten, daß sie ihr bei den Wahlen gegebenes Versprechen doch da einlösen. Wort müssen sie halten, denn Männer von Treue und Wort haben wir gewählt, Männer der That und Entschiedenheit, keine Windfahnen, keine Rücksichtsmänner, keine Haarspalter und Zweifel—(meier). Ein großes Loch müssen sie in den Militarismus reißen, das erwarten wir, und könnten sie ihm gar den Garaus machen, so wär's uns noch lieber. Von der Haltung der Patrioten in der Militärfrage wird vieles abhängen, mehr als man heute schon sagen darf. Halten sie da nicht Wort, dann gute Nacht, bayrisches Volk, gute Nacht, bayrischer Patriotismus! Aber noch hoffen wir und hoffen wir recht fest, daß alle fest bleiben und keiner sein Wort brechen wird, das er bei den Wahlen gegeben hat.

Von der **Paar** wird dem „Vaterland“ geschrieben: Also das siebente Schuljahr soll nicht abgeschafft werden? Nun, das wäre schön, wenn das auch noch seine Verehrer in der Prannersgasse fände! Da fehlt eben wieder Lukas, der Unersetzliche, der gewiß ein heilsames Donnerwetter über die Schwärmer für diese Bauernqual loslassen würde. Haben denn die Schwaben und „Weisen“ wirklich ganz allein das Heft in der Hand? Und braucht man sich denn um die Adressen und Petitionen gegen diese Einrichtung wirklich gar nicht zu kümmern? Da werden sich die Patrioten, welche gegen die Abschaffung stimmen, herzlich schlecht bei den Bauern einschmeicheln, welche von der patriotischen Majorität mit Bestimmtheit die Beseitigung dieser Qual für Alte und Junge erwartet und noch sehnlichst erwarten und über die trostlose Nachricht der Blätter, daß es beim Alten bleiben soll, tief niedergeschlagen und theilweise sehr erbittert sind. Wenn doch da die Blätter noch Hilfe schaffen könnten, so würden sie sich ein wahres Verdienst um das geplagte Landvolk erwerben, das seine Kinder mit 13 Jahren schon zu andern Sachen braucht, als sie in der Schule faullenzen und doch nichts lernen zu lassen. Wer so vernagelt ist, daß er in 6 Jahren in der Schule nichts gelernt hat, der lernt im siebenten auch nichts mehr, das einzusehen reicht der „zurückgebliebenste“ Verstand aus. Wozu also die Plackerei mit dem siebenten Schuljahr? (Ja, die Frage möchten wir selbst gern beantwortet wissen! D. R.)

Vom Lande wird dem „Vaterland“ geschrieben: Es kömmt immer schöner! Während in München die „Volksvertreter“ geruhsam beisammen sitzen und es bei der patriotischen Majorität immer wurmnichiger zu werden scheint, schaut der Justizminister in dem Grundsatz: Duobus litigantibus tertius gaudet vornehm und mit großer — Hochachtung (es scheint ganz so!) über die Herren hinweg und beglückt das liebe Volk wieder mit 500 neuen Beamten, die das Volk wieder ein Heidengeld kosten und ohne die das Vaterland wahrscheinlich nächstens völlig aus dem Leim gegangen wäre. Ja, haben wir denn derselben noch nicht genug gehabt und schreit man nicht seit Jahren sich heiser um Beamtenverminderung? Beamtenheer — Beamtenmehr! Je mehr Beamte, desto übermächtiger wird die Bureaukratie, denn die helfen alle zusammen. Wenn es so fortgeht, dann wird's bald im Lande nur mehr Beamte, Soldaten, Juden und Bettelleute geben.

Ausland.

In **Belgien** wird am 14 d. für die Kammer gewählt, d. h. die Hälfte der Abgeordneten wird durch eine Neuwahl erneuert. Die Herren, welche wieder gewählt werden wollen, thun sich daher tüchtig um und machen die großartigsten Versprechungen und Betheuerungen. Leider ist's aber, wie es scheint, mit den Wahlversprechungen wie mit dem Märzenschnee; beide halten nicht lang; ist der Wahltag vorüber, so pflegt gerne eine Gedächtnißschwäche — für alles das einzutreten, was man vor dem Wahltag versprochen hat. Die Wähler sollten sich das einmal merken!

In **Irland** will sich jetzt der bekannte Prinz v. Wales, wie man in England den Kronprinzen nennt, ansiedeln, um den Irländern wieder einige Loyalität und Begeisterung für die Dynastie beizubringen. Dazu scheint nun der Prinz das Zeug ganz und gar nicht zu haben; es würde ein bergeversetzender Glaube dazu gehören, an ein Gelingen dieser Idee zu glauben. Nach allen Schilderungen dieses, namentlich auch in moralischer Beziehung sehr fragwürdigen Prinzen fehlt ihm jede Faser, durch welche er mit dem Volke von Irland eine nähere Berührung unterhalten könnte; der Prinz ermangelt nach dem übereinstimmenden Urtheil Aller, die ihn näher zu kennen das zweifelhafte Vergnügen haben, nicht blos aller Liebe für geistige Beschäftigung, hat nicht blos keinen Sinn für irgend etwas, was über den Stall und die Jagd und — noch was hinausgeht, sondern er ist auch in dem engen Kreise seiner Ideen, wenn dieses Wort überhaupt bei ihm anwendbar ist, beschränkter, ungelenkiger und unbehilflicher als mancher Mann aus dem niedersten

Stande. Wäre er nicht zufällig Kronprinz, er hätte seine Schwierigkeit, sich durchzubringen. Als Kronprinz freilich bringt er sich und — seine Appanage ohne sonderliche Mühe durch. Die Engländer werden schöne Tage erleben, wenn der einmal König sein wird; zur Vermehrung des Respekts vor den Prinzen und großen Herren hat er bereits namhaft beigetragen!

Nachdem in **Spanien** der Versuch einen brauchbaren König zu wählen, beziehungsweise aus den vorhandenen Kandidaten in der Kammer auszupaschen, gründlich fehlgeschlagen ist, erklärte Prim, er hoffe in 3 Monaten ein passendes Individuum ausfindig zu machen, das sich dazu hergeben mag, königliche Puppe in der Hand der höchst ehrenwerthen Bagage zu sein, welche gegenwärtig Spanien beherrscht. Wenn's dann wieder nichts, dann wird man wahrscheinlich die Republik einführen oder sich und Spanien ohne jede eigentliche Staatsverfassung so oder so auffreßen.

Vermischte Nachrichten.

Magistratus hochweiser fortschrittlicher Münchener beschäftigt sich in seinen Sitzungen interessanten, merkwürdigen, welthistorischen so oft mit der Ruine am Karlsthor, daß man dieselbe entfernen müsse. Wir meinen, das Herunterputzen des Münchener Wahrzeichens, an das sich das Auge jedes guten Bürgers bereits gewöhnt hat, genügte wohl auch zur Verschönerung der Stadt, für die ja Magistratus fortschrittlicher allein schon Zierde genug wäre. Man könnte aber mit dem so ersparten Gelde endlich die verschiedenen Weltmeere in der Preisingstraße, gemeiniglich Froschlacken benamst, mit ihrem melodischen Unkengeschrei und ihren aromatischen Ausdünstungen, durch die jedwedes Vieh und Menschenkind genirt und die Luft weithin verpestet wird, entfernen und austrocknen. Erst das Nothwendige, dann das Schöne, das sollte sich Magistratus, der ohnehin kein Geld hat, doch ja recht merken, und will er positiv was zur Verschönerung der Karlsthor-Ruine thun, so könnte er ja den Hrn. Billing oder den Knorren mit seiner interessanten Visage dort anmalen lassen; das kostet nicht viel, höbe den Platz mächtig heraus und würde manches Aug' und manches Herz erfreuen.

In **Szegedin** (Ungarn) hat eben ein großartiger Prozeß über eine Räuberbande begonnen, bei dem 300 Urtheile und will man nach dem Buchstaben des Gesetzes urtheilen, mehr als 200 Todesurtheile gefällt werden müssen. Unter allen Umständen wird es aber 50 Todesurtheile geben, was sicher dafür spricht, daß es in Ungarn stellenweise recht heitere Gegenden geben muß.

Kulturbildliches.

In **Würzburg** hat ein Hr. Universitätsstudent, also ein „Gebildeter", seine „Geliebte", ein Kind von 15½ Jahren, „aus Liebe" — erschossen! Sie fing früh an und hörte bald auf, denn schon am andern Morgen verschied sie. Die verständigen Eltern wollten nicht zugeben, daß das junge Ding schon ein „Verhältniß" habe und gar mit einem Studenten; darum erschoß er sie! Ob jetzt da eine Tracht Prügel, jeden Tag auf den besseren Theil seines Selbst nachdrucksamst applicirt, nicht angezeigt wäre? — Die Bildung und der Fortschritt treibt auch hier in München immer kuriosere Blüthen. So z. B. fuhr gestern eine Droschke (Nr. 138) durch die Neuhausergasse, welche in ihrem Innern einen ausgezeichneten Kulturlümmel barg. Besagter „gebildeter" Knurrblättlanbeter fuhr da an einem Geistlichen vorbei, der ruhig seines Weges ging, und schlug ihm im Vorbeifahren mit dem Stock heftig ins Gesicht und über die Brillen. Wirklich, München macht sich und der Fortschritt auch!

Börsen-Nachrichten.

Von Neapolitanischen Loosen wurden am 1. Juni folgende Numern gezogen: 106,728 (gewinnt 40,000 Fr.), Nr. 34,346, 8102, 53,892, 26,896 (gewinnt je 400 Fr.), 159,621, 142,321, 25,725, 155,564 (je 300 Fr.), 83,377, 88,088, 31,711, 97,377, 159,452, 16,287, 20,212, 39,762, 41,544, 100,154, 99,456 (gewinnt je 250 Fr.)

Briefkranzen.

M., N. Ob Döllinger Firmpathe des P. Petrus ist und „dabei die Rolle des hl. Geistes übernommen und ihn in die alte gallikanische Wahrheit eingeführt habe", konnten wir leider nicht in Erfahrung bringen; wir glauben aber, daß Döllinger „in der Rolle des heiligen Geistes" sich nicht gar gut ausnehmen würde. — B—g. Bitte Geduld! Die häuslichen Zwiste haben uns leider eine Unmasse Raum weggenommen; wir konnten aber nicht alles umgehen. — F. N. Der Redakteur bedauert, keine derartige Einladungen annehmen zu können, wenn der Ort nicht unmittelbar an der Bahn gelegen und eine Rückkehr noch am Abend möglich ist. Seine Zeit ist ausschließlich vom Blatt in Anspruch genommen und er glaubt, da nothwendiger zu sein. Dagegen sind Berichte über solche Versammlungen jeder Zeit erwünscht. — A. in W. Geduld, Geduld, wenn's Herz auch bricht; das Warten schadet niemals nicht. Wir stehen fest auf unserm Platz und wanken nicht; merk' dir's, o Schatz! — Ldsh. Sind reine Privatsachen und als solche ohne Interesse für unsern Leserkreis wie für unsere Sache. — R. Unter „Weisling" verstehen wir die offiziösen Ritter der Weisen. Ihre Bezeichnung wäre treffender, könnte uns aber wieder für einige Zeit freies Quartier bei Hrn. v. Leonrod eintragen; wir ziehen es aber vor, im Freien für's Vaterland zu streiten. — Pfalz. Reklamiren Sie die Nummern stets bei der Post; Sie ersparen sich und der Exped. damit überflüßige Kosten.

Verantwortlicher Redakteur: Dr. J. Sigl.

Druck von M. Bazl in München. Kreuzthal 19

II. Jahrgang.

Auflage: 5400.

Das Bayrische Vaterland.

Das „Bayr. Vaterland“ erscheint täglich mit Ausnahme der Sonn- und hohen Festtage. Preis des Blattes: Vierteljährig 54 kr., ganzjährig 3 fl. 36 kr. Das einzelne Blatt 1 kr.

Alle Postexpeditionen und Postboten des In- und Auslandes nehmen Bestellungen an. Inserate werden die dreispaltige Petitzeile oder deren Raum zu 3 kr. berechnet.

Redaktion: Burggasse 1⁴. Herausgegeben von Dr. jur. J. Sigl. Expedition: Ruffinibazar 5.

Hl. Fronleichnamsfest. Nr. 135. Donnerstag, 16. Juni 1870.

Morgen, als am hl. Fronleichnams-Fest erscheint kein Blatt; die Expedition ist von 11 bis 1 Uhr geöffnet.

Abonnements - Einladung.

Bei dem bevorstehenden Quartalswechsel richten wir an unsere verehrten Abonnenten und Leser unsere Einladung zum neuen Abonnement.

Angesichts der Schwierigkeiten und Begebnisse der letzten Wochen ist es wohl am Platze, hier unsere Stellung zu denselben und zu den Schwierigkeiten, die wir noch voraussehen, genau anzugeben. Im Allgemeinen haben wir unser Programm bereits in der Probenummer dargelegt; „**mit dem Volk und durch das Volk allezeit das Wohl und Beste des Volkes**“ — das ist unser Programm. In diesen Worten ist unsere Stellung gekennzeichnet, die wir zu den fortschrittlichen Gegnern wie zur patriotischen Kammermajorität eingenommen haben und in Zukunft behaupten werden. Das „Vaterland“ soll der Anwalt der großen Mehrheit des bayrischen Volkes sein; die Rechte, Wünsche und Forderungen des Volkes soll es vertreten und vertheidigen allezeit und gegen Jedermann; Niemand soll es dienen als einzig dem **Rechte** und der **Wahrheit**; **unabhängig**, frei und **muthig** soll es den Weg gehen, welchen die **Gerechtigkeit** und unsere **Ueberzeugung** ihm vorschreibt. So haben wir es bisher gehalten und nichts und Niemand wird uns abhalten können, es auch in **Zukunft** so zu halten.

Man hat uns deshalb als einen „**Demokraten**“, der den Thron umstürzen und dafür die Republik einführen will, ausgegeben. Wir haben dazu geschwiegen, weil wir unsern Lesern, die das „Vaterland“ kennen und im Stande sind, sich selbst ein Urtheil zu bilden, nicht zu sagen brauchten, daß man uns ohne Grund und ohne Anhalt lediglich verdächtigt und verleumdet hat. **Katholisch** wie wir sind, wissen wir, daß wir eben sowohl den Fundamental-Gesetzen des Staates wie den Geboten Gottes und der Kirche uns zu unterwerfen haben, die uns gebieten, Gott zu geben, was Gottes und dem König, was des Königs ist. Eine **Republik** anzustreben, wäre unter unsern Verhältnissen ebenso wenig katholisch, als es vernünftig wäre. Nennt man uns aber demokratisch, weil wir das Wohl und Recht des Volkes **höher** stellen, als persönliche Interessen, Rücksichten und **Vortheile**, und ist das demokratisch, so können wir uns auch diese Bezeichnung sehr wohl gefallen lassen und sind wir immer, so lange wir schreiben, in dieser Weise „demokratisch“ gewesen. Das Volk hat seinerseits, durch den in der kurzen Zeit beispiellosen Erfolg des „Vaterland“ gezeigt, daß es mit diesem unsern Streben merkwürdig einverstanden ist.

Was unser Programm im **Besondern** betrifft, so werden wir in den nächsten Nummern Gelegenheit haben, uns darüber des Weiteren auszusprechen und zu zeigen, daß wir uns nicht geändert haben, daß aber die Grundsätze der bisherigen „patriotischen Partei“, will sie wirklich das erreichen, was das Volk von ihren Vertretern in der Kammer mit Fug und Recht erwartet, genauer und bestimmter gefaßt und ihr Programm vor Allem und durch und durch ein **entschieden katholisches** werden muß, welches in gleicher Weise dem katholischen Bewußtsein, wie den unabweisbaren Bedürfnissen des Volkes gerecht wird.

Wir bitten unsere Freunde und Leser uns in unsern ehrlichen Bestrebungen beizustehen und dem „Vaterland“ eine solche Verbreitung gewinnen zu helfen, daß unser Ringen und Kämpfen für die Sache des bayrischen Volkes und Vaterlandes ein fruchtbares, ein erfolgreiches werde. Wir selbst und unsere verehrten eifrigen Mitarbeiter werden es an nichts, weder an Eifer, noch Arbeit für die gute Sache fehlen lassen. Treu dem **Volke** wie unserer **Kirche** werden wir in allen Kämpfen, Anfeindungen und Verfolgungen fest, **muthig und unentwegt** streiten, arbeiten und will's Gott **siegen!**

Der **Preis** des Blattes ist wie bisher halbjährig 1 fl. 48 kr., vierteljährig 54 kr.

Inserate, welche billigst berechnet werden, finden die weiteste Verbreitung und haben darum den besten Erfolg. Wir können namentlich unsern Lesern das Blatt zu Inseraten nur empfehlen.

Die Redaktion und Expedition des „Bayr. Vaterland.“

Liebesgaben für den hl. Vater.

Uebertrag 57 fl. 31 kr.

20) P. St. . . . . — „ 30 „

21) Bayrisch sein, katholisch leben,
Ist der Patrioten Streben,
Ist der guten Blätter Kämpfen,
Daß die Kammer nicht soll' dämpfen . . 1 „ 45 „

Summa: 59 „ 46 „

Uebertrag 59 fl. 46 kr.

22) Von H... Das könnten die Patrioten selbst von den Teufeln lernen: einig sein! . . 1 „ 10 „

23) K. S. Dem unfehlbaren Papste! . . . . 12 „ — „

24) Freising. Wir halten gläubig zu dem vom Un- u. Irrglauben desavouirten Papst (1 österr. fl.) 1 „ — „

25) Aus Obergünzburg . . . . 10 „ — „

Summa 83 „ 56 „

Ueber das Zwangs-Turnen in der Volksschule

* schreibt dem „Vaterland“ ein Landwirth **von der Donau:** Daß man es mit dem Projekt, das Turnen in der Volksschule zwangsweise einzuführen, einzig darauf abgesehen hat, den liberalen Schulmeistern in den Turnlehrern, welche nicht ausbleiben würden, Adjutanten zu schaffen, um über die Pfarrer und Bauern Herr zu werden, zumal wenn es gelingt, die Orts-„Bürgermeister“ mit der Zeit auch noch „liberal“ zu machen, darüber bin ich keinen Augenblick zweifelhaft. Es darf in einer solchen, mit dieser liberalen Dreifaltigkeit gesegneten Gemeinde dann nur noch ein glaubensloser Aufschläger oder Viehdoctor, ein liberaler Kaminkehrer, ein fortschrittlicher Bräuer oder ein aufgeklärter Schuster oder Schneider sein, dann ist unter der Führung des vom „Hauch der Wissenschaft“ beleckten liberalen Schulmeisters die Gemeinde unfehlbar geliefert, dann wird der religiöse Glaube, die Sittlichkeit und Gottesfurcht aus der Gemeinde bald ausgetrieben und ausgestäupt sein.

Wir haben bereits den Schul-, Impf-, Bau- und Militärzwang, den Armenunterstützungszwang, den Steuerzwang, den Gemeinde-, Distrikts- und Kreisumlagen-Zwang, nun sollen wir auch noch den Turnzwang bekommen, der uns gerade noch gefehlt hat! — O ihr liberalen Großsprecher! Die Worte: Freiheit und Autonomie der Gemeinden sind in euerm Munde nur Schwindel und Lüge; was ihr Freiheit nennt, das ist in Wirklichkeit nur Zwang und Knechtung.

Bedürfen wir denn auf dem Lande das Turnen? — Nein; unsere Buben brauchen weder Turnen noch Turnlehrer; die turnen genug den ganzen Tag über bei unsern landwirthschaftlichen Arbeiten. Während so ein fein geschniegeltes städtisches Marzipanmännchen noch lange in den Federn liegt, sind unsere Buben schon stundenlang auf dem Felde, im Stadel, im Stall, kurz bei den Arbeiten beschäftigt, die den Jungen schon von selbst die Glieder auseinander ziehen und flink, kräftig und gelenkig machen. Schaut sie an diese frischen munteren Kerle, wie sie bei Sturm und Regen, bei Hitze und Kälte sich abgehärtet in ihren Arbeiten und Spielen! Wenn sich kein Stadtpüppchen vor die Thüre wagt, da könnt ihr unsere kleinen Schlingel draußen sehen in Schnee und Kälte und sie wissen sich umzuthun dabei, daß es eine Freude ist ihnen nur zuzusehen. Die brauchen kein Turnen und keine Turnlehrer; das besorgen sie selbst, und deshalb verwahren wir Landsleute uns gegen eine kostspielige und unnütze Plackerei durch „kunstmäßiges“ Turnen ein für allemal feierlichst. Unsere Buben sollen weder Springer noch Gaukler, weder Akrobaten noch Kunstreiter werden, sondern fleißige kräftige Arbeiter und das werden sie ohne eure Turnerei!

Theure Turnlehrer zu den Schullehrern — das ginge dem ohnehin schon schwer belasteten und überbürdeten Landvolke auch noch ab; — ein eigener Turnlehrer auf Kosten der Gemeinde oder des Staates — das ist gleich, es geht alles aus unserm Sack. Dann kämen noch eine eigene Turnhalle, wenn nicht die fortschreitende „Aufklärung“ bald die Kirchen überflüßig und Turnhallen daraus macht, eigene Turn-Lehrstunden, damit unsere Kinder gar nicht mehr zu haben sind und wie bei den Spartanern reines Staatsgut werden, und am Ende gar noch „gesetzlich“ vorgeschriebene oder privatim gepflogene Turnübungen mit unsern Mädchen — nun, ihr liberalen Herren, das könnte sich gut auswachsen, aber wohlgemerkt! — wir mögen nicht mitthun, und die von uns zur Vertretung auch unserer Interessen gewählten patriotischen Abgeordneten können und werden auch nicht mitthun wollen.

Wollt ihr aber, ihr liberalen Herren, das Licht eurer „Humanität“ leuchten lassen, dann laßt es hineinleuchten in die von dickem Dampf und verpesteter Luft angefüllten Werkstätten jener Fabriken, deren Besitzer reich und also „liberal, human und aufgeklärt“ sind, die sich aber von ihrer Humanität und Aufklärung nicht beirren lassen, schmutzigen Gewinns halber selbst die armen Kinder ihrer Sklaven, der Arbeiter, bis auf das Blut und das Mark auszunützen und es mit kaltem Blute sehen, wenn die armen Dinger im jugendlichsten Alter verwelken und vor der Zeit absterben. Diese kleinen hilflosen Geschöpfe, diese Aermsten unter den Armen verdienen euer Mitleid, denen wendet euere ganze Aufmerksamkeit zu; für unsere Kinder aber sind euere Künste nicht nöthig, für die wollen wir schon selbst sorgen und euch brauchen wir nie und nimmer dazu!

Deutschland.

München, den 15. Juni.

* Aus dem **Landkapitel München** werden wir um Aufnahme des Nachstehenden ersucht. „In nicht geringes Erstaunen versetzte mich Nr. 161 des „Bayr. Kurier“, welche dem Klerus der Erzdiöcese Nachricht gibt über Absendung einer „Erklärung“ von 26 Priestern in Freising an den Hochwürdigsten Hrn. Erzbischof in Rom. Ich fürchte keine Widerlegung, wenn ich behaupte, daß außer jenen 26 Herren in der ganzen Erzdiöcese kaum ganz wenige Priester von der Absicht einer solchen Erklärung Kenntniß hatten und dennoch handeln die 26 „in dem festen Glauben, sich in diesem Punkt in Uebereinstimmung mit dem größten Theile des Klerus der Diöcese zu finden.“ Hatten jene Herren Mitbrüder ein wirkliches Mandat, sei es zu einer Erklärung überhaupt und insbesondere zu einer Erklärung gerade dieses Inhaltes von der Mehrzahl der Diöcesanpriester erhalten? Nein! Oder hatten sie unter der Hand hierüber Nachforschungen angestellt oder Erkundigungen eingezogen? Auch davon ist Nichts bekannt.

Ferner was ist zu verstehen unter der „bisherigen Haltung“ Sr. Exzellenz des Hrn. Erzbischofs? Mir ist aus offiziellen Aktenstücken und aus „ultramontanen“ Blättern, denn andere halte ich nicht, nur bekannt, daß unser Hochw. Hr. Erzbischof auf Seite der sogenannten Conciliumsminorität stehe, welche nur die Opportunität der Infallibilitätserklärung bestreitet. Aber es ist mir nicht bekannt, daß dieser Standpunkt Sr. Excellenz von Diöcesanpriestern in Erklärungen angegriffen oder mißbilligt worden sei. Was übrigens den Standpunkt des Diöcesanklerus in diesem Punkte betrifft, so scheidet er sich in Fallibilisten, Infallibilisten und Inopportunisten und zwar in einem Zahlenverhältniß, daß Fallibilisten, so viel ich weiß, nicht den „größten“ Theil des Klerus ausmachen. Eine förmliche Scheidung in offene Parteien ist jedoch innerhalb desselben nicht eingetreten, sondern weitaus der größte Theil wartet die endgiltigen Beschlüsse des Koncils ab und diese sind ihm allein die feste Norm. Das, meine ich, wäre gewiß der korrekte Standpunkt.

Selbst wenn der Hochw. Hr. Erzbischof auf Seite der Fallibilisten steht, so, glauben wir, wird er sich hiefür nur nach der reiflichsten, gründlichsten Ueberlegung entschieden haben: es wird seine innerste Ueberzeugung sein. Dieser Geltung zu verschaffen und Ausdruck zu geben, wird er als Mann, als Priester, als Bischof nicht ermangeln, insbesondere da es sich um so hl. Interessen handelt. Es ist sehr gelinde gesagt, eine Mißkennung des Charakters unseres Hochw. Hrn. Erzbischofes, zu meinen, „als wenn irgend ein Zweifel an dieser Uebereinstimmung mit dem Klerus die Schritte des Oberhirten auf der bekannten Bahn unsicher machen würde". Nein! ich vertraue zu meinem Hochw. Oberhirten, daß ihm nur die Wahrheit und das hl. Interesse der Kirche am Herzen liegt, daß er unbeirrt durch äußere Einflüsse ein Votum abgeben wird, wodurch die Ehre Gottes und das Heil der Menschheit nach seinem besten Wissen und Gewissen am besten gefördert wird und dafür glaube ich die „innigste Dankbarkeit" empfinden zu sollen. Aber ich wage es nicht, durch „Erklärungen" und dergleichen Mittel ihn zu bestimmen und zu binden, so oder so zu votiren.

Eben wegen jenes unerschütterlichen Vertrauens in den apostolischen Charakter unseres hochverehrten Oberhirten stelle ich an meine hochw. Mitbrüder der Erzdiöcese die dringende Bitte, die Sache wenigstens in der Presse auf sich beruhen zu lassen, damit der wissentlich oder unwissentlich gemachte Anlauf zu offen hervortretender Scheidung und Parteiung des Diöcesanklerus ohne Folge bleibe.

Hätten jene 26 hochw. Mitbrüder privatim für sich den Schritt gethan, so dürfte man es vielleicht taktlos finden. Aber sie hatten kein Recht im Namen des „größten Theiles des Klerus" „zu erklären" und dies der Öffentlichkeit zu übergeben, nachdem doch von Seite der deutschen Bischöfe von öffentlichen Kundgebungen aufs dringendste abgerathen worden ist. Um das Lob der „Neuesten Nachrichten" aber, deren Haß gegen den „Domberg" grenzenlos ist, bedauern wir die Herren von ganzem Herzen. —

Landtag. Die Kammer debattirte über den Antrag der unterfränkischen Handelskammer auf Herstellung einer Bahnverbindung zwischen dem Stationshof und dem städtischen Mainufer und auf Errichtung eines Staatshafens in Würzburg. Für den Antrag sprachen Kolb, Weibert und Prof. Gerstner; dagegen Dr. Ruland und Schlör; er wurde zur „sachgemäßen Würdigung" ans Ministerium hinübergegeben. Der Gesetzentwurf, welcher die Ostbahn zum Bau einer Vicinalbahn Tirschenreuth-Wiesau und der Laberbahn ermächtigt, wurde angenommen.

— Daß das „Vaterland" mit den Bucherschen Preßverbrechern in dem berechtigten Kampfe gegen die Lauheit der „Gemäßigten" und „staatsmännischen" Um- und Rücksichtsmänner keineswegs allein steht, ist eine bekannte Sache. Nachdem in den letzten Tagen auch die „Postzeitung" und „Bayr. Kurier" Stellung genommen und der Wahrheit: daß man draußen im Lande von den bisherigen Thaten und — Erfolgen der „Gemäßigten" keineswegs erbaut und noch weniger damit zufrieden ist — Zeugniß gegeben, ist der „Volksbote" noch der einzige Fechter der „Fraktion Weis" — womit wir eben die „Staatsmänner" zu bezeichnen pflegen —, der ihr aber dafür mit Leib und Seele ergeben ist — wie lange? wer weiß es! Heute haben wir die Freude, zu konstatiren, daß auch die Amb. Volkszeitung, welche kurze Zeit geschwankt hatte, feste Stellung nimmt und den „Gemäßigten" die Liebe aufsagt, indem sie die „Extremen" vertheidigt. „Wer sind die „Extremen"? fragt sie heute; haben sie wirklich überspannte Forderungen gemacht und damit sich in den Augen der Vernünftigen lächerlich gemacht"? Diese Frage beantwortet sie entschieden mit Nein, insbesondere bei den Haupt-„Extremen" Lukas, Greil, Mahr. Wahrlich, wenn das die Extremen sind, dann ist Alles extrem, was sich nicht vom Liberalismus und Bureaukratismus ins Schlepptau nehmen läßt. Höre man darum patriotischerseits auf, extrem zu nennen, was nur entschieden und charaktervoll ist. Das Volk hat seine Freude an dem festen Auftreten solcher Männer — und sollte es einmal (was Gott verhüten wolle) zu einem vollständigen Bruche in der gegenwärtigen Kammermajorität kommen, so wird gewiß das Volk nicht auf Seite der sogenannten „Gemäßigten", sondern auf Seite der Entschiedenen sich stellen. Entschiedenheit will das Volk, aber nicht allein gegenüber dem Bettelpreußenthum, sondern ebenso sehr gegenüber der liberalen Wirthschaft im Innern. Beides, die liberale Wirthschaft im Innern wie die Verpreußung nach Außen wird vom Volke gleichmäßig verurtheilt. Das ist immer unsere Ueberzeugung gewesen und deshalb sind wir auch keinen Augenblick über unsere richtige Stellung im Zweifel gewesen.

— Den Hrn. Schrott hat der gelungene Durchfall bei der Bürgermeisterwahl so angegriffen und gekränkt, daß er seine Rathsstelle niedergelegt hat und der undankbaren Stadt den Rücken wendet. Hand des Verhängnisses! Er soll bereits zum Bezirksregulus in Sonthofen ernannt sein. Dann können wir Sonthofen zur Erwerbung dieses fortschrittlichen Culturförsters voll Mitleid — gratuliren!

Aus dem **Saalgau** wird dem „Vaterland" geschrieben: Liebes Vaterland! In deiner Nr. 132 hast du einen sehr schönen Bericht vom Saalgauverband-Fest in Mühlbach am zweiten Pfingstfeiertag. Ich war mit meinen Leuten dort anwesend und ich muß dich, da das Desavouiren ein sehr gangbarer patriotischer Modeartikel, auch „desavouiren", denn der schöne Bericht ist noch weit hinter der schönern Wirklichkeit zurückgeblieben. (Um so besser! D. Red) Viele meinen, daß die Zusammenkunft in Mühlbach die glänzende Katholikenversammlung auf der Salzburg fast noch übertroffen habe. Das ist nun alles recht schön und löblich und mag seine guten Früchte tragen für die Zukunft; aber wir müssen auch die Gegenwart im Auge behalten, denn das Alles würde uns jetzt nichts helfen, wenn nicht die Kammer — ach allzu spät! — noch im letzten Augenblick sich aufrafft und wie ein Mann steht. Der Sieg, zu dem die patriotische Mehrheit eben wieder dem Minister Lutz beim Civilproceß und Gerichtsvollzieherinstitut verhalf, ist ein zweites 1866 für Bayern und das bayrische Volk, ist ein gewaltiger Schlag für uns alle. Der Minister fühlt das auch selbst und drückt seine triumphirende Freude aus in seiner Sprache und in seinem ganzen Gebahren. Obwohl ein Patriot und kein Freund des Schaußen, muß ich doch sagen, daß Schauß, der dem Minister die Wahrheit so derb ins Gesicht sagte, daß er mit der Kammer umspringe, wie die Katze mit der Maus, mir entschieden gefallen hat. Und das thaten die Patrioten dem Herrn v. Weis zu Lieb? Vaterland! Lasse nicht nach in deinem Kampf für das Volk und seine Interessen, sei standhaft trotz allen Anfeindungen nnd Verdächtigungen! Die Zukunft ist dein und im Herbst werden wir es dir beweisen. Jetzt haben wir Landbewohner keine Zeit viel Zeitungen zu lesen, aber Alles ist für's „Vaterland" und im Oktober wird tüchtig abonnirt. Ob deine Gegner gut fahren, wenn sie dich grundlos bekämpfen, ist ihre Sache; wir lassen sie reden und nehmen das „Vaterland". (Prüfet alles und behaltet das Beste, meint die Redaktion.)

In **Oesterreich** scheinen die Aussichten der katholischen Volkspartei für die Wahlen sehr günstig zu sein; man läßt es aber auch an Rührigkeit nicht fehlen. In Oberösterreich hat das Linzer Volksblatt bereits aus einer Reihe von Gemeinden Wahlmännerwahlen mit vollständigen Niederlagen der Liberalen zu verzeichnen.

In **Frankfurt** hat am 11. eine Arbeiterversammlung, d. h. eine größere feierliche Prügelei stattgefunden, da die bismarkische Prügelgarde mehrere ihrer besten „Kräfte" zur Berathung geschickt hatte, die in ihrer Begeisterung für die gute Sache so weit gingen, daß sie schließlich sich selbst auf's Tapferste die Köpfe verarbeiteten. Der preußischen Kulturmission wird auf solche Weise kräftig vorgearbeitet.

In **Preußen** will zu den bevorstehenden Wahlen die Partei des katholischen Volkes wie in Oesterreich und Baden (und demnächst in Würtemberg, wo die entschiedenen Katholiken sich in Ellwangen ein eigenes Blatt gründen wollen) als geschlossene Partei auftreten. Wir können dies nur aufrichtig begrüßen, da nur auf diesem Wege dem liberalen Schwindel ernstlich und nachhaltig und darum mit Erfolg entgegentreten werden kann. In ihrem Programm will die in Preußen gänzlich neue Partei die „Abwehrung aller gegen den konfessionellen Charakter des Volksunterrichts gerichteten Bestrebungen und Angriffe zur Sicherung des heiligsten Rechtes der christlichen Familie, sowie endliche Verwirklichung der verfassungsmäßig verheißenen Unterrichtsfreiheit“, und in politischer Beziehung „Bewahrung des förderativen Charakters des norddeutschen Bundes gegenüber allen auf Einführung eines centralisirten Einheitsstaates gerichteten, mit der wahren Freiheit und der eigenartigen Entwickelung des großen deutschen Vaterlandes unverträglichen Parteibestrebungen“ — eine Forderung, welche es möglich macht, den preußischen Katholiken die Hand zu bieten, da die bayrischen Patrioten, in specie die katholisch patriotische Volkspartei in Bayern gleichfals ein freiheitliches großes förderatives deutsches Vaterland anstrebt —; weiteres will jene „Decentralisation der Verwaltung und Verwirklichung der der Selbstverwaltung des Volkes in Gemeinde, Kreis und Provinz“ — was die katholische Volkspartei in Bayern gleichfalls in ihr Proramm aufnimmt — und „Ermäßigung der finanziellen Belastung des Landes, insbesondere durch Verminderung der Ausgaben für das Militärwesen, sowie Beschränkung der aktiven Dienstzeit in der Armee“, was ebenfalls eine Forderung der katholischen Volkspartei in Bayern ist. Es sind also damit mehrfache Anknüpfungspunkte der Katholiken in Bayern und in Preußen gegeben, die einer weiteren Ausbildung fähig sind, und deshalb begrüßen wir die Entstehung einer katholischen Volkspartei sogar in Preußen mit Freuden. Da Herr Reichensperger in Köln und geistl. Rath Müller in Berlin die Vorkämpfer dieser neuen Partei sind, so wird der „Volksbote“ kaum Anhaltspunkte haben, die katholische Volkspartei in Preußen als „demokratisch“ und „republikanisch“ hinzustellen, denn diese Männer mit diesem Programm wollen alles eher als Könige abzusetzen und Republiken errichten.

Aus Berlin melden verschiedene Blätter, daß in den dortigen höheren Kreisen der Abschluß eines preußisch-russischen Allianzvertrages „nicht bezweifelt werde.“ (Wie viel Maß Bulli mag der gekostet haben??)

— Aus dem preußischen Nordbund werden heute wieder ein paar sehr erbauliche Säbelheldenthaten vermeldet. In Soest gerieth ein reisender Kaufmann mit einem dort stationirten offizierlichen Pickelhaubenjüngling in ein Gespräch über allerhand politische Dinge; der Offizier suchte ihm mit dem blanken Degen richtigere Anschauungen beizubringen, wobei der Civilist ziemlich bedeutend verhauen wurde. — In Plon zogen bei einem Streit zwischen civilen und besäbelten Intelligenzen letztere die Säbel, wobei einem vermitteln wollenden älteren Bürger ein ziemlich beträchtliches Loch in den Schädel gehauen wurde, das gerade ausreichte, ihm das Lebenslicht zur Hälfte auszublasen. Und da wundert man sich, daß diese norddeutschen Menschenkinder manchmal so offene Köpfe haben!

Ausland.

In Paris will die Polizei wieder irgendwo Bomben entdeckt haben; Bestätigung ist abzuwarten. Außerdem schwebt das Ministerium Ollivier wieder ein wenig in der Luft und hat nicht ungünstige Aussichten, bei guter Gelegenheit in die Luft zu gehen. Was man konstitutionelles Regiment heißt.

Vermischte Nachrichten.

Magistratus hochweiser fortschrittlicher muß morgen durch seine Gegenwart die Fronleichnamsprozession ver — herrlichen helfen! Das thut wohl Manchen sehre weh in den fortschrittlichen Brüsten, aber — der Bien muß, sagt der Russe. Se. Maj. der König gedachte, Gott zu geben, was Gottes ist — es geben dann die Leute auch lieber dem König, was des Königs ist, — und der Prozession, welche Magistratus hochweiser hatte abschaffen wollen, beizuwohnen. Wenn aber der König mitgeht, so muß auch der Cortége, d. h. die großen Herrn vom Hofe mit, dann muß alles was königlich ist mit und dann muß Magistratus rätlicher trotz aller Aufklärung und „Bildung“ ebenfalls und zwar in Uniform mit. Magistratus that darob sehr verlegen sein, maßen Magistratus größtentheils nicht uniförmlich ist und that das vorstellig machen, nutzte aber nichts, — „man gehe dann so mit,“ hieß es, und nun bekam man Beine und seit gestern träumt der halbe Magistrat nur mehr von Spitzhut und Degen, „weil man doch mit muß.“ So werden also die Bauern, wenn sie kommen, Magistratum und Bürgermeister mit der Kette um den Hals sehen und zu Hause erzählen können, wie sie ihnen gefallen haben und wie andächtig sie gewesen sind.

In Konstantinopel (Pera) sind bei dem großen Brand am Pfingstfeste nach einer offiziellen Mittheilung circa 900 Menschen umgekommen; 500 Leichen sind bereits aus den Trümmern der verbrannten Stadt herausgegraben.

Verantwortlicher Redakteur: Dr. J. Sigl.

Druck von M. Vogt in München. Rosenthal 19

II. Jahrgang. | Das Bayrische **Vaterland.** | Auflage: 5400.

Das „Bayr. Vaterland" erscheint täglich mit Ausnahme der Sonn- und hohen Festtage. Preis des Blattes: Vierteljährig 54 kr., ganzjährig 3 fl. 36 kr. Das einzelne Blatt 1 kr.

Alle Postexpeditionen und Postboten des In- und Auslandes nehmen Bestellungen an. Inserate werden die dreispaltige Petitzeile oder deren Raum zu 3 kr. berechnet.

Redaktion: Burggasse 14. | Herausgegeben von Dr. jur. J. Sigl. | Expedition: Ruffinibazar 5.

Marcellin. | Nr. 136. | Samstag, 18. Juni 1870.

° Gestern ist uns folgendes Telegramm zugegangen: „Seiner Majestät König Ludwig II. ein tausendfaches Hoch am Fronleichnamsfeste! Randsacker. Die Schützen und Bürger.

Bestellungen auf das „Bayr. Vaterland" für den Monat **Juni** zu 18 kr. können bei allen Postanstalten und Postboten noch immer gemacht werden.

Liebesgaben für den hl. Vater.

	Uebertrag	83 fl. 56 kr.
26)	N. N. (Metten)	5 „ — „
27)	Nur Muth! Die Herrlichkeit der Verfolger vergeht, die Wahrheit aber und der Charakter besteht. Die ächte Katholicität und den entschiedenen Charakter der Redaktion anerkennend — für den hl. Vater	50 „ — „
28)	Dem hl. Vater zum 24. Jahrestag seiner Krönung (21. Juni)	7 „ — „
29)	Für den heiligen Vater	1 „ 12 „
30)	B. Sch.	— „ 30 „
31)	Aus der Sparkasse der kleinen Maria u. Creszenz	— „ 30 „
32)	M. N.	— „ 22 „
33)	Heil unserm Könige, der Gott die Ehre gibt	10 „ — „
	Summa:	168 „ 30 „

Vom Regen in die Traufe!

Wenn das wahr ist, was in den Blättern steht, schreibt dem „Vaterland" ein Landmann aus **Altbayern**, daß neulich über die Beseitigung des zwangsweisen siebenjährigen Besuches der Werktagsschule ungeachtet der zahlreichen Adressen und sonst ausgesprochenen Wünsche der Landgemeinden 2c. nicht die **Kammer** einen, denselben entsprechenden Beschluß fassen, sondern daß die Entscheidung hierüber den **Landräthen** der verschiedenen Regierungsbezirke überlassen werden soll; — dann kommen wir Bauern, Gütler, Taglöhner und Arbeiter mit dem fraglichen 7. Schuljahr sicher vom Regen in die Traufe, d. h. das 7. Zwangs-Schuljahr **bleibt**, so gut auch der betreffende Antragsteller es mit diesem Auswege gemeint haben mag, denn sehr viele Mitglieder der Landräthe der einzelnen Kreise sind nämlich leider vom Liberalismus und dem „Hauche" modernen sogenannten Fortschrittes der Art angesäuselt, daß sie mit dem jetzt herrschenden System und mit den Grundsätzen des Liberalismus nicht zu brechen wagen, um in den fortschrittlichen Blättern nicht als „Rückschrittsmänner" und als „Finsterlinge" verschrieen zu werden. —

Werden Landräthen, die im vorigen Jahre, — ohne von ihren Wählern und ohne vom Volke beauftragt und ermächtiget zu sein, das Vorgehen des Ministeriums Hohenlohe, Hörmann und Greffer auch in der Schulfrage billigten, — die ferner — entgegen den Anschauungen des Volkes für Abschaffung von katholischen Feiertagen stimmten, — werden Männer, welche meistens Großgrundbesitzer und reiche Kapitalisten sind, die sich gar nicht hineindenken und sich keine Vorstellung davon machen können, daß Mancher von uns, selbst wenn er ein paar Ochsen einspannt, manchen Tag keinen Groschen, noch weniger so viel Geld im Hause hat, um sich statt seines 13jährigen Mädchens eine fremde Kindsmagd einzustellen; — werden solche Landräthe, bei welchen die Vertreter des Großgrundbesitzes und der Städte die Vertreter der Distriktsgemeinden weitaus überstimmen, die bestehenden mißlichen Verhältnisse des mit Lasten aller Art überbürdeten Landmannes, der Kleingütler und Arbeiter so zu würdigen wissen, daß sie die **sofortige Aufhebung** des 7. **Zwangs**-Schuljahres begutachten und entschieden verlangen? Dürfen wir, wenn vielleicht diese Landräthe selber dem Götzen des Liberalismus und der jedes freiheitliche Gemeindeleben unterbindenden Staatsallmacht und Staatsweisheit huldigen, von derselben so viel Fortschritt und Freiheit für uns Landleute hoffen, daß es den Aeltern selber überlassen werden soll, ob sie ihre Kinder 6 oder 7 Jahre in die Schule schicken wollen oder nicht?

Ich zweifle sehr aus obigen und aus noch anderen Gründen, da Personen hier nicht genannt werden dürfen, um nicht mit einem gewissen Artikel in Collusion zu kommen! Deßhalb sage ich: wenn nicht die **Volks-Kammer** in dieser, das Wohl der sogenannten gemeinen Leute, das landwirthschaftliche und häusliche Interesse so tief berührenden Frage zu Gunsten dieser entscheiden will; wozu dann der unnütze und erfolglose Appell an die **Landräthe**? Warum scheut man sich, hierüber das zunächst betheiligte **Volk selber zu fragen**? Fürchtet man sich, das Volk, den gemeinen Mann, den Arbeiter selber zu hören? Wird das Volk vielleicht die Wahrheit verschweigen, oder versteht nicht es selber am Besten, was ihm noth thut? —

In dieser Frage zu entscheiden steht den wirklichen Volksvertretern in der Kammer und nur diesen oder aber dem Volke selbst zu, das heißt den einzelnen Gemeindeversammlungen, **nie und nimmer** aber den Landräthen, welche, abgesehen von allem Uebrigen, keine gesetzgeberischen Faktoren sind und eben deshalb uns keine Bürgschaft bieten, daß sie, selbst wenn sie ernstlich wollten, das siebente Zwangs-Schuljahr zu beseitigen vermögen. Denn nicht der Landrath, sondern der

Landraths Abschied bildet den endgiltigen Entscheid. Die Regierung muß zwar den Landrath hören, aber was dieser will das muß sie nicht thun, wenn sie nicht mag. Wir bitten also unsere Vertreter, die Volks-Vertreter, daß sie sich des Volkes annehmen, damit wir nicht vom Regen in die Traufe kommen, d. h. daß sie, die Kammer, das siebente Schuljahr abschaffe.

Von den Landräthen also machen wir Landleute uns gar keine Hoffnung, und ich glaube mich nicht zu täuschen, wenn ich sage: Die Landräthe, welche die Freigabe der Bier- und Fleischtaxe, welche Freigabe zu einem wahren socialen Uebelstand geworden ist, so gerne begutachteten, werden die Aufhebung des siebenten Schuljahrs zum Nutzen und nach dem Wunsche des Volkes weit weniger gern begutachten. Regierungen gegenüber, die ihr System zu wechseln belieben, wie es die Neuzeit so oft darthut, braucht und will das Volk keine Gutachten, keine Gnaden, sondern da will es sicheren Schutz durch ein Gesetz, da will es sein Recht und dazu soll und muß ihm seine Vertretung, die Volkskammer, nicht halb, sondern ganz und entschieden sofort zu verhelfen.

Richte man sich doch nach der hohen Kammer der Reichsräthe, welche in allen wichtigen Fragen, sich zur Ehr' und der Volkskammer zum Beispiel und Vorbild, treu zum Volke steht!

Zur Frage der Schuldienst-Aufbesserung!

Aus Unterfranken wird dem „Vaterland" geschrieben: Das kostspielige Aufbesserungsprojekt des Hrn. Abgeordneten Dr. A. Schmidt, welches das Land wieder eine blanke Million kosten würde, hat bei unserm Landvolk keinen guten Eindruck gemacht. Es ist wahr und ich kann es nicht leugnen, die Unzufriedenheit der Schullehrer mit ihrer Stellung ist ziemlich allgemein; allein haben denn die andern Stände nicht auch Ursache zu Klagen? Alle Stände haben mehr oder weniger mit Noth und der schlechten Zeit zu kämpfen und müssen sich, so gut als möglich, behelfen und behelfen sich auch. Der Schullehrerstand will aber allein sich meist nicht nach der Decke strecken, liegt aller Welt mit seinen Klagen in den Ohren, will in Mitte aller Noth der Andern genießen und macht sich nichts daraus, wenn zu seinen Gunsten den andern Ständen die größten Lasten auferlegt werden sollen. Aber dem Volke zu Gunsten eines Standes und gar zu Gunsten der Schullehrer, die sich meist dem Volke feindlich erwiesen haben, neue Lasten auflegen, das wäre himmelschreiend.

Woher kommt denn meist diese Unzufriedenheit der Schullehrer? Zumeist von ihrem Hochmuthe. Sie wollen höhere Ehre, höheren Rang, höhere Würde. Aber mag man sie Staatsbeamte, Professoren des ABC oder wie immer nennen, sie sind und bleiben Schullehrer. Wollen sie Landrichters- und Regierungsraths-Rang u. s. w., so hätten sie eben nicht Schullehrer werden sollen. Fehlt es ihnen an Ehren, so sind sie selbst Schuld daran. Der wahre, brave, wackere Schullehrer verdient nicht blos Ehre, sondern genießt sie auch, genießt überall Achtung und Liebe. Die thörichte Ueberhebung findet man aber bei keinem anderen Stande so wie bei dem liberalen Schulmeisterthum.

Ein anderer Grund der Unzufriedenheit der liberalen Schullehrer ist deren Genußsucht. Welchen Aufwand viele, ja die meisten derselben machen, ist bekannt. Man findet sie in allen Wirthshäusern und an allen Vergnügungsorten. In ihrer Kleidung überbieten sie viele Beamte, denen sie daher auch an Rang gleich oder überlegen sein möchten. Von dem luxiösen Leben der Herren bei der Schullehrer-Versammlung in Würzburg erzählt man sich Wunderdinge. Und solchen Prassern soll man das sauer verdiente Geld des arbeitsamen Landvolkes zuwerfen? In meinem ganzen Gau gibt es nur eine Schulstelle, die nicht 600 fl. trägt.

Manche Lehrer räsonniren und sagen, keiner von ihren Söhnen dürfe mehr Schullehrer werden. Was sollen sie also werden? Schuster, Schneider und andere Handwerker. Werden sie dann 600 fl. verdienen? Man frage nur die Handwerksleute, was sie jährlich verdienen, und man wird sehen, wie wenig dieses ist, und staunen, daß sie sich damit behelfen können, und man wird es als wahrhaft himmelschreiend erkennen, daß diese zu Gunsten der Schullehrer noch mehr bedrückt und ausgepreßt werden sollen.

Ein Schullehrer sagte bei einer patriotischen Versammlung in Rödelmaier bei Neustadt a/S.: „Für einen Lehrer, der seine Schuldigkeit thut, der zu seinem Pfarrer und seiner Gemeinde hält, wird auch gesorgt werden". Das sollten auch die patriotischen Abgeordneten bedenken, um so mehr, da die Lehrer in der Regel gegen die Patrioten und für die Preußen sind. Sie trennen sich von den Patrioten und sagen, sie müßten zu denen gehen, von welchen sie Brod erhielten. Gut! So wartet also, bis die Preußen kommen, und dann laßt euch von ihnen Brod geben! Die so infam verleugneten und verlassenen Patrioten sollten ihren Verräthern, den liberalen Schulmeistern, auch noch Aufbesserung auf Kosten des patriotischen Volkes geben? Nein! Das wiederstreitet allem Rechtsgefühl!

Deutschland.

München, den 15. Juni.

• Die gestrige Fronleichnamsprocession war eine treffende Antwort des katholischen München auf den Schwindel, den Fortschritt und Liberalismus so lange schon getrieben haben. Die Procession hat, was Pracht und Würde, was Zahl und Eifer der Betheiligung betrifft, alle früheren übertroffen, so weit wir zurückdenken. Die katholischen Vereine der Hauptstadt haben sich dabei in einer imponirenden Stärke betheiligt. Der Magistrat, der nur als „Lokal-Polizeibehörde (!)" außer den rechtskundigen Magistratsräthen 7 Mann hoch mitging, wollte keine Blumen zu den Altardekorationen geben. Dafür öffnete S. Maj. der König bereitwilligst die kgl. Gärten und stellte alle Blumen für die Dekoration zur Verfügung. So prangten denn die Altäre in niegesehener Blumenpracht. S. Majestät begleitete die Procession und gab ein schönes Beispiel durch die ernste Würde des Auftretens sowohl, wie durch fromme Andacht und wahrhaft katholische Gesinnung, durch die der König die Jämmerlichkeiten der liberalen „Größen" tief beschämte. Schon bei der Ausfahrt aus der Residenz wurde S. Majestät von den wartenden Bauern mit jubelndem Hoch begrüßt, ein tausendstimmiges Hoch begrüßte den König bei der Anfahrt an der Frauenkirche und ebenso bei der Rückkehr in die Residenz. Die Herzen aller treuen Katholiken Münchens und des Landes hat sich König Ludwig gestern erobert, daß er zeigte, daß Bayern nicht blos einen König, sondern einen christlichen König, einen ächten Enkel seiner großen Ahnen hat. Noch einmal so viel lieben ihn die Katholiken, seit sie gesehen und wissen, wie fromm und christlich ihr König ist, und die vielen tausend anwesenden Landleute werden sein Lob hinaustragen in alle Gaue des Bayerlandes.

Wir bedauern tief, von einer seltenen, aber um so bezeichnenderen Keckheit Akt nehmen zu müssen, deren sich ein hiesiges liberales Blatt, der „Landbote", Seiner

Majestät gegenüber schuldig gemacht hat. Dieses liberale Blatt schreibt: „Se. Maj. der König haben zu bestimmen geruht, daß sowohl die Herren vom großen Cortége, als auch das Personal der kgl. Stellen und der ihnen untergeordneten Behörden hiebei möglichst zahlreich zu erscheinen haben. Letztere Bestimmung, bemerkt „Landbote" dazu, dürfte wohl nur in Form eines Allerhöchsten Wunsches ausgedrückt worden sein, denn eine Allerhöchste Bestimmung wäre verfassungswidrig und könnte als solche nicht zu Recht bestehen Wenn sich wirklich das Vorhandensein eines derartigen Ukas bestätigen sollte, so werden wir die durch die Verfassungsurkunde dem bayrischen Volke gewahrten Rechte zu vertreten wissen". — Wir können uns begnügen, lediglich diese Auslassung eines der Organe der Partei zu konstatiren, welche angeblich immer so sehr darauf aus ist, die Rechte des Königs zu wahren — außer gegen die Ihrigen, die Liberalen. Denen gegenüber soll der König keine Rechte haben und da „hat man sich gegen Ukase (!) zu wahren"! Da hat man einmal recht unvorsichtig die „königstreue" Kralle hervorgestreckt!

Die Verbindung zwischen Italien und Preußen, nur durch den St. Gotthard ist nicht nur für Frankreich, sondern auch für Süddeutschland und Oesterreich von großen Gefahren begleitet, daher erklärt sich das allgemeine Interesse für diese Angelegenheit. In Frankreich hat Hr. Mony eine bezügliche Interpellation angekündigt, welche Aufregung und Bewegung in das politische Leben gebracht hat. Alle Pariser und deutschen Blätter bringen Artikel über die St. Gotthardsbahnfrage. Kaum eine Stimme erhebt sich aber zu Gunsten Preußens und des von ihm patronisirten St. Gotthardprojektes, und dies beweist auf's Neue, wie wenig Sympathien sich der Nordbund seit seinem dreijährigen Bestande erworben hat.

Würde es sich blos um Handelsinteressen handeln, wäre man vielleicht nicht minder beunruhigt; allein es handelt sich hiebei um große politische Interessen. — Nicht nur gegen Frankreich ist das Projekt gerichtet, sondern auch gegen Oesterreich und gegen das widerspenstige Süddeutschland, welches für die Lockungen und glänzenden Versprechungen des Nordbundes leider! noch immer taub ist. — Die Durchstechung des St. Gotthard ist verhältnißmäßig von geringer kommercieller Bedeutung. Nur die Rheinprovinzen gewinnen durch die Gotthardbahn, vorausgesetzt, daß sie sich einer französischen Linie bedienen wollen. Für die andern Provinzen Preußens ist die Brennerlinie kürzer. Für Süd-Deutschland, insbesondere Würtemberg bietet das Projekt der Splügenbahn weit mehr Interesse. — Italien selbst profitirt wenig durch den St. Gotthard. Es hat gegen Osten die Semmering-Linie, gegen Bayern und Norddeutschland die Brenner-Linie, gegen die deutsche Schweiz den Lukmanier oder Splügen, gegen das südliche Frankreich den Mont-Cenis und endlich gegen Nord-Westen mithin gegen Belgien, Holland und England den Simplon. — Die commerciellen Interessen der Schweiz sind in drei Theile getheilt, in die der Cantone im Osten, der Central-Cantone und der Cantone im Westen. 3 Projekte liegen nun vor: Der St. Gotthard, der Splügen und der Simplon! Die Gotthardlinie allein befriedigt keinen Theil der Schweiz, während Splügen und Simplon alle Cantone zufrieden stellen.

Warum also die St. Gotthardlinie? — Preußen allein hat Interesse an derselben und kein commercielles allein, sondern die Politik inspirirte die Schritte der preußischen Regierung in dieser Angelegenheit. Preußen könnte sehr gut für seinen Handel die bestehenden Linien, Brenner oder Simplon benützen. Aber erstere geht durch Bayern, und man kennt in Berlin die Gefühle der bayrischen Nation für den Nordbund zu genau. Die letztere Linie geht durch Frankreich. Die St. Gotthardlinie hingegen berührt nur preußisches, badisches u. Schweizer Gebiet. — Sie gestattet Truppen und Kriegsmaterial den Rhein entlang zu befördern und preußische Soldaten nach Italien, italienische nach Deutschland zu werfen. Allerdings über das neutrale Gebiet der Schweiz. Aber würde Preußen diese Neutralität respektiren oder sich um einen etwaigen Widerstand der Schweiz kümmern? Gewiß nicht! Die politische Seite des Unternehmens allein hat dem Grafen Bismark seine Rede in dem Parlament am 25. Mai dictirt, die Politik allein ist es, welche die preußische Regierung bestimmte, die 10 Millionen Subvention für den St. Gotthard zu bewilligen, deshalb mußte Baden 3 Millionen beisteuern und deshalb wird namentlich Würtemberg bemüßigt, 7 Millionen für eine Bahn zu zahlen, die einem andern Lande (Baden und Preußen) Nutzen bringt. Es erklärt sich daher das Interesse, welches man dieser Angelegenheit zuwendet, deshalb erheben sich namentlich in Frankreich alle Stimmen, um nach Berlin zu rufen: „Keine Preußen in der Schweiz"!

— Wie das Land spüren wird, ist es wieder durch 500 neue Beamte gesegnet worden, die Gerichtsvollzieher. Diese erhebliche Zahl ist aber nur provisorisch, nur vorläufig; es werden bald noch mehr, noch viel mehr neue Gerichtsvollzieher unendlichen Segen über den Theil des Volkes verbreiten, der mit den Gerichten zu thun hat. Und das ist leicht ersichtlich, erklärlich und erweislich. Denn wenn bisher an den meisten Gerichten ein Gerichtsdiener mit 2—3 Gehilfen vollauf zu thun hatte, die Zustellungen zu besorgen, wo doch auf die Dekrete nur zu setzen war: insinuirt am so und so vielten, wofür er baare 4 Kreuzer bekam, so ist es selbstverständlich, daß ein Gerichtsvollzieher, der über die Zustellung eine eigene umständliche Urkunde aufnehmen, davon noch Abschrift fertigen, dazu eine große Zahl von Vollstreckungen vorzunehmen hat, die dem Gerichtsdiener nicht oblagen, dazu ferner den Sitzungsdienst zu besorgen, item ein umständliches Tagebuch zu führen hat u. s. w. — damit allein nicht fertig werden kann. Aus dieser Unmöglichkeit geht aber hervor, daß in kurzer Zeit die Zahl der Gerichtsvollzieher wenigstens verdoppelt, vielleicht verdreifacht werden wird, damit ja das Land recht eindringlich, in den Geldbeutel nämlich, den Segen merke und fühle, den Hr. Weis und seine Weisen mit diesem prachtvollen Institut über das bayrische Volk ausgeschüttet haben. Den wahrscheinlichen geringsten — Verdienst eines dieser neuen Beamten, der z. B. für eine Zustellung, für welche der Gerichtsdiener 4 kr. erhielt, 45 kr. und event. das Drei-, Vier- und Fünffache erhält, zu 2000 fl. angenommen, macht per Jahr eine Million; wenn nun ihre Zahl nächstens verdoppelt und verdreifacht wird, so macht dies — immer den geringsten Verdienst angenommen — zwei, resp. drei Millionen jährlich, in 10 Jahren also 20, resp. 30 Millionen für ein Institut, welches das Land einzig Hrn. Weis und seinen Mit-Weisen verdankt!! Und da ist's dann den Herren und ihren Zuhältern in der Presse nicht recht, wenn wir und etliche andere „Zurückgebliebene" mit den „Leistungen" der Fraktion Weis nicht zufrieden sind und Lärm darüber aufschlagen! Ja, wenn man das nicht selbst zu zahlen hat, dann macht sich's eher; aber das zahlende Volk kann unmöglich eine sonderliche Freude über derartige „patriotische" Leistungen haben; rechnet man ihm aber den „Segen" der neuen und neuesten Gesetze vor, dann ist man entweder ein „Demokrat" oder mindestens ein „extremer Hetzer", „wühlt im eigenen Fleische" und ladet sich natürlich schwere Ungnade auf's Haupt. Trotzdem werden wir noch öfter so frei sein, ein wenig den Segen in Ziffern vorzurechnen, den man so übers Volk bringt. Er dürfte viel „gemäßigter" sein, meinen wir!

• In **Salzburghofen** hat gestern der Pfarrklerus an den Hrn. Erzbischof ein **Protest-Telegramm** gegen die Freisinger Adresse nach Rom abgesendet. „Wir verwerfen und sagen uns los von der Zumuthung und Pretention der Freisinger Adresse, heißt es darin: keine Pression! Es liegt ganz bei Euer Excellenz, wie Sie sich entscheiden wollen". — Es könnte nach ein paar Briefen, die wir heute erhielten, wohl sein, daß wir noch mehr derartige Verlautbarungen zu registriren hätten.

Von der **Isar** wird dem „Vaterland" geschrieben: Fragen Sie doch, wie viel Ohrfeigen eine Interpellation kostet? Während die unnahbare (!) patriotische Kammer noch versammelt ist und der Staub, den die Greil'schen Ideen im Ständesaal aufgewirbelt, sich noch kaum gelegt hat, hat der Kultusminister Lutz seine ächt konstitutionelle Gesinnung und seine andächtige Rücksichtsnahme auf die Worte des Hrn. Greil wieder dadurch bethätigt, daß er die katholische Universität Würzburg soeben wieder mit einem protestantischen Preußen gesegnet hat und segnen — durfte! Hoch die feste Kammer und der konstitutionelle Hr. v. Lutz! (Na, wenn wir Minister à la Lutz wären, die Kammer würde uns auch keine besonderen Schrecken einjagen! Mit der läßt sich ja prächtig „diskutiren"!)

Von der **Saale** wird dem „Vaterland" geschrieben: Der durch die Steinacher Wahl-, resp. Judengeschichte berühmt gewordene Pfarrer Pfeufer von Burglauer ist schon wieder in Untersuchung und zwar wegen einer Gebetsmeinung! Unerhört! Ueberhaupt scheint dieser Mann höheren Orts eine gründlich verhaßte Persönlichkeit zu sein, der am Ende mit seinem Gebetseifer und seinen Gebetsmeinungen zum Schrecken der Regierung vielleicht auch die Hauptleute der „Fraktion Weis" belehrt, wenn überhaupt da noch eine Belehrung möglich ist. (!) Er soll denn auch bereits die Kammer dem christlichen Gebete empfohlen und namentlich 2 namhafte Persönlichkeiten für seine Gebetsmeinungen stark aufs Korn genommen haben. Das Desavouirt- beziehungsweise Diszipliniertwerden scheint er nicht zu fürchten.

Ueber die **Wiener** Lehrerversammlung bemerkt die „Kreuzzeitung" sehr richtig, daß jeder Verständige sich davon werde überzeugt haben, daß diese allgemeinen Lehrertage überwiegend der Tummelplatz einer vom Hochmuth tollgewordenen Pädagogik seien, und die „Presse" sagt: „Der hungrige Schulmeister existirt nicht mehr, denn mit Stolz dürfen wir darauf hinweisen, daß schon an dieser Lehrerversammlung Einige Theil genommen haben, welche nicht nur zu viel gegessen, sondern zu viel getrunken hatten."

Preußen. Die Zahl der Princessinen ist glücklicherweise wieder um eine vermehrt worden, indem die Kronprinceß die preußische und übrige Welt mit einer Tochter gesegnet hat.

Ausland.

In **Belgien** haben die Katholiken bei den Wahlen überwiegend gesiegt. In Gent und Verviers drangen lauter Katholiken durch.

In **Frankreich** haben die Katholiken bei den Communalwahlen fast überall gesiegt.

Italien. Die Unita Cattolica meldet, daß in mehreren Städten an der römischen Grenze offen für Garibaldi geworben werde und ein neuer Einfall in den Kirchenstaat bevorstehen. Jeder Angeworbene bekommt 150 Fr. Handgeld und einen Fr. Löhnung. Das Geld kommt aus den Händen der Regierung. Die französische Besatzung ist auf ein zweites Mentana gefaßt und trifft alle Vorbereitungen dazu; die päpstliche Regierung ruft alle Beurlaubten ein.

Vermischte Nachrichten.

Aus **Darmstadt** wird eine großartige Militärschlägerei gemeldet, bei welcher von den Waffen nachdrücklicher Gebrauch gemacht wurde und 7 Mann zum Theil erheblich verwundet wurden. Nur mit Aufbietung imposanter Kräfte konnte die Heiterkeit gedämpft werden.

Das Juliusspital in **Würzburg** besitzt laut Ausweis ein Vermögen von 4,992,105 fl.

In **Frankreich** sind die Ernteaussichten schlecht in Folge des anhaltenden Regenmangels. Man sieht voraus, daß wieder bedeutende Summen nach Ungarn und Amerika für massenhafte Getreideeinfuhr werden wandern müssen.

Börsen-Nachrichten.

Frankfurt a. M., 15. Juni. Schlußcurse: 1882er Amerikaner 96⁵/₈ österr. Bankactien 702; dito Creditactien 268¹/₂; Bayer. Ostb.-Actien 123³/₄; Oesterr. Loose v. 1860 80¹/₂; dito v. 1864 —; 5proc. öster. engl. Metall. 284¹/₂; 5 proc. National —; 5 proc. bayer. Anl. 101¹/₄. dito 4¹/₂ proc. Anl. 93⁵/₈; dito 4 proc. Pr.-Anl. 107⁵/₈; dito 4proc. Grundrente 86¹/₂; Elisabeth-Prior. 1. Em. —— Napoleons 9. 29. Münchener Anleihe — —; steuerfreie Met. v. 1866 — ; österr. franz. Staatsbahn 384¹/₂; bad. Präm.-Anl. 105⁵/₈; Münchener Handelsbank —

Verantwortlicher Redakteur: Dr. A. Sigl.

Die unterfertigten Kirchenverwaltungs-Mitglieder sprechen hiemit im Namen der Kirchengemeinde des Marktes Schwaben ihren verehrten Hrn. Vorstand Math. Hingerl für Herbeischaffung einer neuen Kirchthurmglocke in D moll aus eigenem Säckel ihren tiefgefühlten Dank aus.

Ebenso verdient der Verfertiger dieser Glocke Herr Joseph Bachmair, Glockengießer in Erding für die äußerst gelungene Arbeit alles Lob.

Tobias Glockner.
Sebastian Huber.
Simon Seissenberger.
Anton Mayr, Schriftführer.

Druck von M. Boat in München. Rosenthal 19

II. Jahrgang. Das Bayrische Auflage: 5400.

Vaterland.

Das „Bayr. Vaterland" erscheint täglich mit Ausnahme der Sonn- und hohen Festtage. Preis des Blattes: Vierteljährig 54 kr., ganzjährig 3 fl. 36 kr. Das einzelne Blatt 1 kr.

Alle Postexpeditionen und Postboten des In- und Auslandes nehmen Bestellungen an. Inserate werden die dreispaltige Petitzeile oder deren Raum zu 3 kr. berechnet.

Redaktion: Burggasse 14. Herausgegeben von Dr. jur. J. Sigl. Expedition: Kuffkirchbazar 6.

Gervasius. Nr. 137. Sonntag, 19. Juni 1870.

Liebesgaben für den hl. Vater.

		fl.	kr.
	Uebertrag	158 fl.	30 kr.
34)	B. E.	—	36
35)	Wir brauchen keine Kanonen	1	—
36)	Opfer für den hl. Vater	1	—
37)	Gott erhalte den Nachfolger Petri noch lange	1	—
38)	Für den heiligen Vater von einem katholischen Schweizer aus dem Canton Tessin	1	10
39)	Für das Oberhaupt der katholischen Kirche	1	—
40)	Aus Gaimersheim (Ingolstadt). Von einer Leserin des „Vaterland": Hochgelobt sei das heiligste Sakrament des Altars !	14	—
	Summa:	178	16

Ein liberaler Ehrenmann.

R **von der Donau.** Der „Nürnberger Anzeiger", welcher nach einem Ausdruck der feingebildeten Allgem. Ztg.[1]) unbedingt den „zweifüssigen Journalistenwanzen" beigezählt werden muß, nennt sich mit vielem Stolze einen „rücksichtslosen, unermüdeten und darum auch gefürchteten Bekämpfer der Ultramontanen[2])".

Rücksichtslos?! Nein, Gutester! Wäre nicht besser „frech" das richtige Wort und die zutreffendere Bezeichnung? Und warum sollte der „Anzeiger" in seinen Angriffen auf die katholische Kirche nicht „frech" sein, da im „liberalen" Bayern jede Frechheit gegen die Religion straflos ausgeht? Ist es ja gerade diese Aussicht auf Straflosigkeit die alle liberalen Blätter zu den frechsten Insulten gegen den Katholizismus förmlich herausfordert!

Unermüdet?! Ja und Amen! Wie den Teufel der Gotteshaß nicht ruhen läßt, so läßt auch die blinde Wuth gegen die Kirche den „rücksichtslosen" „Anzeiger" nicht ruhen. Er ist unermüdet thätig in diesem Verzweiflungskampf auch deshalb, weil eine kirchenfeindliche Bureaukratie, die Freimaurer und alle sittlich und religiös verkommenen Subjekte seinem unsinnigen Gebahren Beifall spenden: ist er ja nach der richtigen Bemerkung des „Chilianeum[3]) ein Blatt für das „politische und religiöse Gesindel".

Gefürchtet?! Nein und tausendmal Nein! Die katholische Kirche fürchtet die haßdurchglühten Unfläthereien der „Anzeiger'schen" Schulmeister- und Judensippe so wenig wie der Löwe die ihn umsummenden Mücken und der Adler das heisere Krischen eines Rohrspatzen. Doch: — man fürchtet den Anzeiger wie man den todtbringenden Athem eines Pestkranken meidet; man fürchtet ihn wie man ein Schwein meidet, welches soeben im Schlamme sich gewälzt, wüthend die Straßen durchrennt; man fürchtet ihn wie einen „Fleischerhund, der Gift im Maule trägt[4])".

Die ganze Tendenz des Nürnb. Anz. finden wir kurz und erschöpfend in den beiden Versen Göthe's[5]) gezeichnet.

„Sein non plus ultra jeder Zeit
Ist: Gott zu lästern und den Dr— zu preisen".

Den schlagendsten Beleg hiefür bringt der in Nr. 157 erschienene Artikel über „Reliquien" — durch und durch schmutzig und von fanatischem Hasse gegen Gott und die Heiligen erfüllt. Seinen frechen Mund aufthuend speit er folgende Gotteslästerungen zum Himmel auf:

Als Reliquien zeigen die Geistlichen:

1) „Den Athem Jesu in einem verstöpselten Gefäß",
2) „Die große Zehe der hl. Dreifaltigkeit",
3) „Etwas von dem Worte das Fleisch geworden",
4) „Eimer voll von der Milch Maria's",
5) „Die unfehlbaren Hosen des hl. Joseph",
6) „Die Beine des Esels, auf welchem Jesus in Jerusalem einzog" u. s. f.

„Was soll man sagen, rufen wir mit Görres,[6]) wenn wir hier die seichteste flachste Erbärmlichkeit gegen Himmel ansteigend den Kamm aufrichtete; wenn der Koth auf der Strasse unter den Fußtritten des Gottes aufquatscht, und lumpichte Seelenarmuth und plumpe Tölpelei am Heiligen" sich versündiget und mit ihren Geifer es zu bespeien wagt"? Wahrlich! in den grinsenden Geberden dieses „Nürnberger" — Ur-Menschen zuckt grauenerregend ein Wiederschein der Hölle an uns vorüber.

Und nun eine Frage an unsern Justiz- und Cultusminister: „Existirt in Bayern ein Preßgesetz? Hat der Art. 20 des Preßgesetzes[7]) und Art. 159 des Strafges. auch Geltung für liberalen demokratische Wichte? Wenn ja, — warum walten dann die Richter nicht ihres Amtes? Warum schützen sie die katholische Religion nicht vor den frechsten Insulten? Die „liberale Aera" Bayerns scheint die bitteren Worte Hägele's[8]) zur Wahrheit machen zu wollen: Gott und alles Heilige zu lästern, ist auf den höchsten Zinnen der modernen Kultur

---

[1]) Allg. Ztg., Beil. 83.
[2]) Nürnb. Anz. 1869, Nr. 310.
[3]) Chilianeum 1869 I. S. 89.
[4]) Shakespeare, Heinrich VIII.
[5]) Göthe, Fragment „der ewige Jude".
[6]) Görres, politische Schriften, V. S. 268.
[7]) Art. 20 lautet: „Wer in einer Schrift die Religion, oder die Lehren, Einrichtungen, Gebräuche einer im Staate bestehenden Religionsgesellschaft durch Ausdrücke der Verachtung oder Verspottung angreift, soll mit Gefängniß von acht Tagen bis zu einem Jahre bestraft werden."
[8]) Hägele, „eine Leuchtkugel in die sociale Dämmerung". S. 15.

gegen den Bericht im „Volksboten“ veröffentlichen zu müssen; wir wünschten das zu vermeiden, da wir wußten, daß dem „Volksboten“ so viel mündliche und schriftliche Erklärungen von seinen Lesern zugegangen sind, daß wir bestimmt eine Richtigstellung der Thatsachen von ihm selbst erwarten konnten. Inzwischen erhält der „Bayr. Kurier“ folgende „authentische“ Mittheilung: „Als in der letzten Versammlung des patriotischen Vereines Hr. v. Miller sein Bedauern darüber aussprach, daß ein Theil der patriotischen Presse so fortgesetzt im eigenen Fleische schneide und wühle und die Versammlung gebeten mitzuwirken, diesen zur Freude unserer Gegner geführten Kampf endlich zum Abschluß zu bringen — hat er kein Blatt speciell genannt und kann daher, wie es geschehen, weder ein direkter Tadel noch eine Empfehlung für eines oder das andere aus dieser für die patriotische Sache wohlgemeinten Aeußerung abgeleitet werden“. So geschraubt diese Erklärung im officiellen Organ des hiesigen patriotischen Vereines auch ist, so wollen wir uns doch damit begnügen, da die von uns als falsch zurückgewiesenen Behauptungen im „Volksboten“ damit vollständig zu Boden fallen. Im Interesse des Friedens in der Partei betrachten wir diese Angelegenheit damit für uns erledigt.

— Die nun veröffentlichte Erklärung des P. Petrus ist ein vollständiger Wiederruf alles dessen, was die Liberalen ihm aufgelogen haben; er erklärt, Alles aufrichtig und vollständig anzunehmen und fest zu bekennen, was jeder wahre Sohn der kath. Kirche glaubt und bekennt. Wir haben nichts anderes erwartet von P. Petrus.

Aus dem bayrischen Oberland wird dem „Vaterland“ geschrieben: (**Auch ein desavouirbarer Demokrat!**) Ich hatte schon Angst wegen Ihnen, als auch die Kleinen über das „Vaterland“ herzufallen den Muth in sich fühlten, was doch sonst ein bedenkliches Zeichen ist. Denn erst, wenn Pompejus mausetodt am Wege liegt, wagen sich die Furchtsamen heran und rufen:

Dum jacet in ripa calcemus Caesaris hostem!

(Cäsars Feind liegt todt am Gestad, jetzt kann man ihn treten.) Es muß aber doch nicht so gefährlich um Sie stehen, da Sie sich noch rühren und weil man zu Verdächtigungen der abgenütztesten Art greifen muß. Ich habe in meiner letzten Krankheit außerordentlich dumme und tolle Träume gehabt, aber daß Ihr „Freund und Collega“ der sehr anrüchigen Zunft der Demagogenriecher sich einverleiben lassen werde, das ist mir selbst während dieser Zeit nicht im Traum eingefallen. Dabei wundert mich eigentlich nur, daß er einen sehr gefährlichen Hauptdemokraten noch nicht entdeckt hat, den ich ihm hiemit pflichtschuldigst denuncire. Es ist kein anderer als — Hr. Dr. **Jörg** selber! Ja, lesen Sie nur in den historisch-politischen Blättern den Aufsatz, den er nach der Rückkehr vom ersten Zollparlament geschrieben, wo er ganz unverblümt sagt, daß er und Andere in Berlin ihren Monarchismus gegen eine Art Demokratismus vertauscht hätten; Aehnliches hat er später sogar in der Kammer geäußert und offen redet er der Errichtung einer Föderativ-Republik in — Spanien das Wort! Somit dürfte es angezeigt sein, Hrn. Jörg als staatsgefährlichen Hauptdemokraten und Liebhaber von Republiken ehebaldigst zu denunciren und pflichtschuldigst zu desavouiren. (Was wir hiemit unserm schlechtgelaunten Hrn. Nachbar von der Feder zur geneigten Darnachachtung bestens empfohlen haben wollen. Die „verkappten Demokraten“ und „thronumstürzenden Republikaner“ des „Vaterland“ werden auf die Weise in der besten Gesellschaft verdonnert und geächtet. D. R.)

Vom **Lande** wird dem „Vaterland“ Folgendes sehr […]chtigte mitgetheilt, ein wahrer Schmerzensschrei […]er geängstigten Seele eines Gerichtsdieners: „Das Gerichtsvollzieher-Institut ist also da und erweist sich als wahres Kind der Liebe einer unergründlichen höheren Staatsweisheit. Von den Gerichtsdienern und ihren Gehilfen, die schon länger da sind und denen man durch das Institut ganz unerhört in die Tasche und Tischlade greift, ist gar nicht mehr die Rede. In der Kammer hat man sich wegen der Herren Mörder und Hauptspitzbuben gegenseitig heftig bekämpft — aus Humanität, wie sie sagten; bei den Gerichtsdienern aber, die glaubhaften Nachrichten zufolge alle ehrliche Leute sind, da hört man auf einmal nichts mehr von Humanität. Ist man denn in unserm aufgeklärten Zeitalter nur mehr gegen Spitzbuben human, aber nicht gegen ehrliche Leute?*) Soll es denn für die Gerichtsdiener und ihre Gehilfen, deren Existenz schon zweimal empfindlich geschmälert worden ist, ganz billig und gerecht sein, daß man sie jetzt einfach ganz existenzlos macht und ruinirt? Erfüllt man so die schönen Versprechungen, welche man den Unteroffizieren und Soldaten früher immer machte und noch fortwährend macht? Gerade die Gerichtsdiener sind lauter altgediente Leute, welche alle 24 bis 30 Dienstjahre haben und als Feldwebel, Wachtmeister, Brigadiere ꝛc zu Gerichtsdienern befördert wurden, nachdem sie sich bei der Armee zu Invaliden, wo nicht zu Krüppeln gedient hatten. Und diese Männer sollen jetzt in ihren alten Tagen so rücksichtslos behandelt und am Einkommen verkürzt und zugeschnitten werden? Die sollen jetzt in ihrer Existenz so auf's Aeußerste bedroht werden? Will sich ihrer denn gar Niemand von der Kammer annehmen und ein Wort für die alten gedienten Leute einlegen, nachdem man sie mit einem Federstrich auf's Trockene gesetzt hat? Wenn die Gerichtsdiener mit derselben Rücksicht wie die Gerichtsvollzieher behandelt würden, welch' letztere meistens ohne besondere Vorzüge und Verdienste sind, dann könnten die Gerichtsdiener gewiß ohne Sorge sein; daß aber sie das Opfer allerneuester bayrischer Weisheit sein sollen, das ist ungerecht.

Oesterreich. In Wien kommen jetzt gelegentlich der Wahlen saubere Geschichten von dem schmählichen Treiben der Liberalen auf, die bisher im Reichsrath, in der Kammer oder auch im Ministerium gewesen sind. Da wurde bekannt, wie für ganze Reihen von liberalen Abgeordneten und selbst für ministerliche „Ehrenmänner“ wie Giskra Verwaltungsrathsstellen bei Bahnen, industriellen Unternehmungen ꝛc. geschaffen wurden, durch die der Stellenbesitzer mit Summen gleich bis zu 70,000 fl. jährlich in aller Stille abgeschmiert wurde. Minister Giskra erweist sich von allen Schmierigen als der allerschmierigste, denn er verstand es wie Keiner, das Geld in fremder Leute Tasche zu finden, weshalb er aber auch als k. k. liberaler Obergott verehrt und angebetet wurde. So hat sich der Mensch ungeheueres Geld zu machen gewußt und Beust soll ihn sogar noch übertreffen in der Kunst Gold zu machen. Wie ehrlich, redlich, makellos steht doch gegen diese Zöllner z. B. unser Vater Schlör da, dem kein Mensch derartige Manöver nachweisen kann oder auch nur vorwerfen darf!

Die **Frankfurter** Zeitung, d. h. einer ihrer Münchener Correspondenten scheint von dem Muth des großen Döllinger nebst Anhang nicht übermäßig hoch zu denken, wenn sie schreibt: „Wenn heute die Unfehlbarkeit verkündet wird, so unterwirft sich morgen mit höchstens zwei oder drei Ausnahmen die ganze Opposition. Auch Dollingerius wird es diesmal wohl ebenso gut fertig bringen, sich mit etlichen Sophismen wieder rein zu waschen, wie vor 10 Jahren in Betreff seiner in öffentlichen Vorträgen ausgesprochenen und gleich darauf, als die Sache sich anders entwickelte als er gedacht, rundweg abgeleugneten Ansichten über die weltliche Herrschaft des Papstes. Zu einem Luther — (der natürlich in den Augen der Frankfurter Zeitung ein

---

*) Diese Frage möchten Viele mit Ja beantworten. D. R.

eher ein Beweis für Intelligenz als ein Vergehen; dagegen ist es schwer verpönt, über einen reichen oder hochgestellten Schurken die Wahrheit laut werden zu lassen".

Im Namen der tiefgekränkten, von elenden Buben geschändeten hl. Religion rufen wir unsern kath. Abgeordneten zu: „Ist kein Dallberg da?"

*Unsere Furcht.

Aus dem Wahlbezirk Traunstein. Man hat es dem „Vaterland" gar sehr verübelt, daß es gewagt hat, die bisher erzielten Resultate der Kammermajorität im Verhältniß zu den gehegten Erwartungen und zur Länge der Zeit unbedeutend zu finden. Es ist aber eine viel verbreitende Meinung, was Sie sich auszusprechen erlaubt haben, oder vielleicht sag' ich besser, es ist eine viel verbreitete Furcht, daß auch künftig der Hauptsache nach — Alles beim Alten bleiben werde. Diese unsere Furcht entspringt theils aus den Erfahrungen der letzten Jahre, theils aus dem bisherigen Verlaufe der Landtagsverhandlungen, denen das ganze Land mehr als je mit gespannter Aufmerksamkeit folgt, einer Aufmerksamkeit, die nach den Anstrengungen bei den Wahlen, bei der Größe der auf dem Spiele stehenden Interessen und der entscheidenden Wichtigkeit dieses Einen Landtages leicht in fieberhafte Spannung umschlägt, in Folge deren dem Beobachter beim geringsten Fehltritt ein Schreckensruf und wohl auch ein Ruf des Zornes entfährt.

Es ist noch in unser Aller Gedächtniß, wie über den Ausfall der Wahlen im Jahre 1863 unendlicher Jubel im Lande Bayern war; aber wir denken auch daran, wie die Hände, welche damals die Processionsklinkeln vor dem neugewählten Landtag her schüttelten, nur zu bald sich als Fäuste ballen mußten und wie sie wuchtig auf den Tisch des Hauses in der Prannersgasse niederfielen. Die Täuschung war groß und die Enttäuschung noch größer. Will man es uns nun verargen, wenn wir auf Grund jener Erfahrung jetzt eifriger wachen und nicht mehr so vertrauensselig zuschauen? Halte man uns das zu Gute; wir sind eben „gebrannte Kinder".

Auch das Gebahren der patriotischen Fraktion, die ja zumeist aus den nämlichen Personen bestand, wie jetzt, im Oktober vorigen Jahres ist nicht geeignet gewesen, uns zur ununterbrochenen Wiederholung des „ich vertraue, du vertraust u. s. w. zu bestimmen. —

Und wenn wir sehen, wie man hier ziemlich unvorbereitet an einen Gegenstand der Verhandlung geht, wie dort Dinge von großer Wichtigkeit in die Verhandlung gezogen werden, über welche eine Verständigung vorher offenbar nicht stattgefunden hat; sehen wie die Stimmen der Patrioten sich zersplittern, wie namentlich der antiliberale Eid der Fraktion, Hr. Greil, regelmässig im Stiche gelassen wird, wenn er seine Streiche gegen den Liberalismus im Innern führt; wenn wir sehen, wie die Patrioten sich gegenseitig desavouiren, wie sie sich im Sitzungssaale von den Ministern den Bart streichen und außerhalb desselben — dies und jenes drehen lassen, wie einzelne Abgeordnete geneigt scheinen, mit dem am Wenigsten geliebten Minister zu transigiren, andere sogar ihn als Meister begrüßen, um sein „Herz" buhlen und den Weg zeigen, wie er „der populärste Mann werden" könne; wenn wir sehen, daß an der liberalen Gesetzmacherei nicht nur nicht gerüttelt, sondern fröhlich weiter gearbeitet wird u. s. w. u. s. w., soll es denn da ganz und gar unstatthaft sein, unsere Abgeordneten an die Versprechungen und Erwartungen zu erinnern, mit denen sie in's Ständehaus eingezogen sind, und ist es Angesichts dieser Thatsachen denjenigen so sehr zu verargen, die nach halbjähriger Geduldübung endlich ihren Mißmuth und ihre Befürchtung äußern?

Und wenn wir gar in allerneuester Zeit vernehmen müssen, daß eine Fusion der ehemaligen Münchener Mittelpartei mit den „Patrioten" zu „hoffen" sei, so heißt das denn doch nichts anders als: Wiederherstellung des Pözlclubs! Wenn die Patrioten in der stets gefährlichen Kammertemparatur bereits soweit gar geworden sind, daß die Geschmacksorgane der Mittelpartei nach der früher so ungenießbaren Speise lüstern werden, der Mittelpartei, der die Münchener Patrioten ihre Niederlage bei den Herbstwahlen zu verdanken haben, so weiß ich wahrlich nicht, was sonst noch geschehen könnte, um unser Mißtrauen noch mehr zu erregen und uns zum unumwundenen Aussprechen unserer Befürchtungen zu nöthigen.

Noch hoffen wir aber. Vielleicht läßt Verlauf und Ausgang der demnächst beginnenden Hauptschlacht, der Budgetdebatte, alle unsere Befürchtungen als halt- und gegenstandslos erscheinen. So lange aber diesen Befürchtungen von Seite der Fraktion Weis stets neue Nahrung zugeführt wird, möge es dem „Vaterland" und uns Zuschauern erlaubt sein, Furcht zu haben und Furcht zu äußern, und mögen Sie sich's nicht verwehren lassen, „im eigenen Fleische zu wühlen" und dabei auch einiges Salz anzuwenden; Beides thut zwar wehe, aber — es bewahrt vor Fäulniß!

Daß dabei ihre mahnende und warnende Feder sich nicht in eine Hetzpeitsche verwandle, dafür werden Sie selbst, mit und ohne Desaveu, zu sorgen wissen!

Deutschland.

München, den 18. Juni.

* Die „**Bauernzeitung**", das bekannte Organ des bayrisch-patriotischen Bauernvereins, äußert sich über den so ungerechtfertigten und unbegründeten Vorwurf, der von gewisser Seite erhoben worden ist, als befänden sich unter den Patrioten Einige, welche demokratisch seien und die Republik einführen wollten, also: „Man sucht mit derlei verfänglichen Schlagwörtern unser gut königlich gesinntes Volk, **vor Allem das Landvolk zu ködern, gegen die freisinnig und ehrlich denkenden Freunde der Volkssache einzunehmen** und so für den Fall einer neuen Landtagswahl zu bewirken, daß der größere Theil des Volkes, **mißtrauisch gegen seine alten Freunde und des ewigen Parteizankes satt**, vielleicht auch getäuscht in mancher Erwartung entweder gar nicht mehr wählt, d. h. seinen Gegnern das Feld räumt, oder willenlos einer auf's Neue erstarkenden Bureaukratie in die Hand fällt. Wir dürfen nicht ablassen, Euch zu bitten: seid einig Freunde, haltet fest das Ziel im Auge . . . und **laßt Euch nicht scheu machen durch Schlagwörter wie Republik und Demokraten!** Wer euch derlei Gespenster an die Wand malt, **der meint's nicht gut mit Euch**, nicht gut mit König und Vaterland, **mag er dann sein, wer immer. Es gibt in Bayern keine Demokraten, welche die Republik einführen wollen.**" Die „Bauernzeitung" druckt dies mit fetten Buchstaben und wir verstehen, was sie damit sagen wollte — nach zwei Seiten hin.

* Die Redaktion des „Volksboten" hat in ihrer vorletzten Nummer die Richtigkeit des Berichtes über die letzte patriotische Versammlung unter Berufung auf den Vorsitzenden aufrecht zu halten gesucht. Wir waren dadurch in die unangenehme Nothwendigkeit versetzt, einige uns zugegangene schriftliche Erklärungen mit Namensunterschrift

unerreichbarer Held ist) — hat Döllinger das Zeug wahrlich nicht und seine nur maul- und federfertigen Trabanten noch weniger den Muth. Von diesen geistlichen Aristokraten der wohlfeilen schönen Worte sind keine Thaten zu erwarten". — Aber Brochüren und Zeitungsartikel die schwere Menge! Wenn man Rom mit Brochüren, Artikeln und Dintenfäßern erstürmen könnte, dann brauchte sich Garibaldi nicht mehr zu bemühen; das hätte die sehr edle Janusbrüderschaft längst allein besorgt.

Ausland.

In **Belgien** ist der letzte Wahlsieg der Katholiken ein so entschiedener, daß das liberale (Freimaurer-) Ministerium so viel als geliefert ist. Die belgischen Katholiken lassen nämlich nicht mit sich „diskutiren", sondern gehen gleich frisch ins Zeug, was sich manche zum Muster nehmen könnten.

In **Italien** muß die Finanzwirthschaft des bankerotten Staates wirklich eine kostbare sein. Daß vorzugsweise der Arme belastet, der Reiche aber verschont wird, das kommt auch anderwärts vor; einzig aber ist z. B. die Art, wie die Steuern eingetrieben werden. Da sind noch um 250 Millionen Steuern rückständig. Die Eintreibung hat die Regierung einer Gesellschaft von Bankjuden überlassen, die ihr dafür blos 160 Millionen zu zahlen braucht und vom Staat mit Truppen und Polizei zum Eintreiben der Steuern, d. h. in Italien zum Ausziehen der Schuldner unterstützt werden muß. Die Linke der Kammer hat dieses Finanzprojekt „mit Applaus" begrüßt, was jedenfall ein schönes Zeichen für ihre — Menschenfreundlichkeit ist! Mögen Tausende finanziell zu Grunde gehen, wenn nur der Staat und die Juden zu Geld kommen, das heißt man heute „liberal"!!

Rumänien. In Bukarest sind gelegentlich der Wahlfeierlichkeiten am 8. eine hübsche Anzahl Juden ausgiebig durchgehauen worden. Die Herren Studenten haben sich bei dieser rumänisch-patriotischen Beschäftigung sehr vortheilhaft ausgezeichnet und Namhaftes geleistet. Außer einigen arg malträtirten Mitgliedern des auserwählten Volkes hat die edle Judenschaft aber keine sonderlichen Bitternisse erfahren, da man diesmal verzichtet zu haben scheint, einige Juden auf wässerigem Wege in ein besseres Jenseits zu befördern und sich mit fleißiger Anwendung der üblichen Belehrungsmittel, der Stöcke, begnügte. Israel ist natürlich durch ganz Europa in großem Aufruhr, die geliebten Unterthanen Karls aus Hohenzollern pflegen sich aber um Europa so wenig zu kümmern als um einen Juden, der Zahnweh hat, was allerdings weder von gehöriger Bildung, noch von sonderlicher Aufklärung zeugt.

In **Nordamerika** haben etliche protestantische Pastoren es für ersprießlich erachtet, ein protestantisches Gegen-Concil für Ende September nach New York auszuschreiben. Das wird den protestantischen Kohl unfehlbar fett machen.

Judengeschichten.

Ein sicherer Hr. Rubin will, wie wir hören, dem Schnaufer und anderen Edelleuten aus Palästina Konkurrenz und sich zum Ritter der Juden machen und „da kein Organ der liberalen Presse sich bemüssigt fand, unsere israelitischen Mitbürger in Schutz zu nehmen", in Zukunft auf papierenem Wege „für das gesammte Judenthum einstehen, wo bisher unbetastete (sic?) Gemeinheit ihren Muth gekühlt" an dem auserwählten krummnasigen Volke Gottes. Es wird uns schrecklich gehen und man kündigt uns das bereits in folgendem Brief an: „Herr Redacteur! Machen Sie Ihr Testament! Nicht in der Wolfsschlucht, nein, in der Hildegardstraße Nr. 25/I werden die Kugeln gegossen für Sie! Wie viele treffen, wie viele äffen, wird die Zeit lehren. Der wilde Jäger heißt Herr Rubin und wird Redakteur der am 3. Juli erscheinenden Zeitung „Union" sein; das ist der große Mann, der Sie mit Haut und Haar auffressen wird und der aus reiner christlicher (?) Liebe die Juden vertheidigen will, da, wie es in dem Programm heißt, nicht einmal die liberalen Blätter sich dazu hergeben mochten. Das neue „Organ" ist natürlich nicht von Juden gegründet, sondern der Herr Rubin zahlt's selbstverständlich ganz aus eigener Tasche, wozu er als früherer Komödiant und Theater-„Direktor" und jetziger Theateragent ganz das Zeug und Geld hat. Machen Sie Ihr Testament, denn sterben müssen Sie, Sie und das „Vaterland", die Juden leiden's nicht mehr und wenn das „Vaterland" die „Union" überlebt, dann kann's nicht ohne Hexerei sein. Ergebenst ꝛc." — Na, warten wir's geruhsam ab, wie sich die papierne Bestie auswachsen wird.

Beißt sie, so beißt sie und macht sie sich mausig,
So klopft man und reißt sie und haut sie nicht lausig.

Vermischte Nachrichten.

Die hiesige Judenschaft hat das große Neusigl-Anwesen um 160,000 fl. zum Bau einer Synagoge erworben.

Herzog Ernestus von Sachsen-Koburg-Gotha, Hoheit, hat seinen Leibkomödianten zum „geheimen Hofrath" ernannt, wodurch er sich von älteren Fürsten unterscheidet, die ihre Leib-Lustigmacher kurzweg Hofnarren benamsten. Herzog Ernst hätte ihn gleich zum Minister machen können. Der Wettstreit, wer von Beiden das Regieren besser verstehe, wäre ein Schauspiel für Götter gewesen.

Verantwortlicher Redakteur: Dr. J. Sigl.

Druck von M. Vogt in München. Rosenthal 19

1. Jahrgang. | Auflage: 5400.

Das Bayrische

Vaterland.

Das „Bayr. Vaterland" erscheint täglich mit Ausnahme der Sonn- und hohen Festtage. Preis des Blattes: Vierteljährig 54 kr., ganzjährig 3 fl. 36 kr. Das einzelne Blatt 1 kr.

Alle Postexpeditionen und Postboten des In- und Auslandes nehmen Bestellungen an. Inserate werden die dreispaltige Petitzeile oder deren Raum zu 3 kr. berechnet.

Redaktion: Burggasse 14. | Herausgegeben von Dr. jur. J. Sigl. | Expedition: Kaufingerbazar 5.

Aloisius. | Nr. 138. | Dienstag, 21. Juni 1870.

Abonnements - Einladung.

Bei dem bevorstehenden Quartalswechsel richten wir an unsere verehrten Abonnenten und Leser unsere Einladung zum neuen Abonnement.

Angesichts der Schwierigkeiten und Begebnisse der letzten Wochen ist es wohl am Platze, hier unsere Stellung zu denselben und zu den Schwierigkeiten, die wir noch voraussehen, genau anzugeben. Im Allgemeinen haben wir unser Programm bereits in der Probenummer dargelegt; „mit dem Volk und durch das Volk allezeit das Wohl und Beste des Volkes" — das ist unser Programm. In diesen Worten ist unsere Stellung gekennzeichnet, die wir zu den fortschrittlichen Gegnern wie zur patriotischen Kammermajorität eingenommen haben und in Zukunft behaupten werden. Das „Vaterland" soll der Anwalt der großen Mehrheit des bayrischen Volkes sein; die Rechte, Wünsche und Forderungen des Volkes soll es vertreten und vertheidigen allezeit und gegen Jedermann; Niemand soll es dienen als einzig dem Rechte und der Wahrheit; unabhängig, frei und muthig soll es den Weg gehen, welchen die Gerechtigkeit und unsere Ueberzeugung ihm vorschreibt. So haben wir es bisher gehalten und nichts und Niemand wird uns abhalten können, es auch in Zukunft so zu halten.

Man hat uns deshalb als einen „Demokraten", der den Thron umstürzen und dafür die Republik einführen will, ausgegeben. Wir haben dazu geschwiegen, weil wir unsern Lesern, die das „Vaterland" kennen und im Stande sind, sich selbst ein Urtheil zu bilden, nicht zu sagen brauchten, daß man uns ohne Grund und ohne Anhalt lediglich verdächtigt und verleumdet hat. Katholisch wie wir sind, wissen wir, daß wir eben sowohl den Fundamental-Gesetzen des Staates wie den Geboten Gottes und der Kirche uns zu unterwerfen haben, die uns gebieten, Gott zu geben, was Gottes und dem König, was des Königs ist. Eine Republik anzustreben, wäre unter unsern Verhältnissen ebenso wenig katholisch, als es vernünftig wäre. Nennt man uns aber demokratisch, weil wir das Wohl und Recht des Volkes höher stellen, als persönliche Interessen, Rücksichten und Vortheile, und ist das demokratisch, so können wir uns auch diese Bezeichnung sehr wohl gefallen lassen und sind wir immer, so lange wir schreiben, in dieser Weise „demokratisch" gewesen. Das Volk hat seinerseits, durch den in der kurzen Zeit beispiellosen Erfolg des „Vaterland" gezeigt, daß es mit diesem unsern Streben merkwürdig einverstanden ist.

Was unser Programm im Besondern betrifft, so werden wir in den nächsten Nummern Gelegenheit haben, uns darüber des Weiteren auszusprechen und zu zeigen, daß wir uns nicht geändert haben, daß aber die Grundsätze der bisherigen „patriotischen Partei", will sie wirklich das erreichen, was das Volk von ihren Vertretern in der Kammer mit Fug und Recht erwartet, genauer und bestimmter gefaßt und ihr Programm vor Allem und durch und durch ein entschieden katholisches werden muß, welches in gleicher Weise dem katholischen Bewußtsein, wie den unabweisbaren Bedürfnissen des Volkes gerecht wird.

Wir bitten unsere Freunde und Leser uns in unsern ehrlichen Bestrebungen beizustehen und dem „Vaterland" eine solche Verbreitung gewinnen zu helfen, daß unser Ringen und Kämpfen für die Sache des bayrischen Volkes und Vaterlandes ein fruchtbares, ein erfolgreiches werde. Wir selbst und unsere verehrten eifrigen Mitarbeiter werden es an nichts, weder an Eifer, noch Arbeit für die gute Sache fehlen lassen. Treu dem Volke wie unserer Kirche werden wir in allen Kämpfen, Anfeindungen und Verfolgungen fest, muthig und unentwegt streiten, arbeiten und will's Gott siegen!

Der Preis des Blattes ist wie bisher halbjährig 1 fl. 48 kr., vierteljährig 54 kr.

Inserate, welche billigst berechnet werden, finden die weiteste Verbreitung und haben darum den besten Erfolg. Wir können namentlich unsern Lesern das Blatt zu Inseraten nur empfehlen.

Die Redaktion und Expedition des „Bayr. Vaterland."

Liebesgaben für den hl. Vater.

Uebertrag 178 fl. 16 kr.

41) Beatus vir, qui suffert tentationem . . . . 1 . — .

42) Den Ungläubigen wollen wir unsern Glauben mit Gaben beweisen (Kaiserslautern) . . . . 2 . — .

43) Der kleine Hans ist auch dabei
Und gibt sogleich der Sechser zwei,
Er gäbe mehr, wüßt' er woher . . . . — . 12 .

44) N. N. . . . . 1 . — .

Summa: 182 „ 8 „

*Zur Erwägung hüben und drüben.

Aus dem **Wahlbezirk Traunstein.** Bei Oeffnung dieses Briefes denken Sie vielleicht, es werde, da jetzt das Desavouiren zum guten Ton zu gehören scheint, auch ein Desaveu für Sie darin enthalten sein. Nun kann ich Ihnen ganz offen sagen, daß ich mich allerdings weder dem „Vaterland" noch sonst einem Blatte förmlich verschrieben habe, daß ich Ihnen und jeden andern Publicisten gegenüber mir das Recht der eigenen Meinung vorbehalte und daß wirklich bezüglich mancher Einzelheiten Ihre Ansicht nicht theile, ja daß mir auch bisweilen schon Etwas mißfallen hat, was in Ihrem Blatte stand.*) Ganz dasselbe wird sicherlich auch noch bei anderen Lesern ihres Blattes der Fall sein und ich halte Sie unter allen Umständen für so vernünftig, daß Sie sich nicht selbst einbilden, als ob Sie es Jedem Ihrer Leser recht machen könnten. Allein von dieser einzeln vorhandenen Verschiedenheit der Meinung bis zu einem Desaveu oder gar bis zu einem öffentlich ausgesprochenen Desaveu ist noch eine ganze Reihe von Breitengraden.

Nach einer anderen Richtung freilich fühle ich mich stark versucht, ein Desaveu auszusprechen und zu einem solchen aufzufordern. Ich thue aber weder das Eine noch das Andere, weil die Thatsache um die es sich dabei handelt, an sich viel zu geringfügig ist, ferner weil ich die ihr zu Grunde liegende Ursache nicht kenne, drittens weil ich fürchte, daß die betreffende, nach wie vor gleich hochachtbare Persönlichkeit sofort vom Schauplatz freiwillig abtreten würde, ganz im Gegensatz zu Ehren-Föderer, der trotz des offiziellsten Mißtrauensvotums seinerzeit fest auf seinem Sitze in der Kammer blieb, und viertens, weil wir keinen Ueberfluß an Männern und Charakteren vom Schlage des betreffenden Herrn haben.

Sie wären nämlich im Hinblick auf die Kammersitzung vom 21. Mai vollständig in der Lage, den in der „Neuen Welt“ wenn auch indirect gegen Sie geführten Streich folgendermaßen, und das wäre die mildeste Form, frei von aller Animosität, zu pariren:

„Hochverehrter Herr! Auf Ihr feierliches gegen „einen Theil der patriotischen Presse“ ausgesprochenes Desaveu — denn so müssen wir Ihren wenn auch noch so allgemein ausgesprochenen Tadel nehmen — erlauben wir uns Folgendes zu erwidern: Wir waren noch jedesmal auf dem Platze, wenn es sich um Angelegenheiten des Landes und der Sache handelte, welche zu vertreten wir uns verpflichtet haben; wir rathen Ihnen, dasselbe Ihrem Wahlkreis gegenüber zu thun und jedesmal wenn eine Angelegenheit Ihres eigenen Wahlkreises auf der Tagesordnung steht, wenigstens bis zur Abstimmung über dieselbe im Sitzungssaale anwesend zu bleiben; Ihre Wähler könnten sonst den Einfall haben, unaufgefordert zu desavouiren.“

Wie man diese Antwort, wenn man animos sein wollte, noch ganz anders stylisiren könnte, daß weiß Niemand besser als Sie und Ihre Leser. Ich bitte Sie aber es nicht zu thun, weil unser Vertrauen zu jenem Herrn — es sind eigentlich ihrer zwei! — durch jene Abwesenheit keinen Schaden gelitten hat und wir nicht gewillt sind, wegen Kleinigkeiten wackere Streiter über Bord zu werfen, oder um mit Meister Junius zu reden: we should not generally reject the friendship or services of any man, because he differs from us in a particular opinion — (Letter LIX) — zur Erwägung hüben und drüben!

*) Ei warum nicht? Gott kann es nicht Allen ganz recht machen, wie viel weniger ein Redacteur, der ein Mensch ist wie andere auch. Wir reflektiren auch gar nicht darauf, daß wir es allen unsern Lesern immer recht machen können, denn das wäre unmöglich. Wenn nur die allgemeine Haltung des „Vaterland“ den Interessen der Partei entspricht, das genügt uns schon, und mehr kann man auch billiger Weise nicht verlangen. D. R.

Am 24. Jahrestage der Thronbesteigung Pius IX. (21. Juni.)

* Von Bologna erhalten wir ein Circular des Präsidenten des Centralrathes des Vereins katholischer Jünglinge, Dr. J. Acquaderni, dem wir Folgendes entnehmen:

„Wir sehen einem glorreichen Ereignisse entgegen, welches in der Geschichte der katholischen Kirche seit fast 19 Jahrhunderten, seit der Regierung des hl. Petrus einzig dasteht, einem Ereigniß, welches der streitenden Kirche nach so manchen Tagen des Schmerzes, des Kummers und der Qual auch einmal einen Tag des Triumphes und der Freude und den katholischen Völkern eine neue Gelegenheit bieten wird, dem unvergänglichen Lehrstuhl des hl. Petrus feierlich ihre Treue und ihren Glauben zu bezeugen

Es ist dies die Jubelfeier der Thronbesteigung unsers heil. Vaters Pius IX. — am 21. Juni 1871.

Kaum ist es ein Jahr her, seit die katholische Welt, gleichsam von einem Funken göttlichen Geistes erweckt, sich einmüthig erhob, um dem sein 50jähriges Priesterjubiläum feiernden Papste eine Huldigung darzubringen, welche die Geschichte als eine der erhabensten Kundgebungen verzeichnet hat ....

Wir Söhne des unglücklichen Italien, welches die Feinde Gottes und seiner Kirche bis zum abscheulichen Gottesraube zu treiben suchen, jene Krone weltlicher Herrschaft zu zerschmettern und mit Füßen zu treten, ... haben es als unsere Pflicht erachtet, auch zur Ehre unsers Vaterlandes diese schöne Gelegenheit zu ergreifen, und somit hat der Verein der katholischen italienischen Jünglinge bereits einen Aufruf an die Katholiken Italiens veröffentlicht: Gebete, Huldigungen der Ergebenheit, Kundgebungen der Dankbarkeit — dies ist es, was wir von unsern katholischen Brüdern für das Jubeljahr der ebenso mühevollen als ruhmreichen Regierung des hl. Vaters verlangen; unsere Mütter und Schwestern bitten wir um ein Kleinod, ein Ohrgehänge, einen Ring zum Besten des Peterspfennigs, und wir sind gewiß, daß die Antwort auf unsern schwachen Ruf des katholischen Italiens würdig sein wird.

Heute wagen wir noch mehr: eingedenk, daß im anbetungswürdigen Herzen unsers göttlichen Heilandes alle Katholiken, welche die Erde bewohnen, obschon verschieden an Charakter, Sprache und Gebräuchen, unsere Brüder sind, und zwar Brüder, die uns so oft und so glänzend belehrt haben, wie man die hl. Kirche lieben, verehren und vertheidigen soll, senden wir unser Programm für die päpstliche Jubelfeier unsers heiligen Vaters Pius IX. über die Grenzen Italiens hinaus. Es ist ein unbedeutendes Samenkorn, das wir ausstreuen; möge der Wind es in ferne Länder tragen; es wird keimen, vermöge des göttlichen Segens und weil die katholischen Herzen allerorts ein fruchtbarer Boden sind.

Es ist ein großer Tag, den wir herbeiwünschen, — ein Ereigniß, das der Welt in so vielen Jahrhunderten nicht gewährt worden ist. Wohlan denn, laßt uns einmüthig beten und das demüthige Gebet so vieler Millionen von Gläubigen wird dem Herzen Gottes eine süße Gewalt anthun.

Gleichzeitig mit dem Gebet empfehlen wir den Peterspfennig. Der von den Feinden und entarteten Söhnen geplünderte Schatz der Kirche soll von den ehrfurchtsvollen Kindern wieder gefüllt werden zum Wohle der Christenheit, damit ihr Oberhirt sie auch durch menschliche Mittel frei regieren könne.

Vertrauensvoll der Erhörung unserer sehnlichen Wünsche entgegensehend, geben wir den Katholiken aller Nationen ein Stelldichein für den 21. Juni 1871, dem Tage des 25jährigen Regierungsjubiläums Pius IX., auf den Plätzen der ewigen Stadt, dem glanzreichen Tage des Stuhles Petri, auf dem ein 80jähriger Greis sitzt, der lebt und regiert zum Heil der Heerde Christi; der Wiederhersteller so vieler sittlicher Trümmer durch das vatikanische Concil, der unfehlbare Lehrer und unermüdliche Vertheidiger der Wahrheit, der liebevolle, stets zum Verzeihen und Wohlthun bereite Vater, der Martyrer, dessen langes Leiden aller ehrlichen Menschen Herzen betrübt hat, der König, den Gott auf den Berg Sion gestellt hat und der sein Scepter von dem allmächtigen Herrn des Weltalls empfangen." —

Das täglich zu betende Kirchengebet der Katholiken lautet: „Oremus pro Pontifice nostro Pio — Dominus conservet eum et vivificet eum et beatum faciat eum in terra et non tradat eum in animam inimicorum ejus.

Weiters wird eine allgemeine außerordentliche Sammlung für den Peterspfennig empfohlen, dazu eine Sammlung von Werken der Kunst ꝛc., die zu dem Tage als Geschenk für den Papst nach Rom geschickt werden wollen. — Zum Feste selbst werden zahlreiche Vertreter aller Nationen, Gemeinden, kath. Vereine, Institute ꝛc. ꝛc. nach Rom eingeladen, um dort im Namen der katholischen Welt die Huldigungen des Glaubens und der Liebe dem großen Papste darzubringen.

Deutschland.

München, den 20. Juni.

Landtag. Die Abgeordnetenkammer nahm den Gesetzentwurf an, nach dem der Zinsfuß für neu zu emitirende pfälzische Eisenbahnpapiere statt zu 4 fortan zu 5 Procent garantirt wird. Noch besser für die Bahnpapierbesitzer, aber nicht für das Volk, wäre es, wenn Ersteren gleich 10 oder 20 Prozent gesetzlich garantirt würden! Es folgte nun die Berathung über die Aenderung einiger civilrechtlicher Bestimmungen hinsichtlich der Uebernahme fremder Verbindlichkeiten, die jedoch kein weiteres Interesse bietet, außer für Juristen. Die Berathung hatte die übliche Folge, daß das ganze Gesetz angenommen wurde.

— Die Reichsrathskammer ist den Beschlüssen der Abgeordnetenkammer bezüglich des außerordentlichen Militärcredits beigetreten, hat jedoch die Bewilligung von 100,000 fl. für die Errichtung eines Militärkrankenhauses in Nürnberg einstimmig aufrecht erhalten. Die Kammer hat ferner das provisorische Taxgesetz nach der Fassung der Kammer der Abgeordneten angenommen. — In der Kammer der Abgeordneten wurde der Gesetzentwurf über den Zinsfuß der pfälzischen Eisenbahnpapiere mit 118 gegen 9 Stimmen angenommen.

In **Deggendorf** fand am 16. d. M. und in **Falkenberg** und **Reichling** findet am 26. d. M. patriotische Bauernversammlungen statt.

Aus Oberfranken wird dem „Vaterland" geschrieben: Möchten doch ja die Patrioten bei der Budgetdebatte sowohl, wie zu jeder Zeit, ihres Wortes, das sie ihren Wählern gegeben, stets das Wohl des Volkes im Auge haben zu wollen, nicht vergessen, da die Gegenpartei um die gute Sache des Volkes sich nicht sehr zu kümmern scheint. Das Volk will Erleichterung, nicht Erhöhung seiner Lasten. Was bisher geschehen, war es wohl zum Besten des Volkes? So hatten wir, um nur an Eines zu erinnern früher zum Amt 1—2 Stunden, jetzt seit Errichtung der Bezirksämter 5—6 und noch mehr Stunden, oft nur, um Kleinigkeiten, die sich bis zum nächsten Amtstag nicht verschieben lassen, abzumachen. Welche Wege, Versäumnisse, Kosten werden dadurch veranlaßt! Erleichterung kann jedoch nicht für das Volk erfolgen, wenn das übermäßig zahlreiche Militär mit seinen vielen Generälen, Obersten ꝛc. nicht verringert, wenn die Beamten nicht vermindert, ja im Gegentheil gar noch vermehrt werden, wie soeben wieder durch die will gute Gesetze, Gesetze, die nicht zu seinem Ruin sind. Ob die Gesetze von der Verjährung, das Wehr-, Wechsel-, Heimats-, Ansässigmachungs-, Armen-, Verehelichungs-, Gewerbs- und Notariatsgesetz zum Wohle des Volkes sind, auf diese Frage können wir doch wahrhaftig nicht mit Ja antworten. Was geschieht für die eigentlichen Interessen des Volkes, während fortwährend neue Beamten geschaffen und für die Hinterbliebenen derselben durch Pensionen und Anstalten aller Art gesorgt wird? In welcher Noth und welchem Elend schmachten oft viele im Volke, die krank und leidend sind und zuweilen nicht einen Kreuzer haben, um sich die passenden und hinreichenden Nahrungsmittel zu verschaffen, während für liederliche Manns- und Weibspersonen, die noch jung und kräftig sind, sich etwas zu verdienen, Kleider, Kost und Reisegeld auch von Amtswegen von der Heimatsgemeinde geschafft werden muß?! Für Lehrer und andere Bedienstete wird fortwährend durch Gehaltsaufbesserung, Gratifikationen, Alters- und Theuerungszulagen gesorgt, für den Gewerbtreibenden, den Arbeiter und Landmann aber, was geschieht da für Verbesserung ihrer Lage? Zahlen und nur Zahlen ist unser Loosungswort! Steuern, Kreis-, Distrikts- und Gemeindeumlagen und andere Abgaben ruhen größtentheils auf dem armen Volke, insbesondere auf dem Landvolke. Oft kann man auf die Frage, wie viel Einer Steuer zahle, hören: ich weiß es nicht, diesmal habe ich so viel gezahlt, wie viel das nächste Mal, kann ich jetzt nicht sagen! Was geschieht für Arme auf dem Lande? Vor einigen Tagen lasen wir wieder in der Zeitung, daß die freiwillige Armenpflege in München Tausende erhalten hat. Wie viele Arme gibt es nicht auf dem Lande, die eine ganz verschuldete Hütte, die zum Einfallen ist, haben, aber nicht soviel zusammen bringen können, nur die Dach-Ziegel, die durch Elementarereignisse heruntergerissen wurden, wieder zu ersetzen oder einen guten Balken für einen morschen wieder einsetzen zu lassen! Mögen daher die Patrioten dies Mal wahre Vertreter des Volkes sein, und einstehen ein Jeder für des Volkes Interessen und nicht vergessen, warum wir sie in den Landtag geschickt haben.

In **Hannover** scheint man noch immer bedauerlich wenig Lust zum Tragen der Pickelhaube zu haben. Das Gericht zu Osnabrück hat „neuerdings" — es scheint also dort häufig vorzukommen — 53 Personen wegen Nichterfüllung der Militärpflicht verurtheilt, das dortige Landwehrkommando sucht 32 entwichene Reservisten, der Staatsanwalt von Hammeln klagt 16, der zu Nienburg 92 Militärpflichtige an und der zu Meppen 68, die sämmtlich das preußische Vaterland aus der Ferne schöner und liebenswürdiger finden als in der Nähe.

Preußen. Berlin. Das Bundesgesetzblatt Nr. 16 (vom 8. Juni) publizirt das neue Strafgesetzbuch.

Aus Preußen ist ein mächtiger Fortschritt zu melden: Das Justizministerium hat die Weisung ergehen lassen, daß weder gegen Untersuchungs-, noch gegen Strafgefangene bei Zuwiderhandlungen gegen die Dienst- und Hausordnung die Strafe der körperlichen Züchtigung mehr verhängt werden soll, d. h. bisher wurden in Preußen selbst Untersuchungsgefangene gelegentlich durchgeprügelt, künftig aber sollen sie's nicht mehr werden — für den „Staat der Intelligenz" immerhin ein bedeutender Fortschritt!

In **Mecklenburg-Strelitz** scheint der Großherzog dem „nationalen", sprich preußischen Schwindel sehr wenig hold zu sein, weßhalb ihm von der Kölner Zeitung tüchtig die Leviten gelesen wird. Als besonders erschwerend und verdammenswerth berichtet die Kölnerin, daß er nur mißvergnügte ausgewanderte Hannoveraner zu den höchsten Staatsstellen befördert. Wer nur irgend eine Spur naam Hofe von Strelitz fast als Hochverräther behandelt. Schrecklich! Weil ein Fürst vernünftig ist und nicht von Verräthern umgeben sein will, sondern von ehrlichen Leuten, so begeht er ein Verbrechen gegen die alleinselig-machende Pickelhaube, wenigstens wird es ihm so ausgelegt. Im Interesse der Preußen wäre es freilich, wenn alle Fürsten ausschließlich von preußischen Gaunern und Spitzbuben umgarnt und umgeben wären, denn da blühte der preußische Weizen recht herzerfreuend. Ueberall kommt's aber, wie Figura zeigt, doch nicht vor, und das geht dann so einem rechten Preußengemüthe nahe, macht aber gar nichts.

Ausland.

Frankreich. Paris, 15. Juni, Abends. Die Uebersiedelung des kaiserlichen Hofes nach St. Cloud wird wahrscheinlich in dieser Woche noch nicht stattfinden. Der Prinz Napoleon ist ernstlich erkrankt.

Belgien. (Brüssel, 15. Juni.) Der Rücktritt des Kabinets ist entschieden. Die abtretenden Minister rathen dem Könige, hervorragende Mitglieder der Rechten zur Bildung eines neuen Kabinets zu berufen. Wenn die katholische Partei die Regierung übernimmt, ist eine Auflösung der Kammer unausbleiblich.

Italien. Rom. Pius IX. tritt am 21. Juni 1870 in das 25. Jahr seiner Regierung. Er hat darin bekanntlich außer dem hl. Petrus nur einen einzigen Vorgänger, Pius VI., welcher von 1799 genau 24 Jahre 8 Monate 14 Tage auf dem Stuhl Petri saß. Also nur noch ein einziges Jahr und der katholische Erdkreis kann zum ersten Male seit den Tagen Petri das silberne Jubiläum eines Pontificates feiern. Es unterliegt nicht dem geringsten Zweifel, daß diese Jubelfeier sich außerordentlich großartig gestalten würde. Am passendsten möchte sie auf die fünf Tage vom 17. bis 21. Juni 1871 verlegt werden, so daß sie mit dem Jahrestage der Proklamation des Papstes anfinge und mit dem Gedenktage seiner Krönung schlöße. Die Feier auf den 23. August 1871 zu verschieben, weil Petrus IX. dann die volle Regierungszeit des hl. Petrus erreicht hätte, hat keinen Sinn. Denn der alte Spruch, daß kein Papst die Jahre Petri sehen werde — annos Petri non videbis — wird allgemein nur unter der runden Zahl der traditionellen 25 Jahre Petri verstanden; und überdies beruht die Angabe daß der hl. Petrus genau 25 Jahre 2 Monate 7 Tage regiert habe, nur auf einer sehr unsichern, historisch nicht im mindesten beglaubigten Hypothese.

Serajewo, 16. Juni. Der bosnische Landtag, welcher unter Anderem auch neue Steuern votirte, wurde geschlossen. Eine Deputation von drei Mitgliedern begibt sich nach Constantinopel, um die Landtagsbeschlüsse zu überreichen.

Griechenland. Die griechische Regierung setzte auf den Kopf des Banditenführers Takos einen Preis von 100,000 Piaster. — Gestern wurde abermals ein Brigant zum Tode verurtheilt.

Münchener Schranne vom 18. Juni.

Getreidsorten	Verkauft Schffl.	Höchster fl.	kr.	Mittel- fl.	kr.	Nied.-Preis fl.	kr.	Gest. fl.	kr.	Gef. fl.	kr.
Weizen . . .	2742	23	18	22	16	20	38	1	25	—	—
Korn . . .	2006	15	8	14	42	14	15	—	35	—	—
Gerste . . .	846	13	18	12	5	10	26	—	—	—	20
Haber . . .	1372	10	11	9	28	8	29	—	21	—	—
Reps . . .	—	—	—	—	—	—	—	—	—	—	—
Lein . . .	5	22	12	51	40	19	—	—	49	—	—

Börsen-Nachrichten.

Frankfurt a. M., 18. Juni. Schlußcourse: 1882er Amerikaner $96\frac{1}{8}$; österr. Bankactien 710; dito Creditactien $272\frac{3}{4}$; Bayer. Ostb.-Actien $124\frac{3}{4}$; Oesterr. Loose v. 1860 81; dito v. 1864 115; 5proc. österr. engl. Metall. — —; 5 proc. National —; 5 proc. bayer. Anl $101\frac{1}{8}$. dito $4\frac{1}{2}$ proc. Anl. $98\frac{1}{4}$; dito 4 proc. Pr.-Anl. $107\frac{3}{4}$; dito 4proc. Grundrente $86\frac{3}{4}$; Elisabeth-Prior. 1. Em. — — Napoleons 9. 29. Münchener Anleihe — —; steuerfreie Met. v. 1866 —; österr. franz. Staatsbahn $388\frac{1}{4}$; bad. Präm.-Anl. $105\frac{1}{8}$; Münchener Handelsbank —

Verantwortlicher Redakteur: Dr. J. Sigl.

Druck von M. Pössl in München. Mühlthal 18

II. Jahrgang. Auflage: 5400.

Das Bayrische Vaterland.

Das „Bayr. Vaterland“ erscheint täglich mit Ausnahme der Sonn- und hohen Festtage. Preis des Blattes: Vierteljährig 54 kr., ganzjährig 3 fl. 36 kr. Das einzelne Blatt 1 kr.

Alle Postexpeditionen und Postboten des In- und Auslandes nehmen Bestellungen an. Inserate werden die dreispaltige Petitzeile oder deren Raum zu 5 kr. berechnet.

Redaktion: Fürstengasse 17. Herausgegeben von Dr. jur. J. Sigl. Expedition: Kuffinibauer 5.

Achatius. Nr. 139. Mittwoch, 22. Juni 1870.

Bestellungen auf das „Bayr. Vaterland“ für den Monat Juni zu 18 kr. können bei allen Postanstalten und Postboten noch immer gemacht werden.

Liebesgaben für den hl. Vater.

		fl.	kr.
	Uebertrag	182 fl.	28 kr.
44)	Dem unfehlbaren Papste! B—g.	10 „	— „
45)	Allmächtiger, segne es!	1 „	— „
46)	B—g. B. G. M. Dem unfehlbaren Nachfolger des hl. Petrus	20 „	— „
47)	Th. R. Eripe me dei nimicis meis, Deus meus!	2 „	— „
48)	Cä. Bk. Et ab insurgentibus in me libera me. Psalm 58.	2 „	10 „
49)	R. G. jun. Und ich gehe doch mit der Prozession	1 „	— „
50)	B B. Ingell	1 „	22 „
51)	K. F. Dem unfehlbaren Papste	8 „	33 „
52)	Von der Theuerungszulage einer Briefträgerin	1 „	— „
	Summa:	[illegible] „	33 „

Davon dem Hrn. Grafen Arco-Zinneberg abgeliefert laut Quittung — 200 fl.

Döllinger als Prophet.

P. M. Es wäre gewiß sehr wünschenswerth, wenn politische Tagblätter streng theologische Fragen nicht vor das große Publikum bringen und somit kostbare Perlen nicht auf die Gasse werfen würden; für die große Masse sind derlei Dinge in der Regel nicht faßbar und sie hat selten ein Verständniß dafür. Gerade jetzt aber, in einer Zeit, die dem Unglauben so offen huldigt und so ungescheut und schamlos Propaganda für die Lüge macht, werden die wichtigsten und schwierigsten theologischen Fragen und Dinge und noch dazu fast ausschließlich von Unberufenen so öffentlich behandelt, als wäre der große Haufe in specie die „intelligenten“ Publikümer der „Neuesten“ und ähnlicher „ehrenwerther“ liberaler Organe eine Versammlung von gelehrten Theologen, berufen, über die wichtigsten Fragen der theologischen Wissenschaft, der höchsten von allen, zu Gericht zu sitzen und abzuurtheilen.

Vor Allem nun ist es das jetzt versammelte Vatikanische Concil, gegen welches die ganze Rotte böser Geister alle Federn gewisser nicht selten sehr — sauberer Vögel in Bewegung setzt und selbst große Theologen halten es nicht unter ihrer Würde, in notorische Schmutzblätter und anerkannte Freimaurerzeitungen ihre faulen Eier zu legen, so weit und breit üblen Geruch zu verbreiten und die Kirche, ihr Haupt, ihre Lehrer und Organe zu besudeln*).

*) Andere „große Theologen“ wie z. B. Hr. Schmitz machen blos in Brochüren, in welchen sie die Fackeln ihrer theologischen Weisheit durch ganze Welttheile qualmen lassen.

Unter den sogenannten „ultramontanen“ Blättern hat das „Vaterland“, vielleicht allein, jenen Standpunkt eingenommen und gewahrt, der einem katholischen Organe des noch gut gläubigen Volkes zukommt, ohne dabei die wichtigen Tagesfragen zu ignoriren, wie gewisse katholisch sein wollende Blätter belieben, oder sich mehr als umumgänglich nöthig damit zu befassen, indem es stets Licht und Klarheit in die oft ägyptische Finsterniß und das planmäßig angelegte Lügengewebe zu bringen sich bemühte.

Fast allenthalben ist indeß bis jetzt ein Gesichtspunkt ziemlich außer Acht gelassen oder kaum annähernd berührt worden, nämlich der, wie dieser Kampf, der besonders in München von dieser gelehrten Hochschule, die noch unter König Ludwig I. der Hort und die Stütze der ächten katholischen Gelehrsamkeit war, heraufbeschworen worden, wie diese geradezu infernale Anfeindung des römischen Stuhles, des Primats und Oberhaupts der katholischen Kirche nach dem Plane der Vorsehung dennoch ungemein große, ja unberechenbar vortheilhafte Folgen für die Kirche selbst, wie für das Concil im Besondern hat und haben muß und wie nur dadurch das wahre Licht und die rechte Klarheit verbreitet werden kann.

Ist es ja doch bei den früheren Concilien, von dem zu Jerusalem bis zu dem letzten zu Trient und bei diesem ganz besonders nicht anders gewesen, und was heute Janus und Conciliumsbriefe leisten, haben damals noch weit größere, wenn auch kaum so heimtückische und in die Maske der Heuchelei sich steckende, aber kaum feindseligere Koryphäen in Lüge und Verleumdungen zu Tage gefördert.

Und nun möchte ich dazu einen merkwürdigen, ich möchte sagen prophetischen Ausspruch Döllingers anführen. Vor mehr als zwei Decennien ging „der große Döllinger“, damals noch der Stolz und die Zierde der katholischen Theologie, mit einem jungen Theologen im englischen Garten spazieren. Voll Eifer und Begeisterung ward denn da außer Anderem von dem letzten Concil zu Trient und den enormen Schwierigkeiten und Hindernissen, mit denen es zu kämpfen hatte, eingehend gesprochen und wie besonders Calvin durch seine eminente Kraft und teuflische Bosheit gegen jenes Concil gewaltige Staubwolken aufgewirbelt und für dasselbe recht eigentlich der Advocatus Diaboli*) gewesen. Das war indeß, sagte Döllinger, unbedingt nothwendig, und zum Heile der hohen Versammlung, und, setzte er hinzu, auch heutzutage,

*) Der „Advokat des Teufels“ spielt bei Heiligsprechungen ungefähr die Rolle, welche Hr. Barsch gegen Dr. Schneider in dem bekannten Processe spielte. Er hat den Heiligzusprechenden möglichst anzuschwärzen und herunterzureißen und womöglich kein gutes Haar an ihm zu lassen. D. R.

sollte wieder ein Concil zusammentreten wird auch, demselben der Advocatus diaboli nicht fehlen".

So ist der große Döllinger sogar noch zum Propheten geworden! Er selbst ist es, der das traurige Geschäft, die Rolle des Advocatus diaboli, in die Hand genommen und seine ganze immense Gelehrsamkeit aufgeboten hat, der Kirche diesen großen, aber für ihn und für alle, die ihm wohlwollen und die früher seine begeisterten Freunde und Anhänger waren, so traurigen Dienst zu thun. Möchte doch dem gelehrten Manne, der einst der Stolz Bayerns und seiner Wissenschaft, der Stolz und die Freude seiner Schüler und Freunde gewesen, — möchte ihm doch noch in der elften Stunde die höhere Einsicht und damit der Muth zu Theil werden, das gegebene Aergerniß wieder gut zu machen!

Mag er seinen Irrweg gehen oder wieder zurückkehren auf den rechten Weg, das vatikanische Concil wird unbeirrt von dem gewaltigen Lärm, der Wahrheit Zeugniß geben und der hl. Geist die Kirche zum Siege und den großen Pius IX. zu neuer Ehre und größerem Glanze führen. Das walte Gott!

Das Budget und die Bauern. I.

Die Vorarbeiten über das Budget sind beendet, in kurzer Zeit wird die Sache in der Kammer sprachreif werden. Ueber den Verlauf der Berathungen im zweiten Ausschuß haben wir Erfreuliches und Betrübendes gehört. Es freute uns, daß der Ausschuß die Ersparungsvorschläge Kolb's angenommen hat, — wobei der sehr edle Graf Fugger-Blumenthal natürlich wieder und zwar in den wichtigsten Fragen für den Kriegsminister und gegen die Patrioten, mit denen selbst Crämer ging, gestimmt hat, was wir seinen Wählern signalisiren wollen! — und es betrübt uns, daß der Ausschuß die meisten Ersparungs-Vorschläge Greil's unverzagt verwirft, so daß die Aussichten auf die dritthalb Millionen, die er am Civil-Budget sparen will, mit jedem Tage weniger werden und schließlich ganz verschwinden, wie die Fernsicht ins Gebirg bei Regenwetter.

Nach unserer Auffassung handelt es sich bei der Feststellung des Budgets hauptsächlich darum, in welchem Grade vorzugsweise der Landbevölkerung zur Ader gelassen werden soll, und hier nun betrachten wir es als unsere Aufgabe, so viel als möglich dahin zu wirken, daß dieser Aderlaß möglichst glimpflich ausfalle.

Wir wissen sehr wohl, daß in gewissen Kreisen, die wir nicht näher zu bezeichnen brauchen, der vielgeplagte und vielgeschmähte Bauernstand noch immer als ein Lastthier betrachtet wird, dazu bestimmt, von Früh Morgens bis in die geschlagene Nacht im Schweiße seines Angesichts zu arbeiten, um ein Heer von unzufriedenen Beamten und überflüßigen Militärs zu erhalten und von diesen gelegentlich als „verschwenderisches, faules und verkommenes Bauernthum" beschimpft zu werden. Wir theilen diese Ansicht von dem Beruf und der Bestimmung des Bauernstandes in keiner Weise und eben deshalb lieben wir es und betrachten wir es als unsere Pflicht, jederzeit uns um diesen Stand, mit dem wir am meisten sympathisiren, schon weil er der geplagteste und dann weil er der wichtigste im Staatsorganismus ist, besonders anzunehmen, selbst auf die Gefahr hin, bei gewissen „Staatsmännern" es noch mehr zu verschütten, als uns dies ohnehin bereits gelungen ist.

Vernichtet man in einem Staate den Bauernstand, den Hauptpfeiler, auf dem jedes Staatswesen ruht, so legt man damit den sichern Grund zum Verderben und Untergang des Staates selbst. Daß man in dieser Beziehung in Bayern namentlich seit 1862 bereits Großes geleistet, das bezeugen 30000 Bauern, die in den letzten sieben Jahren von Haus und Hof vertrieben wurden. Genügt das noch nicht? So frage man 30000 andere, die, wenn es so fortgeht, in den nächsten sieben Jahren von Haus und Hof kommen werden.

Wir haben schon öfter des Weiteren ausgeführt, wie gering die Früchte sind, welche der Bauer von seiner Arbeit hat, selbst wenn er vom Glück begünstigt ist, d. h. wenn er gesund bleibt und kein besonderer Unfall seine Felder trifft. Trifft ihn ein Unfall, so kann unter den heutigen Verhältnissen ein Landmann in einem Jahr verloren sein. Denn für ihn gibt es keine Kassen, aus denen er unverzinsliche oder gering verzinsliche Darlehen erhält, wie gewisse Industrielle, wenn sie auf gehörige Art und an der rechten Thüre anzuklopfen verstehen und mit diesem oder jenem hohen Herrn in geschäftlicher oder — sonstiger Verbindung stehen. Der Bauer steht allein, steht hilflos, bis ihm der gnädige Herr Jude hilft — von Haus und Hof nämlich! Die Kirchen- und Stiftungsgelder, auf die er früher rechnen konnte, hat direct oder indirect meist der Staat, der Alles vertragen kann, an sich gebracht und zahlt die Zinsen dafür — aus dem Säckel der Steuerzahler, also zumeist wieder der Bauern. Aber die Bank? Ja die Bank versteht sich fast so gut auf das Geldmachen wie Herren Juden und mit ihren glorreichen Pfandbriefen — nun, sprechen wir nicht davon; sie hört nicht gern davon reden!

Aber auch im günstigsten Fall, — was bleibt dem Landmann? Nicht viel mehr als der schöne Trost, daß er unter allen Klassen der Bevölkerung bei der verhältnißmäßig beschwerlichsten Arbeit und entbehrungsvollsten Lebensweise den geringsten Arbeitslohn und die geringste Rente von seinem Grundbesitz und dem in seinem Wirthschaftsbetrieb befindlichen Kapital genießt. Das ist aber ein schlechter Trost, bei dem man selten fett wird!

Dies ist nur allzu wahr. Die Landbevölkerung ist in den meisten Gegenden auf eine Art und Weise belastet, die man kaum für möglich halten sollte. Macht geht vor Recht, — das gilt insbesondere den Bauern gegenüber, auch in unserm berühmten „Rechtsstaate", und daß das „Geld manchmal genommen wird, wo man es findet", das gilt nicht blos von Preußen und dem übrigen Nordbund, sondern auch von andern, mit „ideenreichen" Finanzministern und entsprechend „liberalen" Kammern gesegneten Königreichen.

Deutschland.

München, den 21. Juni.

Knurrblättl einfältiges verlogenes beschäftigt sich in einem Anfall von Quartal-Paroxismus seit drei Tagen wieder angelegentlich mit katholischen Dingen. Am Samstag ärgerte es sich über die Sammlung der päpstlichen Armee, die „nicht eine Woche die weltliche Herrschaft gegen die italienische Revolution aufrecht erhalten könne, wenn die Franzosen nicht helfen". Wir sind beiläufig der Ansicht, daß auch die bayrische Armee die Sebstständigkeit Bayerns „nicht eine Woche" gegen die preußischen Ehrenmänner und bekannten „Stützen des Thrones" erhalten könnte, wenn uns Gott nicht etliche Legionen französischer Engel schickt, und doch hätten wir nicht einmal etwas dagegen, wenn Knurrblättl nächstens unter seinen Gesinnungsgenossen eine Sammlung für das „herrliche Kriegsheer" des Oberpreußen veranstaltete; die Sammlung würde nicht so gefährlich ausfallen. — Am Sonntag ärgerte sich Knurrblättl auch katholisches über die zahlreiche Theilnahme der Katholiken und ihrer Vereine bei der Fronleichnamsprocession und log beträchtlich über den Pfarr-Klerus, daß er auf jede Weise, selbst von Haus zu Haus gehend, die Leute dazu „gepreßt" habe. Von der Stadtpfarrei St. Peter hat sich das ehrenwerthe Blatt bereits sagen lassen müssen, daß es wieder sehr unverschämt gelogen habe; Knurrblättl sagt nun, ja, das sei halt in andern Pfarreien geschehen und es könne mehr als einen Beleg beibringen. Wir erwarten, daß auch der Pfarrklerus der „andern" Pfarreien das verlogene Knurrblättl ordentlich auf's Maul schlagen wird, obwohl nicht zu hoffen ist, daß sich das ehrenwerthe „Organ" deshalb das Lügen abgewöhnt. — In der heutigen Nummer hat das „Organ" die Entdeckung gemacht, daß Pastoralblatt, Volksbote und Vaterland den „Geist des Landklerus mit einer chinesischen Mauer umspannen" und weiter daß hier ein eigenes geheimes Agitationskomite gegen den Erzbischof bestehe, vor dem Knurrblättl braves besorgt den Landklerus troß der „chinesischen Mauer" eindringlich warnt. „Die engverbundenen Mauerbrecher des Ultramontanismus, versichert das „Organ", verdächtigen, um Mißtrauen zu erregen und im Trüben des Mißtrauens fischen zu können, Oberhirte und Klerus; die Geistlichkeit unter einander soll sich nicht mehr verstehen. Wir (wir Knurrblättleut'l) haben schon mehrmals Andeutungen über das Unwesen dieser Geheimbündler gegeben, auch darüber, daß zwischen ihnen und dem bayrischen Münchener Rochefort und seiner bayrischen Marseillaise eine herzinnige Verbindung besteht. Möchte doch der Klerus die Augen aufthun und hinter den aufgewirbelten Staub auch sehen, dann wird er bald manches jetzt noch unglaublich Scheinende wahr finden." — Der „bayrische Rochefort" ist natürlich „dieser Sigl" und die „bayrische Marseillaise" sein „Vaterland", welches zugleich Organ der „schwarzen Geheimbündler" ist! Bravo! Aber Hr. v. Miller und der „Volksbote" werden sich freuen, wenn sie von dieser merkwürdigen Entdeckung Knurrblättels Kunde erhalten! Wir müssen übrigens den Aesthetikern der „Neuesten" eigentlich noch dankbar sein, daß sie uns mit dem berühmtesten und geistreichsten Flegel Frankreichs zusammenstellen; ihnen wird so was nie passiren!

— Nach dem neuen Hof- und Staatshandbuch ist Bayern gegenwärtig mit 6 ordentlichen und 19 außerordentlichen Staatsräthen, 10 (11) prinzlichen, 48 erblichen und 16 lebenslänglichen (ernannten) Reichsräthen und einer Unzahl von Ministerialräthen gesegnet. Das Ministerium des Auswärtigen zählt 5 Ministerial-Räthe, 1 Legationsrath, das der Justiz 4 Min.-Räthe, 1 Min.-Assessor, 2 Ober- und 2 Apellräthe, das des Innern 6 Min.-Räthe, 1 Obermedicinalrath, 3 Ober-Regierungsräthe und 2 Reg.-Räthe; das des Kultus 8 (acht!) Min.-Räthe, 1 Min.-Assessor; das der Finanzen 10 (!) Min.-Räthe, 1 Oberrechnungsrath, 5 Regierungsräthe, das des Handels 1 Min.-Director, 5 Min.-Räthe, 2 Min.-Assessoren, 1 Oberzollrath; das des Krieges, 1 General-Verwaltungsdirector und 16 Referenten. So viel Räthe und doch so oft keinen — Rath!

In **Freising**, schreibt man dem „Vaterland", nimmt der Liberalismus Gott den Herrn scharf auf's Korn. Da konnte man z. B. am Fronleichnamsfeste im Bezirksgerichtsgebäude einen „Intelligenten" stehen sehen, der so intelligent ist, daß seinem Auge, zumal wenn es mit einem Zwicker bewaffnet ist, kein Geheimniß unergründlich ist. An diesem Tage nun, wo das höchste Geheimniß angebetet wird, natürlich mit rühmlicher Ausnahme alles „gebildeten" Volkes, zumal des königlich angestellten liberalen, bewaffnete er scheint, der „Sache" einmal auf den Grund zu kommen, und verfolgte damit den Priester mit dem Allerheiligsten, soweit sein Zwicker reichte, dem christlichen Volke zum Aergerniß und Niemand zur Erbauung. Ob er das heiligste Geheimniß ergründet hat, darüber schweigt die Weltgeschichte noch; daß er aber damit umgeht, nächstens vor seinen Liberalen den Antrag auf Abschaffung aller 12 Glaubensartikel und Einführung eines neuen zu stellen, welcher lautet: „Du sollst allein an den Fortschritt glauben und ihm allein dienen", glaube ich verbürgern zu können. Freising sieht mit Spannung den weitern Thaten und Erfolgen des Mannes, für dessen Zwicker es kein Geheimniß mehr gibt, entgegen.

Von **Traunstein** erhalten wir folgende Erklärung: „Die Unterzeichneten erklären hiemit, daß die, zumeist kirchenfeindlichen Blättern entnommenen Berichte des „Traunsteiner Wochenblattes" über das gegenwärtig versammelte vatikanische Konzil, weil vielfach mit Unwahrheiten und Verdrehungen untermischt, aller Glaubwürdigkeit entbehren. — So viel zur Warnung für alle treuen Katholiken.

Traunstein, den 14. Juni 1870.

Sämmtliche Priester des Conferenz-Bezirkes Traunstein.

Aus der **Oberpfalz** wird in einem Privatbriefe geschrieben: „. . . Ich kenne einen großen Theil der Oberpfalz und die dortige Stimmung. Alle Patrioten, mit welchen ich die politische Lage sprach, verurtheilen die Mattigkeit, Lahmheit und — der patriotischen Fraktion, resp. der „Fraction Weis". Allgemein ist das Bedauern, daß man sich in manchen Männern, auf deren feste Gesinnungstüchtigkeit man Häuser bauen zu können glaubte, getäuscht habe oder besser gesagt, daß sie sich in München umstimmen ließen, wie es scheint; denn daß sie es Anfangs redlich meinten, davon ist man überzeugt. Ein Mann der, wenn er von Politik spricht, immer mit der größten Lebhaftigkeit redet, besprach ganz gedrückt und niedergeschlagen unsere jetzigen patriotischen Verhältnisse und erklärte sich ausdrücklich einverstanden mit den Ideen des „Vaterland". Darüber bin ich überhaupt nicht im Zweifel, daß das „Vaterland" dem Volke in der nördlichen Oberpfalz völlig entspricht. Kurz die nördliche Oberpfalz steht auf Seite der sogenannten „Extremen". (Stimmt mit unsern eigenen Mittheilungen aus der Oberpfalz und anderen Kreisen. Wir führen derlei Dinge an, daß man betreffenden Orts solchen Stimmungsberichten gelegentlich auch Rechnung trage. D. R.)

Ausland.

Aus **Dänemark** verlautet Einiges von der Existenz zweier Schriftstücke, wonach der sehr edle Graf Bismark, diese ehrliche deutsche Haut, 1865 und 66 nicht blos den Franzosen, sondern auch den Dänen zwei Vorschläge gemacht habe, deren einer den Preis der dänischen Neutralität in einem (nach Gastein) möglichen Konflikt mit Oesterreich, der andere den Preis für die dänische Allianz gegen Oesterreich bestimmte. Beide bestanden in schleswigschen Quadratmeilen. Was Dänemark auf diese höchst „nationalen" Vorschläge geantwortet hat, darüber schweigt die Weltgeschichte noch; es ist auch ganz gleichgiltig; die Hauptsache ist, daß diese Thatsache wieder einen neuen Lorbeerkranz um den „deutschen Mann" und Apostel der „nationalen Mission Preußens" windet. Wahrscheinlich wird Dänemark nein gesagt haben, da man dort aus früherer Erfahrung so gut wie jetzt Napoleon weiß, daß die Preußen zwar fleißig Versprechungen geben, aber nicht halten. Das

Italien. Die Straßen der Residenz Florenz waren kürzlich mit Plakaten folgenden sehr erbaulichen Inhalts geziert: „Italiener! 22 Jahre sind es her, da starben die Toskaner auf dem Schlachtfelde, von dem meineidigen Könige, auf den sie vertraut hatten, verrathen. Von Curtatone bis Montonara floß das Blut immer nur für die Monarchie. Vergießen wir es jetzt für uns! Kämpfen wir für die Republik, die einzige Regierungsform, die das Volk glücklich (?) machen kann. (?) Und ihr, Soldaten, erinnert euch, daß ihr Söhne des Volkes seid und ihr euch zum Volke wenden müßt, das kein Brod mehr hat. Kein Geschwätz mehr, sondern Thaten. Zu den Waffen! Zu den Barrikaden!" — Das klingt recht königstreu liberal. Im Uebrigen hätten wir auch gar nichts dagegen, wenn eines schönen Tages dieses Muster von einem König wie er nicht sein soll, von der Revolution zum Bezirksamtmann in Piemont befördert würde. Vielleicht lernten die Andern, daß auf die „königstreuen" Rothen und Liberalen nur so lange ein Verlaß ist, als man ihnen den Willen thut.

Vermischte Nachrichten.

Die Frohnleichnamsprozession in der Au, schreibt man uns, hat bei herrlichstem Wetter unter noch nie dagewesener Theilnahme stattgefunden. Sehr korrekt hatte Magistratus hochlöblicher fortschrittlicher eine rühmliche Ausnahme gemacht: während sämmtliche Häuser ohne Unterschied mehr oder minder prächtig dekorirt waren, hatte sich das magistratische Pfandhaus und die Einnehmerei nicht eines einzigen Birkenreisleins oder sonst einer Dekoration zu erfreuen, wobei ihnen von allen Privathäusern nur das Hierl'sche (Zenger=) Bräuhaus würdige Gesellschaft leistete! Ließ sich auch nicht anders erwarten. Die Vertretung des Magistrats und der Gemeinde war bis auf ein Mitglied als Korporation anwesend. 65 Männer mit brennenden Kerzen begleiteten das Hochwürdigste und da zum Schluß auch die Frauen und Jungfrauen in der Kirche ihre Kerzen anzündeten, so erglänzte diese in einem Lichtmeere. So zeichnete sich die katholische Au wieder auf's Vortheilhafteste aus. Und München, die großartige Schöpfung König Ludwig I.? Auch dort eine niegewesene Theilnahme der katholischen Vereine, an ihrer Spitze als leuchtendes Beispiel Bayerns König! Ein jämmerlicheres Schauspiel aber, als der herrschende Liberalismus bot, hat Bayerns Hauptstadt noch nie erlebt. Der neue Bürgermeister, welcher der Erste war, der als Vorstand des — herrlichen Gemeindekollegiums das Uniformtragen als „jämmerlichen Zopf" kritisirte und dessen sofortige Entfernung dekretiren ließ und ebenso jede Betheiligung an der Prozession der „Finsterlinge" entschieden ablehnte, — gezwungen, wenigstens moralisch gezwungen mußte er mit und zwar „im jämmerlichen Zopf", nämlich in Uniform mit Hut und Degen und Kette. Von den 20 Räthen erschienen 8 Mann; 4 rechtskundige ließen den „Zopf" lieber zu Hause hängen; von 60 Mitgliedern des Gemeindekollegiums kam eines, sage eines im Frack. Von den mehr als 100 Distriktsvorstehern waren ganze 5 Mann gekommen! O Fortschritt, du bist groß und hast dich wieder — ausgezeichnet! Aber daß du solche Angst vor dem Kreuze hast, das steht deinem Muthe nicht gut zu Gesicht, thut aber unserm bekannten — Respekt vor dir keinen sonderlichen Eintrag.

Das Gesammtmobiliar des Aktientheaters ist en bloc versteigert und von dem Advokaten Henle im Auftrage des Hrn. Reisenstuhl (?) um 21,760 fl., den dritten Theil des Schätzungswerthes, erstanden worden.

Wie uns mitgetheilt wird, ist das Dorf Münster, Bez.-Amt Karlstadt, am Frohnleichnamstag durch eine Feuersbrunst total zerstört worden.

Dienstes-Nachrichten.

Erledigt: Die kath. Pfarreien Westerham, B.-A. Memmingen, R.-E. 955 fl.; Oberfahlheim, B.-A. Neu-Ulm, R.-E. 1496 fl.; Asbach, B.-A. Donauwörth, R.-E. 640 fl.; Bachern, B.-A. Friedberg, R.-E. 749 fl.; Parkstein, B.-A. Neustadt a. d. W., R.-E. 656 fl.; das Benefizium ad Sanctum Spiritum in Riedenburg, B.-A. Heimau, R.-E. 724 fl.

Marktpreise in München.

1 Pfd. Mastochsenfleisch 19 kr. — pf., Kuhfleisch 18 kr. — pf., Kalbfleisch 15 kr. — pf., Schaffleisch 12 kr., rohes Schweinfleisch 20 kr. 1 Pfd. Schweinfett 29 kr. eine rohe Zunge 1 fl. 12 kr., dito geräuch. 1 fl. 30 kr. ein Zentner rohes Unschlitt 28 fl. — kr. ein Pfd. gegoss. Lichter 24 kr., gez. feine Lichter 23 kr., ditto ordinäre 22 kr., Seife das Pfd. 16 kr.

Das Pfd. Karpfen 23—26 kr., Hechten 30—36 kr., Huchen 54—1 fl. — kr., Nutten 45—48 kr., Forellen 1 fl. 12 kr. bis 1 fl. 30 kr. Walfische 1 fl. 24 kr., Barben 18—20 kr., Alten 16—18 kr., Waller 45—48 kr., Brazen 14—16 kr., Renghen 27—30 kr., Birschlinge 18—22 kr., Bachfische 7—9 kr., Krebse das Viertel 100 36—54 kr., Frösche, das Viedel 9—15 kr. — 1 Zentner Heu 1 fl. 48 kr., 1 Ztr. Grummet 2 fl. — kr. Waizenstroh — fl. — kr. Roggenstroh — fl. 57 kr. Haberstroh — fl. 54 kr. Eine Klafter Buchenholz 15 fl. 30 kr. Birkenholz 13 fl. 30 kr. Föhrenholz 10 fl. 48 kr. Fichtenholz 10 fl. 42 kr. Das Pfd. Schmalz höchster Preis 34 kr. Das Pfd. frische Kübelchenbutter, höchster Preis 36 kr. 6 Stück frische Eier 8 kr. Die Maß gute Milch 5 kr. 1 Pfd Leinöl 18 kr. 1 Pfd. Repsöl 20 kr.

Verantwortlicher Redakteur: Dr. J. Sigl.

II. Jahrgang. — Auflage: 5400.

Das Bayrische

Vaterland.

Das „Bayr. Vaterland" erscheint täglich mit Ausnahme der Sonn- und hohen Festtage. Preis des Blattes: Vierteljährig 54 kr., ganzjährig 3 fl. 36 kr. Das einzelne Blatt 1 kr.

Alle Postexpeditionen und Postboten des In- und Auslandes nehmen Bestellungen an. Inserate werden die dreispaltige Petitzeile oder deren Raum zu 3 kr. berechnet.

Redaktion: Burggasse 14. — Herausgegeben von Dr. jur. J. Sigl. — Expedition: [illegible] 5.

Edelstrand. — Nr. 140. — Donnerstag, 23. Juni 1870.

Bestellungen auf das „Bayr. Vaterland" für den Monat Juni zu 18 kr. können bei allen Postanstalten und Postboten noch immer gemacht werden.

Liebesgaben für den hl. Vater.

	fl.	kr.
Uebertrag	229	23
53) Wo ist denn bei der hl. Frohnleichnamsprozession die Fahne der Backträger geblieben? Ein ehemaliger Backträger	—	18
54) Von einem armen Dienstboten	—	18
55) Möge doch die Fortschrittspartei so weit fortschreiten, daß sie bald aus unsern Augen verschwindet	—	12
56) Pereat Sigl! Eine Kreuzermarke!	—	1
57) Daß Heinrich, J. J. Ignaz und Hyazinth ihrer rühmlichen Vergangenheit untreu und zu Schleppträgern der Staatsomnipotenz geworden sind, muß den heil. Vater mehr schmerzen, als die Bosheit seiner erklärten Feinde	1	45
Summa:	232	7

In Sachen der „extremen" Presse.

„Ich stimme überall für die frische grüne Wahrheit ohne alle Furcht".

Görres.

Kn. der Donau. Wie doch ein hübscher Bruchtheil der Patrioten mit den Liberalen wetteifert, gleich fünf der verbreitetsten katholischen Blätter im Lande in Mißkredit und Verruf zu bringen! Wie doch so mancher Abgeordnete sich nicht scheut, sogar mittels Briefen eine gelinde Pression auf die Leser des „Vaterland" und der „Donauzeitung" auszuüben! Wie doch die eigenen Partei- und Kampfgenossen aus der Rüstkammer der Liberalen sogar Schimpfnamen entlehnen, wie: „Schmutzpresse, Fanatiker, Extreme, Hitzköpfe, junge Hetzer und verkappte Demokraten"![1])

Dies Bildniß ist bezaubernd schön,
Wie noch kein Auge je geseh'n,

könnten wir mit Tamino singen, wenn wir in dieser Zeit zum Singen überhaupt aufgelegt wären!

Bei dem ganzen unerquicklichen Vorgang hat uns nur Eines und von Einem weh gethan, daß selbst ein Dr. Jörg den Schein auf sich laden mochte, als habe er mit dieser Species von Patrioten gemeinsame Sache gemacht. Mit einer Art Andacht waren wir von jeher gewohnt zu diesem Manne aufzublicken und ihn als unsern Meister im politischen Denken und als den größten katholischen Publicisten zu verehren, nach dem sich zu bilden für Jeden nur ehrenvoll sein kann. Dr. Jörg kennt die Presse und ihre Macht; er kennt aber auch die schwierige Stellung eines katholischen Redacteurs, besonders in unsern bureaukratischen Tagen. Welch' ungerechte Vorwürfe mußten die Historisch-politischen Blätter selbst schon hinnehmen, ja was mußten sie sich noch zu Lebzeiten des großen Görres Alles nachsagen lassen! Sogar Montalembert beschimpfte einmal die Herausgeber der Hist.-polit. Blätter und ihre Mitarbeiter als „feile Scribler", als sie einmal nicht nach seinem Sinne schrieben.[2]) Damals erwiderte ihm Görres: „Die Herausgeber halten Zorn und Haß und jede maßlose Leidenschaft in öffentlichen Dingen für rein unvernünftig; sie halten selbst den gerechten Unwillen nicht berechtigt über die Grenzen dessen, was sich ziemt und schickt hinauszugehen."

Ob die Ausdrücke „Schmutzpresse, Fanatiker, pfui, infam" ꝛc., welche einmal von gewissen Herren, die wir sehr genau kennen, im patriotischen Klub gegen die verhaßten fünf Blätter gebraucht wurden — (es war an jenem Abende, an welchen Lukas zum letzten Mal im Klub geweien, um nach fruchtlosen Kämpfen Klub und Kammer für immer zu verlassen! D. R.) — ob solche Ausdrücke gegen Blätter, die nicht weniger eifrig als jeder Abgeordnete und sogar eifriger als manche die Sache des bayrischen Volkes und Vaterlandes vertreten haben und noch vertreten, die Grenzen der Schicklichen überschreiten, oder nicht, bleibe dem Privaturtheil eines jeden Patrioten anheimgestellt; daß aber Jörg sich einem solchen Treiben nicht entgegenstellt, daß er die Presse nicht vertheidigte, daß er es war, der mit jenen etlichen Herren sogar gemeinsache Sache zu machen — schien wollen wir sagen, das hat uns von ihm weh gethan und von ihm besonders hat es uns weh gethan.

Wenn Hr. Pfarrer Bach liberal genug war, mit „Schmutzpresse" u. dgl. um sich zu werfen: ihm sehen wir's nach, denn er will ja „liberal" sein und „wäre, wie er selbst sagte, von den Liberalen auch gewählt worden". Keines der fünf Blätter kann sich von dieser liberalen Bezeichnung im Geringsten getroffen fühlen. Wahrscheinlich gelten dem guten Herrn außer der „Postzeitung" nur noch die Abendzeitung und die Kempterin als „ehrenhafte" Blätter, wie Hr. Barsch zu glauben vorstellt, und der „Volksbote" wohl nur so lange, als er es für passend findet, seinem Hausgenossen Dr. Weis Vasallendienste zu leisten. Wir haben andere Ansichten und befinden uns damit wenigstens in zahlreicher Gesellschaft.

[1]) Erfindungen des „Volksboten", dessen Angriffen und versteckten Sticheleien das „Vaterland" stets beharrliches Schweigen entgegensetzen wird. Nach 14 Tagen werden wir von dieser Seite Ruhe bekommen. D. R.

[2]) Hist.-pol. Bl. Bd. 19, S. 227 und 235: „quelques mercenaires anonymes m'ont honoré de leur injures."

Ob indeß Hr. Pfarrer Bach sowohl als der sehr edle Graf Fugger und die anderen desavouirungslustigen Herren in der Fraktion von der Thätigkeit der fünf geächteten[*]) Blätter einerseits und andererseits von der verheerenden Wirksamkeit der gegnerischen Presse auch nur eine Ahnung haben, erlauben wir uns stark zu bezweifeln. Man muß eine hübsche Anzahl von Zeitungen lesen, bis man zu einem Urtheil über die Presse befähigt und berechtigt ist. Nichts ist leichter als kritisiren und tadeln und nicht selten sind gerade solche, denen vielleicht nicht drei erträglich stylisirte Zeilen gelängen, mit Kritik und hartem Tadel am schnellsten bei der Hand, denn

Es ist leicht, eine kluge Grimasse schneiden
Und ein kluges Gesicht,
Und gewichtig zu sagen: Dies mag ich leiden
Und jenes nicht,

singt der weise Mirza Schaffy.

Getrost kann jedes der fünf verfehmten Blätter den meisten ihrer Kritiker und Kritikaster entgegensagen: „Mach's nach!" (Schluß folgt.)

Das Budget und die Bauern. II.

Wollen wir die freudenvolle Existenz eines Landmannes etwas näher betrachten, so kommen hier zur Sprache

1) Die Grundsteuer. Gegen diese stehen alle andern Steuern, besonders die Einkommen- und Kapitalrentensteuer in dem größten Mißverhältniß, das sich denken läßt; zwei Drittel sämmtlicher Steuern müssen die Bauern allein durch die Grundsteuer tragen und so oft von einer Steuererhöhung die Rede war, war es die Grundsteuer, welche erhöht wurde, die wenigstens am meisten erhöht wurde;

2) die Kreis-, Distrikts- und Gemeinde-Umlagen. Man macht sich schwer einen Begriff, wie furchtbar manche Gemeinde z. B. mit Weg- und Straßenarbeiten belastet und überlastet ist, von denen sie selbst den geringsten, darüber hinausliegende Ortschaften aber den eigentlichen Vortheil haben. Solchen geplagten Gemeinden wäre durch Annahme der Lukas'schen Straßenbau-Vorschläge eine ungeheure, sie erdrückende und ruinirende Last abgenommen worden, die dann gleichmäßiger hätte vertheilt werden können. Denn wie viele Gemeinden ohne jegliches Vermögen müssen nicht den ganzen oder weitaus größten Bedarf für Unterhalt der Kirche, Schule und Gemeindebaulichkeiten, für Gehalt des Geistlichen und Lehrers ꝛc. aus ihrem geringen Einkommen aufbringen!

3) Wie viel Zeit geht dem Landmann verloren durch die in Folge der neuen Gerichtsorganisation erfolgte Trennung der Justiz von der Verwaltung. Sonst ging er zum Landgericht, wo er Alles beisammen fand und seine Geschäfte ohne bedeutenden Zeitverlust abmachen konnte, jetzt aber muß er da und dorthin laufen, hat zum Beund Arbeitsverlust und dem daraus hervorgehenden Schaden für ihn, hat man eben nicht in Betracht gezogen oder nicht wichtig genug erachtet gegenüber den außerordentlichen Vortheilen, welche der Aufenthalt in einer Stadt den Herren Beamten bietet, von denen einige verschrobene Köpfe noch immer glauben, daß sie eigentlich wegen des Publikums, wegen des Volkes da seien und nicht das Volk ihretwegen.

4) Wenn der Landmann oder eines seiner Angehörigen krank wird, muß in den meisten Fällen unser Herrgott oder die gütige Mutter Natur sein Arzt sein. Der unbemittelte Städter kann seine Zuflucht zum Armenarzt nehmen, der bemittelte hat die Auswahl unter so und so viel Aerzten, die sich den Gang verhältnißmäßig billig bezahlen lassen. Der unbemittelte Landmann dagegen muß in der Regel auf ärztlichen Besuch ganz verzichten, denn er kann die Kosten nicht aufbringen. Wohnt er z. B. nur ein paar Stunden vom Sitze des Arztes entfernt, so kostet ein Besuch 4—5 fl., und wie soll der arme Bauer diese Auslage erschwingen? Früher bestand das Institut der Landärzte, die für leichte Fälle vollkommen ausreichten; obwohl es ihnen nicht gestattet war, derlei Eingriffe in die Praxis des Gerichtsarztes zu thun, so geschah es doch und den Bauern war damit geholfen und der Landarzt hatte nicht selten sogar eine größere Praxis als der Hr. Landgerichts-Physikus. Dieses wohlthätige Institut ist von dem um sich greifenden Fortschritt nun glücklich beseitigt und den Bauern reichlichere Gelegenheit verschafft worden, auch ohne Doktor und Apotheker zu sterben.

Deutschland.

München, den 22. Juni.

Knurrblättl gediegenes raset heute dritthalb Seiten hindurch; es hat an den gelungenen Blamagen, die es sich, wenn es von theologischen Dingen spricht, noch jedesmal ohne sonderliche Mühe zuzuziehen wußte, so viel Geschmack gefunden, daß es fortfährt, in Theologie zu machen, in Knurrblättl-Theologie natürlich und so führt es heute nach den sehr rühmlich bekannten Conciliumsbriefen der „Allgemeinen" 21 Thesen auf, durch die es seine Unwissenheit einerseits und seinen bornirten Fanatismus gegen Rom und die Kirche anderseits mit glänzendem Erfolg beweist. Für Einen, der nicht Knurrblättl-Theolog ist, dafür aber einige Kenntniß der Kirchengeschichte und einige Liebe zur Wahrheit besitzt, wäre es nicht schwer, Knurrblättl Satz für Satz auf's Maul zu schlagen und bei jedem einzelnen ihm zu beweisen, daß es lügt, fälscht, verdreht und verleumdet. Knurrblättl will sich eben beim Schluß des Quartals interessant und pikant machen und da für echte liberale Gemüther alles interessant und pikant ist, was gegen die katholische Kirche ist, so rennt es mit den Hörnern gegen die Kirche an, [illegible] ohne wird jetzt der „Landbote“ nicht umhin können, wenigstens gegen den Minister einige verfassungsmäßige Rechte zu „wahren“, wozu wir ihm gute Verrichtung wünschen.

Aus Passau wird dem „Vaterland“ geschrieben: Ein Mitglied des hiesigen Gemeindecollegiums hat den Antrag gestellt und durchgesetzt, daß ein Schullehrer zur schönen deutschen Lehrerversammlung nach Wien abgeordnet und ihm aus dem Gemeindesäckel eine Reiseunterstützung von 60 fl. gegeben wurde. Darüber sind nun gar Manche von denen, welche die sehr hohen Gemeindeumlagen zu zahlen haben, ungehalten, und meinen, man hätte das Geld besser zur Befriedigung nothwendigerer Bedürfnisse in der Stadtgemeinde verwenden können. Doch nachdem man lauter liberale Elemente in das Gemeindecollegium gewählt hat, soll man sich auch über einen liberalen Gemeindebeschluß nicht verwundern, noch weniger ärgern. Dies wäre inconsequent. Aber darüber muß man sich (um den gelindesten Ausdruck zu gebrauchen) verwundern, daß selbst ein Domcapitular, der sonst nicht auf das Leiseste vom Liberalismus angesäuselt ist, in der Eigenschaft als Schulinspektor besagtem Antrage seine Zustimmung gegeben hat. Sei es auch, daß derselbe dies nur in der Erwägung gethan hat, daß der Antrag so wie so durchgegangen wäre, so verdient seine Handlungsweise doch entschiedene Mißbilligung, weil durch solche nachgiebige Vota nur die Keckheit und das Gelüsten der Liberalen gefüttert, ihr Thun faktisch gut geheißen und ihnen Gelegenheit gegeben wird, den gegründetsten Klagen der s. g. Klerikalen oder Ultramontanen gegenüber sich darauf berufen zu können, daß ja sogar der erzultramontane geistl. Herr Inspektor dem liberalen Antrag seine Zustimmung ertheilt habe. O wie viele Nachtheile hat die hier in gewissen Kreisen zur Maxime gewordene Entschuldigungs- und Beruhigungsphrase: „Es hilft ja doch nichts, wenn man auch seine Einwendungen macht, man achtet ja doch nicht darauf!“ — schon gebracht! Männer sprechen, zumal wo es ihre Pflicht ist und es sich um höhere Interessen handelt, immer ihre Ueberzeugung aus, auch wenn sie ja nicht hoffen können, Etwas auszurichten, und wenn sie auch dafür eine unverdiente Abfertigung erfahren sollten, dann haben sie doch Anspruch auf die Achtung Anderer und das erhebende Bewußtsein, Ueberzeugung und Pflicht heilig gehalten zu haben.

In **Oberösterreich**, im Salzburgischen und in Tirol hat die katholische Volkspartei bei den Wahlmännerwahlen überall gesiegt, in Niederösterreich und Steiermark wird sie eine bedeutende Minorität in den Landtag bringen.

In **Wien** hat wieder eine Versammlung von Arbeiterinen stattgefunden, bei der wieder merkwürdige Dinge zum Vorschein kamen. So gibt es in Wien, wie eine der „Rednerinen“ vorbrachte, Arbeiterinen, welche sich nicht mehr als 5 fl monatlich verdienen, für diese elende Bezahlung aber sich fürchterlich abplagen müssen und schließlich noch den gemeinsten Anträgen der Fabrikssultane, ihrer Buchhalter und Werkführer ausgesetzt sind. Die sociale Frage, setzte einer der Arbeiter auseinander, ist eine Magenfrage (Bravo!); unsere Weiber und Kinder hungern mit uns wir wollen eine baldige Lösung der socialen Frage. (Stürmischer Beifall). Wir sind die Sklaven des 19. Jahrhunderts, sagte ein anderer, wir wollen die Ketten brechen. (Stürmischer demonstrativer Beifall.) Es gibt Arbeiterinen, die in den ärarischen Monturfabriken nur 24 kr. (14 kr. bayr.) haben; die Lieferanten werden dick und fett, während die Arbeiter in den Fabriken langsam verhungern. Eine der „Rednerinen“ charakterisirte, wie es scheint sehr zutreffend, die Versammlung als Leute, die ihren Katechismus längst vergessen und davon nichts Annahme etlicher Revolutionen schloß die Versammlung, die in ihrer Art auch zu den Zeichen der Zeit gehört, aber nicht zu den guten.

In **Böhmen** ist bekanntlich der Landtag nicht aufgelöst worden, wie dies in allen Kronländern Oesterreichs der Fall war. Der Liberalismus, der in Wien trotz Potocki noch immer am Ruder, wenn auch schon bedeutend wackelig ist, fürchtet, daß es ihm im katholischen Böhmen noch schlechter gehen könnte, als in den andern Ländern Oesterreichs. Das Programm, nach welchem die katholischen Böhmen handeln und gehandelt wissen wollen, will offen und ehrlich Frieden unter den Völkern Oesterreichs, durch den Frieden aber die die Wohlfahrt der Länder, die Macht und Einheit des Reiches, folglich gründliche Aenderung der nichtsnutzigen Verfassung, die nur für die Juden und Liberalen zurecht gemacht ist, Anerkennung und Wahrung des Rechtes der Kirche, Aufhebung aller Paragraphen, die gegen die christliche Denkweise des Volkes verstoßen, sie verletzen oder im religionsfeindlichen Sinn ausgelegt werden können, Wahrung der nationalen Rechte jeder Nation auf der Basis der Gleichberechtigung aller, Selbstverwaltung der einzelnen Königreiche und Länder in Landesangelegenheiten, gerechte Berücksichtigung und Würdigung ihrer historisch begründeten und rechtmäßig erworbenen Privilegien und Vorrechte, gemeinsame Behandlung der für die Einheit und Machtstellung des Reiches als nothwendig zu erachtenden Reichsangelegenheiten, wie dies das Oktober-Diplom besagt, unverkürzte Aufrechthaltung der unzertrennlichen und einheitlichen Monarchie. — Daß man darauf in Wien nicht eingeht, so lange der Liberalismus noch ein Wort zu sagen hat, begreift sich für den, der das Wesen des Liberalismus kennt, welcher alles eher will als Recht und Freiheit auch für andere und nicht blos für sich.

Ausland.

Frankreich. In Paris erklärte Minister Grammont auf die Interpellation Mony's wegen der Gotthard-Bahn, daß, wenn die Neutralität der Schweiz (von Italien oder Preußen) bedroht würde, Frankreich am Platze sein würde, sie zu vertheidigen. Der Kriegsminister sagte, daß die Gotthard-Linie in militärischer Hinsicht nicht beunruhigend für Frankreich sei, weil es noch immer leicht sei, die Verbindungen zwischen Preußen und Italien zu unterbrechen. Der Schluß der Sitzung war sehr erregt, da Ferry (Republikaner) die Regierung lebhaft angriff, weil sie die Ereignisse von Sadowa geschehen ließ.

In Frankreich sind von dem Klerus eine große Menge Adressen zu Gunsten der Unfehlbarkeit nach Rom geschickt worden.

Vermischte Nachrichten.

— In unserer Sammlung für den hl. Vater ist das Motto: „Porzat Sigll ein Kreuzer!“ verzeichnet. Wir können nicht umhin, unsere aufrichtige Bewunderung für diesen sehr gelungenen fortschrittlichen „Witz“ auszudrücken, der noch mehr als 3 kr. Packträgerlohn werth war und laden den „witzigen“ Einsender ein, noch mehr dergleichen „Witze“ zu machen; solche Dinge verdienen nicht blos verewigt zu werden, sie verdienen auch noch anderen Lohn.

(Liberale Witze!) Die Kempt. Ztg. macht folgenden „Witz“: „M. Du, warum schilt man denn die Schwarzen „bayrische Patrioten“? — G., weil sie sich gar so um die bäurischen Vater rotten“. — Als dieser neueste Kempter „Witz“ unter den edlen Bewohnern der Algäuer abonnirt sind, bekannt wurde, erscholl ein allgemeines beifällig anerkennendes — Muh und eine Algäuer Prachtkuh mit einer poetischen Ader widmete dem geistvollen Redacteur der Kempterin folgende Verse:

O Alfeld, großer Alfeld,
Was für ein Genie bist du!
Du machst gediegene Witze,
Das merkt selbst eine Kuh.
Und die Kuh, die ist poetisch,
Sie sendet dir Verse zu,
So schön wie deine Witze,
Und ein begeistertes Muh!

In Preußen haben sich vergangenes Jahr nicht weniger als 148 Mitglieder des „herrlichen Kriegsheeres" umgebracht. Heuer kamen im Januar 16, im Februar 5, im März 13, im April 16 Selbstmorde vor. In den ersten Monaten des Jahres pflegen in der Regel die meisten Selbstmorde vorzukommen, weil, wie ein Blatt sehr aufrichtig sagt, im Dezember die Rekruten einrücken müssen! — In Sachsen ist das Uebel der Selbstmorde in der Armee zu einer „furchtbar epidemischen Krankheit" angewachsen, seit die sächsische Armee unter die Herrschaft der Pickelhaube gekommen ist. Die Blätter melden fast täglich einen, nicht selten sogar mehrere Selbstmorde von Soldaten, die von dem preußischen „System" zur Verzweiflung getrieben werden.

(Zur Gewissensfreiheit in Preußen!) Die äußerst liberale (!) Verordnung der Regierung von Düsseldorf wurde zum Fronleichnamsfest in Crefeld amtlich in's Gedächtniß gerufen: „Wer bei irgend einem Anlaß, es sei ein Kirchen- oder Volksfest oder sonst eine Feierlichkeit Kirchen, Straßen oder Häuser mit Bäumen, Heistern oder Maien schmückt, verfällt in eine Strafe von 5 Thalern und das Holz wird zum Vortheil der Armen konfiszirt." Dieser Liberalismus geht sogar noch über die zarte Sorge des Knorren für die Gesundheit und ein langes Leben der Birkenbäumchen!

Gestorbene in München.

R. Daubner, Schriftsetzer, 50 J. — A. Gatzenhofer, Köchin, 20 J. — A. Klustinger, Wagenwärtersfrau, 51 J. — Th. Reger, Bezirksger.-Diurnist, 46 J. — M. Meßlang, Bauersfrau, 40 J. — A. Schachtl, Lottokollekteurswittwe, 57 J. — M. Pimsner, Glaserstochter, 2 J. 6 M. — R. Thalhammer, Blumenfabrikantenst., 2 J. 6 M. — A. Mayr, Kaufmannsfrau, 29 J. — G. Wohlschläger, Priv., 64 J. — M. Florian, ehem. Schrannengehilfe, 85 J. — M. Schrödl, Landkrämer, 59 J. — A. Dietrich, Bierbrauersfrau, 25 J.

Verantwortlicher Redakteur: [illegible]

Im Verlage von J. P. Bachem in Köln sind erschienen und durch jede Buchhandlung zu beziehen:

Leonrod, Olga Freifrau von, (geb. v. Schätzler),
Verschiedene Wege und Ein Ziel, Roman aus der Gesellschaft. 2 Bde. 468 Seiten 8. 1870. Brochirt 1 Thlr. 15 Sgr.

Fullerton, Lady Georgiana, Unglaublich und doch wahr. Autorisirte Uebersetzung von M. O. v. L. 3 Bände. 2. Aufl. 624 Seiten 8. 1866. Brochirt 1 Thl. 20 Sgr.

— — — Ellen Middleton. Ein Roman.
Autorisirte Uebersetzung von H. v. B. 2 Bände. 614 Seiten 8°. 1869. Brochirt 1 Thl. 20 Sgr.

Ueber diese Uebersetzungen liegen von Seite der kritischen Presse überaus günstige Urtheile vor; unter andern sagt die Wiener „Allgemeine Literaturzeitung" von „Ellen Middleton" in Nr. 46 vom 15. November: „In hübscher und eleganter Ausstattung bietet die Kölner Verlagsbuchhandlung Bachem der Lesewelt abermals einen Roman von Lady Fullerton dar, deren letzthin verdeutschter Roman: „Unglaublich und doch wahr" so allgemeinen Beifall gefunden hat. Der Uebersetzer hat seine Arbeit so vollkommen gethan, daß wir nirgends merken, daß wir eine Uebersetzung vor uns haben; wir glauben ein deutsches Originalwerk zu lesen und zwar von einem Verfasser, der eben so rein als flüssig schreibt."

— — — Franziska Romana, die Heilige.
Nebst J. M. Capes' Anna von Montmorency. Mit Genehmigung der Verfasser übersetzt von Gerhard Schündelen, Pfarrer in Epellen. Dritte Auflage. 176 Seiten 8o. 1870. Brochirt 12 Sgr.

So eben ist bei uns erschienen und durch alle Buchhandlungen (in München durch die Hermann Manz'sche Hofkunsthandlung) zu beziehen: 319—26(l)

Das Passionsspiel in Oberammergau.

Mit einer geschichtlichen Erklärung des Spiels, genauer Beschreibung der Reise nach Oberammergau, dem vollständigen Text der Chorgesänge und einer Abbildung des Passionsschauspiels. Preis 18 kr.

B. Schmid'sche Verlagsbuchhandlung (A. Manz) in Augsburg.

Ein Benefiziat,

dessen Benefizium 800 fl. trägt, sucht mit einem Hrn. Pfarrer oder Benefiziaten zu tauschen. Das Benefiziatenhaus befindet sich in einem großen Dorfe, nahe am Gebirge, eine Viertelstunde von der Eisenbahn entfernt, ist umgeben von einem schönen Garten, in welchem sich ein Glashaus befindet, und wäre ganz passend für einen ältern Herrn. Anerbietungen werden unter G. B. durch die Exp. ds. Bl. erbeten. (379)

Geldsorten, Frankfurt, 20. Juni.

	Angebr.	Zu haben.
Pistolen	9.47	9.49
Imperiales, russ. . . .	9.48	9.50
Holl. 10 fl.-St. . .	9.54	9.56
Dukaten vollgw. . .	5.36	5.38
Napoleonsd'or . . .	9.29	9.30
Engl. Sovereigns . .	11.55	11.59
Dollars i. Gold . .	2.28	2.29
Preuß. Friedrichsd'or .	9.58	9.59
Preuß. Kassensch. . .	1.45	1.45½

Eine
elegante Sommerwohnung
nahe bei München, an der Bahn gelegen, mit vorzüglichlicher Badegelegenheit und allen wünschenswerthen Annehmlichkeiten, ist zu vermiethen. Näh. Schäfflergasse 12/1 rechts, Mittags von 12—2 Uhr oder Abends nach 7 Uhr. (376)

Ein großes Zins-Haus mit guter Bierwirthschaft in der Ludwigs-Vorstadt, ist mit 8 bis 10,000 fl. Erlag zu verkaufen, oder gegen ein Dekonomie-Gut zu vertauschen. Adresse beliebe man unter Chiffer G. H. in der Expedition zu hinterlegen. (380)

Es gratulirt zum Namensfest dem dicken Hans in Zettingen. (37r)
Gelt Hans, da gafft von München.

Druck von M. Pozzi in München. Rosenthal 19

II. Jahrgang. Das Bayrische Auflage: 5400.

Vaterland.

Das „Bayr. Vaterland" erscheint täglich mit Ausnahme der Sonn- und hohen Festtage. Preis des Blattes: Vierteljährig 54 kr., ganzjährig 3 fl. 36 kr. Das einzelne Blatt 1 kr.

Alle Postexpeditionen und Postboten des In- und Auslandes nehmen Bestellungen an. Inserate werden die dreispaltige Petitzeile oder deren Raum zu 3 kr. berechnet.

Redaktion: [illegible] 14. Herausgegeben von Dr. [illegible] J. Sigl. Expedition: Kuffinibazar 5.

Johann der Täufer. Nr. 141. Freitag, 24. Juni 1870.

Morgen, als am Feste Johannes des Täufers (Allgemeiner Buchdrucker-Feiertag) erscheint kein Blatt. Die Expedition ist von 11—1 Uhr geöffnet.

Bestellungen auf das „Bayr. Vaterland" für den Monat Juni zu 18 kr. können bei allen Postanstalten und Postboten noch immer gemacht werden.

Liebesgaben für den hl. Vater.

Uebertrag	232 fl. 7 kr.
58) X. B.	1 „ — „
59) Von einem Dienstboten	— „ — „
60) Hat die Packträgerfahne etwa Hr. Knorr in Verwahrung, daß selbst das „Pressen" des Clerus nichts half und sie hartnäckig im Verborgenen blieb?	— „ 24 „
61) B—g. Vivant Pius IX. et Ludovicus II.!	10 „ — „
62) R.	1 „ 45 „
63) (Eine Injurie gegen den Redakteur, Beilage)	— „ 8 „
Summa:	245 „ 25 „

In Sachen der „extremen" Presse.

(Schluß.)

R. von der Donau. Was haben denn diese Blätter verschuldet, die ihr verfehmen wollt?! Ei, sie haben seit ihrem Bestehen für Gott, König und Vaterland gestritten, haben die patriotische Kammermajorität mitschaffen helfen, und in einem steten Ring- und Faustkampf gegen die verderblichen Grundsätze des Liberalismus und gegen dessen verbündete Presse verläuft ihr Leben. Das „Vaterland" hat den „Neuesten" und dem „Nürnberger Anzeiger" Krieg bis aufs Messer angekündigt, indem es das Wort des großen Görres „ewiger Krieg allen Spitzbuben!" zu dem seinigen gemacht hat; die „Donauzeitung" ringt unaufhörlich mit der eben so dummen als boshaften Passauerin; das „Algäuer Volksblatt" streckt mit wuchtigen Hieben die Kempterin in den Sand, und dem Regensburger Tagblatt versetzt das „Neubayr. Volksblatt" wohlgezielte Keulenschläge. Und so hat jedes dieser „extremen" Blätter einen Gegner sich gewählt, während die „gemäßigte" Postzeitung jeder Polemik sowohl gegen die freimaurerische Allgem. Ztg. als auch gegen die gleich schleichendem Gift verderblich wirkende „Abendzeitung" vorsichtig aus dem Wege geht. Gegen die revolutionären Umsturzgelüste der Liberalen nicht minder wie gegen die Machtgelüste, welche der Selbständigkeit Bayerns von Preußen her drohen, vertheidigen sie Krone und Land, halten sie Wacht an unsern Altären und schlagen die boshaften Angriffe des „gemeinen, sittlich verkommenen Trosses der irreligiösen Journalistik"[1]) zurück, kämpfend für das Höchste und Heiligste — die Religion. Den Anmaßungen einer unleidlichen Bureaukratie, welche jede freie Regung in Kirche, Schule, Gemeinde bis hinab zur Familie, mit Gewalt niederhalten und, mit Kanzleipapier sie umstrickend, ersticken möchte, treten sie kühn und muthig entgegen und verlangen, endlich „dem Volke zu geben, was des Volkes ist." So prangt die Devise „für Gott, König und Vaterland" auf ihrer Fahne. Und doch sollen sie die „rothe Fahne" ausgesteckt haben! und doch rangirt sie ein katholischer Priester unter die „Schmutzpresse"! Und doch ließ sich der größte Publicist zu einer — Schwäche gegen sie hinreißen!

Vielleicht mißfiel die entschiedene Sprache und das freie offene Auftreten?! Dann mögen die Herren das treffende Sprüchlein Platens

„Wahr und frei zu sprechen, kleidet Jeden"

nur sofort desavouiren; dann mögen sie flugs in den Bann thun, was Görres in seinem „Rheinischen Merkur" betreffs der „teutschen Zeitungen" schreibt: „Was Alle wünschen und verlangen, soll in ihnen i. e. Zeitungen ausgesprochen werden; Einer muß sein, der da die Wahrheit zu sprechen verbunden ist, unumwunden, ohne Vorbehalt und Hinderniß. Denn nicht geduldet, nein! geboten muß die Freimüthigkeit sein. Die solcher Freiheit entgegenarbeiten, machen sich verdächtig, daß Bewußtsein einer großen Schuld sie drückt: wer recht handelt scheut die offene Rede nicht; sie kann am Ende nur dazu führen, daß Ehre werde, wem Ehre gebührt; die aber auf Unrath und Dunkel angewiesen sind, lieben freilich die Heimlichkeit.[2])

Immer glaubt ein guter Theil unserer Patrioten, ihre Aufgabe sei erfüllt, wenn sie den Eintritt in den Nordbund abwehren. Mit Nichten! Ihre Aufgabe ist nicht in diesen engen Rahmen gefaßt. Das katholische Volk stellt noch andere Forderungen an seine Vertreter, wie: 1. Die katholische Kirche von den unwürdigen Fesseln der Staatsbevormundung zu befreien und den durch die Verfassung festgestellten Grundsatz der Gleichberechtigung auch für die kath. Kirche zur Anerkennung und Geltung zu bringen. 2. Das alles frische Leben versteinernde Medusenhaupt des Bureaukratismus vom Staatskörper abzuhauen und den Gemeinden vollfreie Bewegung zu verschaffen; 3. Das Volk zu schützen vor dem Würgengel des Großkapitals und der Großindustrie.

[1]) Hist.-polit. Blätter, Bd. 19, S. 373.

[2]) Görres, polit. Schriften. II. 3.

Dazu hat das katholische Volk seine Vertreter gewählt. Wenn nun die „extreme" Presse diese berechtigten Forderungen formulirt und die Vertreter des Volkes darauf hingewiesen hat, dann hat sie blos ihre Pflicht gethan und wird sie hundert Desaveu zum Trotz auch ferner thun. Ja, sie wird streng und gewissenhaft ihre Pflicht thun, eingedenk der zürnenden Worte Görres': „Dreimal strafbar ist der Müßige in dieser Zeit, wo so überaus guter Wille von allen Seiten jedem tüchtigen Bestreben entgegenkommt, und wo die Augenblicke so kostbar sind, weil an jedem ein künftiges Jahr hängt".[3])

Und weil Prinzipienkämpfe ausgekämpft werden müssen und nicht „aus Liebe zum Frieden" beigelegt werden können; weil jedes Liebäugeln mit dem Liberalismus ein Verrath an der katholisch-patriotischen Sache ist, darum kämpfen die Verfehmten muthig und unentwegt den Kampf des Katholicismus gegen den Liberalismus. Sie stehen als Katholiken auf der äußersten Rechten. „Wer mit Keinem hält, wird von Allen getadelt und gestoßen; wer aber entschlossen und fest eine Partei ergreift, den lieben die Freunde, die Feinde aber fürchten ihn; und durch Beides ist Unheil von ihm abgewendet."[4])

Das Budget und die Bauern. III.

Nur in einer Beziehung erfreut sich der Landmann einer ganz besonderen Berücksichtigung: wenn es gilt der Ehre des Waffentragens theilhaftig zu werden! Den Schießprügel zu tragen, königliche Rosse zu reiten, den Kanonenwischer zu handhaben, ja da ist der Bauer recht, dazu kann man ihn immer brauchen und wenn sonst nie, so erinnert man sich doch bei der Heranziehung zur Militärpflicht ebenso fleißig an die Bauern, wie beim Einkassiren der Steuergulden. Obwohl die „Kerls", die „Gescheerten" — wie man in sogenannten „gebildeten" Kreisen die Bauern regelmäßig zu benamsen pflegt und damit seine „Bildung" in unwiderleglich schlagender Weise beweist — „so dumm" sind, daß man Jahre braucht, bis man ihnen beibringt, wie der Schießprügel nach allen Regeln der Kunst — spazieren zu fahren ist, und bis man einen ordentlichen „Menschen" aus ihnen herausbilden kann, will man doch auf die „Kerls" da nicht verzichten. Natürlich! Die Stadtvölkerschaften können zwar „intelligent" und „gebildet" sein, aber zum Soldatsein kann man sie meist nicht brauchen; in Folge ihrer „Bildung" sind sie meistens Knirpse oder sie haben sich vor der Zeit schon so — zugerichtet, daß sie nicht einmal mehr zu Kanonenfutter taugen, und da müssen dann die kräftigen und baumstarken Bauernbuben herhalten und für die „Intelligenzen" einstehen und Krone und Land vertheidigen!

Probire man es doch einmal mit den „intelligenten" Söhnen liberaliger Stadtbürger und Industrieller, lasse man den hoffnungsvollen und „gebildeten" Nachwuchs von Judas Ischariot und orientalischer Verwandtschaft, der zahlreich ist wie der Sand am Meer, recht fleißig die „Ehre" des Waffentragens genießen; warum müssen es denn immer zumeist die „zurückgebliebenen" und „verwahrlosten" Bauernsöhne sein, die Posten stehen und für König und Vaterland auf den Strohsäcken der zahllosen Kasernen ihre schönsten Jahre zubringen müssen? Warum greift man denn nicht lieber nach der städtischen Intelligenz, die ja das herrliche Kriegsheer, in großen Massen eingereiht, ganz gewaltig zieren und herausbeißen würde? Die Blüthen der städtischen Intelligenz müßten ja ganz ausgezeichnete Soldaten abgeben, die ganz vorzüglich geschaffen wären zu den anno Babylon so beliebten und bewährten Rückwärtsconcentrationen, dieser Glanzperiode in der bayrischen Kriegsgeschichte? Man will ja doch eine „intelligente" Armee, nun gut, ziehe man die Intelligenzen heran und lasse man die „dummen Bauernkerle" daheim ihren alten Eltern helfen; man erspart sich ja so ungemein unnöthigen Aerger und Verdruß mit der Abrichtung derselben und ihrer Abhobelung und Zurichtung; eine Armee von lauter Intelligenzen, Herr in deinem Reich, wie müßte die das Kraut fett machen, was müßte die große Thaten und gelungene 66er Rückwärts-Concentrationen fertig bringen, wie würde die mit den Franzosen zusammenwachsen und sogar die Preußen in Schatten stellen! Lasse man die Bauern in Ruhe, bis sie intelligent genug werden, für die „Ehre des Waffentragens" und den Schießprügel zu schwärmen; man blamirt sich ja doch blos mit diesen „ungebildeten" Elementen, die sich höchstens auf's Dreinschlagen, aber durchaus nicht auf 66er Feldherrnlisten und Finessen verstehen, — und man thut diesen „Zurückgebliebenen" gar noch einen Gefallen, wenn man sie mit einer „Ehre" verschont, deren Größe zu würdigen es ihnen ganz und gar an der nöthigen „Bildung" und „Aufklärung" fehlt!

Dazu gäbe es ein prächtiges Mittel: Abschaffung des Wehrgesetzes. Keines von allen Gesetzen, mit denen die vorige Kammer das bayrische Volk für lange Jahre — gesegnet hat, ist drückender, keines verhaßter, keines die Lasten ungleicher vertheilend, als das preußische Wehrgesetz, mit dem man auch Bayern heimgesucht hat. Die größte Last ruht fast ausschließlich auf den kleinen, auf den armen Leuten, insbesondere auf dem Landvolke. Es ist nicht wahr, daß durch dasselbe die allgemeine Wehrpflicht endlich eine Wahrheit geworden ist und daß der Reiche ebenso wie der Arme davon belastet ist, und wäre es wahr: wäre denn das eine besondere Wohlthat, wenn man ein Gesetz schafft, das alle elend und unzufrieden macht? Der Reiche, der Stadtbewohner ist durch dieses Gesetz entschieden im Vortheil gegen den Landbewohner durch das Institut der Einjährig-Freiwilligen. Welcher Dummkopf müßte der Sohn eines reichen oder doch vermöglichen Stadtbürgers sein, der es nicht dazu brächte, Einjährig-Freiwilliger zu werden? Und ist es dann nicht der Bauernsohn, der die Begünstigung, die Jenem zu Theil wird, mit seiner Haut zahlen, d. h. dadurch zahlen muß, daß er an der Stelle von Jenem länger dienen und Soldat sein muß? Dieses Institut enthält die größte Ungleichheit indem es die Einen begünstigt auf Kosten der Anderen. Es gibt keine Privilegien mehr, damit aber ist für den Reichen und Gebildeten ein Privilegium geschaffen worden, welches eine schreiende Ungerechtigkeit gegen den Armen und Mindergebildeten ist. Soll die Gleichheit vor dem Gesetze zur Wahrheit werden, so muß auch dieses Privilegium beseitigt, dieses Institut abgeschafft werden und das wird nur dann geschehen, wenn das ganze neue Wehrgesetz unter dem Jubel des ganzen Volkes beseitigt wird.

Deutschland.

München, den 23. Juni.

Landtag. Die Kammer der Abg. hat gestern die Anfangs abgelehnten, von den Reichsräthen aber genehmigten 100,0000 fl. für ein Militärkrankenhaus in Nürnberg nachträglich auch genehmigt, was wohl noch öfter passiren wird. — Der Antrag einer niederbayrischen Gemeinde, daß die Bezirksämter angehalten werden sollen, in Zukunft nicht mehr so rigoros in Bezug auf Herstellung von Schulhäusern zu verfahren, veranlaßt eine längere Debatte. Dr. Jörg

[3]) Görres, politische Schriften II. 10.

[4]) Görres, politische Schriften I. 311.

meinte, es wäre einmal Zeit, daß dieser scholastische Belagerungszustand aufgehoben werde. Greil verlangte ein förmliches Verbot, in der bisherigen Weise vorzugehen; in Niebayern seien so in jüngster Zeit 129 Schulhäuser gebaut worden, mitunter an Orten wo sie nichts nützen, eher schaden. Durch übermäßiges Drängen werde das Volk nur aufgeregt. Dr. Pfahler, Frhr. v. Hafenbrädl und Dr. Krätzer unterstützen ihn und beklagen, daß man in neuerer Zeit beliebt habe, Schulhäuser oft fern von Dörfern in Einöden zu bauen. Stockbauer weiß nichts von dem „Belagerungszustand" des Dr. Jörg und lobt seinen Freund den Kreisschulreferenten von Niederbayern tüchtig. Senestrey sagt, in Oberbayern klage man auch über solchen Bauzwang; die Bezirksämter scheinen aber auf höhere Erleuchtung vorzugehen. — Fachausschuß zugewiesen. Nächste Sitzung Dienstag.

* Der Hr. Abgeordnete Graf Fugger hat im Finanzausschuß nicht in einer, sondern in sämmtlichen Fragen für die Forderungen des Kriegsministers und gegen Kolb und die Patrioten, mit denen selbst Crämer ging, gestimmt. Wir wollen dies einstweilen blos konstatiren, da wir bald genug gezwungen zu sein fürchten, das Unsrige dazu beitragen zu müssen, um dem sehr edlen Herrn bei seinen Wählern zu einem kräftigen Mißtrauensvotum zu verhelfen, daß der Hr. Graf übrigens durch seine mehr als blos zweideutige Haltung und seine zarten Beziehungen zu liberalen Blättern schon längst verdient hätte. Auf die „Volksgunst", welche laut der „Allgemeinen" ein „schwaches Rohr" ist, scheint der Hr. Graf längst nicht mehr zu reflektiren, um so wünschenswerther aber scheint ihm die Gunst der Regierung zu sein, die er wahrscheinlich als einen kräftigen Stab ansieht, auf den er sich gegebenen Falles lehnen zu können hofft. Mag der edle Herr sehen, wie weit er damit kommt und wie ihm seine Wähler seine staatsmännischen Finessen danken werden! So lange indeß einige Nachhilfe in den Ueberzeugungen nicht ganz hoffnungslos ist, darf man es an geeigneter Nachhilfe nicht fehlen lassen.

— Im patriotischen Klub kam es vorgestern anläßlich des Referats von Greil wieder zu stürmischen Scenen. Die „Fraktion Weis" wehrt sich mit Händen und Füßen, besonders aber mit der Zunge gegen die von Greil gewollten Abstriche.

— Im Jahre 1868 haben die drei Landesuniversitäten 30,000 fl., angeblich „zu wissenschaftlichen Zwecken" erhalten. Träfe auf jede 10000 fl. Die Münchener hat aber das Meiste davon wegbekommen, 20000 fl., wahrscheinlich weil hier die größten Gelehrten sind. Die 20000 fl. sollen aber merkwürdig vertheilt worden sein. So soll Hr. Pözl, der Vater der weiland Pözlmänner, 1000 fl. bekommen haben, weil er kein Kollegium lesen, dafür aber im Landtag die Universität repräsentiren mußte. Jetzt repräsentirt er nichts mehr als sich selbst, die 1000 fl. bezieht er aber noch immer. Janus Huber soll bei der Vertheilung auch einen hübschen Brocken erwischt haben, wahrscheinlich weil er so schöne Artikel in die „Allgemeine" schreibt. Pichler, der jetzt unter die Russen gegangen und dort die reine Lehre vom alleinseligmachenden Byzantinismus der „freien deutschen Wissenschaft" verkündet, und Prantl der Atheist sollen eine mächtige Summe für eine noch immer zu erwartende Geschichte der Universität München bekommen haben; die wird von denen zwei preiswürdig ausfallen, wenn sie überhaupt geschrieben wird; bis jetzt hat man nichts gehört, als daß die beiden Herren das Geld eingesackt haben. Wahrscheinlich werden sie's auch zweckmäßig auszugeben wissen und wird die „freie deutsche Wissenschaft", davon mächtigen Nutzen ziehen."

— Von Hrn. Abgeordneten Mahr erhalten wir folgende Erklärung: Der „Autographirten Correspondenz" genügte die Lektion, welche ich ihr wegen ihrer notorischen Verleumdung der Patrioten in öffentlicher Kammersitzung gab, nicht, sondern sie fand für gut, abermals angriffsweise gegen dieselben vorzugehen. Ich bezweifle, ob die Herrn Dr. Huttler, Greil, Krätzer rc. noch dazu bei ihrer Geschäftsüberbürdung, es mit ihrer Würde vereinbar finden, der Unwürdigkeit dieser Sprache gegenüber ein Wort zu verlieren. Was aber die Auslassungen des genannten Blattes bezüglich meiner letzten Kammerrede betrifft, so diene Folgendes zur Notiz: Ich beabsichtigte, gegenüber den seit 5 Monaten in und außer der Kammer von sogenannter liberaler Seite uns zugeschleuderten Angriffen verbunden mit dem Vorwurfe der Selbstwahl und des Vergehens der Wahlbestechung in der 43. Sitzung eine entschiedene, jedoch nur thatsächliche Abfertigung zu geben. Ich war dazu um so mehr berechtigt, da die Angelegenheit der Forchheimer Abgeordneten zur Discussion auf der Tagesordnung stand. Während nun die Herren der Gegenpartei bei ihren Reden nicht selten Extravaganzen und Ausfälle jeder Art sich erlauben, wußten sie durch ihre Mißbilligungsäußerungen und Unterbrechungen die Sistirung einer Rede herbeizuführen, in welcher sie allerdings sehr gewichtige wenn auch bittere Wahrheiten zu hören bekommen haben würden. Dies zur Steuer der Wahrheit und zur Charakteristik unserer Kammer- und Preßzustände. München, den 12 Juni 1870.

Franz Joseph Mahr.

— Um den Offiziersbedienten, der kürzlich im Zimmer seines Herrn, des Lieutenants Bacinetti erschossen gefunden wurde, haben sich bereits die Offiziösen angenommen, welche versichern, daß der arme Mensch schon seit längerer Zeit Selbstmordgedanken mit sich trug, ohne sich über schlimme Behandlung von Seite seines Herrn zu beklagen. Erhaltene Ohrfeigen sehen die Hoffmänner dann wahrscheinlich für Zärtlichkeitsbezeugungen an und daß sich der Verlebte nie über schlimme Behandlung von seinem Herrn beklagte, ist ebenso wahr, wie es wahr ist, daß Knarrblättl niemals gelogen hat! Beiläufig möchten wir dann die Hoffmänner auch noch um geneigte Beantwortung folgender Fragen ersuchen: Ist es wahr oder nicht, daß die Pistole auf dem Tisch, der Todte aber in ziemlicher Entfernung davon lag? Ist es wahr oder nicht, daß das Gilet desselben an mehreren verhältnißmäßig weit auseinander liegenden Stellen durchlöchert war und wenn ja, wie ist das möglich, wenn er die Pistole aus nächster Nähe auf sich abgeschossen hat? Ist es wahr oder nicht, daß der Offizier Morgens um 4 Uhr mit einem Packträger in seine Wohnung kam, daß er dann erst Anzeige beim Regiment machte? Ist es wirklich zeugschaftlich konstatirt, daß der Offizier bereits die Wohnung verlassen habe, als der Schuß fiel? Hat man die Mutter und den Stiefvater des Todten auch gefragt, namentlich über die ihm gewordene Behandlung von seinem Herrn? Wie ist es zu erklären, daß Niemand seiner Freunde und Verwandten von den angeblichen Selbstmordgedanken des Todten zu sagen weiß und weiter, daß derselbe seine Freunde auf Abends 7 Uhr an einem öffentlichen Vergnügungsort zusammenbestellte? Ist es wahr oder nicht, daß sein Herr die österreichischen Dienste wegen seines Bedienten verlassen — hat? — Vorläufig möge man diese Fragen beantworten, es könnte aber sein, daß wir noch mehr solche Fragen an die Offiziösen zu richten hätten. Den Hrn. Grafen kennen wir auch ein wenig und wissen von seinen zarten Umgangsformen einiges aus eigener Erfahrung zu erzählen. Daß wir selbst nicht schon einmal von ihm „niedergehauen" wurden, wie uns der Hr. Graf versprochen, daran ist er ganz und gar unschuldig.

Aus der **Passauer Diözese** wird dem „Vaterland" geschrieben: Ueber den Gesundheitszustand unsers hochwürd. Hrn. Bischofs werden weithin die sich widersprechendsten Gerüchte verbreitet. Während die Einen von dessen Heiterkeit, Agilität, und Redseligkeit zu erzählen wissen, schildern die Andern dessen matten, schleppenden Gang und leidensvolles Aussehen mit den düstersten Farben. Ich kann nur so viel angeben, daß Bischof Heinrich in der Pfingstwoche, wo er täglich in der Domkirche das hl. Sakrament der Firmung spendete, im Verhältniß zu früher mir sehr abgemagert vorkam, was jedoch, wie man mir sagte, nur die Folge einer äußerst strengen ascetischen Lebensweise sei, die derselbe seit mehr als einem Jahre führe, indem er im Gegensatz zu früheren Jahren jetzt nur Brod und Milch ißt und blos Wasser trinkt.

Von **Würzburg**, 22. Juni wird dem „Vaterland" geschrieben: In diesem Augenblicke verkündet das Geläute der Domglocken den heute 5½ Uhr Morgens erfolgten Tod des Hrn. Domcapitulars Dr. Georg Huller, eines Priesters, dessen Herz ungetheilt der Kirche gehörte. Morgen wird die Leiche nach Altbeßingen, das Jahre hindurch den Geschiedenen als Pfarrer tief verehrte, überbracht werden. Der Vollendete war am 12. August 1812 in Ebern geboren und ist der Bruder des Herrn Ministerialraths Dr. Huller.

Vermischte Nachrichten.

Wie in der Vorstadt Au Magistratus hochlöblicher nichts zur Verschönerung der Procession beitrug, also auch bei der zu St. **Bonifaz**, wo er für das Schulhaus auch nicht e i n Birkenreislein erschwingen konnte. Sonst wurde der letzte Altar dort aufgestellt und die Katholiken von St. Bonifaz hätten heuer Magistratum um allergnädigste Bewilligung dazu ersuchen sollen; sie wollten aber den fortschrittlichen Weisheiten selbst d i e Ehre nicht anthun. Hr. Bäckermeister Schwarz stellte daher den Platz vor seinem Hause bereitwilligst für den Altar zur Verfügung und ließ zur Ehre Gottes sein Haus dazu auf's Prächtigste dekoriren. Ehre dem braven Mannel Außer dem Magistrat hatte es auch Delcroix der Roßbändiger nicht für der Mühe werth gefunden, sein Haus mit einem Birkenreis zu zieren, was seiner echt fortschrittlichen Gesinnung die entsprechende Ehre macht.

Sicherem Vernehmen nach hat Magistratus hochweiser, aufgeklärter für die h e u t i g e Fronleichnamsprozession fünfthalb Birkenstämme zur Dekorirung von städtischen Gebäuden verschwendet. K n o r r, die edle Seele, wird das hoffentlich aus s e i n e r weiten Tasche bestreiten, ne detrimentum capiat res publica — damit der städtischen Gemeinheit aus diesem Luxus kein Nachtheil hervorwächst.

Dienstes-Nachrichten.

Verliehen: Die k. Pfarrei Plaibach, B.-A. Kötzting, dem J. H a n d h a m m e r, Benefiziumsverweser in Viehhausen, B.-A. Kelheim; die k. Pfarrei Günz, B.-A. Memmingen, dem G. M e i t i n g e r, Pfarrer in Rieden, B.-A. Günzburg; das Benefizium in Salgen, B.-A. Mindelheim, dem C. K e c k, Kaplan in Muthmannshofen, B.-A. Memmingen, und das Curatbenefizium Bodelsberg, B.-A. Kempten, dem U. K u n z m a n n, Benefiziums-Vicar in Bobingen, B.-A. Augsburg.

Erledigt: Die k. Pfarrei S t a l l d o r f, B.-A. Ochsenfurt, R.-E. 672 fl.; das Curatbenefizium zu P l ö ß b e r g, B.-A. Tirschenreuth, R.-E. 329 fl.; das Frühmeßbenefizium M a r k t b i b a r t, B.-A. Scheinfeld, R.-E. 616 fl.

Börsen-Nachrichten.

(K a n t o n F r e i b u r g e r 15 Fr.-L o o s e v o n 1861.) Serienziehung am 15. Juni ds. Js. Die Nr. 194, 240, 336, 390, 475, 522, 629, 690, 800, 1243, 1260, 1861, 2076, 2623, 2951, 2993, 3089, 3507, 3732, 3768, 4132, 4178, 4775, 4922, 4973, 5084, 5368, 5407, 5409, 5839, 5854, 5907, 6271, 6369, 6488, 6756, 6983, 7322, 7491, 7585, 7615, 7891. Die Gewinnziehung findet am 15. Juli ds. Js. statt.

Gestorbene in München.

C. Mer, Kunstmalerskind, 1 J. 11 M. — J. Forstner, Melberstochter, 59 J. — S. Wohlschläger, Priv, 64 J. — St. Forstner, Taglöhner, 63 J. — M. Schweller, Privatier, 32 J. — M. Dietz, Hafnersfrau, 45 J. — A. Leers, Kassabeamtenstochter, 1 J. — K. Sailer, Handschuhnäherin, 41 J.

Briefkasten.

A.—r. Ersuche um ein Exemplar solcher Bogen!

Verantwortlicher Redakteur: Dr. I. Sigl.

Druck von M. Vogl in München. Neuthal 19

II. Jahrgang. Auflage: 5400.

Das Bayrische

Vaterland.

Das „Bayr. Vaterland" erscheint täglich mit Ausnahme der Sonn- und hohen Festtage. Preis des Blattes: Vierteljährig 54 kr., ganzjährig 3 fl. 36 kr. Das einzelne Blatt 1 kr.

Alle Postexpeditionen und Postboten des In- und Auslandes nehmen Bestellungen an. Inserate werden die dreispaltige Petitzeile oder deren Raum zu 3 kr. berechnet.

Redaktion: [illegible] 14. Herausgegeben von Dr. jur. J. Sigl. Expedition: [illegible].

Johann. Nr. 142. Sonntag, 26. Juni 1870.

Bestellungen auf das „Bayr. Vaterland" für das Quartal zu 54 kr. ersuchen wir rechtzeitig zu machen, damit vollständige Exemplare geliefert werden können.

Liebesgaben für den hl. Vater.

Uebertrag 245 fl. 25 kr.

64) Wäre die Stadt auf die Gant gekommen, wenn der Magistrat die Schrannenhalle zur Frohnleichnamsprozession mit nur einem Birkenreis geziert hätte? . . . — „ 24 „
65) Dem erhabenen Vorbild des Gottvertrauens Pius IX. . . . 10 „ — „
66) Lasset uns nicht ermüden! . . . 1 „ — „
67) Dem hl. Vater zum Schutz, der Janusbrüderschaft in München und aller Orten zum Trutz. (W. E). . . . 12 „ — „
68) Für den hl. Vater ein Scherflein. (St—g.)*) — „ 24 „
69) L. Sch. Von einem Rekonvaleszenten. Ein Lire — „ 28 „
70) M. E. . . . — „ 30 „
71) O armer Einkreuzerspender rc. . . . — „ 24 „
72) Uns zu beweisen, daß der Papst keine Armee braucht, wäre nicht einmal ein Redner wie Hr. Julius Knorr im Stande . . . 5 „ — „
73) Omnia ad majorem Dei gloriam . . . 2 „ — „

Summa: 277 „ 35 „

* Das „Vaterland" berechnet für die Sammlung und resp. die Mottos nichts, betrachtet dieselben auch nicht als Inserate, die Graf Arco nachträglich mit schwerem Geld zu bezahlen hätte, weßhalb wir die „für Auslagen" beigelegten 6 kr. zu dem „Scherflein" schlagen. Dies möchten wir, da es bereits öfters vorgekommen ist, ein für allemal bemerken, damit die freundlichen Spender ihre Beträge in der laufenden Rechnungsanlage stets erkennen. Die Red.

Militärisches.

Wer nie sein Brod mit Thränen aß — nie grimmig auf dem Strohsack saß und ist beim zweiten Regiment — der muß ein Sonntagskind sein und eine ausgezeichnete gütige Fee zur Pathin gehabt haben; anders wär's wohl nicht recht denkbar.

Wenn es Anno 70 oder 71 — allzu lang wirds wohl nicht mehr dauern — wieder Gelegenheit gibt, die bayrische Kriegsgeschichte durch gediegene Concentrationen nach rückwärts, gelungene Anabasen nach der Donaulinie und sonstige kräftige und ruhmwürdige Kriegsthaten zu bereichern, da muß die bayrische Armee mit Hrn. v. d. Tann als Feldhauptmann, in specie das zweite Regiment mit Hrn. v. Orff als Brigadier, der im Kleinen dasselbe ist was Jener im Großen, wirklich Großartiges leisten. Wie Hr. v. d. Tann sich Anno 49 in Schleswig zum vollkommenen Feldherrn herausgebildet, so hat Hr. v. Orff durch längeren Aufenthalt in der Metropole der Intelligenz sich die reine Wissenschaft vom vollkommenen Preußenthum und eine ungemeine Kenntniß aller Geheimnisse der Pickelhaube und ihres Wesens anzueignen gewußt und steht nun neben Hrn. v. Bothmer in unserer Armee da als eine Säule militärischer Weisheit, wie sie nur allein ächt zu beziehen ist von Firma Bismark & Comp. in Berlin.

Das Vaterland hat die tiefe Wissenschaft vom Preußenthum und der alleinseligmachenden Pickelhaube in Hrn v. Orff bereits durch seine Ernennung zum Brigade-General anerkannt und Alles was für Preußen schwärmt im Vaterland, schwärmt auch für Hrn. v. Orff als den Kriegsminister der Zukunft. Ganz mit Recht; denn Arm in Arm mit Graf Bothmer, der Alles kann, weil er über Alles Reden im Reichsrath hält, fordert er das Jahrhundert in die Schranken, indem er es unternommen hat, die bayrische Armee auf jene Stufe der Vollkommenheit zu erheben, daß sie nur noch ein geübtes Auge von einem preußischen Armeekorps soll unterscheiden können, und auf jene Stufe des Glanzes, den ganz Europa bei dem herrlichen Kriegsheer des herrlichen preußischen Nordbundes andächtig bewundert.

Daß bis jetzt der Name des Hrn. Generals v. Orff von den fernsten Völkern noch nicht mit der Andacht und ehrfürchterlichen Bewunderung genannt worden wie z. B. der des Hrn. v. d. Tann, hat wohl seinen Grund darin, daß er noch keine Gelegenheit hatte, für König und Vaterland einige Schlachten zu verlieren; Hr. v. Orff ist eben erst am Anfange seiner fruchtbaren Thätigkeit, er hat erst begonnen die bajuwarische Finsterniß mit ächtem Nordlicht zu erhellen und die jungen Böotier von Isar und Donau mit strammer preußischer Intelligenz zu speisen und zu tränken. Wenn aber der Fortgang dieser edlen Bestrebungen dem glücklichen Anfang entspricht, dann freue dich, o Bayerland, auf die Kriegshelden, so aus der Schule des Hrn. v. Orff noch hervorzugehen berufen sind!

Einstweilen ist allerdings nur erst Weniges zu melden von den Thaten seines organisatorischen Talents, aber dieses Wenige zeigt schon die Spuren der bahnbrechenden Ideen, welche dermaleinst unsere Armee auf den Gipfel militärischen Glanzes erheben könnten. Im Kleinen zeigt sich der Meister und selbst in der Form der eben dekretirten Kopfbedeckungen oder in der Zahl und im Abstand der Knopflöcher kann ein militärisch geschulter Kopf schon das Genie des Feldherrn entdecken und herausfühlen. Daß Mancher das vielleicht nicht herausfühlt, beweist eben nur, daß Manchem der militärische Blick, der „Geist" des wahren Soldaten, der Sinn für die Schönheiten, Tugenden und Vorzüge des preußischen Systems mangelt und daß ihm jede Spur der von der Pickelhaube ausstrahlenden Erleuchtung abgeht.

So z. B. hat Hr. v. Orff für seine Brigade eine neue Form der Kopfbedeckung, nämlich der *Kappen* zu dekretiren geruht, welche zweifelsohne für die Sicherheit des Staates und den militärischen Geist der Brigade von durchschlagender Wirkung sein wird. Ein *General*, ein Feldherr, muß an Vieles denken, was einem andern Menschenkind nicht einzufallen braucht. Gleichwie Hannibal einst seine Armee gerettet und die *Feinde geschlagen hat*, daß er einigen *Hundert* auserlesenen *Ochsen* Reißigbündel auf die Köpfe band, diese dann anzündete und durch den ungewohnten Anblick die Feinde erst in Schrecken und Verwirrung setzte und dann in schmähliche Flucht trieb oder wie die Aegis der uralten Pallas Athene oder das Medusenhaupt im Schilde des Perseus durch den furchtbaren Anblick das Gleiche bewirkte, also gedenkt wohl Herr General v. Orff durch den bloßen Anblick der schauderhaften neuen Kappen seiner Brigade dermaleinst die Franzosen zu schrecken, zu verwirren nnd dann sicher zu schlagen.

Wenn Hr. v. Orff *das* will, dann müssen wir die herrliche Idee bewundern, mit kleinen Dingen Großes zu erreichen, mit schreckbar unförmlichen Kappenschilden eine feindliche Armee in die Flucht zu schlagen, woran wir auch gar nicht zweifeln, daß es geschehen wird, denn die neuen Kappen sind wirklich *schrecklich*, zumal für die ästhetischen Franzosen.

Aber noch ein Gutes haben diese Kappenschilde mit den unermeßlichen Kronen darüber. Wie sie einerseits den Mann hindern, nach rechts oder links zu sehen, da ihm das unmöglich ist, und so seine ganze Aufmerksamkeit für das Kommando zusammenhalten, so machen sie, da der Mann nur 6 Schritte Boden vor sich sieht, es ihm unmöglich, allenfallsige — Mißgriffe der Herren Vorgesetzten zu erschauen, wodurch der Respekt und die Disciplin namhaft erhöht und gefördert wird. Das *Nützliche* geht also Hand in Hand mit dem *Angenehmen* bei den neuerfundenen Orff'schen Militär-Dienstmützen, und wenn wir noch Eines hinzufügen dürfen: auch die *Moral* muß durch sie nachhaltig gefördert werden, da jedes weibliche Wesen beim Anblick einer solchen Mütze ganz die gleichen Gefühle des Schreckens beschleichen müssen wie später die Franzosen und schleunige Flucht vor so bedeckelten Mitgliedern unsers herrlichen Kriegsheeres die unausbleibliche Folge sein muß.

Daß die ärmsten Soldaten des 2. Regiments gezwungen waren, ihre früheren Mützen wegzuwerfen und die neuen, nach Orff'scher Vorschrift zu „fassen", beziehungsweise beim Säckler in der Bayerstraße für das schöne eigene Geld zu kaufen, ist ganz gut; der „Mann" *gewöhnt* sich so, Opfer für König und Vaterland zu bringen, daß es ihm weniger schwer fällt, dermaleinst gelegentlich für den König von Preußen sich zu opfern, d. h. sich todtschießen zu lassen.

Eine zweite wichtige, von Hrn. v. Orff durchgeführte Reform ist die *Knopf-Reform*. Alle kleinen Knöpfe an den Uniformärmeln haben zu verschwinden und durch *große* Knöpfe ersetzt zu werden. Ein Korporal, der die Wichtigkeit dieser Reform für die Rettung des Vaterlandes nicht sogleich begriff und „zurückgeblieben" genug war zu meinen, das Vaterland könne nöthigenfalls auch durch kleinere Uniformärmel-Knöpfe gerettet werden, ist wegen dieses Mangels an für einen Korporal unbedingt nöthiger *Einsicht* sofort degradirt worden. In der sehr richtigen Erwägung, daß ein Knopf ohne entsprechendes Loch seinen militärischen Zweck unmöglich erfüllen kann und deshalb unnütz für Seiner Majestät Armee wäre, ist weiter befohlen worden, daß die Ärmel für die Knöpfe — natürlich auf Kosten der *Mannschaft* — zu durchlöchern seien, damit die angeordneten Knöpfe auch den Zweck ihres Daseins erfüllen können. Von welch' großem Einfluß auf die Zeit- und bayrische Kriegsgeschichten diese von Hrn. v. Orff anbefohlene *Knopfreform* sein wird, wird die Zukunft lehren. *Er* wird's schon wissen, sonst hätte er's nicht befohlen. Wir Civilisten aber, die vom Militär nichts verstehen, erfüllen unsere Bürgerpflicht, d. h. wir „halten das Maul", zahlen unsere Steuern und zeugen uns im Uebrigen voll Andacht und mit unverkennbarer Bewunderung vor der militärischen Weisheit, die Hr. v. Orff aus der Metropole der Intelligenz und dem preußischen Musterstaate nach Bayern eingeschleppt hat oder noch einzuschleppen gedenkt.

Das Budget und die Bauern. VI.

Die *Grundsteuer*, sagten wir, sei gegen andere Steuern in keinem *Verhältnisse*; sie ist *überhaupt* an und für sich eine höchst *ungleiche* und *unbillige*. Während z. B. Kapital- und Einkommensteuer alle drei Jahre neu fatirt wird, besteht die Grundsteuer fort in gleicher Höhe, mag nun der Pflichtige die ganze, eine halbe oder Viertels-Ernte gemacht haben. Ferner gibt es doch gewiß einen großen Unterschied, ob ein Grundstück von gleicher Bonität in der Nähe einer Stadt, einer Eisenbahn, einer Hauptstraße oder eines schiffbaren Flußes gelegen ist, — letzteres ist besonders für Besitzer von Waldungen von Wichtigkeit —, oder, ob ein Grundstück ganz abseits von jedem Verkehrswege liegt. Wenn auch die *Bonität* des Grundstückes ganz die gleiche ist, so wird doch der *Absatz* der erzielten Producte ganz verschiedene Ergebnisse aufweisen, mithin der *Werth* des Grundstückes bei *gleicher* Bodengüte je nach der *Lage* ein sehr verschiedener sein.

Darauf wird bei Vertheilung der Grundsteuer nicht die *allermindeste* Rücksicht genommen.

Daß Grund und Boden bei gewöhnlichen Verhältnissen eine äußerst *geringe* Rente abwirft und daß selbst diese weil von Elementarereignissen abhängig, noch unsicher ist, brauchen wir kaum zu erwähnen; die Klagen darüber sind *allgemein*. Nehmen wir aber ein paar bestimmte Beispiele aus der Wirklichkeit, um die Ungleichheit und das Beschwerende der Grunsteuer gegen andere Steuern darzuthun.

Wiesengründe gewähren verhältnißmäßig die höchste Rente. Nehmen wir nun die Erträgnisse eines ausschließlichen Wiesenkomplexes von 17 Tagwerk *zweimähdiger* Wiesen mittlerer Bonität, welche dem Besitzer eine Rente von 316 fl. abwerfen, und sehen wir die Lasten an, so finden wir darauf eine **Grundsteuer** von 12 fl. 7 kr.

Eine **Kapitalrente** dieses *Betrags* zahlt dagegen nur 7 fl., ein **Einkommen** von dieser Höhe nur 1 fl. 30 kr. Steuer.

Derselbe Besitzer hat ein Feldstück, das ihm eine Rente von 30 fl. abwirft; von dem zahlt er an *Grundsteuer* 4 fl. 44 1/4 kr.,

während 30 fl. *Kapitalrente* nur 30 kr. und ein *Einkommen* bis zu 200 fl. ebenfalls nur 30 kr. Steuer zahlt!

Wenn man sagt, daß größere Komplexe bessere Resultate ergeben, so haben wir auch dafür ein Beispiel.

Wir haben die Rechnung eines Gutes von über 400 Tagwerk Feld, Wiesen und Wald vor uns liegen. 400 Tagwerk, eins ins andere zu 150 fl. angeschlagen, ergeben eine Werthsumme von 60,000 fl.; als *Kapital* zu 5 Proz. angelegt, würde es 3000 fl. Zins ertragen. Dieses Gut nun wirft nach Abzug der Betriebs- und Verwaltungskosten nur circa 1900 fl. ab; wir ersehen also, daß das Gut nur 3 1/6 Prozent erträgt, ganz abgesehen von den hohen Lasten und den vielen Plackereien.

Die *Grundsteuer* von dieser Besitzung beträgt 130 fl.,
während 1800—2000 fl. *Kapitalrente* nur 60 fl. und
1800—2000 fl. *Einkommen* nur 15 fl.
Steuer zahlen.

Und nun fragen wir: ist dies nicht eine kolossale Ungleichheit?

Nach der Höhe der Grundsteuer richten sich aber nun auch noch Kreis-, Distrikts- und Gemeindeumlagen; hier ist nach Art. 31 des Distriktsraths-Gesetzes vom 28. Mai 1852 bei Vertheilung der Distriktsumlagen die Einkommensteuer auch noch von Umlagen befreit! Und nach Art. 3 des Gesetzes über Kapitalrentensteuer dürfen von der steuerbaren Kapitalrente die Zinsen für Schulden in Abzug gebracht werden, während die Zinsen für Hypotheken bei Grundbesitzern keineswegs von der Grundsteuer in Abzug gebracht werden dürfen!

Und wieder müssen wir fragen: ist dies nicht eine kolossalle Ungleichheit, eine schreiende Ungerechtigkeit gegen die Grundbesitzer und Bauern, eine unerträgliche Beeinträchtigung des Bauernstandes, des Nährstandes und der Hauptstütze des Staates? Muß der grundbesitzende Bauer sein Einkommen nicht ungleich schwerer verdienen als der Angestellte und Kapitalist? Am Verfalltage löst dieser seine Coupons ein und erhebt jener mit gewissenhafter Genauigkeit seine Besoldung, erhält dazu noch Theuerungszulagen und erfüllt die Luft mit — Dank? nein! — mit Wehgeschrei um Gehaltsaufbesserungen!*)

Deutschland.

München, den 25. Juni.

Aus dem theuren Vaterlande wären heute wieder folgende mannhafte liberale Thaten zu melden. Hier in München ist eine recht infame Brochüre, ein Spottgedicht auf den hl. Antonius (mit entsprechenden Zeichnungen von Busch) erschienen, welche von der Polizei konfiscirt worden sein soll, dafür aber um so fleißiger — kursirt. Dagegen darf „Barbara Ubryk“ und Knurrblättl noch immer ungehindert erscheinen, dürfen die Blätter täglich die schweinernsten Inserate: Don-Juan Album, Nur für Männer u. dgl. ungenirt von der Polizei fortwährend bringen und sich etliche „Kunsthandlungen“ durch Aushängung von nicht minder schweinernen Bildern prostituiren. Um einem tiefgefühlten Bedürfniß abzuhelfen, ist zu solchen Zwecken jetzt gar ein eigenes Blatt gegründet worden, das auf dem Gebiete bereits Namhaftes geleistet hat, während es im Text einerseits vor dem König speichelleckt, andererseits Klöster, Beicht und Beichtväter in der gröblichsten Weise verleumdet und herunterreißt — alles unter den Augen der hohen Königlichen. Die Provinz kann da natürlich nicht zurückbleiben. So meldet man, daß in Augsburg Geistlichen am hellen Tage: „Saupfaff, Saupfaff“ nachgebrüllt wird, daß man dort vor der Wohnung eines Geistlichen nächtlicher Weise sehr liberal spektakulirt und schreit: „Da drinnen sind sie die Saupfaffen, wenn sie doch alle verrecken (!) würden“! Item wurde einem Geistlichen ein Rasirmesser zugeschickt mit der freundlichen Einladung, sich die Gurgel damit abzuschneiden, desgleichen wurde in einer sehr aufgeklärten Seestadt nicht weit von Feldmoching eine Semmel ausgehöhlt, mit Cigarrenasche gefüllt und als „Liebesgabe für den Hl. Vater“ ausgeboten, und damit selbst das höchste Geheimniß der Religion, das Altarssacrament, nicht unverhöhnt bleibe, ist in Augsburg eine vollständige Procession von Käfern ausgestellt. Bravo, ihr Herren! Euer Liberalismus hält mit eurer Bildung, Aufklärung und Anständigkeit vollkommen gleichen Schritt und macht sich ja prächtig!

In **Rosenberg** befinden sich gegenwärtig mehrere Geistliche in Haft. Hr. Pfarrer Trunk von Baunach, Dr Schneider und Hr. Pf. Eschenfelder von Eschenbach, alle drei wegen Majestätsbeleidigung verurtheilt, befinden sich in einem Zimmer zusammen und haben vom Ordinariat die Erlaubniß erhalten, auf ihrem Zimmer die Messe lesen zu dürfen, was in der Festungskapelle nicht gestattet war*).

Würtemberg. Der Bischof Hefele von Rottenburg soll — so berichten liberale Blätter mit großer Genugthuung — für den Fall der Annahme der Unfehlbarkeit durch das Concil seinen Bischofsitz verlassen und wieder Professor werden wollen. Wir glauben es nicht, denn der ehemalige Professor der Theologie muß wissen, daß selbst der gelehrteste Professor nicht gescheidter als das Concil ist, daß ein Katholik sich den Beschlüssen der Kirche zu unterwerfen hat, wenn er Katholik bleiben will, und daß er auch nicht mehr Theologie-Professor sein könnte, wenn er sich in einem Glaubenssatze mit der Kirche in Widerspruch setzt. Wenn das Concil beschlossen haben wird, so wird sich Bischof Hefele unterwerfen oder aufhören, Bischof und Katholik zu sein.

Oesterreich. Die Wahlen in Wien sind natürlich centralistisch geldprotzig-jüdisch-liberal ausgefallen. Gewählt sind unter anderen der ehemalige Minister Brestl und Giskra, der Jude Kuranda und ähnliche Ehrenmänner. Schindler, der bekannte Schwätzer und Geldmacher, ist durchgefallen. Ueber Einen der so gewählten „Liberalen“, Löblich heißt er, sagt das N. Fremdenblatt: „O Urtheil, du flohst zum blöden Vieh, der Mensch ward unvernünftig“; die Wahl nennt das Blatt „einen Sieg des Gemeinen, Platten über das Bedeutende und Edle“ (das der andere liberale Kandidat vorgestellt hätte!) und den Erwählten der liberalen Intelligenzen nennt es „einen Menschen ohne jegliche Bildung, einen rechten Bierhauspolitiker, dessen Gesichtskreis nicht über den Horizont seiner Vorstadt hinausreiche.“ Das ist stark und muß dem Hrn. Kupferschmid Löblich sehr ans biedere liberale Herz greifen; für seine liberale Gesinnungsgenossen wollen wir aber zu seinem Lobe anführen, daß dieser „Bierhauspolitiker“, dieser „Mensch ohne jede Bildung mit seinem beschränkten Gesichtskreis“ beim Konkordatssturm 45,000 Unterschriften gegen das Konkordat zusammengetrommelt hat.

In Steiermark sind die Wahlen noch besser ausgefallen, als man erwartet. Bei den Landgemeindewahlen wurden 6 Liberale, 4 Slovenen und 12 Katholiken gewählt, unter diesen Prof. Maassen, ein Mann von ebenso festem Charakter als gründlicher politischer Bildung, der die schmerzlichsten Opfer nicht scheute, um der Wahrheit und seiner Ueberzeugung Zeugniß zu geben. — Kaiserfeld und Minister Stremayer sind durchgefallen.

In **Preußen** hat an einem der letzten heißen Tage eine ganze Garnison einen Uebungsmarsch mit vollem Gepäck machen müssen. Das Ergebniß war dem Unternehmen entsprechend: 6 Todte bis jetzt! —

Berlin. Große Säbelheiterkeit in der Manteufelstraße. Zwei Arbeiter schwer verwundet. Militär blieb Sieger. Kommandant Victoria schießen!

Vermischte Nachrichten.

In **Brünn** (Oesterreich) ist kurz vor dem Beginn der Vorstellung im Theater ein großer Brand ausgebrochen. Das Theater ist gänzlich abgebrannt.

Die Stadt **Grafenwöhr** in der Oberpfalz ist am 21. ds. großentheils abgebrannt.

---

*) Bei Geistlichen wird in neuerer Zeit die pünktliche Gehaltsauszahlung nicht so prompt eingehalten und es soll z. B. Militärkuraten geben, welche in drei Monaten keinen Gehalt zu Gesicht bekommen haben!

* Nr. 41? D. R.

Bismark befindet sich lange wieder bei seinen Kühen, Gänsen und sonstigem zur Wirthschaft gehörigen Gethier. Der gute Herr scheint außer den politischen noch verschiedene andere Schmerzen zu haben, denn wie das Buchhändler-Börsenblatt meldet, hat er sich von der kürzlich erschienenen Brochüre: „Wie kann ein guter Ehemann seine böse Frau zähmen?“ gleich zwei Exemplare direkt nach Varzin schicken lassen. Armer Deutscher!

In Luzern (Schweiz) ist der ehemalige bayr. Minister Fürst Ludwig v. Oettingen-Wallerstein, am 22. gestorben.

Kulturbildliches.

Welche Blüthen und Früchte der Münchener Knurrblättl Fortschritt treibt, davon wieder ein Beispiel. Am vergangenen Donnerstag nach der Ostan-Prozession begegneten zwei gut erzogene Knaben in der Utschneiderstraße zwei geistlichen Herren. Die Knaben zogen den Hut vom Kopfe und gaben ehrfurchtsvollst den geistlichen Herren die Hand. Da trat eine unbekannte Frau, die dieses sah, zu den Knaben hin und verwies es ihnen mit den Worten: „Wie mögt ihr doch vor den Pfaffen den Hut abnehmen und ihnen die Hand geben, das sollt ihr nicht thun!“ Das ist — Knurrblättl Fortschritt, an dem das ehrwürdige Knorrianum sein innigstes Wohlgefallen hat. Besonders erfreulich ist's aber, daß selbst Weibsen schon der Art auf den Hund gekommen sind, daß sie bei dem Aufklärungsschwindel mitthun.

Börsen-Nachrichten.

Mailand, 17. Juni. (10 Fr.-Loose von 1866.) Bei der am 15. ds. stattgefundenen Ziehung wurden folgende 5 Serien gezogen: Serie 2684, 2741, 3764, 5251 und 6999. An größeren Gewinnen fielen auf Nr. 39 der Ser. 6999 100,000 Fr., auf S. 5251 Nr. 23 1000 Fr., auf S. 3764 Nr. 13 und 20, Ser. 5251 Nr. 9, Ser. 6999 Nr. 31 und 90 je 100 Fr. Die Zahlung erfolgt am 15. Dezember 1870.

Gestorbene in München.

A. Fest, Packträger, 62 J. — M. Katzenberger, Steinmetzwittwe, 67 J. — J. Lang, Taglöhnerst., 1 J. 9 M. — Ant. Frankell, Packträger-Inspektorsk., 1 J. 8 M. — A. Fleischmann, Kunstmalerstochter, 20 J. — J. Höglmair, Taglöhnersk., 1 J. — F. Brandl, Zimmermann, 30 J. — M. Blaß, Korbmachersfrau, 70 J. — M. Siegel, Direktorsfrau, 40 J. — L. Zöpfl, Bierwirth, 52 J.

Verantwortlicher Redakteur: Dr. J. Sigl.

Oberammergau-Passionsspiel.

Bamberg, Verlag der Buchner'schen Buchhandlung, zu beziehen durch alle Buchhandlungen: 361—66(b)

Das Passionsspiel zu Oberammergau in Bayern.

(Mit Ansicht in Stahlstich.)

Nach eigener Anschauung und nach vorhandener Literatur als Leitfaden bei den Vorstellungen, beschrieben und herausgegeben von J. Förch.

42 kr. Nach auswärts gegen 45 kr. Marken frei. Wiederverkäufer erhalten Rabatt.

☛ Ein Recensent im amerikanischen „Wahrheitsfreund“ 1870 Nr. 35 sagt u. A.: „Wir haben noch nie ein Büchlein lieber empfohlen. Wer nach Oberammergau geht, schiebe dieses Vademekum zu sich und er wird uns reichen Dank zollen für unsern guten Rath.

Katholisches Casino in der Max-Vorstadt.

Sonntag, den 26. Juni.

Versammlung und Vortrag.

Eine elegante Sommerwohnung

nahe bei München, an der Bahn gelegen, mit vorzüglichlicher Badegelegenheit und allen wünschenswerthen Annehmlichkeiten, ist zu vermiethen. Näh. Schäfflergasse 12/1 rechts, Mittags von 12—2 Uhr oder Abends nach 7 Uhr. (376)

Fahrtenplan vom 1. Juni 1870 an

Abfahrt und Ankunft der Eisenbahnzüge in München.

Augsburg.

Abfahrt nach	Ankunft von
5^45 Morgens Kurierzug.	8^10 Morgens Eilzug.
6^10 Morgens Eilzug.	8^30 Morgens Kurierzug.
10^30 Vormitt. Postzug.	11^40 Vormitt. Eilzug.
1^30 Nachmitt. Eilzug.	3^45 Nachmitt. Postzug.
4 — Nachmitt. Postzug.	8^30 Abends Kurierzug
6^30 Abends Eilzug	9^30 Abends Eilzug
11^30 Nachts Kurierzug	11^30 Nachts Postzug

Salzburg.

Abfahrt nach	Ankunft von
5 Morgens Eilzug	5^15 Morgens Kurierzug
9 Morgens Kurierzug	8^30 Morgens Eilzug
10^15 Vormitt. Postzug	10^15 Vormitt. Postzug
4^10 Nachmitt. Postzug.	3^30 Nachmitt. Postzug
5^40 Nachmitt. Eilzug	6 [illegible] Abends Kurierzug
8^45 Abends Kurierzug	9 Abends Eilzug
9^30 Nachts Kurierzug	11 Nachts Kurierzug

Großhesselohe.

Abfahrt in München: 6 U. — M. Morgens. 10 U. 15 „ Vormittags. 4 U. 30 „ Nachmittags. 4 U. 10 „ Nachmittags. 6 U. 50 „ Abends. An Sonn- und Feiertagen: 1 U. — „ Nachmitt. 6 U. — „ Abends. 7 U. 30 „ „

Abfahrt in Großhesselohe: 7 U. 51 M. Morgens. 10 U. — M. Morgens. 3 U. 21 M. Nachmittags. 4 U. 41 M. Abends. 6 U. 34 „ Abends. An Sonn- und Feiertagen: 1 U. 40 „ Nachmittags. 4 U. — „ Nachmittags. 6 U. 15 „ Abends.

Starnberg.

Abfahrt nach	Ankunft von
Gewöhnliche Tage	
6^30 Morgens	8 Vormitt.
10^30 Vormitt.	12^30 Mittags
2^30 Nachmitt.	6 Abends.
6^30 Abends	8^35 Abends

Ingolstadt.

Abfahrt nach	Ankunft von
4^30 Morgens Postzug.	7^45 Morgens Kurierzug
6^40 Morgens Kurierzug	9^15 Vormitt. Postzug
9^30 Morgens Eilzug	2 [illegible]
1^30 Nachmitt. Kurierzug.	5 [illegible] Eilzug
6^45 Abends Kurierzug	9 [illegible]
6^55 Abends [illegible]	11 [illegible]

Regensburg.

Abfahrt nach	Ankunft von
5 Morgens Postzug	8^22 Morgens Kurierzug.
7^45 Morgens Kurierzug	9^30 Vormitt. Kurierzug
9^45 Vormitt. Postzug	11^45 Vormitt. Kurierzug
1^30 Nachmitt. Kurierzug	6^17 Abends Postzug
5^15 Abends Kurierzug	8 [illegible] Abends Kurierzug
7 — Abends Kurierzug	10^35 Nachts Postzug

Dachau.

An Sonn- und Feiertagen. Abfahrt in München 2 Uhr 30 M. Nachmittags. Abfahrt in Dachau [illegible]

Starnberg.

An Sonn- und Feiertagen. Abfahrt in München: 7 U. 45 M. Morgens. 1 U. 10 M. Mittags. 4 U. 30 M. Nachmittags. 6 U. 30 M. Abends. 9 U. 30 M. Nachts. Abfahrt in Starnberg: [illegible]

II. Jahrgang. | Auflage: 5400.

Das Bayrische Vaterland.

Das „Bayr. Vaterland“ erscheint täglich mit Ausnahme der Sonn- und hohen Festtage. Preis des Blattes: Vierteljährig 54 kr., ganzjährig 3 fl. 36 kr. Das einzelne Blatt 1 kr.

Alle Postexpeditionen und Postboten des In- und Auslandes nehmen Bestellungen an. Inserate werden die dreispaltige Petitzeile oder deren Raum zu 3 kr. berechnet.

Redaktion: Burggasse 14. Herausgegeben von Dr. jur. J. Sigl. Expedition: Ruffinibazar 1.

Leo. Nr. 143. Dienstag, 28. Juni 1870.

Bestellungen auf das „Bayr. Vaterland“ für das **Quartal zu 54 kr.** ersuchen wir **rechtzeitig** zu machen, **damit vollständige Exemplare geliefert werden können.**

Liebesgaben für den hl. Vater.

	Uebertrag	277 fl. 35 kr.
74)	Aus Schwaben: Möge Gott die patriotische Majorität vor der „großen Häresie unserer Zeit“ — dem Liberalismus bewahren! . . .	2 „ — „
75)	Unbekannt	— „ 30 „
76)	Dem Fortschritt zum Trutz, dem hl. Vater zum Schutz	1 „ 30 „
77)	Gott segne es tausendfach!	— „ 30 „
78)	München. (Einige Grobheiten gegen den Papst und den Redakteur, die nicht nothwendig gedruckt werden müssen. Beilage 3 Groschenmarken)	— „ 9 „
79)	Aus Schwaben; Ihr 26 Herren — wo blieb diesmal eure Klugheit? Die zustimmende Erklärung der Professoren v. Bonn, Breslau u. s. w. hatte doch ein bestimmtes Objekt, aber die eurige? . . . . . . C.	4 „ — „
80)	Ken Kreuzer konnte er erschwingen, Damit ein Pereat zu bringen? Der Witz ist einen Thaler werth, Der sei von mir dem Papst verehrt . . .	1 „ 45 „
81)	Ein Hörmann, aber kein Wahlgeometer . . .	— „ 12 „
82)	(Unbekannt.) Den geistlichen und weltlichen Streitern für Wahrheit und Recht! (B. G.-R.-Corp.) !	40 „ — „
83)	In kindlicher Liebe zum hl. Vater. (Von einer Dienstperson	1 „ — „
84)	Das Gute wird ewig bestehen, die Fortschrittsspreu wird der Wind verwehen. J. W. . . .	1 „ 45 „
	Summa:	330 „ 56 „

Intelligentes aus dem Nordbund.

Aus Hamburg erhalten wir eine Epistel, aus der wir im Allgemeinen entnehmen, daß unter den schützenden Fittigen des hohen preußischen **Nordbundes** unsers Herrgott's **Thiergarten** eine bedrohliche Ausdehnung anzunehmen scheint. Das würdige Mitglied besagten Nordbundes nennt sich einen „Deutschen“, der „im Süden geschwitzt und im Norden gefrohren (so schreibt er's) hat“. So was ist zweifelsohne außer ihm noch keinem andern Menschenkind passirt! „Wenn Niemand Anders auftritt sein Vaterland zu vertheidigen, sagt er, so will ich es hiemit thun“ und nun thut er's, „obgleich er sehr wohl weiß, daß seine Zeilen nach dem Papierkorb wandern müssen“. — Nein, **die** hebt sich der Redakteur auf. „Die Schmähreden des „Vaterland“ gegen Deutschland, denn solches ist Preußen (ah!) werden so verwegen, daß ich nicht unterlassen kann, schreibt der biedere „Deutsche aus Hamburg“, Ihnen einen derben **Rüffel** zu geben“. Sehr stramm gesprochen, bei Bismark's Glatze!

„Ich kann Ihnen (sic!) versichern, das (!) Preußen eine **Aufgabe** zu erfüllen hat und dieser Aufgabe ist es sich zu gut bewußt, ohne vom „Bayr. Vaterland“ darin **irre** geleitet zu werden.“ — Das ist stark, nicht einmal vom „Vaterland“ läßt sich dieses Preußen „irre leiten“. Wir kennen übrigens diese „Aufgabe“ bereits, die man auf Preußisch „göttliche Mission“ oder auch „deutschen Beruf Preußens“ heißt und die hauptsächlich darin besteht, ganz Deutschland **auszurauben** und unter die Pickelhaube zu bringen. Daß es sich dieser Aufgabe **sehr** „gut bewußt“ ist, können wir unbedingt bestätigen. „Ich kann Ihnen versichern, schreibt der edle Hamburger Preuße weiter, — Bayerns **Unabhängigkeit ist eine Schande für Deutschland**“, — welches, wie er Eingangs sagte, **Preußen** ist. Das ist ein sehr interessantes Geständniß, daß Preußen es als eine „Schande“ betrachtet, 1866 Bayern blos **ausgeraubt** und nicht auch gleich **annexirt** zu haben. Was ließe sich nicht von **solchen** Versicherungen und Begriffen von der „göttlichen Mission“ noch **Großes** und **Erfreuliches** erwarten, wenn nur die leidigen **Franzosen** nicht wären!

Weiters kann der Mann „den Fürsten versichern, daß sie sich einen unsterblichen Namen (!) machen würden, wenn sie Deutschland (Preußen) zu Lieb ihre Regierung in die Hände Preußens legen würden.“ — Die **Völker** scheint der gewesene Republikaner von Hamburg wahrscheinlich für **Schaafheerden** anzusehen, die man nur so unter der Hand an die Preußen verhandeln kann, ohne sie im mindesten um ihre Meinung darüber zu fragen. „1866 sind (haben?) die Deutschen angefangen, sich den Grundstein zu einem Vaterlande zu legen, natürlich unter der Leitung Preußens, wofür Preußen bis jetzt nur **Undank** hat.“ — Undankbares deutsches Vaterland, dessen tausendjährige **Geschichte** für solche neupreußische Intelligenz und Bildung leider nicht existirt! Der **Massenmord**, der **Raub**, der **Verrath** von 1866 also ist der „Grundstein“, auf den die neue preußisch-deutsche Kirche gebaut werden soll? **Blut** der Mörtel, der die Steine zusammenfügen soll? Nun, da begreifen wir, daß der Bau jetzt schon aus dem Leim geht und daß es keineswegs die „Pforten der Hölle“ bedürfen wird, ihn ganz niederzulegen.

„Wir haben Gottlob, fährt der wackere Thebaner aus Hamburg fort, schon eine deutsche Flotte, die den deutschen Handel zu schützen gegen Seeräuber schon jetzt gezeigt hat, vielleicht zum Verdruß des **bayrischen Vaterlandes**“. — O nicht im Mindesten! Wir gönnen die dritthalb Nußschalen, welche die „deutsche Flotte“ Preußens ausmachen, dem deutschen Handel und den Seeräubern vom Herzen und wünschen den Letzteren nur, daß sie einen größeren Respekt vor der „deutschen Flotte“ hätten, als kürzlich etliche Japanesen zeigten, welche sehr gemüthlich ein deutsches Handels-Schiff ausraubten, während ein preußisches „Kriegsschiff“ nicht weniger gemüthlich zusah.

„Worin liegt der Haß gegen Preußen? fragt der Hamburger; — ich weiß es; wir sind Protestanten und die Bayern katholisch“. — Richtig, vollkommen errathen! — „Ich kann Ihnen (!) aber versichern, daß, obgleich wir auch den elendigen (!) Papst haßen, weil er Uns („uns“ schreibt er groß, wahrscheinlich weil Preußen darunter zu verstehen sind!) zurückführen will in Finsterniß und Aberglauben, wir doch glauben an unsern Gott und Heilande; er wird die Jesuiten, den Papst und alle seine Bischöffe und Patrone, die selbst nicht glauben was sie lehren, Ihren wohlverdienten Lohn geben, wenn nur die Menschen erst mal sich selbst bilden, wenn sie das Welt All untersuchen und daraus ihre Religion hernehmen, eine Religion die feste Grundfesten hat“. —

Also spricht der Preuße aus Hamburg, der, wie es scheint, irgend ein norddeutsches Knurrblättl nicht ohne Erfolg studiert hat! Wir hoffen, daß unsere Leser ebenso sehr den guten Stil, wie die gediegene liberale Gesinnung dieser norddeutschen Intelligenz, welche beide einander würdig sind, anerkennen werden und enthalten uns jeder überflüßigen Bemerkung.

„Sie wollen — und nun zeigt sich der patriotische Preuß — mit Franzosen und Magyaren feindlich gegen Preußen und so natürlich gegen Deutschland (?) vorgegangen sehen gerade als wenn nicht Preußen so gut deutsch ist wie Bayern, welches schon an und für sich strafbar ist“. — Daß es deutsch ist? — „Auf diese Art haben wir an Ihnen einen Verräther in Deutschland selbst. Als solcher hätten Sie verdient, von einem ehrlichen preußischen Offizier übern Haufen geschossen zu werden.“ — Bravo! Hierin erkennen wir den ächtfärbigen Preußen! Nur gleich zusammenschießen; in Preußen versteht man sich darauf, wie man täglich in den Zeitungen liest. Wir bewundern übrigens die — Naivetät, welche von uns verlangt, daß, wenn es den Herren Preußen einfällt, gelegentlich wieder einen Raubzug nach Süddeutschland zu unternehmen, wir uns einfach ruhig ausrauben lassen sollen wie anno 66, statt uns zu wehren und um Hilfe zu rufen, während es bei den Preußen ganz in der Ordnung war, sich mit allem möglichen Gesindel in Europa zu verbünden, um uns auszurauben und „Stöße ins Herz von Oesterreich“ führen zu können. Dieses heißen die Preußen: „die göttliche Mission“ und den „deutschen Beruf Preußens“ erfüllen, wenn aber wir uns gegen diese preußische Berufserfüllung wehren und sie uns nicht so ruhig gefallen lassen wollten, so wäre das „Verrath an Deutschland“ und wir verdienten „von ehrlichen preußischen Offizieren übern Haufen geschossen zu werden“. Ausgezeichnet! Das ist preußische Logik.

„Sie schimpfen auf unsern Monarchen, ich kann Ihnen sagen, daß unser König doch wenigstens ein König ist, der auf den Titel König Anspruch machen kann.“ — Und ob! — „Sie werden aus diesen Zeilen wohl sehen, daß Schreiber dieses ein einfacher Landmann (?!) ist, der ist aber in der Welt herumgewesen, wo Sie Ihre Nase noch nicht gestochen haben, und auch nicht hinstecken werden“. — Wir wissen zwar nicht, wohin der biedere „Landmann“ seine Nase schon „gestochen“ hat, einiger Aufenthalt in einer bayrischen Landschule aber, glauben wir, würde seiner Intelligenz und insbesondere seiner Schreibweise gar nicht übel bekommen sein, vorausgesetzt, daß sein preußisches Kapitolium, das gegenwärtig beträchtlich an Größenwahnsinn zu leiden scheint, nicht vollständig vernagelt ist.

„Sollten meine Zeilen, schließt der Hamburger Preuße, Ihnen (!) bessern, sollten Sie durch diese Zeilen Ihren politischen Katechismus lernen (!), so ist der Zweck derselben erreicht. Ich habe die Ehre, Mich zu zeichnen H. S. F. K.“

Wir fürchten sehr, daß der „Zweck“ der Zeilen nicht erreicht worden ist. Wir haben den Wisch zum Ausdruck bringen zu sollen geglaubt, damit unsere Leser daraus ersehen, welch' gewaltige Fortschritte die norddeutsche Gehirnversandung bereits gemacht hat und daß zwischen einem Norddeutschen von der Nordsee und einem „nationalen“ Bettelpreußen südlich von der Mainlinie, was politische Versimpelung betrifft, kein wesentlicher Unterschied besteht.

Die St. Gotthardbahn.

Wir haben vor wenigen Tagen die Wichtigkeit und politische Bedeutung der Bahn über den St. Gotthard, insbesondere für Preußen und für uns dargethan. Inzwischen ist die Sache auch in der französischen Kammer auf das Tapet gekommen und wir haben gehört, daß Frankreich allerdings entschlossen sei, die Neutralität der Bahn und resp. der Schweiz zu wahren, daß aber der neue Minister Grammont vor der Hand nichts zu thun gedenke, um zu verhindern, daß das preußische Projekt mit dieser Bahn zur Gefahr für Frankreich werde. Wie uns scheint, leidet auch der neue Minister nicht an einem Ueberfluß von Muth und Entschiedenheit. Es mag das „diplomatisch“ oder „staatsmännisch“ sein, wir können aber für solche Mängel und deren Besitzer nicht sonderlich sympathisiren, zumal wenn wir eventuell die Zeche zahlen sollen.

Daß man also in Frankreich', d. h. im französischen Ministerium nicht wünscht, daß die Gotthardbahnfrage der Anlaß zu einem ernsten Konflikt zwischen Frankreich und Preußen werde, das hindert die Presse nicht, fort und fort auf die Gefahren hinzuweisen, welche Preußen durch die Gotthardbahn für Frankreich, Süddeutschland und Oesterreich heraufbeschwört. Täglich füllen sich die Spalten der großen französischen Tages-, Finanz- und Fachblätter mit langen Artikeln, welche die schlechtverhüllten geheimen Pläne Bismarks und die eigentlichen Absichten der preußischen Regierung mit dieser Bahn aufdecken.

Noch ist es weder für Frankreich, noch für Süddeutschland und Oesterreich zu spät, die Gefahren, die durch die alleinige Anlage der Bahn über den Gotthard entstehen, zu paralysiren. Es liegt außer allem Zweifel, daß in dem Augenblick, wo Frankreich ebenfalls einen Weg durch die Alpen hat, die politischen Pläne Preußens einen starken Riß bekommen werden.

Warum hat Bismark erklärt, daß Preußen nur die Gotthardbahn protegiren werde? — Einfach darum, weil wenn nur diese Bahnlinie existirt, Preußen Herr bis zum adriatischen Meere wird.

Ist Süddeutschland einmal vollständig durch die eiserne Umarmung Preußens gelähmt, — was wird Preußen nach der Neutralität der Schweiz fragen, wenn es seine Soldaten nach Italien schicken will, um gegen Oesterreich oder den Papst zu kämpfen, oder wenn es italienische Soldaten gegen Frankreich oder Süddeutschland über die Alpen rufen will, wie es 1866 bereits gethan hat?! Das ist es, was beunruhigen muß, diese politische Bedeutung der Gotthardbahn ist es, welche in erster Linie ins Auge gefaßt werden muß.

Was aber kann gegen diese Gefahr, gegen den von Preußen geplanten neuen Verrath an Deutschland, speciell an Süddeutschland geschehen? Was können Frankreich, Süddeutschland und Oesterreich thun, um die feindlichen und verrätherischen Pläne Preußens zu vereiteln?

Das dürfte sehr einfach zu beantworten sein. Frankreich muß sich ebenfalls eine direkte Linie durch die Alpen verschaffen; **Süddeutschland** muß sich weigern, mit seinem eigenen Gelde den neuen preußischen Verrath zu unterstützen und sich den Untergang zu erkaufen, und die verlangten 7 Millionen nicht gewähren. Süddeutschland muß seine Aufmerksamkeit, seine Unterstützung jenem Unternehmen zuwenden, welches in kommercieller Hinsicht für Süddeutschland von Nutzen ist, in politischer aber keine Gefahr für es bietet. Oesterreich endlich, das nach Süddeutschland zunächst bedrohte, muß sich mit diesen verbinden und zur Errichtung einer Alpenlinie die Hand bieten, die für Oesterreich weniger gefährlich ist als die Gotthardlinie und es vor einem neuen 1866 schützt.

Diese Alpenlinie aber wäre die **Simplonbahn**, die zudem zu drei Viertheilen bereits vollendet ist. Ende 1871 wird die Bahn auf beiden Seiten des Simplon ganz vollendet sein und es wird nur mehr der Durchstich des Berges fehlen, der sich weit leichter und schneller und mit geringeren Kosten als der des Gotthard ausführen läßt.

Die Simplonlinie ist die kürzeste, um den Orient mit Europa zu verbinden. Der Nordwesten Europas, die Mittel- und östliche Schweiz, Rheinpreußen, Belgien, Holland, Baden, Würtemberg, Bayern kommen da zur kürzesten Verbindung mit Italien. Es hat nur an den nöthigen Hilfsquellen gefehlt, daß diese Bahn nicht bereits fertig ist. Was die Gesellschaft, an deren Spitze Hr. v. Lavalette steht, verlangt, ist eine jährliche Zinsgarantie von 4 Millionen Francs auf 20 Jahre; das ist alles was sie verlangt!

Es scheint beinahe unbegreiflich, daß diese bescheidene Subvention nicht schon lange von der französischen Regierung gewährt wurde, während Preußen viele Millionen für die Gotthardbahn hinwirft.

Nun aber dürfte man sich wohl eines Bessern besinnen, Angesichts des Eifers, den Preußen an den Tag legt, um sich in den Besitz einer Bahn zu setzen, die nicht blos den ganzen Transitverkehr mit dem Orient in seine Hände bringt, sondern Preußen auch zum Herrn von **Süddeutschland** machen würde, — viel zu spät freilich für Frankreich, aber nicht zu spät für Süddeutschland.

Deutschland.

München, den 27. Juni.

In der „Abendzeitung" wird die Existenz des von Sr. Maj. anläßlich der Fronleichnamsprocession erlassenen Befehles geläugnet. Wir haben indeß keinen Grund, bei unserer Meldung nicht stehen zu bleiben.

— Der Finanzausschuß beantragt im Etat des Justiz-Ministeriums 3,957260 fl. (Regierungspostulat 4,061769 fl.) zu bewilligen; Ref. Greil wollte nur 3,697609 fl. gewähren, wurde aber überstimmt. Ebenso verwarf der Ausschuß den Antrag Greils auf Abschaffung der Präsidentenstellen bei den Appellgerichten und der Polizei-Anwaltstellen in der Pfalz und bei den Landgerichten.

— Die hiesige theologische Fakultät hat den jungen Honorar-Professor Dr. Friedrich zum (achten!) ordentlichen Professor der Kirchengeschichte in Vorschlag gebracht, der dazu natürlich auch ernannt wird. Prof. Friedrich wird nach einem uns zugegangenen Briefe, den wir morgen bringen, keine angenehme Temperatur im Hörsaale finden; aber das Janusbrüderchen mußte in wohlgefälliger und dankbarer Anerkennung der beim Concil treu und eifrig geleisteten Dienste doch befördert werden!

— Wie wir hören, ist die Amtswohnung des Generaldirectors Freihr. v. Bruck im k. Postgebäude nun ausgeräumt und wird eben neu eingerichtet für den k. Ober-Postrath Fischer und Hrn. v. — Schlör. Wir ersuchen

— In der Allg. Ztg. wird die sogen. „Autographische Correspondenz" (A. C.) als Organ der Fortschrittspartei officiell und förmlich desavouirt.

— Die hiesigen Buchdrucker haben sich mit den Setzern geeinigt, daß die Sonntagsarbeit aufhören soll, weshalb an den Sonntagen kein hiesiges Blatt mehr erscheinen wird. Da für die geplagten Setzer das Wort: „sechs Tage sollst du arbeiten und am siebenten ruhen" so gut gesagt ist wie für diejenigen, welche sechs Tage nichts thun und am siebenten faullenzen, so können wir uns nur freuen, daß ihnen endlich die Abschaffung der Sonntagsarbeit durchzusetzen gelungen ist. Die Welt wird deshalb schwerlich zu Grunde gehen, wenn das liberale Publikum einen Tag das gewohnte Knurrblättl und anderes liberale Futter entbehren muß.

Von **Freising** wird dem „Vaterland" geschrieben: Sämmtliche Armen unserer Stadt, auch die Spitaler miteinbegriffen, haben heute einen „guten Tag". Der „zurückgebliebene" Stadtpfarrer Plank[*]), der sein 25jähriges Jubiläum als Pfarrer Freisings begeht, läßt nämlich an diesem Freudentage alle Armen ausspeisen und zwar flott. Freilich wird da mancher Judas sagen: Wozu diese Verschwendung? Nicht wahr, Herr Nachbar, den Armen eine Freude machen heißt Gott selbst erfreuen und daß es den Armen nicht in die Länge zu wohl wird, dafür sorgen die liberalen Judasse schon.

In **Regensburg** ist der 8jährige Sohn des verstorbenen Erbprinzen Taxis auf Antrag seines Oheims und Vormunds, des Kaisers von Oesterreich, in die Erziehungsanstalt der Jesuiten in Feldkirch gegeben worden. Alles was liberal ist rast natürlich über diese Ohrfeige von kaiserlicher Hand, was aber an der Sache: daß die Jesuiten-Anstalt vor allen andern bevorzugt worden, nichts ändern kann. Fast der ganze katholische deutsche Adel schickt seine Söhne zu den Jesuiten in Feldkirch zur Erziehung und zu den Jesuiten in Innsbruck, wenn sie Theologie studieren.

Aus Passau wird dem „Vaterland" mitgetheilt, daß an den betreffenden Hrn. Domkapitular-Schulinspektor keine Frage gelangte, ob er mit Abschickung des Lehrers Mirwald zum „Lehrertag" nach Wien auf Kosten der Gemeinde einverstanden sei; das machte alles der fortschrittliche Magistrat ohne hin ab und erst durch den Lehrer selbst erfuhr er, was geschehen und dekretirt worden, nicht ohne daß er den Lehrer vor den liberalen und radikalen Grundsätzen, die bei dieser Versammlung aufgestellt wurden, gewarnt hätte. Wäre der Hr. Domkapitular gefragt worden, so hätte er gewiß gegen die Beschickung gesprochen. So aber konnte er weder etwas bestimmen, noch etwas verhindern; es ist überhaupt nicht die mindeste Gefahr, daß der hochw. Herr dem Liberalismus zuneige. (Tant mieux! D. R.)

Aus Unterfranken wird dem „Vaterland" geschrieben: Das kgl. Bezirksamt R.— erläßt mit der Revision der Schulkassa-Rechnung für 1869 folgende weitgehende und tief in's Gemeindevermögen eingreifende Aufforderung: „Der Gemeindeverwaltung wird dringend empfohlen, jährlich einen entsprechenden Betrag aus der Gemeinde-Cassa hinüber in die Schulkassa zu geben und zu abmassiren, damit aus diesem so vergrößerten Schulfonde künftig die Bedürfnisse der Schule bestritten werden können". — Was sagt das „Vaterland" zu dieser bezirksamtlichen Aufforderung an die Gemeindeverwaltung? Steht diese Aufforderung nur vereinzelt, oder wird sie planmäßig im Kreise und in ganz Bayern gestellt? Und zu welchem Zwecke? Mit welchem Rechte endlich kann einer Kassa-Verwaltung angesonnen werden, ihr Geld in eine andere Kassa abzugeben?

(Das „Vaterland“ sagt zu diesem bureaukratischen Seitensprung gar nichts, als: lasse man das Bezirksamt auffordern, so viel ihm beliebt, und thue man, was man der Gemeinde und seinem Gewissen gegenüber verantworten kann. Das Bezirksamt hat kein Recht, dergleichen zu verlangen oder „bringend zu empfehlen“, woraus folgt, daß die Gemeinden keine Verpflichtungen haben, den wohlfeilen — Wünschen des betreffenden Bezirksamtmannes zu entsprechen.)

Preußen. Der Czar der Reußen und der der Preußen haben den beiderseitigen Angehörigen zur Feier ihrer letzten Visite 4 Spalten Orden verliehen. Weitere Unglücksfälle sind nicht vorgekommen.

In Berlin sind im vorgegangenen Jahr 56148 Exekutionen vorgenommen worden, 6060 weniger als im Vorjahr. Der Grund dieser Verminderung ist der, daß die Fruchtlosigkeit der Exekutionen zunimmt. Nur 58 Prozent der zu Exekutirenden haben gezahlt.

Ausland.

Frankreich. In Paris haben die Prinzen von Orleans einen Brief an die Deputirten gerichtet, in dem sie bitten, daß man ihnen die Rückkehr nach Frankreich gestatte. Der Brief ist ein Meisterstück von verlogener Heuchelei oder grandioser Verblendung. Die Franzosen müssen ganz eigenthümlich angemuthet werden, wenn die Orleans, die Söhne Louis Philipps, ihnen sagen, daß ihre Familie Frankreich immer loyal gedient habe. Ja, dazu allerdings, es auszuziehen! — Die Rückkehr wird dieser Familie von Ränkemachern und Verschwörern, der sich übrigens der Herzog von Nemours nicht angeschlossen hat, selbstverständlich nicht gestattet.

Vermischte Nachrichten.

Auf unsere Rüge, daß das Zengerbräu (Hierl-)Haus in der Au bei der Fronleichnamsprozession nicht dekorirt war, werden wir ersucht, zu konstatiren, daß das fragliche Haus verpachtet ist und daß das Unterbleiben der Dekoration nicht die Schuld der Frau Hierl ist, welche in Haidhausen für die Prozession und religiöse Zwecke sowohl, als für die Armen Namhaftes geleistet hat und leistet.

In Pasing wird am 1. August ein größeres Cäcilien-Musikfest stattfinden, dessen Programm wir später bekannt geben werden.

In Wien haben es die Türken und die dabei interessirten Juden endlich durchgesetzt, daß die türkischen Eisenbahnschwindelpapiere an der Börse „notirt“ und öffentlich verkauft werden dürfen. Es hat sie Geld genug gekostet, aber der allmächtige Beust ist ein guter Mann, der mit sich reden läßt. Die Papiere sind übrigens keinen Kreuzer mehr werth geworden, aber man glaubt, daß das Publikum sich so leichter anschwindeln läßt. Wer sein Geld auf noble Weise los werden will, für den bieten die Türkenloose eine ausgezeichnete Gelegenheit.

Gestorbene in München.

Fr. Thein, Musiker, 53 J. — G. Spichtinger, Soldat im 3. J.-R., 22 J. — S. Klausner, Ornatverfertigerssohn, 14 J. — G. Neumair, ehemal. Gastwirth, 48 J. — E. Straßberger, Büchsenmacherstochter, 78 J. — M. Schuster, Hausbesitzersfrau, 31 J. — J. Reisner, Taglöhner, 52 J. W. Auer, Zieglerswittwe, 80 J. — A. Beckers, Bez.-Ger.-Arztenstochter, 18 J. — G. Eberhart, Soldat im 1. J.-R., 22 J. — J. Sandl, Soldat im J.-L.-R., 22 J. — J. Straffer, Soldat in der 1. San.-Comp., 23 J. — A. Lottner, Oberzollinspektorstochter, 25 J. — M. Eisenberger, Zimmermannsfrau, 46 J. — M. Kronauer, Taglöhner, 72 J. — M. Zill, Soldat im 1. J.-R., 45 J. — K. Augustin, Wäscherin, 65 J.

Münchener Schranne vom 25. Juni.

Getreidsorten	Verkauft Schffl.	Höchster fl.	kr.	Mittel- fl.	kr.	Nied.-Preis fl.	kr.	Gest. fl.	kr.	Gef. fl.	kr.
Weizen . . .	2742	23	15	22	30	20	48	—	15	—	—
Korn . . .	2006	15	11	14	36	14	1	—	—	—	6
Gerste . . .	846	13	12	12	18	11	1	—	13	—	—
Haber . . .	1872	10	38	9	38	8	44	—	10	—	—
Reps . . .	—	—	—	—	—	—	—	—	—	—	—
Lein . . .	5	21	20	20	30	19	—	—	—	1	10

Verantwortlicher Redakteur: Dr. J. Sigl.

II. Jahrgang. | Das Bayrische | Auflage: 5400.

Das „Bayr. Vaterland" erscheint täglich mit Ausnahme der Sonn- und hohen Festtage. Preis des Blattes: Vierteljährig 54 kr., ganzjährig 3 fl. 36 kr. Das einzelne Blatt 1 kr.

Vaterland.

Alle Postexpeditionen und Postboten des In- und Auslandes nehmen Bestellungen an. Inserate werden die dreispaltige Petitzeile oder deren Raum zu 3 kr. berechnet.

Redaktion: Burggasse 14. Herausgegeben von Dr. jur. J. Sigl. Expedition: Ruffinibazar 6.

Peter u. Paul. Nr. 144. Mittwoch, 29. Juni 1870.

Morgen, als am Feste der hl. Petrus und Paulus, erscheint kein Blatt.

Bestellungen auf das „Bayr. Vaterland" für das **Quartal zu 54 kr.** ersuchen wir **rechtzeitig** zu machen, **damit vollständige Exemplare geliefert werden können.**

Liebesgaben für den hl. Vater.

Uebertrag 330 fl. 56 kr.

85) Von Einem, der an die päpstliche Unfehlbarkeit glaubt und zwar so fest, wie an die hl. Dreifaltigkeit — trotz Döllinger	1 „ 45 „
86) Tu es Petrus! Auch mit der deutschen Wissenschaft werden die Pforten der Hölle ihn nicht überwältigen.	— „ 30 „
87) Dem unfehlbaren Statthalter Christi, bis unsere Söhne ihn vertheidigen können	5 „ — „
88) Des unfehlbaren Papstes Segen über das katholische Bayern und seinen katholischen König!	1 „ — „
89) Die du der Schlange den Kopf zertreten Hilf uns, Maria, in unsern Nöthen . . .	2 „ — „
Summa:	341 „ 11 „

Nur immer ehrenhaft! I.

Motto: „Und wird ein Esel euch geboren,
So kultivirt ihm ja die Ohren."
Platen.

R **von der Donau.** In der denkwürdigen Schwurgerichtsverhandlung gegen den Redacteur des wackeren „Algäuer Volksblattes" geruhte Herr Barsch, „ein sehr tüchtiger, namentlich für die Staatsanwaltschaft nach seinem ganzen Charakter wohl verwendbarer Beamter"[1]), seine Ansicht dahin auszusprechen, daß die „Kempter Zeitung" und die „Abendzeitung" ehrenhafte Blätter seien.

Wie haißt ehrenhaft? fragen wir mit dem Jüd. Ehrenhaft nach liberaler Uebung heißt: Gott und die Heiligen lästern und die katholische Kirche höhnen; es heißt: die Priester der katholischen Kirche verleumden und schmähen; es heißt: die katholischen Patrioten mit Unflath bewerfen und sie als Landesverräther denunziren: Das ist und heißt „ehrenhaft" im liberalen Jargon. So sind alle Begriffe confundirt und ins Gegentheil verkehrt; was ehedem als bubenhaft galt, heißt nun ehrenhaft; was früher als Frechheit bezeichnet wurde, nennt sich jetzt Freimüthigkeit; wer vordem für einen Gauner und Spitzbuben gehalten wurde, passirt jetzt als liberaler Ehrenmann in des Wortes „verwegenster Bedeutung"; den man sonst als dummen Jungen ansah, der wird dagegen heute als intelligent gepriesen. Und so ergeht es auch dem Worte „ehrenhaft", das man früher nur **Männern** zuerkannte und nicht landläufigen **Buben**.

Unsere obige Exegese des Wortes „ehrenhaft" soll die „Kempterin" bestätigen. Hrn. Stauffenberg wird hiemit neuerdings Gelegenheit geboten, einen recht intelligenten Schreihals seiner Partei zu desavouiren, und Herrn Pfarrer Bach überlassen wir es zur Erwägung, ob sein eleganter Ausdruck „Schmutzpresse" hier nicht am rechten Platze wäre.

Was immer Ehrwürdiges ein liberaler Redakteur in seine ambradustigen Sammetpfoten nimmt, geht beschmutzt und besudelt daraus hervor. Nicht einmal die Heiligen des Himmels bleiben ungeschoren. Ihre Geschichte ist „eine wunderverbrämte, die nach Weihrauch und Unsinn duftet" schreibt die Kempterin in Nr. 21 (Beil.!). Fürwahr, ein höchst „ehrenhafter" Spott gegen die Heiligen und deren Verehrung in der katholischen Kirche! Die liberalen Heiligen des 19. Jahrhunderts können allerdings keine **Wunder** aufweisen, wohl aber nicht selten scheußliche **Wunden**, bei deren Anblick selbst den Arzt ein unendliches Grauen erfaßt: — wir meinen die von Ulrich Hutten besungene „galante Krankheit," welche diesen National-Heiligen aller Buben und Revolutionäre in seiner Jugend dahinraffte. Auch nach „Weihrauch" duftet es bei dieser fortschrittlichen Krankheit nicht. Ganz und gar nicht, Hr. Alfeld! Denn die heil. Schrift erzählt uns von Herodes, daß in seinem Fleische Würmer sich bildeten, und daß Alles ihn floh ob des pestilenziallschen Gestankes. Immerhin also ist es besser, ein „wunderverbrämter" Heiliger mit „Weihrauch und Unsinn" sein als ein moderner Hutten mit zerfressenem Körper und stinkenden Wunden. Wenn die Kempterin für den „Kultus der gesunden Sinnlichkeit" schwärmt, so ist dies liberale Geschmacksache; und schon Sieyes hat gesagt: „Das Laster und die Dummheit haben auch das Recht, sich repräsentirt zu sehen."

In seinen tiefsten Tiefen erregt zeigt sich Hr. Alfeld, so oft ihm das Conzil durch den Schädel schießt, und aller Gemüthlichkeit bar, schlägt er mit allen Vieren um sich und beißt und kratzt. Zum Glück gelang es seiner Beredsamkeit, in Kempten bei „Bier und Brod und Backsteinkäs" ein feierliches Gegenconcil, das weltberühmte Kempter

[1]) Ansicht des Ministers Lutz. Vgl. Stengr. Kammerbericht S. 171.

Bierconcilium zu arrangiren, wodurch das römische Concil in seiner Bedeutung für immer brach gelegt ist. Ach! die armen Reformatoren des Algäu! wie sie uns so lebhaft an Menzels Ausspruch über die „Lichtfreunde" in den 40er Jahren erinnerten: „Die gemeinsten Köpfe werfen sich zu Reformatoren auf wie kaum in der wildesten Zeit der Reformation, wo die Schwärmer doch noch gedacht haben, während sie jetzt nur die abgedroschenen Gedanken Anderer (und den liberalen Zeitungsjargon) mit prahlerischer Deklamation denen vortragen, die noch beschränkter als sie sind".[2])

„Gimpelmaier beim Conzil" heißt der Titel eines „launigen" Schriftchens, das die Kempterin ihren Lesern empfiehlt, (Nr. 130 und 138). Sollte Hr. Alfeld eine Romreise unternommen und nun als „Gimpelmaier" seine Conzilseindrücke der Algäuer vierfüßigen Alpenwelt mitgetheilt haben? Ob da nicht schön passen würde was Platen[3]) sagt:

„Man hat Exempel in der Zeit, daß Affen selbst
Auf Reisen gingen, Urangutangs ihren Geist
Ausbildeten und hie und da schriftstellerten" —?

Ist der kleine Vorrath eigenen Witzes aufgezehrt, dann geht die Kempterin betteln bei einem der ausgeschämtesten Buben — dem Berliner Kladderadatsch und holt sich von dort den Spott gegen die katholische Kirche. So tischt sie in Nr. 21 Beil. ihren Lesern als köstliches Ragout „das Conzil der Eulen" auf. Der Papst sitzt als „Eule in eines Grabgewölbes Mauer" und versammelt um sich die „Uhus, Fledermäuse und Käuze, Leichenhühner, Nachtschwalben", kurz

Alles was bei Tage blinzelt
Und Nachts in Jammertönen winselt".

Wer verargte es uns, wenn wir diesem Kempter und Berliner Sudelgeschlecht mit Schillers[4]) Stauffacher zuriefen: „Schreit bis ihr berstet, ihr —!" (Das Wort ist bei Schiller zu finden.)

Ist die Kempterin nicht „ehrenhaft"? Ja, vom Scheitel bis zur Sohle ist jede Linie an ihr liberal ehrenhaft d. h. sie lästert Gott und die Heiligen und verhöhnt die kath. Religion!

Das Budget und die Bauern. V.

Wie ungerecht und unbillig, weil außer allem Verhältniß zu andern Steuern, die Grundsteuer ist, haben wir in den vorigen Artikeln gezeigt. Es geht daraus hervor, daß es eine einfache Forderung der Gerechtigkeit und wahrhafter Staatsklugheit wäre, hierin eine Abhilfe zu schaffen, ein vernünftigeres Steuerverhältniß herzustellen und dem Landmanne einen Theil der ungerechten Steuerlast abzunehmen, die er bisher für Andere getragen hat, ohne sich in allem Andern gleicher Gunst mit den übrigen Steuerzahlern erfreuen zu können.

Die Nothwendigkeit der Entlastung des allzu sehr belasteten Grundbesitzers leuchtet ein. Gehe man hinaus auf das Land und betrachte sich die dortigen Verhältnisse; werfe man einen Blick in die mit zahllosen Gantausschreibungen gefüllten Zeitungen, sehe man sich die massenhaft in die Städte einwandernden, von dem Mark ausgesogener Bezirke und ganzer Gegenden strotzenden jüdischen Wucherer und Güterzertrümmerer — und dann läugne man, daß dem Landvolk Hilfe, schleunige Hilfe werden muß, soll das freie Bauernthum, die festeste Stütze des Staates und der Monarchie, nicht gänzlich verkommen und zu Grunde gehen und zum Sklaven des Großkapitals, des beschnittenen und unbeschnittenen Judenthums werden.

Wohin, fragen wir, wohin soll der Staat kommen, wenn immer mehr Grundbesitzer von Haus und Hof vertrieben, der Armenkasse ihrer Gemeinden zur Last fallen und diese vollends ruinirt werden? Wohin soll ein Staat kommen, dessen Gesetze nur dazu gemacht scheinen, um einigen wenigen unermeßliche Vortheile in den Schooß zu werfen und alle andern zum Acker und Zuchtvieh für diese wenigen zu machen? **Man sollte fast meinen, dieser maßlosen Belastung von Grund und Boden, diesem Aussaugen des Grundbesitzers und kleinen Mannes durch schrankenlosen Wucher, diesen Gesetzen, die denen am wenigsten dienen, für die sie gemacht sein sollen, läge ein System zu Grunde, um diesen bis zur Stunde konservativ gebliebenen Stand zu ruiniren und ein ländliches Proletariat heranzuziehen, das kein Interesse an dem Bestehenden mehr hat und in Verbindung mit dem, durch das Fabrikenwesen gezogenen städtischen Proletariat um so leichter zur Durchführung der freimaurerischen und revolutionären Pläne auf Umsturz aller staatlichen Ordnung benützt werden kann.**

Es ist diese unsere Schilderung faktischer Verhältnisse nicht übertrieben, sondern leider nur allzu wahr und treu und — traurig; aber ebenso traurig ist es, daß von Seite unserer Partei in der Kammer noch gar keine Schritte gethan worden sind, noch in Aussicht stehen, dem armen, gedrückten, belasteten und mit allen Hunden gehetzten Bauernstand aufzuhelfen, ihm Erleichterung zu verschaffen, zum Mindesten ihm die Hoffnung zu geben, daß früher oder später etwas für ihn geschehen wird. Nichts von alle dem ist bis jetzt geschehen; während man neue Beamte über Beamte ohne Ende schafft, während man man hier Gehalte aufbessert und dort Theuerungszulagen gibt, während man heute dieses, morgen jenes neue Gesetz schafft, das das Volk Millionen um Millionen kostet, hat sich für den geplagten Bauern allein kaum noch eine Stimme kräftig erhoben, um Gerechtigkeit und Hilfe auch für ihn zu verlangen, um Schutz für ihn gegen den zügellosesten Wucher und die traurigen Folgen von Gesetzen zu fordern, die man kaum leise anzutasten, viel weniger umzustoßen und durch neue bessere, mehr den wahren Bedürfnissen des Landvolkes dienende zu ersetzen wagt. Alles schweigt, schweigt so lange, bis es zu spät sein wird, bis mit dem besten Willen vielleicht nicht mehr geholfen werden kann.

Das ist traurig, aber es ist wahr; wenn nicht, so widerlege man uns, so zeige man uns, was denn schon alles geschehen ist für den Grundbesitzer und sein Interesse.

Man weist uns vielleicht auf die vierthalb Millionen hin, die man bereits am (außerordentlichen) Militärbudget erspart hat. Das wäre eine große Illusion, wenn man glaubte, diese vierthalb Millionen seien erspart und kommen am Ende gar den Steuerzahlern zu Nutze. Nichts ist damit „erspart", denn 93 Millionen hat der Finanzminister verlangt, während er sich im vorigen Jahre noch mit 88 begnügte; es sind also immerhin noch anderthalb Millionen heuer mehr aufzubringen als im vorigen Jahre und selbst wenn diese anderthalb Millionen noch am ordentlichen Militärbudget gestrichen würden, so würde es auch da noch einfach beim Alten bleiben. Das Volk aber will nicht mehr, sondern es will beträchtlich weniger zahlen und dazu hat es gewählt.]

Deutschland.

München, den 28. Juni.

* Es ist doch traurig, schreibt dem „Vaterland" ein Hörer der Theologie an unserer Universität, daß man auch

---

[2]) Wolfg. Menzel, „was hat Preußen" ꝛc. S. 213.
[3]) Platen, „die verhängnißvolle Gabel", 5. Akt.
[4]) Schiller, Wilh. Tell, III. Akt, 2. Scene,

geistlicher Seits so oppositionell gegen Rom vorgeht. So soll der Honorarprofessor Dr. Friedrich, bekannt durch seine Spionendienste, die er dem Kardinal Hohenlohe (und der bayrischen Gesandtschaft in Rom? und dem Fürsten Hohenlohe? und Hrn. v. Döllinger? D. R.) leisten mußte, auf Vorschlag der theologischen Fakultät zum ordentlichen Professor der Theologie ernannt worden sein. Hat er dieses wohl durch seine wüthende Recension des vortrefflichen Anti-Janus in dem parteiischen Bonner Literaturblatt verdient, wo er den berühmten Theologen Hergenröther, dem Friedrich mit seiner Gelehrsamkeit nicht die Schuhriemen aufzulösen vermag, auf eine eines Priesters ganz unwürdige Weise malträtirte? Hergenröther hat ihm aber im Literarischen Handweiser seinen feindseligen Geist und das Ungerechte seiner Recension durch eine würdevolle treffende Erklärung schlagend nachgewiesen. Und wozu, fragen wir, acht ordentliche Professoren in der theologischen Fakultät unserer Universität, auf der die Theologie Studierenden von Jahr zu Jahr weniger werden? Würzburg hat fünf, Innsbruck, wo dreimal so viel Theologen sind als in München, nur sechs ordentliche Professoren. Allein der Janusbruder, scheint es, mußte untergebracht werden, damit, wenn etwa Döllinger abtritt, gleich wieder für ein neujansenistisches oder neugallikanisches Mitglied zum Vortrag der Kirchengeschichte gesorgt ist. Wer sollte glauben, daß dazu auch Männer wie Thalhofer, Schmid, Reithmaier ihre Zustimmung geben konnten! Ja wenn man für solchen Nachwuchs sorgt, dann wird die theologische Fakultät in München bald keine Theologie Studierenden mehr haben. In der Ueberzeugung, daß das „Vaterland" trotz alles Lärmens sich nicht abhalten läßt, in Bayern nach allen Richtungen hin für den ächten römischen Katholicismus einzutreten, glaubte man gerade durch das „Vaterland" die Stimmung, die bei einheimischen und fremden Geistlichen über diese neueste Ernennung herrscht, kund thun zu müssen. (Uns bestärkt diese Ernennung nur in dem Verdacht, daß die Majorität der hiesigen theologischen Fakultät in so ferne mit dem hochw. Hrn. Bischof von Regensburg Hand in Hand geht, daß sie auf feine diplomatische Weise dahin trachtet, den Theologen das Studium auf der Universität unmöglich zu machen, was die Bischöfe von Regensburg und Passau durch ein einfaches Verbot des Universitätsbesuches zu erreichen suchten. Die Fakultät überhebt so die übrigen Bischöfe der unangenehmen Nothwendigkeit, das gleiche Verbot aussprechen zu müssen, und setzt sich selbst auf diese Weise in den Stand, das durch den Wegfall der Vorlesungen gebotene otium cum dignitate zu ausgedehnteren eigenen gelehrten Studien und schriftstellerischen Arbeiten benützen zu können, welche theilweise der Wissenschaft nur zum Vortheil gereichen werden. Anders wüßten wir uns diesen und gewisse andere Vorgänge nicht zu erklären und mit dieser unserer Auffassung können wir nicht gar viel gegen diese Ernennung haben, welche ein großer Schritt zur Erreichung der fraglichen Absicht sein wird. D. Red.)

* Der sehr geehrte Gottfried von Nürnberg geruht heute sehr unliebenswürdig gegen das „Vaterland" zu sein, „Dieses Pfaffenblatt, sagt Gottfried sehr ungehalten, nur für die concentrirteste Hefe des unwissendsten Pöbels, der je die frische Lebensluft von Gottes heiliger Erde eingeathmet hat, berechnet, — dieses Blatt, dem sogar die Patrioten die kalte Schulter gezeigt haben, weil es ihnen zu patriotisch und anstößig geworden war, nennt sich nun auf einmal ohne eine Miene zu verziehen eine „demokratische Ztg." — Das eigentlich nicht, o liebwerthester Gottfried, die Stelle in unserer Abonnementseinladung hat sehr beträchtlich anders gelautet. — „Dieses Blatt, ruft Gottfried voll tiefster sittlicher Entrüstung, das vom Lob alles dessen ausquillt, was zur Erhaltung der Versunkenheit, Unwissenheit und Abhängigkeit der Eier und Schmalz in die Pfarrhöfe schleppenden rustikalen Idioten (zu deutsch: bäurischen Dumköpfe!) diensam ist!" — Diese Schilderung der Thätigkeit des „Vaterland" ist wirklich sehr gelungen und überaus zutreffend! Gottfried begnügt sich aber damit noch nicht, sondern konterfeit auch den Redacteur nach den ihm „von allen Seiten" zugekommenen Schilderungen als einen „anständig gekleideten jungen Menschen mit leichtbeflaumtem, nicht uninteressant von der Blässe des Gedankens angekränkelten Gesichte", von dem der sonst so weise Gottfried nur „nicht begreifen kann, daß er sich mit einer aus so obskuren und obscönen Gesellen bestehenden Gesellschaft identificiren mag". — Der Redacteur ist nicht unempfindlich gegen die schmeichelhafte Schilderung seiner Person, besonders da sie aus solchem Munde kommt, und bedauert nur mit Gottfrieds äußerer Erscheinung im Fleische nicht näher bekannt zu sein, um die zarten Complimente sofort entsprechend zu erwidern; was aber die „Gesellschaft" betrifft, so ist der Redacteur leidlich zufrieden damit und hat bis jetzt noch keine Sehnsucht verspürt, sie z. B. mit den Myrmidonen Gottfrieds zu vertauschen. Gottfrieds leise Hoffnung indeß, daß der Redakteur des „Vaterland" „nur auf eine passende Gelegenheit warte, die Hülle von sich zu werfen und seinen wahren Gefühlen Ausdruck zu geben" scheint uns doch auf allzu schwachen Füßen zu stehen, als daß wir Jemand darauf eine mäßige Hypothek zu geben mit gutem Gewissen rathen könnten. Im Uebrigen sind wir Gottfrieden für die geneigte empfehlende Schilderung unsers Blattes und unserer Person zu besonderem Dank verbunden, wissen die uns gewordene Ehre vollkommen zu schätzen und sind zu recht baldigen Gegendiensten zu jeder Stunde bereit. Sollten die vielleicht nicht ganz nach Wunsch ausfallen, so bitten wir geziemend um Nachsicht; das nächste Mal soll's dann noch besser kommen, und nöthigenfalls können wir ja einen sehr guten Freund Gottfrieds, Herrn K von der Donau um Vorspann bitten, und dann wird der „Anzeiger" gewiß nach allen Regeln der Kunst bedient werden!

— Der **Landtag** ist abermals — bis auf den 28. Juli verlängert worden. Auch bis dahin wird man noch lange nicht fertig sein. Der Kölner Volkszeitung werden von hier sehr bedenkliche Sachen über Kammerauflösung &c. mitgetheilt. Das wäre wohl nicht unmöglich, und dann könnten wir sehr erbauliche Geschichten erleben — bei den Neuwahlen! Wir kennen mehrere Herren, die dann viel leichter in's Himmelreich als in die bayrische Kammer eingehen werden.

— Bekanntlich befinden sich die Einsteher der k. bayr. Armee dem Wehrgesetz gegenüber in einer nicht beneidenswerthen Lage, welche seit zwei Jahren fortwährend Veranlassung zu gerechten Klagen gibt. Der Hr. Abgeordnete Mahr hat nun einen Antrag bei der Kammer eingebracht, daß endlich auf verfassungsmäßigem Wege diese Mißstände durch Aufhebung des Art. 85 des Wehrgesetzes und Einräumung der Vortheile des Art. 4 auch für die Einsteher beseitigt werden. Endlich! Der Kriegsminister wird zwar wieder nicht daran wollen, aber es gilt hier eine Ungerechtigkeit abzubestellen, die zu schreiend ist, als daß man sie noch länger dulden sollte.

— Morgen beginnt in der Kammer die Berathung über die neue Advokatenordnung, welche mehrere Tage dauern wird. Für den nöthigen Schwefelwasservorrath wird hoffentlich bereits gesorgt sein und vielleicht dürfte auch einiges gediegene Blech zum Vorschein kommen,

Das Föckerer, der große Mann,
Schon hämmern und verwerthen kann;
Dann liest's in der Passau-
erin auch seine Frau.

— Der Entwurf der neuen Studienordnung ist erschienen; sie ist — großartig wie alles, was das bayrische Kultusministerium ausbrütet, und entspricht ihrem Bruder, dem Hullerschen Schulgesetz vollkommen. Wir werden darauf zurückkommen.

Von Freising wird dem „Vaterland" geschrieben: Sie haben gemeldet, wie der Liberalismus in Freising Gott den Herrn scharf auf's Korn nimmt. Ich will nun den Liberalismus unserer hochmögenden Bureaukraten ein wenig aufs Korn nehmen. Er hat sich nämlich in vollster Blüthe wiederum gezeigt in der von Ihnen schon besprochenen Fronleichnamsprocession Unsere Hochmögenden begleiteten auch die Prozession in voller Uniform, wahrscheinlich aus ähnlichem Grunde, wie Magistratus hochweiser in München. Aber diese Herren schämten sich nicht, hinter dem Sanctissimum einherzugehen und zu schwätzen und zu lachen in einer Weise, wie man es von „sittlich-ernsten" und gestrengen Bureaumännern, die man doch zu den „anständigen" Leuten rechnen möchte, nicht erwarten sollte. Den Berichterstatter hätte es gar nicht gewundert, wenn der Geistliche, der das Allerheiligste trug und der nebenbei bemerkt — ein sehr sanftmüthiger und liebenswürdiger Mann ist, sich mit demselben umgewendet und vor dem spalierbildenden Volk die Herren zu einem den Christen geziemenden Benehmen aufgefordert hätte. Verdient hätten sie es wahrlich! Denn sie führten ihre Conversation so laut, daß man jedes Wort weithin verstehen konnte. Besonders zeichnete sich hierin aus einer unserer Vollblut-Bureaukraten, R., der auch in seiner Amtsstube sich wie ein türkischer Pascha mit 12 Roßschweifen benehmen soll. — Ein anderer Herr vom Bezirksgericht nahm während der Verlesung eines Evangeliums eine Stellung an, deren er sich sicher geschämt haben würde, wenn er in einer halbwegs anständigen Gesellschaft in derselben betroffen worden wäre. — Solche Skandale könnte man mehrere erzählen. Wirft sich da nicht die Frage auf, welcher Behandlung sich das katholische Volk versehen darf von solcher Obrigkeit, wenn man seinen heiligsten Glauben so mit Füßen tritt? Wenn man Gott im heiligen Sakramente schon so behandelt, wie wird erst die Behandlung sein, die ein schlichter Bürger oder ein armes Bäuerlein in der Amtsstube erfährt!

In **Freising** hat, wie man uns von dort schreibt, der „liberale Bürgerverein" am 26. hujus sein Stiftungsfest mit Bier, Jubel, Glanz und verschiedenen nachträglichen Katern gefeiert; auch diverse Reden wurden bei der Festivität verübt; die Thäter sind zwar bekannt, aber noch nicht eingezogen. Von Moosburg, Erding, Pfaffenhoffen und München und andere minder bekannten fortschrittlichen Seestädten kamen „Ehrengäste", meist Mandarinen verschiedener Grade sammt dem dazu gehörigen Schreibervolk, woraus auch meistentheils der Verein selbst besteht, weshalb er sich „Bürgerverein hat taufen lassen. Item waren Schauß der Junge und der blonde Benjamin Stauffenberg gekommen, die alle beede mit großem Jubelschallen empfangen wurden und das Fest mächtig heraushoben. Ingleichen waren auch — 's ist sunderbarlich zu sagen! — zwei kathol. Geistliche mit den Liberalen von Pfaffenhofen erschienen, um das liberale Fest der Schreiber mit ihrer schwarzen Gegenwart zu verherrlichen. Sie sollen beide aus der schwäbischen Diöcese gewesen sein. Nomina sunt odiosa, d. h. ihre Namen läsen sie nicht gern im „Vaterland".

Baden. In **Bruchsal** ist der Kaiser von Rußland mit dem König von **Preußen** abermals — bereits zum dritten Male in diesem Jahr — zusammengetroffen. Die zwei müssen einander schon recht lieb haben oder sie kochen eine Suppe aus, daß Manchen noch übel werden wird.

Oesterreich. Von dem **Kaiser** gibt es auch heute wieder etwas zu melden, was gar nicht nach liberalem Geschmacke sein kann. Der **Kaiser** hat nämlich, da er als oberösterreichischer Großgrundbesitzer auch eine Wahlstimme abzugeben hat, zur Stimmabgabe an seiner Stelle den Grafen Falkenhayn, einen Erz-Ultramontanen, bevollmächtigt. Wenn den Fürsten das Wasser an den Hals geht, pflegen sie nicht sehr selten „katholisch" zu werden.

Ausland.

Italien. In Rom ist der Vorstand der Archive, der deutsche Oratorianer P. **Theiner** plötzlich dieser Stelle entsetzt worden Er soll gegen seine Vorschriften an Mitglieder der Opposition und den Vertrauten Döllingers, Lord Akton, gewisse Schriften und Aktenstücke ausgeliefert haben, was er ohne Erlaubniß nicht durfte. Selbstverständlich würde in einem solchen Falle **jeder** Archivvorstand und in jedem Lande sofort beseitigt werden.

Vermischte Nachrichten.

Magistratus hochweiser hat eine Dankadresse an die beiden abgetretenen Bürgermeister dekretirt, deren Ausstattung blos **700** fl. kostet. Natürlich, wir **haben's** ja trotz den 95 Procent, und die Freud' ist groß, daß sie endlich doch gegangen sind! Anständiger wär's freilich, wenn die Herren Nachfolger die 700 fl. statt aus der Tasche der Steuerzahler — aus **eigener** Tasche oder doch von dem „reichen Almosen" zu 400 fl., auf das auch die liberalen Magistratsherren nicht verzichtet haben, zahlen würden; aber das wäre ja nicht — liberal!

Auf Befehl des Königs **Ludwig I.** mußten 3 Statuen der **Venus** aus Rücksichten des **Anstandes** vor 3 oder 4 Jahren aus der Glyptothek entfernt werden, da die armen Dinger nicht einmal ein Hemdchen anhatten. **Jetzt** sind die nackten Weiberleute wieder zur öffentlichen Anschauung in die Glyptothek zurückgekehrt, eben **darum**! Je nackter, desto besser — für manche Leute, die ihre Freud' daran haben.

Gegenwärtig befindet sich die Musikkapelle eines badischen Regiments in München, um in voller Uniform Concerte zu geben. Mit ein paar Musikern dieses Regiments hat sich nun Folgendes ereignet. Dieselben saßen in einem öffentlichen Lokal, da kamen ein paar intelligente Preußen daher, welche Baden wahrscheinlich bereits als preußische Provinz betrachteten und sie als „Landsleute" begrüßen und mit ihnen anstoßen wollten. „Wo sind Sie denn her"? fragte Einer der Badenser. — Ei, ja doch! wir sind **Preußen**! — Dann sind wir **nicht Landsleute**, meine Herren, denn wir sind **Badenser**!" erwiderte der „Landsmann" wider Willen. Die Preußen segelten mit ihren Gläsern von diesen widerborstigen Süddeutschen ab und ein dabei sitzender bekannter Münchener Fortschritts-Eckheiliger saß da wie ein begossener Pudel und soll ein **noch** dümmeres Gesicht gemacht haben, als er täglich mit sich herumzutragen pflegt, wenn das möglich ist.

Wir machen das Publikum darauf aufmerksam, daß die **österreichischen Sechser** mit dem 1. **Juli** jede Giltigkeit verlieren.

Gestorbene in München.

F. Wagner, Hausbesitzer, 76 J. K. Ostheimer, Maschinenschlosser, 25 J. J. Kypl, ehem. Ländmeister, 51 J. M. Krönauer, Tagl., 72 J. S. Blumler, Dienstknecht, 42 J. K. Mack, p. Postbureaudiener, 75 J. K. Zwerschina, Schäfflerswittwe, 34 J. M. Kleiber, Tagl.-Wittwe, 81 J. M. Schmid, Maurersfrau, 31 J. E. Zink, Modelleurskind, 1 J. 6 M. A. Landes, Tafernwirthskind, 7 J. 6 M.

Verantwortlicher Redakteur: Dr. **J. Sigl.**